二十四史鉴赏辞典

上

上海辞书出版社

主　编

顾晓鸣

副主编

郭　骥　李　叙　陆海旸

统　稿

陈佳煜　李嘉路　王　骁　李　欢　宋　雪

撰稿人（按姓名首字笔画为序）

丁　忱　王　乐　王　骁　王　烜　王劲嵛　牛艳丽　孔　亮　叶冬宝
田金宗　冯　卫　吕玉倩　朱文倩　刘　正　刘　强　刘先维　刘建芳
江文君　许孝乐　许家天　贠喜红　严　昊　李　丹　李　可　李　欢
李　蕾　李欣玥　李秋祺　李嘉路　李睿毅　杨乔男　邱　敏　宋　浩
张　峰　张　晨　张　琦　张文婧　张冬煜　张新科　张霁璇　陆海旸
陈　絜　陈　锋　陈正宏　陈佳煜　邵秀红　邵家豪　罗　敏　罗义俊
周示莹　周庆彰　周美玲　承和光　孟优悠　赵　争　赵思渊　胡逢祥
胡淑慧　段　炼　俞颖杰　姚永超　钱相宜　徐　乐　徐盛杰　徐寒雄
高志忠　郭　敏　郭　骥　唐剑明　唐骋华　曹艾达　章管炜　阎珏雯
梁满仓　韩兆琦　谢科峰　蓝　乔　雷　萱　虞霖桦

注　释

刘　强　李嘉路　杜依伦

序

这本《二十四史鉴赏辞典》之编撰，经过了一段很长的时间，伴随着编撰者的人生，交织着二十四史阅读所呈现的万千人的人生，融合着近年非同寻常的世事中的各色人等的人生。《二十四史鉴赏辞典》的编撰，是二十四史编撰的映像，哪怕不可同日而语：在时间的一往无前之中，文字慢慢成型，思绪慢慢集聚，一个东西慢慢做了出来，异曲同工。这又似乎是一种文化的3D打印，不是戏言，总有一天，人们能够弄出一个软件，把二十四史及其一切读解成果，输入，解析，结构，成型，变出一本新的鉴赏辞典。由此，可说永无唯一的最佳，因为，有"人"在把弄，因人而异独一无二的那个"软件"（脑子），定约了最终的"东西"（文化产品），这东西是一种信息品，是一种被学者们看作"第四次革命"的客观物品。

二十四史亦然，一旦编出来，就存在在那儿，烧不了，禁不了，忘不了，避不了，只要你我是中国人，活在中国这块地方，讲过中国话，学过中国字，就会随时随地碰到，心思性情中全是其身影，一举一动满是其架势，用词造句皆是其腔调：二十四史并不在你我身外，倒不如说，你我全是二十四史的儿女。你我的思绪、智慧、知识、本事，乃至整个一生，都是其所努力记叙的故土过往之顺理成章的续篇。

由此这本鉴赏辞典也就不单单是其读解的继续，而是二十四史所记叙的历史之继往开来，一件新的历史事情。本辞典目前的文本呈现，本身就是一段编撰者生命历程的写照：磨合切磋，交合着日日新的考古发掘和文字解读，汲取那出自有名的和无名的人们的新知新见。本辞典出版后也将有更多的

“无名者”来读，来解，来说，来相互批评，来相互补充，化浅薄粗疏为真知灼见，修成真经。

真经是什么？不以不同读解者之学理范式、心理情商和企图欲望为制约的“真东西”，究竟是什么呢？这是一种被称为“隐媒体”的东西。放眼全球，在各色“显媒体”的内里，在脸书或微信看似无名者自发地发来发去的“自媒体”的背后，存在着深埋于表面纷纷扰扰千姿百态的信息文本深层的、数学般的人类社会的逻辑，中国史家力求或隐或现表达的“微言大义”。而许多与历史有关的著作也都或多或少承担着追寻底层“隐媒体”的使命。这就是中国史家宣告的一切历史书写者的根本天职：究天人之际，通古今之变，成一家之言。

历史母题，在漫长历史长河中形成，结晶，固化，成为民族的基因，在你我可见的年月，冥冥之中始终支配和导引这往下历史的走向。圣经、佛经和古兰经的文化密码如是，而对没有那种意义上的国教的中国来说，二十四史就蕴藏着这样的密码。然而，古代的恩恩怨怨披上现代和后现代的华袍，转换成神神叨叨的当下理论话语，往往使第一流的学者大师和战略家对近在咫尺的世事语无伦次，普通群众云里雾里。

所以，鉴赏和读解经典的二十四史，不只是开拓视野陶冶性情，更有着十分紧迫十分实质的任务：寻智中国，读解全球！

人类总是一起邂逅、度过、创造历史，又从各自不同的角度读解共同的历史，那么，谁是信史的洞悉者？谁能作出人类一致同意的读解？人们可以轻佻地以公婆各有理来搪塞，但历史证明，读解不是书房的活儿，是真刀实枪的权力之争，且不止于所谓的话语权。不同的人类，此起彼伏，在不同历史阶段，各领风骚若干年，你方唱罢我上场。表面上，谁轮到，是你死我活的拼抢，实质上，文化之命已注定，所谓风水轮流转。一种民族的文化基因之生命力，决定其民族在人类某一历史阶段登峰造极，并成为构成新世界图谱的一个引子。

时至今日的人类，在各种经典充当世界及其历史的解释者和世界图谱的引子之一个又一个阶段之后，这个没有通常意义的宗教的中国，有没有可能充当人类某一个阶段的读解者？这样一个问题，阔达廓大，越过了“显媒体”的话语边界，使人产生五味杂陈的疑惑；然而，低下头，转入离你我远去的故纸堆，会猛地惊醒，经典底里那张链路图，跨越千年万年，静悄悄地等待着后人来发见，忽隐忽现。其大无比，大到何等？超乎你我最放达最肆意最荒诞的想象。不过，只要看一看、想一想中华民族正在做、正在想的事情，就可以感悟到经典蕴含的“核”动力，觉悟到人们阅读和思考二十四史之心田的局促。

概言之，对人类“未来世界”的预见，究竟是出于以这个学那个学为依据的“西方眼光”，还是有可能出于以“中国智慧”为基因的“中国眼光”？从美国大选、英国脱欧之天下大事，到网红、艺文 IP 之人间小事，个体对于世间社会文化走向的非同小可的影响，都令人瞠目，显示出亿万“无名者”对世界未来走向的巨大推动力。而纪传体的二十四史所体现的社会变动和演进的“个体视野”，提供了观察和研究事情走向（天人之际，古今之变）的独到维度，这个“中国维度”的介入再加上已有的“科学分析”，必将引发未来预测的新范式的产生，这就是“中国眼光”可能上位的学理根据，也是二十四史对人类新编年史的学理贡献。

同时，整个二十四史的脉络和细节又清晰有力地显示“中”国如何在人间沧桑中把相遇的外国、外族、外人的文化及其眼光纳入其“中”。所以，说中国智慧和中国眼光有可能窥见世界未来 ，非但不是因为中国文化之“另类”，而正是其“万物皆备于我”，将世界一切蕴含于中华的格局、境界和能力，使得在万民建设“人类共同体”的阶段，充当人类的共同视野。

是时候了，青蒿素得到世界认识，二十四节气被人类珍视，阴阳合历的意蕴，连同汉字，呼应易经内经，中国文化传统蕴藏的身理、天理、人理、文理、字理在昭示：世人的全新视界和行事型式正在慢慢显现。而二十四史，更是其存在过的史迹，流变着的形迹，历历在目。“吾欲托之空言，不如见之行事之深切著明也”（司马迁引孔子语），若要演绎和论证这点，可细读列于书后的文章和其他序跋。

“天地之大德曰生”（《易·系辞下》），中国史家认定：历史的演变，归根到底只是无穷个人的生命之衍生！因此，在当下这样一个互联网、克隆再造和人工智能崛起发展的历史阶段，更凸显出考量生死问题的紧迫性，固有一死的个体何以生、如何死，成为横亘在大众和文理学者眼前的终极问题。现有学科和学说至今无法回答“人何以出现世上”这一简单的问题。而纪传体的中国历史写法，正是通过各个不同的有生会死的个体，作为历史叙事的本体，以“人有智能”对峙“人工智能”的形式，来体现中国历史书写形态和人类学意义。个人的唯一性对应着民族文化的唯一性，“传统”是这种唯一性的结晶，是成长和发展的规定和动力。一个人，一个民族，何以出现？能否重复再现？现有理论语焉不详，但其已存在过的各种事实，已被予以“数据化”和“流程显示”的二十四史的独特历史书写，把人们引向与“科学论证”大异其趣的理路。

如今整个人类世界，天人合一有了全新的实践性和学理性，就如中国先哲说的，世界之“理”与一个人的“命”和“性”互为表里，宇宙和社会的客观世界之新揭示，有赖于小小个人特殊的头脑和性命，“致良知”；同时，人类创造和创新呈现双向，即在向未来伸展的同时，也向着过去伸展。看看这些年层出不穷的考古成果和读解古物的前沿科技，看看百花齐放的天才专家的奇思异想和造物业态，看看层见迭出的世上政治家和企业家的锦囊妙计，可以清晰地看出人类全方位的“创旧”，正在汇为史无前例的壮阔景观。可以断言，今天世事纷繁的两难纠结，推着你我向着一切问题、一切矛盾、一切困难背后之密匙探索、寻觅、提炼；并在各行各业的个人的“最强大脑”中，呈现为在今日看来匪夷所思的未来新定理、新方法、新技能！

二十四史就包含着这样一种人类所需要的锦囊妙计，连同各民族的经典，提供一切高科技、高发明、高产品、高解决方案需要的“高文化”，一种类似原子、量子、化学元素周期表、DNA 等的神奇本源图谱。就中国的文化型式言，阴阳、八卦、经络、风水、节气、干支等蕴含的人无我有的卓见洞识，和以二十四史为集中体现的历史书写体系、制度及其文本形态，是“人有智能”在无法重现、一去不复返的历史流程中的“自然编程”和“上帝之手”，其中有人类基因图谱那样的人类行事、因变和创造的“历事图谱”，中国古人用包含在今天简化字“历”中的同根字，来指称时间之“历”和人事之“历”，绝非巧合。

中国社会从 1919 年到 1999 年，经历了从白话文到网话文的文化演进；人类社会则从 1919 年到 2019 年，面临着从内地球的“世界大战”到外地球的“宇宙大战”的博弈格局。

在这样一个历史关键时刻，历史学家和一切历史书写者都翘首企盼着今朝的风流人物。回过头看，司马迁《史记》一路以降的二十四史，就是抓住代代辈出的“风流人物”，予以不同级别的传记，这正是中国历史书写的奥妙。其详略似乎兴之所至、忘乎历史概括之规范的“文学性”，岂不正是在为后人留下做事细节的“操作书”和“路线图”吗？而其“人群画像”，则是为每个你我励志和立则，期望后来者有过之而无不及。

二十四史记录和叙说的许多是处于不尽如意时期的个人遭际。因而特别镜映出人生的困顿、无奈和严酷，及其反面的突围、有为和辉煌。二十四史把竭尽全力奋斗终身的人们的立功立德立言的故事，铭刻在中国文字的数据库中；而二十四史的书写，本身又是史家立功立德立言的永恒结晶。

二十四史的母题也就在于：夹在先于个人而存在的暗黑历史处境和隐于个人而蠢动的追名逐利的人性之中，人如何成“人”而宏“道”，为他人和家园做出贡献，彰显于世，彪炳千古。二十四史就是每朝每代的排行榜和英雄册。为一个又一个中国人自豪，也就成为为中国和中国智慧自豪的前提；一个个中国个人的成长和脱颖而出，成为中国国家成长和脱颖而出的前提！正是二十四史以事实之雄辩告诉人们：无视老百姓个人的生命福祉和其“人有智能”，就不可能有国家成功的天长地久！

二十四史的篇篇纪传，皆是独一无二现身世上的个人之“人有智能”的标本。于是，就如中国智者宣告的：你我的身体由大周天小周天映照宇宙风水，你我的生命应和着时间节气，所以，你我都是真正的“天子”：一滴水见太阳。二十四史中呈现的人事标本，使读者心动、情动、理动、行动，“知行合一”，经过各各不同的你我之身心和人生的再结构、再镶接，以各各不同的“行事”，表达为不断推陈出新的新“历史”，一种活出历史、展现无限的二十四史续编的新文本。

你我理所当然地成为二十四史的一部分，阅读人成为写作人，二十四史作为历史文化遗产，这是其被永远保护和转换为资源化利用的唯一途径：历史文化遗产内化为一个人的身心实体的保护和利用的过程。在这个过程中，二十四史长入未来；同时，后人对先人经典和形迹的读解、鉴赏和批评，可能迸发出新的理论和方法，这是本辞典的宗旨所在。

同时，单纯从写作来说，二十四史的历史书写方式还要求你我永远琢磨挖掘，反复尝试，以自己的“太史公曰”，创造出新的历史作品。犹如朱东润老师写的《元好问传》，有人这样评价：“人非圣贤，孰能无过，生当乱世，存活为难。先生反对以今人之立场来评说古人，但对古人之失德，也认为无避隐之必要。这是他写作传记的基本立场，且得以贯彻始终。”（陈尚君《元好问的大节》）

顾晓鸣

于蕴乐居

2016 年 12 月 12 日

导言：二十四史皆经

绍明世，正《易传》，继《春秋》，本《诗》、《书》、《礼》、《乐》之际。

——司马迁

六经皆史也。

——章学诚

司马氏班氏都是自比于孔子而作经。

——傅斯年

章学诚谓："六经皆史也"；我谓："二十四史皆经也"。

希腊史专家奥斯温·默里（Oswyn Murry）认为，历史学独立形成于世界三大地区，即希腊、犹太和中国。① 杜维运则认为："世界出现过的史学，以中国史学与西方史学为最大遗产……中西史学之外，世界上出现的史学，自然尚有，如阿拉伯史学即为其一，然皆难与中西史学分庭抗礼。"②

然而，中华以外的任何一个民族的史学中，都不曾出现过类似二十四史这样一套历时千年延续不断、由群体创作而成的历史著作。

司马迁自云"绍明世，正《易传》，继《春秋》，本《诗》、《书》、《礼》、《乐》之际"（《史记·太史公自序》），《易》、《春秋》与《诗》、《书》、《礼》、《乐》合为"六经"，司马迁所著《史记》，就是以继承"六经"作为使命。所以傅斯年尝谓，"司

---

① John Borardan, Jasper Griffin, Oswyn Murry, ed., *The Oxford History of Greece and Hellenistic World*, Oxford, 1991, p.215。

② 杜维运：《变动世界中的史学》，北京大学出版社 2006 年版，第 51 页。

马氏班氏都是自比于孔子而作经”①。无论是司马迁、班固、陈寿、范晔，或是历朝历代史官的编修，他们都怀着修撰经书般的虔诚，延续着中国的历史。

诚然，这是一种群体性的记录、群体性的创作，也是一种群体性的回忆。

这不仅仅是记载历史，也是在创造历史。

所以，我们将之称为“二十四史皆经”。

虔诚的传统

传说在帝颛顼的时代，“命南正重以司天，北正黎以司地”（《史记·太史公自序》），中国历史记载的开端，可能缘于地理和天文的记录，《史记》的八书中就有《天官》和《河渠》。

夏商之际，“大禹刊木，事炳虞书，西伯戡黎，功焕商典”（《宋书·自序》），中国的历史学由此诞生，并且延续数千年。《史记》的作者司马迁，其先祖是周代的太史。太史，职责在于监测天象、考察人事，所以说“天文莫验于玑衡，人文莫证于简策。人主监天象之休咎，则必察乎玑衡之精。监人事之得失，则必考乎简策之信。是以二者所掌，俱有太史之称”（《进辽史表》）。对天地的景仰，对人事的敬意，中国的历史学始终是严肃而庄重的。

东周时期，“周室既微，载籍残缺”，孔子作《春秋》，“思存前圣之业……以鲁周公之国，礼文备物，史官有法，故与左丘明观其史记，据行事，仍人道，因兴以立功，就败以成罚，假日月以定历数，藉朝聘以正礼乐”（《汉书·艺文志》）。从天官到人道，从记录到编纂，从述往事到思来者，孔子将历史视为承袭历法与礼制的载体，怀有敬畏之心，赋予历史以新的精神价值。

后世的历史学者所继承的，正是源于《春秋》、《史记》的虔诚精神，“左丘明、司马迁、班固，以良史之才，博学善叙事，不虚美隐恶，故传之简牍，千余年而不磨灭”（《旧本魏书目录·序》），“信传信而疑传疑，仅克编摩于岁月；笔则笔而削则削，敢言褒贬于《春秋》。仰尘乙夜之观，期作千秋之鉴”（《进元史表》）。尤其是“（司马）迁自以承五百之运、继春秋而纂是史”（《史记索隐·

---

① 傅斯年：《与顾颉刚论古史书》，《国立第一中山大学语言历史学研究所周刊》第一集第十三期，1928年1月23日。

序》)，撰写了中国第一部以人为本，以阐释历史为目的的著作，对于中国历史学的发展意义非凡，让历史传承着民族的文化基因。

汉代以降，许多史家在继承《春秋》精神的同时，也继承了《史记》的纪传体例，形成了所谓的“正史”。“《正史》之名，见于《隋志》”，《隋书·经籍志》里列举了多达六十七部的纪传体史书及其注本。“至宋而定著十有七，明刊监版，合宋、辽、金、元四《史》为二十有一”(《四库全书总目提要》)，到了清高宗钦定《明史》，“又诏增《旧唐书》为二十有三。近搜罗四库，薛居正《旧五代史》得裒集成编。钦禀睿裁，与欧阳修书并列，共为二十有四”(《四库全书总目提要》)。

于是，上迄传说中的黄帝，下止明朝崇祯十七年，共计三千余卷，约合四千余万字，所述历史超过四千年的“二十四史”终于成型。

群体性创作

二十四史得以绵延千年，源于虔诚的传统，还有群体性的创作。

古代中国，历史编纂很早就成为一项国家的职能，设有专门的人员职掌。据《汉书·艺文志》记载，“古之王者世有史官。君举必书，所以慎言行，昭法式也。左史记言，右史记事，事为《春秋》，言为《尚书》，帝王靡不同之。”《隋书·经籍志》也说，“古者天子诸侯，必有国史，以纪言行，后世多务，其道弥繁。”记录历史和管理史籍的人员，拥有正式的官职，并且向职业化发展。

《史记·太史公自序》载：“余(司马迁)先周室之太史也。自上世尝显功名于虞夏，典天官事。……其在周，程伯休甫其后也。当周宣王时，失其守而为司马氏。司马氏世典周史。”家族世袭修史的传统，确保了记录历史的延续性和专业性，更是为这份职业增添了神秘与虔诚。

“《诗》、《书》所及，世有典籍，……然后扬名于后世，冠德于百王。”(《汉书·叙传》)历史，在中国有着非同一般的地位，编修纪传体史书向来是国家层面重要的文化项目。班固私修国史竟至入狱，唐代更是设立史馆编撰的制度，“(唐)太宗以梁、陈及齐、周、隋氏并未有书，乃命学士分修……”(《史通·古今正史》)，从此“正史”更为正统。

元、明、清三代也极为重视官修史书，并确立了相应的修史制度。元代“遴选文臣，分史置局，纂修成书”，对于辽、宋、金的“实录、野史、传记、碑文、行实”，“交行省及各处正官提调，多方购求，许诸人呈献，量给价直，咨达省每，送付史馆，以备采择”，甚至“合用纸札、笔墨，一切供需物色，于江西、湖广、江浙、河南省所辖各学院并贡士庄钱粮，除祭祀、廪膳、科举、修理存留外，都交起解将来，以备史馆用度”（《修三史诏》）。清代更是历经顺治、康熙、雍正、乾隆四朝编修《明史》，时间跨度九十余年，参与学者多至近二百人，声势规模蔚为可观。这不仅为了总结一代的兴衰，而且为了将正统合法，将正统延续。

当正史和正统走在一起，史书不再只是历史的记录，而是成为王朝的意志，成为官方的宣告，成为官修的教材。如此举全国学者群体之力组织编纂史书，在人类历史上恐怕是独一无二的。

宏观精致的设计

二十四史，包括了二十四部史书。虽说出自不同作者之手，甚至很多是群体参与创作，但是这些史书在体例上惊人统一，精巧地容纳在《史记》预设的架构里，不得不叹服司马迁的宏观设计。

《史记》是汉代以前史书的集大成者。《史记正义·序》针对《史记》体例和文献来源作了总结：“绍太史继春秋，括文鲁史，而包左氏、国语，采世本、战国策，而摭楚汉春秋，贯细经传，旁搜史子，上起轩辕，下既天汉。作十二本纪，帝王兴废悉详。三十世家，君国存亡毕著。八书，赞阴阳礼乐。十表，定代系年封。七十列传，忠臣孝子之诚备矣。”《史记》的“本纪”源于《帝系》，“世家”借鉴《世本》，“列传”参考《左传》、《国语》、《战国策》，所以白寿彝说“《史记》里面的本纪、表、书、世家、列传这五种体裁，分开来讲，过去都有。……但是，把不同的体裁有意识地相互糅合成为一个完整的体系，却是《史记》在形式上的创造”①。

① 白寿彝：《〈史记〉新论》，求实出版社 1981 年版，第 62 页。

《史记》对于历史学的贡献，是构建了历史的宏观视野和精致的记录体系，将人置于历史的中心，创作出包括人物传记、典章制度、社会生活的百科全书。修昔底德在《伯罗奔尼撒战争史》中说，“人是第一重要的；其他一切都是人的劳动成果”，用这句话来阐释《史记》的视角，却也是恰如其分的。班固在《汉书·叙传》中写道：“凡《汉书》，叙帝皇，列官司，建侯王。准天地，统阴阳，阐元极，步三光。分州域，物土疆，穷人理，该万方。纬《六经》，缀道纲，总百氏，赞篇章。函雅故，通古今，正文字，惟学林。”这一宏大的体系，事实上就是对司马迁发明的演绎。

“自是世有著述，皆拟班、马，以为正史，作者尤广。一代之史，至数十家。”（《隋书·经籍志》）《史记》优秀的宏观设计，带动了群体性的创作，二十四史延续的生命，孕育在这一框架之上。纪传体除纪、传以外，还有表（《史记》），以及书（《史记》）、志（《汉书》）、考（《新五代史》）、世家（《史记》、《新五代史》）、载记（《晋书》）、附录（《新五代史》）等，然而万变不离其宗，这些都脱胎于《史记》。

纪传体例的传统延续两千年，得益于《史记》所构建的宏大精致的体系。正如明代李善长在《进元史表》中称，“伏以纪一代以为书，史法相沿于迁、固”；也正像清张廷玉在编修《明史》时谓，“曰纪，曰志，曰表，曰传，悉仍前史之体裁”（《张廷玉上明史表》）。

两千年前设计的框架，两千年后仍然适用，与其说中国制度与文化沿革有序，更要看到当初的顶层设计卓有远见。这在世界史学史上，也是绝无仅有的案例。

编纂者，记录者？

倘若追究二十四史的著作权，恐非作者们所独有，他们的意义，在于完成了一项浩大的编纂工作。

据司马迁自述，“请悉论先人所次旧闻，弗敢阙”，怀着虔诚之心编纂，从中可见一斑。《史记》中的内容，很多都见于先秦诸书，司马迁编纂的目的即是“网罗天下放失旧闻，略考其行事，综其终始，稽其成败兴坏之纪”（《报任安书》)。

除《史记》记载的历史延续到司马迁生活的时代外,自《汉书》开创断代史,其后诸史几乎都是后朝编修前朝的历史,“故探撰前记,缀辑所闻”(《汉书·叙传》),“诠次旧文,裁成义类,俾夫湮落之诰,咸使发明”(《修晋书诏》)。纵然有如著名的编年史《资治通鉴》这样的通史类著作,也决然不提本朝故事。史家们以忠实史料为原则,而不是真实记录耳闻目睹的当代史。

与中国不同,古希腊和古罗马的历史学家自认为是当代历史的记录者,而非前朝历史的编纂者。希罗多德在《历史》一书中说:“我的职责是把我所听到的一切记录下来,虽然我并没有任何义务来相信每一件事情,对于我的全部历史来说,这个说法我以为都是适用的。”修昔底德的《伯罗奔尼撒战争史》也提到:“我所描述的事件,不是我亲眼看见的,就是我从那些亲自看见这些事情的人那里听到后,经过我仔细考核过了的。”

诚然,编纂者的角色,与记录者的角色不同。

古希腊、古罗马,乃至犹太的历史学家再三强调的是“求真”,“真实对于历史,就像人的眼睛那样重要。人没有眼睛便成为终身残疾,而历史缺乏真实,则成了无稽之谈”(修昔底德《伯罗奔尼撒战争史》),“只有我所认为是真实的东西,我才把它记载下来。关于希腊人的传说纷纭复杂、各异其趣,但据我看来都是荒唐可笑的”(赫克特斯《谱系志》),“历史只有一个任务或目的,那就是实用,而实用只有一个根源,那就是真实”(卢奇安《论撰史》),“我决定尊重史实,写一部历史。……这是为那些热爱真相而不是寻求消遣的人写的”(约瑟福斯《犹太战争》)。

中国历史学的标准则是“直笔”,“拨乱世反之正,莫近于春秋”(《史记·太史公自序》);“不作论赞,但据事直书,具文见意,使其善恶自见,准《春秋》及钦奉圣旨事意”(《纂修元史凡例》);“心术有邪正,词理有工拙,识见有浅深,而史随以异,要在传信,传著不失其实而已”(《重刊唐书序》)。

“直笔”与“求真”,在对待历史真实的态度上殊途同归。不同的是,希腊的史学家更看重记录的原汁原味,正像修昔底德《伯罗奔尼撒战争史》中写道,“我这部历史著作很可能读起来不引人入胜,因为书中缺少虚构的故事”;

中国的史学家致力编纂而非单纯的记录，故而注重文采，例如“其班氏之书，成于后汉，彪即后迁而述，所以条流更明，且又兼采众贤，群理毕备，故其旨富，其词文”（《史记索隐·后序》）。

述往事，思来者

自《汉书》起，纪传体史书以断代史的形式延续，让学史者“明一代之得失也”（《梁书目录·序》）。

历史被赋予了记录和借鉴的双重功能，就是司马迁所谓“故述往事，思来者”（《史记·太史公自序》）。从这方面来说，无论中国还是西方都是相通的。修昔底德在《伯罗奔尼撒战争史》中写道：“但如果那些想要清楚地了解过去所发生的事件和将来也会发生的类似的事件（因为人性总是人性）的人，认为我的著作还有一点益处的话，那么我就心满意足了。”

述往事，思来者，首先是以史为鉴。波里比阿在《罗马史》中所说的“历史之特殊功用就在于能使人明白某种政策或政见的成败原因”，这或许就是“盖因已往之废兴，用作将来之法戒”（《进元史表》）了。

其次是惩恶扬善。沈约《宋书·自序》云：“若夫英主启基，名臣建绩，拯世夷难之功，配天光宅之运，亦足以勒铭钟鼎，昭被方策。及虐后暴朝，前王罕二，国衅家祸，旷古未书，又可以式规万叶，作鉴于后。”与之相似，塔西佗在《编年史》中说道：“历史的首要任务，这就是：保存人们所建立的功业，并且使邪恶的言行对后者的责难有所畏惧。”

最终凝练的，是历史的智慧。《南齐书目录·序》有言，“将以是非得失兴坏理乱之故而为法戒，则必得其所托，而后能传于久，此史之所以作也”，这里的“是”、“兴”、“得”、“理”，正是历史遗传给我们的智慧。仿佛如李维《罗马史》中所说的，“研究过去的事，可以得到非常有用的教益。……如果那是好的，那么你就模仿着去做”。

历史，是将死去的人和事，讲给活着的以及未来的人听的。

《史记》开创的二十四史，同样承担了“述”和“思”的历史责任，传递着民族文化的经验与思考。

成众家之言

《左传·襄公二十四年》有言:“太上有立德,其次有立功,其次有立言,虽久不废,此之谓三不朽。”

司马迁是希望能够不朽的。“古者富贵而名摩灭,不可胜记,唯倜傥非常之人称焉。”他选择的方式是“立言”,“究天人之际,通古今之变”,更要“成一家之言”(《报任安书》)。二十四史的其他作者又何尝不如是,这也是古今中外历史学者共有的希冀。

于公而言,这是民族、国家、人类的回忆。《宋书·自序》所谓的“是以掌言未记,爰动天情,曲诏史官,追述大典”,正是希罗多德《历史》中所称的“之所以要把这些研究成果发表出来,是为了保存人类的功业,使之不致由于年深日久而被人们遗忘”。

于私而言,这是个人千古流芳的载体。司马迁《报任安书》所谓的“所以隐忍苟活,幽于粪土之中而不辞者,恨私心有所不尽,鄙陋没世,而文采不表于后世也”,也仿佛修昔底德《伯罗奔尼撒战争史》中所言的“我著作不是只想迎合群众一时的嗜好,而是想垂诸久远的”。

最初的纪传体史书,编纂都是由个人完成的,是个人立言的机会。“自斯(司马迁)以后,皆所取则。虽左史笔削,无乏于时,微婉所传,唯称班(固)、范(晔)。次有陈寿《国志》,亦曰名家。”(《北史·序传》)司马迁的《史记》、班固的《汉书》、范晔的《后汉书》、陈寿的《三国志》被合称为“前四史”,个性凸显鲜明。而后群体性的编纂,让史家们虽有那份虔诚,却没有了“立言”的机会,成为了刻本上的一个个字符,也让历史逐渐消磨了个性,沦没于群体性的瀚海。

中国的“《圣经》”?

清代著名史学家章学诚曾经说过一句名言:“六经皆史也。”(《文史通义·易教上》)意思是儒家奉为经典的“六经”,即《诗》、《书》、《礼》、《乐》、《易》、《春秋》,原本都是夏、商、周三代关于政教典章的历史记录。

正是由于历史学者的清晰记录和著述,让我们知道《尚书》里的唐尧、虞舜，拘而演《周易》的文王，制《礼》作《乐》的周公，厄而作《春秋》的孔子，都是历史上真实存在的人。中国的“六经”，乃至“十三经”，原来都是人的智慧，并非神的创造。

《史记·太史公自序》有云：“自周公卒五百岁而有孔子，孔子卒后至于今五百岁，有能绍明世，正《易传》，继《春秋》，本《诗》、《书》、《礼》、《乐》之际。”《诗》，是对历史兴衰的咏叹；《书》，是对历史语录的记述；《礼》，是对历史制度的备载；《乐》，是对历史丰功的吟唱；《易》，是对历史预见的经验；《春秋》，是对历史故事的针砭。司马迁绍明世，继“六经”，著《史记》，于是这些功能大抵见于《史记》以降的“二十四史”。

二十四史，勾勒出中国历史的轮廓，尤其是《史记》，还原了华夏最初的面目。二十四史，囊括中国的时间和空间，人物和事件，个体和群体，是一部容纳了四千年历史的百科全书。宗教般的虔诚，举国之力、举世代之力的群体创作，这二十四部著作，编纂的不只是“史”，同样是“经”。

虽然没有圣明，但作者的虔诚让其庄严；虽然没有膜拜，但群体的认同让其生辉；虽然没有显灵，但历史的编纂奇迹般地延续了两千年。

这里有中国人的故事；

这里有中国人的信念；

这里有中国人的智慧；

这里有中国人的经验。

郭　骥

于上海大学博物馆

2017 年 5 月 21 日

编写说明

本书选择“二十四史”中的326篇，编排为6大类共150组，打破本纪、世家、列传以及书、表的分类，而是参考合传、类传的形式，按照时间顺序将或处同一时代、或具相似经历、或有明显对比的人物编排在一起，构建了新的格局。

本书以年代为经，以同时代的一组人物为纬，在时间构建的框架下，将纪、世家、传的内容重新组合。这一形式不同于纪传体分为纪、传两条线索，不同于编年体事事必备，也不同于纪事本末体顾及事件的完整性而忽视人物本身。白寿彝认为，《史记》中“纪和传的关系，可以比作‘经’和‘传’的关系。世家则介于二者之间”（《〈史记〉新论》第62页），“纪”构建了框架，“传”是对纪的详细解读。

具体而言：

按照时间顺序，选取上古至明代诸多历史人物的经典案例，从国家命运和个人智慧的角度加以读解；

从文学、艺术、思想、宗教等方面，将可资比对的人物分别置于一组，是“国民智慧”的代表性案例。

例如将秦始皇、吕不韦和李斯置于一组，从三个不同维度来观察中国历史上最为重要的统一进程；将孔、孟、荀、老、韩这五位先秦时代的思想家置于一组，通过比较来探究中国思想的本源。

本书在每大类开头加上“导语”，对本类所涉的“二十四史”中的某一或若干本“史”作一简介；每组开头加上导言，通过本组一至若干人的比较，归纳总结出一个时代或一组人物的特质。

本书末尾附有“学做‘史家’：成一家之言——今天我们如何鉴赏二十四史”、“鉴赏和读解二十四史中的历史故事的一个尝试性样本”、“评点二十四史”三个附录，这些是对“二十四史”自身智慧思想的提炼。

通过这一编排，呈现给读者的是这样一种阅读二十四史的角度：既有明确的历史发展的时间线索作为参考，又能比较同一个时期相碰撞的历史人物在博弈中的智慧。

凡　例

一、本书精选“二十四史”中的326篇。

二、全书按照“二十四史”年代顺序分成6大类，每类的开头由“导语”统领；按照人物、事件的关联度组成150个组，每组的开头由“导言”统领；每组包含一至四个篇目，每个篇目由选文、注释、赏析三部分组成。

三、本书类别、组别、篇目的排序总体上按“二十四史”及各篇目的年代顺序，为赏析需要，个别篇目有所调整。

四、由于“二十四史”中有些原文的篇幅较长，本书选收时酌情作了删节，并在选文后标注了出处卷次。

五、正文选文采用“二十四史”通行本，并参照其他文本择善而从。全书采用简体字排版，在可能产生歧义时酌用繁体字或异体字。

目　录

上册

下册

《史记》、《汉书》导语

《史　　记》

也称《太史公书》、《太史公记》。西汉司马迁编撰，部分篇目继承了其父司马谈的遗稿。是中国历史上第一部纪传体通史，与《汉书》、《后汉书》、《三国志》合称“前四史”。全书共一百三十卷，包括本纪十二卷、世家三十卷、列传七十卷、表十卷、书八卷。记载了从上古传说中的黄帝时代至汉武帝太初四年(前101年)的史事。因其文笔高雅，鲁迅赞之“固不失为史家之绝唱，无韵之《离骚》矣”(《汉文学史纲要》)。历代重要注本有南朝宋裴骃的《史记集解》、唐代司马贞的《史记索隐》和张守节的《史记正义》，合称“三家注”。此外较为重要的研究著作，诸如清代梁玉绳的《史记志疑》、张文虎的《校刊史记集解索隐正义札记》、郭嵩焘的《史记札记》、沈家本的《史记琐言》、崔适的《史记探源》、张森楷的《史记新校注》、黄福銮的《史记索引》，近人陈直的《史记新证》，日人泷川资言的《史记会注考证》，以及哈佛燕京学社引得编纂处编《史记及注释综合引得》、中国科学院历史研究所编《史记研究的资料和论文索引》等。

《汉　　书》

也称《前汉书》。东汉班固编撰，部分篇目继承了其父班彪的遗稿，八表和《天文志》为班昭、马续补写。是中国历史上第一部纪传体断代史。全书共一百卷，包括纪十二卷、表八卷、志十卷、传七十卷。记述了从西汉的汉高祖元年(前206年)至新朝的王莽地皇四年(23年)的史事。刘知幾称之“言皆精练，事甚该密，故学者寻讨，易为其功，自尔迄今，无改斯道”(《史通·六家》)。历代重要注本有唐代颜师古的《汉书注》，清代王先谦的《汉书注补》，近人杨树达的《汉书补注补正》。较为重要的研究著作，诸如清代王念孙《读汉书杂志》、周寿昌的《汉书注校补》、沈钦韩的《汉书疏证》、钱大昭的《汉书辨疑》、沈家本的《汉书琐言》，以及近人杨树达的《汉书窥管》、陈直的《汉书新证》等。

史家的立德、立功、立言

〔**导言**〕 虽然司马迁说，从孔子往后五百年应该有“绍明世，正《易传》，继《春秋》，本《诗》、《书》、《礼》、《乐》”的人，并试图撰写《史记》当此重任，但实际上《史记》成书是有其特殊历史原因的。

司马迁父子生活在一个需要总结历史的时代——当经历了汉代一百年的兴盛后，政治和社会都发生了非常重大的变革，制定律令有萧何，军法有韩信，章程有张苍，礼仪有叔孙通，此外曹参举荐盖公谈论道家思想，贾谊和晁错彰明法家，公孙弘推崇儒家，这样的形势下惟有执掌史籍的司马氏还没有作为，若如此后世将无法了解其中的经验得失。

司马氏有职掌天文和历史的传统，尤其是提出《史记》设想的是司马迁的父亲司马谈，这让司马迁更认为记述历史是他家族的责任。司马迁在《太史公自序》中记述了父亲太史公司马谈的学术背景，以及他对六家要指的见解，表明只有司马氏如此的博学，才能够承担撰写这样一部“成一家之言，厥协六经异传，整齐百家杂语”的卷帙浩瀚的历史著作。

然而，这部史书最为重要之处是“成一家之言”，这是光有博学所不能为之的。《自序》虽为《史记》的最后一篇，却是整部史书提纲挈领的文字，因此我们大可以移到开头先来读一读。因为我们需要记住：正是因为司马迁父子的天才和智慧，使《史记》成为一部有立场、有态度的历史著作。

太史公自序

〔**选文**〕

(司马)迁生龙门，耕牧河山之阳①。年十岁则诵古文。二十而南游②江、淮，上③会稽，探④禹穴，窥⑤九疑，浮⑥于沅、湘；北涉[7]汶、泗，讲业[8]齐、鲁之都，观孔子之遗风，乡射[9]邹、峄；戹困[10]鄱、薛、彭城，过梁、楚以归。于是迁仕[11]为郎中，奉使[12]西征巴、蜀以南，南略[13]邛、笮、昆明，还报命。

是岁天子始建汉家之封，而太史公留滞周南，不得与从[14]事[15]，故发愤[16]且卒。而子迁适[17]使反[18]，见父于河洛之间。太史公执迁手而泣曰："余先[19]周室之太史也。自上世尝[20]显功名于虞夏，典[21]天官事。后世中衰，绝于予乎？汝复为太史，则续[22]吾祖矣。今天子接千岁之统，封泰山，而余不得从行，是命也夫，命也夫！余死，汝必为太史；为太史，无忘吾所欲论著矣。且夫孝始于事亲，中于事君，终于立身。扬名于后世，以显父母，此孝之大者。夫天下称诵周公，言其能论[23]歌[24]文武之德，宣[25]周邵之风，达[26]太王王季之思虑，爰[27]及公刘，以尊后稷也。幽厉之后，王道缺，礼乐衰，孔子修旧起废，论《诗》、《书》，作《春秋》，则学者至今则[28]之。自获麟以来四百有余岁，而诸侯相兼[29]，史记[30]放绝。今汉兴，海内一统，明主贤君忠臣死义之士，余为太史而弗论载，废[31]天下之史文，余甚惧焉，汝其念[32]哉！"迁俯首流涕曰："小子不敏[33]，请悉[34]论先人所次[35]旧闻，弗敢阙[36]。"

……

太史公曰："先人有言：'自周公卒五百岁而有孔子。孔子卒后至于今五百岁，有能绍[37]明世，正[38]《易传》，继《春秋》，本[39]《诗》、《书》、《礼》、《乐》之际？'意在斯乎！意在斯乎！小子何敢让[40]焉。"

……

壶遂曰："孔子之时，上无明君，下不得任用，故作《春秋》，垂[41]空文以断礼义，当一王之法[42]。今夫子上遇明天子,下得守职,万事既具,咸各序[43]其宜,夫子所论,欲以何明[44]?”

太史公曰:“唯唯,否否,不然。余闻之先人曰:‘伏羲至[45]纯厚,作《易》、《八卦》。尧舜之盛[46],《尚书》载之,礼乐作焉。汤武之隆[47],诗人歌之。《春秋》采善贬恶,推[48]三代之德,褒周室,非独刺讥[49]而已也。’汉兴以来,至明天子,获符瑞,封禅,改正朔,易服色,受命于穆清[50],泽流罔极[51],海外殊[52]俗,重译款塞[53],请来献见者,不可胜道。臣下百官力诵圣德,犹不能宣尽其意。且士贤能而不用,有国者之耻;主上明圣而德不布闻,有司之过也。且余尝掌[54]其官,废明圣盛德不载,灭[55]功臣世家贤大夫之业不述,堕[56]先人所言,罪莫大焉。余所谓述故事,整齐其世传,非所谓作[57]也,而君比之于《春秋》,谬矣。”

于是论[58]次其文。七年而太史公遭李陵之祸,幽[59]于缧绁。乃喟然而叹曰:“是余之罪也夫!是余之罪也夫!身毁不用矣。”退而深惟[60]曰:“夫《诗》、《书》隐约者,欲遂[61]其志之思也。昔西伯拘羑里,演[62]《周易》;孔子尼[63]陈蔡,作《春秋》;屈原放逐,著《离骚》;左丘失明,厥[64]有《国语》;孙子膑[65]脚,而论兵法;不韦迁蜀,世传《吕览》;韩非囚秦,《说难》、《孤愤》;《诗》三百篇,大抵贤圣发愤之所为作也。此人皆意有所郁结[66],不得通其道也,故述往事,思来者。”于是卒述陶唐以来,至于麟[67]止,自黄帝始。

……

维我汉继五帝末流,接三代业。周道废,秦拨[68]去古文,焚灭诗书,故明堂石室金匮玉版图籍散乱。于是汉兴,萧何次律令,韩信申[69]军法,张苍为章程,叔孙通定礼仪,则文学[70]彬彬稍进,《诗》、《书》往往间[71]出矣。自曹参荐盖公言黄老[72],而贾生、晁错明[73]申、商,公孙弘以儒显[74],百年之间,天下遗文古事靡[75]不毕集太史公。太史公仍父子相续纂[76]其职。曰:“於戏!余维先人尝掌斯事,显于唐虞,至于周,复典[77]之,故司马氏世主[78]天官。至于余乎,钦[79]念哉!钦念哉!”罔罗[80]天下放失旧闻,王迹所兴,原[81]始察终,见盛观衰,论考[82]之行事,略推三代,录秦汉,上记轩辕,下至于兹,著十二本纪,既科条之矣。并[83]时异世,年差[84]不明,作十表。礼乐损[85]益[86],律历改易,兵权山川鬼神,天人之际,承[87]敝通变,作八书。二十八宿环北辰,三十辐共一毂,运行无穷,辅拂[88]股肱之臣配焉,忠信行道,以奉主上,作三十世家。扶义俶傥[89],不令已失时,立功名于天下,作七十列传。凡百三十篇,五十二万六千五百字,为《太史公书》。序略,以拾遗补艺,成一家之言,厥协《六经》异传,整齐百家杂语,藏之名山,副[90]在京师,俟后世圣人君子。第七十。

选自《史记》卷一百三十

〔注释〕 ①阳:山的南面或水的北面。 ②游:游历。 ③上:前往。 ④探:探测。 ⑤窥:观察。 ⑥浮:乘船航行。 ⑦涉:渡水。 ⑧讲业:讲习儒家的学业。 ⑨乡射:(参加)地方射礼。 ⑩戹困:遭遇困苦。 ⑪仕:做官。 ⑫使:出使。 ⑬略:视察。 ⑭从:跟随。 ⑮事:帮助。 ⑯发愤:烦闷。 ⑰适:恰好。 ⑱反:通“返”。 ⑲先:祖先。 ⑳尝:曾经。 ㉑典:主管。 ㉒续:继承。 ㉓论:讲述。 ㉔歌:赞颂。 ㉕宣:发扬。 ㉖达:通晓。 ㉗爰:通“援”,援引。 ㉘则:遵循。 ㉙兼:兼并。 ㉚史记:史书。 ㉛废:荒废。 ㉜念:记住。 ㉝敏:聪明。 ㉞悉:全都。 ㉟次:编订。 ㊱阙:遗漏。 ㊲绍:接续。 ㊳正:修订。 ㊴本:根据。 ㊵让:推辞。 ㊶垂:留传。 ㊷法:准则。 ㊸序:按次序排列。 ㊹明:阐明。 ㊺至:极致。 ㊻盛:兴盛。 ㊼隆:繁荣。 ㊽推:推崇。 ㊾刺讥:讽刺。 ㊿穆清:上天。 [51]罔极:无边无际。 [52]殊:不同。 [53]款塞:叩塞门。 [54]掌:掌管。 [55]灭:除尽。 [56]堕:毁弃。 [57]作:创作。 [58]论:讲述。 [59]幽:囚禁。 [60]惟:思考。 [61]遂:完成。 [62]演:推演。 [63]戹:(使)困窘。 [64]厥:乃。 [65]膑:剔去膝盖骨。 [66]郁结:思虑积于内心。 [67]麟:汉武帝获麟之事。 [68]拨:废弃。 ⑲申：陈述。 ⑳文学：礼乐教化。 ㉑间：不时地。 ㉒黄老：无为而治。 ㉓明：阐明。 ㉔显：显扬。 ㉕靡：没有。 ㉖纂：通“缵”，继承。 ㉗典：掌管。 ㉘主：主管。 ㉙钦：恭敬。 ㉚罔罗：即“网罗”。 ㉛原：推究。 ㉜考：查核。 ㉝并：相同。 ㉞差：差别。 ㉟损：减少。 ㊱益：增加。 ㊲承：抵制。 ㊳拂：通“弼”，匡正。 ㊴俶傥：同“倜傥”，不拘小节。 ㊵副：副本。

〔赏析〕《太史公自序》是对洋洋洒洒五十二万余字《史记》的总结，作于《史记》成稿之后，然而阅读《史记》，却可以将这篇文章提到开头，因为《自序》里有司马迁的自传，讲述了《史记》的撰写缘由；同时这也是《史记》提纲挈领的文字。

司马迁有着骄傲的身世，他继承父亲司马谈的事业，担任汉朝的太史公一职。在中国古代，史官地位相当高，司马迁在追溯史官传统时，首先提到颛顼时期“命南正重以司天，北正黎以司地”，这是承担天地交流重任的职位。随着时代的发展，历史的功用从沟通天人，逐渐转变到了人事方面。所谓“上明三王之道，下辨人事之纪”，就是指阐明历史的治国得失，辨正人伦纲纪。于是，历史的智慧和现实价值得以体现，这也是后来历代以史为师、以古为鉴观念的形成根源。

司马迁立志撰写史书，很大程度由于他父亲的缘故。司马谈的未竟事业，是由于历经秦朝一统天下的大变革，继而目睹诸多“明主贤君忠臣死义之士”取代秦朝的统治后，所以试图将这段轰轰烈烈的历史记载下来。否则，不能不说是史官的失职。在司马氏父子看来，春秋时期王道缺失，礼乐荒废，孔子修订《春秋》，达到“乱臣贼子惧”的效果，这是史官的职责和价值的体现。因此司马迁续修历史，自比孔子，称“小子何敢让焉”，即自己不敢谦让的意思，让后世的扬雄和孙盛等人感觉他好像有点不自量力。其实这体现出的是司马迁的历史责任感，即便遭到如“李陵之祸，幽于缧绁”的困境，也终于发愤完成，以垂后世。

历史的智慧，在于博古通今，这在司马迁身上表现极为明显。博古，不只是全面了解过去，还要加以总结提炼。《史记》篇幅不过百三十篇，要在这有限的篇幅里涵盖上古三代直至汉代两千多年的历史，并非易事，必须要有宏大的历史观。司马迁采用的体例，源于先秦古书，同时加以改造。《本纪》用以构建历史框架，《表》用以梳理时代脉络，这都还不算难事。难的是能够慧眼独具，选取立足于“天人之际，承敝通变”的八《书》，从《礼》、《乐》到《河渠》、《平准》，由古及今，经济文化方面均有涉及。最为可贵的是《世家》和《列传》，要在蔚为壮观的古人名录中挑选出几百名幸运儿，而凭着《史记》，这几百人的身世从此刻入丹青。司马迁拟定《世家》的入选标准是“辅拂股肱之臣配焉，忠信行道，以奉主上”，而孔子俨然在列；《列传》的入选标准是“扶义俶傥，不令己失时，立功名于天下”，诸如刺客、循吏、游侠、滑稽之类，也无一漏过。博古，而后能够恰当地臧否人物，凝练教训，一则则看似简短却一语中的的“太史公曰”才是司马迁史学功力的真正体现。

至于通今，则是历史的又一智慧。如果只是搜罗材料，编撰远古的历史，那是一点无碍的。司马氏父子所做的却不止于此，而是有更为宏大的构想。可是叙述秦汉时期的历史变局，甚至一旦触及到作者生活的时代，那就免不了与当前的思想文化起冲突了。两千年前的司马迁同样面临着如何撰写当代史这一问题，他不得不借用与上大夫壶遂的一席对话，来表明自己的立场。司马迁自称撰写《史记》，是为了避免“废明圣盛德不载，灭功臣世家贤大夫之业不述”的尴尬，既然帝王是圣明的，臣子是贤良的，那么为何不该记载下来流芳百世呢？虽然司马迁再三强调他与孔子为了“拨乱世反之正”而编纂《春秋》的动机不同，但是任何明眼人都能看出，既然司马迁以孔子的继承人自居，那么史学家的历史责任感和求真的历史精神也是当然被继承了，所以也就勿要责怪他秉笔直书了。这略显狡猾的障眼法，实是历史学者的无奈。

孔子卒后五百年里，列国的史官虽然一直在勤奋地记载历史，但是没人有能力跨越时空地审视历史。司马迁做到了，他也开启了后世纪传体史书的修史传统。可是，作为二十四史中涵盖历史时代最长的一部史书，司马迁博古的史学才能被后世史学家完整地承继了，然而通今的历史精神却不是可以言传身教的。

（郭　骥）

华夏先祖的传说与真实

〔**导言**〕《五帝本纪》里主要记载的，是传说时代的五位帝王，除了黄帝以外，还有颛顼、帝喾、帝尧和帝舜。“黄帝二十五子，其得姓者十四人”，自颛顼起，包括以后的中华民族，都自认是黄帝和这“二十五子”的后代。那么，似乎我们也可以这样认为，一部浩瀚的二十四史，就是从黄帝家族开始讲起的。

从《五帝本纪》中，我们已经可以看出中国古代王朝更迭的两个范本悄然形成。炎、黄时期的讨伐无道，简直就是日后汤武伐夏、武王灭商的翻版，一个朝代由盛转衰，到了末期昏庸无道，于是明君修德，逐渐获得民众的拥戴，继而通过正义的战争取而代之，“汤武革命，顺乎天而应乎人”，这无疑是王朝更替的第一条途径；而另一方面，尧、舜之间的禅让贤良对后世影响也相当深远，《五帝本纪》、《吴世家》和《伯夷列传》都提到禅让传统，禅让成为后世朝代更替的第二个范本。

虽然这其中很可能掺杂了后人对于上古政治的揣测和加工，但一卷《五帝本纪》无疑成了中国古代王朝兴替轮回的缩影。

五 帝 本 纪

〔**选文**〕

帝尧者，放勋。其仁如天，其知如神。就[①]之如日，望之如云。富而不骄，贵而不舒[②]。黄收纯衣，彤车乘白马。能明驯[③]德，以亲九族。九族既睦，便[④]章[⑤]百姓[⑥]。百姓昭明，合和万国。

乃命羲、和，敬顺昊天，数法[⑦]日月星辰，敬授民时[⑧]。分命羲仲，居郁夷，曰旸谷。敬道[⑨]日出，便程[⑩]东作[⑪]。日中，星鸟，以殷⑫中春。其民析⑬，鸟兽字⑭微⑮。申命羲叔，居南交。便程南为⑯，敬致。日永，星火，以正中夏。其民因⑰，鸟兽希⑱革。申命和仲，居西土，曰昧谷。敬道日入，便程西成⑲。夜中，星虚，以正中秋。其民夷易⑳，鸟兽毛毨㉑。申命和叔；居北方，曰幽都。便在伏㉒物。日短，星昴，以正中冬。其民燠㉓，鸟兽氄㉔毛。岁三百六十六日，以闰月正四时。信㉕饬㉖百官，众功㉗皆兴。

尧曰："谁可顺㉘此事？"放齐曰："嗣子丹朱开明。"尧曰："吁！顽㉙凶㉚，不用。"尧又曰："谁可者？"讙兜曰："共工旁㉛聚布㉜功，可用。"尧曰："共工善言，其用㉝僻㉞，似恭漫㉟天，不可。"尧又曰："嗟，四岳，汤汤洪水滔天，浩浩怀山襄陵，下民其忧，有能使治者？"皆曰鲧可。尧曰："鲧负㊱命毁㊲族，不可。"岳曰："异哉，试不可用而已㊳。"尧于是听岳用鲧。九岁，功用不成。

尧曰："嗟！四岳：朕在位七十载，汝能庸㊴命，践㊵朕位？"岳应㊶曰："鄙德忝㊷帝位。"尧曰："悉㊸举㊹贵戚及疏远隐匿者。"众皆言于尧曰："有矜㊺在民间，曰虞舜。"尧曰："然，朕闻之。其何如？"岳曰："盲者子。父顽，母嚚㊻，弟傲，能和以孝，烝烝㊼治㊽，不至奸㊾。"尧曰："吾其试哉。"于是尧妻㊿之二女，观其德于二女。舜饬(51)下二女于妫汭，如(52)妇礼。尧善之，乃使舜慎和(53)五典，五典能从(54)。乃遍入(55)百官，百官时(56)序。宾(57)于四门，四门穆穆(58)，诸侯远方宾客皆敬。尧使舜入山林川泽，暴风雷雨，舜行不迷(59)。尧以为圣，召舜曰："女(60)谋事至(61)而言可绩(62)，三年矣。女登帝位。"舜让(63)于德不怿(64)。正月上日，舜受终于文祖。文祖者，尧大祖也。

于是帝尧老，命舜摄行(65)天子之政，以观天命。舜乃在[66]璿玑玉衡，以齐[67]七政。遂类于上帝，禋于六宗，望于山川，辩于群神。揖[68]五瑞，择吉月日，见四岳诸牧，班[69]瑞。岁二月，东巡狩，至于岱宗，祡[70]，望秩于山川。遂见东方君长，合[71]时月正[72]日，同律度量衡，修五礼五玉三帛二生一死为挚，如[73]五器，卒乃复[74]。五月，南巡狩；八月，西巡狩；十一月，北巡狩：皆如初。归，至于祖祢庙，用特牛礼。五岁一巡狩，群后四朝。遍告以言，明试[75]以功，车服以庸[76]。肇[77]十有二州，决[78]川。象[79]以典刑，流[80]宥五刑，鞭作官刑，扑[81]作教刑，金[82]作赎刑。眚[83]灾过，赦；怙终贼，刑。钦[84]哉，钦哉，惟刑之静[85]哉！

讙兜进言共工，尧曰不可而试之工师，共工果淫辟[86]。四岳举鲧治鸿水，尧以为不可，岳强请试之，试之而无功，故百姓不便[87]。三苗在江淮、荆州数[88]为乱。于是舜归而言于帝，请流共工于幽陵，以变[89]北狄；放讙兜于崇山，以变南蛮；迁三苗于三危，以变西戎；殛[90]鲧于羽山，以变东夷：四罪而天下咸服。

尧立七十年得舜，二十年而老，令舜摄行天子之政，荐[91]之于天。尧辟[92]位凡二十八年而崩。百姓悲哀，如丧父母。三年，四方莫举乐，以思尧。尧知子丹朱之不肖，不足授天下，于是乃权[93]授舜。授舜，则天下得其利而丹朱病[94]；授丹朱，则天下病而丹朱得其利。尧曰“终不以天下之病而利一人”，而卒授舜以天下。尧崩，三年之丧毕，舜让辟[95]丹朱于南河之南。诸侯朝觐者不之[96]丹朱而之舜，狱讼者不之丹朱而之舜，讴歌者不讴歌丹朱而讴歌舜。舜曰“天也”，夫而后之中国践天子位焉，是为帝舜。

……

太史公曰：学者多称[97]五帝，尚[98]矣。然《尚书》独载尧以来；而百家言黄帝，其文不雅驯，荐绅[99]先生难言之。孔子所传宰予问《五帝德》及《帝系姓》，儒者或不传。余尝西至空桐，北过涿鹿，东渐于海，南浮江淮矣，至[100]长老皆各往往称黄帝、尧、舜之处，风教固殊[101]焉，总之不离古文者近是。予观《春秋》、《国语》，其发明《五帝德》、《帝系姓》章[102]矣，顾弟[103]弗深考，其所表见皆不虚。《书》缺有间[104]矣，其轶[105]乃时时见于他说。非好学深思，心知其意，固难为[106]浅见寡闻道也。余并论次[107]，择其言尤雅者，故著为本纪书首。

选自《史记》卷一

〔注释〕 ① 就：接近。 ② 舒：放纵。 ③ 驯：同“顺”，顺应。 ④ 便：通“辨”，分辨。 ⑤ 章：同“彰”，明显。 ⑥ 百姓：百官。 ⑦ 数法：推算。 ⑧ 时：历法。 ⑨ 道：通“导”，引导。 ⑩ 便程：布置。 ⑪ 东作：春天的农事。 ⑫ 殷：订正。 ⑬ 析：分散。 ⑭ 字：生育。 ⑮ 微：通“尾”，交尾。 ⑯ 南为：夏天的农事。 ⑰ 因：相助。 ⑱ 希：通“稀”。 ⑲ 西成：秋收。 ⑳ 夷易：平和的样子。 ㉑ 毨：鲜亮齐整。 ㉒ 伏：储藏。 ㉓ 燠：温暖。 ㉔ 氄：细毛。 ㉕ 信：通“申”，申述。 ㉖ 饬：整顿。 ㉗ 功：事业。 ㉘ 顺：继承。 ㉙ 顽：不遵从德义之经。 ㉚ 凶：好争讼。 ㉛ 旁：广泛。 ㉜ 布：传布。 ㉝ 用：行事。 ㉞ 僻：邪僻。 ㉟ 漫：通“谩”，欺骗。 ㊱ 负：违背。 ㊲ 毁：诽谤。 ㊳ 已：停止。 ㊴ 庸：听从。 ㊵ 践：履行。 ㊶ 应：对答。 ㊷ 忝：辱没。 ㊸ 悉：全。 ㊹ 举：推荐。 ㊺ 矜：同“鳏”，无妻者。 ㊻ 嚚：奸猾而无信义。 ㊼ 烝烝：慢慢地。 ㊽ 治：劝导。 ㊾ 奸：通“干”，冲突。 ㊿ 妻：（把女儿）嫁给。 (51) 饬：通“敕”，吩咐。 (52) 如：依照。 (53) 慎和：谨慎地制定与执行。 (54) 从：（被）遵从。 (55) 入：深入（考察）。 (56) 时：通“是”，因此。 (57) 宾：接待宾客。 (58) 穆穆：美好的样子。 (59) 迷：迷失。 (60) 女：同“汝”，你。 (61) 至：达到极点。 (62) 绩：功绩。 (63) 让：推让。 (64) 怿：喜悦。 (65) 摄行：代理。 (66) 在：观察。 (67) 齐：整治。 (68) 揖：同“辑”，敛起。 (69) 班：通“颁”，颁布。 (70) 祡：祭祀名。 (71) 合：协调。 (72) 正：统一。 (73) 如：假使。 (74) 复：归还。 (75) 试：考验。 (76) 庸：功劳。 (77) 肇：开始。 (78) 决：疏通。 (79) 象：法式。 (80) 流：流放。 (81) 扑：用板子打。 (82) 金：赎买。 (83) 眚：过失。 (84) 钦：恭敬。 (85) 静：深思熟虑。 (86) 淫辟：骄纵。 (87) 便：安适。 (88) 数：多次。 (89) 变：改变。 (90) 殛：发配。 (91) 荐：推荐。 (92) 辟：排除。 (93) 权：变通。 (94) 病：不满。 (95) 辟：通“避”，避开。 (96) 之：到。 (97) 称：讲说。 (98) 尚：通“上”，久远。 (99) 荐绅：即“搢绅”。 (100) 至：所到之处。 (101) 殊：不同。 (102) 章：同“彰”，显著。 (103) 弟：通“第”，但是。 (104) 间：间隔。 (105) 轶：通“逸”，散失。 (106) 为：向。 (107) 论次：

按序编排。

〔赏析〕 司马迁从五帝说起，难道意味着五帝之前就没有传说故事了么？事实并不如是，唐代的司马贞曾经为伏羲氏、女娲氏和神农氏补写过《三皇本纪》，司马贞所知道的故事，司马迁怎会不知道呢？“惟昔黄帝，法天择地，四圣遵序，各成法度”（《太史公自序》），原来按照司马迁的观点，黄帝是上古时代规划经纬、将人类带入文明社会的了不起的人物，故而追根溯源的初始理应便是黄帝了。同时，司马迁没有将历史继续向前推衍的另一个原因，则是由于他非常谨慎。在他看来，很多有关黄帝的传说已不“雅驯”，也就是说不够典雅，不够合理，至于三皇之类的传闻更是真伪莫辨了。

历史文献中关于黄帝、颛顼和帝喾的传说语焉不详，而对尧和舜的记载较多，这恐怕是因为尧舜时代发生过一件对后世影响深远的事件——禅让。

帝尧有着显赫的身世，他的父亲帝喾是黄帝的曾孙，他和哥哥都曾君临天下。传说帝尧在位时，实施过两项重大的工程，一是命令羲氏、和氏兄弟制定历法，二是命鲧治理水患，对于农业社会而言，这都是极其重要的举措。然而前者成功了，后者却失败了，失败的原因被认为是帝尧听信了身边大臣四岳的建议，所任非人。

尧舜所处的大致是酋邦时代，此时已经出现了个人性质的权力，最高领袖拥有决断权，甚至还有对其他成员的惩治权，并能将这种权力授予继承人。在帝尧身边，四岳有着举足轻重的地位，他们向尧举荐鲧去治水，也曾推选舜作为继承人，但只是作为帝王的参谋而已，实际权力还是掌握在帝尧手中。帝尧一生中最大的错误大约是命鲧治水，而最为重要的决定则是禅位给虞舜，将最高权力授予一个血缘疏远的普通平民之手。

从黄帝到帝尧，帝位一直在黄帝家族中传承。父死子继、兄终弟及的传统，在帝尧看来未必是完美的制度，据说他的兄长帝挚就是因为在政治上作为不大，才把帝位让给了更具才华的弟弟。不过，挚和尧毕竟是嫡系的禅让，当帝尧向四岳咨询继承人的时候，他的视野已经放及四海。

舜虽然也是黄帝的后裔，但已经几世为民，这时是个在河边打鱼制陶谋生的年轻小伙。舜因为孝行而被四岳看重，但即使有四岳的举荐，帝尧也不会轻易将帝位传给他，而要经过慎重的考察。帝尧先是将自己的两个女儿嫁给他，同时让九个儿子与之相处观察他，一来以此考核舜的品德能力，二来舜因此也成了帝尧家族的成员。舜尽量与顽父嚚母，以及骄傲的弟弟和睦相处，并在与诸侯远方宾客的交往中得到认可，这样一去就是二十年。

随之帝尧开始了第二轮测试，他命舜摄行天子之政，逐渐放权给他。这时的舜拥有了一定的实际权力，微露锋芒，除了按照帝尧的指示巡视四方，还诛杀流放共工、讙兜、三苗和鲧以平民愤，这一铺垫使其在摄行八年服丧三年后践位。事实上，帝尧在选择继承人的问题上，除舜以外，儿子丹朱也是重要人选。但他深知将天下授予舜，儿子丹朱利益受损而天下得利；倘若授予丹朱，那么丹朱虽然得利，却会祸及天下。于是经过长时间考察和一步步放权，帝尧考虑到“不以天下之病而利一人”，终于将虞舜推荐给上天。

尧舜禅让的过程中，作为授予者的帝尧审慎考察虞舜足足有二十八年，先是将他置于自己的羽翼保护下，出嫁女儿提升他的身份地位，继而逐步放权，并对舜的治国策略给予宽容的配合。作为接受者的舜，长年低调行事，获得舆论的好评，当取得实际权力后能够长年屈居帝尧之下，全心辅佐，同时铲除名声不佳的四凶，树立自己的威信。正是尧舜之间的默契，使权力顺利过渡交接。当帝尧驾崩后，即使舜再想谦让帝位给帝尧的儿子丹朱，天下民众也不会答应了。

“禅让”是统治者更替权力的一种方式，与汤武伐夏、武王灭商等通过战争改朝换代的模式相对。带着民本思想性质的“禅让”，体现出帝王所具有的宽广胸怀。然而凡人都有私心，内心深处还是希望权力能够在自己家族的血脉中延续，于是到了夏禹的时代，“天下为公”又走向了“家天下”。除了《五帝本纪》外，《史记》“世家”、“列传”的首篇——《吴太伯世家》里的太伯、仲雍让贤季历，以及《伯夷列传》里的伯夷、叔齐互谦，也都提到这一传统。可是纵观历史，后来“禅让”逐渐变成了夺权者的话语权，王莽、曹丕、司马炎们不都是以此为工具，登上皇位的么？

所以后世一直在怀念尧舜时代，帝舜的父亲“微为庶人”，由于帝尧的慧眼识才踏上帝位，也正是由于“禅让”，而出演了一幕循蹈“修身、齐家、治国、平天下”历程的英雄传奇。司马迁敏锐地捕捉到尧舜时代“禅让”这一特殊的历史事件，并加以浓墨重彩，使尧、舜的历史地位越于颛顼、帝喾之前，终于成为后世帝王的典范。

（郭　骥）

王朝历史循环的缩影

〔**导言**〕《殷本纪》乃司马迁依据《尚书》、《诗经》等材料而撰写的一部以有商之先公先王为纲目的简明商代史。“殷”是周后之人对有商的称呼，商人则自名为“商”，这在殷墟卜辞中有大量的证据。直至春秋时期，作为商之苗裔的宋国，在其《玄鸟》、《长发》、《殷武》等庙堂诗作中，依旧保留“商”之称谓。今之学界，则往往将盘庚迁殷至帝辛灭国的那段历史时期，称之为“殷”或“殷商”，“殷”也就成了晚商的代称。

商部族起源甚古，其发祥地目前尚有争议，但以东方说最为流行。该部族的主要活动区域，大体是在今河南、山东为中心的黄河下游地区。商族的始祖为契，大致与虞舜、夏禹同时，据说是其母简狄外出洗浴之时误食燕子卵而怀孕生产的，故生来便负有神圣之天命，即《商颂》所谓“天命玄鸟，降而生商，宅殷土芒芒”（《玄鸟》）、“有娀方将，帝立子生商”（《长发》）。大约到了公元前 17、前 16 世纪之际，商部族经过十四代的经营，逐渐强盛，在其首领商汤的率领下，“十一征而无敌于天下”（《孟子·滕文公下》），并最终取代有夏，建都于亳，而成汤也就成了商王朝的开国之君。

商族甚好迁徙，古称“荡析离居”、“不常厥邑”（《尚书·盘庚》）。以成汤为界，有“前八后五”之说，曾先后在今河南郑州、偃师、安阳洹水之北等地建立王都。大概在公元前 14 世纪末或 13 世纪初，商王盘庚又将都城迁至今安阳小屯一带，史称“盘庚迁殷”。自是以降，直至商纣灭国，前后二百七十三年间，“更不徙都”，算是彻底安顿了下来，并创造出璀璨的中国古代青铜文明。

有商一代，凡十七世三十一王，前后历时近六百年（《左传·宣公三年》），其中成汤建国、盘庚迁殷、武丁中兴与商纣灭国，乃商代历史中最为要紧的事件。司马迁作《殷本纪》，便是紧抓这些关键点而展开。而成汤立国与商纣覆灭又可谓是重中之重，也是太史公浓墨重彩重点勾画之处，成汤与商纣，均被刻画得栩栩如生，今人赏析《殷本纪》，亦不妨自此入手。

殷 本 纪

〔选文〕

殷契，母曰简狄，有娀氏之女，为帝喾次妃。三人行浴，见玄鸟堕其卵，简狄取吞之，因孕生契。契长而佐[①]禹治水有功，帝舜乃命契曰："百姓[②]不亲[③]，五品不训[④]。汝为司徒而敬敷[⑤]五教，五教在[⑥]宽[⑦]。"封于商，赐姓子氏。契兴于唐、虞、大禹之际，功业著[⑧]于百姓，百姓以平[⑨]。

契卒，子昭明立……主癸卒，子天乙立，是为成汤。

成汤，自契至成汤八迁[⑩]。汤始居亳，从先王居，……

汤征诸侯。葛伯不祀，汤始伐之。汤曰："予有言，人视水见形，视民知治不[⑪]。"伊尹曰："明[⑫]哉！言能听，道乃进。君[⑬]国子[⑭]民，为善者皆在王官。勉哉！勉哉！"汤曰："汝不能敬[⑮]命，予大罚殛[⑯]之，无有攸[⑰]赦。"……

伊尹名阿衡。阿衡欲奸[⑱]汤而无由，乃为有莘氏媵臣，负鼎俎，以滋味[⑲]说汤，致于王道。或曰，伊尹处士，汤使人聘迎之，五反[⑳]然后肯往从汤，言素王及九王之事。汤举[㉑]任[㉒]以国政。伊尹去[㉓]汤适[㉔]夏。既丑[㉕]有夏，复归于亳。……

汤出，见野张[㉖]网四面，祝[㉗]曰："自天下四方皆入吾网。"汤曰："嘻！尽[㉘]之矣。"乃去[㉙]其三面，祝曰："欲左，左。欲右，右。不用命，乃入吾网。"诸侯闻之，曰："汤德至[㉚]矣，及[㉛]禽兽。"

当是时，夏桀为虐政淫荒，而诸侯昆吾氏为乱。汤乃兴师率诸侯，伊尹从汤。汤自把钺以伐昆吾，遂[㉜]伐桀。汤曰：

“格[33]女[34]众庶，来，女悉听朕言。匪[35]台[36]小子[37]敢行举[38]乱。有夏多罪，予维[39]闻女众言，夏氏有罪。予畏上帝，不敢不正[40]。今夏多罪，天命殛之。今女有众，女曰：‘我君不恤[41]我众，舍我啬事[42]而割[43]政。’女其曰：‘有罪，其奈何？’夏王率止[44]众力，率夺夏国。有众率怠不和，曰：‘是日何时丧？予与女皆亡！’夏德若兹[45]，今朕必往。尔尚[46]及予一人致天之罚，予其大理[47]女。女毋不信，朕不食言。女不从誓言，予则帑[48]僇[49]女，无有攸[50]赦。”以告令师，作《汤誓》。于是汤曰“吾甚[51]武”，号曰武王。

桀败于有娀之虚，桀犇于鸣条，夏师败绩……汤既胜夏，欲迁其社，不可，作《夏社》。伊尹报[52]，于是诸侯毕[53]服，汤乃践[54]天子位，平定海内。

……

帝乙崩，子辛立，是为帝辛，天下谓之纣。

帝纣资[55]辨捷疾，闻见甚敏；材力过人，手格[56]猛兽；知[57]足以距[58]谏，言足以饰[59]非；矜[60]人臣以能，高天下以声，以为皆出[61]己之下。好酒淫乐，嬖[62]于妇人。爱妲己，妲己之言是从。于是使师涓作新淫声，北里之舞，靡靡之乐。厚赋税以实[63]鹿台之钱，而盈钜桥之粟。益[64]收狗马奇物，充仞[65]宫室。益广沙丘苑台，多取野兽蜚鸟置其中。慢[66]于鬼神。大冣[67]乐戏于沙丘，以酒为池，县[68]肉为林，使男女倮[69]，相逐其间，为长夜之饮。

百姓怨望[70]，而诸侯有畔[71]者，于是纣乃重刑辟[72]，有炮格之法。以西伯昌、九侯、鄂侯为三公。九侯有好女，入之纣。九侯女不憙[73]淫，纣怒，杀之，而醢[74]九侯。鄂侯争[75]之强，辨[76]之疾，并脯[77]鄂侯。西伯昌闻之，窃[78]叹。崇侯虎知之，以告纣，纣囚西伯羑里。西伯之臣闳夭之徒，求美女奇物善马以献纣，纣乃赦西伯。西伯出而献洛西之地，以请除炮格之刑。纣乃许之，赐弓矢斧钺，使得征伐，为西伯。而用费中为政。费中善谀，好利，殷人弗亲。纣又用恶来。恶来善毁谗，诸侯以此益疏[79]。

西伯归，乃阴[80]修德行善，诸侯多叛纣而往归西伯。西伯滋大，纣由是稍失权重。王子比干谏，弗听。商容贤者，百姓爱之，纣废之。及西伯伐饥国，灭之。纣之臣祖伊闻之而咎[81]周，恐，奔告纣曰："天既讫[82]我殷命，假人元龟，无敢知吉。非先王不相[83]我后人，维王淫虐用自绝，故天弃我，不有安食，不虞[84]知天性，不迪[85]率[86]典。今我民罔[87]不欲丧，曰：'天曷[88]不降威，大命胡[89]不至！'今王其奈何？"纣曰："我生不有命在天乎！"祖伊反，曰："纣不可谏矣。"西伯既卒，周武王之东伐，至盟津，诸侯叛殷会周者八百。诸侯皆曰："纣可伐矣。"武王曰："尔未知天命。"乃复归。

纣愈淫乱不止。微子数谏，不听，乃与大师、少师谋，遂去。比干曰："为人臣者，不得不以死争[90]。"乃强谏纣。纣怒曰："吾闻圣人心有七窍。"剖比干，观其心。箕子惧，乃详[91]狂为奴，纣又囚之。殷之大师、少师乃持其祭乐器奔周。周武王于是遂率诸侯伐纣。纣亦发兵距[92]之牧野。甲子日，纣兵败。纣走，入登鹿台，衣[93]其宝玉衣，赴火而死。周武王遂斩纣头，县之大白旗。杀妲己。释箕子之囚，封比干之墓，表[94]商容之闾。封纣子武庚禄父，以续殷祀，令修行盘庚之政。殷民大说[95]。于是周武王为天子。其后世贬帝号，号为王。而封殷后为诸侯，属周。

选自《史记》卷三

〔注释〕 ① 佐：帮助。 ② 百姓：百官。 ③ 亲：和睦。 ④ 训：通“顺”，和顺。 ⑤ 敷：施行。 ⑥ 在：决定于。 ⑦ 宽：宽容。 ⑧ 著：显露。 ⑨ 平：生活安定。 ⑩ 迁：迁移。 ⑪ 不：同“否”。 ⑫ 明：圣明。 ⑬ 君：统治。 ⑭ 子：爱护。 ⑮ 敬：严肃对待。 ⑯ 殛：诛杀。 ⑰ 攸：所。 ⑱ 奸：通“干”，求见。 ⑲ 滋味：烹饪。 ⑳ 反：同“返”。 ㉑ 举：选拔。 ㉒ 任：委任。 ㉓ 去：离开。 ㉔ 适：到。 ㉕ 丑：认为丑恶。 ㉖ 张：设置。 ㉗ 祝：祝祷。 ㉘ 尽：全都。 ㉙ 去：舍弃。 ㉚ 至：极致。 ㉛ 及：涉及。 ㉜ 遂：顺势。 ㉝ 格：来。 ㉞ 女：同“汝”。 ㉟ 匪：通“非”。 ㊱ 台：我。 ㊲ 小子：自谦之称。 ㊳ 举：发动。 ㊴ 维：因为。 ㊵ 正：通“征”，征伐。 ㊶ 恤：怜惜。 ㊷ 啬事：“啬”通“穑”，泛指农事。 ㊸ 割：通“害”，损害。 ㊹ 止：阻止。 ㊺ 兹：此。 ㊻ 尚：希望。 ㊼ 理：通“赉”，赏赐。 ㊽ 帑：没为奴隶。 ㊾ 僇：通“戮”，处死。 ㊿ 攸：所。 51 甚：非常。 52 报：报告。 53 毕：全都。 54 践：登上。 55 资：禀赋。 56 格：击打。 57 知：同“智”。 58 距：通“拒”，拒绝。 59 饰：掩饰。 60 矜：夸耀。 61 出：超过。 62 嬖：溺爱。 63 实：充实。 64 益：增加。 65 充仞：充斥。 66 慢：怠慢。 67 冣：同“聚”。 68 县：通“悬”。 69 倮：通“裸”。 70 望：埋怨。 71 畔：通“叛”。 72 辟：法。 73 憙：同“喜”。 74 醢：把人剁成肉酱。 75 争：争辩。 76 辨：通“辩”，辩解。 77 脯：把人制成肉干。 78 窃：暗地里。 79 疏：疏远。 80 阴：秘密地。 81 咎：追究过错。 82 讫：终止。 83 相：帮助。 84 虞：忧虑。 85 迪：实践。 86 率：遵循。 87 罔：没有。 88 曷：何。 89 胡：为什么。 90 争：通“诤”，规劝。 91 详：通“佯”，假装。 92 距：通“拒”，抵抗。 93 衣：穿上。 94 表：表彰。 95 说：通“悦”，高兴。

〔赏析〕 历史的演变，国家的兴衰，是社会内在合力的具体表征。但不可否认的是，处于权力中心的历史关键人物，其个人力量也不容轻易忽视，他们对历史发展之迟速，往往具有较大的影响力。旧时代的史家，通常将民心向背问题视为政治成败得失之关键，“得民心者得天下”，也就成了一句妇孺皆知的政治箴言。而民心依附与否，则要看当政者是否德才兼备，能否身体力行。所以，“家天下”体制下的君王，其道德言行便成了旧史家关注与热议的焦点。《殷本纪》中所体现的史观，大体不离于斯。这是时代局限所致，今人不必苛求。

从为政的角度讲，《殷本纪》中的成汤，无疑是成功的典范，其人有德有才有谋略，且能把握时势，堪称完美。具体说来，似有以下几点：

第一、以德治国，体恤民情。与夏桀“不务德而武伤百姓”不同，成汤体恤民情，提出“人视水见形，视民知治不”的主张，即把民情视为国家治理与否的镜子。成汤征讨夏桀的主要理由是有夏多罪。他所讲的罪，便是“夏王率止众力”,“有众率怠不和”,民怨鼎沸。成汤在灭夏之后,作有《汤诰》一篇,其主旨就是告诫统治阶层,要勤力于百姓之事,须“有功于民”,不可“作乱百姓”。可见,成汤始终将民放在为政的首位。所以,成汤才能够“以七十里之薄,兼桀之天下”(《管子·轻重甲篇》),完成一定天下之大业。而这一以民情为核心的“成汤之德”,也就成了后世不断强调与颂扬的一个亮点。

第二、知人善用,任贤使能。借用伊尹的话就是“为善者皆在王官”,而伊尹与仲虺则是其中的杰出代表。汤死后,此二人对稳定商王朝之政局,居功至伟。尤其是伊尹,负顾命之责,辅佐幼主,安定天下,最终得入王朝祀典,享受王室的隆重祭祀,其事迹则为后世所传颂。

第三、讲求谋略,善于把握时机。成汤灭夏,事实上是一个以弱胜强的典范,在这个过程中,讲求谋略,把握时机便成了成汤手中的一把利器。夏自孔甲始,便已是“夏德日衰”,当时的友国开始陆续叛夏,到了夏桀之时,这种趋势益发严重。但百足之虫死而不僵,夏为天下共主的地位未曾改变。而成汤为了取代有夏的共主位置,恩威并施。他利用田猎,让其他众邦国体察到自己已是“德及禽兽”,是一个值得信赖和依附的君主,以达到兵不血刃而瓦解有夏同盟力量之目的。而对于夏的死党如葛伯之类,则借机各个击破,最终扭转夏商之间的实力对比。此外,成汤还善于利用民众情绪与宗教力量。夏桀暴虐成性,民怨鼎沸,发出“是日何时丧?予与女皆亡”的绝望之声,成汤恰恰是很好地把握了这种情绪,从而一举击破夏王朝。在征讨之前,成汤又利用民智未开而神道设教,借助上帝的力量,号称自己是代天行伐,并非犯上作乱,其言辞甚有蛊惑性。

《殷本纪》中,与成汤形象形成鲜明对照的则是商纣。以今日之眼光看,商纣身弑国亡,成为天下之笑谈,实乃大势所趋,而商周之间国力的消长则起着决定性的作用。殷商中晚期,有商的国力在逐步衰退,《国语·周语下》有曰:“玄王勤商,十有四世而兴;帝甲(祖甲)乱之,七世而陨。”也就是说,经过武丁中兴之后,有商之国势已是江河日下。尤其是帝乙、帝辛时期,商人把军事上的用力方向从西北而移至东南,几乎是倾其全力以对付东方夷族之叛乱,无暇西顾,只能用羁縻的手段笼络周族,这在殷墟卜辞及传世文献中均有大量的记载。而对东夷穷兵黩武的结果，似不难想象：国内是国力耗尽，民心涣散，即所谓"纣有亿兆夷人，亦有离德"(《左传·昭公二十四年》)；在国际舞台上则是众多友邦纷纷脱离"天下共主"——商的控制，转而与蒸蒸日上的周族联盟，致使地处西北一隅的"小邦周"，于文王时期，逐渐发展壮大，成为"三分天下有其二"(《论语·泰伯》)之强国，具备入主中原、取代有商的实力，为武王于牧野一举克商积攒了足够的力量。后人总结说，"纣克东夷，而陨其身"(《左传·昭公十一年》)，甚是在理。

此外，自晚商以来，贵族阶层，好事鬼神，钟鸣鼎食，极其奢华之能事，消耗在青铜礼器与祭祀上的资费不知其数，对王朝国力之损耗恐怕也是无法估量的。而且，更为要命的是，殷人好饮成风，《尚书·微子》记微子尝有"我用沉酗于酒，用乱败厥德于下"的议论，而周人甚至把贵族酗酒看作是殷商灭亡的主因，如大盂鼎铭文记康王之言曰："我闻殷坠命，惟殷边侯甸与殷正百辟率肆于酒，故丧师。"用通俗的话来说就是：殷之所以丧师灭国，是因为边地的诸侯与王朝百官均酗酒成性。再如，周初《尚书·酒诰》之主旨，也是讲要以殷人好酒为戒，与大盂鼎铭文同。此外，从大量的考古发掘材料看，殷商大小墓葬中的随葬品，以酒器觚爵组合为核心，亦充分证实殷人好饮成性。《殷本纪》说商纣"好酒淫乐"，"以酒为池，县肉为林，使男女倮，相逐其间，为长夜之饮"，其实就是当时贵族奢靡生活的一个缩影。

当然，不可否认的是，商纣的个人品行确实存在着致命的缺陷，国策上的种种失误，亦与此有关。商纣其人史称孔武有力，天资聪颖，但骄横自大，自视过高。太史公说他"矜人臣以能，高天下以声，以为皆出己之下"，甚为深刻。他不顾时势，急于集权，对王族贵胄排挤迫害，废商容，"微子去之，箕子为之奴，比干谏而死"(《论语·微子》)，种种行径，使人寒心。而对崇侯虎、费仲、恶来等异族谗佞之臣，则委以重任，任其胡作非为。周武王在《尚书·牧誓》斥之曰："昏弃厥遗王父母弟不迪，乃惟四方之多罪逋逃，是崇是长，是信是使，是以为大夫卿士。"殆不诬也。商纣为人，甚为暴虐，醢九侯，脯鄂侯，剖比干而观其心，为炮格(烙)之刑以威慑民众，如此种种，令人发指。而且，商纣还好声色犬马，周人正是巧妙利用他的这一弱点，贿赂以美女、奇物与良马，达到营救文王西归之目的。不可思议的是，此后商纣还赏赐给文王弓矢斧钺，给了代天子征伐的权力，最终导致西面的耆国为周人所灭，失去了可靠的屏障。这恐怕是商纣政治策略上的最大失误之一。而当社稷岌岌可危之时，商纣又将国家与自身的命运完全寄托在虚无缥缈的上天，竟然还在讲“我生不有命在天乎”，以拒谏饰非。此与其祖上成汤“言能听，道乃进”的谦逊美德相比，有着霄壤之别。说商纣“资辨捷疾，闻见甚敏”，恐怕是言过其实了。或许可以这样总结，商纣是一个智商较高而情商极低的怪胎，他与善于韬光养晦、捕捉时机的文、武二王的政治博弈，必然将以失败告终，有商亡于此人之手，实乃天意也。

（陈　絜）

中华盛世的典范，礼乐文明的奠基

〔导言〕 先秦时期是中国统一历史进程的源头，杰出的领导人物层出不穷，周公旦便是其中之一。他深受仲尼的推崇，是儒家倡导的修身、治国、平天下的模范人物，据说如果后人可以梦见他，就说明天下安定昌盛，反之则恶。孔子生于乱世，曾就因很久没有梦见周公而感慨道："甚矣吾衰矣，久矣吾不复梦见周公。"(《论语·述而》)在《鲁周公世家》中，司马迁对周公的赞扬不言而喻。周公早年跟着武王打天下，制定策略、顺服人心，很有计谋；其后帮助成王治理天下，软硬兼施、恩威并举，颇显风范；其间又制礼作乐，教化民众、健全制度，很有智慧。其领导之魅力、制度之艺术，在历史上产生了很大的影响。本书所选取的片段，主要讲述周公与成王、管蔡等人的博弈，以及周公对成王的尽心辅佐。一方面凸显了他个人的领导才干，另一方面也有展现他礼乐智慧的地方。

先秦时期也是中国各种制度建立的开端，优秀的思想文化争芳斗艳，礼乐制度影响深远。司马迁八书中的第二篇《乐书》，反映了自先秦以来礼乐文化的发展和社会制度的确立。在节选片段中，通过宾牟贾与孔子探讨音乐的对话、孔子对周代乐曲《武》的详细解说，不仅可以看出统治集团用音乐教化世人、用礼制规范社会，最终服务政治的策略，也可窥见有周一代严格而完备的礼乐制度，表现了先辈们为了政治稳定和社会安宁，在健全社会制度方面的良苦用心。

鲁周公世家

〔选文〕

周公旦者，周武王弟也。自文王在时，旦为子孝，笃[①]

仁,异于群子。及武王即位,旦常辅翼[②]武王,用事居多。武王九年,东伐至盟津,周公辅行。十一年,伐纣,至牧野,周公佐武王,作《牧誓》。破殷,入商宫。已杀纣,周公把[③]大钺,召公把小钺,以夹[④]武王,衅社[⑤],告纣之罪于天,及殷民。释箕子之囚。封纣子武庚禄父,使管叔、蔡叔傅[⑥]之,以续殷祀。遍封功臣同姓戚者。封周公旦于少昊之虚曲阜,是为鲁公。周公不就封,留佐武王。

武王克殷二年,天下未集[⑦],武王有疾,不豫[⑧],群臣惧,太公、召公乃缪[⑨]卜。周公曰:"未可以戚[⑩]我先王。"周公于是乃自以为质[⑪],设三坛,周公北面立,戴璧秉圭,告于太王、王季、文王。史[⑫]策祝[⑬]曰:"惟尔元孙王发,勤劳阻[⑭]疾。若尔三王是有负子之责于天,以旦代王发之身。旦巧能,多材多艺,能事鬼神。乃王发不如旦多材多艺,不能事鬼神。乃命于帝庭,敷[⑮]佑四方,用能定汝子孙于下地,四方之民罔[⑯]不敬畏。无坠天之降葆[⑰]命,我先王亦永有所依归。今我其即命于元龟,尔之许[⑱]我,我以其璧与圭归[⑲],以俟尔命。尔不许我,我乃屏[⑳]璧与圭。"周公已令史策告太王、王季、文王,欲代武王发,于是乃即三王而卜。卜人皆曰吉,发书视之,信吉。周公喜,开籥[㉑],乃见书遇吉。周公入贺武王曰:"王其无害。旦新受命三王,维长终是图。兹道能念予一人[㉒]。"周公藏其策金縢匮中,诫守者勿敢言。明日,武王有瘳[㉓]。

其后武王既崩,成王少,在强[㉔]葆之中。周公恐天下闻武王崩而畔[㉕],周公乃践阼[㉖]代成王摄行政当国。管叔及其群弟流言于国曰:"周公将不利于成王。"周公乃告太公望、召公奭曰:"我之所以弗辟[㉗]而摄行政者,恐天下畔周,无以告我先王太王、王季、文王。三王之忧劳天下久矣,于今而后成。武王蚤[28]终，成王少，将以成周，我所以为之若此。”于是卒相[29]成王，而使其子伯禽代就封于鲁。周公戒伯禽曰：“我文王之子，武王之弟，成王之叔父，我于天下亦不贱矣。然我一沐三捉发，一饭三吐哺，起以待士，犹恐失天下之贤人。子之鲁，慎无以国骄人[30]。”

管、蔡、武庚等果率淮夷而反。周公乃奉成王命，兴师东伐，作《大诰》。遂诛管叔，杀武庚，放[31]蔡叔。收殷余民，以封康叔于卫，封微子于宋，以奉殷祀。宁[32]淮夷东土，二年而毕定。诸侯咸服宗周。

天降祉福，唐叔得禾，异母[33]同颖[34]，献之成王，成王命唐叔以馈周公于东土，作《馈禾》。周公既受命禾，嘉[35]天子命，作《嘉禾》。东土以集，周公归报成王，乃为诗贻王，命之曰《鸱鸮》。王亦未敢训周公。

成王七年二月乙未，王朝步[36]自周，至丰，使太保召公先之[37]雒相[38]土。其三月，周公往营[39]成周雒邑，卜居焉，曰吉，遂国[40]之。

成王长，能听政。于是周公乃还政于成王，成王临朝。周公之代成王治，南面倍[41]依以朝诸侯。及七年后，还政成王，北面就臣位，匔匔[42]如畏然。

初，成王少时，病，周公乃自揃[43]其蚤[44]沈之河，以祝于神曰：“王少未有识，奸[45]神命者乃旦也。”亦藏其策于府。成王病有瘳。及成王用事，人或谮[46]周公，周公奔楚。成王发府，见周公祷书，乃泣，反[47]周公。

周公归，恐成王壮，治有所淫佚，乃作《多士》，作《毋逸》。《毋逸》称：“为人父母，为业至长久，子孙骄奢忘之，以亡其家，为人子可不慎乎！故昔在殷王中宗，严恭敬畏天命，自度[48]治民，震惧不敢荒宁，故中宗飨[49]国七十五年。其在高宗，久劳于外，为与小人，作[50]其即位，乃有亮暗[51]，三年不言，言乃欢，不敢荒宁，密[52]靖殷国，至于小大无怨，故高宗飨国五十五年。其在祖甲，不义[53]惟王，久为小人于外，知小人之依，能保施小民，不侮鳏寡，故祖甲飨国三十三年。"《多士》称曰："自汤至于帝乙，无不率祀明德，帝无不配天者。在今后嗣王纣，诞淫厥佚，不顾天及民之从也。其民皆可诛[54]。""文王日中昃[55]不暇食，飨国五十年。"作此以诫成王。

成王在丰，天下已安，周之官政未次序，于是周公作《周官》，官别其宜，作《立政》，以便百姓[56]。百姓说[57]。

周公在丰，病，将没[58]，曰："必葬我成周，以明吾不敢离成王。"周公既卒，成王亦让，葬周公于毕，从文王，以明予小子[59]不敢臣周公也。

选自《史记》卷三十三

〔注释〕 ① 笃：忠实。 ② 翼：辅佐。 ③ 把：握。 ④ 夹：在两旁。 ⑤ 衅社：献祭土地神。 ⑥ 傅：辅助。 ⑦ 集：通"辑"，安定。 ⑧ 豫：安乐。 ⑨ 缪：通"穆"，恭敬。 ⑩ 戚：（使）忧愁。 ⑪ 质：以人身为供品。 ⑫ 史：史官。 ⑬ 祝：祝祷。 ⑭ 阻：一作"淹"，停留。 ⑮ 敷：通"溥"，普遍。 ⑯ 罔：没有。 ⑰ 葆：通"宝"。 ⑱ 许：答应。 ⑲ 归：通"馈"，赠送。 ⑳ 屏：藏。 ㉑ 籥：通"钥"，钥匙。 ㉒ 予一人：最高统治者的自称。 ㉓ 瘳：病愈。 ㉔ 强：通"襁"。 ㉕ 畔，通"叛"。 ㉖ 践阼：帝王即位。 ㉗ 辟：同"避"。 ㉘ 蚤：通"早"。 ㉙ 相：辅佐。 ㉚ 骄人：傲慢待人。 ㉛ 放：流放。 ㉜ 宁：（使）安定。 ㉝ 母：同"亩"。 ㉞ 颖：穗。 ㉟ 嘉：感谢。 ㊱ 步：步行。 ㊲ 之：到。 ㊳ 相：审察。 ㊴ 营：建造。 ㊵ 国：定都。 ㊶ 倍：通"背"，背向。 ㊷ 匔匔：谨慎恭敬的样子。 ㊸ 揃：通"剪"。 ㊹ 蚤：通"爪"，指甲。 ㊺ 奸：通"干"，冒犯。 ㊻ 谮：尽谗言诬陷人。 ㊼ 反：同"返"，（使）回归。 ㊽ 自度：遵守法律。 ㊾ 飨：通"享"。 ㊿ 作：等到。 51 亮暗：君王守丧，委政于大臣。 52 密：安宁。 53 义：适合。 54 诛：讨伐。 55 昃：太阳过午西斜。 56 百姓：百官。 57 说：通"悦"。 58 没：通"殁"，死亡。 59 予小子：君王对长辈的自谦语。

〔赏析〕 周公旦，是周朝历史上第一位周公，姓姬名旦，也叫叔旦，文王之子、武王之弟、成王之叔，有助武王伐纣之功、佐成王安邦之效。综观其一生，可谓乱世之英雄、治世之能臣。

文王在位的时候，他就因为与众不同、贤能尤佳而深受宠爱，武王即位之后，更是十分器重，每遇有事，必与相谋，除伐纣之外，辅行盟津之会、设置“三监”督殷等，都是脍炙人口的美谈。及至武王崩逝、成王登极，果断代天子行权理事。成王六年（前1037年）而“制礼作乐”，待到七年之后，毅然归政成王，面北而立，态度恭敬谦谨而兼有畏惧之行状，俨然臣子之貌。成王亲政之后，遭有诬告的际遇，但也很快化解。后于丰京病危，嘱咐死后欲葬于成周，以表不敢离开成王之心。然及其逝，成王却葬之于毕邑，以表不敢以周公为臣下之意。

对于周公摄政一事，历朝历代，崇敬者很多，心存怀疑的人也不少。大致可以分为四种看法：一是认为周公的本意不是辅佐成王，而是想取而代之；一是认为周公摄政乃形势所迫，他本人对王室忠心耿耿，是鞠躬尽瘁、死而后已的臣子典范；一是认为武王考虑到当时的状况，本就有暂时仿效商代“兄终弟及”制度的意思；还有一种看法则既承认摄政一事有可以怀疑的地方，也褒奖周公在历史上的实际贡献。后人的疑惑与争论，当然不是无源之水，从周朝的很多事情上都可以窥见一斑。管叔、蔡叔、霍叔等人为何叛乱？《鲁周公世家》中说“管、蔡、武庚等果率淮夷而反”，而《管蔡世家》中却又说“武王既崩，成王少，周公旦专王室。管叔、蔡叔疑周公之为不利于成王”，这两种不同的表述也很容易让人产生遐想，管叔、蔡叔者，乱臣贼子乎？即便是召公等朝臣也并非绝对相信周公的忠诚。

周公的内心世界我们不好妄加揣测，但毫无疑问的是，周公总是事实上的成功者。对于后人，他是封不住嘴的，而对于当时的人，周公却巧妙地证明了自己的合法性，确立了自身在周朝的崇高地位。

周公的第一个策略是以先王作为庇护，使摄政名正言顺。从历史上来看，商代实行的是巫术政治，商尹的职责一般只限于在宗教祭祀方面对王进行辅佐，而周王由于在巫史方面的才能衰退，尹或宰则成了全国最重要的精神领袖。周公身为周廷之大宰，专有巫史的才能和权力，因而他可以将权力的来源假托于先王和神明。“旦巧能，多材多艺，能事鬼神”，体现了他对自己的这项本领十分自信。武王克殷的第二年，天下尚未安定，武王病了，大臣们都非常恐惧和担忧，太公、召公想到文王庙去卜问一下，而周公却说"未可以戚我先王"，于是以身为质，预筑三坛，持璧秉圭，祝告三王。结果很是吉利，第二天武王的病就好了。一方面，这在周朝不是小事，从此以后周公在人们心目中的形象更趋完好；另一方面，通过与先王的"对话"，又在人们的心目中确立了他是可以沟通先王的合法代表的身份。后来管叔等人散布周公将对成王不利的谣言，引起太公望、召公奭等人怀疑的时候，周公便充分利用了先王的威信为自己辩护，说这样做是为了向先王有个交代。东征之前的占卜、迁都之事的占卜，以及当初因成王年少患病而甘愿剪掉自己的指甲来祝告神明等等，可以看见，人们对于周公的巫术行为不持有任何异议，表明了当时人对周公占卜权力、通达先王和神明能力的认可。

周公的第二个策略是以现实形势为根据，利用人们的习惯思维，使摄政合情合理。也许周公自己都没有发觉，他歪曲地使用了以果寻因的方法。他说自己之所以代成王暂时处理国政，是害怕天下叛乱。这是合情合理的，想当初武王生病，便引起了恐慌，何况今日武王死了，成王还是个小孩子呢？可是，司马迁在书中说"管叔、蔡叔与武庚等后来果然率领淮夷造反"，一个"果"字，既表现了周公的先见之明，也使得人们回过头来思考周公为何摄政一事的时候，信服了周公确实是为了江山社稷、唯恐有乱的说法。这实际上是对以果寻因方法的歪曲，从既定的事实出发，追溯支持该结果的一切因素，管蔡等人成了注定的反叛者。当然，周公还是以实力得胜而大获人心的。

周公的第三个策略是谨慎小心，肯干实事。周公在祝告先王时赞美武王"乃命于帝庭，敷佑四方，用能定汝子孙于下地，四方之民罔不敬畏"，很显然，他对自己的巫术才能非常自信，但却始终把最高领袖的政治形象凸显出来，掩住了个人的政治锋芒。对小人物而言，这是一种品德；对大人物而言，这更是一种智慧。在这其中，便体现了周公对人情方法的巧妙运用。所以才有周公遭受诬告之后，成王打开内府，看见当年祷告的册文，感动落泪的事情发生。周公好做实事，给予人们切实的好处，摄政自然顺服人心。时人与后人对他的认可，不就是因为他确实为周朝统治的稳固、中国统一历史进程的发展做出了重要的贡献吗？尤其是在尚德尚贤的周朝，舍周公其谁？

乐　书

〔选文〕

太史公曰：余每读《虞书》，至于君臣相敕[①]，维是几[②]安，而股肱[③]不良，万事堕坏，未尝不流涕也。成王作颂，推己惩艾[④]，悲彼家难，可不谓战战恐惧，善守善终哉？君子不为约[⑤]则修德，满则弃礼，佚[⑥]能思初，安能惟[⑦]始，沐浴膏泽而歌咏勤苦，非大德谁能如斯！《传》曰“治定功成，礼乐乃兴”。海内人道益深，其德益至，所乐者益异。满而不损[⑧]则溢，盈而不持[⑨]则倾。凡作乐者，所以节乐。君子以谦退为礼，以损减为乐，乐其如此也。以为州异国殊，情习[⑩]不同，故博采风俗，协比声律，以补短移化，助流[⑪]政教。天子躬于明堂临观，而万民咸荡涤邪秽，斟酌饱满，以饰厥性。

……

乐者，天地之和也；礼者，天地之序也。和，故百物皆化；序，故群物皆别。乐由天作，礼以地制。过制则乱，过作则暴。明[⑫]于天地，然后能兴礼乐也。论伦[⑬]无患[⑭]，乐之情也；欣喜欢爱，乐之官也。中正无邪，礼之质也；庄敬恭顺，礼之制[⑮]也。若夫礼乐之施于金石，越[⑯]于声音，用于宗庙社稷，事于山川鬼神，则此所以与民同也。

王者功成作乐，治定制礼。其功大者其乐备，其治辨[⑰]者其礼具。干戚之舞，非备[⑱]乐也；亨[⑲]孰[⑳]而祀，非达[㉑]礼也。五帝殊时，不相沿乐；三王异世，不相袭礼。乐极则忧，礼粗则偏矣。及夫敦[㉒]乐而无忧，礼备而不偏者，其唯大圣乎？天高地下，万物散殊，而礼制行也；流而不息，合同而化，而乐兴也。春作夏长，仁也；秋敛冬藏，义也。仁近于乐，义近于礼。乐者敦和，率[23]神而从天；礼者辨宜[24]，居鬼[25]而从地。故圣人作乐以应天，作礼以配地。礼乐明备，天地官[26]矣。

……

天地之道，寒暑不时[27]则疾，风雨不节则饥。教者，民之寒暑[28]也，教不时则伤世。事者，民之风雨也，事不节则无功。然则先王之为乐也，以法治也，善则行象德矣。夫豢[29]豕为[30]酒，非以为祸也；而狱讼益烦，则酒之流[31]生祸也。是故先王因为酒礼，一献之礼，宾主百拜，终日饮酒而不得醉焉，此先王之所以备[32]酒祸也。故酒食者，所以合欢也。

乐者，所以象德也；礼者，所以闭淫[33]也。是故先王有大事，必有礼以哀之；有大福，必有礼以乐之：哀乐之分[34]，皆以礼终。

乐也者，施也；礼也者，报也。乐，乐其所自生；而礼，反[35]其所自始。乐章[36]德，礼报情反始也。所谓大路[37]者，天子之舆也；龙旂九旒，天子之旌也；青黑缘者，天子之葆龟也；从之以牛羊之群，则所以赠诸侯也。

……

宾牟贾侍坐于孔子，孔子与之言，及乐，曰："夫《武》之备戒[38]之已久，何也？"

答曰："病[39]不得其众也。"

"永叹[40]之，淫液[41]之，何也？"

答曰："恐不逮[42]事也。"

"发扬[43]蹈[44]厉[45]之已蚤[46]，何也？"

答曰："及时事也。"

“《武》坐致右宪左，何也？”

答曰：“非武坐也。”

“声淫及《商》，何也？”

答曰：“非《武》音也。”

子曰：“若非《武》音，则何音也？”

答曰：“有司失其传也。如非有司失其传，则武王之志荒矣。”

子曰：“唯丘之闻诸苌弘，亦若吾子之言是也。”

宾牟贾起，免席而请曰：“夫《武》之备戒之已久，则既闻命矣。敢问迟之迟而又久，何也？”

子曰：“居[47]，吾语汝。夫乐者，象[48]成[49]者也。总[50]干而山立，武王之事也；发扬蹈厉，太公之志也；武乱皆坐，周召之治也。且夫《武》，始而北出，再成而灭商，三成而南，四成而南国是疆，五成而分陕，周公左，召公右，六成复缀[51]，以崇天子，夹振之而四伐，盛[52]威于中国也。分夹而进，事蚤济也。久立于缀，以待诸侯之至也。且夫女独未闻牧野之语乎？武王克殷反商，未及下车，而封黄帝之后于蓟，封帝尧之后于祝，封帝舜之后于陈；下车而封夏后氏之后于杞，封殷之后于宋，封王子比干之墓，释箕子之囚，使之行商容而复其位。庶民弛[53]政，庶士倍[54]禄。济[55]河而西，马散[56]华山之阳而弗复乘；牛散桃林之野而不复服；车甲弢[57]而藏之府库而弗复用；倒载干戈，苞[58]之以虎皮；将率之士，使为诸侯，名之曰‘建櫜’：然后天下知武王之不复用兵也。散军而郊射，左射《狸首》，右射《驺虞》，而贯革之射息也；裨冕搢笏，而虎贲之士税[59]剑也；祀乎明堂，而民知孝；朝觐，然后诸侯知所以臣；耕藉，然后诸侯知所以敬：五者天下之大教也。

食[60]三老五更于太学，天子袒而割牲，执酱而馈，执爵而酳[61]，冕而总干，所以教诸侯之悌也。若此，则周道四达，礼乐交通，则夫《武》之迟久，不亦宜乎？”

选自《史记》卷二十四

〔注释〕 ① 敕：告诫。 ② 几：基本上。 ③ 股肱：指重要的大臣。 ④ 艾：通“乂”，儆戒。 ⑤ 约：穷困。 ⑥ 佚：通“逸”，放荡。 ⑦ 惟：思考。 ⑧ 损：减少。 ⑨ 持：坚守。 ⑩ 情习：风俗习惯。 ⑪ 助流：帮助推行。 ⑫ 明：懂得。 ⑬ 伦：条理。 ⑭ 患：错乱。 ⑮ 制：规范。 ⑯ 越：宣扬。 ⑰ 辨：遍布四方。 ⑱ 备：齐备。 ⑲ 亨：通“烹”。 ⑳ 孰：通“熟”。 ㉑ 达：通行的。 ㉒ 敦：敦厚。 ㉓ 率：遵循。 ㉔ 辨宜：区别异同和等级差异。 ㉕ 居鬼：供奉祖先。 ㉖ 官：效法。 ㉗ 不时：不合时节。 ㉘ 寒暑：比喻音乐教化。后面的“风雨”类同。 ㉙ 豢：养。 ㉚ 为：做。 ㉛ 流：放荡。 ㉜ 备：防范。 ㉝ 闭淫：防止过度放纵。 ㉞ 分：适当的限度。 ㉟ 反：通“返”，回报。 ㊱ 章：同“彰”，彰显。 ㊲ 大路：即“大辂”，大车。 ㊳ 备戒：正式表演前的预备。 ㊴ 病：担心，忧虑。 ㊵ 永叹：长声歌唱。 ㊶ 淫液：声音连绵不断。 ㊷ 逮：等到。 ㊸ 扬：举手。 ㊹ 蹈：踏足。 ㊺ 厉：严肃。 ㊻ 蚤：通“早”。 ㊼ 居：坐。 ㊽ 象：表现。 ㊾ 成：成功的事情。 ㊿ 总：拿着。 51 复缀：回到开始跳舞的位置。 52 盛：显示。 53 弛：放松。 54 倍：加倍。 55 济：渡过。 56 散：解散。 57 弢：通“韬”，隐藏。 58 苞：通“包”。 59 税：通“脱”，脱去。 60 食：供养。 61 酳：食毕用酒漱口。

〔赏析〕 先秦的音乐，本质上是与哲学相通的，形式上是与文学并生的，功用上是与社会政治、伦理教化密不可分的。孔子与宾牟贾的对话，尤其是孔子对《武》的解说，向我们很好地展现了先秦音乐的教化功能。

《武》是周武王讨伐商纣凯旋后编排的大型叙事性乐舞，既有舞蹈表演，也有器乐与声乐的伴奏伴唱，大致相当于现在的音乐剧。按照孔子对宾牟贾作的解说，整个乐舞可以分为六个部分。第一部分展现出师的风采，鼓声震天，舞队庞大，表示武王在孟津阅兵，等待诸侯的到来；第二部分展示伐纣的战争过程，热情奔放，显出必胜之势；第三部分表现回师凯旋，步伐整齐，回归镐京；第四部分展现征服荆、蛮部族，南方疆域得以巩固；第五部分重现周公旦、召公奭的肱骨之力；第六部分表示大家齐心协力，共同造就太平盛世。

行动如此紧凑、气势如此磅礴，展现了武王和整个周朝锐不可当的锋芒，同时增强了对军队、臣下、民众、诸侯的影响力和控制力。

首先，这个乐舞是精心编排的，音乐与舞蹈紧密配合，对人的内心有很强的感染力。一方面，严格的训练和表演，塑造了士兵坚毅的品质，对人格的完善具有重要作用；另一方面，它在展示给人们的同时勾起了人们的联想和想象，使人们想起了周初的威武，并幻想着今后周朝的繁荣。其次，对于周人而言，自信心和荣誉感被激发起来，有利于邦国道德的教化和社会风俗的改造；对于诸侯来说，这既是一种警示和震慑，也让他们看到了跟随姬姓王朝开创美好明天的希望。

另外，该乐舞除了庞大之外，似乎还显得“冗长”。其实并非“冗长”，乃是于徐缓中显慎重，示长久。所谓“王者功成作乐……其功大者其乐备……干戚之舞，非备乐也”(《礼记・乐记》)，就是说功业成就很大的人，所作的乐曲一定要尽善尽美，只具有代表武德的手持斧盾的乐舞，缺少彰显文德的思想和精神，其所传达的意义是不完整的。孔子说，武王讨伐商纣，到了商都，还未下车，就已经行了分封、解除劳役等利民之事；伐纣成功之后，便收存兵器，表示从此不再用兵，还实行了五项重要的教育项目，敬老爱贤。总之，周的德政能通行于四方，礼乐能交流于天下，是一个细心耕耘的漫长过程。而战争结束的时间离大家还很近，因此“《武》之迟久”，一方面本身丰富多彩，并不枯燥乏味；另一方面，给予了君王、臣下、士兵、民众、诸侯等人充分的时间回想过去和展望未来。这样看来，《武》之于时于地、于情于人，“不亦宜乎？”

有周一代，《武》经过调整，对演出仪制、祭祀对象、服饰道具、乐歌宫调和舞者身份、演出场合等都作了明确的规定，作为国家的礼制，用于祭祀、庆典等活动。这样也就达到了司马迁所说的“补短移化，助流政教”、“荡涤邪秽”、“以饰厥性”的目的。由此我们也可以看出“乐”在先秦的重要性。

虽然礼乐是中国古代重要的文化意识形态和社会制度的体现，我们常将其并立而提，但二者并非始终合为一体、地位均等。所谓“乐者，天地之和也；礼者，天地之序也”(《礼记・乐记》)，这是非常精辟的。通俗的理解，“乐”就是和事老，“礼”就是规矩。在“乐”的帮助下，大家便心平气和地坐到一起商谈规矩，“礼”得以成，然后共同遵守；或者说规矩已经制定好了，但需要“乐”来帮助推行。如此，社会就稳定了。所以，“乐”的核心作用是一个字：和。而它的具体功用有两个:一是帮助社会制定规矩,一是引导人们遵守规矩。其熏陶与教化作用不解自明,因而,完善的乐制,是治国安邦的重要前提,也是健全社会制度的映射。同时我们也可以看出,乐制是走在礼制前面的,然后通过二者的通力协作,社会就变得和谐而有秩序了。

礼乐关系的历史大致可以分为五个时期:西周之前乐主礼辅,西周时期礼乐交融,春秋战国时期礼乐微显分流,以后的封建时代则礼主乐辅,近现代社会礼乐几乎分道扬镳。就先秦时期而言,礼乐走过的是一个由"礼"逐步征服"乐"而登上主导地位的过程,同时也是社会制度得以完善的过程。

(刘　强)

礼乐征伐，交响的群像

〔**导言**〕 春秋时期，随着周王室由兴盛转向衰微，各诸侯国与中央背道而驰的状况愈加明显，对于地方政权、财政经济、兵士武备等各种实权的掌控转移到了各诸侯国手中。《十二诸侯年表》用列表的方式记录了各诸侯国盛衰兴亡、斗争博弈的重要事迹。选文择取了从公元前655年至前632年的部分年表，包含晋国重耳“逃亡—复国—称霸”事迹的记载，主要以晋文公重耳的振兴史为实例，借以分析当时的时代背景，以及春秋时期霸主成长和国家崛起的历史过程。另一方面，引导社会风俗、培养民众道德伦理的礼乐权力也产生了下移，所谓“礼乐征伐自天子出”已逐步演变为“礼乐征伐自诸侯出”的局面。

《吴太伯世家》记载了吴国从祖先吴太伯远避荆蛮至夫差亡国的一段兴亡史，篇中再现了吴楚、吴越以及吴与中原诸侯之间错综复杂的矛盾关系，也反映了吴国内部统治阶级之间的矛盾。在选文中，以讲述季札观乐的事件为主，兼有一些体现季札德行和能力的事迹。季札对各种音乐的细致分析，既展现了一位贤明而聪慧的知音人士对音乐的敏感程度，反过来又可以透过这些窥探春秋时期王室衰微、诸侯得道在礼乐权力分配上的表现，值得细细品味。不过，我们也应当注意到下面的两种现象。一则，虽然周王室除了名义上的王室尊严外，实力已经弱化到与中等诸侯国几近的地步，但它仍然具有旗帜性的作用，诸侯们仍然愿意在一定程度上奉养并加以利用。二则，礼乐大权的下移也带来了礼乐制度的分散，因而从某种意义上来说，没有哪个诸侯国能够真正独揽这一大权。

十二诸侯年表

〔**选文**〕

太史公读《春秋历谱谍》[①]，至周厉王，未尝不废[②]书而叹也。曰：呜呼，师挚见[③]之矣！纣为象箸[④]而箕子唏[⑤]。周道缺，诗人本之衽席，《关雎》作。仁义陵迟[⑥]，《鹿鸣》刺[⑦]焉。及至厉王，以恶闻其过，公卿惧诛而祸作，厉王遂奔[⑧]于彘，乱自京师始，而共和行政焉。是后或力政[⑨]，强乘[⑩]弱，兴师不请天子。然挟[⑪]王室之义，以讨伐为会盟主，政由五伯，诸侯恣行，淫侈不轨，贼臣篡子滋起矣。齐、晋、秦、楚其在成周微[⑫]甚，封或百里或五十里。晋阻[⑬]三河，齐负[⑭]东海，楚介[⑮]江淮，秦因雍州之固，四海迭兴，更为伯主，文武所褒大封，皆威而服焉。是以孔子明王道，干[⑯]七十余君，莫能用，故西观周室，论史记旧闻，兴于鲁而次[⑰]《春秋》，上记隐，下至哀之获麟，约[⑱]其辞文，去其烦重，以制义法，王道备，人事浃[⑲]。七十子之徒口受其传指[⑳]，为有所刺讥褒讳挹[㉑]损之文辞不可以书见也。鲁君子左丘明惧弟子人人异端，各安[㉒]其意，失其真，故因孔子史记具论其语，成《左氏春秋》。铎椒为楚威王传，为王不能尽观《春秋》，采取成败，卒四十章，为《铎氏微》。赵孝成王时，其相虞卿上采《春秋》，下观近势，亦著八篇，为《虞氏春秋》。吕不韦者，秦庄襄王相，亦上观尚古，删拾《春秋》，集六国时事，以为八览、六论、十二纪，为《吕氏春秋》。及如荀卿、孟子、公孙固、韩非之徒，各往往捃摭[㉓]《春秋》之文以著书，不同胜纪。汉相张苍历谱[㉔]五德，上大夫董仲舒推《春秋》义，颇著文焉。

太史公曰：儒者断[㉕]其义，驰说者骋[㉖]其辞，不务综其终始；历人取其年月，数家隆[㉗]于神运，谱谍独记世谥，其辞略，欲一观诸要难。于是谱十二诸侯，自共和讫孔子，表见《春秋》、《国语》学者所讥盛衰大指著于篇，为成学治古文者要删焉。

公元前	周	鲁	齐	晋	秦	楚	宋	卫	陈	蔡	曹	郑	燕	吴
841	**共和元年** 厉王子居召公宫,是为宣王。王少,大臣共和行政。	**真公濞十五年,一云十四年**	**武公寿十年**	**靖侯宜臼十八年**	**秦仲四年**	**熊勇七年**	**釐公十八年**	**釐侯十四年**	**幽公宁十四年**	**武侯二十三年**	**夷伯二十四年**		**惠侯二十四年**	
……														
655	**二十二**	**五**	**三十一**	**二十二** 灭虞、虢。重耳奔狄。	**五**	**十七**								
654			**三十二** 率诸侯伐郑。	**二十三** 夷吾奔梁。		**十八** 伐许,许君肉袒谢,楚从之。								
653				**二十四**										
652	**二十五** 襄王立,畏太叔。			**二十五** 伐翟,以重耳故。										
651	**襄王元年** 诸侯立王。	**九** 齐率我伐晋乱,至高梁还。	**三十五** 夏,会诸侯于葵丘。天子使宰孔赐胙,命无拜。	**二十六** 公卒,立奚齐,里克杀之。及卓子。立夷吾。	**九** 夷吾使郄芮赂,求入。									

（续表）

公元前	周	鲁	齐	晋	秦	楚	宋	卫	陈	蔡	曹	郑	燕	吴
650			**三十六** 使隰朋立晋惠公。	**晋惠公夷吾元年** 诛里克,倍秦约。	**十** 丕郑子豹亡来。									
649	**三** 戎伐我,太叔带召之。欲诛叔带,叔带奔齐。			**二**	**十一** 救王伐戎,戎去。	**二十三** 伐黄。								
648			**三十八** 使管仲平戎于周,欲以上卿礼,让,受下卿。	**三**										
647			**三十九** 使仲孙请王,言叔带,王怒。	**四** 饥,请粟,秦与我。	**十三** 丕豹欲无与,公不听,输晋粟,起雍至绛。									
646				**五** 秦饥,请粟,晋倍之。		**二十六** 灭六、英。								
645		**十五** 五月,日有食之。不书,史官失之。		**六** 秦虏惠公,复立之。	**十五** 以盗食善马士得破晋。									

（续表）

公元前	周	鲁	齐	晋	秦	楚	宋	卫	陈	蔡	曹	郑	燕	吴
644			**四十二** 王以戎寇告齐，齐征诸侯戍周。	**七** 重耳闻管仲死，去翟之齐。	**十六** 为河东置官司。									
643				**八**										
642			**齐孝公昭元年**	**九**										
641				**十**	**十九** 灭梁。梁好城，不居，民罢，相惊，故亡。									
640				**十一**										
639				**十二**		**三十三** 执宋襄公，复归之。								
638	**十四** 叔带复归于周。		**五** 归王弟带。	**十三** 太子圉质秦亡归。										
637			**六** 伐宋，以其不同盟。	**十四** 圉立，为怀公。	**二十三** 迎重耳于楚，厚礼之，妻之女。重耳愿归。	**三十五** 重耳过，厚礼之。								

(续表)

公元前	周	鲁	齐	晋	秦	楚	宋	卫	陈	蔡	曹	郑	燕	吴
636	**十六** 王奔汜。汜,郑地也。			**晋文公元年** 诛子圉。魏武子为魏大夫,赵衰为原大夫。咎犯曰“求霸莫如内王”。	**二十四** 以兵送重耳。									
635	**十七** 晋纳王。			**二**	**二十五** 欲内王,军河上。									
634				**三** 宋服。										
633			**十** 孝公薨,弟潘因卫公子开方杀孝公子,立潘。	**四** 救宋,报曹、卫耻。		**三十九** 使子玉伐宋。								
632	**二十** 王狩河阳。	**二十八** 公如践土会朝。	**齐昭公潘元年** 会晋败楚,朝周王。	**五** 侵曹伐卫,取五鹿,执曹伯。诸侯败楚而朝河阳,周命赐公土地。	**二十八** 会晋伐楚朝周。	**四十** 晋败子玉于城濮。								
631				**六**										

(续表)

公元前	周	鲁	齐	晋	秦	楚	宋	卫	陈	蔡	曹	郑	燕	吴
630				**七** 听周归卫成公。与秦围郑。	**三十** 围郑,有言即去。									
629				**八**										
628				**九** 文公薨。	**三十二** 将袭郑,蹇叔曰不可。									
……														
477	**四十三** 敬王崩。	**十八** 二十七卒。	**四** 二十五卒。	**三十五** 三十七卒。	**十四** 卒,子厉共公立。	**十二** 五十七卒。	**四十** 六十四卒。	**卫君起元年** 石傅逐起出,辄复入。		**十四** 十九卒。		**二十四** 三十八卒。	**十六** 二十八卒。	**十九** 二十三卒。

选自《史记》卷十四

〔注释〕 ① 谍:同“牒”。 ② 废:放下。 ③ 见:预见。 ④ 箸:筷子。 ⑤ 唏:叹息。 ⑥ 陵迟:衰败。 ⑦ 刺:讽刺。 ⑧ 奔:逃奔。 ⑨ 政:通“征”。 ⑩ 乘:欺压。 ⑪ 挟:挟制。 ⑫ 微:弱小。 ⑬ 阻:依靠。 ⑭ 负:倚仗。 ⑮ 介:借助。 ⑯ 干:求见。 ⑰ 次:编订。 ⑱ 约:精简。 ⑲ 浃:周全。 ⑳ 指:同“旨”。 ㉑ 挹:通“抑”。 ㉒ 安:满足。 ㉓ 捃摭:摘取。 ㉔ 历谱:排列。 ㉕ 断:截断。 ㉖ 骋:放任。 ㉗ 隆:重视。

〔赏析〕 在二十四史中,“表”分世表、年表、月表,是以时间为线索,空间为构架,系统记录历史上发生的各种事件,形似编年体,具有提纲作用。它继承和发展了古代谱牒的书写模式,用来补本纪、世家、列传之不足。

《十二诸侯年表》名曰十二,实际上却列出了十三个诸侯国,司马贞说“贱夷狄不数吴”。也有人说古文中常用虚数,如“策勋十二卷,赏赐百千强”(《木兰诗》),十二当为虚指;还有人认为“首周次鲁”,所以不算鲁国。司马迁为何命名“十二”,总有作者主观的原因,然而他用列表的方式记录各国重要事迹,让研究人员自己删繁取要,足以见其书写“信史”之心。春秋时期,以诸侯纷起、五霸迭兴为显著特点。群雄并起,是历代末世的必然现象,而“诸侯”源自分封,所以诸侯纷起又成了周代末年的独特风景线。“五霸”是谁?历史上很有争议,但不少观点比较认同司马迁所提之齐、晋、秦、楚四国,尤其是齐、晋二国。这些诸侯国最初都很弱小,却一步步走向霸主的地位,其间有着怎样的崛起方式呢?司马迁在《十二诸侯年表》中已经做出了很好的说明,兹以晋文公为例叙说之。

晋文公,名重耳,春秋霸主晋国之君,曾流亡国外十九年,最后在秦的帮助下回国继位。当时,齐桓公的霸业已经衰落,宋襄公妄图利用楚国成就霸业的美梦也归于破碎,楚国趁机向中原进发,诸侯之间、诸侯内部混战不已,就连周襄王都遭受兄弟发难。齐国势力支撑下的社会秩序不复存在,诸侯相伐、夷狄进犯的局面召唤着新霸主的到来。于是,晋文公抓住时机,大力整顿内政,任用贤能,增强国力。更以“尊王”为旗号,帮助周王平定内乱,荣获美名。后侵曹伐卫、拉拢齐秦,终于城濮之战,大败楚军,会集诸侯于践土,成为一代霸主。晋文公为什么能够成功呢?一方面在于他对现实形势的准确把握,另一方面在于他巧妙的策略应用。

图谋称霸的晋文公面临着这样的形势:天下的势力集团主要有晋、楚、齐、秦四家,而楚国发展最为迅速。当年齐桓公称霸,是以签约的形式稳住楚国,因而楚国的实力没有损失,桓公死后楚国更抓紧扩张,晋文公当然不敢小视。为了提高战争成功的几率,他采取了联合齐秦、诱楚北上的军事策略。联合齐秦,壮大自己、稳定后方也;诱楚北上,疲惫其兵、以逸待劳也。当年晋文公受秦国的帮助得以回国,所以秦晋联盟顺理成章。而后楚国在围宋之时,同时占据了齐国谷邑,晋文公发兵救宋,也解了谷邑之难,便具备了与齐国联盟的条件。在有名的“侵曹伐卫”事件中,晋文公以“喜赂怒顽”之计,巩固了与齐秦的联盟。由于楚将子玉刚愎自用，不听劝告，追击晋军，晋文公“退避三舍”，成功诱敌北上，既得美名，又成战术，终于在城濮之战中大获全胜。

单独一个晋文公是打不了胜仗的，所以晋文公的胜利，是晋国人才集团的胜利，是晋文公善于用才的胜利。有两个家喻户晓的成语典故，一曰惟楚有才，一曰楚材晋用。把它们联系起来阅读，便可体味其中的蕴意，很能说明晋文公善于用才。晋文公在国外流亡，回国之后苍凉满目、矛盾尖锐，反对势力也相当张狂。为了巩固自己的地位，晋文公采取开明的用才机制，化解矛盾，变敌为友，唯才是用。对待资历深厚的人才，晋文公尊重有加，比如“父事狐偃，师事赵衰，而长事贾佗”。在“明贤良”、“赏功劳”、“举善授能”的用贤政策下，很快形成了一个忠心不二、勤勉能干的人才集团。尤其受后世推崇的是晋文公手下的“五贤士”，虽然历史上争议颇多，但狐偃、赵衰、魏武子三人是基本肯定的。且不论另外二人当指哪家，这样的争议已经足以向我们表明晋文公强大的揽才手腕。

晋文公很会揽才，也就是很会收拢人心，而他收拢人心的重要手段则是取信立威。荀子说“义立而王，信立而霸”（《荀子·王霸》），越是乱世，越要守信，无信不足以团结力量。晋文公做到了这一点，所以他能在诸侯国与民众中树立个人威信，收拢各方人心。如果我们把重耳和夷吾放在一起比较，不难发现，夷吾至少在信义方面就不如重耳。如年表中所记，晋惠公元年（前650年），夷吾便诛杀了拥立自己的里克，又违背对秦国许下的诺言，第四年晋国发生灾荒，秦国借出了粮食，而第五年秦国发生灾荒的时候，夷吾非但不借粮食给秦国，反而趁机派兵攻打，秦国自然非常愤怒，最终俘虏了晋惠公。然而，重耳却有守信的故事流传千古。晋文公攻打原国的时候，只携带了可供十天食用的粮食，于是和大夫们约定十天为期攻下原国。当十天期满却没有攻下原国的时候，晋文公依然下令退军，虽然士兵报告说再有三天就可以成功，但晋文公声言不能因得到原国而失去信义，于是收兵回国。这样的做法反而为他赢得了信誉，原国、卫国的百姓感佩于文公的诚信，纷纷来降。家喻户晓的“退避三舍”，也是晋文公诚信的佳话。

吴太伯世家

〔选文〕

自太伯作①吴，五世而武王克殷，封其后为二：其一虞，在中国；其一吴，在夷蛮。十二世而晋灭中国之虞。中国之虞灭二世，而夷蛮之吴兴。大凡从太伯至寿梦十九世。

……

二十五年，王寿梦卒。寿梦有子四人，长曰诸樊，次曰余祭，次曰余眛，次曰季札。季札贤，而寿梦欲立之，季札让②不可，于是乃立长子诸樊，摄③行事当国。

……

十三年，王诸樊卒。有命授弟余祭，欲传以次④，必致国于季札而止，以称⑤先王寿梦之意，且嘉⑥季札之义，兄弟皆欲致国，令以渐至焉。季札封于延陵，故号曰延陵季子。

……

四年，吴使季札聘⑦于鲁，请观周乐。为歌《周南》、《召南》。曰："美哉，始基⑧之矣，犹未也。然勤⑨而不怨。"歌《邶》、《鄘》、《卫》。曰："美哉，渊⑩乎，忧而不困者也。吾闻卫康叔、武公之德如是，是其《卫风》乎？"歌《王》。曰："美哉，思⑪而不惧，其周之东乎？"歌《郑》。曰："其细⑫已甚，民不堪也，是其先亡乎？"歌《齐》。曰："美哉，泱泱乎大风也哉。表⑬东海者，其太公乎？国未可量也。"歌《豳》。曰："美哉，荡荡乎，乐而不淫⑭，其周公之东乎？"歌《秦》。曰："此之谓夏声。夫能夏则大，大之至⑮也，其周之旧乎？"歌《魏》。曰："美哉，沨沨乎，大而宽，俭而易⑯，行以德辅，此则盟主也。"歌《唐》。曰："思深哉，其有陶唐氏之遗风乎？不然，何忧之远也？非令德[17]之后，谁能若是！”歌《陈》。曰：“国无主，其能久乎？”自郐以下，无讥[18]焉。歌《小雅》。曰：“美哉，思而不贰[19]，怨而不言，其周德之衰乎？犹有先王之遗民也。”歌《大雅》。曰：“广哉，熙熙乎，曲而有直体，其文王之德乎？”歌《颂》。曰：“至矣哉，直而不倨[20]，曲而不诎[21]，近[22]而不偪[23]，远[24]而不携[25]，而迁[26]不淫，复[27]而不厌，哀而不愁，乐而不荒[28]，用而不匮，广而不宣[29]，施而不费，取而不贪，处而不底[30]，行而不流[31]。五声和，八风平，节有度，守有序，盛德之所同也。”见舞《象箾》、《南籥》者，曰：“美哉，犹有感[32]。”见舞《大武》，曰：“美哉，周之盛也其若此乎？”见舞《韶护》者，曰：“圣人之弘也，犹有惭德，圣人之难也！”见舞《大夏》，曰：“美哉，勤而不德[33]！非禹其谁能及之？”见舞《招箾》，曰：“德至矣哉，大矣，如天之无不焘[34]也，如地之无不载也，虽甚盛德，无以加矣。观止矣，若有他乐，吾不敢观。”

去[35]鲁，遂使齐。说晏平仲曰：“子速纳[36]邑与政。无邑无政，乃免于难。齐国之政将有所归；未得所归，难未息[37]也。”故晏子因[38]陈桓子以纳政与邑，是以免于栾高之难。

去齐，使于郑。见子产，如旧交。谓子产曰：“郑之执政侈[39]，难将至矣，政必及子。子为政，慎以礼。不然，郑国将败。”去郑，适[40]卫。说蘧瑗、史狗、史鳝、公子荆、公叔发、公子朝曰：“卫多君子，未有患也。”

自卫如[41]晋，将舍[42]于宿，闻钟声，曰：“异哉！吾闻之，辩而不德，必加于戮。夫子获罪于君以在此，惧犹不足，而又可以畔[43]乎？夫子之在此，犹燕之巢于幕也。君在殡而可以乐乎？”遂去之。文子闻之，终身不听琴瑟。

适晋,说赵文子、韩宣子、魏献子曰:"晋国其萃[44]于三家乎!"将去,谓叔向曰:"吾子勉之!君侈而多良,大夫皆富,政将在三家。吾子直,必思自免于难。"

季札之初使,北过[45]徐君。徐君好[46]季札剑,口弗敢言。季札心知之,为使上国,未献。还至徐,徐君已死,于是乃解其宝剑,系之徐君冢树而去。从者曰:"徐君已死,尚谁予乎?"季子曰:"不然。始吾心已许之,岂以死倍[47]吾心哉!"

……

四年,王余眛卒,欲授弟季札。季札让,逃去。于是吴人曰:"先王有命,兄卒弟代立,必致季子。季子今逃位,则王余眛后立。今卒,其子当代。"乃立王余眛之子僚为王。

……

十二年冬,楚平王卒。十三年春,吴欲因楚丧而伐之,使公子盖余、烛庸以兵围楚之六、灊。使季札于晋,以观诸侯之变。……公子光竟[48]代立为王,是为吴王阖庐。阖庐乃以专诸子为卿。

季子至,曰:"苟先君无废祀,民人无废主,社稷有奉,乃吾君也。吾敢谁怨乎?哀死事生,以待天命。非我生乱,立者从之,先人之道也。"复命,哭僚墓,复位而待[49]。

选自《史记》卷三十一

〔注释〕 ① 作:开创。 ② 让:推让。 ③ 摄:代理。 ④ 次:排列。 ⑤ 称:符合。 ⑥ 嘉:赞许。 ⑦ 聘:访问。 ⑧ 基:奠基。 ⑨ 勤:劳累。 ⑩ 渊:深远。 ⑪ 思:忧思。 ⑫ 细:琐碎。 ⑬ 表:榜样。 ⑭ 淫:过度。 ⑮ 至:极致。 ⑯ 易:平易。 ⑰ 令德:美好的德行。 ⑱ 讥:规劝。 ⑲ 贰:背叛。 ⑳ 倨:傲慢。 ㉑ 诎:屈服。 ㉒ 近:亲近。 ㉓ 偪:同"逼"。 ㉔ 远:疏远。 ㉕ 携:二心。 ㉖ 迁:迁谪。 ㉗ 复:复职。 ㉘ 荒:放纵。 ㉙ 宣:张扬。 ㉚ 底:终止。 ㉛ 流:无节制。 ㉜ 感:通"憾"。 ㉝ 德:以德自居。 ㉞ 焘:覆盖。 ㉟ 去:离开。 ㊱ 纳:交出。 ㊲ 息:停息。 ㊳ 因:通过。 ㊴ 侈:放纵。 ㊵ 适:到。 ㊶ 如:到。 ㊷ 舍:居住。 ㊸ 畔：即“般”，高兴。 ㊹ 萃：聚集。 ㊺ 过：拜访。 ㊻ 好：喜欢。 ㊼ 倍：通“背”。 ㊽ 竟：最终。 ㊾ 待：等待。

〔赏析〕 所谓“世家”，可谓是司马迁独有之体例，因其被后世批评的“体例不纯”之问题，在后世的著书中很难再见其踪影。不过，在司马迁撰写的春秋、战国历史时代，世家体例有其特殊的作用。纵观三十世家，就主要是以当时各重要诸侯大姓的家族史为主。但司马迁为求变通，将历史地位介于本纪与列传之间的人物也放入其中，如《陈涉世家》和《孔子世家》。

春秋时代，政治、经济、军事等方面的权力由王室转移到诸侯，这是显而易见的。在古代中国，音乐历来是政治的附庸，诸侯们掌握了军政大权，自然要掌握对音乐制作与传播的控制权。《礼记》中说：“治世之音，安以乐，其政和；乱世之音，怨以怒，其政乖；亡国之音，哀以思，其民困。声音之道，与政通矣。”“乐”在先秦绝不能简单地理解为狭义的音乐，它几乎涵盖宗教、政治、文化等许多重要方面。夏商时代开始，音乐是沟通祖先和神灵的手段，而从周朝开始，音乐的政治作用超过了宗教作用，正如《乐记》中所说：“先王之制礼乐也，非以极口腹耳目之欲也，将以教民平好恶，而反人道之政也。”在先秦社会，音乐具有与礼相辅，从而达到参政、教化目的之作用。通过分析礼乐权力的转移，可以窥见当时王室衰微与诸侯壮大的状况。

春秋时期诸侯争霸，周朝的礼乐文化失去了忠实的继承者，诸侯们根据自己的认知和兴趣爱好来影响音乐的创作与传播。仔细分析当时的历史背景，不难看出存在这种情况的合理性。王室力量薄弱，各国诸侯争当霸主，一方面在残酷的现实斗争中，各国军事力量增强，王室的向心力越来越弱；另一方面，音乐是礼的附庸，周朝的整套礼制都崩溃了，它的音乐还能完好地保存吗？除此之外，由于缺乏有力的中央机构维护和推广所谓的正统宫廷乐曲，加之官学衰落、学术下移的状况，音乐的制作与流传权更加开放了，无法专制了。从历史发展的角度来说，人和事都在不断地更替，社会文化也在不断地改变，音乐的内涵和形式也不可能原封不动地传承下来。

选文中所言季札，为吴王寿梦第四子，姓姬名札，又称季子、季子札、公子札等。他贤明博学，遍交贤士大夫。寿梦临终时欲立其为王，他却似是承继了祖先天生淡泊权力的传统,多次推让。吴王余祭时,先后到过徐、鲁、齐、郑、卫、晋等国,与晏婴、子产等有过来往,以品行高洁、精通音乐及有远见而见重于诸侯,是淡于名利的高士典型。在鲁国观赏周代传统音乐时,对各种风格的音乐作了精妙绝伦的分析,并从中解说国家盛衰,堪称知音人士。

季札在鲁国欣赏的是保存下来的周天子礼乐,大致可以分为两类:一是典雅的宫廷乐曲,二是愉悦的地方乐曲。整个观乐的过程中,季札总是说"美哉",多处使用"渊乎"、"泱泱乎"、"荡乎"等赞美性的短语,感叹于周朝乐曲博大深远而舒缓绵长的特色。但当他听到《陈风》的时候,却发出了严苛的批评,说它音节放荡而无所节制,象征着国家没有美好的君王主持政事,无法传承久远。从季札一系列话语中,我们不难看出这样一些特点。第一,他所认同的好音乐是庄重雍容、工整和谐的,所以在他看来,宫廷音乐优于地方音乐,颂乐和雅乐优于反映民风民愿的国风。第二,季札认为《小雅》象征着周德的衰微,但也指出其仍有值得赞美的地方,那就是还存有先王遗民之风,可见他是一个典型的崇古派,比如对于尧帝的乐舞《唐》和夏禹的乐舞《大夏》就给予了很高的评价。第三,季札对于各种音乐的鉴赏主要立足于政治方面,如从《周南》、《召南》里听出了"勤而不怨",从《邶》、《庸》、《卫》里听出了"忧而不困",从《齐风》感叹"国未可量也"。为什么会有这样的特点呢?联系季札生活的春秋时代,我们可以作出进一步的分析。崇古情怀实际上透露出对现实的不满,你看季札的眼里,越是古老的音乐越受推崇,越是王室的音乐越受景仰,不正是求之不得心常爱的表现吗?现实之中,音乐的政治作用娱乐化了,音乐的掌控权力地方化了,远远地背离了季札心中的王道政治。

音乐背离王道政治,是春秋时期王室衰微、诸侯得道的体现,有所谓"礼崩乐坏"之说。然而,需要明确指出的是,春秋时期"礼崩乐坏"的本质是"礼乐征伐自诸侯出",不是礼乐崩了,以后社会上就没有礼乐了,而是逐渐没有了纯正的周朝礼乐了。进一步说,就是政治、经济、军事等大权由周王室转移到了各诸侯国手中。同样,学官下移,周王室丧失了对礼乐的控制力,但各诸侯国得到了这一控制权吗?严格地说,没有,也无法获得。诸侯国们所拥有的该项控制权只能在辖地范围内有效，而由于各诸侯国策略、信条不一，所以整个中国范围内的礼乐控制权被搁置了。

统一之世有群聚之恢宏，混乱之世有分散之多彩，由此揭开了战国时代百家争鸣的局面。

（张冬煜）

诸侯和世家：书写春秋的人杰

〔**导言**〕 随着北方的狄人、西方的戎人开始南下东进，周王室日渐衰败。郑庄公即位后，对内部肃清了反动势力，外部灭了许国等小国。为了维护王室最后的尊严，周桓王十三年(前707年)，周桓王讨伐郑国。郑庄公大败桓王的军队，并射中了桓王的手臂。周王室就此一蹶不振，中华陷入列国并峙，征战不休的春秋时代。郑庄公时期的郑国成为春秋初年最强大活跃的诸侯国，史称“郑庄公小霸”。

作为春秋时代中原的另一个重要诸侯国——姜姓齐国，在地理上有着良好的自然条件，从姜太公时期就有注重“通工商之业，便鱼盐之利”发展经济的传统。结束避难的齐桓公在鲍叔牙的建议下，拜昔日仇敌管仲为相，开始了变法改革。

管仲注重农业和商贸经济改革和建设，为齐国发展打下了良好的物质基础。同时，在政治文化上，管仲摒弃鲁国宗法制的保守局限，以齐国地域特点与文化出发，有条件地推行宗法制和集权制的结合。在外交上联合北方邻国，抵抗山戎族南侵。在管仲的改革下，齐国国力大为增强，终于使齐桓公成为大国争霸斗争中的第一位霸主。

齐桓公是春秋历史上首位充当霸主的诸侯。而管仲，更是史上第一名相，他在农业、经济、军事、法律、外交等不同方面的思想和改革被后人继承和发扬，对恢宏璀璨的先秦百家争鸣有着巨大的贡献和影响。

本书选录的《齐太公世家》、《管晏列传》和《郑世家》章节，旨在透过姜小白、管仲两人如何从困顿落魄走向历史之巅的传奇故事，分析他们的性格特点与谋略，评析齐桓公称霸之道与管仲变法之术，同时又将郑庄公个人的胜利和郑国必然的悲剧进行评述，使齐桓公的称霸与郑庄公的小霸相呼应，看不同的战略对两国历史以及对我们当下的启示。

齐太公世家

〔选文〕

初,襄公之醉杀鲁桓公……故次弟纠奔鲁。其母鲁女也。管仲、召忽傅[①]之。次弟小白奔[②]莒,鲍叔傅之。……及雍林人杀无知,议立君,高、国先阴[③]召小白于莒。鲁闻无知死,亦发兵送公子纠,而使管仲别[④]将兵遮[⑤]莒道,射中小白带钩。小白详[⑥]死,管仲使人驰报鲁。鲁送纠者行益迟,六日至齐,则小白已入,高傒立之,是为桓公。

桓公之立,发兵攻鲁,心欲杀管仲。鲍叔牙曰:"臣幸得从君,君竟[⑦]以立。君之尊,臣无以增[⑧]君。君将治齐,即高傒与叔牙足也。君且欲霸王,非管夷吾不可。夷吾所居[⑨]国国重[⑩],不可失也。"于是桓公从之。乃详为召管仲欲甘心,实欲用之。管仲知之,故请往。鲍叔牙迎受管仲,及[⑪]堂阜而脱桎梏,斋[⑫]祓[⑬]而见桓公。桓公厚礼以为大夫,任政。

桓公既得管仲,与鲍叔、隰朋、高傒修齐国政,连五家之兵,伸轻重鱼盐之利,以赡贫穷,禄[⑭]贤能,齐人皆说[⑮]。

五年,伐鲁,鲁将师败。鲁庄公请献遂邑以平,桓公许,与鲁会柯而盟。鲁将盟,曹沫以匕首劫桓公于坛上,曰:"反[⑯]鲁之侵地!"桓公许之。已而曹沫去匕首,北面就臣位。桓公后悔,欲无与鲁地而杀曹沫。管仲曰:"夫劫许之而倍[⑰]信杀之,愈[⑱]一小快耳,而弃信于诸侯,失天下之援,不可。"于是遂与[⑲]曹沫三败所亡地于鲁。诸侯闻之,皆信齐而欲附焉。七年,诸侯会桓公于甄,而桓公于是始霸焉。

……

二十八年，卫文公有狄乱，告急于齐。齐率诸侯城楚丘而立卫君。

二十九年，桓公与夫人蔡姬戏船中。蔡姬习水，荡公，公惧，止之，不止，出船，怒，归[20]蔡姬，弗绝[21]。蔡亦怒，嫁其女。桓公闻而怒，兴师往伐。

三十年春，齐桓公率诸侯伐蔡，蔡溃。遂伐楚。楚成王兴师问曰："何故涉吾地？"管仲对曰："昔召康公命我先君太公曰：'五侯九伯，若[22]实征之，以夹[23]辅周室。'赐我先君履[24]，东至海，西至河，南至穆陵，北至无棣。楚贡[25]包茅不入，王祭不具[26]，是以来责[27]。昭王南征不复[28]，是以来问。"楚王曰："贡之不入，有之，寡人罪也，敢不共[29]乎！昭王之出不复，君其问之水滨。"齐师进次[30]于陉。夏，楚王使屈完将兵扞[31]齐，齐师退次召陵。桓公矜[32]屈完以其众。屈完曰："君以道则可；若不，则楚方城以为城，江、汉以为沟，君安能进乎？"乃与屈完盟而去。过陈，陈袁涛涂诈齐，令出东方，觉[33]。秋，齐伐陈。是岁，晋杀太子申生。

……

是时周室微，唯齐、楚、秦、晋为强。晋初与会，献公死，国内乱。秦穆公辟[34]远，不与中国会盟。楚成王初[35]收荆蛮有之，夷狄自置[36]。唯独齐为中国会盟，而桓公能宣[37]其德，故诸侯宾会。于是桓公称曰："寡人南伐至召陵，望熊山；北伐山戎、离枝、孤竹；西伐大夏，涉流沙；束马悬车登太行，至卑耳山而还。诸侯莫违寡人。寡人兵车之会三，乘车之会六，九合诸侯，一匡天下。昔三代受命，有何以异于此乎？吾欲封[38]泰山，禅[39]梁父。"管仲固谏，不听；乃说桓公以远方珍怪物至乃得封，桓公乃止。

三十八年,周襄王弟带与戎、翟合谋伐周,齐使管仲平[40]戎于周。周欲以上卿礼管仲,管仲顿首曰:“臣陪臣,安敢!”三让,乃受下卿礼以见。三十九年,周襄王弟带来奔齐。齐使仲孙请王,为带谢[41]。襄王怒,弗听。

四十一年,秦穆公虏晋惠公,复归之。是岁,管仲、隰朋皆卒。管仲病,桓公问曰:“群臣谁可相者?”管仲曰:“知臣莫如君。”公曰:“易牙如何?”对曰:“杀子以适[42]君,非人情,不可。”公曰:“开方如何?”对曰:“倍亲以适君,非人情,难近。”公曰:“竖刀如何?”对曰:“自宫以适君,非人情,难亲。”管仲死,而桓公不用管仲言,卒近用三子,三子专权。

四十二年,戎伐周,周告急于齐,齐令诸侯各发卒戍周。是岁,晋公子重耳来,桓公妻[43]之。

四十三年。……

桓公病,五公子各树党争立。及桓公卒,遂相攻,以故宫中空,莫敢棺。桓公尸在床上六十七日,尸虫出于户。十二月乙亥,无诡立,乃棺赴[44]。辛巳夜,敛殡。

选自《史记》卷三十二

〔注释〕 ① 傅:辅佐。 ② 奔:投奔。 ③ 阴:暗中。 ④ 别:另外。 ⑤ 遮:阻断。 ⑥ 详:通“佯”,假装。 ⑦ 竟:终于。 ⑧ 增:(使)加多。 ⑨ 居:停留。 ⑩ 重:尊贵。 ⑪ 及:到达。 ⑫ 斋:清心洁身。 ⑬ 祓:消除邪秽。 ⑭ 禄:给予俸禄。 ⑮ 说:通“悦”,高兴。 ⑯ 反:同“返”,返还。 ⑰ 倍:通“背”,违背。 ⑱ 愈:只不过。 ⑲ 与:给予。 ⑳ 归:(把蔡姬)归还(蔡国)。 ㉑ 绝:断绝。 ㉒ 若:你们。 ㉓ 夹:辅佐。 ㉔ 履:所到达的地方。 ㉕ 贡:贡品。 ㉖ 具:完备。 ㉗ 责:索取。 ㉘ 复:返回。 ㉙ 共:通“供”,供给。 ㉚ 次:驻扎。 ㉛ 扞:同“捍”,抵御。 ㉜ 矜:夸奖。 ㉝ 觉:发觉。 ㉞ 辟:通“僻”,偏僻。 ㉟ 初:刚刚。 ㊱ 置:对待。 ㊲ 宣:宣扬。 ㊳ 封:泰山上设坛祭天。 ㊴ 禅:泰山下设坛祭地。 ㊵ 平:讲和。 ㊶ 谢:赔罪。 ㊷ 适:迎合。 ㊸ 妻:(把女儿)嫁给。 ㊹ 赴:通“讣”,讣告。

〔赏析〕 经过西周末年的战乱,周王室的实力大减。周天子直接统治的地区日趋狭小，不仅经济上有求于诸侯，政治上也往往受诸侯的摆布。在这种“礼崩乐坏”的形势下，郑庄公三十七年(前707年)，郑国的郑庄公为称霸中原，在繻葛大败周室联军。从此周王室衰弱，诸侯国崛起，历史也开始了一个列国纷争的大动荡、大分裂时期。

这时候，一方面随着社会经济的迅速发展，蛮夷戎狄的民族在中原文化的影响或民族融合的基础上很快赶了上来。另一方面，中原各诸侯国林立的情况，严重束缚了经济文化的发展。因此，东周时期的社会大动荡，使得兼并成为促成中原各个地区统一的有效和必要途径，也为诸侯争霸提供了表演的舞台。

齐国濒临大海，相对独立的地理特点和天然形成的自然屏障，既使齐国在经济上拥有海洋资源的优势，也使齐国在军事上易守难攻，易于形成稳定的社会环境。这不但有利于齐国经济的发展，也极有利于文化的繁荣。自姜尚封于齐，终先秦之世，齐文化较之其他地域文化发展快、层次高，与这一特点关系密切。

此外，齐国集山海之利，物产丰富，资源肥厚，使农牧业生产获得高水平发展；水陆交通发达，又为齐文化与各地域文化的交流提供了极有利的方便条件。这些条件在培养了齐人性格阔达多智，民尚舒缓的同时，也形成了齐文化的开放性特点，善于吸收其他外来文化发展自己，在兼容并包、杂取各家之长中发展、完善。这些都为姜小白成为春秋时期的第一位霸主提供了有利条件。

齐桓公，这位贪玩嗜酒好色的国君在严格意义上讲并不是一个圣明之君，他成就一番伟业的原因有许多，最重要的就是开放豁达的用人之术。

成为齐君之后，鲍叔牙对齐桓公说，高傒和我只能帮你治理齐国，但要想称霸，就必须找管仲。当时管仲虽为姬姓，但早已丧失了贵族身份，不过是一个普通“四民”中的商贾。在注重出身的春秋早期，是否使用管仲，将他放在什么位置，对齐桓公来说是个艰难的抉择。而更加艰难的是，管仲曾经是政敌公子纠的老师，在争夺权位的过程中还险些射死自己。但是齐桓公深知，自己的上位，是齐国贵族势力出于对阶级利益的考虑而作出的选择。作为势单力孤的流亡储君，如果不能找到既忠诚又有能力的股肱大臣扶持，不要说称霸，就连坐稳政权都是问题。

管仲组阁之后的齐国，进行了一系列卓有成效的全面改革。从政治体制来说，已经具有总理负责的君主立宪制国家形式的雏形。在管仲的建议下，齐桓公五年(前681年)，齐国征伐鲁国后，齐桓公把曹沫三次战败所丢失的全部领土归还给鲁国。这种武力展示后的和平意愿自然让各诸侯国主动或者被动归附。在这一年，齐桓公借朝贺周天子的机会获得了召集诸侯确定宋国君位的命令，在齐国北杏举办了首次由诸侯主持的会盟，共有五国参会。两年后，诸侯与齐桓公在甄地盟会，诸侯各国共推齐桓公为盟主，齐桓公的霸主地位开始确立。为使各诸侯信服，齐桓公又以"尊王攘夷"为号召。

在当时的情况下，周王朝虽然没落，但仍是天下诸侯的宗主国。而齐国，已经是当时综合实力最强的诸侯国，齐桓公吸取郑庄公小霸中原失败的教训，将周天子放在十分重要的地位上，打出"尊王攘夷"的旗帜，以诸侯长的身份，挟天子以伐四方，一方面保护了中原经济和正统文化的发展，另一方面也使其称霸事业更加合法合理。

"尊王"指的是尊崇周王的合法地位，维护周的宗法制度。但是这个尊崇也是有原则和有条件的，比如当时周惠王想另立太子，齐桓公为保证太子的正统地位，会集诸侯国君于首止对周惠王进行示威，然后又借口郑文公缺席会议，奉周王名义率联军讨伐郑国。

"攘夷"，指的是对戎、狄等游牧民族和南方的楚国不断侵扰中原诸侯所进行的抵御。齐桓公先后召集诸侯发兵抗击戎狄入侵，拯救燕、邢、卫等国，并迫使南方大国楚国加入齐桓公为首的联盟。

经过三十年的改革与征伐，桓公三十五年，齐桓公召集鲁、宋、曹等国国君及周王宰孔会于葵丘，周公宰代表周王正式封齐桓公为诸侯长。作为中华首位霸主，孔子对齐桓公的评价是："霸诸侯，一匡天下，民到于今受其赐。"(《论语·宪问》)他的功绩一直成为后世帝王敬仰和学习的目标。

管晏列传

〔选文〕

管仲夷吾者，颍上人也。少时常[①]与鲍叔牙游[②]，鲍叔知其贤。管仲贫困，常欺[3]鲍叔，鲍叔终善遇[4]之，不以为言[5]。已而鲍叔事[6]齐公子小白，管仲事公子纠。及小白立，为桓公，公子纠死，管仲囚焉。鲍叔遂进[7]管仲。管仲既用，任政于齐，齐桓公以霸，九合诸侯，一匡天下，管仲之谋也。

管仲曰："吾始困时，尝与鲍叔贾[8]，分财利多自与，鲍叔不以我为贪，知我贫也。吾尝为鲍叔谋事而更穷困[9]，鲍叔不以我为愚，知时[10]有利不利也。吾尝三仕三见逐[11]于君，鲍叔不以我为不肖[12]，知我不遭[13]时也。吾尝三战[14]三走[15]，鲍叔不以我怯，知我有老母也。公子纠败，召忽死之，吾幽囚受辱，鲍叔不以我为无耻，知我不羞小节而耻功名不显于天下也。生我者父母，知我者鲍子也。"

鲍叔既进管仲，以身下[16]之。子孙世禄于齐，有封邑者十余世，常为名大夫。天下不多管仲之贤而多鲍叔能知人也。

管仲既任政相齐，以区区之齐在海滨，通货积财，富国强兵，与俗同好恶。故其称曰："仓廪实而知礼节，衣食足而知荣辱，上服[17]度[18]则六亲固。四维不张[19]，国乃灭亡。下令如流水之原，令顺民心。"故论[20]卑[21]而易行。俗之所欲，因而予之；俗之所否[22]，因而去[23]之。

其为政也，善因[24]祸而为福，转败而为功。贵[25]轻重，慎权衡。桓公实[26]怒少姬，南袭蔡，管仲因而伐楚，责[27]包茅不入贡于周室。桓公实北征山戎，而管仲因而令燕修[28]召公之政。于柯之会，桓公欲背曹沫之约，管仲因而信[29]之，诸侯由[30]是归齐。故曰："知与之为取，政之宝也。"

管仲富拟[31]于公室，有三归、反坫，齐人不以为侈。管仲卒，齐国遵其政，常强于诸侯。

……

太史公曰：……管仲，世所谓贤臣，然孔子小[32]之。岂以为周道衰微，桓公既贤，而不勉[33]之至王，乃称霸哉？语曰“将顺[34]其美，匡[35]救其恶，故上下能相亲也”。岂管仲之谓乎？

选自《史记》卷六十二

〔**注释**〕 ①常：通“尝”，曾经。 ②游：交往。 ③欺：占便宜。 ④遇：对待。 ⑤言：说辞。 ⑥事：服务。 ⑦进：推荐。 ⑧贾：做生意。 ⑨穷困：事情办得糟糕。 ⑩时：时运。 ⑪逐：驱逐。 ⑫不肖：不成才。 ⑬遭：遇到。 ⑭战：打仗。 ⑮走：逃跑。 ⑯下：比（管仲）地位低。 ⑰服：从事。 ⑱度：合乎礼法。 ⑲张：发扬。 ⑳论：主张。 ㉑卑：低。 ㉒否：厌恶。 ㉓去：废除。 ㉔因：凭借。 ㉕贵：重视。 ㉖实：实际上。 ㉗责：责问。 ㉘修：搞好。 ㉙信：（使）相信。 ㉚由：原因。 ㉛拟：堪比。 ㉜小：贬低。 ㉝勉：勉励。 ㉞顺：发扬。 ㉟匡：匡正。

〔**赏析**〕 管仲是周穆王的后代，名夷吾，春秋时期齐国颍上（今安徽颍上）人，史称管子，他的一生经历充满了传奇与争议。作为春秋时期最伟大的政治家与思想家，管子的许多观点即便拿到今天来看依然先进。他的伟大不仅是辅佐齐桓公成为霸主，更重要的是开创了自周统一以来，中原少有的安定团结局面，从而保护了华夏文明的传承，此外，他天才地对于政治、军事、经贸、外交等方面都作出了卓有成效的改革和规范。管仲思想汇编而成的《管子》一书，内容极丰，包含后世儒、道、墨、名、法、纵横等家的思想以及天文、舆地、经济和农业等方面的知识，其中《轻重》等篇，更是古代典籍中不多见的经济文作。正如齐桓公成为后世帝王的榜样一样，管仲也成为后世如诸葛亮等名相的偶像。

管仲的成功首先有赖于鲍叔牙的信任和推荐，管仲多次对人讲过：“生我者父母，知我者鲍子也。”这就是中华历史上有名的“管鲍之交”。客观来说，如果没有鲍叔牙，就绝不会有管仲的成就，因此，相对管仲的旷世奇才，鲍子识人之才与气度更被天下人称道。

也许因为自小贫寒，管仲比普通人更加刻苦勤奋，对于人性和机会的把握也显得十分用心，为达目的不择手段。辅佐公子纠的时候，他可以日夜快马，箭射小白。公子纠失败身亡之后，同为师傅的召忽自尽殉节，管仲却为了齐国的强大考虑如何活下来，争取昔日仇敌小白的信任。一切以结果为导向，这条目前企业界的信条，也是管仲终生坚守的信念。

管仲深知，所有的一切都建立在他是否能获得齐桓公的信任的基础上。因此，在应对齐桓公的面试之时，他不但对齐桓公提出他的全面称霸战略构想，还在充分了解判断齐桓公后告诉他，你不需要成为一个圣明之君，但“不知贤，害霸；知贤而不用，害霸；用而不任，害霸；任而复以小人参之，害霸”。桓公对此非常认同。

获得了齐桓公的信任和授权之后，管仲宏观地分析了当时周王室和诸侯之间的实力和关系，以及齐国的自然条件和资源。因此，通过经济改革先解决民生，再通过政治改革使国盛，最后通过军事改革和外交策略辅佐齐桓公走上称霸之路。

在民生方面，他首先用四民分业、三国五鄙制度调整了齐国的整个组织架构和社会管理体系。让士、农、工、商四民分业所属，父子相袭。其中，士、工、商三民居于国都，农民居于郊野。各乡乡长和五属大夫向齐桓公汇报。这样的社会管理体系成为后朝的范本。

其次，管仲非常重视农业。因此，他对水利建设进行了大规模的整修，然后采取了按土地的质量征税的宽松政策，并“均地分力”，使农民的利益得到保障，从而有效地调动起农民的积极性。

他还利用齐国的自然条件发展副业，种植了桑麻瓜蔬等经济作物，鼓励人民饲养六畜，发展渔业等。并将原先民间进行的海盐和生铁等金属的开发和出口权收归国有专营，开创后世盐政矿产的专营模式。

民生的问题解决后，接下来他便考虑如何制衡君主，管理官员，使齐国成为一个有效率的富国。

在官吏选拔和培养的问题上，管仲推行了“三选法”的官吏选任制度和“八观”监察巡视的办法，并在每年腊月到正月由齐桓公亲政，听取各官员的总结。

最厉害的是管仲已经开始运用数据分析来做决策，他成立了一个负责统计的机构，对土地、人口、产值甚至男女劳力比例都进行统计，根据统计结果进行各方面的预测和决策，用数据化管理国家，使国家的每一个决策都有短期的目标和中长期的规划。

这样一整套干部选拔和考察体系加之数据化管理，有效地将齐桓公与官员都涵盖在管仲设计的行政管理体系中，各司其职，各承其责，国家机器发出轰然巨响，开始高速运转。

富国之后便是强兵，管仲认为军队的战斗力首先来自优异的器械的质量，因此他对战车和武器的生产非常重视：不但重金聘请鲁国的工匠，同时大量收购上佳的生产材料，并投入人力财力研制新式武器。很快齐国便能大量生产当时最先进的战车和弓箭等武器。

从十五士乡招募来的士兵，在每年春秋通过狩猎来进行训练，一方面检验军械的质量，另一方面加强非战争期间士兵的战斗能力。管仲甚至提出了用盔甲和武器来赎罪的办法，使军备和军费得到了有效的补充。

经过管仲的改革，齐国终于成为当时最强盛的国家。这时他通过“尊王攘夷”的策略，在外交上获得了周王和其他诸侯的认可，使得中原文明得以安定的延续，也为齐桓公创造了霸主的伟业。

孔子对管仲的丰功伟绩既不乏盛赞，如“桓公九合诸侯，不以兵车，管仲之力也。如其仁，如其仁。”“微管仲，吾其被以左衽矣”(《论语·宪问》)，但对管仲在个人生活的不检点和物质享受上的奢侈，也指责他“器小”、“不俭”、“不知礼”。管仲的这些做法使得对他的评价非常复杂且充满争议，但我们也要客观地看到，这些做法至少在他的一生中，避免了齐国本国权势阶级包括齐桓公对他的猜忌。

天才管仲之后，才有百家争鸣的璀璨，才有万世名相的向往，因此千百年来，管子的治国之道一直流传延承，这也许就是“管理”一词的由来吧。

郑世家

〔选文〕

郑桓公友者，周厉王少子而宣王庶弟也。宣王立二十二年，友初封于郑。……（桓）公曰："周衰，何国兴者？"（太史伯）对曰："齐、秦、晋、楚乎？夫齐，姜姓，伯夷之后也，伯夷佐[1]尧典礼。秦，嬴姓，伯翳之后也，伯翳佐舜怀柔百物。及楚之先，皆尝有功于天下。而周武王克纣后，成王封叔虞于唐，其地阻险，以此有德与周衰并[2]，亦必兴矣。"桓公曰："善。"

……

武公十年，娶申侯女为夫人，曰武姜。生太子寤生，生之难[3]，及生，夫人弗爱。后生少子叔段，段生易，夫人爱之。二十七年，武公疾[4]。夫人请[5]公，欲立段为太子，公弗听。是岁，武公卒，寤生立，是为庄公。

庄公元年，封弟段于京，号太叔。祭仲曰："京大于国[6]，非所以封庶也。"庄公曰："武姜欲之，我弗敢夺[7]也。"段至京，缮[8]治甲兵，与其母武姜谋袭郑。二十二年，段果袭郑，武姜为内应。庄公发兵伐段，段走。伐京，京人畔[9]段，段出走鄢。鄢溃[10]，段出奔共。于是庄公迁其母武姜于城颍，誓言曰："不至黄泉，毋相见也。"居[11]岁余，已悔思母。颍谷之考叔有献于公，公赐食。考叔曰："臣有母，请君食赐臣母。"庄公曰："我甚思母，恶[12]负[13]盟，奈何？"考叔曰："穿地至黄泉，则相见矣。"于是遂从之，见母。

二十四年，宋缪公卒，公子冯奔郑。郑侵周地，取禾。二十五年，卫州吁弑其君桓公自立，与宋伐郑，以冯故[14]也。二十七年，始朝[15]周桓王。桓王怒其取禾，弗礼也。二十九年，庄公怒周弗礼，与鲁易[16]祊、许田。三十三年，宋杀孔父。三十七年，庄公不朝周，周桓王率陈、蔡、虢、卫伐郑。庄公与祭仲、高渠弥发兵自救，王师大败。祝聸射中王臂。祝聸请从[17]之，郑伯止之，曰："犯[18]长且难[19]之，况敢陵[20]天子乎？"乃止。夜令祭仲问王疾。

……

厉公突后元年，齐桓公始霸。

……

三十六年，晋公子重耳过[21]，文公弗礼。文公弟叔詹曰："重耳贤，且又同姓，穷而过君，不可无礼。"文公曰："诸侯亡[22]公子过者多矣，安能尽礼之！"詹曰："君如弗礼，遂杀之；弗杀，使即反国，为郑忧矣。"文公弗听。

……

四十一年，助楚击晋。自晋文公之过无礼，故背晋助楚。四十三年，晋文公与秦穆公共围郑，讨其助楚攻晋者，及文公过时之无礼也。初，郑文公有三夫人，宠子五人，皆以罪蚤[23]死。公怒，溉[24]逐群公子。子兰奔晋，从[25]晋文公围郑。时兰事晋文公甚谨，爱幸之，乃私[26]于晋，以求入郑为太子。晋于是欲得叔詹为僇[27]。郑文公恐，不敢谓叔詹言。詹闻，言于郑君曰："臣谓君，君不听臣，晋卒[28]为患。然晋所以围郑，以[29]詹，詹死而赦[30]郑国，詹之愿也。"乃自杀。郑人以詹尸与晋。……遂许晋，与盟，而卒立子兰为太子，晋兵乃罢去。

……

缪公元年春，秦缪公使三将将兵欲袭郑，至滑，逢郑贾人[31]弦高诈[32]以十二牛劳军，故秦兵不至而还，晋败之于崤。初，往年郑文公之卒也，郑司城缯贺以郑情[33]卖之，秦兵故来。三年，郑发兵从晋伐秦，败秦兵于汪。

往年楚太子商臣弑其父成王代立。二十一年，与宋华元伐郑。华元杀羊食[34]士，不与其御[35]羊斟，怒以驰[36]郑，郑囚华元。宋赎华元，元亦亡去。晋使赵穿以兵伐郑。

……

襄公元年，楚怒郑受宋赂纵[37]华元，伐郑。郑背楚，与晋亲[38]。五年，楚复伐郑，晋来救之。……

七年，郑与晋盟[39]鄢陵。八年，楚庄王以郑与晋盟，来伐，围郑三月，郑以城降楚。楚王入自皇门，郑襄公肉袒掔羊[40]以迎，曰："孤不能事边邑，使君王怀怒以及[41]弊邑，孤之罪也。敢不惟命是听。君王迁之江南，及以赐诸侯，亦惟命是听。若君王不忘厉、宣王，桓、武公，哀不忍绝其社稷，锡[42]不毛之地，使复得改事君王，孤之愿也，然非所敢望也。敢布[43]腹心，惟命是听。"庄王为却[44]三十里而后舍[45]。楚群臣曰："自郢至此，士大夫亦久劳[46]矣。今得国舍之，何如？"庄王曰："所为伐，伐不服也。今已服，尚何求乎？"卒去。晋闻楚之伐郑，发兵救郑。其来持两端[47]，故迟，比[48]至河，楚兵已去。晋将率或欲渡，或欲还，卒渡河。庄王闻，还击晋。郑反[49]助楚，大破晋军于河上。十年，晋来伐郑，以其反晋而亲楚也。

选自《史记》卷四十二

〔注释〕 ① 佐：辅佐。 ② 并：同时存在。 ③ 难：难产。 ④ 疾：生病。 ⑤ 请：请求。 ⑥ 国：国都。 ⑦ 夺：消除。 ⑧ 缮：整备。 ⑨ 畔：通"叛"。 ⑩ 溃：溃败。 ⑪ 居：经过(多长时间)。 ⑫ 恶：憎恶。 ⑬ 负：违背。 ⑭ 故：表原因。 ⑮ 朝：朝见。 ⑯ 易：交换。 ⑰ 从：追击。 ⑱ 犯：冒犯。 ⑲ 难：畏。 ⑳ 陵：欺侮。 ㉑ 过：拜访。 ㉒ 亡：逃亡。 ㉓ 蚤：通"早"。 ㉔ 溉：尽。 ㉕ 从：跟随。 ㉖ 私：暗中活动。 ㉗ 僇：通"戮"，杀戮。 ㉘ 卒：最终。 ㉙ 以：因为。 ㉚ 赦：赦免。 ㉛ 贾人：商人。 ㉜ 诈：假装。 ㉝ 情：情况。 ㉞ 食：供养。 ㉟ 御：驾驶车马的人。 ㊱ 驰：驱车直入。 ㊲ 纵：释放。 ㊳ 亲：亲附。 ㊴ 盟：结盟。 ㊵ 肉袒掔羊：赤膊牵羊，犒劳军队。古代战败投降的一种仪式。掔：通"牵"，挽引。 ㊶ 及：到。 ㊷ 锡：通"赐"，奖赏。 ㊸ 布：陈述。 ㊹ 却：后退。 ㊺ 舍：驻扎。 ㊻ 劳：操劳。 ㊼ 两端：两种意见。 ㊽ 比：等到。 ㊾ 反：反而。

〔赏析〕 大变革大动荡的春秋时代，诸侯列强称霸天下。郑国处在中原腹地，北达上党，南可抵楚，是“咽喉九州”之地，地理位置非常重要，军事上把这个地带叫做“衢地”。有这种军事地理特征的国度，如果不能自身强大，便难免成为兵家必争之“郑道”。这似乎成为郑国历代君主难以逃避的宿命，因此，司马迁才不惜浓彩重墨的用近六千字的《郑世家》，向后人讲述了这个春秋初期最强盛的诸侯国如何沦为夹在大国之间的傀儡国的艰难曲折的发展历程。

周厉王幼子友被封于郑，是为郑桓公。郑桓公看出西周灭亡在即，于是在太史伯的建议下，迁移到东虢国和郐之间，号称新郑。犬戎之乱中，郑桓公为保护周幽王战死。即位的郑武公攻灭郐和东虢国，建立了实际独立的郑国。

说起春秋五霸，就不得不说说五霸之前的郑庄公，这位在毛泽东口中的“厉害人物”，虽未称霸，却为后世霸主打开了霸业之门，郑庄公时期的郑国成为春秋初年最强大活跃的诸侯国，史称“春秋小霸”。

周平王东迁以后，周王朝与诸侯国之间的势力均衡被打破。政治、经济发展的不平衡，必然导致扩张与战争。定都新郑（今属河南）后的郑国，处于经济发达、交通便利的中原腹地位置，日渐强盛，逐渐成为春秋初期的主要强国之一。

郑庄公是难得一见的霸主级国君，有着高超的政治策略和高度的自我控制能力，用管理学的角度看就是表现在战略目标的设定明确且务实，具体的执行“有理、有利、有节”。

他继位后，在与其母及胞弟姬的分裂势力斗争中隐忍不发，暗地里却做好了充足准备，直到叛乱发动后，他才将叛军一举歼灭。然后通过远交近攻战略，对距离远威胁小的齐、鲁二国进行联合，一同打压宋、卫等邻国。在二十余年发动大小战争十余次。由于郑国的崛起威胁到周王室的地位，周桓王大举起兵进攻征讨，这就是著名的“繻葛之战”。郑庄公用新阵法大败周桓王所率联军并射伤桓王，将周天子由神坛射入人间，也标志着周王朝对诸侯国的实际控制权的丧失。第二年郑庄公又出兵援齐，大败北戎，使他成为当时势力最强大的统治者。

当时的郑国虽然有成为一流大国的基本要素，但由于郑处衢地，邻国文化和实力都不弱，要辟土开疆，除了需要强大的经济实力和坚定的决心外，灵活高超的外交技巧更加关键，而郑庄公太过侧重武力征服，忽视政治影响，尤其是直接对抗传统的尊王思想及礼制观念，使他与周王室及广大诸侯国站在对立阵线。虽然在大败周桓王后，他不顾部下请求，连夜派人前去慰问周桓王，但是这更是出于他的修养而不是战略的考虑。

如果郑庄公能预见性地利用当时郑国强盛的国力，采用类似齐桓公“尊王攘夷”的策略走向称霸，则春秋将走向一个新的故事，可惜历史往往不由后人的惋惜而改变。在不能获得多数小国同情与支持的背景下，郑庄公，这位第一个使周王朝威风扫地的诸侯霸王，将大国争霸的大幕缓缓拉开，也为郑国日后的风雨飘摇埋下了深深的伏笔。

庄公死后，权臣祭仲当道，六易其主，国力不可避免地走向衰弱。而与此同时，齐、晋、秦、楚诸国逐渐强大起来。各国争霸，使处于中央腹地的郑国处在了火力交叉点上。

晋文公、楚庄王先后争霸中原的过程，就是晋楚两国轮番欺凌郑国的过程。他们既不想吞并郑国，以免直接与对手接壤，但又都决不让郑国被对方灭掉，这就造成了诸侯国多次攻打，多次救郑的乱局。在这个背景下，郑国兵连祸结，朝贡不歇，成为春秋列国中外部环境最恶劣的国家。郑国历代国君，为了本国的安全，不得不讲究言辞，虚与周旋。但也正基于此，郑国利用各国之间矛盾来协调关系，从而避免冲突，保存实力的表现也是列国中最优异的。其中的代表人物就是子产。在《左传》中，记录了大量的“子产与范宣子书”、“子产弗与宣子环”、“子产对晋人征朝”等外交言论和典型例证。在“一言可以兴国”、“一言可以丧邦”的复杂形势下，如果没有子产这位善于辞令的政治家、外交家与列强虚与周旋，郑国早就灭国了。但从另一方面来说，这位死讯令孔子嚎哭的千古圣哲终其一生都不得不将其主要精力和智慧展示在外交和维稳领域，而不能同管仲一般尽展才华，辅佐桓公成就霸业。

以史为鉴，我们在感慨郑国与近代波兰在不同时空下同样的命运，同情他们在强邻欺凌下求生存的艰难之余，也需要清醒地居安思危，认识到战略部署的重要性。正如司马迁最后总结的，如果仅仅用权势和利害使关系密切，权势利害终止了，关系就疏远了，要想实现真正的长治久安，还是要依靠自己的实力。

（王　骁）

君主和谋士的相生相克

〔**导言**〕 本组选取了《越王句践世家》和《伍子胥列传》，从故事本身来讲，是中国人耳熟能详的。不过，从当代的眼光重析这两篇文章，仍能给人以深刻启迪。

《越王句践世家》和《伍子胥列传》的背景均在春秋晚期，经过约三百年的攻伐、争夺，此时晋、齐、楚这些大国都陷入了长期内耗，相互间纷争不断，导致大国的地位和势力急剧衰落。中原诸大国的萎靡不振，留出了博弈空间，为吴国和越国的崛起创造了机会。但是，由于两国同处于东南部，任何一方的称霸企图，都会对对方产生严重威胁，因此两国的战争就无法避免。纵观吴越争霸，吴国先赢后输，越国先输后赢。之所以呈现如此跌宕起伏的局面，和两国领导人物在战略把握上的巨大差异密切相关。

《越王句践世家》告诉我们，越王句践较早地就明确了吴越争霸的关键意义，并采取积极策略。一方面是奋发图强，充实自身实力，另一方面瞄准吴国软肋，果断出手，并联络诸侯国孤立吴国。《伍子胥列传》则显示，吴王夫差始终没有把越国当作值得认真对待的敌手，未认清这场较量的重要性和残酷性。洞察越国真实动机的吴国重臣伍子胥，则因自身的局限性，失去了吴王的信任，从而和正确意见一起被埋葬。结果，越王句践步步为"赢"，成为笑到最后的人。这两篇文章一正一反，勾勒了"吴越争霸"这一浓墨重彩的篇章，留给后人无尽的思索。

越王句践世家

〔**选文**〕

越王句践，其先禹之苗裔，而夏后帝少康之庶子也。封于会稽，以奉守禹之祀。文身断发，披[①]草莱而邑焉。后二十余世，至于允常。允常之时，与吴王阖庐战而相怨伐。允常卒，子句践立，是为越王。

……

三年，句践闻吴王夫差日夜勒[②]兵，且[③]以报[④]越，越欲先吴未发往伐之。范蠡谏曰："不可。臣闻兵者凶器也，战者逆[⑤]德也，争者事之末也。阴谋逆德，好用凶器，试身于所末，上帝禁之，行者不利。"越王曰："吾已决之矣。"遂兴师。吴王闻之，悉[⑥]发精兵击越，败之夫椒。越王乃以余兵五千人保[⑦]栖[⑧]于会稽。吴王追而围之。

……

吴既赦越，越王句践反[⑨]国，乃苦身焦思，置[⑩]胆于坐，坐卧即仰胆，饮食亦尝胆也。曰："女[⑪]忘会稽之耻邪?"身自耕作，夫人自织，食不加肉，衣不重采[⑫]，折节下[⑬]贤人，厚遇[⑭]宾客，振[⑮]贫吊[⑯]死，与百姓同其劳。欲使范蠡治国政，蠡对曰："兵甲之事，种不如蠡；填[⑰]抚国家，亲附百姓，蠡不如种。"于是举[⑱]国政属大夫种，而使范蠡与大夫柘稽行成，为质[⑲]于吴。二岁而吴归[⑳]蠡。

句践自会稽归七年，拊循[㉑]其士民，欲用以报吴。大夫逢同谏曰："国新[㉒]流亡，今乃复殷给，缮[㉓]饰备利，吴必惧，惧则难[㉔]必至。且鸷鸟之击也，必匿其形。今夫吴兵加齐、晋，怨深于楚、越，名高天下，实害周室，德少而功多，必淫[㉕]自矜[㉖]。为越计，莫若结[㉗]齐，亲楚，附晋，以厚吴。吴之志广，必轻战。是我连其权，三国伐之，越承其弊，可克也。"句践曰："善。"

居二年，吴王将伐齐。子胥谏曰："未可。臣闻句践食不重[28]味，与百姓同苦乐。此人不死，必为国患。吴有越，腹心之疾，齐与[29]吴，疥癣也。愿王释[30]齐先越。”吴王弗听，遂伐齐。败之艾陵，虏齐高、国以归。让[31]子胥。子胥曰：“王毋喜！”王怒，子胥欲自杀，王闻而止之。越大夫种曰：“臣观吴王政骄矣，请试尝之贷[32]粟，以卜其事。”请贷，吴王欲与，子胥谏勿与，王遂与之，越乃私[33]喜。子胥言曰：“王不听谏，后三年吴其墟[34]乎！”太宰嚭闻之，乃数[35]与子胥争越议，因谗[36]子胥曰：“伍员貌忠而实忍[37]人，其父兄不顾，安能顾王？王前欲伐齐，员强谏，已而有功，用[38]是反怨王。王不备[39]伍员，员必为乱。”与逢同共谋，谗之王。王始不从[40]，乃使子胥于齐，闻其托[41]子于鲍氏，王乃大怒，曰：“伍员果欺寡人！”役反，使人赐子胥属镂剑以自杀。子胥大笑曰：“我令而父霸，我又立若[42]，若初欲分吴国半予我，我不受，已，今若反以谗诛我。嗟乎，嗟乎，一人固不能独立！”报使者曰：“必取吾眼置吴东门，以观越兵入也！”于是吴任嚭政。

居三年，句践召范蠡曰：“吴已杀子胥，导谀[43]者众，可乎？”对曰：“未可。”

至明年春，吴王北会诸侯于黄池，吴国精兵从王，惟独老弱与太子留守。句践复问范蠡，蠡曰“可矣”，乃发[44]习流二千人，教士四万人，君子六千人，诸御千人，伐吴。吴师败，遂杀吴太子。吴告急于王，王方会诸侯于黄池，惧天下闻之，乃秘[45]之。吴王已盟黄池，乃使人厚礼以请成[46]越。越自度[47]亦未能灭吴，乃与吴平[48]。

其后四年，越复伐吴。吴士民罢弊[49]，轻锐尽死于齐、晋。而越大破吴，因而留围之三年，吴师败，越遂复栖吴王于姑苏之山。吴王使公孙雄肉袒膝行而前，请成越王曰：

"孤臣夫差敢布[50]腹心，异日尝[51]得罪于会稽，夫差不敢逆命，得与君王成以归。今君王举玉趾而诛[52]孤臣，孤臣惟命是听，意者亦欲如会稽之赦孤臣之罪乎？"句践不忍，欲许之。范蠡曰："会稽之事，天以越赐吴，吴不取。今天以吴赐越，越其可逆天乎？且夫君王蚤[53]朝晏[54]罢，非为吴邪？谋之二十二年，一旦而弃之，可乎？且夫天与[55]弗取，反受其咎[56]。'伐柯者其则不远'，君忘会稽之戹乎？"……越王乃葬吴王而诛太宰嚭。

句践已平吴，乃以兵北渡淮，与齐、晋诸侯会于徐州，致贡于周。周元王使人赐句践胙，命为伯。句践已去，渡淮南，以淮上地与楚，归吴所侵宋地于宋，与鲁泗东方百里。当是时，越兵横行[57]于江、淮东，诸侯毕贺，号称霸王。

选自《史记》卷四十一

〔注释〕 ① 披：开辟。 ② 勒：操练。 ③ 且：将。 ④ 报：报复。 ⑤ 逆：违背。 ⑥ 悉：全部。 ⑦ 保：守住。 ⑧ 栖：居留。 ⑨ 反：通"返"。 ⑩ 置：放置。 ⑪ 女：同"汝"。 ⑫ 采：同"彩"。 ⑬ 下：礼遇。 ⑭ 遇：对待。 ⑮ 振：通"赈"。 ⑯ 吊：慰问。 ⑰ 填：通"镇"。 ⑱ 举：全。 ⑲ 质：作人质。 ⑳ 归：使返回。 ㉑ 拊循：安抚。 ㉒ 新：刚刚。 ㉓ 缮：整治。 ㉔ 难：灾难。 ㉕ 淫：放纵。 ㉖ 矜：夸耀。 ㉗ 结：结交。 ㉘ 重：两种。 ㉙ 与：对于。 ㉚ 释：放弃。 ㉛ 让：责备。 ㉜ 贷：借。 ㉝ 私：暗中。 ㉞ 墟：毁败。 ㉟ 数：多次。 ㊱ 馋：谗害。 ㊲ 忍：残忍。 ㊳ 用：因为。 ㊴ 备：防备。 ㊵ 从：听从。 ㊶ 托：托付。 ㊷ 若：你。 ㊸ 导谀：谄媚。 ㊹ 发：征调。 ㊺ 秘：保密。 ㊻ 成：讲和。 ㊼ 度：考虑。 ㊽ 平：和好。 ㊾ 罢弊：罢，通"疲惫"，疲劳困敝。 ㊿ 布：陈述。 (51) 尝：曾经。 (52) 诛：讨伐。 (53) 蚤：通"早"。 (54) 晏：晚。 (55) 与：给。 (56) 咎：怪罪。 (57) 横行：所向无阻。

〔赏析〕 越国是小国，偏居东南，远离中原文明，本与列国间的征伐无关。然而随着齐、晋、楚等大国衰弱，原先的"国际均势"动摇了，吴国趁机崛起，打败楚国，跻身列强。作为近邻，越国直接处于吴国的势力之下，且险遭吞并。可以说，越国是被动地卷入争斗，这也表明，及至春秋晚期，诸侯间竞争日趋激烈，范围也不断扩大，没有谁能置身事外。从这个角度看，“吴越争霸”的习惯说法其实是不够准确的。对句践而言，他的战略目标刚开始是明确而有限的：复仇。通过太史公的记述不难发现，在和吴国的对抗中，句践的所作所为都围绕着这个战略目标展开。争霸是这以后的事，不太可能一开始就在谋划当中。但即便是如此有限的战略目标，因越国本身太过弱小，能否达成，也在一定程度上取决于吴王夫差的战略判断——如果夫差全力以赴，以灭亡越国为最终目标，则越国注定在劫难逃。恰恰，夫差有更大的战略目标：力压诸侯，成为霸主。因此，他不愿意往越国身上消耗太多精力。可以说，是夫差无限膨胀的野心，给了句践可乘之机。接下去的问题是，句践能否做出准确判断，并及时抓住？

能。具体分析时，则有几点值得注意。首先句践很清楚，夫差的战略目标远远超过了自身实力，因而迎合、鼓励其野心，有利于消耗吴国。此消彼长，这对越国是有好处的。同时，吴国转向中原，也就给越国腾出了恢复的时间和空间。总之，句践算得很清楚，夫差的霸业铺陈得越宏大，他就越有利可图。于是，当夫差逐鹿中原之际，句践始终忍耐着，他明白，被这样一个强大的对手忘记的时间越长越好。其次，句践也意识到，仅仅是对外征伐，并不足以耗尽吴国的国力。为此，句践又采取了两手策略：一手是抓住对方软肋，不断从内部削弱吴国；另一手是充分利用国际形势，暗中联络其他诸侯，尤其是有分量的大诸侯国，以求最大程度地孤立吴国。

在瓦解吴国的过程中，句践也遇到了真正的对手——伍子胥。伍子胥和伯嚭是吴王夫差最信任、最重要的两位谋臣。特别是伍子胥，辅佐过吴王阖庐，德高望重，有着丰富政治经验的他一眼看穿句践“卧薪尝胆”的真正用意，坚决主张彻底灭掉越国。他是句践最大也最害怕的敌人。但伍子胥有其显著的缺点：性情耿直，经常冒犯夫差，而且对他的称霸大业缺乏兴趣。相反，伯嚭善于奉迎，深得夫差宠信，其个人野心也逐渐膨胀。句践牢牢抓住了这个软肋，利用伯嚭，离间夫差和伍子胥的君臣关系，后者最终被逼自尽，为伯嚭所取代。在这场看不见硝烟的“暗战”中，句践收获了空前的战果——以最低的成本除掉了最大的敌人。他自己则重用文种、范蠡、逢同等顶尖人才，使胜负的天平慢慢转向了越国。

同时，外部条件也在发生变化。夫差连年征战，以至于国内苦不堪言、怨声载道，还得罪了不少诸侯。虽然他在"黄池会盟"上成功取得了霸主地位，却已经陷入了孤立境地——楚国本来就和吴国有深仇大恨；晋国被夺去了霸主称号，怀恨在心；齐国内乱不断，无暇南顾；鲁国、宋国皆属小国，力量微薄……句践趁机联络这些国家，使其至少在吴越之争中保持观望。这一策略相当奏效，以至于越军包围了吴国首都整整三年，夫差没有得到任何外援。最后，夫差只能羞愧自杀，吴国从此在东周的版图上消失。

灭吴后，句践先诛杀伯嚭，随后向周王室纳贡，获得其对自己地位的首肯。此外，他还将吴国从别国夺走的土地归还……这些举措同样值得注意，因为这充分表明句践吸取了吴王夫差盲目扩张的教训，完成复仇后他积极清理内政，联合、笼络诸侯，终于成为了最后一任春秋霸主。可惜，句践的后代没能继承他的智慧，反而犯了和夫差相似的错误：力图保持并不牢靠的霸业，终为楚国所灭，失去了逐鹿中原、争夺天下的资格。这或许是历史在向我们诉说：一切历史都是当代史。

伍子胥列传

〔选文〕

伍子胥者，楚人也，名员。员父曰伍奢。员兄曰伍尚。其先曰伍举，以直谏事①楚庄王，有显②，故其后世有名于楚。

……

无忌既以秦女自媚③于平王，因去④太子而事平王。恐一旦平王卒而太子立，杀己，乃因谗太子建。建母，蔡女也，无宠于平王。平王稍⑤益疏⑥建，使建守城父，备边兵。

顷之，无忌又日夜言太子短⑦于王曰："太子以秦女之故，不能无怨望⑧，愿王少⑨自备也。自太子居城父，将⑩兵，外交[11]诸侯，且欲入为乱矣。”平王乃召其太傅伍奢考问之。伍奢知无忌谗太子于平王，因曰：“王独奈何以谗贼小臣疏骨肉之亲乎？”无忌曰：“王今不制[12]，其事成矣。王且见[13]禽。”于是平王怒，囚伍奢，而使城父司马奋扬往杀太子。

……

尚既就执[14]，使者捕伍胥。伍胥贯[15]弓执矢向使者，使者不敢进，伍胥遂亡[16]。

……

至于吴，吴王僚方用事[17]，公子光为将。伍胥乃因公子光以求见吴王。

……

五年而楚平王卒。初，平王所夺太子建秦女生子轸，及平王卒，轸竟[18]立为后，是为昭王。吴王僚因楚丧，使二公子将兵往袭楚。楚发兵绝吴兵之后，不得归。吴国内空，而公子光乃令专诸袭刺吴王僚而自立，是为吴王阖庐。阖庐既立，得志，乃召伍员以为行人，而与谋国事。

……

后二岁，阖庐使太子夫差将兵伐楚，取番。楚惧吴复大来，乃去郢，徙于鄀。当是时，吴以伍子胥、孙武之谋，西破强楚，北威齐晋，南服越人。

……

后五年，伐越。越王句践迎击，败吴于姑苏，伤阖庐指，军却[19]。阖庐病创将死，谓太子夫差曰：“尔忘句践杀尔父乎？”夫差对曰：“不敢忘。”是夕，阖庐死。夫差既立为王，以伯嚭为太宰，习[20]战射。二年后伐越，败越于夫湫。越王句践乃以余兵五千人栖于会稽之上，使大夫种厚币遗[21]吴太宰嚭以请和,求委国为臣妾。吴王将许之。伍子胥谏曰:“越王为人能辛苦[22]。今王不灭,后必悔之。”吴王不听,用太宰嚭计,与越平。

其后五年,而吴王闻齐景公死而大臣争宠,新君弱,乃兴师北伐齐。伍子胥谏曰:“句践食不重味,吊死问疾,且欲有所用[23]之也。此人不死,必为吴患。今吴之有越,犹人之有腹心疾也。而王不先越而乃务[24]齐,不亦谬乎!”吴王不听,伐齐,大败齐师于艾陵,遂威[25]邹鲁之君以归。益疏子胥之谋。

其后四年,吴王将北伐齐,越王句践用子贡之谋,乃率其众以助吴,而重宝以献遗太宰嚭。太宰嚭既数受越赂,其爱信越殊[26]甚,日夜为言于吴王。吴王信用嚭之计。伍子胥谏曰:“夫越,腹心之病,今信其浮辞诈伪而贪齐。破齐,譬犹石田,无所用之。且《盘庚之诰》曰:‘有颠越[27]不恭,劓殄灭之,俾[28]无遗育,无使易[29]种于兹邑。’此商之所以兴。愿王释齐而先越;若不然,后将悔之无及。”而吴王不听,使子胥于齐。子胥临行,谓其子曰:“吾数谏王,王不用,吾今见吴之亡矣。汝与吴俱亡,无益[30]也。”乃属[31]其子于齐鲍牧,而还报吴。

吴太宰嚭既与子胥有隙[32],因谗曰:“子胥为人刚暴,少恩,猜贼[33],其怨望恐为深祸也。前日王欲伐齐,子胥以为不可,王卒伐之而有大功。子胥耻其计谋不用,乃反[34]怨望。而今王又复伐齐,子胥专愎[35]强谏,沮[36]毁用事,徒幸吴之败以自胜其计谋耳。今王自行,悉国中武力以伐齐,而子胥谏不用,因辍谢,详[37]病不行。王不可不备,此起祸不难。且嚭使人微[38]伺[39]之,其使于齐也,乃属其子于齐之鲍氏。夫为人臣，内不得意，外倚诸侯，自以为先王之谋臣，今不见用，常鞅鞅怨望。愿王早图之。”吴王曰：“微子之言，吾亦疑之。”乃使使赐伍子胥属镂之剑，曰：“子以此死。”伍子胥仰天叹曰：“嗟乎！谗臣嚭为乱矣，王乃反诛我。我令若父霸。自若未立时，诸公子争立，我以死争之于先王，几不得立。若既得立，欲分吴国予我，我顾[40]不敢望也。然今若听谀臣言以杀长者。”乃告其舍人曰：“必树[41]吾墓上以梓，令可以为器；而抉吾眼县[42]吴东门之上，以观越寇之入灭吴也。”乃自刭死。吴王闻之大怒，乃取子胥尸盛以鸱夷革，浮之江中。吴人怜之，为立祠于江上，因命曰胥山。

吴王既诛伍子胥，遂伐齐。齐鲍氏杀其君悼公而立阳生。吴王欲讨其贼，不胜而去。其后二年，吴王召鲁卫之君会之橐皋。其明年，因北大会诸侯于黄池，以令周室。越王句践袭杀吴太子，破吴兵。吴王闻之，乃归，使使厚币与越平。后九年，越王句践遂灭吴，杀王夫差；而诛太宰嚭，以不忠于其君，而外受重赂，与己比周[43]也。

……

太史公曰：怨毒[44]之于人甚矣哉！王者尚不能行之于臣下，况同列乎！向[45]令伍子胥从奢俱死，何异蝼蚁。弃小义，雪大耻，名垂于后世，悲夫！方子胥窘[46]于江上，道乞食，志岂尝须臾忘郢邪？故隐忍就[47]功名，非烈丈夫孰能致此哉？白公如不自立为君者，其功谋亦不可胜道者哉！

选自《史记》卷六十六

〔注释〕 ① 事：辅佐。 ② 显：显达。 ③ 媚：讨好。 ④ 去：离开。 ⑤ 稍：逐渐。 ⑥ 疏：疏远。 ⑦ 短：缺点。 ⑧ 怨望：怨恨。 ⑨ 少：稍微。 ⑩ 将：率领。 ⑪ 交：结交。 ⑫ 制：约束。 ⑬ 见：被。 ⑭ 执：逮捕。 ⑮ 贯：通“弯”。 ⑯ 亡：逃跑。 ⑰ 用事：执政。 ⑱ 竟：最终。 ⑲ 却：撤退。 ⑳ 习：训练。 ㉑ 遗：给。

㉒ 辛苦：吃苦。 ㉓ 用：行动。 ㉔ 务：追求。 ㉕ 威：威胁。 ㉖ 殊：特别。 ㉗ 颠越：悖谬。 ㉘ 俾：使。 ㉙ 易：蔓延。 ㉚ 益：益处。 ㉛ 属：同“嘱”，嘱托。 ㉜ 隙：隔阂。 ㉝ 猜贼：残忍。 ㉞ 反：反而。 ㉟ 愎：固执。 ㊱ 沮：破坏。 ㊲ 详：通“佯”，假装。 ㊳ 微：暗中。 ㊴ 伺：观察。 ㊵ 顾：通“固”。 ㊶ 树：种植。 ㊷ 县：通“悬”。 ㊸ 比周：勾结。 ㊹ 怨毒：狠毒。 ㊺ 向：假使。 ㊻ 窘：受困。 ㊼ 就：成就。

〔赏析〕 同样位于东南部，吴国比越国崛起得更早。从春秋中开始，晋、楚两国争斗不休，为了保住霸主的地位，晋国采取“联吴制楚”的策略，想利用吴国分散楚国的精力。借此良机，吴国出兵伐楚，一度占据其都城郢。吴国的迅速兴起，震惊诸侯。其间，伍子胥既展现了自身的政治才能，也向吴王阖庐推荐了大军事家孙武，做出了巨大贡献，立下头功。对此，《伍子胥列传》作了详细描述。然而，这又是一个缺点明显的人。首先，伍子胥伐楚只是为了报仇，把楚平王鞭尸后，自以为大功告成，缺乏进一步规划。最终，吴军被秦楚联军击败，未能巩固既得利益。总之，伍子胥已实现了人生最大的夙愿，丧失了前进动力。接下去，他开始扮演忠臣和谏臣的角色，满足于维持现状。

这种角色，正是阖庐所需要的，因为他的雄心也已消磨殆尽。但夫差继位后，情况发生了变化。一方面，及至春秋晚期，但凡稍具实力的诸侯都想把握历史机遇，成为霸主甚至统一全中国。另一方面，身为新君，夫差也渴望能有所作为，巩固并扩展前人的基业。因此，讨伐越国为父亲阖庐复仇，不过是其基本目标。年轻气盛的夫差早就把目光投向了“霸主”的宝座。不兼并越国，恰好是和这一称霸战略紧密相联的。原来在春秋时代，称霸依靠的不仅仅是武力，更重要的是“信义”。齐桓公、晋文公之所以能成就霸业，并非由于他们吞并了多少国家，而是树起“尊王攘夷”的大旗，取信于周王室和各诸侯。只要对手表示臣服，霸主绝不会轻易灭国。夫差释放句践，显然出于这方面的考虑。他这是在向天下昭示，自己具有霸主的愿望和胸怀。但纵观《伍子胥列传》，这一层，伍子胥从未领悟。他反对和解，指出越国将成为吴国的心腹大患，是正确的。他的洞察力源于作为曾经的复仇者，能一眼看穿句践的真实动机。所以在吴、越之争中，伍子胥几乎是吴国唯一一位保持清醒的高级官员。问题则在于，他对夫差的霸业缺少必要的热情和理解，他的主张便正好和夫差的思路完全相反,自然不会被采纳。

其实,伍子胥应及时地把灭越和称霸相联系——不先解决越国,就不可能成就霸业,随后还应该提出一整套称霸战略。唯如此,才能打动夫差。遗憾的是,伍子胥没有这样做。于是,他的另一个缺点就被放大了。伍子胥辅佐过阖庐,还全力支持立夫差为太子,夫差即位后曾想把吴国分一部分给他,为他婉拒。可以说,伍子胥是功勋卓著的元老重臣。但他倚老卖老,加上个性耿直,经常犯颜直谏,让夫差日生反感。一次越国来借粮食,夫差尚在犹豫,伍子胥竭力劝阻,在逆反心理的驱使下,夫差干脆答应了越国的请求。与此同时,夫差对伍子胥也有所警惕。实际上,他欲分部分国土给伍子胥,既可视作感激,也可视为忌惮和试探。为此,当机会成熟,夫差便提高伯嚭的地位,以为制衡。伍子胥却我行我素,并未察觉危险已悄悄围拢过来。

齐景公死后,齐国内政不稳,夫差兴兵伐齐。伍子胥是表示反对的,但吴军取得了胜利,这更激发了夫差称霸的信心,也让他对伍子胥愈发不满。在他眼中,伍子胥已经成为称霸路上的一大障碍。终于,在伯嚭的挑唆下,伍子胥被赐死,伯嚭掌握大权。此后,夫差北上黄池,大会诸侯,实现了称霸梦想。然而,他由此得罪了许多诸侯,而越国已强大起来,在句践锲而不舍的攻击下,孤立无援的夫差羞愧自尽,死前遮住脸,表示无颜去地下见伍子胥。

纵观《伍子胥列传》,太史公并没有把责任全推给夫差,他详细展现了吴国如何一步步走向失败,而对此,伍子胥是负有责任的。试想,如果他像范蠡一样急流勇退,说不定夫差反而能保持清醒,不会跌入万劫不复的深渊。性格决定命运,历史就是如此吊诡。

(唐骋华)

时势成就思者，思者介入时世

〔**导言**〕 周朝的统治虽然前后共八百余年，然而到了春秋末期，周天子对天下的控制力已日渐衰弱，诸侯们也越来越不以“尊王攘夷，兴灭继绝”为己任，一方面大国对小国开始蚕食吞并，另一方面各诸侯国中握有实权的氏族家臣们也渐渐不再满足于躲在傀儡诸侯的身后，而是想取而代之，当一个得到周天子承认的新诸侯王。在此情状之下，天下战事频仍，那些处于大国夹缝中的小国的境况真可谓是“战战兢兢，如履薄冰”。如何平衡好一个小国与诸多大国之间的关系，于乱世中求生存，成了小国中上至国君下至士民人人关心的大事。《史记·仲尼弟子列传》中就记载了这样一个子贡游说诸国以救鲁的故事。

仲尼弟子列传

〔**选文**〕

田常欲作乱于齐，惮高、国、鲍、晏，故移其兵欲以伐鲁。孔子闻之，谓门弟子曰：“夫鲁，坟墓所处，父母之国，国危如此，二三子何为莫出[①]？”子路请出，孔子止之。子张、子石请行，孔子弗许。子贡请行，孔子许[②]之。

遂行，至齐，说田常曰：“君之伐鲁过[③]矣。夫鲁，难伐之国，其城薄以卑[④]，其地狭以泄[⑤]，其君愚而不仁，大臣伪而无用，其士民又恶[⑥]甲兵之事，此不可与战。君不如伐吴。夫吴，城高以厚，地广以深，甲坚以新，士选[⑦]以饱[⑧]，重器精兵尽在其中，又使明大夫守之，此易伐也。”田常忿[⑨]然作色曰：“子之所难，人之所易；子之所易，人之所难：而以教[10]常，何也?”子贡曰：“臣闻之，忧在内者攻强，忧在外者攻弱。今君忧在内。吾闻君三封[11]而三不成者，大臣有不听者也。今君破鲁以广[12]齐，战胜以骄主，破国以尊臣，而君之功不与[13]焉，则交日疏[14]于主。是君上骄主心，下恣[15]群臣，求以成大事，难矣。夫上骄则恣，臣骄则争，是君上与主有郤[16]，下与大臣交争也。如此，则君之立于齐危矣。故曰不如伐吴。伐吴不胜，民人外死，大臣内空，是君上无强臣之敌，下无民人之过[17]，孤[18]主制[19]齐者唯君也。”田常曰：“善。虽然，吾兵业已加鲁矣，去[20]而之[21]吴，大臣疑我，奈何?”子贡曰：“君按兵无伐，臣请往使吴王，令之救鲁而伐齐，君因以兵迎[22]之。”田常许之，使子贡南见吴王。

说曰：“臣闻之，王者不绝世，霸者无强敌，千钧之重加铢两而移。今以万乘之齐而私[23]千乘之鲁，与吴争强，窃[24]为王危[25]之。且夫救鲁，显[26]名也；伐齐，大利也。以抚[27]泗上诸侯，诛暴齐以服强晋，利莫大焉。名存亡鲁，实困强齐。智者不疑也。”吴王曰：“善。虽然，吾尝[28]与越战，栖[29]之会稽。越王苦身养士，有报[30]我心。子待我伐越而听子。”子贡曰：“越之劲不过鲁，吴之强不过齐，王置[31]齐而伐越，则齐已平鲁矣。且王方以存亡继绝为名，夫伐小越而畏强齐，非勇也。夫勇者不避难，仁者不穷[32]约，智者不失时，王者不绝世，以立其义。今存[33]越示诸侯以仁，救鲁伐齐，威加晋国，诸侯必相率而朝吴，霸业成矣。且王必恶[34]越，臣请东见越王，令出兵以从[35]，此实空越，名从诸侯以伐也。”吴王大说[36]，乃使子贡之越。

越王除[37]道郊迎，身御[38]至舍而问曰：“此蛮夷之国，大夫何以俨然辱而临之?”子贡曰:“今者吾说吴王以救鲁伐齐,其志欲之而畏越,曰‘待我伐越乃可’。如此,破越必矣。且夫无报人之志而令人疑之,拙[39]也;有报人之志,使人知之,殆[40]也;事未发而先闻,危也。三者举事之大患。”句践顿首再拜曰:“孤尝不料力,乃与吴战,困于会稽,痛入于骨髓,日夜焦唇干舌,徒[41]欲与吴王接踵而死,孤之愿也。”遂问子贡。子贡曰:“吴王为人猛暴,群臣不堪;国家敝以数[42]战,士卒弗忍;百姓怨上,大臣内变;子胥以谏死,太宰嚭用事[43],顺[44]君之过以安其私:是残国之治也。今王诚发士卒佐[45]之徼[46]其志,重宝以说其心,卑辞以尊其礼,其伐齐必也。彼战不胜,王之福矣。战胜,必以兵临晋,臣请北见晋君,令共攻之,弱[47]吴必矣。其锐兵尽于齐,重甲困于晋,而王制其敝,此灭吴必矣。”越王大说,许诺。送子贡金百镒,剑一,良矛二。子贡不受,遂行。

报吴王曰:“臣敬以大王之言告越王,越王大恐,曰:‘孤不幸,少失先人,内不自量,抵罪于吴,军败身辱,栖于会稽,国为虚莽,赖大王之赐,使得奉俎豆而修祭祀,死不敢忘,何谋之敢虑[48]!’”后五日,越使大夫种顿首言于吴王曰:“东海役臣孤句践使者臣种,敢修[49]下吏问[50]于左右。今窃闻大王将兴大义,诛强救弱,困暴齐而抚周室,请悉[51]起境内士卒三千人,孤请自被[52]坚执锐,以先受矢石。因越贱臣种奉先人藏器,甲二十领,铁屈卢之矛,步光之剑,以贺军吏。”吴王大说,以告子贡曰:“越王欲身从寡人伐齐,可乎?”子贡曰:“不可。夫空[53]人之国,悉人之众,又从其君,不义。君受其币,许其师,而辞[54]其君。”吴王许诺,乃谢越王。于是吴王乃遂发九郡兵伐齐。

子贡因去之晋,谓晋君曰:“臣闻之,虑不先定不可以应卒㉟,兵不先辨㊱不可以胜敌。今夫齐与吴将战,彼战而不胜,越乱之必矣;与齐战而胜,必以其兵临晋。”晋君大恐,曰:“为之奈何?”子贡曰:“修兵休㊲卒以待之。”晋君许诺。

子贡去而之鲁。吴王果与齐人战于艾陵,大破齐师,获七将军之兵而不归,果以兵临晋,与晋人相遇黄池之上。吴晋争强。晋人击之,大败吴师。越王闻之,涉江袭吴,去㊳城七里而军㊴。吴王闻之,去晋而归,与越战于五湖。三战不胜,城门不守,越遂围王宫,杀夫差而戮其相。破吴三年,东向而霸。

故子贡一出,存鲁,乱齐,破吴,强晋而霸越。子贡一使,使势㊵相破,十年之中,五国各有变。

选自《史记》卷六十七

〔注释〕 ①出:出动。 ②许:答应。 ③过:过错。 ④卑:低。 ⑤池:应作“浅”。⑥恶:憎恶。 ⑦选:精挑细选。 ⑧饱:给养充足。 ⑨忿:生气。 ⑩教:教导。⑪封:封爵。 ⑫广:扩大。 ⑬与:赞许。 ⑭疏:疏远。 ⑮恣:使放纵。⑯郤:同“隙”,矛盾。 ⑰过:责备。 ⑱孤:孤立。 ⑲制:控制。 ⑳去:离开。㉑之:到。 ㉒迎:迎击。 ㉓私:占有。 ㉔窃:私下。 ㉕危:担心。 ㉖显:显扬。 ㉗抚:安抚。 ㉘尝:曾经。 ㉙栖:居留。 ㉚报:报复。 ㉛置:放下。㉜穷:破坏。 ㉝存:保留。 ㉞恶:厌恶。 ㉟从:跟随。 ㊱说:通“悦”。㊲除:打扫。 ㊳御:驾车。 ㊴拙:愚笨。 ㊵殆:危险。 ㊶徒:只。 ㊷数:多次。 ㊸用事:专权。 ㊹顺:迎合。 ㊺佐:帮助。 ㊻徼:顺合。 ㊼弱:削弱。㊽虑:思虑。 ㊾修:派遣。 ㊿问:问候。 (51)悉:全部。 (52)被:通“披”。(53)空:使空虚。 (54)辞:辞谢。 (55)卒:通“猝”,突发事件。 (56)辨:通“办”。 (57)休:休整。 (58)去:相距。 (59)军:驻军。 (60)势:形势。

〔赏析〕 《仲尼弟子列传》是《史记》中记述孔子诸多弟子言行事迹的一篇合传,其中对于各弟子的记述详略不等,有时通过若干小故事,有时以孔子与门生们的对话记录,勾勒出一个个孔门弟子鲜活的形象,比如贤良好学的颜回、勇敢直率的子路、能言善辩的子贡、文采斐然的子游、子夏……其中所用篇幅最多也最有意思的一则故事，是关于子贡如何游说诸侯以解救鲁国的一次危机。

春秋末期，天下诸侯早就不把当初周朝开国时周武王的分封属地看得那么神圣，争相成为“霸主”的几个强国不但不行“兴灭继绝”之道，甚至对弱国也常有觊觎吞并之心；南方的吴国战败了曾经强盛的楚，又踏平了桀骜不驯的越，吴王夫差正踌躇满志，渴望着挥师北上，成就一番可与齐桓公、晋文公相提并论的霸业。另一方面，随着世卿世禄制度的发展，周代的宗法制也逐步崩塌，渐渐变为“公室弱而卿族强”，比如旧霸主晋国早已风光不再，晋国实权也落在“六卿”这几大氏族手中，正斗得不亦乐乎；更有甚者，位居东方的齐国也算是老牌强国，而贵族田氏非但掌握了齐国大部分实权，更想取齐君而代之，使齐国国君从姓吕改为姓田。鲁国的地理位置夹于齐、晋、吴诸国之间，虽是文化大邦，但军事实力却不能望诸强国之项背。处于虎狼环伺之中的鲁国，只有小心翼翼与邻邦搞好关系，在夹缝中求生存而已。

当时，齐国的田常虽早想篡国君之位，但对国内尚具三分实力的高、国、鲍、晏等旧贵族心怀忌惮，因此想出一计：鼓动齐王发四族的兵力攻打鲁国，以求损耗四族之实力，借机在齐国乱中取事。当时正周游列国的孔子闻知齐国将伐鲁的消息，立即派出了门下以能言善辩著称的弟子子贡游说各国，以解鲁国危难。并未获得鲁国国君正式授权的子贡，既不能调用鲁国一兵一卒，也不能代表鲁国给予列国国君任何许诺，究竟如何才能让齐军退兵，化解这次危机呢？

子贡出发后，先去见田常，三言两语道破了田常的动机，并劝诫田常，为了达到消耗齐国其他氏族实力的目的，应使齐军与强大的吴军交战，而非攻打唾手可得的鲁国。田常闻言虽已动心，却担心若突然命令齐军调转方向会师出无名，子贡便主动请缨去吴国，挑动吴王先出兵救鲁。

到了吴国，子贡利用吴王妄图称霸的野心，劝其出兵伐齐。吴王虽蠢蠢欲动，却又忧心身后的越王句践趁机作乱，于是子贡转而访越，私下劝说句践为报仇大计继续忍辱负重，且发越兵助吴，以消除吴王疑心。为坚定句践的决心，子贡不但为其分析了吴王此次北上必败的原因，更承诺将通知晋国预先防备，必使吴王铩羽而归。于是句践发兵三千助吴，吴王见没了后顾之忧，便亲自领兵伐齐，而子贡遵守对句践的承诺来到晋国，告知晋君整兵待变，之后回到鲁国向孔子交了差。

后来事态的发展尽如子贡所料，吴国打败了齐军，却不肯适可而止，继续长驱直入晋国境内，被早有防备的晋军击溃，越王句践趁机起兵作乱，三战而灭吴；而齐国田常也因这一战，使齐国旧贵族势力大为削弱，为其后来的篡位扫除障碍……前后十年，在齐、晋、吴、越打得不可开交之际，原本险被齐国伐灭的弱小的鲁国，却因子贡的智慧而安然度过此劫。

子贡这套规模宏大却又细致缜密的游说计划，绝非面对各国国君时灵机一动的产物，而是建筑在其对天下局势的了如指掌，以及对每个关键人物本身利害得失的精准分析之上。当子贡走出鲁国国境之前，早已是“胸有成竹”了。子贡深知齐国大权在田常而不在齐王，因此径直来说田常，一语道破其篡国之意，以利害动之；说吴王夫差时，又早知其有称霸的野心，于是以名利诱之；说越王句践时，更是料定其有复国的雄心，于是以情势晓之……子贡的成功，在于善用各国的内部、外部矛盾，以各国本身的利益为出发点来说动对方，使各国忙于互斗、内耗，而让鲁国在这诸国博弈的间隙中化险为夷，可谓深得游说之道。

即使算上战国时期游说之士如苏秦、张仪等的著名成功事例，子贡这一番游说的成就也可算是个中翘楚，无论从其所涉及的国家数量，造成当时的军事、外交行动之规模，以及对后来天下局势的影响来看，子贡“存鲁，乱齐，破吴，强晋而霸越……十年之中，五国各有变”，简直可以称为空前绝后。

春秋战国，是中国历史上唯一的一个诸国林立而又持续了数百年的时期。自秦始皇后，进入“大一统”轨迹的中国进入了“合久必分、分久必合”的循环，但即使在分裂时期，对峙共存诸国无论在数量上或时间上均无法与春秋战国相提并论。也正是在如此特殊的政治格局下，出现了专职为君主规划外交方针并在国家间游说斡旋的“纵横家”。优秀的纵横家能全面而又精准地审时度势，既有超强的政治眼光，又具备卓越的外交手腕，善于利用各种资源，在风云变幻的多国博弈之中，为君主取得最大化的利益。中国历史因纵横家们的存在而更显精彩，也为后世留下了有关外交、博弈、决策等各方面的宝贵案例，供我们分析、学习。

（李　欢）

从霸权到王权

〔导言〕　三家分晋，韩、赵、魏新立诸侯以后，中国历史的划分从春秋时期进入了战国时期。

齐、楚、燕、韩、赵、魏、秦，是为战国七雄。他们或相互斗争，或相互抱团取暖，没有永远的朋友，只有在博弈中抢占上风。多变的国外环境无法掌控，于是七国各自在国内推行改革，使邻国不能小觑。

例如位于北方的赵国，自武灵王胡服骑射以来，进行了彻底的军事改革。赵武灵王志向远大，眼光不凡、意志坚定，大胆推行移风易俗，选练精锐弩弓骑兵。赵国在六国中率先组建起了强大的骑兵部队，其崛起速度之快，出乎天下人意料之外，足令六国为之侧目。而日后秦国日益强大时，赵国在与之为敌的六国中，作用犹如中流砥柱。

本组选取的《六国年表》和《赵世家》，其涉及范围都是先秦战国史。将之放在一起，旨在以赵国作为七雄的典型和线索，即从《六国年表》来看赵国在与其他诸侯博弈中历经兴衰的整个过程，而《赵世家》则将针对赵国自我崛起的内因，揭示其国内改革的智慧所在。

六 国 年 表

〔选文〕

太史公读《秦记》，至犬戎败[①]幽王，周东徙洛邑，秦襄公始封为诸侯，作西畤用事[②]上帝，僭[③]端见[④]矣。《礼》曰："天子祭天地，诸侯祭其域内名山大川。"今秦杂戎翟之俗，先暴戾，后仁义，位在藩臣而胪[⑤]于郊祀，君子惧焉。及文公逾[⑥]陇，攘夷狄，尊陈宝，营岐雍之间，而穆公修政，东竟[⑦]至河，则与齐桓、晋文中国侯伯侔[⑧]矣。是后陪臣执政，大夫世禄，六卿擅[⑨]晋权，征伐会盟，威重于诸侯。及田常杀简公而相齐国，诸侯晏然[⑩]弗讨，海内争于战功矣。三国终之卒分晋，田和亦灭齐而有[⑪]之，六国之盛自此始。务在强兵并敌，谋诈用而从[⑫]衡[⑬]短长之说起。矫称蜂出，誓盟不信，虽置质剖符犹不能约束也。秦始小国僻远，诸夏宾[⑭]之，比于戎翟，至献公之后常雄[⑮]诸侯。论秦之德义不如鲁卫之暴戾者，量秦之兵不如三晋之强也，然卒并天下，非必险固便[⑯]形埶利也，盖若天所助焉。

或曰“东方物所始生，西方物之成孰[⑰]”。夫作事者必于东南，收功实者常于西北。故禹兴于西羌，汤起于亳，周之王也以丰镐伐殷，秦之帝用雍州兴，汉之兴自蜀汉。

秦既得意，烧天下《诗》、《书》，诸侯史记尤甚，为其有所刺讥也。《诗》、《书》所以复见者，多藏人家，而史记独藏周室，以故灭。惜哉，惜哉！独有《秦记》，又不载日月，其文略不具[⑱]。然战国之权变亦有可颇[⑲]采者，何必上古。秦取天下多暴，然世异变，成功大。传曰“法[⑳]后王”，何也？以其近己而俗变相类，议卑而易行也。学者牵[㉑]于所闻，见秦在帝位日浅，不察其终始，因举[㉒]而笑之，不敢道，此与以耳食无异。悲夫！

余于是因《秦记》，踵[㉓]《春秋》之后，起周元王，表六国时事，讫二世，凡二百七十年，著诸所闻兴坏之端。后有君子，以览观焉。

公元前 476	赵简子**四十二**
……	……
464	**五十四**　知伯谓简子，欲废太子襄子，襄子怨知伯。
……	……

（续表）

公元前457	**襄子元年** 未除服，登夏屋，诱代王，以金斗杀代王。封伯鲁子周为代成君。
……	……
454	**四** 与智伯分范、中行地。
453	**五** 襄子败智伯晋阳，与魏、韩三分其地。
……	……
425	**三十三** 襄子卒。
424	**赵桓子元年**
423	**赵献侯元年**
……	……
414	**十** 中山武公初立。
……	……
411	**十三** 城平邑。
……	……
408	**赵烈侯籍元年** 魏使太子伐中山。
……	……
403	**六** 初为侯。
402	**七** 烈侯好音，欲赐歌者田，徐越侍以仁义，乃止。
……	……
399	**赵武公元年**
……	……
386	**赵敬侯元年** 武公子朝作乱，奔魏。
……	……
383	**四** 魏败我兔台。
……	……
380	**七** 伐齐，至桑丘。
379	**八** 袭卫，不克。
378	**九** 伐齐，至灵丘。
377	**十**

（续表）

公元前 376	十一　分晋国。
375	十二
374	**赵成侯元年**
373	二
372	三　伐卫，取都鄙七十三。魏败我蔺。
371	四
370	五　伐齐于甄。魏败我怀。
369	六　败魏涿泽，围惠王。
368	七　侵齐，至长城。
……	……
362	十三　魏败我于浍。
……	……
357	十八　赵孟如齐。
356	十九　与燕会阿。与齐、宋会平陆。
355	二十
354	二十一　魏围我邯郸。
353	二十二　魏拔邯郸。
352	二十三
351	二十四　魏归邯郸，与魏盟漳水上。
350	二十五
349	**赵肃侯元年**
348	二
347	三　公子范袭邯郸，不胜，死。
……	……
332	十八　齐、魏伐我，我决河水浸之。
……	……
325	**赵武灵王元年**　魏败我赵护。
324	二　城鄗。

（续表）

公元前 323	三
322	四　与韩会区鼠。
321	五　取韩女为夫人。
……	……
318	八　击秦不胜。
317	九　与韩、魏击秦。齐败我观泽。
316	十　秦取我中都、西阳。
315	十一　秦败我将军英。
314	十二
313	十三　秦拔我蔺，虏将赵庄。
……	……
310	十六　吴广入女，生子何，立为惠王后。
……	……
307	十九　初胡服。
……	……
301	二十五　赵攻中山。惠后卒。
……	……
298	**赵惠文王元年**　以公子胜为相，封平原君。
297	二　楚怀王亡来，弗内。
296	三
295	四　围杀主父。与齐、燕共灭中山。
……	……
288	十一　秦拔我桂阳。
……	……
285	十四　与秦会中阳。
284	十五　取齐昔阳。
283	十六
282	十七　秦拔我两城。

（续表）

公元前 281	**十八** 秦拔我石城。
280	**十九** 秦败我军，斩首三万。
279	**二十** 与秦会黾池，蔺相如从。
……	……
271	**二十八** 蔺相如攻齐，至平邑。
270	**二十九** 秦攻韩阏与。赵奢将击秦，大败之，赐号曰马服。
……	……
265	**赵孝成王元年** 秦拔我三城。平原君相。
……	……
261	**五** 使廉颇拒秦于长平。
260	**六** 使赵括代廉颇将。白起破括四十五万。
……	……
257	**九** 秦围我邯郸，楚、魏救我。
……	……
251	**十五** 平原君卒。
……	……
246	**二十** 秦拔我晋阳。
245	**二十一**
244	**赵悼襄王偃元年**
243	**二** 太子从质秦归。
242	**三** 赵相、魏相会柯，盟。
……	……
237	**八** 入秦，置酒。
236	**九** 秦拔我阏与、邺，取九城。
235	**赵王迁元年**
234	**二** 秦拔我平阳，败扈辄，斩首十万。
233	**三** 秦拔我宜安。
232	**四** 秦拔我狼孟、鄱吾，军邺。

（续表）

公元前231	五　地大动。
……	……
228	八　秦王翦虏王迁邯郸。公子嘉自立为代王。
227	代王嘉元年
……	……
222	六　秦将王贲虏王嘉，秦灭赵。

选自《史记》卷十五

〔注释〕 ① 败：打败。 ② 事：供奉。 ③ 僭：僭越。 ④ 见：同“现”。 ⑤ 胪：通“旅”，祭名。 ⑥ 逾：越过。 ⑦ 竟：同“境”。 ⑧ 侔：相等。 ⑨ 擅：专断。 ⑩ 晏然：安然。 ⑪ 有：占有。 ⑫ 从：同“纵”，合纵。 ⑬ 衡：连横。 ⑭ 宾：通“摈”，排斥。 ⑮ 雄：称雄。 ⑯ 便：便利。 ⑰ 孰：同“熟”。 ⑱ 具：同“俱”，完备。 ⑲ 颇：略微。 ⑳ 法：效法。 ㉑ 牵：拘泥。 ㉒ 举：全部。 ㉓ 踵：继。

〔赏析〕 战国之初，仍如春秋时期，大小国家错杂林立，战乱纷飞。各国形势更迭不一，有的日渐衰亡，有的则蓄势待发。不过，就整体而言，战国的形势是从国家繁多纷乱逐渐走向统一的过程。前期的越、宋、中山等国，其地盘、国力都不弱，他们在战国的政治舞台上活跃了相当一段时期，而后这些中小国家，如郑、鲁、卫、莒、邹、杞、滕、薛、任、郯、蔡等，以及四川的巴、蜀，北方的林胡、东胡，南方的百越等等，随着时间的推移，先后为七国所灭。最终，东方六国又被强大的秦国并吞，中国大地归于统一。

《六国年表》名曰“六国”，实际包括战国七雄，即齐、楚、燕、赵、韩、魏、秦。这是因为根据《秦记》所编成的，以秦国为主，所以只在序文中强调了秦国。司马迁正是以此为主线，将上起周元王，下至秦二世，总共二百七十年的历史以列表形式编排，六国发生的大大小小的事件都置于一处，显示出各国兴盛衰败的头绪来。

本文将探讨的，则是赵国由弱渐强，继而由盛而衰的过程。战国时期，赵国是一个特殊的国家，它曾经能够单独与秦国抗衡。

综合年表来看，战国前期的赵国，在国土、人口、军事实力方面都不是最强大的。楚国地处南方,国土辽阔;齐国占据东方富饶之地,经济发达;魏国最早变革,军事实力强大,还曾多次攻赵;秦国地势险要,扼居要塞,实力非同一般。而赵国地处北域,南有诸侯攻略,北有异族骚扰,环境恶劣,一直饱受其害。差不多到赵武灵王元年(前 325 年),赵武灵王上台并进行了一系列改革后,局面才有所改观。

为了强大赵国,赵武灵王和他的子孙们做了两件重要的工作,一是推行胡服骑射,全国士兵改变传统宽大的战服为紧小胡服,改步兵为骑兵,这对提升赵国军事实力有着不可磨灭的功勋;二是北筑长城,仅以全国百万人口之力筑建长城,增强了自己防御草原民族入侵的能力。

正是由于这两大政策的施行,使得赵国转型为军事强国,与强秦维持百余年的抗争,且互有胜负。战国的四大名将,秦、赵平分秋色。赵国由弱变强,其在军事管理上或许可以给人们一些借鉴。

不过正因为赵国过于强大自己的军事实力,反而在农业和内政的发展上显得投入不足,这也为日后长平之战中赵国粮草兵员匮乏的悲剧埋下了伏笔。而正是长平之战惨败后,赵国渐渐由盛及衰,最终灭亡。

赵国和秦国一样,走的是军事强国的道路,但是两者在国内改革上还是有差异的。

首先,赵国在政治上的改革并不彻底。秦国自商鞅变法后,涌现了一批能人从政,使秦国成为“道不拾遗,山无盗贼”的强国。而赵国虽然由赵武灵王推行胡服骑射、筑建长城等壮举,政改上却未能废除贵族制度,宗亲对赵国政治仍可说三道四。而在长平之战前,就是否接受冯亭所献上党之地,赵孝成王也只是和他的叔叔平原君等人商议,所以贤能之士并没有在赵国发挥太多作用。

其次,赵武灵王在推行军事改革后,很少关注经济方面的改革,在文献中几乎见不到这方面的记载,这便导致了以经济为基础的综合国力没有得到根本上的加强。相比赵国而言,秦国在商鞅变法后,户籍、土地等制度得到了彻底的变革,在推动国家的农业生产方面取得了巨大成效。

再次,赵国政治的衰落还表现在赏罚不清。赵国自立国之初,就一直没能解决国君继承人的问题，致使内乱不断，而这样的内乱也导致其他方面的发展受到影响。

正是上述改革的缺失，加之所谓的“天意”，即赵王迁五年(前231年)赵国发生大地震，第二年赵国又遭受大旱，粮食绝收，这些天灾也加速了赵国的衰亡。

对比赵国的灭亡和秦国的强盛不难看到，一个国家要真正强大，就必须进行全方位的改革创新，特别是经济与政治层面相应的配套改革。赵国灭亡的根本原因是其单方面的、浅层次的改革，徒有军事实力，没有政治和经济的保证，最终在竞争中还是会处下风的。

赵世家

〔选文〕

赵氏之先，与秦共祖。至中衍，为帝大戊御[①]。其后世蜚廉有子二人，而命其一子曰恶来，事[②]纣，为周所杀，其后为秦。恶来弟曰季胜，其后为赵。

……

(敬侯)十一年，魏、韩、赵共灭晋，分其地。

……

武灵王元年，阳文君赵豹相。梁襄王与太子嗣，韩宣王与太子仓来朝信宫。武灵王少，未能听政，博闻师三人，左右司过三人。及听政，先问[③]先王贵臣肥义，加其秩[④]；国三老年八十，月致[⑤]其礼。

……

十九年春正月，大朝信宫。召肥义与议天下，五日而毕。王北略[⑥]中山之地，至于房子，遂之[⑦]代，北至无穷，西至河，登黄华之上。召楼缓谋曰：“我先王因世之变，以长南藩之地，属阻[⑧]漳、滏之险，立长城，又取蔺、郭狼，败林人于茬，而功未遂[9]。今中山在我腹心，北有燕，东有胡，西有林胡、楼烦、秦、韩之边，而[10]无强兵之救，是亡社稷，奈何？夫有高世之名，必有遗[11]俗之累[12]。吾欲胡服。”楼缓曰：“善。”群臣皆不欲。

于是[13]肥义侍[14]，王曰：“简、襄主之烈[15]，计胡、翟之利。为人臣者，宠有孝弟长幼顺明之节，通有补民益主之业，此两者臣之分也。今吾欲继襄主之迹，开[16]于胡、翟之乡，而卒世不见也。为敌弱[17]，用力少而功多，可以毋尽百姓之劳，而序[18]往古之勋。夫有高世之功者，负[19]遗俗之累；有独智之虑者，任[20]骜民之怨。今吾将胡服骑射以教百姓，而世必议[21]寡人，奈何？”肥义曰：“臣闻疑[22]事无功，疑行无名。王既定负遗俗之虑，殆[23]无顾天下之议矣。夫论至德者不和于俗，成大功者不谋于众。昔者舜舞有苗，禹袒裸国，非以养欲而乐志也，务以论德而约[24]功也。愚者暗[25]成事，智者睹[26]未形，则王何疑焉。”王曰：“吾不疑胡服也，吾恐天下笑我也。狂夫之乐，智者哀焉；愚者所笑，贤者察焉。世有顺我者，胡服之功未可知也。虽驱[27]世以笑我，胡地中山吾必有之。”于是遂胡服矣。

……

王遂往之公子成家，因自请之，曰：“夫服者，所以便[28]用也；礼者，所以便事也。圣人观乡[29]而顺宜，因事而制礼，所以利其民而厚其国也。夫翦发文身，错臂左衽，瓯越之民也。黑齿雕题[30]，却冠秫绌，大吴之国也。故礼服莫同，其便一也。乡异而用变，事异而礼易[31]。是以圣人果可以利其国，不一其用；果可以便其事，不同其礼。儒者一师而俗异，中国同礼而教离[32]，况于山谷之便乎？故去就之变，智者不能一；远近之服，贤圣不能同[33]。穷乡多异，曲学多辩。不知而不疑，异于己而不非[34]者，公[35]焉而众求尽善也。今叔之所言者俗也，吾所言者所以制[36]俗也。吾国东有河、薄洛之水，与齐、中山同之，无舟楫之用，自常山以至代、上党，东有燕、东胡之境，而西有楼烦、秦、韩之边，今无骑射之备。故寡人无舟楫之用，夹水居之民，将何以守河、薄洛之水；变服骑射，以备燕、三胡、秦、韩之边。且昔者简主不塞[37]晋阳以及上党，而襄主并戎取代以攘[38]诸胡，此愚智所明也。先时中山负[39]齐之强兵，侵暴吾地，系累[40]吾民，引水围鄗，微[41]社稷之神灵，则鄗几于不守也。先王丑[42]之，而怨未能报也。今骑射之备，近可以便上党之形，而远可以报中山之怨。而叔顺中国之俗以逆[43]简、襄之意，恶[44]变服之名以忘鄗事之丑，非寡人之所望也。”公子成再拜稽[45]首曰：“臣愚，不达于王之义，敢道世俗之闻，臣之罪也。今王将继简、襄之意以顺先王之志，臣敢不听命乎！”再拜稽首。乃赐胡服。明日，服[46]而朝。于是始出胡服令也。

……

二十年，王略中山地，至宁葭；西略胡地，至榆中。林胡王献马。归，使楼缓之秦，仇液之韩，王贲之楚，富丁之魏，赵爵之齐。代相赵固主[47]胡，致[48]其兵。

……

二十七年五月戊申，大朝于东宫，传国，立王子何以为王。王庙见礼毕，出临朝。大夫悉为臣，肥义为相国，并傅[49]王。是为惠文王。惠文王，惠后吴娃子也。武灵王自号为主父。

选自《史记》卷四十三

〔注释〕 ① 御：驾车者。 ② 事：辅佐。 ③ 问：慰问。 ④ 秩：级别。 ⑤ 致：送给。⑥ 略：开拓。⑦ 之：到。⑧ 阻：依靠。⑨ 遂：实现。⑩ 而：如果。⑪ 遗：违背。⑫ 累：牵累。⑬ 是：当时。⑭ 侍：在旁边。⑮ 烈：功业。⑯ 开：开拓。⑰ 弱：削弱。⑱ 序：排列。⑲ 负：遭受。⑳ 任：受到。㉑ 议：非议。㉒ 疑：迟疑。㉓ 殆：几乎。㉔ 约：求取。㉕ 暗：糊涂。㉖ 睹：看见。㉗ 驱：使。㉘ 便：方便。㉙ 乡：通“向”。㉚ 题：前额。㉛ 易：改变。㉜ 离：不同。㉝ 同：统一。㉞ 非：责难。㉟ 公：公正。㊱ 制：驾驭。㊲ 塞：构筑要塞。㊳ 攘：击逐。㊴ 负：依靠。㊵ 系累：束缚。㊶ 微：没有。㊷ 丑：以为耻。㊸ 逆：违背。㊹ 恶：厌恶。㊺ 稽：叩头。㊻ 服：穿着。㊼ 主：主管。㊽ 致：收编。㊾ 傅：辅佐。

〔赏析〕《赵世家》所载的，是赵国的历史。在这段历史中，不能不提的是赵武灵王。

赵武灵王是一个既有鸿鹄之志，也颇懂得博弈之道的君王。赵武灵王即位时，正是战国中期，群雄纷争，赵国东有齐国和中山国，北有燕国和东胡部落，西有楼烦部落和秦国，又与韩国交界。且中山国在赵国的中心地带，其他国家要前往中山国并先经过赵国，一定程度上会给赵国带来军事隐患。要使自己国家能够立于不败之地，那必须得增强国力。

赵武灵王通过多年考察发现，中原的驾车作战与胡人骑马作战的差距可谓明显，“师夷之长技以制夷”迫在眉睫。赵武灵王推行胡服骑射时，人们对骑射并没有公开反对的意见，因为这不牵涉到原则性的问题，反而能对作战发挥好处，但推行胡服就显得举步维艰，因为这涉及民族文化传统，华夏族向来对戎狄等外族抱着鄙夷的态度。可是不推行胡服，骑射便成了无源之水、无本之木。赵武灵王知道，反对他的是那些握有绝对权力的皇亲贵戚们，推行这一政令会导致强烈的反对。其实赵武灵王实行胡服骑射除了为适应同周边国家的军事竞争外，最重要的目的是为了解决以代郡和邯郸为代表的两种文化、两种政治势力造成的南北分裂局面，且群臣间有不同意见有助于他的执政和控制，这是作为国君的赵武灵王不得不考虑的一点。当然这是后话了。

首先要明确的是，胡服骑射这样一项全国性政策的推行并非赵武灵王一时冲动或拍脑袋想出来的。赵武灵王在十七年(前 309 年)与十九年间“初九门，为野台，以望齐、中山之境”，“遂至代，北至无穷，西至河，登黄华之上”，从这些细节中可以看出，他从亲政到正式颁布胡服骑射令，其间用了多年准备。且赵武灵王曾率领人数不多但却十分精锐的骑兵向北穿过中山国、楼烦和林胡的势力范围，无一败绩，这也是其先声夺人和证明自己军事才能的最好宣传材料。

赵武灵王推行政策，是从上层人士开始，力图解放他们的思想。他先传谋士楼缓，表明自己要推行胡服骑射，这当然得到楼缓的赞成。于是又密诏老臣肥义商讨五天，足见赵武灵王的决心，让肥义一锤定音。赵武灵王深知反对派势力强大，为了推行胡服骑射，必须取得一些关键性人物的支持，其中一位便是他的叔父公子成。他先派使者前去游说，让其有个心理准备，果然公子成暗指赵武灵王不遵守自古以来的规矩，改变传统，违背人心，并以生病为由不见赵武灵王，这个结果赵武灵王或许并不意外。随后他亲自登门“探望”，向公子成表明自己改革的决心和对以胡服骑射为标志的全面改革的整体构想，赢得公子成的赞同。

赵武灵王说服公子成的理由，是指出赵国的地势环境，并将推行胡服骑射上升到关乎国家存亡的高度，希望公子成能在一个“国际视野”的角度去看待这一政策的益处，并晓之以理，动之以情。公子成考虑到赵国未来的发展，终于接受了胡服骑射，接着赵国的宗室贵族也不得不跟着同意了。

然而大臣赵文、赵造、周绍、赵俊等人仍是极力劝阻，要求撤销胡服骑射令。赵武灵王取得了公子成的支持后，自然底气十足，说法制和政令都要讲究合理，衣服和器械都要便于实用，所以礼仪不一定只有一种，圣人对衣服要求便利，对礼仪的要求是便于办事，于是亲力亲为。此后赵武灵王没再理会一些大臣的反对，并连同叔父穿上胡服上朝，坚决实行胡服骑射政策。

其实古往今来，任何一项政策的推行实施都会遇到或多或少的阻碍，传统与创新之间的博弈如何展开，倒也值得玩味。赵武灵王的成功之处在于他经过长达十多年的仔细考察，对于自己和国家的情况了如指掌，并且得到了一些关键性人物的支持，接着就是集中力量将反对势力说服。这让人想到了后来的汉武帝在独尊儒术时就因没能说服窦太后险些被太后干政失去了皇权，这都是作为政策推行者的前车之鉴。

（孔　亮）

贵族组建智囊团

〔**导言**〕 战国末期,各国间的战争日趋频仍,战争规模也日渐增大,各诸侯国若要保持及提升自身的实力和地位,则或是如秦孝公、赵武灵王等主动寻求制度的变革,以从根本上增强国家实力,或是重用杰出的军事、政治、外交等人才,以在错综复杂的战国局势中取得先机,在同邻国、敌国的竞争中立于不败之地,进而从中渔利。然而无论采用以上何种方式,都只有在任用了真正有能力的人才的前提下,方有成功的可能。因此,如何有效地鉴别、选拔优秀的人才并予以任用,成了当时各诸侯国强盛与否的一大关键因素。由于当时各诸侯国的实权仍然主要掌握在少数高级贵族阶层的手中,于是各国贵族纷纷兴起"养士"之风,而其中以齐国孟尝君、赵国平原君、魏国信陵君及楚国春申君最知名。四人养"士"的方法和原则虽不尽相同,但鼎盛时所招致的食客均达数千人规模,被称为"战国四公子"。四公子作为当时贵族统治集团中的代表人物,既起着为本国招致人才的作用,又以各自的名望地位,成为了各国内政、外交的"形象代表",与本国荣辱与共。而当四公子的名望地位达到一定程度时,与国君之间的权力博弈便又无可避免地展开。本书选录的《孟尝君列传》和《魏公子列传》章节,旨在展示这一特定阶层的人物风貌,并对各人不同的抉择及其最终命运予以对比和评析。

孟尝君列传

〔**选文**〕

孟尝君名文,姓田氏。文之父曰靖郭君田婴。田婴者,齐威王少子而齐宣王庶弟也。

……

于是婴乃礼[1]文，使主[2]家待宾客。宾客日进[3]，名声闻于诸侯。诸侯皆使人请薛公田婴以文为太子，婴许之。婴卒，谥为靖郭君。而文果代立于薛，是为孟尝君。

孟尝君在薛，招致诸侯宾客及亡人[4]有罪者，皆归[5]孟尝君。孟尝君舍业厚遇[6]之，以故倾天下之士。食客数千人，无贵贱一与文等[7]。……

秦昭王闻其贤，乃先使泾阳君为质[8]于齐，以求见孟尝君。孟尝君将入秦，宾客莫欲其行，谏，不听。苏代谓曰："今旦代从外来，见木禺人与土禺人相与语。木禺人曰：'天雨，子将败[9]矣。'土禺人曰：'我生于土，败则归土。今天雨，流[10]子而行，未知所止息[11]也。'今秦，虎狼之国也，而君欲往，如有不得还，君得无为土禺人所笑乎？"孟尝君乃止。

齐湣王二十五年，复卒使孟尝君入秦，昭王即以孟尝君为秦相。人或说秦昭王曰："孟尝君贤，而又齐族也，今相秦，必先齐而后秦，秦其危矣。"于是秦昭王乃止。囚孟尝君，谋欲杀之。孟尝君使人抵[12]昭王幸姬求解。幸姬曰："妾愿得君狐白裘。"此时孟尝君有一狐白裘，直[13]千金，天下无双，入秦献之昭王，更无他裘。孟尝君患[14]之，遍问客，莫能对。最下坐有能为狗盗者，曰："臣能得狐白裘。"乃夜为狗，以入秦宫臧中，取所献狐白裘至，以献秦王幸姬。幸姬为言昭王，昭王释孟尝君。孟尝君得出，即驰去，更[15]封传，变名姓以出关。夜半至函谷关。秦昭王后悔出[16]孟尝君，求之已去，即使人驰传逐之。孟尝君至关，关法鸡鸣而出客，孟尝君恐追至，客之居下坐者有能为鸡鸣，而鸡齐鸣，遂发[17]传出。出如食顷，秦追果至关，已后孟尝君出，乃还。始孟尝君列此二人于宾客，宾客尽羞[18]之，及孟尝君有秦难，卒此二人拔[19]之。自是之后，客皆服。

孟尝君过赵，赵平原君客[20]之。赵人闻孟尝君贤，出观之，皆笑曰："始以薛公为魁然也，今视之，乃眇小丈夫耳。"孟尝君闻之，怒。客与俱者下[21]，斫击杀数百人，遂灭一县以去[22]。

齐湣王不自得[23]，以其遣孟尝君。孟尝君至，则以为齐相，任政。

……

孟尝君相齐，其舍人魏子为孟尝君收邑入，三反[24]而不致一入。孟尝君问之，对曰："有贤者，窃[25]假[26]与之，以故不致入。"孟尝君怒而退魏子。居数年，人或毁[27]孟尝君于齐湣王曰："孟尝君将为乱。"及田甲劫湣王，湣王意疑[28]孟尝君，孟尝君乃奔[29]。魏子所与粟贤者闻之，乃上书言孟尝君不作乱，请以身为盟[30]，遂自刭宫门以明孟尝君。湣王乃惊，而踪迹验问，孟尝君果无反谋，乃复召孟尝君。孟尝君因谢[31]病，归老于薛。湣王许之。

其后，秦亡将吕礼相齐，欲困苏代。代乃谓孟尝君曰："周最于齐，至厚也，而齐王逐之，而听亲弗相吕礼者，欲取秦[32]也。齐、秦合，则亲弗与吕礼重[33]矣。有用，齐、秦必轻[34]君。君不如急北兵，趋[35]赵以和秦、魏，收周最以厚行，且反[36]齐王之信，又禁[37]天下之变。齐无秦，则天下集齐，亲弗必走，则齐王孰与为其国也！"于是孟尝君从其计，而吕礼嫉[38]害于孟尝君。

孟尝君惧，乃遗[39]秦相穰侯魏冉书曰："吾闻秦欲以吕礼收[40]齐，齐，天下之强国也，子必轻矣。齐秦相取以临三晋，吕礼必并[41]相矣，是子通[42]齐以重吕礼也。若齐免于天下之兵，其雠[43]子必深矣。子不如劝秦王伐齐。齐破，吾请以所得封子。齐破，秦畏晋之强，秦必重子以取晋。晋国敝[44]于齐而畏秦，晋必重子以取秦。是子破齐以为功，挟[45]晋以为重；是子破齐定封，秦、晋交[46]重子。若齐不破，吕礼复用，子必大穷[47]。”于是穰侯言于秦昭王伐齐，而吕礼亡。

后齐湣王灭宋，益骄，欲去[48]孟尝君。孟尝君恐，乃如[49]魏。魏昭王以为相，西合于秦、赵，与燕共伐破齐。齐湣王亡在莒，遂死焉。齐襄王立，而孟尝君中立于诸侯，无所属[50]。齐襄王新立，畏孟尝君，与连和，复亲[51]薛公。文卒，谥为孟尝君。诸子争立，而齐魏共灭薛。孟尝绝嗣无后也。

……

太史公曰：吾尝[52]过薛，其俗闾里率多暴桀子弟，与邹、鲁殊[53]。问其故，曰：“孟尝君招致天下任侠，奸人入薛中盖六万余家矣。”世之传孟尝君好客自喜，名不虚矣。

选自《史记》卷七十五

〔注释〕 ① 礼：礼遇。 ② 主：主管。 ③ 进：增多。 ④ 亡人：逃犯。 ⑤ 归：归附。 ⑥ 遇：对待。 ⑦ 等：平等。 ⑧ 质：作人质。 ⑨ 败：衰败。 ⑩ 流：使漂流。 ⑪ 息：停息。 ⑫ 抵：到。 ⑬ 直：通“值”。 ⑭ 患：担忧。 ⑮ 更：改变。 ⑯ 出：释放。 ⑰ 发：打开。 ⑱ 羞：感到耻辱。 ⑲ 拔：使脱身。 ⑳ 客：以客礼相待。 ㉑ 下：下车。 ㉒ 去：离开。 ㉓ 自得：安心。 ㉔ 反：通“返”。 ㉕ 窃：私下。 ㉖ 假：借。 ㉗ 毁：诽谤。 ㉘ 意疑：猜疑。 ㉙ 奔：逃奔。 ㉚ 盟：发誓。 ㉛ 谢：谢绝。 ㉜ 取秦：与秦交好。 ㉝ 重：被器重。 ㉞ 轻：轻视。 ㉟ 趋：通“促”。 ㊱ 反：改变。 ㊲ 禁：制止。 ㊳ 嫉：痛恨。 ㊴ 遗：给。 ㊵ 收：结交。 ㊶ 并：一齐。 ㊷ 通：往来友好。 ㊸ 雠：同“仇”。 ㊹ 敝：疲惫。 ㊺ 挟：拉拢。 ㊻ 交：同时。 ㊼ 穷：不得志。 ㊽ 去：赶走。 ㊾ 如：到。 ㊿ 属：归属。 51 亲：亲近。 52 尝：曾经。 53 殊：不同。

〔赏析〕 孟尝君名田文，他的父亲田婴是齐宣王的异母弟。田婴有四十多个儿子，田文只是其贱妾之子。然而野心勃勃的田文凭借自己的才智和掌握机会的能力，通过向父亲进言，获得了田婴的重视，并得到了为田氏招待宾客的任务。由此，田文借着招贤纳士之机，既培养了自己的势力，又获得了爱才的声誉，最终成功地在诸多兄弟中脱颖而出，继承了田婴薛公的爵位及其领地薛邑。

田文继位之后，在薛邑继续招徕各方人才，随着门客渐多，田文的名声也日隆。秦昭王请田文出任秦国宰相，然而又因担心田文是齐国人，不能尽心为秦，将田文囚禁。田文借着门下鸡鸣狗盗之辈的帮助逃回齐国，并做了齐国的宰相。但由于齐湣王始终担心田文有谋反之心，最终田文还是告病辞官，回到了薛邑。

身处薛邑的田文仍然关注着齐国的朝政，因害怕秦国人吕礼得到齐国的大权后会于己不利，田文竟写信给秦相魏冉，鼓动秦国伐齐，逼走了吕礼。后来齐湣王灭宋之后，想除掉心头之刺田文，田文奔去魏国为相，并与秦、燕、赵、韩等国一起伐破齐国，齐湣王亦死于此役。待齐襄王恢复齐国土地后，田文便中立于诸国之间，没有所属。田文死后，齐、魏一同出兵灭了薛邑，孟尝君田文一族也被诛灭，再没有子孙后裔。

纵观孟尝君田文一生，其成败荣辱都与其养"士"息息相关。他的发迹便是通过招纳四方之士而获得名誉和人望，并因此取得了继承权。对于当时苦求出人头地的众门客，能够跻身于齐国贵公子的门下，有机会或能飞黄腾达，至不济也可衣食无忧，自然是美事一桩；而对于齐国，能有这样一位闻名天下的公子，以增加齐国在诸侯中的威望和地位，使列国不敢轻视，则更是得以获取外交优势的一步妙棋。由此看来，田文纳士之举是对田文、门客、齐国皆大欢喜的"三赢"方案。

然而，事实真的是这样美满吗？在这个所谓的"三赢"方案中，却存在着致命的缺陷：田文的纳士动机只是为了获取名誉，因此田文对门客的收容几乎不加鉴别，来者不拒，以至于鸡鸣狗盗之辈混杂。当这样一批"劣质"门客充斥门庭甚至得到青睐时，可想而知，真正的才智之士必然会因不愿同流合污而拂袖离去，甚至远投别国贤德的公子门下。那么田文拥有的这些门客真的能给田文以及齐国以有益的辅佐吗？

从表面上看，田文一生之中确实得到了门客的诸多帮助，除了依靠招纳门客获取名誉地位之外，当田文在秦陷入险境之时，是其蓄养的鸡鸣狗盗之徒帮助田文安全逃回了齐国；当齐王怀疑田文时，又是田文曾经的门客魏子接济过的贤者通过牺牲生命帮助田文洗清了冤屈。然而田文最终的结局是选择了背叛齐国，凭一个小小的薛邑独立于诸侯之间，身死之后便惨遭族灭，绝嗣无后。有这么多的门客相助，田文又怎么会走入这样悲惨的境地而不能自拔呢？原来，田文招纳的这些门客们大多鼠目寸光，只能解决小问题，却不懂高瞻远瞩、运筹帷幄，不能在大是大非及关键问题上给田文以正确的建议——难得有一个有远见卓识的门客魏子，却还被田文赶走了。

比如，在处理田文和齐王乃至齐国之间关系的问题上，门客们几乎没有给田文提供任何有益的帮助。当时齐湣王对田文一直深怀猜忌，想除掉田文，却又对其实力心有忌惮；想将其逐出齐国，又怕他为敌国所用。田文对此也有所知，因此总想着离开齐国另谋发展。可是相对于齐国之需要田文以增加威望和势力，田文却更需要齐国以作为其有力的后盾。离开了齐国的孟尝君，将不再是人人敬仰的战国公子，但无论田文还是其门客们，却都并没有清醒地认识到这一点。当田文想去秦国为相时，众多门客竟无一人能出来说服田文，还是多亏周天子的说客苏代用“土偶、木偶”的比喻点醒了田文，使其放弃了仕秦的念头。数年之后，齐湣王派田文出使秦国，这次再没有苏代来劝谏了，于是众多门客随着田文赴秦，最后却狼狈不堪，惊险万分地逃出了秦国。当田文在齐国罢相之后，竟然为了一己的私心而不惜勾结外敌，攻打齐国，只为达到其排除异己的目的；当田文逃出齐国后，更联合五国之兵伐齐，齐国险些灭亡……这些时候，田文的门客们又在干什么呢？

更有甚者，田文这些鸡鸣狗盗的门客们，非但不能匡正田文的言行，还甚至助纣为虐，为虎作伥，只因田文一怒便屠灭了赵国一县无辜的百姓……终日被这些凶顽暴戾的奸邪小人们所环绕的孟尝君田文，终于在背国弃主的道路上愈行愈远，身死族灭，可谓咎由自取。

司马迁在卷末的评语中特意点明薛邑因六万余家被孟尝君招纳来的“奸人”而导致民风暴桀，而这一切的起因便在于孟尝君的好客是为了“自喜”，而非真正爱才。今天，我们在悲叹孟尝君命运的同时，也需谨记“纳士”和“选才”必须兼及，切不可顾此失彼啊。

魏公子列传

〔选文〕

魏公子无忌者，魏昭王少子而魏安釐王异母弟也。……

公子为人仁而下士，士无贤不肖[①]皆谦而礼交之，不敢以其富贵骄[②]士。士以此方数千里争往归之，致食客三千人。当是时，诸侯以公子贤，多客，不敢加兵谋魏十余年。

公子与魏王博[③]，而北境传举烽，言“赵寇至，且[④]入界”。魏王释博，欲召大臣谋。公子止王曰：“赵王田猎耳，非为寇也。”复博如故。王恐，心不在博。居顷，复从北方来传言曰：“赵王猎耳，非为寇也。”魏王大惊，曰：“公子何以知之？”公子曰：“臣之客有能深得赵王阴[⑤]事者，赵王所为，客辄以报臣，臣以此知之。”是后魏王畏公子之贤能，不敢任公子以国政。

……

魏安釐王二十年，秦昭王已破赵长平军，又进兵围邯郸。公子姊为赵惠文王弟平原君夫人，数[⑥]遗魏王及公子书，请救于魏。……公子患之，数请魏王，及宾客辩士说王万端。魏王畏秦，终不听公子。公子自度终不能得之于王，计不独生而令赵亡，乃请宾客，约[⑦]车骑百余乘，欲以客往赴秦军，与赵俱死。

行过夷门，见侯生……公子从其计，请如姬。如姬果盗晋鄙兵符与公子。

……

至邺，矫[⑧]魏王令代晋鄙。晋鄙合符，疑之，举手视公子曰："今吾拥十万之众，屯于境上，国之重任，今单车来代之，何如哉？"欲无听[9]。朱亥袖[10]四十斤铁椎，椎杀晋鄙，公子遂将晋鄙军。勒[11]兵下令军中曰："父子俱在军中，父归；兄弟俱在军中，兄归；独子无兄弟，归养。"得选兵八万人，进兵击秦军。秦军解去，遂救邯郸，存赵。……

魏王怒公子之盗其兵符，矫杀晋鄙，公子亦自知也。已却[12]秦存赵，使将将其军归魏，而公子独与客留赵。赵孝成王德[13]公子之矫夺晋鄙兵而存赵，乃与平原君计，以五城封公子。公子闻之，意骄矜而有自功之色。客有说公子曰："物有不可忘，或有不可不忘。夫人有德于公子，公子不可忘也；公子有德于人，愿公子忘之也。且矫魏王令，夺晋鄙兵以救赵，于赵则有功矣，于魏则未为忠臣也。公子乃自骄而功之，窃为公子不取也。"于是公子立自责，似若无所容者。赵王埽除自迎，执[14]主人之礼，引公子就西阶。公子侧行辞让，从东阶上。自言罪过，以负[15]于魏，无功于赵。赵王侍酒至暮，口不忍献五城，以公子退让也。公子竟[16]留赵。赵王以鄗为公子汤沐邑，魏亦复以信陵奉公子。公子留赵。

公子闻赵有处士毛公藏于博徒，薛公藏于卖浆家，公子欲见两人，两人自匿不肯见公子。公子闻所在，乃闲步往从此两人游[17]，甚欢。……

公子留赵十年不归。秦闻公子在赵，日夜出兵东伐魏。魏王患之，使使往请公子。公子恐其怒之，乃诫[18]门下："有敢为魏王使通者，死。"宾客皆背[19]魏之[20]赵，莫敢劝公子归。毛公、薛公两人往见公子曰："公子所以重于赵，名闻诸侯者，徒以有魏也。今秦攻魏，魏急而公子不恤[21]，使秦破大梁而夷[22]先王之宗庙，公子当何面目立天下乎？"语未及卒，公子立变色，告车趣驾归救魏。

魏王见公子，相与泣，而以上将军印授公子，公子遂将。魏安釐王三十年，公子使使遍告诸侯。诸侯闻公子将，各遣将将兵救魏。公子率五国之兵破秦军于河外，走[23]蒙骜。遂乘胜逐秦军至函谷关，抑[24]秦兵，秦兵不敢出。当是时，公子威振天下，诸侯之客进[25]兵法，公子皆名之，故世俗称《魏公子兵法》。

秦王患之，乃行金万斤于魏，求晋鄙客，令毁公子于魏王曰："公子亡在外十年矣，今为魏将，诸侯将皆属，诸侯徒闻魏公子，不闻魏王。公子亦欲因此时定南面而王[26]，诸侯畏公子之威，方欲共立之。"秦数使反间[27]，伪[28]贺公子得立为魏王未也。魏王日闻其毁，不能不信，后果使人代公子将。公子自知再以毁废[29]，乃谢病不朝，与宾客为长夜饮，饮醇酒，多近妇女。日夜为乐饮者四岁，竟病酒而卒。其岁，魏安釐王亦薨。

秦闻公子死，使蒙骜攻魏，拔[30]二十城，初置东郡。其后秦稍[31]蚕食魏，十八岁而虏魏王，屠大梁。

高祖始微少时，数闻公子贤。及即天子位，每过大梁，常祠[32]公子。高祖十二年，从击黥布还，为公子置守冢五家，世世岁以四时奉祠公子。

太史公曰：吾过大梁之墟，求问其所谓夷门。夷门者，城之东门也。天下诸公子亦有喜[33]士者矣，然信陵君之接[34]岩穴隐者，不耻下交，有以[35]也。名冠诸侯，不虚耳。高祖每过之而令民奉祠不绝也。

选自《史记》卷七十七

〔注释〕 ① 不肖：不才。 ② 骄：轻视。 ③ 博：下棋。 ④ 且：将。 ⑤ 阴：暗中。

⑥ 数：多次。 ⑦ 约：邀请。 ⑧ 矫：假托。 ⑨ 听：听从。 ⑩ 袖：藏在袖子里。 ⑪ 勒：统领。 ⑫ 却：击退。 ⑬ 德：感激。 ⑭ 执：实行。 ⑮ 负：背弃。 ⑯ 竟：最终。 ⑰ 游：交往。 ⑱ 诫：告诫。 ⑲ 背：离开。 ⑳ 之：到。 ㉑ 恤：顾念。 ㉒ 夷：铲平。 ㉓ 走：赶走。 ㉔ 抑：压制。 ㉕ 进：呈上。 ㉖ 王：称王。 ㉗ 间：离间。 ㉘ 伪：假装。 ㉙ 废：罢官。 ㉚ 拔：夺取。 ㉛ 稍：逐渐。 ㉜ 祠：祭祀。 ㉝ 喜：喜欢。 ㉞ 接：接触。 ㉟ 以：原因。

〔赏析〕 被封为信陵君的魏公子无忌是魏安釐王的异母弟，作为王公贵族，无忌通过礼贤下士招致了各国大批人才归附之后，为魏国在诸侯中树立起了强盛的形象，诸侯因此不敢轻视魏国，魏王也对无忌多有依仗。然而当魏王有一次发现公子无忌对国家的掌控能力竟已远超自己时，不由心生芥蒂，不敢将魏国实权交与无忌掌管。

秦赵长平之战，赵国军队四十万全军覆没，之后秦军围困邯郸，赵国危在旦夕而向魏国求救。魏王因畏惧秦军，令将军晋鄙按兵不动，无忌百般劝谏无用，无奈之下采用侯嬴的计策偷来魏王兵符并击杀晋鄙，率领魏军为赵国解围之后，遣回魏军而自己留滞赵国十年。秦国随之攻打魏国，魏王危急之下请无忌回国。无忌回国后，以其威信很快召集了燕、赵、韩、楚各国援兵大破秦军，秦军逃入函谷关不敢再出，信陵君无忌之名也威震天下。

然而正所谓“福兮祸所伏”，因无忌威望日隆，魏王的猜忌之心又起，加上秦国趁机离间，魏王日后又找机会夺走了无忌的兵权。无忌经此打击，不由心灰意冷，于是自暴自弃日夜饮酒作乐，四年后便因沉溺酒色而病故。无忌死后，秦立即攻打魏国并不断蚕食魏国土地，十八年后魏国灭亡。

在司马迁笔下“名冠诸侯”的魏公子无忌，因其本身是魏王之弟，自然而然进入了魏国统治集团的核心。魏王既想倚靠无忌的威望和实力来巩固魏国和他自身的地位，却又不得不对无忌有所防备——毕竟在战国时代，弑君篡位早已成了司空见惯的事。于是魏公子无忌的一生，便如同走在钢丝上小心翼翼地保持平衡：一边是为了魏国的兴盛而招贤纳士，一边又要消除魏王不必要的疑心。可惜魏安釐王偏偏多疑，又正逢战国乱世，无忌不可避免地遇到了“鱼与熊掌，不可兼得”的难题。然而正是因为手下有贤能的门客相助，无忌竟数次化险为夷，不但拯救了自己，也拯救了魏国——以此而言，说无忌的门客们改变了魏国的命运也不为过。

第一次的危机发生在秦军围困邯郸之时，无忌百般劝谏魏王发兵救赵，但毫无作用，万般无奈之下，无忌采用侯嬴的“窃符救赵”之计解了邯郸之围。从表面上看，无忌公然违抗魏王的命令，甚至暗杀魏国大将，自行指挥魏国军队，其行为几乎等于谋反作乱，然而从长远来看，这一举动不但救了赵国，更阻止了秦军对列国各个击破，实则有利于魏国。

但毕竟无忌救赵的方法太过激进，有背叛魏国之嫌，而当救赵成功之后，无忌也有些飘飘然，准备接受赵国五座城池的封赏，殊不知如此一来便会使天下人以为无忌救赵是为了一己私利，更会坐实无忌“叛国”的罪名而使其永不能再回魏国。这时，又是无忌的门客提醒了他，于是无忌谦逊地辞谢了赵国的好意。有趣的是，魏王此时虽因生无忌的气而没有迎接无忌回国，却又将信陵邑封给了滞留赵国的无忌——由此可以看出，魏王对无忌实在是又敬又怕，既担心无忌在国内有篡位的企图，却又怕无忌被别国重用而对魏国不利。

十年之后，秦国伐魏，无忌却因赌气不愿营救，门客毛公、薛公又一语点醒信陵君，使其明白了魏国存亡事大，而自己与魏王的个人恩怨事小。于是无忌毅然回国，以其当年救赵的名望号召天下，一举解救了魏国之难。

可叹的是，无忌的成功却又再次引发了魏王的猜忌，而既不愿再次流亡国外，又不愿谋朝篡位的无忌，面对这无解的难题，最终选择了消极逃避，这实在是作为魏公子的无忌无可逃脱的宿命与悲哀。

司马迁为战国四公子各写了一篇列传，在对齐孟尝君、赵平原君和楚春申君的评议中，多有批评之辞，唯独对信陵君无忌极为欣赏，不吝赞誉。细读全文，确实能从中感受到信陵君无忌身上闪耀着的人性光辉和魅力，司马迁对其绝非过誉。就以“养士”的方式而言，在《孟尝君列传》中有冯驩弹剑作歌的故事，在《平原君列传》中也有毛遂自荐的故事，二人的共同点是都作为食客隐伏多日却不被赏识，但后来通过自荐，才终于脱颖而出，证明是真正的人才。而反观信陵君，司马迁开篇便用了“仁而下士”，以说明信陵君是真心爱才，更通过侯嬴、朱亥、毛公与薛公等人的例子，描述了信陵君的求贤若渴及礼贤下士。也正是因为信陵君尊敬的是真正的人才，因此这些贤才们也都对信陵君给予倾心回报，当信陵君身处危难之时，这些人才便都主动献计献策，甚至不惜牺牲生命。

虽然最后无忌因功高名重而无法逃脱魏王的猜忌和排斥，郁郁而终，但相比背叛国家的孟尝君田文最后的“绝嗣无后”，司马迁特意通过描写汉高祖刘邦对信陵君无忌的崇敬，以及后世“奉祠不绝”的场面，颂扬了信陵君流芳百世的光辉。

（李　欢）

以法治国与以仁治国

〔**导言**〕 夏商周三代之政一直是儒家心目中的施政典范。继周而起的秦虽一扫乱局，一统宇内，但其严刑峻法的施政形态一直为后世訾议，虎狼之国的称谓也如影随形。秦国引以为据的施政基础——法家理论，实际上作为除儒家之外最重要的理论因素，深度参与了古代中国的政治实践，正所谓"阳儒阴法"，秦国的代兴，不仅从现实的政治空间上将中国统为一体，更在思想流脉上对丛生的理论形态进行了规整，在此意义上，秦的统一无疑是对历史进行了一次宽广的塑形。

作为后发之国的秦，何以能担当大任？它具有什么样的特性，经历了怎样的波折，以致能将汹涌的历史浪潮，掘引至其所开辟的途渠之中呢？《史记·秦本纪》以时为经、以事件为纬，勾勒了秦国的发展史，从中可见秦国的崛起之路。秦建国晚、国力弱，文化落后，起点较低，除春秋秦穆公时期一度强盛外，其国际地位基本无甚改善，这种情况一直持续至秦献公任用商鞅变法。商鞅变法是法家理论的鲜活实践，深度塑造了秦国的国家形态，奠定了秦的强国地位，商鞅变法可以说从宏观上奠定了秦国国力，使其基本具备了一统天下的条件。范雎入秦，助力秦国廓清了权力生态，制定了合理的对外方针，并对秦国的人才战略产生了积极影响，使得商鞅变法的战略优势有效转化为具体的政治成果，最终确立了秦的大国态势及统一使命。若以商鞅变法奠定秦国积强的局势为历史长河之遒劲潜流的话，那么范雎集权于君及远交近攻的策略张设是将战国时势推向风光险峰的汹涌浪涛。

了解秦国发展史及其历史作用，《秦本纪》可作为主干，通贯秦史，而以商君、范雎为基点作切片观察，抓住秦国发展过程中最最紧要的环节进行细读，从两人的生平窥其谋略，进而探究勾心斗角的历史表象背后所隐伏的历史规律。

秦本纪

〔选文〕

秦之先[①],帝颛顼之苗裔孙曰女修。……女华生大费,与禹平[②]水土[③]。……舜赐姓嬴氏。

……自太戊以下,中衍之后,遂[④]世有功,以佐[⑤]殷国,故嬴姓多显[⑥],遂为诸侯。

……

非子居犬丘,好马及畜,善养息之。……孝王召使主[⑦]马于汧渭之间,马大蕃[⑧]息。……于是孝王……邑[⑨]之秦,使复续嬴氏祀[⑩],号曰秦嬴。

……

周宣王即位,乃以秦仲为大夫,诛西戎。……于是复[⑪]予秦仲后,及其先[⑫]大骆地犬丘并有之,为西垂大夫。

……周幽王……数欺诸侯,诸侯叛之。……而秦襄公将[⑬]兵救周,战甚力[⑭],有功。周避犬戎难,东徙雒邑,襄公以兵送周平王。平王封襄公为诸侯,赐之岐以西之地。……襄公于是始国,与诸侯通使聘[⑮]享之礼……

……

宁公生十岁立,立[⑯]十二年卒,葬西山。生子三人,长男武公为太子。

……

二十年,武公卒,……立其弟德公。

……德公生三十三岁而立,立二年卒。生子三人:长子宣公,中子成公,少子穆公。长子宣公立。

……十二年，宣公卒。生子九人，莫立，立其弟成公。

……

成公立四年卒。子七人，莫立，立其弟缪公。

……

三十七年，秦用由余谋伐戎王，益[17]国十二，开地千里，遂霸西戎。天子使召公过贺缪公以金鼓。三十九年，缪公卒，葬雍。……缪公子四十人，其太子罃代立，是为康公。

……康公立十二年卒，子共公立。

……共公立五年卒，子桓公立。

……桓公立二十七年卒，子景公立。

……景公立四十年卒，子哀公立。……

……哀公立三十六年卒。太子夷公，夷公蚤死，不得立，立夷公子，是为惠公。

……惠公立十年卒，子悼公立。

……秦悼公立十四年卒，子厉共公立。……

厉共公……二十四年，晋乱，杀智伯，分其国与赵、韩、魏。……三十四年，……厉共公卒，子躁公立。

……十四年，躁公卒，立其弟怀公。

怀公四年，庶长鼌与大臣围怀公，怀公自杀。……大臣乃立太子昭子之子，是为灵公。……

……灵公卒，子献公不得立，立灵公季父悼子，是为简公。简公，昭子之弟而怀公子也。

简公六年，令吏初带剑。……十六年卒，子惠公立。

……惠公卒，出子立。

出子二年，庶长改迎灵公之子献公于河西而立之。……

献公……二十三年，与魏晋战少梁，虏其将公孙痤。二十四年,献公卒,子孝公立,……

孝公元年,河山以东强国六,与齐威、楚宣、魏惠、燕悼、韩哀、赵成侯并。……周室微,诸侯力政,争相并。秦僻在雍州,不与中国诸侯之会盟,夷翟遇之。孝公于是布惠,振孤寡,招战士,明功赏。

……

三年,卫鞅说孝公变法修刑,内务耕稼,外劝战死之赏罚,孝公善之。……乃拜鞅为左庶长。……

……十年,卫鞅为大良造,将兵围魏安邑,降之。十二年,作为咸阳,筑冀阙,秦徙都[18]之。并诸小乡聚,集为大县,县一令,四十一县。为田开阡陌。东地渡洛。十四年,初为赋。十九年,天子致伯。二十年,诸侯毕贺。

……

二十二年,卫鞅击魏,虏魏公子卬。封鞅为列侯,号商君。

……

孝公卒,子惠文君立。是岁,诛卫鞅。……

惠文君……十年,张仪相秦。魏纳上郡十五县。……

十四年,更为元年。……九年,司马错伐蜀,灭之。……

惠王卒,子武王立。韩、魏、齐、楚、越皆宾从。

武王……二年,初置丞相……八月,武王死。……立异母弟,是为昭襄王。

……

昭襄王元年……庶长壮与大臣、诸侯、公子为逆,皆诛,及惠文后皆不得良死。……

……四十七年……秦使武安君白起击,大破赵于长平,四十余万尽杀之。……

……五十二年，周民东亡，其器九鼎入秦。周初亡。

……五十六年秋，昭襄王卒，子孝文王立。……

……孝文王除丧，十月己亥即位，三日辛丑卒，子庄襄王立。

庄襄王元年……东周君与诸侯谋秦，秦使相国吕不韦诛之，尽入其国。……三年……五月丙午，庄襄王卒，子政立，是为秦始皇帝。

秦王政立二十六年，初并天下为三十六郡，号为始皇帝。始皇帝五十一年而崩，子胡亥立，是为二世皇帝。三年，诸侯并起叛秦，赵高杀二世，立子婴。子婴立月余，诸侯诛之，遂灭秦。其语在《始皇本纪》中。

选自《史记》卷五

〔注释〕 ① 先：先人。 ② 平：安定。 ③ 水土：自然条件。 ④ 遂：举荐。 ⑤ 佐：辅佐。 ⑥ 显：显贵。 ⑦ 主：主宰。 ⑧ 蕃：蕃衍。 ⑨ 邑：采邑。 ⑩ 祀：祭祀。 ⑪ 复：回报。 ⑫ 先：先前。 ⑬ 将：带领。 ⑭ 力：尽力。 ⑮ 聘：访问。 ⑯ 立：即位。 ⑰ 益：取得。 ⑱ 都：定都。

〔赏析〕 公元前221年，秦王政统一天下。纷争扰攘了数百年，历史终于迎来了第一个真正的大一统局面。秦从边陲夷狄，一变而成为坐拥半壁江山的大国，到最终完成统一大业，是什么原因使起点较低的秦国来担当此大任呢？秦国又具备哪些独特的品质，经历了怎样的发展之路，从而能最终一统六国开创重大历史格局呢？

秦是历史悠久的古老民族之一。秦人始祖为五帝颛顼之苗裔，其祖先大费曾助禹治水。周灭商，秦人因与商朝关系密切，被迁往遥远的西方。周孝王时秦人"分土为附庸"。西周末年，王室衰弱，戎狄攻周，秦襄王助周幽王抗敌，幽王死，西周亡，秦又护送周平王迁都洛邑。因有此功劳，秦襄公被周王封为"诸侯"，并将遍布戎狄的"岐以西之地"赐作秦的封土。至此，秦才真正建国。

秦赐封诸侯始建国，其被赐予的土地尚在戎狄手中，这其实是一张“空头支票”。秦国的开局其实非常不利，此后较长的历史时期内，剿灭戎狄，开疆拓土，求得生存是秦国面临的首要任务。秦国一直忙于稳定地盘，秦穆公“开地千里，遂霸西戎”，使黄河以西的广大地区统一于秦政权之下。穆公死后，秦国在与晋、楚的斗争中处于劣势，秦国的发展受挫。厉公到出子时期，秦数易君主，政局紊乱，国力衰落。直至秦献公即位，顺应潮流行局部之改革，其子孝公任用商鞅厉意变法，将秦国打造成新式国家，秦国总算是迎头赶上，并且将以往的制度优势更充分地发挥出来，奠定了坚实的国力基础。其后惠文君任用司马错灭蜀，此时的秦国已然拥有西部的半个中国，秦也凭借强大的国力及“连横”策略，成功抵御了关东诸国的“合纵”攻势，致有“虎狼之国”的称号。此后昭襄王时期略有曲折，然而这只不过是秦国改制过程中的小小乱流，政局终趋稳定，且随着秦国远交近攻策略的奠定，对外战略稳固推进。至于其后秦王嬴政与太后、嫪毐及吕不韦的宫廷斗争，仅为单纯的争权闹剧，对国体影响些微。

秦国能从战国七雄中脱颖而出，其中一个重要原因在于，秦国君主制度发育较好。如不牵涉道德判断，仅从行政效率上来考察，集权制往往能保有比较高的行政效率，诚然如何确保决策正确是其最大问题所在。秦的建国形势及其军事斗争的实际要求，决定了其效率优先的制度创设：每当军事斗争取胜而占领一地，则设县，由庶长进行军事统治，并直接向君主负责。如此，则地方的统治权可较多集中于国君之手。所以，在其他国家“公族”与“私门”激烈斗争，甚至造成国家分裂之时（如韩赵魏分晋、田氏代齐），虽然秦国也因“公”、“私”斗争出现过动荡，但基本上保持了较为一贯的凝聚力。

秦国的君主制自具传统，但其间也出现过曲折和乱流，集中表现在王位争夺和权力斗争，这也是“贵族政治”天然具备的对君主制的反对及冲突。其中比较大的三次分别是厉公至出子的内乱：以献公继位终结；武王死后的王位继承及其后的权力斗争，以昭襄王秉政告终；嬴政与太后、吕不韦的宫闱之变。虽然这几次政局动荡最终以君主掌政而结束，但其动因却是深层次的。因秦国的宗法制并不十分严格，所以纵观秦国君统，虽大体上依照父死子继的规律,但常有兄终弟及的情况夹杂其间,这种情形往往伴随着权力争夺所引起的政局动荡。当然,随着时间推移,尤其是商鞅变法以后,君位继承制度逐渐完善,权力斗争的烈度和局势的动荡程度相对较为微弱。不甚严格的宗法制度,恰使得秦国"私门"势力的发展受到某种程度的抑制,所以虽然也曾出现某些贵族集团架空君权的情况,但秦国始终不曾出现公室卑、私门强,甚至私族取代公室的情况,政局动荡最终都还伤害不到君主制的基础。又因宗法制不严格,使秦国在人才任用方面可以较少受"亲亲"原则的牵绊,得以更多选用非宗族的外来人才,而对外来人才的任用客观上促进了世卿世禄制的解体,从而促进了"贵族政治"的消亡,更重要之处在于促成了官僚制度的出现,从而强化了君主制。且这种基于"贤贤"原则的用人制度,是君主制的良好补充,有助于在某种程度上克服决策过程中的失误及缺陷。

此外,由于秦从建国起即征战戎狄以获取生存空间,长期与戎狄杂处以及早期的游牧生活传统,秦国民风彪悍尚武,又较早使用骑兵、战术灵活,种种因素共同而复杂的作用,使秦国具备了独特的禀赋,加之先天的区位优势,秦国被逐渐赋予了明确的历史使命。秦国,就像一个羸弱但颇具禀赋的西部少年,历经各种磨炼,终于成长为能独担大任、君临天下的雄杰。《秦本纪》末尾,太史公以嬴秦枝氏繁多作结,这也似乎在暗示秦人由弱而强终枝繁叶茂的格局。再回头通观整个秦人发展历程,应该可以见微知著,生动体会到何为历史发展的必然了吧。

商君列传

〔选文〕

商君者,卫之诸庶孽[①]公子也,名鞅,姓公孙氏……鞅少好刑名之学,事魏相公叔座为中庶子。……会座病,魏惠王亲往问病,曰:"公叔病有如不可讳[②],将奈社稷何?"公叔曰:"座之中庶子公孙鞅,年虽少,有奇才,愿王举国而听之。"王嘿然。王且去,座屏人言曰:"王即不听用鞅,必杀之,无令出境。"王许诺而去。……惠王既去,而谓左右曰:"公叔病甚，悲乎，欲令寡人以国听公孙鞅也，岂不悖哉！”

公叔既死，公孙鞅闻秦孝公下令国中求贤者，……乃遂西入秦，因孝公宠臣景监以求见孝公。孝公既见卫鞅，语事良久，孝公时时睡，弗听。……卫鞅曰：“吾说公以帝道[3]，其志不开悟矣。”后五日，复求见鞅。鞅复见孝公，益愈，然而未中旨。……鞅曰：“吾说公以王道而未入也。请复见鞅。”鞅复见孝公，孝公善之而未用也。罢而去。……鞅曰：“吾说公以霸道，其意欲用之矣。诚复见我，我知之矣。”卫鞅复见孝公。公与语，不自知膝之前于席也。语数日不厌。景监曰：“子何以中[4]吾君？吾君之驩[5]甚也。”鞅曰：“吾说君以帝王之道比三代，而君曰：‘久远，吾不能待。且贤君者，各及其身显名天下，安能邑邑待数十百年以成帝王乎?’故吾以强国之术说君，君大说[6]之耳。然亦难以比德于殷周矣。”

……孝公……以卫鞅为左庶长，卒定变法之令。

令民为什伍[7]，而相牧司连坐。不告奸者腰斩，告奸者与斩敌首同赏，匿奸者与降敌同罚。民有二男以上不分异[8]者，倍其赋。有军功者，各以率[9]受上爵；为私斗者，各以轻重被[10]刑大小。僇[11]力本业，耕织致粟帛多者复[12]其身。事末利[13]及怠而贫者，举[14]以为收孥[15]。宗室非有军功论，不得为属籍。明尊卑爵秩等级，各以差次名田宅，臣妾衣服以家次[16]。有功者显荣，无功者虽富无所芬华[17]。

令既具[18]，未布，恐民之不信，已乃立三丈之木于国都市南门，募民有能徙置北门者予十金。民怪[19]之，莫敢徙。复曰“能徙者予五十金”。有一人徙之，辄予五十金，以明不欺。卒下令。

令行于民期[20]年，秦民之国都言初令之不便者以千数。于是太子犯法。卫鞅曰："法之不行，自上犯之。"将法太子。太子，君嗣也，不可施刑，刑其傅公子虔，黥[21]其师公孙贾。明日，秦人皆趋令。行之十年，秦民大说，道不拾遗，山无盗贼，家给人足。民勇于公战，怯于私斗，乡邑大治。秦民初言令不便者有来言令便者，卫鞅曰"此皆乱化之民也"，尽迁之于边城。其后民莫敢议令。

于是以鞅为大良造。……居三年，作为筑冀阙宫庭于咸阳，秦自雍徙都之。而令民父子兄弟同室内息者为禁。而集小乡邑聚为县，置令、丞，凡三十一县。为田开阡陌封疆，而赋税平[22]。平斗桶权衡丈尺。行之四年，公子虔复犯约，劓[23]之。居五年，秦人富强，天子致胙[24]于孝公，诸侯毕贺。

其明年，齐败魏兵于马陵，虏其太子申，杀将军庞涓。其明年，……孝公……使卫鞅将而伐魏。魏使公子卬将而击之。军既相距[25]，……会盟已，饮，而卫鞅伏甲士而袭虏魏公子卬，因攻其军，尽破之以归秦。魏惠王……恐，乃使使割河西之地献于秦以和。……卫鞅既破魏还，秦封之于、商十五邑，号为商君。

……

后五月而秦孝公卒，太子立。公子虔之徒告商君欲反，发吏捕商君。商君亡[26]至关下，欲舍客舍。客人不知其是商君也，曰："商君之法，舍人无验者坐之。"商君喟然叹曰："嗟乎，为法之敝[27]一至此哉！"去之魏。……弗受。商君欲之他国。……商君既复入秦，走商邑，与其徒属发邑兵北出击郑。秦发兵攻商君，杀之于郑黾池。……

太史公曰：商君，其天资刻薄人也。迹[28]其欲干孝公以帝王术，挟持浮说，非其质[29]矣。且所因[30]由嬖[31]臣，及得用，刑公子虔，欺魏将卬，不师赵良之言，亦足发明[32]商君之少恩矣。余尝[33]读商君开塞耕战书，与其人行事相类。卒受恶名于秦，有以也夫！

选自《史记》卷六十八

〔注释〕 ① 孽：非正妻所生的孩子。 ② 讳：避忌。 ③ 帝道：五帝治国的策略。 ④ 中：适合。 ⑤ 驩：同“欢”。 ⑥ 说：通“悦”。 ⑦ 什伍：编制单位。 ⑧ 分异：分家。 ⑨ 率：模范。 ⑩ 被：遭受。 ⑪ 僇：同“戮”，尽。 ⑫ 复：免除。 ⑬ 末利：经商。 ⑭ 举：全部。 ⑮ 孥：同“奴”。 ⑯ 家次：家族的等级。 ⑰ 华：显贵。 ⑱ 具：同“俱”，完备。 ⑲ 怪：惊奇。 ⑳ 期：一周年。 ㉑ 黥：脸上刺字并涂墨。 ㉒ 平：划一。 ㉓ 劓：割掉鼻子。 ㉔ 胙：祭祀用的肉。 ㉕ 距：通“拒”，抵抗。 ㉖ 亡：逃跑。 ㉗ 敝：失败。 ㉘ 迹：追踪。 ㉙ 质：本质。 ㉚ 因：凭借。 ㉛ 嬖：宠幸。 ㉜ 发明：证明。 ㉝ 尝：曾经。

〔赏析〕 纵观中国古代社会的改革，商鞅变法可以说是其中影响最深刻的变革之一。商鞅变法使秦国由西陲夷狄一跃而跻身大国之列，为秦一统天下奠定了坚实基础；商鞅变法的精神源泉——法家思想，也因此异彩绽放，并由此塑造了中国历史政治性格。然而司马迁对商鞅的评价却是“刻薄”、“少恩”，对他的体认似乎处于一种两难的境地，其中的矛盾张力皆能从商鞅变法中寻出渊源。

商鞅，姓公孙氏，是卫国的“诸庶公子”，故也称卫鞅。商鞅年轻时便深富谋略，以至魏国宰相秘谏魏王：如能用商鞅，则以之为相，举国听之；若不用，则杀之以防为他国所用！可惜魏惠王眼力不济，不识俊杰，并未将此话放在心上。商鞅在魏不受重用，便思量变换环境以施展抱负，他将眼光聚焦于魏国西邻——秦国。

此时的秦国刚迎来一位年轻的君主——二十一岁的秦孝公。当时周王室衰微，诸侯以武力相互征伐、兼并。以函谷关为界，以东有齐、楚、魏、韩、燕、赵六大强国，其中魏用李悝、赵用公仲连、楚用吴起，行变法而愈富强。反观秦国，因僻处西部，国力疲弱，极少参与“国际事务”，故被关东六国视为“夷狄”——即落后愚昧的蛮貊之族。年轻的秦孝公每念及此，则感觉“丑莫大焉”，故亟欲秦国一朝富强，跻身大国之列，所以即位伊始，便即刻下令求贤。因此，商鞅便离魏入秦。

商鞅通过宠臣景监的引荐，四晤孝公，才终于中其下怀。前两次，商鞅铺陈“帝道”、“王道”，孝公毫无兴趣，甚至听得瞌睡连连，景监也因此挨骂；第三次商鞅谈“霸道”，最后一次商鞅谈强国之术，孝公听得入迷，连听几天不知疲倦。所谓“帝道”、“王道”，即三皇五帝及夏商周“三代”之君制礼作乐、躬行仁政的圣王之道，“霸道”指春秋五霸的“称霸”之道。对于亟待富强的秦孝公，待“数十百年”才可成的“帝道”、“王道”当然太过久远，甚至“霸道”也等之不及，唯有立致富强的强国之“术”，才是孝公真正的渴望。撇开太史公极富戏剧性的文学手法，从历史实际考量，深谙世故的商鞅未必对孝公的所思所想一无所知，通习刑名之学的商鞅也未必就真的想推行“帝道”、“王道”，四晤孝公可以看作是一种策略，是商鞅对这位素未谋面、看似求贤若渴的年轻秦王的实际试探和深入考察。最终，商鞅发现自己所面对的的确是一位锐意改革、讲求实际的年轻君主，秦国正是可供自己施展抱负的广阔天地。

历史就这样给商鞅创造了机会，也给秦国带来了转机，秦孝公起用商鞅施行变法。然而在秦国这样一个僻处西陲、文化落后、民风蛮悍、土地辽阔的国家施行变法，谈何容易！且欲行之法深入社会生活的各个方面，广泛涉及社会各阶层的利益。欲变法成功，关键在于克服阻力，使法令落到实处，而法令的落实，则需要强劲的执行力，对此，商鞅有清醒的认识。为树立法令的权威，驯养民众令行禁止的性格，在变法之初，商鞅策划了一场“徙木赏金”的好戏，通过一赏一罚、一软一硬两手策略，秦人皆知法令之威，变法得以顺利推行。史载十年后，秦国“道不拾遗，山无盗贼，家给人足”，秦人皆“勇于公战，怯于私斗，乡邑大治”。如此描述当然不免夸张，但将变法的侧重点和主要效果描述得大致不差。

纵观商鞅变法，其核心着眼点主要有二：崇君权、促耕战。核心明确，然牵涉太广，触动颇深。秦国自被周平王封诸侯“始国”起，就居于西土，与戎杂居，积数百年，民风颇染戎俗；孝公之前数世，君多短祚，王政扰攘，秦国本弱枝强，故商鞅变法有其内在的理路。其中，军功爵级制意义重大。其核心内容是凭军功定官爵，即享受政治利益的标准定于一尊，除军功外无他。其意义除了鼓励攻战外，更重要在于废除了以血统为标准的世卿世禄制，贵族同样要凭军功享受政治利益，这就瓦解了世代传继的旧贵族。与此配套，聚乡邑为县，国家直接派官治理，瓦解贵族对采邑的统治权，摧毁了贵族实际的权力基础，更将权柄收归秦君，强干弱枝。以此为核心和突破口，开阡陌封疆，统一度量衡和税制，重农抑商，再以什伍连坐制强化基层政权，保证法令的深入贯彻。太史公对于变法内容是撮要叙述，其实变法令并非朝夕间都颁布实行，有学者指出，变法令是商鞅在相秦的二十年中逐次实施的。变法令具体的施行顺序已不可考，不过其核心至为明确。经过商鞅的苦心经营、精心擘画，变法使秦人戮力耕战、一听于上，被改造成了一部高效的"战争机器"。从此，秦对东方六国蚕食鲸吞，仅一百多年便一统天下。

商鞅深富谋略，其变法规划自有理路，故商鞅变法的成功应是历史偶然之中的必然吧。对于任何变革而言，擘画正确诚然是首要因素，然而更当瞩目之处，则还在于能将改革真正落到实处。无论法令的具体制定，还是遭遇阻力时的相应对策，商鞅对此都有极为清醒的认识和细密周全的谋划。当然，商鞅"刻薄"、"少恩"的铁腕政策不必学步，其执着变革、勇于变法的魄力和善于更革的谋略则颇资参考，这应该也是任何改革真正能卓有成效的必要条件吧。

范雎列传

〔选文〕

范雎者，魏人也，字叔。……先事魏中大夫须贾。

须贾为魏昭王使于齐，范雎从。……齐襄王……使人赐雎金十斤及牛酒，雎辞谢不敢受。须贾知之，大怒，……既归，心怒雎，以告魏相。……魏齐大怒，使舍人笞击雎，折胁[①]折齿[②]。雎详[③]死，即卷以箦[④]，置厕中。宾客饮者醉，更[⑤]溺[⑥]雎，……雎从箦中谓守者曰："公能出我，我必厚谢公。”守者乃请出弃箦中死人。魏齐醉，曰：“可矣。”……魏人郑安平闻之，乃遂操[7]范睢亡，伏匿，更名姓曰张禄。

……

王稽辞魏去，过载范睢入秦。……

……秦王弗信，使舍食草具。待命岁余。

……

及穰侯为秦将，且欲越韩、魏而伐齐纲寿，欲以广其陶封。范睢乃上书……

……

于是范睢乃得见于离宫，详为不知永巷而入其中。王来而宦者怒，逐之，曰：“王至！”范睢缪为曰：“秦安得王？秦独有太后、穰侯耳。”欲以感[8]怒昭王。……

秦王屏[9]左右，宫中虚[10]无人。秦王跽[11]而请曰：“先生何以幸教寡人？”范睢曰：“唯[12]唯。”有间[13]，秦王复跽而请曰：“先生何以幸教寡人？”范睢曰：“唯唯。”若是者三。秦王跽曰：“先生卒不幸教寡人邪？”范睢曰：“非敢然也。……今臣羁旅之臣也，交疏于王，而所愿陈者皆匡[14]君之事，处人骨肉之间，愿效愚忠而未知王之心也。此所以王三问而不敢对者也。……”秦王跽曰：“……愿先生悉以教寡人，无疑寡人也。”范睢拜，秦王亦拜。

范睢曰：“大王之国，四塞以为固，……奋击百万，战车千乘，利则出攻，不利则入守，此王者之地也。民怯于私斗而勇于公战，此王者之民也。王并此二者而有之。……至今闭关十五年，不敢窥兵于山东[15]者，是穰侯为秦谋不忠，而大王之计有所失[16]也。”秦王跽曰：“寡人愿闻失计。”

然左右多窃听者，范睢恐，未敢言内[17]，先言外事，以观秦王之俯仰[18]。因进曰:“夫穰侯越韩、魏而攻齐纲、寿,非计也。……王不如远交而近攻,得寸则王之寸也,得尺亦王之尺也。今释此而远攻,不亦缪[19]乎!……”……乃拜范雎为客卿,谋兵事。卒听范雎谋,使五大夫绾伐魏,拔怀。后二岁,拔[20]邢丘。

……

范雎日益亲,复[21]说用数年矣,因请间说曰:“臣居山东时,闻齐之有田文,不闻其有王也;闻秦之有太后、穰侯、华阳、高陵、泾阳,不闻其有王也。夫擅[22]国之谓王,能利害之谓王,制杀生之威之谓王。今太后擅行不顾,穰侯出使不报,华阳、泾阳等击断无讳,高陵进退不请[23]。四贵备而国不危者,未之有也。为此四贵者下,乃所谓无王也。然则权安得不倾,令安得从王出乎?……今自有秩以上至诸大吏,下及王左右,无非相国之人者。见王独立于朝,臣窃为王恐,万世之后,有秦国者非王子孙也。”昭王闻之大惧,曰:“善。”于是废太后,逐穰侯、高陵、华阳、泾阳君于关外。秦王乃拜范雎为相。

……

范雎既相,……昭王召王稽,拜为河东守,三岁不上计。又任郑安平,昭王以为将军。范雎于是散家财物,尽以报所尝困厄者。一饭之德必偿,睚眦之怨必报。

……

后五年,昭王用应侯谋,纵反间卖[24]赵,赵以其故,令马服子代廉颇将。秦大破赵于长平,遂围邯郸。已而与武安君白起有隙,言而杀之。任郑安平,使击赵。郑安平为赵所围,急[25],以兵二万人降赵。应侯席稿[26]请罪。……秦昭王……

而加赐相国应侯食物日益厚，以顺适其意。后二岁，王稽为河东守，与诸侯通，坐法诛。……

昭王临朝叹息，应侯进曰："臣闻'主忧臣辱，主辱臣死'。今大王中朝而忧，臣敢请其罪。"昭王曰："……夫以远思虑而御勇士，吾恐楚之图秦也。……今武安君既死，而郑安平等畔㉗，内无良将而外多敌国，吾是以忧。"……应侯惧，不知所出。蔡泽闻之，往入秦也。

……

应侯因谢病请归相印。

……

太史公曰：韩子称"长袖善舞，多钱善贾"，信哉是言也！范雎、蔡泽世所谓一切辩士，然游说诸侯至白首无所遇者，非计策之拙，所为说力少也。及二人羁旅入秦，继踵取卿相，垂功于天下者，固强弱之势异也。然士亦有偶合，贤者多如此二子，不得尽意，岂可胜道哉！然二子不困厄，恶能激乎？

选自《史记》卷七十九

〔**注释**〕 ①折胁：打断了肋骨。 ②折齿：打落了牙齿。 ③详：通"佯"，假装。 ④箦：席子。 ⑤更：轮番。 ⑥溺：撒尿。 ⑦操：操办。 ⑧感：引起。 ⑨屏：通"摒"，摒退。 ⑩虚：空虚。 ⑪跽：挺身长跪。 ⑫唯：应声不语。 ⑬有间：过了一会。 ⑭匡：匡正。 ⑮山东：崤山以东。 ⑯失：没有掌握住。 ⑰内：内部的。 ⑱俯仰：一举一动。 ⑲缪：同"谬"，荒谬。 ⑳拔：取得。 ㉑复：重复。 ㉒擅：执掌。 ㉓请：同"清"。 ㉔卖：显示。 ㉕急：急躁。 ㉖席稿：以禾秆稻草当床。 ㉗畔：通"叛"。

〔**赏析**〕 平步青云、睚眦必报，这两个成语拼合即构成一个离奇曲折、快意恩仇的传奇故事。故事的主人公范雎，因缘际会参与了秦国政局，影响了当时及此后的历史进程。若以商鞅变法奠定秦国积强的局势为历史长河之遒劲潜流的话，则范雎集权于君及远交近攻的策略是将战国时势推向风光险峰的汹涌浪涛。

范雎是魏人，家贫而富于辩才。某次随须贾出使齐国，齐君闻雎辩才而赠其礼物，须贾疑其里通外国而向宰相魏齐报告，范雎被打得肋折齿落，靠装死才躲过毒打，但又被当作尸体丢进茅厕，任人凌辱，九死一生才侥幸脱险，靠友人郑安平相助，隐姓埋名，苟且偷生。范雎更大的人生转机则要靠第二位恩人——秦人王稽。王稽因出使魏国，借机携范雎入秦。

此时秦国昭王在位。秦自孝公商鞅变法，历惠文王、武王。武王无子，死后诸弟争位。武王庶母芈八子有两个弟弟——芈戎与魏冉，三个儿子——则、显、悝。芈八子为宣太后，与穰侯魏冉立则为昭襄王，而芈戎为华阳君，显为高陵君，悝为泾阳君。故秦在宣太后以外，国有四贵，把持朝政。在这场权力斗争中，外籍谋士甘茂、向寿陆续奔逃，宣太后及四贵所代表的秦国本土势力将以谋士为基底的外部势力清除殆尽；且至范雎入秦时，秦东伐三晋、破齐，南弱楚，国势正盛，故“厌天下辩士，无所信”，范雎不被重用可想而知。范雎固然对当时秦国的政治生态洞若观火，且深知其症结所在，但此时他所能做的只有等待，等待面见秦王的绝佳机会。

功夫不负有心人，机会来了：因封地远秦近齐，故穰侯欲越过韩、魏而伐齐以扩大其封地面积。范雎便趁此时上书秦王而获召见。宝贵的机会终于到来，而范雎的行事却出人意料：范雎以“只知太后、穰侯而不闻秦王”之语激将秦君。昭王若有所悟，跪请范雎赐教，一席恳谈，就拜范雎为客卿，参谋兵事。此事其实非同小可，“国之大事，在祀与戎”，范雎由一闲人一晤而为客卿参谋军事，这何止是连升三级呀！民间至今流传“秦王五跪得范雎”的纳贤典故。为何一席话就有这么大的威力呢？这不仅仅在于范雎高妙的谈话技巧，还在于其洞察局势的卓越智慧以及“该出手时就出手”的过人胆识。范雎深知秦国对外战略中舍近求远的失误完全是由其政治格局所决定的：昭王名为秦王而事实上并无实权，昭王在位三十六年来，情形一直如此。这并不仅仅由于宣太后、四贵与昭王的血缘关系，而更主要在于当初昭王即为穰侯所立，权柄旁落，大势已成，再加之广布眼线、时刻监视的强力手段，昭王实在是有心而无力。对这一切，范雎当然心知肚明，但其仍站在秦王的立场分析错综险恶的局势，这当然不光靠智慧，更需要胆识。因为某种程度上，范雎是在赌，赌世上没有不爱权力的君王。因为秦王若想夺权，就得一举废除其母亲、舅父以及兄弟的势力，而如若秦王不想、或不敢，又或行动有一丝失误，那么范雎会死得很惨。这种"处人骨肉之间"的匡君举动，无异于在刀刃上跳舞！考虑到此，才能了解为何范雎要在面见秦王前做那么些铺垫工作，为何在秦王一再恳求下范雎才肯吐露胸怀，也才能了解为何范雎先言"外事"而不直奔重点解决"内事"。这中间蕴含了多么巨大的张力！太史公寥寥数笔点出范雎的铺垫工作，然后着重记述范雎对秦王的进言，情节安排干净利落，叙述详略得当，同时又将其中张力展现无遗。

范雎赌赢了，天下果然没有不爱权力的君王，范雎由此被昭王日见亲近。数年后，时机逐渐成熟，范雎谏言秦王要将解决"内事"提上日程了。这次范雎向秦王谏言，与之前的情形不可同日而语。范雎远交近攻战略取得了很大成效，范雎渐得宠信，风头正盛，隐然一颗冉冉升起的政治新星。这光鲜外表自然是人人可见，但无论对外方针取得了何种实效，问题的根本解决最终指向"内事"，即权力分配。所以，对于残酷的政治斗争来说，范雎参谋兵事，助昭王巩固军权，这才是最具实质意义的举动。兵权的巩固花费了数年时间，其间的对外战果与此密不可分，且对外用兵也是夺取军权的最佳途径和绝妙掩护。范雎正是以其过人的胆识和精密的谋划，才能配合昭王夺取兵权的部署，成为昭王夺权过程中的核心人物。秦王废太后，逐四贵，亲揽大权，看似一朝功成，不费吹灰之力，而考虑到范雎及昭王多年的苦心经营，就完全可以想见其间的政治博弈定然是勾心斗角，暗流涌动，波诡云谲。到此，才知范雎拜相封侯，平步青云，绝非仅靠嘴皮子而已，这背后隐藏了多少惊心动魄的故事！

范雎虽以智谋和胆识帮助秦王亲政，且奠定秦国远交近攻的对外战略，但其并非完人。司马迁对范雎的描写可谓有血有肉：范雎是个睚眦必报的人物，特爱记仇，戏侮老上司须贾、逼死魏齐可谓快意恩仇。然而他因私怨陷害武安君白起，致使秦国在此后的军事行动中缺乏有效的指挥人才；为私恩举荐郑安平与王稽，可谓择人不当。据1975年湖北云梦县睡虎地秦墓出土的竹简《编年纪》记载:“五十二年,王稽、张禄死”(张禄即范雎),范雎当在秦昭王五十二年(前255年),河东失守后与王稽一道被处死,而非“急流勇退”、善始善终。

总之,范雎由厕中假尸而后因缘际会至于秦国丞相,秦国的“外籍”谋士终于在四十年后打了一场漂亮的翻身仗,为秦国此后的人才战略产生了积极的影响,在李斯《谏逐客书》的秦始皇时期此影响尚可见。范雎最大贡献在于助力了秦国的君主集权,奠定了远交近攻的对外方针,参谋长平之战并用计胜赵,无论宏观战略层面,还是具体战术层面,范雎均贡献颇多。司马迁对范雎的评价堪称中肯,“长袖善舞,多钱善贾”,谓其富于胆略,因势成事,又叹其能激于困厄,善于把握机遇而能名垂后世。

(赵　争)

中国智慧的杰出大脑

〔**导言**〕 入世为儒，出世为道，治世用法。儒、道、法三家的哲学思想对中国历史的进程产生了深远的影响。作为诸子百家的代表人物，孔子所创立的儒家学说是在总结和继承了夏、商、周三代“尊尊亲亲”传统文化基础上形成的一整套思想体系。儒家学说崇尚“礼乐”和“仁义”，提倡“忠恕”和“中庸”之道，主张“德治”和“仁政”。汉武帝时，董仲舒提出“罢黜百家，独尊儒术”，最终确立了孔子和儒家学说在整个封建时代的统治地位。“世家”是《史记》中记载诸侯的传记。孔子虽非王侯，却是传承三代文化的宗主，因此司马迁将之列入“世家”，以这种方式向这位伟大的哲学家、思想家、教育家表示敬意。

孟子和荀子是继孔子之后儒家学说的代表人物。孟子把道德的根源归于人性，在政治上主张施仁政，并进一步提出“民贵君轻”的思想。而荀子认为，自然界有其运行规律，主张“制天命而用之”，发展了古代唯物主义的传统。孟子和荀子的思想，对我国传统文化影响至深。尤其是孟子，被后世统治者尊为“亚圣”，地位仅次于孔子。

老子是道家学说的创始人。他认为，“道”是万物之源，对立的东西彼此依存，在一定条件下可以相互转化。因此，道家主张无欲无求，顺其自然，只有不受时间与空间的拘束，心灵才能自由逍遥。韩非子则是战国时期法家学说的集大成者，他将作为自然规律的“道”引入政治领域，从而形成一切依道法而为的君臣之道、人主之道。法家是先秦诸子中对法律最为重视的一派，法家学说为中国第一个统一专制的中央集权制国家的诞生提供了理论依据。

孔子世家

〔选文〕

孔子之时，周室微而礼乐废，《诗》、《书》缺。追[1]迹三代之礼，序[2]《书传》，上纪唐虞之际，下至秦缪，编次[3]其事。曰："夏礼吾能言之，杞不足征[4]也。殷礼吾能言之，宋不足征也。足，则吾能征之矣。"观殷夏所损[5]益[6]，曰："后虽百世可知也，以一文[7]一质[8]。周监[9]二代，郁郁乎文哉。吾从[10]周。"故《书传》、《礼记》自孔氏。

孔子语鲁大师："乐其可知也。始作翕如，纵[11]之纯如，皦如，绎如也，以成。""吾自卫反[12]鲁，然后乐正，《雅》、《颂》各得其所。"

古者《诗》三千余篇，及至孔子，去其重，取可施于礼义[13]，上采契后稷，中述殷周之盛，至幽厉之缺[14]，始于衽席，故曰"《关雎》之乱以为《风》始，《鹿鸣》为《小雅》始，《文王》为《大雅》始，《清庙》为《颂》始"。三百五篇孔子皆弦歌之，以求合[15]《韶》、《武》、《雅》、《颂》之音。礼乐自此可得而述，以备[16]王道，成六艺。

孔子晚而喜《易》，序《彖》、《系》、《象》、《说卦》、《文言》。读《易》，韦编三绝。曰："假[17]我数年，若是，我于《易》则彬彬矣。"

孔子以诗书礼乐教[18]，弟子盖[19]三千焉，身通六艺者七十有二人。如颜浊邹之徒，颇受业者甚众。

孔子以四教：文，行，忠，信。绝[20]四：毋意[21]，毋必[22]，毋固，毋我。所慎：齐[23]，战，疾。子罕[24]言利与命与仁。不愤[25]不启[26]，举一隅不以三隅反，则弗复也。

其于乡党，恂恂[27]似不能言者。其于宗庙朝廷，辩辩[28]言，唯谨尔。朝，与上大夫言，訚訚[29]如也；与下大夫言，侃侃[30]如也。

入公门，鞠躬如也；趋[31]进，翼[32]如也。君召使傧，色勃[33]如也。君命召，不俟[34]驾行矣。

鱼馁，肉败，割不正，不食。席不正，不坐。食于有丧者之侧，未尝饱也。

是日哭，则不歌。见齐衰、瞽者，虽童子必变。

"三人行，必得我师。""德之不修，学之不讲，闻义不能徙[35]，不善不能改，是吾忧也。"使人歌，善，则使复之，然后和之。

子不语：怪，力，乱，神。

子贡曰："夫子之文章，可得闻也。夫子言天道与性命，弗可得闻也已。"颜渊喟然叹曰："仰之弥高，钻之弥坚。瞻之在前，忽焉在后。夫子循循然善诱[36]人，博[37]我以文，约[38]我以礼，欲罢不能。既竭我才，如有所立，卓[39]尔。虽欲从之，蔑[40]由也已。"达巷党人曰："大哉孔子，博学而无所成名。"子闻之曰："我何执[41]？执御乎？执射乎？我执御矣。"牢曰："子云'不试[42]，故艺'。"

鲁哀公十四年春，狩[43]大野。叔孙氏车子钽商获兽，以为不祥。仲尼视之，曰："麟也。"取之。曰："河不出图，雒不出书，吾已矣夫！"颜渊死，孔子曰："天丧予！"及西狩见麟，曰："吾道穷矣！"喟然叹曰："莫知我夫！"子贡曰："何为莫知子？"子曰："不怨天，不尤[44]人，下学而上达，知我者其天乎！"

"不降其志，不辱其身，伯夷、叔齐乎！"谓"柳下惠、少连降志辱身矣"。谓"虞仲、夷逸隐居放言[45]，行中清[46]，废中权[47]”。“我则异于是，无可无不可。”

子曰：“弗乎弗乎，君子病[48]没世而名不称[49]焉。吾道不行矣，吾何以自见于后世哉？”乃因史记作《春秋》，上至隐公，下讫哀公十四年，十二公。据[50]鲁，亲[51]周，故殷，运之三代。约[52]其文辞而指[53]博。故吴楚之君自称王，而《春秋》贬之曰“子”；践土之会实召周天子，而《春秋》讳[54]之曰“天王狩于河阳”：推此类以绳[55]当世。贬损之义，后有王者举而开[56]之。《春秋》之义行，则天下乱臣贼子惧焉。

孔子在位听讼，文辞有可与人共[57]者，弗独有也。至于为《春秋》，笔[58]则笔，削则削，子夏之徒不能赞[59]一辞。弟子受[60]《春秋》，孔子曰：“后世知丘者以《春秋》，而罪丘者亦以《春秋》。”

明岁，子路死于卫。孔子病，子贡请见。孔子方负[61]杖逍遥[62]于门，曰：“赐，汝来何其晚也？”孔子因叹，歌曰：“太山坏乎！梁柱摧乎！哲人萎乎！”因以涕下。谓子贡曰：“天下无道久矣，莫能宗[63]予。夏人殡于东阶，周人于西阶，殷人两柱间。昨暮予梦坐奠两柱之间，予始殷人也。”后七日卒。

选自《史记》卷四十七

〔注释〕 ① 追：追溯。 ② 序：编次。 ③ 次：排列。 ④ 征：通“证”。 ⑤ 损：删减。 ⑥ 益：增加。 ⑦ 文：文采。 ⑧ 质：质朴。 ⑨ 监：通“鉴”，借鉴。 ⑩ 从：听从。 ⑪ 纵：展开。 ⑫ 反：通“返”。 ⑬ 义：通“仪”。 ⑭ 缺：缺点。 ⑮ 合：符合。 ⑯ 备：齐备。 ⑰ 假：借。 ⑱ 教：教育。 ⑲ 盖：大概。 ⑳ 绝：摒弃。 ㉑ 意：臆测。 ㉒ 必：武断。 ㉓ 齐：通“斋”，斋戒。 ㉔ 罕：稀少。 ㉕ 愤：（思虑）郁塞。 ㉖ 启：启发。 ㉗ 恂恂：忠厚朴实的样子。 ㉘ 辩辩：能说会道的样子。 ㉙ 訚訚：中正耿直的样子。 ㉚ 侃侃：和悦亲切的样子。 ㉛ 趋：小步快走。 ㉜ 翼：恭敬。 ㉝ 勃：突然。 ㉞ 俟：等到。 ㉟ 徙：靠近。 ㊱ 诱：引导。 ㊲ 博：使广博。 ㊳ 约：约束。 ㊴ 卓：高远的样子。 ㊵ 蔑：微小。 ㊶ 执：掌握。 ㊷ 试：任用。 ㊸ 狩：冬天狩猎。 ㊹ 尤：责怪。 ㊺ 放言：信口开河。 ㊻ 清：清廉。 ㊼ 权：变通。 ㊽ 病：担心。 ㊾ 称：称颂。 ㊿ 据：依据。 51 亲：尊敬。 52 约：简约。

㊸ 指：通"旨"。 ㊹ 讳：避讳。 ㊺ 绳：评判。 ㊻ 开：发扬。 ㊼ 共：共商。 ㊽ 笔：书写。 ㊾ 赞：参与。 ㊿ 受：接受。 61 负：依靠。 62 逍遥：信步徘徊。 63 宗：尊奉。

〔赏析〕 春秋时期，孔子以其敏锐的洞察力，对社会动荡的原因进行了深入的思考，试图找到解决这些社会问题的方法。孔子认为，一切社会问题的根源在于传统宗法制度的失序，"礼乐废，诗书缺"，道不存焉。要想恢复社会的稳定，必须以周礼为准则，正定名分。所谓"君君、臣臣、父父、子子"，即君臣各安其位，遵守自己的本分，不越位，不僭礼。如果所有人都能按照礼制规定，贵贱有等，上下有序，各出其位，各称其事，那么国家将重新步入有序运行的轨迹。"兴灭国，继绝世，举逸民，天下之民归心焉。"社会将不再动荡，百姓从此安居乐业，一切问题均可迎刃而解。显然，恢复社会的稳定不能单靠行政手段，还必须借助道德和礼制，而且要把德和礼放在首要位置。在孔子看来，执政者如果真正做到以德治国，一定能够得到人民的拥护。

把道德置于国家政治最重要的地位，其实在上古文明初开时期即已显现。《尚书》是我国第一部史书，汇集了神话传说中的君主尧、舜、禹，以及夏、商、周三代的历史文件和政治事迹，奠定了中国古代德治的基石，后来成为儒家经典。《尚书》中突出地展现了古代英雄人物高尚的道德品格。尧因"允公克让，光被四表，格于上下"而受到黎民拥戴；舜能继位为君，主要是他"克谐以孝"感动了天地；大禹在"洪水滔天，浩浩怀山襄陵"的严峻形势下，一心治理水患，三过家门而不入，建立起了盖世功勋。三位有德之君为后代帝王立下万世仪则，因此西周时期杰出的政治家，被尊为儒学奠基人的周公，经常教导成王和大臣们要以先圣为榜样，修明道德以永保基业。夏、商之所以灭亡，是因为帝王荒淫无道，"皇天无亲，唯德是辅"，有德才能享天命得天下，否则将丧天命失天下。周人认识到要维护自己的长久统治，需要"敬天保民"，以德配天。民意即是天意，"夫民，神之主也"，"天矜于民，民之所欲，天必从之"。孔子非常崇拜周公所倡导的政治，作为以德治国的重要内容，儒家学说进一步确立了"民为邦本"的政治指导原则。

儒家所提倡的道德核心在于仁，以德治国核心在于施行仁政。什么是仁？孔子认为，“仁者爱人”，由亲及疏，将对亲人的爱扩展为对同类的爱，最终可至“老吾老，以及人之老，幼吾幼，以及人之幼。天下可运于掌。”（《孟子·梁惠王上》）从人性和人情出发，孔子培养人民这种带宗法性的爱，为社会治理奠定了基础。孔子还说：“克己复礼为仁。”即克制自己的欲望，务必使自己的言行符合礼制，“非礼勿视，非礼勿听，非礼勿言，非礼勿动”。“己所不欲，勿施于人。”自己有需求、欲望时，也要考虑到别人的需求与感受，要照顾和关心他人。由此可知，仁出乎本心，是一种自然感情的流露。克己、爱人、复礼三位一体，内在的自我修养和外在的行为规范相互制约、相互补充。儒家特别强调政治伦理，最注重的是君王以及各级官员的自我修养和行为规范。因为君王和官员担负着治理国家的重任，他们的言行已不再是个人的私事，而与国家的利益休戚相关。“修己以敬，修己以安人，修己以安百姓”，这种自我修养必须以爱人为核心，最终是为了施行仁政、以德治国。儒家另一部经典《礼记》有云：“古之欲明明德于天下者，先治其国。欲治其国者，先齐其家，欲齐其家者，先修其身。欲修其身者，先正其心。欲正其心者，先诚其意。欲诚其意者，先致其知。致知在格物。物格而后知至，知至而后意诚，意诚而后心正，心正而后身修，身修而后家齐，家齐而后国治，国治而后天下平。自天子以至于庶人，一是皆以修身为本。其本乱而末治者否矣。”格物、致知、正心、诚意、修身、齐家、治国、平天下八者之间，修身处于枢纽地位。格物、致知、正心、诚意是修身的方法，齐家、治国、平天下是修身的目的，从而构建起了一套把修身与治国相联系的儒家政治哲学。

正如《礼记》所描述的那样，孔子以德治国所要达到的理想社会是：“大道之行也，天下为公。选贤与能，讲信修睦。故人不独亲其亲，不独子其子，使老有所终，壮有所用，幼有所长，矜寡孤独废疾者，皆有所养。男有分，女有归。货恶其弃于地也，不必藏于己；力恶其不出于身也，不必为己。是故谋闭而不兴，盗窃乱贼而不作，故外户而不闭，是谓大同。”大同世界似乎是一种遥不可及的境界，但正是这样一个理想的存在，永远激励着人类为此而努力奋斗。

孟子荀卿列传

〔选文〕

太史公曰：余读《孟子书》，至梁惠王问“何以利吾国”，未尝不废书而叹也。曰：嗟乎，利诚乱之始也！夫子罕言利者，常防其原[1]也。故曰“放[2]于利而行，多怨”。自天子至于庶人，好利之弊何以异哉！

孟轲，驺人也。受业子思之门人。道既通，游事[3]齐宣王，宣王不能用。适[4]梁，梁惠王不果[5]所言，则见以为迂远而阔[6]于事情。当是之时，秦用商君，富国强兵；楚、魏用吴起，战胜弱[7]敌；齐威王、宣王用孙子、田忌之徒，而诸侯东面朝[8]齐。天下方务[9]于合从[10]连衡，以攻伐为贤，而孟轲乃述唐、虞、三代之德，是以所如者不合。退而与万章之徒序《诗》、《书》，述仲尼之意，作《孟子》七篇。其后有驺子之属[11]。

齐有三驺子。其前驺忌，以鼓琴干[12]威王，因及国政，封为成侯而受相印，先孟子。

其次驺衍，后孟子。驺衍睹有国者益淫侈，不能尚德，若《大雅》整[13]之于身，施[14]及黎庶矣。乃深观阴阳消息[15]而作怪迂[16]之变，《终始》、《大圣》之篇十余万言。其语闳大不经[17]，必先验小物，推而大之，至于无垠。先序今以上至黄帝，学者所共术[18]，大并世盛衰，因载其禨[19]祥度制，推而远之，至天地未生，窈冥不可考而原也。先列中国名山大川，通谷禽兽，水土所殖[20]，物类所珍，因而推之，及海外人之所不能睹。称引天地剖判以来，五德转移，治[21]各有宜[22]，而符应若兹[23]。以为儒者所谓中国者，于天下乃八十一分居其一分耳。中国名曰赤县神州。赤县神州内自有九州，禹之序九州是也，不得为州数。中国外如赤县神州者九，乃所谓九州也。于是[24]有裨海环之，人民禽兽莫能相通者，如一区中者，乃为一州。如此者九，乃有大瀛海环其外，天地之际焉。其术皆此类也。然要[25]其归[26]，必止[27]乎仁义节俭，君臣上下六亲之施始也滥[28]耳。王公大人初见其术，惧[29]然顾[30]化[31]，其后不能行之。

是以驺子重[32]于齐。适梁，惠王郊迎，执[33]宾主之礼。适赵，平原君侧行撇[34]席。如[35]燕，昭王拥[36]彗先驱[37]，请列[38]弟子之座而受业，筑碣石宫，身亲往师[39]之。作《主运》。其游诸侯见尊礼如此，岂与仲尼菜色[40]陈蔡，孟轲困于齐梁同乎哉！故武王以仁义伐纣而王，伯夷饿不食周粟；卫灵公问陈，而孔子不答；梁惠王谋欲攻赵，孟轲称大王去邠。此岂有意阿[41]世俗苟合而已哉！持方枘欲内[42]圜凿，其能入乎？或曰，伊尹负[43]鼎而勉[44]汤以王，百里奚饭[45]牛车下而缪公用[46]霸，作先合，然后引之大道。驺衍其言虽不轨[47]，傥[48]亦有牛鼎之意乎？

自驺衍与齐之稷下先生，如淳于髡、慎到、环渊、接子、田骈、驺奭之徒，各著书言治乱之事，以干世主，岂可胜道哉！

淳于髡，齐人也。博闻强记，学无所主。其谏说，慕晏婴之为人也，然而承[49]意观色为务。客有见髡于梁惠王，惠王屏[50]左右，独坐而再[51]见之，终无言也。惠王怪之，以让[52]客曰："子之称淳于先生，管、晏不及，及见寡人，寡人未有得也。岂寡人不足为言邪？何故哉？"客以谓髡。髡曰："固也。吾前见王，王志[53]在驱逐；后复见王，王志在音声：吾是以默然。"客具以报王，王大骇，曰："嗟乎，淳于先生诚圣人也！前淳于先生之来，人有献善马者，寡人未及视，会[54]先生至。后先生之来，人有献讴者，未及试[55]，亦会先生来。寡人虽屏人，然私心在彼，有之。”后淳于髡见，壹语连三日三夜无倦。惠王欲以卿相位待之，髡因谢[56]去。于是送以安车驾驷，束帛加璧，黄金百镒。终身不仕。

慎到，赵人。田骈、接子，齐人。环渊，楚人。皆学黄老道德之术，因发[57]明[58]序其指意。故慎到著十二论，环渊著上下篇，而田骈、接子皆有所论焉。

驺奭者，齐诸驺子，亦颇采驺衍之术以纪文。

于是齐王嘉之，自如淳于髡以下，皆命曰列大夫，为开[59]第康庄之衢，高门大屋，尊宠之。览[60]天下诸侯宾客，言齐能致天下贤士也。

荀卿，赵人。年五十始来游学于齐。驺衍之术迂大而闳辩；奭也文具难施；淳于髡久与处，时有得善言。故齐人颂曰：“谈天衍，雕龙奭，炙毂过髡。”田骈之属皆已死。齐襄王时，而荀卿最为老[61]师。齐尚修[62]列大夫之缺，而荀卿三为祭酒焉。齐人或谗[63]荀卿，荀卿乃适楚，而春申君以为兰陵令。春申君死而荀卿废，因家[64]兰陵。李斯尝为弟子，已而相[65]秦。荀卿嫉[66]浊世之政，亡国乱君相属[67]，不遂大道而营[68]于巫祝，信禨祥，鄙儒小拘，如庄周等又猾[69]稽乱俗，于是推儒、墨、道德之行事兴坏，序列著数万言而卒。因葬兰陵。

而赵亦有公孙龙为坚白同异之辩[70]，剧子之言；魏有李悝，尽地力之教；楚有尸子、长卢；阿之吁子焉。自如孟子至于吁子，世多有其书，故不论其传云。

盖墨翟，宋之大夫，善守御，为节用。或曰并[71]孔子时，或曰在其后。

选自《史记》卷七十四

〔**注释**〕 ①原:源头。 ②放:追逐。 ③事:辅佐。 ④适:到。 ⑤果:实现。 ⑥阔:不切实际。 ⑦弱:削弱。 ⑧朝:朝见。 ⑨务:致力于。 ⑩从:通“纵”。 ⑪属:类。 ⑫干:求见。 ⑬整:内化。 ⑭施:推广。 ⑮消息:消长起伏。 ⑯迂:大而无当。 ⑰经:平常。 ⑱术:通“述”。 ⑲禨:同“吉”。 ⑳殖:生长。 ㉑治:治理。 ㉒宜:适合。 ㉓兹:此。 ㉔是:这里。 ㉕要:总括。 ㉖归:旨归。 ㉗止:到。 ㉘滥:虚无缥缈。 ㉙惧:通“瞿”,惊视。 ㉚顾:看。 ㉛化:感化。 ㉜重:重视。 ㉝执:用。 ㉞撇:拂拭。 ㉟如:到。 ㊱拥:抱着。 ㊲驱:走。 ㊳列:位列。 ㊴师:从师。 ㊵菜色:饥饿的面色。 ㊶阿:迎合。 ㊷内:同“纳”,放入。 ㊸负:背负。 ㊹勉:勉励。 ㊺饭:喂养。 ㊻用:因此。 ㊼不轨:不合大道。 ㊽傥:通“倘”,倘若。 ㊾承:顺承。 ㊿屏:通“摒”,斥退。 51再:两次。 52让:责怪。 53志:心意。 54会:恰逢。 55试:尝试。 56谢:谢绝。 57发:阐发。 58明:通晓。 59开:设置。 60览:展示。 61老:年老。 62修:增补。 63馋:谗害。 64家:定居。 65相:做宰相。 66嫉:憎恨。 67相属:连续不断。 68营:通“荧”,迷惑。 69猾:通“滑”。 70辩:通“辨”。 71并:同。

〔**赏析**〕 孟子生活的战国时期,是一个人际关系颠倒错乱、礼崩乐坏的纷争乱世。作为儒家学说又一位集大成者,孟子从孔子“性近习远”思想出发,进而推导出性善论。人之初,性本善,“人皆有不忍人之心”,即“恻隐之心”、“羞恶之心”、“恭敬之心”和“是非之心”。人天生具有善的萌芽,能够在发展扩充的基础上形成“四德”,所以“君子所性,仁、义、礼、智根于心”。孟子的性善论是他从人的自然属性出发,进行一系列类比演绎,并通过一番论证之后提出的。“莫之为而为之者,天也;莫之致而至者,命也。”只要能充分发展人自然善良的本性,也就顺应了天命。

既然人的本性是善良的,也就有了仁心的根苗,把这一份仁心加以扶植就是修身,“刑与寡妻”以身作则就是齐家,“以御于家邦”就是治国,从此“天下莫之能御”就是平天下。因此,孟子反对兼并战争,主张施行“仁政”。孟子认为,统治者应该具有“不忍人之心”,要关心百姓的疾苦,“省刑罚,薄赋敛”,减轻人民的负担。“民为贵,社稷次之,君为轻”,如何对待人民才是国家兴亡的关键。正所谓“得道者多助,失道者寡助。寡助之至,亲戚畔之;多助之至,天下顺之”。施行仁政,符合人善良的本性,可以得到人民的拥护,若是不顾人民死活推行暴政,将会失去民心和天下。由此可见,性善论是仁政论学说的内在根据和理论基础,而仁政学说是性善论在政治领域应用的必然结果。

孟子既倡导“民贵君轻”，也不忘维护封建伦理秩序。从被统治者的角度说，人民具备的善心是仁政得以实现的保障。只要让百姓拥有起码的生活条件，并对之进行人伦道德方面的教化，他们就会服从统治。“谨庠序之教”，在潜移默化中让民众懂得忠、孝、信、悌、礼、义、廉、耻的道理，自觉做到“父子有亲，君臣有义，夫妇有别，长幼有序，朋友有信”。与此同时，孟子提出：“劳心者治人，劳力者治于人；治人者食人，治于人者食于人，天下之通义也。”严格地划分了统治阶级与被统治阶级之间的界限，他的这一理论深受历代封建统治者的推崇。由于孟子继承并发扬了孔子的思想，成为仅次于孔子的一代儒学宗师，而被后世尊为“亚圣”。

荀子是战国时期另一位儒家学说的代表人物。与孟子截然相反，荀子主张性恶论。“目好色，耳好声，口好味，心好利，骨体肤理好愉逸”，人有满足欲望的本能，“好利而恶害，是人之所生而有也”。然而，现实世界始终存在着物质有限而欲望无限的矛盾，为了满足欲望人必然会发生争斗，这就是性恶的原因。既然人性恶是先天就有的，那必须对人性进行改造。荀子秉持着“人定胜天”的理念，相信通过教育，外界环境的影响，以及自身的修养，可以“制天命而用之”，而完全改变恶的天性。

儒家主张治国要依靠礼义道德。礼可以很好地消除人性恶这种危险，使人对物欲有一定的节制，从而避免彼此之间的争夺。荀子以“性恶”立论，必然强调外在强制力量的必要性和合理性。因此，礼义道德一定要建立在刑和法之上。“治之经，礼与刑”，他把礼与刑视为治国的根本，又把礼赋予法的含义：“礼者，法之大分，类之纲纪者也。”显然，荀子思想中也包含着法家学说合理的成分。

与孟子一样，荀子的目的也是想建立一个“上下有序，贵贱有等”的理想社会。既然性恶论否定了个体可以凭借自身力量实现循道成圣的可能性，外在权威便名正言顺地担当起了完成这一使命的神圣责任。“故古者圣人以人之性恶，以为偏险而不正，悖乱而不治，故为之立君上之埶以临之，明礼义以化之，起法正以治之，重刑罚以禁之，使天下皆出于治，合于善也。是圣王之治，而礼义之化也。”老子、庄子认为，具有无为之德者“天下乐推而不厌”；孔子、孟子认为，具有仁爱之心并能推己及人者才能“王天下”;荀子则认为,只有“至强”、“至辩”、“至明”的“圣人”才能担负起治理天下的重任。相对于个人的道德品质,荀子更注重君主的智慧和能力。在西方,由性恶论和社会契约论为理论前提产生了分权制;在东方,性恶论和“圣人为王”却推导出了君主专制。这一政治理论,最后又由荀子的学生韩非和李斯在秦国变成了血淋淋的政治现实。

老子韩非列传

〔选文〕

老子者,楚苦县厉乡曲仁里人也,姓李氏,名耳,字聃,周守[①]藏室之史也。

孔子适周,将问礼于老子。老子曰:“子所言者,其人与骨皆已朽矣,独其言在耳。且君子得其时则驾[②],不得其时则蓬累[③]而行。吾闻之,良贾[④]深藏若虚,君子盛德,容貌若愚。去子之骄气与多欲,态色[⑤]与淫[⑥]志,是皆无益于子之身。吾所以告子,若是而已。”孔子去,谓弟子曰:“鸟,吾知其能飞;鱼,吾知其能游;兽,吾知其能走[⑦]。走者可以为罔[⑧],游者可以为纶[⑨],飞者可以为矰[⑩]。至于龙,吾不能知其乘风云而上天。吾今日见老子,其犹龙邪!”

老子修道德,其学以自隐无名为务。居周久之,见周之衰,乃遂去。至关,关令尹喜曰:“子将隐矣,强[⑪]为我著书。”于是老子乃著书上下篇,言道德之意五千余言而去,莫知其所终。

……

世之学老子者则绌[⑫]儒学,儒学亦绌老子。“道不同不相为谋”,岂谓是[⑬]邪?李耳无为自化,清静自正。

庄子者,蒙人也,名周。周尝为蒙漆园吏,与梁惠王、齐宣王同时。其学无所不窥[⑭],然其要[⑮]本归于老子之言。故其著书十余万言,大抵率[16]寓言也。作《渔父》、《盗跖》、《胠箧》,以诋訾[17]孔子之徒,以明[18]老子之术。《畏累虚》、《亢桑子》之属,皆空语无事实。然善属[19]书离[20]辞,指事类[21]情,用剽剥[22]儒、墨,虽当世宿学不能自解免也。其言洸洋自恣以适己,故自王公大人不能器[23]之。

楚威王闻庄周贤,使使厚币迎之,许以为相。庄周笑谓楚使者曰:"千金,重利;卿相,尊位也。子独不见郊祭之牺牛乎?养食[24]之数岁,衣[25]以文绣,以入大庙。当是之时,虽欲为孤豚,岂可得乎?子亟[26]去,无污我。我宁游戏污渎之中自快,无为有国者所羁[27],终身不仕,以快吾志焉。"

……

韩非者,韩之诸公子也。喜刑名法术之学,而其归本于黄老。非为人口吃,不能道说,而善著书。与李斯俱事荀卿,斯自以为不如非。

非见韩之削弱,数以书谏韩王,韩王不能用。于是韩非疾[28]治国不务修明其法制,执势以御[29]其臣下,富国强兵而以求人任贤,反举[30]浮淫之蠹而加之于功实之上。以为儒者用文乱法,而侠者以武犯禁。宽[31]则宠名誉之人,急[32]则用介胄之士。今者所养非所用,所用非所养。悲廉直不容于邪枉之臣,观往者得失之变,故作《孤愤》、《五蠹》、《内外储》、《说林》、《说难》十余万言。

然韩非知说之难,为《说难》书甚具[33],终死于秦,不能自脱。

《说难》曰:

凡说之难,非吾知之有以说之难也;又非吾辩之难能明吾意之难也;又非吾敢横失[34]能尽之难也。凡说之难,在知所说之心，可以吾说当[35]之。

所说出于为名高者也，而说之以厚利，则见[36]下节而遇卑贱，必弃远矣。所说出于厚利者也。而说之以名高，则见无心而远事情，必不收[37]矣。所说实为厚利而显为名高者也，而说之以名高，则阳[38]收其身而实疏[39]之；若说之以厚利，则阴[40]用其言，而显[41]弃其身。此之不可不知也。

夫事以密成，语以泄败。未必其身泄之也，而语及其所匿之事，如是者身危。贵人有过端，而说者明言善议以推[42]其恶者，则身危。周泽未渥[43]也而语极知，说行而有功则德亡[44]，说不行而有败则见疑，如是者身危。夫贵人得计而欲自以为功，说者与[45]知焉，则身危。彼显有所出事，乃自以为也故，说者与知焉，则身危。强之以其所必不为，止之以其所不能已[46]者，身危。故曰：与之论大人，则以为间[47]己；与之论细人，则以为粥[48]权。论其所爱，则以为借资[49]；论其所憎，则以为尝[50]己。径省[51]其辞，则不知而屈[52]之；泛滥博文，则多而久[53]之。顺事陈意，则曰怯懦而不尽；虑事广肆，则曰草野而倨侮。此说之难，不可不知也。

凡说之务，在知饰[54]所说之所敬，而灭[55]其所丑[56]。彼自知[57]其计，则毋以其失穷[58]之；自勇其断，则毋以其敌怒之；自多其力，则毋以其难概之。规[59]异事与同计，誉[60]异人与同行者，则以饰之无伤也。有与同失者，则明饰其无失也。大忠无所拂悟[61]，辞言无所击排，乃后申其辩知焉。此所以亲近不疑，知尽之难也。得旷日弥久，而周泽既渥，深计而不疑，交争[62]而不罪，乃明计利害以致其功，直指是非以饰[63]其身，以此相持，此说之成也。

……

人或传其书至秦。秦王见《孤愤》、《五蠹》之书曰:"嗟乎,寡人得见此人与之游[64],死不恨[65]矣!"李斯曰:"此韩非之所著书也。"秦因急攻韩。韩王始不用非,及急,乃遣非使秦。秦王悦[66]之,未信用。李斯、姚贾害之,毁[67]之曰:"韩非,韩之诸公子也。今王欲并诸侯,非终为韩不为秦,此人之情也。今王不用,久留而归之,此自遗患也,不如以过法诛之。"秦王以为然,下吏治[68]非。李斯使人遗[69]非药,使自杀。韩非欲自陈[70],不得见。秦王后悔之,使人赦之,非已死矣。

选自《史记》卷六十三

〔注释〕 ① 守:掌管。 ② 驾:乘车,喻做官。 ③ 累:转行的样子。 ④ 贾:商人。 ⑤ 态色:好胜之态。 ⑥ 淫:过度。 ⑦ 走:奔跑。 ⑧ 罔:通"网",用网捕。 ⑨ 纶:线,用线钓。 ⑩ 矰:拴着丝绳的短箭。 ⑪ 强:勉强。 ⑫ 绌:通"黜",排除。 ⑬ 是:这。 ⑭ 窥:细察。 ⑮ 要:要点。 ⑯ 率:全都。 ⑰ 诋訾:诽谤。 ⑱ 明:阐明。 ⑲ 属:连缀。 ⑳ 离:排列。 ㉑ 类:类推。 ㉒ 剽剥:攻击。 ㉓ 器:器重。 ㉔ 食:喂养。 ㉕ 衣:穿戴。 ㉖ 亟:赶快。 ㉗ 羁:束缚。 ㉘ 疾:痛恨。 ㉙ 御:控制。 ㉚ 举:任用。 ㉛ 宽:国家安定。 ㉜ 急:国家危难。 ㉝ 具:齐备。 ㉞ 横失:尽情说理。 ㉟ 当:相等。 ㊱ 见:被。 ㊲ 收:任用。 ㊳ 阳:通"佯",假装。 ㊴ 疏:疏远。 ㊵ 阴:暗中。 ㊶ 显:表面上。 ㊷ 推:推究。 ㊸ 渥:浓厚。 ㊹ 亡:通"无"。 ㊺ 与:参与。 ㊻ 已:停止。 ㊼ 间:离间。 ㊽ 粥:通"鬻",卖弄。 ㊾ 资:凭借。 ㊿ 尝:试探。 (51) 省:省略。 (52) 屈:屈辱。 (53) 久:长久。 (54) 饰:赞扬。 (55) 灭:摒弃。 (56) 丑:厌恶。 (57) 知:通"智"。 (58) 穷:为难。 (59) 规:赞赏。 (60) 誉:赞美。 (61) 拂悟:同"拂牾",反对。 (62) 争:争辩。 (63) 饰:通"饬",约束。 (64) 游:交往。 (65) 恨:遗憾。 (66) 悦:喜欢。 (67) 毁:诽谤。 (68) 治:惩治。 (69) 遗:给。 (70) 陈:陈述。

〔赏析〕 秦朝以法家学说治天下,西汉武帝前推行黄老之术以"无为"治国,道、法两家的哲学思想对中国历史的进程产生了深远的影响。

在道家学派创始人老子的心目中,理想社会应该处于"甘其食,美其服,安其居,乐其俗,邻国相望,鸡犬之声相闻,民至老死,不相往来"的"小国寡民"状态。道家另一位代表人物庄子更加反对社会进步,"绝圣弃知,大盗乃止",主张彻底回归自然,回到原始社会。道家用"道"来指称他们所认知的世界本体。作为天地之始、万物之母的“道”，是自然运行，无虚妄、无偏执、无妄为、无思念，这就是道的“无为”本性。“道常无为而无不为”，道家学说主张“无为而治”，即通过“自然”的“无为”达到“治”的境界。《道德经》有云：“人法地，地法天，天法道，道法自然。”这里的“自然”并非指自然界，其意义更接近于现代西文中的“本性”，是事物未加人力干涉的初始状态。因此，从“自然”很容易可以推导出“无为而治”。对老子的这一思想，庄子心领神会，进一步作了淋漓尽致的发挥。在庄子眼里，“自然”是一种随顺本性，天然胜于人为。“所谓无为之为，非拱默而已。”无所作为叫作“无为”，无心而为叫作“无为”，任性而为也叫作“无为”。只要不超出性分之外，所有的行为都可以是“无为”。

在道家看来，“无为”即“无欲”。老子曾经说过：“罪莫大于可欲，祸莫大于不知足，咎莫大于欲得。”要做到“无为”必须做到“无智无欲”，欲望不仅是人生的大敌，也是造成社会混乱和罪恶的源头。因此，治国者应该“少私寡欲”，这样才能达到天下大治。当然，道家并不苛求绝对“无欲”，而是肯定合理的“欲”。无论国君还是各级官吏都是人，也可以有欲望，但是治国者不能贪欲不能纵欲。“我无为而民自化，我好静而民自正，我无事而民自富，我无欲而民自朴。”这就是道家“无为而治”的实现途径，也是道家对“无为而治”的解释。被人们称道的“无为而治”的典范，就是西汉初年的“休养生息”政策。据《汉书》记载：“汉兴，扫除烦苛，与民休息；至于孝文，加之以恭俭；孝景遵业。五六十载之间，至于移风易俗，黎民醇厚。”经历了秦朝末年长期的割据战争，万物凋敝，百废待兴，从皇帝到百姓都希望过上安稳、祥和的日子，政府顺应时势制定了一系列惠民政策，休养生息得以实施。

“世之学老子者则绌儒学，儒学亦绌老子。”难道真的是“道不同不相为谋”？其实，孔子曾经问礼于老子，并对弟子说老子犹如人中之龙。“无为而治”是道家哲学的核心内容，与老子同时代的孔子也十分推崇“无为而治”。儒家主张“德化”的无为，而道家主张“自然”的无为。儒、道两家均不否认世间万事万物有运行规律，儒家认为，应当认识规律，进而充分利用规律；道家则认为，应当顺应规律，使之充分发挥作用。同样，与崇尚自然似乎格格不入的法家，竟然也渊源于道家。法家可分为两派，一派侧重于实践性的操作，以李悝、商鞅、吴起为代表；另一派兼具道家哲学色彩，并形成了法、术、势相结合的理论，以申不害、慎到、韩非子为代表。“申子之学本于黄、老而主刑名”，韩非“喜刑名法术之学而其归本于黄、老”，因此司马迁在《史记》里将老、庄、申、韩列于一传。

韩非是法家学说集大成者，他将作为自然规律的“道”引入政治领域，形成君臣之道、人主之道。按照《韩非子·主道》的定义：“道者，万物之始，是非之纪也，是以明君守始以知万物之源，治纪以知善败之端。”在法家学说中，“道”亦称为“术”，包括法律以及利用法律驾驭臣民的手段。韩非强调君主应效法天地的无私，一切依道法而为，“寄治乱于法术，托是非于赏罚，属轻重于权衡”，如此方能明是非、定治乱。因此，最有效的教化，不是儒家倡导的德教，而是君主专制下的严刑峻法。韩非说：“其治国也，正明法，陈严刑，将以救群生之乱，去天下之祸，使强不陵弱，众不暴寡，耆老得遂，幼孤得长，边疆不侵，君臣相亲，父子相保，无死亡系虏之患。”于是，道家以“无为”为特点的统治术，已被法家改造成了赤裸裸的以压迫为特点的政治理论。

另外，造成社会混乱的原因，道家认为是人民拥有了太多的心机。只有“绝圣弃智”、“绝仁弃义”、“绝巧弃利”、“绝学无忧”，无知无欲才能无忧无虑。法家完全继承了道家的这一反文化倾向，并将它推向极致。韩非把文化的主要传承者儒生视为扰乱国家的“五蠹”之一，“故明主之国，无书简之文，以法为教；无先王之语，以吏为师”。法家的这一主张最终在秦始皇时代成为现实，从而造成了“焚书坑儒”的历史悲剧。

（段　炼）

残酷争斗中的谋略心计：自成一家

〔导言〕 在对付敌人方面，古人早就形成经验之谈，传有两种至高境界：一是为敌之司命；二是不战而屈人之兵。此二语皆出自《孙子兵法》。然春秋战国时期，能够实现“为敌之司命”者，恐非通晓兵法、谋略超群的军事家莫属，而谈及“不战而屈人之兵”事宜，则多半成就于纵横捭阖、善于言辞之游说家。这一时期，最杰出的军事家当属孙武与孙膑了。孙武的《孙子兵法》是中国古代最早最杰出的兵书，也是世界上最早的兵书，直至今日，它仍为中外军事家所推崇，而孙膑的《孙膑兵法》更在其基础上有了深入的发展。最典型的游说家当属苏秦与张仪了，一个想方设法经营合纵，一个费尽心机促成连横，所以对二者更准确的称呼应该是“纵横家”。在《孙子吴起列传》的选文中，有让人肃然起敬的孙武练兵事件，更有让人惊叹不已的围魏救赵、桂陵之战、马陵之战等精彩战例。尤其是孙膑在战争过程中，对于整个战局的掌控，以及对于作战策略与手段恰到好处的运用，向我们清楚地展示了所谓的“微乎微乎，至于无形，神乎神乎，至于无声，故能为敌之司命”(《孙子·虚实》)究竟为何。在《张仪列传》的选文中，记载了张仪两次说服楚怀王的事例，充分展现了一位纵横家周密的思虑和煽情的说辞，用真实的例子告诉我们应该如何实现“不战而屈人之兵”。但毕竟金无足赤、人无完人，所以当我们看到孙膑与张仪的成功之时，一定不能抱着成王败寇的片面思想，赞赏的同时不要忘了做出更加开阔的反思。

孙子吴起列传

〔选文〕

孙子武者，齐人也。以兵法见于吴王阖庐。阖庐曰：

"子之十三篇,吾尽观之矣,可以小试勒[1]兵乎?"对曰:"可。"阖庐曰:"可试以妇人乎?"曰:"可。"于是许之,出宫中美女,得百八十人。孙子分为二队,以王之宠姬二人各为队长,皆令持戟。令之曰:"汝知而[2]心与左右手背乎?"妇人曰:"知之。"孙子曰:"前,则视心;左,视左手;右,视右手;后,即视背。"妇人曰:"诺。"约束既布[3],乃设铁钺,即三令五申之。于是鼓之右,妇人大笑。孙子曰:"约束不明,申令不熟,将之罪也。"复三令五申而鼓之左,妇人复大笑。孙子曰:"约束不明,申令不熟,将之罪也;既已明而不如[4]法者,吏士之罪也。"乃欲斩左右队长。吴王从台上观,见且[5]斩爱姬,大骇[6]。趣[7]使使下令曰:"寡人已知将军能用兵矣。寡人非[8]此二姬,食不甘味,愿勿斩也。"孙子曰:"臣既已受命为将,将在军,君命有所不受。"遂斩队长二人以徇[9]。用其次为队长,于是复鼓之。妇人左右前后跪起皆中[10]规矩绳墨,无敢出声。于是孙子使使报王曰:"兵既整齐,王可试下观之,唯王所欲用之,虽[11]赴水火犹可也。"吴王曰:"将军罢休就舍,寡人不愿下观。"孙子曰:"王徒[12]好其言,不能用其实。"于是阖庐知孙子能用兵,卒[13]以为将。西破强楚,入郢,北威[14]齐晋,显名诸侯,孙子与有力[15]焉。

孙武既死,后百余岁有孙膑。膑生阿鄄之间,膑亦孙武之后世子孙也。孙膑尝[16]与庞涓俱[17]学兵法。庞涓既事[18]魏,得为惠王将军,而自以为能[19]不及孙膑,乃阴[20]使召孙膑。膑至,庞涓恐其贤于己,疾[21]之,则以法刑断其两足而黥[22]之,欲隐勿见[23]。

齐使者如[24]梁,孙膑以刑徒阴见,说齐使。齐使以为奇,窃[25]载与之[26]齐。齐将田忌善而客待之。忌数[27]与齐诸公子驰逐重射[28]。孙子见其马足不甚相远，马有上、中、下辈。于是孙子谓田忌曰："君弟[29]重射，臣能令君胜。"田忌信然之，与王及诸公子逐射千金。及临质，孙子曰："今以君之下驷与彼上驷，取君上驷与彼中驷，取君中驷与彼下驷。"既驰三辈[30]毕，而田忌一不胜而再[31]胜，卒得王千金。于是忌进[32]孙子于威王。威王问兵法，遂以为师。

其后魏伐赵，赵急，请救于齐。齐威王欲将孙膑，膑辞谢曰："刑余之人不可。"于是乃以田忌为将，而孙子为师，居辎车中，坐为计谋。田忌欲引兵之赵，孙子曰："夫解杂乱纷纠者不控捲[33]，救[34]斗者不搏撠，批亢捣虚，形格势禁，则自为解[35]耳。今梁赵相攻，轻兵锐卒必竭于外，老弱罢于内。君不若引兵疾走大梁，据[36]其街路，冲其方虚，彼必释赵而自救。是我一举解赵之围而收弊于魏也。"田忌从之，魏果去[37]邯郸，与齐战于桂陵，大破梁军。

后十三岁，魏与赵攻韩，韩告急于齐。齐使田忌将而往，直走[38]大梁。魏将庞涓闻之，去韩而归，齐军既已过而西矣。孙子谓田忌曰："彼三晋之兵素悍勇而轻齐，齐号为怯，善战者因其势而利导之。兵法，百里而趣[39]利者蹶[40]上将，五十里而趣利者军半至。使齐军入魏地为十万灶，明日为五万灶，又明日为三万灶。"庞涓行三日，大喜，曰："我固知齐军怯，入吾地三日，士卒亡[41]者过半矣。"乃弃其步军，与其轻锐倍日并行逐[42]之。孙子度[43]其行，暮当至马陵。马陵道陕[44]，而旁多阻隘，可伏兵，乃斫[45]大树白而书之曰"庞涓死于此树之下"。于是令齐军善射者万弩，夹道而伏，期[46]曰"暮见火举而俱发"。庞涓果夜至斫木下，见白书，乃钻火烛[47]之。读其书未毕，齐军万弩俱发，魏军大乱相失[48]。庞涓自知智穷兵败，乃自刭，曰："遂成竖子之名！"齐因乘胜尽破其军，虏魏太子申以归。孙膑以此名显天下，世传其兵法。

……

太史公曰：世俗所称师旅，皆道㊾《孙子》十三篇，吴起《兵法》，世多有，故弗论，论其行事所施设者。语曰："能行之者未必能言，能言之者未必能行。"孙子筹策庞涓明矣，然不能蚤㊿救患于被刑。吴起说武侯以形势不如德，然行之于楚，以刻[51]暴少恩亡其躯。悲夫！

选自《史记》卷六十五

〔注释〕 ① 勒：统率。 ② 而：同"尔"。 ③ 布：宣布。 ④ 如：依照。 ⑤ 且：将要。 ⑥ 骇：惊恐。 ⑦ 趣：通"促"，急。 ⑧ 非：没有。 ⑨ 徇：巡行示众。 ⑩ 中：符合。 ⑪ 虽：即使。 ⑫ 徒：只。 ⑬ 卒：最终。 ⑭ 威：震慑。 ⑮ 力：努力。 ⑯ 尝：曾经。 ⑰ 俱：一起。 ⑱ 事：辅佐。 ⑲ 能：能力。 ⑳ 阴：暗中。 ㉑ 疾：痛恨。 ㉒ 黥：刺字涂墨。 ㉓ 见：同"现"。 ㉔ 如：到。 ㉕ 窃：暗中。 ㉖ 之：到。 ㉗ 数：多次。 ㉘ 重射：下大赌注。 ㉙ 弟：同"第"，尽管。 ㉚ 辈：次。 ㉛ 再：两次。 ㉜ 进：推荐。 ㉝ 控捲：用拳击。 ㉞ 救：止。 ㉟ 解：调和。 ㊱ 据：占据。 ㊲ 去：离开。 ㊳ 走：奔赴。 ㊴ 趣：通"趋"，奔赴。 ㊵ 蹶：毙。 ㊶ 亡：逃跑。 ㊷ 逐：追赶。 ㊸ 度：估算。 ㊹ 陕：通"狭"。 ㊺ 斫：砍。 ㊻ 期：约定。 ㊼ 烛：照亮。 ㊽ 相失：彼此乱跑。 ㊾ 道：谈论。 ㊿ 蚤：通"早"。 [51] 刻：苛刻。

〔赏析〕 孙子、孙武、孙膑这三个名词是妇孺皆知的，但对于一般读者而言，恐怕还有些混淆之处。司马迁说孙子即孙武，孙膑是孙武的后代，而后世则将孙子作为二人的尊称，还有人对二者的关系提出质疑。如钱穆在《孙武辨》中就认为二者实为一人，孙膑是废腿之后的孙武。直到20世纪70年代，在山东临沂古城南"银雀山"发现了大量竹简，才得以证实《史记》中关于孙武、孙膑记载的正确性。其中《孙膑兵法》记述了孙子与齐威王的问答，但此孙子乃孙膑也。孙膑是战国时期齐国人，曾与庞涓同习兵法，造诣颇深。然因庞涓妒其才能，将其迫害，惨遭砍去膝盖骨之膑刑，所以得名叫膑。若非孙膑具有出色的军事才能，一个残废之人，齐国使者又怎么会出手相救呢？真是巧遇伯乐，在齐国使臣帮助下，孙膑秘密逃往齐国，被齐将田忌推荐给齐威王，拜为军师。其后的围魏救赵、马陵之战、桂陵之战等，是孙膑治军的典型战例，流传后世经久不衰。孙膑的思想，记载在《孙膑兵法》中。该兵法本已失传，但就是在前述的竹简中整理出版了三十篇，有一万一千余字。

战争胜利所呈现给我们的最直观的东西，便是孙膑的谋略。孙膑两次使用围魏救赵之计，实为一种避实击虚、攻敌不守，从而积极掌握战争主动权的策略。正如孙膑所言，要排解相互斗殴的事情，千万不能卷入其中打成一团，而要设法避开双方的拳脚，伺机猛袭其中一方空虚无备之处。魏国出兵攻打赵国，一直缠斗而至于邯郸，势必倾巢出动，国内自当空虚。孙膑的想法便是，如果直捣魏国都城大梁，前线魏军必然赶回相救，赵国之难不往自解。这是很符合通常逻辑的，但也有值得我们反思的地方。在成王败寇的思想指引下，人们很容易将胜利者想得聪明绝顶，而把失败者当作愚蠢至极之人。实际上，庞涓也非等闲之辈，但大环境和个人性格引导着他必然走入孙膑为其铺设的陷阱之中。一是国都窘困，大军不得不管，二是君命在上，庞涓不会不从。这第二点便是孙膑与庞涓的不同之处，一方面，孙膑比之庞涓更加灵活变通，不喜欢按常规出牌；另一方面，在对待君王之命上，二者有明显的不同，孙膑继承了孙武“将在军，君命有所不受”的思想，而庞涓则是操守王命不可违的“忠君”之人。

在围魏救韩事件中，孙膑的作战手段体现得更加完好，他的一系列军事行动构成了一个完整的战略方案。首先是对作战时机的良好把握，而非急功冒进，这在《田敬仲完世家》中有所记载。当时韩国使者前来求救，齐国内部形成了不救、早救和晚救三种意见。孙膑即是主张晚救者，他分析说，现在魏国和韩国正打得火热，双方士气都很高昂，如果我们即刻出动，既撞上了魏国军队的锋芒，又不免受制于韩国而行动不便，如若我们待得魏、韩双方打得十分疲惫的时候再去，就可以轻而易举地掌握战争的主动权。事实已经证明了这个意见的明智性，齐国对于韩国求救的积极回应，助推了韩国士兵的斗志，拖延时间的同时也削弱了双方的力量。而后齐国适时的出兵，使得整个战局自然地落于齐国的铁腕之下。其次是对战术的巧妙运用，重演围魏救赵，而后减灶诱敌，随即险地设伏，终于马陵消灭魏军、逼死庞涓。孙膑的谋划前后相接,思路清晰、十分周密。知道魏军向来看不起齐兵,所以齐兵一旦佯退,魏军必然追赶。途中再把灶台减少,更给魏军造成齐兵逃者增多、势力衰落的假象,所以魏军必然加快追赶的速度,而加快速度,辎重必要抛下,而且士兵必会疲倦。马陵设伏,于树上书写文字,不是为了故弄玄虚,其策略就在于,文字隐约,常人的习惯性思维定是照明观看。昏暗冷夜,庞涓的火光,正是孙膑的希望。好一条完备的作战思路!虽然历史不可假设,但仍然要指出的是,庞涓并非等闲之辈,两位高手过招,孙膑的行动确有不少赌博冒险的成分。由此我们可以看出孙膑谋略的特点:攻其不备、避实击虚,出其不意、惯用险招,积极掌握战争的控制权。

从孙膑和庞涓的矛盾与交锋中,我们还可以思考两个问题,一为人事,二为世事。回想孙膑致残,确乃庞涓所害,但这是不是意味着读者就可以很快得出庞涓十恶不赦的结论呢?恐怕还需慎重。庞涓出于嫉妒而迫害孙膑,自是可恶,但可恶之人必有可怜之处。据说他们的老师鬼谷子当初对待孙膑和庞涓的差别就很大,结果可想而知,庞涓把对于老师不公正行为的怨愤转嫁到了孙膑身上,说来也是符合常人的心理习惯的。在世事方面,我们可以透视时代的变迁与社会的发展。如果说宋襄公的失败代表着传统作战观念的衰落,那么,庞涓的失败则代表着传统战略战术的落伍。而孙膑的胜利,代表着一种新兴的国家军事战略与战术不可抵挡的发展潮流。

张仪列传

〔选文〕

张仪至秦,详[①]失绥堕车,不朝三月。楚王闻[②]之,曰:“仪以寡人绝齐未甚[③]邪?”乃使勇士至宋,借宋之符,北骂齐王。齐王大怒,折[④]节而下秦。秦齐之交合,张仪乃朝,谓楚使者曰:“臣有奉邑六里,愿以献大王左右。”楚使者曰:“臣受令于王,以[⑤]商于之地六百里,不闻六里。”还报楚王,楚王大怒,发兵而攻秦。陈轸曰:“轸可发[⑥]口言乎?攻之不如割地反以赂[7]秦，与之并[8]兵而攻齐，是我出地于秦，取偿[9]于齐也，王国尚可存。”楚王不听，卒发兵而使将军屈匄击秦。秦齐共攻楚，斩首八万，杀屈匄，遂取丹阳、汉中之地。楚又复益[10]发兵而袭秦，至蓝田，大战，楚大败，于是楚割两城以与秦平[11]。

秦要[12]楚欲得黔中地，欲以武关外易[13]之。楚王曰：“不愿易地，愿得张仪而献黔中地。”秦王欲遣之，口弗忍言。张仪乃请行。惠王曰：“彼楚王怒子之负[14]以商于之地，是且甘心于子。”张仪曰：“秦强楚弱，臣善[15]靳尚，尚得事楚夫人郑袖，袖所言皆从。且臣奉王之节使[16]楚，楚何敢加诛。假令诛臣而为秦得黔中之地，臣之上[17]愿。”遂使楚。楚怀王至则囚张仪，将杀之。靳尚谓郑袖曰：“子亦知子之贱[18]于王乎？”郑袖曰：“何也？”靳尚曰：“秦王甚爱张仪而不欲出之，今将以上庸之地六县赂楚，美人聘[19]楚，以宫中善歌讴者为媵。楚王重[20]地尊秦，秦女必贵而夫人斥[21]矣。不若为言而出[22]之。”于是郑袖日夜言怀王曰：“人臣各为其主用。今地未入秦，秦使张仪来，至[23]重王。王未有礼而杀张仪，秦必大怒攻楚。妾请子母俱迁[24]江南，毋为秦所鱼肉也。”怀王后悔，赦张仪，厚礼之如故。

张仪既出，未去，闻苏秦死，乃说楚王曰：“秦地半天下，兵敌四国，被[25]险带河，四塞以为固。虎贲之士百余万，车千乘，骑万匹，积粟如丘山。法令既明，士卒安[26]难乐死，主[27]明以严，将智以武，虽无出甲，席卷常山之险，必折天下之脊，天下有后服[28]者先亡。且夫为从[29]者，无以异于驱群羊而攻猛虎，虎之与羊不格[30]明矣。今王不与猛虎而与群羊，臣窃以为大王之计过[31]也。

“凡天下强国，非秦而楚，非楚而秦，两国交争，其势不两立。大王不与秦，秦下甲据宜阳，韩之上地不通。下河东，取成皋，韩必入臣[32]，梁则从风而动。秦攻楚之西，韩、梁攻其北，社稷安得毋危？

“且夫从者聚群弱而攻至强，不料敌而轻战，国贫而数举兵，危亡之术也。臣闻之，兵不如者勿与挑战，粟不如者勿与持久。夫从人饰[33]辩虚辞，高[34]主之节，言其利不言其害，卒[35]有秦祸，无及为已。是故愿大王之孰[36]计之。

“秦西有巴蜀，大船积粟，起于汶山，浮江已下，至楚三千余里。舫船载卒，一舫载五十人与三月之食，下水而浮，一日行三百余里，里数虽多，然而不费牛马之力，不至十日而距[37]扞关。扞关惊，则从境以东尽城守[38]矣，黔中、巫郡非王之有。秦举甲出武关，南面而伐[39]，则北地绝。秦兵之攻楚也，危难在三月之内，而楚待诸侯之救，在半岁之外，此其势不相及[40]也。夫弱国之救，忘强秦之祸，此臣所以为大王患[41]也。

“大王尝与吴人战，五战而三胜，阵卒尽矣；偏守新城，存[42]民苦矣。臣闻功大者易危，而民敝[43]者怨上。夫守易危之功而逆[44]强秦之心，臣窃为大王危[45]之。

“且夫秦之所以不出兵函谷十五年以攻齐、赵者，阴谋有合[46]天下之心。楚尝与秦构难，战于汉中，楚人不胜，列侯执珪死者七十余人，遂亡[47]汉中。楚王大怒，兴兵袭秦，战于蓝田。此所谓两虎相搏者也。夫秦楚相敝而韩魏以全制其后，计无危于此者矣。愿大王孰计[48]之。

“秦下甲攻卫阳晋，必大关天下之匈[49]。大王悉起兵以攻宋，不至数月而宋可举[50]，举宋而东指，则泗上十二诸侯尽王之有也。

“凡天下而以信约从亲相坚者苏秦，封武安君，相燕，即阴与燕王谋伐破齐而分其地；乃详有罪出走入齐，齐王因受[51]而相之；居二年而觉，齐王大怒，车裂苏秦于市。夫以一诈伪之苏秦，而欲经营天下，混一诸侯，其不可成亦明矣。

“今秦与楚接境壤界，固形亲之国也。大王诚能听臣，臣请使秦太子入质[52]于楚，楚太子入质于秦，请以秦女为大王箕帚之妾，效[53]万室之都以为汤沐之邑，长为昆弟之国，终身无相攻伐。臣以为计无便于此者。”

于是楚王已得张仪而重[54]出黔中地与秦，欲许之。屈原曰：“前大王见[55]欺于张仪，张仪至，臣以为大王烹之；今纵弗忍杀之，又听其邪说，不可。”怀王曰：“许仪而得黔中，美利也。后而倍[56]之，不可。”故卒许张仪，与秦亲。

选自《史记》卷七十

〔**注释**〕 ① 详：通“佯”，假装。 ② 闻：听说。 ③ 甚：过分。 ④ 折：折断。 ⑤ 以：因为。 ⑥ 发：开。 ⑦ 赂：贿赂。 ⑧ 并：一起。 ⑨ 偿：补偿。 ⑩ 益：增加。 ⑪ 平：和好。 ⑫ 要：要挟。 ⑬ 易：交换。 ⑭ 负：亏待。 ⑮ 善：亲善。 ⑯ 使：出使。 ⑰ 上：最高的。 ⑱ 贱：（被）轻视。 ⑲ 聘：出嫁。 ⑳ 重：看重。 ㉑ 斥：疏远。 ㉒ 出：释放。 ㉓ 至：非常。 ㉔ 迁：迁移。 ㉕ 被：同“披”，依靠。 ㉖ 安：安于。 ㉗ 主：君王。 ㉘ 服：臣服。 ㉙ 从：通“纵”，合纵。 ㉚ 不格：不相当。 ㉛ 过：过错。 ㉜ 臣：臣服。 ㉝ 饰：粉饰。 ㉞ 高：吹捧。 ㉟ 卒：通“猝”，突然。 ㊱ 孰：通“熟”，仔细。 ㊲ 距：到达。 ㊳ 守：防守。 ㊴ 伐：进攻。 ㊵ 及：赶得上。 ㊶ 患：担忧。 ㊷ 存：剩下的。 ㊸ 敝：疲惫。 ㊹ 逆：违背。 ㊺ 危：担忧。 ㊻ 合：合并。 ㊼ 亡：失去。 ㊽ 计：谋划。 ㊾ 匈：同“胸”。 ㊿ 举：攻克。 [51] 受：接纳。 [52] 质：作人质。 [53] 效：献出。 [54] 重：再次。 [55] 见：被。 [56] 倍：通“背”。

〔**赏析**〕 张仪是战国时期的纵横家，魏国贵族的后代，与苏秦同拜于鬼谷子门下。他曾为了自己的前途，去赵国寻找苏秦，而苏秦为了刺激张仪尽施才华，便故意将他羞辱，这成为张仪人生的转折点。张仪负辱至秦，受到秦惠王的重用，遂以“连横”之术游说各国，瓦解了“合纵”联盟，为秦国立下了大功，被封为武信君。可是好景不长，至秦武王时遭到同僚的谗言陷害，跑到魏国做了一年宰相就死了。但张仪的连横之术,可谓不战而屈人之兵,妙语连珠、传世不绝。本文所选片段乃张仪两次说服楚怀王之事例,细细品味,足晓其才。

张仪第一次说服楚怀王,明显使用的是欺诈手段。他先向楚怀王许以六百里的土地,怂恿楚国与齐国断交,以达破坏齐楚联盟、孤立楚国之目的,待事成之后却又改口说愿献地六里,结果怀王大怒,发兵攻秦。孰料楚国力弱,败北而去。整个事情看上去很简单,但实际上张仪敢于这样做是需要考虑很多东西的。既是欺诈,必有败露之时,然而何时败露呢?败露之时应该如何应对呢?这些都是容不得张仪忽视的问题。我们今天通观整个事件,可以看出张仪对两件事情的准确把握。一是对于秦、楚两国实力的准确衡量,当他实施欺诈策略之时,即有迎接两国战争之心理准备;二是对于楚怀王性格和心理状态的准确把握,这点实非一般人所能做到,尤其是张仪路途假装跌落一事,没有引起楚怀王的警觉,反而加速了楚国的断交行动,可见张仪算计之到位。这就是所谓知己知彼,百战不殆啊。

如果说第一次骗楚成功可算侥幸的话,那张仪的第二次对楚策略,便毫无疑问是他聪明才智的体现了。楚国战败后,死了大将、丢了土地,而楚怀王却依然沉浸在愤怒之中,一心只想杀死张仪。真是心无大局,短见之至!且看那张仪,当秦王想将他送出去而嘴上却不忍说出来的时候,他竟自己请求前往楚国,因为他已胸有成竹。他知道谁可以说动楚怀王,更知道可以收买谁去说动这个人。人们的弱点已经被他看得清清楚楚,于是贪图钱财的靳尚、害怕失宠的郑袖皆为所用。再看他面对楚怀王的那番说辞,读者可以明显感受到两个特点:一是张仪自信满满,不难想象其谈论时的泰然;二是言语中充满了恐吓,把秦国的优势吹得天花乱坠,把楚国的劣势说得多如牛毛、猛如洪水。但我们需要注意的是,张仪的自信是有所根据的,而他更把恐吓的话语说得像肺腑之言一样,这就是他的水准和艺术所在。如果将苏秦劝说六国合纵的说辞拿过来进行对照的话,张仪这样做的合理性和正确性便更加清晰了。苏秦的开场白一般都是鼓舞人心的言语,甚至不惜夸大游说对象的优势,因为他的目的是让六国联合起来,自然需要激发它们的信心。而张仪是要搞“破坏”的，当然要把六国讲到地上，而把秦国吹入云霄。这就叫作对症下药。其实张仪的话归结起来，无非是分析形势、陈说利害，一则言秦、楚是天下强国，正常情况下两国交战必为俱伤，然秦国积蓄多年、时势更优，若其抢先行动则必然得胜，所以“事秦则安矣，不事秦则危矣”(《战国策·韩策》)；二则言六国虚弱，合纵联盟不可能长久。紧接着许愿诱导，言以太子作为人质，算是给楚怀王吃了一颗定心丸。

然而，张仪的话就没有漏洞吗？当然有。想想他对秦、楚两国的评价，既然都是强国，楚国与其他国家联合起来怎么会是群羊呢？再看他对于苏秦的攻击，他把六国合纵的原因全部归到苏秦身上，然后通过败坏苏秦来破坏六国合纵，这又合理吗？我们不清楚张仪知不知道自己在诡辩，但可以确定的是，楚怀王的脑子里定然装着英雄主义的观念。自韩赵魏三家分晋、田氏代齐之后形成了战国七雄的局面，经过春秋时期长时间的战乱争斗，势均力敌、相互牵制的态势基本确定。最北端是燕国，往南赵、韩、魏三国居于天下之中，魏国更在十字路口，但经李悝改革后也很强大。齐、秦、楚分别位于东、西、南三个方向，齐国经过管仲、秦国经过商鞅变法、楚国经过吴起变法，逐步成为战国最强大的三个国家。其中，秦国发展尤为迅速。在这种情况下，合纵与连横之说应运而生。东方六国势力较弱，于是希望联合起来对付秦国，即为合纵；秦国自不甘心，想方设法寻找盟友瓦解合纵，即为连横。山东六国有联合起来对抗秦国的客观需要，这一时势成就了苏秦，而六国联盟内部松散、猜疑与矛盾的事实又成就了张仪。联盟是把双刃剑，在制约秦国的同时，各国因为遵守盟约的需要，发展上也受到限制。然而事实是，没有一个国家不想对外扩张的，六个国家各有打算，人多心杂。再加上各国受秦国威胁的状况不同，对秦国的态度也并不一致。所以，对于只需要联合其中一两个国家，甚至只需搞破坏行为的秦国来说，瓦解这样的合纵联盟并非难事。虽说时势造英雄，但也只有具备资格且能抓住机遇的人才能成为英雄，所以张仪的才能是毋庸置疑的。

（刘　强）

万世一帝的宏图伟业

〔**导言**〕 本组作品摘选了《秦始皇本纪》、《吕不韦列传》、《李斯列传》三篇的一些重要部分，恰好反映了秦始皇在其先辈大力开拓的基础上最后消灭东方六国，第一次建立统一的中央集权的封建国家的全过程。秦始皇的统一全国与秦王朝建立后所制定与推行的全部制度与其政策措施，给中国此后两千年的社会形态与政权机构奠定了基础，秦始皇的历史贡献与其历史地位是极其辉煌而又影响久远的。

吕不韦是援助秦始皇的父亲公孙子楚获取秦国政权，为秦始皇上台铺平道路的人，在他为秦相国的十几年间也为秦国的发展、为秦始皇的统一大业做出了重要贡献。但如今《史记》中的这篇《吕不韦列传》则完全是站在东方诸国的立场，对秦始皇进行丑化、诋毁的一个荒诞不经的故事，吕不韦的真相则已经无从获知了。

李斯是协助秦始皇完成统一并制定与推行各项方针政策的主要人物，因此凡是秦始皇的功劳，其中必然也都有李斯的份儿。但由于秦始皇与李斯的这些建树是史无前例的，他们没有过去的历史经验可以借鉴；他们过于迷信、依赖法家的残暴统治，而不懂得打天下与守天下的政策措施应该不同；特别是在秦始皇去世后，李斯为了保官保命投靠了赵高、胡亥的阴谋集团，这个集团不仅未对秦始皇的错误路线拨乱反正，相反更加倒行逆施，把秦王朝的政权拖进了罪恶的万劫不复的深渊。于是在秦二世三年这个政权就被刘邦、项羽所领导的农民起义推翻了。秦王朝从建立到灭亡共经历了十五年，秦始皇是一个既有伟大的历史功勋，又有惨痛历史教训的悲剧英雄；李斯的前半生是秦始皇的大功臣，后半生则沦为了丧尽天良、卖身投靠的千古罪人。

《史记》中秦始皇以前的历史人物、历史事件，基本都属于司马迁在旧有的历史著作的基础上加工整理而成；而自秦始皇、李斯开始，这以下的历史人物、历史事件就都是司马迁依据零散的档案、依据现存人物的传说，而独自进行加工创作的了。

秦始皇本纪

〔选文〕

秦始皇帝者，秦庄襄王子也。庄襄王为秦质[①]子于赵，见吕不韦姬，悦而取[②]之，生始皇。以秦昭王四十八年正月生于邯郸。及生，名为政，姓赵氏。年十三岁，庄襄王死，政代立为秦王。

……

秦初并[③]天下，……丞相绾等言："诸侯初破，燕、齐、荆地远，不为置[④]王，毋以填[⑤]之。请立诸子，唯上幸许。"始皇下[⑥]其议于群臣，群臣皆以为便[⑦]。廷尉李斯议曰："周文武所封子弟同姓甚众，然后属疏远，相攻击如仇雠[⑧]，诸侯更相诛伐，周天子弗[⑨]能禁止。今海内赖陛下神灵一统，皆为郡县，诸子功臣以公赋税重赏赐之，甚足易制[⑩]。天下无异意，则安宁之术也。置诸侯不便。"始皇曰："天下共苦战斗不休，以有侯王。赖宗庙，天下初定，又复立国，是树[⑪]兵也，而求其宁息，岂不难哉！廷尉议是。"

分天下以为三十六郡，郡置守、尉、监。更名[⑫]民曰"黔首"。大酺[⑬]。收天下兵[⑭]，聚之咸阳，销[⑮]以为钟鐻，金人十二，重各千石，置廷宫中。一[⑯]法度衡石丈尺。车同轨。书同文字。地东至海暨朝鲜，西至临洮、羌中，南至北向户，北据河为塞，并[⑰]阴山至辽东。徙天下豪富于咸阳十二万户。

诸庙及章台、上林皆在渭南。秦每破诸侯,写[18]放[19]其宫室,作[20]之咸阳北阪上,南临渭,自雍门以东至泾、渭,殿屋复道周阁相属[21]。所得诸侯美人钟鼓,以充入之。

……

始皇置酒咸阳宫,博士七十人前为寿[22]。仆射周青臣进颂曰:"他时秦地不过千里,赖陛下神灵明圣,平定海内,放逐蛮夷,日月所照,莫不宾服。以诸侯为郡县,人人自安乐,无战争之患,传之万世。自上古不及陛下威德。"始皇悦。博士齐人淳于越进曰:"臣闻殷周之王[23]千余岁,封子弟功臣,自为枝辅。今陛下有海内,而子弟为匹夫,卒[24]有田常、六卿之臣,无辅拂[25],何以相救哉?事不师[26]古而能长久者,非所闻也。今青臣又面谀[27]以重[28]陛下之过,非忠臣。"始皇下其议。丞相李斯曰:"五帝不相复[29],三代不相袭[30],各以治,非其相反,时变异也。今陛下创大业,建万世之功,固非愚儒所知。且越言乃三代之事,何足法[31]也?异时诸侯并争,厚[32]招游学。今天下已定,法令出一,百姓当家则力[33]农工,士则学习法令辟[34]禁。今诸生不师今而学古,以非[35]当世,惑乱黔首。丞相臣斯昧[36]死言:古者天下散乱,莫之能一,是以诸侯并作,语皆道古以害今,饰虚言以乱实,人善[37]其所私学,以非上之所建立。今皇帝并有天下,别[38]黑白而定一尊。私学而相与非法教,人闻令下,则各以其学议之,入则心非,出则巷议,夸[39]主以为名,异取以为高,率群下以造谤。如此弗禁,则主势降[40]乎上,党与[41]成乎下。禁之便。臣请史官非秦记皆烧之。非博士官所职[42],天下敢有藏《诗》、《书》、百家语者,悉诣[43]守、尉杂烧之。有敢偶语[44]《诗》、《书》者弃市[45]。以古非今者族[46]。吏见知不举者与同罪。令下三十日不烧，黥为城旦。所不去[47]者，医药卜筮种树之书。若欲有学法令，以吏为师。”制曰：“可。”

……

三十七年十月癸丑，始皇出游。左丞相斯从[48]，右丞相去疾守[49]。少子胡亥爱[50]慕请从，上许之。

……

至平原津而病。始皇恶[51]言死，群臣莫敢言死事。上病益甚，乃为玺书赐公子扶苏曰：“与丧会咸阳而葬。”书已封，在中车府令赵高行符玺事所，未授[52]使者。七月丙寅，始皇崩于沙丘平台。丞相斯为[53]上崩在外，恐诸公子及天下有变，乃秘[54]之，不发丧。棺载辒凉车中，故幸宦者参乘[55]，所至上食。百官奏事如故，宦者辄从辒凉车中可[56]其奏事。独子胡亥、赵高及所幸宦者五六人知上死。赵高故尝[57]教胡亥书[58]及狱律令法事，胡亥私幸[59]之。高乃与公子胡亥、丞相斯阴谋破去[60]始皇所封书赐公子扶苏者，而更[61]诈为丞相斯受始皇遗诏沙丘，立子胡亥为太子。更为书赐公子扶苏、蒙恬，数[62]以罪，(其)赐死。语具在《李斯传》中。行，遂从井陉抵九原。会[63]暑，上辒车臭，乃诏从官令车载一石鲍鱼，以乱[64]其臭。

行从直道至咸阳，发丧。太子胡亥袭位，为二世皇帝。九月，葬始皇郦山。始皇初即位，穿[65]治郦山，及并天下，天下徒送诣七十余万人，穿三泉，下铜而致椁，宫观百官奇器珍怪徙臧[66]满之。令匠作机弩矢，有所穿近者辄射之。以水银为百川江河大海，机相灌输，上具[67]天文，下具地理。以人鱼膏为烛，度[68]不灭者久之。二世曰：“先帝后宫非有子者，出焉不宜。”皆令从死，死者甚众。葬既已下，或言工匠为机，臧皆知之，臧重即[69]泄。大事毕[70]，已臧，闭中羡，下外羡门，尽闭工匠臧者，无复出者。树[71]草木以象山。

选自《史记》卷六

〔注释〕 ① 质：人质。 ② 取：通“娶”。 ③ 并：吞并。 ④ 置：设置。 ⑤ 填：同“镇”，使安定。 ⑥ 下：传布。 ⑦ 便：有利。 ⑧ 雔：同“仇”。 ⑨ 弗：不。 ⑩ 制：控制。 ⑪ 树：建立。 ⑫ 名：称呼。 ⑬ 酺：聚饮。 ⑭ 兵：兵器。 ⑮ 销：熔化。 ⑯ 一：统一。 ⑰ 并：通“傍”，沿着。 ⑱ 写：仿效。 ⑲ 放：仿照。 ⑳ 作：修建。 ㉑ 属：连接。 ㉒ 寿：祝福。 ㉓ 王：称王。 ㉔ 卒：通“猝”，突然。 ㉕ 拂：同“弼”，辅佐。 ㉖ 师：效法。 ㉗ 谀：奉承。 ㉘ 重：加重。 ㉙ 复：重复。 ㉚ 袭：沿袭。 ㉛ 法：效法。 ㉜ 厚：重视。 ㉝ 力：致力。 ㉞ 辟：通“避”。 ㉟ 非：诽谤。 ㊱ 昧：冒犯。 ㊲ 善：认为好。 ㊳ 别：区分。 ㊴ 夸：夸耀。 ㊵ 降：下降。 ㊶ 党与：党羽。 ㊷ 职：掌管。 ㊸ 诣：前往。 ㊹ 偶语：相聚议论。 ㊺ 弃市：处死。 ㊻ 族：族灭。 ㊼ 去：去除。 ㊽ 从：跟随。 ㊾ 守：留守。 ㊿ 爱：受宠。 [51] 恶：厌恶。 [52] 授：给。 [53] 为：认为。 [54] 秘：保密。 [55] 参乘：陪乘车。 [56] 可：允许。 [57] 尝：曾经。 [58] 书：认字。 [59] 幸：宠爱。 [60] 破去：毁掉。 [61] 更：变更。 [62] 数：罗列。 [63] 会：恰逢。 [64] 乱：混淆。 [65] 穿：开凿。 [66] 臧：通“藏”。 [67] 具：具备。 [68] 度：估计。 [69] 即：若。 [70] 毕：完毕。 [71] 树：种植。

〔赏析〕 秦始皇的历史功绩最重要的是统一六国与其统一全国后所建立的一系列制度。秦灭六国是一个逐步的过程，应该是从商鞅帮着秦孝公变法强国的时候开始，中间经过惠文王、秦武王、秦昭王、孝文王、庄襄王，不断向东方蚕食、扩张，到秦始皇的时候，就已经是水到渠成了。用一个形容词说，就是“摧枯拉朽”、“风卷残云”。秦始皇（当时还称“秦王”）十七年（前230年），灭韩；十九年灭赵；二十二年灭魏；二十三年灭楚；二十五年灭燕；二十六年灭齐，实现全国统一。帮着秦始皇的先辈蚕食东方立过大功的人先后有商鞅、张仪、司马错、甘茂、穰侯、白起、范雎；帮着秦始皇“风卷残云”的有蒙骜、桓齮、杨端和、王翦、王贲、吕不韦、李斯、蒙恬等等。

提到秦国的吞并东方六国，人们总忘不了“残暴”二字，一说秦将杀人往往就是三万、五万、八万、十万；尤其是白起破赵，一次竟活埋赵卒四十多万。所以当时的东方人恨秦国，诅咒秦国，编出故事来丑化秦国，这都是有原因的。司马迁同情东方人，谴责秦国有其不容置疑的合理性。

秦始皇统一六国后的建树其一是在国内实行了一系列新制度、新措施，大致包括废除分封制,实行郡县制;实行书同文、车同轨、统一度量衡;以及修长城、修直道、驰道、兴修水利等等。这些都是关乎国计民生的方针大政,有的是涉及国家管理,有的关乎边防建设,有些是关乎经济、文化发展以及百姓的生活日用等等,许多都是带有开创性的,都是前所未有的基本建设,为此后中国两千年的封建社会奠定了基础。

秦始皇在统一国内的基础上又对周边少数民族地区进行了开拓、经营,从而组建成了前所未有的民族大家庭。秦始皇三十三年,调发国内的罪犯、赘婿、商人开辟现今的广西、广东一带地区,其将领有屠睢、监禄、任嚣、尉佗等,取胜后,在广西、广东设立了桂林郡、象郡、南海郡,这是中原地区的政权第一次对今广西、广东一带实行有效的行政管理;同时派蒙恬向北方经营匈奴地区,收复了今内蒙古的河套一带,把国境向北推到了高阙、阳山、北假中,并沿着阴山的走向修筑长城,把国境向北推进到了现今内蒙古的中部地区。秦时的长城西起今甘肃的临洮,东北行经宁夏的贺兰山,今内蒙古的包头、呼和浩特以北,再东行经今张家口、赤峰,再东行经今沈阳的东北方南折,直达今朝鲜境内平壤市西北方的清川江的入海口。

正是由于秦始皇第一次真正地统一了国内,第一次建立了中央集权的国家;第一次创建并实行了许多有效的政策、制度,同时又与周边的兄弟民族相互融合,组建成了前所未有的民族大家庭,因而秦始皇被明代的思想家李贽称为“千古一帝”。

后代人骂秦始皇最厉害的是“焚书”、“坑儒”,其实这两条是最应该具体加以说明的。秦始皇的“焚书”,其实并不是像人们所想的那样凡书都烧,而是分成三类:第一类,凡是东方六国的历史书一律都烧,这是因为历史书里会有许多对秦朝不利的记载,所以他才断然采取了这种手段。由于秦始皇烧光了东方六国的历史书,一个非常直接的后果就是给司马迁写战国时代的历史造成了困难。《史记》中写战国的历史所以非常简略,而且矛盾百出,这就与秦始皇的烧书密切相关。第二类,对一般的社会科学、诸子百家的书籍,是只烧百姓手里有的,不烧国家图书馆的,其目的是想愚化黎民百姓,让百姓们头脑简单,更容易受他的统治。第三类,凡自然科学、诸如医药、种植一类的书一概不烧。秦始皇当时目的一是压制不同思想，二是实行愚民政策，而不是像今天有人所说的是想“毁灭文化”。

说到“坑儒”，事实就和人们通常所想的距离更大了。首先这个“儒”字在战国时期可以称孔子、孟子那个学派的徒子徒孙；同时也可以泛称学者、文化人，例如对于庄子就有人称他是“小儒”。

具体到被秦始皇所坑的那些究竟是什么人呢？是术士，是一群宣传炼丹吃药，上山下海求仙，用长生不死之说以欺骗、蛊惑人心的骗子，在当时以这种“方术”成名的人有羡门高、正伯侨、徐福以及他们的徒子徒孙卢生、侯生、韩众等等。他们欺骗秦始皇，说能给秦始皇弄来长生不死之药。秦始皇给了他们好多钱，他们弄不来长生不死之药，而且还在下头议论秦始皇。说秦始皇“刚愎自用”，“专任狱吏”；说秦始皇“乐以刑杀为威，天下畏罪持禄，莫敢尽忠”；说秦始皇“贪于权势”，“天下之事无小大皆决于上”；说像他这样的人如何能够成仙呢？说完后他们便卷铺盖逃跑了。他们所批评的秦始皇的一些毛病，不能说不对，但他们是由于没有办法向秦始皇交差，没有办法掩盖他们的骗术不灵而发这种牢骚的。所以秦始皇大为震怒，便把留在咸阳的一些类似的人捉起来加以拷问。这些人相互牵引，越扯越多，秦始皇从中圈定了四百六十个，把他们活埋在咸阳城外的山区。对此我们第一要记清楚，引发这场灾难并被秦始皇活埋的主要是那些因推销“长生不死之药”而惹秦始皇震怒的术士，而不是一般念孔孟之书的儒生。是不是这四百六十个人里也杂有儒派人士，因说不满秦始皇的话而被杀，不能排除；但整个事件的起因与儒派人士无关；事实上许多儒生在秦始皇、秦二世在位的几十年间一直活动在秦朝的朝廷与皇帝身边，《史记》的《刘敬叔孙通列传》、《郦生陆贾列传》里都有这方面的记载。

秦朝灭亡的真正原因，一者是因为秦朝统一六国后，不让黎民百姓休养生息，接着连年用兵，伐匈奴、伐南越，永无宁日。二者是无限度地大兴土木，劳民伤财，如修长城，修直道、驰道，修宫殿，修陵墓等等，规模太大，动用的劳力太多，当时的全国人口顶多也不过三千万，只像今天的一个小省，当时的繁重徭役是无论如何也无法让人承受的。三者是秦始皇统一全国后，仍然只迷信商鞅、韩非、李斯所倡导、所推行的严刑峻法，而不懂得采用儒家的“仁义”学说；他们只迷信武力镇压，而不懂得思想教化，不懂得文武并用、有张有弛，减轻赋税，让百姓休养生息等等。尤其是秦二世上台以后，他不仅没有对秦始皇的错误政策有所拨正，反而在错误的道路上变本加厉，越走越远，于是秦王朝就只有被人推翻，不可能有更好的结局了。秦始皇所建立的中央集权的秦王朝一共存在了十五年(前221—前206)。

司马迁笔下的秦始皇是一个立有丰功伟绩，但由于没有历史经验而最后陷于崩溃的悲剧人物。秦始皇虽然失败了，但他的诸多失败，为刘邦、为汉武帝的胜利提供了难能可贵的历史经验与教训。

吕不韦列传

〔选文〕

吕不韦者，阳翟大贾人[①]也。往来贩贱卖贵，家累千金。

秦昭王四十年，太子死。其四十二年，以其次子安国君为太子。安国君有子二十余人。安国君有所甚爱姬，立以为正夫人，号曰华阳夫人。华阳夫人无子。安国君中男名子楚，子楚母曰夏姬，毋爱。子楚为秦质子于赵。秦数[②]攻赵，赵不甚礼[③]子楚。

子楚，秦诸庶孽孙，质于诸侯，车乘进[④]用不饶[⑤]，居处困，不得意。吕不韦贾邯郸，见而怜之，曰“此奇货可居[⑥]”。乃往见子楚，说曰：“吾能大[⑦]子之门。”子楚笑曰：“且自大君之门，而乃大吾门！”吕不韦曰：“子不知也，吾门待[⑧]子门而大。”子楚心知所谓，乃引与坐，深语。吕不韦曰：“秦王老矣，安国君得为太子。窃[⑨]闻安国君爱幸华阳夫人，华阳夫人无子，能立适[⑩]嗣者独华阳夫人耳。今子兄弟二十余人，子又居中，不甚见[⑪]幸，久质诸侯。即大王薨，安国君立为王，则子毋几[⑫]得与长子及诸子旦暮在前者争为太子矣。”子楚曰:“然。为之奈何?”吕不韦曰:“子贫,客于此,非[13]有以奉献于亲及结[14]宾客也。不韦虽贫,请以千金为子西游,事安国君及华阳夫人,立子为适嗣。”子楚乃顿首曰:“必如君策,请得分秦国与君共[15]之。”

吕不韦乃以五百金与子楚,为进用,结宾客;而复以五百金买奇物玩好,自奉[16]而西游秦,求见华阳夫人姊,而皆以其物献华阳夫人。因言子楚贤智,结诸侯宾客遍天下,常曰“楚也以夫人为天,日夜泣思太子及夫人”。夫人大喜。不韦因使其姊说夫人曰:“吾闻之,以色[17]事人者,色衰而爱弛[18]。今夫人事太子,甚爱而无子,不以此时蚤[19]自结于诸子中贤孝者,举立以为适而子[20]之,夫在则重尊,夫百岁之后,所子者为王,终不失势,此所谓一言而万世之利也。不以繁华时树本,即色衰爱弛后,虽欲开一语,尚可得乎?今子楚贤,而自知中男也,次[21]不得为适,其母又不得幸,自附[22]夫人,夫人诚以此时拔[23]以为适,夫人则竟世[24]有宠于秦矣。”华阳夫人以为然,承太子间,从容言子楚质于赵者绝[25]贤,来往者皆称誉[26]之。乃因涕泣曰:“妾幸得充后宫,不幸无子,愿得子楚立以为适嗣,以托妾身。”安国君许之,乃与夫人刻玉符,约[27]以为适嗣。安国君及夫人因厚馈遗[28]子楚,而请吕不韦傅[29]之,子楚以此名誉益盛于诸侯。

吕不韦取邯郸诸姬绝好善舞者与居,知有身[30]。子楚从不韦饮,见而说[31]之,因起为寿[32],请之。吕不韦怒,念业已破家为子楚,欲以钓奇,乃遂献其姬。姬自匿[33]有身,至大期时,生子政。子楚遂立姬为夫人。

秦昭王五十年,使王齮围邯郸,急,赵欲杀子楚。子楚与吕不韦谋,行金六百斤予守者吏,得脱[34],亡[35]赴秦军,遂以得归。赵欲杀子楚妻子，子楚夫人赵豪家女也，得匿，以故母子竟[36]得活。秦昭王五十六年，薨，太子安国君立为王，华阳夫人为王后，子楚为太子。赵亦奉子楚夫人及子政归秦。

秦王立一年，薨，谥为孝文王。太子子楚代立，是为庄襄王。庄襄王所母华阳后为华阳太后，真母夏姬尊以为夏太后。庄襄王元年，以吕不韦为丞相，封为文信侯，食[37]河南雒阳十万户。

庄襄王即位三年，薨，太子政立为王，尊吕不韦为相国，号称"仲父"。秦王年少，太后时时窃私通吕不韦。不韦家僮万人。

当是时，魏有信陵君，楚有春申君，赵有平原君，齐有孟尝君，皆下士喜宾客以相倾[38]。吕不韦以秦之强，羞不如，亦招致士，厚遇之，至食客三千人。是时诸侯多辩士，如荀卿之徒，著书布天下。吕不韦乃使其客人人著所闻，集论[39]以为八览、六论、十二纪，二十余万言。以为备天地万物古今之事，号曰《吕氏春秋》。布咸阳市门，悬千金其上，延诸侯游士宾客有能增损[40]一字者予千金。

……

秦王十年十月，免相国吕不韦。……

岁余，诸侯宾客使者相望于道，请文信侯。秦王恐其为变，乃赐文信侯书曰："君何功于秦？秦封君河南，食十万户。君何亲于秦？号称仲父。其与家属徙处蜀！"吕不韦自度稍[41]侵[42]，恐诛，乃饮酖而死。

……

太史公曰：不韦及嫪毐贵，封号文信侯。人之告嫪毐，毐闻之。秦王验[43]左右，未发[44]。上之[45]雍郊，毐恐祸起，乃与党谋，矫[46]太后玺发卒以反蕲年宫。发吏攻毐，毐败亡走，追斩之好畤，遂灭其宗。而吕不韦由此绌[47]矣。孔子之所谓"闻"者，其吕子乎？

选自《史记》卷八十五

〔注释〕 ① 贾人：商人。 ② 数：多次。 ③ 礼：礼遇。 ④ 进：财货。 ⑤ 饶：充裕。 ⑥ 居：储存。 ⑦ 大：光大。 ⑧ 待：依靠。 ⑨ 窃：私下。 ⑩ 适：通"嫡"。 ⑪ 见：被。 ⑫ 毋几：无望。 ⑬ 非：没有。 ⑭ 结：结交。 ⑮ 共：共有。 ⑯ 奉：拿着。 ⑰ 色：美貌。 ⑱ 弛：松懈。 ⑲ 蚤：通"早"。 ⑳ 子：收养为子。 ㉑ 次：按顺序。 ㉒ 附：依附。 ㉓ 拔：提升。 ㉔ 竟世：终生。 ㉕ 绝：非常。 ㉖ 誉：赞美。 ㉗ 约：约定。 ㉘ 遗：赠送。 ㉙ 傅：辅佐。 ㉚ 身：身孕。 ㉛ 说：通"悦"。 ㉜ 为寿：敬酒。 ㉝ 匿：隐瞒。 ㉞ 脱：脱身。 ㉟ 亡：逃跑。 ㊱ 竟：最终。 ㊲ 食：食禄。 ㊳ 相倾：比高低。 ㊴ 集论：统编裁订。 ㊵ 损：减少。 ㊶ 稍：逐渐。 ㊷ 侵：侵凌。 ㊸ 验：调查。 ㊹ 发：开始行动。 ㊺ 之：到。 ㊻ 矫：假托。 ㊼ 绌：同"黜"。

〔赏析〕 吕不韦是一个有重大争议的人物，单就出现在《史记》中的司马迁笔下的"吕不韦"而言，这是一个出身于商人的极端奸诈自私，极端唯利是图，为获取个人的富贵名利而毫无廉耻、不惜使用一切卑鄙手段的大坏蛋；他有眼光、有心机、有谋略，他熟悉官场，能当机立断，并有一套为苏秦、张仪所不及的纵横捭阖、左右逢源的进行政治投机的手段。他随着子楚、嬴政父子的相继为秦王，吕不韦也当上了秦国一人之下、万人之上的相国。吕不韦的政治投机获得了巨大成功，吕不韦的经济投资自然也获得了"一本万利"、"一本万万利"的回报。司马迁说吕不韦这个奸诈小人，靠着他的奸商本领不仅骗得了钱、骗得了权、骗得了政、骗得了国，他还要假冒斯文，假借著书立说以欺世盗名。他说吕不韦靠着当相国的炙手可热的权势与其挥霍不尽的钱财，从东方各国招来大量的文化人，帮他编纂了一部《吕氏春秋》，并说此书编成后，吕不韦还假惺惺地以让大家挑错为名，把它悬挂在咸阳城里的市门上大大地自我陶醉了一阵了。

司马迁笔下的吕不韦是一个彻底被否定的人，司马迁对吕不韦这种深恶痛绝的感情态度对不对呢？秦始皇是一个对历史发展起过重大推动作用的人，吕不韦援助公孙子楚，进而帮助秦始皇顺利地登上了秦王的宝座，这个历史作用总不能否定吧？接着吕不韦在庄襄王在位的三年间与秦始皇在位的前八年为相国，是秦国大政方针的制定与推行者。据《秦本纪》，在庄襄王即位的三年间，秦国曾"大赦罪人，修先王功臣，施德厚骨肉而布惠于民。东周君与诸侯谋秦，秦使相国吕不韦诛之，尽入其国。……使蒙骜伐韩，韩献成皋、巩。秦界至大梁，初置三川郡。二年，使蒙骜攻赵，定太原。三年，蒙骜攻魏高都、汲，拔之。攻赵榆次、新城、狼孟，取三十七城。四月日食。王龁攻上党。初置太原郡。"据《秦始皇本纪》，在秦始皇在位的前八年，"当是之时，秦地已并巴、蜀、汉中，越宛有郢，置南郡矣；北收上郡以东，有河东、太原、上党郡；东至荥阳，灭二周，置三川郡。吕不韦为相，封十万户，号曰文信侯。招致宾客游士，欲以并天下。李斯为舍人，蒙骜、王齮、麃公等为将军。……晋阳反，元年，将军蒙骜击定之。二年，麃公将卒攻卷，斩首三万。三年，蒙骜攻韩，取十三城。王齮死。十月，将军蒙骜攻魏氏畼、有诡。岁大饥。四年，拔畼、有诡。……五年，将军骜攻魏，定酸枣、燕、虚、长平、雍丘、山阳城，皆拔之，取二十城，初置东郡。冬雷。六年，韩、魏、赵、卫、楚共击秦，取寿陵。秦出兵，五国兵罢。拔卫，迫东郡。"在这前后十几年间，应该说凡是秦国的建树，便都有吕不韦的份。吕不韦对秦始皇的最后统一有不可抹杀的功劳。但司马迁写《吕不韦列传》竟对此只字未提，岂不是太片面、太过分了么？

关于吕不韦召集东方宾客编写《吕氏春秋》的问题，历史学家马非百与杨宽等都评价很高。《吕氏春秋》是一部很有学术价值的好书，它的观点是对儒、墨、道、法各家的思想兼收并蓄，是属于杂家一类，其总体倾向是与商鞅以来秦国所实行的法家统治不相同的。结合秦昭王时代对东方各国所进行的攻击杀戮，与庄襄王、秦始皇时代对东方所进行的战争相比较，两者的差别是很大的。明代王世贞对此曾说："秦之取天下不以道者，其罪不在始皇，而在庄襄以前之主。"如此说来秦国政权在庄襄王以后所发生的这种政策上的变化，说不定还的确与吕不韦的执政、与吕不韦的杂家思想倾向有关。马非百曾称吕不韦所招来的这个东方文化集团为秦国执政者的参谋部，也许不无道理。

至于秦始皇为什么要杀吕不韦，有些历史学家说吕不韦与秦始皇存在着路线之争，说吕不韦是想推行一种杂取百家之长的治国方针，与秦始皇单取商鞅、韩非、李斯等人的法家统治有路线的不同。此说的调门很高，我以为事实不一定如此。我觉得这是统治集团内部的权力之争。吕不韦早从庄襄王时代就已经大权独揽，庄襄王死后秦始皇初即位时年仅十三岁，吕不韦的专权必然是有增无已。殆至秦始皇九年(前238年)，嬴政已经二十二岁了，而吕不韦还把持着秦国的政权不放，你说秦始皇还能继续委曲隐忍么？吕不韦是在秦始皇九年被罢官，直到第十年才被赐药自裁，这也说明吕不韦本没有什么大罪，故而秦始皇才如此犹豫地“不忍致法”长达一年多。

李斯列传

〔选文〕

李斯者，楚上蔡人也。年少时，为郡小吏，见吏舍厕中鼠食不洁，近人犬，数惊恐之。斯入仓，观仓中鼠，食积粟，居大庑①之下，不见人犬之忧。于是李斯乃叹曰：“人之贤不肖②譬如鼠矣，在所自处耳！”

乃从荀卿学帝王之术。学已成，度楚王不足事③，而六国皆弱，无可为建功者，欲西入秦。辞④于荀卿曰：“斯闻得时无怠⑤，今万乘方争时，游者主事。今秦王欲吞天下，称帝而治，此布衣驰骛之时而游说者之秋也。处卑贱之位而计⑥不为者，此禽⑦鹿视肉，人面而能强⑧行者耳。故诟⑨莫大于卑贱，而悲莫甚于穷困。久处卑贱之位，困苦之地，非世而恶利，自托于无为，此非士之情也。故斯将西说秦王矣。”

至秦，会庄襄王卒，李斯乃求为秦相文信侯吕不韦舍人；不韦贤⑩之，任以为郎。李斯因以得说，说秦王曰：“胥⑪人者，去⑫其几⑬也。成大功者，在因瑕衅而遂忍⑭之。昔者秦穆公之霸，终不东并六国者，何也？诸侯尚众，周德未衰，故五伯迭兴，更[15]尊周室。自秦孝公以来，周室卑微，诸侯相兼，关东为六国，秦之乘胜役[16]诸侯，盖六世矣。今诸侯服秦，譬若郡县。夫以秦之强，大王之贤，由灶上骚[17]除，足以灭诸侯，成帝业，为天下一统，此万世之一时也。今怠而不急就，诸侯复强，相聚约从[18]，虽有黄帝之贤，不能并也。”秦王乃拜[19]斯为长史，听其计，阴[20]遣谋士赍[21]持金玉以游说诸侯。诸侯名士可下以财者，厚遗结[22]之；不肯者，利剑刺之。离其君臣之计，秦王乃使其良将随其后。秦王拜斯为客卿。

会韩人郑国来间[23]秦，以作注溉渠，已而觉[24]。秦宗室大臣皆言秦王曰：“诸侯人来事秦者，大抵为其主游间于秦耳，请一切逐客。”李斯议亦在逐中。斯乃上书……

……

秦王乃除[25]逐客之令，复李斯官，卒用其计谋。官至廷尉。二十余年，竟并天下，尊主为皇帝，以斯为丞相。夷[26]郡县城，销其兵刃，示不复用。使秦无尺土之封，不立子弟为王、功臣为诸侯者，使后无战攻之患。

始皇三十四年，置酒咸阳宫，博士仆射周青臣等颂始皇威德。齐人淳于越进谏曰：“臣闻之，殷周之王千余岁，封子弟功臣自为支辅。今陛下有海内，而子弟为匹夫，卒有田常、六卿之患，臣无辅弼，何以相救哉？事不师古而能长久者，非所闻也。今青臣等又面谀以重陛下过，非忠臣也。”始皇下其议丞相。丞相谬其说，绌其辞，乃上书曰：“古者天下散乱，莫能相一，是以诸侯并作，语皆道古以害今，饰虚言以乱实，人善其所私学，以非上所建立。今陛下并有天下，别白黑而定一尊；而私学乃相与非法教之制，闻令下，即各以其私学议之，入则心非，出则巷议，非主以为名，异趣以为高，率群下以造谤。如此不禁，则主势降乎上，党与成乎下。禁之便。臣请诸有文学《诗》《书》百家语者，蠲除去之。令到满三十日弗去，黥为城旦。所不去者，医药卜筮种树之书。若有欲学者，以吏为师。”始皇可其议，收去《诗》《书》百家之语以愚百姓，使天下无以古非今。明法度，定律令，皆以始皇起。同文书。治[27]离宫别馆，周遍天下。明年，又巡狩，外攘四夷，斯皆有力焉。

斯长男由为三川守[28]，诸男皆尚[29]秦公主，女悉嫁秦诸公子。三川守李由告归咸阳，李斯置酒于家，百官长皆前为寿，门廷车骑以千数。李斯喟然而叹曰：“嗟乎！吾闻之荀卿曰‘物禁大[30]盛’。夫斯乃上蔡布衣，闾巷之黔首，上不知其驽下，遂擢[31]至此。当今人臣之位无居臣上者，可谓富贵极矣。物极则衰，吾未知所税驾[32]也！”

始皇三十七年十月，行出游会稽，并海上，北抵琅邪。丞相斯、中车府令赵高兼行符玺令事，皆从。始皇有二十余子，长子扶苏以数直谏上，上使监兵上郡，蒙恬为将。少子胡亥爱，请从，上许之。余子莫从。

其年七月，始皇帝至沙丘，病甚，令赵高为书赐公子扶苏曰：“以兵属蒙恬，与丧会咸阳而葬。”书已封，未授使者，始皇崩。书及玺皆在赵高所，独子胡亥、丞相李斯、赵高及幸宦者五六人知始皇崩，余群臣皆莫知也。

……

于是乃相与谋，诈为受始皇诏丞相，立子胡亥为太子。……至咸阳，发丧，太子立为二世皇帝。以赵高为郎中令，常侍中用事。……事皆决于赵高。

……

李斯不得见，因上书言赵高之短[33]……二世乃使高案丞相狱，治罪，责斯与子由谋反状，皆收捕宗族宾客。

……

二世二年七月，具[34]斯五刑，论[35]腰斩咸阳市。斯出狱，与其中子俱执[36]，顾谓其中子曰："吾欲与若[37]复牵黄犬俱[38]出上蔡东门逐狡兔，岂可得乎！"遂父子相哭，而夷三族。

选自《史记》卷八十七

〔**注释**〕 ① 庑：房屋。 ② 不肖：没出息。 ③ 事：辅佐。 ④ 辞：告别。 ⑤ 怠：懒惰。 ⑥ 计：打算。 ⑦ 禽：通"擒"。 ⑧ 强：勉强。 ⑨ 诟：耻辱。 ⑩ 贤：尊重。 ⑪ 胥：等待。 ⑫ 去：失去。 ⑬ 几：机会。 ⑭ 忍：下狠心。 ⑮ 更：交替。 ⑯ 役：役使。 ⑰ 骚：通"扫"。 ⑱ 从：通"纵"，合纵。 ⑲ 拜：封官。 ⑳ 阴：暗中。 ㉑ 赍：带着。 ㉒ 遗结：收买。 ㉓ 间：间谍。 ㉔ 觉：察觉。 ㉕ 除：取消。 ㉖ 夷：铲平。 ㉗ 治：修筑。 ㉘ 守：郡守。 ㉙ 尚：娶帝王之女为妻。 ㉚ 大：通"太"。 ㉛ 擢：提拔。 ㉜ 税驾：停车。 ㉝ 短：缺点。 ㉞ 具：完备。 ㉟ 论：定罪。 ㊱ 执：捆绑。 ㊲ 若：你。 ㊳ 俱：一起。

〔**赏析**〕 李斯的事迹主要见于《史记》的《李斯列传》，此外还见于《秦始皇本纪》。李斯出身于无权无势的平民家庭，跟着儒家学派的第三位大师荀况上过学。大概李斯在其童年、青年时代是看到过并亲身体验过一个无权无势者所饱受的种种屈辱的，所以当他后来当了小吏，看到厕所中的老鼠与国家粮库中的老鼠之生活的巨大差别的时候，李斯深有感慨地说："人活一辈子就如同老鼠一样，关键就看你给自己选择一个什么样的环境地位了！"于是他对贫穷卑贱的生活极端蔑视，深恶痛绝，他决心拼死一搏，要不择手段地为自己谋求一种出人头地的富贵尊荣。当他告别他的老师要到秦国创业的时候，他说"如今七雄并立，虎斗龙争，秦王嬴政正想吞并天下，称帝称皇，这可正是我们纵横家发挥作用、操纵时局的时代。一个人长期处于卑贱地位，过着贫贱的生活而不感到痛心疾首，不积极地寻求改变，还要高唱什么'安贫乐道'，说什么'不义而富且贵于我如浮云'，这是最无能的表现，是莫大的悲哀。今天李斯我下定决心要到秦国去为秦王嬴政效力了！"这里突出表现了李斯性格的两方面：一方面是他强调抓紧时机建功立业，发挥自己的作用以创造自己人生的辉煌。这一点没有错,司马迁的人生观就是歌颂这种"扶义倜傥,不令己失时,立功名于天下"的人,《史记》中的人物,很多都具有这种品质。但这不应该是最终目的,这要看你究竟是为何而做,以及你的行为能不能给国家、给黎民百姓带来好处。很遗憾,李斯对此是没有原则、没有底线的。这就决定了李斯后半生沦为千古罪人,既葬送了秦王朝,又葬送了自己与整个家族的可悲可鄙的下场。

李斯的前半生是秦王朝的大功臣,其历史功勋足以名标青史。李斯的功勋首先是协助秦始皇消灭了东方六国,第一次建立了统一的中央集权的封建国家。李斯入秦后,由于他积极劝说秦始皇看准时机狠下毒手,要凭着秦国的强大,迅速地消灭东方六国,以建立统一的国家,使自己称皇称帝。秦始皇采纳了他的建议,任命他为相国吕不韦的长史。李斯对东方六国采取的行动纲领是:一,拿出大量的金钱财宝以收买东方各国的王侯将相等决策人物,让他们为秦国服务,帮着秦国消灭他们自己的国家;二,如果哪个人不受收买,坚持效忠其本国,那就马上派刺客把他杀掉;三,在以上软硬兼施,分化瓦解之下,紧跟着就是浩浩荡荡的秦国大军铺天盖地地压了过来。于是秦始皇十七年(前230年),灭韩;十九年灭赵;二十二年灭魏;二十三年灭楚;二十五年灭燕;二十六年灭齐,前后只用了二十多年,就风卷残云、摧枯拉朽地实现了全国统一,把秦始皇推上了皇帝的宝座。

李斯历史功勋的第二方面是在统一全国后,协助秦始皇制定并推行了一套新制度:即废除分封制,实行郡县制,以及实行书同文、车同轨、统一度量衡,明法度,定律令,对外征讨四夷等等。李斯在这些地方都表现得气大声洪、锋芒毕露,对于稳定秦王朝的统治起了重要作用。正是由于秦始皇与李斯的这种亲密合作,从而使秦始皇的功勋盖世,被后代称为"风流人物",甚至被明代的思想家李贽称之为"千古一帝"。而李斯是秦始皇的头号功臣,因而秦始皇有哪些丰功伟绩,李斯也应该都有他相应的一份。于是李斯也胜利了,获得了极大的成功,他由长史上升为廷尉,又由廷尉上升为丞相,"当今人臣之位无居臣上者,可谓富贵极矣"。李斯有多少儿子,都娶秦始皇的女儿;李斯有多少女儿,都嫁给秦始皇的儿子。

到此为止，李斯与秦始皇真可谓“彼此双赢”，李斯的主观要求与秦始皇的客观需要完全一致，故而皆大欢喜。而李斯的对公、对私也都还没有显露出任何矛盾凶险的迹象。

李斯的后半生是在秦始皇死后出卖灵魂，投靠了阴谋家赵高，从此沦为祸国殃民、害人害己的千古罪人。李斯有积极入世的人生观，能抓住时机，帮着秦始皇成就了一番大事业，这是司马迁所赞成的；李斯患得患失，自私自利，一切以个人利益为转移，不能坚持原则，临危效死，竟出卖灵魂，变节投靠乱臣贼子，倒行逆施，不仅毁了国家，也毁了他自己以及他的整个家族，这是司马迁所鄙视的；李斯受赵高愚弄，并被赵高所害的人生悲剧，又令司马迁同情。《李斯列传》记述了李斯由成功到被害的全过程，展现了李斯患得患失的心理，批判了李斯一切以个人利害得失为转移的极端自私、极端懦弱的可耻本性。作品有巨大的多方面的认识价值，它像一面镜子足以为千古读史者明鉴，尤其可为官场中人明鉴。因为一个平民患得患失，自私自利，所害的只是他自己；如果一个职位很高、掌管权力很大的人患得患失，那一旦出事就不只是害他自己，而是祸国殃民了。李斯的教训是深刻的。

（韩兆琦）

无名者和有名者都有创造历史的机会

〔导言〕 秦汉之际，是我国历史上一个大动荡、大变革的时期。历史上第一次，一个空前强大的帝国被自下而上的大起义所推翻，而曾经主要由贵族王孙们主宰的历史舞台，也第一次被来自民间的草莽英雄所占据。

这些来自民间的英雄面对大时代的洪流，不屈服于命运，依靠自身的勇敢和智慧，努力抓住历史的机遇、逐鹿天下，演出了一幕幕精彩的历史活剧。而其中的许多人，又由于自身种种局限，终于落得失败的命运，最终演出的是悲剧。千载之下，后人读史到此，也不禁扼腕叹息。同时，也给后人留下了许多值得思考的历史教训。

陈胜、项羽，就是秦汉之际典型的两位失败英雄。陈胜是出身于最底层的“微贱”之人，但却“敢为天下先”，不惧暴秦，率先起义，点燃了烧毁秦帝国的第一把大火。可是起义后，却像一个暴发户一样，忘乎所以、杀害故旧、任用奸邪，又没有宏图远略，不知如何驾驭迅速发展的局面，缺少足够的政治智慧来保持和发展自己的功业，最终很快兵败身死。而项羽出身于破落的旧贵族，他勇猛刚强、作战英勇如神、善于用兵，他统帅楚军灭秦击汉，取得了辉煌的军事成就。但在政治上他却浅薄幼稚、刚愎自用，不能团结各种政治势力，不能为灭秦后的天下提供重建的蓝图，而是“自矜功伐、以力征经营天下”，最终众叛亲离，落得个四面楚歌、乌江自刎的结局。

对这两位失败英雄，太史公司马迁都用饱满的感情和丰富的材料为其在史记中作传，既对他们充满了敬佩和同情，又客观地评价他们的功过得失。今天，我们读《史记》中的这两篇传记，把自己放到当时的历史情境中去体会他们的人生起伏、功业成败，也将带给我们许多感动和启示。

陈涉世家

〔选文〕

陈胜者，阳城人也，字涉。吴广者，阳夏人也，字叔。陈涉少时，尝[①]与人佣耕，辍[②]耕之垄上，怅恨久之，曰："苟富贵，无相忘。"庸者笑而应曰："若[③]为庸耕，何富贵也？"陈涉太息曰："嗟乎，燕雀安知鸿鹄之志哉！"

二世元年七月，发[④]闾左谪戍渔阳，九百人屯[⑤]大泽乡。陈胜、吴广皆次当行[⑥]，为屯长。会[⑦]天大雨，道不通，度[⑧]已失期。失期，法皆斩。陈胜、吴广乃谋曰："今亡[⑨]亦死，举大计亦死，等死，死国可乎？"陈胜曰："天下苦秦久矣。吾闻二世少子也，不当立，当立者乃公子扶苏。扶苏以数[⑩]谏故，上使外将[⑪]兵。今或闻无罪，二世杀之。百姓多闻其贤，未知其死也。项燕为楚将，数有功，爱士卒，楚人怜[⑫]之。或以为死，或以为亡。今诚以吾众诈自称公子扶苏、项燕，为天下唱[⑬]，宜多应者。"吴广以为然。乃行卜。卜者知其指[⑭]意，曰："足下事皆成，有功。然足下卜之鬼乎！"陈胜、吴广喜，念鬼，曰："此教我先威众耳。"乃丹书帛曰："陈胜王"，置[⑮]人所罾鱼腹中。卒买鱼烹食，得鱼腹中书，固以怪之矣。又间[⑯]令吴广之次所旁丛祠中，夜篝火，狐鸣呼曰"大楚兴，陈胜王[⑰]"。卒皆夜惊恐。旦日，卒中往往语，皆指目陈胜。

吴广素[⑱]爱人，士卒多为用者。将尉醉，广故数言欲亡，忿恚[⑲]尉，令辱之，以激怒其众。尉果笞[⑳]广。尉剑挺，广起，夺而杀尉。陈胜佐[㉑]之，并杀两尉。召令徒属曰："公等遇雨，皆已失期，失期当斩。藉第[㉒]令毋斩，而戍死者固十六七。且壮士不死即已，死即举大名耳，王侯将相宁有种乎！"

徒属皆曰："敬受命。"乃诈称公子扶苏、项燕，从民欲也。袒[23]右，称大楚。为坛而盟，祭以尉首。陈胜自立为将军，吴广为都尉。攻大泽乡，收而攻蕲。蕲下[24]，乃令符离人葛婴将[25]兵徇[26]蕲以东，攻铚、酂、苦、柘、谯皆下之。行收兵。比[27]至陈，车六七百乘，骑千余，卒数万人。攻陈，陈守令皆不在，独守丞与战谯门中。弗胜，守丞死，乃入据[28]陈。数日，号令召三老、豪杰与皆来会计事。三老、豪杰皆曰："将军身被[29]坚执锐，伐无道，诛暴秦，复立楚国之社稷，功宜为王。"陈涉乃立为王，号为张楚。

当此时，诸郡县苦秦吏者，皆刑其长吏，杀之以应陈涉。乃以吴叔为假[30]王，监诸将以西击荥阳。令陈人武臣、张耳、陈馀徇赵地，令汝阴人邓宗徇九江郡。当此时，楚兵数千人为聚者，不可胜数。

……

武臣到邯郸，自立为赵王，陈馀为大将军，张耳、召骚为左右丞相。陈王怒，捕系武臣等家室，欲诛之。柱国曰："秦未亡而诛赵王将相家属，此生一秦也。不如因而立之。"陈王乃遣使者贺赵，而徙系[31]武臣等家属宫中，而封耳子张敖为成都君，趣[32]赵兵亟[33]入关。赵王将相相与谋曰："王王赵，非楚意也。楚已诛秦，必加兵于赵。计莫如毋西兵，使使北徇燕地以自广[34]也。赵南据大河，北有燕、代，楚虽胜秦，不敢制[35]赵。若楚不胜秦，必重[36]赵。赵乘秦之弊，可以得志于天下。"赵王以为然，因不西兵，而遣故上谷卒史韩广将兵北徇燕地。

……

陈胜王凡六月。已为王，王陈。其故人尝与庸耕者闻之，之[37]陈，扣宫门曰："吾欲见涉。"宫门令欲缚之。自辩数，乃置[38]，不肯为通。陈王出，遮[39]道而呼涉。陈王闻之，乃召见，载与俱归。入宫，见殿屋帷帐，客曰："夥颐！涉之为王沈沈者！"楚人谓多为夥，故天下传之，夥涉为王，由陈涉始。客出入愈益发舒[40]，言陈王故情。或说陈王曰："客愚无知，颛妄言，轻[41]威。"陈王斩之。诸陈王故人皆自引去，由是无亲陈王者。陈王以朱房为中正，胡武为司过，主司群臣。诸将徇地，至，令之不是[42]者，系而罪之，以苛察为忠。其所不善[43]者，弗下吏，辄自治之。陈王信[44]用之。诸将以其故不亲附，此其所以败也。

陈胜虽已死，其所置遣侯王将相竟[45]亡秦，由涉首事也。高祖时为陈涉置守冢三十家砀，至今血食。

选自《史记》卷四十八

〔**注释**〕 ①尝：曾经。 ②辍：停止。 ③若：你。 ④发：征调。 ⑤屯：停驻。 ⑥行：从事。 ⑦会：恰逢。 ⑧度：估计。 ⑨亡：逃跑。 ⑩数：多次。 ⑪将：带领。 ⑫怜：爱戴。 ⑬唱：同"倡"。 ⑭指：同"旨"。 ⑮置：放置。 ⑯间：暗中。 ⑰王：称王。 ⑱素：向来。 ⑲忿恚：激怒。 ⑳笞：鞭打。 ㉑佐：帮助。 ㉒藉第：即便。 ㉓袒：袒露。 ㉔下：攻克。 ㉕将：率领。 ㉖徇：巡行。 ㉗比：等到。 ㉘据：占据。 ㉙被：通"披"。 ㉚假：代理。 ㉛系：囚禁。 ㉜趣：通"促"，催促。 ㉝亟：迅速。 ㉞广：扩张。 ㉟制：制裁。 ㊱重：重视。 ㊲之：到。 ㊳置：释放。 ㊴遮：阻挡。 ㊵发舒：放纵。 ㊶轻：减少。 ㊷是：遵从。 ㊸善：喜欢。 ㊹信：信任。 ㊺竟：最终。

〔**赏析**〕 陈胜出身微贱，少年时就受雇为别人耕田，按现在的话说就是靠打工为生。他不过是秦帝国千千万万的普通黔首之一。可他却不满足于现状，自比"鸿鹄"，有着改变命运的雄心壮志。

秦始皇在缔造统一大帝国的过程中，沉重打击了六国旧贵族势力，同时又好大喜功，滥用民力、施政暴虐，早已埋下了深刻的社会矛盾。而秦二世通过不正当的手段夺取帝位，本就缺乏统治的基础，况且他既没有父亲的雄才大略却又继承了其父为政的暴虐。在他治下，秦帝国已是山雨欲来风满楼，天下人心思乱，所缺少的只是一粒引发燎原烈火的火星罢了。

陈胜就成为了这样一粒火星。秦二世元年（前209年），陈胜被征发到北方渔阳戍边。到了大泽乡，却遇到了连日大雨，耽搁了行程，已经延误了到达日期。按秦律，误期当斩。这样，陈胜和同行的九百个戍卒就面临着到达是死、不走是死、逃跑也是死的绝望境地。可以想象，在这严苛的律法下，曾有多少普通百姓白白送了性命。可是，凭着不屈服于命运的性格，凭着对天下大势敏锐的判断，陈胜决定拼出一条活路。他首先去争取戍卒队伍中的另一个核心人物吴广。他向吴广分析了利害，指出现在已处绝境，只有靠造反杀出一条活路。同时又分析了天下大势，认为天下苦秦久矣，只要竖起反旗，并利用受到人民怀念的扶苏、项燕的名义为号召，就一定能得到响应，成就大业。陈胜成功争取到了吴广的支持，造就了领导起义的核心。随后，陈胜、吴广又利用戍卒的迷信心理，通过“丹书鱼腹”和“夜半狐鸣”之计，营造了“陈胜王”的舆论，完成了起义的舆论准备工作。最后，又通过诱使押送戍卒的尉官责打吴广，以激起戍卒的义愤，创造出了起义的机会。陈胜骤然发难，杀官造反，以“王侯将相宁有种乎”进行动员，争取了全体戍卒，正式发动了起义，从而敲响了秦帝国的丧钟。

陈胜举起义旗后，果然像他所预言的，得到群起响应，反秦的烈火到处燃烧。陈胜也迅速壮大了队伍，攻城略地，很快便称了王。一时之间，全天下的反秦义军都奉陈胜为领袖。然而，在取得了巨大的成功后，陈胜却像许多骤然暴发的人一样，没有足够的政治智慧来保持、发展自己的功业。陈胜称王后，被胜利冲昏了头脑，忘乎所以。他杀害故旧、任用奸邪，破坏了起义队伍的团结，又不能驾驭各地的义军，最终不能抵御秦军的进攻，兵败身死。陈胜虽然死了，但他所掀起的反秦大业却最终埋葬了秦帝国。陈胜的揭竿而起，也开创了此后两千多年农民起义的历史。

《陈涉世家》是《史记》名篇之一。若在后世儒家已经“罢黜百家”的时代，像陈胜这样造反未成的草根英雄，按照儒家的正统观念，只能被列入《流贼列传》并受到唾骂。而司马迁的《史记》却认为陈胜首倡灭秦，“虽已死，其所置遗侯王将相竟亡秦”，不愧为英雄豪杰，功绩可与王侯相比，因此专门为其作传，并列入世家。这体现了司马迁的卓越史识，也体现了《史记》在二十四史中的独特魅力。

其实，像陈胜这样来自草根的造反者，却正是构成秦之后二千多年中华帝国王朝循环史的重要一环。正是这些造反者、草莽英雄与那些帝王将相一起演出了一幕幕历史的活剧，成为历史演进的推动者。司马迁如此重视陈胜、吴广，给予其较高评价，不能不说体现了一种洞见。

秦始皇统一六国，开创了中国历史上第一个大一统的帝国，功业辉煌。但在这背后，却是无数普通百姓的牺牲和血泪。秦始皇以及秦二世为了开疆拓土、为了修建自己的宫殿和陵寝，都曾多次大规模的征发百姓，数以几十万计。在帝王眼中，这些被征发的黔首、“闾左”可能不过是些数目字，是完成自己功业的无名原料而已。然而，这几十万被征发者以及他们所来自的千百万普通百姓群体却都是有血有肉、有思想有感情的人，其中更不乏像陈胜这样胸怀壮志、富有聪明才智的人物。帝王如果总是把民众当成可供任意驱使的畜生、工具，那么早晚有一天，曾经温驯顺从的普通民众就会一变而为狂暴的巨浪，将帝王和帝国一起冲垮。而像陈胜这样的人物，也会在其中找到机会，成就自己的一番事业。这就是“水能载舟、亦能覆舟”的道理。

从陈胜、吴广谋划和发动起义的过程来看，他们是富有勇气、智谋和政治能力的。这些生活在秦帝国最底层的小人物却创造了历史。其实，历史告诉我们，在千千万万普普通通的小人物中，是有着许多具有聪明才智、渴望改变命运的豪杰之士的。他们有着丰富的社会实践经验，体察人情世故，潜藏着巨大的能量。千万不能轻视小人物，尤其是小人物中的豪杰之士，他们往往是历史的创造者。一个时代，如果不能给千千万万的小人物创造发挥才干、改变命运的机会，那么这个时代的前途是黯淡的。

而小人物中的豪杰之士一旦获得改变命运、成就一番事业的机会，却又面临着如何保持自己的事业，避免迅速失败的问题。陈胜的骤然兴起而又骤然败亡，为他们提供了教训。要保持和发展自己的事业，就要始终保持冷静的头脑，不因一时的成功而忘乎所以；要善于团结人才、听取意见，不要刚愎自用;要善于审时度势,避免过快的发展。

从文笔上看,《陈涉世家》也是十分杰出的。开篇寥寥几十字,司马迁就为后人留下两句名言("苟富贵,无相忘"、"燕雀安知鸿鹄之志哉"),仅用一个"辍耕之陇上"的生活片段就活画出陈胜出身微贱,却不满足于现状、有着雄心壮志的形象。不能不让人赞叹司马迁的生花妙笔。其后,对起义过程的描写,对陈胜称王后的描写也都绘声绘色,语言生动、人物形象鲜明,有着极高的文学价值。千载之后,仍让人读之赞叹。

项羽本纪

〔选文〕

项籍者,下相人也,字羽。初起时,年二十四。其季父项梁,梁父即楚将项燕,为秦将王翦所戮者也。项氏世世为楚将,封于项,故姓项氏。

项籍少时,学书不成,去[①];学剑,又不成,项梁怒之。籍曰:"书足以记名姓而已。剑一人敌,不足学,学万人敌。"于是项梁乃教籍兵法,籍大喜,略知其意,又不肯竟[②]学。项梁尝有栎阳逮[③],乃请蕲狱掾曹咎书抵栎阳狱掾司马欣,以故事得已[④]。项梁杀人,与籍避仇于吴中,吴中贤士大夫皆出[⑤]项梁下。每吴中有大徭役及丧,项梁常为主办,阴[⑥]以兵法部勒[⑦]宾客及子弟,以是知其能。秦始皇帝游会稽,渡浙江,梁与籍俱观。籍曰:"彼可取而代也。"梁掩其口,曰:"毋妄言,族[⑧]矣!"梁以此奇[⑨]籍。籍长八尺余,力能扛鼎,才气过人,虽吴中子弟皆已惮籍矣。

秦二世元年七月,陈涉等起[⑩]大泽中。其九月,会稽守通谓梁曰:"江西皆反,此亦天亡秦之时也。吾闻先即制人,后则为人所制。吾欲发兵,使公及桓楚将。"是时桓楚亡[⑪]在泽中。梁曰:"桓楚亡,人莫知其处,独籍知之耳。"梁乃出,诚籍持剑居外待。梁复入,与守坐,曰:“请召籍,使受命召桓楚。”守曰:“诺。”梁召籍入。须臾,梁眴[12]籍曰:“可行矣!”于是籍遂拔剑斩守头。项梁持守头,佩其印绶。门下大惊,扰乱,籍所击杀数十百人。一府中皆慑伏,莫敢起。

……

沛公旦日从百余骑来见项王,至鸿门,谢[13]曰:“臣与将军戮力而攻秦,将军战河北,臣战河南,然不自意[14]能先入关破秦,得复见将军于此。今者有小人之言,令将军与臣有隙[15]。”项王曰:“此沛公左司马曹无伤言之;不然,籍何以至此?”项王即日因留沛公与饮。项王、项伯东而坐,亚父南向坐。亚父者,范增也。沛公北向坐,张良西向侍。范增数目[16]项王,举所佩玉玦以示[17]之者三,项王默然不应。范增起,出召项庄,谓曰:“君王为人不忍,若[18]入前为寿[19],寿毕,请以剑舞,因击沛公于坐,杀之。不者,若属皆且为所虏。”庄则入为寿。寿毕,曰:“君王与沛公饮,军中无以为乐,请以剑舞。”项王曰:“诺。”项庄拔剑起舞,项伯亦拔剑起舞,常以身翼蔽[20]沛公,庄不得击。于是张良至军门见樊哙,樊哙曰:“今日之事何如?”良曰:“甚急。今者项庄拔剑舞,其意常在沛公也。”哙曰:“此迫矣,臣请入,与之同命。”哙即带剑拥盾入军门。交戟之卫士欲止不内[21],樊哙侧其盾以撞,卫士仆地,哙遂入,披帷[22]西向立,嗔目视项王,头发上指,目眦尽裂。项王按剑而跽[23]曰:“客何为者?”张良曰:“沛公之参乘樊哙者也。”项王曰:“壮士!赐之卮酒。”则与斗卮酒。哙拜谢,起,立而饮之。项王曰:“赐之彘肩。”则与一生彘肩。樊哙覆[24]其盾于地,加彘肩上,拔剑切而啖[25]之。项王曰:“壮士,能复饮乎?”樊哙曰:“臣死且不避,卮酒安足辞[26]!夫秦王有虎狼之心，杀人如不能举，刑人如恐不胜，天下皆叛之。怀王与诸将约曰：'先破秦入咸阳者王[27]之。'今沛公先破秦入咸阳，毫毛不敢有所近，封闭宫室，还军霸上，以待大王来。故遣将守关者，备[28]他盗出入与非常也。劳苦而功高如此，未有封侯之赏，而听细说[29]，欲诛有功之人，此亡秦之续耳，窃[30]为大王不取[31]也。"项王未有以应，曰："坐！"樊哙从良坐。坐须臾，沛公起如厕，因招樊哙出。

……

太史公曰：吾闻之周生曰"舜目盖重[32]瞳子"，又闻项羽亦重瞳子。羽岂其苗裔邪？何兴之暴[33]也！夫秦失其政，陈涉首难[34]，豪杰蜂起，相与并争，不可胜数。然羽非有尺寸，乘執[35]起陇亩之中，三年，遂将五诸侯灭秦，分裂天下，而封王侯，政由羽出，号为"霸王"，位虽不终，近古以来未尝有也。及羽背关怀楚，放逐义帝而自立，怨王侯叛己，难矣。自矜[36]功伐，奋其私智而不师[37]古，谓霸王之业，欲以力[38]征经营天下，五年卒亡其国，身死东城，尚不觉寤而不自责，过[39]矣。乃引"天亡我，非用兵之罪也"，岂不谬哉！

选自《史记》卷七

〔注释〕 ① 去：离开。 ② 竟：完毕。 ③ 逮：逮捕。 ④ 已：结束。 ⑤ 出：居于。 ⑥ 阴：暗中。 ⑦ 勒：组织。 ⑧ 族：灭族。 ⑨ 奇：惊异。 ⑩ 起：起事。 ⑪ 亡：逃亡。 ⑫ 眴：使眼色。 ⑬ 谢：谢罪。 ⑭ 意：料想。 ⑮ 隙：矛盾。 ⑯ 目：看。 ⑰ 示：示意。 ⑱ 若：你。 ⑲ 寿：祝福。 ⑳ 翼蔽：遮挡。 ㉑ 内：同"纳"，使进入。 ㉒ 披帷：打开门帘。 ㉓ 跽：直身而跪。 ㉔ 覆：翻转。 ㉕ 啖：吃。 ㉖ 辞：推辞。 ㉗ 王：称王。 ㉘ 备：防备。 ㉙ 细说：谗言。 ㉚ 窃：私下。 ㉛ 取：采取。 ㉜ 重：两个。 ㉝ 暴：突然。 ㉞ 难：发难。 ㉟ 埶：同"势"。 ㊱ 矜：夸耀。 ㊲ 师：学习。 ㊳ 力：武力。 ㊴ 过：过错。

〔赏析〕 项羽是楚国世代将门之后，项燕之孙。楚国灭亡之后，项氏家族惨遭屠杀，他随叔父项梁流亡到吴县（今江苏苏州）。秦二世元年（前 209

年)，陈胜、吴广在大泽乡揭竿而起。大泽乡起义不久，项羽在会稽郡斩杀郡守后崛起，举兵反秦。并于公元前207年的决定性战役巨鹿之战中大破秦军主力。巨鹿之战后，率军入关中，将五诸侯灭暴秦，威震海内。是时，分裂天下，册封十八路诸侯，并自立为西楚霸王，统治黄河及长江下游的梁、楚九郡。后在垓下之战中被刘邦所败，四面楚歌，自刎乌江。

秦末乱世，是中国历史上第一次自下而上的大起义，原先被秦帝国严酷统治所压抑的各派民间力量都在历史舞台上充分表演了一番，涌现出许多英雄豪杰之士。他们大致可分成三类：一类是出身微贱的草根英雄，比如陈胜、吴广；一类是社会底层精英，比如刘邦及其手下主要骨干，多是县及县以下小吏出身；一类是被秦帝国剥夺了财富与权势、不得不流入民间的旧六国贵族，项羽就是第三类的典型代表。项羽一生的成败得失，其实很大程度上体现了他来自的那个社会集团的特点。

项羽的确富有军事才能，这其中有家学渊源的原因，作为楚国世代将门之后，项羽从小受到军事方面的熏陶是肯定的，当然也与其自身性格气质有很大关系。提到项羽，人们往往会想到勇猛刚强、敢作敢为、杀伐决断这些词语。正如李白诗中所云："秦鹿奔野草，逐之若飞蓬。项王气盖世，紫电明双瞳。呼吸八千人，横行起江东。"会稽起义，项羽一人斩杀郡守、慑服郡府；巨鹿之战，项羽当机立断，一剑杀了宋义，迫使楚怀王任命他为上将军。战斗中，由于寡不敌众，士气低落，项羽用破釜沉舟的办法，激励士气，最终以少胜多，大破秦军，锐气四射；彭城之战，齐国尚未平定，项羽面临两线作战的劣势和刘邦诸侯联军五十六万浩大之敌。面对如此险境，项羽以诸将率领大军继续平定齐国，作为迷惑刘邦的手段，而自己亲自带领三万精兵绕道彭城后方，以彭城为钓饵引刘邦上钩，然后偷袭刘邦后方，以三万西楚将士大破五十六万敌军，造就了世界战争史上空前绝后的奇迹。可以看到，凡是与军事有关的决策，项羽都是极其果断、英明的，从而造就了他人生中最为辉煌的篇章。

然而，与战场上的无往不利相对的，却是项羽在政治上的浅薄、幼稚。这其实也与项羽的出身有关。项羽可以说是一个富二代，虽是破落旧贵族，但由于其叔善于活动、经营，项家仍不失为吴中一霸，是当地不可小觑的民间力量。而项羽从小生活在其叔父的羽翼之下，自身对当时的社会和人情世故的认识其实是浅薄的，远不如基本上由底层社会精英组成的刘邦集团。

与刘邦拥有众多谋士良将相比，项羽可用之人唯有范增，但范增几次关键时刻的建言项羽却均不采纳，而是刚愎自用，最终将范增气走。巨鹿之战后，面对二十万秦军战俘，项羽一声令下，一人不留，全部坑杀，残忍至极；鸿门宴，面对刘邦的笑颜以对，项羽没有当机立断，放走刘邦而埋下祸根；称霸后，有人劝其占据富庶的关中为王，谋图大业，项羽却以怀念楚国，应衣锦还乡为由放弃关中，并一把火烧了咸阳；自封西楚霸王后，将义帝逐出彭城，并于半路将其杀死，虽自立为王却失尽人心；垓下之战，过江尚有卷土重来之机会，项羽却无法面对失败，而是“乌江不是无船渡，耻向东吴再起兵”，自刎于乌江之畔。

项羽在政治上不善于处理与各种势力的复杂关系，不善于争取盟友，而是一味凭一己之力任意而行，最终导致众叛亲离。项羽在政治上也没有宏图远略，没有为秦帝国崩溃后的天下提供可行的政治蓝图，而是凭一己之意，任意分裂天下，从而使天下不能平定，又制造了新的战乱，最终为刘邦提供了崛起的机会。

在秦帝国崩溃后，当时天下需要的是惩秦之弊，化解秦帝国苛酷统治所造成的种种社会矛盾，同时又妥善解决新兴的各路诸侯分裂天下的问题，重新建立起大一统的帝国。而项羽对此则毫无考虑。项羽虽然勇猛刚强、善于用兵，但却不能靠一己之力对抗整个历史大势，因此他的败亡也可以说是历史的必然。

司马迁评论项羽说：“自矜功伐，奋其私智而不师古，谓霸王之业，欲以力征经营天下，五年卒亡其国，身死东城，尚不觉寤而不自责，过矣。乃引‘天亡我，非用兵之罪也’，岂不谬哉！”这确是的评。

《项羽本纪》是史记中脍炙人口的名篇，其中“鸿门宴”、“破釜沉舟”、“四面楚歌”、“沐猴而冠”、“项庄舞剑，意在沛公”等精彩描写，千古传诵，并成为典故和成语，至今仍被广泛使用，影响着中国人的精神世界。

在《项羽本纪》中，司马迁以非常饱满的热情来写这位失败英雄，既称赞项羽的骁勇，又对他的胸无大略、残暴自恃作出批评。但所有的态度，司马迁并没有使用议论的语言，而是将他对项羽的爱憎态度于叙事之中表现出来，自然而流畅，实现了真实性与倾向性的统一。

（周示莹）

有其王，方有其臣

〔导言〕《史记》的一大特色即是写本朝史，众所周知，修史难，修本朝史最难，为尊者讳、为贤者讳、为亲者讳是历来对史家的严峻考量，司马迁面临同样的抉择。“在齐太史简，在晋董狐笔”（文天祥语），秉笔直书是对史官最高的褒奖，但尽管如此也不能排除其间失真的存在。太史公将不虚美、不隐恶立为著书基调，尽管他笔下也有传奇色彩的怪诞故事，但其整体史实是可信的，对当代人物之月旦、本朝风云之臧否堪称公允。《高祖本纪》和《留侯世家》胥为历史散文之名篇，也是历代史学家探微汉初历史的不二佐证，此二人在中国历史上的重要地位亦无须赘言。

刘邦起微细，值乱离，在天下苦秦久矣的形势下斩蛇起义，率军先入咸阳推翻嬴氏，后用四年时间与项羽展开争夺法统的楚汉之争，于公元前 202 年统一中国。登基后，刘邦一面平定诸侯王的叛乱，巩固统一局面，一面建章立制并采用休养生息之宽松政策治理天下，迅速恢复生产、发展经济，安抚了人民，促成了汉代雍容大度的文化基础。他所创立的王朝成为中国的象征，汉族成为中华民族主体的族名，汉人成为中国人的代称，汉语成为中国语言的代称，汉字成为中国文字的代称。他对汉民族的统一、融合，对汉文化的保护发扬有决定性的贡献。

秦始皇建立帝国体制，以郡县代封建，寿命虽短，却开历史先河。在秦末农民大起义的狂潮中，刘邦集团的胜利，人和是关键性因素。汉初三杰萧、张、韩皆为不世出之俊彦，文治武功，并世无两。而张良于三者中地位尤殊，盖因其为王者师。在汉初“布衣将相”中，子房系唯一出身贵族者，少怀国恨家仇，多任侠之风，以《太公兵法》立身，运筹帷幄之中，决胜千里之外，诛残暴、兴炎汉，扶刘氏、灭项籍，借深虑高谋，成帝师榜样。在刘邦的创业过程中及王朝初建后，张良为他所出规划屡屡奏效，奠定了刘氏称王的柱石。入咸阳秋毫无犯，安秦都父老之心；鸿门宴巧设周旋，救刘邦性命于旦夕；烧栈道，去项氏疑虑；赐功爵，笼枭将雄心；言八不可，驳复立六国之悖论；荐商山四皓，护宗彝之法统……

刘邦和张良可谓中国历史上一对贤君名相，君臣风云际会，在时代大变革之际，谱写了一曲感天动地的英雄史诗。刘邦素有轻慢侮人的声名，对其麾下一干文臣武将，刘邦都是直呼其名，这在古代是一种不尊重的表现，而唯独对张良言必称子房，足见张良在他心目中的位置。

汉承秦制，在推翻嬴氏政权的同时，汉代统治者继承了秦始皇的政治衣钵，以郡县制作为政体之本并加以修正和改善，中国的中央集权体制发轫于秦，而完备于汉，这一制度绵延两千余年，对中华之影响刻骨铭心。汉代也是中国历史上维系时间很长的朝代，一个王朝的生命和个性与开创者有着直接关联，因此，将刘邦和张良放在一起阅读，有助于今天的读者深入了解那段云谲波诡的岁月。

汉高祖本纪

〔选文〕

高祖，沛丰邑中阳里人，姓刘氏，字季。父曰太公，母曰刘媪。其先刘媪尝①息②大泽之陂，梦与神遇。是时雷电晦冥，太公往视，则见蛟龙于其上。已而有身③，遂产高祖。

高祖为人，隆④准⑤而龙颜⑥，美须髯，左股⑦有七十二黑子。仁而爱人，喜施⑧，意豁⑨如也。常有大度，不事家人生产作业。及壮，试⑩为吏，为泗水亭长，廷中吏无所不狎侮⑪，好酒及色。常从王媪、武负贳⑫酒，醉卧，武负、王媪见其上常有龙，怪之。高祖每酤⑬留饮，酒雠⑭数倍。及见怪，岁竟⑮，此两家常折券弃责⑯。

高祖常⑰繇⑱咸阳，纵观，观秦皇帝，喟然太息曰：“嗟乎，大丈夫当如此也！”

单父人吕公善⑲沛令，避仇从之客，因家沛焉。沛中豪桀⑳吏闻令有重客，皆往贺。萧何为主吏，主㉑进㉒，令诸大夫曰：“进不满千钱，坐之堂下。”高祖为亭长，素易㉓诸吏，乃绐㉔为谒㉕曰“贺钱万”，实不持一钱。谒入，吕公大惊，起，迎之门。吕公者，好相人，见高祖状貌，因重敬之，引入坐。萧何曰：“刘季固㉖多大言，少成事。”高祖因狎侮诸客，遂坐上坐，无所诎㉗。酒阑㉘，吕公因㉙目固㉚留高祖。高祖竟酒，后㉛。吕公曰：“臣少好相㉜人，相人多矣，无如季相，愿季自爱。臣有息㉝女，愿为季箕帚妾。”酒罢，吕媪怒吕公曰：“公始㉞常欲奇㉟此女，与㊱贵人。沛令善公，求之不与，何自妄许与刘季？”吕公曰：“此非儿女子所知也。”卒与刘季。吕公女乃吕后也，生孝惠帝、鲁元公主。

……

高祖以亭长为㊲县送徒㊳郦山，徒多道亡㊴。自度㊵比㊶至皆亡之，到丰西泽中，止㊷饮，夜乃解纵㊸所送徒。曰：“公等皆去，吾亦从此逝㊹矣！”徒中壮士愿从者十余人。高祖被㊺酒㊻，夜径㊼泽中，令一人行前。行前者还㊽报曰：“前有大蛇当径，愿还。”高祖醉，曰：“壮士行，何畏！”乃前，拔剑击斩蛇。蛇遂分为两，径开。行数里，醉，因卧。后人来至蛇所，有一老妪夜哭。人问何哭，妪曰：“人杀吾子，故哭之。”人曰：“妪子何为见㊾杀？”妪曰：“吾，白帝子也，化为蛇，当道，今为赤帝子斩之，故哭。”人乃以妪为不诚㊿，欲告51之，妪因忽不见。后人至，高祖觉52。后人告高祖，高祖乃心独喜，自负。诸从者日益53畏之。

……

秦二世元年秋，陈胜等起[54]蕲，至陈而王[55]，号为“张楚”。诸郡县皆多杀其长吏以应[56]陈涉。沛令恐，欲以沛应涉。掾、主吏萧何、曹参乃曰：“君为秦吏，今欲背[57]之，率沛子弟，恐不听。愿君召诸亡在外者，可得数百人，因劫[58]众，众不敢不听。”乃令樊哙召刘季。刘季之众已数十百人矣。

于是樊哙从刘季来。沛令后悔，恐其有变，乃闭城城守，欲诛萧、曹。萧、曹恐，逾[59]城保刘季。刘季乃书帛射城上，谓沛父老曰：“天下苦秦久矣。今父老虽为沛令守，诸侯并起，今[60]屠沛。沛今共诛令，择子弟可立者立之，以应诸侯，则家室完[61]。不然，父子俱屠，无为[62]也。”父老乃率子弟共杀沛令，开城门迎刘季，欲以为[63]沛令。刘季曰：“天下方扰[64]，诸侯并起，今置[65]将不善，一败涂地。吾非敢自爱，恐能[66]薄，不能完父兄子弟。此大事，愿更相推[67]择可[68]者。”萧、曹等皆文吏，自爱，恐事不就[69]，后秦种族[70]其家，尽让[71]刘季。诸父老皆曰：“平生所闻刘季诸珍怪[72]，当贵[73]，且卜筮[74]之，莫如刘季最吉。”于是刘季数让。众莫敢为，乃立季为沛公。祠黄帝，祭蚩尤于沛庭，而衅[75]鼓旗，帜皆赤。由所杀蛇白帝子，杀者赤帝子，故上赤。于是少年豪吏如萧、曹、樊哙等皆为收[76]沛子弟二三千人，攻胡陵、方与，还守丰。

……

汉元年十月，沛公兵遂先诸侯至霸上。秦王子婴素车白马，系颈以组[77]，封[78]皇帝玺符节，降[79]轵道旁。诸将或言诛秦王。沛公曰：“始怀王遣[80]我，固以[81]能宽容；且人已服降，又杀之，不祥。”乃以秦王属[82]吏，遂西入咸阳。欲止宫休[83]舍，樊哙、张良谏，乃封秦重宝财物府库，还军霸上。召诸县父老豪桀曰：“父老苦秦苛法久矣，诽谤者族，偶[84]语者弃市㊽。吾与诸侯约㊾，先入关者王之，吾当王关中。与父老约，法三章耳：杀人者死，伤人及盗抵㊿罪。余悉除去秦法。诸吏人皆案堵如故。凡吾所以来，为父老除害，非有所侵暴，无[88]恐！且吾所以还军霸上，待诸侯至而定约束耳。”乃使人与秦吏行[89]县乡邑，告谕[90]之。秦人大喜，争持牛羊酒食献飨[91]军士。沛公又让[92]不受，曰：“仓粟多，非乏，不欲费[93]人。”人又益喜，唯恐沛公不为秦王。

选自《史记》卷八

〔注释〕 ① 尝：曾经。 ② 息：休息。 ③ 身：同“娠”，怀孕。 ④ 隆：高。 ⑤ 准：鼻子。 ⑥ 颜：前额。 ⑦ 股：大腿。 ⑧ 施：施舍。 ⑨ 豁：胸襟开阔。 ⑩ 试：尝试。 ⑪ 狎侮：戏弄。 ⑫ 贳：赊买。 ⑬ 酤：买(酒)。 ⑭ 雠：通“售”。 ⑮ 岁竟：年终。 ⑯ 责：同“债”。 ⑰ 常：通“尝”，曾经。 ⑱ 繇：通“徭”，服徭役。 ⑲ 善：(与)友好。 ⑳ 桀：通“杰”。 ㉑ 主：主管。 ㉒ 进：进献。 ㉓ 易：轻视。 ㉔ 绐：欺骗。 ㉕ 谒：名片。 ㉖ 固：本来。 ㉗ 诎：通“屈”。 ㉘ 阑：稀少。 ㉙ 因：依靠。 ㉚ 固：坚持。 ㉛ 后：等待。 ㉜ 相：观察。 ㉝ 息：亲生。 ㉞ 始：以前。 ㉟ 奇：(认为)与众不同。 ㊱ 与：(嫁)给。 ㊲ 为：帮。 ㊳ 徒：苦役犯。 ㊴ 亡：逃跑。 ㊵ 度：考虑。 ㊶ 比：等到。 ㊷ 止：停留。 ㊸ 纵：释放。 ㊹ 逝：逃跑。 ㊺ 被：同“披”，带有。 ㊻ 酒：醉意。 ㊼ 径：走小路。 ㊽ 还：归来。 ㊾ 见：被。 ㊿ 诚：诚实。 [51] 告：告诫。 [52] 觉：睡醒。 [53] 益：更加。 [54] 起：起事。 [55] 王：称王。 [56] 应：响应。 [57] 背：背叛。 [58] 劫：威逼。 [59] 逾：越过。 [60] 今：就要。 [61] 完：保全。 [62] 无为：无价值。 [63] 为：担当。 [64] 扰：混乱。 [65] 置：设立。 [66] 能：才能。 [67] 推：推举。 [68] 可：适宜。 [69] 就：成功。 [70] 族：灭族。 [71] 让：让给。 [72] 珍怪：奇闻异事。 [73] 贵：显贵。 [74] 筮：占卜。 [75] 衅：杀牲取血。 [76] 收：集结。 [77] 组：丝织带子。 [78] 封：敛藏。 [79] 降：投降。 [80] 遣：派遣。 [81] 以：因为。 [82] 属：交付。 [83] 休：休息。 [84] 偶：聚集。 [85] 弃市：杀头。 [86] 约：约定。 [87] 抵：抵偿。 [88] 无：不要。 [89] 行：巡行。 [90] 谕：告知。 [91] 飨：犒劳。 [92] 让：推辞。 [93] 费：烦劳。

〔赏析〕 汉高祖刘邦，字季(一说原名季，即位易名邦)，沛郡丰邑中阳里(今江苏丰县)人，出身平民，秦朝时曾担任泗水亭长，起兵于沛(今江苏沛县)，称沛公。秦亡后被封为汉王。后于楚汉战争中打败西楚霸王项羽，成为汉朝开国皇帝，庙号为高祖，汉景帝时改为太祖，自汉武帝时期司马迁开始，多以最初的庙号“高祖”称之，谥号为高皇帝，所以史称汉高祖、太祖高皇帝或汉高帝。

刘邦的一生可以用“传奇”二字概括。他的出身、长相、履历无一不是空前绝后，亘古未见。读《高祖本纪》会发觉这既是一部史书，也是一部充满迷幻色彩的小说，扣人心弦的戏剧，刘邦开创了中国历史上太多的第一。《史记》中人物形象之所以丰满，在于司马迁充分展示了他们的个性特征，对于刘邦他从多侧面勾勒出这位出身草莽的帝王迥于常人的个性底色。刘邦自幼不习耕读，耽沉醇酒妇人，在秦时也只是个不入流的卑微小吏，四十多岁还是光棍一条，最后骗来个老婆。他组织反秦武装也并非出自强烈的革命愿望，而是有相当大的偶然性，但是他获取成功的速度是历代帝王之最。前后用了七年时间，便从一个低层贱吏一跃为九五至尊，真可谓一朝春雷动，驾云上九重。无论在史学界、文学界还是政治学界，刘邦永远都是一个不会过时的话题。

作为中国历史上第一个平民皇帝，刘邦和之前所有贵族出身的王侯在思维方式和处世原则上有着巨大的差别，直至他君临天下后平民本色依然不改。毛泽东对刘邦有极高的评价，他在读《高祖本纪》的时候曾作批注“项王非政治家。汉王则为一位高明的政治家。”毛泽东还以刘邦为例多次申明一个观点，“老粗出人物”。不仅在中国，在世界范围内刘邦也有很高的声誉，英国著名历史学家约瑟夫·汤因比评论说：“人类历史上最有远见、对后世影响最大的两位政治人物，一位是开创罗马帝国的恺撒，另一位便是创建大汉文明的汉高祖刘邦。恺撒未能目睹罗马帝国的建立以及文明的兴起，便不幸遇刺身亡，而刘邦却亲手缔造了一个昌盛的时期，并以其极富远见的领导才能，为人类历史开创了新纪元！”

刘邦因何能被中外众多名人所赞许，他卑微的出身又因何能成就如此宏图大业？应当说任何人的成功都不是偶然的，刘邦富有传奇色彩的一生是他的性格使然，他获取成功的因素史有定论，概言之，性格豁达、从谏如流、知人善任是他的三大法宝，也是刘邦最突出的个性色彩。三者中，刘邦的用人艺术为历代政治家所称道，而这与前两者又密不可分，相辅相成。

先看他的天赋秉性,“仁而爱人,喜施,意豁如也。常有大度”。刘邦自幼不喜农耕生产,整天和市井酒徒厮混,这使他了解底层人士的好恶,练就了一手结交三教九流的高超交际手段。西汉王朝一个有趣的政治现象,即“布衣将相之局”,清代学者赵翼在《二十二史札记》中解读了这一命题:“汉初诸臣,惟张良出身最贵,韩相之子也。其次则张苍,秦御使。叔孙通,秦待诏博士。次则萧何,沛吏掾。曹参,狱掾。任敖,狱吏。周苛,泗水卒史。傅宽,魏骑将。申屠嘉,材官。其余陈平、王陵、陆贾、郦商、郦食其、夏侯婴等皆白徒。樊哙则屠狗者。周勃则织薄曲吹箫丧事者。灌婴则贩缯者。娄敬则驾车者。一时人才皆出其中,致身将相,前此未有也。盖秦汉间为天地一大变局。”能将杂色人等聚集笼络,为己所用,待人宽厚、不计小利的个性起到了重要作用。刘邦斩蛇起义始于押解囚徒过程中多有逃亡者,他自知无法复命,索性把人全放了,“公等皆去,吾亦从此逝矣!”刘邦先入关中而王,也得益于他的宽厚。项羽执意与刘邦一同西进入关,是楚怀王身边的一干老将苦谏,说项羽残暴剽悍,所到之处无不惨灭,秦都父老受峻法压制很久了,应该派一个宅心仁厚的贤者去安抚,“独沛公素宽大长者,可遣。”刘邦也没有辜负厚望,入关后约法三章,悉除秦法,百姓大喜,“唯恐沛公不为秦王”。而反观项羽,“屠烧咸阳秦宫室,所过无不残破。秦人大失望”。楚汉之争其实从开始就已定成败,刘、项一宽一狭,一仁一暴,民心泾渭,天理昭昭。

细读《高祖本纪》会发现,刘邦从谏如流的记载甚多,而且司马迁善于从琐碎细节入手,彰显一个人的性格。郦食其慕名来见刘邦,见他正在洗脚,便说你要诛无道,不宜这样见长者,刘邦马上穿好衣服,拜谢郦食其,延请上座,并采纳他夺取陈留的建议。刘邦初入咸阳,看到美女珠宝、华堂宫殿,便想全盘接纳,樊哙、张良劝谏,遂即采纳,封重宝财物,还军霸上。刘邦和项羽对峙于荥阳数岁,轩轾难分,他采用袁生的计策,出武关,引楚军南走,令韩信夺赵地、连燕齐,分化了项羽兵力而自身得到缓歇,最终攻取荥阳,为楚汉决战奠定胜利基石。鸿沟划界后,刘邦听从张良、陈平的建议,引兵追击项羽。称帝后,先都洛阳,齐人刘敬建议改都咸阳,他立即接受……关于刘邦纳谏的记载充盈《史记》,因太史公的“互见法”手笔,很多事迹录于别人传记,与《高祖本纪》参照阅读，便可将此类事例搜罗殆尽。刘邦虚怀若谷、见贤思齐的胸怀又取决于他洞悉人性、知人善任的非凡才能，用人得当是刘邦夺取帝业，建不世之功的根本保障。

刘邦称帝后问众卿，“吾所以有天下者何？项氏之所以失天下者何？”高起、王陵说，陛下与天下同利，项羽嫉贤妒能，打胜仗不授人功爵，得到土地不分人利益，所以他失天下。刘邦说，你们只知其一，不知其二。“夫运筹策帷帐之中，决胜于千里之外，吾不如子房。镇国家，抚百姓，给馈饟，不绝粮道，吾不如萧何。连百万之军，战必胜，攻必取，吾不如韩信。此三者，皆人杰也，吾能用之，此吾所以取天下也。项羽有一范增而不能用，此其所以为我擒也。”老子云：知人者智，自知者明。了解自身优劣，发现每个人的长处，人尽其才，正是刘邦的看家秘笈。韩信与刘邦闲谈时，一句“君善将将”说清了个中曲直。刘邦识人之老辣不仅可觇见生前，还可预设身后。病危之际，吕后问政，说陛下百年后，萧何不在了，谁可接替相位。刘邦说，曹参可以。吕后问，曹参之后呢。刘邦说，王陵可以，但是王陵比较憨厚，让陈平辅助他，陈平虽然智广谋多，但不足以独当一面。周勃为人厚重，安刘氏江山必定靠他，让周勃做太尉，领兵权。吕后复问其次，刘邦说，以后的事你也不知道了。真是令人不得不心生钦佩，之后若干年汉朝的政治走向，甚至具体事件全都被刘邦言中。毛泽东盛赞他是高明的政治家实非谬夸，史实证明，刘邦的确是一位高瞻远瞩，富有战略思维的大政治家。

刘邦的平民出身使他唯才是举，不论贵贱，举大事不拘小节，这决定了汉初“布衣将相”形成的必然性。项羽是贵族后裔，天生带有强烈的优越感，盛气凌人，用人唯出身论，所以生于贫家且有秽史的韩信虽天纵英才，但只能做个执戟郎官。陈平名声不佳，郦食其是刘邦讨厌的儒生行列，可他不计较这些，关键是这些人的才干能辅助自己成就霸业，所以不拘一格地使用。不仅不看出身，连门户之见刘邦也没有，韩信、陈平、季布等人均为项羽旧僚，对于从敌对阵营分化过来的人，他毫无成见，而且大胆使用，为每个人搭建施展抱负的平台，在战争史、政治史上树立了“招降纳叛”的经典范例。历史学家范文澜曾说：“项籍取胜全凭自己的勇气，不会用人，更轻视贫寒出身的人。刘邦善于用人,如张良是贵族,陈平是游士,樊哙是狗屠,周勃是吹鼓手,灌婴是布贩,夏侯婴是车夫,韩信是流氓,彭越是强盗,都被恰当地使用,各尽其所长。”

对待人才,除却发现特长和用人不疑外,刘邦还知晓诱人以利的堂奥,每当手下立有功劳,他从不吝惜赏赐。韩信说刘项最大的区别在于,项羽十分刻薄,立下封爵战功,印绶做好了,他却舍不得颁发,直到印角都被项羽摩挲圆了还不肯给人,而刘邦有功必赏,让属下有切实的利益,使人觉得跟着刘邦越干越有劲。子曰:为政以德,譬如北辰。在炎汉集团中,刘邦凭借高超的用人艺术使得“众星拱之”,自己稳稳地坐在了北极星的位置上。

前文已述,“互见法”是《史记》独有的写作风格,在《高祖本纪》一文中,司马迁着重墨于刘邦的雄才大略、知人善任,对他人性上的弱点、缺点没有充分铺陈,这就需要读者通过他人的传记加以补充。《项羽本纪》借范增之口道出刘邦贪财好色的本性,《留侯世家》、《淮阴侯列传》表现他猜忌功臣的阴鸷,《郦生陆贾列传》揭露他慢而侮人,詈人以为常事。司马迁对刘邦之所以采用旁见侧出的写法,自然是有不得已的苦衷。

留侯世家

〔选文〕

留侯张良者,其先韩人也。大父开地,相①韩昭侯、宣惠王、襄哀王。父平,相釐王、悼惠王。悼惠王二十三年,平卒。卒二十岁,秦灭韩。良年少,未宦②事③韩。韩破④,良家僮三百人,弟死不葬⑤,悉以家财求客刺⑥秦王,为韩报仇,以大父、父五世相韩故⑦。

良尝学礼淮阳。东见仓海君。得力士,为⑧铁椎重百二十斤。秦皇帝东游,良与客狙⑨击秦始皇博浪沙中,误中副车。秦皇帝大怒,大索⑩天下,求贼甚急,为张良故也。良乃更名姓,亡匿⑪下邳。

……

后十年，陈涉等起兵，良亦聚少年百余人。景驹自立为楚假王，在留。良欲往从之，道遇沛公。沛公将[12]数千人，略[13]地下邳西，遂属[14]焉。沛公拜[15]良为厩将。良数以《太公兵法》说沛公，沛公善[16]之，常用其策。良为他人言，皆不省[17]。良曰："沛公殆[18]天授。"故遂从之，不去见景驹。

……

沛公之从雒阳南出轘，良引兵从沛公，下[19]韩十余城，击破杨熊军。沛公乃令韩王成留守阳翟，与良俱[20]南[21]，攻下宛，西入武关。沛公欲以兵二万人击秦峣下军，良说曰："秦兵尚强，未可轻[22]。臣闻其将屠者子，贾[23]竖[24]易动[25]以利。愿沛公且留壁[26]，使人先行，为五万人具[27]食，益[28]为张[29]旗帜诸山上，为疑兵，令郦食其持重宝啖[30]秦将。"秦将果畔[31]，欲连和俱[32]西袭咸阳，沛公欲听之。良曰："此独其将欲叛耳，恐士卒不从。不从必危，不如因其解[33]击之。"沛公乃引兵击秦军，大破之。逐北至蓝田，再战，秦兵竟[34]败。遂至咸阳，秦王子婴降沛公。

沛公入秦宫，宫室帷帐狗马重宝妇女以千数[35]，意欲留居之。樊哙谏沛公出舍。沛公不听。良曰："夫秦为无道，故沛公得至此。夫为天下除残贼，宜缟素[36]为资[37]。今始入秦，即安其乐，此所谓'助桀为虐'。且'忠言逆耳利于行，毒药苦口利于病'，愿沛公听樊哙言。"沛公乃还军霸上。

……

项王竟不肯遣韩王，乃以为侯，又杀之彭城。良亡，间行[38]归汉王，汉王亦已还定三秦矣。复[39]以良为成信侯，从[40]东击楚。至彭城，汉败而还。至下邑，汉王下马踞[41]鞍而问曰："吾欲捐[42]关以东等弃之，谁可与共功[43]者？"良进曰："九江王黥布，楚枭将，与项王有郄[44]；彭越与齐王田荣反梁地：此两人可急使[45]。而汉王之将独韩信可属大事，当[46]一面。即[47]欲捐之，捐之此三人，则楚可破也。”汉王乃遣随何说[48]九江王布，而使人连[49]彭越。及魏王豹反，使韩信将兵击之，因举[50]燕、代、齐、赵。然卒破楚者，此三人力也。

……

汉六年正月，封功臣。良未尝有战斗功，高帝曰：“运筹策帷帐中，决胜千里外，子房功也。自择[51]齐三万户。”良曰：“始臣起下邳，与上会[52]留，此天以臣授陛下。陛下用臣计，幸而时[53]中，臣愿封留足矣，不敢当三万户。”乃封张良为留侯，与萧何等俱封。

（六年）上已封大功臣二十余人，其余日夜争功不决，未得行封。上在雒阳南宫，从复道望见诸将往往相与坐沙中语，上曰：“此何语？”留侯曰：“陛下不知乎？此谋反耳。”上曰：“天下属[54]安定，何故反乎？”留侯曰：“陛下起布衣，以此属[55]取天下，今陛下为天子，而所封皆萧、曹故人所亲爱，而所诛者皆生平所仇怨。今军吏计功，以天下不足遍[56]封，此属畏陛下不能尽封，恐又见疑平生过失及[57]诛，故即相聚谋反耳。”上乃忧曰：“为之奈何？”留侯曰：“上平生所憎，群臣所共知，谁最甚者？”上曰：“雍齿与我故[58]，数[59]尝窘辱我。我欲杀之，为其功多，故不忍。”留侯曰：“今急[60]先封雍齿以示群臣，群臣见雍齿封，则人人自坚[61]矣。”于是上乃置酒，封雍齿为什方侯，而急趣[62]丞相、御史定功行封。群臣罢酒，皆喜曰：“雍齿尚[63]为侯，我属无患[64]矣。”

刘敬说高帝曰：“都关中。”上疑之。左右大臣皆山东人，多劝上都雒阳：“雒阳东有成皋，西有崤黾，倍[65]河，向[66]

伊雒，其固亦足恃[67]。"留侯曰："雒阳虽有此固，其中小，不过数百里，田地薄，四面受敌，此非用武之国[68]也。夫关中左崤函，右陇蜀，沃野千里，南有巴蜀之饶，北有胡苑之利，阻[69]三面而守，独以一面东制[70]诸侯，诸侯安定，河渭漕挽[71]天下，西给[72]京师；诸侯有变，顺流而下，足以委[73]输。此所谓金城千里，天府之国也，刘敬说是也。"于是高帝即日驾，西都关中。

……

留侯从上击代，出奇计马邑下，及立萧何相国，所与上从容言天下事甚众，非天下所以存亡，故不著[74]。留侯乃称曰："家世相韩，及韩灭，不爱[75]万金之资，为韩报仇强秦，天下振动[76]。今以三寸舌为帝者师，封万户，位列侯，此布衣之极，于良足矣。愿弃人间事，欲从赤松子游耳。"乃学辟谷，道引轻身。会[77]高帝崩，吕后德[78]留侯，乃强[79]食之，曰："人生一世间，如白驹过隙，何至自苦如此乎！"留侯不得已，强听而食。

后八年卒，谥为文成侯。子不疑代[80]侯。

选自《史记》卷五十五

〔**注释**〕 ① 相：做丞相。 ② 宦：做官。 ③ 事：辅佐。 ④ 破：大败。 ⑤ 不葬：俭葬。 ⑥ 刺：刺杀。 ⑦ 故：原因。 ⑧ 为：使用。 ⑨ 狙：通"觑"，窥伺。 ⑩ 索：搜索。 ⑪ 匿：隐藏。 ⑫ 将：率领。 ⑬ 略：强取。 ⑭ 属：归附。 ⑮ 拜：授予官职。 ⑯ 善：认为好。 ⑰ 省：理解。 ⑱ 殆：大概。 ⑲ 下：攻克。 ⑳ 俱：一起。 ㉑ 南：向南进军。 ㉒ 轻：轻视。 ㉓ 贾：商人。 ㉔ 竖：对人的蔑称。 ㉕ 动：动摇。 ㉖ 壁：营垒。 ㉗ 具：准备。 ㉘ 益：并且。 ㉙ 张：设置。 ㉚ 啖：引诱。 ㉛ 畔：通"叛"。 ㉜ 俱：一起。 ㉝ 解：通"懈"，懈怠。 ㉞ 竟：最终。 ㉟ 数：计算。 ㊱ 缟素：缟与素都是白色的生绢，比喻俭朴。 ㊲ 资：本钱。 ㊳ 间行：抄小路。 ㊴ 复：又。 ㊵ 从：跟随。 ㊶ 踞：倚靠。 ㊷ 捐：舍弃。 ㊸ 功：建立功绩。 ㊹ 郄：怨隙。 ㊺ 使：利用。 ㊻ 当：抵挡。 ㊼ 即：如果。 ㊽ 说：劝说。 ㊾ 连：联合。 ㊿ 举：攻占。 (51) 择：挑选。 (52) 会：会面。 (53) 时：时常。 (54) 属：刚刚。 (55) 此属：这些人。 (56) 遍：全部。 (57) 及：达到。 (58) 故：旧怨。 (59) 数：多次。

⑳ 急：紧迫。 ㉑ 自坚：自安。 ㉒ 趣：同“促”，催促。 ㉓ 尚：尚且。 ㉔ 患：担忧。 ㉕ 倍：通“背”，倚靠。 ㉖ 向：朝向。 ㉗ 恃：倚仗。 ㉘ 国：都城。 ㉙ 阻：依靠。 ㉚ 制：约束。 ㉛ 漕挽：挽船运输。 ㉜ 给：供给。 ㉝ 委：致送。 ㉞ 著：记载。 ㉟ 爱：吝惜。 ㊱ 振动：震动。 ㊲ 会：等到。 ㊳ 德：感激。 ㊴ 强：强迫。 ㊵ 代：接替。

〔赏析〕 留侯张良者，韩国贵族，先人五世相韩。国破后，毁家纾难，博浪沙刺秦，名标青史万古题。张良是在去见景驹途中遇到刘邦的，因有感于刘邦亲贤纳谏而追随左右。刘邦在秦末农民起义的各路诸侯中，可以说是占尽人和者，一时之选大半揽入彀中，在诸多谋臣中，张良的作用为最，他为刘邦所谋划的不是一时之胜负，而是长远的战略发展，故而刘邦称其运筹帷幄，决胜千里。

《高祖功臣侯者年表》记载留侯自追随刘邦后，共有四大功绩：一是峣关用计破城，逼秦投降；二是鸿门宴帮刘邦摆脱危机；三是“为汉王请汉中”；四是“常计谋平天下”。司马迁喟叹：高祖离困者数矣，而留侯常有功力焉！由此可见，张良无愧于刘邦麾下第一谋臣。

先看他为刘邦扩大根据地所做的努力。项羽入咸阳后，不遵怀王约定，凭强力而为天下盟主，封十八王，自称西楚霸王。刘邦因先入咸阳，引项氏怨怼，特封其汉王，之国巴蜀。项羽此举意在贬谪刘邦，远徙巴山蜀水，削其称王之资。而将原关中地区一分为三，拦截住刘邦的归路，所以这个地方又称三秦。张良看穿了项羽让刘邦老死蜀中的盘算，也深晓地利对于政治集团的重要性，他动用了老关系项伯，继鸿门宴后再次为刘邦转危为安。“汉王赐良金百溢，珠二斗，良具以献项伯。汉王亦因令良厚遗项伯，使请汉中地。项王乃许之，遂得汉中地。”他通过金钱攻略和人情攻略，使得项伯从中斡旋，项羽最终答应将汉中也分与刘邦。这不仅是地盘的扩大，更为重要的是汉中乃战略要地，是勾连关中与巴蜀的咽喉要径，得此进可攻、退可守，正所谓“褒中奇险可兴邦”。刘邦正是以此为根据地，点燃了他吞并天下的星星之火。

有了稳固的后方，刘邦放手武装起自己的队伍，时间不长便“复夺三秦定家邦”。张良与刘邦有一个共同点，即有洞察人心的高超本领。当展开与西楚集团武装夺取政权的战争后，刘邦面临着合纵连横的战略抉择，“吾欲捐关以东等弃之,谁可与共功者?”此时又是张良为他廓清形势。“九江王黥布,楚枭将,与项王有郄;彭越与齐王田荣反梁地:此两人可急使。而汉王之将独韩信可属大事,当一面。即欲捐之,捐之此三人,则楚可破也。”最终事实验证了张良眼光的深邃,扶汉灭楚者正是这三人之力。

张良对刘邦的诸多劝谏中有两次分封的建议对炎汉集团的生死存亡产生了决定性作用。第一次是阻止复立六国苗裔。汉三年(前204年),项羽围刘邦于荥阳,成败只在弹指间,刘邦问计郦食其。食其曰:“昔汤伐桀,封其后于杞。武王伐纣,封其后于宋。今秦失德弃义,侵伐诸侯社稷,灭六国之后,使无立锥之地。陛下诚能复立六国后世,毕已受印,此其君臣百姓必皆戴陛下之德,莫不乡风慕义,愿为臣妾。德义已行,陛下南乡称霸,楚必敛衽而朝。”刘邦听了郦食其的高论击节叫好,“善。趣刻印,先生因行佩之矣。”张良这时来了,刘邦把计划托出,张良大惊:“谁为陛下画此计者?陛下事去矣。”张良一口气说出了“八不可”,驳斥了这种想法。指出刘邦没有能力制项羽于死地;不能旌表贤者、封圣人墓庐;不能散国帑以赐贫穷;当前不能偃武修文,以安天下;而且各方游士失去家园追随汉王左右,日夜盼望能有咫尺立锥之地,如果现在复兴六国,他们各归旧主,谁还为你打天下?一连串的发问恰似醍醐灌顶,良言点醒懵懂人,刘邦方知这是自毁长城的下策。张良的见地出于他高瞻远瞩的战略眼光,对社会发展走势有着清晰的认知。彼时天下纷争不已,兵燹频仍,这与项羽“兴灭国,继绝世”的政策有直接关系。秦始皇横扫六合,建立起中央集权政府,天下归于一,车同轨、书同文,封建制度寿终正寝,社会向前迈进了一大步。项羽的做法无疑是开历史的倒车,裂土封王没有阻止诸侯的野心,反因天下无共主而个个心生僭越。张良意识到必须重新建立起帝国体制才能稳定人心,安抚社稷,所以坚决地主张完成统一战争。另一次是在汉六年,帝业初定,刘邦大封功臣二十余家,其余者争功不绝。一次,刘邦看到众将相坐私语,问张良:“他们在干什么?”张良回答:“这是在谋反。”刘邦颇为惊诧,天下即将太平了,他们为何谋反。张良解读了其中阃奥,陛下一介布衣起兵,谋取天下,现在封赏的都是萧何、曹参这些亲知近派,其他人就有顾虑了,又怕一旦有错误就遭到杀戮,所以才要铤而走险。刘邦问计,如之奈何? 张良问:“大家都知道你平时最恨的人是谁?”刘邦说,那就是雍齿,我们有旧恨,这小子几次羞辱我,我早想杀了他,念及他功高,才不忍下手。张良说,那就先封赏雍齿,众臣见你最恨的人都封了,他们就不再疑心了。刘邦采纳,果然又一次见效。

前已累述,自秦以后封建制度便退出历史舞台,但在此后的两千多年中偶有小的反复,汉初是第一波浪潮。需要注意的是,帝国体制形成后的分封和西周封建制有相似处,但更多是不同,或者说是有质的差别。汉初,同姓王与异姓王共存,这是由当时的现实环境所形成的。梁王彭越、淮南王黥布是在刘邦龙潜之时已形成的政治势力,楚王韩信为刘邦第一猛将,立下不世战功,这些异姓王的存在是稳固政权,争取人心必不可少的条件。但同时刘邦也开始大封同姓王,两者交相进行。汉六年封曹参等第一批功臣共二十余人为列侯,嗣后,封张良等第二批功臣十九人为列侯,自此以后,刘姓封王,功臣封侯,遂成定制。至高祖十二年(前195年),著名的“白马之盟”约定“非刘氏不王,非功臣不侯”。在随后的岁月里,异姓王被一一剪除,“莫把行藏怨老天,韩彭当日亦可怜。”即使对同姓王中央政府也采取了削藩的手段,到武帝朝“推恩令”的颁布更使诸侯王权力严重萎缩,中央集权开始走上巅峰,所以说,中华帝国体制完备于汉代,而这一信念在刘邦称帝之初就已坚定。

张良的人生哲学也是一笔智慧财富。刘邦分封功臣时,让张良自择齐地三万户,这是无比优厚的赏赐。“夫齐,东有琅邪、即墨之饶,南有泰山之固,西有浊河之限,北有渤海之利,地方二千里,执戟百万,县隔千里之外,齐得十二焉。”可张良却婉谢了这般荣宠,“始臣起下邳,与上会留,此天以臣授陛下。陛下用臣计,幸而时中,臣愿封留足矣,不敢当三万户。”张良因此才被封作留侯。即使连留侯爵位,张良最终也无意享用。汉十二年攻下马邑后,张良向刘邦辞朝。“家世相韩,及韩灭,不爱万金之资,为韩报仇强秦,天下振动。今以三寸舌为帝者师,封万户,位列侯,此布衣之极,于良足矣。愿弃人间事,欲从赤松子游耳。”张良成为继范蠡之后又一位看破名利,遁隐江湖而得以全身的名臣。这不仅是宁静致远的高士心态,也是超脱的政治谋略。他深知伴君如伴虎的道理,在凶险吊诡的政治生态里,“飞鸟尽,良弓藏;狡兔死,走狗烹”

是跳不出的历史怪圈。翻开史籍典册，衮衮诸公能安然得享富贵者未几，张良是看穿了其中利害，才得以如此倜傥洒脱，他也是“汉初三杰”中唯一未受到政治打击的人。张良对时代发展的准确把握是历代政治家取之不绝的经验，而他淡泊名利、与世无争的心态更是每一个从政者需要承继的彝训。唐司马贞索隐《史记》之际，曾述赞张子房：“人称三杰，辩推八难。赤松愿游，白驹难绊。嗟彼雄略，曾非魁岸。”

司马迁在记述的时候，不是流水账式的记录人物生平，而是对历史规律和人物命运进行深刻的思考，透过现象去挖掘本质。他善于将笔下人物置身广阔的时代背景加以表现，在叙述一系列重大史实的过程中，展示个人命运偶然性中所蕴含的历史必然性。这就使得《史记》既有宏大的画面，又有深邃的意境，形成了雄健浑厚的文风。

（王 烜）

守业之路的规划师

〔导言〕《刘敬叔孙通列传》位于《史记》七十列传的第三十九篇，所记乃与汉朝建国初期两位文臣的事迹。由它表面的叙述方式看，似乎更接近以事为统一类。所以明朝的唐顺之浏览了此篇，便说："此等传似不为本人，但为汉叙事耳。"(《精选批点史记》卷五)但既只是为叙汉朝史事，何以不完全归入《高祖本纪》，却要另立刘敬、叔孙通二人的名目，来专门写一篇传记呢？作为理学名家的唐顺之似乎没有想过。而如果我们细绎本传的文字，尤其注意一下叔孙通传记的前半部分，还颇费笔墨地叙写了主人公在秦末及楚汉相争之际东奔西颠的辛苦经历，就可以了解，司马迁在这篇列传里真正关注的，还是人，而不单是事。

刘敬叔孙通列传

〔选文〕

刘敬者，齐人也。汉五年，戍①陇西，过洛阳，高帝在焉②。娄敬脱挽③辂，衣④其羊裘，见齐人虞将军曰："臣愿见上言便事⑤。"虞将军欲与之鲜⑥衣，娄敬曰："臣衣帛，衣帛见；衣褐，衣褐见：终不敢易⑦衣。"于是虞将军入言上。上召入见，赐食。

已而⑧问娄敬，娄敬说曰："陛下都⑨洛阳，岂欲与周室比隆哉？"上曰："然。"娄敬曰："陛下取天下与周室异。……且夫秦地被⑩山带⑪河，四塞以为固，卒⑫然有急，百万之众可具⑬也。因秦之故，资⑭甚美膏腴之地，此所谓天府者也。……今陛下入关而都，案[15]秦之故地，此亦扼[16]天下之亢[17]而拊[18]其背也。”

高帝问群臣，群臣皆山东人，争言周王数百年，秦二世即亡，不如都周。上疑[19]未能决。及留侯明言入关便[20]，即日车驾西都关中。

于是上曰：“本言都秦地者娄敬，‘娄’者乃‘刘’也。”赐姓刘氏，拜[21]为郎中，号为奉春君。

汉七年，韩王信反[22]，高帝自往击之。至晋阳，闻信与匈奴欲共击汉，上大怒，使人使[23]匈奴。匈奴匿[24]其壮士肥牛马，但见老弱及羸[25]畜。使者十辈[26]来，皆言匈奴可击。上使刘敬复往使匈奴，还报曰：“两国相击，此宜夸矜[27]见所长。今臣往，徒见羸瘠老弱，此必欲见短，伏奇兵以争利。愚以为匈奴不可击也。”是时汉兵已逾[28]句注，二十余万兵已业[29]行。上怒，骂刘敬曰：“齐虏！以口舌得官，今乃妄言沮[30]吾军。”械系[31]敬广武。遂往，至平城，匈奴果出奇兵围高帝白登，七日然后得解。高帝至广武，赦敬，曰：“吾不用公言，以困平城。吾皆已斩前使十辈言可击者矣。”乃封敬二千户，为关内侯，号为建信侯。

……

叔孙通者，薛人也。秦时以文学征[32]，待诏博士。数岁，陈胜起[33]山东，使者以闻，二世召博士诸儒生问曰：“楚戍卒攻蕲入陈，于公如何？”博士诸生三十余人前曰：“人臣无将[34]，将即反，罪死无赦。愿陛下急发兵击之。”二世怒，作[35]色。叔孙通前曰：“诸生言皆非也。夫天下合为一家，毁郡县城，铄[36]其兵，示天下不复用。且明主在其上，法令具[37]于下，使人人奉职，四方辐辏[38]，安[39]敢有反者！此特群盗鼠窃狗盗耳，何足置之齿牙间。郡守尉今[40]捕论[41]，何足忧。”二世喜曰：“善。”尽问诸生，诸生或言反，或言盗。于是二世令御史案[42]诸生言反者下吏，非所宜[43]言。诸言盗者皆罢[44]之。乃赐叔孙通帛二十匹，衣一袭，拜为博士。叔孙通已出宫，反[45]舍，诸生曰：“先生何言之谀[46]也？”通曰：“公不知也，我几[47]不脱于虎口！”……及[48]项梁之[49]薛，叔孙通从[50]之。败于定陶，从怀王。怀王为义帝，徙[51]长沙，叔孙通留事[52]项王。汉二年，汉王从五诸侯入彭城，叔孙通降汉王。汉王败而西，因竟[53]从汉。

叔孙通儒服，汉王憎[54]之；乃变其服，服短衣，楚制，汉王喜。

……

汉五年，已并天下，诸侯共尊汉王为皇帝于定陶……群臣饮酒争功，醉或妄呼，拔剑击柱，高帝患[55]之。叔孙通……说上曰：“……夫儒者难与进取，可与守成。臣愿征鲁诸生，与臣弟子共起[56]朝仪。”高帝曰：“得无难乎？”叔孙通曰：“……礼者，因时世人情为之节[57]文者也。……臣愿颇[58]采古礼，与秦仪杂就之。”上曰：“可试为之，令易[59]知，度[60]吾所能行为之。”

于是叔孙通使征鲁诸生三十余人。鲁有两生不肯行，曰：“公所事者且十主，皆面谀以得亲贵。今天下初定，死者未葬，伤者未起[61]，又欲起礼乐。礼乐所由起，积德百年而后可兴也。吾不忍为公所为。公所为不合古，吾不行。公往矣，无污我！”叔孙通笑曰：“若[62]真鄙[63]儒也，不知时变。”

遂与所征三十人西[64]，及上左右为学者与其弟子百余人为绵蕞野外。习[65]之月余，叔孙通曰：“上可试观。”上既观，使行礼，曰："吾能为此。"乃令群臣习肄[66]，会十月。

汉七年，长乐宫成[67]，诸侯群臣皆朝十月。……竟朝置酒，无敢欢[68]哗失礼者。于是高帝曰："吾乃今日知为皇帝之贵也。"乃拜[69]叔孙通为太常，赐金五百斤。

……

太史公曰：语曰"千金之裘，非一狐之腋也；台榭之榱，非一木之枝也；三代之际，非一士之智也"。信哉！夫高祖起微细[70]，定海内，谋计用兵，可谓尽[71]之矣。然而刘敬脱挽辂一说，建万世之安，智岂可专[72]邪！叔孙通希世度务制礼，进退与时变化，卒为汉家儒宗。"大直若诎[73]，道固委蛇[74]"，盖谓是乎？

选自《史记》卷九十九

〔**注释**〕 ①戍：守卫。 ②焉：此地。 ③挽：拉牵。 ④衣：穿上。 ⑤便事：国家当前应做之事。 ⑥鲜：鲜亮的。 ⑦易：更改。 ⑧已而：不久。 ⑨都：建都。 ⑩被：覆盖。 ⑪带：环绕。 ⑫卒：通"猝"，突然。 ⑬具：具备。 ⑭资：凭借，利用。 ⑮案：巡视。 ⑯扼：抓住。 ⑰亢：要害。 ⑱拊：拍击。 ⑲疑：犹豫。 ⑳便：方便。 ㉑拜：授予官职。 ㉒反：背叛。 ㉓使：出使。 ㉔匿：隐藏。 ㉕羸：瘦弱。 ㉖輩：通"倍"。 ㉗矜：夸耀。 ㉘逾：越过。 ㉙业：已经。 ㉚沮：（使）颓丧。 ㉛系：缚。 ㉜征：征召。 ㉝起：起事。 ㉞将：兴兵聚众。 ㉟作：（脸色）改变。 ㊱铄：熔化。 ㊲具：完备。 ㊳辐辏：人心集中。 ㊴安：如何。 ㊵今：马上。 ㊶论：定罪。 ㊷案：依照。 ㊸宜：适合。 ㊹罢：免罪。 ㊺反：同"返"。 ㊻谀：奉承。 ㊼几：几乎。 ㊽及：等到。 ㊾之：到。 ㊿从：跟随。 [51]徙：迁移。 [52]事：辅佐。 [53]竟：最终。 [54]憎：厌恶。 [55]患：担忧。 [56]起：制定。 [57]节：礼节。 [58]颇：略微。 [59]易：容易。 [60]度：考虑。 [61]起：治愈。 [62]若：你们。 [63]鄙：迂腐。 [64]西：向西行。 [65]习：练习。 [66]肄：操练。 [67]成：完成。 [68]欢：喧哗。 [69]拜：封官。 [70]微细：低贱。 [71]尽：达到极致。 [72]专：独断专行。 [73]诎：通"曲"。 [74]委蛇：同"逶迤"。

〔**赏析**〕 山东汉子刘敬本名娄敬，其在汉代最具历史意义的事功，一是劝还在临时首都洛阳举棋不定的最高领袖刘邦迁都长安，一是通过白登之围让刘邦认识了他在军事方面的洞见。而前者尤其为人称道。因为他以讲历史故事的方式，让汉高祖明白，周之所以能在洛阳定都，是长期积累的成果，是国家已经完全稳定，进入和平年代之后才成就的事业，相比之下，草创期的汉朝并不具备与周代盛世相比附的实力，因此都城的选择，还是应该看重地缘因素，最好迁都秦故都一带的关中。由于分析透彻，加上高祖的军师、留侯张良的支持，所以尽管一帮来自山东六国的臣僚竭力反对，汉高祖最后选择了迁都长安。娄敬也因这次具有历史意义的进言，而被刘邦赐姓刘氏，从此更名为刘敬。

与敢说敢当的刘敬相比，本传的另一位主人公叔孙通，则要复杂许多。

司马迁介绍叔孙通，首先讲的，是叔孙氏的一件往事——当面阿谀奉承秦二世。而叔孙氏之所以要面谀当朝皇帝，乃因他发现，当时虽爆发了声势浩大的陈胜农民起义，但秦二世为了一己的颜面，不愿承认在其治下有人敢于反叛。所以叔孙通就顺着二世的心思，送去一摞"明主在上"之类的高帽子，睁眼说瞎话，称陈胜辈不过是一群小盗贼小打小闹，让郡县守尉"捕论"也就是捕捉论罪就行了，根本不必担忧。具有讽刺意味的是，叔孙通为了自己赶紧"脱于虎口"，而大幅度地淡化这次起义的严重程度，无意中倒为反秦势力的迅速扩大规模，帮了一个大忙，结果自然是加速了秦朝的灭亡。

叔孙通一生最重要的业绩，是在刘邦登上皇帝宝座之后，率领一帮儒生，设计了一套新的适合汉代君臣的朝会仪礼制度。正是这套新的礼制，既约束了在新生的汉朝廷里任职而尚不知规矩的众大臣，又让汉高祖切实地体验了做万人之上的帝王的尊贵。

为了实施其制作新仪礼的目标，叔孙氏先把仪礼重新界定为"因时世人情为之节文者也"，就是按照时代和人的感情的变化，来节制人们言行的一种方式。然后提出了一个现实可行的方案——"颇采古礼，与秦仪杂就之"。这方案的关键，不是其中古代仪礼与秦代礼仪的比重多寡与逻辑联系，而是那个"杂"字。因为说好了是"杂就"，那么无疑看着哪儿的合适，用哪儿的就成了。

今天我们读叔孙通制礼这一段，感到最意味深长的，是其中的"鲁两生"故事。当叔孙通为选拔合适的制礼工作人员，专程前往(即所谓"使")孔孟的故乡——鲁国旧地时，有两位当地儒生断然拒绝应征，当面痛斥他前后换了将近十位主子，都是靠当面奉承主子而得富贵，并指出目前匆忙改制礼乐，既无现实条件，也不合古制。这“鲁两生”显然是想要以这种直截了当的方式，对风头正健的叔孙通以严重的羞辱，并把他从正统的儒生系统中清除出去。不想叔孙氏早就与时俱进，反过来嘲笑两位真是“鄙儒”。而更有意思的是，汉代以后的传统文学中，颇有以“鲁两生”为题创作的文学作品，其中一部分，承叔孙通当年之意，贬斥鲁两生不识时务；而另一部分，则反叔孙氏之说而行，赞颂鲁两生的不失气节。现实的情形，则是到传统中国社会后期，叔孙通和鲁两生，已经成为秉持两种针锋相对人生态度的知识分子的象征，前者不惜以否定旧我的方式与时俱进，后者则坚持不与世俗潮流相起伏，在与特定历史时期政治文化的交织纠缠中，二者各不相让，互相轻视，至今犹然。

司马迁对于个人在现实政治中的作用，是十分看重的。所以他在本篇最后的“太史公曰”里，首先引了《慎子》的话：“千金之裘，非一狐之腋也；台榭之榱，非一木之枝也；三代之际，非一士之智也。”以此表达任何历史性事件的出现，都会有个人尤其是知识分子个体智慧的参与这一颇易被人忽略的事实。

不过同样传写同时代的知识分子，司马迁对待刘敬与叔孙通，还是有一些微秒的差异：刘敬的事功，尤其是建议定都关中，在司马迁看来，无疑是“建万世之安”。而叔孙通的“希世度务”，也就是迎合潮流，审度时务，从司马迁看去，其个人的业绩自然辉煌——最后成了汉代儒学的一代宗师，但取得这一业绩的方式，似乎难免有点让人觉得不堪。但他最后用了《老子》里的“大直若诎，道固委蛇”八个字，为叔孙氏的行为化解了一点内在的紧张与道德压力。老子的话译成现代汉语，就是最正直刚强的人，做事总好像是胆小屈服的，而实际上万物之道，本来就是那么曲曲折折的。不过说实话，司马迁引此语，到底是在赞赏叔孙通，还是借题发挥，为自己的忍辱著述张本，那是谁也说不清的事了。

（陈正宏）

功臣的两种结局选择

〔导言〕 势吞六国的秦帝国在农民起义的巨浪中迅速土崩瓦解。它的灭亡给了原本被压制的各股势力以新的舞台，其中最主要的是两股力量。一股是以六国旧贵族为代表的复古势力，他们希望在秦帝国的废墟上复辟六国的统治，或者是延续六国的政治理念；而另一批则出生于平民阶层，他们在反秦战争中显示出了自身卓越的才华，也积累了足够的力量来改变中国历史的走向。他们反对秦王朝的虐政，但却继承了秦帝国开创的大一统集权式的新政治模式。项羽是前一类人的代表，而刘邦则显示了后一类人的才智。一时间，历史似乎有了许多不同的取向，那个时代大多数的杰出人物，他们都不可避免地受上述两种政治理念的影响，并据此构成自己政治价值理想的基础，并据此作出不同的人生选择。韩信、萧何和曹参都是秦末汉初涌现出来的杰出人物。韩信有卓越的军事才能，为汉王朝的建立立下大功，然而他的政治理想仍停留在战国时代分封建国的基础上，与刘邦模仿秦帝国的大一统模式格格不入，最终造成他的人生悲剧。萧何和曹参原本都属于社会中上层人士，文吏出身使他们对秦帝国的治理模式有着深刻的理解和践行。所以，一旦局势的变化迫使他们不得不加入刘邦集团后，他们以秦帝国的制度为汉帝国奠定了政治基础。同时，封建集权统治下，君权与相权的权力冲突也开始在他们身上体现出来，他们对这一矛盾的处置也为后世提供了借鉴。

萧相国世家

〔选文〕

萧相国何者，沛丰人也。以文无害[①]为沛主吏掾。

高祖为布衣时，何数[②]以吏事护高祖。高祖为亭长，常左右[③]之。高祖以吏繇咸阳，吏皆送奉钱三，何独以五。

……

汉五年，既杀项羽，定天下，论功行封。群臣争功，岁余功不决[④]。高祖以萧何功最盛，封为酂侯，所食邑多。功臣皆曰："臣等身被[⑤]坚执锐，多者百余战，少者数十合[⑥]，攻城略地，大小各有差。今萧何未尝[⑦]有汗马之劳，徒[⑧]持文墨议论，不战，顾反[⑨]居臣等上，何也？"高帝曰："诸君知猎乎？"曰："知之。""知猎狗乎？"曰："知之。"高帝曰："夫猎，追杀兽兔者狗也，而发[⑩]踪指示兽处者人也。今诸君徒能得走兽耳，功狗[⑪]也。至如萧何，发踪指示，功人也。且诸君独以身随我，多者两三人。今萧何举[⑫]宗数十人皆随我，功不可忘也。"群臣皆莫敢言。

列侯毕已受封，及奏位次，皆曰："平阳侯曹参身被七十创，攻城略地，功最多，宜第一。"上已桡[⑬]功臣，多封萧何，至位次未有以复难[⑭]之，然心欲何第一。关内侯鄂君进曰："群臣议皆误。夫曹参虽有野战略地之功，此特一时之事。夫上与楚相距[⑮]五岁，常失军亡众，逃身遁者数矣。然萧何常从关中遣军补其处，非上所诏令召，而数万众会[⑯]上之乏绝者数矣。夫汉与楚相守荥阳数年，军无见[⑰]粮，萧何转漕关中，给食不乏。陛下虽数亡[⑱]山东，萧何常全[⑲]关中以待陛下，此万世之功也。今虽亡曹参等百数，何缺于汉？汉得之不必待以全。奈何欲以一旦之功而加[⑳]万世之功哉！萧何第一，曹参次之。"高祖曰："善。"于是乃令萧何，赐带剑履上殿，入朝不趋[㉑]。

上曰："吾闻进[㉒]贤受上赏。萧何功虽高，得鄂君乃益明。”于是因鄂君故所食关内侯邑封为安平侯。是日，悉封何父子兄弟十余人，皆有食邑。乃益[23]封何二千户，以帝尝繇咸阳时何送我独赢[24]奉钱二也。

汉十一年，陈豨反，高祖自将[25]，至邯郸。未罢[26]，淮阴侯谋反关中，吕后用萧何计，诛淮阴侯，语在《淮阴》事中。上已闻淮阴侯诛，使使拜[27]丞相何为相国，益封五千户，令卒五百人一都尉为相国卫。诸君皆贺，召平独吊[28]。召平者，故秦东陵侯。秦破，为布衣，贫，种瓜于长安城东，瓜美，故世俗谓之“东陵瓜”，从召平以为名也。召平谓相国曰：“祸自此始矣。上暴露于外而君守于中，非[29]被矢石之事而益君封置[30]卫者，以今者淮阴侯新[31]反于中，疑君心矣。夫置卫卫[32]君，非以宠君也。愿君让[33]封勿受，悉以家私财佐[34]军，则上心说[35]。”相国从其计，高帝乃大喜。

汉十二年秋，黥布反，上自将击之，数使使问相国何为。相国为上在军，乃拊循[36]勉力百姓，悉以所有佐军，如陈豨时。客有说相国曰：“君灭族不久矣。夫君位为相国，功第一，可复加哉？然君初入关中，得百姓心，十余年矣，皆附君，常复孳孳[37]得民和。上所为数问君者，畏君倾动关中。今君胡[38]不多买田地，贱贳[39]贷以自污？上心乃安。”于是相国从其计，上乃大说。

上罢布军归，民道遮[40]行上书，言相国贱强买民田宅数千万。上至，相国谒。上笑曰：“夫相国乃利[41]民！”民所上书皆以与相国，曰：“君自谢[42]民。”相国因为民请曰：“长安地狭，上林中多空地，弃，愿令民得入田，毋收稿为禽兽食。”上大怒曰：“相国多受贾人财物，乃为请吾苑！”乃下[43]相国廷尉，械系之。数日，王卫尉侍，前问曰：“相国何大罪，陛下系之暴[44]也?”上曰:“吾闻李斯相秦皇帝,有善归主,有恶自与。今相国多受贾竖金而为民请吾苑,以自媚于民,故系治之。”王卫尉曰:“夫职事苟有便于民而请之,真宰相事,陛下奈何乃疑相国受贾人钱乎!且陛下距楚数岁,陈豨、黥布反,陛下自将而往,当是时,相国守关中,摇足则关以西非陛下有也。相国不以此时为利,今乃利贾人之金乎?且秦以不闻其过亡天下,李斯之分[45]过,又何足法[46]哉。陛下何疑宰相之浅[47]也。”高帝不怿[48]。是日,使使持节赦出相国。相国年老,素恭谨,入,徒跣[49]谢。高帝曰:“相国休[50]矣!相国为民请苑,吾不许,我不过为桀纣主,而相国为贤相。吾故[51]系相国,欲令百姓闻吾过[52]也。”

何素不与曹参相能[53],及何病,孝惠自临视相国病,因问曰:“君即百岁后,谁可代君者?”对曰:“知臣莫如主。”孝惠曰:“曹参何如?”何顿首曰:“帝得之矣!臣死不恨[54]矣!”

何置田宅必居穷处,为家不治垣屋。曰:“后世贤,师吾俭;不贤,毋为势家所夺。”

孝惠二年,相国何卒,谥为文终侯。

选自《史记》卷五十三

〔注释〕 ① 害:瑕疵。 ② 数:多次。 ③ 左右:袒护。 ④ 决:决断。 ⑤ 被:通“披”。 ⑥ 合:交锋。 ⑦ 尝:曾经。 ⑧ 徒:仅仅。 ⑨ 顾反:反而。 ⑩ 发:发现。 ⑪ 功狗:功如猎狗。 ⑫ 举:全。 ⑬ 桡:通“挠”,使屈服。 ⑭ 难:为难。 ⑮ 距:通“拒”,抵抗。 ⑯ 会:恰逢。 ⑰ 见:同“现”。 ⑱ 亡:失去。 ⑲ 全:保全。 ⑳ 加:超过。 ㉑ 趋:小步疾行。 ㉒ 进:推荐。 ㉓ 益:增加。 ㉔ 赢:多给。 ㉕ 将:率军。 ㉖ 罢:结束。 ㉗ 拜:封官。 ㉘ 吊:警告。 ㉙ 非:没有。 ㉚ 置:设置。 ㉛ 新:刚刚。 ㉜ 卫:护卫。 ㉝ 让:推辞。 ㉞ 佐:帮助。 ㉟ 说:同“悦”。 ㊱ 拊循:安抚。 ㊲ 孳孳:勤奋的样子。 ㊳ 胡:何。 ㊴ 贳:赊欠。 ㊵ 遮:阻挡。 ㊶ 利:谋利。 ㊷ 谢:谢罪。 ㊸ 下:投送。 ㊹ 暴:突然。 ㊺ 分:分担。 ㊻ 法:效法。 ㊼ 浅:肤浅。 ㊽ 怿:高兴。 ㊾ 跣:光着脚。 ㊿ 休:不要。 51 故:故意。 52 过:过错。 53 相能:相好。 54 恨:遗憾。

〔**赏析**〕 和许多秦末社会大变动中崛起的人物不同,萧何的人生起点和秦帝国的新秩序是紧密相连的。秦国自变法之后逐步以训练有素的官吏替代贵族阶层作为统治国家的主导力量,从而确立起"以吏为师"的价值取向。青年萧何熟习吏事,又有较好的品行,可能其家庭至少也属小康,故而在仕途上可谓顺风顺水,秦朝的御史一度还想向朝廷推荐他。以当时的社会标准看萧何属于社会精英阶层,这与因"贫无行"而与仕途绝缘的韩信相比,其人生起步不啻霄壤。然而,较高的社会身份并不意味着萧何对现行社会秩序的认同,这可以从几处细节看出。首先,萧何坚决推却了秦朝御史的推荐入朝,别人求之不得的事他却避之唯恐不及,当然不是因为他对官吏生涯有厌倦之情,否则他不会之后仍长期在官府任职,他的推却实在出于他对秦王朝上层政治黑暗的不满,也许他已预感到大风暴的到来,而有了明哲保身的动机。其次,刘邦在任小吏的时候常常得到上司萧何的照顾。萧何的这一举动一方面固然是其长者之风使然,另一方面也折射出他对现实的不满,刘邦往往大言无行,其行为对现实秩序常构成反叛,这是内心不满现实而性格谨言慎行的萧何做不到的。对刘邦的袒护也可看作对其挑战现存秩序举动的认可。然而,不满归不满,萧何并不会主动去与现实对抗,毕竟他是有头有脸有身家的人,他对自己的社会地位与境况多少是有贪恋之情的,这铸就了青年萧何在政治上的两面性。然而,"树欲静而风不止",大泽乡起义的号角打破了萧何安稳的仕宦生涯。萧何的背秦纯粹是投机自保之举。在各郡县纷纷杀死长吏起义的局面下,萧何之属鼓动沛令自立,以此保全自身的身家地位。萧何本想将刘邦当作这一计划的关键棋子来运用,因为一来刘邦是老部下,他又对其有护佑之恩,萧何觉得自己完全有把握让刘邦为自己奔走,二来刘邦虽亡命在外,但与陈涉等不同,他的亡命没有明确的政治意图,对萧何而言这自然多了几许安全感。然而,与萧何预想的不同,沛令的临场变卦与刘邦的反客为主,最终都使得萧何从消极的背秦走向了积极反秦,这构成了他人生的第一个大拐点。

秦二世三年,刘邦率大军入咸阳,随着秦帝国的彻底崩溃,全国的整体战略格局也发生着重要转变。秦末群雄初起时,最大的共同战略目标就是打垮并消灭秦国,对军事人才的需求远大于政治经济人才,文吏出生的萧何既不能征战沙场,对于战术层面的军事谋略也不甚在行,这就使得他在这一过程中多少有些边缘化。就拿和他同时加入刘邦集团的曹参对比来说,后者在进入咸阳前其爵位即随军功一路上升,而萧何似乎谈不上有多少作为。秦国灭亡后全国局势似乎将进入一个诸侯并立的平稳期,各方的战略目标开始分化,政治制衡代替了名义的归属,流动性掠夺为战略基地的经营所代替。在这种局面下,政治经济层面的治理显得愈发重要。萧何对于这一战略格局的转变是了然于胸的,故而一入咸阳,萧何直入秦丞相御史府中将法律文典和图书尽数保藏,等于垄断了全国战略情报资源。当然,萧何这么做也有作"秀"的成分,因为这种特立的做法肯定会引起刘邦的关注,有利于萧何对高层决策施加影响。项羽的背盟导致以刘邦为首的主战派舆论甚嚣尘上,这暴露出这些人的思维方式仍停留在灭秦前的武力生长的模式中,萧何通过战略分析有利扭转了刘邦集团的错误战略决策,勾勒出了刘邦集团未来整个宏观发展策略,也从而确定了他自身地位的不可替代性。在楚汉相持的五年中,萧何打造了汉王国乃至其后汉帝国国家机器的基本框架,从这个角度说,楚汉之间的胜负在一定意义上是国家机器的效率之争,而非仅仅是军事上的得失所决定的。

在塑造汉王国国家组织的过程中,萧何获得了相当大的独立决策和行政的权力,因而与刘邦不可避免地存在一定的权力交错与冲突。在战争进程中,这一矛盾虽也有表现,但基本被激烈的战事需要所掩盖,待到汉帝国建立后,逐渐由隐而转显。

汉帝国建立后,刘邦与萧何的矛盾实质上就是君权与相权矛盾的早期表现。汉初的丞相府是西汉政府的中枢机构,丞相又是这一权力中心的核心。这种权力的集中不可避免地使得君主的绝对权力有所削弱,进而导致君主与丞相间斗争与妥协的均衡。刘邦需要利用萧何的行政才能,但又畏惧其大权在握,特别是当这一权力与其在民间的威望相呼应时,更让刘邦觉得芒刺在背,必要对其有所压制。功臣分封提供了刘邦一个一箭双雕的机会。对功臣的分封实际上就是在汉王朝内部,刘氏家族和诸功臣之间如何分配权力的问题。刘邦不希望功臣们功高震主，对刘氏家族的权力构成威胁，但又不能不对功臣放权。对此，心计颇深的刘邦在分封过程中，利用功臣间的嫌隙，以争取对己有利的局面，萧何成了他达成目的的棋子。刘邦利用抬高萧何贬低曹参的做法，在一定程度上打压了以军功为基础的功臣群体，同时也把萧何推到了与军功功臣集团对立面上，使得两者之间互为角力，刘邦则坐收渔利。萧何对此心知肚明，他希望通过采取低调退让的道家处世哲学来消弭他与军功集团的矛盾，从而保全自己。故而我们就不难理解他的一些行为了，如在对待财产问题上他只选择穷僻处购置田产，并以"毋为势家所夺"来为自己的行为辩解；在惠帝向他咨询继任人选时，他推荐了对头曹参。在与刘邦的斗争中，萧何是处于退守一方的：刘邦畏忌他在民间的威望，他就通过强买民田的自污方式消解刘邦的疑虑；刘邦要削平韩信等诸侯王的势力，萧何利用韩信对自己的信任而最终把他送上绝路。也许萧何这么做只是出于他一贯的明哲保身的策略，但以往萧何所表现出的长者之风在这里荡然无存，完全被一副阴险嘴脸替代，在权力之争中没有仁义的位置。在两千年的封建集权历史中，君权与相权的斗争始终是一个君权不断强化、相权步步退缩的过程，萧何和刘邦的冲突不过是这一历史进程的预演。

秦帝国的建立意味着一个文吏阶层的兴起，他们以自己的管理才能服务于统治阶级，并最终替代贵族群体而成为国家行政活动的主体。他们构成了一个新的社会阶层——官僚集团。处于这一集团最上层的核心人物丞相自然成为这一集团的代表。丞相与皇帝的权力冲突实际上是官僚集团与帝王之间利益分配的平衡过程中矛盾的集中体现。汉初，皇权与诸侯王势力的矛盾以及与军功功臣的矛盾处于主导阶段，加之官僚集团尚处于雏形阶段，皇权与相权的冲突还处于温和阶段，随着汉王朝集权模式的稳固，这一冲突将表现得愈为明显，也为其后千余年的君相之争拉开序幕。

曹相国世家

〔选文〕

平阳侯曹参者，沛人也。秦时为沛狱掾，而萧何为主吏,居县为豪吏矣。

高祖为沛公而初起也,参以中涓从[1]。……楚怀王以沛公为砀郡长,将砀郡兵。于是乃封参为执帛,号曰建成君。迁[2]为戚公,属砀郡。

其后从攻东郡尉军,破之成武南。击王离军成阳南,复攻之杠里,大破之。追北,西至开封,击赵贲军,破之,围赵贲开封城中。西击秦将杨熊军于曲遇,破之,虏秦司马及御史各一人。迁为执珪。从攻阳武,下[3]轘辕、缑氏,绝[4]河津,还击赵贲军尸北,破之。从南攻犨,与南阳守齮战阳城郭东,陷[5]陈,取宛,虏齮,尽定南阳郡。从西攻武关、峣关,取之。前攻秦军蓝田南,又夜击其北,秦军大破,遂至咸阳,灭秦。

项羽至,以沛公为汉王。汉王封参为建成侯。从至汉中,迁为将军。……参自汉中为将军中尉,从击诸侯及项羽,败,还至荥阳,凡二岁。

高祖二年,拜为假[6]左丞相,入屯兵关中。……韩信已破赵,为相国,东击齐。参以右丞相属[7]韩信,攻破齐历下军,遂取临菑。还定济北郡,攻著、漯阴、平原、鬲、卢。已而从韩信击龙且军于上假密,大破之,斩龙且,虏其将军周兰。定齐,凡得七十余县。得故齐王田广相田光,其守相许章,及故齐胶东将军田既。韩信为齐王,引兵诣[8]陈,与汉王共破项羽,而参留平[9]齐未服者。

项籍已死,天下定,汉王为皇帝,韩信徙为楚王,齐为郡。参归汉相印。高帝以长子肥为齐王,而以参为齐相国。以高祖六年赐爵列侯,与诸侯剖符,世世勿绝。食邑平阳万六百三十户,号曰平阳侯,除[10]前所食邑。

……

参功：凡下二国，县一百二十二；得王二人，相三人，将军六人，大莫敖、郡守、司马、候、御史各一人。

孝惠帝元年，除诸侯相国法，更[11]以参为齐丞相。参之相齐，齐七十城。天下初定，悼惠王富于春秋，参尽召长老诸生，问所以安集[12]百姓，如齐故诸儒以百数，言人人殊[13]，参未知所定。闻胶西有盖公，善治黄老言，使人厚币请之。既见盖公，盖公为言治道贵清静而民自定，推此类具[14]言之。参于是避[15]正堂，舍[16]盖公焉。其治要用黄老术，故相齐九年，齐国安集，大称贤相。

惠帝二年，萧何卒。参闻之，告舍人趣[17]治行，"吾将入相"。居无何，使者果召参。参去，属[18]其后相曰："以齐狱市为寄[19]，慎勿扰也。"后相曰："治无大于此者乎？"参曰："不然。夫狱市者，所以并容也，今君扰之，奸人安[20]所容也？吾是以先之。"参始微[21]时，与萧何善[22]；及为将相，有郤[23]。至何且[24]死，所推贤唯参。参代何为汉相国，举事无所变更，一遵萧何约束。

择郡国吏木诎[25]于文辞，重[26]厚长者，即召除[27]为丞相史。吏之言文刻深，欲务声名者，辄斥去之。日夜饮醇酒。卿大夫已[28]下吏及宾客见参不事事，来者皆欲有言。至者，参辄饮以醇酒，间之，欲有所言，复饮之，醉而后去，终莫得开说，以为常。

相舍后园近吏舍，吏舍日饮歌呼。从吏恶[29]之，无如之何，乃请参游园中，闻吏醉歌呼，从吏幸[30]相国召按[31]之。乃反[32]取酒张坐饮，亦歌呼与相应和。

参见人之有细[33]过，专掩匿覆盖之，府中无事。

参子窋为中大夫。惠帝怪相国不治事，以为"岂少[34]朕与”？乃谓窋曰：“若[35]归，试私从容问而[36]父曰：‘高帝新[37]弃群臣，帝富于春秋，君为相，日饮，无所请事，何以忧天下乎？’然无言吾告若也。”窋既洗沐归，间侍，自从其所谏参。参怒，而笞[38]窋二百，曰：“趣[39]入侍，天下事非若所当言也。”至朝时，惠帝让[40]参曰：“与窋胡[41]治乎？乃者我使谏君也。”参免冠谢曰：“陛下自察圣武孰与高帝？”上曰：“朕乃安敢望先帝乎！”曰：“陛下观臣能孰与萧何贤？”上曰：“君似不及也。”参曰：“陛下言之是也。且高帝与萧何定天下，法令既明，今陛下垂拱，参等守职，遵而勿失，不亦可乎？”惠帝曰：“善。君休[42]矣！”

参为汉相国，出入三年。卒，谥懿侯。子窋代侯。百姓歌之曰：“萧何为法，觏若画一；曹参代之，守而勿失。载[43]其清净，民以宁一。”

……

太史公曰：曹相国参攻城野战之功所以能多若此者，以与淮阴侯俱[44]。及信已灭，而列侯成功，唯独参擅[45]其名。参为汉相国，清静极言合道。然百姓离秦之酷后，参与休息无为，故天下俱称其美矣。

选自《史记》卷五十四

〔注释〕 ①从：跟随。 ②迁：升职。 ③下：攻克。 ④绝：断绝。 ⑤陷：攻陷。 ⑥假：代理。 ⑦属：隶属。 ⑧诣：到。 ⑨平：平定。 ⑩除：去掉。 ⑪更：改换。 ⑫集：和睦。 ⑬殊：不同。 ⑭具：详尽。 ⑮避：逊让。 ⑯舍：安置。 ⑰趣：通“促”，催促。 ⑱属：同“嘱”，托付。 ⑲寄：托付。 ⑳安：哪里。 ㉑微：低下。 ㉒善：友好。 ㉓郤：同“隙”，矛盾。 ㉔且：将。 ㉕木诎：同“木讷”。 ㉖重：重视。 ㉗除：封官。 ㉘已：通“以”。 ㉙恶：厌恶。 ㉚幸：希望。 ㉛按：查办。 ㉜反：反而。 ㉝细：微小的。 ㉞少：轻视。 ㉟若：你。 ㊱而：同“尔”。 ㊲新：刚刚。 ㊳笞：鞭打。 ㊴趣：通“促”，赶紧。 ㊵让：责备。 ㊶胡：为何。 ㊷休：结束。 ㊸载：施行。 ㊹俱：一起。 ㊺擅：占有。

〔赏析〕 如果以相齐为界，曹参的一生大致可分为两个阶段，前一个阶段是作为一名军事将领跟随刘邦打天下，后一个阶段扮演的则是一名国家的管理者的角色。在历史上，与后一个角色相连的是“清静无为”和“萧规曹随”两个关键词。

“清静无为”常被史家用来定义汉初的政策取向，而史籍上最早明确提及运用了清静无为治国哲学的国家管理者大概就是曹参了。汉初定天下，刘邦就将长子刘肥封为齐王，并任命曹参为齐相国。曹参相齐，最初并未有确定的政策取向。孝惠元年(前194年)，曹参将在齐地的百余位儒生都召集起来商定治国方略，然而这次会议的结果不尽如人意，儒生们的意见莫衷一是，曹参也不知取舍。在这种情况下，曹参迎胶西盖公，闻其黄老清静之术来指导政策制定。从这一过程看，很显然问题不在于儒生们的“言人人殊”，而在于曹参“未知所定”。就在曹参任齐相的同年，齐王肥入朝差点为吕后所杀，最后以献出城阳郡得脱。吕后想通过铲除刘邦诸子来巩固孝惠帝的帝位，齐王肥是长子，又占据着最富腴的齐地，自然成为重点打击目标。齐王只能采取献城自弱的方式才能暂时消弭吕后的戒心。曹参是聪明人，如果他大张旗鼓地采取强振齐国的有为之策，自然会引起吕后的注意，结果不但对齐王不利，对自己更不利。由此可见，对曹参而言，采取“清静无为”之策并不是一个选择哪种政策的问题，而是如何保全身家性命的问题，是处在诸侯与皇帝之间力图保持两者平衡而达到自保的韬晦之策。

惠帝二年，萧何死了，曹参继任汉相，开始了“萧规曹随”的阶段。“萧规曹随”只是无为策略的别名，是曹参韬晦策略的新阶段。自刘邦始，皇权与相权的冲突已经初露端倪，直接表现为刘邦与萧何的角力。刘邦本是流氓出身，十分懂得运用政治手腕。不但通过“上林民田”之类的事由直接打压萧何，还在分封一事上抛出“功人功狗”论，明处是抬高萧何，实则是在萧何和功臣大将之间制造对立，以图坐收渔利。曹参之流身历其事，自然不会看不懂丞相的位子实在是不好坐的。惠帝初立，主少臣强，原先的力量平衡被打破，皇室的不安在吕后对诸功臣的戒惧而于高祖发丧时的“哭而泣不下”中充分表露。这种局面下作为功臣领袖的入朝即居相位便有可能面临皇权与相权、皇室与功臣的两重冲突。在这种形势下,无为可能是最优化的政治选择。一方面,用"无为"表明自身在治国上的平庸,从而化解在君相之间可能产生的嫌隙;另一方面,曹参也可借"无为"向以吕后为代表的皇室表明,功臣集团并没有扩大利益的企图,双方保持原来的权力范围,这样能减弱皇室对功臣坐大的担忧。因此,不难理解当涉世尚浅的惠帝试图通过曹参之子曹窋问政于曹参时,曹参会痛打儿子。他实际上是担心惠帝的举动会打破刚形成的在多种政治力量之间脆弱的平衡。因此,他抛出了刘邦和萧何,以此阻塞了惠帝进一步干政的可能。

从高祖到孝文帝,与民休憩一直是朝野上下的政策共识,并非曹参的发明。这种国策完全基于现实形势的需要,和黄老之学无甚必然关系。《史记》是最早将两者联系起来的文献,并通过曹参有意突出了黄老之学在政策选择过程中的决定作用,也只是体现了司马迁个人学术思想的偏好而已。在我们看来,曹参在汉初政坛的种种表现更多的是明哲保身的滑头举动,但从一个侧面折射出汉代历史中皇权扩张的进程。汉政权初立时,皇权还是有很大限制性的,刘邦曾下诏说他是与"与天下之豪士贤大夫共定天下,同安辑之"的(《汉书·高帝纪》)。换句话说权力要大家分享。但是,皇权的排他性必然会使之走上自我扩张的轨迹,对其他社会权力产生挤压效应。刘邦与萧何等的冲突过程正是不断显示自身权力绝对性的过程。汉初政治中皇室、诸侯、功臣官僚的多元权力主体并立的局面,使得曹参不自觉地身陷皇室与功臣、皇权与相权、皇权与同姓诸侯等诸种冲突之中,"清静无为"只是在权力倾轧中保持平衡的生存之道。专制皇权的逐步扩张并不能消弭上述诸种矛盾,反倒为外戚专权、宦官主政等皇权扩张的异化形式提供了粉墨登场的机会,这些现象在整部汉代史,乃至整部中国古代历史中实在是屡见不鲜的,曹参之流通过"清静无为"是不能长久解决封建专制政治固有的权力失衡问题的。

淮阴侯列传

〔选文〕

淮阴侯韩信者,淮阴人也。始为布衣时,贫无行[①],不得推[2]择为吏，又不能治生[3]商贾，常从人寄[4]食饮，人多厌之者，常[5]数从其下乡南昌亭长寄食，数月，亭长妻患[6]之，乃晨炊蓐[7]食。食时信往，不为具[8]食。信亦知其意，怒，竟绝去。

信钓于城下，诸母漂[9]，有一母见信饥，饭[10]信，竟漂数十日。信喜，谓漂母曰："吾必有以重报母。"母怒曰："大丈夫不能自食[11]，吾哀[12]王孙而进食，岂望报乎！"

淮阴屠中少年有侮信者，曰："若虽长大，好带刀剑，中情[13]怯耳。"众辱之曰："信能死，刺我；不能死，出我袴下。"于是信孰视之，俛[14]出袴下，蒲伏。一市人皆笑信，以为怯。

及项梁渡淮，信杖剑从之，居戏下[15]，无所知名。项梁败，又属[16]项羽，羽以为郎中。数以策干项羽，羽不用。汉王之入蜀，信亡[17]楚归汉，未得知名，为连敖。

……

信数与萧何语，何奇[18]之。至南郑，诸将行道亡者数十人，信度[19]何等已数言上，上不我用，即亡。何闻信亡，不及以闻，自追之。人有言上曰："丞相何亡。"上大怒，如失左右手。居一二日，何来谒[20]上，上且怒且喜，骂何曰："若亡，何也？"何曰："臣不敢亡也，臣追亡者。"上曰："若所追者谁何？"曰："韩信也。"上复骂曰："诸将亡者以十数，公无所追；追信，诈[21]也。"何曰："诸将易得耳。至如信者，国士无双。王必欲长王[22]汉中，无所事[23]信；必欲争天下，非信无所与计事者。顾王策安所决[24]耳。"王曰："吾亦欲东耳，安能郁郁久居此乎？"何曰："王计必欲东，能用信，信即留；不能用，信终亡耳。"王曰："吾为公以为将。"何曰："虽为将，信必不留。"王曰："以为大将。"何曰："幸甚。"于是王欲召信拜之。何曰："王素[25]慢无礼，今拜大将如呼小儿耳，此乃信所以去也。

王必欲拜之，择良日，斋戒，设坛场，具礼，乃可耳。"王许之。诸将皆喜，人人各自以为得大将。至拜大将，乃韩信也，一军皆惊。

信拜礼毕，上坐。王曰："丞相数言将军，将军何以教寡人计策？"信谢，因问王曰："今东乡争权天下，岂非项王邪？"汉王曰："然。"曰："大王自料勇悍仁强孰与项王？"汉王默然良久，曰："不如也。"信再拜贺曰："惟信亦为大王不如也。然臣尝事之，请言项王之为人也。项王喑噁叱咤，千人皆废，然不能任属㉖贤将，此特匹夫之勇耳。项王见人恭敬慈爱，言语呕呕，人有疾病，涕泣分食饮，至使人有功当封爵者，印刓㉗敝，忍㉘不能予，此所谓妇人之仁也。项王虽霸天下而臣㉙诸侯，不居关中而都㉚彭城。有背义帝之约，而以亲爱王，诸侯不平。诸侯之见项王迁逐义帝置江南，亦皆归逐其主而自王善地。项王所过无不残灭者，天下多怨，百姓不亲附，特劫㉛于威强耳。名虽为霸，实失天下心。故曰其强易弱。今大王诚能反其道：任㉜天下武勇，何所不诛！以天下城邑封功臣，何所不服！以义兵从思东归之士，何所不散㉝！且三秦王为秦将，将秦子弟数岁矣，所杀亡不可胜计，又欺其众降诸侯，至新安，项王诈阬㉞秦降卒二十余万，唯独邯、欣、翳得脱㉟，秦父兄怨此三人，痛㊱入骨髓。今楚强以威王此三人，秦民莫爱也。大王之入武关，秋豪㊲无所害，除秦苛法，与秦民约，法三章耳，秦民无不欲得大王王秦者。于诸侯之约，大王当王关中，关中民咸知之。大王失职入汉中，秦民无不恨㊳者。今大王举而东，三秦可传檄㊴而定也。"于是汉王大喜，自以为得信晚。遂听信计，部署诸将所击。

……

(汉二年)六月,魏王豹谒[40]归视亲疾,至国,即绝河关反汉,与楚约和。汉王使郦生说豹,不下[41]。其八月,以信为左丞相,击魏。魏王盛兵蒲坂,塞[42]临晋,信乃益为疑兵,陈船欲度临晋,而伏兵从夏阳以木罂缻渡军,袭安邑。魏王豹惊,引兵迎[43]信,信遂虏豹,定魏为河东郡。汉王遣张耳与信俱,引兵东,北击赵、代。后九月,破代兵,禽[44]夏说阏与。信之下魏破代,汉辄使人收其精兵,诣荥阳以距[45]楚。

选自《史记》卷九十二

〔注释〕 ① 行:善行。 ② 推:推举。 ③ 治生:谋生。 ④ 寄:蹭。 ⑤ 常:通“尝”,曾经。 ⑥ 患:担忧。 ⑦ 蓐:通“褥”。 ⑧ 具:准备。 ⑨ 漂:洗棉絮。 ⑩ 饭:供给食物。 ⑪ 食:供养。 ⑫ 哀:可怜。 ⑬ 中情:骨子里。 ⑭ 俛:同“俯”。 ⑮ 戏下:麾下。 ⑯ 属:归属。 ⑰ 亡:逃离。 ⑱ 奇:以为奇。 ⑲ 度:估计。 ⑳ 谒:拜见。 ㉑ 诈:欺骗。 ㉒ 王:称王。 ㉓ 事:任用。 ㉔ 决:决定。 ㉕ 素:向来。 ㉖ 任属:任用。 ㉗ 刓:无棱角。 ㉘ 忍:吝啬。 ㉙ 臣:臣服。 ㉚ 都:定都。 ㉛ 劫:威逼。 ㉜ 任:任用。 ㉝ 散:击溃。 ㉞ 阬:同“坑”,活埋。 ㉟ 脱:脱身。 ㊱ 痛:痛恨。 ㊲ 豪:通“毫”。 ㊳ 恨:遗憾。 ㊴ 檄:文书。 ㊵ 谒:请求。 ㊶ 下:退让。 ㊷ 塞:堵住。 ㊸ 迎:迎击。 ㊹ 禽:通“擒”。 ㊺ 距:通“拒”,抵抗。

〔赏析〕 俗语云:“时势造英雄。”对韩信的一生来说这是最好的概括,其兴在顺乎时势,其亡亦在于时移势变而不自知。与秦末舞台上众多风云人物不同的是,青年韩信一登场便带有几分孤傲感与神秘感。他的一举一动都似乎与身处的社会不相容,这些都源于他的特殊身份——游士。游士是春秋以后形成的以个人才智为君主服务以实现个人价值的社会阶层。秦统一天下后,作为六国遗风的游士风气也并没有立刻消亡,韩信就是这一文化的产物,有好几个特征可以证明这一点。首先,韩信不事生产喜游食。在先秦,游士是脱离农业生产而以个人才能服务于公门的阶层,而豪门养士也是当时风气,如魏公子无忌手下“士以此方数千里争往归之,致食客三千人”(《史记·魏公子列传》)。第二,韩信喜欢携带刀剑。秦灭六国后收六国兵器于咸阳铸成十二金人,私带兵器在当时是非法的。而“仗剑”则是先秦游士游侠的普遍身份标志,即韩非子所说的“私剑之士”(《韩非子·显学》)。第三,韩信熟知兵法。兵法的兴盛是战国争霸的产物。秦统一后"以吏为师",自然不会再提倡兵法的修习,但六国地区的私家教育中兵法仍占重要地位,韩国贵族后裔张良和楚国贵族后裔项羽都学习过兵法。游士是战国时代的遗物,然而秦末大起义一夜间给了他们一次回光返照的绝好机会,韩信的命运就此转折。

韩信是以谋臣身份参与到秦末的大变局中的。他首先投入项梁项羽军中,这一段经历在他看来显然是不愉快的,表面看来似乎在于项羽的不能知人善任。事实果真如此么?在项羽军中韩信的最终职位是"郎中",这个职务战国时代各国已有设置,原先只是君主的侍卫,后来逐渐发展为对军国事务提供谋策的咨议之臣。由此可知,韩信实际上已经进入项羽集团的最高决策层了,对于重大决策是有资格发表意见的,可见项羽还是慧眼识才的。促使韩信离开项羽集团的真正原因在于没有独当一面的机遇。项羽始终只把他视作一位谋臣,并未赋予他开疆辟土的大权;另一方面项羽军中人才济济,论宏观谋略,有范增那样的重量级人物坐镇,论军事,项羽本人就是军事奇才,他的"破釜沉舟"与韩信的"背水一战"在军事史上都是经典案例,此外还有英布等一批名将效力,留给韩信的机会实在不多。游士的价值观中成功的人生就是贡献才智于君主以博取裂地封爵,曾为任侠的张良就为刘邦剖析过这一点,即所谓"天下游士离其亲戚,弃坟墓,去故旧,从陛下游者,徒欲日夜望咫尺之地"(《史记·留侯世家》)。在韩信看来项羽"至使人有功当封爵者,印刓敝,忍不能予",故而去楚即汉也就不难理解了。韩信在刘邦集团中虽被捧为大将,但亦不为重用,消灭三秦的作战乃至于与楚在彭城的第一次战略决战中,韩信的作用都是模糊的。可以看出,刘邦封韩信一方面固然有通过登台拜将做出礼贤下士的姿态,用以招揽天下人才为己用的目的;另一方面,更主要体现出刘邦的驭人天才。正反两手并用,互相牵制的技略是刘邦一生中最常用的用人手段。把一个没有军功且还是从敌对阵营里投靠过来的无名之士擢拔到诸将之上,在一定程度上能打击部分将领自恃功高的心态。事实上,刘邦一直很善于运用楚的降将来牵制诸将,以巩固自身地位。如陈平刚投靠刘邦就被任命为护军去监督诸将,气得周勃、灌婴等老部下都跑来告状。可见,韩信虽被封为将军但也并不为刘邦信任,只是用他来为自己的人事策略服务，而军事大权仍由入汉中前的旧部控制。

汉二年(前205年)，楚汉彭城决战以汉的失败告终，这给了韩信新的转机，开启了其人生的第三个阶段。彭城决战后汉在兵力上捉襟见肘，而此时魏王豹反汉，从侧翼对刘邦集团构成重大威胁。郦食其的游说又无功而返，韩信终于有了独立用兵的机会，乃至最后获封齐王，这一时期可以说是韩信一生中最精彩的时期，联系其以后的悲惨结局，更让人惋惜不已。后世论者往往以韩信不用武涉、蒯通之计为憾，然而如果我们仔细分析便可看出韩信的这种选择是必然的。首先，裂地封爵是韩信的人生理想，既然已经位至齐王，在他看来个人价值已经得到了最大的实现，进一步觊觎天下之主的权位对其吸引力并不大。第二，楚汉相争并非徒依军事力量，他们各有自己深厚的大后方作支撑，楚有旧楚之地，汉有秦之关中，在财赋、兵员上都有保障。韩信虽然袭取了齐地，然而齐国民心尚未归附，甚至于还有许多未平者(见《史记·曹相国世家》)。军事上都尚未完全征服，政治经济上的整合更谈不上。故而，表面上韩信占据齐地，实质上这并不能立刻就为他提供作为独立国家而需要的后方支撑。第三，要独立称霸就必须要有自己的军事力量。韩信虽然号为拥兵数十万，但实际上他麾下的军队并不都完全受他控制。刘邦在韩信军中安插了许多自己的旧部，他们控制着相当部分韩信名下的军队。比如曹参作为刘邦的同乡和老部下，从灭魏王豹开始就始终在韩信军中，直到韩信率兵南下和刘邦会合与楚决战，曹参还留在齐地，实际上已经替刘邦控制了齐国。正因为韩信军中多有手握重兵的刘邦旧部，使得刘邦几次入韩信军营毫无阻拦，可以从容收回韩信的兵权。在军事权力都掌握在别人手里时，韩信又怎么敢轻易自立呢！因此，韩信是经过深思熟虑后才作出继续与刘邦合作的决定的，在当时的情形下，这么做显然是理性的。

汉立国伊始，刘邦集团与异姓诸侯集团还处在拥戴与分封的并存状态，诸侯拥立刘邦称帝时的重要理由之一就是“加惠于诸侯王有功者，使得立社稷”，而位列拥立诸侯之首的正是楚王韩信。这种平衡的局面注定不会长久，刘氏集团的目标是要建立以秦帝国为蓝本的大一统模式，对诸侯势力的消灭是势所必然，韩信又首当其冲。韩信对裂地分王的政治格局是笃信不疑的，直到被擒之前他都没有意识到这是必然的结局。韩信的被擒起于告变谋反，这一手段成为日后汉中央政府打压诸侯的常用武器，这也很可能是刘邦一手策划的。至此，韩信政治生命已经结束，他最后的死亡结局仅仅是他孤傲敏感的性格所致。

作为一位深受游士意识观念浸濡的士人，韩信的一生既是幸运的又是不幸的。说其幸运，在于他身逢秦末大起义的巨变，使他得以有机会从无名之辈一跃而位至王侯；说其不幸，在于他的政治理念与历史的发展不相合拍，最终导致了悲惨的结局。秦末的起义使得战国时代的社会形态与思想意识有了一个短暂的回潮，使得游士阶层又有了活跃的舞台。游士的个人价值理想在于裂地封爵，其现实背景是春秋战国以来的诸侯争霸，其政治实践渊源是历史久远的“封建”政治传统。秦帝国的建立开启了大一统的新政治传统，秦吏出身的刘邦正是以秦帝国作为国家模式的母体来构建汉帝国的。从汉帝国建立之始，刘邦的政治目标就是要变“天下共主”为独主天下，抱持旧有政治理念的韩信成了第一个牺牲品，他与刘邦的冲突表面看是“兔死狗烹”的逻辑结果，实质上是新旧两种政治传统的冲突。从这个角度看，韩信的悲剧命运实属必然。

（陆海旸）

一代女主的政治博弈

〔导言〕 本篇《吕太后本纪》、《陈丞相世家》、《绛侯周勃世家》三篇传记，三大传主吕后、陈平、周勃是汉初重要的政治与军事人物；《外戚世家》为专类群体传记，以吕后为第一传主，故亦入编此组。三大传主均受过楚汉战争的洗礼，吕后是开国皇后，陈平、周勃是开国元勋，更同是后刘邦时代的西汉朝廷领导集团的主要成员。吕后实际主政十五年，陈平、周勃则是继萧规曹随后任近十年的朝廷将相，继续汉初“顺流与之（民）更始”传统，可以说一朝君臣共同开创了一个吕后时代。这是个具有正负两面历史镜鉴与启示的时代，吕后宫廷残虐但不殃及公共领域的朝政与社会民生，废除挟书律、三族连坐法、妖言令（以言治罪）等恶法，大赦天下，奠定了中国的惠民赦政传统。封吕姓四王六侯，又任吕王产为相国，启两汉及后世外戚专权之局，但也引发了秦汉以降第一次宫廷政变——陈平、周勃“将相和”合计卒诛诸吕，迎立文帝，结束了吕后时代。但凡此皆不害这个时代的基本特征与政治社会生态，这就是首篇太史公曰：“孝惠皇帝、高后之时，黎民得离战国之苦，君臣俱欲休息乎无为，故惠帝垂拱，高后女主称制，政不出房户，天下晏然。刑罚罕用，罪人是希。民务稼穑，衣食滋殖。”由是，亦透现了《史记》的史观。

吕太后本纪

〔选文〕

吕太后者，高祖微[①]时妃也，生孝惠帝、女鲁元太后。及高祖为汉王，得定陶戚姬，爱幸，生赵隐王如意。孝惠为人仁弱，高祖以为不类[②]我，常欲废太子，立戚姬子如意，如意类我。戚姬幸[③]，常从上之[④]关东，日夜啼泣，欲立其子代太子。吕后年长,常留守,希[5]见上,益疏[6]。如意立为赵王后,几[7]代太子者数[8]矣,赖大臣争[9]之,及留侯策[10],太子得毋废。

吕后为人刚毅,佐高祖定天下,所诛大臣多吕后力。吕后兄二人,皆为将。长兄周吕侯死事,封其子吕台为郦侯,子产为交侯;次兄吕释之为建成侯。

……

吕后最怨戚夫人及其子赵王,乃令永巷囚戚夫人,而召赵王。使者三反[11],赵相建平侯周昌谓使者曰:"高帝属臣赵王,赵王年少。窃[12]闻太后怨戚夫人,欲召赵王并诛之,臣不敢遣王。王且亦病,不能奉诏。"吕后大怒,乃使人召赵相。赵相征至长安,乃使人复召赵王。王来,未到。孝惠帝慈仁,知太后怒,自迎赵王霸上,与入宫,自挟[13]与赵王起居饮食。太后欲杀之,不得间[14]。孝惠元年十二月,帝晨出射。赵王少,不能蚤[15]起。太后闻其独居,使人持酖饮[16]之。犁明,孝惠还,赵王已死。于是乃徙淮阳王友为赵王。夏,诏赐郦侯父追谥为令武侯。太后遂断戚夫人手足,去眼,辉耳,饮喑药,使居厕中,命曰"人彘"。居数日,乃召孝惠帝观人彘。孝惠见,问,乃知其戚夫人,乃大哭,因病,岁余不能起。使人请太后曰:"此非人所为。臣为太后子,终不能治天下。"孝惠以此日饮为淫乐,不听政,故有病也。

……

(孝惠)七年秋八月戊寅,孝惠帝崩。发丧,太后哭,泣[17]不下。留侯子张辟强为侍中,年十五,谓丞相曰:"太后独有孝惠,今崩,哭不悲,君知其解乎?"丞相曰:"何解?"辟强曰:"帝毋壮子,太后畏君等。君今请拜[18]吕台、吕产、吕禄为将,将兵居南北军,及诸吕皆入宫,居中用事,如此则太后心安,君等幸得脱祸矣。”丞相乃如辟强计。太后说[19],其哭乃哀。吕氏权由此起。乃大赦天下。九月辛丑,葬。太子即位为帝,谒[20]高庙。元年,号令一出太后。

太后称制[21],议欲立诸吕为王,问右丞相王陵。王陵曰:“高帝刑白马盟[22]曰‘非刘氏而王[23],天下共击之’。今王吕氏,非约也。”太后不说。问左丞相陈平、绛侯周勃。勃等对曰:“高帝定天下,王子弟,今太后称制,王昆弟诸吕,无所不可。”太后喜,罢朝。王陵让[24]陈平、绛侯曰:“始与高帝啑血盟,诸君不在邪?今高帝崩,太后女主,欲王吕氏,诸君从[25]欲阿意背约,何面目见高帝地下?”陈平、绛侯曰:“于今面折廷争,臣不如君;夫全[26]社稷,定刘氏之后,君亦不如臣。”王陵无以应之。十一月,太后欲废王陵,乃拜为帝太傅,夺之相权。王陵遂病免[27]归。乃以左丞相平为右丞相,以辟阳侯审食其为左丞相。左丞相不治事,令监宫中,如郎中令。食其故[28]得幸太后,常用事,公卿皆因而决事。乃追尊郦侯父为悼武王,欲以王诸吕为渐[29]。

……

宣平侯女为孝惠皇后时,无子,详[30]为有身[31],取美人子名[32]之,杀其母,立所名子为太子。孝惠崩,太子立为帝。帝壮,或闻其母死,非真皇后子,乃出言曰:“后安能杀吾母而名我?我未壮,壮即为变。”太后闻而患[33]之,恐其为乱,乃幽[34]之永巷中,言帝病甚,左右莫得见。太后曰:“凡有天下治为万民命者,盖之如天,容之如地,上有欢心以安百姓,百姓欣然以事其上,欢欣交通而天下治。今皇帝病久不已,乃失惑惛乱,不能继嗣奉宗庙祭祀,不可属[35]天下,其代之。”群臣皆顿首言:“皇太后为天下齐民[36]计所以安宗庙社稷甚深,群臣顿首奉诏。”帝废位,太后幽杀之。五月丙辰,立常山王义为帝,更名曰弘。不称元年者,以太后制天下事也。

……

七月中,高后病甚,乃令赵王吕禄为上将军,军[37]北军;吕王产居南军。吕太后诫产、禄曰:“高帝已定天下,与大臣约,曰‘非刘氏王者,天下共击之’。今吕氏王,大臣弗平。我即崩,帝年少,大臣恐为变。必据兵卫宫,慎毋送丧,毋为人所制[38]。”辛巳,高后崩,遗诏赐诸侯王各千金,将相列侯郎吏皆以秩赐金。大赦天下。以吕王产为相国,以吕禄女为帝后。

选自《史记》卷九

〔**注释**〕 ① 微:卑贱。 ② 类:相似。 ③ 幸:受宠。 ④ 之:到。 ⑤ 希:同“稀”。 ⑥ 疏:疏远。 ⑦ 几:几乎。 ⑧ 数:多次。 ⑨ 争:劝阻。 ⑩ 策:谋划。 ⑪ 反:通“返”。 ⑫ 窃:私下。 ⑬ 挟:携带。 ⑭ 间:空隙。 ⑮ 蚤:通“早”。 ⑯ 饮:使喝下。 ⑰ 泣:眼泪。 ⑱ 拜:封官。 ⑲ 说:通“悦”。 ⑳ 谒:拜谒。 ㉑ 称制:代行皇权。 ㉒ 盟:盟誓。 ㉓ 王:称王。 ㉔ 让:责备。 ㉕ 从:通“纵”。 ㉖ 全:保全。 ㉗ 免:辞职。 ㉘ 故:原本。 ㉙ 渐:做铺垫。 ㉚ 详:通“佯”,假装。 ㉛ 身:身孕。 ㉜ 名:占有。 ㉝ 患:担忧。 ㉞ 幽:幽禁。 ㉟ 属:托付。 ㊱ 齐民:平民。 ㊲ 军:统领。 ㊳ 制:控制。

〔**赏析**〕 吕后,名雉,字娥姁。汉高祖的开国皇后,史称高后。《史记》于《高祖本纪》后置《吕太后本纪》,而以惠帝朝事附入(《汉书》高后、惠帝分《纪》)。《史记》、《汉书》为吕后立《纪》,后世议论纷纭不已(如刘勰、黄东发即反对为“女帝”立《纪》)。盖惠帝君道不行,政出吕后;二少帝年幼,吕后临朝称制,立《纪》只是记实,“本纪者记其政之自出”乃《史记》之义例。故郑樵《通志》说:“若吕后之《纪》不立,正朔所系何朝?”“不察实义,徒事虚言,史家之大患也”。

《吕太后本纪》第一段文字,所记述的,是吕戚之争。直至今日讲述这段历史的,除比附现实政治者,都由于同情戚姬最后的悲惨遭遇,而忽略了吕戚之争的实际与性质，这里史公只用了126字即已昭示了的，就是：其事实启于戚姬，吕后起初只是应对地卫嫡，即被动地进行了一场卫护嫡子刘盈(惠帝)储位的保卫战。此后，依靠张良、叔孙通等开国功臣的辅助，度过惠帝储位及她自己后位的危机。

汉朝是有制度的。废立太子须通过大臣朝议，毕竟不是吕戚两个女人之间的私人斗争。在这场废立的博弈中，功臣大臣们相继谏争，反对废易。他们认为“太子天下本，本一摇而天下振动”，要维护推翻暴秦而建立起来的正常的国家政治秩序；肯定“今太子仁孝，天下皆闻之”，不会行暴秦之道；也认同吕后是与刘邦“攻苦食啖”共同打天下的开国皇后，所以多谏争。而戚姬在他们眼里，只不过是以色受幸的宠妃。所以汾阴侯、中尉周昌入奏撞见刘邦拥抱戚姬，直言刘邦是“桀纣之主”。

吕后懂得卫嫡护储须依靠大臣们的鼎助。但大臣们的谏争并没有使刘邦真正打消废易的念想，吕后恐慌了，不知所措，经人提醒，即差次兄建成侯吕释之强请杜门辟谷疗病中的留侯张良出助，张良为之谋划。高祖十一年(前196年)，刘邦扶病亲征英布，张良趁机请令太子为将军监关中兵，被刘邦委命行太子少傅事。次年，刘邦东征归，病更厉害，愈欲易太子。张良谏，可刘邦这次打定了主意不从谏；太子太傅叔孙通抚剑将自杀，以“颈血污地”死谏，刘邦不得已，佯许之，内心还是想换太子。退朝燕宴，刘盈在侍。随从太子的四人皆须眉皓白的年过八十的老人，刘邦经问得知是他多年访求不得的高士商山四皓东园公、角里先生、绮里季、夏黄公，看清了太子受到天下拥护的形势，这才无奈地放弃了“废嫡而立少”。四皓卫嫡，用的就是张良之计。史公称刘邦终不能易太子，靠的就是留侯所招四皓。故惠帝在四皓原隐居地立《四皓碑》与祠。制度挡住了皇帝的个人意志，皇权扭转不了天下大势。吕后依靠功侯大臣，功侯大臣依靠制度、依靠人多势众，依靠强谏、死谏、巧谏，终于取得了卫嫡护储的成功。

照理，惠帝即位，吕后位尊皇太后，完全可以高抬贵手，以怨报德，以创造宫廷祥和。可惜，难解的深怨、狭隘的心胸和复仇心切，扭曲了吕后的心灵，将已成为过去的卫嫡之争过度延伸、无端拉长，演成了个人泄私愤的残酷斗争和恶毒迫害。史公具象地触目惊心地白描了宫廷斗争的残酷性。惠帝元年(前194年)十二月,吕后用尽心计,伺惠帝晨出,鸩杀赵王如意;又斩戚夫人足,去眼,辉(熏)耳,饮哑药,使居厕中,命曰"人彘"。手段之残忍恶毒,连惠帝亦觉实在惨不忍睹,使人对吕后言"此非人所为",以致掩盖了她推行惠帝除秦苛法、宽仁治国的惠民德政,留下了千古恶名。

《史记》以后至今,无论传统史学,还是近现代史学,吕后都是被否定的历史负面人物,其主要根据之一,也就是被谴责得最多的,是残虐戚姬。吕戚之争有其复杂性,吕后名位既正,卫嫡自有其正当性,此所以能取得大臣们的支持;戚姬恃宠而生非分之想摇动国本,不能不说亦是自招其祸。吕后错在卫嫡成功还要过度而极端继续宫闱迫害,手段残忍、暴力、血腥,扩大化至"杀隐幽友"。

残虐戚姬确实是其后宫残杀的典型事件,按现代政治和法律的观点,犯的是酷刑罪、一级谋杀罪,理该受到历史的谴责。可以说司马迁如此不惜笔墨、铺陈揭露,实际就是严厉的道德谴责,也是中国传统史学严如斧钺的历史谴责。它给出的启示有三:一、由实录惠帝所言"此非人所为"透出其所持为"人性史观",这正是《史记》对吕后历史揭露的道德底蕴与依据。二、表现了《史记》的一个史学通则,就是对待政治人物的罪恶过失之历史揭露与历史谴责"宜细不宜粗",否则不成其为揭露与谴责,会走向历史遗忘与历史掩盖,那就不可能发挥《太史公自序》中所说的"拨乱反正"的《春秋》道义与历史镜鉴作用。三、宫廷人物的后宫表现与朝廷表现、历史人物与政治人物的私德与公德"同入"历史褒贬评价系统。道德存在乃人的基本存在。政治人物的罪恶过失本质上是其德行失德的表现。德在私人领域的表现谓之私德,在公共领域的表现谓之公德。宫廷与皇室内部事务,大体相当于或较多"齐家"范围的私德空间,朝廷及国家政府治国平天下的公共事务则属公德表现范围。中国传统史学与传统政治的评价系统有着高度的相应性、一致性。这个"同入"原则背后的历史与政治意识是重视道德形象与道德建设;而私德于此有其相关性、重要性,这用今天的观点来诠释,消极的说法即是,政治人物由于其拥有公权力和公共资源的身份,即使是私德失德同样会影响公权力的公信度，甚至演化为公共事件。从这个意义上说，政治人物无隐私，皆当置于公评之下。史学评价亦公评之一。至于后宫人物的不当表现亦有可能影响朝廷政治，戚姬恃宠以图废立即是一例。一切官吏的私德失德皆在惩治贬黜之列、史学评议之中，帝王亦不能免。吕后残虐戚姬及"杀隐幽友"等严格限制在宫廷内部、皇室内部，这就有较大成分的内部事务性、私德性。不管怎么说，私德不应是评判历史人物的主要依据，历史人物的历史地位应主要以其公共领域的表现而定。对吕后的认识与评价，还必须看其实际执政十五年的政绩。

陈丞相世家

〔选文〕

陈丞相平者，阳武户牖乡人也。少时家贫，好读书，有田三十亩，独与兄伯居。伯常耕田，纵[①]平使游学。平为人长[②]大美色。人或谓陈平曰："贫何食而肥若是？"其嫂嫉[③]平之不视家生产，曰："亦食糠覈耳。有叔如此，不如无有。"伯闻之，逐其妇而弃之。

……

陈涉起而王陈，使周市略定魏地，立魏咎为魏王，与秦军相攻于临济。陈平固已前谢其兄伯，从[④]少年往事[⑤]魏王咎于临济。魏王以为太仆。说魏王不听，人或谗之，陈平亡[⑥]去。

……

平遂至修武降汉，因[⑦]魏无知求见汉王，汉王召入。是时万石君奋为汉王中涓，受平谒，入见平。平等七人俱进，赐食。王曰："罢，就[⑧]舍矣。"平曰："臣为事来，所言不可以过今日。"于是汉王与语而说[⑨]之，问曰："子之居楚何官？"曰："为都尉。"是日乃拜平为都尉，使为参乘，典护军。

……

于是与平剖符，世世勿绝，为户牖侯。平辞[10]曰："此非臣之功也。"上曰："吾用先生谋计，战胜克敌，非功而何？"平曰："非魏无知臣安得进[11]？"上曰；"若[12]子可谓不背本矣。"乃复赏魏无知。其明年，以护军中尉从攻反者韩王信于代。卒至平城，为匈奴所围，七日不得食。高帝用陈平奇计，使单于阏氏[13]，围以得开。高帝既出，其计秘，世莫得闻。

……

其后常[14]以护军中尉从攻陈豨及黥布。凡六出奇计，辄益[15]邑，凡六益封。奇计或颇秘，世莫能闻也。

高帝从破布军还，病创，徐[16]行至长安。燕王卢绾反，上使樊哙以相国将[17]兵攻之。既行，人有短恶[18]哙者。高帝怒曰："哙见吾病，乃冀[19]我死也。"用陈平谋而召绛侯周勃受诏床下，曰："陈平亟驰传[20]载勃代哙将，平至军中即斩哙头！"二人既受诏，驰传未至军，行计[21]之曰："樊哙，帝之故人也，功多，且又乃吕后弟[22]吕媭之夫，有亲且贵，帝以忿怒故，欲斩之，则恐后悔。宁囚而致上，上自诛之。"未至军，为坛，以节召樊哙。哙受诏，即反接载槛车，传诣长安，而令绛侯勃代将，将兵定[23]燕反县。

平行闻高帝崩，平恐吕太后及吕媭谗怒，乃驰传先去。逢使者诏平与灌婴屯[24]于荥阳。平受诏，立复驰至宫，哭甚哀，因奏事丧前。吕太后哀[25]之，曰："君劳，出休[26]矣。"平畏谗之就[27]，因固请得宿卫中。太后乃以为郎中令，曰："傅[28]教孝惠。"是后吕媭谗乃不得行。樊哙至，则赦复爵邑。

孝惠帝六年，相国曹参卒，以安国侯王陵为右丞相，陈平为左丞相。

……

安国侯既为右丞相，二岁，孝惠帝崩。高后欲立诸吕为王，问王陵，王陵曰："不可。"问陈平，陈平曰："可。"吕太后怒，乃详[29]迁陵为帝太傅，实不用陵。陵怒，谢[30]疾免，杜[31]门竟不朝请，七年而卒。

陵之免丞相，吕太后乃徙平为右丞相，以辟阳侯审食其为左丞相。左丞相不治，常给事于中[32]。

……

吕媭常以前陈平为高帝谋执[33]樊哙，数谗曰："陈平为相非治事，日饮醇酒，戏妇女。"陈平闻，日益甚。吕太后闻之，私[34]独喜。面质[35]吕媭于陈平曰："鄙语曰'儿妇人口不可用'，顾君与[36]我何如耳。无畏吕媭之谗也。"

吕太后立诸吕为王，陈平伪[37]听之。及吕太后崩，平与太尉勃合谋，卒诛诸吕，立孝文皇帝，陈平本谋也。审食其免相。

孝文帝立，以为太尉勃亲以兵诛吕氏，功多；陈平欲让勃尊位，乃谢病。孝文帝初立，怪[38]平病，问之。平曰："高祖时，勃功不如臣平。及诛诸吕，臣功亦不如勃。愿以右丞相让勃。"于是孝文帝乃以绛侯勃为右丞相，位次第一；平徙为左丞相，位次第二。赐平金千斤，益封三千户。

居顷之，孝文皇帝既益明[39]习国家事，朝而问右丞相勃曰："天下一岁决狱几何？"勃谢曰："不知。"问："天下一岁钱谷出入几何？"勃又谢[40]不知，汗出沾背，愧不能对。于是上亦问左丞相平。平曰："有主[41]者。"上曰："主者谓谁？"平曰："陛下即问决狱，责[42]廷尉；问钱谷，责治粟内史。"上曰："苟各有主者，而君所主者何事也？"平谢曰："主臣！陛下不知其驽下，使待罪宰相。宰相者，上佐天子理阴阳，顺四时，下育万物之宜，外镇抚四夷诸侯，内亲附百姓，使卿大夫各得任其职焉。”孝文帝乃称善。右丞相大惭，出而让[43]陈平曰：“君独不素教我对[44]！”陈平笑曰：“君居其位，不知其任邪？且陛下即问长安中盗贼数，君欲强对邪？”于是绛侯自知其能不如平远矣。居顷之，绛侯谢病请免相，陈平专为一丞相。

选自《史记》卷五十六

〔注释〕 ① 纵：任由。 ② 长：高大。 ③ 嫉：怨恨。 ④ 从：跟随。 ⑤ 事：辅佐。 ⑥ 亡：逃跑。 ⑦ 因：通过。 ⑧ 就：到。 ⑨ 说：通“悦”。 ⑩ 辞：推辞。 ⑪ 进：出仕。 ⑫ 若：你。 ⑬ 阏氏：单于夫人的称号。 ⑭ 常：通“尝”，曾经。 ⑮ 益：增加。 ⑯ 徐：缓慢。 ⑰ 将：率领。 ⑱ 短恶：说坏话。 ⑲ 冀：希望。 ⑳ 传：驿车。 ㉑ 计：谋划。 ㉒ 弟：妹妹。 ㉓ 定：平定。 ㉔ 屯：驻守。 ㉕ 哀：同情。 ㉖ 休：休息。 ㉗ 就：成功。 ㉘ 傅：教导。 ㉙ 详：通“佯”，假装。 ㉚ 谢：辞官。 ㉛ 杜：关闭。 ㉜ 中：宫中。 ㉝ 执：逮捕。 ㉞ 私：暗中。 ㉟ 质：对证。 ㊱ 与：对待。 ㊲ 伪：假装。 ㊳ 怪：惊奇。 ㊴ 明：清楚。 ㊵ 谢：道歉。 ㊶ 主：主管。 ㊷ 责：质问。 ㊸ 让：责怪。 ㊹ 对：应对。

〔赏析〕 传主陈平出身贫寒，美男，游学成才，继萧何曹参后的一代贤相。以其“应变合权”的智慧与才能，在复杂多变的政治斗争中，历经高祖、惠帝（吕后）、文帝三朝，治国安邦，善始善终，卒于官，谥献侯。

惠帝名正言顺地即位，宽仁爱人，受到诸王、功侯大臣的拥护。在卫嫡之争中，诸吕与功侯大臣们站在一条战线上，受吕后差遣、执行张良计策，卑辞厚礼说动义不为汉臣的商山四皓出山，又将四皓雪藏在家待机而动的，就是吕后次兄建成侯泽之。故终惠帝朝，君臣、诸吕相安无事。惠帝七年（前188年）秋八月崩，发丧，吕后干哭，泣不下。原来功侯大臣从刘邦打天下，多强悍；惠帝一死，诸吕失了最有权威的皇权的保障，感到不安。史公所言“惠帝早霣（通“殒”），诸吕不台（通“怡”）”写了这个不安，吕后的临丧干哭则集中表达了诸吕的这个不安，这以后就有了大封诸吕的故事。

母送子丧干哭不哀，令人难解；这一定弄得临丧的大臣们有点尴尬。唯有入侍惠帝的侍中张良子辟疆了知其中玄机，因当其时张良已去世，朝中大臣最称足智多谋的要数左丞相陈平了，张辟疆去问陈平："太后独有孝惠，今崩，哭不悲，君知其解？"陈平治皇帝老子术，从不犯难弄险，富计谋，识时务，善机变。曾为项羽的都尉，后封金挂印，仗剑投汉。六出奇计，助刘邦兴汉平叛，封曲逆侯，开国功臣中唯陈平食邑全县。陈平有处理复杂事变的智慧与能力，又有应付吕后猜疑的经验。

还在高祖末年，刘邦已命樊哙将兵北征燕王卢绾，有人来谮言樊哙的短失过恶。刘邦怒，召周勃与陈平受诏病床下：以勃代哙，陈平至军中即斩哙头！樊哙是从刘邦起兵的功臣，又是吕后的妹夫，这件差使不好办。陈平深晓其中利害，与周勃分析：刘邦只是出于一时忿怒，事后恐怕会后悔，由刘邦自己去杀他。于是定计囚载樊哙，传诣长安。途中，闻高祖崩，陈平逆料也担心奉诏斩哙这件事会引起吕后及其妹、樊哙之妻吕媭的谗怒，丢下押解的樊哙槛车，驰传先去。道又逢诏让他与灌婴一起屯兵荥阳，但他断定吕后对他不放心，还是立即奔丧宫中，哭丧，奏事丧前。吕后命他出宫休息，他坚持请求宿卫宫中。陈平的表现总算使吕后对他放下了心，任他为郎中令，傅教惠帝；吕媭也失去了谗言的机会。等樊哙槛车到长安，陈平宣告平安无事，一场潜在的政治危机乃至杀身之祸被他及时应对的智慧消弭于无形之中。陈平赢得了吕后的信任，惠帝六年相国曹参薨，徙为左丞相。

陈平官高爵显是"功一代"，但他务实，面对着张辟疆这个年仅十五的"功二代"，没有什么"代沟"、"老面子"之类的虚意识，不耻下问："何解？"辟疆曰："(惠)帝毋壮子，太后畏君等。"并献计："君今请拜吕台、吕产、吕禄为将，将兵居南北军，及诸吕皆入宫，居中用事。如此则太后心安，君等幸得脱祸矣。"陈平依计奏请，吕后悦，其哭乃哀。唯"吕氏权由此起"(《吕太后本纪》)。

吕后立惠帝妹鲁元公主与宣平侯张敖之女为皇后。张皇后无子，吕后取后宫美人子为太子。惠帝崩，太子即位，年幼，吕后顺理成章临朝称制，行天子事。这时军权即已握于诸吕，吕后乃动议封吕姓王。但临朝称制，只是取得断决万机的合法性，每一"机"则仍须取得合法性，而必须通过朝议，必须有丞相副署。汉以右为尊，吕后问右丞相王陵，王陵反对，说："高帝刑白马盟曰'非刘氏而王，天下共击之'。今王吕氏，非约也。"汉制，"前主所事著为律，后主所是疏为令”，王陵说王吕氏违背高帝盟约就是说它不合法，吕后当然不高兴，故另求支持，问左丞相陈平、绛侯周勃，两人对曰：“高帝定天下，王子弟，今太后称制，王昆弟诸吕，无所不可。”避吕后之权锋，只笼统讲“称制”的合法性，不“疏”不讲其“非约”，顺了吕后的心意。罢朝，王陵责备陈平、周勃“从欲阿意背约，何面目见高帝地下”？两人解释他们之所以如此旨在安刘，说：“于今面折廷争，臣不如君；夫全社稷、定刘氏之后，君亦不如臣。”王陵无以应之。十一月，吕后拜王陵为太傅，夺了他的相权，以陈平为右丞相。丞相副署已无障碍，吕后乃一步一步实施了大封诸吕的计划，自当年四月至其去世前一年，封兄子吕台、产、禄及台子通为王，封诸吕八人为列侯。吕后封吕，陈平顺成。故终吕后世，陈平以“知谋”亦得以“善始善终”（史公语）；而吕后当然不可能想到陈平只是出于安刘而识时务“伪听之”，更不会想到“成也萧何，败也萧何”将在陈平身上重现。此即上录《陈丞相世家》所谓“吕太后立诸吕为王，陈平伪听之。及吕太后崩，平与太尉勃合谋，卒诛诸吕，立孝文皇帝，陈平本谋也。”《太史公自序》所谓“吕氏之事，平为本谋，终安宗庙，定社稷”。

绛侯周勃世家

〔选文〕

绛侯周勃者，沛人也。其先卷人，徙沛。勃以织薄曲为生，常为人吹箫给[①]丧事，材官引强[②]。

高祖之为沛公初起，勃以中涓从攻胡陵，下[③]方与。方与反，与战，却[④]适[⑤]。攻丰。击秦军砀东。还军留及萧。复攻砀，破之。下下邑，先[⑥]登。赐爵五大夫。攻蒙、虞，取之。击章邯车骑，殿[⑦]。定魏地。攻爰戚、东缗，以往至栗，取之。攻啮桑，先登。击秦军阿下，破之。追至濮阳，下甄城。攻都关、定陶，袭取宛朐，得单父令。夜袭取临济，攻张，以前至卷，破之。击李由军雍丘下。攻开封，先至城下为多。后章邯破杀项梁，沛公与项羽引兵东如[⑧]砀。自初起沛还至砀，一岁二月。楚怀王封沛公号安武侯，为砀郡长。沛公拜勃为虎贲令，以令从沛公定魏地。攻东郡尉于城武，破之。击王离军，破之。攻长社，先登。攻颍阳、缑氏，绝河津。击赵贲军尸北。南攻南阳守齮，破武关、峣关。破秦军于蓝田，至咸阳，灭秦。

项羽至，以沛公为汉王。汉王赐勃爵为威武侯。从入汉中，拜为将军。还定三秦，至秦，赐食邑怀德。攻槐里、好畤，最[9]。击赵贲、内史保于咸阳，最。北攻漆。击章平、姚卬军。西定汧。还下郿、频阳。围章邯废丘。破西丞。击盗巴军，破之。攻上邽。东守峣关。转击项籍。攻曲逆，最。还守敖仓，追项籍。籍已死，因东定楚地泗水、东海郡，凡得二十二县。还守雒阳、栎阳，赐与颍阴侯共食钟离。以将军从高帝击反者燕王臧荼，破之易下。所将卒当驰道为多。赐爵列侯，剖符世世勿绝[10]。食绛八千一百八十户，号绛侯。

以将军从高帝击反韩王信于代，降[11]下霍人。以前[12]至武泉，击胡骑，破之武泉北。转攻韩信军铜鞮，破之。还，降太原六城。击韩信胡骑晋阳下，破之，下晋阳。后击韩信军于硰石，破之，追北八十里。还攻楼烦三城，因击胡骑平城下，所将卒当驰道为多。勃迁为太尉。

……

勃为人木强[13]敦厚，高帝以为可属[14]大事。勃不好文学，每召诸生说士，东乡坐而责之："趣[15]为我语。"其椎[16]少文如此。

勃既定燕而归，高祖已崩矣，以列侯事孝惠帝。孝惠帝六年，置太尉官，以勃为太尉。十岁，高后崩。吕禄以赵王为汉上将军，吕产以吕王为汉相国，秉[17]汉权，欲危[18]刘氏。

勃为太尉，不得入军门。陈平为丞相，不得任事。于是勃与平谋，卒诛诸吕而立孝文皇帝。其语在《吕后》、《孝文》事中。

文帝既立，以勃为右丞相，赐金五千斤，食邑万户。居月余，人或说勃曰："君既诛诸吕，立代王，威震天下，而君受厚赏，处尊位，以[19]宠，久之即祸及身矣。"勃惧，亦自危，乃谢请归相印。上许之。岁余，丞相平卒，上复以勃为丞相。十余月，上曰："前日吾诏列侯就[20]国，或未能行，丞相吾所重[21]，其率先之。"乃免相就国。

岁余，每河东守尉行县至绛，绛侯勃自畏恐诛，常被[22]甲，令家人持兵[23]以见之。其后人有上书告勃欲反，下[24]廷尉。廷尉下其事长安，逮捕勃治[25]之。勃恐，不知置辞。吏稍[26]侵辱之。勃以千金与狱吏，狱吏乃书牍背示之，曰"以公主为证"。公主者，孝文帝女也，勃太子胜之尚[27]之，故狱吏教引为证。勃之益封受赐，尽以予薄昭。及系[28]急，薄昭为言薄太后，太后亦以为无反事。文帝朝，太后以冒絮提[29]文帝，曰："绛侯绾[30]皇帝玺，将兵于北军，不以此时反，今居一小县，顾欲反邪！"文帝既见绛侯狱辞，乃谢曰："吏方[31]验而出之。"于是使使持节赦绛侯，复爵邑。绛侯既出，曰："吾尝[32]将百万军，然安知狱吏之贵乎！"

绛侯复就国。孝文帝十一年卒，谥为武侯。子胜之代侯。六岁，尚公主，不相中，坐[33]杀人，国除[34]。绝一岁，文帝乃择绛侯勃子贤者河内守亚夫，封为条侯，续绛侯后。

……

太史公曰：绛侯周勃始为布衣时，鄙朴人也，才能不过凡庸。及从高祖定天下，在将相位，诸吕欲作乱，勃匡国家难，复[35]之乎正。虽伊尹、周公，何以加[36]哉！亚夫之用兵，持威重，执坚刃，穰苴曷有加焉！足己[37]而不学，守节不逊[38]，终以穷困。悲夫！

选自《史记》卷五十七

〔注释〕 ① 给：办事。 ② 引强：拉硬弓。 ③ 下：攻克。 ④ 却：打退。 ⑤ 适：通“敌”。 ⑥ 先：率先。 ⑦ 殿：殿后。 ⑧ 如：到。 ⑨ 最：功劳最大。 ⑩ 绝：断绝。 ⑪ 降：降服。 ⑫ 前：前进。 ⑬ 木强：憨厚刚直。 ⑭ 属：托付。 ⑮ 趣：通“促”，迅速。 ⑯ 椎：朴实。 ⑰ 秉：掌握。 ⑱ 危：威胁。 ⑲ 以：通“已”。 ⑳ 就：到。 ㉑ 重：器重。 ㉒ 被：通“披”。 ㉓ 兵：兵器。 ㉔ 下：投送。 ㉕ 治：审问。 ㉖ 稍：逐渐。 ㉗ 尚：上配。 ㉘ 系：关联。 ㉙ 提：投掷。 ㉚ 绾：控制。 ㉛ 方：即将。 ㉜ 尝：曾经。 ㉝ 坐：犯罪。 ㉞ 除：去除。 ㉟ 复：恢复。 ㊱ 加：超过。 ㊲ 足己：自满。 ㊳ 逊：恭顺。

〔赏析〕 传主周勃由微贱出身，经楚汉战争洗礼而成为汉代开国名将名臣。据《太史公自序》谓，《绛侯周勃世家》宗旨于周勃一生在叙其卒诛诸吕一件大事。诸吕受诛，其事伏本于吕后大封诸吕；而《吕太后本纪》于吕氏起落本末，实已备载不遗。故《绛侯周勃世家》记周勃诛吕事略，详则须纪、传互见。

汉高祖刘邦有一个著名于史的政治遗嘱，这就是面对吕后问：“陛下百岁后，萧相国既死，令谁代他？”答：“曹参可。”问其次，答：“王陵可。然陵少戆，陈平可以助之。陈平智有余，然难以独任。周勃厚重少文，然安刘氏者必勃也，可令为太尉。”周勃能拉得一张硬弓，从刘邦为沛公初起，由中涓至将军始终从战，积军功，封绛侯，任太尉，性直质朴，故刘邦称他“重厚少文”，可托付大事。

刘邦的这个遗嘱，与周勃本人厚重少文的性格，应当是吕后一直任用周勃，也是周勃之能与陈平长期合作配合的原因。太尉是全国最高军职，已于高祖十一年(前 196 年)击英布后省。周勃初以绛侯事惠帝，惠帝六年(前 189 年)，复置太尉官，以勃为太尉；陈平则先任左丞相助右丞相王陵，继任右丞相：政出吕后，故实亦刘邦遗嘱之被执行。

陈、周配，确是“安刘”绝配，亦是千古绝配。高祖末，两人于刘邦病床下同受诏，北驰共谋，周勃代樊哙为相击败卢绾，陈平执囚樊哙传诣长安，是第一次重大合作。惠帝崩后“伪听”顺成吕后封吕姓王,则是《史记》所记录的周、陈第二次重大合作。而后“勃与平谋,卒诛诸吕”,将是第三次重大合作。

尽管封吕姓王通过大臣朝议、布告诸侯,但吕后还是明白王吕违背刘邦盟约而存在变数,乃至可能招来灭族之祸。她过度相信权力,为了维护诸吕政治利益和政治安全的持续,直到高后八年(前180年)病重临死,还煞费苦心地部署,令赵王吕禄为上将军,驻帅北军(巡守京师三辅);梁王吕产居南军(宫门及诸离宫庙寝园屯卫兵),以防她死后不测。又特别告诫吕产、吕禄:“高帝已定天下,与大臣约曰‘非刘氏王者,天下共击之。’今吕氏王,大臣弗平。我即崩,帝年少,大臣恐为变。必据兵卫宫,慎毋送丧,毋为人所制。”未出月,吕后崩,遗诏以吕产为相国,以吕禄女为皇后。

可吕后再用心良苦也未能挽救诸吕倾覆的命运,天下为变的形势再一次显示比失了势的权力强。八月,齐哀王刘襄以“诛不当为王者”之名举兵反诸吕。吕产遣颍阴侯灌婴将兵东击,灌婴留兵屯荥阳,与齐王及诸侯连和,以待变而谋诸吕。

功侯大臣们认同吕后与高祖“共定天下”而畏忌其权威,吕后一死,余威全消,大臣亦旋即为变。庚申这天,天一亮,周勃以太尉不得入军中主兵,乃与丞相陈平定谋。两人命令曲周侯郦商子寄做说客,诱骗吕禄出赴封国以为万世之计,“归将印,以兵属太尉”,吕禄犹豫。曹参子平阳侯窋略闻吕产欲急入宫之谋,亦驰告陈平、周勃。事急,周勃再驰北军受阻,由尚符节的襄平侯纪通持节矫纳。周勃一面复令郦寄与典客刘揭往说吕禄解将印,而入军门,行令军中,遍试军情:“为吕氏,右袒;为刘氏,左袒。”军令简易可行,显示了周勃“少文”的性格特色。据《仪礼》、《战国策》,令人脱内衣露左肩或右肩以见众心之从违为先秦遗俗,“人习为之,故少文者亦复能尔”(阎若璩语)。军中皆左袒为刘氏,适吕禄亦解印去,以兵授太尉,周勃遂将北军。

时陈平召朱虚侯刘章佐太尉,刘章奉周勃军令监南军军门,而吕产则已入未央宫“欲为乱”。周勃初恐不能胜诸吕,不明言诛产,以“入宫卫帝”为令,沉稳冷静,坐帐调兵遣将。刘章、卫尉营陵侯刘泽、曹窋皆受调遣。刘章率卒千余,杀吕产,斩长乐卫尉吕更始,归报。周勃起而拜贺,曰:“所患独吕产,今已诛,天下定矣!”乃命令分部悉捕诸吕男女,无论少长皆斩之。次日,捕斩赵王吕禄,笞杀临光侯吕媭,使人诛燕王吕通,并废鲁王偃,诸吕势力被彻底铲净。一周后,凯歌传到荥阳前线,齐王罢兵,灌婴西归。不过一周,天下复归晏然。

汉制,太尉助理丞相掌管全国军政。周勃与陈平的将相和是智慧与力量的结合,它决定了卒诛诸吕的结局。执行刘邦政治遗嘱与违背刘邦盟约则是吕后封吕姓王中不可克服的悖论,它也注定了诸吕卒诛的命运。吕后明知“安刘氏者勃也”,却还是一直信用周勃,恢复太尉官职而任之;立惠帝后宫子为少帝,依然是汉朝正朔,可见与武则天以周代唐终不同类。高后崩,得合葬长陵,于此终西汉朝无人反对,亦说明皇室和朝廷承认吕后是刘家忠贞的媳妇、西汉王朝的开国皇后。而周勃“遣人分部悉捕诸吕男女,无少长皆斩之”(《吕太后本纪》)的大屠戮,同样显示了宫廷与政治斗争的残酷性。司马迁皆予实录,真良史也。

外 戚 世 家

〔选文〕

自古受命帝王及继体守文之君,非独内德茂[①]也,盖亦有外戚之助焉。夏之兴也以[②]涂山,而桀之放[③]也以末喜。殷之兴也以有娀,纣之杀也嬖妲己。周之兴也以姜原及大任,而幽王之禽也淫于褒姒。故《易》基[④]《乾坤》,《诗》始《关雎》,《书》美釐降,《春秋》讥[⑤]不亲迎。夫妇之际,人道之大伦也。礼之用,唯婚姻为兢兢。夫乐调而四时和,阴阳之变,万物之统也。可不慎与?人能弘道,无如[⑥]命何。甚哉,妃[⑦]匹之爱,君不能得之于臣,父不能得之于子,况卑下乎!既驩合[⑧]矣,或不能成子姓;能成子姓矣,或不能要其终:岂非命也哉?孔子罕[⑨]称命,盖难言之也。非通幽明之变,恶能[⑩]识乎性命哉?

太史公曰：秦以前尚[11]略[12]矣，其详靡得而记焉。汉兴，吕娥姁为高祖正后，男为太子。及晚节色衰爱弛，而戚夫人有宠，其子如意几代太子者数矣。及高祖崩，吕后夷戚氏，诛赵王，而高祖后宫唯独无宠疏远者得无恙[13]。

吕后长女为宣平侯张敖妻，敖女为孝惠皇后。吕太后以重亲[14]故，欲其生子万方，终无子，诈取后宫人子为子。及孝惠帝崩，天下初定未久，继嗣不明。于是贵外家，王诸吕以为辅，而以吕禄女为少帝后，欲连固根本牢甚，然无益也。

高后崩，合葬长陵。禄、产等惧诛，谋作乱。大臣征之，天诱[15]其统，卒灭吕氏。唯独置孝惠皇后居北宫。迎立代王，是为孝文帝，奉汉宗庙。此岂非天邪？非天命孰能当之？

薄太后，父吴人，姓薄氏，秦时与故魏王宗家女魏媪通，生薄姬，而薄父死山阴，因葬焉。

……

高祖崩，诸御幸[16]姬戚夫人之属，吕太后怒，皆幽之，不得出宫。而薄姬以希见[17]故，得出，从子之代，为代王太后。太后弟薄昭从如代。

代王立十七年，高后崩。大臣议立后，疾外家吕氏强，皆称薄氏仁善，故迎代王，立为孝文皇帝，而太后改号曰皇太后，弟薄昭封为轵侯。

薄太后母亦前死，葬栎阳北。于是乃追尊薄父为灵文侯，会稽郡置园邑三百家，长丞已下吏奉守冢，寝庙上食祠如法。而栎阳北亦置灵文侯夫人园，如灵文侯园仪。薄太后以为母家魏王后，早失父母，其奉薄太后诸魏有力者，于是召复魏氏，赏赐各以亲疏受之。薄氏侯者凡一人。

薄太后后文帝二年，以孝景帝前二年崩，葬南陵。以吕后会葬长陵，故特自起陵，近孝文皇帝霸陵。

窦太后，赵之清河观津人也。吕太后时，窦姬以良家子入宫侍太后。太后出[18]宫人以赐诸王，各五人，窦姬与在行中。窦姬家在清河，欲如[19]赵近家，请其主遣宦者吏："必置我籍赵之伍中。"宦者忘之，误置其籍代伍中。籍奏，诏可，当行。窦姬涕泣，怨其宦者，不欲往，相强，乃肯行。至代，代王独幸窦姬，生女嫖，后生两男。而代王王后生四男。先代王未入立为帝而王后卒。及代王立为帝，而王后所生四男更[20]病死。孝文帝立数月，公卿请立太子，而窦姬长男最长，立为太子。立窦姬为皇后，女嫖为长公主。其明年，立少子武为代王，已而又徙梁，是为梁孝王。

窦皇后亲蚤[21]卒，葬观津。于是薄太后乃诏有司，追尊窦后父为安成侯，母曰安成夫人。令清河置园邑二百家，长丞奉守，比灵文园法。

窦皇后兄窦长君，弟曰窦广国，字少君。少君年四五岁时，家贫，为人所略[22]卖，其家不知其处。传[23]十余家，至宜阳，为其主入山作炭，暮卧岸下百余人，岸崩，尽压杀卧者，少君独得脱，不死。自卜数日当为侯，从其家之长安。闻窦皇后新立，家在观津，姓窦氏。广国去时虽小，识[24]其县名及姓，又常与其姊采桑堕，用为符信，上书自陈。窦皇后言之于文帝，召见，问之，具言其故，果是。又复问他何以为验？对曰："姊去[25]我西时，与我决[26]于传舍中，丐沐沐我，请食饭我，乃去。"于是窦后持[27]之而泣，泣涕交横下。侍御左右皆伏地泣，助皇后悲哀。乃厚赐田宅金钱，封公昆弟，家[28]于长安。

绛侯、灌将军等曰："吾属不死，命乃且县[29]此两人。两人所出微，不可不为择师傅宾客，又复效[30]吕氏大事也。"于是乃选长者士之有节行者与居。窦长君、少君由此为退让君子,不敢以尊贵骄[31]人。

选自《史记》卷四十九

〔注释〕 ① 茂:美好。 ② 以:因为。 ③ 放:放逐。 ④ 基:始于。 ⑤ 讥:讥讽。 ⑥ 无如:无可奈何。 ⑦ 妃:配。 ⑧ 驩合:结婚。 ⑨ 罕:稀少。 ⑩ 恶能:岂能。 ⑪ 尚:久远。 ⑫ 略:稀少。 ⑬ 恙:忧虑。 ⑭ 重亲:亲上加亲。 ⑮ 诱:通“佑”。 ⑯ 幸:宠爱。 ⑰ 希见:少见。 ⑱ 出:拿出。 ⑲ 如:到。 ⑳ 更:交替。 ㉑ 蚤:通“早”。 ㉒ 略:掠。 ㉓ 传:辗转。 ㉔ 识:记住。 ㉕ 去:离开。 ㉖ 决:通“诀”,离别。 ㉗ 持:握着。 ㉘ 家:定居。 ㉙ 县:通“悬”。 ㉚ 效:仿效。 ㉛ 骄:轻视。

〔赏析〕 外戚,指的是君主的后妃及其受封赠的族人,是中国古代君主制中的一个特殊的政治族群;而凡立后宠妃,其族人亦必有受封,故同时也是一个特殊的政治现象。《史记·外戚世家·索隐》云:“外戚,纪后妃也,后族亦代有封爵故也。”《外戚世家》即记其事。史公对外戚没有意识形态的偏见,认为自古一个朝代的兴盛,不仅是由于受命创制之君有充沛盛大的君德,其中也有后妃外戚的贤辅助。在实际的政治中,外戚既会发挥正面作用,也可能产生负面意义;涂山、有娀、姜原及大任是夏商周三代后妃的正面例子,末喜、妲己、褒姒即是其负面例子。秦以前,外戚的故事不得其详。吕后以刚毅佐高祖定天下而为开国皇后,与史公所谓受命帝王亦有外戚之助合,故《外戚世家》首述吕后。

吕后“贵外家,王诸吕以为辅”,其实吕产、吕禄亦是袭侯爵的“功二代”,其祖及父辈吕公为临泗侯、吕泽为周吕侯、吕泽之为建成侯,赫赫有名的舞阳侯樊哙则是其姨吕媭之夫,皆高祖所封。“诸吕用事,天下示私”(《史记索隐述赞》)。如果不是吕后出于私心,为诸吕爵上加爵,政治膨胀,本可以“剖符世世勿绝”于封邑,或不至于鬼使神差而“擅权”用事集结于京师,遭周、陈等大臣与刘氏宗室一举族灭。这即是史公所谓“大臣征之,天诱其统,卒灭吕氏”。唯概要提示吕产、吕禄乃因“惧诛”而“谋作乱”,与《吕太后本纪》所述“欲为乱”一致,表明吕氏兄弟之“乱”并未付诸行动。吕产、吕禄掌南北军,是吕姓外戚集团的领军人物,但就是这两位领军人物,遍阅“石室金匮之书”的司马迁却始终没有发现其在周、陈行动前“作乱”的具体证据,只能以“谋”、

"欲"二非行动词作实录。事实是,二吕"欲发乱关中,犹豫未决"。继则吕禄轻信郦寄说辞,准备主动解将印以兵属太尉,回自己的封国,惹得吕媭大怒而骂犹坚信无疑。吕产起先亦只是在未央宫徘徊往来,连殿门都弗得入,最后被逐,逃躲到郎中府吏厕中被杀,竟而无任何据兵反抗的记录。至于所谓"诸吕用事擅权",据《吕太后本纪》,其事实起于高后八年(前180年)七月中辛巳后崩以吕产为相国之后,唯至八月初一诸吕被诛,不超过半个月。卒诛诸吕当然不仅是这十几天的矛盾冲突结果,而是吕后所洞见的"今吕氏王,大臣弗平",即功臣集团与吕氏外戚集团积久的矛盾总爆发,用一句俗话说:都是封吕姓王惹的祸,然而诸吕也并非如后世外戚只是裙带上的官,而是于刘邦发迹举义皆有正面作用的开国功臣及"功二代"。所以,卒诛诸吕的性质是功臣集团内部以陈平、周勃为代表的朝廷大臣联合宗室与外戚集团的一次权力再分配,是丞相、太尉等率先出招的博弈,是反对"诸吕用事擅权"及其未遂"谋乱"的宫廷军事政变。只是因其秉持高祖政治盟约,"安刘"宗旨在前,迎立文帝在后,而取得当其时的现实政治的合法性。后世忠义者赞慕"平、勃亡私之美"(《南史·张裕传》)亦是对陈平、周勃卒诛诸吕的肯定。史公无偏无党,既不左诸吕,亦不袒周、陈,只是重视证据,依事实录,表现了其史学的非党同伐异之意识形态化。

此下,文景帝三朝后妃外戚各有正负两面表现。昭、宣之间,由霍光执政演至霍氏外戚之乱。元成哀平四朝外戚执政之习愈演愈盛,并步步趋于宦官外戚之政,外戚与宗室争,外戚与大臣争,外戚与宦官争,外戚与外戚争,争争不已,后宫相残之祸亦不断,凡此史公皆不及见也。直演至元后临朝称制、王莽篡政,断送了西汉两百年基业。旧史家溯其源,称吕后临朝称制、诸吕用事为汉朝第一次外戚之祸。

以"女主"临朝称制,正是吕后被视为历史负面人物的另一重要依据,它是被笼统地被连着惠帝时视事一起说的。就历史而言,临朝称制不应简单否定。旧史家的简单否定,究其实,乃出自反对所谓"牝鸡司晨"的男权史观,不能成立。吕后的"正后"身份并非通过不正当的篡夺而有;故惠帝不能行君道、少帝年幼,吕后以太后的身份(遑论其"刚毅佐高祖定天下"的资格)视事与临朝称制，完全是帝制具体发展中的自然产物，即太后视事与临朝称制是帝制的附属制度形成，并非不正当、不合法。盖由历史进化演成的帝制是合法的(辛亥革命后恢复帝制成了历史的反动，故一切垂帘听政、临朝称制的形式始不正当、不合法，连带的后宫制度亦无存在的任何理由即不合法，唯此不适用于吕后)。也就是说，吕后取得“称制”即行使朝廷最高权力，顺理成章，不属于帝制中不正当、不合法的后宫干政，这就是正史所谓正后“名位既正，体同皇极”(《南史·徐广传》)的国家礼制。且吕后虽称女主，但朝政萧规曹随、陈平周勃将相和格局，亦大体不悖政事决于冢宰的古制精神。问题还不在临朝称制的制度形式，要者在其实际施政内容，亦一仍旧贯，依然是与民休息，蠲削秦政恶法，从政治经济上全面“顺流与之(民)更始”(《史记·萧相国世家》)，扶植民生。此即是吕后在国家政治公共领域的表现，放到今天依然是正面表现。

史公平允，述其过亦述其功，功过不相抵相掩，肯定“外戚之助”的正面作用，故能给出对吕后的正面认识。其《吕太后本纪》之“太史公曰”是对吕后的总评，所给出的完全是正面认识，是肯定吕后视事、称制十五年政绩的审核表、报告单。而残虐戚姬及后宫残杀却未能列入这个总评，说明史公对宫中府中、公德私德毕竟还是有别，意识上很清楚；也说明史公更重视吕后在公共领域的表现，重视吕后对国计民生的政治贡献。由此又映现了《史记》核心观念的人民性与民生史观。如果为期十二天的诸吕用事擅权可以成立，那么，以私情封吕姓王以重其权、启两汉及后世外戚专制以至纷争之局，是吕后临朝称制后所带出来的负面的政治遗产。但政不乱民殃民，与民休息，除秦苛法，刑罚罕用，大赦天下的惠民仁政赦政，毋庸置疑是吕后留给历史的一份正面的政治遗产，吕后的历史地位应主要由此而定。对于黎民百姓来说，史公总评所核定的吕后政绩：“天下晏然，罪人是希，民务稼穑，衣食滋殖”，至今犹是称羡的治平之景。至于史公非意识形态化的史学及《史记》表现出来的人民性、人性史观和民生史观，则至今犹是弥足珍贵的史学遗产。

(罗义俊)

演绎中国明君的千古标准

〔导言〕 汉孝文帝在历史上有着很高的评价,他在位期间社会稳定发展,开创了史家称誉的“文景之治”。他之所以能登上历史舞台,有赖于汉初统治集团内部矛盾。汉高祖死后,刘氏宗室和诸功臣与吕氏外戚之间的矛盾白热化,后者的倒台又使得前两者的关系日趋紧张,双方都需要谋求一定的权力均衡以维持统治的稳固,正是在这一背景下,偏居代北的孝文帝才有机会继承帝位,也正是这一登基背景决定了孝文帝的举事施政不能不带有调和的色彩。他在位数十年间,致力于解决秦末大动荡带给汉初社会的两大问题,一是由于秦王朝奉行“以法为教”的治国策略所导致的国家机器与民众的高度对立;另一方面是秦末以来的战乱导致社会经济的凋敝。孝文帝在刑法、经济等领域多有改革,在很大程度上缓解了社会矛盾,促进了生产力的发展,所形成的“仁德”治理理念对后代统治者多有影响。

汉文帝本纪

〔选文〕

孝文皇帝,高祖中子也。高祖十一年春,已破陈豨军,定代地,立为代王,都中都。太后薄氏子。即位十七年,高后八年七月,高后崩。九月,诸吕吕产等欲为乱,以危刘氏,大臣共诛之,谋召立代王,事在《吕后》语中。

丞相陈平、太尉周勃等使人迎代王。代王问左右郎中令张武等。张武等议曰:“汉大臣皆故高帝时大将,习[①]兵[②],多谋[③]诈[④],此其属意[⑤]非止此也,特[⑥]畏高帝、吕太后威耳。今已诛诸吕，新喋血[7]京师，此以迎大王为名，实不可信。愿大王称疾毋往，以观其变。”中尉宋昌进曰：“群臣之议皆非也。夫秦失其政，诸侯豪桀[8]并起，人人自以为得之者以万数，然卒践天子之位者，刘氏也，天下绝望，一矣。高帝封王子弟，地犬牙相制[9]，此所谓盘[10]石之宗也，天下服其强，二矣。汉兴，除秦苛政，约[11]法令，施德[12]惠[13]，人人自安，难动摇，三矣。夫以吕太后之严，立诸吕为三王，擅[14]权专制，然而太尉以一节入北军，一呼士皆左袒[15]，为刘氏，叛诸吕，卒[16]以灭之。此乃天授，非人力也。今大臣虽欲为变[17]，百姓弗为使[18]，其党宁能专一邪？方今内有朱虚、东牟之亲，外畏吴、楚、淮南、琅邪、齐、代之强。方今高帝子独淮南王与大王，大王又长，贤圣仁孝，闻于天下，故大臣因天下之心而欲迎立大王，大王勿疑也。”代王报太后计之，犹与[19]未定。卜之龟，卦兆得大横。占曰：“大横[20]庚庚[21]，余为天王，夏启以光。”代王曰：“寡人固已为王矣，又何王？”卜人曰：“所谓天王者乃天子。”于是代王乃遣太后弟薄昭往见绛侯，绛侯等具[22]为昭言所以迎立王意。薄昭还报曰：“信[23]矣，毋可疑者。”代王乃笑谓宋昌曰：“果如公言。”乃命宋昌参乘[24]，张武等六人乘[25]传诣[26]长安。至高陵休[27]止[28]，而使宋昌先驰之长安观变。

昌至渭桥，丞相以下皆迎。宋昌还报。代王驰[29]至渭桥，群臣拜谒称臣。代王下车拜。太尉勃进曰：“愿请间[30]言。”宋昌曰：“所言公，公言之。所言私，王者不受私。”太尉乃跪上天子玺符。代王谢曰：“至代邸而议之。”遂驰入代邸。群臣从至。丞相陈平、太尉周勃、大将军陈武、御史大夫张苍、宗正刘郢、朱虚侯刘章、东牟侯刘兴居、典客刘揭皆再拜言曰："子弘等皆非孝惠帝子，不当奉宗庙。臣谨请阴安侯、列侯顷王后与琅邪王、宗室、大臣、列侯、吏二千石议曰：'大王高帝长子，宜为高帝嗣[31]。'愿大王即天子位。"代王曰："奉高帝宗庙，重事也。寡人不佞[32]，不足以称宗庙。愿请楚王计宜者，寡人不敢当。"群臣皆伏固请。代王西乡[33]让[34]者三，南乡让者再。丞相平等皆曰："臣伏[35]计之，大王奉高帝宗庙最宜称，虽天下诸侯万民以为宜。臣等为宗庙社稷计[36]，不敢忽[37]。愿大王幸听臣等。臣谨奉天子玺符再拜上。"代王曰："宗室将相王列侯以为莫宜寡人，寡人不敢辞。"遂即天子位。

……

(孝文皇帝元年)十二月，上曰："法者，治[38]之正[39]也，所以禁暴而率[40]善人也。今犯法已论，而使毋[41]罪之父母妻子同产[42]坐[43]之，及为收帑[44]，朕甚不取。其议之。"有司皆曰："民不能自治，故为法以禁之。相坐坐收，所以累其心，使重犯法，所从来远矣。如故便。"上曰："朕闻法正则民悫[45]，罪[46]当则民从。且夫牧民而导之善者，吏也。其既不能导，又以不正之法罪之，是反害于民为暴者也。何以禁之？朕未见其便，其孰计之。"有司皆曰："陛下加大惠，德甚盛，非臣等所及也。请奉诏书，除收帑诸相坐律令。"

……

人或说右丞相曰："君本诛诸吕，迎代王，今又矜其功，受上赏，处尊位，祸且及身。"右丞相勃乃谢病免罢，左丞相平专为丞相。

……

正月，上曰："农，天下之本，其开籍田，朕亲率耕，以给[47]

宗庙粢[48]盛。”

……

三年十月丁酉晦，日有食之。十一月，上曰：“前日诏遣列侯之国，或辞未行。丞相朕之所重，其为朕率列侯之国。”绛侯勃免丞相就国，以太尉颍阴侯婴为丞相。罢太尉官，属丞相。

……

（十三年）五月，齐太仓令淳于公有罪当刑，诏狱逮[49]徙[50]系[51]长安。太仓公无男，有女五人。太仓公将行会[52]逮，骂其女曰：“生子不生男，有缓急非有益也！”其少女缇萦自伤泣，乃随其父至长安，上书曰：“妾父为吏，齐中皆称其廉平，今坐法当刑。妾伤夫死者不可复生，刑者不可复属[53]，虽复欲改过自新，其道无由也。妾愿没入为官婢，赎父刑罪，使得自新。”书奏天子，天子怜悲其意，乃下诏曰：“盖闻有虞氏之时，画[54]衣冠异章服以为僇[55]，而民不犯。何则？至治也。今法有肉刑三，而奸不止，其咎安在？非乃朕德薄而教不明欤？吾甚自愧。故夫驯道[56]不纯而愚民陷焉。《诗》曰‘恺悌君子，民之父母’。今人有过，教未施而刑加焉？或欲改行为善而道毋由也。朕甚怜之。夫刑至断支体[57]，刻肌肤，终身不息，何其楚痛[58]而不德也，岂称为民父母之意哉！其除肉刑。”

上曰：“农，天下之本，务莫大焉。今勤身从事而有租税之赋，是为本[59]末[60]者毋以异，其于劝农之道未备。其除田之租税。”

……

孝文帝从代来，即位二十三年，宫室苑囿狗马服御无所增益,有不便,辄弛以利民。尝欲作露台,召匠计之,直[61]百金。上曰:"百金中民十家之产,吾奉先帝宫室,常恐羞之,何以台为!"上常衣绨衣,所幸慎夫人,令衣不得曳地,帏帐不得文[62]绣,以示敦朴,为天下先。治霸陵皆以瓦器,不得以金银铜锡为饰,不治坟,欲为省,毋烦民。……吴王诈病不朝,就赐几杖。群臣如袁盎等称说虽切,常假[63]借[64]用之。群臣如张武等受赂遗金钱,觉,上乃发御府金钱赐之,以愧其心,弗下吏。专务以德化民,是以海内殷富,兴于礼义。

后七年六月己亥,帝崩于未央宫。

太史公曰:孔子言"必世[65]然后仁。善人之治国百年,亦可以胜[66]残去[67]杀"。诚哉是言!汉兴,至孝文四十有余载,德至盛也。廪廪[68]乡改正服封禅[69]矣,谦让未成于今。呜呼,岂不仁哉!

选自《史记》卷十

〔注释〕 ①习:善于。 ②兵:用兵。 ③谋:谋划。 ④诈:欺诈。 ⑤属意:留心。 ⑥特:只。 ⑦喋血:血流满地。 ⑧桀:通"杰"。 ⑨制:牵制。 ⑩盘:即"磐"。 ⑪约:规定。 ⑫德:德行。 ⑬惠:恩惠。 ⑭擅:独揽。 ⑮袒:露出。 ⑯卒:最终。 ⑰变:事变。 ⑱使:驱使。 ⑲犹与:即"犹豫"。 ⑳横:横行。 ㉑庚庚:以诸侯更帝位。 ㉒具:通"俱",详细地。 ㉓信:确实。 ㉔参乘:陪乘者。 ㉕乘:乘坐。 ㉖诣:谒见。 ㉗休:停止。 ㉘止:栖息。 ㉙驰:用力驱马。 ㉚间:私密地。 ㉛嗣:继承人。 ㉜佞:谦辞,无才。 ㉝乡:即"向",面向。 ㉞让:辞让。 ㉟伏:下对上的敬辞。 ㊱计:计议。 ㊲忽:忽视。 ㊳治:管理。 ㊴正:主体。 ㊵率:率领。 ㊶毋:没有。 ㊷产:出生的人。 ㊸坐:获罪。 ㊹帑:同"孥",儿女。 ㊺悫:诚实。 ㊻罪:惩处。 ㊼给:供给。 ㊽粢:黍稷。 ㊾逮:逮捕。 ㊿徙:迁移。 [51]系:拘囚。 [52]会:接受。 [53]属:连接。 [54]画:做记号。 [55]僇:同"戮",惩罚。 [56]驯道:同"训导"。 [57]支体:即"肢体"。 [58]楚痛:痛苦。 [59]本:农业。 [60]末:工商业。 [61]直:通"值"。 [62]文:有花纹。 [63]假:休假。 [64]借:以物借人。 [65]世:三十年。 [66]胜:胜过。 [67]去:去除。 [68]廪廪:接近的样子。 [69]封禅:天子至泰山祭祀天地的活动。

〔赏析〕 本篇选自《史记·孝文本纪》。开创了"文景之治"的汉孝文帝,在历史上有着很高的评价，然而他登上历史舞台最初的道路却充满艰险。汉高祖死后，大权为吕太后控制，她大力扶植吕氏外戚的权势，削弱刘氏宗族的力量。以丞相陈平、太尉周勃为首的功臣们在眼见吕氏集团的权力扩张将威胁到自身利益时，便联合朱虚侯刘章等宗室成员发动政变剪除了诸吕。在消灭了最大敌人后，拥立谁为皇帝成为突出问题，当时有四大人选：少帝、齐王、代王、淮南王。少帝本已继帝位，然而诸功臣认为少帝乃吕后所立，长大后必对功臣施以报复，所以必欲去之而后快。淮南王尚幼，最合适的人选莫过于起兵讨吕氏的齐王，然而诸功臣并不希望看到这么一个强势的人物成为皇帝，经过再三权衡最后选定了本不起眼的代王继承大统。文帝讳恒，母薄太后不为高祖宠信。正因如此，在吕后铲除戚夫人等宠姬的过程中反而得以保存下来。进长安继位之初，文帝方面与功臣集团之间并不信任，从渭桥上周勃与宋昌的第一次正面交锋开始，经过多次较量与试探，文帝才得以登上帝位。

文帝初继位，在处理统治阶层内部矛盾时，他更多采取的是无为而有为的策略。在解除功臣集团首领周勃权力的过程中，他没有采取正面冲突的办法。通过旁人的游说文帝让周勃第一次自愿下野，其后又巧妙利用古人日食迷信的机会，迫使周勃第二次下野。在处理张武受贿问题上，他没有通过司法程序，而是通过赐予金钱，以愧其心的道德手段解决问题。这些方法都不以诉诸暴力为特征，而是运用软力量来达到目的，有效缓和了汉初以来统治阶层内部的矛盾。

汉初以来，统治者要面对两大主要的社会矛盾：一是由于秦王朝奉行“以法为教”的治国策略所导致的国家机器与民众的高度对立；二是秦末以来的战乱导致社会经济的凋敝。高祖至孝惠都未及解决这些问题，文帝的解决之道是“毋烦民”。一方面，他首先对积弊甚深的司法领域进行大刀阔斧的改革，先后废除“收帑诸相坐”、“肉刑”等刑罚。这些举措在相当程度上扭转了紧张的社会关系；另一方面，他又立倡勤俭，“即位二十三年，宫室苑囿狗马服御无所增益”，也使得人民的负担得到很大程度的减轻。文帝采纳贾谊等人的意见，重视农业生产的发展，将“农本”立为国策并身体力行，通过减免租税等经济手段有效刺激了生产力。文帝的"毋烦民"政策的核心是上层建筑与经济基础的协调，是对无形"政绩"的高度重视，即以社会满意度，尤其是下层民众的"幸福感"和实惠作为施政优劣的准则。所以，虽然单论"文治武功"等有形"政绩"，文帝在中国历代君主中实在并不出彩，但就其施政效果而言，他无疑是历史上成功的统治者之一。

汉宣帝曾对儿子元帝说过："汉家自有制度，本以霸王道杂之"（《汉书·元帝纪》）。汉王朝的"霸道"基因自然是从秦帝国继承过来的，而其"王道"传统可以说是启自于文帝的。文帝的"王道"统治术的核心理念就是"仁德"。文帝的"仁德"实际上是对秦以来法家治国理念的弊端的一种矫正，是汉初以来反思亡秦教训的社会思潮的产物。从这个意义上说，文帝开创了一种新的政治范式。自秦至汉初，统治阶层实践中贯彻的政治理念是法家的国家权力学说，其核心理念在韩非子"万乘之主，千乘之君，所以制天下而征诸侯者，以其威势也"（《韩非子·人主》）的观点中得到集中体现。这种国家权力观带有明显的强化国家机器暴力的一面，如对其彻底加以施行久而久之必会加剧社会关系的"博弈化"，反而威胁国家权力的稳定，秦帝国的命运已经对此作出了很好的注释，不能不引起汉初统治者的关注。文帝"本好刑名之言"（《史记·儒林列传》），对于法家那一套统治术是心领神会的，但面对现实的政治实践中的弊端又不能不对之作出矫正，"仁德"正是这么一个矫正的工具，它给专制皇权披上一层更为温和的道德主义保护色。文帝的"王道"政治是出于社会现实的需要，但客观上又使其统治行为与儒家理想的"仁君"形象接近，使得"儒表法里"的政治实践逐步完善，武帝时代的"独尊儒术"正是对文帝开创的这一新兴统治模式的理论概括，"霸王道杂之"的统治艺术得以确立。

（陆海旸）

中央与地方争权：诸侯模式的终结者

〔导言〕 西汉初期，汉高祖刘邦为了减少忧患，设法消灭了韩信等异姓王，同时分封九个同姓王来巩固刘氏家族的统治地位。然而即便是同姓同族，随着诸侯王国的势力日益膨胀强大，他们与中央专制皇权的矛盾也越发激化，双方不可避免的权力博弈由暗向明，愈演愈烈。汉景帝即位后，采纳了晁错所上的《削藩策》，着手削减同姓诸侯王国。景帝三年(前154年)，楚王刘戊违反汉丧制，被景帝赦免死罪，以削减东海一郡作为惩罚。随后又下诏削吴王刘濞的会稽、豫章两郡；赵王有罪，削去其河间郡；胶西王刘昂因售卖官爵舞弊，削去六个县。削藩之举激起了诸王的强烈反对，吴王刘濞借此串通楚、赵、胶西、胶东、菑川、济南六国的诸侯王，打着"请诛晁错，以清君侧"的旗号发动了声势浩大的联合叛乱，史称"吴楚七国之乱"。景帝接受袁盎的建议杀了晁错，但未换取七国罢兵，遂以武力进行镇压，遣人策动吴军中的东越人反吴，刘濞最终被东越人所杀。而其余六王皆军败畏罪自杀，这场起于正月的吴楚叛乱，于三月即告结束。虽然从客观上而言，中央专制王权为了国家的统一和权力的集中，与地方诸侯王国的战争在所难免，可是从当时西汉王室的综合实力来看，这场战争所爆发的时机并不成熟，甚至可以说统治者还未作好充分的迎战准备。而晁错、袁盎以及吴王刘濞在此事件中产生的不同作用推动了叛乱的提早爆发。本篇选录的《袁盎晁错列传》和《吴王濞列传》章节，从人物自身角度出发，深入分析引发"七国之乱"的主观原因，并对三个不同立场的当事者的抉择予以评析。

袁盎晁错列传

〔选文〕

袁盎，楚人也，字丝。

……

袁盎常引大体[①]慷慨。宦者赵同以数[②]幸，常害袁盎，袁盎患[③]之。盎兄子种为常侍骑，持节夹乘[④]，说盎曰："君与斗，廷辱之，使其毁不用。"孝文帝出，赵同参乘，袁盎伏车前曰："臣闻天子所与共六尺舆者，皆天下豪英。今汉虽乏人，陛下独奈何与刀锯余人载！"于是上笑，下赵同。赵同泣下车。

……

然袁盎亦以数[⑤]直谏，不得久居中，调为陇西都尉。仁爱士卒，士卒皆争为死。迁为齐相。徙为吴相，辞行，种谓盎曰："吴王骄日久，国多奸。今苟欲劾治，彼不上书告君，即利剑刺君矣。南方卑湿，君能日饮，毋[⑥]何，时说王曰毋反而已。如此幸得脱。"盎用种之计，吴王厚遇盎。

……

盎素不好晁错，晁错所居坐，盎去；盎坐，错亦去：两人未尝同堂语。及孝文帝崩，孝景帝即位，晁错为御史大夫，使吏案[⑦]袁盎受吴王财物，抵罪，诏赦以为庶人。

吴楚反，闻，晁错谓丞史曰："夫袁盎多受吴王金钱，专为蔽[⑧]匿[⑨]，言不反。今果反，欲请治[⑩]盎宜知计谋。"丞史曰："事未发，治之有绝[⑪]。今兵西乡[⑫]，治之何益！且袁盎不宜有谋。"晁错犹与未决。人有告袁盎者，袁盎恐，夜见窦婴，为言吴所以反者，愿至上前口对状。窦婴入言上，上乃召袁盎入见。晁错在前，及盎请辟[⑬]人赐闲，错去，固[⑭]恨甚。袁盎具言吴所以反状，以错故，独急斩错以谢[⑮]吴，吴兵乃可罢。其语具在《吴事》中。使袁盎为太常，窦婴为大将军。两人素相与善。逮[⑯]吴反。诸陵长者长安中贤大夫争附两人，车随者日数百乘。

及晁错已诛，袁盎以太常使吴。吴王欲使将，不肯。欲杀之，使一都尉以五百人围[17]守[18]盎军中。袁盎自其为吴相时，有从史尝盗[19]爱盎侍儿[20]，盎知之，弗泄[21]，遇之如故。人有告从史，言"君知尔与侍者通"，乃亡归。袁盎驱自追之，遂以侍者赐之，复为从史。及袁盎使吴见[22]守，从史适为守盎校尉司马，乃悉以其装赍[23]置[24]二石醇醪[25]，会天寒，士卒饥渴，饮酒醉，西南陬[26]卒皆卧，司马夜引袁盎起，曰："君可以去矣，吴王期旦日[27]斩君。"盎弗信，曰："公何为者？"司马曰："臣故为从史盗君侍儿者。"盎乃惊谢曰；"公幸有亲，吾不足以累公。"司马曰："君弟[28]去，臣亦且[29]亡[30]，辟[31]吾亲，君何患！"乃以刀决[32]张[33]，道[34]从醉卒隧直出。司马与分背[35]，袁盎解节毛怀之，杖，步行七八里，明，见梁骑，骑驰去，遂归报。

吴楚已破，上更以元王子平陆侯礼为楚王，袁盎为楚相。尝上书有所言，不用。袁盎病免[36]居家，与闾里[37]浮沉，相随行，斗鸡走狗。

……

晁错者，颍川人也。学申商刑名[38]于轵张恢先所，与雒阳宋孟及刘礼同师。以文学为太常掌故。

错为人峭[39]直刻[40]深[41]。孝文帝时，天下无治《尚书》者，独闻济南伏生故秦博士，治尚书，年九十余，老不可征[42]，乃诏太常使人往受之。太常遣错受《尚书》伏生所。还，因上便宜事，以《书》称说。诏以为太子舍人、门大夫、家令。以其辩[43]得幸太子，太子家号曰"智囊"。数上书孝文时，言削诸侯事，及法令可更定者。书数十上，孝文不听，然奇其材，迁为中大夫。当是时，太子善错计策，袁盎诸大功臣多不好错。

……

迁为御史大夫，请诸侯之罪过，削其地，收其枝郡㊹。奏上，上令公卿列侯宗室集议，莫敢难㊺，独窦婴争之，由此与错有郤㊻。错所更令三十章，诸侯皆喧哗疾㊼晁错。错父闻之，从颍川来，谓错曰："上初即位，公为政用事，侵削诸侯，别㊽疏㊾人骨肉，人口议多怨公者，何也？"晁错曰："固也。不如此，天子不尊，宗庙不安。"错父曰："刘氏安矣，而晁氏危矣，吾去公归矣！"遂饮药死，曰："吾不忍见祸及吾身。"死十余日，吴楚七国果反，以诛错为名。及窦婴、袁盎进说，上令晁错衣朝衣斩东市。

……

太史公曰：袁盎虽不好学，亦善傅会㊿，仁心为质，引义慷慨。遭孝文初立，资(51)适逢世。时以变易，及吴楚一说，说虽行哉，然复不遂。好(52)声矜(53)贤，竟以名败。晁错为家令时，数言事不用；后擅权，多所变更。诸侯发难，不急匡(54)救，欲报私仇，反以亡躯。语曰"变古乱常，不死则亡"，岂错等谓邪！

选自《史记》卷一百一

〔注释〕 ①大体：原则问题。 ②数：术数。 ③患：忧虑。 ④乘：乘舆车。 ⑤数：屡次。 ⑥毋：没有。 ⑦案：通"按"，察看。 ⑧蔽：隐蔽。 ⑨匿：隐藏。 ⑩治：查办。 ⑪绝：反叛。 ⑫乡：通"向"，趋向。 ⑬辟：排除。 ⑭固：乃。 ⑮谢：道歉。 ⑯逮：等到。 ⑰围：包围。 ⑱守：看守。 ⑲盗：私通。 ⑳侍儿：婢。 ㉑泄：泄漏。 ㉒见：被。 ㉓装赍：随身箱包中值钱物。 ㉔置：购置。 ㉕醇醪：味浓的酒。 ㉖陬：角落。 ㉗旦日：明天。 ㉘弟：只管。 ㉙且：将要。 ㉚亡：逃亡。 ㉛辟：通"避"，藏匿。 ㉜决：割裂。 ㉝张：通"帐"。 ㉞道：经由。 ㉟分背：各自而去。 ㊱免：赋闲。 ㊲闾里：平民所住里巷。 ㊳刑名：法家学说。

㊴ 峭：严厉。 ㊵ 刻：刻薄。 ㊶ 深：深沉。 ㊷ 征：征召。 ㊸ 辩：口才。 ㊹ 枝郡：国都外之郡。 ㊺ 难：反驳。 ㊻ 郤：嫌隙。 ㊼ 疾：憎恶。 ㊽ 别：破坏关系。㊾ 疏：使疏远。 ㊿ 傅会：同"附会"。 (51) 资：才能。 (52) 好：喜好。 (53) 矜：夸耀。(54) 匡：匡正。

〔赏析〕 袁盎字丝，是汉朝楚人。他个性刚直，常常称引大义，敢言直谏。深得汉文帝的信任，被时人称为"无双国士"。

晁错是颍川人，为人峭直刻深，因早前在轵县张恢先生那里学习过申不害和商鞅的刑名学说，故有较浓厚的法家思想。是汉景帝的"智囊"宠臣，最后亦是在七国之乱爆发时被景帝亲自下令诛杀。

作为吴楚叛乱的导火线，晁错所主张的削藩本没有错，从宏观大局而言，确实是有利于中央集权国家统一，巩固汉王室的统治地位。然而他并没有选择适当的时机和方法，空有理论总纲没有具体的操作方案便贸然行事，致使汉王室在未成熟的时机面对一场本可避免的战役。

首先，诸侯国对中央造成威胁需要实力的累积，而实力的累积又需要时间。天下刚刚安定，在休养生息的政策下，不管是天子还是诸侯，安抚百姓恢复和发展经济是首要任务，可以说是无暇起兵生事端。不能因为人家封地资源优发展好，尽了一国之主应尽之责，就开始揣测他们是否用心不良。即便吴王的一些作为值得晁错怀疑，但光看事情表面就下定论，并以这个特例代表了整个诸侯群体，一棒子打翻一船人，实在是过于草率了些。

其次，诸侯国的存在本是作为王室的屏藩，然而在它未失去这个政治作用时过早的被人扣上谋反的帽子，提早了削藩的必要性，不仅不妥，且非常有可能失败。晁错提出的"削之亦反，不削亦反"本身就是先把没罪的藩王当作叛逆之人来看，那别人被逼急了当然要反抗了，可这样的话就正好印证了晁错的理论，看上去似乎是晁错有先见之明，实则是诸侯们"被谋反"罢了。而恰巧吴王刘濞又是一个很没安全感的人，本身对统治者就有弑子之恨，现在好端端的又把压箱底的罪翻出来二话不说削了人家的地，新仇加旧恨，当然被逼得拿起武器为自己生存的权益而战。削藩本意是想平衡各方势力以达到国家和谐统一的目的，可现在它不仅没有起到抑制防范作用，反而成为了祸端。

此外，在这种天下太平的局势背景下，即便是有个别诸侯王想谋反，他也得有正当名目，否则大部分地方势力原则上是站在统治阶级一方的。这种以寡敌众、胜算全无的仗，真正有野心、想撼动统治者地位的人也不会如此愚蠢地去送死。退一步来说，若真有这么异想天开的同姓王存在，他想反也对中央构不成威胁。可现在晁错这么一折腾，让许多同姓王都或多或少地产生了危机感，再被吴王一牵头煽动，大家自然而然就同仇敌忾了。一个地方势力造反不可怕，一群拼死一战的诸侯闹起事来后果还是很严重的。

若削藩只是想防患于未然，尽可能地使权力集中于中央，保障天子的统治地位，那么它必然需要一个循序渐进的过程。但晁错并没有考虑到这点，利害关系也把握得不够，他把原本该暗中较量的两股势力，一下子放到台面上来，没有一个过程的铺垫，难免会适得其反。削藩这件事成功与否暂且不说，首先他就把自己推到了风口浪尖。不管这件事的发展如何，枪打出头鸟，晁错的未来终究不会明朗。而且晁错对形势看得不够透彻，在己方实力未明了的情况下想当然地去做这件事。为什么这么说呢？如果中央真的有十足的把握和坚挺的实力在，吴王叛乱之际景帝也不会接受袁盎的建议，诛杀宠臣晁错意图换取七国退兵了，这显然是没有办法中的办法。

再者，晁错自身性格也是引起吴楚叛乱的一个关键点。凭借景帝的赏识，晁错在修改法令、削减诸侯王的势力上，完全按照自己的想法去做，置大臣们的反对于不顾，即便父亲劝说也无济于事。他的固执己见和行事风格使众大臣都不喜欢他，这其中就包括了袁盎。而作为削藩的主使者晁错又被诸侯们所怨恨，注定会成为众矢之的。在诸侯发动叛乱时，晁错不急于匡正挽救这个危机，却想着报与袁盎的私仇。把个人恩怨移到了国事上，最后引来杀身之祸。

值得庆幸的是，晁错的死未能使叛军退兵，却成了这场叛乱的转折点，使诸侯起兵的性质发生了转变。从为天子考虑诛杀小人的正义之战，转为篡夺王权的谋反，从道义上来说明显理亏。可箭在弦上，不得不发，叛军没有退路只能硬着头皮继续上，而这给汉王室决心用武力镇压提供了正当借口，平乱的成功也为日后真正合乎时宜的削藩奠定了良好基础。

而这一转变都归功于袁盎的建议，不过袁盎无疑是被卷进纷争的“无辜者”。因为官职迁调，袁盎曾做过吴相，被爱才的吴王厚待过。在吴王联合起兵之际，这份与众不同的官场经历被政敌晁错作为与吴王同流合污的罪证，晁错欲上奏景帝说袁盎收取吴王钱财，包庇纵容其谋反，借机除掉这个眼中钉。在晁错犹豫之际，袁盎为求自保，唯有先下手为强，向统治者坦白以示自己的忠心，并反将了晁错一军，成为两人政治斗争最后的赢家。也正是这自保之计在七国之乱的关键时刻影响了事态的发展，扭转了乾坤。

吴王濞列传

〔选文〕

吴王濞者，高帝兄刘仲之子也。

……

会孝惠、高后时，天下初定，郡国诸侯各务自拊循[1]其民。吴有豫章郡铜山，濞则招致天下亡命者铸钱，煮海水为盐，以故无赋，国用富饶。

孝文时，吴太子入见，得侍皇太子饮[2]博[3]。吴太子师傅皆楚人，轻[4]悍，又素骄，博，争道[5]，不恭，皇太子引[6]博局[7]提吴太子，杀之。于是遣其丧归葬。至吴，吴王愠曰：“天下同宗，死长安即葬长安，何必来葬为！”复遣丧之[8]长安葬。吴王由此稍失藩臣之礼，称病不朝。京师知其以子故称病不朝，验问实不病，诸吴使来，辄系[9]责[10]治[11]之。吴王恐，为谋滋甚。及后使人为秋请[12]，上复责问吴使者，使者对曰：“王实不病，汉系治使者数辈，以故遂称病。且夫‘察见渊中鱼，不祥’。今王始诈病，及觉，见责急，愈益闭，恐上诛之，计乃无聊[13]。唯上弃之而与更始。”于是天子乃赦吴使者归之，而赐吴王几杖，老，不朝。吴得释其罪，谋亦益解。然其居国以铜盐故，百姓无赋。卒践更，辄与平贾[14]。岁时存问茂材[15]，赏赐闾里。佗郡国吏欲来捕亡人者，讼[16]共禁弗予。如此者四十余年，以故能使其众。

……

（孝景）三年冬，楚王朝，晁错因言楚王戊往年为薄太后服，私奸服舍[17]，请诛之。诏赦，罚削东海郡。因削吴之豫章郡、会稽郡。及前二年赵王有罪，削其河间郡。胶西王卬以卖爵有奸，削其六县。

汉廷臣方议削吴。吴王濞恐削地无已，因以此发谋，欲举事。念诸侯无足与计谋者，闻胶西王勇，好气[18]，喜兵，诸齐皆惮畏，于是乃使中大夫应高诳[19]胶西王。无文书，口报曰："吴王不肖，有宿[20]夕之忧，不敢自外，使喻其驩[21]心。"王曰："何以教之？"高曰："今者主上兴[22]于奸，饰[23]于邪臣，好小善，听谗贼，擅变更律令，侵夺诸侯之地，征求滋多，诛罚良善，日以益甚。里语有之，'舐糠及米'。吴与胶西，知名诸侯也，一时见察，恐不得安肆矣。吴王身有内病，不能朝请二十余年，尝患见疑，无以自白，今胁肩累足，犹惧不见释。窃闻大王以爵事有适[24]，所闻诸侯削地，罪不至此，此恐不得削地而已。"王曰："然，有之。子将奈何？"高曰："同恶相助，同好相留，同情相成，同欲相趋，同利相死。今吴王自以为与大王同忧，愿因时循理，弃躯以除患害于天下，亿亦可乎？"王瞿然骇曰："寡人何敢如是？今主上虽急，固有死耳，安得不戴？"高曰："御史大夫晁错，荧惑[25]天子，侵夺诸侯，蔽忠塞贤，朝廷疾怨，诸侯皆有倍畔[26]之意，人事极矣。彗星出，蝗虫数起，此万世一时，而愁劳圣人之所以起也。故吴王欲内以晁错为讨，外随大王后车，彷[27]徉[28]天下，所乡[29]者降，所指者下，天下莫敢不服。大王诚幸而许之一言，则吴王率楚王略函谷关，守荥阳敖仓之粟，距[30]汉兵。治次舍，须[31]大王。大王有幸而临之，则天下可并，两主分割，不亦可乎？”王曰：“善。”高归报吴王，吴王犹恐其不与，乃身自为使，使于胶西，面结之。

……

诸侯既新削罚，振[32]恐，多怨晁错。及削吴会稽、豫章郡书至，则吴王先起兵，胶西正月丙午诛汉吏二千石以下，胶东、菑川、济南、楚、赵亦然，遂发兵西。齐王后悔，饮药自杀，畔约。济北王城坏未完，其郎中令劫守其王，不得发兵。胶西为渠率，胶东、菑川、济南共攻围临菑。赵王遂亦反，阴[33]使匈奴与连兵。

七国之发也，吴王悉其士卒，下令国中曰：“寡人年六十二，身自将。少子年十四，亦为士卒先。诸年上与寡人比，下与少子等者，皆发。”发二十余万人。南使闽越、东越，东越亦发兵从。

……

初，吴王首反，并将楚兵，连齐赵。正月起兵，三月皆破，独赵后下。复置元王少子平陆侯礼为楚王，续元王后。徙汝南王非王吴故地，为江都王。

太史公曰：吴王之王，由父省[34]也。能薄赋敛，使其众，以擅山海利。逆乱之萌，自其子兴。争技发难，卒亡其本；亲越谋[35]宗，竟以夷陨。晁错为国远虑，祸反近身。袁盎权说，初宠后辱。故古者诸侯地不过百里，山海不以封。“毋亲夷狄，以疏其属”，盖谓吴邪？“毋为权首，反受其咎”，岂盎、错邪？

选自《史记》卷一百六

〔注释〕 ① 拊循：抚养。 ② 饮：饮酒。 ③ 博：下棋。 ④ 轻：轻佻。 ⑤ 争道：为落子何处而争。 ⑥ 引：拉起。 ⑦ 博局：棋盘。 ⑧ 之：到。 ⑨ 系：拘囚。 ⑩ 责：责问。 ⑪ 治：惩治。 ⑫ 秋请：诸侯朝聘，秋为请。 ⑬ 无聊：无所寄托。 ⑭ 平贾：出钱雇人服役。 ⑮ 茂才：即“秀才”。 ⑯ 讼：公开。 ⑰ 服舍：守丧小屋。 ⑱ 好气：好任性使气。 ⑲ 诳：逗引。 ⑳ 宿：即“夙”，早晨。 ㉑ 驩：同“欢”。 ㉒ 兴：兴生。 ㉓ 饰：包围。 ㉔ 适：通“谪”，流放。 ㉕ 荧惑：迷惑。 ㉖ 倍畔：即“背叛”。 ㉗ 彷：盘旋。 ㉘ 徉：徘徊。 ㉙ 乡：通“向”，趋向。 ㉚ 距：通“拒”，抵抗。 ㉛ 须：等待。 ㉜ 振：通“震”。 ㉝ 阴：暗中。 ㉞ 省：削减。 ㉟ 谋：图谋。

〔赏析〕 吴王刘濞，是汉高祖刘邦的哥哥刘仲之子。刘仲本被封为代王，但由于在匈奴围攻代国时弃守逃跑，向天子自首后被贬为郃阳侯。而其子刘濞却剽悍勇猛，在二十岁时以骑将的身份跟随高祖打败淮安王英布的叛军，由于荆王刘贾被英布所杀，且无后嗣。汉高祖遂封立刘濞在沛地做吴王，统辖三郡五十三个县。

作为“七国之乱”的罪魁祸首，很多人认为吴王刘濞是一个野心勃勃妄想篡位之徒，但从《史记》的记载来看，吴王的谋反叛乱其实并不是野心作祟，而是为自保而战。

正如司马迁在卷末所言，刘濞叛逆作乱的念头是因为儿子被皇太子刘启打死才萌生的。站在刘濞的角度来说，即便是自己儿子再怎么不好，因为一盘棋便被皇太子杀，对诸侯本身就是一种威胁。自己儿子是吴国下一任诸侯，皇太子是下一任天子，未来天子竟为一件小事就杀了未来的诸侯王，这不仅是失去儿子所带来的悲痛，更是自身安危的顾虑。刘濞萌生反叛的念头无非是想趁中央实力还未坚挺之前先下手为强，保命要紧。自吴国世子命丧皇太子之手后，吴王刘濞出于无奈称病不肯入朝，这在外人看来是违忤藩臣所应遵守的礼节。此后吴王的使臣一来替吴王入朝，就被拘禁诘问而治罪。吴王恐慌性命不保，更加积极地策划谋反行动。可当天子赦免吴国的使者让他们回去，赐给吴王几杖来解除他的罪过，并准许其不必入京朝见后，吴王松了一口气，谋反的事情也就放松了。而且袁盎在做吴相的时候经常劝说爱才的吴王不要反叛，于是起兵造反在吴王心里已慢慢变成了一个可有可无的念头。

因此吴王的谋反行动看似计划很久，意志却并不坚定，且是断断续续的，根本不具杀伤性。直到汉景帝采纳晁错的削藩建议并付诸行动后，他才真正下了决心。因为这一次的危机感更甚从前，是外界无法避免的因素逼得他不得不把想法化为现实。

不过对统治阶级来说，进行削藩是出于中央的集权和国家的统一，而把目标锁定在吴王刘濞也是有自己的考量。西汉初期，天下刚刚安定，中央政府贯彻黄老思想，实行与民休息政策来恢复、发展经济，地方诸侯们也各自努力安抚自己的百姓。吴王刘濞所在封地拥有豫章郡的铜矿山，通过铸造钱币、煮海水制盐所得的收益取代百姓的税款，且富足有余。士兵服役发给价格合理的代役金，每年在一定时候刘濞还去慰问有才能的人，给平民赏赐。但这番为民称颂的作为在中央政府眼里则是另一种含义，尤其是留用亡命之徒之举被视作引诱贼人谋划叛乱的征兆。此外，吴王与统治阶级的矛盾不仅仅是在政治上，七国叛乱发生时的当朝皇帝正是当时杀了他儿子的刘启。不论从国家角度还是从个人角度出发，晁错都有较为充分的理由去怀疑吴王在密谋造反，并以此类推到其他诸侯上，从而证明《削藩策》理论上的正确性和必要性。

可是对于诸侯而言，地方势力是各藩王自身安危的一种保障。削藩削的不仅仅是土地和既得利益，更是吴王的安全感。因为削藩这事有一便会有二，若真被削到什么都不剩了，将来难保自己的命也被削掉。统治者削藩的步步紧逼，更加剧了吴王心中的恐慌，迫使他不得不为求自保，伙同其他六个诸侯王背水一战。而以“诛晁错，清君侧”为旗号不仅仅因为晁错是削藩的主谋人，可以引起诸侯们同仇敌忾，更是反叛的一个相对较正义的借口。

虽然景帝为满足叛军的要求杀了晁错，却并不能阻挡他们的叛乱步伐。原因有三：其一，自吴王等人起兵的那刻起就没有了回头路，若是退兵，双方之间的这个隔阂是难以消灭的，将来总有一天统治者会为了消除隐患而灭了诸侯。到那时候，中央有了防备和强大的实力，想成功很难。其二，晁错生前这么受景帝宠爱，都被帝王无情杀害以固江山，那曾有反叛行为的诸侯在日后注定也难逃一死，反正横竖都是死，还不如拼一拼，说不定还有出路可言。其三，一个晁错死了，难免明天来个张错、王错，削藩这件事是必然会发生的，只是时间早晚问题。与其自己终日惶恐不安，等着别人收拾自己，还不如自己当天子安全。

可惜吴王虽善于经邦治国，但在治军上似乎缺乏天赋，没有条理不说，还十分专断，且在晁错死后诸侯们的起兵行为又明显理亏。反观汉王室，军事上有周亚夫这员猛将在，道义上平定乱臣贼子实属应该。形势谁优谁劣非常明了，所以吴楚叛乱的失败合乎情理。

纵观整个事件，可以说是一盘棋引发的国灭身亡。正所谓一步错，步步错，一件小事所带来的连锁反应，最终酿成恶果。作为父亲，吴王缺乏对儿子的教育，养成他浮躁无理的性格，致使其与皇太子下棋时发生争执惹来杀身之祸，吴王因此萌生了不该有的谋反之心。作为臣子，吴王任性妄为，为个人一时的情绪违背君臣之纲，而这也成为日后晁错盯上他的原因之一。外部因素虽不可控制，但只要把握好自身尺度，也不至于落得如此田地。

（李欣玥）

文治武功集于一身的大帝

〔导言〕 汉武帝刘彻，原名彘。景帝刘启之庶出第九子。少聪明而有智术。初封胶东王。在共时的后位博弈和储位竞争中，幸运胜出，景帝中元二年(前148年)，生母王夫人立为后，彘立为皇太子，并由景帝改名彻，意"圣彻过人"。景帝后元三年(前141年)正月，于景帝崩之当日，即皇帝位，年十六。武帝后元二年(前87年)二月，崩，寿七十。葬茂陵。在位五十四年，接受董仲舒《天人三策》"复古更化"的思想，在文景之治"公私富溢"的基础上，充分舒展雄才大略，"据旧以鉴新"，实现了由黄老而儒学的政治主导思想的大扭转，实施了以礼制为总持的教育、学术、文化、政治、经济、军事制度以至历法的全面大创改，开创了影响深远的一代文治武功。以教为先，兴太学，置《五经》博士，遍建庠序，建立了社会教化与学校教育相结合的教育制度；并与朝廷选官相结合，健全察举制，实行"博开艺能之路，悉延百端之学"的用人和学术文化政策，创建了影响世界的文官制度。创设乐府，协音律，行"诗教"，广开献书之路，置写书之官，建立中国文献库和保存文化遗产的文化制度。建年号，改正朔，修郊祀，易服色，建明堂，行太初历(夏历)。削封建，徙豪强入边，行主在打击贵戚高官豪强大族的"二千年良法"《刺史六条》。勘定边患，南收两越，东定朝鲜，北逐匈奴，平西羌，抚西南夷，通西域，开疆拓土，使中华文化植被四边，将汉朝经略成当时世界上最先进的强大的多民族的大一统国家。晚年下《轮台诏》，向天下谢罪悔过；实行"富民"政策，示范后世。史称汉武帝"作宪垂法，为无穷之规"；为"二十四朝之皇帝"，亦即百代之人物。

汉武帝本纪

〔选文〕

孝武皇帝者，孝景中子也。母曰王太后。孝景四年，以皇子为胶东王。孝景七年，栗太子废为临江王，以胶东王为太子。孝景十六年崩，太子即位，为孝武皇帝。孝武皇帝初即位，尤敬鬼神之祀。

元年，汉兴已六十余岁矣，天下乂[①]安，荐绅之属[②]皆望天子封禅改正度也。而上乡[③]儒术，招贤良，赵绾、王臧等以文学为公卿，欲议[④]古立明堂城南，以朝[⑤]诸侯。草[⑥]巡狩封禅改历服色事未就。会[⑦]窦太后治黄老言，不好儒术，使人微[⑧]得赵绾等奸利事，召案[⑨]绾、臧，绾、臧自杀，诸所兴为者皆废。

后六年，窦太后崩。其明年，上征[⑩]文学之士公孙弘等。

……

亳人薄诱忌奏祠泰一方[⑪]，曰："天神贵者泰一，泰一佐[⑫]曰五帝。古者天子以春秋祭泰一东南郊，用太牢具，七日，为坛开八通之鬼道。"于是天子令太祝立其祠长安东南郊，常[⑬]奉祠如忌方。其后人有上书，言"古者天子三年一用太牢具祠神三一：天一，地一，泰一"。天子许之，令太祝领[⑭]祠[⑮]之忌泰一坛上，如其方。后人复有上书，言"古者天子常以春秋解祠[⑯]，祠黄帝用一枭破镜；冥羊用羊；祠马行用一青牡马；泰一、皋山山君、地长用牛；武夷君用乾鱼；阴阳使者以一牛"。令祠官领之如其方，而祠于忌泰一坛旁。

……

于是济北王以为天子且[⑰]封禅，乃上书献泰山及其旁邑。天子受之，更以他县偿[⑱]之。常山王有罪，迁，天子封其弟于真定，以续先王祀，而以常山为郡。然后五岳皆在天子之郡。

……

其后三年，有司言元宜以天瑞命[19]，不宜以一二数[20]。一元曰建元，二元以长星曰元光，三元以郊得一角兽曰元狩云。

其明年冬，天子郊雍，议曰："今上帝朕亲郊，而后土毋祀，则礼不答[21]也。"有司与太史公、祠官宽舒等议："天地牲角茧栗。今陛下亲祀后土，后土宜于泽中圜丘为五坛，坛一黄犊太牢具，已祠尽瘗[22]，而从祠衣[23]上黄。"于是天子遂东，始立后土祠汾阴脽上，如宽舒等议。上亲望拜，如上帝礼。礼毕，天子遂至荥阳而还。过雒阳，下诏曰："三代邈绝[24]，远矣难存。其以三十里地封周后为周子南君，以奉先王祀焉。"是岁，天子始巡郡县，侵寻[25]于泰山矣。

……

其来年冬，上议曰："古者先振[26]兵泽[27]旅，然后封禅。"乃遂北巡朔方，勒[28]兵十余万，还祭黄帝冢桥山，泽兵须如。上曰："吾闻黄帝不死，今有冢，何也？"或对曰："黄帝已仙上天，群臣葬其衣冠。"即至甘泉，为且用事泰山，先类祠泰一。

自得宝鼎，上与公卿诸生议封禅。封禅用希旷绝[29]，莫知其仪礼，而群儒采封禅《尚书》、《周官》、《王制》之望祀射牛事。齐人丁公年九十余，曰："封者，合[30]不死之名也。秦皇帝不得上封。陛下必欲上，稍[31]上即[32]无风雨，遂上封矣。"上于是乃令诸儒习[33]射牛，草封禅仪。数年，至且行。天子既闻公孙卿及方士之言，黄帝以上封禅，皆致怪物与神通，欲放[34]黄帝以尝接神仙人蓬莱士，高世比[35]德于九皇，而颇采儒术以文之。群儒既以不能辩明封禅事，又牵拘于

《诗》、《书》古文而不敢骋。上为封祠器示群儒，群儒或曰“不与古同”，徐偃又曰“太常诸生行礼不如鲁善”，周霸属[36]图封事，于是上绌[37]偃、霸，尽罢诸儒弗用。

……

四月，还至奉高。上念诸儒及方士言封禅人人殊[38]，不经[39]，难施行。天子至梁父，礼祠地主。乙卯，令侍中儒者皮弁荐绅，射牛行事。封泰山下东方，如郊祠泰一之礼。封广丈二尺，高九尺，其下则有玉牒书，书秘[40]。礼毕，天子独与侍中奉车子侯上泰山，亦有封。其事皆禁[41]。明日，下阴[42]道。丙辰，禅泰山下阯东北肃然山，如祭后土礼。天子皆亲拜见，衣上黄而尽用乐焉。江淮间一茅三脊为神藉。五色土益杂封。纵[43]远方奇兽蜚禽及白雉诸物，颇以加祠。兕旄牛犀象之属弗用。皆至泰山然后去。封禅祠，其夜若有光，昼有白云起封中。

天子从封禅还，坐明堂，群臣更[44]上寿[45]。于是制诏御史：“朕以眇眇之身承至尊，兢兢焉惧弗任。维德菲薄，不明于礼乐。修祀泰一，若有象景光，屑如有望，依依震[46]于怪物，欲止不敢，遂登封泰山，至于梁父，而后禅肃然。自新，嘉与士大夫更始，赐民百户牛一酒十石，加年八十孤寡布帛二匹。复[47]博、奉高、蛇丘、历城，毋出今年租税。其赦天下，如乙卯赦令。行所过毋有复作。事在二年前，皆勿听[48]治。”又下诏曰：“古者天子五载一巡狩，用事泰山，诸侯有朝宿地。其令诸侯各治[49]邸泰山下。”

选自《史记》卷十二

〔注释〕 ① 乂：安定。 ② 属：类。 ③ 乡：通“向”，趋从。 ④ 议：商议。 ⑤ 朝：召见。 ⑥ 草：草拟。 ⑦ 会：恰逢。 ⑧ 微：暗中。 ⑨ 案：通“按”。 ⑩ 征：征召。

⑪ 方：方术。 ⑫ 佐：辅佐。 ⑬ 常：经常。 ⑭ 领：管理。 ⑮ 祠：祭祀。 ⑯ 解祠：用祭祀免灾。 ⑰ 且：将要。 ⑱ 偿：抵偿。 ⑲ 命：命名。 ⑳ 数：计算。 ㉑ 答：符合。 ㉒ 瘗：掩埋。 ㉓ 衣：穿戴。 ㉔ 邈绝：灭亡很久了。 ㉕ 侵寻：浸淫。 ㉖ 振：整治。 ㉗ 泽：应作"释"，解除。 ㉘ 勒：统率。 ㉙ 旷绝：久远。 ㉚ 合：符合。 ㉛ 稍：略微。 ㉜ 即：如果。 ㉝ 习：练习。 ㉞ 放：效仿。 ㉟ 比：相比。 ㊱ 属：正在。 ㊲ 绌：通"黜"。 ㊳ 殊：不同。 ㊴ 经：正常。 ㊵ 秘：保密。 ㊶ 禁：保密。 ㊷ 阴：泰山之北。 ㊸ 纵：释放。 ㊹ 更：轮番。 ㊺ 寿：祝福。 ㊻ 震：震撼。 ㊼ 复：免徭役。 ㊽ 听：盘查。 ㊾ 治：修筑。

〔赏析〕 本篇选自《史记·孝武本纪》。《史记》之武帝纪，司马迁原作《今上本纪》。迁殁后散失。张晏谓褚少孙（宣帝时博士）补作《孝武本纪》。魏晋以后，少孙补篇亦佚。今通行本《孝武本纪》，钱大昕《廿二史考异》谓"乡里妄人取此以足其数耳"。《孝武本纪》真伪之论不可谓少。要之，纵然有所谓言意鄙陋浅近之指责，亦不能否认今本补篇为《史记》重要构成的文献价值与史学价值，《孝武本纪》亦然。

"纪者，统理众事"（裴松之语）。史公高度概括了武帝一生文治武功的大事。汉武帝是个雄才大略的大改革家，一生都在大事兴改，改革遍及各个领域。他"喜唐虞而乐殷周，据旧以鉴新"，从老传统中开新局、创新制。他的文治武功就是通过尊儒兴学、复古更化活动建立起来的。他登上历史舞台的第一件给中国历史文化以巨大影响的大事，就是接受董仲舒的观点，实施意识形态的大扭转、大改革，这就是推尊儒学，将汉朝政治主导思想由黄老道家换置为孔孟儒家。这个转换的背后则是一场宫廷和朝廷政治大博弈。上引《孝武本纪》的文字，直接袭录自《史记·封禅书》，《封禅书》不以刘彻身后谥号称"孝武皇帝"而径称"今天子"，是史公原著。这段文字直录了这场大博弈的终始脉络。

这场儒道之间的主位争夺战，其实在武帝登基前就开始了。汉初，黄老之学极盛，上至文景二帝，朝多功侯将相名臣如曹参、陈平、张良、汲黯等，野有盖公、黄子等一批民间学者崇尚黄老，是朝廷和社会的主流思想。窦猗（或名猗房），文帝皇后，景帝皇太后，武帝太皇太后，是黄老学派在汉初政治上的总代表。史称窦太后好黄帝、老子言，不好儒术，菲薄"五经"。在她掌管后宫和皇族的权威下，景帝及太子、诸窦不得不读《黄帝》、《老子》。更容不得对黄老有半点不敬，《诗经》专家辕固生只不过当着她的面说了《老子》乃家人之言，就被罚到兽圈里赤手空拳打野猪而差点送命。

就是在如此浓厚而带着强制性的宫廷黄老氛围中，汉武帝表现了他果断的决断力，不顾窦太后懿威，改弦更辙。汉初，“六经”异传，百家殊语，黄老只是处于汉初朝廷和社会思想的顶端，而不是唯一。朝廷的礼仪制度是叔孙通一班儒者设计的，社会日常生活底子还是以孝道为本的儒家伦理，即使是皇家的宫廷教育也是多元的。汉武帝不仅要读《老子》，却更从景帝为太子特聘的师傅班子那儿接受了儒家经典教育。儒家“六经”遍及宗教、哲学、政治、经济以致日常生活的人类历史文化各领域，是个大综合系统，其大居正大一统的社会政治目标，比起道家以“小国寡民”为社会理想来，显然更适合武帝欲建立“德泽四海”、“化及群生”的大一统国家的需要。在这场儒道的历史博弈中，武帝以他历史性的判断力，作出了历史性的选择。

即位旋即，武帝就组织以儒者为辅弼的高级领导层，继续信用前太子太傅卫绾为丞相。建元元年(前140年)冬十月，诏举贤良方正直言极谏之士，策问古今治道。董仲舒上《天人三策》，建言“诸不在六艺之科孔子之术者，皆绝其道，勿使并进”。卫绾奏言罢治申商、韩非、苏秦、张仪之言乱国政者。武帝接受董仲舒对策，批准卫绾奏议，兴太学，建庠序，立学官。结果换来的是六月卫绾免相，其事实与窦太后有关，故《孝武本纪》不录入。这是武帝即位后儒道博弈的第一回合，窦太后阻遏了儒家在建元对策后发展的势头。

但武帝改革的意志未被阻遏住，他依然组织儒家公卿班子，用窦婴为相，拜田蚡为太尉，赵绾为御史大夫，前太子少傅王臧为郎中令，四人皆儒者。儒道开始了更为激烈的第二回合的正面较量。建元二年，赵绾请绝奏事太皇太后，窦太后被激怒，指使人暗中查得赵绾、王臧“奸利事”，令武帝召案(又据《史记正义》引应劭云)，赵绾、王臧下狱自杀，窦婴、田蚡被免职。儒家败北，付出了惨痛的代价。

经过儒家第二回合的受挫，武帝倒成熟起来，表现出政治家必须具备的耐心，况且按古制太子即位就须谅闇三年不言，他放慢了儒道卡位战。到建元五年，谅闇期早过，乃置《五经》博士。

建元六年五月，窦太后死，儒家发展的障碍自然扫除。汉武帝再启儒道博弈第三局。田蚡复出为相,“黜黄老刑名百家之言,延文学儒者以百数”。元光元年(前134年)五月,武帝“策诏诸儒”。儒家的另一重要代表公孙弘复出。董仲舒尊儒策原是连着兴太学行教化的一揽子计划。六月,武帝颁《劝学诏》,公孙弘承旨顺利实施这一计划,置博士弟子员,郡国遍立学校,设学官,置学官弟子。博士、学官一概延用儒者,不明儒家五经六艺的不能获取国立学校教师资格,完善了尊儒读经与朝廷养士相结合的教育制度。尽管武帝的用人和学术文化政策乃是“博开艺能之路,悉延百端之学”(《史记·龟策列传》),其余诸子百家,朝廷照旧录用,亦自可优游论著讲习,但毕竟不能取得等同儒家的经学地位,黄老道家的主流、主导思想地位亦已被取代。尊儒读经的京师太学及郡国庠序将会为武帝的文治武功源源不断地培养和输送人才,并充实朝廷,遍布社会。儒家的主流主导地位有了组织和制度上的保障,并可持续下去。在窦太后驾崩的哀乐声中,儒家终于奏响了胜利的凯歌。

封 禅 书

〔选文〕

自古受命帝王,曷[1]尝不封禅?盖有无其应而用事者矣,未有睹[2]符瑞见[3]而不臻[4]乎泰山者也。虽受命而功不至,至梁父矣而德不洽[5],洽矣而日有不暇[6]给,是以即事用希[7]。《传》曰:“三年不为礼,礼必废;三年不为乐,乐必坏。”每世之隆,则封禅答[8]焉,及衰而息。厥[9]旷远者千有余载,近者数百载,故其仪阙然堙灭,其详不可得而记闻云。

《尚书》曰,舜在璇玑玉衡,以齐七政。遂类于上帝,禋于六宗,望山川,遍群神。辑[10]五瑞,择吉月日,见四岳诸牧,还瑞。岁二月,东巡狩,至于岱宗。岱宗,泰山也。柴,望秩于山川。遂觐[11]东后。东后者,诸侯也。合时月正日,同[12]律度量衡,修五礼,五玉三帛二生一死贽。五月,巡狩至南岳。南岳,衡山也。八月,巡狩至西岳。西岳,华山也。十一月,巡狩至北岳。北岳,恒山也。皆如岱宗之礼。中岳,嵩高也。五载一巡狩。

……

秦缪公即位九年,齐桓公既霸,会诸侯于葵丘,而欲封禅。管仲曰:“古者封泰山禅梁父者七十二家,而夷吾所记者十有二焉。昔无怀氏封泰山,禅云云;虙羲封泰山,禅云云;神农封泰山,禅云云;炎帝封泰山,禅云云;黄帝封泰山,禅亭亭;颛顼封泰山,禅云云;帝皓封泰山,禅云云;尧封泰山,禅云云;舜封泰山,禅云云;禹封泰山,禅会稽;汤封泰山,禅云云;周成王封泰山,禅社首:皆受命然后得封禅。”桓公曰:“寡人北伐山戎,过孤竹;西伐大夏,涉[13]流沙,束[14]马悬[15]车,上卑耳之山;南伐至召陵,登熊耳山以望江汉。兵车之会三,而乘车之会六,九合诸侯,一匡天下,诸侯莫违我。昔三代受命,亦何以异乎?”于是管仲睹桓公不可穷[16]以辞,因设[17]之以事,曰:“古之封禅,鄗上之黍,北里之禾,所以为盛;江淮之间,一茅三脊,所以为藉[18]也。东海致比目之鱼,西海致比翼之鸟,然后物有不召而自至者十有五焉。今凤皇麒麟不来,嘉谷不生,而蓬蒿藜莠茂,鸱枭数[19]至,而欲封禅,毋乃不可乎?”于是桓公乃止。是岁,秦缪公内晋君夷吾。其后三置晋国之君,平其乱。缪公立三十九年而卒。

其后百有余年,而孔子论述六艺,传略言易[20]姓而王[21],封泰山禅乎梁父者七十余王矣,其俎豆之礼不章[22],盖难言之。或问禘之说,孔子曰:“不知。知禘之说,其于天下也视其掌。”诗云纣在位,文王受命,政不及泰山。武王克殷二年,天下未宁而崩。爰[23]周德之洽维成王,成王之封禅则近之矣。及后陪臣执政，季氏旅于泰山，仲尼讥[24]之。

……

今天子初即位，尤敬鬼神之祀。

元年，汉兴已六十余岁矣，天下艾安，搢绅之属皆望天子封禅改正度也，而上乡儒术，招贤良，赵绾、王臧等以文学为公卿，欲议古立明堂城南，以朝诸侯。草巡狩封禅改历服色事未就。会窦太后治黄老言，不好儒术，使人微伺得赵绾等奸利事，召案绾、臧，绾、臧自杀，诸所兴为皆废。

……

今天子所兴祠，太一、后土，三年亲郊祠，建汉家封禅，五年一修封。薄忌太一及三一、冥羊、马行、赤星，五，宽舒之祠官以岁时致礼。凡六祠，皆太祝领之。至如八神诸神，明年、凡山他名祠，行过[25]则祠，行去[26]则已。方士所兴祠，各自主[27]，其人终则已，祠官不主。他祠皆如其故。今上封禅，其后十二岁而还，遍于五岳、四渎矣。而方士之候祠神人，入海求蓬莱，终无有验[28]。而公孙卿之候神者，犹以大人之迹[29]为解，无有效。天子益怠厌方士之怪迂语矣，然羁縻[30]不绝[31]，冀[32]遇其真。自此之后，方士言神祠者弥[33]众，然其效可睹矣。

太史公曰：余从巡祭天地诸神名山川而封禅焉。入寿宫侍祠神语，究观[34]方士祠官之意，于是退而论次[35]自古以来用事于鬼神者，具见其表里。后有君子，得以览焉。若至俎豆珪币之详，献酬之礼，则有司存。

选自《史记》卷二十八

〔注释〕 ① 曷：同“何”。 ② 睹：看见。 ③ 见：同“现”。 ④ 臻：至。 ⑤ 洽：周遍。 ⑥ 暇：空闲。 ⑦ 希：同“稀”。 ⑧ 答：报答。 ⑨ 厥：其。 ⑩ 辑：聚集。 ⑪ 觐：

使觐见。 ⑫ 同：统一。 ⑬ 涉：跨越。 ⑭ 束：系。 ⑮ 悬：挂。 ⑯ 穷：穷尽。 ⑰ 设：搪塞。 ⑱ 藉：铺垫。 ⑲ 数：多次。 ⑳ 易：改变。 ㉑ 王：称王。 ㉒ 章：同“彰”，明确。 ㉓ 爰：于是。 ㉔ 讥：讥讽。 ㉕ 过：经过。 ㉖ 去：离开。 ㉗ 主：主管。 ㉘ 验：灵验。 ㉙ 迹：足迹。 ㉚ 羁縻：笼络。 ㉛ 绝：断绝。 ㉜ 冀：希望。 ㉝ 弥：更加。 ㉞ 究观：深入观察。 ㉟ 次：罗列。

〔赏析〕 《封禅书》不属于《史记》亡篇，是司马迁原作。读《史记》当参以诸家注，以助了明史公大义，《封禅书》亦然。封禅是中国古代国家制度中最大、最崇高、最隆重的礼，是政治大典，也是宗教大典、文化大典。依《史记正义》及其所引《五经通义》，它的意义是：受命而王，天下一统，实现太平，报天地之功，报群神之功。故后世称为太平盛典。

受命而王，行封禅大礼，其背后的理论是天人合德说与天人感应论，它包含着改正朔、定制度、易服色为标志的礼制改革观念，并与修郊祀、建明堂相配套。封是大祭、祭天，报天之功，在泰山上筑土为坛举行；禅是小祭、祭地，报地之功，在泰山南面小山梁父上除地辟基举行。郊祀是在京师郊外祭天地，祭上帝，也祭炎帝、黄帝，义同封禅。明堂宗祀先王以配上帝，是天子朝会诸侯、发布政令月令、祭天祭祖的多功能的大教堂、大政事堂，表明天子受命替天行道、应天顺民，修德教化与大一统。唯封禅泰山礼最高，并不是所有帝王都有资格举行的，须具备四个条件：是受命帝王，要有符瑞出现，要有功，要有德。功就是实现天下太平、大一统，而有德才是符合《春秋》大居正意义的天下太平的大一统，故后世又称封禅为“盛德之典”。光有功不行，秦始皇统一中国，封禅泰山而遇暴风雨，秦政苛无道，不见符瑞又缺德，故为儒者所讥，视秦为闰统而非正统。受命更不是自封，须有符瑞、功、德为实际凭证；然后巡狩天下，才能上泰山封禅刻石，从“上天”那儿认证“受命”，认证天子的资格，认证政权的合法性，受领天职。这叫“正天子名号”。封禅是皇权和大一统的神圣典礼。

汉兴，修郊祀。或因为一则边患未靖，内乱不已，“虽受命而功不至”。二则天下初定，百废待兴，“(德)洽矣而日有不暇给”。三则刘邦君臣出自草莽，文景则本好道家之学，对巡狩封禅大典礼提不起热情，任凭张苍、贾谊及一班儒生谋议空起劲。

武帝在政宽民安、货财富溢的文景之治中即位，“搢绅之属皆望天子封禅改正度”。他尊奉窦太后为太皇太后但不用其所治黄老言而转向儒术，未雨绸缪，命儒者赵绾、郎中令王臧议恢复古明堂于京师城南，起草巡狩封禅改历服色事。还未完成，就遭到窦太后的打击，绾、臧自杀，所兴皆废。窦太后驾崩，儒道主位转换成功，封禅诸礼乐射击活动畅通无阻。元狩元年（前122年）十月，武帝行幸雍县，郊祀五帝，狩猎获白麟。政府通告这是天示符瑞，济北王刘胡以为天子就要实行封禅了，急忙上书，献出境内的泰山及其旁邑。始建年号为元狩元年，其前以六为元，追加年号为建元、元光、元朔。年号制度，沿袭到清，传到朝鲜、日本等国。元鼎四年（前113年），汾阴后土祠出土周鼎，或说是上古太昊神鼎。齐人公孙卿上书说，宝鼎出，与神通，汉当封禅。封禅就能成仙登天。从前黄帝铸宝鼎，封禅泰山，有龙下迎，黄帝骑龙，群臣后宫从者七十余人，同时升天而去。武帝极神往，叹：“嗟乎！吾诚得如黄帝，吾视去妻子如脱草鞋耳!”

至元鼎末，文治武功的高峰已过，南平两越，北逐匈奴，汉兴以来六七十年的最大边患解除；符瑞又连续出现，该上泰山庆贺天下太平了。“未有睹符瑞见（现）而不臻乎泰山者也”，这个观念已深入汉人之心。大文学家司马相如元狩元年去世时就遗书，催促武帝封禅泰山。唯封禅条件高，《封禅书》引《管子》说上古以来封禅者不过七十二家，以致礼仪缺失。汉儒又言人人殊，找不到经典根据。武帝深得礼意，喜唐虞乐殷周而不泥古，善纳众言又能决断，也实在等不及了，他或从郊祀中得到灵感，乃自定方案。

新的一年（前110年）岁首十月，武帝亲率十八万骑兵，旌旗连绵千余里，出长城，北巡边陲，至朔方，临北河（今内蒙古乌加河），扬国威，震慑匈奴。归途，至桥山祭黄帝。旋释兵旅。至甘泉（今陕西淳化西北）郊祀太一。三月，东上泰山，令人立石泰山巅。东巡海上，夏四月还至泰山郡治奉高，在梁父祭地主。乙卯这一天，令侍中儒者穿戴皮帽、宽带插饰，射牛行事。用郊祀太一的礼在泰山下东方行封，封广长二尺高九尺，封坛下藏玉牒书。礼毕，武帝又续与侍中奉车子侯上泰山封。次日（丙辰），在泰山下基东北肃然山，用祭后土的礼行禅。祭祀时，坛加五色土，武帝着黄色衣服拜，奏乐，满山放飞奇兽珍禽。连续二日,天气好极了,夜若有光,白天从封坛上飘起白云。

君臣们相信这也是天示的吉祥,《封禅书》详录下来。武帝还坐明堂,接受群臣的上寿祝贺。为了表示与天下士民共庆祥和、共享太平,制诏:以是年为元封元年。赐民每百户牛一头酒十石,年八十(《汉书》作“七十”)以上与孤寡再加布帛二匹。凡这次巡幸经过地区的田租逋赋及奉高等四县当年的算钱,一概免除。大赦天下,赐天下民爵一级。罪而有疑不能决的给他自新,善与士大夫更始。犯事在二年以前的,皆勿听治。

《元封元年封禅诏》表示武帝明白“正天子名分”的实义在以抚理民生为天子的天职,明白《春秋》大一统的居正意义必须落实在惠民实事上。又下诏令诸侯在泰山各治官邸,以为封禅时的朝宿,这是表示“海内一统”(司马谈言封禅语)。此后,武帝曾五次封禅。汉儒所主张的受命而王、天人合德、天人感应的理论,武帝是深信不疑的,他敬畏天道,真的相信不称天职,就会被革命嬗代,就会发生天命转移。故《封禅书》说武帝“尤敬鬼神之祀”、神往黄帝升天。元封元年诏所谓“朕以眇眇之身承至尊,兢兢焉惧弗任”,表示他匍匐伏地谦卑恭敬受领天职的同时,自然而然地接受了上天的监临和灾异谴告,而将“兢兢焉”担当起《春秋》大一统和“使理群生”的重大责任。

(罗义俊)

道德自律与官场规则

〔导言〕 西汉王朝是中国历史上第二个中央集权的大一统帝国，秦王朝穷奢极欲故而造成二世而亡的历史殷鉴尚未远去，因此西汉政府极为注重官僚队伍的建设以求革除秦王朝之弊政，然而在事实上，西汉政府毕竟没有更多的历史经验可以为其执政提供参考。总体而言，汉承秦制，在选官的制度和标准方面主要是在遵循秦朝制度的基础上而有所改进和发展的。两汉时代的官僚有三类较为典型，一为俗吏，二为循吏，三为酷吏。俗吏者，即所谓“移风易俗，使天下回心而乡道，类非俗吏之所能为”之人，万石君家族即为这一类官僚的典型，他们虽在官场上平步青云，却只知完成朝廷交给他们的行政任务，而不把人民的冷暖放在心上，也没有大刀阔斧进行改革的政治勇气，至多不过是安分守己之徒罢了。循吏者，以黄霸为典型，这批官僚一方面以宽缓政策治民，令其安居乐业；另一方面则教化一方，使人民移风易俗。他们在郡级岗位上，施仁政，恤百姓，行教化，政绩显著，深受地方民众的爱戴，亦深受后世文儒的普遍赞誉。酷吏者，乃是秉承皇帝旨意执法严苛之官僚，在汉武帝时代更是成为皇权巩固的重要政治打手。无论俗吏、循吏还是酷吏，皆为构成汉代官僚体系的重要成员，他们都是中央集权国家机器的组成部分。他们为官治民或偏重无为，或偏重教化，或偏重刑罚，但却有一个共同的目标，即旨在维护国家对于人民的有效统治。

石 奋 传

〔选文〕

万石君石奋，其父赵人也。赵亡，徙温。高祖东击项籍，过河内，时奋年十五，为小吏，侍高祖。高祖与语，爱其恭敬,问曰:“若[①]何有?”对曰:“有母,不幸失明。家贫。有姊,能鼓瑟。”高祖曰:“若能从我乎?”曰:“愿尽力。”于是高祖召其姊为美人,以奋为中涓,受书谒。徙其家长安中[②]戚里,以[③]姊为美人故也。

奋积功劳,孝文时官至太中大夫。无文学,恭谨,举无与比。东阳侯张相如为太子太傅,免[④]。选可为傅者,皆推奋为太子太傅。及孝景即位,以奋为九卿。迫近,惮之,徙奋为诸侯相。奋长子建,次甲,次乙,次庆,皆以驯[⑤]行孝谨,官至二千石。于是景帝曰:“石君及四子皆二千石,人臣尊宠乃举[⑥]集其门。”凡号奋为万石君。

孝景季[⑦]年,万石君以上大夫禄归老于家,以岁时[⑧]为朝臣。过宫门阙必下车趋[⑨],见路马必轼[⑩]焉。子孙为小吏,来归谒,万石君必朝服见之,不名[⑪]。子孙有过失,不诮让[⑫],为便坐,对案不食。然后诸子相责,因[⑬]长老肉袒固谢罪,改之,乃许。子孙胜冠者在侧,虽燕[⑭]必冠,申申如也。僮仆欣欣如也,唯谨。上时赐食于家,必稽首俯伏而食,如在上前。其执丧,哀戚[⑮]甚。子孙遵教,亦如之。万石君家以孝谨闻[⑯]乎郡国,虽齐、鲁诸儒质行[⑰],皆自以为不及也。

建元二年,郎中令王臧以文学获罪皇太后。太后以为儒者文多质少,今万石君家不言而躬行,乃以长子建为郎中令,少子庆为内史。

建老白首,万石君尚无恙。每五日洗沐归谒亲,入子舍,窃[⑱]问侍者,取亲中裙厕牏,身自浣洒,复与侍者,不敢令万石君知之,以为常。建奏事于上前,即有可言,屏[⑲]人乃言极切;至廷见,如不能言者。上以是亲而礼之。

万石君徙居陵里。内史庆醉归,入外门不下车。万石君闻之,不食。庆恐,肉袒谢请罪,不许。举宗及兄建肉袒,万石君让[20]曰:"内史贵人,入闾里,里中长老皆走匿,而内史坐车中自如,固当!"乃谢罢庆。庆及诸子入里门,趋至家。

万石君元朔五年卒,建哭泣哀思,杖乃能行。岁余,建亦死。诸子孙咸[21]孝,然建最甚,甚于万石君。

建为郎中令,奏事下,建读之,惊恐曰:"书'马'者与尾而五,今乃四,不足一,获谴死矣!"其为谨慎,虽他皆如是。

庆为太仆,御出,上问车中几马,庆以策数马毕,举手曰:"六马。"庆于兄弟最为简易[22]矣,然犹如此。出为齐相,齐国慕其家行,不治而齐国大治,为立石相祠。

元狩元年,上立太子,选群臣可傅[23]者,庆自沛守为太子太傅,七岁迁御史大夫。元鼎五年,丞相赵周坐[24]酎金免,制诏御史:"万石君先帝尊之,子孙至孝,其以御史大夫庆为丞相,封牧丘侯。"是时,汉方南诛两越,东击朝鲜,北逐匈奴,西伐大宛,中国多事。天子巡狩海内,修古神祠,封禅,兴礼乐。公家用少,桑弘羊等致利,王温舒之属[25]峻法,倪宽等推[26]文学,九卿更进用事[27],事不关决于庆,庆醇谨而已。在位九岁,无能有所匡言。尝[28]欲请治上近臣所忠、九卿咸宣,不能服,反受其过,赎罪。

元封四年,关东流民二百万口,无名数[29]者四十万,公卿议欲请徙流民于边以适之。上以为庆老谨,不能与其议,乃赐丞相告归,而案[30]御史大夫以下议为请者。庆惭不任职,上书曰:"臣幸得待罪丞相,疲驽无以辅治。城郭仓廪空虚,民多流亡,罪当伏斧质,上不忍致法。愿归丞相侯印,乞骸骨归,避贤者路。"

上报[31]曰:"间者,河水滔陆,泛滥十余郡,堤防勤劳,弗能堙塞，朕甚忧之。是故巡方州，礼嵩岳，通八神，以合宣房。济淮、江，历山滨海，问百年民所疾苦。惟吏多私，征求无已，去[32]者便，居者扰，故为流民法，以禁重赋。乃者封泰山，皇天嘉况[33]，神物并见[34]。朕方答气应，未能承意，是以切比闾里，知吏奸邪。委任有司，然则官旷民愁，盗贼公行。往年觐明堂，赦殊死[35]，无禁锢，咸自新，与更始[36]。今流民愈多，计文不改，君不绳责[37]长吏，而请以兴徙四十万口，摇荡百姓，孤儿幼年未满十岁，无罪而坐率，朕失望焉。今君上书言仓库城郭不充实，民多贫，盗贼众，请入[38]粟为庶人。夫怀知民贫而请益[39]赋，动危之而辞位，欲安归难乎？君其反[40]室！”

选自《汉书》卷四十六

〔**注释**〕 ①若：你。 ②中：官内。 ③以：因为。 ④免：免职。 ⑤驯：善良。 ⑥举：全。 ⑦季：末。 ⑧时：按时。 ⑨趋：小步快走，以示恭敬。 ⑩轼：凭轼致敬。 ⑪不名：不直呼其名，以示尊重。 ⑫诮让：谴责。 ⑬因：通过。 ⑭燕：通“宴”，安闲。 ⑮戚：悲伤。 ⑯闻：闻名。 ⑰质行：犹笃行，谓操行纯善。 ⑱窃：私下。 ⑲屏：避开。 ⑳让：责备。 ㉑咸：都。 ㉒简易：不讲究礼节。 ㉓傅：教导。 ㉔坐：获罪。 ㉕属：类。 ㉖推：推广。 ㉗用事：履行职责。 ㉘尝：曾经。 ㉙名数：户籍。 ㉚案：查究。 ㉛报：答复。 ㉜去：离开。 ㉝况：通“贶”，赐予。 ㉞见：同“现”，显现。 ㉟殊死：斩首之刑。 ㊱更始：重新开始。 ㊲绳责：纠察督责。 ㊳入：缴纳。 ㊴益：增加。 ㊵反：同“返”，返回。

〔**赏析**〕《万石卫直周张传》是《汉书》中颇有意味的一篇列传，就其记载的内容而言，几乎可将其视作为一篇记载庸人宦达事迹言行的渊薮，此传著录的人物包括石奋父子、卫绾、直不疑、周仁等人，他们于经邦治国略无所能，而于矫情待物的宦达之道却颇得其要领。班固撰述此篇列传实际上是渊源有自的。早在西汉时期，司马迁在其所著之《史记》中就已有《万石张叔列传》，司马迁在《太史公自序》中阐明其撰述本意曰：“敦厚慈孝，泊于言，敏于行，务在鞠躬，君子长者。作万石张叔列传第四十三”，在这里，司马迁用皮里阳秋之法，表面上褒赞万石君与张叔敦厚仁慈之君子品性，而实际上暗寓着对于万石君及其家族矫情缘饰以求获取虚誉，进而攫取更多政治利益的卑劣心态之嘲讽。若通读班固《汉书》中的这篇传记，对于史迁与孟坚笔法中明褒实贬的态度便会有更深刻的理解。

此处即以万石君为例。万石君本非其名，他本姓石，名奋，河南温县人，在汉高祖时侍君伴驾，汉文帝时官至太中大夫，汉景帝时更是位列九卿，其长子石建，二子石甲，三子石乙，四子石庆也都做到官阶为二千石的高官，可谓满门荣耀、位极人臣。石奋及其四子皆官至二千石，人臣之尊宠可谓是集于一家。由于他们的俸禄加起来正好为一万石，故而石奋即被称为“万石君”。

石奋既不懂经学儒术，又不善军事谋略，但他的恭敬谨慎却是时人无法与之相颉颃的。正因为他的恭敬谨慎，使他得以历仕汉高祖、汉惠帝、汉文帝、汉景帝四位皇帝。汉景帝末年，万石君享受上大夫的待遇告老回乡。虽然退休了，但每逢朝廷盛大典礼时，他都会以大臣的身份低调参加。每次经过皇宫门楼时，都要下车急走，表示对君上的恭敬。他的儿孙当了朝廷小官，每次回家看望他时，他都要穿上朝服接见他们，以某官相称，而不直呼名字，显得非常有规矩。皇帝时不时赏赐美食到万石君家，万石君一定要叩头跪拜后，弯腰低头吃，仿佛是坐在皇帝面前一样。

石奋对子女教育严格，他们若犯了错，他并不责备他们，而是自己生气不坐正位，对着餐桌不吃饭。直到子孙们互相批评，由长辈出面调和，去衣露体表示谢罪，石奋才肯原谅他们。石奋的小儿子石庆做内史时，有一次喝醉回家，进入外门没有下车，石奋就生气不吃饭。石庆害怕了，便去衣露体请求宽恕，但石奋不理睬他。直到全族人都去衣露体请罪，石奋才开口训话。他责备石庆：内史是显贵的人，进入乡里，连年长者都走开回避，而内史仍自由自在坐在车中，这像话么？随即呵斥石庆走开。以后石庆进入里门，都会想起此事便下车快步走到家。

在石奋的言传身教下，他的儿孙们都能做到品行端正，办事谨慎。万石君家族因孝顺谨慎闻名于各郡县和各诸侯国之间，即使像齐鲁两地品行极为朴实的儒生们，也都认为自己在行为准则上无法与石奋的家族相比。

汉武帝元鼎五年(前112年)，丞相赵周因祭祀用金不足而被罢免。汉武帝优先考虑石奋的小儿子石庆来代替赵周担任丞相一职，毕竟石庆有着声望颇高的家世背景和历来忠于王室的美名。汉武帝本身是一位颇具雄才伟略的杰出君主，在位期间，他南征南越，东攻朝鲜，北驱匈奴，西讨大宛。同时，汉武帝还巡查全国，修复古庙，祭祀名山。在政治操作层面，汉武帝任用桑弘羊等人开辟财源，授意王温舒等人推行严苛的法律，鼓励倪宽等人推行文学。政府中的九卿互相配合以治理国家，许多事情都与石庆无关，他只是唯唯诺诺而恭谨小心地处事而已。石庆任丞相九年，没有任何关于时政的进谏，他已全然成为忠厚、谨慎的庙堂摆设。最终虽被一向“有为”的汉武帝淘汰出了政治权力运作的中心，但也得以善终。

石氏一门既无经天纬地之才，也无安邦定国之志，各个庸庸碌碌、无所作为。唯一的长处是谨小慎微、毕恭毕敬，讲求孝道。仅凭这一点，石氏一族竟然得以长盛不衰，其富贵竟延续达三代之久。汉初统治者重视石氏办事小心谨慎和整体讲求孝道的家庭门风。汉代宣扬“以孝治天下”，强化以孝为核心的伦理准则，强化家长的权力，培养人们的大一统心理和对于家长的绝对服从，以求借此维护国家的统一和维持君主专制制度。将家庭伦理扩展到国家的政治秩序中去，从而得以维护汉朝的稳定统治。这就是汉初统治者任用石氏一门背后所蕴含的深层次政治玄机。

循 吏 传

〔选文〕

黄霸字次公，淮阳阳夏人也，以豪杰役使徙云陵。霸少学律令，喜为吏，武帝末以待诏入钱赏官，补侍郎谒者，坐同产有罪劾免。后复入谷沈黎郡，补左冯翊二百石卒史。冯翊以霸入财为官，不署①右职，使领郡钱谷计。簿书正，以廉称②，察补河东均输长，复察廉为河南太守丞。霸为人明察内敏，又习文法，然温良有让，足知，善御众。为丞，处议当于法，合人心，太守甚任③之，吏民爱敬焉。

自武帝末，用法深。昭帝立，幼，大将军霍光秉政，大臣争权，上官桀等与燕王谋作乱，光既诛之，遂遵武帝法度，以刑罚痛绳[4]群下，由是俗吏上严酷以为能，而霸独用[5]宽和为名。

会[6]宣帝即位，在民间时知百姓苦吏急也，闻霸持法平，召以为廷尉正，数决疑狱，庭中称平[7]。守丞相长史，坐公卿大议廷中知长信少府夏侯胜非议诏书大不敬，霸阿[8]从不举劾，皆下廷尉，系[9]狱当死。霸因从胜受《尚书》狱中，再逾冬，积三岁乃出，语在《胜传》。胜出，复为谏大夫，令左冯翊宋畸举霸贤良。胜又口荐霸于上，上擢霸为扬州刺史。三岁，宣帝下诏曰："制诏御史：其以贤良高第扬州刺史霸为颍川太守，秩比二千石，居官赐车盖，特高一丈，别驾主簿车，缇油屏泥于轼前，以章[10]有德。"

时，上垂意于治，数下恩泽诏书，吏不奉宣。太守霸为选择良吏，分部宣布诏令，令民咸知上意，使邮亭乡官皆畜鸡豚，以赡鳏寡贫穷者。然后为条教，置父老师师伍长，班[11]行之于民间，劝以为善防奸之意，及务耕桑，节用殖财，种树畜养，去[12]食谷马。米盐靡密，初若烦碎，然霸精力能推行之。吏民见者，语次寻绎[13]，问它阴伏，以相参考。尝欲有所司察，择长年廉吏遣行，属[14]令周密。吏出，不敢舍[15]邮亭，食于道旁，乌攫其肉。民有欲诣府口言事者适见之，霸与语，道[16]此。后日吏还谒霸，霸见迎劳[17]之，曰："甚苦！食于道旁乃为乌所盗肉。"吏大惊，以霸具知其起居，所问豪氂不敢有所隐。鳏寡孤独有死无以葬者，乡部书言，霸具为区处，某所大木可以为棺，某亭猪子可以祭，吏往皆如言。其识事聪明如此，吏民不知所出，咸称神明。奸人去入它郡，盗贼日少。

霸力行教化而后诛罚，务在成就全[18]安长吏。许丞老，病聋，督邮白欲逐之，霸曰："许丞廉吏，虽老，尚能拜起送迎，正颇重听，何伤[19]？且善助之，毋失贤者意。"或问其故，霸曰："数易长吏，送故迎新之费及奸吏缘绝簿书盗财物，公私费耗甚多，皆当出于民，所易新吏又未必贤，或不如其故，徒相益为乱。凡治道，去其泰[20]甚者耳。"

霸以外宽内明得吏民心，户口岁增，治为天下第一。征[21]守京兆尹，秩二千石。坐发民治驰道不先以闻，又发骑士诣北军马不适士，劾乏军兴，连贬秩。有诏归颍川太守官，以八百石居治如其前。前后八年，郡中愈治[22]。是时，凤皇神爵数集郡国，颍川尤多。天子以霸治行终长者，下诏称扬曰："颍川太守霸，宣布诏令，百姓向化，孝子弟弟贞妇顺孙日以众多，田者让畔，道不拾遗，养视[23]鳏寡，赡助贫穷，狱或八年亡[24]重罪囚，吏民向于教化，兴于行谊[25]，可谓贤人君子矣。《书》不云乎？'股肱良哉！'其赐爵关内侯，黄金百斤，秩中二千石。"而颍川孝弟、有行义民、三老、力田，皆以差[26]赐爵及帛。后数月，征霸为太子太傅，迁御史大夫。

五凤三年，代丙吉为丞相，封建成侯，食邑六百户。霸材长[27]于治民，及为丞相，总纲纪号令，风采不及丙、魏、于定国，功名损[28]于治郡。……

又乐陵侯史高以外属旧恩侍中贵重，霸荐高可太尉。天子使尚书召问霸："太尉官罢久矣，丞相兼之，所以偃[29]武兴文也。如国家不虞，边境有事，左右之臣皆将率也。夫宣明教化，通达幽隐，使狱无冤刑，邑无盗贼，君之职也。将相之官，朕之任焉。侍中乐陵侯高帷幄近臣，朕之所自亲，君何越职而举[30]之?”尚书令受丞相对,霸免冠谢罪,数日乃决。自是后不敢复有所请。然自汉兴,言治民吏,以霸为首。

选自《汉书》卷八十九

〔注释〕 ① 署:任用。 ② 称:著称。 ③ 任:信任。 ④ 绳:制裁。 ⑤ 用:因为。 ⑥ 会:适逢。 ⑦ 平:公平。 ⑧ 阿:迎合。 ⑨ 系:拘囚。 ⑩ 章:彰明。 ⑪ 班:颁布。 ⑫ 去:去除。 ⑬ 寻绎:反复推求。 ⑭ 属:嘱托。 ⑮ 舍:居住。 ⑯ 道:谈论。 ⑰ 劳:慰劳。 ⑱ 全:保全。 ⑲ 伤:妨碍。 ⑳ 泰:过甚。 ㉑ 征:征召。 ㉒ 治:安定。 ㉓ 养视:养育照看。 ㉔ 亡:通“无”,没有。 ㉕ 谊:同“义”,道义。 ㉖ 差:差别。 ㉗ 长:擅长。 ㉘ 损:减少。 ㉙ 偃:停息。 ㉚ 举:推荐。

〔赏析〕 循者,顺也。上顺公法,下顺人情也。所谓循吏,即指对上顺从公正的法令,对下能够顺应民意而执法公允的官吏。循吏之名最早见于《史记·循吏列传》,及至后世史书皆专为循吏作传。司马迁对于循吏的认知主要表现为“奉法循理之吏,不伐功矜能,百姓无称,亦无过行”,即“不求有功,但求无过”的官吏便是循吏的内在实质,班固与司马迁的观点可谓基本一致,他认为“循吏”意为“良吏”,“以为太守,吏民之本也,数变易则下不安,民知其将久,不可欺罔,乃服从其教化。故二千石有治理效,辄以玺书勉励,增秩赐金,或爵至关内侯,公卿缺则选诸所表以次用之”。余英时先生也指出,循吏兼负“吏”、“师”之责,秉承儒家传统,讲求教化,施行德治。以上我们基本梳理出了循吏所具有的基本内涵。

汉武帝时,推行积极进取有为的国策,对外抗御四方蛮夷,对内加强中央集权,实行“外儒内法”的政治方针。一方面起用习吏事、通时务、有才干的儒生参与治国理政,另一方面则重用一批执法严厉的酷吏与闻政事,这批酷吏秉承皇帝的旨意而执法苛酷,其中不乏歪曲法律条文、罗织罪状以草菅人命者,但也有铁面无私、廉洁耿直的正义之人。他们以其雷厉风行之举打击了不法之徒,镇压了觊觎权力之人,维护了社会的稳定和皇权的专制态势。然而武帝时期的连年征战和大兴土木,加之晚年爆发的巫蛊之祸,致使天下黎民疲敝不堪,内忧外患时刻侵蚀着王朝的肌体,统治危机已经悄然出现。

汉宣帝继位后,由于本身受到巫蛊之祸的影响,使宣帝自幼便失去了父母,他长于民间,深知百姓的喜怒哀乐,对于官吏欺压百姓的行径是深有感触的，因而汉宣帝执政之时极为重视吏治。他提倡官吏要关爱百姓，不能依靠权势去凌辱百姓，而应当通过教化去感化百姓。汉宣帝的政治理想是旨在建立起一个官民和谐的高效政府。汉宣帝曾亲自参与到地方官吏的选拔之中。对于表现优异者，他总是亲自颁书勉励，为其增加俸禄并赐以重金，或授以关内侯之爵，公卿缺位时则以受表彰者依次递补。在汉宣帝励精图治的执政举措下，许多维护民生、关爱百姓的循吏得以涌现出来，宣帝之治亦号称为中兴之治。《汉书·循吏传》中记载有六位循吏，他们分别是文翁、王成、黄霸、朱邑、龚遂和召信臣，其中有五位即出自宣帝执政时期。宣帝时期循吏涌现的现象和武帝时期酷吏横行的现象形成了鲜明的对比，这正是两位皇帝不同的执政理念在现实政治领域内的反映。

黄霸是汉宣帝时代典型的循吏。班固评论其人说："然自汉兴，言治民吏，以霸为首。"黄霸年少时就学习法律条令，武帝末年他以待诏身份捐钱而获赏担任起小官。起初他只是负责掌管郡里的钱谷出入等工作，但黄霸记账不欺瞒，以廉洁被提拔为太守丞。黄霸善于观察且思维敏捷，又熟习法律条文，待人接物温良谦让，善于团结众人。他处事议政极为合乎法度，故而顺应人心，太守对他十分信任，百姓也对其敬爱有加。

汉宣帝听闻黄霸持法公平，便召黄霸做了廷尉正，黄霸数次裁决疑难案件，庭中一致认为判得公平。宣帝提拔黄霸为扬州刺史，又过三年，提拔为颍川郡太守。担任太守期间，黄霸选择优秀的下属吏员，分派到各处去发布皇上诏令，让民众都能知道皇上的旨意。他还让邮亭乡官都养上鸡和猪，以赡养鳏寡贫穷的人。然后制订条令教则，发给各方父老、师帅和伍长等基层小吏，由其颁行于民间，劝说百姓严防奸盗，并安心于农耕蚕桑之业，节约使用货物资财，种树木、养牲畜，去掉浮华奢侈的浪费。像数米粒盐粒一样细密的公事，最初显得烦杂碎乱，然而黄霸却全力以赴地加以推行。官吏民众凡可遇见的人，黄霸都要从其言行中了解有用的情况，询问事情的来龙去脉，以资参考。在黄霸就任太守前，颍川郡是一个豪强地主称霸，百姓流离失所的地方，他到任后，采取了很多积极的措施，如安置流民、重视农业生产、施行文明教化，经过几年的精心治理，颍川出现了太平安定、吏治清明的美景。因为治理颍川有功，他被汉宣帝赐爵关内侯，升任太子太傅，最后当了丞相。

文翁、王成、黄霸、朱邑、龚遂、召信臣等人，在位时人民富足，离任后人民思念，生前有荣耀的称号，死后被祭祀缅怀。汉代循吏也为后代文儒树立了榜样，无疑为后世士大夫治国理政的崇高情怀注入了信仰观念和责任意识的汩汩清流，成为仁人志士心系家国取之不尽、用之不竭的精神源泉。

（王　骁）

制度运作的爪牙刚需：公与私

〔导言〕 在封建时代，治国究竟应该选择“法治”还是“人治”？武帝时期开创的酷吏之风，对百姓们施行严刑峻法的统治并带来恶劣的社会后果究竟是“法治”的错还是“人治”的错？若说法治有问题，但残害百姓的酷吏们却是一个个具体的人；若说是人治的问题，业已成文的律令为何却无法限制酷吏们的行为？而武帝为何又对酷吏对百姓们的暴行视而不见，甚至褒奖有加呢？“无为而治”的理想管理制度真的可以令一个国家长治久安吗？《史记·酷吏列传》、《汉书·刑法志》一组两篇文章，一则由点，一则从线，向读者们展示了汉代律法体系制定、执行以及随时间演化发展的情状，对照赏析更可交相启迪，令我们得以透过事件的表象，探询隐藏其后的社会发展之本质。

酷吏列传

〔选文〕

张汤者，杜人也。其父为长安丞，出，汤为儿守舍。还而鼠盗肉，其父怒，笞[①]汤。汤掘窟得盗鼠及余肉，劾[②]鼠掠[③]治，传爰书[④]，讯鞫[⑤]论报[⑥]，并取鼠与肉，具狱磔[⑦]堂下。其父见之，视其文辞如老狱吏，大惊，遂使书狱。父死后，汤为长安吏，久之。

……

武安侯为丞相，征汤为史，时荐言之天子，补御史，使案[⑧]事。治陈皇后蛊狱，深竟党与[⑨]。于是上以为能，稍迁至太中大夫。与赵禹共定诸律令，务在深文，拘守职之吏……汤为人多诈，舞智以御[10]人。始为小吏，乾没[11]，与长安富贾田甲、鱼翁叔之属交私。及列九卿，收接天下名士大夫，己心内虽不合，然阳[12]浮[13]慕[14]之。是时上方乡[15]文学，汤决大狱，欲傅古义，乃请博士弟子治尚书、春秋补廷尉史，亭[16]疑法[17]。奏谳疑事，必豫先为上分别其原，上所是，受而著谳决法廷尉絜[18]令，扬主之明。奏事即谴[19]，汤应谢，乡上意所便，必引正、监、掾史贤者，曰："固为臣议，如上责臣，臣弗用，愚抵于此。"罪常释。

……

会浑邪等降，汉大兴兵伐匈奴，山东水旱，贫民流徙，皆仰[20]给[21]县官，县官空虚。于是丞上指，请造白金及五铢钱，笼天下盐铁，排富商大贾，出告缗令，鉏[22]豪强并兼之家，舞文巧诋以辅法。汤每朝奏事，语国家用，日晏，天子忘食。丞相取充位，天下事皆决于汤。百姓不安其生，骚动，县官所兴，未获其利，奸吏并侵渔，于是痛绳以罪。则自公卿以下，至于庶人，咸指汤。汤尝病，天子至自视病，其隆贵如此。

……

汤为御史大夫七岁，败。

……

汤死，家产直不过五百金，皆所得奉赐，无他业。

……

自温舒等以恶为治，而郡守、都尉、诸侯二千石欲为治者，其治大抵尽放温舒，而吏民益轻犯法，盗贼滋起。南阳有梅免、白政，楚有殷中、杜少，齐有徐勃，燕赵之间有坚卢、范生之属。大群至数千人，擅自号，攻城邑，取库兵[23]，释死罪，缚辱郡太守、都尉，杀二千石，为檄告县趣[24]具[25]食；小群以百数，掠卤乡里者，不可胜数也。于是天子始使御史中丞、丞相长史督之。犹弗能禁也，乃使光禄大夫范昆、诸辅都尉及故九卿张德等衣绣衣，持节，虎符发兵以兴㉖击，斩首大部或至万余级，及以法诛通㉗饮食，坐连诸郡，甚者数千人。数岁，乃颇得其渠率㉘。散卒失亡，复聚党阻山川者，往往而群居，无可柰㉙何。于是作"沈命法"，曰群盗起不发觉，发觉而捕弗满品者，二千石以下至小吏主者皆死。其后小吏畏诛，虽有盗不敢发，恐不能得，坐课累府，府亦使其不言。故盗贼浸㉚多，上下相为匿，以文辞避法焉。

……

太史公曰：自郅都、杜周十人者，此皆以酷烈为声……至若蜀守冯当暴挫㉛，广汉李贞擅磔㉜人，东郡弥仆锯项，天水骆璧推咸㉝，河东褚广妄杀，京兆无忌、冯翊殷周蝮鸷㉞，水衡阎奉朴击㉟卖请，何足数哉！何足数哉！

选自《史记》卷一百二十二

〔注释〕 ① 笞：鞭打。 ② 劾：列举罪状。 ③ 掠：笞打。 ④ 爰书：记录口供的文簿。 ⑤ 鞫：审问。 ⑥ 报：判处。 ⑦ 狱磔：刑罪。 ⑧ 案：同"按"，察看。 ⑨ 党与：即"党羽"。 ⑩ 御：制御。 ⑪ 乾没：随势沉浮。 ⑫ 阳：通"佯"。 ⑬ 浮：表面。 ⑭ 慕：敬慕。 ⑮ 乡：通"向"，趋向。 ⑯ 亭：平。 ⑰ 疑法：疑难之事。 ⑱ 絜：刻于版书。 ⑲ 谴：谴责。 ⑳ 仰：依靠。 ㉑ 给：供给。 ㉒ 鉏：通"锄"，诛灭。 ㉓ 兵：兵器。 ㉔ 趣：催促。 ㉕ 具：准备。 ㉖ 兴：军事动员。 ㉗ 通：供给。 ㉘ 渠率：首领。 ㉙ 柰：同"奈"，怎样，如何。 ㉚ 浸：渐渐。 ㉛ 暴挫：猛烈打击。 ㉜ 磔：将人剁碎。 ㉝ 推咸：即"椎成"，以椎击之以成狱。 ㉞ 蝮鸷：狠戾不仁。 ㉟ 朴击：花钱赎买。

〔赏析〕 本篇是司马迁为汉朝当时酷吏所编的类传，所谓"酷吏"，即以严酷甚至残暴的手段治理百姓的官吏。本文选取其中典型人物张汤加以评析。

张汤是武帝时人，出生于小吏家庭，从小便对吏治之术深有浸淫。张汤善于结交钻营，又能逢迎武帝，因此大得武帝赏识重用，并与赵禹一起重新制定律令。当时汉朝为了接纳匈奴浑邪王来降的数万人，又要出兵征伐匈奴，加之各地水旱之灾等等，文、景之世积累的财富早已用罄，朝廷入不敷出，于是张汤按武帝之意，提出了变更货币、垄断盐铁专卖、打击富商大族、增加赋税、严惩漏税等一系列政策，为朝廷敛集财富。武帝每每与张汤讨论国家财政之事，至于忘食，天下大事也多由张汤决断。然而张汤的这一系列措施并未取得良好效果，百姓的生活全被扰乱，增加的赋税等也因官吏一路侵吞，国家所获无几，朝廷便又开始严惩贪官污吏。上至公卿，下至百姓，于是都将矛头指向了张汤。最终张汤因大臣群起攻击遭诬陷下狱，自杀而死。张汤的权势虽曾几乎一手遮天，死后家产却不超过五百金。

张汤得势时，许多依附张汤以酷为治的官吏纷纷获得了武帝的提拔，于是天下郡守、都尉群起效仿。然而残酷的压制和过密的法网反而促使百姓铤而走险，武帝发兵征剿也不能尽。朝廷于是颁布“沈命法”，对捕盗不力的官吏一概处死，但地方官吏上下因恐受诛，更互相隐匿，知情不报，天下更趋乱象……

司马迁的《酷吏列传》，勾勒出了一部酷吏发展史。秦末之后，经过数年的群雄逐鹿，天下复归统一。由于战乱，汉初之时百废待兴，生产力有待发展，社会关系与律法制度也较简单，而经过了文、景之世的稳定发展，到武帝时期，社会生产力与物质积累已颇为丰富，此时那些汉初时制定的简单的律法规章便显得滞后，不能适应整个社会的发展状况。张汤等人此时重新为汉朝制定律令，丰富和完善律法制度，有其深层的合理性和必要性。然而张汤因出身刀笔吏，对律法条文本身过于重视，因此新颁布的律令变得过于严密复杂，非但不能促进社会生产力，反而为人民生活带来诸多不便，也大大增加了官僚体系进行管理的成本。朝野上下虽对于新的律令颇多微词，但由于张汤的擅于逢迎，武帝对张汤非常信任与支持。

另一方面，当时因武帝的穷奢极欲以及为追求不朽而四处开疆扩土，汉朝国库已近空虚，张汤提议的一系列新律法恰恰契合了武帝急需征敛钱财以支持其野心计划的渴望，于是各项搜刮民脂民膏的律令、法规相继出台，武帝也以张汤为心腹之臣。但律令是需要有官吏来执行，方能见成效的。对于张汤设计的一系列对人民而言可谓残酷的律令，谁能够出色地予以施行呢？自然是心狠手辣的官吏们。因此从武帝时期开始，酷吏越来越多地被任用，甚至重用。只要能让百姓乖乖纳税，即使是品格恶劣残暴的官吏，也一样能得到赏识与升迁。文、景时天下富安，财富多集中于地方大族，而张汤的新法令中赫然有："排富商大贾，出告缗令，鉏豪强并兼之家"等等，皆是针对这一富庶的阶层。酷吏们每每针对地方豪族搜罗罪状，而将其家产充入国库。这样为朝廷卖力的官吏，得到武帝的褒奖自是情理之中。

由此可见，西汉武帝时期的酷吏横行，其根源实际在于武帝。正是由于武帝为满足个人私欲及野心，对财富的极大渴求，方才催生了从张汤至于下层的一系列官吏们以敛财为原因的残酷执法——虽则少数酷吏如张汤之流本身并不贪赃，而是"忠心"为朝廷敛财。这样的治国政策必然对国家、社会和人民带来极大损害，司马迁特意描写到在酷吏之风盛行之下，天下纷扰，正是对这一"酷吏治国"之策的严重反弹。

《酷吏列传》中记载的诸多酷吏的冷血毒辣、嗜杀成性，令人读来不寒而栗，天下百姓遭酷吏荼毒，令司马迁痛心嗟叹"何足数哉！何足数哉！"然而，历朝历代酷吏总是层出不穷，究其实质，皇帝任用官吏也是一种博弈——循吏也好，酷吏也罢，只是为其统治天下的工具而已。循吏治民固然很好，可是循吏们有个不太听话的毛病，甚至总在皇帝耳边唠叨劝谏，万一民望太高又惹皇帝猜疑；酷吏则大多对皇帝恭敬顺从，执行力又强，对地方豪绅或恶势力的铲除更是得心应手，在某些特殊环境中还真比循吏"管用"。不过有的时候，酷吏也会成为危险的"工具"，使用不当，反伤自身。当骄横而又奢靡的汉武帝为了满足个人野心和私欲，开启了重用酷吏的先例，使得官吏们群起效仿时，残酷成风，终至百姓罹患。古代循吏和酷吏的产生及其对吏治的影响，值得后人深思。

刑 法 志

〔选文〕

汉兴，高祖初入关，约法三章曰："杀人者死，伤人及盗抵罪。”蠲[1]削烦苛，兆民大说[2]。其后四夷未附，兵革未息，三章之法不足以御奸，于是相国萧何攈摭[3]秦法，取其宜于时者，作律九章。

当孝惠、高后时，百姓新[4]免毒蠚，人欲长幼养老。萧、曹为相，填[5]以无为，从民之欲而不扰乱，是以衣食滋殖，刑罚用稀[6]。

及孝文即位，躬修玄默，劝趣农桑，减省租赋。而将相皆旧功臣，少文多质，惩[7]恶亡秦之政，论议务在宽厚，耻言人之过失。化行天下，告讦之俗易[8]。吏安其官，民乐其业，畜积岁增，户口浸息[9]。风流笃厚，禁罔疏阔。选张释之为廷尉，罪疑者予民，是以刑罚大省，至于断狱四百，有刑错[10]之风。

……

景帝元年，下诏曰：“加笞与重罪无异，幸而不死，不可为人。其定律：笞五百曰三百，笞三百曰二百。”犹尚不全。至中六年，又下诏曰：“加笞者，或至死而笞未毕[11]，朕甚怜之。其减笞三百曰二百，笞二百曰一百。”又曰：“笞者，所以教之也，其定箠令。”丞相刘舍、御史大夫卫绾请：“笞者，箠长五尺，其本大一寸，其竹也，末薄半寸，皆平其节。当笞者，笞臀。毋得更人，毕一罪乃更人。”自是笞者得全，然酷吏犹以为威。死刑既重，而生刑又轻，民易犯之。

及至孝武即位，外事四夷之功，内盛耳目之好，征发[12]烦数，百姓贫耗，穷民犯法，酷吏击断，奸轨不胜[13]。于是招进张汤、赵禹之属，条定法令，作见知故纵、监临部主之法，缓深故之罪，急纵出之诛。其后奸猾巧法，转相比况[14]，禁罔浸密。律、令凡三百五十九章，大辟四百九条，千八百八十二事，死罪决事比万三千四百七十二事。文书盈于几阁，典者不能遍睹。是以郡国承用者驳[15]，或罪同而论异。奸吏因缘为市[16]，所欲活则傅生议，所欲陷则予死比，议者咸[17]冤伤之。

宣帝自在闾阎而知其若此。及即尊位，廷史路温舒上疏，言秦有十失，其一尚存，治狱之吏是也。语在《温舒传》。上深愍[18]焉，乃下诏曰："间[19]者吏用法，巧文浸深，是朕之不德也。夫决狱不当，使有罪兴邪，不[20]辜蒙戮，父子悲恨，朕甚伤之。今遣廷史与郡鞠[21]狱，任轻禄薄，其为置廷平，秩六百石，员四人。其务平[22]之，以称[23]朕意。"于是选于定国为廷尉，求明察宽恕黄霸等以为廷平，季秋后请谳[24]。时上常幸宣室，斋居而决事，狱刑号为平矣。时涿郡太守郑昌上疏言："圣王置谏争之臣者，非以崇德，防逸豫[25]之生也；立法明刑者，非以为治，救衰乱之起也。今明主躬垂明听，虽不置廷平，狱将自正；若开后嗣，不若删定律令。律令一定，愚民知所避，奸吏无所弄[26]矣。今不正其本，而置廷平以理其末也，政衰听怠，则廷平将招权而为乱首矣。"宣帝未及修正。

至元帝初立，乃下诏曰："夫法令者，所以抑暴扶弱，欲其难犯而易避也。今律、令烦多而不约，自典[27]文者不能分明，而欲罗元元之不逮，斯岂刑中之意哉！其议律、令可蠲除轻减者，条奏，唯在便安万姓而已。"

至成帝河平中，复下诏曰："《甫刑》云'五刑之属三千，大辟[28]之罚其属二百'，今大辟之刑千有余条，律、令烦多，百有余万言，奇请它比，日以益滋，自明习者不知所由，欲以晓喻众庶，不亦难乎！于以罗元元之民，夭绝亡[29]辜，岂不哀哉！其与中二千石、二千石、博士及明习律、令者议减死刑及可蠲除约省者，令较然易知，条奏。《书》不云乎？'惟刑之恤[30]哉！'其审核之，务准古法，朕将尽心览焉。"有司无仲山父将明之材，不能因时广宣主恩，建立明制。为一代之法，而徒钩摭微细，毛举数事，以塞诏而已。是以大议不立，遂以至今。议者或曰，法难数变，此庸人不达，疑塞治道，圣智之所常患[31]者也。故略举汉兴以来，法令稍定而合古便今者。

选自《汉书》卷二十三

〔**注释**〕 ① 蠲：通"捐"，减免。 ② 说：通"悦"。 ③ 摭：拾取。 ④ 新：刚。 ⑤ 填：通"镇"，安定。 ⑥ 稀：极少。 ⑦ 惩：以为鉴戒。 ⑧ 易：更改。 ⑨ 息：生长。 ⑩ 错：通"措"，搁置。 ⑪ 毕：结束。 ⑫ 发：征召。 ⑬ 胜：尽。 ⑭ 况：比拟。 ⑮ 驳：混杂。 ⑯ 市：交易。 ⑰ 咸：都。 ⑱ 愍：忧伤。 ⑲ 间：近来。 ⑳ 不：无。 ㉑ 鞫：通"鞫"，审问。 ㉒ 平：公平。 ㉓ 称：符合。 ㉔ 谳：审判定案。 ㉕ 豫：安乐。 ㉖ 弄：玩弄。 ㉗ 典：掌管。 ㉘ 大辟：死刑。 ㉙ 亡：通"无"，没有。 ㉚ 恤：忧虑。 ㉛ 患：担忧。

〔**赏析**〕 《汉书·刑法志》一篇中，罗列了周代以来直至西汉末期的律法变迁状况，尤以汉朝开国之后为详。从记载之中，可以清晰地看到汉朝的律法制度经历着一个由简至繁的过程：汉高祖刘邦入咸阳后"约法三章"的故事脍炙人口，被秦朝暴政苛法压迫已久的关中百姓因此感恩戴德，归心于刘邦。然而汉朝建立之后，"约法三章"已明显不够用了，相国萧何便将当时律法扩展修订为"九章"。之后的孝惠帝、吕后、文帝、景帝时期多以简政养民为旨，因此律法数量的扩充缓慢而有限。到武帝时期，一方面由于国家及百姓财富已经历数代积累，社会关系日趋复杂；另一方面也由于武帝的穷兵黩武激发了各种社会矛盾，以至于施行原有的律法已不能很好地管理和控制社会，导致"奸轨不胜"，于是偏爱严刑治国的武帝命酷吏赵禹、张汤修订法令，律令增加到了三百五十九章，可致死刑的罪便有四百零九条，一千八百八十二事，死罪判例达到一万三千四百七十二件……太过繁复的律法条文，使得各地奸吏对律例的引用和解释有极大的操作空间，徇私舞弊以及刻剥百姓的状况随之泛滥。宣帝即位后通过设立"廷平"这样一个监督执法的职位欲图消除弊病，虽有大臣建议与其通过廷平监督来治标，不如重新删定律法治本，但宣帝未及施行。至元、成时期，虽然两位皇帝均下诏要求蠲除轻减律令以安百姓，却几无收效。法吏们不过上报删削一些无关痛痒的小条文塞责而已，反观成帝时期的死刑之罪却已从武帝时的四百零九条增长到了上千条，律令条文多达百万言。

当我们听着一个个历史小故事的时候，常常会囿于视角所见，譬如认为刘邦的"约法三章"是仁政爱民的体现，而武帝时期的严刑峻法是因其偏爱酷吏。然而当我们在史籍中纵览一系列事件的演变时，往往又能发现在表象之下同时存在的暗流。例如《汉书·刑法志》此篇，便生动地展现了国家律法与社会发展之间的关系——也即马克思理论中关于经济基础与上层建筑的典型案例。作为上层建筑之一的国家律法，需要适应当时的经济基础，否则便不能稳固；若国家律法偏离社会经济基础过大，则必然会通过变革来消弭矛盾，有时是渐进的调整，有时是激烈的突变。刘邦为什么可以施行"约法三章"而得到百姓拥戴？乃因当时天下亡秦，烽烟遍地，社会关系破坏殆尽，生产力停滞不前。试想在一个军队、流寇纵横劫掠的时期，朝不保夕的百姓们能多几日生存便已额手称庆，既不会遵守也无人执行秦朝所设立的诸多律法条文。此时一个简单清晰而又能保障百姓最基本生存的法令，正是乱世之中人民最需要的。"约法三章"只有两句话："杀人者死，伤人及盗抵罪。"于当时环境下却已足够。

而随着经济基础的发展，作为上层建筑的律法若不与时俱进，便会成为社会进步的桎梏。因此我们看到：在汉朝建立，天下安定之后，无论是萧何"取其宜于时者，作律九章"，还是文、景时期律法的缓慢扩充，都是为了弥补律法体系落后于经济基础而产生的罅隙。武帝时期由于文景之治数十年的升平积累，经济基础的发展已大大超前于律法制度，继续对律法进行非系统性的零散修补已追赶不上社会发展的脚步，此时重订律令不失为一个快速而有效的调整手段。但武帝这一步又跨得略大了些，过于繁琐的律法条文加上严苛执法的酷吏团体，对之后的社会发展造成了不小的阻碍。然而总体而言，在一个长期稳定发展的大国家中，除非出现大的社会动荡，生产关系只会日益趋向复杂化，相对应的上层建筑也会因之而“水涨船高”。故此元、成之世，虽然皇帝三令五申精简律令，法令条文却有增无减、持续膨胀，实有其社会背景因素，而法吏们对皇命的阳奉阴违只是次要原因罢了。

由此亦可看到，纵览中国封建社会，在国家管理上其实并没有什么“儒法之争”，对中国这样一个中央集权的大帝国，只可能通过律法体系来对全国进行系统性的管理。儒教宣扬仁义以及教化的“人治”方式，不过是在“法治”工具出现与经济基础的偏差时所使用的纠偏及安抚人心的手段——所谓“阳儒阴法”。而至于常常被人向往着的桃花源式“无为而治”的理想国，仅仅是当社会发展复杂化后，囿于繁苛律法的人们对“小国寡民”状态的憧憬，也仅仅存在于原始社会以及后世人们的幻想之中。

（李　欢）

统一国家的守疆与拓疆人

〔**导言**〕　李广与霍去病都是抗击匈奴的名将，虽然两人身份迥异，战功也相去甚远，但相同的是他们都是这场战争中的英雄，赢得了后人的尊重。李广箭术高超，作战勇敢，常常身先士卒，冲杀在前，留下了许多英雄事迹，成为一段不朽的传奇。而霍去病则年少成名，意气风发，常常出其不意，深入敌军，创造了许多经典战例，也是家喻户晓的名将。两个人虽然都是名声显赫的将军，但两人的成名之路不尽相同，李广以骁勇和善射闻名，而霍去病则以张扬和进取著称。在汉匈战争的初期，李广的这种个人英雄主义能够很好地激励将士们的士气，给敌人以巨大的威慑力；而到了汉匈战争的后期，霍去病敢冲敢打，一往无前的做派，更符合汉军寻求大规模与敌决战的需要。而与此对应的恰好是两人生平际遇的巨大反差：李广一生戎马倥偬，经历战事无数，不仅始终未能封侯，甚至以自杀终结一生，是一个不折不扣的悲剧英雄。而霍去病却是年少成名，一生鲜衣怒马，不仅仕途一片通坦，而且屡立奇功，最终成为位高权重的骠骑将军。有人将个中原因归为“天幸”与“不遇时”之别。但分析两个人的一生可以看出，对生平际遇的不同处理是导致二人命运差异的根本因素。虽有“天幸”之利，但霍去病更抓住了上天所赋予他的机遇，将这种优势发挥到了极致。相比之下，李广虽时运不济，却始终我行我素，未思变通，最终只能以悲剧收场。

李将军列传

〔**选文**〕

李将军广者，陇西成纪人也。其先曰李信，秦时为将，逐得燕太子丹者也。故槐里，徙成纪。广家世世受射[①]。孝文帝十四年，匈奴大入萧关，而广以良家子从军击胡，用[②]善骑射，杀首[③]虏[④]多，为汉中郎。……尝[⑤]从行，有所冲陷[⑥]折[⑦]关[⑧]及格[⑨]猛兽，而文帝曰："惜乎，子不遇时！如令子当高帝时，万户侯岂足道哉！"

……

匈奴大入上郡，天子使中贵人从广勒[⑩]习[⑪]兵击匈奴。中贵人将骑数十纵，见匈奴三人，与战。三人还射，伤中贵人，杀其骑且尽。中贵人走[⑫]广。广曰："是必射雕者也。"广乃遂从百骑往驰三人。三人亡马步行，行数十里。广令其骑张左右翼，而广身自射彼三人者，杀其二人，生得一人，果匈奴射雕者也。已缚之上马，望匈奴有数千骑，见广，以为诱骑，皆惊，上山陈。广之百骑皆大恐，欲驰还走。广曰："吾去大军数十里，今如此以百骑走，匈奴追射我立尽。今我留，匈奴必以我为大军之诱，必不敢击我。"广令诸骑曰："前！"前未到匈奴陈二里所，止，令曰："皆下马解鞍！"其骑曰："虏多且近，即有急，奈何？"广曰："彼虏以我为走，今皆解鞍以示不走，用坚其意。"于是胡骑遂不敢击。有白马将出护其兵，李广上马与十余骑奔射杀胡白马将，而复还至其骑中，解鞍，令士皆纵马卧。是时会暮，胡兵终怪之，不敢击。夜半时，胡兵亦以为汉有伏军于旁欲夜取之，胡皆引兵而去。平旦[⑬]，李广乃归其大军。……

居久之，孝景崩，武帝立，左右以为广名将也，于是广以上郡太守为未央卫尉，而程不识亦为长乐卫尉。程不识故与李广俱以边太守将军屯。及出击胡，而广行无部伍行陈，就善水草屯，舍止，人人自便，不击刀斗[⑭]以自卫，莫[⑮]府省约文书籍事，然亦远斥候，未尝遇害。程不识正部曲行伍营陈[16]，击刀斗，士吏治军簿至明，军不得休息，然亦未尝遇害。不识曰："李广军极简易，然虏卒犯之，无以禁也；而其士卒亦佚[17]乐，咸乐为之死。我军虽烦扰，然虏亦不得犯我。"是时汉边郡李广、程不识皆为名将，然匈奴畏李广之略，士卒亦多乐从李广而苦[18]程不识。

……

广廉，得赏赐辄分其麾下[19]，饮食与士共之。终广之身，为二千石四十余年，家无余财，终不言家产事。广为人长，猿臂，其善射亦天性也，虽其子孙他人学者，莫能及广。广讷口少言，与人居则画地为军陈，射阔狭以饮。专以射为戏，竟死。广之将兵，乏绝[20]之处，见水，士卒不尽饮，广不近水，士卒不尽食，广不尝食。宽缓不苛，士以此爱乐为用。其射，见敌急，非在数十步之内，度[21]不中不发，发即应弦而倒。用此，其将兵数困辱，其射猛兽亦为所伤云。

……元朔六年，广复为后将军，从大将军军出定襄，击匈奴。诸将多中首虏率，以功为侯者，而广军无功。后二岁，广以郎中令将四千骑出右北平，博望侯张骞将万骑与广俱，异道。行可数百里，匈奴左贤王将四万骑围广，广军士皆恐，广乃使其子敢往驰之。敢独与数十骑驰，直贯胡骑，出其左右而还，告广曰："胡虏易与耳。"军士乃安。广为圜[22]陈外向，胡急击之，矢下如雨。汉兵死者过半，汉矢且尽。广乃令士持满毋发，而广身自以大黄射其裨将[23]，杀数人，胡虏益解。会日暮，吏士皆无人色，而广意气自如，益治[24]军。军中自是服其勇也。明日，复力战，而博望侯军亦至，匈奴军乃解去。汉军罢，弗能追。是时广军几没，罢归。汉法，博望侯留迟后期，当死，赎为庶人。广军功自如，无赏。

……

后二岁，大将军、骠骑将军大出击匈奴……

广既从大将军青击匈奴，既出塞，青捕虏知单于所居，乃自以精兵走之，而令广并于右将军军，出东道。东道少回远，而大军行水草少，其势不屯行[25]。广自请曰："臣部为前将军，今大将军乃徙令臣出东道，且臣结发而与匈奴战，今乃一得当单于，臣愿居前，先死单于。"大将军青亦阴[26]受上诫，以为李广老，数奇，毋令当单于，恐不得所欲。而是时公孙敖新失侯，为中将军从大将军，大将军亦欲使敖与俱当单于，故徙前将军广。广时知之，固自辞于大将军。大将军不听……广……引兵与右将军食其合军出东道。军亡[27]导，或失道，后大将军。大将军与单于接战，单于遁走，弗能得而还。南绝幕，遇前将军、右将军。广已见大将军，还入军。大将军使长史持糒[28]醪[29]遗[30]广，因问广、食其失道状，青欲上书报天子军曲折。广未对，大将军使长史急责[31]广之幕府对簿。广曰："诸校尉无罪，乃我自失道。吾今自上簿。"

至莫府，广谓其麾下曰："广结发与匈奴大小七十余战，今幸从大将军出接单于兵，而大将军又徙广部行回远，而又迷失道，岂非天哉！且广年六十余矣，终不能复对刀笔之吏。"遂引刀自刭。广军士大夫一军皆哭。百姓闻之，知与不知，无老壮皆为垂涕。

选自《史记》卷一百九

〔注释〕 ① 射：古官名，掌射。 ② 用：因。 ③ 首：敌首。 ④ 虏：俘虏生敌。 ⑤ 尝：通"常"。 ⑥ 冲陷：冲锋陷阵。 ⑦ 折：折冲。 ⑧ 关：抵挡。 ⑨ 格：抵挡。 ⑩ 勒：整顿。 ⑪ 习：训练。 ⑫ 走：奔向。 ⑬ 平旦：清晨。 ⑭ 刀斗：铜器，昼炊饭，夜持击以报警。 ⑮ 莫：通"暮"。 ⑯ 陈：通"阵"。 ⑰ 佚：放松。 ⑱ 苦：苦恼。

⑲ 麾下：部下。 ⑳ 乏绝：穷乏断绝。 ㉑ 度：揣度。 ㉒ 圜：同“圆”。 ㉓ 裨将：副将。 ㉔ 治：整治。 ㉕ 屯行：中途停留。 ㉖ 阴：暗中。 ㉗ 亡：失去。 ㉘ 糒：干粮。 ㉙ 醪：混合酒。 ㉚ 遗：赠送。 ㉛ 责：责令。

〔赏析〕 飞将军李广是中国历史上脍炙人口的名将，千百年来，他的事迹一直广为传颂，唐人有云“但使龙城飞将在，不教胡马度阴山”。正是经过司马迁如椽大笔，一代名将的形象在人们脑海中定格。

李广是将门之后，年轻时就曾得到文帝赞许。但他真正为大家所熟知，是在汉朝与匈奴之间的战争中。这场发生在汉匈之间空前惨烈的战争为李广提供了展示军事才能的广阔舞台。他的骁勇善射的特点一次次得以充分发挥。本篇就记载了几个他的经典战例。

一次，李广追捕匈奴射雕者却突然遭遇大批敌军，敌众我寡，部下都惊慌失措，但若此时逃跑，亦难逃灭顶之灾。危难之际，李广沉着应对，布下疑兵之计，故意示敌以弱，让敌人误以为自己是引诱敌人进圈套的疑兵，而后面还有汉军的大部队。敌人果然不敢轻举妄动，而几次试探，都被李广用精准的箭术打退。在始终无法探知李广虚实的情况之下，匈奴人只好撤退。

又有一次，他所率领的部队遭遇匈奴主力，敌我实力相差悬殊，在危急的情况下他指挥若定，先是令自己的儿子杀入敌军展示武勇，以此安定军心，又指挥军队奋勇抵挡敌军，自己用出神入化的箭术给予敌军巨大杀伤，从而稳定了战局，让敌人无处下手，最终等来了援军，击退了敌军。

通过这些战例可以看出，李广的军事才能主要体现在“勇”和“善射”上，而他的这一特点，正是汉匈战争初期汉朝军队所缺乏的。汉族曾经长期处于守势，一方面受制于汉朝的国力，但是另一方面也与汉族不善于骑兵作战有关。因此在边境的小规模冲突中，汉朝经常吃亏。正是这种逆境之下，人们渴望有一个能克制匈奴的英雄出现，而李广的横空出世，符合汉王朝的期望。他武艺高强，箭术无双，多次凭借出色的箭术在战场上力挽狂澜；他胆略过人，有丰富的战斗经验，多次上演以少胜多的经典战例；他与士兵同甘共苦，待人宽厚，性格直率。但李广为大家所心折，更主要的还是在于他的个人魅力，他天生善射又勇敢，不惧危险而一往无前，浑身洋溢着个人英雄主义的气质。虽然常常处于危险之中，但是他却从不更改自己的处事方式，留下了许多佳话，诸如射箭入石这样的故事，一直为大家所津津乐道。特别是在汉匈战争尚处在小规模冲突为主的初期，李广这种极富个人英雄主义色彩的行为恰好能有效地扼制匈奴人的小部队骚扰，勇敢而善射的李广不仅受到了人们的喜爱，也赢得了对手的敬畏，“飞将军”就此名动天下。

但到了汉武帝时期，汉匈战争发生了巨大的变化，雄心勃勃的汉武帝希望能击溃匈奴，解决北方的边患，因此此时的汉匈战争，不再是以前的小规模冲突为主的情况，而多次出现大规模的对决，在此种情况之下，李广的个人之勇就显得有些微不足道了，因此他虽然多次出征，却始终未能取得大的战功。等到汉朝与匈奴决战的时候，李广的年龄已经很大了，但是壮志未酬的他依然坚决要求随军出征。因为种种原因，当时的统帅卫青并没有安排李广作为主攻，与李广产生了矛盾，结果李广愤而出征，迷失了道路，并没有按期与部队会合。卫青派人来问责，李广就自杀了。

虽然李广一身本领，未能封侯确实有些时乖命蹇，但仔细分析可以看出，李广的悲剧却又有其一定的必然性。一方面，我们要看到李广性格上存在缺陷，他快意恩仇，心胸不够宽广，霸陵尉因为职务行为冲撞了他，他就记恨在心，设法公报私仇。他心无芥蒂，率性而行，这种直爽的性格很容易使他采取极端的行为，最终的自杀正是这一性格所驱使的结果。

另一方面，李广是一个将才，却并非一个帅才，通过与程不识的比较可以看出，李广带兵过于随性宽松，约束性不够。这种方式虽然容易赢得士兵的信任，但是却不利于大部队的统领。因此在小规模冲突为主的战争初期，他还能用个人魅力凝聚部队；而一旦到大部队作战的战争后期，他就显得力不从心了。特别是他常常自恃箭术高明，只身杀虎，近身射敌，这种以身犯险、暴虎冯河的事情，不应该是一个要统领三军的将领所为。须知统帅的安危事关整个战局，怎么能轻易将自身置于危险的境地呢？此外，李广的威名也是导致他失败的一个重要原因。名望是一把双刃剑，所谓树大招风，李广的英勇善射，一方面为他赢得巨大的声望，但另一方面，却是他始终成为敌人关注的焦点。每次出战，以他的名望，匈奴不敢轻视，总是会将攻击的重点放在他身上,因此他经常遭遇匈奴主力。常常只能但求自保,故而难有战功。更为重要的是,汉匈战争的形式已经发生了巨大的变化,而李广却始终未能应时而变,仍凭血气之勇征战沙场,一代名将的悲剧也就此不可避免。

卫将军骠骑列传

〔选文〕

大将军姊子霍去病年十八,幸,为天子侍中。善骑射,再从大将军,受诏与壮士,为剽姚校尉,与轻勇骑八百直弃大军数百里赴利,斩捕首虏过当。于是天子……以千六百户封去病为冠军侯。

……

其夏,骠骑将军与合骑侯敖俱出北地,异道;博望侯张骞、郎中令李广俱出右北平,异道:皆击匈奴。郎中令将四千骑先至,博望侯将万骑在后至。匈奴左贤王将数万骑围郎中令,郎中令与战二日,死者过半,所杀亦过当[①]。博望侯至,匈奴兵引去。博望侯坐行留[②],当斩,赎为庶人。而骠骑将军出北地,已遂深入,与合骑侯失道,不相得,骠骑将军逾居延至祁连山,捕首虏甚多。天子……封为辉渠侯。合骑侯敖坐行留不与骠骑会,当斩,赎为庶人。诸宿将所将士马兵亦不如骠骑,骠骑所将常选,然亦敢深入,常与壮骑先其大军,军亦有天幸,未尝困绝也。然而诸宿将常坐留落[③]不遇。由此骠骑日以亲贵,比大将军。

其秋,单于怒浑邪王居西方数为汉所破,亡数万人,以骠骑之兵也。单于怒,欲召诛浑邪王。浑邪王与休屠王等谋欲降汉,使人先要[④]边。是时大行李息将城河上,得浑邪王使,即驰传以闻。天子闻之,于是恐其以诈降而袭边,乃令骠骑将军将兵往迎之。骠骑既渡河，与浑邪王众相望。浑邪王裨将见汉军而多欲不降者，颇遁去。骠骑乃驰入与浑邪王相见，斩其欲亡者八千人，遂独遣浑邪王乘传[⑤]先诣[⑥]行在所，尽将其众渡河，降者数万，号称十万。既至长安，天子所以赏赐者数十巨万。封浑邪王万户，为漯阴侯。封其裨王呼毒尼为下摩侯，鹰庇为辉渠侯，禽犁为河綦侯，大当户铜离为常乐侯。于是天子嘉骠骑之功……以千七百户益封骠骑将军。”减陇西、北地、上郡戍卒之半，以宽天下之繇[⑦]。

……

其明年，天子与诸将议曰：“翕侯赵信为单于画计，常以为汉兵不能度幕[⑧]轻留[⑨]，今大发士卒，其势必得所欲。”是岁元狩四年也。

元狩四年春，上令大将军青、骠骑将军去病将各五万骑，步兵转者踵军数十万，而敢力战深入之士皆属骠骑。骠骑始为出定襄，当单于。捕虏言单于东，乃更令骠骑出代郡，令大将军出定襄。郎中令为前将军，太仆为左将军，主爵赵食其为右将军，平阳侯襄为后将军，皆属大将军。兵即度幕，人马凡五万骑，与骠骑等咸击匈奴单于。赵信为单于谋曰：“汉兵既度幕，人马罢[⑩]，匈奴可坐收虏耳。”乃悉远北其辎重，皆以精兵待幕北。而适值大将军军出塞千余里，见单于兵陈而待，于是大将军令武刚车自环为营，而纵五千骑往当匈奴。匈奴亦纵可万骑。会日且入，大风起，沙砾击面，两军不相见，汉益纵左右翼绕单于。单于视汉兵多，而士马尚彊[⑪]，战而匈奴不利，薄莫，单于遂乘六羸[⑫]，壮骑可数百，直冒汉围西北驰去。时已昏，汉匈奴相纷挐[⑬]，杀伤大当。汉军左校捕虏言单于未昏而去，汉军因发轻骑夜追之，大将军军因随其后。匈奴兵亦散走。迟明，行二百余里，不得单于，颇捕斩首虏万余级，遂至窴颜山赵信城，得匈奴积粟食军。军留一日而还，悉烧其城余粟以归。

大将军之与单于会也，而前将军广、右将军食其军别从东道，或失道，后击单于。大将军引还过幕南，乃得前将军、右将军。大将军欲使使归报，令长史簿责前将军广，广自杀。右将军至，下吏，赎为庶人。大将军军入塞，凡斩捕首虏万九千级。

是时匈奴众失单于十余日，右谷蠡王闻之，自立为单于。单于后得其众，右王乃去单于之号。

骠骑将军亦将五万骑，车重与大将军军等，而无裨将。悉以李敢等为大校，当裨将，出代、右北平千余里，直左方兵，所斩捕功已多大将军。军既还，天子……以五千八百户益封骠骑将军。……

两军之出塞，塞阅官及私马凡[14]十四万匹，而复入塞者不满三万匹。乃益置大司马位，大将军、骠骑将军皆为大司马。定令，令骠骑将军秩禄[15]与大将军等。自是之后，大将军青日退，而骠骑日益贵。举[16]大将军故人门下多去事骠骑，辄得官爵，唯任安不肯。

骠骑将军为人少言不泄[17]，有气敢[18]任[19]。天子尝欲教之孙吴兵法，对曰："顾[20]方略何如耳，不至学古兵法。"天子为治第，令骠骑视之，对曰："匈奴未灭，无以家为也。"由此上益重爱之。然少而侍中，贵，不省[21]士。其从军，天子为遣太官赍[22]数十乘，既还，重车[23]余弃粱肉[24]，而士有饥者。其在塞外，卒乏粮，或不能自振[25]，而骠骑尚穿域[26]蹋鞠[27]。事多此类。大将军为人仁善退让，以和柔自媚于上，然天下未有称也。

骠骑将军自四年军后三年，元狩六年而卒。天子悼之，发属国玄甲军，陈[28]自长安至茂陵，为冢象祁连山。谥之，并武[29]与广[30]地曰景桓侯。

选自《史记》卷一百一十一

〔注释〕 ① 当：相当。 ② 行留：行动逗留迟缓。 ③ 留落：行动迟缓。 ④ 要：相约。 ⑤ 传：传车。 ⑥ 诣：前往。 ⑦ 繇：同“徭”，徭役。 ⑧ 幕：沙漠。 ⑨ 轻留：轻易留下。 ⑩ 罢：通“疲”。 ⑪ 彊：即“强”。 ⑫ 贏：即“骡”，骡子。 ⑬ 纷挐：相杂。 ⑭ 凡：总共。 ⑮ 秩禄：俸禄。 ⑯ 举：全部。 ⑰ 泄：泄漏。 ⑱ 敢：果敢。 ⑲ 任：有担当。 ⑳ 顾：顾念。 ㉑ 省：关心。 ㉒ 赍：财物。 ㉓ 重车：拉东西的车辆。 ㉔ 粱肉：精美的饭菜。 ㉕ 振：振作。 ㉖ 穿域：穿地为营域。 ㉗ 蹋鞠：踢皮毛所制球。 ㉘ 陈：通“阵”，排列成阵。 ㉙ 武：武功。 ㉚ 广：扩大。

〔赏析〕 霍去病原本出身卑微，靠着姨母卫子夫的裙带关系而进入了封建社会的上层。虽然他的入仕之途有些不太光彩，但他毕竟不能等同于那些不学无术、斗鸡走狗的纨绔子弟。相反，霍去病是一个不可多得的具备优秀军事天赋的有志青年。时势造英雄，那个时代，正好是汉匈战争最为激烈的时候，惨烈的民族战争一方面给汉匈民族带来了深重的灾难，但在另一方面却给年轻的霍去病一个施展自己军事天才的广阔舞台。他初出茅庐，便亲率八百轻骑深入敌军腹地，斩将夺旗，年纪轻轻就被封为冠军侯；接着，他又出征匈奴，在其他各路兵马都损兵折将败阵而归的情况下，孤军深入，重创敌军，又被封为辉渠侯。不过，他的赫赫战功此时还远未到尽头。不久后，他又利用匈奴内部矛盾，果断出击、一鼓作气将匈奴国搞得分崩离析，因此被封为骠骑将军，但这还不是他戎马生涯的顶峰。元狩四年(前119年)，在具有决定性意义的第三次漠北之战中，霍去病率领汉军直捣黄龙，追击匈奴千余里，直至封狼居胥山，经此一战，匈奴远遁，而漠南无王庭，彻底摧毁了匈奴人的意志。然而天妒英才，在这场战争结束后不到三年，正值壮年的霍去病便去世了。

纵观霍去病一生，年纪轻轻便征战无数，所到之处攻无不克战无不胜，除了死神，谁都无法阻挡他的进军的步伐。为什么年轻的霍去病能取得如此显赫的战功？分析他的一生，我们不难发现，这是一个“天幸”与个人能力的完美结合。

霍去病虽然和卫青一样都是外戚,但是与后者不同的是,他在很小年纪的时候已经为皇帝所宠幸,可以说自小便深沐皇恩。霍去病既然从小便过着锦衣玉食的生活,性格上不免有些张扬,这一点与谨小慎微的卫青形成鲜明对比。因为卫青自小贫苦,待因姐姐而飞黄腾达之时已经成人,所以自小磨难的他深知世事艰辛,因此处事谨慎,事事小心。带兵打仗也是如此,而恰是这一点,使得卫青领兵,惯于稳扎稳打,不轻易犯险;而年少得志的霍去病在战场上自然有些意气风发、无所畏惧。所谓初生牛犊不怕虎,霍去病领兵打仗,总是激情四溢,勇于出击。但不管卫青还是霍去病,他们虽然统帅方式有所不同,但都得到了"天幸"。一方面,他们不仅都是皇帝的亲戚,还是皇帝身边的红人,每次打仗,他们都能得到良好的资源,或者得到一支精壮的部队,或者面对较弱的敌人;而另一方面,匈奴会因为他们是外戚而放松对他的警惕,特别是霍去病,匈奴以为他不过是个乳臭未干的孩子,不值一提。因此他首次出征便能出其不意大败敌军。而除此之外,幸运女神赐予了他们最重要的力量——强大的汉王朝的支持。此时的汉朝,已经远不是汉初民生凋敝的景象,在对外政策上已经足够强硬到用战争来一绝后患。不论是卫青的沉稳还是霍去病的进取,强盛起来的汉王朝都有足够的资本支持他们放手一搏。而更加幸运的是,在这场最为关键的对决里,最沉稳的卫青遇上的是敌军的主力,激情澎湃的霍去病则给了匈奴最后的致命一击,成就了这段波澜壮阔的历史画卷中最为华彩重章的一笔。

虽然卫青和霍去病的成就和战绩可能各有千秋,但单就"天幸"而言,霍去病无疑更像是上天的宠儿。与卫青相比,霍去病的战绩显得更加的令人荡气回肠,这与霍去病主要采取的都是骑兵战术有关。骑兵本来不是汉民族的强项,在这一方面我们的经验原本就不足,但偏偏霍去病不爱读兵法,反而能不受传统的战术束缚,在战术上能勇于创新,不落窠臼。他生性张扬,打仗无所顾忌,直来直往,这样看似冒险的战术往往能出其不意,取得奇效。而最为重要的是,此时的汉朝有足够的实力让霍去病打一场大规模的骑兵战争,在第三次漠北之战中,汉军光战马就消耗了十一万匹,而敢打敢冲的霍去病正是这场消耗战争最合适的终结者。但此战之后，虽然匈奴一蹶不振，可汉王朝亦元气大伤。命运女神在这个时候带走一代天骄霍去病，让他在人生最为辉煌的时候终结自己的一生，或许正是为了保全他战无不胜的英雄形象。

需要指出的是，这场惨烈的民族战争深刻地改变了两个民族，通过此战，汉朝不仅取得了军事上的胜利，赢得了农耕文明所需要的和平与稳定，更重要的是建立了民族信心，一个空前强大的封建帝国就此形成，而随之而来的丝绸之路，更使中华文化远播四方；而匈奴失去了其视为生命的河套平原与祁连山地区，从此在民族战争中一直处于下风，最终分裂，一部分内迁与汉族融合，另一部分则被迫西迁，使整个世界历史格局发生了巨大变化。

（谢科峰）

交通和沟通——开路先锋

〔导言〕 在中国历史上，农耕文明与草原文明之间的对抗一直存在着。相较于游牧民族来去千里、飘忽不定的战斗方式，落地生根、安土重迁的农耕民族面对来犯的强敌每每束手无策。强大如秦始皇者，也只能连缀各国长城，用消极的抵御方式来应对北方骑兵的入侵。当时间推进到西汉时，汉武帝刘彻这位雄才大略的君主以其广袤深邃的视野和纵横捭阖的大手笔，将与匈奴政权博弈的重心从长城防线远推至西域，通过身边忠勇之士的帮助，派出使节结交各国，派出军队征讨匈奴，在恩威并施之下，汉朝化敌为友，联友攻敌，以西域的地理、人力和物力资源为凭借，不动声色地扩充着汉王朝的整体实力，终于在与匈奴的对峙中占得上风。其间，以张骞出使大月氏和李广利西征大宛的两次行动最为典型，反映出西汉统治者清晰的战略意图和战争智慧。依托于战胜大宛、交通西域的良好条件，武帝之后的昭帝、宣帝、元帝、成帝在相当长的时间内，都对西域诸国施加着绝对的影响力，可以调动西域各国共同的力量来应对匈奴的威胁。傅介子、常惠、郑吉、甘延寿、陈汤、段会宗等众多名臣、名将得以在西域建功立业，甚至击杀单于，这些成果的取得虽有其人臣各自的才能因素，但推其根源，不能不归因于武帝时期所奠定的坚实基础。作为真实记录这一系列历史事件的《张骞李广利传》及《傅常郑甘陈段传》，通过对决策者、执行者语言和行动的描写及敌我双方态势变化的记载，反映了那一段历史时期西汉政权的正确战略布局，以及农耕民族抵御外侮进而同周边国家合作共赢的可能与希望。

张骞李广利传

〔选文〕

张骞，汉中人也，建元中为郎。时，匈奴降者言匈奴破月氏王，以其头为饮器，月氏遁而怨匈奴，无与共击之。汉方欲事灭胡，闻此言，欲通使，道必更[①]匈奴中，乃募能使者。骞以郎应募，使月氏，与堂邑氏奴甘父俱出陇西。径[②]匈奴，匈奴得之，传诣单于。单于曰："月氏在吾北，汉何以得往使？吾欲使越，汉肯听我乎？"留骞十余岁，予妻，有子，然骞持汉节不失。

居匈奴西，骞因[③]与其属亡[④]乡[⑤]月氏，西走数十日，至大宛。大宛闻汉之饶财，欲通不得，见骞，喜，问欲何之。骞曰："为汉使月氏而为匈奴所闭道，今亡，唯王使人道送我。诚得至，反[⑥]汉，汉之赂遗[⑦]王财物不可胜言。"大宛以为然，遣骞，为发译道[⑧]，抵康居。康居传致大月氏。大月氏王已为胡所杀，立其夫人为王。既臣大夏而君之，地肥饶，少寇，志安乐。又自以远远汉，殊无报[⑨]胡之心。骞从月氏至大夏，竟[⑩]不能得月氏要领。

……

自骞开外国道以尊贵，其吏士争上书言外国奇怪利害，求使。天子为其绝远，非人所乐，听其言，予节，募吏民无[⑪]问所从来，为具备人众遣之，以广其道。来还不能无侵盗币物，及使失指[⑫]，天子为其习[⑬]之，辄复按[⑭]致重罪，以激怒令赎，复求使。使端[⑮]无穷，而轻犯法。其吏卒亦辄复盛推外国所有，言大者予节，言小者为副，故妄言无行之徒皆争相效。其使皆私县官赍[⑯]物，欲贱市[⑰]以私其利。外国亦厌汉使人人有言轻重，度[⑱]汉兵远，不能至，而禁其食物，以苦汉使。汉使乏绝，责怨，至相攻击。楼兰、姑师小国，当空道[⑲]，攻劫汉使王恢等尤甚。而匈奴奇兵又时时遮击[⑳]之。使者争言外国利害，皆有城邑，兵弱易击。于是天子遣从票侯破奴将[21]属国骑及郡兵数万以击胡，胡皆去[22]。明年，击破姑师，虏楼兰王。酒泉列亭鄣至玉门矣。

……

李广利，女弟李夫人有宠于上，产昌邑哀王。太初元年，以广利为贰师将军，发属国六千骑及郡国恶少年数万人以往，期至贰师城取善马，故号"贰师将军"。故浩侯王恢使道军。既西过盐水，当道小国各坚城守，不肯给食，攻之不能下。下者得食，不下者数日则去。比[23]至郁成，士财有数千，皆饥罢。攻郁成城，郁成距[24]之，所杀伤甚众。贰师将军与左右计："至郁成尚不能举，况至其王都乎？"引而还。往来二岁，至敦煌，士不过什一二。使使上书言："道远，多乏食，且士卒不患战而患饥。人少，不足以拔宛。愿且罢兵，益[25]发而复往。"天子闻之，大怒，使使遮[26]玉门关，曰："军有敢入，斩之。"贰师恐，因留屯敦煌。

其夏，汉亡浞野之兵二万余于匈奴，公卿议者皆愿罢宛军，专力攻胡。天子业[27]出兵诛宛，宛小国而不能下，则大夏之属渐轻汉，而宛善马绝不来，乌孙、轮台易苦汉使，为外国笑。乃案言伐宛尤不便者邓光等。赦囚徒扞寇盗，发恶少年及边骑，岁余而出敦煌六万人，负私从者不与[28]。牛十万，马三万匹，驴、橐驼以万数赍粮，兵弩甚设。天下骚动，转相奉伐宛，五十余校尉。宛城中无井，汲城外流水，于是遣水工徙其城下水空以穴其城。益发戍甲卒十八万酒泉、张掖北，置居延、休屠以卫酒泉。而发[29]天下七科適，及载糒给贰师，转车人徒相连属至敦煌。而拜习马者二人为执驱马校尉，备破宛择取其善马云。

于是贰师后复行，兵多，所至小国莫不迎，出食给军。

至轮台，轮台不下，攻数日，屠之。自此而西，平行至宛城，兵到者三万。宛兵迎击汉兵，汉兵射败之，宛兵走[30]入保其城。贰师欲攻郁成城，恐留行而令宛益生诈，乃先至宛，决其水原，移[31]之，则宛固已忧困。围其城，攻之四十余日。其外城坏，虏宛贵人勇将煎靡。宛大恐，走入中城，相与谋曰："汉所为攻宛，以王毋寡。"宛贵人谋曰："王毋寡匿善马，杀汉使。今杀王而出善马，汉兵宜解；即不，乃力战而死，未晚也。"宛贵人皆以为然，共杀王。持其头，遣人使贰师，约曰："汉无攻我，我尽出善马，恣所取，而给汉军食。即不听我，我尽杀善马，康居之救又且[32]至。至，我居内，康居居外，与汉军战。孰计之，何从？"是时，康居候[33]视汉兵尚盛，不敢进。贰师闻宛城中新得汉人知穿井，而其内食尚多。计以为来诛首恶者毋寡，毋寡头已至，如此不许，则坚守，而康居候汉兵罢[34]来救宛，破汉军必矣。军吏皆以为然，许宛之约。宛乃出其马，令汉自择之，而多出食食汉军。汉军取其善马数十匹，中马以下牝牡三千余匹，而立宛贵人之故时遇[35]汉善者名昧蔡为宛王，与盟而罢兵，终不得入中城，罢而引归。

选自《汉书》卷六十一

〔注释〕 ① 更：经过。 ② 径：经过。 ③ 因：趁机。 ④ 亡：逃跑。 ⑤ 乡：通"向"。⑥ 反：同"返"，返回。 ⑦ 遗：赠送。 ⑧ 道：通"导"，向导。 ⑨ 报：报复。 ⑩ 竟：终究。 ⑪ 无：不。 ⑫ 指：意旨。 ⑬ 习：熟悉。 ⑭ 按：查考。 ⑮ 端：缘由。⑯ 赍：赠送。 ⑰ 市：卖。 ⑱ 度：估量。 ⑲ 空道：通道。 ⑳ 遮击：伏击。㉑ 将：带领。 ㉒ 去：离开。 ㉓ 比：等到。 ㉔ 距：通"拒"，抗拒。 ㉕ 益：增加。㉖ 遮：拦住。 ㉗ 业：已经。 ㉘ 与：在其中。 ㉙ 发：征召。 ㉚ 走：逃跑。㉛ 移：改变。 ㉜ 且：将要。 ㉝ 候：伺望。 ㉞ 罢：通"疲"。 ㉟ 遇：对待。

〔赏析〕 自汉高祖七年(前200年)刘邦率军对匈奴作战失败，被围白登城而不得已采取“和亲”的政策之后,西汉对匈奴经常性的南下入侵只能采取守势。这一情况的出现与当时的经济模式和作战方式有关。以长城为界,南方是以农耕文明为主的西汉王朝,北方是隶属于草原文明的匈奴政权,西汉政权的经济可以自给自足,而匈奴则是逐水草而居,一旦自然条件恶化导致物资匮乏时,匈奴骑兵就会南下攻掠西汉的边关城池以抢夺财货。对此,采用休养生息政策的西汉王朝只能派出机动能力远不如对手的步骑混编部队(骑兵较弱)进行应对,往往当主力集结完毕赶到目的地时,敌人早已完成抢掠并远远退去了。改变这种被动作战态势的,则是继承了文景之治雄厚经济资本而又具有长远战略眼光的一代雄主——汉武帝刘彻。

汉武帝刘彻少年登基,自然不甘受制于北方的匈奴,“欲事灭胡”。但作为一个以传统农业经济作为主导政策的国家,西汉的优势在于庞大的疆域和巨大的人口所带来的发展潜力,这种潜力是西汉屡次被对手侵犯却能迅速恢复的必要条件。应当说,汉武帝和他的谋士集团在怎样利用手中的力量这一问题上是经过精密计算的,这可以从《史记》、《汉书》中记载的卫青、霍去病等名将远出塞外的战斗中得到反映。汉军对匈奴作战采取的基本都是速决战的形式,因为后勤补给的距离半径没有能够超过五十天的。事实上,不同于匈奴军队,由于补给线的限制,汉军若太过深入匈奴领地则很容易因后援不济而遭致全军覆没的结果,因此汉军对于远遁漠北的敌人往往无法追击。如果长期在这种形势下作战,双方都将陷入无休止的拉锯战,这对于西汉而言是十分不利的。

汉武帝的独到之处,在于他的目光并不仅仅停留在眼前的敌人身上。当听说“匈奴破月氏王,以其头为饮器,月氏遁而怨匈奴”时,武帝立即想到了可以联合月氏共同抗击匈奴,这是典型的“远交近攻”策略。武帝派出的使臣张骞也不负所托,完成了使命。这里说的完成使命,不是指联合大月氏共击匈奴(大月氏安于当时舒适的环境,并不想回归故土),而是指武帝通过张骞了解到了整个西域的面貌,进而获知匈奴对西域的严重依赖(地理上的往来、经济上的索取、军事上的遥控)。此时,一个十分宏伟的战略设想被提上日程,即在正面作战的同时,联合西域各国使其反抗匈奴,达到斩断匈奴侧翼、压缩匈奴生存空间的目的。

为了实现这一战略决策,汉王朝投入巨大,除了不断派遣使团外,还邀请各国使节到访长安,“行赏赐,酒池肉林,令外国客遍观各仓库府臧之积,欲以见汉广大,倾骇之”,以空前规模的“银弹攻势”争取各国的支持。这一策略取得了部分的成功,但远没有达到战斗同盟的级别。究其原因,实在于各国离匈奴近,离汉远,“大宛以西皆自恃远,尚骄恣,未可诎以礼羁縻而使也”。

这一情况最终得到转变,是发生在使臣车令出使大宛求汗血宝马无果并被大宛追杀之后。假使此事不能得到妥善解决,则西汉在西域的一切经营都将付诸流水,各国将从此轻视西汉并更加靠近匈奴。为此,汉武帝于太初元年(前104年)派出宠臣李广利率领军队西征大宛。

西征远没有想象中的容易,李广利的部队在没有到达大宛时就被郁城击败。其实此役的失利是不应该苛责李广利的,因为遍布沙漠的西域本就是一片充满危险的区域,汉兵远来,各国普遍采取敌视的态度,不给饮食甚至劫杀掉队的士兵,没有准备充分就出发的汉军以失败而告终自是不足为奇的。

汉武帝对于西征的失利大感震怒,“使使遮玉门关,曰:‘军有敢入,斩之’”。这是之前对匈奴作战时都没有出现过的严令,从某种程度上显示出武帝对西域的重视。因为抗击匈奴真正的主战场并不是之前几十万大军战斗过的长城以北,而是此时尚未开发的西域。只有取得西域的支持,才能最终获取对匈奴作战的胜利。为此,武帝再次投下了巨大的成本,先是把妄言“攻宛不便”的邓光下狱,强行营造必须全力西征的舆论导向;继而“赦囚徒扞寇盗,发恶少年及边骑,岁余而出敦煌六万人,负私从者不与。牛十万,马三万匹,驴、橐驼以万数赍粮,兵弩甚设”,为李广利增加了十倍的军力(边骑是汉军主力)和适合长途运输的畜力及物资;同时,“发戍甲卒十八万酒泉、张掖北,置居延、休屠以卫酒泉”,这是一招妙棋,可以将匈奴的注意力吸引到正面战场,从而缓解了西征部队可能遇到的干扰。

获得了强大补给的李广利终于成功攻下了大宛,获取了汗血宝马,但最终能够回国的也只有万余人而已,从人力的巨大损失中我们可以想见征途的惨烈(军队中的很大一部分是在途中因为自然条件太过恶劣而死亡或逃走的)。历经四年的西征,从实物的收获来看,确实仅仅只是收获了一些金银和几匹良马,但其潜在效力实在是无法计算的。西域各国完全归顺了汉王朝,匈奴势力从此被彻底逐出了西域,其后匈奴内部的崩溃和西迁,都与这一战略决策有着极为重大的关系。而这一切,均得益于武帝正确的决策和果断的措施。这一经典战略,值得后世之人回味与思索。

傅常郑甘陈段传

〔选文〕

傅介子,北地人也,以从军为官。先是龟兹、楼兰皆尝①杀汉使者,语在《西域传》。至元凤中,介子以骏马监求使大宛,因诏令责楼兰、龟兹国。

介子至楼兰,责其王教匈奴遮杀汉使:"大兵方至,王苟不教匈奴,匈奴使过至诸国,何为不言?"王谢②服,言:"匈奴使属过,当至乌孙,道过龟兹。"介子至龟兹,复责其王,王亦服罪。介子从大宛还到龟兹,龟兹言:"匈奴使从乌孙还,在此。"介子因率其吏士共诛斩匈奴使者。还奏事,诏拜介子为中郎,迁平乐监。

……

常惠,太原人也。少时家贫,自奋应募,随移中监苏武使匈奴,并见③拘留十余年,昭帝时乃还。汉嘉其勤劳,拜为光禄大夫。

是时,乌孙公主上书言:"匈奴发骑田车师,车师与匈奴为一,共侵乌孙,唯天子救之!"汉养士马,议欲击匈奴。会④昭帝崩,宣帝初即位,本始二年,遣惠使乌孙。公主及昆弥皆遣使,因⑤惠言:"匈奴连发大兵击乌孙,取车延、恶师地,收其人民去,使使胁求公主,欲隔绝汉。昆弥愿发国半精兵，自给人马五万骑，尽力击匈奴。唯天子出兵以救公主、昆弥！”于是汉大发十五万骑，五将军分道出，语在《匈奴传》。

……

郑吉，会稽人也，以卒伍从军，数出西域，由是为郎。吉为人强执[6]，习外国事。自张骞通西域，李广利征伐之后，初置校尉，屯田渠黎。至宣帝时，吉以侍郎田渠黎，积谷，因发诸国兵攻破车师，迁卫司马，使护鄯善以西南道。

……

陈汤字子公，山阳瑕丘人也。少好书，博达善属[7]文。家贫丐贷无节，不为州里所称[8]。西至长安求官，得太官献食丞。数岁，富平侯张勃与汤交，高其能。初元二年，元帝诏列侯举茂材，勃举汤。汤待迁，父死不奔丧，司隶奏汤无循行，勃选举故不以实，坐[9]削户二百，会薨，因赐谥曰缪侯。汤下狱论。后复以荐为郎，数求使外国。久之，迁西域副校尉，与甘延寿俱出。

……

建昭三年，汤与延寿出西域。汤为人沉勇有大虑，多策谋，喜奇功，每过城邑山川，常登望。既领外国，与延寿谋曰：“夷狄畏服大种，其天性也。西域本属匈奴，今郅支单于威名远闻，侵陵[10]乌孙、大宛，常为康居画[11]计，欲降服之。如得此二国，北击伊列，西取安息，南排月氏、山离乌弋，数年之间，城郭诸国危矣。且其人剽悍，好战伐，数取胜，久畜之，必为西域患。郅支单于虽所在绝远，蛮夷无金城强弩之守，如发屯田吏士，驱从乌孙众兵，直指其城下，彼亡则无所之[12]，守则不足自保，千载之功可一朝而成也。”延寿亦以为然，欲奏请之，汤曰：“国家与公卿议，大策非凡所见，事必不从。”延寿犹与[13]不听。会其久病，汤独矫制[14]发城郭诸国兵、车师戊己校尉屯田使士。延寿闻之，惊起，欲止焉。汤怒，按剑叱延寿曰："大众已集会，竖子欲沮[15]众邪？"延寿遂从之，部勒[16]行陈，益置扬威、白虎、合骑之校，汉兵，胡兵合四万余人，延寿、汤上疏自劾奏矫制，陈言兵状。

……

初，单于闻汉兵至，欲去，疑康居怨己，为汉内应，又闻乌孙诸国兵皆发，自以无所之。郅支已出，复还，曰："不如坚守。汉兵远来，不能久攻。"单于乃被[17]甲在楼上，诸阏氏夫人数十皆以弓射外人。外人射中单于鼻，诸夫人颇死。单于下骑，传战大内。夜过半，木城穿，中人却[18]入土城，乘[19]城呼。时，康居兵万余骑分为十余处，四面环城，亦与相应和。夜，数奔营，不利，辄却。平明，四面火起，吏士喜，大呼乘[20]之，钲鼓声动地。康居兵引却。汉兵四面推卤楯，并入土城中。单于男女百余人走入大内。汉兵纵火，吏士争入，单于被创死。军候假丞杜勋斩单于首，得汉使节二及谷吉等所赍[21]帛书。诸卤[22]获以畀得者。凡斩阏氏、太子、名王以下千五百一十八级，生虏百四十五人，降虏千余人，赋予城郭诸国所发十五王。

于是延寿、汤上疏曰："臣闻天下之大义，当混为一，昔有唐、虞，今有强汉。匈奴呼韩邪单于已称北籓，唯郅支单于叛逆，未伏其辜[23]，大夏之西，以为强汉不能臣也。郅支单于惨毒行于民，大恶通于天。臣延寿、臣汤将义兵，行天诛，赖陛下神灵，阴阳并应，天气精明，陷陈克敌，斩郅支首及名王以下。宜县[24]头槁街蛮夷邸间，以示万里，明犯强汉者，虽远必诛。"事下有司。丞相匡衡、御史大夫繁延寿以为："郅支及名王首更历诸国，蛮夷莫不闻知。《月令》春：'掩骼埋胔'之时,宜勿县。"车骑将军许嘉、右将军王商以为:"春秋夹谷之会,优施笑君,孔子诛之,方盛夏,首足异门而出。宜县十日乃埋之。"有诏将军议是。

选自《汉书》卷七十

〔注释〕 ① 尝:曾经。 ② 谢:认错。 ③ 见:被。 ④ 会:适逢。 ⑤ 因:通过。 ⑥ 执:固执。 ⑦ 属:撰著。 ⑧ 称:赞扬。 ⑨ 坐:获罪。 ⑩ 陵:欺凌。 ⑪ 画:谋划。 ⑫ 之:往。 ⑬ 犹与:犹豫。 ⑭ 矫制:矫诏。 ⑮ 沮:阻止。 ⑯ 部勒:部署。 ⑰ 被:通"披"。 ⑱ 却:退。 ⑲ 乘:登。 ⑳ 乘:追逐。 ㉑ 赍:携带。 ㉒ 卤:通"掳",掠夺。 ㉓ 辜:罪。 ㉔ 县:悬挂。

〔赏析〕 太初四年(前 101 年),李广利西征大宛成功,西域各国纷纷归附汉王朝,标志着汉武帝联合西域抗击匈奴的战略布局初步完成。对于武帝这一宏伟战略,不仅时人少有理解,即使是几十年之后也多有误解者,比如汉元帝时的名儒刘向就曾说:"贰师将军李广利捐五万之师,靡亿万之费,经四年之劳,而廑获骏马三十匹,虽斩宛王毋鼓之首,犹不足以复费,其私罪恶甚多。"这种情况的出现,或许也是武帝在内心所期盼的,他正要让人误解这场战争的真实意义,因为只有这样,才能起到迷惑匈奴,实现最终战略构想的目的。

事实上,西征大宛所引发的震动是巨大的。最明显之处在于,西汉王朝在之前派出的庞大使团都有可能被西域小国羁押扣留,甚至夺财灭口,征伐大宛后的西汉王朝只需派出数人组成的特遣队即可号令各国。如傅介子其人,仅仅是作为搜求汗血马的骏马监,就能够在楼兰批评国王招待匈奴使节之举,还在龟兹征发士卒攻杀匈奴人。又如常惠,仅仅带领五百士卒(不及李广利第一次西征的十分之一、第二次西征的百分之一),就能够调动乌孙等多个国家的数万武装部队与匈奴进行作战。

随着胜利的天平慢慢向汉王朝倾斜,匈奴内部也发生了分裂,全盛时期被掩盖的问题正在逐渐暴露出来,生存空间的紧缩和物资的匮乏导致了靠近边境的匈奴部族纷纷向汉王朝投降,这些现象之前是难以想象的。此时,西汉王朝对于西域的控制力度和管理方式也发生了质的飞跃,由郑吉一手主导创设的西域都护府,使汉王朝在玉门关外有了一个永久的据点,另一方面也使得西域各国近距离且直接置于西汉的管辖之下,即所谓"治乌垒城,镇抚诸国,诛伐怀集之"。对此,作为史家的班固写道:"汉之号令班西域矣,始自张骞而成于郑吉。"相较于误解汉武帝战略意图的刘向,班固的眼光自是高出不少。

建立西域都护府后,西汉王朝与匈奴的斗争依旧存在。由于匈奴强大的战力并没有遭到彻底的瓦解,故其对于西域各国依旧有着不小的威慑力,而郅支单于与地处极西的康居结盟,威胁着西汉王朝。事实上,早在李广利西征大宛的时候,作为地方强国的康居就曾发兵救援大宛,尽管没有发生与汉军的直接交战,但其造成的外围影响却迫使李广利不得不在明显占优的局面下迅速订立盟约而班师回朝。如果让郅支单于在康居的帮助下有时间经营发展,则未来匈奴的发展形势或许真会如陈汤所说的那样:"北击伊列,西取安息,南排月氏、山离乌弋,数年之间,城郭诸国危矣。"

幸而作为西域都护府副校尉的陈汤不仅看到了郅支单于对于西域和西汉王朝的威胁,同时也看到了应对这种威胁的方法,更看到了"国家与公卿议,大策非凡所见,事必不从"的可能性,因而采取了矫制发兵的非常措施,陈汤还说服西域都护甘延寿同意此项行动,他们集合了汉、胡混合部队共计四万余人远征单于。如若匈奴军队仍是当年驰骋大漠的精悍骑兵,则混编的远征军可能远非其敌手。然而汉武帝西域战略的隐形作用此时已经得到了充分发挥,由于活动空间日益缩小,郅支单于的军队已从机动骑兵变成了据城而守的步骑合编部队,同时康居的援军此次依旧没有倾全力援救,反而在中途"引却",孤立无援且失去机动优势的匈奴战士尽管强悍善战,但面对数量占优且善于攻城的西汉远征军,遭致失败的最终结局也就是在预料之中的了。

抗击匈奴的最终胜利来之不易,陈汤、甘延寿在远征胜利后上疏所说的"明犯强汉者,虽远必诛",也就成了响彻云霄的名言。这一胜利战果的取得,推其根源,实得益于汉武帝战略布局的长久效力。通过李广利的两次西征和之后郑吉建立西域都护府的切实政治、军事行动,加强了汉王朝对于西域的影响力，限制了匈奴的发展，从而在接下来的几十年中逐渐耗尽对方的实力。这一战略的效果，正如汉元帝在嘉奖甘、陈的诏书中所言："内不烦一夫之役，不开府库之臧，因敌之粮以赡军用，立功万里之外，威震百蛮，名显四海。"

（李嘉路）

中国史家的多民族视野

〔导言〕《匈奴列传》、《南越列传》、《西南夷列传》都是司马迁《史记》中民族史的华章，记录了汉代民族大一统的过程，以及各民族推动历史进程的著名人物。他们有的深谋远虑、坚强果敢，如匈奴冒顿单于；有的审时度势、当机立断，如南越国王赵佗；有的坚守理想、见微知著，如开辟西南夷地区的唐蒙等汉朝官员。无论是汉族还是少数民族，都为中华民族留下了丰富的智慧遗产。

《匈奴列传》讲述了匈奴族的社会习俗以及与汉族的关系，其中对匈奴族领袖冒顿单于的描写是全文最精彩处，冒顿“鸣镝弑父”、“智取东胡”所表现出来的深谋远虑，“白登之围”所表现出的智取勇夺，“送递国书”所表现出的天骄气概，均传神生动，笔墨精彩，充分展现了匈奴族一代枭雄的英姿。《南越列传》是司马迁为岭南地区地方政权南越国撰文立传的百年史，主要叙述处于秦末乱世的赵佗，在天下大乱、孤悬岭南之际以高超的政治和军事能力，凝聚岭南诸郡建立南越王国的历史。《西南夷列传》则对我国西南少数民族早期历史的记载尤为详细，特别是唐蒙、司马相如等汉朝官员在经略西南夷地区时经历无数艰难险阻，从中表现出他们见微知著、追根寻源、善于调查研究的智慧。他们坚持朝廷对西南夷的管辖权，力主在西南夷地区设置郡县，开通商贸，加强民族交流，为汉代的中华民族大一统做出卓越贡献。

匈 奴 列 传

〔选文〕

单于有太子名冒顿。后有所爱阏氏，生少子。而单于欲废冒顿而立少子，乃使冒顿质[①]于月氏。冒顿既质于月氏，而头曼急击[②]月氏。月氏欲杀冒顿，冒顿盗其善马，骑之亡[③]归。头曼以为壮，令将[④]万骑。冒顿乃作[⑤]为鸣镝，习[⑥]勒[⑦]其骑射，令曰："鸣镝所射而不悉[⑧]射者，斩之。"行猎鸟兽，有不射鸣镝所射者，辄斩之。已而[⑨]冒顿以鸣镝自射其善马，左右或不敢射者，冒顿立斩不射善马者。居[⑩]顷之，复以鸣镝自射其爱妻，左右或颇恐，不敢射，冒顿又复斩之。居顷之，冒顿出猎，以鸣镝射单于善马，左右皆射之。于是冒顿知其左右皆可用。从其父单于头曼猎，以鸣镝射头曼，其左右亦皆随鸣镝而射杀单于头曼，遂尽诛其后母与弟及大臣不听从者。冒顿自立为单于。

冒顿既立，是时东胡强盛，闻冒顿杀父自立，乃使使谓冒顿，欲得头曼时有千里马。冒顿问群臣，群臣皆曰："千里马，匈奴宝马也，勿与[⑪]。"冒顿曰："奈何与人邻国而爱[⑫]一马乎?"遂与之千里马。居顷之，东胡以为冒顿畏之，乃使使谓冒顿，欲得单于一阏氏。冒顿复问左右，左右皆怒曰："东胡无道，乃求阏氏！请击之。"冒顿曰："奈何与人邻国爱一女子乎?"遂取所爱阏氏予东胡。东胡王愈益[⑬]骄，西侵。与匈奴间[⑭]，中有弃地，莫[⑮]居，千余里，各居其边为瓯脱[⑯]。东胡使使谓冒顿曰："匈奴所与我界瓯脱外弃地，匈奴非能至也，吾欲有[⑰]之。"冒顿问群臣，群臣或曰："此弃地，予之亦可，勿予亦可。"于是冒顿大怒曰："地者，国之本也，奈何予之!"诸言予之者，皆斩之。冒顿上马，令国中有后[⑱]者斩，遂东袭击东胡。东胡初轻[⑲]冒顿，不为备[⑳]。及冒顿以[㉑]兵至，击，大破灭东胡王，而虏其民人及畜产。既归，西击走[㉒]月氏，南并[㉓]楼烦、白羊河南王。悉复收秦所使蒙恬所夺匈奴地者，与汉关[㉔]故[㉕]河南塞，至朝那、肤施，遂侵燕、代。是时汉兵与项羽相距[26]，中国罢[27]于兵革，以故冒顿得自强，控[28]弦之士三十余万。

……

是时汉初定[29]中国，徙韩王信于代，都[30]马邑。匈奴大攻围马邑，韩王信降匈奴。匈奴得信，因引兵南逾[31]句注，攻太原，至晋阳下。高帝自将兵往击之。会[32]冬大寒雨雪，卒之堕[33]指者十二三，于是冒顿详[34]败走，诱汉兵。汉兵逐[35]击冒顿，冒顿匿其精兵，见[36]其羸弱。于是汉悉兵，多步兵，三十二万，北逐之。高帝先至平城，步兵未尽到，冒顿纵精兵四十万骑围高帝于白登，七日，汉兵中外不得相救饷。匈奴骑，其西方尽白马，东方尽青駹马，北方尽乌骊马，南方尽骍马。高帝乃使使间[37]厚遗[38]阏氏，阏氏乃谓冒顿曰："两主不相困。今得汉地，而单于终非能居之也。且汉王亦有神，单于察之。"冒顿与韩王信之将王黄、赵利期[39]，而黄、利兵又不来，疑其与汉有谋，亦取[40]阏氏之言，乃解围之一角。于是高帝令士皆持满傅[41]矢外乡[42]，从解角直出，竟[43]与大军合，而冒顿遂引兵而去。汉亦引兵而罢，使刘敬结和亲之约。

……

其明年(汉文帝)，单于遗汉书曰："天所立匈奴大单于敬问皇帝无恙。前时皇帝言和亲事，称[44]书意，合欢。汉边吏侵侮右贤王，右贤王不请[45]，听后义卢侯难氏等计，与汉吏相距，绝二主之约，离[46]兄弟之亲。皇帝让[47]书再至，发使以书报，不来，汉使不至，汉以其故不和，邻国不附[48]。今以小吏之败约故，罚右贤王，使之西求月氏击之。以天之福，吏卒良，马强力，以夷[49]灭月氏，尽斩杀降下之。定楼兰、乌孙、呼揭及其旁二十六国，皆以为匈奴。诸引弓之民，并为一家。

北州已定，愿寝[50]兵休士卒养马，除前事，复故约，以安边民，以应始古，使少者得成其长，老者安其处，世世平乐。……”

书至，汉议击与和亲孰便。公卿皆曰：“单于新破月氏，乘胜不可击。且得匈奴地，泽卤，非可居也。和亲甚便。”汉许之。

……

汉使马邑下人聂翁壹奸兰出物与匈奴交[51]，详为卖马邑城以诱单于。单于信之，而贪马邑财物，乃以十万骑入武州塞。汉伏兵三十余万马邑旁，御史大夫韩安国为护军，护四将军以伏[52]单于。单于既入汉塞，未至马邑百余里，见畜布野而无人牧者，怪之，乃攻亭。是时雁门尉史行徼[53]，见寇，葆[54]此亭，知汉兵谋。单于得，欲杀之，尉史乃告单于汉兵所居。单于大惊曰：“吾固疑之。”乃引兵还。出曰：“吾得尉史，天也，天使若言。”以尉史为“天王”。汉兵约单于入马邑而纵[55]。单于不至，以故汉兵无所得。

选自《史记》卷一百十

〔**注释**〕 ① 质：作人质。 ② 击：攻打。 ③ 亡：逃跑。 ④ 将：统领。 ⑤ 作：制造。 ⑥ 习：演练。 ⑦ 勒：约束。 ⑧ 悉：全。 ⑨ 已而：不久。 ⑩ 居：经过。 ⑪ 与：给。 ⑫ 爱：吝惜。 ⑬ 益：更加。 ⑭ 间：中间。 ⑮ 莫：没有。 ⑯ 瓯脱：防御工事。 ⑰ 有：占有。 ⑱ 后：落后。 ⑲ 轻：轻视。 ⑳ 备：准备。 ㉑ 以：带领。 ㉒ 走：赶走。 ㉓ 并：吞并。 ㉔ 关：接壤。 ㉕ 故：旧的。 ㉖ 距：通“拒”，抵抗。 ㉗ 罢：通“疲”。 ㉘ 控：开弓。 ㉙ 定：平定。 ㉚ 都：建都。 ㉛ 逾：越过。 ㉜ 会：恰逢。 ㉝ 堕：掉落。 ㉞ 详：通“佯”，假装。 ㉟ 逐：追逐。 ㊱ 见：通“现”，显露。 ㊲ 间：秘密地。 ㊳ 遗：馈赠。 ㊴ 期：约定。 ㊵ 取：采用。 ㊶ 傅：通“附”。 ㊷ 乡：通“向”。 ㊸ 竟：最终。 ㊹ 称：符合。 ㊺ 请：请示。 ㊻ 离：损害。 ㊼ 让：责备。 ㊽ 附：依附。 ㊾ 夷：灭。 ㊿ 寝：止息。 [51] 交：结交。 [52] 伏：伏击。 [53] 行徼：巡察。 [54] 葆：通“保”，躲藏。 [55] 纵：联合进攻。

〔**赏析**〕 司马迁撰写《匈奴列传》，从描写匈奴族逐水草迁徙，食畜肉、喝乳酪、穿皮革、披毡裘，住穹庐生活的长期游牧生活习性，引出了匈奴族善于驱逐、弓马娴熟的民族特点。著名的匈奴族领袖冒顿单于，则是匈奴族民族智慧的一个典型。

《匈奴列传》对冒顿单于的事迹着墨最多，特别是冒顿"鸣镝弑父"、"智取东胡"等流传已久的匈奴民族故事，司马迁在作传时详加采信，保留了匈奴族的智慧篇章，这是非常了不起的见识。

"鸣镝弑父"是《匈奴列传》中的经典片段。虽说的是儿子杀死父亲的忤逆事件，但以冒顿所处环境分析，匈奴贵族之间争权夺利、弱肉强食甚至父子相残也并非孤例。"鸣镝弑父"事件中，坚强果敢、心思缜密、残暴凶狠，具有"狼性"的草原一代霸主的形象跃然纸上。目标明确、计划缜密、忍耐异常，对手下残酷统治，对不服从者绝不手软，这是统治庞大的匈奴帝国所必须具备的"狼性"，是草原上的"生存智慧"。

东胡王在冒顿单于即位后，一而再、再而三地索取头曼的千里马和冒顿的阏氏（单于的妻妾）。面对挑衅，许多人表示反对，但冒顿却表示满不在乎，把马和爱姬送给东胡王。得寸进尺的东胡王继续派人来索取，这次要的是两国中间千里的荒芜地带，许多大臣认为这样的荒地给与不给都无足轻重，没想到冒顿却勃然大怒，说："地者，国之本也，奈何予之！"他将所有主张让地的大臣诛杀，率兵突袭东胡，骄狂到极点的东胡王被打得措手不及，国破人亡。由此观之，冒顿的"生存智慧"还在于欲取之、姑予之，通过向骄横的东胡王让马、送妻，为的是让敌人放松警惕解除戒备，让自己的手下感到愤怒想要雪耻。当敌人一旦提出割地时，冒顿说出那句"地者，国之本也，奈何予之"的名言，哀兵必胜，一举袭灭东胡。

超强的忍耐能力，敏锐地把握机会，行事不按常规，遇事果敢谋略，正是以上的"生存智慧"，让冒顿成为疆域万里、控弦之士三十万的匈奴族著名领袖。

而在与汉朝对抗中，冒顿单于也是有勇有谋。比如"白登之围"中，冒顿单于包围汉高祖刘邦率领的先头部队，使刘邦危在旦夕；而后他又听从妻子的劝说撤除包围，其目的也并非你死我活血战到底，而是为了获得更多的经济利益。这是冒顿单于的聪明之处，因为他知道汉朝尚有实力，匈奴族不可能兵入中原。这种据实思考问题的智慧，也从一个侧面显示出冒顿是少数民族首领中比较杰出的一位。之后，冒顿单于集中力量开拓西域，控制了非常富饶的西域诸国。因此，他在给汉文帝的“国书”中，表达了“愿寝兵休士卒养马，除前事，复故约，以安边民”，“使少者得成其长，老者安其处，世世平乐”的意愿，当然这是冒顿单于统一北方草原，实力足以抗衡中原汉朝时采取的又一个政治策略，既给汉朝“和亲”的理由，又给自己休士养马的时机，这让我们不得不佩服冒顿单于“文武之道、一张一弛”的过人智慧。

但是，冒顿单于及其手下的匈奴贵族对强大统一的汉帝国不间断地进行骚扰掠夺，加深了汉族与匈奴族之间的民族仇恨和矛盾，终于引发百年汉匈战争，这是不智之举。

司马迁在撰写这篇列传时，突破了我国过去治史“尊王攘夷”思想的樊篱，对少数民族的历史采取了真实记录、公正评价的态度，因此，这一少数民族史专文问世以来，成为流传千古的名篇。

南越列传

〔选文〕

南越王尉佗者，真定人也，姓赵氏。秦时已并天下，略①定杨越，置桂林、南海、象郡，以谪②徙民，与越杂处十三岁。佗，秦时用为南海龙川令。至二世时，南海尉任嚣病且③死，召龙川令赵佗语曰：“闻陈胜等作乱，秦为无道，天下苦之，项羽、刘季、陈胜、吴广等州郡各共兴军聚众，虎争天下，中国扰乱，未知所安，豪杰畔④秦相立。南海僻远，吾恐盗兵侵地至此，吾欲兴兵绝新道，自备⑤，待诸侯变，会病甚。且番禺负⑥山险，阻⑦南海，东西数千里，颇有中国人相辅，此亦一州之主也，可以立国。郡中长吏无足与言者，故召公告之。”即被⑧佗书，行⑨南海尉事。嚣死，佗即移檄告横浦、阳山、湟谿关曰：“盗兵且至，急绝道聚兵自守！”因稍⑩以法诛秦所置长吏，以其党[11]为假[12]守。秦已破灭，佗即击并桂林、象郡，自立为南越武王。高帝已定天下，为中国劳苦，故释[13]佗弗诛。汉十一年，遣陆贾因[14]立佗为南越王，与剖符通使，和集[15]百越，毋为南边患害，与长沙接境。

高后时，有司请禁南越关市铁器。佗曰："高帝立我，通使物，今高后听谗臣，别[16]异蛮夷，隔绝器物，此必长沙王计[17]也，欲倚中国，击灭南越而并王之，自为功也。"于是佗乃自尊号为南越武帝，发兵攻长沙边邑，败[18]数县而去焉。高后遣将军隆虑侯灶往击之。会暑湿，士卒大疫，兵不能逾岭。岁余，高后崩，即罢兵。佗因此以兵威[19]边，财物赂[20]遗闽越、西瓯、骆，役[21]属[22]焉，东西万余里。乃乘黄屋左纛，称制，与中国侔[23]。

及孝文帝元年，初镇抚天下，使告诸侯四夷从代来即位意，喻[24]盛德焉。乃为佗亲[25]冢在真定，置[26]守邑，岁时奉祀。召其从昆弟，尊[27]官厚赐宠之。诏丞相陈平等举[28]可使[29]南越者，平言好畤陆贾，先帝时习[30]使南越。乃召贾以为太中大夫，往使。因让佗自立为帝，曾无一介之使报[31]者。陆贾至南越，王甚恐，为书谢[32]，称曰："蛮夷大长老夫臣佗，前日高后隔异[33]南越，窃[34]疑长沙王谗[35]臣，又遥闻高后尽诛佗宗族，掘烧先人冢，以故自弃[36]，犯[37]长沙边境。且南方卑湿，蛮夷中间，其东闽越千人众号称王，其西瓯骆裸国亦称王。老臣妄窃帝号，聊以自娱，岂敢以闻[38]天王哉！"乃顿首谢，愿长为藩臣，奉贡职。于是乃下令国中曰："吾闻两雄不俱立，两贤不并世。皇帝，贤天子也。自今以后，去[39]帝制黄屋左纛。"陆贾还报，孝文帝大说[40]。遂至孝景时，称臣，使人朝请。然南越其居国窃如故号名，其使天子，称王朝命如诸侯。至建元四年卒。

佗孙胡为南越王。此时闽越王郢兴兵击南越边邑，胡使人上书曰："两越俱为籓臣，毋得擅[41]兴兵相攻击。今闽越兴兵侵臣，臣不敢兴兵，唯天子诏[42]之。"于是天子多[43]南越义，守职约，为兴师，遣两将军往讨闽越。兵未逾岭，闽越王弟馀善杀郢以降，于是罢兵。

天子使庄助往谕意南越王，胡顿首曰："天子乃为臣兴兵讨闽越，死无以报德！"遣太子婴齐入宿卫。谓助曰："国新[44]被寇[45]，使者行矣。胡方日夜装[46]入见天子。"助去后，其大臣谏胡曰："汉兴兵诛郢，亦行以惊动[47]南越。且先王昔[48]言，事天子期[49]无失礼，要[50]之不可以说好语入见。入见则不得复归，亡国之势也。"于是胡称病，竟不入见。后十余岁，胡实病甚，太子婴齐请归。胡薨，谥为文王。

婴齐代立，即藏其先武帝玺。婴齐其入宿卫在长安时，取[51]邯郸樛氏女，生子兴。及即位，上书请立樛氏女为后，兴为嗣[52]。汉数[53]使使者风谕婴齐，婴齐尚[54]乐擅杀生自恣，惧入见要[55]用汉法，比[56]内诸侯，固称病，遂不入见。遣子次公入宿卫。婴齐薨，谥为明王。

……

自尉佗初王[57]后，五世九十三岁而国亡焉。

太史公曰：尉佗之王，本由任嚣。遭[58]汉初定，列为诸侯。隆虑离[59]湿疫，佗得以益骄。瓯骆相攻，南越动摇。汉兵临境，婴齐入朝。其后亡国，徵[60]自樛女；吕嘉小忠[61]，令佗无后。楼船从[62]欲，怠傲失惑；伏波困穷，智虑愈殖[63]，因祸为福。成败之转，譬若纠墨。

选自《史记》卷一百一十三

〔注释〕 ① 略：攻取。 ② 谪：受罚流放。 ③ 且：将要。 ④ 畔：通“叛”。 ⑤ 备：防备。 ⑥ 负：背靠。 ⑦ 阻：仗恃。 ⑧ 被：给予。 ⑨ 行：代理。 ⑩ 稍：随即。 ⑪ 党：朋党。 ⑫ 假：代理。 ⑬ 释：舍弃。 ⑭ 因：沿袭。 ⑮ 和集：安抚。 ⑯ 别：区别。 ⑰ 计：计谋。 ⑱ 败：击败。 ⑲ 威：震慑。 ⑳ 赂：贿赂。 ㉑ 役：役使。 ㉒ 属：归属。 ㉓ 侔：等同。 ㉔ 喻：使明白。 ㉕ 亲：父母。 ㉖ 置：设置。 ㉗ 尊：尊奉。 ㉘ 举：举荐。 ㉙ 使：出使。 ㉚ 习：熟悉。 ㉛ 报：告知。 ㉜ 谢：谢罪。 ㉝ 隔异：歧视。 ㉞ 窃：私下。 ㉟ 馋：诬陷。 ㊱ 弃：断绝。 ㊲ 犯：侵犯。 ㊳ 闻：向上报告。 ㊴ 去：除去。 ㊵ 说：通“悦”，高兴。 ㊶ 擅：擅自。 ㊷ 诏：命令。 ㊸ 多：称赞。 ㊹ 新：刚刚。 ㊺ 寇：侵犯。 ㊻ 装：行装。 ㊼ 惊动：警示。 ㊽ 昔：曾经。 ㊾ 期：期望。 ㊿ 要：总之。 (51) 取：通“娶”。 (52) 嗣：继承人。 (53) 数：多次。 (54) 尚：喜欢。 (55) 要：要挟。 (56) 比：相当于。 (57) 王：称王。 (58) 遭：遇到。 (59) 离：通“罹”，遭受。 (60) 徵：征兆。 (61) 忠：忠诚。 (62) 从：通“纵”。 (63) 殖：繁多。

〔赏析〕 本篇动用大量笔墨描写岭南地区南越国开创者赵佗的英雄史，这也是南越列传中较为重要和精彩的篇章。

赵佗是一位对我国岭南社会的进步和发展做出过巨大贡献的人物，他为维护国家的统一，为南北经济文化交流，立下了不可磨灭的功绩，是岭南人民瞻仰缅怀的前贤。

早在两千年前，司马迁著《史记·南越列传》时就对赵佗持赞扬的态度，他写活了赵佗在秦汉风云际会、群雄并立时，保有岭南、和辑百越，建立南越国，对岭南地区社会经济文化进步贡献智慧的精彩人生。赵佗在当时复杂历史情形下，能因势利导，混一岭南，抚平百越，完成前人未有之大基业，体现其个人超群的文武智慧，实在可圈可点。司马迁为他树碑立传，也是得其所哉。此外，赵佗的文治武功还表现在能与汉中央政权保持从属关系，对上“剖符”定约，以君臣之礼维护汉王朝的统一；对内又统领百越、治国理政、发展经济文化。这是乱世中，地方势力保有自我实力的一种生存智慧，司马迁对此也是认同的。

赵陀的政治智慧就是能认清天下大势，勇于承担大任。他敢于在秦二世无道、秦中央政权风雨飘摇、各路义军风起云涌、中原政局纷攘变换之时，接过“岭南三郡”军政权力，发布文告述说二世无道，命令岭南戍卫部队据险自守。同时，赵佗利用纷乱时机，铲除一些不与自己合作的秦朝官员，换上自己的亲信部属，迅速取得对岭南诸郡的统治权，建立南越国，自立为王，令人感受到赵陀身上散发出的敢作敢为、当断则断的英雄气概和政治睿智。

赵佗是一个文武兼备的智者。一方面，他利用军事力量取得岭南诸郡的统治权；一方面他和辑百越，促进民族融合，开发岭南，引进中原先进技术，为岭南地区的经济文化快速发展做出了贡献。赵佗的政治智慧体现在促进民族和睦、加强民族团结方面，如为了联合百越，他采取了多项措施：一是让越人参与管理政权，二是鼓励汉族和少数民族间的通婚，三是尊重越人习俗、改变越人部落战争血亲复仇旧俗，四是妥善处理与邻邦的关系。这些善政，让他在短短数年之间，就安定岭南，称王南隅，为岭南地区百姓免受兵燹之灾，立下了不朽的功绩。

当然，赵佗的政治智慧还在于擅长合作和妥协，明了与强大的中央政府打交道，必须在政治大局上与汉朝保持一致，“奉明诏，长为落臣，奉职贡。”从而有所失才能有所得，中原先进文化和技术输入南越，国境和睦，商贸畅通。这是赵佗表现出的一位地方领袖的极其明智的政治态度。当汉高祖刘邦派使者陆贾出使南越，立赵佗为南越王，与其剖符通使，令其和辑百越之时，赵佗能审时度势，以国家和民族的统一和安定为重，以岭南地区不受兵灾之苦为重，毅然接受封号，臣服中央政府，为岭南百姓营造了一个稳定的社会发展环境。

在赵佗看来，合作和妥协也不是无原则的，一旦南越国利益受到损害，他也会兵戎相见，搞军事摩擦。如吕后临朝期间，听信谗言，禁止与南越国交易铁器、牛马物资。此项禁令让赵佗非常不满，他三次遣使前往长安说明情况，请求解除经济封锁。在没有得到友好回应，使者被扣，中原老家的族人被诛，甚至祖坟都被捣毁的情形下，赵佗率岭南“带甲百万”毅然反抗，自立为帝。

政治智慧充盈的赵佗，还在于深明大义，维护中央政府权威，为民族大一统做出贡献。当汉文帝实行开明统治，派人重修赵佗先人在中原的坟墓，召其弟弟做官，委派陆贾二次出使南越之后，赵佗马上抓住机会，二次归汉，并自责自己“妄窃帝号，聊以自娱，岂敢以闻天王哉！”“乃顿首谢，愿长为藩臣，奉贡职。”即便赵佗去世多年，南越与中央政权一直保持着比较亲睦的藩属关系。

直到汉武帝时代,借南越国"独派"丞相吕嘉作乱,汉武帝趁机派名将劲旅灭南越国,设置了中央直属的九个郡。

赵佗审时度势,利用对己有利的形势,在强大的汉朝统治下生存,左右逢源的处世哲学和智慧,正是赵佗的过人之处、睿智之处。

西南夷列传

〔选文〕

西南夷君长以什数[①],夜郎最大;其西靡莫之属以什数,滇最大;自滇以北君长以什数,邛都最大:此皆魋结,耕田,有邑聚。其外西自同师以东,北至楪榆,名为巂、昆明,皆编发,随畜迁徙,毋[②]常处,毋君长,地方可数千里。自巂以东北,君长以什数,徙、筰都最大;自筰以东北,君长以什数,冉駹最大。其俗或土箸[③],或移徙,在蜀之西。自冉駹以东北,君长以什数,白马最大,皆氐类也。此皆巴蜀西南外蛮夷也。

始楚威王时,使将军庄蹻将兵循[④]江上,略巴、黔中以西。庄蹻者,故楚庄王苗裔也。蹻至滇池,方三百里,旁[⑤]平地,肥饶数千里,以兵威定属楚。欲归报,会秦击夺楚巴、黔中郡,道塞不通,因还,以其众王滇,变服,从其俗,以长[⑥]之。秦时常頞略通[⑦]五尺道,诸此国颇[⑧]置吏焉。十余岁,秦灭。及汉兴,皆弃此国而开[⑨]蜀故徼[⑩]。巴蜀民或窃出商贾[⑪],取其筰马、僰僮、髦牛,以此巴蜀殷富。

建元六年,大行王恢击东越,东越杀王郢以报。恢因[⑫]兵威使番阳令唐蒙风指晓[⑬]南越。南越食[⑭]蒙蜀枸酱,蒙问所从来,曰:"道[⑮]西北牂柯,牂柯江广[⑯]数里,出[⑰]番禺城下。"蒙归至长安,问蜀贾人,贾人曰:"独[⑱]蜀出枸酱,多持窃出市[19]夜郎。夜郎者，临牂柯江，江广百余步，足以行船。南越以财物役属夜郎，西至同师，然亦不能臣[20]使也。”蒙乃上书说上曰：“南越王黄屋左纛，地东西万余里，名为外臣，实一州主也。今以长沙、豫章往，水道多绝，难行。窃闻夜郎所有精兵，可得十余万，浮船牂柯江，出其不意，此制[21]越一奇也。诚以汉之强，巴蜀之饶，通夜郎道，为置吏，易甚。”上许之。乃拜[22]蒙为郎中将，将千人，食重万余人，从巴蜀筰关入，遂见夜郎侯多同。蒙厚赐，喻以威德，约[23]为置吏，使其子为令。夜郎旁小邑皆贪汉缯帛，以为汉道险，终不能有也，乃且听蒙约。还报，乃以为犍为郡。发[24]巴蜀卒治[25]道，自僰道指[26]牂柯江。蜀人司马相如亦言西夷邛、筰可置郡。使相如以郎中将往喻，皆如南夷，为置一都尉，十余县，属蜀。

当是时，巴蜀四郡通西南夷道，戍转相饷[27]。数岁，道不通，士罢饿离湿死者甚众；西南夷又数反，发兵兴击，秏[28]费无功。上患[29]之，使公孙弘往视问焉。还对[30]，言其不便。及弘为御史大夫，是时方筑朔方以据[31]河逐胡，弘因数言西南夷害，可且罢，专力事[32]匈奴。上罢西夷，独置南夷夜郎两县一都尉，稍[33]令犍为自葆就。

及元狩元年，博望侯张骞使大夏来，言居大夏时见蜀布、邛竹杖，使问所从来，曰：“从东南身毒国，可[34]数千里，得蜀贾人市。”或闻邛西可二千里有身毒国。骞因盛言大夏在汉西南，慕[35]中国，患匈奴隔其道，诚[36]通蜀，身毒国道便近，有利无害。于是天子乃令王然于、柏始昌、吕越人等，使间出西夷西，指求身毒国。至滇，滇王尝羌乃留[37]，为求道西十余辈[38]。岁余，皆闭[39]昆明，莫能通身毒国。

滇王与汉使者言曰：“汉孰与我大？”及夜郎侯亦然。以道不通故，各自以为一州主，不知汉广大。使者还，因盛言滇大国，足事亲附。天子注意焉。

及至南越反，上使驰义侯因犍为发南夷兵。且兰君恐远行，旁国虏其老弱，乃与其众反，杀使者及犍为太守。汉乃发巴蜀罪人尝击南越者八校尉击破之。会越已破，汉八校尉不下[40]，即引兵还，行诛头兰。头兰，常隔滇道者也。已平头兰，遂平南夷为牂柯郡。夜郎侯始倚[41]南越，南越已灭，会还诛反者，夜郎遂入朝。上以为夜郎王。

南越破后，及汉诛且兰、邛君，并杀筰侯，冉駹皆振[42]恐，请臣置吏。乃以邛都为越嶲郡，筰都为沈犁郡，冉駹为汶山郡，广汉西白马为武都郡。

上使王然于以越破及诛南夷兵威风喻滇王入朝。滇王者，其众数万人，其旁东北有劳浸、靡莫，皆同姓相扶[43]，未肯听。劳浸、靡莫数侵犯使者吏卒。元封二年，天子发巴蜀兵击灭劳浸、靡莫，以兵临滇。滇王始首善[44]，以故弗诛。滇王离难西南夷，举国降，请置吏入朝。于是以为益州郡，赐滇王王印，复长其民。

西南夷君长以百数，独夜郎、滇受王印。滇小邑，最宠焉。

太史公曰：楚之先岂有天禄[45]哉？在周为文王师，封楚。及周之衰，地称五千里。秦灭诸侯，唯楚苗裔尚有滇王。汉诛西南夷，国多灭矣，唯滇复为宠王。然南夷之端，见枸酱番禺，大夏杖、邛竹。西夷后揃[46]，剽[47]分二方，卒为七郡。

选自《史记》卷一百一十六

〔**注释**〕 ① 数：计算。 ② 毋：没有。 ③ 土箸：定居。 ④ 循：沿着。 ⑤ 旁：周围。 ⑥ 长：做长官。 ⑦ 通：打通。 ⑧ 颇：略有。 ⑨ 开：应作“关”。 ⑩ 徼：边界。 ⑪ 贾：贩卖。 ⑫ 因：凭借。 ⑬ 晓：使懂得。 ⑭ 食：宴请。 ⑮ 道：从。 ⑯ 广：宽。 ⑰ 出：流经。 ⑱ 独：只有。 ⑲ 市：交易。 ⑳ 臣：臣服。 ㉑ 制：制服。　㉒拜：封官。　㉓约：约定。　㉔发：征发。　㉕治：整治。　㉖指：指向。　㉗饷：供应粮食。　㉘秏：同"耗"。　㉙患：担忧。　㉚对：答复。　㉛据：靠着。　㉜事：对付。　㉝稍：逐渐。　㉞可：大约。　㉟慕：向往。　㊱诚：如果。　㊲留：挽留。　㊳辈：批次。　㊴闭：阻塞。　㊵下：南下。　㊶倚：倚靠。　㊷振：震动。　㊸扶：帮助。　㊹首善：带头为善。　㊺禄：赐福。　㊻揃：消灭。　㊼剽：消除。

〔赏析〕《西南夷列传》顾名思义就是记录生活在我国西南地区的少数民族的历史。早在秦代，朝廷就在西南部落中设置官吏，行使中央政权行政管辖权。但是，到了汉代，汉廷官员在对待西南地区归属上，存在"置"和"弃"的两种智慧的交锋。

汉武帝时代，朝廷开通西南地区道路，其边远之地，山高水深，需要大量士卒戍边运粮，因此"罢饿离湿，死者甚众"；加上西南诸国时有反抗行为，劳师兴军，耗费巨大，还不能立即削平叛乱。因此，"弃"派人物公孙弘屡次陈说经略西南的害处，声称当时应集中力量对付北方的匈奴，于是在一个阶段停止了对西南的经略步伐。

不过，在中华民族大一统的大局下，建议积极经略西南、确立中央管辖权的"置"派人物显然占了主流，以唐蒙、司马相如、张骞、司马迁为代表，都为经略西南做出了不可磨灭的贡献。

唐蒙是一个《史记》中没有单独列传的历史人物，但这并非说明唐蒙不重要，在开拓西南地区过程中，唐蒙堪比凿通西域、开拓丝绸之路的张骞，只是唐蒙的经历没有张骞那样惊心动魄和充满传奇色彩。但是，唐蒙见微知著、坚持调查研究，从而得出开辟西南利国利民的正确结论，无疑使他成为经略西南地区，促使中华民族大家庭进一步融合，促进各民族之间的商贸活动的开拓第一人。

唐蒙是汉朝的使者，但是他绝对不是汉朝简单的"传声筒"，而是无时不在为朝廷出谋划策。他出使南越国，从吃到蜀地"枸酱"入手，调查出蜀地"枸酱"经过西南中的夜郎国到达南越国的交通线路，因而上书汉武帝，打通前往夜郎的道路，在那里设置官吏，利用夜郎国十万精兵，乘船沿江而下，出其不意地制服南越国。汉武帝采纳了唐蒙的献策，由此拉开了汉朝经略西南二十七年的历史大幕。

唐蒙被任命为中郎将，率领一千汉军，以及负责粮食、辎重的人员一万多人进入夜郎，会见了夜郎侯，恩威并施，约定设置官吏，让夜郎侯的儿子担任县令级官职。夜郎附近小国贪图与汉朝的丝绸贸易，认为道路遥远，汉朝鞭长莫及，都暂时接受了唐蒙的盟约。这是汉武帝经略西南的第一步，而这第一步的实施者唐蒙，果然不辱使命，在夜郎实行郡县制。

唐蒙之后，司马相如积极主张在西南设置朝廷管辖权，并两次出使西南诸国，抚定邛、筰，冉駹等诸君“皆请为内臣”(《史记·司马相如列传》)，设置一个都尉、十几个县，归属于蜀郡。

汉武帝元狩元年(前122年)，张骞出使大夏国归来，说起他在大夏时曾经看到过蜀郡出产的布帛、邛都出产的竹杖，询问之下，系从东南边数千里的身毒国与蜀地商人交易而来。张骞谈到利用蜀地经西南夷到身毒国，最后到达大夏，从而打破北方匈奴控制西域通道的战略，汉武帝采纳他的意见，于是任命使者从西南夷的西边出发，寻找去身毒国的道路。

枸酱、蜀帛、邛杖，这三种蜀郡特产，竟然在遥远的异地品尝和发现，由此引发汉朝大规模经略西南夷的大事件，这除了唐蒙、张骞等体察入微的观察能力、调查研究的严谨作风和追根寻源的执着精神外，是否还从另一个角度说明汉代先辈们那丰富多彩、洞悉练达的政治智慧和生活智慧呢?

唐蒙的政治智慧，在于深入调查，寻根溯源，从“枸酱”入手，调查出岭南地区和西南夷地区的交通状况，为汉武帝统一岭南、西南地区，提供真实可信的决策参考。唐蒙的政治智慧，还在于能先礼后兵，恩威并施，其率军入夜郎国，并非单纯靠武力恫吓，而是巧妙地说服夜郎侯和周边小国，用丝绸商贸为筹码，说服夜郎等内附为郡，为汉朝在西南诸国恢复行使行政管辖权，具有开拓之功，也为中华民族大一统首立功勋。西南夷列传予以详细记载，就是充分肯定他首次开拓西南之功。

因西南诸国叛乱，汉武帝遣将先后击破且兰、头兰、邛、筰、劳浸、靡莫等诸国，夜郎侯、滇君纷纷内附，最终完成了在西南夷设立七郡的民族统一大业。

(冯　卫)

社稷之臣命运走向的犀利对照

〔导言〕 本组所选二人《霍光传》、《萧望之传》事迹互相对比颇可玩味：二人均曾是一人之下万人之上的权臣，霍光一朝登顶之后便牢牢掌控权势，终其一生风光无比，甚至在对皇帝行废立之事后还能保持正面形象，与伊尹并称，成为历史上辅政大臣的代表人物；反观萧望之，虽为托孤重臣且深得幼帝信赖，却因耿介的个性为政敌所陷害，以致自杀身亡，可谓凄凉。但霍、萧二人死后的家族命运却又完全颠倒了过来，霍光宗族尽灭，而萧望之家世绵长。作为帝国之权臣，必然处在政治斗争的风暴中心，是否只能像霍光一般心狠手辣杀尽政敌，否则就要落得如萧望之的下场？两人后世的命运是否又与其之前的所作所为有着必然的因果呢？虽然历史未必能告诉我们标准答案，但依然可以“以人为鉴、以史为鉴”，这便是研读历史的价值所在。

霍　光　传

〔选文〕

霍光字子孟，票骑将军去病弟也。父中孺，河东平阳人也，以县吏给事平阳侯家，与侍者卫少儿私通而生去病。中孺吏毕归家，娶妇生光，因绝不相闻。久之，少儿女弟子夫得幸于武帝，立为皇后，去病以皇后姊子贵幸。既壮大，乃自知父为霍中孺，未及求问。会[①]为票骑将军击匈奴，道出河东，河东太守郊迎，负弩矢先驱，至平阳传舍，遣吏迎霍中孺。中孺趋入拜谒，将军迎拜，因跪曰：“去病不早自知为大人遗体[②]也。”中孺扶报叩头，曰：“老臣得托命将军，此天力也。”去病大为中孺买田宅、奴婢而去[3]。还，复过焉，乃将[4]光西至长安，时年十余岁，任光为郎，稍[5]迁诸曹、侍中。去病死后，光为奉车都尉、光禄大夫，出则奉车，入侍左右，出入禁闼二十余年，小心谨慎，未尝有过，甚见[6]亲信。

征和二年，卫太子为江充所败，而燕王旦、广陵王胥皆多过失。是时，上年老，宠姬钩弋赵婕妤有男，上心欲以为嗣，命大臣辅之。察群臣唯光任大重，可属[7]社稷。上乃使黄门画者画周公负成王朝诸侯以赐光。后元二年春，上游五柞宫，病笃[8]，光涕泣问曰：“如有不讳，谁当嗣[9]者?”上曰：“君未谕[10]前画意邪？立少子，君行周公之事。”光顿首让[11]曰：“臣不如金日磾。”日磾亦曰：“臣外国人，不如光。”上以光为大司马大将军，日磾为车骑将军，及太仆上官桀为左将军，搜粟都尉桑弘羊为御史大夫，皆拜卧内床下，受遗诏辅少主。明日，武帝崩，太子袭尊号，是为孝昭皇帝。帝年八岁，政事一决于光。

……

后桀党有谮[12]光者，上辄怒曰：“大将军忠臣，先帝所属以辅朕身，敢有毁者坐[13]之。”自是桀等不敢复言，乃谋令长公主置酒请光，伏兵格杀之，因[14]废帝，迎立燕王为天子。事发觉，光尽诛桀、安、弘羊、外人宗族。燕王、盖主皆自杀。光威震海内。昭帝既冠，遂委任光，讫十三年，百姓充实，四夷宾服。

元平元年，昭帝崩，亡嗣。武帝六男独有广陵王胥在，群臣议所立，咸[15]特广陵王。王本以行失道，先帝所不用。光内不自安。郎有上书言：“周太王废太伯立王季，文王舍伯邑考立武王，唯在所宜，虽废长立少可也。广陵王不可以承宗庙。”言合光意。光以其书视丞相敞等,擢郎为九江太守,即日承皇太后诏,遣行大鸿胪事少府乐成、宗正德、光禄大夫吉、中郎将利汉迎昌邑王贺。

贺者,武帝孙,昌邑哀王子也。既至,即位,行淫乱。光忧懑,独以问所亲故吏大司农田延年。延年曰:“将军为国柱石,审[16]此人不可,何不建白太后,更选贤而立之?”光曰:“今欲如是,于古尝有此否?”延年曰:“伊尹相殷,废太甲以安宗庙,后世称其忠。将军若能行此,亦汉之伊尹也。”光乃引延年给事中,阴[17]与车骑将军张安世图计,遂召丞相、御史、将军、列侯、中二千石、大夫、博士会议未央宫。光曰:“昌邑王行昏乱,恐危社稷,如何?”群臣皆惊鄂[18]失色,莫敢发言,但唯唯而已。田延年前,离席按剑,曰:“先帝属将军以幼孤,寄将军以天下,以将军忠贤能安刘氏也。今群下鼎沸,社稷将倾,且汉之传谥常为孝者,以长有天下,令宗庙血食也。如令汉家绝祀,将军虽死,何面目见先帝于地下乎?今日之议,不得旋踵[19]。群臣后应者,臣请剑斩之。”光谢[20]曰:“九卿责光是也。天下匈匈不安,光当受难[21]。”于是议者皆叩头,曰:“万姓之命在于将军,唯大将军令。”

光即与群臣俱见白[22]太后,具陈昌邑王不可以承宗庙状。皇太后乃车驾幸未央承明殿,诏诸禁门毋内[23]昌邑群臣。王入朝太后还,乘辇欲归温室,中黄门宦者各持门扇,王入,门闭,昌邑群臣不得入。王曰:“何为?”大将军跪曰:“有皇太后诏,毋内昌邑群臣。”王曰:“徐之,何乃惊人如是!”光使尽驱出昌邑群臣,置金马门外。车骑将军安世将羽林骑收[24]缚二百余人,皆送廷尉诏狱。令故昭帝侍中中臣侍守王。光敕左右:“谨宿卫,卒有物故[25]自裁,令我负天下,有杀主名。”王尚未自知当废，谓左右：“我故群臣从官安得罪，而大将军尽系[26]之乎?”顷之，有太后诏召王，王闻召，意恐，乃曰：“我安得罪而召我哉!”太后被[27]珠襦，盛服坐武帐中，侍御数百人皆持兵，期门武士陛戟，陈列殿下。群臣以次上殿，召昌邑王伏前听诏。

……

皇太后诏曰：“可。”光令王起拜受诏，王曰：“闻天子有争臣七人，虽无道不失天下。”光曰：“皇太后诏废，安得天子!”乃即持其手，解脱其玺组，奉上太后，扶王下殿，出金马门，群臣随送。王西面拜，曰：“愚戆不任汉事。”起就乘舆副车。大将军光送至昌邑邸，光谢曰：“王行自绝于天，臣等驽怯，不能杀身报德。臣宁负王，不敢负社稷。愿王自爱，臣长不复见左右。”光涕泣而去。群臣奏言：“古者废放之人屏于远方，不及以政，请徙王贺汉中房陵县。”太后诏归贺昌邑，赐汤沐邑二千户。昌邑群臣坐亡辅导之谊，陷王于恶，光悉[28]诛杀二百余人。出死，号呼市中曰：“当断不断，反受其乱。”

光坐庭中，会丞相以下议定所立。广陵王已前不用，及燕刺王反诛，其子不在议中。近亲唯有卫太子孙号皇曾孙在民间，咸称[29]述焉。光遂复与丞相敞等上奏曰：“《礼》曰：‘人道亲亲故尊祖，尊祖故敬宗。’大宗亡嗣，择支子孙贤者为嗣。孝武皇帝曾孙病已，武帝时有诏掖庭养视，至今年十八，师受《诗》、《论语》、《孝经》，躬行节俭，慈仁爱人，可以嗣孝昭皇帝后，奉承祖宗庙，子[30]万姓。臣昧[31]死以闻。”皇太后诏曰：“可。”光遣宗正刘德至曾孙家尚冠里，洗沐赐御衣，太仆以軨猎车迎曾孙就斋宗正府，入未央宫见皇太后，封为阳武侯。已而光奉上皇帝玺绶，谒于高庙，是为孝宣皇帝。明年，下诏曰："夫褒有德，赏元功，古今通谊也。大司马、大将军光宿卫忠正，宣德明恩，守节秉谊，以安宗庙。其以河北、东武阳益[32]封光万七千户。"与故所食凡二万户。赏赐前后黄金七千斤，钱六千万，杂缯三万匹，奴婢百七十人，马二千匹，甲第一区。

……

光秉政前后二十年，地节二年春病笃，车驾自临问光病，上为之涕泣。光上书谢恩曰："愿分国邑三千户，以封兄孙奉车都尉山为列侯，奉兄票骑将军去病祀。"事下丞相、御史，即日拜光子禹为右将军。

光薨，上及皇太后亲临光丧。太中大夫任宣与侍御史五人持节护丧事。中二千石治莫府冢上。赐金钱、缯絮，绣被百领，衣五十箧，璧珠玑玉衣，梓宫、便房、黄肠题凑各一具，枞木外臧椁十五具。东园温明，皆如乘舆[33]制度。载光尸柩以辒辌车，黄屋在纛，发材官轻车北军五校士军陈至茂陵，以送其葬。谥曰宣成侯。发三河卒穿复土，起[34]冢祠堂。置园邑三百家，长丞奉守如旧法。

……

宣帝始立，谒见高庙，大将军光从骖乘[35]，上内[36]严惮之，若有芒刺在背。后车骑将军张安世代光骖乘，天子从容肆体，甚安近焉。及光身死而宗族竟诛，故俗传之曰："威震主者不畜[37]，霍氏之祸萌于骖乘。"

选自《汉书》卷六十八

〔注释〕 ① 会：适逢。 ② 遗体：古称自己的身体为父母的"遗体"。 ③ 去：离开。 ④ 将：带领。 ⑤ 稍：逐渐。 ⑥ 见：受。 ⑦ 属：委托。 ⑧ 笃：病重。 ⑨ 嗣：承袭。 ⑩ 谕：理解。 ⑪ 让：推辞。 ⑫ 谮：诬陷。 ⑬ 坐：定罪。 ⑭ 因：趁机。 ⑮ 咸：都。 ⑯ 审：知道。 ⑰ 阴：暗中。 ⑱ 鄂：通“愕”，惊讶。 ⑲ 旋踵：比喻时间短暂。 ⑳ 谢：道歉。 ㉑ 难：诘责。 ㉒ 白：报告。 ㉓ 内：同“纳”。 ㉔ 收：拘捕。 ㉕ 物故：事故。 ㉖ 系：拘囚。 ㉗ 被：通“披”。 ㉘ 悉：全。 ㉙ 称：赞扬。 ㉚ 子：谓爱之如子。 ㉛ 昧：冒昧。 ㉜ 益：增加。 ㉝ 乘舆：帝王的代称。 ㉞ 起：兴建。 ㉟ 骖乘：陪乘。 ㊱ 内：内心。 ㊲ 畜：容留。

〔赏析〕 霍光是汉武帝时期名将霍去病的异母兄弟，借着其兄霍去病深得武帝赏识的机缘，霍光从年轻时便一直在武帝身边陪侍，深得武帝信赖。武帝临终前，将年方八岁的昭帝托付给了霍光、金日磾、上官桀、桑弘羊几位大臣，并以霍光为主，“政事一决于光”。然而同为辅政大臣的上官桀不满霍光大权独揽，与桑弘羊、盖长公主及燕王数人密谋暗杀霍光，废昭帝而立燕王为君，结果其事败露，霍光将上官桀、桑弘羊灭族，盖长公主与燕王也被迫自杀。昭帝在位的十三年中，汉朝的政权实际上一直由霍光一手掌握。

体弱多病的汉昭帝在二十一岁时病亡，没有子嗣。权衡之下，霍光选择了昭帝的侄子刘贺为帝。不想刘贺继位之后，昏庸淫乱无比，霍光当机立断，与任大司农的心腹田延年决议废去刘贺。于是挟持百官，请来太后，上演了一出废帝大戏。之后霍光选择立武帝时蒙冤而死的戾太子刘据之孙、在民间长大的刘询为帝，是为汉宣帝。

宣帝登基时已十八岁，却对霍光毕恭毕敬，朝政仍由霍光一手管理，霍氏家族也盛极一时。直到七年后霍光病亡，宣帝及皇太后都亲自来出席丧礼，以皇帝规格下葬，荣耀无比。然而势力滔天、专横跋扈的霍氏家族早已令宣帝觉得如芒在背。霍光死后，霍氏家族依然横行霸道，而另一边宣帝却一点点收紧口袋，直至将霍氏集团一网打尽，全国牵连诛灭有数千家之多。霍光死后才三年不到，霍氏曾经的无二风光便烟消云散。

纵观《汉书》所记，霍光可谓历史上相当有代表性的一位重臣：作为老皇帝的心腹，成为年幼新皇帝的辅政大臣，权倾一时并陷入与其他利益集团你死我活的权力斗争之中，经过废、立皇帝的一番波折，最终牢牢建立了自己的势力，然而死后家族失势败亡。从霍光之经历，不难看到各个朝代诸多权臣们的影子。霍光的一生固然是其本人的抉择所逐步造就，却也与其性格、阅历,及其所成长的环境密不可分。

霍光之父霍中孺只是一名小吏,与卫少儿私通生下霍去病。直到霍光十余岁时,成为骠骑将军的霍去病寻到生父,方将其弟霍光带至武帝身边陪侍。从一个中下等人家突然间平步青云,霍光自然对武帝感恩戴德,从此对汉室忠心耿耿。另一方面,少年时作为下层子弟,后来又直入皇宫陪侍的霍光,却也缺乏受教育的机会,其眼界、见识无法和诸多法家、儒家出身的大臣们相提并论,班固对霍光的评语甚至有"不学亡术,暗于大理"之辞。然而霍光虽乏学识,在武帝身边日久,见惯了宫廷中的勾心斗角,却也渐渐培养起了其果敢毒辣的一面。因此,忠心不二、目光短浅、心狠手毒——这三种看似不太相容的品性便奇妙地缠绕在霍光身上,铸成了其为人,也指导着其行事。

作为一手遮天的不二重臣,霍光自始至终未曾起过一丝对汉室王朝不恭的念头。尤其在宣帝时期,霍氏家族把持了朝中几乎所有重要的职位,集政权、兵权于一身,如要篡汉,可谓易如反掌。但忠心耿耿的霍光在战胜了上官桀集团及顺利废昌邑王立宣帝之后,却毫无进一步的野心,得过且过起来。然而多亏霍光的"胸无大志",历史在此又演出了一场"歪打正着"的戏码:在行政上碌碌无为的霍光,不经意地实行了"无为而治"的国策达二十年之久,令得在武帝穷奢极欲、四处征伐之下渐已疲敝的汉朝国力得以复苏。《汉书·昭帝纪》中称:"承孝武奢侈余敝师旅之后,海内虚耗,户口减半,光知时务之要,轻徭薄赋,与民休息。至始元、元凤之间,匈奴和亲,百姓充实。"这无疑是对霍光的最高褒奖。

在治国上无甚能力的霍光,于争夺权势却仿佛有天生的本事。同为武帝托孤大臣兼自己亲家公的上官桀,一旦对其造成威胁,霍光便毫不留情地予以灭族;当发现昌邑王荒淫无道,霍光又在权衡后立即决定废帝再立,即使可能因此蒙上奸臣的恶名。汉宣帝对霍光之所以毕恭毕敬,也是明白,这位将自己一手扶上帝位的慈祥老人,转身就可能变成一头噬人的猛虎呢!自小在民间长大的宣帝深知隐忍的重要性,因此韬光养晦,直至霍光死后,才终于看准时机掀翻了霍氏家族,亲自执掌权柄当上了名副其实的皇帝。

《汉书·霍光传》的记载,不但清晰勾勒出了霍光非凡的生平,也将宫廷中的道貌岸然、尔虞我诈刻画得惟妙惟肖，废昌邑王一节的情形描绘尤其精彩。从霍光一开始发现昌邑王无道后与田延年的密谋，到定计之后同田延年演出双簧挟持百官，再到将自己十几岁的外孙女皇太后请出充当傀儡完成废帝仪式，无不深深地揭示着霍光的狡诈；皇太后甫一宣布废帝之诏，霍光对废帝便“即持其手，解脱其玺组，奉上太后，扶王下殿，出金马门，群臣随送”，一连串行动斩钉截铁，毫不拖延，透露着其果断；而最后对着昌邑王说出“王行自绝于天，臣等驽怯，不能杀身报德。臣宁负王，不敢负社稷……”，并涕泣而去，又彰显着其虚伪。班固想必也是深受司马迁影响，将霍光废帝这一历史事件写得波诡云谲、跌宕起伏，令我们在学习历史的同时，又能得到文学上的享受，真是快哉！

萧望之传

〔选文〕

萧望之字长倩，东海兰陵人也，徙杜陵。家世以田为业，至望之，好学，治《齐诗》，事同县后仓且十年。以令诣太常受业，复事同学博士白奇，又从夏侯胜问《论语》、《礼服》。京师诸儒称述焉。

是时，大将军霍光秉政，长史丙吉荐儒生王仲翁与望之等数人，皆召见。先是，左将军上官桀与盖主谋杀光，光既诛桀等，后出入自备①。吏民当见者，露索②去刀兵，两吏挟持。望之独不肯听，自引出阁曰：“不愿见。”

……

时大将军光薨，子禹复为大司马，兄子山领尚书，亲属皆宿卫内侍。地节三年夏，京师雨雹，望之因是上疏，愿赐清闲之宴，口陈灾异之意。宣帝自在民间闻望之名，曰：“此东海萧生邪？下少府宋畸问状，无有所讳。”望之对，以为：“《春秋》昭公三年大雨雹，是时季氏专权，卒逐昭公。乡使③

鲁君察于天变，宜无此害。今陛下以圣德居位，思政求贤，尧、舜之用心也。然而善祥未臻[4]，阴阳不和，是大臣任政，一姓擅势之所致也。附枝大者贼本心，私家盛者公室危。唯明主躬万机，选同姓，举贤材，以为腹心，与参政谋，令公卿大臣朝见奏事，明陈其职，以考功能。如是，则庶事理，公道立，奸邪塞，私权废矣。”对奏，天子拜望之为谒者。时上初即位，思进贤良，多上书言便宜，辄下望之问状，高者请丞相御史，次者中二千石试事，满岁以状闻，下者报闻，或罢归田里，所白处奏皆可。累迁谏大夫，丞相司直，岁中三迁，官至二千石。其后霍氏竟谋反诛，望之浸[5]益任用。

……

是时，大司农、中丞耿寿昌奏设常平仓，上善之，望之非寿昌。丞相丙吉年老，上重焉，望之又奏言：“百姓或乏困，盗贼未止，二千石多材下不任职。三公非其人，则三光为之不明，今首岁日月少光，咎在臣等。”上以望之意轻丞相，乃下侍中建章卫尉金安上、光禄勋杨恽、御史中丞王忠，并诘问望之。望之免冠置对，天子由是不说[6]。

……

望之既左迁，而黄霸代为御史大夫。数月间，丙吉薨，霸为丞相。霸薨，于定国复代焉。望之遂见[7]废，不得相。为太傅，以《论语》、《礼服》授皇太子。

……

及宣帝寝疾，选大臣可属者，引外属侍中乐陵侯史高、太子太傅望之、少傅周堪至禁中，拜高为大司马车骑将军，望之为前将军光禄勋，堪为光禄大夫，皆受遗诏辅政，领尚书事。宣帝崩，太子袭尊号，是为孝元帝。望之、堪本以师傅见尊重，上即位，数宴见，言治乱，陈王事。望之选白宗室明经达学散骑、谏大夫刘更生给事中，与侍中金敞并拾遗左右。四人同心谋议，劝道[8]上以古制，多所欲匡正，上甚乡纳之。

初，宣帝不甚从儒术，任用法律，而中书宦官用事[9]。中书令弘恭、石显久典[10]枢机，明习[11]文法，亦与车骑将军高为表里，论议常独持故事[12]，不从望之等。恭、显又时倾仄见诎[13]。望之以为中书政本，宜以贤明之选，自武帝游宴后庭，故用宦者，非国旧制，又违古不近刑人之义，白欲更置士人，由是大与高、恭、显忤[14]。上初即位，谦让重改作，议久不定，出刘更生为宗正。

望之、堪数荐名儒茂才以备谏官。会稽郑朋阴欲附望之，上疏言车骑将军高遣客为奸利郡国，及言许、史子弟罪过。章视周堪，堪白令朋待诏金马门。朋奏记望之曰："将军体周、召之德，秉公绰之质，有卞庄之威。至乎耳顺之年，履折冲之位，号至将军，诚士之高致也。窟穴黎庶莫不欢喜，咸曰将军其人也。今将军规模云若管、晏而休，遂行日仄至周、召乃留乎？若管、晏而休，则下走[15]将归延陵之皋，修农圃之畴，畜鸡种黍，俟[16]见二子，没齿而已矣。如将军昭然度行积思，塞邪枉之险蹊[17]，宣中庸之常政，兴周、召之遗业，亲日仄之兼听，则下走其庶几愿竭区区，底厉锋锷，奉万分之一。"望之见纳朋，接待以意。朋数称述望之，短[18]车骑将军，言许、史过失。

后朋行倾邪，望之绝不与通。朋与大司农史李宫俱待诏，堪独白宫为黄门郎。朋，楚士，怨恨，更求入许、史，推所言许、史事曰："皆周堪、刘更生教我，我关东人，何以知此？"于是侍中许章白见朋。朋出扬言曰："我见，言前将军小过五，大罪一。中书令在旁，知我言状。”望之闻之，以问弘恭、石显。显、恭恐望之自讼[19]，下于它吏，即挟朋及待诏华龙。龙者，宣帝时与张子蟜等待诏，以行污秽不进，欲入堪等，堪等不纳，故与朋相结。恭、显令二人告望之等谋欲罢车骑将军疏退许、史状，候望之出休日，令朋、龙上之。事下弘恭问状，望之对曰：“外戚在位多奢淫，欲以匡正国家，非为邪也。”恭、显奏：“望之、堪、更生朋党相称举，数谮诉大臣，毁[20]离亲戚，欲以专擅权势，为臣不忠，诬[21]上不道，请谒者召致廷尉。”时上初即位，不省“谒者召致廷尉”为下狱也，可其奏。后上召堪、更生，曰系狱。上大惊曰：“非但[22]廷尉问邪？”以责恭、显，皆叩头谢。上曰：“令出视事[23]。”恭、显因使高言：“上新[24]即位，未以德化闻于天下，而先验师傅，既下九卿大夫狱，宜因[25]决免。”于是制诏丞相御史：“前将军望之傅[26]朕八年，亡[27]它罪过，今事久远，识忘难明。其赦望之罪，收前将军光禄勋印绶，及堪、更生皆免为庶人。”而朋为黄门郎。

后数月，制诏御史：“国之将兴，尊师而重傅。故前将军望之傅朕八年，道以经术，厥[28]功茂焉。其赐望之爵关内侯，食邑六百户，给事中，朝朔望，坐次将军。”天子方倚欲以为丞相，会望之子散骑中郎伋上书讼望之前事，事下有司，复奏：“望之前所坐明白，无谮诉者，而教子上书，称引亡辜之《诗》，失大臣体，不敬，请逮捕。”弘恭、石显等知望之素高节，不诎辱，建白：“望之前为将军辅政，欲排退许、史，专权擅朝。幸得不坐，复赐爵邑，与闻政事，不悔过服罪，深怀怨望，教子上书，归非于上，自以托师傅，怀终不坐。非颇诎望之于牢狱，塞其怏怏心，则圣朝亡以施恩厚。”上曰：“萧太傅素刚，安肯就吏？”显等曰：“人命至重，望之所坐，语言薄罪，必亡所忧。”上乃可其奏。

显等封以付谒者，敕令召望之手付，因令太常急发执金吾车骑驰围其第[29]。使者至，召望之。望之欲自杀，其夫人止之，以为非天子意。望之以问门下生朱云。云者好节士，劝望之自裁。于是望之仰天叹曰：“吾尝备位将相，年逾六十矣，老入牢狱，苟求生活，不亦鄙乎！”字谓云曰：“游，趣[30]和药来，无久留我死！”竟饮鸩自杀。天子闻之惊，拊手曰：“曩[31]固疑其不就牢狱，果然杀吾贤傅！”是时，太官方上昼食，上乃却食，为之涕泣，哀恸左右。于是召显等责问以议不详。皆免冠谢，良久然后已。

……

赞曰：萧望之历位将相，籍师傅之恩，可谓亲昵亡间。及至谋泄隙开，谗邪构[32]之，卒为便嬖宦竖所图，哀哉！不然，望之堂堂，折而不桡，身为儒宗，有辅佐之能，近古社稷臣也。

选自《汉书》卷七十八

〔注释〕 ① 备：防备。 ② 索：搜查。 ③ 乡使：假使。 ④ 臻：至。 ⑤ 浸：渐渐。 ⑥ 说：通“悦”。 ⑦ 见：被。 ⑧ 道：通“导”。 ⑨ 用事：掌权。 ⑩ 典：掌管。 ⑪ 习：熟悉。 ⑫ 故事：先例。 ⑬ 诎：屈服。 ⑭ 忤：抵触。 ⑮ 下走：自称的谦辞。 ⑯ 俟：等待。 ⑰ 蹊：小路。 ⑱ 短：说人短处。 ⑲ 讼：申诉。 ⑳ 毁：诽谤。 ㉑ 诬：欺骗。 ㉒ 但：只。 ㉓ 视事：就职任事。 ㉔ 新：刚。 ㉕ 因：通过。 ㉖ 傅：教导。 ㉗ 亡：通“无”，没有。 ㉘ 厥：其。 ㉙ 第：达官贵人的宅院。 ㉚ 趣：取。 ㉛ 曩：先前。 ㉜ 构：设计陷害。

〔赏析〕 为人刚正耿介的萧望之以儒学出身，在民间颇有声望。当他还是儒生时，便因当时如日中天的霍光要求对被接见者搜身，萧望之不愿受辱愤然离去，宁可牺牲仕途。霍光死后，宣帝急需贤良之士的协助，于是提拔萧望之，并日益重用。萧望之每每上书直言，甚至对于宣帝的大恩人、自己的上司丙吉丞相也不客气,惹恼了宣帝,由御史大夫迁为太子太傅。宣帝虽然对这个“无理”的臣子有所不满,却也欣赏其耿耿忠心,并在临终前将萧望之任命为辅政大臣,匡扶年幼的元帝。

萧望之与几位志同道合的正直臣子周堪、刘更生等同心协力辅佐元帝,却引来了中书令弘恭、石显、车骑将军史高一众朋党的敌视。一个擅于搬弄是非的小人郑朋先是利用萧望之急欲打压贵戚的心理接近萧望之,待萧望之发现其人品低劣与之绝交后,郑朋又投靠弘恭、石显等人,并出首诬告萧望之专权无道。弘恭等人利用皇帝的懵懂无知,将萧望之下狱、贬官。数月后,元帝想要重新启用萧望之,却又被弘恭等人愚弄,因萧望之之子上书欲为其父之前的冤屈辩驳,而下令将萧望之下狱以薄施惩戒。不甘受辱的萧望之终于愤而自杀,结束了其高傲而清白的一生。

班固在《汉书》中对萧望之的评价颇高,称其“身为儒宗,有辅佐之能,近古社稷臣也”,字里行间对其充满了敬仰与惋惜之情。作为辅政重臣,萧望之与霍光的经历在前期甚至略有几分相似之处,但其后的发展却大相径庭,以致结局迥异。将此二人比较一番,或许可令我们对于这部由各色人等演出的《二十四史》所蕴含的哲理多一分洞悉。

萧、霍二人早期均是在民间成长,之后获得了一任君主的充分信任。霍光是由于陪侍武帝数十年,而萧望之则是辅佐宣帝从清除霍氏羽翼开始逐步重建起宣帝的统治。两人不同之处则在于:萧望之有学识、有个性,更有几分“不识时务”;而霍光则“不学无术”,但擅于逢迎、结交,人际手腕精湛。之后霍光得到武帝遗诏辅佐八岁的昭帝,而萧望之也被宣帝任命为元帝辅政,两人均得到了新皇帝的充分信任,得以左右朝政施行,在那一刻,萧望之似乎离成为下一个霍光仅有一步之遥。然而在接下来的政治斗争中,霍光可以心狠手辣地一一击败政敌,诛上官桀集团、废昌邑王、将宣帝牢牢控制在掌中;萧望之却在与弘恭、石显等人的斗争中一再失利,甚至其耿直高傲的性格也为其敌所洞悉并利用,借用皇帝的无知使出了一招“借刀杀人”,终令萧望之空有满腔治国的抱负,却成为宦场争斗的牺牲品。

萧、霍二人为人处世的不同,也可从其对待身边之人的方式上看出:疾恶如仇且性如烈火的萧望之当发现身边的郑朋是奸邪小人后，便毫无婉转地毅然与之绝交，但终免不了被郑朋陷害；而霍光则擅于利用身边一切可利用的人物，在废昌邑王时，与被列入《汉书·酷吏传》的大司农田延年密谋，并借用田延年要挟百官，完成了废立之事，事后却对田延年弃如敝屣，因其贪污之事逼其入狱自刎。

萧、霍两相对比之下，萧望之品格的高洁坚贞自是毫无争议，但由此亦可见，班固对萧望之的评价似乎有过高之嫌。这位理论上的"社稷之臣"并不能处理好与皇帝、同僚之间的关系，虽有美好的施政想法，却因斗争失势而无法执行，此类"诤臣"作为正直高洁的理想臣子形象，虽有其存在的意义，但将其视为能富国强民的社稷之臣，则未免有些纸上谈兵了。

然而，狡诈的霍光能风光一世，正义的萧望之却悲壮收场，难道历史教给我们的就是这样的结论吗？且慢！霍光死后三年不到的光景，霍氏全族被汉宣帝诛杀殆尽，霍氏在历史上也从此一蹶不振。而萧望之有三子为大官，皆寿终。据《汉书》记载，其子孙繁衍绵长，成为世家望族"兰陵萧氏"，并于南北朝时期风光无限——此为后话。可见，历史仍然是公平的，急功近利为抄近路而丧失原则的人虽然可能换来暂时的成功，但注重品德、坚守情操或许才能获得更为长久的福荫。有一幅流传久远的对联曰："忠厚传家久，诗书继世长"，回顾萧望之，对比霍光，不禁令人感慨万千！

（李　欢）

怀孕政治：舅家在历史中的悖论

〔导言〕 外戚干政一直是古代中国中央集权制度下的一大问题，历代王朝中，外戚干政最剧烈的当属前后两汉。班固在《汉书·元后传》中指出："汉兴，后妃之家吕、霍、上官，几危国者数矣。及王莽之兴，由孝元后历汉四世为天下母，飨国六十余载，群弟世权，更持国柄，五将十侯，卒成新都。"外戚干政最终导致了西汉为王莽新朝所取代。

汉代的外戚问题何以如此严重？

首先，汉朝处于中国古代专制主义王朝的起步阶段，对这一体制所产生的各种问题缺乏应对措施与经验。汉虽承秦制，但秦是君强臣弱，历时又短，所以没有发生外戚问题。继之而起的西汉是君臣共同打天下，"吕后为人刚毅，佐高帝定天下"(《史记·吕太后本纪》)，后党强大，高祖之后的皇帝在面对外戚问题时必然需要自行摸索对策。

其次，武帝之后的君主有不少是少年继位，且本身比较文弱，"自古受命帝王及继体守文之君，非独内德茂也，盖亦有外戚之助焉。"(《汉书·外戚传》)皇帝年龄小、能力弱，怠于朝政，很多时候是需要外戚来帮助自己进行统治。这在汉惠帝、汉元帝及其之后的君主身上表现尤为明显。而子弱母强的局面也导致皇太后往往是政权的实际掌控者，所任用的自然也是自己的族人。

本篇选录《外戚传》和《元后传》的部分章节，从外戚势力的盛衰中探讨西汉王朝兴衰。

外　戚　传

〔选文〕

自古受命帝王及继体守文之君，非独内德茂[1]也，盖亦有外戚之助焉。夏之兴也以涂山，而桀之放[2]也用[3]末喜；殷之兴也以有娀及有㜪，而纣之灭也嬖[4]妲己；周之兴也以姜嫄及太任、太姒，而幽王之禽[5]也淫褒姒。故《易》基[6]《乾》、《坤》，《诗》首《关雎》，《书》美[7]釐降，《春秋》讥不亲迎。夫妇之际，人道之大伦也。礼之用，唯昏[8]姻为兢兢。夫乐调而四时和，阴阳之变，万物之统也，可不慎与！人能弘道，末[9]如命何。甚哉妃匹之爱，君不能得之臣，父不能得之子，况卑下乎！既欢合矣，或[10]不能成子姓，成子姓矣，而不能要其终，岂非命也哉！孔子罕言命，盖难言之。非通幽明之变，恶[11]能识乎性命！

……

吕后为人刚毅，佐高帝定天下，兄二人皆为列将，从征伐。长兄泽为周吕侯，次兄释之为建成侯，逮[12]高祖而侯者三人。高祖四年，临泗侯吕公薨。

高祖崩，惠帝立，吕后为皇太后，乃令永巷囚戚夫人，髡[13]钳衣赭衣，令舂[14]。戚夫人舂且歌曰："子为王，母为虏，终日舂薄暮，常与死为伍！相离三千里，当谁使告女[15]？"太后闻之大怒，曰："乃欲倚女子邪？"乃召赵王诛之。使者三反[16]，赵相周昌不遣。太后召赵相，相征[17]至长安。使人复召赵王，王来。惠帝慈仁，知太后怒，自迎赵王霸上，入宫，挟[18]与起居饮食。数月，帝晨出射，赵王不能蚤[19]起，太后伺其独居，使人持鸩饮之。迟帝还，赵王死。太后遂断戚夫人手足，去眼煇耳，饮喑药，使居鞠域[20]中，名曰"人彘"。居数月，乃召惠帝视"人彘"。帝视而问，知其戚夫人，乃大哭，因病，岁余不能起。使人请太后曰："此非人所为。臣为太后子，终不能复治天下！"以此日饮为淫乐，不听政，七年而崩。

……

太后持[21]天下八年，病犬祸而崩，语在《五行志》。病困[22]，以赵王禄为上将军居[23]北军，梁王产为相国居南军，戒产、禄曰："高祖与大臣约，非刘氏王者，天下共击之。今王吕氏，大臣不平。我即崩，恐其为变，必据兵卫宫，慎毋送丧，为人所制。"太后崩，太尉周勃、丞相陈平、朱虚侯刘章等共诛产、禄，悉捕诸吕男女，无[24]少长皆斩之。而迎立代王，是为孝文皇帝。

……

孝武卫皇后字子夫，生微[25]也。其家号曰卫氏，出平阳侯邑。子夫为平阳主讴者，武帝即位，数年无子。平阳主求良家女十余人，饰置[26]家。帝祓[27]霸上，还过平阳主。主见所偫[28]美人，帝不说[29]。既饮，讴者进，帝独说子夫。帝起更衣，子夫侍尚衣轩中，得幸。还坐欢甚，赐平阳主金千斤。主因奏子夫送入宫。子夫上车，主拊其背曰："行矣！强饭勉之。即贵，愿无相忘！"入宫岁余，不复幸。武帝择宫人不中用者斥出之，子夫得见，涕泣请出。上怜之，复幸。遂有身[30]，尊宠。召其兄卫长君、弟青侍中。而子夫生三女，元朔元年生男据，遂立为皇后。

先是，卫长君死，乃以青为将军，击匈奴有功，封长平侯。青三子在襁褓中，皆为列侯。及皇后姊子霍去病亦以军功为冠军侯，至大司马票骑将军。青为大司马大将军。卫氏支属侯者五人。青还，尚[31]平阳主。

皇后立七年，而男立为太子。后色衰，赵之王夫人、中山李夫人有宠，皆蚤卒[32]。后有尹婕妤、钩弋夫人更[33]幸。

卫后立三十八年，遭巫蛊事起，江充为奸，太子惧不能自明，遂与皇后共诛充，发兵，兵败，太子亡[34]走。诏遣宗正刘长乐、执金吾刘敢奉策收皇后玺绶，自杀。黄门苏文、姚定汉舆置公车令空舍，盛以小棺，瘗[35]之城南桐柏。卫氏悉[36]灭。宣帝立，乃改葬卫后，追谥曰思后，置园邑三百家，长丞周卫奉守焉。

……

孝宣霍皇后，大司马、大将军博陆侯光女也。母显，既使淳于衍阴[37]杀许后，显因为成君衣补，治[38]入宫具，劝光内之，果立为皇后。

初，许后起微贱，登至尊日浅，从官车服甚节俭，五日一朝皇太后于长乐宫，亲奉案上食，以妇道共[39]养。及霍后立，亦修[40]许后故事[41]。而皇太后亲霍后之姊子，故常竦[42]体，敬而礼之。皇后辇驾侍从甚盛，赏赐官属以千万计，与许后时县绝矣。上亦宠之，颛[43]房燕。立三岁而光薨。后一岁，上立许后男为太子，昌成君者为平恩侯。显怒恚[44]不食，呕血，曰："此乃民间时子，安得立？即后有子，反为王邪！"复教皇后令毒太子。皇后数召太子赐食，保阿辄先尝之，后挟毒不得行。后杀许后事颇泄，显遂与诸婿昆弟谋反，发觉，皆诛灭。使有司赐皇后策曰："皇后荧惑失道，怀不德，挟毒与母博陆宣成侯夫人显谋欲危[45]太子，无人母之恩，不宜奉宗庙衣服，不可以承天命。乌呼伤哉！其退避宫，上玺绶有司。"霍后立五年，废处昭台宫。后十二岁，徙云林馆，乃自杀，葬昆吾亭东。

……

赞曰：《易》著吉凶而言谦盈之效，天地鬼神至于人道靡不同之。夫女宠之兴，由至微而体至尊，穷[46]富贵而不以功，此固道家所畏，祸福之宗也。序自汉兴，终于孝平，外戚后庭色宠著闻[47]二十有余人，然其保位全家者，唯文、景、武帝太后及邛成后四人而已。至如史良娣、王悼后、许恭哀后身皆夭折不辜，而家依托旧恩，不敢纵恣，是以能全。其余大者夷灭，小者放流，乌呼！鉴兹行事，变亦备矣。

选自《汉书》卷九十七

〔注释〕 ①茂：美好。 ②放：流放。 ③用：因为。 ④嬖：宠爱。 ⑤禽：被捕捉。 ⑥基：开始。 ⑦美：赞美。 ⑧昏：同“婚”。 ⑨末：无。 ⑩或：有的人。 ⑪恶：怎么。 ⑫逮：至。 ⑬髡：古代刑法名，剃去头发。 ⑭舂：把谷物的皮壳捣掉。 ⑮女：汝。 ⑯反：同“返”，返回。 ⑰征：召。 ⑱挟：携同。 ⑲蚤：通“早”。 ⑳鞠域：窟室。 ㉑持：掌握。 ㉒困：垂危。 ㉓居：治理。 ㉔无：不论。 ㉕微：卑贱。 ㉖置：放置。 ㉗祓：古代为除灾去邪而举行的仪式。 ㉘偫：储备。 ㉙说：通“悦”。 ㉚身：同“娠”。 ㉛尚：仰攀婚姻，多指娶公主为妻。 ㉜卒：死。 ㉝更：交替。 ㉞亡：逃跑。 ㉟瘗：掩埋。 ㊱悉：全。 ㊲阴：暗中。 ㊳治：备办。 ㊴共：供。 ㊵修：遵循。 ㊶故事：先例。 ㊷竦：恭敬。 ㊸颛：通“专”。 ㊹恚：发怒。 ㊺危：危害。 ㊻穷：极，尽。 ㊼闻：闻名。

〔赏析〕 在《汉书·外戚传》开首，班固就指出“自古受命帝王及继体守文之君，非独内德茂也，盖亦有外戚之助焉”。然而外戚真正影响到统治却是肇始于西汉。这一方面是因为汉代在应对外戚问题上缺乏经验；另一方面，西汉的外戚问题也同西汉皇权的强弱有着直接的关系。

汉高祖刘邦刚去世，皇太后吕雉迅速走到了前台，吕氏家族随即兴起。吕后上台的第一件事情就是铲除自己的情敌与政敌——戚夫人。众所周知，刘邦在立谁为太子这一问题上是有过反复的，他一直想立自己钟爱的戚夫人之子刘如意为太子，只不过因为功臣的反对而最终作罢。而在这个反复的过程中，作为刘邦患难夫妻的吕后在心理上无疑承受着别人所无法想象的压力。

掌权的吕后囚禁了戚夫人，命其舂米。接着暗杀赵王如意，最后更是惨绝人寰地将戚夫人折磨成“人彘”，其手段之毒辣已经很难用报复来解释了。汉惠帝在“被参观”人彘之后，精神迅速崩溃，告知自己的母亲“此非人所为。

臣为太后子，终不能复治天下”，从此以后纵情声色，朝政自然就交由吕后及吕氏家族处理。汉惠帝去世后，吕后更是“临朝称制，大赦天下。乃立兄子吕台、产、禄、台子通四人为王，封诸吕六人为列侯”，打破了汉高祖定下的“非宗室不得封王，非功臣不得封侯”的规定。当然，如果从效果上来看，在吕后统治时期，西汉是在不断恢复发展之中，《汉书·高后纪》就记载“天下晏然，刑罚罕用，民务稼穑，衣食滋殖”。

吕后实际执政有十数年，为何在此期间没有人起来反对吕氏的统治呢？

首先，吕后和吕氏家族都为汉朝的建立立下过汗马功劳，“吕后为人刚毅，佐高帝定天下，兄二人皆为列将，从征伐。”其次，吕后的个人能力很强，资历、见地、权势、威望和手段在她手中都运用得游刃有余。而更为重要的是，吕后在世时并没有表示改朝换代的想法，故而汉初的功臣宿将纵使心有怨言，也难以从道义上对其进行反对，更多时候是在吕后的威望面前表示了隐忍。

掌握功臣宿将想法的吕后为了维护自己的家族，在去世前特别加封自己的侄子为王，并且掌管京城南北两军。她告诫自己的侄儿：“高祖与大臣约，非刘氏王者，天下共击之。今王吕氏，大臣不平。我即崩，恐其为变，必据兵卫宫，慎毋送丧，为人所制。”但失去了吕后的吕禄与吕产并不是陈平与周勃的对手，一番角力之后，吕氏家族土崩瓦解，“太尉周勃、丞相陈平、朱虚侯刘章等共诛产、禄，悉捕诸吕男女，无少长皆斩之。”

面对外戚专权的问题，西汉采用的对策是挑选皇后都取民间良家之女，这在相当长的时间内是有效的，虽然也曾从中出过几个相对霸道的太后，但对政局基本没有影响。

随着汉朝皇权的不断强化，皇后与外戚的命运牢牢掌握在皇帝手中。汉武帝时卫皇后与卫氏家族的兴衰就反映了这个特点。

卫子夫出身低贱，机缘巧合为汉武帝生了太子刘据，从而取代了无法生育的陈阿娇，被立为皇后。卫子夫的兄弟卫青、卫青的外甥霍去病也借助卫子夫的地位乘势而上，建功立业，名留青史。“青三子在襁褓中，皆为列侯。及皇后姊子霍去病亦以军功为冠军侯，至大司马票骑将军。青为大司马大将军。卫氏支属侯者五人。”一时间，内廷与外朝几乎被卫氏家族所垄断。

然而卫氏家族的兴盛其实是以汉武帝对卫子夫以及太子刘据的亲情为基础的，随着卫子夫的容貌逝去，随着做了几十年太子的刘据与汉武帝的关系日趋淡化，卫氏家族的命运开始蒙上了一层阴影。武帝晚年的“巫蛊之祸”不但斩断了他同卫子夫与刘据的亲情，同样也使整个卫氏家族蒙受灭顶之灾，“卫氏悉灭”！从卫氏家族的兴衰中可以看出，在西汉，外戚必须要得到内廷皇后的支持才能发展，而一旦皇后在内廷争斗中失败，在朝堂之上的外戚往往在劫难逃。

但强大的外戚对内廷格局的影响是不小的推动力，昭宣时期霍光和霍氏家族的兴衰就应验了这一点。

汉武帝去世后，汉昭帝年幼，之后的汉宣帝出自民间，登基之初都急需霍光的有力支持。一时间，霍光成为两朝最有权势的人。为了进一步巩固个人与家族权势，霍光的妻子霍显不惜勾结太医谋害许皇后以便让自己的女儿登上皇后宝座，最终得逞。当时汉宣帝对于霍皇后“亦宠之，颛房燕”，霍氏家族在内廷与外朝都显赫异常。然而随着霍光的去世，汉宣帝的权力开始逐渐加强，这时对于霍皇后来说就是不幸的开始。最终毒杀太子的阴谋败露，霍显孤注一掷，“遂与诸婿昆弟谋反，发觉，皆诛灭”。而失去外戚援助的霍皇后本人最终也被废而自杀。

“昭宣之治”后，西汉王朝的皇权开始逐渐衰弱，随之外戚的势力则不断上升。到了汉成帝时期，太后王政君的王氏家族一跃成为第一家族，在之后的数十年间垄断朝政，并最终由王莽取代了西汉。

西汉的外戚是中国古代史上第一批掌握朝政的外戚，但根据班固的统计，从汉朝建立直到汉平帝，外戚能最终保全家族的，“唯文、景、武帝太后及邛成后四人而已”，而这些家族之所以存续的关键原因则在于“依托旧恩，不敢纵恣，是以能全”。这之中带给后人的启示是很大的。

元　后　传

〔选文〕

孝元皇后，王莽姑也。莽自谓黄帝之后，其《自本》曰：

黄帝姓姚氏，八世生虞舜。舜起妫汭，以妫为姓。至周武王封舜后妫满于陈，是为胡公，十三世生完。完字敬仲，奔[1]齐，齐桓公以为卿，姓田氏。十一世，田和有齐国，二世称王，至王建为秦所灭。项羽起，封建孙安为济北王。至汉兴，安失国，齐人谓之"王家"，因以为氏。

文、景间，安孙遂字伯纪，处东平陵，生贺，字翁孺。为武帝绣衣御史，逐捕魏郡群盗坚卢等党与[2]，及吏畏懦逗留当坐者，翁孺皆纵不诛。它部御史暴胜之等奏杀二千石，诛千石以下，及通行饮食坐[3]连及者，大部至斩万余人，语见《酷吏传》。翁孺以奉使不称免[4]，叹曰："吾闻活千人者有封子孙，吾所活者万余人，后世其兴乎！"

翁孺既免，而与东平陵终氏为怨，乃徙魏郡元城委粟里，为三老，魏郡人德[5]之。元城建公曰："昔春秋沙麓崩，晋史卜之，曰：'阴为阳雄，土火相乘，故有沙麓崩。后六百四十五年，宜有圣女兴。'其齐田乎！今王翁孺徙，正真其地，日月当[6]之。元城郭东有五鹿之虚[7]，即沙鹿地也。后八十年，当有贵女兴天下"云。

……

初，李亲任政君在身，梦月入其怀。及壮大，婉顺得妇人道。尝[8]许嫁未行，所许者死。后东平王聘[9]政君为姬，未入，王薨。禁独怪之，使卜数者相[10]政君，"当大贵，不可言。"禁心以为然，乃教书，学鼓琴。五凤中，献政君，年十八矣，入掖庭为家人子。

……

后三年，宣帝崩，太子即位，是为孝元帝。立太孙为太子，以母王妃为婕妤，封父禁为阳平侯。后三日，婕妤立为皇后，禁位特进，禁弟弘至长乐卫尉。永光二年，禁薨，谥曰顷侯。长子凤嗣[11]侯，为卫尉侍中，皇后自有子后，希[12]复进见。太子壮大，宽博恭慎，语在《成纪》。其后幸[13]酒，乐燕[14]乐，元帝不以为能。而傅昭仪有宠于上，生定陶共王。王多材艺，上甚爱之，坐则侧席，行则同辇，常有意欲废太子而立共王。时凤在位，与皇后、太子同心忧惧，赖侍中史丹拥右[15]太子，语在《丹传》。上亦以皇后素[16]谨慎，而太子先帝所常留意，故得不废。

元帝崩，太子立，是为孝成帝。尊皇后为皇太后，以凤为大司马大将军领尚书事，益[17]封五千户。王氏之兴自凤始。又封太后同母弟崇为安成侯，食邑万户。凤庶弟谭等皆赐爵关内侯，食邑。

……

明年，哀帝崩，无子，太皇太后以莽为大司马，与共征立中山王奉哀帝后，是为平帝。帝年九岁，当年被[18]疾，太后临朝，委政于莽，莽颛威福。红阳侯立莽诸父，平阿侯仁素刚直，莽内[19]惮之，令大臣以罪过奏遣立、仁就国[20]。莽日诳耀[21]太后，言辅政致太平，群臣奏请尊莽为安汉公。后遂遣使者迫守立、仁令自杀。赐立谥曰荒侯，子柱嗣，仁谥曰刺侯，子术嗣。是岁，元始三年也。

……

初，汉高祖入咸阳至霸上，秦王子婴降[22]于轵道，奉上始皇玺。及高祖诛项籍，即天子位，因御服[23]其玺，世世传受，号曰汉传国玺，以孺子未立，玺臧[24]长乐宫。及莽即位，请玺，太后不肯授莽。莽使安阳侯舜谕指[25]。舜素谨敕[26]，太后雅[27]爱信之。舜既见，太后知其为莽求玺，怒骂之曰："而属父子宗族蒙汉家力，富贵累世，既无以报，受人孤寄，乘便利时，夺取其国，不复顾恩义。人如此者，狗猪不食其余，天下岂有而兄弟邪！且若自以金匮符命为新皇帝，变更正朔服制，亦当自更作玺，传之万世，何用此亡国不祥玺为，而欲求之？我汉家老寡妇，旦暮且[28]死，欲与此玺俱葬，终不可得！”太后因涕泣而言，旁侧长御以下皆垂涕。舜亦悲不能自止，良久乃仰谓太后：“臣等已无可言者。莽必欲得传国玺，太后宁[29]能终不与邪！”太后闻舜语切，恐莽欲胁之，乃出汉传国玺，投之地以授舜，曰：“我老已死，如而兄弟，今族灭也！”舜既得传国玺，奏之，莽大说，乃为太后置酒未央宫渐台，大纵众乐。

……

初，莽为安汉公时，又谄太后，奏尊元帝庙为高宗，太后晏驾[30]后当以礼配食云。及莽改号太后为新室文母，绝之于汉，不令得体元帝。堕坏孝元庙，更为文母太后起[31]庙，独置孝元庙故殿以为文母篹食堂，既成，名曰长寿宫。以[32]太后在，故未谓之庙。莽以太后好出游观，乃车驾置酒长寿宫，请太后。既至，见孝元庙废彻涂地，太后惊，泣曰：“此汉家宗庙，皆有神灵，与何治而坏之！且使鬼神无知，又何用庙为！如令有知，我乃人之妃妾，岂宜辱帝之堂以陈馈食哉！”私谓左右曰：“此人嫚[33]神多矣，能久得祐乎！”饮酒不乐而罢。

自莽篡位后，知太后怨恨，求所以媚太后无不为，然愈不说。莽更汉家黑貂，著黄貂，又改汉正朔伏腊日。太后令其官属黑貂，至汉家正腊日，独与其左右相对饮酒食。

……

司徒掾班彪曰：三代以来，《春秋》所记，王公国君，与其失世，稀不以女宠。汉兴，后妃之家吕、霍、上官，几危国者数矣。及王莽之兴，由孝元后历汉四世为天下母，飨国六十余载，群弟世权，更持国柄，五将十侯，卒[34]成新都。位号已移于天下，而元后卷卷[35]犹握一玺，不欲以授莽，妇人之仁，悲夫！

选自《汉书》卷九十八

〔注释〕 ① 奔：逃跑。 ② 党与：同伙。 ③ 坐：获罪。 ④ 免：罢免。 ⑤ 德：感激。 ⑥ 当：符合。 ⑦ 虚：废墟。 ⑧ 尝：曾经。 ⑨ 聘：迎娶。 ⑩ 相：占视。 ⑪ 嗣：承袭。 ⑫ 希：少。 ⑬ 幸：喜好。 ⑭ 燕：通“宴”，宴饮。 ⑮ 右：赞助。 ⑯ 素：向来。 ⑰ 益：增加。 ⑱ 被：遭受。 ⑲ 内：内心。 ⑳ 国：封地。 ㉑ 诳耀：欺骗迷惑。 ㉒ 降：投降。 ㉓ 服：佩戴。 ㉔ 臧：通“藏”。 ㉕ 指：意旨。 ㉖ 敕：通“饬”，严整。 ㉗ 雅：向来。 ㉘ 且：将要。 ㉙ 宁：难道。 ㉚ 晏驾：帝王死亡的讳辞。 ㉛ 起：兴建。 ㉜ 以：因为。 ㉝ 嫚：轻侮。 ㉞ 卒：最后。 ㉟ 卷卷："卷"通"惓"，恳切。

〔赏析〕 王政君是王莽的姑姑。王氏家族依靠王政君登上政坛，并在她的庇护下发展壮大。作为西汉的风云人物，王政君的一生充满了传奇。

王政君的出生就有神奇色彩。王莽自称王氏家族是黄帝之后，齐国君主子嗣。王政君的爷爷王贺在汉武帝时期担任绣衣御史。相比较动辄诛杀万人的“酷吏”，王贺宽容了不少，但最后却因为宽容而被免官，免官之后的王贺感叹道：“吾闻活千人者有封子孙，吾所活者万余人，后世其兴乎！”免官后的王贺在魏郡担任三老一职，百姓都感激他的恩德。当地的一位长者说，八十年后，王家会有贵女兴于天下。这里所说的贵女就是王贺的孙女王政君。王政君的母亲怀她的时候梦见月亮扑入怀中。虽是传说，但王政君出生前已经是充满传奇。

王政君的皇后之路也充满传奇。王政君长大后，性情柔顺，谨守妇道，许配了人家，还没有出嫁，对方就死了。后来，东平王聘娶她为姬妾，还没有进宫，东平王也去世了。王政君的父亲请术士给她相面，术士看后给出六个字——“当大贵，不可言”。十八岁的时候，王政君入宫，向更高的富贵迈出了第一步。

王政君刚入宫的时候,仅仅是后宫等级中最低的家人子。但一年多后太子的一次勉强而又随意的选择,竟然让她得到了临幸,不久她就为太子生了第一个儿子。汉宣帝非常高兴,亲自为嫡皇孙起名为骜,字太孙,经常带在身边。三年后,汉宣帝去世,太子即位,即汉元帝。王政君被立为皇后,刘骜为太子。

预立太子可以巩固国本,但是太子能否顺利成为天子,在很大程度上取决于老皇帝的喜爱。纵观历代历史,太子立的越早,当太子的时间越长,被废的可能性也就越大。刘骜也碰上了这个问题,首先他好酒贪杯,宴饮取乐,元帝认为太子没有才能。更重要的是,汉元帝宠爱的傅昭仪生下了定陶王。定陶王多才多艺,元帝非常喜欢他,吃饭时都让他坐在身边,出行时又同乘一辆辇车,常常打算废掉太子改立定陶王。

母以子贵,一旦刘骜被废,王政君也马上会离开皇后的位子,一旦离开皇后的位子,王氏家族也就会马上衰落。面对危机的王政君与哥哥王凤展开应对。在外朝,他们联合丞相史丹拥护太子;在宫内,王政君小心谨慎,以不变应万变,最终平安渡过难关,保住了刘骜太子的位子,也使刘骜对自己母舅一家绝对信任。

王政君的太后生涯依然是一个传奇。刘骜(汉成帝)即位后,尊王政君为皇太后,封王凤为大司马大将军领尚书事。西汉一代,领尚书事是朝中实际的首长,再加上大司马大将军之职,王凤掌控了整个朝政,王氏家族势力日益强大。河平二年(前27年),王氏家族一门五人同时封侯,时人称之为“五侯”,而“王氏子弟皆卿、大夫、侍中、诸曹,分据势官满朝廷。”

面对势力庞大的外戚,汉成帝也曾想改变王家独掌朝政的局面,准备通过非常手段收回权力,但最终都因为内心对母舅一家的感恩以及王氏家族的权势过大而没有付诸实施。王政君在这个阶段出面虽然不多,但是每当关键时刻,她总能帮助家族化险为夷。不久,王氏家族的接力棒也从王凤传到了王莽手中。

汉成帝去世,汉哀帝以外藩即位。面对和自己没有任何血缘关系的皇帝,王政君“诏莽就第,避(哀)帝外家”,以退为进,韬光养晦。等到汉哀帝去世，作为太皇太后的王政君马上任命王莽为大司马，共同拥立汉平帝，迅速夺回权力。平帝只有九岁，于是由王政君临朝听政，将朝政托付给王莽，王氏家族权势更趋强大。

尽管如此，在临朝听政的王政君看来，天下始终是汉室的，她依然怀念自己过往的生活，总向后辈讲述自己的过去。可是在王莽方面却不这样想。王莽为了名正言顺地取代汉朝，特地派人来向姑姑索取传国玉玺，老迈的王政君痛斥王莽忘恩负义："而属父子宗族蒙汉家力，富贵累世，既无以报，受人孤寄，乘便利时，夺取其国，不复顾恩义。人如此者，狗猪不食其余，天下岂有而兄弟邪！"眼见无法改变现实，怒摔传国玉玺，以示抗议。

王莽为了讨好自己的姑母，废弃汉元帝庙而大修王政君太后之庙，王政君眼见汉元帝宗庙毁坏，痛哭道："此汉家宗庙，皆有神灵，与何治而坏之！且使鬼神无知，又何用庙为！如令有知，我乃人之妃妾，岂宜辱帝之堂以陈馈食哉！"王莽改制，宫中侍中官员都改穿黄貂，而王政君依然让身边官员穿汉室的黑貂，每当到了汉室历法新年之时，王政君总是与左右共同庆祝。

王政君传奇的一生与王氏家族的兴盛最能反映中国古代外戚专权的情状。历朝外戚的兴起，起初仅仅因为太后自身力量不足，引自家父兄为奥援，然而时间一长，外戚势力逐渐兴起，权力日大，掌控朝政，其中有些人甚至对皇位产生了觊觎之心，这时身处内廷的太后也无力控制。正如班彪所言："位号已移于天下，而元后卷卷犹握一玺，不欲以授莽，妇人之仁，悲夫！"

（俞颖杰）

创“旧”还是创新？儒生参政的吊诡

〔**导言**〕 王莽的政治生涯短暂，在漫长的中国历史上只能算是一颗流星。然而，王莽的历史影响却不容忽视。王莽改制的影响主要集中在两个方面：一方面，王莽改制的失败深刻影响了儒士阶层对士与统治阶层关系的界定；另一方面，王莽的禅代开创了专制皇权政治的一种新模式，深刻影响了后世的政治运作方式。

西汉后期政治运行的一个较大变化在于儒家经典在国家日常行政运作中的地位日趋重要，儒士阶层逐渐期望将儒家理想主义政治理念转化为现实政治的运作，并希望藉此能有效缓解西汉后期积累起来的社会矛盾。儒士阶层的政治理想主要表现为圣人居其位和经术治其国，前者属于“内圣”范畴，后者属于“外王”范畴。王莽改制的失败却给了儒家“外王”理念沉重一击，以经义治国的理念已然破产，儒士阶层急切需要重新界定自身与统治者的关系，重新界定自己在国家政治体系中的地位。因此，东汉以来的儒家必须应对统治阶层因王莽改制所带来的对儒家政治理想的信任危机。儒家作为国家主导意识形态，儒士作为国家意识形态的制定者的地位是牢固确立了，儒士阶层与统治阶层的这一互动模式在其后两千余年中得以绵延。

王 莽 传

〔**选文**〕

王莽字巨君，孝元皇后之弟子也。元后父及兄弟皆以元、成世封侯，居位辅政，家凡九侯、五大司马，语在《元后传》。唯莽父曼蚤[①]死，不侯。莽群兄弟皆将军五侯子，乘时侈靡，以舆马声色佚游相高，莽独孤贫，因折节为恭俭。受

《礼经》，师事[②]沛郡陈参，勤身博学，被服如儒生。事母及寡嫂，养孤兄子，行甚敕[③]备。又外交英俊，内事诸父，曲有礼意。阳朔中，世父大将军凤病，莽侍疾，亲尝药，乱首垢面，不解衣带连月。凤且[④]死，以托太后及帝，拜为黄门郎，迁射声校尉。

久之，叔父成都侯商上书，愿分户邑以封莽，及长乐少府戴崇、侍中金涉、胡骑校尉箕闳、上谷都尉阳并、中郎陈汤，皆当世名士，咸[⑤]为莽言，上由是贤莽。

……

辅政岁余，成帝崩，哀帝即位，尊皇太后为太皇太后。太后诏莽就第[⑥]，避帝外家。莽上疏乞骸骨，哀帝遣尚书令诏莽曰："先帝委政于君而弃群臣，朕得奉宗庙，诚嘉与君同心合意。今君移病求退，以著朕之不能奉顺先帝之意，朕甚悲伤焉。已诏尚书待君奏事。"又遣丞相孔光、大司空何武、左将军师丹、卫尉傅喜白[⑦]太后曰："皇帝闻太后诏，甚悲。大司马即不起，皇帝即不敢听政。"太后复令莽视事[⑧]。

……

莽还京师岁余，哀帝崩，无子，而傅太后、丁太后皆先薨，太皇太后即日驾之未央宫收取玺绶，遣使者驰召莽……安阳侯王舜，莽之从弟[⑨]，其人修饬[⑩]，太后所信爱也，莽白以舜为车骑将军，使迎中山王奉成帝后，是为孝平皇帝。帝年九岁，太后临朝称制，委政于莽。

……

红阳侯立太后亲弟，虽不居位，莽以诸父内敬惮之，畏立从容言太后，令己不得肆意，乃复令光奏立旧恶："前知定陵侯淳于长犯大逆罪，多受其赂，为言误朝；后白以官婢杨寄私子为皇子，众言曰吕氏、少帝复出，纷纷为天下所疑，难以示来世，成襁褓之功。请遣立就[11]国[12]。”太后不听。莽曰：“今汉家衰，比[13]世无嗣，太后独代幼主统政，诚可畏惧，力用公正先天下，尚恐不从，今以私恩逆大臣议如此，群下倾邪，乱从此起！宜可且遣就国，安后复征召之。”太后不得已，遣立就国。莽之所以胁持上下，皆此类也。

……

泉陵侯刘庆上书言：“周成王幼少，称孺子，周公居摄。今帝富于春秋，宜令安汉公行天子事，如周公。”郡臣皆曰：“宜如庆言。”

……

梓潼人哀章，学问长安，素[14]无行，好为大言。见莽居摄，即作铜匮，为两检，署其一曰“天帝行玺金匮图”，其一署曰“赤帝行玺某传予黄帝金策书”。某者，高皇帝名也。书言王莽为真天子，皇太后如[15]天命。图书皆书莽大臣八人，又取令名王兴、王盛，章因[16]自窜姓名，凡为十一人，皆署官爵，为辅佐。章闻齐井、石牛事下，即日皆时，衣[17]黄衣，持匮至高庙，以付仆射。仆射以闻。戊辰，莽至高庙拜受金匮神嬗。御王冠，谒太后，还坐未央宫前殿，下书曰：“予以不德，托于皇初祖考黄帝之后，皇始祖考虞帝之苗裔，而太皇太后之末属[18]。皇天上帝隆显大佑，成命统序，符契图文，金匮策书，神明诏告，属予以天下兆民。赤帝汉氏高皇帝之灵，承天命，传国金策之书，予甚祗畏，敢不钦受！以戊辰直定，御王冠，即真天子位，定有天下之号曰‘新’。其改正朔，易服色，变牺牲，殊徽帜，异器制。以十二月朔癸酉为建国元年正月之朔，以鸡鸣为时。服色配德上黄，牺牲应正用白，使节之旄幡皆纯黄，其署曰'新使王威节'，以承皇天上帝威命也。"

始建国元年正月朔，莽帅公侯卿士奉皇太后玺韨，上太皇太后，顺符命，去汉号焉。

……

莽曰："古者，设庐井八家，一夫一妇田百亩，什一而税，则国给民富而颂声作。此唐、虞之道，三代所遵行也。秦为无道，厚赋税以自供奉，罢民力以极欲，坏圣制，废井田，是以兼并起，贪鄙生，强者规田以千数，弱者曾无立锥之居。又置奴婢之市，与牛马同兰[19]，制于民臣，颛[20]断其命。奸虐之人因缘为利，至略[21]卖人妻子，逆天心，悖人伦，缪于'天地之性人为贵'之义。《书》曰'予则奴戮女'，唯不用命者，然后被[22]此辜[23]矣。汉氏减轻田租，三十而税一，常有更赋，罢癃咸出，而豪民侵陵[24]，分田劫假。厥名三十税一，实什税五也。父子夫妇终年耕芸，所得不足以自存。故富者犬马余菽粟，骄而为邪；贫者不厌[25]糟糠，穷而为奸。俱陷于辜，刑用不错。予前在大麓，始令天下公田口井，时则有嘉禾之祥，遭反虏逆贼且[26]止。今更名天下田曰'王田'，奴婢曰'私属'，皆不得卖买。其男口不盈八，而田过一井者，分余田予九族邻里乡党。故无田，今当受田者，如制度。敢有非井田圣制，无法惑众者，投诸四裔，以御魑魅，如皇始祖考虞帝故事[27]。"

是时，百姓便安汉五铢钱，以莽钱大小两行难知，又数变改不信，皆私以五铢钱市买。讹言大钱当罢，莫肯挟。莽患[28]之。复下书："诸挟五铢钱，言大钱当罢者，比非[29]井田制，投四裔。"于是农商失业，食货俱废，民人至涕泣于市道。

及坐[30]卖买田宅、奴婢，铸钱，自诸侯、卿、大夫至于庶民，抵罪者不可胜数。

……

初设六管之令。命县官酤酒，卖盐铁器，铸钱，诸采取名山大泽众物者税之。又令市官收贱卖贵，赊贷予民，收息百月三。牺和置酒士，郡一人，乘传督酒利，禁民不得挟弩铠，徙西海。

……

莽意以为制定则天下自平，故锐思于地理，制礼作乐，讲合《六经》之说。公卿旦入暮出，议论连年不决，不暇省[31]狱讼冤结民之急务。县宰缺者，数年守兼，一切贪残日甚。中郎将、绣衣执法在郡国者，并乘权势，传相举奏。又十一公士分布劝农桑，班[32]时令，案[33]诸章，冠盖相望，交错道路，召会吏民，逮捕证左，郡县赋敛，递相赇[34]赂，白黑纷然，守阙[35]告诉者多。

……

初，四方皆以饥寒穷愁起为盗贼，稍稍[36]群聚，常思岁熟得归乡里。众虽万数，亶称臣人、从事、三老、祭酒，不敢略有城邑，转掠求食，日阕而已。诸长吏牧守皆自乱斗中兵而死，贼非敢欲杀之也，而莽终不谕[37]其故。是岁，大司马士按章豫州，为贼所获，贼送付县。士还，上书具言状。莽大怒，下狱以为诬罔……于是群下愈恐，莫敢言贼情者，亦不得擅发兵，贼由是遂不制。

……

十月戊申朔，兵从宣平城门入，民间所谓都门也……会[38]日暮，官府邸第尽奔亡[39]。二日己酉，城中少年朱弟、张鱼等恐见卤[40]掠，趋讙并和，烧作室门，斧敬法闼，呼曰：“反虏王莽，何不出降？”火及掖廷承明，黄皇室主所居也。莽避火宣室前殿，火辄随之。宫人妇女啼呼曰：“当奈何！”时莽绀袀服，带玺韨，持虞帝匕首。天文郎桉栻于前，日时加某，莽旋席随斗柄而坐，曰：“天生德于予，汉兵其如予何！”莽时不食，少气困矣。

三日庚戌，晨旦明，群臣扶掖莽，自前殿南下椒除，西出白虎门，和新公王揖奉车待门外，莽就车，之[41]渐台，欲阻池水，犹抱持符命、威斗，公卿大夫、侍中、黄门郎从官尚千余人随之。王邑昼夜战，罢[42]极，士死伤略尽，驰入宫，间关至渐台，见其子侍中睦解衣冠欲逃，邑叱之令还，父子共守莽。军人入殿中，呼曰：“反虏王莽安在？”有美人出房曰：“在渐台。”众兵追之，围数百重。台上亦弓弩与相射，稍稍落去。矢尽，无以复射，短兵接。王邑父子、䝙恽、王巡战死，莽入室。下𫗦时，众兵上台，王揖、赵博、苗䜣、唐尊、王盛、中常侍王参等皆死台上。商人杜吴杀莽，取其绶。校尉东海公宾就，故大行治礼，见吴问绶主所在，曰：“室中西北陬间。”就识，斩莽首。军人分裂莽身，支节肌骨脔分，争相杀者数十人。

……

赞曰：王莽始起外戚，折节力行，以要[43]名誉，宗族称孝，师友归仁。及其居位辅政，成、哀之际，勤劳国家，直道而行，动见称述。岂所谓“在家必闻[44]，在国必闻”，“色取仁而行违”者邪？莽既不仁而有佞邪之材，又乘四父历世之权，遭[45]汉中微，国统三绝，而太后寿考为之宗主，故得肆其奸慝，以成篡盗之祸。推是言之，亦天时，非人力之致矣。及其窃位南面，处非所据，颠覆之势险于桀、纣，而莽晏然自以黄、虞复出也。乃始恣睢，奋其威诈，滔天虐民，穷凶极恶，流毒诸夏，乱延蛮貉，犹未足逞其欲焉。是以四海之内，嚣然丧其乐生之心，中外愤怨，远近俱发，城池不守，支体分裂，遂令天下城邑为虚，丘垅发掘，害遍生民，辜及朽骨，自书传所载乱臣贼子无道之人，考其祸败，未有如莽之甚者也。昔秦燔[46]《诗》、《书》以立私议，莽诵《六艺》以文[47]奸言，同归殊途，俱用[48]灭亡，皆炕龙绝气，非命之运，紫色䵷声，余分闰位，圣王之驱除云尔！

选自《汉书》卷九十九

〔注释〕 ① 蚤：通"早"。 ② 师事：以师礼相待。 ③ 敕：通"饬"，严整。 ④ 且：将要。 ⑤ 咸：都。 ⑥ 就第：退居私宅。 ⑦ 白：报告。 ⑧ 视事：就职任事。 ⑨ 从弟：堂弟。 ⑩ 修饬：谨严而不违礼规。 ⑪ 就：到。 ⑫ 国：封地。 ⑬ 比：接连。 ⑭ 素：向来。 ⑮ 如：遵从。 ⑯ 因：于是。 ⑰ 衣：穿衣服。 ⑱ 属：亲属。 ⑲ 兰：通"栏"。 ⑳ 颛：通"专"，专擅。 ㉑ 略：掠夺。 ㉒ 被：遭受。 ㉓ 辜：罪。 ㉔ 陵：欺凌。 ㉕ 厌：通"餍"，饱。 ㉖ 且：暂且。 ㉗ 故事：先例。 ㉘ 患：担忧。 ㉙ 非：反对。 ㉚ 坐：犯罪。 ㉛ 省：察看。 ㉜ 班：颁布。 ㉝ 案：考查。 ㉞ 赇：贿赂。 ㉟ 阙：朝廷。 ㊱ 稍稍：渐渐。 ㊲ 谕：理解。 ㊳ 会：适逢。 ㊴ 亡：逃跑。 ㊵ 卤：通"掳"，掠夺。 ㊶ 之：往。 ㊷ 罢：通"疲"。 ㊸ 要：求取。 ㊹ 闻：闻名。 ㊺ 遭：遇。 ㊻ 燔：焚烧。 ㊼ 文：掩饰。 ㊽ 用：因此。

〔赏析〕 西汉末年"国家空虚，用度不足。民流亡，去城郭。盗贼并起"(《汉书·王贡两龚鲍传》)，而统治集团在"各从其欲，欲所无穷"(《春秋繁露·度制》)的恣肆腐败的同时，又进行着激烈的权力斗争。正是在这样复杂的社会背景下，王莽及其所代表的利益集团被推上了历史舞台的中心，上演了一幕前无古人，后无来者的历史悲剧。《汉书·王莽传》正是对这一恢宏历史进程的近距离观察。《王莽传》是较全面记录王莽身世、获得政权和托古改制等重要历史信息的唯一基本史料，而组织贯穿这些史料的基本精神又在很大程度上受到作者道德价值观和所处政治环境的制约。也正因为此，就注定了王莽这个历史人物的两重悲剧性，也即王莽集团在政治实践上的失败，以及其历史地位的模糊。

《王莽传》上中下三卷，洋洋四万言，不仅在整部《汉书》中篇幅最长，在所有正史里也无出其右者。这一方面是因为王莽生平历经西汉末成、哀、平三帝，又与新室相终始，较长的政治活动时间必然要求较充分的篇幅来加以描述，但更重要的原因恐怕还是作者在选择叙述体裁过程中折中的结果。《汉书》在叙事体例上继承了《史记》的体裁分类，在对人物事迹的描述上主要运用"纪"和"传"的形式。《汉书》确定本纪传主主要是以是否实际控制政权为标准的，故而诸如吕后所立的少帝、王莽所立的孺子虽然都还秉持汉号，但都有名无实，所以《汉书》作者并没有为其立纪。然而《汉书》这一条分谨然的体例形式却在处理王莽史实上遇到了很大困难。一方面，如果完全按照本纪的立传标准，实际掌控政权十多年之久的王莽显然有资格立本纪，但这显然是与《汉书》整体的政治取向相违背的；另一方面，如果完全采取东汉政治环境下的"尊汉"立场，王莽当然不能进入传纪刘氏帝系的本纪系统，如此自平帝后迄于东汉立国之间的这段历史就无法完整地呈现出来，也无法体现史家的客观性。面对这一困局，《汉书》作者采取了折中策略，即以传名其名，而以纪传杂用叙其事。《王莽传》中纪传两体的运用并非混然相杂，而以王莽称帝为标志，此前以传体记之，此后则以纪体为主体。《王莽传》充分发挥了两种体例的叙事优点，在本传上卷中作者运用传体叙事详切的特点，以凝练的笔墨深入刻画了王莽的性格特点和思想取向；而在中下两卷中则采用了新室的年号纪年，充分发挥纪体条贯清晰的特点，基本展示了王莽改制的全过程。《王莽传》纪传并用的体例变化是《汉书》的一大创造，因而多受后人称扬，有人甚至誉为"全书中第一巨篇，亦为全书中第一变体"(李景星《四史评议》)。

在分析王莽代汉的原因时，班固指出外戚专政是最主要的原因。《汉书》的结构安排上也体现了这一点，《四库全书总目提要》就明确指出："其述《外戚传第六十七》、《元后传第六十八》、《王莽传第六十九》，明以王莽之势成于元后，史家微意寓焉。"然而，这个判断并不可靠。元后在王莽进入权力高层的初期确有铺垫引路的作用，但平帝以后的整个政治走向已完全为王莽控制，元后只不过是个政治傀儡而已。实际上，为了巩固自己的势力，王莽还对红阳侯王立为代表的王氏外戚势力加以排挤。所以，支持王莽一步步完成代汉的政治势力并非是以元后为代表的外戚集团,而起决定性作用的是以刘歆、陈崇为代表的儒士集团。贯穿整个西汉,儒士集团在政治和社会影响上一直呈现出不断向上的趋势。儒士阶层政治理想的核心之一就是“圣君”治国,即董仲舒所说的“其德足以安乐民者,天予之”(《春秋繁露·尧舜不擅移、汤武不专杀》)。然而,西汉后期政治的腐败,使得儒士阶层中兴起一股“厌汉”情绪。假借“五德终始”天命转授思想,禅让的政治舆论也不断高涨,以至于连哀帝都曾对其宠幸的董贤开玩笑道:“吾欲法尧禅舜,何如?”(《汉书·佞幸传》)可见这一思潮的影响力。王莽最初就是以“勤身博学”、“行甚敕备”的儒士形象登上政治舞台的。从其篡权前的言行看,王莽是以当时公认的儒士修养举止的标准来规范自己的行为的。如本传中称他“散舆马衣裘,振施宾客,家无所余”,又称其妻“衣不曳地,布蔽膝”。而西汉后期名儒如王吉正是“所载不过囊衣,不畜积余财。去位家居,亦布衣疏食”,而贡禹自谓其妻是“糠豆不赡,裋褐不完”(《汉书·王贡两龚鲍传》)。模仿名儒的言行来提升自己的舆论资本是王莽早年惯用的政治技巧,从而达到了“游者为之谈说,虚誉隆洽,倾其诸父”的效果。王莽的整个政治生涯中,儒士集团的支持在其通达权力中心乃至于代汉成功的过程中起到了最重要的政治基础和舆论基础的作用,而王莽在此过程中也完成了由“名儒”向“圣君”形象的过渡。对此,身处社会思想发生巨大调整、对“汉”与“儒”的关系已作出新界定的东汉社会政治环境里的班固,不能不采取某种有意识的无视态度。

王莽宏大的改制运动最终以身灭政隳收场,在以班固为代表的正统儒家看来,“无道”是王莽失败的根本原因,这和东汉以来儒家维护“道”的核心地位的道德理想主义立场是相贯通的。站在两千多年后的当下语境,我们回望王莽改制的得失,对其失败大致可归纳出三个主要原因。第一个原因是王莽集团政治整合上的失败。王莽新政权的高层统治集团本质上是拼凑而成的,仅从其篡权后的金匮封爵看,其中既有王舜、平晏、刘歆等帮助王莽禅代的核心成员,也有哀章之类政治投机分子,还有京城卖饼者王盛等纯作充数的人员。这种高层政治安排在实施禅代时作为权宜之计可以,作为政府的长期架构必然会出问题。王莽篡权后最高统治集团内部接连发生的几起政治内讧无不与这种不合理的高层成员安排有关，这对王莽政权的稳定造成的损害不言而喻。另一方面，王莽政权的夺权仅仅是上层“革命”，西汉政权的基层组织腐败低效的现状并没有改变，这直接造成了王莽集团的各种措施在执行过程中造成“郡县赋敛，递相赇赂”。王莽失败的第二个原因在于流民问题的激化。流民在西汉一直是一个突出的社会现象，其起因无外乎自然灾害或者大规模战争造成的农民失业。王莽在执政后由于不断对外征战，加之自然灾害不断，流民规模更甚于西汉末期，而王莽政权由于其自身的低效并不能有效解决这一社会矛盾，最终导致了流民向“流贼”的转变，绿林和赤眉初起时参与者无非都是失业的贫民。第三个原因在于豪族地主的激烈反对。豪族现象至少在西汉中期就已经兴起，如武帝时的灌夫就是“宗族宾客为权利，横颍川”（《汉书·窦田灌韩传》）。豪族势力与西汉中央政权之间存在一定的利益冲突，主要体现在两方面：一方面，一部分出身于商人阶层的豪族地主所拥有巨大的财富积聚往往很容易转变为对社会各阶层的控制力，进而威胁汉王朝的统治；另一方面破产农民往往投靠本地的豪强地主，造成政府控制的赋役人口减少。因此，无论是武帝时对豪强地主采取的强制迁徙，还是著名的“盐铁之议”，目的都在于打击豪强增强国家实力。王莽秉政后推行的井田、均输、解放私属等措施无不是针对豪强地主势力，可以说是对武帝以来政策的继承发展。这些政策必然遭到豪强地主的强烈反对，最先起事反对王莽的人中除了少部分刘氏宗室，大多数都是地方豪强。西汉后期部分豪强地主已经儒化，比如依赖宗族势力起家的光武帝刘秀，其早年“乃之长安，受《尚书》，略通大义”（《后汉书·光武帝纪》）。这部分儒化豪强借助对话语权的控制，很快便促使社会舆论由“人心厌汉”转向了“人心思汉”，加剧了王莽政权的执政危机。

自班固以来，王莽虽然被视为篡权贼子备受责斥，然而具有讽刺意味的是，王莽采取的禅让制却成了专制皇权政治中常用的政治手段。王莽的禅让过程大致经历了舆论引导、建立封国和禅让称帝三个阶段，后世的禅代者不但继承了这一模式，更进一步使之程式化。王莽集团在篡权过程中充分利用了操纵舆论与制造天象谶纬等手段来制造权力变更的舆论氛围，这些手段在后世禅让中也广被采用。比如赵匡胤在禅代前大造舆论,以至于“京师多聚语云:‘策点检为天子。’军中知星者河中苗训,见日下复有一日,黑光摩荡,指谓匡胤亲吏楚昭辅曰:‘此天命也。’”(《续资治通鉴·宋纪一》)其手法与王莽不相上下。王莽在代汉前被封为安汉公并受赐“九命之锡”,由此开府建立了一整套公府机构,这一系列的公府机构的设置直接为代汉后中央政府机构的改置奠定了基础。而曹魏与司马氏禅代前,曹操受封魏公,司马昭受封晋公也都建立了自己的公府机构,作为一个禅代的过渡机构也直接受到王莽的影响。禅让之妙在于“禅”与“让”的同台表演,王莽在这个过程中的反复推让等等表现也被后世禅代者纷纷效法。比如梁武帝在禅代前,“抗表陈让,表不获通。于是,齐百官豫章王元琳等八百一十九人,及梁台侍中臣云等一百一十七人,并上表劝进。”(《梁书·武帝本纪》)看来梁武帝的演技较之王莽可谓青出于蓝胜于蓝。在专制皇权政治架构中,通过禅代来完成政权的转换可以说是一种社会代价较小的政治运行方式,王莽确具开创之功,这一手段也成为许多后世统治集团的秘传心法。

(陆海旸)

无关阶层：中国式的排名

〔导言〕 班固的《汉书》，在正史中开创一个体例，就是别立一篇《古今人表》。自远古太昊帝始，至秦汉之际的陈胜、吴广止，凡纪传所载人物，多录入《古今人表》内。《古今人表》将人物分作三类九等：上类三等为上上圣人、上中仁人、上下智人；中类三等为中上、中中、中下；下类三等为下上、下中、下下愚人。

由于《汉书》在一般意义上被认为是记录西汉史实为主的断代史典范，所以其中仅仅以叙述西汉以前人物的《古今人表》就有不伦不类、名实难副的尴尬。颜师古以为“但次古人而不表近人者，其书未毕故也”。吕思勉先生认为：“史表之例，最不可解者，莫如《汉书·古今人表》……此表，盖续《史记》者所撰，后人编入《汉书》，初非孟坚之自乱其例也。”(《史通评》)

首先，我们想解释《古今人表》的“古今”问题。

古来学者几乎一致认为，班固不敢在表中排列西汉诸帝以及各种权贵的优劣，而编次古人足以警示序列今人。钱大昕在《廿二史考异》中说：“予谓今人不可表，表古人以为今人之鉴……后有作者，继此而表之，虽百世可知也。观孟坚《序》但云究极经传、总备古今之略要，初不云褒贬当代，则知此表首尾完具，小颜(颜师古)所云，盖未喻孟坚之旨。”

我们认为“古今”的“今”，不仅是要受到的警鉴的那个“今”，它还实实在在存在于《古今人表》中。《古今人表》所列最后人物除了秦始皇、秦二世、赵高、李斯等，还有和他们同时代的人物陈胜、项籍。而同时陈项二人是《汉书》列传的第一篇。对于《汉书》来说，陈胜、项羽当然是今人，这就说明《古今人表》的“今”字是有实指的，并不是名实不符的。

第二，我们想说明《汉书》必然要突破西汉一朝的时间限度，特别是八表十志。《天文志》保存上古至汉哀帝元寿年间大量有关星运、日食、月食等天文资料;《食货志》详述上古至汉代的经济发展情况;《沟洫志》记述上古至汉朝的水利工程,并说明治水的策略。《汉书》的表也往往不限于西汉一朝历史。《异姓诸侯王表》除了叙述汉初诸侯王之外,还陈列了古代帝王一直到秦始皇的统一;《百官公卿表》描述了上古到西汉王莽时期的官制演变。那作为《古今人表》当然可以远远突破西汉一朝的时限,上溯远古而止于秦汉之际。究其原因,还在于班固也是一位想"究天人之际,通古今之变"的史学大师,他的目的是在融会贯通整个历史,而不是斤斤于通史和断代史的藩篱。

第三,我们认为《古今人表》是完成了的完整作品,但是不成于班固,而应该成于班昭,这个就容我们在后面的鉴赏中慢慢叙述了。

古今人表

〔选文〕

自书契①之作,先民可得而闻者,经传所称,唐虞以上,帝王有号谥,辅佐②不可得而称矣。而诸子颇言之,虽不考乎孔氏③,然犹著在篇籍,归乎显善昭恶,劝诫后人,故博采焉。孔子曰:"若圣与仁,则吾岂敢?"又曰:"何事于仁,必也圣乎!""未知④,焉⑤得仁?""生而知之者,上也;学而知之者,次也;困⑥而学之,又其次也;困而不学,民斯⑦为下矣。"又曰:"中人之上,可以语⑧上也。""唯上智与下愚不移⑨。"传⑩曰:譬如尧舜,禹、稷、卨与之为善则行,鲧、讙兜欲与为恶则诛。可与为善,不可与为恶,是谓上智。桀纣,龙逢、比干欲与之为善则诛,于莘、崇侯与之为恶则行。可与为恶,不可与为善,是谓下愚。齐桓公,管仲相之则霸,竖貂辅之则乱。可与为善,可与为恶,是谓中人。因兹以列九等之序,究⑪极经传,继世相次⑫,总备古今之略要云。

表(略)

选自《汉书》卷二十

〔注释〕 ① 书契：文字记载。 ② 辅佐：帝王的辅佐，犹王侯将相。 ③ 孔氏：孔子。 ④ 知：通“智”。 ⑤ 焉：怎么。 ⑥ 困：被难住。 ⑦ 斯：这。 ⑧ 语：谈论。 ⑨ 移：移动，改变。 ⑩ 传：谓解说经义的文字。 ⑪ 究：穷尽。 ⑫ 次：按次序编列。

〔赏析〕 分等级地品评人物是有一个传统的，春秋时期孔子就已经对人物进行分级评价，他曾经说过：“中人以上，可以语上也；中人以下，不可以语上也。”（《论语·雍也上》）“唯上智与下愚不移。”（《论语·阳货上》）在西汉时候有可能已经出现了对上中下等级的细分，在《史记·李将军列传》中说：“（李）蔡为人在下中，名声出广下甚远，然广不得爵邑，官不过九卿，而蔡为列侯，位至三公。”司马贞的《史记索隐》：“以九品而论，在下之中，当第八。”而将古今人物列为九等，分成上上圣人、上中仁人、上下智人、中上、中中、中下、下上、下中、下下愚人，并将之胪列成表格，应该是班固的原创。这种以九品品论人物的方式，被后世利用，创立了九品中正制。《太平御览》引《孙楚集》：“九品汉氏所无，班固著《汉书》叙先往代贤智以九品条，此盖记鬼录次第耳，而陈群依之以品生人。”可见班固《古今人表》对于后代的察举选官制度有一个推动的作用。

班固对于儒家人物是极端推崇的。西汉以后儒家地位逐步提高，汉武帝接受了董仲舒罢黜百家、独尊儒术的建议，使得儒者地位不断上升，特别是西汉末期到东汉，儒家学说真正达到了当时社会主导思想的地位。班固出身儒学世家，其父班彪、伯父班嗣，皆为当时著名学者。在父祖的熏陶下，班固九岁即能属文，十六岁入太学，博览群书，于儒家经典及历史无不精通。他所编撰的《白虎通义》，融合当时诸多大儒的学说，可谓集经学之大成。正是由于他对儒家经典的熟识与认同，必然地会给予以孔子为代表的儒家人物比较高的排名。我们看到孔子毫无疑问地成为表中的上上圣人，颜渊、左丘明、仲弓、闵子骞等为上中，子贡、子路、子夏、曾子等为上下。孔子的弟子中很少人物如南宫敬叔、子羽等一样被归类到中。而其他的诸子百家，排名基本在中等，老子、墨子、商鞅、韩非子都是中上，而阴阳家邹衍则为中中，像惠施、苏秦则是中下。

如此推崇孔子的班固，在《古今人表》中还有一个创举，就是比较重视女性。据统计，在表中所列1 924人中，列了57名女性，占比虽为3%，但是列于上、中的女性为44名，占所有女性的77%。

我们知道孔子是看不起女性的，他的名言“唯女子与小人为难养也，近之则不逊，远之则怨。”(《论语·阳货下》)虽然有多种解释为孔老夫子开脱，可是孔子还说过：“才难，不其然乎？唐虞之际，于斯为盛。有妇人焉，九人而已。”(《论语·泰伯下》)其实就当时的社会而言，轻视妇女才是风气，圣人不能免俗，假设孔子在当时提倡妇女平权，才是奇怪的穿越。到了汉代，对于妇女同样没有尊重，比如吕公斥责其妻说：“此非儿女子所知也。”(《史记·高祖本纪》)

那么班固的创作是否是对当时社会思想的超越？我们认为也不是，这里就可以展开导言中叙述，就是《汉书·古今人表》成于班固的妹妹班昭。《后汉书·列女传·曹世叔妻》：“兄固著《汉书》，其八表及天文志未及竟而卒。和帝诏昭就东观藏书阁踵而成之。帝数召入宫，令皇后诸贵人师事焉，号曰‘大家’……时《汉书》始出，多未能通者，同郡马融伏于阁下，从昭受读，后又诏融兄续继昭成之。”

我们说表很有可能是由班昭或者马续最后完成的，至少由他们最后补充而成，而《古今人表》极有可能完成于班昭之手。据吴从祥博士的文章，《古今人表》中有浓重的礼教思想，女子多因男性而名垂青史，夫妇是荣辱与共的。在《古今人表》中，凡符合《女诫》要求的，很多列在较高档次，如嫘祖和嫫母(俱为黄帝妃)、娥皇和女英(俱为舜妃)、女趫(禹妃)、有莘氏(汤妃)、大姒(文王妃)等，都在“上中仁人”一档。凡有悖《女诫》要求的，多列在较低档次，如女志(鲧妃)、妹喜(桀妃)在“下中”一档，而妲己、褒姒、文姜、夏姬、南子等，在“下下愚人”最末一等。根据一文一表的对照，我们可以认为，作为当时的女性以及关心女性生活、并且写下作品的班昭，成为在女性问题上有所突破又大体符合主流思想的《古今人表》的作者，是合乎情理、顺理成章的。

(李　丹)

各式人等皆能成历史主角

〔导言〕 春秋战国是中国历史上前所未有的乱世，波澜壮阔的历史大舞台就此展开。帝王将相、草莽英雄，各路豪杰纷纷在这一时期粉墨登场。所谓生逢乱世，强者取生，在这个充满着仇恨、杀戮、斗争与阴谋的时代，生存是强者的权利。物竞天择，适者生存，在这场旷古未有的大乱局里，不同的人都在寻找着属于自己的位置，许多在其他时代并不起眼的小人物，在这时却显得熠熠生辉，以他们独特的智慧，向我们展示了一段别样人生。司马迁的如椽大笔，将刺客、游侠、滑稽三类人物的群像一一展现在我们眼前，形象鲜明，栩栩如生。

这是一个充满了英雄的时代。所谓英雄，可以是纵横捭阖、兼并四方的君王，可以是金戈铁马、叱咤风云的将军，可以是补缀乾坤、斡旋天地的政客，但同样也可以是刺客、游侠、滑稽这样的小人物。小人物亦有大智慧，也可以顶天立地，创造不朽的功业。无论是刺客、游侠还是滑稽人物，虽然他们大多出身卑微，政治地位并不显赫，但他们的每一次出场，却都留下了重章华彩的一笔，为当时风云变幻的历史，谱写了一幕幕英雄的壮歌。刺客独行千里，舍身一击，只为允知己一诺；游侠急人危难、仗义疏财，但求不变的信义；而滑稽巧言善辩，长袖善舞，于谈笑间救国家于危难。这三类人物的存在，均反映出他们所代表的阶层在艰难时局下彰显自身价值的一种努力，不管他们最终身归何处，青史中注定留下他们不朽的传奇。

刺客列传

〔选文〕

专诸者，吴堂邑人也。……伍子胥知公子光之欲杀吴王僚，……乃进[1]专诸于公子光。

……

光既得专诸，善客待之。……

四月丙子，光伏[2]甲士于窟室中，而具[3]酒请王僚。王僚使兵陈自宫至光之家，门户阶陛左右，皆王僚之亲戚[4]也。夹立侍，皆持长铍。酒既酣，公子光详[5]为足疾，入窟室中，使专诸置[6]匕首鱼炙之腹中而进之。既至王前，专诸擘[7]鱼，因以匕首刺王僚，王僚立死。左右亦杀专诸，王人扰乱。公子光出其伏甲以攻王僚之徒，尽灭之，遂自立为王，是为阖庐。阖庐乃封专诸之子以为上卿。

……

豫让者，晋人也，故尝[8]事范氏及中行氏，而无所知名。去[9]而事智伯，智伯甚尊宠之。及智伯伐赵襄子，赵襄子与韩、魏合谋灭智伯，灭智伯之后而三分其地。赵襄子最怨智伯，漆[10]其头以为饮器。豫让遁逃山中，曰："嗟乎！士为知己者死，女为说[11]己者容。今智伯知我，我必为报仇而死，以[12]报智伯，则吾魂魄不愧矣。"乃变名姓为刑人，入宫涂[13]厕，中挟匕首，欲以刺襄子。襄子如厕，心动，执[14]问涂厕之刑人，则豫让，内持刀兵，曰："欲为智伯报仇！"左右欲诛之。襄子曰："彼义人也，吾谨避之耳。且智伯亡无后，而其臣欲为报仇，此天下之贤人也。"卒释[15]去之。

居顷之，豫让又漆身为厉[16]，吞炭为哑，使形状不可知，行乞于市。其妻不识也。行见其友，其友识之，曰："汝非豫让邪？"曰："我是也。"其友为泣曰："以子之才，委质[17]而臣事[18]襄子，襄子必近幸[19]子。近幸子，乃为所欲，顾不易邪？何乃残身苦形，欲以求报[20]襄子，不亦难乎！"豫让曰："既已委质臣事人，而求杀之，是怀二心以事其君也。且吾所为者极难耳！然所以为此者，将以愧[21]天下后世之为人臣怀二心以事其君者也。”既去，顷之，襄子当出，豫让伏于所当过之桥下。襄子至桥，马惊，襄子曰：“此必是豫让也。”使人问之，果豫让也。于是襄子乃数[22]豫让曰：“子不尝事范、中行氏乎？智伯尽灭之，而子不为报仇，而反委质臣于智伯。智伯亦已死矣，而子独何以为之报仇之深也？”豫让曰：“臣事范、中行氏，范、中行氏皆众人遇[23]我，我故众人报之。至于智伯，国士遇我，我故国士报之。”襄子喟然叹息而泣曰：“嗟乎豫子！子之为智伯，名既成矣，而寡人赦子，亦已足矣。子其自为计，寡人不复释子！”使兵围之。豫让曰：“臣闻明主不掩[24]人之美，而忠臣有死名之义。前君已宽赦臣，天下莫不称[25]君之贤，今日之事，臣固伏[26]诛，然愿请君之衣而击之，焉[27]以致报仇之意，则虽死不恨[28]。非所敢望也，敢布[29]腹心！”于是襄子大义之，乃使使持衣与[30]豫让。豫让拔剑三跃而击之，曰：“吾可以下报智伯矣！”遂伏剑自杀。死之日，赵国志士闻之，皆为涕泣。

……

聂政者，轵深井里人也。杀人避仇，与母、姊如[31]齐，以屠为事[32]。

久之，濮阳严仲子事韩哀侯，与韩相侠累有郤[33]。严仲子恐诛，亡[34]去，游[35]求人可以报侠累者。至齐，齐人或言聂政勇敢士也，避仇隐于屠者之间。严仲子至门请，数反[36]，然后具酒自畅聂政母前。酒酣，严仲子奉黄金百溢[37]，前为聂政母寿[38]。聂政惊怪其厚，固谢[39]严仲子。严仲子固进[40]，而聂政谢曰：“臣幸有老母，家贫，客游以为狗屠，可以旦夕得甘毳以养亲。亲供养备，不敢当㊶仲子之赐。”严仲子辟㊷人，因为聂政言曰：“臣有仇，而行游诸侯众矣；然至齐，窃㊸闻足下义甚高，故进百金者，将用为大人㊹粗粝之费，得以交足下之欢，岂敢以有求望邪！”聂政曰：“臣所以降志辱身居市井屠者，徒幸以养老母；老母在，政身未敢以许人也。”严仲子固让㊺，聂政竟㊻不肯受也。然严仲子卒备㊼宾主之礼而去。

久之，聂政母死。既已葬，除服㊽……乃遂西至濮阳，见严仲子曰：“前日所以不许㊾仲子者，徒以亲在；今不幸而母以天年终。仲子所欲报仇者为谁？请得从㊿事焉！”严仲子具告曰：“臣之仇韩相侠累”……聂政乃辞独行。

杖剑至韩，韩相侠累方坐府上，持兵戟而卫侍者甚卫。聂政直入，上阶刺杀侠累，左右大乱。聂政大呼，所击杀者数十人，因自皮面决眼，自屠[51]出肠，遂以死。

韩取聂政尸暴[52]于市，购问莫知谁子。于是韩县[53]购之，有能言杀相侠累者予千金。久之莫知也。政姊荣闻……如韩，之[54]市，而死者果政也，伏尸哭极哀，曰：“……政所以蒙污辱自弃于市贩之间者，为老母幸无恙，妾未嫁也。亲既以天年下世，妾已嫁夫，严仲子乃察举[55]吾弟困污之中而交之，泽[56]厚矣，可奈何！士固为知己者死，今乃以妾尚在之故，重自刑以绝从[57]，妾其奈何畏殁身之诛，终灭贤弟之名！”大惊韩市人。乃大呼天者三，卒于邑悲哀而死政之旁。

选自《史记》卷八十六

〔**注释**〕 ①进：推荐。 ②伏：埋伏。 ③具：备办。 ④亲戚：亲信。 ⑤详：通“佯”，假装。 ⑥置：放。 ⑦擘：剖开。 ⑧尝：曾经。 ⑨去：离开。 ⑩漆：涂漆。 ⑪说：通“悦”。 ⑫以：通“已”。 ⑬涂：涂抹。 ⑭执：逮捕。 ⑮释：释放。 ⑯厉：通“癞”，麻风病。 ⑰委质：托身。 ⑱事：辅佐。 ⑲幸：宠爱。 ⑳报：报复。 ㉑愧：使羞愧。 ㉒数：责备。 ㉓遇：对待。 ㉔掩：埋没。 ㉕称：称颂。

㉖伏：屈服。 ㉗焉：因之。 ㉘恨：遗憾。 ㉙布：陈述。 ㉚与：给。 ㉛如：到。 ㉜事：职业。 ㉝郤：隔阂。 ㉞亡：逃跑。 ㉟游：周游。 ㊱反：通“返”。 ㊲溢：通“镒”，重量单位。 ㊳寿：祝福。 ㊴谢：谢绝。 ㊵进：奉上。 ㊶当：承受。 ㊷辟：同“避”。 ㊸窃：私下。 ㊹大人：指聂母。 ㊺让：推让。 ㊻竟：最终。 ㊼备：齐备。 ㊽除服：服丧期满。 ㊾许：答应。 ㊿从：办理。 (51)屠：杀。 (52)暴：显露。 (53)县：通“悬”。 (54)之：到。 (55)察举：挑选。 (56)泽：恩惠。 (57)绝从：断绝线索。

〔赏析〕《刺客列传》是列传的第二十六篇，是一篇专记刺客故事的类传。类传是司马迁的首创，他在为历史人物做传的时候，按以类相从的原则，把同一类人物的活动，归到一个传内，这样可以突出这一类人物的群体形象和反映该类人物鲜明的精神特征。《刺客列传》和下文将要提到的《游侠列传》和《滑稽列传》都属于这一类列传。

在《刺客列传》里，司马迁一共记载了五位刺客的故事，本文选取了其中有代表性的三位刺客：专诸、豫让和聂政。其中，专诸的刺杀计划最为巧妙，他是吴国堂邑人，伍子胥将其推荐给了公子光，公子光厚待他，目的就是为了让他去刺杀吴王僚，但吴王僚戒备森严，杀他谈何容易？专诸为此制订了一个中国历史上著名的刺杀计划——鱼藏剑。他将匕首藏在鱼肚之中，借献鱼之机，避开了检查，成功刺杀了吴王僚，而自己亦为僚的卫士所杀，公子光之后即位为吴君，加封专诸之子为上卿。豫让的刺杀故事最为曲折，豫让是晋国人，智伯曾经非常优厚地对待他，后来智伯为赵襄子所杀，头被割下来当饮器，豫让发誓要为旧主报仇。于是先是伪装成受过刑的人进入赵襄子宫中，想假借整修厕所之机行刺赵襄子，被赵襄子察觉，赵襄子感其义举放过了他。但豫让并未就此罢休，他自毁容貌，漆身吞炭，让妻子朋友都认不出来，然后躲藏在赵襄子要经过的桥下准备再度行刺，再次未遂之后，豫让只得请求赵襄子让他刺破其衣，以此报智伯之恩，在赵襄子应允之后，豫让在砍了衣服三剑之后自杀。聂政则可能是刺客列传里武功最为高强的一位，他因为躲避仇家带着母亲和姐姐逃到了齐国，以屠宰为生，严仲子想让他刺杀自己的政敌侠累，所以对其施以厚礼，聂政却因为老母尚健在，拒绝了严仲子的厚礼。聂母去世之后，聂政为报严仲子知遇之恩，主动找到严仲子提出愿为其复仇，只身仗剑赴韩,在刺杀了侠累之后,自毁面容后自杀。韩国为了确认凶手的身份,将其尸体暴于街市,并悬赏查问凶手身份。其姐聂荣闻讯赶往韩都查看,在证实后伏尸痛哭而死去。

刺客这一类人物,古今都有,但没有哪一个时代的刺客能像春秋战国时代的刺客这样慷慨悲壮,也没有哪一个时代的刺客能像春秋战国时代的刺客那样对社会产生如此深刻的影响。与现在我们理解上的以收取金钱为目的的“职业杀手”们不同,司马迁笔下的刺客,无一不是重情重义之人,他们舍身赴死的动机,都只是为报知己之义,故主之恩。也许在今天看来,他们的许多行为让人无法理解,仅仅是他人的器重,就可以不问中间的是非曲直舍命一击?这也是历来一些人批评刺客列传里人物的地方,但无论后世用什么样的眼光来看待那个时代的刺客,我们必须首先要认识到,刺客是深深植根于那个时代土壤的产物,时势造英雄,正是有春秋战国这样空前惨烈的乱局铸就了像豫让这样的一批至情至性的刺客。在那个政治风云变幻、兼并战争不断的乱世里,不仅人的生命形如草芥,人的价值亦微不足道。而刺客们虽然个个出身低微,却有着高贵的人格,他们重义深情,对懂得欣赏重视他们的人愿意以死相报,“士为知己者死”不仅是他们坚定的人生信条,更是他们的使命。因为他们深知,他们低微的出身,如果没有上层人物的赏识,永远也不会有崭露头角的机会,他们亦深知,一旦获得他人的赏识重视,就应当为此舍生取义,从容赴死。这既是刺客的操守,也是刺客的宿命。无论专诸、豫让还是聂政,他们愿意以自己的生命来实现自己对于信义的坚守,对恩主的回报,这种看似甘为他人附庸似的服从,其实却张扬着的自我个性的大旗,他们的勇于赴死,不仅仅是为了实现对恩主的承诺,更是为了实现个人的自我价值,所以豫让宁愿漆身吞炭也不愿委身人臣,聂政甘愿自毁面容而不愿连累其姐。也正是如此,他们虽然身死,死亦悲壮激昂,余音不绝。

游侠列传

〔选文〕

鲁朱家者,与高祖同时。鲁人皆以①儒教,而朱家用侠闻[②]。所藏活豪士以百数[③]，其余庸人不可胜言。然终不伐其能，歆[④]其德，诸[⑤]所尝施[⑥]，唯恐见之。振[⑦]人不赡[⑧]，先从贫贱始。家无余财，衣不完采，食不重味，乘不过軥牛。专趋人之急，甚己之私。既阴[⑨]脱季布将军之厄，及布尊贵，终身不见也。自关以东，莫不延颈愿交[⑩]焉。

……雒阳有剧孟。周人以商贾为资，而剧孟以任侠显[⑪]诸侯。吴楚反时，条侯为太尉，乘传车将至河南，得剧孟，喜曰："吴楚举[⑫]大事而不求孟，吾知其无能为已矣。"天下骚动，宰相得之若得一敌[⑬]国云。剧孟行大类朱家，而好博，多少年之戏[⑭]。然剧孟母死，自远方送丧盖千乘。及剧孟死，家无余十金之财。而符离人王孟亦以侠称[⑮]江淮之间。

……

郭解，轵人也，字翁伯，善[⑯]相人者许负外孙也。解父以任侠，孝文时诛死。解为人短小精悍，不饮酒。少时阴[⑰]贼[⑱]，慨不快意，身所杀甚众。以躯借交报仇，藏命[⑲]作奸剽攻，休乃铸钱掘冢，固不可胜数。适[⑳]有天幸，窘急常得脱，若[㉑]遇赦。及解年长，更折节为俭[㉒]，以德报怨，厚施而薄望。然其自喜为侠益甚。既已振人之命，不矜[㉓]其功。其阴贼著于心，卒[㉔]发于睚眦如故云。而少年慕其行，亦辄为报仇，不使知也。解姊子负[㉕]解之势，与人饮，使之嚼[㉖]。非其任，强必灌之。人怒，拔刀刺杀解姊子，亡去。解姊怒曰："以翁伯之义，人杀吾子，贼不得？"弃其尸于道，弗葬，欲以辱解。解使人微[㉗]知贼处。贼窘自归，具以实告解。解曰："公杀之固当，吾儿不直。"遂去[㉘]其贼，罪其姊子，乃收而葬之。诸公闻之，皆多[㉙]解之义，益附[㉚]焉。

解出入，人皆避之。有一人独箕倨视之，解遣人问其名姓。客欲杀之。解曰："居邑屋至不见[31]敬，是吾德不修也，彼何罪！"乃阴属[32]尉史曰："是人，吾所急[33]也，至践更时脱[34]之。"每至践更，数过，吏弗求。怪之，问其故，乃解使脱之。箕踞者乃肉袒谢罪。少年闻之，愈益慕解之行。

洛阳人有相仇者，邑中贤豪居间[35]者以十数，终不听。客乃见郭解。解夜见仇家，仇家曲[36]听解。解乃谓仇家曰："吾闻洛阳诸公在此间，多不听者。今子幸而听解，解奈何乃从他县夺人邑中贤大夫权乎！"乃夜去，不使人知，曰："且无用，待我去，令洛阳豪居其间，乃听之。"

解执恭敬，不敢乘车入其县廷。之旁郡国，为人请求事，事可出[37]，出之；不可者，各厌[38]其意。然后乃敢尝酒食。诸公以故严重[39]之，争为用。邑中少年及旁近县贤豪，夜半过门常十余车，请得解客舍养之。

及徙[40]豪富茂陵也，解家贫，不中[41]訾，吏恐，不敢不徙。卫将军为言："郭解家贫不中徙。"上曰："布衣权至使将军为言，此其家不贫。"解家遂徙。诸公送者出千余万。轵人杨季主子为县掾，举徙解。解兄子断杨掾头。由此杨氏与郭氏为仇。

解入关，关中贤豪知与不知，闻其声，争交欢解。解为人短小，不饮酒，出未尝有骑。已又杀杨季主。杨季主家上书，人又杀之阙下。上闻，乃下吏捕[42]解。解亡，置[43]其母家室夏阳，身[44]至临晋。临晋籍少公素[45]不知解，解冒[46]，因求出关。籍少公已出解，解转入太原。所过辄告主人家。吏逐之，迹至籍少公。少公自杀，口绝。久之，乃得解。穷[47]治所犯，为解所杀，皆在赦前。轵有儒生侍[48]使者坐，客誉[49]郭解，生曰："郭解专以奸犯公法，何谓贤！"解客闻，杀此生，断其舌。吏以此责[50]解，解实不知杀者。杀者亦竟绝，莫知为谁。吏奏解无罪。御史大夫公孙弘议曰："解布衣为任侠行权，以睚眦杀人，解虽弗知，此罪甚于解杀之。当大逆无道。"遂族[51]郭解翁伯。

……

太史公曰：吾视郭解，状貌不及中人，言语不足采者。然天下无贤与不肖，知与不知，皆慕其声，言侠者皆引以为名。谚曰："人貌荣名，岂有既[52]乎！"於戏，惜[53]哉！

选自《史记》卷一百二十四

〔注释〕 ①以：用。 ②闻：闻名。 ③数：计算。 ④歆：喜欢。 ⑤诸：各个。 ⑥施：帮助。 ⑦振：通"赈"。 ⑧赡：足够。 ⑨阴：暗中。 ⑩交：结交。 ⑪显：显扬。 ⑫举：发动。 ⑬敌：相当。 ⑭戏：游戏。 ⑮称：扬名。 ⑯善：擅长。 ⑰阴：阴险。 ⑱贼：残忍。 ⑲命：亡命之徒。 ⑳适：恰逢。 ㉑若：或者。 ㉒俭：自我约束。 ㉓矜：夸耀。 ㉔卒：通"猝"，突然。 ㉕负：倚仗。 ㉖嚼：通"釂"，喝完酒。 ㉗微：暗中。 ㉘去：释放。 ㉙多：称赞。 ㉚附：归附。 ㉛见：被。 ㉜属：同"嘱"，嘱咐。 ㉝急：关切。 ㉞脱：遗漏。 ㉟居间：调解。 ㊱曲：勉强。 ㊲出：解决。 ㊳厌：满足。 ㊴重：尊重。 ㊵徙：迁移。 ㊶中：符合。 ㊷捕：逮捕。 ㊸置：安置。 ㊹身：单身。 ㊺素：向来。 ㊻冒：贸然。 ㊼穷：尽。 ㊽侍：陪着。 ㊾誉：赞扬。 ㊿责：责问。 [51]族：族灭。 [52]既：已经。 [53]惜：可惜。

〔赏析〕 《游侠列传》里记载的游侠，虽然和人们印象中快意恩仇、行侠仗义的侠客有所不同，但同样是游离于国家的法律制度之外的一群人。司马迁在《游侠列传》里，主要记载了朱家、剧孟、郭解这三个游侠的形象。在写法上虚实结合，详略得当。文章首先描写了朱家、剧孟这两个人物。这两个人物都只是虚写，司马迁并没有介绍他们的具体事迹，而只是写了他们当时的影响力。不过具体的方法又有所不同，朱家多从正面直接描述他的事迹，介绍他的影响，而剧孟则是多从他人之口，从另一个侧面勾勒出剧孟的形象。因为在司马迁看来，剧孟行事有和朱家类似之处，都颇有孟尝之风，能仗义疏财解人于忧困，但作为不同的两个人，描写要有所区分，因此在对两人都采取虚写的同时又有一定区别。

虽是虚写，但是我们已经能从中看出，游侠能救人于危急而本身又具有一定的品德，因此为时人所称颂，具有很大的影响力。但仅仅这样还不足以让人对游侠的形象产生一个全面的认识，因此司马迁通过对另一个人物——郭解的描写来对游侠的具体形象进行描述。

与朱家、剧孟的虚写不同，司马迁对郭解的记载极为精详。这不仅是因为司马迁小时候曾与郭解同住过茂陵，更是因为在司马迁看来，郭解是游侠的典型代表，更能反映出游侠这类人物的特点。司马迁笔下的郭解，也曾年少轻狂，做过许多诸如铸私钱、盗墓等作奸犯科之事，但随着岁月的流逝，郭解逐渐成长为一个成熟而稳重的游侠。他义释杀死侄儿的凶手，只因侄儿犯错在先；他以德报怨，对轻视自己的人不仅不打击报复，反而想法给予优待；他不仗势欺人，调停矛盾不愿声张。可以看出，郭解不仅重情重义，心胸宽广，而且为人谨慎，行事低调稳重，因此受到了广泛的拥戴。

郭解这样的游侠在当时之所以深受欢迎，影响广大，这与他们自身品质符合当时的社会需要是分不开的。在封建社会法制并不健全的情况下，人们渴望公平正义，许多危难需要帮助，这些要求，封建时代的政府并不能很好满足。因此具备优良品质、能解人于危难的游侠成了许多人心目中的英雄。封建专制政权下基层存在着的权力真空，正是游侠的生存空间所在。虽然游侠有其生存之道，但其存在必然会影响到国家的权威，因此封建统治者必然会加强对游侠的管束。在汉武帝迁徙富豪到茂陵的事情上，郭解本来不够富豪的级别，但是因为其影响力太大，当地官吏不敢不把他算进去。这时郭解又错误地让大将军卫青去为他说情，结果位高权重的卫青不仅没能说服皇帝，反而让汉武帝察觉到郭解具有很大的影响力，加强了对他的防范。

偏偏郭解不知收敛，迁居之后，依然我行我素，照样结交当地贤豪，依然快意恩仇，杀死仇家。仇家上诉，仰慕他的人又将上诉人杀死，这一恶性事件终于惹来龙颜大怒，下令抓捕郭解。郭解出逃期间，不少人破家相容，甚至有人自杀，以此保护郭解。等到后来终于抓住郭解，一查他的罪行，却都发生在大赦以前，按律郭解应当无罪，但此时郭解的一个门客杀了一个诋毁郭解的儒生,而郭解交不出人来。御史大夫公孙弘因此认为,虽然郭解没有亲自杀人,但是他平时利用游侠身份的作为和影响,比杀人还严重,应当重治。于是郭解全家被杀。

公孙弘的话点出了郭解被杀的关键,郭解之所以落得被族诛的下场,并非是因为他犯了什么实际的罪过,而是他所代表的这类游侠,已经威胁到了封建王朝的统治。游侠这类人,顺应时代而生,他们的存在,反映出社会对这类人的需要,但这与统一的封建王朝的要求必然不符。因此,在汉初统一王朝还不太稳固的情况下,游侠尚能有一定的生存空间;而在雄才大略的汉武帝时代,管束游侠这类对王朝的权威能形成挑战的人物成为势在必行的事。郭解虽然知道如何成为一个好的游侠的道理,但是他没有认识到时代大势已经发生了变化,还按以往的方式处理,未思变通,最终只能以悲剧收场。

滑稽列传

〔选文〕

孔子曰:"六艺于治一也。礼以节[①]人,乐以发[②]和,书以道[③]事,诗以达意,易以神化,春秋以义。"太史公曰:天道恢恢,岂不大哉!谈言微[④]中,亦可以解纷。

淳于髡者,齐之赘婿也。长不满七尺,滑稽多辩,数[⑤]使诸侯,未尝屈辱。齐威王之时喜隐[⑥],好为淫乐长夜之饮,沈湎不治,委[⑦]政卿大夫。百官荒乱,诸侯并侵,国且[⑧]危亡,在于旦暮,左右莫敢谏。淳于髡说之以隐曰:"国中有大鸟,止[⑨]王之庭,三年不蜚[⑩]又不鸣,不知此鸟何也?"王曰:"此鸟不飞则已,一飞冲天;不鸣则已,一鸣惊人。"于是乃朝[⑪]诸县令长七十二人,赏一人,诛一人,奋兵而出。诸侯振惊,皆还[⑫]齐侵地。威行三十六年。语在田完世家中。

威王八年,楚大发兵加[⑬]齐。齐王使淳于髡之赵请救兵,赍[⑭]金百斤,车马十驷。淳于髡仰天大笑,冠缨索[⑮]绝[⑯]。

王曰："先生少[17]之乎？"髡曰："何敢！"王曰："笑岂有说乎？"髡曰："今者臣从东方来，见道傍有禳田者，操一豚蹄，酒一盂，祝[18]曰：'瓯窭满篝，污邪满车，五谷蕃熟，穰穰满家。'臣见其所持者狭而所欲者奢，故笑之。"于是齐威王乃益[19]赍黄金千溢，白璧十双，车马百驷。髡辞而行，至赵。赵王与之精兵十万，革车千乘。楚闻之，夜引兵而去。

……

其后百余年，楚有优孟。

优孟，故楚之乐人也。长八尺，多辩，常以谈笑讽谏。楚庄王之时，有所爱马，衣以文绣，置之华屋之下，席以露床，啖以枣脯。马病肥死，使群臣丧[20]之，欲以棺椁大夫礼葬之。左右争[21]之，以为不可。王下令曰："有敢以马谏者，罪至死。"优孟闻之，入殿门，仰天大哭。王惊而问其故。优孟曰："马者王之所爱也，以楚国堂堂之大，何求不得，而以大夫礼葬之，薄[22]，请以人君礼葬之。"王曰："何如？"对曰："臣请以雕玉为棺，文梓为椁，楩枫豫章为题凑，发[23]甲卒为穿圹，老弱负[24]土，齐赵陪位于前，韩魏翼卫其后，庙食太牢，奉[25]以万户之邑。诸侯闻之，皆知大王贱[26]人而贵马也。"王曰："寡人之过一至此乎！为之奈何？"优孟曰："请为大王六畜葬之。以垅灶为椁，铜历为棺，赍以姜枣，荐[27]以木兰，祭以粮稻，衣以火光，葬之于人腹肠。"于是王乃使以马属[28]太官，无令天下久闻也。

……

褚先生曰：臣幸得以[29]经术为郎，而好读外家传语。窃不逊让，复作故事滑稽之语六章，编之于左。可以览观扬[30]意，以示后世好事者读之，以游[31]心骇耳，以附[32]益上方太史公之三章。

……

魏文侯时，西门豹为邺令。豹往到邺，会[33]长老，问之民所疾苦。长老曰："苦为河伯娶妇，以故贫。"豹问其故，对曰："邺三老、廷掾常岁赋敛[34]百姓，收取其钱得数百万，用其二三十万为河伯娶妇，与祝巫共分其余钱持归。当其时，巫行[35]视小家女好者，云是[36]当为河伯妇，即娉取[37]。洗沐之，为治[38]新缯绮縠衣，间[39]居斋戒；为治斋宫河上，张缇绛帷，女居其中。为具[40]牛酒饭食，十余日。共粉饰之，如嫁女床席，令女居其上，浮之河中。始浮，行数十里乃没[41]。其人家有好女者，恐大巫祝为河伯取之，以故多持[42]女远逃亡。以故城中益空无人，又困贫，所从来久远矣。民人俗语曰'即不为河伯娶妇，水来漂没，溺其人民'云。"西门豹曰："至为河伯娶妇时，愿三老、巫祝、父老送女河上，幸[43]来告语之，吾亦往送女。"皆曰："诺。"

至其时，西门豹往会之河上。三老、官属、豪长者、里父老皆会，以人民往观之者三二千人。其巫，老女子也，已年七十。从弟子女十人所，皆衣[44]缯单衣，立大巫后。西门豹曰："呼河伯妇来，视其好丑。"即将女出帷中，来至前。豹视之，顾谓三老、巫祝、父老曰："是女子不好，烦[45]大巫妪为入报[46]河伯，得更求好女，后日送之。"即使吏卒共抱大巫妪投之河中。有顷，曰："巫妪何久也？弟子趣[47]之！"复以弟子一人投河中。有顷，曰："弟子何久也？复使一人趣之！"复投一弟子河中。凡投三弟子。西门豹曰："巫妪弟子是女子也，不能白[48]事，烦三老为入白之。"复投三老河中。西门豹簪笔磬折，乡[49]河立待良久。长老、吏傍观者皆惊恐。西门豹顾[50]曰:"巫妪、三老不来还,奈之何?"欲复使廷掾与豪长者一人入趣之。皆叩头,叩头且破,额血流地,色如死灰。西门豹曰:"诺,且留待之须臾。"须臾,豹曰:"廷掾起[51]矣。状[52]河伯留客之久,若[53]皆罢去归矣。"邺吏民大惊恐,从是以后,不敢复言为河伯娶妇。

选自《史记》卷一百二十六

〔注释〕 ① 节:节制。 ② 发:产生。 ③ 道:同"导"。 ④ 微:精妙。 ⑤ 数:多次。 ⑥ 隐:隐语。 ⑦ 委:委托。 ⑧ 且:将要。 ⑨ 止:停留。 ⑩ 蜚:通"飞"。 ⑪ 朝:召见。 ⑫ 还:归还。 ⑬ 加:侵凌。 ⑭ 赍:带着。 ⑮ 索:完全。 ⑯ 绝:断。 ⑰ 少:认为少。 ⑱ 祝:祝祷。 ⑲ 益:增加。 ⑳ 丧:治丧。 ㉑ 争:劝阻。 ㉒ 薄:轻视。 ㉓ 发:调动。 ㉔ 负:背。 ㉕ 奉:供养。 ㉖ 贱:轻视。 ㉗ 荐:加入。 ㉘ 属:通"嘱",托付。 ㉙ 以:凭借。 ㉚ 扬:发扬。 ㉛ 游:愉悦。 ㉜ 附:补充。 ㉝ 会:召见。 ㉞ 敛:征收。 ㉟ 行:巡视。 ㊱ 是:这。 ㊲ 取:同"娶"。 ㊳ 治:置办。 ㊴ 间:隔开。 ㊵ 具:准备。 ㊶ 没:沉没。 ㊷ 持:带着。 ㊸ 幸:希望。 ㊹ 衣:穿。 ㊺ 烦:劳烦。 ㊻ 报:报告。 ㊼ 趣:通"促",催促。 ㊽ 白:说明。 ㊾ 乡:通"向"。 ㊿ 顾:回头。 [51] 起:站起来。 [52] 状:看样子。 [53] 若:你们。

〔赏析〕 《滑稽列传》中"滑稽"一词,不仅读音与今天不同,意思也有所差别。"滑"音同"谷",其义为言辞流利,正言若反,思维敏捷,没有阻难之意。而滑稽列传里的诸人物,无一不是能言善辩,长袖善舞之辈。因此滑稽列传里的"滑稽"一词,和我们今天所理解的言语、动作或事态令人发笑之意是有区别的。

司马迁在《滑稽列传》一共记载了三位人物的故事,后来西汉史学家褚少孙又补写了六位人物,本文选取了其中有代表性的三个人物的故事。

淳于髡是《滑稽列传》中的第一个出场人物,他出身时人所鄙夷的"赘婿"一类,外形不佳,"长不满七尺",但他有"滑稽多辩"的能力,能"数使诸侯,未尝屈辱",不仅如此,他还善于用巧言妙语劝谏国君,拯救国家于危亡之际。优孟是列传里第二个出场的人物,身为乐人,他亦出身低微,但在楚庄王想以大臣之礼厚葬爱马,群臣束手无策之时,只有他挺身而出,利用自己的巧言善辩,正话反说,让楚王认识到了自己的错误,阻止了一场闹剧的发生。

褚少孙笔下的西门豹是其续著中最大的亮点，在褚氏笔下，一个精明能干的治世能臣跃然纸上。面对地方官吏和某些装神弄鬼的人相互勾结制造的所谓河伯娶亲的阴谋，西门豹并不是直接予以戳破，而是顺其言而行，假意相信有河伯娶亲的事情，然后以其人之道还治其人之身，不仅巧妙的揭穿了骗局，更有力的打击了地方黑恶势力，使得这一骗局再也无法在当地出现。客观来说，西门豹更应该算在循吏一类，而不应是滑稽人物。不过褚少孙将之列入此滑稽类，正是看中了他言谈充满机锋，行为十分睿智的特点，也正是突出了这方面的特点，才使得此篇脍炙人口，广为传颂。

应该说，滑稽列传的故事虽然精彩，但身处今时的我们。阅读之后，很难理解为什么会有滑稽这类人物存在，而他们又为什么要用这类方式来说服当事人。事实上，这是和那个时代的特点分不开的。要知道，在中国古代，君主居于权力的核心，国家的决策往往取决于君主的意志，君主的好恶，不再是个人的小事，他们的言行，将直接影响着国家的命运，在这种情况下，如何向君主进谏，让君主接受正确的意见就成为事关国家前途的大事。一言以兴邦，一言以丧邦，虽有夸大，却有其合理的一面。但劝谏君王又是非常危险的事情，“逆龙鳞”而招致刑责甚至杀身之祸的例子，古代比比皆是，别的不说，太史公本人就因为李陵事件仗义执言而得罪了汉武帝被处以宫刑。因此，如何有效的劝谏君主，引导他们往正确的道路上走，这是在君权无法得到有效限制的古代社会里大臣们所要面对的共同难题。君主也是人，也有弱点和脾气，如果不抓住君主的心理，化解他心中的死结，而是单纯一味死谏，不仅难以说服君主，相反还会给自己带来危险。而如何巧妙的说服君主，正是滑稽列传中的人物所擅长的生存之道。他们巧言善辩，正话反说，从侧面迂回达到目的，也正是由于他们地位低下，君主往往忽视他们的存在，不会像对待其他大臣那样时时留心，因此更容易陷入他们精心设计的言语的圈套，从而被说服而改变原来的错误。

应该说，如何有效的表达自己的观点，说服他人听取自己的意见，一直是困扰我们的难题。单纯的摆道理，苦口婆心的讲单调的事实，能否就可以达到说服他人的目的？事实上，如何抓住倾听者的特点，打消对方的抵触情绪，特别是如何使身处高位的倾听者能俯听你的意见，这都需要一定的方法和智慧。从这个角度上来说，直到今日，滑稽列传里的人物，依然闪烁着他们不朽的智慧光辉。

与其他列传不同，滑稽列传一文，多用赋笔，布局精巧，句法奇秀，妙趣横生，读来令人击节，应该说是太史公纵情笔墨、挥洒文采的得意之作。文中多夸张跌宕之处，如前文处既说齐国“威行三十六年”，但后文马上说“威王八年”即有楚军“大发兵加齐”。这样看似前后矛盾的地方，本文中还有多处，故在后人看来，滑稽列传不像是一篇史传，更似一则小说。但实际上，司马迁对这类看似小丑的人物，给予了很高的评价，因为这些人物，寄托了他的政治理想，抒发自己对现实政治的不满。而褚少孙的境遇与太史公迥异，因此自然无法理解司马迁的良苦用心，他的续著，虽然不能说是狗尾续貂之作，但与太史公相比已大为逊色。好在其笔下人物故事新奇，情节曲折，亦多少弥补了此中不足。

（谢科峰）

文学的个人化和学术的群体化

〔导言〕 本组《屈原贾生列传》和《儒林列传》两篇传记，从中国文化史的角度看，具有特殊意义。可以说，《屈原贾生列传》所展示的是政治家如何变为文学家、文人，《儒林列传》所展示的则是经学家、儒生如何走上政治仕途乃至于成为政治家。屈原是具有美政理想的政治家，为了楚国的强大，提出举贤授能、修明法度的政治主张，并与保守势力进行不屈不挠的斗争，乃至于以身殉国。屈原身上，体现的是先秦士人敢于担当、敢于牺牲的精神。但残酷的现实最终把他逼上文学创作的道路，代表作《离骚》以上天入地的幻想方式表达对现实的批判、对理想的执著追求以及炽热的爱国热情。他的创作是个人心灵的真实体现，实现了文学创作由集体化到个人化的转变，这是战国时代文学发展的重要特点。《儒林列传》通过儒生的个人命运，展示了经学的产生与发展历程，展示了汉代士人的人格和精神的变化；同时说明，社会政治需要学术，也可以引导学术；学术需要认同和顺从政治，而且是集体性的认同和顺从。以经学为代表的学术在汉代逐渐正统化，并且对中国传统学术产生深远影响。从史书体例来说，《屈原贾生列传》是单个人的独立传记，《儒林列传》则是一类人的集体传记。两篇传记着眼点虽然不同，但所反映的都是士人在政治压力下的思想和行为的变化，这种变化也是时代变化的重要体现。

屈原列传

〔选文〕

屈原者，名平，楚之同姓也。为楚怀王左徒。博闻强志①，明于治乱，娴②于辞令。入③则与王图议国事，以出号令；出④则接遇宾客，应对⑤诸侯。王甚任⑥之。

上官大夫与之同列，争宠而心害[7]其能。怀王使屈原造[8]为宪令，屈平属[9]草稿未定。上官大夫见而欲夺之，屈平不与，因谗[10]之曰："王使屈平为令，众莫不知，每一令出，平伐[11]其功，以为'非我莫能为'也。"王怒而疏[12]屈平。

屈平疾[13]王听之不聪也，馋谄之蔽[14]明也，邪曲之害公也，方正之不容也，故忧愁幽思而作《离骚》。离骚者，犹离[15]忧也。夫天者，人之始也；父母者，人之本也。人穷则反[16]本，故劳苦倦极，未尝不呼天也；疾痛惨怛，未尝不呼父母也。屈平正道直行，竭忠尽智以事[17]其君，谗人间[18]之，可谓穷矣。信而见[19]疑，忠而被谤，能无怨乎？屈平之作《离骚》，盖自怨生也。《国风》好色而不淫，《小雅》怨诽而不乱，若《离骚》者，可谓兼之矣。上称帝喾，下道齐桓，中述汤武，以刺[20]世事。明道德之广崇，治乱之条贯，靡不毕见[21]。其文约[22]，其辞微[23]，其志洁，其行廉，其称文小而其指[24]极大，举类迩而见义远。其志洁，故其称物芳。其行廉，故死而不容。自疏濯[25]淖污泥之中，蝉蜕于浊秽，以浮游尘埃之外，不获世之滋垢，皭然泥而不滓[26]者也。推此志也，虽与日月争光可也。

屈平既绌[27]，其后秦欲伐齐，齐与楚从[28]亲，惠王患[29]之，乃令张仪详[30]去秦，厚币委质[31]事楚，曰："秦甚憎齐，齐与楚从亲，楚诚能绝齐，秦愿献商于之地六百里。"楚怀王贪而信张仪，遂绝齐，使使如[32]秦受地。张仪诈[33]之曰："仪与王约六里，不闻六百里。"楚使怒去，归告怀王。怀王怒，大兴师伐秦。秦发兵击之，大破楚师于丹、淅，斩首八万，虏[34]楚将屈丐，遂取楚之汉中地。怀王乃悉[35]发国中兵以深入击秦，战于蓝田，魏闻之，袭楚至邓。楚兵惧，自秦归。而齐竟[36]怒不救楚，楚大困。

明年，秦割汉中地与楚以和。楚王曰："不愿得地，愿得张仪而甘心焉。"张仪闻，乃曰："以一仪而当[37]汉中地，臣请往如楚。"如楚，又因厚币用事者臣靳尚，而设诡辩于怀王之宠姬郑袖。怀王竟听郑袖，复释去张仪。是时屈平既疏，不复在位，使于齐，顾反，谏怀王曰："何不杀张仪？"怀王悔，追张仪不及。

其后诸侯共击楚，大破之，杀其将唐昧。

时秦昭王与楚婚[38]，欲与怀王会。怀王欲行，屈平曰："秦虎狼之国，不可信，不如毋行。"怀王稚子子兰劝王行："奈何绝秦欢！"怀王卒[39]行。入武关，秦伏兵绝其后，因留怀王，以求割地。怀王怒，不听。亡[40]走赵，赵不内[41]。复之[42]秦，竟死于秦而归葬。

长子顷襄王立，以其弟子兰为令尹。楚人既咎[43]子兰以劝怀王入秦而不反也。

屈平既嫉[44]之，虽放流，眷顾楚国，系心怀王，不忘欲反，冀幸君之一悟，俗之一改也。其存君兴国而欲反覆[45]之，一篇之中三[46]致志焉。然终无可奈何，故不可以反，卒以此见怀王之终不悟也……怀王以不知忠臣之分，故内惑于郑袖，外欺于张仪，疏屈平而信上官大夫、令尹子兰。兵挫地削，亡其六郡，身客死于秦，为天下笑。此不知人之祸也……

令尹子兰闻之大怒，卒使上官大夫短[47]屈原于顷襄王，顷襄王怒而迁之。

屈原至于江滨，被[48]发行吟泽畔。颜色憔悴，形容枯槁。渔父见而问之曰："子非三闾大夫欤？何故而至此？"屈原曰："举世混浊而我独清，众人皆醉而我独醒，是以见放[49]。"

渔父曰:"夫圣人者,不凝滞于物而能与世推移。举世混浊,何不随其流而扬其波?众人皆醉,何不哺[50]其糟而啜[51]其醨?何故怀瑾握瑜而自令见放为?"屈原曰:"吾闻之,新[52]沐者必弹冠,新浴者必振衣,人又谁能以身之察察[53],受物之汶汶[54]者乎!宁赴常流而葬乎江鱼腹中耳,又安能以皓皓之白而蒙世俗之温蠖乎!"乃作《怀沙》之赋……

于是怀[55]石遂自沈汨罗以死。

屈原既死之后,楚有宋玉、唐勒、景差之徒者,皆好辞而以赋见称[56];然皆祖[57]屈原之从容辞令,终莫敢直谏,其后楚日以削,数十年竟为秦所灭。

选自《史记》卷八十四

〔注释〕 ① 志:记。 ② 娴:娴熟。 ③ 入:在内。 ④ 出:在外。 ⑤ 对:应对。 ⑥ 任:信任。 ⑦ 害:妒忌。 ⑧ 造:制定。 ⑨ 属:撰写。 ⑩ 馋:诬陷。 ⑪ 伐:自夸。 ⑫ 疏:疏远。 ⑬ 疾:愤怒。 ⑭ 蔽:蒙蔽。 ⑮ 离:遭受。 ⑯ 反:通"返"。 ⑰ 事:辅佐。 ⑱ 间:离间。 ⑲ 见:被。 ⑳ 刺:讽刺。 ㉑ 见:同"现"。 ㉒ 约:简洁。 ㉓ 微:隐晦。 ㉔ 指:通"旨"。 ㉕ 濯:洗。 ㉖ 滓:污染。 ㉗ 绌:通"黜",罢免。 ㉘ 从:同"纵",合纵。 ㉙ 患:担忧。 ㉚ 详:通"佯",假装。 ㉛ 委质:委身投靠。 ㉜ 如:到。 ㉝ 诈:欺骗。 ㉞ 虏:俘虏。 ㉟ 悉:全。 ㊱ 竟:最终。 ㊲ 当:相称。 ㊳ 婚:联姻。 ㊴ 卒:最终。 ㊵ 亡:逃跑。 ㊶ 内:通"纳",接受。 ㊷ 之:到。 ㊸ 咎:责怪。 ㊹ 嫉:憎恨。 ㊺ 反覆:回归。 ㊻ 三:多次。 ㊼ 短:揭短。 ㊽ 被:同"披"。 ㊾ 放:流放。 ㊿ 哺:吃。 (51) 啜:饮。 (52) 新:刚刚。 (53) 察察:洁净。 (54) 汶汶:污秽。 (55) 怀:抱。 (56) 称:称颂。 (57) 祖:效法。

〔赏析〕 屈原是颇有政治理想和政治才能的人物,本想在政治上有所作为,无意于作诗人,但政治上的节节受挫使他最终走上了文学创作的道路,而且成为中国文学个人化进程开端的代表性人物。造就其文学成就的原因很多,从个人身份来说,屈原是楚国丹阳人,与楚王共祖。生为贵族,受过良好的教育,秉承先祖屈瑕、屈完、屈建、屈罢等创造的家族文化传统,始终以天下为己任,而且对本国的历史传统有深刻的了解,这就为他进行文化创造奠定了良好的基础。但是,现实是残酷的,他所处的时代环境极为险恶,与生俱来的忧国忧民的个性和高洁的人格,使他与现实产生巨大的矛盾反差,终不为现实所容纳,成为逐客,命运大起大落。长年的流放使他的身心都受到了极大创伤,他忧郁彷徨,精神动荡。生命注定让他体验人所难当的百般况味,正如孟子所云:“天将降大任于是人也,必先苦其心志,劳其筋骨,饿其体肤,空乏其身,行拂乱其所为,所以动心忍性,曾益其所不能。”虽身处逆境,仍不忘自己的祖国,坚持在逆境中艰难奋斗,与邪恶势力进行直面碰撞,至死不悔。政治的失意导致孤独深入骨髓。这种孤独杂糅了怀才不遇、壮志难酬、报国无门等各种难以言说的复杂情绪。于是,他把这种情绪转向了诗歌,以发泄他的不平之气。《九章·惜诵》中说:“发愤以抒情”,说明作者当时创作的心理状态主要是“愤”。“愤”指作家意有所郁结,心理上受压迫而不得伸展,怨愤郁结,借著书立说发挥疏通,这样才能恢复心理平衡。“愤”包含了个人怨愤的情结,同时也显示了穷而益坚、任情独立的意志,同时还强调了作者在逆境中奋起而不消沉的品格,极富战斗精神和批判精神。《史记·太史公自序》云:“夫《诗》、《书》隐约者,欲遂其志之思也。昔西伯拘羑里,演《周易》;孔子厄陈蔡,作《春秋》;屈原放逐,著《离骚》;左丘失明,厥有《国语》;孙子膑脚,而论《兵法》;不韦迁蜀,世传《吕览》;韩非囚秦,《说难》、《孤愤》;《诗》三百篇,大抵贤圣发愤之所为作也。此人皆意有所郁结,不得通其道也,故述往事,思来者。”司马迁通过对屈原作品的具体解读,认为:“屈平之作《离骚》,盖自怨生也。”这种“怨”,不仅是作家自身命运之“穷”而产生的愁苦怨恨,更多的是“正道直行”受到打击后,不得不“劳苦倦极”,“疾痛惨怛”。“屈平正道直行,竭忠尽智以事其君,谗人间之,可谓穷矣。信而见疑,忠而被谤,能无怨乎?”这一由“穷”到“怨”的转变过程,正是屈原由政治不幸转入文学创作的过程,也是由现实遭遇转入心灵抒发的过程,同时也是古代杰出作家创作的共同心理动机。

玉成屈原文学成就的主要基因还有楚国的文化传统。《汉书·地理志》说楚人“信巫鬼,重淫祀”。可见楚国文化中巫的色彩非常浓厚。屈原的作品将日月山川、风云雷电、虬龙鸾凤、历史人物、神话传说等融于一体,想象奇特,场面壮观,色泽艳丽,情思馥郁,气势奔放,正是楚国文化熏陶的结果,《离骚》、《九歌》、《天问》等作品就是这种文化的代表。屈原的政治失意在楚国文化氛围的浸润下，既找不到化解的有效办法，又不愿寻找新的去国就乡之路，满腹才华和丰郁的情思自然在楚地名物的激荡下喷涌而出。楚国固有的民间文学（如《沧浪歌》）、地方音乐（如《阳春》、《白雪》）以及独特的方言，都给屈原楚辞的创造，尤其是形式上的创造提供了良好的土壤，并且孕育了楚辞特有的情调。宋人黄伯思《东观余论》说："屈宋诸骚，皆书楚语，作楚声，纪楚地，名楚物，故可谓之楚辞。"还有，春秋以来，楚国与北方文化的交流也日益频繁，南北文化的融合对楚辞的形成也起了重要作用，我们通过《离骚》中北方历史文化系统中的尧、舜、禹、周文王、齐桓公、桀、纣等历史人物，不难看出这一点。

屈原的文学创作，成为中国文学史上辉煌的一页，焕发出恒久的艺术魅力，并对后代产生深远影响，正如刘勰《文心雕龙》所说："衣被词人，非一代也。"

儒林列传

〔选文〕

太史公曰：余读功令，至于广厉[①]学官之路，未尝不废[②]书而叹也。曰：嗟乎！夫周室衰而《关雎》作，幽厉微[③]而礼乐坏，诸侯恣[④]行，政由强国。故孔子闵[⑤]王路废而邪道兴，于是论次[⑥]《诗》、《书》，修起礼乐。适[⑦]齐闻韶，三月不知肉味。自卫返鲁，然后乐正，《雅》、《颂》各得其所。世以[⑧]混浊莫能用，是以仲尼干[⑨]七十余君无所遇，曰"苟有用我者，期月而已矣"。西狩获麟，曰"吾道穷矣"。故因史记作《春秋》，以当王法，以辞微而指[⑩]博，后世学者多录[⑪]焉。

自孔子卒后，七十子之徒散游诸侯，大者为师傅卿相，小者友教士大夫，或隐而不见。故子路居卫，子张居陈，澹台子羽居楚，子夏居西河，子贡终于齐。如田子方、段干木、吴起、禽滑釐之属，皆受业于子夏之伦，为王者师。是时独魏文侯好学。后陵迟以至于始皇,天下并争于战国,儒术既绌[12]焉,然齐鲁之间,学者独不废也。于威、宣之际,孟子、荀卿之列,咸[13]遵夫子之业而润色[14]之,以学显于当世。

及至秦之季世,焚《诗》《书》,坑术士,六艺从此缺焉。陈涉之王[15]也,而鲁诸儒持孔氏之礼器往归[16]陈王。于是孔甲为陈涉博士,卒与涉俱死。陈涉起[17]匹夫,驱瓦合适戍,旬月以王楚,不满半岁竟灭亡,其事至微浅,然而缙绅先生之徒负孔子礼器往委质为臣者,何也?以秦焚其业,积怨而发愤于陈王也。

及高皇帝诛项籍,举兵围鲁,鲁中诸儒尚讲诵习礼乐,弦歌之音不绝,岂非圣人之遗化,好礼乐之国哉?故孔子在陈,曰"归[18]与归与!吾党之小子狂[19]简[20],斐然成章,不知所以裁[21]之"。夫齐鲁之闲[22]于文学,自古以来,其天性也。故汉兴,然后诸儒始得修其经艺,讲习大射乡饮之礼。叔孙通作汉礼仪,因为[23]太常,诸生弟子共定者,咸为选首[24],于是喟然叹兴于学。然尚有干戈,平定四海,亦未暇遑[25]庠序之事也。孝惠、吕后时,公卿皆武力有功之臣。孝文时颇[26]征用,然孝文帝本好刑名之言。及至孝景,不任[27]儒者,而窦太后又好黄老之术,故诸博士具官待问,未有进[28]者。

及今上即位,赵绾、王臧之属明[29]儒学,而上亦乡[30]之,于是招方正贤良文学之士。自是之后,言《诗》于鲁则申培公,于齐则辕固生,于燕则韩太傅。言《尚书》自济南伏生。言《礼》自鲁高堂生。言《易》自菑川田生。言《春秋》于齐鲁自胡毋生,于赵自董仲舒。及窦太后崩,武安侯田蚡为丞相,绌黄老、刑名百家之言,延[31]文学儒者数百人,而公孙弘以春秋白衣为天子三公,封以平津侯。天下之学士靡然乡风矣。

公孙弘为学官，悼[32]道之郁滞，乃请曰："丞相御史言：制曰'盖闻导[33]民以礼，风[34]之以乐。婚姻者，居屋之大伦也。今礼废乐崩，朕甚愍[35]焉。故详[36]延天下方正博闻之士，咸登诸朝。其令礼官劝学，讲议洽闻兴礼，以为天下先。太常议，与[37]博士弟子，崇乡里之化，以广贤材焉'。谨与太常臧、博士平等议曰：闻三代之道，乡里有教，夏曰校，殷曰序，周曰庠。其劝善也，显之朝廷；其惩恶也，加之刑罚。故教化之行也，建首善自京师始，由内及外。今陛下昭至德，开大明，配天地，本人伦，劝学修礼，崇化厉贤，以风四方，太平之原[38]也。古者政教未洽[39]，不备其礼，请因[40]旧官而兴焉。为博士官置弟子五十人，复[41]其身。太常择民年十八已[42]上，仪状端正者，补[43]博士弟子。郡国县道邑有好文学，敬长上，肃政教，顺乡里，出入不悖所闻者，令相长丞上属所二千石，二千石谨察可者，当与计偕[44]，诣[45]太常，得受业如弟子。一岁皆辄试，能通一艺以上，补文学掌故缺；其高弟可以为郎中者，太常籍[46]奏。即有秀才异等，辄以名闻。其不事学若下材及不能通一艺，辄罢之，而请诸不称者罚。臣谨案诏书律令下[47]者，明天人分际，通古今之义，文章尔雅，训辞深厚，恩施甚美。小吏浅闻，不能究宣，无以明布谕下。治礼次治掌故，以文学礼义为官，迁留滞。请选择其秩[48]比二百石以上，及吏百石通一艺以上，补左右内史、大行卒史；比百石已下，补郡太守卒史：皆各二人，边郡一人。先用诵多者，若不足，乃择掌故补中二千石属[49]，文学掌故补郡属，备[50]员。请著[51]功令。佗[52]如律令。"制曰："可。"自此以来，则公卿大夫士吏斌斌多文学之士矣。

选自《史记》卷一百二十一

〔注释〕 ① 厉：磨砺。 ② 废：放下。 ③ 微：衰落。 ④ 恣：放纵。 ⑤ 闵：同“悯”。 ⑥ 次：编订。 ⑦ 适：到。 ⑧ 以：因为。 ⑨ 干：求见。 ⑩ 指：同“旨”。 ⑪ 录：采用。 ⑫ 绌：通“黜”，废弃。 ⑬ 咸：都。 ⑭ 润色：发展。 ⑮ 王：称王。 ⑯ 归：归附。 ⑰ 起：源起。 ⑱ 归：回去。 ⑲ 狂：狂放。 ⑳ 简：倨傲。 ㉑ 裁：调教。 ㉒ 闲：通“娴”，娴熟。 ㉓ 为：担任。 ㉔ 首：首先。 ㉕ 遑：空闲。 ㉖ 颇：略微。 ㉗ 任：任用。 ㉘ 进：出仕。 ㉙ 明：阐明。 ㉚ 乡：赞同。 ㉛ 延：延请。 ㉜ 悼：悲痛。 ㉝ 导：启发。 ㉞ 风：教导。 ㉟ 愍：痛心。 ㊱ 详：详尽。 ㊲ 与：给。 ㊳ 原：根本。 ㊴ 洽：广博。 ㊵ 因：依据。 ㊶ 复：免赋税徭役。 ㊷ 已：同“以”。 ㊸ 补：补官。 ㊹ 偕：一起。 ㊺ 诣：造访。 ㊻ 籍：登记。 ㊼ 下：颁布。 ㊽ 秩：俸禄。 ㊾ 属：下属。 ㊿ 备：齐备。 51 著：写。 52 佗：别的。

〔赏析〕 经学在中国古代学术文化发展中居于核心地位，《四库全书》把“经”放在首位，就充分说明了它的重要性，而这一领域是在汉代由儒生群体奠定的。儒学自孔子以来虽然所走过的道路坎坷不平，但是在其诞生地鲁国及其毗邻的齐国一带却相沿不废，具有坚韧的文化生命力。传文中提及的汉代经学大师及其有成就的弟子也大多为齐鲁间人。这说明汉代儒学的复兴乃是其在新的社会历史条件下的恢复和弘扬。司马迁用深邃的眼光，从历史与现实两个方面阐明了儒学在汉武帝时期勃然兴盛的原因。正是这一因素，直接导致汉代经学的繁荣和发展。

秦焚书坑儒，典籍凋零。汉代从文景时期展开大规模的古籍整理工作，博士们使用的经书本子是用汉代的隶书所写，此乃今文经。汉景帝末年，鲁恭王坏孔子宅，从旧宅墙中发现一批经典。汉武帝时，河间献王刘德从民间收集了大批古典文献。这些新出土的文献，却是用战国古文字书写的，故统称古文经。经过朝廷和儒生有意识的整理和挽救，除《乐》经已亡外，其他五经，即《诗》、《书》、《礼》、《易》、《春秋》得以流传。汉武帝立五经博士，每一经都置若干博士，博士下又有弟子。博士与弟子传习经书，分成若干流派。这是一整套关于儒家经学教育和选拔朝廷官吏的方案，其中不仅包括教育方针及选拔条件，而且包括考核方法与修业期满后的分配等一系列措施。从此，博士成为专门传授儒家经学的学官。

五经博士设置后，五经成为士子必读的崇高经典。汉代儒生们便以传习及解释五经为主业。经过公羊学大师董仲舒和政治家公孙弘的努力及众多今文经学儒生的阐发与实践，今文经学在汉代取得独尊地位。鲁人申培、济南伏生、鲁高堂生、菑川田生、齐鲁胡毋生和广川董仲舒，分别是治《诗》、《书》、《礼》、《易》和《春秋》的经学大师。大师们门人弟子弥众，不仅在学术上登堂入室，而且取得高官厚位，如申培的弟子王臧为郎中令，赵绾为御史大夫，且“弟子为博士者十余人：孔安国至临淮太守，周霸至胶西内史，夏宽至城阳内史，砀鲁赐至东海太守，兰陵缪生至长沙内史，徐偃为胶西中尉，邹人阙门庆忌为胶东内史”，其他“至于大夫、郎中、掌故以百数”。《尚书》传人倪宽官至御史大夫，张生亦为博士。《礼》经传者鲁徐生，孝文帝时为礼官大夫。徐生孙徐延、徐襄。徐襄为汉礼官大夫，至广陵内史。徐延及徐氏弟子公户满意、桓生、单次，皆尝为汉礼官大夫。《易》传者杨何官至中大夫，弟子即墨成至城阳相，孟但为太子门大夫，周霸、衡胡和主父偃，皆至二千石。《春秋》传者胡毋生为孝景博士，后传《春秋》于公孙弘，弘官至丞相。董仲舒为武帝江都相，弟子褚大官至梁相，吕步舒官至长史。而董仲舒子及孙皆以学至大官。这些闻名遐迩的经学大师所具有的传统儒家人格的时代彰显，不仅创造出大汉博大恢宏的经学文化，而且提升了那个时代的文化品格和精神内涵。

董仲舒以《公羊春秋》为依据，将周代以来的流传的宗教天道观和阴阳及五行学说结合起来，吸收法家、道家、阴阳家思想，建立了一个新的思想体系，成为汉代的官方统治哲学，对当时社会所提出的一系列哲学、政治、社会、历史问题，给予了较为系统的回答，为武帝在“罢黜百家，独尊儒术”的转折过程中，提供了重要的理论依据。武帝元朔五年(前124年)，公孙弘提出并拟定了为“五经博士”设弟子员的措施，以及为在职官员制定了以儒家经学、礼义为标准的升官办法和补官条件，即“通一艺(经)以上”、“先用诵多者”为准，其中品级高的可任左右内史、太行卒史，品级低的也可任郡太守卒史或边郡太守卒史。利禄的诱惑，使士人埋头于读经，以至于民间流传着“遗子黄金满籝，不如一经”的谚语(《汉书·韦贤传》)。清代皮锡瑞《经学历史》第三章称武帝时期为经学的昌明时期，甚至在武帝、宣帝时，“以《禹贡》治河，以《洪范》察变，以《春秋》决狱，以三百五篇当谏书，治一经得一经之益也。”经学与政治相结合，既体现出一种政治智慧，也体现了经学的实用价值，这是汉代经学繁盛的一大标志。这种实践，把经学思想深深地植入到了人们的生活之中。

综观《儒林列传》，我们应注意三大问题：其一，经学与政治有千丝万缕的关系。经学借助政治而腾涌，政治依赖经学而昌盛，二者相辅相成，共同构筑出西汉武帝时期繁荣昌盛的经学气象。其二，经学，尤其是今文经学，一开始便与现实密切联系，也就是说，学术不是纯粹的学术，而是现实的需要。这种政治哲学中蕴含的智慧以及学术为现实服务的目的，恰好是中国传统经学文化的内涵所在。其三，经学教育，是文化传播的过程，同时也是学术思想的传承过程，也是学术发展的重要组成部分。由于经典本身包含丰富的思想内容，对于它的研究，无疑也促进了史学、哲学、文学以及文字学的发展，因此，经学的传播及其繁荣，对中国传统学术文化具有积极的推进作用。汉代经学在武帝以后的发展情况，《汉书》、《后汉书》的《儒林列传》均有较详细的记载。

（张新科）

名与命、才与运：智者的身不由己

〔**导言**〕 纪传体史书通常以记述人物生平的正文为主，史家的评论为辅，然而《伯夷列传》是特别的一篇。虽说是伯夷和叔齐的合传，但同其他的本纪、世家、列传的撰写手法不同，太史公的评论远多于叙事。与其说这是篇传纪，不如说是借历史提出自己的困惑，其中一个疑问就是关于"名"。有的人幸运，可以在生命终结后被懂得欣赏的人推崇，昭著历史；有的人却不那么幸运，他们本该被传颂，却最终还是埋没在了历史长河中。那么什么人应该被传颂，又如何声名远播，从而留下历史的印迹？这是史学家选择的职责，也是《伯夷列传》试图探讨的问题。可见作为列传之首，《伯夷列传》颇有高屋建瓴之深意，司马迁正是用他的标准选择了三十篇列传的传主。不过，"名"既有光鲜亮丽的一面，又有令人苦恼的一面，而在古代往往又和"命"有所牵连，选录的《扁鹊仓公列传》则又牵扯到另一个与之相关的话题：对于那些无心于"名"，却在生前就被名声推到世人眼前的人，他们成名后面临的困扰，成了出"名"的代价。人类的思想是相通的，希望通过解读历史人物关于"名"和"命"的取舍来展现他们不同的世界观、价值观，而反观各人不同的抉择及其最终的命运，其间不无发人深省之处。

伯 夷 列 传

〔**选文**〕

夫学者载籍极博，犹考[①]信于六艺。诗书虽缺，然虞夏之文可知也。尧将逊位，让于虞舜，舜禹之间，岳牧咸[②]荐，乃试之于位，典[③]职数十年，功用既兴，然后授政。示[④]天下重器，王者大统，传天下若斯之难也。而说者曰尧让天下于许由，许由不受，耻之逃隐。及夏之时，有卞随、务光者。此何以称[5]焉？太史公曰：余登箕山，其上盖有许由冢云。孔子序列[6]古之仁圣贤人，如吴太伯、伯夷之伦详矣。余以所闻由、光义至高，其文辞不少概见，何哉？

孔子曰："伯夷、叔齐，不念旧恶，怨是用[7]希。""求仁得仁，又何怨乎？"余悲伯夷之意，睹轶[8]诗可异[9]焉。其传曰：

伯夷、叔齐，孤竹君之二子也。父欲立叔齐，及父卒，叔齐让伯夷。伯夷曰："父命也。"遂逃去。叔齐亦不肯立而逃之。国人立其中子。于是伯夷、叔齐闻西伯昌善养老，盍[10]往归焉。及至，西伯卒，武王载[11]木主，号为文王，东伐纣。伯夷、叔齐叩马而谏曰："父死不葬，爰[12]及干戈，可谓孝乎？以臣弑君，可谓仁乎？"左右欲兵[13]之。太公曰："此义人也。"扶而去之。武王已平殷乱，天下宗[14]周，而伯夷、叔齐耻之，义不食周粟，隐于首阳山，采薇而食之。及饿且[15]死，作歌。其辞曰："登彼西山兮，采其薇矣。以暴易暴兮，不知其非矣。神农、虞、夏忽焉没兮，我安适归矣？于嗟徂[16]兮，命之衰矣！"遂饿死于首阳山。由此观之，怨邪非邪？

或曰："天道无亲[17]，常与[18]善人。"若伯夷、叔齐，可谓善人者非邪？积仁絜行如此而饿死！且七十子之徒，仲尼独荐[19]颜渊为好学。然回也屡空[20]，糟糠不厌，而卒蚤[21]夭。天之报施善人，其何如哉？盗跖日杀不辜，肝人之肉，暴戾恣睢，聚党数千人横行天下，竟以寿终。是遵[22]何德哉？此其尤大彰明较著者也。若至近世，操行不轨，专犯忌讳，而终身逸乐，富厚累世不绝。或择地而蹈之，时然后出言，行不由径，非公正不发愤，而遇祸灾者，不可胜数也。余甚惑焉，傥[23]所谓天道，是邪非邪？

子曰“道不同不相为谋”，亦各从其志也。故曰“富贵如可求，虽执鞭之士，吾亦为之。如不可求，从吾所好。”“岁寒，然后知松柏之后凋。”举世混浊，清士乃见㉔。岂以其重若彼，其轻若此哉？

“君子疾㉕没世而名不称焉。”贾子曰：“贪夫徇㉖财，烈士徇名，夸者死权，众庶冯㉗生。”“同明相照，同类相求。”“云从龙，风从虎，圣人作㉘而万物睹。”伯夷、叔齐虽贤，得夫子而名益彰。颜渊虽笃㉙学，附骥尾而行益显。岩穴之士，趣㉚舍㉛有时若此，类名堙灭而不称，悲夫！闾巷之人，欲砥行立名者，非附青云之士，恶㉜能施㉝于后世哉？

选自《史记》卷六十一

〔注释〕 ① 考：考察。 ② 咸：全部。 ③ 典：掌管。 ④ 示：表明。 ⑤ 称：称赞。 ⑥ 序列：依次论述。 ⑦ 用：因为。 ⑧ 轶：散失。 ⑨ 异：惊异。 ⑩ 盍：通“盖”，于是。 ⑪ 载：装载。 ⑫ 爰：于是。 ⑬ 兵：杀。 ⑭ 宗：尊奉。 ⑮ 且：将。 ⑯ 徂：同“殂”，死亡。 ⑰ 亲：亲近。 ⑱ 与：帮助。 ⑲ 荐：称赞。 ⑳ 空：穷困。 ㉑ 蚤：通“早”。 ㉒ 遵：遵循。 ㉓ 傥：同“倘”。 ㉔ 见：通“现”。 ㉕ 疾：担忧。 ㉖ 徇：通“殉”。 ㉗ 冯：通“凭”，仗恃。 ㉘ 作：产生。 ㉙ 笃：专心。 ㉚ 趣：通“趋”，出仕。 ㉛ 舍：退隐。 ㉜ 恶：同“乌”，如何。 ㉝ 施：流传。

〔赏析〕 伯夷和叔齐是商末孤竹君的两个儿子，相传其父打算传位给叔齐作为下一任的国君。孤竹君死后，叔齐想让位给伯夷，伯夷不肯接受，而叔齐也不愿继承君位，于是两人先后都逃到周国。原本是因仰慕西伯昌敬养老人的好品德而去投奔的，然而到了那里，西伯昌已经离世。其子周武王非但没有下葬父亲，而且正要率大军讨伐纣王。二人觉得这种行为有违仁义，所以叩马谏阻，未果。待武王灭商后，他们以吃周朝的粮食为耻，宁愿隐居山野，靠采摘野菜充饥，最后饿死在首阳山。

伯夷和叔齐选择用生命来成全自己心中所坚持的气节仁义，不管这种做法是否正确，是否被后人认同，但无疑体现了一种崇高的殉道精神。这并不是每一个人都能做到的，尤其是在整个社会风气都混乱污浊的时代，品行高洁的人是多么的可贵。所以，像孔子这样的大圣贤会对伯夷、叔齐赞许有加，一是因为惺惺相惜，二是因为孔子同样也处在一个混乱的时代，面对礼崩乐坏的社会状况，需要通过列举高风亮节之士的事迹，来树立一些榜样，供世人学习效仿，从而重塑良好的道德风气。《易经》上说，“彩云随着龙吟飞腾，谷风随着虎啸而兴起，圣人述作，才使万物本来的面目显露出来”，伯夷、叔齐的事迹因为有了孔子的称颂而被大家知晓，名声才愈加显赫。颜渊专心好学，也只是因为追随孔子，他的品行才更加显著。而同样是不肯接受君位而逃走隐居的许由、务光，他们的德行是太史公所见最高尚的，但是经书里连一点大略的文字记载也见不到，所以知名度就远远不如前者，这似乎就是所谓的名人效应。岩居穴处的隐士，或名声晓达，或湮没无闻，有时也是如此。穷乡僻壤的士人要砥砺德行，树立名声，如果不依靠德隆望尊的人，怎么能扬名后世呢！

太史公也在为那些没有被记载之能人而感到惋惜，因为虽然挖掘历史中有意义的事或人是史学家的任务之一，但这必定需要靠文献史料作为依据，也就是所谓的有迹可循。而那些能被记载或口口相传的人，必定在被记载前就有名。影响重大的、认可度高的就会被重复记载，比如关于尧舜禹的“禅让”，可以从“六经”里考察真实可信的记载。《诗经》、《尚书》虽然残缺不全，但还可以从记载虞、夏两代的文字中考察清楚。这类事件由于名声大，所以考察认证会比较方便可行。而那些鲜为人知、缺乏记载，却又应该被知晓的人物，就很难甚至不可能被隔代的人挖掘。或许是为了减少和避免人类历史的这种遗憾，太史公所撰述的各家列传，来自社会的各个方面：不同的时空、不同的地域、不同的职业、不同的阶层，尽可能不放过任何一个可以挖掘记载的应该流芳百世的人，使更多的人知晓他们的事迹，把这些人的可贵精神通过书面的形式传承下去。

当然，比起靠无形的精神品质闻名的君子，拥有一技之长的人似乎更容易在生前出名，不过由于这种名气的影响力有一定的时效性和地域性，所以也就更需要被史学家以文字的形式保存下来。这类在某方面非常杰出的“草根名人”在列传中不乏其数，有威震八方的军事奇才，有纵横天下的奇能异士，也有受人爱戴的医者。无论是他们想或是不想，名声总会在不经意间被人一传十、十传百。有些人甚至因为怕麻烦,而不想拥有它。

不过,无论是生前还是死后,名望对于一个真正能名垂青史的人来说,只不过是一个附属品。然而其中所包含的历史痕迹,对于史学家而言是一份责任,对后人来说是人类历史留下的宝贵的文化财富。

扁鹊仓公列传

〔选文〕

扁鹊者,勃海郡郑人也,姓秦氏,名越人。

……

使圣人预知微,能使良医得蚤从事①,则疾可已②,身可活也。人之所病③,病疾多;而医之所病,病道④少。故病有六不治:骄恣不论于理,一不治也;轻身重财,二不治也;衣食不能适,三不治也;阴阳并,藏⑤气不定,四不治也;形羸不能服药,五不治也;信巫不信医,六不治也。有此一者,则重难治也。

扁鹊名闻天下。过邯郸,闻贵妇人,即为带下⑥医;过雒阳,闻周人爱老人,即为耳目痹医;来入咸阳,闻秦人爱小兒,即为小兒医:随俗为变。秦太医令李醯自知伎不如扁鹊也,使人刺杀之。至今天下言脉者,由扁鹊也。

太仓公者,齐太仓长,临菑人也,姓淳于氏,名意。少而喜医方术。高后八年,更受师同郡元里公乘阳庆。庆年七十余,无子,使意尽去其故方,更悉⑦以禁方予之,传黄帝、扁鹊之脉书,五色诊病,知人死生,决嫌疑⑧,定可治,及药论,甚精。受之三年,为人治病,决死生多验⑨。然左右行游诸侯,不以家为家,或不为人治病,病家多怨之者。

……

意家居，诏召问所为治病死生验者几何人也，主名为谁。

……

臣意曰：他所诊期决死生及所治已病众多，久颇忘之，不能尽识[10]，不敢以对。

问臣意："所诊治病，病名多同而诊异，或死或不死，何也？"对曰："病名多相类，不可知，故古圣人为之脉法，以起度量，立规矩，县[11]权衡，案[12]绳墨，调阴阳，别[13]人之脉各名之，与天地相应，参合于人，故乃别百病以异之，有数[14]者能异之，无数者同之。然脉法不可胜验，诊疾人以度异之，乃可别同名，命病主在所居。今臣意所诊者，皆有诊籍。所以别之者，臣意所受师方适成，师死，以故表籍所诊，期[15]决死生，观所失所得者合脉法，以故至今知之。"

问臣意曰："所期病决死生，或不应期，何故？"对曰："此皆饮食喜怒不节，或不当饮药，或不当针灸，以故不中期死也。"

问臣意："意方能知病死生，论药用所宜，诸侯王大臣有尝[16]问意者不[17]？及文王病时，不求意诊治，何故？"对曰："赵王、胶西王、济南王、吴王皆使人来召臣意，臣意不敢往。文王病时，臣意家贫，欲为人治病，诚恐吏以除拘臣意也，故移[18]名数，左右不修家生，出行游国中，问善为方数者事之久矣，见事[19]数师，悉受其要事[20]，尽其方书意，及解论之。身居阳虚侯国，因事侯。侯入朝，臣意从之[21]长安，以故得诊安陵项处等病也。"

问臣意："知文王所以得病不起之状？"臣意对曰："不见文王病，然窃[22]闻文王病喘，头痛，目不明。臣意心论之，以为非病也。以为肥而蓄精，身体不得摇，骨肉不相任，故喘，不当医治。脉法曰'年二十脉气当趋，年三十当疾[23]步，年四十当安坐,年五十当安卧,年六十已上气当大董[24]'。文王年未满二十,方脉气之趋也而徐之,不应天道四时。后闻医灸之即笃,此论病之过也。臣意论之,以为神气争而邪气入,非年少所能复之也,以故死。所谓气者,当调饮食,择晏日,车步广志,以适筋骨肉血脉,以泻气。故年二十,是谓'易贸'。法不当砭灸,砭灸至气逐。"

问臣意:"师庆安受之?闻[25]于齐诸侯不?"对曰:"不知庆所师受。庆家富,善[26]为医,不肯为人治病,当以此故不闻。庆又告臣意曰:'慎毋令我子孙知若[27]学我方也。'"

……

问臣意:"诊病决死生,能全无失[28]乎?"臣意对曰:"意治病人,必先切其脉,乃治之。败逆者不可治,其顺者乃治之。心不精脉,所期死生视可治,时时失之,臣意不能全也。"

太史公曰:女无美恶,居宫见[29]妒;士无贤不肖,入朝见疑。故扁鹊以其伎见殃,仓公乃匿迹自隐而当刑。缇萦通[30]尺牍,父得以后宁。故老子曰"美好者不祥之器",岂谓扁鹊等邪?若仓公者,可谓近之矣。

选自《史记》卷一百五

〔注释〕 ① 从事:治疗。 ② 已:停止。 ③ 病:忧虑。 ④ 道:办法。 ⑤ 藏:通"脏"。 ⑥ 带下:妇科疾病。 ⑦ 悉:全。 ⑧ 嫌疑:疑难杂症。 ⑨ 验:应验。 ⑩ 识:记住。 ⑪ 县:通"悬",公布。 ⑫ 案:通"按",掌握。 ⑬ 别:辨别。 ⑭ 数:技艺。 ⑮ 期:预测。 ⑯ 尝:曾经。 ⑰ 不:同"否"。 ⑱ 移:迁移。 ⑲ 事:侍奉。 ⑳ 要事:要点。 ㉑ 之:到。 ㉒ 窃:私下。 ㉓ 疾:快速。 ㉔ 董:深藏。 ㉕ 闻:扬名。 ㉖ 善:擅长。 ㉗ 若:你。 ㉘ 失:失误。 ㉙ 见:被。 ㉚ 通:传达。

〔赏析〕 扁鹊是渤海郡郑人,姓秦,叫越人。他是春秋战国时期的名医,遍游各地行医,随着各地的习俗来变化自己的医治范围。后来在医治秦国武王时,当朝太医令李醯自知医术不如扁鹊,出于嫉妒,派人刺杀了他。

太史公说："女人无论美与丑，住进宫中就会被人嫉妒；士人无论贤与不贤，进入朝廷就会遭人疑忌。"扁鹊因为医术受人尊敬而名扬天下，也因为医术令人嫉恨而命丧黄泉。有了扁鹊的前车之鉴，作为其传承者之一的太仓公，同样拥有高超医术的他于是选择隐匿踪迹。

太仓公这个人，担任齐国都城管理粮仓的长官，是临淄人，姓淳于名叫意。自幼喜爱医学，曾拜公孙光为师，后又向公乘阳庆学黄帝、扁鹊脉书。他为使自己专志医术，辞去官职，不营家产，长期行医民间。明明已经很低调地游医济世，却还是差点和扁鹊有相似的结局，即被或有权或有地位的人谋害。究其原因，就是因为出名。很多人都渴望成名，但在古代，对于有杰出技能在身的人而言，如果他没有权势抑或武力等保护自己的能力，那么名声这把双刃剑带来的，除了人们的崇拜爱戴，就是对自身性命的威胁。老子说："美好的东西都是不吉祥之物"，扁鹊、太仓公的精湛医术在救治他人的过程中展现出美好的一面，随之而来的好的名望，既是对他们能力的一种肯定，也给他们招来了不必要的麻烦。

每个人都有一套自己的行事准则和理由，扁鹊的"六不治"就是他看病行医的原则，因为符合该原则任一条者，不管是古代还是到了现代，都是由于患者自身的原因而很难医治的。但这不可能让所有人知道或者理解自己的做事方针，更无力无心一遍遍地解释为什么。然而，对于成了名的"名人"们而言，"名"使世人对他的要求大大高于普通人。对于像扁鹊、太仓公这样有技能在身的名人，有两个潜在的"性命之忧"。

一是源自拥有权势之人。和医治普通人家的患者不同，为显贵者看病，在医人救命之前，自己的未来可能就已经握在这些权贵们的手里了：医治得好，名利双收；医治得不好，命丧黄泉。可再高明的医生也不可能拍胸脯保证绝对不会有失误，医术上的学无止境暂且不说，诊治过程中的变数也不一定完全掌控在医者的能力范围内。所以，在齐文王生病时，即便当时太仓公极其穷困潦倒，要靠为人治病谋生，还是选择放弃这一一步登天的机会。之后赵王、胶西王、济南王、吴王都曾派人召请他，他都不敢前往。只愿到处行医游学，低调的生活着。倘若面对稍微霸气一点的权势者，或者是相互对立的世家贵胄，若他们想拉拢有一技之长的名人，却求之不得，那么必然会要毁掉这个人。一代名医华佗，就是因为不服曹操的征召而被杀害的，这种生命的威胁想必是想躲也躲不了的吧。

二是源自同行竞争者。林子大了，什么鸟都会有，比如那些技不如人的小人，他们为了自身利益，或者纯粹是出于妒忌，会不计一切代价的除掉比自己厉害的人。而行业中的名人，往往亦是该领域的佼佼者，非常容易成为小人下手的目标。扁鹊之死，不就是因为这个么。

如此看来，也就或多或少可以理解为什么太仓公的老师——公乘阳庆，精通医学却不肯为人治病，甚至不想让后代知道太仓公的这些医理是他教的。因为这样，他就不会出名，更不会因为救治他人而一传十、十传百。没有名气，就没有相应的麻烦。

然而，人固有一死，或重于泰山，或轻于鸿毛。医术存在的意义就是为了治疗疾病使患者能摆脱病痛带来的痛苦，使之活得更加长久。这种“美好的东西”带来的名望有利有弊，但利却远远大于弊。它虽然会给人带来不必要的麻烦，但也是对于个人努力成果的一种肯定和尊敬，是世人的另一种形式的感恩和回报，是此人水平高、有能力的象征。同时，也为后继者留下了榜样，在浩瀚的历史中留下重重的一笔。

（李欣玥）

史学家的天地大视野

〔导言〕 在自然科学界，天文学发展最早，正如恩格斯所说："必须研究自然科学各个部门的顺序的发展。首先是天文学——游牧民族和农业民族为了定季节，就已经绝对需要它。"(《自然辩证法》)日升月落，寒来暑往，经过长期的生产实践，我们的祖先已积累了一定的天文学知识，用以指导农业生产。例如，根据北斗七星斗柄的不同指向，可以正确判断相应的季节："斗为帝车，运于中央，临制四乡。分阴阳，建四时，均五行，移节度，定诸纪，皆系于斗。"我们祖先观测星象所获得的大量第一手资料，根据农业耕作经验而制定的节气历法，以及创造发明的一些天文仪器，至今在国际天文学领域仍占有一席之地。《史记・天官书》就是司马迁对西汉以前中国天文科学的一次历史性总结。

古代科技大多与农业生产息息相关，尤其是水利技术，直接影响着人类自身的生存和繁衍。远古时代，黄河流域发生洪灾，夏部落的首领大禹，根据中国西高东低的地势，逢山开山，遇洼筑堤，终于把洪水引入了大海。三江既入，天下底定，大禹又把全国分为冀州、兖州、青州、徐州、扬州、荆州、豫州、梁州、雍州九大行政区域，进行统一管理。相传，大禹治水历经十三年艰辛，三过家门而不入，一心扑在水利事业上，深受黎民百姓的拥戴。于是，舜帝将部落联盟首领的位子禅让给了大禹，从而揭开了中国历史上第一个世袭王朝——夏朝的序幕。由此可知，水利事业是农业经济的命脉。《史记・河渠书》不仅记载了远古时代关于大禹治水的传说，更是记录了西门豹治邺以及郑国渠、都江堰等先秦时期一些重大事件和著名的水利枢纽工程。

天官书

〔选文〕

凡候[1]岁美恶，谨候岁始。岁始或冬至日，产气始萌[2]。腊明日，人众卒岁，一会[3]饮食，发[4]阳气，故曰初岁。正月旦，王者岁首；立春日，四时之始也。四始者，候之日。

而汉魏鲜集[5]腊明正月旦决八风。风从南方来，大旱；西南，小旱；西方，有兵；西北，戎菽为[6]，小雨，趣[7]兵；北方，为中岁；东北，为上岁；东方，大水；东南，民有疾疫，岁恶。故八风各与其冲对[8]，课[9]多者为胜。多胜少，久胜亟[10]，疾胜徐[11]。旦至食，为麦；食至日昳，为稷；昳至餔，为黍；餔至下餔，为菽；下餔至日入，为麻。欲终日有云，有风，有日。

日当其时者，深而多实；无云有风日，当其时，浅而多实；有云风，无日，当其时，深而少实；有日，无云，不风，当其时者稼有败[12]。如食顷，小败；熟五斗米顷，大败。则风复起，有云，其稼复起[13]。各以其时用云色占种所宜。其雨[14]雪若寒，岁恶。

是日光明，听都邑人民之声。声宫，则岁善，吉；商，则有兵；徵，旱；羽，水；角，岁恶。

或从正月旦比[15]数[16]雨。率日食一升，至七升而极；过之，不占。数至十二日，日直其月，占水旱。为其环域千里内占，则为天下候，竟[17]正月。月所离[18]列宿，日、风、云，占其国。然必察太岁所在。

在金，穰；水，毁；木，饥；火，旱。此其大经也。

正月上甲，风从东方，宜[19]蚕；风从西方，若旦黄云，恶。

冬至短极，县[20]土炭，炭动，鹿解[21]角，兰根出，泉水跃，略以知日至，要决[22]晷景。岁星所在，五谷逢昌。其对为冲，岁乃有殃。

太史公曰：自初生民以来，世主曷[23]尝不历[24]日月星辰？及至五家、三代，绍[25]而明[26]之，内[27]冠带，外[28]夷狄，分中国为十有二州，仰则观象于天，俯则法[29]类于地。天则有日月，地则有阴阳。天有五星，地有五行。天则有列宿，地则有州域。三光者，阴阳之精，气本在地，而圣人统理之。

幽厉以往，尚[30]矣。所见天变，皆国殊[31]窟穴，家占物怪，以合时应，其文图籍禨祥不法。是以孔子论六经，纪[32]异而说不书[33]。至天道命，不传；传其人，不待告；告非其人，虽言不著[34]。

昔之传天数者：高辛之前，重、黎；于唐、虞，羲、和；有夏，昆吾；殷商，巫咸；周室，史佚、苌弘；于宋，子韦；郑则裨灶；在齐，甘公；楚，唐眛；赵，尹皋；魏，石申。

夫天运，三十岁一小变，百年中变，五百载大变；三大变一纪，三纪而大备：此其大数也。为国者必贵[35]三五。上下各千岁，然后天人之际续备。

太史公推古天变，未有可考于今者。盖略以春秋二百四十二年之间，日蚀三十六，彗星三见，宋襄公时星陨如雨。天子微，诸侯力政，五伯代兴，更[36]为主命，自是之后，众暴[37]寡，大并小。秦、楚、吴、越，夷狄也，为强伯。田氏篡齐，三家分晋，并为战国。争于攻取，兵革更起，城邑数屠，因以饥馑疾疫焦苦，臣主共忧患，其察禨祥候星气尤急。近世十二诸侯七国相王，言从衡者继踵，而皋、唐、甘、石因[38]时务论其书传，故其占验凌杂米盐。

……

余观史记，考行事，百年之中，五星无出而不反逆行，反逆行，尝盛大而变色；日月薄蚀，行南北有时：此其大度也。故紫宫、房心、权衡、咸池、虚危列宿部星，此天之五官坐位也，为经，不移徙，大小有差，阔狭有常。水、火、金、木、填星，此五星者，天之五佐，为纬，见[39]伏有时，所过行赢缩有度。

日变修德，月变省[40]刑，星变结和。凡天变，过度乃占。国君强大，有德者昌；弱小，饰[41]诈者亡。太上[42]修德，其次修政，其次修救，其次修禳，正下[43]无之。夫常星之变希[44]见，而三光之占亟[45]用。日月晕适[46]，云风，此天之客[47]气，其发见亦有大运。然其与政事俯仰，最近天人之符。此五者，天之感动。

为天数者，必通三五。终始古今，深观时变，察其精粗，则天官备[48]矣。

苍帝行德，天门为之开。赤帝行德，天牢为之空。黄帝行德，天夭为之起。风从西北来，必以庚、辛。一秋中，五至，大赦；三至，小赦。白帝行德，以正月二十日、二十一日，月晕围，常大赦载，谓有太阳也。一曰：白帝行德，毕、昴为之围。围三暮，德乃成；不三暮，及围不合，德不成。二曰：以辰围，不出其旬。黑帝行德，天关为之动。天行德，天子更立年；不德，风雨破石。三能、三衡者，天廷也。客星出天廷，有奇[49]令。

选自《史记》卷二十七

〔**注释**〕 ① 候：占验。 ② 萌：产生。 ③ 会：聚会。 ④ 发：发散。 ⑤ 集：总结。 ⑥ 为：成熟。 ⑦ 趣：同“促”，迅速。 ⑧ 对：抵消。 ⑨ 课：考核。 ⑩ 亟：短暂。 ⑪ 徐：缓慢。 ⑫ 败：歉收。 ⑬ 起：复苏。 ⑭ 雨：落下。 ⑮ 比：连续。 ⑯ 数：计算。 ⑰ 竟：从头到尾。 ⑱ 离：经历。 ⑲ 宜：适合。 ⑳ 县：通“悬”。 ㉑ 解：脱落。 ㉒ 决：确定。 ㉓ 曷：何。 ㉔ 历：观察。 ㉕ 绍：继承。 ㉖ 明：发扬。

㉗内：亲近。 ㉘外：疏远。 ㉙法：效法。 ㉚尚：久远。 ㉛殊：不同。 ㉜纪：记录。 ㉝书：记载。 ㉞著：明了。 ㉟贵：看重。 ㊱更：交替。 ㊲暴：欺凌。 ㊳因：针对。 ㊴见：同“现”。 ㊵省：反省。 ㊶饰：虚伪。 ㊷太上：最好的。 ㊸正下：最下。 ㊹希：罕。 ㊺亟：屡次。 ㊻适：通“蚀”。 ㊼客：暂时。 ㊽备：具备。 ㊾奇：奇异。

〔赏析〕 中国人讲求“天人合一”，认为自然界一切现象必定与人世间有所联系。中国古代所谓“天”的概念，不仅仅是指客观存在的自然界，还包含着一些难以言说的超自然力量。例如，“天”是可以与人发生感应关系的存在，先秦典籍即蕴含着“天人感应”的思想。孔子作《春秋》，其中就有大量关于气候灾异的记载。孔子认为，天人之间有感应关系，“国家将兴，必有祯祥；国家将亡，必有妖孽”(《礼记・中庸》)，人类的行为会上感于天，天会根据世人的善恶邪正下应于人。“天”不仅主宰着国家和王朝命运，并且赐予人类以吉凶祸福，指导着民众仁义礼智的本性，因此“天”又是人们应当敬畏、侍奉的对象。“天人合一”，就是以“自然、超自然”与“人类”之间的关系为中心，来思考整个宇宙和人生问题。它是一种世界观和宇宙观，更是一种人生观和价值观，代表着一种值得追求的人生境界。

在《史记・天官书》中，整个宇宙与人世间是相互对应的，“天则有日月，地则有阴阳。天有五星，地有五行。天则有列宿，地则有州域”。总之，天有什么，人也有对应的什么，人世间的一切都能与宇宙产生感应，人类的精神更是与自然互为一体。而在中国古代，“溥天之下，莫非王土；率土之滨，莫非王臣”(《诗经・小雅・北山》)，君主在人世间拥有着至高无上的权力。谁当最高统治者，又是由上天决定的，即所谓“君权神授”。君主根据上天的意志统治天下，即为“天子”。这个上天又不像西方基督教的上帝具有人的形象，而是茫茫的天穹。《论语》有云：“天何言哉?”既然不具人形的“天”不能说话，那么它就可以任由人们去猜测、去想象、去塑造。于是，一些思想家力图证明自己体会到了上天的意图，以“天意”来限制君主的权力，避免横暴之君昏乱国家。例如，孔子认为君主是全体人民的代表，人世间的灾异就是由君主失德而引发的。“邦大旱，毋乃失诸刑与德乎?”国君必须“正刑与德，以事上天”(上博简《鲁邦大旱》)。“天人感应”学说的集大成者就是司马迁同时代的大思想家董仲舒。董仲舒认为,“天有阴阳,人亦有阴阳,天地之阴气起,而人之阴气应之而起;人之阴气起,而天之阴气亦宜应之而起。其道一也”(《春秋繁露·同类相动》)。因此,人的道德行为可以引起气的变化而与天相互感应,“世治而民和,志平而气正,则天地之化精,而万物之美起;世乱而民乖,志僻而气逆,则天地之化伤,气生灾害起”(《春秋繁露·天地阴阳》)。而“凡灾异之本,尽生于国家之失”(《春秋繁露·必仁且智》),作为“德侔天地”的皇帝若是违背了天意,不行仁义,上天就会降下灾异予以谴责。董仲舒所讲的“天”,既是有人格神的皇天上帝,也是自然与道德的客观存在。董仲舒论证“天人合一”,目的在于构建天地万物大一统的世界,而“天人感应”学说,既为君主统治找到了理论根据,同时也限制了最高统治者的权力,对后世的政治制度产生了巨大的影响。

西汉元朔三年(前126年)司马迁壮游回京,受学于董仲舒,同时担任其父太史令司马谈的修史助手。司马迁师事董仲舒,深受影响,并以批判的精神对其学说作了改造。在远古时代,史官是巫祝的一部分,属神职人员。皇帝施政要遵从天意,必须通过史官来询问上天。因职责所在,“文史星历,近乎卜祝之间”(《汉书·司马迁传》),司马迁也是一位通晓天象运行规律的天文学家,太初元年(前104年)曾与唐都等人共同制定了“太初历”。况且,史官通过掌管文书、熟悉典故,已成为施政者的咨询对象,并负责把人神沟通的讯息用文字记录下来。在司马迁的眼中,史官不仅是为时代修史,更是在为宇宙修史。“究天人之际,通古今之变,成一家之言。”(《汉书·司马迁传》)一部好的史书,不仅要综述事物的本末,推究其成败盛衰的道理,更应该是一部探求天道与人事之间关系、贯通古往今来变化脉络的伟大作品。

限于生产力发展水平,古人无法解释春夏秋冬四季更迭、日月星辰的变化,以及风、雨、雷、电等自然现象,因此早期的天文学与星相占卜术是密不可分的。秦汉之际,谶纬之学泛滥,“天人感应”说更为盛行,《史记·天官书》中有大量灾异变怪的记载也就不奇怪了。然而,“天人合一”思想若是剥去迷信的外壳,就其理论实质而言,则是关于人与宇宙的统一问题,或者说是精神理性和自然世界的统一问题。西方文化强调人类要通过征服自然、改造自然,才能求得自身的生存和发展。而中国传统文化更重视人与自然的和谐,认为人不能超越自然、破坏自然,只能在顺从自然规律的条件下去利用自然、调整自然。从这个意义上说,"天人合一"思想对于解决当今世界高速发展而带来的环境污染、生态破坏等问题,仍具有重大现实意义。

河 渠 书

〔选文〕

西门豹引漳水溉邺,以富[①]魏之河内。

而韩闻秦之好兴事,欲罢[②]之,毋令东伐,乃使水工郑国间说秦,令凿泾水自中山西邸[③]瓠口为渠,并北山东注洛三百余里,欲以溉田。中作而觉[④],秦欲杀郑国。郑国曰:"始臣为间[⑤],然渠成亦秦之利也。"秦以为然,卒使就[⑥]渠。渠就,用注填阏之水,溉泽卤之地四万余顷,收皆亩一钟。于是关中为沃野,无凶年,秦以富彊,卒并诸侯,因命[⑦]曰郑国渠。

汉兴三十九年,孝文时河决[⑧]酸枣,东溃金堤,于是东郡大兴卒塞[⑨]之。

其后四十有余年,今天子元光之中,而河决于瓠子,东南注钜野,通于淮、泗。于是天子使汲黯、郑当时兴人徒塞之,辄复坏。是时武安侯田蚡为丞相,其奉邑食鄃。鄃居河北,河决而南则鄃无水菑[⑩],邑收多。蚡言于上曰:"江河之决皆天事,未易以人力为强塞,塞之未必应[⑪]天。"而望气用数者亦以为然。于是天子久之不事[⑫]复塞也。

是时郑当时为大农,言曰:"异时关东漕粟从渭中上,度[⑬]六月而罢,而漕水道九百余里,时有难处。引渭穿渠起长安,并南山下,至河三百余里,径[⑭],易漕,度可令三月罢;

而渠下民田万余顷，又可得以溉田：此损[15]漕省卒，而益肥关中之地，得谷。”天子以为然，令齐人水工徐伯表，悉发卒数万人穿[16]漕渠，三岁而通。通，以漕，大便利。其后漕稍多，而渠下之民颇得以溉田矣。

其后河东守番系言：“漕从山东西，岁百余万石，更[17]砥柱之限，败亡甚多，而亦烦费。穿渠引汾溉皮氏、汾阴下，引河溉汾阴、蒲坂下，度可得五千顷。五千顷故尽河壖弃地，民茭牧其中耳，今溉田之，度可得谷二百万石以上。谷从渭上，与关中无异，而砥柱之东可无复漕。”天子以为然，发卒数万人作渠田。数岁，河移徙，渠不利，则田者不能偿[18]种。久之，河东渠田废，予[19]越人，令少府以为稍入。

其后人有上书欲通褒斜道及漕事，下御史大夫张汤。汤问其事，因言：“抵蜀从故道，故道多阪，回远。今穿褒斜道，少阪，近四百里；而褒水通沔，斜水通渭，皆可以行船漕。漕从南阳上沔入褒，褒之绝水至斜，间百余里，以车转，从斜下下渭。如此，汉中之谷可致，山东从沔无限[20]，便于砥柱之漕。且褒斜材木竹箭之饶，拟[21]于巴蜀。”天子以为然，拜[22]汤子卬为汉中守，发数万人作褒斜道五百余里。道果便近，而水湍石，不可漕。

其后庄熊罴言：“临晋民愿穿洛以溉重泉以东万余顷故卤地。诚得水，可令亩十石。”于是为发卒万余人穿渠，自征引洛水至商颜山下。岸善[23]崩，乃凿井，深者四十余丈。往往为井，井下相通行水。水颓以绝[24]商颜，东至山岭十余里间。井渠之生自此始。穿渠得龙骨，故名曰龙首渠。作之十余岁，渠颇[25]通，犹未得其饶。

自河决瓠子后二十余岁，岁因以数不登[26]，而梁楚之地尤甚。天子既封禅巡祭山川，其明年，旱，干封少雨。天子乃使汲仁、郭昌发卒数万人塞瓠子决。于是天子已用事万里沙，则还自临[27]决河，沉白马玉璧于河，令群臣从官自将军已下皆负薪窴[28]决河。是时东郡烧草，以故薪柴少，而下淇园之竹以为楗。

天子既临河决，悼[29]功之不成，乃作歌曰："瓠子决兮将奈何？皓皓旰旰兮闾[30]殚[31]为河！殚为河兮地不得宁，功无已[32]时兮吾山平。吾山平兮钜野溢，鱼沸郁兮柏[33]冬日。延道弛兮离常流，蛟龙骋兮方远游。归旧川兮神哉沛，不封禅兮安知外！为我谓河伯兮何不仁，泛滥不止兮愁吾人？啮桑浮[34]兮淮、泗满，久不反兮水维缓。"一曰："河汤汤兮激潺湲，北渡污兮浚[35]流难。搴长茭兮沉美玉，河伯许兮薪不属[36]。薪不属兮卫人罪，烧萧条兮噫乎何以御水！颓林竹兮楗石菑，宣房塞兮万福来。"于是卒[37]塞瓠子，筑宫其上，名曰宣房宫。而道[38]河北行二渠，复禹旧迹，而梁、楚之地复宁，无水灾。

自是之后，用事者争言水利。朔方、西河、河西、酒泉皆引河及川谷以溉田；而关中辅渠、灵轵引堵水；汝南、九江引淮；东海引钜定；泰山下引汶水。皆穿渠为溉田，各万余顷。佗[39]小渠披山通道者，不可胜言。然其著[40]者在宣房。

太史公曰：余南登庐山，观禹疏[41]九江，遂至于会稽太湟，上姑苏，望五湖，东窥洛汭、大邳，迎河，行[42]淮、泗、济、漯洛渠；西瞻蜀之岷山及离碓；北自龙门至于朔方。曰：甚[43]哉，水之为利害也！余从[44]负薪塞宣房，悲《瓠子》之诗而作河渠书。

选自《史记》卷二十九

〔注释〕 ①富：使富有。 ②罢：通"疲"。 ③邸：通"抵"。 ④觉：觉察。 ⑤间：间谍。 ⑥就：完成。 ⑦命：命名。 ⑧决：决堤。 ⑨塞：堵塞。 ⑩菑：同"灾"。 ⑪应：顺应。 ⑫事：使用。 ⑬度：计算。 ⑭径：直道。 ⑮损：减少。 ⑯穿：开凿。 ⑰更：经过。 ⑱偿：抵偿。 ⑲予：给。 ⑳限：阻碍。 ㉑拟：堪比。 ㉒拜：封官。 ㉓善：容易。 ㉔绝：越过。 ㉕颇：略微。 ㉖登：谷物成熟。 ㉗临：到。 ㉘窴：同"填"。 ㉙悼：悲伤。 ㉚闾：通"率"，大抵。 ㉛殚：全部。 ㉜已：停止。 ㉝柏：通"迫"，逼近。 ㉞浮：被淹。 ㉟浚：疏通。 ㊱属：连续。 ㊲卒：最终。 ㊳道：同"导"。 ㊴佗：别的。 ㊵著：显著。 ㊶疏：疏通。 ㊷行：巡视。 ㊸甚：严重。 ㊹从：跟从。

〔赏析〕 中国地势西高东低，河流多为东西走向，南北交通十分不便。而且一些大河的支流往往相距不远，其中下游地区土地平坦、湖泊众多，若能稍做改造和连缀，便可形成人工河道，有利于水上运输和农业耕作。早在春秋时期，位于太湖平原的吴国就已开凿了北起太湖、南到杭州湾的胥浦，以及沟通太湖和长江的胥溪。虽然这两条运河是出于战争的需要，客观上却方便了吴国的对外运交通，也为农田灌溉提供了水源。限于古代的生产力发展水平，治水开渠并不是件容易事，必须投入巨大的人力、物力和财力。尤其在春秋战国时期，没有一个高度集权的中央政府，只有一些实力强盛的诸侯国才能组织民众兴修水利事业。

战国末年，秦国已经是七个诸侯国中最为强大的国家了。公元前316年，秦国吞并蜀国。当时的蜀地非涝即旱，素有"泽国"、"赤盆"之称。为了把四川盆地建成重要的后方基地，秦国决定彻底治理岷江水患。秦昭王五十一年(前256年)，蜀郡太守李冰率领当地人民，修建了著名的都江堰水利工程。李冰通晓天文、地理，对四川盆地和成都平原的自然条件非常熟悉。根据巴蜀地区春季雨水稀少，夏季洪涝成灾的特点，都江堰水利工程将岷江水流分为两条，其中一条引入成都平原，既可以分洪减灾，又可以引水灌田，为当地农业的发展提供了必要的保证。据《史记·河渠书》记载："蜀守冰凿离碓，辟沫水之害。"古沫水就是今天的大渡河，离碓又称离堆，位于大渡河与岷江的会合处。当年，李冰率领劳动人民开凿宝瓶口，以分引岷江水流。由于缺乏铁制工具，故采用水火相激、热胀冷缩的方法，促使山体崩裂，所形成的岩石孤堆临江兀立，称之为"离堆"。岷江之水"穿二江成都之中，此渠皆可行舟，有余则用溉浸”，极大地改善了当地的航运条件和灌溉条件。产自岷山的竹木，每年以百万计，循着岷江、内江、郫江、检江漂流而下，为沿江城镇提供了丰富而廉价的建筑材料。而客货船只，也穿梭往来于蜀中各地。都江水利工程的兴建，使得“百姓飨其利”，成都平原由此成为富庶的“天府之国”。

公元前247年，秦王嬴政即位，秦国更趋强盛，正准备雄心勃勃地实现统一全国的宏伟事业。在地理位置上，韩国离秦国最近，与强敌相伴就好似与虎为邻，时时刻刻得过着提心吊胆的日子。为了避免被灭亡的命运，韩王在走投无路的情况下，想出了一个所谓“疲秦”的策略。他派水工郑国入秦，游说秦国在泾水和洛水间开凿一条大型灌溉渠道，说是帮助秦国发展农业，真实目的是想以这一浩大的水利工程拖垮秦国。刚开始，秦国并不知道韩国真正的意图，以为这位弱小的邻居是为了自身的安全来讨好自己，欣然采纳了该项建议，开始兴修这一工程。从某种意义而言，水工郑国也是为韩国服务的间谍，修渠的同时也在暗中搜集秦国的情报。不久，秦国识破了韩国的阴谋，决定杀掉郑国，征讨韩国。临刑之前，郑国对秦王说：“始臣为间，然渠成亦秦之利也。”秦王嬴政是位很有远见和智慧的政治家，觉得郑国说的还蛮有道理。关中地区是秦国成就霸业的基地，修渠灌田毕竟是利国利民的好事，只有粮食产量增加了才能在战争中立于不败之地，即使让敌人刺探到了一些军事情报又有什么关系呢？灭掉韩国只不过是早晚的事，拖延几年又能如何？况且，秦国的水工技术还比较落后，在技术上也需要郑国这样一位精通水利的专家。权衡利弊，秦王赦免了郑国的死罪，仍旧让他主持修渠工程，全国的人力、物力任其调遣。经过十多年的努力，全渠完工，世称郑国渠。

郑国渠沟通泾河和洛河，东起中山，西到瓠口，流经关中平原，充分利用了西北高东南低的地形特点，使渠水自然流到地势较低的田里，并尽可能多地扩大了灌溉面积。以前，关中平原雨量很少，地里缺水，盐碱含量比较高，不适宜种植庄稼。河渠修成之后，引来的泾河水含砂量高，提高了土地的肥沃度，粮食的产量自然也就提高了。“用注填阏之水，溉泽卤之地四万余顷，收皆亩一钟”。一钟为六石四斗，这要比当时黄河中游平均亩产一石半要高出许多倍。郑国渠和都江堰为秦国带来了无数的粮食与无尽的财富，综合国力更为强盛,统一全国的时机到来了。从公元前230年起,秦王嬴政用了十年的时间,远交近攻、分化瓦解、各个击破,逐渐灭掉六国,终于建立起了中国历史上第一个中央集权制的大一统王朝。

（段　炼）

超前的国富论

〔导言〕《货殖列传》和《平准书》，是体现司马迁宏观治国、微观工商业经营以及货币、财政等卓越经济思想体系的姊妹篇。《货殖列传》是记叙从事“货殖”活动的杰出人物的类传，反映了司马迁重视社会生产活动、主张发展工商业的思想。他认为政治的治乱兴衰与社会经济情况密切相连，社会经济活动又是不以人们意志为转移的客观过程。《平准书》记载了西汉建国七十余年来所发生的一切经济大事及财政、货币制度的演革过程，实际反映了司马迁对汉武帝以国家干涉主义为指导、以强化中国集权制度为目标的财政改革和政策举措的反对态度。二者归纳于一点，就是司马迁的经济自由主义的根本立场，即国家要发展市场经济，不要过多干预经济，让经济规律自行调节经济。让人可叹的是，后世正史虽然继承了司马迁开创的经济专篇惯例，但司马迁关于国民经济的进步、科学的经济思想，自班固后却为历代封建文人所曲解、责难或批判，在中国古代经济思想史的天空是“一家之绝响”。中国古代社会未能按照司马迁的方向发展，所幸的是，两千多年后的今天，中国掀起市场经济建设的大潮，使我们能重新认识其思想的精华，这就是司马迁经济思想伟大而不朽的意义。

货殖列传

〔选文〕

老子曰：“至治之极，邻国相望，鸡狗之声相闻，民各甘[①]其食，美其服，安其俗，乐其业，至老死不相往来。”必用此为务，挽[②]近世涂[③]民耳目，则几无行矣。

太史公曰：夫神农以前，吾不知已。至若诗书所述虞夏以来，耳目欲极[4]声色之好，口欲穷[5]刍豢之味，身安[6]逸乐，而心夸矜[7]势能之荣。使俗之渐[8]民久矣，虽户说以眇[9]论，终不能化。故善者因[10]之，其次利道[11]之，其次教诲之，其次整齐之，最下者与之争。

夫山西饶[12]材、竹、谷、纑、旄、玉石；山东多鱼、盐、漆、丝、声色；江南出楠、梓、姜、桂、金、锡、连、丹沙、犀、玳瑁、珠玑、齿革；龙门、碣石北多马、牛、羊、旃裘、筋角；铜、铁则千里往往山出棋置[13]：此其大较也。皆中国人民所喜好，谣俗被[14]服饮食奉生送死之具[15]也。故待[16]农而食之，虞而出[17]之，工而成之，商而通之。此宁有政教发征[18]期会[19]哉？人各任其能，竭其力，以得所欲。故物贱之[20]征贵，贵之征贱，各劝[21]其业，乐其事，若水之趋下，日夜无休时，不召而自来，不求而民出之。岂非道之所符，而自然之验邪？

周书曰："农不出则乏其食，工不出则乏其事，商不出则三宝绝，虞不出则财匮少。"财匮少而山泽不辟[22]矣。此四者，民所衣食之原[23]也。原大则饶，原小则鲜[24]。上则富国，下则富家。贫富之道，莫之夺[25]予，而巧者有余，拙者不足。故[26]太公望封于营丘，地舄卤，人民寡[27]，于是太公劝其女功，极技巧，通鱼盐，则人物归之，繈至而辐凑。故齐冠带衣履天下，海岱之间敛[28]袂而往朝焉。其后齐中衰，管子修之，设轻重九府，则桓公以霸，九合诸侯，一匡天下；而管氏亦有三归，位在陪臣，富于列国之君。是以齐富强至于威、宣也。

故曰："仓廪实[29]而知礼节，衣食足而知荣辱。"礼生于有而废于无。故君子富，好行其德；小人富，以适[30]其力。渊深而鱼生之，山深而兽往之，人富而仁义附[31]焉。富者得势益[32]彰，失势则客无所之[33]，以而不乐。夷狄益甚。谚曰：

“千金之子，不死于市。”此非空言也。故曰：“天下熙熙，皆为利来；天下壤壤，皆为利往。”夫千乘之王，万家之侯，百室之君，尚犹患[34]贫，而况匹夫编户之民乎！

……

范蠡既雪会稽之耻，乃喟然而叹曰：“计然之策七，越用其五而得意。既已施于国，吾欲用之家。”乃乘扁舟浮[35]于江湖，变名易[36]姓，适[37]齐为鸱夷子皮，之陶为朱公。朱公以为陶天下之中，诸侯四通，货物所交易也。乃治[38]产积[39]居。与时逐[40]而不责[41]于人。故善治生者，能择[42]人而任[43]时。十九年之中三致[44]千金，再分散与贫交疏昆弟。此所谓富好行其德者也。后年衰老而听[45]子孙，子孙修业而息[46]之，遂至巨万。故言富者皆称陶朱公。

子赣既学于仲尼，退而仕于卫，废着鬻[47]财于曹、鲁之间，七十子之徒，赐最为饶益。原宪不厌糟糠，匿于穷巷。子贡结驷连骑，束帛之币以聘享[48]诸侯，所至，国君无不分庭与之抗[49]礼。夫使孔子名布扬于天下者，子贡先后之也。此所谓得势而益彰者乎？

白圭，周人也。当魏文侯时，李克务尽地力，而白圭乐观[50]时变，故人弃我取，人取我与。夫岁孰取谷，予[51]之丝漆；茧出取帛絮，予之食。太阴在卯，穰[52]；明岁衰恶。至午，旱；明岁美。至酉，穰；明岁衰恶。至子，大旱；明岁美，有水。至卯，积着率[53]岁倍。欲长[54]钱，取下谷；长石斗，取上种。能薄饮食，忍嗜欲，节衣服，与用事僮仆同苦乐，趋时若猛兽挚鸟之发[55]。故曰：“吾治生产，犹伊尹、吕尚之谋，孙吴用兵，商鞅行法是也。是故其智不足与权变[56]，勇不足以决断，仁不能以取予，强不能有所守[57]，虽欲学吾术，终不告之矣。”盖天下言治生祖[58]白圭。白圭其有所试[59]矣,能试有所长,非苟而已也?

……

由是观之,富无经[60]业,则货无常主,能者辐凑,不肖者瓦解。千金之家比一都之君,巨万者乃与王者同乐。岂所谓“素封”者邪?非也?

选自《史记》卷一百二十九

〔注释〕 ① 甘:乐意。 ② 挽:挽救。 ③ 涂:堵住。 ④ 极:极尽。 ⑤ 穷:穷尽。 ⑥ 安:享受。 ⑦ 矜:夸耀。 ⑧ 渐:浸染。 ⑨ 眇:微妙。 ⑩ 因:顺应。 ⑪ 道:通“导”。 ⑫ 饶:富足。 ⑬ 置:分布。 ⑭ 被:通“披”。 ⑮ 具:器具。 ⑯ 待:等待。 ⑰ 出:出产。 ⑱ 发征:征调。 ⑲ 期会:按时送达。 ⑳ 之:则。 ㉑ 劝:勉励。 ㉒ 辟:开辟。 ㉓ 原:根本。 ㉔ 鲜:稀少。 ㉕ 夺:改变。 ㉖ 故:以前。 ㉗ 寡:少。 ㉘ 敛:聚拢。 ㉙ 实:充实。 ㉚ 适:放纵。 ㉛ 附:归附。 ㉜ 益:更加。 ㉝ 之:到。 ㉞ 患:担忧。 ㉟ 浮:游。 ㊱ 易:更改。 ㊲ 适:到。 ㊳ 治:经营。 ㊴ 积:囤积。 ㊵ 逐:竞争。 ㊶ 责:求。 ㊷ 择:应作“释”。 ㊸ 任:把握。 ㊹ 致:获得。 ㊺ 听:听任。 ㊻ 息:滋生。 ㊼ 鬻:卖。 ㊽ 聘享:拜会。 ㊾ 抗:对等。 ㊿ 观:察。 51 予:给予。 52 穰:丰收。 53 率:大抵。 54 长:增加。 55 发:出动。 56 权变:变通。 57 守:保持。 58 祖:效法。 59 试:尝试。 60 经:常。

〔赏析〕 货殖,即经商,做买卖,靠贸易以生财求利之意。《太史公自序》中说,布衣匹夫这种普普通通的人,不妨害政令,也不妨害百姓,据时买卖增殖财富,智者在他们那里可取得借鉴,因此特对春秋末年至汉景帝年间的一些富商大贾数名列传。

从战国以来,中国封建统治者就推行“重农抑商”的政策,到了汉武帝时期,为了加强中央集权的统治,“重农抑商”政策得到全面的推行和发展。司马迁不苟同于时政,认为富国裕民本是历史进化之势。他指出,中华各地物产极为丰富,农、虞、工、商各有作用,在肯定农业地位的前提下,工商业也极为重要,扩大生产,互通有无,即交换贸易和积累财富,是完全符合自然情况和人们的生活需要的。重商这一点足以看出司马迁卓越的经济思想,实际上是对汉武帝当时实行的“重农抑商”做法的一种彻底否定。

“天下熙熙，皆为利来；天下攘攘，皆为利往。”在司马迁笔下，凡社会之人，不分贵贱，无论千乘之王，万家之侯，百室之君，还是匹夫编户之民，统统纳入到了求利的轨道，彻底打破了儒家的纲常名分和君子小人界限，追求财富是人的共性。“人各任其能，竭其力，以得其所欲”是自然之理，是合理的行为。司马迁的前辈思想家，先秦诸子们，都看到了人欲争利的一面，主张用礼法等去遏制人欲，司马迁却看到了人欲动力这一更本质的东西，他不同凡俗，奏出了透视人欲的异响之音。

开篇这几段援引经典，论理性强，环环相扣，破中求立。既然在司马迁眼中，人们富足方可维持礼义，求富患贫是人之常情，芸芸众生活动目的无不是为了追求财富，所以富商大贾如何致富之事尤值得大书特书。商人以货殖谋利，不但理所当然，而且经商艺术及成功经验也值得深刻地探讨，留待智者所吸取。

依靠自己才能致富的名商，《货殖列传》中共记载了三十人，其中有十九年三致千金的陶朱公范蠡；有结驷连骑，与诸侯分庭抗礼的端木锡子贡；有乐观时变，工于心计的白圭等。他们经商手法高超，知识面广博，判断力准确，行动上果断，社会交往能力强。司马迁为这些商人遭受贱视的政治地位而鸣不平，从智、勇、仁、强的品德来说，他们足以与历史上那些伟大的政治家和军事家相提并论。

财富面前，人人平等。每一个人都有追求财富的权力，但由于个人财富、资本等各种条件的限制，每一个人拥有的财富是不平等的。无财者要受有财者支配，巨万财富者可与王者同乐，大商人就是“无冕之王”，司马迁称之为“素封”。汉武帝时重农抑商，商人不得衣丝乘车，不得做官，司马迁却称之为“素王”，这与陈胜、吴广起义时发出的口号“王侯将相宁有种乎”，多么具有同工异曲之妙！

总起来谈，司马迁以他天才的洞察力看到人欲是生产的动力，农工商虞是中国古代社会的基本经济结构，而商业活动在促进生产发展中又起到纽带作用，所以他颂扬货殖，为商人立传。特别是他最后提出的“崇势利而羞贱贫”、“素封论”的财富观。人无天生的贵贱等级之分，各行各业的人都用自己的聪明才智发财致富，这样就能与王者同乐，做一个“素封”。司马迁敢于号召人们从经济地位上冲击王侯将相的政治权力。这在其所处的时代，是吹响了大胆战斗的号角，具有无人能超越的大勇精神。可叹的是，司马迁的这种进步、卓越思想在中国历代封建政治王朝中，均被视为离经叛道的异端，在中国古代历史的天空上，似一束火花，转瞬即逝。

司马迁立《货殖列传》，开创了二十四史记载生产活动的先例，成为中国史学的优秀传统。《汉书》以下的《食货志》等，内容虽较《货殖列传》有些扩充，但在思想方面，绝不及司马迁的高度和深度。像这样关于社会经济发展的议论和铺陈，在正史中堪称空前绝后。

平　准　书

〔选文〕

至今上即位数岁，汉兴七十余年之间，国家无事，非遇水旱之灾，民则人给家足，都鄙廪庾皆满，而府库余货财。京师之钱累[①]巨万，贯朽而不可校[②]。太仓之粟陈陈相因[③]，充溢露积于外，至腐败不可食。众庶街巷有马，阡陌之间成群，而乘字牝者傧[④]而不得聚会。守闾阎者食粱肉，为吏者长子孙，居[⑤]官者以为姓号。故人人自爱而重[⑥]犯法，先行义而后绌[⑦]耻辱焉。当此之时，网疏而民富，役[⑧]财骄溢，或至兼并豪党之徒，以武断[⑨]余乡曲。宗室有土公卿大夫以下，争于奢侈，室庐舆服僭[⑩]于上，无限度。物盛而衰，固其变也。

自是之后，严助、朱买臣等招来[⑪]东瓯，事[⑫]两越，江淮之间萧然烦费[⑬]矣。唐蒙、司马相如开路西南夷，凿山通道千余里，以广[⑭]巴蜀，巴蜀之民罢[⑮]焉。彭吴贾灭朝鲜，置沧海之郡，则燕齐之间靡然发动。及王恢设谋[⑯]马邑，匈奴绝和亲，侵扰北边，兵连而不解，天下苦其劳，而干戈日滋。行者赍[17],居者送[18],中外骚扰而相奉[19],百姓抏[20]弊以巧[21]法,财赂衰耗而不赡[22]。入物者补官,出货者除罪,选举陵迟[23],廉耻相冒[24],武力进用,法严令具。兴利之臣自此始也。

……

商贾以币之变,多积货逐利。于是公卿言:"郡国颇被[25]菑害,贫民无产业者,募徙广饶之地。陛下损[26]膳省用,出禁钱以振[27]元元,宽贷赋,而民不齐[28]出于南亩,商贾滋众。贫者畜积无有,皆仰[29]县官。异时算[30]轺车贾人缗钱皆有差[31],请算如故。诸贾人末作贳贷卖买,居邑稽[32]诸物,及商以取利者,虽无市籍,各以其物自占[33],率[34]缗钱二千而一算。诸作有租及铸,率缗钱四千一算。非吏比者三老、北边骑士,轺车以一算;商贾人轺车二算;船五丈以上一算。匿不自占,占不悉[35],戍边一岁,没入缗钱。有能告者,以其半畀[36]之。贾人有市籍者,及其家属,皆无得籍[37]名田,以便农。敢犯令,没入田僮。"

……

其明年,元封元年,卜式贬[38]秩为太子太傅。而桑弘羊为治粟都尉,领[39]大农,尽代仅管天下盐铁。弘羊以诸官各自市[40],相与争,物故腾跃,而天下赋输或不偿[41]其僦费,乃请置大农部丞数十人,分部主[42]郡国,各往往县置均输盐铁官,令远方各以其物贵时商贾所转贩者为赋,而相灌输[43]。置平准于京师,都受天下委输[44]。召工官治车诸器,皆仰给大农。大农之诸官尽笼[45]天下之货物,贵即卖之,贱则买之。如此,富商大贾无所牟大利,则反本,而万物不得腾踊。故抑[46]天下物,名曰"平准"。天子以为然,许之。于是天子北至朔方,东到太山,巡海上,并[47]北边以归。所过赏赐,用帛百余万匹，钱金以巨万计，皆取足大农。

弘羊又请令吏得入粟补官，及罪人赎罪。令民能入粟甘泉各有差，以复[48]终身，不告缗。他郡各输急处，而诸农各致[49]粟，山东漕益[50]岁六百万石。一岁之中，太仓、甘泉仓满。边余谷诸物均输帛五百万匹。民不益赋而天下用饶。于是弘羊赐爵左庶长，黄金再百斤焉。

是岁小旱，上令官求雨，卜式言曰："县官当食租衣税而已，今弘羊令吏坐市列肆，贩物求利。亨[51]弘羊，天乃雨。"

太史公曰：农工商交易之路通，而龟贝金钱刀布之币兴焉。所从来久远，自高辛氏之前尚[52]矣，靡[53]得而记云。故书道唐虞之际，诗述殷周之世，安宁则长庠序，先本绌末，以礼义防于利；事变多故而亦反是。是以物盛则衰，时极而转，一质一文，终始之变也。禹贡九州，各因其土地所宜，人民所多少而纳职[54]焉。汤武承弊易变，使民不倦，各兢兢[55]所以为治，而稍[56]陵迟衰微。齐桓公用管仲之谋，通轻重之权，徼[57]山海之业，以朝诸侯，用区区之齐显成霸名。魏用李克，尽地力，为强君。自是以后，天下争于战国，贵[58]诈力而贱仁义，先富有而后推让。故庶人之富者或累巨万，而贫者或不厌糟糠；有国强者或并群小以臣[59]诸侯，而弱国或绝祀而灭世。以至于秦，卒并海内。虞夏之币，金为三品，或黄，或白，或赤；或钱，或布，或刀，或龟贝。及至秦，中[60]一国之币为二等，黄金以溢名，为上币；铜钱识[61]曰半两，重如其文，为下币。而珠玉、龟贝、银锡之属为器饰宝藏，不为币。然各随时而轻重无常。于是外攘夷狄，内兴功业，海内之士力耕不足粮饷，女子纺绩不足衣服。古者尝[62]竭天下之资财以奉其上，犹自以为不足也。无异故云，事势之流，相激使然，曷足怪焉。

选自《史记》卷三十

〔注释〕 ① 累：重。 ② 校：计算。 ③ 因：承接。 ④ 傧：通"摈"，排斥。 ⑤ 居：担任。 ⑥ 重：重视。 ⑦ 绌：通"黜"，摒弃。 ⑧ 役：占有。 ⑨ 断：专断。 ⑩ 僭：僭越。 ⑪ 来：归顺。 ⑫ 事：从事。 ⑬ 费：消耗。 ⑭ 广：扩大。 ⑮ 罢：通"疲"。 ⑯ 谋：谋取。 ⑰ 赍：携带衣食。 ⑱ 送：运送。 ⑲ 奉：供养。 ⑳ 抏：磨去棱角。 ㉑ 巧：伪诈。 ㉒ 赡：充足。 ㉓ 陵迟：衰败。 ㉔ 冒：蒙混。 ㉕ 被：遭受。 ㉖ 损：减少。 ㉗ 振：同"赈"。 ㉘ 齐：全。 ㉙ 仰：依赖。 ㉚ 算：征税。 ㉛ 差：等级。 ㉜ 稽：囤积。 ㉝ 占：估计。 ㉞ 率：一律。 ㉟ 悉：全。 ㊱ 畀：给予。 ㊲ 籍：登记。 ㊳ 贬：贬谪。 ㊴ 领：兼任。 ㊵ 市：买卖。 ㊶ 偿：抵偿。 ㊷ 主：主管。 ㊸ 灌输：交流。 ㊹ 委输：运输。 ㊺ 笼：控制。 ㊻ 抑：压制。 ㊼ 并：通"傍"，沿着。 ㊽ 复：免徭役。 ㊾ 致：运送。 ㊿ 益：增加。 51 亨：同"烹"。 52 尚：久远。 53 靡：无。 54 纳职：进贡。 55 兢兢：努力。 56 稍：逐渐。 57 徼：求取。 58 贵：看重。 59 臣：臣服。 60 中：均分。 61 识：标识。 62 尝：曾经。

〔赏析〕 平准书是《史记》八书中的最后一书，也是中国古代最早的专门记载社会经济发展史的著作，主要记载了汉初至汉武帝时一百多年间的社会经济发展、财政状况、经济政策和货币制度的变革。当时所有财经政策变革目的，最后都聚焦到了"平准"即控制市场、调节物价这一核心点上，故司马迁直接以"平准"作为本篇的篇名。

文章先从秦末讲起，经过汉兴七十余年的努力，武帝初年达到了富庶繁华的社会经济景象。"国家无事，非遇水旱之灾，民则人给家足，都鄙廪庾皆满，而府库余货财。京师之钱累巨万，贯朽而不可校。太仓之粟陈陈相因，充溢露积于外，至腐败不可食。众庶街巷有马，阡陌之间成群，而乘字牝者傧而不得聚会。守闾阎者食粱肉，为吏者长子孙，居官者以为姓号。"司马迁如此生动的描述和渲染，实为讥讽武帝中后期国计民生凋敝埋下伏笔。

盛极而衰，物极必反，紧接着司马迁笔锋逆转，这片大好的经济形势在汉武中后期却被破坏了。由于汉武帝好大喜功，黩武开边，穷奢极欲，大肆兴作，以及兴修水利，救荒赈灾、富豪奸商垄断商品、囤积居奇等，民生逐渐凋敝，国家财政入不敷出。阅至此处，读者自然而然地会和司马迁一样，掩卷遐思文景之治之由、武帝经济凋敝之因，经济应该自由放任抑或人为摆布。

为改变财政窘迫局面，汉武帝开始重用兴利之臣，国家财经政策因人发生系列巨变。财经政策具体变革有改革币制，算缗告缗、盐铁官营专卖、卖官鬻爵、财货抵罪等。当然，以上所述的财经政策都是围绕着“平准”即控制市场、调控物价这一核心目的的，其效果到底如何呢？在司马迁看来，这些政策大多只是使政府获得了短时的利益，却未从根本上使得国家经济形势好转，甚至还摧残了商人和商业经济的发展。

从整体上来看，对“平准”起到重要作用、对后世也有最大影响的是桑弘羊推出的“均输”政策。何谓“均输”？实质是以国家行商贾之事：过去，“通货物”、“贱买贵卖”是商贾之事，现在则收归国有了；商贾“贱买贵卖”是为了从中谋取利润，而“平准”的“贱买贵卖”同样是为了从中谋取利润，只不过，商贾为“私”，“平准”为“公”。终武帝一代，桑弘羊出于为国家、为君上的动机，忠心耿耿，聚敛资财以增强国力，为武帝屡败匈奴、多次出巡、打通西域、开发西南等奠立了雄厚的物质基础。而司马迁认为，治国之道，富民为始，民富才是国家政治的根本和基础。在《平准书》中，他通过卜式之言，含蓄地表达自己对“均输”实质的看法——“是岁小旱，上令官求雨，卜式言曰：‘县官当食租衣税而已，今弘羊令吏坐市列肆，贩物求利。亨（烹）弘羊，天乃雨。’”实际上桑弘羊为国聚财、与民争利的做法，至今依然有两种截然不同的评论。

《平准书》表面上看似一篇编年叙事之文，写作风格与正面立论、叙议结合的《货殖列传》迥然不同，实际上《平准书》却是寓理于事，理在事中。大段的叙事铺陈，在其背后隐藏着司马迁对这些历史经济事件、改革举措的思想倾向。读者要从字里行间，仔细地寻找表现司马迁经济思想的“微言大义”。

从司马迁载录卜式对均输和攻击桑弘羊的言论，读者不难发现事实上是在表达他自己的倾向。司马迁不赞成国家对经济生活的干预，主张自由放任，听其自然发展，故对桑弘羊的平准政策态度上是有所保留的。《平准书》的问世，为后代史书载有专门记述经济活动的专篇提供了一个典范。

（姚永超）

《后汉书》、《三国志》、《晋书》导语

《后　汉　书》

南朝宋范晔编撰。北宋时，有人将晋代司马彪《续汉书》志三十卷与之合刊。全书共一百二十卷，包括纪十卷、列传八十卷、志三十卷。记述了从东汉的汉光武帝建武元年(25年)至汉献帝建安二十五年(220年)的史事。刘知幾称之“简而且周，疏而不漏”(《史通·补注》)。历代重要注本有唐代章怀太子李贤注，清代惠栋的《后汉书补注》、王先谦的《后汉书集解》，另有南朝梁刘昭的《补注后汉志》。

《三　国　志》

西晋陈寿编撰。全书共六十五卷，包括魏书三十卷、蜀书十五卷、吴书二十卷。最早以《魏书》、《蜀书》、《吴书》三书单独流传，后合为一书。对于陈寿的文笔，叶适称“笔高处逼司马迁；方之班固，但少文义缘饰尔，要终胜固也”(《习学记言序目》)。重要注本有南朝宋裴松之《三国志注》，此外还有清代杭世骏的《三国志补注》、赵一清的《三国志注补》，近人卢弼的《三国志集解》等。

《晋　　书》

唐代房玄龄等人合著，作者共二十一人。唐太宗时开始设馆修史，《晋书》是修撰的第一部。全书共一百三十二卷，包括叙例、目录各一卷，帝纪十卷，志二十卷，列传七十卷，载记三十卷，后叙例、目录失传，今存一百三十卷。

记述了从三国时期司马懿早年至东晋恭帝元熙二年(420年)的史事。《晋书》十志成就很高,郑樵论之"本末兼明,惟《晋志》可以无憾"(《文献通考·经籍考》)。注本有近人吴士鉴、刘承干合注《晋书斠注》。

刘姓的机会：皇族身世的命运巫咒

〔导言〕 刘秀，字文叔，南阳蔡阳（今湖北枣阳西南）人，汉景帝所生长沙定王刘发之后，东汉开国皇帝。刘缜，刘秀胞兄，字伯升。王莽末聚众首义，为更始所害。东汉立国，追谥为齐武帝。刘玄，字圣公，南阳蔡阳人，刘秀族兄，亦长沙定王刘发之后。绿林兵起，刘玄往从。诸义军合，为众议立，称更始帝。后降赤眉，为属将所杀。刘盆子，泰山式县（今山东泰安附近）人，高帝子齐悼惠王刘肥、高帝孙城阳景王（即前汉诛除诸吕的朱虚侯）刘章之后，其祖父宪在元帝时封式侯，被赤眉军立为帝，随赤眉降刘秀。刘秀怜之，赏赐甚厚，得食税终身。四人都是两汉皇族支脉，是两汉之际推翻王莽新朝兴复汉室战争的领袖或是居于领导地位的顶级政治人物，这是四刘组合最显著的共同性，也是本组成编的主要根据。与或亡或降的三刘不同，刘秀是这场巨大博弈的政治领袖和最后成功者，故以其为系主。刘秀经昆阳大捷、弭定河北、扫平群雄，建立东汉，年号建武。他以柔道行仁政赦政，除莽苛政，减赋省刑，循抚百姓，释放奴婢，安集人心；北御匈奴，南定交趾，四夷内附，边患初定，开始了汉帝国的中兴，史称“光武中兴”。

汉光武帝纪

〔选文〕

世祖光武皇帝讳秀，字文叔，南阳蔡阳人，高祖九世之孙也，出自景帝生长沙定王发。发生春陵节侯买，买生郁林太守外，外生钜鹿都尉回，回生南顿令钦，钦生光武。光武年九岁而孤，养于叔父良。身长七尺三寸，美须眉，大口，隆准①，日角②。性勤于稼穑，而兄伯升好侠养士，常非笑③光武事田业，比之高祖兄仲。王莽天凤中，乃之[4]长安，受《尚书》，略通大义。

莽末，天下连岁灾蝗，寇盗锋起。地皇三年，南阳荒饥，诸家宾客多为小盗。光武避吏新野，因卖谷于宛。宛人李通等以图谶说[5]光武云："刘氏复起，李氏为辅。"光武初不敢当，然独念兄伯升素[6]结轻客，必举大事，且王莽败亡已兆[7]，天下方乱，遂与定谋，于是乃市[8]兵弩。十月，与李通从弟轶等起于宛，时年二十八。

十一月，有星孛于张。光武遂将[9]宾客还舂陵。时伯升已会众起兵。初，诸家子弟恐惧，皆亡[10]逃自匿，曰"伯升杀我"。及见光武绛衣大冠，皆惊曰"谨厚者亦复为之"，乃稍[11]自安。伯升于是招新市、平林兵，与其帅王凤、陈牧西击长聚。光武初骑牛，杀新野尉乃得马。进屠唐子乡，又杀湖阳尉。军中分财物不均，众恚[12]恨，欲反攻诸刘。光武敛宗人所得物，悉[13]以与之，众乃悦。进拔棘阳，与王莽前队大夫甄阜、属正梁丘赐战于小长安，汉军大败，还保棘阳。

……

(更始元年)二月辛巳，立刘圣公为天子，以伯升为大司徒，光武为太常偏将军。

……

(六月)光武因复徇下颍阳。会[14]伯升为更始所害，光武自父城驰诣宛谢。司徒官属迎吊[15]光武，光武难交私语，深引过[16]而已。未尝自伐[17]昆阳之功，又不敢为伯升服丧，饮食言笑如平常。更始以是惭，拜光武为破虏大将军，封武信侯。

……

更始将北都洛阳，以光武行司隶校尉，使前整修宫府。

于是置僚属，作文移，从事司察，一如旧章。时三辅吏士东迎更始，见诸将过，皆冠帻[18]，而服妇人衣，诸于绣裾，莫不笑之，或有畏而走者。及见司隶僚属，皆欢喜不自胜。老吏或垂涕曰："不图今日复见汉官威仪！"由是识者皆属心焉。

及更始至洛阳，乃遣光武以破虏将军行大司马事。十月，持节北度河，镇慰州郡。所到部县，辄见二千石、长吏、三老、官属，下至佐史，考察黜陟[19]，如州牧行部事。辄平遣囚徒，除王莽苛政，复汉官名。吏人喜悦，争持牛、酒迎劳[20]。

……

更始遣侍御史持节立光武为萧王，悉令罢兵诣行在所。光武辞以河北未平，不就征，自是始贰[21]于更始。

……

六月己未，即皇帝位。燔燎告天，禋于六宗，望于群神。其祝文曰："皇天上帝，后土神祇，眷顾降命，属秀黎元[22]，为人父母，秀不敢当。群下百辟，不谋同辞，咸[23]曰：'王莽篡位，秀发愤兴兵，破王寻、王邑于昆阳，诛王郎、铜马于河北，平定天下，海内蒙恩。上当天地之心，下为元元[24]所归。'谶记曰：'刘秀发兵捕不道，卯金修德为天子。'秀犹固辞，至于再，至于三。群下佥曰：'皇天大命，不可稽留[25]。'敢不敬承。"于是建元为建武，大赦天下，改鄗为高邑。

……

十一月丁卯，诏王莽时吏人没入为奴婢不应旧法者，皆免为庶人。

十二月壬辰，大司空宋弘免。

癸巳，诏曰："顷者师旅未解，用度不足，故行什一之税。今军士屯田，粮储差积。其令郡国收见田租三十税一，如旧制。”

……

十一年春二月己卯，诏曰：“天地之性人为贵。其杀奴婢，不得减罪。”

……

冬十月辛巳，废皇后郭氏为中山太后，立贵人阴氏为皇后。进右翊公辅为中山王，食常山郡。其余九国公，皆即旧封进爵为王。

甲申，幸章陵。修园庙，祠旧宅，观田庐，置酒作乐，赏赐。时宗室诸母因酣悦，相与语曰：“文叔少时谨信，与人不款曲㉖，唯直㉗柔耳。今乃能如此！”帝闻之，大笑曰：“吾理天下，亦欲以柔道行之。”乃悉为舂陵宗室起祠堂。有五凤凰见于颍川之郏县。

……

（二十五年春正月）南单于遣使诣阙㉘贡献，奉蕃称臣；又遣其左贤王击破北匈奴，却地千余里。三月，南单于遣子入侍。

戊申晦，日有食之。

……

（中元二年）二月戊戌，帝崩于南宫前殿，年六十二。遗诏曰：“朕无益百姓，皆如孝文皇帝制度，务从约省。刺史、二千石长吏皆无㉙离城郭，无遣吏及因㉚邮奏。”

选自《后汉书》卷一

〔注释〕 ① 隆准：高鼻子。 ② 日角：旧时星相家指额骨中央部分隆起，是帝王之相。 ③ 非笑：讥笑。 ④ 之：往。 ⑤ 说：劝说。 ⑥ 素：向来。 ⑦ 兆：显露。 ⑧ 市：买。 ⑨ 将：带领。 ⑩ 亡：逃跑。 ⑪ 稍：渐渐。 ⑫ 恚：怨恨。 ⑬ 悉：全。 ⑭ 会：适逢。 ⑮ 吊：慰问。 ⑯ 引过：自认过错。 ⑰ 伐：自我夸耀。 ⑱ 帻：包头发的巾。⑲陟：提拔。⑳劳：慰劳。㉑贰：离心。㉒黎元：众民。㉓咸：都。㉔元元：指庶民。㉕稽留：羁留。㉖款曲：殷勤应酬。㉗直：坦率。㉘阙：朝廷。㉙无：不。㉚因：通过。

〔**赏析**〕 在新莽政权倒台的战争中，何以刘秀能够在四刘中获得成功、完成了中兴汉室的帝业？这确实是一个值得深思的问题。《后汉书·光武帝纪》的历史叙述提供了刘秀由太学生到成为开国皇帝的风虎云龙博弈际会，也展现了帮助他在龙争虎斗中成功的主客观条件，他的人格特性和领导才具或领导资质恰恰是关键之所在。前述四刘的共同性可以支持我们将他们置入领袖学的研究与比较之中，而刘秀的不同之处，正可显出他的成功条件。这个异同比较亦将对某些近世史观的哲学反思与意义有所启发。

刘秀是二十四史记载的皇帝中唯一一位太学生皇帝。《尚书》是古代政治学的经典，略通《尚书》大义，受过儒家高等教育，有政治学专业知识，这是刘秀异于其他三刘的长处，也应是引领他成功的一个主观条件。但是，太学生不等同于英雄，知识不等同于能力。当乃兄刘縯正任侠养士、积极谋划复兴大业之时，刘秀只是勤于稼穑，安于田业，并无过人的表现，遑论中兴大志，故为刘縯所非笑。刘秀上京求学之行，也是出自乃兄的刺激和推动。在家族长辈的眼中，刘秀其人性格“直柔”，只是一个谨慎恭敬、没有弯弯肠子、没有机谋的乖乖囡，规矩人，不会出格，干不出惊天动地的大事。

这或许可以说是“时势造英雄”。此之谓英雄，含今之群众领袖与政治领袖义。为避免繁引，仅据《经籍纂诂》作一举隅，“千人曰英”，“万人者曰英”。雄，突出、杰出、超群，亦有豪之义而可互训。故古亦有英豪连词，俗称英雄豪杰，而皆与英雄同义，皆力超常人十百倍乃至千万倍之谓。英雄又有四层含义。一是单纯的自然体力，个人的武艺高强，所谓以一当十，如“十人者曰豪”，这是可能的，但个人的武艺再高强，双手以敌百、千、万拳，则是不可能的。故有第二层才能过人，所谓“才过百人曰豪”、“千人才曰豪”、“才胜万人曰英”之谓。第三层智慧，智谋过人，所谓“智过万人者曰英”云云（第四层见曹操组）。第二、三层的实义应当亦只能是指聚众率众的能力，即今领袖学所谓领导，组织、影响群众的领导才具有领袖资质。故雄原有长、帅之义，豪犹帅也。赵翼《廿二史札记》卷四从《后汉书·刘隆列传》中揭出一则史实，谓建武十五年有诏核检度田，而刺史太守多不平均，陈留吏牍有云："颍川、弘农可问；河南、南阳不可问。"光武不得其故。时明帝年十二，在侧曰："河南帝城多近臣，南阳帝乡多近亲。"光武更诘吏，所对果如明帝言。河南南阳的度田阻力缘自帝城帝乡多近臣皇亲，连如此浅明的根由都不能解，说明刘秀聪敏不够，并非天赋英资。是风起云涌的推翻新朝的大革命大斗争的推动、激励和锤炼，才使刘秀踏上从太学生到政治领袖、开国皇帝的成长征途。

自王莽居摄元年(6年)安众侯刘崇率宗室举事开始，此起彼伏、由小而大、连绵不已十多年的反莽斗争与战争风起云涌。它的政治目标和口号是兴复汉室，加上"刘氏当复兴"一类宗教性的政治谶言之鼓动、指引，这些政治社会文化情境，对于宗室子弟的四刘来说，不仅是一个施展才具的政治实践场，无疑还是正面的政治资源；唯刘秀还多了份胞兄刘縯的资源。

刘秀成功的原因在于他善用资源。反莽兴汉大情境的社会基础与社会心理是：百姓思汉，而王莽"政令苛酷，积失百姓之心"(《后汉书·王常传》)。刘秀以"汉官威仪"进洛阳，吏士"皆欢喜不自胜"、"由是识者皆属心焉"。顺合人心，则人心归向，客观言之亦是善用"汉官"资源的善果。

善用的另一面是不滥用。刘縯以刚毅功高遇害，这种出于君权受威胁的杀害，完全可能延及被害本主的亲兄弟刘秀。作为舂陵子弟领袖，又挟昆阳大捷之功威，集合胞兄司徒官属团队，刘秀抗礼为兄申冤，甚至兵变、分裂，都有可能，亦完全有理由。但刘秀"驰诣宛谢"，以无表现的表现，使"更始以是惭"，同时避免了可能会给自己带来的不测风险。这表现了刘秀不滥用资源而化解危机的能力和智慧，也绝对与他的谨厚德性相关，后来他以德报怨对待更始即是最好的佐证。

在刘秀的领袖资质构成中，德性是主导性元素。在刘縯起兵之初，刘秀甫一出场，即由其"谨厚"德性打消了诸家子弟对其举事的疑虑恐惧，凝聚了人心，成就了舂陵子弟兵的组建。这是人格的感召力量，所发挥的正是领袖学所谓的领袖综合功能。在反莽战争中，刘秀只"会兵计策"而不取财物，当然是道德品性所使然，"军中分财物不均，众恚恨"，刘秀能"敛宗人所得物，悉以与之”，这其中自有道德决定，有其道德示范与人格力量的作用，并使“众乃悦”，再次发挥了领袖的综合功能。

在昆阳大捷中，刘秀的德性更是发挥了关键性作用。王莽政府军进剿，以十万军队重重围堵昆阳；昆阳城内反政府军仅八九千，强弱悬殊，以致诸将“皆惶怖”、“欲散归诸城”，主帅王凤等甚至被旌旗辎重千里不绝的敌军声势吓得乞降。当此义军生死关头，不是主帅的书生将军刘秀挺身而出，“复为图画成败”：先是率十三轻骑出战收兵，继率所部斩首连胜，再组敢死队冲锋陷阵杀敌主帅王邑；诸部惊叹“刘将军平生见小敌怯，今见大敌勇”，皆振奋斗志，鼓噪出站，取得昆阳大捷。刘秀的这个“挺身而出”，绝对是道德的爆发力；这个“见小敌怯，见大敌勇”的变身，亦正是道德的创造力。其勇即儒家所谓的“仁者勇”，义理之勇。

作为政治领袖，其德性的真实是一定要表现于政治实践之中的。“人心思汉”是两汉之际最大的社会政治资源，其实义是“人怀汉德”（《后汉书・冯衍列传》）。“汉德”的具体表现就是道德的政治和政策。从主体上言，刘秀之善用资源也正是从德性根源出发的。具体言之，刘秀一定是接受了《尚书》“民为邦本”的思想，他的善用资源不是工具性策略性暂时的利用，也不仅是会用能用的能力，而是体用一源，视民心为政治的本源，视汉德为祖业，以恢复祖业汉德为政治目标。概言之，刘秀的德性是一定要在其政治实践中化民心汉德的政治资源为道德的政治和政策的。故其刚获得一些政治上的独立性，徇行河北，“辄平遣囚徒，除王莽苛政，复汉官名”。

王夫之《读通鉴论》指出刘秀的王业自昆阳之战而徇行河北定。《资治通鉴・汉纪三十一》“注”亦谓“光武自河北定天下”。刘秀不是靠权力和权术，而是凭着德性主导的领导才具和人格魅力，善用资源，自然而然地，一步一步地，在政治军事大博弈中，由太学生锤炼、成长或蜕变为狭义领袖学意义的政治领袖，直至开国。刘秀是政治领袖式皇帝。根源于真实德性的政治和政策也具有可持续性。开国之后，刘秀继续道德的政治和政策，革除新莽苛政乱法，以人为贵，不断释放奴婢，大赦天下，举冤狱，出系囚，减赋省刑，行田租三十税一，解除边患，安民生业，创造了被王夫之称为“三代以下称盛治，莫有过焉”(《读通鉴论·卷六》)的光武时代。

宗室家属与义军部众眼中的“直柔”、“谨厚”,是刘秀的个人性格,其实也是刘秀的政治性格。刘秀将他治理天下的政治和政策概括为“柔道”。王夫之指出非徒治天下,其取天下亦是行柔道。“直”是不玩弄权术,“柔”是权力柔性理性而非强度硬性的运用,即不用之用,不博弈的博弈,俗称无招胜有招,王夫之诠为“以静制动,以道制权,以谋制力,以缓制猝,以宽制猛”(《读通鉴论·卷六》)。王夫之更进而认为,刘秀之所以在刘玄、刘盆子等众多起事的“汉室之胄”中胜出,其根本原因就是“光武以道胜焉”(《读通鉴论·卷六》)。但不要误以为刘秀的“柔道”是老庄道家之道,那是近世学界见“柔”就望文生义的想当然;我们只能用刘秀的行状与其实际政治内容来解读它。早于老庄成书的《尚书·洪范》三德之一是“柔克”,有明确的“高明柔克”的观念,也有不矜不伐的思想。刘秀接受的是太学的儒家教育,他的柔道观念自然来自儒家经典。刘秀略通《尚书》大义,他理天下行柔道,完全有理由说是其对儒家《尚书》政治学的实践。

同时我们也完全有理由指出:“时势造英雄”对时势与英雄关系的表述是片面的,因为至少还有英雄造时势的一面,这正是刘秀开创光武时代的启示。

刘玄刘盆子列传

〔选文〕

刘玄字圣公,光武族兄也。弟为人所杀,圣公结[①]客欲报之。客犯法,圣公避吏于平林。吏系[②]圣公父子张。圣公诈死,使人持丧归舂陵,吏乃出子张,圣公因自逃匿。

……

(地皇)三年,大疾疫,死者且[③]半,乃各分散引去。王常、成丹西入南郡,号下江兵;王匡、王凤、马武及其支党朱鲔、张卬等北入南阳,号新市兵:皆自称将军。七月,匡等进攻随,未能下。平林人陈牧、廖湛复聚众千余人,号平林兵，以应之（新市兵）。圣公因往从[4]牧等，为其军安集掾。

是时，光武及兄伯升亦起舂陵，与诸部合兵而进。四年正月，破王莽前队大夫甄阜、属正梁丘赐，斩之，号圣公为更始将军。众虽多而无所统一，诸将遂共议立更始为天子。二月辛巳，设坛场于淯水上沙中，陈兵大会。更始即帝位，南面立，朝群臣。素懦弱，羞愧流汗，举手不能言。于是大赦天下，建元曰更始元年。悉拜置诸将，以族父良为国三老，王匡为定国上公，王凤成国上公，朱鲔大司马，伯升大司徒，陈牧大司空，余皆九卿、将军。五月，伯升拔宛。六月，更始入都宛城，尽封宗室及诸将，为列侯者百余人。

更始忌伯升威名，遂诛之，以光禄勋刘赐为大司徒。前钟武侯刘望起兵，略[5]有汝南。时王莽纳言将军严尤、秩宗将军陈茂既[6]败于昆阳，往归之。八月，望遂自立为天子，以尤为大司马，茂为丞相。王莽使太师王匡、国将哀章守洛阳。更始遣定国上公王匡攻洛阳，西屏大将军申屠建、丞相司直李松攻武关，三辅震动。是时海内豪桀翕然响应，皆杀其牧守，自称将军，用汉年号，以待诏命，旬月之间，遍于天下。

长安中起兵攻未央宫。九月，东海人公宾就斩王莽于渐台，收玺绶，传首诣宛。更始时在便坐黄堂，取视之，喜曰："莽不如是，当与霍光等[7]。"宠姬韩夫人笑曰："若不如是，帝焉得之乎？"更始悦，乃悬莽首于宛城市。是月，拔洛阳，生缚王匡、哀章，至，皆斩之。十月，使奋威大将军刘信击杀刘望于汝南，并诛严尤、陈茂。更始遂北都[8]洛阳，以刘赐为丞相。申屠建、李松自长安传送乘舆服御，又遣中黄门从官奉迎迁都。二年二月，更始自洛阳而西。初发，李松奉引，马惊奔，触北宫铁柱门，三马皆死。

……

更始纳赵萌女为夫人，有宠，遂委政于萌，日夜与妇人饮宴后庭。群臣欲言事，辄醉不能见，时不得已，乃令侍中坐帷内与语。诸将识非更始声，出皆怨曰："成败未可知，遽自纵放若此！"韩夫人尤嗜酒，每侍饮，见常侍奏事，辄怒曰："帝方对我饮，正用此时持事来乎！"起，抵破书案。赵萌专权，威福自己。郎吏有说萌放纵者，更始怒，拔剑击之。自是无复敢言。萌私忿侍中，引下斩之，更始救请，不从。时李轶、朱鲔擅命山东，王匡、张卬横暴三辅。其所授官爵者，皆群小贾竖[9]，或有膳夫庖人，多著[10]绣面衣、锦袴、襜褕、诸于，骂詈[11]道中。长安为之语曰："灶下养，中郎将。烂羊胃，骑都尉。烂羊头，关内侯。"

军帅将军豫章李淑上书谏曰：

"方今贼寇始诛，王化[12]未行，百官有司宜慎其任。夫三公上应台宿，九卿下括河海，故天工人其代之。陛下定业，虽因[13]下江、平林之势，斯盖临时济用，不可施之既安。宜厘改制度，更延[14]英俊，因才授爵，以匡王国。今公卿大位莫非戎陈，尚书显官皆出庸伍，资亭长、贼捕之用，而当辅佐纲维之任。唯名与器，圣人所重。今以所重加[15]非其人，望其毗益万分，兴化致理，譬犹缘木求鱼，升[16]山采珠。海内望此，有以窥度汉祚。臣非有憎疾[17]以求进也，但为陛下惜此举厝。败材伤锦，所宜至虑。惟割[18]既往廖妄之失，思隆周文济济之美。"更始怒，系淑诏狱。自是关中离心，四方怨叛。诸将出征，各自专置牧守，州郡交错，不知所从。

……

三年正月，平陵人方望立前孺子刘婴为天子。初，望见更始政乱，度[19]其必败，谓安陵人弓林等曰："前定安公婴，平帝之嗣[20]，虽王莽篡夺，而尝[21]为汉主。今皆云刘氏真人，当更受命，欲共定大功，何如？"林等然之，乃于长安求得婴，将至临泾立之。聚党数千人，望为丞相，林为大司马。更始遣李松与讨难将军苏茂等击破，皆斩之。又使苏茂拒[22]赤眉于弘农，茂军败，死者千余人。

……

初，侍中刘恭以赤眉立其弟盆子，自系诏狱；闻更始败，乃出，步从至高陵，止[23]传舍。右辅都尉严本恐失更始为赤眉所诛，将兵在外，号为屯卫而实囚之。赤眉下书曰："圣公降者，封长沙王。过二十日，勿受。"更始遣刘恭请降，赤眉使其将谢禄往受之。

十月，更始遂随禄肉袒诣长乐宫，上玺绶于盆子。赤眉坐[24]更始，置庭中，将杀之。刘恭、谢禄为请，不能得，遂引更始出。刘恭追呼曰："臣诚力极，请得先死。"拔剑欲自刎，赤眉帅樊崇等遽共救止之，乃赦更始，封为畏威侯。刘恭复为固请，竟[25]得封长沙王。更始常依谢禄居，刘恭亦拥护之。

三辅苦赤眉暴虐，皆怜更始，而张卬等以为虑，谓禄曰："今诸营长多欲篡圣公者。一旦失之，合兵攻公，自灭之道也。"于是禄使从兵与更始共牧马于郊下，因令缢杀之。刘恭夜往收臧其尸。光武闻而伤焉，诏大司徒邓禹葬之于霸陵。

刘盆子者，太山式人，城阳景王章之后也。祖父宪，元帝时封为式侯，父萌嗣。王莽篡位，国除，因为式人焉。

……

（赤眉）军中常有齐巫鼓舞祠城阳景王，以求福助。巫狂言景王大怒,曰:“当为县官,何故为贼?”有笑巫者辄病,军中惊动。时方望弟阳怨更始杀其兄,乃逆[26]说(樊)崇等曰:“更始荒乱,政令不行,故使将军得至于此。今将军拥百万之众,西向帝城,而无称号,名为群贼,不可以久。不如立宗室,挟义诛伐。以此号令,谁敢不服?”崇等以为然,而巫言益甚。前及[27]郑,乃相与议曰:“今迫近长安,而鬼神如此,当求刘氏共尊立之。”六月,遂立盆子为帝,自号建世元年。

初,赤眉过式,掠盆子及二兄恭、茂,皆在军中。恭少习《尚书》,略通大义。及随崇等降更始,即封为式侯。以明经数言事,拜侍中,从更始在长安。盆子与茂留军中,属右校卒吏刘侠卿,主刍牧牛,号曰牛吏。及崇等欲立帝,求军中景王后者,得七十余人,唯盆子与茂及前西安侯刘孝最为近属。崇等议曰:“闻古天子将兵称上将军。”乃书札为符曰“上将军”,又以两空札置笥中,遂于郑北设坛场,祠城阳景王。诸三老、从事皆大会陛下,列盆子等三人居中立,以年次探[28]札。盆子最幼,后探得符,诸将乃皆称臣拜。盆子时年十五,被[29]发徒跣[30],敝衣赭汗,见众拜,恐畏欲啼。茂谓曰:“善藏符。”盆子即啮折弃之,复还依侠卿。侠卿为制绛单衣、半头赤帻、直綦履,乘轩车大马,赤屏泥,绛襜络,而犹从牧儿遨[31]。

……

盆子居长东宫,诸将日会论功,争言欢呼,拔剑击柱,不能相一。三辅郡县营长遣使贡献,兵士辄剽夺之。又数虏暴吏民,百姓保壁,由是皆复固守。至腊日,崇等乃设乐大会,盆子坐正殿,中黄门持兵[32]在后,公卿皆列坐殿上。酒未行,其中一人出刀笔书谒欲贺,其余不知书者请起之,各各屯聚，更相背向。大司农杨音按剑骂曰："诸卿皆老傭也！今日设君臣之礼，反更殽乱，儿戏尚不如此，皆可格杀！"更相辩斗，而兵众遂各逾[33]宫斩关[34]，入掠酒肉，互相杀伤。卫尉诸葛穉闻之，勒[35]兵入，格杀百余人，乃定。盆子惶恐，日夜啼泣，独与中黄门共卧起，唯得上观阁而不闻外事。

……

刘恭见赤眉众乱，知其必败，自恐兄弟俱祸，密[36]教盆子归玺绶，习为辞让之言。建武二年正月朔，崇等大会，刘恭先曰："诸君共立恭弟为帝，德诚深厚。立且一年，肴乱日甚，诚不足以相成。恐死而无所益，愿得退为庶人，更求贤知，唯诸君省[37]察。"崇等谢[38]曰："此皆崇等罪也。"恭复固请。或曰："此宁[39]式侯事邪！"恭惶恐起去。盆子乃下床解玺绶，叩头曰："今设置县官[40]而为贼如故。吏人贡献，辄见剽劫，流闻四方，莫不怨恨，不复信向[41]。此皆立非其人所致，愿乞骸骨，避贤圣。必欲杀盆子以塞责者，无所离死。诚冀诸君肯哀怜之耳！"因涕泣嘘唏。崇等及会者数百人，莫不哀怜之，乃皆避席顿首曰："臣无状，负陛下。请自今已后，不敢复放纵。"因共抱持盆子，带以玺绶。盆子号呼不得已。既罢[42]出，各闭营自守，三辅翕然，称天子聪明。百姓争还长安，市里且满。

……

赤眉忽遇(光武)大军，惊震不知所为，乃遣刘恭乞降，曰："盆子将百万众降，陛下何以待之？"帝曰："待汝以不死耳。"樊崇乃将盆子及丞相徐宣以下三十余人肉袒降。上所得传国玺绶，更始七尺宝剑及玉璧各一。积兵甲宜阳城西，与熊耳山齐。帝令县厨赐食，众积困餧[43]，十余万人皆得饱饫[44]。明旦，大陈兵马临洛水，(光武)令盆子君臣列而观之。谓盆子曰："自知当死不[45]？"对曰："罪当应死，犹幸上怜赦之耳。"帝笑曰："儿大黠，宗室无蚩[46]者。"又谓崇等曰："得无悔降乎？朕今遣卿归营勒兵，鸣鼓相攻，决其胜负，不欲强相服也。"徐宣等叩头曰："臣等出长安东都门，君臣计议，归命圣德。百姓可与乐成，难与图始，故不告众耳。今日得降，犹去[47]虎口归慈母，诚欢诚喜，无所恨[48]也。帝曰："卿所谓铁中铮铮，庸中佼佼者也。"又曰："诸卿大为无道，所过皆夷灭老弱，溺社稷，污井灶。然犹有三善：攻破城邑，周遍天下，本故妻妇无所改易，是一善也；立君能用宗室，是二善也；余贼立君，迫急皆持其首降，自以为功，诸卿独完全以付朕，是三善也。"乃令各与妻子居洛阳，赐宅人一区，田二顷。

……

帝怜盆子，赏赐甚厚，以为赵王郎中。后病失明，赐荥阳均输官地，以为列肆，使食其税终身。

选自《后汉书》卷十一

〔注释〕 ① 结：交结。 ② 系：拘囚。 ③ 且：将近。 ④ 从：追随。 ⑤ 略：掠夺。 ⑥ 既：已经。 ⑦ 等：同样。 ⑧ 都：定都。 ⑨ 贾竖：旧时对商人的贱称。 ⑩ 著：同"着"。穿。 ⑪ 詈：责骂。 ⑫ 化：教化。 ⑬ 因：依靠。 ⑭ 延：招请。 ⑮ 加：授予。 ⑯ 升：登。 ⑰ 疾：妒忌。 ⑱ 刬：根除。 ⑲ 度：估量。 ⑳ 嗣：继承人。 ㉑ 尝：曾经。 ㉒ 拒：抵御。 ㉓ 止：住宿。 ㉔ 坐：判罪。 ㉕ 竟：最终。 ㉖ 逆：迎接。 ㉗ 及：到。 ㉘ 探：取。 ㉙ 被：通"披"。 ㉚ 跣：光着脚。 ㉛ 遨：游。 ㉜ 兵：兵器。 ㉝ 逾：越过。 ㉞ 关：门闩。 ㉟ 勒：率领。 ㊱ 密：暗中。 ㊲ 省：检查。 ㊳ 谢：谢罪。 ㊴ 宁：岂。 ㊵ 县官：古指天子。 ㊶ 信向：信赖。 ㊷ 罢：完毕。 ㊸ 餧：同"馁"，饥饿。 ㊹ 饫：饱食。 ㊺ 不：同"否"。 ㊻ 蚩：痴貌。 ㊼ 去：离开。 ㊽ 恨：遗憾。

〔赏析〕 即使是"时势造英雄，英雄也造时势"，这个看似完整的表述，也不能赋以普遍意义。它的必然性遭遇到了《刘玄刘盆子列传》的否认。

英雄与时势在这个表述中属正面意义。在两汉之际反莽兴汉的战争中，刘玄曾是时代的幸运儿，首先被推立为帝，占得号令天下的名义和权位。王夫之《读通鉴论》甚至给刘玄以同于《史记·项羽本纪》的历史地位。但称王称帝或占据最高权位，其人未必是英雄，亦不见得就是政治领袖。刘玄既不是如同项羽一般创造时势的英雄，也未被时势锻造成英雄，他称帝后并未正面推动时势的发展。他只能是广义领袖学研究的对象。

刘玄结客欲为弟报仇，绝非不敢有一点作为的庸碌之辈。但即使是避吏逃匿、稍后往从平林兵，也不能与策划首义之刘縯、积极参与首义酝酿的刘秀同日而语。简而言之，前者为弟报仇，终究属私，犯的是刑事；后者吊民伐罪、复汉兴德，则属公，是政治犯。这个根本不同，不能小觑。任何政治团体与政治人物的本质，即根源性动机及其首先表现出来的行为十分重要，对其后来的发展将会产生指向性和本质性的作用。在平林兵中，刘玄初任安集掾，这是一个不属于指战员系统的属官或副官之职，他可能在汉营绿营（即绿林军）结盟后由刘縯总部署的蓝乡首战中有些军功，遂号更始将军。但论起兵和军功，无论如何，都是无法与刘縯兄弟相比的。只因其有宗室身份，靠着绿营诸将应有的操守和能力及积功标准逆向运作（今日所谓之潜规则），被不次推上最高权位，同时也就成为反莽兴汉政治社会资源的最大受益者。王莽传首宛城，以及所谓“及更始立，豪杰各起其县以应汉”（《后汉书·公孙述列传》），“吏民歌吟思汉久矣，故更始举尊号而天下响应”（《后汉书·邳彤列传》）云云是也。

政治权位原是公器，唯有德之人用之方能做好事。故俗语云：“六扇门（衙门）内好积德。”刘玄即帝位，朝见群臣时“羞愧流汗，举手不能言”，乃自知其位与德才功不相称，应该说并非是不知廉耻的小人，再坏也坏不到凶悍蛮横诡诈邪恶上去。如果他能一直保持这颗廉耻之心，那就不会作恶，其实也无须作恶，很可能从现实到历史意义上将帝业延续下去。可惜刘玄原本就起点不高，而贪欲加权力绝对会使人腐败变坏、变昏庸。刘縯的存在是对刘玄上台正当性欠缺的活证据和提醒，当然会被视为威胁。所以尽管刘縯顾全天下破莽大局，屈就臣位，还是免不了“更始忌伯升威名”的局面；刘稷怒曰“本起兵图大事者,伯升兄弟也,今更始何为者邪”,更是揭露定策立玄的不公正,公开挑战刘玄地位的欠正当性。而刘玄一旦贪恋权位、私欲发作,自然必杀刘縯无疑,以政治学观点视之,其实质就是要掩盖这最高权位的欠正当性。

任何人不能做坏事,一旦做了坏事就很难回头,从政者尤其如此。其人性论原因即在于私欲一旦膨胀,就贪得无已,加上权力私用的保护伞就会使其如虎添翼,无限膨胀下去,直至结束或自我毁灭。故刘縯一除,刘玄便一路腐败。天下未定,将士征战,他却急不可耐地进行感官享受,委政外戚赵萌,“日夜与妇人饮宴后庭”,故王夫之斥其“尸乎其位”(《读通鉴论·后汉更始》);甚至“诸将后至者,更始问掳掠得几何”,仍旧是草寇思维,惹得诸宫省老吏的左右侍官“各惊相视”。“灶下养,中郎将。烂羊胃,骑都尉。烂羊头,关内侯”,更始朝廷把腐败当作凝聚力,用乱封官爵来维系,毫无开国清明之局,纯粹是一片乱象。更始又拒李淑之谏,将其下狱,以封人口。

这一切所依恃的只是一个“汉”天子的名义,这是在滥用反莽兴汉、人心思汉的政治社会资源。这个滥用使得“海内豪桀翕然响应,皆杀其牧守,自称将军,用汉年号,以待诏命,旬月之间,遍于天下”的大好形势迅速出现,却又逐渐演化为“关中离心,四方怨叛,诸将出征,各自专置牧守,州郡交错,不知所从”的局面。不幸为刘縯所言中:“遽自尊立,为天下准的,使后人得承吾弊”。天下群雄不再“以待诏命”,纷纷自立,方望立刘婴为帝,赤眉立刘盆子为天子。更始君臣亦相互猜疑,连曾力拥更始的张卬等将亦与隗嚣合谋欲共劫刘玄,内争不已。诚如王夫之所言:“名岂足以终系天下而戢桀骜者私利之心乎”(《读通鉴论·后汉更始》),昏庸的更始,直是“召祸之门”,终于请降赤眉,为张卬、谢禄所害。

从技术层面言,刘玄对汉官及宫廷仪礼一无所知,说明他虽是汉胄,却没有受过刘縯、刘秀般儒家政治学专业知识的训练,完全是一没落贵族子弟,断非理性的权力拥有使他变得“愚而好自用,贱而好自专”(《中庸》)。更始害刘縯,与刘秀实已成为政敌,刘秀族兄刘赐推荐刘秀行徇河北,刘玄竟不顾朱鲔等反对,授节刘秀过河,虽见其人坏得还不够,但确实不智之至。此亦可证王夫之所言不差:“更始之失,光武之资也”(《读通鉴论·后汉更始》)。

在四刘中，刘盆子和刘玄同类，都是被拥立的天子，差别在于刘玄为绿林所拥立，刘盆子为赤眉所立，故《后汉书》将两人合传。

今湖北、河南的绿林与山东的赤眉被现代史学定性为王莽末年的两大起义军（另一支后起的河北铜马军为刘秀所破降，故刘秀时号“铜马帝”），刘玄和刘盆子被拥立，决定了他们与绿林、赤眉发生了不可切割的政治和历史关系，绿林、赤眉的史料，除部分见于《光武本纪》、《刘縯传》、《王常传》外，亦几乎多集中于两人的合传中。合而观之，即可发现绿林、赤眉的队伍组成，以及现代史学的农民战争史问题。

其队伍的基本组成有四：一是农民。农民原是中国传统四民（士农工商）社会的基础，故无论“以困穷为寇”的赤眉，还是“南方饥馑”亡入绿林者，自必多是农民。赤眉初无文书、旌旗、部曲、号令，而仅以言辞相约束，尤可见其农民的原始性、纯朴性。二是其中亦确有盗贼。赤眉甫入长安，兵士剽夺掳暴，刘盆子以“今设置县官而为贼如故”为由欲解玺绶，赤眉首领樊崇纯朴，保证“不敢复放纵”，也就是毫无文饰地承认了这个“为贼如故”。这个“为贼如故”，绿林中亦有，而且在当时四起的反莽武装中几乎普遍存在，所以公孙述尝加指斥：“百姓无辜而妇子系获，室屋烧燔，此寇贼，非义兵也。”（《后汉书·公孙述传》）尽管各路义军中所有“为贼如故”的行为，不能全用盗贼组成来解释，但这显然影响了绿林、赤眉等最终胜利的走向。反之，严肃军纪却是刘秀成功的一个原因，此即冯异所谓“诸将多暴横，独刘（秀）将军所到不虏略”（《资治通鉴·汉纪三十一》）云云。三是汉室子弟。四是原新莽政府的官吏。如赤眉政权的丞相徐宣就是故县狱吏，斩王莽首级的是新室校尉东海公宾。当然史载还有其他如商人等社会成员，以及资产数百万的大富豪如抗暴起义的吕母。反抗新莽暴政的历史大风暴把社会各阶层，以至如刘盆子这样十五岁的少年都卷了进来，故说农民起义可，以朝野观点说平民起义，或径说反政府武装、民军、义军，则更可概括其社会组成。

必须指出，当反莽起义展开后，很快接受了刘縯提出的兴复汉室的政治目标。王常与刘縯相结后回到下江兵中，即以“民之讴吟思汉”（《后汉书·王常传》）为由说服下江诸将与南阳诸刘结盟。因刘玄乃汉宗室之故，其人被立为帝，天下“应汉”，各路义军“用汉年号”，而刘盆子亦仅因宗亲故被赤眉拥立为帝，反莽战争的性质迅即发展为以诸刘为实际名义领导的复国战争。即从动力论言，自亦可定性为反新复汉的复国战争，而吊民伐罪和恢复汉德的内涵亦并不有损其正当性和正义性。

同是宗室子弟、同是被拥立的刘盆子，却被一些史学家冠以“农民军的领袖”这一标签。然而在这场反莽兴汉的战争浪潮中，刘盆子是纯粹被卷入的，他甚至不能与往从平林、有点主动性的刘玄相比，他才是实实在在的“现成皇帝”。刘盆子根本未参与这场大博弈，以致在蹿升天子权位后，“恐畏欲啼”、“啮折(札)弃之”，要远离风险，复还依人，做一个放牛的“牛吏”，压根儿谈不上什么领导才具的表现。显然，刘盆子之被拥立，完全是赤眉因人心思汉、海内用汉年号时势需要的单方面行为。虽然赤眉需要的只是一个姓刘的“汉天子”，而并不在乎这个“汉天子”的实际才干，这也是起义军之所以采取探札触机偶然方式所能解释的一个信息。也就是说，当其时，一个“汉天子”的名义就是一个大到可以号令天下的政治社会资源。赤眉要走向胜利，需要这个资源。刘玄被绿林选立，亦复如是。

事实上，任何政治集团都需要自己的领袖。在传统中国，这是一个政治学的常识，所谓“千人无君，不散则乱；万乘无主，不危则亡”(《陈书·儒林传》)。它也是西方史学派别英雄论或伟人论以及社会学广义和狭义领袖得以成立的客观基础。伟大的时代提供了伟大实践的机遇，提供了社会各阶层各类人士成为英雄的可能性，提供了英雄人物充分发挥领导才具的历史舞台。也只是从这个意义上说，“时势造英雄”才具效用性。所以从这个角度看，刘盆子“啮折弃之”的行为，也就是放弃或拒绝了这个实践的机会。客观言之，占据如此重要的最高公共职位和名义，就不应“尸乎其位”。王夫之说：“盆子者，愚而为人立者也”、“非其志而听命于人也”(《读通鉴论·光武》)，王夫之所言之“愚”，当是指盆子无知无识，无丝毫领导才具的表现。刘盆子未能被大好的形势和天大的机遇转化为英雄，遑论政治领袖，就此自可说刘盆子是捧不起的刘阿斗前世。但反过来，能叫一个只相当放牛娃的小孩子干什么呢？选主不当，正是赤眉也是绿林走向失败所共有的一个重要原因，有德无能也是不会成功的。

刘盆子的故事进一步说明：时势未必造英雄，英雄也未必造时势。总而言之，“时势造英雄，英雄也造时势”不是必然律，而只是一或然律。

刘縯列传

〔选文〕

齐武王縯字伯升，光武之长兄也。性刚毅，慷慨有大节。自王莽篡汉，常愤愤，怀复社稷之虑，不事家人居业，倾身破产，交结天下雄俊。

莽末，盗贼群起，南方尤甚。伯升召诸豪杰计议曰：“王莽暴虐，百姓分崩。今枯旱连年，兵革并起。此亦天亡之时，复高祖之业，定万世之秋也。”众皆然[①]之。于是分遣亲客，使邓晨起新野，光武与李通、李轶起于宛。伯升自发舂陵子弟，合七八千人，部署宾客，自称柱天都部。使宗室刘嘉往诱新市、平林兵王匡、陈牧等，合军而进，屠长聚及唐子乡，杀湖阳尉，进拔棘阳，因[②]欲攻宛。至小长安，与王莽前队大夫甄阜、属正梁丘赐战。时天密雾，汉军大败，姊元弟仲皆遇害，宗从死者数十人。伯升复收会兵众，还保棘阳。

阜、赐乘胜，留辎重于蓝乡，引精兵十万南渡黄淳水，临沘水，阻两川间为营，绝后桥，示无还心。新市、平林见汉兵数败，阜、赐军大至，各欲解去，伯升甚患[③]之。会下江兵五千余人至宜秋，乃往为说合从[④]之势，下江从之。语在《王常传》。伯升于是大飨军士，设盟约。休卒三日，分为六部，潜师夜起，袭取蓝乡，尽获其辎重。明旦，汉军自西南攻甄阜，下江兵自东南攻梁丘赐。至食时，赐陈溃，阜军望见散走[⑤]，汉兵急追之，却迫黄淳水，斩首溺死者二万余人，遂斩阜、赐。

王莽纳言将军严尤、秩宗将军陈茂闻阜、赐军败，引欲据宛。伯升乃陈兵誓众，焚积聚，破釜甑，鼓行而前，与尤、茂遇育阳下，战，大破之，斩首三千余级。尤、茂弃军走，伯升遂进围宛，自号柱天大将军。王莽素闻其名，大震惧，购伯升邑五万户，黄金十万斤，位上公。使长安中官署及天下乡亭皆画伯升像于塾，旦起射之。

自阜、赐死后，百姓日有降者，众至十余万。诸将会议立刘氏以从人望，豪杰咸归[6]于伯升，而新市、平林将帅乐[7]放纵，惮伯升威明而贪圣公懦弱，先共定策立之，然后使骑召伯升，示其议。伯升曰："诸将军幸欲尊立宗室，其德甚厚，然愚鄙之见，窃有未同。今赤眉起青、徐，众数十万，闻南阳立宗室，恐赤眉复有所立，如此，必将内争。今王莽未灭，而宗室相攻，是疑天下而自损权，非所以[8]破莽也。且首兵唱号，鲜[9]有能遂，陈胜、项籍，即其事也。舂陵去[10]宛三百里耳，未足为功。遽[11]自尊立，为天下准的[12]，使后人得承吾敝，非计之善者也。今且称王以号令。若赤眉所立者贤，相率而往从之；若无所立，破莽降赤眉，然后举尊号，亦未晚也。愿各详思之。"诸将多曰"善"。将军张卬拔剑击地曰："疑事无功。今日之议，不得有二。"众皆从之。

圣公既即位，拜伯升为大司徒，封汉信侯。由是豪杰失望，多不服。平林后部攻新野，不能下。新野宰登城言曰："得司徒刘公一信，愿先下。"及伯升军至，即开城门降。五月，伯升拔宛。六月，光武破王寻、王邑。自是兄弟威名益[13]甚。

更始君臣不自安，遂共谋诛伯升，乃大会诸将，以成其计。更始取伯升宝剑视之，绣衣御史申屠建随献玉玦，更始竟不能发。及罢会，伯升舅樊宏谓伯升曰："昔鸿门之会，范增举玦以示项羽。今建此意，得无不善乎？"伯升笑而不应。初，李轶谄事[14]更始贵将，光武深疑之，常[15]以戒伯升曰："此人不可复信。"又不受。

伯升部将宗人刘稷，数陷陈溃围，勇冠三军。时将兵击鲁阳，闻更始立，怒曰："本起兵图大事者，伯升兄弟也，今更始何为者邪？"更始君臣闻而心忌之，以稷为抗威将军，稷不肯拜。更始乃与诸将陈兵数千人，先收[16]稷，将诛之，伯升固争[17]。李轶、朱鲔因[18]劝更始并执[19]伯升，即日害之。

选自《后汉书》卷十四

〔**注释**〕①然：赞同。②因：于是。③患：担忧。④从：通"纵"。⑤走：逃跑。⑥归：归附。⑦乐：喜欢。⑧以：用来。⑨鲜：少。⑩去：距离。⑪遽：仓促。⑫准的：目标。⑬益：更加。⑭事：侍奉。⑮常：通"尝"，曾经。⑯收：拘捕。⑰争：通"诤"，诤谏。⑱因：趁机。⑲执：捉拿。

〔**赏析**〕　英雄也造时势，这个由光武中兴启示出来的观点，在刘縯这里将继续得到证明，他是两汉之际反莽兴汉风云的创造型大英雄。尽管在四刘中，刘縯出师奏捷却身遭杀害，是唯一未称帝的一个，但他却充分表现了领导才具，实实在在是这场历史大博弈的一位发动者，一位允文允武的军事统帅和政治领袖。

《后汉书·刘縯列传》总共只有一千四百字，它从大处、关节处勾画了刘縯的领袖气质和首义英雄故事。选文第一节讲的是最基本的概况。两汉之际的反莽兴汉战争具有吊民伐罪的性质，按照《尚书》的中国传统儒家政治学说汤武革命的观点，这是一场革故鼎新的革命。与刘秀一开始带有被动不同的是，刘縯始终是主动进入反莽兴汉的历史大舞台的。刘秀的个人性格是"直柔"，刘縯则是"性刚毅，慷慨有大节"。刚直果敢，志向远大，做事方向感和原则性极强，临大事有决断力，这可以说是一种天生的领袖资质；激情洋溢，手面大方故而能鼓动人心、散财聚众，这当然亦是一种领袖式的英雄气魄。刘縯"自王莽篡汉,常愤愤。"王莽篡汉,若从初始元年(8年)算起,则刘秀十四岁;从始建国元年(9年)算起,则刘秀十五岁。这就是说,当刘秀尚在少年时,刘縯已将恢复汉室视为己任,他"不事家人居业,倾身破产,交结天下雄俊",散财聚众,一心一意从事酝酿、策划反莽兴汉活动,用今天的眼光来看,刘縯是一个天生的活动家、组织者,一个职业革命家,且呈现出领袖式的大气场。

选文第二节记叙的是刘縯首义。首义中,刘縯表现了他坚定的方向感、战略眼光和运筹帷幄的统帅及临阵指挥能力。虽然自王莽居摄元年(6年)起即有汉宗室起事,但直到天凤四、五年(17、18年)才发生绿林、赤眉的大规模起义,其中绿林地接南阳、舂陵南。正是抓住这个"盗贼群起,南方尤甚"的时机,刘縯发挥他的动员、组织能力,召集首义,纪传合看则加上与刘秀兄弟同心,刚柔相济,创建舂陵子弟兵。这个契机选择反映了他性格的理性主导层面,他的首义也不是盲目、冲动的,有以复国为原则的时机考量,所谓"此亦天亡之时,复高祖之业,定万世之秋也"。他的首义动员赋予推翻新朝以吊民伐罪的正当性,所谓"王莽暴虐,百姓分崩"即是,同时把反莽与兴汉联系在一起,明确了反莽斗争正面的政治目标。

于是,他一面分遣亲客,使邓晨起新野,刘秀与李通起于宛;一面自发七八千舂陵子弟兵,自称柱天都部;同时使宗室刘嘉联络新市、平林兵,指挥若定。新市、平林兵即绿林军,其时遇疾疫,死者近半,一部分南入南郡号"下江兵",一部分北入南阳号"新市兵",平林人陈牧等聚众响应新市兵号"平林兵"。合军而进,旗开得胜。刘縯的这些部署和指挥,不是其上还有一个权力授受,即不是被部署、被指挥、被创造,而纯是其领导才具的自然发挥,刘縯扮演的是第一动力角色,完全是狭义领袖学意义的政治领袖。

首义初胜继而还保棘阳后,新市、平林各欲解去,刘縯带着刘秀、李通亲造下江营壁,见其代表五常说合纵之利,建立正式盟约,进而整编队伍,夜取蓝乡。此举不仅及时化解了绿林分离的危机,大壮军威,还将绿林反莽战争引纳入兴复汉室的轨道。紧接着,刘縯陈兵誓众,破釜鼓行,育阳大胜。皆可见凡遇大事、险事、关键处,刘縯皆不畏缩、不顾安危、不躲在后面靠用权发号施令，而是无所畏惧、挺身而出，亲临第一线，戎马驰骋，表现出英雄本色。而王莽悬巨赏购刘缜，甚至“使长安中官署及天下乡亭皆画伯升像于塾，旦起射之”，此特殊的政治待遇非但绿林赤眉渠帅无，四刘中亦唯刘缜享有。此表明王莽视刘缜为其最大的政敌，也就反过来说明刘缜在当时反莽兴汉战争中的地位、作用和影响，是名震天下的实际领袖式的大英雄。

但英雄就其个人命运而言，可能会走向喜剧，也可能会走向悲剧。充分显露的领导才能、显赫的战功和威震朝野的声名给反政府军带来了大发展，却没有给刘缜带来好运，带来的是绿林军对他“木秀于林，风必摧之”的反效应。当刘缜在前线厮杀，后方却背着刘缜策立刘玄为天子。《刘缜列传》交代了这个策立的缘由：“新市、平林将帅乐放纵，惮伯升威明而贪圣公懦弱”，也就是为了个人的物质利益，策立采取劣选法，对刘缜逆向淘汰，尽管刘缜人望非刘玄所能及，“豪杰咸归伯升”。面对突然袭击式的“示其议”，刘缜以破莽大势指析，慷慨陈词，据理力争，“遽”立不妥。“天下方乱，君臣未定，无适主之分义，同兴讨贼之师，势均德齐而志不属”（《读通鉴论・后汉更始》），自可坦然引军分去，况伯升乎！但刘缜反对无效，还是顾全大局，接受了这个策定。王夫之意谓刘缜乃私争大宝显是无根据的想当然；即谓刘缜由是不能自全祸福，亦只说对了一半。殊不知君臣之分一旦确定，刘缜已自受制于人，多了一份功高震主的风险，而在一个实施逆向淘汰的政军体制中，更难免被剪除。

果然，随着刘缜之军威达到敌营新野宰望风而降的程度，刘秀昆阳大捷，兄弟威名益甚，“更始君臣不自安，遂共谋诛伯升”。对于刘缜遇害，《后汉书》亦有如同《史记・项羽本纪》的细节记叙。更始大会诸将，取刘缜宝剑而视，绣衣御史申屠建接着进献玉玦。这一次仅因更始懦弱，刘缜始得全身而退，其舅樊宏提醒他这就是鸿门宴，“伯升笑而不应”。再者，刘秀亦告诫刘缜提防李轶谮害，“又不受”。这种身处险难中的从容、淡定、自信，甚至可以说是洒脱，那是几代贵族文明培养熏陶出来的素质。当然换一个角度看，也是一种过度自信，一种贵族的自负，这将刘缜引向了悲剧。但在人生的最后一场，刘缜照样放射出强烈夺目的存在光辉。勇冠三军的宗室部将刘稷不肯臣服更始而被捉将诛时，面对更始与诸将陈兵数千，刘縯毫无畏惧，挺身“固争”，豪侠气概万丈，真英雄、真豪杰也！这是刘縯“刚毅、慷慨有大节”的性格之“尽其性”。这里必须补充的是，刘縯还有一个出身，就是尝与刘嘉“俱学长安，习《尚书》、《春秋》”。他与弟弟刘秀一样，乃“士不可以不弘毅”的儒家思想和汉代经学文化培育出来的古典意义的“士”。

首义英雄，中道遇害，从这个意义上来说，刘縯不是世俗认为的成功者。但任何级别的英雄和政治领袖的屈死，都是一份蕴藏着巨大能量的政治遗产，刘縯就是这样一份政治遗产而为刘秀所直接受用。故刘秀背负兄冤，持节渡河，有邓禹杖策追投；刘秀泣思张兄，冯异进计行徇河北独立于更始……自此刘秀成为舂陵子弟兵的一号领袖，发展壮大，“自河北定天下”（《资治通鉴·汉纪三十一》注）。刘縯首义，其志原在“复高祖之业，定万世之秋”，并不是个人的称王称帝，从这个意义上来说，刘縯也成功了。

与现代政治和现代史学常掩先进和前人之功鲜明不同，刘秀常怀“伯升首创大业”，亦与现代史学中根深蒂固的成王（对）败寇（错）观点鲜明不同，《后汉书·刘縯列传》以全然肯定的笔触记叙了刘縯的首义英雄史，记录了刘秀对刘縯的肯定。这表明中国传统史学不以个人的成败论英雄，是不以成王败寇史观为取向的好例。

（罗义俊）

乱世中的站队选择

〔导言〕 汉高祖刘邦所创立之西汉王朝，于武帝时臻于极盛，威震四方。到了哀、平年间，政治昏暗，国力衰微。外戚王莽以汉家公卿的身份，起而称帝，实行新政，很大程度上是想澄清百年积弊，挽天下于将颓。但是，一方面是新政内容拘泥经书，食古不化，兼杂谶纬迷信；一方面是实行过程中好大喜功，朝令夕改，蛮夷叛变。故而新政之行，不仅没有能改良除弊，反而加速了王朝崩溃。自赤眉、绿林以来，四方起兵，逐鹿中原，华夏大地再度陷入四分五裂之中。

天下纷乱之局面，对于英雄豪杰而言，也正是出人头地、建立不世功勋的大好时机，他们或可以独立一方，逐鹿中原，或可以选择明主，建功立业。出身大族的隗嚣割据西北，招贤纳士，在刘秀与西蜀公孙述之间，以纵横捭阖之外交手腕，求得一方独立；而文武兼资的邓禹，则投奔刘秀，辅佐明主，建功立业，不负胸中才气，希冀留名青史。考察中国古代之分分合合，西北有山川之险，割据其地而立国者不乏其人，为什么隗嚣不能成功地独立一方建国立业？通读历代开国将相之际遇，兔死狗烹之事往往有之，为什么邓禹却能持续获得帝王信任，位尊爵隆，善始善终？

英雄博弈于乱世，无不各逞奇谋，费尽心机。历史上的隗嚣有周旋乱世之手腕，而无明辨大势之眼光；邓禹有远虑深图之谋略，复知人臣持身之要道。对比两人在乱世中的选择与行事，对今人不无借鉴意义。

隗 嚣 列 传

〔选文〕

隗嚣字季孟，天水成纪人也。少仕州郡。王莽国师刘歆引嚣为士。歆死,嚣归乡里。季父崔,素豪侠,能得众。闻更始立而莽兵连败,于是乃与兄义及上邽人杨广、冀人周宗谋起兵应汉。嚣止之曰:“夫兵,凶事也。宗族何辜[①]!”崔不听,遂聚众数千人,攻平襄,杀莽镇戎大尹,崔、广等以为举事宜立主以一众心,咸谓嚣素有名,好经书,遂共推为上将军。嚣辞让不得已,曰:“诸父众贤不量小子。必能用嚣言者,乃敢从命。”众皆曰“诺”。

……

建武二年,大司徒邓禹西击赤眉,屯云阳。禹裨[②]将冯愔引兵叛禹,西向天水,嚣逆击,破之于高平,尽获辎重。于是禹承制遣使持节命嚣为西州大将军,得专制凉州、朔方事。及赤眉去[③]长安,欲西上陇,嚣遣将军杨广迎击,破之,又追败之于乌氏、泾阳间。

嚣既有功于汉,又受邓禹爵,署[④]其腹心,议者多劝通使京师。三年,嚣乃上书诣阙[⑤]。光武素闻其风声,报以殊礼,言称字,用敌国[⑥]之仪,所以慰藉之良厚。时,陈仓人吕鲔拥众数万,与公孙述通[⑦],寇三辅。嚣复遣兵佐征西大将军冯异击之,走鲔,遣使上状。

……

其后公孙述数出兵汉中,遣使以大司空扶安王印绶授嚣。嚣自以与述敌国,耻为所臣,乃斩其使,出兵击之,连破述军,以故蜀兵不复北出。

时关中将帅数上书,言蜀可击之状[⑧],帝以示嚣,因使讨蜀,以效[⑨]其信。嚣乃遣长史上书,盛言三辅单弱,刘文伯在边,未宜谋蜀。帝知嚣欲持两端,不愿天下统一,于是稍黜其礼,正君臣之仪。

初，嚣与来歙、马援相善，故帝数使歙、援奉使往来，劝令入朝，许以重爵。嚣不欲东，连遣使深持谦辞，言无功德，须四方平定，退伏[10]闾里。五年，复遣来歙说[11]嚣遣子入侍，嚣闻刘永、彭宠皆已破灭，乃遣长子恂随歙诣阙。以为胡骑校尉，封镌羌侯。而嚣将王元、王捷常以为天下成败未可知，不愿专心内事。元遂说嚣曰："昔更始西都[12]，四方响应，天下喁喁[13]，谓之太平。一旦败坏，大王几无所厝[14]。今南有子阳，北有文伯，江湖海岱，王公十数，而欲牵[15]儒生之说，弃千乘之基，羁旅危国，以求万全，此循覆车之轨，计之不可者也。今天水完富，士马最强，北收西河、上郡，东收三辅之地，案[16]秦旧迹，表里河山。元请以一丸泥为大王东封函谷关，此万世一时也。若计不及此，且[17]畜养士马，据隘自守，旷日持久，以待四方之变，图王不成，其弊犹足以霸。要之，鱼不可脱于渊，神龙失势，即还与蚯蚓同。"嚣心然[18]元计，虽遣子入质，犹负[19]其险厄，欲专[20]方面，于是游士长者，稍稍[21]去之。

……

会[22]公孙述遣兵寇南郡，乃诏嚣当从天水伐蜀，因此欲以溃其心腹。嚣复上言："白水险阻，栈阁绝败[23]。"又多设支阂[24]。帝知其终不为用，叵[25]欲讨之。遂西幸长安，遣建威大将军耿弇等七将军从陇道伐蜀，先使来歙奉玺书喻旨。嚣疑惧，即勒[26]兵，使王元据陇坻，伐木塞道，谋欲杀歙。歙得亡归。

诸将与嚣战，大败，各引退。嚣因使王元、行巡侵三辅，征西大将军冯异、征虏将军祭遵等击破之。嚣乃上疏谢[27]曰："吏人闻大兵卒至，惊恐自救，臣嚣不能禁止。兵有大利，不敢废臣子之节，亲自追还。昔虞舜事[28]父，大杖则走，小杖则受。臣虽不敏,敢忘斯义。今臣之事,在于本朝,赐死则死,加刑则刑。如遂蒙恩,更得洗心,死骨不朽。”有司以嚣言慢[29],请诛其子恂,帝不忍,复使来歙至汧,赐嚣书曰:“昔柴将军与韩信书云:‘陛下宽仁,诸侯虽有亡叛而后归,辄复位号,不诛也。’以嚣文吏,晓义理,故复赐书。深言则似不逊,略言则事不决。今若束手,复遣恂弟归阙庭者,则爵禄获全,有浩大之福矣。吾年垂四十,在兵中十岁,厌浮语虚辞。即不欲,勿报[30]。”嚣知帝审[31]其诈,遂遣使称臣于公孙述。

明年,述以嚣为朔宁王,遣兵往来,为之援势。秋,嚣将步骑三万侵安定,至阴槃,冯异率诸将拒[32]之。嚣又令别将下陇,攻祭遵于汧,兵并无利,乃引还。

……

九年春,嚣病且饿,出城餐糗糒[33],恚愤而死。王元、周宗立嚣少子纯为王。明年,来歙、耿弇、盖延等攻破落门,周宗、行巡、苛宇、赵恢等将[34]纯降。宗、恢及诸隗分徙京师以东,纯与巡、宇徙弘农。唯王元留为蜀将。及辅威将军臧宫破延岑,元举众诣宫降。

……

论曰:隗嚣援旗纠[35]族,假制明神,迹[36]夫创图首事,有以识其风[37]矣。终于孤立一隅,介于大国,陇坻虽隘,非有百二之势,区区两郡,以御堂堂之锋,至使穷庙策,竭征徭,身殁众解[38],然后定之。则知其道有足怀者,所以栖有四方之桀,士至投死绝亢而不悔者矣。夫功全则誉显,业谢则衅[39]生,回成丧而为其议者,或未闻焉。若嚣命会符运,敌非天力,虽坐论西伯,岂多嗤[40]乎?

……

赞曰：公孙习[41]吏，隗王得士。汉命已还，二隅方跱。天数有违，江山难恃。

选自《后汉书》卷十三

〔注释〕 ①辜：罪。 ②裨：副。 ③去：离开。 ④署：任用官吏。 ⑤阙：朝廷。 ⑥敌国：地位力量相等的国家。 ⑦通：勾结。 ⑧状：情形。 ⑨效：验证。 ⑩伏：居住。 ⑪说：劝说。 ⑫都：定都。 ⑬喁喁：形容众人向慕之状。 ⑭厝：安置。 ⑮牵：拘泥。 ⑯案：按照。 ⑰且：姑且。 ⑱然：赞同。 ⑲负：凭仗。 ⑳专：独占。 ㉑稍稍：渐渐。 ㉒会：适逢。 ㉓败：毁坏。 ㉔阂：阻碍。 ㉕叵：就。 ㉖勒：率领。 ㉗谢：道歉。 ㉘事：侍奉。 ㉙慢：傲慢。 ㉚报：回复。 ㉛审：知道。 ㉜拒：抵抗。 ㉝糗糒：干粮。 ㉞将：带领。 ㉟纠：集合。 ㊱迹：考察。 ㊲风：势头。 ㊳解：离散。 ㊴衅：破绽。 ㊵嗤：讥笑。 ㊶习：熟悉。

〔赏析〕 隗嚣出身陇右大族，年轻时在州郡为官，曾被王莽的国师刘歆举荐。刘歆叛逆事发之后，隗嚣回归故里。当时天下动荡，四方起义，他在族人的推举下割据一方。隗嚣曾归顺更始帝刘玄，受封右将军，其族人隗崔、隗义合谋反叛，隗嚣告密，刘玄感其大义灭亲，封为御史大夫。刘秀即位后，隗嚣劝刘玄东归刘秀，刘玄不允。隗嚣欲挟持东归未遂，便逃回天水，自称西州大将军，选贤举能，割据西北，成为一方霸主。当是之时，光武帝刘秀致力于河北，公孙述雄霸巴蜀，隗嚣实力逊于二者，不能与之争锋，便采用巧妙的外交手腕，在刘秀与公孙述之间摇摆观望，力求保全独立之势力。但当时，天下统一已是大势所趋，隗嚣未能抵挡住刘秀的大军征伐，最后身死兵败，霸业成空。

隗嚣素有声名，因此被拥戴为起义军之领袖，趁天下纷乱之际，割据西北，成为一方霸主。事实上，西北之地，偏居一隅，虽处动乱之时，所受到的伤害较中原地区要小，而且民风剽悍，熟悉骑射，很容易发展出一支强大的军队。但一来此处素为羌人聚居之地，民族冲突严重，自西汉以来，屡兴征伐而不能平，“更始、赤眉之际，羌遂放纵，寇金城、陇西。隗嚣虽拥兵而不能讨之，乃就慰纳，因发其众与汉相拒”(《后汉书·西羌传》)；二来西北在当时为荒僻之边陲，经济发展远逊中原，堪可自保疆域，而不足以征战天下。受到这种种牵制的影响，在起义举兵到光武称帝的这一时段中，隗嚣本人很少参与诸侯争霸，他自称西州大将军，注重休养生息，招贤纳士，比如后来赫赫有名的来歙、马援等都曾仕于其门下。

就在隗嚣休养生息之时，一方面是刘秀拥兵称帝，迅速平定河北、中原等地，实力剧增，并且以汉室宗亲的身份，以大义之名号召天下；另一方面是公孙述跃马西蜀，称帝成都，拥兵控弦，图谋天下。对于身处乱世的隗嚣来说，既缺乏实力难以与二者正面抗衡，又要保存自身，故而不得不以纵横捭阖之外交手腕，灵活地在二者之间安身。隗嚣起兵之初，便以立西汉帝王祠庙来获取大义名分，更始称帝，隗嚣不顾谋士劝阻而入谒，几乎深陷死地。事实上，在刘秀与公孙述之间，他第一次选择的也是刘秀。刘秀的大司徒邓禹西征赤眉，部将叛乱，隗嚣趁机将之击杀，示好于邓禹，并接受邓禹之封爵，接着又击破与公孙述相通、劫掠三辅的吕鲔，并遣子入侍光武，在刘秀与公孙述之间表明了姿态。

应该说，隗嚣的策略开始非常成功，光武对他“报以殊礼，言称字，用敌国之仪，所以慰藉之良厚”。但是，这并不意味着隗嚣从此就忠于刘秀。当时天下大势未定，胜负未分，隗嚣之前贸然入谒更始帝，差点陷入死地，足为警戒。况且，此时的隗嚣，已经不欲放弃西北基业，入朝称臣，反而自持兵强马壮，想在刘秀、公孙述二人之间观望，静待时机，进则角逐天下大事，趁势图谋九鼎，退则维持一方独立，成就霸主之业，所以，他“虽遣子入质，犹负其险厄，欲专方面”。

因此，对隗嚣而言，重要的是二虎相争以取其利，他很清楚，一旦某一方败亡，那么胜者的兵锋必将指向自己，因此“欲持两端，不愿天下统一”。所以，当光武帝下诏命隗嚣讨伐公孙述时，隗嚣不仅不奉命而行，反而上书劝阻，“多设支阂”，坚守要塞。一旦明白刘秀已经知晓他的用意所在，便马上投靠之前的敌手公孙述，称臣受爵，共同抵御势力强大的光武，意图维持当前分裂割据的局面，继续掌控手中权力。

然而，西北一隅之实力，纵然加上西蜀之支援，也无力抗拒刘秀的大军，隗嚣最终身死国灭，霸业成空。范晔论隗嚣曰：“夫功全则誉显，业谢则衅生，回成丧而为其议者，或未闻焉。若嚣命会符运，敌非天力，虽坐论西伯，岂多嗤乎？”事实上，隗嚣能于乱世纷扰之中，保全西北之安宁，经史通达，谦恭下士，不能谓之无能之辈。然而，隗嚣之失误在于，他不能明确地判断出当时天下一统已成必然之势，因而不甘心放弃自己的权势地位，希冀在两强之间保持独立。在刘秀和公孙述胜负未分之时，这种外交手腕固然能取得一时成功，但当势力平衡被打破，而妄图继续依赖此种策略，自然难免失败之结局。

邓禹列传

〔选文〕

邓禹字仲华，南阳新野人也。年十三，能诵诗，受业长安。时光武亦游学京师，禹年虽幼，而见光武知非常人，遂相亲附。数年归家。

及汉兵起，更始立，豪杰多荐举禹，禹不肯从。及闻光武安集①河北，即杖策②北渡，追及于邺。光武见之甚欢，谓曰：“我得专封拜③，生远来，宁欲仕乎？”禹曰：“不愿也。”光武曰：“即如是，何欲为？”禹曰：“但愿明公威德加于四海，禹得效其尺寸，垂功名于竹帛耳。”光武笑，因留宿闲语。禹进说曰：“更始虽都关西，今山东未安，赤眉、青犊之属，动以万数，三辅假号，往往群聚。更始既未有所挫，而不自④听断，诸将皆庸人屈起，志在财币，争用威力，朝夕自快而已，非有忠良明智，深虑远图，欲尊主安民者也。四方分崩离析，形势可见。明公虽建藩辅之功，犹恐无所成立⑤。于今之计，莫如延揽英雄，务悦民心，立高祖之业，救万民之命。以公而虑天下，不足定也。”光武大悦，因令左右号禹曰邓将军。常宿止⑥于中，与定计议。

及王郎起兵，光武自蓟至信都，使禹发⑦奔命，得数千人，令自将之，别⑧攻拔乐阳。从至广阿，光武舍⑨城楼上，披[10]舆地图，指示禹曰："天下郡国如是，今始乃得其一。子前言以吾虑天下不足定，何也？"禹曰："方今海内淆乱，人思明君，犹赤子之慕慈母。古之兴者，在德薄厚，不以大小。"光武悦。时任使诸将，多访于禹，禹每有所举者，皆当其才，光武以为知人。使别将骑，与盖延等击铜马于清阳。延等先至，战不利，还保城，为贼所围。禹遂进与战，破之，生获其大将。从光武追贼至蒲阳，连大克获，北州略定。

……

建武元年正月，禹自箕关将入河东，河东都尉守关不开，禹攻十日，破之，获辎重千余乘。进围安邑，数月未能下。更始大将军樊参将数万人，度大阳欲攻禹，禹遣诸将逆击于解南，大破之，斩参首。于是王匡、成丹、刘均等合军十余万，复共击禹，禹军不利，樊崇战死。会日暮，战罢，军师韩歆及诸将见兵势已摧，皆劝禹夜去，禹不听。明日癸亥，匡等以六甲穷日不出，禹因得更理[11]兵勒众。明旦，匡悉军出攻禹，禹令军中无得妄动；既至营下，因传发诸将鼓而并进，大破之。匡等皆弃军亡走，禹率轻骑急追，获刘均及河东太守杨宝、持节中郎将弭彊，皆斩之，收得节[12]六，印绶五百，兵器不可胜数，遂定河东。承制拜李文为河东太守，悉更置属县令长以镇抚之。是月，光武即位于鄗，使使者持节拜禹为大司徒。策曰："制诏前将军禹：深执忠孝，与朕谋谟帷幄，决胜千里。孔子曰：'自吾有回，门人日亲。'斩将破军，平定山西，功效尤著。百姓不亲，五品不训，汝作司徒，敬敷[13]五教，五教在宽。今遣奉车都尉授印绶，封为酂侯，食邑万户。敬之哉！"禹时年二十四。

遂渡汾阴河，入夏阳。更始中郎将左辅都尉公乘歙，引其众十万，与左冯翊兵共拒禹于衙，禹复破走之，而赤眉遂入长安。是时三辅连覆败，赤眉所过残贼，百姓不知所归[14]。闻禹乘胜独克而师行有纪，皆望风相携负以迎军，降者日以千数，众号百万。禹所止辄停车住节，以劳[15]来之，父老童稚，垂发戴白，满其车下，莫不感悦，于是名震关西。帝嘉之，数赐书褒美。

诸将豪杰皆劝禹径攻长安。禹曰："不然。今吾众虽多，能战者少，前无可仰之积，后无转馈之资。赤眉新[16]拔长安，财富充实，锋锐未可当也。夫盗贼群居，无终日之计，财谷虽多，变故万端，宁[17]能坚守者也？上郡、北地、安定三郡，土广人稀，饶谷多畜，吾且休兵北道，就粮养士，以观其弊[18]，乃可图也。"于是引军北至栒邑。禹所到，击破赤眉别将诸营保，郡邑皆开门归附。西河太守宗育遣子奉檄降，禹遣诣京师。

……

二年春，遣使者更封禹为梁侯，食四县。时，赤眉西走扶风，禹乃南至长安，军[19]昆明池，大飨[20]士卒。率诸将斋戒，择吉日，修礼谒祠高庙，收十一帝神主，遣使奉诣洛阳，因循行园陵，为置吏士奉守焉。

……

十三年，天下平定，诸功臣皆增户邑，定封禹为高密侯，食高密、昌安、夷安、淳于四县。帝以禹功高，封弟宽为明亲侯。其后左右将军官罢，以特进奉朝请。禹内[21]文明[22]，笃行淳备，事母至孝。天下既定，常欲远名势。有子十三人，各使守一艺。修整闺门，教养子孙，皆可以为后世法。资用国邑，不修产利。帝益重之。中元元年，复行司徒事。从东巡狩,封[23]岱宗。

显宗即位,以禹先帝元功,拜为太傅,进见东向,甚见[24]尊宠。居岁余,寝疾。帝数自临问,以子男二人为郎。永平元年,年五十七薨,谥曰元侯。

……

论曰:"夫变通之世,君臣相择,斯最作事谋始之几[25]也。邓公羸粮徒步,触[26]纷乱而赴光武,可谓识所从[27]会矣。于是中[28]分麾下之军,以临山西之隙[29],至使关河响动,怀赴如归。功虽不遂,而道亦弘矣!及其威损栒邑,兵散宜阳,褫龙章于终朝,就侯服以卒岁,荣悴[30]交而下无二色,进退用而上无猜情,使君臣之美,后世莫窥其间[31],不亦君子之致为乎!"

选自《后汉书》卷十六

〔注释〕 ① 安集:安定聚集。 ② 杖策:谓驱马而行。 ③ 封拜:授爵拜官。 ④ 自:亲自。 ⑤ 成立:成就。 ⑥ 止:居住。 ⑦ 发:征集。 ⑧ 别:另。 ⑨ 舍:居住。 ⑩ 披:翻阅。 ⑪ 理:整治。 ⑫ 节:符节。 ⑬ 敷:施行。 ⑭ 归:归依。 ⑮ 劳:慰问。 ⑯ 新:刚。 ⑰ 宁:岂。 ⑱ 弊:疲困。 ⑲ 军:驻扎。 ⑳ 飨:犒赏。 ㉑ 内:内心。 ㉒ 文明:有文采。 ㉓ 封:古代帝王筑坛祭天。 ㉔ 见:被。 ㉕ 几:机会。 ㉖ 触:遭受。 ㉗ 从:追随。 ㉘ 中:半。 ㉙ 隙:仇怨。 ㉚ 悴:忧伤。 ㉛ 间:隔阂。

〔赏析〕 邓禹是东汉开国元勋,云台二十八将之一。邓禹自幼熟读诗书,曾游学长安,与后来的光武帝刘秀成为同学。王莽末年,天下大乱,邓禹追随当时受命平定河北的刘秀,为其出谋划策,深受信任,更兼知人善任,举荐得人。邓禹不仅谋略出众,更骁勇善战,他受命西征,独当一面,为统一大业立下赫赫功勋。建武十三年,天下统一,邓禹受封高密侯,复为司徒,行宰相职权。明帝刘庄即位,受封太傅,于永平元年(58年)去世,谥曰元侯。后来,明帝绘东汉二十八位功臣的画像,挂于洛阳南宫的云台,世称"云台二十八将",邓禹位列云台二十八将之首。

汉末丧乱,群雄并起,更始帝以汉室正统号召天下,"海内豪桀翕然响应"

(《后汉书·刘玄刘盆子列传》),邓禹却选择投奔当时受到排挤,受命镇慰河北的刘秀。不同于“丈夫生不五鼎食,死则五鼎烹耳”的富贵逼人,邓禹志在建功立业,名垂青史。在他看来,天下豪杰四起,盗贼横行,更始无平定天下之力,麾下将相皆是庸人,虽然一时势大,但终不能成事,虽然刘秀此时实力较弱,只要能“延揽英雄,务悦民心,立高祖之业,救万民之命。以公而虑天下,不足定也。”此次进言,正可以看出,邓禹谋略之特色,在于远虑深图,纵观天下,明辨天下大势,而非专注于一时一地。当刘秀忧心天下纷乱难平,帝业起步维艰之时,他更提出:“方今海内淆乱,人思明君,犹赤子之慕慈母。古之兴者,在德薄厚,不以大小。”事实上,考量到以后事态的发展,不能不赞叹邓禹眼光之准。刘秀本人仁厚谦恭,雄才大略,既有汉室宗亲之身份,又有谋臣良将为之辅,当时虽然只能割据一地,一旦风云际会,趁势而起,便能迅速统一天下。清人赵翼于《廿二史札记·王莽时起兵者皆称汉后》中感叹道:“历观诸起事者,非自称刘氏子孙,即以辅汉为名。可见是时人心思汉,举天下不谋而同。是以光武得天下之易,起兵不三年,遂登帝位,古未有如此之速者,因民心之所愿,故易为力也。”

邓禹不仅谋略出众,目光长远,更是东汉开国功臣中,少有的文武兼备之才。当赤眉军进攻长安之时,光武帝委邓禹以西征重任,节制一方。邓禹也不负所托,连破敌军,平定河东,以二十四岁之龄,官拜大司徒,受封万户侯,于古今名将之中,也堪称罕见。而且,邓禹之大局观,也表现在他与劫掠三辅的赤眉军不同,他军纪严明,深得民心。南宋名士陈亮对邓禹赞叹不已,称其“起身徒步,杖策军门,一见光武,遂论霸王大略,陈天下之大计,此其胸中有大过人者矣。连兵西讨,所当者破,既定河东,复平关中,威声响震,敌人破胆。”(《龙川集》卷六,《酌古论二》)

纵观中国古代历史,凡天下统一之后,功臣往往难得善终,兔死狗烹,鸟尽弓藏之事屡见不鲜。光武帝虽未屠戮元勋,但也夺其权柄,厚赐田宅,使之为太平盛世之富家翁,不能参与政事。邓禹以立身恭谨,不事私产,深得光武帝信赖倚重,得以参议国家大事。光武中元元年(56年)又“复行司徒事”,即行宰相之职,这在东汉功臣中是罕见的破例之举。汉明帝永平年间,明帝命绘

“云台二十八将”之画像于洛阳南宫，邓禹即位列其首，人臣得此，可谓殊荣。

应该说，东汉名臣之中，无论文韬抑或武略，均有在邓禹之上者。然而，此种全局博弈之智慧，令邓禹格外引人注目，成为汉室再兴中不可或缺之重要一环。中国自古以来就形成了独特的“天下”观念，更兼儒家济世救民精神之激发，士人们虽往往以兼济天下自诩，但事实上，要做到胸怀全局，颇非易事。将邓禹与同样通晓经传的隗嚣作一简单对比，则可以很清楚地看出，成败之关键，高下之分别，正系于此种大局观：第一，隗嚣不顾谋士劝阻，投奔更始帝，不仅事有未谐，且几乎深陷死地；而邓禹则一开始就知晓更始并非能成事之主，选择投奔更有潜力的刘秀。第二，隗嚣不能审知天下一统之大势，而妄图独立一方，结果身死国灭；邓禹知天下归心刘氏，汉祚未绝，择明主而辅之，位极人臣，名传青史。第三，隗嚣心无结束战乱拯救百姓之念，只知独善一方保全自己命禄；而邓禹身上则明显表现出中国士人救民于水火之中的情怀，辅佐君王致力统一，以使百姓再度安居乐业。中国士人，惟其具有此种心怀天下生民忘却一己私利之情怀，才能做到“荣悴交而下无二色，进退用而上无猜情，使君臣之美，后世莫窥其间”，成为后世良臣之典范。

（王劲崙）

四世三公——无形的道德牌坊

〔导言〕 自从汉武帝实行“独尊儒术”的政策以来，儒家思想以官方正统的面目广为传播。光武中兴之后，也一直延续着尊奉儒学的政策，儒学已然逐渐渗透到社会的各个层面，真正成为一种为各阶层所信奉的思想。而经学世家在政坛上之崛起，堪称东汉历史上不可忽视的大事件，对后世政治社会产生了深远影响。

两汉时代，书籍数量稀少，知识传播缓慢，建立在父子相承基础上的经学世家适应了时代之形势，逐渐发展壮大起来。在这些经学世家中，汝南袁氏和弘农杨氏均为翘楚，他们封侯拜相，累世公卿，门生故吏遍布天下，成为士林清流的领袖。然而，如果认为他们不过是凭借垄断了知识以此来把持朝政结党营私之徒，那么不仅仅是低看了他们的道德水准，也将难以看清当时历史之真相。陈寅恪先生在《魏晋南北朝史讲演录》中即以袁氏和杨氏为例，称“东汉士大夫以仁孝道德（性）为本，为体，推广至于治国用兵之术（才）为末，为用。总而言之，本末必兼备，体用必合一。”

考量东汉时代之历史，外戚专权与宦官乱政循环出现，而外戚与宦官中多跋扈无能之人，他们贪污成风横行不法，给国家政治的正常运转造成重大的不良影响。深受儒家经典熏陶的儒生们，不能不对此种状况提出抗争，力图澄清天下。这些德行修明名重一方的名士们，其累代相传的不仅仅是富贵功名，更是与外戚之横行、宦官之专权不屈抗争的精神。

袁安列传

〔选文〕

袁安字邵公，汝南汝阳人也。祖父良，习《孟氏易》，平帝时举明经，为太子舍人；建武初，至成武令。

安少传良学。为人严重[1]有威，见[2]敬于州里。初为县功曹，奉檄诣从事，从事因[3]安致书于令。安曰："公事自有邮驿，私请则非功曹所持。"辞不肯受，从事惧然而止。后举孝廉，除[4]阴平长、任城令，所在吏人畏而爱之。

永平十三年，楚王英谋为逆，事下郡覆考[5]。明年，三府举安能理剧[6]，拜楚郡太守。是时英辞所连及系[7]者数千人，显宗怒甚，吏案之急，迫痛自诬，死者甚众。安到郡，不入府，先往案[8]狱，理其无明验者，条[9]上出之。府丞掾史皆叩头争，以为阿附反虏，法与同罪，不可。安曰："如有不合，太守自当坐[10]之，不以相及也。"遂分别具奏。帝感悟，即报许，得出者四百余家。岁余，征为河南尹。政号[11]严明，然未曾以臧罪鞫[12]人。常称曰："凡学仕者，高则望宰相，下则希牧守。锢人于圣世，尹所不忍为也。"闻之者皆感激自励。在职十年，京师肃然，名重朝廷。建初八年，迁太仆。

元和二年，武威太守孟云上书："北虏既已和亲，而南部复往抄掠，北单于谓汉欺之，谋欲犯边。宜还其生口，以安慰之。"诏百官议朝堂。公卿皆言夷狄谲诈，求欲无厌[13]，既得生口，当复妄自夸大，不可开许。安独曰："北虏遣使奉献和亲，有得边生口者，辄以归汉，此明其畏威，而非先违约也。云以大臣典[14]边，不宜负信于戎狄，还之足示中国优贷[15]，而使边人得安，诚便。"司徒桓虞改议从安。太尉郑弘、司空第五伦皆恨之。弘因大言激励虞曰："诸言当还生口者，皆为不忠。"虞廷叱之，伦及大鸿胪韦彪各作色变容，司隶校尉举奏，安等皆上印绶谢[16]。肃宗诏报曰："久议沉滞，各有所志。盖事以议从，策由众定，訚訚衎衎，得礼之容，寝嘿抑心，更非朝廷之福。君何尤而深谢？其各冠履。”帝竟[17]从安议。明年，代第五伦为司空。章和元年，代桓虞为司徒。

和帝即位，窦太后临朝，后兄车骑将军宪北击匈奴，安与太尉宋由、司空任隗及九卿诣朝堂上书谏，以为匈奴不犯边塞，而无故劳师远涉，损费国用，徼[18]功万里，非社稷之计。书连上辄寝[19]。宋由惧，遂不敢复署议，而诸卿稍[20]自引止。唯安独与任隗守正不移，至免冠朝堂固争者十上。太后不听，众皆为之危惧，安正色自若。窦宪既出，而弟卫尉笃、执金吾景各专威权，公[21]于京师使客遮道夺人财物。景又擅[22]使乘驿施檄缘边诸郡，发[23]突骑及善骑射有才力者，渔阳、雁门、上谷三郡各遣吏将送诣景第。有司畏惮，莫敢言者。安乃劾景擅发边兵，惊惑吏人，二千石不待符信而辄承[24]景檄，当伏显诛。又奏司隶校尉、河南尹阿附贵戚，无尽节之义，请免官案罪。并寝不报。宪、景等日益横，尽树其亲党宾客于名都大郡，皆赋敛吏人，更相赂遗[25]，其余州郡，亦复望风从之。安与任隗举奏诸二千石，又它所连及贬秩免官者四十余人，窦氏大恨。但安、隗素行高，亦未有以害之。

时，窦宪复出屯武威。明年，北单于为耿夔所破，遁走乌孙，塞北地空，余部不知所属。宪日矜己功，欲结恩北虏，乃上立降者左鹿蠡王阿佟为北单于，置中郎将领护，如南单于故事。事下公卿议，太尉宋由、太常丁鸿、光禄勋耿秉等十人议可许。安与任隗奏，以为“光武招怀南虏，非谓可永安内地，正以权时之算，可得扞御北狄故也。今朔漠既定，宜令南单于反[26]其北庭，并领降众，无缘复更立阿佟，以增国费”。宗正刘方、大司农尹睦同安议。事奏，未以时定。安惧宪计遂[27]行，乃独上封事曰：

……

诏下其议，安又与宪更相难折[28]。宪险急负势，言辞骄讦，至诋毁安，称光武诛韩歆、戴涉故事，安终不移。宪竟立匈奴降者右鹿蠡王于除鞬为单于，后遂反叛，卒和[29]安策。

安以天子幼弱，外戚擅权，每朝会进见，及与公卿言国家事，未尝不噫呜流涕。自天子及大臣皆恃赖之。四年春，薨，朝廷痛惜焉。

……

论曰：陈平多阴谋，而知其后[30]必废；邴吉有阴德，夏侯胜识其当封及子孙。终陈掌不侯，而邴昌绍[31]国，虽有不类，未可致诘，其大致归然矣。袁公窦氏之间，乃情帝室，引义雅正，可谓王臣之烈。及其理楚狱，未尝鞫人于臧罪，其仁心足以覃[32]乎后昆。子孙之盛，不亦宜乎？

选自《后汉书》卷四十五

〔注释〕 ①重：庄重。 ②见：被。 ③因：通过。 ④除：拜官受职。 ⑤考：考察。 ⑥剧：繁难(的事)。 ⑦系：拘囚。 ⑧案：考查。 ⑨条：分项。 ⑩坐：获罪。 ⑪号：命令。 ⑫鞫：通“鞠”，审问。 ⑬猒：同“餍”，足。 ⑭典：主管。 ⑮优贷：宽容。 ⑯谢：道歉。 ⑰竟：终于。 ⑱徼：求取。 ⑲寝：搁置。 ⑳稍：渐渐。 ㉑公：公然。 ㉒擅：擅自。 ㉓发：征集。 ㉔承：接受。 ㉕遗：赠送。 ㉖反：归。 ㉗遂：成功。 ㉘折：驳斥。 ㉙和：同。 ㉚后：后代。 ㉛绍：接续。 ㉜覃：遍及。

〔赏析〕 袁安出身经学世家，少承其家学，举孝廉，历任阴平长、任城令，深得吏人敬畏。明帝时，任楚郡太守，审理楚王谋逆事件，断案公正，清查冤狱。后为河南尹，在职十年，京师肃然，名重朝廷，历任太仆、司空、司徒。和帝时，窦太后临朝，外戚专权横行不法，袁安不畏权贵，刚正不阿，多次直言上书，纠察不法，为窦氏所忌恨，但袁安行洁名高，窦氏也不敢加害。袁安死后，其子孙历任台阁，号称“四世五公”，门生故吏遍天下，汝南袁氏由此成为东汉有名的世家大族。

袁安学问渊博，通达经书，据《后汉书·袁安列传》李贤注引晋周斐《汝南先贤传》："时大雪积地丈余，洛阳令身出案行，见人家皆除雪出，有乞食者。至袁安门，无有行路。谓安已死，令人除雪入户，见安僵卧。问何以不出。安曰：'大雪人皆饿，不宜干人。'令以为贤，举为孝廉。"而从此，"袁安高卧"也成为我国著名的成语典故，为历代诗人所吟咏，东晋陶渊明即赞叹道："袁安困积雪，邈然不可干。"（《咏贫士七首》之五）在仕宦生涯中，袁安方正刚直，不畏权势，公私分明，仁爱宽厚。这些品格既体现在他担任县功曹期间，拒绝执行公务时为从事携带私信，也表现在他担任楚郡太守审理楚王谋逆案件时，不畏帝王之怒气，断案公正，使无冤枉，令四百余家无辜之人免于牵连。而且，他在出任河南尹这一要职时，政令严明，未曾以臧罪鞠人，众人无不感激自励，教化一方，功莫大焉。

举凡两汉王朝，皇帝母族拥有非常大的政治影响力，而太后临朝，外戚专政之现象亦屡有发生。持平而论，外戚之中，也有如卫青、霍去病一般安邦定国、功业绝伦之士，不可以一笔抹杀。但对于汉代政治而言，外戚得势之后，往往容易专横而骄、公器私用，给日常政治运转带来不良后果，甚至于威胁皇权的稳定。袁安仕宦，正逢和帝年少，外戚窦氏掌权之时。面对专横跋扈权势滔天的窦氏家族，当时的三公九卿、郡县长官，即使非趋炎附势，也往往明哲保身。而历任司空、司徒，执朝廷宰辅重任的袁安，不畏权势，仗义执言，据理力争，上述陈事无所规避。袁安不仅抨击窦宪欲北击匈奴是其徼功万里之计，更廷争窦固欲立北匈奴单于以自夸功业的不智之举；而对于窦氏家族子弟的种种不法之举，袁安也屡屡弹劾。

事实上，袁安之品行言谈无一不显露出浓厚的儒家思想色彩。自孔孟以来，儒家形成了一套以礼乐仁爱为核心的思想体系，而两汉经学之兴盛，使得读经成为一般的读书人的必须，更遑论像袁安这样自幼家学渊源的经学世家子弟。往昔被讥讽为迂远之学的思想，不能不发生巨大的潜移默化的作用。故而儒学之君君臣臣、道德仁爱的观念，深深浸透在这些儒生的心中，甚至浸入社会风俗舆论的深处。虽然学而能行者总是少数，但总会有这么一些人，真诚地相信这套学说，并持守不疑，袁安正是其中能够做到知行合一的代表人物。所以当面对治下百姓时，袁安有仁爱之心，是厚德君子；在面对跋扈外戚时，袁安能廷争力折，刚强无私。儒家讲究道统之担当，既制衡皇权，也辅佐皇权，帝王暗弱大臣专权，乃是儒家经典屡屡强调的政治混乱的表征，面对此种局面，袁安挺身而出，匡扶皇权，正是本着心中的经学大义。袁安的这种行为，不仅获得了儒生士子们的推崇拥护，而且也得到深受儒学影响的社会舆论的赞誉。在汉代社会，风俗评议有着相当重要的影响力，因此袁安才能免受窦氏家族的迫害。从儒家道义的角度看，袁安的行为可说是遗留给了后世子孙一笔极为贵重的财富。

据清代史学家赵翼统计，"袁安官司空，又官司徒。其子敞及京皆为司空。京子汤亦为司空，历太尉，封安国亭侯。汤子逢亦官司空。逢弟隗先逢为三公，官至太傅。故臧洪谓'袁氏四世五公'，比杨氏更多一公。"（《廿二史札记·四世三公》）汝南袁氏由此成为东汉赫赫有名的世家大族。黄巾之乱后，争雄于天下的袁绍、袁术也出自此家族。追究袁氏家族崛起之原因，固然与东汉儒学兴盛，经学世家形成之机缘不可分离，但更重要的在于，袁安本人严正刚直、博学仁厚的风范，为子孙树立了良好的楷模，更为自己的家族获取了良好的社会声誉，故而既留清名于青史，又家世绵延公卿累代。

杨震列传

〔选文〕

杨震字伯起，弘农华阴人也。八世祖喜，高祖时有功，封赤泉侯。高祖敞，昭帝时为丞相，封安平侯。父宝，习《欧阳尚书》。哀、平之世，隐居教授。居摄二年，与两龚、蒋诩俱征[①]，遂遁逃，不知所处。光武高其节。建武中，公车特征，老病不到，卒于家。

震少好学，受《欧阳尚书》于太常桓郁，明经博览，无不穷究。诸儒为之语曰："关西孔子杨伯起。"常客居于湖，不答[②]州郡礼命数十年，众人谓之晚暮，而震志愈笃。后有冠雀衔三鳣鱼，飞集讲堂前，都讲取鱼进曰："蛇鳣者，卿大夫服之象也。数三者，法[③]三台也。先生自此升[④]矣。"年五十，乃始仕州郡。

大将军邓骘闻其贤而辟[⑤]之，举茂才，四迁荆州刺史、东莱太守。当之[⑥]郡，道经昌邑，故[⑦]所举荆州茂才王密为昌邑令，谒见，至夜怀金十斤以遗震。震曰："故人知君，君不知故人，何也？"密曰："暮夜无知者。"震曰："天知，神知，我知，子知。何谓无知！"密愧而出。后转涿郡太守。性公廉，不受私谒。子孙常蔬食步行，故旧长者或欲令为开产业，震不肯，曰："使后世称为清白吏子孙，以此遗之，不亦厚乎！"

元初四年，征入为太仆，迁太常。先是博士选举多不以实，震举荐明经名士陈留杨伦等，显传学业，诸儒称[⑧]之。

……

延光二年，代刘恺为太尉。帝舅大鸿胪耿宝荐中常侍李闰兄于震，震不从。宝乃自往候[⑨]震曰："李常侍国家所重，欲令公辟其兄，宝唯传上意耳。"震曰："如朝廷欲令三府辟召，故宜有尚书敕。"遂拒不许，宝大恨而去。皇后兄执金吾阎显亦荐所亲厚于震，震又不从。司空刘授闻之，即辟此二人，旬日中皆见拔擢。由是震益见怨。

……

会[⑩]三年春，东巡岱宗，樊丰等因乘舆[⑪]在外，竞修第宅，震部掾高舒召大匠令史考校[⑫]之，得丰等所诈[⑬]下诏书，具奏，须行还上之。丰等闻，惶怖，会太史言星变逆行，遂共谮[⑭]震云："自赵腾死后，深用怨怼；且邓氏故吏，有恚恨之心。"及车驾行还，便时太学，夜遣使者策收震太尉印绶，于是柴门绝宾客。丰等复恶之，乃请大将军耿宝奏震大臣不服罪，怀恚望，有诏遣归本郡。震行至城西几阳亭，乃慷慨谓其诸子门人曰："死者士之常分[15]。吾蒙恩居上司，疾[16]奸臣狡猾而不能诛，恶嬖女倾乱而不能禁，何面目复见日月！身死之日，以杂木为棺，布单被裁足盖形[17]，勿归冢次，忽设祭祠。"因饮鸩而卒，时年七十余。弘农太守移良承樊丰等旨，遣吏于陕县留停震丧，露棺道侧，谪震诸子代邮行书，道路皆为陨涕。

岁余，顺帝即位，樊丰、周广等诛死，震门生虞放、陈翼诣阙追讼震事。朝廷咸称其忠，乃下诏除二子为郎，赠钱百万，以礼改葬于华阴潼亭，远近毕至。先葬十余日，有大鸟高丈余，集震丧前，俯仰悲鸣，泪下沾地，葬毕，乃飞去。郡以状[18]上。时连有灾异，帝感震之枉，乃下诏策曰："故太尉震，正直是与，俾匡时政，而青蝇点[19]素，同兹在藩。上天降威，灾眚屡作，尔卜尔筮，惟震之故。朕之不德，用彰厥[20]咎，山崩栋折，我其危哉！今使太守丞以中牢具祠，魂而有灵，傥[21]其歆享。"于是时人立石鸟象于其墓所。

……

论曰："孔子称'危而不持，颠而不扶，则将焉用彼相[22]矣'。诚以负荷之寄，不可以虚冒，崇高之位，忧重责[23]深也。延、光之间，震为上相，抗[24]直方以临权枉，先公道而后身名，可谓怀王臣之节，识所任之体矣。遂累叶[25]载德，继踵宰相。信哉，'积善之家，必有余庆'。先世韦、平，方之蔑矣。"

赞曰："杨氏载德，仍世柱国。震畏四知，秉去三惑。赐亦无讳，彪诚匪[26]忒[27]。修虽才子，渝[28]我淳则。

选自《后汉书》卷五十四

〔**注释**〕 ① 征：征召。 ② 答：应允。 ③ 法：效法。 ④ 升：升官。 ⑤ 辟：征召。 ⑥ 之：前往。 ⑦ 故：从前。 ⑧ 称：赞扬。 ⑨ 候：问候。 ⑩ 会：适逢。 ⑪ 乘舆：帝王的代称。 ⑫ 校：考核。 ⑬ 诈：欺骗。 ⑭ 谮：进谗言。 ⑮ 分：本分。 ⑯ 疾：憎恨。 ⑰ 形：身体。 ⑱ 状：情形。 ⑲ 点：玷污。 ⑳ 厥：其。 ㉑ 傥：希望。 ㉒ 相：辅助。 ㉓ 责：责任。 ㉔ 抗：呈现。 ㉕ 叶：世。 ㉖ 匪：无。 ㉗ 忒：邪恶。 ㉘ 渝：改变。

〔**赏析**〕 杨震出身名门，其八世祖杨喜，汉高祖时因功受封赤泉侯。高祖杨敞，汉昭帝时拜相封侯。父亲杨宝，传承欧阳生所传授讲解的今文《尚书》，是当时名儒，深得东汉光武帝刘秀敬重。杨震自幼聪明好学，拜当时声名显赫又有很高学术威望的经学大师太常桓郁为师，学习欧阳《尚书》。杨震通晓经传，博览群书，年五十方仕宦州郡，担当过太守和刺史等职，后来历任三公，名重天下。杨震生逢东汉后期，政治黑暗，内宠骄横，宦官专权，杨震不畏权势，数次上书直言，弹劾不法，无所规避。然而皇帝昏庸，听信谗言，将杨震罢官遣归，杨震遂服毒自尽，天下哀怜。杨震殁后，子孙多任职朝廷，官拜三公、得以封侯者数人，弘农杨氏成为与汝南袁氏齐名的世家大族。

杨震幼承家学，博通经传，为当时儒生们所服膺，称之为“关西孔子杨伯起”。他淡泊名利，清廉刚直，不求私利，品行高洁，直到年过五十方才应大将军邓骘之征辟，以茂才起家，历任州郡长官。以一介布衣到职掌一方，变化不可谓不大，然而杨震清廉正直的品格并未受到丝毫影响。昔日门生王密夜送重金，杨震坚辞不受，所谓“天知，神知，我知，子知”，这“四知”之言，可谓正气凛然振聋发聩之音。

杨震出仕之后不久即官拜三公，历任司徒、太尉之职，其升迁迅速。意欲澄清天下的儒生士子，往往视外戚当道与宦官专权为东汉政治败坏的两大因素。而杨震适逢汉安帝之时，既有外戚骄横，又有宦官乱政，政治之昏暗可谓甚于前代。身为三公的杨震，面对权势滔天的外戚与宦官，并未有所屈服。此种行为之难能可贵，正可以从杨震拒绝安帝母舅大鸿胪耿宝和皇后之兄执金吾阎显举荐私人等事情上看出。而同为三公的司空刘授却征辟二人，对比之下优劣自见。不仅如此，杨震在平时不乏正面抗争之举，他屡屡上书直言，揭发种种不法行为，言辞恳切，毫无避讳。

如果单就道德与勇气而言，杨震可以说体现了“苟利国家生死以，岂因祸福避趋之”的儒家理想人格，然而政治却并非是仅仅凭借道德便可完成之事业。杨震虽位列三公，但朝廷的实际权柄却紧握于宦官外戚之手。他之忠君爱国，却使得他一心将希望寄托于皇帝之幡然醒悟效法尧舜。某种程度上来说，杨震无所避讳之直言上书固然可见其刚直方正之品格，却也表现出了他在政治斗争中的软弱与无力。一旦皇帝暗弱昏庸，不听其言，外戚宦官之气焰也越发嚣张，乃至于敢诈作诏书，动用国库以修私宅。德国著名社会学大师马克斯·韦伯即曾言，政治乃是与魔鬼共舞之事业，重要的是秉承责任伦理，而非心志伦理。杨震的失败，暴露出了在政治事业中过度强调心志伦理，过度强调动机之纯正与道德之高尚的儒家学说，缺乏权谋应变之手腕，没有能力达致理想的政治后果。

然而，杨震之行止却不能因此被认为是迂腐无能、了无意义。事实上，东汉之时，儒学兴盛，三公九卿之位，多由通经博文之儒生担任。此种现象，不免有人以经学为饵，钓取功名富贵；然而，当是之时，那些研习经书传承孔孟之学的儒生们，也往往有品格高洁、以天下为己任的道德君子。在汉末昏乱黑暗的时局中，他们虽然未必能挽回时局之倾颓，但他们的存在，却代表着激浊扬清的士人典范，显示了一个时代的道德高度。中国士人们正是凭借着这传承了一代又一代的信念担当，成就了中华民族的道德脊梁。

如果说，袁安面对的只是外戚乱政，且尚能全身而退；那么，杨震则需同时面对外戚和宦官的问题，最终被听信谗言的皇帝罢官遣归。杨震饮鸩而死，与其说是幽怨难平，不如说是愧对儒学道统，固乃殉道之举。在清流与宦官、外戚之间的斗争之中，杨震身为清流之领袖，抑郁而死，可谓是儒生们的一大失利，但是杨震之死并不意味着斗争的结束，反而不过是序幕的开始，终将演变至党锢之争的惨烈局面，直至袁绍尽诛宦官，才暂时告一段落。

或许可以说，历史和杨震开了一个玩笑，据赵翼统计，“杨震官太尉，其子秉代刘矩为太尉。秉子赐代刘郃为司徒，又代张温为司空。赐子彪代董卓为司空，又代黄琬为司徒，代淳于嘉为司空，代朱俊为太尉、录尚书事。自震至彪,凡四世皆为三公。”(《廿二史札记·四世三公》)这位拒收贿金、清白一身的儒士,不屈权势、直言敢谏的名臣,死时薄棺露于野,其后世子孙却发展成一个累世公卿富贵满门的世家大族,也着实令后人唏嘘不已。

(王劲嵛)

外戚：裙带系生死，姻亲牵国运

〔**导言**〕 权臣、外戚和宦官问题是专制主义中央集权的古代中国长期存在的心腹之患，这三者往往在皇权暗弱之时得以僭越本职从而登上权力的顶峰，东汉时期的权臣、外戚和宦官往往把持国政，骄横跋扈而不可一世，他们的行为多为祸国殃民之举。本书所选录之窦宪和梁冀便是在东汉历史上先后登上权力之巅，却又先后从政坛陨落，以致身死族灭之外戚中的两位代表人物。值得人们玩味的一点在于：窦宪的前车之鉴尘埃落定不过才五十年，梁冀作为新生的外戚势力便又卷土重来，其权力甚至凌驾于皇权之上。无论是窦氏、梁氏，还是外戚阎显的阴谋废立之事，三者都无一例外地遭到了宦官势力的诛杀。为何外戚势力攘夺权力之事在东汉王朝屡见不鲜？为何外戚势力一旦掌权又大多胡作非为，直至身败名裂？历史循环的悖论总是隐藏在一团迷雾之中，东汉政治格局的诡异与这个王朝立国的根基和政策的执行有着很大的关系，本文试图通过分析史籍中字里行间的蛛丝马迹，以期探讨外戚势力在东汉一朝盛衰兴亡的历史变迁，希望进一步给予这一政治形态的产生以合理的历史建构。

窦宪列传

〔**选文**〕

宪字伯度。父勋被诛，宪少孤。建初二年，女弟立为皇后，拜宪为郎，稍[①]迁侍中、虎贲中郎将；弟笃，为黄门侍郎。兄弟亲幸，并侍宫省，赏赐累积，宠贵日盛，自王、主及阴、马诸家，莫不畏惮。宪恃宫掖声势，遂以贱[②]直[③]请夺沁水公主园田，主逼畏，不敢计。后肃宗驾出过园，指以向宪，宪阴喝[4]不得对。后发觉，帝大怒，召宪切[5]责曰："深思前过，夺主田园过，何用愈[6]赵高指鹿为马？久念使人惊怖。昔永平中，常令阴党、阴博、邓叠三人更相纠察，故诸豪戚莫敢犯法者，而诏书切切，犹以[7]舅氏田宅为言。今贵主尚见[8]枉[9]夺，何况小人哉！国家弃宪如孤雏腐鼠耳。"宪大震惧，皇后为毁服[10]深谢[11]，良久乃得解[12]，使以田还主。虽不绳[13]其罪，然亦不授以重任。

和帝即位，太后临朝，宪以侍中，内干[14]机密，出宣诰命。肃宗遗诏以笃为虎贲中郎将，笃弟景、瑰并中常侍，于是兄弟皆在亲要之地。宪以前太尉邓彪有义让。先帝所敬，而仁厚委随[15]，故尊崇之，以为太傅，令百官总己以听。其所施为，辄外令彪奏，内白[16]太后，事无不从。又屯骑校尉桓郁，累世帝师，而性和退[17]自守，故上书荐之，令授经禁[18]中。所以内外协附，莫生疑异。

宪性果[19]急，睚眦之怨莫不报复。初，永平时，谒者韩纡尝考劾父勋狱[20]，宪遂令客斩纡子，以首祭勋冢。齐殇王子都乡侯畅来吊国忧[21]，畅素行邪僻[22]，与步兵校尉邓叠亲属数往来京师，因叠母元自通[23]长乐宫，得幸[24]太后，被诏召诣上东门。宪惧见幸，分宫省之权，遣客刺杀畅于屯卫之中，而归罪于畅弟利侯刚，乃使侍御史与青州刺史杂考刚等。后事发觉，太后怒，闭宪于内宫。

宪惧诛，自求击匈奴以赎死。会[25]南单于请兵北伐，乃拜宪车骑将军，金印紫绶，官属依司空，以执金吾耿秉为副，发北军五校、黎阳、雍营、缘边十二郡骑士，及羌胡兵出塞。明年，宪与秉各将[26]四千骑及南匈奴左谷蠡王师子万骑出朔方鸡鹿塞，南单于屯屠河，将万余骑出满夷谷，度辽将军邓鸿及缘边义从羌胡八千骑，与左贤王安国万骑出稒阳塞，皆会涿邪山。宪分遣副校尉阎盘、司马耿夔、耿谭将左谷蠡王师子、右呼衍王须訾等，精骑万余，与北单于战于稽落山，大破之，虏众崩溃，单于遁走，追击诸部，遂临[27]私渠比鞮海。斩名王以下万三千级，获生口、马、牛、羊、橐驼百余万头。于是温犊须、曰逐、温吾、夫渠王柳鞮等八十一部率众降者，前后二十余万人。

……

宪既平匈奴，威名大盛，以耿夔、任尚等为爪牙，邓叠、郭璜为心腹。班固、傅毅之徒，皆置幕府，以典[28]文章。刺史、守令多出其门。尚书仆射郅寿、乐恢并以忤意，相继自杀。由是朝臣震慑，望风承旨。而笃进位特进，得举吏，见礼依三公。景为执金吾，瑰光禄勋，权贵显赫，倾动京都。虽俱骄纵，而景为尤甚，奴客缇骑依倚形势，侵陵[29]小人[30]，强夺财货，篡取罪人，妻略[31]妇女。商贾闭塞，如避寇仇。有司畏懦，莫敢举奏。太后闻之，使谒者策免景官，以特进就朝位。瑰少好经书，节约自修，出为魏郡，迁颍川太守。窦氏父子兄弟并居列位，充满朝廷。叔父霸为城门校尉，霸弟褒将作大匠，褒弟嘉少府，其为侍中、将、大夫、郎吏十余人。

宪既负重劳[32]，陵肆滋甚。四年，封邓叠为穰侯。叠与其弟步兵校尉磊及母元，又宪女婿射声校尉郭举，举父长乐少府璜，皆相交结。元、举并出入禁中，举得幸太后，遂共图为杀害。帝阴[33]知其谋，乃与近幸中常侍郑众定议诛之。以宪在外，虑其惧祸为乱，忍而未发。会宪及邓叠班师还京师，诏使大鸿胪持节[34]郊迎，赐军吏各有差[35]。宪等既至，帝乃幸北宫，诏执金吾，五校尉勒兵屯卫南、北宫，闭城门，收捕叠、磊、璜、举，皆下狱诛，家属徙合浦。遣谒者仆射收宪大将军印绶，更封为冠军侯。宪及笃、景、瑰皆遣就国[36]。帝以太后故，不欲名[37]诛宪，为选严[38]能[39]相督察之。宪、笃、景到国，皆迫令自杀，宗族，宾客以宪为官者皆免归本郡。瑰以素[40]自修，不被逼迫，明年坐[41]禀假[42]贫人，徙封罗侯，不得臣吏人。初，窦后之谮[43]梁氏，宪等豫[44]有谋焉，永元十年，梁棠兄弟徙九真还，路由长沙，逼瑰令自杀。后和熹邓后临朝，永初三年，诏诸窦前归本郡者与安丰侯万全俱还京师。万全少子章。

论曰：卫青、霍去病资[45]强汉之众，连年以事匈奴，国耗太半矣，而猾虏未之胜，后世犹传其良将，岂非以身名自终邪！窦宪率羌胡边杂之师，一举而空朔庭，至乃追奔稽落之表[46]，饮马比鞮之曲，铭石负鼎，荐告清庙。列其功庸，兼茂于前多矣，而后世莫称者，章[47]末衅以降其实也。是以下流，君子所甚恶焉。夫二三子是之不过房幄之间，非复搜扬仄陋，选举而登也。当青病[48]奴仆之时，窦将军念咎之日，乃庸力之不暇，思鸣之无晨，何意裂膏腴，享崇号乎？东方朔称“用之则为虎，不用则为鼠”，信矣。以此言之，士有怀琬琰以就煨尘者，亦何可支哉！

选自《后汉书》卷二十三

〔**注释**〕 ① 稍：渐渐。 ② 贱：物价低。 ③ 直：价值。 ④ 阴喝：语塞。 ⑤ 切：严厉。 ⑥ 愈：胜过。 ⑦ 以：因为。 ⑧ 见：被。 ⑨ 枉：白白地。 ⑩ 毁服：降低服饰等级以示引咎请罪。 ⑪ 谢：认错。 ⑫ 解：消解。 ⑬ 绳：制裁。 ⑭ 干：主管。 ⑮ 委随：温顺。 ⑯ 白：报告。 ⑰ 退：谦让。 ⑱ 禁：宫禁。 ⑲ 果：果敢。 ⑳ 狱：罪案。 ㉑ 忧：父母的丧事。 ㉒ 邪僻：邪恶。 ㉓ 通：交好。 ㉔ 幸：宠幸。 ㉕ 会：适逢。 ㉖ 将：带领。 ㉗ 临：到达。 ㉘ 典：掌管。 ㉙ 陵：欺凌。 ㉚ 小人：地位低下的人，平民百姓。 ㉛ 妻略：掳掠奸污。 ㉜ 劳：功劳。 ㉝ 阴：暗中。 ㉞ 节：符节。 ㉟ 差：差别。 ㊱ 国：封地。 ㊲ 名：说出。 ㊳ 严：严厉。 ㊴ 能：

有能力。 ㊵ 素：向来。 ㊶ 坐：犯罪。 ㊷ 禀假：给贷。 ㊸ 谮：诬陷。 ㊹ 豫：通“与”，参与。 ㊺ 资：凭借。 ㊻ 表：外。 ㊼ 章：显著。 ㊽ 病：怨恨。

〔赏析〕 窦宪可谓是名门之后，他的曾祖父窦融曾因携西凉民众归顺而获汉光武帝封侯，然而传至窦宪时已经家道中落。章帝时，因其妹被立为皇后，窦宪也因而成为外戚，后逐级升任至虎贲中郎将，渐渐变得恃宠专横，甚至敢于强夺公主的田地。章帝得知后勃然大怒，从此对窦宪不予重用。章帝死后，年方十岁的和帝即位，窦太后临朝听政，从此窦氏家族开始把持朝政。窦宪特意挑选软弱随和的大臣出任要职以作为傀儡进而控制百官，窦宪本人与窦太后勾结，牢牢把持住朝政。

窦宪在朝中作威作福，欺凌百官，因争宠而忤逆了窦太后，于是自求出征匈奴以将功赎罪。他率领着北方十二郡的汉军并联合南匈奴军队大胜北匈奴，受降二十余万人，至燕然山下刻石记功。经此胜利之后，窦宪威势愈盛，朝中显要多为窦氏父子兄弟。至永元四年(92年)，十四岁的和帝闻知窦宪的心腹邓叠、郭璜一党与窦太后阴谋弑帝，便与宦官们定计先下手为强，趁着窦宪班师回京之际，发动亲信部队一举擒下了窦宪集团各首脑，后逼迫窦宪兄弟自杀，曾经声威赫赫的窦氏家族消失在历史的演进之中。

窦宪作为外戚势力的代表率兵大败匈奴，这一段经历和汉武帝时同为外戚的卫青、霍去病颇有几分相似。然而个中也有细微的区别：汉武帝是一位极其强势的皇帝，在其举全国之力进行汉匈作战的战略规划下，卫、霍多次率领大军虽也颇有斩获，然而汉军的损失也颇为巨大。卫、霍二人立功封侯之后，又皆殁于武帝之前，颇得善终，故而得以盖棺定论，成为中国历史上抗击匈奴的名将。反观窦宪，在章帝之世他并未获得重用，在和帝年幼之时以外戚的身份，由窦太后授命出征，这就自然而然地惹来了朝野的微词。窦宪最后的结局可谓是身败名裂，其大胜匈奴的功劳自然也被史官们刻意淡化了。平心而论，窦宪大破北单于的这次胜利，较之卫青、霍去病的功绩要出色得多：汉武帝举全国之力动辄十几万人马，损耗大半才换来几场艰难的局部胜利；窦宪此次只是调集了汉朝北方驻防的军队，同时充分利用南匈奴的力量，只用数万兵马便斩杀北匈奴万余军队，收降人数更是多达二十余万，致使北匈奴元气大伤，从此一蹶不振，之后的百余年间再未对中原地区造成像西汉时期那样大规模的北部边患。故而我们认为，窦宪征讨匈奴的军事行动较之于卫、霍的对匈战争，实在是有过之而无不及！范晔作为一名优秀的史学家，在窦宪本传中亦感慨窦宪因身败名裂之结局而遭遇埋没功绩之遗憾，范晔称："是以下流，君子所甚恶焉。"

窦氏被铲除的过程，史书中所载亦颇可玩味。窦氏家族的权势和地位当时已如日中天，由之所带来的专权跋扈则是完全符合逻辑的一种必然，本传中也详写了窦氏逼凌大臣、鱼肉百姓的客观事实，然而贸然声称窦氏一党有勾结太后且欲图杀害和帝，则更像是史官们为了给皇帝掀翻窦氏势力而努力寻找的一个貌似合理的缘由。首先，当时朝廷上下被窦氏家族所掌控，皇帝年仅十四岁，并未显露出试图摆脱外戚势力的迹象，此时所称之窦太后欲废和帝，亦为缺乏动机；其次，史官在此处的描写清楚地表明了窦宪绝不是弑帝计划的知情者，如果窦太后果真要弑帝换帝，如此牵一发而动全身的政变图谋，又怎会不先与窦宪互通有无呢？最后，从窦宪被捕的过程来看，可以说是毫无防备且束手就擒的，由此可见，窦宪很可能只是作为一场宫廷政变的牺牲品而已。

虽说谋害和帝之事大可存疑，但窦宪家族的覆亡也实属咎由自取。窦宪为人贪婪狠毒又睚眦必报，作为外戚，一旦大权在握便作威作福、巨大的权力缺乏有效的制约自然会导致政治的窳败。正所谓"日中则昃，月盈则食"（《周易·丰》），贪婪牟取利益的窦宪又任凭窦氏家族及其心腹吮吸人民的膏血，他的所作所为不免引起和帝的不满以及窦氏集团以外官员的仇视。矛盾的焦点在一瞬间迸发，和帝借用宦官势力一举铲除了疏于防范的窦宪势力，窦宪之败亡实是有迹可循的。

自秦汉以来的两千多年，专制主义中央集权体制下的君主往往须借助于外力以巩固其统治。这种外力或来自权臣势力，或来自外戚势力（权臣和外戚是可能重合的），更有甚者则来自宦官集团。作为典型的外戚，窦宪走的是一步登天直至专横跋扈以至最终身死族灭的不归路。汉和帝废除窦宪的政变，也拉开了宦官势力专权跋扈的帷幕。从东汉后期的"五侯"、"十常侍"，直至晚明的魏忠贤阉党之祸，宦官集团的身影便如同幽灵一般盘踞在中国的历史舞台之上，而外戚势力与宦官势力的颉颃也就成为东汉一朝难以消弭的一种痼疾。

梁冀列传

〔选文〕

冀字伯卓。为人鸢肩豺目，洞精矘眄，口吟舌言，裁能书计。少为贵戚，逸游自恣。性嗜酒，能挽满、弹棋、格五、六博、蹴鞠、意钱之戏，又好臂鹰走狗，骋马斗鸡。初为黄门侍郎，转侍中、虎贲中郎将，越骑、步兵校尉，执金吾。

永和元年，拜河南尹。冀居职暴恣，多非法，父商所亲①客洛阳令吕放，颇与商言及冀之短，商以让②冀，冀即遣人于道刺杀放。而恐商知之，乃推疑于放之怨仇，请以放弟禹为洛阳令，使捕之，尽灭其宗亲、宾客百余人。

商薨未及葬，顺帝乃拜冀为大将军，弟侍中不疑为河南尹。

及帝崩，冲帝始在襁褓，太后临朝，诏冀与太傅赵峻、太尉李固参录③尚书事。冀虽辞不肯当，而侈暴滋甚。

冲帝又崩，冀立质帝。帝少而聪慧，知冀骄横，尝④朝群臣，目⑤冀曰："此跋扈将军也。"冀闻，深恶⑥之，遂令左右进鸩⑦加煮饼，帝即日崩。

复立桓帝，而枉害李固及前太尉杜乔，海内嗟⑧惧，语在《李固传》。建和元年，益⑨封冀万三千户，增大将军府举高第茂才，官属倍于三公。又封不疑为颍阳侯，不疑弟蒙西平侯，冀子胤襄邑侯，各万户。和平元年，重增封冀万户，并前所袭⑩合三万户。

弘农人宰宣素性佞邪，欲取媚于冀，乃上言大将军有周公之功，今既封诸子，则其妻宜为邑君。诏遂封冀妻孙寿为襄城君，兼食阳翟租，岁入五千万，加赐赤绂，比[11]长公主。寿色美而善为妖态，作愁眉，啼妆，堕马髻，折腰步，龋齿笑，以为媚惑。冀亦改易舆服之制，作平上軿车，埤帻，狭冠，折上巾，拥身扇，狐尾单衣。寿性钳忌，能制御[12]冀，冀甚宠惮[13]之。

……

冀用寿言，多斥[14]夺诸梁在位者，外以谦让，而实崇[15]孙氏宗亲。冒名而为侍中、卿、校尉、郡守、长吏者十余人，皆贪叨[16]凶淫，各遣私客籍[17]属县富人，被以它罪，闭狱掠拷，使出钱自赎，资物少者至于死徙。扶风人士孙奋居富而性吝，冀因以马乘遗[18]之，从贷钱五千万，奋以三千万与之，冀大怒，乃告郡县，认奋母为其守臧[19]婢，云盗白珠十斛、紫金千斤以叛，遂收[20]考[21]奋兄弟，死于狱中，悉[22]没[23]资财亿七千余万。

其四方调发，岁时贡献，皆先输上第[24]于冀，乘舆[25]乃其次焉。吏人赍[26]货求官请罪者，道路相望。冀又遣客出塞，交通外国，广求异物。因行道路，发[27]取伎女御者，而使人复乘势横暴，妻略妇女，驱击吏卒，所在怨毒[28]。

……

元嘉元年，帝以冀有援立之功，欲崇殊典，乃大会公卿，共议其礼。于是有司奏冀入朝不趋[29]，剑履上殿，谒赞不名，礼仪比萧何；悉以定陶、成阳余户增封为四县，比邓禹；赏赐金钱、奴婢、采帛、车马、衣服、甲第，比霍光；以殊[30]元勋。每朝会，与三公绝席。十日一入，平[31]尚书事。宣布天下，为万世法。冀犹以所奏礼薄，意不悦。专擅威柄，凶恣日积，机事大小，莫不咨决之。宫卫近侍，并所亲树[32]。禁省起居，纤微必知。百官迁召，皆先到冀门笺檄谢恩，然后敢诣尚书。下邳人吴树为宛令，之[33]官辞冀，冀宾客布[34]在县界，以情托树。树对曰："小人奸蠹，比[35]屋可诛。明将军以椒房之重，处上将之位，宜崇贤善，以补朝阙。宛为大都，土之渊薮，自侍坐以来，未闻称[36]一长者，而多托非人[37]，诚非敢闻！"冀嘿然不悦。树到县，遂诛杀冀客为人害者数十人，由是深怨之。树后为荆州刺史，临去辞冀，冀为设酒，因鸩之，树出，死车上。又辽东太守侯猛，初拜[38]不谒，冀托[39]以它事，乃腰斩之。

……

永兴二年，封不疑子马为颍阴侯，胤子桃为城父侯。冀一门前后七封侯，三皇后，六贵人，二大将军，夫人、女食邑称君者七人，尚[40]公主者三人，其余卿、将、尹、校五十七人。在位二十余年，究极满盛，威行内外，百僚侧目，莫敢违命，天子恭己而不得有所亲豫。

帝既不平之。延熹元年，太史令陈授因[41]小黄门徐璜，陈[42]灾异日食之变，咎在大将军，冀闻之，讽洛阳令收考授，死于狱。帝由此发怒。

初，掖庭人邓香妻宣生女猛，香卒，宣更适[43]梁纪。梁纪者，冀妻寿之舅也。寿引进猛入掖庭，见幸，为贵人，冀因欲认猛为其女以自固，乃易猛姓为梁。时猛姊婿邴尊为议郎，冀恐尊沮[44]败宣意，乃结刺客于偃城，刺杀尊，而又欲杀宣。宣家在延熹里，与中常侍袁赦相比，冀使刺客登赦屋，欲入宣家。赦觉之，鸣鼓会众以告宣。宣驰入以白帝，帝大怒，遂与中常侍单超、具瑗、唐衡、左悺、徐璜等五人成谋诛冀。

语在《宦者传》。

冀心疑超等，乃使中黄门张恽入省宿，以防其变。具瑗敕吏收恽，以辄从外入，欲图不轨。帝因是御前殿，召诸尚书入，发其事，使尚书令尹勋持节勒[45]丞郎以下皆操兵守省阁，敛诸符节送省中。使黄门令具瑗将左右厩驺、虎贲、羽林、都候剑戟士，合千余人，与司隶校尉张彪共围冀第[46]。使光禄勋袁盱持节收冀大将军印绶，徙封比景都乡侯。冀及妻寿即日皆自杀。悉收子河南尹胤、叔父屯骑校尉让，及亲从卫尉淑、越骑校尉忠、长水校尉戟等，诸梁及孙氏中外宗亲送诏狱，无[47]长少皆弃市[48]。不疑、蒙先卒。其它所连及公卿、列校、尉刺史、二千石死者数十人，故吏宾客免黜者三百余人，朝廷为空，唯尹勋、袁盱及廷尉邯郸义在焉。是时事卒[49]从中发，使者交驰，公卿失其度，官府市里鼎沸，数日乃定，百姓莫不称庆。

收冀财货，县官斥卖，合三十余万万，以充王府，用减天下税租之半。散其苑囿，以业穷民。录诛冀功者，封尚书令尹勋以下数十人。

……

选自《后汉书》卷三十四

〔注释〕 ① 亲：亲近。 ② 让：责备。 ③ 录：总领。 ④ 尝：曾经。 ⑤ 目：注视。⑥ 恶：憎恨。 ⑦ 鸩：毒药。 ⑧ 嗟：悲叹。 ⑨ 益：增加。 ⑩ 袭：继承。 ⑪ 比：比照。 ⑫ 制御：控制驾驭。 ⑬ 惮：畏惧。 ⑭ 斥：疏远。 ⑮ 崇：尊崇。 ⑯ 叨：贪。 ⑰ 籍：记录。 ⑱ 遗：赠送。 ⑲ 臧：通“藏”，贮藏财物的仓库。 ⑳ 收：拘捕。㉑ 考：刑讯。 ㉒ 悉：全。 ㉓ 没：没收。 ㉔ 上第：上等。 ㉕ 乘舆：帝王的代称。㉖ 赍：赠送。 ㉗ 发：征召。 ㉘ 怨毒：极端怨恨。 ㉙ 趋：小步快走，以示恭敬。㉚ 殊：区别。 ㉛ 平：治理。 ㉜ 树：培植。 ㉝ 之：往。 ㉞ 布：分布。 ㉟ 比：挨着。 ㊱ 称：赞扬。 ㊲ 非人：不适当的人。 ㊳ 拜：授官。 ㊴ 托：假托。 ㊵ 尚：仰攀婚姻，多指娶公主为妻。 ㊶ 因：通过。 ㊷ 陈：陈述。 ㊸ 适：女子出嫁。

㊹ 沮：阻止。 ㊺ 勒：率领。 ㊻ 第：达官贵人的宅院。 ㊼ 无：不论。 ㊽ 弃市：古代在闹市执行死刑，并将尸体暴露街头。 ㊾ 卒：突然。

〔赏析〕 梁冀亦是东汉时期的一位外戚，他的高祖父梁统于光武帝时封侯，其后梁氏之女入宫并生下和帝，和帝推翻把持朝政的窦氏势力之后便大力提拔梁氏一族。至顺帝时，立梁商之女为皇后，又拜梁商为大将军。梁冀乃梁商之子，从小其貌不扬，但花天酒地、斗鸡走狗无所不为。梁商死后，顺帝让梁冀继任其父为大将军。顺帝死前又下诏，令梁冀与太傅赵峻、太尉李固共同辅政，梁冀仗着后宫有梁太后撑腰，专横跋扈。两岁继位的冲帝不到一年便夭折了，梁冀又立了八岁的质帝，后因质帝不满梁冀的专横，梁冀竟将其毒死，再立桓帝。

梁冀作为外戚势力，其无法无天的罪恶行径已经达到了顶点。他横行朝中，擅杀大臣，搜刮财货，鱼肉百姓，梁氏的亲戚朋党充斥朝廷，桓帝对梁冀封赏连连，尊崇至前所未有之地步，梁冀却永无满足。忍气吞声多年的桓帝决定反戈一击，利用宦官集团的力量，集结了宫廷守卫千余人突袭并包围了梁冀府第，梁冀于当日自杀。因政变发生得突然，朝廷因此而大乱数日，罢免官吏人数之多，致使朝中一空，桓帝收缴梁冀家财，竟足以免除全国一半的税收。

自秦始皇在中国创立郡县制以中央集权的方式统治中国之后，承接秦王朝的汉代便不断陷入外戚专政的怪圈之中。西汉时期的吕氏、窦氏、王氏之鉴犹在，东汉窦氏、阎氏、梁氏又层出不穷。究其原因，根源仍在于政治制度之缺陷。春秋战国时期，各国采用分封制度，虽然弑君篡位、兄弟阋墙之事多有，然而当时国君之子弟在年少时便有封地，公子们的治国才能得以锻炼，在身边也聚集了一批军事、行政人才，外戚在实际政治中的作用被架空。大一统的中央集权模式，使得诸侯王的权力骤减，太子们也被圈入深宫，除了接触皇后、宦官以及老师之外，几乎与外界绝缘。更致命的是，已经完成一统的大帝国根基深厚，皇帝们只需守成，故而多有骄奢淫逸以至短命暴亡、子嗣难得的状况出现。由于皇位的继承必须在纯粹的血统内进行，因此襁褓继位的幼帝们便在东汉一朝频频出现。涉世未深甚至乳臭未干的小孩子治理一个疆土广大的帝国是绝不可能的，临终的皇帝又对大臣不太放心，于是常常行托孤之举，外戚便成为托孤的第一人选，毕竟在老皇帝眼里，外戚是幼主的娘家人，应对幼主有耿耿忠心。综上所述，外戚辅政现象的出现实属中央集权的帝制之下为求继位行动安稳过渡而采取的无可奈何之举。然而祸患便由此产生，因为外戚一旦借此途径达到了权力的顶峰，便再无势力可以对其进行监督和遏制。

梁冀便以辅佐幼帝为阶梯，迅速僭取汉室大权之后而作威作福，直至最后灭亡，其所作所为几乎是历史上外戚篡权的标准样板。梁冀的特别之处在于，其跋扈行为肆无忌惮到不可理喻的程度，可谓是前无古人、后无来者。西汉时期权势不下梁冀的霍光对昏庸荒淫的昌邑王尚且只敢废除，不敢诛杀，而梁冀却公然将无辜的幼帝当廷鸩杀，毫不担心承受弑君的罪名；同样曾身为贵戚把持朝政的窦宪即便立下了平定匈奴的大功尚不敢擅杀大臣，而梁冀却对汉室同僚们轻则髡、笞、发配，重则鸩杀、腰斩，乃至灭族，对待大臣几如奴仆一般，可谓专横之至！梁氏大肆敛财的罪恶之举，甚至毫不避人耳目，不介意天下悠悠之口，实在令人感慨梁冀之权势煊赫竟至如许之地步！

从史书记载来看，梁冀是一个目光短浅之人。以梁冀每每行事的残暴和贪婪，上至皇帝，下至群臣、百姓都已对其恨之入骨，梁冀若真有些远见及才能，此时必然不得不从长计议，或是应该悬崖勒马且有所收敛，或干脆篡位为帝，如王莽所为。但自幼纨绔的梁冀并无太多学识，既不改过，也不篡权，只知一味倒行逆施，深信梁氏势力在历史的舞台上会永享荣华。

能够弹压群臣的梁冀却无法防范皇帝和身边的宦官进行密谋，隐忍多年的桓帝终于觅得机会，借助宦官势力除去了梁冀的外戚势力，国家从此却又陷入了“十常侍”的把持之中，多年后的董卓之乱更是使得汉室倾危，国祚不存。外戚势力与宦官势力，如走马灯般在东汉的历史舞台上轮番登场，带给天下百姓的却同样是无尽的压榨与欺凌，东汉王朝遂在这种特殊的情况下走向了最终的末路。

（李　欢）

刚烈胜须眉的女人心智

〔**导言**〕《后汉书》中的《皇后纪》及《列女传》是两篇人物众多的合传。这是正史当中首次将宫廷及民间的众多女性形象纳入记载的一次创作。在此之前，后妃都只附入《外戚世家》与《外戚传》之中，《史记》、《汉书》中也仅因汉高祖吕后、孝元帝王皇后二人握有实权而单辟《吕太后本纪》、《高后纪》、《元后传》等篇，至于其他女性，都只能在史籍中零零散散地看到她们的身影。范晔在史传中的开创之功，正如邵晋涵所说："范氏所增《文苑》、《列女》诸传，诸史相沿，莫能刊削"（邵晋涵《南江诗文钞》）。

《皇后纪》记录了汉光武帝至汉献帝间的十七位皇后，简单介绍了几位重要的美人、贵人，末附东汉时期的多位皇女简况，是皇室贵族女性的一幅绵长画卷。这些皇后中很多人掌握了实权，在政治上大有作为，其影响不仅仅局限于宫闱之内。《列女传》记录了十七位民间女子的生平事迹，她们或品德崇高，或才华横溢，或出生官宦、声名显赫，或出生卑微、名籍不详。但基本都侧重于其辅政隆家、弘风亮节的品质。

以篇幅而论，《皇后纪》据实著录各位皇后的生平事迹，以和熹邓皇后及明德马皇后最为详细。《列女传》则择贤取录，又以曹世叔妻班昭及董祀妻蔡琰最为细致。从这两篇看来，范晔不仅仅看重女子相夫教子、贤良淑德的品质，也客观全面地展现了她们治世安邦和博学能辩的事迹。书中诸位女性的性格、经历是多样的，而不是儒家伦理纲常规范下大同小异的人物。

皇 后 纪

〔**选文**〕

和熹邓皇后讳绥，太傅禹之孙也。父训，护羌校尉；母阴氏，光烈皇后从弟女也。后年五岁，太傅夫人爱之，自为剪发。夫人年高目冥[①]，误伤后额，忍痛不言。左右见者怪而问之，后曰："非不痛也，太夫人哀怜为断发，难伤老人意，故忍之耳。"六岁能《史书》，十二通《诗》、《论语》。诸兄每读经传，辄下意[②]难问。志在典籍，不问居家之事。母常非[③]之，曰："汝不习女工以供衣服，乃更务学，宁[④]当举博士邪？"后重[⑤]违母言，昼修妇业，暮诵经典，家人号曰"诸生"。父训异之，事无大小，辄与详议。

……

(永元)七年，后复与诸家子俱选入宫。后长七尺二寸，姿颜姝丽，绝异于众，左右皆惊。八年冬，入掖庭为贵人，时年十六。恭肃小心，动[⑥]有法度。承事阴后，夙夜战兢。接[⑦]抚同列，常克己以下之，虽宫人隶役，皆加恩借。帝深嘉爱焉。及后有疾，特令后母兄弟入视[⑧]医药，不限以日数。后言于帝曰："宫禁至重，而使外舍久在内省[⑨]，上令陛下有幸私[⑩]之讥，下使贱妾获不知足之谤。上下交损，诚不愿也。"帝曰："人皆以数入为荣，贵人反以为忧，深自抑损，诚难及也。"每有宴会，诸姬贵人竞自修整，簪珥光采，袿[⑪]裳鲜明，而后独着素，装服无饰。其衣有与阴后同色者，即时解易[⑫]。若并时进见，则不敢正坐离立[⑬]，行则偻[⑭]身自卑。帝每有所问，常逡巡[⑮]后对，不敢先阴后言。帝知后劳心曲体，叹曰："修德之劳，乃如是乎！"后阴后渐疏，每当御见，辄辞[⑯]以疾。时帝数失皇子，后忧继嗣不广，恒垂涕叹息，数选进才人，以博[⑰]帝意。

……

十四年夏，阴后以巫蛊事废，后请救不能得，帝便属意焉。后愈称疾笃，深自闭绝。会[18]有司奏建长秋宫，帝曰："皇后之尊，与朕同体，承宗庙，母天下，岂易哉！唯邓贵人德冠后庭，乃可当之。"至冬，立为皇后。辞让者三，然后即位。手书表谢，深陈[19]德薄，不足以充小君[20]之选。是时，方国[21]贡献，竞求珍丽之物，自后即位，悉[22]令禁绝，岁时但供纸墨而已。帝每欲官爵邓氏，后辄哀请谦让，故兄骘终帝世不过虎贲中郎将。

元兴元年，帝崩，长子平原王有疾，而诸皇子夭没，前后十数，后生者辄隐秘养于人间。殇帝生始百日，后乃迎立之。尊后为皇太后，太后临朝。和帝葬后，宫人并归园，太后赐周、冯贵人策曰："朕与贵人托配后庭，共欢等列，十有余年。不获福祐，先帝早弃天下，孤心茕茕[23]，靡所瞻仰，夙夜永怀，感怆发中[24]。今当以[25]旧典分归外园，惨结增叹，燕燕之诗，曷能喻焉？其赐贵人王青盖车，采饰辂，骖马各一驷，黄金三十斤，杂帛三千匹，白越四千端。"又赐冯贵人王赤绶，以[26]未有头上步摇、环佩，加赐各一具。

……

永宁二年二月，寝病渐笃，乃乘辇于前殿，见侍中、尚书，因北至太子新所缮宫。还，大赦天下，赐诸园贵人、王、主、群僚钱、布各有差[27]。诏曰："朕以无德，托母天下，而薄祐不天，早离[28]大忧[29]。延平之际，海内无主，元元[30]厄运，危于累卵。勤勤苦心，不敢以万乘为乐，上欲不欺天愧先帝，下不违人负宿心[31]，诚在济度百姓，以安刘氏。自谓感彻天地，当蒙福祚，而丧祸内外，伤痛不绝。顷以废病沉滞，久不得侍祠，自力上原陵，加咳逆唾血，遂至不解[32]。存亡大分，无可奈何。公卿百官，其勉尽忠恪，以辅朝廷。"三月崩。在位二十年，年四十一。合葬顺陵。

……

安思阎皇后讳姬，河南荥阳人也。祖父章，永平中为尚书，以二妹为贵人。章精力晓旧典，久次，当迁以重职，显宗为后宫亲属，竟[33]不用，出为步兵校尉。章生畅，畅生后。

后有才色。元初元年，以选入掖庭，甚见[34]宠爱，为贵人。二年，立为皇后。后专房[35]妒忌，帝幸宫人李氏，生皇子保，遂鸩杀[36]李氏。三年，以后父侍中畅为长水校尉，封北宜春侯，食邑五千户。四年，畅卒，谥曰文侯，子显嗣。

……

四年春，后从帝幸章陵，帝道疾，崩于叶县。后、显兄弟及江京、樊丰等谋曰："今晏驾[37]道次，济阴王在内，邂逅[38]公卿立之，还为大害。"乃伪云帝疾甚，徙御卧车。行四日，驱驰还宫。明日，诈遣司徒刘熹诣郊庙社稷，告天请命。其夕，乃发丧。尊后曰皇太后。皇太后临朝，以显为车骑将军仪同三司。

……

少帝立二百余日而疾笃，显兄弟及江京等皆在左右。京引显屏语[39]曰："北乡侯病不解，国嗣宜时有定。前不用济阴王，今若立之，后必当怨，又何不早征[40]诸王子，简[41]所置乎？"显以为然。及少帝薨，京白[42]太后，征济北、河间王子。未至，而中黄门孙程合谋杀江京等，立济阴王，是为顺帝。显、景、晏及党与皆伏诛，迁太后于离宫，家属徙比景。明年，太后崩。在位十二年，合葬恭陵。

……

献帝伏皇后讳寿，琅邪东武人，大司徒湛之八世孙也。

父完，沉深有大度，袭爵不其侯，尚㊸桓帝女阳安公主，为侍中。

……

自帝都许，守位而已，宿卫兵侍，莫非㊹曹氏党旧姻戚。议郎赵彦尝为帝陈言时策，曹操恶㊺而杀之。其余内外，多见诛戮。操后以事入见殿中，帝不任㊻其愤，因曰："君若能相辅，则厚；不尔，幸垂恩相舍。"操失色，俯仰求出。旧仪，三公领兵朝见，令虎贲执刃挟之。操出，顾左右，汗流浃背，自后不敢复朝请。董承女为贵人，操诛承而求贵人杀之。帝以贵人有妊，累为请，不能得。后自是怀惧，乃与父完书，言曹操残逼之状，令密图之。完不敢发，至十九年，事乃露泄。操追大怒，遂逼帝废后，假为策曰："皇后寿，得由卑贱，登显尊极，自处椒房，二纪于兹。既无任、姒徽音之美，又乏谨身养己之福，而阴怀妒害，苞藏祸心，弗可以承天命，奉祖宗。今使御史大夫郗虑持节策诏，其上皇后玺绶，退避中宫，迁于它馆。呜呼伤哉！自寿取之，未致于理，为幸多焉。"又以尚书令华歆为郗虑副，勒㊼兵入宫收㊽后。闭户藏壁中，歆就牵后出。时帝在外殿，引虑于坐。后被发徒跣㊾行泣过诀曰："不能复相活邪？"帝曰："我亦不知命在何时！"顾谓虑曰："郗公，天下宁有是邪？"遂将后下暴室，以幽㊿崩。所生二皇子，皆鸩杀之。后在位二十年，兄弟及宗族死者百余人，母盈等十九人徙涿郡。

选自《后汉书》卷十

〔注释〕 ①冥：指眼睛昏花。 ②下意：低姿态。 ③非：指责。 ④宁：难道。 ⑤重：慎重。 ⑥动：行动。 ⑦接：接待。 ⑧视：照料。 ⑨省：宫禁。 ⑩私：偏私。 ⑪袿：古代妇女的上衣。 ⑫易：更改。 ⑬离立：并立。 ⑭偻：曲身。 ⑮逡巡：迟疑不决的样子。 ⑯辞：推辞。 ⑰博：谋求。 ⑱会：适逢。 ⑲陈：陈述。⑳小君：称皇后。㉑方国：四方诸侯国。㉒悉：全。㉓茕茕：孤独无依貌。㉔中：内心。㉕以：按照。㉖以：因为。㉗差：差别。㉘离：通"罹"，遭受。㉙忧：父母的丧事。㉚元元：指庶民。㉛宿心：本心。㉜解：消除。㉝竟：终究。㉞见：被。㉟专房：犹专宠。㊱鸩杀：用毒酒杀人。㊲晏驾：古代称帝王死亡的讳辞。㊳邂逅：犹一旦。㊴屏语：避开他人而谈话。㊵征：征召。㊶简：选择。㊷白：报告。㊸尚：仰攀婚姻，多指娶公主为妻。㊹莫非：没有一个或一处不是。㊺恶：憎恨。㊻任：堪。㊼勒：率领。㊽收：拘捕。㊾跣：光着脚。㊿幽：监禁。

〔赏析〕 东汉皇后大多起自豪门富商。后宫妃后繁多，性格与事迹各不相同。有的贤明朴素，有治国才能，如明德马皇后、和熹邓皇后、前期的顺烈梁皇后等；有的刻忌残忍、宠溺外戚，如章德窦皇后、安思阎皇后、桓帝懿献梁皇后、桓思窦皇后等；有的本身无所作为，亦无大过，却沦为后宫或朝廷政治斗争的牺牲品，如梁贵人、王美人、献帝伏皇后等。本篇节选的三位就是这三种类型皇后的代表。

范晔在《皇后纪》序中言："东京皇统屡绝，权归女主，外立者四帝，临朝者六后，莫不定策帷帟，委事父兄，贪孩童以久其政，抑明贤以专其威"。东汉皇后干政者很多，其中和熹邓皇后是最精通政事的一位，也是最为贤德的皇后之一。她未进宫时便是一位有名的孝女，祖母为其剪发误伤后额，她却忍痛不发声，其缘由是"太夫人哀怜为断发，难伤老人意，故忍之耳"，父亲去世后，她"昼夜号泣，终三年不食盐菜，憔悴毁容，亲人不识之"，可见其体谅他人之苦心及自身隐忍的品质。

选入后宫之后，她韬光养晦，勤俭朴素，对当时的阴皇后处处谦让。当皇帝病重并获知阴后欲除尽邓氏的时候，她便想通过自杀的方式以使宗族免遭连累，可见她懂得大是大非，能够为家族的发展着想。

成为皇后、皇太后之后，她又能够善待宫人，不仅善待冯、周等贵人，遣散年老宫人，而且及时赦免因阴后巫蛊事而被流放的阴氏族人，体现了她怀柔温厚的一面。邓太后不仅多次减免租税，戒除骄奢淫逸之风，又明于断狱、善于体察人情，而且喜好读书，重视对皇室及外戚等的教育，从当时的历史条件来看，这是她眼光长远独到之处。

然而，邓太后对于反对自己的势力，也并不是一味宽大温厚的。《皇后纪》中邓康被剪除即是一例,杀死杜根等人亦为一例。《杜乐刘李刘谢列传》中记载杜根事件如下:“时和熹邓后临朝,权在外戚。根以安帝年长,宜亲政事,乃与同时郎上书直谏。太后大怒,收执根等,令盛以缣囊,于殿上扑杀之”。可见,在触及权力归属这个敏感的问题上,邓太后还是较为心狠手辣的。

邓太后执政终身,懂得平衡皇室与外戚间的关系。她有着极强的掌控全局的能力。她在位时非常注意约束家族的势力。一上台就诏告司隶属校尉、河南尹、南阳太守:“今车骑将军骘等虽怀敬顺之志,而宗门广大,姻戚不少,宾客奸猾,多干禁宪。其明加检敕,勿相容护”。后其侄邓凤犯事,也受到了惩罚,“中郎将任尚尝遗凤马,后尚坐断盗军粮,槛车征诣廷尉,凤惧事泄,先自首于骘。骘畏太后,遂髡妻及凤以谢,天下称之”,这表明邓太后对后宫政治有着清醒的认识。东汉皇后除明德马皇后及和熹邓皇后等少数几人外,大多是纵容外戚专宠弄权的。因此在小皇帝羽翼丰满后的反扑之下,东汉外戚大多不得善终。

邓氏一族在邓后去世之后,也并没有得到善终,这主要是因为邓后“称制终身”以及贪立幼主之举招致了安帝内心的记恨。邓后去世,疯狂的报复随之而来,这也是她遭到杜根等人反对及史家批评的主要原因。王夫之《读通鉴论》说:“立十五年矣,邓后宠平原王翼,欲废帝而立之;杜根请帝亲政,而扑杀之;视天位如置棋,任其喜怒,后之恶烈于吕、武矣。”固然太过偏颇,范晔本人也是有着类似的认识的:“邓后称制终身,号令自出,术谢前政之良,身阙明辟之义,至使嗣主侧目,敛衽于虚器,直生怀懑,悬书于象魏。借之仪者,殆其惑哉”。可以说,邓后是一位杰出的政治家,但在政治斗争中尚未能够明哲保身、全身而退。

安思阎皇后同样具有政治野心,并且多次妄图主导储君之废立。她谗害皇太子刘保,废其为济阴王,后在安帝过世后,秘不发丧,扶持济北惠王子北乡侯刘懿为帝,在少帝刘懿病危时,又妄图再次主持新君之位。她与邓皇后不同的是,妄杀宫人、专宠外戚,可见她虽然有政治野心,但政治才能并不卓越,阎氏一族也因其政治阴谋败露而覆灭。

东汉后期皇后的命运多与朝中的政治倾轧和权力斗争相关,而不仅仅局限于后位及储君皇位之争。灵思何皇后及献帝伏皇后便是政治斗争中的牺牲品。《皇后纪》中献帝伏皇后着墨不多，其品德才能之类并未述及，但伏皇后欲图改变汉室王朝君权旁落的意愿是明显的。这也是从章德窦皇后或者更早的明德马皇后以来后宫干政意识的体现。伏皇后目睹曹操逼死董贵人的现实，唇亡齿寒之感日渐加深。她具有胆识，敢于写信与父亲密谋诛杀曹操，但王室空虚，已无法庇护她了，所以她虽有胆识，但无能力去完成自己的政治意图。不过相比无能为力、甘当傀儡的献帝，她的遭遇在令人欷歔同情的同时，其反抗又令人称赞敬佩。

纵观东汉皇后，大多出生尊贵、受过良好的教育，并有自觉的干政意识，在她们身上，交织着后位、帝位之争，外戚、皇权、宦官等多方面权力的争夺。《后汉书》将她们写入《皇后纪》，是在肯定之中蕴含着否定，敬佩当中蕴含着贬低的。这种态度在男尊女卑的封建社会也是不可避免的。

列 女 传

〔选文〕

太原王霸妻者，不知何氏之女也。霸少立高节，光武时，连征不仕。霸已见《逸人传》。妻亦美志行。初，霸与同郡令狐子伯为友，后子伯为楚相，而其子为郡功曹。子伯乃令子奉书于霸，车马服从，雍容如也。霸子时方耕于野，闻宾至，投①耒而归，见令狐子，沮怍②不能仰视。霸目之，有愧容，客去而久卧不起。妻怪问其故，始不肯告，妻请罪，而后言曰："吾与子伯素不相若③，向④见其子容服甚光，举措⑤有适，而我儿曹蓬发历齿，未知礼则，见客而有惭色。父子恩深，不觉自失耳。"妻曰："君少修清节，不顾荣禄。今子伯之贵孰与君之高？奈何忘宿志而惭儿女子乎！"霸屈起而笑曰："有是哉！"遂共终身隐遁。

……

扶风曹世叔妻者，同郡班彪之女也，名昭，字惠班，一名姬。博学高才。世叔早卒，有节行法度。兄固著《汉书》，其八表及《天文志》未及竟而卒，和帝诏昭就东观臧书阁踵⑥而成之。帝数召入宫，令皇后诸贵人师事⑦焉，号曰大家。每有贡献异物，辄诏大家作赋颂。及邓太后临朝，与闻政事。以出入之勤⑧，特封子成关内侯，官至齐相。时《汉书》始出，多未能通者，同郡马融伏于阁下，从昭受读，后又诏融兄续继昭成之。

永初中，太后兄大将军邓骘以母忧，上书乞身⑨，太后不欲许，以问昭。昭因上疏曰："伏惟皇太后陛下，躬盛德之美，隆唐、虞之政，辟四门而开四聪，采狂夫之瞽言，纳刍荛之谋虑。妾昭得以愚朽，身当盛明，敢不披露肝胆，以效万一！妾闻谦让之风，德莫大焉，故典坟述美，神祇降福。昔夷、齐去国，天下服其廉高；太伯违⑩邠，孔子称为三让。所以光昭令⑪德，扬名于后世者也。《论语》曰：'能以礼让为国，于从政乎何有！'由是言之，推让之诚，其致远矣。今四舅深执忠孝，引身自退，而以方垂⑫未静，拒而不许；如后有毫毛加于今日，诚恐推让之名不可再得。缘⑬见逮及，故敢昧死竭其愚情。自知言不足采，以示虫蚁之赤心。"太后从而许之。于是骘等各还里第⑭焉。

作《女诫》七篇，有助内训。

……

河南乐羊子之妻者，不知何氏之女也。羊子尝行路，得遗金一饼，还以与妻，妻曰："妾闻志士不饮盗泉之水，廉者不受嗟来之食，况拾遗求利，以污其行乎！"羊子大惭，乃捐⑮金于野，而远寻师学。一年来归，妻跪问其故。羊子曰："久行怀思，无它异也。”妻乃引刀趋机而言曰：“此织生自蚕茧，成于机杼，一丝而累，以至于寸，累寸不已，遂成丈匹。今若断斯织也，则捐失成功，稽[16]废时月。夫子积学，当日知其所亡，以就懿德。若中道而归，何异断斯织乎？”羊子感其言，复还终业，遂七年不反[17]。妻常躬勤养姑[18]，又远馈羊子。

尝有它舍鸡谬入园中，姑盗杀而食之，妻对鸡不餐而泣。姑怪问其故。妻曰：“自伤居贫，使食有它肉。”姑竟弃之。

……

孝女曹娥者，会稽上虞人也。父盱，能弦歌，为巫祝。汉安二年五月五日，于县江溯涛婆娑迎神，溺死，不得尸骸。娥年十四，乃沿江号哭，昼夜不绝声，旬有七日，遂投江而死。至元嘉元年，县长度尚改葬娥于江南道傍，为立碑焉。

……

南阳阴瑜妻者，颍川荀爽之女也，名采，字女荀。聪敏有才艺。年十七，适[19]阴氏。十九产一女，而瑜卒。采时尚丰少，常虑为家所逼，自防御甚固。后同郡郭奕丧妻，爽以采许之，因诈称病笃，召采。既不得已而归，怀刃自誓。爽令傅婢执夺其刃，扶抱载之，犹忧致愤激，敕卫甚严。女既到郭氏，乃伪为欢悦之色，谓左右曰：“我本立志与阴氏同穴，而不免逼迫，遂至于此，素情不遂[20]，奈何？”乃命使建四灯，盛装饰，请奕入相见，共谈，言辞不辍[21]。奕敬惮之，遂不敢逼，至曙[22]而出。采因敕令左右办浴。既入室而掩户，权[23]令侍人避之，以粉书扉上曰：“尸还阴。”“阴”字未及成，惧有来者，遂以衣带自缢。左右玩之不为意，比[24]视，已绝，时人伤焉。

……

陈留董祀妻者，同郡蔡邕之女也，名琰，字文姬。博学有才辩，又妙于音律。适河东卫仲道。夫亡无子，归宁㉕于家。兴平中，天下丧乱，文姬为胡骑所获，没于南匈奴左贤王，在胡中十二年，生二子。曹操素与邕善，痛其无嗣，乃遣使者以金璧赎之，而重嫁于祀。

祀为屯田都尉，犯法当死，文姬诣曹操请之。时公卿名士及远方使驿坐者满堂，操谓宾客曰："蔡伯喈女在外，今为诸君见之。"及文姬进，蓬首徒行，叩头请罪，音辞清辩，旨甚酸哀，众皆为改容。操曰："诚实相矜㉖，然文状已去，奈何？"文姬曰："明公厩马万匹，虎士成林，何惜疾足一骑，而不济垂死之命乎！"操感其言，乃追原㉗祀罪。时且寒，赐以头巾履袜。操因问曰："闻夫人家先多坟籍，犹能忆识之不？"文姬曰："昔亡父赐书四千许卷，流离涂炭，罔有存者。今所诵忆，裁四百余篇耳。"操曰："今当使十吏就夫人写之。"文姬曰："妾闻男女之别，礼不亲授。乞给纸笔，真㉘草唯命。"于是缮书送之，文无遗误。

选自《后汉书》卷八十四

〔**注释**〕 ① 投：扔掉。 ② 怍：惭愧。 ③ 若：像。 ④ 向：刚才。 ⑤ 举措：举止。 ⑥ 踵：继承。 ⑦ 师事：以师礼相待。 ⑧ 勤：功劳。 ⑨ 乞身：封建时代官员因年老自请退休。 ⑩ 违：离开。 ⑪ 令：美好。 ⑫ 垂：边疆。 ⑬ 缘：因为。 ⑭ 第：达官贵人的宅院。 ⑮ 捐：舍弃。 ⑯ 稽：迟延。 ⑰ 反：同"返"，返回。 ⑱ 姑：丈夫的母亲。 ⑲ 适：女子出嫁。 ⑳ 遂：如愿。 ㉑ 辍：停止。 ㉒ 曙：拂晓。 ㉓ 权：暂且。 ㉔ 比：等到。 ㉕ 归宁：已嫁的女子回娘家省视父母。 ㉖ 矜：同情。 ㉗ 原：赦免。 ㉘ 真：真书，即汉字楷书。

〔**赏析**〕 《列女传》写作之旨，其序明言："《诗》、《书》之言女德尚矣。若夫贤妃助国君之政，哲妇隆家人之道，高士弘清淳之风，贞女亮明白之节，则其徽美未殊也，而世典咸漏焉。故自中兴以后，综其成事，述为《列女篇》……余但搜次才行尤高秀者，不必专在一操而已。"可见范晔《列女传》所选女性大致可分为贤女、贞女、孝女及才女几类。本文所主要赏析者，凡贤女二（乐羊子妻、王霸妻）、贞女一（阴瑜妻）、孝女一（曹娥）、才女二（曹世叔妻、董祀妻）。

这些女性被选入《列女传》其标准是各异的，同时也反映出范晔多样化的妇女价值观。对贞女孝女的表彰是范晔传统妇女观的体现。《列女传》中孝女有四：涌泉跃鲤的姜诗妻、为父投江的曹娥和叔先雄、为父报仇的庞淯母，其中迷信神话的成分很多，愚孝的观念也比较明显。

孝女曹娥的事迹十分简略，其得以为后世所熟知，得益于蔡邕写的《曹娥碑》及随后《世说新语》中曹操和杨修"绝妙好辞"的故事。曹娥之父是一巫祝，因为一次迎神活动而溺死，曹娥伤心欲绝，处处寻找父亲尸首，最终投江而死。她的至孝行为让人唏嘘感叹，在今天看来大可不必，但在以孝立国的汉代，人们观念根深蒂固，也可称得是孝感天地了。

贞女主要表现在从一而终，为亡夫守节上。《列女传》中此类女子有周郁妻、许升妻、刘长卿妻、皇甫规妻、阴瑜妻五位。周郁妻因无法"以道匡夫"，两难之下选择牺牲自己的生命；许升妻的忠贞感动了丈夫，后又亲报夫仇，并殉节而死；刘长卿妻在夫与子皆夭折后，预先割下耳朵以明其不再嫁之决心；皇甫规妻因抗拒董卓再嫁的威逼利诱而死。

阴瑜妻即是"荀氏八龙"之一的荀爽之女。她在丈夫夭亡之后，担心娘家逼迫自己改嫁，因此一直战战兢兢，后果被骗要嫁与郭奕，最终留下"尸还阴"三字而亡。这种行为在今日看来或许是十分愚昧的，但是在贞妇观念极为浓厚的中国古代，这一行为也是无可厚非的，范晔对其与其他贞女提出表彰，自有适应于他所处历史时代的需要。

贤女，主要表现为女子能够劝夫与子向善，能跟随品行高洁的丈夫，舍弃名利富贵。鲍宣妻的重义轻财，舍弃荣华愿随贫贱；程文矩妻的苦心孤诣，最终感化前妻遗子；盛道妻的有勇有谋，为夫与子谋得一线生机，都是其中的典范。

王霸妻是一位高蹈于世的隐士。她不仅随夫隐居不仕，过着粗茶淡饭的生活，而且在其内心中并不以此为耻。这一点，其夫王霸甚至都不能够完全做到。从短短数言的记载来看，她深明"士志于道，而耻恶衣恶食者，未足与议也”(《论语·里仁上》)的道理,同时也是位辩才无碍的贤女。

乐羊子妻也是位难得的贤德之妻。她教导丈夫不拾路遗,并用断织的方式启发他为学不可半途而废的道理,在婆婆偷吃别人家鸡的时候,她能够好言相劝,使之反省。从她的言行当中,可以看出她非常有智慧,懂得劝谏技巧,同时也是位颇有才学的女子。她劝谏丈夫路不拾遗的时候,引用的是读书人都知道的古贤人之言;启发他不可半途而废时,用断织来比喻前功尽弃的道理;在劝说婆婆不可偷吃别人鸡肉的时候,以自责自伤的语气来表达。这些劝谏都没有枯燥的教化或者令人不快的言辞,反而都合于礼义,都达到了非常好的效果。

《列女传》中才女主要有三人:袁隗妻马伦、曹世叔妻班昭、董祀妻蔡琰。她们都出自名门望族,书香门第,马伦以应对驳辩为长,班昭以史学参谏称道,蔡琰以文学博采见赏。《列女传》中以班昭、蔡琰二人篇幅最长,而且范晔不惜笔墨地收录了她们的《女诫》和《悲愤诗》,可见他对这二位才女的喜爱和欣赏。

班昭是扶风班氏族人,班彪的女儿,班固、班超的妹妹。家学渊源深厚,在班固亡故后,续写了《汉书》并肩负传播此书的责任。她的文学才能也极为突出,皇帝“每有贡献异物,辄诏大家作赋颂”,终其一生,“所著赋、颂、铭、诔、问、注、哀辞、书、论、上疏、遗令,凡十六篇”。这在女性普遍难以接受教育的古代社会,可以说是极为杰出的成就了。

班昭为范晔激赏,不仅在于其文史才能,而且在于其眼光与政见。《列女传》中记载和熹邓太后从其问政事,班昭上书论邓太后之兄邓骘因母丧还乡的事情。以邓太后的卓绝才能,而向班昭请教政事,可见她具有相当的政治眼光。

班昭为后人所争议的主要事迹,为其所作的《女诫》一篇。此文提出了“卑弱”、“夫妇”、“敬慎”、“妇行”、“专心”、“曲从”、“和叔妹”七条女子应遵守的品德,其中有不少男尊女卑、压抑妇女的成分在内,因此推崇者奉她为“女圣人”,贬斥者骂她为“女界的罪人”。班昭实是历史中的人物,其思想必然受历史的影响,我们在评价她的时候不可过于苛求。范晔在编纂《列女传》时,也因此文为维护儒家的伦理道德做出了突出贡献而收录全文，可见其赞赏的态度。

蔡琰是因其文学才能而入选《列女传》的。她是蔡邕的女儿，博学多才的名声早已传播于人口。她命途多舛，董卓之乱时被匈奴略去，经历了大漠的风沙，后来又不得不与二子分离，其苦痛的经历在汉末具有代表性，她的遭际也是汉末乱世在普通女性身上造成患难的缩影。

《列女传》重点记录了她谏曹救夫和默写坟籍两件事。董祀因事被曹操处以死刑，蔡文姬亲自出面营救，观其言辞，谦卑中也不乏刚直，最后成功说服曹操赦免了她的丈夫。默写坟籍是蔡琰博闻强记的体现。蔡邕藏书很多，又苦于战乱频仍，文献散亡，蔡琰自觉地承担起了延续文化的责任。大凡史家注疏，多少都注重历史与文化的传承意义，范晔记载下此事正可以看出史家注重文献的眼光。

范晔选择将蔡琰列入《列女传》，与同传其他人的标准不同，甚至可以说有所抵触，因为她曾经失身于南匈奴左贤王并产下二子，算不得是从一而终的贞女孝女。这种矛盾反映了范晔不同于后世一味表彰“烈女”的女性观。即使在唐代，备受推崇的史学家刘知幾尚不能如此通达，其《史通》质疑范晔曰：“（蔡琰）载诞胡子，受辱虏廷，文词有余，节概不足，此则言行相乖者也。至蔚宗《后汉》，传标《列女》，徐淑不齿，而蔡琰见书，欲使彤管所载，将安准的？”从此更加可见范晔创作此篇的难能可贵了。

（周美玲）

君子党对峙小人党

〔**导言**〕 东汉政权在王朝嬗替的理论形态上属于西汉政权的延续。外戚势力的此消彼长是西汉一朝由隐而显的政治弊端之一。西汉末年,王莽代汉这一政治事件从本质上凸显了外戚势力对于国家政权拥有巨大的渗透性。时至东汉,外戚势力仍旧是掣肘东汉政权的一个痼疾,“东京皇统屡绝,权归女主,外立者四帝,临朝者六后”(《后汉书·皇后纪》),理论上拥有国家最高统治权的某些东汉皇帝却如同傀儡,只能通过联合宦官势力来与外戚势力相颉颃。皇权联合宦官铲除外戚势力后,宦官因受荣宠而封侯,渗入了国家政权运作的机体之中。外戚势力与宦官势力逐渐演变为左右东汉政权的两股力量,却往往蠹害生民,残灭社稷。自春秋战国以来包蕴着道德理性精神的士大夫情怀一直代表着历史前进的光明面,东汉政权的士大夫集团面对着最高统治者内部的厮杀和边境异民族的不稳定因素,以崇高的儒家道德理念融入国家的政治运作之中,上述所有因素的汇合使得士大夫集团与权力日臻强盛的宦官势力之间矛盾的爆发成为一种历史的必然。《党锢列传》与《宦者列传》真实反映了两大势力之间的对抗,展现出士大夫集团的高尚品德和九死其尤未悔的执政理念,以及某些宦官卑琐阴鸷的性格及其祸国殃民的本质,并体现出士大夫的人格气节对于历史的巨大推动作用。

党锢列传

〔**选文**〕

及汉祖杖剑,武夫勃兴,宪令宽赊[①],文礼简阔,绪余四豪之烈,人怀陵[②]上之心,轻死重气[③],怨惠必雠[④],令行私庭,权移匹庶,任侠之方,成其俗矣。自武帝以后,崇尚儒学，怀经协术，所在雾会[5]，至有石渠分争之论，党同伐异之说，守文之徒，盛于时矣。至王莽专伪，终于篡国，忠义之流，耻见缨绋，遂乃荣华丘壑，甘足枯槁。虽中兴在运，汉德重开，而保身怀方，弥相慕袭，去就[6]之节，重于时矣。逮桓灵之间，主荒政缪，国命委于阉寺[7]，士子羞与为伍，故匹夫抗愤，处士横议[8]，遂乃激扬名声，互相题拂，品核公卿，裁量执政，婞直[9]之风，于斯行矣。

……

时河内张成善说风角[10]，推占当赦，遂教子杀人。李膺为河南尹，督促收捕，既而逢宥获免，膺愈怀愤疾，竟案杀之。初，成以方伎交通[11]宦官，帝亦颇谇[12]其占。成弟子牢修因上书诬告膺等养太学游士，交结诸郡生徒，更相驱驰，共为部党，诽讪朝廷，疑乱风俗。于是天子震怒，班[13]下郡国，逮捕党人，布告天下，使同忿[14]疾[15]，遂收执膺等。其辞所连及陈寔之徒二百余人，或有逃遁不获，皆悬金购募。使者四出，相望于道。明年，尚书霍谞、城门校尉窦武并表为请，帝意稍解，乃皆赦归田里，禁锢终身。而党人之名，犹书[16]王府。

……

李膺字元礼，颍川襄城人也。祖父修，安帝时为太尉。父益，赵国相。膺性简亢[17]，无所交接[18]，唯以同郡荀淑、陈寔为师友。

……

再迁，复拜[19]司隶校尉。时张让弟朔为野王令，贪残无道，至乃杀孕妇，闻膺厉威严，惧罪逃还京师，因匿兄让弟舍，藏于合柱中。膺知其状，率将吏卒破柱取朔，付[20]洛阳狱。受辞毕，即杀之。让诉冤于帝，诏膺入殿，御亲临轩，诘[21]以不先请便加诛辟之意。膺对曰:“昔晋文公执卫成公归于京师,《春秋》是焉。《礼》云公族有罪,虽曰宥[22]之,有司执宪不从。昔仲尼为鲁司寇,七日而诛少正卯。今臣到官已积一旬,私惧以稽留为愆[23],不意获速疾之罪。诚自知衅责,死不旋踵[24],特乞留五日,克殄[25]元恶,退就鼎镬[26],始生之愿也。”帝无复言,顾谓让曰:“此汝弟之罪,司隶何愆?”乃遣出之。自此诸黄门常侍皆鞠躬屏气,休沐[27]不敢复出宫省。帝怪问其故,并叩头泣曰:“畏李校尉。”

是时朝庭日乱,纲纪颓阤,膺独持风裁,以声名自高。士有被其容接者,名为登龙门。及遭党事,当考实膺等。案经三府,太尉陈蕃却[28]之。曰:“今所考案,皆海内人誉,忧国忠公之臣。此等犹将十世宥也,岂有罪名不章[29]而致收掠者乎?”不肯平署[30]。帝愈怒,遂下膺等于黄门北寺狱。膺等颇引[31]宦官子弟,宦官多惧,请帝以天时宜赦,于是大赦天下。膺免[32]归乡里,居阳城山中,天下士大夫皆高尚其道,而污秽朝廷。

及陈蕃免太尉,朝野属意[33]于膺,荀爽恐其名高致祸,欲令屈节以全乱世,为书贻[34]曰:“久废过庭,不闻善诱,陟岵瞻望,惟日为岁。知以直道不容于时,悦山乐水,家于阳城。道近路夷,当即聘[35]问,无状婴疾,阙于所仰。顷闻上帝震怒,贬黜鼎臣,人鬼同谋,以为天子当贞观二五,利见大人,不谓夷之初旦,明而未融,虹蜺扬辉,弃和取同。方今天地气闭,大人休否,智者见险,投以远害。虽匮人望[36],内合私愿。想甚欣然,不为恨[37]也。愿怡神无事,偃息衡门,任其飞沈,与时抑扬。”顷之,帝崩。陈蕃为太傅,与大将军窦武共秉朝政,连谋诛诸宦官,故引用天下名士,乃以膺为长乐少府。及陈、窦之败，膺等复废。

后张俭事起，收捕钩党，乡人谓膺曰："可去[38]矣。"对曰："事不辞难，罪不逃刑，臣之节也。吾年已六十，死生有命，去将安之?"乃诣诏狱。考[39]死，妻子徙边，门生、故吏及其父兄，并被禁锢。

……

范滂字孟博，汝南征羌人也。少厉清节，为州里所服，举孝廉、光禄四行。时冀州饥荒，盗贼群起，乃以滂为清诏使，案察之。滂登车揽辔，慨然有澄清天下之志。及至州境，守令自知臧污，望风解印绶去。其所举奏，莫不厌[40]塞众议。迁光禄勋主事。时陈蕃为光禄勋，滂执公仪诣蕃，蕃不止[41]之，滂怀恨，投版弃官而去。郭林宗闻而让[42]蕃曰："若范孟博者，岂宜以公礼格之? 今成其去就之名，得无自取不优之议也?"蕃乃谢[43]焉。

……

建宁二年，遂大诛党人，诏下急捕滂等。督邮吴导至县，抱诏书，闭传舍，伏床而泣。滂闻之，曰："必为[44]我也。"即自诣狱。县令郭揖大惊，出解印绶，引与俱亡[45]。曰："天下大矣，子何为在此?"滂曰："滂死则祸塞，何敢以罪累君，又令老母流离乎!"其母就与之诀。滂白母曰："仲博孝敬，足以供养，滂从龙舒君归黄泉，存亡各得其所。惟大人割不可忍之恩，勿增感戚。"母曰："汝今得与李、杜齐名，死亦何恨! 既有令[46]名，复求寿考[47]，可兼得乎?"滂跪受教，再拜而辞。顾谓其子曰："吾欲使汝为恶，则恶不可为;使汝为善，则我不为恶。"行路闻之，莫不流涕。时年三十三。

选自《后汉书》卷六十七

〔注释〕 ①赊：宽缓。②陵：逾越。③气：气节。④雠：报复。⑤会：汇合。⑥去就：从或舍，此处指不做官。⑦阉寺：宦官。⑧横议：恣意议论。⑨婞直：刚愎。⑩风角：古代根据对风的观察以卜吉凶的一种迷信术数。⑪交通：勾结。⑫谇：问。⑬班：颁布。⑭忿：怨恨。⑮疾：憎恨。⑯书：用文字记录。⑰简亢：傲岸不群。⑱交接：交际往来。⑲拜：授予。⑳付：交给。㉑诘：责问。㉒宥：宽恕。㉓愆：过失。㉔旋踵：比喻时间短暂。㉕殄：消灭。㉖鼎镬：古代的一种酷刑，用鼎镬烹人。㉗休沐：休息沐浴，指古代官吏的例假。㉘却：拒绝。㉙章：显著。㉚平署：犹连署。㉛引：揭发。㉜免：罢免。㉝属意：归心。㉞贻：给予。㉟聘：探问。㊱望：期望。㊲恨：遗憾。㊳去：离开。㊴考：刑讯。㊵厌：抑制。㊶止：停留。㊷让：责备。㊸谢：认错。㊹为：因为。㊺亡：逃跑。㊻令：美好。㊼寿考：犹言高寿。

〔赏析〕 基于对东汉王朝在政治领域所呈现出的新情况之洞察，范晔在历史书写的体系中特意创设《党锢列传》这一新的分类方式。“党锢”作为当时的一个新名词，其产生与发展存在着极其深刻的社会原因。“党锢”之“锢”即为禁锢之意。东汉时，外戚、宦官势力长时期存在着巨大的冲突，当旧的外戚势力为新生的宦官势力所取代时，依附于旧有外戚势力的士人自然会遭受巨大的打击，“以故吏免官禁锢”（《后汉书·周景列传》）便成为合乎政治运作逻辑的一种有效手段。以河南尹李膺捕杀方士张成之子为肇端，张成的弟子牢修诬告李膺等士大夫与太学生以及诸郡生徒“共为部党，诽讪朝廷”，桓帝大为震怒，下令逮捕党人，祸及陈寔等士大夫共计二百余人。其后经过窦武等人的求情虽然免予处罚，然而二百余人的士大夫集团却被“禁锢终身”，这就是第一次党锢之祸。就波及的范围和社会舆论对于士人集团的巨大同情来看，较之于外戚与宦官势力斗争所造成的士人禁锢，桓帝时期这一次禁锢的政治迫害要酷烈得多，其表征就在于涉及人数的众多，而其后的第二次党锢之祸竟牵涉多达六七百人。据《周礼·地官·大司徒》记载：“五族为党”，郑玄注：“党，五百家”，大批的正直士人面对着污浊的社会和腐朽的朝廷，确实构成了一个政治性团体，又因为集体遭受禁锢，遂有“党锢”之称。范晔以《党锢列传》为载体，共撰写了二十一位党人的事迹，从范晔饱蘸着同情与揄扬的笔触中可以看出，党锢群体在遭受巨大政治压迫时的那种抗争精神以及浓重的悲剧意味穿越历史的时空，于数千载后的今天看来，仍旧具有鼓舞人心的作用。

《党锢列传》撰述的二十一位党人生平事迹有详有略，而从李膺和范滂所占篇幅的长度以及着墨的内容来看，无疑寄寓着范晔的“精意深旨”。范晔以史学家敏锐的洞察，先是在《党锢列传序》中对士人集团经历的四个历史时期和由此而导致的士风变化进行了剖判，其中尤以“逮桓灵之间，主荒政缪，国命委于阉寺，士子羞与为伍”的论述最为经典：颟顸无能的皇帝依靠宦官维系着统治，心忧天下的正直士大夫群体极端鄙薄祸国殃民的宦官集团，社会上兴起了互相品题的风气，加之士人集团的清议传统自然会与宦官集团的为非作歹发生剧烈的冲突，这些因素的缀合为两个集团之间最终爆发的政治倾轧奠定了无法挽回的现实政治基础。

党人之一的李膺是颍川人氏，祖辈父辈皆为东汉官僚，其祖父在安帝时期官至太尉，为三公之一。家庭门风对于李膺道德素养以及执政才能的熏陶是一重要的因素。李膺任职青州刺史，守令皆望风弃官，展现了他在吏治整顿方面的刚肠嫉恶；转为乌丸校尉后，抗击鲜卑，“每破走之，虏甚惮慑”，凸显出他在武职方面的杰出才能。其后，李膺迁官至司隶校尉，职能为“掌察举百官以下，及京师近郡犯法者”（《后汉书志·百官》）。李膺不避贵戚，诛杀张让之弟张朔，在桓帝质问下仍能据理力争，一时造成“诸黄门常侍皆鞠躬屏气，休沐不敢复出宫省”的局面，而宦官不敢为非作歹的理由正是“畏李校尉”。第二次党锢之祸骤起，李膺本可以接受乡人的建议而逃亡，强烈的抗争意识和对于现实政治的无奈让他选择了为党事而死这一人生悲剧性结局。李膺下狱考死，门生故吏等遭受禁锢。

范滂作为党人集团中的重要人物，在性格特征上与李膺极为相近，在案察冀州之时，守令自知贪污，也是望风而舍弃官职。以皇帝下诏举谣言考察执政得失为契机，范滂“奏刺史、二千石权豪之党二十余人”，正直的士大夫品格与刚毅的行政手段在治世确实可以起到推动历史向光明面发展的作用。但桓灵末世朝政窳败的巨大掣肘使得范滂的执政理念无法得以贯彻，范滂因此弃官而去。第二次党锢之祸欲图将反对宦官势力的天下名士一网打尽，诏书下达，县令本愿与范滂一起逃亡，却被范滂义正言辞地加以拒绝。范滂之母面对着与儿子的生离死别，大义凛然，认为范滂“与李、杜齐名，死亦何恨”（按：李、杜指李膺与杜密）。从乡党舆论到家庭生活的纵深面，范晔以如椽巨笔，勾勒出党人坚守心中固有道德理念的精神，引领并启迪着后人。

党人群体遭受的集体禁锢，体现了东汉末年腐朽朝政与宦官势力的污浊，士人的政治诉求既然无法上达统治中枢，酝酿在民间的离心力量正在逐渐传成。中平元年（184 年）爆发的黄巾民变使得统治阶级大为惶恐，为了防范党人与黄巾起义军联合，遂下令解除党禁，酷烈的党锢之祸至此终结。然而，东汉王朝立国的根基业已动摇，其命运如同日薄西山，气息奄奄。镇压黄巾民变过后所造成的军阀割据从本质上把这个苟延残喘的国家机体导向了最终的灭亡。

宦者列传

〔选文〕

郑众字季产，南阳犨人也。为人谨敏有心几。永平中，初给事①太子家。肃宗即位，拜小黄门，迁中常侍。和帝初，加位钩盾令。

时窦太后秉政，后兄大将军宪等并窃威权，朝臣上下莫不附之，而众独一心王室，不事豪党，帝亲信焉。及宪兄弟图作不轨，众遂首谋诛之，以功迁大长秋。策勋班赏，每辞多受少。由是常与议事。中官②用权，自众始焉。

……

孙程字稚卿，涿郡新城人也。安帝时，为中黄门，给事长乐宫。

时邓太后临朝，帝不亲政事。小黄门李闰与帝乳母王圣常共谮③太后兄执金吾悝等，言欲废帝，立平原王翼，帝每忿惧。及太后崩，遂诛邓氏而废平原王，封闰雍乡侯；又小黄门江京以谗谄进，初迎帝于邸，以功封都乡侯，食邑各三百户。闰、京并迁中常侍，江京兼大长秋，与中常侍樊丰、黄门令刘安、钩盾令陈达及王圣、圣女伯荣扇动④内外，竞⑤为侈虐。又帝舅大将军耿宝、皇后兄大鸿胪阎显更相阿党⑥，遂枉杀太尉杨震，废皇太子为济阴王。

明年帝崩，立北乡侯为天子。显等遂专朝争权，乃讽有司奏诛樊丰，废耿宝、王圣，及党与皆见⑦死徙。

十月，北乡侯病笃。程谓济阴王谒者长兴渠曰："王以嫡统，本无失德，先帝用谗，遂至废黜。若北乡疾不起，共断江京、阎显，事乃可成。"渠等然之。又中黄门南阳王康，先为太子府史，自太子之废，常怀叹愤。又长乐太官丞京兆王国，并附同于程。至二十七日，北乡侯薨。阎显白⑧太后，征⑨诸王子简为帝嗣。未及至。十一月二日，程遂与王康等十八人聚谋于西钟下，皆截单衣为誓。四日夜，程等共会崇德殿上，因入章台门。时江京、刘安及李闰、陈达等俱坐省门下，程与王康共就斩京、安、达，以李闰权埶积为省内所服，欲引为主，因举刃胁闰曰："今当立济阴王，无得摇动。"闰曰："诺。"于是扶闰起，俱于西钟下迎济阴王立之，是为顺帝。召尚书令、仆射以下，从辇幸南宫云台，程等留守省门，遮捍⑩内外。

……

单超，河南人；徐璜，下邳良城人；具瑗，魏郡元城人；左悺，河南平阴人；唐衡，颍川郾人也。桓帝初，超、璜、瑗为中常侍，悺、衡为小黄门史。

初，梁冀两妹为顺桓二帝皇后，冀代父商为大将军，再⑪世权戚，威振天下。冀自诛太尉李固、杜乔等，骄横益甚，皇后乘埶忌恣，多所鸩毒，上下钳口⑫，莫有言者。帝逼畏久，恒怀不平，恐言泄，不敢谋之。延熹二年，皇后崩，帝因如厕，独呼衡问："左右与外舍[13]不相得者皆谁乎？"衡对曰："单超、左悺前诣河南尹不疑，礼敬小简，不疑收其兄弟送洛阳狱，二人诣门谢，乃得解。徐璜、具瑗常私忿疾外舍放横，口不敢道。"于是帝呼超、悺入室，谓曰："梁将军兄弟专固国朝，迫胁外内，公卿以下从其风旨。今欲诛之，于常侍意何如？"超等对曰："诚国奸贼，当诛日久。臣等弱劣，未知圣意何如耳。"帝曰："审[14]然者，常侍密图之。"对曰："图之不难，但恐陛下复中狐疑。"帝曰："奸臣胁国，当伏其罪，何疑乎！"于是更召璜、瑗等五人，遂定其议，帝啮超臂出血为盟。于是诏收冀及宗亲党与悉诛之。悺、衡迁中常侍，封超新丰侯，二万户，璜武原侯，瑗东武阳侯，各万五千户，赐钱各千五百万；悺上蔡侯，衡汝阳侯，各万三千户，赐钱各千三百万。五人同日封，故世谓之"五侯"。又封小黄门刘普、赵忠等八人为乡侯。自是权归宦官，朝廷日乱矣。

……

张让者，颍川人；赵忠者，安平人也。少皆给事省中，桓帝时为小黄门。忠以与[15]诛梁冀功封都乡侯。延熹八年，黜为关内侯，食本县租千斛。

……

是时让、忠及夏恽、郭胜、孙璋、毕岚、栗嵩、段珪、高望、张恭、韩悝、宋典十二人，皆为中常侍，封侯贵宠，父兄子弟布列州郡，所在贪残，为人蠹害。黄巾既作，盗贼糜沸，郎中中山张钧上书曰："窃[16]惟张角所以能兴兵作乱，万人所以乐附之者，其源皆由十常侍多放父兄、子弟、婚亲、宾客典据州郡，辜榷[17]财利，侵掠百姓，百姓之冤无所告诉，故谋议不轨，聚为盗贼。宜斩十常侍，县头南郊，以谢百姓，又遣使者布告天下，可不须师旅，而大寇自消。”天子以钧章示让等，皆免冠徒跣顿首，乞自致洛阳诏狱，并出家财以助军费。有诏皆冠履视事如故。帝怒钧曰：“此真狂子也。十常侍固当有一人善者不？”钧复重上，犹如前章，辄寝⑱不报⑲。诏使廷尉、侍御史考为张角道者，御史承让等旨，遂诬奏钧学黄巾道，收掠死狱中。而让等实多与张角交通。后中常侍封谞、徐奉事独发觉坐⑳诛，帝因怒诘让等曰：“汝曹常言党人欲为不轨，皆令禁锢，或有伏诛。今党人更为国用，汝曹反与张角通，为可斩未？”皆叩头云：“故中常侍王甫、侯览所为。”帝乃止。

……

六年，帝崩。中军校尉袁绍说㉑大将军何进，令诛中官以悦天下。谋泄，让、忠等因进入省，遂共杀进。而绍勒㉒兵斩忠，捕宦官无㉓少长悉斩之。让等数十人劫质天子走河上。追急，让等悲哭辞曰：“臣等殄灭，天下乱矣。惟陛下自爱！”皆投河而死。

选自《后汉书》卷七十八

〔注释〕 ① 给事：供职。 ② 中官：宦官。 ③ 谮：诬陷。 ④ 扇动：怂恿。 ⑤ 竞：争着。 ⑥ 阿党：徇私偏袒。 ⑦ 见：被。 ⑧ 白：报告。 ⑨ 征：征召。 ⑩ 捍：护卫。 ⑪ 再：两次。 ⑫ 钳口：闭口不言。 ⑬ 外舍：外戚。 ⑭ 审：详细观察。 ⑮ 与：帮助。 ⑯ 窃：私下。 ⑰ 辜榷：垄断。 ⑱ 寝：搁置。 ⑲ 报：答复。 ⑳ 坐：判罪。 ㉑ 说：劝说。 ㉒ 勒：率领。 ㉓ 无：无论。

〔赏析〕 宦官集团作为与党人对立的一股政治势力，在东汉后期乌烟瘴气的政坛造成了极为恶劣的影响，以至于范晔在《宦者列传》中直言不讳地叙述道：“西京自外戚失祚，东都缘阉尹倾国。”显然，范晔将东汉王朝的倾覆完全归罪于宦官势力的秉权。这一论断的提出，是范晔基于自汉和帝以来宦官势力发展之历史而加以归纳剖判的。从本质上来看，宦官制度的建立与发展是中央专制主义王朝集权政治形态的一种表征，即通过皇权来对个体的身心进行罪恶的戕害；从文化的内核来看，宦官制度的确立实际上是中国极为丑恶的一种政治制度，以泯灭人性的残酷手段扼杀了人之为人的尊严与独立性。北宋司马光有惩于唐代宦官之祸，曾有过如下论述："宦官用权，为国家患，其来久矣。盖以出入宫禁，人主自幼及长，与之亲狎，非如三公六卿，进见有时，可严惮也"（《资治通鉴·唐纪七十九》）。东汉时期，外戚势力仍旧严重威胁着皇权的有效统治，宦官制度遂作为与皇权配套的一种畸形政治制度而登上了历史的舞台。

郑众于汉明帝永平年间(58—75)任事，在汉安帝元初元年(114年)去世，历明、章、和、殇、安五帝，这从一个侧面反映了宦官势力的巩固与发展。汉和帝即位之初幼弱，窦宪兄弟总揽朝政，皇帝身边可以亲信的只有宦官而已，郑众就在这样的社会现实中登上了历史的舞台。永元四年(92年)，窦宪与其党羽邓叠、邓磊、郭举、郭璜图谋叛逆，汉和帝预知其谋，倚重"谨敏有心几"且"一心王室，不事豪党"的郑众率先发难，一举摧毁了窦宪的政变图谋，窦宪最终自杀。至此，范晔以"中官用权，自众始焉"八字作结，东汉历史上的宦官势力开始参与到政治的实际决策，这一问题困扰并纠缠着东汉帝国的运作，几乎伴随着这一政权走向最终的覆灭。

宦官对于东汉政治的渗透还突出表现在与外戚势力进行斗争并进而拥立新君的行动中，孙程即代表了此一政治格局中宦官所起到的巨大作用。先是邓太后临朝，于汉安帝建光元年(121年)去世，安帝之妻阎后及其兄阎显开始了新的外戚统治，第二年汉安帝去世，阎后"欲久专国政，贪立幼年"（《后汉书·皇后纪》），迎立汉章帝之孙刘懿即皇帝位，是为少帝（刘懿在位仅七个月，作为阎氏外戚的政治傀儡而存在，故而一般观点并不认为刘懿是东汉皇帝，范晔称其为北乡侯，即为明证）。其后刘懿病重而死，汉安帝的废太子济阴王刘保与孙程合谋，一举诛灭阎显势力，济阴王即位，是为汉顺帝。顺帝即位伊始，封赏以孙程为首的十九人为侯，宦官势力进一步渗透到了国家的统治机器之中。

梁冀作为新的外戚势力，历经了顺、冲、质、桓四帝。梁冀因为质帝直言不讳地称其为“跋扈将军”而鸩杀之，皇帝的生命尚且没有保障，从一个侧面体现出东汉一朝外戚势力的威势竟膨胀到如此严重的地步！桓帝延熹二年(159年)，单超、徐璜、具瑗、左悺和唐衡在桓帝的授意下一举诛灭梁冀势力，五人因而得以封侯，是为“五侯”。这是东汉政治的一个拐点，范晔称“自是权归宦官，朝廷日乱矣”。

桓灵两朝，是宦官集团最为猖獗的历史阶段。桓帝时，“宦官方炽，任人及子弟为官，布满天下，竞为贪淫，朝野嗟怨”(《后汉书·杨震列传》)；灵帝昏聩无能，竟称宦官张让为父，赵忠为母。东汉时期皇权和宦官的勾结竟至如此窳败的程度。司马光认为宦官获得皇帝倚重的原因，实是由于宦官“受命则无违忤之患”(《资治通鉴·唐纪七十九》)，确为不刊之论。中平元年(184年)，黄巾民变骤起，汉灵帝即使在获知张让等人与起义军首领张角有联系的情况下，由于张让诿过给故中常侍王甫、侯览，竟也没有加罪。“十常侍之政”终于酿成了东汉宫廷的一次剧烈火并，袁绍诛杀全部宦官的举措确实从根本上消除了困扰东汉王朝的历史困局，然而这个王朝也终于在不断的消耗中走向了末路。正如张让投河之前所说的“臣等殄灭，天下乱矣”，之后董卓进京，废少帝而立献帝，天下大乱。其后东汉王朝在曹氏父子的把持下完成了政权的嬗替，公元220年，东汉王朝宣告灭亡，宦官势力的缓慢侵入实是东汉灭亡极为重要的一个因素。

(陈佳煜)

汉代强权政治中的士大夫节操

〔**导言**〕 东汉王朝在外戚势力和宦官势力相互斗争的过程中渐渐走向了崩溃的边缘。秦汉之间属于草原文明的北方少数民族政权"逐水草迁徙"，与中原王朝的农耕文明大异其趣。汉安帝以降，鲜卑族与羌族入寇中原王朝的历史记载可谓史不绝书，这从一个侧面反映了衰颓的朝政对于东汉王朝统治权力的巨大疏离。外戚、宦官与士大夫之间交互的矛盾在东汉末年臻于极致，终于酿成了外戚窦武与何进于灵帝朝前后诛除宦官的宫廷政变，两次政变皆以失败告终；其后，袁绍"捕宦官无少长悉斩之"(《后汉书·宦者列传》)，而且在发动政变前为了要挟太后，竟召素有政治野心的董卓率兵入朝，最终酿成了董卓废少帝而立陈留王承继皇统的政治恶果。董卓手握大权并犯下了滔天罪行，这一切给本已疲敝不堪的政权和人民造成了毁灭性的打击，曹操以悲愤的情怀，哀吟出"白骨露于野，千里无鸡鸣"这一社会现实，恰恰是对于董卓倒行逆施行为的一种实录。由这一历史演进和国家图景所构成的是东汉后期士大夫阶层所面对的社会现实，而《虞傅盖臧列传》和《陈王列传》中的记述则展现着充满心忧天下这一道德理念的士大夫集团，如何在武功与文治两方面对外患与内忧进行纾解，以及士大夫集团在面对外戚势力和割据军阀的强梁与政治压迫中所体现出的抗争意识与情怀。他们或成功或失败的经验、政治决策和动议实施中的转捩点，都值得后人仔细品读，体悟士大夫集团的精神素养与道德力量。

虞诩臧洪列传

〔**选文**〕

虞诩字升卿，陈国武平人也。祖父经，为郡县狱吏，案①

法平允,务[②]存宽恕,每冬月上[③]其状,恒[④]流涕随之。尝[⑤]称曰:“东海于公高为里门,而其子定国卒至丞相。吾决狱六十年矣,虽不及于公,其庶几乎!子孙何必不为九卿邪?”故字诩曰升卿。

……

永初四年,羌胡反乱,残破并、凉,大将军邓骘以军役方费,事不相赡,欲弃凉州,并力北边,乃会公卿集议。骘曰:“譬若衣败[⑥],坏一以相补,犹有所完[⑦]。若不如此,将两无所保。”议者咸[⑧]同。诩闻之,乃说李修曰:“窃[⑨]闻公卿定策当弃凉州,求之愚心,未见其便。先帝开拓土宇,劬劳后定,而今惮小费,举而弃之。凉州既弃,即以三辅为塞;三辅为塞,则园陵单外[⑩]。此不可之甚者也。喭曰:‘关西出将,关东出相。’观其习兵壮勇,实过余州。今羌胡所以不敢入据三辅,为心腹之害者,以凉州在后故也。其土人所以推锋[⑪]执锐,无反顾之心者,为臣属于汉故也。若弃其境域,徙其人庶,安土重迁,必生异志。如使豪雄相聚,席卷而东,虽贲、育为卒,太公为将,犹恐不足当御。议者喻以补衣犹有所完,诩恐其疽食侵淫而无限极。弃之非计。”修曰:“吾意不及此。微[⑫]子之言,几败国事。然则计当安出?”诩曰:“今凉土扰动,人情不安,窃忧卒[⑬]然有非常之变。诚宜令四府九卿,各辟[⑭]彼州数人,其牧守令长子弟皆除[⑮]为冗官,外以劝厉,答其功勤,内以拘致,防其邪计。”修善其言,更[⑯]集四府,皆从诩议。于是辟西州豪桀为掾属,拜牧守长吏子弟为郎,以安慰之。

……

臧洪字子源,广陵射阳人也。父旻,有干事才。熹平元年，会稽妖贼许昭起兵句章，自称“大将军”，立其父生为越王，攻破城邑，众以万数。拜旻扬州刺史。旻率丹阳太守陈夤击昭，破之。昭遂复更屯结，大为人患。旻等进兵，连战三年，破平之，获昭父子，斩首数千级。迁旻为使匈奴中郎将。

……

中平末，弃官还家，太守张超请为功曹。时董卓弑帝，图危社稷。洪说超曰：“明府历世受恩，兄弟并据大郡。今王室将危，贼臣虎视，此诚义士效命之秋也。今郡境尚全，吏人殷富，若动桴鼓，可得二万人。以此诛除国贼，为天下唱[17]义，不亦宜乎！”超然其言，与洪西至陈留，见兄邈计事。邈先谓超曰：“闻弟为[18]郡，委政臧洪，洪者何如人？”超曰：“臧洪海内奇士，才略智数不比于超矣。”邈即引洪与语，大异之。乃使诣兖州刺史刘岱、豫州刺史孔伷，遂皆相善。邈既先有谋约，会超至，定议，乃与诸牧守大会酸枣。设坛场，将盟，既而更相辞让，莫敢先登，咸共推洪。洪乃摄衣升坛，操血而盟曰：“汉室不幸，皇纲失统，贼臣董卓，乘衅[19]纵害，祸加至尊，毒流百姓。大惧沦丧社稷，翦覆四海。兖州刺史岱、豫州刺史伷、陈留太守邈、东郡太守瑁、广陵太守超等，纠合义兵，并赴国难。凡我同盟，齐心一力，以致[20]臣节，陨首丧元，必无二志。有渝此盟，俾坠其命，无克遗育[21]。皇天后土，祖宗明灵，实皆鉴之。”洪辞气慷慨，闻其言者，无不激扬。自是之后，诸军各怀迟疑，莫适先进，遂使粮储单竭，兵众乖[22]散。

……

在事二年，袁绍惮其能，徙为东郡太守，都东武阳。时曹操围张超于雍丘，甚危急。超谓军吏曰：“今日之事，唯有臧洪必来救我。”或曰：“袁曹方穆[23]，而洪为绍所用，恐不能败好远来，违福取祸。”超曰：“子源天下义士，终非背本者也，或见制强力，不相及耳。”洪始闻超围，乃徒跣[24]号泣，并勒[25]所领，将赴其难。自以众弱，从绍请兵，而绍竟不听之，超城遂陷，张氏族灭。洪由是怨绍，绝不与通[26]。绍兴兵围之，历年不下，使洪邑人陈琳以书譬[27]洪，示其祸福，责以恩义。洪答曰：

……

绍见洪书，知无降意，增兵急攻。城中粮尽，外无援救，洪自度不免，呼吏士谓曰：“袁绍无道，所图不轨，且不救洪郡将，洪于大义，不得不死。念诸君无事，空[28]与此祸，可先城未破，将[29]妻子出。”将吏皆垂泣曰：“明府之于袁氏，本无怨隙，今为郡将之故，自致危困，吏人何忍当舍明府去也?”初尚掘鼠，煮筋角，后无所复食，主簿启内厨米三斗，请稍为饘粥，洪曰：“何能独甘此邪?”使为薄糜，遍班[30]士众。又杀其爱妾，以食兵将。兵将咸流涕，无能仰视。男女七八十人相枕而死，莫有离叛。

城陷，生执洪。绍盛帷幔，大会诸将见洪。谓曰：“臧洪何相负若是！今日服未?”洪据地瞋目曰：“诸袁事汉，四世五公，可谓受恩。今王室衰弱，无扶翼之意，而欲因际会，觖望非冀，多杀忠良，以立奸威。洪亲见将军呼张陈留为兄，则洪府君亦宜为弟，而不能同心戮力，为国除害，坐拥兵众，观人屠灭。惜[31]洪力劣，不能推刃为天下报仇，何谓服乎?”绍本爱洪，意欲屈服赦之，见其辞切，知终不为用，乃命杀焉。

选自《后汉书》卷五十八

〔**注释**〕 ① 案：按照。 ② 务：务必。 ③ 上：进呈。 ④ 恒：常常。 ⑤ 尝：曾经。 ⑥ 败：毁坏。 ⑦ 完：完好。 ⑧ 咸：都。 ⑨ 窃：私下。 ⑩ 单外：无蔽障而暴露于外。 ⑪ 推锋：冲锋。 ⑫ 微：没有。 ⑬ 卒：突然。 ⑭ 辟：征召。 ⑮ 除：拜官授职。 ⑯ 更：再。 ⑰ 唱：倡导。 ⑱ 为：治理。 ⑲ 衅：机会。 ⑳ 致：尽。 ㉑ 遗育：传宗接代。 ㉒ 乖：分离。 ㉓ 穆：和睦。 ㉔ 跣：光着脚。 ㉕ 勒：率领。 ㉖ 通：交往。 ㉗ 譬：劝导。 ㉘ 空：白白地。 ㉙ 将：带领。 ㉚ 班：分给。 ㉛ 惜：痛惜。

〔**赏析**〕 东汉王朝在统治集团内部的厮杀和矛盾的累积中日趋式微，潜隐在国家政权运作中的弊端逐渐暴露出来。从一般的历史经验中抽绎出可资借鉴的规律，我们会发现王朝的兴衰与内政、外交这两个要素息息相关。东汉一朝在内政方面交织着外戚势力与宦官势力的明争暗斗，士大夫集团裹挟在历史的洪流之中，始终无法摆脱滑稽的历史循环，这一点毋庸多论。外交方面则表现在东汉帝国与少数民族政权或战或和的关系，钱穆先生指出："自匈奴主力为武帝彻底击破，直到东汉，实际上中国并无严重的外患"，"然而东汉却意外的遭受到西羌之侵扰。此乃东汉整个建国形势之弱点的暴露"(《国史大纲·第三编第十一章》)。巧合的是，东汉末年给社会造成巨大破坏的军阀董卓恰恰是在平定先零羌和镇压黄巾民变的过程中逐步升迁至并州牧这一显职的。董卓以武人的身份和姿态进入政治领域，必然会引起士大夫集团的排斥，是以董卓利用天下嫉恨宦官诛杀忠良的普遍心理，在实行酷虐政策的同时"忍性矫情，擢用群士"(《后汉书·董卓列传》)。其后以袁绍为首的关东联军讨伐董卓，军阀割据的分裂态势更加明显。在此历史背景下，作为个体的士大夫一方面抱有着匡宁辅国的情怀；另一方面，对于故主的忠诚又足以成为其一生的寄托。对于东汉后期内政外交方面时代背景的考索，也就成为理解和洞察士人团体反抗精神和从政信念的历史镜像。

虞诩字升卿，祖父虞经为郡县狱吏，素以西汉于公和于定国父子为榜样，虞诩表字的命名包含了祖父对于其孙升迁至九卿之职的殷切希望。需要说明的是，吏制作为对官制的一种补充，在中国古代官僚体系的位阶上处于等而下之的地位。西汉的官僚升迁格局包含着由吏职(包括属官)乃至武职升迁至三公高官的实例，如萧何"以文无害为沛主吏掾"(《史记·萧相国世家》),诛灭韩信后,高祖任命他担任相国之职;又如周勃以武人身份,因诛灭诸吕有功而授官至右丞相之职。据此,虞经希望其孙由吏职升为三公九卿之显职,在汉朝的官僚体系递嬗演进中自有其渊源。其后虞诩应太尉李修征辟,官拜郎中。安帝永初四年(110年),羌族起衅,东汉王朝的国力在羌族的外患中不断遭到削弱,永初年间,“诸羌反叛,十有四年,用二百四十亿;永和之末,复经七年,用八十余亿”(《后汉书·段颎列传》)。连年的战争消耗使得当政的大将军邓骘产生了舍弃凉州的想法,虞诩则认为凉州作为国家的领土是先帝弭定的,凉州若失,则外围防线将龟缩至三辅地区,这是保有凉州的战略因素。凉州地区作为国家军事力量的重要来源,士兵壮勇,实质上在后方起到了掣肘羌兵的作用,这是凉州地区地缘政治之战略要素。就此,虞诩提出了切实可行的建议,即下令四府九卿辟举凉州数人,同时拜凉州牧守令长子弟为冗官的行政举措,如此可以起到稳定凉州的作用。虞诩的动议维护了国家领土的完整,同时却触怒了邓骘,他被任命为朝歌长,去应对该地区盘根错节情况的挑战。

较之于虞诩在对外关系方面所表现出的抗争意识和为政的刚毅果决,臧洪的事迹主要体现了忠于旧主且不避生死的精神,进一步凸显了士大夫宁死不屈的人格力量。臧洪在中平末年被张超请为功曹,恰逢董卓弑弘农王之际,张超和其兄张邈共同促成了酸枣盟会的政治义举,然而在订立盟约之时,众多诸侯乍前乍却,畏首畏尾,不敢率先登坛。臧洪出于强烈的士大夫匡扶国家于危难的情怀,登坛歃血而盟,一番言辞甚是鼓舞人心,诸侯“无不激扬”。但各怀鬼胎的关东联军后在内部的罅隙和董卓的战略打击下走向奔溃,诸侯们畏葸不前的宵小之举比之臧洪勤于王室的人格精神相差实不可以道里计。其后关东联军内部又展开军阀混战,曹操攻打了对于臧洪有知遇之恩的张超,臧洪向袁绍请兵救援而不获准,遂开始以东郡之地与袁绍相持反抗,最终为实力强大的袁绍所攻灭。针对袁绍“四世五公”的煊赫家世,臧洪怒陈己见,指斥袁绍兼并扩张的狼子野心,并进而阐发不能为张超报仇的遗憾,声色俱厉,凛凛然如有生气。袁绍知晓不能使其屈服,遂诛杀之。臧洪确然把心中的崇高理念坚持到了生命的最后一刻。

东汉王朝内政和外交格局的演变是考察士风转变的重要参考因素，虞诩和臧洪代表了坚守心中道德理念和治国情怀的士人群体优秀的品质，前者建策羌患，后者以死来表明自己的抗争。两人的精神值得后人细细品鉴。

陈蕃王允列传

〔选文〕

陈蕃字仲举，汝南平舆人也。祖河东太守。蕃年十五，尝闲处一室，而庭宇芜秽。父友同郡薛勤来候[①]之，谓蕃曰："孺子何不洒扫以待宾客？"蕃曰："大丈夫处世，当扫除天下，安事一室乎！"勤知其有清世志，甚奇之。

……

初，桓帝欲立所幸田贵人为皇后。蕃以田氏卑微，窦族良家，争之甚固。帝不得已，乃立窦后。及后临朝，故委用于蕃。蕃与后父大将军窦武，同心尽力，征用名贤，共参政事，天下之士，莫不延颈想望太平。而帝乳母赵娆，旦夕在太后侧，中常侍曹节、王甫等与共交构，谄事太后。太后信之，数出诏命，有所封拜，及其支类，多行贪虐。蕃常疾[②]之，志诛中官[③]，会窦武亦有谋。蕃自以既从人望[④]而德[⑤]于太后，必谓其志可申，乃先上疏曰："臣闻言不直而行不正，则为欺乎天而负乎人。危[⑥]言极[⑦]意，则群凶侧目，祸不旋踵。钧[⑧]此二者，臣宁得祸，不敢欺天也。今京师嚣嚣，道路喧哗，言侯览、曹节、公乘昕、王甫、郑飒等与赵夫人诸女尚书并乱天下。附从者升进，忤逆者中伤。方今一朝群臣，如河中木耳，泛泛东西，耽[⑨]禄畏害。陛下前始摄位，顺天行诛，苏康、管霸并伏其辜[⑩]。是时天地清明，人鬼欢喜，奈何数月复纵[⑪]左右？元恶大奸，莫此之甚。今不急诛，必生变乱，倾危社稷,其祸难量。愿出臣章[12]宣示左右,并令天下诸奸知臣疾之。”太后不纳,朝廷闻者莫不震恐。蕃因与窦武谋之,语在《武传》。

及事泄,曹节等矫诏诛武等。蕃时年七十余,闻难作,将官属诸生八十余人,并拔刃突入承明门,攘臂呼曰:“大将军忠以卫国,黄门反逆,何云窦氏不道邪?”王甫时出,与蕃相迕[13],适[14]闻其言,而让[15]蕃曰:“先帝新[16]弃天下,山陵未成,窦武何功,兄弟父子,一门三侯?又多取掖庭宫人,作乐饮宴,旬月之间,赀财亿计。大臣若此,是为道邪?公为栋梁,枉桡[17]阿党[18],复焉求贼!”遂令收[19]蕃。蕃拔剑叱甫,甫兵不敢近,乃益[20]人围之数十重,遂执蕃送黄门北寺狱。黄门从官驺蹋踧蕃曰:“死老魅!复能损我曹员数,夺我曹禀假[21]不?”即日害之。徙其家属于比景,宗族、门生、故吏皆斥免禁锢。

……

王允字子师,太原祁人也。世仕州郡为冠盖。同郡郭林宗尝见允而奇之,曰:“王生一日千里,王佐[22]才也。”遂与定交。

……

初平元年,代杨彪为司徒,守尚书令如故。及董卓迁都关中,允悉[23]收敛兰台、石室图书秘纬要者以从。既至长安,皆分别条[24]上。又集汉朝旧事所当施用者,一皆奏之。经籍具存,允有力焉。时董卓尚留洛阳,朝政大小,悉委之于允。允矫情屈意,每相承附,卓亦推心,不生乖疑,故得扶持王室于危乱之中,臣主内外,莫不倚恃焉。

……

三年春,连雨六十余日,允与士孙瑞、杨瓒登台请霁[25],复结前谋。瑞曰:"自岁末以来,太阳不照,霖雨积时,月犯执法,彗孛仍[26]见,昼阴夜阳,雾气交侵,此期应促尽,内发者胜。几不可后,公其图之。"允然其言,乃潜结卓将吕布,使为内应。会卓入贺,吕布因刺杀之。语在《卓传》。

……

允性刚棱疾恶,初惧董卓豺狼,故折节图之。卓既歼灭,自谓无复患难,及在际会,每乏温润之色,杖正持重,不循权宜之计,是以群下不甚附之。

董卓将校及在位者多凉州人,允议罢其军。或说允曰:"凉州人素惮袁氏而畏关东。今若一旦解兵,则必人人自危。可以皇甫义真为将军,就领其众,因使留陕以安抚之,而徐[27]与关东通谋,以观其变。"允曰:"不然。关东举义兵者,皆吾徒耳。今若距险屯陕,虽安凉州,而疑关东之心,甚不可也。"时百姓讹言,当悉诛凉州人,遂转相恐动。其在关中者,皆拥兵自守。更相谓曰:"丁彦思、蔡伯喈但以董公亲厚,并尚从坐[28]。今既不赦我曹,而欲解兵,今日解兵,明日当复为鱼肉矣。"卓部曲将李傕、郭汜等先将兵在关东,因不自安,遂合谋为乱,攻围长安。城陷,吕布奔走。布驻马青琐门外,招允曰:"公可以去乎?"允曰:"若蒙社稷之灵,上安国家,吾之愿也。如其不获,则奉身以死之。朝廷幼少,恃我而已,临难苟免,吾不忍也。努力谢关东诸公,勤以国家为念。"

初,允以同郡宋翼为左冯翊,王宏为右扶风。是时三辅民庶炽盛,兵谷富实,李傕等欲即杀允,惧二郡为患,乃先征[29]翼、宏。宏遣使谓翼曰:"郭汜、李傕以我二人在外,故未危王公。今日就征，明日俱族[30]。计将安出？”翼曰：“虽祸福难量，然王命所不得避也。”宏曰：“义兵鼎沸，在于董卓，况其党与乎！若举兵共讨君侧恶人，山东必应之，此转祸为福之计也。”翼不从。宏不能独立，遂俱就征，下廷尉。傕乃收允及翼、宏，并杀之。

选自《后汉书》卷六十六

〔**注释**〕 ①候：问候。 ②疾：厌恶。 ③中官：宦官。 ④望：期望。 ⑤德：恩惠。 ⑥危：正直。 ⑦极：穷尽。 ⑧钧：权衡。 ⑨耽：贪图。 ⑩辜：罪。 ⑪纵：放任。 ⑫章：奏章。 ⑬迕：相遇。 ⑭适：正好。 ⑮让：责备。 ⑯新：刚。 ⑰枉桡：违法曲断，有理不申。 ⑱阿党：徇私偏袒。 ⑲收：拘捕。 ⑳益：增加。 ㉑禀假：预支。 ㉒佐：辅助。 ㉓悉：全。 ㉔条：分项。 ㉕霁：天放晴。 ㉖仍：频繁。 ㉗徐：慢慢地。 ㉘坐：定罪。 ㉙征：征召。 ㉚族：灭族。

〔**赏析**〕 东汉王朝在多种因素的制约下，陷入了外戚势力与宦官势力交互勾结执政的历史怪圈之中，令人触目惊心的宫廷政变一再上演，血腥与杀戮一时间似乎成为东汉王朝难以逃脱的历史宿命。桓帝、灵帝和献帝是东汉王朝最后的三任皇帝，国势日颓，江河日下。秉承着传统儒家道德理念的士大夫集团对于朝政日非的现实自然是痛心疾首，力图重振国家昔日图景的，而同为东汉后期名臣的陈蕃与王允，恰恰代表着这股士大夫集团的中坚力量。

陈蕃字仲举，出身于仕宦家庭的他年少而早成，在十五岁时就表现出其卓荦不羁的品性以及力图澄清天下的志向。“见微知著”是史官在历史撰写中普遍使用的创作手法，即以传主尚未显通时的生活细节来对传主的行事作出草蛇灰线式的勾勒，以此体现传主的学养与志趣。陈蕃父亲的友人薛勤面对着陈蕃所居住宅庭院的芜秽表示不满，陈蕃却说：“大丈夫处世，当扫除天下，安事一室乎”，这一宣言犹如一声划过苍穹的惊雷，陈蕃慨然有澄清天下之志的士大夫情怀得以淋漓尽致地展现；与此同时，陈蕃致力于革除宦官秉政这一政治痼疾的夙愿和其后遭受失败而惨遭屠戮的最终结局也就越发充满着历史的悲剧意味。

儒家道德理念感召下对士大夫人格的基本要求是仁孝，由仁孝逐步扩大到对于君主的忠诚是契合儒家伦理内在逻辑发展要求的。汉武帝于元光元年(前134年)“初令郡国举孝廉各一人”(《汉书·武帝纪》)，此后，举孝廉便成为两汉帝国选拔官员入仕的一项基本政策。随着东汉王朝的腐朽加剧，原本注重品行的选官方式为宦官和外戚势力所渗透，社会上甚至出现了“举秀才，不知书；察孝廉，父别居”(《抱朴子外篇·审举》)这样的现象。陈蕃身处于王纲解纽的历史时期，主政之地的平民赵宣声称因丧亲而行服二十余年，远超孔子所提倡的三年之丧这一定制，当陈蕃获知赵宣的五个儿子皆为其在服丧期间所出生之后，勃然大怒，以儒家的伦理要求判处赵宣之罪。范晔以敏锐的史识着意刻画了陈蕃这一举措所凸显出来的浓厚儒家道德理念，为陈蕃之后与强大的宦官势力对抗作出了铺垫。

陈蕃在其政治生涯和生命同时走向终结的时刻，确实践行了年轻时意图扫除天下的宏愿。陈蕃时年七十余岁，与外戚窦武结成政治同盟，力图一举剪除困扰东汉王朝的宦官问题。其后窦陈结盟之事泄露，曹节、王甫等宦官矫诏诛杀窦武，陈蕃在危急的情况之下仍旧声色俱厉痛斥宦官集团的反逆行为，所谓“蕃拔剑叱甫，甫兵不敢近”，这一细节刻画使得陈蕃的形象于千载之后仍凛凛然如有生气，一位拥有高尚政治理想的士大夫功败垂成时的无奈和不屈如在眼前，令人动容！陈蕃被送往黄门北寺狱后当日遇害，宗族、门生故吏都被免官禁锢。

东汉政局每况愈下，两次党锢之祸动摇了帝国统治的根基，随着中平元年(184年)黄巾民变的爆发，在实质上敲响了东汉帝国的丧钟。其后何进谋除宦官被杀，袁绍又将宦官集团诛杀殆尽，朝廷内部一片狼藉。素有野心的西北军阀董卓遂进入洛阳，一举掌控朝政，废少帝而另立献帝。王允就身处在这样一个动荡不安的政治格局之中。董卓倒行逆施，天怒人怨，为了躲避关东联军的兵锋，决计迁都长安，一时“步骑驱蹙，更相蹈藉，饥饿寇掠，积尸盈路”(《后汉书·董卓列传》)。

王允年少时就被人物品题的大家郭林宗称为“王佐才也”，在董卓当政的酷虐环境下，王允“矫情屈意，每相承附”，获得了董卓的信任，委之以重任。

出于汉臣政治伦理的需要，王允在暗中一直策划着诛灭贼臣董卓的宫廷政变，终于在吕布的协助下成功实现。董卓被诛，东汉王朝振兴的曙光似乎再一次出现。

如何在政治层面合理地处置董卓余党，对于王允而言是一项极大的考验。岂料王允"刚棱疾恶"，没有深刻估量董卓余党的政治危害性，又"不循权宜之计"，欲图一举解除董卓将校的兵权，王允先是逼死了为董卓败亡而表示惋惜的一代名儒蔡邕，这一文化屠灭政策成了董卓旧部李傕、郭汜无以自安并合谋围攻长安的导火索（见《后汉书·蔡邕列传》、《后汉书·董卓列传》）。王允遂在这一失败的政治决策中随同着自己的三个儿子和宗族十余人惨遭诛杀，原本渐趋稳定的东汉政权再一次陷入了无休止的混乱之中。

陈蕃和王允作为东汉后期的名臣，拥有着传统士大夫匡扶国家于危难的气度和品格，前者由于宦官势力的强大而折戟沉沙，后者由于性格缺陷导致的决策失误而功败垂成，但他们极富抗争精神的士大夫气节和于危难之中匡正国家的精神力量仍将鼓舞着后世的正直士人。他们扫除中央离心势力的政治改革虽然失败了，失败背后所存在的经验与教训却值得我们细细体会，他们代表着中华民族永远不屈的脊梁。

（陈佳煜）

中国的文心与技行

〔**导言**〕 学术思想史上常常把先秦子学、两汉经学、魏晋玄学、隋唐佛学、宋明理学、清代朴学并列，作为各个时代具有代表性的学术思潮与风气。两汉经学是对西汉和东汉经学的合称，说明经学在两汉学术思想中的重要地位，而各自又有其特点。西汉主要以今文经学为主，汉武帝时设立五经博士制度，今文经学成为受到官方认可的国家意识形态。与此同时，用先秦六国古文字书写的古文经典也在不断被发掘出来，著名的就有鲁恭王在孔子旧宅墙壁中发现的古文经，河间献王在民间对于古文经典的搜罗，以及刘向、刘歆父子对于官方所藏古文经典的发掘与整理等等。而到了西汉末年，随着今文经学越来越受到谶纬神学的影响，加上社会危机所引起的官方思想在民间社会的弱化，一种全新的学术形态逐渐成形，呼之欲出。自西汉末东汉初以来，由于统治者的提倡，谶纬神学风行一时，同时也出现了要求追求真理、批判谶纬迷信的求真思潮，张衡正是这股思潮的后继者。而古文经学的治学路径正符合当时这种求真的思潮。古文经学在从民间向上渗透的同时，屡屡与占统治地位的今文经学爆发冲突，形成了东汉被称作今古文经学之争的现象，影响深远。在这种背景下，经学文本所造成的混乱与不统一，给时代提出了新的课题，于是有了汉灵帝熹平年间蔡邕提倡的正定五经文字，刻石竖于太学的举动。到了东汉末期，作为官方统治学说的今文经学逐渐衰落，古文经学愈来愈占据主流，许多古文经学大师兼通今文经典，其中最具影响的无疑是遍注群经的郑玄。这种今古文合流的趋势，为学术思想进入下一个时代创造了条件。

郑玄列传

〔选文〕

郑玄字康成，北海高密人也。八世祖崇，哀帝时尚书仆射。玄少为乡啬夫，得休归，尝[①]诣学官，不乐[②]为吏，父数怒之，不能禁。遂造[③]太学受业，师事京兆第五元先，始通《京氏易》、《公羊春秋》、《三统历》、《九章算术》。又从东郡张恭祖受《周官》、《礼记》、《左氏春秋》、《韩诗》、《古文尚书》。以山东无足问者，乃西入关，因[④]涿郡卢植，事[⑤]扶风马融。

融门徒四百余人，升堂进者五十余生。融素骄贵，玄在门下，三年不得见，乃使高业弟子传授于玄。玄日夜寻诵，未尝怠倦。会[⑥]融集诸生考论图纬，闻玄善算，乃召见于楼上，玄因[⑦]从质[⑧]诸疑义，问毕辞归。融喟然谓门人曰："郑生今去，吾道东矣。"

玄自游学，十余年乃归乡里。家贫，客耕东莱，学徒相随已数百千人。及党事起，乃与同郡孙嵩等四十余人俱被禁锢，遂隐修经业，杜[⑨]门不出。时任城何休好《公羊》学，遂著《公羊墨守》、《左氏膏肓》、《穀梁废疾》；玄乃发[⑩]《墨守》，针《膏肓》，起《废疾》。休见而叹曰："康成入吾室，操吾矛，以伐我乎！"初，中兴之后，范升、陈元、李育、贾逵之徒争论古今学，后马融答北地太守刘瓌及玄答何休，义据通深，由是古学遂明。

灵帝末，党禁解，大将军何进闻而辟[⑪]之。州郡以进权戚，不敢违意，遂迫胁玄，不得已而诣之。进为设几[⑫]杖，礼待甚优。玄不受朝服，而以幅巾见。一宿逃去。时年六十，弟子河内赵商等自远方至者数千。后将军袁隗表[⑬]为侍中，以父丧不行。国相孔融深敬于玄，屣履造门。告高密县为玄特立一乡，曰："昔齐置'士乡'，越有'君子军'，皆异贤之意也。郑君好学，实怀明德。昔太史公、廷尉吴公、谒者仆射邓公，皆汉之名臣。又南山四皓有园公、夏黄公，潜[14]光隐耀，世嘉其高，皆悉称公。然则公者仁德之正号，不必三事大夫也。今郑君乡宜曰'郑公乡'。昔东海于公仅有一节，犹或戒乡人侈其门闾，矧[15]乃郑公之德，而无驷牡之路！可广开门衢[16]，令容高车，号为'通德门'。"

……

时，大将军袁绍总兵冀州，遣使要[17]玄，大会宾客，玄最后至，乃延升上坐。身长八尺，饮酒一斛，秀眉明目，容仪温伟。绍客多豪俊，并有才说，见玄儒者，未以通人许之，竞设异端[18]，百家互起。玄依方辩对，咸出问表，皆得所未闻，莫不嗟服。时汝南应劭亦归于绍，因自赞曰："故太山太守应中远，北面称弟子何如？"玄笑曰："仲尼之门考以四科，回、赐之徒不称官阀。"劭有惭色。绍乃举玄茂才，表为左中郎将，皆不就。公车征[19]为大司农，给安车一乘，所过长吏送迎。玄乃以病自乞还家。

五年春，梦孔子告之曰："起，起，今年岁在辰，来年岁在巳。"既寤[20]，以谶合之，知命当终，有顷寝疾。时袁绍与曹操相拒于官度，令其子谭遣使逼玄随军，不得已，载病到元城县，疾笃不进[21]，其年六月卒，年七十四。遗令薄葬。自郡守以下尝受业者，缞绖赴会千余人。

门人相与撰玄答诸弟子问《五经》，依《论语》作《郑志》八篇。凡玄所注《周易》、《尚书》、《毛诗》、《仪礼》、《礼记》、《论语》、《孝经》、《尚书大传》、《中候》、《乾象历》，又著《天文七政论》、《鲁礼禘祫义》、《六艺论》、《毛诗谱》、《驳许慎五经异义》、《答临孝存周礼难》，凡百余万言。

玄质于辞训，通人颇讥其繁。至于经传洽[22]孰，称为纯儒，齐鲁间宗之。其门人山阳郗虑至御史大夫，东莱王基、清河崔琰著名于世。又乐安国渊、任嘏，时并童幼，玄称渊为国器，嘏有道德，其余亦多所鉴拔[23]，皆如其言。玄唯有一子益恩，孔融在北海，举为孝廉；及融为黄巾所围，益恩赴难陨身。有遗腹子，玄以其手文[24]似己，名之曰小同。

选自《后汉书》卷三十五

〔注释〕 ①尝：曾经。 ②乐：喜欢。 ③造：至。 ④因：通过。 ⑤事：从师求学。 ⑥会：适逢。 ⑦因：于是。 ⑧质：问。 ⑨杜：闭。 ⑩发：阐明。 ⑪辟：征召。 ⑫几：几案，矮而小的桌子。 ⑬表：指上表推荐某人。 ⑭潜：隐藏。 ⑮矧：况且。 ⑯衢：四通八达的大路。 ⑰要：邀请。 ⑱异端：指各种不同的说法、见解。 ⑲征：征召。 ⑳寤：苏醒。 ㉑进：前进。 ㉒洽：广博。 ㉓鉴拔：赏识选拔。 ㉔文：纹理。

〔赏析〕 郑玄出生于世家，但到他这一代，家世已经衰落。不过郑玄从小就勤奋好学，确立了研究经学、钻研学问的志向。由于郑玄有着这样的才名，自小就被视为“神童”，受到乡里的推重，于是在成年后受到推荐，曾做过主管赋役的乡官。每当休假日，他都要跑去学官那里问学听课，而对于当基层的乡官不感兴趣。父亲郑谨几次三番因为他的不务正业而对他发脾气，但都不能削减他对学问的向往。最终郑玄得以前往洛阳太学接受正规教育并精通《京氏易》、《公羊春秋》、《三统历》、《九章算术》，还研习了《周官》、《礼记》、《左氏春秋》、《韩诗》、《古文尚书》等。

总览东汉时期，古文经学兴盛，大师辈出，著名的就有杜林、郑兴、郑众、许慎、贾逵、马融、服虔、卢植等等，其中马融以学问精博著称于世。他所注释的群经包括《孝经》、《论语》、《诗》、《周易》、《三礼》、《尚书》等。不仅如此，他还曾想要注释《左氏春秋》，但见到贾逵、郑众的相关研究后，马融认为：“贾君精而不博，郑君博而不精。既精既博，吾何加焉！”(《后汉书·马融列传》)便放弃了注解《左氏春秋》的念头。马融的学问以古文经学为根本，不掺杂今文经学，壁垒森严，成为古文经学的一大重镇，而郑玄就曾跟从马融学习。

虽说是跟从马融学习，实际上郑玄并未有很多机会直接接受马融本人的指导。当时马融已经是大师级的学问家，弟子学生非常多，仅仅登堂入室的高徒就有五十多人。郑玄在马融门下学习，多年未能得见马融一面，都是由马融的高徒指导郑玄学习。但郑玄并没有因此懈怠，反而勤加钻研，很快，马融门下便没有人能教得了他了。一天，马融召集学生讨论，郑玄趁机将积压的疑问一一向马融提出求教，问难完毕，郑玄便离开了。马融这才意识到，郑玄的学问非同一般，不得不感叹道："郑生今去，吾道东矣。"

郑玄一生最伟大的贡献就是遍注群经，会通今古文学。如今尚完整保存下来的有《毛诗笺》、《仪礼注》、《礼记注》、《周礼注》四种，其余尚有如敦煌发现的《论语注》残卷，以及清代学者辑佚的部分残篇。其中的三礼注是郑玄学问的精华，历来受到各朝学者的重视，比如唐宋的《十三经注疏》中的三礼注就是取的郑玄的研究成果。所谓的礼学研究，其实就是从社会制度的层面对社会所面临的困境和出路加以探讨的学问。郑玄好礼并精通礼学，则从侧面说明了他对于他所处时代的社会问题的关怀。郑玄学问的根底在古文经学，对今文经学的一些说法提出驳斥，如东汉时的今文经学大家何休撰《公羊墨守》、《左氏膏肓》、《穀梁废疾》，"玄乃发《墨守》，针《膏肓》，起《废疾》"，针对其中自相矛盾之处提出异议。以至于何休自己也不得不感叹："康成入吾室，操吾矛，以伐我乎！"但郑玄不像他的老师马融那样今古文之间判然两分，而是兼采今文家说，不求所谓一家之师法，而求其是，哪一家所说符合事实，就取哪一家的说法。这种不求权威与否，只求是不是的做法，受到了当时和后世众多学者的认同。尤其到了清代，一批学者追随郑玄的治学路向，唯求其是，巩固了学术求真的根本宗旨，以至于对现如今频频造假的学术界以及为政治服务不惜歪曲事实的做法，都依然有着十分重大的现实意义。

郑玄成就的伟大，除了和他个人的努力息息相关以外，也和当时学术发展的趋势密切相关。经学发展到东汉郑玄的时代，今古文经学之间长期纷争不断。传统对于今古文之争的评价有：今古文之争多是利禄之争而非学术之争。这种说法如今看来值得商榷。一般来看,西汉的今古文之争或许利禄之争的色彩更浓厚一些,而东汉的今古文之争则更多的是学术层面上的争论。东汉时期学术界面临的困境是,位于官方统治地位的今文经学,由于过度发展与谶纬迷信的影响,自相矛盾与空虚附会的弊病越来越突出,代表国家意识形态的官学出现了普遍的信任危机,党锢之祸更加深了这种信任危机。而此时,古文经学朴实而求真的特点,正是被一些学者视为补救官学弊病,维护国家思想稳定,使官学重新获得信任的关键。这些学者的代表就有贾逵、郑玄等。其中尤其是郑玄,完成了这个今古文经学合流的重大历史使命。

张衡列传

〔选文〕

张衡字平子,南阳西鄂人也。世为著姓①。祖父堪,蜀郡太守。衡少善属②文,游于三辅,因入京师,观太学,遂通《五经》,贯六艺。虽才高于世,而无骄尚之情。常从容淡静,不好交接俗人。永元中,举孝廉不行,连辟公府不就。时天下承平日久,自王侯以下,莫不逾侈③。衡乃拟④班固《两都》,作《二京赋》,因以讽谏。精思傅会⑤,十年乃成。文多故不载。大将军邓骘奇其才,累⑥召不应。

衡善机巧,尤致思于天文、阴阳、历算。常耽⑦好《玄经》,谓崔瑗曰:"吾观《太玄》,方知子云妙极道数,乃与《五经》相拟,非徒⑧传记之属⑨,使人难论阴阳之事,汉家得天下二百岁之书也。复二百岁,殆⑩将终乎?所以作者之数,必显一世,常然之符也。汉四百岁,《玄》其兴矣。"安帝雅闻衡善术学,公车特征拜郎中,再迁为太史令。遂乃研核阴阳,妙尽璇机之正,作浑天仪,著《灵宪》、《算罔论》,言甚详明。

……

阳嘉元年,复造候风地动仪。以精铜铸成,员⑪径八尺,合盖隆起，形似酒尊，饰以篆文山龟鸟兽之形。中有都柱，傍行八道，施关发机。外有八龙，首衔铜丸，下有蟾蜍，张口承之。其牙机巧制，皆隐在尊中，覆盖周密无际。如有地动，尊则振龙机发吐丸，而蟾蜍衔之。振声激扬，伺[12]者因此觉知。虽一龙发机，而七首不动，寻其方面[13]，乃知震之所在。验之以事，合契若神。自书典所记，未之有也。尝一龙机发而地不觉动，京师学者咸怪其无征[14]，后数日驿至，果地震陇西，于是皆服其妙。自此以后，乃令史官记地动所从方起。

……

初，光武善谶，及显宗、肃宗因祖[15]述焉。自中兴之后，儒者争学图纬，兼复附以妖言。衡以图纬虚妄，非圣人之法，乃上疏曰："臣闻圣人明审律历以定吉凶，重之以卜筮，杂之以九宫，经天验道，本尽[16]于此。或观星辰逆顺，寒燠[17]所由，或察龟策之占，巫觋之言，其所因[18]者，非一术也。立言于前，有征于后，故智者贵焉，谓之谶书。谶书始出，盖知之者寡。自汉取秦，用兵力战，功成业遂，可谓大事，当此之时，莫或[19]称谶。若夏侯胜、眭孟之徒，以道术立名，其所述著，无谶一言。刘向父子领[20]校秘书，阅定九流，亦无谶录。成、哀之后，乃始闻之。《尚书》尧使鲧理[21]洪水，九载绩用不成，鲧则殛[22]死，禹乃嗣兴。而《春秋谶》云'共工理水'。凡谶皆云黄帝伐蚩尤，而《诗谶》独以为'蚩尤败，然后尧受命'。《春秋元命包》中有公输班与墨翟，事见战国，非春秋时也。又言'别有益州'。益州之置，在于汉世。其名三辅诸陵，世[23]数可知。至于图中讫于成帝。一卷之书，互异数事，圣人之言，势无若是[24]，殆必虚伪之徒，以要[25]世取资。往[26]者侍中贾逵摘谶互异三十余事，诸言谶者皆不能说[27]。

至于王莽篡位，汉世大祸，八十篇何为不戒[28]？则知图谶成于哀、平之际也。且《河洛》、《六艺》，篇录已定，后人皮[29]傅[30]，无所容篡。永元中，清河宋景遂以历纪推言水灾，而伪称洞[31]视玉版。或者至于弃家业，入山林。后皆无效，而复采前世成事，以为证验。至于永建复统，则不能知。此皆欺世罔俗，以昧[32]势位，情伪较[33]然，莫之纠[34]禁。且律历、封候、九宫、风角，数有征效，世莫肯学，而竞称不占之书。譬犹画工，恶图[35]犬马而好作鬼魅，诚以实事难形，而虚伪不穷也。宜收藏图谶，一禁绝之，则朱紫无所眩[36]，典籍无瑕玷矣。"

……

永和初，出为河间相。时国王骄奢，不遵典宪；又多豪右，共为不轨。衡下车，治威严，整法度，阴[37]知奸党名姓，一时收禽[38]，上下肃然，称为政理。视事三年，上书乞骸骨，征拜尚书。年六十二，永和四年卒。

著《周官训诂》，崔瑗以为不能有异于诸儒也。又欲继孔子《易》说《彖》、《象》残缺者，竟[39]不能就。所著诗、赋、铭、七言、《灵宪》、《应闲》、《七辩》、《巡诰》、《悬图》凡三十二篇。

永初中，谒者仆射刘珍、校书郎刘騊駼等著作东观，撰集《汉记》，因定汉家礼仪，上言请衡参论其事，会并[40]卒，而衡常叹息，欲终成之。及为侍中，上疏请得专事东观，收捡遗文，毕力补缀。又条[41]上司马迁、班固所叙与典籍不合者十余事。又以为王莽本传但[42]应载篡事而已，至于编年月，纪灾祥，宜为元后本纪。又更始居位，人无异望。光武初为其将，然后即真，宜以更始之号建于光武之初。书数上，竟不听。及后之著述，多不详典，时人追恨[43]之。

选自《后汉书》卷五十九

〔注释〕 ① 著姓：有声名的世家望族。 ② 属：撰著。 ③ 侈：奢侈。 ④ 拟：模仿。⑤ 傅会：傅辞会理，指文章的经营缔造。 ⑥ 累：屡次。 ⑦ 耽：酷嗜。 ⑧ 徒：只。⑨ 属：类。 ⑩ 殆：大概。 ⑪ 员：通“圆”。 ⑫ 伺：探察。 ⑬ 方面：方向。⑭ 征：应验。 ⑮ 祖：效法。 ⑯ 尽：都。 ⑰ 燠：热。 ⑱ 因：沿袭。 ⑲ 或：有的人。 ⑳ 领：兼任。 ㉑ 理：整治。 ㉒ 殛：诛杀。 ㉓ 世：世代。 ㉔ 是：这样。㉕ 要：求取。 ㉖ 往：从前。 ㉗ 说：解释。 ㉘ 戒：警告。 ㉙ 皮：浅薄。 ㉚ 傅：通“附”。 ㉛ 洞：穿透。 ㉜ 昧：贪图。 ㉝ 较：显著。 ㉞ 纠：检举。 ㉟ 图：画。㊱ 眩：迷乱。 ㊲ 阴：暗中。 ㊳ 禽：捕捉。 ㊴ 竟：终究。 ㊵ 并：一同。 ㊶ 条：分项。 ㊷ 但：只。 ㊸ 恨：遗憾。

〔赏析〕 历史上的张衡，博学多才，崇尚科学，反对迷信。他曾发明浑天仪与地动仪，以帮助自然现象的观测。在他的头上有着众多光环叠加的头衔，诸如伟大的天文学家、数学家、发明家、地理学家、制图学家、文学家、学者等等。而被很多人所忽略的是，张衡同时也是一位著名的思想家，在追求真理、反对谶纬迷信的思潮中扮演着重要的角色。

张衡自小擅长写文章，尤其是汉代风行一时的赋，是一位著名的文学家。他最为人所称道的文学作品就有模拟班固《两都赋》而写的《二京赋》，史称其作品“因以讽谏”。汉代大赋的传统通常都是通过极尽奢华繁复的描写，歌颂繁华盛况的同时，借以起到劝诫的作用，代表人物就有司马相如的《上林赋》。而称张衡的《二京赋》“因以讽谏”，说明了他对于社会现实的关怀。除此之外，他还有不少疏文流传后世，其中就有著名的《请禁绝图谶疏》。

所谓图谶，笼统地说就是谶纬之学，是指兴起于西汉末年哀、平之际的一股神学思潮。其特点是与政治的关系极为密切，借助非理性的神秘之说，对今文经学进行渗透和附会，以达到附会者所想要达到的政治目的或私利。这种带有神学宗教色彩的图谶，被光武帝借以起事并建立东汉以后，更是上行下效，风靡一时。今文经学受到谶纬之学的影响，沦为政治与神学的奴隶，越来越让一批追求真理、反对迷信的学者转向崇尚古文经学，并逐渐形成一股批判谶纬之学的思潮。在这股思潮中，古文经学家扮演了主要的角色。在反对谶纬迷信的思想家中，重要的就有扬雄、桓谭、郑兴、尹敏、王充等人，而张衡则是东汉后期反对谶纬迷信的一位大家。

在这篇《请禁绝图谶疏》中，张衡主张“收藏图谶，一禁绝之”。他提了四点理由，来说明为何要禁绝图谶。其一，张衡认为古人不言谶，汉世取代暴秦这样的伟业也没有涉及谶，夏侯胜、眭孟的著作中没有涉及谶，刘向父子校书，《别录》中也没有谶录，谶是汉成帝、哀帝之后才出现的。其二，谶往往与史实矛盾，或自相矛盾，一部谶书中，往往歧义错出，贾逵曾摘录谶书中三十多处互相歧义的地方，喜欢谈谶的人无法辩解。其三，谶往往成为某些人欺世盗名，以求取利禄地位的工具。其四，那些诸如律历、封候、九宫、风角之类可以验证的实学技能没有人去学习，都去学习谶纬之学，就是因为学习实学技能有可以评判的标准，所以做起来难，而谶纬随人臆说，没有统一的标准，这就像画画，画犬马之类的动物难画，因为这些现实中都有形状，画得好与不好，一眼就能看出来，而画鬼之类现实中不存在的事物，无论画得好不好，都没办法评判。基于以上四点理由，张衡认为，谶纬迷信应该一并禁绝。

张衡主要是从谶纬迷信对于国家社会与思想人心的危害的角度来思考问题的。谶纬迷信或许可以逞一时之风气，但长此以往，必定有那些尊重实际、实事求是的学者出来反驳，因而形成一股批判谶纬迷信的思潮。然而支持和利用谶纬迷信的往往是官方的高层，古文经学家想要批判这种思潮，必定会触及一批当权既得利益者的利益。东汉古文经学在社会下层逐渐兴盛，其批判矛头直指受谶纬迷信所影响的官方学说，而受到谶纬迷信影响的官方学说又往往不能自圆其说，缺乏学理支持，穷于应战，于是只能越来越趋向衰落。小人往往利用谶纬神学来谋取个人的私利，欺世盗名，骗取势力地位利禄。如果这种趋势长此以往，势必造成下层社会与上层官方思想意识的激烈对立；如果不自上而下进行变革，破除谶纬神学的影响，很有可能导致社会思想两极分化的趋势，最终造成政治上的严重对立。而在当时，进行变革最好的办法就是在官方学说中引入古文经学，包括古文经学对于谶纬的批判。今古文经学之间的合流也是基于学者对于官方学说进行改造的初衷而出现的。张衡正是基于对这种存在于当时的社会危机的深刻认识，才坚决提出禁绝谶纬之学，净化官方学说的要求。尽管他的建议并没有立即被采纳，但这种要求废除谶纬的趋势则是很难阻挡的。

蔡邕列传

〔选文〕

蔡邕字伯喈，陈留圉人也。

……

邕性笃孝，母常滞病三年，邕自非寒暑节变，未尝解襟带，不寝寐者七旬[①]。母卒，庐[②]于冢侧，动静以礼。有菟[③]驯扰[④]其室傍，又木生连理，远近奇之，多往观焉。与叔父从弟同居，三世不分财，乡党高其义。少博学，师事太傅胡广。好辞章、数术、天文，妙操音律。

……

建宁三年，辟司徒桥玄府，玄甚敬待之。出补河平长。召拜郎中，校[⑤]书东观。迁议郎。邕以经籍去[⑥]圣久远，文字多谬，俗儒穿凿，疑误后学，熹平四年，乃与五官中郎将堂溪典，光禄大夫杨赐，谏议大夫马日磾，议郎张驯、韩说，太史令单飏等，奏求正定《六经》文字。灵帝许之，邕乃自书丹于碑，使工镌刻立于太学门外。于是后儒晚学，咸取正焉。及碑始立，其观视及摹写者，车乘日千余两，填塞街陌。

……

邕前在东观，与卢植、韩说等撰补《后汉记》，会遭事流离，不及得成，因上书自陈，奏其所著十意，分别首目，连[⑦]置章左。帝嘉其才高，会明年大赦，乃宥[⑧]邕还本郡。邕自徙及归，凡九月焉。将[⑨]就还路，五原太守王智饯之。酒酣，智起舞属[⑩]邕，邕不为报。智者，中常侍王甫弟也，素贵骄，惭[⑪]于宾客，诟[⑫]邕曰："徒敢轻我！"邕拂衣而去。智衔[⑬]之，密告邕怨于囚放，谤讪朝廷。内宠恶之。邕虑卒[⑭]不免，乃亡命江海，远迹吴会。往来依[15]太山羊氏，积十二年，在吴。

吴人有烧桐以爨[16]者，邕闻火烈之声，知其良木，因请而裁为琴，果有美音，而其尾犹焦，故时人名曰"焦尾琴"焉。初，邕在陈留也。其邻人有以酒食召邕者，比[17]往而酒以酣焉。客有弹琴于屏，邕至门试潜听之，曰："憘！以乐召我而有杀心，可也？"遂反[18]。将命者告主人曰："蔡君向[19]来，至门而去。"邕素为邦乡所宗[20]，主人遽[21]自追而问其故，邕具以告，莫不怃然。弹琴者曰："我向鼓弦，见螳螂方向鸣蝉，蝉将去而未飞，螳螂为之一前一却[22]。吾心耸然，惟恐螳螂之失之也。此岂为杀心而形于声者乎？"邕莞然而笑曰："此足以当[23]之矣。"

中平六年，灵帝崩，董卓为司空，闻邕名高，辟之，称疾不就。卓大怒，詈[24]曰："我力能族[25]人，蔡邕遂偃[26]蹇[27]者，不旋踵矣。"又切敕州郡举邕诣府，邕不得已，到，署[28]祭酒，甚见[29]敬重。举高第，补侍御史，又转持书御史，迁尚书。三日之间，周历三台。迁巴郡太守，复留为侍中。

初平元年，拜左中郎将，从献帝迁都长安，封高阳乡侯。……

卓重邕才学，厚相遇待，每集宴，辄令邕鼓琴赞[30]事，邕亦每存匡[31]益。然卓多自佷用[32]，邕恨其言少从，谓从弟谷曰："董公性刚而遂非，终难济也，吾欲东奔兖州，若道远难达，且[33]遁逃山东以待之，何如？"谷曰："君状异恒[34]人，每行观者盈集。以此自匿，不亦难乎？"邕乃止。

及卓被诛，邕在司徒王允坐，殊不意言之而叹，有动于色。允勃然叱之曰："董卓国之大贼，几倾汉室。君为王臣，所宜同忿，而怀其私遇[35]，以忘大节！今天诛有罪，而反相伤痛，岂不共为逆哉?”即收[36]付廷尉治罪。邕陈辞谢[37]，乞黥[38]首刖[39]足，继成汉史。士大夫多矜[40]救之，不能得。太尉马日磾驰往谓允曰:“伯喈旷世逸才，多识汉事，当续成后史，为一代大典。且忠孝素著，而所坐[41]无名，诛之无乃失人望乎?”允曰:“昔武帝不杀司马迁，使作谤书，流于后世。方今国祚中衰，神器不固，不可令佞臣执笔在幼主左右。既无益圣德，复使吾党蒙其讪议。”日磾退而告人曰:“王公其不长世乎? 善人，国之纪也;制作，国之典也。灭纪废典，其能久乎!”邕遂死狱中。允悔，欲止而不及。时年六十一。搢绅诸儒莫不流涕。北海郑玄闻而叹曰:“汉世之事，谁与正之!”兖州、陈留间皆画像而颂焉。

其撰集汉事，未见录以继后史。适作《灵纪》及十意，又补诸列传四十二篇，因李傕之乱，湮没多不存。所著诗、赋、碑、诔、铭、赞、连珠、箴、吊、论议、《独断》、《劝学》、《释诲》、《叙乐》、《女训》、《篆艺》、祝文、章表、书记，凡百四篇，传于世。

选自《后汉书》卷六十下

〔**注释**〕 ① 旬：十天为一旬。 ② 庐：居住。 ③ 菟：通“兔”。 ④ 扰：驯服。 ⑤ 校：考订。 ⑥ 去：距离。 ⑦ 连：连同。 ⑧ 宥：宽恕。 ⑨ 将：将要。 ⑩ 属：劝酒。 ⑪ 惭：羞愧。 ⑫ 诟：辱骂。 ⑬ 衔：怀恨。 ⑭ 卒：最后。 ⑮ 依：依靠。 ⑯ 爨：烧火做饭。 ⑰ 比：等到。 ⑱ 反：同“返”，返回。 ⑲ 向：刚才。 ⑳ 宗：尊奉。 ㉑ 遽：赶快。 ㉒ 却：退。 ㉓ 当：符合。 ㉔ 詈：责骂。 ㉕ 族：灭族。 ㉖ 偃：高傲的样子。 ㉗ 蹇：傲慢。 ㉘ 署：暂任。 ㉙ 见：被。 ㉚ 赞：辅佐。 ㉛ 匡：匡正。 ㉜ 很用：乖戾自用。 ㉝ 且：暂且。 ㉞ 恒：平常。 ㉟ 遇：待遇。 ㊱ 收：拘捕。 ㊲ 谢：认错。 ㊳ 黥：一种刑罚，在有罪的人面部刺字涂墨使不消失。 ㊴ 刖：一种砍掉脚的酷刑。 ㊵ 矜：同情。 ㊶ 坐：定罪。

〔**赏析**〕 作为东汉著名文学家、书法家的蔡邕年少好学，性笃孝，博通经史，喜好辞章、数术、天文之学，对于书法、音乐也颇有研究。汉灵帝时他曾校书于东观，曾因弹劾宦官被流放朔方。献帝时董卓强迫他出仕为侍御史，官拜左中郎将,故后人也称他“蔡中郎”。董卓被诛后,蔡邕为王允抓捕,死于狱中。

蔡邕是一位饱学之士,怀有经国救世之心,但一生未能受到重用,仕途蹭蹬,最终死于狱中。可以说,他有心在政治上有一番作为却没能如愿,反而在文化史上留下了不朽的丰功伟绩,这便是倡议校刻熹平石经一事。蔡邕认为,由于经典文字歧异错讹,贻误后学,于是在汉灵帝熹平四年(175年),与五官中郎将堂溪典,光禄大夫杨赐,谏议大夫马日磾,议郎张驯、韩说,太史令单飏等,奏求正定《六经》文字。获得批准后,由蔡邕以八分隶书书写刊刻在石碑上。石经共有四十六块碑,每块碑高一丈多,宽四尺,排列在洛阳太学门外,四面设置栏障,上有瓦屋覆盖,以挡雨水。碑落成以后,前来观摩抄写的人络绎不绝,车马日均千余辆,堵塞了大街小巷,可见当时盛况空前。

熹平石经刻成以后,主要用于纠正当时各家经书文字错讹的混乱现象。由于秦始皇焚书,两汉先秦古文经典的不断发现,两汉经学今古文之争以及各家师法传授固守一家之言,缺乏交流,导致经文的文字容易发生歧互错讹的现象。这种现象对于文化的传播、教育的施行都带来了困难。作为统治集团的士大夫群体,自然会想方设法统一经书文字,以达到统一学说,统一思想,平息纷争的目的。这种做法也被后世所广泛接受与继承,如三国魏正始年间的三体石经,唐代初年颜师古校订五经文字,唐文宗时郑覃校刻开成石经,以及后来的蜀石经、宋石经、清石经等等。这种历代对文化学术思想的不断统一,固然有其正面意义,但从社会文化的角度来看,文化上的统一往往会破坏文化的多样性。

值得指出的是,因为经书解释的多样性,意味着政治思想与政治信仰的多样性。历来中国的统治者都面临着思想文化的统一与社会的稳定这样一个课题,传统中国社会,很少有跳出这一框架的土壤。蔡邕身为传统社会的士大夫,面临的是传统儒家经世致用思想与如何巩固帝王统治、维持社会稳定的艰巨课题。东汉末年,社会发生巨大的变化,各种势力已经逐渐形成,蠢蠢欲动,而学术文化上也因为官学长期存在的信任危机而不断受到来自民间学者与学说的挑战。在这种社会背景下,蔡邕所倡导的正定六经文字,不过是符合了当时统治者对于统一文化思想的需求，以及社会上对于权威的膜拜和利禄的追求。总体上看，对于中国文化与当时的社会还是有一定积极意义的。尽管熹平石经及洛阳太学很快就因董卓之乱毁于一旦，但对于保存中国文化的积极意义则持续了相当长的一段时间。

熹平石经刻毕以后，竖立于太学门外。自汉武帝设立太学以来，国家经学教育便成为文化教育史上重要的一个方面。东汉光武帝自创业起，便十分注重经学教育，在洛阳设立太学对于当时的经学教育与对文化的传播都起到了相当重要的作用。蔡邕正定六经文字，无疑对太学的教育也产生了重要的影响。

（邱　敏）

民族共生格局中的交际天下

〔导言〕 中国在漫长的历史演进中逐渐发展成为一个影响力超越周边国家的大国这一基础在秦始皇建立统一国家时就已奠定。时至汉朝,对外交往和边境战争变得越来越频繁,这种变化的产生一方面确实有助于汉朝向周边地区扩张势力范围,另一方面在客观上使得汉朝有机会接触到更多的国家。在这一背景下,一批卓越的军事家和外交家得以涌现,他们活跃在诡谲变幻的政治外交领域,成为这个时代最光彩夺目的焦点。通过向外拓展空间,越来越多的国家为中国所知,大大开阔了国人的眼界。在古代中国的思维中,中国乃中央之国,是周边四邻一切国家的"共主"。物质决定意识,这种认识自然与中国的强大息息相关。中国的自信既表现在行为上,也表现在文化上。强盛的中国在与周边国家的交往过程中时刻散发着大国的气概,从张骞到苏武、班超,无论是逆境还是顺境,大国的使者所展现出来的气魄足以支撑起这个国家的门面,树立了这个国家的威信。

本书选录《班超列传》和《东夷列传》。前者主要刻画了西汉著名的军事家、外交家班超的事迹,希望通过赏析,展现给读者一个伟岸的大国人杰。后者主要记述中国以东的各国风土人情,希望通过赏析,使读者体会到古代中国的大国威严以及对周边地区国家的强大影响力。

班 超 列 传

〔选文〕

班超字仲升,扶风平陵人,徐令彪之少子也。为人有大志,不修细节。然内孝谨,居家常执勤苦,不耻劳辱。有口辩,而涉猎书传。永平五年,兄固被召诣校书郎,超与母随至洛阳。家贫，常为官佣书[①]以供养。久劳苦，尝[②]辍业投笔叹曰："大丈夫无它志略[③]，犹当效[④]傅介子、张骞立功异域，以取封侯，安能久事笔研间乎？"左右皆笑之。超曰："小子安知壮士志哉！"其后行诣相者，曰："祭酒，布衣诸生耳，而当封侯万里之外。"超问其状。相者指曰："生燕颔虎颈，飞而食肉，此万里侯相也。"久之，显宗问固："卿弟安在？"固对："为官写书，受直[⑤]以养老母。"帝乃除超为兰台令史。后坐事[⑥]免官。

十六年，奉车都尉窦固出击匈奴，以超为假司马，将[⑦]兵别击伊吾，战于蒲类海，多斩首虏而还。固以为能[⑧]，遣与从事郭恂俱使西域。

超到鄯善，鄯善王广奉超礼敬甚备，后忽更疏懈。超谓其官属曰："宁觉广礼意薄乎？此必有北虏使来，狐疑未知所从故也。明者睹未萌，况已著[⑨]邪。"乃召侍胡诈[⑩]之曰："匈奴使来数日，今安在乎？"侍胡惶恐，具服[⑪]其状。超乃闭[⑫]侍胡，悉[⑬]会其吏士三十六人，与共饮，酒酣，因激怒之曰："卿曹与我俱在绝域[⑭]，欲立大功，以求富贵。今虏使到裁[⑮]数日，而王广礼敬即废；如令鄯善收[⑯]吾属送匈奴，骸骨长为豺狼食矣。为之奈何？"官属皆曰："今在危亡之地，死生从司马。"超曰："不入虎穴，不得虎子。当今之计，独有因夜以火攻虏，使彼不知我多少，必大震怖，可殄[⑰]尽也。灭此虏，则鄯善破胆，功成事立矣。"众曰："当与从事议之。"超怒曰："吉凶决于今日。从事文俗吏，闻此必恐而谋泄，死无所名，非壮士也！"众曰："善。"初夜，遂将吏士往奔虏营。会[⑱]天大风，超令十人持鼓藏虏舍后，约曰："见火然[⑲]，皆当鸣鼓大呼。"余人悉持兵弩夹门而伏。超乃顺风纵火，前后鼓噪。

虏众惊乱，超手格杀三人，吏兵斩其使及从士三十余级，余众百许人悉烧死。明日乃还告郭恂，恂大惊，既而色动。超知其意，举手曰："掾虽不行，班超何心独擅[20]之乎？"恂乃悦。超于是召鄯善王广，以虏使首示之，一国震怖。超晓告抚慰，遂纳子为质。还奏于窦固，固大喜，具上超功效[21]，并求更选使使西域，帝壮超节，诏固曰："吏如班超，何故不遣而更选乎？今以超为军司马，令遂前功。"超复受使，固欲益[22]其兵，超曰："愿将本所从三十余人足矣。如有不虞[23]，多益为累。"

是时，于阗王广德新[24]攻破莎车，遂雄张[25]南道，而匈奴遣使监护其国，超既西，先至于阗。广德礼意甚疏。且其俗信巫。巫言："神怒何故欲向汉？汉使有騧马，急求取以祠我。"广德乃遣使就超请马。超密知其状，报[26]许之，而令巫自来取马。有顷，巫至，超即斩其首以送广德，因辞让[27]之。广德素闻超在鄯善诛灭虏使，大惶恐，即攻杀匈奴使者而降超。超重赐其王以下，因镇抚焉。

时，龟兹王建为匈奴所立，倚恃虏威，据有北道，攻破疏勒，杀其王，而立龟兹人兜题为疏勒王。明年春，超从间道[28]至疏勒。去兜题所居槃橐城九十里，逆遣吏田虑先往降之。敕虑曰："兜题本非疏勒种，国人必不用命。若不即降，便可执之。"虑既到，兜题见虑轻弱，殊无降意。虑因其无备，遂前劫缚兜题。左右出其不意，皆惊惧奔走。虑驰报超，超即赴之，悉召疏勒将吏，说以龟兹无道之状，因立其故王兄子忠为王，国人大悦。忠及官属皆请杀兜题，超不听，欲示以威信，释而遣之。疏勒由是与龟兹结怨。

十八年，帝崩。焉耆以中国大丧，遂攻没都护陈睦。超孤立无援，而龟兹、姑墨数发兵攻疏勒。超守盘橐城，与忠为首尾，士吏单少，拒㉙守岁余。肃宗初即位，以陈睦新没，恐超单危不能自立，下诏征㉚超。超发还，疏勒举国忧恐。其都尉黎弇曰："汉使弃我，我必复为龟兹所灭耳。诚不忍见汉使去。"因以刀自刎。超还至于阗，王侯以下皆号泣曰："依汉使如父母，诚不可去。"互抱超马脚，不得行。超恐于阗终不听㉛其东，又欲遂本志，乃更还疏勒。疏勒两城自超去后，复降龟兹，而与尉头连兵。超捕斩反者，击破尉头，杀六百余人，疏勒复安。

选自《后汉书》卷四十七

〔注释〕 ① 佣书：受雇替人抄书。 ② 尝：曾经。 ③ 略：谋略。 ④ 效：效法。 ⑤ 直：工钱。 ⑥ 坐事：因事获罪。 ⑦ 将：带领。 ⑧ 能：有能力。 ⑨ 著：显露。 ⑩ 诈：欺骗。 ⑪ 服：招认。 ⑫ 闭：关押。 ⑬ 悉：全。 ⑭ 绝域：极远的地方。 ⑮ 裁：通"才"。 ⑯ 收：拘捕。 ⑰ 殄：消灭。 ⑱ 会：适逢。 ⑲ 然：燃烧。 ⑳ 擅：占有。 ㉑ 功效：功绩。 ㉒ 益：增加。 ㉓ 虞：预料。 ㉔ 新：刚。 ㉕ 雄张：犹言雄长，即称雄。 ㉖ 报：答复。 ㉗ 让：责备。 ㉘ 间道：偏僻的小路。 ㉙ 拒：抵御。 ㉚ 征：征召。 ㉛ 听：听凭。

〔赏析〕 班超是我国历史上著名的军事家和外交家，这是对于班超习见的评价。军事家、外交家分别对应着班超的实际身份，即军人和外交人员。在这两个身份的转换中，班超都取得了杰出的成就，以至到了使后世仰慕的程度。班超能够在国家边陲以军人和使者的双重身份立下赫赫功绩绝非偶然，其突出成就的取得契合了时代发展的需求和西汉外交决策的重心。就班超本人而言，他拥有的勇敢和多谋这两种素养使其在风云变幻的军事与外交领域纵横驰骋。

班超生活在东汉的和平年代，国家刚刚从动乱中恢复，正在一步步地走上正轨。正当国内局面不断缓和的时候，东汉王朝的周边却出了问题。先是西域的一些国家目睹两汉之交的中原王朝陷入内乱，渐渐与之产生疏离。有的国家依附周围强国以求自保，有的国家依附于匈奴这一汉王朝的死敌，还有的国家自称西域上邦而与东汉王朝分庭抗礼。中国作为一个长期以来的大国，面对着如此不堪的外交局面，想要维持国家的稳定发展是不可能的。少年班超很早就立下了夙愿，希望效法傅介子和张骞以求立功扬名。当时许多人都嘲笑他作为一介书生实在是痴心妄想。班超对于这个否定非常不屑，他感叹道："小子安知壮士志哉！"真正让班超坚定信念的原因其实是由于看相人所言之"祭酒，布衣诸生耳，而当封侯万里之外"，遂坚定了班超投笔从戎之决心。其时，东汉社会尚武，于边关杀敌报国的尊崇性远非一介书生可比。

班超终于得到了证明自己才能的机会。永平十六年(73年)，班超以假司马(代理司马)的职务随军出征，并很快立功。军队凯旋后，主帅窦固赏识他的才干，推荐他出使西域。

班超一行人先来到鄯善。起初，鄯善王对班超一行人关怀周到，嘘寒问暖。可是没过多久，态度就冷淡了下来。班超多谋，很快作出了判断："定是匈奴使者来了，国王正愁着投靠谁比较好。"毫无疑问，班超的判断是极为正确的，然而他个人的判断并没有完全说服同行的使者。于是班超把负责照顾一行人起居的鄯善人叫来，厉声问他："匈奴使者来了好多天了，现在人还在吗？"鄯善人大惊，将实情全盘托出。匈奴使者的到来使得鄯善王倒向了匈奴，汉朝使者的处境已经十分危险。与班超同行的使者对鄯善王不再抱有幻想，均表示"死生从司马"。班超人生中最为精彩的一幕已经揭开。在此生死存亡之际，大家都期待着长官的决策。班超毅然大呼："不入虎穴，焉得虎子？"在最后的关头，除了以勇敢化解危机，还有什么是值得多虑的呢？

身居险境，处惊不变，班超以三十七人的规模对匈奴使者进行了精确打击，成功完成了战术任务，达成了战略目标。奋力一搏之后，班超为自己和使者团众人保有了生命，为自己赢得了名声，为大汉赢得了尊重。班超在此役中充分展示了作为军人和外交使节的勇敢和多谋，证明了自己投笔从戎的选择并没有错，也以不可辩驳的实力证明了自己堪称国之栋梁。

此后，班超多次被委派到最危险的外交前线，每一次都得以不辱使命，出色地完成了任务：于阗王自以为大国，假巫师神意向汉朝提出了无理要求，班超砍下巫师首级以作回答；又如龟兹灭疏勒后，立龟兹人为王，班超即为疏勒复国，使疏勒成为汉朝在西域的外交盟友。永平十八年（75 年），班超受命归国，疏勒举国忧恐，认为汉使一去则龟兹必将卷土重来。于阗国上至国王下到百姓皆放声大哭，如此种种，不一而足。

清末蔡东藩评论：西汉有张骞，东汉有班超，皆一时人杰，不可多得。我认为班超功绩尤其高于张骞，张骞屡次重金结交西域各国，虽足以打压匈奴，但浪费金帛，消耗国力，虽说有功，亦有不足。班超只带领三十六人，探身虎穴，焚杀匈奴使者，已见胆识；随后拿下兜题（龟兹人，疏勒国王），平定疏勒，指挥任意，制敌如神，而没有白白浪费国家财力，这若非有过人才能，岂能到此境界？蔡氏之言可谓极富真知灼见。

《宋史·吉礼》中，南宋傅伯寿曾将班超、陈汤、傅介子和冯奉世并列，称此四人“有汉之隽功”。但有意思的是，四人“皆不得预从祀（武成庙）之列”。傅伯寿对武成庙的祭祀制度颇有微词，他说：“一时铨次，失于太杂”，即对功勋彪炳之人不能入享祭祀深表不满。我们不妨再看看他列出的其他人——尹吉甫、召虎、谢安、祖逖、王忠嗣、张巡。很明显，在傅伯寿看来，只有忠心卫国的英雄才配得上享祀武庙。南宋是中国历史上在军事上呈现出弱势的朝代，因此南宋人对国运特别敏感。汉朝是军事上极为强势的朝代，在东亚地区的霸权无可动摇。而在傅伯寿列出的四人中，只有班超是东汉人。可以毫不夸张地说，班超为东汉塑造了外交事业的口碑，同时也与周边国家打下了良好的外交基础。直到东汉末年，帝国在外交上再也没有出现过什么重大的问题。

东夷列传

〔选文〕

王制云：“东方曰夷。”夷者，柢[1]也，言仁而好生，万物柢地而出。故天性柔顺，易以道御，至有君子、不死之国焉。夷有九种，曰畎夷，于夷，方夷，黄夷，白夷，赤夷，玄夷，风夷，阳夷。故孔子欲居九夷也。

昔尧命羲仲宅[2]嵎夷，曰旸谷，盖日之所出也。夏后氏太康失德，夷人始畔[3]。自少康已后，世服王化，遂宾于王门，献其乐舞。桀为暴虐，诸夷内侵，殷汤革命，伐而定之。至于仲丁，蓝夷作寇。自是或服或畔，三百余年。武乙衰敝，东夷浸盛，遂分迁淮、岱，渐居中土。

及武王灭纣，肃慎来献石砮、楛矢。管、蔡畔周，乃招诱夷狄，周公征之，遂定东夷。康王之时，肃慎复至。后徐夷僭号，乃率九夷以伐宗周，西至河上。穆王畏其方炽[④]，乃分东方诸侯，命徐偃王主之。偃王处潢池东，地方五百里，行仁义，陆地而朝者三十有六国。穆王后得骥騄之乘，乃使造父御以告楚，令伐徐，一日而至。于是楚文王大举兵而灭之。偃王仁而无权[⑤]，不忍斗其人，故致于败。乃北走彭城武原县东山下，百姓随之者以万数，因名其山为徐山。厉王无道，淮夷入寇，王命虢仲征之，不克，宣王复命召公伐而平之。及幽王淫乱，四夷交侵，至齐桓修霸，攘而却焉。及楚灵会申，亦来豫[⑥]盟。后越迁琅邪，与共征战，遂陵[⑦]暴诸夏，侵灭小邦。

秦并六国，其淮、泗夷皆散为民户。陈涉起兵，天下崩溃，燕人卫满避地朝鲜，因王[⑧]其国。百有余岁，武帝灭之，于是东夷始通[⑨]上京。王莽篡位，貊人寇边。建武之初，复来朝贡。时辽东太守祭肜威詟北方，声行海表[⑩]，于是濊、貊、倭、韩万里朝献，故章、和已后，使聘[⑪]流通。逮永初多难，始入寇钞；桓、灵失政，渐滋曼焉。

自中兴之后，四夷来宾，虽时有乖[⑫]畔，而使驿不绝，故国俗风土，可得略记。东夷率[⑬]皆土著，憙[⑭]饮酒歌舞，或冠弁衣锦，器用俎豆。所谓中国失礼，求之四夷者也。凡蛮、夷、戎、狄总名四夷者，犹公、侯、伯、子、男皆号诸侯云。

……

倭在韩东南大海中，依山岛为居，凡百余国。自武帝灭朝鲜，使驿通于汉者三十许国，国皆称王，世世传统。其大倭王居邪马台国。乐浪郡徼[15]，去其国万二千里，去其西北界拘邪韩国七千余里。其地大较在会稽东冶之东，与朱崖、儋耳相近，故其法俗多同。

土宜禾稻、麻纻、蚕桑，知织绩为缣布。出白珠、青玉。其山有丹土。气温腝，冬夏生菜茹。无牛马虎豹羊鹊。其兵有矛、楯、木弓，竹矢或以骨为镞。男子皆黥[16]面文[17]身，以其文左右大小别尊卑之差。其男衣皆横幅结束[18]相连。女人被发屈紒，衣如单被，贯头而著[19]之；并以丹朱坋[20]身，如中国之用粉也。有城栅屋室。父母兄弟异处，唯会同[21]男女无别。饮食以手，而用笾豆。俗皆徒跣[22]，以蹲踞为恭敬。人性嗜酒。多寿考，至百余岁者甚众。国多女子，大人皆有四五妻，其余或两或三。女人不淫不妒。又俗不盗窃，少争讼。犯法者没[23]其妻子，重者灭其门族。其死停丧十余日，家人哭泣，不进酒食，而等类就歌舞为乐。灼骨以卜，用决[24]吉凶。行来度海，令一人不栉[25]沐，不食肉，不近妇人，名曰"持衰"。若在涂[26]吉利，则雇以财物；如病疾遭害，以为持衰不谨，便共杀之。

建武中元二年，倭奴国奉贡朝贺，使人自称大夫，倭国之极南界也。光武赐以印绶。安帝永初元年，倭国王帅升等献生口百六十人，愿请见。

桓、灵闲，倭国大乱，更相攻伐，历年无主。有一女子名曰卑弥呼，年长不嫁，事鬼神道，能以妖惑众，于是共立为王。侍婢千人，少有见者，唯有男子一人给饮食，传辞语。居处宫室楼观城栅，皆持兵守卫。法俗严峻。

自女王国东度海千余里至拘奴国，虽皆倭种，而不属女王。自女王国南四千余里至朱儒国，人长三四尺。自朱儒东南行船一年，至裸国、黑齿国，使驿所传，极于此矣。

选自《后汉书》卷八十五

〔注释〕 ① 柢：树根，喻事物的根基。 ② 宅：居住。 ③ 畔：通“叛”。 ④ 炽：强盛。 ⑤ 权：权谋。 ⑥ 豫：通“与”，参与。 ⑦ 陵：欺凌。 ⑧ 王：统治。 ⑨ 通：沟通。 ⑩ 表：外。 ⑪ 聘：指天子、诸侯及国家间派使臣访问。 ⑫ 乖：背离。 ⑬ 率：大抵。 ⑭ 憙：喜好。 ⑮ 徼：边界。 ⑯ 黥：在身上刺绘文字、花纹或图案，并着色的习俗。 ⑰ 文：在身体上刺画花纹。 ⑱ 束：绑。 ⑲ 著：穿。 ⑳ 坋：敷洒。 ㉑ 会同：会见。 ㉒ 跣：光着脚。 ㉓ 没：没收。 ㉔ 决：判断。 ㉕ 栉：梳头。 ㉖ 涂：通“途”。

〔赏析〕 在中国上古的“天下”概念中，是以五服制度来划分天子势力范围的。《国语·周语》记载：“夫先王之制，邦内甸服，邦外侯服，侯卫宾服，蛮夷要服，戎狄荒服”，同时规定每一“服”的范围是五百里。这样，以王畿为中心的方圆二千五百里范围，就是中国天子的势力范围。

关于五服制度，其他文献有着更加明晰的说法。《尚书·禹贡》记载：“五百里甸服：百里赋纳总，二百里纳铚，三百里纳秸服，四百里粟，五百里米。五百里侯服：百里采，二百里男邦，三百里诸侯。五百里绥服：三百里揆文教，二百里奋武卫。五百里要服：三百里夷，二百里蔡。五百里荒服：三百里蛮，二百里流。”由此看来，各服有各服的职责。距离王畿最近的甸服负责农作物的供应；次近的侯服，一百里范围内是天子的采地，再往外推两百里是可以封给男爵的，三百里以外可以封给较低级的诸侯；而后的绥服，由内往外三百里可以传播文化，剩下两百里教他们只管打仗；再往后五百里的要服，就出现了“夷”这个字，从语言形态来说从此以往便已属于化外之地，此处文教不畅；最外围的荒服，则是野蛮人和流刑犯待的地方。

这里我们可以获得两个关键信息。第一，五服的概念存在着“夷”的内涵，也就是说“夷”仍旧被看作处于中国天子的势力范围之内。第二，“夷”的位置处于第三服和第五服之间，然而仍旧比较靠近第三服。接下来从字义上来解释“夷”的确切含义也就成为逻辑的必然，“夷”字由“大”和“弓”组成，可以演化出动词和名词各一。作为动词,表示大弓射出的箭平而直;作为名词,表示使用大弓的人。《说文》记载:“夷,平也。从大,从弓。东方之人也。”

所谓“三百里夷”,即取动词之意,以保持和平。古字常一字多义,从这则语料中亦可判断古时夷人对中国天子的态度大体是恭顺臣服的。当地人民“天性柔顺,易以道御”,“故,孔子欲居九夷也”。当然,一旦中国天子无道,夷人也是会奋起反抗的,中国与四夷密切相关的特点还可以从“中国失礼,求之四夷”的说法中得到一定的证明。

随着中国版图的不断扩大,“夷”的概念也发生了变化。到了汉朝,“四夷”已经成了四方民族的总称,分别是东夷、南蛮、西戎和北狄。经过长期的民族融合,过去泾渭分明的理论划分形态渐渐模糊,“夷”字所指代的意义和范围获得了不同于以往时期的扩大。

自中国建成大一统中央集权的帝国后,最高统治者的绝对权威得到了确认,中央和地方的关系变得简单而纯粹,溥天之下莫非王土成为现实。但很快地,中国天子就发现远在自己直辖管理范围之外,居然还有那么多的国家并非由他本人直接控制。

关于“夷”问题的探讨并非无关紧要,这涉及天子以及天下体系的合法性问题。只有建立起四方国家对中国天子的臣服关系,才能给予这一问题以较为合理的解决。在历史的发展中,来自东南西北的松散小国看到了统一而强大的中国,纷纷派出使者以表达对中国天子的恭顺之意,表示愿意和中国天子建立主臣的关系。这种关系下的中国皇帝类似于夏商时期的“天下共主”了,虽然“天下共主”不会直接干预附属国的内政事务,但可以通过扩大影响力这一途径来对国际局势进行掌控和协调。周边国家政权的更替若影响到了中国的利益,中原王朝出于本国利益的需要,也会毫不犹豫地对失控的局势进行干涉,直至将事态控制在中原王朝可以容忍的范围内。

四方少数民族政权中,尤以东方的夷人对待中原王朝的态度最好。究其原因,范晔认为由于从前箕子抛弃了业已衰败的殷商天命,到朝鲜避难,朝鲜原初的习俗中没有听说过什么叫做道义法条,到箕子实行八条禁令以后,使人们知道法禁,终于使他们的城邑没有奸淫和偷盗,夜不闭户,改变了愚昧浅薄的习俗,施行宽大简略的法律,度过了千百年,所以东夷盛行温和谨慎的风气,和另外三方的夷人不同。这是范晔的历史认识,可资我们进行参考。

原本属于华夏民族的一部分习俗被糅杂进东夷的文化体系之中,使他们与华夏民族有了共同的文化基因,这也是两者能够保持稳定关系的重要因素。此时的中原王朝,不仅是文化的传播者,更是文化圈的建设者和维护者,在此后两千年的岁月中,中华文化圈的主流价值形态及其影响力在东方可谓是经久不衰。

（唐剑明）

特立独行者心性和智术的历史关注

〔导言〕 自司马迁以“究天人之际，通古今之变，成一家之言”的宗旨撰述《史记》以来，纪传体的历史书写模式便被奉为中国正史编撰体例的圭臬。司马迁以卓荦的史才，通过类传的形式，建构出西汉时期及此前历史阶段的经济、政治等社会纵深面的广阔图景，书写人物的范畴并不囿于帝王将相。这种著史的思维模式在极大程度上影响了其后班固和范晔的历史书写。基于对东汉社会的洞察和剖析，范晔写作了独行、逸民、方术等类传，为历朝历代的正史书写所效法。“独行”之意，范晔称其人“名体虽殊，而操行俱绝”，这一群体的出现与两汉之间社会动乱纷扰的关系至为密切，退避世事者可与逸民之隐遁行为等量齐观，积极从政者可与党锢群体的公忠体国相对照。“方术”这一社会思潮的兴起和延续自有其历史发展的阶段，上古时期的巫文化是其渊源。汉武帝“颇好方术”，王莽与光武帝以谶纬之学作为国家建立的神学意识形态为其近因，通过对于方术范畴的研究，能够洞察东汉王朝的社会思潮，包括获得对于迷信问题认识论意义的理解。“逸民”所代表的隐逸文化是中国恒久的一个母题，所谓“天下有道则见，无道则隐”(《论语·泰伯》)，这种思维模式的形成契合且平衡了中国传统士大夫内在道德素养的锤炼和治国平天下的情怀。对此三传进行考察，可以从一个侧面反映出游离于东汉王朝官方价值观念之外的社会面貌之一斑。

独 行 列 传

〔选文〕

孔子曰：“与其不得中庸，必也狂狷乎！”又云：“狂者进取，狷者有所不为也。”此盖失于周全之道，而取诸偏至之端者也。然则有所不为，亦将有所必为者矣；既云进取，亦将有所不取者矣。如此，性尚[1]分流，为否异适矣。

中世偏行一介之夫，能成名立方者，盖亦众[2]也。或志刚金石，而克[3]捍[4]于强御。或意严冬霜，而甘心于小谅[5]。亦有结朋协好，幽明共心；蹈[6]义陵[7]险，死生等[8]节。虽事非通圆，良其风轨有足怀[9]者。而情[10]迹殊杂，难为条[11]品[12]；片辞特趣[13]，不足区别。措[14]之则事或有遗，载之则贯序无统。以其名体虽殊，而操行俱绝[15]，故总为《独行篇》焉。庶备诸阙文，纪志漏脱云尔。

……

李业字巨游，广汉梓潼人也。少有志操，介特[16]。习《鲁诗》，师博士许晃。元始中，举明经，除[17]为郎。

会[18]王莽居摄，业以病去官，杜[19]门不应州郡之命。太守刘咸强[20]召之，业乃载病诣门。咸怒，出教[21]曰："贤者不避害，譬犹彀弩射市，薄命者先死。闻业名称，故欲与之为治，而反托疾乎？"令诣狱养病，欲杀之。客有说咸曰："赵杀鸣犊，孔子临河而逝[22]。未闻求贤而胁以牢狱者也。"咸乃出之，因举方正。王莽以业为酒士，病不之官，遂隐藏山谷，绝匿名迹，终莽之世。

及公孙述僭号，素闻业贤，征[23]之，欲以为博士，业固疾不起。数年，述羞不致之，乃使大鸿胪尹融持毒酒奉诏命以劫[24]业：若起，则受公侯之位；不起，赐之以药。融譬旨曰："方今天下分崩，孰知是非？而以区区之身，试于不测之渊乎！朝廷贪慕名德，旷[25]官缺位，于今七年，四时珍御，不以忘君。宜上奉知己，下为子孙，身名俱全，不亦优乎！今数年不起，猜疑寇心，凶祸立加，非计之得者也。"业乃叹曰：

“危国不入，乱国不居。亲于其身为不善者，义所不从。君子见危授命[26]，何乃诱以高位重饵哉？”融见业辞志不屈，复曰：“宜呼室家[27]计[28]之。”业曰：“丈夫断[29]之于心久矣，何妻子之为？”遂饮毒而死。述闻业死，大惊，又耻有杀贤之名，乃遣使吊祠，赙赠百匹。业子翚逃辞不受。

……

范式字巨卿，山阳金乡人也，一名汜。少游太学，为诸生，与汝南张劭为友。劭字元伯。二人并告归乡里。式谓元伯曰：“后二年当还，将过拜尊亲，见孺子焉。”乃共克[30]期日。后期方至，元伯具以白[31]母，请设馔以候之。母曰：“二年之别，千里结言，尔何相信之审[32]邪？”对曰：“巨卿信[33]士，必不乖[34]违。”母曰：“若然，当为尔酝酒。”至其日，巨卿果到，升堂拜饮，尽欢而别。

式仕为郡功曹。后元伯寝疾笃，同郡郅君章、殷子徵晨夜省视之。元伯临尽，叹曰：“恨不见吾死友！”子徵曰：“吾与君章尽心于子，是非死友，复欲谁求？”元伯曰：“若二子者，吾生友耳。山阳范巨卿，所谓死友也。”寻[35]而卒。式忽梦见元伯玄冕垂缨屣履而呼曰：“巨卿，吾以某日死，当以尔时葬，永归黄泉。子未我忘，岂能相及[36]？”式怳然觉寤，悲叹泣下，具告太守，请往奔丧。太守虽心不信而重违其情，许之。式便服朋友之服，投其葬日，驰往赴之。式未及到，而丧已发引，既至圹[37]，将窆[38]，而柩不肯进。其母抚之曰：“元伯，岂有望[39]邪？”遂停柩移时[40]，乃见有素车白马，号哭而来。其母望之曰：“是必范巨卿也。”巨卿既至，叩丧言曰：“行矣元伯！死生路异，永从此辞。”会葬者千人，咸[41]为挥涕。式因执绋而引，柩于是乃前。式遂留止冢次，为修坟树，然后乃去。

后到京师，受业太学。时诸生长沙陈平子亦同在学，与式未相见，而平子被病将亡，谓其妻曰："吾闻山阳范巨卿，烈士也，可以托死。吾殁后，但以尸埋巨卿户前。"乃裂素为书，以遗㊷巨卿。既终，妻从其言。时式出行适还，省书见瘗，怆然感之，向坟揖哭，以为死友。乃营护平子妻儿，身自送丧于临湘。未至四五里，乃委素书于柩上，哭别而去。其兄弟闻之，寻求不复见。长沙上计掾史到京师，上书表式行状，三府并辟㊸，不应。

选自《后汉书》卷八十一

〔**注释**〕 ① 尚：崇尚。 ② 众：众多。 ③ 克：能够。 ④ 捍：通"干"，冒犯。 ⑤ 谅：诚信。 ⑥ 蹈：遵循。 ⑦ 陵：逾越。 ⑧ 等：同样。 ⑨ 怀：怀念。 ⑩ 情：情形。 ⑪ 条：分项。 ⑫ 品：品评。 ⑬ 趣：志向。 ⑭ 措：舍弃。 ⑮ 绝：独一无二的。 ⑯ 介特：孤高。 ⑰ 除：拜官授职。 ⑱ 会：适逢。 ⑲ 杜：闭。 ⑳ 强：强迫。 ㉑ 教：文告。 ㉒ 逝：去。 ㉓ 征：征召。 ㉔ 劫：胁迫。 ㉕ 旷：空缺。 ㉖ 授命：捐躯。 ㉗ 室家：家人。 ㉘ 计：商量。 ㉙ 断：决定。 ㉚ 克：约定。 ㉛ 白：报告。 ㉜ 审：确实。 ㉝ 信：讲信用。 ㉞ 乖：违背。 ㉟ 寻：不久。 ㊱ 及：赶上。 ㊲ 圹：墓穴。 ㊳ 窆：落葬。 ㊴ 望：盼望。 ㊵ 移时：好一段时间。 ㊶ 咸：都。 ㊷ 遗：给予。 ㊸ 辟：征召。

〔**赏析**〕 随着东汉社会历史的演进，与庙堂之上官僚体系迥异的社会各阶层人士开始活跃起来，他们志行高洁，有人面对着割据势力的强权压迫而不为所动，有人在细小之事上为了保有信用而坚忍不拔，也有人为了友谊之道与朋友死生契阔，不改初衷，这一群体行事的作风足以引人思考。范晔深感人物事迹的驳杂，难以剖判归纳，故而以"独行"作为统摄全篇的中心。这里需要指出，"独行"之名并非范晔首创，汉武帝在元狩五年六月发布的诏书中就提出了"举独行之君子"（《汉书·武帝纪》）这一行政命令。东汉建国后，将这一选举人才的标准进一步规范化，"复增敦朴、有道、贤能、直言、独行、高节、质直、清白、敦厚之属"（《后汉书·左周黄列传》）。由此可见，"独行"这一选拔人才的标准在有汉一代是不断发展巩固的，范晔以时间为经，缀合二十四人的事迹,实是对于东汉社会独行传统的一次总结性概括。通过此篇,我们可以一窥自光武讫于汉末这个较长时间段内独行人士的风采。

李业字巨游,其身处的时代恰恰处于社会剧烈动荡的王莽代汉时期;居住于广汉梓潼的客观现实,又必然要导致李业与承王莽之乱而割据蜀地的公孙述之间发生矛盾。李业处于新莽政权和公孙述割据政权的大环境之下,坚守正统的观念,将汉王朝视作正朔之所在,屡次拒绝王莽与其后公孙述的征召。先是王莽称“假皇帝”,令民臣称其为“摄皇帝”(《汉书·王莽传》),传达出包蕴着浓重代汉野心的政治信号。李业在王莽居摄期间,托病辞官,坚决不应州郡官员的征辟之命,太守刘咸将李业关押在狱中,欲图以死为威胁逼迫他就范,经人劝止最终放弃了这一图谋,李业在震惊和威胁中勉强接受了刘咸举其为方正的行政任命。王莽政权在起义军的打击之下逐渐垮台,中央集权势力的削弱直接造成了军阀分裂割据的政治情况之出现。公孙述趁中原王朝扰攘之际,以成都为国都,占据蜀地,他素闻李业高名,下令征召其为博士,这一充满政治意味的举措自然遭到了李业的严词拒绝。公孙述不会因遭到拒绝而甘心放过李业,遂派遣大鸿胪尹融携带毒酒以要挟李业就范,如果李业不接受任命,则令其饮毒自尽。在如此巨大的命运抉择中,李业饮下毒酒,以一死来表明对于公孙述僭越行为的蔑视与反抗。

较之于李业以一死的气节来凸显独行之士的崇高道德追求,范式在历史的叙述中则表现出东汉时期友朋间生死契阔的真挚感人。范式字巨卿,年轻时于太学学习,与张劭结为好友。离别之时,范式提出了两年后将拜访张劭及其母的承诺,并约定了具体的时间。两年后,张劭请求其母准备饭菜以招待范式,其母不以为然,认为分别两年和相隔千里这两个因素必然会导致范式的爽约,张劭却坚定地等待范式的到来。范式果然如期到达,二人尽欢而别。其后张劭病重,当着诸多好友的面,提出范式乃其“死友”的观点。范式也在梦中得知了张劭将死的噩耗,立即向太守请假,前往奔丧。范式的到来和执绋使得原本无法推动的灵柩得以前行并落葬。《后汉书》记载颇多怪诞之事,自不可全然信之,然而范晔所着力刻画的范张之间的友情却足以使人动容。二者友情的故事在后代民间故事中不断发展,元代剧作家宫天挺杂剧

《死生交范张鸡黍》以及明代拟话本小说集《喻世明言》中《范巨卿鸡黍死生交》一篇皆为其故事的演变与扩充,可以进一步参看。

范晔饱蘸着激赏的笔墨,全方位地刻画出了东汉一朝独行之士的行事和由之而体现出的高尚情操,这种精神在国家分裂之际表现为宁死不与僭越政权进行合作的决绝。在承平之际表现为人与人之间的信任与友情的笃重,深厚情谊的践行当是后人努力效法的行为准则。"独行"之称由于人物行为的大异其趣而难以归纳,范晔则以"操行俱绝"作为评判的标准,将独行之士的品行加以精心描绘,由此构成了东汉一朝独行之士的人物群像。二十四位人物的品格、气节与操守虽然体现了当时的社会评判标准,然而对于我们今人而言,仍有一定的教育和借鉴意义。

方术列传

〔选文〕

汉自武帝颇好方术,天下怀协道艺之士,莫不负策抵掌[①],顺风[②]而届[③]焉。后王莽矫[④]用符命,及光武尤信谶言,士之赴趣[⑤]时宜者,皆骋驰穿凿,争谈之也。故王梁、孙咸,名应[⑥]图箓,越登槐鼎[⑦]之任,郑兴、贾逵以附同称显,桓谭、尹敏以乖忤沦败,自是习为内学,尚奇文,贵异数,不乏于时矣。是以通儒硕生,忿[⑧]其奸妄不经,奏议慷慨,以为宜见藏摈。子长亦云:"观阴阳之书,使人拘而多忌。"盖为此也。

选自《后汉书》卷八十二上

华佗字元化,沛国谯人也,一名旉。游学徐土,兼通数经。晓养性之术,年且百岁而犹有壮容,时人以为仙。沛相陈珪举孝廉,太尉黄琬辟,皆不就。

精于方药,处齐不过数种,心识分铢,不假[⑨]称量。针灸不过数处。若疾发结于内,针药所不能及者,乃令先以酒服麻沸散,既醉无所觉,因刳破腹背,抽割积聚。若在肠胃,则断截湔洗，除去疾秽，既而缝合，傅以神膏，四五日创愈，一月之间皆平复。

佗尝[10]行道，见有病咽塞者，因语之曰："向来道隅有卖饼人，萍齑甚酸，可取三升饮之，病自当去。"即如佗言，立吐一蛇，乃悬于车而候佗。时佗小儿戏于门中，逆见[11]，自相谓曰："客车边有物，必是逢我翁也。"及客进，顾视壁北，悬蛇以十数，乃知其奇。

又有一郡守笃病久，佗以为盛怒则差[12]。乃多受其货[13]而不加功。无何[14]弃去，又留书骂之。太守果大怒，令人追杀佗，不及，因瞋恚，吐黑血数升而愈。

又有疾者，诣佗求疗，佗曰："君病根深，应当剖破腹。然君寿亦不过十年，病不能相杀也。"病者不堪其苦，必欲除之，佗遂下疗，应时愈。十年竟死。

广陵太守陈登忽患匈中烦懑，面赤，不食。佗脉之，曰："府君胃中有虫，欲成内疽，腥物所为也。"即作汤二升，再服，须臾，吐出三升许虫，头赤而动，半身犹是生鱼脍，所苦便愈。佗曰："此病后三朞[15]当发，遇良医可救。"登至期疾动，时佗不在，遂死。

曹操闻而召佗，常在左右，操积苦头风眩，佗针，随手而差。

有李将军者，妻病，呼佗视脉。佗曰："伤身而胎不去。"将军言间实伤身，胎已去矣。佗曰："案[16]脉，胎未去也。"将军以为不然。妻稍差，百余日复动，更呼佗。佗曰："脉理如前，是两胎。先生者去，血多，故后儿不得出也。胎既已死，血脉不复归，必燥著母脊。"乃为下针，并令进汤。妇因欲产而不通。佗曰："死胎枯燥，势不自生。"使人探之，果得死胎，人形可识，但其色已黑。佗之绝技，皆此类也。

为人性恶，难得意，且耻以医见业，又去家思归，乃就操求还取方[17]，因托[18]妻疾，数期不反[19]。操累[20]书呼之，又敕郡县发遣，佗恃能厌事，犹不肯至。操大怒，使人廉[21]之，知妻诈疾，乃收[22]付狱讯，考验首服。荀彧请曰："佗方术实工[23]，人命所悬，宜加全宥[24]。"操不从，竟杀之。佗临死，出一卷书与狱吏，曰："此可以活人。"吏畏法不敢受，佗不强与，索火烧之。

初，军吏李成苦欬，昼夜不寐。佗以为肠痈，与散两钱服之，即吐二升脓血，于此渐愈。乃戒之曰："后十八岁，疾当发动，若不得此药，不可差也。"复分散与之。后五六岁，有里人如成先病，请药甚急，成愍而与之，乃故往谯更从佗求，适值见收，意不忍言。后十八年，成病发，无药而死。

……

左慈字元放，庐江人也。少有神道。尝在司空曹操坐，操从容顾众宾曰："今日高会，珍羞略备，所少吴松江鲈鱼耳。"放于下坐应曰："此可得也。"因求铜盘贮水，以竹竿饵钓于盘中，须臾引一鲈鱼出。操大拊掌笑，会者皆惊。操曰："一鱼不周[25]坐席，可更得乎?"放乃更饵钩沉之，须臾复引出，皆长三尺余，生鲜可爱。操使目前鲙之，周浃[26]会者。操又谓曰："既已得鱼，恨无蜀中生姜耳。"放曰："亦可得也。"操恐其近即所取，因曰："吾前遣人到蜀买锦，可过敕使者，增市二端。"语顷，即得姜还，并获操使报命。后操使蜀反，验问增锦之状及时日早晚，若符契焉。

后操出近郊，士大夫从者百许人，慈乃为赍酒一升，脯一斤，手自斟酌，百官莫不醉饱。操怪之，使寻其故，行视诸垆，悉亡[27]其酒脯矣。操怀不喜，因坐上收，欲杀之，慈乃却[28]入壁中，霍然不知所在。或见于市者，又捕之，而市人皆变形与慈同，莫知谁是。后人逢慈于阳城山头，因复逐之，遂入走羊群。操知不可得，乃令就羊中告之曰："不复相杀，本试君术耳。"忽有一老羝屈前两膝，人立而言曰："遽如许㉙。"即竞㉚往赴之，而群羊数百皆变为羝，并屈前膝人立，云"遽如许"，遂莫知所取焉。

选自《后汉书》卷八十二下

〔注释〕 ① 抵掌：击掌。 ② 风：风气。 ③ 届：到。 ④ 娇：假托。 ⑤ 趣：趋向。 ⑥ 应：合于。 ⑦ 槐鼎：比喻三公之位。 ⑧ 忿：怨恨。 ⑨ 假：依靠。 ⑩ 尝：曾经。 ⑪ 逆见：迎面看见。 ⑫ 差：病愈。 ⑬ 货：财物。 ⑭ 无何：不久。 ⑮ 朞：同"期"，一周年。 ⑯ 案：按照。 ⑰ 方：药方。 ⑱ 托：推托。 ⑲ 反：归。 ⑳ 累：接连。 ㉑ 廉：查访。 ㉒ 收：拘捕。 ㉓ 工：巧妙。 ㉔ 宥：宽恕。 ㉕ 周：遍及。 ㉖ 浃：遍及。 ㉗ 亡：丢失。 ㉘ 却：退。 ㉙ 如许：这样。 ㉚ 竞：争着。

〔赏析〕 方术作为中国传统文化的一个支流，往往和巫鬼文化的荒诞不经联系在一起。魏晋承东汉之余绪，此一时期产生了《搜神记》这样的志怪小说，社会上普遍弥漫的志怪风气经历了一个萌芽、发展直到成熟的过程。就方术文化的内核来说，其本身充斥着怪诞与迷信，乃是对于儒家"子不语怪、力、乱、神"传统的一种巨大反动，这在经学传统开始崩塌的东汉末年自有其合理性。范晔以《方术列传》为载体，主要撰写了四十余位人物的奇闻异事。这里需要指出，由蜀汉入晋的史学家陈寿在《三国志》中创设《方技传》这一分类的思维，当为范晔所采纳，这是《方术列传》得以撰写的史学思想来源。《后汉书》撰述东汉一代的历史，故而撰述的人物在历史时空层面较《三国志》为先，且华佗成为两书重出的一个人物；在记载人物的数量方面，《后汉书》中的四十余位人物也较《三国志》中的五人为多，这充分体现了光武帝推崇谶纬之学意识形态的举措对东汉社会的深刻影响。陈寿为《方技传》加以史评曰："昔史迁著扁鹊、仓公、日者之传，所以广异闻而表奇事也。"就此我们可以认为，司马迁撰述《扁鹊仓公列传》和《日者列传》的传统，实为方术这一门类在正史中著述的源头。

中国古代社会对于科学技术的关注度显然是缺失的，以陈寿的良史之才，尚未将三国时期杰出的机械发明家马钧纳入《三国志》的人物传记之中，若不是西晋傅玄为之撰写别传并进而被裴松之采纳用以注《三国志》，则马钧的事迹可能早就湮没在历史的尘埃之中了。对于科学意识的淡漠是正史中出现怪诞记载的思想基础；同时，由于科学和迷信的概念发生了一定程度上的混淆，故而使得古代的历史学家将代表医学、声律、机械等我们今人视为科学的学科门类纳入了方术或是方技的论述体系之中，以上论述的内容是构成范晔《方术列传》撰述的社会思想和史学思想因素。

华佗在中国的历史演进中，早已成为神医的代称。他曾游学于徐州，通晓数经，并非仅精通于医学那么单一。由是之故，沛相陈珪察举其为孝廉，太尉黄琬辟举其为掾属，却都为华佗所拒绝，范晔于此处着笔，实则是为其后华佗拒绝曹操延请而终罹杀身之祸埋下了伏笔。华佗生平的经历主要体现在其富于传奇性的诊疗案例上，这些故事不仅体现了华佗医术的高超，更重要的是，通过史书记载的实际病例，使后人得以从一个侧面洞察东汉末年社会生活的图景。诸如当时盛行的生食习惯，本传即有一定的体现：华佗曾经遇到一个患咽塞症的病人，使其购得蒜齑大酢饮之(即大蒜与醋的混合物，《后汉书》此处作“蓱齑”，与“取三升饮之”不合，故从《三国志》说)，旋即吐出活蛇一条；又如广陵太守陈登胸中烦懑，在服下华佗调制的汤药后吐出三升赤头虫，虫子一半的身体还附着于生鱼脍之上。通过这两则见微知著的记载，华佗举重若轻诊疗疾病的形象已然呼之欲出。华佗治疗疾病也体现出一定的策略性，在为一名郡守诊疗时，华佗发现如果激怒患者则疾病就可以痊愈，遂多收钱财而不尽心治疗，甚至留下书信辱骂郡守，郡守果然气愤至极，遂吐血数升而愈。然而华佗在性格方面“为人性恶，难得意，且耻以医见业”，曹操见华佗不肯为己所用并且“欺骗”自己，遂将华佗杀害。

较之于华佗故事的写实性，左慈作为一名身怀奇能的异士，其经历则更加富有传奇性，最突出地表现在其对于曹操强权的冷静应对和蔑视。《三国志》裴松之注引《典论》：“庐江左慈知补导之术”，曹丕《典论》一书深受东汉后期子书撰写风气蓬勃发展之影响，论者所举事例都为社会实有之情况的展示，由此可知左慈确实是汉末的一名异能之士。建安元年(196年)，曹操任司空之职，就本传来看，正是左慈活跃的历史时期。曹操在宴会上遗憾地表示没有松江鲈鱼这一珍馐美味，左慈却轻而易举地从贮水的铜盆中钓出。曹操进一步刁难左慈，提出了两个不可能完成的任务，即需要蜀中的生姜以作为烹调鲜鱼的佐料，同时要求左慈通知早已前往蜀地采购丝织品的使者再多购买两匹蜀锦。面对曹操咄咄逼人的要求，左慈都不费吹灰之力地完成了。左慈的异能招致了曹操的极大反感，遂图谋杀之而后快，左慈将市场中的人都变化作自己的模样，躲过了曹操的第一次诛杀行为。其后于阳城山中又有人遇到左慈，曹操再生杀心，在识破曹操的诡计后，左慈又将群羊皆变作羝羊，最终躲过了曹操的杀戮。

《方术列传》颇多荒诞不经之事，不可全然信之。然而通过本传，我们能够体会到游离于社会主流之外的各阶层人士所拥有的蔑弃权贵、卓荦不羁的人格，这些人物的精神应当为我们深刻体会。

逸民列传

〔选文〕

《易》称“遁之时义大矣哉”。又曰：“不事王侯，高尚其事。”是以尧称则[①]天，不屈颍阳之高；武尽美矣，终全孤竹之絜[②]。自兹以降，风流弥繁，长往[③]之轨未殊，而感致之数匪[④]一。或隐居以求其志，或回避以全其道，或静己以镇其躁，或去危以图其安，或垢俗以动其概[⑤]，或疵物以激[⑥]其清。然观其甘心畎亩之中，憔悴江海之上，岂必亲鱼鸟乐林草哉，亦云性分所至而已。故蒙耻之宾，屡黜不去其国；蹈海之节，千乘莫移[⑦]其情。适使矫易去就，则不能相为矣。彼虽硁硁[⑧]有类沽名者，然而蝉蜕嚣埃之中，自致寰区之外，异夫饰智巧以逐浮利者乎！荀卿有言曰，“志意修则骄富贵，道义重则轻王公”也。

……

严光字子陵，一名遵，会稽余姚人也。少有高名，与光武同游学。及光武即位，乃变名姓，隐身不见。帝思其贤，乃令以物色[9]访之。后齐国上言："有一男子，披羊裘钓泽中。"帝疑其光，乃备安车玄纁，遣使聘[10]之。三反而后至。舍于北军，给床褥，太官朝夕进膳。

司徒侯霸与光素旧[11]，遣使奉书。使人因谓光曰："公闻先生至，区区欲即诣造，迫于典司，是以不获[12]。愿因[13]日暮，自屈语言。"光不答，乃投札与之，口授曰："君房足下：位至鼎足，甚善。怀仁辅义天下悦，阿谀顺旨要领绝[14]。"霸得书，封奏之。帝笑曰："狂奴故态也。"车驾即日幸其馆。光卧不起，帝即[15]其卧所，抚光腹曰："咄咄子陵，不可相助为理[16]邪？"光又眠不应，良久，乃张目熟视，曰："昔唐尧著[17]德，巢父洗耳。士故有志，何至相迫乎！"帝曰："子陵，我竟不能下汝邪？"于是升舆叹息而去。

复引光入，论道旧故，相对累日。帝从容问光曰："朕何如昔时？"对曰："陛下差[18]增于往。"因共偃卧，光以足加帝腹上。明日，太史奏客星犯御坐甚急。帝笑曰："朕故人严子陵共卧耳。"

除为谏议大夫，不屈，乃耕于富春山，后人名其钓处为严陵濑焉。建武十七年，复特征，不至。年八十，终于家。帝伤惜之，诏下郡县赐钱百万、谷千斛。

……

梁鸿字伯鸾，扶风平陵人也。父让，王莽时为城门校尉，封修远伯，使奉[19]少昊后，寓于北地而卒。鸿时尚幼，以遭乱世，因卷席而葬。

后受业太学，家贫而尚节介[20]，博览无不通，而不为章句。学毕，乃牧豕于上林苑中。曾误遗火延及它舍，鸿乃寻访烧者，问所去失，悉以豕偿[21]之。其主犹以为少。鸿曰："无它财，愿以身居作[22]。"主人许之。因为执勤，不懈朝夕。邻家耆老见鸿非恒人，乃共责让[23]主人，而称鸿长者。于是始敬异焉，悉还其豕。鸿不受而去，归乡里。

埶家慕其高节，多欲女[24]之，鸿并绝[25]不娶。同县孟氏有女，状肥丑而黑，力举石臼，择对不嫁，至年三十。父母问其故。女曰："欲得贤如梁伯鸾者。"鸿闻而娉[26]之。女求作布衣、麻屦，织作筐缉绩之具。及嫁，始以装饰[27]入门。七日而鸿不答[28]。妻乃跪床下请曰："窃[29]闻夫子高义，简斥数[30]妇，妾亦偃蹇[31]数夫矣。今而见择，敢不请罪。"鸿曰："吾欲裘褐之人，可与俱隐深山者尔。今乃衣绮缟，傅[32]粉墨，岂鸿所愿哉？"妻曰："以观夫子之志耳。妾自有隐居之服。"乃更为椎髻，著布衣，操作[33]而前。鸿大喜曰："此真梁鸿妻也。能奉我矣！"字之曰德曜，名孟光。

居有顷，妻曰："常闻夫子欲隐居避患，今何为默默？无乃欲低头就之乎？"鸿曰："诺。"乃共入霸陵山中，以耕织为业，咏《诗》、《书》，弹琴以自娱。仰慕前世高士，而为四皓以来二十四人作颂。

因东出关，过京师，作《五噫之歌》曰："陟[34]彼北芒兮，噫！顾览帝京兮，噫！宫室崔嵬兮，噫！人之劬劳兮，噫！辽辽未央兮，噫！"肃宗闻而非[35]之，求鸿不得。乃易姓运期，名耀，字侯光，与妻子居齐鲁之间。

……

遂至吴，依大家皋伯通，居庑下，为人赁[36]舂。每归，妻为具[37]食，不敢于鸿前仰视，举案齐眉。伯通察而异之，曰：

"彼佣能使其妻敬之如此，非凡人也。"乃方舍[38]之于家。鸿潜闭著书十余篇。疾且困，告主人曰："昔延陵季子葬子于嬴博之间，不归乡里，慎[39]勿令我子持丧归去。"及卒，伯通等为求葬地于吴要离冢傍。咸曰："要离烈士，而伯鸾清高，可令相近。"葬毕，妻子归扶风。

选自《后汉书》卷八十三

〔注释〕 ① 则：效法。 ② 絜：纯洁。 ③ 长往：指避世隐居。 ④ 匪：非。 ⑤ 概：节操。 ⑥ 激：激励。 ⑦ 移：改变。 ⑧ 硁硁：浅见固执貌。 ⑨ 物色：指形貌。 ⑩ 聘：聘召。 ⑪ 旧：故交。 ⑫ 获：能够。 ⑬ 因：趁机。 ⑭ 绝：灭绝。 ⑮ 即：到。 ⑯ 理：治理。 ⑰ 著：显著。 ⑱ 差：稍微。 ⑲ 奉：祭祀。 ⑳ 介：正直。 ㉑ 偿：偿还。 ㉒ 居作：当佣工。 ㉓ 让：责备。 ㉔ 女：将女儿嫁人。 ㉕ 绝：拒绝。 ㉖ 娉：通"聘"，送财礼订婚。 ㉗ 装饰：打扮。 ㉘ 答：搭理。 ㉙ 窃：私下。 ㉚ 数：几个。 ㉛ 偃蹇：傲慢。 ㉜ 傅：通"敷"，涂。 ㉝ 操作：劳动。 ㉞ 陟：登上。 ㉟ 非：指责。 ㊱ 赁：雇用。 ㊲ 具：准备。 ㊳ 舍：使住宿。 ㊴ 慎：务必。

〔赏析〕 隐逸文化作为与儒家"修身、齐家、治国、平天下"的功业精神大异其趣的文化形态，从来就在中国文化的语境中占据了道德的制高点。司马迁撰述《史记》，其中《伯夷列传》为七十列传之首篇，即为孤竹君之子伯夷和叔齐的合传，两人因劝谏武王伐纣不成，遂隐居于首阳山中，耻食周粟，采薇而食，终至饿死。太史公笔下的伯夷、叔齐以宁愿一死的抗争意识展现了隐居之人的高尚道德追求以及不与现世政权合作的决绝姿态。西汉末年汉室衰弱，王莽代汉的政治举动遭遇到了经受传统儒家道德规范制约的士大夫集团的联合抵抗，以至于大批士人毁坏朝服冠冕，相携远离王莽政权，故而隐逸者不可胜数。王莽所实行的一系列改革举措以失败而告终，苦心维持十六年的新莽政权在绿林军的沉重打击下覆灭。经过复杂的政治军事斗争，刘秀建立了东汉王朝，东汉政权在理论形态上属于西汉王朝合法权力的继承者，然而仍有大批隐逸者拒绝光武帝的征辟。所谓"贤者辟世，其次辟地，其次辟色，其次辟言"（《论语·宪问》），随着东汉王朝日渐腐朽，游离于皇权意识形态之外的隐逸人士更趋于耿介，乃至到了以与卿相同列为耻的地步，范晔遂绍续孔子"作者七人"之叹，以东汉一朝的隐逸人士为群体，以时间为经，贯穿并展现了这一群体在东汉王朝演进中所呈现出来的风姿与人格。

光武帝即位后，不遗余力地以极大的尊崇延请隐逸人士的襄助，然而“严光、周党、王霸至而不能屈”，这一与皇权拥有紧密联系的群体对于最高统治者礼遇的拒绝行为充分表明了逸民群体内心真实的抉择。严光字子陵，年轻时与刘秀共同游学，逮及光武即位，凭着老同学的关系，高官厚禄断不足忧，然而严光在唾手可得的富贵利禄前选择了隐姓埋名地生活。其后齐国官员发现并汇报了严光的踪迹，光武帝遂以安车玄𫄸征辟之，严光多次婉拒后还是被迫就范。从史书的记载中，我们可以发现严光与刘秀之间的关系极为亲密，严光在皇帝亲自来拜会时仍卧于床上，光武帝以极大的耐心抚摸严光的腹部，请求他能够辅佐自己，严光却不答应，过了许久才表明自己拥有“巢父洗耳”之志，巢父之典是指：帝尧表示禅位于许由之意，岂料许由“怅然不自得，乃过清泠之水洗其耳”（嵇康《高士传》），巢父以为其水污浊，不让牛在下游饮之。严光用此典委婉表明了拒绝光武帝征辟的信念，刘秀遂叹息而去。

梁鸿在逸民群体中是后世较为人熟知的一位人物，他曾受业于太学，博览群书而不守章句之学，这从一个侧面凸显出汉代经学衰微的状况以及梁鸿本人敢于突破主流意识形态束缚的思想性格。梁鸿在与孟氏之女成婚后遂决意与之隐居于深山之中。两人共入霸陵山中，男耕女织，吟咏诗书，完全过上了理想中的隐逸生活。其后梁鸿夫妇东向出关，经过京师而居住于齐鲁之间，一段时间之后又移居吴地并依附于大家皋伯通。梁鸿夫妇相敬如宾，妻子每每准备食物皆不敢仰视之，惟举案齐眉，后世遂以此成语形容夫妻之间关系融洽和睦。梁鸿作为一名隐逸人士，没有严光那样煊赫的地位，然而这恰恰构成其独立精神中最为特立独行的一种标志。梁鸿死后，在皋伯通的帮助下，被安葬在春秋时期吴国刺客要离的墓旁，社会的舆论也一致认为梁鸿的清高确实当得起要离的壮烈。

严光和梁鸿只是东汉逸民群体中较为突出的两位。宏观地看，隐逸文化的内核，实际上代表了道德素养高尚的士人群体抑或是民间人士不为外界名利所困的崇高理念和精神价值的普遍追求。这种文化的因子在中国漫漫历史的演进中不断发酵，当儒释道三教发生合流并进而成为中国士大夫集团所固有的价值理念之后，隐逸文化便向着更加潇洒飘逸的方向发展。北宋时期的苏轼仕途坎坷偃蹇，在被贬黄州期间仍能吟诵出“小舟从此逝，江海寄余生”如许旷达的词句。这里我们可以看到，隐逸文化与出仕精神的缀合为“穷则独善其身，达则兼善天下”(《孟子·尽心上》)的儒家信念在后世的发展演变中注入了几许飘逸与柔情，隐逸文化的内在精神和逸民群体拥有的崇高信念如日中之光，照耀并泽被着后世。

(陈佳煜)

挟天子者，未必能令诸侯

〔**导言**〕 曹操，字孟德，又名吉利，小名阿瞒。沛国谯县（今安徽亳州）人，权宦子弟。年二十，举孝廉为郎，出仕，屡迁。曹丕篡汉，追尊魏太祖为武皇帝。董卓，字仲颖，陇西临洮（今甘肃岷县）人，凉州豪强，从六郡良家子为羽林郎。积功迁并州刺史、河东太守，东中郎将、中郎将，以并州牧被召入京师。废少帝，立献帝，迁太尉，领前将军事，封郿侯，进相国，自为太师。祸乱京师，毁裂畿服，终为王允、吕布所诛，夷灭三族。袁绍，字本初。汝南汝阳（今河南商水西北）人，公族子弟。少为郎，后为侍御史、虎贲中郎将、佐军校尉（一云中军校尉），转司隶校尉。诛宦官，授勃海太守，封邟乡侯。起兵讨卓后，领冀州牧，拜右将军，改封邺侯，兼有冀、青、幽、并四州。官渡一战，败于曹操，归，病死。操、卓、绍三人政治活动相关又相续。操与绍同为西园八校尉，大将军何进召卓进京，绍为谋主；董卓作乱，绍为讨卓盟主，操与其事；董卓受诛，绍与操争天下。故三人编为一组。建安元年曹操迁献帝都许，挟天子以令诸侯。官渡破绍，天下莫敌。与孙权、刘备三分天下，启魏蜀吴三国鼎立之局。以魏王爵薨，年六十六。三人乃东汉末人物，《后汉书》有卓、绍而无操传。《三国志・魏书》以"本纪"位处之，故操列组首，亦宜。

魏武帝纪

〔**选文**〕

太祖武皇帝，沛国谯人也，姓曹，讳操，字孟德，汉相国参之后。桓帝世，曹腾为中常侍大长秋，封费亭侯。养子嵩嗣①，官至太尉，莫能审②其生出本末。嵩生太祖。

太祖少机警，有权数，而任侠放荡，不治行业，故世人未之奇也；惟梁国桥玄、南阳何颙异焉。玄谓太祖曰："天下将乱，非命世之才不能济也，能安之者，其在君乎！"年二十，举孝廉为郎，除③洛阳北部尉，迁顿丘令，征拜议郎。

光和末，黄巾起。拜骑都尉，讨颍川贼。迁为济南相，国有十余县，长吏多阿附贵戚，赃污狼藉，于是奏免其八；禁断淫祀，奸宄逃窜，郡界肃然。久之，征还为东郡太守；不就，称疾归乡里。

……

金城边章、韩遂杀刺史郡守以叛，众十余万，天下骚动。征太祖为典军校尉。会④灵帝崩，太子即位，太后临朝。大将军何进与袁绍谋诛宦官，太后不听。进乃召董卓，欲以胁太后，卓未至而进见⑤杀。卓到，废帝为弘农王而立献帝，京都大乱。卓表太祖为骁骑校尉，欲与计事。太祖乃变易姓名，间行⑥东归。出关，过中牟，为亭长所疑，执⑦诣县，邑中或窃⑧识之，为请得解。卓遂杀太后及弘农王。太祖至陈留，散家财，合义兵，将以诛卓。冬十二月，始起兵于己吾，是岁中平六年也。

……

（初平元年）二月，卓闻兵起，乃徙天子都⑨长安。卓留屯洛阳，遂焚宫室。是时（袁）绍屯河内，（张）邈、（刘）岱、（桥）瑁、（袁）遗屯酸枣，（袁）术屯南阳，（孔）伷屯颍川，（韩）馥在邺。卓兵强，绍等莫敢先进。太祖曰："举义兵以诛暴乱，大众已合，诸君何疑？向⑩使董卓闻山东兵起，倚王室之重，据二周之险，东向以临天下；虽以无道行之，犹足为患。今焚烧宫室，劫迁天子，海内震动，不知所归，此天亡之时也。一战而天下定矣,不可失也。"遂引兵西,将据成皋。邈遣将卫兹分兵随太祖。到荥阳汴水,遇卓将徐荣,与战不利,士卒死伤甚多。太祖为流矢所中,所乘马被创,从[11]弟洪以马与太祖,得夜遁去。荣见太祖所将兵少,力战尽日,谓酸枣未易攻也,亦引兵还。

太祖到酸枣,诸军兵十余万,日置酒高会,不图进取。太祖责让[12]之,因为谋曰:"诸君听吾计,使勃海引河内之众临孟津,酸枣诸将守成皋,据敖仓,塞轘辕、太谷,全制其险;使袁将军率南阳之军军[13]丹、析,入武关,以震三辅:皆高垒深壁,勿与战,益[14]为疑兵,示天下形势,以顺诛逆,可立定也。今兵以义动,持疑而不进,失天下之望,窃为诸君耻之!"邈等不能用。

……

兴平元年春,太祖自徐州还,初,太祖父嵩,去官后还谯,董卓之乱,避难琅邪,为陶谦所害,故太祖志在复仇东伐。夏,使荀彧、程昱守鄄城,复征陶谦,拔五城,遂略地至东海。还过郯,谦将曹豹与刘备屯郯东,要[15]太祖。太祖击破之,遂攻拔襄贲,所过多所残戮。

……

(建安元年)汝南、颍川黄巾何仪、刘辟、黄邵、何曼等,众各数万,初应袁术,又附孙坚。二月,太祖进军讨破之,斩辟、邵等,仪及其众皆降。天子拜太祖建德将军,夏六月,迁镇东将军,封费亭侯。秋七月,杨奉、韩暹以天子还洛阳,奉别屯梁。太祖遂至洛阳,卫京都,暹遁走[16]。天子假[17]太祖节钺,录尚书事。洛阳残破,董昭等劝太祖都许。九月,车驾出轘辕而东,以太祖为大将军,封武平侯。自天子西迁,朝廷日乱，至是宗庙社稷制度始立。

……

（建安八年）秋七月，令曰："丧乱已来，十有五年，后生者不见仁义礼让之风，吾甚伤之。其令郡国各修文学，县满五百户置校官，选其乡之俊造[18]而教学之，庶几[19]先王之道不废，而有以益于天下。"

……

十七年春正月，公还邺。天子命公赞拜不名[20]，入朝不趋[21]，剑履上殿，如萧何故事[22]。马超余众梁兴等屯蓝田，使夏侯渊击平之。割河内之荡阴、朝歌、林虑，东郡之卫国、顿丘、东武阳、发干，钜鹿之廮陶、曲周、南和，广平之任城，赵之襄国、邯郸、易阳以益魏郡。

……

（十九年）十一月，汉皇后伏氏坐[23]昔与父故屯骑校尉完书，云帝以董承被诛怨恨公，辞甚丑恶，发闻，后废黜死，兄弟皆伏法。

……

二十一年春二月，公还邺。三月壬寅，公亲耕籍田。夏五月，天子进公爵为魏王。代郡乌丸行单于普富卢与其侯王来朝。天子命王女为公主，食汤沐邑。秋七月，匈奴南单于呼厨泉将[24]其名王来朝，待以客礼，遂留魏，使右贤王去卑监其国。八月，以大理钟繇为相国。

……

二十五年春正月，至洛阳。权击斩羽，传其首。

庚子，王崩于洛阳，年六十六。遗令曰："天下尚未安定，未得遵古也。葬毕，皆除服。其将兵屯戍者，皆不得离屯部。有司各率[25]乃职。敛以时服,无[26]藏金玉珍宝。”谥曰武王。二月丁卯,葬高陵。

选自《三国志》卷一

〔注释〕 ① 嗣:承袭。 ② 审:知道。 ③ 除:拜官受职。 ④ 会:适逢。 ⑤ 见:被。 ⑥ 间行:从小路走。 ⑦ 执:捉拿。 ⑧ 窃:私下。 ⑨ 都:定都。 ⑩ 向:如果。 ⑪ 从:指堂房亲属。 ⑫ 让:责备。 ⑬ 军:驻扎军队。 ⑭ 益:增加。 ⑮ 要:半路拦截。 ⑯ 走:逃跑。 ⑰ 假:给予。 ⑱ 俊造:杰出人才。 ⑲ 庶几:也许可以。 ⑳ 不名:不直呼其名,以示尊重。 ㉑ 趋:小步快走,以示恭敬。 ㉒ 故事:先例。 ㉓ 坐:获罪。 ㉔ 将:带领。 ㉕ 率:遵循。 ㉖ 无:不。

〔赏析〕 《魏书·武帝纪》是《三国志》的第一篇。陈寿《三国志》以实录称,王鸣盛《十七史商榷》卷三十九即有“陈寿史皆实录”条以阐发之。《武帝纪》开首叙曹操出生来历,“帝王之兴,不容无本”是中国历史传统观念与正史凡例,故陈书不能不叙。陈书以“莫能审其本末”叙评“武帝出生本末”,王鸣盛书卷四十极称“此正陈寿立文之妙”。盖其文虽有曲而无饰,似可称“曲折的实录”。但王书卷三十八中已先揭出“曹腾,宦者中之最奸狡误国者”,后又肯定《后汉书·袁绍传》陈琳所作檄之宣“操奸阉遗丑”,“乃道其实也”。曹腾亦实与左悺、徐璜等“饕餮放横,伤化虐人”,是祸乱朝廷擅权误国的宦官集团之重要一员。于此,陈书皆未提及。故陈书之实录,也是“有遗漏的实录”。陈寿《魏书》所据,仅王沈《魏书》、鱼豢《魏略》。其后,相关史书现世寖多,至南朝宋元嘉六年(429年)乃有裴松之存录补缺、抄备异闻而成的《三国志注》。裴注所引史料多至二百十种,即《武帝纪》就多出廿四种,善恶皆备,正负俱见。叶适谓“注之所载,皆寿书之弃余”。故阅《武帝纪》,须配合着读裴注及范晔《后汉书》相关传记,拾遗补阙,斟酌审察,始有可能窥见曹操之真相与全相。

曹操无疑是三国时代的头号主角。但时至今日,一说起曹操,就有两个绕不过去的问题。一是许劭对曹操的定评:“治世之能臣,乱世之奸雄”(《后汉书·许劭列传》记载为“清平之奸贼,乱世之英雄”)。二是20世纪60年代史学界之为曹操翻案。许劭之评本来没有问题,因为当时史学运动式的为曹操翻案就成了问题。所以两个问题其实只是一个问题,即对于曹操的评价问题。

由《武帝纪》，大体可以说，参与初平元年（190年）山东群雄声讨董卓会盟，是曹操一生政治崛起的关节。在此之前，自年二十举孝廉为郎起十五六年间，曹操的政治表现无不良记录。而其治理济南国，奏免阿附贵戚的长吏、禁断淫祀、使郡界肃然，展现的确实是能臣之才干。又不受董卓之召而散家财合义兵谋救乱诛暴，乃至会盟讨卓，见诸军逗留，挺身责让盟主与诸军主，独引兵西向，更是英雄作为。

20世纪60年代初为曹操翻案大讨论，当然不是翻这个"能臣"的案，而是要翻"奸雄"的案。许劭之评，原也落实在这"奸雄"二字上。中国古义，"雄"是指能力、才干超群的中性词（参阅本书中刘秀组），"英"则是多兼具德性的褒义词，所谓"英是贤才绝异之称"（《诗·汾沮洳·疏》），"德过千人曰英"（《辨名记》）即是。也就是说，虽其人能力超群，但若被视为道德、人品有问题，往往会补称之为枭雄或奸雄。重视善恶是非的道德评价，所谓一字褒贬严于斧钺的春秋笔法，恶就是恶，奸就是奸，毫不假借，乃中国古典史学的核心价值和传统精义。如果曹操的政治生涯止步于参与会盟讨卓，冠称英雄或不为过。可惜自会盟之后，曹操一方面从一个部门与地区走上了一个更大的平台，成为一个全国性的高端政治人物；另一方面也走上了奸雄之路。

曹操其人在道德上是过不了中国传统史学关的。王夫之是被国内学界罕见肯定的中国传统主流的哲学家、思想家，但他的《读通鉴论》对曹操明确无误地持严格的道德批评态度。曹操为报父仇，兴兵征陶谦，《武帝纪》略谓"所过多所残戮"，实况为"坑杀男女数十万人于泗水，遍屠城邑"，王夫之评曰："惨毒不仁，恶滔天矣。"王夫之将曹操判为袁绍同类，乃是"怀不测之情"，存"觊觎之志"的政治野心家，但他认为曹操的政治野心是会盟讨卓之后被一步一步激发滋生出来的。"董卓死，李、郭乱，袁绍擅河北而忘帝室，袁术窃，刘表僭，献帝莫能驭，而后曹操之篡志生"，这当然还是着眼现象的历史分析。若真从人性论史的角度看，"惨毒不仁"就是曹操之性，而其"篡志"及奸诈，"惨毒不仁"之性其实正是随着条件的发展而步步暴露与表现出来的。《曹瞒传》所记操少时给叔父下套以败其告，《世语》、《杂记》所记操恩将仇报屠吕伯奢全家及“宁我负人，毋人负我”的人生哲学，皆曹操会盟讨卓前奸诈邪毒的典型表现。

不遵守任何合理合法包括自定的规则，且任何规则都是他不测之情、不轨之志的工具和手段，这种奸诈、邪恶之性征，乃其表现于为人和政治行为的本质。但曹操对名教还心有顾忌，故有建安八年欲复仁义礼让之风，命郡国各修文学令，建安九年重豪强兼并法，建安十年以儒家伦理整理风俗等举措。王夫之亦认为曹操是“虽怀不测之情，而固可以名义驭也”的“所谓雄桀”。曹操的奸诈集中表现在对国家最高权力的僭夺，也就是王夫之所说的“挟天子，擅威福，将夺汉室”。其实这也是对会盟讨卓后曹操基本政治活动及其本质表现的高度概括。

说曹操之奸，集中就奸在臣奸君权，臣觊君位。按照中国传统儒家政治伦理，君臣各有职分(职责和职业道德)须遵守，君不得违悖，臣不得僭越。在王权还没有失去合理意义时，君臣伦理维持着权力运作的程序合法性与政治秩序的稳定性。在中国古代，若天子残暴无道、荒淫无耻、嬉戏无度、败坏法度，则被视为严重违背职分，而可遭受废黜或放逐，但这仅是人事变化，君臣伦理并不因此不存有而依然有效。献帝刘协一出生，生母王美人即被何皇后鸩杀。年十，被立，“汉君懦弱曹吴霸”(元至治年间新安虞氏刊《全相三国志平话》)。但懦弱无罪，献帝的君位具正当性。因此结合现代权力学的观点分析，曹操以丞相的臣位(非最高权位)通过强势和暴力等手段，“欺人孤儿、寡妇”(《资治通鉴·晋纪十七》)，逼迫最高权力屈从其意志，而僭用君权，这就是篡。《武帝纪》所载诛伏后云云，记录的是曹操这个奸，京剧《逍遥津》演的也是曹操这个奸。历代奸相擅朝政皆有僭用最高权力的特点，差别在于历代奸相主要用的是逢君之恶、从谀、欺诈等软手段，曹操则是上述的硬手段；历代奸相仍保持着君臣关系，而天子在曹操这里根本就只是傀儡、工具、人质，这就是“挟天子以令诸侯”；历代奸相并非全有觊觎不轨之志，曹操僭用君权，却是他“将夺汉室”的部署，用他自己的话来说，就是他做周文王，以儿子为改朝换代的周武王做出准备和铺垫，所以曹操乃“托名汉相，其实汉贼”(《三国志·吴书·周瑜传》)，亦所以曹操是中国古代第一大奸相，从而几乎成了“奸诈”、“奸雄”的代名词。综合言之，曹操善“权谋机变”的能力，成就的是一代奸雄。

20世纪60年代学界那场以曹操为主题的大讨论，主旨就是要翻掉“奸雄”这个案。而为曹操翻案的主要理由也可以说是唯一理由，是曹操统一了北方(其余屯田发展经济云云皆附属于此)。

然而，这个翻案能够成立吗？答案是：不能成立。

以统一北方论曹操，只是一现象观。而“就现象观，任何历史事件皆可说好说坏”(牟宗三《生命的学问》)。论功论过，自可见仁见智，永无定论，是非善恶亦不能显。所以，在中国传统史学里，从不采取这种现象论立场，不只是截取统一北方这一点孤立地立论，必具体地贯通其本末而综合观察。事实上，在谈到曹操统一北方时，亦不得不注意到它的起因和指向，讨论它的方式，这都关系到中国传统史学和文化对统一北方(区域)乃至统一中国所“(事)功”或“功(业)”的含义和规定。曹操统一了北方，孙氏父子兄弟不也统一了东南么。刘备不也统一了巴蜀西南么？何意独冠曹操以“奸雄”？晋代史学家习凿齿在《汉晋春秋》中曾以正统论来贬抑曹魏，曰：“若以魏有代王之德，则不足；有静乱之功，则孙、刘鼎立。共王，秦政，犹不见叙于帝王，况暂制数州之功哉。”若以统一区域为功，则秦始皇统一中国，其功远过于曹操，可还是不被立为正统，仍遭历代贬抑骂名千古。这里的缘故，乃中国传统史学所持的政治观和大一统观并不是就统一区域乃至中国立论，还必须结合或透至其道德本质，而且对后者比前者更重视。大一统的道德本质是大居正(欧阳修《原正统论》)，公羊《春秋》“大一统”义旨，揭明合“君子大居正”和“王者大一统”为“正统”定义(《欧阳文忠公文集》)。大居正的范围包括建政与立政，旧概念叫取天下与治天下。治天下立政行政必以仁义守之，即行王道政治始为政，此且不论。以统一区域及统一中国而取得政权的方式立论，则大要有三：其一，纯以德，如舜受于尧，禹受于舜，此可视为儒家的理想方式；其二，德和力兼用，此即汤武革命方式；其三，纯以力，如秦之统一中国，但秦之受骂名以暴，故其力取方式暂勿论；如金、元之力取乃“入主”中原，被视为不正。曹操之统一北方，乃以不臣之心、不测之志的“挟天子以令诸侯”方式，纯以诈力。以“入主”与“诈力”取天下者，皆不正，故亦不以为功。

翻案论又援引《资治通鉴》系魏纪年以为助。彼以系魏纪年即是《资治通鉴》以魏为正统，亦即尊曹抑刘，以此作为曹操翻案的根据。首先，正统论是中国传统史学的核心价值观，恰恰被翻案论断为“唯心史观”、“封建史观”，进而加以否定；但在这里又引“封建”、“唯心”的“正统论”以为据，显然完全是一种庸俗实用主义的态度，至少是很不严肃的。从逻辑意义上说，用自身反对的“错误”论据来证明所提论点的正确，自然不能成立。其次，以系魏纪年即《资治通鉴》以魏为正统，则纯是套解。再次，因为即使奉魏为正统，在逻辑上也推理不出即尊曹抑刘；而以尊曹抑刘为曹操是奸雄的否证，却未能提供实际的证据，则属史学的犯规行为。事实上，司马光从未明确说过系魏纪年就是奉魏为正统。《资治通鉴》以史为体，司马光反而明确说，以魏系年，只是《资治通鉴》编年纪事的需要。《资治通鉴》所述，“止欲叙国家之兴衰，著生民之休戚，使观者自择其善恶得失，以为劝戒，非若《春秋》立褒贬之法，拨乱世反诸正也”。至于以魏纪年，乃因“天下离析之际，不可无岁、时、月、日以识事之先后……故不得不取魏、宋、齐、梁、陈、后梁、后唐、后晋、后汉、后周年号，以纪诸国之事，非尊此而卑彼，有正闰之辨也”（《资治通鉴·魏纪一》）。这就是说，《资治通鉴》之系魏纪年没有预设《春秋》的立场，即不是中国传统史学的第一义的，只是中性的第二义的叙事，只是一技术性、工具性的需要，故系魏纪年不是褒曹魏贬刘蜀。《资治通鉴》叙事记叙了曹操的统一北方，但同时也记叙了刘备统一巴蜀西南和孙氏父子统一东南之举，还指叙献帝“自都许以来，守位而已，左右侍卫莫非曹氏之人”，见曹操“不任其惧”（《资治通鉴·汉纪五十》）的君臣倒置关系；更要者，在“臣光曰”的史评中给出了价值意义的评论，所谓曹操的暴戾强伉，“其蓄无君之心久矣”云云（《资治通鉴·汉纪六十》），连后世同有雄才的后赵君主石勒都以光明磊落的大丈夫不为而指斥曹操，“欺人孤儿、寡妇，狐媚以取天下”（《资治通鉴·晋纪十七》），凡此皆臣、雄之“奸”的指证。《资治通鉴》建安十三年引习凿齿所言也表现了他的价值取向，曰：“刘玄德虽颠沛险难而信义愈明，势逼事危而言不失道……终济大业，不亦宜乎！”所以，尽管司马光亦肯定曹操乃“高世之才”，这是才性意义的；可在德性意义方面，与其说他尊曹抑刘，毋宁说是尊刘贬曹的。翻案论援《资治通鉴》系魏纪年以为据，显然是不成功的。

至此，我们已可看到，即使承认曹操统一北方这个最关键的事功因素，这个翻案也犯了一个最基本的逻辑错误：它混淆地处理了功与过（罪恶）两个根本不同的范畴。统一北方（乃至统一中国）所指是功，奸雄（奸臣）所指是罪恶（过），两者之间根本不存在一真一假、也就是互为否定的逻辑关系，两种不同质的东西也不存在数量关系。所以，功是功，过（罪恶）是过（罪恶），不能做加减乘除，不能相互抵消。所以，以统一北方为曹操翻案，不能成立。

其实许劭的品鉴和王夫之的概评，不仅代表了中国传统史学对曹操的基本评价，也是千百年来流传的民间口诛。宋代民间社会讲三国故事，途巷小儿闻刘玄德败，频蹙眉，有出涕者；闻曹操败即喜唱快。《东坡志林》记载的这则材料为治三国者所熟知，接此故事又有评曰：“以是知君子小人之泽，百世不斩”。民间还流传一个木匠的故事，一个木匠听“捉放曹”的戏，听着听着，突然蹿上台，一斧头劈死了戏中的曹操，并大喊大嚷：“我今天总算杀了这个奸雄”（引自顾学颉《〈三国演义〉所塑造的曹操》，《三国演义讨论集》142 页）。《三国演义》集中表现了中国传统社会尤其是民间的价值取向，它所塑造的曹操“奸雄”形象于史有据，是艺术真实与历史真实的统一，也是与历史事实的统一。由是可知，认曹操是奸雄，原来是中国社会大小传统的共识。这个共识所积沉、所蕴涵、所释放的文化意义和价值，说明中国传统文化不仅重视实体正义（目的理性）——以以德居正的统一区域乃至统一中国始为功，也同样重视程序正义（工具理性）——反对篡逆、篡据、反对“挟天子以令诸侯”的方式；那种以为中国文化只重视程序正义（工具理性）的认识，完全是不究底里的误解。

为曹操翻案不仅颠覆了中国传统史学和文化的核心价值观念，也恰恰是扭曲、颠覆了中国兼重实体正义和程序正义的思维范式，它表现了只重实体正义（目的理性）而抹杀或忽视程序正义（工具理性）的价值思想和思维方式。这种史观只是旧式成王败寇史观的新版。

历史是最好的审判官。民间流传着这么一句话:“一时高下在于权,千秋胜负在于德。”在中国史学和文化的评价传统中,曹操负就负在这个德。诚如《东坡志林》所录“以是知君子小人之泽,百世不斩”,曹操以其“才”之“高”,以其“奸”之“德”,致许劭“治世之能臣,乱世之奸雄”成为千古名评,确乎不移。

袁绍列传

〔选文〕

袁绍字本初,汝南汝阳人,司徒汤之孙。父成,五官中郎将,壮健好交结,大将军梁冀以下莫不善之。

绍少为郎,除濮阳长,遭母忧[①]去官。三年礼竟[②],追感幼孤,又行父服。服阕,徙居洛阳。绍有姿貌威容,爱士养名。既累世台司,宾客所归,加倾心折节,莫不争赴其庭,士无贵贱,与之抗礼[③],辎軿柴毂,填接街陌。内官皆恶[④]之。中常侍赵忠言于省[⑤]内曰:“袁本初坐作声价,好养死士,不知此儿终欲何作。”叔父太傅隗闻而呼绍,以忠言责之,绍终不改。

……

灵帝崩,绍劝何进征董卓等众军,胁太后诛诸宦官,转绍司隶校尉。语已见《何进传》。及卓将兵至,骑都尉太山鲍信说[⑥]绍曰:“董卓拥制强兵,将有异志,今不早图,必为所制。及其新[⑦]至疲劳,袭之可禽[⑧]也。”绍畏卓,不敢发。顷之,卓议欲废立,谓绍曰:“天下之主,宜得贤明,每念灵帝,令人愤毒[⑨]。董侯似可,今当立之。”绍曰:“今上富于春秋,未有不善宣于天下。若公违礼任情,废嫡立庶,恐众议未安。”卓案[⑩]剑叱绍曰:“竖子敢然!天下之事,岂不在我?我欲为之,谁敢不从!”绍诡对曰:“此国之大事,请出与太傅议之”。卓复言“刘氏种不足复遗[⑪]”。绍勃然曰:“天下健者,岂惟董公！”横刀长揖径出。悬节于上东门，而奔冀州。

董卓购募求绍。时，侍中周珌、城门校尉伍琼为卓所信待，琼等阴[12]为绍说卓曰：“夫废立大事，非常人所及。袁绍不达大体，恐惧出奔，非有它志。今急购之，势必为变。袁氏树恩四世，门生故吏遍于天下，若收豪杰以聚徒众，英雄因之而起，则山东非公之有也。不如赦之，拜一郡守，绍喜于免罪，必无患矣。”卓以为然，乃遣授绍勃海太守，封邟乡侯。绍犹称兼司隶。

初平元年，绍遂以勃海起兵，（以）与从弟后将军术、冀州牧韩馥、豫州刺史孔伷、兖州刺史刘岱、陈留太守张邈、广陵太守张超、河内太守王匡、山阳太守袁遗、东郡太守桥瑁、济北相鲍信等同时俱起，众各数万，以讨卓为名。绍与王匡屯河内，伷屯颍川，馥屯邺，余军咸[13]屯酸枣，约盟，遥推绍为盟主。绍自号车骑将军，领司隶校尉。

董卓闻绍起山东，乃诛绍叔父隗，及宗族在京师者，尽灭之。卓乃遣大鸿胪韩融、少府阴循、执金吾胡母班、将作大匠吴循、越骑校尉王瓌譬解绍等诸军。绍使王匡杀班、瓌、吴循等，袁术亦执杀阴循，惟韩融以名德免。

是时，豪杰既多附绍，且感其家祸，人思为报[14]，州郡蜂起，莫不以袁氏为名。韩馥见人情归绍，忌其得众，恐将图己，常遣从事守绍门，不听发兵。桥瑁乃诈作三公移书，传驿州郡，说董卓罪恶，天子危逼，企望义兵，以释国难。馥于是方听绍举兵。乃谋于众曰：“助袁氏乎？助董氏乎？”治中刘惠勃然曰：“兴兵为国，安问袁、董？”馥意犹深疑于绍，每[15]贬节军粮，欲使离散。

……

绍遂领冀州牧，承制以馥为奋威将军，而无所将御。引沮授为别驾，因谓授曰："今贼臣作乱，朝廷迁移，吾历世受宠，志竭力命，兴复汉室。然齐桓非夷吾不能成霸，句践非范蠡无以存国。今欲与卿戮力同心，共安社稷，将何以匡济之乎？"授进曰："将军弱冠登朝，播名海内。值[16]废立之际，忠义奋发，单骑出奔，董卓怀惧，济河而北，勃海稽[17]服。拥一郡之卒，撮[18]冀州之众，威陵河朔，名重天下。若举军东向，则黄巾可埽；还讨黑山，则张燕可灭；回师北首，则公孙必禽；震胁戎狄，则匈奴立定。横大河之北，合四州之地，收英雄之士，拥百万之众，迎大驾于长安，复宗庙于洛邑，号令天下，诛讨未服。以此争锋，谁能御之！比[19]及数年，其功不难。"绍喜曰："此吾心也。"即表授为奋武将军，使监护诸将。

……

兴平二年，拜绍右将军。其冬，车驾为李傕等所追于曹阳，沮授说绍曰："将军累叶[20]台辅，世济忠义。今朝廷播越[21]，宗庙残毁，观诸州郡，虽外托义兵，内实相图，未有忧存社稷恤人之意。且今州城粗定，兵强士附，西迎大驾，即宫邺都，挟天子而令诸侯，稸[22]士马以讨不庭，谁能御之？"绍将从其计。颍川郭图、淳于琼曰："汉室陵迟[23]，为日久矣，今欲兴之，不亦难乎？且英雄并起，各据州郡，连徒聚众，动有万计，所谓秦失其鹿，先得者王。今迎天子，动辄表闻，从之则权轻，违之则拒命，非计之善者也。"授曰："今迎朝廷，于义为得，于时为宜。若不早定，必有先之者焉。夫权不失几[24]，功不厌[25]速，愿其图之。"帝立既非绍意，竟不能从。

……

建安元年，曹操迎天子都许，乃下诏书于绍，责以地广

兵多而专自树党,不闻勤王之师而但擅相讨伐。绍上书曰:

……

五年,左将军刘备杀徐州刺史车胄,据沛以背曹操。操惧,乃自将征备。田丰说绍曰:"与公争天下者,曹操也。操今东击刘备,兵连未可卒解,今举军而袭其后,可一往而定。兵以几动,斯其时也。"绍辞以子疾,未得行。丰举杖击地曰:"嗟乎,事去矣!夫遭难遇之几,而以婴兒病失其会[26],惜哉!"绍闻而怒之,从此遂疏[27]焉。

……

绍使刘备、文丑挑战,曹操又击破之,斩文丑。再战而禽二将,绍军中大震。操还屯官度,绍进保阳武。沮授又说绍曰:"北兵虽众,而劲果不及南军;南军谷少,而资储不如此。南幸于急战,北利在缓师。宜徐[28]持久,旷以日月。"绍不从。连营稍[29]前,渐逼官度,遂合战。操军不利,复还坚壁。绍为高橹,起土山,射营中,营中皆蒙楯而行。操乃发石车击绍楼,皆破,军中呼曰"霹雳车"。绍为地道欲袭操,操辄于内为长堑以拒之。又遣奇兵袭绍运车,大破之,尽焚其谷食。

……

绍外宽雅有局度,忧喜不形于色,而性矜愎自高,短于从善,故至于败。及军还,或谓田丰曰:"君必见重。"丰曰:"公貌宽而内忌,不亮[30]吾忠,而吾数以至言迕之。若胜而喜,必能赦我,战败而怨,内忌将发。若军出有利,当蒙全耳,今既败矣,吾不望生。"绍还,曰:"吾不用田丰言,果为所笑。"遂杀之。

冀州城邑多畔[31],绍复击定之。自军败后发病,七年夏,薨。未及定嗣,逢纪、审配宿以骄侈为谭所病[32],辛评、郭图皆比于谭而与配、纪有隙。众以谭长,欲立之。配等恐谭立而评等为害,遂矫绍遗命,奉尚为嗣。

……

论曰:袁绍初以豪侠得众,遂怀雄霸之图,天下胜兵举旗者,莫不假以为名。及临场决敌,则悍夫争命;深筹高议,则智士倾心。盛哉乎,其所资㉝也!《韩非》曰:"佷㉞刚而不和,愎过而好胜,嫡子轻而庶子重,斯之谓亡征㉟。"刘表道不相越,而欲卧收天运,拟踪三分,其犹木禺之于人也。

选自《后汉书》卷七十四

〔注释〕 ① 忧:父母的丧事。 ② 竟:终。 ③ 抗礼:以平等的礼节相待。 ④ 恶:厌恶。 ⑤ 省:宫禁。 ⑥ 说:劝说。 ⑦ 新:刚。 ⑧ 禽:捕捉。 ⑨ 愤毒:愤怒痛恨。 ⑩ 案:通"按"。 ⑪ 遗:遗留。 ⑫ 阴:暗中。 ⑬ 咸:都。 ⑭ 报:报复。 ⑮ 每:经常。 ⑯ 值:遇到。 ⑰ 稽:叩头至地。 ⑱ 撮:聚集。 ⑲ 比:等到。 ⑳ 累叶:累世。 ㉑ 播越:流亡。 ㉒ 稸:同"蓄",积聚。 ㉓ 陵迟:衰颓。 ㉔ 几:机会。 ㉕ 猒:同"餍",足。 ㉖ 会:机会。 ㉗ 疏:疏远。 ㉘ 徐:慢慢地。 ㉙ 稍:渐渐。 ㉚ 亮:相信。 ㉛ 畔:通"叛"。 ㉜ 病:不满。 ㉝ 资:凭借。 ㉞ 佷:狠。 ㉟ 征:迹象。

〔赏析〕 汉末,皇室衰微,天下大乱,《后汉书·袁绍列传》即有文曰:"英雄并起,各据州郡",这是一个动乱的时代,也是一个群雄大博弈的时代。《后汉书·袁绍列传》详于《三国志·魏志·袁绍传》,是实录这个时代的一份重要文本,对这个大时代的动乱与博弈的大格局、大脉络,对由诛宦、讨卓而"绍、操终图汉室"(《后汉书·孔融列传》)的演变大势,都有充分的表现,历史信息较丰富。

汉献帝建安元年(196年)以前,在黄河中下游地区逐鹿中原的博弈群雄有三大政治军事集团,即董卓、袁绍和曹操。先是董卓被诛,袁绍最终败于曹操之手。《袁绍列传》没有因为袁绍的逐鹿失败而将其丑化、矮化,将袁绍诛宦、讨卓的功勋移花接木到曹操头上,恰恰相反,本传实录了袁绍集团的成败得失,保存了袁绍的英雄表现、时代贡献和历史地位。

依本传记载,袁绍是以英雄豪杰的表现而进入历史的。绍家世显赫,四世五公，“树恩四世，门生故吏遍于天下”；父成“壮健好交结，大将军梁冀以下莫不善之”，留下了庞大的关系网。绍虽为贵公子，却绝非纨绔子弟。汉以孝治天下，然而三年之丧久不行，绍却连服父母之丧大礼，王粲《英雄记》曰：“凡在冢庐六年”，王先谦《后汉书集解》引周寿昌曰：“此正绍少年养名之时也”。选文谓绍“爱士养名。既累世台司，宾客所归，加倾心折节，莫不争赴其庭”云云，还说明绍继承“好交结”的家族传统，利用父祖辈的政治社会资源，交结天下，建立了强大广泛的人脉。交结天下豪杰是一富有时代特征、内具政治性的社会行为，如《后汉书·郑太列传》所谓，“灵帝末，知天下将乱，阴交结豪杰”。郑太（即郑泰）尝为大将军何进征用，后又与绍“奔走之友”何颙共说董卓以绍为勃海太守，被视为绍的“党与”。袁绍必如郑泰般，对时难具有一种政治敏感性和志向。透观袁绍其人为游侠豪杰式人物，《英雄记》即以“好游侠”概述其人，汉末极著名的人物评论家许劭则称绍为“公族豪侠”（《后汉书·许劭列传》）。汉世以侠闻者，皆“振穷济急”，所谓“见危授命，以救时难而济同类”（荀悦《汉纪》卷十），有英雄气概和担当精神。“以救时难”当为袁绍交结天下的初蓄之志，故其活动与行为必与擅权乱政的宦官集团利益相左，致“内官皆恶之”，十常侍集团首领之一的赵忠更向其集团发出内部警告，似已视绍为重要政敌；但即便是面对叔父袁隗出面的家族内部压力，“绍终不改”其志，显示出将与宦官集团不合作乃至作对到底的态度，也表现出他正向的政治意志。自“绍少为郎”至“绍终不改”这段文字虽仅一百二十九字，却已将袁绍的基本性格和面貌描述清楚。

策动何进并组织诛宦政变，正是袁绍基本性格、政治志向和行事逻辑的必然。《后汉书》一仍《史记》、《汉书》旧例，纪传互见，诛宦事详《何进传》。这里要补充的是，事起于绍之屡劝，而大将军“虽外收大名而内不能断”，以致谋定而“事久不决”。由绍划策，多召四方猛将豪杰，引向京城。何进被诸宦诱杀后，绍仍与袁隗矫诏发动政变，捕斩赵忠等。袁绍是诛除诸宦的实际领袖。

董卓窃取了诛宦的胜利成果。置身凶残蛮横的董卓强权中，袁绍的表现更是可圈可点，为现代官场视野所未见。董卓拥制善战的西凉强兵，绍初畏。当董卓欲废少帝立陈留王（即献帝）时，绍竟一扫畏卓情绪，挺身反对擅行废立的董卓，直至勃然曰："天下健者，岂惟董公"，横刀长揖径出，公开决裂，《英雄记》曰："坐中惊愕"。绍悬节上东门，而奔冀州。这种临大节而不畏强暴，不顾身危，不惜权位，以理抗势，担当道义的行为，谓之豪气干云、大义凛然，并不为过。

董卓废立得逞后，献帝初平元年(190 年)，袁绍以勃海太守首发义兵，为关东群雄遥推为讨卓盟主。在京师的袁氏宗族五十余人全部遇害，宗族牺牲的代价反而增加了袁绍讨卓的号召力、凝聚力，"是时豪杰既多附绍，且感其家祸，人思为报，州郡蜂起，莫不以袁氏为名"，在天下"同举义兵"(《资治通鉴·汉纪五十二》)的强大压力之下，董卓西退，终于被诛。英雄与时势互动，时代的动乱、危机往往会涌现出英雄人物，英雄人物也会推动历史。讨卓与诛宦是汉末的两件大事，而绍皆出首功，完全可视为这个英雄时代的一个创造性人物。

通过讨卓，袁绍获得大发展，领冀州牧，威震河朔，直至兼督冀、青、幽、并四州，雄踞河北，成为董卓之后最大的政治军事集团。连《三国志·魏书·武帝纪》都承认这个事实，曰："袁绍虎眎四州，强盛莫敌。"曹操曾为袁绍所扶助，曹操集团自初平三年(192 年)占有兖州后，才从依附的袁绍集团中独立出来，但袁绍还是输给了曹操，输在哪里？这里所录选文，实已交代得很清楚了。

正如本传所总结的："短于从善，故至于败。"这是任何领袖人物都不能犯的关键性、有时是致命性的毛病。袁绍不能听从沮授之计，因此在与曹操的博弈中丧失了"挟天子以令诸侯"这一大战略的先机，未能占据正义性、合法性的政治道德高地、掌握政治上制人的主动性。诛灭董卓后，当初群雄"同举义兵，将救社稷"的形势，依沮授观察，已演变为"外托义兵，内实相图"的自图征伐。然而汉室仍有其存在的合法性，汉天子还是可以号令天下的，至少作为象征性的旗帜能赋予拥兵征伐的合法性，故云"今迎朝廷，于义为得，于时为宜"。形势与道理讲得如此明白，绍"竟不能从"。结果，被曹操得了先机。建安元年(196 年)，曹操听从毛玠计，迎天子都许，即"奉天子以令不臣"(《三国志·魏书》卷十二)，居高临下且名正言顺，下诏书责绍，剥夺了袁绍拥兵据地树党讨伐的合法性、正当性。这一刻，操、绍高下已分，袁绍成了"不臣"，其失势已不可挽回。

不能从善，有其性格原因，就是选文指出的绍“性矜愎自高”。既失政治先机，这个“短于从善”的毛病，袁绍仍一犯再犯：不听田丰计以乘曹操东击刘备之机举军袭其后；不从沮授、田丰计以致官渡大败。程昱尝对曹操曰：“夫袁绍有并天下之心，而智不能济也。”（《资治通鉴·汉纪五十三》）袁、曹博弈亦是智术博弈。袁绍“智不能济”的突出表现正是“短于从善”，根源亦在他的性格。刚愎自用，浪费了父祖辈留下的巨大资源，终于断送了河北基业。就此而言，袁绍输给了自己。

董卓列传

〔选文〕

董卓字仲颖，陇西临洮人也。性粗猛有谋。少尝[①]游羌中，尽与豪帅相结。后归耕于野，诸豪帅有来从之者，卓为杀耕牛，与共宴乐，豪帅感其意，归相敛得杂畜千余头以遗[②]之，由是以健侠知名。为州兵马掾，常徼守塞下。卓膂力过人，双带两鞬，左右驰射，为羌胡所畏。

……

及帝崩，大将军何进、司隶校尉袁绍谋诛阉宦，而太后不许，乃私呼卓将兵入朝，以胁太后。卓得召，即时就道。并上书曰：“中常侍张让等窃幸承宠，浊乱海内。臣闻扬汤止沸，莫若去薪；溃痈虽痛，胜于内食。昔赵鞅兴晋阳之甲，以逐君侧之恶人。今臣辄鸣钟鼓如洛阳，请收[③]让等，以清奸秽。”卓未至而何进败，虎贲中郎将袁术乃烧南宫，欲讨宦官，而中常侍段珪等劫少帝及陈留王夜走小平津。卓远见火起，引兵急进，未明到城西，闻少帝在北芒，因[④]往奉迎。帝见卓将兵卒至，恐怖涕泣。卓与言，不能辞对；与陈留王语，遂及祸乱之事。卓以王为贤，且为董太后所养，卓自以与太后同族，有废立意。

初，卓之入也，步骑不过三千，自嫌兵少，恐不为远近所服，率[5]四五日辄夜潜出军近营，明旦乃大陈旌鼓而还，以为西兵复至，洛中无知者。寻[6]而何进及弟苗先所领部曲皆归于卓，卓又使吕布杀执金吾丁原而并[7]其众，卓兵士大盛。乃讽[8]朝廷策免司空刘弘而自代之。因集议废立。百僚大会，卓乃奋首而言曰："大者天地，其次君臣，所以为政。皇帝暗[9]弱，不可以奉宗庙，为天下主。今欲依伊尹、霍光故事，更立陈留王，何如？"公卿以下莫敢对。卓又抗[10]言曰："昔霍光定策，延年案剑。有敢沮[11]大议，皆以军法从之。"坐者震动。尚书卢植独曰："昔太甲既立不明，昌邑罪过千余，故有废立之事。今上富于春秋，行无失德，非前事之比也。"卓大怒，罢坐。明日复集群僚于崇德前殿，遂胁太后，策废少帝。曰："皇帝在丧，无人子之心，威仪不类[12]人君，今废为弘农王。"乃立陈留王，是为献帝。又议太后蹙迫永乐太后，至令忧死，逆妇姑之礼，无孝顺之节，迁于永安宫，遂以弑崩。

……

寻进卓为相国，入朝不趋，剑履上殿。封母为池阳君，置令丞。

……

初，灵帝末，黄巾余党郭太等复起西河白波谷，转寇太原，遂破河东，百姓流转三辅，号为"白波贼"，众十余万。卓遣中郎将牛辅击之，不能却[13]。及闻东方兵起，惧，乃鸩杀[14]弘农王，欲徙都长安。会公卿议，太尉黄琬、司徒杨彪廷争不能得，而伍琼、周珌又固谏之。卓因大怒曰："卓初入朝，二子劝用善士，故相从，而诸君到官，举兵相图。此二君卖卓，卓何用相负！”遂斩琼、珌。而彪、琬恐惧，诣卓谢[15]曰：“小人恋旧，非欲沮国事也，请以不及为罪。”卓既杀琼、珌，旋亦悔之，故表彪、琬为光禄大夫。于是迁天子西都。

……

时长沙太守孙坚亦率豫州诸郡兵讨卓。卓先遣将徐荣、李蒙四出虏掠。荣遇坚于梁，与战、破坚，生禽颍川太守李旻，亨之。卓所得义兵士卒，皆以布缠裹，倒立于地，热膏灌杀之。

时河内太守王匡屯兵河阳津，将以图卓。卓遣疑兵挑战，而潜使锐卒从小平津过津北，破之，死者略尽。明年，孙坚收合散卒，进屯梁县之阳人。卓遣将胡轸、吕布攻之。布与轸不相能[16]，军中自惊恐，士卒散乱。坚追击之，轸、布败走。卓遣将李傕诣坚求和，坚拒绝不受，进军大谷，距洛九十里。卓自出与坚战于诸陵墓间，卓败走，却屯黾池，聚兵于陕。坚进洛阳宣阳城门，更击吕布，布复破走。坚乃埽除宗庙，平塞诸陵，分兵出函谷关，至新安、黾池间，以截卓后。卓谓长史刘艾曰：“关东诸将数败矣，无能为也。唯孙坚小戆，诸将军宜慎之。”乃使东中郎将董越屯黾池，中郎将段煨屯华阴，中郎将牛辅屯安邑，其余中郎将、校尉布在诸县，以御山东。

……

数与百官置酒宴会，淫乐纵恣。乃结垒于长安城东以自居。又筑坞于郿，高厚七丈，号曰“万岁坞”。积谷为三十年储。自云：“事成，雄据天下；不成，守此足以毕[17]老。”尝至郿行坞，公卿已下祖道于横门外。卓施帐幔饮设，诱降北地反者数百人，于坐中杀之。先断其舌，次斩手足，次凿其眼目，以镬煮之。未及得死，偃[18]转杯案间。会者战栗，亡[19]失匕箸，而卓饮食自若。诸将有言语蹉跌[20]，便戮于前。又稍诛关中旧族，陷以叛逆。

……

时王允与吕布及仆射士孙瑞谋诛卓。有人书"吕"字于布上，负而行于市，歌曰："布乎！"有告卓者，卓不悟。三年四月，帝疾新愈，大会未央殿。卓朝服升车，既而马惊堕泥，还入更衣。其少妻止之，卓不从，遂行。乃陈兵夹道，自垒及宫，左步右骑，屯卫周匝，令吕布等扞卫前后。王允乃与士孙瑞密表其事，使瑞自书诏以授布，令骑都尉李肃与布同心勇士十余人，伪着卫士服于北掖门内以待卓。卓将至，马惊不行，怪惧欲还。吕布劝令进，遂入门。肃以戟刺之，卓衷甲不入，伤臂堕车，顾大呼曰："吕布何在？"布曰："有诏讨贼臣。"卓大骂曰："庸狗敢如是邪！"布应声持矛刺卓，趣[21]兵斩之。主簿田仪及卓仓头前赴其尸，布又杀之。驰赍[22]赦书，以令宫陛内外。士卒皆称万岁，百姓歌舞于道。长安中士女卖其珠玉衣装市酒肉相庆者，填满街肆。使皇甫嵩攻卓弟旻于郿坞，杀得母妻男女，尽灭其族。乃尸卓于市。天时始热，卓素[23]充肥，脂流于地。守尸吏然[24]火置卓脐中，光明达曙，如是积日。诸袁门生又聚董氏之尸，焚灰扬之于路。坞中珍藏有金二三万斤，银八九万斤，锦绮缋縠纨素奇玩，积如丘山。

选自《后汉书》卷七十二

〔注释〕 ① 尝：曾经。 ② 遗：赠送。 ③ 收：拘捕。 ④ 因：于是。 ⑤ 率：大抵。 ⑥ 寻：不久。 ⑦ 并：兼并。 ⑧ 讽：暗示。 ⑨ 暗：愚昧。 ⑩ 抗：通"亢"，高。

⑪ 沮:阻止。 ⑫ 类:似。 ⑬ 却:退。 ⑭ 鸩杀:用毒酒杀人。 ⑮ 谢:谢罪。 ⑯ 能:亲善。 ⑰ 毕:终了。 ⑱ 偃:仰卧。 ⑲ 亡:丢失。 ⑳ 蹉跌:失足跌倒,喻失误。 ㉑ 趣:催促。 ㉒ 赍:携带。 ㉓ 素:向来。 ㉔ 然:燃烧。

〔赏析〕 董卓历来被视为凶残的典型。不过《后汉书·董卓列传》对董卓凶残的记述,都是在其入洛阳以后。董卓的一生,大体以入京为界,分为前后两个时期。

前期董卓,只是个军事人物,是一个与边疆民族羌胡进行长期战争而成长起来的镇边猛将。他的久征惯战与其早年生活环境、个人的特殊素质及工作经历都有关联。董卓,陇西临洮(今甘肃岷县)人,临洮为东汉边疆及多种民族杂处之地。董卓"少尝游羌中,尽与豪帅相结,后归耕于野,诸豪帅有来从之者,卓为杀耕牛,与共宴乐",有一种粗野式的豪放。董卓"以健侠知名",又担任过巡守边塞、抗捕盗贼的基层武职,因为"膂力过人,双带两鞬,左右骑射,为羌胡所畏"。

人生的发展,往往表现在关键的几步。董卓的一生有两处关键的转折。早年的转折是桓帝末,"以六郡良家子为羽林郎"。两汉以来,郎官署不仅是中央警卫军官团,更是中高级官吏的养成所。中央郎官的履历,为董卓打开了从基层进入中高层官吏晋升的空间。此后,董卓积军功而任并州刺史、河东太守等守边长吏之职,直至拜将封侯,灵帝中平元年(184年)冬,董卓以破虏将军封斄乡侯,中平五年为前将军。

"董卓将、校在位者多凉州人",李傕、郭汜辈皆为其手下的猛将、勇夫;所率领的皆为羌胡兵,战斗力高强,是一支震悚天下的精兵。郑泰所谓"天下之权勇,今见在者不过并、凉、匈奴、屠各、湟中、义从、八种西羌,皆百姓素所畏服,而明公(董卓)权以为爪牙,壮夫震栗"(张璠《汉纪》)。董卓与这支羌胡精兵朝夕相处,岁时久远,关系非同一般,他自称掌戎十年,"士卒大小相狎弥久,恋臣畜养之恩",亲近一体,实际上视之为他的政治资本,董卓终于成为西凉军事集团的领袖。因此,董卓敢于挟"所将湟中义从及秦胡兵",要挟朝廷,"逆命"不就司空之职,抗命拒绝交出君权,成为"朝廷不能制,颇以为虑"的巨大威胁。董卓并非没有政治野心,郑太(即郑泰)劝何进止招卓时即指出"董卓强忍寡义，志欲无厌”（《后汉书·郑太列传》），由是“驻兵河东，以观时变”，对中央政权虎视眈眈。于此，时人观察甚明，董卓“以京师昏乱，踌躇不进，此怀奸也”（《后汉书·皇甫嵩列传》）。

如果何进不私招董卓参与诛宦，也许董卓无法乘虚入京，永远只是一个拥兵自雄“怀奸”的地方大军阀。然而，历史一旦跨出一步即成事实，便无可挽回，这个私招促成了董卓一生的第二次大转折。董卓抓住了这个私招的机会，打开了满足政治野心、恶性控制中央政权而肆虐的大门，这是一步恶的大转折。

由这步恶的大转折，透现出董卓现象的又一典型特点与意义。董卓是个窃取诛宦胜利果实的政治掮客。董卓入京，捡了政治和军事的两个大便宜：其一，当其入京时，诛宦政变已经取得成功，董卓不动一刀一枪便于城西奉迎少帝及陈留王，实际上控制了东汉王室；其二，董卓不过步骑三千，略施计谋以虚张声势，制造威胁气氛，“寻而何进及弟苗所领部曲皆归于卓，卓又使吕布杀执金吾丁原而并其众”，收编了两支人马，于是“卓兵士大盛”。由是，董卓得以擅自废少帝而立献帝，牢牢控制了东汉政权。臣行君权，破坏了当时历史条件下的合法性纲常制度和政治秩序，这当然是对最高权力的窃取，既不合法也不正当。

凡不合法不正当的窃权运用，必伴随作恶并成正比增长，即“窃权作恶”这是董卓现象表现出的又一特点与意义。董卓窃权后恣意肆虐作恶，历史上具有极大的恶名。于此范书不吝笔墨，不捐细节：“纵放兵士，突其庐舍，淫略妇女，剽掳资物，谓之‘搜牢’……及何后葬，开文陵，卓悉取藏中珍物。又奸乱公主，妻略宫人，虐刑滥罚，睚眦必死……卓尝遣军至阳城，时人会于社下悉令就斩之，驾其车重，载其妇女，以头系车辕，歌呼而还”，以致“人情崩恐不保朝夕”，“群僚内外莫能自固”。董卓所为乃是十足的国家恐怖主义、土匪主义，整个董卓凉州政治军事集团成了以屠戮为性的恐怖盗匪集团。即使西退自守郿坞，董卓还忘不了杀人取乐：“卓施帐幔饮设，诱降北地反者数百人于坐中杀之。先断其舌，次斩手足，次凿其眼目，以镬煮之。未及得死，偃转杯案间。会者战栗，亡失匕箸，而卓饮食自若。诸将有言语蹉跌，便戮于前。

凶残无比，绝无人性。

董卓的恶政是全面性的。选文“开文陵”及“又坏五铢钱”以下云云，就是范书对其破坏经济、金融、文物和民生的记录。凉州集团高强的战斗力也转化为巨大的破坏力，其对社会的破坏是毁灭性的，董卓“尽徙洛阳人数百万口于长安，步骑驱蹙，更相蹈藉，饥饿寇掠，积尸盈路。卓自屯留毕圭苑中，悉烧宫庙官府居家，二百里内无复孑遗。”

可笑的是，董卓窃僭最高权力，竟然只是为了满足个人的淫乐纵恣。董卓筑坞于郿也是历史上一个有名的故事。他于郿坞积谷为三十年储，自云：“事成，雄据天下；不成，守此足以毕老。”天下未定决胜，就守坞淫乐以待事成，完全是窃取诛宦成果以来机会主义心态以及抢了一票就忙着追求宴乐的土匪意识的流露；“关东兵盛，卓惧”（《后汉书·朱儁列传》），同时也反映出他缺乏与关东群雄博弈的意志和勇气。这样一个屠夫恶贼，客观上又无曹操“治世之能臣”的一面，其进取缘于侥幸，其最终失败倒也迅速，宜乎哉！一朝遭杀，“士卒皆称万岁，百姓歌舞于道”，酒肉相庆，填满街肆，亦宜乎哉！

至于追理陈、窦及诸党人案，以及擢用群士的行为，范书行文透射得很清楚，乃在中国传统政治文化的尊贤用士价值意识之深久，纵然残暴无道如董卓者也不敢公然与之背道而驰，“犹忍性矫情”，不得不“以从人望”。唯此不能抵消董卓个人的罪恶于一二。

视董卓为凶残的典型，是历史（事实）判断，也是道德判断。这是无法以简单化的视角来模糊与消解的，也没有任何可以为之辩解的理由。善恶之分本就简单，善就是善，恶就是恶。对董卓这样一个令人发指、死后被士民自发焚尸扬灰的凶残典型，《后汉书·董卓列传》的实录表明：中国传统史学是绝不拒绝与屏绝善恶价值意识和判断的。这不是坏传统，恰恰是好传统。

（罗义俊）

以逸待劳，抑或坐以待毙

〔**导言**〕 东汉王朝至桓、灵二帝时，统治集团内部一直存续着酷烈的党锢之祸，外部又遭遇到了突如其来的黄巾民变，外戚势力与宦官势力的争斗及地方割据势力离心力量的逐渐抟成，动摇着东汉王朝业已脆弱不堪的立国根基。外戚何进欲图诛除宦官的政变以失败而告终，董卓率领西凉兵入主中枢进而掌控朝政，终于成为各方矛盾集中的爆发点。各路诸侯引兵讨伐董卓，其意图在表面上看来是要维护东汉的统治，然而在事实上，这是地方割据势力公开分裂中央集权政府的重大信号，其后军阀之间也展开了激烈的博弈。在此背景下，以刘表为代表的正统士大夫阶层和以张鲁为代表的民间道教势力是两个十分独特的存在。作为汉室宗亲的刘表有着良好的出身背景，所占据的是天下要冲——荆襄之地，可以说，只要一个小小的进退决策，刘表对于全国局势的影响都是举足轻重的。然而或许是受到所在阶层的习惯及利益限制，刘表在各方势力大洗牌的十多年里并没有采取有力的行动，他以一种过分超然的态度置身于烽火之外，最终面对曹操的南征忧病而死，荆州统治集团也迅速瓦解。而在汉中地区，三代都以道教起家的张鲁，采用的是有别于政府统治模式的“鬼道教民”，用近似无为而治的方式据有巴、汉三十年。张鲁在面对曹操大军逼近的情况下，能够听从合理的意见，以保境安民为根本，智慧地避开兵锋，以较为和平的方式完成地方政权同中央政权的融合。

本书选录《刘表传》和《张鲁传》，分析这两位“无所作为”的地方诸侯施政决策的内部动因，以期对两者的大局观和最终结局进行深入思考。

刘 表 传

〔选文〕

刘表字景升，山阳高平人也。少知名，号八俊。长八尺余，姿貌甚伟。以大将军掾[1]为北军中候。灵帝崩，代王叡为荆州刺史。是时山东兵起，表亦合兵军[2]襄阳。

袁术之在南阳也，与孙坚合从，欲袭夺表州，使坚攻表。坚为流矢所中死，军败，术遂不能胜表。李傕、郭汜入长安，欲连表为援，乃以表为镇南将军、荆州牧，封成武侯，假[3]节。天子都许，表虽遣使贡献，然北与袁绍相结。治中邓羲谏表，表不听，羲辞疾而退，终表之世。张济引兵入荆州界，攻穰城，为流矢所中死。荆州官属皆贺，表曰："济以穷来，主人无礼，至于交锋，此非牧意，牧受吊，不受贺也。"使人纳其众；众闻之喜，遂服从。长沙太守张羡叛表，表围之连年不下。羡病死，长沙复立其子怿，表遂攻并怿，南收零、桂，北据汉川，地方数千里，带甲十余万。

太祖与袁绍方相持于官渡，绍遣人求助，表许之而不至，亦不佐太祖，欲保江汉间，观天下变。从事中郎韩嵩、别驾刘先说[4]表曰："豪杰并争，两雄相持，天下之重，在于将军。将军若欲有为，起乘其弊可也；若不然，固将择所从。将军拥十万之众，安坐而观望。夫见贤而不能助，请和而不得，此两怨必集于将军，将军不得中立矣。夫以曹公之明哲，天下贤俊皆归之，其势必举[5]袁绍，然后称兵以向江汉，恐将军不能御也。故为将军计者，不若举州以附曹公，曹公必重德[6]将军；长享福祚，垂[7]之后嗣，此万全之策也。"表大将蒯越亦劝表，表狐疑，乃遣嵩诣太祖以观虚实。嵩还，深陈太祖威德，说表遣子入质。表疑嵩反为太祖说，大怒，欲杀嵩，考[8]杀随嵩行者，知嵩无他意，乃止。表虽外貌儒雅，而心多疑忌，皆此类也。

刘备奔表，表厚待之，然不能用。建安十三年，太祖征表，未至，表病死。

初，表及妻爱少子琮，欲以为后，而蔡瑁、张允为之支党，乃出长子琦为江夏太守，众遂奉琮为嗣[9]。琦与琮遂为仇隙。

越、嵩及东曹掾傅巽等说琮归太祖，琮曰："今与诸君据全楚之地，守先君之业，以观天下，何为不可乎?"巽对曰："逆顺有大体，强弱有定势。以人臣而拒人主，逆也；以新造之楚而御国家，其势弗当也；以刘备而敌曹公，又弗当也。三者皆短，欲以抗王兵之锋，必亡之道也。将军自料何与刘备?"琮曰："吾不若也。"巽曰："诚以刘备不足御曹公乎，则虽保楚之地，不足以自存也；诚以刘备足御曹公乎，则备不为将军下也。愿将军勿疑。"太祖军到襄阳，琮举州降。备走[10]奔夏口。

太祖以琮为青州刺史、封列侯。蒯越等侯者十五人。越为光禄勋；嵩，大鸿胪；羲，侍中；先，尚书令；其余多至大官。

评曰：董卓狼戾[11]贼忍[12]，暴虐不仁，自书契已来，殆[13]未之有也。袁术奢淫放肆，荣不终己，自取之也。袁绍、刘表，咸[14]有威容、器观，知名当世。表跨蹈汉南，绍鹰扬[15]河朔，然皆外宽内忌，好谋无决，有才而不能用，闻善而不能纳，废嫡立庶，舍礼崇爱[16]，至于后嗣颠蹙，社稷倾覆，非不幸也。昔项羽背范增之谋，以[17]丧其王业；绍之杀田丰，乃甚于羽远矣！

选自《三国志》卷六

〔注释〕 ① 掾：古代属官的通称。 ② 军：驻扎。 ③ 假：给予。 ④ 说：劝说。 ⑤ 举：战胜。 ⑥ 德：感激。 ⑦ 垂：流传。 ⑧ 考：刑讯。 ⑨ 嗣：继承人。 ⑩ 走：逃跑。 ⑪ 狼戾：凶狠。 ⑫ 贼忍：残忍。 ⑬ 殆：大概。 ⑭ 咸：都。 ⑮ 鹰扬：逞威。 ⑯ 爱：个人喜好。 ⑰ 以：因此。

〔赏析〕 刘表，字景升，其人乃是汉朝宗室。如果不是建安时期全国性的动荡，刘表作为地方领袖，其保境安民的成绩还是值得称道的。身处在汉末动乱的余绪之中，刘表与其所统治的荆州集团走向最终的失败又显得那样迅速和势所必然。我们认为，只有理解了刘表的出身背景、个人性格以及其对时局的把握能力，才能真正洞察其作为地方诸侯从崛起到灭亡的历史必然性。

前已述及，刘表也是宗室出身，在这一点上他和刘备无二。不同于刘备通过征讨黄巾军获得功名，刘表的成长之路十分顺遂，据裴松之注引《汉末名士录》记载："表与汝南陈翔字仲麟、范滂字孟博、鲁国孔昱字世元、勃海苑康字仲真、山阳檀敷字文友、张俭字元节、南阳岑晊字公孝为'八友'。"谢承《后汉书》记载其"受学于同郡王畅，畅为南阳太守"。少年知名的刘表亲炙地方高级官员，仕途一路无阻，灵帝时即以大将军掾(部队统帅的属官)的身份担任北军中候(国家两大野战部队之一中的屯骑、越骑、步兵、长水、射声五营的监军)之职。灵帝去世后，又代王叡为荆州刺史，较曹操、刘备等更早地成为地方大员。由于拥有这样正统的出身，使得刘表的言语行为都必须符合其所属阶层的规范。因此当他初到荆州时，即着重与当地大族、名士结交，"延中庐人蒯良、蒯越、襄阳人蔡瑁与谋"(司马彪《战略》)。由于能够联合荆州主流力量和采用诛抚结合的措施，刘表很快就肃清了荆州地区的土寇，于是"表乃开立学官，博求儒士，使綦毋闿、宋忠等撰《五经章句》"(王粲《英雄记》)，使其治下在四周动荡的环境中呈现出一派安定的气象。

但刘表在性格上存在着极为显著的缺点，即太好名声而又猜忌心重。长沙太守张羡的反叛，很大程度上就是因为刘表认为民众拥护张羡超过拥护自己，从而产生了嫉妒心理。据《英雄记》记载，张羡"先作零陵、桂阳长，甚得江、湘间心，然性屈强不顺。表薄其为人，不甚礼也。"一个获得民心拥戴的部下遭到上级的鄙薄，"由是怀恨，遂叛表焉"，不能不说是个悲剧。刘表接纳了刘备却又时时提防,导致刘备与其貌合神离,在新野偷偷发展自己的势力并支持刘琦(已被确认失去了继承刘表地位的资格),也间接地加重了荆州集团内部的裂痕。而刘表派出韩嵩觐见献帝顺便窥探曹操虚实,听完韩嵩的汇报后认为韩嵩“怀贰”(裴松之引《傅子》:“天子拜嵩侍中,迁零陵太守,还称朝廷、曹公之德也。表以为怀贰,大会寮属数百人,陈兵见嵩,盛怒,持节将斩之。”),也充分体现了刘表不信任部下的客观现实。这种深入骨髓的猜忌心理,使得刘表不敢在天下纷争中有所动作,限制了他对整个时局的把握。

事实上,刘表同时拥有天时(政局动荡所带来的种种机遇)、地利(南北要冲、长江中段)与人和(荆州全境士、农、工、商的普遍拥护),相较于西北的马腾父子(汉胡杂处)、西南的刘焉父子(交通闭塞)、北方的袁绍父子(古今战场)、东南的孙坚父子(逆流而上)等地方军阀而言,刘表在各个方面都具有优势,其对于任何一方割据军阀的支持与否都具有举足轻重的作用。然而终刘表一世,其一以贯之的战略决策就是在任何关键时刻都采取不作为的态度,这种消极的防御政策直接导致问鼎天下的机会渐渐变得遥不可及。据《三国志·魏书·袁术传》记载,袁术“与绍有隙,又与刘表不平而北连公孙瓒;绍与瓒不和而南连刘表”。按理说,作为袁绍的盟友,刘表应当在必要时给予对方以帮助,但当袁绍与曹操对峙相持的时候,刘表却按兵不动,他明知天下已经大变,却自称自己在“观天下变”,终于成了一个无所作为的旁观者而见证了盟友的最终覆灭。据《汉晋春秋》记载,刘表接纳刘备后,曹操“征柳城,刘备说表使袭许,表不从。及太祖还,谓备曰:‘不用君言,故失此大会也。’”哑然失笑的刘备只能安慰道:“今天下分裂,日寻干戈,事会之来,岂有终极乎?若能应之于后者,则此未足为恨也。”但终刘表一生,他始终都没有采取过任何有力的行动以阻遏曹操势力的膨胀,直至曹操以朝廷的名义兼并北方并大举南下时,整个荆州集团在大敌来临时终于彻底崩溃,向曹操投降了。

张鲁传

〔选文〕

张鲁字公祺,沛国丰人也。祖父陵,客蜀,学道鹄鸣山中,造作道书以惑百姓,从受道者出五斗米,故世号米贼。陵死,子衡行其道。衡死,鲁复行之。益州牧刘焉以鲁为督义司马,与别部司马张修将兵击汉中太守苏固,鲁遂袭修杀之,夺其众。焉死,子璋代立,以鲁不顺[①],尽杀鲁母家室。鲁遂据汉中,以鬼道教民,自号"师君"。其来学道者,初皆名"鬼卒"。受本道已信,号"祭酒"。各领部众,多者为治头大祭酒。皆教以诚信不欺诈,有病自首其过,大都与黄巾相似。诸祭酒皆作义舍,如今之亭传。又置义米肉,县[②]于义舍,行路者量腹取足;若过多,鬼道辄病之。犯法者,三原[③],然后乃行刑。不置长吏,皆以祭酒为治,民夷便乐之。雄据巴、汉垂[④]三十年。

汉末,力不能征,遂就宠鲁为镇民中郎将,领汉宁太守,通贡献而已。民有地中得玉印者,群下欲尊鲁为汉宁王。鲁功曹巴西阎圃谏鲁曰:"汉川之民,户出十万,财富土沃,四面险固;上匡天子,则为桓、文,次及窦融,不失富贵。今承制署置,势足斩断,不烦于王。愿且[⑤]不称,勿为祸先。"鲁从之。韩遂、马超之乱,关西民从子午谷奔之者数万家。

建安二十年,太祖乃自散关出武都征之,至阳平关。鲁欲举汉中降,其弟卫不肯,率众数万人拒关坚守。太祖攻破之,遂入蜀。

鲁闻阳平已陷,将稽颡[⑥]归降,圃又曰:"今以迫往,功必轻;不如依杜濩赴朴胡相拒[⑦],然后委质[⑧],功必多。"于是乃奔南山入巴中。左右欲悉[⑨]烧宝货仓库,鲁曰:"本欲归命国家,而意未达。今之走,避锐锋,非有恶意。宝货仓库,国家之有。"遂封藏而去。太祖入南郑,甚嘉之。又以鲁本有善意，遣人慰喻。鲁尽将[10]家出，太祖逆[11]拜鲁镇南将军，待以客礼，封阆中侯，邑万户。封鲁五子及阎圃等皆为列侯。为子彭祖取[12]鲁女。鲁薨，谥之曰原侯。子富嗣。

评曰：公孙瓒保京，坐待夷[13]灭。度残暴而不节，渊仍业以载凶，秖足覆其族也。陶谦昏乱而忧死，张杨授首于臣下，皆拥据州郡，曾匹夫之不若，固无可论者也。燕、绣、鲁舍群盗，列功臣，去[14]危亡，保宗祀，则于彼为愈焉。

选自《三国志》卷八

〔**注释**〕 ① 顺：顺从。 ② 县：同“悬”，悬挂。 ③ 原：宽恕。 ④ 垂：将近。 ⑤ 且：暂且。 ⑥ 稽颡：一种跪拜礼。 ⑦ 拒：抵御。 ⑧ 委质：古代臣下向君主献礼，表示献身。 ⑨ 悉：全。 ⑩ 将：带领。 ⑪ 逆：迎接。 ⑫ 取：通“娶”。 ⑬ 夷：消灭。 ⑭ 去：避免。

〔**附**〕 裴松之注引《魏略》

《魏略》曰：刘雄鸣者，蓝田人也。少以采药射猎为事，常居覆车山下，每晨夜，出行云雾中，以识道不迷，而时人因谓之能为云雾。郭、李之乱，人多就之。建安中，附属州郡，州郡表荐为小将。马超等反，不肯从，超破之。后诣太祖，太祖执其手谓之曰：“孤方入关，梦得一神人，即卿邪！”乃厚礼之，表拜为将军，遣令迎其部党。部党不欲降，遂劫以反，诸亡命皆往依之，有众数千人，据武关道口。太祖遣夏侯渊讨破之，雄鸣南奔汉中。汉中破，穷无所之[1]，乃复归降。太祖捉其须曰：“老贼，真得汝矣！”复其官，徙勃海。时又有程银、侯选、李堪，皆河东人也，兴平之乱，各有众千余家。建安十六年，并与马超合。超破走，堪临陈死。银、选南入汉中，汉中破，诣太祖降，皆复官爵。

〔**注释**〕 ① 之：往。

〔赏析〕 东汉末年的纷争局面为曹、刘、孙三大阵营的崛起创造了条件，而其他割据势力，如西北马腾、西南刘璋、荆州刘表、淮南袁术、北方袁绍等都遭遇到兼并抑或是覆灭的结局。夹杂在大军阀中间的中小型军阀如陶谦、吕布、张杨、公孙瓒等则由于立场或战略上处置的不当而招致最终失败。与上述这些军阀相比，规模更小的张鲁却能够偏安汉中一隅之地长达数十年并得以善终，不能不说是当时的一个奇迹。究其原因，张鲁得以保全于乱世的原因与汉中所处的地理位置、采用的统治方式以及谋士阎圃所进献的两条策略不无关系。

汉中的自然条件十分优越，出产丰富，即使不依靠外界物资的输入也能在相当长的时间内自给自足，因此汉王朝的建立者刘邦在袭破咸阳后进入汉中，保持了之后同项羽竞争的实力。同时，汉中的地理位置十分特殊，它位于西北(长安)与西南(成都)之间，欲保有四川者必以汉中为屏障，欲由陕入川者也绕不过这片土地，因此一旦发生波及全国的战事，就必定会发生对于汉中的争夺。在汉末乱局初现的时刻，由于听说益州“有天子气”而谋得州牧职位的刘焉“抚纳离叛，务行宽惠，阴图异计。张鲁母始以鬼道，又有少容，常往来焉家，故焉遣鲁为督义司马，住汉中，断绝谷阁，杀害汉使”，将汉中、四川据为己有，成为外界难以染指的个人领地。刘焉死后，刘璋继承益州牧之职，张鲁“稍骄恣，不承顺璋，璋杀鲁母及弟，遂为仇敌。璋累遣庞羲等攻鲁，数为所破。鲁部曲多在巴西，故以羲为巴西太守，领兵御鲁”(《三国志·蜀书·刘二牧传》)，益州、汉中长期对立的关系，也给了之后西征的曹操、入蜀的刘备以可乘之机。

张鲁在汉中的统治采取的是一种政教结合的方式。张鲁本人有两种身份：作为政府官员的督义司马(刘焉所表)、镇民中郎将、汉宁太守(朝廷所封)和作为宗教领袖的“师君”(祖父张陵、父张衡所开创和承传的五斗米教)。在政府体系中，张鲁手下有常规的官僚管理群体(比如功曹阎圃等官员)；在宗教体系中，张鲁手下有等级制的治头大祭酒、祭酒、鬼卒等。事实上，由宗教发家的张鲁家族，通过一系列抚恤难民的措施收获了众多民众的拥护，因此汉中的核心管理团队是以张鲁为首的宗教体系(“皆以祭酒为治”)，这一体系的运作方式可以通过裴松之所引的《典略》窥知一二，如“加施静室，使病者处其中思过。又使人为奸令祭酒，祭酒主以《老子》五千文，使都习，号为奸令。

为鬼吏，主为病者请祷。请祷之法，书病人姓名，说服罪之意。作三通，其一上之天，著山上，其一埋之地，其一沉之水，谓之三官手书。使病者家出米五斗以为常，故号曰‘五斗米师’”、“鲁在汉中，因其民信行张衡业，遂增饰之。教使作义舍，以米肉置其中以止行人；又教使自隐，有小过者，当治道百步，则罪除；又依月令，春夏禁杀；又禁酒。流移寄在其地者，不敢不奉”。这种看似松散的管理方式对于经历了战火逃亡生涯的民众是很有吸引力的，在人心思治的趋势下，汉中无疑是一片和平的乐土，因此数十年来“民夷便乐之”。而张鲁的官员身份又使其为主流社会所接受，不至于被人非议为黄巾之流。

张鲁能够在乱世中幸存，离不开其谋士阎圃的两次劝谏。阎圃的生平资料在史书中流传下来的很少，但他为张鲁所作出的一次战略规划（不称王），使张鲁避免成为众矢之的（袁术就曾在不恰当的时间称帝，结果很快覆灭）；阎圃还为张鲁进行了一次战术提示（缓投降），帮助张鲁在同曹操的交手中从气格上的弱势逐渐演变为均势，可谓是算无遗策。当然，张鲁数十年来保境安民的政绩，使得他作为一方诸侯有着同曹操谈判的资本；而其对于身边谋士合理建议的言听计从，也使之能够以较为妥帖的形式完成了权力的交接。相比于那些苦战败亡的军阀以及不战而亡的刘表集团，张鲁以一种看似无为而治的方式完成了自己的历史使命。从这一点上来看，张鲁无疑是东汉动乱时期众多军阀中的一位成功者。

（李嘉路）

聪明人还是傻子，时势决定成功者

〔导言〕 本组所选的三篇三国政治家传记，诸葛亮(181—234)、周瑜(175—210)两传取自《三国志》，司马懿(179—251)传取自《晋书》。此三人，年龄相仿，身处天下分崩的乱局，各以其才智毅力建功当世，其中诸葛亮和周瑜直接参与了蜀、吴的创建，稍晚崛起的司马懿则是导致“三国归晋”这一结局的关键人物。东汉王朝的崩溃和三国之继起，标志着秦汉以来维系四百余年的大一统政治格局遭到破坏，分裂时代开始。此种现象的出现，自有其深刻的社会原因，除了东汉朝廷因后期腐败和施政失当，导致各种社会矛盾激化而引发黄巾大起义的致命打击外，也是当时日趋膨胀的世家大族和地方豪强势力与皇权摩擦冲突，不断侵蚀削弱中央集权控制的结果。汉末崛起的各政治集团中，最为活跃的正是这些势力。不过也应看到，这种分裂割据状况，并不意味着秦汉以来奠定的大一统国家根基及其政治文化理念已发生动摇，相反，“天下定于一”依然是当时社会各阶层的普遍向往。而三国纷争，看去纵横捭阖，波谲云诡，其实也都是围绕着这一人心所向的中轴展开的。此三篇传记不但为我们勾勒出这段历史的基本线索，还以诸葛亮、周瑜、司马懿等人治国用兵的过人胆略和丰富实践，给后人从事各类社会活动特别是政治军事以生动的哲理启示，因而历来受到人们的高度重视。

诸葛亮传

〔选文〕

诸葛亮字孔明，琅邪阳都人也。汉司隶校尉诸葛丰后也。父圭，字君贡，汉末为太山郡丞。亮早孤，从① 父玄为袁术所署② 豫章太守，玄将③ 亮及亮弟均之④ 官。会⑤ 汉朝更选朱皓代玄。玄素与荆州牧刘表有旧[6],往依之。玄卒,亮躬耕陇亩,好为《梁父吟》。身长八尺,每自比于管仲、乐毅,时人莫之许也。惟博陵崔州平、颍川徐庶元直与亮友善,谓为信[7]然。

……

由是先主遂诣亮,凡三往,乃见。因[8]屏人曰:“汉室倾颓,奸臣窃命,主上蒙尘。孤不度德量力,欲信大义于天下,而智术浅短,遂用[9]猖蹶,至于今日。然志犹未已,君谓计将安出?”亮答曰:“自董卓已来,豪杰并起,跨州连郡者不可胜数。曹操比于袁绍,则名微而众寡,然操遂能克绍,以弱为强者,非唯天时,抑亦人谋也。今操已拥百万之众,挟天子而令诸侯,此诚不可与争锋。孙权据有江东,已历三世,国险而民附,贤能为之用,此可以为援而不可图也。荆州北据汉、沔,利尽南海,东连吴会,西通巴、蜀,此用武之国,而其主不能守,此殆[10]天所以资将军,将军岂有意乎?益州险塞,沃野千里,天府之土,高祖因[11]之以成帝业。刘璋暗弱,张鲁在北,民殷国富而不知存恤,智能之士思得明君。将军既帝室之胄,信义著于四海,总揽英雄,思贤如渴,若跨有荆、益,保其岩阻,西和诸戎,南抚夷越,外结好孙权,内修政理;天下有变,则命一上将将荆州之军以向宛、洛,将军身率益州之众出于秦川,百姓孰敢不箪食壶浆以迎将军者乎?诚如是,则霸业可成,汉室可兴矣。”先主曰:“善!”于是与亮情好日密。

……

亮说权曰:“海内大乱,将军起兵据有江东,刘豫州亦收众汉南,与曹操并争天下。今操芟夷[12]大难,略已平矣,遂破荆州,威震四海。英雄无所用武,故豫州遁逃至此。将军量力而处之:若能以吴、越之众与中国抗衡,不如早与之绝;

若不能当[13],何不案兵束甲,北面而事之!今将军外[14]托服从之名,而内怀犹豫之计,事急而不断,祸至无日矣!”权曰:“苟如君言,刘豫州何不遂事之乎?”亮曰:“田横,齐之壮士耳,犹守义不辱,况刘豫州王室之胄,英才盖世,众士慕仰,若水之归海,若事之不济[15],此乃天也,安能复为之下乎!”权勃然曰:“吾不能举全吴之地,十万之众,受制于人。吾计决矣!非刘豫州莫可以当曹操者。然豫州新败之后,安能抗此难乎?”亮曰:“豫州军虽败于长坂,今战士还者及关羽水军精甲万人,刘琦合江夏战士亦不下万人。曹操之众,远来疲弊[16],闻追豫州,轻骑一日一夜行三百余里,此所谓‘强弩之末,势不能穿鲁缟’者也。故兵法忌之,曰‘必蹶[17]上将军’。且北方之人,不习水战,又荆州之民附操者,逼兵势耳,非心服也。今将军诚能命猛将统兵数万,与豫州协规同力,破操军必矣。操军破,必北还,如此则荆、吴之势强,鼎足之形成矣。成败之机,在于今日。”权大悦,即遣周瑜、程普、鲁肃等水军三万,随亮诣先主,并力拒[18]曹公。

……

(建兴)三年春,亮率众南征,其秋悉[19]平。军资所出,国以富饶,乃治戎讲武,以俟[20]大举。五年,率诸军北驻汉中,临发,上疏曰:……臣本布衣,躬耕于南阳,苟全性命于乱世,不求闻[21]达于诸侯。先帝不以臣卑鄙[22],猥自枉屈,三顾[23]臣于草庐之中,谘臣以当世之事,由是感激,遂许先帝以驱驰。后值[24]倾覆,受任于败军之际,奉命于危难之间,尔来二十有一年矣。先帝知臣谨慎,故临崩寄臣以大事也。受命以来,夙夜忧叹,恐托付不效[25],以伤先帝之明,故五月渡泸,深入不毛。今南方已定,兵甲已足,当奖率三军,北定中原，庶[26]竭驽钝，攘除奸凶，兴复汉室，还于旧都。此臣所以报[27]先帝，而忠陛下之职分也。

……

十二年春，亮悉大众由斜谷出，以流马运，据武功五丈原，与司马宣王对于渭南……其年八月，亮疾病，卒于军，时年五十四。及军退，宣王案[28]行其营垒处所，曰："天下奇才也！"

……

初，亮自表后主曰："成都有桑八百株，薄田十五顷，子弟衣食，自有余饶。至于臣在外任，无别调度，随身衣食，悉仰[29]于官，不别治生，以长尺寸。若臣死之日，不使内有余帛，外有赢财，以负陛下。"及[30]卒，如其所言。

选自《三国志》卷三十五

〔注释〕 ① 从：指堂房亲属。 ② 署：任用。 ③ 将：带领。 ④ 之：往。 ⑤ 会：适逢。 ⑥ 旧：旧交。 ⑦ 信：确实。 ⑧ 因：于是。 ⑨ 用：因而。 ⑩ 殆：大概。 ⑪ 因：依靠。 ⑫ 芟夷：削除。 ⑬ 当：抵挡。 ⑭ 外：表面上。 ⑮ 济：成功。 ⑯ 弊：疲困。 ⑰ 蹶：挫败。 ⑱ 拒：抵御。 ⑲ 悉：全。 ⑳ 俟：等待。 ㉑ 闻：闻名。 ㉒ 卑鄙：低微而鄙俗。 ㉓ 顾：拜访。 ㉔ 值：遇到。 ㉕ 效：成效。 ㉖ 庶：或许。 ㉗ 报：报答。 ㉘ 案：考察。 ㉙ 仰：依靠。 ㉚ 及：到。

〔赏析〕 "诸葛大名垂宇宙"(杜甫《咏怀古迹其五》)，其声名在中国可说是妇孺皆知，只是大部分人对他的印象都不免停留在《三国演义》所塑造的"半人半神"状态。本传则是现存有关诸葛亮生平最为原始和真实的记录。作者陈寿本蜀人，生于诸葛亮死前一年，虽未获亲见诸葛，然其父曾任马谡参军，并因马谡兵败连带受到诸葛的处罚，也算是与之略有交集的人物。他自小习闻父辈或蜀地士众对诸葛亮的谈论，后复手编《诸葛亮集》，对其生平自相当熟悉。加之撰写本传时，蜀亡已多年，不必像谈曹魏和司马氏那样有所忌讳，因而得以更客观地反映这部分史实。

从本传看，诸葛一生功业，主要集中在三方面：

一是在刘备"三顾茅庐"时，提出了著名的"隆中对"，对天下大势作了极具前瞻性的分析。他认为曹操方力克北方群雄，“挟天子而令诸侯，此诚不可与争锋。孙权据有江东，已历三世，国险而民附，贤能为之用，此可以为援而不可图也”，建议刘备先据荆州，继占益州，建立稳固的根据地，采取联吴抗曹之策，伺机统一天下，复兴汉室。这一战略设想，应是其长期关注汉末以来的政治军事演变格局，经深思熟虑后作出的正确判断，从而为当时力量弱小的刘备“图霸业”指出了一条切实可行之路。

二是实现联吴抗曹，奠定三国鼎立之基。建安十三年(208年)秋，当曹操大军以泰山压顶之势席卷荆州、进图江东之际，诸葛亮毅然亲赴柴桑(今江西九江西南)会见孙权，指陈利害，坚定了孙吴抗曹决心，终于达成孙、刘联盟，在赤壁一举击溃曹操，使汉末形势为之一变，刘备得以站稳脚跟。

三是鞠躬尽瘁，忠于职守。刘备死后，诸葛亮受顾命勉力支撑蜀汉大局，凡“事无巨细，亮皆专之。于是外连东吴，内平南越，立法施度，整理戎旅，工械技巧，物究其极，科教严明，赏罚必信，无恶不惩，无善不显，至于吏不容奸，人怀自厉，道不拾遗，彊不侵弱，风化肃然也”，显示了全面的治国理政之才。正是凭着他个人的崇高威望、秉公之心和出众能力，使其主政时期的蜀汉成为三国中内政最安定的政权，及至身后，仍深受蜀中百姓的长久怀念。

诸葛亮用兵行政的重要特点是思虑周密，凡事谋而后动，布局稳健。如伐魏前先“率众南征”，协调好与西南少数民族的关系，使无后顾之忧。在《出师表》中，他不但对后主刘禅谆谆嘱以用人行政和公平赏罚之道，还对伐魏期间主持后方日常军政的人事作了妥善安排。而手下大将魏延建言由其另率万人，从褒中直出子午谷，突袭长安的攻魏“奇谋”，亦被他以过于冒险而否决。“诸葛一生唯谨慎”，这种处事风格，是其一生较少失误的重要原因。

诸葛亮既如此高才，何以其事业包括为之鞠躬尽瘁的蜀汉仍不免失败？这是历代许多人反复谈论或感到困惑的问题。对此，陈寿在传中作了这样的解释：“亮才于治戎为长，奇谋为短，理民之幹，优于将略。而所与对敌，或值人杰，加众寡不侔，攻守异体，故虽连年动众，未能有克。昔萧何荐韩信、管仲举王子城父，皆忖己之长未能兼有故也。亮之器能政理，抑亦管、萧之亚匹也，而时之名将无城父、韩信，故使功业陵迟，大义不及邪？”这些看法，都有其见地，但最重要的，恐怕还是其战略方针受到了严重干扰之故。按照“隆中对”的设想，刘备集团原计划先据荆、益两州，一旦天下有变，从荆州地区出兵，即可逐鹿中原，并与益州北出之兵对敌形成夹击之势。当然，要击败曹操这样的强敌，保持孙、刘联盟也是一个必要的前提。可惜坐镇荆州的关羽对此要义并无深刻领会，平时既不重视处理好与孙权的关系，又疏于防范，终于在北攻曹军时遭孙军偷袭，腹背受敌，兵败身死，既失荆州，也严重损及孙、刘联盟。而刘备为报关羽之仇大举伐吴招致的夷陵之败，更使蜀汉元气大伤。至此，“隆中对”的决策已遭到破坏，蜀国图霸中原的先机实已丧失。以致后来诸葛亮五出祁山北伐，往往形同孤军，虽劳师糜财，终难构成对曹魏的致命威胁，至多只能起到“以守为攻”的作用罢了。

此外，诸葛亮的用人方针也颇值得作一讨论。汉末三国，各政治集团为拓展自己的势力，大多求才若渴，但用人方针并不一致。曹操公开主张“唯才是举”，认为在需才孔亟的乱世，不必“廉士而后可用”，即使是有“盗嫂受金”嫌疑之人，只要有才，都可纳为己用。这一方针，使曹魏集团始终人才济济，虽然流品是杂了一点。而诸葛亮用人，似更看重“德操”一面，其引用之人，多属忠直守德之士。这样做，固然减少了个人野心家乘隙而入的可能，使蜀国的内政一直显得相对平稳，没有出现魏、吴两国朝廷中血腥内斗不断的现象。但其谨慎挑剔，也隐伏着另一种偏向：蜀国后期重用的军政之才，除姜维外，大抵皆守成一流，而鲜少勇于进取的霸才，特别是当刘备时代聚集的人才老成凋尽之时，更日益显露出后继无人的窘相，这无疑也是导致蜀汉竞争力日弱乃至走向衰败的一个不可忽略因素。

周 瑜 传

〔选文〕

周瑜字公瑾，庐江舒人也。从祖父景，景子忠，皆为汉太尉。父异，洛阳令。

瑜长壮有姿貌。初，孙坚兴义兵讨董卓，徙家于舒。坚子策与瑜同年，独相友善，瑜推[①]道南大宅以舍[②]策，升[③]堂拜母,有无通共。瑜从父尚为丹杨太守,瑜往省[4]之。会策将东渡,到历阳,驰书报瑜,瑜将兵迎策。策大喜曰:"吾得卿,谐也。"遂从攻横江、当利,皆拔之。乃渡江击秣陵,破笮融、薛礼,转下湖孰、江乘,进入曲阿,刘繇奔走[5],而策之众已数万矣。因谓瑜曰:"吾以此众取吴会平山越已足。卿还镇丹杨。"瑜还。顷之,袁术遣从弟胤代尚为太守,而瑜与尚俱还寿春。术欲以瑜为将,瑜观术终无所成,故求为居巢长,欲假[6]涂东归,术听之。遂自居巢还吴。是岁,建安三年也。策亲自迎瑜,授建威中郎将,即与兵二千人,骑五十匹。瑜时年二十四,吴中皆呼为周郎。以瑜恩信著于庐江,出备[7]牛渚,后领春谷长。顷之,策欲取荆州,以瑜为中护军,领江夏太守,从攻皖,拔之。时得桥公两女,皆国色也。策自纳大桥,瑜纳小桥。复进寻阳,破刘勋,讨江夏,还定豫章、庐陵,留镇巴丘。

(建安)五年,策薨,权统事。瑜将兵赴丧,遂留吴,以中护军与长史张昭共掌众事……十三年春,权讨江夏,瑜为前部大督。

其年九月,曹公入荆州,刘琮举众降,曹公得其水军、船,步兵数十万,将士闻之皆恐。权延[8]见群下,问以计策。议者咸[9]曰:"曹公豺虎也,然托名汉相,挟天子以征四方,动以朝廷为辞,今日拒之,事更不顺。且将军大势,可以拒操者,长江也。今操得荆州,奄有[10]其地,刘表治水军,蒙冲斗舰,乃以千数,操悉浮以沿江,兼有步兵,水陆俱下,此为长江之险,已与我共之矣。而势力众寡,又不可论。愚谓大计不如迎之。"瑜曰:"不然。操虽托名汉相,其实汉贼也。将军以神武雄才,兼仗父兄之烈,割据江东,地方数千里,兵精足用，英雄乐业，尚当横行天下，为汉家除残去秽。况操自送死，而可迎之邪？请为将军筹[11]之：今使[12]北土已安，操无内忧，能旷日持久，来争疆埸，又能与我校[13]胜负于船楫间乎？今北土既未平安，加马超、韩遂尚在关西，为操后患。且舍鞍马，仗舟楫，与吴越争衡，本非中国所长。又今盛寒，马无稿草，驱中国士众远涉江湖之间，不习水土，必生疾病。此数四者，用兵之患也，而操皆冒行之。将军禽[14]操，宜在今日。瑜请得精兵三万人，进住夏口，保[15]为将军破之。"权曰："老贼欲废汉自立久矣，徒忌二袁、吕布、刘表与孤耳。今数雄已灭，惟孤尚存，孤与老贼，势不两立。君言当击，甚与孤合，此天以君授孤也。"

时刘备为曹公所破，欲引南渡江，与鲁肃遇于当阳，遂共图计，因进住夏口，遣诸葛亮诣权，权遂遣瑜及程普等与备并力逆[16]曹公，遇于赤壁。时曹公军众已有疾病，初一交战，公军败退，引次[17]江北。瑜等在南岸。瑜部将黄盖曰："今寇众我寡，难与持久。然观操军船舰首尾相接，可烧而走也。"乃取蒙冲斗舰数十艘，实以薪草，膏油灌其中，裹以帷幕，上建牙旗，先书报曹公，欺以欲降。又豫[18]备走舸，各系大船后，因引次俱前。曹公军吏士皆延颈观望，指言盖降。盖放诸船，同时发火。时风盛猛，悉延烧岸上营落。顷之，烟炎张天，人马烧溺死者甚众，军遂败退，还保南郡。备与瑜等复共追。曹公留曹仁等守江陵城，径[19]自北归。

……

刘备以左将军领荆州牧，治[20]公安。备诣京见权，瑜上疏曰："刘备以枭雄之姿，而有关羽、张飞熊虎之将，必非久屈为人用者。愚谓大计宜徙备置吴，盛为筑宫室，多其美女玩好,以娱其耳目。分此二人,各置一方,使如瑜者得挟与攻战,大事可定也。今猥割土地以资[21]业之,聚此三人,俱在疆埸,恐蛟龙得云雨,终非池中物也。”权以曹公在北方,当广揽英雄,又恐备难卒制,故不纳。

是时刘璋为益州牧,外有张鲁寇[22]侵,瑜乃诣京见权曰:“今曹操新[23]折衄[24],方忧在腹心,未能与将军连兵相事也。乞与奋威俱进取蜀,得蜀而并[25]张鲁,因留奋威固守其地,好与马超结援。瑜还与将军据襄阳以蹙[26]操,北方可图也。”权许之。瑜还江陵,为[27]行装,而道于巴丘病卒,时年三十六。

选自《三国志》卷五十四

〔注释〕 ① 推:推让。 ② 舍:使居住。 ③ 升:登。 ④ 省:探望。 ⑤ 走:逃跑。 ⑥ 假:借。 ⑦ 备:防御。 ⑧ 延:招请。 ⑨ 咸:都。 ⑩ 奄有:全部占有。 ⑪ 筹:谋划。 ⑫ 使:假使。 ⑬ 校:较量。 ⑭ 禽:捉拿。 ⑮ 保:保证。 ⑯ 逆:迎击。 ⑰ 次:驻扎。 ⑱ 豫:预先。 ⑲ 径:直接。 ⑳ 治:地方政府所在地。 ㉑ 资:资助。 ㉒ 寇:侵犯。 ㉓ 新:刚。 ㉔ 折衄:败北。 ㉕ 并:兼并。 ㉖ 蹙:逼迫。 ㉗ 为:准备。

〔赏析〕 周瑜是汉末三国时代彗星般闪过天际的人物,耀眼夺目,可惜十分短促。他出身士族,青少年时就与东吴的建基者孙策交好,志同道合。汉献帝兴平元年(194年),引兵助孙策攻略秣陵、江乘、曲阿(今江苏南京、句容、丹阳一带)等地。建安三年(198年)正式投奔东吴,征战各地,以中护军和江夏太守镇守巴丘(今江西峡江县北)。孙策死后,与张昭同为辅佐孙权的元老重臣,时年二十六岁。

周瑜年纪虽轻,却多谋善断,有很强的时局应对能力,因而深受孙权倚重。赤壁之战中,其军事才华更是得到了充分展示。建安十三年秋,曹操大军南下,占据荆州,欲顺流一举荡平江东。围绕着战降问题,东吴集团内展开了激烈的争论。以张昭为首的文臣咸谓:曹操已得荆州,掌控了长江上游,一旦水陆齐下,恐难抵敌,不如降之。周瑜却力排众议,认为曹军虽号称水陆八十万,其实不过北军十五六万和新得荆州之众七八万,其中北军长途南下,人马困疲，水土不服，易生疾病，又素不习水战；荆州降卒则人心未固，故其总体战力必然大打折扣；何况还有关西马超、韩遂的势力在牵制其后方。对付这样的军队，只需精兵数万，“自足制之”。孙权壮其言，即令其与程普、鲁肃率水军三万，与刘备统率的二万人马联军抗曹。

时值冬季，逆水而上的孙刘联军与曹军在赤壁（今湖北蒲圻西北）相遇。曹军疾疫流行，士气不振，初战遭挫，遂引军驻北岸乌林（今湖北洪湖市东北）一带。周瑜驻军南岸，与之对峙，因见曹操水军为行舟稳健，将船舰首尾相连，遂用黄盖火攻之计，取蒙冲斗舰数十艘，满载薪草膏油等易燃物，待东南风起，以诈降方式驶近曹军船舰，放火攻之，“时风盛猛，悉延烧岸上营落。顷之，烟炎张天，人马烧溺死者甚众”，曹军大败。孙、刘遂各自乘胜扩大战果。特别是刘备，连下荆州所属的武陵、长沙、桂阳、零陵四郡，逐渐站稳脚跟，形成与曹、孙鼎足而三的格局。

赤壁之战是中国军事史上以少胜多的经典战例。周瑜之所以能获此成功，不但取决于战前对敌我双方力量所作的深刻战略研判，还在于能从实战的具体条件出发，采取正确战术，抓住战机，迅速对敌发出致命的打击。

对于周瑜等人的坚持抗曹和赤壁之战，前辈学者也有从另一角度评论的，认为假使当日孙权迎降，“就能使天下及早统一，免于分裂之祸……然则孙权的决意抵抗，周瑜、鲁肃的一力躎掇孙权抵抗，不过是好乱和行险侥幸而已”（吕思勉《三国史话》）。但这样的看法未免一厢情愿。盖东汉末天下分崩，乃各种社会矛盾集中爆发的结果，在这些矛盾得到充分释放或相对缓和之前，一般很难使整个社会重归“太平”。赤壁战前，曹操势力固然最强，但揆度当时形势，天下纷争，鹿死谁手，仍不可逆料。况曹、孙、刘为保持自己的竞争力，都在其所治境内采取了安定民心、发展生产，乃至开发南方“荒蛮地区”的措施，对区域发展有过一些作用。因此，大可不必以是否束手归降曹操作为评判人物是否顺应历史潮流的标准。事实上，在当时，统一天下并非曹操独家事业，周瑜的抗曹，也并不以保守江东一隅为满足，而是伺机进取天下。正因如此，赤壁战尘未消，他就向孙权提出了西向取蜀之计，建议：“得蜀而并张鲁，因留奋威（指孙权之侄孙瑜）固守其地，好与马超结援。瑜还与将军据襄阳以蹙操，北方可图也。”只可惜英年早逝，未能展此才略。

在《三国演义》和不少戏剧中，周瑜往往被渲染成气量狭小的典型，但历史记载表明，事实并非如此。据说东吴老将程普曾因周瑜年资轻却位居其上，心颇不平，“数陵侮瑜。瑜折节容下，终不与校。普后自敬服而亲重之”（《江表传》），足见有容人之雅量。当然，从东吴的利益出发，他也试图对“盟友”刘备集团要弄一些忌刻的手段，曾向孙权建议：用声色犬马将刘备牢笼于身边，而驱使关、张将领等随其征战，以瓦解刘备集团的势力。这项计划看去确有点幼稚，故未被孙权采纳，但却给后人以一定的想象空间。看起来，《三国演义》将“刘备招亲”敷衍成周瑜一手策划的阴谋，也正是由此引发的。

晋宣帝纪

〔选文〕

宣皇帝讳懿，字仲达，河内温县孝敬里人，姓司马氏……楚汉间，司马卬为赵将，与诸侯伐秦。秦亡，立为殷王，都[①]河内。汉以其地为郡，子孙遂家[②]焉。自卬八世，生征西将军钧，字叔平。钧生豫章太守量，字公度。量生颍川太守俊，字元异。俊生京兆尹防，字建公。帝即防之第二子也。少有奇节，聪明多大略，博学洽[③]闻，伏膺儒教。

……

魏国既建，迁太子中庶子。每与[④]大谋，辄有奇策，为太子所信重[⑤]，与陈群、吴质、朱铄号曰四友。

……

及天子疾笃，帝与曹真、陈群等见于崇华殿之南堂，并受顾命辅政。诏太子曰：“有间[⑥]此三公者，慎勿疑之。”

……

（青龙）二年，亮又率众十余万出斜谷，垒于郿之渭水南原……

时朝廷以亮侨[7]军远寇，利在急战，每[8]命帝持重，以候其变。亮数挑战，帝不出，因遗[9]帝巾帼妇人之饰。帝怒，表请决战，天子不许，乃遣骨鲠[10]臣卫尉辛毗杖节为军师以制之。后亮复来挑战，帝将出兵以应之，毗杖节立军门，帝乃止。初，蜀将姜维闻毗来，谓亮曰："辛毗杖节而至，贼不复出矣。"亮曰："彼本无战心，所以固请者，以示武于其众耳。将在军，君命有所不受，苟能制吾，岂千里而请战邪！"

帝弟孚书[11]问军事，帝复书曰："亮志大而不见机[12]，多谋而少决，好兵而无权，虽提卒十万，已堕吾画[13]中，破之必矣。"与之对垒百余日，会亮病卒，诸将烧营遁走，百姓奔告，帝出兵追之。亮长史杨仪反旗鸣鼓，若将距[14]帝者。帝以穷寇不之逼，于是杨仪结阵而去。经日，乃行其营垒，观其遗事，获其图书、粮谷甚众。帝审[15]其必死，曰："天下奇才也。"

……

及齐王即帝位，迁侍中、持节、都督中外诸军、录尚书事，与爽各统兵三千人，共执朝政，更[16]直[17]殿中，乘舆入殿。爽欲使尚书奏事先由[18]己，乃言于天子，徙帝为大司马。朝议以为前后大司马累薨于位，乃以帝为太傅，入殿不趋[19]，赞拜不名[20]，剑履上殿，如汉萧何故事[21]。

……

曹爽用何晏、邓扬、丁谧之谋，迁太后于永宁宫，专擅朝政，兄弟并典[22]禁兵，多树亲党，屡改制度。帝不能禁，于是与爽有隙[23]。

五月，帝称疾不与政事。时人为之谣曰："何、邓、丁，乱京城。"

……

会河南尹李胜将莅[24]荆州，来候[25]帝。帝诈疾笃[26]，使两婢侍，持衣衣落，指口言渴，婢进粥，帝不持杯饮，粥皆流出沾胸。胜曰："众情谓明公旧风发动，何意尊体乃尔[27]！"帝使声气才属，说"年老枕疾，死在旦夕。君当屈并州，并州近胡，善为之备。恐不复相见，以子师、昭兄弟为托。"胜曰："当还忝本州，非并州。"帝乃错乱其辞曰："君方到并州。"胜复曰："当忝荆州。"帝曰："年老意荒，不解君言。今还为本州，盛德壮烈，好建功勋！"胜退告爽曰："司马公尸居余气，形神已离，不足虑矣。"他日，又言曰："太傅不可复济，令人怆然。"故爽等不复设备。

嘉平元年春正月甲午，天子谒高平陵，爽兄弟皆从。是日，太白袭月。帝于是奏永宁太后，废爽兄弟……桓范果劝爽奉天子幸许昌，移檄征天下兵。爽不能用，而夜遣侍中许允、尚书陈泰诣帝，观望风旨[28]。帝数其过失，事止免官。泰还以报爽，劝之通奏。帝又遣爽所信殿中校尉尹大目谕[29]爽，指洛水为誓，爽意信之。桓范等援引古今，谏说万端，终不能从。乃曰："司马公正当欲夺吾权耳。吾得以侯还第[30]，不失为富家翁。"范拊膺曰："坐[31]卿。灭吾族矣！"遂通[32]帝奏。既而有司劾黄门张当，并发[33]爽与何晏等反事，乃收[34]爽兄弟及其党与[35]何晏、丁谧、邓飏、毕轨、李胜、桓范等诛之。蒋济曰："曹真之勋，不可以不祀。"帝不听。

……

帝内忌而外宽，猜忌多权变。魏武察帝有雄豪志，闻有狼顾相，欲验之。乃召使前行，令反顾，面正向后而身不动。又尝[36]梦三马同食一槽，甚恶[37]焉。因谓太子丕曰："司马懿非人臣也，必预[38]汝家事。"太子素与帝善，每相全[39]佑，故免。帝于是勤于吏职，夜以忘寝，至于刍牧之间，悉皆临履，由是魏武意遂安。及平公孙文懿，大行杀戮。诛曹爽之际，支党皆夷及三族，男女无[40]少长，姑姊妹女子之适[41]人者皆杀之，既而竟迁魏鼎云。

选自《晋书》卷一

〔**注释**〕 ① 都：定都。 ② 家：以之为家。 ③ 洽：广博。 ④ 与：参与。 ⑤ 重：重视。 ⑥ 间：离间。 ⑦ 侨：客居。 ⑧ 每：经常。 ⑨ 遗：赠送。 ⑩ 骨鲠：喻刚直。 ⑪ 书：书信。 ⑫ 机：机会。 ⑬ 画：谋划。 ⑭ 距：通“拒”，抵抗。 ⑮ 审：知道。 ⑯ 更：交替。 ⑰ 直：当值。 ⑱ 由：经过。 ⑲ 趋：礼节性地小步快走，以示恭敬。 ⑳ 不名：不直呼其名，以示尊重。 ㉑ 故事：先例。 ㉒ 典：掌管。 ㉓ 隙：嫌隙。 ㉔ 莅：到。 ㉕ 候：问候。 ㉖ 笃：病重。 ㉗ 尔：这样。 ㉘ 风旨：意图。 ㉙ 谕：告知。 ㉚ 第：达官贵人的宅院。 ㉛ 坐：由于。 ㉜ 通：通报。 ㉝ 发：揭露。 ㉞ 收：拘捕。 ㉟ 党与：同伙。 ㊱ 尝：曾经。 ㊲ 恶：厌恶。 ㊳ 预：干预。 ㊴ 全：保全。 ㊵ 无：不论。 ㊶ 适：女子出嫁。

〔**赏析**〕 司马懿是西晋王朝的实际奠基者，故晋代魏后即被追尊为“宣帝”。他出身官宦之家，三十岁始入曹操丞相府为文学掾。而此时，其同辈的周瑜和诸葛亮已名满天下，并在该年与曹操展开了震烁古今的赤壁大战。

司马懿何以“出山”如此之晚？据《晋书》记载，他早年因不愿为曹操所用，长期装病在家，后来勉强就丞相府之职，还是曹操威逼的结果。但这种说法，明显有所夸饰。盖当时曹操手下谋臣如云，实在没有必要逼政治上尚无任何表现的司马懿出山，且所授亦非要职。故更大的可能是，司马懿个性沉稳，在汉末天下分崩，群雄并起，胜负未判之前，不愿贸然投向一方，故迟迟在家观望。直到曹操破乌丸，扫灭袁绍残余，官拜丞相，总揽朝政，方感大局已定才投入其门下。其后，他历任黄门侍郎、丞相东曹属和主簿等职，倾心结交曹丕，以勤于职守和善于谋断深得对方信任。因而在曹丕嗣魏王当政初，便被任为丞相长史。曹丕称帝后，更由尚书、御史中丞，青云直上至尚书右仆射、抚军大将军，并与曹真、陈群同受顾命，成为魏明帝曹叡的辅政大臣。

如果说在此之前，他所担任的主要还是谋士和后方镇守大臣的角色，那么，曹叡时期则是其政治才能特别是军事才干的全面展露，不但屡率大军与吴、蜀争战,还先后平定了新城太守孟达和辽东公孙渊的叛乱。为增强曹魏实力,他在境内劝农桑,禁浮费,推广屯田。其用兵,善根据具体情况采取灵活的战略战术。如对孟达、公孙渊一类无自知之明的军阀,主要是采取攻其不备、速战速决的策略;对诸葛亮这样思虑周密的战略家,则不轻易出击,而是根据蜀汉国小、战争资源有限的弱点,采取深沟高壑,以持久战将其拖垮的办法。因而常能所向奏捷,以致日益被曹叡倚为国之长城。

齐王曹芳继位,他与曹爽同受遗诏辅政。由于此时曹真、陈群等一班老臣俱已谢世,遂使之成为魏朝威望最著的权臣,势力日盛。但"功高震主"的司马懿也因此引起了曹氏宗亲的疑忌。于是大将军曹爽在何晏、邓飏、李胜、丁谧等一班名士的怂恿下,用明尊暗挤之法,将其捧上太傅的虚位,而削夺了其原先手握的军政实权。同时到处安插自己亲信,以图专控朝政。司马懿对曹爽等人的用意虽心知肚明,但一直低调行事,隐忍不发,后来干脆称病不与政事。

曹爽本系庸才,用兵行政既多失策,周围复多浮华不实之士,见司马懿年近七十,疾病缠身,以为不足畏,便更加恣意妄为起来。岂知司马懿一直在暗中积聚力量,密为布置,伺机出击。嘉平元年(249年),正当曹爽拥着曹芳轻车外出祭扫高平陵(魏明帝曹叡陵寝)之际,蛰伏多年的司马懿突然一跃而起,在京城发动政变,迫郭太后下诏废曹爽兄弟职,并亲自率兵出迎曹芳。面对司马懿的威逼,曹爽自忖难以抗衡,表示只要不失"富家翁"的地位,愿意放弃权力。司马懿表面答应让其"以侯还第",事后却将曹氏及其主要党羽一律捕杀,并夷三族。不久,又亲率中军讨伐图谋立楚王曹彪为帝的太尉王凌,迫王凌和曹彪自杀,捕其余党,皆夷三族。为防止日后曹氏宗亲结党作乱,还"悉录魏诸王公置于邺,命有司监察,不得交关"。至此,司马懿终于铲除了主要政敌,为巩固其家族的权势奠定了基础。

司马懿登上魏国权力顶峰的过程,几乎把先前曹操的经历和手段重新演绎了一遍。区别只是曹操作为汉末割据的开局人物之一,开始时成王败寇,殊难逆料,更具冒险精神。而司马懿则是在群雄经过一番搏杀,强弱大致已判的形势下选择加入一方,似乎比较稳健一些。种种迹象表明,他进入曹氏集团并一开始就与曹丕游处，确是胸有成算的，不过最初的目标大约不外借此以求早日闻达。但随着步步成功，权势欲也日趋膨胀，并对其他政治势力乃至皇权形成威胁。在当时君主集权的政治生态下，这种矛盾冲突一旦发生，结局往往不是你死，就是我活。当他被曹爽集团挤向权力的边缘时，应对若稍有差池，便会招来灭族之祸。同样，他在对付政敌时，也凶残无比，为斩草除根，以绝后患，不惜滥杀无辜。据此，说他是历史上阴险毒辣一类权臣的典型，固然不错，只是断言他早就有“狼顾鹰视”、图谋不臣的反相，未免难以据信。

（胡逢祥）

谋士们的立命之道

〔**导言**〕 整个后汉末世以及三国时代，在政治领域充满着阴谋，在烽火连天的战场上演绎着成王败寇的历史逻辑。“大江东去，浪淘尽，千古风流人物”，正如苏轼在一阕《念奴娇·赤壁怀古》中所感慨的那样，独特的社会环境呼唤出一大批人才，或于政治外交领域折冲樽俎，或于军事征伐领域纵横驰骋，这一时期便成为文臣武将展示政治权谋和战争宏图的疆场。魏、蜀、吴三国鼎峙，涌现出了一大批杰出的文臣谋士。汉高祖刘邦早已指出“功人”和“功狗”的区别，杰出的文臣谋士审时度势，以自己对于时事鞭辟入里的见解指导并左右了君主的实际政治决策，进而渗透到经济、政治、文化以及军事等诸多领域的实际运作之中，影响深远。对峙时期的蜀、吴两国相对于魏国而言，政治和军事力量皆远远不及，考察两国在实际决策中的选择和对于“恢复汉室”这个政治“理想”抑或是“旗号”的张扬与舍弃，可以一窥三国时期文臣谋士在政治上的掣肘之处与权谋运作之一斑。郭嘉、法正、鲁肃三人是处于不同政治立场和割据政权之中的文臣谋士，他们因时制宜，建言君主，在敏感而关键性的政策抉择中无时无刻不在进行智力的博弈与政治影响力的权衡，为获取己方政治利益的最大化而作出的努力和其间的经验教训，都带给后人读史时的启示与收获。

郭 嘉 传

〔**选文**〕

郭嘉字奉孝，颍川阳翟人也。初，北见袁绍，谓绍谋臣辛评、郭图曰：“夫智者审[①]于量[②]主，故百举百全而功名可立也。袁公徒[③]欲效周公之下士，而未知用人之机[④]。多端寡要，好[5]谋无决，欲与共济天下大难，定霸王之业，难矣！”于是遂去[6]之。先是时，颍川戏志才，筹画士也，太祖甚器之。早卒。太祖与荀彧书曰：“自志才亡后，莫可与计事者。汝、颍固多奇士，谁可以继之？”彧荐嘉。召见，论天下事。太祖曰：“使孤成大业者，必此人也。”嘉出，亦喜曰：“真吾主也。”表[7]为司空军祭酒。

征吕布，三战破之，布退固守。时士卒疲倦，太祖欲引军还，嘉说[8]太祖急攻之，遂禽布。语在《荀攸传》。

孙策转斗千里，尽有江东，闻太祖与袁绍相持于官渡，将渡江北袭许。众闻皆惧，嘉料之曰：“策新[9]并江东，所诛皆英豪雄杰，能得人死力者也。然策轻而无备，虽有百万之众，无异于独行中原也。若刺客伏起，一人之敌耳。以吾观之，必死于匹夫之手。”策临江未济[10]，果为许贡客所杀。

从破袁绍，绍死，又从讨谭、尚于黎阳，连战数克。诸将欲乘胜遂攻之，嘉曰：“袁绍爱此二子，莫适立也。有郭图、逢纪为之谋臣，必交斗其间，还相离也。急之则相持[11]，缓之而后争心生。不如南向荆州若[12]征刘表者，以待其变；变成而后击之，可一举定也。”太祖曰：“善。”乃南征。军至西平，谭、尚果争冀州。谭为尚军所败，走[13]保平原，遣辛毗乞降。太祖还救之，遂从定邺。又从攻谭于南皮，冀州平。封嘉洧阳亭侯。

太祖将征袁尚及三郡乌丸，诸下多惧刘表使刘备袭许以讨太祖，嘉曰：“公虽威震天下，胡恃其远，必不设备。因其无备，卒[14]然击之，可破灭也。且袁绍有恩于民夷，而尚兄弟生存。今四州之民，徒以威附，德施未加，舍而南征，尚因乌丸之资，招其死主之臣，胡人一动，民夷俱应，以生蹋顿之心，成觊觎之计，恐青、冀非己之有也。表，坐谈客耳，自知才不足以御备，重任之则恐不能制⑮，轻任之则备不为用，虽虚国远征，公无忧矣。”太祖遂行。至易，嘉言曰：“兵贵神速。今千里袭人，辎重多，难以趣⑯利，且彼闻之，必为备；不如留辎重，轻兵兼道以出，掩⑰其不意。”太祖乃密出卢龙塞，直指单于庭。虏卒闻太祖至，惶怖合战。大破之，斩蹋顿及名王已下。尚及兄熙走辽东。

嘉深通有算⑱略，达⑲于事情。太祖曰：“唯奉孝为能知孤意。”年三十八，自柳城还，疾笃，太祖问⑳疾者交错。及薨，临其丧，哀甚，谓荀攸等曰：“诸君年皆孤辈也，唯奉孝最少。天下事竟，欲以后事属㉑之，而中年夭折，命也夫！”乃表曰：“军祭酒郭嘉，自从征伐，十有一年。每有大议，临敌制变。臣策未决，嘉辄成之。平定天下，谋功为高。不幸短命，事业未终。追思嘉勋，实不可忘。可增邑八百户，并前千户。”谥曰贞侯。子奕嗣㉒。

后太祖征荆州还，于巴丘遇疾疫，烧船，叹曰：“郭奉孝在，不使孤至此。”初，陈群非㉓嘉不治行检，数廷诉嘉，嘉意自若。太祖愈益重之，然以群能持正，亦悦焉。奕为太子文学，早薨。子深嗣。深薨，子猎嗣。

选自《三国志》卷十四

〔注释〕 ① 审：慎重。 ② 量：衡量。 ③ 徒：只。 ④ 机：关键。 ⑤ 好：喜爱。 ⑥ 去：离开。 ⑦ 表：指上表推荐某人。 ⑧ 说：劝说。 ⑨ 新：刚。 ⑩ 济：过河。 ⑪ 持：扶助。 ⑫ 若：好像。 ⑬ 走：逃跑。 ⑭ 卒：突然。 ⑮ 制：控制。 ⑯ 趣：取。 ⑰ 掩：袭击。 ⑱ 算：谋划。 ⑲ 达：通晓。 ⑳ 问：慰问。 ㉑ 属：委托。 ㉒ 嗣：承袭。 ㉓ 非：指责。

〔赏析〕 郭嘉，字奉孝，颍川人也。正如曹操在郭嘉本传中所言：“汝、颍固多奇士”，在战略与战术抉择的政治运作中，郭嘉展现出了杰出的才能。郭嘉本来效力于袁绍帐下，但他却认为袁绍其人“徒欲效周公之下士，而未知用人之机”，不能成就“霸王之业”。正所谓“良禽择木而栖，贤臣择主而事”，当曹操与郭嘉由荀彧引荐而进行晤谈后，互相欣赏，曹操认为辅佐自己成就大业的必定是郭嘉，而郭嘉也认定自己遇到了理想的君主。

郭嘉的战略谋划和建言献策，伴随着曹操征战中原乃至平定当时整个北部中国的始终，在曹操征伐吕布作战过程中的最后阶段，荀攸与郭嘉料定“吕布勇而无谋”，“陈宫有智而迟”，因此制定了“急攻”的战术，终于生擒吕布。在曹操攻伐乌丸的作战中，郭嘉为曹操制定了“轻兵兼道以出，掩其不意”，直驱单于庭的战术，终于大破乌丸，使得与其勾结的袁尚和袁熙遁逃辽东。

要言之，杰出的文臣谋士不仅能够给予君主以实际政策的建言，更深层次的要求是能够看透人心，具有预测时事发展的前瞻性视野。官渡之战时孙策欲图袭击许都，这对于正与袁绍相持的曹操而言绝对是腹心之忧，唯有郭嘉认为孙策“轻而无备”，必将死于刺客之手，之后孙策为许贡的门客所杀，果如郭嘉所言。郭嘉还善于利用袁绍之子袁谭和袁尚之间的矛盾，劝说曹操假意征伐刘表，实则暂缓攻势，让袁谭和袁尚自相残杀，利用这一矛盾，曹操取得了冀州，为其后占据当时的整个北部中国奠定了坚实的基础。郭嘉利用刘表对于刘备的提防和猜忌，料定刘备不可能袭击许都，极力劝说曹操进击乌丸，以巩固获得青、冀两州的胜利成果。据《三国志》裴松之注引《傅子》，郭嘉对于袁绍和曹操有“十败”、“十胜”之说，在“道”、“义”、“治”、“度”、“谋”、“德”、“仁”、“明”、“文”、“武”这十方面，郭嘉认为曹操都远胜于袁绍。具体而言，袁绍礼仪繁琐，曹操顺其自然；袁绍外宽内忌，曹操任人唯才；袁绍好虚誉，曹操秉持循名责实之精神，凡此种种，不一而足。历史书写中袁曹双方在十个方面的比较，语言固然经过藻饰，但是却从一个侧面反映出郭嘉善于识人，尤其是看透人物心理状态的剖析能力，这是一位谋士最难以达到的境界。

从现存史料中可以明显地看出，曹操和郭嘉的关系是十分融洽的。曹操在郭嘉英年早逝后对荀攸言：“诸君年皆孤辈也，唯奉孝最少。天下事竟，欲以后事属之。”正如刘备托孤于诸葛亮，曹操本来也想托孤于郭嘉，怎奈郭嘉短寿，只怕这也是曹操心中永远的遗憾。

对曹操一生影响最重要的两次战役是官渡之战和赤壁之战。官渡之战使得曹操逐步获得冀、青、幽、并四州，加上之前的兖、豫、徐三州，占有当时的北部中国；赤壁之战的惨败使得曹操短期内统一整个中国的霸王大略在实质上化为泡影，逐渐演变为与刘备和孙权之间进行对峙的相对稳定状态。面对着赤壁之战的败北，曹操曾感叹“郭奉孝在，不使孤至此”。君臣相得于筹策之间，推心置腹于帷帐之中，恐怕也莫过于此！

只是郭嘉似乎在道德层面不被当时的士大夫所接受认同，“戏志才、郭嘉等有负俗之讥”（《彧别传》），陈群也对郭嘉的“不治行检”大加非议。由此可见，魏武“求才三令”中对于人物才能的迫切要求以及道德需求的淡漠，确实是曹操实际政治操作层面的一个具体表现。

纵观郭嘉充当谋士的历程，最重要之处在于他有识人之能，故而得以辅佐一代枭雄曹操，协助其讨平吕布，进而占据徐州。从现存的若干史料来分析，郭嘉的突出作用表现在官渡之战后处理错综复杂的政治军事事宜。郭嘉以明于治事、深谋远虑的谋士艺术，逐步廓清了堪称曹操腹心之忧的北方袁氏势力，这一重要战略格局的发展与最终实现，完全建立在郭嘉充分洞察人性这一基础之上。郭嘉的英年早逝对于曹操而言无疑是极其巨大的损失。郭嘉游走于瞬息万变的政治角逐和战略谋划之间，游刃有余，直击要害，这种指挥若定的决策才能和稳操胜券的谋士气度值得我们细细品读赏鉴。

法　正　传

〔选文〕

法正字孝直，扶风郿人也。祖父真，有清节高名。建安初，天下饥荒，正与同郡孟达俱入蜀依[①]刘璋，久之为新都令，后召署军议校尉。既不任用，又为其州邑俱侨客者所谤无行[②]，志意不得。益州别驾张松与正相善[③]，忖[④]璋不足与有为，常窃[⑤]叹息。松于荆州见曹公还，劝璋绝曹公而自结先主。璋曰：“谁可使者？”松乃举正，正辞让，不得已而往。

正既还，为松称说先主有雄略，密谋协规，愿共戴奉，而未有缘[6]。后因璋闻曹公欲遣将征张鲁之有惧心也，松遂说璋宜迎先主，使之讨鲁，复令正衔命。正既宣旨，阴[7]献策于先主曰："以明将军之英才，乘刘牧之懦弱；张松，州之股肱，以响应于内；然后资[8]益州之殷富，冯[9]天府之险阻，以此成业，犹反掌也。"先主然之，溯江而西，与璋会涪。北至葭萌，南还取璋。

……

十九年，进围成都，璋蜀郡太守许靖将[10]逾城降，事觉，不果。璋以危亡在近，故不诛靖。璋既稽服，先主以此薄[11]靖不用也。正说曰："天下有获虚誉而无其实者，许靖是也。然今主公始创大业，天下之人不可户说，靖之浮称，播流四海，若其不礼，天下之人以是谓主公为贱贤也。宜加敬重，以眩[12]远近，追昔燕王之待郭隗。"先主于是乃厚待靖。以正为蜀郡太守、扬武将军，外统都畿，内为谋主。一餐之德，睚眦之怨，无不报复，擅杀毁[13]伤己者数人。或谓诸葛亮曰："法正于蜀郡太纵横，将军宜启[14]主公，抑其威福。"亮答曰："主公之在公安也，北畏曹公之强，东惮孙权之逼，近则惧孙夫人生变于肘腋之下；当斯之时，进退狼跋[15]，法孝直为之辅翼，令翻然翱翔，不可复制，如何禁止法正使不得行其意邪！"初，孙权以妹妻[16]先主，妹才捷刚猛，有诸兄之风，侍婢百余人，皆亲执刀侍立，先主每入，衷[17]心常凛[18]凛；亮又知先主雅爱信正，故言如此。

二十二年，正说先主曰："曹操一举而降张鲁，定汉中，不因此势以图巴、蜀，而留夏侯渊、张郃屯守，身遽[19]北还，此非其智不逮而力不足也，必将内有忧逼故耳。今策渊、郃才略，不胜国之将帅，举众往讨，则必可克。克之之日，广农积谷，观衅[20]伺隙，上可以倾覆寇敌，尊奖王室，中可以蚕食雍、凉，广拓境土，下可以固守要害，为持久之计。此盖天以与我，时不可失也。”先主善其策，乃率诸将进兵汉中，正亦从行。二十四年，先主自阳平南渡沔水，缘山稍前，于定军、兴势作营。渊将兵来争其地。正曰：“可击矣。”先主命黄忠乘高鼓噪攻之，大破渊军，渊等授首。曹公西征，闻正之策，曰：“吾故知玄德不办有此，必为人所教也。”

先主立为汉中王，以正为尚书令、护军将军。明年卒，时年四十五。先主为之流涕者累日。谥曰翼侯。赐子邈爵关内侯，官至奉车都尉、汉阳太守。诸葛亮与正，虽好尚不同，以公义相取。亮每奇正智术。先主既即尊号，将东征孙权以复关羽之耻，群臣多谏，一不从。章武二年，大军败绩，还住白帝。亮叹曰：“法孝直若在，则能制主上，令不东行；就复东行，必不倾危矣。”

选自《三国志》卷三十七

〔**注释**〕 ① 依：依靠。 ② 行：品行。 ③ 善：亲善。 ④ 忖：揣测。 ⑤ 窃：私下。 ⑥ 缘：机缘。 ⑦ 阴：暗中。 ⑧ 资：凭借。 ⑨ 冯：凭借。 ⑩ 将：将要。 ⑪ 薄：轻视。 ⑫ 眩：迷惑。 ⑬ 毁：诽谤。 ⑭ 启：禀告。 ⑮ 狼跋：比喻艰难窘迫。 ⑯ 妻：嫁予。 ⑰ 衷：内心。 ⑱ 凛：恐惧的样子。 ⑲ 遽：仓促。 ⑳ 衅：破绽。

〔**赏析**〕 法正字孝直，本人并不是蜀地的土著。由于建安年间适值天下饥荒，法正与孟达一起进入蜀地投奔刘璋，这才成为刘璋的僚属，然而时间既久也仅担任新都令和军议校尉这样低微而不能影响实际政治决策的官职。刘璋本就“才非人雄”，占据蜀地，偏安一隅，在曹操席卷中原的战争中只知观望，与刘表“坐谈客”的表现毫无二致。正如诸葛亮在《隆中对》中所言：“刘璋暗弱，张鲁在北，民殷国富而不知存恤，智能之士思得明君”（《三国志·蜀书·诸葛亮传》），蜀地士大夫对于刘璋政权的离心力也在其间渐渐产生。直到曹操将政治与军事意图转移到汉中张鲁后，刘璋才意识到问题的严重性，汉中如蜀地之咽喉，汉中被夺，蜀地不保。在张松的建议下刘璋派遣法正与刘备结盟，希望借助刘备的力量攻击张鲁，以达到阻遏曹操军事扩张的战略意图。

张松作为以刘备攻张鲁的建言者，早就与刘备达成私下的密约，其目的就在于以刘备取代刘璋而成为蜀地政权的割据者，以期与曹操争雄天下。故而法正见到刘备后就阐明了以张松为内应，一举推翻刘璋政权的政治图谋，核心就在于"资益州之殷富，冯天府之险阻，以此成业"，这是汉末季世到三国纷争这一历史阶段谋臣集团建功立业心态的一种表现。在刘备军围雒城后，法正写了一封长信给刘璋，信中称刘璋为"明将军"，指出"雒下虽有万兵，皆坏陈之卒，破军之将"，是不能与刘备的军队相抗衡的，潜台词即希望刘璋能够投降，这为刘备最终获得成都乃至整个川蜀之地奠定了心理攻势上的基础。

刘备占据成都后，"复领益州牧，诸葛亮为股肱，法正为谋主，关羽、张飞、马超为爪牙"，法正终于可以按照自己的理想来实际参与政治决策。在刘备后期战争中最重要的一场胜仗就是与曹操争夺汉中的战役，这一战役斩杀曹操大将夏侯渊，彻底打牢了蜀汉政权的根基，刘备也终于摆脱了身无立锥之地的窘境。而整个战役的发动，僵持和获胜都与法正的决策伴随始终。法正首先指出曹操不攻取巴蜀是由于东汉朝廷内部的不稳定因素在起作用，其次提出刘备战胜夏侯渊和张郃的可行性，进而从宏观的政治意图上阐述了"蚕食雍、凉"的战略方针，这无疑是对诸葛亮在《隆中对》中所阐发的"将军身率益州之众出于秦川"这一战略的绝佳注解。

法正人品中的"无行"是颇受时人诟病的，"一餐之德，睚眦之怨，无不报复，擅杀毁伤己者数人"。联想到曹操的求才令中"负污辱之名，见笑之行，或不仁不孝而有治国用兵之术：其各举所知，勿有所遗"的宣言，可见在三国这个崇尚功利性的社会环境中，两汉以来"孝廉"、"贤良方正"等注重人物品行的评价体系迅速瓦解，儒家"比德"的传统观念渐趋淡薄。陈寿立体地展现了集中在法正身上的深层谋略与人物品质之间的断裂。

刘备平生的最后一场战役——夷陵之战，以陆逊火烧连营而大败作为结局，不仅动摇了蜀吴之间的政治联盟，最致命的打击是使得蜀汉国力大损，诸葛亮在刘备死后独支危局，直到赍志以殁。法正早已于建安二十三年(218年)去世，公元222年，夷陵之战战败的消息传到成都，诸葛亮叹息道："法孝直若在，则能制主上，令不东行；就复东行，必不倾危矣。"由此可见，法正作为刘备谋臣的重要作用在某种程度上是连诸葛亮都无法比拟的。

纵观法正的生平，前期因为投奔刘璋而郁郁不得志，后期由于襄助刘备而展现出霸王大略和深谋远虑。无论是审时度势劝说刘璋委城而降，还是辅助刘备取得汉中之战的胜利，都充分凸显了其在战术和战略两方面的游刃有余。更重要的原因是法正能够看透人心，明确指出刘璋不可能接受郑度建言的对于刘备采取"仓廪野谷，一皆烧除，高垒深沟，静以待之"的战略方针，以此为基础，做出了正确的战略抉择，可以称得上是算无遗策。只是在人品上有所欠缺，没有容人之量，对于未受重用时与他人发生的矛盾不能有效疏导，在汉末经学和儒家道德式微的大背景下，是有其内在因素的。我们应当秉持着宽容的态度，善于反思，以法正这一历史人物为鉴，把德才兼备作为一个人的立身之本。

鲁 肃 传

〔选文〕

鲁肃字子敬，临淮东城人也。生而失父，与祖母居。家富于财，性好施与。尔时天下已乱，肃不治家事，大散财货，摽[①]卖田地，以赈穷弊结士为务，甚得乡邑欢心。

周瑜为居巢长，将[②]数百人故过候[③]肃，并求资粮。肃家有两囷米，各三千斛，肃乃指一囷与周瑜，瑜益知其奇也，遂相亲结，定侨、札之分[④]。袁术闻其名，就署东城长。肃见术无纲纪，不足与立事，乃携老弱将轻侠少年百余人，南到居巢就瑜。瑜之东渡，因与同行，留家曲阿。会[⑤]祖母亡，还葬东城。

……

权即见肃，与语甚悦之。众宾罢退，肃亦辞出，乃独引肃还，合榻对饮。因密议曰："今汉室倾危，四方云扰，孤承父兄余业，思有桓文之功。君既惠顾，何以佐之？"肃对曰："昔高帝区区[6]欲尊事义帝而不获者，以项羽为害也。今之曹操，犹昔项羽，将军何由得为桓文乎？肃窃料之，汉室不可复兴，曹操不可卒除。为将军计，惟有鼎足江东，以观天下之衅。规模如此，亦自无嫌[7]。何者？北方诚多务也。因其多务，剿除黄祖，进伐刘表，竟长江所极，据而有之，然后建号帝王以图天下，此高帝之业也。"权曰："今尽力一方，冀以辅汉耳，此言非所及也。"张昭非肃谦下不足，颇訾[8]毁之，云肃年少粗疏，未可用。权不以介意，益贵重之，赐肃母衣服帏帐，居处杂物，富拟[9]其旧。

刘表死，肃进说曰："夫荆楚与国邻接，水流顺北，外带江汉，内阻山陵，有金城之固，沃野万里，士民殷富，若据而有之，此帝王之资也。今表新亡，二子素不辑[10]睦，军中诸将，各有彼此。加刘备天下枭雄，与操有隙，寄寓于表，表恶其能而不能用也。若备与彼协心，上下齐同，则宜抚安，与结盟好；如有离违，宜别图之，以济大事。肃请得奉命吊表二子，并慰劳其军中用事[11]者，及说备使抚表众，同心一意，共治[12]曹操，备必喜而从命。如其克谐，天下可定也。今不速往，恐为操所先。"权即遣肃行。到夏口，闻曹公已向荆州，晨夜兼道。比[13]至南郡，而表子琮已降曹公，备惶遽奔走，欲南渡江。肃径迎之，到当阳长阪，与备会，宣腾[14]权旨，及陈江东强固，劝备与权并力。备甚欢悦。时诸葛亮与备相随，肃谓亮曰“我子瑜友也”，即共定交。备遂到夏口，遣亮使权，肃亦反命[15]。

会权得曹公欲东之问，与诸将议，皆劝权迎之，而肃独不言。权起更衣[16]，肃追于宇下，权知其意，执肃手曰：“卿欲何言？”肃对曰：“向[17]察众人之议，专欲误将军，不足与图大事。今肃可迎操耳，如将军，不可也。何以言之？今肃迎操，操当以肃还付乡党，品其名位，犹不失下曹从事，乘犊车，从吏卒，交游士林，累官故不失州郡也。将军迎操，欲安所归？愿早定大计，莫用众人之议也。”权叹息曰：“此诸人持议，甚失孤望；今卿廓开[18]大计，正与孤同，此天以卿赐我也。”

……

后备诣京见权，求都督荆州，惟肃劝权借之，共拒曹公。曹公闻权以土地业[19]备，方作书，落笔于地。

……

先是，益州牧刘璋纲维[20]颓弛，周瑜、甘宁并劝权取蜀，权以咨备，备内[21]欲自规[22]，仍伪报曰：“备与璋托为宗室，冀凭英灵，以匡汉朝。今璋得罪左右，备独竦惧，非所敢闻，愿加宽贷[23]。若不获请，备当放发归于山林。”后备西图璋，留关羽守，权曰：“猾虏乃敢挟诈！”及羽与肃邻界，数生狐疑，疆埸纷错，肃常以欢好抚之。备既定益州，权求长沙、零、桂，备不承旨，权遣吕蒙率众进取。备闻，自还公安，遣羽争三郡。肃住益阳，与羽相拒[24]。肃邀羽相见，各驻兵马百步上，但请将军单刀俱会。肃因[25]责数羽曰：“国家区区本以土地借卿家者，卿家军败远来，无以为资故也。今已得益州，既无奉还之意，但求三郡，又不从命。”语未究竟[26]，坐有一人曰:“夫土地者,惟德所在耳,何常之有!”肃厉声呵之,辞色甚切。羽操刀起谓曰:“此自国家事,是人何知!”目使之去。备遂割湘水为界,于是罢军。

肃年四十六,建安二十二年卒。权为举哀,又临其葬。诸葛亮亦为发哀。权称尊号,临坛,顾谓公卿曰:“昔鲁子敬尝道此,可谓明于事势矣。”

选自《三国志》卷五十四

〔注释〕 ① 摽:标价。 ② 将:统率。 ③ 候:问候。 ④ 分:情分。 ⑤ 会:适逢。 ⑥ 区区:诚挚的样子。 ⑦ 嫌:嫌疑。 ⑧ 訾:诋毁。 ⑨ 拟:类似。 ⑩ 辑:和谐。 ⑪ 用事:掌权。 ⑫ 治:对抗。 ⑬ 比:等到。 ⑭ 腾:传递。 ⑮ 反命:复命。 ⑯ 更衣:大小便的婉辞。 ⑰ 向:刚才。 ⑱ 廓开:阐明。 ⑲ 业:使成就事业。 ⑳ 纲维:法度。 ㉑ 内:内心。 ㉒ 规:谋划。 ㉓ 贷:饶恕。 ㉔ 拒:抵抗。 ㉕ 因:于是。 ㉖ 究竟:结束。

〔赏析〕 鲁肃字子敬,是东吴杰出的政治家、军事家和外交家。以往对于鲁肃的评价,往往囿于《三国演义》中“忠厚长者”的成见,这是十分荒谬的。回归到严肃的历史语境中,我们会发现鲁肃堪称汉末三国期间一位杰出的政治人物。他凭借着远见卓识,率先提出了构建三分天下政治格局的理念;赤壁之战前,循循善诱,坚定了孙权力排众议,抗衡曹操的决心;面对着与日益强大的刘备集团之间的利益冲突和剑拔弩张,鲁肃忍辱负重,极力维护孙刘联盟的稳定。在错综复杂的纷争中,鲁肃以其清醒而敏锐的视野,意识到曹、刘、孙之间的博弈与斗争只能是孙刘双方共同抗衡中原,这一客观条件是他践行自己政治理念的核心因素及参与东吴政权决策的根基。

鲁肃在天下大乱的情况下不聚敛固守以养部曲,而是大散财货,获得了乡邑各方面的认可,尤为著名的事例就是“指囷相赠”之典。囷是古代一种圆形的谷仓,当时鲁肃家中只有两囷米,却慷慨大方,以一囷三千斛的粮食赠予周瑜。《三国志》作者陈寿此处似着一闲笔,细细想来,实则从侧面刻画出鲁肃慷慨豪迈,不拘小节的气魄。见微知著,由此扩大到执政领域,更是为其后孙刘联盟因荆州归属问题发生剧烈冲突后鲁肃的苦心经营和忍辱负重而张本。

据裴松之注引《吴书》载鲁肃所言："中国失纲……吾闻江东沃野万里，民富兵强，可以避害，宁肯相随俱至乐土，以观时变乎？"（《三国志·吴书·鲁肃传》）由此可见，鲁肃早就意识到江东地理形势的优越，期待静观天下之变，以辅佐孙氏集团建立割据政权。

最为集中体现鲁肃政治智慧与抉择的是与孙权两次推心置腹的晤谈。在第一次晤谈中孙权出于实力不足的考虑，较为保守，言语中颇多政治上的含糊辞令，指出"汉室倾危"，"思有桓文之功"，其实质即表明自己没有争夺天下的野心。鲁肃听后，直言不讳，将曹操比作项羽，既然要战胜曹操，那么孙权就是刘邦，是要建立帝业的，鲁肃大胆指出"汉室不可复兴，曹操不可卒除。为将军计，惟有鼎足江东，以观天下之衅"。之后讨伐刘表，与曹操、刘璋鼎足三分，"建号帝王以图天下，此高帝之业"，孙权仍旧不敢妄言，以"冀以辅汉耳，此言非所及"搪塞过去，在心中实则已经将鲁肃作为心腹之臣来看待了。

鲁肃与孙权的第二次晤谈发生在曹操挥师南下，即赤壁之战前夕。之前，曹操写信给孙权，声称"近者奉辞伐罪，旄麾南指，刘琮束手。今治水军八十万众，方与将军会猎于吴"，群臣"莫不响震失色"，张昭等谋臣力主孙权投降曹操，战略抉择上的困境使得孙权犹豫不决。鲁肃私下一针见血地指出"向察众人之议，专欲误将军，不足与图大事"，众人主张降曹是由于投降之后仍能累官升迁，而作为君主的孙权如果投降，又岂会有退路呢？经过审慎的考虑，孙权遂决计与刘备联合对抗曹操。

鲁肃对于孙刘联盟的建立和稳固付出了艰辛的努力，其最重要一点就是将荆州借给了刘备。赤壁之战前，鲁肃就以吊唁刘表的名义表明了愿与刘备结盟的政治意愿。赤壁之战后将荆州借给刘备，是其政治理念一以贯之的延续。曹操听说荆州出借给刘备时，"方作书，落笔于地"，一个细节描写，表现出曹操此时内心的惊惧与不安，更突出了鲁肃这一番政治布局对于时局的全盘掌控，确实达到了掣肘曹操的巨大作用。

孙权对于鲁肃的远见卓识是铭记一生的，在公元229年称帝时，不无感慨地说："昔鲁子敬尝道此，可谓明于事势矣。"据裴松之注引《江表传》记载，张昭在孙权称帝时本想"褒赞功德"，岂料孙权却说："如张公之计，今已乞食矣。”由此可见，孙权对于鲁肃明于世事，剖判历史发展的远见卓识是极为赞赏和钦佩的。

鲁肃以其广阔的视野和战略眼光，事先预测了汉末直至三国的历史发展进程，在整体的战略方针层面委曲求全地巩固孙刘联盟的稳固，与关羽谈判之时气氛紧张却不卑不亢，有理有节，使得刘备“割湘水为界”，进一步确保孙刘联盟不致立即破裂。鲁肃的政治生涯面临过剑拔弩张的赤壁之战，应对过孙刘联盟因荆州归属问题而产生的破裂危险。鲁肃的政治理念是一贯的，即确保江东政权与另一政权的稳固同盟，共同对抗北方强大的曹操集团，从历史进程来看，鲁肃的政治作为是成功的。

（陈佳煜）

谋主在己，成主在人

〔导言〕 由激荡的乱世走向三分鼎立的相对稳定，是东汉直至三国这一历史时期的独特显征。魏、蜀、吴三国在历史的舞台上展现着政治外交上的霸王大略，演绎着战场上的烽火连天以及力图一统中原的历史活剧。由于以上复杂的原因，最终促成了这一时期文臣武将群英荟萃的局面，他们如同满天的星辰，共同缔造了“三国历史”这一令后人津津乐道的话题。在漫长的历史演进中，“三国故事”甚至融入到了文学和民间信仰等诸多领域。回归到严肃的历史语境中，当时的士大夫阶层面对着残破的社会现实，尤其是经董卓之乱导致的东汉皇权式微，中央朝廷流离转徙等社会现实，导致士大夫的思想渐渐发生分化，由董仲舒所倡导的大一统思想裹挟下“忠君理念”的理想主义渐次转变为“贤臣择主而事”的现实主义。具体而言，“奉天子以令不臣”也好，“挟天子而令诸侯”也罢，都是地方割据政权力图控制中央为己所用的一派说辞。曹操秉执天衡，名义上成为东汉政府合法的丞相。曹操身边的文臣也自然分为两派，以荀彧为代表的士大夫集团力图存续东汉政权，而以董昭为代表的士大夫集团追随曹操，希望逐步由新生政权取代汉室。其间充斥着存汉与代汉的政治博弈，包蕴着士人阶层的不同选择。本书选录《荀彧传》与《董昭传》，力图展现这一敏感历史时期士大夫阶层的道德理想追求与现实政治之间的矛盾，以期深入理解谋士们的远见卓识和对于现实困境的无奈。

荀 彧 传

〔选文〕

荀彧字文若，颍川颍阴人也。祖父淑，字季和，朗陵令。

当汉顺、桓之间，知名当世。有子八人，号曰八龙。彧父绲，济南相。叔父爽，司空。

彧年少时，南阳何颙异之，曰："王佐[1]才也。"永汉元年，举孝廉，拜守宫令。董卓之乱，求出补吏。除[2]亢父令，遂弃官归，谓父老曰："颍川，四战之地也，天下有变，常为兵冲[3]，宜亟去[4]之，无久留。"乡人多怀土犹豫，会[5]冀州牧同郡韩馥遣骑迎立，莫有随者，彧独将[6]宗族至冀州。而袁绍已夺馥位，待彧以上宾之礼。彧弟谌及同郡辛评、郭图，皆为绍所任。彧度[7]绍终不能成大事，时太祖为奋武将军，在东郡，初平二年，彧去绍从太祖。太祖大悦曰："吾之子房也。"以为司马，时年二十九。是时，董卓威陵[8]天下，太祖以问彧，彧曰："卓暴虐已甚，必以乱终，无能为也。"卓遣李傕等出关东，所过虏略[9]，至颍川、陈留而还。乡人留者多见[10]杀略。明年，太祖领[11]兖州牧，后为镇东将军，彧常以司马从。兴平元年，太祖征陶谦，任彧留事。会张邈、陈宫以兖州反，潜[12]迎吕布。布既至，邈乃使刘翊告彧曰："吕将军来助曹使君击陶谦，宜亟供其军食。"众疑惑。彧知邈为乱，即勒[13]兵设备[14]，驰召东郡太守夏侯惇，而兖州诸城皆应布矣。时太祖悉[15]军攻谦，留守兵少，而督将大吏多与邈、宫通谋。惇至，其夜诛谋叛者数十人，众乃定。豫州刺史郭贡帅众数万来至城下，或言与吕布同谋，众甚惧。贡求见彧，彧将往。惇等曰："君，一州镇也，往必危，不可。"彧曰："贡与邈等，分非素[16]结也，今来速，计必未定；及其未定说[17]之，纵不为用，可使中立，若先疑之，彼将怒而成计。"贡见彧无惧意，谓鄄城未易攻，遂引兵去。又与程昱计，使说范、东阿，卒全三城，以待太祖。太祖自徐州还击布濮阳，布东走。二年夏，太祖军[18]乘氏，大饥，人相食。

……

自太祖之迎天子也，袁绍内怀不服。绍既并河朔，天下畏其强。太祖方东忧吕布，南拒[19]张绣，而绣败太祖军于宛。绍益[20]骄，与太祖书，其辞悖慢。太祖大怒，出入动静变于常，众皆谓以失利于张绣故也。钟繇以问彧，彧曰："公之聪明，必不追咎往事，殆[21]有他虑。"则见太祖问之，太祖乃以绍书示彧，曰："今将讨不义，而力不敌，何如？"彧曰："古之成败者，诚有其才，虽弱必强，苟非其人，虽强易弱，刘、项之存亡，足以观矣。今与公争天下者，唯袁绍尔。绍貌外宽而内忌，任人而疑其心，公明达不拘，唯才所宜，此度胜也。绍迟重[22]少决，失在后机，公能断大事，应变无方，此谋胜也。绍御军宽缓，法令不立，士卒虽众，其实难用，公法令既明，赏罚必行，士卒虽寡，皆争致死，此武胜也。绍凭世资，从容饰智，以收名誉，故士之寡能好问者多归之，公以至仁待人，推诚心不为虚美，行己谨俭，而与有功者无所吝惜，故天下忠正效实之士咸[23]愿为用，此德胜也。夫以四胜辅天子，扶义征伐，谁敢不从？绍之强其何能为！"太祖悦。彧曰："不先取吕布，河北亦未易图也。"太祖曰："然。吾所惑者，又恐绍侵扰关中，乱羌、胡，南诱蜀汉，是我独以兖、豫抗天下六分之五也。为将奈何？"彧曰："关中将帅以十数，莫能相一，唯韩遂、马超最强。彼见山东方争，必各拥众自保。今若抚以恩德，遣使连和，相持虽不能久安，比[24]公安定山东，足以不动。钟繇可属[25]以西事。则公无忧矣。"

三年，太祖既破张绣，东禽[26]吕布，定徐州，遂与袁绍相拒。孔融谓彧曰："绍地广兵强；田丰、许攸，智计之士也，为之谋；审配、逢纪，尽忠之臣也，任其事；颜良、文丑，勇冠三军，统其兵：殆难克乎！”或曰：“绍兵虽多而法不整。田丰刚而犯上，许攸贪而不治。审配专而无谋，逢纪果而自用，此二人留知后事，若攸家犯其法，必不能纵也，不纵，攸必为变。颜良、文丑，一夫之勇耳，可一战而禽也。”五年，与绍连战。太祖保官渡，绍围之。太祖军粮方尽，书与彧，议欲还许以引绍。彧曰：“今军食虽少，未若楚、汉在荥阳、成皋间也。是时刘、项莫肯先退，先退者势屈也。公以十分居一之众，画地而守之，扼其喉而不得进，已半年矣。情见势竭，必将有变，此用奇之时，不可失也。”太祖乃住㉗。遂以奇兵袭绍别屯，斩其将淳于琼等，绍退走。审配以许攸家不法，收㉘其妻子，攸怒叛绍；颜良、文丑临阵授首；田丰以谏见诛：皆如彧所策㉙。

……

十七年，董昭等谓太祖宜进爵国公，九锡备物，以彰殊勋，密以谘彧。彧以为太祖本兴义兵以匡朝宁国，秉忠贞之诚，守退让之实；君子爱人以德，不宜如此。太祖由是心不能平。会征孙权，表请彧劳㉚军于谯，因㉛辄留彧，以侍中光禄大夫持节，参丞相军事。太祖军至濡须，彧疾留寿春，以忧薨，时年五十。谥曰敬侯。明年，太祖遂为魏公矣。

选自《三国志》卷十

〔注释〕 ① 佐：辅助。 ② 除：拜官受职。 ③ 冲：交通要道。 ④ 去：离开。 ⑤ 会：适逢。 ⑥ 将：带领。 ⑦ 度：估量。 ⑧ 陵：凌驾。 ⑨ 略：掠夺。 ⑩ 见：被。 ⑪ 领：兼任。 ⑫ 潜：暗中。 ⑬ 勒：率领。 ⑭ 备：防御。 ⑮ 悉：全。 ⑯ 素：向来。 ⑰ 说：劝说。 ⑱ 军：驻扎军队。 ⑲ 拒：抵抗。 ⑳ 益：更加。 ㉑ 殆：大概。 ㉒ 迟重：迟疑慎重。 ㉓ 咸：都。 ㉔ 比：等到。 ㉕ 属：委托。 ㉖ 禽：捕捉。 ㉗ 住：停止。 ㉘ 收：拘捕。 ㉙ 策：预计。 ㉚ 劳：慰劳。 ㉛ 因：趁机。

〔**赏析**〕 荀彧堪称曹操谋臣集团中极为重要的人物，他的政治生涯与曹操由弱小的武装势力渐渐发展扩张到占据整个北部中国相始终。荀彧对于曹操欲图代汉行为的非议，遭致曹操的忌恨，其充满权谋与切中肯綮的政治艺术和悲剧性的人生，裹挟着中国传统士大夫的操守和品行，匆匆陨落在历史的漫漫长空之中。

荀彧出身于颍川的世家大族，东汉末年党锢之祸导源于“国命委于阉寺，士子羞与为伍”的政治现实，党锢事件造成士大夫的仕途偃蹇，然而士人改造污浊社会的理想却获得了社会舆论的一致同情，于是以民间舆论为导向的人物品评在此时期蓬勃发展。荀彧叔父一辈，号称“八龙”，据《史记·五帝本纪》记载：“昔高阳氏有才子八人，世得其利，谓之‘八恺’。高辛氏有才子八人，世谓之‘八元’。”荀彧出身在这样的家庭之中，传统士大夫的精神追求和东汉以来沉淀下来的家族门风决定了他的政治立场，也就是维护汉王朝的正统与延续。荀彧在年少之时即被何颙视为“王佐才也”，在东汉末年这个乱世中，他所保有的忠君正统思想与群雄窃执天衡的篡逆之间必然引发的矛盾，终将成为牢笼荀彧的困境。

除荀彧以外，曹操麾下智囊团中，郭嘉、荀攸、戏志才等都是颍川人士，一时蔚为大观。值得注意的一点是，荀彧和郭嘉都舍弃了拥有四世三公背景的袁绍，投奔了当时实力尚弱的曹操。荀彧在协助曹操伊始，就表现出了杰出的应变能力和宏远的政治眼光。张邈、陈宫趁曹操征讨陶谦之际密谋拥立吕布为兖州之主，这时情况紧急，“郡县响应，唯鄄城、范、东阿不动”。荀彧不顾个人安危，往见豫州刺史郭贡，使得鄄城免遭进攻，确保了根据地的稳固，为曹操回军还击吕布争取了时间。东汉建安元年(196年)，曹操迎奉天子都许，荀彧被任命为汉朝的侍中，守尚书令，实则是作为曹操的股肱心腹，控制着中央政府的行政权力，所谓“常居中持重”，一语道破荀彧职任的重要性。

荀彧在战略上的远见卓识体现在协助曹操取得了官渡之战的胜利，战前他分析比较了曹操在“度”、“谋”、“武”、“德”四方面远胜于袁绍，这在注重门第、标榜世家大族的东汉末年是一种全新的转向，即以人物的实际能力和文治武功作为评判的标准,这种风气在一定意义上起到了对于传统儒学和经学进行思想反拨的作用。在曹操与袁绍相持于官渡而力渐不支,产生退回许都的想法时,荀彧在与曹操的通信中列举了楚汉战争的史实,指出刘、项之间尚且"先退者势屈也",袁曹相拒半年,正是"用奇之时",打消了曹操的怯战心态,坚持到了战争的胜利。荀彧为人常谦冲自牧,曹操欲图推荐荀彧为三公,荀彧使荀攸"深让,至于十数";又荀彧"自为尚书令,常以书陈事,临薨,皆焚毁之,故奇策密谋不得尽闻也"。从这些具体的事件中,荀彧身上所体现的崇高道德理想追求和谦虚淡泊的人格素养得以淋漓尽致的展现。更重要之处在于,荀彧作为一名谋臣,恪尽职守,洞察了战场上瞬息万变的形势,正如曹操言及之"先帝贵指纵之功,薄搏获之赏;古人尚帷幄之规,下攻拔之捷",荀彧对于此一赞誉实在是当之无愧的。

曹操和荀彧关系的恶化是以荀彧不同意曹操进爵魏公,接受九锡这一政治事件为肇端的。荀彧所持的理由仍旧是"匡朝宁国,秉忠贞之诚,守退让之实"这些儒家道德的范式,对于权力已臻极致的曹操自然是不具有任何吸引力的。在辅佐曹操的过程中,凭荀彧的深谋远虑不可能没有看出曹操的篡汉阴谋,尽管曹操宣称自己"身为宰相,人臣之贵已极,意望已过矣",又说"若天命在吾,吾为周文王矣",似乎无意篡夺汉室政权,但晚年的曹操却一直在政治上做出动作,大有代汉自立的趋势。荀彧的传统道德理想和曹操的强势权力发生了冲突,留待荀彧的,也就只有死亡这一条路了。关于荀彧之死,《三国志》本传语焉不详,唯撰"以忧薨"三字,裴松之注引《魏氏春秋》称荀彧收到曹操馈赠的食物,打开容器后发现空无一物,遂"饮药而卒",《后汉书》采信了后一种记载。荀彧就这样结束了悲剧性的一生。

荀彧一生道德高尚,这是世家大族教育的必然结果。荀彧极具知人之明,荀攸、钟繇、戏志才和郭嘉皆出自他的引荐。在政治谋略方面,荀彧洞察敌我实力,善于分析人性,以此作为参与决策,影响实际政局的重要保障。唯其在存汉的问题上与曹操乃至于当时的主流社会价值观发生了严重的对立,遂宣告他功勋卓著、充满智谋权术的一生走向终结。荀彧坚守心中政治理念的执着以及不为曹操强权所左右的崇高人格,让后人钦佩和动容。

董昭传

〔选文〕

董昭字公仁,济阴定陶人也。举孝廉,除瘿陶长、柏人令,袁绍以为参军事。绍逆公孙瓒于界桥,巨鹿太守李邵及郡冠盖[①],以瓒兵强,皆欲属[②]瓒。绍闻之,使昭领巨鹿。问:"御以何术?"对曰:"一人之微,不能消众谋,欲诱致其心,唱[③]与同议,及得其情,乃当权[④]以制之耳。计在临时,未可得言。"时郡右姓孙伉等数十人专为谋主,惊动吏民。昭至郡,伪作绍檄告郡云:"得贼罗候安平张吉辞,当攻巨鹿,贼故孝廉孙伉等为应,檄到收行军法,恶止其身,妻子勿坐[⑤]。"昭案檄告令,皆即斩之。一郡惶恐,乃以次安慰,遂皆平集。事讫白[⑥]绍,绍称善。会魏郡太守栗攀为兵所害,绍以昭领魏郡太守。时郡界大乱,贼以万数,遣使往来,交易市买。昭厚待之,因用为间,乘虚掩[⑦]讨,辄大克破。二日之中,羽檄三至。

……

太祖朝天子于洛阳,引昭并坐,问曰:"今孤来此,当施何计?"昭曰:"将军兴义兵以诛暴乱,入朝天子,辅翼王室,此五伯之功也。此下诸将,人殊意异,未必服从,今留匡弼,事势不便,惟有移驾幸许耳。然朝廷播越[⑧],新[⑨]还旧京,远近跂望,冀一朝获安。今复徙驾,不厌[⑩]众心。夫行非常之事,乃有非常之功,愿将军算其多者。"太祖曰:"此孤本志也。杨奉近在梁耳,闻其兵精,得无为孤累乎?"昭曰:"奉少党援,将独委质。镇东、费亭之事,皆奉所定,又闻书命申束,足以见信。宜时遣使厚遗[⑪]答谢,以安其意。说'京都无粮，欲车驾暂幸鲁阳，鲁阳近许，转运稍易，可无县乏之忧’。奉为人勇而寡虑，必不见疑，比使往来，足以定计。奉何能为累！”太祖曰：“善。”即遣使诣奉。徙大驾至许。奉由是失望，与韩暹等到定陵钞暴[12]。太祖不应，密往攻其梁营，降诛即定。奉、暹失众，东降袁术。三年，昭迁河南尹。时张杨为其将杨丑所杀，杨长史薛洪、河内太守缪尚城守待绍救。太祖令昭单身入城，告喻洪、尚等，即日举众降。以昭为冀州牧。

……

后昭建议：“宜修[13]古建封五等。”太祖曰：“建设五等者，圣人也，又非人臣所制，吾何以堪之？”昭曰：“自古以来，人臣匡世，未有今日之功。有今日之功，未有久处人臣之势者也。今明公耻有惭德而未尽善，乐保名节而无大责，德美过于伊、周，此至德之所极也。然太甲、成王未必可遭[14]，今民难化[15]，甚于殷、周，处大臣之势，使人以大事疑己，诚不可不重虑也。明公虽迈威德，明法术，而不定其基，为万世计，犹未至也。定基之本，在地与人，宜稍[16]建立，以自藩卫。明公忠节颖露，天威在颜，耿弇床下之言，朱英无妄之论，不得过耳。昭受恩非凡，不敢不陈。”后太祖遂受魏公、魏王之号，皆昭所创。

及关羽围曹仁于樊，孙权遣使辞以“遣兵西上，欲掩取羽。江陵、公安累重，羽失二城，必自奔走，樊军之围，不救自解。乞密不漏，令羽有备。”太祖诘群臣，群臣咸言宜当密之。昭曰：“军事尚权，期于合宜。宜应[17]权以密，而内露之。羽闻权上，若还自护，围则速解，便获其利。可使两贼相对衔持，坐待其弊[18]。秘而不露，使权得志，非计之上。又，围中将吏不知有救,计粮怖惧,倘有他意,为难不小。露之为便。且羽为人强梁,自恃二城守固,必不速退。”太祖曰:“善。”即敕救将徐晃以权书射著围里及羽屯中,围里闻之,志气百倍。羽果犹豫。权军至,得其二城,羽乃破败。

……

太和四年,行司徒事,六年,拜真。昭上疏陈末流之弊曰:“凡有天下者,莫不贵尚敦朴忠信之士,深疾[19]虚伪不真之人者,以其毁教乱治,败俗伤化也。近魏讽则伏诛建安之末,曹伟则斩戮黄初之始。伏惟前后圣诏,深疾浮伪,欲以破散邪党,常用[20]切齿;而执法之吏皆畏其权势,莫能纠擿[21],毁坏风俗,侵欲滋甚。窃[22]见当今年少,不复以学问为本,专更以交游为业;国士不以孝悌清修为首,乃以趋势游利为先。合党连群,互相褒叹,以毁訾为罚戮,用党誉为爵赏,附己者则叹之盈言,不附者则为作瑕衅。至乃相谓‘今世何忧不度[23]邪,但求人道不勤,罗[24]之不博耳;又何患其不知己矣,但当吞之以药而柔调耳。’又闻或有使奴客名[25]作在职家人,冒之出入,往来禁奥[26],交通书疏,有所探问。凡此诸事,皆法之所不取,刑之所不赦,虽讽、伟之罪,无以加[27]也。”帝于是发切[28]诏,斥免诸葛诞、邓飏等。昭年八十一薨,谥曰定侯。子胄嗣。胄历位郡守、九卿。

选自《三国志》卷十四

〔注释〕 ①冠盖:仕宦的代称。 ②属:归属。 ③唱:倡导。 ④权:权宜。 ⑤坐:获罪。 ⑥白:报告。 ⑦掩:袭击。 ⑧播越:流亡。 ⑨新:刚。 ⑩厌:通“餍”,满足。 ⑪遗:赠送。 ⑫钞暴:劫掠骚扰。 ⑬修:遵循。 ⑭遭:遇。 ⑮化:教化。 ⑯稍:逐渐。 ⑰应:同意。 ⑱弊:疲困。 ⑲疾:憎恨。 ⑳用:因而。 ㉑擿:揭发。 ㉒窃:私下。 ㉓度:度过。 ㉔罗:网罗。 ㉕名:名义上。 ㉖奥:内室。 ㉗加:超过。 ㉘切:严厉。

〔**赏析**〕 董昭作为曹操麾下重要的谋士,同荀彧、郭嘉诸人一样,本来是效力于袁绍帐下的。董昭在执掌巨鹿郡时随机应变,以袁绍的名义发布檄文,一举消灭了惊动吏民的孙伉集团,迁至魏郡太守。由于董昭之弟董访仕于张邈麾下,而张邈与袁绍有矛盾,董昭受人谗言,失去了袁绍的信任,于是离开袁绍,去拜见汉献帝,在河内郡被张杨所留。这时汉献帝为董卓旧部李傕、郭汜所掌控,同时曹操欲图联络天子作为自己政治底牌的图谋正在逐渐形成,为此他希望借道张杨的领地,与长安的汉献帝保持联络。董昭敏锐地感受到曹操所具备的政治眼光,劝谏本想拒绝曹操的张杨,"曹今虽弱,然实天下之英雄也,当故结之",董昭甚至还预言了袁曹之间不可避免的矛盾总有一天会爆发,可谓是算无遗策。从细节的操作而言,曹操之所以能够"挟天子而令诸侯",董昭在这一政治事件中所发挥的作用是极其重要的。其后,董昭由河内郡前往安邑,正式成为中央王朝的属官,官拜议郎。

董昭似乎早就看透曹操乃命世之主,利用其在中央政府的优势,全力促成曹操迎奉天子都许的政治图谋。董昭清醒地认识到李、郭之乱后在中央政府掌权的韩暹、杨奉、董承和张杨等人之间的矛盾,一举窥破杨奉的军事力量虽强却没有盟友的缺点,代替曹操作书与其结盟,使曹操最终获得了中央朝廷的正式承认,任镇东将军之职。公元196年,曹操终于实现了自己的政治夙愿,朝见天子,在与董昭的晤谈中确立了"移驾幸许"的战略方针。《三国志·魏书·武帝纪》记载:"洛阳残破,董昭等劝太祖都许……自天子西迁,朝廷日乱,至是宗庙社稷制度始立",从此曹操就以"奉辞伐罪"的口号,占据了政治上的主动,为其摧灭群雄奠定了政治道义上的基础。

董昭的政治理念很大程度上是背离"忠君"要求的,曹操加"九锡",封爵魏王等富有代汉政治意味的举动都是在董昭的全力支持下进行的,最重要之处在于董昭提出"宜修古建封五等"的建言。五等爵位,即公、侯、伯、子、男五级,周王朝时是由名义上的天子所任命的,随着春秋战国时期礼崩乐坏的社会现实逐渐形成,"礼乐征伐自天子出"一变而为"陪臣执国命"(《论语·季氏》)的僭越形态。历史的事实早就已经证明封建制度的先天缺陷,所以秦始皇认为"天下共苦战斗不休,以有侯王"(《资治通鉴·秦纪二》),因之确立了郡县制，以中央集权的方式来统治中国，影响极为深远。董昭之建言，不过是为曹操代汉进行舆论宣传，正所谓是“太祖遂受魏公、魏王之号，皆昭所创”。

董昭对于朝政的参与也多有建言，往往发人深思，洞察人性。赤壁之战后曹操留曹仁驻守樊城以阻遏孙刘联盟的进攻，孙刘联盟也因为荆州归属的问题难以维系，孙权遂与曹操密约袭击关羽的江陵和公安两城。在文武大臣建议将此一战略决策保密的时候，只有董昭认为应予公开，其理由是：公开孙权偷袭的计划会使得关羽产生撤兵的想法，樊城之围可得速解，进而转嫁矛盾于关羽和孙权；如果保密，反而使得孙权得志，于己不利。其后关羽果然“秭归蹉跌”，恐怕也不出董昭意料之外。

纵观董昭的生平，协助曹操取得“挟天子而令诸侯”的独特政治地位是他政治艺术中最为成功的大手笔。正是以此为基点，董昭逐渐在代汉的政治意图上向曹操靠拢。在存汉或代汉的问题上自然与荀彧发生了矛盾，据裴松之注引《献帝春秋》载，“至董昭建立魏公之议，彧意不同”，即为其明证。在后汉三国这样一个世道陵迟的时代来讨论存汉与代汉之间的关系显得颇有意义。正所谓“彼窃钩者诛，窃国者为诸侯”（《庄子・胠箧》），宏观地看，东汉末年与秦朝有很大的不同，并不存在着一股从社会底层迸发出来要求革除天命的舆论呼声，其原因即在于东汉王朝对于人民的压榨和思想控制并未达到秦朝“有敢偶语《诗》、《书》弃市；以古非今者族”那么严酷压迫的程度。董昭代表了识时务的一派，深知汉室倾颓非独木可支的道理。除此之外，董昭作为谋臣，洞悉事态发展中人的因素，建言君主作出了正确的战略决策，足以引发我们的思考。荀彧和董昭之间政见的迥异早已沉淀为历史的文字，空留历史叹嗟。正所谓千秋功过，留待后人评说。

（陈佳煜）

是将才，不是帅才

〔导言〕 正所谓“天下大势，分久必合，合久必分”。东汉末年，朝廷内部党争频繁，统治日益糜烂，外部又有黄巾大起义冲击，东汉政府已摇摇欲坠，名存实亡。各地豪强地主以镇压黄巾军起义为名，以家丁部曲私人武装为基础，纷纷拉起自己的队伍，准备逐鹿中原，一统天下。各地的诸侯若想击败各个竞争对手，建立自己的统治，就必须争取豪强地主阶层的支持，获取民心，在政治上不拘一格，唯才是举，广揽人才谋士，出谋划策；在军事上招募士兵，挑选良将，为其冲锋陷阵，争夺天下。各路诸侯想要在极为残酷激烈的兼并战争中生存下去，最迫切的就是要有一支具有较高素质、较强战斗力的军队，这其中最核心的问题就是有无良将能带兵打仗。

以刘备的蜀汉集团为例，刘备虽为“皇室帝胄”，但出身寒微，基础一穷二白。在他长期的苦心经营下，有了以关羽、张飞、马超、黄忠、赵云这“五虎将”统帅的强大军队。而关张二人作为刘备的心腹大将，更是其统治的左膀右臂，担任了重要职位，驻守关隘要地，为蜀汉的建立及发展壮大立下了汗马功劳。可惜的是，成也萧何败也萧何，蜀汉在形势一片大好的情况下，迅速衰退并且败亡，这与其军事斗争的失策，尤其是关张二人在与魏、吴两国将领的博弈失策以及处理与蜀汉集团内部其他势力集团的关系失败，有着密不可分的联系。本书选录的《关羽传》和《张飞传》，旨在展示这一特定阶层的人物风貌，并对各人不同的抉择及其最终命运予以对比和评析。

关 羽 传

〔选文〕

关羽字云长，本字长生，河东解人也。亡命奔涿郡。先主于乡里合徒众，而羽与张飞为之御侮。先主为平原相，以羽、飞为别部司马，分统部曲。先主与二人寝则同床，恩若兄弟。而稠[①]人广坐，侍立终日，随先主周旋[②]，不避艰险。先主之袭杀徐州刺史车胄，使羽守下邳城，行太守事[③]，而身还小沛。

建安五年，曹公东征，先主奔袁绍。曹公擒羽以归，拜为偏将军，礼之甚厚。绍遣大将军颜良攻东郡太守刘延于白马，曹公使张辽及羽为先锋击之。羽望见良麾盖，策马刺良于万众之中，斩其首还，绍诸将莫能当[④]者，遂解白马围。曹公即表封羽为汉寿亭侯。初，曹公壮[⑤]羽为人，而察其心神无久留之意，谓张辽曰："卿试以情问之。"既而辽以问羽，羽叹曰："吾极知曹公待我厚，然吾受刘将军厚恩，誓以共死，不可背之。吾终不留，吾要当立效以报曹公乃去。"辽以羽言报曹公，曹公义之。乃羽杀颜良，曹公知其必去，重加赏赐。羽尽封其所赐，拜书告辞，而奔先主于袁军。左右欲追之，曹公曰："彼各为其主，勿追也。"

从先主就刘表。表卒，曹公定荆州，先主自樊将南渡江，别遣羽乘船数百艘会江陵。曹公追至当阳长阪，先主斜趣[⑥]汉津，适与羽船相值[⑦]，共至夏口。孙权遣兵佐先主拒[⑧]曹公，曹公引军退归。先主收江南诸郡，乃封拜元勋，以羽为襄阳太守、荡寇将军，驻江北。先主西定益州，拜羽董督荆州事。羽闻马超来降，旧[⑨]非故人，羽书与诸葛亮，问"超人才可谁比类"？亮知羽护前[⑩]，乃答之曰："孟起兼资文武，雄烈过人，一世之杰，黥、彭之徒，当与益德并驱争先，犹未及髯之绝伦逸群也。"羽美须髯，故亮谓之髯。羽省书大悦，以示宾客。

羽尝[11]为流矢所中，贯其左臂，后创虽愈，每至阴雨，骨常疼痛，医曰："矢镞有毒，毒入于骨，当破臂作创，刮骨去毒，然后此患乃除耳。"羽便伸臂令医劈之。时羽适请诸将饮食相对，臂血流离，盈于盘器，而羽割炙[12]引酒，言笑自若。

二十四年，先主为汉中王，拜羽为前将军，假节钺。是岁，羽率众攻曹仁于樊。曹公遣于禁助仁。秋，大霖雨，汉水泛溢，禁所督七军皆没。禁降羽，羽又斩将军庞德。梁郏、陆浑群盗或遥受羽印号，为之支党，羽威震华夏。曹公议徙许都以避其锐，司马宣王、蒋济以为关羽得志，孙权必不愿也。可遣人劝权蹑[13]其后，许割江南以封权，则樊围自解。曹公从之。先是，权遣使为子索[14]羽女，羽骂辱其使，不许婚，权大怒。又南郡太守麋芳在江陵，将军傅士仁屯公安，素皆嫌羽自轻己。羽之出军，芳、仁供给军资，不悉[15]相救，羽言"还当治[16]之"，芳、仁咸怀惧不安。于是权阴[17]诱芳、仁，芳、仁使人迎权。而曹公遣徐晃救曹仁，羽不能克，引军退还。权已据江陵，尽虏羽士众妻子，羽军遂散。权遣将逆击羽，斩羽及子平于临沮。

追谥羽曰壮缪侯。子兴嗣。兴字安国，少有令[18]问[19]，丞相诸葛亮深器[20]异之。弱冠为侍中、中监军，数岁卒。子统嗣，尚[21]公主，官至虎贲中郎将。卒，无子，以兴庶子彝续封。

选自《三国志》卷三十六

〔注释〕 ①稠：稠密。 ②周旋：交战。 ③事：职务。 ④当：抵挡。 ⑤壮：认为勇敢。 ⑥趣：奔赴。 ⑦值：遇到。 ⑧拒：抵御。 ⑨旧：从前。 ⑩护前：袒护自己从前的错误。 ⑪尝：曾经。 ⑫炙：烤的肉食。 ⑬蹑：追击。 ⑭索：求取。 ⑮悉：尽其所有。 ⑯治：惩处。 ⑰阴：暗中。 ⑱令：美好。 ⑲问：通"闻"，名声。 ⑳器：器重。 ㉑尚：仰攀婚姻，多指娶公主为妻。

〔赏析〕 关羽，字云长，原字长生，河东郡解县人。黄巾起义后，刘备在家乡招集兵马，关羽和张飞前来投奔，三人同吃同住，情同手足，合力作战，不畏艰险。后曹操东征徐州，刘备投奔袁绍，关羽迫不得已降曹，曹操对他礼遇有加，非常尊重。为报其知遇之恩，关羽曾于万马军中取袁绍大将颜良的首级。虽然明白曹操对自己十分器重，但关羽还是不为所动，一心只想回到刘备身边。曹操感佩其忠义，最终放行。在后来的战争岁月里，关羽为蜀汉政权立下赫赫战功，可惜在北伐曹操时被孙权偷袭荆州得手，落得个身首异处的下场。

关羽其人，貌似是一个形象正面、完美无瑕的人物。在隋唐以后的社会文化和文学作品中，他的形象被无限地拔高放大，他被描绘成匡扶汉室的一代忠臣，明清后成为一代“武圣”，甚至当作神灵被供奉于门厅庙宇之上，成了民间的信仰。但是仅就《三国志》里记载的关羽事迹而言，关羽真的是一个至善至美、智勇双全的人物吗？答案是否定的。

关于关羽早期的身世，《三国志》里只有短短五个字的记载：“亡命走涿州”，关羽究竟是为何杀人而出逃于外地，不得而知。但至少可以推测出关羽出身寒微，并非门阀士族，文化程度不高，应该是一个性格豪迈、脾气暴躁、具有侠义气质的人物。至于文学作品中所描述、妇孺皆知的“桃园三结义”的典故，正史里并未有明确的记载，只是提到三人感情甚笃，“恩若兄弟”。在曹刘反目，关羽被俘后，他对张辽说：“吾极知曹公待我厚，然吾受刘将军厚恩，誓以共死，不可背之。”从中也只能看出关羽受过刘备厚恩，他立下誓言以共死报答，与结拜并无关系，张飞连提都没提到，“刘关张结义”恐怕只是文学作品的杜撰罢了。

而且，在后人眼中的一代“武圣”、忠义双全的关羽为什么会投降曹操？按理说以他的刚烈性格，理应杀身成仁、舍生取义才对，投降敌方无论如何都算是其一大污点。长期以来，很多文学作品和野史都替关羽辩护，说关羽是为了保护刘备的两位夫人迫不得已而投降曹操，这种说法是没有根据的。其实关羽也是个凡人，当继续战斗或抵抗对战争胜负已经毫无意义时，投降并非坏事，也不应该在道德上予以谴责。求生自保是人的本能，这是人之常情。

此外，关羽背弃曹操，终究重回刘备的怀抱，仅仅是因为感念刘备的恩德吗？难道曹操对关羽就没有进行过拉拢？这就得涉及曹、关二公的“共同爱好”以及所导致的一段隐晦的恩怨。另一则史料《〈三国志〉注》引《蜀记》说：“曹公与刘备围吕布于下邳。关羽启公，布使秦宜禄行求救，乞娶其妻，公许之。临破，又屡启于公。公疑其有异色，先遣迎看，因自留之，羽心不自安。”秦宜禄是吕布手下的将领，关羽希望攻破下邳后能得到秦宜禄的妻子，曹操开始时答应了，后来又反悔。从以上史料可以看出，关羽知晓秦妻是一个绝色女子，关羽以自己的妻子没有生儿子为由提出这一要求，理由过于牵强。他怎能断定秦氏一定能生儿子呢？难道别的女子就不能生儿子吗？这不过是个借口罢了，他是觊觎对方的美色。可惜他打错了算盘，引起曹操注意，结果却被曹操横刀夺爱。不过从这件事情可以料想关羽对曹操有所不满，耿耿于怀。这也是关羽弃曹归刘的一个原因。

总的看来，关羽作为蜀汉政权的政治人物和军事主帅，他在性格和素质方面有着不小的缺陷。他对内、对外、对部下之间的关系处置失当，是导致人生悲剧的主要原因。

关羽自恃与刘备的亲密关系，居功自傲。马超归降蜀汉，关羽在荆州致书诸葛亮，要与马超一较高下，幸被诸葛亮巧言回函，极力称赞他“绝伦逸群”，充分满足其虚荣心，才得以化解矛盾，避免一场内部争斗。关羽阅毕后居然还传示众人，真是胸无城府，自恋至极。

在军事作战中，关羽有勇无谋，不明白蜀汉长存于世的策略在于联吴抗魏，两弱抗一强。关羽在荆州与曹军作战，曹操派人约孙权合攻关羽。孙权未作决断，先派人为儿子求婚于关羽之女，以试探关羽的态度。关羽“骂辱其使，不许婚”。孙权大怒，遂偷袭荆州，与蜀汉闹翻。可以说，蜀、吴交恶，荆州被夺，自己身首异处，关羽作为一方主帅，他的态度是决定性的因素。荆州的丢失，也使得蜀汉的上升势头停止，甚至一蹶不振。

此外，关羽不能妥善处理与部下的关系，导致内部生变，这是失荆州的关键。屯守战略要地的糜芳和傅士仁平素被关羽瞧不起，关羽出征时两人因军资供应有时不足，被关羽威胁回来再治罪，心中常常恐惧不安，最后接受了孙权的诱降。《三国志》记载：“羽善待卒伍而骄于士大夫。”关羽对待士大夫十分轻慢,关系不睦。联系到关羽寒微的出身,这应该是自卑心理在作祟吧。

性格决定命运。就其个人而言,关羽可以说是一个悲剧性的人物,而这种悲剧也是由他性格上的某些缺陷造成的。关羽神话能够长期流传下来,并且越来越夸大,这一由人到神的过程在很大程度上是社会各等级或阶层在心理或精神方面的需要以及文学作品渲染的结果。

张 飞 传

〔选文〕

张飞字益德,涿郡人也,少与羽俱事[①]先主。羽年长数岁,飞兄事之。先主从曹公破吕布,随还许,曹公拜飞为中郎将。先主背[②]曹公依袁绍、刘表。表卒,曹公入荆州,先主奔江南。曹公追之,一日一夜,及于当阳长阪。先主闻曹公卒至,弃妻子走,使飞将二十骑拒后。飞据水断桥,瞋目横矛曰:"身是张益德也,可来共决死!"敌皆无敢近者,故遂得免。先主既定江南,以飞为宜都太守、征虏将军,封新亭侯,后转在南郡。先主入益州,还攻刘璋,飞与诸葛亮等溯流而上,分定郡县。至江州,破璋将巴郡太守严颜,生获颜。飞呵颜曰:"大军至,何以不降而敢拒战?"颜答曰:"卿等无状,侵夺我州,我州但有断头将军,无有降将军也。"飞怒,令左右牵去斫头,颜色不变,曰:"斫头便斫头,何为怒邪!"飞壮而释之,引为宾客。飞所过战克,与先主会于成都。益州既平,赐诸葛亮、法正、飞及关羽各五百斤,银千斤,钱五千万,锦千匹,其余颁赐各有差[③],以飞领[④]巴西太守。

曹公破张鲁,留夏侯渊、张郃守汉川。郃别督诸军下巴西,欲徙其民于汉中,近军宕渠、蒙头、荡石,与飞相拒五十余日。飞率精卒万余人,从他道邀郃军交战,山道迮狭,前后不得相救，飞遂破郃。郃弃马缘山，独与麾下十余人从间道[5]退，引军还南郑，巴土获安。先主为汉中王，拜飞为右将军，假节。章武元年，迁车骑将军，领司隶校尉，进封西乡侯，策曰："朕承天序，嗣奉洪业，除残靖乱，未烛厥[6]理。今寇虏作害，民被荼毒，思汉之士，延颈鹤望。朕用[7]怛[8]然，坐不安席，食不甘味，整军诰誓，将行天罚。以君忠毅，侔[9]踪召、虎，名宣遐[10]迩[11]，故特显命，高墉进爵，兼司于京。其诞将天威，柔服以德，伐叛以刑，称[12]朕意焉。《诗》不云乎，'匪[13]疚匪棘，王国来极[14]。肇敏戎功，用锡[15]尔祉'。可不勉欤！"

初，飞雄壮威猛，亚于关羽，魏谋臣程昱等咸称羽、飞万人之敌也。羽善待卒伍而骄于士大夫，飞爱敬君子而不恤小人[16]。先主常戒之曰："卿刑杀既过差[17]，又日鞭挝健儿，而令在左右，此取祸之道也。"飞犹不悛[18]。先主伐吴，飞当率兵万人，自阆中会江州。临发，其帐下将张达、范强杀飞，持其首，顺流而奔孙权。飞营都督表报先主，先主闻飞都督之有表也，曰："噫！飞死矣。"追谥飞曰桓侯。长子苞，早夭。次子绍嗣，官至侍中尚书仆射。苞子遵为尚书，随诸葛瞻于绵竹，与邓艾战，死。

选自《三国志》卷三十六

〔注释〕 ① 事：侍奉。 ② 背：离开。 ③ 差：差别。 ④ 领：兼任。 ⑤ 间道：偏僻的小路。 ⑥ 厥：其。 ⑦ 用：因而。 ⑧ 怛：忧伤。 ⑨ 侔：齐等。 ⑩ 遐：远。 ⑪ 迩：近。 ⑫ 称：相称。 ⑬ 匪：非。 ⑭ 极：准则。 ⑮ 锡：赐给。 ⑯ 小人：地位低下的人，平民百姓。 ⑰ 过差：犹言过度。 ⑱ 悛：悔改。

〔赏析〕 张飞，字益德，涿郡人，年轻时与关羽一道侍奉刘备，三人并肩作战，情同手足。刘备与曹操反目，投奔刘表。后曹操南下，进占荆州，刘备一路向南撤退，曹军紧追不舍，即将在当阳县长阪追上刘备。此时，张飞率领二十名骑兵断后。他守住河岸、拆毁河桥，怒目圆睁，大喝曹军，竟无人敢近，故刘备等得以逃脱。刘备西进益州，张飞作为先锋到达江州，击败并活捉刘璋大将严颜。张飞怒斥其为何不早点投降，严颜临危不惧，回答其宁做断头将军，也不愿做投降将军。张飞对其勇气甚为敬佩，当即下令释放，优待甚厚。张飞一路势如破竹，与刘备会师成都。后张飞又在汉川击败曹操大将张郃，屡立奇功，不断被加官进爵。张飞与关羽一样，有万夫不当之勇，人送称号“万人敌”。他对士大夫们十分尊敬，但对手下士卒却很暴虐，在刘备东征孙吴的前夕，他被手下张达、范强杀死，首级被割下送予孙权。

长期以来，张飞一直给世人一种粗犷、勇猛、野蛮、憨直的形象，后来又有人通过深入挖掘，认为张飞家境殷实，爱舞文弄墨，与文人结交。果真如此吗？

其实仔细分析，就不难看出张飞并非出生于富商豪强之家。《三国志》说张飞“少与关羽俱事先主。羽年长数岁，飞兄事之。”他们的主公刘备虽说是“中山靖王之后”，但也颇有自卖自夸之嫌，既无名气，也无人脉，更无万贯家财。关羽是个杀了人的逃犯，过着隐姓埋名的日子。如果张飞家境很好，是一个受过良好教育的富家少年，或许会和这两人成为泛泛之交，但或许不可能奉一个破落户“帝室贵胄”为主公，再事一个“逃犯”为兄。当然刘备的宗室身份对他有很大的吸引力，他与刘备、关羽是有很多共同语言的，三人惺惺相惜。另外，据《三国志·魏书·夏侯渊传》注引《魏略》记载：“初，建安五年，时(夏侯)霸从妹年十三四，在本郡，出行樵采，为张飞所得。飞知其良家女，遂以为妻，产息女，为刘禅皇后。”据后人考证，张飞当时已是三十好几了，还尚未娶妻，要是他家境很好，不可能到这个时候才娶到个捡来的十几岁的媳妇。况且，曹操(包括夏侯氏)与刘备素为死敌，张飞娶了一个敌对集团的女性回家，不但没有被责罚，反而对其疼爱有加，后来母女都取得了很高的地位。夏侯氏是门阀士族，张飞对这位夫人的恩宠礼遇说明他对这桩婚姻是很满意的。

张飞在很长一段时间内，都随侍在刘备左右，担任刘备亲军将领的职务。张飞的忠心让他逐渐获得了独领一军的机会。第一次是入蜀作战，刘备给他配备了诸葛亮这个王牌参谋，入蜀作战连战连捷。随后张飞又在巴西之战第一次独领一军，取得了对刘备而言至关重要的胜利。在这场战争中，他在道路不畅通的蜀地千里奔袭，击败名将张郃。但汉中之战，独领一军的张飞并没有太好的成绩，他不太擅长打奔袭以外的战斗，可见其军事指挥才能不是太高。

张飞和关羽都被称为“万人敌”，应该是指两人下辖的部队非常有战斗力。但两人还是有不同点，出身低贱的张飞，对于社会上流的士人十分仰慕，故而十分亲爱士人。对于刘备，张飞是非常忠心的。与读过书的关羽不同，张飞对士兵严厉，不带感情色彩，他并不和士卒打过多的交道。正是对军法的严酷执行，和战时不吝惜士卒伤亡的打法，让张飞的部队有了极强的战斗力，才使得他有和关羽齐名的“万人敌”的名号。陈寿曾给张飞“暴而无恩”的评语，结合张飞时常鞭笞健儿、刑杀过甚，“暴”应该说的是张飞对手下比较苛刻，而不是他本人的性格。在关羽死后，或许是为了平衡原荆州系的力量，刘备加张飞为司隶校尉、车骑将军。为了收复战略要地荆州，在随后的对吴作战准备中，张飞终因对军队太过严酷，尝到恶果，被部下哗变杀害。值得玩味的是，张飞死后，刘备只说了一句“噫！飞死矣”。不知刘备是否早已预见不听劝告的张飞终会有此结局？

纵观张飞的一生，是一个平民奋斗的一生，在当时的环境下，没有受过良好教育的张飞，做到了其所能达到的最高境界：车骑将军、西乡侯、司隶校尉。对部下他是个冷酷的领导，对上级是个忠实的执行者。至于他的死，则是他自己的行事风格所导致的。

（许孝乐）

战略情商影响战术智商

〔**导言**〕 历史之中，常常有一些闪光的瞬间，由于某个人物的战略抉择而改变了之后的局势走向，令后世读者或是质疑，或是叹息，想象着当时若做另一种选择，而可能出现的不同历史结局。而当时之人，又是什么因素支持着他们在彼时彼刻做出那样的决定呢？本章中，我们不妨以三国志中两位东吴代表人物为例来探讨一番：一位是激进的吕蒙，“白衣渡江”偷袭荆州破坏了孙刘联盟，至今为三国演义迷中的“拥刘”一派所不齿；另一位是保守的陆抗，驻守边境却从不挑起战事，甚至与敌人羊祜做起了“好朋友”。这样两个截然相反的人物，其行为抉择是由于各自的性格、处境，还是信念？参照着读完这两篇传记，或许于我们研究分析历史人物上能有所得。

吕　蒙　传

〔**选文**〕

吕蒙字子明，汝南富陂人也。少南渡，依姊夫邓当。当为孙策将，数讨山越。蒙年十五六，窃[①]随当击贼，当顾见大惊，呵叱不能禁止。归以告蒙母，母恚[②]欲罚之，蒙曰：“贫贱难可居，脱误[③]有功，富贵可致。且不探虎穴，安得虎子？”母哀而舍之。时当职吏以蒙年小轻之，曰：“彼竖子何能为？此欲以肉喂虎耳。”他日与蒙会，又蚩[④]辱之。蒙大怒，引刀杀吏，出走，逃邑子郑长家。出因校尉袁雄自首，承闲为言，策召见奇之，引置左右。

数岁，邓当死，张昭荐蒙代当，拜别部司马。权统事，料[5]诸小将兵少而用薄者，欲并合之。蒙阴[6]赊贳[7]，为兵作绛衣行縢，及简[8]日，陈列赫然，兵人练习[9]，权见之大悦，增其兵。从讨丹杨，所向有功，拜平北都尉，领广德长。

从征黄祖，祖令都督陈就逆以水军出战。蒙勒[10]前锋，亲枭[11]就首，将士乘胜，进攻其城。祖闻就死，委[12]城走，兵追禽[13]之。权曰："事之克，由陈就先获也。"以蒙为横野中郎将，赐钱千万。

……

鲁肃代周瑜，当之[14]陆口，过蒙屯下。肃意尚[15]轻蒙，或说肃曰："吕将军功名日显，不可以故[16]意待也，君宜顾之。"遂往诣蒙。酒酣，蒙问肃曰："君受重任，与关羽为邻，将何计略，以备不虞[17]？"肃造次[18]应曰："临时施宜。"蒙曰："今东西虽为一家，而关羽实熊虎也，计安可不豫[19]定？"因为肃画[20]五策。肃于是越席就之，拊其背曰："吕子明，吾不知卿才略所及乃至于此也。"遂拜蒙母，结友而别。

……

鲁肃卒，蒙西屯陆口，肃军人马万余尽以属蒙。又拜汉昌太守，食下隽、刘阳、汉昌、州陵。与关羽分土接境，知羽骁雄，有并兼心，且居国上流，其势难久。初，鲁肃等以为曹公尚存，祸难始构，宜相辅协，与之同仇，不可失也，蒙乃密陈计策曰："征虏守南郡，潘璋住白帝，蒋钦将游兵万人，循[21]江上下，应敌所在，蒙为国家前据襄阳，如此，何忧于操，何赖[22]于羽？且羽君臣，矜[23]其诈力，所在反覆，不可以腹心待也。今羽所以未便东向者，以至尊圣明，蒙等尚存也。今不于强壮时图之，一旦僵仆[24]，欲复陈力，其可得邪？"权深纳其策，又聊复与论取徐州意，蒙对曰："今操远在河北，新[25]破诸袁,抚集幽、冀,未暇东顾。徐土守兵,闻不足言,往自可克。然地势陆通,骁骑所骋,至尊今日得徐州,操后旬必来争,虽以七八万人守之,犹当怀忧。不如取羽,全据长江,形势益[26]张。”权尤以此言为当。及蒙代肃,初至陆口,外倍修恩厚,与羽结好。

后羽讨樊,留兵将备[27]公安、南郡。蒙上疏曰:“羽讨樊而多留备兵,必恐蒙图其后故也。蒙常有病,乞分士众还建业,以治疾为名。羽闻之,必撤备兵,尽赴襄阳。大军浮江,昼夜驰上,袭其空虚,则南郡可下,而羽可禽也。”遂称病笃,权乃露檄召蒙还,阴与图计。羽果信之,稍撤兵以赴樊。魏使于禁救樊,羽尽禽禁等,人马数万,托以粮乏,擅取湘关米。权闻之,遂行,先遣蒙在前。蒙至寻阳,尽伏其精兵䑽䑶中,使白衣摇橹,作商贾人服,昼夜兼行,至羽所置江边屯候,尽收[28]缚之,是故羽不闻知。遂到南郡,士仁、麋芳皆降。蒙入据城,尽得羽及将士家属,皆怃慰,约令军中不得干历人家,有所求取。蒙麾下士,是汝南人,取民家一笠,以覆官铠,官铠虽公,蒙犹以为犯军令,不可以[29]乡里故而废法,遂垂涕斩之。于是军中震栗,道不拾遗。蒙旦暮使亲近存[30]恤耆老,问所不足,疾病者给医药,饥寒者赐衣粮。羽府藏财宝,皆封闭以待权至。羽还,在道路,数使人与蒙相闻,蒙辄厚遇[31]其使,周游城中,家家致问,或手书示信。羽人还,私相参讯,咸知家门无恙,见[32]待过于平时,故羽吏士无斗心。会[33]权寻[34]至,羽自知孤穷,乃走麦城,西至漳乡,众皆委羽而降。权使朱然、潘璋断其径路,即父子俱获,荆州遂定。

以蒙为南郡太守,封孱陵侯,赐钱一亿,黄金五百斤。

蒙固辞金钱，权不许。封爵未下，会蒙疾发，权时在公安，迎置内殿，所以治护者万方[35]，募封内有能愈蒙疾者，赐千金。时有针加，权为之惨戚，欲数见其颜色[36]，又恐劳[37]动，常穿壁瞻之，见小能下食则喜，顾左右言笑，不然则咄唶[38]，夜不能寐。病中瘳[39]，为下赦令，群臣毕贺。后更增笃，权自临视，命道士于星辰下为之请命。年四十二，遂卒于内殿。时权哀痛甚，为之降损。蒙未死时，所得金宝诸赐尽付府藏，敕主者命绝之日皆上还，丧事务约。权闻之，益以悲感。

选自《三国志》卷五十四

〔注释〕 ① 窃：偷偷地。 ② 恚：发怒。 ③ 脱误：万一。 ④ 蚩：通“嗤”，讥笑。 ⑤ 料：统计。 ⑥ 阴：暗中。 ⑦ 贳：赊欠。 ⑧ 简：检阅。 ⑨ 习：熟悉。 ⑩ 勒：率领。 ⑪ 枭：斩首悬挂示众。 ⑫ 委：舍弃。 ⑬ 禽：捕捉。 ⑭ 之：往。 ⑮ 尚：尚且。 ⑯ 故：旧有的。 ⑰ 虞：预料。 ⑱ 造次：匆忙。 ⑲ 豫：预备。 ⑳ 画：谋划。 ㉑ 循：沿着。 ㉒ 赖：依赖。 ㉓ 矜：夸耀。 ㉔ 僵仆：倒下，指死去。 ㉕ 新：刚。 ㉖ 益：更加。 ㉗ 备：防御。 ㉘ 收：拘捕。 ㉙ 以：因为。 ㉚ 存：问候。 ㉛ 遇：对待。 ㉜ 见：受。 ㉝ 会：适逢。 ㉞ 寻：不久。 ㉟ 万方：多种方法。 ㊱ 颜色：脸色。 ㊲ 劳：烦劳。 ㊳ 咄唶：叹息。 ㊴ 瘳：病愈。

〔赏析〕 《三国演义》中的吕蒙以“白衣渡江”偷袭荆州，擒杀关羽，破坏孙、刘联盟而为大众熟知。《三国演义》的立场是尊刘抑曹，因此以《三国演义》为基础的诸多三国故事中，吕蒙也多被刻画为阴险的反面角色，破坏汉室复兴大业的罪人。然而《三国演义》毕竟是小说，抛开《三国演义》中那三分虚构，让我们看看《三国志》中的史实记载，吕蒙为何会在关羽北伐的那个时间点，一手策划并执行了这场彻底破坏孙、刘联盟的偷袭行动。

《三国志·吴书·吕蒙传》中，对吕蒙其人以及偷袭关羽其事均作了详细的记载。开篇时，陈寿看似漫不经心地写了吕蒙几件事：第一，吕蒙年方十五六岁便参军杀贼，为的是功名富贵；第二，有小吏侮辱吕蒙，吕蒙当即手刃了他；第三，孙权欲整编军队，吕蒙借钱为自己的部队添置服装充门面，赢得孙权赏识而为其扩充部下;第四,孙权出征黄祖一役中,吕蒙奋勇当先亲手杀了黄祖大将,立下首功。以上几件事仿佛平铺直叙,却直接勾勒出了吕蒙的志向、性格和能力特点,可以看出吕蒙此人的雄心非常强烈,同时又胆略过人,颇具智谋且勇武超群,寥寥数笔便将吕蒙鲜明的个性特点展现在世人面前。这样一个有超群能力、又以建功立业为强烈个人目标的“能臣”,必不甘心一生默默无闻,而会寻找机会干一番名垂青史的“大事业”。而对于关羽镇守荆州时孙、刘之间的态势,《三国志》又记载了以下几件事:其一,吕蒙向鲁肃建言防备关羽的五条策略,深得鲁肃赏识,说明即使是极力赞同孙刘联军的鲁肃,对上游的关羽仍有提防之心,双方联盟并不坚实;其二,孙权对于关羽军团在长江上游对东吴的威胁亦颇为不安,因此十分支持吕蒙提出的夺回荆州的战略大方针;其三,由于地利上东吴不占优势,从徐州方向同曹魏正面争斗的战略被否决,因此,急于建立功业的吕蒙更倾向于向荆州的关羽开战;其四,关羽本人对东吴的态度十分轻慢,并不视东吴为盟友而予以尊重,例如当其樊城大胜之后,便不告而取东吴辖下的湘关粮米,更激发了孙权向蜀汉开战的决心。

在以上多种因素的共同作用下,孙权和吕蒙决意趁着关羽北伐而后防空虚,向荆州发起了攻击。吕蒙在奇袭荆州行动中的成功谋划,最终擒获一代名将关羽,也确实显示出其超群的将才。东吴此役取胜之后,吕蒙很快病故,《三国演义》中将此事描绘为天道对吕蒙背信弃义的惩罚报应,对此我们只需以艺术加工视之即可。

纵览当时三国形势,从东吴的立场分析,孙权与吕蒙选择攻取荆州有其合理因素。蜀汉若由荆州进攻东吴,可称是顺流直下,无险可守。东吴卧榻之侧,睡着关羽军团这一只猛虎,孙权如何得以安寝?况且关羽对孙、刘联盟又毫不重视,蜀汉方面力主联盟的诸葛亮远在川中鞭长莫及,东吴方面的鲁肃又已亡故,这一脆弱的联盟早已摇摇欲坠,解体只是时间问题。另外,三足鼎立下的孙、刘联盟,建立在二弱联合抗衡一强的条件之下,关羽北伐战果辉煌,樊城大捷后,曹操几欲迁都以避关羽之锋,若曹、刘局势逆转,则东吴将成三足之末,届时关羽乘胜掉头将东吴吞下,天下变为汉、魏南北对峙,亦并非不可能。因此,东吴欲在三足鼎立中求长久生存,最佳的博弈策略当尽量维持二弱一强的局势,抑制蜀汉的过于壮大。在孙权与吕蒙的如意算盘中,即使巧取豪夺了荆州,蜀汉迫于北方曹魏的虎视眈眈,未必敢与东吴决裂而将自己置于孤立境地,不得不吃一个"哑巴亏"而继续维持两家联合。

此后的事态发展成为了整个三国时期的转折点,也奠定了三国后期天下局势的基础。蜀汉因伐吴失败而国力大损,从此虽屡屡北伐终归无功。而孙、刘联合经此一番周折却又重新稳固下来,直至数十年后三国归晋,东吴反而在魏、蜀、吴之中存活最久……由此观之,若不掺杂《三国演义》中设定的正、逆定位及感情因素,可以说孙权与吕蒙袭取荆州的策略完全达到了计划中的效果,是东吴的一个正确选择,而正史中的吕蒙,亦可称一代良将!

陆抗传

〔选文〕

抗字幼节,孙策外孙也。逊卒时,年二十,拜建武校尉,领逊众五千人,送葬东还,诣都谢恩。孙权以杨竺所白①逊二十事问抗,禁绝宾客,中使临诘,抗无所顾②问,事事条答,权意③渐解。赤乌九年,迁立节中郎将,与诸葛恪换屯柴桑。抗临去,皆更缮完城围,葺其墙屋,居庐桑果,不得妄败④。恪入屯,俨然若新。而恪柴桑故屯,颇有毁坏,深以为惭。太元元年,就⑤都治病。病差⑥当还,权涕泣与别,谓曰:"吾前听用谗言,与汝父大义不笃,以此负汝。前后所问,一焚灭之,莫令人见也。"建兴元年,拜奋威将军。太平二年,魏将诸葛诞举寿春降,拜抗为柴桑督,赴寿春,破魏牙门将偏将军,迁征北将军。永安二年,拜镇军将军,都督西陵,自关羽至白帝。三年,假节。孙皓即位,加镇军大将军,领益州牧。建衡二年,大司马施绩卒,拜抗都督信陵、西陵、夷道、乐乡,公安诸军事,治乐乡。

抗闻都下政令多阙[7]，忧深虑远，乃上疏曰："臣闻德均则众者胜寡，力侔[8]则安者制危，盖六国所以兼并于强秦，西楚所以北面于汉高也。今敌跨制九服，非徒关右之地；割据九州岛，岂但鸿沟以西而已。国家外无连国之援，内非西楚之强，庶政陵迟[9]，黎民未乂[10]，而议者所恃，徒以长川峻山，限带封域，此乃守国之末事，非智者之所先也。臣每远惟战国存亡之符[11]，近览刘氏倾覆之衅[12]，考之典籍，验之行事，中夜抚枕，临餐忘食。昔匈奴未灭，去病辞馆；汉道未纯，贾生哀泣。况臣王室之出，世荷光宠，身名否泰，与国同戚，死生契阔[13]，义无苟且，夙夜忧怛，念至情惨。夫事君之义犯而勿欺，人臣之节匪[14]躬是殉，谨陈时宜十七条如左。"十七条失本，故不载。

时何定弄权，阉官预政；抗上疏曰："臣闻开国承家，小人勿用，靖谮[15]庸回[16]，唐书攸戒，是以雅人所以怨刺[17]，仲尼所以叹息也。春秋已来，爰及秦、汉，倾覆之衅，未有不由斯者也。小人不明理道，所见既浅，虽使竭情尽节，犹不足任，况其奸心素笃，而憎爱移易哉？苟患[18]失之，无所不至。今委以聪明之任，假以专制之威，而冀雍熙之声作，肃清之化立，不可得也。方今见吏，殊才虽少，然或冠冕之胄，少渐[19]道教，或清苦自立，资能足用，自可随才授职，抑黜群小，然后俗化可清，庶政无秽也。"

……

时师旅仍[20]动，百姓疲弊[21]，抗上疏曰："臣闻易贵[22]随时，传美[23]观衅，故有夏多罪而殷汤用师，纣作淫虐而周武授钺[24]。苟无其时，玉台有忧伤之虑，孟津有反旆[25]之军。今不务富国强兵，力农畜谷，使文武之才效展其用，百揆之署无旷厥[26]职，明黜陟以厉[27]庶尹，审刑罚以示劝沮，训诸司以德，而抚百姓以仁,然后顺天乘运,席卷宇内,而听诸将徇名[28],穷兵黩武,动费万计,士卒凋瘁,寇不为衰,而我已大病矣!今争帝王之资,而昧[29]十百之利,此人臣之奸便,非国家之良策也。昔齐鲁三战,鲁人再克而亡不旋踵。何则?大小之势异也。况今师所克获,不补所丧哉?且阻[30]兵无众,古之明鉴,诚宜暂息进取小规,以畜士民之力,观衅伺隙,庶无悔吝。”

二年春,就拜大司马、荆州牧。三年夏,疾病,上疏曰:“西陵、建平,国之蕃表,既处下流,受敌二境。若敌汎舟顺流,舳舻千里,星奔电迈,俄然行至,非可恃援他部以救倒县也。此乃社稷安危之机,非徒封疆侵陵[31]小害也。臣父逊昔在西垂陈言,以为西陵国之西门,虽云易守,亦复易失。若有不守,非但失一郡,则荆州非吴有也。如其有虞,当倾国争之。臣往在西陵,得涉逊迹,前乞精兵三万,而主者循常,未肯差赴。自步阐以后,益更损耗。今臣所统千里,受敌四处,外御强对,内怀[32]百蛮,而上下见兵财有数万,羸弊日久,难以待变。臣愚以为诸王幼冲,未统国事,可且立傅相,辅导贤姿,无用兵马,以妨[33]要务。又黄门竖宦,开立占募,兵民怨役,逋[34]逃入占。乞特诏简阅,一切料出,以补疆埸受敌常处,使臣所部足满八万,省息众务,信其赏罚,虽韩、白复生,无所展巧。若兵不增,此制不改,而欲克谐大事此臣之所深戚也。若臣死之后,乞以西方为属。原陛下思览臣言,则臣死且不朽。”

秋遂卒,子晏嗣。晏及弟景、玄、机、云、分领抗兵。晏为裨将军、夷道监。天纪四年,晋军伐吴,龙骧将军王濬顺流东下,所至辄克,终如抗虑[35]。景字士仁,以尚[36]公主拜骑都尉,封毗陵侯,既领抗兵,拜偏将军、中夏督,澡身好学,著书数十篇也。二月壬戌,晏为王濬别军所杀。癸亥,景亦遇害，时年三十一。景妻，孙皓適妹，与景俱张承外孙也。

……

选自《三国志》卷五十八

〔注释〕 ①白：报告。 ②顾：顾忌。 ③意：怀疑。 ④败：毁坏。 ⑤就：到。 ⑥差：病愈。 ⑦阙：缺点。 ⑧侔：齐等。 ⑨陵迟：衰颓。 ⑩乂：安定。 ⑪符：征兆。 ⑫衅：迹象。 ⑬契阔：相约。 ⑭匪：非。 ⑮靖谮：谓能安于小人的谮言。 ⑯庸回：信用奸邪的人。 ⑰刺：讥讽。 ⑱患：担忧。 ⑲渐：熏染。 ⑳仍：频繁。 ㉑弊：疲困。 ㉒贵：崇尚。 ㉓美：赞扬。 ㉔授钺：指兴师。 ㉕反旆：出师归来。 ㉖厥：其。 ㉗厉：通“励”，勉励。 ㉘徇名：舍身以求名。 ㉙昧：贪图。 ㉚阻：倚仗。 ㉛陵：欺凌。 ㉜怀：安抚。 ㉝妨：妨碍。 ㉞逋：逃亡。 ㉟虑：忧虑。 ㊱尚：仰攀婚姻，多指娶公主为妻。

〔赏析〕 陆抗是东吴名将陆逊之子，陆逊晚年为东吴丞相，因维护太子招致孙权不满，愤懑而死，二十岁的陆抗继承了其父爵位。陆抗送葬回都时，孙权向其严厉诘问其父之事，陆抗均有条有理地一一解答，重新挽回了孙权的信任。之后多年，陆抗积累功绩，渐渐成为东吴栋梁，驻守西境，一直到孙皓继位。孙皓是三国时期有名的昏庸残暴之君，继位之后便多有荒唐的政令，陆抗身为数朝元老，又身负守境重任，屡次上疏劝谏孙皓清正修德。见到宦官干政，陆抗上疏请孙皓远离宵小，任用贤能；当孙皓穷兵黩武，陆抗又苦口婆心劝其应休养生息，积蓄国力以伺晋国之隙；甚至在陆抗病故之前不久，仍向孙皓最后进言阐述西陵地区对整个东吴防守的重要性，请求增强西陵守备的兵力，但孙皓并未理会。陆抗死后五年，晋军果然从长江上游顺流而下，势如破竹，其进攻战略一如陆抗所虑，而吴国也因此灭亡。

陆抗长期统御重兵驻守吴国西陲，上接魏境，左临蜀地，可谓身居险要。在陆抗一生之中，行事多求谨慎稳妥，故此在其治下，吴国西境也一直较为安定。步阐举西陵城叛国降晋，也因陆抗指挥有方而很快被平定。《三国志》裴松之注中补充了一段关于陆抗和晋国大将羊祜对抗，双方“礼尚往来”，大打攻心之战的故事，也因被《三国演义》采用而广为流传。可以看出，防御是陆抗一贯坚持的策略。那么作为名门之后的陆抗为什么没有选择如当年的吕蒙一样，主动进击以求建功立业呢？从陆抗的几次上疏中，可以一见端倪。《三国志》本传中所录陆抗上疏内容，几乎全部是劝孙皓勤政爱民，富国强兵，稳守祖上基业。其言辞之恳切，可谓剖心泣血，几可与诸葛亮《出师表》相参照。例如“臣闻开国承家，小人勿用，靖谮庸回，唐书攸戒”云云，又似“亲贤臣，远小人，此先汉所以兴隆也……”、“明黜陟以厉庶尹，审刑罚以示劝沮……”则如“宜付有司论其刑赏，以昭陛下平明之理……”可见当时吴国之抗魏（晋）形势，颇似当年蜀国诸葛亮伐魏之时。论国力是以弱当强，勉强自保已额手称庆；论国情则是庸主在上，身为重臣不免如履薄冰。诸葛亮之所以千载以来为后人所景仰、称颂，是因其身负刘备知遇之恩、托孤之任，以及“兴复汉室”的崇高政治理想，以“知其不可而为之”的悲壮精神一次次伐魏，在青史上留下了鞠躬尽瘁的伟岸身影。而在陆抗这里，一则东吴本是汉末新兴势力，并无蜀汉汲汲于一统全国之志；二则陆氏数代受吴主之恩，如何尽力保全孙氏之祚绵长方为首要，因此陆抗选择了对于东吴最正确也是最稳妥的防守战略。相信若陆抗与诸葛亮二人易地而处，二人也均会选择对方的策略，以求实现光复汉室或力保东吴的目的吧。

东吴之地向来不乏精兵猛将，若当时国君尚有几分贤德，在陆抗等良臣的辅佐之下养精蓄锐，以待魏晋内乱，伺机扩充实力，天下形势或还有几分变数，可惜偏偏遇上孙皓这样一个历史上数一数二的暴君。陆抗以数朝老臣之身份，又兼重兵在握，外驻要冲之地，担当护国大任，因此得以不畏逆鳞每每直言切谏，而仍保得身家平安。但终究是回天乏术，眼看着东吴一天天衰落下去。直至陆抗病重临死之前，最后上疏仍在为西陲之防御尽心规划，一片老臣丹心，跃然纸上。最终遗言：“若臣死之后，乞以西方为属。原陛下思览臣言，则臣死且不朽”，与诸葛亮之“今当远离，临表涕零，不知所言”、“鞠躬尽瘁，死而后已”，如出一辙，细细品咂，令人泪下。

在三国局势最终的漩涡之中，陆抗如中流砥柱一般为东吴苦苦支撑。虽然其并未选择如吕蒙般奇袭以建功勋，亦未如诸葛亮般讨敌以求正义，但历史自有公论。陆抗为国尽忠、爱民如子的光辉形象，经由史籍与文学作品，留存在后世读者的心中。

（李　欢）

人格缺陷，误国误人生

〔导言〕　本组所选的三篇列传，其传主都属于在传统王朝政治观念中评价较为负面的——钟会被视作阴刻而有反心，魏延孤傲不受节制，诸葛恪则轻浮不能承当大任。另一方面，三人的优势也是突出的，钟会谋略缜密，魏延勇武无二，诸葛恪才思敏捷，都有超于常人的谋略或勇武，也都曾是各自朝廷中的支柱。他们本有机会以一代名臣的形象流传后世，却都未得到善终。钟会自恃谋略周详，怀有叛逆之心，但由于他行事惨刻，难以获得他人的支持，所以其野心不待展开就迅速败亡。与钟会不同，魏延、诸葛恪都忠于自己的君主，但魏延过于孤傲，引起同僚的敌意与不信任；诸葛恪则失于轻浮，常常不能体恤他人尤其是下属，因而最终也没有人支持，被政敌所消灭。这样的命运，都是富有天资而人生经历少坎坷者值得反省的。

《三国志》对三人事迹的叙述，体现了传统王朝政治对士人“才”、“德”平衡的看法。这里所说的“德”，不是泛泛的道德修养之类，而是政治中的“德”。传统政治对士人德性的要求，包括忠诚、担当、冲和等多个方面。这三人在政治德性方面都有所缺陷，虽说这并非他们最终失败的根本原因，但政治德性的亏欠，的确是他们在王朝政治的价值观中评价不高的主要原因。

钟　会　传

〔选文〕

文王以[1]蜀大将姜维屡扰边陲，料蜀国小民疲，资力单竭，欲大举图蜀。惟会亦以为蜀可取，豫[2]共筹度[3]地形，考论事势。景元三年冬，以会为镇西将军、假节都督关中诸军事。文王敕青、徐、兖、豫、荆、扬诸州，并使作船，又令唐咨作浮海大船，外为将伐吴者。四年秋，乃下诏使邓艾、诸葛绪各统诸军三万余人，艾趣[4]甘松、沓中连缀维，绪趣武街、桥头绝维归路。会统十余万众，分从斜谷、骆谷入。先命牙门将许仪在前治道，会在后行，而桥穿，马足陷，于是斩仪。仪者，许褚之子，有功王室，犹不原贷[5]。诸军闻之，莫不震竦。蜀令诸围皆不得战，退还汉、乐二城守。魏兴太守刘钦趣子午谷，诸军数道平行，至汉中。蜀监军王含守乐城，护军蒋斌守汉城，兵各五千。会使护军荀恺、前将军李辅各统万人，恺围汉城，辅围乐城。会径过，西出阳安口，遣人祭诸葛亮之墓。使护军胡烈等行前，攻破关城，得库藏积谷。姜维自沓中还，至阴平，合集士众，欲赴关城。未到，闻其已破，退趣白水，与蜀将张翼、廖化等合守剑阁拒[6]会。

……

会内有异志，因邓艾承制专事，密白[7]艾有反状，于是诏书槛车征艾。司马文王惧艾或不从命，敕会并进军成都，监军卫瓘在会前行，以文王手笔令宣喻艾军，艾军皆释仗[8]，遂收[9]艾入槛车。会所惮惟艾，艾既擒而会寻[10]至，独统大众，威震西土。自谓功名盖世，不可复为人下，加猛将锐卒皆在己手，遂谋反。欲使姜维等皆将[11]蜀兵出斜谷，会自将大众随其后。既至长安，令骑士从陆道，步兵从水道顺流浮渭入河，以为五日可到孟津，与骑会洛阳，一旦[12]天下可定也。会得文王书云："恐邓艾或不就征，今遣中护军贾充将步骑万人径入斜谷，屯乐城，吾自将十万屯长安，相见在近。"会得书，惊呼所亲语之曰："但[13]取邓艾，相国知我能独办之；今来大重，必觉我异矣，便当速发。事成，可得天下；不成，退保蜀汉，不失作刘备也。我自淮南以来，画[14]无遗策[15]，四海所共知也。我欲持此安归乎!”会以五年正月十五日至,其明日,悉[16]请护军、郡守、牙门骑督以上及蜀之故官,为太后发丧于蜀朝堂。矫太后遗诏,使会起兵废文王,皆班[17]示坐上人,使下议讫,书版署置,更使所亲信代领诸军。所请群官,悉闭著益州诸曹屋中,城门宫门皆闭,严兵围守。会帐下督丘建本属胡烈,烈荐之文王,会请以自随,任[18]爱之。建愍烈独坐,启[19]会,使听内一亲兵出取饮食,诸牙门随例各内[20]一人。烈绐[21]语亲兵及疏[22]与其子曰:“丘建密说消息,会已作大坑,白棓数千,欲悉呼外兵入,人赐白帢。拜为散将,以次棓[23]杀坑中。”诸牙门亲兵亦咸[24]说此语,一夜传相告,皆遍。或谓会:“可尽杀牙门骑督以上。”会犹豫未决。十八日日中,烈军兵与烈儿雷鼓出门,诸军兵不期皆鼓噪出,曾无督促之者,而争先赴城。时方给与姜维铠杖,白外有匈匈声,似失火,有顷,白兵走[25]向城。会惊,谓维曰:“兵来似欲作恶,当云何?”维曰:“但当击之耳。”会遣兵悉杀所闭诸牙门郡守,内人共举机以柱[26]门,兵斫门,不能破。斯须[27],门外倚梯登城,或烧城屋,蚁附乱进,矢下如雨,牙门、郡守各缘屋[28]出,与其卒兵相得。姜维率会左右战,手杀五六人,众既格[29]斩维,争赴杀会。会时年四十,将士死者数百人。

会尝[30]论《易》无互体、才性同异。及会死后,于会家得书二十篇,名曰《道论》,而实刑名家也,其文似会。初,会弱冠与山阳王弼并知名。弼好论儒道,辞才逸[31]辩,注《易》及《老子》,为尚书郎,年二十余卒。

选自《三国志》卷二十八

〔注释〕 ① 以:因为。 ② 豫:预先。 ③ 度:估量。 ④ 趣:奔赴。 ⑤ 贷:饶恕。 ⑥ 拒:抵抗。 ⑦ 白:报告。 ⑧ 伏:通“服”,屈服。 ⑨ 收:拘捕。 ⑩ 寻:不久。

⑪ 将：统率。 ⑫ 旦：天，日。 ⑬ 但：只。 ⑭ 画：谋划。 ⑮ 遗策：失策。 ⑯ 悉：全。 ⑰ 班：颁布。 ⑱ 任：信任。 ⑲ 启：禀告。 ⑳ 内：同“纳”。 ㉑ 绐：欺骗。 ㉒ 疏：书信。 ㉓ 棓：通“棒”。 ㉔ 咸：都。 ㉕ 走：奔。 ㉖ 柱：支撑。 ㉗ 斯须：一会儿。 ㉘ 屋：房顶。 ㉙ 格：击，打。 ㉚ 尝：曾经。 ㉛ 逸：超逸。

〔赏析〕 钟会是汉末名士钟繇之子，钟繇在当时以书法、文论著称于世，并且任曹魏太傅，是曹魏重臣。钟繇教子有方，长子钟毓，少年聪慧，后以军功任青州刺史，都督徐州、荆州诸军事；二子钟会更是自幼即受上至帝王，下至百官的关注和期待，成年后有才略技艺，又博览群书，精研名理，颇负盛名。

钟会进入仕途后，因依附于司马氏集团，故在高平陵事件后平步青云。钟会先后在司马师、司马昭帐下任职，出谋划策，时人称赞其为张良在世。他还对当时文坛动了杀心，策划诛杀嵇康，加害阮籍。嵇康固然忠诚于曹魏，对于司马氏夺权是一大障碍，但并非绝对的威胁，不至于惹上杀身之祸，被诛杀更多出自于钟会的私心。钟会当时多次想进入以嵇康为中心的学术圈，但嵇康向来轻视他，自尊心受到伤害的钟会策划诛杀嵇康，可见此人心胸之狭隘。

魏景元年间，司马昭谋划伐蜀。虽然魏强蜀弱，但群臣反对，邓艾也反对。钟会体悟司马昭之心，欲借助伐蜀的军功提升权力，继而图谋帝位，因而坚决支持司马昭，伐蜀计划因此定下来。景元四年（263年），钟会、邓艾、诸葛绪率军分路进发，但因邓艾等在击败姜维后未能紧追，加上诸葛绪又未能断其归路，姜维得以退往剑阁阻击已攻破汉中的钟会大军。期间，钟会因道路出了问题，在众人劝说无效下，怒斩大将许褚之子许仪，让众人感到莫名震惊。

后邓艾出奇兵直取成都，蜀后主刘禅出降，邓艾进入成都。而钟会在进军至涪后，收降蜀军主力姜维等部。刘禅降后，邓艾“依邓禹故事，承制拜禅行骠骑将军，太子奉车、诸王驸马都尉。蜀群司各随高下拜为王官，或领艾官属”。他以伐吴为理由，反对立即送刘禅到洛阳。在这形势下，钟会萌生以蜀汉为根据地，图谋天下的欲望。他先是上书司马昭，称邓艾欲谋反，司马昭即令钟会进军成都收捕邓艾。钟会以为就此掌握了所有蜀汉之地的军事力量，无论是蜀汉旧兵，还是南征的魏军。他还想利用姜维从斜谷出击长安，东西夹击以图天下。进入成都后，他假称魏太后遗诏宣布起兵讨伐司马氏，“城门宫门皆闭，严兵围守”。当时姜维曾劝钟会杀魏诸将，钟会犹豫不决。而魏军中遍传钟会欲坑杀魏将士。在这危乱时刻，钟会竟放松了对魏军的控制，才过三日，城外魏军同时出营，鼓噪攻城。此时钟会方给姜维铠杖，不料外兵入城，魏将各与其部会合。姜维、钟会皆被杀。

钟会造反固有他自身的野心，但也是多方因素迫使他走到这一步的，比如说司马昭周围有部分重要人物不信任甚至反对钟会，而他也明白自己不能真正得到司马昭的绝对信任，功高盖主的下场早已有之。而高贵乡公遇弑使他对司马昭等的为人更加了解，杀掉曹魏宗室真的具有正当性和合法性么？

钟会败亡后，有人发现钟会所作《道论》二十多篇，内容主要是刑名家之论，世人由此知其学问的核心。在三国后期的人物中，钟会的谋略是出类拔萃的，但是不论当时或后世的评价，都并不看重他，他本人的野望，甚至未能施展就已破灭。如果仔细考究的话，钟会的谋划风格，常常是阴郁刻毒的，但他自己却并没有直接实施的决断，因而既不足以笼络人心，也不足以震慑人心。

受司马氏之任命率军入蜀，是钟会事业的顶点。但他没有认清自己的权势来自司马氏，自己所统率的军队事实上是忠于司马氏而非忠于钟家。比如向胡烈告密的丘建是钟会的亲随帐下督，通常亲随都是主将的嫡系，绝对忠于主将，但在钟会造反一事上，诸将竟几乎惊人地保持一致，这也和当时质任制有关，即大将带兵前线作战，其子作为人质入京城。由于质任制犹如紧箍咒似地套在诸将的头上，所以钟会的谋反之举几乎无人响应。钟会连自己军队下属都无法控制，其败亡也是不可避免的了。姜维等蜀国的降将，也绝不可能忠于钟会，而只是想利用钟会实现自保，甚至再兴汉室。钟会不能认清上述两股力量的基础，发动反叛时当然不能控制这两股力量，在司马昭、姜维和钟会的三方博弈中，钟会败下阵来，落得千古不忠的骂名。

魏 延 传

〔选文〕

魏延字文长，义阳人也。以部曲①随先主入蜀，数有战功，迁牙门将军。先主为汉中王，迁治成都，当得重将以镇汉川，众论以为必在张飞，飞亦以心自许。先主乃拔延为督汉中镇远将军，领汉中太守，一军尽惊。先主大会群臣，问延曰："今委卿以重任，卿居之欲云何？"延对曰："若曹操举天下而来，请为大王拒之；偏将十万之众至，请为大王吞之。"先主称善，众咸壮[2]其言。先主践尊号，进拜镇北将军。建兴元年，封都亭侯。五年，诸葛亮驻汉中，更以延为督前部，领丞相司马、凉州刺史。八年，使延西入羌中，魏后将军费瑶、雍州刺史郭淮与延战于阳溪，延大破淮等，迁为前军师征西大将军，假节[3]，进封南郑侯。

延每随亮出，辄欲请兵万人，与亮异道会于潼关，如韩信故事，亮制[4]而不许。延常谓亮为怯，叹恨己才用之不尽。延既善养士卒，勇猛过人，又性矜[5]高，当时皆避下[6]之。唯杨仪不假借[7]延，延以为至忿[8]，有如水火。十二年，亮出北谷口，延为前锋。出亮营十里，延梦头上生角，以问占梦赵直，直诈延曰："夫麒麟有角而不用，此不战而贼欲自破之象也。"退而告人曰："角之为字，刀下用也；头上用刀，其凶甚矣。"

秋，亮病困[9]，密与长史杨仪、司马费祎、护军姜维等作身殁之后退军节度，令延断后，姜维次之；若延或不从命，军便自发。亮适卒，秘不发丧，仪令祎往揣延意指[10]。延曰："丞相虽亡，吾自见在。府亲官属便可将丧还葬，吾自当率诸军击贼，云何以一人死废天下之事邪？且魏延何人，当为杨仪所部勒[11]，作断后将乎！"因与祎共作行留部分[12]，令祎手书与己连名，告下诸将。祎绐延曰："当为君还解[13]杨长史，长史文吏，稀更[14]军事，必不违命也。"祎出门驰马而去，延寻悔，追之已不及矣。延遣人觇[15]仪等，遂使欲案[16]亮成规，诸营相次引军还。延大怒，才仪未发，率所领径[17]先南归，所过烧绝阁道。延、仪各相表叛逆，一日之中，羽檄[18]交至。后主以问侍中董允、留府长史蒋琬，琬、允咸保仪疑延。仪等槎[19]山通道，昼夜兼行，亦继延后。延先至，据南谷口，遣兵逆击仪等，仪等令何平在前御[20]延。平叱延先登曰："公亡，身尚未寒，汝辈何敢乃尔[21]！"延士众知曲[22]在延，莫为用命，军皆散。延独与其子数人逃亡，奔汉中。仪遣马岱追斩之，致[23]首于仪，仪起自踏之，曰："庸奴！复能作恶不[24]？"遂夷[25]延三族。初，蒋琬率宿卫诸营赴难北行，行数十里，延死问[26]至，乃旋。原[27]延意不北降魏而南还者，但欲除杀仪等。平日诸将素[28]不同，冀时论必当以代亮。本指如此。不便背叛。

选自《三国志》卷四十

〔**注释**〕 ① 部曲：指私兵。 ② 壮：认为勇敢。 ③ 假节：授予符节。 ④ 制：制止。 ⑤ 矜：自大。 ⑥ 下：退让。 ⑦ 假借：宽容。 ⑧ 忿：怨恨。 ⑨ 困：垂危。 ⑩ 指：意旨。 ⑪ 部勒：部署。 ⑫ 部分：部署。 ⑬ 解：解释。 ⑭ 更：经历。 ⑮ 觇：窥视。 ⑯ 案：按照。 ⑰ 径：直接。 ⑱ 羽檄：犹"羽书"，古时征调军队的文书，上插鸟羽表示紧急，必须速递。 ⑲ 槎：斫。 ⑳ 御：阻挡。 ㉑ 尔：这样。 ㉒ 曲：理亏。 ㉓ 致：送达。 ㉔ 不：同"否"。 ㉕ 夷：消灭。 ㉖ 问：消息。 ㉗ 原：推究本源。 ㉘ 素：向来。

〔**赏析**〕 魏延早年事迹不详，他以部曲身份随刘备入蜀，地位虽不高，却是刘备的嫡系。刘备夺取汉中，考虑到战略重要性，间于关中与巴蜀的交界之地，若有失守，将严重威胁蜀汉，故以重将守汉川（汉中）。委任谁呢？关羽此时镇守更加关键的三家必争之地——荆州，赵云因绝对忠诚而"掌内事"，黄忠虽勇猛却年事已高，马超虽智勇双全却是不受信任的降将，这样看来忠诚、勇猛、善战的张飞将是不二人选，正当众人以为大局已定时，不曾想到刘备却将镇守汉川的重任交给了魏延，一来说明魏延确为刘备嫡系，刘备对其信任有加，二来说明魏延也确有军事才华。当然，这一任命并不服众，刘备大会群臣时曾问魏延："现在委任你镇守汉川，你怎么想的？"魏延回答："若曹操倾全国之兵来进攻，我愿意为王上抵挡，若曹魏由偏将率领十万军力，我愿为王上歼灭之。"刘备赞赏他的答复，而众将也为他的答复感到振奋。此后刘备称帝，诸葛亮驻扎汉中，魏延被委任为督前部，深入羌地；不久又击破魏国大将郭淮，一时在军中声望四起。魏延守汉中十五年，“皆实兵诸围以御外敌”，没有放过一个曹兵进入自己的防区，其后接任他的是姜维，姜维虽被诸葛亮所推崇，但他完全抛弃了魏延的策略，导致丢失汉中，间接导致了蜀汉的灭亡，这也从一个侧面说明魏延的军事才华。

“五虎上将”淡出历史的舞台后，蜀汉的军事能人也仅剩诸葛亮和魏延，但魏延与诸葛亮的军事战略思想差异颇大。第一次北伐时，魏延了解到守卫曹魏西部边疆的是“怯而无谋”的曹操女婿夏侯楙，故向诸葛亮提出了大胆的“子午谷奇谋”，亲率一万精兵沿小路出子午谷，直取长安，而诸葛亮带兵出祁山攻打雍州，两军会合，则“一举而咸阳以西可定”。这一建议被诸葛亮否定，是因诸葛亮为稳重之人，但魏延由此认为诸葛亮怯懦。魏延虽然勇猛善战，但性格十分孤傲，除了对诸葛亮有微词外，还与杨仪势同水火，同其他蜀汉官员也有些摩擦，这些都给他今后的悲剧命运埋下伏笔。

诸葛亮临终前召开军事会议，命杨仪代行其职，魏延断后，姜维次之，而作为蜀汉军中二号人物的魏延并未参加这次军事会议。诸葛亮估计魏延可能会不听调度，便嘱咐杨仪届时“军便自发”。诸葛亮死后，魏延果然拒不从命，在三军统帅诸葛亮新丧、军士士气低落之时，却执意继续北伐，胁迫费祎与己“共作行留部分”。费祎假装答应，然后伺机脱身去报告杨仪。魏延遣人窥视杨仪，见杨仪“欲案亮成规”退军，因而勃然大怒，当即率部返回成都，沿途“烧绝阁道”。魏延与杨仪都上表控告对方叛乱，后主刘禅转而问董允、蒋琬，两位朝中大臣都保仪疑延，可见魏延平日与其他蜀汉官员的关系有多糟糕。魏延见自己失去了信任，想遣兵击杀杨仪，但是军中士兵在王平的劝说下纷纷散去，孤立无援的魏延与其子被马岱斩之，而三族被杨仪全灭。

事实上，魏延绝无叛乱想法，否则绝不会率军南返，他急行军，又在南谷口驻扎，只能是为了截杀杨仪。这种做法只是逞一时之快，对于蜀汉的大局，对于魏延自身的处境而言毫无帮助。即便当时魏延真能成功地截杀杨仪，只会徒增蜀汉朝廷对魏延的恐惧与不信任，无论董允等人，或是其他将领，总要找机会消灭魏延，去除隐患和威胁。

魏延的战术高明，也骁勇善战，在多次战役中都证明了自己，他本应是蜀汉军事方面的支撑力量，尤其是诸葛亮去世后，蜀汉军中的良将已经越来越少，魏延这样的人才本是弥足珍贵，应是朝廷和各个政治势力积极笼络的。但是，魏延自恃自己的军事能力，对其他政治势力都采取漠视甚至敌对的态度，最终使得蜀汉朝廷中的其他政治势力都逐渐将其视作异类，最终覆灭。胡三省曾说："延虽无反意，若使其辅政，是速蜀之亡也。"陈寿评论他是"招祸取咎，无不自己"，确有一定道理。

诸葛恪传

〔选文〕

诸葛恪字元逊，瑾长子也。少知名。

恪父瑾面长似驴，孙权大会群臣，使人牵一驴入，长检其面，题曰："诸葛子瑜"。恪跪曰："乞请笔益[①]两字。"因听[②]与笔。恪续其下曰："之驴"。举坐欢笑，乃以驴赐恪。他日复见，权问恪曰："卿父与叔父孰贤？"对曰："臣父为优。"权问其故，对曰："臣父知所事[③]，叔父不知，以是为优。"权又大噱[④]。命恪行酒，至张昭前。昭先有酒色，不肯饮，曰："此非养老之礼也。"权曰："卿其能令张公辞屈，乃当饮之耳。"恪难[⑤]昭曰："昔师尚父九十，秉旄仗钺，犹未告老也。今军旅之事，将军在后，酒食之事，将军在先，何谓不养老也？"昭卒无辞，遂为尽爵。后蜀使至，群臣并会，权谓使曰："此诸葛恪雅[⑥]好骑乘，还告丞相，为致好马。"恪因下谢，权曰："马未至而谢何也？"恪对曰："夫蜀者陛下之外厩，今有恩诏，马必至也，安敢不谢？"恪之才捷，皆此类也。……

恪以丹杨山险，民多果[⑦]劲。虽前发兵，徒得外县平民而已，其余深远，莫能擒尽，屡自求乞为官出之，三年可得甲士四万。众议咸以丹杨地势险阻，与吴郡、会稽、新都、鄱阳四郡邻接，周旋数千里，山谷万重。其幽邃民人，未尝入城邑，对长吏，皆仗兵[8]野逸，白首于林莽。逋[9]亡宿恶，咸共逃窜。山出铜铁，自铸甲兵。俗好武习战，高尚气力，其升[10]山赴险，抵突丛棘，若鱼之走渊，猿狖之腾木也。时观间隙[11]，出为寇盗，每[12]致[13]兵征伐，寻其窟藏。其战则蜂至，败则鸟窜，自前世以来，不能羁[14]也。皆以为难。恪父瑾闻之，亦以事终不逮[15]，叹曰："恪不大兴吾家，将大赤[16]吾族也。"恪盛陈其必捷。权拜恪抚越将军，领丹扬太守，授棨戟武骑三百。拜毕，命恪备威仪，作鼓吹，导引归家，时年三十二。

恪到府，乃移书四郡属城长吏，令各保其疆界，明立部伍，其从化[17]平民，悉令屯居。乃分内诸将，罗[18]兵幽阻，但缮藩篱，不与交锋。候其谷稼将熟，辄纵兵芟[19]刈，使无遗种。旧谷既尽，新田不收，平民屯居，略[20]无所入。于是，山民饥穷，渐出降首。恪乃复敕下曰："山民去恶从化，皆当抚慰，徙出外县，不得嫌疑，有所执拘。"臼阳长胡伉得降民周遗，遗旧恶民，困迫暂出，内图叛逆，伉缚送言府。恪以伉违教，遂斩以徇[21]，以状表上。民闻伉坐[22]执人被戮，知官惟欲出之而已，于是老幼相携而出。岁期，人数皆如本规[23]。恪自领万人，余分给诸将。

权嘉其功，遣尚书仆射薛综劳[24]军。综先移恪等曰："山越恃阻，不宾[25]历世，缓则首鼠，急则狼顾。皇帝赫然，命将西征，神策内授，武师外震，兵不染锷，甲不沾汗。元恶既枭[26]，种党归义，荡涤山薮，献戎十万。野无遗寇，邑罔[27]残奸。既扫凶慝，又充军用。藜蓧稂莠，化为善草。魑魅魍魉，更成虎士。虽实国家威灵之所加，亦信元帅临履之所致也。虽《诗》美执讯，《易》嘉折首，周之方、召，汉之卫、霍，岂足以谈？功轶[28]古人，勋超前世。主上欢然，遥用叹息。感《四牡》之遗典，思饮至之旧章。故遣中台近官，迎致犒赐，以旌茂功，以慰劬劳。”拜恪威北将军，封都乡侯。恪乞率众佃[29]庐江、皖口，因轻兵袭舒，掩[30]得其民而还。复远遣斥候，观相径要，欲图寿春，权以为不可。

选自《三国志》卷六十四

〔注释〕 ① 益：增加。 ② 听：听凭。 ③ 事：侍奉。 ④ 噱：大笑。 ⑤ 难：诘责。 ⑥ 雅：向来。 ⑦ 果：果敢。 ⑧ 兵：兵器。 ⑨ 逋：逃亡。 ⑩ 升：登。 ⑪ 间隙：可乘之机。 ⑫ 每：经常。 ⑬ 致：招来。 ⑭ 羁：管束。 ⑮ 逮：达到。 ⑯ 赤：诛灭。 ⑰ 化：教化。 ⑱ 罗：分布。 ⑲ 芟：割。 ⑳ 略：掠夺。 ㉑ 徇：示众。 ㉒ 坐：获罪。 ㉓ 规：谋划。 ㉔ 劳：慰劳。 ㉕ 宾：归顺。 ㉖ 枭：斩首悬挂示众。 ㉗ 罔：没有。 ㉘ 轶：超越。 ㉙ 佃：耕种土地。 ㉚ 掩：袭击。

〔赏析〕 诸葛恪为东吴老臣诸葛瑾之子，少时以才思敏捷而出名。因其父诸葛瑾脸长，常被讥为驴，一次宴会中，孙权令人牵来一头驴，上书“诸葛子瑜”，诸葛恪却非常冷静，执笔在下填“之驴”二字，众人皆大笑，孙权即以驴赐诸葛恪。类似这样的故事颇为不少，每遇到棘手的问题，诸葛恪都能机智应对，他的回答既保全了诸葛家族的体面，也给予孙权皇族颇高的台阶，尽显其高情商、高智商。

孙权有意识地栽培诸葛恪。最初，孙权命他在丹阳等地平定山越人。曹魏为限制东吴发展，勾结山越人制造麻烦，诸葛恪到任后，要求所属郡县官吏及军队部将在各据点围堵，但并不进兵出击。到庄稼收获时，即派兵抢先割走粮食，山越人被迫离开山中。诸葛恪对所有离开山中前来归附的山越人全都容留，甚至斩杀镇压山越人的东吴将领，当地山越人由此对诸葛恪的政策放心，纷纷出山前来归附，强者编入军队，充实了东吴的军事力量，也根除了山越人带来的隐患。

诸葛恪以此功绩进封威北将军、封都乡侯，此后他成为孙吴主要的军事将领之一。陆逊死后，“恪迁大将军，假节，驻武昌，代逊领荆州事”，成为孙吴主持长江上流军政的头面人物，这也为他后来入京辅政奠定了基础。诸葛恪能升迁如此之快，表面上与他本人能力有关，其实背后隐藏着孙权的政治谋局。孙吴自立国以来，其统治集团主要由三种势力构成：一为孙氏宗族势力；二是江北流寓人士；三是江东本土大族。当年孙策、孙权兄弟为立足江东，多借助江东本土大族帮助，并推行一系列的“江东化”政策，其核心便是“以吴人治吴”。在这一过程中，江东大族陆家的陆逊为东吴军事长官，另一大族顾家的顾雍被拜为丞相，成为孙吴“江东化”的标志。但孙权对陆顾两家势力并不放心，故提携有才华的江北流寓人士，形成对江东大族的牵制作用，因此诸葛恪常与陆逊有嫌隙，其实是有这深层原因的。

孙权在病危时，召集诸葛恪、孙弘、滕胤、吕据、孙峻顾命后事，侍中孙峻（孙坚弟孙静之曾孙）力挺诸葛恪，称其“器任辅政，可付大事”。但这几人并不能同心，中书令孙弘与诸葛恪素来对立，想矫诏杀诸葛恪，孙峻知此阴谋，及时告知诸葛恪并与他联合诛杀孙弘，由此孙权死后东吴的朝局由诸葛恪把持。

诸葛恪虽然把持朝局，但是他在朝中并无深厚的根基，借着曾经战胜过魏军的经验，想要再次攻伐曹魏，树立威望，巩固自身地位。朝中大臣多不同意，认为多次作战，消耗太大，况且东吴一向善守不善攻，以维持江东局面为满足。但诸葛恪坚持己见，发动二十余万人从征。本来诸葛恪初掌朝局时，民众大多支持他，经此役后劳民伤财，人心渐失。这场北伐结果正如大多东吴官僚所预料的，围困合肥新城数月，士卒疲劳，死伤涂地，却依然攻坚不下，万般无奈下，诸葛恪引军退还，东吴百姓对此“众庶失望，而怨黩兴矣”。而诸葛恪又耻于周围人议论此事，回朝后脾气愈大，动辄免去官员职位，渐渐得罪了整个东吴官僚集团。之前还支持诸葛恪的孙峻，现在反倒担心诸葛恪权力过大，不好控制，加之天下怨念，遂与吴国国主孙亮联手族诛了诸葛恪一家。

诸葛恪作为江北流寓人士的精英代表，以其敏捷的应对之才，深得孙权的喜欢，成为孙权重点培养的人物，并终在孙权驾崩前成为首席辅政大臣。但他缺乏宽仁体恤下情的心意，因而不能得到部众与民众的支持，其他的政治势力也将其视作异类，一旦有机会，总欲除之而后快。他为巩固自己的地位，不断强化自己的权力，为提升自己的威望，在政治改革的同时一再大举北伐，几倾全国之力，引起孙吴内部各种政治力量的反对，于是最终导致兵败于外，政亡于内，其家族在敌对势力的政变中遭到覆灭性的打击。

诸葛恪年轻的时候，其父诸葛瑾看他的行事，就感慨地说："这小子不能振兴我们家族，只怕还会让我们家族血流成河。"诸葛恪的结局印证了诸葛瑾的预言。

（赵思渊）

路人皆知，篡位的艺术和智谋

〔导言〕　西晋文帝即司马懿的儿子司马昭，其实他在世的时候并未称帝，文帝之号是他的儿子称帝后所追加的。武帝即司马昭的儿子司马炎，他迫使曹魏最后一个皇帝让位，是西晋王朝的开朝皇帝。

西晋王朝的建立，包含了司马懿祖孙三代人的努力。司马懿在曹操、曹丕、曹叡时屡立军功，威望不断上升，权力不断增长。魏帝曹芳时，司马懿通过高平陵政变，一举除掉政治对手曹爽集团，又镇压了王凌的起兵反抗，掌握了曹魏大权。司马懿去世后，长子司马师出任大将军、都督中外诸军事、录尚书事，继续掌握军政大权。他将李丰、张缉、夏侯玄等人发动的政变扑灭于萌动之中，又废掉魏帝曹芳，另立曹髦为帝。毌丘俭、文钦等人不服，起兵反抗，镇压此次兵变之后，四十八岁的司马师也走完了他的人生道路。司马师的弟弟司马昭继续出任大将军、都督中外诸军事，在任期间，平定诸葛诞起兵于淮南；杀死魏帝曹髦于宫中，另立曹奂为新帝；出兵益州灭掉蜀汉，改变了三国鼎立的格局，受封为晋王，为登帝位做好准备。但司马昭称帝的最后一步还没来得及迈出，便走完了五十五岁的人生历程。

司马氏祖孙三代所进行的是一场政治接力长跑，司马懿是第一棒，为西晋王朝建立奠基；司马师、司马昭兄弟是第二棒，为西晋王朝建立准备条件；司马炎是第三棒，水到渠成取代曹魏。司马炎达到了顶点，建立了西晋王朝。

晋文帝纪

〔选文〕

文皇帝讳昭，字子上，景帝之母弟也。魏景初二年，封新城乡侯。正始初，为洛阳典农中郎将。值[①]魏明奢侈之后，帝蠲[2]除苛碎，不夺农时，百姓大悦。转散骑常侍。

……

甘露元年春正月，加大都督，奏事不名。夏六月，进封高都公，地方七百里，加之九锡，假斧钺，进号大都督，剑履上殿。又固辞不受。秋八月庚申，加假黄钺，增封三县。

……

景元元年夏四月，天子复命帝爵秩如前，又让不受。天子既以帝三世宰辅，政非己出，情不能安，又虑废辱，将临轩召百僚而行放黜。

五月戊子夜，使冗从仆射李昭等发甲[3]于陵云台，召侍中王沈、散骑常侍王业、尚书王经，出怀中黄素诏示之，戒严俟[4]旦。沈、业驰告于帝，帝召护军贾充等为之备[5]。天子知事泄，帅左右攻相府，称有所讨，敢有动者族诛。相府兵将止不敢战，贾充叱诸将曰："公畜养汝辈，正为今日耳！"太子舍人成济抽戈犯跸[6]，刺之，刃出于背，天子崩于车中。

帝召百僚谋其故，仆射陈泰不至。帝遣其舅荀颢舆致[7]之，延于曲室，谓曰："玄伯，天下其如我何？"泰曰："惟腰斩贾充，微[8]以谢[9]天下。"帝曰："卿更思其次。"泰曰："但见其上，不见其次。"于是归罪成济而斩之。太后令曰："昔汉昌邑王以罪发为庶人，此兒亦宜以庶人礼葬之，使外内咸[10]知其所行也。"杀尚书王经，贰于我也。

戊申，帝奏曰："故高贵乡公帅从驾人兵，拔刃鸣鼓向臣所[11]，臣惧兵刃相接，即敕将士不得有所伤害，违令者以军法从事。骑督成倅弟太子舍人济入兵阵，伤公至陨[12]。臣闻人臣之节，有死无贰，事[13]上之义，不敢逃难。前者变故卒[14]至，祸同发机，诚欲委[15]身守死，惟命所裁。然惟本谋，乃欲上危皇太后，倾覆宗庙。臣忝当元辅，义在安国，即骆驿[16]申敕，不得迫近舆辇。而济妄入阵间，以致大变，哀怛痛恨，五内摧裂。济干国乱纪，罪不容诛，辄收[17]济家属，付廷尉。”太后从之，夷济三族。与公卿议，立燕王宇之子常道乡公璜为帝。

……

四年春二月丁丑，天子复命帝如前，又固让。三月，诏大将军府增置司马一人，从事中郎二人，舍人十人。

夏，帝将伐蜀，乃谋众曰：“自定寿春已来，息役六年，治兵缮甲，以拟二虏。略[18]计取吴，作战船，通水道，当用千余万功，此十万人百数十日事也。又南土下湿，必生疾疫。今宜先取蜀，三年之后，因巴蜀顺流之势，水陆并进，此灭虞定虢，吞韩并魏之势也。计蜀战士九万，居守成都及备他郡不下四万，然则余众不过五万。今绊[19]姜维于沓中，使不得东顾，直指骆谷，出其空虚之地，以袭汉中。彼若婴[20]城守险，兵势必散，首尾离[21]绝。举大众以屠城，散锐卒以略[22]野，剑阁不暇[23]守险，关头不能自存。以刘禅之暗[24]，而边城外破，士女内震，其亡可知也。”征西将军邓艾以为未有衅[25]，屡陈异议。帝患[26]之，使主簿师纂为艾司马以喻[27]之，艾乃奉命。于是征四方之兵十八万，使邓艾自狄道攻姜维于沓中，雍州刺史诸葛绪自祁山军[28]于武街，绝维归路，镇西将军钟会帅前将军李辅、征蜀护军胡烈等自骆谷袭汉中。

秋八月，军发洛阳，大赉[29]将士，陈师誓众。将军邓敦谓蜀未可讨，帝斩以徇[30]。

九月，又使天水太守王颀攻维营，陇西太守牵弘邀[31]其前，金城太守杨颀趣[32]甘松。钟会分为二队，入自斜谷，使李辅围王含于乐城，又使部将易恺攻蒋斌于汉城。会直指阳安，护军胡烈攻陷关城。姜维闻之，引还，王颀追败维于强川。维与张翼、廖化合军守剑阁，钟会攻之。

……

十一月，邓艾帅万余人自阴平逾绝险至江由，破蜀将诸葛瞻于绵竹，斩瞻，传首。进军雒县，刘禅降。

……

二年春二月甲辰，朐䏰县献灵龟，归于相府。

夏四月，孙皓使纪陟来聘，且献方物。

五月，天子命帝冕十有二旒，建天子旌旗，出警入跸，乘金根车，驾六马，备五时副车，置旄头云罕，乐舞八佾，设钟虡宫悬，位在燕王上。

……

秋八月辛卯，帝崩于露寝，时年五十五。

九月癸酉，葬崇阳陵，谥曰文王。武帝受禅，追尊号曰文皇帝，庙称太祖。

史臣曰：世宗以睿略创基，太祖以雄才成务。事殷之迹空存，翦[33]商之志弥远，三分天下，功业在焉。及逾剑销氛，浮[34]淮静乱，桐宫胥[35]怨，或所不堪。若乃体以名臣，格之端揆，周公流连于此岁，魏武得意于兹日。轩悬之乐，大启南阳，师挚之图，于焉北面。壮矣哉，包举天人者也！为帝之主，不亦难乎。

选自《晋书》卷二

〔注释〕 ① 值：遇到。 ② 蠲：通“捐”，减免。 ③ 甲：兵士。 ④ 俟：等待。 ⑤ 备：防御。 ⑥ 犯跸：冒犯皇帝的车驾。 ⑦ 致：招来。 ⑧ 微：没有。 ⑨ 谢：认错。 ⑩ 咸：都。 ⑪ 所：处所。 ⑫ 陨：通“殒”，死亡。 ⑬ 事：侍奉。 ⑭ 卒：突然。 ⑮ 委：舍弃。 ⑯ 骆驿：同“络绎”，往来不绝。 ⑰ 收：拘捕。 ⑱ 略：谋划。 ⑲ 绊：

牵制。⑳ 婴：环绕。㉑ 离：分散。㉒ 略：掠夺。㉓ 暇：空暇。㉔ 暗：愚昧。㉕ 衅：机会。㉖ 患：担忧。㉗ 喻：使了解。㉘ 军：驻扎军队。㉙ 赉：赏赐。㉚ 徇：示众。㉛ 邀：拦截。㉜ 趣：奔赴。㉝ 翦：同“剪”，灭掉。㉞ 浮：行船。㉟ 胥：相互。

〔赏析〕 公元254年，司马氏取代曹魏的政治进程进入了关键时期。这一年年初，魏帝曹芳与中书令李丰、光禄大夫张缉等人密谋，欲以夏侯玄代替司马师辅政。司马师闻讯，立即组织反击，杀死李丰、张缉、夏侯玄等人，九月，废掉魏帝曹芳，另立曹髦。不料按下葫芦起了瓢，次年正月，镇东大将军毌丘俭、扬州刺史文钦起兵反对司马师。司马师率师亲征，虽然平定了叛军，却因旧病复发，且日益加重，病死在许昌。

处于绝望中的魏帝曹髦似乎又看到了反扑的机会。他下了一道诏书，以东南刚刚平定为借口，命司马昭镇守许昌，让尚书傅嘏率六军回京师。曹髦想用这个机会使司马昭与军队分离，趁机剥夺他的兵权。这种小儿科的把戏当然蒙骗不了深谙权谋的司马昭，他并没有执行曹髦的诏书，而是与傅嘏一起亲自率军回洛阳。曹髦的如意算盘落空，只好让司马昭继任大将军辅政。

这是司马氏与曹氏政治斗争的关键回合，这个回合的胜利，使军权牢牢掌握在司马昭手中。

从司马懿到司马昭，司马氏进入了这样一种怪圈：他们在加强自己权力、巩固自己地位的斗争中，不断地取得一个又一个的胜利。然而这些胜利并没有给他们定下心来享受的机会，而是逼迫他们必须面对新的斗争，赢得新的胜利，否则，他们所取得的胜利都将前功尽弃。推动司马氏在这种怪圈中旋转的有两种力量。一种是反对司马氏专权的曹魏旧臣。他们有的与曹魏宗室关系密切，如李丰是皇室亲家，张缉是皇室外戚。他们眼见司马氏的权力越来越大，自己的权力地位受到越来越严重的威胁，所以图谋限制司马氏的势力，而斗争的结果又把更多的反对力量裹了进来。例如毌丘俭，与夏侯玄、李丰等人关系甚密，夏侯玄、李丰被杀，毌丘俭为自身安全考虑，自然要起兵反对司马师。另一种是曹魏皇帝，因为司马氏势力的壮大，是以削弱皇帝的权力为前提的，二者的关系呈此消彼长的状态。

司马氏面对这两种力量，在政治和军事上占有优势。在政治上，他们得到了世家大族的支持;军事上,他们控制着国家武装;然而在名分上,司马氏毕竟是臣子,臣子时时威胁着君主的安全,便违反了"忠"的道德准则;在道义上则授反对派以把柄,使他们兴兵讨伐有了义正词严的口号。毌丘俭起兵,宣布司马师十一大罪状,其中"坐拥强兵,无有臣礼"、"为臣不忠,为子不孝"、"目无君主"、"矫诏废主"、"逼恐至尊"、"慢待君主,不奉法度",每一条都把司马氏逼到了道义上的绝境。

司马氏可以用武力打败对手,但无法在道义上证明自己符合忠君德义的规范,这是司马氏的天然缺陷。唯一的办法就是代替曹魏皇帝,成为天下君主,这样就可以要求别人尽忠,自己则免去了忠君的义务。所以,到了司马昭这里,做了两件大事,对最终取代曹魏具有决定性的意义。

第一件事,杀死魏帝曹髦。司马昭杀死魏帝曹髦,标志着他比父兄走得更远。司马懿只是杀死曹爽,没有对皇帝动手;司马师废立皇帝,未起杀戮之心;司马昭则对魏帝不但剥夺其政治权力,而且剥夺其生存权利,这表明其除掉取代曹魏道路上一切障碍的决心。

第二件事,灭掉蜀汉,打破了三国鼎立的格局。这件事无论对中国历史进程还是对司马昭取代曹魏都具有重要意义。司马昭主政时期,完成了这样一件大事,可以说立下不世之功。灭蜀之后,司马昭先接受了晋公的封号,不久又进爵为晋王,就像当年的曹操一样,离帝位只差一步之遥了。

司马昭有很多地方确实与曹操很像:曹操统一北方,司马昭灭掉蜀汉;曹操挟天子以令诸侯,司马昭玩弄魏帝于股掌之上;曹操虽称魏王,却享受皇帝的一切待遇,司马昭最后称晋王,也具有皇帝一般的权力;曹操娴熟于权术,司马昭擅长于弄权;曹操镇压反对派毫不手软,司马昭对待政敌斩尽杀绝。

然而,人们在评价这两个人的时候,论断却大不相同。曹操被认为是非常之人,超世之杰,用鲁迅先生的话讲,"曹操是一个很有本事的人,至少是一个英雄";而司马昭却被人们认为是个野心家,"司马昭之心路人皆知",这句话流传了上千年,一直没有变过。

到底是什么使曹操与司马昭有这样的区别呢?换言之,两个人的区别到底在什么地方?

毫无疑问，曹操与司马昭都是非常聪明之人。但是，曹操除了把聪明才智用到了与司马昭相同的地方，还用到了政治、军事、文学等领域的思想建树方面。这里的“思想”是哲学意义上的，即通过意识中的思维活动对客观现象形成的具有理论意义的观念。曹操政治思想方面，如“定国之术在于强兵足食”、“治平尚德行，有事赏功能”、“有国有家者，不患寡而患不均，不患贫而患不安”、“唯才是举”、“取士勿废偏短”、“治定之化，以礼为首；拨乱之政，以刑为先”等都非常著名，而且影响后世。在军事方面，他主张“用干戚以济世”，即武力为救助社会服务；提出“恃文者亡”、“恃武者灭”，主张文武并用，不可偏执一端。在文学方面，主张清简，反对浮华，主张诗文以言志，反映社会现实。他的著名诗篇《薤露》、《蒿里行》、《却东西门行》、《观沧海》、《龟虽寿》等体现了这些主张。这些比起权术谋略来，是更高层次的大智慧，而权术谋略只是小聪明。司马昭不乏权术谋略，但缺少曹操那样的思想建树，这使他只能成为政客和野心家，而不能成为超世的英雄。

晋武帝纪

〔选文〕

武皇帝讳炎，字安世，文帝长子也。宽惠仁厚，沈深有度量。

……

初，文帝以景帝既宣帝之嫡，早世[①]无后，以帝弟攸为嗣[②]，特加爱异，自谓摄居相位，百年之后，大业宜归攸。每曰：“此景王之天下也，吾何与[③]焉。”将议立世子，属意于攸。何曾等固争曰：“中抚军聪明神武，有超世之才。发委地，手过膝，此非人臣之相也。”由是遂定。

……

泰始元年冬十二月丙寅，设坛于南郊，百僚在位及匈奴南单于四夷会者数万人，柴燎告类[④]于上帝曰：“皇帝臣炎敢用玄牡明告于皇皇后帝：魏帝稽[5]协皇运，绍[6]天明命以命炎。昔者唐尧，熙隆大道，禅位虞舜，舜又以禅禹，迈德垂训，多历年载。暨汉德既衰，太祖武皇帝拨乱济时，扶翼刘氏，又用受命于汉。粤在魏室，仍世多故[7]，几于颠坠，实赖有晋匡拯之德，用获保厥[8]肆祀，弘济于艰难，此则晋之有大造[9]于魏也。诞惟四方，罔不祗[10]顺，廓清梁岷，包怀扬越，八纮同轨，祥瑞屡臻，天人协应，无思不服。肆予宪章三后，用集大命于兹。炎维德不嗣，辞不获命。于是群公卿士，百辟庶僚，黎献陪隶，暨于百蛮君长，佥[11]曰：'皇天鉴下，求人之瘼[12]，既有成命，固非克让所得距违。天序不可以无统，人神不可以旷[13]主。'炎虔奉皇运。寅[14]畏天威，敬简[15]元辰，升坛受禅，告类上帝，永答[16]众望。"

……

于是大赦，改元。赐天下爵，人五级；鳏寡孤独不能自存者谷，人五斛。复[17]天下租赋及关市之税一年，逋债[18]宿负皆勿收。除旧嫌，解禁锢，亡官失爵者悉复之。

丁卯，遣太仆刘原告于太庙。封魏帝为陈留王，邑万户，居于邺宫；魏氏诸王皆为县侯。追尊宣王为宣皇帝，景王为景皇帝，文王为文皇帝，宣王妃张氏为宣穆皇后。尊太妃王氏曰皇太后，宫曰崇化。封皇叔祖父孚为安平王，皇叔父幹为平原王，亮为扶风王，伷为东莞王，骏为汝阴王，肜为梁王，伦为琅邪王，皇弟攸为齐王，鉴为乐安王，机为燕王，皇从伯父望为义阳王，皇从叔父辅为渤海王，晃为下邳王，瓌为太原王，圭为高阳王，衡为常山王，子文为沛王，泰为陇西王，权为彭城王，绥为范阳王，遂为济南王，逊为谯王，睦为中山王，陵为北海王，斌为陈王，皇从父兄洪为河间王，皇从父弟楙为东平王。

……

太康元年春正月己丑朔，五色气冠[19]日。癸丑，王浑克吴寻阳赖乡诸城，获吴武威将军周兴。

二月戊午，王浚、唐彬等克丹阳城。庚申，又克西陵，杀西陵都督、镇军将军留宪，征南将军成璩，西陵监郑广。壬戌，浚又克夷道乐乡城，杀夷道监陆晏、水军都督陆景。甲戌，杜预克江陵，斩吴江陵督伍延；平南将军胡奋克江安。于是诸军并进，乐乡、荆门诸戍相次来降。乙亥，以浚为都督益、梁二州诸军事，复下诏曰："浚、彬东下，扫除巴丘，与胡奋、王戎共平夏口、武昌，顺流长骛，直造[20]秣陵，与奋、戎审量其宜。杜预当镇静零、桂，怀[21]辑衡阳。大兵既过，荆州南境固当传檄而定，预当分万人给浚，七千给彬。夏口既平，奋宜以七千人给浚。武昌既了，戎当以六千人增彬。太尉充移屯项，总督诸方。"浚进破夏口、武昌，遂泛舟东下，所至皆平。王浑、周浚与吴丞相张悌战于版桥，大破之，斩悌及其将孙震、沈莹，传首洛阳。孙皓穷蹙[22]请降，送玺绶于琅邪王伷。

三月壬寅，王浚以舟师至于建邺之石头，孙皓大惧，面缚舆榇[23]，降于军门。浚杖节解缚焚榇，送于京都。

……

太熙元年春正月辛酉朔，改元。乙巳，以尚书左仆射王浑为司徒，司空卫瓘为太保。

二月辛丑，东夷七国朝贡。琅邪王觐薨。

三月甲子，以右光禄大夫石鉴为司空。

夏四月辛丑，以侍中车骑将军杨骏为太尉、都督中外诸军、录尚书事。己酉，帝崩于含章殿，时年五十五，葬峻阳陵，庙号世祖。

帝宇量弘厚，造次[24]必于仁恕；容纳谠[25]正，未尝[26]失色于人；明达善谋，能断大事，故得抚宁万国，绥[27]静四方。承魏氏奢侈刻弊之后，百姓思古之遗风，乃厉以恭俭，敦以寡欲。有司尝奏御牛青丝纼断，诏以青麻代之。临朝宽裕[28]，法度有恒。高阳许允既为文帝所杀，允子奇为太常丞。帝将有事于太庙，朝议以奇受害之门，不欲接近左右，请出为长史。帝乃追述允夙[29]望，称[30]奇之才，擢为祠部郎，时论称其夷旷[31]。平吴之后，天下乂安，遂怠于政术，耽于游宴，宠爱后党，亲贵当权，旧臣不得专任，彝[32]章紊废，请谒行矣。爰至末年，知惠帝弗克负荷，然恃皇孙聪睿，故无废立之心。复虑非贾后所生，终致危败，遂与腹心共图后事。说者纷然，久而不定，竟[33]用王佑之谋，遣太子母弟秦王柬都督关中，楚王玮、淮南王允并镇守要害，以强帝室。又恐杨氏之逼，复以佑为北军中候，以典[34]禁兵。既而寝疾弥留，至于大渐[35]，佐命元勋，皆已先没，群臣惶惑，计无所从。会[36]帝小差[37]，有诏以汝南王亮辅政，又欲令朝士之有名望年少者数人佐之，杨骏秘而不宣。帝复寻至迷乱，杨后辄为诏以骏辅政，促亮进发。帝寻[38]小间，问汝南王来未，意欲见之，有所付托。左右答言未至，帝遂困笃。中朝之乱，实始于斯矣。

……

选自《晋书》卷三

〔注释〕 ① 早世：早死。 ② 嗣：继承人。 ③ 与：参与。 ④ 告类：古祭礼名，遇皇帝登位、立太子等非常事件而祭天。 ⑤ 稽：相合。 ⑥ 绍：接续。 ⑦ 故：事故。 ⑧ 厥：其。 ⑨ 大造：大功。 ⑩ 祗：恭敬。 ⑪ 佥：都。 ⑫ 瘼：疾苦。 ⑬ 旷：空缺。 ⑭ 寅：恭敬。 ⑮ 简：选择。 ⑯ 答：报答。 ⑰ 复：免除赋税徭役。 ⑱ 逋债：欠债。 ⑲冠：覆盖。 ⑳造：至。 ㉑怀：安抚。 ㉒蹙：窘迫。 ㉓梓：棺材。 ㉔造次：鲁莽。 ㉕谠：正直。 ㉖尝：曾经。 ㉗绥：安抚。 ㉘裕：宽宏。 ㉙夙：素常。 ㉚称：赞扬。 ㉛夷旷：平易旷达。 ㉜彝：常。 ㉝竟：最终。 ㉞典：掌管。 ㉟渐：病情加剧。 ㊱会：适逢。 ㊲差：病愈。 ㊳寻：不久。

〔赏析〕 中国历史上的王位继承，曾经有过“兄终弟及”制度和“父死子继”制度。前者是严密的宗法制度没有确立的结果，后者是嫡长子继承制成熟的表现。在历史发展进程中，殷商是“兄终弟及”，姬周是“父死子继”，这个发展顺序，也说明两种王位继承制度的更替与宗法制度发展成熟的关系。

然而，三国曹魏以后，司马氏家族的继承方式也存在两种。先是父死子继，司马懿去世后由长子司马师继承；接着是兄终弟及，司马师去世后由弟弟司马昭继承；然后又返回到父死子继，作为嫡长子的司马炎继承了王位。这种现象很难从宗法制度角度去解释，宗法制度经过长期发展已经相当成熟。司马氏家族继承现象是父死子继在先，兄终弟及在后，不能解释为何司马氏家族从嫡长子继承后退到宗法制度极不成熟的状态。

司马氏家族的继承现象，只能从血缘宗亲关系与利益关系之间权衡的角度去观察。

司马炎建立西晋后，推崇以“孝”治天下。人们认为，这是因为司马氏作为曹魏的臣子，却篡夺了曹魏的天下，忠字自然羞于说出口，只能以孝弥补道义上的不足。这种分析毫无疑问是具有说服力的。然而人们忽视了以孝治天下的另一面，作为儒学传家的司马氏家族，对孝悌的提倡是出自内心的，而孝悌所维系的就是家族兄弟间的血缘关系。司马炎是非常重视血缘关系的，有两件事可以充分说明。

第一件事，不顾众人反对，力挺长子司马衷为自己的接班人。司马衷不是坐天下的料，有人说他是个白痴，这虽然有些夸张，但说他平庸，平庸得不会治理国家则是千真万确的。史书上记载这样一件事：有一年全国发生灾荒，饿死了很多百姓。司马衷听说后问他身边的人：“他们为什么不吃肉糜呢？”很多人对他被立为太子做皇帝的继承人很不放心。太子太傅卫瓘多次想启奏司马炎改立太子，又怕说出来惹他不高兴。有一次司马炎在凌云台举行宴会，卫瓘假说喝醉了，跪在司马炎的座位前，说：“臣有事要启奏。”司马炎问:“你有什么事要说?”卫瓘几次欲言又止,最后摸着皇帝的宝座说:“此座可惜!”

司马炎曾对司马衷的才能进行过考察,他把东宫太子的属官全都召集在一起,使司马衷手下无人,然后派人给司马衷送去密封的文件,写的是需要处理的几件事。信送进去之后,使者就在外面等着。司马衷的妃子贾氏急忙请人代笔答复,所作答复多引经据典。一个叫张泓的人说:“太子不学,人皆知晓。引经据典会露出破绽,不如直以意对。”贾氏大喜,让张鸿草拟答复,然后让司马衷抄一遍,送给司马炎。这次所谓“考查”,其实是为了堵住众人的嘴。因为司马衷的才能如何,不用别人说,司马炎是非常清楚的。史书记载说,司马炎认为太子司马衷不堪奉大统,与皇后杨氏密谋。杨氏说:“立嫡以长不以贤,岂可动乎?”明知道太子不堪奉大统,却坚持立嫡以长不以贤,这是司马炎与皇后所取得的“共识”。所以,当他拿到由张鸿起草的答复时,根本不去辨别真伪,首先拿给反对司马衷做继承人的卫瓘看,使他在皇位继承人的问题上不敢再说三道四。

第二件事,大肆分封同姓宗室。司马炎称帝后,封皇叔祖父司马孚为安平王,皇叔父司马幹为平原王,司马亮为扶风王,司马伷为东莞王,司马骏为汝阴王,司马肜为梁王,司马伦为琅邪王,皇弟司马攸为齐王,司马鉴为乐安王,司马机为燕王,皇从伯父司马望为义阳王,皇从叔父司马辅为渤海王,司马晃为下邳王,司马瓌为太原王,司马珪为高阳王,司马衡为常山王,子司马文为沛王,司马泰为陇西王,司马权为彭城王,司马绥为范阳王,司马遂为济南王,司马逊为谯王,司马睦为中山王,司马陵为北海王,司马斌为陈王,皇从父兄司马洪为河间王,皇从父弟司马楙为东平王。

为了加强封国的权力,司马炎还实行封国领兵制。将所封的王国分三等,大国置上、中、下三军,共 5 000 人;中国置上、下二军,共 3 000 人;小国置一军,1 500 人。同时撤销州郡兵。此前,州刺史、郡守为地方军政长官,拥有兵权,故州刺史称州将,郡守又称郡将。灭吴以后,“州郡悉去兵,大郡置武吏百人,小郡五十人”。

司马炎重视血缘关系是可以理解的。司马氏代替曹魏政权建立西晋的过程中，血缘宗亲一直是强有力的支持力量。司马炎称帝后，认为曹魏亡在“强干弱枝”，宗室受控过严、皇权孤立无援，这种认识更加强了他对血缘宗亲的依靠。

俗话说，打虎亲兄弟，上阵父子兵。血缘之亲的确是不可忽视的力量，但是，打虎之后亲兄弟有可能为分虎皮虎骨而闹翻，胜利之后亲父子有可能为分配果实而绝情。血缘关系要接受利益关系的考验。当利益的重要性并不突出的时候，血缘关系能够维持得很好；当利益的要求高于血缘关系时，血缘关系就岌岌可危了。司马炎所依靠的血缘宗亲，同样具有这样的两面性。

司马攸是司马炎的亲弟弟，因为司马师没有儿子，所以很早就过继给司马师做嗣子，这就意味着司马攸将是司马师的继承人。然而司马师死后，继承他的不是嗣子司马攸，而是弟弟司马昭。司马昭大概也觉得自己的行为不合长子继承的法统，常说“此景王之天下也”，表示要立司马攸为世子。但是在他临终前，还是把继承权交给了司马炎。在王位继承这件利益攸关的大事上，司马昭把兄弟之情完全丢在一边。

司马炎晚年，由于诸子并弱，太子司马衷不才，朝臣内外全都认为司马攸应该做帝位继承人。为了保住太子地位，司马炎逼着司马攸离开京城到自己的封国。当时司马攸重病缠身，抱病上路，当即呕血而死。在帝位继承这件利益攸关的事上，司马炎也完全不顾兄弟之情。

力挺无能太子是为了保证自家的皇统，大封诸王和王国领兵是为了通过血缘宗亲加强对中央朝廷的支持。然而前者削弱了中央的权力，后者则让诸王们集军、政、财权于一身，手握重兵，坐大封国，形成了分裂、内斗的祸根。两者合在一起，形成了西晋王朝短命的重要原因，这大概是注重血缘的司马炎始料不及的吧。

（梁满仓）

改朝换代中的政治谋略和道德取舍

〔**导言**〕 本组所选择的列传，传主都对西晋统一天下发挥了重要作用。羊祜奠定了与东吴对峙的军事基础，杜预则利用这一基础完成了攻灭东吴的军事行动。在他们背后，张华在中央朝局中起到了稳定作用。司马氏家族取代曹魏、建立西晋的政治斗争是隐秘、残酷的，羊祜原本因此与西晋朝廷保持距离，但最终选择参与到攻伐东吴的功业中。杜预自始就积极投身于灭东吴，而张华则紧密地参与司马氏家族的秘密政治。三人在消灭东吴的军事行动中配合默契，然而另一方面，三人的政治立场有所差异，他们对司马氏家族的观感也各有不同。在传统王朝政治中，士人与当政者的关系，以及士人对建立功业的看法，常常是复杂而相互缠绕的，士人精神中的所谓“出处之道”，也常常体现在这里。

就事功的方面看，羊祜、杜预、张华有着非常接近的一面，他们都对西晋建立政权，统一天下做出重要的贡献。羊祜、杜预经过两代经营，以步步为营的思路，从军事、人心两方面瓦解、消灭东吴。在这个过程中，朝廷对讨伐东吴并非没有疑虑，是张华在朝廷中力排众议，支持讨伐东吴的行动，并且从后勤上予以支持。

但就做事风格来看，羊祜、杜预、张华三人是有所差异的。羊祜较为年长，对曹魏政权有感情，也了解司马氏家族为夺取政权所采取的残酷手段，因而对于出仕西晋是很犹豫的。相对而言，杜预对建立事功更加渴望，在得到机会后，积极地投入讨伐东吴的事业。张华则始终与司马氏家族关系紧密，除了全力支持讨伐东吴外，他也对司马氏家族的未来投入感情，坚持以君臣之义对待自己与司马氏家族成员的关系。事功与君臣之义的平衡，始终是传统王朝中的士人、官员心中反复考虑的问题。晋初三大臣对出处的选择，是有过深思的。

羊祜杜预列传

〔选文〕

羊祜字叔子，泰山南城人也。世吏二千石，至祜九世，并以清德闻[①]。

……

帝将有灭吴之志，以祜为都督荆州诸军事、假节，散骑常侍，卫将军如故。祜率营兵出镇南夏，开设庠序[②]，绥[③]怀远近，甚得江汉人心。与吴人开布大信，降者欲去[④]皆听之。时长吏丧官，后人恶[⑤]之，多毁坏旧府，祜以死生有命，非由居室，书下征镇，普加禁断。吴石城守去[⑥]襄阳七百余里，每[⑦]为边害，祜患[⑧]之，竟以诡计令吴罢守。于是戍逻减半，分以垦田八百余顷，大获其利。祜之始至也，军无百日之粮，及至季[⑨]年，有十年之积。诏罢江北都督，置南中郎将，以所统诸军在汉东江夏者皆以益[⑩]祜。在军常轻裘缓带，身不被[⑪]甲，铃阁之下，侍卫者不过十数人，而颇以畋[⑫]渔废政。尝欲夜出，军司徐胤执棨当营门曰："将军都督万里，安可轻脱！将军之安危，亦国家之安危也。胤今日若死，此门乃开耳。"祜改容谢[⑬]之，此后稀出矣。

……

祜以孟献营[⑭]武牢而郑人惧，晏弱城东阳而莱子服，乃进据险要，开建五城，收膏腴之地，夺吴人之资，石城以西，尽为晋有。自是前后降者不绝，乃增修德信，以怀[⑮]柔初附，慨然有吞并之心。每与吴人交兵，克日方战，不为掩袭之计。将帅有欲进谲诈之策者，辄饮以醇酒，使不得言。人有略[16]吴二儿为俘者，祜遣送还其家。后吴将夏详、邵颛等来降，二儿之父亦率其属与俱[17]。吴将陈尚、潘景来寇[18]，祜追斩之，美其死节而厚加殡敛。景、尚子弟迎丧，祜以礼遣还。吴将邓香掠夏口，祜募生缚香，既至，宥[19]之。香感其恩甚，率部曲而降。祜出军行吴境，刈谷为粮，皆计所侵，送绢偿之。每会众江沔游猎，常止晋地。若禽兽先为吴人所伤而为晋兵所得者，皆封还之。于是吴人翕然悦服，称为羊公，不之名也。

祜与陆抗相对，使命交通[20]，抗称祜之德量，虽乐毅、诸葛孔明不能过也。抗尝病，祜馈之药，抗服之无疑心。人多谏抗，抗曰："羊祜岂鸩[21]人者！"时谈以为华元、子反复见于今日。抗每告其戍曰："彼专为德，我专为暴，是不战而自服也。各保分界而已，无求细利。"孙皓闻二境交和，以诘抗。抗曰："一邑一乡，不可以无信义，况大国乎！臣不如此，正是彰其德，于祜无伤也。"

……

杜预字符凯，京兆杜陵人也。祖畿，魏尚书仆射。父恕，幽州刺史。预博学多通，明于兴废之道，常言："德不可以企及，立功立言可庶几[22]也。"初，其父与宣帝不相能，遂以幽[23]死，故预久不得调。

……

预处分既定，乃启请伐吴之期。帝报[24]待明年方欲大举，预表陈至计曰："自闰月以来，贼但敕严，下无兵上。以理势推之，贼之穷计，力不两完，必先护上流，勤保夏口以东，以延视息[25]，无缘多兵西上，空其国都。而陛下过听[26]，便用委弃大计，纵敌患生。此诚国之远图，使[27]举而有败，勿举可也。事为之制,务从完牢。若或有成,则开太平之基;不成,不过费损日月之间,何惜而不一试之!若当须后年,天时人事不得如常,臣恐其更难也。陛下宿㉘议,分命臣等随界分进,其所禁持,东西同符,万安之举,未有倾败之虑。臣心实了,不敢以暧昧㉙之见自取后累。惟陛下察之。"预旬月之中又上表曰:"羊祜与朝臣多不同,不先博画㉚而密与陛下共施此计,故益㉛令多异。凡事当以利害相较,今此举十有八九利,其一二止于无功耳。其言破败之形亦不可得,直㉜是计不出己,功不在身,名耻其前言,故守之也。自顷朝廷事无大小,异意锋起,虽人心不同,亦由恃恩不虑后难,故轻㉝相同异也。昔汉宣帝议赵充国所上,事效㉞之后,诘责诸议者,皆叩头而谢,以塞异端也。自秋已来,讨贼之形颇露。若今中止,孙皓怖而生计,或徙都武昌,更完修江南诸城,远其居人,城不可攻,野无所掠,积大船于夏口,则明年之计或无所及。"时帝与中书令张华围棋,而预表适㉟至。华推枰敛手曰:"陛下圣明神武,朝野清晏㊱,国富兵强,号令如一。吴主荒淫骄虐,诛杀贤能,当今讨之,可不劳而定。"帝乃许之。

选自《晋书》卷三十四

〔注释〕 ① 闻:闻名。 ② 庠序:学校。 ③ 绥:安抚。 ④ 去:离开。 ⑤ 恶:厌恶。 ⑥ 去:距离。 ⑦ 每:经常。 ⑧ 患:担忧。 ⑨ 季:末。 ⑩ 益:增加。 ⑪ 被:通"披"。 ⑫ 畋:打猎。 ⑬ 谢:道歉。 ⑭ 营:经营管理。 ⑮ 怀:安抚。 ⑯ 略:掠夺。 ⑰ 俱:一起。 ⑱ 寇:侵犯。 ⑲ 宥:宽恕。 ⑳ 交通:往来。 ㉑ 鸩:毒药。 ㉒ 庶几:也许可以。 ㉓ 幽:监禁。 ㉔ 报:答复。 ㉕ 视息:生存。 ㉖ 过听:错听。 ㉗ 使:假使。 ㉘ 宿:先前。 ㉙ 暧昧:模糊不清。 ㉚ 画:谋划。 ㉛ 益:更加。 ㉜ 直:只是。 ㉝ 轻:轻易。 ㉞ 效:征验。 ㉟ 适:正好。 ㊱ 晏:安宁。

〔赏析〕 羊祜、杜预都是西晋初期的重臣,他们所处时代是三国鼎立已灭其一,大一统即将再次实现的前夕。羊祜、杜预先后主掌西晋对抗孙吴的军事行动，是西晋最终消灭孙吴的核心人物。魏晋时代开始讲究门阀政治，两人都出身官僚世家，羊祜的出身略低，他的祖辈都是担任地方官员。

羊祜少年时就表现出不凡的气度，引起夏侯威的注意，并将自己兄长夏侯霸之女许配给他。在曹魏朝廷中，夏侯氏当然是非常显赫的家族，羊祜也因此有了政治上升的阶梯。不料不久夏侯霸叛魏降蜀，他的姻亲大都避之唯恐不及，只有羊祜毫不避嫌，仍然与夏侯霸的家人来往。此时在曹魏朝廷中，司马氏逐渐独掌大权，羊祜有十几年时间避免参与政治，但他的才华、气度一直为司马师、司马昭所注意，最终为司马昭延揽，统领亲卫军，逐渐进入了司马氏的权力核心。

司马炎取代曹魏建立晋朝后，孙吴是仅存的同西晋对抗的政治力量。另一方面，司马氏刚刚建立政权，国内追念曹魏、心怀怨望的人也还不少，如果不能通过成功的军事行动建立“功业”，也难以获得人们的信服。在这样的背景下，司马炎任命自己一向信任的羊祜都督荆州诸军事，执行讨伐孙吴的军事行动。

孙吴政权经过三代人的经营，依凭长江天险，易守难攻，因此不论曹魏还是西晋朝廷，不少人都惮于进攻孙吴。此时的西晋已经占据了西蜀，也就占据了长江上游，对孙吴可以形成合围之势，从战略上说，攻灭孙吴是完全可能的。

羊祜来到前线时，从战略上已经认识到这一点，在战术上，则要设法破坏或者削弱长江天险守卫孙吴的功能，同时逐渐壮大己方的力量。因此，羊祜首先在前线渐次筑城，占据农业丰产区，削弱敌方的后勤补给能力，迫使孙吴前线不少军队纷纷投降，以致石头城以西皆为羊祜所攻略。

因为战略上西晋对孙吴占有优势，羊祜并不急于攻城略地或者消灭对方的军队，而是更看重人心的向背。他统率军队与孙吴军队隔江相望，一般不采用部将所建议的诡诈奇袭之策，每有交战后，总是释放俘虏；作战中割了孙吴百姓农田中的水稻，战后也都以绢帛计值偿还；平时率军队打猎，在前线遇到猎物，如果是对岸的孙吴军队先射中的，也将猎物全都送给吴方。因此，孙吴军民越来越尊重这位敌军将领，尊称其为“羊公”。羊祜也十分尊重孙吴的将领。孙吴将领邓香进攻夏口，被俘虏后释放回国，潘景等与羊祜作战被杀，羊祜予以厚葬，其子嗣前来领回遗体，也以礼相待。

反观孙吴，此时的君主孙皓性情暴虐，朝中大臣有人人自危之感。因此，先是前线士兵陆续投奔羊祜，后来孙吴的将领也率领家族、部曲成批地前来投奔，像夏详、邵颉就是率领自己的部曲前来投降。

羊祜与孙吴将领陆抗的惺惺相惜最为后人所传颂。陆抗生病时，羊祜派人送来医药，吴军将领都担心其中下毒，只有陆抗非常笃定地说："羊祜哪里会毒杀人呢?"两个敌军将领相知如此，纵观世界战争史，也是难得的。陆抗意识到，羊祜在战场专行仁义，而孙吴的君主却十分暴虐，假以时日，军民渐渐都会支持羊祜而厌恶孙皓，因此自己在前线也只有多行信义之举，才能同羊祜争取民心。陆抗在前线对敌军以礼敬之，孙皓却以为他的做法是有私情，因此派人责问，陆抗的回答道出了关键：即使一个乡村、一座城市，尚且要讲求信义，何况国家，如果我不做信义之举，只会让民心更倾向羊祜，对他丝毫无损。

杜预是羊祜的接任者，经过羊祜十余年的经营，对抗孙吴的前线不仅兵强马壮，而且也赢得了当地的民心，因此杜预上任后立刻向皇帝司马炎建议进攻孙吴。此时西晋已经与孙吴维持了十余年和平，司马炎对前线的情况也不尽了解，因此希望延缓一年进攻。杜预全面分析了当时的情势，认为必须立刻进攻，才能收到成效。这些情势包括西晋在资源、兵力、地理上的优势，西晋初建，皇帝与官员能够齐心协力，而孙吴的君主孙皓残暴失去人心，孙吴的前线目前也比较涣散，如果不抓住这样的机会，几年后一旦孙吴内部发生改变，整顿前线，攻克长江天险的难度就加大了。收到杜预的报告时，司马炎正在与中书令张华下棋，张华一直是讨伐孙吴的支持者，他又进一步鼓动司马炎抓住这个机会。

西晋经过羊祜、杜预两任将领的十余年经营，一鼓作气攻灭孙吴，这其中包含了两人对战略形势的正确判断，以及对战争本质的深刻理解。司马氏家族在吞并西蜀、取代曹魏后，不论兵力、资源、国内稳定程度、地理形势都优越于孙吴，此时统一天下的关键是争取孙吴军民的政治支持，否则即使以武力消灭孙吴，必然要面临此起彼伏的反抗，付出极大的代价。羊祜、杜预都深谙这个道理，因此在对峙期树立起晋军仁义之师的形象，在观察到孙吴政权内部的严重矛盾后毫不犹豫地出击，完成了西晋统一天下的功业。

张华列传

〔选文〕

张华字茂先，范阳方城人也。父平，魏渔阳郡守。华少孤贫，自牧羊，同郡卢钦见而器[①]之。乡人刘放亦奇其才，以女妻[②]焉。华学业优博，辞藻温丽，朗赡多通，图纬方伎之书莫不详览。少自修谨，造次必以礼度。勇于赴义，笃于周[③]急。器识弘旷，时人罕能测之。

……

华强记默识，四海之内，若指诸掌。武帝尝问汉宫室制度及建章千门万户，华应对如流，听者忘倦，画地成图，左右属目[④]。帝甚异之，时人比之子产。数岁，拜中书令，后加散骑常侍。遭母忧[⑤]，哀毁过礼，中诏勉励，逼令摄事。

初，帝潜[⑥]与羊祜谋伐吴，而群臣多以为不可，唯华赞成其计。其后，祜疾笃[⑦]，帝遣华诣祜，问以伐吴之计，语在《祜传》。及将大举，以华为度支尚书，乃量计运漕，决定庙算[⑧]。众军既进，而未有克获，贾充等奏诛华以谢天下。帝曰："此是吾意，华但与吾同耳。"时大臣皆以为未可轻进，华独坚执，以为必克。及吴灭，诏曰："尚书、关内侯张华，前与故太傅羊祜共创大计，遂典[⑨]掌军事，部分[⑩]诸方，算定权略，运筹决胜，有谋谟[⑪]之勋。其进封为广武县侯，增邑万户，封子一人为亭侯，千五百户，赐绢万匹。"

华名重一世，众所推[⑫]服，晋史及仪礼宪章并属[⑬]于华，多所损[⑭]益，当时诏诰皆所草定，声誉益盛，有台辅之望焉。

而荀勖自以大族，恃帝恩深，憎疾[15]之，每伺间隙[16]，欲出华外镇。会[17]帝问华："谁可托寄后事者？"对曰："明德至亲，莫如齐王攸。"既非上意所在，微为忤[18]旨，间[19]言遂行。乃出华为持节、都督幽州诸军事、领护乌桓校尉、安北将军。抚纳新旧，戎夏怀之。东夷马韩、新弥诸国依山带海，去州四千余里，历世未附者二十余国，并遣使朝献。于是远夷宾[20]服，四境无虞[21]，频岁丰稔，士马强盛。

……

惠帝即位，以华为太子少傅，与王戎、裴楷、和峤俱以德望为杨骏所忌，皆不与朝政。及骏诛后，将废皇太后，会群臣于朝堂，议者皆承望风旨，以为"《春秋》绝文姜，今太后自绝于宗庙，亦宜废黜"。惟华议以为"夫妇之道，父不能得之于子，子不能得之于父，皇太后非得罪于先帝者也。今党其所亲，为不母于圣世，宜依汉废赵太后为孝成后故事[22]，贬太后之号，还称武皇后，居异宫，以全贵终之恩。"不从，遂废太后为庶人。

楚王玮受密诏杀太宰汝南王亮、太保卫瓘等，内外兵扰，朝廷大恐，计无所出。华白[23]帝以"玮矫诏擅害二公，将士仓卒[24]，谓是国家意，故从之耳。今可遣驺虞幡使外军解严，理必风靡。"上从之，玮兵果败。及玮诛，华以首谋有功，拜右光禄大夫、开府仪同三司、侍中、中书监，金章紫绶。固辞[25]开府。

贾谧与后共谋，以华庶族，儒雅有筹略，进无逼上之嫌[26]，退为众望所依，欲倚以朝纲，访以政事。疑而未决，以问裴頠，頠素[27]重华，深赞其事，华遂尽忠匡辅，弥缝补阙，虽当暗主虐后之朝，而海内晏然，华之功也。华惧后族之盛，作《女史箴》以为讽。贾后虽凶妒，而知敬重华。久之，论前后忠勋，进封壮武郡公。华十余让㉘，中诏敦譬㉙，乃受。数年，代下邳王晃为司空，领著作。

及贾后谋废太子，左卫率刘卞甚为太子所信遇，每会宴，卞必预㉚焉。屡见贾谧骄傲，太子恨之，形于言色，谧亦不能平。卞以贾后谋问华，华曰："不㉛闻。"卞曰："卞以寒悴，自须昌小吏受公成拔，以至今日。士感㉜知己，是以尽言，而公更有疑于卞邪！"华曰："假令有此，君欲如何？"卞曰："东宫俊乂如林，四率精兵万人。公居阿衡之任，若得公命，皇太子因朝入录尚书事，废贾后于金墉城，两黄门力耳。"华曰："今天子当阳，太子，人子也，吾又不受阿衡之命，忽相与行此，是无其君父，而以不孝示天下也。虽能有成，犹不免罪，况权戚满朝，威柄不一，而可以安乎！"

及帝会群臣于式乾殿，出太子手书，遍示君臣，莫敢有言者。惟华谏曰："此国之大祸。自汉武以来，每废黜正嫡，恒㉝至丧乱。且国家有天下日浅㉞，愿陛下详㉟之。"尚书左仆射裴頠以为宜先检校传书者，又请比校太子手书，不然，恐有诈妄。贾后乃内出太子素启事十余纸，众人比视，亦无敢言非者。议至日西不决，后知华等意坚，因表乞免为庶人，帝乃可其奏。

选自《晋书》卷三十六

〔注释〕 ①器：器重。 ②妻：嫁予。 ③周：通"赒"，救济。 ④属目：注目。⑤忧：父母的丧事。 ⑥潜：暗中。 ⑦笃：病重。 ⑧庙算：庙堂的策划，指执政者制定的克敌谋略。 ⑨典：掌管。 ⑩部分：部署。 ⑪谋谟：计谋。 ⑫推：尊崇。⑬属：委托。 ⑭损：减少。 ⑮疾：憎恨。 ⑯间隙：可乘之机。 ⑰会：适逢。⑱忤：抵触。 ⑲间：离间。 ⑳宾：归顺。 ㉑虞：忧虑。 ㉒故事：先例。㉓白：告诉。 ㉔仓卒：仓促。 ㉕辞：推辞。 ㉖嫌：嫌疑。 ㉗素：向来。㉘让：推辞。 ㉙譬：劝导。 ㉚预：参与。 ㉛不：没有。 ㉜感：感激。 ㉝恒：

常常。 ㉞浅：历时不久。 ㉟详：审慎。

〔**赏析**〕 与众多魏晋南北朝时期的名士一样，张华有两个身份：一为文学家的张华，一为政治家的张华。

先看文学家的张华，他是太康时期的诗坛领袖，他的作品流传至今，为后世所津津乐道。他积极奖掖后进，提携新人，以自己的博学和政治地位，庇护、培养了一批文坛新秀，如左思、陆机、陆云、陈寿等近二十人，这些文坛新秀的创作和入仕又深受张华从政轨迹的影响。

再看政治家的张华，他是推动司马炎灭吴的重要谋士，他经历西晋三代皇帝，努力维持朝廷政局的稳定，最终虽然失败，但仍可认为是西晋政治中的重要支撑。

张华出身寒族，父亲仅为曹魏时期渔阳郡守，在门阀制度盛行的时代，本没有太多机会，但他勤奋且充满智慧，成年后以优异的学业和得体的礼度受到同郡人卢钦的赏识，并经过卢钦的举荐踏上仕途。张华在魏国先后担任过太常博士、佐著作郎、长史兼中书郎等职。虽是初涉政坛，但他的政治才华已得到认可。

西晋建立之初，司马炎为了建立功业，提升政治威望，与羊祜谋划讨伐孙吴。此时司马氏政权尚不稳定，与孙吴也维持了多年和平，朝廷中不赞成南伐的人居多，但张华却全力支持，被司马炎任命负责军队的后勤，虽然一度遭到贾充的弹劾，但并未动摇司马炎对张华的信任。伐吴统一战争结束后，张华因功被封为广武县侯，他还被委任修订典章礼仪。张华以贫寒出身获得这样的成就，为荀勖等世家大族出身的官僚所嫉恨，不断暗中攻击，张华在继承人选择上又与司马炎的心意不合，因而渐渐遭到疏离，被任命都督幽州军事，离开了权力中枢。但张华在边疆仍然发挥其才能，联络北方诸族，安定边疆的局势，助新生的西晋解除了边患。

晋惠帝即位之后，张华作为老臣又被朝廷召回，此时西晋的朝廷政治渐趋混乱。由于惠帝的无能，朝廷中各门阀集团之间的倾轧和争斗也日趋明朗化、白热化，政坛出现了太后与皇后之争、皇后与太子之争、中央与诸侯王之争、诸侯王与诸侯王之争。起先，在杨太后和贾皇后的问题上，张华曾极力劝阻贾后废杨太后，虽然未被采纳，但能看到张华保全大局的意识。其后他因出身较低和才识兼备被贾后看中，成为贾后身边的谋士。同年，他协助贾后除掉楚王司马玮，因而被任命为侍中、中书监，后升任司空，一时成为朝野的头面人物。但在此阶段，他也与孙秀、赵王伦等结下了梁子。

张华对贾后势力坐大非常担心，尤其是担心贾皇后废除太子。但考虑到形势的复杂性，不敢采取贸然的行动。晋惠帝最终在贾后影响下废黜太子，张华对此坚决反对，认为西晋建立不久，就这样随便地废立太子，对于国运影响很坏。朝廷讨论终日，贾后本想治太子之罪，但看到有张华这样重臣的坚持，也只能改为废太子为庶人。

从张华的人生轨迹中可看到相当多帝制时代大臣的缩影。无论在中央还是边疆治理中他都尽显才华，虽在动荡的朝廷政治中不能得到重用，但即使在这样的情况下，他仍然坚持若干自己认为重要的政治原则，尤其是在朝廷废立太子的讨论中表明自己的立场，体现了他对“君臣之义”的理解。

在张华生命的最后十年，他始终陷于门阀集团间你死我活的斗争之中。为了维持朝廷的正常运行，他在杨太后与贾后、贾后和太子、贾后和各诸侯王之间小心地进行着周旋，期望维持各集团势力平衡。在矛盾重重、山雨欲来风满楼的时刻，张华谨小慎微的性格和力求稳定的思想其实并不可取，这只能使他渐渐失去有利时机，而陷入不断的被动之中，以至于自己也成为政治斗争的牺牲品。

（赵思渊）

主干与分支，分封制的再度失验

〔**导言**〕 西晋是三国两晋南北朝长期分裂时期中短暂统一的一个朝代，在绍续中央集权体制的同时，看到曹魏宗室由于力量弱小而导致政权旁落，故而西晋立国后便分封诸王。晋武帝分封诸王，以郡为国，然而西晋的分封制度并未实现晋武帝巩固司马氏政权的初衷，诸侯王们勾结封国内的士人力量，任用难以仕进的寒族士人，构成了与中央政权相背离的政治集团，凭借其王国军队在政治利益上巧取豪夺，这为后来八王之乱的爆发种下了恶果。地方上，西晋王朝将曹魏时期业已采用的都督制度进一步规范化，宗室诸王及一些功臣被授予都督诸军、监诸军、督诸军之职而出镇地方，掌一州或数州之军事大权。分封制度与都督制度的结合使得西晋政治紊乱，成为皇室内部发生冲突的祸根。正是在这样的背景下，八王之乱这场西晋皇族为争夺中央政权而引发的动乱爆发了。这场持续十六年的动乱导致了西晋的衰亡。

汝南王亮等列传

〔**选文**〕

自古帝王之临天下也，皆欲广树藩屏[①]，崇固维[②]城。唐虞以前，宪章盖阙，夏殷以后，遗迹可知。然而玉帛会于涂山，虽云万国，至于分疆胙土，犹或未详。洎乎周室，粲焉可观，封建亲贤，并为列国。当其兴也，周召赞[③]其升平；及其衰也，桓文辅其危乱。故得卜世之祚克[④]昌，卜年之基惟永。逮[⑤]王赧即世，天禄已终，虚位无主，三十余载。爰及暴秦，并吞天下，戒衰周之削弱，忽[⑥]帝业之远图，谓王室之陵迟[7],由诸侯之强大。于是罢侯置守,独尊诸己,至乎子弟,并为匹夫,惟欲肆虐陵威,莫顾谋孙翼[8]子。枝叶微弱,宗祏孤危,内无社稷之臣,外阙藩维之助。陈项一呼,海内沸腾,陨身于望夷,系颈于轵道。事不师古,二世而灭。汉祖勃兴,爰革斯弊。于是分王子弟,列建功臣,锡[9]之山川,誓以带砺。然而矫枉过直,惩羹吹斋,土地封疆,逾越往古。始则韩彭菹醢[10],次乃吴楚称乱。然虽克灭权偪,犹足维翰[11]王畿。洎成哀之后,戚藩陵替,君臣乘兹间隙,窃位偷安。光武雄略纬天,慷慨下国,遂能除凶静乱,复禹配天,休祉盛于两京,鼎祚隆于四百,宗支继绝之力,可得而言。魏武忘经国之宏规[12],行忌刻[13]之小数,功臣无立锥之地,子弟君不使之人,徒分茅社,实传虚爵,本根无所庇荫,遂乃三叶[14]而亡。

有晋思改覆车,复隆盘石,或出拥旄节,莅岳牧之荣;入践台阶,居端揆之重。然而付托失所,授任乖[15]方,政令不恒,赏罚斯滥。或有材而不任,或无罪而见诛,朝为伊周,夕为莽卓。机权失于上,祸乱作于下。楚赵诸王,相仍构衅[16],徒兴晋阳之甲,竟匪[17]勤王之师。始则为身择利,利未加而害及;初乃无心忧国,国非忧而奚拯!遂使昭阳兴废,有甚弈棋;乘舆[18]幽絷,更同羑里。胡羯陵[19]侮,宗庙丘墟,良可悲也。

夫为国之有藩屏,犹济川之有舟楫,安危成败,义实相资。舟楫且完,波涛不足称其险;藩屏式固,祸乱何以成其阶[20]!向[21]使八王之中,一藩繄赖,如梁王之御大故,若朱虚之除大憝,则外寇焉敢凭陵,内难奚由窃[22]发!纵令天子暗劣,鼎臣奢放,虽或颠沛,未至土崩。何以言之?琅邪譬彼诸王,权轻众寡,度长絜[23]大,不可同年。遂[24]能匹马济江,奄有[25]吴会,存重宗社,百有余年。虽曰天时,抑亦人事。岂如赵伦、齐冏之辈，河间、东海之徒，家国俱亡，身名并灭。善恶之数，此非其效[26]欤！西晋之政乱朝危，虽由时主，然而煽其风，速其祸者，咎在八王，故序而论之，总为其传云耳。

……

史臣曰：昔高辛抚运，衅起参商；宗周嗣历，祸缠管蔡。详观曩册，逖听前古，乱臣贼子，昭鉴在焉。有晋郁兴，载崇藩翰，分茅锡瑞，道光恒典；仪台饰衮，礼备彝[27]章。汝南以纯和之姿，失于无断；楚隐习果锐之性，遂成凶很。或位居朝右，或职参近禁，俱为女子所诈，相次受诛，虽曰自贻，良可哀也！伦实庸琐，见[28]欺孙秀，潜[29]构异图，煽成奸慝。乃使元良遘怨酷，上宰陷诛夷，乾耀以之暂倾，皇纲于焉中圮。遂裂冠毁冕，幸百六之会；绾玺扬纛，窥九五之尊。夫神器焉可偷安，鸿名岂容妄假！而欲托兹淫祀，享彼天年，凶暗之极，未之有也。冏名父之子，唱义[30]勤王，摧伪业于既成，拯皇舆于已坠，策勋考绩，良足可称。然而临祸忘忧，逞心纵欲，曾不知乐不可极，盈难久持，笑古人之未工[31]，忘已事之已拙。向若采王豹之奇策，纳孙惠之嘉谋，高谢[32]衮章，永表东海，虽古之伊霍，何以加[33]焉！长沙材力绝人，忠概迈俗，投弓掖门，落落标壮夫之气；驰车魏阙，懔懔怀烈士之风。虽复阳九数屯，在三之情无夺。抚其遗节，终始可观。颖既入总大权，出居重镇，中台藉以成务，东夏资[34]其宅心，乃协契河间，共图进取。而颙任李含之狙诈，杖[35]张方之陵虐，遂使武闵丧元，长沙授首，逞其无君之志，矜[36]其不义之强。銮驾北巡，异乎有征无战；乘舆西幸，非由望秩观风。若火燎原，犹可扑灭，矧兹安忍，能无及乎！东海纠合同盟，创为义举，匡复之功未立，陵暴之衅已彰，罄[37]彼车徒，固求出镇。既而帝京寡弱,狡寇凭陵,遂令神器劫迁,宗社颠覆,数十万众并垂饵于豺狼,三十六王咸陨身于锋刃。祸难之极,振古未闻。虽及焚如,犹为幸也。自惠皇失政,难起萧墙,骨肉相残,黎元涂炭,胡尘惊而天地闭,戎兵接而宫庙隳,支属肇其祸端,戎羯乘其间隙,悲夫!《诗》所谓"谁生厉阶,至今为梗",其八王之谓矣。

赞曰:亮总朝政,玮怀职竞。谗巧乘间,艳妻过听。构怨连祸,递遭非命。伦实下愚,敢窃龙图,乱常奸位,遄[38]及严诛。伟哉武闵!首创宏谟。德之不建,良可悲夫!长沙奉国,始终靡慝;功亏一篑,奄罹残贼。章度勤王,效立名扬;合从关右,犯顺争强,事穷势蹙,俱为乱亡。元超作辅,出征入抚,败国丧师,无君震主。焚如之变,抑惟自取。

选自《晋书》卷五十九

〔注释〕 ① 蕃屏:捍卫。 ② 维:连结。 ③ 赞:辅佐。 ④ 克:能够。 ⑤ 逮:到。 ⑥ 忽:忽视。 ⑦ 陵迟:衰颓。 ⑧ 翼:扶助。 ⑨ 锡:赐给。 ⑩ 菹醢:古代的一种酷刑,把人剁成肉酱。 ⑪ 维翰:护卫。 ⑫ 规:谋划。 ⑬ 忌刻:嫉妒刻薄。 ⑭ 叶:世。 ⑮ 乖:背离。 ⑯ 衅:祸端。 ⑰ 匪:非。 ⑱ 乘舆:帝王的代称。 ⑲ 陵:侵犯。 ⑳ 阶:根由。 ㉑ 向:如果。 ㉒ 窃:偷偷地。 ㉓ 絜:比较。 ㉔ 遂:终于。 ㉕ 奄有:全部占有。 ㉖ 效:征验。 ㉗ 彝:常。 ㉘ 见:被。 ㉙ 潜:暗中。 ㉚ 唱义:同"倡义"。 ㉛ 工:精致。 ㉜ 谢:辞去官职。 ㉝ 加:超过。 ㉞ 资:资助。 ㉟ 杖:依凭。 ㊱ 矜:夸耀。 ㊲ 罄:尽。 ㊳ 遄:快速。

〔赏析〕 晋武帝去世后不久,西晋统治内部爆发了"八王之乱"。"八王"分别是汝南王亮、楚王玮、齐王冏、赵王伦、成都王颖、河间王颙、长沙王乂以及东海王越。这场动乱从西晋永平元年(291 年)贾后杀杨骏开始,至光熙元年(306 年)惠帝重回洛阳,前后共经过十六年。"八王之乱"对当时的社会造成了巨大的破坏,导致西晋王朝的统治迅速走向了崩溃。

唐初修撰《晋书》,将"八王之乱"的始作俑者合为一传,同时指出:"西晋之政乱朝危,虽由时主,然而煽其风、速其祸者,咎在八王"。本传对于"八王"的为人与个性作出了全面翔实的记载，是分析“八王之乱”事件的一篇重要文献。

西晋结束了三国时期长达六十年的分裂局面，然而它的统一又是短暂的。晋武帝统治时期，历史上有所谓“太康之治”的说法。然而相比于前代的治世局面，晋武帝统治下的西晋其实隐藏着更加深刻的危机。在地方统治方面，西晋在推行郡县制的同时实行分封制。西晋是建立在司马氏取代曹氏政权基础之上的，由于曹魏的诸侯王缺少实际的政治和军事权力，在一定程度上造成了政府中司马氏擅权的局面。这种局面对于西晋统治者而言，是一个印象深刻的历史教训。因此，西晋致力于扩大诸侯王权力的举措也就不难理解了。实际上这种情况在西汉王朝初期也曾存在过，汉景帝时的“七国之乱”与“八王之乱”极为相似，都是诸侯王欲图攘夺中央权力而爆发的一场统治集团内部的厮杀。关于分封制和郡县制的功过问题，中国传统史家一直有很大的争论，史家和统治阶层在总结历史教训的时候，往往会将施行郡县制归为前代王朝迅速灭亡的原因；相反，分封制却经常被视作巩固王权的重要举措，这种思想在唐朝官修史书《晋书》中有着具体而鲜明的体现。本传的开篇，对于西晋王朝之前各朝代采用分封制或是郡县制问题，就进行了较大篇幅的论述。如“洎乎周室，粲焉可观，封建亲贤，并为列国。当其兴也，周召赞其升平；及其衰也，桓文辅其危乱。故得卜世之祚克昌，卜年之基惟永”。“爰及暴秦，并吞天下”，“枝叶微弱，宗祏孤危，内无社稷之臣，外阙藩维之助。陈项一呼，海内沸腾，陨身于望夷，系颈于轵道。事不师古，二世而灭”。

从以上的文字我们可以看出，编纂《晋书》的史家对于分封制在实质上持有一种肯定的态度。在他们看来，分封制的存在对于巩固王权不至于流入他姓之手有着非常积极的作用，甚至认为分封制是保证王朝长治久安的重要因素。

对于曹魏政权兴亡的认识是史家着重分析的一个历史课题，他们认为这一政权“功臣无立锥之地，子弟君不使之人，徒分茅社，实传虚爵，本根无所庇荫，遂乃三叶而亡”，表面上似乎是在批评曹魏政权实行强干弱枝政策而导致了王朝覆灭的结局，实质上暗寓了对于西晋政权推行分封制的充分肯定之意。

纵观整篇列传，唐代史家的着眼点并非是评论分封制制度的不足，而是将“八王之乱”爆发的主要原因归咎于八王的处事方式和性格弱点，对于分封制度,史家总体还是持肯定态度的。如“向使八王之中,一藩繄赖,如梁王之御大故,若朱虚之除大憝,则外寇焉敢凭陵,内难奚由窃发!纵令天子暗劣,鼎臣奢放,虽或颠沛,未至土崩”,这种观点可谓尤为明显。在史家看来,但凡有一位诸侯能够恪尽职守,鼎力维护皇权,西晋绝不会迅速走向灭亡。因此,“西晋之政乱朝危,虽由时主,然而煽其风、速其祸者,咎在八王”,此“咎”是在于这“八王”自身存在的问题,而不是分封制本身的问题。

从以上的分析中我们可以看出,唐代的官方史家对于历史事件产生的原因主要还是将重点放在个人作为之上,对于当时政治制度的评论仍然深受儒家传统思想的影响,即对推崇以血缘宗法为基础的分封制持肯定的态度,这种态度也在一定程度上反映了唐代初年及前代史家的治史思想。

与当代史学界将之归因于西晋诸侯王在地方上拥有军事权力,从而引发了这场大动乱的逻辑演绎之上的观点不同。对于“八王之乱”爆发的原因,历史上可谓是众说纷纭,虽然分封制对于皇权削弱作用的弊端是不可忽视的一个重要因素,然而如果将原因单一地归结为分封制的先天缺陷也显然是站不住脚的。不过在本传中,将“八王之乱”爆发的侧重点放在探讨个人对于历史发展的影响之上也是有所欠缺的。

（杨乔男）

世家与皇家的权力平衡

〔**导言**〕 中国封建社会多次出现“中兴”一词。所谓“中兴”，即一个王朝在稍显疲态后并未灭亡而是重新崛起。从这个意义讲，两晋司马氏政权也有两次“中兴”。一次是西晋末，洛阳、长安相继陷落，两个皇帝相继被俘，司马氏政权奄奄一息。此时司马睿在江东建国，继续沿用“晋”之国号，使司马氏政权死而复生。另一次是东晋孝武帝时期，先有桓温篡位之危，后有苻坚南伐之险，无论哪一次都使司马氏政权面临生死抉择。

两次危亡，两次中兴，与两个人有密切关系，这就是王导和谢安。

王导和谢安有许多共同之处。第一，他们都是南迁的北方世家大族。王导出身琅邪王氏，谢安出身陈郡谢氏，都是当时的名门望族。第二，他们都崇尚老庄，清谈玄学，但不废政务，在治理国家方面都卓有成就。第三，两人有惺惺惜惺惺的关系。谢安比王导岁数小很多，谢安幼年时便深受王导的器重，并因王导的器重而少年显有重名。第四，王导是门阀政治的开创者，谢安是门阀政治的忠实维护者。王导位至丞相，有“仲父”之称，但并没觊觎皇位之举；谢安内挫桓温篡位之谋，外拒前秦百万入侵大军，官至都督扬、江、荆、司、豫、徐、兖、青、冀、幽、并、宁、益、雍、梁十五州军事，然而却“虽受朝寄，然东山之志始末不渝，每形于言色。及镇新城，尽室而行，造泛海之装，欲须经略粗定，自江道还东”，没有因功高权重而希冀取代皇位。

“旧时王谢堂前燕”，人们把王、谢并称是有其道理的。

王 导 列 传

〔**选文**〕

王导字茂弘，光禄大夫览之孙也。父裁，镇军司马。导少有风鉴[1]，识量清远。年十四，陈留高士张公见而奇之，谓其从兄[2]敦曰："此儿容貌志气，将相之器也。"初袭祖爵即丘子。司空刘实寻[3]引为东阁祭酒，迁秘书郎、太子舍人、尚书郎，并不行。后参东海王越军事。

时元帝为琅邪王，与导素相亲善。导知天下已乱，遂倾心推奉，潜[4]有兴复之志。帝亦雅相器重，契同友执。帝之在洛阳也，导每劝令之[5]国[6]。会[7]帝出镇下邳，请导为安东司马，军谋密策，知无不为。及徙镇建康，吴人不附，居月余，士庶莫有至者，导患[8]之。会敦来朝，导谓之曰："琅邪王仁德虽厚，而名论犹轻。兄威风已振，宜有以匡济者。"会三月上巳，帝亲观禊，乘肩舆，具威仪，敦、导及诸名胜皆骑从。吴人纪瞻、顾荣，皆江南之望[9]，窃觇[10]之，见其如此，咸惊惧，乃相率拜于道左。导因[11]进计曰："古之王者，莫不宾礼故老，存问风俗，虚己倾心，以招俊乂。况天下丧乱，九州分裂，大业草创，急于得人者乎！顾荣、贺循，此土之望，未若引之以结人心。二子既至，则无不来矣。"帝乃使导躬造[12]循、荣，二人皆应命而至，由是吴会风靡，百姓归心焉。自此之后，渐相崇奉，君臣之礼始定。

俄而洛京倾覆，中州士女避乱江左者十六七，导劝帝收其贤人君子，与之图事。时荆扬晏安，户口殷实，导为政务在清静，每劝帝克己励节，匡主宁邦。于是尤见[13]委杖[14]，情好日隆，朝野倾心，号为"仲父"。帝尝[15]从容谓导曰："卿，吾之萧何也。"对曰："昔秦为无道，百姓厌乱，巨猾陵[16]暴，人怀[17]汉德，革命反正，易以为功。自魏氏以来，迄于太康之际，公卿世族，豪侈相高，政教陵迟[18]，不遵法度，群公卿士，皆餍于安息，遂使奸人乘衅，有亏至道。然否终斯泰，天道之常。大王方立命世之勋，一匡九合，管仲、乐毅，于是乎在，岂区区国臣所可拟[19]议！愿深弘神虑，广择良能。顾荣、贺循、纪瞻、周玘，皆南土之秀，愿尽优礼，则天下安矣。”帝纳焉。

……

晋国既建，以导为丞相军谘祭酒。桓彝初过江，见朝廷微弱，谓周顗曰：“我以中州多故[20]，来此欲求全活，而寡弱如此，将何以济！”忧惧不乐。往见导，极谈世事，还，谓顗曰：“向[21]见管夷吾，无复忧矣。”过江人士，每至暇日，相要[22]出新亭饮宴。周顗中坐而叹曰：“风景不殊，举目有江河之异。”皆相视流涕。惟导愀然变色曰：“当共戮力王室，克复神州，何至作楚囚相对泣邪！”众收泪而谢[23]之。俄拜右将军、扬州刺史、监江南诸军事，迁骠骑将军，加散骑常侍、都督中外诸军、领中书监、录尚书事、假节，刺史如故。导以敦统六州，固辞中外都督。后坐事[24]除节。

……

及帝登尊号，百官陪列，命导升御床共坐。导固辞，至于三四，曰：“若太阳下同万物，苍生何由仰照！”帝乃止。

……

王敦之反也，刘隗劝帝悉诛王氏，论者为之危[25]心。导率群从昆弟子侄二十余人，每旦诣台待罪。帝以导忠节有素，特还朝服，召见之。导稽首谢曰：“逆臣贼子，何世无之，岂意今者近出臣族！”帝跣[26]而执之曰：“茂弘，方托百里之命于卿，是何言邪！”乃诏曰：“导以大义灭亲，可以吾为安东时节假之。”及敦得志，加导守尚书令。初，西都覆没，海内思主，群臣及四方并劝进于帝。时王氏强盛，有专[27]天下之心，敦惮帝贤明，欲更议所立，导固争乃止。及此役也，敦谓导曰："不从吾言，几致覆族。"导犹执正议，敦无以能夺。

……

导善于因事，虽无日用之益，而岁计有余。时帑藏空竭，库中惟有練数千端，鬻之不售，而国用不给。导患之，乃与朝贤俱制練布单衣，于是士人翕然竞服之，練遂踊贵。乃令主者出卖，端至一金。其为时所慕如此。

……

导简素寡欲，仓无储谷，衣不重帛。帝知之，给布万匹，以供私费。导有羸㉘疾，不堪朝会，帝幸其府，纵酒作乐，后令舆车入殿，其见敬如此。

……

自汉魏以来，群臣不拜山陵。导以元帝睠同布衣，匪㉙惟君臣而已，每一崇进，皆就拜，不胜哀戚。由是诏百官拜陵，自导始也。

咸康五年薨，时年六十四。帝举哀于朝堂三日，遣大鸿胪持节监护丧事，赗襚之礼，一依汉博陆侯及安平献王故事㉚。及葬，给九游辒辌车、黄屋左纛、前后羽葆鼓吹、武贲班剑百人，中兴名臣莫与为比。

选自《晋书》卷六十五

〔注释〕 ①风鉴：风度见识。 ②从兄：堂兄。 ③寻：不久。 ④潜：暗中。 ⑤之：往。 ⑥国：封地。 ⑦会：适逢。 ⑧患：担忧。 ⑨望：有声望的人。 ⑩觇：窥视。 ⑪因：趁机。 ⑫造：造访。 ⑬见：被。 ⑭杖：通"仗"，倚任。 ⑮尝：曾经。 ⑯陵：欺凌。 ⑰怀：怀念。 ⑱陵迟：衰颓。 ⑲拟：类似。 ⑳故：事故。 ㉑向：刚才。 ㉒要：邀请。 ㉓谢：道歉。 ㉔坐事：因事获罪。 ㉕危：忧惧。 ㉖跣：光着脚。 ㉗专：独占。 ㉘羸：衰弱。 ㉙匪：非。 ㉚故事：先例。

〔赏析〕 王导是东晋政权建立的奠基人物。这里的"奠基"有两层意思：

一是他参与并主导了东晋政权建立的过程，一是他奠定了东晋政权运作的模式。

东晋政权的建立，王导具有举足轻重的作用。其作用概括讲有几点：第一，西晋亡兆已现时他就开始在江东经营政权；第二，用自己强大的影响力，帮助司马睿在江东大族中树立起皇帝权威；第三，用自己崇高的威望，团结南北方世家大族；第四，进行政治、经济、军事、文化等方面的建设。关于王导的这些作用，史学界已有充分的论述，这里不再重复，只讲一讲他是如何奠定东晋政权运作模式的。

作为开国功臣，王导在东晋朝廷有着特殊的地位。据史书记载，王导深受晋元帝的信赖，与之情好日隆，朝野倾心，号为"仲父"，历任右将军、扬州刺史、监江南诸军事、中书监、录尚书事、司徒、太傅、丞相等职。王导的地位不但高，而且稳定，这一方面靠所建功绩带来的威望，另一方面则靠身居要地手握重兵的王氏家族成员的外援。王导的从父兄王敦任荆州刺史，都督荆、扬、江、湘、交、广六州诸军事。荆州、江州位于东晋首都南京上游，一旦京城有事，可以挥军沿长江顺流直下，是扼控京城的战略要地。

对于那些企图动摇王氏家族地位的人，王导兄弟则毫不留情地打击，对待刁协、刘隗等人就是这方面的典型。

刁协字玄亮，渤海饶安（今河北乐陵西北）人。他也是南渡避乱士人，史载他"性刚悍，与物多忤，每崇上抑下，故为王氏所疾"。所谓崇上抑下，就是分清君臣之间的尊卑。被琅邪王氏所忌恨，说明他所压抑的臣下包括琅邪王氏。

另一个人刘隗，字大连，彭城（今江苏徐州）人，西晋末期避乱渡江，在司马睿手下任从事中郎。他曾上疏给司马睿，批评从事中郎周莚、法曹参军刘胤不能敦奉政道，详法慎杀，制造冤案。刘隗上疏后，王导立即上书引咎，请求给予罢官处分。虽然司马睿没有处分王导，但刘隗上疏批评法曹参军却使得世家大族的领袖王导深感不安，以刘隗上疏为"项庄舞剑，意在沛公"。刘隗还在上疏中指出琅邪王氏权力太重，建议派遣心腹镇守方面，以遏制其权力。

刁协、刘隗的行动触怒了王氏家族，东晋永昌元年(322年)，镇守荆州的王敦起兵，以诛除刁协、刘隗为名，兵锋直指京城建康。司马睿令刁协督统六军进行抵抗，被王敦军打败。刘隗带着人马出了京城，投奔了北方的石勒。刁协上了年纪，不堪骑乘，半路被人所杀，首级被送到王敦处。这次皇权与世家大族的较量，以琅邪王氏胜利告终。这个事件表明，王氏家族的地位是难以动摇的。

王导的地位虽高，权力虽重，但他却一心一意维护皇帝的权威和地位，从没有取皇帝之位而代之的非分之想。王敦取胜以后，获得了丞相、江州牧的职位，屯驻在武昌，广树党羽，以兄王含为卫将军，都督沔南军事，领南蛮校尉、荆州刺史，以义阳太守任愔为督河北诸军事，自己亲自督宁、益二州，并自领扬州牧。他自以为有足够的力量取代司马氏，在司马睿死后，明帝司马绍太宁二年(324年)再次密谋起兵，取代司马绍篡位。这次起兵的结果以王敦的兵败身亡而告终，而其败亡以后的立功受赏的名单中居然有王导，被封为始兴郡公，封邑三千户，赐绢九千匹，这表明王导反对王敦企图取代皇帝的鲜明态度。

还有一件事能说明王导维护皇权的态度。明帝时，曾经和王导聊天，问王导他的先人取天下的事情。王导便陈述司马氏如何创业，一直讲到司马昭如何对待高贵乡公曹髦，说得明帝羞得把头埋在床上，说："若如公言，晋祚复安得长远!"从明帝的反应可见王导对以强权夺曹魏天下的态度。只有王导以批评的态度叙述这段历史时，明帝才会羞得这样无地自容，既然王导对司马氏以强权代替君主的做法不赞成，他也不会做司马懿或司马昭。

先为朝廷要臣，随着功绩的积累，权力逐渐增大，成为朝廷的权臣，把皇帝变成傀儡，弄于股掌之上，最后取而代之，这是曹魏、西晋建国所走过的道路。不仅曹魏、西晋如此，南朝宋、齐、梁、陈也无一例外。然而王导却是例外，他虽有开国之功，有权臣之位，但没有对东晋政权取而代之，因此开创了一种"王与马，共天下"政权运作模式，有学者称之为"门阀政治"。

门阀政治的运作模式相对曹魏、西晋政权的禅代模式，最大的特点就是稳定。在这种政治模式下，皇权向门阀世族在政治、经济、军事等方面做出巨大让步,门阀世族在皇权受到严重威胁时为朝廷排忧解难。二者的互相依靠支撑,使东晋政治呈现出比较稳定的状态。曹魏、西晋、宋、齐、梁、陈等政权长者五十多年,短者二十多年,唯独东晋政权维持了一百多年,其中王导开创的门阀政治运作模式起了很重要的作用。

门阀政治运作模式也避免了统治者羞于提倡"忠"的弊病。建立西晋政权的司马氏是河内的儒学大族,其夺取政权的行为却严重违背儒家"忠"的传统道德,所以不敢理直气壮地提倡"忠"。而以王导为首的东晋门阀世族,反对任何篡夺皇权的企图,即使自己集团内部有这样的人也得不到支持,所以他们提倡"忠"的道德准则就有说服力。

当然,王导的"忠"归根到底是为了本集团的利益。他清楚地知道,门阀世族的利益要依靠皇权来保护和实现,保护皇权就保住了自己的利益,这正是王导的聪明之处。

谢安列传

〔选文〕

谢安字安石,尚从弟也。父裒,太常卿。安年四岁时,谯郡桓彝见而叹曰:"此儿风神秀彻,后当不减王东海。"及总角[①],神识沈敏,风宇条畅,善行书。弱冠[②],诣王蒙,清言良久,既去,蒙子修曰:"向客何如大人?"蒙曰:"此客亹亹[③],为来逼人。"王导亦深器之。由是少有重名。

初辟司徒府,除[④]佐著作郎,并以疾辞。寓居会稽,与王羲之及高阳许询、桑门支遁游处,出则渔弋山水,入则言咏属[⑤]文,无处世意。扬州刺史庾冰就以安有重名,必欲致[⑥]之,累[⑦]下郡县敦逼,不得已赴召,月余告归。复除尚书郎、琅邪王友,并不起[⑧]。吏部尚书范汪举安为吏部郎,安以书距绝之。有司奏安被召,历年不至,禁锢终身,遂栖迟东土。尝往临安山中,坐石室,临浚谷,悠然叹曰:"此去伯夷何远!”尝与孙绰等泛海,风起浪涌,诸人并惧,安吟啸自若。舟人以安为悦,犹去不止。风转急,安徐曰:“如此将何归邪?”舟人承言即回。众咸服其雅量。安虽放情丘壑,然每游赏,必以妓女从。既累辟不就,简文帝时为相,曰:“安石既与人同乐,必不得不与人同忧,召之必至。”时安弟万为西中郎将,总藩任之重。安虽处衡门,其名犹出万之右,自然有公辅之望,处家常以仪范训子弟。安妻,刘惔妹也,既见家门富贵,而安独静退,乃谓曰:“丈夫不如此也?”安掩鼻曰:“恐不免耳。”及万黜废,安始有仕进志,时年已四十余矣。

征西大将军桓温请为司马,将发新亭,朝士咸送,中丞高崧戏之曰:“卿累违朝旨,高卧东山,诸人每相与言,安石不肯出,将如苍生何! 苍生今亦将如卿何!”安甚有愧色。既到,温甚喜,言生平,欢笑竟[9]日。既出,温问左右:“颇尝见我有如此客不?”温后诣安,值[10]其理发。安性迟缓,久而方罢,使取帻[11]。温见,留[12]之曰:“令司马著帽进。”其见重如此。

温当北征,会万病卒,安投笺求归。寻除吴兴太守。在官无当时誉,去后为人所思。顷之,征拜侍中,迁吏部尚书、中护军。

简文帝疾笃,温上疏荐安宜受顾命。及帝崩,温入赴山陵,止新亭,大陈兵卫,将移[13]晋室,呼安及王坦之,欲于坐害之。坦之甚惧,问计于安。安神色不变,曰:“晋祚存亡,在此一行。”既见温,坦之流汗沾衣,倒执手版。安从容就席,坐定,谓温曰:“安闻诸侯有道,守在四邻,明公何须壁后置人邪?”温笑曰:“正自不能不尔耳。”遂笑语移日[14]。坦之与安初齐名,至是方知坦之之劣。温尝以安所作简文帝谥议以示坐宾,曰:“此谢安石碎金也。”

……

时苻坚强盛,疆埸多虞,诸将败退相继。安遣弟石及兄子玄等应机征讨,所在克捷。拜卫将军、开府仪同三司,封建昌县公。坚后率众,号百万,次[15]于淮肥,京师震恐。加安征讨大都督。玄入问计,安夷然无惧色,答曰:“已别有旨。”既而寂然。玄不敢复言,乃令张玄重请。安遂命驾出山墅,亲朋毕[16]集,方与玄围棋赌别墅。安常[17]棋劣于玄,是日玄惧,便为敌手而又不胜。安顾谓其甥羊昙曰:“以墅乞汝。”安遂游涉,至夜乃还,指授将帅,各当其任。玄等既破坚,有驿书至,安方对客围棋,看书既竟,便摄[18]放床上,了无喜色,棋如故。客问之,徐答云:“小儿辈遂已破贼。”既罢,还内,过户限[19],心喜甚,不觉屐齿之折,其矫情镇物如此。以总统功,进拜太保。

……

时会稽王道子专权,而奸谄颇相扇[20]构,安出镇广陵之步丘,筑垒曰新城以避之。帝出祖于西池,献觞[21]赋诗焉。安虽受朝寄,然东山之志始末不渝,每形于言色[22]。及镇新城,尽室而行,造泛海之装,欲须经略粗定,自江道还东。雅志未就,遂遇疾笃。上疏请量宜旋旆[23],并召子征虏将军琰解甲息徒,命龙骧将军朱序进据洛阳,前锋都督玄抗威彭沛,委以董督。若二贼假延,来年水生,东西齐举。诏遣侍中慰劳,遂还都[24]。闻当舆入西州门,自以本志不遂,深自慨失,因怅然谓所亲曰:“昔桓温在时,吾常惧不全。忽梦乘温舆行十六里,见一白鸡而止。乘温舆者,代其位也。十六里,止今十六年矣。白鸡主酉,今太岁在酉,吾病殆不起乎!”乃上疏逊位,诏遣侍中、尚书喻旨。先是,安发石头,金鼓忽破,又语未尝谬,而忽一误,众亦怪异之。寻薨,时年六十六。帝三日临于朝堂,赐东园秘器、朝服一具、衣一袭、钱百万、布千匹、蜡五百斤,赠太傅,谥曰文靖。以无下舍,诏府中备凶仪。及葬,加殊礼,依大司马桓温故事。又以平苻坚勋,更封庐陵郡公。

选自《晋书》卷七十九

〔注释〕 ① 总角:童年。 ② 弱冠:成年。 ③ 亹亹:说话不止。 ④ 除:拜官受职。 ⑤ 属:撰著。 ⑥ 致:招来。 ⑦ 累:屡次。 ⑧ 起:接受征聘。 ⑨ 竟:终。 ⑩ 值:遇到。 ⑪ 帻:包头发的巾。 ⑫ 留:阻止。 ⑬ 移:改变。 ⑭ 移日:时间长久。 ⑮ 次:驻扎。 ⑯ 毕:全。 ⑰ 常:平常。 ⑱ 摄:收拾。 ⑲ 户限:门槛。 ⑳ 扇:煽动。 ㉑ 觞:盛酒器。 ㉒ 色:神色。 ㉓ 旆:旌旗。 ㉔ 都:首都。

〔赏析〕 谢安是一位善于清谈的玄学家,深通老庄之学。以道家刚柔之理为本,以柔制刚,就是他处理重大政治事件的手段之一。

谢安早先隐居东山,后应征西大将军桓温之请,出仕为大将军司马,从此踏上仕途。一开始桓温极重谢安,但随着时光的推移,二人因政治态度不同而成为对手。谢安出仕时,桓温已居要位十几年,此时他位高权重,非望之心已露端倪。他曾卧对亲僚说:“为尔寂寂,将为文景所笑”,既而抚枕起曰:“既不能流芳后世,不足复遗臭万载邪!”称帝之欲望溢于言表。如果桓温做了皇帝,他会凭借权力和实力加强自己的皇权,这将意味着世家大族在政治生活中的作用将被削弱,这是谢安所不愿意看到的局面,也是谢安反对桓温篡位的重要原因。但在当时阻止桓温篡位是非常困难的。第一,桓温功高权重。他灭成汉、伐前秦、破姚襄、复洛阳,所立战功东晋朝中无人可比。第二,一些世家大族党附桓温。第三,桓温具有为之必得的性格,从赌博小事到废立大计,桓温都表现出不得则不为,为之则必得的性格特点,要改变桓温决计实行之事是很困难的。

上述三条,足见阻止桓温篡位之难,而谢安所处地位及其政治态度,又使其处于知其难为而为之的境地。问题是如何去“为”。一种做法,是直接与桓温作对,结果是被桓温视为绊脚石搬掉。再一种是采用一种超然态度,“物物而不物于物”,既对桓温之举持反对态度,又不因这种态度而把自己推向与桓温直接敌对的位置。谢安采取的是后一种做法。尽管谢安坚决反对桓温的所作所为,但对桓温等人的态度始终是刚于内而柔于外,介于敌与非敌之间。

《晋书·郗超列传》载:“温怀不轨,欲立霸王之基,超为之谋。谢安与王坦之尝诣温论事,温令超帐中卧听之。风动帐开,安笑曰:‘郗生可谓入幕之宾矣。’”同卷又载:郗超“迁中书侍郎。谢安当与王文度共诣超,日旰未得前,文度便欲去,安曰:‘不能为性命忍俄顷邪!’”谢安称“为性命忍俄顷”,绝非危言耸听,由于他对桓温野心的实现是个障碍,桓温确实想寻隙除之。《世说新语·雅量》篇载:“桓公伏甲设馔,广延朝士,因此欲诛谢安、王坦之。王甚遽,向谢曰:‘当作何计?’谢神意不变,谓文度曰:‘晋阼存亡,在此一行’。相与俱前。王之恐状,转见于色。谢之宽容,愈表于貌,望阶趋席,方作洛生咏,讽‘浩浩洪流’,桓惮其旷远,乃趣解兵”。可见由于桓、谢之间矛盾的发展,使谢安等时时有性命之虞。面对桓温幕后置人,郗超的高傲慢怠,如果处理不当,都会使矛盾急剧激化,从而授柄与人,为桓温行诛除之计提供借口,而谢安却表现为超人的镇静,他神闲意畅,以柔待刚,谈笑隐忍之间,化狂澜为涟漪。

即使对桓温本人,谢安也采取以柔待之的办法,避免与其直接冲突。桓温废掉司马奕立简文帝之后,威势显赫。谢安时任侍中,见桓温而遥拜之,桓温惊问:“安石,卿何事乃尔!”谢安答:“未有君拜于前,臣揖于后。”后桓温病重,其篡位步伐也随之加快,让朝廷为自己行加九锡之礼。孝武帝无奈,使袁宏起草加九锡的诏书。谢安得知,将诏书草稿屡加改动,使诏书长时间不能写定,一直拖到桓温病死,锡命遂罢。

谢安的柔,犹如柳树的枝条,尽管被风吹得左右摇摆,但始终不离其本。这种刚柔相济,使谢安的处世为人具有一种可摧至坚、可入无间的力量,即使他的政敌也为这种力量所折服。桓温死后,谢安执柄辅政。当时前秦苻坚强盛,数侵东晋边境,朝廷求可以镇御北方的良将,谢安乃举其侄谢玄。中书郎郗超闻而叹道:“安违众举亲,明也;玄必不负举,才也。”谢安死后,王珣欲前往吊哭,王献之因其与谢安交恶劝其勿去,王珣不听,径前往。谢安督军刁约不让其入,说:“官平生在时,不见此客。”王珣亦不与语,“直前,哭甚恸”。郗超、王珣都曾是桓温的亲信,与谢安作对,但通过郗超称赞谢安之明,王珣在谢安灵前痛哭,亦见谢安为人的成功之处。

(梁满仓)

流芳千古与遗臭万年的抉择

〔导言〕　东晋一百零三年历十一帝，其政治的诡谲，在西晋时就已埋下伏笔。

桓温在王导与谢安之间与司马氏家族"共天下"，与遵循黄老、以文人之术盘桓权力之间的王、谢不同，他在多数时候表现的是激荡、任性甚至狂暴的自我，是未加掩饰的对权力的渴望。"遗臭万年"即来自桓温的典故，在他看来，不能流芳百世何不遗臭万载，重要的是在历史上留下自己深深的印记。他数次征战，处置决断，魄力为朝野内外所信服；欲登高位，极力经营，此心亦流于言表，为上下所知。桓温的成与不成，这种种表现，也都与东晋权臣与皇帝两分天下的格局大有关系。

而当时清谈盛行，不能不说是士人有心理上"退隐"的需求，勇猛如桓温，也表现出他敏感和伤怀的一面。他乐于参与和组织清谈活动，聆听名士之语时有戚戚之感，这在《世说新语·言语》里有多篇记述；他同样感时忧世，不过他的感伤与士人相比，却又有壮阔凌厉的气势。

史载桓温到蜀地打仗，军中有一人捉到小猿，母猿"行百余里不去"，"肠皆寸寸断"，桓温听后非常愤怒，罢免了捕猿人的职务。此事遥遥对应了他"既为忠臣，不得为孝子"的感叹，其伤痛放在东晋的历史大背景下，几乎有着普遍的回应。

桓 温 列 传

〔选文〕

时李势微弱，温志在立勋[①]于蜀，永和二年，率众西伐。时康献太后临朝，温将发，上疏而行。朝廷以蜀险远，而温兵寡少,深入敌场,甚以为忧。初,诸葛亮造八阵图于鱼复平沙之上,垒石为八行,行相去[2]二丈。温见之,谓"此常山蛇势也"。文武皆莫能识之。及军次[3]彭模,乃命参军周楚、孙盛守辎重,自将[4]步卒直指成都。势使其叔父福及从[5]兄权等攻彭模,楚等御[6]之,福退走[7]。温又击权等,三战三捷,贼众散,自间道[8]归成都。势于是悉[9]众与温战于笮桥,参军龚护战没[10],众惧欲退,而鼓吏误鸣进鼓,于是攻之,势众大溃。温乘胜直进,焚其小城,势遂夜遁九十里,至晋寿葭萌城,其将邓嵩、昝坚劝势降,乃面缚舆榇[11]请命。温解缚焚榇,送于京师。温停蜀三旬,举贤旌[12]善,伪尚书仆射王誓、中书监王瑜、镇东将军邓定、散骑常侍常璩等,皆蜀之良也,并以为参军,百姓咸[13]悦。军未旋而王誓、邓定、隗文等反,温复讨平之。振[14]旅还江陵,进位征西大将军、开府,封临贺郡公。

及石季龙死,温欲率众北征,先上疏求朝廷议水陆之宜,久不报[15]。时知朝廷杖殷浩等以抗己,温甚忿之,然素知浩,弗[16]之惮也。以国无他衅[17],遂得相持弥年,虽有君臣之迹,亦相羁縻[18]而已,八州士众资调,殆[19]不为国家用。声言北伐,拜表便行,顺流而下,行达武昌,众四五万。殷浩虑为温所废,将谋避之,又欲以驺虞幡住[20]温军,内外噂沓,人情震骇。简文帝时为抚军,与温书明社稷大计,疑惑所由。温即回军还镇,上疏曰:

臣近亲率所统,欲北扫赵魏,军次武昌,获抚军大将军、会稽王昱书,说风尘纷纭,妄生疑惑,辞旨危急,忧及社稷。省[21]之惋愕,不解所由,形影相顾,陨越无地。臣以暗[22]蔽,忝荷[23]重任,虽才非其人,职在静乱。寇雠不灭,国耻未雪,幸因开泰之期，遇可乘之会，匹夫有志，犹怀愤慨，臣亦何心，坐观其弊[24]！故荷戈驱驰，不遑[25]宁处，前后表陈，于今历年矣。丹诚坦然，公私所察，有何纤介，容此嫌忌？岂丑正之徒心怀怵惕[26]，操弄虚说，以惑朝听？

昔乐毅竭诚，垂涕流奔；霍光尽忠，上官告变。谗说殄[27]行，奸邪乱德，乃历代之常患，存亡之所由也。今主上富于阳秋，陛下以圣淑临朝，恭己委任，责成群下，方寄会通于群才，布德信于遐[28]荒。况臣世蒙殊恩，服事三朝，身非羁旅之宾，迹无韩彭之衅，而反间起于胸心，交乱过于四国，此古贤所以叹息于既往，而臣亦大惧于当年也。今寇贼冰消，大事垂[29]定，晋之遗黎[30]鹄立南望，赴义之众慷慨即路，元凶之命悬在漏刻，而横议妄生，成此贝锦[31]，使垂灭之贼复获苏息，所以痛心绝气，悲慨弥深。臣虽所存者公，所务者国；然外难未弭[32]，而内弊交兴，则臣本心陈力之志也。

进位太尉，固让[33]不拜。

时殷浩至洛阳修复园陵，经涉数年，屡战屡败，器械都尽。温复进督司州，因[34]朝野之怨，乃奏废浩，自此内外大权一归温矣。温遂统步骑四万发江陵，水军自襄阳入均口，至南乡，步自淅川以征关中，命梁州刺史司马勋出子午道。别军攻上洛，获苻健荆州刺史郭敬，进击青泥，破之。健又遣子生、弟雄众数万屯峣柳、愁思堆以距[35]温，遂大战，生亲自陷阵，杀温将应诞、刘泓，死伤千数。温军力战，生众乃散。雄又与将军桓冲战白鹿原，又为冲所破。雄遂驰袭司马勋，勋退次女娲堡。温进至霸上，健以五千人深沟自固，居人皆安堵[36]复业，持牛酒迎温于路者十八九，耆老感泣曰："不图今日复见官军！"初，温恃麦熟，取以为军资，而健芟[37]苗清野，军粮不属,收[38]三千余口而还。帝使侍中黄门劳[39]温于襄阳。

初,温自以雄姿风气是宣帝、刘琨之俦[40],有以其比王敦者,意甚不平。及是征还,于北方得一巧作老婢,访之,乃琨伎女也,一见温,便潸然而泣。温问其故,答曰:"公甚似刘司空。"温大悦,出外整理衣冠,又呼婢问。婢云:"面甚似,恨[41]薄;眼甚似,恨小;须甚似,恨赤;形甚似,恨短;声甚似,恨雌。"温于是褫冠解带,昏然而睡,不怡[42]者数日。

选自《晋书》卷九十八

〔注释〕 ① 勋:功劳。 ② 去:距离。 ③ 次:驻扎。 ④ 将:统率。 ⑤ 从:指堂房亲属。 ⑥ 御:阻挡。 ⑦ 走:逃跑。 ⑧ 间道:偏僻的小路。 ⑨ 悉:全。 ⑩ 没:通"殁",死亡。 ⑪ 舆榇:把棺材装在车子上,表示有罪当死或就死之意。 ⑫ 旌:旌表。 ⑬ 咸:都。 ⑭ 振:整顿。 ⑮ 报:答复。 ⑯ 弗:不。 ⑰ 衅:祸端。 ⑱ 羁縻:笼络使不生异心。 ⑲ 殆:几乎。 ⑳ 住:停止。 ㉑ 省:察看。 ㉒ 暗:愚昧。 ㉓ 荷:承受。 ㉔ 弊:衰败。 ㉕ 遑:闲暇。 ㉖ 怵惕:戒惧。 ㉗ 殄:消灭。 ㉘ 遐:远。 ㉙ 垂:将近。 ㉚ 黎:民众。 ㉛ 贝锦:喻诬陷人的谗言。 ㉜ 弭:消除。 ㉝ 让:推辞。 ㉞ 因:趁机。 ㉟ 距:通"拒",抗拒。 ㊱ 安堵:安居。 ㊲ 芟:割。 ㊳ 收:拘捕。 ㊴ 劳:慰劳。 ㊵ 俦:同辈。 ㊶ 恨:遗憾。 ㊷ 怡:安适愉快。

〔赏析〕 在魏晋一众风采卓然的人物中,桓温以一介武将侧身其中,然而无论辞藻、气概皆不逊色。名士孙卓曾品评他"高爽迈出",另一名士刘尹说他是孙权、司马懿那样的人,而桓温显然也乐意以此自况。

桓温在史传中有一个暴烈的出场。十五岁时,他的父亲桓彝被韩晃杀害,桓温从此"枕戈泣血"立志复仇。十八岁时,参与杀害其父的江播亡故,三个儿子守丧期间藏刀于杖中防他,结果还是被他以凭吊之名进入,杀死三人。桓温由此知名,此后的人生轨迹显然与这一出场有着若隐若现的关联,他的声名主要来自其在战场上的雄才和方略,他的沉浮也系之于历次恢复中原的努力。

东晋于公元317年在建康(今南京)立朝。江南为士族提供了绝好的荫蔽悠游之所,当朝者忙于经营此地,但北伐之声亦不绝于缕,其中固有故国之思，也因为北方的益州等地，实为保障江南稳固的军事要地。桓温有次要出猎，先到名士王濛、刘惔那探望，结果被问要一身戎装“做什么”，桓温答以：“我若不为此，卿辈亦那得坐谈？”语境固不同，也说出了东晋政治的真相。

有一件小事，可以看出桓温对此事所自负的责任。北伐时，桓温与从属登上船楼眺望中原，感慨“遂使神州陆沉，百年丘墟，王夷甫诸人不得不任其责！”他绝不认同国运有废立兴衰、与人无关的说法，认为当职的官僚对后来的败退有不可推卸之责。当他途经金城，看到自己做琅琊内史时所种的柳树已有十围粗，而发出“木有如此，人何以堪”这样的感慨。可以想象，他的心境绝非伤怀那样简单。

桓温自视甚高，也自知必须要以战场上的胜利来树立自己的威名。他也证明了，自己确实是当世少有的良将。历史记载他生性简朴，而治军颇严。他的参军有次夹蒸薤，蒸薤黏在一起分不开，一起共餐的人不帮忙，结果都被桓温免职。桓温说：“同盘尚不相助，况夫危难夫？”他自己有精进勇猛之力，也会看“势”，并识良材。谢安、顾恺之、袁宏等人，都曾得到桓温的提拔而在其府中任事。

永和二年(346年)，桓温上疏西伐。朝廷因为蜀地险远，桓温所带兵力又少，对此很是担心。但桓温以其对地势的判断，机智部署兵力，并自带步兵直指成都，经历彭模、笮桥等地的战斗，全取蜀地，任命当地贤达，“百姓咸悦”。后来，桓温数次上疏要求北征。在此之前，东晋建国初年，祖逖曾励精图治，一度收复黄河以南大片土地，并在黄河沿岸经营达八年之久。后因后方支持乏力，继而朝廷内乱，祖逖壮志未酬身先死。庾亮、虞翼等亦先后拟议北伐，趁着控制北方的后赵石虎死，外戚褚裒北伐，先锋到达彭城，后战败退回。终于在永和十年，桓温出发了，他在伊水大破敌军，修复故国陵寝，迁关中三千余人而归。

战场上的胜利确定了桓温在东晋政治势力中的位置。西伐之后，“桓与马，共天下”的格局便已形成。北伐之后，桓温更是集内外大权于一身。但他的内心，显然不甘如此。他曾对幕僚说：“为尔寂寂，将为文、景所笑。”周围的人都不敢应答。一会又说：“既不能流芳后世，不足复遗臭万载乎！”传说他有次经过王敦墓，看着说："可儿！可儿！"《晋书》的编撰者认为这反映了桓温谋反的心迹。

太和四年(369年)，桓温再次北伐，却以惨败收场。为重振其在朝野内外的名声，他在参军郗超的建议下拥立司马昱为简文帝，并诛杀多人。此时桓温威势显赫，连侍中谢安见了都遥遥揖拜，说："未有君拜于前，臣揖于后。"后来，简文帝病重，桓温上疏意欲简文帝禅位于己，没能得逞便愤愤不已；及至自己患病，又一再催促朝廷加赐代表谋逆前奏的"九锡"。谢安、王坦之等重臣拖延此事，直至桓温去世。所以时人有云：桓温志在篡夺，事未成，是幸事一件。

东晋渐次登场的人物中，桓温确以其武略和精神上的张扬，"高爽迈出"。桓温所在的周遭，存现着高度紧张的氛围，他的言语行动能使有名望的人都战栗失色，内外惊惧。晋人所追求的极致的人生，可以说在他身上表现出雄强的一面。

（罗　敏）

民族融合期：异族的别开生面和个人的审时度势

〔**导言**〕 十六国是中国历史上民族融合发展的重要时期。由于语言、文化、社会发展阶段、习俗传统等方面的差别，进入中原的少数民族与生活在中原的汉族难免产生冲突；也有一些有政治远见的少数民族首领依靠汉人打天下、治天下，而一些逾越“夷夏之别”藩篱的汉人也帮助少数民族首领进行政权建设。后赵主石勒和汉人张宾、前秦主苻坚和汉人王猛就是这样的关系。然而如果细较两者，则可以发现此两种典范之间存在的诸多差异。

首先，石勒和苻坚之间存在着种族差异。石勒出身羯族，苻坚出身氐族，两者的汉化程度是不同的。羯族人高鼻深目，胡须浓密，有鲜明的中亚胡人的生理特征，这使得他们有自己的婚姻圈子，少与汉人通婚。他们信仰祆教，实行火葬，保存着自己的文化习俗传统，与汉族结合得并不紧密。氐族与汉族有着悠久的历史联系，到西晋十六国时期，其社会结构与汉族已没有多大差异。氐人的汉文化水平在当时少数民族中是最高的。羯人与氐人的上述区别，决定了石勒与苻坚民族政策的差别。

其次，张宾与王猛处事态度不同。张宾在西晋末期社会动荡之际，发现石勒可与其共成大事，便主动找上门来，毛遂自荐。石勒开始并没有重用他，后来才发现他的才干，引为谋主。王猛则隐于华阴山，敛翼待时，候风云而后动。苻坚将有大志，闻王猛之名，派重臣招之，一见便若平生，语及废兴大事，异符同契，若玄德之遇孔明。这种种不同也造就了二人功业的差距。

石勒张宾载记

〔选文〕

石勒字世龙，初名訇，上党武乡羯人也。其先匈奴别部羌渠之胄[①]。祖耶奕于，父周曷朱，一名乞冀加，并为部落小率。勒生时赤光满室，白气自天属于中庭，见者咸[②]异之。年十四，随邑人行贩洛阳，倚啸上东门，王衍见而异之，顾谓左右曰："向[③]者胡雏，吾观其声视有奇志，恐将为天下之患。"驰遣收[④]之，会[⑤]勒已去[⑥]。

……

及元海僭号，遣使授勒持节、平东大将军，校尉、都督、王如故。勒并军寇邺，邺溃，和郁奔于卫国。执[⑦]魏郡太守王粹于三台。进攻赵郡，害冀州西部都尉冯冲。攻乞活赦亭、田禋于中丘，皆杀之。元海授勒安东大将军、开府，置左右长史、司马、从事中郎。进军攻巨鹿、常山，害二郡守将。陷冀州郡县堡壁百余，众至十余万，其衣冠人物集为君子营。乃引张宾为谋主，始署[⑧]军功曹，以刁膺、张敬为股肱，夔安、孔苌为爪牙，支雄、呼延莫、王阳、桃豹、逯明、吴豫等为将率。使其将张斯率骑诣并州山北诸郡县，说[⑨]诸胡羯，晓以安危。诸胡惧勒威名，多有附者。进军常山，分遣诸将攻中山、博陵、高阳诸县，降之者数万人。

……

勒于葛陂缮室宇，课[⑩]农造舟，将寇建邺。会霖雨历三月不止，元帝使诸将率江南之众大集寿春，勒军中饥疫死者太半。檄书朝夕继至，勒会诸将计之。右长史刁膺谏勒先送款[⑪]于帝，求扫平河朔，待军退之后徐[⑫]更计之。勒愀然长啸。中坚夔安劝勒就高避水，勒曰："将军何其怯乎！"孔苌、支雄等三十余将进曰："及吴军未集，苌等请各将三百步卒，乘船三十余道，夜登其城，斩吴将头，得其城，食其仓米。今年要当破丹杨，定江南，尽生缚取司马家儿辈。"勒笑曰："是勇将之计也。"各赐铠马一匹。顾问张宾曰："于君计何如？"宾曰："将军攻陷帝都，囚执天子，杀害王侯，妻略[13]妃主，擢将军之发不足以数将军之罪，奈何复还相臣奉乎！去年诛王弥之后，不宜于此营建。天降霖雨方数百里中，示将军不应留也。邺有三台之固，西接平阳，四塞山河，有喉衿之势，宜北徙据之。伐叛怀[14]服[15]，河朔既定，莫有处将军之右者。晋之保寿春，惧将军之往击尔，今卒闻回军，必欣于敌去，未遑奇兵掎[16]击也。辎重径从北道，大军向寿春，辎重既过，大军徐回，何惧进退无地乎！"勒攘袂鼓髯曰："宾之计是也。"责[17]刁膺曰："君共相辅佐，当规[18]成功业，如何便相劝降！此计应斩。然相明性怯，所以宥[19]君。"于是退膺为将军，擢宾为右长史，加中垒将军，号曰"右侯"。

……

选自《晋书》卷一百四

太兴二年，勒伪称赵王，赦殊死已下，均[20]百姓田租之半，赐孝悌力田死义之孤帛各有差[21]，孤老鳏寡谷人三石，大酺[22]七日。依春秋列国、汉初侯王每世称元，改称赵王元年。始建社稷，立宗庙，营[23]东西宫。署从事中郎裴宪、参军傅畅、杜嘏并领经学祭酒，参军续咸、庾景为律学祭酒，任播、崔濬为史学祭酒。中垒支雄、游击王阳并领门臣祭酒，专明胡人辞讼，以张离、张良、刘群、刘谟等为门生主书，司[24]典[25]胡人出内，重其禁法，不得侮易衣冠华族。号胡为国人。遣使循行州郡，劝课农桑。加张宾大执法，专总朝政，位冠僚首。署石季龙为单于元辅、都督禁卫诸军事，署前将军李寒领司兵勋，教国子击刺战射之法。命记室佐明楷、程机撰《上党国记》，中大夫傅彪、贾蒲、江轨撰《大将军起居注》，参军石泰、石同、石谦、孔隆撰《大单于志》。自是朝会常以天子礼乐飨[26]其群下，威仪冠冕从容可观矣。

……

勒亲临大小学，考诸学生经义，尤高者赏帛有差。勒雅好文学，虽在军旅，常令儒生读史书而听之，每以其意论古帝王善恶，朝贤儒士听者莫不归美[27]焉。尝[28]使人读《汉书》，闻郦食其劝立六国后，大惊曰："此法当失，何得遂成天下！"至留侯谏，乃曰："赖有此耳。"其天资英达如此。

……

群臣固请勒宜即尊号，勒乃僭即皇帝位，大赦境内，改元曰建平，自襄国都[29]临漳。

……

张宾，字孟孙，赵郡中丘人也。父瑶，中山太守。宾少好学，博涉经史，不为章句，阔达有大节，常谓昆弟曰："吾自言智算鉴识不后[30]子房，但不遇高祖耳。"为中丘王帐下都督，非其好也，病免[31]。及永嘉大乱，石勒为刘元海辅汉将军，与诸将下山东，宾谓所亲曰："吾历观诸将多矣，独胡将军可与共成大事。"乃提剑军门，大呼请见，勒亦未之奇也。后渐进规[32]谟[33]，乃异之，引为谋主。机不虚发，算无遗策，成勒之基业，皆宾之勋也。及为右长史、大执法，封濮阳侯，任遇优显，宠冠当时，而谦虚敬慎，开襟下士，士无贤愚，造[34]之者莫不得尽其情焉。肃清百僚，屏绝私昵[35]，入则格言，出则归美。勒甚重之，每朝，常为之正容貌，简辞令，呼曰“右侯”而不名之，勒朝莫与为比也。

及卒，勒亲临哭之，哀恸左右，赠散骑常侍、右光禄大夫、仪同三司，谥曰景。将葬，送于正阳门，望之流涕，顾左右曰：“天欲不成吾事邪，何夺吾右侯之早也！”程遐代为右长史，勒每与遐议，有所不合，辄叹曰：“右侯舍我去，令我与此辈共事，岂非酷㊱乎！”因流涕弥日。

选自《晋书》卷一百五

〔注释〕 ①胄：帝王或贵族的后裔。 ②咸：都。 ③向：刚才。 ④收：拘捕。 ⑤会：适逢。 ⑥去：离开。 ⑦执：捉拿。 ⑧署：设置。 ⑨说：劝说。 ⑩课：督促。 ⑪款：归顺。 ⑫徐：慢慢地。 ⑬妻略：掳掠奸污。 ⑭怀：安抚。 ⑮服：顺服。 ⑯掎：牵制。 ⑰责：责备。 ⑱规：规劝。 ⑲宥：宽恕。 ⑳均：调节。 ㉑差：差别。 ㉒酺：聚会饮食。 ㉓营：建造。 ㉔司：掌管。 ㉕典：掌管。 ㉖飨：犒赏。 ㉗美：赞美。 ㉘尝：曾经。 ㉙都：迁都。 ㉚后：落在后面。 ㉛免：免职。 ㉜规：谋划。 ㉝谟：计谋。 ㉞造：造访。 ㉟昵：亲近的人。 ㊱酷：悲痛。

〔赏析〕 西晋朝廷的两个政策，历来为史家们所诟病。一个是民族歧视、民族压迫；另一个是选官用人。石勒和张宾的起事与结合都与这两个政策有关。

石勒是民族压迫政策的受害者，这反映在他早年的遭遇中。他先为朝廷显贵王衍视为天下之患，差点被逮捕诛杀；后为人佣耕，在大田劳作，家乡遭遇饥荒时，差点被地方官贩卖换钱；后来又被朝廷军队当作军实，套上枷锁，卖到山东，沦为奴隶。

张宾是朝廷选官用人政策的受害者。西晋实行“九品中正制”，从原来“乡邑清议，不拘爵位，褒贬所加，足劝励，尤有乡论余风”变成了“计资定品”、“唯以居位为贵”，从而形成“公门有公，卿门有卿”，士族有“世及之荣”而寒门无“寸进之路”的局面。张宾出身不是名门望族，自然被排挤在仕途之外。

西晋末期天下大乱，既给了石勒这样的少数民族酋帅起兵的机会，也给张宾这样长期不得志的汉人寒门提供了表现的舞台。少数民族在中原建立政权，需要有军事和政治经验的汉人帮助，政治上不得志的汉人也需要借助少数民族政权这个舞台实现自己的抱负，两者就这样走到了一起。

张宾认定石勒是个可以共成大事之人，所以“提剑军门，大呼请见”。石勒开始并没有看出他的才能，后来发现他确实不是等闲之辈，便引为谋主。概括起来，张宾协助石勒办成了这么几件大事：第一，生擒并处死西晋太尉王衍；第二，诱杀前赵大将王弥，吞并其众；第三，放弃南征东晋，北上建都邺城；第四，卑辞厚礼，向王浚称臣，乘其不备偷袭之，从而打败了北方最有实力的割据者；第五，建立赵国，称赵天王；第六，灭掉前赵，建立后赵并称帝。

在动荡中立足、取胜、壮大、建国、称帝，张宾帮助石勒所办之事不可谓不大，然而这些成就以军事上的居多，有效地治理国家方针策略却少，比起前秦的王猛和北魏李冲略显逊色。这种状况显然是受主观和客观原因所限制的结果。

主观上，由于张宾出身寒微，政治上受压抑很久，建功立业的欲望急迫，虽然他也“历观诸将”，进行过一些选择，但这种观察和选择还是略显仓促，这种急迫情绪显然会限制其选择时的视野。

客观上，张宾所服务的石赵政权，原有的民族特点极其浓厚。后赵统治者自诩“出自边戎”，与汉人不同，把全境臣民分为赵人和国人，国人即羯族人，赵人即汉人，二者的地位高低悬殊。虽然石勒注意吸收汉族士大夫，集为“君子营”，并“续定九品”，“典定士族”，但为了提高羯人的地位，仍然颁行“讳胡之禁”、“私论之条”、“偶语之律”等严刑峻法，严格胡汉之别，严惩汉人侵犯胡人，而对羯人侵犯、抢掠汉人则不闻不问。汉人樊坦任石勒参军，后被升为章武内史，身穿破旧的衣帽向石勒辞行。石勒大惊，问：“樊参军何贫之甚也！”樊坦说：“顷遭羯贼无道，资财荡尽。”石勒笑道：“羯贼乃尔暴掠邪！今当相偿耳。”樊坦意识到自己违犯了不许称胡人为羯的禁令，连忙叩头谢罪。这件事反映出羯人可以掠夺汉人财产，汉人地位不高的事实。

石赵政权的上述特点，自然限制了张宾才华最大限度的发挥。虽然张宾在石勒处“任遇优显，宠冠当时”，“勒甚重之，每朝，常为之正容貌，简辞令，呼曰‘右侯’而不名之，勒朝莫与为比也”，但并不是所有时候都对他言听计从。

石勒后期，对程遐尤为宠信。程遐是石勒的妻兄，他手下有个长史名叫张披，被张宾举为别驾，让他参与政事。程遐对张披离开自己非常愤恨，对张宾权重十分不满，便通过他的妹妹对石勒说："张披与张宾为游侠，门客日百余乘，物望皆归之，非社稷之利也，宜除披以便国家。"石勒便找个借口把张披杀了。张宾明知是程遐的主意，也不敢多说。这种关系显然比苻坚与王猛的关系差多了，有此限制，张宾不可能建立像王猛那样的功绩。

苻坚王猛载记

〔选文〕

苻坚字永固，一名文玉，雄之子也。

……

及苻生嗣[①]伪位，赞、翼说坚曰："今主上昏虐，天下离心。有德者昌，无德受殃，天之道也。神器业重，不可令他人取之，愿君王行汤武之事，以顺天人之心。"坚深然之，纳为谋主。生既残虐无度，梁平老等亟以为言，坚遂弑生，以伪位让其兄法。法自以庶孽，不敢当。坚及母苟氏并虑众心未服，难居大位，群僚固请，乃从之。以升平元年僭称大秦天王，诛生佞幸臣董龙、赵韶等二十余人，赦其境内，改元曰永兴。……于是修废职，继绝世，礼神祇，课农桑，立学校，鳏寡孤独高年不自存者，赐谷帛有差，其殊才异行、孝友忠义、德业可称者，令在所以闻。

……

太和五年，又遣猛率杨安、张蚝、邓羌等十将率步骑六万伐暐。坚亲送猛于霸东……于是进师。……俄而兵交，猛召之，羌寝而弗应。猛驰就许之，羌于是大饮帐中，与张蚝、徐成等跨马运矛，驰入评军，出入数四，旁若无人，搴[②]旗斩将，杀伤甚众。及日中，评众大败，俘斩五万有余，乘胜追击，又降斩十万，于是进师围邺。坚闻之，留李威辅其太子宏守长安，以苻融镇洛阳，躬率精锐十万向邺。七日而至于安阳，过旧闾，引诸耆老语及祖父之事，泫[③]然流涕，乃停信宿[④]。猛潜[⑤]至安阳迎坚……坚遂攻邺，陷之。慕容暐出奔高阳，坚将郭庆执而送之。坚入邺宫，阅其名籍，凡郡百五十七，县一千五百七十九，户二百四十五万八千九百六十九，口九百九十八万七千九百三十五。

……

遣其武卫苟苌、左将军毛盛、中书令梁熙、步兵校尉姚苌等率骑十三万伐张天锡于姑臧。……苌至姑臧，天锡乘素车白马，面缚舆榇[⑥]，降于军门。苌释缚焚榇，送之于长安，诸郡县悉[⑦]降。……

坚既平凉州，又遣其安北将军、幽州刺史苻洛为北讨大都督，率幽州兵十万讨代王涉翼犍。又遣后将军俱难与邓羌等率步骑二十万东出和龙，西出上郡，与洛会于涉翼犍庭。翼犍战败，遁于弱水。苻洛逐之，势窘迫，退还阴山。其子翼圭缚父请降，洛等振[⑧]旅而还，封赏有差。

选自《晋书》卷一百十三

自坚之建元十七年四月，长安有水影，远观若水，视地则见人，至是则止。坚恶[⑨]之。上林竹死，洛阳地陷。

……

坚下书悉发[⑩]诸州公私马，人十丁遣一兵。门在灼然者，为崇文义从。良家子年二十已下，武艺骁勇，富室材雄者，皆拜羽林郎。下书期克捷之日，以帝为尚书左仆射，谢安为吏部尚书，桓冲为侍中，并立第[⑪]以待之。良家子至者三万余骑。其秦州主簿金城赵盛之为建威将军、少年都统。

遣征南苻融、骠骑张蚝、抚军苻方、卫军梁成、平南慕容暐、冠军慕容垂率步骑二十五万为前锋。坚发长安，戎卒六十余万，骑二十七万，前后千里，旗鼓相望。坚至项城，凉州之兵始达咸阳，蜀汉之军顺流而下，幽冀之众至于彭城，东西万里，水陆齐进。运漕万艘，自河入石门，达于汝颍。

……

坚遣其尚书朱序说石等以众盛，欲胁而降之。序诡[12]谓石曰："若秦百万之众皆至，则莫可敌也。及其众军未集，宜在速战。若挫其前锋，可以得志。"石闻坚在寿春也，惧，谋不战以疲之。谢琰劝从序言，遣使请战，许之。时张蚝败谢石于肥南，谢玄、谢琰勒[13]卒数万，阵[14]以待之。蚝乃退，列阵逼肥水。王师不得渡，遣使谓融曰："君悬军[15]深入，置阵逼水，此持久之计，岂欲战者乎？若小[16]退师，令将士周旋，仆与君公缓辔而观之，不亦美乎！"融于是麾[17]军却[18]阵，却因[19]其济水，覆而取之。军遂奔退，制之不可止。融驰骑略阵，马倒被杀，军遂大败。……坚为流矢所中……闻风声鹤唳，皆谓晋师之至。

……

慕容冲僭称尊号于阿房，改年更始。坚与冲战，各有胜负。……冲又遣其尚书令高盖率众夜袭长安，攻陷南门，入于南城。左将军窦冲、前禁将军李辩等击败之，斩首千八百级，分其尸而食之。坚寻[20]败冲于城西，追奔至于阿城。诸将请乘胜入城，坚惧为冲所获，乃击金以止军。

……

坚至五将山，姚苌遣将军吴忠围之。坚众奔散，独侍御十数人而已。神色自若，坐而待之，召宰人进食。俄而忠至，执坚以归新平，幽[21]之于别室。……坚既不许苌以禅代，骂而求死，苌乃缢坚于新平佛寺中，时年四十八。中山公诜及张夫人并自杀。是岁，太元十年也。

……

王猛字景略，北海剧人也，家于魏郡。少贫贱，以鬻畚为业。

……

苻坚将有大志，闻猛名，遣吕婆楼招之，一见便若平生，语及废兴大事，异符同契，若玄德之遇孔明也。及坚僭位，以猛为中书侍郎。

……

迁尚书左丞、咸阳内史、京兆尹。未几，除[22]吏部尚书、太子詹事，又迁尚书左仆射、辅国将军、司隶校尉，加骑都尉，居中宿卫。时猛年三十六，岁中五迁，权倾内外，宗戚旧臣皆害[23]其宠。

……

俄入为丞相、中书监、尚书令、太子太傅、司隶校尉，持节、常侍、将军、侯如故。稍[24]加都督中外诸军事。……军国内外万机之务，事无巨细，莫不归之。

猛宰[25]政公平，流放尸素，拔[26]幽滞，显贤才，外修兵革，内崇儒学，劝课农桑，教以廉耻，无罪而不刑，无才而不任，庶绩咸熙，百揆时叙。于是兵强国富，垂及升平，猛之力也。

……

猛疾甚，因上疏谢恩，并言时政，多所弘益。坚览之流涕，悲恸左右。及疾笃，坚亲临省病，问以后事。猛曰：“晋虽僻陋吴越，乃正朔相承。亲仁善邻，国之宝也。臣没之后，愿不以晋为图。鲜卑、羌虏，我之仇也，终为人患，宜渐除之，以便社稷。”言终而死，时年五十一。

选自《晋书》卷一百十四

〔注释〕 ① 嗣：承袭。 ② 搴：拔取。 ③ 泫：流泪。 ④ 信宿：连宿两夜。 ⑤ 潜：悄悄地。 ⑥ 榇：棺材。 ⑦ 悉：都。 ⑧ 振：整顿。 ⑨ 恶：厌恶。 ⑩ 发：征召。 ⑪ 第：达官贵人的宅院。 ⑫ 诡：违背。 ⑬ 勒：率领。 ⑭ 阵：排兵布阵。 ⑮ 悬军：深入敌境内的孤军。 ⑯ 小：稍微。 ⑰ 麾：同“挥”，指挥。 ⑱ 却：退。 ⑲ 因：趁机。 ⑳ 寻：不久。 ㉑ 幽：监禁。 ㉒ 除：拜官受职。 ㉓ 害：妒忌。 ㉔ 稍：渐渐。 ㉕ 宰：主持。 ㉖ 拔：提拔。

〔赏析〕 政治家所能导演的政治剧的规模和层次，在某种意义上是受其所处的政治舞台决定的。王猛作为十六国时期的政治家，深深懂得这个道理。所以，他身处十六国乱世，没有急于出世做官，而是隐居在华阴山，静静地观察世事的变化，悄悄地进行着选择。东晋桓温北伐，挥军打到长安附近，王猛与他见面，一面谈着世事，一边捉着身上的虱子，旁若无人。桓温觉着他是个奇人，撤退时许以高官厚爵，想带他一同回到南方。王猛感到桓温不是可共事之人，便拒绝了他的邀请。

王猛所要选择的阵营是能充分发挥其政治才能的政治舞台，包括这样几个条件：这个政权要有一个雄才大略的君主；这个君主必须与自己的政治理想一致；这个君主必须对自己有足够的信任，放手让他充分施展才干。显然，东晋政权以及桓温不符合这样的要求。

当前秦主苻坚派人请王猛相助时，王猛与苻坚一见便若平生故知，谈起天下大事，意见相当一致，大有诸葛亮遇到刘备之感。

王猛的感觉十分准确，苻坚确实是可以共做大事之人。苻坚氐族出身，氐族是西部少数民族的一支，其生活的地区，大体相当于现在的甘肃东南、山西西南、四川西北一带。他们有自己的语言、风俗、习惯，长期从事农业生产，很早就和汉人杂居，“多知中国语”，“俗能织布，善田种，畜养豕牛马驴骡”，其社会结构与汉族已没有多大差异。

氐人的汉文化水平在当时少数民族中是最高的，苻坚又是氐人中的佼佼者。他对汉族历史典籍十分熟悉，巡视太学时问难五经，许多博士都不能对答。他热衷提倡儒家文化，广修学校，召郡国学生通一经以上入校学习，公卿以下子孙并遣受业。对于那些学为通儒、才堪干事、清修廉直、孝悌力田者，皆下令表彰。

苻坚实行民族和睦政策，提出“黎元应抚，夷狄应和，方将混六合以一家，同有形于赤子”。匈奴左贤王卫辰遣使投降，请求到内地耕种，苻坚表示同意。云中护军贾雍遣其司马徐斌率骑袭击卫辰，纵兵掠夺，苻坚闻听大怒，说：“朕方修魏绛和戎之术，不可以小利忘大信。”下令“所获资产，其悉以归之”。并把贾雍免官，以白衣领护军，遣使修和，示之信义。

苻坚心怀结束战乱、统一天下的大目标。他曾说：“每思天下不一，未尝不临食辍餔”，“江东未平，寝不暇日”。可见苻坚是个有雄才大略的君主。

更可贵者，苻坚给王猛以坚定不移的信任。王猛曾经一度身兼六个重要职务：丞相、中书监、尚书令、太子太傅、司隶校尉、都督中外诸军事，这在当时是不多见的。王猛多次上书推让，苻坚说：“卿昔螭蟠布衣，朕龙潜弱冠，属世事纷纭，厉士之际，颠覆厥德。朕奇卿于暂见，拟卿为卧龙，卿亦异朕于一言，回考盘之雅志，岂不精契神交，千载之会！虽傅岩入梦，姜公悟兆，今古一时，亦不殊也。自卿辅政，几将二纪，内厘百揆，外荡群凶，天下向定，彝伦始叙。朕且欲从容于上，望卿劳心于下，弘济之务，非卿而谁！”史载军国内外万机之务，事无巨细，莫不归之王猛。

王猛位高权重，也有一些氐族权贵不服。例如一个名叫樊世的氐人，仗着自己对苻氏立有大功，当众折辱王猛说：“我们与先帝共兴事业，而不预时权；你无汗马之劳，何敢专管大任？这不是我劳苦耕稼而你享受果实吗！”苻坚知道这件事后非常生气，说：“一定要杀掉这个老家伙，否则何以整肃百僚！”便与王猛合演了一场杀鸡儆猴的好戏。在朝堂上，当着樊世的面，苻坚故意问王猛：“我想让杨璧娶公主，你认为杨璧是怎样的人。”杨璧是樊世的准女婿，樊世听了当然生气，冲着苻坚喊道：“杨璧是我的女婿，与我女儿早已订婚，陛下怎能让他娶公主呢？”王猛便故意进一步激怒樊世，说：“陛下帝有海内，而君敢竞婚，是为二天子，安有上下！”樊世果然中计，冲过去要打王猛，被左右拉住，樊世便丑言大骂。苻坚大怒，命人将樊世推出斩首。从此以后，公卿以下无不惧怕王猛。

有了这样的地位，有了这样的信任，王猛得以大显身手。对外，他帮助苻坚先后灭掉前燕、前凉、代，建立起北方统一的大帝国；对内流放尸位素餐之人，拔举被压抑的人才，修兵革，崇儒学，劝农桑，兴教化，使国家兵强国富，垂及升平，关陇清晏，百姓丰乐。当时百姓之中传唱这样一首歌谣：“长安大街，夹树杨槐。下走朱轮，上有鸾栖。英彦云集，诲我萌黎。”

宋人胡三省说：“史言苻坚王猛君臣相与之至，所以猛得展其才。”这个总结是十分到位的。

（梁满仓）

隐者：众人皆醉醒不醒

〔导言〕 嵇康和陶潜(即陶渊明)都是《晋书》里记载的人物。除《晋书》之外,嵇康在《三国志》里也有记载,陶潜在《宋书》里也有记载。嵇康生活在曹魏及其名存实亡的时代;陶潜生活在东晋后期,目睹了东晋被刘宋代替的过程。相对两晋,两个人一头一尾:一个属于魏晋之际,一个属于晋宋之际。

鲁迅先生曾把两人进行比较,他说嵇康的脾气自始至终都是很大的,最后竟命丧于司马氏之手。而到了东晋末期,乱也看惯了,篡也看惯了,文章便更平和,代表平和的文章的人有陶潜。汉魏晋相沿,时代不远,变迁极多,既经见惯,就没有大感触,陶潜比孔融、嵇康平和,是当然的。

嵇康和陶潜都处于新旧朝代更替之际,都对即将到来或已经到来的新朝代不满甚至怀有敌意,只不过外在反映不同,一个激愤,一个平和。造成这种差别的原因,除了鲁迅先生所说由于时代变迁之外,与旧政权联系的紧密程度和个人的性格也是两个重要原因。嵇康的夫人长乐亭主是曹操的曾孙女,嵇康与曹氏宗族有着姻亲关系,而陶潜与司马氏宗族没有这样的关系。两个人都憎恨新朝代替旧朝,但憎恨的程度是不一样的。同样是面对不喜欢的人,嵇康对钟会的造访不以礼接,把他置于尴尬的境地,而陶潜则不同。陶潜隐居的时候,江州刺史檀道济前去看他,对他说:"贤者处世,天下无道则隐,有道则至。今子生文明之世,奈何自苦如此?"陶潜回答说:"潜也何敢望贤,志不及也!"与当局不合作的态度是坚决的,但处理的方法是温和的。这反映了陶潜和嵇康性格上的不同。

嵇 康 列 传

〔选文〕

嵇康字叔夜,谯国铚人也。其先姓奚,会稽上虞人,以[①]

避怨，徙焉。铚有嵇山，家于其侧，因而命氏。兄喜，有当世才，历太仆、宗正。

康早孤，有奇才，远迈不群。身长七尺八寸，美词气，有风仪，而土木形骸，不自藻饰，人以为龙章凤姿，天质自然。恬静寡欲，含垢匿瑕，宽简有大量。学不师受，博览无不该[②]通，长好《老》《庄》。与魏宗室婚，拜中散大夫。常修养性服食之事，弹琴咏诗，自足于怀。以为神仙禀之自然，非积学所得，至于导养得理，则安期、彭祖之伦可及，乃著《养生论》。又以为君子无私，其论曰："夫称君子者，心不措乎是非，而行不违乎道者也。何以言之？夫气静神虚者，心不存于矜[③]尚；体亮心达者，情不系[④]于所欲。矜尚不存乎心，故能越名教而任自然；情不系于所欲，故能审[⑤]贵贱而通物情。物情顺通，故大道无违；越名任心，故是非无措也。是故言君子则以无措为主，以通物为美；言小人则以匿情为非，以违道为阙。何者？匿情矜吝，小人之至恶；虚心无措，君子之笃行也。是以大道言'及吾无身，吾又何患'。无以生为贵者，是贤于贵生也。由斯而言，夫至人之用心，固不存有措矣。故曰'君子行道，忘其为身'，斯言是矣。君子之行贤也，不察于有度[⑥]而后行也；任心无邪，不议于善而后正也；显情无措，不论于是而后为也。是故傲然忘贤，而贤与度会；忽然任心，而心与善遇；傥然无措，而事与是俱也。"其略如此。盖其胸怀所寄，以高契难期，每思郢质。所与神交者惟陈留阮籍、河内山涛，豫其流者河内向秀、沛国刘伶、籍兄子咸、琅邪王戎，遂为竹林之游，世所谓"竹林七贤"也。戎自言与康居山阳二十年，未尝[⑦]见其喜愠之色。

康尝采药游山泽，会[⑧]其得意，忽焉忘反[⑨]。时有樵苏者遇之，咸[10]谓为神。至汲郡山中见孙登，康遂从之游。登沈默自守，无所言说。康临去，登曰："君性烈而才隽，其能免乎！"康又遇王烈，共入山，烈尝得石髓如饴，即自服半，余半与康，皆凝而为石。又于石室中见一卷素书，遽[11]呼康往取，辄不复见。烈乃叹曰："叔夜志趣非常而辄不遇，命也！"其神心所感，每遇幽逸如此。

……

性绝巧而好锻[12]。宅中有一柳树甚茂，乃激水圜之，每夏月，居其下以锻。东平吕安服康高致[13]，每一相思，辄千里命驾，康友而善之。后安为兄所枉诉，以事系狱，辞相证引，遂复收[14]康。

……

初，康居贫，尝与向秀共锻于大树之下，以自赡给。颍川钟会，贵公子也，精练有才辩，故往造[15]焉。康不为之礼，而锻不辍。良久会去，康谓曰："何所闻而来？何所见而去？"会曰："闻所闻而来，见所见而去。"会以此憾[16]之。及是，言于文帝曰："嵇康，卧龙也，不可起。公无忧天下，顾以康为虑耳。"因谮[17]"康欲助毌丘俭，赖山涛不听。昔齐戮华士，鲁诛少正卯，诚以害时乱教，故圣贤去之。康、安等言论放荡，非[18]毁典谟，帝王者所不宜容。宜因衅除之，以淳风俗"。帝既昵听信会，遂并害之。

康将刑东市，太学生三千人请以为师，弗许。康顾视日影，索琴弹之，曰："昔袁孝尼尝从吾学《广陵散》，吾每靳固[19]之，《广陵散》于今绝矣！"时年四十。海内之士，莫不痛之。帝寻[20]悟而恨[21]焉。初，康尝游于洛西，暮宿华阳亭，引琴而弹。夜分，忽有客诣之，称是古人，与康共谈音律，辞致清辩，因索琴弹之，而为《广陵散》，声调绝伦，遂以授康，仍誓不传人，亦不言其姓字。

康善谈理，又能属[22]文，其高情远趣，率然玄远。撰上古以来高士为之传赞，欲友其人于千载也。又作《太师箴》，亦足以明帝王之道焉。复作《声无哀乐论》，甚有条理。

选自《晋书》卷四十九

〔注释〕 ① 以：因为。 ② 该：尽备。 ③ 矜：夸耀。 ④ 系：拘束。 ⑤ 审：知道。 ⑥ 度：估量。 ⑦ 尝：曾经。 ⑧ 会：适逢。 ⑨ 反：同“返”，返回。 ⑩ 咸：都。 ⑪ 遽：赶快。 ⑫ 锻：打铁。 ⑬ 高致：高尚的品格或情趣。 ⑭ 收：拘捕。 ⑮ 造：造访。 ⑯ 憾：恨。 ⑰ 谮：诬陷。 ⑱ 非：通“诽”，诽谤。 ⑲ 靳固：吝啬固执。 ⑳ 寻：不久。 ㉑ 恨：遗憾。 ㉒ 属：撰著。

〔赏析〕 “竹林七贤”是魏晋时期最引人注目的思想文化界的群体。他们藐视礼法，放荡不羁，张扬自我，追求个性，都给人留下深刻的印象。而在“竹林七贤”中，嵇康又是一个具有领袖风采的核心人物，在许多方面具有突出的魅力。

嵇康的魅力表现在很多方面：

其姿貌风度令人倾倒。他身长七尺八寸，伟容色，土木形骸，不加饰厉，而龙章凤姿，天质自然。当时人称赞他“萧萧肃肃，爽朗清举”，“肃肃如松下风，高而徐引”。

其艺术造诣令人叹赞。弹古琴，一曲《广陵散》成为千古绝音；作书法，若众鸟时翔，群乌乍散。

其文学创作成就突出。写文章“师心以遣论”，“辞共心密”；咏诗歌，“托喻清远，良有鉴裁，亦未失高流”。

其理论著作洋洋洒洒。《难张辽叔自然好学论》、《难张辽叔宅无吉凶摄生论》、《答张辽叔释难宅无吉凶摄生论》、《明胆论》等讨论认识论领域的问题。《养生论》、《答向子期难养生论》讨论道德精神修养对养生的意义问题。《释私论》论述伦理道德问题。此外，《管蔡论》为政治论，《声无哀乐论》为艺术论，其涉猎的领域可谓多矣。

嵇康所有的魅力，最令人关注的要数其特立独行了，山涛称赞他说："嵇叔夜之为人也，岩岩若孤松之独立；其醉也，傀俄若玉山之将崩。"他的不偶于世也确实非同一般：七贤之中，其他人都或自愿或勉强到司马氏政权中做官，只有他坚决不出仕。山涛举荐他做官，他不但拒绝，还因此写了《与山巨源绝交书》，与之割席断交。钟会久闻嵇康大名，前去拜访，正值他在锻铁。嵇康见钟会来，也不以礼相接，见到钟会尴尬窘相，嵇康问："何所闻而来？何所见而去？"钟会只得回答："有所闻而来，有所见而去。"

人们甚至把嵇康的特立独行归纳为一种独立的精神。然而仔细分析起来，这种所谓独立精神，并不是他与生俱来的个性。他拒绝山涛的举荐，是不愿意做官吗？显然不是，因为他曾做过曹魏的郎中、中散大夫。他对待钟会无礼，是天生倨傲不好接近吗？然而史书还大量记载其性格的相反一面。竹林七贤之一的王戎说："与嵇康居二十年，未尝见其喜愠之色。"《康别传》记载："康性含垢藏瑕，爱恶不争于怀，喜怒不寄于颜。所知王浚冲在襄城，面数百，未尝见其疾声朱颜。"相处二十多年的王戎，见过数百次面的王浚冲，都没见过嵇康生气红脸，疾声厉语，可见不是倨傲难近之人。他在《家诫》中嘱咐子女说："所居长吏，但宜敬之而已矣。不当极亲密，不宜数往，往当有时"，"其立身当清远，若有烦辱，欲人之尽命，托人之请求，当谦辞言致谢"。教导子女尊敬长吏，往来有度，托人请求，谦辞言谢，有如此自我修养讲究礼数的人，为什么对钟会却如此不合常态呢？

这一切，只能从当时的政治形势及嵇康的政治立场中去寻找答案。

早在魏帝曹芳时，司马氏就开始了与曹氏宗室夺权的斗争。司马懿发动高平陵之变，掌握了曹魏大权。其子司马师废曹芳另立曹髦，又镇压了毌丘俭等人的反抗。司马昭杀死曹髦，另立曹奂，取代曹魏之心路人皆知。而嵇康与曹魏宗室有姻亲关系，他的妻子是长乐亭主。长乐亭主是沛穆王曹纬的女儿，曹纬是曹林的儿子，曹林是曹操的第十子，所以长乐亭主是曹操的曾孙女。对于司马懿父子的所作所为，嵇康当然非常不满。当毌丘俭起兵反对司马师时，嵇康暗中给予支持，并打算起兵响应。这反映了嵇康的政治立场。

山涛虽与嵇康游于竹林之中，却与司马氏的关系非同一般。山涛的祖姑母是司马懿的岳母,司马昭任大将军时,山涛任他的从事中郎。灭蜀后钟会在四川叛乱,司马昭准备西征,对山涛说:“西边的事我去解决,这里的事全交给你了。”山涛便率领亲兵镇守邺城,负责起看管囚禁在邺城的曹氏王公的任务。西晋建立后,山涛历任太子少傅、散骑常侍、尚书仆射、吏部尚书、侍中、光禄大夫、司徒等重要职务。从这些事实中不难看出嵇康拒绝山涛的举荐,与之绝交背后的原因了。

钟会也是帮助司马氏取代曹魏的干将。司马师任大将军时,中书令虞松曾举荐钟会,司马师决定召见。钟会听说后,“乃绝宾客,精思十日,平旦入见,至鼓二乃出”。这次谈话,司马师对钟会相当欣赏,拊手叹息说:“此真王佐才也。”司马师东征毌丘俭,钟会随从,典知密事。平定毌丘俭后,司马师病死于许昌,司马昭总统六军,钟会运筹帷幄。当时魏帝企图剥夺司马昭的兵权,下诏让司马昭屯留许昌,让尚书傅嘏率诸军回京。钟会便和傅嘏密谋,一面让傅嘏上书回复朝廷,一面护卫着司马昭一起回京。朝廷无可奈何,只得拜司马昭为大将军,钟会也因此升迁为黄门侍郎,封东武亭侯,食邑三百户。了解钟会的政治立场,也就自然理解了嵇康为什么会那样对待钟会了。

南朝刘宋颜延之写诗歌颂嵇康:“中散不偶世,本自餐霞人。形解验默仙,吐论知凝神。立俗迕流议,寻山洽隐沦。鸾翮有时铩,龙性谁能驯。”然而我们认为,嵇康并非不偶世,他的龙性是驯服于曹魏朝廷的。但是他所依靠的曹魏大树倒了,他依然独立地站着。他的独立,表现在对自己选择的立场的坚持。

陶潜列传

〔选文〕

陶潜字元亮,大司马侃之曾孙也。祖茂,武昌太守。潜少怀高尚,博学善属文,颖脱不羁,任真自得,为乡邻之所贵①。尝著《五柳先生传》以自况②曰:“先生不知何许人,不详姓字,宅边有五柳树,因以为号焉。闲静少言,不慕荣利。好读书,不求甚解,每有会意,欣然忘食。性嗜酒,而家贫不能恒得。亲旧知其如此，或置酒招之，造饮必尽，期[3]在必醉。既醉而退，曾不吝情[4]。环堵萧然，不蔽风日，短褐穿结，箪瓢屡空，晏[5]如也。常著文章自娱，颇示己志，忘怀得失，以此自终。”其自序如此，时人谓之实录。

以亲老家贫，起为州祭酒，不堪吏职，少日自解归。州召主簿，不就，躬耕自资，遂抱羸疾。复为镇军、建威参军，谓亲朋曰：“聊欲弦歌，以为三径之资可乎？”执事者闻之，以为彭泽令。在县公田悉[6]令种秫谷，曰：“令吾常醉于酒足矣。”妻子固请种粳。乃使一顷五十亩种秫，五十亩种粳。素[7]简贵，不私事上官。郡遣督邮至县，吏白[8]应[9]束带见之，潜叹曰：“吾不能为五斗米折腰，拳拳事乡里小人邪！”义熙二年，解印去县，乃赋《归去来》。其辞曰：

归去来兮，田园将芜，胡不归？既自以心为形役[10]，奚[11]惆怅而独悲？悟已往之不谏[12]，知来者之可追。实迷途其未远，觉今是而昨非。舟遥遥以轻飏，风飘飘而吹衣，问征夫以前路，恨晨光之希微。乃瞻衡宇，载欣载奔。僮仆来迎，稚子候门。三径就荒，松菊犹存。携幼入室，有酒盈樽。引壶觞以自酌，眄[13]庭柯以怡颜，倚南窗以寄傲，审[14]容膝之易安。园日涉而成趣，门虽设而常关；策扶老[15]而流憩，时翘首而遐[16]观。云无心而出岫，鸟倦飞而知还；景翳翳其将入，抚孤松而盘桓。

归去来兮，请息[17]交以绝游，世与我而相遗[18]，复驾言兮焉求！悦亲戚之情话，乐琴书以消忧。农人告余以暮春，将有事乎西畴。或命巾车，或棹[19]孤舟，既窈窕以寻壑，亦崎岖而经丘。木欣欣以向荣，泉涓涓而始流，善万物之得时，感吾生之行[20]休。

已矣乎！寓形宇内复几时，曷不委心任去留，胡为乎遑遑欲何之？富贵非吾愿，帝乡不可期。怀良晨以孤往，或植杖[21]而芸耔，登东皋以舒啸，临清流而赋诗；聊[22]乘化而归尽，乐夫天命复奚疑！

顷之，征[23]著作郎，不就。既绝州郡觐谒，其乡亲张野及周旋人羊松龄、宠遵等或有酒要[24]之，或要之共至酒坐，虽不识主人，亦欣然无忤，酣醉便反。未尝有所造诣，所之[25]唯至田舍及庐山游观而已。

刺史王弘以元熙中临州，甚钦迟[26]之，后自造焉。潜称疾不见，既而语人云："我性不狎世，因疾守闲，幸非洁志慕声，岂敢以王公纡轸[27]为荣邪！夫谬[28]以不贤，此刘公干所以招谤君子，其罪不细也。"弘每[29]令人候[30]之，密知当往庐山，乃遣其故人庞通之等赍[31]酒，先于半道要之。潜既遇酒，便引酌野亭，欣然忘进。弘乃出与相见，遂欢宴穷日。潜无履，弘顾左右为之造履。左右请履度，潜便于坐申脚令度焉。弘要之还州，问其所乘，答云："素有脚疾，向乘篮舆，亦足自反。"乃令一门生二儿共舆之至州，而言笑赏适，不觉其有羡于华轩也。弘后欲见，辄于林泽间候之。至于酒米乏绝，亦时相赡[32]。

其亲朋好事，或载酒肴而往，潜亦无所辞焉。每一醉，则大适融然。又不营生业，家务悉委之儿仆。未尝有喜愠之色，惟遇酒则饮，时或无酒，亦雅咏不辍。尝言夏月虚闲，高卧北窗之下，清风飒至，自谓羲皇上人。性不解[33]音，而畜[34]素琴一张，弦徽不具，每朋酒之会，则抚而和之，曰："但识琴中趣，何劳弦上声！"以宋元嘉中卒，时年六十三，所有文集并行于世。

选自《晋书》卷九十四

〔注释〕 ①贵：崇尚。 ②况：比拟。 ③期：期望。 ④吝情：舍不得之情。⑤晏：安逸。 ⑥悉：都。 ⑦素：向来。 ⑧白：告诉。 ⑨应：应当。 ⑩役：役使。 ⑪奚：为何。 ⑫谏：挽回。 ⑬眄：斜视。 ⑭审：明白。 ⑮扶老：手杖。⑯遐：远。 ⑰息：停止。 ⑱遗：弃。 ⑲棹：划行。 ⑳行：将要。 ㉑杖：手杖。 ㉒聊：姑且。 ㉓征：征召。 ㉔要：邀请。 ㉕之：往。 ㉖钦迟：敬仰。㉗纡轸：委屈。 ㉘谬：假装。 ㉙每：经常。 ㉚候：伺望。 ㉛赍：赠送。㉜赡：供给。 ㉝解：懂得。 ㉞畜：储藏。

〔赏析〕 陶潜在《晋书》、《宋书》都有传，而且都被列在《隐逸列传》中，可见南朝沈约、唐朝房玄龄等人都认为陶潜是个隐士。

但究竟何为隐士，两书却存在很大差异。《晋书》认为，隐士即指那些操行贞洁、行为脱俗、不应征召、不求仕途、杜绝人事、啸咏林薮之人，他们虽远离尘世，然其高尚之德具有激贪止竞的社会功效。《宋书》认为，“隐”分两种：一种为“荷蓧之隐”，一种为“贤者之隐”。“贤人之隐，义深于自晦；荷蓧之隐，事止于违人。论迹既殊，原心亦异也。身与运闭，无可知之情；鸡黍宿宾，示高世之美。运闭故隐，为隐之迹不见；违人故隐，用致隐者之目。身隐故称隐者，道隐故曰贤人。”用一句白话概括就是，贤人之隐将自己的一切隐蔽起来，是一种“道隐”；荷蓧之隐是通过隐居之举得到世人的品评，是一种“身隐”。陶潜的隐居属于后者。

沈约所处时代距离陶潜比唐代的房玄龄要近得多，因此，他对陶潜隐居的看法可能比较切合实际。

当代学者袁行霈先生指出，陶潜思想里有入世的一面，他虽然本性恬静，但也像封建时代的士大夫一样，怀有建功立业大济苍生的壮志。他先后投入桓玄、刘裕、刘敬宣等人的幕府，在晋末政治斗争的漩涡中旋转翻腾，反映了他思想意识中这一方面的特性。

既然自愿投入政治斗争，就不可能没有鲜明的政治倾向。陶潜的政治倾向是什么？《宋书》记载：陶潜“弱年薄宦，不洁去就之迹，自以曾祖晋世宰辅，耻复屈身后代，自高祖王业渐隆，不复肯仕。所著文章，皆题其年月，义熙以前，则书晋氏年号，自永初以来唯云甲子而已”。凡是在晋朝写的文章，日期全都用东晋年号。凡是在刘宋朝写的文章，只标明干支，没有年号。年号代

表一朝皇帝的合法正统，再联系陶潜拒绝檀道济到刘宋朝中做官的邀请，陶潜对东晋和刘宋的爱憎不是很分明吗？

陶潜的这种政治倾向倒不是出于对晋朝的愚忠，怀念晋朝是表示对刘宋朝的不满，是不满刘宋朝取得政权的方式，这种不满应该说早在他决定离开刘裕时就开始萌芽了。陶潜是东晋义熙元年(405 年)离开刘裕的，此时刘裕已经平定了桓玄之乱，被任命为侍中、车骑将军、都督中外诸军事，掌握了朝廷军事大权。刘裕虽然把桓玄赶下帝位，把晋安帝迎回来，但此时晋安帝已成为傀儡。陶潜的曾祖父陶侃，虽然也有野心，但由于出身寒微，东晋门阀政治的现实使他不得不收心敛意，一心一意为朝廷效力，最终成为东晋功臣。祖先是东晋功臣，如果在取代晋朝的新朝中做官，颇有些不肖子孙的味道，这是陶潜引以为耻的。

嵇康与陶潜，都对新朝代旧朝非常看不惯，然而所采取的态度却大不相同。嵇康视即将建立的新朝如仇敌，陶潜视新建立的刘宋朝若无有。他在《桃花源记》中曾写过一群秦末逃入桃花源的人，他们“不知有汉，无论魏晋”。其实，陶潜本人就力图在精神上达到“不知有宋”的境界。

明明宋已代晋，却要在精神上“不知有宋”，明明刘宋皇朝已实实在在建立，却要视其为乌有，这不是典型的精神胜利法吗？这种精神胜利法对陶潜究竟有什么意义呢？在很多情况下，当人们面对无可改变现实的时候，往往不去硬碰，而是采取一种规避的态度。陶潜的远离朝廷、远离政治对他是有积极意义的，其积极意义表现在：

第一，他有效地保障了自己的生存。陶潜于宋文帝元嘉四年(427 年)去世，时年六十三岁。他在给子女的训诫书中说：“疾患以来，渐就衰损，亲旧不遗，每以药石见救，自恐大分将有限也。”可见是因病而亡，自然地走完了一生。而我们知道，同样是愤世嫉俗的嵇康，是死于非命，终结在司马氏的刑场上。曾经劝陶潜到刘宋朝做官的檀道济，在宋文帝的时候，也因为身经百战，功勋卓越，威名甚重，儿子们又都有才气，从而遭到文帝的疑忌。当宋文帝病重时，下令把檀道济逮捕入狱，安上“不义不昵”、“附下罔上”、“潜散金货，招诱剽猾”等罪名处死。嵇康、檀道济都死于残酷的政治斗争，而陶潜远离了你争我夺、尔虞我诈的政治，从而避免了嵇康、檀道济那样的下场。

第二，他为自己创造了自由的天地。离开了政坛的恐怖，摆脱了仕宦的羁绊，陶潜的生活是自由的。他可以把颜延之给他的两万钱悉数交给酒家，随时到那里取酒畅饮，可以“采菊东篱下，悠然见南山”，可以“倚南窗而寄傲，审容膝之易安。园日涉而成趣，门虽设而常关。策扶老以流憩，时翘首而遐观”，可以“登东皋以舒啸，临清流而赋诗”。心为形役，由于生活的无拘无束，也给他带来了心灵上的自由。他可以“好读书，不求甚解”，可以“不觉知有我，安知物为贵”，可以“结庐在人境，而无车马喧”。

第三，他取得了丰硕的精神成果。自由自在的心灵，造就了巨大的精神驰骋的空间。陶潜的精神胜利法是实实在在的，这体现在他丰硕的精神成果上。陶潜流传至今的作品有文30余篇，诗120余首，使我们能了解他宁静安详的内心，领会他随心所欲的自由，解读他深沉富有哲理的思想，欣赏他诗文里闪烁的闲情逸致和自然美。这是他留给后人的精神财富。

陶潜在舍与得之间做了正确的选择，这是一种体现了勇气、明智、智慧的选择。

（梁满仓）

世道文心，混浊见清

〔导言〕 魏晋时期是人自我觉醒的时代，同时也是艺术的自觉时代。书法、美术等艺术形式得到了很大的发展，其中尤以王羲之和顾恺之的成就最高。王羲之是后世公认的“书圣”，他在书法上的造诣彪炳千古。顾恺之以绘画闻名，是“画家三祖”之一。他们的成就在当时就为人赞赏，随着时代的推移，两人在中国书画史上的地位已是不容置疑。

王羲之与顾恺之都出身于名门望族，受到父辈的教导，自然不可避免地崇尚玄学、清谈，喜欢品评人物。佛教传入后，与玄学开始融合在一起，这一融合在他们的人生态度与艺术思想中留下了很深的印记。

王羲之兼擅楷书、行书、草书，另有《自论书》等书法理论作品传世。顾恺之擅画人物，兼有《论画》等绘画理论著作流传于世，并提出了“以形写神”这一影响中国绘画千年的理论。他们不仅是实践家，而且是较早的书画理论家。

《晋书》中《王羲之列传》记载颇为详尽，当是唐太宗李世民极为推重王右军之故，内中详述王羲之的仕途、抱负和他寄情山水的志向。《顾恺之列传》记载则较为简略，多记录他的异闻。无论是《王羲之列传》还是《顾恺之列传》，都记录了很多故事，这些故事多本自《世说新语》，只用凝练的数十字，就将王羲之的文采风流和顾恺之的痴黠参半表露出来，人物形象跃然纸上。

王羲之列传

〔选文〕

王羲之字逸少，司徒导之从[1]子也，祖正，尚书郎。父旷，淮南太守。元帝之过江也，旷首创其议。羲之幼讷于言，人未之奇。年十三，尝[2]谒周顗，顗察而异之。时重牛心炙，坐客未啖[3]，𫖮先割啖羲之，于是始知名。及长，辩赡，以骨鲠[4]称，尤善隶书，为古今之冠，论者称其笔势，以为飘若浮云，矫若惊龙。深为从伯敦、导所器重。时陈留阮裕有重名，为敦主簿。敦尝谓羲之曰："汝是吾家佳子弟，当不减阮主簿。"裕亦目羲之与王承、王悦为王氏三少。时太尉郗鉴使门生求女婿于导，导令就[5]东厢遍观子弟。门生归，谓鉴曰："王氏诸少并佳，然闻信至，咸[6]自矜持。惟一人在东床坦腹食，独若不闻。"鉴曰："正此佳婿邪！"访之，乃羲之也，遂以女妻[7]之。

起家秘书郎，征西将军庾亮请为参军，累[8]迁长史。亮临薨，上疏称羲之清贵有鉴裁。迁宁远将军、江州刺史。羲之既少有美誉，朝廷公卿皆爱其才器，频召为侍中、吏部尚书，皆不就。复授护军将军，又推迁不拜。扬州刺史殷浩素雅重之，劝使应命，乃遗[9]羲之书曰："悠悠者以足下出处足观政之隆替，如吾等亦谓为然。至如足下出处，正与隆替对，岂可以一世之存亡，必从足下从容之适？幸徐[10]求众心。卿不时起[11]，复可以求美政不？若豁然开怀，当知万物之情也。"羲之遂报书曰："吾素[12]自无廊庙志，直[13]王丞相时果欲内[14]吾，誓不许之，手迹犹存，由来尚[15]矣，不于足下参政而方[16]进退。自儿娶女嫁，便怀尚子平之志，数与亲知言之，非一日也。若蒙驱使，关陇、巴蜀皆所不辞。吾虽无专对之能，直[17]谨守时命，宣国家威德，固当不同于凡使，必令远近咸知朝廷留心于无外，此所益殊不同居护军也。汉末使太傅马日磾慰抚关东，若不以吾轻微，无所为疑，宜及初冬以行，吾惟恭以待命。"

羲之既拜护军，又苦求宣城郡，不许，乃以为右军将军、会稽内史。时殷浩与桓温不协，羲之以国家之安在于内外和，因[18]以与浩书以戒之，浩不从。及浩将北伐，羲之以为必败，以书止之，言甚切至。浩遂行，果为姚襄所败。复图再举，又遗浩书曰：

……

自寇乱以来，处内外之任者，未有深谋远虑，括囊至计，而疲竭根本，各从所志，竟无一功可论，一事可记，忠言嘉谋弃而莫用，遂令天下将有土崩之势，何能不痛心悲慨也。任其事者，岂得辞四海之责！追咎往事，亦何所复及，宜更虚己求贤，当与有识共之，不可复令忠允之言常屈于当权。今军破于外，资竭于内，保淮之志非复所及，莫过还保长江，都督将各复旧镇，自长江以外，羁縻[19]而已。任国钧者，引咎责躬，深自贬降以谢百姓。更与朝贤思布平政，除其烦苛，省其赋役，与百姓更始。庶可以允塞群望，救倒悬之急。

使君起于布衣，任天下之重，尚德之举，未能事事允称。当董统之任而败丧至此，恐阖朝群贤未有与人分其谤者。今亟修德补阙，广延[20]群贤，与之分任，尚未知获济所期[21]。若犹以前事为未工[22]，故复求之于分外，宇宙虽广，自容何所！知言不必用，或取怨执政，然当情慨所在，正自不能不尽怀极言。若必亲征，未达此旨，果行者，愚智所不解也。愿复与众共之。

……

羲之雅好服食养性，不乐在京师，初渡浙江，便有终焉之志。会稽有佳山水，名士多居之，谢安未仕时亦居焉。孙绰、李充、许询、支遁等皆以文义冠世，并筑室东土，与羲之同好。尝与同志宴集于会稽山阴之兰亭，羲之自为之序以

申其志,曰:

永和九年,岁在癸丑,暮春之初,会于会稽山阴之兰亭,修禊事也。群贤毕至,少长咸集。此地有崇山峻岭,茂林修竹,又有清流激湍,映带左右,引以为流觞曲水,列坐其次。虽无丝竹管弦之盛,一觞一咏,亦足以畅叙幽情。

是日也,天朗气清,惠风和畅,仰观宇宙之大,俯察品类之盛,所以游目骋怀,足以极视听之娱,信[23]可乐也。

夫人之相与,俯仰一世,或取诸怀抱,悟言一室之内,或因寄所托,放浪形骸之外。虽趣[24]舍万殊,静躁不同,当其欣于所遇,暂得于己,快然自足,不知老之将至。及其所之既倦,情随事迁,感慨系之矣。向[25]之所欣,俯仰之间,已为陈迹,犹不能不以之兴怀。况修短随化,终期于尽。古人云,死生亦大矣,岂不痛哉!

每览昔人兴感之由,若合一契,未尝不临文嗟悼,不能喻之于怀。固知一死生为虚诞,齐彭殇为妄作,后之视今,亦犹今之视昔,悲夫!故列叙时人,录其所述,虽世殊事异,所以兴怀,其致一也。后之览者,亦将有感于斯文。

……

性爱鹅,会稽有孤居姥养一鹅,善鸣,求市未能得,遂携亲友命驾就观。姥闻羲之将至,烹以待之,羲之叹惜弥日。又山阴有一道士,养好鹅,羲之往观焉,意甚悦,固求市[26]之。道士云:"为写《道德经》,当举群相赠耳。"羲之欣然写毕,笼鹅而归,甚以为乐。其任率如此。尝诣门生家,见棐几滑净,因书之,真草相半。后为其父误刮去之,门生惊懊者累日。又尝在蕺山见一老姥,持六角竹扇卖之。羲之书其扇,各为五字。姥初有愠[27]色。因谓姥曰:"但言是王右军书,以求百钱邪。”姥如其言,人竞买之。他日,姥又持扇来,羲之笑而不答。其书为世所重,皆此类也。每自称“我书比钟繇,当抗行;比张芝草,犹当雁行㉘也”。曾与人书云:“张芝临池学书,池水尽黑,使人耽㉙之若是,未必后之也。”羲之书初不胜庾翼、郗愔,及其暮年方妙。尝以章草答庾亮,而翼深叹伏,因与羲之书云:“吾昔有伯英章草十纸,过江颠狈,遂乃亡失,常叹妙迹永绝。忽见足下答家兄书,焕若神明,顿还旧观。”

……

羲之既去官,与东土人士尽山水之游,弋钓为娱。又与道士许迈共修服食,采药石不远千里,遍游东中诸郡,穷诸名山,泛沧海,叹曰:“我卒当以乐死。”谢安尝谓羲之曰:“中年以来,伤于哀乐,与亲友别,辄作数日恶。”羲之曰:“年在桑榆㉚,自然至此。顷正赖丝竹陶写㉛,恒恐儿辈觉,损其欢乐之趣。”朝廷以其誓苦,亦不复征㉜之。

……

年五十九卒,赠金紫光禄大夫。诸子遵父先旨,固让不受。

选自《晋书》卷八十

〔注释〕 ① 从:指堂房亲属。 ② 尝:曾经。 ③ 啖:吃。 ④ 骨鲠:喻刚直。 ⑤ 就:到。 ⑥ 咸:都。 ⑦ 妻:嫁予。 ⑧ 累:屡次。 ⑨ 遗:给予。 ⑩ 徐:慢慢地。 ⑪ 起:出仕。 ⑫ 素:向来。 ⑬ 直:通“值”,逢着。 ⑭ 内:同“纳”。 ⑮ 尚:时间久远。 ⑯ 方:以为准则。 ⑰ 直:只是。 ⑱ 因:于是。 ⑲ 羁縻:谓笼络使不生异心。 ⑳ 延:招请。 ㉑ 期:期望。 ㉒ 工:周密。 ㉓ 信:确实。 ㉔ 趣:取。 ㉕ 向:先前。 ㉖ 市:买。 ㉗ 愠:怨恨。 ㉘ 雁行:并行。 ㉙ 耽:酷嗜。 ㉚ 桑榆:喻人的垂老之年。 ㉛ 陶写:娱情养性,排除忧闷。 ㉜ 征:征召。

〔赏析〕 魏晋时代是一个书法艺术走向自觉的时代。由于造纸、制笔、研墨技术的发展,各种书体得到了长足的发展。被称为"书圣"的王羲之成为这个时期书法艺术的高峰。唐太宗李世民喜爱其书法亦为人熟知,他认为:"详察古今,研精篆素,尽善尽美,其惟王逸少乎!观其点曳之工,裁成之妙,烟霏露结,状若断而还连;凤翥龙蟠,势如斜而反直。玩之不觉为倦,览之莫识其端,心摹手追,此人而已,其余区区之类,何足论哉!"俨然将其推为书家至圣。

王羲之,字逸少,王导之侄,王旷之子。琅邪王氏是名门望族,也是当朝重臣,王羲之因而也有过经国济世的抱负,担任过秘书郎、会稽内史、右将军等官职,后来因性情与政治局势等原因,寄情山水,不涉政治。魏晋人喜欢品评人物,一人之声名鹊起,多由品题而来,王羲之也不例外。他幼年不善于言,但在得到周颢的赏识后,开始渐渐为人们所重视。

王羲之的书法成就不是天生的,也不是一成不变的,是经历过认真揣摩和学习而得来的。他在《题卫夫人〈笔阵图〉后》中曾言:"羲之少学卫夫人书,将谓大能。及后渡江,北游名山,比见李斯、曹喜等书;又之许,见钟繇、梁鹄书;又之洛,见蔡邕《石经》书;又于从兄洽处,见张昶《华岳碑》;始知学卫夫人书,徒费岁月耳。羲之遂改本师,仍于众碑学习,遂成书耳。"可见他善于融化各体,将当时书法名家们的作品仔细揣摩,才能够达到日后的成就。

王羲之的书法造诣令后人望尘莫及,他不仅留下了众多摇曳生姿的书法作品,而且为后人留下了多篇指导书法创作的文献。其楷书,为人称道的有《乐毅论》、《黄庭经》、《东方朔画赞》;行书代表作有《兰亭序》、《丧乱帖》、《孔侍中帖》;草书代表作有《十七帖》、《初月帖》、《长风帖》等,都成为后世书家及收藏家争相模仿和赏鉴的对象。其论书之作,虽真伪莫辨,但也多符合他的创作实际,有《自论书》、《题卫夫人〈笔阵图〉后》、《笔势论十二章》、《记白云先生书诀》等论述存世。

王羲之的书法作品所展现的,正是那个时代的魏晋风度。魏晋时期政局动荡,纷争不断,人们对生命、自然最为敏感。玄学流行于世,"自中朝贵玄,江左称盛,因谈余气,流成文体……诗必柱下之旨归,赋乃漆园之义疏"(《文心雕龙·时序》),这正是对名教的一种顽抗。王羲之其人其书都体现了道家及玄学的渗透。因为家族的影响，他服膺道教，与支道林关系密切："王逸少作会稽，支道林在焉……（支道林）因论庄子《逍遥游》。支作数千言，才藻新奇，花烂映发。王遂披襟解带，流连不能已。"（《世说新语·言语》）他蔑视名教，多有不近人情之处，世间流传的东床坦腹、书成换鹅等故事都可看出他的通脱不羁。他的书法"萧散简远，妙在笔画之外"（苏轼《书黄子思诗集后》），不能不说是受到道家提倡的"虚静"、"玄览"等观点的影响。他在《记白云先生书诀》中也说道："书之气，必达乎道，同混元之理……把笔抵锋，肇乎本性。"

但是王羲之并未完全沉浸在道家和玄学学说之中，他作为一个传统的知识分子，仍然是受到儒学安邦济世思想影响的。早年的他关心国事，曾写信给殷浩，力阻他北伐的计划。当东部饥荒之时，他也曾开仓赈济，请求减免赋税。

正因如此，他的书法也处处体现了儒家"中庸"的思想。他在《笔势论》中说："分布点画，远近相须；播布精研，调和笔墨；锋纤往来，疏密相附；铁画银钩，方圆周正"、"字之形势，不得上宽下窄；不宜伤密，密则似痾瘵缠身；复不宜伤疏，疏则似溺水之禽；不宜伤长，长则如死蛇挂树；不宜伤短，短则似壜死蛤蟆"。这些叙述都是在强调书家写字时必须要符合"中和"之美，他的书法也是自有法度条理，并不逾越过度的。

他的《兰亭集序》作为书法作品，被誉为"天下第一行书"，这是人所公认的事实。作为文学作品来看，内容体现了他不同于当时一般人对生命的思考。魏晋时期很多受玄学浸染的人，认为生与死没有什么区别，消极被动，人生态度极为虚无。而王羲之在这篇文章中却深刻地反思了这种态度，批判他们"一死生为虚诞，齐彭殇为妄作"的观念，认为"死生亦大矣"，这是一种认真严肃的反省，让人们思考生命的意义。从这点来看，他在受玄学影响的同时，也有自己的思考与认识。

王羲之热爱山水，曾经"遍游东中诸郡，穷诸名山，泛沧海"，他的书法艺术中自然也渗透着对山水的感悟。书画艺术中多用自然景物作比，这是中国文学艺术批评中常有的现象。唐代孙过庭评价王羲之书法时曾说："或重若崩云，或轻如蝉翼；导之则泉注，顿之则山安；纤纤乎似初月之出天崖，落落乎犹群星之列河汉；同自然之妙有，非力运之能成”(《书谱》)，这是将他的书法还原到了自然万象之中。

魏晋人的书法不同于后世的另一个重要特点，就在于它并不是刻意为之的，无论是书札、便条还是草稿，往往都成为后世珍爱的书法名作。这种自然为之的态度，在王羲之的《兰亭集序》中就可以发现。《兰亭集序》其实只是他文章的草稿，上面多有涂抹修改的痕迹，初不措意，却自有生趣。王羲之对自己的书法并未吝啬，自抬身价。他可以拿自己写的一篇《道德经》去换回一笼喜欢的鹅，在扇面上题写字句也是因兴之所至。他是一个自然的人，因而他的书法也是一种自然的艺术。

顾恺之列传

〔选文〕

顾恺之字长康，晋陵无锡人也。父悦之，尚书左丞。恺之博学有才气，尝为《筝赋》成，谓人曰：“吾赋之比嵇康琴，不赏者必以后出相遗，深识者亦当以高奇见贵。”

桓温引为大司马参军，甚见亲昵。温薨后，恺之拜温墓，赋诗云：“山崩溟海竭，鱼鸟将何依！”或问之曰：“卿凭重桓公乃尔，哭状其可见乎？”答曰：“声如震雷破山，泪如倾河注海。”

恺之好谐谑，人多爱狎[①]之。后为殷仲堪参军，亦深被眷接。仲堪在荆州，恺之尝因假还，仲堪特以布帆借之，至破冢，遭风大败。恺之与仲堪笺曰：“地名破冢，真破冢而出。行人安稳，布帆无恙。”还至荆州，人问以会稽山川之状。恺之云：“千岩竞秀，万壑争流。草木蒙笼，若云兴霞蔚。”桓玄时与恺之同在仲堪坐，共作了语。恺之先曰：“火烧平原无遗燎。”玄曰：“白布缠根树旒旐。”仲堪曰：“投鱼深泉放飞鸟。”复作危语。玄曰:“矛头淅米剑头炊。”仲堪曰:“百岁老翁攀枯枝。”有一参军云:“盲人骑瞎马临深池。”仲堪眇目,惊曰:“此太逼人!”因罢。恺之每食甘蔗,恒[②]自尾至本。人或怪之,云:“渐入佳境。”

尤善丹青,图写特妙,谢安深重之,以为有苍生以来未之有也。恺之每画人成,或数年不点目精。人问其故,答曰:“四体妍蚩[③],本无阙少于妙处,传神写照,正在阿堵中。”尝悦一邻女,挑[④]之弗从,乃图其形于壁,以棘针钉其心,女遂患心痛。恺之因致其情,女从之,遂密去针而愈。恺之每重嵇康四言诗,因为之图,恒云:“手挥五弦易,目送归鸿难。”每写起人形,妙绝于时。尝图裴楷象,颊上加三毛,观者觉神明殊胜。又为谢鲲象,在石岩里,云:“此子宜置丘壑中。”欲图殷仲堪,仲堪有目病,固辞。恺之曰:“明府正为眼耳,若明点瞳子,飞白拂上,使如轻云之蔽月,岂不美乎!”仲堪乃从之。恺之尝以一厨画糊题其前,寄桓玄,皆其深所珍惜者。玄乃发其厨后,窃取画,而缄闭如旧以还之,绐[⑤]云未开。恺之见封题如初,但失其画,直云妙画通灵,变化而去,亦犹人之登仙,了无怪色。

恺之矜[⑥]伐过实,少年因相称誉以为戏弄。又为吟咏,自谓得先贤风制。或请其作洛生咏,答曰:“何至作老婢声!”义熙初,为散骑常侍,与谢瞻连省,夜于月下长咏,瞻每遥赞之,恺之弥自力忘倦。瞻将眠,令人代己,恺之不觉有异,遂申旦而止。尤信小术,以为求之必得。桓玄尝以一柳叶给之曰:“此蝉所翳[⑦]叶也,取以自蔽,人不见己。”恺之喜,引叶自蔽,玄就溺[⑧]焉,恺之信其不见己也,甚以珍之。

初,恺之在桓温府,常云:“恺之体中痴黠[⑨]各半,合而论之，正得平耳。”故俗传恺之有三绝：才绝，画绝，痴绝。年六十二，卒于官，所著文集及《启蒙记》行于世。

选自《晋书》卷九十二

〔注释〕 ① 狎：亲近。 ② 恒：常常。 ③ 蚩：通“媸”，丑陋。 ④ 挑：挑逗。 ⑤ 绐：欺骗。 ⑥ 矜：夸耀。 ⑦ 翳：隐藏。 ⑧ 溺：同“尿”，小便。 ⑨ 黠：聪慧。

〔赏析〕 若说王羲之是魏晋时代最伟大的书法家，那么顾恺之就是魏晋时代成就最高的画家。他不仅有摹本《女史箴图》、《洛神赋图》、《列女仁智图》等作品传世，而且留下了《论画》、《画云台山记》和《魏晋胜流画赞》等绘画理论著作，可以视为中国最早的绘画理论家。

顾恺之，字长康，晋陵无锡人。他的父亲是担任过尚书左丞的顾悦之，亦出身于名门望族。顾恺之博学多才，不独绘画一绝，对于音乐、文学、玄学等都有非常高的造诣。《晋书》本传对他的生平及政绩等着墨甚少，多描绘他的一些逸闻趣事，不少故事取材于刘义庆所撰之《世说新语》，放在正史里似乎有些不太严肃，却使得文章顾盼生姿，堪当一篇精彩的记人小说。

魏晋人耽于清谈、玄学，又常常喜欢品藻人物。他们以自然对抗名教，发现了人的美。当时品评人物的方法，每每以自然万物作比。如对于嵇康之美，《世说新语·容止》篇记载：“嵇康身长七尺八寸，风姿特秀。见者叹曰：‘萧萧肃肃，爽朗清举。’或云：‘肃肃如松下风，高而徐引。’山公曰：‘嵇叔夜之为人也，岩岩若孤松之独立；其醉也，傀俄若玉山之将崩。’”松风和玉山之比喻，使嵇康的外貌与风神展现得淋漓尽致。《世说新语》还有一例见于《言语》篇：“顾悦与简文同年，而发蚤白。简文曰：‘卿何以先白？’对曰：‘蒲柳之姿，望秋而落；松柏之质，经霜弥茂。’”顾悦之是顾恺之的父亲，也将蒲柳与松柏来比喻自己与君王，这样的回答也是他长于应对、能言善辩的表现。

魏晋人发现了人之为人的美，所以他们的人物画蔚为大观，展现了与前代完全不同的特色。此前的人物画，都是正人伦、风教化的宣传工具，承载着政治教化的作用，忠臣孝子、贞节烈妇等是绘画的主题，画家和提倡者并不真正重视人物本真的精神气质。正如陈师曾在《中国绘画史》中所言：“六朝以前绘画，大抵为人伦之补助，政教之方便，或为建筑之装饰，艺术尚未脱束缚。

迨至六朝，则美术始具独立之精神，审美之风尚因此兴起，渐见自由艺术之萌。”可见，大约到了顾恺之的时代，人们才真正在绘画中重视起人的精神气质。

宗白华说：“晋人向外发现了自然，向内发现了自己的深情，情与自然都是融合在一起的。”（《论〈世说新语〉和晋人的美》）顾恺之说会稽山川是“千岩竞秀，万壑争流，草木蒙笼其上，若云兴霞蔚”，短短几句，会稽的山水之美尽显其间。顾恺之也有一首《神情诗》言：“春水满四泽，夏月多奇峰，秋月扬明辉，冬岭秀孤松。”此诗单纯描摹四季风景，却抓住四季最有特点的事物加以描写。魏晋人的情深亦为人所熟知，《世说新语·伤逝》篇是最能体现这种情深的，所谓“圣人忘情，最下不及情；情之所钟，正在我辈”（《世说新语·伤逝》载王戎语）。桓温曾有恩于顾恺之，因而在桓温殁后他痛哭哀悼，“山崩溟海竭，鱼鸟将何依”、“声如震雷破山，泪如倾河注海”，也是拿自然万物来比附，何其沉痛！

顾恺之与陆探微、张僧繇三人被称为“画家三祖”，皆以人物画为长。唐代张怀瓘曾经比较过这些画家人物画的特点，他说：“张僧繇得其肉，陆探微得其骨，顾恺之得其神。”顾恺之在绘画理论上最为重要的就是他“以形写神”的观点。他在《论画》中指出：“人有长短，今既定远近以瞩其对，则不可改易阔促、错置高下也。凡生人亡有手揖眼视而前亡所对者。以形写神而空其实对，荃生之用乖，传神之趋失矣。空其实对则大失，对而不正则小失，不可不察也。一像之明昧，不若悟对之通神也。”他的绘画并不单单在于形体、姿态等的合适、逼真上，更重要的是画出所绘对象的神韵、气度。

神韵、气度首先就表现在人物的眼睛上。眼睛是心灵的窗户，画家的传神之笔也往往被说成是“画龙点睛”，对此顾恺之早就察觉到了。“恺之每画人成，或数年不点目精。人问其故，答曰：‘四体妍蚩，本无阙少于妙处，传神写照，正在阿堵中。’”正由于眼神的流露很难表达，所以他才会评论说“手挥五弦易，目送归鸿难”。

当然，要展现一个人的风神气韵，也不仅仅是眼神，还有其他的方面，如他为裴楷画像即为一绝佳好例。《世说新语·巧艺》篇说明他画三毛的原因：

"裴楷俊朗有识具，正此是其识具。看画者寻之，定觉益三毛如有神明，殊胜未安时"，最后果然让观者觉得"神明殊胜"。顾恺之为谢鲲画像，认为应当将他放在丘壑中，因为晋明帝曾问过谢鲲："卿自谓何如庾亮。"谢鲲答道："端委庙堂，使百僚准则，鲲不如亮。一丘一壑，自谓过之。"谢鲲淡于仕进，寄情山水，这是他不同于一般人之处，因而放诸丘壑是最为适宜的了。顾恺之为殷仲堪画像，用飞白手法加于眼睛之上，既增加了人物的美感，又表现了殷仲堪眼睛上的独特之处，同时顾及了殷仲堪的心理。

顾恺之被称为三绝，即才绝、画绝、痴绝。他是半痴半黠，他被桓玄戏弄，弄出一叶障目的笑剧，画被桓玄偷拿出后，说这是"妙画通灵，变化而去"的结果，这些都表现了他的痴气。他自矜其才，即使人不知或有心戏弄于他，他也不以为意。顾恺之又作《筝赋》，自认为比得上嵇康的琴音；他与谢瞻月下咏诗，兴致不已，即使谢瞻已经找人代替自己也丝毫没有察觉；吃甘蔗时，他反常人吃甘蔗的方法而行，还自诩是"渐入佳境"。正是这些故事的流传，让我们得以看到作为画家的顾恺之痴黠可爱的一面。

（周美玲　李　欢）

信仰化为物质，审美成就艺术

〔**导言**〕 东晋十六国时期虽为乱世，却也是文化繁荣时期。首先，少数民族文化与本土文化相交融碰撞；其二，从学术上来说，便是由两汉的儒家独尊，逐渐变成儒家、道教、佛教齐放的局面，甚至互相影响、合流，儒、佛、道三家共同成为我国传统文化的主要思潮。由此可见，魏晋时期正是中国文化的一大转折与创新期，于是，也就出现了我们通常所说的“魏晋风度”、“魏晋美学”。

葛洪与鸠摩罗什分别是道教与佛教史上的重要人物。葛洪将儒家的“礼”与道教的神仙思想相结合，使原本处于下层的道教逐渐为上层的士子所接受，是道教史上的开山之人；鸠摩罗什则倾其毕生翻译了 300 余部佛教经典，对后世佛教文化的传播起到了重要作用。然而，他们又不仅仅是道士和僧人，选文给我们呈现了两位的不同人生面向：葛洪原是一介儒生，但是在西晋与东晋之交的乱局下，最终转向了道教。鸠摩罗什则始终游走在俗世与佛门之间，他既是会预言吉凶的术士，为皇帝所重用的国相，更是一心向佛的高僧。

葛洪列传

〔**选文**〕

葛洪字稚川，丹阳句容人也。祖系，吴大鸿胪。父悌，吴平后入晋，为邵陵太守。洪少好学，家贫，躬自伐薪以贸[①]纸笔，夜辄写书诵习，遂以儒学知名。性寡欲，无所爱玩，不知棋局几道，摴蒱齿名。为人木讷，不好荣利，闭门却扫[②]，未尝交游。于余杭山见何幼道、郭文举，目击而已，各无所言。时或寻书问义，不远数千里崎岖冒涉，期[3]于必得，遂究览典籍，尤好神仙导养之法。从祖玄，吴时学道得仙，号曰葛仙公，以其练丹秘术授弟子郑隐。洪就隐学，悉[4]得其法焉。后师事南海太守上党鲍玄。玄亦内学，逆占将来，见洪深重[5]之，以女妻[6]洪。洪传玄业，兼综练[7]医术，凡所著撰，皆精核是非，而才章富赡。

太安中，石冰作乱，吴兴太守顾秘为义军都督，与周玘等起兵讨之，秘檄洪为将兵都尉，攻冰别率，破之，迁伏波将军。冰平，洪不论功赏，径至洛阳，欲搜求异书以广其学。

洪见天下已乱，欲避地南土，乃参广州刺史嵇含军事。及含遇害，遂停[8]南土多年，征镇檄命一无所就[9]。后还乡里，礼辟[10]皆不赴。元帝为丞相，辟为掾。以平贼功，赐爵关内侯。咸和初，司徒导召补州主簿，转司徒掾，迁谘议参军。干宝深相亲友，荐洪才堪国史，选为散骑常侍，领[11]大著作，洪固辞不就。以[12]年老，欲练丹以祈遐[13]寿，闻交阯出丹，求为句漏令。帝以洪资高，不许。洪曰："非欲为荣，以有丹耳。"帝从之。洪遂将[14]子侄俱行。至广州，刺史邓岳留不听去[15]，洪乃止[16]罗浮山炼丹。岳表[17]补东官太守，又辞不就。岳乃以洪兄子望为记室参军。在山积年，优游闲养，著述不辍。其自序曰：

洪体乏进趣[18]之才，偶好无为之业。假令奋翅则能陵厉玄霄，骋足则能追风蹑[19]景[20]，犹欲戢[21]劲翮于鷦鷯之群，藏逸迹于跛驴之伍，岂况大块禀我以寻常之短羽，造化假我以至驽之蹇足？自卜者审[22]，不能者止，又岂敢力苍蝇而慕冲天之举，策[23]跛鳖而追飞兔之轨；饰嫫母之笃陋，求媒阳之美谈；推沙砾之贱质，索千金于和肆哉！夫僬侥[24]之步而企及夸父之踪，近才所以踬碍[25]也；要离之羸而强赴扛鼎之势，秦人所以断筋也。是以望绝于荣华之途，而志安乎穷圮之域；藜藿有八珍之甘，蓬荜有藻棁之乐也。故权贵之家，虽咫尺弗[26]从也；知道之士，虽艰远必造[27]也。考览奇书，既不少矣，率多隐语，难可卒解，自非至精不能寻究，自非笃勤不能悉见也。

道士弘博洽[28]闻者寡，而意断妄说者众。至于时有好事者，欲有所修为，仓卒不知所从，而意之所疑又无足谘。今为此书，粗举长生之理。其至妙者不得宣之于翰墨，盖粗言较略以示一隅，冀悱愤[29]之徒省之可以思过半矣。岂谓暗塞必能穷微畅远乎，聊论其所先觉者耳。世儒徒知服膺周孔，莫信神仙之书，不但大而笑之，又将谤毁真正。故予所著子言黄白之事，名曰《内篇》，其余驳难通释，名曰《外篇》，大凡内外一百一十六篇。虽不足藏诸名山，且[30]欲缄[31]之金匮，以示识者。

……

洪博闻深洽，江左绝伦。著述篇章富于班马，又精辩玄赜，析理入微。后忽与岳疏[32]云："当远行寻师，克[33]期便发。"岳得疏，狼狈往别[34]。而洪坐至日中，兀然若睡而卒，岳至，遂不及见。时年八十一。视其颜色如生，体亦柔软，举尸入棺，甚轻，如空衣，世以为尸解得仙云。

选自《晋书》卷七十二

〔注释〕 ① 贸：买。 ② 却扫：谢客。 ③ 期：期望。 ④ 悉：全。 ⑤ 重：重视。 ⑥ 妻：嫁予。 ⑦ 综练：博学熟习。 ⑧ 停：停留。 ⑨ 就：赴任。 ⑩ 辟：征召。 ⑪ 领：兼任。 ⑫ 以：因为。 ⑬ 遐：长久。 ⑭ 将：带领。 ⑮ 去：离开。 ⑯ 止：停留。 ⑰ 表：指上表推荐某人。 ⑱ 趣：取。 ⑲ 蹑：追踪。 ⑳ 景：同"影"。 ㉑ 戢：收藏。 ㉒ 审：慎重。 ㉓ 策：鞭打。 ㉔ 僬侥：亦作"焦侥"，古代传说中的矮人。 ㉕ 踬碍：亦作“踬阂”，颠仆障碍，不能前进。 ㉖ 弗：不。 ㉗ 造：造访。 ㉘ 洽：广博。 ㉙ 悱愤：同“愤悱”，谓思虑蕴积。 ㉚ 且：暂且。 ㉛ 缄：封藏。 ㉜ 疏：书信。 ㉝ 克：限定。 ㉞ 别：告别。

〔赏析〕 本篇选文描摹了东晋道教学者葛洪的一生。葛洪，字稚川，自号抱朴子，晋丹阳郡句容人，著有《抱朴子》一书，被誉为道教经典。

道教，源自秦汉以前的巫术，长期以来试图帮助百姓解决困厄，驱灾防病，它追求的是现世幸福和长生不老的永生之道。东汉末，疫病流行，张角、张鲁号称“符咒水以驱病”，建立了“太平道”、“五斗米道”，意味着道教正式建立。但是这种类似于民间“巫术”的宗教一直难登大雅之堂，不受上层喜爱，甚至因为缺乏仪式和理论体系，难以成为真正的宗教。针对早期道教的弊端，发展至魏晋之际，也就出现了“清整道教”的举动，即对原有道教加以改造、改革。葛洪便是对道教进行改造的先驱人物，以后再加上寇谦之、陆静修的努力，共同把道教拉上了神坛，由此开创了魏晋时期道教大兴的局面。

葛洪对于道教的改造主要在于，一是建立了道教理论。他借助玄学，提出宇宙本源为“玄一之道”，得此“玄一之道”便可长生不老，也就是所谓的“得道成仙”。二是他初步建立了神仙体系，开创了道教史上的金丹教派。葛洪认为神仙是存在的，并且还有等级之分，而要得到成仙的途径便是修炼金丹，于是在生命的最后十余年，他在广东罗浮山炼制金丹，而在炼制金丹的过程中他甚至发现了汞转换成水银的化学现象。同时，他也是世界上最早记载天花的医学家。

这是道教史上的葛洪，宛若一位仙仙道者。可是，在读完选文后，似乎有一疑问总萦绕在心间，身为“仙仙道者”的葛洪，为何一会儿出世，一会儿又入世呢？我们看到平定石冰之后，葛洪竟“不论功赏，径至洛阳”去了。可是后来东晋建立，他又当起了王导的主州簿，心甘情愿地被招安了。而在东晋正要被封赏，他又“固辞不就。以年老，欲练丹以祈遐寿”。其实，这种种出世与入世的徘徊不妨看作是他“儒道兼综”思想的表现。“道者，儒之本也，儒者，道之末也”，葛洪曾在《抱朴子》中这般说道，他认为修炼成仙是人生的终极目标，但是终极目标的实现必须尊崇儒家的忠孝观念，不得反对朝廷，扰乱社会。"夫道者,内以治身,外以为国",葛洪站在官方道教立场,称那些反对朝廷、扰乱社会的道教派徒众为妖孽,他将黄巾起义的领袖张角等人称为"招集奸党,称合逆乱",认为需要动用儒家的礼律和法家的严刑峻法对其斩尽杀绝。甚至,儒家的"为仁、行善"也成了修炼成仙的基本方法,"欲求仙者,要当以忠孝和顺仁为本,若德行不修,而但务方术,皆不得长生也。"因此,他主张要想获得长生,必须做善事,要达到"天仙"的境界,得做1 200多件善事呢!

节选的葛洪列传为我们勾勒了葛洪的一生,而在这一生中,也为我们找到葛洪为何形成"儒道兼综"思想的原因。

首先,葛洪自幼就具备儒家和道家双重基因。葛洪出身道教世家,祖上为道教圣人葛玄,而在葛洪成年之后,又向师傅鲍靓学习道教。与张角、张鲁等底层道士不同的是,葛洪出身甚好。他出身东吴官宦世家,祖父、父亲都曾做官,也算是当时的世家大族。如选文中所言:"洪少好学……以儒学知名。"他自小就沿袭着世族子弟的培养路径,饱读儒家经典,秉承着"忠君爱国"的礼教传统。因此,他也就不会如张角、张鲁等民间道士一般,借道教聚拢民众,反抗朝廷。

其次,政治局势的动荡也是葛洪最终走向"儒道兼综"思想的缘由。葛洪生于东吴末年,三岁晋灭吴。因此,他虽出生于世家大族,但是王朝已然改姓,他的族姓并不能给他带来多少优势。晋灭吴后,对于东吴的世家大族采取打压措施,规定吴地士子不得参与官吏选拔。无法通过九品中正制走上仕途,对于自小习读儒家经典的葛洪来说,已然英雄无用武之地了。可想而知,这件事在他的心灵上会留下多大阴影了,他也许很难认同西晋王朝,这也就使得小小年纪的葛洪要想实现"修身齐家治国平天下"的抱负变得渺茫了。此外,新近的西晋王朝在短暂的和平之后,迎来的却是内忧外患的困局。内有各诸侯之间因夺王位而挑起的八王之乱;境外匈奴、氐人已虎视眈眈。而就在此时,葛洪所生活的吴地,也爆发了流民起义,葛洪自身正是动乱时局的见证者。此间,有一件事不得不提。在平定石冰之后,葛洪曾想去洛阳,怎奈此时八王之乱兴起,道路受阻,葛洪只好改去广州投奔友人嵇含。可惜的是,方才安定下来,在乱世下友人嵇含又染疾病故了。此时,葛洪才前往罗浮山修道去了。面对自己前路受阻，友人离去，葛洪难免不以保存个人安危为人生要事，他进而成为一位道士而非儒生，也就不足为奇了。

在魏晋士人中，我们见惯了不与乱世政治合作的阮籍、嵇康之流，而像葛洪般一面修道又不忘忠孝之义者鲜见。在出世与入世之间，葛洪做出了自己的抉择，他并未真正逃避世俗，而是炼起金丹，以求得道成仙；而在国家需要之际，他又出朝为官。正是这种看似“纠结”的人生道路，又不无他个人及时代的合理性，而这也成就了他“儒道兼综”的思想，并最终助力他完成了道教理论化的使命。道教适应了当时上层人士的需要，向官方化发展；在理论方面企图与佛教分庭抗礼，对后来三教融合也产生一定影响。

鸠摩罗什列传

〔选文〕

鸠摩罗什，天竺人也。世为国相。父鸠摩罗炎，聪懿[①]有大节，将嗣[②]相位，乃辞避出家，东渡葱岭。龟兹王闻其名，郊迎之，请为国师。王有妹，年二十，才悟明敏，诸国交娉[③]，并不许，及见炎，心欲当之，王乃逼以妻焉。既而罗什在胎，其母慧解倍常。及年七岁，母遂与俱出家。

罗什从师受经，日诵千偈，偈有三十二字，凡三万二千言，义亦自通。年十二，其母携到沙勒，国王甚重之，遂停沙勒一年。博览五明诸论及阴阳星算，莫不必尽，妙达[④]吉凶，言若符契。为性率达，不拘小检，修行者颇共疑之。然罗什自得于心，未尝介意，专以大乘为化，诸学者皆共师焉。年二十，龟兹王迎之还国，广说诸经，四远学徒莫之能抗[⑤]。

有顷[⑥]，罗什母辞龟兹王往天竺，留罗什住，谓之曰：“方等深教，不可思议，传之东土，惟尔之力。但于汝无利，其可如何？”什曰：“必[⑦]使大化流传，虽苦而无恨[⑧]。”母至天竺，道成，进登第三果。西域诸国咸伏罗什神俊，每至讲说，诸王皆长跪坐侧，令罗什践而登焉。

苻坚闻之，密有迎罗什之意。会太史奏云："有星见外国分野，当有大智入辅中国。"坚曰："朕闻西域有鸠摩罗什，将非此邪？"乃遣骁骑将军吕光等率兵七万，西伐龟兹，谓光曰："若获罗什，即驰驿送之。"光军未至，罗什谓龟兹王白纯曰："国运衰矣，当有勍[9]敌从日下来，宜恭承[10]之，勿抗其锋。"纯不从，出兵距[11]战，光遂破之，乃获罗什。光见其年齿尚少，以凡人戏之，强妻以龟兹王女，罗什距而不受，辞甚苦至。光曰："道士之操[12]不逾先父，何所固辞？"乃饮以醇酒，同闭密室。罗什被逼，遂妻之。光还，中路置军于山下，将士已休，罗什曰："在此必狼狈，宜徙军陇上。"光不纳。至夜，果大雨，洪潦暴起，水深数丈，死者数千人，光密异之。

光欲留王西国，罗什谓光曰："此凶亡之地，不宜淹[13]留，中路自有福地可居。"光还至凉州，闻苻坚已为姚苌所害，于是窃号河右。属[14]姑臧大风，罗什曰："不祥之风当有奸叛，然不劳自定也。"俄而[15]有叛者，寻[16]皆殄灭。

……

顷之，光死，纂立。有猪生子，一身三头。龙出东箱井中，于殿前蟠卧，比[17]旦失之。纂以为美瑞，号其殿为龙翔殿。俄而有黑龙升于当阳九宫门，纂改九宫门为龙兴门。罗什曰："比[18]日潜龙出游，豕妖表异，龙者阴类，出入有时，而今屡见，则为灾眚，必有下人谋上之变。宜克己修德，以答天戒。"纂不纳，后果为吕超所杀。

罗什之在凉州积年，吕光父子既不弘道，故蕴[19]其深解，无所宣化[20]。姚兴遣姚硕德西伐，破吕隆，乃迎罗什，待以国师之礼，仍使入西明阁及逍遥园，译出众经。罗什多所暗诵,无不究其义旨,既览旧经多有纰缪,于是兴使沙门僧睿、僧肇等八百余人传受其旨,更出经论,凡三百余卷。沙门慧睿才识高明,常随罗什传写,罗什每[21]为慧睿论西方辞体,商略[22]同异,云:“天竺国俗甚重文制,其宫商体韵,以入管弦为善。凡觐国王,必有赞德,经中偈颂,皆其式也。”罗什雅[23]好大乘,志在敷演[24],常叹曰:“吾若著笔作大乘阿毗昙,非迦旃子比也。今深识者既寡,将何所论!”惟为姚兴著《实相论》二卷,兴奉之若神。

尝讲经于草堂寺,兴及朝臣、大德沙门千有余人肃容观听,罗什忽下高坐,谓兴曰:“有二小儿登吾肩,欲鄣须妇人。”兴乃召宫女进之,一交而生二子焉。兴尝谓罗什曰:“大师聪明超悟,天下莫二,何可使法种少嗣。”遂以伎女十人,逼令受之。尔后不住僧坊,别立解舍[25]。诸僧多效之。什乃聚针盈钵,引诸僧谓之曰:“若能见效食此者,乃可畜室[26]耳。”因举匕进针,与常食不别[27],诸僧愧服乃止。

杯渡比丘在彭城,闻罗什在长安,乃叹曰:“吾与此子戏,别三百余年,相见杳然未期,迟有遇于来生耳。”罗什未终少[28]日,觉四大不愈,乃口出三番神咒,令外国弟子诵之以自救,未及致力,转觉危殆,于是力[29]疾与众僧告别曰:“因法相遇,殊未尽心,方复[30]后世,恻怆[31]可言。”死于长安。姚兴于逍遥园依外国法以火焚尸,薪灭形碎,惟舌不烂。

选自《晋书》卷九十五

〔**注释**〕 ① 懿:美德。 ② 嗣:承袭。 ③ 娉:通“聘”,送财礼订婚。 ④ 达:通晓。 ⑤ 抗:匹敌。 ⑥ 有顷:不久。 ⑦ 必:果真。 ⑧ 恨:遗憾。 ⑨ 勍:强有力。 ⑩ 承:奉。 ⑪ 距:通“拒”,抗拒。 ⑫ 操:操守。 ⑬ 淹:滞留。 ⑭ 属:适值。 ⑮ 俄而:不久。 ⑯ 寻:不久。 ⑰ 比:等到。 ⑱ 比:近来。 ⑲ 蕴:隐藏。 ⑳ 化:教化。 ㉑ 每:经常。 ㉒ 商略:商量讨论。 ㉓ 雅:向来。 ㉔ 敷演:亦作

“敷衍”，陈述而加以申说。 ㉕ 解舍：即“廨舍”，指官舍。 ㉖ 室：妻。 ㉗ 别：区别。 ㉘ 少：不多。 ㉙ 力：尽力。 ㉚ 复：返回。 ㉛ 恻怆：悲痛。

〔赏析〕 本篇选自《晋书·艺术列传》。“艺术”，在古代指的是六艺以及术数方技等各种技能，特指经术。《晋书·艺术列传》选录了比较多的方士、僧人的故事，而本文选取了其中最为著名的高僧鸠摩罗什的传记。

鸠摩罗什，生活于十六国的后秦、后凉时代，出生在西域龟兹国。父亲贵为相国，母亲则是龟兹国公主。幼年时，随母到天竺习佛，研究佛理十分透彻，一时在天竺声名鹊起。小小年纪的罗什便立下志言：“要传教于东土。”虽历经改朝换代种种磨难，仍不改其志，与弟子共同译成《大品般若经》、《法华经》、《维摩诘经》、《阿弥陀经》、《金刚经》等300余部经典，成为佛教高僧。自汉末佛教传入以来，虽然已翻译了不少佛经，但是由于印度僧人汉语水平不足，所译经典往往较为深奥，难于被汉人理解，甚至出现了词不达意的情况。鸠摩罗什改变了这种局面。由于从小生活在西域，又去印度学习，因此他的梵文、汉语水平都很高，所译的佛经，不仅能准确地表达梵文原意，而且兼具了汉语音韵，仿若诗歌一般。此外，鸠摩罗什还系统地介绍了大乘佛教的中观学说，为国人引入了梵语世界的思辨哲学，也使得国内僧人由佛义的领悟转为对佛理的探究。在其所译大乘佛经的影响下，产生了后来中国佛教的华严宗、密宗、禅宗等宗派，渗透于整个中国文化。

这是佛教史上的鸠摩罗什，译经、引入佛理是他给予中国佛教文化的最大贡献，也使他岿然屹立于中国佛教高僧之列。然而，令人疑惑的是，选文并未着重介绍鸠摩罗什的佛学贡献，反而将更多笔墨置于鸠摩罗什与吕光、姚兴两位皇帝的相处之道上。罗什最早侍奉的是吕光（十六国时期后凉政权建立者），面对一个不信佛的统治者，他不得不把自己打扮成术士，以求得吕光的信任。在吕光的逼迫下，他甚至破戒生子。后凉被灭，罗什虽被后秦皇帝姚兴奉为座上宾，但是仍然逃不脱姚兴的破戒逼难。好端端的一个高僧为什么在选文中却成了屡屡破戒的花和尚呢？其实，这里对罗什的身份有新解，有学者称之为“官僧”。所谓官僧，就是公开的身份是僧人，实质已是被当权者所重用的官员了，也落入凡夫俗子境地了。因此，罗什可以一面做僧人，一面又像官员一样娶妻生子。“官僧”的身份可谓是把双刃剑，身为官员，他一方面受到了统治者的重用，可以更好地传播佛教。罗什在得到姚兴重用之后，姚兴特地为罗什建造了逍遥园，供罗什在此讲经，还为他网罗了大批抄诵者和翻译者。据说，当时从四方赶来向罗什请教的僧人达三千多人，这才有了罗什后来的译经成就。但与此同时，官僧为了迎合统治者的需要，常常不得不打破原有的清规戒律，于是罗什便出现了两次破戒的行动，这多少透露出了一种悲凉和无可奈何之意。

罗什的“官僧”境地也恰恰折射出了魏晋之际佛教初兴的情势。魏晋南北朝之际，由于战争频繁，不少普通百姓开始信仰佛教。尤其是到了东晋十六国时期，一改此前佛教只是在民间自由传播的路径，统治者为了笼络人心，也纷纷延聘高僧为国师，吸收他们参加军事决策。如后赵统治者石勒重用佛图澄，请他参与军政大事，前秦统治者苻坚笃信佛教，迎接佛图澄大弟子道安前往长安主持佛事。而吕光、姚兴重用罗什，也在其列。这些国师僧人，抑或称为官僧的出现，使得十六国时期佛徒剧增。这一局面的形成也就为后来北朝皇帝大肆兴佛、大凿石窟奠定了基础。

此外，佛教在中国初兴，还存在一个特别有趣的现象：人们把佛教视为道教的一部分，把僧人也当成了术士。在选文中，我们便屡屡见得鸠摩罗什通过展现他的“神力”，预言很多事情，来获得统治者的信任。甚至在晋书中不少佛僧被列入了“术士传”，而非“释老志”。可见，佛教在中原初兴，似乎会遭到人们不少的误解与非难。

一种异质文化的传播，其历程自非简单。如今，“四大皆空”、“涅槃”、“忏悔”、“般若”等佛教语汇早已耳熟能详，而禅意、顿悟等佛门思想也渗入了中国文化之中，我们似乎很难将佛教与中国文化割裂了。但当我们读这篇选文，又能见得高僧们在传播佛学时颇为艰辛，为了宣扬佛法又不得不委曲求全、改头换面的心路历程了。

（阎珏雯）

《北史》、《南史》、《魏书》、《宋书》、《南齐书》、《梁书》、《陈书》、《北齐书》、《周书》导语

《北　　史》

唐代李延寿编撰，部分篇目继承了其父李大师的遗稿。全书共一百卷，包括魏本纪五卷、齐本纪三卷、周本纪二卷、隋本纪二卷、列传八十八卷。基于《魏书》、《北齐书》、《周书》、《隋书》的内容编修而成，记述了从北魏登国元年（386 年）至隋义宁二年（618 年）的史事。《四库全书总目提要》称之“征北朝之故实者，终以是书为依据。故虽八书具列，而二史仍并行焉”。

《南　　史》

唐代李延寿编撰。全书共八十卷，包括本纪十卷，列传七十卷，部分篇目继承了其父李大师的遗稿。基于《宋书》、《南齐书》、《梁书》、《陈书》的内容编修而成，记述了从宋武帝永初元年（420 年）至陈后主祯明三年（589 年）的史事。司马光称南史、北史“无繁冗、芜秽之辞，窃谓陈寿之后，惟延寿可以亚之也”（《文献通考·经籍考》）。

《魏　　书》

北齐魏收编撰。全书共一百一十四卷，包括本纪十二卷，列传九十二卷，志十卷。部分本纪、列传和志篇幅过长，又分为上、下，或上、中、下，实际共一百三十卷。记述了从公元 4 世纪末至 6 世纪中叶北魏王朝的历史。历史上对于《魏书》有“秽史”之称，然而也有“追踪班、马，婉而有则，繁而不芜，持论序

言，钩深致远”(《北史·魏收列传》)的评论。

《宋　书》

南朝梁沈约编撰。今本少数列传是后人用唐代高峻《小史》、《南史》所补。全书共一百卷，包括本纪十卷、志三十卷、列传六十卷。记述了南朝刘宋一朝的历史。历代对于沈约文风多有褒扬，但对内容冗繁亦多批评，如刘知幾认为“宋氏年唯五纪，地止江淮，书满百篇，号为繁富”(《史通·书志》)。

《南齐书》

南朝梁萧子显编撰。后人为区分萧子显、李百药的两部《齐书》，称前者为《南齐书》，后者为《北齐书》。全书共六十卷，包括帝纪八卷、志十一卷、传四十卷、序录一卷，其中序录已佚，今存五十九卷。记述了南朝萧齐王朝从齐高帝建元元年(479年)至齐和帝中兴二年(502年)的史事。后世评论“子显之于斯文，喜自驰骋，其更改破析刻雕藻缋之变尤多，而其文益下”(《南齐书目录》序)。

《梁　书》

唐代姚思廉编撰，部分篇目继承了其父姚察的遗稿。全书共五十六卷，包括本纪六卷、列传五十卷。记述了南朝萧齐末年及萧梁一朝(502—557)的史事。赵翼称之“本据国史旧文，有关系则书，无关系则不书。即有关系而其中不无忌讳，亦即隐而不书，故行墨最简”(《廿二史札记·南史增删梁书处》)。

《陈　书》

唐代姚思廉编撰。全书共三十六卷，包括本纪六卷、列传三十卷。记述了从公元557年陈武帝即位至589年陈后主亡国的史事。《陈书》中，存有姚察撰写的两卷，其余都是姚思廉补撰，《四库全书总目提要》指出“今读其列传，体例秩然，出于一手。不似《梁书》之参差，亦以此也”。

《北齐书》

唐代李百药编撰，部分篇目继承了其父李德林的遗稿。全书共五十卷，包括纪八卷，列传四十二卷。记述了从高欢起兵至北齐灭亡的史事，其中以北齐一朝历史为主。至宋代，仅剩帝纪一卷、列传十六卷是李百药的原文，其余各卷根据唐代李延寿的《北史》和高峻的《小史》等书订补修成。《四库全书总目提要》论之，“是其文章萎苶，节目丛脞，固由于史材、史学不及古人，要亦其时为之也。然一代兴亡，当有专史。典章之沿革、政事之得失、人材之优劣，于是乎有徵焉。未始非后来之鉴也。”

《周书》

唐代令狐德棻主持修撰，岑文本和崔仁师等参加编修。全书共五十卷，包括本纪八卷、列传四十二卷。记述了从东西魏分裂至杨坚代周(534—581)的史事。赵翼称之“叙事繁简得宜，文笔亦极简劲”(《陔余丛考》)。

转型时期胡汉军阀胜利

〔导言〕　魏晋南北朝是中国的大分裂时期，也是社会转型的关键节点。长达数百年的分裂深刻地影响了历史发展的进程，除西晋实现过短暂统一外，绝大多数时间里，分裂、割据、对抗是这一时期的显征。由是之故，各个地域的经济、文化、学术、政治乃至心理都出现了明显的“地域特色”。南方与北方的激烈对抗，胡人与汉人的冲突与融合，使这一时期的民族融合达到了空前的地步。北方地区的主角是入主中原的“胡人”与留居故地的汉族，在北方整体“胡化”的同时，进行着颇多曲折的“汉化”，在南方，则特别表现为退守南方的北方汉族与南方汉族以及越蛮俚僚的融合，这也是一种“汉化”。与此同时，人口迁徙的规模之大、历时之久、影响之深，超过了以往任何一个时期。特殊的历史时期产生了特殊的历史结构，以宗法性和等级性为内核的门阀士族成为南朝的统治阶层，但是随着士族的衰落和寒门军功地主的崛起，寒门的地位逐渐上升，南朝的帝王如宋武帝刘裕出身寒门军功阶层就是明证。北魏太武帝和宋武帝都是在战乱年代涌现出来的英雄，一个胡人领袖和一个寒门将领能够开创属于自己的时代，并且成为南北方瞩目的人物，其成功之道和不足之处都是值得后人探讨的。

魏太武帝本纪

〔选文〕

世祖太武皇帝讳焘，明元皇帝之长子也。母曰杜贵嫔。天赐五年，生于东宫。体貌瑰异，道武奇之曰：“成吾业者必此儿也。”泰常七年四月，封太平王。五月，立为皇太子。及明元帝疾，命帝总摄百揆。帝聪明大度，意豁如也。

……

四年春正月乙酉，车驾至自西伐，赐留台文武各有差[①]。从人在道多死，到者裁[②]十六七。己亥，行幸幽州。赫连昌遣其弟定向长安。帝闻之，遣就[③]阴山伐木造攻具。二月，车驾还宫。三月丙午，诏执金吾桓贷造桥于君子津。丁丑，广平王连薨。

夏四月丁未，诏员外散骑常侍步堆使于宋。

五月，车驾西讨赫连昌，次[④]拔邻山。筑城舍辎重，以轻骑三万先行。戊戌，至黑水。帝亲祈天，告祖宗之灵而誓众。六月癸卯朔，日有蚀之。甲辰，大破赫连昌，昌奔上邽。乙巳，车驾入城，虏昌群弟及其母妹妻妾宫人万数，府库珍宝车旗器物不可胜计。辛酉，班师。留常山王素、执金吾桓贷镇统万。

秋七月己卯，筑坛于祚岭，戏马驰射，赐中者金帛缯絮各有差。蠕蠕寇云中，闻破赫连昌，惧而逃。八月壬子，车驾至自西伐，饮至策勋，告宗庙，班军实以赐留台百僚各有差。

冬十一月，以氐王杨玄为假征南大将军、都督、梁州刺史、南秦王。十二月，行幸中山，守宰贪污免者十数人。癸卯，车驾还宫，复[⑤]所过田租之半。

……

（十一年）十二月丁卯，车驾至淮。诏刈萑苇作筏数万而济，淮南皆降。癸未，车驾临江，起[⑥]行宫于瓜步山。诸军同日皆临江，所过城邑，莫不望尘奔溃，其降附者不可胜数。甲申，宋文帝使献百牢，贡其方物，又请进女于皇孙，以求和好。帝以师婚非礼，许和而不许婚，使散骑侍郎夏侯野报之。帝诏皇孙为书，致马通问焉。

……

二年春正月庚辰朔，南来降人五千余家于中山谋叛，州军讨平之。冀州刺史、张掖王沮渠万年与降人通[7]谋，赐死。

三月甲寅，中常侍宗爱构[8]逆[9]，帝崩于永安宫，时年四十五。秘不发丧。爱又矫皇后令，杀东平王翰，迎周安王余立。大赦，改元为永平。尊谥曰太武皇帝，葬于云中金陵，庙号世祖。

帝生不逮[10]密太后，及有所识，言则悲恸，哀感傍人，明元闻而嘉叹。及明元不豫[11]，衣不释带。性清俭率素，服御[12]饮膳，取给[13]而已，不好珍丽，食不二味。所幸昭仪、贵人，衣无兼彩。群臣白[14]帝，更峻京邑城隍以从《周易》设险之义，又陈萧何壮丽之说。帝曰："古人有言，在德不在险。屈丏蒸土筑城，而朕灭之，岂在城也？今天下未平，方须人力，土功之事，朕所未为。萧何之对，非雅言也。"每以财者军国之本，无所轻费。至于赏赐，皆是勋绩之家，亲戚爱宠，未尝[15]横[16]有所及。

临敌，常与士卒同在矢石间。左右死伤者相继，而帝神色自若。是以人思效命，所向无前。命将出师，指授节度，从命者无不制胜，违爽[17]者率[18]多败失。性又知人。拔士于卒伍之中，唯其才效所长。不论本末，兼甚严断，明于刑赏。功者赏不遗[19]贱，罪者刑不避亲，虽宠爱之，终不亏法。常曰："法者，朕与天下共之，何敢轻也。"故大臣犯法，无所宽假[20]。

雅长听察，瞬息之间，下无以措其奸隐。然果于诛戮，后多悔之。司徒崔浩死后，帝北伐，时宣城公李孝伯疾笃，传者以为卒，帝闻而悼之，谓左右曰："李宣城可惜。"又曰："朕向[21]失言，崔司徒可惜，李宣城可哀。"褒贬雅意，皆此类也。

……

论曰：太武聪明雄断，威灵杰立。藉[22]二世之资，奋征伐之气，遂戎轩四出，周旋夷险。平秦、陇，扫统万，翦辽海，荡河源。南夷荷担，北蠕绝迹，廓定四表，混一华戎。其为武功也大矣。遂使有魏之业，光迈[23]百王。岂非神睿经纶，事当命世[24]。至于初则东储不终，末乃衅成所忽[25]，固本贻防，殆弗思乎。

选自《北史》卷二

〔注释〕 ① 差：差别。 ② 裁：通“才”。 ③ 就：到。 ④ 次：驻扎。 ⑤ 复：免除赋税徭役。 ⑥ 起：兴建。 ⑦ 通：勾结。 ⑧ 构：图谋。 ⑨ 逆：叛乱。 ⑩ 逮：及。 ⑪ 不豫：婉称帝王有病。 ⑫ 御：驾驶车马。 ⑬ 取给：取之以供需用。 ⑭ 白：报告。 ⑮ 尝：曾经。 ⑯ 横：不循正理。 ⑰ 爽：违背。 ⑱ 率：通常。 ⑲ 遗：遗漏。 ⑳ 假：犹“贷”，宽容。 ㉑ 向：先前。 ㉒ 藉：凭借。 ㉓ 迈：超过。 ㉔ 命世：闻名于世。 ㉕ 忽：疏忽。

〔赏析〕 北魏是由中国北方的少数民族鲜卑人创立的政权。拓跋部是鲜卑人的一部，原来生活在今内蒙古大兴安岭北部一带，后经不断内迁，逐渐来到了中原的山西地区。魏晋时期，天下大乱，拓跋部通过战争和掠夺逐渐强大起来，公元338年正式建立政权，称为“代”。淝水之战，前秦败亡，拓跋部趁机坐大，经过连续三代君主的努力，逐渐扫平了北方的各少数民族政权，到了太武帝拓跋焘时期，终于实现了北方的统一。拓跋焘颇具文韬武略，即位之后连年兴兵，屡获胜利。他连灭柔然、夏、北燕、北凉等政权，统一北方中国，结束了十六国的分裂割据局面。他还南征刘宋，一直打到瓜步(今江苏六合)，隔江与刘宋的首都建康(今南京)相对，使得刘宋京师震动，元气大伤。

北魏建立之初，北方形势复杂，难以建立有效的统治，同时还有新兴的柔然(即蠕蠕)控制漠北草原，可以说是危机重重。公元423年，拓跋焘即位。胸怀雄才大略的他采纳汉人士大夫崔浩的建议，主动出击柔然。当时反对攻打柔然的呼声很高，主要原因是：彻底打败柔然没有什么好处，其地不可耕种，其人不可役使。但是崔浩指出：“打败柔然控制漠北草原，北魏可以到水草丰美的地方放牧；打败柔然还能俘获其众，编入军队，为己效力。”拓跋焘采纳了他的建议，并且决定在初夏柔然没有防备的时候出兵，他率军队舍弃辎重，深入草原腹地，大败柔然军队。与此同时，他将大量被柔然奴役的高车人编入军队，独立成军，使得北魏的军事实力大增。此后，拓跋焘又挫败了宋文帝的北伐，并且实施南征，使得刘宋遭到重创，宋文帝开创的"元嘉之治"就此衰落。

拓跋焘知人善任，作战时身先士卒，开创了属于北魏的大时代，北方的统一也在客观上结束了战乱，使百姓免予战乱的骚扰。当然，他实现的统一，其初衷并非是追求统一与和平，而主要是掠夺财富。每攻一国，他都会计算所获多少，战胜之后，也必然会将获得的财宝与"生口"大行赏赐将士。

北魏统一北方之后，为了统治中原甚至进一步打败刘宋，成为全国的"共主"，必须实行汉化。其实，自十六国以来，北方少数民族政权的汉化是大势所趋。少数民族的人口远远少于汉人，文化上又缺少足以使本民族的文明积淀下来的典籍，政治制度相对落后，因此出于统治的需要，制度上和观念上的汉化显得尤为关键。相对来说，长期在草原上活动的拓跋鲜卑人，汉化进程比较曲折。

拓跋焘虽然在政治上重用汉族士人崔浩，并且对他言听计从，称他为"长胜之家"，但是对于汉文化却终究没有从内心服膺，因此显得犹豫不决、进退失当。当深具谋略的崔浩利用道教将拓跋焘包装成"太平真君"，成为继孔子之后的一代圣人后，拓跋焘才龙颜大悦，采取了一系列汉化政策，如尚书省的重新建立，中书省和秘书省的建立，使得大批汉族士人聚集起来，参议政事、撰写史书；礼聘大家士人，礼送至平城；整顿赋税，考核官吏等。这些措施使得北魏出现了全新的气象，却也激化了鲜卑贵族和汉人士族之间的矛盾，导致北魏政局的动荡。

此后，崔浩为了打造一个真正行周孔儒教的华夏政权，坚决打击民间的杂神，这些民间的神祇都是鲜卑部落联盟时代的偶像。一概废除，虽然有利于伸张周孔儒教，却招来了鲜卑人的忌恨。此后，崔浩等人还进行激烈的"灭佛"举措，要"荡除胡神、灭其踪迹"。佛教在北方拥有很深的社会基础，受到鲜卑贵族乃至皇族的信奉，此举无疑将矛盾推到了顶点，最终鲜卑贵族群起反击，掀起了声势极大的反汉化运动。拓跋焘虽然自命为"太平真君"，但是作为一个鲜卑君主,从内心来说是把汉化作为巩固统治的措施来看待的,一旦汉化造成了政局的动荡,他仍然倾向于自己的统治基础——鲜卑贵族以及鲜卑旧俗。因此,崔浩等很多汉人知识分子最后都惨遭"身死族灭"的可悲下场。

崔浩的悲剧折射了北魏政权实现汉化的艰难曲折。崔浩促成北魏政权汉化的努力,因为鲜卑人主体上还没有汉化,同时也因为拓跋焘没能从内心上根本认同这一政策而遭致失败。但是,北魏政权要统治中原,就必须要融入中华文明。拓跋焘作为一位雄才伟略的君主,没能解决这个难题。崔浩的理想,还要等上半个世纪,才由拓跋焘的后人——北魏孝文帝来加以实现。

宋武帝本纪

〔选文〕

宋高祖武皇帝讳裕,字德舆,小字寄奴,彭城县绥舆里人,姓刘氏,汉楚元王交之二十一世孙也。彭城楚都,故苗裔家焉。晋氏东迁,刘氏移居晋陵丹徒之京口里。皇祖靖,晋东安太守。皇考翘,字显宗,郡功曹。帝以晋哀帝兴宁元年岁在癸亥三月壬寅夜生,神光照室尽明,是夕甘露降于墓树。及长,雄杰有大度,身长七尺六寸,风骨奇伟,不事廉隅小节,奉继母以孝闻[①]。

……

初为冠军孙无终司马。晋隆安三年十一月,祆贼孙恩作乱于会稽,朝廷遣卫将军谢琰、前将军刘牢之东讨。牢之请帝参府军事,命与数十人觇[②]贼,遇贼众数千,帝便与战,所将[③]人多死,而帝奋长刀,所杀伤甚众。牢之子敬宣疑帝为贼所困,乃轻骑寻之;既而众骑并至,遂平山阴,恩遁入海。

……

十二月,桓玄篡位,迁晋帝于寻阳。桓修入朝,帝从至建邺,玄见帝,谓司徒王谧曰:"昨见刘裕,风骨不恒[④],盖人杰也。”每游集，赠赐甚厚。玄妻刘氏，尚书令耽之女也，聪明有智鉴，尝见帝，因谓玄曰：“刘裕龙行虎步，视瞻不凡，恐必不为人下，宜早为其所⑤。”玄曰：“我方平荡中原，非裕莫可，待关、陇平定，然后议之。”

……

庚申，帝镇石头城，立留台百官，焚桓温主于宣阳门外，造晋新主于太庙。遣诸将追玄，命尚书王嘏率百官奉迎乘舆。司徒王谧与众议推帝领扬州，帝固辞，乃以谧为录尚书事、领扬州刺史，帝为镇军将军、都督八州诸军事、徐州刺史、领军将军。

……

九月，晋帝以帝平齐、定卢循功，封帝次子义真为桂阳县公；并重申前命，授帝太傅、扬州牧，加羽葆、鼓吹，班剑二十人。将吏百僚敦劝，乃受羽葆、鼓吹、班剑，余固辞。

……

初，帝平齐，仍有定关、洛意，遇卢循侵逼，故寝⑥。及荆、雍平，乃谋外略。会⑦姚兴死，子泓新立，兄弟相杀，关中扰乱。四月乙丑，帝表伐关、洛，乃戒严北讨，加领征西将军、司豫二州刺史。以世子为徐、兖二州刺史。帝欲以义声怀⑧远，奉琅邪王北伐。五月，庐江霍山崩，获六钟，献之天子。癸巳，加领北雍州刺史，前后部羽葆、鼓吹，增班剑为四十人。八月丁巳，率大众进发，以世子为中军将军，监太尉留府事，尚书右仆射刘穆之为左仆射，领监军、中军二府军司，入居东府，总摄内外。九月，帝至彭城，加领北徐州刺史。十月，众军至洛，围金墉，降之。修复晋五陵，置守卫。

……

十四年正月壬戌，帝至彭城，解严息甲。以辅国将军刘遵考为并州刺史，领河东太守，镇蒲阪。帝解司州，领徐、冀二州刺史，固让进爵。时汉中成固县汉水崖际有异声如雷，俄顷岸崩，有铜钟十二，出自潜壤。巩县人宗曜于其田所获嘉禾，九穗同茎，帝以献，晋帝以归于我。帝冲⑨让，乃止。

六月丁亥，受相国宋公九锡之命，下令赦国内殊死以下。诏崇豫章太夫人为宋公太妃，世子为中军将军副贰，相国府百官悉⑩依天朝之制。又诏宋国所封十郡之外，悉得除用。先是，安西中兵参军沈田子杀安西司马王镇恶，诸将杀安西长史王修，关中乱。十月，帝遣右将军朱龄石代安西将军桂阳公义真为雍州刺史。义真还，为赫连勃勃所追，大败，仅以身免，诸将帅及龄石并没。

……

论曰：晋自社稷南迁，王纲弛紊⑪，朝权国命，递⑫归台辅，君道虽存，主威久谢。桓温雄才盖世，勋高一时，移鼎之业已成，天人之望将改。自斯以后，帝道弥昏，道子开其祸端，元显成其衅⑬末。桓玄乘时藉运，加以先资，革命受终⑭，人无异望。宋武地非齐、晋，众无一旅，曾不浃旬⑮，夷⑯凶翦暴，诛内清外，功格⑰上下。若夫乐推所归，讴歌所集，校⑱之魏、晋，可谓收其实矣。然武皇将涉知命⑲，弱嗣⑳方育，顾有慈颜，前无严训。少帝体易染之质，禀可下之姿，外物莫犯其心，所欲必从其志，崄纵非学而能，危亡不期而集，其至颠沛㉑，非不幸也。悲哉！

选自《南史》卷一

〔注释〕 ① 闻：闻名。 ② 觇：窥视。 ③ 将：带领。 ④ 恒：平常。 ⑤ 所：处所。 ⑥ 寝：搁置。 ⑦ 会：适逢。 ⑧ 怀：安抚。 ⑨ 冲：谦和。 ⑩ 悉：都。 ⑪ 弛紊：

松弛紊乱。 ⑫ 递：交替。 ⑬ 衅：祸端。 ⑭ 受终：承受帝位。 ⑮ 浃旬：十天。 ⑯ 夷：消灭。 ⑰ 格：至。 ⑱ 校：比较。 ⑲ 知命：代指五十岁。 ⑳ 嗣：继承人。 ㉑ 颠沛：覆灭。

〔赏析〕 魏晋南北朝时期，天下大乱，南北对立。南朝的政局有两个鲜明的特点，即军权逐步加强与门阀政治的延续。由是之故，寒门军功阶层得以逐步掌握权力，政权变革主要通过宫廷政变的形式来加以完成，“禅让”又成为朝代更替的主要形式。刘宋的开创者刘裕能够从一介布衣终成开国之君，恰恰印证了这一时代特征。他出身寒微，从其早年出仕为军司马，应募北府兵为参军来看，应当属于低级士族。他加入的刘牢之北府兵是江东最强的军队，为以后建立军功打下了基础。

东晋末年，朝政混乱。权臣桓玄掌控了朝廷大权，有取代晋室之心。还有南方的孙恩、卢循发动起义，重创朝廷的军队。当此乱世，正是刘裕建功之机，他在攻打孙恩、卢循时，多次取胜，显现出良好的军事才能。孙恩、卢循被打退后，桓玄逼晋安帝禅让于他，建立了楚政权。在东晋门阀政治的特殊时期，虽然晋朝皇帝权力较弱，但是权臣公然改朝换代还是冒天下之大不韪的。刘裕与其他北府兵将领起来反抗，连克强敌，终于打败了桓玄，重新恢复了晋朝，他也因复国有功，掌握了军政大权。

此后，刘裕的雄才大略在北伐战争中愈加显现。以中国古代的军事形势来看，北方的军事实力要强于南方，地理形势也对北方有利，因此南方的政权要打败北方的政权，难度是很大的。当时的北方还是十六国时期，少数民族善于骑射，军事实力很强，东晋政权虽然组织过北伐，却都无功而返。刘裕却在北伐过程中屡立战功，他先消灭了南燕政权，占有青、齐诸州(今山东地区)，后又利用北方战乱之机，消灭了后秦政权，恢复了洛阳、长安。刘裕的北伐成功有一定客观原因，北方诸国经过长期战争，大多师老械弊。当然，能够打败强悍的少数民族政权与刘裕出色的军事指挥是分不开的。刘裕打败北方强敌，建立不世之功，在整个南北朝时期是江东最高的军事成绩了，这也是能够取代晋朝建立刘宋政权的关键所在。

刘裕攻下洛阳、长安后，本该迁都北方，经营中原，进而消灭剩余的胡人政权，统一天下。从长远的眼光来看，这是整个南北朝时期最好的、也是唯一的统一机遇，刘裕如果能抓住此机遇，将留名青史。但是，刘裕却错过了这个最佳时机，留下无尽的遗憾。刘裕错失良机的原因实是出于他的私心，当时他在南方稳定政局的重臣刘穆之病死了，刘裕担心政权不稳，匆忙赶回南方，竟然留下年仅十二岁的儿子刘义真镇守关中。其他辅佐刘义真的将领矛盾重重，互相残杀，造成了极大的内讧。北方的赫连勃勃政权趁机进攻长安，关中失守，晋军惨败，刘义真只身逃回南方，好不容易恢复的中原地区又先后失陷了。彼时，刘裕虽然经历了北方的惨败，但是由于其崇高的威望，还是取代晋室建立了刘宋政权。

刘裕创立南朝宋政权后，主要精力用于巩固政权，北伐的决心有所减弱，况且北方的夏和北魏政权先后崛起，北伐的时机也已经丧失了。与此同时，刘裕在培养接班人方面的缺陷充分暴露了出来。当年，刘义真惨败后只身逃回南方，刘裕出于护短没有加以处罚。他临死之前，以长子刘义符为太子。但是由于他管教不严，培养储君不当，刘义符沉迷于宫内游戏宴饮，为政失德，群臣都相当不满。刘裕留下辅政的徐羡之、谢晦等人以为他难守社稷，联手将他废除，不久派人将他杀害。后来，谢晦因和刘义真有仇，又借故杀了刘义真。刘裕留下的辅政大臣竟然先后杀了他的两个儿子，也可见他所托非人。最终，刘裕的第三子刘义隆被立为帝，即为宋文帝。宋文帝统治任内，开创了“元嘉之治”，算是南朝时期比较安定的时期。然而，讽刺的是，宋文帝和其父一样不善于培养接班人，他的太子迷信巫蛊，亲信小人，听说宋文帝有废立之意，竟然先下手为强，把宋文帝杀害了。

刘裕出身低微，生当乱世，凭借着过人的军事才能和雄才大略，屡立大功，光复中原，应当可以说是一位难得的人才。但是他出于改朝换代的私心，错失了难得的统一良机，令人扼腕叹息。至于他疏于教育、所托非人，导致朝廷大乱，内讧不止，对于后人来说也是惨痛的教训。刘裕有才能干略，却缺乏大格局和大视野，因此可以成为一位开国之君，却难以成为一代英主。

（郭　敏）

政治走向的转机——改革或革命

〔**导言**〕 北魏孝文帝在中国历史上以锐意改革、推进汉化而著名。孝文帝的改革是全方位的，包括政治、经济、文化、习俗等方面。政治方面表现在改革官制、官僚俸禄制；经济方面则表现为实行均田制、新租调制；文化层面体现在实行五礼制，推广儒家文化；习俗层面致力于改革旧婚姻丧葬习俗。孝文帝改革的重要目的就是富国强兵，以缩小并进而消弭与汉族文化的差异，为实现天下统一奠定基础。这是一个长远的目标，而能否实现以及何时实现这个目标取决于两个因素，即北朝自身改革的进程长短和南朝自身的强弱变化。

在魏孝文帝锐意改革的同时，江南地区的南朝也发生了重大的政治变化，刘宋王朝为萧道成的萧齐王朝所取代。南朝朝代的鼎革，对自身以及与之对峙的北魏，都具有不可忽视的意义。南朝刘宋政权从孝武帝刘骏时就开始走下坡路，统治集团内部矛盾日益激烈，严重地消耗着南朝的实力。这种情况如若持续发展下去，将会产生被北魏乘虚而入的可能。萧齐王朝的建立，无疑给日暮途穷的南朝注射了一支强心剂，使南朝产生了颉颃北朝的政治契机。时局的演变在客观上迫使北魏将重点放在进一步推进改革上，以等待统一的时机。

魏孝文帝本纪

〔**选文**〕

高祖孝文皇帝讳宏，献文皇帝之太子也。母曰李夫人。皇兴元年八月戊申，生于平城紫宫，神光照室，天地氛氲[①]，和气充塞。帝洁白有异姿，襁褓岐嶷[②]，长而弘裕仁孝，绰然有人君之表。献文尤爱异之。三年六月辛未，立为皇太子。

五年，受禅。

延兴元年秋八月丙午，皇帝即位于太华前殿，改皇兴五年为延兴。

……

太和元年春正月乙酉，改元。辛亥，起[3]太和、安昌二殿。

……

八年春正月，诏陇西公琛、尚书陆叡为东西二道大使，褒善罚恶。

……

六月丁卯，诏曰："置官班[4]禄，行之尚[5]矣，自中原丧乱，兹制中绝。先朝因循，未遑[6]厘改。朕顾宪章旧典，始班俸禄，罢诸商人，以简人事。户增调三匹、谷二斛九斗，以为官司之禄。均预调为二匹之赋，即兼商用。虽有一时之烦，终克永逸之益。禄行之后，赃满一匹者死。变法改度，宜为更始，其大赦天下，与之惟新[7]。"

……

秋八月甲辰，诏以班制俸禄，更兴刑书，宽猛未允[8]，人或异议。制百辟卿士工商吏人各上便宜，勿有所隐。九月甲午，齐人来聘[9]。戊戌，诏俸制十月为首，每季一请。于是内外百官，受禄有差[10]。

……

十年春正月癸亥朔，帝始服衮冕，朝飨[11]万国。

……

十四年春正月己巳朔，日有蚀之。

……

九月癸丑，太皇太后冯氏崩。诏听[12]藩镇曾经内侍者，前后奔赴。冬十月戊辰，诏将亲侍龙舆，奉诀陵隧[13]，诸常从之具，悉[14]可停之。其武卫之官，防侍如法。癸酉，葬文明太皇太后于永固陵。甲戌，车驾谒永固陵。群臣固请公除，帝不许。己卯，车驾谒永固陵。庚辰，帝居庐，引见群僚于太和殿。太尉、东阳王丕等据权制固请。帝引古礼往复，群臣乃止。京兆王太兴有罪，免官削爵。诏曰："公卿屡依金册遗旨，中代权[15]制，式请过葬即吉。朕思遵远古，终三年之制。依礼，既虞卒哭。此月二十一日授服，以葛易麻。既以衰服在上，公卿不得独释于下，故于朕之授服，变从练礼。已下复为节降。斟酌古今，以制厥[16]衷[17]。且取遗旨速除之一端，粗[18]申臣子罔极之巨痛。"癸未，诏曰："朕远遵古式，欲终三年之礼。百辟群臣，据金册顾命，将夺朕心，从先朝之制。朕仰惟金册，俯自推省，取诸二衷，不许众议。以衰服过期，终四节之慕。又奉遵圣训，聿修[19]诰旨，不敢暗默自居，以旷[20]机政。庶[21]不愆[22]遗令之意，差[23]展哀慕之情。并下州镇，长至、三元，绝告庆之礼。"甲申，车驾谒永固陵。十一月甲寅，诏内外职人先朝班次及诸方杂客，冬至之日，尽听入临。三品已下衰服者，至夕复临。其余唯旦临而已。其拜哭之节，一依别仪。

……

十七年春正月壬子朔，飨百寮于太极殿。

……

八月乙酉，三老山阳郡公尉元薨。丙戌，车驾类于上帝，遂临尉元丧。丁亥，帝辞永固陵。己丑，发京师南伐，步骑三十余万。太尉丕奏请以宫人从，诏以临戎不语内事，不许。壬寅，车驾至肆州。人年七十已上，赐爵一级。路见眇[24]跛，停驾亲问，赐衣食，复[25]终事。戊申，幸并州，亲见高年，问疾苦。九月壬子，诏兼员外散骑常侍高聪聘于齐。丁巳，诏车驾所经，伤人秋稼者，亩给谷五斛。戊辰，济河。诏洛、怀、并、肆所过四州，赐高年爵，恤鳏寡孤独各有差；孝悌廉义文武应求者，皆以名闻。又诏厮养户不得与庶士婚，有文武之才积劳应进者，同庶族例，听之。庚午，幸洛阳，周巡故宫基迹。帝顾谓侍臣曰："晋德不修，荒毁至此！"遂咏《黍离诗》，为之流涕。壬申，观河桥。幸太学，观石经。丙子，六军发轸。丁丑，帝戎服执鞭，御马而出。群臣稽颡[26]于马前，请停南伐，帝乃止。仍议迁都计。

……

十八年春正月丁未朔，朝群臣于邺宫澄鸾殿。……三月庚辰，罢西郊祭天。壬辰，帝临太极殿，喻[27]在代群臣迁移之略。

……

十一月辛未朔，诏冀、定二州，赐高年爵，恤鳏寡孤老各有差。孝义廉贞文武应求者，具以名闻。丁丑，幸邺。甲申，经比干墓，亲为吊文，树碑刊之。己丑，车驾至洛阳。

十二月辛丑朔，分命诸将南征。壬寅，革衣服之制。癸卯，诏中外戒严。戊申，复代迁户租赋三岁。己酉，诏王、公、侯、伯、子、男开国食邑者：王食半；公三分食一；侯、伯四分食一；子、男五分食一。辛亥，车驾南伐。丁卯，诏郢、豫二州赐高年爵，恤孤寡鳏老各有差。缘路之丁，复田租一岁。孝悌廉贞文武应求者，具以名闻。

……

十九年春正月辛未朔，朝飨群臣于悬瓠。癸酉，诏禁淮北人不得侵掠，犯者以大辟㉘论。

……

六月己亥，诏不得以北俗之语，言于朝廷。违者，免所居官。辛丑，诏复军士从驾渡淮者租赋三年。癸卯，诏皇太子赴平城宫。壬子，诏济州、东郡、荥阳及河南诸县车驾所经者，赐高年爵，恤孤寡老疾各有差。孝悌廉义文武应求者，具以名闻。癸丑，求天下遗书。秘阁所无，有裨时用者，加以厚赏。乙卯，曲赦梁州，复人田租三岁。丙辰，诏迁洛人，死葬河南，不得还北。于是代人南迁者，悉为河南洛阳人。戊午，诏改长尺大斗，依《周礼》制度，班之天下。

秋八月，幸西宫。路见坏冢露棺，驻辇埋之。乙巳，诏选天下勇士十五万人为羽林、武贲，以充宿卫。丁巳，诏诸从兵从征被伤者，皆听还本。金墉宫成。甲子，引群臣历宴殿堂。

九月，六宫及文武尽迁洛阳。

……

二十三年春正月戊寅朔，朝飨群臣于邺。先是，帝不豫㉙，至是有瘳㉚。

……

夏四月丙午朔，帝崩于谷塘原之行宫，时年三十三。秘讳至鲁阳发丧，还京师。上谥曰孝文皇帝，庙曰高祖。五月丙申，葬长陵。

选自《北史》卷三

〔注释〕 ① 氛氲：繁盛的样子。 ② 岐嶷：形容幼年聪慧。 ③ 起：兴建。 ④ 班：颁布。 ⑤ 尚：时间久远。 ⑥ 遑：闲暇。 ⑦ 惟新：更新。 ⑧ 允：公平。 ⑨ 聘：指天子、诸侯及国家间派使臣访问。 ⑩ 差：差别。 ⑪ 飨：用酒食款待人。 ⑫ 听：听凭。 ⑬ 隧：地道。 ⑭ 悉：全。 ⑮ 权：权宜。 ⑯ 厥：其。 ⑰ 衷：通“中”，恰当。 ⑱ 粗：粗略。 ⑲ 聿修：发扬先人的德业。 ⑳ 旷：荒废。 ㉑ 庶：希望。 ㉒ 愆：违背。 ㉓ 差：稍微。 ㉔ 眇：眼瞎。 ㉕ 复：免除赋税徭役。 ㉖ 稽颡：一种跪拜礼。 ㉗ 喻：使了解。 ㉘ 大辟：死刑。 ㉙ 不豫：婉称帝王有病。 ㉚ 瘳：病愈。

〔赏析〕 改革是中国历史上重要的话题，而气魄和政治智慧是杰出的改革者必备的素质。北魏孝文帝元宏就是中国历史上极具气魄和政治智慧的杰出改革家。

太和十四年(490 年)，魏孝文帝的祖母太皇太后冯氏病逝。在此以前，北魏始终实行“既葬公除”这一制度。所谓“既葬公除”，即皇帝去世，埋葬完灵柩之后就除去丧服的制度，并没有遵循儒家所提倡的守孝三年这一规定。孝文帝以太皇太后冯氏治丧这一契机，一改拓跋族以往的传统，力主实行三年之丧的制度。这样，魏孝文帝的改革就从政治经济层面切换到文化习俗层面。然而事情并非一帆风顺，魏孝文帝改革试水的举措遭遇到了三个方面的困难和阻力。

第一个困难和阻力，来自北魏拓跋族的丧葬传统。直至北魏孝文帝太和十二年，李彪上书仍称：“圣魏之初，拨乱返正，未遑建终丧之制……伏见朝臣丁父忧者，假满赴职，衣锦乘轩，从郊庙之祀，鸣玉垂緌，同节庆之宴，伤人子之道，亏天地之经。愚谓如有遭大父母、父母丧者，皆听终服。”(《魏书·李彪列传》)由此可见，此时三年终丧制度在北魏仍未加以实行。

第二个困难和阻力，来自文明太皇太后的终制金册。文明太皇太后冯氏生前对自己的后事就有遗嘱。早在太和五年，魏孝文帝就把此遗嘱铭记在金册之上，具体内容史无详细记载，但通过“过葬即吉”这一记载，则可以断定不行三年之丧当是其内容之一。太和十四年，当孝文帝为冯太后行三年之丧时，下诏书曰：“公卿屡依金册遗旨，中代权制，式请过葬即吉”，诏书又说：“朕远遵古式，欲终三年之礼。百辟群官，据金册顾命，将夺朕心，从先朝之制。”冯氏生前权力极大，孝文帝即位之初，冯氏临朝专政，事无巨细，一以禀之。她曾一度要将孝文帝废掉，因宦官诬陷，冯太后还曾下令杖责孝文帝，对这一切，孝文帝都逆来顺受，因而留下了孝谨的正面形象。此时孝文帝极力实行三年终丧制，就意味着不遵太后懿旨。

第三个困难和阻力，来自旧贵族的极力反对。他们利用传统习俗的强大惯性，手持冯太后终制金册，对孝文帝实行三年丧制施以高压，这在穆亮给孝文帝的奏章中表现得尤为明显。穆亮所上表章，概括起来，有如下几层意思：第一，三年之丧违背天意。皇帝乃上天之子，"子过哀，父则为之惨悴"，所以就造成了天地之气不和，风灾旱灾连年发生的情况。第二，三年之丧违背先圣之意。"《礼》备诸侯之丧，而无天子之式。虽有上达之言，未见居丧之典"，即阐明虽有诸侯之丧上达天子的理论，但未见哪个先圣实行过。第三，三年之丧违背太后终制金册。第四，三年之丧违背民意。因为皇帝既为万民父母，"父过戚，子则为之忧伤"（《魏书·穆亮列传》）。穆亮的"四违背"之论，简直堪称拓跋氏旧贵族声讨孝文帝实行三年之丧的檄文。

孝文帝面对亲人的反对、族人的阻挠，面对违背天意、违背先圣、违背民心、违背长辈的指责，毫不畏惧，绝不动摇，体现了巨大的改革气魄。

孝文帝力排众议，坚持改革的行为，并非一意孤行地蛮干，而是非常讲究策略的。为了应对反对派的指责，孝文帝特意安排了一出戏码。就实行三年守孝制度的问题，他征求高闾、游明根、李彪三个汉族大臣的意见，又让反对改革的拓跋贵族在场旁听。三位汉族大臣本是支持孝文帝实行三年之丧制度的，然而在孝文帝的授意之下，一致提出反对意见。游明根说："臣等伏寻金册遗旨，逾月而葬，葬而即吉。故于卜葬之初，因奏练除之事，仰伤圣心，伏增悲悚。"高闾说："今遗册之旨，同于前式。伏愿陛下述遵遗令，以副群庶之情。"李彪也说："愿陛下览前世之成规，遵金册之遗令，割哀从议，以亲万机。斯诚臣下至心，兆庶所愿。"（《魏书·礼志四之三》）对李彪等人的论点，孝文帝一一加以反驳，大有舌战群儒的味道。结果是孝文帝的主张占了上风，三位汉族大臣放弃了自己的主张。孝文帝通过这个方式，阐明了之所以要进行改革的动因，坚定了进行改革的决心，驳斥了反对派的指责。

在迁都的问题上也是如此。孝文帝准备迁都洛阳，但不直说，而是打着讨伐南齐的旗号南下，且出兵的时间偏偏选在阴雨连绵道路泥泞难走的不利季节。李冲、拓跋休、拓跋澄等稽颡于马首之前进行劝谏。孝文帝因势利导，表示不南伐可以，但要接受迁都洛阳的决策。吕思勉先生对此分析说："孝文此举，必有参与密谋者，今不可考，以意度之，必为汉臣，李冲当即其一也。"（《两晋南北朝史》）如果说李冲为密谋者之一还是以意度之，那么，任城王元澄为密谋者之一恰有确凿证据。史载孝文帝外示南讨，意在谋迁，乃独谓元澄曰："今日之行，诚知不易。但国家兴自北土，徙居平城，虽富有四海，文轨未一，此间用武之地，非可文治，移风易俗，信为甚难。崤函帝宅，河洛王里，因兹大举，光宅中原，任城意以为何如？"元澄曰："伊洛中区，均天下所据，陛下制御华夏，辑平九服，苍生闻此，应当大庆。"孝文帝曰："北人恋本，忽闻将移，不能不惊扰也。"元澄曰："此既非常之事，当非常人所知，唯须决之圣怀，此辈亦何能为也。"孝文帝曰："任城便是我之子房。"（《魏书·景穆十二王列传》）元澄与孝文帝早有密谋，又合演了一场假托南讨实则定迁都大计的假戏敲打朝臣，孝文帝此举和他同高闾、游明根、李彪三位大臣讨论三年之丧何其相似！

孝文帝在改革丧制、迁都等具体事件的处理上，策略巧妙，体现了高超的政治智慧和权谋艺术。

齐高帝本纪

〔选文〕

齐太祖高皇帝讳道成，字绍伯，小字斗将，姓萧氏。其先本居东海兰陵县中都乡中都里，晋元康元年，惠帝分东海郡为兰陵，故复为兰陵郡人。中朝丧乱，皇高祖淮阴令整，字公齐，过江居晋陵武进县之东城里，寓居江左者，皆侨置本土，加以"南"名，更为南兰陵人也。

……

高帝以宋元嘉四年丁卯岁生，姿表英异，龙颡[①]钟声，长七尺五寸，鳞文遍体。旧宅在武进县，宅南有一桑树，擢本三丈，横生四枝，状似华盖。帝年数岁，好戏其下，从兄[②]敬宗曰:“此树为汝生也。”儒生雷次宗立学于鸡笼山,帝年十三,就[3]受《礼》及《左氏春秋》。

十七年,宋大将军彭城王义康被黜,徙豫章。皇考领兵防守,帝舍业南行。十九年,竟陵蛮动,宋文帝遣帝领偏军讨沔北蛮。二十三年,雍州刺史萧思话镇襄阳,启帝自随,初为左军中兵参军。二十九年,领偏军征仇池,破其武兴、兰皋二垒,遂从谷口入关。未至长安八十里,梁州刺史刘秀之遣司马马汪助帝,攻拔谈提城。魏救兵至,帝军力疲少,又闻文帝崩,乃烧城还南郑。

后袭爵晋兴县五等男。为建康令,有能[4]名[5],少府萧惠开雅有知人鉴,谓人曰:“昔魏武为洛阳北部时,人服其英,今看萧建康,但[6]当过之耳。”

……

江州刺史晋安王子勋遣临川内史张淹自鄱阳峤道入三吴,明帝遣帝讨之。时朝廷器甲皆充南讨,帝军容寡阙,乃编椶皮为马具装,折竹为寄生,夜举火进军。贼望见恐惧,未战而走[7]。还,除[8]桂阳王征北司马、南东海太守,行南徐州事。及张永等败于彭城,淮南孤弱,以帝为假冠军将军、持节、都督北讨前锋诸军事,镇淮阴。迁南兖州刺史,加督五州,督北讨如故。

明帝嫌[9]帝非人臣相,而人间流言,帝当为天子,明帝愈以为疑。遣冠军将军吴喜留军破釜,自持银壶酒封以赐帝。帝戎服出门迎,惧鸩[10],不敢饮,将出奔。喜告以诚,先饮之,帝即酌饮之。喜还,明帝意乃悦。

……

元徽二年五月,江州刺史桂阳王休范举兵于寻阳,朝廷惶骇。帝与褚彦回等集中书省计议，莫有言者。帝曰："昔上流谋逆，皆因淹[11]缓以败，休范必远惩[12]前失，轻兵急下，乘我无备，请顿[13]新亭以当其锋。"因索笔下议，余并注同。中书舍人孙千龄与休范有密契，独曰："宜依旧遣军据梁山。"帝正色曰："贼今已近，梁山岂可得至！新亭既是兵冲[14]，所欲以死报国耳。"乃单车白服出新亭。加帝使持节、都督征讨诸军事、平南将军，加鼓吹一部。筑新亭城垒未毕，贼前军已至，帝方解衣高卧，以安众心。乃索白虎幡，登西垣，使宁朔将军高道庆、羽林监陈显达、员外郎王敬则，浮[15]舸与贼水战，大破之。未时，张敬儿斩休范首。台军及贼众俱不知。其别率杜黑蠡急攻东垒，帝挺身上马，帅数百人出战，与黑蠡拒战。自晡[16]达明旦，矢石不息。其夜大雨，鼓叫不复相闻。将士积日不得寝食，军中马夜惊，城内乱走。帝执烛正坐，厉声呵止之，如是者数四。

贼帅丁文豪设伏，破台军于皂荚桥，直至朱雀航，王道隆、刘勔并战没。初，勔高尚其意，托造园宅，名为"东山"，颇忽[17]时务。帝谓曰："将军以顾命之重，此是艰难之日，而深尚从容，废省羽翼，一朝事至，悔可追乎！"勔不纳，竟[18]败。及贼进至杜姥宅，车骑典签茅恬开东府纳贼，冠军将军沈怀明于石头奔散，张永溃于白下。宫内传新亭亦陷，太后执苍梧王手泣曰："天下事败矣。"帝遣军主陈显达、任农夫、张敬儿、周盘龙等从石头济[19]淮，间道自承明门入卫[20]宫阙。

时休范典签许公与诈称休范在新亭，士庶惶惑，诣垒期赴休范，投名者千数，及至，乃是帝。随得辄烧之。登城北谓曰："刘休范父子先昨皆已死，戮尸在南冈下，身[21]是萧平南，诸君善见观。汝等名皆已焚除，勿惧也。"台分遣众军击平贼，帝振旅凯入，百姓缘道聚观，曰："全国家者，此公也。"帝与袁粲、褚彦回、刘彦节引咎解职，不许。迁散骑常侍、中领军、都督、南兖州刺史、镇军将军，进爵为公。与袁粲、褚彦回、刘彦节等更日入直㉒决事，号为"四贵"。

……

三年正月乙巳，高帝表蠲㉓百姓逋㉔责。丙辰，加前部羽葆、鼓吹。丁巳，命太傅府依旧辟召㉕。丁卯，给高帝甲仗五百人，出入殿省。甲午，重申前命，剑履上殿，入朝不趋㉖，赞拜不名。三月甲辰，宋帝诏进帝位相国，总百揆，封十郡为齐公，备九锡礼，加远游冠，位在诸侯王上，加相国绿綟绶。

……

辛卯，宋帝以历数在齐，乃下诏禅位，是日逊于东邸。

……

建元元年夏四月甲午，皇帝即位于南郊。

……

四年春二月乙未，上不豫。

……

三月庚申，召司徒褚彦回、左仆射王俭受顾托。壬戌，皇帝崩于临光殿，年五十六。群臣上谥曰高皇帝，庙号太祖。梓宫于东府前渚升龙舟。四月丙午，葬于武进泰安陵，于龙舟卒哭，内外反吉。

选自《南史》卷四

〔注释〕 ① 颡：额头。 ② 从兄：堂兄。 ③ 就：到。 ④ 能：有能力。 ⑤ 名：名声。 ⑥ 但：只。 ⑦ 走：逃跑。 ⑧ 除：拜官受职。 ⑨ 嫌：猜疑。 ⑩ 鸩：毒药。 ⑪ 淹：滞留。 ⑫ 惩：以为鉴戒。 ⑬ 顿：屯驻。 ⑭ 冲：交通要道。 ⑮ 浮：行船。 ⑯ 晡：申时，即黄昏时。 ⑰ 忽：疏忽。 ⑱ 竟：终于。 ⑲ 济：过河。 ⑳ 卫：保卫。 ㉑ 身：我。 ㉒ 直：当值。 ㉓ 蠲：通"捐"，减免。 ㉔ 逋：拖欠。 ㉕ 辟召：征召。

㉖ 趋：礼节性地小步快走，以示恭敬。

〔赏析〕 齐高帝萧道成出身将门，其父萧承之担任过南朝刘宋政权的汉中太守、南泰山太守、龙骧将军、右军将军等职。将门出将，尽管史书上记载他“姿表英异，龙颡钟声”、“鳞文遍体”，以证明其有帝王之相，然而这只不过是后人赋予历史人物神化色彩的一种说辞，断然不能作为他最终登上皇帝宝座的根据。

南朝梁萧子显指出，齐高帝萧道成和历史上的汉高祖刘邦、光武帝刘秀、魏武帝曹操、晋宣帝司马懿和宋武帝刘裕一样，都是“一世推雄，卒开鼎祚”，即一开始只想建功立业，最后却在实质上成就了帝业（曹操和司马懿比较特殊，皇帝的名分是由两人之子建立新朝后所追赠）。这一评价确实合乎历史的实际。宋文帝元嘉年间，当萧道成随其父南下豫章以防犯刘义康、率领偏军征讨沔北蛮、任萧思话左军中兵参军以及率领偏军征讨仇池氐族之时，他的地位和功业不足以支撑其产生夺取帝位而代之的野心。最后他却成了南齐王朝的开国皇帝，探讨其由出身将门的下级军官一跃而成就帝业的原因也就存在着巨大的价值和意义。

首先，刘宋王朝自身政治实力的消长为萧道成提供了千载难逢的机会。刘宋王朝建立后，历经宋武帝刘裕、宋文帝刘义隆父子两代的努力，在元嘉年间，出现了“氓庶蕃息，奉上供徭，止于岁赋。晨出暮归，自事而已”，“凡百户之乡，有市之邑，歌谣舞蹈，触处成群”（《南史·循吏列传》）的盛世局面，史称“元嘉之治”。然而到宋孝武帝的时候，政局开始动荡，父子兄弟之间，为了争权夺利开始了大规模的相互残杀。宋孝武帝杀死了叔叔刘义宣，叔伯兄弟刘恢、刘恺，亲兄弟刘劭、刘濬、刘铄、刘诞、刘浑、刘休茂。前废帝刘子业杀了叔祖刘义恭，从叔刘伯禽、刘仲容、刘叔子、刘叔宝，叔伯兄弟刘敬猷、刘敬深、刘敬先，亲兄弟刘子鸾、刘子师。明帝刘彧杀死了侄子刘子产、刘子趋、刘子期、刘子悦、刘子尚、刘子勋、刘子房、刘子顼、刘子仁、刘子真、刘子元、刘子孟、刘子嗣，亲兄弟刘祎、刘休仁、刘休祐、刘休若。宋孝武帝、前废帝、明帝的杀戮行为一代甚于一代，政局动荡不安亦是一代甚于一代。

其次，萧道成顺应了时代的变化，并抓住了这个变化所带来的机遇。宋文帝元嘉年间，萧道成初露头角，功业初建。孝武帝时，他官至直阁中书舍人、建康令，在此期间名声渐渐显露。少府萧惠开就说："昔魏武为洛阳北部时，人服其英，今看萧建康，但当过之耳。"有知人之明的萧惠开将萧道成比作汉末任洛阳北部尉的曹操，可见其名声之盛。

对于萧道成而言，获得腾飞的真正机会是在明帝之时。由于明帝刘彧靠宫廷政变上台，故而其执政之时，四方反叛，晋安王刘子勋、安陆王刘子绥、寻阳王刘子房、临海王刘子顼同时起兵。协助刘彧平定诸王抑或是会同诸王反对刘彧，对于萧道成而言是极为重大的一个选择。萧道成选择了前者，政策的确定显然经过了慎重的考量。原因大抵如下所述：第一，刘彧是正统皇帝，而诸王却有叛逆之名。协助朝廷讨伐诸王，在道义上占有主动权。第二，诸王起兵如同一盘散沙，凝聚力差。例如刘子勋的重要谋臣邓琬，为人贪鄙，父子卖官鬻爵，酣歌博弈，日夜不休。而且其时，诸王内部"群小横恣，竞为威福，士庶忿怨，内外离心"(《宋书·邓琬列传》)。第三，萧道成业已具备一定的实力，身边聚集了垣崇祖、张敬儿、王敬则等一批能征善战的将领，而且这些人基本上都是他的党羽。如垣崇祖初识萧道成于淮阴，萧道成见其武勇，善待之。垣崇祖对人言："此真吾君也，吾今逢主矣，所谓千载一时。"(《南齐书·垣崇祖列传》)

萧道成在征讨诸王叛乱中有勇有谋，因破薛索儿有功，受任骁骑将军；因打败刘子勋部将张淹，迁为南东海太守、行南徐州事；又因打败北魏军、解角城之围，升为都督南兖、徐二州诸军事；不久，又晋升为都督兖、青、冀三州诸军事。这时民间出现了"萧道成当为天子"的流言。流言在此时出现绝非偶然，体现了萧道成实力的扩张，而问鼎皇权的政治行为似乎在须臾间即可达成。

机遇总是和危险并存，生性多疑的宋明帝开始对萧道成产生了戒备之心，他派遣冠军将军吴喜率领三千人前往萧道成驻地，将盛满酒的银酒壶赐给萧道成，看他是否敢饮以确定其有无异志。萧道成身穿盔甲出门相迎，并将所赐之酒一饮而尽，暂时打消了皇帝的猜忌。后来，萧道成又接到明帝让他回京城的指令，部下们都劝萧道成不要成行，萧道成说："你们看不清事情的本质。皇上现在对兄弟大开杀戒，是因为太子幼弱，为太子以后扫除威胁，不关他族之事。我应当马上应召，否则必被怀疑。如今皇室骨肉相残，是不长久的兆头。祸难将兴，我们要共同努力完成大事。”随即应征回京，被任为散骑常侍、太子左卫率。

萧道成以自己的勇气，打消了明帝的怀疑；他以对局势透彻的认识，抓住了稍纵即逝的机会。明帝去世，遗诏任萧道成担任右卫将军，领卫尉，与尚书令袁粲、护军将军褚彦回、领军将军刘勔共掌机事，成为朝中“四贵”之一。

就萧道成最初的地位来说，他本身没有问鼎皇帝宝座的机会。是机遇和努力促使他成就帝业。机遇是什么？机遇是一种只能自然遇到，不能人为创造的外部条件。机遇有很强的时效性，它永远朝着一维方向运动，稍纵即逝。萧道成用他的切身经历告诉了后人如何把握机遇并进而取得成功，这一点值得我们细细品鉴。

（梁满仓）

百年南北博弈的关键时机

〔**导言**〕 公元6世纪时的中国,出现了由三分而为南北、由南北而为一统的历史格局。所谓三分,是指公元534年北魏分裂为高氏控制的东魏(550年为北齐所代)、宇文氏控制的西魏(557年为北周所代)与南朝第三个王朝——萧梁(557年为陈朝所代)的局面。所谓南北是指577年北周灭北齐后与陈朝恢复南北对峙,后隋代北周后完成灭陈,实现南北大一统。

周一良先生在《论梁武帝及其时代》一文中说:“以梁朝的覆亡为转折点,南北军事的均势从此消失,四十年后北方吞并南方的局势,这时在很大程度上已经决定了。”的确,梁武帝早年励精图治,屡次北伐试图夺回淮水南北及汉中地区所失疆土,在北魏末年陷入六镇大起义及六镇余部分化出的军阀混战之际一度恢复旧境,在与东魏、西魏的三国对峙过程中也一度处于有利地位。但他晚年优柔寡断,接纳东魏叛将侯景后举棋不定,最终导致身死台城。同时萧梁内部王族互相倾轧,从而导致西魏趁隙占据长江上游的巴蜀地区和北齐占据江淮汉东地区,继萧梁而起的陈朝只能凭借长江与北方为界,完成历史大一统的任务留给了北方。

本组选取了《北史》中的《齐高祖神武帝本纪》与《南史》中的《梁武帝本纪》部分,旨在通过描述东魏政权的实际控制者高欢与梁政权的建立者萧衍如何因缘际会确立了区域政权的霸权位置,但也在实际统治过程中存在各自内部难以化解的矛盾与施政策略上不当的抉择,使得最后由承继西魏北周的关陇区域主导完成新的大一统。

齐高祖神武帝本纪

〔选文〕

齐高祖神武皇帝姓高氏，讳欢，字贺六浑，勃海蓨人也。

……

孝昌元年，柔玄镇人杜洛周反于上谷，神武乃与同志从之。丑其行事，私与尉景、段荣、蔡俊图之，不果[①]而逃，为其骑所追。文襄及魏永熙后皆幼，武明后于牛上抱负[②]之。文襄屡落牛，神武弯弓将射之以决去，后呼荣求救，赖荣透下取之以免。遂奔葛荣，又亡归尔朱荣于秀容。

先是刘贵事荣，盛言神武美，至是始得见。以憔悴故，未之奇也。贵乃为神武更衣，复求见焉。因随荣之[③]厩，厩有恶马，荣命剪[④]之，神武乃不加羁绊而剪，竟不蹄啮。已而起曰："御恶人亦如此马矣。"荣遂坐神武于床下，屏左右而访时事。神武曰："闻公有马十二谷，色别为群，将此竟何用也?"荣曰："但[⑤]言尔意。"神武曰："方今天子愚弱，太后淫乱，孽宠擅命，朝政不行。以明公雄武，乘时奋发，讨郑俨、徐纥而清帝侧，霸业可举鞭而成。此贺六浑之意也。"荣大悦，语自日中至夜半乃出。自是每参军谋。

后从荣徙据并州，抵扬州邑人庞苍鹰，止团焦中。每从外归，主人遥闻行响动地。苍鹰母数见团焦上赤气赫然属天。又苍鹰尝夜欲入，有青衣人拔刀叱曰："何故触王?"言讫不见。始以为异，密觇[⑥]之。唯见赤蛇蟠床上，乃益惊异。因杀牛分肉，厚以相奉。苍鹰母求以神武为义子。及得志，以其宅为第，号为南宅。虽门巷开广，堂宇崇丽，其本所住团焦，以石垩涂之，留而不毁。至文宣时，遂为宫。

既而荣以神武为亲信都督。于时魏明帝衔[7]郑俨、徐纥，逼灵太后。未敢制，私使荣举兵内向。荣以神武为前锋。至上党，明帝又私诏停之。及帝暴崩，荣遂入洛。因将篡位，神武谏恐不听，请铸像卜之。铸不成，乃止。孝庄帝立，以定策勋，封铜鞮伯。及尔朱荣击葛荣，令神武喻下贼别称王者七人。后与行台于晖破羊侃于太山。寻与元天穆破邢杲于济南。累迁第三镇人酋长。

尝在荣帐内，荣尝问左右曰："一日无我，谁可主军?"皆称尔朱兆。荣曰："此正可统三千骑以还。堪代我主众者，唯贺六浑耳。"因诫兆曰："尔非其匹[8]，终当为其穿鼻。"乃以神武为晋州刺史。于是大聚敛，因刘贵货荣下要人，尽得其意。时州库角无故自鸣，神武异之，无几而孝庄诛荣。

及尔朱兆自晋阳将举兵赴洛，召神武。神武使长史孙腾辞以绛蜀、汾胡欲反，不可委[9]去。兆恨焉。腾复命，神武曰："兆举兵犯上，此大贼也，吾不能久事之。"自是始有图兆计。及兆入洛，执庄帝以北。神武闻之大惊。又使孙腾伪贺兆，因密觇孝庄所在，将劫以举义，不果。乃以书喻之，言不宜执天子以受恶名于海内。兆不纳，杀帝而与尔朱世隆等立长广王晔。改元建明，封神武为平阳郡公。

及费也头纥豆陵步藩入秀容，逼晋阳，兆征神武。神武将往，贺拔焉过儿请缓行以弊之。神武乃往往逗留，辞以河无桥，不得渡。步藩军盛，兆败走。初，孝庄之诛尔朱荣，知其党必有逆谋，乃密敕步藩，令袭其后。步藩既败兆等，以兵势日盛，兆又请救于神武。神武内图兆，复虑步藩后之难除，乃与兆悉力破之，藩死。兆深德神武，誓为兄弟。时世隆、度律、彦伯共执朝政，天光据关右，兆据并州。仲远据东郡，各拥兵为暴，天下苦之。

葛荣众流入并、肆者二十余万，为契胡陵暴，皆不聊生。大小二十六反，诛夷者半，犹草窃[10]不止。兆患[11]之，问计于神武。神武曰："六镇反残，不可尽杀，宜选王素腹心者，私使统焉。若有犯者，罪其帅，则所罪者寡。"兆曰："善！谁可行也？"贺拔允时在坐，请神武。神武拳殴之，折其一齿，曰："生平天柱时，奴辈伏处分如鹰犬。今日天下安置在王，而阿鞠泥敢诬下罔上，请杀之。"兆以神武为诚，遂以委焉。神武以兆醉，恐醒后或致疑贰，遂出，宣言："受委统州镇兵，可集汾东受令。"乃建牙阳曲川，陈部分。有款[12]军门者，绛巾袍，自称梗杨驿子，愿厕左右。访之，则以力闻，尝于并州市搤杀人者，乃署为亲信。兵士素恶兆而乐神武，于是莫不皆至。

……

兴和元年七月丁丑，魏帝进神武为相国、录尚书事。固让乃止。

十一月乙丑，神武以新宫成，朝于邺。魏帝与神武宴射，神武降阶下称贺。又辞勃海王及都督中外诸军事，诏不许。十二月戊戌，神武还晋阳。

……

论曰：昔魏氏失驭，中原荡析。齐神武爰从晋部，大号冀方。屡战而翦凶徒，一麾以清京洛。尊主匡国，功济天下。

选自《北史》卷六

〔注释〕 ① 果：实现。 ② 负：背。 ③ 之：往。 ④ 剪：灭除。 ⑤ 但：只管。 ⑥ 觇：窥视。 ⑦ 衔：怀恨。 ⑧ 匹：相当。 ⑨ 委：舍弃。 ⑩ 草窃：指坏人趁机掠夺。 ⑪ 患：担忧。 ⑫ 款：叩。

〔赏析〕 高欢，字贺六浑，渤海蓨人，生于怀朔镇，是鲜卑化的汉人，他是北齐政权的实际建立者。一开始他只是一个低级军官，六镇起义后参加了杜洛周的义军，后投奔契胡酋长尔朱荣镇压义军，为尔朱荣所器重。尔朱荣死后，又起兵讨伐尔朱氏，立孝武帝，掌握了北魏大权。在与孝武帝矛盾激化导致北魏分裂后，高欢又立孝静帝，是为东魏，迁都邺。他总揽军政大权，在执政期间对内统一度量衡，重铸货币，稳定了政局；对外结好柔然、吐谷浑，并发动对西魏的多次作战，互有胜负。死后庙号高祖，谥神武。

高欢自洛阳归来后即看清了北魏政权已日薄西山的现实，产生了逐鹿中原之意。他联合亲信，组成了一个政治军事集团，即日后叱咤风云的怀朔集团之雏形。六镇起义为高欢提供了改变命运的机会，在辗转多支义军之后，最终投入了亲魏的尔朱氏集团之中。凭借着杰出的才能，高欢脱颖而出，为尔朱荣所器重，成为其集团的重要将领。尔朱荣死后，高欢见其继任者尔朱兆有勇无谋，逐渐产生了取而代之的想法，接连以计谋夺取了对六镇流人的统领权。同时，他以退为进，欲擒故纵，等待时机成熟，又严肃军纪，争取到了百姓的支持。面对高欢势力的膨胀，尔朱兆显得十分幼稚，不但惑于香火之盟，对高欢不以为意，而且自毁长城，将主张遏制高欢势力的名将慕容绍宗投入监狱。韩陵一战，尔朱氏政权灰飞烟灭，尔朱兆最终身死高欢之手。

尔朱荣对尔朱兆和高欢的一番判断可谓颇具先见之明。尔朱兆勇猛善战，力搏猛兽，在尔朱氏军阀集团中深孚众望，理应执掌尔朱氏一门，挟持魏室以令天下，甚至改朝换代。但是在尔朱荣看来，尔朱兆不过是一员猛将，真正能成大业的则非高欢莫属。事实上，当时几乎谁也未能料到高欢这个出身罪人之后的没落贵族能够在此后左右政局，高欢最终战胜了实力雄厚的契胡贵族，并将北朝的历史发展推入了一个新的阶段。

谋事在人，成事在天，顺应时局是成为成功者的必备因素。高欢能够在这场看似实力不对称的政治博弈中取胜，正是因为他顺应了南北朝魏末民族大融合的时代趋势。北魏自入主中原以来就不断地推动着汉化的进程，至孝文帝太和改制时，汉文化拥有了绝对的优势。孝文帝的汉化措施大多照搬南朝，忽视了鲜卑族的社会传统和民族心理，因而自其实行改革以来，在政府内部就出现了罅隙。而北魏政权恰恰是在保留了浓厚鲜卑化传统的北镇打击下才走向衰亡的,全盘汉化对于北魏政权而言显然是不利的。同样,坚持鲜卑旧俗,完全仇视汉文化亦是行不通的。在当时的民族融合过程中,汉族代表着先进的文化,即使是鲜卑族也不得不应大势所趋而逐步接受汉文化。葛荣虽有百万之众,然而"欺汉儿"却成为其软肋,其败亡自是理所当然。尔朱氏虽所向披靡,却因河阴之变,屠戮衣冠士人而成为众矢之的,致有韩陵之败。在这个大背景下,拥有双重文化背景的高欢无疑是能够顺应时代选择的。高欢身为北方汉族士人渤海高氏之后,自幼居于北镇,习得鲜卑之风俗,故而善抚夷夏,能够在两大民族、两种文化之间采取一种妥协调和的折中策略以维系两大民族势力之间的平衡。高欢一方面推行民族调和政策,以"鲜卑为客,为汝击贼;汉人为奴,为汝耕作"的比喻缓和两大民族的矛盾,他明令禁止欺汉儿,避免了前车之覆,获得了冀州汉族豪右的支持。另一方面,他广泛接纳各民族的奇才异能之士,使其成为自己的股肱之臣。纵观其文武僚属,尉景、厍狄干等是鲜卑族人,高昂、封隆之等则为汉族人士,斛律金父子为高车人,破六韩常、万俟普等为匈奴人,侯景为羯人。总之,在高欢的阵营中,各主要民族人士皆得预政,从中可窥得高欢用人之一斑。在高欢的号令之下,鲜卑诸族影从附和,汉族大姓也群起响应。高欢的霸业可以视作其民族调和政策的成果,绝非实行契胡本位民族狭隘主义的尔朱氏军阀所能匹敌。

魏末的时势注定了民族融合进一步发展的时代必然,是非成败,愚愚贤贤,无一不是这个时代熔炉的试验品,高欢的崛起正是其中匆匆闪过的一道光芒。

梁武帝本纪

〔选文〕

梁高祖武皇帝讳衍,字叔达,小字练儿,南兰陵中都里人,姓萧氏,与齐同承[①]淮阴令整。整生皇高祖辖,位济阴太守。辖生皇曾祖副子,位州治中从事。副子生皇祖道赐,位南台治书侍御史。道赐生皇考,讳顺之,字文纬,于齐高帝为始族弟。

……

初为卫军王俭东合祭酒，俭一见深相器[2]异，请为户曹属。谓庐江何宪曰："此萧郎三十内当作侍中，出此则贵不可言。"竟陵王子良开西邸，招文学，帝与沈约、谢朓、王融、萧琛、范云、任昉、陆倕等并游焉，号曰"八友"。融俊爽，识鉴过人，尤敬异帝，每谓所亲曰："宰制天下，必在此人。"累迁随王镇西谘议参军。行经牛渚，逢[3]风，入泊龙渎，有一老人谓帝曰："君龙行虎步，相不可言，天下方乱，安之者其在君乎？"问其名氏，忽然不见。寻[4]以皇考艰[5]去职，归建邺。

选自《南史》卷六

二月，侯景遣使求和，皇太子固请，帝乃许之。盟于西华门下。景既运东城米归于石头，亦不解围，启求遣诸军退。丁未，皇太子又命南兖州刺史南康王会理、前青冀二州刺史湘潭侯退率江北之众，顿[6]于兰亭苑。甲子，以开府仪同三司、丹阳尹邵陵王纶为司空，以合州刺史鄱阳王范为征北大将军、开府仪同三司，以司州刺史柳仲礼为侍中、尚书仆射。时景奸计既成，乃表陈帝失，复举兵向阙[7]。

三月，城内以景违盟，设坛告天地神祇。戊午，前司州刺史羊鸦仁等进军东府北，与贼战，大败。时四方征镇入援者三十余万，莫有斗志，自相抄夺而已。丁卯，贼攻陷宫城，纵兵大掠。己巳，贼矫诏遣石城公大款解外援军。庚午，侯景自为都督中外诸军事、大丞相、录尚书事。辛未，援军各退散。丙子，荧惑[8]守心。

……

五月丙辰，帝崩于净居殿，时年八十六。辛巳，迁梓宫[9]于太极前殿。十一月乙卯，葬于修陵，追尊为武皇帝，庙号高祖。

……

少而笃学，能事毕[10]究，虽万机多务，犹卷不辍手，然烛侧光，常至戊夜。撰通史六百卷，金海三十卷，制旨孝经义、周易讲疏及六十四卦、二系、文言、序卦等义，乐社义、毛诗、春秋答问、尚书大义、中庸讲疏、孔子正言、孝经讲疏，凡二百余卷。王侯朝臣皆奉表质疑，帝皆为解释。修饰国学，增广生员，立五馆，置五经博士。天监初，何佟之、贺玚、严植之、明山宾等覆述制旨，并撰吉凶宾军嘉五礼，一千余卷，帝称制断疑焉。大同中，于台西立士林馆，领军朱异、太府卿贺琛、舍人孔子袪等递互讲述。皇太子、宣城王亦于东宫宣猷堂及扬州廨开讲。于是四方郡国，莫不向风[11]。爰自在田，及登宝位，躬制赞、序、诏诰、铭、诔、说、箴、颂、笺、奏诸文，又百二十卷。六艺备闲[12]，棋登逸[13]品，阴阳、纬候、卜筮、占决、草隶、尺牍、骑射，莫不称妙。

晚乃溺信佛道，日止一食，膳无鲜腴[14]，惟豆羹粝饭而已。或遇事拥，日傥[15]移中，便嗽口以过。制涅盘、大品、净名、三慧诸经义记数百卷。听览余闲，即于重云殿及同泰寺讲说，名僧硕学，四部听众，常万余人。

……

勤于政务，孜孜无怠。每冬月四更竟[16]，即敕把烛看事，执笔触寒，手为皴裂。然仁爱不断，亲亲及所爱愆[17]犯多有纵舍，故政刑弛紊。每决死罪，常有哀矜涕泣，然后可奏。

……

论曰：梁武帝时逢昏虐，家遭冤祸，既地居势胜，乘机而作，以斯[18]文德，有此武功。始用汤、武之师，终济[19]唐、虞之业，岂曰人谋，亦惟天命。及据图箓，多历岁年，制造礼乐，敦崇儒雅，自江左以来，年逾二百，文物之盛，独美于兹。然先王文武递用，德刑备举，方[20]之水火，取法阴阳，为国之道，不可独任；而帝留心俎豆，忘情干戚，溺于释教，弛于刑典。既而帝纪不立，悖逆萌生，反噬弯弧，皆自子弟，履霜弗戒，卒[21]至乱亡。自古拨乱之君，固已多矣，其或树置失所，而以后嗣失之，未有自己而得，自己而丧。追踪[22]徐偃之仁，以致穷门之酷，可为深痛，可为至戒者乎！

选自《南史》卷七

〔注释〕 ① 承：承继。 ② 器：器重。 ③ 逢：遭遇。 ④ 寻：不久。 ⑤ 艰：指亲丧。 ⑥ 顿：屯驻。 ⑦ 阙：皇宫。 ⑧ 荧惑：迷惑。 ⑨ 梓宫：帝、后的棺椁。 ⑩ 毕：全。 ⑪ 向风：仰慕。 ⑫ 闲：通“娴”，熟习。 ⑬ 逸：超迈。 ⑭ 腴：肥美。 ⑮ 傥：如果。 ⑯ 竟：终。 ⑰ 愆：罪过。 ⑱ 斯：这。 ⑲ 济：成功。 ⑳ 方：比拟。 ㉑ 卒：最后。 ㉒ 追踪：效法前人。

〔赏析〕 南朝齐、梁两朝都由兰陵萧氏建立，刘宋末年的乱亡给祖籍兰陵(今江苏武进)的萧道成提供了建功立业的机会，他外抗北魏，内平战乱，最终建立了南齐政权。但是，南齐政权只存在了二十三年，就被同为兰陵萧氏的大司马萧衍夺取了政权。萧衍是南朝很有特点的皇帝，其在位时间之长在中国历史上也是屈指可数的。他作为一个王朝的开创者同时也是实际葬送者，即“自我得之，自我失之”，恐怕历史上也无人能出其右。他学问渊博、精通佛法，在皇帝中亦非常少见。

萧衍的父亲萧顺之是南齐皇帝萧道成的族弟，据说萧衍“少而笃学，洞达儒玄”，是当时颇负盛名的“西邸八友”之一，可谓名士中的名士。由于出身皇室宗族，又负盛名，所以他的仕途十分顺利，年轻时就任职雍州刺史，掌握地方军政，他明知南齐朝政昏暗，于是暗中在襄阳大造兵器，多伐竹木，准备战船，收集了甲士数万人。南齐和帝时期，萧衍夺取了被称为“居上流之重，资实甲兵居朝廷之半”的荆州，次年他就取代南齐建立了梁朝，是为梁武帝。

作为有雄心壮志的君主，梁武帝采取种种措施整顿朝政，如立学校、行土断、定律令、课农桑、减赋税等，因此梁朝初年朝政有所更新。与此同时，梁武帝为了达成海内一统的愿望，多次大举北伐。但是，由于他任人唯亲，又不顾群臣的劝谏，忽视了南北方巨大的地理差异和用兵策略的不同，导致北伐多次失败，元气大伤，由此可见梁武帝在军事才能上是不及刘宋开国皇帝刘裕的。

连年的用兵，加上梁武帝崇信佛教，使得国家开支巨大。他虽然“克俭于身”，不饮酒、不听音乐、“身衣布衣”，也没能在历史上获得英明君主的名声，其缘由就是他的措施失当而导致了侯景之乱，几乎断送了梁朝。

侯景原为东魏的大将，因与东魏当政者不和，向梁朝投诚。梁武帝素有统一天下的志向，因而欣然接纳了侯景。梁武帝接纳侯景的初衷是好的，但是他没有看到由于他的宽纵导致萧氏子侄纷纷掌握了地方军政大权，中央政权极不稳固，又由于他常年崇信佛法，醉心学术，朝廷已然出现了腐败的迹象，可以说梁武帝有统一之心，却缺乏统驭之力，因此收降侯景的结果不仅没能符合他的期望，反而成了自酿自饮的苦酒。

侯景不过马数百匹，兵数千人。但是侯景买通了梁武帝的侄子萧正德作为内应，竟然一路渡过长江，直逼台城。梁武帝的侄子引狼入室，导致首都失陷，这和梁武帝平时对于子侄的纵容是有很大关系。萧正德曾经叛逃北魏，梁武帝不予追究，仍然封他为王，是为处置不当。梁武帝的儿子萧综、萧纶等或反叛，或谋逆，梁武帝竟然都不予追究，朝政如此赏罚不明，即使没有侯景，一样也会内乱。

侯景集中兵力攻占了建康周围的东府城、石头城、白下城之后，全力进攻建康台城。台城内粮食匮乏，老鼠麻雀都被吃尽，又流行瘟疫，导致横尸满路、无人掩埋，能登城守卫者只有两三千人。最后台城被攻陷，梁武帝死于城内。其实，侯景攻城之时，萧氏子侄都掌握重兵，但是他们却互相观望，迁延不救，导致建康被几千人攻破。梁武帝死后，他们还互相攻伐，国势日衰。后来侯景虽然败亡，但是梁朝也气数已尽，很快被陈朝所取代了。

梁武帝在政治上虽然得失参半，但是其在文化上的成绩却是相当可观的。他治国没有建树，治学却很有心得，且非常勤奋。他精通文史哲，佛学造诣也很深，还颇有才艺，史称他“六艺备闲，棋登逸品，阴阳、纬候、卜筮、占决、草隶、尺牍、骑射，莫不称妙”。其子萧统所编之《昭明文选》，传之后世，影响深远。萧氏后人善学属文，称誉一时。可以说，梁朝的文化事业达到了南朝的高峰。

梁武帝作为创业之主，建国之君，本来应该建立统一天下的功勋，然而长于学术且多才多艺似乎又是一个“守成之主”所应当具备的特征。他没有能力完成南方汉人政权光复中原的重任，却给后世留下了文化上的诸多成绩。在南北对峙、攻伐不断的乱世，梁武帝确实没能成为一世英主，如若我们换一个视角，从治学立言的角度重新审视梁武帝和他的时代，也许会有新的评价，也会对他的悲剧有一种“同情之理解”。

（郭　敏）

偏隅智慧难挡统一视野

〔导言〕 南北朝在中国历史上以其贵族政治统治形态而显得与众不同。南朝继承东晋而来，虽也出现寒人掌机要的情况，但无法改变“世胄蹑高位，英俊沉下僚”的政治局面，高门士族仍占有重要地位。北朝虽由少数民族贵族所建，然而太和改制之后，同样出现了鲜卑贵族门阀化的趋势，形成了以“帝室十姓”和“勋贵八姓”为核心的鲜卑贵族与以崔、卢、李、郑、王为主的汉族高门的政治联合。

门阀贵族难以承担历史的重任，自身的腐朽决定了他们必将为时代所抛弃，而战乱的到来则成为这一过程的催化剂。在南北双方都竭力维护贵族政治之时，内乱的发生打破了脆弱的政治平衡。侯景之乱令“体羸气弱，不耐寒暑”的南朝士族“坐死仓猝”，给予贵族统治以毁灭性的打击。北朝的六镇起义也动摇了北魏的统治，依靠镇压起义起家的契胡尔朱氏军阀集团更是将上千鲜卑贵族与汉族士大夫抛入了黄河之中。

战乱之后，无论南北，其皇权之建立都出现了与先前不同的情况。北朝之北周实际建立者宇文泰无世代之资；南陈之建立者陈霸先虽同刘裕一样寒人出身，却是南朝首位南人出身之帝王，改变了南朝北来侨人的政治格局，使北方士族丧失了优势。宇文泰和陈霸先二人均出身寒微，与其说是没落的贵族，倒不如说是十足的平民阶层。本书选录《陈武帝本纪》和《周太祖文帝本纪》，力图分析陈霸先和宇文泰如何在乱世中夺得大权，突围传统门阀政治。

陈武帝本纪

〔选文〕

陈高祖武皇帝讳霸先，字兴国，小字法生，吴兴长城下若里人。姓陈氏。其本甚微[①]，自云汉太丘长实之后也。

……

大宝元年正月，帝发始兴，次[②]大庾岭，大破路养军，进顿[③]南康。湘东王绎承制授帝交州刺史，改封南野县伯，于是修理崎头古城徙居之。刘蔼等望见恒[④]有紫气冒城上，远近惊异，故蔼等深自结于帝。寻[⑤]改封长城县侯，南江州刺史。时宁都人刘蔼等资[⑥]高州刺史李迁仕舟舰兵仗，将袭南康，帝遣杜僧明等据白口御之。

……

三年，帝帅师发自豫章。二月，次桑落洲，时僧辩已发盆城，会帝于白茅湾。乃登岸结坛，刑[⑦]牲盟约。进次大雷，军人杜棱梦雷池君、周、何神，自称征讨大将军，乘朱航，陈甲仗，称下征侯景，须臾便还，云已杀景竟。

……

承圣二年，湘州平，帝旋镇京口。

……

四年五月，齐送贞阳侯明还主社稷，王僧辩纳之。明即位，改元天成，以晋安王为皇太子。初，齐之纳贞阳也，帝固争之，以为不可，不见[⑧]从。帝居常愤叹曰："嗣主高祖之孙，元皇之子，竟有何辜[⑨]，坐[⑩]致废黜？假立非次，此情可知。"乃密具袍数千领及锦彩金银，以为赏赐之资。

……

十一月己卯，齐遣兵五千，度据姑孰，又遣安州刺史翟子崇、楚州刺史刘士荣、淮州刺史柳达摩，领兵万人，于胡墅度米粟三万石、马千匹入石头。帝乃遣侯安都领水军夜袭胡墅，烧齐船，周铁武率舟师断齐运输，帝领铁骑自西明门袭之。齐人大溃，嗣徽留达摩等守城，自率亲属腹心，往南州采石，以迎齐援。

……

三月戊戌，齐遣水军仪同萧轨、厍狄伏连、尧难宗、东方老、侍中裴英起、东广州刺史独狐辟恶、洛州刺史李希光并任约、徐嗣徽、王僧愔等众十万出栅口，向梁山，帐内荡主黄丛逆击，败之，烧其前军船舰。齐顿军保芜湖。五月丙申，齐兵至秣陵故城。己亥，帝率宗室王侯及朝臣，于大司马门外白虎阙下，刑牲告天，以齐人背约，发言慷慨，涕泗交流，士卒观者益[11]奋。辛丑，齐军于秣陵故城，跨淮立桥栅，引度兵马。癸卯，自方山进及儿塘，游骑至台，都[12]下震骇。帝潜[13]以精卒三千配沈泰，度江袭齐行台赵彦深于瓜步，获其舟粟。六月甲辰，齐兵潜至钟山龙尾。丁未，进至莫府山。帝遣钱明领水军出江乘，要击[14]齐人粮运，尽获之。齐军大馁，杀马驴而食之。壬子，齐军至玄武湖西北莫府山南，将据北郊坛。众军自覆舟东移，顿郊坛北，与齐人相对。其夜，大雨震电，暴风拔木，平地水丈余。齐军昼夜坐立泥中，县[15]鬲以爨，足指皆烂。而台中及潮沟北，水退路燥，官军每得番易。甲寅，少霁。是时食尽，调市人馈军，皆是麦屑为饭，以荷叶裹而分给，间以麦䴵，兵士皆困。会[16]文帝遣送米三千石，鸭千头，帝即炊米煮鸭，誓申一战。士及防身，计量数脔，人人裹饭，媲以鸭肉。帝命众军蓐食[17]，攻之，齐军大溃。执嗣徽及其弟嗣宗，斩之以徇[18]。虏萧轨、东方老、王敬宝、李希光、裴英起、王僧智等将帅四十六人。其军士得窜至江者，缚筏以济，中江而溺，流尸至京口者弥岸。惟任约、王僧愔获免。先是童谣云："虏万夫，入五湖，城南酒家使虏奴。”自晋、宋以后，经絓在魏境江、淮以北，南人皆谓为虏，于时以赏俘贸酒者，一人裁[19]得一醉。丁巳，众军出南州，烧贼舟。己未，斩刘归义、徐嗣产、傅野猪于建康市，是日解严。庚申，诛萧轨、东方老、王敬宝、李希光、裴英起等。

……

九月辛丑，梁帝进帝位相国，总百揆，封十郡为陈公，备九锡之礼，加玺绂，远游冠，绿綟绶，位在诸侯王上。

……

十月戊辰，又进帝爵为王。以扬州之会稽临海永嘉建安、南徐州之晋陵信安、江州之寻阳豫章安成卢陵，并前为二十郡，益封陈国。其相国、扬州牧、镇卫大将军并如故。又命陈王冕十有二旒，建天子旌旗，出警入跸[20]，乘金根车，驾六马，备五时副车。置旄头云罕，乐舞八佾，设钟虡宫县。王妃、王子、王女爵命之号，陈台百官，一依旧典。

辛未，梁帝禅位于陈。

……

论曰：陈武帝以雄毅之姿，属殷忧之运。功存拯溺，道济横流，应变无方，盖惟人杰。

选自《南史》卷九

〔注释〕 ① 微：卑贱。 ② 次：驻扎。 ③ 顿：屯驻。 ④ 恒：常常。 ⑤ 寻：不久。 ⑥ 资：资助。 ⑦ 刑：杀。 ⑧ 见：被。 ⑨ 辜：罪。 ⑩ 坐：定罪。 ⑪ 益：更加。 ⑫ 都：首都。 ⑬ 潜：暗中。 ⑭ 要击：半路截击。 ⑮ 县：悬挂。 ⑯ 会：适逢。 ⑰ 蓐食：饱餐。 ⑱ 徇：示众。 ⑲ 裁：通“才”。 ⑳ 跸：古代帝王出行清道，禁人通行。

〔赏析〕 陈高祖武皇帝陈霸先，字兴国，小字法生，吴兴郡长城县(今浙江长兴东)人。陈霸先初仕梁，曾辅佐王僧辩讨平侯景之乱。天成元年(555

年)杀僧辩,立敬帝,自为相国,封陈王。他又打败北齐,排僧辩余党。后来受禅称帝,国号为陈,建都于建康,在位三年,谥武皇帝,庙号高祖。

侯景之乱给南朝带来了史无前例的动荡与浩劫,萧梁内部权力厮杀更加剧了南朝的动乱。在乱局之中,陈霸先在巩固广州这个大后方后,毅然于岭南起兵勤王。面对侯景这个共同的头号敌人,陈霸先与另一位名将王僧辩相互配合,甚至将军粮慷慨相赠,以解对方的燃眉之急。在两人合力打击之下,不可一世的侯景终于走向了灭亡。然而南朝的乱局并未因此结束,侯景乱梁使得北齐亦想趁火打劫,欲图在南梁的膏腴之地上分得一杯羹,陈霸先对其给予了坚决的回击。在巨大的压力之下,王僧辩不顾众人反对,迎奉齐人所支持的梁武帝从子萧渊明为帝,陈霸先也以此为借口,依靠众怒将其竞争对手王僧辩消灭。此后齐人又发动了对南朝的进攻,面对来势汹汹的齐军,陈霸先沉着应对,充分激发士气,并在有利的天气条件帮助下,成功击退了齐军。

在风云际会、走马逐鹿的南北朝时期,尽管君臣将相占据政治舞台犹如过眼云烟,而南朝诸帝中为后人所推崇备至者恰有两人,一位是挥师北伐,“气吞万里如虎”的宋武帝刘裕,另一位便是陈霸先。论及武功,陈霸先固然不及重归关中、河洛,光复旧都的宋武帝,然而其身处侯景纵兵扰攘之际,陈霸先起兵南疆,克侯景,退齐师,在敌我实力悬殊的劣势之下仍然守住了南朝的半壁江山,他也因此被王夫之等人盛赞为功高于宋武帝刘裕。

陈霸先能成就偏霸之业,从根本上来说,与其对手北齐高洋之父高欢倒是有些许相似之处,主要表现在恰当地处理了民族关系。同高欢的民族调和政策相反,陈霸先致力于推行汉民族本位的政策,他积极响应保卫中华正朔的江左时代之呼声,将侵入江南的胡族拒之于江北。

“夷狄之有君,不如诸夏之亡也”,在大多数汉人眼中,国家沦为异族之手乃是一种奇耻大辱,在北强南弱的军事格局下,寓居于南方的士人对于亡国灭种的忧虑之深当是可想而知的。自东晋偏安以来,在大大小小的胡汉之争中,尤其是苻坚淝水之战和魏太武帝南伐这两个重大的历史事件,不知有多少无辜的汉族百姓沦为时代的殉葬,成为胡族贵族的俎上之肉,其灾难性自是不言而喻的。当时汉族在文化上确实存在着先进性，因此保全江南汉族政权之存续不仅是出于保存先进文化之目的，更重要的是能令百姓在最大程度上免于战乱之苦。在保有汉族正朔已成燃眉之急的局势下，北朝欲图渗入南方政治格局的图谋又一次触动了南方士人敏感的神经。羯人侯景称帝自不用说，连两位以萧梁正统自居的帝位竞争者——萧詧和萧渊明背后也与北朝私通款曲。前者为鲜卑化匈奴人宇文泰所支持，后者则为鲜卑化汉人高洋所拥立。已保存中华文化近三百载之久的江左眼看将沦为北方异族的傀儡朝廷，这种严峻形势的出现是民族自尊心极强的南朝所无法接受的。

同为依靠平定侯景之乱起家，身为陈霸先有力竞争者的王僧辩却犯了拥立具有北齐背景且非梁武帝直系出身的萧渊明为帝的政治错误，加上其鲜卑乌丸氏的出身，他失败的命运已是不可避免了。与之相反，陈霸先在高举反胡大旗的前提下，拥立敬帝绍续皇位，打出了一手出色的政治底牌。在外御其侮的口号下，陈霸先亦积极拉拢各方势力，意图构筑统一战线，甚至连杜僧明、周文育、欧阳頠等敌将亦在团结范围之内。陈霸先的抗胡之举得到了百姓的支持，所以出现了在与齐师交战之时，百姓沿淮河观战，呼声震天动地的一幕。

得民心者得天下，在汉族自尊心极强的南朝，陈霸先充分调动了民族因素，终于平定驱逐了境内的异族。然而历史的车轮由北朝驶入隋朝，当汉人重新获得政权，北方民族已经充分融合之时，令南方偏安一隅的存续汉民族正朔的口号也失去了吸引力，这就拉开了隋唐王朝一统中华的历史帷幕。

周太祖文帝本纪

〔选文〕

周太祖文皇帝姓宇文氏，讳泰，字黑獭，代郡武川人也。……

少有大度，不事家人生业。轻财好施，以交结贤士大夫为务。随德皇帝在鲜于修礼军。及葛荣杀修礼，帝时年十八。荣下任将帅,察其无成,谋与诸兄去[①]之。计未行,会荣灭,因随尔朱荣迁晋阳。荣忌帝兄弟雄杰,遂托以他罪诛帝第三兄洛生。帝以家冤自理[②],辞旨慷慨。荣感而免之,益加敬待。

始以统军从荣征讨,后以别将从贺拔岳讨北海王颢于洛阳。孝庄反[③]正,以功封宁都子。后从岳入关,平万俟丑奴,行原州事。时关、陇寇乱,帝抚以恩信,百姓皆喜,曰:"早遇宇文使君,吾等岂从逆乱。"帝尝从数骑于野,忽闻箫鼓之音,以问从者,皆莫之闻,意独异之。

……

大统元年正月己酉,魏帝进帝都督中外诸军、录尚书事、大行台,改封安定郡王。帝固让王及录尚书。魏帝许之,乃改封安定郡公。东魏将司马子如寇潼关,帝军[④]霸上。子如乃回军自蒲津寇华州,刺史王罴击走之。

三月,帝命有司为二十四条新制,奏行之。

……

三年正月,东魏寇龙门,屯军蒲坂,造三道浮桥度河。又遣其将窦泰趣[⑤]潼关,高昂围洛州。帝出军广阳,召诸将谓曰:"贼掎吾三面,又造桥,示欲必度,是欲缀[⑥]吾军,使窦泰得西入耳。且欢起兵以来,泰每先驱,下多锐卒,屡胜而骄。今袭之必克。克泰,则欢不战而走矣。"诸将咸曰:"贼在近,舍而袭远;若差跌,悔何及也。"帝曰:"欢前再袭潼关,吾军不过霸上。今者大来,谓吾但自守耳。又狃[⑦]于得志,有轻我之心。乘此击之,何往不克。贼虽造桥,未能径度,比五日中,吾取泰必矣。"庚戌,帝还长安,声言欲向陇右。辛亥,谒魏帝而潜军至小关。窦泰卒闻军至,陈未成,帝击之。尽俘其众,斩泰,传首长安。高昂闻之,焚辎重而走。

齐神武亦撤桥而退。帝乃还。

六月，帝请罢行台，魏帝复申前命，授帝录尚书事，固让乃止。

八月丁丑，帝率李弼、独孤信、梁御、赵贵、于谨、若干惠、怡峰、刘亮、王德、侯莫陈崇、李远、达奚武等十二将东伐，至潼关。帝乃誓于师曰："与尔有众，奉天威，诛暴乱。惟尔众士，整尔甲兵，戒尔戎事，无贪财以轻敌，无暴人以作威。用命则有赏，不用命则有戮，尔众士其勉之。"乃遣于谨先徇地至盘豆，拔之。获东魏将高叔礼，送于长安。戊子，至弘农，攻之，城溃。禽[8]东魏陕州刺史李徽伯，虏其战士八千。守将高干走度河，命贺拔胜追禽之，并送长安。于是宜阳、邵郡皆归附。先是河南豪杰应东魏者，皆降。

齐神武惧，率众趋蒲坂，将自后土济。遣其将高昂以三万人出河南。是岁，关中饥，帝馆谷于弘农五十余日。时军士不满万人，闻神武将度，乃还。神武遂度河，逼华州。刺史王罴严守，乃涉洛，军于许原西。帝至渭南，征诸州兵，未会。将击之，诸将以众寡不敌，请且待欢更西以观之。帝曰："欢若至咸阳，人情转骚扰。今及其新[9]至，可击之。"即造浮桥于渭，令军士赍[10]三日粮，轻骑度渭，辎重自渭南，夹渭而西。

十月壬辰，至沙苑。距齐军六十余里，神武引军来会。癸巳，候骑告齐军至，帝召诸将谋。李弼曰："彼众我寡，不可平地置阵。此东十里，有渭曲，可先据以待之。"遂进至渭，背水东西为阵。李弼为右拒，赵贵为左拒。命将士皆偃[11]戈于葭芦中，闻鼓声而起。日晡[12]，齐师至，望见军少，竞萃于左，军乱不成列。兵将交，帝鸣鼓，士皆奋起。于谨等六军与之合战，李弼等率铁骑横击之。绝其军为二，遂大破之，斩六千余级，临阵降者二万余人。神武夜遁，追至河上，复大克。前后虏其卒七万，留其甲兵二万，余悉纵归。收其辎重兵甲，献俘长安。李穆曰："高欢胆破矣，逐之可获。"帝不听，乃还军渭南。时所征诸州兵始至。乃于战所，准[13]当时兵，人种树一株，栽柳七千根，以旌武功。魏帝进帝柱国大将军，增邑并前五千户。

……

四年三月，帝率诸将入朝，礼毕还华州。

七月，东魏将侯景等围独孤信于洛阳，齐神武继之。帝奉魏帝至谷城，临阵斩东魏将莫多娄贷文，悉虏其众，送弘农。遂进军瀍东。景等夜解围去。及旦，帝率轻骑追至河上。景等北据河桥，南属芒山为阵，与诸军战。帝马中流矢，惊逸[14]，军中扰乱。都督李穆下马授帝，军复振。于是大捷，斩其将高昂、李猛、宋显等，虏其甲士一万五千人，赴河死者万数。

……

大军之东伐也，关中留守兵少，而前后所虏东魏士卒，皆散在百姓间，乃谋乱。及李虎等至长安，计无所出。乃与太尉王盟、仆射周惠达辅魏太子出次渭北。关中大震恐，百姓相剽劫。于是沙苑所俘军人赵青雀、雍州人于伏德等遂反。青雀据长安子城，伏德保咸阳；与太守慕容思庆各收降卒，以拒还师。长安城人皆相率拒青雀，每日接战。魏帝留止阌乡，令帝讨之。长安父老见帝，且悲且喜曰："不意今日，复得见公。"士女咸相贺。

……

魏恭帝三年三月，命为安定公世子。四月，拜大将军。十月乙亥，文帝崩。丙子，世子嗣位为太师、大冢宰。十二月丁亥，魏帝诏以岐阳地封帝为周公。庚子，诏禅位于帝曰："予闻皇天之命不于常，惟归于德。故尧授舜，舜授禹，时宜也。天厌我魏邦，垂变以告，惟尔罔弗知。予虽不明，敢弗龚⑮天命，格有德哉。今踵⑯唐、虞旧典，禅位于周，庸布告尔焉。"

选自《北史》卷九

〔注释〕 ①去：离开。 ②理：申辩。 ③反：同"返"，返回。 ④军：驻扎军队。 ⑤趣：奔赴。 ⑥缀：停止。 ⑦狃：习以为常而不加重视。 ⑧禽：捕捉。 ⑨新：刚。 ⑩赍：携带。 ⑪偃：隐藏。 ⑫晡：申时，即黄昏时。 ⑬准：衡量。 ⑭逸：奔跑。 ⑮龚：通"恭"，恭敬。 ⑯踵：继承。

〔赏析〕 宇文泰，一名黑獭，代郡武川（今内蒙古武川西东土城）人，是鲜卑化的匈奴族人，西魏王朝的拥立者和实际统治者。他最初与父兄镇压义军，后成为贺拔岳部将，贺拔岳死后，统领其部众，以关陇为根据地，迎北魏孝武帝，后弑孝武帝，立元宝炬为文帝，建立西魏后与高欢之东魏相抗衡。宇文泰推行府兵制，颁布六条诏书，以周礼治国，并与高欢互有征伐。西魏禅周后，被追尊为文王，庙号太祖，后又被追尊为文皇帝。

宇文泰身处魏末丧乱之际，故而因势利导，对深受战火之苦的关陇百姓抚以恩义，得到了民众的拥护，为日后立根关陇奠定了基础。在贺拔岳帐下，宇文泰展现了杰出的政治分析能力与敏锐的洞察力，得到了贺拔岳的青睐。在贺拔岳被高欢借侯莫陈悦之手杀害后，军事集团群龙无首，混乱之中，宇文泰在赵贵等人的鼎力支持下，获得了对贺拔部众的统领权，使高欢获取其集团的企图化为泡影。宇文泰安定部众，多次回绝高欢所遣之使提出的要求，拒绝接受招降。他继承贺拔遗产，成为一方强大势力，也和侯莫陈悦一样成为魏孝武帝拉拢的对象。然而宇文泰并未亲自勤王，而是以种种借口推脱，据守关陇以观天下之变。在孝武帝的支持下，宇文泰最终消灭了侯莫陈悦，将关陇地区据为己有。而与高欢矛盾重重的孝武帝在撕破面皮之后投奔了宇文泰，北魏自此一分为二。

南北朝后期的历史，在三国鼎立的格局下，与相对沉寂的南北关系相比，倒是东西之间颇为活跃。在东魏、北齐与西魏、北周的抗衡对决中,名将猛士斗智角力,奇计迭出,沙场百战,演绎了一曲荡气回肠的战歌。而这一幕幕的出现无疑是东、西魏分立的结果,东、西魏的分立成为地域之争的又一次绝佳舞台。可以说高欢和宇文泰都是依托地域为基础,进行政权建设,并相互兴兵,意图统一天下的。此次的竞争持续颇久,近半个世纪后才最终一决高下。

宇文泰以关中为根本,引入武川集团和贺拔岳旧部,诛杀侯莫陈悦,逐步平定了关陇。关中一带自古为天府之国,沃野千里且地形险要,可为王者之资,秦王朝与西汉政权正是依托于关中,才开创了至今为人所乐道之秦汉雄风的。虽然历经战乱冲击,关中的经济破坏不可谓不严重,但谁也不能否认"雍州之地,殽函之固,自若也",关中的地理优势依然不容小觑。四塞之地的特殊地形使得其地理上呈现出易守难攻的特点;同时,关中位于中国地势之第二阶梯,面对关东有着一股居高临下的俯瞰之势,造就了"秦王扫六合,虎视何雄哉"的破竹之势。从当时的军事实力来看,宇文泰显然也不具备与高欢一决雌雄的实力,在此背景下,据守关中便成为绝佳的选择。即使不能进而争夺天下,也能退守偏居一隅以待时变。当魏孝武帝下诏宇文泰与侯莫陈悦命其举兵东向、以图高欢之时,若宇文泰亲总其师,躬自勤王,其地位亦不过是所召武将之一,难以成为日后挟天子以令关西的权臣。据此看来,宇文泰实行的关中本位政策实是极为明智之举,以易守难攻之关中为基础,宇文氏的关陇集团方能发展壮大,行均田,立府兵,布六条,"齐国规模留后霸",为日后隋唐的兴起奠定了不朽的功勋。

与宇文泰对立的高欢同样没有忽视对于根据地的建设。东魏所据之冀州为北魏经济最为发达之地,号称"国之仓储",经济实力远在关中之上,而高欢抚御有术,深得冀郡大族之拥护,连宇文氏集团也不得不承认:"高欢之抚河北,甚得众心,虽乏智谋,人皆用命,以此自守,未易可图。"不料富饶的关东却继承了魏末的矛盾,北魏政府在镇压了六镇起义后,又将大量义军降卒徙至关东,以图拔其根本。然而事与愿违,北魏政府还未解决这些矛盾就已名存实亡了,据有关东之地的北齐不得不继承北魏的遗留问题。善抚夷夏的高欢终其一生也只能调和这一尖锐的矛盾,未能将其彻底解决,而此后的北齐诸帝或壮年癫狂，或英年早逝，或荒淫无道，只能眼见“小怜玉体横陈夜，已报周师入晋阳”。

宇文氏的关西政权最终取得了胜利，而且在战争史上又留下了以形胜起家，以弱制强的历史殷鉴以启迪后人。

（严　昊）

分裂格局的口舌之争

〔导言〕 两晋南北朝时期,大量少数民族进入中原,他们一方面带来了战争灾难,导致政权更替频繁;另一方面他们带来了自身特有的文化,使中华文化在冲撞中不断融合增强。这些少数民族既是传统汉人眼中的“非我族类,其心必异”,但他们又为争取民心,尽力构建与强调自身政权才是中华正统之位。这一个个少数民族政权在史书上留下了各种角度不一的记载,有的作为正统王朝,享受本纪的待遇,有的却被称为僭伪政权、岛夷政权、索虏政权,成为官家笔下的蛮夷,列在了史书的最后几篇。但不可否认的是,这些少数民族政权在两晋南北朝的历史上留下了浓烈的一笔,他们的开国之君多数是雄才伟略之人,他们运用自己的智慧为本族复兴做出了开创性的贡献。本组所选内容既包括了那些知名的少数民族政权,也包括了那些被正统王朝所排斥的僭越者,如东晋的桓玄。细细品味这些不同史书上的记载,能体会到南北双方对立下在正统观上的博弈。

桓玄列传

〔选文〕

岛夷桓玄,字敬道,本谯国龙亢楚也。僭晋大司马温之子,温爱之,临终命以为后。年七岁,袭封南郡公。登国五年,为司马昌明太子洗马。玄志气不伦[①],欲以雄豪自许。朝议以温有陵[②]虐之迹,故抑玄兄弟,出为义兴太守,不得志。少时[③]去职。

……

玄亦失荆楚人情，而师出不顺，其兵虽强，虑弗[4]为用，恒[5]有回师之计。既过寻阳，不见东军，玄意乃定。于是遂鼓行而进，径至姑熟，又克历阳。刘牢之遣子敬宣诣玄请降，玄大喜，与敬宣置酒宴集。玄至新亭，元显弃船，退入国子堂，列陈宣阳门前。元显欲挟德宗出战，而军中相惊，言玄已及[6]南桁，乃回军赴宫。既至中堂，一时崩散。元显奔东府，惟张法顺一骑随之。玄乃为侍中、都督中外诸军、丞相、录尚书事、扬州牧、领徐州刺史，持节、荆江二州、公如故；假黄钺、羽葆、鼓吹、班剑二十人；置左右长史，从事中郎四人；甲仗二百人入殿。于是收[7]道子付廷尉，免为庶人，徙于安城郡；杀元显并其子，乃豫州刺史司马尚之、吏部郎袁遵、张法顺等。又灭庾楷于豫章。徙尚之弟丹杨尹恢之、辅国将军允之，及国宝、王绪诸子于交、广州。以刘牢之为会稽内史，将欲解其兵也。初，敬宣既降，随入东府，至是求归。玄冀[8]牢之受命，乃遣之。敬宣既至，牢之知将不免，欲袭玄，众皆离散，乃于班渎北走[9]，缢于新洲。传首建邺。敬宣奔于江北。

玄白[10]德宗，大赦，改年为大亨。玄让[11]丞相、荆江除三州及录尚书事。乃改授太尉、都督中外、扬州牧、领平西将军、豫州刺史；绿綟绶，加衮冕之服，剑履之礼，入朝不趋[12]，赞拜不名[13]，增班剑六十人，甲仗二百人入殿。玄乃镇姑熟。既而大筑府第，田[14]游无度，政令屡改，骄侈肆欲，朋党翕习，沮[15]乱内外。朝政皆谘焉，小事则决于左仆射桓谦及丹阳尹卞范之。玄大赋三吴富室，以赈饥民，犹不能济也。东郡既由兵掠，因以饥馑，死者甚众。三吴户口减半，会稽则十三四，临海、永嘉死散殆尽。诸旧富室皆衣罗谷，佩金玉，相守闭门而死。

玄自封豫章郡公，食安成七千五百户；后封桂阳郡公，邑二千五百户；本封南郡如故。既而[16]鸩杀道子。玄削夺德宗供奉之具，务尽约陋，殆[17]至饥寒。虽杀逆未至，君臣之体尽矣。进位大将军，加前后部羽葆鼓吹，奏事不名。又表请自率诸军，命诸蕃方兵扫平关洛，德宗不许之。玄本无资力，但好为大言，既不办行，乃云奉诏故止。玄既无他处分[18]，先作征行服玩，并制装书画之具。或谏曰："今日之行，必有征无战，辎重自足相运。不烦复有制造。"玄曰："书画服玩宜恒在左右，且兵凶战危，脱[19]有意外，当使轻而易运。"众咸[20]笑之。

玄所亲仗[21]，惟桓伟而已，先欲征[22]还，以自副贰。伟既死，玄甚恇[23]惧。初，玄常以其父王业垂成，以己弱年，不昌[24]前构，常怀恨愤。及昌明死，便有四方之计，既克建业，无复居下之心。及伟死，虑一己单危，益[25]欲速成大业。卞范之之徒，既虑事变，且幸其利，咸共催促，于是殷仲文等并已撰集策命矣。德宗加玄相国，总百揆，封南郡、南平、宜都、天门、零陵、桂阳、营阳、衡阳、义阳、建平十郡为楚王，备九锡之礼，扬州牧、领平西将军、豫州刺史如故。遣司徒王谧授相国印绶，光禄大夫武陵王司马遵授楚王玺策。德宗先遣百僚固请，又云当亲幸敦喻。十二月，德宗禅位于玄，大赦所部，称永始元年。初欲改年为建始，左丞王纳之曰："建始者，晋赵王伦之号也。"于是易为永始，复同王莽始贵之年。

玄入建邺宫，逆风迅激，旌旗、服章、仪饰一皆倾偃[26]。是月酷寒，此日尤甚。多行苛政而时施小惠。迎温神主进于太庙。玄游行无度，至此不出。殿上施金额流苏绛帐，颇类輀车、王莽仙盖。太庙、郊斋皆二日而已。又其庙祭不及于祖，以玄曾祖已上名位不显，故不列序。且以王莽立九庙，见㉗讥前史，遂以一庙矫之。又毁僭晋小庙，以崇台榭。其庶母蒸尝，未有定所。慢㉘祖忘亲，时人知其不永㉙。是月，玄出游水南，飘风飞其仪盖。又欲造大辇，使容三十人坐，以二百人舆之。玄骄逸荒纵，不恤㉚时事，奏案停积，了㉛不省览；或亲细事，手注直官，自用令史，制度乱出，主司奉答不暇。晨夜游猎，文武困乏。直㉜侍之官，皆系马省中；休下之吏，留供土木之役。朝士劳瘁，百姓力尽，民之思乱，十室而八。

选自《魏书》卷九十七

〔注释〕 ①伦：匹敌。 ②陵：欺凌。 ③少时：不久。 ④弗：不。 ⑤恒：常常。 ⑥及：到。 ⑦收：拘捕。 ⑧冀：希望。 ⑨走：逃跑。 ⑩白：报告。 ⑪让：推辞。 ⑫趋：礼节性地小步快走，以示恭敬。 ⑬不名：不直呼其名，以示尊重。 ⑭田：通“畋”，打猎。 ⑮沮：败坏。 ⑯既而：不久。 ⑰殆：大概。 ⑱处分：调遣。 ⑲脱：倘若。 ⑳咸：都。 ㉑仗：依靠。 ㉒征：征召。 ㉓恇：惊慌。 ㉔昌：振兴。 ㉕益：更加。 ㉖偃：倒下。 ㉗见：被。 ㉘慢：怠慢。 ㉙永：长久。 ㉚恤：顾及。 ㉛了：完全。 ㉜直：值班。

〔赏析〕 此列传是《魏书》列传第八十五，名为《岛夷桓玄、海夷冯跋、岛夷刘裕》。桓玄是东晋后期“王莽式”的政治人物，建立了昙花一现的桓楚政权。冯跋是北燕的开国之君，长期与北魏抗衡。刘裕是南朝宋的开国之君，也长期与北魏抗衡。将他们三人归于同一列传下很有意味，题目更是滑稽，何谓岛夷、海夷？岛夷指居住于我国东部大陆沿海，过着狩猎生活的原始部族。海夷也是此类含义。夷在古代汉语中是一个充满贬义的字眼，将桓楚、北燕、南朝宋称为岛夷、海夷，是刻意贬损。此处不得不提本书的成书背景，《魏书》记载的是公元4世纪末至6世纪中叶的北魏王朝兴亡史。《魏书》主编是北齐王朝的中书令兼著作郎魏收。他是奉北齐统治者高洋的命令编撰此书，可见这是本官方编著的史书，称呼这些政权为岛夷、海夷，更多体现的是政权意志、统治者意志，北齐脱胎于北魏，而这些政权常与北魏作对，因此修纂它们的历史恰恰是正统观念在意识形态领域的博弈。

将桓玄与冯跋、刘裕放在一起并不合适，刘裕建立的是几乎统一整个南中国的南朝宋，冯跋建立的是在前秦衰败以后，在北中国具有重要战略意义的北燕，但是桓玄建立的桓楚政权真是昙花一现，而且他的所作所为深受南朝舆论的唾弃，将他与刘裕等人并列在一起作传，这也是北朝统治者在意识形态的一次博弈，以此打击南朝宣扬的正统观。

桓玄能够在东晋后期掀起政治上的轩然大波绝非偶然因素，深究其家族的历史就能看到这是一种能量的积累和爆发。龙亢（今安徽怀远）桓氏，是汉晋年间影响颇大的世家大族。东汉时期，桓荣奠定了桓氏经学望族的基础，到了曹魏时期，桓氏家族因政治斗争失利而一度没落，两晋之际，天下大乱，皇权易主，桓荣九世孙桓彝积极投身东晋初创，以军功为桓氏开启了中兴之门，后经桓彝、桓温、桓玄三代的努力，使桓氏家族再次跻身世家大族之列。桓氏家族不仅靠的是军功，更靠的是对一方水土——荆州强有力的控制。从桓温主政荆州开始，在近半个世纪的时间里，桓氏家族垄断和掌控辖区内的军政。桓氏家族在此地培植了一个以桓氏家族为核心、荆州地方政治社会势力为主导的相对独立的军事政治利益集团，他们之间相互扶植，谋求共同利益的最大发展，而后桓玄代晋，建立桓楚政权，是这个利益集团凭借强势军事政治力量趁势向下游建康中枢扩展自己利益的结果。

再看桓玄，他是东晋大司马桓温之子，志向高，常以英雄豪杰称许自己，桓温很喜爱他，临终时嘱令他作为自己的继承人。桓温死后，谢安当政，他承袭了门阀士族的一贯作风，对桓氏不作赶尽杀绝，只是暗中加以提防。淝水之战，桓冲率领精兵三千援建康，为谢安所拒。桓玄兄弟也因世间议论桓温有不臣之心而遭到排挤，朝廷只让他们做些无权的闲散官。然而不过几年的光景，桓玄竟然有了篡晋的机遇，这全为东晋后期政治腐败、权臣当道所赐！太傅、琅邪王司马道子专制朝权，尚书左仆射王国宝专权用事，给了桓玄出兵谋事大好机遇，他竟然一路顺利地攻入建康，连淝水之战的名将刘牢之都不是他的对手。之后他自公而王，自王而帝，上演了一出"汉魏故事"。如此大逆不道的禅代之举竟然得到了士族的广泛支持，究其原因在于东晋政治由门阀士族为主导转而变成士族为皇族所用，这不符合士族的意愿。因而，当东晋末年皇权统治腐朽、政治危机加剧时，士族势力卷土重来，力图恢复士族与皇帝共治天下的局面。在普遍衰落的高级士族之中，桓玄这样的才干、魄力、威望可算出类拔萃，士族中既无人可与他比拟，又在他身上看到了振兴士族权力的希望，遂以桓玄作为门阀世族利益的代言人，与皇族相抗。已故历史学家田庆余先生认为，桓玄代晋是"门阀政治的回光返照"。

然而桓玄并没有把握住良机，"大筑府第，田游无度，政令屡改，骄侈肆欲，朋党翕习，沮乱内外"。不仅百姓怨声载道，也给了低级士族、北府将领刘裕等军事强人们"拨乱反正"的口实。刘裕、刘毅等人即在这样的背景下横空出世，在征讨桓玄的过程中逐步壮大自己的实力和舆论影响力，最终消灭了桓氏集团。

桓玄之败，就其个人而言，显示出其政治才干的缺失，他的政治魄力在高级士族中属于上品，但还不具备称帝的素质。而从整个大环境看，则是门阀士族力量下降的结果。尽管有众多士族助力，桓玄终究没能维系政权的长久，反而被轻易赶下了皇帝宝座，这多少反映了东晋门阀政治的衰落。代之而起的刘宋政权虽然也重视世家大族的势力，但刘裕所用的多是在东晋时不甚介入政治斗争的江东世家大族，而南迁的北方世家大族因缺乏实力作为后盾，从此告别了他们在政治上的黄金时代。

氐胡列传

〔选文〕

略阳清水氐杨氏，秦、汉以来，世居陇右，为豪族。汉献帝建安中，有杨腾者，为部落大帅。腾子驹，勇健多计略①，始徙仇池。仇池地方百顷，因以百顷为号，四面斗②绝，高平地方二十余里，羊肠蟠道，三十六回。山上丰水泉，煮土成盐。驹后有名千万者，魏拜为百顷氐王。千万子孙名飞龙，渐强盛，晋武假征西将军，还居略阳。无子，养外甥令狐氏子为子，名茂搜。晋惠帝元康六年，避齐万年之乱，率部落四千家，还保百顷，自号辅国将军、右贤王。关中人士奔[3]流者多依之，茂搜延纳抚接，欲去[4]者则卫护资遣之。愍帝以为骠骑将军、左贤王。时南阳王保在上邽，又以茂搜子难敌为征南将军。建兴五年，茂搜卒，难敌袭位。与坚头分部曲，难敌号左贤王，屯下辩，坚头号右贤王，屯河池。元帝太兴四年，刘曜伐难敌，与坚头俱奔晋寿，臣于李雄，曜退，复还仇池。

成帝咸和九年，难敌卒，子毅立，自号使持节、龙骧将军、左贤王、下辩公。以坚头子盘为使持节、冠军将军、右贤王、河池公。咸康元年，遣使称蕃于晋，以毅为征南，盘征东将军。三年，毅族兄初袭杀毅，并有[5]其众，自立为仇池公，臣于石虎。后遣使称蕃于穆帝。永和三年，以初为使持节、征南将军、雍州刺史、平羌校尉、仇池公。初子国为镇东将军、武都太守。十年，改封初天水公。十一年，毅小弟宋奴使姑子梁式王因[6]侍直手刃杀初，初子国率左右诛式王及宋奴，复自立。征西将军桓温表[7]国为镇北将军、秦州刺史、平羌校尉，国子安为振威将军、武都太守。十二年，国从父杨俊复杀国自立，安奔苻生，俊遣使归顺。升平三年，以俊为平西将军、平羌校尉、仇池公。四年，俊卒，子世立，复以为冠军将军、平羌校尉、武都太守、仇池公，海西公太和三年，迁征西将军、秦州刺史，以世弟统为宁东将军、武都太守。五年，世卒，统废世子纂自立。纂一名德，聚党杀统，遣使诣简文帝自陈[8]，复以纂为平羌校尉、秦州刺史、仇池公。咸安元年，苻坚遣杨安、苻雅等讨纂克之，徙其民于关中，空百顷之地。纂后为杨安所杀。

宋奴之死也，二子佛奴、佛狗奔逃关中，苻坚以佛奴为右将军，佛狗为抚夷护军。后以女妻[9]佛奴子定，以定为尚书、领军将军。孝武帝太元八年，苻坚败于淮南，关中扰乱，定尽力奉坚。坚死，乃将[10]家奔陇右，徙治历城，城在西县界，去[11]仇池百二十里。置仓储于百顷。招合夷、晋，得千余家，自号龙骧将军、平羌校尉、仇池公，称蕃于晋孝武帝，孝武帝即以其自号假之。求割天水之西县、武都之上禄为仇池郡，见许[12]。十五年，又以定为辅国将军、秦州刺史，定已自署征西将军。又进持节、都督陇右诸军事、辅国大将军、开府仪同三司，校尉、刺史如故。其年，进平天水略阳郡，遂有秦州之地，自号陇西王。至十九年，攻陇西虏乞佛乾归，定军败见杀。无子，佛狗子盛先为监国，守仇池，袭位，自号使持节、征西将军、秦州刺史、平羌校尉、仇池公。谥定为武王。分诸四山氐、羌为二十部护军，各为镇戍，不置郡县。安帝隆安三年，遣使称蕃，奉献方物。安帝以盛为辅国将军、平羌校尉、仇池公。元兴三年，桓玄辅晋，进盛平北将军、凉州刺史、西戎校尉。义熙元年。姚兴伐盛，盛惧，遣子难当为质。兴遣将王敏攻城，因[13]梁州别驾吕莹，求救于盛，盛遣军次涺口，敏退。以盛为都督陇右诸军事、征西大将军、开府仪同三司。时益州刺史毛璩讨桓玄所置梁州刺史桓希，败走，汉中空虚，盛遣兄子平南将军抚守汉中。三年，又假盛使持节、北秦州刺史。盛又遣将苻宣行梁州刺史代抚。九年，梁州刺史索邈镇南城，宣乃还。高祖践阼[14]，进盛车骑大将军，加侍中。永初三年，改封武都王，以长子玄为武都王世子，加号前将军，难当为冠军将军，抚为安南将军。

盛嗣[15]位三十年，太祖元嘉二年六月卒，时年六十二，私谥曰惠文王。

选自《宋书》卷九十八

〔**注释**〕①略：谋略。②斗：通"陡"。③奔：流亡。④去：离开。⑤有：占有。⑥因：趁机。⑦表：指上表推荐某人。⑧陈：陈述。⑨妻：嫁予。⑩将：带领。⑪去：距离。⑫许：应允。⑬因：于是。⑭践阼：即位。⑮嗣：承袭。

〔**赏析**〕《宋书》是记载南朝宋（刘宋）的史书，由南齐的太子家令兼著作郎沈约奉旨编修，因为是官修史书，更多体现的是政权的意志。沈约将一个个少数民族政权分门别类，归入以下四个列传：《索虏列传》（北魏）、《鲜卑、吐谷浑列传》、《夷蛮列传》、《氐胡列传》。

《氐胡列传》记载北方两个少数民族政权，其一是略阳、清水的氐族杨氏政权，另一个是由匈奴族支系卢水胡族的沮渠蒙逊建立的北凉。沮渠蒙逊是一代英豪，在史家笔下口碑较好，记载也较多，他善于韬光养晦，最终一统凉州，北凉国力最强时控制今甘肃西部及宁夏、新疆、青海的一部分，是河西一带最强大的势力，他所建立的北凉能够长期与蓬勃兴起的北魏周旋，在沮渠蒙逊亡故后，北凉成为十六国中最后一个被吞并的国家。

反观略阳、清水的氐族杨氏政权在史书中的记载略显单薄，《宋书·氐胡列传》是今人能了解这一政权的重要的史料。此政权并非十六国政权之一，疆土也较为狭小，但是在三国两晋南北朝时代，它是一支各方不容忽视的力量，这一政权从西晋末兴盛至北周吞灭，竟顽强存在了近三百年，它的生存之道值得探究。

略阳清水的氐族杨氏政权也称仇池政权，它是以仇池为中心建立的政权，其势力伸缩范围大致相当于今陕西省南部的汉中地区，甘肃省南部的武都地区和四川省西北部的平武、广元地区。这支氐族杨氏政权曾经五次立国，分别是前仇池国（296—371）、后仇池国（385—442）、武都国（443—477）、武兴国（478—506）、阴平国（471—580）。

略阳清水氐族杨氏，世居陇右，自秦汉以来是当地豪族。汉献帝时的部族领袖是杨腾，有关此政权的记载自他开始。杨腾之子杨驹乘天下大乱之际率族人迁居仇池，自号百顷氐王，割据一方。杨驹之子杨千万率仇池之众附属马超，结果被曹魏击破，流徙入蜀，势力发展受到遏制。入蜀后的杨千万苦心经营，到其孙杨飞龙时恢复了元气，西晋初年授予封号，并准许返回故地略阳，但要再去仇池似乎不太可能。然而“八王之乱”导致晋王朝权力失控，北方少数民族涌入中原。晋愍帝时期，齐万年起兵反晋，关中发生战乱。在略阳的杨茂搜趁机率族人重回仇池，自号辅国将军、右贤王，正式建立政权，此为前仇池国。前仇池国历经杨茂搜、杨难敌、杨毅、杨初、杨国、杨俊、杨世、杨纂，传位八主，历时七十五年，最终为强大的前秦苻坚所灭。

淝水之战以后，前秦实力大为受损，各地反秦势力不断涌现，北方政坛重新洗牌。仇池杨氏名门之胄、前秦王苻坚的女婿杨定趁机回到陇右，重振仇池祖业，收复前仇池国领土，建都于历城(今西河一带)，自称仇池公、龙骧将军、秦州牧和陇西王，此为后仇池国。后仇池国历经杨定、杨盛、杨玄、杨保宗、杨难当，传位五主，历时五十七年，最终因侵犯南朝宋而招灭顶之灾，杨难当逃入北魏，北魏国主拓跋焘认为他奇货可居，名义上捧杨难当为座上宾，实际上是北魏向刘宋发难的筹码，以宋破其藩属作为南伐的借口。

北魏南伐，迅速占据仇池，“汉中渐孤”使刘宋失去抵御北魏的前哨，陕南川北面临危机。刘宋部将符达、任拙等率军北上与北魏争抢陇右，占据白崖(今陕西勉县西北)，初步保障陕南的安全。在刘宋攻占白崖之时，原仇池国氐族积极力争本民族的自治权益。在此形势之下，刘宋统治者决定扶持杨氏政权，旨在使彼为己效力，共同对抗北魏。于是符达、任拙顺乎氐族民众意志，拥立后仇池国主杨难当的侄儿杨文德为首领，武都国应运而生。武都国历经杨文德、杨元和、杨僧嗣、杨文度，传位四主，历时三十四年，杨文度最终被北魏将领皮欢喜所斩杀。《宋书·氐胡列传》记载至此，实际上，顽强的氐族杨氏又先后建立了武兴国、阴平国，直至被北周吞并。

氐族杨氏政权为何能顽强地存在了近三百年之久？

其一，地理因素。仇池国以仇池山为根据地，仇池山是典型的易守难攻之地，山岭不断，险隘不绝，对外联系的崎岖小道口往往一夫当关，万夫莫开，成为军事上维护仇池政权的重重屏障，不仅如此，它有水可饮，有粮可食，完全可以自给自足。其二,领袖的个人因素。氐族杨氏政权不断涌现了如杨驹、杨茂搜、杨难敌、杨定、杨盛、杨僧嗣等具有政治远见或军事才干的领袖。以杨茂搜为例,他在建国后,广开贤路,招纳四方豪杰。一时间仇池成为流亡人士的避难所。他还积极招抚大量氐人、羌人,扩充实力。他还能看准机遇,借着齐万年起义之际建立了独立国家。其三,坚强的立国精神成为一种政治信仰。李祖桓先生曾在《仇池国志》一书的前言中意味深长地指出,仇池政权"一灭于符秦而杨定兴之;再灭于刘宋而杨文德复兴之;三灭于元魏而杨绍先兴之,屡败屡起"。体现出一种坚强的立国精神。其四,"军事立国"、"以守为本"的军事战略是仇池政权长久立国的重要保证。其五,最核心的原因,即在分裂割据的政治大环境下采用了灵活的外交政策才是立国久远的关键,这体现了氐族杨氏统治者的政治智慧。仇池国最早是西晋的藩属国,西晋灭亡后,前仇池国向东晋称藩,但因为东晋和前赵、成汉、后赵几大势力之间微妙的平衡作用,仇池得以回旋其间,其势力不仅没被摧毁,反而在一定程度上得到发展。后仇池国建立后,先后向前秦、后秦、刘宋、北魏等称藩,看似首鼠两端,但因地理位置优越,成为各方拉拢的对象。北魏和刘宋都曾尽力拉拢仇池,仇池便利用二者的矛盾,鹬蚌相争,渔翁得利,对刘宋和北魏实行灵活多变的等距离外交,在夹缝中得到了生存延续的时间和空间。

僭伪附庸列传

〔选文〕

晋自永嘉之乱,宇县[①]瓜分,胡羯凭陵,积有年代,各言膺[②]运,咸居大宝。竟[③]而自相吞灭,终为魏臣。然魏自昭成已前,王迹未显,至如刘石之徒,时代不接,旧书为传,编之四夷,有欺耳目,无益缃素[④]。且于时五马浮江,正朔未改,《阳秋》记注,具存纪录。虽朝政丛脞[⑤],而年代已多。太宗文皇帝爰动天文,大存刊[⑥]勒,其时事相接,已编之《载记》。今断自道武已来所吞并者,序其行事,纪其灭亡。其余不相关涉，皆所不取。至如晋、宋、齐、梁虽曰偏据，年渐三百，鼎命相承。《魏书》命曰《岛夷》，列之于传，亦所不取。故不入今篇，萧詧虽云帝号，附庸周室，故从此编，次为《僭伪附庸传》云尔。

……

姚苌字景茂，出于南安赤亭，烧当之后也，祖柯回，助魏掎⑦姜维于沓中，以功假绥戎校尉、西羌都督。父弋仲，晋永嘉之乱，东徙榆眉。刘曜以弋仲为平西将军，平襄公。后随石季龙迁于清河滠头，勒以弋仲为奋武将军，封襄平公。弋仲死，子襄代，屯于谯城。慕容俊以襄为豫州刺史、丹阳公，屯淮南。自称大将军、大单于，为晋将桓温所败，奔河东。后为苻眉所杀。

弋仲有子四十二人，苌第二十四。随兄襄征伐，襄甚奇之。襄败，降于苻坚。从坚征伐，频有功。坚伐晋，以苌为龙骧将军，督益梁州诸军事，谓苌曰："朕本以龙骧建业，龙骧之号，初未假人，今特以相授。山南之事，一以委卿。"坚左将军窦冲进曰："王者无戏言，此亦不臧⑧之征也，惟陛下察之。"坚默然。及慕容泓起兵华泽，坚遣子卫大将军睿讨之，战败，为泓所杀。时苌为睿司马，惧罪奔马牧。聚众万余，自称大将军、大单于、万年秦王，号年白雀。数月之间，众至十余万。与慕容冲连和，进屯北地。苻坚出五将山，苌执⑨而杀之。

登国元年，僭称皇帝，置百官，国号大秦，年曰建初。改长安曰常安，以其太子兴镇之。自击苻登于安定，败之。苌病，梦苻坚将天官使者、鬼兵数百，突入营中。苌惧，走后宫，宫人迎苌刺鬼，误中苌阴。鬼相谓曰："正中死处。"拔矛,出血石余。寤[10]而惊悸,遂患阴肿,刺之,出血如梦。苌乃狂言,或称苌,"杀陛下者臣兄襄,非臣之罪,愿不枉法。"苌死,子兴袭位,秘不发丧。

兴字子略,苌长子也。既灭苻登,然后发丧行服。僭称皇帝,年号皇初。天兴元年,兴去皇帝之号,降称天王,号年洪始。兴克洛阳,以其弟东平公绍镇之。三年,兴遣使来聘,道武遣谒者仆射张济使于兴。天兴五年夏,兴遣其弟义阳公平率众四万侵平阳,攻乾壁六十余日,陷之。七月,车驾[11]亲征。八月,次[12]永安,平募遣勇将率精骑二百窥军,为前锋将长孙肥所禽[13],匹马不反[14]。平遂退走。帝急追,及于柴壁,围之。兴乃悉[15]举其众,救平。帝增筑重围,内以防平之出,外以距[16]兴之入。又截汾曲为南北浮桥,乘西岸筑围。帝帅师度蒙阬南四十里,逆击兴。兴晨行北引,未及安营,大军卒[17]至,兴众怖忧。帝知兴气挫,乃南绝蒙阬之口,东杜[18]新坂之隘,守天度,屯贾山,令平水陆路绝,将坐甲而禽之。又令缘汾带冈树栅,以卫刍牧者。九月,兴从汾西北下,凭壑为垒以自固。兴又将数千骑乘西桥。官军钩取,以为薪蒸[19]。兴还垒,道武度[20]其必攻西围,乃命修堑,增广之。至夜,兴果来攻,梯短不及,弃之堑中而还。兴又分其众,临汾为垒,叩逼水门,与平相望。帝因截水中,兴内外隔绝,士众丧气。于是平粮尽,窘急,夜悉众将突西南而出。兴列兵汾西,举烽鼓噪,为平接援。帝简[21]诸军精锐,屯汾西固守,南绝水口。兴夜闻声,望平力战突免;平闻外鼓,望兴攻围引接。故但[22]叫呼,虚相应和,莫敢逼围。平不得出,穷逼,乃将二妾赴水死。兴安远将军不蒙世、扬武将军雷重等将士四千余人随平投水,帝令泅水钩捕,无得免者。平众三千余人，皆敛手受执。擒兴尚书右仆射狄伯支已下四十余人。兴远来救，自观其穷，力不能免，举军悲号，震动山谷，数日不止。频遣使请和，帝不许，乃班师。兴还长安。有雀数万头斗于兴庙，毛羽折落，多有死者，月余乃止。识者曰："今雀斗庙上，子孙当有争乱者乎。"又兴殿有声如牛呴。有二狐入长安，一登兴殿屋，走入宫，一入市，求之不得。永兴三年，兴遣周宝来聘。五年，兴遣使来聘，并请进㉓女，明元许之。神瑞元年，兴遣兼散骑常侍、尚书吏部郎严康来聘。二年，兴遣散骑常侍、东武侯姚敞、尚书姚轨奉其西平公主于明元，明元以后礼纳之。

选自《北史》卷九十三

〔注释〕 ① 宇县：犹言天下。 ② 膺：承当。 ③ 竟：终于。 ④ 缃素：指书卷。 ⑤ 丛脞：指细碎。 ⑥ 刊：修订。 ⑦ 掎：牵制。 ⑧ 臧：好。 ⑨ 执：捉拿。 ⑩ 寤：苏醒。 ⑪ 车驾：代指帝王。 ⑫ 次：驻扎。 ⑬ 禽：捕捉。 ⑭ 反：同"返"，返回。 ⑮ 悉：全。 ⑯ 距：通"拒"，抗拒。 ⑰ 卒：突然。 ⑱ 杜：堵塞。 ⑲ 薪蒸：木柴。 ⑳ 度：估量。 ㉑ 简：选择。 ㉒ 但：只。 ㉓ 进：进献。

〔赏析〕 《南史》和《北史》由唐朝李延寿编著。《南史》起于公元420年，终于589年，记述南朝宋、南齐、梁、陈四个南方政权共一百七十年的历史。《北史》起于386年，终于618年，记述北朝魏、北齐（包括东魏）、北周（包括西魏）、隋四个政权共二百三十三年的历史。

李延寿的父亲李大师在世时已开始着手编纂积累南北史，当时沈约的《宋书》、萧子显的《齐书》、魏收的《魏书》已经流传很久，而当李延寿继续编纂南北史时，梁、陈、北齐、周、隋五代史的编纂工作也正在进行或定稿。既然关于南北朝的史书已有多种，那么李氏父子为何另起炉灶再编同一时期的历史呢？李延寿的自序回答了这个问题。他说他的父亲"常以宋、齐、梁、陈、魏、齐、周、隋南北分隔，南书谓北为'索虏'，北书指南为'岛夷'。又各以其本国周悉，书别国并不能备，亦往往失实。常欲改正"。显然，在隋唐大一统的局面形成后，人们需要综合叙述南北各朝历史的新著。同时，南北政权互相敌视的用语如“索虏”、“岛夷”之类，与全国统一后南北各民族大融合的形势不相适应，唐代史学家刘知幾也强烈反对这种称谓。所以李氏父子打破了朝代的断限，通叙南北各朝历史，又删改了一些不利于统一的提法，正是反映了当时的政治需求。在《北史》中，李延寿尊北朝为正统，其他几个在北魏刚崛起时的地方政权归于《僭伪附庸列传》，僭伪是指被中央政府视为割据的地方政权。由此可见，《北史》反映了大一统帝国的政治需求，把威胁或进入中原地区、破坏或影响统一的少数民族视为“夷狄之邦”。在《僭伪附庸列传》中，有赫连勃勃建立的夏，冯跋建立的北燕，沮渠蒙逊建立的北凉，姚苌建立的后秦，萧詧建立的西梁，乞伏国仁建立的西秦，慕容世家建立的燕国。这些少数民族统治者都有卓越的领导力，能审时度势，在乱世之中建立自己的伟业，不妨以后秦为例一探究竟。

后秦建立者姚苌是羌族，出生显贵，祖父姚柯迴，曾协助魏国牵制姜维，因功授予西羌都督。姚苌的父亲是两晋时代的风云人物姚弋仲，先后效命于前赵、后赵，前赵刘曜任命他为平西将军、平襄公，后赵石勒让他担任奋武将军，封为襄平公。姚弋仲有儿子四十二人，最有能耐的莫过于五子姚襄和二十四子姚苌。姚弋仲死后，姚襄代替父位，他武功盖世，好学博能，但惜败于晋朝名将桓温，后被前秦苻眉杀死。姚氏人马余部跟随姚苌投靠了苻坚。从此跟随苻坚征战，姚苌奉命率军攻打氐族杨氏政权、益州、前凉，屡历战功，很受苻坚器重。苻坚欲讨伐东晋，一统天下，群臣反对，唯有姚苌和鲜卑族的慕容垂积极怂恿。苻坚任命姚苌为龙骧将军，督领益州、梁州等军事，对姚苌说：“我当初依靠龙骧建立功业，龙骧的称号，先前没有授予他人，现在特地授予你。太行山以南的事情，全部交付给你。”这龙骧将军除了苻坚担任过，别无他人，可见姚苌在苻坚心中地位颇高。姚苌难道不知道讨伐东晋没有必胜的把握么？恐怕这就是姚苌的过人之处，他工于心计，有谋略，做好了借机复兴羌族政权的打算。

淝水之战中，前秦大败，鲜卑族的慕容垂率先起兵掀起复国独立运动。前秦高官慕容泓屯兵华阴，与慕容垂遥相呼应。为控制前秦统治根基之地——关中，苻坚派遣儿子卫大将军苻睿讨伐他，配上姚苌为司马辅佐苻睿，姚苌做了理性的战前判断，提出要稳字为先，但年少轻狂的苻睿“勇果轻敌”没有采纳，加之不体恤兵士，导致战败，苻睿被慕容泓杀死。战败是主帅之责，姚苌作为僚佐，已经尽了职责，姚苌还是派使者向苻坚请罪，此时苻坚盛怒之下，错杀了姚苌的使者，苻坚之举无疑使忧心忡忡的姚苌更加惊恐，终于举起了反叛的大旗。姚苌聚集一万多羌族民众，在马牧起兵，自称大将军、大单于、万年秦王。几月之内，人数达到十多万。与慕容冲联军，驻扎在北地。姚苌击溃了苻坚的军队，活捉并弑杀了旧主苻坚。其后姚苌僭越称帝，设置百官，国号大秦，史称后秦，羌族复兴大业终成。

姚苌不仅工于心计，也很有一套治术，又能以诚信待人，在姚苌看来，在后秦与前秦交战时期，能够以诚信态度对待前秦的重要人物，无疑可以瓦解前秦的统治集团，以削弱前秦的政治、军事力量，从而为消灭前秦奠定基础，否则就会增加后秦消灭前秦的难度，降低后秦在当时诸政权中的地位。他去世前也教导自己的太子姚兴说：“汝抚骨肉以仁，接大臣以礼，待物以信，遇黔首以恩，四者既备，吾无忧矣”。即以仁处理兄弟家庭关系，以礼处理君臣关系，以恩处理国家与群众之间的关系。为了夺正统之位，使天下苍生向后秦看齐，他还宣称自己是大禹的子孙，“禹封舜少子于西戎，世为羌酋”。其子姚兴登基后，谨遵父亲教诲，不仅讲求仁德诚信，更是广泛吸收汉文化，尊崇佛家学说，将后秦盛世推向了高潮，成为十六国中的典范。

（王　骁）

顾命大臣：大不易

〔导言〕 东晋王朝凭借着高门望族维持其偏安于江南一隅的统治，随着门阀士族日益腐败而趋向于最终的解体，社会的渐进式演变促使原本在门阀社会中处于弱势地位的寒族子弟凭借着不断积累的军功而一步步问鼎权力的巅峰。东晋后期建立刘宋政权的刘裕即为其典型代表，他凭借着把持京口集团的武装力量而不断提升着自己的权势与地位。刘裕之所以能够获得成功，除了拥有占绝对优势的军事实力外，他还拥有着一批门第不显却颇具才干，同时又忠心耿耿效力于京口集团的具有吏能之才的下属，刘穆之和徐羡之便是其中的翘楚。刘穆之虽然未能亲眼见到刘裕改朝换代，但他的出谋划策和安定后方无疑为刘裕赢得天下奠定了坚实的基础，在刘穆之去世多年后，刘裕对其一直有所追思，刘穆之的后代也因为他的功绩而存续于官场。徐羡之虽然被宋武帝刘裕列为建立宋朝的第一功臣，然而由于其担任顾命大臣的缘故，最终竟然废立新君，犯下了弑君的过错。同时，由于他得罪了高门望族和向往权力最高峰的刘义隆，因而最终遭受到杀身之祸。本书节选《宋书》中的《刘穆之列传》和《徐羡之列传》，旨在展示处于激烈的改朝换代之际，处于下层的士人集团是如何与主上相互联合协作，最终辅佐君主谋取天下，进而安定天下的详细过程。

刘穆之列传

〔选文〕

从平京邑，高祖始至，诸大处分[①]，皆仓卒立定，并穆之所建也。遂委以腹心之任，动止咨焉；穆之亦竭节尽诚，无所遗隐。时晋纲宽弛，威禁不行，盛族豪右，负势陵[②]纵，小民穷蹙，自立无所。重[③]以司马元显政令违舛，桓玄科条繁密。穆之斟酌时宜，随方矫正，不盈旬日，风俗顿改。迁尚书祠部郎，复为府主簿，记室录事参军，领堂邑太守。以平桓玄功，封西华县五等子。

义熙三年，扬州刺史王谧薨。高祖次应入辅，刘毅等不欲高祖入，议以中领军谢混为扬州。或欲令高祖于丹徒领州，以内事付尚书仆射孟昶。遣尚书右丞皮沈以二议咨高祖。沈先见穆之，具说朝议。穆之伪起如厕，即密疏白[④]高祖曰："皮沈始至，其言不可从。"高祖既见沈，且[⑤]令出外，呼穆之问曰："卿云沈言不可从，其意何也？"穆之曰："昔晋朝失政，非复一日，加以桓玄篡夺，天命已移。公兴复皇祚，勋高万古。既有大功，便有大位。位大勋高，非可持久。公今日形势，岂得居谦自弱，遂[⑥]为守藩之将邪？刘、孟诸公，与公俱起布衣，共立大义，本欲匡主成勋，以取富贵耳。事有前后，故一时推功，非为委体心服，宿[⑦]定臣主之分也。力敌势均，终相吞咀。扬州根本所系，不可假人。前者以授王谧，事出权[⑧]道，岂是始终大计必宜若此而已哉。今若复以他授，便应受制于人。一失权柄，无由可得。而公功高勋重，不可直置[⑨]，疑畏交加，异端互起，将来之危难，可不熟念。今朝议如此，宜相酬答，必云在我，厝辞又难。唯应云'神州治本，宰辅崇要，兴丧所阶[⑩]，宜加详择。此事既大，非可悬论，便暂入朝，共尽同异。'公至京，彼必不敢越公更授余人明矣。"高祖从其言，由是入辅。

从征广固，还拒[⑪]卢循，常居幕中画[⑫]策，决断众事。刘毅等疾[⑬]穆之见[⑭]亲，每从容言其权重，高祖愈信仗之。穆之外所闻见，莫不大小必白，虽复闾里言谑，途陌细事，皆一二以闻。高祖每得民间委密消息以示聪明，皆由穆之也。又爱好宾游，坐客恒满，布耳目以为视听，故朝野同异，穆之莫不必知。虽复亲昵短长，皆陈奏无隐。人或讥之，穆之曰："以公之明，将来会自闻达。我蒙公恩，义无隐讳，此张辽所以告关羽欲叛也。"高祖举止施为，穆之皆下节度。高祖书[15]素拙，穆之曰："此虽小事，然宣彼四远，愿公小复留意。"高祖既不能厝意[16]，又禀分有在。穆之乃曰："但纵笔为大字，一字径尺，无嫌[17]。大既足有所包，且其势亦美。"高祖从之，一纸不过六七字便满。凡所荐达，不进不止，常云："我虽不及荀令君之举善，然不举不善。"穆之与朱龄石并便[18]尺牍，尝于高祖坐与龄石答书。自旦至日中，穆之得百函，龄石得八十函，而穆之应对无废[19]也。转中军太尉司马。八年，加丹阳尹。

高祖西讨刘毅，以诸葛长民监留府，总摄后事。高祖疑长民难独任，留穆之以辅之。加建威将军，置佐吏，配给实力。长民果有异谋，而犹豫不能发，乃屏[20]人谓穆之曰："悠悠之言，皆云太尉与我不平，何以至此？"穆之曰："公溯流远伐，而以老母稚子委节下[21]，若一毫不尽，岂容如此邪？"意乃小[22]安。高祖还，长民伏诛。十年，进穆之前将军，给前军府年布万匹，钱三百万。十一年，高祖西伐司马休之，中军将军道怜知留任，而事无大小，一决穆之。迁尚书右仆射，领选，将军、尹如故。十二年，高祖北伐，留世子为中军将军，监太尉留府；转穆之左仆射，领监军、中军二府军司，将军、尹、领选如故。甲仗五十人，入殿。入居东城。

穆之内总朝政，外供军旅，决断如流，事无拥滞。宾客辐辏，求诉百端，内外咨禀，盈阶满室，目览辞讼，手[23]答笺书，耳行听受，口并酬应，不相参涉，皆悉赡举。又数客昵宾，言谈赏笑，引日亘时，未尝倦苦。裁[24]有闲暇，自手写书，寻览篇章，校定坟籍。性奢豪，食必方丈，旦辄为十人馔。穆之既好宾客，未尝独餐，每至食时，客止十人以还者，帐下依常下食，以此为常。尝白高祖曰："穆之家本贫贱，赡生多阙。自叨忝以来，虽每存约损[25]，而朝夕所须，微为过丰。自此以外，一毫不以负公。"

十三年，疾笃，诏遣正直黄门郎问疾。十一月卒，时年五十八。

选自《宋书》卷四十二

〔**注释**〕 ① 处分：处理。 ② 陵：欺凌。 ③ 重：加上。 ④ 白：报告。 ⑤ 且：暂且。 ⑥ 遂：终。 ⑦ 宿：预先。 ⑧ 权：权宜。 ⑨ 置：搁下。 ⑩ 阶：凭借。 ⑪ 拒：抵御。 ⑫ 画：谋划。 ⑬ 疾：妒忌。 ⑭ 见：被。 ⑮ 书：字体。 ⑯ 厝意：同"措意"，注意。 ⑰ 嫌：妨碍。 ⑱ 便：擅长。 ⑲ 废：停止。 ⑳ 屏：使退避。 ㉑ 节下：秦汉以后，对将领、使臣或地方疆吏的敬称。 ㉒ 小：稍微。 ㉓ 手：亲手。 ㉔ 裁：通"才"，仅仅。 ㉕ 损：减少。

〔**赏析**〕 刘穆之，字道和，小字道民，其先祖是西汉时期的齐王刘肥。刘氏世代居住于京口（今江苏镇江），到了东晋时期，这支刘氏家族已经趋于没落。关于刘穆之祖父和父亲的任职情况，史书中鲜有提及，他的叔父（或伯父）刘爽任职尚书都官郎，其从兄刘仲道投奔刘裕担任其参军。刘穆之早年"家本贫贱，赡生之具多缺"。刘穆之的出身虽不太理想，但喜欢读《书》、《传》，博览而精通群书。

刘裕于京口起兵讨伐桓玄，向何无忌询问适合担任主簿之职的人选，何无忌遂推荐刘穆之担任此职。刘穆之从此成为由武人出身而不谙政务的刘裕的得力助手。刘裕不久就击败了桓玄，攻占建康，当时协助刘裕对大政方针进行予夺的便是刘穆之，纵然很多事情都是出于仓促的决定，然而刘穆之对这些事情的处理都表现得相当妥当。刘裕因之也将刘穆之视作自己的心腹，凡事都向其咨询意见，刘穆之亦从旁尽力协助。其时之东晋，法律宽松，纲纪不立，门阀豪强可恃势凌人，平民更是无法自处。刘穆之适时矫正法令，使得平民对法律有所适从。在刘裕以身作则的率领下，当时的政治风气得以丕变。

扬州刺史、录尚书事王谧去世，按资历应由刘裕接任其职位，但是刘裕的竞争对手刘毅并不愿意刘裕染指这一肥缺，意图让刘裕离开中枢，但刘穆之力劝刘裕务必入朝力争此职。他向刘裕分析了当时的政治形势，在他看来，司马道子乱政后的东晋王朝已经失去了天命，离灭亡不久了，而刘裕凭借自己的军功已经升到了今天的位置，已经没有回头路了，唯有不断向前，与刘毅等竞争对手恶斗一番，最后问鼎天下。如果要夺天下，必须有自己的根据地，扬州就是刘裕的依托，决不可被他人拿去这肥缺。不仅不能失去扬州，录尚书事一职也不可让与他人，这是中枢要职。听取刘穆之的分析后，刘裕亲身入朝力争这两个要职，既强化了自己的军事地盘，又强化了自己在中枢中的权力地位。

此后，刘裕北伐南燕，又镇压卢循叛乱，刘穆之都跟随左右，献计献策。刘毅知晓刘穆之的能耐，常向刘裕挑拨离间。但刘裕相信刘穆之的忠心，并让他转任其司马。同年，刘裕率军攻打刘毅，诸葛长民监太尉府留事，留守建康，总摄后事，又留刘穆之辅助他。当时诸葛长民知道自己多行不法之事，怕被惩治，刘毅兵败自杀后，诸葛长民更加不安，意图作乱，他问刘穆之："人们说刘裕和我不和，这是为什么?"刘穆之安抚诸葛长民："刘裕西征，将年老的母亲和幼小的弟弟都托付给将军，怎么会不和!"诸葛长民听后一直犹豫不决，没有起事，当刘裕迅速返回建康后诛杀了诸葛长民。

刘穆之一旦被任用，非常称职，史书中记载"内总朝政，外供军旅，决断如流，事无拥滞"。刘穆之有才能，又忠心耿耿，使刘裕能放心地把朝政交给他打理，自己专心于北伐，以此建立更多军功，提高自己的威望。在当时政局多变的情况下，如所托非人，很有可能老巢倾覆。

刘裕对于刘穆之的重用，既是刘裕大胆用人的勇气，也是刘裕的现实之举。东晋的士族高门长期保持了家族在政治、经济、文化上的巨大优势，基本不受时局变化的影响，如琅邪王氏、陈郡谢氏等家族即是如此。东晋晚期，随着门阀士族腐败因素的增加,“王与马,共天下”的政治格局解体,以刘裕为首的下等士族凭借北府兵力夺取了权力,那些有才华的士族高门怎可甘居下等士族之下?正因如此,刘裕选择了重用同样来自下等士族的刘穆之。

可惜义熙十三年(417年),当刘裕灭后秦,占据关中,并打算以关中为基地继续进行北伐时,却传来刘穆之去世的消息,刘裕听闻后感到震惊和悲痛,亦感到自己的根据地已空虚无靠,于是决意启程返回建康,结束了北伐。刘穆之是如何去世的?他的传记中无多言,反倒是在《宋书·王弘列传》里记载:“前锋已平洛阳,而未遣九锡,弘衔使还京师,讽旨朝廷。时刘穆之掌留任,而旨反从北来,穆之愧惧,发病遂卒。”说他在刘裕改朝换代的档口,慢了半拍,没有主动、及时地给刘裕做好加九锡的准备,因而愧惧而亡。

愧惧而亡恐怕只是一种托词,历史的真相似乎应该是刘穆之被利用的价值基本完结。打天下需要既有才华,又忠心耿耿的刘穆之,但要稳定大局还得靠世家大族来支撑,而刘穆之这样的下层士族显然不符合刘裕的最新战略目标。

徐羡之列传

〔选文〕

初,高祖议欲北伐,朝士多谏,唯羡之默然。或问何独不言,羡之曰:“吾位至二品,官为二千石,志愿久充①。今二方已平,拓地万里,唯有小羌未定,而公寝食不忘。意量乖殊,何可轻豫②。”刘穆之卒,高祖命以羡之为吏部尚书、建威将军、丹阳尹,总知留任,甲仗二十人出入。转尚书仆射,将军、尹如故。

……

羡之迁尚书令、扬州刺史,加散骑常侍。进位司空、录尚书事,常侍、刺史如故。羡之起自布衣,又无术学,直③以志力局度,一旦居廊庙,朝野推服,咸④谓有宰臣之望。沈密寡言，不以忧喜见[5]色。颇工[6]弈棋，观戏常若未解，当世倍以此推之。傅亮、蔡廓常言："徐公晓万事，安异同。"

高祖不豫[7]，加班剑三十人。宫车晏驾[8]，与中书令傅亮、领军将军谢晦、镇北将军檀道济同被顾命。少帝诏曰："平理狱讼，政道所先。朕哀荒在疚，未堪亲览。司空、尚书令可率众官月一决狱。"

帝后失德，羡之等将谋废立，而庐陵王义真轻动多过，不任四海，乃先废义真，然后废帝。时谢晦为领军，以府舍内屋败[9]应治，悉[10]移家人出宅，聚将士于府内。镇北将军、南兖州刺史檀道济先朝旧将，威服殿省，且有兵众，召使入朝，告之以谋。事将发，道济入宿领军府。中书舍人邢安泰、潘盛为内应，其日守关。道济领兵居前，羡之等继其后，由东掖门云龙门入，宿卫先受处分，莫有动者。先是帝于华林园为列肆，亲自酤[11]卖，又开渎聚土，以像破岗，率左右唱呼引船为乐。是夕，寝于龙舟，在天渊池。兵士进杀二人，又伤帝指。扶帝出东阁，收玺绶。群臣拜辞，卫送故太子宫，迁于吴郡。侍中程道惠劝立第五皇弟义恭，羡之不许。遣使杀义真于新安，杀帝于吴县。时为帝筑宫未成，权[12]居金昌亭，帝突走出昌门，追者以门关击之倒地，然后加害。

太祖即阼，进羡之司徒，余如故，改封南平郡公，食邑四千户，固让加封。有司奏车驾依旧临华林园听讼，诏曰："政刑多所未悉，可如先二公推讯。"

……

三年正月，诏曰："民生于三，事之如一，爱敬同极，岂惟名教，况乃施侔[13]造物，义在加隆者乎！徐羡之、傅亮、谢晦，皆因缘之才，荷[14]恩在昔，擢自无闻，超居要重，卵翼而长，未足以譬。永初之季,天祸横流,大明倾曜,四海遏密,实受顾托,任同负图。而不能竭其股肱,尽其心力,送往无复言之节,事居阙忠贞之效,将顺靡记,匡救蔑闻,怀宠取容,顺成失德。虽末因惧祸,以建大策,而逞其悖心,不畏不义。播迁[15]之始,谋肆鸩毒,至止未几,显行怨杀,穷凶极虐,荼酷备加,颠沛皁隶之手,告尽逆旅之馆,都鄙[16]哀愕,行路饮涕。故庐陵王英秀明远,徽风夙播,鲁卫之寄,朝野属情。羡之等暴蔑求专,忌贤畏逼,造构贝锦[17],成此无端,罔主蒙上,横加流屏[18],矫诬朝旨,致兹祸害。寄以国命,而翦为仇雠,旬月之间,再肆鸩毒,痛感三灵,怨结人鬼。自书契以来,弃常安忍[19],反易天明,未有如斯之甚者也。昔子家从弑,郑人致讨;宋肥无辜,荡泽为戮。况逆乱倍于往衅,情痛深于国家,此而可容,孰不可忍。即宜诛殛,告谢存亡。而于时大事甫[20]尔,异同纷结,匡国之勋实著[21],莫大之罪未彰。是以远酌民心,近听舆讼,虽欲讨乱,虑或难图,故忍戚含哀,怀耻累载。每念人生实难,情事未展,何尝不顾影恸心,伏枕泣血。今逆臣之衅,彰暴遐[22]迩[23],君子悲情,义徒思奋,家仇国耻,可得而雪,便命司寇,肃明典刑。晦据有上流,或不即罪,朕当亲率六师,为其遏防。可遣中领军到彦之即日电[24]发,征北将军檀道济络驿继路,符卫军府州以时收翦。已命征虏将军刘粹断其走伏。罪止元凶,余无所问。感惟永往,心情崩绝。氛雾既祛,庶几[25]治道。"

尔日诏召羡之。行至西明门外,时谢晦弟嚼子肖反为黄门郎,正直,报亮云:"殿内有异处分[26]。"亮驰报羡之。羡之回还西州,乘内人问讯车出郭,步走至新林,入陶灶中自到死,时年六十三。羡之初不应召,上遣中领军到彦之、右卫将军王华追讨。羡之死，野人[27]以告，载尸付廷尉。子乔之，尚[28]高祖第六女富阳公主，官至竟陵王文学。乔之及弟乞奴从诛。

选自《宋书》卷四十三

〔注释〕 ① 充：满足。 ② 豫：通“与”，干预。 ③ 直：只是。 ④ 咸：都。 ⑤ 见：同“现”，显现。 ⑥ 工：擅长。 ⑦ 不豫：婉称帝王有病。 ⑧ 晏驾：帝王死亡的讳辞。 ⑨ 败：毁坏。 ⑩ 悉：全。 ⑪ 酤：通“沽”，卖酒。 ⑫ 权：暂且。 ⑬ 侔：通“牟”，谋取。 ⑭ 荷：承受。 ⑮ 播迁：流离迁徙。 ⑯ 鄙：边邑。 ⑰ 贝锦：喻诬陷人的谗言。 ⑱ 屏：摒弃。 ⑲ 忍：残忍。 ⑳ 甫：开始。 ㉑ 著：显著。 ㉒ 遐：远。 ㉓ 迩：近。 ㉔ 电：喻迅速。 ㉕ 庶几：也许可以。 ㉖ 处分：调遣。 ㉗ 野人：平民。 ㉘ 尚：仰攀婚姻，多指娶公主为妻。

〔赏析〕 徐羡之，字宗文，东海郯(今山东郯城)人。他出身虽非寒门，然上代亦无显官。徐羡之曾祖父徐褚，晋太子洗马(七品)，祖父徐宁，晋吏部郎(六品)，父亲徐柞之，上虞令(六品)。徐羡之投奔刘裕前，官位低微，按其门第，如无刘裕提拔，很难到达司空、录尚书事等极品高位，所以当上宰相后仍被高门望族琅邪王氏视为“中才寒士”。看来东海徐氏在东晋末大概只是高级士族中位望最差的家族，和一流高门的关系并不深。

徐羡之有才干，忠诚度高，是京口集团中少有的吏能之才。刘裕说他有见识，有度量，“晓万事、安异同”，并且“沉密寡言，不以忧喜见色”。所以当刘裕北伐时，便任命他为太尉左司马，担任刘穆之的助手。刘穆之死后，刘裕阅遍众多谋士，将徐羡之提升为吏部尚书、丹阳尹“总知留任”，并把建康替守的军政总任交给了他。无疑在刘穆之死后，刘裕最信任的谋士就是他。随后，徐羡之出谋划策帮助刘裕夺取了天下，功勋卓著，刘裕登基后，“思佐命之功”，下诏封爵的第一名就是徐羡之。徐羡之被封为尚书仆射，官至司空，成为掌控政局的铁腕权臣。

刘裕夺天下之后，对于如何稳固刘宋皇权的千秋万业有自己的理想模式。他安排皇室成员掌控扬州、荆州这些军事重镇，避免军权落入外姓权臣手中，防止他当年颠覆东晋的事例再度出现。在朝廷中央，刘裕积极拉拢那些有传统政治底蕴的高门士族，力图通过协调君权与相权的关系维护刘宋皇权的稳定。

可惜好景不长，宋武帝刘裕在位仅三年就驾崩了。临终前，立刘裕的长子刘义符即位，史称宋少帝。同时任命司空徐羡之、尚书仆射傅亮、领军将军谢晦、护军将军檀道济为顾命大臣。四人中，檀道济以武人而统理军务，徐、傅、谢三人负责日常政务，其中徐羡之是首席顾命大臣。他说一不二，权倾朝野，红极一时，恰如史书上所说，徐羡之"一旦居廊庙，朝野推服，咸谓有宰臣之望"。

刘裕用人是有极其严格的标准的：其一，对刘宋皇室忠心耿耿；其二，有相当的吏治才能。刘裕对他们的使用有着较为清醒的认识。谢晦有生乱之疑却加使用，是因为刘宋皇权必须借助高门世家大族谢氏的声望来提升自己。重用徐羡之、傅亮，目的是使他们与谢晦之间互相制衡。而檀道济是武人，掌握京口武力的他足可以形成对世族权臣的掣肘和威慑。

宋少帝刘义符算不得昏君，却喜好玩乐，不务正业，在刘裕逝世期间不守孝道，还丢下皇帝的九五之尊，竟然在皇家园林里玩起了"跳蚤市场"，自己打扮成小商贩，成何体统！这种胡作非为之事并非个案。以徐羡之为首的顾命大臣们不愿刚建立起的江山毁于一旦，便合谋废了刘义符。

历史证明，以徐羡之为首的顾命大臣没有辜负刘裕的托付，他们立下的最大功勋便是在纷乱的政治局势中，以极大魄力和胆略，废黜宋少帝刘义符，拥立宋文帝刘义隆，从而使刘宋王朝转危为安，并为后面的元嘉之治奠定了基石。

但问题是，徐羡之为首的顾命大臣不仅仅废除了宋少帝刘义符，还弑了这个废帝，惨遭毒手的还有刘裕的次子刘义真。宋武帝刘裕如此信任徐羡之，可徐羡之却做了什么？他有没有认真而又耐心地劝诫过刘义符？即使废除了刘义符，为何还要赶尽杀绝？杀害刘义真又是怎么回事？徐羡之的所作所为固然是为刘宋政权考虑，并没有太多私心，但给新登基的刘义隆留下了怎样的阴影？其后刘义隆用人的戒备心颇高，原因就在于此。

还有一批值得关注的人物，即高门士族。他们在刘裕的强权下能够委身趋附，却无法忍受徐羡之和傅亮这样门望较差的士族跃居其上，居台鼎之位。

因此当刘义隆坐稳皇帝宝座之后，这批高门士族便与刘义隆联合一起，向徐羡之等顾命大臣发难，逼迫徐羡之自尽了结。

史书记载徐羡之是下围棋的高手，“颇工弈棋，观戏常若未解，当世倍以此推之。”不过，再厉害的围棋高手也有百密一疏之时。刘裕死后，徐羡之贸然与政治盟友废黜并杀害当朝君主，犯了昏招，即便说为了天下苍生，也是弑君的重罪，岂不让新帝抓住了小辫子？不得善终对徐羡之而言就不足为奇了。

（王　骁）

帝王相处之道

〔导言〕 魏晋南北朝是中国历史上分裂割据的一个时期，各国之间征伐不断，而国家内部的矛盾冲突也呈现出异常紧张的态势。在南朝时期，皇权的处境十分微妙，既需要扶植寒门庶族以对抗门阀士族，又需要时刻提防宗室、方镇势力对于权力的觊觎，而权势日益增长的寒门势力也逐渐成为皇权巩固的腹心之忧。在错综复杂的情势下，皇权的取得形式往往伴随着叛逆与篡弑，这是迥异于前后各朝代的一个显征。禅让和权臣反叛的王朝更替模式成为主要的表现形式，刘裕代晋，宋、齐、梁三朝易代，大抵如此。而同一王朝内部的权力呈递则较多通过废立的方式来加以实现。行废立之事风险极高，能行废立之事的大臣本身必须具备极高的威望或权力，成功则不免功高震主，为新主猜忌防范；失败则更是身败名裂，家族遭殃。正因为需要承担极大的政治风险，大臣自立为帝者寥寥无几，更多的是通过参与废立来兼顾掌权与改革这两方面的目的。谢晦和沈庆之作为刘宋王朝的股肱大臣，他们跌宕起伏的人生轨迹与行废立之事互为因果，具有时代的典型特征。

本书选录《谢晦列传》和《沈庆之列传》，试图通过具体的历史分析，揭示他们在与各方势力的较量中成败得失所体现出的借鉴意义，重现风云变幻的历史真相，以期有助于理解废立之事在历史进程中所包蕴的两难抉择。

谢晦列传

〔选文〕

谢晦字宣明，陈郡阳夏人也。祖朗，东阳太守。父重，会稽王道子骠骑长史。兄绚，高祖镇军长史，蚤[①]卒。

晦初为孟昶建威府中兵参军。昶死,高祖问刘穆之:"孟昶参佐,谁堪入我府?"穆之举晦,即命为太尉参军。高祖尝[2]讯囚,其旦刑狱参军有疾,札[3]晦代之,于车中一览讯牒,催促便下。相府多事,狱系殷积,晦随问酬辩,曾无违谬。高祖奇之,即日署[4]刑狱贼曹,转豫州治中从事。义熙八年,土断侨流郡县,使晦分判扬、豫民户,以平允见称[5]。入为太尉主簿,从征司马休之。时徐逵之战败见[6]杀,高祖怒,将自被甲登岸,诸将谏,不从,怒愈甚。晦前抱持高祖,高祖曰:"我斩卿!"晦曰:"天下可无晦,不可无公,晦死何有!"会[7]胡藩已得登岸,贼退走,乃止。

……

初为[8]荆州,甚有自矜[9]之色,将之[10]镇,诣从叔光禄大夫澹别。澹问晦年,晦答曰:"三十五。"澹笑曰:"昔荀中郎年二十七为北府都督,卿比之,已为老矣。"晦有愧色。

至江陵,深结侍中王华,冀以免祸。二女当配彭城王义康、新野侯义宾。元嘉二年,遣妻曹及长子世休送女还京邑。先是景平中,索虏为寇,覆没河南。至是上欲诛羡之等,并讨晦。声言北伐,又言拜京陵,治装舟舰。傅亮与晦书曰:"薄[11]伐河朔,事犹未已,朝野之虑,忧惧者多。"又言:"朝士多谏北征,上当遣外监万幼宗往相咨访。"时朝廷处分[12]异常,其谋颇泄。三年正月,晦弟黄门侍郎皭驰使告晦,晦犹谓不然,呼咨议参军何承天,示以亮书,曰:"计幼宗一二日必至,傅公虑我好事,故先遣此书。"承天曰:"外间所闻,咸谓西讨已定,幼宗岂有上理。"晦尚[13]谓虚妄,使承天豫立答诏启草,言伐虏宜须明年。江夏内史程道惠得寻阳人书,言:"朝廷将有大处分,其事已审[14]。"使其辅国府中兵参军乐冏封以示晦。晦又谓承天曰:“幼宗尚未至,若复二三日无消息,便是不复来邪?”承天答曰:“诏使本无来理,如程所说,其事已判[15],岂容复疑。”

晦欲焚南蛮兵籍,率见力决战。士人多劝发兵,乃立幡戒严,谓司马庾登之曰:“今当自[16]下,欲屈卿以三千人守城,备御刘粹。”登之曰:“下官亲老在都,又素无旅,情计二三,不敢受此旨。”晦仍问诸佐:“战士三千,足守城不?”南蛮司马周超对曰:“非徒守城而已,若有外寇,可以立勋。”登之乃曰:“超必能办,下官请解司马、南郡以授。”即于坐命超为司马、建威将军、南义阳太守,转登之为长史,南郡如故。

太祖诛羡之等及晦子新除秘书郎世休,收[17]皭、皭子世平、兄子著作佐郎绍等。乐冏又遣使告晦:“徐、傅二公及皭等并已诛。”晦先举羡之、亮哀,次发子弟凶问[18]。既而自出射堂,配衣军旅。数从高祖征讨,备[19]睹经略,至是指麾处分,莫不曲尽其宜。二三日中,四远投[20]集,得精兵三万人。

……

初,晦与徐羡之、傅亮谋为自全之计,晦据上流[21],而檀道济镇广陵,各有强兵,以制持朝廷;羡之、亮于中秉权,可得持久。及太祖将行诛,王华之徒咸云:“道济不可信。”太祖曰:“道济止于胁从,本非事主[22]。杀害之事,又所不关。吾召而问之,必异。”于是诏道济入朝,授之以众,委之西讨。晦闻羡之等死,谓道济必不独全,及闻率众来上,惶惧无计。

道济既至,与彦之军合,牵舰缘岸。晦始见舰数不多,轻之,不即出战。至晚,因风帆上,前后连咽,西人离[23]阻,无复斗心。台军至忌置洲尾,列舰过江,晦大军一时溃散。晦夜出,投巴陵,得小船还江陵。初,雍州刺史刘粹遣弟竟陵太守道济与台军主沈敞之袭江陵，至沙桥，周超率万余人与战，大破之。俄而晦败问至。晦至江陵，无它处分，唯愧谢周超而已。超其夜舍军单舸诣到彦之降。众散略尽，乃携其弟遁、兄子世基等七骑北走。遁肥壮不能骑马，晦每待[24]之，行不得速。至安陆延头，为戍主光顺之所执[25]。顺之，晦故吏也。

……

周超既降，到彦之以参府事，刘粹遣参军沈敞之告彦之沙桥之败，事由周超，彦之乃执之。先系瓀等，犹未即戮，于是与晦、遁、兄子世基、世猷及同党孔延秀、周超、贺愔、窦应期、蒋虔、严千斯等并伏诛。世基，绚之子也，有才气。临死为连句诗曰："伟哉横海鳞，壮矣垂天翼。一旦失风水，翻为蝼蚁食。"晦续之曰："功遂侔[26]昔人，保退无智力。既涉太行险，斯路信[27]难陟。"晦死时，年三十七。

选自《宋书》卷四十四

〔注释〕 ① 蚤：通"早"。 ② 尝：曾经。 ③ 札：命。 ④ 署：任用官吏。 ⑤ 称：赞扬。 ⑥ 见：被。 ⑦ 会：适逢。 ⑧ 为：治理。 ⑨ 矜：夸耀。 ⑩ 之：往。 ⑪ 薄：迫近。 ⑫ 处分：调遣。 ⑬ 尚：尚且。 ⑭ 审：确实。 ⑮ 判：辨别。 ⑯ 自：亲自。 ⑰ 收：拘捕。 ⑱ 问：信息。 ⑲ 备：全。 ⑳ 投：投奔。 ㉑ 上流：上游。 ㉒ 事主：事情的谋主。 ㉓ 离：分散。 ㉔ 待：等候。 ㉕ 执：捉拿。 ㉖ 侔：齐等。 ㉗ 信：确实。

〔赏析〕 谢晦出生于东晋的名门望族陈郡谢氏，二十多岁就担任刘裕的参军一职，参与讨伐司马休之。刘裕对谢晦十分宠爱，在北伐的过程中，内外事务都交由他办理。克服中原，收复长安，策略大都出自谢晦。刘裕登极建宋后，将谢晦提升为中领军之职，封爵武昌县公。刘裕死后，他和徐羡之、傅亮、檀道济并受遗诏，担任辅政大臣，辅佐少帝刘义符，一时权倾朝野。

一年后，谢晦与徐羡之等顾命大臣合谋废少帝，杀庐陵王刘义真，另立高祖第三子刘义隆。为确保已有的地位，他出镇长江中游重镇荆州，督七州军事,以期制约朝廷。谢晦自知为文帝所忌,主动送妻子儿女到京城做人质;还把女儿嫁给刘宋宗室,广泛结交文帝亲信,希望免于灾祸。

当宋文帝兴兵讨伐他的消息传来时,谢晦始终不愿相信这一既成事实,固执地认为是朝廷的北伐大军,还幼稚地上表提出建议。文帝在诛杀谢晦的同党和亲属后,谢晦才迫以"清君侧"名义起兵,取得了部分荆州将士的拥护。在战斗初期谢晦也曾获得胜利,然而由于决策失误,使得檀道济和到彦之的军队形成了绝对的优势,谢晦的军队军心涣散,在战斗中一触即溃。谢晦只得和七个族人逃往北方,在途中被擒获,最终被押往建康处死。

废少帝而立文帝是谢晦政治生涯的顶峰,在升官进爵的同时还掌握了一方土地的军政大权。所谓成也萧何,败也萧何,谢晦的权势大到足以任意废立皇帝的地步,又怎能为新君所容呢?谢晦当然知道这个道理,然而箭在弦上,不得不发。谢晦诸人废少帝表面上的理由是因为少帝"居丧无礼,好为游狎之事",而实际情况则是少帝欲任用自己的亲信且不信任辅政大臣,这自然威胁到谢晦等人的执政地位。于是,他便和徐羡之、傅亮、檀道济废少帝而拥立刘义隆登基。

废立的目的实是顾命大臣为了维护自身的利益,同时又要防止新君的猜忌迫害。四位辅政遂由徐羡之、傅亮执政于内,谢晦、檀道济分别驻守于外,以期获得权力的制衡。谢晦、檀道济驻守的江陵和广陵是荆州和扬州的军事战略要地所在,为东晋以来历代的军事倚重。四位大臣这种以行政和军事实力挟制皇帝的意图实在是太过明显。

废立之事必须由非常之人乃得行之,如商之伊尹、汉之霍光。谢晦却不具备这样的条件,他的性格特点是"优柔寡断",具体体现在政治领悟能力的欠缺。在朝廷讨伐他的诏令已经外泄的情况下,他还不愿相信这一既成事实,贻误了战机;在起兵之后,又犹豫不决,进军迟缓,取得胜利后又不乘胜追击,盲目自信檀道济必遭迫害,给了朝廷大军会合的时机。此外谢晦计谋策略虽多,然而缺乏实战经验,与久经战阵的檀道济甫一交兵,则兵败如山倒。

平心而论,谢晦等辅政大臣是忠于刘宋王室的,直到起兵之时,他还感慨"恨不得以此为勤王之师!"由此可见,其人是绝无代宋自立之企图的。从本传中我们可以看出,谢晦行废立之事后长期处于极度的恐惧之中,他自知没有控制皇帝及朝政的十足把握。如果要打消皇帝的顾虑,保全自己的身家性命,辞官归乡亦不失为一种万全之策。谢晦本身的悲剧意义即在于既要保持自己的既得利益和地位,又妄图在攫取权力的同时不被宋帝所怀疑,如此充满矛盾的心态和结局又岂能得以实现?忠于君主却又试图以削弱君主权力的方式来巩固自己的地位,君主又岂会容忍臣下削弱自己的权力?既然能废一次皇帝,那第二次废立之举必然也是手到擒来,对于君主而言,实在是如芒刺在背,不可不除。文帝处理这一棘手问题的手段是极为高明的,面对不利的情况,他首先采取韬光养晦的策略,封赏谢晦等参与废立的大臣,对于谢晦请求外镇的要求也予以同意,稳定了对方的阵营;其次,宋文帝对谢晦阵营进行了分化瓦解的策略,宋文帝先是拉拢宿将檀道济以掌握下游的军权,在朝中对徐羡之、傅亮则毫不手软地予以坚决打击,对谢晦则施以障眼法,以北伐的名义对其进行军事打击,取得了最后胜利。

在面对双方利益发生根本冲突的情况下,是采取磨刀霍霍的对抗举措还是采取以退为进、明哲保身的妥协态度,确实是历史所给出的两难困境。谢晦由享有荣显的春风得意到身死人手的悲剧性结局,如同一则厚重的人生命题,值得我们思索与警惕。

沈庆之列传

〔选文〕

沈庆之字弘先,吴兴武康人也。兄敞之,为赵伦之征虏参军、监南阳郡,击蛮有功,遂即真[①]。

……

永初二年,庆之除[②]殿中员外将军,又随伯符隶到彦之北伐。伯符病归,仍隶檀道济。道济还白[③]太祖,称庆之忠谨晓兵,上使领队防东掖门,稍[④]得引接,出入禁省[⑤]。出戍钱唐新城,及还,领淮陵太守。领军将军刘湛知之,欲相引接，谓之曰："卿在省年月久，比[6]当相论。"庆之正色曰："下官在省十年，自应得转，不复以此仰累。"寻[7]转正员将军。及湛被收之夕，上开门召庆之，庆之戎服履袜缚绔入。上见而惊曰："卿何意乃尔急装？"庆之曰："夜半唤队主，不容缓服。"遣收吴郡太守刘斌，杀之。迁始兴王浚后军行参军，员外散骑侍郎。

……

雍州蛮又为寇，庆之以将军、太守复与随王诞入沔。既至襄阳，率后军中兵参军柳元景、随郡太守宗悫、振威将军刘颙、司空参军鲁尚期、安北参军顾彬、马文恭、左军中兵参军萧景嗣、前青州别驾崔目连、安蛮参军刘雍之、奋威将军王景式等二万余人伐沔北诸山蛮，宗悫自新安道入太洪山，元景从均水据五水岭，文恭出蔡阳口取赤系坞，景式由延山下向赤圻阪，目连、尚期诸军八道俱进，庆之取五渠，顿[8]破坞以为众军节度。前后伐蛮，皆山下安营以迫之，故蛮得据山为阻，于矢石有用，以是屡无功。庆之乃会诸军于茹丘山下，谓众曰："今若缘山列旆以攻之，则士马必损。去岁蛮田大稔[9]，积谷重岩，未有饥弊，卒难禽[10]剪。今令诸军各率所领以营于山上，出其不意，诸蛮必恐，恐而乘之，可不战而获也。"于是诸军并斩山开道，不与蛮战，鼓噪上山，冲其腹心，先据险要，诸蛮震扰，因其惧而围之，莫不奔溃。自冬至春，因粮蛮谷。

顷之，南新郡蛮帅田彦生率部曲十封六千余人反叛，攻围郡城，庆之遣元景率五千人赴之。军未至，郡已被破，焚烧城内仓储及廨舍荡尽，并驱略[11]降户，屯据白杨山。元景追之至山下，众军悉集，围山数重。宗悫率其所领先登，众军齐力急攻，大破之，威震诸山，群蛮皆稽颡[12]。庆之患头风，好著狐皮帽，群蛮恶[13]之，号曰“苍头公”。每见庆之军，辄畏惧曰：“苍头公已复来矣。”庆之引军自茹丘山出检城，大破诸山，斩首三千级，虏生蛮二万八千余口，降蛮二万五千口，牛马七百余头，米粟九万余斛。随王诞筑纳降、受俘二城于白楚。

……

三十年正月，世祖出次五洲，总统群帅，庆之从巴水出至五洲，谘受军略[14]。会世祖典签董元嗣自京师还，陈[15]元凶弑逆，世祖遣庆之还山引诸军。庆之谓腹心曰：“萧斌妇人不足数，其余将帅，并是所悉，皆易与耳。东宫同恶不过三十人，此外屈逼，必不为用力。今辅顺讨逆，不忧不济也。”众军既集，假庆之征虏将军、武昌内史，领府司马。世祖还至寻阳，庆之及柳元景等并以天下无主，劝世祖即大位，不许。贼劭遣庆之门生钱无忌赍[16]书说庆之解甲[17]，庆之执无忌白世祖。

……

世祖晏驾[18]，庆之与柳元景等并受顾命，遗诏若有大军旅及征讨，悉使委庆之。前废帝即位，加庆之几杖，给三望车一乘。庆之每朝贺，常乘猪鼻无幰车，左右从者不过三五人。骑马履行园田，政[19]一人视马而已。每农桑剧[20]月，或时无人，遇之者不知三公也。及加三望车，谓人曰：“我每游履田园，有人时与马成三，无人则与马成二。今乘此车，安所之乎。”及赐几杖，并固让。

废帝狂悖无道，众并劝庆之废立，及柳元景等连谋，以告庆之。庆之与江夏王义恭素不厚，发其事，帝诛义恭、元景等，以庆之为侍中、太尉，封次子中书郎文季建安县侯，食邑千户。义阳王昶反，庆之从帝度江，总统众军。少子文耀，年十余岁，善骑射，帝爱之。又封永阳县侯，食邑千户。帝凶暴日甚，庆之犹尽言谏争，帝意稍不说。及诛何迈，虑庆之不同，量其必至，乃闭清溪诸桥以绝之。庆之果往，不得度而还。帝乃遣庆之从子攸之赍药赐庆之死，时年八十。是年初，庆之梦有人以两匹绢与之，谓曰："此绢足度。"谓人曰："老子今年不免。两匹，八十尺也。足度，无盈余矣。"及死，赐与甚厚，追赠侍中，太尉如故，给鸾辂辒辌车，前后羽葆、鼓吹，谥曰忠武公。未及葬，帝败。太宗即位，追赠侍中、司空，谥曰襄公。

选自《宋书》卷七十七

〔注释〕 ① 即真：官职由代理而为实授。 ② 除：拜官受职。 ③ 白：报告。 ④ 稍：渐渐。 ⑤ 省：宫禁。 ⑥ 比：近来。 ⑦ 寻：不久。 ⑧ 顿：屯驻。 ⑨ 稔：年成好。 ⑩ 禽：捕捉。 ⑪ 略：掠夺。 ⑫ 稽颡：一种跪拜礼。 ⑬ 恶：憎恨。 ⑭ 略：谋略。 ⑮ 陈：陈述。 ⑯ 赍：携带。 ⑰ 解甲：投降。 ⑱ 晏驾：帝王死亡的讳辞。 ⑲ 政：仅。 ⑳ 剧：繁多。

〔赏析〕 沈庆之是刘宋王朝的元老重臣，生于晋末乱世，历仕武帝、文帝、孝武帝、前废帝。他以征讨南蛮的军功逐渐升至高级将领，深为群蛮所畏惧，称他为"苍头公"，一旦见到他率领大军，就会直呼"苍头公已复来矣"。

沈庆之虽然出身寒微且文化程度较低，但刘宋历代帝王均视他为国之栋梁。文帝元嘉末年北伐，对沈庆之的劝谏不予采纳，致使前线萧斌、王玄谟大败于北魏太武帝。众将欲固守碻磝，文帝亦下诏军队不许撤退，沈庆之力排众议，陈说利弊，从而保全了宋军实力。文帝为太子刘劭所杀，第三子刘骏任命沈庆之为大将，讨伐刘劭，即位为孝武帝。在此过程中，孝武帝曾犹豫畏缩，全赖沈庆之果敢决断，促使刘骏下定决心，在战斗中指挥得当，最终取得胜利，并相继平定刘义宣、臧质和刘诞的叛乱。孝武帝去世，前废帝暴虐无道，柳元景和颜师伯密谋废立，欲引刘义恭为帝，邀请沈庆之参与。沈庆之将之告发，并助前废帝讨伐徐州刺史刘昶。

庆之向来以耿介著称，在文帝、孝武帝时期，多次表达不同意见，面对前废帝刘子业的暴政，依然直言敢谏，由于屡次批评得失而为前废帝所厌恶。在八十高龄之际，废帝派沈庆之的侄子沈攸之送药赐死，庆之不肯服药，沈攸之遂用被子掩杀之，一代良将如此凄凉地含恨而终。

沈庆之一生参与了两次废立，第一次是跟随孝武帝起兵讨伐刘劭时期。刘劭杀父自立，为满朝所不容。刘骏与沈庆之占据道义上的优势，此次废立乃是顺势而为。第二次是前废帝时期，重臣柳元景和颜师伯欲立刘义恭为帝，事先延请沈庆之加入，遭到拒绝。之前，吏部尚书蔡兴宗、庆之之侄沈文秀也都劝他参与废立，这实在是由于前废帝荒淫残暴，早已不为文武大臣所能容忍。沈庆之手握兵权，德高望重，参与废立必能成功。从日后其不断规诫前废帝的言行来看，他对废帝的缺陷有着清醒的认识，存在着强烈的不满。为何沈庆之仍要辅佐失道寡助的前废帝呢？

沈庆之此举可谓"愚忠"。前废帝即位时才十六岁，沈庆之顾及孝武帝的知遇之恩，决心尽心辅佐幼主。希望靠自己的劝诫使皇帝渐渐成为明主。然而前废帝的所作所为已经极大地引起了朝廷内外的抵触，选择站在前废帝一边就是把自己推向大多数官僚的对立面。蔡兴宗的话很有代表性，"朝廷诸所施为，民间传言公悉豫之。公今不决，当有先公起事者，公亦不免附从之祸"，多数官员认为前废帝的行为是由沈庆之参与决定的。另一方面，沈庆之的忠心也并不能为前废帝所完全理解，他的耿直已经成为废帝恣意妄为的障碍。沈庆之为了避祸，闭门不接宾客，尽量使皇帝保持对自己的信任，作出不与他人结党以谋废立的姿态。面对朝野上下寄予他废立皇帝，匡扶社稷的重任，他的回答很值得玩味："感君至言。然此大事，非仆所能行；事至，固当抱忠以没耳。"由此可见，沈庆之的内心在挣扎，而其行为则是无奈的。沈庆之不断向皇帝和同僚表达自己的忠心为国，却不知无论在前废帝还是在大臣眼中，换来的只能是无尽的失望和不满。他所身处的境地已然十分危险，无论哪一派得势，他都必将失势。

在此次的废立问题上，沈庆之的处境颇为尴尬。参与废立的大臣柳元景、颜师伯都是声望极高的前朝元老，欲图拥立的刘义恭也是长期担任中央要职且普遍受肯定的宗室贤王。而沈庆之与刘义恭的关系一般，和颜师伯之间又存在嫌隙，颜师伯曾对令使说："沈公，爪牙耳，安得预政事"。为了不让颜师伯的势力坐大，沈庆之遂向前废帝告发。作为朝廷最大的实力派，天下安危本系于沈庆之一身，由于他举措失当，为了一己之私而置国家利益于不顾，不但给国家的发展稳定造成了不可估量的损失，自己也没能免于惨遭杀戮的悲惨结局。

在有能力操控局面的非常时期，如何对众多利益进行取舍，作出对集体和个人最有利的决策，在政治领域显得尤为关键。单纯为了一己私利的实现而忽视大局，则必然连自己的利益都无法保证，沈庆之用自己的经验教训给予我们以深刻的启示。

（李睿毅）

面对秩序重建的才气与政治谋略

〔导言〕 东晋末年社会激变，出身寒门的刘裕以军功崛起，典掌机要，废晋帝而自立，国号为“宋”，史称“刘宋”政权。南朝刘宋皇权的建立，使得严格意义的士族门阀政治有所削弱，但门阀士族与皇室之间的关系十分微妙，士族与皇权、庶族之间，矛盾的发生不可避免。

一方面，士族势力是皇权行使权力的主要依靠。自魏晋以来，士族子弟拥有极高的社会地位，作为与皇权紧密联系的特殊阶层，他们的价值取向与行为方式，尽皆成为各阶层成员模仿的对象。新兴庶族若想真正确立其“士族”地位，则必须得到世家大族的首肯。因此，新晋贵族在取得政治地位后的第一件事就是主动向士族门阀靠拢。刘宋及南朝历代皇室均起于行伍，但立国之后都爱好起舞文弄墨，所谓“宋武爱文，文帝彬雅，孝武多才”，是为明证。

另一方面，为杜绝士族豪强挟主专横情况的发生，寒族出身的皇室在政治上不遗余力地打击传统的门阀士族，以期抑制士族势力的过度膨胀。南朝帝王虽无法改变高级士族垄断高官的局面，但却以寒人掌机要，在实际执政中割裂了士族固有的特权。高门士族此时的地位较之于东晋时期政出多门的局面业已不可同日而语，作为特殊转型中的新兴庶族势力逐渐掌握了国家的实权。

本书选录《谢灵运列传》和《范晔列传》，旨在展示这一政治秩序重建时期特定阶层的人物风貌，并对身处权力格局发生剧烈变动时期的士大夫代表予以评析，总结经验与教训。

谢灵运列传

〔选文〕

谢灵运，陈郡阳夏人也。祖玄，晋车骑将军。父瑍，生而不慧，为秘书郎，蚤亡。灵运幼便颖悟，玄甚异之，谓亲知曰："我乃生瑍，瑍那得生灵运！"

灵运少好学，博览群书，文章之美，江左莫逮[1]。从叔[2]混特知爱之，袭封康乐公，食邑二千户。以国公例，除[3]员外散骑侍郎，不就。为琅邪王大司马行参军。性奢豪，车服鲜丽，衣裳器物，多改旧制，世共宗之，咸称谢康乐也。抚军将军刘毅镇姑孰，以为记室参军。毅镇江陵，又以为卫军从事中郎。毅伏诛，高祖版为太尉参军，入为秘书丞，坐事[4]免。

高祖伐长安，骠骑将军道怜居守，版为咨议参军，转中书侍郎，又为世子中军咨议，黄门侍郎。奉使慰劳高祖于彭城，作《撰征赋》。

……

仍除宋国黄门侍郎，迁相国从事中郎，世子左卫率。坐辄[5]杀门生，免官。高祖受命，降公爵为侯，食邑五百户。起为散骑常侍，转太子左卫率。灵运为性褊激，多愆礼度，朝廷唯以文义处之，不以应实相许。自谓才能宜参权要，既不见[6]知，常怀愤愤。庐陵王义真少好文籍，与灵运情款异常。少帝即位，权在大臣，灵运构扇[7]异同，非毁执政，司徒徐羡之等患[8]之，出为永嘉太守。郡有名山水，灵运素所爱好，出守既不得志，遂肆意游遨，遍历诸县，动逾旬朔，民间听讼，不复关怀。所至辄为诗咏，以致其意焉。在郡一周，称疾去职，从弟晦、曜、弘微等并与书止之，不从。

灵运父祖并葬始宁县，并有故宅及墅，遂移籍会稽，修营别业，傍山带江，尽幽居之美。与隐士王弘之、孔淳之等纵放为娱，有终[9]焉之志。每有一诗至都邑，贵贱莫不竞写，宿昔之间，士庶皆遍，远近钦慕，名动京师。作《山居赋》并自注，以言其事。

……

太祖登祚，诛徐羡之等，征为秘书监，再召不起，上使光禄大夫范泰与灵运书敦奖之，乃出就职。使整理秘阁书，补足遗阙。又以晋氏一代，自始至终，竟无一家之史，令灵运撰《晋书》，粗立条流；书竟[10]不就。寻[11]迁侍中，日夕引见，赏遇甚厚。灵运诗书皆兼独绝，每文竟，手自写之，文帝称为二宝。既自以名辈，才能应参时政，初被召，便以此自许，既至，文帝唯以文义见接，每侍上宴，谈赏而已。王昙首、王华、殷景仁等，名位素不逾之，并见任遇，灵运意不平，多称疾不朝直[12]。穿池植援，种竹树堇，驱课公役，无复期度。出郭[13]游行，或一日百六七十里，经旬不归，既无表闻，又不请急。上不欲伤大臣，讽旨令自解。灵运乃上表陈疾，上赐假东归。

……

太祖知其见诬，不罪也。不欲使东归，以为临川内史，加秩中二千石。在郡游放，不异永嘉，为有司所纠[14]。司徒遣使随州从事郑望生收[15]灵运，灵运执[16]录望生，兴兵叛逸[17]，遂有逆志。为诗曰："韩亡子房奋，秦帝鲁连耻。本自江海人，忠义感君子。"追讨禽[18]之，送廷尉治罪。廷尉奏灵运率部众反叛，论正斩刑。上爱其才，欲免官而已。彭城王义康坚执谓不宜恕，乃诏曰："灵运罪衅累仍，诚合尽法。但谢玄勋参[19]微管，宜宥[20]及后嗣，可降死一等，徙付广州。"

其后，秦郡府将宗齐受至涂口，行达桃墟村，见有七人下路乱语，疑非常人，还告郡县，遣兵随齐受掩[21]讨，遂共格战，悉禽付狱。其一人姓赵名钦，山阳县人，云："同村薛道双先与谢康乐共事，以去九月初，道双因[22]同村成国报钦云：

‘先作临川郡、犯事徙送广州谢，给钱令买弓箭刀楯等物，使道双要合乡里健儿，于三江口篡取谢。若得者，如意之后，功劳是同。’遂合部党要[23]谢，不及。既还饥馑，缘路为劫盗。”有司又奏依法收治，太祖诏于广州行弃市[24]刑。临死作诗曰：“龚胜无余生，李业有终尽。嵇公理既迫，霍生命亦殒。凄凄凌霜叶，网网冲风菌。邂逅竟几何，修短非所愍。送心自觉前，斯痛久已忍。恨我君子志，不获岩上泯。”诗所称龚胜、李业，犹前诗子房、鲁连之意也。时元嘉十年，年四十九。所著文章传于世。

选自《宋书》卷六十七

〔注释〕 ① 逮：及。 ② 从叔：堂叔。 ③ 除：拜官受职。 ④ 坐事：因事获罪。 ⑤ 辄：专擅。 ⑥ 见：被。 ⑦ 扇：煽动。 ⑧ 患：担忧。 ⑨ 终：死。 ⑩ 竟：终究。 ⑪ 寻：不久。 ⑫ 直：当值。 ⑬ 郭：外城。 ⑭ 纠：检举。 ⑮ 收：拘捕。 ⑯ 执：捉拿。 ⑰ 逸：逃跑。 ⑱ 禽：捕捉。 ⑲ 参：比。 ⑳ 宥：宽恕。 ㉑ 掩：袭击。 ㉒ 因：通过。 ㉓ 要：半路拦截。 ㉔ 弃市：古代在闹市执行死刑，并将尸体暴露街头。

〔赏析〕 谢灵运，陈郡阳夏人。祖父谢玄，在东晋任车骑将军之职，曾在淝水之战中以少胜多，击败了不可一世的苻秦军队，使东晋的亡国危机得以缓解，因赫赫战功被封康乐县公，食邑二千户。谢灵运幼时就聪慧过人，谢玄甚为喜欢，曾感叹说：“我生了谢瑍，实在愚笨，他怎么生出了灵运这样聪明的儿子！”谢灵运从小酷爱读书，博览经史，所写的文章非常漂亮，江南地区无人能及。

谢灵运的曾外祖父是被后世尊之为书圣的王羲之。家风的熏陶使得谢灵运的诗文和书法都独步当时，被宋文帝刘义隆称为“二宝”。生于世家大族的谢灵运对于权势极为热衷，在政治上又十分自负，“自谓才能宜参权要”。义熙元年(405年)，年方弱冠的谢灵运就踏入仕途，但几十年下来，权不过幕府参军，位不过黄门侍郎，晋宋鼎革，仍未获得超迁，反而由公爵降为侯爵，食邑也从两千户减至五百户。元嘉九年(432年)，谢灵运被流放广州，其乡邻薛道双、赵钦等七人组成营救小组密谋途中劫持,不料事泄,谢灵运遂就地正法。

“朱雀桥边野草花,乌衣巷口夕阳斜”。在刘宋时代,昔日繁华的乌衣巷口已是衰而不落,士族地位不再炙手可热。寒门起家的刘裕取代东晋,建立皇权,在建国的过程中,刘裕抛弃冠冕堂皇的理由,杀戮异己势力,打破了士族与皇权之间的权力平衡。宋文帝继位后,对士族非常尊重,但士族政治地位的下降趋势已一去不返。在这一背景下,有的家族积极主动地与新兴的寒门统治者合作,欲图延续家族的政治地位,琅邪王氏可作这一派的代表。王氏成员在刘裕取得政权以及宋文帝巩固政权的过程中所起到的作用是显而易见的。与琅邪王氏形成鲜明对比的是陈郡谢氏,其家族精英多遭残害,政治地位急剧衰落。对此,田余庆先生指出:“晋末以来,几家最高的门阀士族,以谢氏影响最深,潜力最大,所以谢氏人物参预政治的机会,也较其他家族为多。在晋宋皇权复兴之际,谢氏这样的家族,对于皇权说来,既最有利用的价值,又最具生事的危险。所以自东晋义熙年间刘裕当权以后,以迄刘宋之间,谢氏家族人物被刘宋杀戮者,比其他高门都要多,计有谢混、谢晦、谢灵运、谢综、谢约等人。”

谢灵运于义熙元年担任刘毅的记室参军,接过了谢混维护世族地位的接力棒,虽然刘宋三帝表面上对其不计前嫌,但实际上这是他们所玩的政治把戏,力图暂时拉拢世族以稳定局面,待自己羽翼丰满,再剪除之。据《南史·谢灵运列传》载,宋武帝时,“朝廷唯以文义处之,不以应实相许”。少帝即位,“权在大臣,灵运构扇异同,非毁执政,司徒徐羡之等患之,出为永嘉太守”。文帝时,“至是唯以文义见接,每侍上宴,谈赏而已”。纵使谢灵运以《撰征赋》为刘宋歌功颂德,为刘裕加冕作出“良辰感圣心,云旗兴暮节”(《九日从宋公戏马台集送孔令》)的舆论宣传,其作用也至多为一御用文人而已。庶族出身的刘宋各帝只是想利用谢氏家族的名望以稳固自己的统治。谢灵运只是旧时门阀世族走向渐趋渐落过程中的一个棋子,其以生命为代价所做的努力也不过是螳臂挡车罢了。正如明代张溥所说:“以衣冠世族,公侯才子,欲倔强新朝,送龄丘壑,势诚难之。”(《谢康乐集题辞》)公侯才子谢灵运,没有看到“势”已变,却“欲倔强”,其结果也只能是“怨毒生于异代”了。

士族人格残存下来的心理优势,使他们不甘心彻底地接受命运的安排。在强权的威胁下,他们采用狂狷的形式来表达自己的群体意识,“狂狷”一词,何晏集解引包氏注曰:“狂者进取于善道,狷者守节无为”。谢灵运长期不得重用,心中多有愤懑,行为多违礼度。被贬永嘉太守之后,他遍游山水,“郡有名山水,灵运素所爱好,出守既不得志,遂肆意游遨,遍历诸县,动逾旬朔。民间听讼,不复关怀”。被宋文帝征召入京,宋文帝问谢灵运“自南行来,何所制作”,他回答说:“《过庐陵王墓下作》一首。”这一极不得体的回答无异于当面挑衅,是集聚着的不满情绪的总体爆发,同时也表明了谢灵运热衷于政治而缺乏政治家的素养这一先天缺陷。东晋到刘宋的社会急剧演变中,只有认清政治形势的士族才有出路,诗人气质的谢灵运在政治隐忍这一点上表现得诚为不足。著名学者汤用彤先生评价谢灵运言:“中国文人之积习,可引为鉴戒者也。”他的悲剧是一个生于乱世的率真而缺乏政治远见的文人所不可避免的悲剧。

范晔列传

〔选文〕

范晔字蔚宗,顺阳人,车骑将军泰少子也。母如厕产之,额为砖所伤,故以砖为小字。出继从伯弘之,袭封武兴县五等侯。

少好学,博涉经史,善为文章,能隶书,晓音律。

……

元嘉九年冬,彭城太妃薨,将葬,祖夕,僚故并集东府。晔弟广渊,时为司徒祭酒,其日在直。晔与司徒左西属王深宿广渊许①,夜中酣饮,开北牖②听挽歌为乐。义康大怒,左迁晔宣城太守。不得志,乃删众家《后汉书》为一家之作。在郡数年,迁长沙王义欣镇军长史,加宁朔将军。兄皓为宜都太守,嫡母随皓在官。

……

初，鲁国孔熙先博学有纵横才志，文史星算，无不兼善。为员外散骑侍郎，不为时所知，久不得调。初熙先父默之为广州刺史，以赃货得罪下廷尉，大将军彭城王义康保持之，故得免。及义康被黜，熙先密怀报效[③]，欲要朝廷大臣，未知谁可动者，以晔意志不满，欲引之。而熙先素不为晔所重，无因进说。晔外甥谢综，雅为晔所知，熙先尝经相识，乃倾身事[④]综，与之结厚。熙先藉[⑤]岭南遗财，家甚富足，始与综诸弟共博[⑥]，故为拙行，以物输之。综等诸年少，既屡得物，遂日夕往来，情意稍款[⑦]。综乃引熙先与晔为数，晔又与戏，熙先故为不敌，前后输晔物甚多。晔既利其财宝，又爱其文艺。熙先素有词辩，尽心事之，晔遂相与异常，申莫逆之好。始以微言[⑧]动晔，晔不回，熙先乃极辞譬说。晔素有闺庭论议，朝野所知，故门胄虽华，而国家不与姻娶。熙先因以此激之曰："丈人若谓朝廷相待厚者，何故不与丈人婚，为是门户不得邪？人作犬豕相遇[⑨]，而丈人欲为之死，不亦惑乎？"晔默然不答，其意乃定。

……

二十二年九月，征北将军衡阳王义季、右将军南平王铄出镇，上于武帐冈祖道，晔等期[⑩]以其日为乱，而差互不得发。于十一月，徐湛之上表曰："臣与范晔，本无素旧，中忝门下，与之邻省，屡来见就，故渐成周旋[⑪]。比[⑫]年以来，意态转见，倾动险忌，富贵情深，自谓任遇未高，遂生怨望。非唯攻伐朝士，讥谤圣时，乃上议朝廷，下及藩辅，驱扇同异，恣口肆心，如此之事，已具上简。近员外散骑侍郎孔熙先忽令大将军府史仲承祖腾晔及谢综等意，欲收合不逞[⑬]，规[⑭]有所建。以臣昔蒙义康接[⑮]盼，又去岁群小为臣妄生风尘，谓必嫌[16]惧，深见劝诱。兼云人情乐乱，机不可失，谶纬天文，并有征验。晔寻自来，复具陈此，并说臣论议转恶，全[17]身为难。即以启闻，被敕使相酬引，究其情状。于是悉出檄书、选事、及同恶人名、手墨翰迹，谨封上呈，凶悖之甚，古今罕比。由臣暗[18]于交士，闻此逆谋，临启震惶，荒情无措。”诏曰：“湛之表如此，良可骇惋。晔素无行检，少负瑕衅，但以才艺可施，故收其所长，频加荣爵，遂参清显。而险利之性，有过[19]溪壑，不识恩遇，犹怀怨愤。每存容[20]养，冀能悛[21]革，不谓同恶相济，狂悖至此。便可收掩，依法穷诘。”

……

将出市，晔最在前，于狱门顾谓综曰：“今日次第，当以位邪？”综曰：“贼帅为先。”在道语笑，初无暂止。至市，问综曰：“时欲至未？”综曰：“势不复久。”晔既食，又苦劝综，综曰：“此异病笃，何事强[22]饭[23]。”晔家人悉至市，监刑职司问：“须相见不？”晔问综曰：“家人以来，幸得相见，将不暂别。”综曰：“别与不别，亦何所存。来必当号泣，正足乱人意。”晔曰：“号泣何关人，向[24]见道边亲故相瞻望，亦殊胜不见。吾意故欲相见。”于是呼前。晔妻先下抚其子，回骂晔曰：“君不为百岁阿家，不感天子恩遇，身死固不足塞罪，奈何枉杀子孙。”晔干笑[25]云罪至[26]而已。晔所生母泣曰：“主上念汝无极，汝曾不能感恩，又不念我老，今日奈何？”仍以手击晔颈及颊，晔颜色不怍[27]。妻云：“罪人，阿家莫念。”妹及妓妾来别，晔悲涕流涟，综曰：“舅殊不同夏侯色。”晔收泪而止。综母以子弟自蹈逆乱，独不出视。晔语综曰：“姊今不来，胜人多也。”晔转醉，子蔼亦醉，取地土及果皮以掷晔，呼晔为别驾数十声。晔问曰：“汝恚[28]我邪？”蔼曰：“今日何缘复恚，但父子同死，不能不悲耳。”晔常谓死者神灭，欲著《无鬼论》；至是与徐湛之书，云“当相讼地下”。其谬乱如此。又语人：“寄语何仆射，天下决无佛鬼。若有灵，自当相报。”收晔家，乐器服玩，并皆珍丽，妓妾亦盛饰，母住止单陋，唯有一厨盛[29]樵薪，弟子冬无被，叔父单布衣。晔及子蔼、遥、叔蒌、孔熙先及弟休先、景先、思先、熙先子桂甫、桂甫子白民、谢综及弟约、仲承祖、许耀，诸所连[30]及，并伏诛。晔时年四十八。

选自《宋书》卷六十九

〔注释〕 ① 许：处所。 ② 牖：窗。 ③ 报效：报恩。 ④ 事：侍奉。 ⑤ 藉：凭借。 ⑥ 博：古代一种棋类游戏。 ⑦ 款：恳切。 ⑧ 微言：暗示。 ⑨ 遇：对待。 ⑩ 期：约定。 ⑪ 周旋：交际。 ⑫ 比：近来。 ⑬ 不逞：为非作歹的人。 ⑭ 规：谋划。 ⑮ 接：接待。 ⑯ 嫌：猜疑。 ⑰ 全：保全。 ⑱ 暗：愚昧。 ⑲ 过：超过。 ⑳ 容：宽容。 ㉑ 悛：悔改。 ㉒ 强：勉强。 ㉓ 饭：吃饭。 ㉔ 向：刚才。 ㉕ 干笑：似笑非笑。 ㉖ 至：极。 ㉗ 怍：惭愧。 ㉘ 恚：怨恨。 ㉙ 盛：容纳。 ㉚ 连：牵连。

〔赏析〕 范晔，字蔚宗，顺阳人，是车骑将军范泰的小儿子。范晔过继给堂父范弘之，因此继承了范弘之武兴县五等侯的爵位。范晔小时候便爱读书，广泛地阅读经史书籍，很会作文章，写隶体字，熟悉音乐。范晔有着很好的家学渊源，他的祖父范宁著《穀梁集解》一书，《十三经注疏》中的《穀梁传注疏》就是以《穀梁集解》为基础而得以撰成的。他的父亲范泰亦作《古今善言》二十四篇。

沈约在范晔本传中着重书写了范晔一生的两个事件。第一件事情是“谋反”之罪，范晔参与彭城王刘义康的谋反活动，事情败露，范晔以“首谋”之罪被处死刑，终年四十八岁；第二件事情是撰写《后汉书》，彭城王太妃殡葬，范晔不守丧葬礼节，依然开怀饮酒，被贬官为宣城太守，借助修史寄寓己志，整理众家关于东汉历史之著作而成《后汉书》这部煌煌的史学巨著。

鲁人孔熙先以种种理由去游说范晔谋反，范晔最终难挡诱惑，“默然不答，其意乃定”。孔熙先拉拢范晔的方式之一便是“借赌行贿”。彭城王刘义康因权重遭忌被贬，员外散骑侍郎孔熙先想报答义康的救父之恩，加之自己做官久不得调，“愤愤不得志”，便思忖着密谋政变。范晔是有影响的人物，于是孔就先拉拢范晔的外甥谢综，孔熙先与谢综赌博，故作博艺不精，屡屡输财。稍后又通过谢综吸引范晔来赌博，故伎重施。前后输给范晔财物甚多，范晔既利其财宝，又爱其文艺，终与他结为莫逆之好，参与谋反，最后因事泄而招致灭门之祸。然而，“借赌行贿”显然并非驱使范晔心生“谋反”之心的核心因素，我们只有从范晔的个性特点、家庭背景以及其所处时代的特征诸因素中探寻，庶几可获历史之实相。

魏晋南北朝时期士族门阀盛行，士族阶层享有高官爵位。在范晔十七岁时，本州任命其担任主簿之职，他认为自己学识渊博，理应成为国之栋梁，故而没有接受任命。宋文帝极为赏识范晔的才华，据《宋书》记载，范晔善弹琵琶，能作新曲，文帝非常想听他演奏，他却假装不知。有一次文帝命令范晔伴奏，他也只是适可而止。就范晔个性而言，实属恃才傲物，必难为世俗社会所容。

范晔推崇忠义，又不为其所束缚，他认为真正的忠义当是辅佐明君，而不应像张温、皇甫嵩那样“鞠躬昏主之下”。他称赞曹操、袁术“群英乘其运，世德终其祚”，称赞隗嚣“其道有足怀者，所以楼有四方之桀，士至投死绝亢而不悔者矣”。范晔对儒学经典多有否定，儒家思想的核心是维护君主统治的秩序，范晔对此却并不盲从。强烈的疏离于儒家精神的异端思想，当为范晔“谋反”的思想基础。

除了以上两点之外，诸多客观因素的汇合也是促使范晔“谋反”的重要原因。

首先，范晔与文帝有矛盾。“晔素无行检，少负瑕衅”，文帝对范晔的品行多有不满，因此对他并不器重。由于范晔与文帝之间存有矛盾，才使孔熙先拉拢范晔有了可乘之机。在孔熙先密谋叛逆之际，欲引朝中大臣为内应，他把满朝文武遍加分析，终以“晔意志不满，欲引之”。孔熙先以文帝不与范晔姻娶为由来挑拨君臣关系，又以“人作犬相遇，而丈人欲为之死，不亦惑乎?”来激怒范晔。因此，范晔更加对文帝不满，君臣矛盾进一步激化。

其次，范晔与刘义康关系密切。刘义康为人“纠剔是非，莫不精尽”，范晔敬仰义康，又素得重用。尽管元嘉九年(432年)范晔遭贬宣城，也一度怏怏不快，但他与义康并没有太大的矛盾。范晔受贬后，他的外甥谢综又充任彭城王大将军记室参军一职，是为明证。刘义康曾数次申意于范晔，而范晔也顺水推舟，在代义康作《与湛之书》中说道："往日嫌怨一时豁然。"足见他与义康已彼此谅解，故而范晔与刘义康关系密切当可坐实。

最后，范晔"谋反"确有可能。在事发后范晔曾以"以小儿陷害"为自己开脱，当皇帝把范晔曾写过的有关谋反的材料展示在他面前时，他不得不"具陈本末"。范晔因"谋反"而下狱之后，对何尚之说："今忽受责，方觉为罪，君方以道佐世，使天下无冤。弟就死之后，犹望群照此心也。"由此可见，范晔自己对谋反一事已经默许，又直接参与了孔氏谋反集团中的一些活动，再加上他持身不谨，恃才傲物，故而"谋反"一说极有可能。

至于范晔所撰的《后汉书》，继承了《史记》、《汉书》的纪传体例，叙事简明而周详，记事有重点而不遗漏。又创设了《逸民》、《列女》等新的类传体系。这也是他留给后人宝贵的精神财富。范晔另有一篇《狱中与诸甥侄书》，可谓是其绝命之书，范晔就自己的秉性、学识和为文之道进行阐述，就撰写《后汉书》发表了自己的若干想法，充分体现出作为杰出史学家的范晔所具有的卓越史识和雄健的笔力。

（贠喜红）

双刃剑：武力的利用与威胁

〔导言〕 公元420年，刘裕废东晋恭帝而自立，国号宋，史称“南朝宋”。刘宋立国，标志着魏晋时期的门阀制度受到了来自非世家大族出身的军人之挑战。然而，刘宋立国的历史意义也不能被过分放大，为了维护政权的相对稳定，九品中正制仍被用来作为国家选拔官员的标准，世家大族在政治运作中仍具有影响力。“士庶天隔”的局面虽然发生松动，然而原有的鸿沟尚未填平，士族的声望和地位仍然是寒族向往的目标，士族的治世经验和才干仍然是皇族倚重的对象。然而士族的存在始终是皇权的主要威胁，如何对待世家大族左右朝政的权势始终是刘宋王朝面临的主要难题。

宋文帝时期，王朝的重心转移到调整皇族与士族矛盾的层面。文帝采取以制约求平衡的策略，通过提拔皇族刘义康、寒族檀道济、次等士族范晔等人的实际政治行动来制约世家大族的势力，士族势力遭到了显而易见的削弱。同时，作为掣肘世家大族发展的对立势力却急剧膨胀，宋文帝遂诛杀檀道济、范晔等人，矛盾的激化打破了文帝苦心经营的脆弱平衡，朝政日非。

本书选录《檀道济列传》和《宗悫列传》，旨在通过分析檀、宗两人在刘宋政权中的行为处事，力图深刻理解处在巨大历史变动和政策转换时期武将的困境。

檀道济列传

〔选文〕

檀道济，高平金乡人，左将军韶少弟也。少孤，居丧备[①]礼。奉姊事[②]兄，以和谨致称[③]。

高祖创义，道济从入京城，参高祖建武军事，转征西。

讨平鲁山，禽[4]桓振，除[5]辅国参军、南阳太守。以建义勋，封吴兴县五等侯。卢循寇逆，群盗互起，郭寄生等聚作唐，以道济为扬武将军、天门太守讨平之。又从刘道规讨桓谦、荀林等，率厉[6]文武，身先士卒，所向摧破。及徐道覆来逼，道规亲出拒战，道济战功居多。迁安远护军、武陵内史。复为太尉参军，拜中书侍郎，转宁朔将军，参太尉军事。以前后功封作唐县男，食邑四百户。补太尉主簿、咨议参军。豫章公世子为征虏将军镇京口，道济为司马、临淮太守。又为世子西中郎司马、梁国内史。复为世子征虏将军司马，加冠军将军。

义熙十二年，高祖北伐，以道济为前锋出淮、肥，所至诸城戍望风降服。进克许昌，获伪宁朔将军、颍川太守姚坦，及大将杨业。至成皋，伪兖州刺史韦华降。径进洛阳，伪平南将军陈留公姚洸归顺。凡拔城破垒，俘四千余人。议者谓应悉戮以为京观[7]。道济曰："伐罪吊[8]民，正在今日。"皆释而遣之。于是戎夷感悦，相率归之者甚众。进据潼关，与诸军共破姚绍。长安既平，以为征虏将军、琅邪内史。世子当镇江陵，复以道济为西中郎司马、持节、南蛮校尉。又加征虏将军。迁宋国侍中，领世子中庶子，兖州大中正。

高祖受命，转护军，加散骑常侍，领石头戍事。听[9]直入殿省。以佐命功，改封永修县公，食邑二千户。徙为丹阳尹，护军如故。高祖不豫[10]，给班剑二十人。

……

徐羡之将废庐陵王义真，以告道济，道济意不同，屡陈不可，不见[11]纳。羡之等谋欲废立，讽[12]道济入朝；既至，以谋告之。将废之夜，道济入领军府就谢晦宿。晦其夕竦动不得眠，道济就寝便熟，晦以此服之。太祖未至，道济入守朝堂。上即位，进号征北将军，加散骑常侍，给鼓吹一部。进封武陵郡公，食邑四千户。固辞进封。又增督青州、徐州之淮阳下邳琅邪东莞五郡诸军事。

及讨谢晦，道济率军继[13]到彦之。彦之战败，退保隐圻，会[14]道济至。晦本谓道济与羡之等同诛，忽闻来上，人情凶惧，遂不战自溃。事平，迁都督江州荆州之江夏豫州之西阳新蔡晋熙四郡诸军事、征南大将军、开府仪同三司、江州刺史，持节、常侍如故；增封千户。

元嘉八年，到彦之伐索虏，已平河南，寻[15]复失之；金墉、虎牢并没，虏逼滑台。加道济都督征讨诸军事，率众北讨。军至东平寿张县，值[16]虏安平公乙旃眷。道济率宁朔将军王仲德、骁骑将军段宏奋击，大破之。转战至高梁亭，虏宁南将军、济州刺史寿昌公悉颊库结前后邀战，道济分遣段宏及台队主沈虔之等奇兵击之，即斩悉颊库结。道济进至济上，连战二十余日，前后数十交，虏众盛，遂陷滑台。道济于历城全军而反[17]。进位司空，持节、常侍、都督、刺史并如故。还镇寻阳。

道济立功前朝，威名甚重；左右腹心，并经百战，诸子又有才气，朝廷疑畏之。太祖寝疾累年，屡经危殆，彭城王义康虑宫车晏驾[18]，道济不可复制[19]。十二年，上疾笃，会索虏为边寇，召道济入朝。既至，上间。十三年春，将遣道济还镇，已下船矣，会上疾动，召入祖道，收[20]付廷尉。诏曰："檀道济阶[21]缘时幸，荷恩在昔，宠灵优渥，莫与为比。曾不感佩殊遇，思答万分，乃空怀疑贰，履霜日久。元嘉以来，猜阻滋结，不义不昵[22]之心，附下罔上之事，固已暴[23]之民听，彰于遐[24]迩[25]。谢灵运志凶辞丑[26]，不臣显著，纳受邪说，每相容隐。又潜散金货，招诱剽猾，逋[27]逃必至，实繁弥广，日夜伺隙，希冀非望。镇军将军仲德往年入朝，屡陈此迹。朕以其位居台铉，豫班河岳，弥缝容养，庶或能革。而长恶不悛[28]，凶慝遂遘，因朕寝疾，规[29]肆祸心。前南蛮行参军庞延祖具悉奸状，密以启闻。夫君亲无将，刑兹罔赦。况罪衅深重，若斯之甚。便可收付廷尉，肃正刑书。事止元恶，余无所问[30]。"于是收道济及其子给事黄门侍郎植、司徒从事中郎粲、太子舍人隰、征北主簿承伯、秘书郎遵等八人，并于廷尉伏诛。又收司空参军薛彤，付建康伏法。又遣尚书库部郎顾仲文、建武将军茅亨至寻阳，收道济子夷、邕、演及司空参军高进之诛之。薛彤、进之并道济腹心，有勇力，时以比张飞、关羽。初，道济见收，脱帻投地曰："乃复坏汝万里之长城！"

选自《宋书》卷四十三

〔**注释**〕 ①备：全。 ②事：侍奉。 ③称：赞扬。 ④禽：捕捉。 ⑤除：拜官受职。 ⑥厉：通"励"，勉励。 ⑦京观：为炫耀武功，聚集敌尸封土而成的高冢。 ⑧吊：抚慰。 ⑨听：听凭。 ⑩不豫：婉称帝王有病。 ⑪见：被。 ⑫讽：暗示。 ⑬继：接济。 ⑭会：适逢。 ⑮寻：不久。 ⑯值：遇到。 ⑰反：同"返"，返回。 ⑱晏驾：帝王死亡的讳辞。 ⑲制：控制。 ⑳收：拘捕。 ㉑阶：凭借。 ㉒昵：亲近。 ㉓暴：暴露。 ㉔遐：远。 ㉕迩：近。 ㉖丑：恶。 ㉗逋：逃亡。 ㉘悛：悔改。 ㉙规：谋划。 ㉚问：责问。

〔**赏析**〕 檀道济是高平金乡人，他出身寒门，幼年丧父，侍奉兄姐，和睦孝顺。刘裕起兵以后，檀道济便跟着两个兄长投奔了刘裕，随刘裕征讨孙恩、平定桓玄之乱、讨平鲁山、镇压卢循叛乱，并且参与北伐后秦的战争，屡立战功。檀道济作战有勇有谋，讨伐桓谦、荀林时身先士卒而不怕死。他攻克后秦，释放俘虏，安抚人心。檀道济历任辅国参军、南阳太守、镇北将军、南兖州刺史、散骑常侍等职。刘裕死后，檀道济作为顾命大臣，参与少帝废立之事，后投靠文帝一方，讨平谢晦叛乱，因权势过大而遭忌，被文帝设计伏杀。死前脱帻投地怒言，“你(指文帝刘义隆)这是在自毁万里长城啊!”

檀道济世居京口，加入京口北府后，他追随刘裕讨伐桓玄，后转战南北，凭借出色的军事才能屡战屡胜，为刘裕积累威信和军功并进而称霸北府、建立刘宋王朝奠定了坚实的基础。刘裕登基后，他成为北府集团的代表人物。永初三年(422年)，檀道济出监南徐兖之江北淮南诸郡军事、镇北将军、南兖州刺史，与刘义康共同执掌北府职要，而后又被文帝任命为顾命大臣之一，位极人臣。宋武帝刘裕猜忌心极重，在位期间大杀功臣、异己势力和前朝宗室，以至人人自危，檀道济却被屡次提拔和重用，原因不外如下数端。第一，檀道济才堪大用。其时王朝初建，根基未稳，为了加强皇权，刘裕需要一批能征善战的猛将去打击和镇压世族等异己力量。第二，檀道济出身京口次等士族，在政治利益上与高门世族相对立。第三，诚如刘裕所言，“檀道济虽有干略，却无远志”。在刘裕眼里，檀道济作战虽有谋略，但是缺乏野心。以上这些综合因素的缀合便是檀道济屡受重用的原因。

刘裕死后，檀道济与徐羡之、谢晦、傅亮同为顾命大臣，辅佐皇室。少帝年少，无法单独理政，徐羡之等人不免擅权，由此引发了少帝的不满。而出身高门世族的颜廷之、谢灵运等人对谢晦等次等士族把持朝政心有不甘，遂撺掇义符、义真兄弟联合起来，以期共除权臣。徐羡之等人出身次等士族，与高门世族之间存在着政治利益的剧烈冲突，为了自保，同时也为了防止高门世族再次进入权力中枢危及社稷，遂谋划废立之事。檀道济在少帝登基前，长期担任其属官，两人感情不薄，故而对徐羡之等人废少帝的意图“屡陈不可”；但另一方面，谢灵运等人若掌握权柄，则寒门势力一定会遭到打击和驱逐。在权衡利弊后，檀道济遂决定与顾命集团合作，废黜并杀害了少帝义符与庐陵王义真，拥刘裕第三子、荆州刺史刘义隆回京即位，是为文帝。

文帝即位后，徐羡之等人自知犯谋逆大罪，必不能被容忍。于是自握兵权，钳制朝廷。这时徐羡之等人依然视檀道济为一党，放心让其镇守广陵，手持重兵。但檀道济自己本不愿参与废立之事，在整个过程中其一直摆出事不关己的态度。皇帝和顾命大臣的冲突愈演愈烈，檀道济却与文帝宠臣王昙首的兄弟王弘“弥相结附，每构羡之等”。几年后，文帝开始着手翦除顾命集团的势力，诛杀了徐羡之、傅亮，其后又准备讨伐谢晦。文帝明白如若争取到檀道济的支持，则自己的全盘计划就可以稳操胜券，因檀道济参与了废立之事，大臣认为其人不可信任，然而文帝指出：“道济从人者也，曩非创谋，抚而使之，必将无虑。”道济果然被文帝成功招抚，在平定谢晦的过程中立下大功，事后追封征南大将军、江州刺史，增封千户，可见这时文帝对其极为信用。

檀道济在两次政治斗争中摇摆不定，没有明确的政治立场。正如田余庆先生在《东晋门阀政治》中评价刘牢之和高雅之父子曰：“卷入上层政治漩涡的将门，不知如何自处，行动相当盲目”，用来概括檀道济也是十分妥帖的。檀道济在重大政治斗争面前无所适从的特点，注定其只能充当皇权与其他权臣进行政治博弈的棋子，这也是酿成檀道济本人悲剧结局的根源。

元嘉盛世，文帝起用刘义康等人，意图加强皇权。檀道济战功显赫，威望甚高，左右心腹皆百战之将，几个儿子又多具才气，渐渐地引起了朝廷的猜忌。此时的檀道济仍对文帝抱有天真的想法，他说：“我率师抵御外寇，镇守边境，不负国家，国家又何故负我心。”在残酷的政治斗争中，檀道济没有认清当时的形势和自己的位置，盲目乐观，认为借抵御外寇，镇守边境之职便可彰显自己的重要性，朝廷便不会对其加以显戮，实在太过幼稚。檀道济临死前仍言：“乃复坏汝万里之长城。”至死都不明白功高震主只有一死这个浅显的道理，而历史上开国君主诛杀功臣的例子又是何其之多！

宗悫列传

〔选文〕

宗悫字元干，南阳人也。叔父炳，高尚不仕。悫年少时，炳问其志，悫曰：“愿乘长风破万里浪。”炳曰：“汝不富贵，即破我家矣。”兄泌娶妻，始入门，夜被劫。悫年十四，挺身拒[①]贼，贼十余人皆披散，不得入室。时天下无事，士人并以文义为业，炳素高节，诸子群从[②]皆好学，而悫独任气好武，故不为乡曲所称。

江夏王义恭为征北将军、南兖州刺史，悫随镇广陵。时从兄绮为征北府主簿，绮尝[3]入直[4]，而给吏牛泰与绮妾私通，悫杀泰，绮壮[5]其意，不责也。

元嘉二十二年，伐林邑，悫自奋请行。义恭举悫有胆勇，乃除振武将军，为安西参军萧景宪军副，随交州刺史檀和之围区粟城。林邑遣将范毗沙达来救区粟，和之遣偏军拒之，为贼所败。又遣悫，悫乃分军为数道，偃[6]旗潜进，讨破之，拔区粟，入象浦。林邑王范阳迈倾国来拒，以具装被象，前后无际，士卒不能当。悫曰："吾闻师子威服百兽。"乃制其形，与象相御，象果惊奔，众因溃散，遂克林邑。收其异宝杂物，不可胜计。悫一无所取，衣栉萧然，文帝甚嘉之。

后为随郡太守，雍州蛮屡为寇，建威将军沈庆之率悫及柳元景等诸将，分道攻之，群蛮大溃。又南新郡蛮帅田彦生率部曲反叛，焚烧郡城，屯据白杨山。元景攻之未能下，悫率其所领先登，众军随之，群蛮由是畏服。

三十年，孝武伐元凶，以悫为南中郎谘议参军，领中兵。孝武即位，以为左卫将军，封洮阳侯，功次柳元景。孝建中，累迁豫州刺史，监五州诸军事。先是，乡人庾业，家甚富豪，方丈之膳，以待宾客；而悫至，设以菜菹粟饭，谓客曰："宗军人，惯啖[7]粗食。"悫致饱而去。至是业为悫长史，带梁郡，悫待之甚厚，不以前事为嫌。

大明三年，竟陵王诞据广陵反，悫表求赴讨，乘驿诣都，面受节度；上停舆慰勉，悫耸跃数十，左右顾盼，上壮之。及行，隶车骑大将军沈庆之。初，诞诳其众云："宗悫助我。"及悫至，跃马绕城呼曰："我宗悫也。"事平，入为左卫将军。五年，从猎堕马，脚折不堪朝直，以为光禄大夫，加金紫。悫有佳牛堪进御，官买不肯卖，坐[8]免官。明年，复职。废帝即位，为宁蛮校尉、雍州刺史，加都督。卒，赠征西将军，谥曰肃侯。泰始二年，诏以悫配食孝武庙。子罗云，卒，子元宝嗣。

选自《宋书》卷七十六

〔**注释**〕①拒：抵抗。②从：堂侄。③尝：曾经。④直：当值。⑤壮：认为勇敢。⑥匽：隐藏。⑦啖：吃。⑧坐：获罪。

〔**赏析**〕宗悫字元干，南阳涅阳(今河南邓州东北)人。宗悫幼时即好武而勇敢，有“愿乘长风破万里浪”的宏图大志。长大后随军征伐，作战时往往奋勇当先，有胆有谋，清正廉洁，深得文帝赞赏。他性情宽厚直率，倔强不屈，曾任振武将军、随郡太守、宁蛮校尉、雍州刺史、豫州刺史、光禄大夫等职。卒后赠征西将军，谥曰肃侯。

王勃《滕王阁序》言：“有怀投笔，慕宗悫之长风”，王勃所歆慕之人便是南朝刘宋时期的大臣宗悫。宗悫的曾祖父任职宜都太守，祖父任职湘乡令，叔父宗炳则是南朝时期的著名画家，屡次征召而不仕，隐居于江陵故宅而躬耕于垄亩。南朝之风气，皆重文轻武，武人往往为当时的士族所轻视。宗悫出身名门却任性好武，在时人看来乃是舍本逐末，不思进取的表现，所以当时乡里之人都不看好他。

自刘宋开国以来，世族垄断政治的局面已被打破，许多北府军人开始在政治舞台上崭露头角，他们大都凭借显赫的军功而崛起。刘宋政权本身即是寒族出身，与世家大族在政治利益和文化话语权之间存在着根本的对立。因此前者在选拔人才方面更偏向具有真才实干的次等士族和寒族。文帝登基后，采取均衡政策，试图在不同阶层的矛盾之间寻找平衡点，故而提拔了许多下层士族以期对抗世家大族的势力。另一方面，文帝个人对于寒族将领们的态度却是摇摆不定，一旦军权僭越皇权，大有超过可控制范围之势，文帝就会以雷厉风行之势对危险加以翦除。谢晦、檀道济等虽无谋逆之心，却因文帝的猜忌，或被逼造反，或被设计诛杀，这些都是权力格局中皇权与军权矛盾激化的结果。

文帝提拔义康、义恭等皇族后裔，任用其镇守方镇，提拔一批新进的寒族将领来对抗和压制地方世族的势力便成为极为迫切的一种需要。又因文帝穷兵黩武，三次北伐未果；且任人唯亲，以致贪官横行。连年的战乱和繁重的徭役终于导致了荆、雍、豫三州的蛮汉民众起义。然而文帝不仅不严惩酷吏，减轻徭役，反而加强军备，镇压起义。宗悫就在这种情况下追随江夏王刘义恭起兵镇压，逐渐得到了任用和提拔。宗悫之得以升迁，在主观上可归纳为两点原因，一是才能，二是性情。就才能方面而言，宗悫处事果断，作战勇敢，身先士卒，在林邑之战中以狮子的形具一举攻破敌方之象阵，足见其有勇有谋，断非莽撞之人。每次有战事时，宗悫都积极上表自荐，敢于独挑重任，因而较快获得了上级的赏识。就性情方面而言，宗悫隐忍而克制，他曾遭乡人庾业侮辱，最终却能以德报怨，宽厚待人，林邑之战获胜后对异宝杂物能够克己守法，清正廉洁。宗悫屡次上表赴讨以表忠心，性情耿直而无二志。在实际军事行动中，他相继翦除谢晦、檀道济等人。宋文帝本人在用人政策中陷入了深深的疑虑，有才干的皇族不敢起用，同时对于高门世族始终存有戒心。由是之故，次等士族引起文帝的兴趣并委之以重任，就成了历史的必然选择。宗悫的出身和才情无疑极大迎合了文帝的用人标准，因此才能屡获提拔，官至刺史。

宗悫晚年正当刘宋王朝之末期，政治黑暗，皇帝对群臣妄加猜疑，肆意杀戮。宗悫素有名望，又是三朝元老，手握重兵，富贵已极，当然不能免于皇帝的猜忌与防范。竟陵王谋反之时，宗悫仍然拖着老迈之躯主动请缨，“我宗悫也”的响亮宣言不仅起到了瓦解对方心理的作用，同时也是宗悫表白自己政治立场的誓言，宗悫借此表达了坚决拥护正统的主张。

宗悫实在是功高震主，他因一次意外坠马的事件被剥夺了所有权力，其后，又因有佳牛而不进献的欲加之罪被迫免官。显然，宗悫遭遇贬官的罪名都是根本站不住脚的。刘宋王朝末年烽烟四起，所谓国难思良将，孝武帝和明帝在不得已中，再次起用宗悫以期镇压叛乱，然而将已老矣！刘宋王朝之颓势已难以挽回了。

（叶冬宝）

守德与顺势的抉择

〔导言〕 南京城有一民谣:“可怜石头城,宁为袁粲死,不为褚渊生!”袁粲和褚渊是南朝宋齐鼎革之际的两位关键人物,他们同为世家大族出身,前者来自陈郡袁氏,后者来自阳翟褚氏,均为刘宋后期的政治精英,是士族阶层利益的代表,在以文化为凭借、维系士族传统的政治立场上,两人并无二致。但在鼎革的问题上,两者却表现出截然不同的态度,“褚渊、袁粲,俱受宋明帝顾托,粲既死节于宋氏,而渊逢兴运”。袁粲父子为忠诚而献出了自己的生命,他们的事迹为时人所赞许,而褚渊却在改朝换代之际站在了刘宋的对立面,力助萧道成取代刘宋,被时人所不齿,却也有不少人叹服他的“与时俱进”。南朝时期,门阀贵族在王朝嬗替之际,无动于衷者绝非少数,在他们看来,家族门第利益远高于皇室利益,像褚渊这样重家族门第轻君臣名节的政治态度渐渐成为主流,世家大族出身的大臣大多及早投诚于新君,而表现出忠臣气节者有,但已然不是主流。在改朝的博弈问题上,像袁粲这样志向高远,却又缺乏真才实干的高贵士族不可能有所作为,倒是像褚渊这样“识时务者为俊杰者”却能安身立命,保持家族兴旺发达。本篇旨在展示朝代变更之际正统忠诚观念是如何没落的,不同世家大族在改朝换代问题上又是如何博弈的。

袁粲列传

〔选文〕

袁粲字景倩,陈郡阳夏人,太尉淑兄子也。父濯,扬州秀才,蚤[①]卒。祖母哀其幼孤,名之曰愍孙。伯叔并当世荣显,而愍孙饥寒不足,母琅邪王氏,太尉长史诞之女也,躬事绩纺，以供朝夕。愍孙少好学，有清才，有欲与从兄[②]顗婚者，伯父洵即顗父，曰："顗不堪，政可与愍孙婚耳。"时愍孙在坐，流涕起出。

蚤以操立志行见[③]知。

……

愍孙清整有风操，自遇[④]甚厚，常[⑤]著《妙德先生传》以续嵇康《高士传》以自况[⑥]，曰：

有妙德先生，陈国人也。气志渊虚，姿神清映，性孝履顺，栖冲[⑦]业简，有舜之遗风。先生幼夙[⑧]多疾，性疏懒，无所营尚，然九流百氏之言，雕龙谈天之艺，皆泛识其大归，而不以成名。

家贫尝仕，非其好也。混其声迹，晦[⑨]其心用，故深交或迕，俗察罔识。所处席门常掩，三径裁[⑩]通，虽扬子寂漠[⑪]，严叟沈冥[⑫]，不是过也。修道遂志，终无得而称[⑬]焉。

又尝谓周旋人曰："昔有一国，国中一水，号曰狂泉。国人饮此水，无不狂，唯国君穿井而汲，独得无恙。国人既并狂，反谓国主之不狂为狂，于是聚谋，共执国主，疗其狂疾，火艾针药，莫不毕具。国主不任[⑭]其苦，于是到泉所酌水饮之，饮毕便狂。君臣大小，其狂若一，众乃欢然。我既不狂，难以独立，比[⑮]亦欲试饮此水。"

愍孙幼慕荀奉倩之为人，白[⑯]世祖，求改名为粲，不许。至是言于太宗，乃改为粲，字景倩焉。

……

二年，桂阳王休范为逆，粲扶曳入殿，诏加兵自随，府置佐史。时兵难危急，贼已至南掖门，诸将意沮，咸[⑰]莫能奋[⑱]。粲慷慨谓诸将帅曰："寇贼已逼，而众情离沮。孤子受先帝顾托,本以死报,今日当与褚护军同死社稷!”因[19]命左右被马,辞色哀壮。于是陈显达等感激出战,贼即平殄[20]。事宁,授中书监,即本号开府仪同三司,领司徒,以扬州解为府,固不肯移。三年,徙尚书令,卫军、开府如故,并固辞,服[21]终乃受。加侍中,进爵为侯,又不受。时粲与齐王、褚渊、刘秉入直[22],平决万机,时谓之“四贵”。粲闲默寡言,不肯当事,主书每往谘决,或高咏对之,时立一意,则众莫能改。宅宇平素,器物取给[23]。好饮酒,善吟讽,独酌园庭,以此自适[24]。居负[25]南郭,时杖策独游,素[26]寡往来,门无杂客。及受遗当权,四方辐凑,闲居高卧,一无所接,谈客文士,所见不过一两人。

顺帝即位,迁中书监,司徒、侍中如故。时齐王居东府,故使粲镇石头。粲素静退,每有朝命,多不即从,逼切不得已,然后方就。及诏移石头,即便顺旨。有周旋人解望气,谓粲曰:“石头气甚乖[27],往必有祸。”粲不答。又给油络通幰车,仗士五十人入殿。时齐王功高德重,天命有归,粲自以身受顾托,不欲事二姓,密有异图。丹阳尹刘秉,宋代宗室,前湘州刺史王蕴,太后兄子,素好武事,并虑不见容于齐王,皆与粲相结。将帅黄回、任候伯、孙昙瓘、王宜兴、彭文之、卜伯兴等,并与粲合。

升明元年,荆州刺史沈攸之举兵,齐王自诣粲,粲称疾不见。粲宗人通直郎袁达以为不宜示异同,粲曰:“彼若以主幼时艰,与桂阳时不异,劫我入台[28],便无辞以拒。一如此,不复得出矣。”时齐王入屯朝堂,秉从父弟领军将军韫入直门下省,伯兴为直阁,黄回诸将皆率军出新亭。粲谋克日矫太后令,使韫、伯兴率宿卫兵攻齐王于朝堂,回率军来应。

秉、候伯等并赴石头，本期[29]夜发。其日秉恇[30]扰不知所为，晡后便束装，未暗，载妇女席卷就[31]粲，由此事泄。先是，齐王遣将薛渊、苏烈、王天生等领兵戍石头，云以助粲，实御之也。又令腹心王敬则为直阁，与伯兴共总禁兵。王蕴闻秉已奔[32]，叹曰："今年事败矣。"时齐王使蕴募人，已得数百，乃狼狈率部曲向石头。本期开南门，时已暗夜，薛渊等据门射之，蕴谓粲已败，即便散走。齐王以报敬则，率所领收[33]蕴杀之，并诛伯兴。又遣军主戴僧静向石头助薛渊，自仓门得入。时粲与秉等列兵登东门，僧静分兵攻府西门。粲与秉欲还赴府，既下城，列烛自照，僧静挺身暗往，粲子最觉有异人，以身卫粲，僧静直前斩之，父子俱殒，左右各分散。粲死时，年五十八。

选自《宋书》卷八十九

〔注释〕 ① 蚤：通"早"。 ② 从兄：堂兄。 ③ 见：被。 ④ 遇：对待。 ⑤ 常：通"尝"。曾经。 ⑥ 况：比拟。 ⑦ 冲：平和淡泊。 ⑧ 夙：素常。 ⑨ 晦：隐藏。 ⑩ 裁：通"才"。 ⑪ 寂漠：恬淡。 ⑫ 沈冥：隐逸。 ⑬ 称：赞扬。 ⑭ 任：堪。 ⑮ 比：近来。 ⑯ 白：报告。 ⑰ 咸：都。 ⑱ 奋：振作。 ⑲ 因：于是。 ⑳ 殄：消灭。 ㉑ 服：服丧。 ㉒ 直：当值。 ㉓ 取给：取之以供需用。 ㉔ 自适：自乐闲适。 ㉕ 负：背倚。 ㉖ 素：向来。 ㉗ 乖：乖戾。 ㉘ 台：官署。 ㉙ 期：约定。 ㉚ 恇：惊慌。 ㉛ 就：到。 ㉜ 奔：逃跑。 ㉝ 收：拘捕。

〔赏析〕 袁粲出生于著名的望族——陈郡袁氏。两汉后期，两支袁氏家族登上了历史的舞台中央，一支是依靠武力攻伐天下，拥有袁绍、袁术的汝南袁氏，另一支则是较为低调，却站稳舞台的陈郡袁氏。终东晋南朝之世，陈郡袁氏在政治上世代忠贞，形成了其独特的家风；在文化上居于领先地位，博学之士不绝于书，从而谙习典章制度；思想上儒玄结合，并形成一套独特灵活的处世方法，使其家族能游刃有余地在复杂的政治斗争环境中生存与发展；在婚姻上，注重自己的高门地位。上述诸因素相辅相成，使得在南朝时期王、谢一流高门地位下降时，陈郡袁氏地位反而上升，从而被列入东晋南朝侨姓四大高门：王、谢、袁、萧。

宋朝后期，陈郡袁氏家族诞生一位耀眼的政治明星，他就是袁粲。以今日之见，他是一位学霸。父亲早逝后，“少好学，有清才”，对于玄学有深入的研究。袁粲曾模仿嵇康《高士传》体例，作《妙德先生传》，讲了两个耐人寻味的寓言故事，其中之一是为“狂泉”。这则寓言故事说的是，从前有某国百姓一直饮用着山泉之水，其国王则饮用井水。一天夜间，仙人在这山泉里撒下致人疯癫的药，使之变成了“狂泉”。结果，该国百姓全疯了，惟饮井水的国王仍清醒着。但不久，百姓开始不满国王。他们认为“国主之不狂为狂”，于是聚谋，抓住国王，迫其疗疾，疗其狂疾。国主实在受不了治疗的痛苦，于是也喝了令人疯癫的泉水，国王终于也胡言乱语起来。百姓见状，竟奔走相告，举国狂欢，庆祝国王终于恢复“正常”。袁粲正是以妙德先生自诩，抨击是非颠倒、道德沦丧的朝廷政治。

袁粲的才华常被后世所传颂。晚唐著名诗人孙元晏著有《六朝咏史诗》，一卷共七十五首，皆为七言绝句。其中有一篇名称即为《宋·袁粲》，“负才尚气满朝知，高卧闲吟见客稀。独步何人识袁尹，白杨郊外醉方归。”

宋齐政权交替之际，袁粲以自己的忠义行为充分发扬了袁氏门风，以自己的生命谱写了忠的颂歌。宋明帝临终托孤，由袁粲同褚渊、萧道成、刘秉四人共掌机密，而萧道成权势日重，颇有取而代之之心，袁粲为维护刘宋皇权，欲先除掉萧道成。结果褚渊向萧道成告密，使得后者有所防范，最终袁粲及其子在石头城被杀，反抗萧道成的联合力量土崩瓦解，萧梁取代刘宋终成不可逆转之势。

饱读四书五经之士大夫纷纷哀叹袁粲之死，为其忠义叫好，但从历史发展趋势来看，袁粲无疑是“螳螂挡车”。袁粲对时局有清醒的认识，但他身负要职，却不能铲除奸邪，还偏偏“居负南郭，时杖策独游，素寡往来，门无杂客”，非要远离政治漩涡。他学术上素有威望，但权术能力有限，不足以挽救危局，到了要江山易主之际，才出来奋力一搏，落得个命丧黄泉，惜哉惜哉！按理来说袁粲如此有威望的政治精英，应该能振臂高呼，引来天下豪杰共同维护刘宋统治，但其实从根本上讲，他们“忠”的是皇权和统治集团，“忠”的是自己的既得利益,“忠”的是世家大族的体面,而非天下百姓和公平、正义等大义,所以在王朝鼎革之际,反倒成了孤家寡人。

话说回来,袁粲父子的忠心为国仍被世人和皇室大加赞赏,齐永明元年(483年),他和刘秉、沈攸之等俱被“平反”,统治者并未忘记鼎革之际的旧恨,只是希望鼓舞涌现出更多像袁粲式的忠臣能维稳朝纲,将皇室基业进一步巩固而已。

在南朝历史上,像袁粲这样志向高远,却又缺乏真才实干的高贵士族还有很多,这就为军事强人鼎革提供了契机,也为寒门执政机要多少提供了些机会。

褚渊列传

〔选文〕

褚渊字彦回,河南阳翟人也。祖秀之,宋太常。父湛之,骠骑将军,尚①宋武帝女始安哀公主。

渊少有世誉,复尚文帝女南郡献公主,姑侄二世相继。拜驸马都尉,除②著作佐郎,太子舍人,太宰参军,太子洗马,秘书丞。湛之卒,渊推③财与弟,唯取书数千卷。

……

渊以母年高羸④疾,晨昏须养,固辞卫尉,不许。

明帝崩,遗诏以为中书令、护军将军,加散骑常侍,与尚书令袁粲受顾命,辅幼主。渊同心共理庶事,当奢移之后,务弘俭约,百姓赖⑤之。接引宾客,未尝骄倦。王道隆、阮佃夫用事⑥,奸赂公行,渊不能禁也。

遭庶母郭氏丧,有至性,数日中,毁顿不可复识。期年不盥栉⑦,惟泣泪处乃见其本质焉。诏断哭,禁吊客。葬毕,起为中军将军,本官如故。

元徽二年,桂阳王休范反,渊与卫将军袁粲入卫⑧宫省,镇集众心。渊初为丹阳，与从弟炤同载[9]出，道逢太祖，渊举手指太祖车谓炤曰："此非常人也。"出为吴兴，太祖饷[10]物别，渊又谓之曰："此人材貌非常，将来不可测也。"及顾命之际，引太祖豫[11]焉。

太祖即平桂阳，迁中领军，领南兖州，增户邑。太祖固让……渊、粲答曰："来告颖亮，敬挹[12]无已。谦贬居心，深承非饰，此诚此旨，久著[13]言外，况复造席舒衿，迂翰绪意，推情顾己，信足书绅[14]。但今之所宜商榷，必以轻重相推。世惟多难，事属雕弊，四维恇扰，边氓[15]未安，国家费广，府藏须备，北狄侵边，忧虞交切。宇内含识，尚为天下危心[16]，相与共荷任寄若此，当可稍修廉退不？求之怀抱，实谓不可。了其不可，理无固执。且勍寇穷凶，势过原燎，衅逆仓卒，终古未闻。常时惧惑，当虑先定，结垒新亭，枕戈待敌：断决之策，实有由然。锋镝初交，元恶送首，总律制奇，判于此举。裂邑万户，登爵槐鼎，亦何足少[17]酬勋劳，粗塞物听！今以近侍禁旅，进升中候，乘平随牒，取此非叨。济、河昔所履牧[18]，镇军秩不逾本，详校阶序，愧在未优，就加冲损，特亏朝制。奉职数载，同舟无几[19]，刘领军峻节霜明，临危不顾，音迹未晞，奄成今古。迷途失偶，恸不及悲。戎谟内寄，恒务倍急，秉操辞荣，将复谁委？诚惟军柄所期。自增茂圭社，誓贯[20]朝廷，匹夫里语，尚欲信厚，君令必行，逡巡[21]何路。凡位居物首，功在众先，进退之宜，当与众共。苟殉独善，何以处物。受不自私，弥见至公，表里详究，无而后可。想体殊常，深思然纳。"太祖乃受命。

……

明年，渊后嫡母吴郡公主薨，毁瘠[22]如初，葬毕，诏摄职，固辞。又以期祭礼及,表解职,并不许。

苍梧酷暴稍[23]甚,太祖与渊及袁粲言世事,粲曰:“主上幼年微过易改,伊、霍之事,非季代所行,纵使功成,亦终无全地。”渊默然,归心太祖。及废苍梧,群公集议,袁粲、刘秉既不受任,渊曰:“非萧公无以了此。”手取书授太祖。太祖曰:“相与不肯,我安得辞!”事乃定。顺帝立,改号卫将军、开府仪同三司,侍中如故。甲仗五十人入殿。

沈攸之事起,袁粲怀贰,太祖召渊谋议。渊曰:“西夏衅难,事必无成;公当先备[24]其内耳。”太祖密为其备。事平,进中书监、司空,本官如故。

……

渊美仪貌,善容止,俯仰进退,咸有风则。每朝会,百僚远国使莫不延首目送之。宋明帝尝叹曰:“褚渊能迟行缓步,便持此得宰相矣。”

……

朝廷机事,多与谘谋,每见从纳,礼遇甚重。上大宴集,酒后谓群臣曰:“卿等并宋时公卿,亦当不言我应得天子。”王俭等未及答,渊敛板曰:“陛下不得言臣不早识龙颜。”上笑曰:“吾有愧文叔,知公为朱祜久矣。”

渊涉猎谈议,善弹琵琶。世祖在东宫,赐渊金镂柄银柱琵琶。性和雅有器度,不妄举动。宅尝失火,烟焰甚逼[25],左右惊扰,渊神色怡然,索舆来徐去。

……

史臣曰:褚渊、袁粲,俱受宋明帝顾托,粲既死节于宋氏,而渊逢兴运,世之非责渊者众矣。

选自《南齐书》卷二十三

〔注释〕 ① 尚：仰攀婚姻，多指娶公主为妻。 ② 除：拜官受职。 ③ 推：推让。 ④ 羸：衰弱。 ⑤ 赖：依赖。 ⑥ 用事：掌权。 ⑦ 栉：梳头。 ⑧ 卫：保卫。 ⑨ 载：乘坐之具。 ⑩ 饷：赠送。 ⑪ 豫：通“与”，参与。 ⑫ 挹：通“揖”，作揖。 ⑬ 著：显露。 ⑭ 书绅：谨记不忘。 ⑮ 氓：民。 ⑯ 危心：心怀戒惧。 ⑰ 少：稍微。 ⑱ 牧：治民。 ⑲ 无几：不久。 ⑳ 贯：侍奉。 ㉑ 逡巡：迟疑不决的样子。 ㉒ 毁瘠：哀伤过度而身体消瘦。 ㉓ 稍：渐渐。 ㉔ 备：防备。 ㉕ 逼：迫近。

〔赏析〕 褚渊是宋齐更替之际的关键政治精英，他代表的正是当时如日中天的世家大族的利益集团。与袁粲相似，褚渊出生高贵，来自著名的望族——阳翟褚氏。

阳翟褚氏是以政治起家的世族代表。西汉前期褚氏多在兰陵(今山东苍山西南兰陵镇)活动，在褚氏家族迁徙至阳翟前，以儒学称于世，家族较少参与政治。阳翟褚氏真正参与政治始于东晋初年的苏峻之乱。褚裒在东晋苏峻之乱中建立功业，其女嫁皇室，褚裒即以外戚身份成为当时掌权的四大家族之一，与何、庾、桓共掌权要，史称“江东社稷安危，内委何、褚诸君，外托庾、桓数族。”褚氏家族正式加入政治权力的核心，步入了世族的行列。东晋灭亡之后，褚氏家族在新一轮的君臣结合中又占据了有利地位，世族权力、威望丝毫不减。褚氏既参与新政权的建立或辅助新君的登基，又由于皇帝的宠幸或外戚等因素而居高级官位，成为一个典型的政治世族。

宋后期，阳翟褚氏家族出了一位政坛新秀，他就是褚渊。以今日之见，褚渊绝对是“男神”级别的，他举止优雅，举手投足间散发着男神的光芒，每次退朝之时，满朝文武百官都会痴痴地目送着他离去，直到他风度翩翩的背影消失在大家的视线里，百官才回过神来，慢慢散去。宋明帝尝叹曰：“褚渊能迟行缓步，便持此得宰相矣。”他迟行缓步，便被认为是“宰相风则”。他的优雅来自骨子里的男神范儿，即使家中失火，他也神色怡然，缓缓而去。

褚渊为刘宋江山的稳固做出过极大贡献，他平定过各方叛乱，“(明)帝在藩，与渊以风素相善，及即位，深相委寄，事皆见从”。褚渊接受遗诏为顾命大臣后，也曾与袁粲尽心辅佐幼主，“渊同心共理庶事，当奢移之后，务弘俭约，百姓赖之。接引宾客，未尝骄倦”。然而褚渊在处事时却表现出两面性，一方面忠于刘宋王朝，另一方面又为萧道成改朝换代提供方便。他早在平定桂阳王休范叛乱时即对萧道成赞赏有加，并在萧道成升迁中领军的问题上，写信给萧道成，鼓励他勇于担任此要职，成为萧道成制霸天下的精神导师。在宋明帝死后，褚渊以顾命大臣的身份，将萧道成引入权力中枢，为其以后的发展铺平道路。在废除后废帝刘昱之后，褚渊将收拾残局的重任托付给萧道成，并说"非萧公无以了此"，还同意萧道成加黄钺，为其改朝换代提供了条件。

令后世卫道士们愤恨不已的是，褚渊的母亲、继母、妻子都是刘宋的公主，他怎么能拥戴一位异姓军事强人取代刘宋王朝，他的忠诚何在？

对于这样的质问，还是要从当时的社会思潮去分析。魏晋南北朝，玄学开始兴盛，儒道佛三家开始互相渗透、交融，基于对儒道佛三家思想的兼收并蓄，齐梁士族文人形成了以冲素谦退为特色的道德规范。在这种道德规范当中，既有儒家明哲保身的因素而不尚功名气节，又有道家清静无为的成分而不重遁世炼丹，更有佛学证悟性净之心的动机而不坚执成佛。由此可见，社会思潮的变化使门阀士族认识到，家族利益和个人利益高于国家利益，在褚渊等人心中，王朝更替不过是将一家物与一家而已。更何况褚氏家族就是讲求"先孝后忠"的望族，褚渊为庶母、嫡母的先后逝世而伤心不已，皇帝三番四次请他重新出山，他才回到政治舞台的中央。

褚渊"与时俱进"的做法固然深受后世正统史家的贬损，但他为褚氏家族香火的延续提供了契机，这一望族在"与时俱进"的策略引领下，牢牢占据着南朝政治权力的中枢，及至唐代还涌现诸如褚遂良式的一代名相。

（王　骁）

固化阶层的上位

〔导言〕 萧子良与纪僧真，前者是萧齐第二代国主齐武帝的次子，史书对他评价颇高，认为他富有政治才干，且清雅高尚、品性淳厚。除协助齐武帝处理政务外，闲时便以文会友。大批文人聚集在萧子良鸡笼山的西邸之中，形成著名的“竟陵八友”文学集团，不少华美的诗词文章从这里流出，推动了南朝文学的进一步发展。萧子良既有仁德之心，又尊重文化的态度，激发世家大族对他的好感，文人精英集团甚至为他争夺皇位而出谋划策，可惜功亏一篑，大好局面拱手让出。而纪僧真乃萧齐第一代国主齐高帝萧道成的恩幸，他起于底层的庶族，在萧道成起兵之际，纪僧真坚决支持其实行废立之举。在萧道成采取行动之际，纪僧真不断鼓励他坚定决心，并帮他分析应采取何种既能废帝登基，又可免受逆臣贼子之名的“万全之策”，纪僧真对萧道成的忠心和他对事态分析判断的能力，使萧道成对他亲信不已，毫不夸张地说，纪僧真为宋齐的鼎革做出不可磨灭的贡献。从萧齐开始，一些类似纪僧真的庶族幸臣开始进入政治舞台的中央，这是因为腐朽的门阀制度造成世族自身的政治素质开始走下坡路，已很难满足国家政治系统正常、高效的运行，政治系统的良性运行有赖于执政层不断补充精英人物，以使执政层保持较高的能力、才干水平，使整个政治系统得以良性运行，那些有办事能力，又肯竭忠效命的低微寒人则是最好的补充人选。本书展示南北朝时期皇族和人文精英集团如何进行互动，庶族幸臣又是如何凭借个人努力进入权力中枢的。

竟陵文宣王子良列传

〔选文〕

竟陵文宣王子良字云英，世祖第二子也。

……

宋世元嘉中，皆责成郡县；孝武征求急速，以郡县迟缓，始遣台使，自此公役劳扰。太祖践阼[①]，子良陈之曰……

封闻喜县公，邑千五百户。

子良敦[②]义爱古。郡民朱百年有至行，先卒，赐其妻米百斛，蠲一民给其薪苏。郡阁下有虞翻旧床，罢任还，乃致以归。后于西邸起[③]古斋，多聚古人器服以充之。夏禹庙盛有祷祀，子良曰："禹泣辜[④]表[⑤]仁，菲食旌[⑥]约[⑦]，服玩果粽，足以致诚。"使岁献扇簟而已。

建元二年，穆妃薨，去官。仍为征虏将军、丹阳尹。开私仓赈属县贫民。明年，上表曰："京尹虽居都邑，而境壤兼跨，广袤周轮，几将千里。萦原抱隰[⑧]，其处甚多，旧遏古塘，非唯一所。而民贫业废，地利久芜。近启遣五官殷沵、典签刘僧瑗到诸县循履，得丹阳、溧阳、永世等四县解，并村耆辞列，堪垦之田，合计荒熟有八千五百五十四顷，修治塘遏，可用十一万八千余夫，一春就[⑨]功，便可成立。"上纳之。会[⑩]迁官，事寝[⑪]。

是年，始制东宫官僚以下官敬子良。

……

子良少有清尚，礼才好士，居不疑之地，倾意宾客，天下才学皆游集焉。善立胜事，夏月客至，为设瓜饮及甘果，著[⑫]之文教。士子文章及朝贵辞翰，皆发教撰录。

是时上新[⑬]亲政，水旱不时。子良密启曰：……

诏折租布，二分取钱。子良又启曰：……

五年，正位司徒，给班剑二十人，侍中如故。移居鸡笼山邸，集学士抄《五经》、百家，依《皇览》例为《四部要略》千卷。招致名僧，讲语佛法，造经呗新声[14]。道俗之盛，江左未有也。

世祖好射雉，子良谏曰：……

先是六年，左卫、殿中将军邯郸超上书谏射雉，世祖为止。久之，超竟被诛。永明末，上将射雉。子良谏曰：……

虽不尽纳，而深见[15]宠爱。

又与文惠太子同好释氏，甚相友悌。子良敬信尤笃，数于邸园营斋戒，大集朝臣众僧，至于赋食行水，或躬亲其事，世颇以为失宰相体。劝人为善，未尝厌倦，以此终致盛名。寻[16]代王俭领国子祭酒，辞不拜。八年，给三望车。九年，京邑大水，吴兴偏剧[17]，子良开仓赈救，贫病不能立者于第[18]北立廨收养，给衣及药。十年，领尚书令。寻为使持节、都督扬州诸军事、扬州刺史，本官如故。寻解尚书令，加中书监。

文惠太子薨，世祖检行东宫，见太子服御羽仪，多过[19]制度，上大怒。以子良与太子善，不启闻，颇加嫌责。

世祖不豫[20]，诏子良甲仗入延昌殿侍医药。子良启进沙门于殿户前诵经，世祖为感梦见优昙钵华。子良按佛经宣旨使御府以铜为华[21]，插御床四角。日夜在殿内，太孙间日入参承。世祖暴渐[22]，内外惶惧，百僚皆已变服，物议疑立子良，俄顷而苏[23]，问太孙所在，因[24]召东宫器甲皆入。遗诏使子良辅政，高宗知尚书事。子良素[25]仁厚，不乐世务，乃推高宗。诏云："事无大小，悉[26]与鸾参怀。"子良所志也。太孙少养于子良妃袁氏，甚著慈爱，既惧前不得立，自此深忌子良。太行出太极殿，子良居中书省，帝使虎贲中郎将潘敞领二百人仗屯太极西阶防之。成服后，诸王皆出，子良乞停至山陵，不许。

进位太傅，增班剑为三十人，本官如故。解侍中。隆昌元年，加殊礼，剑履上殿，入朝不趋[27]，赞拜不名。进督南徐州。其年疾笃，谓左右曰："门外应有异。"遣人视，见淮中鱼万数，皆浮出水上向城门。寻薨，时年三十五。

……

所著内外文笔数十卷，虽无文采，多是劝戒。建武中，故吏范云上表为子良立碑，事不行。子昭胄嗣[28]。

……

赞曰：武十七王，文宣令望，爱才悦古，仁信温良，宗英是寄，遗惠未忘。庐陵犯色，安陆括囊[29]。晋安早悟，随郡雕章。建贺湘海，二陵二阳，幼蕃盛宠，南郡南康。

选自《南齐书》卷四十

〔注释〕 ①践阼：即位。 ②敦：崇尚。 ③起：兴建。 ④辜：罪。 ⑤表：表彰。 ⑥旌：旌表。 ⑦约：节约。 ⑧隰：低湿的地方。 ⑨就：完成。 ⑩会：适逢。 ⑪寝：搁置。 ⑫著：显露。 ⑬新：刚。 ⑭声：名声。 ⑮见：受。 ⑯寻：不久。 ⑰剧：厉害。 ⑱第：宅院。 ⑲过：超过。 ⑳不豫：婉称帝王有病。 ㉑华：同"花"。 ㉒渐：病情加剧。 ㉓苏：苏醒。 ㉔因：于是。 ㉕素：向来。 ㉖悉：都。 ㉗趋：礼节性地小步快走，以示恭敬。 ㉘嗣：承袭。 ㉙括囊：喻慎密，不轻易说话。

〔赏析〕 齐武帝育有二十三个皇子，其中最有威望的莫过于文惠太子和竟陵文宣王萧子良。可惜受重点栽培的文惠太子英年早逝，齐武帝不得不重新考虑接班人选，是选疼爱有加的皇太孙萧昭业还是才华横溢的二皇子萧子良，历史在这里开了个不大不小的玩笑，萧子良在众望所归之下竟甘居人臣，很是有些可惜。

在齐朝诸位王子中，萧子良有治事之才，在会稽、丹阳政绩颇佳。他有仁德之心，每每在天下苍生需要的时候，勇敢地向自己的父皇请求施行仁政，他体恤百姓的疾苦，遇有灾荒，则上奏朝廷宽减役税、开仓赈济，深受百姓拥护。父皇喜好射雉，左右大臣力劝却下狱而死，但萧子良依然以天地立心之姿态恳请父皇放弃射雉，虽未被采纳，但在齐武帝心中留下重要的位置。

萧子良好结儒士，常与文友交流学问。永明五年(487年)，他居住在建康鸡笼山西邸，召天下有才之士，其中以范云、萧琛、任昉、王融、萧衍、谢朓、沈约、陆倕等最知名，时称“竟陵八友”。此八人的政治见解虽然不完全相同，但政治态度则是比较一致的。他们坚决维护萧齐政权，对竟陵王萧子良更是忠心耿耿。除此核心八人外，尚有其他文学名士也纷纷加入西邸相聚，如王僧儒、孔休源、范缜、江革、张充、王思远、陆慧晓、柳恽、刘绘、虞义、王亮、丘国宾、萧文琰、丘令楷、江洪、刘孝标等。到了梁朝天监年间，又有刘孝绰、刘苞、刘孺、张率、殷芸、刘显、到溉、到洽等后进此文学圈。“竟陵八友”集团时跨齐梁两代，其人数之多，声势之大是前代文人集团所不能比的。

在萧子良的组织下，这些文人雅士聚在一起，做了颇多有利于文学进步之事。譬如同题共作，赠答酬和；又譬如研究声律并运用于诗歌创作之中；还有奖掖文学后进、组织新的文学集会；又或者评论、叹赏同人及后进作家；以及抄集、编纂图书等。

以上这些成就足以超过前代“建安七子”和西晋“二十四友”集团，为中华文化之延续做出了极大的贡献。

此外，萧子良崇尚佛学，在西邸邀请名僧讲佛论法，并召集朝臣僧徒办佛事，还亲自进出为佛事打杂，因而时佛学大盛，《南齐书》本传称“道俗之盛，江左未有也”。陈寅恪在《四声三问》中说道，“竟陵王子良大集善声沙门于京邸，造经、呗新声，实为当时考文审音之一大事。”萧子良本人奉戒极严，自名为“净住子”，著名学者汤用彤曾赞叹说：“竟陵王者，乃一诚恳之宗教徒也。”他为百姓开仓放粮，赈济灾民固然是性情仁厚的体现，更与笃信佛教有直接关系。萧子良是一位将佛教义理贯彻于行动的人，无论动机如何，为天下苍生考虑总归是好的。虽然他极为信笃佛教，但对于范缜的无神论，也有包容之心。

萧子良作为武帝次子，官至高位，可谓政、文、佛皆通，他的身边又围绕着一群文人雅士，其中不烦有勇有谋之人，他本人在百官之中拥有相当高的威望，是皇帝接班人的有力争夺者，甚至在齐武帝病重期间，每日早晚服侍左右，这在皇室中是独一无二的，但最终在与侄子萧昭业争夺帝位的暗地角逐中败下阵来。一来因为他手头没有可靠的军队支持，二来因为没有告发太子而让齐武帝有所猜忌，三来太孙萧昭业确实深受齐武帝喜爱。皇太孙萧昭业在军队将领萧鸾的帮助下登基称帝，按照遗诏，萧子良和萧鸾辅政。其后，萧子良在政治上被压制，虽在辈分上高于新帝，却处处以人臣而居，郁郁寡欢，忧郁而亡，时年仅三十五岁。有人感叹，他若成为君主，是否齐朝会有新的盛世呢？这不好说，兴许他是一位杰出的文学社团的领袖，但不一定能成为掌控全局的千古一帝。

纪僧真列传

〔选文〕

纪僧真，丹阳建康人也。僧真少随逐征西将军萧思话及子惠开，皆被赏①遇。惠开性苛，僧真以微过见罚，既而委任如旧。及罢益州还都，不得志，僧真事②之愈谨。惠开临终叹曰："纪僧真方当富贵，我不见也。"乃以僧真托刘秉、周颙。初，惠开在益州，土反，被围危急，有道人谓之曰："城围寻解。檀越贵门后方③大兴，无忧外贼也。"惠开密谓僧真曰："我子弟见在者，并无异才。政是道成耳。"僧真忆其言，乃请事太祖。随从在淮阴，以闲书题，令答远近书疏。自寒官历至太祖冠军府参军、主簿。僧真梦蒿艾生满江，惊而白④之。太祖曰："诗人采萧，萧即艾也。萧生断流，卿勿广言。"其见亲⑤如此。

元徽初，从太祖顿⑥新亭，拒⑦桂阳贼。萧惠朗突入东门，僧真与左右共拒战。贼退，太祖命僧真领亲兵，游逻城中。事宁⑧，除⑨南台御史、太祖领军功曹。上将废立，谋之袁粲、褚渊。僧真启上曰："今朝廷猖狂，人不自保，天下之望，不在袁、褚。明公岂得默己，坐受夷灭。存亡之机，仰希熟虑。”太祖纳之。

太祖欲度广陵起兵，僧真又启曰：“主上虽复狂衅，虐加万民，而累世皇基，犹固盘石。今百口北度，何必得俱。纵得广陵城，天子居深宫施号令，目明公为逆，何以避此？如其不胜，则应北走胡中，窃谓此非万全策也。”上曰：“卿顾家，岂能逐[10]我行耶。”僧真顿首称无贰。升明元年，除员外郎，带东武城令。寻除给事中、邵陵王参军。

太祖坐东府高楼，望石头城，僧真在侧。上曰：“诸将劝我诛袁、刘，我意不欲便尔。”及沈攸之事起，从太祖入朝堂。石头反夜，太祖遣众军掩[11]讨。宫城中望石头火光及叫声甚盛，人怀不测。僧真谓众曰：“叫声不绝，是必官军所攻。火光起者，贼不容自烧其城，此必官军胜也。”寻而启[12]石头平。上出顿新亭，使僧真领千人在帐内。初，上在领军府，令僧真学上手迹下名，至是报答书疏，皆付僧真，上观之，笑曰：“我亦不复能别也。”初，上在淮阴治城，得一锡趺，大数尺，下有篆文，莫能识者。僧真曰：“何须辨此文字，此自久远之物，九锡之征[13]也。”太祖曰：“卿勿妄言。”及上将拜齐公，已克日，有杨祖之谋于临轩作难。僧真更请上选吉辰，寻而祖之事觉。上曰：“无卿言，亦当致小狼狈，此亦何异呼沲之冰。”转齐国中书舍人。

建元初，带东燕令，封新阳县男，三百户。转羽林监，加建威将军，迁尚书主客郎，太尉中兵参军，令如故。复以本官兼中书舍人。太祖疾甚，令僧真典[14]遗诏，永明元年，宁丧，起为建威将军，寻除南泰山太守，又为舍人，本官如故。领诸王第事。

僧真容貌言吐，雅有士风。世祖尝目送之，笑曰：“人何必计门户，纪僧真常贵人所不及。”诸权要中，最被盼遇[15]。除越骑校尉，余官如故。出为建武将军，建康令。还除左右郎将，泰山太守。加先驱使。寻除前军将军，遭[16]母丧，开冢得五色两头蛇。世祖崩，僧真号泣思慕。明帝以僧真历朝驱使，建武元年，除游击将军，兼司农，待之如旧。欲令僧真治郡，僧真启进其弟僧猛为镇蛮护军、晋熙太守。永泰元年，除司农卿。明帝崩，掌山陵事。出为庐陵长内史，年五十五，卒。

选自《南齐书》卷五十六

〔注释〕 ①赏：赏识。 ②事：侍奉。 ③方：将。 ④白：报告。 ⑤亲：亲近。 ⑥顿：屯驻。 ⑦拒：抵御。 ⑧宁：安定。 ⑨除：拜官受职。 ⑩逐：追随。 ⑪掩：袭击。 ⑫启：禀告。 ⑬征：应验。 ⑭典：掌管。 ⑮遇：对待。 ⑯遭：遇。

〔赏析〕 所谓幸臣，是君主宠爱的臣子。翻阅二十四史，有十一史为这类人物立有专传，或称“佞幸”，或称“恩幸”，或称“幸臣”。掐指细算，竟纵贯了十个朝代的三十三位帝王，宠幸的佞臣达一百三十多个。幸臣一词，多少带有些贬义的意思，但若仔细探究，其实这些皇帝身边的亲信近臣也未必都是毒瘤，他们或多或少是协助皇帝进行核心决策的圈内人。

亲信近臣历史上早已有之。汉武帝时期，为加强皇帝集权，有意裁抑丞相职权，故启用身边的亲信近臣，给他们加上大司马、侍中、常侍、给事中等职官，可以出入宫闱，参与朝廷军国大事的讨论，由皇帝与亲信近臣形成了宫廷的决策核心，史称“内朝”或“中朝”。这批幸运的亲信近臣包括了卫青、霍去病、主父偃、霍光等人，他们大多为强盛的汉武帝时代起了推波助澜的作用，或带兵征战疆场，或为君主出谋划策，或力挽狂澜辅佐刘氏天下。

不过也有一些亲信近臣并非内朝之人，他们是当朝皇帝眼前“热得发烫”的红人，但在后世史学家笔下却没有美名，如汉文帝时代的邓通，钱遍天下终穷困而亡；又如汉武时代的韩嫣，善于骑马射箭和逢迎讨好，但终因犯事而被赐死。

《南齐书》中的《幸臣列传》共记载五人，分别是纪僧真、刘系宗、茹法亮、吕文显、吕文度，但全文近半篇幅均在记述纪僧真，在南齐的历史上，作为亲信近臣的代表，他最为出名。

纪僧真乃南齐高帝（萧道成）时的亲信近臣。《南齐书》记载萧道成将行废立之时，思量与先帝遗命大臣袁粲、褚渊相谋。纪僧真分析道，如今皇帝昏聩，政局动荡，虽然袁、褚位高望重，但天下人并未将扭转乱世的厚望寄托在此二人身上。他恳请萧道成不要坐等受诛，在此存亡之际，应该举兵起事。这些分析令萧道成愈发坚定了起兵废立的决心。及萧道成欲在广陵起兵，纪僧真又进言：纵然当今皇上暴虐无道，但刘宋几代帝王留下的基业还未立时倾塌。如今北度广陵起兵，未必能成功，即使成功了，世人也很有可能视萧道成为乱臣贼子，还是应该想一个万全之策。纪僧真拥立萧道成的忠心和他对事态分析判断的能力，令萧道成对他亲信不已。及后沈攸之反叛，攻打萧道成，在众人有些惶恐之际，又是纪僧真及时稳定住了局面，冷静分析了形势，确保萧道成一步步登上了权力的最高峰。

纪僧真不仅善于分析判断，献言献策，而且笔迹模仿能力也属一流。早在萧道成领导刘宋的中领军时，纪僧真就在其府内任主簿（秘书），萧道成对他十分信任，让他模仿自己的笔迹在文书通告上签名。久而久之，纪僧真的字体和萧道成的一模一样，连萧道成也分辨不清了。萧道成称帝后，又将"报答书疏，皆付僧真"，换句话说，只要萧道成默许，纪僧真就可以用皇帝的名义，在审批、起草诏令的同时，夹杂自己的意见，从而对国事起到部分决策权。

若通读《纪僧真列传》，你会发现纪僧真并非阿谀奉承之人，那为何把他选入《幸臣列传》呢？只因为他的出身不好，并非源于士族阶层，而是起于寒门。门第高贵的世家大族，他们不屑于低眉俯首，有时对于皇权都不屑于折腰，对于这些深受皇帝信任的寒门，更是不屑一顾，他们打着正统的士大夫旗号，有意贬损纪僧真等寒门子弟，即使这些寒门子弟生前深受重用，百年以后，依然通过史书体例的编排让你无法翻身。

寒门一方面自认不如士族，同时也因这种自卑心理的支配而企图向士族靠拢，以获得他们的承认，从而跻入士流。纪僧真在得到恩幸后，就开始向士族靠拢，史称他“容貌言吐，雅有士风”，又与士族联婚，为儿子娶了颍川荀昭光的女儿作妻子，最后索性向皇帝提出“乞作士大夫”，并亲自到世家大族江斆家去乞求承认，刚要坐下，被江斆命人搬去座椅，吃了闭门羹。

有学者指出，频繁的内部斗争和宫廷政变，促使南朝皇帝加大力度任用自己亲信近臣来控制、压制诸王及大臣，这样固然是有利于加强皇权，但引起的内耗对政治的影响比外来压力要大得多。这种“恩幸”现象所带来的恶性循环只有令南朝社会更加动荡！

但也要指出，正是这些幸臣不断受到重用，冲击了原先相对稳定的，却由不思进取的世家大族长期把控朝政的局面，为其后新的制度，具有强大活力的新时代的来临提供了契机。

（王　骁）

辅助开国的智慧：有德和有才

〔导言〕 南朝第三个政权的南梁王朝由南齐宗室萧衍所建。萧衍惩于自东晋王朝以降刘宋、萧齐政权享国日蹙的客观现实，认为亟须采取正确的行政手段巩固并确保其有效统治。拥有深厚文化功底的萧衍选择采取温和的治国方略，使得南梁的经济文化发展达到了一个新的高峰。

南梁的强盛离不开贤臣良将的辅佐。韦睿追随梁武帝萧衍南征北战，平定江左。虽然他体质文弱，却总是战斗在第一线；他屡建奇功，却从不居功自傲；他对敌作战从不手软，常常以少胜多，使敌人畏惧，称之为“韦虎”，凭借合肥、邵阳的两次战役而闻名；他爱护士卒有如慈父，关心亲友无微不至。他谦虚谨慎而不贪财，深受皇帝的器重和同僚的尊敬。

沈约是梁武帝的开国功臣，在梁武帝预谋代齐之时帮助梁武帝作出全盘的准备。他每每及时进言，坚定了武帝的决心。他指出萧衍即位乃天命所归，时不我待，希望萧衍把握时机；在齐和帝禅让后猜透武帝心思，提议杀死齐和帝以绝后患。然而在南梁朝廷中沈约却没能有更多建树，他不擅长与人相处、周旋，屡次得罪萧衍，以至郁郁而终。尽管如此，沈约的文学造诣却不可忽视，他被时人视作一代文宗，他的创作对当时及后世都有十分重要的影响。

本书选录《韦睿列传》和《沈约列传》，试图通过一文一武两位大臣的事迹，展现经济文化发展稳定的南梁政权的广阔社会面貌，以资借鉴。

韦睿列传

〔选文〕

韦睿字怀文，京兆杜陵人也。自汉丞相贤以后，世为三辅著[①]姓。祖玄，避吏隐于长安南山。宋武帝入关，以太尉掾征[2]，不至。伯父祖征，宋末为光禄勋。父祖归，宁远长史。睿事[3]继母以孝闻。睿兄纂、阐，并早知名。纂、睿皆好学，阐有清操。祖征累为郡守，每携睿之职，视之如子。时睿内兄王憕、姨弟杜恽，并有乡里盛名。祖征谓睿曰："汝自谓何如憕、恽？"睿谦不敢对。祖征曰："汝文章或小[4]减，学识当过之；然而干国家，成功业，皆莫汝逮[5]也。"外兄杜幼文为梁州刺史，要睿俱行。梁土富饶，往者多以贿败；睿时虽幼，独用[6]廉闻[7]。

……

义兵檄至，睿率郡人伐竹为筏，倍道来赴，有众二千，马二百匹。高祖见睿甚悦，拊几[8]曰："他日见君之面，今日见君之心，吾事就[9]矣。"义师克郢、鲁，平加湖，睿多建谋策，皆见[10]纳用。大军发郢，谋留守将，高祖难其人；久之，顾睿曰："弃骐骥而不乘，焉遑遑而更索[11]？"即日以为冠军将军、江夏太守，行郢府事。初，郢城之拒守也，男女口垂[12]十万，闭垒经年，疾疫死者十七八，皆积尸于床下，而生者寝处其上，每屋辄盈满。睿料简隐恤，咸[13]为营理，于是死者得埋藏，生者反[14]居业，百姓赖之。

……

四年，王师北伐，诏睿都督众军。睿遣长史王超宗、梁郡太守冯道根攻魏小岘城，未能拔。睿巡行围栅，魏城中忽出数百人陈于门外，睿欲击之，诸将皆曰："向本轻来，未有战备，徐还授甲，乃可进耳。"睿曰："不然。魏城中二千余人，闭门坚守，足以自保，无故出人于外，必其骁勇者也，若能挫之，其城自拔。"众犹迟疑，睿指其节曰；"朝廷授此，非以为饰，韦睿之法，不可犯也。"乃进兵。士皆殊死战，魏军果败走，因急攻之，中宿而城拔。遂进讨合肥。先是，右军司马胡略等至合肥，久未能下，睿按行山川，曰："吾闻'汾水可以灌平阳，绛水可以灌安邑'，即此是也。"乃堰肥水，亲自表率，顷之，堰成水通，舟舰继至。魏初分筑东西小城夹合肥，睿先攻二城。既而魏援将扬灵胤帅军五万奄[15]至，众惧不敌，请表益[16]兵。睿笑曰："贼已至城下，方复求军，临难铸兵，岂及马腹。且吾求济师，彼亦征众，犹如吴益巴丘，蜀增白帝耳。'师克在和不在众'，古之义也。"因与战，破之，军人少[17]安。

……

五年，魏中山王元英寇北徐州，围刺史昌义之于钟离，众号百万，连城四十余。高祖遣征北将军曹景宗，都督众军二十万以拒[18]之。次[19]邵阳洲，筑垒相守，高祖诏睿率豫州之众会焉。睿自合肥径道由阴陵大泽行，值[20]涧谷，辄飞桥以济。师人畏魏军盛，多劝睿缓行。睿曰："钟离今凿穴而处，负户而汲，车驰卒奔，犹恐其后，而况缓乎！魏人已堕吾腹中，卿曹勿忧也。"旬日而至邵阳。初，高祖敕景宗曰："韦睿，卿之乡望[21]，宜善敬之。"景宗见睿，礼甚谨。高祖闻之，曰："二将和，师必济矣。"睿于景宗营前二十里，夜掘长堑，树鹿角，截洲为城，比[22]晓而营立。元英大惊，以杖击地曰："是何神也！"明旦，英自率众来战，睿乘素木舆，执白角如意麾军，一日数合，英甚惮其强。魏军又夜来攻城，飞矢雨集，睿子黯请下城以避箭，睿不许。军中惊，睿于城上厉声呵之，乃定。魏人先于邵阳洲两岸为两桥，树栅数百步，跨淮通道。睿装大舰，使梁郡太守冯道根、庐江太守裴邃、秦郡太守李文钊等为水军。值淮水暴长，睿即遣之，斗舰竞发，皆临敌垒。以小船载草，灌之以膏，从而焚其桥。风怒火盛，烟尘晦冥，敢死之士，拔栅斫桥，水又漂疾，倏忽之间，桥栅尽坏。而道根等皆身自搏战，军人奋勇，呼声动天地，无不一当百，魏人大溃。元英见桥绝[23]，脱身遁去。魏军趋水死者十余万，斩首亦如之。其余释甲稽颡[24]，乞为囚奴，犹数十万。所获军实牛马，不可胜纪。睿遣报昌义之，义之且悲且喜，不暇答语，但[25]叫曰："更生！更生！"高祖遣中书郎周舍劳于淮上，睿积所获于军门，舍观之，谓睿曰："君此获复与熊耳山等。"以功增封七百户，进爵为侯，征通直散骑常侍、右卫将军。

……

普通元年夏，迁侍中、车骑将军，以疾未拜。八月，卒于家，时年七十九。遗令薄葬，敛以时服。高祖即日临哭甚恸。赐钱十万，布二百匹，东园秘器，朝服一具，衣一袭，丧事取给于官，遣中书舍人监护。赠侍中、车骑将军、开府仪同三司。谥曰严。

……

选自《梁书》卷十二

〔注释〕 ① 著：显著。 ② 征：征召。 ③ 事：侍奉。 ④ 小：稍微。 ⑤ 逮：比得上。 ⑥ 用：因为。 ⑦ 闻：闻名。 ⑧ 几：几案，小桌子。 ⑨ 就：成。 ⑩ 见：被。 ⑪ 索：求取。 ⑫ 垂：将近。 ⑬ 咸：都。 ⑭ 反：同"返"，返回。 ⑮ 奄：忽然。 ⑯ 益：增加。 ⑰ 少：稍微。 ⑱ 拒：抵抗。 ⑲ 次：驻扎。 ⑳ 值：遇到。 ㉑ 望：有声望的人。 ㉒ 比：等到。 ㉓ 绝：断裂。 ㉔ 稽颡：一种跪拜礼。 ㉕ 但：只。

〔赏析〕 韦睿，字怀文，京兆杜陵（今陕西西安市东南）人。他的祖父韦玄隐居于长安南山中，伯父韦祖征在刘宋时为光禄勋，父亲韦祖归任宁远长史。祖父辈对官场的两种态度于韦睿产生了一定的影响，他始终保持着清醒的头脑，既不做避世高人，也不刻意追名逐利。在动荡的宋、齐两朝，他凭借过人的胆识和智慧，多次避开了无妄之灾。他身处乱世，却能慧眼识人，看出陈显达与崔景慧必不能成事，而萧衍才是命世之主。其后，韦睿获得了萧衍的重用，一生屡建奇功，成为梁朝的开国功臣。

毛泽东嗜读《韦睿列传》，批注竟有二十五次之多，并写道："我党干部应学韦睿作风。"毛泽东赞扬韦睿会打仗，善于调查研究；他豁达大度，能够团结干部；作风好，谦虚朴素，廉洁克己。可见此人有非凡之处。

韦睿的成功与他的军事思想密切相关。他在合肥之役与邵阳之役中击败北魏军队的军事实践成为展现其军事思想的一次绝佳时机。韦睿的军事策略大致可概括如下：第一，他不拘泥于普通的攻坚战，多次发动奇袭，使敌军措手不及。为攻下合肥，韦睿建立堤坝，堵住肥水，使水师得以进入；其次攻下合肥东西两边的两座小城，以形成包抄之势。在援救邵阳时，韦睿连夜挖出战壕，占据先机。针对魏军为攻邵阳，在淮水上建起两座便桥的战略行为，韦睿组建舰船，乘水涨船高之机借风势焚烧桥梁，同时派遣精锐部队彻底毁坏桥梁，魏军大败，伤亡惨重。第二，韦睿善于把握战机，适时进攻。他在准备攻打小岘城时，百余魏军冲出城外，诸将建议韦睿先行撤军，他却力排众议，判断这支百余人的小部队当是魏军守城部队的精英，如若击溃他们，则小岘城必得。又如在合肥之役时，魏军派来五万援军，众人希望己方也能增派援军，韦睿对此加以否决，他认为克敌制胜的关键是人和。由此数例可见，韦睿在战争中从不急躁冒进，往往在经过冷静的分析后作出决策，故而成就毕大功于一役的战略旨归。第三，韦睿身先士卒，以自己的行动鼓舞士兵。他身子羸弱，甚至不能骑马，每次战争都坐在板车上赶往前线，与士兵共进退。合肥之役中，魏军曾一度占据优势，趁胜来到韦睿所筑起的堤坝前，气焰嚣张，军监潘灵祐劝韦睿到安全地带躲避以防不测，诸将士也请愿护送。韦睿却执意不从，坚守指挥，表示宁愿战死也只会前进而不会后退，并将自己的武器插在堤坝下以表明自己的意志。邵阳之役中，元英率众进攻，韦睿又乘着木车，拿着白角如意指挥士兵，连元英也为他的强悍感到惊惧。夜里魏军前来攻城，韦睿依旧来到城头亲自督战，魏军的弓兵向城头发起猛攻，韦睿之子想要下城躲避箭矢，韦睿并不同意，将士们为此感到震惊，韦睿又在城头厉声呵斥，他们才安定下来。韦睿这种身先士卒的作风激励了将士的斗志与勇气,增加了部下对自己的信任与忠诚,而他一直不畏艰险走在战场最前方,更体现出他忠君爱国,甚至将自己的生死置之于度外的精神。

韦睿不仅是一名优秀的将领,还是一位德行高尚的君子。他年轻时就以廉洁而闻名。即使功成名就,身居高位,韦睿也谦恭如初,正是因为这个缘故,梁高祖对其颇为礼遇。韦睿并不爱财,为官所得俸禄、赏赐都散之于亲故,家无余财。他对上孝顺继母,对下收养兄长的遗孤并视若己出,真正做到了忠孝两全。

韦睿的出众吸引了众多贤能之士前来归附,魏人听到他的名字便会闻风而丧胆,故而韦睿遂有"韦虎"之称,完全是一种避之唯恐不及的状态。韦睿的杰出贡献使得高祖也对他厚爱有加,在韦睿去世后显得尤为伤心。

姚察在《梁书》中对韦睿给予了高度评价:"韦睿起上庸以附义,其地比惔则薄,及合肥、邵阳之役,其功甚盛,推而弗有,君子哉。"无论是韦睿不拘一格、适时出击、身先士卒的将才,还是他谦恭、廉洁、孝顺、慈爱的作风,两者都值得我们悉心体悟。

沈约列传

〔选文〕

沈约字休文,吴兴武康人也。祖林子,宋征虏将军。父璞,淮南太守。璞元嘉末被诛,约幼潜窜,会[①]赦免。既而流寓孤贫,笃志好学,昼夜不倦。母恐其以劳生疾,常遣减油灭火。而昼之所读,夜辄诵之,遂博通群籍,能属[②]文。

起家奉朝请。济阳蔡兴宗闻其才而善之;兴宗为郢州刺史,引为安西外兵参军,兼记室。兴宗尝[③]谓其诸子曰:"沈记室人伦师表,宜善事之。"及为荆州,又为征西记室参军,带厥西令。兴宗卒,始为安西晋安王法曹参军,转外兵,并兼记室。入为尚书度支郎。

……

高祖在西邸，与约游旧，建康城平，引为骠骑司马，将军如故。时高祖勋业既就，天人允属，约尝扣其端，高祖默而不应。佗[④]日又进曰："今与古异，不可以淳风期万物。士大夫攀龙附凤者，皆望有尺寸之功，以保其福禄。今童儿牧竖，悉[⑤]知齐祚已终，莫不云明公其人也。天文人事，表革运之征，永元以来，尤为彰著。谶云'行中水，作天子'，此又历然在记。天心不可违，人情不可失，苟是历数所至，虽欲谦光[⑥]，亦不可得已。"高祖曰："吾方思之。"对曰："公初杖兵樊、沔，此时应思，今王业已就，何所复思。昔武王伐纣，始入，民便曰吾君，武王不违民意，亦无所思。公自至京邑，已移气序，比于周武，迟速不同。若不早定大业，稽[⑦]天人之望，脱[⑧]有一人立异，便损威德。且人非金玉，时事难保。岂可以建安之封，遗之子孙？若天子还都，公卿在位，则君臣分定，无复异心。君明于上，臣忠于下，岂复有人方更同公作贼。"高祖然之。约出，高祖召范云告之，云对略同约旨。高祖曰："智者乃尔暗同，卿明早将休文更来。"云出语约，约曰："卿必待我。"云许诺，而约先期入，高祖命草其事。约乃出怀中诏书并诸选置，高祖初无所改。俄而[⑨]云自外来，至殿门不得入，徘徊寿光阁外，但云"咄咄"。约出，问曰："何以见处？"约举手向左，云笑曰："不乖[⑩]所望。"有顷，高祖召范云谓曰："生平与沈休文群居，不觉有异人处；今日才智纵横，可谓明识。"云曰："公今知约，不异约今知公。"高祖曰："我起兵于今三年矣，功臣诸将，实有其劳，然成帝业者，乃卿二人也。"

……

寻[⑪]加特进，光禄、侍中、少傅如故。十二年，卒官，时年七十三。诏赠本官，赙[⑫]钱五万，布百匹，谥曰隐。

约左目重瞳子，腰有紫志，聪明过人。好坟[13]籍，聚书至二万卷，京师莫比。少时孤贫，丐[14]于宗党，得米数百斛，为宗人所侮，覆米而去。及贵，不以为憾[15]，用为郡部传。尝侍宴，有妓师是齐文惠宫人。帝问识座中客不？曰："惟识沈家令。"约伏座流涕，帝亦悲焉，为之罢酒。约历仕三代，该[16]悉旧章，博物洽[17]闻，当世取则。谢玄晖善为诗，任彦升工[18]于文章，约兼而有之，然不能过也。自负高才，昧[19]于荣利，乘时藉势，颇累清谈。及居端揆[20]，稍弘止足。每进一官，辄殷勤请退，而终不能去，论者方[21]之山涛。用事十余年，未尝有所荐达，政之得失，唯唯而已。

初，高祖有憾于张稷，及稷卒，因与约言之。约曰："尚书左仆射出作边州刺史，已往之事，何足复论。"帝以为婚家相为[22]，大怒曰："卿言如此，是忠臣邪！"乃辇归内殿。约惧，不觉高祖起，犹坐如初。及还，未至床，而凭空顿于户下，因病，梦齐和帝以剑断其舌。召巫视之，巫言如梦。乃呼道士奏赤章于天，称禅代之事，不由己出。高祖遣上省医徐奘视约疾，还具以状闻。先此，约尝侍宴，值豫州献栗，径寸半，帝奇之，问曰："栗事多少？"与约各疏所忆，少帝三事。出谓人曰："此公护前[23]，不让即羞死。"帝以其言不逊，欲抵其罪，徐勉固谏乃止。及闻赤章事，大怒，中使谴责者数焉，约惧遂卒。有司谥曰文，帝曰："怀情不尽曰隐。"故改为隐云。所著《晋书》百一十卷，《宋书》百卷，《齐纪》二十卷，《高祖纪》十四卷，《迩言》十卷，《谥例》十卷，《宋文章志》三十卷，文集一百卷：皆行于世。又撰《四声谱》，以为在昔词人，累千载而不寤[24]，而独得胸衿，穷其妙旨，自谓入神之作，高祖雅[25]不好焉。帝问周舍曰："何谓四声？"舍曰："天子圣哲"是也，然帝竟[26]不遵用。

……

选自《梁书》卷十三

〔注释〕 ① 会：适逢。 ② 属：撰著。 ③ 尝：曾经。 ④ 佗：同“他”。 ⑤ 悉：都。 ⑥ 谦光：谦退。 ⑦ 稽：迟延。 ⑧ 脱：倘若。 ⑨ 俄而：不久。 ⑩ 乖：违背。 ⑪ 寻：不久。 ⑫ 赙：以财物助人办丧事。 ⑬ 坟：指古代的大著作。 ⑭ 丐：乞求。 ⑮ 憾：恨。 ⑯ 该：尽备。 ⑰ 洽：广博。 ⑱ 工：擅长。 ⑲ 昧：贪图。 ⑳ 端揆：指宰相。 ㉑ 方：比拟。 ㉒ 为：助。 ㉓ 护前：袒护自己从前的错误。 ㉔ 寤：通“悟”，觉悟。 ㉕ 雅：向来。 ㉖ 竟：终究。

〔赏析〕 南唐后主李煜有《破阵子》一阕，词中有“沈腰潘鬓消磨”一句，“沈腰”即指南朝齐梁时的沈约，他“一时以风流见称，而肌腰清癯，时语沈郎腰瘦”。沈约作为南朝著名的史学家、文学家，为萧衍取代萧齐政权提供了极大的协助，而在南梁朝廷中沈约却未能有所革新，没有受到南梁皇帝的重用。

萧衍在南齐朝廷时代任职骠骑司马，心里早有问鼎皇权之野心，沈约曾微微加以挑明，然而萧衍却没有作出回应。沈约遂再次向萧衍进言，分析了萧衍改朝换代的时机与优势。沈约指出，南齐的国运已经终结了，天意不可违抗，人心不可失去。如今王业已经成功，如果不早点完成大业，若有一人提出异议，就会有损于自己的威德。况且人非金石，事情难测，万一有个三长两短，萧衍留给后代的也就只能是建安郡公这么一个小小的封爵。如果天子回到京城，公卿们各得其位，君臣之间的名分如若确定，他们就不再会产生异心了，于是君明于上，臣忠于下，不会有人再想着与萧衍一起行改朝换代之举了。随后，萧衍又咨询了范云，遂立下改朝换代的决心。

沈约早早为萧衍草拟好了诏书与人事安排名单，由此萧衍感慨道，虽然在自己起兵的过程中功臣良将都出了不少力，但成就帝业的只是沈约、范云二人。当萧衍装模作样地接受齐和帝的禅让，并欲将其迁到南海郡时，沈约提醒他“不可慕虚名而受实祸”，于是萧衍听从建议，杀了逊位的齐和帝。

然而，沈约在梁武帝手下始终没有受到重用，这主要是由于他为人处世的几个重大失误。首先，梁武帝即位后，沈约总以功臣自居，经常提起当年与萧衍在南齐朝廷上一同为官的历史，这让梁武帝颇为尴尬。其次，沈约口无遮拦,因而惹怒武帝。有一次,沈约在宫中侍宴,正好碰到豫州进献栗子。梁武帝一时兴起,要求与沈约比试关于栗子的典故。沈约懂得分寸,知道风头不能盖过武帝,就故意比武帝少写了三个。谁知后来他却告诉别人,如果自己没有让着武帝,恐怕会使武帝难堪。梁武帝闻之大怒,欲治沈约之罪,幸亏徐勉加以劝谏才没有酿成大祸。第三,沈约不懂得迎合武帝的心意,这使萧衍深为不满。比如梁武帝对张稷有意见,有一次他同沈约谈起了张稷的不是。沈约认为事情既已过去就没有再提起的必要。梁武帝龙颜大怒,以为沈约故意袒护张稷,因之拂袖而去。

由此可见,沈约并不适合在政坛上打磨,因为他既不懂得迎合皇帝之意,又不懂如何与同事相处。沈约终因张稷之事得罪武帝而惊惧成病,睡梦中梦见齐和帝斩断了自己的舌头。沈约十分害怕,请来道士作法,声称齐和帝禅位后遭杀戮的结果与己无关。梁武帝获悉此事后怒不可遏,多次派遣使者谴责他,沈约在朝乾夕惕中走向了最终的死亡。

沈约作为一名政治家固然是失败的,然而作为一位史学家、文学家,他却是十分杰出的。《宋书》是沈约所著史书中唯一保存至今者,是书表明了他废昏立明的历史进化观、保守倒退的货币观、和平相处的民族观以及古今并蓄的文学史观。沈约被称为一代文宗,提出并实践了诗歌声律论,他创作的永明体诗歌的模式成为古体诗向近体诗转变的标志。沈约还精研佛经,可说是一代通才。然而梁武帝却否定了沈约的才学,死后的谥号原定为“文”,对沈约耿耿于怀的武帝却认为他“怀情不尽”,因而以“隐”为谥。

姚思廉评价沈约“参预缔构,赞成帝业”,肯定了沈约前期的功绩。同时,姚思廉亦对沈约的才学作出了切中肯綮的赞赏,称其“高才博洽,名亚迁、董”,乃是“一代之英伟”。沈约给我们留下的不仅仅是他的文学作品,还有他在政坛欠缺圆融的为人处世之道。他本是一名出色的文人,参与政治斗争却不获武帝赏识,最终不得善终。屡次触犯皇帝的威严且居功自傲是其最为明显的人格缺陷,这一点值得引以为戒。

(徐　乐)

文化改良中的稳步与冒进

〔导言〕“十六国”末期，拓跋氏入主中原，很快实现了北方的统一，其所建立的北魏政权也开始进入汉化的关键时期。北魏的汉化是留居北方的汉族儒家大族与胡人统治者合作的结果，但在孝文帝推行全面汉化并积极与汉族世家大族联合之前，北方“胡汉之别”的思想观念还很浓厚，异族统治下的汉人地位相当卑下。十六国时期的兵荒马乱和颠沛流离使得一些北方士族放下“不屈二姓”的高贵身段；自南方“挺出寒微”的刘宋政权建立，具有深厚门第意识的北朝士族所一贯持有的“南方政权为正朔所在”这一观念也有所减弱，他们中的许多人都甘愿尽心为北方少数民族政权出谋划策。然而鲜卑上层对汉族士人的芥蒂，不仅表现在文化观念上的差异，同时也表现在现实利益上的冲突，如租佃制与奴隶制的矛盾、门阀制与血缘贵族政治的分歧，可谓不一而足。猜忌与敌视乃是鲜卑统治阶层对北方士族的惯有心态，因此汉族士人在北魏前期处境困厄，能够获得统治者信任并推进北魏汉化进程的汉人必是经历政治博弈之后的佼佼者。崔浩和高允这两位北魏名臣深受君主信任，历仕多朝，却有着迥异的结局。崔浩身死族灭，牵连姻亲；高允光宠四世，终享百龄。本书所选录《崔浩列传》和《高允列传》，旨在展示北朝前期汉族士人的精神风貌、决策智慧与“汉化”贡献，并通过对比崔浩、高允两人来探寻时代困境中北方汉族士人的生存智慧。

崔浩列传

〔选文〕

崔浩，字伯渊，清河人也。白马公玄伯之长子。少好文学，博览经史。玄象阴阳，百家之言，无不关综[①]，研精义理，时人莫及。弱冠[②]为直郎。天兴中，给事秘书，转著作郎。太祖以其工[③]书，常置左右。太祖季年[④]，威严颇峻[⑤]，宫省左右多以微过得罪，莫不逃隐，避目下之变。浩独恭勤不怠，或终日不归。太祖知之，辄命赐以御粥。其砥直任时，不为穷通改节，皆此类也。

太宗初，拜博士祭酒，赐爵武城子，常授太宗经书。每至郊祠，父子并乘轩轺，时人荣[⑥]之。太宗好阴阳术数，闻浩说《易》及《洪范》五行，善之，因命浩筮吉凶，参观天文，考定疑惑。浩综覈天人之际，举其纲纪，诸所处决，多有应验。恒与军国大谋，甚为宠密。是时，有兔在后宫，验问门官，无从得入。太宗怪之，命浩推其咎[⑦]徵。浩以为当有邻国贡嫔嫱者，善应也。明年，姚兴果献女。

神瑞二年，秋谷不登[⑧]，太史令王亮、苏垣因华阴公主等言谶书国家当治邺，应大乐五十年，劝太宗迁都。浩与特进周澹言于太宗曰："今国家迁都于邺，可救今年之饥，非长久之策也。东州之人，常谓国家居广漠之地，民畜无算，号称牛毛之众。今留守旧部，分家南徙，恐不满诸州之地。参居郡县，处榛林之间，不便水土，疾疫死伤，情见[⑨]事露，则百姓意沮。四方闻之，有轻侮之意。屈丐、蠕蠕必提挈而来，云中、平城则有危殆之虑。阻隔恒代千里之险，虽欲救援，赴之甚难。如此则声实俱损矣。今居北方，假令山东有变，轻骑南出，耀威桑梓之中，谁知多少？百姓见之，望尘震服。此是国家威制诸夏之长策也。至春草生，乳酪将出，兼有菜果，足接来秋。若得中熟，事则济矣。"太宗深然之，曰："唯此二人，与朕意同。"复使中贵人问浩、澹曰："今既糊口无以至来秋，来秋或复不熟，将如之何?"浩等对曰："可简[⑩]穷下之户，诸州就谷。若来秋无年[11]，愿更图也。但不可迁都。”太宗从之，于是分民诣山东三州食，出仓谷以禀[12]之。来年遂大熟。赐浩、澹妾各一人，御衣一袭，绢五十匹，绵五十斤。

……

世祖即位，左右忌浩正直，共排毁[13]之。世祖虽知其能，不免[14]群议，故出浩，以公归第[15]。及有疑议，召而问焉。浩织妍洁白，如美妇人。而性敏达，长于谋计。常自比张良，谓己稽古[16]过之。既得归第，因欲修服食养性之术，而寇谦之有《神中录图新经》，浩因师之。

始光中，进爵东郡公，拜太常卿。时议讨赫连昌，群臣皆以为难，唯浩曰：“往年以来，荧惑再守羽林，皆成钩己，其占[17]秦亡。又今年五星并出东方，利以西伐。天应人和，时会并集，不可失也。”世祖乃使奚斤等击蒲坂，而亲率轻骑袭其都城，大获而还。及世祖复讨昌，次[18]其城下，收众伪[19]退。昌鼓噪而前，舒阵为两翼。会[20]有风雨从东南来，扬沙昏冥。宦者赵倪进曰：“今风雨从贼后来，我向彼背，天不助人。又将士饥渴，愿陛下摄骑避之，更待后日。”浩叱之曰：“是何言欤！千里制胜，一日之中岂得变易？贼前行不止，后已离[21]绝，宜分军隐出，奄击不意。风道在人，岂有常也！”世祖曰：“善”。分骑奋击，昌军大溃。

初，太祖诏尚书郎邓渊著国记十余卷，编年次[22]事，体例未成。逮于太宗，废而不述。神䴥二年，诏集诸文人撰录国书，浩及弟览、高谠、邓颖、晃继、范亨、黄辅等共参著作，叙成《国书》三十卷。

……

著作令史太原闵湛、赵郡郄标素谄事浩，乃请立石铭，刊载《国书》,并勒所注《五经》。浩赞成之。恭宗善焉,遂营㉓于天郊东三里,方百三十步,用功三百万乃讫。

……

真君十一年六月诛浩,清河崔氏无远近,范阳卢氏、太原郭氏、河东柳氏,皆浩之姻亲,尽夷㉔其族。初,郄标等立石铭刊《国记》,浩尽述国事,备而不典。而石铭显在衢路,往来行者咸㉕以为言,事遂闻发㉖。有司按验浩,取秘书郎吏及长历生数百人意状。浩伏受赇㉗,其秘书郎吏已下尽死。

……

史臣曰:崔浩才艺通博,究览天人,政事筹策,时莫之二,此其所以自比于子房也。属太宗为政之秋,值㉘世祖经营之日,言听计从,宁廓㉙区夏。遇㉚既隆也,勤亦茂哉。谋虽盖世,威未震主,末途邂逅,遂㉛不自全。岂鸟尽弓藏,民恶㉜其上?将器盈必概,阴害贻祸?何斯人而遭斯酷,悲夫!

选自《魏书》卷三十五

〔注释〕 ①关综:贯串综合。 ②弱冠:成年。 ③工:擅长。 ④季年:晚年。 ⑤峻:严厉。 ⑥荣:以为荣耀。 ⑦咎:灾祸。 ⑧登:成熟。 ⑨见:同“现”,显现。 ⑩简:选择。 ⑪年:年成。 ⑫禀:通“廪”,给予粮食。 ⑬毁:诽谤。 ⑭免:消除。 ⑮第:达官贵人的宅院。 ⑯稽古:考察古事。 ⑰占:预示。 ⑱次:驻扎。 ⑲伪:假装。 ⑳会:适逢。 ㉑离:分散。 ㉒次:依次序排列。 ㉓营:建造。 ㉔夷:消灭。 ㉕咸:都。 ㉖发:揭露。 ㉗赇:受贿。 ㉘值:遇到。 ㉙廓:肃清。 ㉚遇:待遇。 ㉛遂:竟然。 ㉜恶:憎恨。

〔赏析〕 崔浩,字伯渊,小名桃简,出身于北朝第一盛门清河崔氏家族,是白马公崔玄伯的长子。他历仕北魏道武、明元、太武三朝,既是杰出的军事谋略家,又在北魏的文化事业上有突出贡献。《北史·崔浩列传》载:“浩有鉴识,以人伦为己任……至于礼乐宪章,皆归宗于浩。”崔浩又是博通经义的礼家,汉化功绩不容小觑。崔浩立石刊载他所注的《五经》,对于“不知书”的胡人而言亦是一场汉文化的普及之举。

纵观崔浩一生，他所蒙受的圣宠之多可谓少有人能企及，这得益于他“恭勤不怠”的努力，更得益于他渊博的才智与料事如神的军事才能，所有这些因素使得帝王都深为折服，告敕诸尚书说：“凡军国大计，卿等所不能决，皆先谘浩，然后施行。”此等殊荣，令人惊叹，他早年不过是道武帝身边地位低下的侍从官，却终能仕途显达，获朝堂之高位。然而好景不长，一代名臣终遭身死族灭之祸。

“国史”一案是胡汉矛盾的大爆发，“清河崔氏无远近，范阳卢氏、太原郭氏、河东柳氏，皆浩之姻亲，尽夷其族”，这一血腥的屠杀政策充分展现了北魏前期汉族士人所面临的时代困境。就崔浩个人而言，造成他惨遭诛杀的动因究竟为何？在《国书》中尽述国事，昭示世人就足以令他非死不可吗？何以在《国书》中注疏多于崔浩的高允却因有东宫的苦谏而得免遭显戮？面对如此多的历史疑窦，我们似乎可以认为，“国史”一案只是这场文化屠戮的导火索，是不利于崔浩的恶言引发太武帝的盛怒而又无人解救所造成的最终结果。深层次的原因则沉积在崔浩与其他朝臣不断恶化的关系之中。

崔浩的军事策略都闪耀着智慧的灵光，他深谙人事、地利、天时，故每每算无遗策。然而几乎每一项军策的出台，崔浩都和群臣发生了龃龉，甚至到了不畏惧保太后而与之发生矛盾的地步，颇有“独醒者”之感。崔浩言辞犀利，咄咄逼人，“陋矣哉，公卿也”、“汝曹受人金钱，欲为之辞，谓我目不见便可欺也”，这样义正辞严的话语自然触犯了大批的朝臣。崔浩为己之才深感自得，常自比张良，亦自恃门第高贵，目空群臣，殊不知朝堂险恶，灾祸正在逐渐酝酿。

用性格弱点来解释崔祸的全部原因尚显不足。北方士大夫的精神气节与政治理想在崔浩身上都有着鲜明的体现，而这恐怕也是致祸的缘由之一。异族的长期统治，使在逆境中成长的北方士人具有坚定维护名教的意志与沉实积极的治学态度。深具儒家道德理念的崔浩坚持正直的人格品性，致力于恢复汉族文化，致使自己的行为准则固执而无法变通，缺乏见风使舵的圆滑之术。

崔浩“不为穷通改节”，而“左右忌浩正直，共排毁之”，他在军事策略上与众臣发生龃龉也是此种正直之品性所致。他秉持真理,据理力争,与鲜卑贵族及其他当朝大臣构成现实利益的冲突。崔浩直斥弘农王奚斤、李顺等人因受人金钱而故意歪曲事实的事件,正反映了他对将个人私欲置于国家利益之上这一可耻行为的忌恨。虽然本传亦称崔浩有构害李顺之心,然李顺纳沮渠金宝而隐瞒其罪行并谎称凉州无水草之事亦并非虚构(见《魏书·李顺列传》),崔浩对李顺的非毁之言并非刻意构陷。在此之前,刘义隆曾欲进犯河南,南藩诸将请兵击之,崔浩看穿这些将领有"欲南抄以取资钱财"的"背公存私"之心,称他们"非忠臣也"。这样的言辞,都为崔浩惨遭屠戮的最终结局而张本。

崔浩身为异族统治下的汉族名门之后,其"南方情结"之浓厚自然不可低估,他虽已安于仕事北虏,但恢复汉文化并恢复家世传统的理想永远不会陨落。他"以人伦为己任","欲齐整人伦,分明姓族",希望以此来实现高官与博学合一的士族门阀政治理想。但对于鲜卑贵族而言,以家族出身和学术地位为标准的贵族政治一旦建立,则建立于血统基础上的鲜卑贵族将为汉化新贵族所替代,既得利益将会荡然无存,由是之故,崔浩与鲜卑贵族的矛盾已然无法调和。故而我们可以认为,触犯鲜卑贵族利益的政策图谋是他惨遭显戮最根本的一个原因。

崔浩在军事谋略和礼教文化上施尽了他的智慧,然而在生存策略上,他却是一个实实在在的失败者。崔浩的失误在于,没有深刻认识到他所面临的时代困境,不知道低调谦卑以及明哲保身才是立足朝堂的最好方式。他仰仗皇宠,自恃才高,目空群臣,急于施展才华,实现理想,却不能在复杂的人际关系中审时度势,灵活应变,故处处树敌。谋虽盖世,然终不能自全,令人扼腕叹息!

高允列传

〔选文〕

高允,字伯恭,勃海人也。祖泰,在叔父湖《传》。父韬,少以英朗知名,同郡封懿雅相敬慕。为慕容垂太尉从事中郎。太祖平中山，以韬为丞相参军。早卒。

允少孤夙成[①]，有奇度，清河崔玄伯见而异之，叹曰："高子黄中内润，文明外照，必为一代伟器，但恐吾不见耳。"年十余，奉祖父丧还本郡，推[②]财与二弟而为沙门，名法净。未久而罢。性好文学，担笈[③]负书，千里就业。博通经史天文术数，尤好《春秋公羊》。郡召功曹。

……

是时，著作令史闵湛、郄摽性巧佞，为浩信待。见浩所注《诗》、《论语》、《尚书》、《易》，遂上疏，言马、郑、王、贾虽注述《六经》，并多疏谬，不如浩之精微。乞收境内诸书，藏之秘府。班[④]浩所注，命天下习业。并求敕浩注《礼传》，令后生得观正义。浩亦表荐湛有著述之才。既而劝浩刊所撰国史于石，用垂不朽，欲以彰浩直笔之迹。允闻之，谓著作郎宗钦曰："闵湛所营，分寸之间，恐为崔门万世之祸。吾徒无类矣。"未几而难[⑤]作。

初，浩之被收[⑥]也，允直[⑦]中书省。恭宗使东宫侍郎吴延召允，仍留宿宫内。翌日，恭宗入奏世祖，命允骖乘[⑧]。至宫门，谓曰："入当见至尊，吾自导卿。脱[⑨]至尊有问，但依吾语。"允请曰："为何等事也？"恭宗曰："入自知之。"既入见帝。恭宗曰："中书侍郎高允自在臣宫，同处累年，小心密慎，臣所委[⑩]悉。虽与浩同事，然允微贱，制由于浩。请赦其命。"世祖召允，谓曰："《国书》皆崔浩作不？"允对曰："《太祖记》，前著作郎邓渊所撰。《先帝记》及《今记》，臣与浩同作。然浩综务处多，总裁而已。至于注疏，臣多于浩。"世祖大怒曰："此甚于浩，安有生路！"恭宗曰："天威严重[⑪]，允是小臣，迷乱失次耳。臣向备[⑫]问，皆云浩作。"世祖问："如东宫言不?”允曰:“臣以下才,谬参著作,犯逆天威,罪应灭族,今已分死,不敢虚妄。殿下以臣侍讲日久,哀臣乞命耳。实不问臣,臣无此言。臣以实对,不敢迷乱。”世祖谓恭宗曰:“直哉!此亦人情所难,而能临死不移,不亦难乎!且对君以实,贞臣也。如此言,宁失一有罪,宜宥[13]之。”允竟得免。于是召浩前,使人诘浩。浩惶惑不能对。允事事申明,皆有条理。时世祖怒甚,敕允为诏,自浩已下、僮吏已上百二十八人皆夷五族。允持疑不为,频诏催切。允乞更一见,然后为诏。诏引前,允曰:“浩之所坐[14],若更有余衅,非臣敢知。直[15]以犯触,罪不至死。”世祖怒,命介士执[16]允。恭宗拜请。世祖曰:“无此人忿朕,当有数千口死矣。”浩竟族灭,余皆身死。宗钦临刑,叹曰:“高允其殆[17]圣乎!”

恭宗后让[18]允曰:“人当知机,不知机,学复何益?当尔之时,吾导卿端绪,何故不从人言,怒帝如此。每一念之,使人心悸。”允曰:“臣东野凡生,本无宦意。属[19]休延之会,应旌弓之举,释褐凤池,仍参麟阁,尸素官荣,妨贤已久。夫史籍者,帝王之实录,将来之炯戒,今之所以观往,后之所以知今。是以言行举动,莫不备载,故人君慎焉。然浩世受殊遇,荣曜当时,孤负圣恩,自贻灰灭。即浩之迹,时有可论。浩以蓬蒿之才,荷栋梁之重,在朝无謇谔[20]之节,退私无委蛇[21]之称,私欲没其公廉,爱憎蔽其直理,此浩之责也。至于书朝廷起居之迹,言国家得失之事,此亦为史之大体,未为多违。然臣与浩实同其事,死生荣辱,义无独殊。诚荷殿下大造之慈,违心苟免,非臣之意。”恭宗动容称叹。允后与人言,我不奉东宫导旨者,恐负翟黑子。

……

魏初法严，朝士多见杖罚。允历事五帝，出入三省，五十余年，初无谴咎。初，真君中以狱讼留滞，始令中书以经义断诸疑事。允据律评刑，三十余载，内外称平[22]。允以狱者民之命也，常叹曰："皋陶至德也，其后英蓼先亡，刘项之际，英布黥而王。经世虽久，犹有刑之余衅。况凡人能无咎乎？"

选自《魏书》卷四十八

〔**注释**〕 ① 成：成熟。 ② 推：推让。 ③ 笈：放书的小箱。 ④ 班：颁布。 ⑤ 难：灾祸。 ⑥ 收：拘捕。 ⑦ 直：当值。 ⑧ 骖乘：陪乘。 ⑨ 脱：倘若。 ⑩ 委：确知。 ⑪ 严重：谨严持重。 ⑫ 备：详尽。 ⑬ 宥：宽恕。 ⑭ 坐：犯罪。 ⑮ 直：只是。 ⑯ 执：捉拿。 ⑰ 殆：大概。 ⑱ 让：责备。 ⑲ 属：适值。 ⑳ 謇谔：正直敢言。 ㉑ 委蛇：同"委佗"，庄重而又从容自得的样子。 ㉒ 平：公平。

〔**赏析**〕 高允，字伯恭，出身于北方著名士族渤海高氏家族。北魏太武帝神䴥三年(430年)始出仕，历事太武、景穆、文成、献文、孝文五帝，居宦显耀，以近百岁高龄卒于孝文帝时期。

高允亦是北魏前期一位在汉化进程中有突出贡献的人物，他博通经术，反对靡费之风，要求革除鲜卑族的婚娶丧葬旧习，禁止纵酒取乐之陋俗，欲定礼仪，以恢复汉民族的礼乐教化。他所倡导建立的乡学，打破了此前仅设立国学、太学的局限，有助于北朝经学在全国范围内的普及。

高允以谨慎低调的处世姿态著称，这是他得以在朝廷中立于不败之地的原因。但高允作为北魏士大夫，亦有北朝儒士之气节与理想，故固执之性实所难免，原则面前，绝不屈身。他坚持以实笔记史，即使面临灭族大祸，宁可受死，也不愿推脱自己的修史之责，并且极力为崔浩的实录精神辩护。后来，他力谏高宗依礼教移风易俗，言辞激烈，甚至有"帝所不忍闻者"，然而高允还是晨出暮入，颇有不肯罢休之势。

"国史"之案中，高允有惊无险，大难面前，有东宫为他求情。他的德行之高，众人称道，名声播于四远。高允以成功者的姿态活到了九十八岁，恩荫连及子孙，令人歆羡。

高允与崔浩同为北朝士族，何以结局却迥然不同？恐怕这是高允的生存智慧所使然。他深悉鲜卑统治下的现实处境，因而以低调沉稳的处世姿态谨慎行事。据他自己说，就是“东野凡生，本无宦意”，“尸素官荣，妨贤已久”。

高允敏锐地意识到朝堂之上当谦卑行事，甚至清楚地预见到了崔浩的结局，当他看到崔浩坚持要让自己举荐的人担任郡守而与恭宗争执时，就说道：“崔公其不免乎？”后来，他看到崔浩刊刻国史，即认识到崔浩的末日已近。崔浩受诛之后，他认为崔浩修史无咎，罪责实在于“以蓬蒿之才，荷栋梁之重，在朝无謇谔之节，退私无委蛇之称，私欲没其公廉，爱憎蔽其直理”。高允这番说辞意在将崔浩的根本死因归结于其人品行的恶劣。但深思此言，可知所言并非尽然。高允评崔浩“以蓬蒿之才，荷栋梁之重”，除了文人相轻之积习使然外，他自己与崔浩为人处世态度的差异也是重要的一个因素。至于对崔浩人格的根本否定，实在难以令人信服，崔浩除了狂妄自大的性格弱点外，并非奸恶之人。高允对崔浩作出这样的评价，当是深知崔浩与群臣之间存在着不可调和的龃龉，而崔浩的狂妄之势也让高允深感厌恶，同时他又不想从修史方面寻找崔浩的罪责，故丑化崔浩以维护群臣，这正是高允在政治领域的圆滑所在。

与崔浩相反，高允明哲保身，无欲无求。他为帝王颇多献谋，却“为郎二十七年不徙官”，甚至“常使诸子樵采自给”。他“既不蒙褒异，又终身不言”，终能官宦显耀，保己全身，并有效地推进了北魏的汉化进程。

高允升迁困难，在长时间里都过着清贫的生活，恐怕这与“国史之狱”有着密切的关系。高允虽然免于一死，但作为点燃胡汉矛盾导火索的实际参与者，他受到了相当严重的猜忌。这一事件使得高允在强大的政治压力下尽可能地采取妥协退让的态度。高允在为官早期就能准确地预见崔浩遭受显戮的结局，可知他本身即深明事理。然而，作为《国书》的修撰者，高允仍旧坚持以实录的态度书写鲜卑颇为不堪的早期历史，并始终为这种精神辩护，这正是汉族士大夫史学传统的气节所在。

高允与崔浩委身异族统治，身陷民族矛盾，两人却又丰才博学，身怀恢复汉族名教之理想，在这种政治理念上，两者并无二致。只是高允深谙时势，低调行事,是非愠喜不露形外,以高超的见识、高明的处事能力与高深的德行卒遇明主,蒙获重用,成功推进了汉文化的传播,又在复杂的人际关系中获得自全。高允之成功如此,令人称叹!

(章管炜)

少数民族恋权与放权：当事者德性的对比

〔**导言**〕 古弼和源贺身处同一时代且为同民族之人。古弼为代地之人，代地即孝文帝改革后居住于平城地区的拓跋鲜卑人；而源贺是秃发鲜卑人，在出身上与拓跋鲜卑同源。两人为北魏朝廷立有大功，分别被称为谋军辅国之臣与社稷之臣。

两人的人生轨迹的区别造成了他们最后迥异的归宿。古弼于明元帝拓跋嗣时出仕，经历了太武帝拓跋焘和文成帝拓跋濬的时代。元帝及太武帝时，古弼的仕途呈上升趋势，然而在文成帝拓跋濬时代，形势急转直下，竟至遭受诛杀的最终结局。源贺乃是十六国南凉人，历经亡国之痛，于太武帝拓跋焘主政时投奔北魏，历经太武帝、文成帝、献文帝和孝文帝四朝天子，仕官历任平西将军、散骑常侍、殿中尚书、冀州刺史、太尉等职，先后封爵为西平公、西平王、陇西王。源贺以七十三岁高龄病逝，病重时冯太后、孝文帝屡遣使者探问，死后倍享为人臣子之哀荣。

两个人品质的根本区别，即廉洁与否造成了两者迥异的人生结局。古弼贪图钱财，贪恋权位，他腆然依附于通过政变而攫取政权的拓跋余势力，所作所为自然会遭到唾弃，新君即位必然权势不保，加之以怨谤之言，为人所诛，不亦宜乎！源贺却是一个不恋栈权势与地位的人。他帮助文成帝登位，拒绝领取重赏；年近古稀之时，主动让贤，以尽余年，得以善终，固其所宜。

古弼列传

〔**选文**〕

古弼，代人也。少忠谨，好读书，又善骑射。初为猎郎，使长安，称旨，转门下奏事，以敏正著称。太宗嘉之，赐名曰笔，取其直[①]而有用，后改名弼，言其辅佐材也。令弼典[②]西部，与刘洁等分绾[③]机要，敷奏百揆。

世祖即位，以功拜立节将军，赐爵灵寿侯。征并州叛胡。还，进为侍中、吏部尚书，典南部奏事。与安原降东部高车于巳尼陂。又与刘洁屯五原河北，以备[④]叛民。拜安西将军，从征赫连定。驾至平凉，次[⑤]于泾南。遣弼与侍中张黎击平凉。赫连定自安定率步骑二万来救，与弼等相遇，弼伪退以诱之。世祖使高车敕勒驰击定，斩首数千级。弼乘胜取安定。

又与永昌王健等讨冯文通。文通婴[⑥]城固守，弼芟[⑦]其禾而还。后又征文通，文通求救于高丽。高丽救至，文通将东奔，民多难[⑧]之。其大臣古埿，因[⑨]民心之不欲，遂率众攻文通，开城门以引官军。弼疑古埿谲诈，不入城。高丽军至，文通乃随之。文通之奔[⑩]也，令妇人被[⑪]甲居中，其精卒及高丽陈兵于外。弼部将高苟子率骑冲击贼军，弼酒醉，拔刀止之，故文通得东奔。将士皆怨弼不击。世祖大怒，征[⑫]还，黜为广夏门卒。

寻[⑬]复为侍中，与尚书李顺使于凉州。拜安西将军，赐爵建兴公，镇长安，甚着威名。及议征凉州，弼与顺咸[⑭]言凉州乏水草，不宜行师。世祖不从。既克姑臧，微嫌之，以其有将略[⑮]，故弗之责也。

刘义隆遣将裴方明等击南秦王杨难当，难当遣使请救兵。未至，难当奔上邽，方明克仇池，立杨玄庶子保炽。于是假[⑯]弼节，督陇右诸军。义隆遣其秦州刺史胡崇之屯仇池，弼与平西将军元齐邀[⑰]崇之于浊水，临阵擒之，其众走还汉中。弼等从祥郊山南入，与东道将皮豹子等讨仇池，遣永安侯贺纯攻义隆，塞狭道。守将姜道祖退守狭亭。诸将以山道崄峻，时又雪深，用马不便，皆迟留不进。弼独进军，使元齐、贺纯等击狭亭，道祖南走[18]，仇池平。未几，诸氐复推杨文德为主，围仇池。弼发上邽、高平、汧城诸军讨之，仇池围解，文德走汉川。时豹子督关中诸军次于下辨，闻仇池围解，议欲还军。弼使谓豹子曰："比[19]连破贼军，恐彼君臣未体[20]大分，耻其负败，或来报复。若其班师，寇众复至，后举为难。不如缮兵[21]练甲，蓄力待之。不出秋冬，南寇必来，以逸待劳，百胜之策。"豹子乃止。世祖闻之，曰："弼之言，长策也。制南秦，弼谋多矣。"

恭宗总摄万几，征为东宫四辅，与宜都王穆寿等并参政事。诏以弼保傅东宫，有老成之勤，赐帛千匹、绵千斤。迁尚书令。弼虽事务殷凑[22]，而读书不辍，端谨慎密，口不言禁中之事，功名等于张黎而廉不及也。

上谷民上书，言苑囿过度，民无田业，乞减太半，以赐贫人。弼览见之，入欲陈奏，遇世祖与给事中刘树棋，志不听事。弼侍坐良久，不获申闻。乃起，于世祖前捽[23]树头，掣下床，以手搏其耳，以拳殴其背曰："朝廷不治，实尔之罪！"世祖失容放棋曰："不听奏事，实在朕躬，树何罪？置之！"弼具状以闻。世祖奇弼公直，皆可[24]其所奏，以丐[25]百姓。弼曰："为臣而逞其志于君前者，非无罪也。"乃诣公交车，免冠徒跣[26]，自劾请罪。世祖遣使者召之。及至，世祖曰："卿其冠履。吾闻筑社之役，蹇[27]蹶而筑之，端冕而事之，神与之福。然则卿有何罪？自今以后，苟利社稷，益国便民者，虽复颠沛造次[28]，卿则为之，无所顾也。"

世祖大阅，将校猎于河西。弼留守，诏以肥马给骑人，弼命给弱者。世祖大怒曰："尖头奴，敢裁量朕也！朕还台，先斩此奴。"弼头尖，世祖常名之曰笔头，是以时人呼为笔公。弼属官惶怖惧诛。弼告之曰："吾以为事㉙君使畋猎不适㉚盘游，其罪小也。不备不虞㉛，使戎寇恣逸，其罪大也。今北狄孔㉜炽，南虏未灭，狡焉之志，窥伺边境，是吾忧也。故选肥马备军实，为不虞之远虑。苟使国家有利，吾何避死乎！明主可以理干㉝，此自吾罪，非卿等之咎。"世祖闻而叹曰："有臣如此，国之宝也！"赐衣一袭、马二匹、鹿十头。后车驾畋㉞于山北，大获麋鹿数千头，诏尚书发车牛五百乘以运之。世祖寻谓从者曰："笔公必不与我，汝辈不如马运之速。"遂还。行百余里而弼表至，曰："今秋谷悬黄，麻菽布野，猪鹿窃食，鸟雁侵费，风波所耗，朝夕参㉟倍，乞赐矜㊱缓，使得收载。"世祖谓左右曰："笔公果如朕所卜，可谓社稷之臣。"

初，杨难当之来也，诏弼悉㊲送其子弟于京师。杨玄小子文德，以黄金四十斤赂弼，弼受金，留文德而遇㊳之无礼，文德亡㊴入刘义隆。世祖以其正直有战功，弗加罪责也。

世祖崩，吴王立，以弼为司徒。高宗即位，与张黎并坐㊵议不合旨，俱免㊶，有怨谤之言。其家人告巫蛊，俱伏法，时人冤之。

选自《魏书》卷二十八

〔注释〕 ① 直：正直。 ② 典：掌管。 ③ 绾：管理。 ④ 备：防备。 ⑤ 次：驻扎。 ⑥ 婴：环绕。 ⑦ 芟：割。 ⑧ 难：以之为难。 ⑨ 因：利用。 ⑩ 奔：逃跑。 ⑪ 被：通"披"。 ⑫ 征：征召。 ⑬ 寻：不久。 ⑭ 咸：都。 ⑮ 略：谋略。 ⑯ 假：给予。 ⑰ 邀：拦截。 ⑱ 走：逃跑。 ⑲ 比：近来。 ⑳ 体：体察。 ㉑ 兵：兵器。 ㉒ 殷凑：繁多丛杂。 ㉓ 捽：揪。 ㉔ 可：同意。 ㉕ 丐：施予。 ㉖ 跣：光着脚。 ㉗ 蹇：跛足。 ㉘ 造次：匆忙。 ㉙ 事：侍奉。 ㉚ 适：趋向。 ㉛ 虞：预料。 ㉜ 孔：大。 ㉝ 干：冒犯。 ㉞ 畋：打猎。 ㉟ 参：同"叁"。 ㊱ 矜：怜悯。 ㊲ 悉：

全。 ㊳ 遇：对待。 ㊴ 亡：逃跑。 ㊵ 坐：获罪。 ㊶ 免：罢免。

〔赏析〕 古弼是拓跋族人，拓跋族作为马背上的民族，具备草原文明所拥有的独特特征，骁勇善战者多，具备文化修养者少。然而古弼却是一个例外，他既善骑射，又好读书，是北魏前期为数不多的文武双全之人才。由是之故，他被史家誉为“谋军辅国，远略正情，有柱石之量”。“谋军辅国”显然是指古弼在军事和政治上的功绩，概括起来有如下数端。

军事方面，古弼征讨并州胡人叛乱，西征大夏赫连定，讨伐甘肃南部的仇池，打败刘宋政权驻入仇池的军队，并推翻了刘宋政权扶植的傀儡政权。

政治方面，古弼辅佐拓跋焘的儿子拓跋晃监国统摄万机，以刚正公直之举劝谏太武帝拓跋焘停止过度建设园囿，进而将土地赐给无地贫民。他不怕扫拓跋焘之兴而逆龙鳞，坚持把羸弱马匹交给拓跋焘用以打猎，同时却将强壮马匹置于军中以备不虞，被拓跋焘称赞为利社稷、益国家、便百姓。

古弼军事政治上的建树，不能忽视时势造就这一因素。古弼建功立业的年龄，正值北魏太武帝拓跋焘时期。拓跋焘致力于军事征伐，灭北燕、北凉、大夏，北破柔然，南征刘宋，一统北方。这些战争使古弼得以锻炼并进而有了建立军功的机会。拓跋焘本人厌弃臣子谄谀之言，喜欢臣下直言不讳。西汉时，萧何为刘邦修建未央宫，极其壮丽。刘邦很不高兴，认为奢侈过度，萧何却认为未央宫外观的壮丽是为了显示帝王之威，以此告知后世不可予以僭越。有臣子用这一典故劝拓跋焘大修京城宫殿，拓跋焘却说：“古人有言，在德不在险。屈丐蒸土筑城，而朕灭之，岂在城也？今天下未平，方须人力，土功之事，朕所未为，萧何之对，非雅言也。”（《北史·世祖太武帝本纪》）由于拓跋焘从善如流的品质，才使得古弼的直言不讳有了用武之地。

“谋军辅国”只是古弼军事政治实践的一面，他同时也有“误军误国”的另一面：征讨北燕冯文通时，冯文通内部瓦解，大臣古垔开城门迎北魏军进城。古弼却怀疑有诈，没有进城，故而错失良机。北燕援兵到来，冯文通得以遁走，而此时的古弼喝得烂醉，拒绝了部将高苟子追击的建议。此为误军之例。

拓跋焘执政晚期，宦官宗爱发动宫廷政变，杀死拓跋焘，立拓跋余为帝。拓跋余自知继承皇位名分有亏，故而厚赏群下，以收买人心。在他当政时期，终日饮酒作乐，旬月之间就把国库挥霍得空若悬磬。拓跋余又好弋猎，出入无度，边方告难，不加抚恤，百姓怨声载道，但他一如既往。古弼却在这样荒唐的政权中担任司徒之职，说明他对这次政变并不持反对态度。此为误国之例。

古弼误军误国，贪财好利是一个重要的原因。据史书记载，古弼功名与张黎等同却不像张黎那样清廉。拓跋焘准备征讨北凉沮渠牧犍，大臣崔浩表示支持，而古弼、李顺等人却表示反对。他们夸大出兵征讨的困难，说："自温圉河以西，至于姑臧城南，天梯山上冬有积雪，深一丈余，至春夏消液，下流成川，引以溉灌。彼闻军至，决此渠口，水不通流，则致渴乏。去城百里之内，赤地无草，又不任久停军马。"崔浩据史书记载给予驳斥："《汉书·地理志》称：'凉州之畜，为天下饶。'若无水草，何以畜牧？又汉人为居，终不于无水草之地筑城郭、立郡县也。又雪之消液，才不敛尘，何得通渠引漕，溉灌数百万顷乎？此言大诋诬于人矣。"李顺等人又狡辩说凉州情况是他们亲眼所见，崔浩便一针见血地指出："汝曹受人金钱，欲为之辞，谓我目不见便可欺也！"(《魏书·崔浩列传》)在讨伐北凉之后，拓跋焘发现凉州地区水草丰饶，和崔浩所说的一样。古弼等人很可能是因为收受了敌对势力的钱财而对国家统一北方的大计进行了阻挠。又如仇池氐人杨难当归顺北魏之后，拓跋焘下诏让古弼将杨氏子弟全部送到京都。杨难当的侄子杨文德用十斤黄金贿赂古弼，结果古弼就没有把他送到京都。

古弼担任司徒后不久，拓跋余被宗爱所弑，实力派大臣又诛杀宗爱，拓跋焘的长孙拓跋濬回国即位。拓跋濬很快便将古弼免职，不久就找个借口将他处死。《魏书》的作者魏收认为古弼死得冤枉，说古弼在"纤介之间，一朝殒覆，宥及十世，乃徒言尔，惜乎！"可见他深为古弼之死感到遗憾。魏收本人十分贪鄙，史德低劣，修撰北魏国史时，对于贿赂他的人则在史书中加以赞美，对于没给好处的人则加以恶言，《魏书》遂有"秽史"之称。魏收认为古弼的贪鄙是无关紧要的小事，大有惺惺相惜之感。

古弼的一生告诉我们，贪财好利并非无关紧要，贪乃是人的一种有害欲望，若对贪欲不加以限制，不但会误军误国，最终也会害了自己。

源贺列传

〔选文〕

源贺，自署河西王秃发傉檀之子也。傉檀为乞伏炽盘所灭，贺自乐都来奔。贺伟容貌，善风仪。世祖素[①]闻其名，及见，器[②]其机辩，赐爵西平侯，加龙骧将军。谓贺曰："卿与朕源同，因事分姓，今可为源氏。"从击叛胡白龙，又讨吐京胡，皆先登陷陈。进号平西将军。

世祖征凉州，以贺为乡[③]导。诏问攻战之计，贺对曰："姑臧城外有四部鲜卑，各为之援。然皆是臣祖父旧民，臣愿军前宣国威信，示其福祸，必相率归降。外援既服，然后攻其孤城，拔之如反掌耳。"世祖曰："善。"于是遣贺率精骑历诸部招慰，下三万余落，获杂畜十余万头。及围姑臧，由是无外虑，故得专力攻之。凉州平，迁征西将军，进号西平公。又从征蠕蠕，击五城、吐京胡，讨盖吴诸贼，皆有功。拜散骑常侍。从驾临江，为前锋大将。贺为人雄果[④]，每遇强寇，辄自奋击。世祖戒之曰："兵凶战危，不宜轻犯，卿可运筹处分，勿恃身力也。"贺本名破羌，是役也，世祖曰："人之立名，宜其得实，何可滥也。"赐名贺焉。拜殿中尚书。

南安王余为宗爱所杀也，贺部勒[⑤]禁兵，静遏外内，与南部尚书陆丽决议定策，翼戴[⑥]高宗。令丽与刘尼驰诣苑中，奉迎高宗，贺守禁中为之内应。俄而丽抱高宗单骑而至，贺乃开门。高宗即位，社稷大安，贺有力焉。转征北将军，加给事中。以定策之勋，进爵西平王。高宗即位，班[⑦]赐百僚，谓贺曰："朕大赉[⑧]善人，卿其任意取之，勿谦退也。"贺辞，固使取之，贺唯取戎马一匹而已。

……

贺之临州，鞫[⑨]狱以情，徭役简省。武邑郡奸人石华告沙门道可与贺谋反，有司以闻。高宗谓群臣曰："贺诚心事国，朕为卿等保之，无此明矣。"乃精加讯检，华果引诬。于是遣使者诏贺曰："卿以忠诚款至[⑩]，著自先朝，以丹青之洁而受苍蝇之污。朕登时研检，已加极法，故遣宣意。其善绥[⑪]所莅，勿以嚣谤之言致损虑也。"贺上书谢，书奏，高宗顾谓左右曰："以贺之忠诚，尚致其诬，不若是者，可无慎乎！"时考殿最，贺治为第一，赐衣马器物，班宣天下。贺上表请代，朝议以贺得民情，不许。在州七年，乃征拜太尉。

蠕蠕寇边，贺从驾追讨，破之。显祖将传位于京兆王子推，时贺都督诸军屯漠南，乃驰传征贺。贺既至，乃命公卿议之。贺正色固执不可。即诏贺持节奉皇帝玺绶以授高祖。

是岁，河西敕勒叛，遣贺率众讨之，降二千余落，倍道[⑫]兼行，追贼党郁朱于等至枹罕，大破之，斩首五千余级，虏男女万余口、杂畜三万余头。复追统万、高平、上邽三镇叛敕勒至于金城，斩首三千级。贺依古今兵法及先儒耆旧之说，略采至要，为十二陈图以上之。显祖览而嘉[⑬]焉。

贺以年老辞位，诏不许。又诏都督三道诸军，屯于漠南。是时，每岁秋冬，遣军三道并出，以备北寇，至春中乃班师。贺以劳役京都，又非御边长计，乃上言："请募诸州镇有武健者三万人，复[⑭]其徭赋，厚加赈恤，分为三部。二镇之间筑城，城置万人，给强弩十二床，武卫三百乘。弩一床，给牛六头；武卫一乘，给牛二头。多造马枪及诸器械，使武略大将二人以镇抚之。冬则讲武，春则种殖，并戍并耕，则兵未劳而有盈畜[15]矣。又于白道南三处立仓，运近州镇租粟以充之，足食足兵，以备不虞，于宜为便。不可岁常举众，连动京师，令朝庭恒有北顾之虑也。”事寝[16]不报。

又上书称病笃，乞骸骨，至于再三，乃许之。朝有大议皆就[17]询访，又给衣药珍羞。太和元年二月，疗疾于温汤，高祖、文明太后遣使者屡问消息，太医视疾。患笃，还京师。贺乃遗令敕诸子曰：“吾顷以老患辞事，不悟天慈降恩，爵逮于汝。汝其毋傲吝，毋荒怠，毋奢越，毋嫉妒；疑思问，言思审，行思恭，服思度；遏恶扬善，亲贤远佞；目观必真，耳属必正；诚勤以事君，清约以行己。吾终之后，所葬时服单椟[18]，足申孝心，刍灵明器，一无[19]用也。”三年秋薨，年七十三。赠侍中、太尉、陇西王印绶，谥曰宣，赙[20]杂彩五百匹，赐辒辌车及命服、温明秘器，陪葬于金陵。

选自《魏书》卷四十一

〔**注释**〕 ① 素：向来。 ② 器：器重。 ③ 乡：通“向”。 ④ 果：果敢。 ⑤ 勒：率领。 ⑥ 翼戴：辅佐拥戴。 ⑦ 班：颁布。 ⑧ 赉：赏赐。 ⑨ 鞫：审讯。 ⑩ 款至：诚恳周到。 ⑪ 绥：安抚。 ⑫ 倍道：兼程而行。 ⑬ 嘉：赞美。 ⑭ 复：免除赋税徭役。 ⑮ 畜：储藏。 ⑯ 寝：搁置。 ⑰ 就：到。 ⑱ 椟：棺木。 ⑲ 无：不。 ⑳ 赙：以财物助人办丧事。

〔**赏析**〕 《魏书》作者魏收称赞源贺曰：“源贺堂堂”。“堂堂”作为一个形容词，其义项有多个，其中有三个义项对于源贺而言是很贴切的。

“堂堂”可以形容一个人容貌壮伟。源贺是秃发傉檀的儿子，秃发氏与拓跋氏都属鲜卑人。源贺的六世祖秃发树机能，在西晋时尽有凉州之地，曾为西晋王朝的大患。据史书记载，秃发树机能“壮果雄健兼多谋略”，而源贺也生得“伟容貌，善风仪”，大概是继承了秃发鲜卑的遗传基因。

“堂堂”又可以形容一个人志气宏大。志气宏大并不只停留在豪言壮语上，更重要的是个体的所作所为对历史发展产生深远的影响。源贺一生所为，有三件事对北魏的历史产生了重要影响。

第一件事，平定“宗爱之乱”，迎立高宗登位。正平二年（452年）、宦官宗爱毒死了太武帝拓跋焘，皇位暂空。尚书左仆射兰延、侍中和疋欲立拓跋焘的三儿子拓跋翰，太原公薛提想立拓跋焘的长孙拓跋濬。宗爱利用两派分歧犹豫不决之机，杀死兰延、和疋、薛提、拓跋翰等人。宗爱之所作所为表明，宗爱既不想立拓跋翰，也不想立拓跋濬。果然，宗爱在杀死两派人物之后，拥立与己关系甚密的拓跋余为帝。拓跋余昏庸荒淫，宗爱大权在握，出任大司马、大将军、太师、都督中外诸军事等职。史载他“位居元辅，录三省，兼总戎禁，坐召公卿，权恣日甚”（《魏书·宗爱列传》），这无疑引起了拓跋余的怀疑，宗爱抢先下手，杀死了拓跋余，皇位再次空缺。此时，源贺与南部尚书、尚书长孙渴侯等人密谋，“今不能奉戴皇孙（即拓跋濬），以顺民望，社稷危矣”，他们一致认为“唯有密奉皇孙耳”。（《魏书·刘尼列传》）于是，源贺与长孙渴侯布兵守卫，陆丽将在外避难的拓跋濬迎回京城，逮捕宗爱等人，北魏的政治秩序得以恢复。拓跋濬的即位对北魏的发展具有重大影响，《魏书》这样评价高宗拓跋濬：“世祖经略四方，内颇虚耗。既而国衅时艰，朝野楚楚。高宗与时消息，静以镇之，养威布德，怀缉中外。自非机悟深裕，矜济为心，亦何能若此！可谓有君人之度矣。”拓跋濬发展政治、经济、文化，成为北魏前期向后期过渡的重要人物，源贺在拥立拓跋濬承继帝位过程中所起到的作用也是显而易见的。

第二件事，力挺将皇位传给高祖孝文帝。《魏书》本传记载：“显祖将传位于京兆王子推，时贺都督诸军屯漠南，乃驰传征贺。贺既至，乃命公卿议之。贺正色固执不可。即诏贺持节奉皇帝玺绶以授高祖。”这个简单的记载中其实包含着两个耐人寻味的问题。献文帝为什么不把帝位传给自己的儿子拓跋宏而要传给叔叔拓跋子推？将都督漠南的源贺召回京城是谁主导的？李凭先生在《北魏平城时代》一书中对此有系统的回答。他指出，献文帝拓跋弘在位期间，与自己的母亲冯太后存在着剧烈的矛盾。在冯太后的逼迫下，拓跋弘不得不让出皇位，答应做没有实权的太上皇。那么将皇位传给何人就成为一个重大的政治问题。五岁的儿子拓跋宏是祖母冯太后一手抚养的，传给他就等于把最高统治权力拱手让予冯太后，自己的儿子不过是个傀儡而已。因此，在长期受压抑而不得不交出皇位的情况下，与其将它交给冯太后，还不如交给属于自己同党的京兆王拓跋子推。京兆王拓跋子推在宗室中为至亲，历任侍中、征南大将军、长安镇都大将以及中都大官等要职，论辈分则与冯太后相同，确实是钳制冯太后权力的合适人选。故而，禅位于拓跋子推只是献文帝在冯太后逼迫下所做的不得已的选择，虽然剥夺了孝文帝的继承权利，却抵制了冯太后的干政，这恰恰是冯太后所不能容忍的。把源贺从漠南召回京都，当是冯太后的旨意，也可证明源贺与冯太后存在着密切的关系。从政治角度看，这是一场权力之争，但从北魏历史上看，这场斗争却关系到北魏国家未来的走向。正由于传位给拓跋宏，冯太后才开始进行一场旨在推进北魏国家封建化的改革，这场改革在冯太后去世后，又由孝文帝拓跋宏全面推进和深入。因此可以说，源贺在北魏政权发展的关键时刻起到了重要的作用。

第三件事，对北魏国家的法律建设做出了重要贡献。北魏道武帝拓跋珪时，刑罚颇为滥酷，至太武帝拓跋焘时，刑罚依然严酷，虽然规定死刑分为斩杀和绞死，实际远不止这两种。大逆不道腰斩；害其亲者车裂；为蛊毒者男女皆斩，而焚其家；巫蛊者，负羖羊抱犬沉诸渊；偷盗赃三匹皆死。后来又增加故纵、通情、止舍之法及他罪，凡三百九十一条。门诛四，大辟一百四十五，刑二百二十一条。源贺在拥立拓跋濬即位后，上书建议犯谋反之罪，家人在十三岁以下，因不可能参与谋划，故而不当处死，可以没入县官，这一建议得到拓跋濬的采纳。在任冀州刺史时，源贺上书建议，如若不是大逆谋反或者亲手杀人的，请赦其不死，让罪犯戍守边关，拓跋濬又予以采纳。从此以后，凡入死刑者，皆恕死徙边，因之而得以不死者殊为不少，该项政策的实施既减轻了刑罚的酷烈程度，同时又增加了戍边的兵力，可谓一举两得。

“堂堂”还可以形容一个人光明正大。源贺在拓跋濬即帝位中立有大功，拓跋濬班赐百僚，对源贺说：“朕大赉善人，卿其任意取之，勿谦退也。”源贺唯取戎马一匹而已。源贺以实际行动表明，平定宗爱之乱，是为国家利益着想，绝不掺杂一己之私。源贺任冀州刺史时，鞫狱以情，徭役简省，治绩为天下第一。大约在七十岁时，任都督三道诸军的源贺以年老要求致仕，在七十三岁时病逝。死前留下遗言："汝其毋傲吝，毋荒怠，毋奢越，毋嫉妒；疑思问，言思审，行思恭，服思度；遏恶扬善，亲贤远佞；目观必真，耳属必正；诚勤以事君，清约以行己。吾终之后，所葬时服单椟，足申孝心，刍灵明器，一无用也。"显示出源贺其人不居功、不贪位，诚勤以为国，清约以行己的高风亮节。

堂堂哉！源贺确实不虚此誉。

（梁满仓）

异族视角的相向而行

〔导言〕 任城王元澄、尚书仆射李冲,《魏书》并没有将两个人放在同一列传,因为两个人一个是宗室亲王,一个是朝廷重臣,按照当时史书编纂的体例,只能是分别列传。本组将两个人列在一起,是因为他们有许多共同之处,概括起来有四点:第一,他们都被文明冯太后所重用。当元澄被任命为梁州刺史前往梁州平叛时,文明太后就对时任中书令的李冲说:"此儿风神吐发,德音闲婉,当为宗室领袖。是行使之必称我意。卿但记之,我不妄谈人物也。"李冲也为文明太后所幸,"恩宠日盛,赏赐月至数千万,进爵陇西公,密致珍宝御物以充其第,外人莫得而知焉。"第二,他们都是魏孝文帝改革的骨干中坚,在孝文帝一系列改革中起着极其重要的作用。第三,他们往往政见一致,互相支持。南朝齐雍州刺史曹虎诈降,孝文帝欲借此机会率军亲征。元澄力劝孝文帝不要轻信,李冲也同意元澄的意见,对孝文帝说:"任城王可谓忠于社稷,愿陛下深察其言"。第四,他们在文化改革中,都不同程度地受到过孝文帝的批评。孝文帝改革鲜卑服饰后,发现仍有冠帽而穿小襦袄的妇人,便责问身为尚书令的元澄为何不察。元澄答:"著犹少于不著者。"孝文帝说:"深可怪也!任城意欲令全著乎?一言可以丧邦者,斯之谓欤?可命史官书之。"孝文帝禁断鲜卑语,以洛阳话为正音。李冲说:"四方之语,竟知谁是?帝者言之,即为正矣,何必改旧从新。"孝文帝当即说:"冲之此言,应合死罪。"他们具有策略的改革在历史上具有积极作用,改革的性质决定着改革者的历史地位。

任城王元澄列传

〔选文〕

云长子澄,字道镇,少而好学。及康王薨,澄居丧以孝闻[①]。袭封,加征北大将军。高祖时,蠕蠕犯塞,加澄使持节、都督北讨诸军事以讨之。蠕蠕遁走,又以氐羌反叛,除[②]都督梁益荆三州诸军事、征南大将军、梁州刺史。文明太后引见澄,诫厉[③]之,顾谓中书令李冲曰:"此儿风神吐发,德音闲婉,当为宗室领袖。是行使之必称我意。卿但记之,我不妄谈人物也。"

……

后转征东大将军、开府、徐州刺史,甚有声绩。朝于京师,引见于皇信堂。高祖诏澄曰:"昔郑子产铸刑书,而晋叔向非[④]之。此二人皆是贤士,得失竟谁?"对曰:"郑国寡弱,摄[⑤]于强邻,民情去就,非刑莫制,故铸刑书以示威。虽乖[⑥]古式,合今权[⑦]道,随时济世,子产为得。而叔向讥议,示不忘古,可与论道,未可语权。"高祖曰:"任城当欲为魏之子产也。"澄曰:"子产道合当时,声流竹素[⑧]。臣既庸近[⑨],何敢庶几[⑩]。今陛下以四海为家,宣文德以怀天下,但江外尚阻,车书未一,季世[⑪]之民,易以威伏,难以礼治。愚谓子产之法,犹应暂用,大同之后,便以道化[⑫]之。"高祖心方革变,深善其对,笑曰:"非任城无以识变化之体。朕方创改朝制,当与任城共万世之功耳。"

……

后高祖外示南讨,意在谋迁,斋于明堂左个,诏太常卿王谌,亲令龟卜,易筮南伐之事,其兆遇《革》。高祖曰:"此是汤武革命,顺天应人之卦也。"群臣莫敢言。澄进曰:"《易》言革者更也。将欲应天顺人,革君臣之命,汤武得之为吉。陛下帝有天下,重光累叶[⑬]。今曰卜征,乃可伐叛,不得云革命。此非君人之卦,未可全为吉也。"高祖厉声曰:"《象》云'大人虎变',何言不吉也!"澄曰:"陛下龙兴既久,岂可方同虎变!”高祖勃然作色曰:“社稷我社稷,任城而欲沮[14]众也!”澄曰:“社稷诚知陛下之社稷,然臣是社稷之臣子,豫[15]参顾问,敢尽愚衷。”高祖既锐意必行,恶[16]澄此对。久之乃解,曰:“各言其志,亦复何伤。”车驾还宫,便召澄。未及升[17]阶,遥谓曰:“向[18]者之《革卦》,今更欲论之。明堂之忿,惧众人竞言,阻我大计,故厉色怖文武耳,想解朕意也。”乃独谓澄曰:“今日之行,诚知不易。但国家兴自北土,徙居平城,虽富有四海,文轨未一,此间用武之地,非可文治,移风易俗,信[19]为甚难。崤函帝宅,河洛王里,因[20]兹大举,光宅[21]中原,任城意以为何如?”澄曰:“伊洛中区,均天下所据。陛下制御华夏,辑平九服,苍生闻此,应当大庆。”高祖曰:“北人恋本,忽闻将移,不能不惊扰也。”澄曰:“此既非常之事,当非常人所知,唯须决之圣怀,此辈亦何能为也?”高祖曰:“任城便是我之子房。”加抚军大将军、太子少保,又兼尚书左仆射。及驾幸洛阳,定迁都之策,高祖诏曰:“迁移之旨,必须访众。当遣任城驰驿向代,问彼百司,论择可否。近日论《革》,今真所谓革也,王其勉之。”既至代都,众闻迁诏,莫不惊骇。澄援引今古,徐[22]以晓[23]之,众乃开伏。澄遂南驰还报,会车驾于滑台。高祖大悦曰:“若非任城,朕事业不得就[24]也。”从幸邺宫,除吏部尚书。

……

世宗初,有降人严叔懋告尚书令王肃遣孔思达潜通[25]宝卷,图为叛逆,宝卷遣俞公喜送敕于肃,公喜还南,肃与裴叔业马为信。澄信之,乃表肃将叛,辄下禁止。咸阳、北海二王奏澄擅禁宰辅,免官归第[26]。

……

世宗夜崩，时事仓卒[27]，高肇拥兵于外，肃宗冲幼，朝野不安。澄疏斥不预机要，而朝望所属。领军于忠、侍中崔光等奏澄为尚书令，于是众心忻服。又加散骑常侍、骠骑大将军，寻[28]迁司空，加侍中。俄[29]诏领尚书令。

……

澄表上《皇诰宗制》并《训诂》各一卷，意欲皇太后览之，思劝戒之益。又奏利国济民所宜振举者十条。一曰律度量衡，公私不同，所宜一之。二曰宜兴学校，以明黜陟之法。三曰宜兴灭继绝，各举所知。四曰五调之外，一不烦民；任民之力，不过三日。五曰临民之官，皆须黜陟，以旌赏罚。六曰逃亡代输，去来年久者，若非伎作，任听即住。七曰边兵逃走，或实陷没，皆须精检；三长及近亲，若实隐之，征其代输，不隐勿论。八曰工商世业之户，复征租调，无以堪济，今请免之，使专其业。九曰三长禁奸，不得隔越相领，户不满者，随近并合。十曰羽林虎贲，边方有事，暂可赴战，常戍宜遣蕃兵代之。灵太后下其奏，百僚议之，事有同否。

……

灵太后锐于缮兴，在京师则起永宁、太上公等佛寺，功费不少，外州各造五级佛图。又数为一切斋会，施物动至万计。百姓疲于土木之功，金银之价为之踊上，削夺百官事力，费损库藏，兼曲赉[30]左右，日有数千。澄故有此表。虽卒[31]不从，常优答礼之。政无大小，皆引参决。澄亦尽心匡辅，事有不便于民者，必于谏诤，虽不见[32]用，殷勤不已。内外咸[33]敬惮之。

神龟二年薨，年五十三。赙[34]布一千二百匹、钱六十万、蜡四百斤，给东园温明秘器、朝服一具、衣一袭；大鸿胪监护丧事，诏百僚会丧；赠假黄钺、使持节、都督中外诸军事、太傅，领太尉公；加以殊礼，备九锡，依晋大司马、齐王攸故事[35]；谥曰文宣王。澄之葬也，凶饰甚盛。灵太后亲送郊外，停舆悲哭，哀动左右。百官会赴千余人，莫不歔欷。当时以为哀荣之极。

选自《魏书》卷十九中

〔注释〕 ① 闻：闻名。 ② 除：拜官受职。 ③ 厉：通“励”，勉励。 ④ 非：指责。 ⑤ 摄：通“慑”。 ⑥ 乖：违背。 ⑦ 权：权宜。 ⑧ 竹素：史册。 ⑨ 近：浅显。 ⑩ 庶几：近似。 ⑪ 季世：末世。 ⑫ 化：教化。 ⑬ 累叶：累世。 ⑭ 沮：沮丧。 ⑮ 豫：通“与”，参与。 ⑯ 恶：厌恶。 ⑰ 升：登。 ⑱ 向：刚才。 ⑲ 信：确实。 ⑳ 因：依靠。 ㉑ 光宅：普遍安定。 ㉒ 徐：慢慢地。 ㉓ 晓：使明白。 ㉔ 就：成。 ㉕ 通：勾结。 ㉖ 第：宅院。 ㉗ 卒：突然。 ㉘ 寻：不久。 ㉙ 俄：不久。 ㉚ 赉：赏赐。 ㉛ 卒：最后。 ㉜ 见：被。 ㉝ 咸：都。 ㉞ 赙：以财物助人办丧事。 ㉟ 故事：先例。

〔赏析〕 任城王是爵名，澄是人名。澄本姓拓跋，后孝文帝改拓跋姓为元，所以称其为元澄。元澄在拓跋宗室中辈分很高，是孝文帝的族叔。他的政治生命很长，经历了文明太后、孝文帝、宣武帝、孝明帝、灵太后各个时期。

元澄是魏孝文帝改革坚定的支持者。他曾和孝文帝一起讨论春秋时郑国子产改革的是与非，元澄充分肯定了子产的功绩，他说：“郑国寡弱，摄于强邻，民情去就，非刑莫制，故铸刑书以示威。虽乖古式，合今权道，随时济世，子产为得。”谈的虽是历史，用意却在当时，因为孝文帝正在酝酿着一系列改革，元澄肯定了子产的改革符合当时的实际，实际上表示了对孝文帝符合当时实际改革的支持态度。所以孝文帝高兴地说：“非任城无以识变化之体。朕方创改朝制，当与任城共万世之功耳。”

孝文帝准备把都城从平城迁到洛阳，单独召见元澄，征求他的意见。元澄说：“伊洛中区，均天下所据，陛下制御华夏，辑平九服，苍生闻此，应当大庆。”孝文帝不无顾虑地说：“北人恋本，忽闻将移，不能不惊扰也。”元澄答道：“此既非常之事，当非常人所知，唯须决之圣怀，此辈亦何能为也？”孝文帝遂将他视作身边的张良。后来孝文帝到了洛阳，发出了迁都的诏旨，并派元澄回到平城,向拓跋贵族们宣讲迁都的决定和意义。拓跋贵族听到这个消息,许多人感到意外,不甚理解。元澄便援引古今,晓之以理,使他们疑惑顿解,平服了众人的情绪。孝文帝听到这个消息,说:“若非任城,朕事业不得就也。”高度评价了他在迁都中的作用。

孝文帝迁都洛阳后,拓跋鲜卑贵族穆泰据平城叛乱,元澄受命前去平叛。当部队到达雁门时,得知穆泰把兵力集结在西边的阳平,元澄立即下令向平城进军,手下人认为应当先调发附近州的兵力,然后再进攻。元澄说:“穆泰不依据平城之固正面进行抵抗,反而集结阳平,说明他的势力不强。我们应当速往平城,民心自定。”便倍道兼行,出其不意,迅速地平定了叛乱。这件事不仅体现了元澄对孝文帝改革的支持,也体现了他军事上对形势的判断和指挥能力。

孝文帝弥留之际,遗命六大臣辅政,孝文帝对他们说:“我的愿望是南荡瓯吴,复礼万国,以仰光七庙,俯济苍生。然而遭遇不幸,志向不永。你们要善辅继子,隆我魏室,不亦善与?可不勉之!”给元澄以极大的信任,抱以极高的期望。

在文明太后和孝文帝时期,元澄在政治和军事领域里任意驰骋,施展才华。孝文帝逝世后,特别是孝明帝和灵太后时期,他却处处不得志,事事失意。

宣武帝即位后不久,元澄便被免去辅政大臣职务,回家闭门思过。事情的起因是由于尚书令王肃。王肃原为南朝齐人,在孝文帝时投降北朝,得到重用,也是孝文帝临终托付的辅政大臣之一。宣武帝初期,南齐施反间计,说王肃准备叛魏回南朝,元澄信以为真,一面上书劾奏王肃将叛,一面擅自限制王肃的行动,以防万一。于是咸阳王元禧、北海王元详一起上疏弹劾元澄擅禁宰辅,元澄便受到免官的处罚。史书记载,咸阳王元禧“性骄奢,贪淫财色,姬妾数十,意尚不已,衣被绣绮,车乘鲜丽,犹远有简娉,以恣其情,由是昧求货贿,奴婢千数,田业盐铁遍于远近,臣吏僮隶,相继经营”;另一个人北海王元详,“贪冒无厌,多所取纳;公私营贩,侵剥远近;嬖狎群小,所在请托。珍丽充盈,声色侈纵,建饰第宇,开起山池,所费巨万”。元澄固然有自己的问题,但他的被罢官,与他和元禧、元详的执政理念不同有没有关系呢?这个问题虽然没有直接的证据证明,但我们仍可通过一些其他事情看到一些蛛丝马迹。据《魏书·彭城王元勰列传》记载,北海王元详因为彭城王元勰深得人心,便向宣武帝进言,说元勰不宜久居宰辅之位,劝宣武帝罢黜元勰,可见元详有嫉贤妒能排除异己的恶习。

如果说上述元澄被罢官背后的原因还是推断,那么,元澄在宣武帝末期故作颓废状就是躲避高肇的政治迫害的结果。史载当时高肇凭借外戚身份大权在握,结党营私,附之者旬月超升,背之者陷以大罪。北海王元详位居高肇之上,被高肇构陷杀害。元澄也遭到高肇的暗地构陷,常恐不全,终日昏饮,以示荒败,所作诡越,时谓为狂。

孝文帝以后,元澄在政治生活中失去了原先举足轻重的作用。这主要是由于北魏的政治发生了变化,走向衰落的北魏政治使元澄失去了发挥政治才能的舞台。孝明帝时,元澄虽然被任命为尚书令,回到了政治权力中枢,但其说话的效力与孝文帝时期不可同日而语。他曾提出十条利国济民的措施:一、统一度量衡。二、兴办学校。三、鼓励荐举人才。四、调外用民不过三日。五、对官员进行黜陟赏罚。六、长久代人输边服役者,伎作除外,任听驻留。七、精检边兵。三长及近亲,若实隐之,征其代输,不隐勿论。八、免除工商世业之户租调。九、三长领民不得隔越,户不满者,随近并合。十、边境有事可派羽林虎贲赴战,平日戍边遣蕃兵代之。他还提出,选二品、三品亲贤兼备者任东南西北四中郎将,配以强兵,以藩卫京师。史书记载,当时朝廷政事无论大小,全都让他参与决策,但常优答礼之,“事有不便于民者,必于谏诤,虽不见用,殷勤不已”,可惜这些重要的建议都没有被采纳。

李冲列传

〔选文〕

李冲,字思顺,陇西人,敦煌公宝少子也。少孤,为长兄荥阳太守承所携训。承常言:“此儿器量非恒[①],方为门户所寄。”冲沉雅有大量,随兄至官。是时牧守子弟多侵乱民庶,轻[②]有乞夺，冲与承长子韶独清简皎然[③]，无所求取，时人美[④]焉。

……

旧无三长，惟立宗主督护，所以民多隐冒，五十、三十家方为一户。冲以三正治民，所由来远，于是创三长之制而上之。文明太后览而称善，引见公卿议之。中书令郑羲、秘书令高祐等曰："冲求立三长者，乃欲混天下一法。言似可用，事实难行。"羲又曰："不信臣言，但试行之。事败之后，当知愚言之不谬。"太尉元丕曰："臣谓此法若行，于公私有益。"咸称方今有事之月，校比民户，新旧未[⑤]分，民必劳怨。请过今秋，至冬闲月，徐乃遣使，于事为宜。冲曰："民者，冥[⑥]也，可使由之，不可使知之。若不因[⑦]调时，百姓徒知立长校户之勤，未见均徭省赋之益，心必生怨。宜及课调之月，令知赋税之均。既识其事，又得其利，因民之欲，为之易行。"著作郎傅思益进曰："民俗既异，险易不同，九品差调，为日已久，一旦改法，恐成扰乱。"太后曰："立三长，则课有常准，赋有恒分；苞荫之户可出，侥幸之人可止。何为而不可？"群议虽有乖异，然惟以变法为难，更无异义。遂立三长，公私便之。

……

车驾南伐，加冲辅国大将军，统众翼从。自发都至于洛阳，霖雨不霁，仍诏六军发轸[⑧]。高祖戎服执鞭，御马而出，群臣启颡[⑨]于马首之前。高祖曰："长驱之谋，庙算已定，今大将军进，公等更欲何云？"冲进曰："臣等不能折冲帷幄，坐制四海，而令南有窃号之渠，实臣等之咎。陛下以文轨未一，亲劳圣驾，臣等诚思亡躯尽命，效死戎行。然自离都淫雨，士马困弊，前路尚遥，水潦方甚。且伊洛境内，小水犹尚致难，况长江浩汗，越[10]在南境。若营[11]舟楫，必须停滞，师老[12]粮乏，进退为难，矜丧反[13]旆，于义为允。”高祖曰：“一同之意，前已具论。卿等正以水雨为难，然天时颇亦可知。何者？夏既炎旱，秋故雨多，玄冬之初，必当开爽。比[14]后月十间，若雨犹不已，此乃天也，脱[15]于此而晴，行则无害。古不伐丧，谓诸侯同轨之国，非王者统一之文。已至于此，何容停驾？”冲又进曰：“今者之举，天下所不愿，唯陛下欲之。汉文言：吾独乘千里马，竟何至也？臣有意而无其辞，敢以死请。”高祖大怒曰：“方欲经营宇宙，一同区域，而卿等儒生，屡疑大计，斧钺有常，卿勿复言！”策马将出。于是大司马、安定王休，兼左仆射、任城王澄等并殷勤泣谏。高祖乃谕[16]群臣曰：“今者兴动不小，动而无成，何以示后？苟欲班师，无以垂之千载。朕仰惟远祖，世居幽漠，违众南迁，以享无穷之美，岂其无心，轻遗陵壤。今之君子，宁独有怀？当由天工人代、王业须成故也。若不南銮，即当移都于此，光宅土中，机亦时矣，王公等以为何如？议之所决，不得旋踵。欲迁者左，不欲者右。”安定王休等相率如[17]右。南安王桢进曰：“夫愚者暗于成事，智者见于未萌。行至德者不议于俗，成大功者不谋于众，非常之人乃能建非常之事。廓神都以延王业，度土中以制帝京，周公启之于前，陛下行之于后，故其宜也。且天下至重，莫若皇居，人之所贵，宁如遗体？请上安圣躬，下慰民望，光宅中原，辍彼南伐。此臣等愿言，苍生幸甚。”群臣咸唱“万岁”。

……

冲机敏有巧思。北京明堂、圆丘、太庙，及洛都初基，安处郊兆，新起[18]堂寝，皆资[19]于冲。勤志强力，孜孜无怠，旦理文簿，兼营匠制，几案盈积，剞劂[20]在手，终不劳厌也。然显贵门族，务益[21]六姻，兄弟子侄，皆有爵官，一家岁禄，万匹有余，是其亲者，虽复痴聋，无不超越官次。时论亦以此少[22]之。

年才四十，而鬓须班白，姿貌丰美，未有衰状。李彪之入京也，孤微寡援，而自立不群，以冲好士，倾心宗附。冲亦重其器学，礼而纳焉，每言之于高祖，公私共相援益。及彪为中尉、兼尚书，为高祖知待，便谓非复藉[23]冲，而更相轻背，惟公坐敛袂而已，无复宗敬之意也。冲颇衔[24]之。后高祖南征，冲与吏部尚书、任城王澄并以彪倨傲无礼，遂禁止之。奏其罪状，冲手[25]自作，家人不知，辞甚激切，因以自劾。高祖览其表，叹怅者久之，既而曰："道固可谓溢也，仆射亦为满矣。"冲时震怒，数数责彪前后愆[26]悖，瞋目大呼，投折几案。尽收[27]御史，皆泥首面缚，詈[28]辱肆口。冲素[29]性温柔，而一旦暴恚，遂发病荒悸，言语乱错，犹扼腕叫詈，称李彪小人。医药所不能疗，或谓肝藏伤裂。旬有余日而卒，时年四十九。高祖为举哀于悬瓠，发声悲泣，不能自胜[30]。

选自《魏书》卷五十三

〔**注释**〕 ① 恒：平常。 ② 轻：轻易。 ③ 皎然：行为高洁。 ④ 美：称赞。 ⑤ 未：不。 ⑥ 冥：愚昧。 ⑦ 因：趁机。 ⑧ 发轸：车辆出发，指起程。 ⑨ 启颡：古时一种跪拜礼。 ⑩ 越：远。 ⑪ 营：建造。 ⑫ 老：疲惫。 ⑬ 反：同"返"，返回。 ⑭ 比：等到。 ⑮ 脱：倘若。 ⑯ 谕：告知。 ⑰ 如：前往。 ⑱ 起：兴建。 ⑲ 资：依靠。 ⑳ 剞劂：刻镂用的刀和凿子。 ㉑ 益：资助。 ㉒ 少：轻视。 ㉓ 藉：凭借。 ㉔ 衔：怀恨。 ㉕ 手：亲手。 ㉖ 愆：过失。 ㉗ 收：拘捕。 ㉘ 詈：责骂。 ㉙ 素：向来。 ㉚ 胜：克制。

〔**赏析**〕 李冲是汉人官僚中坚定支持魏孝文帝改革的代表人物。评价李冲在北魏改革中的作用仅仅用"坚定支持者"五个字似乎还很不够，在某种意义上说，他是改革的设计者之一。他所提出的"三长制"，既是孝文帝改革的重要内容,也是改革得以运行深入的推进器。

三长制内容很简单:五家立一邻长,五邻立一里长,五里立一党长,三长由乡里威信高的人担任。然而,这样简单的一个制度,却体现着积累几千年的治国理念。

李冲在为实行三长制给朝廷的表章中说:"宜准古,五家立一邻长,五邻立一里长,五里立一党长,长取乡人强谨者。"李冲的意思很明白,实行三长制是依照古代的经验。清人王夫之在《读通鉴论》中说,李冲建议的三长制,是仿照周礼之遗制而设焉。不过李冲的三长制不是简单的仿照古制,"三长之立,李冲非求以靖民,以核民之隐冒尔",就是说,三长制在当时的功能,不是仅仅对百姓进行治理,更主要是为了查清被隐冒的人口。

"民惟邦本,本固邦宁",这是儒家关于国家社会的一个具有传统性的思想。对于民本思想,《说苑·建本》所记管仲与齐桓公的对话有一段绝妙的解释:齐桓公问管仲说:"王者何贵?"管仲回答说:"贵天。"齐桓公抬头看看天,管仲说:"所谓天者,非谓苍苍莽莽之天也。君人者以百姓为天,百姓与之则安,辅之则强,非之则危,背之则亡。"关于人民、国家、君主的轻重,孟子有个著名的排列:"民为贵,社稷次之,君为轻。是故得乎丘民而为天子。"得乎丘民而为天子,就是说,只有得到人民才能成为天子,失去人民就成了真正的孤家寡人,也就当不成天子了。

中国封建社会,人口的多寡与国家的盛衰几乎是形影不离。二者之间的关系正如三国时骆统所说:"臣闻君国者,以据疆土为强富,制威福为尊贵,曜德义为荣显,永世胤为丰祚。然财须民生,强赖民力,威恃民势,福由民殖,德俟民茂,义以民行。六者既备,然后应天受祚,保族宜邦。"陆逊也说:"国以民为本,强由民力,财由民出。夫民殷国弱,民瘠国强者,未之有也。故为国者,得民则治,失之则乱。"这绝非夸夸其谈,而是比较真实地揭示了封建社会民与国的关系。封建国家的财政收入要靠人民交纳赋税,开荒辟土要靠人民辛勤劳动,兴建各种工程要靠人民服各种徭役,组织军队进行战争要靠人民承担兵役。国无民不立,正因为如此,掌握大量的编户齐民对国家来说是很重要的。

三长制除了体现儒家“民本”思想的一般意义，还对当时北魏的实际具有特殊意义。我们知道，当时北魏除了实行三长制，还有均田制、新租调制、百官俸禄制。均田制的主要内容包括：第一，男子年十五岁以上受露田四十亩，妇人受二十亩，奴婢依良。丁牛一头受田三十亩，限四牛。政府编民到十五岁则受田，到七十岁或死亡则还田。奴婢耕牛随有无还受。第二，男夫每人给田二十亩，必须在田中种一定数量的桑或麻、榆、枣树，限三年种完，种不完部分收回。这种田称为桑田或麻田。露田有受有还，不得买卖；桑田或麻田为世业，可以继承，也可买卖，但有一些限制。新租调制内容包括：一夫一妇帛一匹，粟二石。民年十五以上未娶者，四人出一夫一妇之调；奴婢八口、耕牛二十头也交一夫一妇的租调。均田制和新租调制都是以一夫一妇的“户”为单位，而三长制的功能之一就是查阅户口，防止向国家交纳租调的人口流失。在实行百官俸禄制以前，北魏的官僚们没有俸禄，拓跋贵族们可以通过征服战争掠夺大批财富，通过征战立功获得巨额赏赐，而汉族官僚们的物质生活则十分拮据。实行百官俸禄制，使汉族官僚物质待遇得到提高，他们与拓跋贵族官僚物质生活的差距缩小了，有利于胡汉统治者共同治理国家。而百官俸禄的来源是国家所收租调的十分之三。三长制保证了均田制的落实，保证了国家租调的收入，也保证了百官俸禄的实行，所以说它是孝文帝改革运行的推进器，李冲在改革中的作用是其他人所不能代替的。

（梁满仓）

一招损的败局

〔**导言**〕 魏晋南北朝时期是中国历史上第二个大动荡大分裂时期，政权激荡、民族众多。鲜卑族建立起魏政权，史称北魏，紧接着又在公元439年统一了北方。此后北方出现的几个主要政权——东魏、西魏、北齐、北周——都跟北魏有着千丝万缕的联系。之后大一统帝国隋唐，其渊源也自北魏始（见陈寅恪：《隋唐制度渊源略论稿》）。

北魏在历史上留下的浓墨重彩无疑是自孝文帝时期开始的汉化改革。481年开始，孝文帝拓跋宏（汉名为元宏）在祖母冯太后支持下，推行了大规模的汉化措施，南迁都城、行汉礼、言汉言、衣汉衣、食汉食、通婚汉人等，逐渐适应并巩固了在黄河流域的统治。孝文帝死后，太子元恪即位。到了元恪晚年，立皇子元诩，元诩的生母胡氏，被尊为胡太后，因皇帝年幼，胡太后实际掌握北魏政局。胡太后纵性淫乱，政局一塌糊涂，最终毒死了自己的亲儿子，军事实力派尔朱荣带兵冲入都城洛阳，结束了胡太后专权的时代。尔朱荣为南北朝一代枭雄，从他开始，北魏逐渐受到武将的控制和左右，其麾下的高欢、宇文泰、侯景等，都是影响时局的人物，高欢、宇文泰更是后来东魏、西魏的实际开创者。本文选自《北史》和《魏书》中胡太后和尔朱荣的记载，旨在展示此时混乱的政局，以及在这样的局势下，以胡太后和尔朱荣为代表的政治人物其行为选择及带来的后果。

宣武灵皇后胡氏列传

〔**选文**〕

宣武灵皇后胡氏，安定临泾人，司徒国珍女也。母皇甫氏，产后之日，赤光四照。京兆山北县有赵胡者，善于卜相，国珍问之，胡云："贤女有大贵之表，方为天地母，生天地主，勿过三人知也。"后姑为尼，颇能讲道。宣武初，入讲禁中。积岁，讽[1]左右称后有姿行[2]。帝闻之，乃召入掖庭，为充华世妇。而椒庭之中，以国旧制，相与祈祝，皆愿生诸王、公主，不愿生太子。唯后每[3]称："夫人等言，何缘畏一身之死而令皇家不育冢嫡也？"明帝在孕，同列犹以故事[4]相恐，劝为诸计。后固意确然，幽夜独誓，但使所怀是男，次第当长子，子生，身死不辞。既诞明帝，进为充华嫔。先是，宣武频丧皇子，自以年长，深加慎护，为择乳保，皆取良家宜子者，养于别宫，皇后及充华皆莫得而抚视焉。

及明帝践阼[5]，尊后为皇太妃，后尊为皇太后。临朝听政，犹曰殿下，下令行事。后改令称诏，群臣上书曰陛下，自称曰朕。太后以明帝冲[6]幼，未堪亲祭，欲傍[7]《周礼》夫人与君交献之义，代行祭礼。礼官博议以为不可，而太后欲以帏幔自鄣[8]，观三公行事。重问侍中崔光，光便据汉和熹邓后荐祭故事。太后大悦，遂摄行初祀。太后性聪悟，多才艺，姑既为尼，幼相依托，略得佛经大义。亲览万机，手笔断决。幸西林园法流堂，命侍臣射，不能者罚之。又自射针孔，中之，大悦，赐左右布帛有差[9]。先是，太后敕造申讼车，时御焉。出自云龙大司马门，从宫西北，入自千秋门，以纳冤讼。又亲策[10]孝、秀、州郡计吏于朝堂。太后与明帝幸华林园，宴群臣于都亭曲水，令王公以下赋七言诗。太后诗曰："化光造物含气贞。"明帝诗曰："恭己无为赖慈英。"王公以下赐帛有差。太后父薨，百僚表请公除[11]，太后不许。寻[12]幸永宁寺，观建刹于九级之基，僧尼士女赴者数万人。及改葬文昭高后，太后不欲令明帝主事，乃自为丧主。出至终宁陵，亲奠遣事，还[13]哭于太极殿，至于讫事，皆自主焉。后幸嵩高山，夫人、九嫔、公主以下从者数百人，升[14]于顶中。废诸淫祀[15]，而胡天神不在其例。寻幸阙口温水，登鸡头山，自射象牙簪，一发中之，敕示文武。

时太后逼幸清河王怿，淫乱肆情，为天下所恶。领军元叉、长秋卿刘腾等奉明帝于显阳殿，幽[16]太后于北宫，于禁中杀怿。其后太后从[17]子都统僧敬与备身左右张车渠等数十人谋杀叉，复奉太后临朝。事不克，僧敬坐[18]徙边，车渠等死，胡氏多免黜。后明帝朝太后于西林园，宴文武侍臣，饮至日夕，叉乃起至太后前自陈，外云太后欲害己及腾。太后答云："无此语。"遂至于极昏。太后乃起执明帝手下堂，言："母子不聚久，今暮共一宿，诸大臣送我入。"太后与帝向东北小阁，左卫将军奚康生谋杀叉不果[19]。

自刘腾死，叉又宽怠，太后与明帝及高阳王雍为计，解[20]叉领军。太后复临朝，大赦改元。自是朝政疏缓，维恩不立，天下牧守，所在贪婪。郑俨污乱宫掖，势倾海内；李神轨、徐纥并见[21]亲侍，一二年中，位总禁[22]要。手握王爵，轻重在心，宣[23]淫于朝，为四方之所秽。文武解体[24]，所在乱逆，土崩鱼烂，由于此矣。僧敬又因聚集亲族，遂涕泣谏曰："陛下母仪海内，岂宜轻脱[25]如此！"太后大怒，自是不召僧敬。

内为朋党，防弊耳目，明帝所亲幸者，太后多以事害焉。有蜜多道人，能胡语，帝置于左右。太后虑其传致消息，三月三日，于城南大巷中杀之，方悬赏募贼。又于禁中杀领左右、鸿胪少卿谷会、绍达，并[26]帝所亲[27]也。母子之间，嫌隙屡起。郑俨虑祸，乃与太后计，因潘嫔生女，妄言皇子，便大赦，改年为武泰元年，复阴[28]行鸩毒。其年二月，明帝暴崩，乃奉潘嫔女，言太子即位。经数日，见人心已安，始言潘嫔本实生女，今宜更择嗣君，遂立临洮王子钊为主，年始二、三岁，天下愕然。

及尔朱荣称[29]兵度河，太后尽召明帝六宫，皆令入道，太后亦自落发。荣遣骑拘送太后及幼主于河阴。太后对荣多所陈说，荣拂衣而起。太后及幼主并沈于河。太后妹冯翊君收瘗[30]于双灵寺。武帝时，始葬以后礼，而追加谥曰灵。

选自《北史》卷十三

〔注释〕 ① 讽：暗示。 ② 行：品行。 ③ 每：经常。 ④ 故事：先例。 ⑤ 践阼：即位。 ⑥ 冲：幼小。 ⑦ 傍：依据。 ⑧ 鄣：通“障”，阻隔。 ⑨ 差：差别。 ⑩ 策：策问。 ⑪ 除：除服，除去丧服。 ⑫ 寻：不久。 ⑬ 还：返回。 ⑭ 升：登。 ⑮ 淫祀：不合礼制规定的祭祀。 ⑯ 幽：监禁。 ⑰ 从：指堂房亲属。 ⑱ 坐：获罪。 ⑲ 果：成为事实。 ⑳ 解：解除。 ㉑ 见：被。 ㉒ 禁：宫禁。 ㉓ 宣：传播。 ㉔ 解体：喻人心叛离。 ㉕ 轻脱：放荡。 ㉖ 并：皆。 ㉗ 亲：亲近。 ㉘ 阴：暗中。 ㉙ 称：举，兴。 ㉚ 瘗：掩埋。

〔赏析〕 “灵后淫恣，卒亡天下”，《北史》对胡太后短短八个字的评价，一语中的。胡太后的确是一位不同凡响的奇女子，相传出生时有祥瑞出现，“赤光四照”，十分神奇。胡氏性聪悟，不仅能文，而且能武，她是一位射箭高手。所谓“时灵太后临朝，每于后园亲执弓矢”，且“（胡太后）幸西林园法流堂，命侍臣射，不能者罚之，又自射针孔，中之。大悦，赐左右布帛有差。”胡太后能一箭而中针孔，可见其射箭技艺高超。还有，“（胡太后）幸阙口温水，登鸡头山，自射象牙簪，一发中之，敕示文武。”不仅能一箭中针孔，而且能一发而中发簪，可见其箭法精妙，不难想见这位巾帼箭手的英姿。

北魏延昌四年（515年），宣武帝元恪死，儿子元诩即皇帝位，时年只有五岁，由于皇帝年龄太小，由生母胡氏代为临朝听政。胡氏聪明过人，临朝时所有的规制都与皇帝几乎没有区别，“亲览万机，手笔决断”。胡太后皇权在握，春风得意，她的权欲与性欲一起膨胀，与其淫乱的有郑俨、李神轨、元怿等人。

“郑俨，字季然，荥阳人，容貌壮丽，初为司徒胡国珍行参军，因缘为灵太后所幸，时人未之知也。”（《魏书·卷九十三》）这位郑俨原是胡太后父亲胡国珍的部下，长得玉树临风，被胡太后看中带入宫内，淫乱于宫闱。除了郑俨，胡太后也私通大臣陈留公李崇的儿子李神轨。二人与胡太后秽乱宫闱，并借着太后的势力权倾朝野。更为荒唐的是，胡太后逼淫自己的小叔子清河王元怿。元怿是宣武帝元恪的四弟，胡太后“逼幸清河王怿，淫乱肆情，为天下所恶”。

胡太后也知道自己的这些秽乱之事见不得人，于是“内为朋党，防蔽耳目，明帝所亲幸者，太后多以事害焉。”此时的她的儿子、肃宗皇帝已经十九岁，胡太后极力掩饰自己的秽闻，大肆诛杀肃宗的亲信，母子之间的矛盾由此产生。男宠郑俨害怕被皇帝秋后算账，与胡太后密谋，竟将肃宗皇帝毒杀，心狠至此。

肃宗不仅是当朝皇帝，而且还是胡太后的亲生儿子，就这么被毒死了。胡太后独断专行，既没能顺万人之心，也没能母子共治天下，于是群声汹汹，“朝野愤叹”。最终，晋阳军阀尔朱荣以诛除太后男宠郑俨等人为由起兵，大举杀向洛阳。尔朱荣大肆杀戮，对胡太后劣迹早有耳闻的他，也没有放过这位恶贯满盈的当朝太后，将其投入了黄河。

“身死国灭，为天下笑”，胡太后的所作所为，与后来北魏的灭亡有直接的联系。离胡太后死不过六年，北魏分裂为东魏和西魏。北魏孝文帝改革后国力渐强，其子宣武帝在位时国力达到极盛，胡太后当时正是宣武帝的妃子，生下了后来的孝明帝元诩。在胡太后执掌朝政的十四年中，“文武解体，所在乱逆”，北魏元气大伤，胡太后导致了北魏的由盛转衰。北魏改革一朝而起，几十年而衰，“其兴也勃焉，其亡也忽焉”，“灵后淫恣，卒亡天下”。比起当年协助孝文帝改革推动北魏繁盛的冯太后，胡太后的所作所为与下场，令人不胜唏嘘。

尔朱荣列传

〔**选文**〕

尔朱荣，字天宝，北秀容人也。其先居于尔朱川，因为氏焉。常领部落，世为酋帅。高祖羽健，登国初为领民酋长，率契胡武士千七百人从驾平[1]晋阳，定中山。论功拜散骑常侍。以[2]居秀容川，诏割方三百里封之，长为世业。

……

荣袭爵后，除[3]直寝、游击将军。正光中，四方兵起，遂散畜牧，招合义勇，给其衣马。蠕蠕主阿那瑰寇[4]掠北鄙，诏假荣节，冠军将军、别将，隶都督李崇北征。荣率其所部四千人追击，度碛[5]，不及而还。秀容内附胡民乞扶莫于破郡，杀太守；南秀容牧子万子乞真反叛，杀太仆卿陆延；并州牧子素和婆仑崄作逆。荣并前后讨平之。迁直阁将军、冠军将军，仍别将。内附叛胡乞、步落坚胡刘阿如等作乱瓜肆，敕勒北列步若反于沃阳，荣并灭之。以功封安平县开国侯，食邑一千户。

……

时葛荣将向京师，众号百万。相州刺史李神轨闭门自守。贼锋已过汲郡，所在村坞悉[6]被残略。荣启求讨之。九月，乃率精骑七千，马皆有副，倍道[7]兼行，东出滏口。葛荣为贼既久，横行河北，时众寡非敌，议者谓无制贼之理。葛荣闻之，喜见于色，乃令其众曰："此易与耳。诸人俱办长绳，至便缚取。"葛荣自邺以北列陈数十里，箕张而进。荣潜军山谷为奇兵，分督将已上三人为一处，处有数百骑，令所在扬尘鼓噪，使贼不测多少。又以人马逼[8]战，刀不如棒，密勒军士马上各赍[9]神棒一枚，置于马侧。至于战时，不听斩级，以棒棒[10]之而已，虑废腾逐也。乃分命壮勇所当冲突，号令严明，战士同奋。荣身自陷陈[11]，出于贼后，表里合击，大破之。于陈擒葛荣，余众悉降。荣以贼徒既众，若即分割，恐其疑惧，或更结聚，乃普告勒各从所乐，亲属相随，任所居止。于是群情喜悦，登[12]即四散，数十万众一朝散尽。待出百里之外，乃始分道押领，随便安置，咸得其宜。擢其渠帅[13]，量才授用，新附者咸安。时人服其处分[14]机速。乃槛车送葛荣赴阙[15]。诏曰："功格天地，锡[16]命之位必崇；道济生民，褒赏之名宜大。是以有莘赞[17]亳，不次之号爰归；渭叟翼[18]周，殊世之班载集。况导源积石，袭构昆山，门踵英猷，弼[19]成鸿业，抗高天之摧柱，振厚地之绝维，德冠五侯，勋高九伯者哉！太原王荣代荷[20]蕃宠，世载忠烈，入匡[21]颓运，出剿元凶。使积年之雾倏焉涤荡，数载之尘一朝清谧。燕恒既泰[22]，赵魏还苏[23]，比绩况[24]功，古今莫二。若不式[25]稽[26]旧典，增是礼数，将何以昭[27]德报功，远明国范？可大丞相、都督河北畿外诸军事，增邑一万户，通前三万，余官悉如故。"

……

荣身虽居外，恒[28]遥制朝廷。广布亲戚，列为左右，伺察动静，大小必知。或有侥幸求官者，皆诣荣承[29]候，得其启请，无不遂之。曾关补定州曲阳县令，吏部尚书李神俊以阶[30]悬不奉，别更拟人。荣闻大怒，即遣其所补者往夺其任。荣使入京，虽复微蔑，朝贵见之莫不倾靡；及至阙下，未得通奏，恃荣威势，至乃忿怒。荣曾启北人为河南诸州，庄帝未许。天穆入见，面启[31]曰："天柱既有大功，若请普代天下官属，恐陛下亦不得违之。如何启数人为州，便停不用！"帝正色曰："天柱若不为人臣，朕亦须代；如其犹存臣节，无代天下百官理。此事复何足论。"荣闻所启不允，大为恚[32]恨，曰："天子由谁得立？今乃不用我语。"庄帝外迫于荣，恒怏怏不悦，兼惩荣河阴之事，恐终难保。又城阳王徽、侍中李彧等欲擅威权，惧荣害之，复相间[33]构[34]，日月滋甚，于是庄帝密有图荣之意。

……

尔朱荣缘将帅之列,藉部众之用,属肃宗暴崩,民怨神怒,遂有匡颓拯弊之志,援主逐恶之图,盖天启之也。于是,上下离心,文武解体,咸企忠义之声,俱听桓文之举。劳不汗马,朝野靡然,扶翼懿亲,宗祏有主,祀魏配天,不殒旧物。及夫擒葛荣,诛元颢,戮邢杲,翦韩娄,丑奴、宝夤咸枭㉟马市。此诸魁者,或据象魏,或僭号令,人谓秉皇符,身各谋帝业,非徒鼠窃狗盗,一城一聚而已。苟非荣之致力,克夷大难,则不知几人称帝,几人称王也。然则荣之功烈,亦已茂㊱乎。而始则希觊㊲非望,睥睨宸极;终乃灵后、少帝沉流不反㊳;河阴之下,衣冠涂地。此其所以得罪人神,而终于夷戮也。向使㊴荣无奸忍之失,修德义之风,则彭、韦、伊、霍夫何足数。至于末迹见猜,地逼贻㊵毙,斯则蒯通致说于韩王也。

选自《魏书》卷七十四

〔注释〕 ①平:平定。 ②以:因为。 ③除:拜官受职。 ④寇:侵犯。 ⑤碛:沙漠。 ⑥悉:全。 ⑦倍道:兼程而行。 ⑧逼:迫近。 ⑨赍:携带。 ⑩棒:用棒子打。 ⑪陈:战阵。 ⑫登:立即。 ⑬渠帅:首领。 ⑭处分:处理。 ⑮阙:朝廷。 ⑯锡:赐给。 ⑰赞:辅助。 ⑱翼:扶助。 ⑲弼:辅佐。 ⑳荷:蒙受恩惠。 ㉑匡:匡正。 ㉒泰:安宁。 ㉓苏:休养生息。 ㉔况:比较。 ㉕式:效法。 ㉖稽:考察。 ㉗昭:显扬。 ㉘恒:常常。 ㉙承:奉承。 ㉚阶:旧时官的品级。 ㉛启:禀告。 ㉜恚:怨恨。 ㉝间:离间。 ㉞构:构陷。 ㉟枭:斩首悬挂示众。 ㊱茂:多。 ㊲觊:希冀。 ㊳反:同"返",返回。 ㊴向使:假使。 ㊵贻:招致。

〔赏析〕 尔朱氏家族属于羯族的一支——契胡族,他们世代为契胡族部落酋长。尔朱荣出自游牧民族,又是世家子弟,自小养成了强悍骄纵的性格,做起事情来果断坚毅。本人长得也十分英俊,射猎娴熟,军事才能出众,显露出争雄天下的征兆。

时势造英雄,英雄也让时势更加精彩。北方六镇的叛乱给了他建功立业的机会,尔朱荣迅速崛起,镇压葛荣令其一战成名。尔朱荣以少击众,快速机动，发挥自己最大优势于混乱中擒贼擒王，拿下葛荣，收编了他的部下，既完成了任务赢得了名声，又壮大了自身力量，更重要的是稳定了一度飘摇的北魏王朝，协助当时在位的胡太后稳定了统治。在一个乱世中，战争往往是最好的试金石，它能短时间内成就一个人或毁灭一个人；战争也往往是最好的加速器，它同样能在短时间内迅速抬高一个人的地位。英雄谁属，这一时期的尔朱荣当之无愧！

胡太后乱国，直至毒杀自己的皇帝儿子。尔朱荣带兵入洛阳，结束了混乱局面，另立新皇，稳定局面。“扶大厦于将倾、挽狂澜于既倒”，此时的尔朱荣，何等意气风发，何等笑傲江湖！“苟非荣之致力，克夷大难，则不知几人称帝，几人称王也。”尔朱荣之功可见一斑。

平葛荣、平六镇、安定内外局势，当这一切都完成的时候，尔朱荣走到了人生的巅峰，此时的他以一人之力左右一国局势。以尔朱荣平定大小叛乱、匡扶社稷之功勋，可封功漠北，可绘像凌烟。然盛极而衰，当环顾四周，没有对手时，英雄感受到的，往往是孤独，然后是恣意，是任性。北魏朝廷被尔朱荣及其亲信把持，事皆决于我，令皆出自尔朱氏。

尔朱荣的军事才能显露无遗，是员悍将，往往在武将的眼中，一切都如带兵打仗般直接干脆，岂不痛快？“河阴之变”中将旧臣全部诛杀殆尽，自己及其亲信全面控制了北魏，不把自己拥立的皇帝放在眼里，并将女儿塞给皇帝为皇后，皇帝处处受到压制，本身就不悦；且考虑到尔朱荣于河阴屠杀时的残酷，不得不思考自身的安危。这时的尔朱荣应该能够嗅到危险的临近，可也许是太自信了，竟然完全放松了警惕，在其疏于防范时被引入宫中杀之。后又经反复战乱，北魏也走到了尽头。

尔朱荣位极人臣，左右着皇帝的废立，部下多次劝进让他黄袍加身，他都拒绝了。尔朱荣没有篡位之心、加锡之实，仍然不为帝王信任，不得善终。比起魏、晋、南朝那些禅代之事，尔朱荣不能不谓冤枉。只是高处不胜寒，尔朱荣在进与退的博弈中未能决断，终于身败名裂。

（刘　正）

南北对峙格局的颠覆者

〔**导言**〕 南北朝后期，南北对峙因北魏的分裂演变成东魏、西魏和梁的三方抗衡，相对于魏、蜀、吴三国而言，南北朝后期出现的这种南北三方对立又被称为后三国鼎立。在后三国鼎立过程中，侯景之乱的发生又使之出现一个改变，即由原来东魏、西魏和梁的对立演变成了北齐、西魏（北周）和陈的对立。著名历史学者陈寅恪先生曾说过：“侯景之乱不仅于南朝历史上为巨变，并在江东社会上，亦为一划分时期之大事。”侯景之乱前，梁朝在同时代三足鼎立中占有微弱优势，经济实力较强，文化氛围较浓厚，割据地域较大，但一场疾风暴雨般的军事叛变打破了这一切，南朝实力由此走下坡路，并奠定了北强南弱的格局，北方王朝击败南方王朝，统一天下只是个时间问题。乱世枭雄侯景发家于北魏末期，投靠军事强人尔朱荣，立军功，成为当时最负盛名的军事名将，东魏建立后因军功被赋予管理河南一地的大权，成为东魏、西魏和梁竞相争取的对象。但他首鼠两端，早已被东魏高氏政权所猜忌，在南北对立的夹缝中，侯景为寻求利益的最大化，不惜背叛旧主投靠梁朝，后又为寻求利益的最大化，再次背叛对他颇为信任的梁武帝，造成灾难深重的侯景之乱。他的残暴统治不得民心，有违天命，最终不可避免地走向了消亡。

侯景列传

〔**选文**〕

侯景字万景，朔方人，或云雁门人。少而不羁，见[①]惮乡里。及长，骁勇有膂力，善骑射。以选为北镇戍兵，稍[②]立功效[③]。魏孝昌元年，有怀朔镇兵鲜于修礼，于定州作乱，攻没郡县；又有柔玄镇兵吐斤洛周，率其党与[④]，复寇幽、冀，与修礼相合,众十余万。后修礼见杀,部下溃散,怀朔镇将葛荣因[5]收集之,攻杀吐斤洛周,尽有其众,谓之"葛贼"。四年,魏明帝殂,其后胡氏临朝,天柱将军尔朱荣自晋阳入杀胡氏,并诛其亲属。景始以私众见荣,荣甚奇景,即委以军事。会[6]葛贼南逼,荣自讨,命景先驱,至河内击大破之,生擒葛荣,以功擢为定州刺史、大行台,封濮阳郡公。景自是威名遂著[7]。

顷之,齐神武帝为魏相,又入洛诛尔朱氏,景复以众降之,仍为神武所用。景性残忍酷虐,驭军严整;然破掠所得财宝,皆班[8]赐将士,故咸为之用,所向多捷。总揽兵权,与神武相亚。魏以为司徒、南道行台,拥众十万,专制河南。及神武疾笃,谓子澄曰:"侯景狡猾多计,反覆难知,我死后,必不为汝用。"乃为书召景。景知之,虑及于祸,太清元年,乃遣其行台郎中丁和来上表请降曰:

……

丁和既至,高祖召群臣廷议。尚书仆射谢举及百辟[9]等议,皆云纳侯景非宜,高祖不从是议而纳景。

及齐神武卒,其子澄嗣,是为文襄帝。高祖乃下诏封景河南王、大将军、使持节、董督河南南北诸军事、大行台,承制辄行,如邓禹故事[10],给鼓吹一部。齐文襄遣大将军慕容绍宗围景于长社,景请西魏为援,西魏遣其五城王元庆等率兵救之,绍宗乃退。景复请兵于司州刺史羊鸦仁,鸦仁遣长史邓鸿率兵至汝水,元庆军又夜遁。于是据悬瓠、项城,求遣刺史以镇之。诏以羊鸦仁为豫、司二州刺史,移镇悬瓠;西阳太守羊思建为殷州刺史,镇项城。

……

先是，豫州刺史贞阳侯渊明督众军围彭城，兵败没于魏。至是，遣使还述魏人请追前好。二年二月，高祖又与魏连和。景闻之惧，驰启固谏，高祖不从。尔后表疏跋扈，言辞不逊。鄱阳王范镇合肥，及司州刺史羊鸦仁俱累[11]启称景有异志，领军朱异曰："侯景数百叛虏，何能为役。"并抑不奏闻，而逾加赏赐，所以奸谋益果[12]。又知临贺王正德怨望朝廷，密令要结，正德许为内启。八月，景遂发兵反，攻马头、木栅，执太守刘神茂、戍主曹璆等。于是诏合州刺史鄱阳王范为南道都督，北徐州刺史封山侯正表为北道都督，司州刺史柳仲礼为西道都督，通直散骑常侍裴之高为东道都督，同讨景，济[13]自历阳；又令开府仪同三司、丹阳尹、邵陵王纶持节，董[14]督众军。

……

景又于城东西各起一土山以临城内，城内亦作两山以应之，王公以下皆负[15]土。初，景至，便望克定京师，号令甚明，不犯百姓。既攻城不下，人心离阻[16]，又恐援军总集，众必溃散，乃纵兵杀掠，交尸塞路，富室豪家，恣意裒剥，子女妻妾，悉入军营。及筑土山，不限贵贱，昼夜不息，乱加殴棰，疲羸[17]者因杀之以填山，号哭之声，响动天地。百姓不敢藏隐，并出从之，旬日之间，众至数万。

……

五月，高祖崩于文德殿。初，台城既陷，景先遣王伟、陈庆入谒高祖，高祖曰："景今安在？卿可召来。"时高祖坐文德殿，景乃入朝，以甲士五百人自卫，带剑升殿。拜讫，高祖问曰："卿在戎日久，无乃为劳[18]？"景默然。又问："卿何州人，而敢至此乎？"景又不能对，从者代对。及出，谓厢公王僧贵曰:“吾常据鞍对敌,矢刃交下,而意气安缓,了无怖心。今日见萧公,使人自慑[19],岂非天威难犯。吾不可再见之。”高祖虽外迹已屈,而意犹忿愤,时有事奏闻,多所谴[20]却[21]。景深敬惮,亦不敢逼。景遣军人直[22]殿省内,高祖问制局监周石珍曰:“是何物人?”对曰:“丞相。”高祖乃谬[23]曰:“何物丞相?”对曰:“是侯丞相。”高祖怒曰:“是名景,何谓丞相!”是后,每所征求,多不称[24]旨,至于御膳亦被裁抑,遂忧愤感疾而崩。

景乃密不发丧,权[25]殡于昭阳殿,自外文武咸莫知之。二十余日,升梓宫于太极前殿,迎皇太子即皇帝位。于是矫诏赦北人为奴婢者,冀收其力用焉。

选自《梁书》卷五十六

〔注释〕 ① 见:被。 ② 稍:渐渐。 ③ 功效:功绩。 ④ 党与:同伙。 ⑤ 因:趁机。 ⑥ 会:适逢。 ⑦ 著:显著。 ⑧ 班:分给。 ⑨ 百辟:百官。 ⑩ 故事:先例。 ⑪ 累:屡次。 ⑫ 果:成为事实。 ⑬ 济:渡江。 ⑭ 董:监督。 ⑮ 负:背。 ⑯ 阻:疑惑。 ⑰ 羸:衰弱。 ⑱ 劳:劳苦。 ⑲ 慑:恐惧。 ⑳ 谴:责备。 ㉑ 却:否定。 ㉒ 直:当值。 ㉓ 谬:假装。 ㉔ 称:符合。 ㉕ 权:暂且。

〔赏析〕 纵观上下五千年历史,唯有一人敢自称“宇宙大将军”,何许人也?南北朝后期的乱世枭雄——侯景是也。就是他造成了历史上著名的兵灾——侯景之乱。

两千年以来,一次次中央与地方之争,一次次军事强人的涌现,或多或少都会带来一些危机,甚至出现兵乱,每一场兵乱都让我们的先祖付出了惨重的代价,经济衰退,人口剧减,民不聊生!如吴楚七国之乱、西晋八王之乱、永嘉之乱、东晋桓玄之乱、北魏六镇之变、唐朝安史之乱、明初靖难之役、清初三藩之乱等,而这些兵乱中,侯景之乱即是其中最典型一例。

北魏末期,边镇大将尔朱荣带军入朝,杀死胡太后及大量北魏的宗室朝臣,一时成为各方争相顶礼膜拜的尊神,而侯景恰在此时,看准机遇,投奔到尔朱荣帐下。因为武功卓越,又擅于用兵之道,很快他就成了尔朱荣的先锋大将，在击破葛荣军团之后，他被封为定州刺史、大行台、濮阳郡公。然而，好景不长，权倾朝野的尔朱荣终究被新登基的北魏孝庄帝所杀，北魏再次陷入政局动荡，侯景只能另选贤主了。

尔朱荣手下大将高欢最先脱颖而出，铲除了尔朱荣的家族势力，成为北魏的新贵，废孝武帝，改立孝静帝，强迫迁都至邺城，一跃而成东魏的真正主宰。侯景看好高欢，立即率部投奔，高欢明知道侯景此人并非可靠之人，但为了牵制另一位尔朱荣旧将——割据关陇地区的宇文泰，于是接纳侯景，使之成为他的左臂右膀，而侯景也确实为东魏屡立战功，因而受封为司徒、南道行台，坐拥十万大军，成为河南地区的大佬。高欢临死前，一再告诫儿子高澄，侯景此人一向反复，首鼠两端，不能重用他。

侯景通过内部渠道得知高欢的临终遗言，知道自己今后在东魏将没有立足之地，于是投靠东魏的宿敌——西魏宇文泰。此时西魏宇文泰终究怕他有二心，没有接纳他。在这后三国鼎立之际，侯景只有将目光投向了梁朝。梁武帝萧衍得知侯景有意投效，大喜过望，不顾群臣反对，不顾侯景曾经首鼠两端的人生经历，毅然决定接纳他，封他为河南王、大将军、督河南南北诸军事。乍看之下，梁朝捡了一个“大便宜”，以为自此获得了三国必争的军事要地——河南地区，但东魏的高氏政权早有防范，高欢之子高澄继承父位，派遣慕容绍宗打击侯景。侯景在慕容绍宗的一再打击下溃不成军，而萧衍的侄子萧渊明也被东魏俘虏。

没过多久，东魏与梁朝关系开始缓和，双方都有修复关系的愿景，梁武帝萧衍想早日赎回自己的侄子萧渊明。侯景半道截了信使，得知东魏与梁朝欲修好的迹象，大为惊慌，怕自己成为换回萧渊明的筹码，愤而起兵叛乱，率军渡江，包围了梁朝都城建康，史称“侯景之乱”。

叛乱之初，梁武帝萧衍并不以为意，一来有长江天险，二来建康军民人数众多，远远多于侯景的叛军。不料脆弱的防线没有挡住疯狂的乱军，直到侯景的叛军围了建康才发觉事态严重，急忙召集各地勤王军来共保皇室。然而各地勤王军陆续来到建康附近后，在长达一年的时间里，多持观望态度，眼睁睁地看着侯景的乱军最后杀入台城，因为他们谁都不愿成为刀板上的鱼肉。

侯景的叛军杀入台城后，将梁武帝萧衍逼至活活饿死，纵兵肆意抢劫和屠戮，造成江南富庶地区“千里绝烟，人迹罕见，白骨成聚，如丘陇焉”，积累了大半个世纪的梁朝盛景就此烟消云散。

侯景固然是侯景之乱的肇祸元凶，但梁武帝不听左右大臣劝说，执迷不悟，引狼入室，养虎为患，最后落得个被羞辱和活活饿死的下场。而萧正德、萧纶等萧氏皇族成员率军隔岸观火，从中渔利，使战火升级，同样也是罪人。

侯景之乱对于南北格局的变化，对于门阀社会的解体都带来了极大的影响。

就南北格局而言，原先东魏高氏政权、西魏宇文氏政权和萧梁政权三足鼎立，而侯景为寻求利益最大化，不断算计自身的好处，总还算能兼顾三方平衡；但他犯上作乱，对于萧梁是致命的打击，打破了原来的三足鼎立的格局，北方两大政权趁机南下。长江下游及北的土地，全部被东魏（北齐）所占有，而西魏（北周）占有汉中及长江中游以北的土地，为以后打败北齐提供了极为有利的条件。之后的陈朝基本上和北方以长江为界，北方并吞南方成为必然趋势，造成这种状况的，便在于侯景之乱后萧梁的政治形势。

就门阀社会而言，带有私心报复的侯景纵兵烧杀江南士族权贵及其田产，造成世家大族“莫不衣罗绮，怀金玉，交相枕藉，听命待终”。南朝门阀社会最终在侯景之乱的打击下走向了解体。

（王　骁）

文才未必政才

〔**导言**〕 徐陵、姚察都是南朝陈的才学之士。徐陵以文学著称，姚察以文史见长，由于南朝注重文学，二人均成为陈朝的显赫人物。徐陵逝于陈后主刚刚即位的至德元年(583年)，没有赶上陈朝政治最腐败最黑暗的年代。姚察逝世比徐陵要晚，病逝于隋大业二年(606年)，经历了陈末最腐败的七年，陈亡后又作为隋朝的臣民生活了十八年。与徐陵、姚察经历相似的还有一个人，就是江总。但人们历来认为，江总对陈朝的灭亡要负责任，而徐陵和姚察却没有受到这样的指责，这是因为姚察既有文采又很朴实，在人生的道路上踏踏实实地行走，而江总热衷于陈末腐败的政治，沉溺于受陈后主宠爱的狎客生活，所以反而使自己名声败裂。

《陈书》的作者姚思廉，是姚察的儿子，这在历史上是不多见的，在姚思廉之前只有《南齐书》的作者萧子显把他的父亲萧嶷写入国史。子为父传，即使做到不虚美不隐恶，也难免被人说三道四，因此是很不容易的。为避免这种尴尬，姚思廉在为其父作传时采取了两个策略，一个是掩盖真相，在《姚察列传》中写道："思廉在陈为衡阳王府法曹参军，转会稽王主簿。入隋，补汉王府行参军，掌记室，寻除河间郡司法"，仿佛此传的作者不是自己。另一个是对比手法，即把自己的父亲与另一个具有相似经历的人进行比较，这就是姚察江总同传。但在《江总列传》中特意写道："后主之世，总当权宰，不持政务，但日与后主游宴后庭，共陈暄、孔范、王瑳等十余人，当时谓之狎客。由是国政日颓，纲纪不立，有言之者，辄以罪斥之，君臣昏乱，以至于灭"，显示出江总与姚察的根本区别。这个手法达到了目的，可以说是很高明的。

徐陵列传

〔**选文**〕

徐陵字孝穆，东海郯人也。祖超之，齐郁林太守，梁员外散骑常侍。父摛，梁戎昭将军、太子左卫率，赠侍中、太子詹事，谥贞子。母臧氏，尝[①]梦五色云化而为凤，集左肩上，已而诞陵焉。时宝志上人者，世称其有道，陵年数岁，家人携以候[②]之，宝志手摩其顶，曰："天上石麒麟也。"光宅惠云法师每嗟陵早成就，谓之颜回。八岁，能属[③]文，十二，通《庄》、《老》义。既长，博涉史籍，纵横有口辩。

梁普通二年，晋安王为平西将军、宁蛮校尉，父摛为王咨议，王又引陵参宁蛮府军事。中大通三年，王立为皇太子，东宫置学士，陵充其选。稍迁尚书度支郎。出为上虞令，御史中丞刘孝仪与陵先有隙，风闻劾陵在县赃污，因坐[④]免[⑤]。久之，起为南平王府行参军，迁通直散骑侍郎。梁简文在东宫撰《长春殿义记》，使陵为序。又令于少傅府述所制《庄子义》。寻[⑥]迁镇西湘东王中记室参军。

太清二年，兼通直散骑常侍。使魏，魏人授馆宴宾。是日甚热，其主客魏收嘲陵曰："今日之热，当由徐常侍来。"陵即答曰："昔王肃至此，为魏始制礼仪；今我来聘[⑦]，使卿复知寒暑。"收大惭。

……

绍泰二年，又使于齐，还除给事黄门侍郎、秘书监。高祖受禅，加散骑常侍，左丞如故。天嘉初，除太府卿。四年，迁五兵尚书，领大著作。六年，除散骑常侍、御史中丞。时安成王顼为司空，以帝弟之尊，势倾朝野。直兵鲍僧叡假王威权，抑塞辞讼，大臣莫敢言者。陵闻之，乃为奏弹，导从[8]南台官属，引奏案而入。世祖见陵服章严肃，若不可犯，为敛容正坐。陵进读奏版时，安成王殿上侍立，仰视世祖，流汗失色。陵遣殿中御史引王下殿，遂劾免侍中、中书监。自此朝廷肃然。

天康元年，迁吏部尚书，领大著作。陵以梁末以来，选授多失其所，于是提举纲维，综核名实。时有冒进求官，喧竞不已者，陵乃为书宣示曰："自古吏部尚书者，品藻[9]人伦，简[10]其才能，寻其门胄，逐其大小，量其官爵。梁元帝承侯景之凶荒，王太尉接荆州之祸败，尔时丧乱，无复典章，故使官方，穷此纷杂。永定之时，圣朝草创，干戈未息，亦无条序。府库空虚，赏赐悬乏，白银难得，黄札易营[11]，权[12]以官阶，代于钱绢，义存抚接，无[13]计多少，致令员外、常侍，路上比肩，咨议、参军，市中无数，岂是朝章，应其如此？今衣冠礼乐，日富年华，何可犹作旧意，非理望也。所见诸君，多逾本分，犹言大屈，未喻高怀。若问梁朝朱领军异亦为卿相，此不逾其本分邪？此是天子所拔，非关选序。梁武帝云'世间人言有目色[14]，我特不目色范悌'。宋文帝亦云'人世岂无运命，每有好官缺，辄忆羊玄保。'此则清阶显职，不由选也。秦有车府令赵高直至丞相，汉有高庙令田千秋亦为丞相，此复可为例邪？既忝衡流，应须粉墨。所望诸贤，深明鄙意。"自是众咸[15]服焉。时论比之毛玠。

废帝即位，高宗入辅，谋黜异志者，引陵预其议。高宗纂[16]历，封建昌县侯，邑五百户。太建元年，除尚书右仆射。三年，迁尚书左仆射，陵抗表[17]推周弘正、王劢等，高宗召陵入内殿，曰："卿何为固辞此职而举人乎？"陵曰："周弘正从陛下西还，旧藩长史，王劢太平相府长史，张种帝乡贤戚，若选贤与旧，臣宜居后。”固辞累日，高宗苦属[18]之，陵乃奉诏。

……

后主即位，迁左光禄大夫、太子少傅，余如故。至德元年卒，时年七十七。诏曰：“慎终有典，抑乃旧章，令德可甄[19]，谅宜追远。侍中、安右将军、左光禄大夫、太子少傅、南徐州大中正建昌县开国侯陵，弱龄学尚，登朝秀颖，业高名辈，文曰词宗。朕近岁承华，特相引狎[20]，虽多卧疾，方期克[21]壮，奄然[22]殒逝，震悼于怀。可赠镇右将军、特进，其侍中、左光禄、鼓吹、侯如故，并出举哀，丧事所须，量加资给。谥曰章。”

选自《陈书》卷二十六

〔注释〕 ① 尝：曾经。 ② 候：问候。 ③ 属：撰著。 ④ 坐：获罪。 ⑤ 免：罢免。 ⑥ 寻：不久。 ⑦ 聘：指天子、诸侯及国家间派使臣访问。 ⑧ 导从：古时帝王、贵族、官僚出行，前驱者为导，后随者为从。 ⑨ 品藻：品评。 ⑩ 简：选择。 ⑪ 营：营造。 ⑫ 权：暂且。 ⑬ 无：不。 ⑭ 目色：垂青。 ⑮ 咸：都。 ⑯ 纂：通“缵”，继承。 ⑰ 抗表：上表。 ⑱ 属：嘱托。 ⑲ 甄：彰明。 ⑳ 狎：亲近。 ㉑ 克：能够。 ㉒ 奄然：突然。

〔赏析〕 观徐陵的传记，其一生可谓文学、仕宦双丰收。谈到文学成就，首先使人想到的就是他编纂的《玉台新咏》，这是历史上继《诗经》、《楚辞》之后的第三部诗歌总集。除此之外，还留下文集三十卷，包括赋、文、书、表、议、启、序、颂、铭、墓志、碑文等文体的作品八十一篇，诗四十二首。

徐陵取得如此文学成就，首先得益于他的天资和勤奋。史载他八岁能写文章，十二岁通晓《老》、《庄》之意。《陈书》作者唐人姚思廉称赞徐陵“挺五行之秀，禀天地之灵，聪明特达，笼罩今古”，绝非虚誉之词。

天资和勤奋之外，徐陵的文学成就与其丰富的社会人生阅历也不无关系。他在梁朝时曾做过使臣出使北魏，赶上东西魏分裂，被东魏、北齐扣押在北方。西魏军攻陷江陵，北齐为了控制南朝政权以与西魏抗衡，派军队护送俘获的梁朝宗室萧渊明回南朝继承帝位，徐陵得以一起回到南方，投在王僧辩帐下。陈霸先杀死王僧辩，徐陵感王僧辩旧恩，参加了任约等人反对陈霸先的军事行动。任约兵败，徐陵得到陈霸先的宽恕，开始了为陈王朝服务的生涯。先后经历了武帝陈霸先、文帝陈蒨、废帝陈伯宗、宣帝陈顼、后主陈叔宝等朝。正因为被扣在北齐，才有了洋洋洒洒的致北齐尚书仆射杨遵彦书。正因为与萧渊明回到南朝开始受到王僧辩的拒绝，才有了《与王僧辩书》以及一系列替萧渊明代笔与王僧辩反复的书信。正因为他经历了陈朝取代梁朝和陈朝皇帝的更替，也因为"自有陈创业，文檄军书及禅授诏策，皆陵所制"。其文颇变旧体，缉裁巧密，多有新意。每一文出手，好事者已传写成诵，遂被之华夷，家藏其本。

徐陵的仕途也很顺利，他经历了梁陈两朝，官越做越大，没有受改朝换代和皇帝更替的影响。

徐陵顺利的仕途与他的文学才能多少有些关系。南朝重文学，《南齐书》、《梁书》、《陈书》都有《文学传》，沈约、江淹、任昉都以位高兼文华著称。萧子显说："文章者，盖情性之风标，神明之律吕也。蕴思含毫，游心内运，放言落纸，气韵天成。"姚思廉说："经礼乐而纬国家，通古今而述美恶，非文莫可也。是以君临天下者，莫不敦悦其义，缙绅之学，咸贵尚其道，古往今来，未之能易。"唐人刘知幾著《史通》说，从陈寿《三国志》以后，"大抵皆华多于实，理少于文，鼓其雄辞，夸其俪事"，"大唐修《晋书》，作者皆当代词人，远弃史、班，近宗徐、庾"。这里的徐、庾，即指徐陵和庾信，可见南朝文学对史学的影响。徐陵平步仕途与这样的背景有很大关系。

徐陵位居高官，不是只凭文学才能而在行政上尸位素餐的人，他在位期间，在政治上也有所作为。

徐陵任御史中丞，其职责是监察百官。文帝陈蒨的弟弟陈顼任司空，既是宗亲又居高位，势倾朝野。直兵参军鲍僧叡凭陈顼的威权，抑塞辞讼，大臣无人敢言。徐陵闻之，便上奏弹劾陈顼。文帝见徐陵服章严肃，凛然不可犯，为之敛容正坐，当时陈顼在殿上侍立，不禁流汗失色。结果陈顼被免侍中、中书监之职，这是徐陵弹劾职位最高的官员，自此朝廷肃然。

徐陵任吏部尚书，其职责是选拔荐举朝廷官员。梁末以来，选授多失其所，于是徐陵提举纲维，综核名实。当时有很多人冒进求官，喧竞不已，徐陵便写信给他们，讲明破格提拔是天子的权力，自己既为吏部尚书，应该严格区分天子和吏部的权利，只能按规矩选官。

徐陵任尚书左仆射，其职责是帮助皇帝决策大事。宣帝决定北伐，让众人推举北伐的统帅。众人都认为中权将军淳于量位高权重，纷纷推举他，只有徐陵认为吴明彻熟悉北方的情况，又有军事才能，是最合适的人选。经过多日争论，都官尚书裴忌也同意徐陵的意见。徐陵又说"非但明彻是良将，裴忌也是好副手"，宣帝当即任命吴明彻为北伐大都督，裴忌为监军。二人统军北伐，果然取得攻克淮南数十州的战果。

徐陵和江总都是陈朝既有文学才能又身居高位之人。江总在陈后主时，虽然位居权相，但不管政务，终日与后主游宴后庭，成为陈后主的狎客，后世人把他视为使陈朝灭亡的罪人。徐陵在后主即位后不久便病逝了，陈后主对他评价甚高，曾说他是"业高名辈，文曰词宗"。比起江总，徐陵要幸运得多。

姚察列传

〔选文〕

姚察字伯审，吴兴武康人也。九世祖信，吴太常卿，有名[①]江左。

察幼有至性，事亲以孝闻[②]。六岁，诵书万余言。弱不好弄[③]，博弈杂戏，初不经心。勤苦厉精，以夜继日。年十二，便能属文。父上开府僧垣，知名梁武代，二宫礼遇优厚，每得供赐，皆回给察兄弟，为游学之资，察并用聚蓄图书，由是闻见日博。年十三，梁简文帝时在东宫，盛修文义，即引于宣猷堂听讲论难，为儒者所称[④]。及简文嗣[⑤]位，尤加礼接。起家南海王国左常侍，兼司文侍郎。除[⑥]南郡王行参军，兼尚书驾部郎。

……

中书侍郎领著作杜之伟与察深相眷遇[7]，表用察佐著作，仍撰史。永定初，拜始兴王府功曹参军，寻补嘉德殿学士，转中卫、仪同始兴王府记室参军。吏部尚书徐陵时领著作，复引为史佐，及陵让官致仕等表，并请察制焉，陵见叹曰："吾弗逮[8]也。"太建初，补宣明殿学士，除散骑侍郎、左通直。寻兼通直散骑常侍，报聘[9]于周。江左耆旧先在关右者，咸相倾慕。沛国刘臻窃于公馆访《汉书》疑事十余条，并为剖析，皆有经据。臻谓所亲曰："名下定无虚士。"著《西聘道里记》，所叙事甚详。

使还，补东宫学士。于时济阳江总、吴国顾野王、陆琼、从弟瑜、河南褚玠、北地傅縡等，皆以才学之美，晨夕娱侍。察每言论制述，咸为诸人宗[10]重。储君深加礼异，情越群僚，宫内所须方幅手笔，皆付察立草。又数令共野王递相策问，恒[11]蒙赏激[12]。

迁尚书祠部侍郎。此曹职司郊庙，昔魏王肃奏祀天地，设宫县之乐，八佾之舞，尔后因循不革。梁武帝以为事人礼缛[13]，事神礼简，古无宫县之文。陈初承用，莫有损益。高宗欲设备[14]乐，付有司立议，以梁武帝为非。时硕学名儒、朝端在位者，咸希[15]上旨，并即注同。察乃博引经籍，独违群议，据梁乐为是，当时惊骇，莫不惭服，仆射徐陵因改同察议。其不顺时随俗，皆此类也。

拜宣惠宜都王中录事参军，带东宫学士。历仁威淮南王、平南建安王二府咨议参军，丁内忧[16]去职。俄[17]起为戎昭将军，知[18]撰梁史事，固辞不免。后主纂业，敕兼东宫通事舍人,将军、知撰史如故。又敕专知优册谥议等文笔。至德元年,除中书侍郎,转太子仆,余并如故。

……

别日召入论选事,察垂涕拜请曰:"臣东皋贱族,身才庸近⑲,情忘远致,念绝修途。顷来忝窃,久知逾分,特以东朝攀奉,恩纪谬加。今日叨滥,非由才举,纵陛下特升庸薄,其如朝序何?臣九世祖信,名高往代,当时才居选部,自后罕有继踪。臣遭逢成擢,沐浴恩造⑳,累致非据,每切妨贤。臣虽无识,颇知审己,言行所践,无期荣贵,岂意铨衡㉑之重,妄委非才。且皇明御历,事高昔代,羽仪世胄,帷幄名臣,若授受得宜,方为称职。臣夙陶教义,必知不可。"后主曰:"选众之举,佥议所归,昔毛玠雅量清恪,卢毓心平体正,王蕴铨量得地,山涛举不失才,就卿而求,必兼此矣。且我与卿虽君臣礼隔,情分殊常,藻镜㉒人伦,良所期寄,亦以无惭则悊也。"

察自居显要,甚励清洁,且廪㉓锡以外,一不交通。尝有私门生不敢厚饷,止送南布一端,花练一匹。察谓之曰:"吾所衣著,止是麻布蒲练,此物于吾无用。既欲相款㉔接,幸不烦尔。"此人逊请,犹冀受纳,察厉色驱出,因此伏事者莫敢馈遗㉕。

陈灭,入隋,开皇九年,诏授秘书丞,别敕成梁、陈二代史。又敕于朱华阁长参。文帝知察蔬菲,别日乃独召入内殿,赐果菜,乃指察谓朝臣曰:"闻姚察学行当今无比,我平陈唯得此一人。"十三年,袭封北绛郡公。察往岁之聘周也,因得与父僧垣相见,将别之际,绝而复苏,至是承袭,愈更悲感,见者莫不为之歔欷。

……

仁寿二年,诏曰:"前秘书丞北绛郡开国公姚察,强学待问，博极群典，修身立德，白首不渝，虽在哀疚，宜夺情礼，可员外散骑常侍，封如故。”又敕侍晋王昭读。炀帝初在东宫，数被召见，访以文籍。即位之始，诏授太子内舍人，余并如故。车驾巡幸，恒侍从焉。及改易衣冠，删正朝式，切问近对，察一人而已。

年七十四，大业二年，终于东都，遗命薄葬，务从率俭。

选自《陈书》卷二十七

〔注释〕 ① 名：名声。 ② 闻：闻名。 ③ 弄：戏耍。 ④ 称：赞扬。 ⑤ 嗣：承袭。 ⑥ 除：拜官受职。 ⑦ 遇：对待。 ⑧ 逮：及。 ⑨ 报聘：他国来聘，遣使回访。 ⑩ 宗：尊奉。 ⑪ 恒：常常。 ⑫ 激：激励。 ⑬ 缛：繁琐。 ⑭ 备：齐备。 ⑮ 希：迎合。 ⑯ 忧：父母的丧事。 ⑰ 俄：不久。 ⑱ 知：主持。 ⑲ 近：浅近。 ⑳ 恩造：栽培的恩义。 ㉑ 铨衡：执掌铨选的职位。 ㉒ 藻镜：评量和鉴别人才。 ㉓ 廪：旧指官府发给的粮米。 ㉔ 款：诚恳。 ㉕ 遗：赠送。

〔赏析〕 姚察和江总同传，二人有许多相似之处。江总自幼聪敏，长大以后，笃学有辞采，家传赐书数千卷，他昼夜寻读，未尝辍手。姚察的聪明勤奋与江总不相上下，六岁能诵书万余言，十二岁便能写文章，他的父亲给他们兄弟的钱财，姚察都用于聚蓄图书，从书中汲取了大量的知识。

陈后主雅尚文词，傍求学艺，每当臣下有表疏及献上赋颂，都亲自省览，对于好文笔的作者，给予赏赐，加以爵位。正因为陈后主有这样的爱好，姚察的文才被陈后主所看重。陈后主所作文字，总是另写一本交给姚察，有疑问处悉令他刊定。他对朝士们说：“姚察达学洽闻，手笔典裁，求之于古，犹难辈匹，在于今世，足为师范。且访对甚详明，听之使人忘倦。”还说：“我于姚察文章，非唯玩味无已，故是一宗匠。”

姚察的文才也受到与之同时才子的推崇。徐陵名高一代，每见察制述，尤所推重，并曾对其子徐俭说：“姚学士德学无前，汝可师之也。”江总为太子詹事时，曾做登宫城五百字诗，当时太子及徐陵以下诸名贤纷纷和诗。徐陵后来对江总说：“我所和弟五十韵，寄弟集内。”后来江总编次文章，发现没有姚察的和本，便对姚察说：“高才硕学，庶光拙文，今须公所和五百字，用偶徐侯章也。”姚察谦逊未付，江总说：“如果得不到您的和诗，不但我的诗没有价值，也违背了徐公所寄的希望，怎能够忍心有此两失呢！”

姚察与江总有很多相似点，但是，史上对两个人的评价却大相径庭。

他们的根本区别在于对陈朝末期政治的态度。从陈后主即位以后，姚察就对朝廷政治失去了热情，其表现就是寻找各种借口推脱朝廷的任职。陈后主任他为中书侍郎、兼东宫通事舍人，姚察以为父母守丧为由，连连进行推辞，直到丧服期满，才受任为给事黄门侍郎，领著作，但因斋素日久，羸弱不堪。陈后主让他停止素斋，并下手敕说：“卿羸瘠如此，斋菲累年，不宜一饭，有乖将摄，若从所示，甚为佳也。”姚察虽表面接受，但仍我行我素。很难想象，这样的健康状况，能为朝廷做什么事。后来江总等人又举荐姚察为吏部尚书，姚察辞让甚切，说自己是“东皋贱族，身才庸近，情忘远致，念绝修途”，表示“羽仪世胄，帷幄名臣，若授受得宜，方为称职。臣夙陶教义，必知不可”。后来他实在推辞不掉，便采取洁身自好的态度，“廪赐以外，一不交通”。然而此时此刻，江总却仍然醉心于朝廷的腐败政治。作为陈后主的狎客之一，江总经常出席陈后主举行的通宵达旦的宴饮，与众美人一起吟诗唱和。隋朝大军即将渡江，江总竟接受佞臣施文庆等人的贿赂，劝说陈后主放弃出兵防御。

陈朝一批以才学之美而受皇帝宠信的学士，到陈末发生了分化，以江总为代表的一些人为腐败政治推波助澜；以傅縡为代表的一些人疾恶如仇，以命抗争；以姚察为代表的一些人远离腐败，明哲保身，他们虽不能挽狂澜于既倒，但也没有推波助澜。唐人李延寿对三个人分别予以评价，说傅縡“聪警特达，才气自负，行之平日，其犹殆诸；处以危邦，死其宜矣”；说姚察“栖托艺文，蹈履清直，文质彬彬，各践通贤之域，美矣乎”；说江总“溺于宠狎，反以文雅为败，然则士之成名，所贵彬彬而已”，也算是较为客观公允的评价。

（梁满仓）

胡汉调合辅佐：智者不问族裔

〔导言〕 十六国北朝上演着一幕幕有声有色的少数民族入主中原的戏剧，匈奴、鲜卑、羯、氐、羌，一个个策马扬鞭的民族先后粉墨登场，逐鹿中原，在历史舞台上留下了浓墨重彩的绚烂画卷。而这段时期也是草原文明与农耕文明不断碰撞、不断融合的时代。虽然诸族凭借弯弓铁马建立了政权，但作为文化落后的征服者，其终究难以摆脱"长时期的征服中，比较野蛮的征服者，在绝大多数情况下，都不得不适应征服后存在的比较高的经济情况"(恩格斯)这一铁律。在不断交织的斗争与发展中，两种文明的对峙终于为孝文帝太和改制所打破，草原文化被农耕文化所取代。

然而孝文帝一刀切的改革加剧了国内的不平衡，原为自由民的北镇"国之肺腑"沦落到"形同断养"。六镇镇民对自身命运的反抗颠覆了北魏王朝的统治，开启了东魏北齐与西魏北周的对峙局面。在汉化已成为大势所趋的背景下，两方政权都继承北魏，采取与汉族士大夫合作的政策。在胡汉两大统治集团并存的形势下，是坚持己见还是相互妥协，不同的人做出了不同的选择，给出了不同的答案，也有了不同的结果，段韶与王晞就是其中典型。二人都为齐臣，虽然均为佐命之臣，或身系社稷之安危，或有辅佐登基之功，尽管他们的行事方式差异颇大，但都属智慧之士。

段韶列传

〔选文〕

韶，字孝先，小名铁伐。少工①骑射，有将领才略。高祖以武明皇后姊子，益器②爱之，常置左右，以为心腹。

建义初，领亲信都督。中兴元年，从高祖拒③尔朱兆，战于广阿。高祖谓韶曰:“彼众我寡,其若之何。”韶曰:“所谓众者,得众人之死;强者,得天下之心。尔朱狂狡,行路所见,裂冠毁冕,拔本塞源,邙山之会,搢绅何罪,兼杀主立君,不脱[④]旬朔,天下思乱,十室而九。王躬昭德义,除君侧之恶,何往而不克哉!”高祖曰:“吾虽以顺讨逆,奉辞伐罪,但弱小在强大之间,恐无天命,卿不闻之也?”答曰:“韶闻小能敌大,小道大淫,皇天无亲,唯德是辅,尔朱外贼天下,内失善人,知者不为谋,勇者不为斗,不肖失职,贤者取之,复何疑也。”遂与兆战,兆军溃。

……

兴和四年,从高祖御周文帝于邙山。高祖身在行间,为西魏将贺拔胜所识,率锐来逼。韶从傍驰马引弓反射,一箭毙其前驱,追骑慑惮,莫敢前者。西军退,赐马并金,进爵为公。

武定四年,从征玉壁。时高祖不豫[⑤],攻城未下,召集诸将,共论进止之宜。谓大司马斛律金、司徒韩轨、左卫将军刘丰等曰:“吾每与段孝先论兵,殊有英略,若使比来[⑥]用其谋,亦可无今日之劳矣。吾患[⑦]势危笃,恐或不虞[⑧],欲委孝先以邺下之事,何如?”金等曰:“知臣莫若君,实无出孝先。”仍谓韶曰:“吾昔与卿父冒涉险艰,同奖[⑨]王室,建此大功。今病疾如此,殆[⑩]将不济,宜善相翼[⑪]佐,克兹负荷。”即令韶从显祖镇邺,召世宗赴军。高祖疾甚,顾命世宗曰:“段孝先忠亮仁厚,智勇兼备,亲戚之中,唯有此子,军旅大事,宜共筹之。”五年春,高祖崩于晋阳,秘不发丧。俄而[⑫]侯景构乱,世宗还邺,韶留守晋阳。世宗还,赐女乐十数人,金十斤,缯帛称是,封长乐郡公。世宗征颍川,韶留镇晋阳。别封真定县男,行并州刺史。显祖受禅,别封朝陵县,又封霸城县,加位特进。启求归朝陵公，乞封继母梁氏为郡君。显祖嘉之，别以梁氏为安定郡君。又以霸城县侯让其继母弟孝言。论者美[13]之。

……

周冢宰宇文护母阎氏先配中山宫，护闻阎尚存，乃因边境移书，请还其母，并通邻好。时突厥屡犯边，韶军[14]于塞下。世祖遣黄门徐世荣乘传赍[15]周书问韶。韶以周人反覆，本无信义，比[16]晋阳之役，其事可知。护外托为相，其实王也，既为母请和，不遣一介之使申其情理，乃据移书即送其母，恐示之弱。如臣管见，且外[17]许之，待后放之未晚。不听。遂遣使以礼将送。

护既得母，仍遣将尉迟迥等袭洛阳。诏遣兰陵王长恭、大将军斛律光率众击之，军于邙山之下，逗留未进。世祖召谓曰："今欲遣王赴洛阳之围，但突厥在此，复须镇御，王谓如何?"韶曰："北虏侵边，事等疥癣，今西羌窥逼，便是膏肓之病，请奉诏南行。"世祖曰："朕意亦尔。"乃令韶督精骑一千，发自晋阳。五日便济[18]河，与大将共量[19]进止。韶旦将[20]帐下二百骑与诸军共登邙阪，聊观周军形势。至大和谷，便值[21]周军，即遣驰告诸营，追集兵马。仍与诸将结阵以待之。韶为左军，兰陵王为中军，斛律光为右军，与周人相对。韶遥谓周人曰："汝宇文护幸得其母，不能怀恩报德，今日之来，竟何意也?"周人曰："天遣我来，有何可问。"韶曰："天道赏善罚恶，当遣汝送死来耳。"周军仍以步人在前，上山逆战。韶以彼徒我骑，且却[22]且引，待其力弊，乃遣下马击之。短兵始交，周人大溃。其中军所当者，亦一时瓦解，投坠溪谷而死者甚众。洛城之围，亦即奔遁，尽弃营幕，从邙山至谷水三十里中，军资器物弥满川泽。车驾幸洛阳，亲劳[23]将士，于河阴置酒高会，策勋命赏，除[24]太宰，封灵武县公。天统三年，除左丞相，永昌郡公，食沧州干。

……

韶疾甚，先军还。以功别封乐陵郡公。竟以疾薨。上举哀东堂，赠物千段、温明秘器、辒辌车，军校之士陈卫送至平恩墓所，发卒起冢。赠假黄钺、使持节、都督朔并定赵冀沧齐兖梁洛晋建十二州诸军事，相国、太尉、录尚书事、朔州刺史，谥曰忠武。

韶出总军旅，入参帷幄，功既居高，重以婚媾[25]，望倾朝野。长于计略，善于御众，得将士之心，临敌之日，人人争奋。又雅性温慎，有宰相之风。教训子弟，闺门雍肃，事[26]后母以孝闻，齐世勋贵之家罕有及者。然僻于好色，虽居要重，微服间行。有皇甫氏，魏黄门郎元瑀之妻，弟谨谋逆，皇甫氏因没官。韶美其容质，上启固请，世宗重[27]违其意，因以赐之。尤啬于财，虽亲戚故旧略无施与。其子深尚[28]公主，并省丞郎在家佐事十余日，事毕辞还，人唯赐一杯酒。

选自《北齐书》卷十六

〔**注释**〕 ① 工：擅长。 ② 器：器重。 ③ 拒：抵抗。 ④ 脱：出。 ⑤ 不豫：婉称帝王有病。 ⑥ 比来：先前。 ⑦ 患：担忧。 ⑧ 虞：预料。 ⑨ 奖：辅助。 ⑩ 殆：大概。 ⑪ 翼：扶助。 ⑫ 俄而：不久。 ⑬ 美：赞扬。 ⑭ 军：驻扎军队。 ⑮ 赍：携带。 ⑯ 比：比照。 ⑰ 外：表面上。 ⑱ 济：过河。 ⑲ 量：衡量。 ⑳ 将：统率。 ㉑ 值：遇到。 ㉒ 却：退。 ㉓ 劳：慰劳。 ㉔ 除：拜官受职。 ㉕ 婚媾：婚姻。 ㉖ 事：侍奉。 ㉗ 重：难。 ㉘ 尚：仰攀婚姻，多指娶公主为妻。

〔**赏析**〕 段韶是鲜卑化的汉人。作为高欢怀朔集团元老段荣之子，北齐武明太后娄昭君之甥，一生征战无数，多次击败周军，身系齐室安危。他历经神武、文襄、文宣、废帝、孝昭、武成、后主七朝，出总军旅，入参帷幄，武平二年

(571年)卒。

段韶少时即为高欢所喜爱，以为心腹，成为其帐下亲信都督。高欢起兵反对契胡尔朱氏前曾一度因畏惧其兵势之强而犹豫不决，然而段韶的一份鞭辟入里的局势分析终于令高欢下定决心起兵，段韶也因此更加受到器重，高欢临终前还特别嘱咐其诸子，军旅大事要与段韶商议。

随着北齐北周实力的逆转，段韶的作用日渐重要。北周军攻齐之副都晋阳，段韶力排众议，以逸待劳，大破周军，解晋阳之危。而后的邙山之战，成帝将在塞上防御突厥的段韶紧急召回，赴邙山迎战。在段韶的指挥下，齐军大捷。此后段韶又指挥了对汾北的争夺，多次击败周军，病重之时仍授以兰陵王破敌之术。

段氏身处民族矛盾较为尖锐，政治斗争激烈的北齐，却能“以猜忌之朝，终其眉寿”，而与之同列的将领，亲若兰陵王高长恭，尊若国丈咸阳王斛律光，最终都不免一死，段韶能得以善终，确实为一大幸。究其原因，毋庸置疑，段韶具有杰出的军事才能，东西对峙时期，正是其用武之时，北齐也需要其存在。

但为人臣者最忌功高震主。大凡人君，面对属下将领的赫赫战功，都会产生一些猜忌，故而“兔死狗烹，鸟尽弓藏”的悲剧不断地上演。后来兰陵王也正是因为邙山之役威名太盛而惨遭鸩杀，但军功远胜于兰陵王的段韶却能免遭厄运，这恐怕要归结于其本人的一些巧妙做法，暗示了君王自己不构成威胁。段韶好色，虽处军营之中亦微服出行，并强索罪人之妻。啬于财货也是其为人一特点，其子尚公主之际，赐予宾客的唯有薄酒一杯。这两种行为看似其个人人格缺点，实则暗藏其政治智慧。好色之徒怎能成大业？段氏的行为实则向君王暗示，其本无欲干权，自然不会对高氏一家之天下构成威胁，而高澄将皇甫氏赏赐给他，也是一种施恩，令其更加感恩戴德，更加忠顺。而啬于财货也恰恰避免了统治者忌讳的另一问题——结党营私，段韶既然生性吝啬，自然不将钱花在结交权贵、豢养死士等方面。如果说以上只是猜测，另一个例子就耐人寻味了。邙山之战时，诸将之中威信最高的段韶并未身居中军，而是将地位最为尊贵的中军交予兰陵王长恭，而长恭此时只是一个初出茅庐的青年将领,唯一与众不同的地方在于他是宗室亲王。段韶此举无疑是在向君主表示自己对高氏的忠诚,绝无僭越之心。

从深层上而言,段韶的成功在于其采取的调和胡汉的生存方式,较好地调和了鲜卑文化与汉文化,使二者之间的冲突对其自身的影响得到了消弭,故而在两种文化斗争的漩涡中,段韶能全身而退。

段氏一门本为陇西汉人,但自晋以来,就先后仕于卢水胡北凉、拓跋魏,所以其必然吸收了大量的胡族生活方式。但与鲜卑等少数民族不同的是,他们毕竟是汉人,民族文化心理是具有稳定性的,因而保留了一些不同于其他民族的生活方式。这两种文化的交流,造就了融合胡汉的段氏家族。段韶的精于骑射以及"铁伐"这个鲜卑名,显然是鲜卑族文化在其身上的体现;但同时,段氏与"不知书"的鲜卑贵族存在很大差异,保留了较多的汉族传统,其父段荣精通易学,并用之占卜。与之相反,斛律金父子则采用颇具草原文化的"匈奴法"占卜。段韶家族的教化在北齐勋贵中罕有及者,其弟段孝言在生活上亦效仿汉族士大夫"招致名士"、"赋诗奏伎"。段韶本人的婚姻也是调和做法的一个典型,段韶妻元氏,显然为迁洛之后的汉化鲜卑人。可以说正是这种文化上的调和,使得段韶在风口浪尖能超然物外,一方面高德正等鲜卑集团在高洋立后时提出"汉妇人不可为天下母",同时又认为段韶之妹是最佳人选,显然引以为己类;另一方面,汉族士大夫亦是段家的座上宾。段韶身处两大集团之间游刃有余,左右逢源。

段韶在猜忌之朝能仕七世,除却战功外,其智慧亦起到了很大作用。虽然其明哲保身的做法在当今看来有臧否之处,但文化上的调和却发人深思。

王晞列传

〔选文〕

弟晞,字叔朗,小名沙弥。幼而孝谨,淹雅①有器度,好学不倦,美容仪,有风则。魏末,随母兄东适②海隅,与邢子良游处。子良爱其清悟,与其在洛两兄书曰:"贤弟弥郎,意识深远,旷达不羁,简于造次,言必诣理,吟咏情性,往往丽绝。恐足下方难为兄，不假虑其不进也。”魏永安初，第二兄晖聘[3]梁，启晞释褐除员外散骑侍郎，征[4]署广平王开府功曹史。晞愿养母，竟[5]不受署。母终后，仍属迁邺。遨游巩洛，悦其山水，与范阳卢元明、巨鹿魏季景结侣同契，往天陵山，浩然有终焉之志。

……

齐神武访朝廷子弟忠孝谨密者，令与诸子游。晞与清河崔瞻、顿丘李度、范阳卢正通首应此选。文襄时为大将军，握晞等手曰：“我弟并向成长，志识未定，近善狎[6]恶，不能不移。吾弟成立，不负义方，卿禄位常亚吾弟。若苟使回邪，致相诖误[7]，罪及门族，非止一身。”晞随神武到晋阳，补中外府功曹参军带常山公演友。

齐天保初，行太原郡事。及文宣昏逸，常山王数谏，帝疑王假辞于晞，欲加大辟[8]。王私谓晞曰：“博士，明日当作一条事，为欲相活，亦图自全，宜深体勿怪。”乃于众中杖晞二十。帝寻发怒，闻晞得杖，以故不杀，髡钳配[9]甲坊。居三年，王又固谏争，大被殴挞，闭口不食。太后极忧之。帝谓左右曰：“傥[10]小儿死，奈我老母何？”于是每问王疾，谓曰：“努力强食，当以王晞还汝。”乃释晞令往。王抱晞曰：“吾气力惙[11]然，恐不复相见。”晞流涕曰：“天道神明，岂令殿下遂毙此舍。至尊亲为人兄，尊为人主，安可与校计。殿下不食，太后亦不食，殿下纵不自惜，不惜太后乎？”言未卒，王强坐而饭[12]。晞由是得免徒，还为王友。

……

及帝崩，济南嗣立。王谓晞曰：“一人垂拱，吾曹亦保优闲。”因言朝廷宽仁慈恕，真守文良主。晞曰：“天保享祚，东宫委一胡人，今卒览万机，驾驭雄杰。如圣德幼冲，未堪多难，而使他姓出纳诏命，必权有所归。殿下虽欲守藩职，其可得也。假令得遂冲[13]退，自谓保家祚得灵长不？”王默然思念，久之曰：“何以处我？”晞曰：“周公抱成王朝诸侯，摄政七年，然后复子明辟，幸有故事[14]，惟殿下虑[15]之。”王曰：“我安敢自拟周公。”晞曰：“殿下今日地望，欲避周公得耶。”王不答。帝临发，敕王从驾，除晞并州长史。

及王至邺，诛杨、燕等，诏以王为大丞相、都督中外诸军事，督摄文武，还至并，乃延[16]晞谓曰：“不早用卿言，使群小弄权，几至倾覆。今君侧虽获暂清，终当何以处我？”晞曰：“殿下将往时地位，犹可以名教出处。今日事势，遂关天时，非复人理所及。”有顷，奏赵郡王睿为左长史，晞为司马。每夜载入，昼则不与语，以晞儒缓，恐不允[17]武将之意。后进晞密室曰：“比[18]王侯诸贵每见煎迫，言我违天不祥，恐当或有变起，吾正欲以法绳[19]之。”晞曰：“朝廷比者疏远亲戚，宁思骨血之重。殿下仓卒[20]所行，非复人臣之事，芒刺在背，交戟入颈，上下相疑，何由可久。且天道不恒，亏盈迭至，神几变化，肸蠁斯集。虽执谦挹[21]，粃糠神器，便是违上玄之意，坠先帝之基。”王曰：“卿何敢发非所宜言，须致卿于法。”晞曰：“窃[22]谓天时人事，同无异谋，是以冒犯雷霆，不惮斧钺。今日得披肝胆，抑亦神明攸赞。”王曰：“拯难匡辅，方俟圣哲，吾何敢私议，幸勿多言。”寻[23]有诏以丞相任重，普进府僚一班，晞以司马领吏部郎中。丞相从事中郎陆杳将出使，临别握晞手曰：“相王功格区宇，天下乐推，歌谣满道，物无异望。杳等愿披赤心而忽奉外使，无由面尽短诚，寸心谨以仰白[24]。”晞寻述杳言。王曰：“若内外咸[25]有异望，赵彦深朝夕左右，何因都无所论。自以卿意试密与言之。”晞以事隙问彦深，彦深曰：“我比亦惊此音谣，每欲陈闻，则口噤心战。弟既发论，吾亦昧死㉖一披肝胆。”因亦同劝。

是时诸王公将校四方岳牧表陈符命。乾明元年八月，昭帝践祚。诏晞曰：“何为自同外客，略不可见。自今假㉗非局司，但有所怀，随宜作一牒，候少㉘隙即径进也。”因㉙敕尚书阳休之、鸿胪卿崔劼等三人，每日本职务罢㉚，并入东廊，共举录历代废礼坠乐、职司废置、朝飨异同、舆服增损。

……

齐亡，周武以晞为仪同大将军、太子谏议大夫。隋开皇元年，卒于洛阳，年七十一。赠仪同三司、曹州刺史。

选自《北齐书》卷三十一

〔注释〕 ① 淹雅：广博高雅。 ② 适：往。 ③ 聘：指天子、诸侯及国家间派使臣访问。④ 征：征召。 ⑤ 竟：最终。 ⑥ 狎：轻忽。 ⑦ 诖误：贻误。 ⑧ 大辟：死刑。⑨ 配：发配。 ⑩ 傥：如果。 ⑪ 慑：疲弱。 ⑫ 饭：吃饭。 ⑬ 冲：谦和。 ⑭ 故事：先例。 ⑮ 虑：考虑。 ⑯ 延：招请。 ⑰ 允：符合。 ⑱ 比：近来。 ⑲ 绳：制裁。 ⑳ 仓卒：仓促。 ㉑ 挹：通“抑”，谦退。 ㉒ 窃：私下。 ㉓ 寻：不久。 ㉔ 白：表明。 ㉕ 咸：都。 ㉖ 昧死：冒死。 ㉗ 假：如果。 ㉘ 少：稍微。 ㉙ 因：于是。㉚ 罢：完毕。

〔赏析〕 王晞是前秦名相王猛六世孙，北魏东莱太守王昕弟。王晞幼而孝谨，风雅深沉，颇有气度，好学笃行，美风仪。西魏独孤信曾有意将其纳至麾下，为其婉拒，后奔邺，为常山王高演好友。王晞与高演友情深厚，助高演多次度过危机，辅佐其登帝位。高演死后，王晞仕途多不如意。齐亡仕周，隋开皇元年(581年)卒，年七十一。

高欢为诸子寻访宾友，因此机缘，王晞得以成为常山王高演挚友，并为赋予重托，从此拉开了两人一生合作的序幕。

天保末年，文宣帝高洋荒淫失序，其弟高演多次进谏，高洋遂迁怒于王晞。高洋死后，其子高殷即位。高演以为在其侄时期可以高枕无忧，王晞却点破了其设想的不现实，形势使然，唯有选择效仿周公辅成王。当拥护高殷的杨愔集团欲诛高演不成反而为其所灭后，高演问计于王晞，王晞一针见血指出此时并无退路可言，唯有废帝自立，这一建议十分明智。

高演为北齐之贤王、贤君，在备受诟病的北齐诸帝中，唯一能得到史家较为肯定论断的唯有此人。事实上，高演继位后也确实对高洋时期的烂摊子作了一定的匡正补救，使国势有所恢复。高洋在位后期，荒淫失德，嗜杀成性，诚如王晞所言："疏远亲戚"，在此人人自危的环境下，高演能幸免于难，最终登基称帝，王晞的辅弼功不可没。

王晞帮助高演的策略就是稳健的防守反击。如果分成两个部分，在高洋时期是稳健的防守，高殷时期则是主动出击。

在高洋的高压统治下，身处人人自危的大环境中，明哲保身的生存策略无疑是试图免于刀兵之祸的不二之选。高演身为宗室重臣，对于其兄的荒淫行径自然有诸多不满，所以多有规劝。而此时的高洋已罹患精神病，变得六亲不认。对此，王晞劝高演"乞且将顺，日慎一日"，这对于高演本人而言是保全性命，以图来日的绝佳选择。反观其三兄永安王高浚选择了与之截然不同的道路，上书切谏，终不免惨遭火刑。高演能平安度过高洋时期，王晞授予的明哲保身之策善莫大焉。

在高洋死，高殷即位之后，形势则发生了逆转。此时的宗室重臣高演身为先皇弟、今上叔、太后子，宗室之中论尊无人能出其右者，俨然已处于百尺竿头。在这下不来的百尺竿头，王晞向他提出了主动出击的策略，以周公为例，向其晓以利害。在诛灭杨愔集团后，更是指出至此唯有称帝可行，高演最终从其意。事实上像高演这种宗室亲王能安心做周公的毕竟是少数，能遇上不猜忌的成王更是少之又少，即使是选择退让也不见得能得以善终。有后魏彭城王为前车，王晞劝高演主动出击，避免了同样的悲剧发生于其身。

"天与弗取，反受其咎；时至不行，反受其殃"。王晞在缓儒的面具下，是一个精明的政治观察者，以敏锐的洞察力捕捉到了适宜的时机，将主人一步步推上了王位。对于高演，王晞功不可没。

北齐处在民族融合的时代洪流之中，这种融合是你中有我、我中有你的相互融合，并非单纯的汉族融合少数民族。但王晞兄弟却始终坚守着汉族士大夫的风操，不肯接受少数民族文化。其兄王昕在出仕北魏汝南王元悦时，对于骑马骋游这样的鲜卑族文化生活就心怀抵触，王晞本人在被命射箭时也发出了“我今可谓武有余而文不足”的牢骚。王晞极力拥戴高演即位，想必多是因为高演本人对汉文化的认同态度，其即位显然对汉族士大夫有利，不过高演亦保留了能骑善射等鲜卑族文化因素。以王晞儒道兼修的作风，即使是高演避免英年早逝的命运，他也会选择功成身退，纵使不得，也会果断拒绝身居显职。“功成而弗居”是传统汉族士大夫情结极重的王晞的最佳选择，与其身居高位，处于鲜卑与汉族的矛盾之中无法抽身，甚至强迫接纳鲜卑风俗，倒不如继续作为天子之友存在。王晞的恬淡谦退虽然未能使其位极人臣，但也正是如此，令他远离政治斗争的漩涡，得以善终，这也不得不承认王晞的先见之明。

（严　昊）

变奢从俭与因人成名

〔导言〕 元魏高祖孝文帝去世后,政治空气逐渐变得混浊不堪。在肃宗时期,因为忍受不了长官的压迫,数十万北部边疆的留守军民反叛了王朝。这场被称作“六镇之乱”的暴动,令洛阳的贵族们束手无策。但有人看到了机会,特别是那些同样出身北部边防军、野心勃勃的鲜卑军人,他们主动投入镇压暴动的战争,都想挟天子令诸侯。一系列战争后,西部的宇文氏集团、东部的高氏集团各拥天子,把元魏掰成为西魏、东魏,后来又各自甩开元氏,建立北周、北齐。

相比关东强大的实力,宇文氏缺乏物资、人口和富有文化的士人,但拥有一批杰出的武将。他们虽然出身平平,但大多忠厚朴实、生活节俭、尊重士人。少数的几位文士则与当时绮靡的时风迥异,提倡文体复古。本来弱小的宇文氏,在高氏的进攻下不但没有被吞并,反而愈加壮大。最终周武帝消灭了北齐,统一了北方。再后来继承北周的隋则统一了中国。毫不夸张地说,隋的统一是站在北周文臣武将的肩膀上的。

于谨列传

〔选文〕

于谨字思敬,河南洛阳人也。小名巨弥。曾祖婆,魏怀荒镇将。祖安定,平凉郡守、高平郡将。父提,陇西郡守,荏平县伯。保定二年,以[①]谨着勋,追赠使持节、柱国大将军、太保、建平郡公。

谨性沉深,有识量,略窥经史,尤好孙子兵书。屏[②]居闾里,未有仕进之志。或有劝之者,谨曰:“州郡之职,昔人所鄙，台鼎之位，须待时来。吾所以优游郡邑，聊以卒岁耳。”太宰元穆见之，叹曰：“王佐[3]材也。”

……

正光四年，行台广阳王元深治兵北伐，引谨为长流参军，特相礼接。所有谋议，皆与谨参之。乃使其子佛陁拜焉，其见待如此。遂与广阳王破贼主斛律野谷禄等。时魏末乱，群盗蜂起，谨乃从容谓广阳王曰：“自正光以后，海内沸腾，郡国荒残，农商废业。今殿下奉义行诛，远临关塞，然丑类蚁聚，其徒实繁，若极武穷兵，恐非计之上者。谨愿禀[4]大王之威略，驰往喻[5]之，必不劳兵甲，可致清荡。”广阳王然之。谨兼解[6]诸国语，乃单骑入贼，示以恩信。于是西部铁勒酋长乜列河等，领三万余户并款[7]附，相率南迁。广阳王欲与谨至折敷岭迎接之。谨曰：“破六汗拔陵兵众不少，闻乜列河等归附，必来要[8]击。彼若先据险要，则难与争锋。今以乜列河等饵之，当竞来抄掠，然后设伏以待，必指掌破之。”广阳然其计。拔陵果来要击，破乜列河于岭上，部众皆没。谨伏兵发，贼遂大败，悉[9]收得乜列河之众。魏帝嘉之，除[10]积射将军。

孝昌元年，又随广阳王征鲜于修礼。军次[11]白牛逻，会[12]章武王为修礼所害，遂停军中山。侍中元晏宣言于灵太后曰：“广阳王以宗室之重，受律专征，今乃盘桓不进，坐图非望。又有于谨者，智略过人，为其谋主。风尘之隙，恐非陛下之纯臣矣。”灵太后深纳之。诏于尚书省门外立牓，募能获谨者，许重赏。谨闻之，乃谓广阳曰：“今女主临朝，敢信谗佞，脱[13]不明白殿下素心，便恐祸至无日。谨请束身诣阙[14]，归罪有司，披露腹心，自免殃祸。”广阳许之。谨遂到牓下曰:“吾知此人。”众人共诘之。谨曰:“我即是也。”有司以闻。灵太后引见之,大怒。谨备论广阳忠款,兼陈[15]停军之状。灵后意稍[16]解,遂舍之。寻[17]加别将。

……

太祖临夏州,以谨为防城大都督,兼夏州长史。及岳被害,太祖赴平凉。谨乃言于太祖曰:“魏祚陵迟[18],权臣擅命,群盗蜂起,黔首嗷然。明公仗超世之姿,怀济时之略,四方远近,咸[19]所归心。愿早建良图,以副[20]众望。”太祖曰:“何以言之?”谨对曰:“关右,秦汉旧都,古称天府,将士骁勇,厥[21]壤膏腴,西有巴蜀之饶,北有羊马之利。今若据其要害,招集英雄,养卒劝农,足观时变。且天子在洛,逼迫群凶,若陈明公之恳诚,算时事之利害,请都[22]关右,帝必嘉而西迁。然后挟天子而令诸侯,奉王命以讨暴乱,桓、文之业,千载一时也。”太祖大悦。会有敕追谨为阁内大都督,谨因[23]进都关中之策,魏帝纳之。

……

谨自以久当权势,位望隆重,功名既立,愿保优闲。乃上先所乘骏马及所着铠甲等。太祖识其意,乃曰:“今巨猾未平,公岂得便尔独善。”遂不受。六官建,拜大司徒。

及太祖崩,孝闵帝尚幼,中山公护虽受顾命,而名位素下,群公各图执政,莫相率服。护深忧之,密访于谨。谨曰:“夙蒙丞相殊睠,情深骨肉。今日之事,必以死争之。若对众定策,公必不得辞让。”明日,群公会议。谨曰:“昔帝室倾危,人图问鼎。丞相志在匡救,投袂荷戈,故得国祚中兴,群生遂性。今上天降祸,奄弃庶寮。嗣子虽幼,而中山公亲则犹子,兼受顾托,军国之事,理须归之。”辞色抗厉,众皆悚动。

护曰:“此是家事,素虽庸昧,何敢有辞。”谨既太祖等夷㉔,护每申礼敬。至是,谨乃趋而言曰:“公若统理军国,谨等便有所依。”遂再拜。群公迫于谨,亦再拜,因是众议始定。

孝闵帝践阼,进封燕国公,邑万户。迁太傅、大宗伯,与李弼、侯莫陈崇等参议朝政。及贺兰祥讨吐谷浑也,谨遥统其军,授以方略。

……

及晋公护东伐,谨时老病,护以其宿将旧臣,犹请与同行,询访戎略。军还,赐钟磬一部。天和二年,又赐安车一乘。寻授雍州牧。三年,薨于位,年七十六。高祖亲临,诏谯王俭监护丧事,赐缯彩千段,粟麦五千斛,赠本官,加使持节、太师、雍恒等二十州诸军事、雍州刺史,谥曰文。及葬,王公已下,咸送出郊外。配享于太祖庙庭。

谨有智谋,善于事上。名位虽重,愈存谦挹㉕。每朝参往来,不过从两三骑而已。朝廷凡有军国之务,多与谨决之。谨亦竭其智能,弼㉖谐帝室。故功臣之中,特见委信,始终若一,人无间言。每教训诸子,务存静退。加以年齿遐长,礼遇隆重,子孙繁衍,皆至显达,当时莫与为比焉。

选自《周书》卷十五

〔注释〕 ① 以:因为。 ② 屏:隐迹。 ③ 佐:辅助。 ④ 禀:领受。 ⑤ 喻:使了解。 ⑥ 解:懂得。 ⑦ 款:归顺。 ⑧ 要:半路拦截。 ⑨ 悉:全。 ⑩ 除:拜官受职。 ⑪ 次:驻扎。 ⑫ 会:适逢。 ⑬ 脱:倘若。 ⑭ 阙:朝廷。 ⑮ 陈:陈述。 ⑯ 稍:渐渐。 ⑰ 寻:不久。 ⑱ 陵迟:衰颓。 ⑲ 咸:都。 ⑳ 副:符合。 ㉑ 厥:其。 ㉒ 都:定都。 ㉓ 因:趁机。 ㉔ 夷:平辈。 ㉕ 挹:通“抑”,谦退。 ㉖ 弼:辅佐。

〔赏析〕 于谨出身于北魏中小贵族世家,祖先是北方军人。与当时大多数纨绔子弟不同,于谨没有结交地方势力鱼肉百姓,或凭资历、身份巴结吏部求得吃香的职位，而是等待时机以遂大志。在镇压六镇之乱的战争中，于谨的才华逐渐显露，受到大贵族的重视。他打击叛军，并不只是死打硬拼，还采用利诱招安的方法。在东、西军阀混战中，他投归西部。身为一个并非西部军阀嫡系的关东人，于谨积极参与了拥戴宇文泰的决策，一举成为宇文氏的重臣。

在对高氏的战争中，于谨进一步提升了自己的地位，成为少数几位"柱国大将军"之一。同时他又担任尚书左仆射这一相当于丞相的要职，管理西魏民政。宇文泰对他也日益信任，任用这位关东人为对高氏作战的前线军政总指挥。不久，由于北齐安于现状，双方战事暂且告一段落，西魏获得恢复实力的机会。但于谨却没有因为疲倦于历年战争而贪于休养，而是看到了扩张的时机，建议攻打虚弱的南朝梁，并取得大胜。在此期间，北齐的力量几乎没有得到扩张。而西魏却靠这一仗壮了士气，并且获得了梦寐以求的人文资源。

宇文泰死后，于谨没有像赵贵等大将那样干预帝王家事，弄得身败名裂，而愈加审慎。直到去世，都深受信任。

中国古代，掌握军队的重臣常常无辜遭受猜忌，或恃势觊觎帝位。东汉光武帝在天下刚刚太平不久，便结束了中兴大将们的权力。北齐则自毁长城，杀死大将斛律明月。于谨的老战友赵贵、独孤信、侯莫陈崇，也在北周建立初年被宇文护所诛。反观地位更高的于谨，在步入权力核心后非但没有遭忌，而且愈受尊敬，"军国之务，多与决之"。个中缘由，耐人寻味。

班固说："艺由己立，名自人成。"(《与弟超书》)章学诚说："实至而名归，自然之理也，非必然之事也。"(《文史通义·缄名》)斛律明月战功不在于谨之下，他们的"实"、"艺"可谓锱铢相较、不相上下。然而一个死于谗言，一个终保全身、荫庇后代，所得之"名"(结局)迥异。差别的原因，就在于前者不懂利用"人成"。晚年的于谨，正如他的单名"谨"，处处谨慎小心、明哲保身。宇文护专权，他没有加入赵贵等老臣反抗的行列，却是颇能揣测宇文护的心思，在关键时刻支持了宇文护，利用他保持了自己的荣耀地位。老实讲，于谨有见风使舵之嫌，但人们往往称此为"识大体"，历代学者的史论中也鲜有批评于谨人品的语句。像斛律明月这样直来直去的人，遇到一位宽厚之君还能"因人成名”，若遭遇“中人以下”的昏主，那就难免悲剧了。“人成”，不是等着别人的光顾，而恰恰主要依赖自我运作，千方百计“邀请”别人来“成”你。与“实”、“艺”上的自我修炼不同，这是人际关系博弈过程中的心计。钱锺书感叹这简直是虚伪的阴谋（《管锥编》第三册全后汉文卷），似乎是给于谨最重的批评。但可惜以成败论英雄是历来常态，于谨的明哲保身之举反而是《周书》作者令狐德棻所赞许的。

当然，仅仅深谙此道的人是担当不了“军国之务”的——取得了权力，不具有相应的使用它的能力，也是白搭。北齐王朝善于观察风向、比于谨更加“识大体”的祖珽就只是落得骂名，时至清初，朱彝尊还有“谁知著作修文殿，物论翻归祖孝徵”的诗句（见洪亮吉《北江诗话》）。于谨能使君王“每与之决军国大事”，魄力、谋略与意志力都是一流的。对于儒家风度的仰慕，更是使这位武将拥有过人的政治生命力。北周武将大多具有这些品质，所以这些家族的生命一直延续进入唐代，而唐皇族李氏本身也是众多北周武将家族之一。再来看于谨的为人，本身谈不上有善恶之分，但对于社会、百姓的作用，就不可能没有褒贬了。

苏绰列传

〔选文〕

苏绰字令绰，武功人，魏侍中则之九世孙也。累世二千石。父协，武功郡守。

……

太祖方欲革易时政，务弘强国富民之道，故绰得尽其智能，赞成其事。减官员，置二长，并置屯田以资[①]军国。又为六条诏书，奏施行之。其一，先治心，曰：

……凡治民之体，先当治心。心者，一身之主，百行之本。心不清净，则思虑妄生。思虑妄生，则见理不明。见理不明，则是非谬乱。是非谬乱，则一身不能自治，安能治民也！是以治民之要，在清心而已。夫所谓清心者，非不贪货财之谓也，乃欲使心气清和，志意端静。心和志静，则邪僻之虑，无因而作。邪僻不作，则凡所思念，无不皆得至公之理。率至公之理以临其民，则彼下民孰不从化[2]。是以称治民之本，先在治心。

……

其二，敦教化，曰：

……

凡诸牧守令长，宜洗心革意，上承朝旨，下宣教化矣。

夫化者，贵能扇之以淳风，浸之以太和，被[3]之以道德，示之以朴素。使百姓亹亹[4]，中迁于善，邪伪之心，嗜欲之性，潜[5]以消化，而不知其所以然，此之谓化也。然后教之以孝悌，使民慈爱；教之以仁顺，使民和睦；教之以礼义，使民敬让。慈爱则不遗[6]其亲，和睦则无怨于人，敬让则不竞于物。三者既备，则王道成矣。此之谓教也。先王之所以移风易俗，还淳反素，垂拱[7]而治天下以至太平者，莫不由此。此之谓要道也。

其三，尽地利，曰：

……诸州郡县，每至岁首，必戒敕部民，无问少长，但能操持农器者，皆令就田，垦发以时，勿失其所。及布种既讫，嘉苗须理，麦秋在野，蚕停于室，若此之时，皆宜少长悉[8]力，男女并功，若援溺、救火、寇盗之将至，然后可使农夫不废其业，蚕妇得就[9]其功。若有游手怠惰，早归晚出，好逸恶劳，不勤事业者，则正长牒名郡县，守令随事加罚，罪一劝百。此则明宰之教也。

……

其四，擢贤良，曰：

……

凡所求材艺者，为其可以治民。若有材艺而以正直为本者，必以其材而为治也；若有材艺而以奸伪为本者，将由其官而为乱也，何治之可得乎。是故将求材艺，必先择志行。其志行善者，则举之；其志行不善者，则去之。

……

然善官人者必先省[10]其官。官省，则善人易充，善人易充，则事无不理；官烦[11]，则必杂不善之人，杂不善之人，则政必有得失。故语曰："官省则事省，事省则民清；官烦则事烦，事烦则民浊[12]。"清浊之由，在于官之烦省。案[13]今吏员，其数不少。昔民殷[14]事广，尚能克济，况今户口减耗，依员而置，犹以为少。如闻在下州郡，尚有兼假，扰乱细民，甚为无理。诸如此辈，悉宜罢黜，无得习常。

非直[15]州郡之官，宜须善人，爰至党族闾里正长之职，皆当审择，各得一乡之选，以相监统。夫正长者，治民之基。基不倾者，上必安。

……

其五，恤狱讼，曰：

……

夫人者，天地之贵物，一死不可复生。然楚毒之下，以痛自诬，不被申理，遂陷刑戮者，将恐往往而有。是以自古以来，设五听三宥之法，著明慎庶狱之典，此皆爱民甚也。凡伐木杀草，田猎不顺，尚[16]违时令，而亏帝道；况刑罚不中，滥害善人，宁[17]不伤天心、犯和气也！天心伤，和气损，而欲阴阳调适，四时顺序，万物皐[18]安，苍生悦乐者，不可得也。

故语曰，一夫吁嗟，王道为之倾覆，正谓此也。凡百宰守，可无慎乎。

若有深奸巨猾，伤化败俗，悖乱人伦，不忠不孝，故为背道者，杀一利百，以清王化，重刑可也。识此二途，则刑政尽[19]矣。

其六，均赋役，曰：

……

租税之时，虽有大式，至于斟酌贫富，差次先后，皆事起于正长，而系之于守令。若斟酌得所，则政和而民悦；若检理无方，则吏奸而民怨。又差发徭役，多不存意。致令贫弱者或重徭而远戍，富强者或轻使而近防。守令用怀如此，不存恤民之心，皆王政之罪人也。

太祖甚重之，常置诸座右。又令百司习诵之。其牧守令长，非通六条及计帐者，不得居官。

自有晋之季，文章竞[20]为浮华，遂成风俗。太祖欲革其弊，因魏帝祭庙，群臣毕至，乃命绰为大诰，奏行之。

……

自是之后，文笔皆依此体。

绰性俭素，不治产业，家无余财。以海内未平，常以天下为己任。博求贤俊，共弘治道，凡所荐达，皆至大官。太祖亦推心委任，而无间言。太祖或出游，常预署[21]空纸以授绰，若须有处分，则随事施行，及还，启之而已。绰尝[22]谓治国之道，当爱民如慈父，训民如严师。每与公卿议论，自昼达夜，事无巨细，若指诸掌。积思劳倦，遂成气疾。十二年，卒于位，时年四十九。

选自《周书》卷二十三

〔**注释**〕 ① 资：资助。 ② 风：教化。 ③ 被：加上。 ④ 亹亹：勤勉貌。 ⑤ 潜：悄悄地。 ⑥ 遗：遗弃。 ⑦ 垂拱：垂衣拱手。 ⑧ 悉：尽其所有。 ⑨ 就：成。 ⑩ 省：减少。 ⑪ 烦：繁多。 ⑫ 浊：昏乱。 ⑬ 案：考查。 ⑭ 殷：多。 ⑮ 直：只是。 ⑯ 尚：尚且。 ⑰ 宁：岂。 ⑱ 阜：盛多。 ⑲ 尽：达到极限。 ⑳ 竞：争着。 ㉑ 署：签名。 ㉒ 尝：曾经。

〔**赏析**〕 苏绰是在“永嘉丧乱”中滞留北方的魏晋贵族遗绪。他的先祖们，在十六国、元魏时期，都出任过太守一级的官员，“华夷大防”的观念早已被生存的压力消灭了，不过，文化修养仍旧保留下来。苏绰从小就博览群书。经过哥哥的推荐，他被宇文泰召用。和当年元魏的崔浩、高允以及后来清朝的范文程一样，富有学问的苏绰，当然是“只识弯弓射大雕”的游牧民族眼里的红人，因而迅速成为西魏栋梁式的文臣。

在宇文泰的支持下，苏绰进行了一系列改革。他“述申韩之要”，更“指陈帝王之道”。在宇文泰富国强兵的目标要求下，改革没有走商鞅的路子，反而带有些儒家理想主义的色彩。六条主要措施，条条扣准元魏崩溃后肮脏的政治、社会环境。

六镇之乱后，大量田地抛荒，许多本来温顺的民众变成流寇，私斗之风盛行，而地方官吏则趁机欺上瞒下、横征暴敛。对此，苏绰提出尽地利、敦教化、恤狱讼、均赋役等措施，以图解决燃眉之急。

但他的眼光不局限于当下，而把改革的重心放在“擢贤良”上。自从孝文帝抛弃了韩显宗等人重视庶族人才的建议后，元魏的官员选拔形势就每况愈下。贵族几乎垄断了为官之路，武人中请托之风猖獗。肃宗时，有一位正直的官员张彝试图改变污秽的局面，却遭到羽林军士兵的围攻、抄家，仅仅捡回一条命。接手工作的崔亮采用“停年格”的方法，放弃才能标准，只以资历取人，使得官吏整体素质更加跌落。没有优良的官僚系统，执政者即便有再好的措施，都无法施行。有鉴于此，苏绰强调精简编制，唯才是取。再看东魏(北齐)，除了在高澄时期“选举”稍见清明外，官吏选拔比元魏末期更加混乱，在段孝言掌握吏部时，人们甚至称吏部尚书是“段家尚书”。苏绰的改革，使西魏的中低层官吏素质远超其敌人北齐。周武帝平齐，靠的就是苏绰建立的这支人才队伍。

苏绰改革之中最有意思的举措是变更文风。北朝受南朝“绮靡”文风的波及，流行铺写华丽的诗文。当时西魏把善于写宫体诗赋的南人庾信、王褒奉若神明，萧梁诗人何逊的集子，刚流传到北方，北齐文人就争相阅读。苏绰认为这种缺乏骨力的文风，有悖六经，伤害风气，就借着皇家祭祀的机会，命令官员写文章必须仿照佶屈聱牙的经典《尚书》。南宋学者叶适批评说这是“皮毛上模出一重麄(粗)俗”(《习学记言》卷三十五)，清代的彭孙贻也讽刺其“酸腐”(《茗香室史论》)。不过在当时，这个改革多少起到了纠正时弊的作用，华丽的奏章、诏书直到北周末宣帝时才重新抬头。乾隆、嘉庆时著名的常州学者赵翼称赞苏绰“独能复古(《廿二史札记》)，可谓转移风气者”，可谓“苏氏之忠臣”。

除了常规的改革措施，苏绰还以自己的实际行动带动风化的重新整肃。史称他“性俭素，不治产业，家无余财”。西魏大臣基本上都能作风朴素，如贺拔胜“重义轻财”、王罴“性俭率”、赫连达“性又廉俭”等等，不能不说其中没有苏绰的带动作用。反观北齐，有个叫杜弼的文官，战战兢兢地建议高欢管束肆意鱼肉百姓的大将们，高欢却大大咧咧道：“诸勋人身触锋刃，百死一生，纵其贪鄙，所取处大，不可同之循常例也。”(《北齐书・杜弼列传》)意思就是开国元勋们，多点奢侈享受也没什么。高氏自身的穷奢极欲在中国历史上也是出名的。这样的君主、这样的将领，怎么打得赢艰苦朴素的西魏君臣？北齐给皇帝连起谥号都很“奢侈”，动辄“神武”、“文襄”，颇有既威武又文明的架子；宇文泰只是简简单单谥一个“文”字。苏绰的变奢从俭，关键是让全国上下在思想上懂得节俭，从而为之后的胜利打下基础。

(承和光)

制度的同化与分异

〔**导言**〕 南北朝时代可谓是我国历史上第一个民族融合大浪潮到来的时期。北方民族不仅仅以间歇性的劫掠为目的，转而开始深入中原并盘踞当地，形成了极为强盛的政治势力。而这些政权与以往的游牧族政权不同，它们在扎根中原的过程中，逐渐被当地深厚的农耕文明吸引并同化，而着手对自身相对落后的制度加以改造。五胡十六国时期的前秦可说是这一行动的先导者，而北方政权汉化的浪潮在北魏一代达到了顶峰，并在隋唐时期臻于成熟。但北方政权的汉化并不是一个单向的过程。一方面，北方民族所体现的灵活机动被本民族的政权承继下来，并推动了南方在部分领域的胡化；另一方面，由于北方仍有汉族的世家大族留存，北方政权在建立自己的制度时，就不单单效法南方政权这一实例，而是在学习南方制度的同时，根据北方各儒学世族的家学积累，形成具有北方特色的政治理念与政治制度。事实上，南北间关于正统论的争执从未停止，《魏书》中斥南朝诸国为“岛夷”，与之相对，《宋书》中有《索虏列传》，《南齐书》中则有《魏虏列传》，这些均可视作南北政权争夺正统论归属的表现。因此，北方少数民族在建立封建式的政权时，常常要面临较为复杂的局面。在取舍的过程中，北方政权逐渐形成了立足于汉族封建统治的基础、秉承上古时期礼仪观念的儒家思想、承继自身流动性传统的特色。官职制度往往很明显地彰显了这些特色。《魏书·官氏志》一文详尽记叙了北魏时期官制与民族的变化，而西魏、北周的官职制度则详见于《周书·卢辩列传》。西魏、北周政权既承袭了北魏的特色，又在其基础上顺应时事做出了一定的变动。

官 氏 志

〔选文〕

百姓不能以自治，故立君以司牧[①]；元首不可以独断，乃命臣以佐之。然则安海内，正国家，非一人之力也。书契已外，其事蔑[②]闻，至于羲、轩、昊、顼之间，龙、火、鸟、人之职，颇[③]可知矣。唐虞六十，夏商倍之，周过三百，是为大备[④]。而秦、汉、魏、晋代有加减，罢置盛衰，随时适务。且国异政，家殊俗，设官命职，何常[⑤]之有。帝王为治，礼乐不相沿；海内作家，物色非一用。其由来尚[⑥]矣。

魏氏世君玄朔[⑦]，远统阙臣，掌事立司，各有号秩。及交好南夏，颇亦改创。昭成之即王位，已命燕凤为右长史，许谦为郎中令矣。余官杂号，多同于晋朝。建国二年，初置左右近侍之职，无常员，或至百数，侍直[⑧]禁中，传宣诏命。皆取诸部大人及豪族良家子弟仪貌端严，机辩才干者应选。又置内侍长四人，主顾问，拾遗应对，若今之侍中、散骑常侍也。其诸方杂人来附者，总谓之“乌丸”，各以多少称酋、庶长，分为南北部，复置二部大人以统摄之。时帝弟孤监北部，子实君监南部，分民而治，若古之二伯焉。

太祖登国元年，因[⑨]而不改，南北犹置大人，对治二部。是年置都统长，又置幢将及外朝大人官。其都统长领殿内之兵，直王宫；幢将员六人，主三郎卫士直宿禁中者自侍中已下中散已上皆统之，外朝大人无常员，主受诏命外使，出入禁中，国有大丧大礼皆与参知，随所典[⑩]焉。

皇始元年，始建曹省，备置百官，封拜五等，外职则刺史、太守、令长已下有未备者，随而置之。

天兴元年十一月，诏吏部郎邓渊典官制，立爵品。

……

天赐元年八月，初置六谒官，准[11]古六卿，其秩五品。属官有大夫，秩六品。大夫属官有元士，秩七品。元士属官有署令长，秩八品。令长属官有署丞，秩九品。

九月，减五等之爵，始分为四，曰王、公、侯、子，除伯、男二号。皇子及异姓元功上勋者封王，宗室及始蕃王皆降为公，诸公降为侯，侯、子亦以此为差。于是封王者十人，公者二十二人，侯者七十九人，子者一百三人。王封大郡，公封小郡，侯封大县，子封小县。王第一品，公第二品，侯第三品，子第四品。又制散官五等：五品散官比三都尉，六品散官比议郎，七品散官比太中、中散、谏议三大夫，八品散官比郎中，九品散官比舍人。文官五品已下，才能秀异者总比[12]之造士，亦有五等。武官五品已下堪任将帅者，亦有五等。若百官有阙者，则于中擢以补之。

初，帝欲法[13]古纯质，每于制定官号，多不依周汉旧名，或取诸身，或取诸物，或以民事，皆拟远古云鸟之义。诸曹走使谓之凫鸭，取飞之迅疾；以伺察者为候官，谓之白鹭，取其延颈远望。自余之官，义皆类此，咸有比[14]况。又制诸州各署都尉以领兵。

……

延兴二年五月，诏曰："非功无以受爵，非能无以受禄，凡出外迁者皆引此奏闻，求乞假品。在职有效[15]，听[16]下附正，若无殊称，随而削之。旧制诸镇将、刺史假五等爵，及有所贡献而得假爵者，皆不得世袭。"

……

自太祖至高祖初，其内外百官屡有减置，或事出当时，不为常目，如万骑、飞鸿、常忠、直意将军之徒是也。旧令亡失，无所依据。太和中高祖诏群僚议定百官，著于令，今列于左，勋品、流外位卑而不载矣。

……

自古天子立德，因[17]生以赐姓，胙[18]之土而命之氏；诸侯则以家与谥，官有世功，则有宦族，邑亦如之。姓则表其所由生，氏则记族所由出，其大略然也。至于或自所居，或以国号，或用官爵，或用事物，虽缘时不同，俱其义矣。魏氏本居朔壤，地远俗殊，赐姓命氏，其事不一，亦如长勺、尾氏、终葵之属也。初，安帝统国，诸部有九十九姓。至献帝时，七分国人，使诸兄弟各摄领之，乃分其氏。自后兼并他国，各有本部，部中别[19]族，为内姓焉。年世稍久，互以改易，兴衰存灭，间有之矣，今举其可知者。

……

太和十九年，诏曰："代人诸胄，先无姓族，虽功贤之胤，混然未分。故官达者位极公卿，其功衰之亲，仍居猥[20]任。比[21]欲制定姓族，事多未就，且宜甄擢，随时渐铨[22]。其穆、陆、贺、刘、楼、于、嵇、尉八姓，皆太祖已降，勋著当世，位尽王公，灼然可知者，且下司州、吏部，勿充猥官，一同四姓。自此以外，应班士流者，寻续别敕。原出朔土，旧为部落大人，而自皇始已来，有三世官在给事已上，及州刺史、镇大将，及品登王公者为姓。若本非大人，而皇始已来，职官三世尚书已上，及品登王公而中间不降官绪，亦为姓。诸部落大人之后，而皇始已来官不及前列，而有三世为中散、监已上，外为太守、子都，品登子男者为族。若本非大人，而皇始已来，三世有令已上，外为副将、子都、太守，品登侯已上者，亦为族。凡此姓族之支亲，与其身有缌麻服已内，微有一二世官者，虽不全充美例，亦入姓族；五世已外，则各自计之，不蒙㉓宗人之荫也。虽缌麻而三世官不至姓班，有族官则入族官，无族官则不入姓族之例也。凡此定姓族者，皆具列由来，直拟姓族以呈闻，朕当决姓族之首末。其此诸状，皆须问宗族，列疑明同，然后勾㉔其旧籍，审其官宦，有实则奏，不得轻信其言，虚长侥伪。不实者，诉人皆加'传旨问而诈不以实'之坐㉕，选官依'职事答问不以实'之条。令司空公穆亮、领军将军元俨、中护军广阳王嘉、尚书陆琇等详定北人姓，务令平均。随所了者，三月一列簿帐，送门下以闻。"于是升降区别矣。

世宗世，代人犹以㉖姓族辞讼，又使尚书于忠、尚书元匡、侍中穆绍、尚书元长等量定之。

选自《魏书》卷一百一十三

〔注释〕 ① 司牧：管理。 ② 蔑：不。 ③ 颇：略微。 ④ 备：全。 ⑤ 常：不变的。 ⑥ 尚：时间久远。 ⑦ 玄朔：北方。 ⑧ 直：当值。 ⑨ 因：沿袭。 ⑩ 典：掌管。 ⑪ 准：比照。 ⑫ 比：齐等。 ⑬ 法：效法。 ⑭ 比：比喻。 ⑮ 效：成效。 ⑯ 听：听凭。 ⑰ 因：根据。 ⑱ 胙：赏赐。 ⑲ 别：分开。 ⑳ 猥：卑下。 ㉑ 比：近来。 ㉒ 铨：量才授官。 ㉓ 蒙：承蒙。 ㉔ 勾：删除。 ㉕ 坐：判罪。 ㉖ 以：因为。

〔赏析〕 北魏由鲜卑族拓跋氏所建立，是我国北朝时期中原黄河流域存在时间较长的一个重要的少数游牧族政权。在魏太武帝一统中原，直至魏孝武帝时北魏东西分裂期间，北魏实现了由游牧族奴隶制的统治转变为近似于汉族封建制度的统治。这一效法汉族已有统治经验的过程，在制度上分别表现为经济上的农耕化、思想上的儒学化、政治上的封建化以及部族制度向地方建置的转变。为了解这些制度所体现的政权特色，在阅读帝王将相的传记之外，我们有必要通过书志等部分发掘史实背后所显露的规律。魏书官氏志就详细记载了北魏一代的官职制度与氏族制度的变化，是我们了解当时历史的重要的资料来源。

由于百姓需要统治者的率领以实现稳定，而统治者亦不可独断专行致使社会崩坏，故而设置合理的臣僚辅佐制度是十分有必要的。而由于时移势迁，历代的官职制度必然不可能毫无变化。而鲜卑拓跋部又是外来的部族，它所建立的制度在最初必然要有别于汉族封建统治长久以来的传统模式。

然而这种较为原始的制度并没有维持太长时间。在正式建国立号以前，拓跋政权就与南方的汉族政权建立了接触，在昭成在位期间，就有各类官职称谓类似于晋朝的情况出现，如命燕凤为右长史、许谦为郎中令等，这说明拓跋部的汉化很早就开始了。而到了魏太祖建国时，曹省制度建立，官员设置开始制度化，当时的吏部郎邓渊因此奉诏编撰典章。与此同时，北魏仿照儒学教育体系，设置了五经博士与国子学生员等职。之后，统治者对曹省内部的层级不断进行细微调整，官员在职能与品秩上的设置亦不断细化，最终在魏孝文帝至宣武帝时期，由皇帝几次诏令群僚商议制定了官员品秩定规，并予以颁布。而在官氏志中，多有“依魏晋旧事”等词，其中所列出的官职名称也多与汉魏等朝代的定规相似，可见这一定规与汉族已有制度间有一定的继承关系。

北魏亦有有别于以前定规的创制出现。最明显的一点就是，在设定品秩时，魏孝文帝将九品官阶划分出正从上下的区别，并创立了流外七品之制。这种品秩划分的方法亦被后世不断传承。

当然，在汉化程度不断加深的过程中，北魏的统治者依旧保有部分的法古思想。这具体可见于孝文帝制定官号之时的举动。他常常意图效法上古时期人们在命名时取诸万物的做法，以体现纯朴质诚之意义，比如称走使为“凫鸭”，候官为“白鹭”等。后世并无与之相类似的做法，但这种法古的愿望并没有改变，并在后来的历史当中多次出现。北方政权的效仿对象，上至远古的三皇五帝，下至近古的周朝礼仪，实际上都脱离了真正影响它们的汉魏两晋之传统。但为了表示其统治的正统性，北方政权选择推翻与它们并立的南方政权的传统，而决定将其所承继的传统推向更久远的源头。

除此之外，最能体现北魏制度特色的，莫过于北魏对于部族的治理方略。在进入中原慢慢转型成为农耕社会后，统治者会发现以往游牧族所特有的氏族统治并不能适应定居的生活方式，这就要求他们需要采取措施，将氏族建置变为地方建置。在北魏建国以前，拓跋一部即对前来归附的异族实行了有别于氏族的统辖方式，这些来附的“乌丸”被分为南北两部，其中设置有酋长、庶长来进行基层管辖，在最上层则由南北部大人所统率。而到了魏太祖时，诸部落皆被解散，统一划分为齐户编民。北魏为此设立了八部大夫，以统辖八国。此外又有州郡、爵国等地方建置设立起来。而在八国内部，随着时间的发展，氏族之间的区别渐渐湮灭，国家为此设置了专门的官员辨识宗党、品举人才，这种制度亦在州郡与宗国内建立起来。尽管姓族与宗族内仍可以荫职，但根据孝文帝的诏令，我们可知，荫职的标准已由血统转变为家世，这与汉族的世家大族传统愈发相似。

北魏自身是一个杂糅了游牧族传统、汉族政权影响与尚古思想的政权，当时它发展水平较为落后的现实决定了农耕文明必然会对其造成非常重大的影响，但确立自身统治正统性的意图，又会导致北魏统治者在效法南方政权时，又要从政治思想的层面上否定南方政权。因而，北魏在学习汉族封建统治经验的同时，会依据上古流传下来的传统，对制度进行形式上的修改；又会依据游牧族在进入中原后产生的现实需要，摒除汉族先进制度中不适于统治的部分。这种复杂的统治特性，正是当时社会现状的产物。

卢辩列传

〔选文〕

卢辩字景宣，范阳涿人。累世儒学。父靖，太常丞。

辩少好学，博通经籍，举秀才，为太学博士。以大戴礼未有解诂，辩乃注之。其兄景裕为当时硕儒，谓辩曰：“昔侍中注小戴，今尔注大戴，庶纂前修矣。”

……

自魏末离乱，孝武西迁，朝章礼度，湮坠咸尽。辩因时制宜，皆合轨度。性强记默[①]契，能断大事。凡所创制，处之不疑。累迁尚书右仆射。世宗即位，进位大将军。帝尝与诸公幸其第[②]，儒者荣之。出为宜州刺史。薨，配食太祖庙庭。子慎。

初，太祖欲行[③]周官，命苏绰专掌其事。未几而绰卒，乃令辩成之。于是依周礼建六官，置公、卿、大夫、士，并撰次朝仪，车服器用，多依古礼，革汉、魏之法。事并施行。今录辩所述六官著之于篇。天官府地官府春官府夏官府秋官府冬官府史虽具载，文多不录。

辩所述六官，太祖以魏恭帝三年始命行之。自兹厥[④]后，世有损益。宣帝嗣位，事不师古，官员班品，随意变革。至如初置四辅官，及六府诸司复置中大夫，并御正、内史增置上大夫等，则载于外史。余则朝出夕改，莫能详录。于时虽行周礼，其内外众职，又兼用秦汉等官。今略举其名号及命数，附之于左。其纪传内更有余官而于此不载者，亦史阙文也。

柱国大将军，大将军。

骠骑、车骑等大将军，开府、仪同三司，雍州牧。

骠骑、车骑等将军，左、右光禄大夫，户三万以上州刺史。

征东、征西、征南、征北、中军、镇军、抚军等将军，左、右金紫光禄大夫，大都督，户二万以上州刺史，京兆尹。

平东、平西、平南、平北、前、后将军，左、右将军，左、右银青光禄大夫，帅都督，户一万以上〔州〕刺史，柱国大将军府长史、司马、司录。

冠军、辅国等将军，太中、中散等大夫，都督，户五千以上〔州〕刺史，户一万五千以上郡守。

镇远、建忠等将军，谏议、诚议等大夫，别将，开府长史、司马、司录，〔户不满五千以下州刺史〕，户一万以上郡守，大呼药。

中坚、宁朔等将军；左、右中郎将；仪同府、正八命州长史，司马，司录；户五千以上郡守；小呼药。

宁远、扬烈（伏波）等将军；左、右员外常侍；统军；骠骑车骑府、八命州长史，司马，司录；柱国大将军府中郎掾〔属〕；户一千以上郡守；长安、万年县令。

〔伏波〕、轻车〔等〕将军；奉车、奉骑等都尉；四征中镇抚军府、正七命州长史，司马，司录；开府府中郎掾属；户不满千以下郡守；户七千以上县令；正八命州呼药。

宣威、明威等将军；武贲、冗从等给事；仪同府中郎掾属；柱国大将军府列曹参军；四平前后左右将军府、七命州长史，司马，司录；正八命州别驾；户四千以上县令；八命州呼药。

襄威、厉威将军；给事中；奉朝请；军主；开府府列曹参军；冠军辅国府、正六命州长史，司马，司录；正七命州别驾；正八命州治中；七命郡丞；户二千以上县令；正七命州呼药。

威烈、讨寇将军，左、右员外侍郎，幢主，仪同府、正八命州列曹参军，柱国府参军，镇远建忠中坚宁朔府长史、司(录)〔马〕，正六命州别驾，正七命州治中，正六命郡丞，户五百以上县令，七命州呼药。

荡寇、荡难将军，武骑常侍、侍郎，开府府参军，骠骑车骑府、八命州列曹参军，宁远扬烈伏波轻车府长史，正六命州治中，六命郡丞，户不满五百以下县令，戍主，正六命州呼药。

殄寇、殄难将军，强弩、〔积弩〕司马，四征中镇抚〔军〕府、正七命州列曹参军，正五命郡丞。

扫寇、扫难将军，〔武骑〕、武威司马，四平前后左右府、七命州列曹参军，戍副，五命郡丞。

旷野、横野将军，殿中、员外二司马，冠军辅国府、正六命州列曹参军。

武威、武牙将军，淮海、山林二都尉，镇远建忠中坚宁朔宁远扬烈伏波轻车府列曹参军。

周制：封郡县五等爵者，皆加开国；授柱国大将军、开府、仪同者，并加使持节、大都督；其开府又加〔骠骑大将军、侍中；其仪同又加〕车骑大将军、散骑常侍；其授总管刺史，则加使持节、诸军事。以此为常。大象元年，诏总管刺史及行兵者，加持节，余悉罢之。建德四年，增置上柱国大将军，改仪同三司为仪同大将军。

选自《周书》卷二十四

〔注释〕 ① 默：暗中。 ② 第：达官贵人的宅院。 ③ 行：施行。 ④ 厥：其。

〔赏析〕 卢辩出身于儒学世家，其父兄皆为当时知名儒学大家，他本人也因天资聪颖，学识深厚，而被举为秀才，由此进入朝堂，登上政治舞台。

他所处的时代正是北魏末期至北周的一段时间。北魏末年，孝武帝元修与高欢决裂，为避其锋芒而率众西迁入关，他不曾辞别家中即单骑相从。而在西魏文帝时，赵青雀之乱中他亦坚持跟随魏太子出避。卢辩在政治判断上体现出的果决坚定，以及自身的硕儒身份，使得当时的皇帝宗室与权臣宇文泰等都非常倚重于他，召其顾问朝堂之事，命其教导魏太子及诸王，掌管制度制定等，他也成为当时儒生所仰慕的典范。卢辩逝世后，配食太祖庙庭，可谓生前盛名远播，死后极享哀荣。

然而，卢辩本人对西魏、北周政权所造成的最大影响，并非教导太子诸王以儒家之学，抑或是对国计民生谏言顾问，而是针对北魏末期“朝章礼度，湮堕咸尽”的情况，顺承苏绰对宇文泰的建议，接手其已经着手制定的职官制度，建设起延续至隋朝的“六官”、“九命”制度。因为臣下在朝堂上的建言献策，无非只针对一时之事而采取一定的变通举动，这些计策言论并不一定会对国家将来的发展造成长远影响，但是，为了巩固统治而制定并推行的行之有效的制度，是一个政权维护自身发展的根本举措，卢辩超越一个普通朝臣所造成的影响力即在于此。

所谓六官制度，是指在西魏、北周时期，由宇文泰支持，苏绰、卢辩等根据《周礼》所制定的复古官制。在六官制度下，国家设置公、卿、大夫、士各等官职，仿效周朝的礼仪典章，依次规定朝仪、车服、器用的品级，革除汉魏的已有规定与名称。这种法古的特点并非西魏、北周所独有，在这之前，王莽就已经进行过失败的“托古改制”，其中也有效法《周礼》而废止已有典章制度的举措。然而，同样是托法古而行新制，同样是由深得儒家学说精微之处的巨子所制定并推行，两种制度却有着不同的结局，不得不说，这一结果是由二者所面临的不同社会情况所决定的。这正体现了在复古官制表面的掩盖之下北方政权独有的特色。

经过北魏一代统治者所推行的汉化政策的影响，在西魏、北周时期，进入北方的部族与中原当地的农耕民族融合越来越明显，其统治方略也越来越带有汉族封建统治的色彩。然而经过北魏末年过度汉化而导致的政局虚腐，与随之而来的社会动荡，使得西魏的统治根基不甚牢固。针对这一现象，宇文泰决定推翻已有制度，另行新制，以彻底根除不利于统治的社会痼疾，并首先颁布了三十六条“中兴永式”。此时出身于关中大族的苏绰总结了汉族的统治经验，宇文泰据此颁行“六条诏书”，并配套推行了一系列新政。“六官”、“九命”制度即是其中之一，并很好地代表了这些新政所体现出的变革意义——北魏的汉化政策是效法汉魏制度所制定的，虽然其中学习了汉族统治的先进性，却也受到了其中糟粕的影响而导致政权过早腐朽，为了避免这一局面，新的统治者必然要革除汉魏弊病，因此，他们选择法《周礼》而立新制，以体现有别于汉魏的更为高尚的政治理念。这种理念在苏绰、卢辩主持的时期奠定了基础，而在其后的历史中被统治者细化发展，形成了隋唐官制的前身。

回到"六官"、"九命"制度的具体设置上来，不难发现，西魏、北周的这一设置在其所承袭的北魏品级分化的基础上更为细化与规范化。这主要是由北魏末年官员等级制方面存在的变迁因素所引起的。尽管在北魏末年，军号与散官的"双授"现象非常严重，以至于朝廷冗员情况不容乐观，但是西魏时期，伴随着合理的裁汰，政权亦顺势使部分官职虚衔化，从而使散官的次序设定同已经秩序化起来的武官的次序相吻合，二者的对应关系职次流品更加规范化。与之相对应，西魏的官职制度完成了由"职位分类"向"品位分类"的转变，而后者正是以后历朝历代所延续的传统。这种转变同样淘汰了汉魏的文官设定制度，而从武官品衔的排序出发，加上文职散官可加上武官的头衔这一表现，这些都充分反映了武官在北方政权中所占的重要地位。

在卢辩制定好"六官"制度并由宇文泰颁行后，这一制度并未陷入一成不变的窠臼。事实上，在北周宣帝嗣位之后，就对既定制度进行了大刀阔斧的改革，并多次加以改变，在当时盛行周礼的情况下，又一并兼用秦汉时的官职。与秉承"正统"而很难对现状进行改变的南方政权不同，北方政权很容易依时局而动，大抵是因为其根基并不如汉族政权深厚，而游牧文化特有的流动性也促成了这一特点的形成。这一特点贯穿了北方政权的始终，进而导致北方政权的汉化成为一种历史上的常态。

（丁　忱）

精致文化与科学精神

〔导言〕 六朝，是中国文化史上挥之不去的情结。

与盛世一统时期饱满而略显千篇一律的自信精神相比，分裂的天下、混乱的世事，使人被迫拥有更复杂的感情，创造出的文化也就更具有多样性。

随着后汉政局日益震荡，往日雄浑的气概渐渐逝去，隐逸风气悄然兴起，随之而来的，是易给人带来自我安慰的老庄哲学的流行。外族入侵打碎了贵族们安乐的生活，但似乎并没有影响到他们的风流作风——既然不能在洛阳再现“金谷之游”，那就在会稽创造“兰亭之会”。书法、绘画等艺术的发展趋于自觉化与个人化，文学则呈现出精致化，追求人的心性。

然而，另一种严谨客观的精神也在同步发展，就像祖冲之、范缜那样，出于社会关怀，从天文、术数和哲理的层面，探究着宇宙的本源。

与之相对的，北朝则是另一番景象，胡族风习深深嵌入华夏世界，对南朝文化始终抱有一种强烈的羡慕。

文学列传

〔选文〕

祖冲之字文远，范阳蓟人也。祖昌，宋大匠卿。父朔之，奉朝请。

冲之少稽古[1]，有机思。宋孝武使直[2]华林学省，赐宅宇车服。解褐南徐州迎从事，公府参军。

宋元嘉中，用何承天所制历，比古十一家为密，冲之以为尚疏，乃更造新法。上表曰：

臣博访前坟[③]，远稽昔典，五帝躔[④]次，三王交分，《春秋》朔气，《纪年》薄蚀，谈、迁载述，彪、固列志，魏世注历，晋代《起居》，探异今古，观要华戎。书契以降，二千余稔，日月离会之征，星度疏密之验，专功耽思，咸可得而言也。加以亲量圭尺，躬察仪漏[⑤]，目尽毫厘，心穷筹策，考课[⑥]推[⑦]移，又曲备其详矣。

然而古历疏舛[⑧]，类不精密，群氏纠纷，莫审其会。寻何承天所上，意存改革，而置法简略，今已乖[⑨]远。以臣校之，三睹厥[⑩]谬，日月所在，差觉三度，二至晷景，几失一日，五星见[⑪]伏，至差四旬，留逆进退，或移两宿。分至失实，则节闰非正；宿度违天，则伺察无准。臣生属圣辰，询逮[⑫]在运，敢率愚瞽，更创新历。

谨立改易之意有二，设法之情有三。改易者一：以旧法一章，十九岁有七闰，闰数为多，经二百年辄差一日。节闰既移，则应改法，历纪屡迁，实由此条。今改章法三百九十一年有一百四十四闰，令却合周、汉，则将来永用，无复差[⑬]动。其二：以《尧典》云“日短星昴，以正仲冬”。以此推之，唐世冬至日，在今宿之左五十许度。汉代之初即用秦历，冬至日在牵牛六度。汉武改立《太初历》，冬至日在牛初。后汉四分法，冬至日在斗二十二。晋世姜岌以月蚀检[⑭]日，知冬至在斗十七。今参以中星，课以蚀望，冬至之日在斗十一。通而计之，未盈百载，所差二度。旧法并令冬至日有定处，天数既差，则七曜宿度，渐与舛讹。乖谬既著[⑮]，辄应改易。仅合一时，莫能通远。迁革不已，又由此条。今令冬至所在岁岁微差，却检汉注，并皆审密，将来久用，无烦屡改。又设法者，其一：以子为辰首，位在正北，爻应[⑯]初九升气之端，虚为北方列宿之中。元气肇初，宜在此次。前儒虞喜，备论其义。今历上元日度，发自虚一。其二：以日辰之号，甲子为先，历法设元，应在此岁。而黄帝以来，世代所用，凡十一历，上元之岁，莫值此名。今历上元岁在甲子。其三：以上元之岁，历中众条，并应以此为始。而《景初历》交会迟疾，元首有差。又承天法，日月五星，各自有元，交会迟疾，亦并置差，裁[17]得朔气合而已，条序纷错，不及古意。今设法日月五纬交会迟疾，悉以上元岁首为始。群流共源，庶无乖误。

若夫测以定形，据以实效，悬象著明，尺表之验可推，动气幽微，寸管之候不忒[18]。今臣所立，易以取信。但综核始终，大存缓密，革新变旧，有约有繁。用约之条，理不自惧，用繁之意，顾非谬然。何者？夫纪闰参差，数各有分，分之为体，非不细密，臣是用深惜毫厘，以全求妙之准，不辞积累，以成永定之制，非为思而莫知，悟而弗改也。若所上万一可采，伏愿颁宣群司，赐垂详究。

事奏。孝武令朝士善历者难[19]之，不能屈。会[20]帝崩，不施行。出为娄县令，谒者仆射。

初，宋武平关中，得姚兴指南车，有外形而无机巧，每行，使人于内转之。升明中，太祖辅政，使冲之追修古法。冲之改造铜机，圆转不穷，而司方如一，马均以来未有也。时有北人索驭驎者，亦云能造指南车，太祖使与冲之各造，使于乐游苑对共校试，而颇有差僻[21]，乃毁焚之。永明中，竟陵王子良好古，冲之造欹器献之。

文惠太子在东宫，见冲之历法，启世祖施行，文惠寻[22]薨，事又寝[23]。转长水校尉，领本职。冲之造《安边论》，欲开屯田，广农殖。建武中，明帝使冲之巡行四方，兴造大业，可以利百姓者，会连有军事，事竟㉔不行。

冲之解钟律，博塞㉕当时独绝，莫能对者。以诸葛亮有木牛流马，乃造一器，不因风水，施机自运，不劳人力；又造千里船，于新亭江试之，日行百余里。于乐游苑造水碓磨，世祖亲自临视。又特善算。永元二年，冲之卒。年七十二。著《易》《老》《庄》义，释《论语》《孝经》，注《九章》，造《缀述》数十篇。

选自《南齐书》卷五十二

〔注释〕 ① 稽古：考察古事。 ② 直：当值。 ③ 坟：典籍。 ④ 躔：日月星辰运行的度次。 ⑤ 漏：计时器。 ⑥ 课：试验。 ⑦ 推：推求。 ⑧ 舛：错误。 ⑨ 乖：背离。 ⑩ 厥：其。 ⑪ 见：出现。 ⑫ 逮：至。 ⑬ 差：错。 ⑭ 检：查检。 ⑮ 著：显著。 ⑯ 应：应合。 ⑰ 裁：通"才"。 ⑱ 忒：差错。 ⑲ 难：驳难。 ⑳ 会：适逢。 ㉑ 僻：不正。 ㉒ 寻：不久。 ㉓ 寝：搁置。 ㉔ 竟：终究。 ㉕ 博塞：博戏。

〔赏析〕 "祖冲之"是一个1949年以后几乎无人不晓的名字。这位南朝文士在十几个世纪后，以"数学家"的身份，获得了冠名小行星的荣耀。虽然他所处的时代还不存在国际学术竞争，但我们还是要说：他把圆周率精确到小数点后七位，要比西方领先了一千多年。

虽然说"熟知"，但一般的人不会去作进一步的思考与追索，也就是祖冲之的出现及其业绩，时代为之提供了哪些条件或可能？按理讲，祖冲之似乎不可能产生在南朝的时代。自从何晏、王衍等人"祖述老庄"、崇尚虚无以后，晋朝贵族们对"清谈"的兴趣更浓了。人们只关注有谁新写了玄学诗歌、哪里又有"流觞曲水"这样一些风雅潇洒的事情。略显枯燥的读书生活和科学研究常常被搁置一边。据说在南朝宋、齐之交的时候，王、谢世家子弟，连历来都是作为清谈资本的《老子》都很少有仔细读完的（见王僧虔《诫子书》）。在这样浮泛夸诞、华而不实的社会风气中，又怎么会有人不随波逐流，甘愿放弃时尚与世誉，转向务实的学问，甚至倾心于深奥的数学研究，并有机会创造出惊人的成绩来呢？

然而,历史现象与历史事实往往不是根据常理可以推测或规定出来的,常理与异数,通常总是交叉出现,相互补充。就在南朝一派奢靡景象之下,务实之人时出其间,他们不事雕琢文字、沉湎玄谈,而是推究物理、笃实析义。这些人中被清代学者阮元收入科学家传记集成——《畴人传》的有九位,其中最引人注目的便是祖冲之。

祖冲之,当然是那个时代的异数!他"少稽古,有机思",这是天赋。但给他最重要机会的,竟是浸淫玄风的皇帝。孝武帝靠暴力夺取皇位,天资懦弱又极具猜忌之心,却赐予祖冲之"宅宇车服",让他在皇宫中工作。不能不说,南朝文化具有很大的包容性。即便是一个"崇虚"昏君,也知道尊重专注实学的小臣。

祖冲之在自然科学方面的成就,不仅得益于天赋以及上述机会,更有他深厚的人文修养在起作用。《宋书》、《南齐书》、《梁书》、《陈书》以及《南史》,都没有单列《方伎列传》或《术数列传》,我们现在敬仰的当时的科学家,不是在《儒林列传》就是在《文学列传》,可见他们的人文修养比科学成就更受重视。以祖冲之建议修新历法的上表为例,里面提到或征引的依次就有《尚书·尧典》、《春秋》、《竹书纪年》、《史记》、《汉书》与魏晋《起居注》。史书又言冲之"著《易》、《老》、《庄》义,释《论语》、《孝经》,注《九章》,造《缀述》数十篇",足以证明他对于哲学、史学以及训诂学都有很深的造诣。

光有天赋与机遇也是不够的,推动祖冲之潜心研究的正是他的现实关怀。史载"冲之造《安边论》,欲开屯田,广农殖","明帝使冲之巡行四方,兴造大业,可以利百姓者"。现世关怀是学者不断研究的最大动力和热情来源,孜孜不倦进行研究的祖冲之肯定没有想过以计算圆周率来出名,圆周率只是他历法研究的一小部分,而研究历法的目的是造福天下。

儒林列传

〔选文〕

范缜字子真,南乡舞阴人也。晋安北将军汪六世孙。祖璩之,中书郎。父濛,早卒。

缜少孤贫，事母孝谨。年未弱冠，闻沛国刘瓛聚众讲说。始往从之，卓越不群而勤学，瓛甚奇之，亲为之冠[①]。在瓛门下积年，去来归家，恒[②]芒屩布衣，徒行于路。瓛门多车马贵游，缜在其门，聊无耻愧。既长，博通经术，尤精《三礼》。性质直，好危[③]言高论，不为士友所安。唯与外弟萧琛相善，琛名曰口辩，每服缜简诣。

起家齐宁蛮主簿，累迁尚书殿中郎。永明年中，与魏氏和亲，岁通聘好，特简[④]才学之士，以为行人。缜及从弟云、萧琛、琅邪颜幼明、河东裴昭明相继将命，皆著名邻国。于时竟陵王子良盛招宾客，缜亦预焉。建武中，迁领军长史。出为宜都太守，母忧去职，归居于南州。义军至，缜墨绖来迎。高祖与缜有西邸之旧，见之甚悦。及建康城平，以缜为晋安太守，在郡清约[⑤]，资公禄而已。视事[⑥]四年，征[⑦]为尚书左丞。缜去还，虽亲戚无所遗[⑧]，唯饷[⑨]前尚书令王亮。缜仕齐时，与亮同台为郎，旧相友，至是亮被摈弃在家。缜自迎王师，志在权轴[⑩]，既而所怀未满，亦常怏怏，故私相亲结，以矫时云。后竟坐[⑪]亮徙广州，语在亮传。

初，缜在齐世，尝侍竟陵王子良。子良精信释教，而缜盛称无佛。子良问曰："君不信因果，世间何得有富贵，何得有贱贫？"缜答曰："人之生譬如一树花，同发一枝，俱开一蒂，随风而堕，自有拂帘幌坠于茵席之上，自有关篱墙落于粪溷之侧。坠茵席者，殿下是也；落粪溷者，下官是也。贵贱虽复殊途，因果竟在何处？"子良不能屈，深怪之。缜退论其理，著《神灭论》曰：

或问予云："神灭，何以知其灭也？"答曰："神即形也，形即神也；是以形存则神存，形谢则神灭也。"

问曰:“形者无知之称,神者有知之名。知与无知,即事有异,神之与形,理不容一,形神相即,非所闻也。”答曰:“形者神之质,神者形之用;是则形称其质,神言其用,形之与神,不得相异也。”

问曰:“神故非质,形故非用,不得为异,其义安在?”答曰:“名殊而体一也。”

问曰:“名既已殊,体何得一?”答曰:“神之于质,犹利之于刀;形之于用,犹刀之于利;利之名非刀也,刀之名非利也。然而舍利无刀,舍刀无利。未闻刀没而利存,岂容形亡而神在?”

问曰:“刀之与利,或如来说,形之与神,其义不然。何以言之?木之质无知也,人之质有知也;人既有如木之质,而有异木之知,岂非木有一,人有二邪?”答曰:“异哉言乎!人若有如木之质以为形,又有异木之知以为神,则可如来论也。今人之质,质有知也,木之质,质无知也。人之质非木质也,木之质非人质也,安在有如木之质而复有异木之知哉!”

……

问曰:“知此神灭,有何利用邪?”答曰:“浮屠害政,桑门[12]蠹俗。风惊雾起,驰荡不休。吾哀其弊,思拯其溺。夫竭财以赴僧,破产以趋佛,而不恤亲戚,不怜穷匮者何?良由厚我之情深,济物之意浅。是以圭撮涉于贫友,吝情动于颜色;千钟委于富僧,欢意畅于容发。岂不以僧有多稌之期,友无遗秉之报,务施阙于周急,归德必于在已。又惑以茫昧之言,惧以阿鼻之苦,诱以虚诞之辞,欣以兜率之乐。故舍逢掖[13],袭[14]横衣,废俎豆[15],列瓶钵;家家弃其亲爱,人人绝其嗣续。致使兵挫于行间,吏空于官府,粟罄于惰游,货殚[16]于泥木。所以奸宄弗胜，颂声尚拥，惟此之故，其流[17]莫已，其病无限。若陶甄[18]禀于自然，森罗均于独化；忽焉自有，恍尔而无，来也不御[19]，去也不追，乘夫天理，各安其性。小人甘其垄亩，君子保其恬素，耕而食，食不可穷也，蚕而衣，衣不可尽也，下有余以奉其上，上无为以待其下，可以全生，可以匡国，可以霸君，用此道也。"

此论出，朝野喧哗，子良集僧难之而不能屈。

缜在南累年，追还京。既至，以为中书郎、国子博士，卒官。文集十卷。

选自《梁书》卷四十八

〔**注释**〕 ① 冠：行加冠礼。 ② 恒：常常。 ③ 危：正直。 ④ 简：选择。 ⑤ 约：节俭。 ⑥ 视事：就职任事。 ⑦ 征：征召。 ⑧ 遗：赠送。 ⑨ 饷：赠送。 ⑩ 权轴：宰辅的职位。 ⑪ 坐：获罪。 ⑫ 桑门：沙门。 ⑬ 逢掖：儒生的衣服。 ⑭ 袭：穿衣。 ⑮ 俎豆：祭祀的器具。 ⑯ 殚：竭尽。 ⑰ 流：传布。 ⑱ 陶甄：喻教化。 ⑲ 御：阻挡。

〔**赏析**〕 范缜出身于南朝贵族世家。他的祖先中，有著名的循吏范汪、注释《春秋穀梁传》的范宁和前四史之一《后汉书》的作者范晔，可谓满门"琳琅珠玉"(《世说新语·容止》)，是典型的"诗书传家"。

可能是受了祖先遗传的缘故——范汪、范宁都是有名的"反对派"，范宁更是放出过"王弼、何晏罪孽超过桀纣"的话——范缜从小"卓越不群"、"好危言高论，不为士友所安"。不过范氏家族的"危言高论"向来是有深厚学识作为基础的，范缜从小勤学，尤其擅长阐发儒家经典的义理，同样从祖先那里继承下来的是耿直的性格。齐、梁时期，官吏选拔几乎一直没有"公开透明"过，请托、贿赂、沽名钓誉的现象比比皆是。范缜对于这些世态极度不满，同样身为贵族的他，对于那些道貌岸然的纨绔子弟从来没有给过好脸色。这些品质似乎注定了范缜要挑战现有秩序，在一场事关国家前途的哲学争论中，《神灭论》诞生了。

《神灭论》讨论的内容一目了然。用现在的语言比附地说，就是意识与物质的关系。虚构的辩论对手认为意识独立于物质之外而存在，范缜坚持意识依托于物质而存在。

辩论的细节相当精彩，连钱锺书都十分激赏："精思明辨，解难如斧破竹，析义如锯攻木，王充、嵇康以后，始见斯人。"（《管锥编》第四册，全梁文卷）但范缜费尽心思仅仅是为了探讨一些哲学问题吗？当然不是。正如他自己所说："浮屠害政，桑门蠹俗。风惊雾起，驰荡不休。吾哀其弊，思拯其溺。"是因为看到佛教在一大群小人手里沦为祸国殃民的道具，这才激发他挥起理论武器，以纠其弊。

"江左三百年"（东晋、南朝），佛教、道教的势力飞一般增长。士人虽然保持了对五经的敬畏，但少有人对五经兴趣盎然。东晋的干宝和范宁都曾说过，是崇尚虚无、藐视礼教的行为导致了永嘉之乱。

但范缜犯了与干宝、范宁一样的错误，他在攻击小人的同时，也伤及了那些本身无辜，却被小人盗用的思想。"浮屠害政"，是这些僧人所为，而不是佛教思想害政。信仰佛教的人当中，也有一心为国家百姓着想的。范缜把矛头对准佛教，反而失去了本来可以联合的同道。正如王夫之批评："其立言之不审求，以规正子良（指萧子良，引者注），而折浮屠之邪妄，难矣！"（《读通鉴论》）可见范缜失策之处。

皇帝本身是佛教徒，照理是不会容许范缜如此诋毁佛教的。但范缜非但没有被弹劾、治罪，反而有机会与朝廷官员展开争论——《弘明集》中保留了大量的争辩文章，皇族也参与了——这实在是专制社会中的一大异数。一个专制皇权的社会，竟容忍了范缜这个如此亢奋的反对者，这大概要归功于南朝文化的开放性。南朝时期，有关宗教的争论不止范缜这一次。顾欢写《夷夏论》排斥佛教，也引起了很大轰动。相比现代西方依旧存在的对待所谓"异教徒"的"冷暴力"，相比那些强迫人民信奉某种宗教或准宗教的国家，拥有开放文化的南朝，竟让人产生它到底是不是个"专制社会"的错觉。

南朝文化的开放，与以往的华夷观是格格不入的。华夏接受四夷的朝拜，在过去人们看来是天经地义的。但好多南朝人却不把这种华夷观应用到生活文化上，胡饼、胡床、胡乐乃至"胡族宗教"佛教，统统被士人接受，甚至成了时尚的象征，这给人以知行不一的感觉。不过，文化强盛的表现，在于能够兼融并蓄、融会贯通。南朝虽然被北朝所吞并，但在文化上几乎彻底征服北朝。

文学列传

〔选文〕

昔司马迁、班固书，并为《司马相如传》，相如不预[1]汉廷大事，盖取其文章尤著也。固又为《贾邹枚路传》，亦取其能文传焉。范氏《后汉书》有《文苑传》，所载之人，其详已甚。然经[2]礼乐而纬国家，通古今而述美恶，非文莫可也。是以君临天下者，莫不敦悦其义，缙绅之学，咸贵[3]尚其道，古往今来，未之能易。高祖聪明文思，光宅区宇，旁[4]求儒雅，诏采异人，文章之盛，焕乎俱集。每所御幸，辄命群臣赋诗，其文善者，赐以金帛，诣阙庭而献赋颂者，或引见焉。其在位者，则沈约、江淹、任昉，并以文采，妙绝当时。至若彭城到沆、吴兴丘迟、东海王僧孺、吴郡张率等，或入直文德，通宴寿光，皆后来之选也。约、淹、昉、僧孺、率别以功迹论。

……

（庾）肩吾字子慎。八岁能赋诗，特为兄于陵所友爱。初为晋安王国常侍，仍迁王宣惠府行参军，自是每王徙镇，肩吾常随府。历王府中郎，云麾参军，并兼记室参军。中大通三年，王为皇太子，兼东宫通事舍人，除[5]安西湘东王录事参军，俄[6]以本官领荆州大中正。累迁中录事谘议参军、太子率更令、中庶子。初，太宗在藩，雅好文章士，时肩吾与东海徐摛，吴郡陆杲，彭城刘遵、刘孝仪，仪弟孝威，同被赏接。及居东宫，又开文德省，置学士，肩吾子信、摛子陵、吴郡张长公、北地傅弘、东海鲍至等充其选。齐永明中，文士王融、谢朓、沈约文章始用四声，以为新变，至是转拘声韵，弥尚[7]丽靡[8]，复逾于往时。

……

何逊字仲言，东海郯人也。曾祖承天，宋御史中丞。祖翼，员外郎。父询，齐太尉中兵参军。

逊八岁能赋诗，弱冠州举秀才，南乡范云见其对策，大相称赏，因结忘年交好。自是一文一咏，云辄嗟[9]赏，谓所亲曰："顷观文人，质则过儒，丽则伤俗；其能含清浊，中[10]今古，见之何生矣。"沈约亦爱其文，尝谓逊曰："吾每读卿诗，一日三复，犹不能已。"其为名流所称[11]如此。

……

钟嵘字仲伟，颍川长社人，晋侍中雅七世孙也。父蹈，齐中军参军。

嵘与兄岏、弟屿并好学，有思理。嵘，齐永明中为国子生，明《周易》，卫军王俭领[12]祭酒，颇赏接之。举本州岛秀才。起家王国侍郎，迁抚军行参军，出为安国令。永元末，除司徒行参军。天监初，制度虽革，而日不暇给，嵘乃言曰："永元肇乱，坐弄[13]天爵，勋非即戎，官以贿就。挥一金而取九列，寄片札以招六校；骑都塞市，郎将填街。服既缨组，尚为臧获[14]之事；职唯黄散，犹躬胥徒之役。名实淆紊，兹焉莫甚。臣愚谓军官是素[15]族士人，自有清贯，而因斯受爵，一宜削除，以惩侥竞。若吏姓寒人，听[16]极其门品，不当因军，遂滥清级。若侨杂伧楚，应在绥[17]抚，正宜严断禄力，绝其妨正，直[18]乞虚号而已。谨竭愚忠，不恤众口。"敕付尚书行之。迁中军临川王行参军。衡阳王元简出守会稽，引为宁朔记室，专掌文翰。时居士何胤筑室若邪山，山发洪水，漂拔树石，此室独存。元简命嵘作《瑞室颂》以旌表之，辞甚典丽，选西中郎晋安王记室。

嵘尝品古今五言诗，论其优劣，名为《诗评》。

……

吴均字叔庠，吴兴故鄣人也。家世寒贱，至均好学有俊才。沈约尝见均文，颇相称赏。天监初，柳恽为[19]吴兴，召补主簿，日引与赋诗。均文体清拔有古气，好事者或敩之，谓为"吴均体"。建安王伟为扬州，引兼记室，掌文翰。王迁江州，补国侍郎，兼府城局。还除奉朝请。先是，均表求撰《齐春秋》。书成奏之，高祖以其书不实，使中书舍人刘之遴诘问数条，竟支离无对，敕付省焚之，坐免职。寻有敕召见，使撰《通史》，起三皇，讫齐代，均草[20]本纪、世家功已毕，唯列传未就。普通元年，卒，时年五十二。均注范晔《后汉书》九十卷，著《齐春秋》三十卷、《庙记》十卷、《十二州记》十六卷、《钱唐先贤传》五卷、《续文释》五卷，文集二十卷。

选自《梁书》卷四十九

刘峻字孝标，平原平原人。父珽，宋始兴内史。

峻生期月，母携还乡里。宋泰始初，青州陷魏，峻年八岁，为人所略[21]至中山，中山富人刘实愍峻，以束帛赎之，教以书学。魏人闻其江南有戚属，更徙之桑乾。峻好学，家贫，寄人庑下，自课读书，常燎[22]麻炬，从夕达旦，时或昏睡，爇[23]其发，既觉[24]复读，终夜不寐，其精力如此。齐永明中，从桑乾得还，自谓所见不博，更求异书，闻京师有者，必往祈借，清河崔慰祖谓之"书淫"。

……

刘勰字彦和，东莞莒人。祖灵真，宋司空秀之弟也。父尚，越骑校尉。

勰早孤，笃志好学。家贫不婚娶，依沙门僧祐，与之居处，积十余年，遂博通经论，因区别部类，录而序㉕之。今定林寺经藏，勰所定也。

天监初，起家奉朝请、中军临川王宏引兼记室，迁车骑仓曹参军。出为太末令，政有清绩。除仁威南康王记室，兼东宫通事舍人。时七庙飨荐已用蔬果，而二郊农社犹有牺牲㉖。勰乃表言二郊宜与七庙同改，诏付尚书议，依勰所陈。迁步兵校尉，兼舍人如故。昭明太子好文学，深爱接之。

初，勰撰《文心雕龙》五十篇，论古今文体，引而次之。

……

陈吏部尚书姚察曰：魏文帝称古之文人，鲜㉗能以名节自全。何哉？夫文者妙发性灵，独拔怀抱，易邈㉘等夷，必兴矜㉙露。大则凌慢侯王，小则傲蔑朋党，速忌离訧，启自此作。若夫屈、贾之流斥，桓、冯之摈放，岂独一世哉，盖恃才之祸也。群士值㉚文明之运，摛㉛艳藻之辞，无郁抑之虞㉜，不遭向时之患，美矣。刘氏之论，命之徒也。命也者，圣人罕言欤，就而必之，非经意也。

选自《梁书》卷五十

〔注释〕 ① 预：参与。 ② 经：制订。 ③ 贵：重视。 ④ 旁：广泛。 ⑤ 除：拜官受职。 ⑥ 俄：不久。 ⑦ 尚：崇尚。 ⑧ 丽靡：华美。 ⑨ 嗟：赞叹。 ⑩ 中：中和。 ⑪ 称：赞扬。 ⑫ 领：兼任。 ⑬ 弄：戏耍。 ⑭ 臧获：奴婢的贱称。 ⑮ 素：向来。 ⑯ 听：听凭。 ⑰ 绥：安抚。 ⑱ 直：只是。 ⑲ 为：治理。 ⑳ 草：起稿。 ㉑ 略：掠夺。 ㉒ 燎：燃烧。 ㉓ 爇：烧。 ㉔ 觉：醒。 ㉕ 序：按序排列。 ㉖ 牺牲：祭祀用的牲畜。 ㉗ 鲜：少。 ㉘ 邈：通“藐”，轻视。 ㉙ 矜：夸耀。 ㉚ 值：遇到。 ㉛ 摛：铺陈。 ㉜ 虞：忧虑。

〔赏析〕 南朝齐、梁把诗歌“绮靡”（陆机《文赋》）的特点放大到极致，同时是绚烂多彩唐诗的前奏。梁武帝时期四十多年稳定安逸的生活，使得贵族们愈发忘却了他们东晋祖先收复失地的遗志，转而更深地沉浸在充满游宴、赋诗的日子中，这给了他们把诗歌技巧复杂化的机会。在南齐时“永明体”诗人的作用下，萧梁时的诗歌更加注重声韵、对仗。同时，诗文总集的编纂、“诗文评”著作的写作也形成了一个高峰。昭明太子编纂了《文选》，徐陵编纂了《玉台新咏》，刘勰更是给后人留下了《文心雕龙》这一巨著。可是，这一时期诗歌的题材、风格却趋于单调，缺乏“风骨”，软绵绵的“宫体诗”成熟了，但不久就被指为导致南朝衰落的祸水。

何逊是典型的上承六朝、下启李唐的诗人。宋朝的洪迈在编纂《万首唐人绝句》时，曾将何逊的几首诗误收了进去，虽然成为笑话，但也能看出何逊的诗与唐诗的风格是何等的近似了。值得一提的是，尽管何逊的诗歌大多工稳婉转，少见“峻峰激流”(唐代诗人张说语)，更鲜见以现实社会矛盾为题材，但他却是杜甫最重视的诗人之一。杜甫在《和裴迪登蜀州东亭送客逢早梅相忆见寄》中说：“东阁官梅动诗兴，还如何逊在扬州。”甚至明言自己模仿何逊——“颇学阴(铿)、何(逊)苦用心”(《解闷十二首》之七)，其中缘由值得玩味。

钟嵘的《诗品》(即选文中的《诗评》)，把从汉到萧齐的诗人分为上中下三品，还分析了他们之间的师承关系。虽然其中的分析有不少被明代谢榛批评有生拉硬扯之嫌(见《诗家直说》)，但作为历经千年岁月而没有散佚的书，其理论价值和鉴赏水准未宜小觑。令吴均、刘峻出名的，可能是被梁武帝烧掉的《齐春秋》与一直流传的刘注《世说新语》。他们的诗也以工稳为主，刘峻最佩服诗风开绮靡之先的陆机，但其《广绝交论》却颇有奇崛之气。

刘勰被看得再重要也不过分。唐代史学家刘知幾在他著名的史学著作《史通》中曾婉转地承认是受了《文心雕龙》的启发。按照常理，《文心雕龙》是“诗文评”起始期的产物，后来的著作应该水平越来越高，然而最终能够与之比肩者寥寥无几。

当时那些向往“绮靡”风格的士人由于一味沉溺于诗文创作，置国家安危、百姓疾苦、社会矛盾于不顾，最终导致亡国；可他们作品的艺术成就也是客观事实，不能绝对否定。这一看似矛盾的现象又该如何理解呢？

其实，说诗文创作能够左右国家命运是不靠谱的，这种说法不是过于抬高文学作品的社会功能，就是过于低估政治制度的决定作用。诚然，“绮靡”的风格常常削弱斗志，易让人把它与颓废、衰败联系到一起。此一时期，宫体诗的流行，是出于怎样的文学发展规律，并非这里要探究的，我们应当了解的史实是，萧梁在侯景之乱、江陵之战中衰亡，而这两场本来可以胜利的战争，主要是因为梁武帝的昏庸、大臣朱异的自私以及梁元帝的消极态度才最终成为悲剧的。梁武帝接纳侯景是出于对土地的贪欲，朱异诡称侯景不会叛乱是为了保住官位，梁元帝放弃抵抗的决心是由于自身的软弱性格。所有这些，都源于统治者的无能、政治决策的失误，与诗文创作偏向何种风格似乎没有任何关系。萧梁政治的锢弊，一大表现就是官吏选拔上的混乱，请托之风甚嚣尘上。在那些攀龙附凤者的眼里，既然皇帝、太子、重臣喜好的都是宫体诗，那最好的攀附手段，就是通过宫体诗的唱和来赚得权贵的欢心，既实惠又体面。依赖这样一批人，怎么可能保住国家？岁月虽无情，却很讲道理。这些用于溜须拍马的宫体诗，保存到今天的很少，我们现在读到的都是精华。虞世南劝说唐太宗不要作宫体诗，以防朝野效仿（见《新唐书》等），就是吸取了南朝的教训。不过豪放的诗歌就一定不会成为攀附的工具么？不见得。唐代诗人中故作气势恢宏的诗歌以干进者就不少。所以说，创作怎样风格的诗文并不重要，重要的是有怎样的制度与统治者，文学家不能做腐败政治与无能统治的替罪羊。当然，那些以诗文创作为行贿招术者不在此列。

（承和光）

入世与出世之间：大隐和小隐

〔导言〕 乱世出英雄，乱世也多隐逸之士。这是一个极端的年代，政治易变，旧的社会结构已经土崩瓦解，新的社会结构尚未形成，大有“秦失其鹿，天下共逐之”的弱肉强食之景。在这种残酷的权力争夺下，潜藏着另一种极端的选择——避世。那些在太平盛世本可以谋取一官半职的士人们要么止于小功小名，要么干脆过起了隐士的生活。老子云：“天之道，损有余而补不足。人之道则不然，损不足以奉有余。孰能有余以奉天下？唯有道者。是以圣人为而不恃，功成而不处，其不欲见贤。”(《老子·七十七章》)真正的贤者能够顺应天道将自己的欲望控制在合理的程度，而不是有了一点功绩就无限地自我膨胀。他们知道对名利的执着往往伴随着危险和祸端，功成名就并全身而退未必不是最好的结局，因此在无法控制外界环境的情况下通过削减自己的欲求来达到一种无伤的自由境界。当然，梁书《处士列传》和《止足列传》的根本目的不在于宣扬道家的理想，而是为了教化民众，标榜一种淡泊名利的处世观，以求政权的稳定。

处士列传

〔选文〕

《易》曰：“君子遁世无闷，独立不惧。”孔子称长沮、桀溺隐者也。古之隐者，或耻闻禅代，高让帝王，以万乘为垢辱，之[①]死亡而无悔。此则轻生重道，希[②]世间出，隐之上者也。或托仕监门，寄臣柱下，居易而以求其志，处污而不愧其色。此所谓大隐隐于市朝，又其次也。或裸体佯狂，盲喑[③]绝世，弃礼乐以反[④]道，忍孝慈而不恤。此全[⑤]身远害，得大雅之道，又其次也。然同不失语默之致，有幽人贞吉矣。与夫没身乱世，争利干时[6]者，岂同年而语哉！《孟子》曰："今人之于爵禄，得之若其生，失之若其死。"《淮南子》曰："人皆鉴于止水，不鉴于流潦。"夫可以扬清激[7]浊，抑贪止竞，其惟隐者乎！自古帝王，莫不崇尚其道。虽[8]唐尧不屈巢、许，周武不降夷、齐；以汉高肆慢[9]而长揖黄、绮，光武按法而折意严、周；自兹以来，世有人矣。有梁之盛，继绍[10]风猷。斯乃道德可宗[11]，学艺可范，故以备《处士篇》云。

何点字子晳，庐江灊人也。祖尚之，宋司空。父铄，宜都太守。铄素[12]有风疾，无故害妻，坐法[13]死。点年十一，几至灭性[14]。及长，感家祸，欲绝婚宦，尚之强为之娶琅邪王氏。礼毕，将亲迎，点累涕泣，求执本志，遂得罢。

容貌方雅，博通群书，善谈论。家本甲族[15]，亲姻多贵仕。点虽不入城府，而遨游人世，不簪不带，或驾柴车，蹑草屩，恣心所适，致醉而归，士大夫多慕从之，时人号为"通隐"。兄求，亦隐居吴郡虎丘山。求卒，点菜食不饮酒，讫于三年，要带减半。

宋泰始末，征[16]太子洗马。齐初，累征中书郎、太子中庶子，并不就。与陈郡谢瀹、吴国张融、会稽孔稚珪为莫逆友。从弟遁，以东篱门园居之，稚珪为筑室焉。园内有卞忠贞冢，点植花卉于冢侧，每饮必举酒酹[17]之。初，褚渊、王俭为宰相，点谓人曰："我作《齐书赞》，云'渊既世族，俭亦国华；不赖舅氏，遑恤国家'。"王俭闻之，欲候[18]点，知不可见，乃止。豫章王嶷命驾造[19]点，点从后门遁去。司徒竟陵王子良欲就见之，点时在法轮寺，子良乃往请，点角巾登席，子良欣悦无已，遗[20]点嵇叔夜酒杯、徐景山酒铛。

点少时尝[21]患渴痢，积岁不愈。后在吴中石佛寺建讲，于讲所昼寝，梦一道人形貌非常，授丸一掬，梦中服之，自此而差[22]，时人以为淳德所感。

性通脱，好施与，远近致遗，一无所逆，随复散焉。尝行经朱雀门街，有自车后盗点衣者，见而不言，傍有人擒盗与之，点乃以衣施盗，盗不敢受，点命告有司，盗惧，乃受之，催令急去[23]。

点雅有人伦识鉴，多所甄拔，知吴兴丘迟于幼童，称济阳江淹于寒素，悉[24]如其言。

点既老，又娶鲁国孔嗣女，嗣亦隐者也。点虽婚，亦不与妻相见，筑别室以处之，人莫喻[25]其意也。吴国张融少时免官，而为诗有高尚之言，点答诗曰："昔闻东都日，不在简书前。"虽戏也，而融久病[26]之。及点后婚，融始为诗赠点曰："惜哉何居士，薄暮遘荒淫。"点亦病之，而无以释也。

高祖与点有旧，及践阼，手诏曰："昔因多暇，得访逸轨，坐修竹，临清池，忘今语古，何其乐也。暂别丘园，十有四载，人事艰阻，亦何可言。自应运在天，每思相见，密迩物色，劳甚山阿。严光排九重，践九等，谈天人，叙故旧，有所不臣，何伤于高[27]？文先以皮弁谒子桓，伯况以縠绡见文叔，求之往策，不无前例。今赐卿鹿皮巾等。后数日，望能入也。"点以巾褐引入华林园，高祖甚悦，赋诗置酒，恩礼如旧。仍下诏曰："前征士何点，高尚其道，志安容膝[28]，脱落形骸，栖志窅冥[29]。朕日昃思治，尚想前哲；况亲得同时，而不与为政。喉唇任切，必俟邦良，诚望惠然，屈居献替。可征为侍中。"辞[30]疾不赴。乃复诏曰："征士何点，居贞物表，纵心尘外，夷坦之风，率[31]由自远。往因素志，颇申宴言，眷彼子陵，情兼惟旧。昔仲虞迈俗，受俸汉朝；安道逸志，不辞晋禄。此盖前代盛轨，往贤所同。可议加资给，并出在所，日费所须，太官别给。既人高曜卿，故事同垣下。”

天监三年，卒，时年六十八。

选自《梁书》卷五十一

〔注释〕①之：往。②希：少。③喑：哑。④反：同“返”，返回。⑤全：保全。⑥干时：求合于当时。⑦激：冲刷。⑧虽：即使。⑨慢：傲慢。⑩绍：接续。⑪宗：尊奉。⑫素：向来。⑬坐：犯法获罪。⑭性：生命。⑮甲族：世家大族。⑯征：征召。⑰酹：洒酒于地表示祭奠或立誓。⑱候：问候。⑲造：造访。⑳遗：赠送。㉑尝：曾经。㉒差：病愈。㉓去：离开。㉔悉：全。㉕喻：了解。㉖病：忧心。㉗高：高尚。㉘容膝：室小仅能容双膝，极言其狭小。㉙窅冥：深远难见貌。㉚辞：推辞。㉛率：都。

〔赏析〕处士即我们所熟知的隐士，他们为了坚持自己内心的理想远离尘嚣，过着闲云野鹤般的生活。然而，隐士和隐士之间也是有区别的。最低一等的隐士行为疯癫，对礼乐孝慈不屑一顾，用此道保全自身；中等的隐士做权贵人家的臣仆，在简朴的生活中磨炼自己的意志，地位卑微却不以之为耻；而隐士中的上者则能做到对大富大贵毫不动心，把道义看成是比生命还重要的东西。可见，特立独行、不守礼法、甘于平淡在世人看来都不是太难做到的事，最能考验一个人品质的地方是面对诱惑时他所做的选择。

何点便是这样一个能为追求心中的大道而放弃唾手可得的权贵的人。他生在一个世代为官的士大夫之家，祖父何尚之是宋朝的司空，父亲何铄是宜都的太守。他的父亲患有疯癫之疾，害死了他的母亲，因而被处死，这件事对于只有十一岁的何点来说过于沉重了。早年的伤痛一直伴随他到长大成人，他不愿意结婚，也不想走入仕途，而是选择了一种独善其身的生活方式。何点的家事让人看到了一个隐士更加人性的一面，他并不是生来就拥有脱俗的智慧，而是经历了常人未曾体会过的大悲才放弃了寻常人的执着。

作为一个隐士，何点没有全然与世隔绝，他结交贤者，神交忠义之士。但是，对于慕名前来的达官贵人，何点却唯恐避之不及。他性情通达，既不拒绝别人的馈赠，也不吝惜倾其所有散于他人。正是因为何点内心清透无瑕，他才能够识别出真正有品识的人,被何点赏识的人后来都脱颖而出。

梁高祖旧时与何点有过交情,他想请这位才德兼备的士人入朝为官,但是又知道何点不会轻易答应这个要求,便先下诏说希望能与何点相聚叙旧,何点应邀前往。等到他真的到了华林园后,高祖又诏他为侍中。何点称病拒绝了高祖的好意,高祖没有勉强他,再次下了一封诏书让官府厚赏何点。这样一个皇帝和隐士之间的故事在历史上并不少见,高祖的诏书中已列举了不少先例,帝王们求贤若渴的行为往往被传为美谈。从这里可以看出梁高祖拉拢何点或许不仅是出于对他的赏识,也是希望能向世人做出自己爱惜人才的姿态,何点是否真的愿意出仕其实并不那么重要了。

在中国古代传统文化中,儒家的积极入世精神和以家国为重的集体主义精神一直处于主导地位。隐士为了践行自己的理想,不得不放弃对国家和对家庭的责任,转而追求一种相当纯粹的个人主义的生活方式。在皇帝看来,这些人无法通过名利来控制,他们的才能无法为自己所用,但是他们的德行可作为教化百姓的典范。在"天下熙熙,皆为利来。天下攘攘,皆为利往"的普通人看来,隐士的遁世代表了精神世界的升华,他们拥有不为世俗名利所累的自由。从现实意义上来看,隐士的个人主义有着诸多的限制和无奈。隐士这一文化现象往往出现在物产富饶之地,若没有一个好的物质社会基础,人们的衣食尚无保证,又何谈隐遁山林追求精神自由呢?隐士文化也同样是乱世的产物,在这些朝代更迭、风雨飘摇的时代里,没有一种强势的主流价值观能统一人们的思想。士人以忠于自己的朝代为荣耀,可是在乱世中自己该忠于哪一朝哪一代令人迷惑。政治环境不稳定,今日还高官厚禄的人或许明日就成了斗争的牺牲品,眼见这些纷争的人便会觉得与其风光一时,不如明哲保身为好。那些心怀天下的士人苦于没有一个强大稳定的政治环境来施展自己的抱负,于是只好遁入精神世界中寻求安慰。尽管隐士的生活并不全是诗意和自由,他们能被写进官方所撰的史书中,说明隐士在社会政治文化中已经获得了属于自己的一个位置。在现代社会中价值观趋于多元化,有不同追求的人都能和平共处。但是,这种人生的多选择性往往是在对功利主义的大前提的认可下才得以存在的。《梁书·处士列传》向现代人揭示了一种多向度的社会文化的可能性，那些不为名利而泯灭个性的人们不但被社会所接受，并且能够因为忠于自我而得到称颂。

止足列传

〔选文〕

《易》曰："亢之为言也，知进而不知退，知存而不知亡。知进退存亡而不失其正者，其唯圣人乎！"《传》曰："知足不辱，知止不殆[①]。"然则不知夫进退，不达乎止足，殆辱之累，期月[②]而至矣。古人之进也，以康世济务也，以弘道厉[③]俗也。然其进也，光宠夷易[④]，故愚夫之所干没[⑤]；其退也，苦节艰贞，故庸曹之所忌惮。虽祸败危亡，陈乎耳目，而轻举高蹈[⑥]，寡乎前史。汉世张良功成身退，病卧却粒[⑦]，比于乐毅、范蠡至乎颠狈[⑧]，斯为优矣。其后薛广德及二疏等，去就以礼，有可称[⑨]焉。鱼豢《魏略·知足传》，方田、徐于管、胡，则其道本异。谢灵运《晋书·止足传》，先论晋世文士之避乱者，殆[⑩]非其人；唯阮思旷遗荣好遁，远殆辱矣。《宋书·止足传》有羊欣、王微，咸其流亚[⑪]。齐时沛国刘瓛，字子珪，辞禄怀道，栖迟[⑫]养志，不戚戚[⑬]于贫贱，不耽耽于富贵，儒行之高者也。梁有天下，小人道消[⑭]，贤士大夫相招在位，其量力守志，则当世罔闻，时或有致事告老，或有寡志少欲，国史书之，亦以为《止足传》云。

……

陶季直，丹阳秣陵人也。祖愍祖，宋广州刺史。父景仁，中散大夫。

季直早慧，愍祖甚爱异之。愍祖尝以四函银列置于前，令诸孙各取，季直时甫[⑮]四岁，独不取。人问其故，季直曰：

"若有赐,当先父伯,不应度[16]及诸孙,是故不取。"愍祖益奇之。五岁丧母,哀若成人。初,母未病,令于外染衣,卒后,家人始赎,季直抱之号恸,闻者莫不酸感。

及长好学,淡于荣利。起家桂阳王国侍郎,北中郎镇西行参军,并不起,时人号曰"聘君"。父忧[17]服阕[18],尚书令刘秉领丹阳尹,引为后军主簿,领郡功曹。出为望蔡令,顷之以病免。时刘秉、袁粲以齐高帝权势日盛,将图之,秉素重季直,欲与之定策。季直以袁、刘儒者,必致颠殒,固辞不赴。俄而[19]秉等伏诛。

齐初,为尚书比部郎,时褚渊为尚书令,与季直素善[20],频以为司空司徒主簿,委以府事。渊卒,尚书令王俭以渊有至行,欲谥为文孝公,季直请曰:"文孝是司马道子谥,恐其人非具美,不如文简。"俭从之。季直又请俭为渊立碑,终始营护,甚有吏节,时人美之。

迁太尉记室参军。出为冠军司马、东莞太守,在郡号为清和。还除[21]散骑侍郎,领左卫司马,转镇西谘议参军。齐武帝崩,明帝作相,诛锄异己,季直不能阿[22]意,明帝颇忌之,乃出为辅国长史、北海太守。边职上佐,素士罕为之者。或劝季直造门致谢[23],明帝既见,便留之,以为骠骑谘议参军,兼尚书左丞。仍迁建安太守,政尚清静,百姓便之。还为中书侍郎,迁游击将军、兼廷尉。

梁台建,迁给事黄门侍郎。常称仕至二千石,始愿毕矣,无为务人间之事,乃辞疾还乡里。天监初,就家拜太中大夫。高祖曰:"梁有天下,遂[24]不见此人。"十年,卒于家,时年七十五。

季直素清苦绝伦,又屏[25]居十余载,及死,家徒四壁,子孙无以殡敛，闻者莫不伤其志焉。

萧视素，兰陵人也。祖思话，宋征西仪同三司，父惠明，吴兴太守；皆有盛名。

视素早孤贫，为叔父惠休所收恤。起家为齐司徒法曹行参军，迁著作佐郎，太子舍人，尚书三公郎。永元末，为太子洗马。梁台建，高祖引为中尉骠骑记室参军。天监初，为临川王友，复为太子中舍人、丹阳尹丞。初拜，高祖赐钱八万，视素一朝散之亲友。又迁司徒左西属，南徐州治中。

性静退㉖，少嗜欲，好学，能清言，荣利不关于口，喜怒不形于色。在人间及居职，并任情通率，不自矜㉗高，天然简素，士人以此咸敬之。及在京口，便有终焉之志，乃于摄山筑室。会㉘征为中书侍郎，遂辞不就，因㉙还山宅，独居屏事，非亲戚不得至其篱门。妻，太尉王俭女，久与别居，遂无子。八年，卒。亲故迹㉚其事行，谥曰贞文先生。

史臣曰：顾宪之、陶季直，引年者也，萧视素则宦情鲜㉛焉。比夫怀禄耽㉜宠，婆娑人世，则殊间㉝矣。

选自《梁书》卷五十二

〔**注释**〕 ① 殆：危险。 ② 期月：一整月，指时间短。 ③ 厉：通“励”，勉励。 ④ 夷易：平易。 ⑤ 干没：投机取利。 ⑥ 蹈：践行。 ⑦ 却粒：不食谷粒。 ⑧ 颠狈：颠沛。 ⑨ 称：赞扬。 ⑩ 殆：大概。 ⑪ 流亚：指同一类的人物。 ⑫ 栖迟：游息。 ⑬ 戚戚：忧惧貌。 ⑭ 消：衰败。 ⑮ 甫：才。 ⑯ 度：越过。 ⑰ 忧：父母的丧事。 ⑱ 阕：事情完毕。 ⑲ 俄而：不久。 ⑳ 善：亲善。 ㉑ 除：拜官受职。 ㉒ 阿：迎合。 ㉓ 谢：谢罪。 ㉔ 遂：竟然。 ㉕ 屏：隐迹。 ㉖ 退：谦让。 ㉗ 矜：夸耀。 ㉘ 会：适逢。 ㉙ 因：于是。 ㉚ 迹：考察。 ㉛ 鲜：少。 ㉜ 耽：沉溺。 ㉝ 间：差别。

〔**赏析**〕 《易》中说知道进退存亡的道理，并且能不丧失其正道的，恐怕只有圣人啊！《传》又言知道满足就不会受辱，知道停止就不会遭遇危险。可见能把握进退的时机，让自己伸缩自如，乃是先哲留给士大夫们的一种得以趋利避害的生活态度。这种态度首先要是自觉的，晋朝那些为了远离战乱而避世的人不能算是止足者。阮思旷舍弃了荣华富贵，喜欢遁世的生活，这才是远离危险和耻辱的典范。止足者和处士最终都不再关心世俗的名利，回归到修身养性的道路上来。其区别在于处士更像是一个在野的学者，潜心研究自己的学问，而止足者自己本来是一个政治家，在经历了功名利禄后不居功放任自己的欲望，避世隐居以求自安。

陶季直的生活经历向我们展示了一个止足者的处世之道，还有他和朝廷之间的微妙关系。陶季直小时候便具备了不贪利的品质，祖父拿了四函银子放在自己前面，让孙子们各自来取。陶季直当时四岁，只有他一个人不要。别人问他为什么，他说："要是有了赏赐，应该先给父亲伯伯一辈的人，而不应直接给孙子们，所以我不拿。"

陶季直入仕做官后，对名利都看得比较淡然。刘秉、袁粲因为齐高帝的权力一天天强大起来，意图将其推翻，刘秉一直很敬重陶季直，想要和他共谋此事。陶季直聪明地知道以刘秉、袁粲这两个儒生的力量难成大事，便没有答应。最后刘、袁二人果然招来了祸患。陶季直后来又做了尚书比部郎，尚书令褚渊和他关系很好，给他升职，把府里的事都交给他管。等到褚渊去世后，尚书令王俭想要给褚渊"文孝公"的谥号，陶季直认为不妥，建议改用"文简"，王俭听从了这个意见。陶季直请求王俭给褚渊立一块碑，他后来一直小心保护着它。当时的人对陶季直身为下属不忘知遇之恩的行为赞赏有加。

尽管陶季直在朝中一直言行谨慎，仍然免不了卷入上层的纷争中。齐武帝驾崩后，明帝做了宰相，他极力打压反对自己的人。陶季直不愿意逢迎明帝的做法，便被派到边远地区做官。有人劝陶季直跟明帝上门道歉，他显然是听了这个人的意见，最终被明帝留了下来。从这件事中可以看到陶季直处世方式的灵活性，他内心有着是非判断，不愿参与权力斗争，但是在遇到危害自身的情况时也会做出对自己有利的选择。陶季直既然无意与人争利，便不可能在朝中有太多作为了。他常说等做到了有两千石俸禄的官职后，自己的心愿就满足了，不想再管朝中之事，于是称病还乡。

和陶季直相比，萧视素是一位对名利更加淡漠的士人。他出身显贵，入仕后一直没有经历太多风波。高祖赐给他八万钱，他把钱全都给了亲朋好友。萧视素本性喜静，懂得退让，不谈功名利禄，喜怒之情不会表露其外。他简单朴实的个性赢得了其他士人的敬重。在京口的时候萧视素萌生了退隐之意，自己在摄山建了座房子，然后便不再出来做官。

在一个朝代刚刚建立或是战火纷飞的时代，当权者最忌惮的是那些有功也有野心的人。有些皇帝用柔性的方式解除了对方的威慑，如宋太祖的杯酒释兵权，有些皇帝不惜大肆铲除功臣宿将，如明太祖的胡蓝党狱。这部在隋初修撰的史书将《止足列传》列入当中，其政治用意或许多于向世人标榜一种人生态度，认为止足的意义在于避免祸患，《止足列传》中列举的几人的避世隐居皆有此种意味，因此难免被后人诟病为消极保全自身的个人主义。

（李秋祺）

释与道,文化自立与融合

〔导言〕 魏晋南北朝至隋唐时期是我国古代思想文化繁荣的一个高峰,这和国家大变革所形成的思想相对活跃氛围有着密切的关系。这一时期的高峰较之于其他历史时期的高峰更有一层别样的意味,突出表现在文化的开放豁达和兼容并蓄,在发扬本土文化的同时,也能够积极吸收外部文化。当时,中国本土的道教得到了巨大的发展,时人以讨论道术玄学为尚。与此同时,南传佛教由海上传入中国,以其精深微妙的学问迅速征服了大量士人,渐渐成为一股不可忽视的文化力量,本土和外部的文化就在这种交流碰撞的环境中各自得到了成长和传播。文化交融的结果就是多元化和混合型文化模式的逐渐传成与出现,多元的文化形态必然会冲击统治集团一元文化的构建努力。秦始皇统一全国后混一政治,车同轨、书同文,以为秦王朝乃子孙帝王万世之业,岂料二世而亡。由此可见,真正的思想活跃和开放存在着一个平衡点,过度的宽松或是集权政治的压制都会起到适得其反的作用。本书选录的《夷蛮列传》和《释老志》,分别选自《宋书》和《魏书》,希望通过对于两篇文献的分析,从文化阐释的角度体现出当时思想交流碰撞的动态。其中,《夷蛮列传》以《天竺迦毗黎国列传》为主,侧重于描摹佛教与本土思想之间的交锋,《释老志》选择佛教寺庙和国家财政之间的关系进行论述,通过两篇文献,管窥外来思想文化的中国本土化问题。

夷 蛮 列 传

〔选文〕

天竺迦毗黎国,元嘉五年,国王月爱遣使奉表曰:

……

臣之所住,名迦毗河,东际[1]于海,其城四边,悉[2]紫绀石,首罗天护,令国安隐。国王相承,未尝断绝,国中人民,率[3]皆修善,诸国来集,共遵道法,诸寺舍子,皆七宝形像,众妙供具,如先王法。臣自修检,不犯道禁,臣名月爱,弃世王种。

……

元嘉十八年,苏摩黎国王那邻那罗跋摩遣使献方物。世祖孝建二年,斤陁利国王释婆罗那邻陁遣长史竺留陁及多献金银宝器。后废帝元徽元年,婆黎国遣使贡献。凡此诸国,皆事佛道。

……

慧琳者,秦郡秦县人,姓刘氏。少出家,住冶城寺,有才章,兼外内之学,为庐陵王义真所知。尝[4]著《均善论》,其词曰:

有白学先生,以为中国圣人,经纶百世,其德弘矣,智周万变,天人之理尽矣,道无隐旨,教罔[5]遗筌,聪睿迪[6]哲,何负[7]于殊论哉。有黑学道士陋[8]之,谓不照幽冥之途,弗及来生之化,虽尚虚心,未能虚事,不逮[9]西域之深也。于是白学访其所以不逮云尔。

白曰:"释氏所论之空,与老氏所言之空,无同异乎?"黑曰:"异。释氏即物为空,空物为一。老氏有无两行,空有为异,安得同乎。"白曰:"释氏空物,物信空邪?"黑曰:"然。空又空,不翅[10]于空矣。"白曰:"三仪灵长于宇宙,万品盈生于天地,孰是空哉?"黑曰:"空其自性之有,不害[11]因假之体也。今构群材以成大厦,罔专寝之实,积一毫以致合抱,无檀木之体,有生莫俄顷[12]之留,泰山蔑累息之固,兴灭无常,因缘无主,所空在于性理,所难据于事用,吾以为误矣。"……白曰:“山高累卑之辞,川树积小之咏,舟壑火传之谈,坚白唐肆之论,盖盈于中国矣,非理之奥,故不举以为教本耳。子固以遗[13]情遗累[14],虚心为道,而据事剖析者,更由指掌之间乎。”黑曰:“周、孔为教,正[15]及一世,不见来生无穷之缘,积善不过子孙之庆,累恶不过余殃之罚,报效止于荣禄,诛责极于穷贱,视听之外,冥[16]然不知,良可悲矣。释迦关[17]无穷之业,拔[18]重关之险,陶[19]方寸之虑,宇宙不足盈其明,设一慈之救,群生不足胜其化[20],叙地狱则民惧其罪,敷[21]天堂则物欢其福,指泥洹以长归,乘法身以遐[22]览,神变无不周,灵泽靡不覃[23],先觉翻翔于上世,后悟腾翥而不绍[24],坎井之局[25],何以识大方之家乎。”……白曰:“异哉!何所务之乖[26]也。道在无欲,而以有欲要[27]之,北行求郢,西征索越,方[28]长迷于幽都,永谬滞于昧[29]谷。辽辽闽、楚,其可见乎。所谓积渐者,日损之谓也。当先遗其所轻,然后忘其所重,使利欲日去,淳白[30]自生耳。岂得以少要多,以粗易[31]妙,俯仰之间,非利不动,利之所荡,其有极哉。乃丹青眩媚彩之目,土木夸好壮之心,兴糜费之道,单[32]九服之财,树无用之事,割[33]群生之急,致营造之计,成私树之权,务劝化之业,结师党之势,苦节以要厉精之誉,护法以展陵竞[34]之情,悲矣。夫道其安寄乎。是以周、孔敦俗,弗关视听之外,老、庄陶风,谨守性分而已。”黑曰:“三游本于仁义,盗跖资于五善,圣迹之敝,岂有内外。且黄、老之家,符章之伪,水祝之诬,不可胜论。子安于彼,骇于此,玩于浊水,违[35]于清渊耳。”白曰:“有迹不能不敝,有术不能无伪,此乃圣人所以桎梏也。今所惜在作法于贪,遂以成俗,不正其敝,反以为高耳。至若淫妄之徒,世自近[36]鄙,源流蔑然,固不足论。”黑曰:“释氏之教，专救夷俗，便无取于诸华邪？”白曰：“曷[37]为其然。为则开端，宜怀属绪，爱物去[38]杀，尚施周人，息心遗荣华之愿，大士布兼济之念，仁义玄一者，何以尚[39]之。惜乎幽旨不亮，末流为累耳。”黑曰：“子之论善殆同矣，便[40]事尽于生乎？”白曰：“幽冥之理，固不极于人事矣。周、孔疑而不辨，释迦辨而不实，将宜废其显晦之迹，存其所要之旨。请尝言之。夫道之以仁义者，服理以从化；帅之以劝戒者，循利而迁善。故甘辞兴于有欲，而灭于悟理，淡说行于天解，而息于贪伪。是以示来生者，蔽[41]亏于道、释不得已，杜幽暗者，冥符于姬、孔闭其兑。由斯论之，言之者未必远，知之者未必得，不知者未必失，但知六度与五教并行，信顺与慈悲齐立耳。殊涂[42]而同归者，不得守其发轮之辙也。”

选自《宋书》卷九十七

〔注释〕 ①际：达到。 ②悉：都。 ③率：一律。 ④尝：曾经。 ⑤罔：没有。 ⑥迪：开导。 ⑦负：逊色。 ⑧陋：鄙视。 ⑨逮：及。 ⑩翅：通“啻”。 ⑪害：妨害。 ⑫俄顷：顷刻。 ⑬遗：弃。 ⑭累：烦忧。 ⑮正：仅。 ⑯冥：愚昧。 ⑰关：涉及。 ⑱拔：摆脱。 ⑲陶：陶冶。 ⑳化：感化。 ㉑敷：叙述。 ㉒遐：远。 ㉓覃：深入。 ㉔绍：接续。 ㉕局：局限。 ㉖乖：背离。 ㉗要：求取。 ㉘方：比方。 ㉙昧：愚昧。 ㉚淳白：纯洁清白。 ㉛易：交换。 ㉜单：通“殚”，尽。 ㉝割：割舍。 ㉞陵竞：诚惶诚恐貌。 ㉟违：避开。 ㊱近：浅近。 ㊲曷：何。 ㊳去：去除。 ㊴尚：超过。 ㊵便事：熟悉。 ㊶蔽：遮掩。 ㊷涂：通“途”。

〔赏析〕 佛教自两汉之交传入中国，起初由于儒学兴盛的原因并未得到长足发展。三国以后，玄学大兴，同样充满思辨意味的佛教也得以迅猛发展。到了两晋南北朝时期，由于当时国家间的交往开始频繁，不断有位于印度次大陆的佛教国家和中国进行接触，佛教的传教活动也开始大规模地在中国各地展开。

佛教思想博大而精深，善于启发心智，作为一门学问的佛教开枝散叶，所涉领域可谓是面面俱到。经历几百年的反复锤炼，形而上学高度发达的佛教已然成为一个强大的意识形态。佛教思想体系具有强大的说服力，一旦来到中国，可想而知其带来的对于中国固有文化的冲击是非常巨大的。佛教提倡“众生平等”，这是对儒家“君君，臣臣，父父，子子”秩序观的颠覆。佛教又说“色即是空”，显然再一次同儒家“修身，齐家，治国，平天下”的理念大为抵牾。

正是由于以上的原因，使得精研儒学的中国传统知识分子对佛教采取了异常警惕的态度，对佛教的评价自然也不会很高。他们反倒很愿意记录一些和佛教有关的乱相，是完全出于己方立场的。作为政权代表的官方对于佛教的态度并非是一成不变的，对于佛教政策的转变在很大程度上取决于统治集团在政治上的考量。一旦经济下滑，国家所实际掌控的编户齐民遭遇到佛教极大的侵占时，政府的佛教政策便会收紧，以至出现砸毁庙宇、勒令僧人还俗等情况的发生。

佛教想要在中国落地生根，长期发展，就不得不对自己的传教形式作出调整，这个调整是经历过反复的，前后延续了一千多年。在这里，我们不妨以南北朝时期为例，仔细考察佛教在大规模进入中国后的某一次调整。

有一位慧琳和尚曾写过一篇《均善论》。此文虚构了白学先生（儒学者）和黑学道士（佛学者）这两个人物，文章通过二人辩论的形式展开。辩论的起因是黑对白的一次批评。黑认为白“不照幽冥之途，弗及来生之化，虽尚虚心，未能虚事，不逮西域之深也”，白表示不服，找黑理论，奈何自己对佛教知之甚少，张口便错。这种现象突出体现了当时的中国学者对本国文化是秉持着自负之态度的。白辩驳的第一句话就是“释氏所论之空，与老氏所言之空，无同异乎”，十分自信地将佛教和道教中不同的概念混为一谈，这是一个令黑哭笑不得的提法。黑给出回答：“异。释氏即物为空，空物为一。老氏有无两行，空有为异，安得同乎”，从白传达的信息来看，他像是在做佛教和道教的比较观摩。然而比较观摩的前提在于必须要对比较的对象都有充分的了解。像这样根本不懂还胡乱比较的做法一者非常失礼，二者恰恰显示出自己的浅薄。慧琳这样写，显然带有我自佛法力无边，怎会屈居人后的立场。接下来的辩论仍旧是你来我往，互不相让。总体上看，黑的辩论技术和道理的阐发要比白略胜一筹。白每提出一个论点，黑马上会对白的说法进行驳斥，嘲笑白的理论："正及一世，不见来生无穷之缘，积善不过子孙之庆，累恶不过余殃之罚，报效止于荣禄，诛责极于穷贱，视听之外，冥然不知，良可悲矣。"白在黑的雄辩滔滔下显得有些前后失据了。

一旦涉及现实政治方面的问题，白与黑之间的攻守形式发生了根本性的变化。白步步紧逼，黑却只有招架之力，以至于黑不得不承认："子之论善殆同矣"，最终达成了共识。由此可见，佛教在中国传播所遭遇到的困境，实是由于其完全无涉于中国政治之需要。儒家文化是极为强调现实政治的，对于怪、力、乱、神等思潮都是敬而远之的。佛教谈一世以外的来生，是绝不属于现世世界的，然而双方的龃龉之处也并非是有巨大的冲突。关键之处在于是否有办法找到思想中对现世有用的部分。故而白最后总结道："但知六度与五教并行，信顺与慈悲齐立耳。殊涂而同归者，不得守其发轮之辙也。"白认为一开始以道教和佛教相比，就在于说明佛教应适合于中国的文化内涵，其思想作为统治集团的意识形态是没有必要在一些细节上纠缠不清的。

白与黑的争端自此终结。一位和尚写出这样一篇"贬黜释氏"的文章，使得人们颇感费解，然而慧琳和尚写作此文实有一番苦心寓焉。因为慧琳和尚的这篇文章，"太祖见论赏之，元嘉中，遂参权要，朝廷大事，皆与议焉。宾客辐凑，门车常有数十两，四方赠赂相系，势倾一时"。和尚获得了统治集团最高当权者的认可，佛教这一宗教形态才得以在中国蓬勃发展。

释 老 志

〔选文〕

大人有作，司牧①生民，结绳以往，书契所绝，故靡得而知焉。自羲轩已还，至于三代，其神言秘策，蕴②图纬之文，范③世率④民，垂⑤坟典之迹。秦肆其毒，灭于灰烬；汉采遗籍，复若丘山。司马迁区别异同，有阴阳、儒、墨、名、法、道德六家之义。刘歆著七略，班固志艺文，释氏之学，所未曾纪。案⑥汉武元狩中，遣霍去病讨匈奴，至皋兰，过居延，斩首大获。昆邪王杀休屠王,将[7]其众五万来降。获其金人,帝以为大神,列于甘泉宫。金人率长丈余,不祭祀,但烧香礼拜而已。此则佛道流通之渐[8]也。

……

神龟元年冬,司空公、尚书令、任城王澄奏曰:

仰惟[9]高祖,定鼎嵩瀍,卜世悠远。虑括终台,制洽[10]天人,造物开符,垂之万叶[11]。故都城制云,城内唯拟一永宁寺地,郭内唯拟尼寺一所,余悉城郭之外。欲令永遵此制,无敢逾矩。逮[12]景明之初,微有犯禁。故世宗仰修先志,爰发明旨,城内不造立浮图、僧尼寺舍,亦欲绝其希觊[13]。文武二帝,岂不爱尚佛法,盖以道俗殊归,理无相乱故也。但俗眩虚声,僧贪厚润,虽有显禁,犹自冒营[14]。至正始三年,沙门统惠深有违景明之禁,便云:"营就[15]之寺,不忍移毁,求自今已后,更不听立。"先旨含宽,抑典从请。前班[16]之诏,仍卷不行,后来私谒,弥以奔竞。永平二年,深等复立条制,启云:"自今已后,欲造寺者,限僧五十已上,闻彻听[17]造。若有辄[18]营置者,依俗违敕之罪,其寺僧众,摈出外州。"尔来十年,私营转盛,罪摈之事,寂尔无闻。岂非朝格虽明,恃[19]福共毁,僧制徒立,顾利莫从者也。不俗不道,务为损法,人而无厌[20],其可极乎!

夫学迹冲妙,非浮识所辩;玄门旷寂,岂短辞能究。然净居尘外,道家所先,功缘冥深,匪[21]尚华遁。苟能诚信,童子聚沙,可迈于道场;纯陀俭设,足荐于双树。何必纵其盗窃,资营寺观。此乃民之多幸,非国之福也。然比日私造,动盈百数。或乘[22]请公地,辄树私福;或启得造寺,限外广制。如此欺罔,非可稍计。臣以才劣,诚忝工务,奉遵成规,裁量是总。所以披[23]寻旧旨，研究图格，辄遣府司马陆昶、属崔孝芬，都城之中及郭邑之内检括[24]寺舍，数乘五百，空地表刹，未立塔宇，不在其数。民不畏法，乃至于斯[25]！自迁都已来，年逾二纪[26]，寺夺民居，三分且一。高祖立制，非徒欲使缁素[27]殊途，抑亦防微深虑。世宗述[28]之，亦不锢禁营福，当在杜塞未萌。今之僧寺，无处不有。或比满城邑之中，或连溢屠沽之肆，或三五少僧，共为一寺。梵唱屠音，连檐接响，像塔缠于腥臊，性灵没于嗜欲，真伪混居，往来纷杂。下司因习而莫非，僧曹对制而不问。其于污染真行，尘秽练僧，薰[29]莸[30]同器，不亦甚欤！往在北代，有法秀之谋；近日冀州，遭大乘之变。皆初假[31]神教，以惑众心，终设奸诳，用逞私悖。太和之制，因法秀而杜远；景明之禁，虑大乘之将乱。始知祖宗睿圣，防遏处深。履霜坚冰，不可不慎。

昔如来阐教，多依山林，今此僧徒，恋著城邑。岂湫隘[32]是经行所宜，浮喧必栖禅之宅，当由利引其心，莫能自止。处者既失其真，造者或损其福，乃释氏之糟糠，法中之社鼠，内戒所不容，王典所应弃矣。非但京邑如此，天下州、镇僧寺亦然。侵夺细民，广占田宅，有伤慈矜[33]，用长嗟苦。且人心不同，善恶亦异。或有栖心真趣，道业清远者；或外假法服，内怀悖德者。如此之徒，宜辨泾渭。若雷同一贯，何以劝善。然睹法赞善，凡人所知；矫俗避嫌，物情同趣。臣独何为，孤议独发。诚以国典一废，追理至难，法网暂失，条纲将乱。是以冒陈愚见，两愿其益。

臣闻设令在于必行，立罚贵能肃物。令而不行，不如无令。罚不能肃，孰与亡[34]罚。顷明诏屡下，而造者更滋，严限骤施，而违犯不息者，岂不以假福托善，幸罪不加。人殉其私，吏难苟劾。前制无追往之辜[35]，后旨开自今之恕，悠悠世情，遂忽成法。今宜加以严科，特设重禁，纠其来违，惩其往失。脱[36]不峻检，方垂容借，恐今旨虽明，复如往日。又旨令所断，标榜礼拜之处，悉听不禁。愚以为，树榜无常，礼处难验，欲云有造，立榜证公，须营之辞，指言尝礼。如此则徒有禁名，实通造路。且徙御已后，断诏四行，而私造之徒，不惧制旨。岂是百官有司，怠于奉法？将由网漏禁宽，容托有他故耳。如臣愚意，都城之中，虽有标榜，营造粗功，事可改立者，请依先制。在于郭外，任择所便。其地若买得，券证分明者，听其转之。若官地盗作，即令还官。若灵像既成，不可移撤，请依今敕，如旧不禁，悉令坊内行止，不听毁坊开门，以妨里内通巷。若被旨者，不在断限。郭内准此商量。其庙像严立，而逼近屠沽，请断旁屠杀，以洁灵居。虽有僧数，而事在可移者，令就闲敞，以避隘陋。如今年正月赦后造者，求依僧制，案[37]法科治。若僧不满五十者，共相通容，小就大寺，必令充限。其地卖还，一如上式。自今外州，若欲造寺，僧满五十已上，先令本州岛表列，昭玄量审，奏听乃立。若有违犯，悉依前科。州郡已下，容而不禁，罪同违旨。庶[38]仰遵先皇不朽之业，俯奉今旨慈悲之令，则绳墨[39]可全，圣道不坠矣。

奏可。未几，天下丧乱，加以河阴之酷，朝士死者，其家多舍居宅，以施僧尼，京邑第[40]舍，略[41]为寺矣。前日禁令，不复行焉。

选自《魏书》卷一百一十四

〔**注释**〕 ① 司牧：管理。 ② 蕴：蕴藏。 ③ 范：规范。 ④ 率：顺服。 ⑤ 垂：留存。 ⑥ 案：考查。 ⑦ 将：带领。 ⑧ 渐：开端。 ⑨ 惟：思考。 ⑩ 洽：符合。

⑪ 叶:世。 ⑫ 逮:到。 ⑬ 觊:冀望。 ⑭ 营:建造。 ⑮ 就:成。 ⑯ 班:颁布。 ⑰ 听:听凭。 ⑱ 辄:擅自。 ⑲ 恃:凭借。 ⑳ 厌:通"餍",满足。 ㉑ 匪:非。 ㉒ 乘:乘机。 ㉓ 披:翻阅。 ㉔ 检括:检查。 ㉕ 斯:此。 ㉖ 纪:古代以十二年为一纪。 ㉗ 缁素:僧俗。 ㉘ 述:遵循。 ㉙ 薰:香草。 ㉚ 莸:臭草。 ㉛ 假:依靠。 ㉜ 湫隘:低下狭小。 ㉝ 矜:怜悯。 ㉞ 亡:通"无",没有。 ㉟ 辜:罪。 ㊱ 脱:倘若。 ㊲ 案:按照。 ㊳ 庶:希望。 ㊴ 绳墨:喻规矩或法度。 ㊵ 第:达官贵人的宅院。 ㊶ 略:大多。

〔赏析〕 魏晋以来,佛教在中国传播的趋势已然不可改变。佛教鼓吹彼岸,给人的现世生活提供了延伸的空间。魏晋南北朝持续的大动乱造成人民生活的普遍困窘,现世的灾难只能通过对于来世的想象来进行心理上的消弭与纾解。在当时人的思想里,天道有常,因果相依。好事多做,自然来世幸福美满。这种宗教宣传逻辑严密而有说服力,吸引人们热衷于追随佛教。穷苦的百姓认为佛教使人心神安宁,以自我麻痹的心理状态看淡了日常生活的苦难。统治集团认为,佛教可以麻痹人民对于现实的不满,对于维护国家稳定和巩固自己的有效统治实是极为有利的。佛教遂在这一思维的影响下向着纵深发展。

然而事情的发展不会总是一帆风顺的。佛教发展的兴盛造成了寺庙数量的急剧膨胀,国家所实际掌控的编户齐民都被佛教侵吞,如何调和佛教与政府之间的财政矛盾成了一个新的问题。佛教的蓬勃发展对于中国思想界可谓是一个新鲜的事物,然而潜藏在佛教问题背后的国家财政收支问题却是一个历朝历代王朝都不可等闲视之的重要因素。为了财政收支的问题,历朝历代的政府都殚精竭虑,一次次制定调整税制,一次次修改更正徭役。统治者心中是很清楚的,财政税收等问题才是国家命运的关键所在。

宗教问题在国家机器的运作中作用可大可小,只要不触碰到政权的核心利益,就不会被视作是一种对于政权天生的威胁。然而佛教的传播却极大地动摇了国家的财政基础,针对这一严峻的形势。国家自然要采取相应的行政手段来打压佛教的进一步发展。反观中国历史,历朝历代的统治者都有对于宗教问题采取极为宽容政策的显例,道教、佛教,甚至拜火教、景教都能够在中国占有一席之地,则无疑证明了如上的观点。宗教在中国的兴衰更迭,完全是优胜劣汰的自然选择,在中国历史上从没有出现过因为国家干预而造成某一宗教消亡的情况。这种情况的出现,与其说是宗教传播能力的不足,毋宁说是中国固有的儒家传统所导致的最终结局,儒家文化的深刻根基实在是很难撼动的。

北魏神龟元年(518 年),官员王澄上了一份奏章,其愤怒的矛头直指佛教。王澄贬斥佛教的理由不是佛教给人留下“无父无君”的印象,因为他知道,即使他以极大的精力去论述这一思想领域的争议点,其结果也是没有任何意义的。故而在论述伊始,王澄就提出了先王的做法,意在论证自己议题的合理性。他先说,高祖(按:指孝文帝)时对于佛教是立下规矩的,即只允许在城里造一座和尚庙和一座尼姑庵。高祖这么做显然是经过深思熟虑的,佛教有安定人心,维护政权的作用。然而,当时的佛教徒迥异于国家的编户齐民,不从事农业生产,而是靠化缘和信众捐赠来生活。佛寺建设在人口稠密的城内,钱财为佛寺所占用,国家征收税收的行政职能便被褫夺。高祖以后,世宗皇帝继承了这一政策,只是行政效力渐趋式微。国家和僧侣之间对于国家财政权的争夺愈演愈烈,结果却是“尔来十年,私营转盛,罪摈之事,寂尔无闻”,佛教占得了先机。

在王澄的眼里,佛教的存在已经严重影响到了国家政治权力的行使。他指称:“自迁都已来,年逾二纪,寺夺民居,三分且一”,寺庙数量已急剧增长,侵占了居民的住房用地,而且“梵唱屠音,连檐接响,像塔缠于腥臊,性灵没于嗜欲,真伪混居,往来纷杂”,在从事佛教工作的名义下,不知豢养了多少虚假的僧人。

王澄接着说:“昔如来阐教,多依山林,今此僧徒,恋著城邑。岂湫隘是经行所宜,浮喧必栖禅之宅,当由利引其心,莫能自止”,在他眼中,佛教徒已经不再是那些超凡脱俗,不问世事的求道之人,而逐渐演化成一群蝇营狗苟之徒,与市井无赖并无不同。至此,王澄的言辞变得异常激烈:“处者既失其真,造者或损其福,乃释氏之糟糠,法中之社鼠,内戒所不容,王典所应弃矣”,言下之意,王澄迫切提出需要用王法来干预目前这种混乱状况的急切建议。

王澄在奏章的最后给出了处理意见。从这个意见来看,他在如何妥善处理佛教这一问题上的态度是公正的。王澄提出了具有可行性的建议：要重新确立“先制”的权威性，在这一权威的框架下对佛教寺庙进行限制，为的就是“庶仰遵先皇不朽之业，俯奉今旨慈悲之令，则绳墨可全，圣道不坠矣”。虽然事情并没有完全向着王澄所预想的趋势发展，但是他提出的解决方案却为后世诸多帝王所考量，具有一定的前瞻性。通过对于《释老志》这篇文献的分析，我们就会发现，在如何处理宗教和国家、宗教和社会等错综复杂的问题方面，国家所采取的策略和有效的行政掌控是极为重要的。

（唐剑明）

二十四史鉴赏辞典

下

上海辞书出版社

《隋书》、《旧唐书》、《新唐书》导语

《隋　书》

唐代魏徵主持修撰，颜师古、孔颖达、许敬宗等参加编修。分两阶段成书，从草创到全部修成历时三十五年。全书共八十五卷，包括帝纪五卷、列传五十卷、志三十卷。记述了从隋文帝开皇元年(581 年)至隋恭帝义宁二年(618 年)的史事。仓修良称之"叙事简炼，文笔严净"(《中国古代史学史简编》)。

《旧　唐　书》

原名《唐书》，《新唐书》问世后改称《旧唐书》。署名后晋刘昫等撰，实为后晋赵莹主持修撰。全书共二百卷，包括本纪二十卷、志三十卷、列传一百五十卷。记述了唐代(618—907)的史事。顾炎武评论"《旧唐书》虽颇涉繁芜，然事迹明白，首尾该赡，亦自可观"(《日知录》卷二十六)。

《新　唐　书》

北宋宋祁、欧阳修等合撰，范镇、吕夏卿等参加编修。全书共二百二十五卷，包括本纪十卷、志五十卷、表十五卷、列传一百五十卷。记述了唐代的史事。王鸣盛评价新、旧《唐书》"二书不分优劣，瑕瑜不掩，互有短长；新书最佳者志、表，列传次之，本纪最下；旧书则纪、志、传美恶悉相等"(《十七史商榷》卷六十九)。

有幸一世而立，不幸二世而亡

〔导言〕　杨坚与杨广这对皇帝父子建立帝业的途径是不同的：杨坚经过种种磨难，最后水到渠成当了皇帝；杨广费尽心机，最后踩着父兄的鲜血登上帝位。不同的途径除去不同的历史背景，很大程度上取决于不同的品格，不同的才干。杨坚多有作为、勤于政事、执法严峻、不尚奢华；杨广恃才矜己，傲狠明德，内怀险躁，外示凝简，淫荒无度，屠剿忠良。不同的品格才干最终导致不同的结局，杨坚开创了隋朝，杨广葬送了隋朝。对于这一切，仅仅从本纪中很难窥其全貌，因此有必要把分散在各处的有价值的记载加以集中整合，从而复原出他们本来的样子。

隋文帝纪

〔选文〕

高祖文皇帝姓杨氏，讳坚，弘农郡华阴人也。

……

皇妣吕氏，以大统七年六月癸丑夜，生高祖于冯翊般若寺，紫气充庭。有尼来自河东，谓皇妣曰："此儿所从来甚异，不可于俗间处之。"尼将[①]高祖舍[②]于别馆，躬自抚养。皇妣尝[③]抱高祖，忽见头上角出，遍体鳞起。皇妣大骇，坠高祖于地。尼自外入见曰："已惊我儿，致令晚得天下。"为人龙颜，额上有五柱入顶，目光外射，有文[④]在手曰"王"。长上短下，沈深严[⑤]重。初入太学，虽至亲昵不敢狎[⑥]也。

年十四，京兆尹薛善辟[⑦]为功曹。十五，以太祖勋授散骑常侍、车骑大将军、仪同三司,封成纪县公。十六,迁骠骑大将军,加开府。周太祖见而叹曰:“此儿风骨,不似代[8]间人。”明帝即位,授右小宫伯,进封大兴郡公。帝尝遣善相者赵昭视之,昭诡对曰:“不过作柱国耳。”既而阴[9]谓高祖曰:“公当为天下君,必大诛杀而后定。善记鄙言。”

武帝即位,迁左小宫伯。出为隋州刺史,进位大将军。后征[10]还,遇皇妣寝疾三年,昼夜不离左右,代称纯孝。宇文护执政,尤忌高祖,屡将害焉,大将军侯伏侯寿等匡护得免。其后袭爵隋国公。武帝聘[11]高祖长女为皇太子妃,益[12]加礼重。齐王宪言于帝曰:“普六茹坚相貌非常,臣每见之,不觉自失。恐非人下,请早除之。”帝曰:“此止可为将耳。”内史王轨骤[13]言于帝曰:“皇太子非社稷主,普六茹坚貌有反相。”帝不悦,曰:“必天命有在,将若之何?”高祖甚惧,深自晦[14]匿。

……

高祖位望益隆,帝颇以为忌。帝有四幸姬,并为皇后,诸家争宠,数相毁谮[15]。帝每忿怒谓后曰:“必族灭尔家。”因[16]召高祖,命左右曰:“若色动,即杀之。”高祖既至,容色自若,乃止。

大象二年五月,以高祖为扬州总管,将发,暴[17]有足疾,不果行。乙未,帝崩。时静帝幼冲[18],未能亲理政事。内史上大夫郑译、御正大夫刘昉以高祖皇后之父,众望所归,遂矫诏引高祖入总朝政,都督内外诸军事。周氏诸王在藩者,高祖悉[19]恐其生变,称赵王招将嫁女于突厥为词以征之。丁未,发丧。庚戌,周帝拜高祖假黄钺、左大丞相,百官总己而听焉。以正阳宫为丞相府,以郑译为长史,刘昉为司马,具置僚佐。宣帝时，刑政苛酷，群心崩骇，莫有固志。至是，高祖大崇惠政，法令清简，躬履节俭，天下悦之。

六月，赵王招、陈王纯、越王盛、代王达、滕王逌并至于长安。相州总管尉迟迥自以重臣宿[20]将，志不能平，遂举兵东夏。赵、魏之士，从者若流，旬日之间，众至十余万。又宇文胄以荥州，石愻以建州，席毗以沛郡，毗弟叉罗以兖州，皆应于迥。迥遣子质于陈请援。高祖命上柱国、郧国公韦孝宽讨之。雍州牧毕王贤及赵、陈等五王，以天下之望归于高祖，因谋作乱。高祖执[21]贤斩之，寝[22]赵王等之罪，因诏五王剑履上殿，入朝不趋，用安其心。

七月，陈将陈纪、萧摩诃等寇广陵，吴州总管于颉转击破之。广陵人杜乔生聚众反，刺史元义讨平之。韦孝宽破尉迟迥于相州，传首阙下，余党悉平。初，迥之乱也，郧州总管司马消难据州响应，淮南州县多同之。命襄州总管王谊讨之，消难奔[23]陈。荆、郢群蛮乘衅作乱，命亳州总管贺若谊讨平之。先是，上柱国王谦为益州总管，既见幼主在位，政由高祖，遂起巴、蜀之众，以匡复为辞。高祖方以东夏、山南为事，未遑[24]致讨。谦进兵屯剑阁，陷始州。至是，乃命行军元帅、上柱国梁睿讨平之，传首阙[25]下。

……

开皇元年二月甲子，上自相府常服入宫，备礼即皇帝位于临光殿。设坛于南郊，遣使柴燎告天。是日，告庙，大赦，改元。

选自《隋书》卷一

九年春正月己巳，白虹夹日。辛未，贺若弼拔陈京口，韩擒虎拔陈南豫州。癸酉，以尚书右仆射虞庆则为右卫大将军。丙子,贺若弼败陈师于蒋山,获其将萧摩诃。韩擒虎进师入建邺,获其将任蛮奴,获陈主叔宝。陈国平,合州三十,郡一百,县四百。癸巳,遣使持节巡抚㉖之。

二月乙未,废淮南行台省。丙申,制五百家为乡,正一人;百家为里,长一人。丁酉,以襄州总管韦世康为安州总管。

……

仁寿元年春正月乙酉朔,大赦,改元。

……

四年春正月丙辰,大赦。甲子,幸仁寿宫。乙丑,诏赏罚支度,事无巨细,并付皇太子。

夏四月乙卯,上不豫㉗。

六月庚申,大赦天下。有星入月中,数日而退。长人见㉘于雁门。

秋七月乙未,日青无光,八日乃复。己亥,以大将军段文振为云州总管。甲辰,上以疾甚,卧于仁寿宫,与百僚辞诀,并握手歔欷。丁未,崩于大宝殿,时年六十四。

选自《隋书》卷二

〔注释〕 ① 将:带领。 ② 舍:居住。 ③ 尝:曾经。 ④ 文:纹理。 ⑤ 严:整齐。 ⑥ 狎:轻忽。 ⑦ 辟:征召。 ⑧ 代:世上。 ⑨ 阴:暗中。 ⑩ 征:征召。 ⑪ 聘:迎娶。 ⑫ 益:更。 ⑬ 骤:多次。 ⑭ 晦:隐藏。 ⑮ 谮:诬陷。 ⑯ 因:于是。 ⑰ 暴:突然。 ⑱ 冲:幼小。 ⑲ 悉:都。 ⑳ 宿:久于其事的。 ㉑ 执:捉拿。 ㉒ 寝:搁置。 ㉓ 奔:逃跑。 ㉔ 遑:闲暇。 ㉕ 阙:皇宫。 ㉖ 抚:抚慰。 ㉗ 不豫:婉称帝王有病。 ㉘ 见:同“现”,出现。

〔赏析〕 杨坚是隋王朝的建立者,也是北周王朝的送葬人。他在建立隋朝以前,长期在北周政治斗争的漩涡中翻腾旋转。他的升沉安危、势力强弱,都与北周的政治斗争有关。是北周政治斗争的磨炼玉成了他,壮大了他,造就了他。

宇文泰死后，宇文护掌握了大权，逼迫西魏恭帝退位，以禅让的名义，把宇文泰的儿子宇文觉扶上帝位，建立北周。当时的形势是，“嗣子冲弱，强寇在近，人情不安”。嗣子冲弱指北周孝闵帝宇文觉，当时年纪仅有十四岁。人情不安指宇文护与独孤信的矛盾。独孤信在北周具有很高的地位和很大的影响，宇文泰的长子宇文毓是独孤信的女婿。宇文护辅政，不拥立宇文毓而拥立宇文觉，独孤信自然不满。另一个大将军赵贵对宇文护的执政也非常不满，便与独孤信密谋将宇文护杀掉。不料事情败露，宇文护先下手为强，把赵贵抓住处死，又逼令独孤信在家自杀。独孤信与宇文护的政治斗争，自然牵扯到杨坚，因为杨坚家族与独孤信家族的关系非同一般。杨坚的父亲杨忠与独孤信的关系极为亲密，在女儿很小时，独孤信便与杨坚的父亲杨忠结成了儿女亲家。因此杨坚在北周政治斗争的漩涡中，长期处于一种十分险恶的形势之中。

杨坚在北周政治斗争险恶的环境中，有一套保护自己的处世原则和方法。这些原则和方法概括起来有两句话：一是韬光晦迹，功而不伐；二是广交深结，友而不党。

杨坚在北周立有战功，但他将自己的功劳隐匿起来，实行了韬晦之计。历史上的韬晦大抵可分两类：一类是给人以假象，而将真相隐蔽起来，在假象的掩护下干着秘密勾当，这类可归于阴谋诡计；另一类是尽量减少自己惹人注意之处，力求在人们猜疑的视线外过一种平静安稳的生活，这类可视为自安之术。杨坚的自匿，不是在假象的掩护下去图谋帝位，此刻他还没有那种野心，也不是要使自己的政敌麻痹，以便进行突然袭击，因为从宇文护、宇文宪之死中看，都未曾与杨坚有任何瓜葛。杨坚的自匿，不过是借以求得免遭祸患的自安之术。

为了在险恶的政治环境中求得自身的安全，杨坚还采取了广交朋友的策略。杨坚交友，首先是范围广。在他的朋友圈子里，有各式各样的人，第一种为名门望族，如陇西李氏、安定梁氏、京兆韦氏、安定皇甫氏、河东柳氏、范阳卢氏、赵郡李氏等大姓贵族中，都有杨坚的朋友；第二种为勋臣贵族，如窦炽、于瑾、源雄、贺楼子干、长孙平等人；第三种为社会地位不高的人，如李圆通、陈茂、来和、张宾等人；第四种为被视为小人的奸佞之徒，如刘昉、郑译等；第五种为对立政治集团的成员，如贺兰祥、侯万寿等。

杨坚的交友之广，还表现在交友途径的多种多样，其中包括利用父亲杨忠的关系交友，利用姻亲关系交友，利用同窗之谊交友。

杨坚交友多，但友而不党。杨坚交友，主要目的是为了在猜忌、争斗、倾轧的政治风云中求得自身的安全。从这个意义上说，少一个朋友，就会少一层保护；多一个敌人，就多一分危险。这就使杨坚以最大的努力，寻求最广泛的结交。但杨坚所结交的这些人，只是与杨坚本人为友，而他们之间因种种不同而不可能交结很深。这就决定了他们只是一个以杨坚为中心的松散的朋友群，而不是一个利害攸关、共荣共枯的政治集团。

杨坚的朋友元谐曾对他说："公无党援，譬如水中一堵墙，大危矣。"其实元谐只说对了一部分。杨坚确实无党，然而无党不见得危险，有党不见得安全。宇文护结党，最终落得被杀的结果；宇文直结党，最后也不免身亡的下场。杨坚无党，不受别人注意，不受别人株连，反而可以避过一次次政治风浪的冲击，比别人更安全些。杨坚确实无党，然而无党不见得无援。当他面临宇文护迫害时，当他因相貌受猜疑时，都有朋友从各个方面给他巨大的帮助。

杨坚在北周所处的政治环境是险恶的，然而，也正是这种险恶的环境玉成了他。为了在这种环境中安身立命，他采取韬光隐迹、广交深结等手段为自己构筑了一道由朋友组成的保护层。这些人在杨坚尚无政治野心时是一个松散的朋友群，在杨坚想在政治上有所作为时，便成了支持他的强大势力。

杨坚在北周复杂的政治斗争中，练就了应付各种复杂情况的能力，培养了自己的政治力量，这为日后取代北周，建立新朝代、新制度，统一天下打下坚实的基础。

隋炀帝纪

〔选文〕

炀皇帝讳广，一名英，小字阿麽，高祖第二子也。母曰文献独孤皇后。上美姿仪，少敏慧，高祖及后于诸子中特所钟爱。在周，以高祖勋，封雁门郡公。

开皇元年，立为晋王，拜柱国、并州总管，时年十三。寻[①]授武卫大将军，进位上柱国、河北道行台尚书令，大将军如故。高祖令项城公韶、安道公李彻辅导之。上好学，善属[②]文，沉深严重，朝野属望。高祖密令善相者来和遍视诸子，和曰："晋王眉上双骨隆起，贵不可言。"既而高祖幸上所居第[③]，见乐器弦多断绝，又有尘埃，若[④]不用者，以为不好声妓，善之。上尤自矫饰，当时称为仁孝。尝观猎遇雨，左右进油衣，上曰："士卒皆沾湿，我独衣[⑤]此乎！"乃令持去。

六年，转淮南道行台尚书令。其年，征拜雍州牧、内史令。八年冬，大举伐陈，以上为行军元帅。及陈平，执陈湘州刺史施文庆、散骑常侍沈客卿、市令阳慧朗、刑法监徐析、尚书都令史暨慧，以其邪佞，有害于民，斩之右阙下，以谢三吴。于是封府库，资财无所取，天下称贤。

……

及太子勇废，立上为皇太子。是月，当受册。高祖曰："吾以大兴公成帝业。"

……

四年七月，高祖崩，上即皇帝位于仁寿宫。

……

大业元年春正月壬辰朔，大赦，改元。

……

三月丁未，诏尚书令杨素、纳言杨达、将作大匠宇文恺营建东京，徙豫州郭下居人以实之。

……

又于皁涧营[⑥]显仁宫，采海内奇禽异兽草木之类，以实园苑。徙天下富商大贾数万家于东京。辛亥，发[7]河南诸郡男女百余万，开通济渠，自西苑引谷、洛水达于河，自板渚引河通于淮。庚申，遣黄门侍郎王弘、上仪同于士澄往江南采木，造龙舟、凤艒、黄龙、赤舰、楼船等数万艘。

……

八月壬寅，上御龙舟，幸江都。以左武卫大将军郭衍为前军，右武卫大将军李景为后军。文武官五品已上给楼船，九品已上给黄蔑。舳舻相接，二百余里。

……

秋七月辛亥，启民可汗上表请变服，袭[8]冠带。诏启民赞拜不名，位在诸侯王上。甲寅，上于郡城东御大帐，其下备仪卫，建旌旗，宴启民及其部落三千五百人，奏百戏之乐。赐启民及其部落各有差[9]。丙子，杀光禄大夫贺若弼、礼部尚书宇文弼、太常卿高颎。尚书左仆射苏威坐[10]事免[11]。发丁男百余万筑长城，西距榆林，东至紫河，一旬而罢，死者十五六。

……

四年春正月乙巳，诏发河北诸郡男女百余万开永济渠，引沁水南达于河，北通涿郡。

……

五年春正月丙子，改东京为东都。癸未，诏天下均田。戊子，上自东都还京师。己丑，制民间铁叉、搭钩、𥎞刃之类，皆禁绝之。太守每岁密上属官景[12]迹。

选自《隋书》卷三

九年春正月丁丑，征天下兵，募民为骁果[13]，集于涿郡。

……

二月己未，济北人韩进洛聚众数万为群盗。壬午，复宇文述等官爵。又征兵讨高丽。

……

六月乙巳，礼部尚书杨玄感反于黎阳。丙辰，玄感逼东都。河南赞务裴弘策拒[14]之，反为贼所败。戊辰，兵部侍郎斛斯政奔于高丽。庚午，上班师。高丽犯后军，敕右武卫大将军李景为后拒。遣左翊卫大将军宇文述、左候卫将军屈突通等驰传发兵，以讨玄感。

秋七月己卯，令所在发人城县府驿。癸未，余杭人刘元进举兵反，众至数万。

……

十年春正月甲寅，以宗女为信义公主，嫁于突厥曷娑那可汗。

二月辛未，诏百僚议伐高丽，数日无敢言者。

……

十三年春正月壬子，齐郡贼杜伏威率众渡淮，攻陷历阳郡。丙辰，勃海贼窦建德设坛于河间之乐寿，自称长乐王，建元丁丑。辛巳，贼帅徐圆朗率众数千，破东平郡。弘化人刘企成聚众万余人为盗，傍郡苦之。

二月壬午，朔方人梁师都杀郡丞唐世宗，据郡反，自称大丞相。遣银青光禄大夫张世隆击之，反为所败。戊子，贼帅王子英破上谷郡。己丑，马邑校尉刘武周杀太守王仁恭，举兵作乱，北连突厥，自称定杨可汗。庚寅，贼帅李密、翟让等陷兴洛仓。越王侗遣武贲郎将刘长恭、光禄少卿房崱击之，反为所败，死者十五六。庚子，李密自号魏公，称元年，开仓以振[15]群盗，众至数十万，河南诸郡相继皆陷焉。壬寅，刘武周破武贲郎将王智辩于桑乾镇，智辩死之。

三月戊午，庐江人张子路举兵反。遣右御卫将军陈棱讨平之。丁丑，贼帅李通德众十万，寇庐江，左屯卫将军张镇州击破之。

夏四月癸未，金城校尉薛举率众反，自称西秦霸王，建元秦兴，攻陷陇右诸郡。己丑，贼帅孟让，夜入东都外郭[16]，烧丰都市而去。癸巳，李密陷回洛东仓。丁酉，贼帅房宪伯陷汝阴郡。是月，光禄大夫裴仁基、淮阳太守赵佗等并以众叛归李密。

五月辛酉，夜有流星如瓮，坠于江都。甲子，唐公起义师于太原。丙寅，突厥数千寇太原，唐公击破之。

秋七月壬子，荧惑守积尸。丙辰，武威人李轨举兵反，攻陷河西诸郡，自称凉王，建元安乐。

八月辛巳，唐公破武牙郎将宋老生于霍邑，斩之。

九月己丑，帝括[17]江都人女寡妇，以配从兵。是月，武阳郡丞元宝藏以郡叛归李密，与贼帅李文相攻陷黎阳仓。彗星见于营室。

冬十月丁亥，太原杨世洛聚众万余人，寇掠城邑。丙申，罗令萧铣以县反，鄱阳人董景珍以郡反，迎铣于罗县，号为梁王，攻陷傍郡。戊戌，武贲郎将高毗败济北郡贼甄宝车于嶓山。

十一月丙辰，唐公入京师。辛酉，遥尊帝为太上皇，立代王侑为帝，改元义宁。上起宫丹阳，将逊于江左。有乌鹊来巢[18]幄帐，驱不能止。荧惑犯太微。有石自江浮入于扬子。日光四散如流血。上甚恶[19]之。

二年三月，右屯卫将军宇文化及，武贲郎将司马德戡、元礼，监门直阁裴虔通，将作少监宇文智及，武勇郎将赵行枢，鹰扬郎将孟景，内史舍人元敏，符玺郎李覆、牛方裕，千牛左右李孝本、弟孝质，直长许弘仁、薛世良，城门郎唐奉义，医正张恺等，以骁果作乱，入犯宫闱。上崩于温室，时年五十。

选自《隋书》卷四

〔注释〕 ① 寻：不久。 ② 属：撰著。 ③ 第：达官贵人的宅院。 ④ 若：好像。 ⑤ 衣：穿。 ⑥ 营：建造。 ⑦ 发：征召。 ⑧ 袭：穿衣。 ⑨ 差：差别。 ⑩ 坐：获罪。 ⑪ 免：罢免。 ⑫ 景：情况。 ⑬ 骁果：指勇士。 ⑭ 拒：抵抗。 ⑮ 振：赈济。 ⑯ 郭：外城。 ⑰ 括：搜求。 ⑱ 巢：筑巢。 ⑲ 恶：厌恶。

〔赏析〕 杨广继位登基是通过阴谋政变实现的，然而在《隋炀帝纪》却看不出阴谋政变的详细记载。纪传中只有两处轻描淡写的记载："及太子勇废，立上为皇太子"。"(仁寿)四年七月，高祖崩，上即皇帝位于仁寿宫"。然而，杨广是怎样被立为太子的？隋文帝是怎样死的？杨广是怎样即位的？这些关键性的问题只能从其他一些记载中钩沉出来。

隋文帝初期，所立的太子是长子杨勇，史载杨勇"好学，解属辞赋，性宽仁和厚，率意任情，无矫饰之行"(《隋书·房陵王勇列传》)。由于他不像杨广那样善于矫情饰行，所以渐渐不被杨坚喜欢。尤其是冬至那天，百官齐到太子东宫朝拜祝贺，更引起杨坚对太子的不满，这给对太子之位久有觊觎之心的杨广提供了极好的机会，他针对杨坚的弱点采取了一系列的行动。

首先，他针对杨坚信好数术的弱点，利用方术神学逼迫杨坚下废掉太子的决心。史书上记载：

开皇十二年六月，繁昌杨悦，见云中二物，如羝羊，黄色，大如新生犬，斗而坠。悦获其一，数旬失所在。近羊祸也。《洪范五行传》曰："君不明，逆火政之所致也。"状如新生犬者，羔类也。云体掩蔽，邪佞之象。羊，国姓。羔，羊子也。皇太子勇，既升储贰，晋王阴毁而被废黜。二羔斗，一羔坠之应也。(《隋书·志》)

这个传说就是杨广及其党羽编造的，意在迫使杨坚早下决心废掉太子。这从三个方面可以分析出来：

从传说发生的地点上看。这个传说是从繁昌县传出来的。繁昌县位于今天的安徽繁昌附近，魏晋南北朝时属于扬州丹阳郡，隋朝灭陈后，把繁昌县取消，划入当涂县。隋文帝杨坚时，在今江苏、安徽一带只设两个总管府，一个是扬州（治今江苏南京），由杨广任刺史总管；另一个是寿州（治今安徽寿县），由杨广的党羽宇文述为刺史总管。“两羊相斗”的传说从这里传出决非偶然。

从时间上看。《隋书·韦鼎列传》记载：

时兰陵公主寡，上为之求夫，选亲卫柳述及萧玚等以示于鼎。鼎曰：“玚当封侯，而无贵妻之相。述亦通显，而守位不终。”上曰：“位由我耳。”遂以主降述。上又问鼎：“诸儿谁得嗣？”答曰：“至尊、皇后所最爱者，即当与之，非臣敢预知也。”上笑曰：“不肯显言乎？”

这段记载讲了两件事，一件事是把兰陵公主嫁给了柳述，另一件事是向韦鼎询问谁能做继承皇位的太子。韦鼎是当时有名的术士，杨坚想通过相术决定立谁为太子，这反映了杨坚在太子废立问题上心里矛盾重重，举棋不定。这两件事似乎发生在同时，起码时间相距不远。因此，只要知道杨坚将女儿嫁给柳述的时间，就可以知道杨坚向韦鼎询问继承人的时间。兰陵公主嫁给柳述，时年十八岁。死于隋炀帝大业元年（605年），时年三十二岁。可知兰陵公主嫁给柳述的时间正好是开皇十一年（591年）。这正是杨坚在太子废立问题上心情极度矛盾的时期。而在第二年就出现了两只羊羔相斗，一只羊羔坠地的传说以及利用谐音及附会的方法进行的诠释，这也绝不是巧合。

从杨广的处事人品看。杨坚的四子杨秀对杨广取代杨勇的太子地位很不满，杨广生怕他日后对自己不利，便对他加以陷害。他暗中做了一个木头人，在上面写上杨坚及弟弟杨谅的名字，用绳子将木人捆住，并在木人的心脏位置钉上一颗钉子，让人将木人秘密地埋在华山之下。然后又让杨素当众把木人挖出来，说是杨秀所为。既然杨广为了坐稳太子的宝座，不惜用方术激怒杨坚，以除掉弟弟杨秀，他也可以为了登上太子的宝座，用方术促使其父废黜哥哥杨勇。

第二，针对杨坚的另一个宠爱皇后独孤氏的弱点，杨广开始争取独孤氏的支持，利用独孤氏向杨坚施加影响。他利用向皇后辞行的机会，讲了其兄杨勇许多坏话。回到扬州后，又让其党羽宇文述带着许多金银财宝进京去拉拢朝中重臣杨素兄弟。杨素便到皇后独孤氏那里“盛言太子不才”，使独孤氏下决心废掉太子杨勇。由于杨广的一系列活动，杨坚废长立幼的倾向也越来越明显了。自从杨坚、独孤氏表现出废长立幼的倾向后，太子杨勇所住的东宫即处在各方面的监视之中。来自各方面的监视，使杨勇处于“内外喧谤，过失日闻”的境地中。杨勇的被废黜和杨广的当太子已成定局。

关于隋文帝杨坚之死，《资治通鉴》中也有与正史不一样的记载。司马光《通鉴考异》说：

赵毅《大业略记》记曰 ：高祖在仁寿宫，病甚，追帝（即杨广）侍疾，而高祖美人尤嬖幸者，唯陈、蔡二人而已。帝乃召蔡于别室，既还，面伤而发乱。高祖问之，蔡泣曰：“皇太子为非礼。”高祖大怒，啮指出血，召兵部尚书柳述、黄门侍郎元岩等令发诏追庶人勇（指杨勇），即令废立。帝事迫，召左仆射杨素、左庶子张衡进毒药。帝简骁健官奴三十人皆服妇人之服，衣下置杖，立于门巷之间，以为之卫。素等既入，而高祖暴崩。

这里明确指出，杨坚是在准备废杨广时，被杨广派人毒死的。马总《通历》则记载：

上（即杨坚）有疾，于仁寿殿与百僚辞诀，并握手歔欷。是时唯太子（指杨广）及陈宣华夫人侍疾，太子无礼，宣华诉之。帝怒曰：“死狗，那可付后事！”遽令召勇（指杨勇）。杨素秘不宣，乃屏左右，令张衡入拉帝，血溅屏风，冤痛之声闻于外，崩。

上述两个记载，虽不尽相同，但有两点是一样的，第一，杨坚非自然死亡，是被杨广派人害死的。第二，具体执行杨广命令的，是右庶子、领给事黄门侍郎张衡。

这两个结论是可信的，张衡被杀就是个有力的证明。张衡与杨广关系极密。隋初，杨广为河北行台，张衡历任刑部、度支二曹郎。行台机构被撤后，杨广任并州总管，张衡任总管掾。后来，杨广转为扬州总管，张衡又作为掾属跟至扬州。史载：“王甚亲任之。衡亦竭虑尽诚事之，夺宗之计，多衡所建也。”杨广即帝位后，又任张衡为给事黄门侍郎，进位银青光禄大夫，不久又迁其为御史大夫。张衡是河内郡（治今河南沁阳）人，大业三年，杨广外出巡幸，还专门修了从山西太原直通河内的御道,到张衡家中留宴三日。张衡受此殊宠,与他帮助杨广夺宗登位有很大关系。张衡“以藩邸之旧,恩宠莫与为比,颇自骄贵”,渐渐引起杨广对他的不满。杨广曾对他的侍臣说:“张衡自谓由其计划,令我有天下也。”从此渐渐对其冷淡,最后把他削职为民,放还田里。大业八年,又以“心怀怨望”、“谤讪朝政”之罪将他处死。张衡临死时高声喊道:“我为人作何物事,而望久活!”吓得监刑者塞耳,“促令杀之”(《隋书·张衡列传》)。张衡所说的“何物事”,显然是他受杨广之命杀害杨坚之事。这件事是杨广最不能公开的秘密,也是张衡得以受宠保命的一张王牌。张衡不到万不得已,是不会打出这张王牌的。只有在两种情况下张衡才会把此秘密张扬出来,一个是他不想活了,另一个是杨广不让他活了。现在是杨广不让他活了,他想把这个秘密公布于众。但是,监刑者不想死,他知道,如果杨广知道这个最大秘密泄露给他,他也就活不成了。于是便掩耳盗铃,将张衡杀死交差。

隋唐两朝各发生过一次骨肉相残的宫廷政变,一次是隋炀帝杨广发动的构陷兄长杀死亲父的政变,一次是唐太宗李世民杀死亲兄弟逼父亲让位的玄武门之变。两次政变有两个重要的不同之处,第一,杨广以实施阴谋即位,李世民以粉碎阴谋夺权;第二,杨广发动的政变使隋朝短命而终,而唐太宗发动的政变却导致唐朝出现了“贞观之治”。这大概就是阴谋家与政治家的区别吧。

(梁满仓)

真宰相和假奸相

〔导言〕　自西晋短暂统一被内部的混乱争斗所打破后，中国的大分裂时代一直从公元4世纪初延续到6世纪末。在这个大分裂时代的末期，北齐被北周所吞并，北周帝国又被它的皇亲国舅杨坚篡夺，在此基础上建立了隋帝国。在隋帝国建立之后，经过南征北战，终于使中国又归于一统。在这个建立隋朝以及完成大一统的过程中，高颎和杨素扮演了重要的角色。

高颎和杨素都是在杨坚做北周宰相时便成为他的心腹，衷心为他效命。两人在帮助杨坚篡位以及完成统一大业的过程中，都扮演了重要的决策者，做出了重要的贡献，也因为他们自身的文才武略以及所做出的赫赫功绩而一度居于高位，权倾朝野，位极人臣。但是，虽然两人都侍奉两代君主，结局却迥然不同。高颎被炀帝罗织诛杀，但却留下了真宰相的美名，为后世所敬仰。杨素以名位终，却因其所作所为而被称为“奸相”。历来史家评判两人高下，普遍认为杨素在才学、本领、风格上要比高颎为强，但论及用自己的诚心体察国事，处理事情公平适当，有宰相的见识和气度，则比高颎相差甚远。若将这两位历经隋朝两代的重臣的生平经历对比考察，将更有利于后人了解隋朝的政治局势和权力的斗争，从而体悟出在政治斗争的权力漩涡中不同的人所体现的不同的智慧和品性。

高颎列传

〔选文〕

高颎字昭玄，一名敏，自云渤海蓨人也。父宾，背[①]齐归周，大司马独孤信引为僚佐，赐姓独孤氏。及信被诛，妻子徙蜀。文献皇后以[②]宾父之故吏，每[③]往来其家。宾后官至鄀州刺史，及颎贵，赠礼部尚书、渤海公。

颎少明敏，有器局[4]，略涉书史，尤善词令。初，孩孺时，家有柳树，高百许尺，亭亭如盖。里中父老曰："此家当出贵人。"年十七，周齐王宪引为记室。武帝时，袭[5]爵武阳县伯，除[6]内史上士，寻[7]迁下大夫。以平齐功，拜开府。寻从越王盛击隰州叛胡，平之。

高祖得政，素[8]知颎强明，又习[9]兵事，多计略，意欲引之入府，遣邗国公杨惠谕[10]意。颎承旨欣然曰："愿受驱驰。纵令公事不成，颎亦不辞灭族。"于是为相府司录。时长史郑译、司马刘昉并以奢纵被疏[11]，高祖弥[12]属意于颎，委以心膂[13]。尉迥之起兵也，遣子惇率步骑八万，进屯武陟。高祖令韦孝宽击之，军至河阳，莫敢先进。高祖以诸将不一，令崔仲方监之，仲方辞[14]父在山东。时颎又见刘昉、郑译并无去意，遂自请行，深合上旨，遂遣颎。颎受命便发，遣人辞母，云忠孝不可两兼，歔欷就路。至军，为桥于沁水，贼于上流纵火栰，颎预为土狗以御之。既渡，焚桥而战，大破之。遂至邺下，与迥交战，仍共宇文忻、李询等设策，因[15]平尉迥。军还，侍宴于卧内，上撤御帷以赐之。进位柱国，改封义宁县公，迁相府司马，任寄[16]益[17]隆。

高祖受禅，拜尚书左仆射，兼纳言，进封渤海郡公，朝臣莫与为比，上每呼为独孤而不名也。颎深避权势，上表逊位，让于苏威。上欲成其美，听解仆射。数日，上曰："苏威高蹈[18]前朝，颎能推举。吾闻进贤受上赏，宁[19]可令去官！"于是命颎复位。俄[20]拜左卫大将军，本官如故。时突厥屡为寇患，诏颎镇遏缘边。及还，赐马百余匹，牛羊千计。领新都大监，制度多出于颎。颎每坐朝堂北槐树下以听事，其树不依行列，有司将伐之。上特命勿去，以示后人。其见重如此。又拜左领军大将军，余官如故。母忧[21]去职，二旬起令视事[22]。颎流涕辞让，优诏不许。

……

时太子勇失爱于上，潜[23]有废立之意。谓颎曰："晋王妃有神凭之，言王必有天下，若之何？"颎长跪曰："长幼有序，其可废乎！"上默然而止，独孤皇后知颎不可夺，阴[24]欲去[25]之。初，夫人卒，后言于上曰："高仆射老矣，而丧夫人，陛下何能不为之娶！"上以后言谓颎，颎流涕谢曰："臣今已老，退朝之后，唯斋居读佛经而已。虽陛下垂哀之深，至于纳室，非臣所愿。"上乃止。至是，颎爱妾产男，上闻之极欢，后甚不悦。上问其故，后曰："陛下当复信高颎邪？始陛下欲为颎娶，颎心存爱妾，面欺陛下。今其诈已见[26]，陛下安得信之！"上由是疏颎。会[27]议伐辽东，颎固谏不可。上不从，以颎为元帅长史，从汉王征辽东，遇霖潦疾疫，不利而还。后言于上曰："颎初不欲行，陛下强遣之，妾固知其无功矣。"又上以汉王年少，专委军于颎。颎以任寄隆重，每怀至公，无自疑之意。谅所言多不用，甚衔[28]之。及还，谅泣言于后曰："儿幸免高颎所杀。"上闻之，弥不平。俄而上柱国王世积以罪诛，当推核之际，乃有宫禁中事，云于颎处得之。上欲成颎之罪，闻此大惊。时上柱国贺若弼、吴州总管宇文弢、刑部尚书薛胄、民部尚书斛律孝卿、兵部尚书柳述等明颎无罪，上逾怒，皆以之属吏。自是朝臣莫敢言者。颎竟[29]坐[30]免[31]，以公就第[32]。

未几，上幸秦王俊第，召颎侍宴。颎歔欷悲不自胜，独孤皇后亦对之泣，左右皆流涕。上谓颎曰："朕不负公，公自负也。”因谓侍臣曰：“我于高颎胜儿子，虽或不见，常似目前。自其解落，瞑然忘之，如本无高颎。不可以身要[33]君，自云第一也。”

……

炀帝即位，拜为太常。时诏收周、齐故乐人及天下散乐。颎奏曰：“此乐久废。今若征之，恐无识之徒弃本逐末，递相教习。”帝不悦。帝时侈靡，声色滋甚，又起长城之役。颎甚病[34]之，谓太常丞李懿曰：“周天元以好乐而亡，殷鉴不遥，安可复尔！”时帝遇[35]启民可汗恩礼过厚，颎谓太府卿何稠曰：“此虏颇知中国虚实、山川险易，恐为后患。”复谓观王雄曰：“近来朝廷殊无纲纪。”有人奏之，帝以为谤讪朝政，于是下诏诛之，诸子徙边。

颎有文武大略，明达世务。及蒙任寄之后，竭诚尽节，进引贞良，以天下为己任。苏威、杨素、贺若弼、韩擒等，皆颎所推荐，各尽其用，为一代名臣。自余立功立事者，不可胜数。当朝执政将二十年，朝野推服[36]，物无异议。治致升平，颎之力也，论者以为真宰相。及其被诛，天下莫不伤惜，至今称冤不已。所有奇策密谋及损益时政，颎皆削藁，世无知者。

选自《隋书》卷四十一

〔**注释**〕 ① 背：背叛。 ② 以：因为。 ③ 每：经常。 ④ 器局：器量。 ⑤ 袭：继承。 ⑥ 除：拜官受职。 ⑦ 寻：不久。 ⑧ 素：向来。 ⑨ 习：熟悉。 ⑩ 谕：告知。 ⑪ 疏：疏远。 ⑫ 弥：更加。 ⑬ 心膂：喻亲信得力的人。 ⑭ 辞：推辞。 ⑮ 因：于是。 ⑯ 任寄：信任并交付任务。 ⑰ 益：更加。 ⑱ 高蹈：指隐居。 ⑲ 宁：岂。 ⑳ 俄：不久。 ㉑ 忧：父母的丧事。 ㉒ 视事：就职任事。 ㉓ 潜：暗中。 ㉔ 阴：暗中。 ㉕ 去：去除。 ㉖ 见：同“现”，显现。 ㉗ 会：适逢。 ㉘ 衔：怀恨。 ㉙ 竟：最终。 ㉚ 坐：获罪。 ㉛ 免：罢免。 ㉜ 第：达官贵人的宅院。 ㉝ 要：要挟。 ㉞ 病：忧心。 ㉟ 遇：对待。 ㊱ 推服：推许佩服。

〔赏析〕 高颎年轻时即聪明敏捷，杨坚在执掌北周大政时，因其能干聪明、擅长军事又多有谋略而重用之，建隋称帝之后更是引为心腹。由于高颎的政治智慧、军事才能以及对国家的忠心无二，隋文帝不断将高官厚禄赏赐给他，以至官居尚书左仆射。高颎一度盛蒙恩宠，但最后还以功臣见忌于文帝，以诤臣触怒于炀帝，不免于死。高颎虽遭冤死，但其在职几近二十年的德行，为其赢得了“真宰相”的美名。

《隋书·高颎列传》对高颎的一生做了一个素描，从他年少、老年直至最后的人生结局。从中，我们不仅可以看到高颎作为一个政治家的智慧，作为一个军事将领的胆魄，更能够看到他作为一个忠臣所表现出的对国家的责任。《隋书·高颎列传》着重叙述了高颎在隋朝初年完成统一过程中所起到的重要作用以及他在面对权力时所表现的坦然和气度。正是这两者的描写，将一个立体的高颎展现在我们的面前，让我们对其心生敬意，更为其最后的冤死而扼腕叹息。

高颎被后世称为“真宰相”，论者将隋朝当时的富足升平的首功归之于他，杜佑在纵观历代名相之后，也作出这样的评论：“历观制作之旨，固非易遇其人。周之兴也得太公，齐之霸也得管仲，魏之富也得李悝，秦之强也得商鞅，后周有苏绰，隋氏有高颎，此六贤者，上以成王业，兴霸图，次以富国强兵，立事可法。”杜佑将高颎纳为六贤者之一，可见对其评价之高。而高颎也担当得起这样的评价，担当得起“真宰相”的名号。在《隋书·高颎列传》中，高颎以其功，以其德来告诉我们，何谓“真宰相”。

先论其功，高颎任职期间，在政治、经济、军事等方面都做出了重要的贡献。不仅首订开国制度，而且为国家推荐了大量的贤能的人才。《隋书·高颎列传》主要详细记述了他在军事上的成就。首先高颎在平定尉迟炯叛乱中扮演了重要的角色。杨坚以外戚而得势于北周，遭到相州总管尉迟炯的叛乱。前方厮杀惨烈，杨坚需要派一人前往监军，以便统一指挥。但当时他的心腹崔仲方、郑译都以各种理由推辞。正在杨坚为难之时，高颎自请前往，不及辞别老母便匆匆上路，赶往前线。在指挥作战过程中，更是以其破釜沉舟的气魄，大破敌军，平定了尉迟炯之乱。高颎可以说是临危受命，他也因此得到杨坚的信任,一时贵宠。高颎的军事建树更充分表现在平陈的战争中。在伐陈之役中,他表现了高超的军事谋略,先以其计谋使陈国士气低落,财力俱尽,然后选择适当的时机,大举伐陈,一举完成统一大业。

再论其德。高颎不贪权,不恋位,对权力的魔杖敬而远之。当高祖称帝时授他尚书左仆射兼纳言,晋爵封为渤海郡公,朝中大臣无人可比。但他却不为权威所惑,上表章请求让位于苏威。当其完成平陈大事回京后,又再次请求让位。从中我们可以看出高颎的气度。

高颎的德不仅表现在他对权位的淡泊,更表现在他对国家的竭诚尽忠。在平陈之后,晋王杨广想纳陈后主宠姬张丽华,高颎痛恨张丽华以色迷惑陈后主,为了国家社稷着想,冒着被杨广痛恨的危险,斩杀张丽华,他也确实因此被杨广所记恨,最后死于杨广手中。在废立太子的事件中,高颎能以国家大计为重,不因政治势力的变动而摇尾阿谀。他也因此开罪独孤皇后,失掉杨坚的信任,被贬为庶民。炀帝即位以后,起用高颎为太常。高颎本还有机会安度晚年,但在面对炀帝的奢侈靡费,高颎凭借着对国家的那一份衷心、那一份责任心,冒着生命危险对隋炀帝提出了批评,也因此被罗罪诛杀,时年六十七岁。

高颎的一生,可以说波澜壮阔,曾经在军事上运筹帷幄,在政治上位极人臣,但在政治的漩涡中,不仅失掉了权位,最后更失掉了生命。尽管如此,高颎仍然不失为一位杰出的军事家和忠诚的臣子。正是他正直的为人和胆略,使他在危急关头扛起重任,打下了隋朝统一全国的基础。杜佑将其列为与周公、管仲、商鞅一流的人物,不无溢美,但面对动荡局势有所担当、不放弃原则的高颎,确实值得后人去了解他的一生。

杨素列传

〔选文〕

杨素字处道,弘农华阴人也。祖暄,魏辅国将军、谏议大夫。父敷,周汾州刺史,没于齐。素少落拓[①],有大志,不拘小节,世人多未之知,唯从叔祖魏尚书仆射宽深异之,每谓子孙曰："处道当逸[②]群绝伦，非常之器，非汝曹所逮[③]也。"后与安定牛弘同志好学，研精不倦，多所通涉。善属[④]文，工[⑤]草隶，颇留意于风角。美须髯，有英杰之表。周大冢宰宇文护引为中外记室，后转礼曹，加大都督。武帝亲总万机，素以其父守节陷齐，未蒙朝命，上表申理，帝不许。至于再三，帝大怒，命左右斩之。素乃大言曰："臣事无道天子，死其分也。"帝壮其言，由是赠敷为大将军，谥曰忠壮。拜素为车骑大将军、仪同三司，渐见[⑥]礼遇。帝命素为诏书，下笔立成，词义兼美。帝嘉之，顾谓素曰："善自勉之，勿忧不富贵。"素应声答曰："臣但恐富贵来逼臣，臣无心图富贵。"

……

及高祖为丞相，素深自结[⑦]纳。高祖甚器[⑧]之，以素为汴州刺史。行至洛阳，会尉迥作乱，荥州刺史宇文胄据武牢以应迥，素不得进。高祖拜素大将军，发河内兵击胄，破之。迁徐州总管，进位柱国，封清河郡公，邑二千户。以弟岳为临贞公。高祖受禅，加上柱国。开皇四年，拜御史大夫。其妻郑氏性悍，素忿之曰："我若作天子，卿定不堪为皇后。"郑氏奏之，由是坐免。

上方图江表，先是，素数进取陈之计，未几，拜信州总管，赐钱百万、锦千段、马二百匹而遣之。素居永安，造大舰，名曰五牙，上起楼五层，高百余尺，左右前后置六拍竿，并高五十尺，容战士八百人，旗帜加于上。次曰黄龙，置兵百人。自余平乘、舴艋等各有差[⑨]。及大举伐陈，以素为行军元帅，引舟师趣[⑩]三硖。军至流头滩，陈将戚欣，以青龙百余艘、屯兵数千人守狼尾滩，以遏军路。其地险峭，诸将患[⑪]之。素曰："胜负大计，在此一举。若昼日下船，彼则见我，滩流迅激，制不由人，则吾失其便。"乃以夜掩[12]之。素亲率黄龙数千艘，衔枚而下，遣开府王长袭引步卒从南岸击欣别栅，令大将军刘仁恩率甲骑趣白沙北岸，迟明[13]而至，击之，欣败走。悉[14]虏其众，劳[15]而遣之，秋毫不犯，陈人大悦。素率水军东下，舟舻被江，旌甲曜日。素坐平乘大船，容貌雄伟，陈人望之惧曰："清河公即江神也。"陈南康内史吕仲肃屯岐亭，正据江峡，于北岸凿岩，缀铁锁三条，横截上流，以遏战船。素与仁恩登陆俱发，先攻其栅。仲肃军夜溃，素徐[16]去其锁。仲肃复据荆门之延洲。素遣巴蜒卒千人，乘五牙四艘，以柏樯碎贼十余舰，遂大破之，俘甲士二千余人，仲肃仅以身免。陈主遣其信州刺史顾觉，镇安蜀城，荆州刺史陈纪镇公安，皆惧而退走。巴陵以东，无敢守者。湘州刺史、岳阳王陈叔慎遣使请降。素下至汉口，与秦孝王会。及还，拜荆州总管，进爵郢国公，邑三千户，真[17]食长寿县千户。以其子玄感为仪同，玄奖为清河郡公。赐物万段，粟万石，加以金宝，又赐陈主妹及女妓十四人。素言于上曰："里名胜母，曾子不入。逆人王谊，前封于郢，臣不愿与之同。"于是改封越国公。寻拜纳言。岁余，转内史令。

……

素性疏而辩，高下在心，朝臣之内，颇推高颎，敬牛弘，厚接薛道衡，视苏威蔑如[18]也。自余朝贵，多被陵轹[19]。其才艺风调，优于高颎，至于推诚体国，处物平当，有宰相识度，不如颎远矣。

寻令素监营仁寿宫，素遂夷山堙谷，督役严急，作者多死，宫侧时闻鬼哭之声。及宫成，上令高颎前视，奏称颇伤绮丽，大损人丁，高祖不悦。素尤惧，计无所出，即于北门启独孤皇后曰:“帝王法有离宫别馆,今天下太平,造此一宫,何足损费!”后以此理谕上,上意乃解。于是赐钱百万,锦绢三千段。

……

二十年,晋王广为灵朔道行军元帅,素为长史。王卑躬以交素。及为太子,素之谋也。

……

及上不豫[20],素与兵部尚书柳述、黄门侍郎元岩等入阁侍疾。时皇太子入居大宝殿,虑上有不讳,须豫[21]防拟,乃手自为书,封出问素。素录出事状以报太子。宫人误送上所,上览而大恚[22]。所宠陈贵人,又言太子无礼。上遂发怒,欲召庶人勇。太子谋之于素,素矫诏追东宫兵士帖上台宿卫,门禁出入,并取宇文述、郭衍节度,又令张衡侍疾。上以此日崩,由是颇有异论。

……

大业元年,迁尚书令,赐东京甲第一区,物二千段。寻拜太子太师,余官如故。前后赏锡,不可胜计。明年,拜司徒,改封楚公,真食二千五百户。其年,卒官。谥曰景武,赠光禄大夫、太尉公、弘农河东绛郡临汾文城河内汲郡长平上党西河十郡太守。给辒车,班剑四十人,前后部羽葆鼓吹,粟麦五千石,物五千段。鸿胪监护丧事。

选自《隋书》卷四十八

〔**注释**〕 ① 落拓:放浪不羁。 ② 逸:超迈。 ③ 逮:及。 ④ 属:撰著。 ⑤ 工:擅长。 ⑥ 见:受。 ⑦ 结:交结。 ⑧ 器:器重。 ⑨ 差:差别。 ⑩ 趣:奔赴。 ⑪ 患:担忧。 ⑫ 掩:袭击。 ⑬ 迟明:将近天明。 ⑭ 悉:全。 ⑮ 劳:安抚。 ⑯ 徐:慢慢地,指从容。 ⑰ 真:实授。 ⑱ 蔑如:浅薄不足称道。 ⑲ 陵铄:欺压。 ⑳ 不豫:婉称帝王有病。 ㉑ 豫:事先准备。 ㉒ 恚:发怒。

〔**赏析**〕 杨素少年时便颇有大志，不拘小节。世人都不理解他，但他的叔祖认为他很不一般，甚至认为他必当逸群绝伦。杨素也正如他叔祖所说，好学不倦，才华横溢，文武兼备，并凭借着自己的智慧和政治手腕先后受到周武帝、隋文帝和隋炀帝的垂爱，官居高位，威震朝野，在隋朝灭陈、巩固北方边境和平定内乱的一系列重大军事活动中功勋卓著。杨素在几十年间出将入相，成为对隋朝政局产生重要影响的政治人物。在波涛汹涌的政海中，杨素做了两代宰相，亲事两个猜忌之君，但能够保首领而以名位终，实在不能不让人感叹其政治智慧和谋略。但杨素也因为他的智诈之谋、排除异己、党同伐异以及他对功名富贵的极力追求和将国家基石置之度外的行为而被史家冠以“奸相”的名号。

《隋书·杨素列传》将杨素的一生做了全面记载和带有批判色彩的诠释，将一个有才无德的杨素展现在世人面前。一方面，杨素帮助高祖完成了伐陈的大业，并且成功镇压江南之乱，高祖经常将一些关系重大的机要之事托付给他，而他也能够承担起协助、辅佐的重任。但另一方面，他为了巩固自己的名位，不择手段，一味凭借自己的欺诈自立于世，不走仁义的道路。他阿谀逢迎皇上，使皇上的行为产生偏离；他负责修造的离宫铺张浪费，使皇上陷于奢侈的名声；他为了个人权欲，在朝中欺凌大臣，党同伐异，不遗余力。

杨素所做的一次最大的政治博弈就是帮助杨广夺嫡。杨广成为太子进而登上皇位，这一过程可以说是杨素一手操纵的。而杨素参与这样一件政治阴谋，也是在衡量当时的政治形势、权力分配的情况下做出的选择。太子杨勇因其好奢和乖礼不见爱于文帝和独孤皇后，而晋王杨广是个非常有心计、野心勃勃的人，而且表现得礼贤下士，声名冠于诸王。在这样的政治形势下，杨素选择站在了杨广一边，因为他认为只有这样才能够常保富贵。于是一场夺嫡的阴谋悄然展开，杨素一面在文帝面前进谗，一面布置情报人员，专把东宫内太子的一举一动添油加醋之后上报给皇帝，离间父子感情，为杨广夺嫡扫清障碍，最后在开皇二十年(600 年)时机成熟之后，锻炼成狱，使太子被废为庶人并遭幽禁，从而将杨广拥上了太子的高位。在仁寿四年(604 年)文帝暴毙前后，杨素更是扮演了十分不光彩的角色。在杨素与杨广的勾结被文帝识破决定废太子之后，杨素一面矫诏捉拿侍奉文帝左右的兵部尚书柳述和黄门侍郎元岩入狱，一面速召东宫卫士把守宫门，严禁出入。文帝在当夜便暴毙，朝中对此颇有异议。可以说，文帝临终前发动的对杨广不利的变局是杨素一手挽回的，他采取非常手段，保障了杨广的顺利即位。

杨素助杨广篡位成功，确实为他自己及其家族带来了显贵荣耀，但是这种富贵没有维持多久。杨素虽然为杨广立下汗马功劳，但仍逃不过杨广的猜忌和疏远。最后，杨广更是不顾杨素病重，改封其为楚公，借杨素来拦挡遭丧的运气。杨素知道自己已经到了名望和地位的极限，不想谨小慎微地苟活于世，于是拒绝吃药，最后郁郁而终。

杨素的一生，可以说一直在为富贵名利而博弈，他早年曾说“我只怕富贵来逼我，我却无心谋取富贵”，可以说是口是心非。但是，杨素最后的一搏给他带来的不是名位而是死亡。高颎虽冤死，但得到了“真宰相”的美名，但杨素却始终背负着奸相与邪相的恶名，有人更是把隋祚三十八年而终的悲剧归罪于杨素。从这里看，杨素是可悲的，也是失败的。一个一生执着于政治博弈的人，最后却在政治博弈中溘然长逝。

（钱相宜）

统一的关键在于得力大臣：历史的雄辩

〔导言〕 自公元189年军阀董卓进京攫取政治利益算起，东汉政权实际上早已名存实亡，直至公元6世纪下半叶，中国的国家大分裂格局已持续几达四百年之久。581年，杨坚建立了隋王朝，胸怀大志的隋文帝想要澄清御宇，混一天下。然而阻挡他实现宏伟政治目标的情况颇为复杂，在南方有素来号称天险的长江阻绝南北土地，北方又有时刻窥伺中原政权而蠢蠢欲动的少数民族突厥势力，重新统一国家的关键即在于必须彻底从根本上解决南北存在的两大难题。

长孙晟与韩擒虎正是隋文帝帐下解决南北问题的两位得力大臣。两人出身不同，特点迥异，才略不侔，但他们共同的特点便在于为隋文帝破除了国家分裂的不利局面，为进一步的统一天下立下了赫赫功勋。具体就两人特点而言，长孙晟是极富人格魅力且颇具特殊才能的杰出外交家，而韩擒虎则是勇冠三军、谋略过人的杰出军事家。面对强大的突厥势力，长孙晟凭借自己的政治智慧屡次帮助隋王朝化险为夷，为隋政府最终统一南方奠定了坚实的基础。面对孱弱到只能固守长江天险的南陈政权，韩擒虎则采取避实就虚的战略直捣黄龙，最终立下奇功。

两位开国功臣的共性在于面对敌方势力，并非采取一味死缠烂打的策略，而是根据敌人内部的情况和瞬息万变的战局，作出最佳判断，用最小的投入换取最大的成果。这又何尝不是政治运作以及军事战略的最高境界呢？

长孙晟列传

〔选文〕

晟字季晟，性通敏，略涉书记，善弹工射，趫捷过人。时周室尚武，贵游子弟咸[①]以相矜，每共驰射，时辈皆出其下。年十八，为司卫上士。初未知名，人弗[②]之识也，唯高祖一见，深嗟异焉，乃携其手而谓人曰："长孙郎武艺逸群，适[③]与其言，又多奇略。后之名将，非此子邪？"

宣帝时，突厥摄图请婚于周，以赵王招女妻[④]之。然周与摄图各相夸竞，妙选骁勇以充使者，因遣晟副汝南公宇文神庆送千金公主至其牙[⑤]。前后使人数十辈，摄图多不礼，见晟而独爱焉，每共游猎，留之竟[⑥]岁。尝[⑦]有二雕，飞而争肉，因以两箭与晟曰："请射取之。"晟乃弯弓驰往，遇雕相攫，遂一发而双贯焉。摄图喜，命诸子弟贵人皆相亲友，冀昵[⑧]近之，以学弹射。其弟处罗侯号突利设，尤得众心。而为摄图所忌，密托心腹，阴[⑨]与晟盟。晟与之游猎，因[⑩]察山川形势，部众强弱，皆尽知之。时高祖作相，晟以状白[⑪]高祖。高祖大喜，迁奉车都尉。

至开皇元年，摄图曰："我周家亲也，今隋公自立而不能制，复何面目见可贺敦乎？"因与高宝宁攻陷临渝镇，约诸面部落谋共南侵。高祖新立，由是大惧，修筑长城，发兵屯北境，命阴寿镇幽州，虞庆则镇并州，屯兵数万人以为之备。晟先知摄图、玷厥、阿波、突利等叔侄兄弟各统强兵，俱号可汗，分居四面，内怀猜忌，外示和同，难以力征，易可离间，因上书曰："臣闻丧乱之极，必致升平，是故上天启其机，圣人成其务。伏惟皇帝陛下当百王之末，膺[⑫]千载之期，诸夏虽安，戎场尚梗，兴师致讨，未是其时，弃于度外，又复侵扰。故宜密运筹策，渐以攘之，计失则百姓不宁，计得则万代之福。吉凶所系，伏愿详思。臣于周末，忝充外使，匈奴倚伏，实所具知。玷厥之于摄图，兵强而位下，外名相属，内隙已彰，鼓动其情，必将自战。又处罗侯者，摄图之弟，奸多而势弱，曲取于众心，国人爱之，因为摄图所忌，其心殊不自安，迹示弥缝，实怀疑惧。又阿波首鼠，介在其间，颇畏摄图，受其牵率[13]，唯强是与，未有定心。今宜远交而近攻，离[14]强而合弱，通使玷厥，说合阿波，则摄图回兵，自防右地。又引处罗，遣连奚、霫，则摄图分众，还备[15]左方。首尾猜嫌，腹心离阻，十数年后，承衅[16]讨之，必可一举而空其国矣。"

……

十三年，流人杨钦亡[17]入突厥，诈[18]言彭公刘昶共宇文氏女谋欲反隋，称遣其来，密告公主。雍闾信之，乃不修职贡。又遣晟出使，微[19]观察焉。公主见晟，乃言辞不逊，又遣所私胡人安遂迦共钦计议，扇惑雍闾。晟至京师，具以状奏。又遣晟往索钦，雍闾欲勿与，谬[20]答曰："检校客内，无此色[21]人。"晟乃货[22]其达官，知钦所在，夜掩[23]获之，以示雍闾，因发[24]公主私事，国人大耻。雍闾执遂迦等，并以付[25]晟。上大喜，加授开府，仍遣入藩，莅杀大义公主。

……

仁寿元年，晟表奏曰："臣夜登城楼，望见碛北有赤气，长百余里，皆如雨足下垂被[26]地。谨验兵书，此名洒血，其下之国必且[27]破亡。欲灭匈奴，宜在今日。"诏杨素为行军元帅，晟为受降使者，送染干北伐。二年，军次[28]北河，值[29]贼帅思力俟斤等领兵拒[30]战，晟与大将军梁默击走之，转战六十余里，贼众多降。晟又教染干分遣使者，往北方铁勒等部招携取之。三年，有铁勒、思结、伏利具、浑、斛萨、阿拔、仆骨等十余部，尽背[31]达头，请来降附。达头众大溃，西奔吐谷浑。晟送染干安置于碛口。

……

大业三年，炀帝幸榆林，欲出塞外，陈兵耀武，经突厥中，指于涿郡。仍恐染干惊惧，先遣晟往喻旨，称述帝意。染干听之，因召所部诸国，奚、霫、室韦等种落数十酋长咸萃[32]。晟以牙中草秽，欲令染干亲自除之，示诸部落，以明威重，乃指帐前草曰："此根大香。"染干遽[33]嗅之曰："殊不香也。"晟曰："天子行幸所在，诸侯躬亲洒扫，耘[34]除御路，以表至敬之心。今牙中芜秽，谓是留香草耳。"染干乃悟曰："奴罪过。奴之骨肉，皆天子赐也，得效筋力，岂敢有辞？特[35]以边人不知法耳，赖将军恩泽而教导之。将军之惠，奴之幸也。"遂拔所佩刀，亲自芟[36]草，其贵人及诸部争放[37]效之。乃发榆林北境，至于其牙，又东达于蓟，长三千里，广百步，举国就役而开御道。帝闻晟策，乃益[38]嘉焉。后除[39]淮阳太守，未赴任，复为右骁卫将军。

五年，卒，时年五十八。帝深悼惜之，赗[40]赠甚厚。后突厥围雁门，帝叹曰："向[41]使长孙晟在，不令匈奴至此！"

选自《隋书》卷五十一

〔**注释**〕 ①咸：都。 ②弗：不。 ③适：刚才。 ④妻：嫁予。 ⑤牙：官署。 ⑥竟：从头至尾。 ⑦尝：曾经。 ⑧昵：亲近。 ⑨阴：暗中。 ⑩因：趁机。 ⑪白：报告。 ⑫膺：承当。 ⑬牵率：牵制。 ⑭离：离间。 ⑮备：防御。 ⑯衅：机会。 ⑰亡：逃跑。 ⑱诈：欺骗。 ⑲微：暗中。 ⑳谬：欺骗。 ㉑色：种类。 ㉒货：贿赂。 ㉓掩：乘人不备而袭取。 ㉔发：揭露。 ㉕付：交给。 ㉖被：覆盖。 ㉗且：将要。 ㉘次：驻扎。 ㉙值：遇到。 ㉚拒：抵抗。 ㉛背：背叛。 ㉜萃：聚集。 ㉝遽：遂。 ㉞耘：清除。 ㉟特：仅仅。 ㊱芟：割。 ㊲放：通"仿"，仿效。 ㊳益：更加。 ㊴除：拜官受职。 ㊵赗：送给丧家助葬之财物。 ㊶向：如果。

〔**赏析**〕 《长孙晟列传》记载了长孙晟在隋朝开国初年与突厥势力进行

对抗的历史，长孙晟在这段历史进程中扮演着一位孤胆英雄的角色，通过展现个人的能力，他在风口浪尖纵横驰骋，为隋王朝最终平定突厥势力做出了杰出的贡献。

长孙晟出身于关陇集团，不但精通骑马射箭，而且富于智慧谋略。杨坚见到长孙晟后就对他表示出极为欣赏之意，对众人说："长孙郎武艺逸群，适与其言，又多奇略。后之名将，非此子邪？"仅从这个事例便可看出长孙晟颇具个人魅力的特点。在尚武的年代，谁的武功高强，谁就得到尊重，更何况长孙晟的射箭本领特别高强，堪称独步于中外。北周宣帝年间，长孙晟作为汝南王的副手护送千金公主远嫁突厥，宣帝任命长孙晟为副手，正是希望借助他的骁勇善战而能够与突厥在外交斗争中一较高下。

北周之前即已派出数十名使者前往突厥，突厥的沙钵略可汗摄图总是对使团表现出极为轻视之意。然而此次会面因为见到了长孙晟，摄图马上就对这位神射手表现出浓厚的兴趣，经常带着长孙晟一起外出狩猎，由是之故，长孙晟在突厥生活了长达一年多的时间。在此期间，长孙晟不仅凭借着自己高超的射箭技术为后世留下了"一箭双雕"的典故，更是利用这一年的宝贵时间，在突厥结交各部首领，得以详细地了解到突厥的内部情况，借游猎之机，他刻意留心考察突厥的山川形势以及部众强弱，将其一一记下，俨然一位深入敌后阵营获取敌方机密情报的专家。

隋朝建立之初，最严重的威胁莫过于来自北方的突厥势力之觊觎。北朝末期，突厥势力远达中亚，所谓"控弦数十万，中国惮之"。面对突厥势力的南下入侵，隋文帝起初是极为惶恐的，故而采取修筑长城，发兵驻守北方等战略措施来提前做出预防。恰好在此时，长孙晟从突厥归来，他便向隋文帝详细介绍了突厥各部不合的政治内情。在对其时的突厥情况进行汇报分析后，长孙晟高屋建瓴地指出隋王朝对于突厥目前的实力确实是"难以力征"的，但是只要充分利用他们内部的各种矛盾，采取"远交而近攻，离强而合弱"的战略方针，突厥势力实际上是"易可离间"的，进一步而言即可使得突厥势力的各部落间"首尾猜嫌，腹心离阻，十数年后，承衅讨之，必可一举而空其国矣"。

根据长孙晟所获得的情报和提出的建议，隋文帝遂制定了对突厥的基本策略，即采取积极的防御政策，在隋王朝强化防御的同时，不断展开对突厥进行策反离间等分化敌人内部力量的举措。此后的十数年间，隋王朝利用突厥内部的矛盾，不断对其势力进行分化瓦解，使得突厥势力无法形成凝聚力，确保了中原王朝在政治、经济、军事等多方面的稳定态势。

在此过程中，长孙晟一次次地承担着使臣的工作，致力于深入敌后，化敌为友，有时往往凭借着一人之力，彻底扭转了原先整个不利的局面。

开皇十三年(593 年)，流民杨钦流亡至突厥都蓝可汗处，谎称彭国公刘昶与宇文氏女共谋反隋，特遣其前来密告于大义公主。对此，都蓝可汗深信不疑，从此不再向隋朝进贡。为探听突厥动向，长孙晟奉命出使。大义公主见到长孙晟后，言辞颇为不逊，并派情人安遂迦与杨钦计议，欲图煽动都蓝可汗反隋。

长孙晟回京后，将此事禀奏隋文帝。文帝再次派长孙晟出使突厥，向都蓝可汗索要杨钦。都蓝可汗并不愿交出杨钦，谎称“检校客内，无此色人”，长孙晟采取迂回策略，通过买通其帐下达官，探知到杨钦所在之处，遂趁夜将其抓获，并将其带到都蓝可汗面前质问。结果公主私通他人的事情也被一并揭露出来，突厥人闻知此事后大感耻辱。在如此不利的情况下，都蓝可汗迫不得已，只好拘捕安遂迦等人，一并交给长孙晟带回隋朝。回京后，隋文帝大喜，为长孙晟加授开府之荣勋，遣其再次入藩以期诛杀大义公主。

只为做成一件事情，长孙晟三次出使突厥，为了查清事实，他用尽各种计策，充分利用各方面的情报为隋朝获得政治利益的最大化而服务。

正是由于长孙晟的不断努力，隋朝长期的分化离间政策在对突厥问题上取得了重大成效。同时，经过长期的准备，隋朝具备了反击突厥的实力，在这种情况下，长孙晟于仁寿元年(601 年)上表奏称：“臣夜登城楼，望见碛北有赤气，长百余里，皆如雨足下垂被地。谨验兵书，此名洒血，其下之国必且破亡。欲灭匈奴，宜在今日。”在三年时间内，隋军得以大败突厥，西北的各部落也纷纷背离突厥势力而投靠隋朝，长孙晟的最初的预言得以完全应验。

十多年来的努力赋予了长孙晟以出色谋略家的历史定评。同时，长孙晟还是一位具有杰出才能的出色外交家。

大业三年(607年)，隋炀帝准备前往塞外之地北巡，事先派遣长孙晟到启民可汗部喻旨。启民可汗获悉消息后，便召集己方数十个部落的酋长前往共同迎接炀帝。长孙晟见启民可汗牙帐周围杂草丛生，为了突出隋炀帝的威仪，长孙晟准备通过让启民可汗亲自除草这一行为，使各部酋长体会到大隋天子地位之高与名望之重。但此意图又不能明说，于是长孙晟手指帐前之草对启民可汗说："此根大香"，可汗闻过之后说："殊不香也"，长孙晟又说："天子行幸所在，诸侯躬亲洒扫，耘除御路，以表至敬之心。今牙中芜秽，谓是留香草耳。"此时启民可汗已经体会到长孙晟说话的本意，连忙说："奴罪过。奴之骨肉，皆天子赐也，得效筋力，岂敢有辞？特以边人不知法耳，赖将军恩泽而教导之。将军之惠，奴之幸也。"可汗遂拔佩刀，亲自除草。其余各部族长见后，争相效之。启民可汗又发命举国就役开御道，西起榆林，东达于蓟，长达三千里，宽百步。隋炀帝听闻此事后，对长孙晟的做法表示了极为赞赏之意。

正是因为长孙晟的政治智慧和才干，使得隋王朝的西北疆域得以平静，当长孙晟去世后，突厥势力再起，隋炀帝不得不感叹："向使长孙晟在，不令匈奴至此！"可见长孙晟在隋王朝与突厥的边疆关系中确实做出了极为杰出的贡献。

韩擒虎列传

〔选文〕

韩擒字子通，河南东垣人也，后家[①]新安。父雄，以武烈知名，仕周，官至大将军、洛、虞等八州刺史。擒少慷慨，以胆略见称[②]，容貌魁岸，有雄杰之表。性又好书，经史百家皆略知大旨。周太祖见而异之，令与诸子游集。后以军功，拜都督、新安太守，稍[③]迁仪同三司，袭爵新义郡公。武帝伐齐，齐将独孤永业守金墉城，擒说[④]下之。进平范阳，加上仪同，拜永州刺史。陈人逼光州，擒以行军总管击破之。又从宇文忻平合州。高祖作相，迁和州刺史。陈将甄庆、任蛮奴、萧摩诃等共为声援，频寇[5]江北，前后入界。擒屡挫其锋，陈人夺气。

开皇初，高祖潜[6]有吞并江南之志，以擒有文武才用，夙[7]著声名，于是拜为庐州总管，委以平陈之任，甚为敌人所惮。及大举伐陈，以擒为先锋。擒率五百人宵济[8]，袭采石，守者皆醉，擒遂取之。进攻姑熟，半日而拔，次于新林。江南父老素闻其威信，来谒军门，昼夜不绝。陈人大骇，其将樊巡、鲁世真、田瑞等相继降之。晋王广上状，高祖闻而大悦，宴赐群臣。晋王遣行军总管杜彦与擒合军，步骑二万，陈叔宝遣领军蔡征守朱雀航，闻擒将至，众惧而溃。任蛮奴为贺若弼所败，弃军降于擒。擒以精骑五百，直入朱雀门。陈人欲战，蛮奴㧑之曰："老夫尚降，诸君何事！"众皆散走。遂平金陵，执陈主叔宝。时贺若弼亦有功。乃下诏于晋王曰："此二公者，深谋大略，东南逋[9]寇，朕本委之，静地恤民，悉[10]如朕意。九州岛不一，已数百年，以名臣之功，成太平之业，天下盛事，何用[11]过此！闻以欣然，实深庆快。平定江表，二人之力也。"赐物万段。又下优诏于擒、弼曰："申国威于万里，宣朝化于一隅，使东南之民俱出汤火[12]，数百年寇旬日廓清，专是公之功也。高名塞于宇宙，盛业光于天壤，逖[13]听前古，罕闻其匹。班师凯入，诚知非远，相思之甚，寸阴若岁。"

及至京，弼与擒争功于上前，弼曰："臣在蒋山死战，破其锐卒，擒其骁将，震扬威武，遂平陈国。韩擒略[14]不交阵，岂臣之比！"擒曰："本奉明旨，令臣与弼同时合势，以取伪都。弼乃敢先期[15]，逢贼遂战，致令将士伤死甚多。臣以轻骑五百，兵不血刃，直取金陵，降任蛮奴，执陈叔宝，据其府库，倾其巢穴。弼至夕，方扣[16]北掖门，臣启关而纳之。斯乃救罪不暇，安得与臣相比！”上曰：“二将俱合上勋。”于是进位上柱国，赐物八千段。有司劾擒放纵士卒，淫污陈宫，坐[17]此不加爵邑。

先是，江东有谣歌曰：“黄斑青骢马，发自寿阳涘。来时冬气末，去日春风始。”皆不知所谓。擒本名豹，平陈之际，又乘青骢马，往反[18]时节与歌相应，至是方悟。其后突厥来朝，上谓之曰：“汝闻江南有陈国天子乎？”对曰：“闻之。”上命左右引突厥诣擒前，曰：“此是执得陈国天子者。”擒厉然顾[19]之，突厥惶恐，不敢仰视，其有威容如此。别[20]封寿光县公，食邑千户。以行军总管屯金城，御备胡寇，即拜凉州总管。

俄[21]征[22]还京，上宴之内殿，恩礼殊厚。无何[23]，其邻母见擒门下仪卫甚盛，有同王者，母异而问之。其中人曰：“我来迎王。”忽然不见。又有人疾笃[24]，忽惊走[25]至擒家曰：“我欲谒王。”左右问曰：“何王也？”答曰：“阎罗王。”擒子弟欲挞之，擒止之曰：“生为上柱国，死作阎罗王，斯亦足矣。”因寝疾[26]，数日竟卒，时年五十五。子世谔嗣。

选自《隋书》卷五十二

〔**注释**〕 ① 家：居住。 ② 称：著称。 ③ 稍：不久。 ④ 说：劝说。 ⑤ 寇：侵犯。 ⑥ 潜：暗中。 ⑦ 夙：素常。 ⑧ 济：过河。 ⑨ 逋：逃亡。 ⑩ 悉：全。 ⑪ 何用：何以。 ⑫ 汤火：沸汤和烈火，喻指危及生命的境地或祸乱。 ⑬ 逖：远。 ⑭ 略：完全。 ⑮ 期：约定。 ⑯ 扣：同“叩”。 ⑰ 坐：获罪。 ⑱ 反：同“返”，返回。 ⑲ 顾：看。 ⑳ 别：另外。 ㉑ 俄：不久。 ㉒ 征：征召。 ㉓ 无何：不久。 ㉔ 笃：病重。 ㉕ 走：跑。 ㉖ 寝疾：卧病。

〔**赏析**〕 中国专制皇权时代特别强调避讳制度，凡是当朝皇帝及其先祖的名讳都不能稍加提及，如果其他人姓名中存有此字，则此人不是改名便是索性略去名字。唐高祖的祖父名叫李虎，所以在唐初八史的撰写过程中，“虎”就成了需要加以避讳的汉字。但是要把“虎”字改成其他字又确实存在着极大的困难，于是史书中人物姓名但凡涉及“虎”者，不是改名便索性不加提及。改名的例证可以十六国时期的石虎为代表，《晋书》中将其称之为石季龙；隐去不提者则为《隋书》中的韩擒虎，书中略去其名讳而但提“韩擒”两字。

史称韩擒虎“少慷慨，以胆略见称，容貌魁岸，有雄杰之表”，一看就是大将之才。韩擒虎难能可贵之处除了其过人的胆略之外，他还特别喜欢看书，对于经史百家等知识都大致了解，这在尚武的南北朝时代中是极为罕见的。正因为韩擒虎兼备文武之才，周太祖对其特别赏识，遂“令与诸子游集”。在北周乃至隋朝，韩擒虎凭借自己的能力，官阶递升，成为隋军阵营中的大将、名将和主将。

逮及隋王朝建立之时，中国自魏晋南北朝以来的分裂格局已持续将近四百多年了，统一曙光在这一时期开始出现。隋文帝杨坚素有雄才大略，展现出试图统一偏安于江南一隅的南陈政权这一政治意图，遂任命素有大名的韩擒虎担任庐州总管，发兵南征。选择韩擒虎，除了因为他兼备文武之才，更重要之处乃在于韩擒虎曾与南陈军队经历过数次交锋，且每次都获得了最终的胜利，《隋书》记载“擒屡挫其锋，陈人夺气”。有韩擒虎在，南陈政权的作战真如驱犬羊而与虎豹斗。隋文帝之所以选择韩擒虎伐陈，一方面是为了震慑陈王朝，另一方面，隋文帝相信，凭借着韩擒虎的文才武略，隋军一定能够顺利统一南北，结束长期以来的分裂割据。

金陵之地号称六朝古都，虽有长江天险，若敌军占据了其中上游地区，则长江天险便基本丧失了其作为天堑的作用，隋军在开战前就占据了长江中游。之后的历史的发展也证明了上述观点的正确性。公元589年，韩擒虎率军袭采石、拔姑熟、次新林、降三将，先锋军队得以迅速逼近金陵。接着韩擒虎又派遣精锐骑兵五百人突破金陵朱雀门，在井里俘虏了昏庸无道的陈后主，得以一举平定南方。

韩擒虎之所以能建立灭陈首功，同大将贺若弼在另一战场进行着艰苦卓绝的战争是颇有关系的，正是因为贺若弼在蒋山一带牵制住敌军大量的有生力量，才使韩擒虎得以避实就虚，出奇制胜进而直捣南陈政权的首都。战后论功行赏之时，贺若弼就认为自己的功劳当属第一。对于战功界定的矛盾闹到了隋文帝的面前，贺若弼所言确实很有道理，如果没有他牵制敌军的努力，韩擒虎是不可能如此迅速地攻入金陵进而促使南陈政权灭亡的。隋文帝对这贺、韩两位大将都青睐有加，最终使他们皆进位至上柱国并给予两人赐物八千段的奖赏。

总体而言，韩擒虎与贺若弼都立下了赫赫战功，然而就战术而言，韩擒虎实是略胜于贺若弼一筹的，所谓擒贼先擒王，韩擒虎所采取的直捣黄龙的战略是攻灭南陈政权在战略上的最佳选择。同时，韩擒虎很好地利用了自身威望和能力对南陈政权的将领产生的畏惧心态，一举达成了战略目标。韩擒虎的赫赫战功在南北统一后给时人留下了极为深刻的印象。南陈政权覆灭后，江南地区的百姓才明白当初民歌所唱的"黄斑青骢马，发自寿阳涘。来时冬气末，去日春风始"诸语，即暗指韩擒虎灭陈之事。又如突厥使臣看到韩擒虎后，也是"惶恐，不敢仰视"。

韩擒虎之死甚至也被蒙上了一层神秘的色彩，认为韩擒虎是阎罗王的转世。这一说法竟被写进了官修的史书之中，可见在初唐之际这个传说是颇为风行的。时至晚唐，出现了敦煌变文《韩擒虎话本》，更是惟妙惟肖描述了韩擒虎在灭陈后，五道将军持天符请他出任阴司之主，韩擒虎于阴间任阎罗王一职的故事。

无论后世传说如何演变，韩擒虎的人生经历和仕宦生涯中有一点值得引起我们的关注，即韩氏是隋朝开国元勋中为数不多而得以善终的人物。探究各中奥秘，一方面固然与韩擒虎极少参与政治斗争因而较少树立政敌有关；另一方面，通读百家文史典籍进而使韩擒虎获得政治智慧也应当是一个不可忽略的重要因素。上述两方面的因素实际上也是互为表里，相依相存的。

（俞颖杰）

人格缺陷成为乱世过客

〔**导言**〕 公元7世纪初的中华大地，自负的隋炀帝开运河、征高丽、游江南，横征暴敛，滥用民力，激成“三十六路反王，七十二路烟尘”的隋末农民起义，将好端端的隋朝弄成一番乱世。正是在这个乱世之中，英雄与枭雄并起，演绎出一个被后世小说家称之为“隋唐英雄”的时代。

在这样一个新旧交替的时代，草莽出身的义军领袖与背叛皇权的当朝官员有着同样的机会，他们都想成为英雄。然而要成为英雄，就必须有大智慧、大权谋与大视野，更要有能文能武的左膀右臂。

李密与宇文化及是隋末政府官员造反的典型。他们都出身贵胄，都曾经握有大权，都曾经叱咤一时，然而最终都身首异处，成为新王朝建立的祭品。他们的悲剧正源于他们缺乏上述全部特质，正因为如此，所以他们只能成为乱世过往中的枭雄。《隋书·李密列传》与《隋书·宇文化及列传》展示了隋末农民起义中这两位枭雄的暂时成功与最终失败。

李 密 列 传

〔**选文**〕

李密字法主，真乡公衍之从孙也。祖耀，周邢国公。父宽，骁勇善战，干略[①]过人，自周及隋，数经将领，至柱国、蒲山郡公，号为名将。密多筹算，才兼文武，志气雄远，常以济[②]物为己任。开皇中，袭父爵蒲山公，乃散家产，赒赡[③]亲故，养客礼贤，无所爱[④]吝。与杨玄感为刎颈之交。后更折节，下帷耽[⑤]学，尤好兵书，诵皆在口。师事国子助教包恺，受《史记》、《汉书》，励精忘倦，恺门徒皆出其下。大业初，授亲卫大都督，非其所好，称疾而归。

及杨玄感在黎阳，有逆谋，阴[6]遣家僮至京师召密，令与弟玄挺等同赴黎阳。玄感举兵而密至，玄感大喜，以为谋主。玄感谋计于密，密曰："愚有三计，惟公所择。今天子出征，远在辽外，地去[7]幽州，悬隔千里。南有巨海之限[8]，北有胡戎之患，中间一道理极艰危。今公拥兵，出其不意，长驱入蓟，直扼其喉。前有高丽，退无归路，不过旬月，赍[9]粮必尽。举麾一召，其众自降，不战而擒，此计之上也。又关中四塞，天府之国，有卫文升，不足为意。今宜率众，经[10]城勿攻，轻赍鼓行，务[11]早西入。天子虽[12]还，失其襟带[13]，据险临之，故当必克，万全之势，此计之中也。若随近逐便，先向东都，唐祎告之，理当固守。引兵攻战，必延岁月，胜负殊未可知，此计之下也。"玄感曰："不然。公之下计，乃上策矣。今百官家口并在东都，若不取之，安能动物？且经城不拔，何以示威？"密计遂不行。

……

会[14]东郡贼帅翟让聚党万余人，密归之，其中有知密是玄感亡[15]将，潜[16]劝让害之。密大惧，乃因王伯当以策干[17]让。让遣说[18]诸小贼，所至辄降下，让始敬焉，召与计事。密谓让曰："今兵众既多，粮无所出，若旷日持久，则人马困敝[19]，大敌一临，死亡无日。未若直趣[20]荥阳，休兵馆谷，待士马肥充，然可与人争利。"让从之，于是破金堤关，掠荥阳诸县，城堡多下之。荥阳太守郇王庆及通守张须陁以兵讨让。让数为须陁所败，闻其来，大惧，将远避之。密曰："须陁勇而无谋，兵又骤[21]胜，既骄且狠，可一战而擒。公但列阵以待，保为公破之。”让不得已，勒[22]兵将战，密分兵千余人于林木间设伏。让与战不利，军稍却[23]，密发伏自后掩[24]之，须陁众溃。与让合击，大破之，遂斩须陁于阵。让于是令密建牙[25]，别统所部。

密复说让曰：“昏主蒙尘，播[26]荡吴、越，猬毛竞起，海内饥荒。明公以英桀之才，而统骁雄之旅，宜当廓清天下，诛剪群凶，岂可求食草间，常为小盗而已！今东都士庶，中外离心，留守诸官，政令不一，明公亲率大众，直掩兴洛仓，发粟以赈穷乏，远近孰不归附！百万之众，一朝可集，先发制人，此机不可失也。”让曰：“仆起陇亩之间，望[27]不至此。必如所图，请君先发，仆领诸军，便为后殿。得仓之日，当别议之。”密与让领精兵七千人，以大业十三年春，出阳城，北逾[28]方山，自罗口袭兴洛仓，破之。开仓恣[29]民所取，老弱襁负，道路不绝。

……

柴孝和说密曰：“秦地阻山带河，西楚背之而亡，汉高都之而霸。如愚意者，令仁基守回洛，翟让守洛口，明公亲简[30]精锐，西袭长安，百姓孰不郊迎，必当有征无战。既克京邑，业固兵强，方更长驱崤、函，扫荡京、洛，传檄指㧑，天下可定。但今英雄竞起，实恐他人我先，一朝失之，噬脐[31]何及！”密曰：“君之所图，仆亦思之久矣，诚为上策。但昏主尚在，从兵犹众，我之所部[32]，并山东人，既见未下洛阳，何肯相随西入！诸将出于群盗，留之各竞雌雄。若然者，殆[33]将败矣。”

……

世充既得擅权，乃厚赐将士，缮治器械，人心渐锐[34]。然密兵少衣，世充乏食，乃请交易。密初难之，邴元真等各求私利,递来劝密,密遂许焉。初,东都绝粮,人归密者,日有数百。至此,得食,而降人益少,密方悔而止。密虽据仓,无府库,兵数战不获赏,又厚抚初附之兵,于是众心渐怨。……世充夜潜济师,诘朝㉟而阵,密方觉之,狼狈出战,于是败绩,与万余人驰向洛口。世充夜围偃师,守将郑颋为其部下所翻,以城降世充。密将入洛口仓城,元真已遣人潜引世充矣。密阴知之而不发㊱其事,因与众谋,待世充之兵半济洛水,然后击之。及世充军至,密候骑不时㊲觉,比㊳将出战,世充军悉㊴已济矣。密自度㊵不能支,引骑而遁。元真竟㊶以城降于世充。

密众渐离,将如㊷黎阳。人或谓密曰:"杀翟让之际,徐世勣几至于死。今创㊸犹未复,其心安可保乎?"密乃止。时王伯当弃金墉,保河阳,密以轻骑自武牢渡河以归之,谓伯当曰:"兵败矣!久苦诸君,我今自刎,请以谢㊹众。"众皆泣,莫能仰视。密复曰:"诸君幸不相弃,当共归关中。密身虽愧无功,诸君必保富贵。"其府掾柳燮对曰:"昔盆子归汉,尚食均输,明公与长安宗族有畴昔之遇,虽不陪起义,然而阻东都,断隋归路,使唐国不战而据京师,此亦公之功也。"众咸㊺曰:"然。"密遂归大唐,封邢国公,拜光禄卿。

选自《隋书》卷七十

〔注释〕 ① 略:谋略。 ② 济:帮助。 ③ 赡:供给。 ④ 爱:吝啬。 ⑤ 耽:酷嗜。 ⑥ 阴:暗中。 ⑦ 去:距离。 ⑧ 限:阻隔。 ⑨ 赍:携带。 ⑩ 经:经过。 ⑪ 务:务必。 ⑫ 虽:即使。 ⑬ 襟带:指山川屏障。 ⑭ 会:适逢。 ⑮ 亡:逃跑。 ⑯ 潜:暗中。 ⑰ 干:求取。 ⑱ 说:劝说。 ⑲ 敝:疲困。 ⑳ 趣:奔赴。 ㉑ 骤:多次。 ㉒ 勒:率领。 ㉓ 却:退。 ㉔ 掩:袭击。 ㉕ 建牙:树立出征的军旗。 ㉖ 播:流亡。 ㉗ 望:期望。 ㉘ 逾:越过。 ㉙ 恣:任凭。 ㉚ 简:选择。 ㉛ 噬脐:喻后悔不及。 ㉜ 部:统率。 ㉝ 殆:大概。 ㉞ 锐:坚定。 ㉟ 诘朝:早晨。 ㊱ 发:揭露。 ㊲ 时:及时。 ㊳ 比:等到。 ㊴ 悉:全。 ㊵ 度:估量。 ㊶ 竟:最终。 ㊷ 如：前往。 ㊸ 创：损伤。 ㊹ 谢：谢罪。 ㊺ 咸：都。

〔赏析〕 在隋末农民起义的浪潮中，瓦岗军是名气最大、实力最强的一支起义军，它从初期的一支小小的部队发展成为百万大军，在这过程中李密的功劳最大。在一段时间里，瓦岗军甚至具备了改朝换代的条件。然而最终瓦岗军一战而大败，此间的盛衰也同李密有着极大的关系。瓦岗军和李密的盛衰荣辱中蕴含着深刻的历史经验与教训。

李密出生于四世三公的家庭，其曾祖父为著名的西魏八柱国之一的李弼，祖父与父亲都是隋朝高官，李氏是关陇集团的重要成员。年轻的李密文武兼备，特别喜欢研究兵法，史称"诵皆在口"，对于理论的掌握程度很高。年轻的李密被越国公杨素所赏识，和杨素之子杨玄感成为"刎颈之交"。

大业九年(613年)，隋炀帝征高丽，面对当时动乱的天下，杨玄感筹划起兵反隋，暗中派人请李密来为自己出谋划策。李密到达后，为杨玄感献上了上、中、下三策。上策奇袭涿郡，一举击隋军主力；中策奇袭关中，依托关中与隋军对抗；下策是攻取洛阳。结果好大喜功的杨玄感偏偏选择了下策，结果最终起兵失败。李密被俘，在押送的过程中趁机逃走，接下来的几年时间里隐姓埋名，等待时机，李密的第一次实践以失败而告终。

大业十二年，机遇再次降临，李密在起义军将领王伯当的介绍下，会见瓦岗军领导人翟让。李密见到翟让后分析当今形势，指出君王无道，民怨沸腾，正是奋起的好时机。同时李密直接切入主题，指出"今东都士庶，中外离心，留守诸官，政令不一，明公亲率大众，直掩兴洛仓，发粟以赈穷乏，远近孰不归附！百万之众，一朝可集，先发制人，此机不可失也。"

李密此时对局势的分析可谓精辟，首先当时隋炀帝远赴江都(今江苏扬州)，东都只有其孙子杨桐留守，其次，瓦岗军要强大，必须有更多的兵力，而东都附近的粮仓众多，先占粮仓，开仓放粮，百姓自然会来归附，声势一大，取代隋朝就有把握了。

次年，瓦岗军占领了著名的洛口仓。李密下令，让群众随便搬粮，东都派兵来救，又被李密杀得大败。一年之间，江淮以北的各路义军都奉瓦岗军为首领，在这股发展的浪潮之中，翟让也自叹不如，主动提出让李密为瓦岗军的主帅。之后,瓦岗军又相继占领了洛阳附近的回洛仓与黎阳仓,李密占领的粮仓越多,对百姓的吸引力也就越强。转眼间瓦岗军的部队发展到几十万人,天下都奉瓦岗军为盟主,李密俨然即将取代隋朝。

但是,在最辉煌的时候,李密和瓦岗军的悲剧已经打下了伏笔。李密拘泥于自己对时局的分析,没有对战略战术进行有效的调整。在军事和政治上都犯下了严重的错误。

首先,李密过度执迷于攻取东都洛阳。在李密的战略中,要取天下,必须先取东都洛阳。然而正像他当年向杨玄感所献三策一样,攻取洛阳是下策,西进攻取长安才是上策。之前就有一个叫柴孝和的人劝李密引兵袭取关中,并且指出:"明公亲简精锐,西袭长安,百姓孰不郊迎,必当有征无战。既克京邑,业固兵强,方更长驱崤、函,扫荡京、洛,传檄指捴,天下可定。但今英雄竞起,实恐他人我先,一朝失之,噬脐何及!"然而李密因为部下都是太行山以东的人,怕他们不愿西进,又担心自己离开,起义军内部会发生内斗,不敢采取这条计策。结果很快,李渊就起兵夺取关中,在争夺天下最需要决断的时候,李密失去了获得稳定后方基地的绝佳良机。

其次,李密过度相信粮食的吸引力。瓦岗军靠粮食吸引百姓,但是却没有好好利用粮食,任由饥民搬运,虽说暂时得到了百姓的支持,但却从来没考虑过仓粮搬运完之后应该怎么办。在争夺天下最需要谋略的时候,李密却停留在过去的荣耀上。

最后,坚固的堡垒往往从内部开始崩溃。翟让让位虽说是出于本意,但他的左右亲信却很有意见,觉得把机会白白给了李密。翟让的哥哥翟弘甚至责怪弟弟说:"皇帝你该自己做,怎么给了人家,你自己不高兴做,就该让我来做!"翟让无心,但听者有心,搬弄是非的人告诉李密,李密心里不免会有想法。

任何时候,最高领导权的转移总会有人失意,而失意者的失落往往会产生严重的负面情绪,进而影响到最高领导者。明智的领导者应该善于引导,善于处理问题,避免激化矛盾。但李密却并不明智,借酒宴之际设下埋伏,将翟让及其亲信全部杀死。虽然事后李密亲自安慰将士,但瓦岗军将士心理上的阴影却是抹不去的。在最需要合作的时候,李密亲手葬送了自己的部下。

李密不取关中，死守粮仓与东都对峙，再加上内部分裂，成功的机会便一去不复返了。大业十四年，宇文化及杀死隋炀帝后北上与瓦岗军相遇，经过激战，瓦岗军获胜，但这是一次惨胜。瓦岗军实力大损，虽然瓦岗军有粮食，但却没有金银细软可供赏赐，时间一长，士兵就有了怨气，情绪不高。据守东都洛阳的王世充抓住这个机会与瓦岗军决战，结果邙山一战，王世充的军队在激战中，扬言抓住了李密，伏兵四起，瓦岗军顿时大败溃散。李密不得不西走关中，投奔李渊。没多久，他又起兵反唐，最终落得身首异处。

有个成语叫"牛角挂书"，出自《新唐书·李密列传》。讲的是李密小时候骑着牛读《汉书》，路上正好碰上越国公杨素，杨素感叹李密读书勤快，于是问李密在读什么，李密回答正在读《汉书·项羽传》。一语成谶，没想到李密最终的命运也同项羽相似，枭雄半生，最终也走上了末路，恐怕这就是所谓的历史的巧合吧。

宇文化及列传

〔选文〕

宇文化及，左翊卫大将军述之子也。性凶险，不循法度，好乘肥挟弹，驰骛[①]道中，由是长安谓之轻薄公子。炀帝为太子时，常领千牛，出入卧内。累[②]迁至太子仆。数以受纳货贿，再三免官。太子嬖昵[③]之，俄而[④]复职。又以其弟士及尚[⑤]南阳公主。化及由此益[⑥]骄，处公卿间，言辞不逊，多所陵轹[⑦]。见人子女狗马珍玩，必请托求之。常与屠贩者游，以规[⑧]其利。炀帝即位，拜太仆少卿，盖恃旧恩，贪冒尤甚。大业初，炀帝幸榆林，化及与弟智及违禁与突厥交市。帝大怒，囚之数月，还至青门外，欲斩之而后入城，解衣辫发，以公主故，久之乃释，并智及并赐述为奴。述薨后，炀帝追忆之，遂起化及为右屯卫将军，智及为将作少监。

是时李密据洛口，炀帝惧，留淮左，不敢还都。从驾骁果[9]多关中人，久客羁旅，见帝无西意，谋欲叛归。时武贲郎将司马德戡总领骁果，屯于东城，风闻兵士欲叛，未之审[10]，遣校尉元武达阴问骁果，知其情，因谋构逆。共所善[11]武贲郎将元礼、直阁裴虔通互相扇惑曰："今闻陛下欲筑宫丹阳，势不还矣。所部骁果莫不思归，人人耦语[12]，并谋逃去。我欲言之，陛下性忌，恶[13]闻兵走，即恐先事见[14]诛。今知而不言，其后事发，又当族灭我矣。进退为戮，将如之何？"虔通曰："上实尔，诚为公忧之。"德戡谓两人曰："我闻关中陷没，李孝常以华阴叛，陛下收[15]其二弟，将尽杀之。吾等家属在西，安得无此虑也！"虔通曰："我子弟已壮，诚不自保，正恐旦暮及诛，计无所出。"德戡曰："同相忧，当共为计取。骁果若走，可与俱去。"虔通等曰："诚如公言，求生之计，无以易此。"因递相招诱。又转告内史舍人元敏、鹰扬郎将孟秉，符玺郎李覆、牛方裕、直长许弘仁、薛良，城门郎唐奉义，医正张恺等，日夜聚博，约为刎颈之交，情相款[16]昵，言无回避，于座中辄论叛计，并相然[17]许。时李孝质在禁[18]，令骁果守之，中外交通[19]，所谋益急。赵行枢者，乐人之子，家产巨万，先交智及，勋侍杨士览者，宇文甥，二人同告智及。智及素[20]狂悖，闻之喜，即共见德戡，期以三月十五日举兵同叛，劫十二卫武马，虏掠居人财物，结党西归。智及曰："不然。当今天实丧隋，英雄并起，同心叛者已数万人，因[21]行大事，此帝王业也。"德戡然之。行枢、薛良请以化及为主，相约既定，方告化及。化及性本驽怯，初闻大惧，色动流汗，久之乃定。

……

至旦，孟秉以甲骑迎化及。化及未知事果，战栗不能言，人有来谒之者，但低头据鞍，答云"罪过"。时士及在公主第[22]，弗之知也。智及遣家僮庄桃树就第杀之，桃树不忍，执[23]诣智及，久之乃见释。化及至城门，德戡迎谒，引入朝堂，号为丞相。令将帝出江都门以示群贼，因复将[24]入。遣令狐行达弑帝于宫中，又执朝臣不同己者数十人及诸外戚，无[25]少长害之，唯留秦孝王子浩，立以为帝。

十余日，夺江都人舟楫，从水路西归。至显福宫，宿公麦孟才、折冲郎将沈光等谋击化及，反为所害。化及于是入据六宫，其自奉养一如炀帝故事。每于帐中南面端坐，人有白[26]事者，默然不对。下牙时，方收取启状，共奉义、方裕、良、恺等参决之。行至徐州，水路不通，复夺人车牛，得二千两，并载宫人珍宝。其戈甲戎器，悉令军士负之。道远疲极，三军始怨。德戡失望，窃谓行枢曰："君大谬误我。当今拨乱，必藉英贤，化及庸暗，君小在侧，事将必败，当若之何？"行枢曰："在我等尔，废之何难！"因共李本、宇文导师、尹正卿等谋，以后军万余兵袭杀化及，更立德戡为主。弘仁知之，密告化及，尽收捕德戡及其支党十余人，皆杀之。

……

化及尚有众二万，北走魏县。张恺等与其将陈伯谋去之，事觉，为化及所杀。腹心稍[27]尽，兵势日蹙[28]，兄弟更无他计，但相聚酣宴，奏女乐。醉后，因尤[29]智及曰："我初不知，由汝为计，强来立我。今所向无成，士马日散，负杀主之名，天下所不纳。今者灭族，岂不由汝乎？"持其两子而泣。智及怒曰："事捷之日，都不赐尤，及其将败，乃欲归罪。何不杀我以降建德？"兄弟数相斗阋，言无长幼，醒而复饮，以此为恒[30]。其众多亡，自知必败，化及叹曰："人生故当死，岂不一日为帝乎？"于是鸩杀[31]浩，僭皇帝位于魏县，国号许，建元为天寿，署置百官。

……窦建德悉众攻之。先是，齐州贼帅王薄闻其多宝物，诈来投附。化及信之，与共居守。至是，薄引建德入城，生擒化及，悉虏其众。先执智及、元武达、孟秉、杨士览、许弘仁，皆斩之。乃以轞车载化及之河间，数㉜以杀君之罪，并二子承基、承趾皆斩之，传首于突厥义成公主，枭于虏庭。士及自济北西归长安。

选自《隋书》卷八十五

〔**注释**〕 ① 骛：乱驰。 ② 累：屡次。 ③ 昵：亲近。 ④ 俄而：不久。 ⑤ 尚：仰攀婚姻，多指娶公主为妻。 ⑥ 益：更加。 ⑦ 陵轹：欺压。 ⑧ 规：谋求。 ⑨ 骁果：指勇士。 ⑩ 审：详细观察。 ⑪ 善：亲善。 ⑫ 耦语：相对密语。 ⑬ 恶：厌恶。 ⑭ 见：被。 ⑮ 收：拘捕。 ⑯ 款：诚恳。 ⑰ 然：赞同。 ⑱ 禁：宫禁。 ⑲ 交通：勾结。 ⑳ 素：向来。 ㉑ 因：趁机。 ㉒ 第：达官贵人的宅院。 ㉓ 执：捉拿。 ㉔ 将：带领。 ㉕ 无：不论。 ㉖ 白：报告。 ㉗ 稍：渐渐。 ㉘ 蹙：窘迫。 ㉙ 尤：归咎。 ㉚ 恒：平常。 ㉛ 鸩杀：用毒酒杀人。 ㉜ 数：列举罪状。

〔**赏析**〕 《隋书》列传的最后一篇是一组人物列传，这组人物都是隋代参与谋杀隋炀帝的一批叛臣。《隋书》作者在正文前写道："昔孔子修《春秋》，而乱臣贼子知惧，抑使之求名不得，欲盖而彰者也。今故正其罪名，以冠于篇首，庶后之君子见作者之意焉。"将本组人物置于最后，就是用春秋笔法来贬抑这批人，提示读者他们是乱臣贼子。

宇文化及又位列这组人物的第一个，可谓是乱臣之首。

宇文化及是隋炀帝重臣宇文述的儿子，宇文述是隋炀帝夺取帝位的大功臣，富有智略，可是宇文化及却生来就是个纨绔子弟，"性凶险，不循法度，好乘肥挟弹，驰骛道中，由是长安谓之轻薄公子。"宇文化及不但品行不端，还缺乏基本政治常识。大业初年，隋炀帝驾临榆林（治今内蒙古准格尔旗东北十二连城），陪驾的宇文化及和弟弟智及竟然违背禁令与突厥人做起了生意，隋炀帝得知后大怒，最终在宇文化及的弟媳南阳公主的求情之下，免去死罪罚为奴隶。

宇文述死后，隋炀帝哀荣备至，特为之废朝，赠司徒、尚书令、十郡太守等，并用太牢之礼祭祀宇文述。为了追念故人，特封宇文化及为右屯卫将军，随侍左右。

隋大业十二年(616年)，天下大乱，可隋炀帝依然再次游幸江南。局势迅速变化，李密的瓦岗军占据了运河，阻断了隋炀帝的北归之路。生来偏好江南的隋炀帝索性此间乐，不思中原基业，甚至打算在丹阳(今江苏南京市)另立新都。隋炀帝不想走了，可是跟随炀帝南下的众多将士都是关中人，他们时刻期待回到故乡，于是一场兵变在暗暗地酝酿。

这场兵变的主谋者是武贲郎将司马德戡等一班武将，他们最终决定推举宇文化及为主，商定之后才告诉了宇文化及。宇文化及得知这个消息后“初闻大惧，色动流汗，久之乃定”。

为什么他们要推选看起来懦弱无能的宇文化及为主呢？首先是因为宇文氏的地位，宇文氏是关陇集团的显贵，更有利于他们的兵变及返乡。其次这批主谋的军人谁也不服谁，那索性就选一个他们认为相对更好控制的领导。宇文化及就这样当上了首领。

但是事后看来，真正糊涂的不是宇文化及，相反是这批军人。宇文化及其实并不是一个软弱无能的人，他带领军队北上迎击起义军，但未能带领这群军士重返关中，相反最终被窦建德军击溃，部队全军覆没，自己落得个传首于突厥的结局。

为什么会这样呢？

首先，这支北归的部队背负着弑君之名。

大业十四年三月十日，兵变发生，隋炀帝被俘。士兵前往迎接宇文化及，因为尚不知道结果，宇文化及“战栗不能言，人有来谒之者，但低头据鞍，答云‘罪过’”。以往史家多以此认为宇文化及的软弱无能，但结合他后面的言行，更觉得他只是在等待，在没有看到真正结果之前，他绝对不轻易表态。

当宇文化及确认抓住隋炀帝后，马上派人杀了隋炀帝，并将皇亲国戚以及朝中和自己不睦的官员尽数杀去，立杨浩为帝。在中国古代专制社会，帝王再怎么无道，人臣所能做的无外乎文死谏、武死战，人臣如果要取而代之也必须经过一整套程序。但是宇文化及等人却选择了最为人所诟病的一个方式——弑君,不管隋炀帝再如何暴虐,弑君的行为令宇文化及等人从一开始就处于一个道德的劣势。

其次,集团内部矛盾重重,宇文化及缺乏才干。

要顺利北归就理应轻装前进,可新的领导者宇文化及"复夺人车牛,得二千两,并载宫人珍宝。其戈甲戎器,悉令军士负之。道远疲极,三军始怨"。在这种情况下,兵变主谋司马德戡等人也看出了宇文化及"庸暗,君小在侧,事将必败",但是他们能想出的办法不外乎还是密谋再次发动兵变,结果因泄密而遭诛杀。

越往北走,宇文化及的心腹越少,强敌越多——李密、王世充、窦建德、李渊——返回关中的愿望越渺茫。宇文化及每天醉生梦死,喝醉酒了就斥责埋怨弟弟不该让自己为主:"我初不知,由汝为计,强来立我。今所向无成,士马日散,负杀主之名,天下所不纳。今者灭族,岂不由汝乎?"持其两子而泣。毫无进取奋进之心,一派将死之象。

最后,宇文化及的过早称帝使之成为众矢之的。

乱世所遵循的原则就像元末朱升所言"高筑墙,广积粮,缓称王",谁先称帝,谁就是众矢之的。况且在没有一点基础的条件下称帝,那更是不足取的。

可是宇文化及却早早地做起了皇帝梦,在北归途中"入据六宫,其自奉养一如炀帝故事。每于帐中南面端坐,人有白事者,默然不对"。到走投无路之时,宇文化及还想过一把皇帝瘾,他感叹道:"人生故当死,岂不一日为帝乎?"结果毒杀秦王杨浩,自立为帝,建国号许。最终穷途末路的宇文化及被窦建德生擒,以杀君之罪斩之。

因为以上三条,在隋末乱世中,宇文化及率先走向灭亡。《隋书》对此的评论是:"化及庸芃下才,负恩累叶"。一个愚蠢而又残暴的纨绔子弟最终竟然被推举为首领,宇文化及的结局既是隋炀帝的悲哀,也是兵变策划者的悲哀,更是引起全国动荡的悲哀。

(俞颖杰)

书的经典与人的经典

〔**导言**〕《隋书》是现存最早的隋史专著，也是《二十五史》中修史水平较高的史籍之一，是唐代官修正史的代表作。《隋书》的一个重要特点是保存了南北朝以来大量的典章制度，为后人研究隋代以及前几朝的政治、经济、文化制度，保留了丰富的资料。南北朝时期，由于战乱等多方面的原因，保留下来关于典章制度方面的史料极少，而《隋书》的史志部分多达三十卷，包括礼仪、音乐、律历、天文、五行、食货、刑法、百官、地理、经籍十志，这十志所涉及的典章制度有些甚至可以追溯到汉魏。

《经籍志》是继《汉书·艺文志》后的又一部重要的目录，叙述了自汉至隋六百年间我国书籍的存亡和学术的演变，是对我国古代书籍和学术史的第二次总结，也是对我国学术文化史的一大贡献，为以后的四部图书分类奠定了基础。

《艺术列传》精选隋朝时期在某些方面拥有高超技艺的能人，并从他们身处乱世的所作所为中汲取生存的智慧之道。

经　籍　志

〔**选文**〕

夫经籍也者，机神之妙旨，圣哲之能事，所以经天地，纬阴阳，正纪纲，弘道德，显仁足以利物，藏用足以独善。学之者将殖①焉，不学者将落②焉。大业崇之，则成钦明之德；匹夫克念③，则有王公之重④。其王者之所以树风声⑤，流显号，美教化，移风俗，何莫由乎斯⑥道。故曰：其为人也，温柔敦厚，《诗》教也；疏通知远，《书》教也；广博易良，《乐》教也;洁静精微,《易》教也;恭俭庄敬,《礼》教也;属[⑦]辞比[⑧]事,《春秋》教也。遭时制宜,质文迭用,应之以通变,通变之以中庸。中庸则可久,通变则可大。其教有适[⑨],其用无穷。实仁义之陶钧[⑩],诚道德之橐籥[⑪]也。其为用大矣,随时之义深矣,言无得而称焉。故曰:不疾[⑫]而速,不行而至。今之所以知古,后之所以知今,其斯之谓也。是以大道方行,俯龟象而设卦;后圣有作,仰鸟迹以成文。书契已传,绳木弃而不用,史官既立,经籍于是与焉。

夫经籍也者,先圣据龙图,握凤纪,南面以君天下者,咸[⑬]有史官,以纪言行。言则左史书之,动则右史书之。故曰"君举[⑭]必书",惩劝斯在。考之前载,则《三坟》、《五典》、《八索》、《九丘》之类是也。下逮[⑮]殷、周,史官尤备[⑯],纪言书事,靡[⑰]有阙遗,则《周礼》所称,太史掌建邦之六典、八法、八则,以诏王治;小史掌邦国之志,定世系,辨昭穆;内史掌王之八柄,策命而贰[⑱]之;外史掌王之外令及四方之志,三皇、五帝之书;御史掌邦国都鄙万民之治令,以赞[⑲]冢宰。此则天子之史,凡有五焉。诸侯亦各有国史,分掌其职。则《春秋传》,晋赵穿弑灵公,太史董狐书曰"赵盾杀其君",以示于朝。宣子曰"不然。"对曰:"子为正卿,亡[⑳]不越境,反[㉑]不讨贼,非子而谁?"齐崔杼弑庄公,太史书曰"崔杼弑其君",崔子杀之。其弟嗣[㉒]书,死者二人。其弟又书,乃舍之。南史闻太史尽死,执简以往,闻既书矣,乃还。楚灵王与右尹子革语,左史倚相趋[㉓]而过。王曰:"此良史也,能读《三坟》、《五典》、《八索》、《九丘》。"然则诸侯史官,亦非一人而已,皆以记言书事,太史总而裁之,以成国家之典。不虚美,不隐恶,故得有所惩劝[㉔],遗文可观,则《左传》称《周志》,《国语》有《郑书》之类是也。

暨夫周室道衰，纪纲散乱，国异政，家殊俗，褒贬失实，隳[25]紊[26]旧章。孔丘以大圣之才，当倾颓之运，叹凤鸟之不至，惜将坠于斯文，乃述《易》道而删《诗》、《书》，修《春秋》而正《雅》、《颂》。坏礼崩乐，咸得其所。自哲人萎而微言[27]绝，七十子散而大义乖[28]，战国纵横，真伪莫辨，诸子之言，纷然淆乱。圣人之至德丧矣，先王之要道亡矣。陵夷[29]踳驳[30]，以至于秦。秦政奋豺狼之心，刬[31]先代之迹，焚《诗》、《书》，坑儒士，以刀笔吏为师，制挟书之令。学者逃难，窜伏[32]山林，或失本经，口以传说。

……

隋开皇三年，秘书监牛弘，表请分遣使人，搜访异本。每书一卷，赏绢一匹，校写既定，本即归主。于是民间异书，往往间出。及平陈已后，经籍渐备。检其所得，多太建时书，纸墨不精，书亦拙恶。于是总集编次，存为古本。召天下工[33]书之士，京兆韦霈、南阳杜頵等，于秘书内补续残缺，为正副二本，藏于宫中，其余以实秘书内、外之阁，凡三万余卷。炀帝即位，秘阁之书，限写五十副本，分为三品：上品红琉璃轴，中品绀琉璃轴，下品漆轴。于东都观文殿东西厢构屋以贮之，东屋藏甲乙，西屋藏丙丁。又聚魏已来古迹名画，于殿后起[34]二台，东曰妙楷台，藏古迹；西曰宝迹台，藏古画。又于内道场集道、佛经，别撰目录。

大唐武德五年，克平伪郑，尽收其图书及古迹焉。命司农少卿宋遵贵载之以船，溯河西上，将致京师。行经底柱，多被漂没，其所存者，十不一二。其《目录》亦为所渐濡[35]，时有残缺。今考见存，分为四部，合条为一万四千四百六十六部，有八万九千六百六十六卷。其旧录所取，文义浅俗、无益教理者，并删去之。其旧录所遗，辞义可采，有所弘益者，咸附入之。远览马史、班书，近观王、阮志、录，挹㊱其风流体制，削其浮杂鄙俚，离㊲其疏远，合其近密，约文绪义，凡五十五篇，各列本条之下，以备《经籍志》。虽未能研几探赜，穷极幽隐，庶乎㊳弘道设教，可以无遗阙焉。夫仁义礼智，所以治国也，方技数术，所以治身也；诸子为经籍之鼓吹，文章乃政化之黼黻，皆为治之具也。故列之于此志云。

选自《隋书》卷三十二

〔注释〕 ①殖：增长，指进步。 ②落：衰败，指落后。 ③念：思考。 ④重：尊贵。 ⑤风声：好的风气。 ⑥斯：此。 ⑦属：缀辑。 ⑧比：排比。 ⑨适：适应。 ⑩陶钧：制陶器所用的转轮。 ⑪橐籥：风箱。 ⑫疾：急速。 ⑬咸：都。 ⑭举：行动。 ⑮逮：至。 ⑯备：齐备。 ⑰靡：无。 ⑱贰：副本。 ⑲赞：辅助。 ⑳亡：逃跑。 ㉑反：同“返”，返回。 ㉒嗣：承袭。 ㉓趋：礼节性地小步快走，以示恭敬。 ㉔劝：勉励。 ㉕隳：毁。 ㉖紊：乱。 ㉗微言：含义深远精微的言辞。 ㉘乖：背离。 ㉙陵夷：衰颓。 ㉚踳驳：舛谬杂乱。 ㉛刬：同“铲”，铲除。 ㉜伏：居住。 ㉝工：擅长。 ㉞起：兴建。 ㉟濡：沾湿。 ㊱挹：汲取。 ㊲离：分开。 ㊳庶乎：也许可以。

〔赏析〕 《隋书·经籍志》由唐朝魏徵等人撰写，是唐代一部官修的目录，也是继《汉书·艺文志》后，我国现存最古的第二部史志目录。其主要参考隋代的《隋大业正御书目录》和梁阮孝绪的《七录》编成，并在注释中附载梁代尚存至隋已佚的图书 1 064 部，12 759 卷，总计著录四部经传 4 191 部，49 467 卷，分经、史、子、集四部四十类，其中经部有易、诗、书、礼、乐、春秋、孝经、论语、谶纬、小学十类；史部有正史、古史、杂史、霸史、起居注、旧事、职官、仪注、刑法、杂传、地理、谱系、簿录十三类；子部有儒、道、法、名、墨、纵横、杂、农、小说、兵、天文、历数、五行、医方十四类；集部有楚辞、别集、总集三类。另附道录、佛录，著录道教、佛教的文献。每书都著录书名、卷数，大多有简要注释，注明作者的时代、爵衔、图书内容真伪及存亡残缺情况。《隋书·经籍志》前有总序，概述图书收藏和目录的发展，各部类有小序，叙述该类学术流派演变及特点，充分体现了目录书“辨章学术，考镜源流”的优点，具有极高的学术价值。

《隋书》的编纂本身就是大一统王朝对于文化事业的重视和贡献。隋作为中国古代历史上又一个大一统的王朝，结束了当时中国历史两百多年的南北分裂割据状态，虽然它也是继秦、西晋后又一个短命王朝，但隋朝统治者对于政治、经济、文化等方面的贡献仍不容小觑，其中对于文献的创造和积累，更是在王朝频繁更迭和战乱频发的魏晋南北朝后得以不断恢复和发展，为唐朝文化事业的继承发展并走向顶峰奠定基础。随着唐朝科举制度的完善，以及雕版印刷技术的兴起，唐朝对于修书修史工作投入了更多的精力和财力，《隋书·经籍志》也就是在这样的背景下，历经多年最终编纂完成。

然而作为一部官修史书，其编书宗旨必然渗透着浓浓的儒家道德驯化的意味，也就是社会的主流意识形态，或者说统治者希望借此达到的目的，这在《经籍志》的总序中不难看出。什么是“经籍”，狭义是指解释儒家经典的经书，广义就是泛指各类图书。那么博览群书有什么好处，对于整个社会来说就是“正纪纲，弘道德”，它的作用既有显性的又有隐性的。直接地来说，王者要“树风声，流显号，美教化，移风俗”，就是要从各类书籍中获取方法；间接地来说，读诗书可以让人“温柔敦厚、疏通知远、广博易良、洁静精微、恭俭庄敬、中庸通变、知古知今”等等，如果社会上每个人都变成知书达理的人，那么整个社会也就会变得和谐美满。不管这是不是出于统治者的意图，或者思想驯化的一种说法和工具，不可否认这也确实是每个人希望实现的理想境界，这也正是社会发展的一种原动力。

除此以外，《隋书·经籍志》不仅反映了中国唐代以前的古籍状况，而且从目录学的价值上来说，其分类体系对后世影响深远。东汉班固所撰的《汉书·艺文志》是我国现存最早的一部图书目录，《隋书·经籍志》是第二部，两者的主要区别是图书分类法从“六分法”演变为“四分法”。

班固是根据西汉刘歆的《七略》来编写《汉书·艺文志》的。他沿用了《七略》的六分法，把天下图书分为六艺略，即儒家经典或与儒家经典有关的著作；诸子略，即诸子百家之学；诗赋略，即诗词歌赋等文学作品；兵书略，包括战略思想、战术技巧等；数术略，既有天文历法数学物理方面的科学知识，也有荒诞不经的迷信，如占卜吉凶、相宅看风水之类；方技略，大体是医学科学及方士巫术两方面。

但是东汉以后，学术思想文化发生了很大变化。其一是儒学地位受到了动摇，随着佛教的传入和发展，道教的复兴，形成儒释道三教并行的局面；其二是史学有了极大的发展，而作为实用技术的军事、天文、数学、机械、医学等地位逐渐下降；再次，个人文集及总集、选集的编纂日益兴盛，在这些文学作品中，除了诗赋，还有政论、奏表、杂文等各类文体。在这种瞬息万变的时代，图书分类法自然也要紧跟时代的步伐改弦易张。西晋东晋先后有学者进行甲、乙、丙、丁四分法的尝试，但最终确定经、史、子、集四分法的就是《隋书·经籍志》。

由此可见，图书分类也是一门学问，分类看似只是少有技术含量的重新归类，但面对类别繁杂、内容庞大的古今图书，如何定义大类，如何将同类别的书归整到同一大类的书目下，既要方便读者查询，又要适应时代的需求，反映时代的特征，并且在图书流传、散轶的过程中，还要兼顾史学“考证辨伪”的原则，实在是需要极大的智慧和技巧的，更别提在长年累月的编纂过程中，史学家的坚持和信念。也正是因为有先人不断的努力和积攒，才会有后世乾隆年间编纂的，现存中国古代最大的一部丛书《四库全书》的诞生。

艺术列传

〔选文〕

夫阴阳所以正时日，顺气序者也；卜筮所以决嫌疑，定犹豫者也；医巫所以御妖邪，养性命者也；音律所以和人神，节哀乐者也；相术所以辩贵贱，明分理者也；技巧所以利器用，济艰难者也。此皆圣人无心，因民设教，救恤灾患，禁止淫邪。自三、五哲王，其所由来久矣。

然昔之言阴阳者，则有箕子、裨灶、梓慎、子韦；晓音律者，则师旷、师挚、伯牙、杜夔；叙卜筮，则史扁、史苏、严君平、司马季主；论相术，则内史叔服、姑布子卿、唐举、许负；语医，则文挚、扁鹊、季咸、华佗；其巧思，则奚仲、墨翟、张平子、马德衡。凡此诸君者，仰观俯察，探赜索隐，咸诣幽微，思侔造化，通灵入妙，殊才绝技。或弘道以济时，或隐身以利物，深不可测，固无得而称[①]焉。近古涉乎斯术者，鲜[②]有存夫贞一，多肆其淫僻，厚诬天道。或变乱阴阳，曲成君欲，或假托神怪，荧惑民心。遂令时俗妖讹，不获返其真性，身罹灾毒，莫得寿终而死。艺成而下，意在兹乎？

历观经史百家之言，无不存夫艺术，或叙其玄妙，或记其迂诞[③]，非徒用广异闻，将以明乎劝戒。是以后来作者，或相祖述[④]，故今亦采其尤[⑤]著者，列为《艺术篇》云。

庾季才

……

武成二年，与王褒、庾信同补麟趾学士。累[⑥]迁稍伯大夫、车骑大将军、仪同三司。其后大冢宰宇文护执政，谓季才曰："比[⑦]日天道，有何征祥[⑧]？"季才对曰："荷[⑨]恩深厚，若不尽言，便同木石。顷上台有变，不利宰辅，公宜归政天子，请老私门。此则自享期颐[⑩]，而受旦、奭之美，子孙藩屏，终保维城之固。不然者，非复所知。"护沈吟久之，谓季才曰："吾本意如此，但辞未获免耳。公既王官，可依朝例，无烦别参[⑪]寡人也。"自是渐疏[⑫]，不复别见。及护灭之后，阅其书记，武帝亲自临检，有假托符命，妄造异端者，皆致诛戮。唯得季才书两纸，盛言纬候灾祥，宜反政归权。帝谓少宗伯斛斯征曰："庾季才至诚谨悫[⑬]，甚得人臣之礼。"因[⑭]赐粟三百石，帛二百段。迁太史中大夫，诏撰《灵台秘苑》，加上仪同，封临颍伯,邑六百户。宣帝嗣位,加骠骑大将军、开府仪同三司,增邑三百户。

……

萧吉

……

及献皇后崩,上令吉卜择葬所,吉历筮山原,至一处,云“卜年二千,卜世二百”,具图而奏之。上曰:“吉凶由人,不在于地。高纬父葬,岂不卜乎?国寻[15]灭亡。正如我家墓田,若云不吉,朕不当为天子;若云不凶,我弟不当战没。”然竟[16]从吉言。吉表曰:“去月十六日,皇后山陵西北,鸡未鸣前,有黑云方圆五六百步,从地属[17]天。东南又有旌旗车马帐幕,布满七八里,并有人往来检校,部伍甚整,日出乃灭,同见者十余人。谨案[18]《葬书》云:‘气王与姓相生,大吉。’今黑气当冬王,与姓相生,是大吉利,子孙无疆之候也。”上大悦。其后上将亲临发殡,吉复奏上曰:“至尊本命辛酉,今岁斗魁及天冈,临卯酉,谨按《阴阳书》,不得临丧。”上不纳。退而告族人萧平仲曰:“皇太子遣宇文左率深谢余云:‘公前称我当为太子,竟有其验,终不忘也。今卜山陵,务令我早立。我立之后,当以富贵相报。’吾记之曰:‘后四载,太子御天下。’今山陵气应,上又临丧,兆益见[19]矣。且太子得政,隋其亡乎!当有真人出治之矣。吾前绐[20]云卜年二千者,是三十字也;卜世二百者,取三十二运也。吾言信[21]矣,汝其志[22]之。”

……

史臣曰:阴阳卜祝之事,圣人之教在焉,虽不可以专行,亦不可得而废也。人能弘道,则博利时俗,行非其义,则咎悔及身，故昔之君子所以戒乎妄作。今韦、来之骨法气色，庾、张之推[23]步盈虚，虽落下、高堂、许负、朱建，不能尚[24]也。伯丑龟策，近知鬼神之情，耿询浑仪，不差辰象之度，宝常声律，动应宫商之和，虽不足远拟古人，皆一时之妙也。许氏之运针石，世载可称，萧吉之言阴阳，近于诬诞矣。

选自《隋书》卷七十八

〔**注释**〕 ① 称：赞扬。 ② 鲜：少。 ③ 迂诞：迂阔荒诞。 ④ 祖述：效法、遵循前人的行为或学说。 ⑤ 尤：突出的。 ⑥ 累：屡次。 ⑦ 比：近来。 ⑧ 祥：吉凶的预兆。 ⑨ 荷：蒙受恩惠。 ⑩ 期颐：百岁，指享受长寿。 ⑪ 参：晋谒。 ⑫ 疏：疏远。 ⑬ 悫：诚实。 ⑭ 因：于是。 ⑮ 寻：不久。 ⑯ 竟：最终。 ⑰ 属：接连。 ⑱ 案：考查。 ⑲ 见：同“现”，显现。 ⑳ 绐：欺骗。 ㉑ 信：不欺。 ㉒ 志：记。 ㉓ 推：推求。 ㉔ 尚：超过。

〔**赏析**〕 什么是“艺术”？古代对于艺术的定义范围很广，《周礼》中称“艺”为“礼、乐、射、御、书、数”，“艺术”也就是某种才能技术，这和我们现在认为的包括建筑、雕塑、美术等在内的艺术内涵略有不同。《隋书·艺术列传》中所涉及的“艺术”指的是阴阳、卜筮、医巫、音律、相术、技巧等方面，它们的存在或是顺气序、定犹豫，或是养性命、节哀乐，或是明分理、济艰难，总之都有一定的功用。虽然懂各类艺术的人古已有之，但他们很多都深不可测，或者年代久远而无法考究，也难以称颂，近世自然也有技艺高超者，但有些却利用这些不同寻常的技艺蛊惑人心、危害社会。拥有一门艺术不应该以此来行不当之事，因此《艺术列传》的编纂目的就是希望以这些艺人的事迹起到明乎劝诫的作用。

编入《艺术列传》的传主几乎都是天资聪颖、举世无双的才人，但撰者对于他们显然有着不同的评价，例如韦鼎、来和都通阴阳相术，庾季才、张胄玄推算历法之精确，从技艺的角度来说无人能匹敌；杨伯丑的占卜卦算如同鬼神般丝毫不差；耿询的滑稽辩给，万宝常对于音律方面的精通，还有许智藏的医术，都可算一时之妙；至于萧吉的阴阳之说，只能说是近乎于诬诞了。

由此可见，撰者对于当时这些人的评价褒贬不一，同样是精通阴阳相术的庾季才和萧吉，一个说是无人匹敌，一个说是近乎荒诞，难道仅仅是推算卜卦的准确与否而已吗？我们常说史学家须坚持秉笔直书的实录精神，但也常常透过史书暗含褒贬的微言大义来感受史学明得失、知兴亡的价值，《艺术列传》中也同样体现了这样的社会功能。那么我们来看一下庾季才和萧吉的差别到底在哪儿。

庾季才年轻时就聪明而有悟性，八岁能背诵《尚书》，十二岁懂《周易》，喜好观察天象。有一次北周权臣宇文护问庾季才最近的天象如何？庾季才回答说："近来，居上台的那颗星星象有变，是不利于宰相的兆头，你应该还政于天子，告老还乡，否则后果难以料想。"宇文护沉思了很久说："我本意是这样，只是我的辞呈没有被批准罢了。"但从此以后，宇文护对庾季才日渐疏远，直到宇文护被杀，武帝亲临检查查抄他的书信、札记，凡是有假托天命，胡乱编造异端邪说的人，全被杀戮。只有庾季才幸免于难，因为他曾极力阐述宇文护宰相的不祥征候，劝宇文护应该放弃权力归政于帝。后来文帝评价他说："庾季才为人极忠诚谨慎，很懂得为臣的礼节。"于是对他加官进爵。

萧吉，梁武帝兄长沙宣武王懿之孙也，博学多通，尤精阴阳算术。献皇后去世时，隋文帝令萧吉为其择墓地，然而当时萧吉与皇太子杨广有约，卷入政治阴谋中，答应杨广选择一块有助于他早日即帝位的葬母之地，因而借助他对阴阳学的精通，编出一堆理由说服文帝，虽然文帝最终采纳了他的建议，但仍然清醒地提出"吉凶由人，不在于地"。当皇后墓地建好以后，文帝准备亲自送殡，萧吉却又以风水阴阳不利为由上奏劝谏文帝不可亲自送殡，这次文帝很干脆地拒绝了萧吉的建议，认为风水既然那么好，亲自送殡有何不可。

之所以会出现前后自相矛盾的言论，正是因为萧吉心中有鬼，一方面与杨广有不可告人的秘密，因而选择了阴阳风水上并不绝佳的墓地；另一方面从阴阳风水的角度上说文帝也确实不宜亲自送殡，但事已至此又无法圆谎，才让自己深陷进退两难的处境中，虽一生头脑清醒，但终究有亏清誉。相比庾季才对朝廷的忠心耿耿，用自己的技艺为朝廷维护统一，萧吉即便拥有同样高超的技艺，却依旧稍逊一筹。

身处南北朝乱世中，很多人一生都要经历几朝换代，能臣通常都要侍奉十几个皇帝，面对不同的局势懂得变通，用自己的才能技艺俘获统治者的芳心，恐怕也是当时历史环境逼迫下不得不学会的生存之道。

（朱文倩）

外族周边，中国关切：皆入史眼

〔导言〕 在中国的史书记载中，最早出现日本这片地区的记载大约是在先秦时期，此时的日本是一个只知道方位，但不知详情的地方。秦朝的时候，有了徐福东渡这一传说，在中日两国广为流传。从东汉起，双方有了官方往来，之后虽有因各类原因出现的短期中断，但民间的交往一直在持续，不断将中国科技文化带入日本，推动日本政治、经济、文化发展。比如水稻及其种植技术的传入推动日本农耕文明的发展；而在手工业方面，由于秦人在日本以擅长养蚕、织绢著称，秦在日语里就是“机织人”的意思。汉字、汉语也在这一期间传入日本，方便中日间进一步开展交流活动。哪怕是在中国南北朝大分裂时期，两地的交往也一直持续着，并在隋唐达到交流的高峰频繁时期。

中国的北部，蒙古高原和中亚地区活跃着一个民族被称为突厥。中原王朝实力下降，突厥快速发展，与中原王朝相抗衡。隋朝建立之初，突厥因大灾荒杀入长城，最终被隋朝打败。为彻底解决突厥的威胁，在长孙晟的提议下，隋朝采用内部分化的方式最终致使突厥分裂为东西两部，使其相互制衡。分化政策失效后，又采取扶植易受控制的启民可汗收复东突厥，以起到建立一个亲隋的突厥政权。隋与突厥保持了长期的友好关系，后及至隋末社会动乱，突厥日益强盛，中原政权反向突厥称臣。隋朝与突厥的关系反映了隋朝面对强大的周边民族政权威胁时，所采取的充满智慧的外交政策，但这一外交政策的实现是以强大国力的支持为基础的。

东夷列传

〔选文〕

倭国，在百济、新罗东南，水陆三千里，于大海之中依山岛而居。魏时，译通中国。三十余国，皆自称王。夷人不知里数，但[①]计以日。其国境东西五月行，南北三月行，各至于海。其地势东高西下[②]。都于邪靡堆，则《魏志》所谓邪马台者也。古云去[③]乐浪郡境及带方郡并一万二千里，在会稽之东，与儋耳相近。汉光武时，遣使入朝，自称大夫。安帝时，又遣使朝贡，谓之倭奴国。桓、灵之间，其国大乱，递相攻伐，历年无主。有女子名卑弥呼，能以鬼道惑众，于是国人共立为王。有男弟，佐[④]卑弥理国。其王有侍婢千人，罕有见其面者，唯有男子二人给王饮食，通传言语。其王有宫室楼观，城栅皆持兵守卫，为法甚严。自魏至于齐、梁，代与中国相通。

开皇二十年，倭王姓阿每，字多利思北孤，号阿辈鸡弥，遣使诣阙[⑤]。上令所司访其风俗。使者言倭王以天为兄，以日为弟，天未明时出听政，跏趺坐，日出便停理务，云委[⑥]我弟。高祖曰："此太无义理。"于是训令改之。王妻号鸡弥，后宫有女六七百人。名太子为利歌弥多弗利。无城郭。内官有十二等：一曰大德，次小德，次大仁，次小仁，次大义，次小义，次大礼，次小礼，次大智，次小智，次大信，次小信，员无定数。有军尼一百二十人，犹中国牧宰。八十户置一伊尼翼，如今里长也。十伊尼翼属一军尼。其服饰，男子衣[⑦]裙襦，其袖微小，履如屦形，漆其上，系之于脚。人庶[⑧]多跣[⑨]足。不得用金银为饰。故时[⑩]衣横幅，结束相连而无缝。头亦无冠，但垂发于两耳上。至隋，其王始制冠，以锦彩为之，以金银镂花为饰。妇人束发于后，亦衣裙襦，裳皆有襈。攕竹为梳，编草为荐，杂皮为表[⑪]，缘以文皮。有弓、矢、刀、槊、弩、穳、斧，漆皮为甲，骨为矢镝。虽有兵，无征战。其王朝会,必陈设仪仗,奏其国乐。户可十万。

……

大业三年,其王多利思北孤遣使朝贡。使者曰:"闻海西菩萨天子重兴佛法,故遣朝拜,兼沙门数十人来学佛法。"其国书曰"日出处天子至书日没处天子无恙"云云。帝览之不悦,谓鸿胪卿曰:"蛮夷书有无礼者,勿复以闻。"明年,上遣文林郎裴清使⑫于倭国。度⑬百济,行至竹岛,南望聃罗国,经都斯麻国,迥在大海中。又东至一支国,又至竹斯国,又东至秦王国,其人同于华夏,以为夷洲,疑不能明也。又经十余国,达于海岸。自竹斯国以东,皆附庸于倭。倭王遣小德阿辈台,从数百人,设仪仗,鸣鼓角来迎。后十日,又遣大礼哥多毗,从二百余骑郊劳⑭。既至彼都,其王与清相见,大悦,曰:"我闻海西有大隋,礼义之国,故遣朝贡。我夷人,僻在海隅,不闻礼义,是以稽⑮留境内,不即相见。今故清道饰馆,以待大使,冀闻大国惟新之化。"清答曰:"皇帝德并二仪,泽流四海,以王慕化⑯,故遣行人来此宣谕。"既而引清就⑰馆。其后清遣人谓其王曰:"朝命既达,请即戒涂⑱。"于是设宴享以遣清,复令使者随清来贡方物。此后遂绝。

选自《隋书》卷八十一

〔注释〕 ① 但:只。 ② 下:低。 ③ 去:距离。 ④ 佐:辅助。 ⑤ 阙:朝廷。 ⑥ 委:托付。 ⑦ 衣:穿。 ⑧ 庶:几乎。 ⑨ 跣:赤脚。 ⑩ 时:常常。 ⑪ 表:外衣。 ⑫ 使:出使。 ⑬ 度:经过。 ⑭ 劳:慰劳。 ⑮ 稽:留止。 ⑯ 化:教化。 ⑰ 就:到。 ⑱ 戒途:登程(返回)。

〔赏析〕 隋朝初期,日本通过圣德太子改革(推古朝改革)初步建立了中央集权制政治,中日两国首次以两个统一国家的身份确立邦交关系,并开展官方交流。

事实上,中日之间有确切记载的交往要追溯至东汉时期。1784 年,一枚

“汉倭奴国王”金印在日本九州出土，如今存放在福冈市博物馆，印证了《后汉书·东夷列传》中所记载的公元57年，即光武帝刘秀去世前一个月，日本(倭奴国)派使节进贡，光武帝赐印绶，两国正式开启了国家层面的交流。在此之后，倭国与汉朝一直保持着往来，汉安帝即位时，倭国就通过进献奴隶等方式表示恭贺之意。

大约从三国时期开始，除了所谓的倭奴国单方面派遣使者前往中国开展外交关系之外，中国方面也派出使臣赴日活动。三国曹魏与邪马台女王国保持着密切的往来，曾三次派遣使节赴日进行外交活动，并对日本狗奴国(男王国)与邪马台国(女王国)间的斗争进行调停。

南北朝时期，日本由大和国完成了国家的基本统一，“倭五王时期”主动通过朝贡请封等方式密切发展与南朝尤其是刘宋政权的外交关系，双方交往非常密切。此时的中国处于分裂割据时期，倭奴国主动遣使朝贡使这一政权有自身为万国来朝之天朝上国的感觉，更能体现其在乱世中的正统地位，因此往往对于倭奴国使者相当亲善。而日本方面，邪马台女王国成为许多小国的共主，女王也试图通过得到中国皇帝的认可以加强自身地位。大和国统一后，急切地希望从中国学习更多的治国方法，也希望借中国威望在中国主导的国际秩序中加强对朝鲜的控制。

从隋朝时期的中日交往中，可以感受到日本开始谋求与中国建立平等地位的邦交关系，并正式将国名改为“日本”，因此当圣德太子看到裴清送去的国书中将天皇称为“倭王”时大为不悦。而在隋代开皇二十年(600年)和大业三年(607年)，日本使者带来的国书在表述上也惹恼过隋朝皇帝。不过，这并未影响两国交往，隋炀帝更是在日本使者小野妹子来访后，立即派文林郎裴清出使日本进行回访。之后两国保持着非常频繁的往来，仅仅十五年间两国互派使臣数量就达五次之多。

隋唐时期的对日传播，相比较其他各朝更为全面，日本派遣的“遣隋使”、“遣唐使”以及使臣、留学生、僧侣，在回国后将所学所见运用于日本政治、经济、文化、建筑等各个领域，大大推动日本发展。从南北朝到隋唐，中国辉煌繁荣的文化伴随着交流传入日本，如汉字和汉字典籍的传入，使得汉字不仅是在皇室上层，更得以在社会中广泛流传，为汉学文化的传播以及日文的创造起到巨大作用，使日本社会思想观念不断更新，促进社会发展。尤其是南北朝时期佛教兴盛，经由朝鲜传入的佛教在此时的大和国广为传播，甚至连统治者也以佛教思想治国。

中日作为一衣带水的邻国，两国一直保持着交往，通过官方、民间的交流，两国各取所长，促进了社会的发展。如今两国的发展仍然需要互相的交流合作，才能实现共赢。

北狄列传

〔选文〕

突厥之先，平凉杂胡也，姓阿史那氏。后魏太武灭沮渠氏，阿史那以五百家奔茹茹，世居金山，工①于铁作。金山状如兜鍪，俗呼兜鍪为“突厥”，因以为号。或云，其先国于西海之上，为邻国所灭，男女无②少长尽杀之。至一儿，不忍杀，刖③足断臂，弃于大泽中。有一牝狼，每④衔肉至其所，此儿因食之，得以不死。其后遂与狼交，狼有孕焉。彼邻国者，复令人杀此儿，而狼在其侧。使者将杀之，其狼若⑤为神所凭⑥，欻然至于海东，止于山上。其山在高昌西北，下有洞穴，狼入其中，遇得平壤茂草，地方二百余里。其后狼生十男，其一姓阿史那氏，最贤，遂为君长，故牙门建狼头纛，示不忘本也。

有阿贤设者，率部落出于穴中，世臣茹茹。至大叶护，种类渐强。当后魏之末，有伊利可汗，以兵击铁勒，大败之，降五万余家，遂求婚于茹茹。茹茹主阿那瑰大怒，遣使骂之。伊利斩其使，率众袭茹茹，破之。卒，弟逸可汗立，又破茹茹。病且⑦卒，舍其子摄图，立其弟俟斗，称为木杆可汗。木杆勇而多智，遂击茹茹，灭之，西破挹怛，东走契丹，北方戎狄悉归之，抗衡中夏。后与西魏师入侵东魏，至于太原。

……

初，摄图以其子雍虞闾性愞，遗令立其弟叶护处罗侯；雍虞闾遣使迎处罗侯，将立之。处罗侯曰："我突厥自木杆可汗以来，多以弟代兄，以庶夺嫡，失先祖之法，不相敬畏。汝当嗣位，我不惮拜汝也。"雍虞闾又遣使谓处罗侯曰："叔与我父，共根连体，我是枝叶。宁[8]有我作主，令根本反同枝叶，令叔父之尊下我卑稚！又亡父之命，其可废乎！愿叔勿疑。"相让者五六，处罗侯竟立，是为叶护可汗。以雍虞闾为叶护。遣使上表言状，上赐之鼓吹幡旗。

处罗侯长颐偻背，眉目疏朗，勇而有谋，以隋所赐旗鼓西征阿波。敌人以为得隋兵所助，多来降附，遂生擒阿波。既而上书请阿波死生之命，上下其议。左仆射高颎进曰："骨肉相残，教之蠹[9]也。存养以示宽大。"上曰："善。"颎因奉觞进曰："自轩辕以来，獯粥多为边患。今远穷北海，皆为臣妾，此之盛事，振古未闻，臣敢再拜上寿。"

其后处罗侯又西征，中流矢而卒，其众奉雍虞闾为主，是为颉伽施多那都蓝可汗。雍虞闾遣使诣阙，赐物三千段。每岁遣使朝贡。时有流人杨钦亡入突厥中，谬[10]云彭国公刘昶与宇文氏谋反，令大义公主发兵扰边。都蓝执钦以闻，并贡葧布、鱼胶。其弟钦羽设部落强盛，都蓝忌而击之，斩首于阵。其年，遣其母弟褥但特勤献于阗玉杖，上拜褥但为柱国、康国公。明年，突厥部落大人相率遣使贡马万匹，羊二万口，驼、牛各五百头。寻[11]遣使请缘边置市，与中国贸易，诏许之。

……

仁寿元年，代州总管韩洪为虏所败于恒安，废为庶人。诏杨素为云州道行军元帅，率启民北征。斛薛等诸姓初附于启民，至是而叛。素军[12]河北，值[13]突厥阿勿思力俟斤等南度，掠启民男女六千口、杂畜二十余万而去。素率上大将军梁默轻骑追之，转战六十余里，大破俟斤，悉得人畜以归启民。素又遣柱国张定和、领军大将军刘升别路邀击，并多斩获而还。兵既渡河，贼复掠启民部落，素率骠骑范贵于窟结谷东南奋击，复破之，追奔八十余里。是岁，泥利可汗及叶护俱被铁勒所败。步迦寻亦大乱，奚、霫五部内从，步迦奔吐谷浑。启民遂有其众，岁遣朝贡。

……

明年，朝于东都，礼赐益厚。是岁，疾终，上为之废朝三日，立其子咄吉世，是为始毕可汗。表请尚[14]公主，诏从其俗。十一年，来朝于东都。其年，车驾避暑汾阳宫，八月，始毕率其种落入寇，围帝于雁门。诏诸郡发兵赴行在所，援军方至，始毕引去。由是朝贡遂绝。明年，复寇马邑，唐公以兵击走之。

隋末乱离，中国人归之者无数，遂大强盛，势陵[15]中夏。迎萧皇后，置于定襄。薛举、窦建德、王世充、刘武周、梁师都、李轨、高开道之徒，虽僭尊号，皆北面称臣，受其可汗之号。使者往来，相望于道也。

选自《隋书》卷八十四

〔注释〕 ① 工：擅长。 ② 无：不论。 ③ 刖：一种砍掉脚的酷刑。 ④ 每：经常。 ⑤ 若：好像。 ⑥ 凭：依仗。 ⑦ 且：将要。 ⑧ 宁：难道。 ⑨ 蠹：蛀虫。 ⑩ 谬：欺骗。 ⑪ 寻：不久。 ⑫ 军：驻扎军队。 ⑬ 值：遇到。 ⑭ 尚：仰攀婚姻，多指娶公主为妻。 ⑮ 陵：逾越。

〔赏析〕 南北朝时期突厥实力强盛，成为东亚霸主，中原政权向其称臣。隋朝建立之后，停止了向突厥进贡，引发突厥不满；加上突厥沙钵略可汗的妻子北周千金公主多次怂恿丈夫为娘家报仇，更因为当时的突厥面临严重的自然灾害，寄希望于通过战争从隋朝获取大量资源，于是开皇二年(582 年)，突厥大举进犯隋朝。基于对突厥实力的了解，隋文帝予以坚决的打击，突厥大败。

除了军事打击之外，隋文帝更是采取了外交手段来解决突厥问题。隋朝利用长孙晟的情报采取远交近攻、离间分化的外交政策，最终造成突厥内部分裂。

在长孙晟建议之下，隋朝拉拢了达头可汗，并使阿波可汗与沙钵略反目成仇，最终致使阿波投奔达头可汗，与阿波关系密切的贪汗同样因为沙钵略的猜忌而投奔达头可汗。达头联合阿波、贪汗宣布自立，突厥形成了以沙钵略为中心的东突厥和以达头为核心的西突厥。突厥由盛转衰，陷于内战之中的突厥不得不停止对隋朝的战争，为建国初期的隋朝赢得了恢复发展国力的充足时间，也为隋朝能在之后进一步解决突厥问题奠定基础。

在与西突厥、隋朝的对抗之中，东突厥沙钵略无奈主动向隋求亲。隋朝希望借东突厥牵制西突厥，同意千金公主改姓杨，与突厥建立了君臣关系，并通过武力打击西突厥以帮助东突厥脱困，获得了沙钵略对隋朝的归顺。

公元 587 年，东突厥沙钵略卒，都蓝可汗即位。两年后，隋完成统一后，与东突厥关系开始恶化，隋朝遂运用高超的外交政策来应对。隋文帝支持突利可汗反叛，突利失败之后，隋文帝将其册封为启民可汗，并将其迁至今内蒙古自治区河套地区，并派兵阻止达头和都蓝可汗的骚扰。启民可汗迁至内地后，带动了这一地区的经济发展。

600 年，东突厥都蓝可汗被杀，西突厥达头可汗自立为布迦可汗，企图统一突厥，隋文帝利用军事打击，加上暗中策动西域各部落反叛，最终达头仓皇出逃。此后隋朝帮助启民可汗拥有布迦部落，至此东突厥重新完成统一，并与隋朝保持着密切关系。直至 615 年隋炀帝出巡雁门时，被东突厥启民可汗之子始毕可汗率领数十万骑兵团团包围，隋炀帝派人向始毕之妻、隋义成公主求救才得以解围。此后由于隋朝内乱,北方地区不再安宁。

隋朝改变了南北朝时期南北政权对于突厥一味忍让,通过和亲、朝贡等方式委曲求全的态度,在武力打击的基础上加上熟练运用外交政策,"以彼之矛攻彼之盾",通过分化、扶植,使得突厥陷于内部纷争,最终解决突厥问题。

隋朝在解决突厥这一少数民族问题时,并不是以掠夺其土地、资源为目的,而是为了解决突厥长期以来对北方地区的侵扰,最终也选择了将突厥内迁的方式来加强控制,这样的解决方式不仅保持了北方地区长期的稳定,也使得汉族与突厥人民更能进行民族的交流与融合。

突厥问题的暂时解决,实际上是隋朝国力强大的一种表现。所谓"弱国无外交",一切的外交政策都需要建立在强大的国家力量之上,这点从隋朝统一前后对突厥的政策之中也能窥见一二,在隋灭陈后,没有后顾之忧的隋文帝在对待突厥问题上表现果断。反过来,稳定的国内环境又推动着国内的发展,为隋朝赢得了更为和平的国内环境,促使隋朝国力进一步的强盛。

除了政治上的影响之外,突厥问题的解决也使得隋朝破除了突厥对于丝绸之路的垄断。横在丝绸之路必经之路上的突厥把隋朝的丝绸和来自东南亚的香料转手卖给西方,再把西方的珍珠、宝石、玛瑙、翡翠卖给隋朝,从中赚取巨额的利润,这也成为突厥能够快速强盛的经济原因。隋朝对于突厥的控制,也在一定程度上使得隋朝在丝绸之路上所获的收入不断增加。

隋朝初期针对突厥问题的措施恩威并施、合纵连横、分化瓦解、最后辅以文化渗透,这对以后历朝处理民族关系、国际关系都有着较大的借鉴作用。

(邵秀红)

秉笔直书？历史编纂的理想与现实

〔导言〕 有人说历史是胜利者所书写的，这句话说的有失偏颇，但是不无道理。毕竟中国古代影响最大的还是官方修订的历史，而这些都是由政治上的胜利者所撰写的，难免成王败寇。有良心的史家往往只能依靠所谓的春秋笔法来表达一定程度的公正。

唐朝初期的历史因为玄武门之变李世民的胜利而变得面目全非，特别是对于东宫太子集团李建成和李元吉的记载，基本上是完全否定，甚至连李渊也成了王朝建立过程中可有可无的人物，李世民占有了建立唐朝全部的功劳。

这当然不是历史的原貌。

李渊出身豪门，从留守晋阳，到起义兵反隋，再到挟天子以令诸侯，最终统一天下。唐朝建立的大政方针都是李渊亲自参与并制定的。小心谨慎，步步为营，深谋远虑，知人善任，无不体现了他高超的政治智慧，无愧于开国之君。

李建成的能力、资质并不在李世民之下，在唐朝建立过程中的功勋也不亚于李世民。只不过他是嫡长子，唐朝建立后，为了稳定人心，迅速被立为太子，所以之后的沙场征战，只能交予李世民。

李世民功劳越来越大，李建成和其下属自然越担心。他们之间必然会产生尖锐的矛盾。可关键人物唐高祖在立储问题上却是秉承两边都不得罪原则，以致两派矛盾日益激化。而李渊的这种和事佬的态度，最终促使兄弟二人在皇城前的兵戎相见。

阅读这组人物传记，我们能真切认识到唐朝初年统治集团上层尖锐的矛盾，通过还原史实，我们能发现被胜利者湮没的历史。

唐高祖本纪

〔选文〕

高祖神尧大圣大光孝皇帝讳渊，字叔德，姓李氏，陇西成纪人也。其七世祖皓，当晋末，据秦、凉以自王[①]，是为凉武昭王。皓生歆，歆为沮渠蒙逊所灭。歆生重耳，魏弘农太守。重耳生熙，金门镇将，戍于武川，因留家[②]焉。熙生天赐，为幢主。天赐生虎，西魏时，赐姓大野氏，官至太尉，与李弼等八人佐周代魏有功，皆为柱国，号"八柱国家"。周闵帝受魏禅[③]，虎已卒[④]，乃追录其功，封唐国公，谥曰襄。襄公生昞，袭封唐公，周安州总管、柱国大将军，卒，谥曰仁。

……

是时，隋政荒，天下大乱，炀帝多以猜忌杀戮大臣。尝[⑤]以事召高祖，高祖遇疾，不时[⑥]谒。高祖有甥王氏在后宫，炀帝问之，王氏对以疾，炀帝曰："可得死否？"高祖闻之益[⑦]惧，因纵酒纳赂以自晦[⑧]。

……

十三年，拜太原留守，击高阳历山飞贼甄翟儿于西河，破之。是时，炀帝南游江都，天下盗起。高祖子世民知隋必亡，阴[⑨]结豪杰，招纳亡命，与晋阳令刘文静谋举大事。计已决，而高祖未之知，欲以情告，惧不见听。高祖留守太原，领晋阳宫监，而所善[⑩]客裴寂为副监，世民阴与寂谋，寂因[⑪]选晋阳宫人私侍高祖。高祖过[⑫]寂饮酒，酒酣从容，寂具以大事告之，高祖大惊。寂曰："正为宫人奉公，事发当诛，为此尔。"世民因亦入白[⑬]其事，高祖初阳[⑭]不许，欲执世民送官，已而许之，曰："吾爱汝，岂忍告汝邪？"然未有以发。而所在盗贼益多，突厥数犯边，高祖兵出无功，炀帝遣使者执高祖诣江都，高祖大惧。世民曰："事急矣，可举事！"已而炀帝复驰使者赦止高祖，其事遂已[15]。

……

六月己卯，传檄诸郡，称义兵，开大将军府，置三军。以子建成为陇西公、左领军大都督，左军隶焉；世民为燉煌公、右领军大都督，右军隶焉；元吉为姑臧公，中军隶焉。裴寂为长史，刘文静为司马，石艾县长殷开山为掾，刘政会为属，长孙顺德、王长谐、刘弘基、窦琮为统军。开仓库赈穷乏。

……

十月辛巳，次[16]长乐宫，有众二十万。隋留守卫文升等奉代王侑守京城，高祖遣使谕[17]之，不报[18]。乃围城，下令曰："犯隋七庙及宗室者，罪三族。"丙申，隋罗山令萧铣自号梁公。

十一月丙辰，克京城。命主符郎宋公弼收图籍。约法十二条，杀人、劫盗、背军、叛者死。癸亥，遥尊隋帝为太上皇，立代王为皇帝。大赦，改元义宁。甲子，高祖入京师，至朝堂，望阙[19]而拜。隋帝授高祖假黄钺、使持节、大都督内外诸军事、大丞相、录尚书事，进封唐王。以武德殿为丞相府，下教曰令，视事[20]于虔化门。

……

武德元年五月甲子，即皇帝位于太极殿。命萧造兼太尉，告于南郊，大赦，改元。赐百官、庶人爵一级，义师所过给复[21]三年，其余给复一年。改郡为州，太守为刺史。庚午，太白昼见[22]。隋东都留守元文都及左武卫大将军王世充立越王侗为皇帝。

……

六月丁巳，太白经天。庚申，秦王世民杀皇太子建成、齐王元吉。大赦。复浮屠、老子法。癸亥，立秦王世民为皇太子，听政。赐为父后者袭勋、爵，赤牒官得为真㉓，免民逋㉔租宿㉕赋。己卯，太白昼见。庚辰，幽州都督、庐江郡王瑗反，伏诛。癸未，赦幽州管内为瑗所诖误㉖者。

……

赞曰：自古受命之君，非有德不王。自夏后氏以来，始传以世，而有贤有不肖㉗，故其为世，数亦或短或长。论者乃谓周自后稷至于文、武，积功累仁，其来也远，故其为世尤长。然考于《世本》，夏、商、周皆出于黄帝，夏自鲧以前，商自契至于成汤，其间寂寥无闻，与周之兴异矣。而汉亦起于亭长叛亡之徒。及其兴也，有天下皆数百年而后已。由是言之，天命岂易知哉！然考其终始治乱，顾其功德有厚薄与其制度纪纲所以维持者何如，而其后世，或浸㉘以隆昌，或遽㉙以坏乱，或渐以陵迟㉚，或能振而复起，或遂至于不可支持，虽各因其势，然有德则兴，无德则绝，岂非所谓天命者常不显其符，而俾有国者兢兢以自勉耶？唐在周、隋之际，世虽贵矣，然乌有所谓积功累仁之渐，而高祖之兴，亦何异因时而特起者欤？虽其有治有乱，或绝或微，然其有天下年几㉛三百，可谓盛哉！岂非人厌隋乱而蒙德泽，继以太宗之治，制度纪纲之法，后世有以凭藉扶持，而能永其天命欤？

选自《新唐书》卷一

〔注释〕 ①王：称王。 ②家：居住。 ③禅：禅让。 ④卒：死。 ⑤尝：曾经。 ⑥时：及时。 ⑦益：更加。 ⑧晦：隐藏。 ⑨阴：暗中。 ⑩善：亲善。 ⑪因：于是。 ⑫过：拜访。 ⑬白：报告。 ⑭阳：通“佯”，假装。 ⑮已：停止。 ⑯次：驻扎。 ⑰谕：告知。 ⑱报：答复。 ⑲阙：朝廷。 ⑳视事：就职任事。 ㉑复：免除赋税徭役。 ㉒见：同“现”，显现。 ㉓真：实授。 ㉔逋：拖欠。 ㉕宿：隔年的。㉖诖误：连累。㉗不肖：不贤。㉘浸：渐渐。㉙遽：疾速。㉚陵迟：衰颓。㉛几：几乎。

〔赏析〕 李渊出生于北朝大贵族家庭，祖父李虎是北周开国“八柱国”，姨妈是著名的独孤皇后，而隋文帝杨坚则是李渊的亲姨父。史书记载“隋文帝独孤皇后，高祖之从母也，以故文帝与高祖相亲爱”。李渊出生于这样的贵族世家，七岁袭封唐国公，加上他本身待人接物宽容和善，官越做越大。

隋朝末年，天下大乱，李渊的表兄隋炀帝杨广对于重臣的猜忌也越来越重。官居高位、深得人望的李渊自然成为重点猜忌对象，当得知李渊生病的消息时，炀帝竟然巴不得他能早点死去。面对这个情况，老谋深算的李渊“因纵酒纳赂以自晦”，用酒色与贿赂来麻痹隋炀帝，待机而变。机会终于来了，隋炀帝南下扬州，任命李渊为太原留守。太原是北方重镇，这给了李渊一个天大的机会来实现自己的理想。

从担任太原留守到起兵反隋，按照后世官方史书的记载，李渊的所作所为都是李世民所推动的，李世民“知隋必亡，阴结豪杰，招纳亡命”，他与晋阳宫监裴寂通过谋划，私底下选派晋阳宫内的宫人服侍李渊，以逼其起兵。然而比较不同的史料可知，事实与一般的记述正相反，李渊本身就是一个富有谋略、能征惯战的政治家与军事家，他一直寻求在韬光养晦中慢慢发展。

担任山西河东慰抚大使的时候，李渊领兵击龙门贼母端儿，射七十发皆中。击败绛州柴保昌，受降数万人。突厥来犯，李渊选精骑二千为疑兵，另外挑选善射者伏为奇兵，最终大败突厥。

李世民结交豪杰，招纳亡命之徒，李渊不是不知道，而是在为之后的变化做准备。王夫之在《读通鉴论》中说得好，“高祖慎之又慎，迟回而不迫起，故秦王之阴结豪杰，高祖不知也，非不知也，王勇于有为，而高祖坚忍自持，姑且听之而以静镇之也。”小心谨慎，这是政治家成功所必须具备的特质。

小心谨慎的李渊在等待最佳时机的到来，在确定天下陷入纷乱，是时候起兵后，李渊通过一系列的行动，巩固基地、铲除异己、联合突厥、开仓放粮，随后自称为义兵直向长安进发。经过半年的激战，最终夺取长安。攻克长安的过程，李渊充分显示了自己的政治智慧与长远规划，声明“犯隋七庙及宗室者，罪三族”。攻克长安后，他首先命人搜集图籍，接着约法十二条，然后立代王为皇帝，尊隋炀帝为太上皇。一步步地向改朝换代迈进。目标长远，步步为营这些是政治家成功所应有的素质。

李渊称帝建唐之后，立长子李建成为太子，次子李世民为秦王，四子李元吉为齐王，这些措施一方面是建立起一套完整的统治结构，另一方面也是为了表明李唐王朝的合法性。

唐朝建立之初仅仅控制关中以及山西等一部分领土，要统一全国，还有许多征战之路要走。李渊喜欢用子侄为将，但是李建成已经立为太子了，太子一般不轻易上阵，于是之后的主要征战都交给了秦王李世民，平定刘武周、扫平薛举父子、攻破王世充与窦建德。随着唐朝控制范围的不断扩大，李世民的功劳越来越大，他的地位也日渐重要，武德四年(621 年)平定王世充之乱后，李渊认为，李世民功劳太大，以前的官衔都无法体现其功勋，“乃加号天策上将，领司徒、陕东道大行台尚书令，位在王公上，增邑户至三万，赐衮冕、金辂、双璧、黄金六千斤，前后鼓吹九部之乐，班剑四十人。”李世民的地位比王还高，几乎掌握了关东地区的军政大权。

按照人之常情，李世民功勋卓著，自然希望更进一步，而作为太子的李建成当然也不希望失去自己的地位。这时李渊的作用就至关重要，必须尽快做出决断，这一方面有利于唐朝的基业，另一方面有利于皇族的团结。然而到玄武门事变为止，李渊在废立太子问题上一直没有做出明确的决断。立世民，违背传统的嫡长子继承制，况且隋文帝废杨勇立杨广的教训就在眼前，作为文帝亲戚的李渊必然会仔细考虑。废建成，太子没有重大过错，而李建成和李元吉已经结成一个集团，在宫内宫外都拥有很强的实力，废太子必然会酿成事端。正因为如此，在废立问题上，李渊陷入了两难境地，不由自主地开始有些和稀泥，任由李世民和李建成两大集团发展。

政治人物在处理牵涉自身关系的问题时要当机立断，当断不断反受其乱，李渊的不作为最终导致了兄弟兵戎相见。在面对玄武门血淋淋的兄弟相残之后，明智的李渊作出了一辈子最后的一个重大决定——立李世民为太子，并迅速让位，最终得以颐养天年。

唐太宗李世民即位后，竭力修改史书以达到突出自己功业的目的，李渊的面貌在之后的历史描述中慢慢模糊，但是纵观他在隋末的表现，建立大唐的领袖非其莫属。

隐太子建成列传

〔选文〕

隐太子建成小字毗沙门。资简[①]弛，不治常检，荒色嗜酒，畋[②]猎无度，所从皆博徒大侠。

隋末，高祖被[③]诏捕贼汾、晋间，留建成护家，居河东。高祖已起兵，密召与元吉赴太原，隋人购[④]之急，从间道[⑤]至，授左领军大都督，封陇西郡公。引兵略定西河，从平京师。唐国建，为世子，开府置官属。又迁抚军大将军，为东讨元帅，将[⑥]万人徇[⑦]洛阳，授尚书令。

高祖受禅，立为皇太子。

……

中允王珪、洗马魏徵以帝初兴，建成不知谋，而秦王数平剧寇，功冠天下，英豪归[⑧]之，阴[⑨]许立为皇太子，势危甚。会[⑩]刘黑闼乱河北，珪等进说曰："殿下特以嫡长居东宫，非有功德为人所称道。今黑闼痍叛残孽，众不盈万，利兵鏖之，唾手可决，请往讨，因[⑪]结山东英俊心，自封殖。"建成遂请行。黑闼败洺水，建成问徵曰："山东其定乎？"对曰："黑闼虽败，杀伤太甚，其魁党皆县名处死，妻子系虏[⑫]，欲降无繇，虽有赦令，获者必戮，不大荡宥[⑬]，恐残贼啸结，民未可安。"既而[⑭]黑闼复振，庐江王瑗弃洺州，山东乱。命齐王元吉讨之，有诏降者赦罪，众不信。建成至，获俘皆抚遣之，百姓欣悦。贼惧，夜奔[⑮]，兵追战。黑闼众犹盛，乃纵囚使相告曰："褫[16]而甲还乡里，若妻子获者，既已释矣。"众乃散，或缚其渠长降，遂禽[17]黑闼。

……

初，帝令秦王居西宫承乾殿，元吉居武德殿，与上台、东宫昼夜往来，皆携弓刀，相遇如家人礼。由是皇太子令、秦齐二王教与诏敕杂行，内外惧，莫知所从。建成等私募四方骁勇及长安恶少年二千人为宫甲，屯左右长林门，号"长林兵"。

……

建成等召秦王夜宴，毒酒而进之，王暴疾，呕血数升，淮安王扶掖还宫。帝问[18]疾，因敕建成："秦王不能酒，毋夜聚。"又谓秦王曰："吾起晋阳，平天下，皆尔力，将定东宫，尔亟[19]让，故成而[20]美志。又太子立多历年，吾重夺之。观而兄弟终不相下，同在京师，忿阋[21]且深。尔还洛阳行台，自陕以东悉主之，建天子旌旗，如梁孝王故事[22]。"王泣曰："非所愿也，不可远膝下。"帝曰："陆贾，汉臣也，犹递[23]过诸子，况我天下主，东西两宫，思汝即往，何所悲邪？"王将行，建成等谋曰："秦王得土地甲兵，必为患；留之京师，一匹夫耳。"因密使人说[24]帝，言"秦王左右皆山东人，闻还洛，皆洒然喜，观其意，不复来矣"。事果寝[25]。

俄而[26]突厥寇边，太子荐元吉北讨，欲因其兵作乱。长孙无忌、房玄龄、杜如晦、尉迟敬德、侯君集等劝秦王先图之。王乃密奏建成等与后宫乱，因曰："臣无负兄弟，今乃欲杀臣，是为世充、建德复仇。使[27]臣死，虽地下，愧见诸贼。"帝大惊，报[28]曰："旦日当穷治，而必早参。"张婕妤驰语建成，乃召元吉谋，曰："请勒[29]宫甲，托疾不朝。"建成曰："善，然不共入朝，事何繇知？”迟明[30]，乘马至玄武门，秦王先至，以勇士九人自卫。时帝已召裴寂、萧瑀、陈叔达、封德彝、宇文士及、窦诞、颜师古等入。建成、元吉至临湖殿，觉变，遽[31]反走，秦王随呼之，元吉引弓欲射，不能彀[32]者三。秦王射建成即死，元吉中矢走，敬德追杀之。俄而东宫、齐府兵三千攻玄武门，闭不得入。接战久之，矢及殿屋。王左右数百骑至，合击之，众遂溃。帝谓裴寂等曰：“事今奈何？”萧瑀、陈叔达曰：“臣闻内外无限，父子不亲，失而弗[33]断，反蒙其乱。建成、元吉自草昧[34]以来，未始与谋，既立，又无功德，疑贰相济，为萧墙忧。秦王功盖天下，内外归心，立为太子，付军国大务，陛下释重负矣。”帝曰：“此吾志也！”乃召秦王至，尉[35]抚之曰：“朕几有投杼[36]之惑。”秦王号泣不能止。

建成死年三十八。长子承宗为太原王，早卒；承道安陆王，承德河东王，承训武安王，承明汝南王，承义巨鹿王，皆坐[37]诛。诏除建成、元吉属籍。其党疑惧，更相告，庐江王瑗遂反。乃下诏建成、元吉、瑗支党不得相告讦，由是遂安。太宗立，追封建成为息王，谥曰隐，以礼改葬，诏东宫旧臣皆会，帝于宜秋门哭之，以子福为后。十六年，追今赠。

选自《新唐书》卷七十九

〔注释〕 ① 简：放荡。 ② 畋：打猎。 ③ 被：受。 ④ 购：悬赏征求。 ⑤ 间道：偏僻的小路。 ⑥ 将：统率。 ⑦ 徇：带兵夺取。 ⑧ 归：归附。 ⑨ 阴：暗中。 ⑩ 会：适逢。 ⑪ 因：趁机。 ⑫ 系虏：被俘。 ⑬ 荡宥：荡除罪责，予以宽恕。 ⑭ 既而：不久。 ⑮ 奔：逃跑。 ⑯ 褫：剥去衣服。 ⑰ 禽：捕捉。 ⑱ 问：慰问。 ⑲ 亟：屡次。 ⑳ 而：通“尔”，你。 ㉑ 阋：争斗。 ㉒ 故事：先例。 ㉓ 递：顺次。 ㉔ 说：劝说。 ㉕ 寝：搁置。 ㉖ 俄而：不久。 ㉗ 使：假使。 ㉘ 报：答复。 ㉙ 勒：率领。 ㉚ 迟明：将近天明。 ㉛ 遽：遂。 ㉜ 彀：张满弓弩。 ㉝ 弗：不。 ㉞ 草昧：指国家草创秩序未定之时。 ㉟ 尉：“慰”的本字，安慰。 ㊱ 投杼：喻谣言众多。 ㊲ 坐：获罪。

〔赏析〕 从官修史书到传统评书戏曲，李建成的形象总是非常的不堪。《新唐书·隐太子列传》一开头就给李建成的人品素质作了定性，“资简弛，不治常检，荒色嗜酒，畋猎无度，所从皆博徒大侠”，而这种不堪正是为了烘托出李世民的英武。唐太宗是历史上有名的“有道明君”，正是因为李世民在玄武门之变中击败了昏庸腐朽的李建成，所以后面才会出现著名的“贞观之治”。

历史真是这样的吗？我们还是从历史中来发掘真相。

唐高祖李渊的窦皇后生了四个儿子：建成、世民、玄霸和元吉。其中玄霸在李渊起兵前就死了。李渊起兵后，李建成和李元吉从河东赶到太原。俗话说：打虎亲兄弟，上阵父子兵。于是李渊加封李建成为陇西公，指挥左军，李世民为燉煌公，指挥右军。可见一开始，李建成和李世民都肩负重任。正是李建成与李世民的齐心协力、经过艰苦卓绝的战斗，最终帮助李渊建立大唐政权。

李渊称帝后，按照中国传统的嫡长子继承制，李建成当然被立为太子。太子一般坐镇中央不领兵出战，因而在之后的统一战争中，李世民经常担任元帅。从武德元年(618 年)到武德五年，李世民独揽了唐朝统一中原和西北的战功。李渊在武德元年就任命李世民为右武候大将军、太尉、使持节、陕东道大行台尚书令，诏蒲、陕、河北诸总管兵皆受其节度。到了武德四年平定王世充之乱，“高祖以谓太宗功高，古官号不足以称，乃加号天策上将，领司徒、陕东道大行台尚书令，位在王公上，增邑户至三万，赐衮冕、金辂、双璧、黄金六千斤，前后鼓吹九部之乐，班剑四十人。”李世民的地位比王还高，几乎掌握了关东地区的军政大权。

李渊用高官奖励李世民的战功，但他却没有认识到，李世民的战功和他高高在上的地位其实已经影响到了整个唐朝的最高的统治阶层的关系。太子李建成自然担心李世民会威胁到自己的地位。李世民难道没有再进一步的想法？肯定有，这是非常自然的想法，他和建成都是嫡出，只不过年龄有差距，而在统一过程中赫赫战功和手中掌握的权力也让他有更进一步的想法。至于双方的部属各为其主，更为积极，均以主君成为下一任帝王为目标，自然摩拳擦掌，跃跃欲试。以太子李建成和齐王李元吉为一阵营，以秦王李世民为另一阵营,展开了争夺权力的明争暗斗。

东宫的官员早就看出了李建成缺少战功的劣势,于是在刘黑闼之乱再起时,太子洗马王珪和魏徵等人就劝李建成说:"殿下特以嫡长居东宫,非有功德为人所称道。今黑闼痍叛残孽,众不盈万,利兵鏖之,唾手可决,请往讨,因结山东英俊心,自封殖。"最终李建成采取围剿与怀柔方法相结合一举平定刘黑闼。但是这次胜利不足以将李建成的威望提高到李世民的同样高度,为了进一步遏制李世民的势力,《新唐书》记载了李建成和李元吉一方面设置两千人的私人武装长林军;另一方面,通过各种手段加害李世民,甚至连毒酒都用上了。此外还想出各种手段拉拢、策反、削弱李世民秦王府的实力。李世民一方有何反应吗?史书上一个字都没有,但历史上肯定有,只不过在长安李建成的势力范围内,李世民更多地处于守势。

两派势力斗争得如此激烈,按理说父亲李渊必须出来进行调解,要么废建成立世民,要么断绝李世民的想法,这些都是他能做到的,都在他控制之中。然而李渊的做法却是谁也不得罪,既不负建成,又不负世民。对于建成,没有任何过错,无论如何太子不能废,一度虽曾想降李建成为蜀王,但最终还是下不了决心。对于世民,李渊甚至想出个馊主意,让李世民仿效汉武帝时的梁孝王,"尔还洛阳行台,自陕以东悉主之,建天子旌旗,如梁孝王故事。"但最后因为过于荒唐为众人反对而作废。

在处理日常问题乃至国家大事之时,双方都不得罪往往是最愚蠢的做法,因为结果往往是两方都得罪,而且这种做法非但不能解决问题,相反激化了矛盾。当断不断反受其乱。眼看找不到一个裁决者,建成与世民开始磨刀霍霍作最后一搏。

武德九年的玄武门之变最终改变了历史,在京城有庞大武装势力的太子和齐王最终被秦王府所击败。这是为什么呢?一方面建成疏忽大意了,而秦王府准备更充分,最关键的一点在于李世民早就与玄武门守将常何结好,在李建成眼皮底下布置了一枚重要的棋子,促成了最终的胜利;另一方面,在面对面短兵相接的情况下,李世民更下得了狠心,亲手射杀长兄。

玄武门之变后,李世民将李建成和李元吉的所有子嗣统统杀死,后世虽然肯定唐太宗的统治，但大多对玄武门之变和之后的屠杀颇有微词。史论者评价得不错，只是李世民不杀建成，建成也很可能会杀他，为了宝座，父子兄弟相残早就是平常事了。

（俞颖杰）

乱世中的草根博弈

〔**导言**〕 相对于和平时代，乱世能给更多人出人头地的机会，不少人成为了所谓的乱世英雄。而当社会逐渐转向稳定，乱世英雄往往会面对一个自我定位的难题，这个时候所谓识时务者就会根据自身的能力，结合时代的变化，对未来进行预判，把握机会并作出最恰当的选择成为俊杰。相反有的人受个人识见所限，最终落得个满盘皆输。

隋末的窦建德与尉迟敬德就是这两种人的典型代表。出身草根的两人都曾经凭借自身能力叱咤风云，然而当面对迅速崛起的李唐政权，他们的定位与判断决定了他们各自的未来。

隋末战争中，虎牢关之战是具有决定意义的。在此之前，群雄并起，西有李渊唐政权，东有窦建德夏政权，而南方则有萧氏割据政权。天下逐鹿，不知将是何人之天下！

最终，李世民与窦建德在虎牢关展开决战。然而仅仅一战，窦建德就被击败，本人被唐军身擒，紧接着政权转瞬瓦解。而在这次大战中，尉迟敬德开始崭露头角，屡立战功，并最终成为左右历史发展的关键人物。

本篇选录《窦建德列传》和《尉迟敬德列传》部分章节，正是希望从这两位平民英雄的个人发展中寻找成功的大智慧。

窦建德列传

〔**选文**〕

窦建德，贝州漳南人。世为农，自言汉景帝太后父安成侯充之苗裔。材力绝人，少重[①]然许，喜侠节。乡人丧亲，贫无以葬，建德方耕，闻之太息[②]，遽解牛与给丧事，乡党异之。

盗夜劫其家，建德立户下，盗入，击三人死，余不敢进。请其尸，建德曰："可投绳系取之。"盗投绳，建德乃自縻[3]，使盗曳[4]出，跃起捉刀，复杀数人，繇[5]是益知名。为里长，犯法亡[6]，会[7]赦归。久之，父卒，里中送葬千余人，所赠予皆让[8]不受。

……

武德元年，宇文化及至魏县，建德谓其纳言宋正本及德绍曰："吾，隋民也；隋，吾君也。今化及杀之，大逆不道，乃吾仇[9]，欲为天下诛之，何如？"正本等曰："大王奋[10]布衣，起[11]漳南，隋之列城莫不争附者，以能杖顺扶义、安四方也。化及为隋姻里，倚之不疑，今戕君而移其国，仇不共天，请鼓行执其罪。"建德善之。即引兵讨化及，连战破之。化及保聊城，乃纵撞车机石，四面乘[12]城，拔之。建德入，先谒萧皇后，语[13]称臣。执宇文智及、杨士览、元武达、许弘仁、孟景等，召隋文武官共临斩之，枭[14]首辕门；囚化及并其子，载以槛车，至大陆县斩之。

……

未几，连突厥侵相州，刺史吕珉死之。进攻卫州，执河北大使淮安王神通、同安长公主、黎阳守将李世勣，释之。复使世勣守黎阳，馆王、公主，馈以客礼。滑州刺史王轨为奴所杀，奴以首[15]奔建德，建德曰："奴杀主，大逆。纳之不可不赏，赏逆则废教，将焉[16]用为？"命斩奴而返轨首，滑人德[17]之，遂降，齐、济二州亦降。兖贼徐圆朗闻风送款[18]。

三年，世勣自拔[19]归国，吏白建德诛其父，建德曰："臣勣，唐臣，不忘其主，忠也。父何罪？"释不问。高祖遣使修好，建德即以公主等归京师。尝执赵州刺史张志昂、邢州刺史陈君宾、大使张道源等，将杀之，国之祭酒凌敬谏曰：“夫犬吠非其主，彼悉力坚守，以穷就禽[20]，伏节士也。今杀之，无以劝。”建德怒曰：“我傅[21]其城，犹不下，劳费士旅，何可赦？”敬曰：“王之大将高士兴抗罗艺于易南，兵未交，士兴即降，王以为可乎？”建德悟，即释之。然其大将王伏宝数持兵，功略在诸帅上，或谗[22]其反，建德杀之。伏宝临死呼曰：“我无罪，王何信谗，自刈[23]左右手乎？”后战数不利。

九月，建德自帅师围幽州，为罗艺所败，艺乘胜袭其营，建德阵营中，填堑而出，败艺众，进薄[24]其城，不能拔，乃还。济阴贼孟海公兵三万，据周桥城以掠河南，建德自击之。会秦王伐东都，其中书舍人刘斌献说曰：“唐据关内，郑王河南，夏有冀方，此鼎足相持势也。今唐悉兵临郑，出入二年，郑人日蹙[25]。二国兵不解，唐强郑弱，势必举郑，郑灭则大夏有齿寒之忧。为大王计，莫若援郑，使郑抗其内，我攻其外，唐之兵必却[26]，唐却而郑完，然后徐[27]观其变。郑若可图，因[28]而取之，并二国兵，乘唐师老[29]，长驱而西，关中可遂有也。”建德曰：“善。”乃遣使聘[30]世充，与连和，会世充亦自乞师，即令其臣李大师、魏处绘来朝，请解郑围，秦王留之不答。

……

时世充弟世辩为徐州行台，亦遣将郭士衡、兵数千人从建德，王遣王君廓以轻骑抄其饷，执贼大将张青特。建德惧，人情携骇，其诸将又新破海公，掠获盈给，日夜思归。凌敬说[31]建德曰：“今唐以重兵围东都，守虎牢，我若悉兵济河，取怀州河阳，以重将戍之，然后鸣鼓建旗，逾[32]太行，入上党，传檄旁郡，进壶口以骇蒲津，收河东地，此上策也。且有三利：乘虚捣境，师有万全，一也；拓土得众，二也；郑围自解，三也。"建德将从之，而王琬、长孙安世日请兵西[33]，每言必流涕，又阴赍[34]金玉啖诸将，以挠其谋。众乃曰："凌敬书生，岂知战？"建德乃谢[35]曰："今士心锐，天赞[36]我也，师将大捷。方用众议，不得如公言。"敬固争，建德怒，命扶出。其妻谏曰："祭酒计甚善，王盍用之？夫自滏口道乘唐之虚，连营渐进以取山北，因招突厥西抄关中，唐必还师自救，郑难纾[37]矣。今顿[38]兵虎牢下，徒自苦，恐无功。"建德曰："此非女子所知。且郑朝暮待吾来，既许之，岂可见难而退，且示天下不信[39]。"

五月，建德自板渚出为阵，西薄汜南，属[40]鹊山，亘[41]二十里，鼓而前。郭士衡为游兵。秦王登虎牢城望其军，按甲不战，曰："贼起山东，未尝见大敌，今度险士嚣，令不肃也；逼城而阵[42]，有轻我心。待其饥，破之果矣。"日中，建德士皆坐列，渴争饮，意益怠。王麾[43]军先登，骑怒[44]，尘大涨，乃率史大奈、秦叔宝缠麾帜，弛出贼阵后，建德军顾而惊，遂大溃。建德被重创，窜牛口谷。车骑将军白士让、杨武威获之，传而西，斩长安市，年四十九。初，其军有谣曰："豆入牛口，势不得久。"至是果败。

选自《新唐书》卷八十五

〔注释〕 ① 重：重视。 ② 太息：深深地叹息。 ③ 縻：系，拴。 ④ 曳：拖。 ⑤ 繇：通"由"。 ⑥ 亡：逃跑。 ⑦ 会：适逢。 ⑧ 让：推辞。 ⑨ 仇：仇敌。 ⑩ 奋：振作。 ⑪ 起：起事。 ⑫ 乘：登。 ⑬ 语：谈话。 ⑭ 枭：斩首悬挂示众。 ⑮ 首：头。 ⑯ 焉：怎么。 ⑰ 德：感激。 ⑱ 款：归顺。 ⑲ 拔：摆脱。 ⑳ 禽：捕捉。 ㉑ 傅：迫近。 ㉒ 谗：谗言。 ㉓ 刈：割。 ㉔ 薄：迫近。 ㉕ 蹙：窘迫。 ㉖ 却：退。 ㉗ 徐：慢慢地。 ㉘ 因：趁机。 ㉙ 老：疲惫。 ㉚ 聘：指天子、诸侯及国家间派使臣访问。 ㉛ 说：劝说。 ㉜ 逾：越过。 ㉝ 西：向西。 ㉞ 赍：赠送。 ㉟ 谢：道歉。 ㊱ 赞：辅助。 ㊲ 纾：解除。 ㊳ 顿：屯驻。 ㊴ 信：讲信用。 ㊵ 属：接连。 ㊶ 亘：连接。 ㊷ 阵：排兵布阵。 ㊸ 麾：指挥。 ㊹ 怒：形容气势强盛。

〔赏析〕 隋末天下大乱，各路英雄揭竿而起，逐鹿中原。其中有皇室亲族，比如李渊；有功臣贵胄，比如李密；有前朝后裔，比如萧铣。但更多的是被隋炀帝的暴政逼得走投无路的农民，正是他们掀起了轰轰烈烈的隋末农民起义，在众多农民义军中，窦建德无疑是最突出的一位农民领袖，他有谋略、讲义气、重诺言。这些特质帮助他走向人生的巅峰，然而在尔虞我诈的政治和军事斗争中谋略是必需的，执着于义气和诺言往往会成为成功的阻碍，窦建德的悲剧很大程度正在于此。

窦建德，贝州漳南县(今河北故城东北)人。年轻时同乡死了父母，家贫无力安葬，窦建德得知消息后主动援助，因此深受乡亲们的称赞。年轻的窦建德还是个有勇有谋的壮士，夜半一群盗贼来到他家，窦建德艺高胆大，先杀死三人，之后竟然将自己拴在绳子上吊出围墙，杀入贼群。从此之后，县里名气大振。父亲去世之时有数千人送葬，但所送之礼，窦建德一概不受。

正是这样一个有勇重诺的窦建德，在隋末苛政的逼迫下揭竿而起，他慷慨陈词："丈夫不死，常建功于世，渠为亡命虏乎！"于是一支英勇善战的农民义军从河北的大地兴起。窦建德屡败隋军，势力不断扩张，隋大业十三年(617年)，建立夏国，一个强大的农民政权在东方出现。

夏国建立后，在扬州弑杀隋炀帝的宇文化及正好率领残部到达河北，窦建德对臣下讲："吾，隋民也；隋，吾君也。今化及杀之，大逆不道，乃吾仇，欲为天下诛之，何如?"农民出身的窦建德始终执着于忠义，虽然是隋炀帝逼自己走上了造反之路，但是在心里，窦建德始终将自己放在隋朝臣子的位置上，面对大逆不道的叛臣，窦建德"连战破之"，并最终俘获宇文化及，为了警示天下叛臣，窦建德"囚化及并其子，载以槛车，至大陆县斩之"，用斩首示众的形式表明自己的态度。

窦建德对于不忠不义的叛臣，惩罚严厉，而对于忠君有义的人，他又是另眼相待，甚至有时会"敌我不分"。窦建德在与唐军的战斗中，俘虏了唐朝大将李世勣，窦建德爱惜人才，不仅接受其投降，还让其驻守黎阳。没想到李世勣的投降只是权宜之策，很快他就撇下父亲逃回长安。消息传来，下属请求诛杀李父，窦建德说："李世勣本来是唐朝廷的臣子，被俘以后，不背叛他的国君，逃回他自己的朝廷，这是忠臣，他的父亲有什么罪过？”非但如此，窦建德还将俘虏的同安长公主和李神通安排在客馆居住，以宾客的礼仪对待他们。唐高祖派遣使者跟窦建德缔结和好，窦建德立即让同安长公主跟使者一起回去。

重诺守信，倡导忠义，窦建德平时与部下同甘共苦，妻妾穿着简朴，每次攻城成功之后所得到的财物，一起分发奖赏给各位将领，自己一样东西都不要。这些品质吸引着各路英雄，窦建德的政权发展日趋强大。

然而在发展过程中，也有不和谐的音符，比如手下大将王伏宝有勇有谋，诸将中功劳第一，有人因为妒忌他于是散布谣言说他要反叛，窦建德偏听偏信，诛杀了王伏宝，临行前王伏宝高呼：“我无罪，王何信谗，自刈左右手乎？”

很快，窦建德的战略遇到了一个关键抉择。

当时唐军正在加紧攻击洛阳的王世充政权。窦建德部下中书舍人刘斌指出“为大王计，莫若援郑，使郑抗其内，我攻其外，唐之兵必却，唐却而郑完，然后徐观其变。郑若可图，因而取之，并二国兵，乘唐师老，长驱而西，关中可遂有也。”希望窦建德能借联合王世充，以观时局变化。于是窦建德联合了王世充。

这个战略无疑是非常正确的，但是正确的战略需要有同样正确的战术来配备，然而接下来窦建德的战术却完全受制于自己对于诺言、对于义气的执着，忽视了正确的战术选择。

窦建德起兵三十万来救洛阳，王世充政权也天天盼着窦建德能早日兵临城下。窦建德方面的谋臣建议窦建德先采取“围魏救赵”的办法，乘虚攻取河东，这样做“乘虚捣境，师有万全，一也；拓土得众，二也；郑围自解，三也。”一举三得。

在后人看来自然是围魏救赵更高明，避免与唐军主力直接冲突，避免无谓伤亡。然而在做最后选择之时，窦建德却执着于向洛阳进军，与唐军主力决战。就算臣下力谏、妻子苦劝，窦建德的回复只是说“郑朝暮待吾来，既许之，岂可见难而退，且示天下不信”。对诺言的执着让窦建德拒绝所有劝解。

窦建德付出的代价是极其沉重的，夏军在虎牢关外为秦王李世民所打败，窦建德被生擒，在长安被处决，大夏政权随之灭亡。

纵观窦建德的一生，他一直都只是一个朴实勇敢的北方农民。他信守诺言，讲义气，这些都是中国农民的传统美德。纵然被政府逼得走上造反道路，但是在他内心深处，他依然认为要做隋朝的忠臣。这些品质帮助他得到百姓支持，迅速崛起，建立政权；同时在面对纷繁复杂、尔虞我诈的斗争之时，这些特质又让淳朴的农民领袖缺乏政治远见和政治斗争谋略，终于失败。不过窦建德的种种义行与善举仍然广为河北人民所流传。河北大名县有“窦王庙”，拜祭烛火历久不衰。

尉迟敬德列传

〔选文〕

尉迟敬德名恭，以字行，朔州善阳人。隋大业末，从军高阳，积阅[①]为朝散大夫。刘武周乱，以为偏将。与宋金刚南侵，得晋、浍等州，袭破永安王孝基，执独孤怀恩等。武德二年，秦王战柏壁，金刚败奔突厥，敬德合余众守介休，王遣任城王道宗、宇文士及谕之，乃与寻相举地降，引为右一府统军，从击王世充。

会寻相叛，诸将疑敬德且[②]乱，囚之。行台左仆射屈突通、尚书殷开山曰：“敬德慓敢，今执[③]之，猜贰已结，不即杀，后悔无及也。”王曰：“不然。敬德必叛，宁肯后寻相者邪？”释之，引见卧内，曰：“丈夫以气相许，小嫌[④]不足置胸中，我终不以谗害良士。”因赐之金，曰：“必欲去[⑤]，以为汝资。”是日猎榆窠，会世充自将兵数万来战，单雄信者，贼骁将也，骑直趋王，敬德跃马大呼横刺，雄信坠，乃翼[⑥]王出，率兵还战，大败之，禽其将陈智略，获排矟兵六千。王顾曰：“比[⑦]众人意公必叛，我独保无它，何相报速邪？”赐金银一箧。

窦建德营[⑧]板渚，王命李勣等为伏，亲挟弓，令敬德执矟，略[9]其垒，大呼致师[10]。建德兵出，乃稍[11]引却，杀数十人，众益进。伏发，大破之。时世充兄子琬使于建德，乘隋帝厩马，铠甲华整，出入军中以夸众。王望见，问"谁可取者？"敬德请与高甑生、梁建方三骑驰往，禽琬，引其马以归，贼不敢动。从讨刘黑闼，贼以奇兵袭李勣，王勒兵掩[12]其后，俄而贼众四面合，敬德率壮士驰入贼，王乘阵乱乃得出。又破徐圆朗。以功授王府左二副护军。

隐太子尝[13]以书招之，赠金皿一车。辞曰："敬德起幽贱，会天下丧乱，久陷逆地，秦王实生之，方以身徇[14]恩。今于殿下无功，其敢当赐？若私许，则怀二心，徇利弃忠，殿下亦焉用之哉？"太子怒而止。敬德以闻。王曰："公之心如山岳然，虽积金至斗，岂能移之？然恐非自安计。"巢王果遣壮士刺之。敬德开门安卧，贼至，不敢入。因谮[15]于高祖，将杀之，王固争，得免。

其后隐、巢计日急，敬德与长孙无忌入白[16]曰："大王不先决，社稷危矣！"王曰："我惟同气，所未忍。伺其发，而后以义讨之，如何？"敬德曰："人情畏死，众以死奉王，此天授也。天与不取，反得其咎。大王即[17]不听，请从此亡，不能交手蒙戮。"无忌曰："王不从敬德言，敬德亦非王有，今败矣。"王曰："寡人之谋，未可全弃，公更图之。"敬德曰："处事有疑非智，临难不决非勇。王今自计如何？勇士八百人悉入宫控弦被[18]甲矣，尚何辞？"后又与侯君集等恳熟劝进，计乃定。时房玄龄、杜如晦被斥在外，召不至。王怒曰："是背我邪？"因解所佩刀授之。谓曰："即不从，可斩其首以来。"敬德遂往谕玄龄等，与入计议。

隐太子死，敬德领骑七十趋[19]玄武门，王马逸[20]，坠林下,元吉将夺弓窘王,敬德驰叱之,元吉走,遂射杀之。宫、府兵屯玄武门,战不解,敬德持二首示之,乃去。时帝泛舟海池,王命敬德往侍,不解甲趋行在。帝惊曰:“今日之乱为谁?尔来何邪?”对曰:“秦王以太子、齐王作乱,举兵诛之,恐陛下不安,遣臣宿卫。”帝意悦。于是南衙、北门兵与府兵尚㉑杂斗,敬德请帝手诏诸军听秦王节度,内外始定。

王为皇太子,授左卫率。时坐隐、巢者百余家,将尽没入之。敬德曰:“为恶者二人,今已诛,若又穷支党,非取安之道。”由是普原㉒。论功为第一,赐绢万匹,举齐府金币、什器赐焉。除㉓右武候大将军,封吴国公,实封千三百户。

突厥入寇㉔,授泾州道行军总管。虏至泾阳,轻骑与战,败之。敬德所得财,必散之士卒。然婞直㉕,颇以功自负,又廷质大臣得失,与宰相不平。出为襄州都督。累迁同州刺史。尝侍宴庆善宫,有班其上者,敬德曰:“尔何功,坐我上?”任城王道宗解喻之,敬德勃然,击道宗目几眇㉖。太宗不怿㉗,罢,召让㉘曰:“朕观汉史,尝怪高祖时功臣少全㉙者。今视卿所为,乃知韩、彭夷戮,非高祖过。国之大事,惟赏与罚,横㉚恩不可数得,勉自修饬,悔可及乎!”敬德顿首谢㉛。后改封鄂国,历鄜、夏二州都督。老就㉜第㉝,授开府仪同三司,朝朔望。

……

敬德晚节,谢宾客不与通。饬㉞观、沼,奏清商乐,自奉养甚厚。又饵㉟云母粉,为方士术延年。

选自《新唐书》卷八十九

〔注释〕 ① 阅:积功。 ② 且:将要。 ③ 执:捉拿。 ④ 嫌:仇怨。 ⑤ 去:离开。 ⑥ 翼:保护。 ⑦ 比:先前。 ⑧ 营:扎营。 ⑨ 略:掠夺。 ⑩ 致师:挑战。

⑪ 稍：渐渐。 ⑫ 掩：袭击。 ⑬ 尝：曾经。 ⑭ 徇：通“殉”。 ⑮ 谮：进谗言。 ⑯ 白：报告。 ⑰ 即：倘若。 ⑱ 被：通“披”。 ⑲ 趋：奔赴。 ⑳ 逸：奔跑。 ㉑ 尚：尚且。 ㉒ 原：赦免。 ㉓ 除：拜官受职。 ㉔ 寇：侵犯。 ㉕ 婞直：刚愎。 ㉖ 眇：一只眼瞎。 ㉗ 怿：喜悦。 ㉘ 让：责备。 ㉙ 全：保全。 ㉚ 横：不循正理。 ㉛ 谢：谢罪。 ㉜ 就：到。 ㉝ 第：达官贵人的宅院。 ㉞ 饬：修整。 ㉟ 饵：吃。

〔赏析〕 唐朝初年涌现出一大批著名的文臣武将，其中有两位武将后来被演化成民间喜闻乐见的神仙。《西游记》中记载唐太宗遭厉鬼诅咒，于是特别请了麾下武功最高、最忠诚的两位将领——尉迟敬德与秦叔宝站在寝宫门口守卫，最后将二人画像以镇厉鬼，从此二人被封为门神，站立在中国每家每户的门前，驱鬼扫魔，护卫着百姓的平安。

能站在寝宫门口保卫皇帝的安全，首先，李世民绝对相信他们的忠心，其次两人武艺高强。确实，尉迟敬德与唐太宗李世民关系极其密切。李世民对尉迟敬德有救命知遇之恩，而尉迟敬德对李世民有夺位定鼎之功。

尉迟敬德，单名恭，原来是隋末军阀刘武周部下，武勇善战。在讨伐刘武周过程中，李世民慧眼识英雄，特派任城王李道宗、宇文士及前去劝降，最终敬德成为李世民手下将领。在攻取王世充的时候，有人担心尉迟敬德会造反，于是将他抓了起来。可李世民却不相信敬德会谋反，不但释放敬德，还单独语重心长地告诉他：“丈夫以气相许，小嫌不足置胸中，我终不以谗害良士。”李世民还特地赏赐尉迟敬德，并补了一句，如果你要走的话，这些钱作为你的路费。莫说尉迟敬德并无反意，就是有反意，听李世民这样一说，也不走了。在处理这类问题时，推心置腹地坦陈交流效果最好，往往会收到意想不到的结果。

很快，尉迟敬德就报答了李世民的知遇之恩。一次李世民率领五百骑巡行战地，突然被王世充的万余步骑所包围，勇将单雄信直取李世民。在这关键时刻，尉迟敬德“跃马大呼横刺，雄信坠，乃翼王出，率兵还战，大败之”，用一场酣畅淋漓的救驾克敌之功回报了李世民。战斗结束后，李世民对敬德说“比众人意公必叛，我独保无它，何相报速邪”——你的回报也太快了，这句看似抱怨的话，其所包含的深刻含义和亲切意味已经完全让敬德为李世民所倾倒。在此之后“时世充兄子琬使于建德，乘隋帝厩马，铠甲华整，出入军中以夺众。王望见，问‘谁可取者?’敬德请与高甑生、梁建方三骑驰往，禽琬，引其马以归，贼不敢动。”尉迟敬德于万军丛中取马如囊中取物！在之后的战争中屡立奇功。

在唐初太子与秦王的政治斗争中，如此英勇的战将自然成为东宫李建成集团竭力争取的对象。为了争取尉迟敬德，李建成首先书信一封并且送金器一车。可等来的却是尉迟敬德不卑不亢的推辞，“敬德起幽贱，会天下丧乱，久陷逆地，秦王实生之，方以身徇恩。今于殿下无功，其敢当赐？若私许，则怀二心，徇利弃忠，殿下亦焉用之哉?”一方面表达了对秦王感恩，另一方面则委婉地拒绝了太子的要求。眼看利诱不成，李建成又派遣壮士前去刺杀尉迟敬德，尉迟敬德门户大开安然睡眠，刺客见了反而不敢进去了。眼见刺杀又不成，李建成在唐高祖面前进谗言以诬陷敬德，李世民“固争，得免”。

为了争取尉迟敬德，挖秦王府的墙角，李建成想尽了各种办法，然而忠勇的尉迟敬德始终对李世民忠心耿耿。同时在李建成进谗言时，李世民也坚持为敬德说话，保全了他的性命，命运的车轮已经将两人牢牢地绑在了一起。

面对李建成在京师势力的不断增长和步步紧逼的挑衅，秦王府的幕僚们一直劝李世民先下手为强，而在这个过程中，尉迟敬德起到了非常关键的作用，正是他的不断劝谏，最后甚至带有威胁地说道：“处事有疑非智，临难不决非勇。王今自计如何？勇士八百人悉入宫控弦被甲矣，尚何辞?”用这些激烈的言辞坚定了李世民行动的决心。

六月初四的玄武门之变中，领兵埋伏的是尉迟敬德，射杀齐王元吉的是尉迟敬德，出示首级喝退东宫士兵的也是尉迟敬德，向唐高祖汇报事变情况的还是尉迟敬德，最后劝谏李世民不要株连过多的依然是尉迟敬德。所以玄武门之变，尉迟敬德“论功第一”！

唐太宗即位后，论功第一的尉迟敬德渐渐骄傲起来，“颇以功自负，又廷质大臣得失，与宰相不平。”除了言语之外，尉迟敬德还将之付诸行动，“尝侍宴庆善宫，有班其上者，敬德曰：‘尔何功，坐我上?’任城王道宗解喻之，敬德勃然，击道宗目几眇。”眼睛都差点被尉迟恭打瞎。

古今中外，面对居功自傲的功臣，帝王往往会导演“狡兔死、走狗烹、飞鸟尽、良弓藏”的戏份,但是爱惜人才的李世民却用另一种方法避免了这出悲剧。他亲自召见尉迟敬德,用汉朝初年韩信和彭越的例子来提醒敬德:“朕观汉史,尝怪高祖时功臣少全者。今视卿所为,乃知韩、彭夷戮,非高祖过。国之大事,惟赏与罚,横恩不可数得,勉自修饬,悔可及乎!”希望君臣共同以史为鉴,唐太宗不想做屠戮功臣的汉高祖,同样也希望尉迟敬德不要学韩信、彭越,要多加检点,注意言行,与自己共保富贵。聪明的尉迟敬德从此以后牢记太宗教诲,“谢宾客不与通。饬观、沼,奏清商乐,自奉养甚厚。又饵云母粉,为方士术延年。”

闭门谢客,这是历朝历代臣子超然于政治的最好方法,修行炼丹,这是专制帝王最喜欢的延年益寿的方法,唐太宗也喜欢,尉迟敬德投其所好,这君臣二人配合得极好。难怪《新唐书》作者在卷八十九赞中写道:“敬德之来,太宗以赤心付之,桑荫不徙而大功立。君臣相遇,古人谓之千载,顾不谅哉!”千古之后,人们看到门神尉迟敬德,就会马上想到他的卓越功劳,也会马上就联想到知人善用、爱惜人才的贞观天子。

(俞颖杰)

贞观之治的表象与幕后

〔导言〕 对于李世民的创业，不仅是整个唐王朝的开创，还有他如何从一个不应继承皇帝位置的藩王到坐上宝座的过程。

政治斗争，从来就是不讲亲情的，距离唐代时间不远的隋炀帝兄弟争位事件就是一个警示。只是或许太子李建成稍微仁厚了一点，还有就是处在太子这个位置上本是个守成的地位，可以不必搞得那么腥风血雨，安安稳稳就是福，所以他没有听从周围的一班谋臣包括魏徵的建议。魏徵后来说："太子若从臣言，必无今日之祸。"这里魏徵向李建成说了什么，完全可以想象到。

唐太宗没有杀掉魏徵，除了当时魏徵有安缉山东的能力，更想迅速平息这次高层政治争斗的后遗症。毕竟天下刚刚安定，人心不稳，北边还有大敌突厥。没有想到魏徵、王珪能够在以后的政治生活中发挥如此巨大的作用，这也显示了唐太宗的确是一代明君，具有宽宏大量的政治气度。而这种气度加上长期的人才储备，使得贞观初年的整个李世民政府就迅速有效地运转起来。让房玄龄、杜如晦去掌握行政权，而让魏徵去掌管谏议权。奇怪的是，本来宛如仇寇的太子集团和秦府集团，竟然可以在一个政府下，合作顺畅。在贞观初期的朝廷上，出现了一种有趣现象：秦府旧臣房玄龄等顺遂帝意，谨言慎行；而新附之臣魏徵等却直言敢谏、庭折面争。更为不易的是，当时的几种政治势力，能够团结共事，甚至相互扶持。"王（珪）、魏（徵）善谏诤而房（玄龄）、杜（如晦）让其贤。"而魏徵则在房、杜需要支持的时候，认为他们："皆朝廷重臣，素以忠直。"这说明了唐初的文臣武将很多都是比较正直的，这不能不说还是要归功于李世民。魏徵曾经说过："居人上者，其身正，不令而行；其身不正，虽令不从。"这是千古常弹的老调，可是在监督机制不完善的古代社会，这终究是一个政治清明不得不走的老路。

唐太宗本纪

〔选文〕

太宗文武大圣大广孝皇帝讳世民，高祖第二子也。母曰太穆顺圣皇后窦氏。隋开皇十八年十二月戊午，生于武功之别馆。时有二龙戏于馆门之外，三日而去[①]。高祖之临岐州，太宗时年四岁。有书生自言善相[②]，谒[③]高祖曰："公贵人也，且有贵子。"见太宗，曰："龙凤之姿，天日之表[④]，年将二十，必能济世安民矣。"高祖惧其言泄，将杀之，忽失所在，因采"济世安民"之义以为名焉。太宗幼聪睿，玄鉴[⑤]深远，临机果断，不拘小节，时人莫能测也。

大业末，炀帝于雁门为突厥所围，太宗应募救援，隶屯卫将军云定兴营。将行，谓定兴曰："必赍[⑥]旗鼓以设疑兵。且始毕可汗举国之师，敢围天子，必以国家仓卒[⑦]无援。我张军容，令数十里幡旗相续，夜则钲鼓相应，虏必谓救兵云集，望尘而遁矣。不然，彼众我寡，悉[⑧]军来战，必不能支矣。"定兴从焉。师次[⑨]崞县，突厥候骑[⑩]驰告始毕曰：王师大至。由是解围而遁。及高祖之守太原，太宗时年十八。有高阳贼帅魏刀儿，自号"历山飞"，来攻太原。高祖击之，深入贼阵。太宗以轻骑突围而进，射之，所向皆披靡，拔[⑪]高祖于万众之中。适[⑫]会步兵至，高祖与太宗又奋击，大破之。

时隋祚已终，太宗潜[⑬]图义举，每折节下士，推财养客，群盗大侠，莫不愿效死力。及义兵起，乃率兵略徇[⑭]西河，克之。拜右领大都督，右三军皆隶焉，封燉煌郡公。

……

(武德四年)六月，凯旋。太宗亲披黄金甲，阵[⑮]铁马一万骑，甲士三万人，前后部鼓吹[16]，俘二伪主及隋氏器物辇辂[17]献于太庙。高祖大悦，行饮至礼以享焉。高祖以自古旧官不称殊功，乃别表徽号，用旌[18]勋德。十月，加号天策上将、陕东道大行台，位在王公上。增邑二万户，通前三万户。赐金辂一乘，衮冕之服，玉璧一双，黄金六千斤，前后部鼓吹及九部之乐，班剑[19]四十人。

于时海内渐平，太宗乃锐意经籍，开文学馆以待四方之士。行台司勋郎中杜如晦等十有八人为学士，每更[20]直[21]阁下，降以温颜[22]，与之讨论经义，或夜分而罢。

……

（武德）九年，皇太子建成、齐王元吉谋害太宗。六月四日，太宗率长孙无忌、尉迟敬德、房玄龄、杜如晦、宇文士及、高士廉、侯君集、程知节、秦叔宝、段志玄、屈突通、张士贵等于玄武门诛之。甲子，立为皇太子，庶政皆断决。太宗乃纵禁苑所养鹰犬，并停诸方所进珍异，政尚简肃，天下大悦。

……

（贞观）三年春正月辛亥，契丹渠帅[23]来朝。戊午，谒太庙。癸亥，亲耕籍田[24]。辛未，司空、魏国公裴寂坐[25]事免。

二月戊寅，中书令、邢国公房玄龄为尚书左仆射，兵部尚书、检校侍中，蔡国公杜如晦为尚书右仆射，刑部尚书、检校中书令，永康县公李靖为兵部尚书，右丞魏徵为守秘书监，参预[26]朝政。

夏四月辛巳，太上皇徙居大安宫。甲午，太宗始于太极殿听政。

五月，周王元方薨。

六月戊寅，以旱，亲录[27]囚徒。遣长孙无忌、房玄龄等祈雨于名山大川，中书舍人杜正伦等往关内诸州慰抚。又令文武官各上封事[28]，极言得失。己卯，大风折木。

秋八月己巳朔，日有蚀之。薛延陀遣使朝贡。

九月癸丑，诸州置医学。

冬十一月丙午，西突厥、高昌遣使朝贡。庚申，以并州都督李世勣为通汉道行军总管，兵部尚书李靖为定襄道行军总管，以击突厥。

十二月戊辰，突利可汗来奔[29]。癸未，杜如晦以疾辞位，许之。癸丑，诏建义以来交兵之处，为义士勇夫殒身戎阵者各立一寺，命虞世南、李伯药、褚亮、颜师古、岑文本、许敬宗、朱子奢等为之碑铭，以纪功业。

是岁，户部奏言：中国人自塞外来归及突厥前后内附、开四夷为州县者，男女一百二十余万口。

选自《旧唐书》卷二

（贞观）四年春正月乙亥，定襄道行军总管李靖大破突厥，获隋皇后萧氏及炀帝之孙正道，送至京师。癸巳，武德殿北院火。

二月己亥，幸温汤。甲辰，李靖又破突厥于阴山，颉利可汗轻骑远遁。丙午，至自温汤。甲寅，大赦，赐酺[30]五日。民部尚书戴胄以本官检校吏部尚书，参预朝政。太常卿萧瑀为御史大夫，与宰臣参议朝政。御史大夫、西河郡公温彦博为中书令。

三月庚辰，大同道行军副总管张宝相生擒颉利可汗，献于京师。甲申，尚书右仆射、蔡国公杜如晦薨。甲午，以俘颉利告于太庙。

……

(贞观)十七年春正月戊辰,右卫将军、代州都督刘兰谋反,腰斩。太子太师、郑国公魏徵薨。戊申,诏图画司徒、赵国公无忌等勋臣二十四人于凌烟阁。

三月丙辰,齐州都督齐王祐杀长史权万纪、典军韦文振,据齐州自守,诏兵部尚书李勣、刑部尚书刘德威发兵讨之。兵未至,兵曹杜行敏执之而降,遂赐死于内侍省。丁巳,荧惑守心前星,十九日而退。

夏四月庚辰朔,皇太子有罪,废为庶人。汉王元昌、吏部尚书侯君集并坐与连谋,伏诛。丙戌,立晋王治为皇太子,大赦,赐酺三日。丁亥,中书令杨师道为吏部尚书。己丑,加司徒、赵国公长孙无忌太子太师,司空、梁国公房玄龄太子太傅;特进、宋国公萧瑀太子太保,兵部尚书、英国公李勣为太子詹事,仍同中书门下三品。庚寅,上亲谒太庙,以谢㉛承乾之过。癸巳,魏王泰以罪降爵为东莱郡王。

五月乙丑,手诏举孝廉茂才异能之士。

选自《旧唐书》卷三

〔注释〕 ① 去:离开。 ② 相:占视。 ③ 谒:拜见。 ④ 天日之表:亦作“天表”、“日表”,古代史学家、相学家对帝王仪表的谀称。 ⑤ 玄鉴:犹玄镜,喻高超的见解。 ⑥ 赍:携带。 ⑦ 仓卒:仓促。 ⑧ 悉:全。 ⑨ 次:驻扎。 ⑩ 候骑:侦察骑兵。 ⑪ 拔:解救。 ⑫ 适:正好。 ⑬ 潜:暗中。 ⑭ 徇:带兵夺取。 ⑮ 阵:排兵布阵。 ⑯ 鼓吹:指仪仗乐队。 ⑰ 辇辂:皇帝的车舆。 ⑱ 旌:旌表。 ⑲ 班剑:有纹饰的剑,这里指持班剑的武士。 ⑳ 更:交替。 ㉑ 直:当值。 ㉒ 温颜:和蔼可亲的态度。 ㉓ 渠帅:首领。 ㉔ 籍田:即孟春正月,春耕之前,天子率诸侯亲自耕的田。 ㉕ 坐:获罪。 ㉖ 预:参与。 ㉗ 录:讯察记录囚犯的罪状。 ㉘ 封事:密封的奏章。 ㉙ 奔:投奔。 ㉚ 酺:帝王特许的大聚饮。 ㉛ 谢:谢罪。

〔赏析〕 史载当有一次褚遂良给唐太宗读书,读到李世民出生时“有二龙戏于馆门之外”,使得太宗回忆小时候情形,不禁泪水涟涟。也许他清楚,那种他在父母庇佑下,父慈子孝,兄友弟恭的场景永远不在了。唐太宗的心中自始至终有一道挥不去的阴影，就是玄武门之变。

李家作为一个有军事传统的家族，加上拥有胡人血统，射箭骑马本是常事。太宗高于他哥哥李建成的地方在于作为二儿子，他随侍父亲李渊，在早期的政治和军事斗争中迅速获取了人脉关系和战争经验。虽然在从晋阳起兵到西进关中的过程中，李建成始终也是统兵的将军。但是唐王朝之后的数次决定性大战役，作为太子的李建成的职责就是留守长安，这是符合中国古代的规制的。这无疑给了李世民挑战和机遇。我们很难考证出是什么时候李世民有了挑战李建成地位的想法，但是当武德四年(621 年)六月，他征战王世充、窦建德两大集团凯旋，当时的情景是他“亲披黄金甲，阵铁马一万骑，甲士三万人”，这种情景已经让他不得不进入一个功高盖主、兄弟相争的态势。

在两虎相争的局面中，作为父亲的李渊，原来希望两面摆平，不偏不倚，但是他的优柔寡断、患得患失恰恰起到了火上浇油的作用。李世民功劳太大，能力太强，不能不压着这个二儿子，又不能不用这个二儿子，于是一会儿杀害、剥夺太宗的部将心腹；一会儿又对他加官进爵，甚至许下大诺。再加上建成、元吉煽风点火，步步紧逼，终于造成了两人相斗必有一死的局面。

从简单的一句“六月四日，太宗率长孙无忌、尉迟敬德、房玄龄、杜如晦、宇文士及、高士廉、侯君集、程知节、秦叔宝、段志玄、屈突通、张士贵等于玄武门诛之”，我们可以体会多少的腥风血雨以及背后不那么自信的欲说还休。历史记载，李世民多次要求观看国史，都被大臣挡了回去，可是我们相信，那些大臣不会真的傻到让皇帝难堪，去坚持秉笔直书，在关键问题上一定有曲笔回护，况且其中很多人都是参与玄武门事件的当事者。“玄龄等遂删略国史为编年体，撰高祖、太宗实录各二十卷，表上之。”于是在历史上留下最多的就是昏庸的李渊，心狠手辣、淫邪残忍的李建成和李元吉，而唐太宗不过就是如当年周公诛杀管蔡一样英明神武、大义灭亲。

太宗的另一个心病就是当年臣服于突厥。观察当时的情形，突厥控弦百万，汉人的北方政权纷纷臣事，这是不得不然的，而李世民、刘文静就是这个策略的积极推动者。难能可贵的是唐朝君臣卧薪尝胆、发奋图强，并且利用突厥本身弱点一战而胜。在著名将领李靖、李勣的带领下，千里行军，乘敌不备，突袭与伏击，双管齐下，又君臣配合，一个佯为讲和，一个君命不受，最终擒住了颉利可汗。这充分展示了李世民“以正合，以奇胜”的军事策略，也表明了他灵活多变讲究策略的政治手腕和不畏强暴有仇必报的铁血作风。时过境迁，唐朝史官对这段历史讳莫如深，倒是大可不必。

虽然唐太宗很注重以史为鉴，但是历史教训从某些方面说是很难吸取的。他本人在他儿子太子李承乾和魏王李泰的夺嫡之争中，也还是扮演了他父亲李渊的角色，最后不得不以两废的结局收场。

房玄龄列传

〔选文〕

房乔字玄龄，齐州临淄人。曾祖翼，后魏镇远将军、宋安郡守，袭[①]壮武伯。祖熊，字子，释褐州主簿。父彦谦，好学，通涉《五经》，隋泾阳令，《隋书》有传。

玄龄幼聪敏，博览经史，工[②]草隶，善属[③]文。尝从其父至京师，时天下宁晏[④]，论者咸[⑤]以国祚方永，玄龄乃避左右告父曰：“隋帝本无功德，但诳惑黔黎[⑥]，不为后嗣长计，混诸嫡庶，使相倾夺，储后藩枝，竞崇淫侈，终当内相诛夷[⑦]，不足保全家国。今虽清平，其亡可翘足而待。”彦谦惊而异之。年十八，本州岛举进士，授羽骑尉。吏部侍郎高孝基素称知人，见之深相嗟挹[⑧]，谓裴矩曰：“仆阅人多矣，未见如此郎者。必成伟器，但恨[⑨]不睹其耸壑凌霄耳。”父病绵历[⑩]十旬，玄龄尽心药膳，未尝解衣交睫。父终，酌饮不入口者五日。后补隰城尉。

会[⑪]义旗入关，太宗徇地渭北，玄龄杖策谒于军门，温彦博又荐焉。太宗一见，便如旧识，署渭北道行军记室参军。玄龄既遇知己，罄竭心力，知无不为。贼寇每平，众人竞求珍玩，玄龄独先收人物，致[⑫]之幕府。及有谋臣猛将，皆与之潜相申结,各尽其死力。

既而隐太子见太宗勋德尤盛,转生猜间[13]。太宗尝至隐太子所,食,中毒而归,府中震骇,计无所出。玄龄因谓长孙无忌曰:“今嫌隙已成,祸机将发,天下恟恟[14],人怀异志。变端一作,大乱必兴,非直[15]祸及府朝,正恐倾危社稷。此之际会,安可不深思也!仆有愚计,莫若遵周公之事,外宁区夏,内安宗社,申孝养之礼。古人有云,‘为国者不顾小节’,此之谓欤。孰若家国沦亡,身名俱灭乎?”无忌曰:“久怀此谋,未敢披露,公今所说,深会宿心。”无忌乃入白[16]之。太宗召玄龄谓曰:“阽危[17]之兆,其迹已见,将若之何?”对曰:“国家患难,今古何殊。自非睿圣钦明,不能安辑[18]。大王功盖天地,事钟压纽[19],神赞所在,匪[20]藉人谋。”因与府属杜如晦同心戮力。仍随府迁授秦王府记室,封临淄侯;又以本职兼陕东道大行台考功郎中,加文学馆学士。玄龄在秦府十余年,常典[21]管记,每军书表奏,驻马立成,文约理赡[22],初无稿草。高祖尝谓侍臣曰:“此人深识机宜,足堪委任。每为我儿陈事,必会人心,千里之外,犹对面语耳。”隐太子以玄龄、如晦为太宗所亲礼,甚恶[23]之,谮[24]之于高祖,由是与如晦并被驱斥。

隐太子将有变也,太宗令长孙无忌召玄龄及如晦,令衣[25]道士服,潜引入阁计事。及太宗入春宫,擢拜太子右庶子,赐绢五千匹。贞观元年,代萧瑀为中书令。论功行赏,以玄龄及长孙无忌、杜如晦、尉迟敬德、侯君集五人为第一,进爵邢国公,赐实封千三百户。

……

二十二年,驾幸玉华宫,时玄龄旧疾发,诏令卧总留台。

及渐笃[26]，追赴宫所，乘担舆入殿，将至御座乃下。太宗对之流涕，玄龄亦感咽不能自胜。敕遣名医救疗，尚食每日供御膳。若微得减损，太宗即喜见颜色；如闻增剧，便为改容凄怆。玄龄因谓诸子曰："吾自度危笃，而恩泽转深，若孤负圣君，则死有余责。当今天下清谧，咸得其宜，唯东讨高丽不止，方为国患。主上含怒意决，臣下莫敢犯颜；吾知而不言，则衔恨入地。"

……

太宗见表，谓玄龄子妇高阳公主曰："此人危惙[27]如此，尚能忧我国家。"

后疾增剧，遂凿苑墙开门，累遣中使候[28]问。上又亲临，握手叙别，悲不自胜。皇太子亦就之与之诀。即日授其子遗爱右卫中郎将，遗则中散大夫，使及目前见其通显。寻[29]薨，年七十。废[30]朝三日，册赠太尉、并州都督，谥曰文昭，给东园秘器，陪葬昭陵。玄龄尝诫诸子以骄奢沉溺，必不可以地望凌人，故集古今圣贤家诫，书于屏风，令各取一具，谓曰："若能留意，足以保身成名。"又云："袁家累叶忠节，是吾所尚，汝宜师之。"高宗嗣位，诏配享太宗庙庭。

选自《旧唐书》卷六十六

〔注释〕 ① 袭：继承。 ② 工：擅长。 ③ 属：撰著。 ④ 晏：安宁。 ⑤ 咸：都。 ⑥ 黔黎：老百姓。 ⑦ 夷：消灭。 ⑧ 嗟挹：赞叹。 ⑨ 恨：遗憾。 ⑩ 绵历：犹绵延经历。 ⑪ 会：适逢。 ⑫ 致：招来。 ⑬ 间：隔阂。 ⑭ 恟恟：同"汹汹"，骚扰不安貌。 ⑮ 直：只是。 ⑯ 白：报告。 ⑰ 阽危：临近危险。 ⑱ 安辑：安抚。 ⑲ 压纽：语出《左传》，以压纽为作国君的预兆。 ⑳ 匪：非。 ㉑ 典：掌管。 ㉒ 赡：充分。 ㉓ 恶：憎恨。 ㉔ 谮：诬陷。 ㉕ 衣：穿。 ㉖ 笃：病重。 ㉗ 危惙：指病危。 ㉘ 候：问候。 ㉙ 寻：不久。 ㉚ 废：停止。

〔赏析〕 房玄龄是中国幕僚的典型人物，能够在关键时候给予关键建议，这种远见卓识在他小时候就已经具备，他能够在隋朝尚未出现危机的时候，洞若观火地指出它的致命弱点，不能不让人感佩年少的房玄龄身上所具有的那种见微知著的才识。他见李世民的初期所提出的先占长安，后对付刘武周、梁师都、薛举，缓图李密、王世充，再收拾窦建德的战略方案，到最后几乎皆一一实现。怪不得当时的李世民就赞叹他为当时的诸葛亮，立即任命他为渭北道行军元帅府记事参军，成为李世民幕僚集团的核心人物。

更为不易的是，作为才高八斗的人物，房玄龄并不嫉才妒能，而是积极为唐太宗储备各种人才，他推荐了好友杜如晦，成就了以后的“房谋杜断”；他积极解救军事奇才李靖等，为以后秦王府的人才济济做出了重要贡献。每当战胜之后，诸人去搜罗金银珍玩时，房玄龄则专门去结交当地的豪杰贤士，敦请他们进入秦王幕府。秦王府主要有两批人才，一批是所谓的关陇集团人物，长孙无忌、李靖、侯君集、尉迟敬德，另外一批是原来隶属李密的山东集团人士，徐世勣、秦叔宝、程知节等。在房玄龄“闻人有善，若己有之”的作风下，他们都和他建立了良好的私人关系，团结起来为李世民效忠。

在具体的战术上，房玄龄和李世民往往是英雄所见略同。在对付薛举薛仁杲战斗中，面对唐军暂时失利的情况，他提出坚壁深垒、以逸待劳的战术。而一旦击败了由于粮草不继的宗罗睺，就建议猛打猛追，不给敌人以喘息机会。以后这种战术，李世民同样用在对付刘武周的大将宋金刚身上，取得了百试不爽的效果。而更为重要的是在征伐王世充时，面对窦建德的忽然加入，房玄龄能力排众议，和李世民定下“围城打援”，毕其功于一役的决心，从而奠定唐王朝近三百年的基业。而在对太宗本人最为重要的玄武门之变中，房玄龄又是推动李世民痛下决心和杀手的第一谋主。难怪之后论功行赏，要封为第一。平心而论，受赏的五人中有几人是由于参加了玄武门事变或者近亲，说明李世民是有私心的，但是像房玄龄可谓实至名归。之后李神通争功，认为房玄龄以刀笔之吏功居第一而不服气，就有点不知所谓了。所以当李世民说：“玄龄等有筹谋帷幄，安定社稷之功，所以汉之萧何，虽无汗马之功，指踪推毂，故得居第一。”李神通就没话说了。但是考之史实，似乎房玄龄对于太宗皇帝的作用要大过萧何之于刘邦。还有一点，就是房玄龄虽然做过县尉，多年随侍作为泾阳令的其父房彦谦，他还“常典管记，每军书表奏，驻马立成，文约理赡，初无稿草”，但是其实掌管刀笔小事并非其长。

更加难能可贵或者说老谋深算的是，房玄龄清楚功高震主的道理，而且他深知所辅佐的这位英主，同时也是个事事争先、性格刚烈的皇帝。作为臣子，应该谦逊谨慎。所以虽然在统一唐王朝的过程中，房玄龄起了重要作用，但是具体事迹，史籍中很少记载，很有可能就是在他长期负责国史馆的任内，删除了他的史料，而是去突出李世民作为主要人物的英明神武。以后的李世民说：“譬如玄龄等功臣，虽有益于国，能自谦让，归之于朕，岂有不言而欲自取？”在括囊无咎上，他显然要高过魏徵，这也是集权主义下，作为臣僚的题中之义。而且在重要的玄武门之变中，既然君有难言之隐，那么臣最好也就少说为妙。《资治通鉴》引用开元年间史官的话，说：“玄龄佐太宗定天下，及终相位，凡三十二年，天下号为贤相，然无迹可寻，德亦至矣。”

魏徵列传

〔选文〕

魏徵字玄成，巨鹿曲城人也。父长贤，北齐屯留令。徵少孤贫，落拓有大志，不事[①]生业，出家为道士。好读书，多所通涉，见天下渐乱，尤属意纵横之说。

大业末，武阳郡丞元宝藏举兵以应李密，召徵使典书记。密每见宝藏之疏，未尝不称善，既闻徵所为，遽[②]使召之。徵进十策以干[③]密，虽奇之而不能用。及王世充攻密于洛口，徵说密长史郑颋曰：“魏公虽骤胜，而骁将锐卒死伤多矣；又军无府库，有功不赏。战士心惰，此二者难以应敌。未若深沟高垒，旷日持久，不过旬月，敌人粮尽，可不战而退，追而击之，取胜之道。且东都食尽，世充计穷，意欲死战，可谓穷寇难与争锋，请慎无与战。”颋曰：“此老生之常谈耳！”徵曰：“此乃奇谋深策，何谓常谈？”因拂衣而去。

及密败，徵随密来降，至京师，久不见知。自请安辑山东，乃授秘书丞，驱传[④]至黎阳。时徐世勣尚为李密拥众，徵与世勣书曰：

自隋末乱离，群雄竞逐，跨州连郡，不可胜数。魏公起自叛徒，奋臂大呼，四方响应，万里风驰，云合雾聚，众数十万。威之所被[⑤]，将半天下，破世充于洛口，摧化及于黎山。方欲西蹈咸阳，北凌玄阙，扬旌瀚海，饮马渭川，翻[⑥]以百胜之威，败于奔亡之虏。固知神器之重，自有所归，不可以力争。是以魏公思皇天之乃睠，入函谷而不疑。公生于扰攘之时，感知己之遇。根本已拔，确乎不动，鸠合遗散，据守一隅。世充以乘胜余勇，息[⑦]其东略；建德因侮亡之势，不敢南谋。公之英声，足以振[⑧]于今古。然谁无善始，终之虑难。去就之机，安危大节。若策名得地，则九族荫其余辉；委质非人，则一身不能自保。殷鉴不远，公所闻见。孟贲犹豫，童子先之，知几[⑨]其神，不俟终日。今公处必争之地，乘宜速之机，更事迟疑，坐观成败，恐凶狡之辈，先人生心，则公之事去矣。

世勣得书，遂定计遣使归国，开仓运粮，以馈淮安王神通之军。俄而建德悉众南下，攻陷黎阳，获徵，署为起居舍人。及建德就擒，与裴矩西入关。隐太子闻其名，引直洗马，甚礼之。徵见太宗勋业日隆，每[⑩]劝建成早为之所。及败，太宗使召之，谓曰："汝离间我兄弟，何也？"徵曰："皇太子若从徵言，必无今日之祸。"

……

寻宴于丹霄楼，酒酣。太宗谓长孙无忌曰："魏徵、王珪，昔在东宫，尽心所事，当时诚亦可恶。我能拔擢用之，以至今日，足为无愧古人。然徵每谏我不从，发言辄即不应，何也？"对曰："臣以事有不可，所以陈论，若不从辄应，便恐此事即行。"帝曰："但[11]当时且应，更别陈论，岂不得耶？"徵曰："昔舜诫群臣：'尔无面[12]从，退有后言。'若臣面从陛下方始谏，此即'退有后言'，岂是稷、契事尧、舜之意耶？"帝大笑曰："人言魏徵举动疏慢，我但觉妩媚，适为此耳。"徵拜谢曰："陛下导之使言，臣所以敢谏，若陛下不受臣谏，岂敢数犯龙鳞？"

……

七年，代王珪为侍中，尚书省滞讼有不决者，诏徵评理之。徵性非习法，但存大体，以情处断，无不悦服。

初，有诏遣令狐德棻、岑文本撰《周》史，孔颖达、许敬宗撰《隋》史，姚思廉撰《梁》、《陈》史，李百药撰《齐》史。徵受诏总加撰定，多所损益[13]，务存简正。《隋》史序论，皆徵所作《梁》、《陈》、《齐》各为总论，时称良史。史成，加左光禄大夫，进封郑国公，赐物二千段。

……

太宗尝嫌上封者众，不近事实，欲加黜责。徵奏曰："古者立诽谤之木，欲闻己过。今之封事，谤木之流也。陛下思闻得失，祇可恣其陈道。若所言衷，则有益于陛下；若不衷，无损于国家。"太宗曰："此言是也。"并劳[14]而遣之。

……

十六年，拜太子太师，知门下省事如故。徵自陈有疾，诏答曰："汉之太子，四皓为助，我之赖公，即其义也。知公疾病，可卧护之。"

其年，称绵惙[15]，中使相望。徵宅先无正寝，太宗欲为小殿，辍其材为徵营[16]构，五日而成，遣中使赍素褥布被而赐之，遂[17]其所尚也。及病笃，舆驾再幸其第[18]，抚之流涕，问所欲言，徵曰："嫠[19]不恤[20]纬[21]，而忧宗周之亡。"后数日，太宗夜梦徵若平生，及旦而奏徵薨，时年六十四。太宗亲临恸哭，废朝五日，赠司空、相州都督，谥曰文贞。给羽葆鼓吹、班剑四十人，赙[22]绢布千段、米粟千石，陪葬昭陵。

……帝亲制碑文，并为书石。其后追思不已，赐其实封九百户。尝临朝谓侍臣曰："夫以铜为镜，可以正衣冠；以古为镜，可以知兴替；以人为镜，可以明得失。朕常保此三镜，以防己过。今魏徵殂逝，遂亡一镜矣！徵亡后，朕遣人至宅，就其书函得表一纸，始立表草，字皆难识，唯前有数行，稍可分辩，云：'天下之事，有善有恶，任善人则国安，用恶人则国乱。公卿之内，情有爱憎，憎者唯见其恶，爱者唯见其善。爱憎之间，所宜详慎，若爱而知其恶，憎而知其善，去邪勿疑，任贤勿贰[23]，可以兴矣。'其遗表如此，然在朕思之，恐不免斯事。公卿侍臣，可书之于笏，知而必谏也。"

徵状貌不逾中人，而素有胆智，每犯颜进谏，虽逢王赫斯怒，神色不移。尝密荐中书侍郎杜正伦及吏部尚书侯君集有宰相之材。徵卒后，正伦以罪黜，君集犯逆伏诛，太宗始疑徵阿党。徵又自录前后谏诤言辞往复以示史官起居郎褚遂良，太宗知之，愈不悦。先许以衡山公主降[24]其长子叔玉，于是手诏停婚，顾其家渐衰矣。

选自《旧唐书》卷七十一

〔注释〕 ① 事：从事。 ② 遽：马上。 ③ 干：求取。 ④ 传：驿马。 ⑤ 被：覆盖。 ⑥ 翻：反而。 ⑦ 息：停止。 ⑧ 振：通"震"。 ⑨ 几：细小的预兆。 ⑩ 每：经常。 ⑪ 但：只。 ⑫ 面：当面。 ⑬ 损益：增减。 ⑭ 劳：慰劳。 ⑮ 绵惙：亦作"绵缀"，指病情沉重，气息仅存。 ⑯ 营：建造。 ⑰ 遂：使如愿。 ⑱ 第：达官贵人的宅院。

⑲ 嫠：寡妇。 ⑳ 恤：忧虑。 ㉑ 纬：织布用的纱。 ㉒ 赙：以财物助人办丧事。 ㉓ 贰：怀疑。 ㉔ 降：公主下嫁。

〔赏析〕 虽然魏徵在历史上有名是由于在贞观时期对于唐太宗的谏诤，但是观察魏徵在之前的所作所为，绝对称得上是不可多得的人才。看他写给徐世勣的信有利诱、有威逼、有事实、有推测，高帽子胡萝卜加上背后隐隐的大棒，堪称情商与智商完美结合的产物，不能不使得同样是人杰的徐世勣怦然心动，俯首来归。他劝李密，不轻易与缺少粮食的王世充决战，这和李世民的深沟高垒是一样的战术，等敌人疲敝，再一举歼灭。但是人才要有赏识他的人才能发挥作用，魏徵所托非人，再好的计策不过被视作老生常谈。李密如此，李建成也是如此，假使李建成早先听从魏徵的话，那历史或许已经改写。

唐太宗启用魏徵，带有很强的实用主义色彩。罪不及妻孥，这是古人常语，虽然唐太宗没有那么做，但是不牵连李建成、李元吉的属官，可以迅速平息这桩不那么光彩的兄弟之争，尽量减少上层政争所带来的冲击。况且魏徵曾做过李密、窦建德的下属，本身又是山东人，在当地有着广泛人脉。本来山东地区就不是很稳定，加上太子党羽，情势已经岌岌可危。一方面是李世民宽宏大量，一方面是他无可奈何，不如放手一用魏徵，或许可以起到意想不到的效果。玄武门之变一个月后，武德九年(626 年)七月，唐太宗封魏徵为谏议大夫，“使安辑河北，许以便宜行事”。魏徵不辱使命，争取了山东豪杰对太宗皇帝的支持。

从消极的一面说，政治没有朋友，只有利益，既然李建成集团随着李建成的死灰飞烟灭，那么另寻明主是必然的事情。从积极的一面说，儒家士大夫以天下为己任，李世民的作为远非李建成能够比拟，对魏徵而言，就是一个可以使得他的政治抱负能够得到施展的明君。从李世民的角度出发，魏徵有用、正直，而且从敌对阵营而来，无根无源，更容易控制。所以当长孙无忌对于魏徵有所异议的时候，李世民出来解释：“魏徵往者实我所仇，但其尽心所事，有足嘉者，朕能擢而用之，何惭古烈？徵每犯颜切谏，不许我为非，我所以重之也。”看来魏徵的事业成就不取决于他本人，更重要的是唐太宗，领导的信任往往是事业成功的第一要素。况且这位领导不仅知人善任，还能包容下属的失误、过错，反过来成就了魏徵，使得他青史留名。

贞观十七年(643 年)魏徵病死，之前，他向李世民上谏，希望李世民能善始善终，他是看到了贞观后期的政治形势。魏徵死后，李世民非常伤心，并为此废朝五天，还下诏厚葬魏徵，但魏徵的妻子裴氏以魏徵生平生活朴素为由拒绝，只以小车装载魏徵灵柩。李世民召文武百官出城相送，并亲自刻书碑文。李世民经常对身边的侍臣说："用铜镜可以端正自己的衣冠，以古史作为镜子，可以知晓兴衰更替，以人作为镜子，可以看清得失。我经常用这样的方式防止自己犯错，但现在魏徵去世，我少了一面镜子。"同年，李世民命阎立本画二十四功臣像于凌烟阁，魏徵位列第三。

历史到此，或许是非常圆满的，可是不久之后，魏徵曾经向李世民推荐的两人，侯君集和杜正伦，一个以谋反罪被处死，一个被罢免。唐太宗又听说魏徵曾拿自己前后的谏辞给褚遂良观看，使得李世民开始怀疑魏徵结党营私，于是手诏取消衡山公主与魏徵长子魏叔玉的婚约。

这就像是贞观之治的缩影，实在算是有始无终了。

（李　丹）

国事和家事，都是天下事

〔导言〕 参照陈寅恪的说法，隋唐两代开国君主“取塞外野蛮精悍之血，注入中原文化颓废之躯，旧染既除，新机重启，扩大恢张，遂能别创空前之世局”。陈寅恪将隋唐开国的统治集团定义为“关陇集团”，关陇集团成员成为公元 6 到 7 世纪中国一股新兴的政治力量。与关陇集团相对并立的是传统的山东豪强地主集团，自东汉以来，山东豪强几乎垄断了整个的中国政治。

隋末天下大乱，关陇集团与山东豪强地主集团都面临寻找新的政治领袖的问题，最终李渊和李世民父子得到了两大集团的拥戴并最终统一天下。

本组所鉴赏的长孙无忌和李勣正是这两大集团的代表。长孙无忌，唐太宗的舅兄，玄武门之变的主要谋划者，太宗时号称“以功第一”。李勣，山东豪强，瓦岗寨大将，投唐后在唐初统一战争中屡立战功。这两人最终都成了太宗托付后事的大臣。

长孙无忌与李勣，一文一武，一东一西，忠心耿耿维护高宗统治，但是这两位顾命大臣却在高宗废皇后立武则天的问题上产生了分歧。废皇后是天下大事，同样也是皇帝的家事。面对家事，高宗舅父长孙无忌据理力争反对废后；面对国事，老谋深算的外臣李勣先称病不出，最终以一句“此陛下家事，无须问外人”，坚定了高宗废后的决心。

在专制主义皇权社会，虽说帝王的家事就是国事，帝王往往会因为家事向重臣咨询，可这仅仅只是帝王的一种姿态，老谋深算的山东豪强李勣能理解，关陇集团的领袖长孙无忌却未必能参透其中的奥秘，作为元勋与长者据理力争，结果不但未能改变高宗的态度，相反为自己惹来杀身之祸。阅读这两位李唐开国功臣的传记，我们不光能了解他们巨大的政治功劳，还能了解他们各自不同的政治智慧。

长孙无忌列传

〔选文〕

长孙无忌字辅机。性通悟，博涉书史。

……

皇太子建成毒王，王病，举府危骇。房玄龄谓无忌曰："祸隙已芽，败不旋踵矣。夫就大计者遗①细行，周公所以绌管、蔡也。"遂俱入白②王，请先事诛之，王未许。无忌曰："大王以舜何如人？"王曰："浚哲③文明，为子孝，为君仁，又何议哉？"对曰："向④使浚⑤井弗出，得为孝乎？涂⑥廪⑦弗下，得为仁乎？大杖避，小杖受，良有以也。"王未决。事益⑧急，乃遣无忌阴召房玄龄、杜如晦定计。无忌与尉迟敬德、侯君集、张公谨、刘师立、公孙武达、独孤彦云、杜君绰、郑仁恭、李孟尝讨难，平之。王为皇太子，授左庶子。即位，迁吏部尚书，以功第一，进封齐国公。帝以⑨无忌皇后兄，又少相友，眷倚日厚，常出入卧内。进尚书右仆射。

……

或有言无忌权太盛者，帝持表示无忌曰："我与公君臣间无少⑩疑，使各怀所闻不言，斯则蔽矣。"因普示君臣曰："朕子幼，无忌于我有大功，视之犹子也。疏间⑪亲、新间旧之谓不顺，朕无取焉。"无忌亦自惧贵且亢⑫，后又数言之，遂解仆射，授开府仪同三司。与房玄龄、杜如晦、尉迟敬德皆以元勋封一子郡公。进册司空，知门下、尚书省事，无忌辞，又因高士廉口陈"以外戚位三公，嫌议者谓天子以私⑬后家"。帝曰："朕任官必以才，不者，虽亲若襄邑王神符，不妄授；若才，虽仇如魏徵，不弃也。夫缘后兄爱昵，厚以子女玉帛，岂不得？以其兼文武两器[14]，朕故相[15]之，公等孰不曰然？”无忌固让，诏答曰：“黄帝得力牧，为五帝先；夏禹得咎繇，为三王祖；齐桓得管仲，为五伯长；朕得公，遂定天下。公其无让[16]！”帝又思所与共艰难，赖无忌以免，作《威凤赋》以赐，且况[17]其功。

帝欲功臣并世袭刺史……无忌等辞曰：“群臣披荆刺，事[18]陛下。今四海混一，诚不愿违远左右，而使世牧外州，与迁徙等[19]。”帝曰：“割地封功臣，欲公等后嗣长为藩翰，而薄[20]山河之誓，反为怨望[21]，朕亦安可强[22]公土宇邪？”遂止。后帝幸其第[23]，自家人姻娅劳赐皆有差[24]。久之，进位司徒。

太子承乾废，帝欲立晋王，未决，坐两仪殿，群臣已罢，独留无忌、玄龄、勣言东宫事，因[25]曰：“我三子一弟，未知所立，吾心亡聊。”即投床，取佩刀自向，无忌等惊，争抱持，夺刀授晋王，而请帝所欲立。帝曰：“我欲立晋王。”无忌曰：“谨奉诏，异议者斩！”帝顾王曰：“舅许汝矣，宜即谢。”王乃拜。帝复曰：“公等与我意合，天下其谓何？”答曰：“王以仁孝闻[26]天下久矣，固无异辞；有如不同，臣负陛下百死。”于是遂定。以无忌为太子太师、同中书门下三品，“同三品”自此始。帝又欲立吴王恪，无忌密争止之。帝征高丽，诏摄侍中。还，辞师傅官，听[27]罢太子太师，遥领扬州都督。

帝尝[28]从容问曰：“朕闻君圣臣直，人常苦不自知，公宜面攻朕得失。”无忌曰：“陛下神武圣文，冠卓千古，性与天道，非臣等愚所及，诚不见有所失。”帝曰：“朕冀闻过，公等乃相谀[29]悦。朕当评公等可否以相规[30]。”谓：“……无忌应对机敏，善避嫌，求于古人，未有其比；总兵攻战，非所善也。”

二十三年，帝疾甚，召入卧内，帝引手扪无忌颐[31]，无忌哭，帝感塞，不得有所言。翌日，与遂良入受诏，顾遂良曰："我有天下，无忌力也。尔辅政，勿令谗毁者害之。"有顷，崩。方在离宫，皇太子悲恸，无忌曰："大行以宗庙、社稷属殿下，宜速即位。"因秘不发丧，请还宫。

太子即位，是为高宗……帝欲立武昭仪为后，无忌固言不可。帝密以宝器锦帛十余车赐之，又幸其第，擢三子皆朝散大夫，昭仪母复诣其家申请。许敬宗数劝之，无忌厉色折拒。帝后召无忌、遂良及于志宁言后无息[32]，昭仪有子，必欲立之者。无忌已数谏，即曰："先帝付托遂良，愿陛下访之。"遂良极道不可，帝不听。

后既立，以无忌受赐而不助己，衔[33]之。敬宗揣后指[34]，阴使洛阳人李奉节上无忌变事……无忌投缳卒，冲免死，杀族子祥，流族弟思于檀口，大抵期亲皆谪徙。

初，无忌与遂良悉心奉国，以天下安危自任，故永徽之政有贞观风。帝亦宾礼老臣，拱己以听。纲纪设张，此两人维持之也。既二后废立计不合，奸臣阴图，帝暗于听受，卒以屠覆[35]，自是政归武氏，几至亡国。

选自《新唐书》卷一百五

〔注释〕 ① 遗：放弃。 ② 白：报告。 ③ 浚哲：深沉而有智。 ④ 向：如果。 ⑤ 浚：深。 ⑥ 涂：粉饰。 ⑦ 廪：粮仓。 ⑧ 益：更加。 ⑨ 以：因为。 ⑩ 少：数量小。 ⑪ 间：离间。 ⑫ 亢：高。 ⑬ 私：偏私。 ⑭ 器：才能。 ⑮ 相：使为宰相。 ⑯ 让：推辞。 ⑰ 况：比拟。 ⑱ 事：侍奉。 ⑲ 等：相等。 ⑳ 薄：轻视。 ㉑ 怨望：心怀怨恨。 ㉒ 强：勉强。 ㉓ 第：达官贵人的宅院。 ㉔ 差：差别。 ㉕ 因：于是。 ㉖ 闻：闻名。 ㉗ 听：听凭。 ㉘ 尝：曾经。 ㉙ 谀：奉承。 ㉚ 规：规劝。 ㉛ 颐：下巴。 ㉜ 息：生育。 ㉝ 衔：怀恨。 ㉞ 指：意旨。 ㉟ 覆：灭亡。

〔赏析〕 唐太宗贞观十七年(643年)，李世民于宫中凌烟阁为帮助他建立唐朝立下卓越战功的二十四位功臣立画像，位居功臣之首的正是当时的司空长孙无忌。然而仅仅十六年后，长孙无忌竟然被逼自杀身死。

唐朝开国第一功臣长孙无忌的悲喜交加的一生与他外戚的身份有着密切的关系。对于长孙无忌来说，家事有时候就是国事。长孙无忌成也于此，败也于此。当家事等同于国事之时，长孙无忌出谋划策，屡建奇功，得到了统治者的宠信。当有时家事并不等同于国事的时候，已经迷失在其间的长孙无忌最终断送了自己的政治生命。

长孙无忌，字辅机，河南洛阳人。先世出自鲜卑族拓跋氏，后改为长孙氏。父亲是北朝大将长孙晟，他的妹妹就是那位著名的长孙皇后，十三岁就嫁给了李世民。长孙无忌从小爱好读书，通达颖悟，富有谋略。李渊起兵时，长孙无忌前来投军，从此以后成为李世民的心腹，立下了汗马功劳。

作为李世民的郎舅，长孙无忌自然希望自己的妹夫能够更上一层楼，所以在武德末年的太子竞争中，长孙无忌无疑是李世民最坚定的支持者。

武德九年(626年)，太子建成以反击突厥侵犯为名，欲趁机调出秦王府精兵猛将，并与齐王元吉谋杀秦王。长孙无忌见形势十分危急，极力劝说秦王先下手为强。六月三日，长孙无忌奉命召房玄龄、杜如晦入王府，共商对策。经过筹划，决定先发制人。六月四日凌晨，长孙无忌、尉迟敬德等秦王府将领伏兵于玄武门，发动了著名的玄武门之变。事变成功后，李世民被立为太子，长孙无忌被任命为太子左庶子。

可以说武德末年的长孙无忌所面对的国事是太子的废立，而相对应的是自己妹夫与妹妹的命运。这个时候，国事已经变成了长孙无忌的家事，为了家族的利益，长孙无忌是玄武门之变的最重要的策划者和直接参与者。难怪贞观初年李世民登基，长孙无忌转吏部尚书，并被定为功臣第一，进封齐国公。

作为开国功臣与外戚，贞观年间的长孙无忌备受唐太宗的宠幸与礼遇，地位无与伦比。“帝以无忌皇后兄，又少相友，眷倚日厚，常出入卧内。”太宗怀念创业的艰辛，感叹因为有了长孙无忌才能避免很多灾祸，于是亲自作《威凤赋》赐予长孙无忌。这些待遇都是外人难以企及的。而此时的长孙无忌及其家族也颇能警醒，一方面屡次推辞高官，另一方面征高丽、修《唐律疏议》，为贞观年间的富强做出了贡献。

就在长孙无忌的画像挂上凌烟阁的那一年，唐朝皇室发生了重大的变化。这年四月，太子承乾被废为庶人。太子之位空缺，长孙皇后亲生的嫡次子——李泰和李治都有资格继承皇位。李泰年龄更大，处事更果断，太宗也更喜欢，李治则相对懦弱。然而李治有一个有利条件，那就是得到了长孙无忌的支持。《长孙无忌列传》充分展现了长孙无忌对李治的支持。在唐太宗感叹不知立谁为储君，甚至以死相对之时，长孙无忌坚定地站在李治这一边，"夺刀授晋王，而请帝所欲立"。最终唐太宗决定"我欲立晋王"。

整件事情，长孙无忌从夺刀到请立到遵旨，一气呵成，显示了支持李治的坚定态度，最终唐太宗也只得同意。

李泰和李治都是长孙无忌的外甥，他为什么要偏心呢？

简单来说，首先，太宗百年之后，长孙无忌一定是辅佐元勋，为了保证自己的利益，乐得扶植一个懦弱的外甥；而李泰早就形成了自己的势力，长孙无忌无法控制。另外，支持李泰的许多都是功臣子弟，他们要上位就必须排斥以长孙无忌为代表的元老重臣，长孙无忌要巩固自己的势力，也绝不能让李泰登基。

唐太宗本人也已经意识到了，只有得到长孙无忌等元老的支持，贞观之治的政策在自己百年后才能继续贯彻，所以虽然知道太子懦弱，虽然之后太宗也想改立更像自己文武有才的吴王李恪，但最终都只得作罢。

唐高宗即位后，进封长孙无忌为太尉、检校中书令，知门下、尚书二省事。无忌坚决辞去知尚书省事，高宗同意了他的请求，仍令以太尉同中书门下三品，位在百官之首，又兼为元舅。

在这次废立的国事之中，长孙无忌同样是以处理家事的行为参与，连太宗也对李治说"舅许汝矣，宜即谢"。因为与皇室的关系密切，因为与自身利益有关，所以每次长孙无忌都如解决家事般投入到国事之中，而且每次都获得成功。渐渐地，长孙无忌迷失在国事与家事之间。

最终长孙无忌又碰到了高宗的家事——废立皇后。

在册封武则天为皇后的问题上，长孙无忌和褚遂良等一批元老是坚决反对的，而唐高宗则是一心一意准备立新后的。为了能顺利废后，唐高宗和武则天特地驾临长孙无忌的府邸，又是封官又是赏赐，只盼望舅舅在关键时刻能松口，但是等到的却是无忌王顾左右而言他，长孙无忌相信自己作为亲舅舅在这桩家事上能左右懦弱的皇帝。

可是这次长孙无忌错了，他之前的成功是因为所参与的是真正的国事，君主需要听取意见，需要得到帮助，关键是他与君王的想法相一致。可是这次的事件却只是帝王的家事，正如支持立武则天为后的许敬宗所言："田舍翁多收十斛麦，就想换老婆，何况天子欲立后，这本来就与别人没有关系，何必要妄加议论呢。"确实，在真正的家事面前，作为娘舅的长孙无忌未免管得太多了。

最终结果是武则天被立为皇后，她不会忘记这位娘舅的所作所为，那些政治嗅觉灵敏，处事极端功利的大臣们自然充当急先锋。显庆四年(659年)，由许敬宗出面，诬陷长孙无忌企图谋反，唐高宗相信了许敬宗的危言耸听，将长孙无忌官职全免，贬到黔州(今四川彭水)，继而又逼令自杀。后人总觉得武则天有些过分，唐高宗忘恩负义，但是为了巩固自己的地位，长孙无忌当年罗织罪名放逐江夏王，冤杀吴王恪也是非常狠毒的。

政治本来就是一场搏上性命的竞赛。在传统中国政治体制中，获取功名的关键就在于能揣摩出统治者的想法，沿着统治者的想法顺势而上，这就是所谓的识时务者。了解统治者想法，却故意阻止的无外乎两种人，一种是认了死理的循吏，另一种则是自恃能主导帝王的权臣。权臣的过于自信往往成为他们悲剧的起因，长孙无忌就是一个很好的例子。

李勣列传

〔选文〕

李勣字懋功，曹州离狐人。本姓徐氏，客卫南。家富，多僮仆，积粟常数千钟。与其父盖皆喜施贷，所周给无亲疏之间①。

隋大业末，韦城翟让为盗，勣年十七，往从之。说曰："公乡壤不宜自剽残，宋、郑商旅之会，御河在中，舟舰相属，往邀取之，可以自资。"让然之。劫公私船取财，繇[2]是兵大振。李密亡命雍丘，勣与浚仪王伯当共说[3]让，推密为主。以奇计破王世充。密署[4]勣右武候大将军、东海郡公。当是时，河南、山东大水，隋帝令饥人就食黎阳仓，吏不时发，死者日数万。勣说密曰："天下之乱本于饥，今若取黎阳粟以募兵，大事济[5]矣。"密以麾下兵五千付勣，与郝孝德等济河，袭黎阳，守之。开仓纵食，旬日，胜兵至二十万。宇文化及拥兵北上，密使勣守仓，周掘堑[6]以自环。化及攻之，勣为地道出斗，化及败，引去。

武德二年，密归朝廷，其地东属海，南至江，西直汝，北抵魏郡，勣统之，未有所属。谓长史郭孝恪曰："人众土宇，皆魏公有也。吾若献之，是利主之败为己功，吾所羞也。"乃录郡县户口以启密，请自上之。使至，高祖讶[7]无表，使者以意闻。帝喜曰："纯臣也。"诏授黎州总管，封莱国公。赐姓，附宗正属籍，徙封曹，给田五十顷，甲第一区。封盖济阴王，固辞，改舒国公。诏勣总河南、山东兵以拒[8]王世充。及密以谋反诛，帝遣使示密反状。勣请收葬，诏从之。勣为密服缞绖，葬讫乃释。

俄[9]为窦建德所陷，质其父，使复守黎阳。三年，自拔来归。从秦王伐东都，战有功。东略[10]地至虎牢，降郑州司兵沈悦。平建德，俘世充，乃振旅还，秦王为上将，勣为下将，皆服金甲，乘戎辂，告捷于庙。盖亦自洺州与裴矩入朝，诏复其官。

……

勣既忠力，帝谓可托大事。尝暴疾，医曰：“用须灰可治。”帝乃自翦须以和药。及愈，入谢，顿首流血。帝曰：“吾为社稷计，何谢为！”后留宴，顾曰：“朕思属[11]幼孤，无易公者。公昔不遗李密，岂负朕哉？”勣感涕，因啮指流血。俄大醉，帝亲解衣覆之。帝疾，谓太子曰：“尔于勣无恩，今以事出之，我死，宜即授以仆射，彼必致死力矣！”乃授叠州都督。

……

帝欲立武昭仪为皇后，畏大臣异议，未决。李义府、许敬宗又请废王皇后。帝召勣与长孙无忌、于志宁、褚遂良计之，勣称疾不至。帝曰：“皇后无子。罪莫大于绝嗣，将废之。”遂良等持不可，志宁顾望不对。帝后密访勣，曰：“将立昭仪，而顾命之臣皆以为不可，今止矣！”答曰：“此陛下家事，无须问外人。”帝意遂定，而王后废。诏勣、志宁奉册立武氏。帝东封泰山，为封禅大使。尝坠马伤足，帝以所乘马赐之。

……

初，勣拔黎阳仓，就食者众，高季辅、杜正伦往客焉，及平虎牢，获戴胄，咸引见卧内，推[12]礼之，后皆为名臣，世以勣知人。平洛阳，得单雄信，故人也。表其材武，且言：“若贷死，必有以报，请纳官爵以赎。”不许。乃号恸，割股肉啖之曰：“生死永诀，此肉同归于土！”为收养其子焉。性友爱，其姊病，尝自为粥而燎[13]其须。姊戒止。答曰：“姊多疾，而勣且老，虽欲数进粥，尚几何？”

……

自属疾，帝及皇太子赐药即服，家欲呼医巫，不许。诸子固以药进，辄曰：“我山东田夫耳，位三公，年逾八十，非命乎！生死系天，宁就医求活耶？”弟弼，始为晋州刺史。以勣疾，召为司卫卿，使省视。忽语曰：“我似少⑭愈，可置酒相乐。”于是奏乐宴饮，列子孙于下。将罢，谓弼曰：“我即死，欲有言，恐悲哭不得尽，故一诀耳！我见房玄龄、杜如晦、高季辅皆辛苦立门户，亦望诒⑮后，悉为不肖子败之。我子孙今以付汝，汝可慎察，有不厉言行、交非类者，急榜杀以闻，毋令后人笑吾，犹吾笑房、杜也。我死，布装露车载柩，敛以常服，加朝服其中，傥⑯死有知，庶⑰著⑱此奉见先帝。明器惟作五六寓马，下帐施幔，为皁顶白纱裙，中列十偶人，它不得以从。众妾愿留养子者听，余出之。葬已，徙居我堂，善视小弱。苟违我言，同戮尸矣！”乃不复语。弼等遵焉。勣本二名，至高宗时，避太宗偏讳，故但⑲名勣。后配享高宗庙廷。

选自《新唐书》卷九十三

〔注释〕 ① 间：不同。 ② 繇：通“由”。 ③ 说：劝说。 ④ 署：任用官吏。 ⑤ 济：成功。 ⑥ 堑：壕沟。 ⑦ 讶：惊讶。 ⑧ 拒：抵抗。 ⑨ 俄：不久。 ⑩ 略：掠夺。 ⑪ 属：委托。 ⑫ 推：推举。 ⑬ 燎：燃烧。 ⑭ 少：稍微。 ⑮ 诒：同“贻”，留给。 ⑯ 傥：倘若。 ⑰ 庶：希望。 ⑱ 著：穿。 ⑲ 但：只。

〔赏析〕 李勣原名徐世勣，后来受唐高祖赐姓，改名李世勣。唐太宗李世民去世后，为了避讳太宗，于是李世勣改名为李勣。《新唐书》记叙了唐朝两位李姓开国功臣——李靖和李勣。李靖自不必说，被后世描述成托塔天王、天兵统帅，而李勣也是一个充满传奇的大将。

李勣有智谋。李勣是山东曹州人，家境富裕，十七岁参加瓦岗军，他劝告翟让不宜在家乡附近劫掠。“宋、郑商旅之会，御河在中，舟舰相属”，在这里起义可以更加方便队伍的发展。翟让采纳了他的建议，率军西进，抢劫运河边上的船只，结果队伍迅速发展到一万余人。

李勣有情义。瓦岗军失败后，李密归降唐朝。李勣依然坚守黎阳等十郡，后来听从魏徵的建议，决定归降唐朝。他对长史郭孝恪说：“人众土宇，皆魏公有也。吾若献之，是利主之败为己功，吾所羞也。”于是将地图、户籍等编制成册，派人送往长安给李密，使者到达长安，唐高宗李渊听说李勣没有给自己表奏，只有给李密的信函，感到奇怪。使者向高祖转达了李勣的本意。唐高祖听后十分高兴。称赞他“感德推功，实纯臣也”。高祖特授予他为黎阳总管、上柱国，加右武候大将军，封曹国公，赐良田五十顷，甲第一区。

不久之后，李密叛唐被杀，唐朝政府马上将情况通知李勣。李勣马上上表请收李密遗体，并为其归葬。高祖归还了李密尸体，李勣备君臣之礼，三军白衣戴孝，将李密安葬于黎阳山。礼毕与将士脱下丧服。他的这种“事君以忠”的举动，再次博得了人们的赞许。

古今中外优秀的政治家和战功卓著的将领不少，但是同时又具备大智慧的却不多，这里的智慧更多指的是对政治的敏锐度以及对于人情世故的参透。

李勣有大智慧。李勣的才干与忠贞让太宗感到可以委以重任。李治立为太子后，太宗让他辅佐太子，不过唐太宗担心李勣不会全力辅佐李治，于是对太子说：你对李勣没有什么恩德，我先将他外调离开京城，“我死，宜即授以仆射，彼必致死力矣！”乃授叠州（今甘肃）都督。聪明的李勣似乎察觉到了太宗想法，受命后连家也没回，直接前往叠州，毫无怨言。太宗去世后，唐高宗加封李勣为丞相，李勣与长孙无忌一同尽心辅佐高宗。

高宗永徽年间，满朝文武遇到了一个需要站队表明立场的难题——唐高宗欲废王皇后，立昭仪武则天为皇后。在这场轩然大波中，以顾命大臣长孙无忌、褚遂良为首的元老坚决反对，李义府和许敬宗等人极力支持。而作为朝廷重臣的李勣，面对这种针锋相对的局面，他的表现颇耐人寻味。

首先，李勣尽量想办法回避直接在废立问题上表态。

一天退朝后，高宗召长孙无忌、李勣、于志宁、褚遂良入内殿，再次商议废立皇后之事。褚遂良以破釜沉舟的决心，表示誓死力争。李勣见此情形，却“称疾不入”，巧妙地回避了。历经多年政治风浪的他真切地知道，在这种站队的事情上，只要一表态必然会得罪人，更何况事关皇家废立，一旦站错队，后果不堪设想。

当实在无法回避表态的时候，李勣并非直接站队，而是巧妙地将球踢回给唐高宗。

过了几天，高宗私下征询李勣对于废立的意见时。李勣看似不以为然地说："此陛下家事，何必更问外人！"这句话看似没有表态，但是他却坚定了唐高宗废后的决心。其实李勣心里早就知道唐高宗的想法，他深知皇帝的家事虽然也是国事，可毕竟是皇帝私人的事情，一旦参与过多，混淆了界限，很有可能最终晚节不保。在中国古代专制社会中，皇帝往往会将一些自己早已确定的问题抛出来让众臣讨论。这些问题往往并非国家大事，有时仅仅是与帝王的好恶有关。其实帝王不喜欢大臣们对这些问题说三道四，抛出这些问题只是想看看大臣们的立场如何。这一点历经风雨的李勣看得特别清楚。

最终，唐高宗废王皇后而立武后，李勣作为有功之臣格外受到褒奖。在高宗东封泰山时，他任封禅大使。在途经他的故乡时，皇后亲自去看望他寡居的姐姐，赐给衣物，还封为东平郡君。李勣不慎坠马伤足，高宗亲自慰问，并把御乘赐予他。

临终前，李勣把子孙们召来，当面向其弟李弼嘱托后事说：鉴于房玄龄和杜如晦家门后世不幸，要李弼"抚养孤幼"，特别强调要关注子孙的言行，甚至提到，如果其中出现"志气不伦，交游非类者"，恐怕他们的言行会最终导致家族的灾难，可以先将他们处死，以保全门第。

可惜李勣的子孙并没能遵守李勣智慧的劝告，最终一场徐敬业之乱还是重蹈了房玄龄与杜如晦家族的覆辙。《新唐书》作者在论述其家族败亡原因时提了一句"惜其不通学术，昧夫临大节不可夺之谊，反与许、李同科，可不戒哉！"窃以为评论有失偏颇。

（俞颖杰）

女皇帝的有字书

〔**导言**〕　自公元前221年秦王嬴政称“皇帝”始，到1912年最后一个皇帝溥仪在辛亥革命的炮声中宣布退位止，中国经历了两千余年的封建帝制。这期间，通过世袭称帝、自立为帝者有几百人之多，然而其中女性仅有一人而已，那就是唐朝女皇帝武则天。在中国古代这样一个男权社会，女子被认为“无才便是德”，不能参加科举考试，不能为官……几乎被剥夺了一切政治权力。然而武则天一个女子却能以六十七岁高龄登基称帝，统治中国长达十五年之久。在这十五年间，反对她称帝的声音不绝于耳，而武则天纵横捭阖，始终将国家权力牢牢掌控在自己手中。她是如何做到的呢？

在“武周革命”过程中，当时朝廷之中的大臣也面临着两种不同的抉择，如果选择忠于唐室，反对“武周革命”，或者不与武周政权合作，可能会留下好的名声，然而必定会触怒武则天；如果选择与武周政权合作，又有可能被认为是没有节气之人，会遭时人和史家的嘲讽。本书选录《则天皇后本纪》、《狄仁杰列传》和《酷吏列传》章节，展示了武则天是如何登上帝位，在登上帝位后又是如何进行政治部署巩固政权，以及在“武周革命”的大背景下，朝中诸臣如何进行抉择。

则天皇后本纪

〔**选文**〕

则天顺圣皇后武氏讳曌，并州文水人也。父士彟，官至工部尚书、荆州都督，封应国公。

后年十四，太宗闻其有色，选为才人。太宗崩，后削发为比丘尼，居于感业寺。高宗幸感业寺，见而悦之，复召入宫。久之，立为昭仪，进号宸妃。永徽六年，高宗废皇后王氏，立宸妃为皇后。

高宗自显庆后，多苦风疾，百司奏事，时时令后决之，常称[①]旨，由是参豫国政。后既专宠与[②]政，乃数上书言天下利害，务[③]收人心，而高宗春秋高，苦疾，后益[④]用事[⑤]，遂不能制。高宗悔，阴[⑥]欲废之，而谋泄不果。上元元年，高宗号天皇，皇后亦号天后，天下之人谓之“二圣”。

弘道元年十二月，高宗崩，遗诏皇太子即皇帝位，军国大务不决者，兼取天后进止。甲子，皇太子即皇帝位，尊后为皇太后，临朝称制[⑦]。大赦，赐九品以下勋官一级。庚午，韩王元嘉为太尉，霍王元轨为司徒，舒王元名为司空。甲戌，刘仁轨为尚书左仆射，裴炎为中书令，刘齐贤为侍中：同中书门下三品。戊寅，郭待举、魏玄同、岑长倩同中书门下三品。癸未，郭正一罢。

光宅元年正月癸未，改元嗣圣。癸巳，左散骑常侍韦弘敏为太府卿、同中书门下三品。

二月戊午，废皇帝为庐陵王，幽[⑧]之。己未，立豫王旦为皇帝，妃刘氏为皇后，立永平郡王成器为皇太子。大赦，改元为文明。赐文武官五品以上爵一等、九品以上勋两转。老人版授[⑨]官，赐粟帛。职官五品以上举[⑩]所知一人。皇太后仍临朝称制。庚申，废皇太孙重照为庶人，杀庶人贤于巴州。甲子，皇帝率群臣上尊号于武成殿。丁卯，册皇帝。丁丑，太常卿王德真为侍中，中书侍郎刘祎之同中书门下三品。庚辰，赠玉清观道士太中大夫王远知金紫光禄大夫。

三月丁亥，徙封上金为毕王，素节葛王。

四月丁巳，滕王元婴薨。辛酉，徙封上金为泽王，素节许王。癸酉，迁庐陵王于房州；丁丑，又迁于均州。

五月癸巳，以大丧禁射猎。

闰月甲子，礼部尚书武承嗣为太常卿、同中书门下三品。

七月戊午，广州昆仑杀其都督路元睿。乙丑，突厥寇[11]朔州，左武卫大将军程务挺败之。辛未，有彗星出于西方。

八月庚寅，葬天皇大帝于乾陵。丙午，武承嗣罢。

九月甲寅，大赦，改元。旗帜尚[12]白，易内外官服青者以碧，大易官名，改东都为神都，追尊老子母为先天太后。丙辰，左威卫大将军程务挺为单于道安抚大使，以备[13]突厥。己巳，追尊武氏五代祖克己为鲁国公，妣裴氏为鲁国夫人；高祖居常为太尉、北平郡王，妣刘氏为王妃；曾祖俭为太尉、金城郡王，妣宋氏为王妃；祖华为太尉、太原郡王，妣赵氏为王妃；考士彟为太师、魏王，妣杨氏为王妃。丁丑，柳州司马李敬业举兵于扬州以讨乱。贬韦弘敏为汾州刺史。

十月癸未，楚州司马李崇福以山阳、安宜、盐城三县归于敬业。甲申，左玉钤卫大将军梁郡公孝逸为扬州道行军大总管，左金吾卫大将军李知十为副，率兵三十万以拒[14]李敬业。丁亥，左肃政台御史大夫骞味道检校内史、同凤阁鸾台三品，凤阁舍人李景谌同凤阁鸾台平章事。壬辰，李敬业克润州。丙申，杀裴炎。追谥五代祖鲁国公曰靖，高祖北平郡王曰恭肃，曾祖金城郡王曰义康，祖太原郡王曰安成，考魏王曰忠孝。丁酉，曲[15]赦扬、楚二州。复敬业姓徐氏。贬刘齐贤为辰州刺史。李景谌罢。右史沈君谅、著作郎崔察为正谏大夫、同凤阁鸾台平章事。

十一月辛亥，左鹰扬卫大将军黑齿常之为江南道行军大总管。庚申，右监门卫将军苏孝祥及徐敬业战于阿谿，死之。乙丑，徐敬业将王那相杀敬业降。丁卯，郭待举罢。鸾台侍郎韦方质为凤阁侍郎、同凤阁鸾台平章事。

十二月戊子，遣御史察风俗。癸卯，杀程务挺。

……

天授元年正月庚辰，大赦，改元曰载初，以十一月为正月，十二月为腊月，来岁正月为一月。以周、汉之后为二王后，封舜、禹、汤之裔为三恪，周、隋同列国，封其嗣。乙未，除唐宗室属籍。

腊月丙寅，杀刘齐贤。

一月戊子，王本立罢。邢文伟为内史，岑长倩、武承嗣同凤阁鸾台三品，凤阁侍郎武攸宁为纳言。甲午，流[16]韦方质于儋州。

二月丁卯，杀地官尚书王本立。

三月乙酉，以[17]旱减膳。丁亥，苏良嗣薨。

五月戊子，杀范履冰。己亥，杀梁郡公孝逸。

六月戊申，杀汴州刺史柳明肃。

七月辛巳，流舒王元名于和州。颁《大云经》于天下。壬午，杀豫章郡王亶。丁亥，杀泽王上金、许王素节。甲午，赦永昌县。癸卯，杀太常丞苏践言。

八月辛亥，杀许王素节之子璟、曾江县令白令言。甲寅，杀裴居道。壬戌，杀将军阿史那惠、右司郎中乔知之。癸亥，杀尚书右丞张行廉、太州刺史杜儒童。甲子，杀流人张楚金。戊辰，杀流人元万顷、苗神客。辛未，杀南安郡王颖、鄅国公昭及诸宗室李直、李敞、李然、李勋、李策、李越、李黯、李玄、李英、李志业、李知言、李玄贞。

九月乙亥，杀巨鹿郡公晃、麟台郎裴望及其弟司膳丞琏。壬午，改国号周。大赦，改元，赐酺⑱七日。乙酉，加尊号曰圣神皇帝，降皇帝为皇嗣，赐姓武氏，皇太子为皇孙。丙戌，立武氏七庙于神都。追尊周文王曰始祖文皇帝，妣姒氏曰文定皇后；四十代祖平王少子武曰睿祖康皇帝，妣姜氏曰康惠皇后；太原靖王曰严祖成皇帝，妣曰成庄皇后；赵肃恭王曰肃祖章敬皇帝，妣曰章敬皇后；魏义康王曰烈祖昭安皇帝，妣曰昭安皇后；周安成王曰显祖文穆皇帝，妣曰文穆皇后；忠孝太皇曰太祖孝明高皇帝，妣曰孝明高皇后。追封伯父及兄弟之子为王，堂兄为郡王，诸姑姊为长公主，堂姊妹为郡主。司宾卿史务滋守纳言，凤阁侍郎宗秦客检校内史，给事中傅游艺为鸾台侍郎、同凤阁鸾台平章事。

十月丁巳，给复⑲并州武兴县百姓，子孙相承如汉丰、沛。甲子，贬宗秦客为遵化尉。丁卯，杀流人韦方质。己巳，杀许王素节之子瑛、琪、琬、瓒、玚、瑗、琛、唐臣。辛未，贬邢文伟为珍州刺史。置大云寺。封周公为褒德王，孔子为隆道公。改唐太庙为享德庙，以武氏七庙为太庙。

……

五年正月壬午，大赦。庚寅，禁屠。癸卯，张柬之、崔玄暐及左羽林卫将军敬晖、检校左羽林卫将军桓彦范、司刑少卿袁恕己、左羽林卫将军李湛薛思行赵承恩、右羽林卫将军杨元琰、左羽林卫大将军李多祚、职方郎中崔泰之、库部员外郎朱敬则、司刑评事冀仲甫、检校司农少卿兼知总监翟世言、内直郎王同皎率左右羽林兵以讨乱；麟台监张易之、春官侍郎张昌宗、汴州刺史张昌期、司礼少卿张同休、通事舍人张景雄伏诛。丙午，皇帝复于位。丁未，徙后于上阳宫。戊申，上后号曰则天大圣皇帝。

十一月，崩，谥曰大圣则天皇后。唐隆元年，改为天后；景云元年，改为大圣天后；延和元年，改为天后圣帝，未几[20]，改为圣后；开元四年，改为则天皇后；天宝八载，加谥则天顺圣皇后。

……

赞曰：昔者孔子作《春秋》而乱臣贼子惧，其于弑君篡国之主，皆不黜绝之，岂以其盗而有之者，莫大之罪也，不没[21]其实，所以著[22]其大恶而不隐欤？自司马迁、班固皆作《高后纪》，吕氏虽非篡汉，而盗执其国政，遂不敢没其实，岂其得圣人之意欤？抑亦偶合于《春秋》之法也。唐之旧史因[23]之，列武后于本纪，盖其所从来远矣。

夫吉凶之于人，犹影响也，而为善者得吉常多，其不幸而罹于凶者有矣；为恶者未始不及于凶，其幸而免者亦时有焉。而小人之虑，遂以为天道难知，为善未必福，而为恶未必祸也。武后之恶，不及于大戮，所谓幸免者也。至中宗韦氏，则祸不旋踵矣。然其亲遭母后之难，而躬自蹈之，所谓下愚之不移者欤！

选自《新唐书》卷四

〔注释〕 ① 称：符合。 ② 与：参与。 ③ 务：致力。 ④ 益：更加。 ⑤ 用事：掌权。 ⑥ 阴：暗中。 ⑦ 称制：代行皇帝的职权。 ⑧ 幽：监禁。 ⑨ 版授：授给虚衔。 ⑩ 举：推荐。 ⑪ 寇：侵犯。 ⑫ 尚：崇尚。 ⑬ 备：防御。 ⑭ 拒：抵御。 ⑮ 曲：局部。 ⑯ 流：流放。 ⑰ 以：因为。 ⑱ 酺：帝王特许的大聚饮。 ⑲ 复：免除赋税徭役。 ⑳ 未几：不久。 ㉑ 没：隐没。 ㉒ 著：彰显。 ㉓ 因：沿袭。

〔赏析〕 唐永徽二年(651年)唐高宗李治将已经被勒令出家为尼的武则天再次召入宫中。再次入宫后，武则天就开始了她一步步通往权力之巅的漫漫征程。首先，她要面对的情敌是萧淑妃。武则天和高宗的王皇后结成了盟友，她很快就打败了萧淑妃，获取了高宗的宠爱。萧氏失宠后，武则天将目光投向了六宫之主——皇后宝座。在帝制时代，皇后被称为一国之母，涉及国家根本，废后乃国之大事。王皇后出身高贵，家族显赫，既是西魏重臣的后裔，其父母两族亦都是唐朝皇室的姻亲，属于关陇贵族军事集团，她的身后也有大批关陇贵族的支持，朝中重臣长孙无忌、褚遂良等元老重臣都极力反对废后。不过王皇后也有致命的弱点，与高宗结婚十余年，竟无一子嗣。而武则天的优势在于她再次入宫后就为高宗生下了子嗣。为了夺取皇后宝座，武则天充分发挥了她的心狠手辣和权谋之术，《新唐书》和《资治通鉴》都记载了武则天亲手掐死自己的女儿后嫁祸于王皇后，使得高宗产生了“废后立武”的打算。为了坚定高宗废后的决心，她还广结政治盟友。在宫中，她帮助高宗打击元老大臣势力以重振皇权，和高宗成为政治上的盟友；在朝堂之上，她扶植科举出身的山东士族对抗关陇士族。即使不能为我所用之人如李勣等，也要让他保持中立。成功夺取皇后之位后，武则天将朝中反对她的元老重臣长孙无忌、褚遂良、韩瑗和来济等或削职免官，或贬出京师甚至处死。这为之后的登基称帝奠定了基础。

登上皇后宝座后，武则天进一步向最高权力发起了冲击，与多方势力进行博弈。首先是高宗李治。高宗因患风疾，不能正常处理朝政，于是就将朝政交给武则天处理。武则天处理政务有章有法，总使高宗称心，群臣敬服，以至于后来武则天益发专权，高宗无法控制。上元元年(674年)，武则天竟能和高宗一起上朝，临朝听政，合称二圣，这使她的政治经验和影响力进一步增长。高宗在武后专权之初曾一度想废掉她，但是到后来高宗却准备让武后摄政，这反映出高宗对武后执掌大权态度的转变，由最初的厌恶到后来的放任甚至是赞许。

武则天要夺取李唐社稷，自然会引起高宗的皇子们和李唐宗室的强烈不满。高宗生有八子，其中第五子李弘、第六子李贤、第七子李显、第八子李旦皆为武后所生，也是最有可能继承皇位者。对于武则天来说，他们虽是亲生骨肉，但同时也是她夺取大位的障碍。因此，武则天对高宗的皇子们采取的办法是“顺我者昌，逆我者亡”，凡是她认为有可能成为绊脚石之人，都毫不留情地予以杀害，甚至亲生骨肉也不能幸免。于是李弘莫名其妙去世，李贤被废为庶人，李显被幽禁，性格懦弱的李旦成了傀儡皇帝。对于李唐宗室，在武则天地位尚未完全稳固之时,她采取的是比较稳妥的安抚政策。加封韩王李元嘉任太尉,霍王李元轨任司徒,舒王李元名任司空。等到完全大权在握之时,为了彻底扫清称帝道路上的障碍,武则天大开杀戒,李唐宗室几乎被杀之殆尽。

对于朝中大臣,武则天是软硬兼施、恩威并重。在武则天的政治生涯中,在每一次不符合祖制的活动之后,为堵住百官之口,她都会对百官加官进爵,换取百官对她感恩戴德。对于有才能的大臣,武则天是大胆任用。武则天在位期间,提拔了很多贤臣名相来治理天下,如娄师德、狄仁杰、姚崇、宋璟等。与此同时,武则天为称帝扫清道路,又重用酷吏来俊臣、周兴等,不惜对不与武周政权合作的大臣采取血腥的屠杀,甚至位极人臣的宰相也不能幸免,武则天当政时期,历任宰相多达七十三人。

而为了让民间相信她就是真命天子、即位称帝是天命所归,武则天不断制造舆论。垂拱二年(686 年),新丰县冒出一山;垂拱三年、永昌元年(689 年),冀州、朗州、松州有雌鸡变为雄鸡;垂拱四年,在洛水得到"宝图"上云"圣母临人,永昌帝业",在汜水得到瑞石;永昌元年向全国颁行有"女王下世、威伏天下"之语的佛典《大云经》,该年改年号为"天授"。

总结武则天政治生涯的一生,之所以能够从一个尼姑走上权力的巅峰,成为中国古代史上唯一的一位女皇帝,其中一个重要的原因就是武则天能够审时度势,在不同的时机,面对不同的对手时,采取适当的策略。在大权独揽之前,为了扳倒政治对手,武则天选择的策略是结盟以壮大自己的力量,孤立对手。为了获取高宗宠爱,她和王皇后以打击共同的情敌萧淑妃为名义而结盟;为了登上皇后之位,她和高宗以打击关陇士族为名义而结盟;为了登上帝位,她以高官厚禄为诱饵,与朝中一些酷吏相结盟以扫清称帝的障碍。而在夺取大权之后,为了巩固统治,她对群臣和百姓采取了两种挟制手段。一方面,继续重用酷吏对大臣和百姓采取高压统治;另外一方面,当矛盾激化时,为了安抚朝中大臣,她又能及时抛弃酷吏;为了赢得天下百姓支持,她任人唯贤,知人善用,因此她统治时期社会安定、经济发展,被史学家称"政启开元,治宏贞观"。

狄仁杰列传

〔选文〕

狄仁杰字怀英，并州太原人。为儿时，门人有被害者，吏就诘，众争辨对，仁杰诵书不置，吏让①之，答曰："黄卷中方与圣贤对，何暇偶俗吏语耶？"举明经，调汴州参军。为吏诬诉，黜陟使阎立本召讯，异其才，谢②曰："仲尼称观过知仁，君可谓沧海遗珠矣。"荐授并州法曹参军。亲在河阳，仁杰登太行山，反顾，见白云孤飞，谓左右曰："吾亲舍③其下。"瞻怅久之，云移乃得去。同府参军郑崇质母老且疾，当使绝域④。仁杰谓曰："君可贻⑤亲万里忧乎？"诣长史蔺仁基请代行。仁基咨美其谊，时方与司马李孝廉不平，相敕⑥曰："吾等可少⑦愧矣！"则相待如初，每⑧曰："狄公之贤，北斗以南，一人而已。"

……

会为来俊臣所构⑨，捕送制狱。于时，讯反者一问即臣，听减死。俊臣引仁杰置对，答曰："有周革命，我乃唐臣，反固实。"俊臣乃挺⑩系⑪。其属王德寿以情谓曰："我意求少迁，公为我引杨执柔为党，公且免死。"仁杰叹曰："皇天后土，使仁杰为此乎！"即以首触柱，血流沫面。德寿惧而谢。守者浸⑫弛，即丐笔书帛，置褚衣中，好谓吏曰："方暑，请付家彻⑬絮。"仁杰子光远得书上变，后遣使案⑭视。俊臣命仁杰冠带见使者，私令德寿作谢死表，附使以闻。后乃召见仁杰，谓曰："臣反何耶？"对曰："不臣反，死笞⑮掠矣。"示其表，曰："无之。"后知代署，因免死。武承嗣屡请诛之，后曰："命已行，不可返。"时同被诬者凤阁侍郎任知古等七族悉得贷[16]。御史霍献可以首叩殿陛苦争,欲必杀仁杰等,乃贬仁杰彭泽令,邑人为置生祠。

……

张易之尝[17]从容问自安计,仁杰曰:"惟劝迎庐陵王可以免祸。"会[18]后欲以武三思为太子,以问宰相,众莫敢对。仁杰曰:"臣观天人未厌唐德。比[19]匈奴犯边,陛下使梁王三思募勇士于市,逾月不及千人。庐陵王代之,不浃日[20],辄五万。今欲继统,非庐陵王莫可。"后怒,罢议。久之,召谓曰:"朕数梦双陆不胜,何也?"于是,仁杰与王方庆俱在,二人同辞对曰:"双陆不胜,无子也。天其意者以儆[21]陛下乎!且[22]太子,天下本,本一摇,天下危矣。文皇帝身蹈锋镝,勤劳而有天下,传之子孙。先帝寝疾[23],诏陛下监国。陛下掩神器而取之,十有余年,又欲以三思为后。且姑侄与母子孰亲?陛下立庐陵王,则千秋万岁后常享宗庙;三思立,庙不祔姑。"后感悟,即日遣徐彦伯迎庐陵王于房州。王至,后匿王帐中,召见仁杰语庐陵事。仁杰敷请切至,涕下不能止。后乃使王出,曰:"还尔太子!"仁杰降拜顿首,曰:"太子归,未有知者,人言纷纷,何所信?"后然之。更令太子舍龙门。具礼迎还,中外大悦。初,吉顼、李昭德数请还太子,而后意不回,唯仁杰每以母子天性为言,后虽忮[24]忍,不能无感,故卒[25]复唐嗣。

……

圣历三年卒,年七十一。赠文昌右相,谥曰文惠。仁杰所荐进,若张柬之、桓彦范、敬晖、姚崇等,皆为中兴名臣。始居母丧,有白鹊驯扰[26]之祥。中宗即位,追赠司空。睿宗又封梁国公。

子光嗣、景晖。

……

赞曰：武后乘唐中衰，操杀生柄，劫制天下而攘神器。仁杰蒙耻奋忠，以权大谋，引张柬之等，卒复唐室，功盖一时，人不及知。故唐吕温颂之曰："取日虞渊，洗光咸池。潜[27]授五龙，夹之以飞。"世以为名言。方高宗举天下将以禅[28]后，处俊固争，不使妻乘[29]夫，阴反阳，至奸人衔[30]怨，仇訾以逞。盖所谓谊形[31]于主耶。敬则一谏，而罗织之狱衰，时而后言者欤！

选自《新唐书》卷一百一十五

〔注释〕 ①让：责备。 ②谢：道歉。 ③舍：居住。 ④绝域：极远的地方。 ⑤贻：给予。 ⑥敕：告诫。 ⑦少：稍微。 ⑧每：经常。 ⑨构：设计陷害。 ⑩挺：宽缓。 ⑪系：拘囚。 ⑫浸：逐渐。 ⑬彻：撤去。 ⑭案：考查。 ⑮笞：鞭打。 ⑯贷：饶恕。 ⑰尝：曾经。 ⑱会：适逢。 ⑲比：近来。 ⑳浃日：十日。 ㉑儆：儆戒。 ㉒且：况且。 ㉓寝疾：卧病。 ㉔忮：忌刻。 ㉕卒：最后。 ㉖驯扰：柔顺驯服。 ㉗潜：悄悄地。 ㉘禅：禅让。 ㉙乘：欺凌。 ㉚衔：怀恨。 ㉛形：表现。

〔赏析〕 在"武周革命"之际，朝中大臣面临不同的抉择。若是选择忠于唐室，也许在当时和后世会留下一个很好的名声，但是在当时必然会触怒武则天，轻则贬谪外地，永不录用，重则有满门抄斩的危险；若是选择与武则天合作，在当时可能受到武则天的重用，位极人臣，但是必然会遭到时人的嘲讽，甚至在史书上遗臭万年，而青史留名又是中国古代士大夫十分注重的。当时的朝中大臣中有人毅然选择了前者，如岑长倩、格辅元、裴炎、郝处俊等，结果是岑长倩、格辅元、裴炎等被下狱诛杀，郝处俊虽得以寿终正寝，但是祸及家人，其孙被诬造反诛杀，他也被开棺鞭尸。有人为了功名利禄选择了后者，如许敬宗、李义府等，虽然生前受到武则天的宠信，位极人臣，但是却为时人所不齿，死后也落得个奸臣的名声。许敬宗病逝时，朝中大臣竟然给他上了一个"缪"(意为"名与实爽")的恶谥，虽然后来选择了一个折中的"恭"(意为“既过能改”)，但是足以可见他在朝臣之中的声誉如何。唐代思想家李翱也把他称之为“奸邪之臣”。

在当时朝臣之中，狄仁杰选择的是一种中间道路，即既不得罪武则天，又能忠于唐室。他暂时选择与武周政权合作，尽心尽力为国做事，不触怒武则天，但同时又暗地为复兴唐室做好准备。

如意元年(692年)，来俊臣诬陷狄仁杰等大臣谋反，将他们逮捕下狱。如果狄仁杰像其他大臣一样正面抗争、宁死不屈的话，会给自己带来好的名声，但是肯定会受尽酷刑冤死于狱中，而狄仁杰巧妙地利用了唐朝法律的规则。按照当时的法律规定，一经审问即承认谋反的人可以减免死罪。于是狄仁杰下狱后立即招供，承认谋反，不仅为他上书申冤赢得了时间，而且还让来俊臣放松了警惕。果然，来俊臣在得到了满意的口供之后，只将狄仁杰收监等待行刑，放松了对他的看管。于是狄仁杰就抓住这个时机，成功地将冤屈情况送到武则天手中。武则天得知狄仁杰是蒙冤下狱后，下令将他释放。狄仁杰虽然被贬谪为彭泽令，但是保住了性命。在此之后，狄仁杰知道“武周革命”已经是大势所趋，不可逆转，因此他选择了与武周政权合作。获得武则天再次起用之后，狄仁杰尽心尽力协助武则天处理政务，解决了契丹叛乱、突厥犯边等问题，受到了武则天的信任。

随着狄仁杰政治地位的上升，他又暗中为复兴唐室做好准备工作。武则天晚年宠信张易之，当张易之问他何以保全时，狄仁杰告诉他只有劝告武则天迎回庐陵王李显方可免祸。武则天晚年，武承嗣、武三思谋求当太子，武承嗣不断派人向武则天游说、乞请，同时极力讨好武则天和其宠臣，谋求争得他们的支持和赞同。武则天一度犹豫不决。如果武则天立武承嗣、武三思等为太子的话，要想复兴唐室就更加困难了。狄仁杰也认识到了这一点，因此他积极阻止这件事情的发生。他并没有采取像其他大臣那样直言劝谏的方式，因为在攻击武承嗣、武三思的同时也会伤害到武则天，从而引起武则天的厌恶。所以在此之前，吉顼、李昭德等多次请求召回庐陵王李显，武则天都不肯答应。狄仁杰旁敲侧击，利用母子亲情感化武则天，劝告武则天立庐陵王李显为太子。当武则天梦见双陆棋不胜时，狄仁杰告诉她双陆棋不胜是因为无子，是上天在警示她。接着他又用母子关系和姑侄关系比较，劝谏武则天早日迎回庐陵王李显，以固天下之本。武则天由此而醒悟，同意了他的意见，将庐陵王迎回了都城洛阳，重新立为太子。为了让以后大位能够顺利交接，狄仁杰还积极举荐忠于唐室的大臣，他先后推荐了张柬之、桓彦范、敬晖、窦怀贞及姚崇等数十位干练的官员，为后面神龙政变、唐中宗顺利登基埋下了伏笔。《新唐书·狄仁杰列传》载："仁杰所荐进，若张柬之、桓彦范、敬晖、姚崇等，皆为中兴名臣。"

狄仁杰所选择的中间道路，不仅生前为他赢得了武则天的信任，也为他自己赢得了极高的声誉。武则天对狄仁杰非常敬重，常尊称他为国老，从不直呼其名，对他的退休请求不予批准，还不让他行跪拜之礼。狄仁杰因病去世，武则天十分伤心，哭道："朝堂空了。"并且为他废朝三日。此后，每当有朝廷大事不能决断时，武则天都叹道："老天为什么这么早夺走我的国老。"而后世史家对狄仁杰也给予了高度的赞扬。五代刘昫《旧唐书》说他："天子有诤臣七人，虽无道不失其天下。致庐陵复位，唐祚中兴，诤由狄公，一人以蔽。或曰：许之太甚。答曰：当革命之时，朋邪甚众，非推诚竭力，致身忘家者，孰能与于此乎！仁杰流死不避，骨鲠有彰，虽逢好杀无辜，能使终畏大义。竟存天下，岂不然乎！"欧阳修也赞颂他说："仁杰蒙耻奋忠，以权大谋，引张柬之等，卒复唐室，功盖一时，人不及知。"

酷 吏 列 传

〔选文〕

太宗定天下，留心听断[①]，著令：州县论死三覆奏，京师五覆奏。狱已决，尚[②]芊然为彻膳止乐。至晚节，天下刑几措[③]。是时州县有良吏，无酷吏。

武后乘高、中懦庸，盗攘天权，畏下异己，欲胁制群臣，樀翦宗支，故纵使上飞变[④]，构大狱。时四方上变事者，皆给公乘，所在护送，至京师，禀[⑤]于客馆，高者蒙封爵，下者被赉[⑥]赐，以劝[⑦]天下。于是索元礼、来俊臣之徒，揣后密旨，纷纷并兴，泽吻[⑧]磨牙，噬绅缨若狗豚然，至叛逆臭达道路，冤血流离刀锯，忠鲠[⑨]贵强之臣，朝不保昏。而后因以自肆，不出帏闼，而天命已迁，犹虑臣下弗[⑩]惩，而六道使始出矣。

至载初，右台御史周矩谏后曰："凶人告讦，遂以为常，推劾之吏，以崄责痛诋为功，凿空投隙[⑪]，相矜[⑫]以残，泥耳笼首，枷楔兼暴，拉胁签爪，县[⑬]发熏目，号曰'狱持'。昼禁食，夜禁寐，敲扑撼摇，使不得瞑，号曰'宿囚'。人苟赊[⑭]死，何求不得？陛下不谅[⑮]，试取告牒判无验者，使推其情，有司必上下其手，希合盛旨。今举朝胁息[⑯]，谓陛下朝与为密，夕与为雠，一罹摄逮，便与妻子决[⑰]。且周用[⑱]仁昌，秦用刑亡。惟陛下察之。"后寤[⑲]，狱乃稍息，而酷吏浸浸以罪去。

天宝后至肃、代间，政颣事丛，奸臣作威，渠憸宿狡，颇用惨刻[⑳]奋，然不得如武后时敢搏挚杀戮矣。

呜呼！非吏敢酷，时诱之为酷。观俊臣辈怵[㉑]利放命，内怀滔天，又张汤、郅都之土苴[㉒]云。

索元礼，胡人也，天性残忍。初，徐敬业兵兴，武后患[㉓]之，见大臣常切齿，欲因大狱去异己者。元礼揣旨，即上书言急变，召对，擢游击将军，为推使。即洛州牧院为制狱，作铁笼鞶囚首，加以楔，至脑裂死。又横木关手足转之，号"晒翅"。或纺[㉔]囚梁上，缒石于头。讯一囚，穷根柢，相牵联至数百未能讫，衣冠气褫。后数引见赏赐，以张其威，故论杀最多。是时来俊臣、周兴踵而奋，天下谓之"来索"。薛怀义始贵，而元礼养为假子[㉕]，故为后所信。后以苛猛，复受赇[㉖]，后厌[㉗]众望，收[㉘]下吏，不服，吏曰："取公铁笼来！"元礼服罪，死狱中。

来俊臣，京兆万年人。父操，博徒也，与里人蔡本善[29]。本负博数十万不能偿，操因纳其妻，先已娠而生俊臣，冒其姓。

天资残忍，喜反覆，不事产。客和州为奸盗，捕送狱，狱中上变，刺史东平王续按讯无状，杖之百。天授中，续以罪诛，俊臣上书得召见，自陈前上琅邪王冲反状，为续所抑。武后以为谅，擢累侍御史，按诏狱，数称旨。后阴纵其惨，胁制群臣，前后夷[30]千余族。生平有纤介[31]，皆入于死。拜左台御史中丞，中外累息，至以目语。

俊臣乃引侯思止、王弘义、郭弘霸、李仁敬、康玮、卫遂忠等，阴啸[32]不逞百辈，使飞语诬蔑公卿，上急变。每擿一事，千里同时辄发，契验不差，时号为“罗织”，牒左署曰：“请付来俊臣或侯思止推实必得。”后信之，诏于丽景门别置狱，敕俊臣等颛[33]按事，百不一贷。弘义戏谓丽景门为“例竟”，谓入者例皆尽也。俊臣与其属朱南山、万国俊作《罗织经》一篇，具为支脉纲由，咸有首末，按以从事。

俊臣鞫[34]囚，不问轻重皆注醯于鼻，掘地为牢，或寝以匽[35]溺，或绝其粮，囚至啮衣絮以食，大抵非死终不得出。每赦令下，必先杀重囚乃宣诏。又作大枷，各为号：一、定百脉，二、喘不得，三、突地吼，四、著即臣，五、失魂胆，六、实同反，七、反是实，八、死猪愁，九、求即死，十、求破家。后以铁为冒头，被枷者宛转地上，少选而绝。凡囚至，先布械于前示囚，莫不震惧，皆自诬服。

……

万岁通天中，上巳，与其党集龙门，题搢绅名于石，抵而仆[36]者先告，抵李昭德不能中。或以告昭德，昭德谋绳[37]其恶，未发。卫遂忠虽无行，颇有辞辩，素与俊臣善。始王庆诜女适[38]段简而美，俊臣矫诏强娶之。它日，会妻族，酒酣，遂忠诣之，阍者不肯通[39]，遂忠直入嫚骂，俊臣耻妻见辱，已命驱而缚于廷，既[40]乃释之，自此有隙，妻亦惭，自杀。简有妾美，俊臣遣人示风旨[41]，简惧，以妾归之。

俊臣知群臣不敢斥己，乃有异图，常自比石勒，欲告皇嗣及庐陵王与南北衙谋反，因得骋志。遂忠发[42]其谋。初，俊臣屡擿摭诸武、太平公主、张昌宗等过咎，后不发。至是诸武怨，共证其罪。有诏斩于西市，年四十七，人皆相庆，曰："今得背著床瞑矣！"争抉目、擿肝、醢其肉，须臾尽，以马践其骨，无孑余，家属籍没[43]。

选自《新唐书》卷二百九

〔**注释**〕 ① 听断：断决讼事。 ② 尚：尚且。 ③ 措：舍弃。 ④ 飞变：密告紧急事变的奏章。 ⑤ 禀：通"廪"，给予粮食。 ⑥ 赉：赏赐。 ⑦ 劝：勉励。 ⑧ 吻：嘴唇。 ⑨ 鲠：直。 ⑩ 弗：不。 ⑪ 隙：机会。 ⑫ 矜：夸耀。 ⑬ 县：悬挂。 ⑭ 赊：宽缓。 ⑮ 谅：相信。 ⑯ 胁息：屏气，多形容畏惧到极点。 ⑰ 决：通"诀"，辞别。 ⑱ 用：因为。 ⑲ 寤：通"悟"，觉悟。 ⑳ 刻：刻薄。 ㉑ 怵：被诱惑而动心。 ㉒ 土苴：土渣，喻极轻贱的事物。 ㉓ 患：担忧。 ㉔ 纺：同"绑"，绑缚。 ㉕ 假子：养子。 ㉖ 赇：贿赂。 ㉗ 厌：通"餍"，满足。 ㉘ 收：拘捕。 ㉙ 善：亲善。 ㉚ 夷：消灭。 ㉛ 纤介：细微(的矛盾)。 ㉜ 啸：招集。 ㉝ 颛：通"专"。 ㉞ 鞫：审讯。 ㉟ 匽：储污水的坑池。 ㊱ 仆：向前跌倒。 ㊲ 绳：制裁。 ㊳ 适：女子出嫁。 ㊴ 通：通报。 ㊵ 既：不久。 ㊶ 风旨：意图。 ㊷ 发：揭露。 ㊸ 籍没：登记并没收所有的财产。

〔**赏析**〕 酷吏是指那些执法无情的官员。自司马迁作《史记》将酷吏单独列传，历代沿用。《新唐书·酷吏列传》一共记载了有唐一代十名酷吏，其中武则天时期的酷吏占了七名，并且认为武则天时期的酷吏与唐朝其他时期的酷吏有很大不同。《新唐书·酷吏列传》载："天宝后至肃、代间，政颣事丛，奸臣作威，渠憸宿狡，颇用惨刻奋，然不得如武后时敢搏挚杀戮矣。"武则天时期的酷吏以凶残嗜杀闻名，其中的代表人物就是索元礼、来俊臣二人。

索元礼是胡人，天性残忍。徐敬业兴兵讨伐武则天后，武则天认为朝中大臣对她心怀不满，就想以威制服天下。索元礼揣摩到武则天的旨意，上书告密，于是渐得武则天的信任。索元礼可以说开武周时期通过严酷办案而得以晋升的先例，他不仅“发明”了残酷的刑具，而且喜欢牵连，每审讯一个人，一定要穷根刨底，枝牵蔓引到几百人都还不罢休。内外官民，人人屏息不敢动。这种做法的效果得到了武则天的赏识，武则天多次召见他，且多加赏赐，以助其威。在此之后，来俊臣、周兴纷纷仿效。最终，由于索元礼太过残暴，引起众怒，武则天不得已，为满足众人要求，收索元礼下狱，后索元礼死于狱中。

相比于索元礼，来俊臣可以说是有过之而无不及。来俊臣天性凶险残忍，喜好反复无常。因盗窃入狱后，为求解脱，在狱中胡编乱造，被东平王李续调查后知他是诬告，予以严惩。如果来俊臣能够从此事中得到一些教训，他的人生轨迹可能就会发生很大变化。然而人生却又是如此的戏剧化，后来东平王李续因罪被杀，来俊臣抓住机会，上书告密，举报李续有重大罪行。武则天见到这份举报信十分高兴，马上破例接见来俊臣，顷刻之间，来俊臣身价百倍，武则天“以为忠，累迁侍御史，加朝散大夫”。在此之后，他更加肆无忌惮，聚集了一群党羽上百人，让他们造谣诬蔑朝中公卿。每要诬陷一件事，就让好多地方同时告发，调查校核起来，自然不差，当时称这种做法为“罗织”。还专门组织人力写了《罗织经》一篇，教人如何诬告他人。来俊臣创作了一系列的刑具和审讯手段，审讯时无论有罪与否、罪行轻重，一律先施以酷刑，因此经过他审讯的要么屈认罪状，要么冤死于狱中。来俊臣诬告的范围也不断扩大，从最初的被动接受案件到后来主动出击，从最初的中下级官员到后来甚至诬告朝中宰相级别的官员，甚至武氏诸王、太平公主及皇嗣李旦和庐陵王李显等。多行不义必自毙，武氏诸王、太平公主感到恐惧，共同揭发他的罪恶，将他关进监狱，有司判处他死刑。武则天本不想处死他，但是群臣一再坚持，最终还是批准将他处死，并且诛灭全家。

纵观武则天时期的酷吏，他们都是通过告密起家，凶残发家，最终又因嗜杀惹众怒而丢掉了自己的性命。与其说他们本性如此，还不如说时代造就了他们的凶残。在武则天夺取帝位的过程中，遭遇到了重重阻力——李唐宗室，朝中忠于唐室的大臣，传统的男尊女卑的心理，甚至一些心怀不轨之人也趁机起事。武则天要为称帝扫清障碍，对于这些人一方面极力拉拢，施以加官进爵、高官厚禄，希望能够为我所用。如不能为我所用者，则需要予以打压，甚至不惜予以杀害。她需要一些人充当“爪牙”的角色，在这种背景下，索元礼、来俊臣等为了高官厚禄，迎合了武则天的旨意，选择充当这一角色。然而，爪牙伤人的同时，也会遭人嫉恨，等到局势稳定，君主必定会为了安抚众人而选择抛弃爪牙，所以酷吏的结局往往十分悲惨。欧阳修在《新唐书·酷吏列传》中也感叹道：“呜呼！非吏敢酷，时诱之为酷。”

（刘先维）

盛世帝王和名臣的画像

〔导言〕 “忆昔开元全盛日，小邑犹藏万家室。稻米流脂粟米白，公私仓廪俱丰实。”开元盛世作为中国古代的治世典范，文治武功都有值得探讨的地方。由武周晚年“天下户口，亡逃过半，租调既减，国用不足”（《旧唐书·韦嗣立列传》）到“公私仓廪俱丰实”，唐玄宗即位时所面对的是一个内外交困的局面，内有农民起义此起彼伏，政府财政出现巨大危机；外有突厥、契丹奴隶主贵族抢占边境，威胁人民安全，破坏商路，民族矛盾尖锐。即使朝廷内部也不是铁板一块，各方势力矛盾加剧、吏治腐败。改革的重担历史性地落在了唐玄宗以及一干重臣身上。

本组节选了《唐玄宗本纪》、《宋璟列传》，从中我们可以一窥开元之治背后的政治智慧和君臣协作。从顶层设计到落地实施，一以贯之的改革思想，自上而下的贯彻落实也可以为今天处在改革攻坚期的中国提供一面镜子。这位历史上争议颇多的一代君王和百世流芳的一代贤相，亦可以为在改革中不断前行的人们提供借鉴与教训。

唐玄宗本纪

〔选文〕

睿宗即位，立为皇太子。景云二年，监国，听[①]除[②]六品以下官。延和元年，星官言：“帝坐前星有变。”睿宗曰：“传德避灾，吾意决矣。”七月壬辰，制[③]皇太子宜即皇帝位。太子惶惧入请，睿宗曰：“此吾所以答天戒也。”皇太子乃御武德殿，除三品以下官。八月庚子，即皇帝位。先天元年十月庚子，享[④]于太庙，大赦。

开元元年正月辛巳，皇后亲蚕。

七月甲子，太平公主及岑羲、萧至忠、窦怀贞谋反，伏诛。乙丑，始听政。丁卯，大赦，赐文武官阶、爵。庚午，流[5]崔湜于窦州。甲戌，毁天枢。乙亥，尚书右丞张说检校中书令。庚辰，陆象先罢[6]。

八月癸巳，刘幽求为尚书右仆射，知[7]军国大事。壬寅，宋王成器为太尉，申王成义为司徒，邠王守礼为司空。

九月丙寅，宋王成器罢。庚午，刘幽求同中书门下三品，张说为中书令。

十月，姚嶲蛮寇[8]姚州，都督李蒙死之。己亥，幸[9]温汤。癸卯，讲武[10]于骊山。流郭元振于新州，给事中唐绍伏诛。免新丰来岁税，赐从官帛。甲辰，猎于渭川。同州刺史姚元之为兵部尚书、同中书门下三品。乙巳，至自渭川。

十一月乙丑，刘幽求兼侍中。戊子，群臣上尊号曰开元神武皇帝。

十二月庚寅，大赦，改元，赐内外官勋。改中书省为紫微省，门下省为黄门省，侍中为监。甲午，吐蕃请和。己亥，禁泼寒胡戏。壬寅，姚崇兼紫微令。癸丑，刘幽求罢。贬张说为相州刺史。甲寅，黄门侍郎卢怀慎同紫微黄门平章事。

……

四年正月戊寅，朝太上皇于西宫。

二月丙辰，幸温汤。辛酉，吐蕃寇松州，廓州刺史盖思贵伐之。丁卯，至自温汤。癸酉，松州都督孙仁献及吐蕃战，败之。

六月甲子，太上皇崩。辛未，京师、华陕二州大风拔木。癸酉，大武军子将郝灵佺杀突厥默啜。

七月丁丑，吐蕃请和。丁酉，洛水溢[11]。

八月辛未，奚、契丹降。

十月庚午，葬大圣真皇帝于桥陵。

十一月己卯，卢怀慎罢。丁亥，迁中宗于西庙。丙申，尚书左丞源乾曜为黄门侍郎、同紫微黄门平章事。

十二月乙卯，定陵寝殿火[12]。丙辰，幸温汤。乙丑，至自温汤。

闰月己亥，姚崇、源乾曜罢。刑部尚书宋璟为吏部尚书兼黄门监，紫微侍郎苏颋同紫微黄门平章事。

……

八年正月辛巳，宋璟、苏颋罢。京兆尹源乾曜为黄门侍郎，并州大都督府长史张嘉贞为中书侍郎：同中书门下平章事。

二月戊戌，子敏卒。

三月甲子，免水旱州逋[13]负，给复[14]四镇行人家一年。

五月丁卯，源乾曜为侍中，张嘉贞为中书令。

六月庚寅，洛、瀍、谷水溢。

九月，突厥寇甘、凉，凉州都督杨敬述及突厥战，败绩。丙寅，降[15]京城囚罪，杖以下原[16]之。壬申，契丹寇边，王晙检校幽州都督、节度河北诸军大使，黄门侍郎韦抗为朔方道行军大总管，以伐之。甲戌，中书门下虑[17]囚。

十月辛巳，如[18]长春宫。壬午，猎于下邽。庚寅，幸温汤。十一月乙卯，至自温汤。

……

二十六年正月甲戌，潮州刺史陈思挺谋反，伏诛。乙亥，牛仙客为侍中。丁丑，迎气于东郊。降死罪，流以下原之。以京兆稻田给贫民，禁王公献珍物，赐文武官帛。壬辰，李林甫兼陇右节度副大使。

二月乙卯，牛仙客兼河东节度副大使。

三月丙子，有星孛于紫微。癸巳，京师地震。吐蕃寇河西，崔希逸败之，鄯州都督杜希望克其新城。

四月己亥，有司读时令。降死罪，流以下原之。

五月乙酉，李林甫兼河西节度副大使。

六月庚子，立忠王玙为皇太子。

七月己巳，大赦。赐文武九品以上及五品以上子为父后者勋一转，侍老粟帛，加版授⑲。免京畿下户今岁租之半。赐民酺⑳三日。

九月丙申朔，日有食之。庚子，益州长史王昱及吐蕃战于安戎城，败绩。

十月戊寅，幸温泉宫。壬辰，至自温泉宫。

选自《新唐书》卷五

〔注释〕 ①听：听凭。 ②除：拜官受职。 ③制：帝王的命令。 ④享：祭献。⑤流：流放。 ⑥罢：免职。 ⑦知：主持。 ⑧寇：侵犯。 ⑨幸：指帝王驾临。⑩讲武：讲习武事。 ⑪溢：泛滥。 ⑫火：着火。 ⑬逋：拖欠。 ⑭复：免除赋税徭役。 ⑮降：减轻。 ⑯原：赦免。 ⑰虑：通“录”，讯察记录囚犯的罪状。 ⑱如：前往。 ⑲版授：授给虚衔。 ⑳酺：聚会饮食。

〔赏析〕 自孔子后，春秋书法历来为史家所推崇，寓褒贬于一笔一削之中。《新唐书》作为宋仁宗下诏重修的唐史，必然会在增删中，为唐史增加几分宋人的遗存。《新唐书》本纪较旧书几乎减去十分之六七，读来比较枯燥。然而言简意赅之中，也能从年月、事件的记叙当中，理出一条重要事件和重大决策的时间轴来，这又为探讨其间的政治沿革、人物活动提供了便利。

唐玄宗在位期间所面临的政治经济矛盾和民族问题，都为改革带来了巨大的考验和阻力，其改革的决心和智慧或许可以为今天处于社会转型时期的中国带来借鉴。从唐玄宗的政治经济思想和举措之中，我们也可以窥见一代帝王的政治智慧。

改革吏治是重中之重，开元年间，唐玄宗励精图治，“任人唯贤”。他先后任命姚崇、宋璟、张嘉贞、张九龄、韩休、杜退等人为宰相，这些人各有所长，都能直言谏诤，补救缺政。在这些大臣辅佐之下，唐玄宗积极进行了吏治改革。在《新唐书·玄宗本纪》之中可以看到重要官员的任免，重大政策的革新都是有迹可循的。

开元三年(715年)，唐玄宗明确宣布：“官不滥升，才不虚受，惟名与器，不可以假人，左贤右戚，岂资于谬赏”。开元二十五年以前，玄宗基本上贯彻了这一方针，最突出的首先纠正了过去两个问题：一是裁汰亢员、精简机构，把武周中宗以来所置的员外官、试官、斜封官数千人，一律撤销，以便节约开支，解决国家的财政困难；二是恢复太宗时期谏官史官参加宰相议事的制度，一改武后时期“政多私僻”的弊病。

革故鼎新，在革除政治弊病的同时，唐玄宗也屡推新政，在平衡封建社会君权相权、地方中央的矛盾方面多有建树，保证了政令的上传下达和贯彻实行。

针对庞大臃肿的宰相队伍、纷繁复杂的宰相名号和宰相任期过短的现实状况，玄宗作出了相应的重大调整。宰相人数限额定为二至三人成为常制，相比以前的漫无限制已经呈现出员额骤减和趋于固定化、制度化的特点。尚书省彻底从宰相机构中退出，成为完全脱离决策的单一纯粹的政务执行机构，宰相只能从中书省和门下省中产生，三省六部制更加完善。

改革吏治的另一措施，是对于地方官员的严格考察评定制度。为此，唐玄宗专门颁布了《整饬吏治诏》，这改善了地方官吏贪赃枉法的现象，也为具体政策的上行下效奠定了基础。

在经济方面，“食为人天，富而后教”(《旧唐书·宇文融列传》)，这是唐玄宗于开元十二年五月所颁敕令透露的重要经济思想。仓廪实而知荣辱，将物质生产置于道德教化之前，而非有所偏废。更进一步的在天宝二载(743年)玄宗下诏说：“古之善政，贵于足食；将欲富国者，必先利人。”玄宗把足食富民摆在富国之前，体现了他藏富于国的同时也藏富于民的思想。

这一思想也贯彻到了其各项政策之中。在《唐玄宗本纪》中我们可以看到每隔几年，玄宗就会敕令善待孤寡、轻徭薄役、兴修水利。这既是小农经济条件下巩固封建统治的要求，也是一种符合当时历史条件的社会再分配，其藏富于民的思想对今天的社会改革仍有借鉴意义。

富国与强兵向来相辅相成。整治军队、收复失地、恢复西域主权，不仅维护了国家统一和民族团结，也重新打通了重要商路，对于对外的经济文化交流具有重大的意义。

作为诗人、音乐家、戏剧家的唐玄宗本身爱好文艺，对于学术文化的发展也给予了足够的重视和支持。如任命昭文馆学士马怀素为修图书使，组织搜集整理和编书事务；下令在长安洛阳创设集书院，把全国著名学者组织起来，集中力量著书立说，为盛唐学术和文化的发展营造了良好的氛围。

政治、经济、文化、军事四位一体，相辅相成的改革，开创了至今为后人所称道的开元盛世。

宋璟列传

〔选文〕

宋璟，邢州南和人。七世祖弁为元魏吏部尚书。璟耿介[①]有大节，好学，工[②]文辞，举进士中第。调上党尉，为监察御史，迁凤阁舍人。居官鲠[③]正，武后高其才。张易之诬御史大夫魏元忠有不臣语，引张说为验，将廷辩，说惶遽[④]，璟谓说曰："名义至重，不可陷正人以求苟免。缘此受谪[⑤]，芬香多矣。若不测者，吾且[⑥]叩阁救，将与子偕死。"说感其言，以实对，元忠免死。

……

神龙初，为吏部侍郎。中宗嘉其直，令兼谏议大夫、内供奉，仗下与言得失。迁黄门侍郎。武三思怙[⑦]烝宠，数有请于璟。璟厉答曰："今复子明辟，王宜以侯就第，安得尚干朝政，独不见产、禄事乎？"后韦月将告三思乱宫掖，三思讽[⑧]有司论大逆不道，帝诏殊死[⑨]，璟请付狱按[⑩]罪，帝怒，岸巾出侧门,谓璟曰:"朕谓已诛矣,尚何请?"璟曰:"人言后私[11]三思,陛下不问即斩之,臣恐有窃[12]议者,请按而后刑。"帝愈怒。璟曰:"请先诛臣,不然,终不奉诏。"帝乃流月将岭南。会[13]还京师,诏璟权[14]检校并州长史,未行,又检校贝州刺史。时河北水,岁大饥,三思使敛[15]封租,璟拒不与,故为所挤。历杭、相二州,政清毅,吏下无敢犯者。迁洛州长史。

……

帝(玄宗)幸东都,次[16]崤谷,驰道隘,稽[17]拥车骑,帝命黜河南尹李朝隐、知顿使王怡等官。璟曰:"陛下富春秋,今始巡守,以道不治而罪二臣,繇此相饬,后有受其蔽者。"帝遽[18]命舍之。璟谢[19]曰:"陛下向以怒责之,以臣言免之,是过归于上而恩在下。姑[20]听待罪于朝,然后诏还其职,进退得矣。"帝善之。累封广平郡公。广人为璟立遗爱颂,璟上言:"颂所以传德载功也。臣之治不足纪,广人以臣当国,故为溢辞,徒成谄谀者。欲厘正之,请自臣始。"有诏许停。

……

皇后父王仁皎卒,将葬,用昭成皇后家窦孝谌故事[21],坟高五丈一尺。璟等请如著令,帝已然可,明日,复诏如孝谌者。璟还诏曰:"俭,德之恭;侈,恶之大也。僭礼厚葬,前世所诫,故古墓而不坟。人子于哀迷则未遑[22]以礼自制,故圣人制齐、斩、缌、免,衣衾棺椁,各有度数。虽有贤者,断其私怀。众皆务奢,独能以俭,所谓至德要道者。中宫若谓孝谌逾制,初无非者,一切之令固不足以法[23]。贞观时嫁长乐公主,魏徵谓不可加长公主,太宗欣纳,而文德皇后降使厚谢。韦庶人追王其父,擅作[24]酆陵,而祸不旋踵[25]。国家知人情无穷,故为制度,不因人以摇动,不变法以爱憎。比[26]来人间竞务靡葬，今以后父重戚，不忧乏用，高冢大寝，不畏无人，百事官给，一朝可就[27]，而区区屡闻者，欲成朝廷之政、中宫之美尔。傥[28]中宫情不可夺，请准令一品陪陵坟四丈，差合所宜。”帝曰：“朕常欲正身纪纲天下，于后容有私邪？然人所难言，公等乃能之。”即可其奏。又遣使赉[29]彩绢四百匹。

会日食，帝素服俟变，录囚多所贷[30]遣，赈恤灾患，罢不急之务。璟曰：“陛下降德音，恤人隐，末宥[31]轻系[32]，惟流、死不免，此古所以慎赦也。恐议者直以月蚀修刑，日蚀修德，或言分野之变，冀有揣合。臣以谓君子道长，小人道销。止女谒，放谗夫，此所谓修德也。囹圄不扰[33]，兵甲不渎，官不苛治，军不轻进，此所谓修刑也。陛下常以为念，虽有亏食，将转而为福，又何患[34]乎？且君子耻言浮于行，愿劝天以诚，无事空文。”帝嘉纳。后以开府仪同三司罢政事。

……

十二年，东巡泰山，璟复为留守。帝将发，谓曰：“卿，国元老，别方历时，宜有嘉谋以遗[35]朕。”璟因一二极言。手制答曰：“所进当书之坐右，出入观省，以诫终身。”赐赉优渥，进兼吏部尚书。十七年。为尚书右丞相，而张说为左丞相，源乾曜为太子少傅，同日拜。有诏太官设馔，太常奏乐，会百官尚书省东堂。帝赋三杰诗，自写以赐。二十年，请致仕[36]，许之，仍赐全禄。退居洛。乘舆东幸，璟谒道左。诏荣王劳问[37]，别遣使赐药饵。二十五年卒，年七十五，赠太尉，谥文贞。

……

赞曰：姚崇以十事要说天子而后辅政，顾不伟哉，而旧史不传。观开元初皆已施行，信不诬[38]已。宋璟刚正又过于崇，玄宗素所尊惮，常屈意听纳。故唐史臣称崇善应变以成天下之务，璟善守文以持天下之正。二人道不同，同归于治，此天所以佐唐使中兴也。呜呼！崇劝天子不求边功，璟不肯赏边臣，而天宝之乱，卒悼其害，可谓先见矣。然唐三百年，辅弼者不为少，独前称房、杜，后称姚、宋，何哉？君臣之遇合，盖难矣夫！

选自《新唐书》卷一百二十四

〔注释〕 ① 介：正直。 ② 工：擅长。 ③ 鲠：直。 ④ 遽：惊慌。 ⑤ 谪：降职。 ⑥ 且：将。 ⑦ 怙：凭恃。 ⑧ 讽：暗示。 ⑨ 殊死：斩首之刑。 ⑩ 按：查考。 ⑪ 私：偏私。 ⑫ 窃：私下。 ⑬ 会：适逢。 ⑭ 权：暂且。 ⑮ 敛：收取租税。 ⑯ 次：停留。 ⑰ 稽：留止。 ⑱ 遽：立即。 ⑲ 谢：谢罪。 ⑳ 姑：姑且。 ㉑ 故事：先例。 ㉒ 遑：闲暇。 ㉓ 法：取法。 ㉔ 作：兴建。 ㉕ 旋踵：比喻时间短暂。 ㉖ 比：近来。 ㉗ 就：成。 ㉘ 傥：如果。 ㉙ 赉：赏赐。 ㉚ 贷：饶恕。 ㉛ 宥：宽恕。 ㉜ 系：拘囚。 ㉝ 扰：纷乱。 ㉞ 患：担忧。 ㉟ 遗：赠送。 ㊱ 致仕：辞官。 ㊲ 问：慰问。 ㊳ 诬：欺骗。

〔赏析〕 “君臣之遇合，盖难矣夫”，《新唐书》中姚崇、宋璟的传记最后这样写道。就中国古代封建社会而言，“明君贤臣”历来是一种理想的政治模式，而开元年间的唐玄宗和历经五帝的宋璟无疑可以作为我们研究的对象，二人互相成就，开创了开元盛世。

宋璟历经“武、中宗、睿宗、玄宗”四朝，仕途多有不顺。武后时，因与二张结怨屡被中伤；中宗时，因得罪当权的武三思，受排挤外调；睿宗时，因推崇用人唯贤的政策，得罪其时势大的太平公主，罢相被贬。过刚易折，在云波诡谲的官场就更是如此，而宋璟能以直谏留名青史，其背后一方面是个人的政治智慧与治世才华，另一方面则仰赖于上位者的虚怀若谷。

君臣遇合，必须要有一定的基础。玄宗方面想要终结政变政治，复振贞观之风，这是最重要的前提。而从姚崇、宋璟方面来看，他们是在那个“朝廷罕有正人，附丽无非险辈”，个人功名重于一切的年代里，少有的有崇高理想的政治家。一方是一路从政变中走来不到三十岁壮志凌云的有为之君，另一方是长期跻身于混乱政局刚直不屈、壮心不已的救时之相，唐玄宗和姚崇、宋璟的合作拉开了中国历史上少有的恢宏盛世的序幕。

宋璟拜相与姚崇罢相有着密切而直接的关系，这既是政治形势变化使然，更是玄宗根据政局转换，为适应新的统治需要对最高权力机构的人事变动作出的重大战略部署与调整。面对武后、韦后以来权力中枢的动荡混乱局面与威胁皇权的种种隐患，姚崇的历史使命就是拨乱反正、安定政局、稳固皇权。其多谋善断与灵活、变通、务实的行事风格，十分有利于迅速解决诸多棘手的历史遗留问题，打开政治新局面。而一旦局势稳定下来，国家就需要建立相对固定可靠的规章制度来维护和保障政治的正常运转，有道德污点和违法迹象的"救时之相"姚崇自然会成为历史。

接替姚崇的宋璟，除了认同姚崇的大政方针，能保持开元初期政策的连续性和稳定性之外，其长期的政治实践、丰富的政治经验和守成持正的政治作风，都使之成为姚崇之后最好的接班人。

宋璟在武后、中宗、睿宗三朝，三度公开反对当朝权贵，以致三次从中央贬到地方。相较于姚崇的圆滑，他的直言极谏、忤旨犯上、将原则坚持到底都显示了他坚守正道、捍卫正义的傲然风骨。玄宗在位期间，宋璟也多次犯颜直谏且大都被采纳，一方面显示了其刚正无私的个性和勇气，另一方面也和玄宗的包容纳谏密不可分。

宋璟在朝廷和地方都有过长期而广泛的任职经历，任上成就卓著，都显示了他治国理政的才能。自武则天时代入仕以来，宋璟就受到了历任最高统治者的一致器重："武后高其才"，"中宗嘉其直"，睿宗更是刚一即位就迫不及待地把他从地方召回中央并委以宰相重任。在中央，宋璟在中书省、门下省、尚书省、御史台四大国家最高权力机构都担任过重要职务；在地方，他为官一任便造福一方。出任广州都督期间，看到当地人"皆以竹茅为屋，屡有火灾"时，便身体力行"教人烧瓦，改造店肆，自是无复延烧之患"，彻底改变了广州百姓住草棚茅舍的落后生活习俗，当地民众"人皆怀惠，立颂以纪其政"。玄宗所看重的，正是其卓越的政治才能。

于是，君臣通力协作，共同铸就了开元盛世的鼎盛局面。

（刘建芳）

宰相的价值取向和进谏之术

〔导言〕 张九龄和李林甫两人的传记皆见于新、旧两《唐书》，然而两《唐书》在二传上颇有差异，《新唐书》以远绍《春秋》自期，将《李林甫列传》归入"奸臣列传"，"不失为史之意"，这种鲜明的褒贬意识和笔削历史的原则显然是《旧唐书》所缺乏的。从文学的角度而言，新书之文采更胜旧书。本组采择《新唐书》的《张九龄列传》和《李林甫列传》，折射出"科举"系统出身的张九龄与"恩荫"系统（即凭借父辈的官位、家世、影响力等进入官场的官僚升迁系统）出身的李林甫在为政风格，乃至官声吏才之差异，同时梳理出唐中后期历史变革时期两个官僚系统以及张九龄、李林甫各自的政治策略，以期理解官场竞逐对玄宗朝政治走势的巨大影响。

张九龄列传

〔选文〕

张九龄字子寿，韶州曲江人。……擢进士，始调校书郎，以道侔伊吕科策高第，为左拾遗。

……

九龄有才鉴，吏部试拔萃与举者，常与右拾遗赵冬曦考次，号称详平[①]。改司[②]勋员外郎。时张说为宰相，亲重之，与通谱系，常曰："后出词人之冠也。"迁中书舍人内供奉，封曲江男，进中书舍人。会[③]帝封泰山，说多引两省录事主书及所亲摄官升山，超阶至五品。九龄当草诏，谓说曰："官爵者，天下公器，先德望，后劳[④]旧。今登封告成，千载之绝典，而清流隔于殊恩，胥史乃滥章韨，恐制出，四方失望。方进草，尚可以改，公宜审[⑤]计[⑥]。”说曰：“事已决矣，悠悠之言不足虑。”既而果得谤。御史中丞宇文融方事田法，有所关奏，说辄建议违之。

……

召为秘书少监、集贤院学士，知院事。……迁工部侍郎，知制诰。……拜中书侍郎、同中书门下平章事。固辞，不许。明年，迁中书令。始议河南开水屯，兼河南稻田使。上言废循[⑦]资格，复置十道采访使。

李林甫无学术，见九龄文雅，为帝知[⑧]，内忌之。会范阳节度使张守珪以斩可突干功，帝欲以为侍中。九龄曰：“宰相代天治物，有其人然后授，不可以赏功。国家之败，由官邪也。”帝曰：“假其名若何？”对曰：“名器不可假也。有如平东北二虏，陛下何以加之？”遂止。又将以凉州都督牛仙客为尚书，九龄执[⑨]曰：“不可。尚书，古纳言，唐家多用旧相，不然，历内外贵任，妙有德望者为之。仙客，河、湟一使典耳，使班常伯，天下其谓何？”又欲赐实封，九龄曰：“汉法非有功不封，唐遵汉法，太宗之制也。边将积谷帛，缮器械，适[⑩]所职[⑪]耳。陛下必赏之，金帛可也，独不宜裂地以封。”帝怒曰：“岂以仙客寒士嫌之邪？卿固素有门阅哉？”九龄顿首曰：“臣荒陬孤生，陛下过听，以文学用臣。仙客擢胥史，目不知书。韩信，淮阴一壮夫，羞绛、灌等列。陛下必用仙客，臣实耻之。”帝不悦。翌日，林甫进曰：“仙客，宰相材也，乃不堪[⑫]尚书邪？九龄文吏，拘古义，失大体。”帝由是决用仙客不疑。九龄既戾[⑬]帝旨，固内惧，恐遂为林甫所危[⑭]，因帝赐白羽扇，乃献赋自况[⑮]，其末曰：“苟效用之得所，虽杀身而何忌？”又曰：

"纵秋气之移夺，终感恩于箧中。"帝虽优答，然卒以尚书右丞相罢政事，而用仙客。自是朝廷士大夫持禄养恩矣。

……

初，千秋节，公、王并献宝监，九龄上"事鉴"十章，号《千秋金鉴录》，以伸讽谕。与严挺之、袁仁敬、梁升卿、卢怡善，世称其交能终始者。及为相，谔谔有大臣节。当是时，帝在位久，稍[16]怠于政，故九龄议论必极言得失，所推引皆正人。武惠妃谋陷太子瑛，九龄执不可。妃密遣宦奴牛贵儿告之曰："废必有兴，公为援，宰相可长处。"九龄叱曰："房幄安有外言哉！"遽[17]奏之，帝为动色，故卒九龄相而太子无患。安禄山初以范阳偏校入奏，气骄蹇[18]，九龄谓裴光庭曰："乱幽州者，此胡雏也。"及讨奚、契丹败，张守珪执如[19]京师，九龄署其状曰："穰苴出师而诛庄贾，孙武习战犹戮宫嫔，守珪法行于军，禄山不容免死。"帝不许，赦之。……帝后在蜀，思其忠，为泣下。

选自《新唐书》卷一百二十六

〔注释〕 ① 平：公平。 ② 司：任职。 ③ 会：适逢。 ④ 劳：功劳。 ⑤ 审：慎重。 ⑥ 计：计议。 ⑦ 循：沿袭。 ⑧ 知：赏识。 ⑨ 执：坚持。 ⑩ 适：正好。 ⑪ 职：掌管。 ⑫ 堪：可以。 ⑬ 戾：违背。 ⑭ 危：危害。 ⑮ 况：比拟。 ⑯ 稍：渐渐。 ⑰ 遽：疾速。 ⑱ 蹇：傲慢。 ⑲ 如：前往。

〔赏析〕 张九龄是唐代一位杰出的政治家，《张九龄列传》主要记载了两个事件：其一，保护皇太子瑛；其二，围绕牛仙客是否应任宰辅而与玄宗展开的争论。两起事件从表面上看起来似乎风马牛不相及，然而究其实质，两者的内在机理却是紧密贯通的，反映出张九龄、唐玄宗和李林甫之间施政理念的差异以及三人在面对公权与私权行使方面的博弈、抉择。《张九龄列传》主要以张九龄为角度来作出阐发，呈现了唐代科举官僚系统以儒道作为基本规范来参与政权运作的特征。张九龄乃是进士出身，熟谙儒家经典与治国理念，在针对唐玄宗未行亲郊之礼的上疏中，他认为："自古继统之主，必有郊配，盖敬天命，报所受也"，并据《孝经》记载与汉代故事的惯例奉劝玄宗"定天位，则圣典无遗矣"。张九龄既以才鉴见推，亦为当时宰辅张说所重，称其"后来词人称首也"，细细推究张九龄的行政举措以及受到张说推崇的原因，实际上与张九龄本人的身份和文化给养的来源有关，完全是因为张九龄出自于科举系统且儒道相通。

然而，随着隋唐之际科举制度的确立，进士科出身的帝国官僚往往在文学素养上胜人一筹，士大夫颇具典型的儒家信仰，但这些官僚的政治手腕未必高明，也未必擅长于技术性的政治事务。在儒道文化的熏陶下，张九龄逐渐形成了皇权乃天下公权的施政理念，张九龄曾经建言张说"官爵者，天下之公器，德望为先"即是明证。张九龄的这一观念逐渐变得根深蒂固，这也就是其后张九龄与玄宗发生争论的缘由。同时，这一理念也成为张九龄庇护太子、反对牛仙客参与政事的动因。然而张九龄在为政理念的操作层面却执着于公权的巨大作用，而完全忽略了皇权的私属的特性，因而"议必极言得失"，多次忤旨而遭贬。本文对张九龄的政治理念与政治抉择进行细致的剖析，探寻其间存在的历史殷鉴。

首先是张九龄庇护太子瑛这一事件。太子瑛系赵丽妃所生，然而玄宗却宠爱武惠妃之子寿王瑁，时常有废太子瑛之心。在玄宗下达废立太子的动议让百官讨论时，张九龄建言："太子国本，长在宫中，受陛下义方，人未见过，陛下奈何以喜怒间忍欲废之？臣不敢奉诏。"武惠妃听闻此事后密遣宦人劝之，针对这一情况，张九龄在呵斥来人后依旧将奏章上呈朝廷，显示出丝毫不予以妥协的决绝态度。古代臣子即便是顾命大臣，在面对皇储废立的政治问题时也多采取审慎的态度，如西汉的权臣霍光在废黜昌邑王的问题上也要取得太后的同意，同时需要获得诸多大臣赞同废立的舆论导向。张九龄此举，不啻是将属于皇室内部的私权放到大庭广众之下来进行谏诤，由此可见其浓厚的儒家思想在参与政治决策中的巨大影响。

第二件大事即张九龄反对牛仙客入知政事。玄宗以才能简拔凉州都督牛仙客担任尚书之职，为张九龄谏止，玄宗又欲实封牛仙客，张九龄再次提出反对意见,因为牛仙客本非文学出身,张九龄甚以与之同列为耻。在这一事件的过程中,还有李林甫在背后的参与和权力的争夺,史称"李林甫自无学术,以九龄文行为上所知,心颇忌之。乃引牛仙客知政事"(《旧唐书·张九龄列传》)。而《旧唐书·李林甫列传》亦载李林甫与牛仙客交通一事,李林甫言"但有材识,何必辞学,天子用人,何有不可"。李林甫的此番说辞既表现出对张九龄等文学之士的反感,同时也表现出其对皇帝威权不必他人插手的认知。对于牛仙客用与不用的争论,表面上看来是张九龄、唐玄宗和李林甫用人理念的不同,其深层原因是"出将入相"与选用文学两条官员拔擢渠道的矛盾,张九龄显然属于后者。在具体政治斗争过程中,张九龄的手腕显然是不能同李林甫等量齐观的,张九龄未能把握玄宗"渐肆奢欲,怠于政事"而使公权式微的迹象,同时也忽略了皇帝私权逐渐滋长的趋向,以至于进谏时虽"守正持重",却屡犯龙颜,没有达到预期的效果。

李林甫列传

〔选文〕

李林甫,长平肃王叔良曾孙。初为千牛直长,舅姜皎爱之。开元初,迁太子中允,源干曜执政,与皎为姻家,而干曜子絜为林甫求司门郎中,干曜素薄[①]之,曰:"郎官应得才望,哥奴岂郎中材邪?"哥奴,林甫小字也。即授以谕德,累擢国子司业。宇文融为御史中丞,引与同列,稍历刑、吏部侍郎。……

时武惠妃宠倾后宫,子寿王、盛王尤爱。林甫因[②]中人白[③]妃,愿护寿王为万岁计,妃德[④]之。……

皇太子、鄂王、光王被谮[⑤],帝欲废之,张九龄切谏,帝不悦。林甫惘然,私语中人曰:"天子家事,外人何与[⑥]邪?"……始九龄繇[⑦]文学进,守正持重,而林甫特以便[⑧]佞,故得大任,每嫉[⑨]九龄,阴害之。帝欲进朔方节度使牛仙客实封,九龄谓林甫:"封赏待名臣大功,边将一上最,可遽[⑩]议?要与公固争。”林甫然许。及进见,九龄极论,而林甫抑嘿,退又漏其言。……

及帝将立太子,林甫探帝意,数称道寿王,语秘不传,而帝意自属忠王,寿王不得立。太子既定,林甫恨谋不行,且畏祸,乃阳[11]善韦坚。……林甫数曰:“太子宜知谋。”帝曰:“吾儿在内,安得与外人相闻?此妄耳!”林甫数危太子,未得志……然太子自以谨孝闻,内外无惎言,故飞语不得入,帝无所发其猜。

林甫善刺[12]上意,时帝春秋高,听断稍怠,厌绳检[13],重接对大臣,及得林甫,任之不疑。林甫善养君欲,自是帝深居燕[14]适,沈蛊衽席,主德衰矣。林甫每奏请,必先饷[15]遗左右,审[16]伺微旨,以固恩信,至饔夫御婢皆所款厚,故天子动静必具得之。性阴密,忍诛杀,不见喜怒。面柔令[17],初若可亲,既崖阱深阻,卒不可得也。公卿不由其门而进,必被罪徙;附离[18]者,虽小人且为引重。……

时帝诏天下士有一艺者得诣阙就选,林甫恐士对诏或斥己,即建言:“士皆草茅,未知禁忌,徒以狂言乱圣听,请悉委尚书省长官试问。”使御史中丞监总,而无一中程[19]者。林甫因贺上,以为野无留才。

……

于时有以材誉闻[20]者,林甫护前[21],皆能得于天子抑远之,故在位恩宠莫比。……

林甫无学术,发言陋鄙,闻者窃笑。善苑咸、郭慎微,使主书记。然练文法,其用人非谄附者一以格令持[22]之,故小小纲目不甚乱,而人惮其威权。

……

林甫居相位凡十九年，固宠市㉓权，蔽欺天子耳目，谏官皆持禄养资，无敢正言者。补阙杜琎再㉔上书言政事，斥为下邽令。因以语动其余曰："明主在上，群臣将顺不暇，亦何所论？君等独不见立仗马乎，终日无声，而饫㉕三品刍豆；一鸣，则黜之矣。后虽欲不鸣，得乎？"由是谏争路绝。

……林甫疾儒臣以方略积边劳，且大任，欲杜㉖其本，以久己权，即说帝曰："以陛下雄材，国家富强，而夷狄未灭者，繇文吏为将，惮矢石，不身先。不如用蕃将，彼生而雄，养马上，长行阵，天性然也。若陛下感而用之，使必死㉗，夷狄不足图也。"……(安禄山)卒称兵荡覆天下，王室遂微。

选自《新唐书》卷二百二十三上

〔注释〕 ① 薄：轻视。 ② 因：通过。 ③ 白：报告。 ④ 德：感激。 ⑤ 谮：诬陷。 ⑥ 与：参与。 ⑦ 繇：通"由"。 ⑧ 便：擅长。 ⑨ 嫉：憎恨。 ⑩ 遽：仓促。 ⑪ 阳：通"佯"，假装。 ⑫ 刺：侦察。 ⑬ 绳检：约束。 ⑭ 燕：通"宴"，宴饮。 ⑮ 饷：赠送。 ⑯ 审：详细观察。 ⑰ 令：美好。 ⑱ 附离：同"附丽"。 ⑲ 中程：合乎要求。 ⑳ 闻：闻名。 ㉑ 护前：袒护自己从前的错误。 ㉒ 持：约束。 ㉓ 市：换取。 ㉔ 再：两次。 ㉕ 饫：饱食。 ㉖ 杜：杜绝。 ㉗ 死：敢于牺牲。

〔赏析〕 李林甫在《新唐书》中被列入《奸臣列传》，这是《新唐书》以春秋笔法笔削历史、臧否人物的具体表现，也是宋人秉承的历史观对于有唐一代的盖棺定论。另外，南宋史学家袁枢在《通鉴纪事本末》一书中设有"李林甫专政"一章记载其专权始末，从这位史学家采择历史的具体实践中，我们可以一窥李林甫其人对于玄宗朝政局走势的影响，乃至对整个唐代历史的发展有着何其重要的作用。

李林甫由恩荫出身，并无文学才能和士林声望，故而执政源干曜"素薄之"，而对同是恩荫出身的御史中丞宇文融，源干曜则"引与同列"。在朝廷中，宇文融与中书令张说分属对立阵营，尔后的李林甫和张九龄延续了这一分化态势。本传在刻画李林甫这一人物时，着力于从两个方面来表现李林甫其人，即唐太子的废立问题和排斥经由科举考试而获拔擢的文士。李林甫在政治举措中的重大错误亦由这两个方面所触发,尤其是其排斥文士的行为,直接导致朝廷改变以"文士为将"的政策,转而任用蕃将为节度使,这就为安史之乱的爆发埋下了伏笔。

在废立太子的问题上,李林甫一开始属于武惠妃及寿王的阵营,主要是由于"时武惠妃宠倾后宫,子寿王、盛王尤爱",而作为其对立面的张九龄则极力庇护身为国之储君的太子。于是在玄宗讨论废太子一事时,张九龄与李林甫之间便展开了一场政治博弈。张九龄因公忠体国而"切谏"的立场,与李林甫基于"善刺上意"而迎合玄宗的立场,自是大相龃龉的。然而张九龄因屡屡忤旨而遭贬谪,李林甫则因"善刺上意"而"恩宠莫比",太子瑛最终被废。在此局势下,"储宫虚位,玄宗未定所立",李林甫遂建言"寿王年已成长,储位攸宜",而这时,玄宗却认为"忠王仁孝,年又居长,当守器东宫",乃立其为皇太子。欲图扩大私权的李林甫计划再度落空,于是在其后"巧求阴事以倾太子",并"屡起大狱以危之",其中包括诬罪太子妃韦氏一系、散布太子谋反的流言,玄宗则不断保护太子。在储君这一国家根本的问题上,唐玄宗可谓是心知肚明,故而对李林甫迎合皇帝私权的行为表现出相当冷淡的态度。

据《新唐书》本传所载,我们认为,李林甫得到玄宗信任的契机,实源于玄宗宠妃武惠妃、内侍高力士和舅舅姜皎等人,李林甫为巩固权势,将科举出身的官僚作为主要压制对象,而扳倒张九龄的政治举动一举打破了由科举出身的官僚把持政权中枢的主导态势。其后,李林甫废除由文官担任边镇节度使而后进入中央担任宰相的制度,而改以任用外族出身的蕃将专任边镇节度使,以期遏制文士出将入相的政治道路。

李林甫自唐开元二十二年(734 年)担任礼部尚书、同中书门下三品以来,到天宝十一载(752 年)为止,始终居于宰辅之位,在巩固权势的过程中形成了以其为首的权臣体制,后由杨国忠加以继承。李林甫担任宰辅的开元、天宝之际,正处于中国历史上一个大的变动时期。在此过程中,出身科举系统的官僚与源自恩荫系统的李林甫在国家政策的抉择和政治利益的分配中,进行了或明或暗的博弈。

《旧唐书·李林甫列传》称李林甫"自无学术,仅能秉笔,有才名于时者尤忌之”。又“时帝诏天下士有一艺者得诣阙就选”，李林甫“恐士对诏或斥己”，用了一定手腕，以致“无一中程者”。对于那些确有才能而为人所知者，李林甫则运用政治手段使天子远离之，最显著之例即李林甫与张九龄之间的政治博弈。

玄宗末年，唐朝政局暗潮涌动。对此情况，张九龄与李林甫皆有所察觉，然而两者的认识却截然不同，以至于产生了两种政治理念的竞逐。具体表现在太子废立、牛仙客“出将入相”和对待蕃将政策等具体问题上。张九龄从国家和儒家政治的立场出发，对玄宗的不当做法进行了劝谏，故而触犯了玄宗。与之相反，李林甫则强调皇帝的个人意志和决定权，两者的不同立场是从皇权公私的两个维度而加以阐发的。李林甫始终以君主独裁的理论作为维护权势和压制同僚的武器。玄宗末年，皇权扩张的倾向加剧了依附于皇权体制下的李林甫专权，权臣的意志影响了国势的走向，李林甫所执行的由蕃将出任边镇长官的政策最终导致了安史之乱的爆发和藩镇割据局面的出现。李林甫祸国殃民的政治策略给唐王朝带来了毁灭性的打击，从此唐王朝走上了下坡路，直至覆灭。

（陈　锋）

安史之乱的人性与人伦的乖谬

〔导言〕 唐朝是古代中国历史上伟大的朝代，有着非同一般的国家凝聚力和文化感召力。盛唐从贞观之治到开元盛世，将中国最好的一面展现给世界，使中国人至今都不能忘怀这个伟大的时代。

安史之乱是唐王朝开始走下坡路的一个标志。这场动乱，其持续时间之长、规模之大以及对社会经济造成的破坏，丝毫不亚于东汉末年的动荡。此后，唐朝元气大伤，再也不能恢复到贞观、开元时期的繁荣光景，并在很长一段时间里慢慢地走向衰弱，直至灭亡。但是这场战乱的发生，并没有使唐王朝遽然走向最终的灭亡，其中的缘由尽管很多，但本着“祸起于人而收于人”的基本理念，概括并分析造成这场动乱的人物也就成为符合逻辑的一种普遍思维。

本书选录《逆臣列传》、《郭子仪列传》和《忠义列传》，都是与安史之乱有密切关系的人物传记。本着论从史出，史论结合的原则，本文试图从人与国家关系的角度切入，具体透辟地分析安史之乱产生之因、发展之势与历史之果。通过《逆臣列传》，可以看出乱臣贼子为一己之私而置国家利益于不顾的丑恶以及飞扬跋扈的阴鸷性格。通过《郭子仪列传》和《忠义列传》，可以体会到在国家民族遭遇到重大劫难时，英雄人物那种临危不惧、大智大勇的气概，他们无愧于中华民族的脊梁，代表了铮铮铁骨的民族精神。

逆臣列传

〔选文〕

安禄山，营州柳城胡也，本姓康。母阿史德，为觋，居突厥中，祷子于轧荦山，虏所谓斗战神者，既而妊。及生，有光照穹庐，野兽尽鸣，望气者言其祥。范阳节度使张仁愿遣搜庐帐，欲尽杀之，匿而免。母以神所命，遂字轧荦山。少孤，随母嫁虏将安延偃。开元初，偃携以归国，与将军安道买亡[①]子偕来，得依其家，故道买子安节厚德[②]偃，约两家子为兄弟，乃冒姓安，更名禄山。及长，忮[③]忍多智，善亿测人情，通六蕃语，为互市郎。

张守珪节度幽州，禄山盗羊而获[④]，守珪将杀之，呼曰："公不欲灭两蕃邪？何杀我？"守珪壮其语，又见伟而皙，释之，与史思明俱为捉生。知山川水泉处，尝[⑤]以五骑禽[⑥]契丹数十人，守珪异之，稍[⑦]益[⑧]其兵，有讨辄克，拔为偏将。守珪丑其肥，由是不敢饱，因养为子。后以平卢兵马使擢特进、幽州节度副使。

于是御史中丞张利贞采访河北，禄山百计谀媚，多出金谐[⑨]结左右为私恩。利贞入朝，盛言禄山能，乃授营州都督、平卢军使、顺化州刺史。使者往来，阴[⑩]以赂中其嗜，一口更誉，玄宗始才之。天宝元年，以平庐为节度，禄山为之使，兼柳城太守，押两蕃、渤海、黑水四府经略使。明年，入朝，奏对称[⑪]旨，进骠骑大将军。又明年，代裴宽为范阳节度、河北采访使，仍领平卢军。禄山北还，诏中书门下尚书三省正员长官、御史中丞饯鸿胪亭。

四载，奚、契丹杀公主以叛，禄山幸邀功，肆其侵，于是两蕃贰[⑫]。禄山起军击契丹，还奏："梦李靖、李勣求食于臣，乃祠北郡，芝生于梁。"其诡诞敢言不疑如此。席豫为河北黜陟使，言禄山贤。时宰相李林甫嫌儒臣以战功进，尊宠间[⑬]己，乃请颛[⑭]用蕃将，故帝宠禄山益牢，群议不能轧，卒乱天下，林甫启之也。

禄山阳[15]为愚不敏盖[16]其奸，承间[17]奏曰："臣生蕃戎，宠荣过甚，无异材可用，愿以身为陛下死。"天子以为诚，怜之。令见皇太子，不拜。左右擿语之，禄山曰："臣不识朝廷仪，皇太子何官也?"帝曰："吾百岁后付以位。"谢曰："臣愚，知陛下不知太子，罪万死。"乃再拜。时杨贵妃有宠，禄山请为妃养儿，帝许之。其拜，必先妃后帝，帝怪之，答曰："蕃人先母后父。"帝大悦，命与杨铦及三夫人约为兄弟。繇[18]是禄山有乱天下意，令麾下刘骆谷居京师，伺朝廷隙。

……

史思明，宁夷州突厥种，初名窣于，玄宗赐其名。姿瘫露，鸢肩伛背，廞目侧鼻，寡须发，躁健谲狡。与安禄山共乡里，生先禄山一日，故长相善[19]。少事[20]特进乌知义，以轻骑觇[21]贼，多所禽馘。通六蕃译，亦为互市郎。顷之，负官钱，无以偿，将走[22]奚。未至，为逻骑所困，欲杀之，绐[23]曰："我使人也，若闻杀天子使者，其国不祥，不如以我见王，王活我，功自汝得。"逻以为然，送至王所，不拜，曰："天子使见小国君不拜，礼也。"王怒，然疑真使者，卒授馆，待以礼。将还，令百人从入朝。奚有部将琐高者，名闻国中，思明欲禽以赎罪，詠王曰："从我者虽多，无足与见天子者，惟高材，可与至中国。"王悦，命高将帐下三百俱。既至平卢，遣谓戍主曰："奚兵数百，外称入朝，内实盗，请备之。"主潜[24]师迎犒，杀其众，囚高以献。幽州节度使张守珪奇其功，表折冲，与禄山俱为捉生。

天宝初，累功至将军、知平卢军事。入奏，帝赐坐与语，奇之。问年，曰："四十矣。"抚其背曰："尔贵在晚，勉之!"迁大将军、北平太守。从禄山讨契丹，禄山败，单骑走师州，杀其下左贤哥解、鱼承仙自解。思明逃山中,再阅㉕旬,裒㉖散卒得七百,追见禄山平卢,禄山喜,握手曰:“计而死矣,今故在,吾何忧!”思明语亲密曰:“吾闻进退在时,向㉗蚤㉘出,随哥解地下矣。”契丹取师州,守捉使刘客奴亡去,禄山使思明击走之,表平卢兵马使。

思明少贱,乡里易㉙之。大豪辛氏有女,方求婿,窥思明,告其亲曰:“必嫁我思明。”宗属不可,女固以归㉚。思明亦负曰:“自我得妇,官不休,生男子多,殆㉛且贵乎!”

选自《新唐书》卷二百二十五上

〔注释〕 ① 亡:丢失。 ② 德:感激。 ③ 忮:固执。 ④ 获:被捉住。 ⑤ 尝:曾经。 ⑥ 禽:捕捉。 ⑦ 稍:渐渐。 ⑧ 益:增加。 ⑨ 谐:办成功。 ⑩ 阴:暗中。 ⑪ 称:符合。 ⑫ 贰:离心。 ⑬ 间:离间。 ⑭ 颛:通“专”。 ⑮ 阳:通“佯”,假装。 ⑯ 盖:掩盖。 ⑰ 承间:趁机会。 ⑱ 繇:通“由”。 ⑲ 善:亲善。 ⑳ 事:侍奉。 ㉑ 觇:窥视。 ㉒ 走:逃跑。 ㉓ 绐:欺骗。 ㉔ 潜:暗中。 ㉕ 阅:经过。 ㉖ 裒:聚集。 ㉗ 向:先前。 ㉘ 蚤:通“早”。 ㉙ 易:轻视。 ㉚ 归:嫁。 ㉛ 殆:大概。

〔赏析〕 安禄山和史思明两人,在中国历史上可谓是臭名昭著。以两人姓氏所指称的“安史之乱”这一重大历史事件,是唐王朝由盛世遽然走向衰落的巨大转折。对抗中央王朝之事在历朝历代都有所体现,然而就造成社会剧烈动乱和生民惨遭涂炭之苦的恶劣程度来说,安禄山和史思明的罪恶行径可谓是前所未有。他们为了攫取更大的权力,骤然起兵,将盛唐之世拖入了万劫不复的颓势,他们各自心怀鬼胎的发迹史,使得这两人被永久钉在历史的耻辱柱上,让人憎恨与鄙视。

安禄山和史思明均出身于北方胡族。史书上说安禄山“忮忍多智,善亿测人情”,可见安禄山是一个善妒残忍,却又善于揣摩人心的人。史书上记载的史思明则是“姿瘫露,鸢肩伛背,廞目侧鼻,寡须发,躁健谲狡”,可见史思明看上去外形不佳,又暴躁狡猾。这两人从小就很有缘分,史思明早安禄山一天出生,他们又生活在同一个地方。因为生活境遇和性格特征相似,他们从小就结下了深厚的情谊。长大以后他们都去了边贸市场从事中介和翻译的工作，由是之故，各自都掌握了六门蕃语的翻译技术。他们日后能够轻易地操纵边境蕃邦于股掌之上，轻而易举地调动几十万蕃兵，这种巨大政治军事影响力的形成，恐怕和他们早年的这一段经历有很大的关系。

这种庸碌无为的工作似乎并不合安禄山的心意，工作之余，他还从事起盗窃的营生。有一次，安禄山行窃被发现，于是他被解送到范阳节度使张守珪处，在即将被处死的时刻，张守珪居然被安禄山的气概所感染，决定将他收留在军中，希望其戴罪立功。与此同时，史思明也得到了荣宠，同安禄山一起成了“捉生将”，也就是今人所言之侦察兵。由于两人骁勇过人，同时又熟谙山川地貌，故每次出击，都能够顺利完成任务。就这样，两人的人生轨迹发生了重大的转折。

安禄山的好运并没有维持太久，很快就有了变数。开元二十四年(736年)，安禄山出任平卢将军，在讨伐契丹时失利，被判死罪，好在皇帝开恩没有杀他。虽然逃过了死罪，但却遭到了免除所有官职的处罚。安禄山后来之所以能当上节度使在于他巴结上了李林甫。李林甫当上宰相后，唯恐文人得到军功出将入相而威胁他的地位，便向玄宗提出不用文人而优先考虑出身贫寒的胡人做将帅的建议，唐玄宗对李林甫的建议欣然接受。正是由于这条用人标准，胡人出身的安禄山凭借着自己的军功和巴结朝廷官员的本事，很快得以升迁。天宝元年(742年)安禄山便成了平卢节度使。

史思明的发迹过程与安禄山颇为类似。早年，史思明因欠官债逃到了奚族地区，最后仍旧被捉，然而史思明却镇定地说:“我使人也，若闻杀天子使者，其国不祥，不如以我见王，王活我，功自汝得”，史思明在这一突发事件中展现出了杰出的应变能力，其政治掮客的本性也被暴露无遗。即使在面见奚王之时，史思明竟然宣称:“天子使见小国君不拜，礼也。”史思明的行径使得奚王信以为真。此时恰逢奚王欲图与大唐皇帝改善关系，想通过史思明达成自己这一政治意图，遂派遣了三百人的使团跟着史思明前往唐朝觐见。然而这三百人的使团竟然莫名其妙地成了史思明邀功请赏的工具，最终死于非命。从此史思明的仕途也变得极为平坦，一路平步青云，升职为将军，他还得到了皇帝御赐的名字，此时的史思明可谓是志得意满。

安禄山和史思明发迹的过程，确实体现了他们非同寻常的随机应变和政治投机能力。有一次安禄山入朝奏事，宰相张九龄对侍中裴光庭说："乱幽州者，必此胡也"，这从一个侧面体现出大臣对于安禄山的狼子野心并非是全无警惕的。上文言及安禄山曾因一次军事作战失败而险遭死罪，而主导这场事件的人物正是宰相张九龄，针对安禄山的战败，张九龄上奏道："穰苴出军，必斩庄贾；孙武行令，亦斩宫嫔。守珪军令若行，禄山不宜免死"，然而唐玄宗最终免除了安禄山的死罪。这一赦免安禄山的举动为后来"渔阳鼙鼓动地来"的安史之乱的发生埋下了祸根。

古人的教训，是今人行为处事的殷鉴。唐代自玄宗开元以降，沉湎在国家歌舞升平的表象之中，钱穆先生言："安禄山的势力，是唐室用中国财富豢养成的胡兵团。此种胡兵团，只朘吸了唐室的膏血，并没有受到唐室的教育。他们一旦羽翼成长，自然要扑到唐室的内地来"（《国史大纲》第二十七章）。安史之乱的爆发，带来的历史教训是何其深刻！

郭子仪列传

〔选文〕

十四载，安禄山反，诏子仪为卫尉卿、灵武郡太守，充朔方节度使，率本军东讨。子仪收静边军，斩贼将周万顷，击高秀岩河曲，败之，遂收云中、马邑，开东陉。加御史大夫。贼陷常山，河北郡县皆没。会[①]李光弼攻贼常山，拔之，子仪引军下井陉，与光弼合，破贼史思明众数万，平槁城。南攻赵郡，禽贼四千，纵之，斩伪守郭献璆，还常山。思明以众数万尾军，及行唐，子仪选骑五百更出挑[②]之。三日，贼引去，乘之，又破于沙河，遂趋常阳以守。禄山益出精兵佐思明。子仪曰："彼恃加兵，必易我；易我，心不固，战则克矣。"与战未决，戮一步将以徇[③]，士殊死斗，遂破之，斩首二千级，俘五百人，获马如之。于是昼扬兵，夜捣垒，贼不得息，气益老[④]。

乃与光弼、仆固怀恩、浑释之、陈回光等击贼嘉山，斩首四万级，获人马万计。思明跳奔博陵。于是河北诸郡往往斩贼守，迎王师。方北图范阳，会哥舒翰败，天子入蜀，太子即位灵武，诏班师。子仪与光弼率步骑五万赴行在。时朝廷草昧[⑤]，众单寡，军容缺然，及是国威大振。拜子仪兵部尚书、同中书门下平章事，仍总节度。肃宗大阅六军，鼓而南，至彭原。宰相房琯自请讨贼，次[⑥]陈涛，师败，众略[⑦]尽，故帝唯倚朔方军为根本。

贼将阿史那从礼以同罗、仆骨骑五千，诱河曲九府、六胡州部落数万迫行在。子仪以回纥首领葛逻支击之，执获数万，牛羊不可胜计，河曲平。

至德二载，攻贼崔乾祐于潼关，乾祐败，退保蒲津。会永乐尉赵复、河东司户参军韩旻、司士徐景及宗室子锋在城中，谋为内应，子仪攻蒲，复等斩陴者，披阖内军。乾祐走安邑，安邑伪纳之，兵半入，县门发，乾祐得脱身走。贼安守忠壁永丰仓，子仪遣子旰与战，多杀至万级，旰死于阵。进收仓。于是关、陕始通。诏还凤翔，进司空，充关内、河东副元帅。率师趋长安，次潏水上。贼守忠等军清渠左。大战，王师不利，委[⑧]仗奔。子仪收溃卒保武功，待罪于朝，乃授尚书左仆射。俄[⑨]从元帅广平王率蕃、汉兵十五万收长安。李嗣业为前军，元帅为中军，子仪副之，王思礼为后军，阵[⑩]香积寺之北，距沣水，临大川，弥亘一舍。贼李归仁领劲骑薄[⑪]战，官军嚣，嗣业以长刀突出，斩贼数十骑，乃定。回纥以奇兵缭贼背，夹攻之，斩首六万级，生禽二万，贼帅张通儒夜亡陕郡。翌日，王入京师，老幼夹道呼曰："不图今日复见官军！"王休士三日，遂东。

安庆绪闻王师至，遣严庄悉[12]众十万屯陕，助通儒，旌帜钲鼓径百余里。师至新店，贼已阵，出轻骑，子仪遣二队逐之，又至，倍以往，皆不及贼营辄反。最后，贼以二百骑掩[13]军，未战走，子仪悉军追，横贯其营。贼张两翼包之，官军却[14]。嗣业率回纥从后击，尘且坌，飞矢射贼，贼惊曰："回纥至矣！"遂大败，僵尸相属于道。严庄等走洛阳，挟庆绪度河保相州，遂收东都。于是河东、河西、河南州县悉平。以功加司徒，封代国公，食邑千户。入朝，帝遣具军容迎灞上，劳[15]之曰："国家再造，卿力也。"子仪顿首陈谢。有诏还东都，经略北讨。

乾元元年，破贼河上，执[16]安守忠以献，遂朝京师。诏百官迎于长乐驿，帝御望春楼待之。进中书令。帝即诏大举九节度师讨庆绪，以子仪、光弼皆元功，难相临摄，弟[17]用鱼朝恩为观军容宣慰使，而不立帅。

子仪自杏园济河，围卫州。庆绪分其众为三军。将战，子仪选善射三千士伏壁内，诫曰："须吾却，贼必乘垒，若[18]等噪而射。"既战，伪遁，贼薄营，伏发，注射如雨。贼震骇，王师整而奋，斩首四万级，获铠胄数十万，执安庆和，收卫州。又战愁思冈，破之。连营进围相州，引漳水灌城，漫二时，不能破。城中粮尽，人相食。庆绪求救于史思明，思明自魏来，李光弼、王思礼、许叔冀、鲁炅前军遇之，战邺南，夷负相当，炅中流矢。子仪督后军，未及战。会大风拔木，遂晦，跬步不能相物色，于是王师南溃，贼亦走，辎械满野。诸节度引还。子仪以朔方军保河阳，断航桥。时王师众而无统，进退相顾望，责功不专，是以及于败。有诏留守东都，俄改东畿、山南东道、河南诸道行营元帅。

鱼朝恩素[19]疾[20]其功，因是媒谮[21]之，故帝召子仪还，更以赵王为天下兵马元帅，李光弼副之，代子仪领朔方兵。子仪虽失军，无少望，乃心朝廷。思明再陷河、洛，西戎逼扰京辅，天子旰食[22]，乃授邠宁、鄜坊两节度使，仍留京师。议者谓子仪有社稷功，而孽寇首鼠，乃置散地，非所宜。帝亦悟。

选自《新唐书》卷一百三十七

〔注释〕 ① 会：适逢。 ② 挑：挑战。 ③ 徇：示众。 ④ 老：疲惫。 ⑤ 草昧：指国家草创秩序未定之时。 ⑥ 次：驻扎。 ⑦ 略：全。 ⑧ 委：舍弃。 ⑨ 俄：不久。 ⑩ 阵：排兵布阵。 ⑪ 薄：迫近。 ⑫ 悉：全。 ⑬ 掩：袭击。 ⑭ 却：退。 ⑮ 劳：慰劳。 ⑯ 执：捉拿。 ⑰ 弟：通“第”，但。 ⑱ 若：你们。 ⑲ 素：向来。 ⑳ 疾：妒忌。 ㉑ 谮：诬陷。 ㉒ 旰食：因心忧事繁而延迟到晚上才吃饭。

〔赏析〕 郭子仪当为中国历史上名声最佳的将领之一。晚清郑观应在《盛世危言》中将古往今来的名将分为“儒将”、“大将”、“才将”和“战将”四类。这一分类中的“儒将”、“才将”和“战将”，都是将诸多美德中的一项作为形容某一类型将领的代称，四种分类中唯有“大将”这一分类，涵盖全局，总括方针，凸显出其地位的崇高。郭子仪即被郑观应列入“大将”一类。郑观应亦言：“古之为将者，经文纬武，谋勇双全；能得人，能知人，能爱人，能制人；省天时之机，察地理之要，顺人和之情，详安危之势。凡古今之得失治乱，阵法之变化周密，兵家之虚实奇正，器械之精粗巧拙，无不洞识。”郭子仪得到郑观应如此崇高的评价，自然和他卓越的统帅与行军作战能力关系密切。

早年的郭子仪其实并不被看好，虽然很早就以“异等”的身份获得了武举功名，但从军以后，升迁的步伐开始变得缓慢。郭子仪慢慢升迁，等到担任九原太守这一官职时，他已经五十八岁了。古代由于医学不发达的缘故，人的寿命普遍较短，到了将近六十岁，地方官员也差不多要致仕还乡了，此时的郭子仪也认为自己的仕途不会再有新的进展。史书中对于郭子仪早年的行事仅以寥寥数语加以描述，可见他这一段时期的人生实在是波澜不惊的。一场危机唐王朝统治的安史之乱骤然爆发，国家的巨大动乱与不幸却为武将提供了展现能力的舞台，对郭子仪而言也不例外。安史之乱爆发的那一年，他被任命为朔方节度使。从九原太守到朔方节度使,让郭子仪由一个行政官员一变而为拥有军权的军官,尽管这个朔方节度使乃是充任之职,但权力的扩张却是无可回避的一个重要事实。手中拥有了军权的郭子仪,很快就发挥出了他在军事领域的杰出才能。

郭子仪在军事战略方面的思考是极为缜密的。在常阳城下,郭子仪在获悉安禄山准备派出精锐驰援史思明的消息后作出了如下判断:"彼恃加兵,必易我;易我,心不固,战则克矣。"郭子仪心里很清楚,面对敌众我寡的严峻形势,如果贸然地加以大军团作战,即便是获胜,也需要付出惨重的代价,更何况获胜的条件还必须满足"士殊死斗"的主观条件。这种对敌我作战态势高屋建瓴般的解读,充分体现了郭子仪的帅才。安禄山的援军给史思明的部队带来了高昂的士气,同时也让叛军的头脑开始发热,他们认为眼前的唐军必然会像过去那样不堪一击。他们似乎忘记了不久之前还遭遇到唐军迎头痛击以至于大败的教训,战败的耻辱原本可以使叛军冷静下来,但现在私心膨胀的叛军似乎觉得没有必要再采取守势了。趾高气扬的叛军遂与有备而来的唐军展开了正面的交锋,两军最初陷入了胶着的状态之中。正如郭子仪预判的那样,唐军在奋战中逐渐消磨了叛军的实力,积累的战术优势越来越大,唐军赢得了这场战斗的最终胜利。

郭子仪非常懂得借助"势"来把握战场的主动权。《孙子兵法》云:"激水之疾,至于漂石者,势也;鸷鸟之疾,至于毁折者,节也。故善战者,其势险,其节短。势如彍弩,节如发机……勇怯,势也;强弱,形也。"任何规模的战争,都是讲究指挥人员的控制能力的,战争若处于可控的状态,则军队至少不会被彻底击败。打仗即是要打有准备的,能够掌握战场节奏的仗,一味逞凶斗狠而不知运用战略方针的作战只是在无谓地牺牲有生力量罢了。郭子仪显然是熟谙此道的一位杰出帅才。

由于郭子仪等人的战功烜赫,安史之乱最终被弭定。郭子仪本人的声望也如日中天,自然招来了一些卑劣之徒的忌恨。由于他作为节度使拥有很大的军事权力,使得皇帝有时也不得不忌惮他的实力。郭子仪却是一个实实在在的忠臣,绝无丝毫异志,在皇帝怀疑他的时候,他敢于表白自己的忠心,把先皇御赐给他的诏书列在皇帝面前，请皇帝评判自身的不足之处。作为君子的郭子仪坦坦荡荡，光明磊落，皇帝也对他表示信任，给予其忠诚以很高的评价，给了他很多的荣誉。一些陷害过他的人，也被他的坦诚所感动，甚至流下眼泪。郭子仪不愧是出将入相的楷模，当真堪称为国之柱石！

忠义列传

〔选文〕

初，睢阳谷六万斛，可支一岁，而巨发其半饵濮阳、济阴，远固争，不听。济阴得粮即叛。至是食尽，士日赋米一勺，龁木皮、煮纸而食，才千余人，皆癯劣①不能彀②，救兵不至。贼知之，以云冲传堞，巡出钩干拄之，使不得进，篝火焚梯。贼以钩车、木马进，巡辄破碎之。贼服其机③，不复攻，穿壕立栅以守。巡士多饿死，存者皆痍伤气乏。巡出爱妾曰："诸君经年乏食，而忠义不少衰，吾恨不割肌以啖众，宁惜一妾而坐视士饥？"乃杀以大飨④，坐者皆泣。巡强令食之，远亦杀奴僮以哺卒，至罗雀掘鼠，煮铠弩以食。

贼将李怀忠过城下，巡问："君事胡几何？"曰："二期。"巡曰："君祖、父官乎？"曰："然。君世受官，食天子粟，奈何从贼，关弓与我确⑤？"怀忠曰："不然，我昔为将，数死战，竟殁贼，此殆天也。"巡曰："自古悖逆终夷灭，一日事平，君父母妻子并诛，何忍为此？"怀忠掩涕去，俄率其党数十人降。巡前后说降贼将甚多，皆得其死力。

御史大夫贺兰进明代巨节度，屯临淮，许叔冀、尚衡次彭城，皆观望莫肯救。巡使霁云如叔冀请师，不应，遗布数千端。霁云嫚骂马上，请决死斗，叔冀不敢应。巡复遣如⑥临淮告急，引精骑三十冒围出，贼万众遮⑦之，霁云左右射，皆披靡。既见进明，进明曰："睢阳存亡已决，兵出何益?"霁云曰："城或未下。如已亡，请以死谢大夫。"叔冀者，进明麾下也，房琯本以牵制进明，亦兼御史大夫，势相埒[8]而兵精。进明惧师出且见[9]袭，又忌巡声威，恐成功，初无出师意。又爱霁云壮士，欲留之。为大飨，乐作，霁云泣曰："昨出睢阳时，将士不粒食已弥月。今大夫兵不出，而广设声乐，义不忍独享，虽食，弗下咽。今主将之命不达，霁云请置一指以示信，归报中丞也。"因拔佩刀断指，一座大惊，为出涕。卒不食去。抽矢回射佛寺浮图，矢著砖，曰："吾破贼还，必灭贺兰，此矢所以志也!"至真源，李贲遗[10]马百匹；次宁陵，得城使廉坦兵三千，夜冒围入。贼觉，拒之，且战且引，兵多死，所至才千人。方大雾，巡闻战声，曰："此霁云等声也。"乃启门，驱贼牛数百入，将士相持泣。

贼知外援绝，围益急。众议东奔，巡、远议以睢阳江、淮保障也，若弃之，贼乘胜鼓而南，江、淮必亡。且帅饥众行，必不达。十月癸丑，贼攻城，士病不能战。巡西向拜曰："孤城备竭，弗能全。臣生不报陛下，死为鬼以疠贼。"城遂陷，与远俱执。巡众见之，起且哭，巡曰："安之，勿怖，死乃命也。"众不能仰视。子琦谓巡曰："闻公督战，大呼辄眦裂血面，嚼齿皆碎，何至是?"答曰："吾欲气吞逆贼，顾力屈耳。"子琦怒，以刀抉其口，齿存者三四。巡骂曰："我为君父死，尔附贼，乃犬彘也，安得久!"子琦服其节，将释之。或曰："彼守义者，乌肯为我用? 且得众心，不可留。"乃以刃胁降，巡不屈。又降霁云，未应。巡呼曰："南八! 男儿死尔，不可为不义屈!"霁云笑曰："欲将有为也，公知我者，敢不死!"亦不肯降。乃与姚訚、雷万春等三十六人遇害。巡年四十九。

初，子琦议生致一人庆绪所，或曰："用兵拒守者，巡也。"乃送远洛阳，至偃师，亦以不屈死。巨之走临淮，巡有姊嫁陆氏，遮王劝勿行，不纳，赐百缣，弗受，为巡补缝行间，军中号"陆家姑"，先巡被害。

巡长七尺，须髯每怒尽张。读书不过三复，终身不忘。为文章不立稿。守睢阳，士卒居人，一见问姓名，其后无不识。更潮及子琦，大小四百战，斩将三百、卒十余万。其用兵未尝依古法，勒⑪大将教战，各出其意。或问之，答曰："古者人情敦朴，故军有左右前后，大将居中，三军望之以齐进退。今胡人务驰突，云合鸟散，变态百出，故吾止使兵识将意，将识士情，上下相习⑫，人自为战尔。"其械甲取之于敌，未尝自修。每战，不亲临行阵，有退者，巡已立其所，谓曰："我不去此，为我决战。"士感其诚，皆一当百。待人无所疑，赏罚信，与众共甘苦寒暑，虽厮养⑬，必整衣见之，下争致死力，故能以少击众，未尝败。被围久，初杀马食，既尽，而及妇人老弱，凡食三万口。人知将死，而莫有畔⑭者。城破，遗民止四百而已。

选自《新唐书》卷一百九十二

〔注释〕 ① 癯劣：瘦弱疲惫。 ② 彀：张满弓弩。 ③ 机：机智。 ④ 飨：犒赏。⑤ 确：通"角"，角逐。 ⑥ 如：前往。 ⑦ 遮：阻拦。 ⑧ 埒：相等。 ⑨ 见：被。⑩ 遗：赠送。 ⑪ 勒：率领。 ⑫ 习：熟悉。 ⑬ 厮养：为人服役、地位低微的人。⑭ 畔：通"叛"。

〔赏析〕 张巡是中国历史上有名的忠义烈士。唐代取士有"三十老明经，五十少进士"之说，张巡在三十四岁时便得中进士，自然属于特别优秀的人才。很快他就在担任实际行政事务的过程中展现出高超的执政才能。由于他思路清晰，为政简约，因此很受部下及百姓的拥戴。张巡优良的政绩，让他任期一满便被召回长安，仕途可谓是一片光明。不料由于张巡为人正派，不愿走旁门左道以结交权贵，所以在长安受到排挤，很快又回到了地方做县官。

张巡供职于真源县，乃是谯郡所辖的一个县。天宝十四载(755 年)，安史之乱爆发。第二年，叛军军队来到谯郡，太守闻风而降，并且胁迫张巡与自己一起背叛唐王朝。张巡誓死不从，果断率领军民起兵，共赴国难。当时的张巡，内心是颇受煎熬的，很多曾经在一起饮酒论道、意气风发的长官同僚由于贪生怕死而投靠叛军，成了叛军的爪牙，走到了兵戎相见的地步，这是张巡本人未曾想到过的。投降叛军的那批官员显然只是把做官当成是出人头地的途径，做大唐的官和做大燕的官只要荣华富贵在，其结果都是一样的。可是，张巡和这群宵小之徒不同。张巡从年少向学时开始，平时接触的人物就皆为不俗之辈。在长安时，有人曾经劝张巡去见一见当时在政坛炙手可热的杨国忠，他却加以拒绝，并说“是方为国怪祥，朝宦不可为也”，根本不屑与杨国忠之流为伍。张巡把自己个人的抱负同国家的命运紧密地联系在了一起。

就是这样一位忠肝义胆的英雄人物，身后却遭受许多的非议，最为核心的争论点就在于吃人事件的发生。张巡在率部死守睢阳城的时候，粮食枯竭而敌势浩大，在不得已中，张巡所率的部队只有采取吃人的方法来坚守城池。在中国历史上，因饥馑而使得人相食的记载可谓是史不绝书。春秋时期宋国大将华元力拒楚军，人民易子相食的故事即为一例。战争的酷烈造成了人类不断突破自己的伦理底线，张巡也因此而在历史两难困境的抉择中被不断诟病。

面对着军粮日蹙的紧迫局面，张巡和许远分别采取杀小妾和僮仆以作为供给军队的口粮，战争的残酷和灭绝人性再一次被无情地凸显，张巡此举实乃为了提升士气、表明抗敌之决心，是不得已而为之的，并非今人高谈阔论地重申道德理念所能轻易加以挞伐贬斥的。这种拥有巨大历史悲剧性的事件本身就是对我们今人心灵的一次拷问，战争之残酷与恶劣，恐怕也莫过于此了。军粮总有吃完的时候，为了守住城池必须首先确保士兵的粮食，故而没有能够再分给百姓的余粮。由是之故，史书所记载的三万百姓各自相食的可能性是很高的；城破之后，大批的民众遭遇到叛军屠杀的可能性也是很大的。

睢阳之战，所有将士均壮烈殉国，张巡拼死保卫睢阳城的行为体现了一位官员忠于唐王朝的杰出品质。就当时极其严峻的形势而言，选择投降于叛军对张巡来说可能反倒是有利的，安史叛军招降纳叛，亟须在政治层面对叛逆之举作出合理的解释，以表明自己乃是正朔之所在。张巡傲岸不屈从于叛军的铁蹄和淫威，最终选择了壮烈殉国。张巡知道，睢阳乃是战略要地，如若失守，则朝廷东迁将不可避免，由此引发的山崩海啸式的政治恶果将会对唐王朝造成灭顶之灾，叛军必将屠戮更多无辜的百姓。张巡遂苦苦维系着死守睢阳的信念，在一没援军，二缺给养的条件下，真正打到了弹尽粮绝的境地。他的浩然正气值得后世的人们对其怀有敬仰之情。

张巡杀死小妾与众人食的行为，站在今天的道德立场上看，必然要遭到强烈谴责和批判。针对这个事件，清初的王士祯还专门写了一个小妾来世报仇的故事以隐寓其批判之意。但是就是这位受到后人非议的张巡，和睢阳军民一起抵抗了叛军的长期围城，挫败了叛军的图谋，沉重地打击了叛军的嚣张气焰，为唐军最终完成部署，投入反攻赢得了宝贵的时间。张巡的行为为最后平定安史之乱贡献了巨大的力量。尽管时势让他无法成为一个完美的英雄，然而历史自有公断。

（唐剑明）

国家衰败的应对措施：权力集中和经济振兴

〔**导言**〕 安史之乱是唐王朝盛世的转折点。安史之乱之前，唐朝政治稳定、经济繁荣、文化发达；安史之乱以后，唐朝由盛转衰。一方面，安史之乱虽被弭定，然而唐王朝的中央集权遭到了显著的削弱，朝廷能够直接控制的领土锐减，地方藩镇割据形势愈发严重；另一方面，长达八年之久的安史之乱使得唐王朝的经济遭到了严重的破坏，由于中央集权力量的持续削弱，政府控制的编户齐民数量减少，朝廷财政收入日蹙。如何稳定不堪一击的国家局势、消弭地方割据势力对于唐王朝的掣肘，增加国家财政收入，成为安史之乱后历代唐朝皇帝所亟须解决的问题。从唐肃宗到唐德宗这几位皇帝执政期间，李泌和刘晏两位大臣面对着国家衰败的局势，采取了积极的应对措施，唐朝在唐宪宗即位后一度迎来了元和中兴的局面。安史之乱过后，唐王朝君臣之间的关系已经大不如前了，君臣之间猜忌严重。然而李泌和刘晏两人执掌国家大权数十年，却一直得到了皇帝的信任，个中原因值得我们进行深入的剖判。本书选录《李泌列传》和《刘晏列传》，旨在展示李泌和刘晏这两位政治家在国家危机时刻采取的应对措施，对之作出合乎历史真相的公允评析。

李泌列传

〔**选文**〕

李泌字长源，魏八柱国弼六世孙，徙居京兆。七岁知为文。玄宗开元十六年，悉[1]召能言佛、道、孔子者，相答难禁中。有员俶者，九岁升坐，词辩注射，坐人皆屈。帝异之，曰："半千孙，固当然。"因问："童子岂有类若[2]者？"俶跪奏：

“臣舅子李泌。”帝即驰召之。泌既至，帝方与燕国公张说观弈，因使说试其能。说请赋“方圆动静”，泌逡巡曰：“愿闻其略。”说因[3]曰：“方若棋局，圆若棋子，动若棋生，静若棋死。”泌即答曰：“方若行义，圆若用智，动若骋材，静若得意。”说因贺帝得奇童。帝大悦曰：“是子精神，要大于身。”赐束帛，敕其家曰：“善视养之。”张九龄尤所奖爱，常引至卧内。九龄与严挺之、萧诚善，挺之恶[4]诚佞，劝九龄谢绝之。九龄忽独念曰：“严太苦劲，然萧软美可喜。”方命左右召萧，泌在旁，帅尔[5]曰：“公起布衣，以直道至宰相，而喜软美者乎?”九龄惊，改容谢之，因呼“小友”。

及长，博学，善治《易》，常游嵩、华、终南间，慕神仙不死术。天宝中，诣阙[6]献《复明堂九鼎议》，帝忆其早惠，召讲《老子》，有法，得待诏翰林，仍供奉东宫，皇太子遇[7]之厚。尝[8]赋诗讥诮杨国忠、安禄山等，国忠疾[9]之，诏斥置蕲春郡。

肃宗即位灵武，物色求访，会[10]泌亦自至。已谒见，陈天下所以成败事，帝悦，欲授以官，固辞，愿以客从。入议国事，出陪舆辇，众指曰：“著[11]黄者圣人，著白者山人。”帝闻，因赐金紫，拜元帅广平王行军司马。帝尝曰“卿侍上皇，中为朕师，今下判广平行军，朕父子资[12]卿道义”云。始，军中谋帅，皆属建宁王，泌密白帝曰：“建宁王诚贤，然广平冢嗣，有君人量，岂使为吴太伯乎?”帝曰：“广平为太子，何假元帅?”泌曰：“使元帅有功，陛下不以为储副，得耶? 太子从曰抚军，守曰监国，今元帅乃抚军也。”帝从之。

初，帝在东宫，李林甫数构谮[13]，势危甚，及即位，怨之，欲掘冢焚骨。泌以天子而念宿嫌[14]，示天下不广，使胁从之徒得释言于贼。帝不悦，曰：“往事卿忘之乎?”对曰：“臣念不在此。上皇有天下五十年，一旦失意，南方气候恶，且春秋高，闻陛下录故怨，将内惭不怿[15]，万有一感疾，是陛下以天下之广不能安亲也。”帝感悟，抱泌颈以泣曰：“朕不及此。”

……

二京平，帝奉迎上皇，自请归东宫以遂子道。泌曰：“上皇不来矣。人臣尚七十而传，况欲劳上皇以天下事乎。”帝曰：“奈何?”泌乃为群臣通奏，具言天子思恋晨昏[16]，请促还以就孝养。上皇得初奏，答曰：“当与我剑南一道自奉，不复东矣。”帝甚忧。及再奏至，喜曰：“吾方得为天子父！”遂下诰戒行。

……

太子妃萧母，郜国公主也，坐[17]蛊媚，幽[18]禁中，帝怒，责太子，太子不知所对。泌入，帝数称舒王贤，泌揣帝有废立意，因曰：“陛下有一子而疑之，乃欲立弟之子，臣不敢以古事争。且十宅诸叔，陛下奉之若何?”帝赫然曰：“卿何知舒王非朕子?”对曰：“陛下昔为臣言之。陛下有嫡子以为疑，弟之子敢自信于陛下乎?”帝曰：“卿违朕意，不顾家族邪?”对曰：“臣衰老，位宰相，以谏而诛，分[19]也。使太子废，佗日陛下悔曰‘我惟一子杀之，泌不吾谏，吾亦杀尔子’，则臣绝祀矣。虽有兄弟子，非所歆[20]也。”即噫呜流涕。因称：“昔太宗诏：‘太子不道，藩王窥伺者，两废之。’陛下疑东宫而称舒王贤，得无窥伺乎？若太子得罪，请亦废之而立皇孙，千秋万岁后，天下犹陛下子孙有也。且郜国为其女妒忌，而蛊惑东宫，岂可以妻母累太子乎?”执争数十，意益[21]坚，帝寤[22]，太子乃得安。

……

泌出入中禁，事四君，数为权幸所疾，常以智免。好纵横大言，时时谠议，能寤移人主。然常持黄老鬼神说，故为人所讥切。初，肃宗重阴阳巫祝，擢王玙执政，大抵兴造工役，辄牵禁忌俗说。而黎干以左道位京兆尹，尝使禁工骈珠刺绣为乘舆服，举焚之以为禳禬。德宗素㉓不为然，及嗣位，罢内道场，除巫祝。代宗将葬，帝号㉔送承天门，而辒车行不中道，问其故，有司曰："陛下本命在午，故避之。"帝泣曰："安有枉㉕灵驾以谋身利？"命直午而行。又宣政廊坏，太卜言："孟冬魁冈，不可营缮。"帝曰："《春秋》'启塞从时'，何魁冈为？"亟诏葺之。及桑道茂城奉天事验，始尚㉖时日拘忌，因进用泌，泌亦自有所建明。独柳玭称，两京复，泌谋居多，其功乃大于鲁连、范蠡云。

……

赞曰：泌之为人也，异哉！其谋事近忠，其轻去近高，其自全近智，卒而建上宰，近立功立名者。观肃宗披榛莽，立朝廷，单言暂谋有所寤合，皆付以政。当此时，泌于献纳为不少，又佐代宗收两京，独不见㉗录，宁二主不以宰相器之邪？德宗晚好鬼神事，乃获用，盖以怪自置而为之助也。繁为家传，言泌本居鬼谷，而史臣谬言好鬼道，以自解释。既又著泌数与灵仙接，言举不经，则知当时议者切而不与，有为而然。繁言多浮侈，不可信，掇其近实者著于传。至劝帝先事范阳，明太子无罪，亦不可诬也。

选自《新唐书》卷一百三十九

〔注释〕 ① 悉：全。 ② 若：你。 ③ 因：于是。 ④ 恶：憎恨。 ⑤ 帅尔：疾速。 ⑥ 阙：朝廷。 ⑦ 遇：对待。 ⑧ 尝：曾经。 ⑨ 疾：憎恨。 ⑩ 会：适逢。 ⑪ 著：穿。 ⑫ 资：凭借。 ⑬ 谮：诬陷。 ⑭ 嫌：仇怨。 ⑮ 怿：快乐。 ⑯ 晨昏：侍奉父母。 ⑰ 坐：获罪。 ⑱ 幽：监禁。 ⑲ 分：本分。 ⑳ 歆：祭祀时鬼神享受祭品的香气。 ㉑ 益：更加。 ㉒ 寤：通“悟”，觉悟。 ㉓ 素：向来。 ㉔ 号：大声哭。 ㉕ 枉：屈尊。 ㉖ 尚：崇尚。 ㉗ 见：被。

〔赏析〕 李泌出生于唐玄宗开元年间，是北朝西魏时“八柱国”之一李弼的六世孙，关陇士族之一。他幼年时便已能粗通儒、道、佛三家的学识，有神童的称誉，被唐玄宗时期的名相张说和张九龄所欣赏和喜爱。张九龄虽然比李泌年长四十四岁，但是他却经常将李泌带在身边，称呼李泌为“小友”。玄宗对李泌也十分赏识，天宝年间让他担任待诏翰林，侍奉东宫的官职，因此他与皇太子李亨兄弟关系十分融洽。

安史之乱后，皇太子李亨即位，是为肃宗，他立即派人到处寻找李泌，与李泌商讨局势。李泌分析了当时的天下大势和成败的关键，为肃宗所器重。他向肃宗提出了“挫其锐，解其纷”的平叛战略，建议暂缓收复两京，逼迫叛军疲于奔波于范阳和关中，待占领叛军巢穴之后再收复两京，这样就可以将叛军一举歼灭，永绝后患。李泌所献之计堪称上策，可惜肃宗急功近利，没有听从李泌的建议，致使河北没有彻底肃清，仍然沦陷于叛军之手，留下了历史上晚唐五代之际华夷战乱的后遗症。

李泌最成功处在于他善于调整统治阶级内部的矛盾。他曾多次化解皇帝与皇子之间的矛盾，维护了皇室内部的稳定。唐肃宗即位后，对已故的宰相李林甫不满，打算掘墓焚尸。李泌力谏不可，认为这样做不仅会显得皇帝心胸狭窄，而且会刺激到太上皇玄宗，导致父子生隙。两京收复后，肃宗奉迎太上皇回京，表示自己情愿仍回东宫当太子以尽人子之道，李泌认为这样会导致政局不稳，同时也会让玄宗产生不愿回长安的想法。于是他力劝肃宗应以皇帝身份迎回玄宗，奉之以太上皇之位。通过这两件事情，李泌化解了肃宗与玄宗的矛盾。唐肃宗打算封建宁王李倓为天下兵马大元帅，统领各路军队平叛。李泌认为这样做会影响到太子继位的问题，便秘密建议肃宗派遣太子做元帅，把军政大权托付给他，就此事李泌与肃宗争论许久，结果肃宗接受了他的意见。到了唐德宗时，曾萌生要废太子李诵改立养子舒王李谊的念头，李泌便为德宗详细列举了自贞观以来太子废立的经验教训，分析了太宗皇帝对废立太子的谨慎和肃宗因性急冤杀建宁王的悔恨，劝德宗以前事为戒，万万不可操之过急。李泌多次直言劝谏，一度触怒了德宗，德宗以族诛相威胁，然李泌不为所动。最终，李泌的话打动了德宗，终使顺宗的太子之位得以保全。

除了调解皇室内部的矛盾之外，李泌还解除了君臣之间的猜忌。德宗是一个猜忌心很重的皇帝，特别在泾原兵变之后，他对平叛的功臣李晟、马燧表现出了明显的不信任，采取明升暗降的方式剥夺了两人的兵权。李晟和马燧感到十分紧张，害怕发生"兔死狗烹"的结局。此时，李泌及时进言，希望德宗不要杀害功臣，他对德宗说："李晟、马燧有大功于国，间有谗言之者。陛下万一害之，则宿卫之士，方镇之臣，无不愤惋反仄，恐中外之变复生也。陛下诚不以二臣功大而忌之，二臣不以位高而自疑，则天下永无事矣。"德宗最终接受了李泌的建议。李泌化解了君臣间的误会，避免了另一场兵变的发生。

李泌亦有为人诟病之处，即迷信道教，常常持黄老鬼神之说。他曾多次以进山修道为名，主动要求离开权力中心。玄宗年间，李泌遭到权臣杨国忠的嫉恨，结果被送往蕲春郡安置，"乃潜遁名山，以习隐自适"。正因为李泌经常游走于权力与归隐之间，因此《旧唐书》评价他："居相位而谈鬼神，乃见狂妄浮薄之踪。"《新唐书》则评价道："然常持黄老鬼神说，故为人所讥切。"

李泌一生，历经玄宗、肃宗、代宗、德宗四朝，深为四帝信任，参与国家机密大政，运筹帷幄，对外制定战略，协助各路将领平叛，对内协调皇室内部关系、君臣关系。肃宗时两京收复，德宗时一度出现中兴气象，李泌可说是居功至伟。纵观他的一生，之所以能够取得巨大成功，一靠忠心，二靠对权力的淡薄。李泌在皇室内部的政治斗争中游刃有余，多次化解了皇帝与皇子的矛盾，有时他忤逆圣意，却并不遭到皇帝的猜忌，对于朝廷的忠心而不为一己之私当是其能保全自身最重要的因素。范祖禹评价道："李泌善处父子兄弟之间，故能以其直诚正言感悟人主，卒使父子如初，可谓忠矣。"同时，李泌对权力的淡薄态度也让他处于权力的漩涡中而能够保全自身。肃宗时，李泌协助肃宗收复两京，肃宗要给他封官，但是他却执意不肯。收复两京后，肃宗重用奸臣李辅国，李泌又及时隐退。上文述及，李泌因好言鬼神之道而为人所诟病，恐怕这只是他借道士身份以表示自己淡泊名利的一种方式而已。以道士身份自居，一方面可以向皇帝表明自己并无权力野心，获取皇帝的信任；另一方面也向同僚展现自己无意与之争权夺利的姿态，可以免遭同僚的嫉恨。对此，史学家胡三省看得非常清楚，他评论道："其(按：指李泌)持黄、老、鬼神说，则子房(张良)欲从赤松游之故智也。"

刘晏列传

〔选文〕

刘晏字士安，曹州南华人。玄宗封①泰山，晏始八岁，献颂行在，帝奇其幼，命宰相张说试之，说曰："国瑞也。"即授太子正字。公卿邀请旁午②，号神童，名震一时。天宝中，累调夏令，未尝督赋，而输无逋③期。举贤良方正，补温令，所至有惠利可纪，民皆刻石以传。再迁侍御史。

禄山乱，避地襄阳。永王璘署晏右职，固辞。移④书房琯，论封建与古异，"今诸王出深宫，一旦望桓、文功，不可致"。诏拜度支郎中，兼侍御史，领江淮租庸事。晏至吴郡而璘反，乃与采访使李希言谋拒⑤之。希言假⑥晏守余杭，会战不利，走⑦依晏。晏为陈可守计，因发义兵坚壁。会王败，欲转略⑧州县，闻晏有备，遂自晋陵西走。终不言功。召拜彭原太守，徙陇、华二州刺史，迁河南尹。时史朝义盗东都，乃治长水。进户部侍郎，兼御史中丞、度支铸钱盐铁等使。京兆尹郑叔清、李齐物坐残挚⑨罢，诏晏兼京兆尹。总大体不苛，号称职。会司农卿严庄下狱，已而释，诬劾晏漏禁中语，宰相萧华亦忌之，贬通州刺史。

代宗立，复为京兆尹、户部侍郎，领度支、盐铁、转运、铸钱、租庸使。晏以户部让颜真卿，改国子祭酒。又以京兆让严武，即拜吏部尚书、同中书门下平章事，使如故。坐与程元振善[10]，罢为太子宾客。俄[11]进御史大夫，领东都、河南、江淮转运、租庸、盐铁、常平使。时大兵后，京师米斗千钱，禁膳不兼时，甸农挼穗以输。晏乃自按行，浮[12]淮、泗，达于汴，入于河。右循底柱、硖石，观三门遗迹；至河阴、巩、洛，见宇文恺梁公堰，厮河为通济渠，视李杰新堤，尽得其病[13]利。然畏为人牵制，乃移书于宰相元载，以为："大抵运之利与害各有四：京师三辅，苦税入之重，淮、湖粟至，可减徭赋半，为一利；东都雕破，百户无一存，若漕路流通，则聚落邑廛渐可还定，为二利；诸将有不廷，戎虏有侵盗，闻我贡输错[14]入，军食丰衍，可以震耀夷夏，为三利；若舟车既通，百货杂集，航海梯峤，可追贞观、永徽之盛，为四利。起宜阳、熊耳，虎牢、成皋五百里，见户才千余，居无尺椽，爨[15]无盛烟，兽游鬼哭，而使转车挽漕，功且难就，为一病；河、汴自寇难以来，不复穿[16]治，崩岸灭木，所在厥淤，涉泗千里，如罔[17]水行舟，为二病；东垣、底柱，渑池、北河之间六百里，戍逻[18]久绝，夺攘奸宄，夹河为薮[19]，为三病；淮阴去[20]蒲坂，亘三千里，屯壁相望，中军皆鼎司元侯，每[21]言衣无纩，食半菽，挽漕所至，辄留以馈军，非单车使者折简书所能制，为四病。"载方内擅朝权，既得书，即尽以漕事委晏，故晏得尽其才。岁输始至，天子大悦，遣卫士以鼓吹迓[22]东渭桥，驰使劳[23]曰："卿，朕酂侯也。"凡岁致四十万斛，自是关中虽水旱，物不翔贵[24]矣。

……

常衮执政，忌[25]晏有公望，乃言晏旧德，当师长百僚，用为左仆射，实欲夺其权。帝以计务方治，诏以仆射领使如旧。初，晏分置诸道租庸使，慎简[26]台阁士专之。时经费不充，停天下摄官，独租庸得补署，积数百人，皆新进锐敏，尽当时之选，趣[27]督倚办，故能成功。虽权贵干[28]请，欲假职仕者，晏厚以禀入奉之，然未尝使亲事，是以人人劝职。尝言："士有爵禄，则名重于利；吏无荣进，则利重于名。"故检劾出纳，一委士人，吏惟奉行文书而已。所任者，虽数千里外，奉教令如目前，频伸谐戏不敢隐。惟晏能行之，它人不能也。代宗尝命考所部官吏善恶，刺史有罪者，五品以上辄系[29]劾，六品以下杖然后奏。

李灵耀反，河南节帅或不奉法，擅征赋，州县益削[30]。晏常以羡[31]补乏，人不加调，而所入自如。第五琦始权盐佐军兴，晏代之，法益密，利无遗入。初，岁收缗钱六十万，末乃什之，计岁入千二百万，而榷居太半，民不告勤[32]。京师盐暴贵，诏取三万斛以赡[33]关中，自扬州四旬至都，人以为神。至湖峤荒险处，所出货皆贱弱，不偿所转，晏悉储淮、楚间，贸铜易薪，岁铸缗钱十余万。其措置纤悉如此。诸道巡院，皆募驶足，置驿相望，四方货殖低昂及它利害，虽甚远，不数日即知，是能权万货重轻，使天下无甚贵贱而物常平，自言如见钱流地上。每朝谒，马上以鞭算。质明[34]视事，至夜分止，虽休澣不废。事无闲剧[35]，即日剖[36]决无留。所居修行里，粗朴庳陋，饮食俭狭，室无媵婢。然任职久，势轧宰相，要官华使多出其门。自江淮茗橘珍甘，常与本道分贡，竞欲先至，虽封山断道，以禁前发，晏厚赀致之，常冠诸府，由是媢[37]怨益多。馈谢四方有名士无不至，其有口舌者，率以利啖[38]之，使不得有所訾[39]短。故议者颇言晏任数固恩。大历时政因循，军国皆仰晏，未尝检质[40]。德宗立，言者屡请罢转运使，晏亦固辞，不许。又加关内河东三川转运、盐铁及诸道青苗使。

……

建中元年七月，诏中人赐晏死，年六十五。后十九日，赐死诏书乃下，且暴[41]其罪。家属徙岭表，坐累者数十人，天下以为冤。时炎兼删定使，议籍没[42]，众论不可，乃止。然已命簿录其家，唯杂书两乘，米麦数斛，人服其廉。淄青节度使李正己表诛晏太暴，不加验实，先诛后诏，天下骇惋，请还其妻子。不报[43]。兴元初，帝浸[44]寤[45]，乃许归葬。贞元五年，遂擢晏子执经为太常博士，宗经秘书郎。执经还官，求追命，有诏赠郑州刺史，又加司徒。

晏殁二十年，而韩洄、元琇、裴腆、李衡、包佶、卢徵、李若初继掌财利，皆晏所辟[46]用，有名于时。

……

赞曰：生人之本，食与货而已。知所以取，人不怨；知所以予，人不乏。道御之而王，权用之而霸，古今一也。刘晏因平准法，斡山海，排商贾，制万物低昂，常操天下嬴[47]赀，以佐军兴。虽拿兵数十年，敛不及民而用度足。唐中偾而振，晏有劳焉，可谓知取予矣。其经晏辟署者，皆用材显，循其法，亦能富国云。

选自《新唐书》卷一百四十九

〔**注释**〕 ① 封：古代帝王筑坛祭天。 ② 旁午：纷繁。 ③ 逋：拖欠。 ④ 移：给予。⑤ 拒：抵抗。 ⑥ 假：依靠。 ⑦ 走：逃跑。 ⑧ 略：掠夺。 ⑨ 挚：通“鸷”，凶猛。⑩ 善：亲善。 ⑪ 俄：不久。 ⑫ 浮：行船。 ⑬ 病：缺点。 ⑭ 错：交错。 ⑮ 爨：烧火做饭。 ⑯ 穿：凿通。 ⑰ 罔：没有。 ⑱ 逻：巡逻。 ⑲ 薮：人或物聚集的地方。⑳ 去：距离。 ㉑ 每：经常。 ㉒ 迓：迎接。 ㉓ 劳：慰劳。 ㉔ 翔贵：物价飞涨。㉕ 忌：嫉妒。 ㉖ 简：选择。 ㉗ 趣：急促。 ㉘ 干：求取。 ㉙ 系：拘囚。 ㉚ 削：削弱。 ㉛ 羡：剩余。 ㉜ 勤：愁苦。 ㉝ 赡：供给。 ㉞ 质明：黎明。 ㉟ 剧：繁难。㊱剖:分析。㊲娼:嫉妒。㊳啖:利诱。㊴訾:毁谤。㊵质:问。㊶暴:暴露。㊷籍没:登记并没收所有的财产。㊸报:答复。㊹浸:渐渐。㊺寤:通"悟",觉悟。㊻辟:征召。㊼羸:盈余。

〔赏析〕 在中国古代史上,改革往往困难重重。一方面是因为自汉武帝"罢黜百家、独尊儒术"之后儒家思想就占据着思想统治的地位,而儒家思想是反对变革的,即所谓"祖宗之法不可变";另一方面是因为改革肯定会损害一部分人的利益,是与既得利益者的一场博弈。正是因为以上两个主要因素,中国古代的改革,尤其是经济方面的改革,多以失败而告终。然而唐代刘晏的经济改革却获得了巨大的成功。从公元 762 年开始到 780 年,刘晏掌管大唐财政长达十八年之久,历经数代皇帝,其实施的改革范围之广、幅度之大、效果之优实为中国古代改革史中少见,使得唐朝虽经安史之乱的重创却未出现财政紧张的局面,他可以说是立下了汗马功劳。那么,刘晏是如何做到的呢?

改革实际上是多种力量之间的博弈。首先,改革会遭遇到重重阻力,是与既得利益集团的一场博弈。刘晏为官之时,恰逢大唐王朝由盛转衰的安史之乱时期。唐玄宗天宝年间,刘晏办理税务,因政绩显著官至侍御史。唐肃宗即位后,刘晏又因出色的财务能力被授予京兆尹、户部侍郎兼御史中丞,领度支转运使等职,掌管铸钱、盐铁等使用权,开始掌握唐王朝的财政大权。他所接手的唐朝财政可以说完全是一个乱摊子,财政收入急剧减少,由于长达八年的安史之乱,唐王朝千疮百孔,经济萧条,财政极为困难。史书记载"时新承兵戈之后,中外艰食,京师米价斗至一千,官厨无兼时之积,禁军乏食,畿县百姓乃挼穗以供之"。另一方面又是巨大的财政支出,安史之乱后,地方上大量叛乱的节度使需要平定,还有一些需要安抚。面对这种错综复杂的情况,刘晏本可以选择得过且过,但是他是一个有家国情怀之人,面对国家遭遇的种种问题,不怕得罪既得利益者,对国家财政进行了大刀阔斧的改革。怎么样才能做到民不加赋而国用足呢?刘晏首先想到的是对盐政进行改革。但是改革盐政谈何容易!当时唐朝政府实行的是食盐国家专卖制度,政府垄断了食盐的生产、运输和销售,这样做原本想增加政府的财政收入,却滋生了官员的腐败，一些官员趁机大幅提高盐价，甚至贪官污吏还抓夫抓差无偿运盐，鱼肉百姓，中饱私囊。此外，由于食盐生产、运输和销售全由政府垄断，造成盐务机构庞大，财政支出惊人，朝廷实际所得寥寥。因此，盐政系统存在着一大批既得利益者，国家虽开支巨大，却所得无几，而且民怨很大。刘晏担任盐铁使后，为了革除弊端，对盐政进行了制度上的改革，让贪污腐败者无缝可钻、无利可图。他调整了食盐专卖制度，改官收、官运、官销为官收、商运、商销，统一征收盐税，这样不仅可以精简机构，节省财政支出，还可以控制食盐价格。改革后实施效果良好，史载“官无遗利”、“而人无厌苦”。

其次，改革同时也是改革者与自己内心贪欲的一场博弈。人都是有贪欲的，改革者在改革过程中掌握着巨大的权力，会面临着种种欲望的考验，对权力的欲望、对金钱的欲望、对美色的欲望等等。如果改革者经受不起这些欲望的诱惑，必定会受到他人的攻击，失去皇帝的信任，不仅会导致改革失败，甚至会身败名裂。而刘晏掌握国家财政大权几十年，历经三朝，位高权重，不仅生前获得几代皇帝的高度信任，而且在死后赢得了时人的赞许，他是如何做到的呢？其一，刘晏重名于利，他认为“士有爵禄，则名重于利；吏无荣进，则利重于名”。因此他努力工作，以工作中的成就感替代获得权力、金钱等的成就感。史载刘晏“每朝谒，马上以鞭算。质明视事，至夜分止，虽休澣不废。事无闲剧，即日剖决无留”。其二，刘晏也知道改革者的艰险，因此他坚守清廉，自觉抵制各种欲望的诱惑。从代宗宝应元年(762年)开始，到德宗建中元年(780年)，刘晏一直担任要职，而且个个都是“肥差”。然而刘晏生活却十分节俭，史载他“所居修行里，粗朴庳陋，饮食俭狭，室无媵婢”。780年，刘晏因谗言被杀，官员清点他的家产，也只有各种书两车，粮食几斛而已。

刘晏用他大无畏改革的精神和两袖清风为大唐奠定了元和中兴的基础，也为自己赢得了时人和后世史家的赞颂。他所选拔的负责财政的官员，韩洄、元琇、裴腆、李衡、包佶、卢徵、李若初等，皆有名于时，在他死后二十余年相继得到任用。他为官时，虽非宰相，然威信相当于宰相，高官显职多是他的门生。虽然终因谗言而死，然而“天下冤之”。北宋欧阳修编修《新唐书》时赞颂刘晏说：“刘晏因平准法，斡山海，排商贾，制万物低昂，常操天下嬴赀，以佐军兴。虽拿兵数十年，敛不及民而用度足。唐中偾而振，晏有劳焉，可谓知取予矣。其经晏辟署者，皆用材显，循其法，亦能富国云。”刘晏，真乃国之重臣也。

（刘先维）

尾大不掉——中央与地方的势力博弈

〔导言〕 唐代宗大历元年(766 年)到唐文宗太和九年(835 年)的七十年间,历史上一般称之为中唐时期。经历过初唐时期的“贞观之治”,到“开元盛世”时的大唐王朝已经走向了辉煌的顶峰,然而这个世界性的帝国却在安史之乱后由盛转衰。安史之乱后帝国的政策选择和转向直接影响着唐王朝国祚的延续,故而战乱过后的这一时期也就成为至关重要的转折点。令人扼腕叹息的是,其间虽出现过如唐宪宗之类的有为皇帝,也曾开创过“元和中兴”之类的改革新气象,但难以根除的藩镇割据问题和宦官势力的猖獗发展依旧是威胁着唐朝存亡的历史痼疾,转瞬即逝的中兴之局最终难掩王朝落日余晖的现实处境。

中唐皇帝大多是在内忧外患、战乱动荡中即位的。安史之乱期间,肃宗李亨即位,此后代宗李豫又在宦官集团的政变拥戴下即位,德宗李适更是经历了奉天之难,被迫出逃长安,而顺宗即位八个月后被迫让位于宪宗,这位中兴皇帝终因皇位继承问题,被宦官合谋毒死。进退两难间,无时无刻不考验着最高统治者的决策和智慧,在《唐宪宗本纪》的历史叙述中即可见一斑。

此时的唐朝面临的最大困境,就是安史之乱后的遗留问题。据《新唐书·兵志》载:“方镇相望于内地,大者连州十余,小者犹兼三四。故兵骄则逐帅,帅强则叛上。或父死子握其兵而不肯代;或取舍由于士卒,往往自择将吏,号为‘留后’,以邀命于朝”。传统的君主专制中央集权体制逐渐演变成为以长安天子为核心的中央体系与以河北为代表的地方体系并存的格局。《李晟列传》和《裴度列传》的两位传主即身处在这样的时代背景下,本文将从统一中央权力的角度出发,分析他们是如何与藩镇割据进行长期较量与博弈的。而《藩镇卢龙列传》也从另一个角度呈现唐朝在处理地方藩镇问题上的失误,以及中央从中得到的教训。

唐宪宗本纪

〔选文〕

宪宗昭文章武大圣至神孝皇帝讳纯,顺宗长子也。母曰庄宪皇太后王氏。贞元四年六月己亥,封广陵郡王。二十一年三月,立为皇太子。

……

元和元年正月丁卯,大赦,改元。赐文武官阶、勋、爵,民高年者米帛羊酒。癸未,长武城使高崇文为左神策行营节度使,率左右神策京西行营兵马使李元奕、山南西道节度使严砺、剑南东川节度使李康以讨刘辟。甲申,太上皇崩。刘辟陷梓州,执[①]李康。

三月丙子,高崇文克梓州。辛巳,杨惠琳伏诛。

四月丁未,杜佑为司徒。壬戌,郇王约薨。初令尚书省六品、诸司四品以上职事官,太子师傅、宾客、詹事,王府傅,日二人待制[②]。

五月辛卯,尊母为皇太后。

六月癸巳,降[③]死罪以下。赐百姓有父母祖父母八十以上者粟二斛、物二段,九十以上粟三斛、物三段。丙申,大风拔木。丁酉,高崇文及刘辟战于鹿头栅,败之。癸卯,严砺又败之于石碑谷。

闰月壬戌,平卢军节度使李师古卒,其弟师道自称留后。

七月壬寅,葬至德大圣大安孝皇帝于丰陵。癸丑,高崇文及刘辟战于玄武,败之。

八月丁卯,进封子平原郡王宁为邓王,同安郡王宽澧王，延安郡王宥遂王，彭城郡王察深王，高密郡王寰洋王，文安郡王寮绛王；封子审为建王。

九月丙午，严砺及刘辟战于神泉，败之。辛亥，高崇文克[④]成都。

十月甲子，减剑南东西川、山南西道今岁赋，释胁从将吏。葬阵亡者，禀[⑤]其家五岁。戊子，刘辟伏诛。

十一月庚戌，郑余庆罢[⑥]。

是岁，召王偲薨。

二年正月己丑，朝献于太清宫。庚寅，朝享于太庙。辛卯，有事于南郊，大赦。赐文武官勋、爵，文宣公、二王后、三恪、公主、诸王一子官，高年米帛羊酒加版授[⑦]。乙巳，杜黄裳罢。己酉，御史中丞武元衡为门下侍郎，中书舍人李吉甫为中书侍郎：同中书门下平章事。

二月己巳，罢两省官次[⑧]对。癸酉，邕管经略使路恕败黄洞蛮，执其首领黄承庆。

九月乙酉，密王绸薨。

十月，镇海军节度使李锜反，杀留后王澹。乙丑，淮南节度使王锷为诸道行营兵马招讨使以讨之。丁卯，武元衡罢。癸酉，镇海军兵马使张子良执李锜。己卯，免润州今岁税。十一月甲申，李锜伏诛。

十二月丙寅，剑南西川节度使高崇文为邠宁节度、京西诸军都统。

三年正月癸巳，群臣上尊号曰睿圣文武皇帝，大赦。罢诸道受代进奉钱。

三月癸巳，郇王柍薨。

四月壬申，大风坏含元殿西阙槛[⑨]。

六月，西原蛮首领黄少卿降。

七月辛巳朔，日有食之。

九月庚寅，山南东道节度使于頔为司空、同中书门下平章事。丙申，户部侍郎裴垍为中书侍郎、同中书门下平章事。戊戌，李吉甫罢。

四年正月壬午，免山南东道、淮南、江西、浙东、湖南、荆南今岁税。戊子，简王遘薨。

二月丁卯，郑䌹罢。给事中李藩为门下侍郎、同中书门下平章事。

三月乙酉，成德军节度使王士真卒[10]，其子承宗自称留后。

闰月己酉，以旱降京师死罪非杀人者，禁刺史境内榷[11]率、诸道旨条外进献、岭南黔中福建掠良民为奴婢者，省[12]飞龙厩马。己未，雨。丁卯，立邓王宁为皇太子。

七月癸亥，吐蕃请和。

八月丙申，环王寇[13]安南，都护张舟败之。

十月辛巳，成德军节度使王承宗反，执保信军节度使薛昌朝。癸未，左神策军护军中尉吐突承璀为左右神策、河阳、浙西、宣歙、镇州行营兵马招讨处置使以讨之。戊子，承璀为镇州招讨宣慰使。癸巳，降死罪以下，赐文武官子为父后者勋两转。

十一月己巳，彰义军节度使吴少诚卒，其弟少阳自称留后。

……

十五年正月，宦者陈弘志等反。庚子，皇帝崩，年四十三，谥曰圣神章武孝皇帝。大中三年，加谥昭文章武大圣至神孝皇帝。

赞曰：德宗猜忌刻薄，以强明自任，耻见[14]屈于正论，而忘受欺于奸谀。故其疑萧复之轻己，谓姜公辅为卖[15]直，而不能容；用卢杞、赵赞，则至于败乱，而终不悔。及奉天之难，深自惩艾[16]，遂行姑息之政。由是朝廷益[17]弱，而方镇愈强，至于唐亡，其患以[18]此。宪宗刚明果断，自初即位，慨然发愤，志平僭叛，能用忠谋，不惑群议，卒[19]收成功。自吴元济诛，强藩悍将皆欲悔过而效顺。当此之时，唐之威令，几于复振，则其为优劣，不待较而可知也。及其晚节，信用非人，不终其业，而身罹不测之祸，则尤甚于德宗。呜呼！小人之能败国也，不必愚君暗主，虽聪明圣智，苟有惑焉，未有不为患者也。昔韩愈言，顺宗在东宫二十年，天下阴[20]受其赐。然享国日浅，不幸疾病，莫克有为，亦可以悲夫！

选自《新唐书》卷七

〔注释〕 ① 执：捉拿。 ② 制：帝王的命令。 ③ 降：减轻。 ④ 克：攻克。 ⑤ 禀：通“廪”，给予粮食。 ⑥ 罢：免职。 ⑦ 版授：授予虚衔。 ⑧ 次：依次。 ⑨ 槛：栏杆。 ⑩ 卒：死。 ⑪ 榷：征税。 ⑫ 省：减少。 ⑬ 寇：侵犯。 ⑭ 见：被。 ⑮ 卖：卖弄。 ⑯ 惩艾：惩戒。 ⑰ 益：更加。 ⑱ 以：因为。 ⑲ 卒：最后。 ⑳ 阴：暗中。

〔赏析〕 唐宪宗李纯，唐德宗李适之孙、唐顺宗李诵长子，唐代第十二位皇帝。贞元四年(788 年)封广陵郡王，贞元二十一年立为太子，同年八月即位。李纯即位后，励精图治，重用贤良，改革弊政。他在位时，勤勉政事，力图中兴，从而取得元和削藩的巨大成果；他重振了中央政府的威望，史称“元和中兴”。唐宪宗在位十五年，享年四十二岁，死后葬于景陵。

安史之乱后，唐朝由盛转衰，严重的藩镇割据局面也成为唐朝的心腹之患。唐德宗年间经历了长期武力削藩的过程，但泾师之变，德宗仓皇逃离长安，中央对藩镇逐渐采取姑息求安政策，以致藩镇问题成为唐王朝迟迟无法解决的一大难题，而唐宪宗即位后的头等大事便是有规划且有效率地解决藩镇割据的问题。

元和元年(806年),宪宗任命高崇文讨平剑南西川节度使刘辟;元和二年,讨伐造反的镇海节度使李锜,整顿江淮财赋;元和八年,魏博节度使田季安死,唐宪宗顺势授田兴为魏博节度使,赐名田弘正,招降河北强大的藩镇;元和九年,淮西节度使吴少阳死,其子吴元济割据申、光、蔡三州,唐宪宗发兵苦战三年才终结淮西叛乱。此外朝廷又收复沧、景二州,幽州刘总上表请归顺,成德镇上表自新,献德、棣二州。至此,宪宗基本结束了自唐肃宗以来藩镇割据的隐患,为国家统一、稳定发展奠定扎实的基础。

究其十多年来平定叛乱步步为营成绩显著的原因,我们不难看出这与宪宗任人唯贤、用人不疑的政策密切相关。然而在《唐宪宗本纪》中,我们只能看到这位皇帝在位期间发生的重大事件及政策调整,至于说他任人唯贤的具体实例,就只能在《新唐书》其他列传中,从侧面窥见宪宗作为君主对臣下的信任和大力推行决策的坚定。

元和十二年,蔡州行营的唐邓节度使高霞寓兵败铁城,宫廷内外震惊忧恐之余,大臣们纷纷讨论该不该在兵败的情况下继续用兵。大多数朝廷大臣们认为用兵已久,上至将领下至百姓已经处于厌战阶段,此时继续用兵可能导致日后节节败退。虽然此话不无道理,但历史的成败往往就取决于这关键一刻的破釜沉舟,在众多反对意见中,只有裴度将军声称叛军坚决不可赦免,并给出战胜的可能性。为此,宪宗做了最后定夺,并用胜负乃兵家常态,不该因为一兵一将的失败而打乱整个军国大计。宪宗对裴度的充分信任和支持使他最终收复蔡州、终结叛乱。

其实,裴度的计划即宪宗的计划,裴度的决心也就是宪宗的决心,为了达到最终的目的,不管过程中遭遇怎样的挫折,宪宗都毫不畏惧地勇往直前,只要是与他志同道合的人,宪宗都会动用其权力以力排众议,可见其对于解决藩镇割据威胁问题,以求中央统一的雄心壮志。此时的宪宗三四十岁,正当壮年,英雄豪气、挥斥方遒,不愧为一代中兴之主。然而成也萧何,败也萧何,宪宗解决了一个大难题,又制造了另一个大难题,唐中后期的宦官干政也由此产生。

宦官干政问题其实由来已久,宪宗祖父唐德宗时期既已成患而没能得到足够重视，加上泾师之变时曾得到宦官护卫，造成此后严禁宦官干政政策的松动。唐宪宗的登基更是有赖于宦官。不料元和十五年，宪宗李纯被宦官陈弘志刺死，宦官拥立李恒继位，是为唐穆宗，至此，宪宗最终以生命为代价，自食其种下的恶果。

宪宗成为历史上又一位晚节不保的皇帝，晚年的宪宗逐渐开始贪图享乐、大兴土木、疏远直臣、任用奸佞，他还信仙好佛，想求长生不老之药，中兴之局并没有维持很久便告夭折。从人性的角度来说，皇帝也是人，也同样具备人性中的各种弱点，但在中国古代社会，皇帝又绝不能放任为普通人，任何一个对人性弱点的放纵都有可能影响到中央王朝的未来走势。历史上有些皇帝早年雄才大略、穷兵黩武，晚年对此生进行回顾时开始反思抑或罪己，告诫后人吸取历史的经验教训，汉武帝便是一好例；也有些皇帝年轻时开明睿智、积极改革，但取得一定成就后便开始走上另一种骄奢淫逸的道路，一世英名毁于一旦，如唐玄宗、唐宪宗即是。天下惟庸人无咎无誉，唐宪宗不幸成为一个悲剧性的人物。

李晟列传

〔选文〕

李晟字良器，洮州临潭人。世以武力仕，然位不过裨将。晟幼孤，奉母孝。身长六尺。年十八，往事①河西王忠嗣，从击吐蕃。悍酋乘城，杀伤士甚众，忠嗣怒，募射者，晟挟一矢殪②之，三军欢奋。忠嗣抚其背曰："万人敌也。"凤翔节度使高升召署列将，击叠州叛羌于高当川，又击连狂羌于罕山，破之。累③迁左羽林大将军。广德初，击党项有功，授特进，试太常卿。

……

疾间④，将复进，会⑤帝出奉天，有诏召晟即日治严。

……

怀光屯咸阳凡八旬，帝数促战，以伺贼隙[6]为言，卒不出兵，阴通朱泚，反迹浸[7]露。晟惧为所并，上言："当先变制备[8]，请假[9]裨佐赵光铣、唐良臣、张彧为洋、利、剑三州刺史，各勒[10]兵以通蜀、汉衿喉。"未报[11]。会吐蕃欲佐诛泚，帝议幸咸阳督战，怀光大骇，疑帝夺其军，图反益急。晟与李建徽、阳惠元皆联屯，适有使者到晟军，晟乃令曰："有诏徙屯。"即结阵趋[12]东渭桥。后数日，怀光并建徽、惠元兵，惠元死之。

……

神策军及晟家皆为贼质[13]，左右有言者，晟涕数行下，曰："陛下安在，而欲恤家乎？"泚使晟吏王无忌婿款[14]壁门曰："公等家无恙。"晟怒曰："尔乃与贼为间乎？"叱斩之。时输缣不属，盛夏，士有衣[15]裘者，晟能与下同其苦，以忠谊感发士心，终无携怨。逻士得姚令言、崔宣谍[16]者，晟命释缚，饭饮之，遣还，敕曰："为我谢令言等，善为贼守，勿不忠于泚。"

……

露布至梁，帝感泣，群臣上寿[17]，且言："晟荡夷凶憝，而市不易廛，宗庙不震，长安之人不识旗鼓，虽[18]三代用师，不能加之。"帝曰："天生晟，为社稷万人，岂独朕哉！"拜晟司徒，兼中书令，实封千户。

晟遣大将吴诜以兵三千到宝鸡清道，自请迎扈[19]，不许。帝至自梁，晟以戎服见三桥，帝驻马劳[20]之。晟再拜顿首，贺克殄[21]大盗，庙朝安复，已即跪陈："备爪牙臣，不能指日破贼，致乘舆[22]再狩[23]，乃臣不任职之咎，敢请死。"伏道左，帝为掩涕，命给事中齐映起之，使就位。有诏赐第[24]永崇里、泾阳上田、延平门之林园、女乐一列。晟入第，京兆供帐，教坊鼓吹迎导，诏将相送之。帝纪其功，自文于碑，敕皇太子书，立于东渭桥，以示后世云。又令太子录副以赐。

……

泾州倚边，数戕其帅，晟请治不龚[25]命者，因以训耕积粟实塞下，羁制西戎。帝乃拜晟凤翔、陇右、泾原节度使，兼行营副元帅，徙王西平郡，实封千五百户。晟请与李楚琳俱行，亦将治杀张镒罪，帝方务[26]安反侧，不许。晟至凤翔，乱将王斌等十余人以次伏诛。

时宦者尹元贞持节到同、华，擅入河中谕慰李怀光。晟劾元贞矫[27]使，欲洗宥[28]元恶，请治罪。又言："赦怀光有五不可：河中抵京师三百里，同州制其冲，兵多则示未信，少则力不足，忽惊东偏，何以待之？一也。今赦怀光，则必以晋、绛、慈、隰还之，浑瑊、康日知又且[29]迁徙，二也。兵力未穷，忽宥反逆，四夷闻之，谓陛下兵屈而自罢耳；今回纥拒北，吐蕃梗西，希烈僭淮、蔡，若弃强示弱，以招窥觊，三也。怀光既赦，则朔方将士悉复叙勋行赏，追还缣廪；今府库空殚[30]，物不酬满，是激其叛，四也。既解河中，诸道还屯，当有赐赉[31]，赏典不举，怨言必起，五也。今河中米斗五百，刍[32]稿且罄，人饿死墙壁间，其大将杀戮几尽，围之旬时，力穷且溃，愿无养腹心疾为后忧。臣请选精兵五千，约十日粮，可以破贼。"帝方以贼委马燧、浑瑊，故不许。

……

赞曰：晟之屯东渭桥也，朱泚盗京师，李怀光反咸阳，河北三叛相王，李纳猘[33]河南，李希烈讧郑、汳。晟无积赀输粮，捉孤军抗群贼，身佩安危而气不少[34]衰者，徒以忠谊感人，故豪英乐为之死耳。至师入长安而人不知，虽三王之佐，无进其能，可谓仁义将矣！呜呼，功能存社祏，不能见信于庸主，卒夺其兵，哀哉！虽然，功盖天下者惟退，祸可以免。四子世似其劳，是宜有后哉。

选自《新唐书》卷一百五十四

〔注释〕 ① 事：侍奉。 ② 殪：死。 ③ 累：屡次。 ④ 间：病愈。 ⑤ 会：适逢。 ⑥ 隙：机会。 ⑦ 浸：渐渐。 ⑧ 备：防御。 ⑨ 假：给予。 ⑩ 勒：率领。 ⑪ 报：答复。 ⑫ 趋：奔赴。 ⑬ 质：以物或人作抵押。 ⑭ 款：叩。 ⑮ 衣：穿。 ⑯ 谍：间谍。 ⑰ 寿：敬酒。 ⑱ 虽：即使。 ⑲ 扈：跟随。 ⑳ 劳：慰劳。 ㉑ 殄：消灭。 ㉒ 乘舆：帝王的代称。 ㉓ 狩：讳称帝王被迫外出。 ㉔ 第：达官贵人的宅院。 ㉕ 龚：通“恭”。 ㉖ 务：致力。 ㉗ 矫：假托。 ㉘ 宥：宽恕。 ㉙ 且：将要。 ㉚ 殚：竭尽。 ㉛ 赉：赏赐。 ㉜ 刍：喂牲畜的草。 ㉝ 猘：残暴。 ㉞ 少：稍微。

〔赏析〕 李晟，字良器，洮州临潭（今属甘肃）人，勇烈有才，善骑射。初为边镇裨将，后因战功升至右神策军都将。曾率领神策军屡与吐蕃及叛乱藩将作战，最大的功绩是在建中四年（783年）唐德宗出奔奉天时，平息了朱泚之乱，收复长安，被誉为“不惊宗庙，不易市肆，长安人不识旗鼓，安堵如初，自三代以来，未尝有也”。贞元九年（793年）八月李晟去世，终年六十七岁。德宗亲临吊祭，废朝五日，举行了隆重的葬礼，追赠为太师。

唐建中四年，因藩镇叛乱，泾原地方士兵兵变，叛军攻陷帝都长安，唐德宗被迫逃往奉天（今陕西乾县），急诏李晟等人救援平叛，史称“奉天之难”。随后，叛军朱泚自称大秦皇帝，进攻奉天。而同时，两支分别由朔方节度使李怀光和神策将军李晟率领的兵马前来支援，期间李怀光曾一度响应朱泚，试图谋反，最终叛贼朱泚及其余部被李晟荡平，德宗平安回到长安。而对于奉天之难中的叛乱元凶李怀光，李晟痛陈不可赦免的五点原因，条条在理，虽终未被德宗采纳，却足以充分体现李晟的洞察和先见。

自古名将多有共性，精忠报国、足智多谋、骁勇善战、不畏奸佞，李晟也不例外，而曾经位居宰相的李晟也同时兼具了文官的刚正不阿、直言进谏的特点。在不同的处境中他扮演了不同的角色，用不同的手段和态度面对不同的对象，但这种多面性并不一定是一种圆滑世故或者迎合奉承，而恰恰是由于他对自己所处的时代有着深刻的洞察，在君主专制的体制下，作为皇帝的臣子应该遵循人伦准则，应该维护宗藩秩序，更应该保卫大唐江山。归根结底，中唐之后走向衰落的乱世中，若想在日渐激烈与频繁的政府与藩镇的博弈中取胜，靠的恐怕不只是智力的较量，顺势而为也是重要的成功因素。

作为将领，能身先士卒、与士兵同甘共苦、舍家为国、顾全大局，可谓是最能获取军心的一招。当年神策军和李晟的家属在战争中被捕成为人质，而李晟心里想着的却是一句"陛下安在，而欲恤家乎？"家国两难，忠孝权衡，作为为朝廷征战的将领，李晟心头显然把国君置顶，至于自己的亲人，如同众士兵被捕的亲人一样，不是不念，只是强忍，国之不存，家将焉附！

严寒酷暑，与叛军僵持不下，但朝廷补给又不能及时到达时，李晟从不因为将领身份而独自享受特殊待遇，他以身作则用实际行动始终与士兵同甘共苦，全军作战从无怨言。李晟所率的军队，所到之处秋毫无犯、军纪严明，如同亲其师、信其道一样，尊其将，才会守其言。因此，即使是在重文轻武，严防将兵关系过分密切的宋室，仍旧依照唐代惯例，将李晟列入古代七十二名将之列，并为之设庙。

患难真情的流露是发自肺腑的，而战场上演给别人看的伎俩也是一种策略。当士兵捉到间谍带去见李晟，李将军非但没有严刑拷打，还当众酒肉款待后放回，并让间谍带话，务必要好好效忠叛军等着我们来平定。这事看来不可思议，其实大有深意。既体现了神策军必将消除叛乱的决心和信心，又为自己和朝廷塑造了仁义宽厚但绝不纵容叛军的高大形象。如同后来还有相似一例，李晟常常用自己的家产招揽归降之人，曾有一个大酋长叫浪息曩，李晟甚至上表请朝廷给他封了王号，而且所有对他的特殊礼遇都要特意让敌方知道，这可让单纯而又不知情的敌方使者艳羡不已。当然这同样也是出于一种为解决现实问题而特意塑造的王朝形象，在中央政府实际统治地位已摇摇欲坠，天子威信动辄不保的情况下，李晟的策略确实起到了一定的作用。

最可贵的是李晟作为一代功臣，他对全局的把握和对问题透彻的分析能力在当时少有人能够企及。李晟曾上奏陈述赦免李怀光有五个不可：第一，河中郡距京城的位置特殊，驻兵多少都对朝廷不利；第二，赦免怀光就要立马归还四州给他，现任官员不得不另外调动，显得措手不及；第三，赦免叛臣让四夷知道恐怕招致敌人窥伺;第四,目前国库空虚不够满足因赦免引起的众朔方将士论功行赏,势必引发新的不稳定因素;第五,其他因战事结束,赏罚不均引发的怨言。这五条陈述从朝廷的布兵、对官吏的重新分配、朝廷与四夷的关系、国库的财物库存、对将士的论功行赏等角度,清晰直白地指出赦免李怀光后朝廷将会面临的两难处境,从中央到地方,从现实到人心,一针见血、条条在理,让人难有反驳的余地和质疑的空间,但可惜的是,最终德宗并没有采纳他的建议,埋下祸根。

虽然李晟最终不能见信于庸主,被削夺了兵权,但死后谥号忠武,赠太师,而且其后代多有居显要者。唐僖宗期间,朝廷又编辑《兴元圣功录》记载其功绩。《新唐书》、《旧唐书》也都为其列传,历史最终给了他一个公正客观的评价。

裴度列传

〔选文〕

裴度字中立,河东闻喜人。贞元初,擢进士第,以宏辞补校书郎。举贤良方正异等,调河阴尉。迁监察御史,论权嬖梗[①]切,出为河南功曹参军。武元衡帅西川,表掌节度府书记。召为起居舍人。

……

于时,讨蔡数不利,群臣争请罢兵,钱徽、萧俛尤确[②]苦。度奏:"病在腹心,不时[③]去,且为大患。不然,两河亦将视此为逆顺。"会唐邓节度使高霞寓战却[④],它相揣帝厌兵,欲赦贼,钩[⑤]上指[⑥]。帝曰:"一胜一负,兵家常势。若兵常利,则古何惮用兵耶?虽累圣亦不应留贼付朕。今但[⑦]论帅臣勇怯、兵强弱、处置何如耳,渠[⑧]一败便沮[⑨]成计乎?"于是左右不能容其间。十二年,宰相逢吉、涯建言:"饷亿烦匮,宜休师。"唯度请身督战,帝独目度留,曰:"果为朕行乎?"度俯伏流涕曰："臣誓不与贼偕存。"即拜门下侍郎、平章事、彰义军节度、淮西宣慰招讨处置使。

度以韩弘领都统，乃上还招讨以避弘，然实行都统事。又制诏有异辞，欲激贼怒弘者，意弘怏怏则度无与共功。度请易[10]其辞，窒[11]疑间之嫌。于是表马总为宣慰副使，韩愈行军司马，李正封、冯宿、李宗闵备两使幕府。入对延英，曰："主忧臣辱，义在必死。贼未授首[12]，臣无还期。"帝壮之，为流涕。及行，御通化门临遣，赐通天御带，发神策骑三百为卫。初，逢吉忌度，帝恶[13]居中桡沮[14]，出之外。

度屯郾城，劳诸军，宣朝廷厚意，士奋于勇。是时，诸道兵悉[15]中官统监，自处进退。度奏罢之，使将得颛[16]制，号令一，战气倍。未几，李愬夜入悬瓠城，缚吴元济以报。度遣马总先入蔡，明日，统洄曲降卒万人持节徐进，抚定其人。

初，元济禁偶语[17]于道，夜不然[18]烛，酒食相馈遗者以军法论。度视事[19]，下令唯盗贼、斗死抵法，余一蠲[20]除，往来不限昼夜，民始知有生之乐。度以蔡牙卒侍帐下，或谓反侧未安，不可去备。度笑曰："吾为彰义节度，元恶已擒，人皆吾人也！"众感泣。既而申、光平定，以马总为留后。

……

会昭义监军刘承偕慢[21]刘悟，举军哗怒，执承偕，悟拘以闻。帝怒，问度："何施而可？"度顿首谢[22]："藩臣不与[23]政。"辞不对。帝强之，度曰："臣素知承偕怙[24]宠，悟不能堪，尝以书诉臣。是时，中人赵弘亮在行营知状，欲持悟书以奏，陛下亦知之邪？"帝曰："我不及知。顾悟诚恶之，胡不自闻，何哉？"度曰："虽悟得闻，恐陛下不必听。且臣视天颜不咫尺，比尚未能决，千里单言，可悟圣听哉？"帝亟曰："前语姑[25]置，直[26]谓今日奈何?”度曰:“必欲收忠义心,使帅臣死节,独斩承偕,则四方群盗隐然破胆矣。”帝曰:“顾太后养为子,且我何爱? 更言其次。”度曰:“投诸荒裔可乎?”帝曰:“可。”悟果出承偕,昭义遂安。

……

朱克融执赐衣使者杨文端,诡言慢己,并诉所赐滥恶,又丐[27]假度支帛三十万匹,不者,军必有变;且请遣工五千助治东都,须天子东巡。帝怒,患[28]之,欲遣重臣临慰。度曰:“克融无恙而悖,是将亡。譬猛虎自哮跃山林,凭窟穴则然,势不得离其处,人亦不为惧。陛下无庸遣重使,第[29]以诏书言:‘中人倨骄,须还,我自责谴。春服不谨,方诘有司。所上工宜即遣,已诏在所供拟。’此则贼谋穷矣。陛下若未能然,则答:‘宫室营缮既有序,毋遣工为重劳。朝廷缘召发乃有赐与,朕无所爱,独与范阳,体不可尔。’”帝曰:“善。”用度次策。克融听命,归文端。未几军乱,杀克融。

……

大和四年,数引疾不任机重,愿上政事。帝择上医护治,中人日劳问相蹑[30],乃诏进司徒、平章军国重事,须疾已,三日若五日一至中书。度让[31]免册礼。度自见功高位极,不能无虑,稍诡迹避祸。于是牛僧孺、李宗闵同辅政,媢[32]度勋业久居上,欲有所逞[33],乃共訾[34]其迹损短之,因度辞位,即白[35]帝进兼侍中,出为山南东道节度使。白罢元和所置临汉监,收千马纳之校,以善田四百顷还襄人。顷之,固请老,不许。

……

赞曰:宪宗讨蔡,出入四年。元济外连奸臣,刺宰相,反用事者,沮骇朝谋。惟天子赫然排群议,任度政事,倚以讨贼。身督战，遂平淮西。非度破贼之难，任度之为难也。韩愈颂其功曰："凡此蔡功，惟断[36]乃成。"其知言哉！穆宗不君，twisted人腐夫乘衅镌诋，而度遂无显功。非前智后愚，用不用，势当然矣。前史称度晚沉浮为自安计，是不然，《大雅》曰："既明且哲[37]，以保其身。"度何訿[38]云。

选自《新唐书》卷一百七十三

〔注释〕 ①梗：耿直。 ②确：坚决。 ③时：及时。 ④却：退。 ⑤钩：试探。 ⑥指：意旨。 ⑦但：只。 ⑧渠：通"讵"，岂。 ⑨沮：终止。 ⑩易：更改。 ⑪窒：消除。 ⑫授首：投降。 ⑬恶：厌恶。 ⑭沮：阻止。 ⑮悉：都。 ⑯颛：通"专"。 ⑰偶语：相对私语。 ⑱然：燃烧。 ⑲视事：就职任事。 ⑳蠲：通"捐"，减免。 ㉑慢：怠慢。 ㉒谢：谢罪。 ㉓与：参与。 ㉔怙：凭恃。 ㉕姑：姑且。 ㉖直：只是。 ㉗丐：乞求。 ㉘患：担忧。 ㉙第：只。 ㉚蹑：踩。 ㉛让：推辞。 ㉜媢：嫉妒。 ㉝逞：施展。 ㉞訾：诋毁。 ㉟白：报告。 ㊱断：果断。 ㊲哲：聪明。 ㊳訿：毁谤。

〔赏析〕 裴度，字中立，河东闻喜人，贞元五年（789年）考中进士，中选宏辞科。在殿廷应对策问成绩优等，被委任为河阴县尉。晋升为监察御史后，因密章奏论皇帝宠信的权臣，措语直切，违逆君心，被调出朝廷任河南府功曹，后提升为起居舍人。开成四年（839年），裴度病逝，享年七十五岁，文宗下诏追赠裴度为太傅，谥号文忠，后又加赠太师。

裴度的成就建立在良好的君臣关系之上，而良好的君臣关系首先建立在相互信任的前提下。正如《新唐书》中赞曰："宪宗讨蔡，出入四年。元济外连奸臣，刺宰相及用事者，沮骇朝谋。惟天子赫然排群议，任度政事，倚以讨贼。身督战，遂平淮西。非度破贼之难，任度之为难也。"这个过程中，宪宗发挥了巨大的作用。有这样深明大义的君主作为坚强后盾，裴度自然能在政治上排除万难推行政策，在战场上勇往直前而无后顾之忧。

宪宗对裴度的信任造就了"元和中兴"，而裴度也毫不吝啬地把这种信任用于他的部下及收复地区的百姓身上，以此"宣朝廷厚意"。

当年裴度抵达郾城巡视抚慰诸军，认为当时各道军队均派有宦官监军督阵，影响主将指挥进兵撤退。于是裴度奏请朝廷将所有监军宦官一并撤掉，兵权由主将掌握行使，这样一来众军将领都十分高兴，并且军法严明整肃，指挥号令统一，因此连战皆捷。

叛藩首领吴元济被擒获后，裴度一改旧时法令，减省刑法，除盗贼斗杀外，其余旧法一概取消。到这时，归降朝廷的蔡州人才知道有人生的欢乐。刚开始裴度用蔡州的士卒担任署府卫兵，有人担心反叛地区刚刚归顺的人须加以防备，但裴度却笑着回答说："我受朝廷任命做彰义军节度使，叛逆的元凶已经被擒，蔡州黎民就是本朝的黎民了。"蔡州的父老乡亲听说后，无不感激涕零，申州、光州的百姓，立即平稳安定下来。适度的"放"就是一种信任，正是这种收放有度的策略使得裴度所到之处都能俘获众多人心，这倒是应了一句古话："民心向背是成败的关键。"当然这种收放都是有针对性的，对于威胁中央统一的逆贼叛臣，裴度替朝廷讨伐可是绝不手软。其实收放之间有一种微妙的平衡，既非紧张压迫到令人窒息，又非万事皆可如同一盘散沙，这种微妙的平衡可以称之为"留有余地"。

"留有余地"可以说是裴度最令人佩服的智慧之一。对中选宏辞科，参加过皇帝亲自诏试的"能直言极谏科"考试的裴度来说，如何对皇帝建言献策以达到让君主采纳合理建议的目的，既是一种策略，也是一门艺术，而裴度的特点就是给予皇帝权衡和选择的余地。裴度给皇帝提出的建议，常常分为两种选择：一种是理想的、果断的、斩草除根的方法；一种是现实的、退而求其次的、碍于各种情面和利益关系的办法。

例如在监军使刘承偕倚仗皇帝宠信凌辱节度使刘悟，刘悟拘囚刘承偕不放他回朝这件事上，裴度给穆宗提供了两种选择：陛下如果想获得忠义之心，使所有军中将领为陛下献身尽节，那么就命令刘悟召集三军将斩杀刘承偕；但如果考虑到刘承偕是太后的养子，那么只要将刘承偕流放到偏远条件恶劣的地方，他一定能被放出来。最终穆宗选择了后者，而之后刘承偕果然得以返回京城。

又如幽州镇使朱克融扣留了赐春衣使杨文端，并挑衅朝廷奏请派出五千名服役工匠帮助修复东都一事。当时皇帝敬宗害怕朱克融怀有不顺从朝廷之心，意图满足他所有要求，然而裴度建议说："五千名工匠及兵马赴东都，我料定绝对派不出来。如果想要立马挫败他的奸诈意图,可答复让他迅即派来,料想朱克融必定张皇失措。但如果陛下想示以包涵宽容,就答复说不必派工匠远道而来。春衣问题,只要简单说明、随意处置即可,不要放在心上。”前一种方式直截了当,将矛盾明显化,彰显了朝廷的强大自信心和气势,但万一朱克融破罐破摔,带兵前来,冲突激化,对中央来说也是个不小的打击,因此也可以选择另外一种低成本的方式,就是无视他,等待他自取灭亡,事实上,结果也确实如此。

裴度晚年考虑到自己功高位极,不能无虑,而且也确实年老多病,因此选择诡迹避祸,有人认为他晚节不保开始追求世俗化,也有人觉得功成身退明哲保身未尝不是一个明智的选择。

藩镇卢龙列传

〔选文〕

朱滔,性变诈多端倪。希彩以同宗倚[①]爱之,使主帐下亲兵。泚领节度,遣滔将兵三千为天子西乘塞,为诸军倡。始,安、史后,山东虽外[②]臣顺,实傲肆不廷。至泚首效款[③],帝嘉之,召见滔殿中。帝问曰:“卿材孰与泚多?”滔曰:“统御士众,方略明辨,臣不及泚;臣年二十八,获谒天子,泚长臣五年,未识朝廷,此不及臣。”帝愈嘉,特诏勒兵贯[④]王城而出,屯泾州,置酒开远门饯之。戍还,乃谋夺泚兵,诡说曰:“天下诸侯未有朝者,先至,可以得天子意,子孙安矣。”泚信之,因入朝。稍[⑤]不相平,泚遂乞留,西讨吐蕃。以滔权知[⑥]留后,兼御史大夫。滔杀有功者李瑗等二十余人,威振军中。

……

悦德[⑦]滔援,欲尊而臣之,滔让武俊,曰:“箧山之胜,王大夫力也。”于是,滔、武俊官属共议:“古有列国连衡共抗秦。今公等在此,李大夫在郓,请如七国,并建号,用天子正朔。且师在外，其动无名，岂长为叛臣，士何所归？宜择日定约，顺人心，不如盟者共伐之。"滔等从之。滔以禄山、思明皆起燕，俄[8]覆灭，恶[9]其名，以冀，尧所都[10]，因号冀，武俊号赵，悦号魏，纳号齐。建中三年冬十月庚申，为坛魏西，祀天，各僭为王，与武俊等三让乃就位。滔为盟主，称孤；武俊、悦及纳称寡人。是日，三叛军上有云气颇异，燧望笑曰："是云无知，乃为贼瑞邪！"先是，其地土息高三丈，魏人韦稔佞[11]悦，以为益[12]土之兆。后二年，滔等册壝，正值其所。

滔改幽州为范阳府，以子为府留后，称元帅，用亲信为留守。滔等居室皆曰殿，妻曰妃，子为国公，下皆称臣，谓殿下。上书曰笺，所下曰令。置左右内史，视[13]丞相；内史令、监，视侍中、中书令；东西侍郎，视门下、中书；东曹给事、西曹舍人，视给事中、中书舍人；司议大夫，视谏议大夫；六官省，视尚书；东、西曹仆射，视左右仆射；御史台曰执宪，置大夫至监察御史，驱使要籍官曰承令；左右将军曰虎牙、豹略；军使曰鹰扬、龙骧。以刘怦为范阳府留守，柳良器、李子千为左右内史，滔兄琼瑰、陆庆为东、西曹仆射，杨霁、马寔、寇瞻、杨荣国为司文、司武、司礼、司刑侍郎，李士真、樊播为执宪大夫、中丞。其余以次补署。聘处士张遂、王道为司谏。

……

及泚反，燧等皆班师，武俊、寔亦还。悦、武俊遣使至河间，贺泚即位。武俊诡请寔共攻康日知于赵州，谋覆其军，不克。实归，武俊饯之，厚赠遗。泚遣人密召滔，使趋[14]洛阳。滔发书，西向再拜，移[15]檄诸道曰："今发突骑四十万走洛阳，与皇帝会上阳宫。"使王郅说悦连和俱西。滔素[16]强调敛，武俊等不能堪[17]。又令各以兵五千从攻洛，欲僭称帝，乘舆、法从及赦令皆具。

初，回纥以女妻[18]奚王，大历末，奚乱，杀王，女逃归，道[19]平卢，滔以锦绣张道，待其至，请为婚，女悦，许焉。既而遣使修婿礼于回纥，回纥喜，报以名马重宝。及僭相王，与武俊、悦、纳纳四金钥于回纥，曰："四国愿听命于可汗，谨上金钥，启闭出纳，唯所命。"至是，乞师焉。回纥以二千骑从，而武俊亦先乞师，以断怀光饷路，未至，而王师还。回纥过幽州，滔使说其酋达干曰："若能同度河而南，玉帛子女不赀[20]，计可得也。"达干许诺，滔啖[21]以金帛，约曰："五十里舍，以须[22]悦军。"滔兵五万，车千乘，骑二万，士私属万余，虏兵三千，马、橐它倍之；过武俊境，武俊劳[23]之，牛酒刍[24]米皆具。然悦已用武俊谋，不肯出，储峙[25]于野以待。滔至贝州，悦刺史邢曹俊上谒滔，即归闭城守，滔疑之，次[26]永济。武俊阴[27]遣客反间滔曰："悦有憾[28]，须公南，以兵断公归路，宜少备。"滔闻怒，入永济，执[29]悦吏掠讯，不得其情，杀之。使回纥大掠，南及澶、卫，系执老幼无遗者。悦大恐，阖城自保。滔遣将杨布略定馆陶，屯平恩，置官吏。

选自《新唐书》卷二百一十二

〔**注释**〕 ① 倚：倚重。 ② 外：表面上。 ③ 款：归顺。 ④ 贯：穿过。 ⑤ 稍：渐渐。 ⑥ 知：主持。 ⑦ 德：感激。 ⑧ 俄：不久。 ⑨ 恶：厌恶。 ⑩ 都：定都。 ⑪ 佞：用花言巧语谄媚人。 ⑫ 益：增加。 ⑬ 视：比照。 ⑭ 趋：奔赴。 ⑮ 移：传递。 ⑯ 素：向来。 ⑰ 堪：忍受。 ⑱ 妻：嫁予。 ⑲ 道：取道。 ⑳ 赀：计算。 ㉑ 啖：利诱。 ㉒ 须：等待。 ㉓ 劳：慰劳。 ㉔ 刍：喂牲畜的草。 ㉕ 峙：通"庤"，储备。 ㉖ 次：驻扎。 ㉗ 阴：暗中。 ㉘ 憾：恨。 ㉙ 执：捉拿。

〔**赏析**〕 安史之乱以后，卢龙节度使更换频繁，先后有李怀仙、朱希彩、朱泚、朱滔、刘怦、刘济、刘总、朱克融、李载义、杨志诚、张仲武、张直方、张允伸、张公素、李茂勋、李全忠、李匡威、李匡筹、刘恭仁、刘守光等人。此文重点赏析的是唐德宗年间的卢龙节度使朱滔，他的所作所为既是藩镇卢龙节度使的缩影，也是整个大唐中后期藩镇节度使的缩影。而大唐中央政府与朱滔，其他节度使与朱滔的明争暗斗，也从一定程度上反映了藩镇割据的博弈。

安史之乱起于河朔地区的藩镇，此地区辖域辽阔，近邻北方少数民族政权的疆界，处于中原汉族文化与边地异族文化、农耕文明与游牧文明的分野，拥有数量众多的少数民族精兵强将，独特的地理位置和自然条件使这一地区成为军事要地，是唐政府最为关注的地区之一，而卢龙节度使的辖境恰在此区域的核心位置，治所就在幽州牙城以北。安史之乱期间，出于稳定局势的需要，特发诏命给归顺朝廷的军事强人李怀仙，“改范阳节度使为幽州节度使。时平卢已陷，又兼卢龙节度使”。自李怀仙之后，历任幽州节度使均兼卢龙节度使。对于河朔地区藩镇的安排是唐政府出于政治形势而做出的无奈之举，当安史之乱的大难过去后，天下初定，唐政府开始谋求加强中央集权，抑制地方分权。

唐德宗年间，成德节度使李宝臣亡故，其子李惟岳上奏朝廷，请求继承节度使之位，遭到拒绝从而引发战争。无论是大唐中央还是李惟岳都做了积极的准备，李惟岳唯恐军力不足，游说了魏博镇的田悦和淄青镇的李正己，组建所谓“三镇同盟”，共同对抗中央。大唐中央政府在河朔战场的战略部署是兵分三路，分进合击。北路由幽州卢龙镇朱滔领兵南下进攻成德镇李惟岳；中路由河东节度使马燧、昭义节度使李抱真、神策军都知兵马使李晟组成，从山西高原东出太行对魏博镇田悦作战；南路由河南诸军和防秋兵组成，负责对淄青镇李正己、李纳作战。没想到，唐政府在作战初期形势出奇的好，三路并举，直捣反叛的田悦老巢，李惟岳也被部将王武俊所杀。李惟岳被杀，使这场内战的胜利天平逐渐倒向了唐德宗，面对多年来梦寐以求的胜利果实，唐德宗反倒乱了分寸，他不合时宜地提出了三分成德镇的方案，此方案为的是彻底肢解成德镇，但也有隐含竭力抑制幽州卢龙镇的意图。这套方案表明了大唐为解决藩镇问题的决心，但却刺激了原本忠于朝廷的朱滔，他被迫将依靠自己武力占据的深州吐了出来，而朝廷给出的交换条件是两个尚在叛军手中的德州、棣州，这对于朱滔而言，似乎成了遥不可及的目标。恰在此时，田悦派人离间朱滔，讲明唇亡齿寒的道理，如果今天能肢解成德，明天就是你的幽州卢龙了，权衡再三，朱滔再也坐不住了，加入了反叛唐政府的行列。

三分成德镇的方案导致了朱滔的反叛，其后果是葬送了来之不易和即将到手的战争胜利与平叛良机，也引发了整个战局的逆转和连锁反应。魏博、成德、幽州和淄青四镇节度使组成所谓“四王同盟”，未经帝王封赏的情况下公然称王，对抗中央。其后，长安发生兵变，唐德宗不得已而西逃。战火一度从河朔地区蔓延至整个黄河流域，大唐腹地无不饱受战火的摧残，大唐差点陷于灭顶之灾。

当然，朱滔所主盟的“四王同盟”并没有坚持太久时间，这是因为藩镇同盟的建立，需要有“势同患均”的共同基础，而且只有在各镇实力相对均衡的条件下，才能比较长久地维持。当朱滔与回纥联盟，欲染指更多地盘之时，王武俊、田悦等人已经很明白，自己所面临的现实危险，已不再是来自唐政府的压力，而是朱滔的野心了。“四王同盟”不得不陷于破裂，这其实也反映了各藩镇之间互相博弈的结果。

（朱文倩）

党争中的公心与私心——对立与牵制

〔**导言**〕 以安史之乱为界，唐朝的历史可以分为两个时期，大唐前期疆域辽阔，国家富庶，是中国古代少有的极盛时期。安史之乱后，唐朝国力江河日下，内忧外患伴随着这个王朝走向崩溃。安史之乱导致中央集权力量下降，造成藩镇割据的局面，同时中央内部宦官势力恶性膨胀导致宦官专政情况发生。内忧外患导致了朝政混乱，从唐宪宗晚期开始，朝廷中的士大夫，也分别以牛僧儒、李德裕为首，分裂成两大政治势力，为争夺利益相互攻击，史称“牛李党争”，两党不论对方政治观点是否正确，一味进行相互攻击，往往一派得势，则另一派的官员便会遭到贬谪，唐文宗曾叹息“去河北贼易，去朝廷朋党难”。党派倾轧从唐宪宗持续到唐宣宗，共经历六朝皇帝，时间长达四十年。最后牛党得势，这场党争以李党官员全部遭受贬谪而告终。党派斗争没有也无法改变唐王朝每况愈下的局面，反而进一步加剧了唐朝社会阶层的裂痕，带来了更严重的社会危机。

本书选录《牛僧儒列传》和《李德裕列传》，希望通过分析两个人的生平事迹，来阐明双方对立的政治观点和那场旷日持久的党争爆发的原因和经过，以期作出符合历史真相的评价和总结。

牛僧孺列传

〔**选文**〕

牛僧孺字思黯，隋仆射奇章公弘之裔。幼孤，下杜樊乡有赐田数顷，依以为生。工[①]属[②]文，第进士。元和初，以贤良方正对策，与李宗闵、皇甫湜俱第一，条指失政，其言鲠[③]讦，不避宰相。宰相怒，故杨于陵、郑敬、韦贯之、李益等坐[④]

考非其宜，皆调去。僧孺调伊阙尉，改河南，迁监察御史，进累考工员外郎、集贤殿直学士。

穆宗初，以库部郎中知制诰。徙御史中丞，按[5]治不法，内外澄肃。宿州刺史李直臣坐赇[6]当死，赂宦侍为助，具狱上。帝曰："直臣有才，朕欲贷[7]而用之。"僧孺曰："彼不才者，持禄取容[8]耳。天子制法，所以束缚有才者。禄山、朱泚以才过人，故乱天下。"帝异其言，乃止。赐金紫服，以户部侍郎同中书门下平章事。

始，韩弘入朝，其子公武用财赂权贵，杜塞言者。俄而[9]弘、公武卒，孙弱不能事，帝遣使者至其家，悉[10]收赀簿，校计出入。所以饷中朝臣者皆在，至僧孺，独注其左曰："某月日，送钱千万，不纳。"帝善之，谓左右曰："吾不谬知人。"繇[11]是遂以相。寻[12]迁中书侍郎。

敬宗立，进封奇章郡公。是时政出近幸[13]，僧孺数表去位，帝为于鄂州置武昌军，授武昌节度使、同平章事。鄂城土恶亟圮，岁增筑，赋蓑茅于民，吏倚为扰。僧孺陶甓以城[14]，五年毕，鄂人无复岁费。又废沔州以省冗官。

文宗立，李宗闵当国，屡称僧孺贤，不宜弃外。复以兵部尚书平章事。幽州乱，杨志诚逐李载义，帝不时召宰相问计，僧孺曰："是不足为朝廷忧。夫范阳自安、史后，国家无所系休戚，前日刘总挈境归国，荒财耗力且百万，终不得范阳尺帛斗粟入天府，俄复失之。今志诚繇向[15]载义也，第[16]付以节使扞奚、契丹，彼且自力，不足以逆顺治也。"帝曰："吾初不计此，公言是也。"因遣使慰抚之。进门下侍郎、弘文馆大学士。

是时，吐蕃请和约弛[17]兵，而大酋悉怛谋举维州入之剑南，于是李德裕上言：“韦皋经略西山，至死恨不能致，今以生羌二千人烧十三桥，捣虏之虚，可以得志。”帝使君臣大议，请如德裕策。僧孺持不可，曰：“吐蕃绵地万里，失一维州无害其强。今修好使者尚未至，遽[18]反其言。且中国御戎，守信为上，应敌次之。彼来责曰：‘何故失信？’赞普牧马蔚茹川，若东袭陇坂，以骑缀[19]回中，不三日抵咸阳桥，则京师戒严，虽得百维州何益！”帝然之，遂诏返降者。时皆谓僧孺挟素怨，横议沮[20]解之，帝亦以为不直。

会[21]中人王守澄引纤人窃议朝政，它日延英召见宰相曰：“公等有意于太平乎？何道以致之？”僧孺曰：“臣待罪宰相，不能康济，然太平亦无象。今四夷不内扰，百姓安生业，私室无强家，上不壅蔽，下不怨讟，虽未及至盛，亦足为治矣。而更求太平，非臣所及。”退谓它宰相曰：“上责成[22]如是，吾可久处此耶？”固请罢，乃检校尚书左仆射平章事，为淮南节度副大使。天子既急于治，故李训等投隙[23]得售其妄，几至亡国。

开成初，表解剧镇，以检校司空为东都留守。僧孺治第[24]洛之归仁里，多致嘉木美石，与宾客相娱乐。三年，召为尚书左仆射。僧孺入朝，会庄恪太子薨，既见，陈[25]父子君臣人伦大经，以悟帝意，帝泫然流涕。以足疾不任谒，检校司空、平章事，为山南东道节度使。赐彝樽、龙勺，诏曰：“精金古器以比况[26]君子，卿宜少[27]留。”僧孺固请，乃行。

会昌元年，汉水溢，坏城郭，坐不谨防，下迁太子少保。进少师。明年，以太子太傅留守东都。刘稹诛，而石雄军吏得从谏与僧孺、李宗闵交结状。又河南少尹吕述言：“僧孺闻稹诛，恨叹之。”武宗怒，黜为太子少保，分司东都，累贬循州长史。宣宗立，徙衡、汝二州，还为太子少师。卒，赠太尉，年六十九。谥曰文简。

……

赞曰：夫口道先王语，行如市人，其名曰“盗儒”。僧孺、宗闵以方正敢言进，既当国，反奋私昵党，排擎所憎，是时权震天下，人指曰“牛李”，非盗谓何？

选自《新唐书》卷一百七十四

〔注释〕 ①工：擅长。 ②属：撰著。 ③鲠：直。 ④坐：获罪。 ⑤按：查考。 ⑥赇：受贿。 ⑦贷：饶恕。 ⑧取容：取悦。 ⑨俄而：不久。 ⑩悉：全。 ⑪繇：通“由”。 ⑫寻：不久。 ⑬幸：宠幸。 ⑭城：筑城。 ⑮向：先前。 ⑯第：只。 ⑰弛：延缓。 ⑱遽：突然。 ⑲缀：牵制。 ⑳沮：阻止。 ㉑会：适逢。 ㉒责成：督责他人完成任务。 ㉓隙：机会。 ㉔第：宅院。 ㉕陈：陈述。 ㉖况：比拟。 ㉗少：稍微。

〔赏析〕 牛僧孺作为唐代牛李党争中牛党的领袖，《新唐书》将其与李逢吉、李宗闵、元稹和杨嗣复等人并入合传。士大夫卷入政治斗争而进行党争的行为使得他们往往被比作盗儒，这一观念恰恰为我们分析牛僧孺其人确立了坐标。

牛僧孺其人“方正敢言进”。牛僧孺为隋朝仆射奇章公牛弘后裔，家中有数顷土地，在当时并不算贫困，但父亲早逝，家境早已变迁，唯有十年寒窗苦读，科举及第，方有机会跻身仕途，以此改变家族的命运。牛僧孺本人也并非等闲之辈，自幼好学，成年后才华横溢，最终进士及第，在参加贤良方正科目的策试中，与李宗闵、皇甫湜名列前三。年轻时的牛僧孺不仅才学出众，且年少气盛，不惧权贵，在文章中激烈痛批时政，甚至不惜得罪当朝丞相李吉甫，结果主考官和复审官都被贬谪，牛僧孺也被调往地方，“贫寒人士”出身的牛僧孺遭到了门阀士族的打压。但是在那个崇尚直谏的年代，牛僧孺却获得了充足的政治资本，博得同时代许多知识分子的同情，最终使其成为牛李党争中牛党的领袖，因而这一事件也被认为是党争的开端。

牛僧孺在官场上又以秉公执法、廉洁自律的一面出现。他直谏天子，强调法度，不接受贪污者的贿赂，得到了天子的赏识。在担任地方官期间，牛僧孺又极力根除当地弊政，努力减轻了百姓的负担。

牛僧孺作为一名谏官或者一名地方官员，政绩已经雄辩地表明了他的优秀。然而牛僧孺在担任丞相一职后，其施政举措和言行却饱受争议。唐中期以来，内忧外患不断，国家面临的头等问题是外部的藩镇以及内部的宦官专政。藩镇跋扈，赋税与官员任免皆自行做主，不服中央；宦官干政现象普遍，以至拥有军权，宦官甚至可以操纵皇帝的任免与生命。唐朝中衰与太宗、玄宗时代的空前强盛、周边臣服、国泰民安形成了鲜明对比，实现中兴，几乎成为唐中后期每位君主的梦想。这种情况下需要一个强有力的政治人物出现，以期改革时弊，挽回颓势。牛僧孺当国时期，与李宗闵等人结成朋党，排除异己，在实际政治上却碌碌无为。对待地方藩镇姑息妥协，维持现状。河北范阳兵乱，牛僧孺以耗资巨大，得不偿失为借口，力主妥协，失去了显示中央权威，打击藩镇的机会。唐中后期，西南吐蕃乘唐王朝衰弱之际侵犯维州，时值李德裕担任剑南节度使，维州吐蕃守将投降，唐王朝本有机会收复维州，然而牛僧孺等人出于打击政敌的需要，以破坏与吐蕃关系为由，错失了这次使中央重获维州的机会。

牛党执政不为国为民，反重于个人恩怨，如此执政必然受人争议。其后牛僧孺面对舆论的攻击，曾有一番很有意思的政治论断。他将内忧外患的唐朝称为“四夷不内扰，百姓安生业，私室无强家，上不壅蔽，下不怨讟”的太平治世，也就是说，唐朝要重回强盛，实现中兴，牛僧孺认为是“更求太平”。身为丞相，不去处理实际问题，而将矛头指向政治对立面，如此不以国事为第一要务的丞相令皇帝大失所望。唐武宗时，李党以同样的方式对牛党成员进行政治反击时，牛党成员被全数调离中央政府。

隋唐以来科举制的设立是牛李党争产生的关键因素，科举考试中同榜登第的进士称同年，选拔他们的考官为座主，考官称被他录取的进士为门生。他们志趣相投，关系密切，在官场中拉帮结派，形成势力。牛党的领袖牛僧孺、李宗闵都是进士出身，在贤良方正科目的策试中登第，同时又受当朝丞相李吉甫的政治打击，自然而然形成了反对当朝者的政治集团。

作为党争的领袖，牛僧孺平日里才华出众，结交了众多文人墨客，他和当时的著名诗人白居易、刘禹锡等常往来唱和，甚至创作了传奇作品《玄怪录》十卷。他出身进士，不阿于世族权贵，在担任地方官时能做到秉公执法，廉洁自律。牛僧孺能批判当朝者，但为官却是蝇营狗苟，不能解决实际问题，他对藩镇姑息，打击政治对立面，在执政时期无所作为。纵观其政治生涯，牛僧孺作为一名政客实堪称斫轮老手，《新唐书》将这种以"敢言"著称却无法身体力行解决问题的行为，称为"盗儒"，倒也颇为精准。

李德裕列传

〔选文〕

李德裕字文饶，元和宰相吉甫子也。少力于学，既冠，卓荦有大节。不喜与诸生试有司，以荫补校书郎。河东张弘靖辟[①]为掌书记。府罢，召拜监察御史。

……

始，吉甫相宪宗，牛僧孺、李宗闵对直言策，痛诋当路，条[②]失政。吉甫诉于帝，且泣，有司皆得罪，遂与为怨。吉甫又为帝谋讨两河叛将，李逢吉沮解其言，功未既而吉甫卒，裴度实继之。逢吉以[③]议不合罢去，故追衔吉甫而怨度，摈德裕不得进。至是，间[④]帝暗[⑤]庸，訹度使与元稹相怨，夺其宰相而己代之。欲引僧孺益树党，乃出德裕为浙西观察使。俄而僧孺入相，由是牛、李之憾[⑥]结矣。

……

大和三年，召拜兵部侍郎。裴度荐材堪宰相，而李宗闵以中人助，先秉政，且得君，出德裕为郑滑节度使，引僧孺协力，罢度政事。二怨相济，凡德裕所善，悉逐之。于是二人权震天下，党人牢不可破矣。

……

武宗立，召为门下侍郎、同中书门下平章事。既入谢，即进戒帝："辨邪正，专委任，而后朝廷治。臣尝[7]为先帝言之，不见[8]用。夫正人既呼小人为邪，小人亦谓正人为邪，何以辨之？请借物为谕，松柏之为木，孤生劲特，无所因[9]倚。萝茑则不然，弱不能立，必附它木。故正人一心事君，无待于助。邪人必更为党，以相蔽欺。君人者以是辨之，则无惑矣。"又谓治乱系信任，引齐桓公问管仲所以害霸者，仲对琴瑟笙竽、弋猎驰骋，非害霸者；惟知人不能举，举不能任，任而又杂以小人，害霸也。"太、玄、德、宪四宗皆盛朝，其始临御，自视若尧、舜，浸[10]久则不及初，陛下知其然乎？始一委辅相，故贤者得尽心。久则小人并进，造党与[11]，乱视听，故上疑而不专。政去[12]宰相则不治矣。在德宗最甚，晚节宰相惟奉行诏书，所与图事者，李齐运、裴延龄、韦渠牟等，讫今谓之乱政。夫辅相有欺罔不忠，当亟免，忠而材者属任之。政无它门，天下安有不治？先帝任人，始皆回容[13]，积纤微以至诛贬。诚使虽小过必知而改之，君臣无猜，则谗邪不干[14]其间矣。"又言："开元初，辅相率三考辄去，虽姚崇、宋璟不能逾[15]。至李林甫秉权乃十九年，遂及祸败。是知亟进罢宰相，使政在中书，诚治本也。"

……

时韦弘质建言，宰相不可兼治钱谷。德裕奏言："管仲明于治国，其语曰：'国之重器，莫重于令。令重君尊，君尊国安。治人之本，莫要于令。'故曰'亏令者死，益令者死，不行令者死，留令者死，不从令者死。五者无赦'。又曰：'令在上而论可否在下，是主威下系于人也。'大和后，风俗浸敝[16]，令出于上，非之在下。此敝不止，无以治国。匡衡曰：

'大臣者,国家股肱,万姓所瞻仰,明主所慎择也。'《传》曰:'下轻其上爵,贱人图柄臣,则国家摇动而人不静。'今弘质为人所教[17]而言,是图柄臣者也。且萧望之汉名儒,为御史大夫,奏云:'岁首,日月少光,咎在臣等。'宣帝以望之意轻[18]丞相,下有司诘问。贞观中,监察御史陈师合上言:'人之思虑有限,一人不可总数职。'太宗曰:'此欲离间我君臣。'斥之岭外。臣谓宰相有奸谋隐慝,则人人皆得上论。至于制置职业,人主之柄,非小人所得干。古者朝廷之士,各守官业,思不出位。弘质贱臣,岂得以非所宜言妄触天听!是轻宰相。陛下照[19]其邪计,从党人中来,当遏绝之。"德裕大意,欲朝廷尊,臣下肃,而政出宰相,深疾[20]朋党,故感愤切言之。

又尝谓:"省事不如省官,省官不如省吏,能简[21]冗官,诚治本也。"乃请罢郡县吏凡二千余员,衣冠去者皆怨。时天下已平,数上疏乞骸骨,而星家言荧惑犯上相,又恳丐[22]去位,皆不许。当国凡六年,方用兵时,决策制胜,它相无与[23],故威名独重于时。

宣宗即位,德裕奉册太极殿。帝退谓左右曰:"向[24]行事近我者,非太尉邪?每顾我,毛发为森竖。"翌日,罢为检校司徒、同中书门下平章事,荆南节度使。俄徙东都留守。白敏中、令狐绹、崔铉皆素仇,大中元年,使党人李咸斥德裕阴事[25]。故以太子少保分司东都,再贬潮州司马。明年,又导吴汝纳讼李绅杀吴湘事,而大理卿卢言、刑部侍郎马植、御史中丞魏扶言:"绅杀无罪,德裕徇[26]成其冤,至为黜御史,罔上不道。"乃贬为崖州司户参军事。明年,卒,年六十三。德裕既没[27],见梦令狐绹曰:"公幸哀我,使得归葬。"绹语其子滈,滈曰:"执政皆共憾,可乎?"既夕,又梦,绹惧曰:"卫公精爽[28]可畏，不言，祸将及。”白[29]于帝，得以丧还。

选自《新唐书》卷一百八十

〔注释〕 ① 辟：征召。 ② 条：分条列举。 ③ 以：因为。 ④ 间：趁机。 ⑤ 暗：愚昧。 ⑥ 憾：恨。 ⑦ 尝：曾经。 ⑧ 见：被。 ⑨ 因：依靠。 ⑩ 浸：渐渐。 ⑪ 党与：同伙。 ⑫ 去：离开。 ⑬ 回容：曲予宽容。 ⑭ 干：冒犯。 ⑮ 逾：超过。 ⑯ 敝：衰败。 ⑰ 教：指使。 ⑱ 轻：轻视。 ⑲ 照：知晓。 ⑳ 疾：憎恨。 ㉑ 简：精简。 ㉒ 丐：乞求。 ㉓ 与：参与。 ㉔ 向：刚才。 ㉕ 阴事：隐秘的事。 ㉖ 徇：偏私。 ㉗ 没：通“殁”，死亡。 ㉘ 精爽：指魂灵。 ㉙ 白：报告。

〔赏析〕 李德裕是一位充满矛盾的士大夫，在《新唐书》中以独传的形式出现，其篇幅内容远多于其政治对手牛僧孺，由此可证史家对于李德裕的关注度远较牛僧孺为高。从执政能力来看，李德裕才华横溢，早在担任地方官期间，李德裕就颇有作为。唐武宗时，李德裕得皇帝信任，在中央担任丞相，大展政治宏图，一改唐朝中期以来的颓势，国力有所上升，出现了“会昌中兴”的局面。正是这样一位名臣，却受到党争的束缚，李德裕所有的政治主张都遭到了牛党的攻击，如早年李德裕在担任节度使时，收复维州的正确主张就不被当朝的牛党采纳。李德裕当朝时虽权倾天下，但唐武宗一死，李德裕的政治生命也走向了终结。新帝唐宣宗暗中透露了对李德裕的畏惧，称自己“毛发为森竖”。朝廷中的反对派牛党纷纷行动，对李德裕进行弹劾，李德裕遂一贬再贬。唐宣宗大中三年(849 年)，李德裕死在崖州司户参军事任上，时年六十三岁。李德裕这样的一位名臣，终究难逃政治倾轧的宿命，他对于与牛僧孺集团的党争实是有着不可推卸的责任。

从源头来看，李德裕似与党争的产生无关。牛李党争之始，在于唐宪宗元和年间的对直言策考试，参与考试的牛僧孺和李宗闵痛斥朝廷失误，时任丞相李吉甫认为他们的矛头是针对自己的，因而向宪宗哭诉，牛僧孺等人被调往地方任职，长期得不到升迁，从而结下牛僧孺、李宗闵与李吉甫、李德裕父子之间的怨恨。而后李逢吉为打击政敌李吉甫与裴度，特意引入牛僧孺，排挤李德裕。牛僧孺、李宗闵等先后入中央秉政，李德裕以及与之关系友好的人，全部被赶出中央。可见，李德裕本人并不是党争的直接发动者，党争更可以说是自唐宪宗时代李吉甫、裴度、李逢吉政治斗争的延续。唐朝中期以来内忧外患日益严重，出现了一批改革派官僚，力图改革弊政，力挽狂澜，但是任何改革都会引起既得利益集团的反对，唐宪宗时李吉甫、裴度力主讨伐藩镇，引起李逢吉的嫉恨，遂扶植与李吉甫有矛盾的牛僧孺等人。李德裕是李吉甫的儿子，因而也在其排挤范围之内。由此，李德裕本人对党争产生责任不大，在党争初期实为党争的受害者。

李德裕本人对党争持厌恶态度，他认为朋党是小人为趋炎附势，谋取晋升的产物，他将正人君子比作松柏，无所依靠，一心只为辅佐君王；将小人比作萝茑（蔓生植物），需依附于大树。李德裕本人严禁官员以私事见丞相，并且自身性情孤峭，与其他人往来较少，以避免结党营私的嫌疑。

李德裕既然认为党争是由于小人在道德层面上缺乏约束所产生的结果，因此对于党争的态度，不是就具体事情予以客观的分析，而是站在道德的制高点上来否定对方。如唐文宗时，李德裕对依靠关系得势的李训等人，直接攻击他是小人，甚至为李训说过好话的李逢吉也被一并视为罪人。韦弘质上书，认为丞相管钱谷权力过大，李德裕对此引经据典，进行了一番辩驳，称韦弘质的目的是为了离间君臣，干涉皇帝的权力。对于党争的性质，李德裕还有一番有意思的表述，他认为心忧国家的官员合作，如随会、叔向、汲黯、房玄龄、杜如晦等，那是志同道合而共辅朝政，不叫朋党；只有那些为图私利拉帮结派的人，才称为朋党。按照这种逻辑，李德裕是为国为民的，因此与他合作的官员不是朋党。李德裕所谓“反朋党”的政策，成为打击政治敌对势力，扩大自身力量的手段。李德裕当政期间，又以裁撤冗官名义免去大约二千多名官员，这些官员无不怨恨李德裕。从某种程度上而言，李德裕的政治对立面牛党的扩大，也是李德裕一手造成的。

因得唐武宗高度信任，李德裕始终权倾天下。李德裕曾将朋党比作萝茑，但李德裕本人又何尝不是萝茑依附于唐武宗这棵松柏呢？唐武宗死后，大树倾倒，新帝唐宣宗对李德裕深感恐惧，这是一个危险的政治信号。李德裕当政期间得罪的人，纷纷对李德裕加以构陷和政治打击。李德裕最终也成为党争的牺牲品。

纵观李德裕复杂的一生，出身名门，立志于报效国家，但他始终受制于党争，其本人因党争而崛起，又因党争而遭遇政治打击。李德裕看似言论激烈，赤心为国，但打击手段过于严厉，是不可能从根本上解决党争问题的，李德裕终究无法逃过君主专制所惧怕的功高盖主这一历史定律，最终败于党争，抑郁而死。

（田金宗）

怎样当好亲信，你死我活的适例

〔导言〕 安史之乱以后，大唐由盛转衰，在国事纷繁的形势下，为了更加有效地维持朝廷的统治，不得不对原有的三省中枢辅政决策体制进行相应调整，将外朝行政权集中化，最终形成了中书门下体制。然而由此出现权臣把持中央与地方大权的局面，对皇权政治的稳固构成重大威胁。为了防范权臣可能造成的威胁，唐代后期诸帝相继利用宦官监军、典兵和参政，以图抑制并分割朝臣的权力，结果却导致宦官势力的日益膨胀。

大唐中后期，政治危机层出不穷，皇权式微、地方藩镇作乱、宦官专权、中央文官系统的朋党之争……这些无不内耗着已经羸弱不堪的中央统治力量，初唐建构的理想化顶层设计面临倾覆之际。大和九年(835年)，唐文宗在位时期突发甘露之变，以李训为首的文官集团欲借欣赏甘露之际，伏兵杀尽以仇士良为首的宦官集团，岂料功败垂成，在这场军事博弈中，策划者反倒被宦官集团一网打尽，文官集团和专制君主彻底失去了制服宦官集团的机遇，而且也使自身遭到毁灭性的打击，大唐倾覆已成不可逆转的走势。

李训列传

〔选文〕

李训字子垂，始名仲言，字子训，故宰相揆族孙。质状魁梧，敏于辩论，多大言[①]，自标置[②]。擢进士第，补太学助教，辟[③]河阳节度府。从父逢吉为宰相，以仲言阴险善谋事，厚昵[④]之。坐[⑤]武昭狱，流[⑥]象州。文宗嗣位，更赦还，以母丧居东都。郑注佐昭义府，仲言慨然曰："当世操权力者皆龊龊，吾闻注好士，有中[⑦]助，可与共事。"因往见注，相得甚欢。时逢吉方留守，怏怏不乐，思复用，知与注善，付金币百万，使西至京师厚结[8]注。注喜，介之谒王守澄。守澄善遇[9]之，即以注术、仲言经义并荐于帝。

仲言持诡辩，激卬[10]可听，善钩揣人主意，又以身儒者，海内望族，既见识擢，志望不浅。始，宋申锡谋诛守澄不克，死。宦尹益[11]横，帝愈愤耻。而宪祖之弑，罪人未得，虽外[12]假借[13]，内不堪，欲夷绝其类，顾在位臣持禄取安，无仗节死难者。注阴[14]知帝指[15]，屡建密计，引仲言叶[16]力。帝外托讲劝，又皆以守澄进，故与之谋则其党不疑。仲言尚缞粗，帝使衣[17]戎服，号"王山人"，与注出入禁中。服除，起为四门助教，赐绯袍、银鱼，时太和八年也。其十月，迁《周易》博士，兼翰林侍讲学士。入院，诏法曲弟子二十人侑[18]宴，示优宠。于是给事中郑肃韩佽、谏议大夫李珝郭承嘏、中书舍人高元裕权璩等共劾仲言憸人，天下共知，不宜在左右。帝不听。仲言数进讲，至阉寺，必感愤申重，以激帝心。帝见其言纵横，谓果可任，遂不疑，而待遇莫与比，因改名训。帝犹虑宦人猜忌，乃疏《易》五义示群臣，有能异训意者赏，欲天下知以师臣待训。

……

训本挟奇进，及大权在己，锐意去恶，故与帝言天下事，无不如所欲。挟注相朋比，务报恩复仇，素[19]忌李德裕、宗闵之宠，乃因杨虞卿狱，指为党人，尝[20]所恶[21]者，悉陷党中，迁贬无阕日，班列几空，中外震畏。帝为下诏开谕，群情稍安。不逾月，以礼部侍郎同中书门下平章事，赐金紫服，仍诏三日一至翰林，以终《易》义。

……

始，注先显，训藉以进，及势相埒[22]，赖宠争功，不两立。然方事未集[23]，乃出注使镇凤翔，外为助援，内实猜克，待逞，且杀之。擢所厚善分总兵柄，于是王璠为太原节度使，郭行余为邠宁节度使，罗立言权京兆尹，韩约金吾将军，李孝本权御史中丞。阴许璠、行余多募士及金吾台府卒，劫[24]以为用。

十一月壬戌，帝御紫宸殿，约奏甘露降金吾左仗树，群臣贺。训、元舆奏言："甘露近在禁中，陛下宜亲往以承天祉。"许之。即辇如[25]含元殿，诏宰相群臣往视。还，训奏言："非甘露。"帝曰："岂约妄邪？"顾中尉仇士良、鱼志弘等验之，训因欲闭止诸宦人，使无逸[26]者。时璠、行余皆辞赴镇，兵列丹凤门外，彀[27]而待，训传呼曰："两镇军入受诏旨！"闻者趋入，邠宁军不至，璠惧，弗[28]能前，独行余拜殿下。宦人至仗所，约流汗不能举首，士良等怪之曰："将军何为尔？"会[29]风动庑幕，见执兵[30]者，士良等惊，走出。阍者将阖扉，为宦侍叱争，不及闭。训急连呼金吾兵曰："卫乘舆[31]者，人赐钱百千！"于是有随训入者。宦人曰："急矣，上当还内！"即扶辇决罘罳下殿趋，训攀辇曰："陛下不可去！"士良曰："李训反！"帝曰："训不反。"士良手搏训而踬[32]，训压之，将引刀靴中，救至，士良免。立言、孝本领众四百东西来，上殿与金吾士纵击，宦官死者数十人。训持辇愈急，至宣政门，宦人郗志荣揕[33]训仆之，辇入东上阁，即闭，宫中呼万岁。元舆虽知谋，不以告涯，曰："上将开延英邪？"而群臣见宰相问故。会士良遣神策副使刘泰伦、陈君奕等率卫士五百挺兵出，所值[34]辄杀。涯等惶遽[35]易服步出。杀诸司史六七百人，复分兵屯诸宫门，捕训党千余人斩四方馆，流血成渠。宦竖知训事连天子，相与怨啧，帝惧，伪[36]不语，故宦人得肆志杀戮。俄而[37]元舆、涯皆为兵所执。涯实不知谋，士良榜笞[38]急，乃自署反状。诏出卫骑千余，驰咸阳、奉天捕亡[39]者，大索都城，分掩[40]涯、训等第[41]，兵遂大掠，入黎埴、罗让、浑鐬、胡证等家及贾耽庙，赀产一空。两省印、簿书辄持去，秘馆图籍，荡然无余者。

选自《新唐书》卷一百七十九

〔注释〕 ① 大言：夸大的言辞。 ② 标置：指自视甚高。 ③ 辟：征召。 ④ 昵：亲近。 ⑤ 坐：获罪。 ⑥ 流：流放。 ⑦ 中：宫内(的宦官)。 ⑧ 结：交结。 ⑨ 遇：对待。 ⑩ 卬：通“昂”。 ⑪ 益：更加。 ⑫ 外：表面上。 ⑬ 假借：宽容。 ⑭ 阴：暗中。 ⑮ 指：意旨。 ⑯ 叶：通“协”。 ⑰ 衣：穿。 ⑱ 侑：陪侍。 ⑲ 素：向来。 ⑳ 尝：曾经。 ㉑ 恶：憎恨。 ㉒ 埒：相等。 ㉓ 集：成功。 ㉔ 劫：胁迫。 ㉕ 如：前往。 ㉖ 逸：逃跑。 ㉗ 彀：张满弓弩。 ㉘ 弗：不。 ㉙ 会：适逢。 ㉚ 兵：兵器。 ㉛ 乘舆：帝王的代称。 ㉜ 踬：被绊倒。 ㉝ 揕：用刀剑刺。 ㉞ 值：遇到。 ㉟ 遽：匆忙。 ㊱ 伪：假装。 ㊲ 俄而：不久。 ㊳ 笞：鞭打。 ㊴ 亡：逃跑。 ㊵ 掩：袭击。 ㊶ 第：达官贵人的宅院。

〔赏析〕 李训，曾谋划著名的“甘露之变”，不幸遭遇惨败，致使大唐政治危机呈野马脱缰一般跌入谷底，加速了大唐的灭亡。

大和九年(835年)十一月二十一日，唐文宗在紫宸殿接见百官大臣。韩约上奏说：“左金吾使院石榴树上，夜晚以来有甘露。”宰相李训也上奏：“甘露降附皇宫是吉祥的象征，皇上应亲自去看。”于是唐文宗命令宰相和两省官先行往视。这些人看后怀疑不是真甘露，文宗皇帝又令左右军中尉和全体宦官再去观看。但李训早已派遣数百人潜伏在左金吾，由于计划不周密，伏兵暴露了机密。以宦官仇士良为首的宦官集团挟持唐文宗紧急回殿，李训并没有拦住唐文宗所乘坐的软舆，宦官集团得以“挟天子以令天下”之势，调动宫中禁军屠戮百官大臣。李训自知事情不妙，孤身一人骑马逃奔进山，想削发为僧，后觉不妥而出山，被宦官集团所擒并最终遇害。而唐文宗被仇士良软禁至死。此事变史称“甘露之变”。

原先是李训等人策划的甘露之变，目标直指宦官集团的首脑们，却因筹划不够周密，自己反成了宦官集团的猎物。

李训是唐肃宗时宰相李揆之族孙，原名李仲言，进士擢第。史书记载，他形貌魁梧，神情洒落，语言伶俐，思维敏锐，智慧过人。然而他并没有走正规的仕途之路，而是以另外的方式获得功名。他自称同当时很受唐文宗喜欢的郑注有交情，他的叔父李逢吉信以为真，交给李训价值数百万的金帛珍宝，让他带到长安，用以贿赂郑注。郑注得了贿赂十分高兴，寻机将李训推荐给宦官集团的首领——中尉王守澄，王守澄便将郑注的炼药术、李训的《易》学著作一并推荐给唐文宗。唐文宗听他分析《易》很有理，觉得不同凡响，李训从此青云直上，先后任四门助教、国子监《易》博士、充翰林院侍讲学士，颇得文宗宠爱。李训知道文宗有对付宦官集团之心，想尽办法迎合上意，因而更受重用。而李训辅佐文宗，一方面打压文官集团内部的异见人士，如李德裕、李宗闵等人，另一方面对付宦官集团的领袖王守澄，不久升为礼部侍郎、同平章事（实际上的宰相），当时可谓声威大震。

李训之所以能放开手脚，敢于向仇士良为首的宦官集团发难，究其原因是背后有唐文宗撑腰。在晚唐历史上，唐文宗李昂是一位值得称道的皇帝，他是以宗室亲王身份入继大统的皇帝，由于他英年继位，又有一定的个人修养，故力图在政治上有所作为。即位之初，他依靠裴度等元老勋臣的辅佐，朝政颇有起色，一改自穆宗、敬宗以来之弊政。但这种比较积极进取的政治局面仅仅维持了两年多，到了大和三年夏以后，朝堂之上便爆发了大规模的党争，与此同时，权势日重的宦官对政事的干预也变得越来越多，继而外朝群臣与内廷宦官之间的勾结或又不断深化。凡此种种，都导致了朝政紊乱，整个中枢政治形势渐次发生改变。唐文宗性格守正，憎恨邪恶和宦官专权，他打算对内清除无恶不作的宦官、赃官，如仇士良、王守澄等辈，以整顿朝纲；对外收复吐蕃占领的河湟（甘肃、青海等）地区，清除河北藩镇势力。但这一切都是唐文宗的理想目标，很难达成，更关键的是，他错信了李训。

有学者称李训为廉臣，为他的失败而感到可惜。但李训策划甘露之变，罢免李德裕、李宗闵，或多或少都带有自己的私人利益。他的名声不佳，进入中央任职时，中书、门下两省谏官曾极力劝谏，说李训为人奸邪，海内尽知，不宜让他侍奉唐文宗，但文宗始终不听。而他鸩杀有知遇之恩的王守澄，又显示了他的政治残忍性，同时也树敌过多。李训亲手筹划的“甘露之变”之所以“兵败如山倒”，很大原因在于他急于立功，想借助镇压宦官集团达到他维护自身地位、排挤郑注的目的。事实上，要清除根深蒂固的宦官集团，需要做的准备工作相当复杂，并非埋伏一批士兵、斩杀几个宦官头领就能解决问题。然而李训仍一意孤行，终于失败，并使一直以来都很信任他的文宗遭遇了前所有未的羞辱，也加速了唐王朝的衰败进程。

宦者列传

〔选文〕

仇士良字匡美，循州兴宁人。顺宗时得侍东宫。宪宗嗣位，再迁内给事，出监平卢、凤翔等军。尝次[①]敷水驿，与御史元稹争舍上听，击伤稹。中丞王播奏御史、中使以先后至得正寝，请如旧章。帝不直稹，斥其官。元和、大和间，数任内外五坊使，秋按鹰内畿，所至邀吏供饷，暴甚寇盗。

文宗与李训欲杀王守澄，以士良素与守澄隙，故擢左神策军中尉兼左街功德使，使相縻肉。已而训谋悉逐中官，士良悟其谋，与右神策军中尉鱼弘志、大盈库使宋守义挟帝还宫。王涯、舒元舆已就缚，士良肆胁辱，令自承反，示牒[②]于朝。于时莫能辨其情，皆谓诚反，士良因纵兵捕，无[③]轻重悉毙两军，公卿半空。事平，加特进、右骁卫大将军，弘志右卫上将军兼中尉，守义右领军卫上将军。

李石辅政，棱棱有风岸，士良与论议数屈，深忌之，使贼刺石于亲仁里，马逸而免。石惧，辞位，士良益无惮。

泽潞刘从谏本与训约诛郑注。及训死，愤士良得志，乃上书言：“王涯等八人皆宿儒大臣，愿保富贵，何苦而反。今大戮所加已不可追，而名之逆贼，含愤九泉。不然，天下义夫节士，畏祸伏身，谁肯与陛下共治耶？”即以训所移书遣部将陈季卿以闻。季卿至，会石遇盗，京师扰，疑不敢进。从谏大怒，杀季卿，腾[④]书于朝。又言："臣与训诛注，以注本宦竖所提挈，不使闻知。今四方共传宰相欲除内官，而两军中尉闻，自救死，妄相杀戮，谓为反逆。有如大臣挟无将之谋，自宜执付有司，安有纵俘劫、横尸阙下哉？陛下视不及，听未闻也。且宦人根党蔓延在内，臣欲面陈，恐横遭戮害，谨修封疆，缮[⑤]甲兵，为陛下腹心。如奸臣难制，誓以死清君侧。"书闻，人人传观。士良沮恐，即进从谏检校司徒，欲弭[⑥]其言。从谏知可动，复言："臣所陈系国大体，可听，则宜洗宥涯等罪；不可听，则赏不宜妄出。安有死冤不申，而生者荷[⑦]禄？"固辞。累上书，暴指士良等罪。帝虽不能去[⑧]，然倚其言差自强。自是郁郁不乐，两军球猎宴会绝矣。

开成四年，苦风痹，少间[⑨]，召宰相见延英，退坐思政殿，顾左右曰："所直[⑩]学士谓谁？"曰："周墀也。"召至，帝曰："自尔所况，朕何如主？"墀再拜曰："臣不足以知，然天下言陛下尧、舜主也。"帝曰："所以问，谓与周赧、汉献孰愈？"墀惶骇曰："陛下之德，成、康、文、景未足比，何自方二主哉？"帝曰："赧、献受制强臣，今朕受制家奴，自以不及远矣！"因泣下，墀伏地流涕。后不复朝，至大渐[⑪]云。

始，枢密使刘弘逸薛季棱、宰相李珏杨嗣复谋奉太子监国，士良与弘志议更立，珏不从，乃矫诏立颍王为皇太弟，士良以兵奉迎，而太子还为陈王。初，庄恪太子薨，杨贤妃谋引安王，不克。武宗已立，士良发其事，劝帝除之以绝人望，故王、妃皆死。士良迁骠骑大将军，封楚国公，弘志韩国公，实封户三百。俄而珏、嗣复罢去，弘逸、季棱诛矣。

帝明断，虽士良有援立功，内[⑫]实嫌之，阳[⑬]示尊宠。李德裕得君，士良愈恐。会昌二年，上尊号，士良宣言“宰相作赦书，减禁军缣粮刍菽”以摇怨，语两军曰：“审[14]有是，楼前可争。”德裕以白[15]帝，命使者谕神策军曰：“赦令自朕意，宰相何豫[16]？尔渠[17]敢是？”士乃怗[18]然。士良惶惑不自安。明年，进观军容使，兼统左右军，以疾辞[19]，罢为内侍监，知省事。固请老，诏可。寻[20]卒，赠扬州大都督。

士良之老，中人举送还第，谢曰：“诸君善事[21]天子，能听老夫语乎？”众唯唯。士良曰：“天子不可令闲暇，暇必观书，见儒臣，则又纳谏，智深虑远，减玩好，省游幸，吾属恩且薄而权轻矣。为诸君计，莫若殖财货，盛鹰马，日以球猎声色蛊其心，极侈靡，使悦不知息[22]，则必斥经术，闇外事，万机在我，恩泽权力欲焉[23]往哉？”众再拜。士良杀二王、一妃、四宰相，贪酷二十余年，亦有术自将[24]，恩礼不衰云。死之明年，有发其家藏兵数千物，诏削官爵，籍[25]其家。

选自《新唐书》卷二百七

〔**注释**〕 ①次：停留。 ②牒：凭证。 ③无：不论。 ④腾：传。 ⑤缮：整治。 ⑥弭：消除。 ⑦荷：蒙受恩惠。 ⑧去：去除。 ⑨少间：病好了一些。 ⑩直：当值。 ⑪大渐：病情加剧。 ⑫内：内心。 ⑬阳：通“佯”，假装。 ⑭审：确实。 ⑮白：报告。 ⑯豫：通“与”，参与。 ⑰渠：通“讵”，岂。 ⑱怗：通“帖”，平服。 ⑲辞：推辞。 ⑳寻：不久。 ㉑事：侍奉。 ㉒息：停止。 ㉓焉：何。 ㉔将：扶助。 ㉕籍：登记(没收)。

〔**赏析**〕 唐朝后期，唐文宗退坐思政殿，悄悄地问当直学士周墀：“在你看来，朕是什么样的君主？”周墀说：“此事不是臣能够有资格评价的。不过天下都说陛下是尧舜一样的君主。”唐文宗苦叹道：“朕的意思是，如果与周赧王、汉献帝相比如何？”周墀惊叹：“陛下之德，周成王、周康王和汉文帝、汉景帝也难与相比，怎么要自比那二位亡国君主呢？”唐文宗无奈地说：“周赧王、汉献帝不过是受制于强臣，今朕受制于家奴，自以为远远比不上他们。”说罢，又一阵伤感。为何唐文宗会发出“今朕受制于家奴”的感叹呢？这个家奴又指谁?他就是唐朝后期宦官集团之首仇士良。

仇士良,字匡美,循州兴宁人。顺宗时在东宫侍候太子。宪宗即位,升为内给事,出而监督平卢、凤翔等军。从元和元年(806年)到大和年间,仇士良多次任内外五坊使,秋季到内畿试鹰,所到之处,要官吏供饷,其凶暴甚于盗寇。

唐文宗即位后,曾与李训商议,欲杀死宦官之首王守澄。因仇士良一向与王守澄有矛盾,所以将仇士良升为左神策军中尉,让他们相互排挤,而仇士良也逐渐稳居宦官集团之首。当宦官集团发展到开始威胁皇权时,唐文宗坐不住了,儒家文官集团也感受到了这一威胁,于是联手准备除掉所有宦官。唐文宗本来与李训联合密谋了甘露兵变,却遭遇了完全相反的结果——老奸巨猾的仇士良发觉了他们的计划,与右神策军中尉鱼弘志等人挟持皇帝从含元殿一路急忙奔回宫并封锁宫门,无论外面百官如何喊破嗓子也拒不开门,直到调动了神策军主力,下令纵杀所有文官。这场兵变没有打掉宦官集团,反而给文官集团带来了灾祸,三位宰相被腰斩,抄家灭族,妻女没为宫奴,共计几千人死于这场屠杀。

甘露之变后,唐文宗无奈加封仇士良为特进、右骁卫大将军,其后仇士良更加不可一世,公然干涉朝政事务,甚至残杀皇族。纵观仇士良一生,竟然杀了两个王、一个妃、四个宰相。仇士良之嚣张,并非是大唐宦官的个别现象,而是中唐以来宦祸的总体表现。

大唐立国之初,宦官数量少且地位低下,无权过问国家大事,到了开元、天宝年间,帝国危机不断,宦官数量及权势不断增大,宦官干政的现象随之产生。唐玄宗信任宦官高力士,奏折大多先经高力士之手随后再传至皇帝;玄宗还派宦官鱼朝恩监军,大唐军队面对安禄山的叛军兵败如山倒。唐肃宗时重用宦官李辅国,让他掌禁军,任由他干涉朝政。唐德宗时,禁军正式交给宦官掌管,此禁军称为神策军,至此,宦官系统延伸出两个神策军中尉,神策军就是甘露之变中残杀文官集团的主力。唐宣宗时设置枢密院,设两个枢密使,均由宦官担任,作为朝廷的决策机构,和宰相对掌内朝权力,到唐末甚至发展出"贴黄"权,就是中书门下的文件要枢密使"贴黄"才能生效。大内出了四个总管，两个枢密使，两个神策军中尉，他们分享了内朝的权力，又握有禁卫军军权，这四个岗位基本奠定了宦官在政治上的稳固地位，为后期的宦官专权提供了保障。大唐宦官集团权势之大，达到整个宦官史上的巅峰，大内总管们成了卧在皇帝身后的虎豹，随时可能吞噬主人。从唐德宗之后，宦官们杀了两个皇帝，废了一个皇帝，立了八个皇帝。

宦官作为政治中枢的特殊势力，与皇权本身唇齿相依，能且只能利用君主专制的躯壳来实现其政治权力，由此形成宦官势力与君主个人专制集权之间的长期矛盾，更引起了中枢权力核心的分化(多元化)。而外朝宰臣恰好处于皇权与权宦之间，其角色冲突注定要衍生出派系斗争，致使朋党之争不可避免，这是唐代中后期出现朋党之争的一个重要体制根源。

（王　骁）

思想和艺文的纷繁和坎坷

〔导言〕 唐代是中国历史上的盛世王朝，有着包容与开放的社会政治环境，从而形成了多元文化并存发展的局面。唐代在思想领域容纳了佛教、道教的宗教文化；在文学方面将诗歌这种文学体裁发展到了无与伦比的巅峰；唐代中期出现“古文运动”的文学思潮，力图恢复两汉散文的优良传统以力矫骈文之弊，为文提倡文质兼美，主张文以载道。唐代的儒学思想和“古文运动”，可谓是相互影响且关系极为密切。

唐高祖李渊建政后，鉴于隋朝灭亡之失，为避免重蹈覆辙，遂通过复兴儒学的手段以求巩固国家的统一。最高统治者作为崇儒的推行者，开文学馆，延请学士、文人讲论儒学，提倡整理注释儒家经典，并将整理的经典作为官方标准颁布于天下，同时下诏前代大儒配享孔庙。初唐君主都把复兴儒学作为治国安邦的第一要务，为以后儒学的根本复兴奠定了坚实的客观基础。

初唐时期的文风气格仍旧沿袭五代遗风的华靡空洞。安史之乱后，唐朝开始渐趋走向覆亡。面对残酷的社会现实，正义的官吏、学者和文人痛感当代世风俗薄，积极寻找救世良方，遂将恢复传统儒教作为根本手段。与此同时，韩愈等文士所领导的“古文运动”主张凭借文以载道的内在目的来充实文章的内容，力矫六朝形式主义的文风，达到文质兼美。韩愈亦极力批驳佛老思想，致力于维护儒学的正统地位。

“古文运动”的兴起与儒学复兴思潮的出现是紧密相关的，儒学思想家与倡行古文的作家或相联系，或直接合一，他们以古文为解经议事的工具，依托儒学来充实“古文运动”的内涵与外延，共同推动了唐代儒学的发展。

韩 愈 列 传

〔**选文**〕

韩愈字退之，邓州南阳人。七世祖茂，有功于后魏，封安定王。父仲卿，为武昌令，有美政，既去，县人刻石颂德。终秘书郎。

愈生三岁而孤[1]，随伯兄会贬官岭表。会卒，嫂郑鞠[2]之。愈自知读书，日记数千百言，比[3]长，尽能通《六经》、百家学。擢进士第。会[4]董晋为宣武节度使，表[5]署观察推官。晋卒，愈从丧出，不四日，汴军乱，乃去依武宁节度使张建封，建封辟[6]府推官。操行坚正，鲠[7]言无所忌。调四门博士，迁监察御史。上疏极论宫市，德宗怒，贬阳山令。有爱在民，民生子多以其姓字之。改江陵法曹参军。元和初，权[8]知国子博士，分司东都，三岁为真[9]。改都官员外郎，即拜河南令。迁职方员外郎。

……

执政览之，奇其才，改比部郎中、史馆修撰。转考功，知制诰，进中书舍人。

初，宪宗将平蔡，命御史中丞裴度使诸军按[10]视。及还，且言贼可灭，与宰相议不合。愈亦奏言：

……

又言："诸道兵羁旅单弱不足用，而界[11]贼州县，百姓习[12]战斗，知贼深浅，若募以内[13]军，教不三月，一切可用。"又欲"四道置兵，道率三万，畜力伺利，一日俱纵，则蔡首尾不救，可以责[14]功"。执政不喜。会有人诋愈在江陵时为裴均所厚[15]，均子锷素[16]无状，愈为文章，字命锷，谤语嚣暴，由是改太子右庶子。及度以宰相节度彰义军，宣慰淮西，奏愈行军司马。愈请乘遽[17]先入汴，说[18]韩弘使叶[19]力。元济平，迁刑部侍郎。

宪宗遣使者往凤翔迎佛骨入禁中，三日，乃送佛祠。王公士人奔走膜呗[20]，至为夷法灼体肤，委[21]珍贝，腾沓系路。愈闻恶[22]之，乃上表曰：

佛者，夷狄之一法耳。自后汉时始入中国，上古未尝有也。昔黄帝在位百年，年百一十岁；少昊在位八十年，年百岁；颛顼在位七十九年，年九十岁；帝喾在位七十年，年百五岁；尧在位九十八年，年百一十八岁；帝舜在位及禹年皆百岁。此时天下太平，百姓安乐寿考[23]，然而中国未有佛也。其后，汤亦年百岁，汤孙太戊在位七十五年，武丁在位五十年，书史不言其寿，推其年数，盖不减百岁。周文王年九十七岁，武王年九十三岁，穆王在位百年。此时佛法亦未至中国，非因事[24]佛而致然也。汉明帝时始有佛法，明帝在位才十八年。其后乱亡相继，运祚不长。宋、齐、梁、陈、元魏以下，事佛渐谨，年代尤促[25]。唯梁武帝在位四十八年，前后三舍身施佛，宗庙祭不用牲牢，昼日一食，止于菜果，后为侯景所逼，饿死台城，国亦寻[26]灭。事佛求福，乃更得祸。由此观之，佛不足信，亦可知矣。

……

表入，帝大怒，持示宰相，将抵[27]以死。裴度、崔群曰："愈言讦牾[28]，罪之诚宜。然非内怀至忠，安能及此？愿少[29]宽假[30]，以来[31]谏争。"帝曰："愈言我奉佛太过，犹可容；至谓东汉奉佛以后，天子咸夭促，言何乖剌[32]邪？愈，人臣，狂妄敢尔，固不可赦。"于是中外骇惧，虽戚里诸贵，亦为愈言，乃贬潮州刺史。

既至潮，以表哀谢[33]曰：

……

帝得表，颇感悔，欲复用之，持示宰相曰："愈前所论是大爱朕，然不当言天子事佛乃年促耳。"皇甫镈素忌愈直，即奏言："愈终狂疏，可且[34]内移。"乃改袁州刺史。

初，愈至潮，问民疾苦，皆曰："恶溪有鳄鱼，食民畜产且[35]尽，民以是穷。"数日，愈自往视之，令其属秦济以一羊一豚投溪水而祝之曰：

……

今天子嗣唐位，神圣慈武，四海之外，六合之内，皆抚而有之，况禹迹所揜，扬州之近地，刺史县令之所治，出贡赋以供天地、宗庙、百神之祀之壤者哉？鳄鱼其不可与刺史杂处此土也。刺史受天子命，守此土，治此民，而鳄鱼睅[36]然不安溪潭，据处食民畜熊豕鹿麞以肥其身，以种其子孙，与刺史拒[37]争为长雄。刺史虽驽弱，亦安肯为鳄鱼低首下心，伈伈[38]睍睍，为吏民羞，以偷活于此也？承天子命来为吏，固其势不得不与鳄鱼辨。鳄鱼有知，其听刺史。

潮之州，大海在其南，鲸鹏之大，虾蟹之细，无不容归，以生以食，鳄鱼朝发而夕至也。今与鳄鱼约："尽三日，其率丑类南徙于海，以避天子之命吏。三日不能，至五日；五日不能，至七日，七日不能，是终不肯徙也，是不有刺史、听从其言也。不然，则是鳄鱼冥顽不灵，刺史虽有言，不闻不知也。夫傲天子之命吏，不听其言，不徙以避之，与顽不灵而为民物害者，皆可杀。刺史则选材技民，操强弓毒矢，以与鳄鱼从事[39]，必尽杀乃止，其无悔！"

祝之夕，暴风震电起溪中，数日水尽涸，西徙六十里。

自是潮无鳄鱼患。

袁人以男女为隶，过期不赎，则没入之。愈至，悉[40]计庸得赎所没，归之父母七百余人。因与约，禁其为隶。召拜国子祭酒，转兵部侍郎。

……

时宰相李逢吉恶李绅，欲逐之，遂以愈为京兆尹、兼御史大夫，特诏不台参，而除[41]绅中丞。绅果劾奏愈，愈以诏自解。其后文刺[42]纷然，宰相以台、府不协[43]，遂罢愈为兵部侍郎，而出绅江西观察使。绅见帝，得留，愈亦复为吏部侍郎。长庆四年卒，年五十七，赠礼部尚书，谥曰文。

选自《新唐书》卷一百七十六

〔注释〕 ① 孤：无父者之称。 ② 鞠：抚养。 ③ 比：等到。 ④ 会：适逢。 ⑤ 表：指上表推荐某人。 ⑥ 辟：征召。 ⑦ 鲠：直。 ⑧ 权：暂且。 ⑨ 真：实授。 ⑩ 按：检查。 ⑪ 界：毗连。 ⑫ 习：熟悉。 ⑬ 内：同“纳”。 ⑭ 责：取得。 ⑮ 厚：优待。 ⑯ 素：向来。 ⑰ 遽：驿车。 ⑱ 说：劝说。 ⑲ 叶：通“协”。 ⑳ 呗：梵文音译，指赞颂。 ㉑ 委：舍弃。 ㉒ 恶：厌恶。 ㉓ 考：长寿。 ㉔ 事：侍奉。 ㉕ 促：短促。 ㉖ 寻：不久。 ㉗ 抵：抵偿。 ㉘ 牾：同“牾(忤)”，逆。 ㉙ 少：稍微。 ㉚ 假：犹“贷”，宽容。 ㉛ 来：招致。 ㉜ 乖剌：乖戾。 ㉝ 谢：道歉。 ㉞ 且：暂且。 ㉟ 且：将要。 ㊱ 睅：眼睛突出貌。 ㊲ 拒：抵抗。 ㊳ 伈伈：恐惧貌。 ㊴ 从事：处置。 ㊵ 悉：全。 ㊶ 除：拜官受职。 ㊷ 刺：举发。 ㊸ 协：和谐。

〔赏析〕 韩愈是唐代杰出的文学家、思想家和哲学家，“唐宋八大家”之一。韩愈幼孤，由同族的堂兄抚养长大，他从小便刻苦学习儒家经典，每日默记上千字，长大后遂完全通晓六经以及诸子百家之说。大历及贞元年间，文坛颇为崇尚古文风气，喜好模仿西汉文学家扬雄和董仲舒文风的韩愈声名鹊起，顺利考中了进士。

韩愈的仕途道路并不顺遂，可谓是几经沉浮，他曾两度任节度推官，累官至监察御史；他曾因论事而被贬阳山，后历都官员外郎、史馆修撰、中书舍人等职。透过韩愈起伏的人生轨迹，我们可以一窥这位唐代儒者与文人的典范形象。

从个人成长的经历来看，韩愈堪称是一位孝友“子弟”。他虽在三岁时失去双亲，由兄嫂抚养长大，却从小就努力学习儒家经典。没有父母依靠的韩愈，坚持“以经史为训”，在潜移默化中培养了自身的儒者风范，为日后奠定了文化气质方面的坚实基础。

从对于国家和社会的担当来看，韩愈堪称是一位忠君爱民的士大夫，同时他又是一位命运多舛的能员。韩愈以决绝的态度谏迎佛骨，触犯了最高当权者。在被贬潮州时，韩愈亦有解除鳄鱼之患的故事。这些具体事例都充分表现出其忠君爱民的士大夫精神和民胞物与的文人情怀。

唐元和十四年（819年），宪宗皇帝崇道信佛，亲率宫女数十人，浩浩荡荡地去护国寺恭迎佛骨进宫供奉三天，其后再将佛骨送往京城各寺庙中以供瞻仰。所谓上有所好，下必效焉。一时之间，举国君臣百姓皆以信佛为荣。刑部侍郎韩愈却大不以为然，以不惜触怒皇帝的政治勇气大胆地进言谏诤。在《论佛骨表》中条分缕析地列举中国历朝历代的事实，指出梁朝因为信佛而亡国的事实，以此表明供奉佛骨行为之荒唐，结果惹得皇帝大怒，欲处之以极刑。大难临头之际，幸亏裴度等人为其说情才最终免去一死，皇帝一纸诏书将其贬到数千里之外的广东潮州担任刺史。

潮州的韩江有大量鳄鱼，经常会吞食过江之人，百姓对于这一祸害可谓是苦不堪言。韩愈遂下令宰猪杀羊，在城北江边设坛祭鳄，为此他还亲自撰写了《鳄鱼文》以“祝之”（相当于咒语），韩愈在文章中对鳄鱼施以语言上的驱逐。就在祭文宣读的当天傍晚，暴风震电起于溪中，几天后韩江水面变得干涸，江河向西迁移达六十里，从此潮州的鳄鱼之患得以解除。韩愈写文驱鳄的行为看似迷信之举，实则为安抚民心。至于韩江干涸驱逐鳄鱼，恐为后人附会臆想。唐代的中央大员被贬到潮州的可谓是为数不少，如张元素、唐临、常怀德、卢怡等人皆是，然而他们基本上没有在当地百姓心中留下什么重要印象，只是因仕途不顺而蛰居于此的匆匆过客。韩愈在潮州虽仅有八个月的时间，却赢得了不朽的声名。同是贬官，韩愈却做到了为官一任，造福一方。

然而，就是这样一位文采斐然又忠心耿耿的优秀士大夫，在当时的社会背景之下却是仕途波折，不断遭到贬官的打击。韩愈自觉己才颇高，却常被朝廷无视。韩愈曾写过一篇《进学解》的文章以求自我安慰，所谓“业精于勤，荒于嬉；行成于思，毁于随”。自汉武帝罢黜百家开始，儒学成为国家的主流意识形态，也成为服务于君主专制的统治学说。在面对个人仕途偃蹇的遭遇时，韩愈只是把过错归咎于宰相，甚至承认了自己的言论不当，因而没有遭到更重的处罚。儒学思想塑造了韩愈，指引他做人为官的准则和前进的方向，却也对韩愈认识自我和社会产生了局限。

苏轼曾撰文盛赞韩愈，文章曰：“文起八代之衰，而道济天下之溺，忠犯人主之怒，而勇夺三军之帅。”韩愈确实体现了一位中晚唐时士大夫的生活习尚。作为一位宿儒，韩愈排斥佛道二教，招来被贬潮州的祸患。在仕途不济时，韩愈用儒家思想慰藉自己。作为一位忠臣，韩愈有着本身的道德操守，能够心系苍生；作为一位文人，韩愈笔书胸臆却无畏无惧。我们认为，韩愈身上集中了传统士大夫所共有的担当精神，这是中国文人士大夫优秀的品质与情怀。

文艺列传

〔选文〕

唐有天下三百年，文章无虑[1]三变。高祖、太宗，大难始夷，沿江左余风，绨句绘章，揣合低卬，故王、杨为之伯。玄宗好经术，群臣稍[2]厌雕瑑，索理致，崇雅黜浮，气益雄浑，则燕、许擅[3]其宗。是时，唐兴已百年，诸儒争自名家。大历、正元间，美才辈出，擩哜[4]道真，涵泳圣涯，于是韩愈倡之，柳宗元、李翱、皇甫湜等和之，排逐百家，法度森严，抵轹晋、魏，上轧汉、周，唐之文完然为一王法，此其极也。若侍从酬奉则李峤、宋之问、沈佺期、王维，制册则常衮、杨炎、陆贽、权德舆、王仲舒、李德裕，言诗则杜甫、李白、元稹、白居易、刘禹锡，谲怪则李贺、杜牧、李商隐，皆卓然以所长为一世冠，其可尚[5]已。

然尝言之，夫子之门以文学为下科，何哉？盖天之付与，于君子小人无常分，惟能者得之，故号一艺。自中智以还，恃以取败者有之，朋奸饰伪者有之，怨望[6]讪[7]国者有之。若君子则不然，自能以功业行实光明于时，亦不一于立言而垂不腐，有如不得试，固且阐绎优游，异不及排，怨不及诽，而不忘纳君于善，故可贵也。今但取以文自名者为《文艺篇》，若韦应物、沈亚之、阎防、祖咏、薛能、郑谷等，其类尚多，皆班班[8]有文在人间，史家逸[9]其行事，故弗[10]得而述云。

……

(杜)甫字子美，少贫不自振，客吴越、齐赵间。李邕奇其材，先往见之。举进士不中第，困长安。

天宝十三载，玄宗朝献太清宫，飨庙及郊，甫奏赋三篇。帝奇之，使待制集贤院，命宰相试文章，擢河西尉，不拜，改右卫率府胄曹参军。数上赋颂，因高自称道，且言："先臣恕、预以来，承儒守官十一世，迨[11]审言，以文章显中宗时。臣赖绪业，自七岁属[12]辞，且四十年，然衣不盖体，常寄食于人，窃恐转死沟壑，伏惟天子哀怜之。若令执先臣故事[13]，拔泥涂之久辱，则臣之述作虽不足鼓吹《六经》，至沉郁顿挫，随时敏给，扬雄、枚皋可企及也。有臣如此，陛下其忍弃之？"

会禄山乱，天子入蜀，甫避走三川。肃宗立，自鄜州羸服欲奔行在，为贼所得。至德二年，亡走凤翔上谒，拜右拾遗。与房琯为布衣交，琯时败陈涛斜，又以客[14]董廷兰，罢宰相。甫上疏言："罪细[15]，不宜免大臣。"帝怒，诏三司杂问。宰相张镐曰："甫若抵罪，绝言者路。"帝乃解。甫谢，且称："琯宰相子，少自树立为醇儒，有大臣体，时论许琯才堪公辅，陛下果委而相之。观其深念主忧，义形于色，然性失于简[16]。酷嗜鼓琴，廷兰托琯门下，贫疾昏老，依倚为非，琯爱惜人情，一至玷污。臣叹其功名未就，志气挫衄[17]，觊[18]陛下弃细录大，所以冒死称述，涉近讦激，违忤圣心。陛下赦臣百死，再赐骸骨，天下之幸，非臣独蒙。”然帝自是不甚省录[19]。

时所在寇夺，甫家寓鄜，弥[20]年艰窭，孺弱至饿死，因许甫自往省视。从还京师，出为华州司功参军。关辅饥，辄弃官去，客秦州，负薪采橡栗自给。流落剑南，结庐成都西郭。召补京兆功曹参军，不至。会严武节度剑南东、西川，往依[21]焉。武再帅剑南，表为参谋，检校工部员外郎。武以世旧，待甫甚善，亲入其家。甫见之，或时不巾，而性褊躁傲诞，尝醉登武床，瞪视曰：“严挺之乃有此儿！”武亦暴猛，外若不为忤，中衔[22]之。一日欲杀甫及梓州刺史章彝，集吏于门。武将出，冠钩于帘三，左右白[23]其母，奔救得止，独杀彝。武卒，崔旰等乱，甫往来梓、夔间。

大历中，出瞿唐，下江陵，溯沅、湘以登衡山，因客耒阳。游岳祠，大水遽[24]至，涉旬不得食，县令具舟迎之，乃得还。令尝馈牛炙白酒，大醉，一昔卒，年五十九。

甫旷放不自检，好论天下大事，高而不切[25]。少与李白齐名，时号“李杜”。尝从白及高适过汴州，酒酣登吹台，慷慨怀古，人莫测也。数尝寇乱，挺节无所污，为歌诗，伤时桡[26]弱，情不忘君，人怜其忠云。

赞曰：唐兴，诗人承陈、隋风流，浮靡相矜[27]。至宋之问、沈佺期等，研揣声音，浮切不差，而号“律诗”，竞相袭沿。逮开元间，稍裁以雅正，然恃华者质反，好丽者壮违，人得一概，皆自名所长。至甫，浑涵汪茫，千汇万状，兼古今而有之，它人不足，甫乃厌[28]余，残膏剩馥，沾丐[29]后人多矣。故元稹谓:“诗人以来,未有如子美者。”甫又善陈时事,律切精深,至千言不少衰,世号“诗史”。昌黎韩愈于文章慎许可,至歌诗,独推曰:“李、杜文章在,光焰万丈长。”诚可信云。

选自《新唐书》卷二百一

〔注释〕 ① 无虑:大约。 ② 稍:渐渐。 ③ 擅:独占。 ④ 揣哜:喻研求品味。 ⑤ 尚:尊崇。 ⑥ 怨望:心怀怨恨。 ⑦ 讪:毁谤。 ⑧ 班班:明显貌。 ⑨ 逸:散失。 ⑩ 弗:不。 ⑪ 迨:等到。 ⑫ 属:撰著。 ⑬ 故事:先例。 ⑭ 客:以客礼相待。 ⑮ 细:琐屑。 ⑯ 简:怠慢。 ⑰ 衄:挫败。 ⑱ 觊:希冀。 ⑲ 省录:审察采纳。 ⑳ 弥:久。 ㉑ 依:依靠。 ㉒ 衔:怀恨。 ㉓ 白:报告。 ㉔ 遽:突然。 ㉕ 切:切实。 ㉖ 桡:削弱。 ㉗ 矜:夸耀。 ㉘ 厌:通“餍”,满足。 ㉙ 沾丐:同“沾溉”,谓使人受益。

〔赏析〕 《文艺列传》作为记录唐代文人的一篇合传,精心描绘并刻画了七十九位文士的生存状况和历史地位,他们皆为活跃于唐代文坛并具有一定影响力的文化名人。为后人所熟知的初唐四杰、李白、杜甫、孟浩然、王昌龄、崔颢、李商隐等杰出文人和他们的作品都已经成为诗歌中华的文化烙印与民族基因。《文艺列传》择取这批文人,其撰史之目的颇有值得探讨之处。据列传的序言交代:“今但取以文自名者为《文艺篇》”,所谓的“以文自名”,即指本传所撰述之文人必须是其时之文坛有一定的声誉和地位者。顺着这个思路,则探讨《文艺列传》所指称之“文”的内涵和具体意义便成为解读本传极为重要的一个因素。

相较而言,唐朝文风经历变化凡三次。第一次变化发生在高祖与太宗当政时期,其时之文学作品承南朝之余弊,为文注重词句与文采修辞,王勃与杨炯两人乃为当时文坛之执牛耳者。第二次变化发生在玄宗时期,玄宗本人颇喜阅读经文,所谓上有所好,下必效焉,这一时期的文坛抛弃了对于雕饰浮华文句的刻意追求,崇尚为文的典雅和情旨意趣。第三次变化则发生在大历、贞元年间,这时文章的创作追求大道真谛,内容上多颂扬皇帝圣明。韩愈为此期文坛之领袖,其后又有柳宗元、李翱、皇甫湜等人遥相呼应,是为文学史所习称之“古文运动”。他们的文章承接两汉以来质朴刚健的散文气格,风格堪称自成一派,排斥以对偶、用典、华靡为能事的骈体文创作,深刻影响了其后宋代的诗文革新运动。

史书给予唐代文风的第三次变化以极为充分的肯定，这一变化就是由韩愈等一批文人所领导的“古文运动”。他们提出了文以载道的理论口号，主张以充实的内容来进行文学创作，力图对六朝时期的形式主义文风进行有力的反驳。“古文运动”之所以受到推崇，实是由于其理论旨归极大地契合了北宋诗文革新运动迫切需求变革的内在要求。由是之故，“古文运动”及其余绪遂在宋代蓬勃发展。

《新唐书》撰成于北宋中叶，此时的宋王朝正面对着内忧外患的严峻局面。外有契丹、西夏对其虎视眈眈；内有由于签订澶渊之盟而导致的国家财政危机。《新唐书》编撰者欧阳修对此颇有感慨，曰：“从来所患者夷狄，今夷狄叛矣；所恶者盗贼，今盗贼起矣；所忧者水旱，今水旱作矣；所赖者民力，今民力困矣；所需者财用，今财用乏矣。”(《准诏言事上书》)在国家危难之际，一些有识之士善思求变、积极作为，进行了诸如“庆历新政”等风起云涌的改革，他们致力于构建汉民族政权的大一统国家中央集权政治形态。随着政治改革的发展，整个学术风气也随之发生了显著的变化。而《文艺列传》作为记载唐代文人的一篇合传，寄托了宋代士人在不安定的国家政治形态中，希望有所作为和进取的理想人格与士大夫品格，《文艺列传》所记叙的唐代文人重文尚德之理念实是其时北宋士大夫人格心态的一种隐性投射，寄托着精义深旨。

《文艺列传》褒扬最力之精神乃为“忠”，这是对于五代时期浇漓的世风进行有力打击的显在表征。对于诗人杜甫“忠君”思想的发掘与赞许是《文艺列传》突出的一项表现。“诗圣”杜甫乃是忧国忧民的文化象征，长期以来仕宦偃蹇且落拓无奈，困守于长安城中。十年之后，才得授右卫率府胄曹参军这样微不足道的官职。安史之乱爆发后，他流亡颠沛，竟为叛军所俘；脱险后，授官左拾遗，故杜甫又被称为杜拾遗。乾元二年(759 年)，杜甫弃官西行，最后到达四川，定居于成都，一度在剑南节度使严武幕下任检校工部员外郎之职，故世称杜工部。

杜甫将自己的生计完全寄托于自己的诗歌创作。杜甫本人对于自身之文采颇为自信，认为自己的文章即使不足以宣扬六经，超过诸子，也是深沉蕴积、抑扬有致的，达到了西汉辞赋家扬雄、枚皋的水准。杜甫长期的仕途不遇与他旷达不拘礼俗，不自我约束检点的性格有着极大的关系，他能为朋友仗义执言，却对长官傲慢放肆。晚年的杜甫流落到成都西郊浣花溪营建草堂居住，恰逢严武任剑南西川节度使，遂前往投奔，严武上表荐举杜甫担任参谋之职、加检校工部员外郎衔。因严武与杜甫是世代交谊，故而对杜甫优待有加，并亲自前往杜甫家中探望。杜甫在会见严武时，连象征礼节的头巾都不戴。杜甫其人性格急躁，气量狭小，在喝醉酒后甚至站到严武的床上，瞪着眼睛向严武叫嚣道："严挺之（严武的父亲）竟然有这么个儿子！"使严武动了杀机。

杜甫身处唐代安史之乱爆发的前后，面对着国家走向衰败的现实，其《自京赴奉先县咏怀五百字》的长篇杰构已隐然反映了风雨飘摇的唐代政局。他坚守忠君理念，没有政治污点，他所作的诗歌，将仕途的坎壈失意寄托到忧国忧民的忠君爱国情怀中。由是之故，杜甫的诗歌被誉为"诗史"，本人则与李白一起并列为唐代诗歌的双雄，韩愈盛赞曰："李杜文章在，光焰万丈长"。

杜甫的横空出世是时代的产物，对于杜甫其人的评价则代表了时代的诉求，"忠君论杜"以《文艺列传》开其先河。自汉武帝罢黜百家，表彰六经以来，忠君思想是顺应大一统中央专制主义集权王朝而出现的最终产物，以忠诚作为评价人物的出发点，实是所来有之的。《文艺列传》的书写为我们提供了一窥这一民族文化心理因素的重要载体。

《文艺列传》中注重文人品行的特点，是古代重文尚德理念的具体展现。文人的德行和世风之醇厚与否可谓紧密相连，唯其如此，文章方能用以载道。

儒学列传

〔选文〕

高祖始受命，鉏纇夷荒，天下略定，即诏有司立周公、孔子庙于国学，四时祠。求其后，议加爵土。国学始置生七十二员，取三品以上子、弟若孙为之；太学百四十员，取五品以上；四门学百三十员，取七品以上。郡县三等，上郡学置生六十员，中、下以十为差；上县学置生四十员，中、下亦以十为差。又诏宗室、功臣子孙就秘书外省,别为小学。

……

尝论之,武为救世砭[①]剂,文其膏粱[②]欤!乱已定,必以文治之。否者,是病损而进砭剂,其伤多矣!然则武得之,武治之,不免霸且盗,圣人反是而王。故曰武创业,文守成,百世不易之道也。若乃举天下一之于仁义,莫若儒。儒待其人,乃能光明厥[③]功,宰相大臣是已。至专诵习传授、无它大事业者,则次[④]为《儒学篇》。

……

颜师古字籀,其先琅邪临沂人。祖之推,自高齐入周,终隋黄门郎,遂居关中,为京兆万年人。父思鲁,以儒学显[⑤]。武德初,为秦王府记室参军事。

师古少博览,精故训学,善属文。仁寿中,李纲荐之,授安养尉。尚书左仆射杨素见其年弱,谓曰:“安养,剧[⑥]县。子何以治之?”师古曰:“割鸡未[⑦]用牛刀。”素惊其言大,后果以干治闻[⑧]。时薛道衡为襄州总管,与之推旧,佳其才,每作文章,令指摘疵短。俄[⑨]失职,归长安,不得调,窭[⑩]甚,资[⑪]教授为生。

……

帝尝叹《五经》去[⑫]圣远,传习浸[⑬]讹,诏师古于秘书省考定,多所厘正。既成,悉诏诸儒议,于是各执所习,共非诘师古。师古辄引晋、宋旧文,随方晓答,谊[⑭]据该[⑮]明,出其悟表,人人叹服。寻加通直郎、散骑常侍。帝因颁所定书于天下,学者赖[⑯]之。

俄拜秘书少监,专刊正事,古篇奇字世所惑者,讨析申[⑰]熟[⑱],必畅本源。然多引后生与雠[⑲]校,抑素流,先贵势,虽商贾富室子，亦窜选中，由是素[20]议薄[21]之，斥为郴州刺史。未行，帝惜其才，让[22]曰："卿之学，信[23]可称者，而事亲居官，朕无闻焉。今日之行，自谁取之？念卿曩[24]经任使，朕不忍弃，后宜自戒。"师古谢罪，复留为故官。

……

朱子奢，苏州吴人，从乡人顾彪授《左氏春秋》，善文辞。隋大业中，为直秘书学士。天下乱，辞疾还乡里。后从杜伏威入朝，授国子助教。

太宗贞观初，高丽、百济同伐新罗，连年兵不解。新罗告急，帝假子奢员外散骑侍郎，持节谕旨，平三国之憾[25]。子奢有仪观，夷人尊畏之。二国上书谢罪，赠遗[26]甚厚。初，子奢行，帝戒曰："海夷重学，卿为讲大谊[27]，然勿入其币，还当以中书舍人处卿。"子奢唯唯。至其国，为发[28]《春秋》题，纳其美女。帝责违旨，而犹爱其才，以散官直国子学，累转谏议大夫、弘文馆学士。

选自《新唐书》卷一百九十八

褚无量字弘度，杭州盐官人。幼授经于沈子正、曹福，刻意[29]坟[30]典。家滨临平湖，有龙出，人皆走[31]观，无量尚幼，读书若不闻，众异之。尤精《礼》、司马《史记》。擢明经第，累除国子博士，迁司业兼修文馆学士。

……

开元五年，帝将幸东都而太庙坏，姚崇建言庙本苻坚故殿，不宜罢行。无量鄙其言，以为不足听，乃上疏曰："王者阴盛阳微，则先祖见[32]变。今后宫非御幸者，宜悉出之，以应变异。举畯良，撙奢靡，轻赋，慎刑，纳谏争，察谄谀，继绝世，则天人和会，灾异讫息。"帝是[33]崇语，车驾遂东。无量又上言:“昔虞舜之狩,秩[34]山川,遍群神。汉孝景祠黄帝桥山,孝武祠舜九疑,高祖过魏祭信陵君墓,过赵封乐毅后,孝章祠桓谭冢。愿陛下所过名山、大川、丘陵、坟衍,古帝王、贤臣在祀典者,并诏致祭。自古受命之君,必兴灭继绝,崇德报[35]功。故存人之国,大于救人之灾;立人之后,重于封人之墓。愿到东都,收叙唐初逮今功臣世绝者,虽在支庶,咸得承袭。”帝纳其言,即诏无量祠尧平阳,宋璟祠舜蒲坂,苏颋祠禹安邑,在所刺史参献[36]。又求武德以来勋臣苗裔,绍[37]续其封。

……

帝西还,徙书丽正殿,更以修书学士为丽正殿直学士,比[38]京官预[39]朝会。复诏无量就丽正纂续前功。皇太子及四王未就学,无量以《孝经》、《论语》五通献帝。帝曰:“朕知之矣。”乃选郗常亨、郭谦光、潘元祚等为太子、诸王侍读。七年,太子齿胄于学,诏无量升坐讲劝,百官观礼,厚赉[40]赐。卒,年七十五。病困,语人以丽正书未毕为恨[41]。帝闻悼痛,诏宰相曰:“无量,朕师,今其永逝,宜用优典。”于是赠礼部尚书,谥曰文,葬事官给。所撰述百余篇。殁后,有于书殿得讲《史记》、《至言》十二篇上之,帝叹息,以绢五百匹赐其家。

选自《新唐书》卷二百

〔注释〕 ① 砭:救治。 ② 膏粱:精美的食品。 ③ 厥:其。 ④ 次:按次序编列。 ⑤ 显:显扬。 ⑥ 剧:繁难。 ⑦ 未:不。 ⑧ 闻:闻名。 ⑨ 俄:不久。 ⑩ 窭:贫寒。 ⑪ 资:凭借。 ⑫ 去:距离。 ⑬ 浸:渐渐。 ⑭ 谊:通“议”,议论。 ⑮ 该:尽备。 ⑯ 赖:依赖。 ⑰ 申:反复。 ⑱ 熟:精审。 ⑲ 雠:校对。 ⑳ 素:质朴。 ㉑ 薄:鄙薄。 ㉒ 让:责备。 ㉓ 信:确实。 ㉔ 曩:先前。 ㉕ 憾:恨。 ㉖ 遗:赠送。 ㉗ 谊:文义。 ㉘ 发:阐明。 ㉙ 刻意:用尽心思。 ㉚ 坟:典籍。 ㉛ 走:跑。 ㉜ 见:同“现”,显现。 ㉝ 是:赞同。 ㉞ 秩:祭祀。 ㉟ 报:报答。 ㊱ 献:祭献。 ㊲ 绍:接续。 ㊳ 比:比照。 ㊴ 预:参与。 ㊵ 赉:赏赐。 ㊶ 恨:遗憾。

〔赏析〕 汉代以降,儒学成为官方学术。经学时代背景下人才辈出,一时蔚为大观。自西汉司马迁始,历代修史者均会撰写儒家学者的传记以表彰其人对于文化的巨大贡献,篇章往往冠之以《儒林列传》或《儒学列传》之名。由于儒学是历代王朝的官方意识形态,也是读书人进入仕途的必由之路,故而儒学的发展在很大程度上反映了整个时代学术思潮的演变与进一步拓展,《新唐书》一书所撰述的《儒学列传》,通过对儒者的生平进行勾勒,描摹出唐代儒学发展的新风貌与新进展。

隋朝的建立结束了自魏晋南北朝以来长达近四个世纪的分裂与动乱,然而隋朝并没有很好地解决从地域性共同体的集团领袖到大一统国家皇帝这一身份转变的政治问题。同执行酷虐政策的秦王朝极相类似,隋炀帝二世而亡。李唐王朝能否如同继秦而起的汉王朝一样重新建立起稳固的中央集权政治形态,则成为历史交给李氏王朝的一个实践命题。官方儒学意识形态的建立,对于一个王朝国祚的绵延拥有着难以言尽的巨大向心力作用。对于李氏而言,角色转换的关键在于其是否能够成功构建出适应帝国需要的国家意识形态,以确立李氏为天下之主的政治局面。唐代君主把复兴儒学作为治国安邦的第一要务,积极提倡并采用了大量的行政手段,对儒学的复兴提供了人力、物力和政策的支持,为儒学的根本复兴奠定了坚实的客观基础。

唐王朝尊儒的意识形态肇端于唐高祖李渊。天下弭定之际,高祖就下达诏书,要求有关部门在国学中建立周公、孔子庙,并四时祭祀,进而提出寻找周、孔后人的巨大号召,对周、孔后人给予加爵封地的赏赐。高祖敕令国学、太学和郡县学堂,广泛招收官员子弟,以政府命令的方式鼓励士子学习儒家经典。

高祖之子李世民虽在战时身带弓箭,且习惯于戎马生涯,然而在战局获得安定后,李世民总是能够注目于经学,他在王府中开设文学馆,延聘十八名儒者担任学士一职,李世民时常与他们一起讨论天下大事。李世民即位,是为唐太宗,他便于殿内设置弘文馆,学士们都在殿内轮流值宿,以便太宗在临朝听政后的闲暇时间段内可以与儒者一同讨论古今之变,历览诸朝兴废之所由以资于治道。

对儒家的创始人孔子予以至高无上的尊崇则是招纳贤才以尊重儒士的首要前提。贞观六年(632年),唐太宗以诏书的形式要求废除周公祠,改孔子为先圣,颜氏为先师,广招天下学问笃实的学者和德高年长的儒士承担儒学的教育工作。唐太宗多次亲临国学观看学生入学时祭祀先圣先师的典礼,他命令祭酒博士讲论经义,以五匹锦缎作为赏赐。

唐王朝的皇帝对于当世的名儒学者则更是"恩礼优厚"。在唐朝"十八学士"之一的虞世南逝世后,太宗悲从中来,难以自抑,甚至到了号啕痛哭的地步;朱子奢精通《左氏春秋》,受太宗之托去高丽、百济讲学授业,宣扬旨意,临行前太宗命他不要接受夷人的礼物。然而朱氏却违背了皇帝的旨意,太宗怜惜其才华,没有进行深究,转任为谏议大夫和弘文馆学士之职。

隋唐之际是科举制度建立并走向完善的历史时期。唐太宗执政期间也对科举制度进行了改革。他命令全国大规模建设儒学校舍,增收学生。但凡学生能够通晓一经便获得参加科举考试的资格,大批贤才就在这一制度的保障下受到拔擢。科举考试开科时,京城内能看到来自四方的儒学人才,甚至新罗、高昌、百济、吐蕃和高丽的酋长都派遣子弟来到长安,请求进入国子监学习儒学,人数达八千人之多。唐太宗面对着士子踊跃参与科举考试的局面说道:"天下英雄,入吾彀中矣。"科举考试对于社会各阶层得以流动而不至固化发挥了显著的作用。

唐代作为中国历史上的盛世王朝,有着包容与开放的社会政治环境。有唐一代的皇帝出于重建统一王朝的需要,配合着君主个人的好尚,使得原本衰微的儒学得以获得持续的发展;儒学的兴盛也进一步促进了唐王朝的繁荣。正如《儒学列传·序》所言:"武为救世砭剂,文其膏粱欤。"大动乱之后的国家,亟须使用文治来对社会的秩序进行重建。"马上得天下,不可以马上治天下"则是百代不变的真理,此言虽小,可以喻大。

(虞霖桦)

隐逸有才，方伎是术，一代学问

〔导言〕 唐代是继秦汉以后又一个强大的统一王朝。随着唐太宗直至唐玄宗前期的励精图治，出现了贞观之治和开元盛世，安定的社会环境和清明政治，促进了经济、文化、医学等各方面的大发展。唐文化继承了魏晋南北朝之老庄和佛教思想，融合了胡人习俗和外来文化，唐代佛教发展之盛，其标志是佛经的翻译和佛教各种宗派的形成。随着江南的逐渐开发和唐代中后期安史之乱的影响，有唐一代的经济重心逐渐南移，进一步推动了农业发展和茶叶种植，为农耕技术进步和茶文化的传播提供了条件。

唐代又是一个隐士辈出的时代。由于唐朝统治者求贤心切，非常重视征召和优待隐逸之士，许多士子在怀才不遇之时，便选择隐居山林，酣歌纵酒，希望博得清誉以获得出仕的机会，以至于有“终南捷径”之典；而真正淡泊名利，躬耕乐道之人，则多隐没无文。欧阳修、宋祁等史家在编撰《新唐书》时，对此颇有微词，故专立《隐逸列传》。本文选择其中三人事迹以概览唐代医学、茶文化及农学发展概况。

《新唐书》较之于《旧唐书》，增补了若干表、志，但由于其过于推崇当时的正统思想，难免矫枉过正。欧阳修排斥佛教，以至对佛门僧徒事迹一概不收，自是无法反映盛唐时期佛教发展的情况的，故本文又选录《旧唐书·方伎列传》中释道高僧事迹数篇，以期管窥唐代佛教发展之一斑。

隐逸列传

〔选文〕

孙思邈，京兆华原人。通百家说，善言老子、庄周。周洛州总管独孤信见其少，异之，曰：“圣童也，顾器[①]大难为用尔！”及长，居太白山。隋文帝辅政，以国子博士召，不拜。密语人曰：“后五十年有圣人出，吾且[2]助之。”太宗初，召诣京师，年已老，而听视聪嘹。帝叹曰：“有道者！”欲官之，不受。显庆中，复召见，拜谏议大夫，固辞。上元元年，称疾还山，高宗赐良马，假[3]鄱阳公主邑司以居之。

思邈于阴阳、推步、医药无不善，孟诜、卢照邻等师事[4]之。照邻有恶疾，不可为，感而问曰：“高医愈[5]疾，奈何？”答曰：“天有四时五行，寒暑迭居，和为雨，怒为风，凝为雨霜，张为虹霓，天常数也。人之四支五藏，一觉一寐，吐纳往来，流为荣卫[6]，章[7]为气色，发为音声，人常数也。阳用其形，阴用其精，天人所同也。失则蒸生热，否生寒，结为瘤赘，陷为痈疽，奔则喘乏，竭则燋[8]槁[9]，发乎面，动乎形。天地亦然：五纬缩赢，孛彗飞流，其危诊也；寒暑不时，其蒸否也；石立土踊，是其瘤赘；山崩土陷，是其痈疽；奔风暴雨其喘乏，川渎[10]竭涸其燋槁。高医导以药石，救以砭剂；圣人和以至德，辅以人事。故体有可愈之疾，天有可振[11]之灾。”

……

复问养性之要，答曰：“天有盈虚，人有屯[12]危，不自慎，不能济[13]也。故养性必先知自慎也。慎以畏为本，故士无畏则简[14]仁义，农无畏则堕稼穑，工无畏则慢规矩，商无畏则货不殖[15]，子无畏则忘孝，父无畏则废慈，臣无畏则勋不立，君无畏则乱不治。是以太上畏道，其次畏天，其次畏物，其次畏人，其次畏身。忧于身者不拘于人，畏于己者不制于彼，慎于小者不惧于大，戒于近者不侮于远。知此则人事毕矣。”

初，魏徵等修齐、梁、周、隋等五家史，屡咨所遗[16]，其传最详。永淳初，卒，年百余岁，遗令薄葬，不藏明器，祭去[17]牲牢。

……

陆羽，字鸿渐，一名疾，字季疵，复州竟陵人。不知所生，或言有僧得诸水滨，畜[18]之。既长，以《易》自筮，得《蹇》之《渐》，曰："鸿渐于陆，其羽可用为仪。"乃以陆为氏，名而字之。

……

羽嗜茶，著经三篇，言茶之原、之法、之具尤备[19]，天下益知饮茶矣。时鬻[20]茶者，至陶羽形置炀突间，祀为茶神。有常伯熊者，因羽论复广著茶之功。御史大夫李季卿宣慰江南，次[21]临淮，知伯熊善煮茶，召之，伯熊执器前，季卿为再[22]举杯。至江南，又有荐羽者，召之，羽衣[23]野服，挈具而入，季卿不为礼，羽愧之，更著《毁茶论》。其后尚茶成风，时回纥入朝，始驱马市[24]茶。

……

陆龟蒙，字鲁望，元方七世孙也。父宾虞，以文历侍御史。龟蒙少高放[25]，通《六经》大义，尤明《春秋》。举进士，一不中，往从湖州刺史张抟游，抟历湖、苏二州，辟[26]以自佐。尝[27]至饶州，三日无所诣。刺史蔡京率官属就见之，龟蒙不乐，拂衣去。

居松江甫里，多所论撰，虽幽忧疾痛，赀无十日计，不少[28]辍也。文成，窜稿箧中，或历年不省[29]，为好事者盗去。得书熟诵乃录，雠[30]比勤勤，朱黄不去手，所藏虽少，其精皆可传。借人书，篇帙坏舛[31]，必为辑褫[32]刊正。乐闻人学，讲论不倦。

有田数百亩，屋三十楹，田苦下，雨潦则与江通，故常苦饥。身畚锸，茠[33]刺无休时，或讥其劳，答曰：“尧、舜霉瘠[34]，禹胼胝[35]。彼圣人也，吾一褐衣，敢不勤乎？”嗜茶，置园顾渚山下，岁取租茶，自判品第。张又新为《水说》七种，其二慧山泉，三虎丘井，六松江。人助其好[36]者，虽百里为致之。初，病酒，再期[37]乃已，其后客至，挈壶置杯不复饮。不喜与流俗交，虽造[38]门不肯见。不乘马，升[39]舟设蓬席，赍[40]束书、茶灶、笔床、钓具往来。时谓江湖散人，或号天随子、甫里先生，自比涪翁、渔父、江上丈人。后以高士召，不至。李蔚、卢携素[41]与善，及当国，召拜左拾遗。诏方下，龟蒙卒。光化中，韦庄表龟蒙及孟郊等十人，皆赠右补阙。

选自《新唐书》卷一百九十六

〔注释〕 ① 器：才能。 ② 且：将要。 ③ 假：给予。 ④ 师事：以师礼相待。 ⑤ 愈：治好病。 ⑥ 荣卫：中医称血为荣、气为卫。 ⑦ 章：显露。 ⑧ 燋：通“憔”，憔悴。 ⑨ 槁：枯干。 ⑩ 渎：河川。 ⑪ 振：赈济。 ⑫ 屯：艰难。 ⑬ 济：救济。 ⑭ 简：怠慢。 ⑮ 殖：增长。 ⑯ 遗：遗漏。 ⑰ 去：去除。 ⑱ 畜：容留。 ⑲ 备：详尽。 ⑳ 鬻：卖。 ㉑ 次：停留。 ㉒ 再：两次。 ㉓ 衣：穿。 ㉔ 市：买。 ㉕ 高放：高尚豪放。 ㉖ 辟：征召。 ㉗ 尝：曾经。 ㉘ 少：稍微。 ㉙ 省：察看。 ㉚ 雠：校对。 ㉛ 舛：错误。 ㉜ 褫：革除。 ㉝ 茠：同“薅”，除田草。 ㉞ 瘠：瘦弱。 ㉟ 胼胝：老茧。 ㊱ 好：爱好。 ㊲ 期：同“朞”，一周年。 ㊳ 造：至。 ㊴ 升：登。 ㊵ 赍：携带。 ㊶ 素：向来。

〔赏析〕 中国古代医学与科技文化的发展模式迥异于西方文明发展的道路，其最为突出的表征即在于侧重实践经验，故而亦可将中国科学发展的模式概言之曰“经验科学”。实践出真知，注重从实践中汲取经验，是我国古代先人智慧的体现。相比西方在中世纪时期以理论和神学为主、忽视实践的情况，同时期的中国古人重视将实践与民间口耳相传的经验相结合的精神确实是值得称道的，唐代中国医学和科技文化的发展正是这种精神统领下的产物。孙思邈、陆羽和陆龟蒙为我国医学、茶业、农学的发展做出了杰出的贡献，他们在继承先人成果的同时，于实践中不断摸索，终有所成。

孙思邈是唐代著名的医学家，他在继承中医天人合一理论的基础上，对中医医学和医药学进行了总结和发展。其名著《千金要方》和《千金翼方》更是广泛搜集和吸取了东汉至唐的各种医论、医方和用药经验，兼及食疗等养生方法，产生了深远的社会影响，故而孙思邈本人亦被后世尊为“药王”。孟诜、卢照邻等人都曾拜他为师，向他请教医术，孙思邈结合自身八十多年的躬身实践和诊疗经验，提出了“胆欲大而心欲小，智欲圆而行欲方”的诊疗原则，同时提出医师必须具备职业道德这一要求。这些原则被我国后世中医学奉为圭臬，影响极大。

陆羽以嗜茶闻名，是中国最早的茶叶专家，因其为茶业及茶文化的发展做出了重要贡献，故而陆羽被后世尊为“茶圣”。他写作了世界上第一部茶叶专著《茶经》，全书分三卷详细论述了茶叶的来源、产茶区、制茶饮茶之器具、制茶之法以及煮茶饮茶之法等，《茶经》因而成为对于唐代及唐前的茶叶知识和饮茶实践经验进行系统总结的一部理论性著作。

在唐代经济重心南移的大背景之下，陆龟蒙著《耒耜经》一书。陆龟蒙家有数百亩田地，因地势低洼，常苦水淹，他在躬耕田野的过程中，注重总结经验，完成了我国古代最早的一部关于农具的总结性专著《耒耜经》，书中详细记述了晚唐时期江东地区的耕作农具，其中对“江东犁”、耕与耙、砺碌和碌碡等农具配套使用方法的详尽记载，标志着我国南方水稻耕作技术趋于形成。

中国古代“经验科学”的发展模式，与当时中国的经济文化结构相适应。以小农经济为主的农耕经济，注重实践出真知，追求的并非形而上学的理论。孙思邈对唐代医学的总结、对辨证施治与伤寒杂病的深入见解，即来源于他八十多年的躬身实践和诊疗经验；陆羽《茶经》的完成，得益于他在各大茶区进行考察的耳闻目见和民间访求的实际收获。通过对实践中的经验进行总结并以代代相传的方式累积科学技术，农耕社会的劳动者们创造了我国古代众多引人注目的成就。“经验科学”的知识积累模式与其内涵，使得它不仅体现了农耕文化的文明状态，同时也与农耕社会的实际需要紧密相关。正如《茶经》产生于唐代茶文化广泛传播，茶叶贸易逐渐兴起的大背景之下，《耒耜经》成书于经济重心南移和大批人口南迁的背景之下。同时南方农业不同于北方传统耕作技术的现实需求进一步促成了该书。“经验科学”以知识服务于实践为要务，注重迎合时代之需要，可谓后世“经世致用之学”的滥觞。以实践为基础的知识不同于西方纯客观主义的科学模式，在注重知识传承的同时也糅合进传统文化的因素。孙思邈释“养性”时强调“必先知自慎也”，即源自他对道家老庄养生之说的体悟；陆羽品茶，亦注重其修身养性之内涵。“经验科学”与中国传统文化的融合，使得知识在得到积累的同时，对“德”不可偏废的观念亦深入人心。孙思邈述“智圆而行方”，即强调医师在诊疗过程中应始终以病人为中心，具备高尚的医德操守；陆羽隐居期间虽生活困顿，仍然劝人为善；陆龟蒙躬耕于田，虽辛劳异常，仍耕耘不辍。“穷则独善其身，达则兼善天下”，塑造了古代知识分子阶层不变的人生追求。

方伎列传

〔选文〕

僧玄奘，姓陈氏，洛州偃师人。大业末出家，博涉经论。尝谓翻译者多有讹谬，故就[①]西域，广求异本以参验之。贞观初，随商人往游西域。玄奘既辩博出群，所在必为讲释论难，蕃人远近咸[②]尊伏[③]之。在西域十七年，经百余国，悉[④]解其国之语，仍采其山川谣俗，土地所有，撰《西域记》十二卷。贞观十九年，归至京师。太宗见之，大悦，与之谈论。于是诏将梵本六百五十七部于弘福寺翻译，仍敕右仆射房玄龄、太子左庶子许敬宗，广召硕学沙门五十余人，相助整[⑤]比。

高宗在东宫，为文德太后追福，造慈恩寺及翻经院，内出大幡，敕《九部乐》及京城诸寺幡盖众伎，送玄奘及所翻经像、诸高僧等入住慈恩寺。显庆元年，高宗又令左仆射于志宁、侍中许敬宗、中书令来济、李义府、杜正伦、黄门侍郎薛元超等，共润色玄奘所定之经，国子博士范义硕、太子洗马郭瑜、弘文馆学士高若思等，助加翻译。凡成七十五部。奏上之。后以京城人众竞来礼谒，玄奘乃奏请逐[⑥]静翻译，敕乃移于宜君山故玉华宫。六年卒，时年五十六，归葬于白鹿原，士女送葬者数万人。

僧神秀，姓李氏，汴州尉氏人。少遍览经史，隋末出家为僧。后遇蕲州双峰山东山寺僧弘忍，以坐禅为业，乃叹伏曰："此真吾师也。"便往事[⑦]弘忍，专以樵[⑧]汲[⑨]自役，以求其道。

昔后魏末，有僧达摩者，本天竺王子，以护国出家，入南海，得禅宗妙法，云自释迦相传，有衣钵为记，世相付授。达摩赍衣钵航海而来，至梁，诣武帝。帝问以有为之事，达摩不说[⑩]。乃之[⑪]魏，隐于嵩山少林寺，遇毒而卒。其年，魏使宋云于葱岭回，见之，门徒发其墓，但有衣履而已。达摩传慧可，慧可尝断其左臂，以求其法，慧可传璨，璨传道信，道信传弘忍。

弘忍姓周氏，黄梅人。初，弘忍与道信并住东山寺，故谓其法为东山法门。神秀既师事弘忍，弘忍深器[⑫]异之，谓曰："吾度人多矣，至于悬解圆照，无先汝者。"弘忍以咸亨五年卒，神秀乃往荆州，居于当阳山。则天闻其名，追赴都，肩舆上殿，亲加跪礼，敕当阳山置度门寺以旌[⑬]其德。时王公已下及京都士庶，闻风争来谒见，望尘拜伏，日以万数。中宗即位，尤加敬异。中书舍人张说尝问道，执弟子之礼，退谓人曰："禅师身长八尺，庞眉秀耳，威德巍巍，王霸之器也。"

初，神秀同学僧慧能者，新州人也。与神秀行业相埒。弘忍卒后，慧能住韶州广果寺。韶州山中，旧多虎豹，一朝尽去，远近惊叹，咸归伏焉。神秀尝奏则天，请追慧能赴都，慧能固辞。神秀又自作书重[⑭]邀之，慧能谓使者曰："吾形貌矬陋，北土见之，恐不敬吾法。又先师以吾南中有缘，亦不可违也。"竟[⑮]不度[⑯]岭而死。天下乃散传其道，谓神秀为北宗，慧能为南宗。

选自《旧唐书》卷一百九十一

〔注释〕 ① 就：到。 ② 咸：都。 ③ 伏：通“服”，佩服。 ④ 悉：全。 ⑤ 整：整理。 ⑥ 逐：寻找。 ⑦ 事：侍奉。 ⑧ 樵：打柴。 ⑨ 汲：打水。 ⑩ 说：通“悦”。 ⑪ 之：往。 ⑫ 器：器重。 ⑬ 旌：旌表。 ⑭ 重：再次。 ⑮ 竟：最终。 ⑯ 度：越过。

〔赏析〕 佛教传入中国，其时约在汉末，东晋之初逐渐兴盛，到了陈隋之际，南北各种佛学始相综合，至隋唐之际达到高峰，各派林立，高僧辈出，净土宗、天台宗、唯识宗、华严宗、禅宗等可谓不一而足。由于统治者的重视，这一时代在佛经翻译方面也形成了一个高潮，其中最为著名的事迹便是玄奘赴印度求法、翻译佛经，这一时期禅宗的发展亦不容小觑。

玄奘即著名的三藏法师，是法相唯识宗的创始人、译经大师。他少时便博览群经，因感到各地佛说不一，于是决心赴西域求法。贞观元年(627 年)玄奘从长安出发，历经艰险终于到达天竺。在印度期间，他四处拜访高僧请教佛学，学习佛经，后以见闻集成《大唐西域记》。贞观十九年他携带搜集的经卷回到京城，受到唐太宗的接见并主持翻译佛经，经十余年译成经卷七十多部，约一千三百多卷。

神秀是禅宗北宗的代表人，曾一度享有盛名，然而禅宗日后发展最兴盛的一系，却是由慧能所开创的南宗。

慧能，世称禅宗六祖。据说他在一次卖柴时听到有人吟诵《金刚经》，遂产生了求学佛法的念头，便来到湖北黄梅，拜禅宗五祖弘忍为师。一日弘忍想要决定衣钵传人，于是让僧众各写偈帖上呈，大师兄神秀书“身是菩提树，心如明镜台；时时勤拂拭，莫使惹尘埃”，弘忍看后，认为未得道。而慧能所写的“菩提本无树，明镜亦无台，本来无一物，何处惹尘埃”却语惊四座。弘忍知其已悟佛法大意，便传其禅法和袈裟以予慧能。慧能南下后，在曹溪宝林寺传授佛法近四十年，开创了中国佛教历史上影响最大的禅宗南宗。

由玄奘开创的法相唯识宗四代而绝，禅宗以神秀为代表的北宗一系虽也曾经盛极一时，但自唐末之后便逐渐衰微以至湮没无闻，直到敦煌文书被发现，人们才得以重识其原貌。而由慧能开创的禅宗“南宗”则不断发展，传遍大江南北，绵延不绝直至现代，由慧能之徒根据其生平语录整理而成的《六祖坛经》，更成为中国唯一一部被称为“经”的僧人专著。这一盛一衰的原因着实耐人寻味，慧能立足于“佛教中国化”，并坚持“山林佛教”当是这一情况出现的重要原因。

玄奘所开创的法相唯识宗，以“万法唯识”为宗旨，从分析法相入手，诠释“唯识真性”，其教义虽较好地传承了印度后期瑜伽行派的理论，但学说过于深奥繁琐，且坚持认为一部分人不能成佛的观点，这与当时中国流行的众生皆有佛性的认识严重不合，由此很快沉寂。与此同时，由菩提达摩从南天竺传入，历经东土五祖（菩提达摩、慧可、僧璨、道信、弘忍）至于六祖慧能的禅宗南宗，其“直指人心，见性成佛”的教义，不仅简便易行，更适应时代需要，促进了印度禅向中国禅的转化，因此受到了普遍的欢迎。慧能的南宗在当时并非禅宗唯一的宗派，以神秀为代表的禅宗北派也曾经在两京地区盛极一时，但其终趋于衰微，除了慧能弟子神会为其师正名的努力之外，南宗更好地适应了国人的需要是极为重要的一个原因。南宗的“顿悟”，相比北宗的“渐悟”，在注重心性觉悟的同时，摈弃了传统佛教对读经坐禅和出家的执着，强调不需累世修行和繁琐的仪式，在平常的生活中便能求得当下的“自在解脱”，这无疑更符合中国传统文化中自给自足的小农经济思想，同时也调和了儒家“入世”观与传统佛教中“出世”思想的矛盾，在士大夫之中产生了深远的影响。

禅宗自道信以来，便坚持“山林佛教”的特色，远离政治，不应征召。慧能南宗及其后继者青原、南岳两系对此一传统加以继承，与统治集团始终保持距离。隋唐统治者对佛教推崇备至，隋炀帝尊敬智者大师，唐太宗尊敬玄奘，肃宗尊敬神会，许多佛教著名的派别都因统治者的扶持而兴盛。禅宗北宗的代表人物神秀也曾因武则天的招请入京，被统治者推崇备至。所谓“成也萧何，败也萧何”，历经安史之乱和武宗灭佛的打击，曾经受到朝廷尊崇的佛教宗派都走向衰微，而始终坚持依山傍林、自给自足的禅宗，在漫长的历史中却久传不绝，蔚为大观。

（曹艾达）

多民族国家形成中的政治博弈

〔导言〕 唐朝是我国多民族国家形成的关键时期。大唐的边疆地区先后分布着多个少数民族政权，北有东突厥和薛延陀，西有吐谷浑、高昌、西突厥、吐火罗、波斯、回纥、吐蕃，东有百济、高句丽、奚、靺鞨、契丹，南有南诏，它们与大唐之间，时而发生战争，时而停战和亲，时而会盟立誓。纵观唐朝与少数民族的关系史，我们就会发现，双方此消彼长的实力变化是造成战争抑或是和平至关重要的一个因素。当大唐国势较为强盛时，各民族无不倾慕于大唐，共尊唐皇为“天可汗”。各族上层开明人物乃至臣民百姓，犹如江河归海一样，在政治上以各种形式与唐政府建立了密切关系。当大唐国势衰弱之际，加之统治集团的私欲使然，使和平相处的关系被长期战争的阴霾所笼罩。但从长远来看，向往和平毕竟是主流，也是智者的选择，中原王朝与边疆民族政权的良性互动，为中国最终形成多民族国家奠定了良好的基础。

在这一互动过程中，统治者和边疆官员的个人智慧非常重要。同一时代的两位天才政治家、军事家——松赞干布和唐太宗李世民，都适时地掌握了客观需要，以唐蕃通婚的形式，建立了友好和平关系。又如郭元振经略大西北，不耗费巨大的人力和物力来抚平突厥，保障了丝绸之路的通畅，这些事例都值得称道。

本书选录《郭元振列传》和《吐蕃列传》，力图展现唐朝在处理少数民族问题过程中存在的经验与教训，做到读书以明智，充分体会其间存在的智慧与博弈。

郭元振列传

〔选文〕

郭震字元振，魏州贵乡人，以字显[①]。长七尺，美须髯，少有大志。十六，与薛稷、赵彦昭同为太学生，家尝[②]送资钱四十万，会[③]有缞服者叩门，自言“五世未葬，愿假以治丧”。元振举与之，无少[④]吝，一不质[⑤]名氏。稷等叹骇。

十八举进士，为通泉尉。任侠使气，拨去小节，尝盗铸及掠卖部中口千余，以饷遗[⑥]宾客，百姓厌苦。武后知所为，召欲诘，既与语，奇之，索所为文章，上《宝剑篇》，后览嘉叹，诏示学士李峤等，即授右武卫铠曹参军，进奉宸监丞。

……

久之，突厥、吐蕃联兵寇[⑦]凉州，后方御洛城门宴，边遽[⑧]至，因辍[⑨]乐，拜元振为凉州都督，即遣之。初，州境轮广才四百里，虏来必傅[⑩]城下。元振始于南硖口置和戎城，北碛置白亭军，制束[⑪]要路，遂拓境千五百里，自是州无虏忧。又遣甘州刺史李汉通辟屯田，尽水陆之利，稻收丰衍。旧凉州粟斛售数千，至是岁数登[⑫]，至匹缣易数十斛，支廥十年，牛羊被[⑬]野。治凉五岁，善抚御，夷夏畏慕[⑭]，令行禁止，道不举遗。河西诸郡置生祠，揭碑颂德。

神龙中，迁左骁卫将军、安西大都护。西突厥酋乌质勒部落盛强，款[⑮]塞愿和，元振即[⑯]牙帐与计事。会大雨雪，元振立不动，至夕冻冽；乌质勒已老，数拜伏，不胜寒，会罢即死。其子娑葛以元振计杀其父，谋勒[⑰]兵袭击，副使解琬知之，劝元振夜遁，元振不听，坚卧营为不疑者。明日，素服往吊，道逢娑葛兵，虏不意元振来，遂不敢逼，扬言迎卫。进至其帐，修吊赠礼，哭甚哀，为留数十日助丧事，娑葛感义，更遣使献马五千、驼二百、牛羊十余万。制诏元振为金山道行军大总管。

乌质勒之将阙啜忠节与娑葛交怨，屡相侵，而阙啜兵弱不支。元振奏请追阙啜入宿卫，徙部落置瓜、沙间。诏许之。阙啜遂行。至播仙城，遇经略使周以悌，以悌说[18]之曰："国家厚秩待君，以部落有兵故也。今独行入朝，一羁旅胡人耳，何以自全？"乃教以重宝赂宰相，无[19]入朝，请发安西兵导吐蕃以击娑葛；求阿史那献为可汗以招十姓；请郭虔瓘使拔汗那搜其铠马以助军，既得复仇，部落更存。阙啜然[20]之，即勒兵击于阗坎城，下之。因所获，遣人间道赍[21]黄金分遗宗楚客、纪处讷，使就[22]其谋。元振知之，上疏曰：

国家往不与吐蕃十姓、四镇而不扰边者，盖其诸豪泥婆罗等属国自有携贰[23]，故赞普南征，身殒寇庭，国中大乱，嫡庶竞立，将相争权，自相翦屠，士畜疲疠[24]，财力困穷，顾人事、天时两不谐契[25]，所以屈志于汉，非实忘十姓、四镇也。如其有力，后且[26]必争。今忠节忽[27]国家大计，欲为吐蕃乡导主人，四镇危机恐从此启。吐蕃得志，忠节亦当在贼掌股，若为复得事我哉？往吐蕃于国无有恩力，犹欲争十姓、四镇；今若效力树恩，则请分于阗、疏勒者，欲何理抑之？且其国诸蛮及婆罗门方自嫌[28]阻[29]，藉[30]令求我助讨者，亦何以拒之？是以古之贤人，不愿夷狄妄惠，非不欲其力，惧后求无厌[31]，益生中国事也。臣愚以为用吐蕃之力，不见其便。

……

疏奏不省。

楚客等因建遣摄御史中丞冯嘉宾持节安抚阙啜，以御史吕守素处置四镇，以牛师奖为安西副都护，代元振领甘、凉兵，召吐蕃并力击娑葛。娑葛之使娑腊知楚客谋，驰报之。娑葛怒，即发兵出安西、拨换、焉耆、疏勒各五千骑。于是阙啜在计舒河与嘉宾会，娑葛兵奄[32]至，禽[33]阙啜，杀嘉宾，又杀吕守素于僻城、牛师奖于火烧城，遂陷安西，四镇路绝。元振屯疏勒水上，未敢动。楚客复表周以悌代元振，且以阿史那献为十姓可汗，置军焉耆以取娑葛。娑葛遗元振书，且言："无仇于唐，而楚客等受阙啜金，欲加兵击灭我，故惧死而斗。且请斩楚客。"元振奏其状。楚客大怒，诬元振有异图，召将罪之。元振使子鸿间道[34]奏乞留定西土，不敢归京师。以悌乃得罪，流白州，而赦娑葛。

睿宗立，召为太仆卿。将行，安西酋长有剺[35]面哭送者，旌节下玉门关，去[36]凉州犹八百里，城中争具[37]壶浆欢迎，都督嗟叹以闻。景云二年，进同中书门下三品，迁吏部尚书，封馆陶县男。先天元年，为朔方军大总管，筑丰安、定远城，兵得保顿[38]。明年，以兵部尚书复同中书门下三品。

选自《新唐书》卷一百二十二

〔注释〕 ① 显：显扬。 ② 尝：曾经。 ③ 会：适逢。 ④ 少：略微。 ⑤ 质：问。 ⑥ 遗：赠送。 ⑦ 寇：侵犯。 ⑧ 遽：突然。 ⑨ 辍：停止。 ⑩ 傅：通"敷"，分布。 ⑪ 束：控制。 ⑫ 登：成熟。 ⑬ 被：覆盖。 ⑭ 慕：敬仰。 ⑮ 款：叩。 ⑯ 即：到。 ⑰ 勒：率领。 ⑱ 说：劝说。 ⑲ 无：不。 ⑳ 然：赞同。 ㉑ 赍：携带。 ㉒ 就：支持。 ㉓ 贰：离心。 ㉔ 疠：瘟疫。 ㉕ 谐契：洽合。 ㉖ 且：将要。 ㉗ 忽：忽视。 ㉘ 嫌：怨恨。 ㉙ 阻：疑惑。 ㉚ 藉：假如。 ㉛ 厌：通"餍"，满足。 ㉜ 奄：突然。 ㉝ 禽：捕捉。 ㉞ 间道：偏僻的小路。 ㉟ 剺：划破。 ㊱ 去：距离。 ㊲ 具：准备。 ㊳ 顿：屯驻。

〔赏析〕 郭元振是初唐向盛唐过渡时期的名相，他的画像多次被唐代后世皇帝挂在凌烟阁内，享受到至高无上的荣耀。郭元振形象好，气质佳，身形伟岸，仪表堂堂。他为人处世大方，胸怀大志，又极有文采，所谓"文章有逸气，为时所重"，十八岁就考中进士。据统计，《全唐诗》收有他的诗作十八篇，《全唐文》收有他的奏疏五篇，他还著有文集二十二卷。

武则天慧眼识英雄，狄仁杰、姚崇、宋璟、娄师德等人均是她提拔的，郭元振也不例外。郭元振刚进入仕途时默默无闻，直到因私自铸钱的侠义行为引起武则天的关注，从此开始了他作为武周朝、唐睿宗、唐中宗、唐玄宗四朝元老的政治生涯。

纵观郭元振的政治生涯，主要完成了两件大事：其一，经营边疆；其二，协助唐玄宗剪除太平公主集团。而经营边疆则又占据了他人生大半的时光，郭元振不擅长武学，却因为经营边疆有方，得以跻身于古代名将行列。

唐高宗年间，虽然社会经济持续向前发展，但是大唐与周边少数民族政权的关系远远不如太宗时期那么稳定，出现这种情况一方面与大唐政局不稳有关，另一方面则由于唐政府内部没有形成统一而持久的民族政策，游移不定的民族政策使边疆问题越来越严重。在这一历史背景下，郭元振出现在了政治舞台的中央。

先是大唐在与吐蕃的较量中，作为使节的郭元振多次献计于武则天，离间吐蕃君臣关系。武则天采纳了郭元振的计策，以和谈为主，打击为辅，赢得了唐蕃较量的胜利，使吐蕃与大唐能友好相处，郭元振也算立下了大功。

其后郭元振受命镇守凉州，一方面加强军事防务，另一方面加紧农业生产，使吐蕃和突厥都无法染指凉州，使凉州成为北庭都护府和安西都护府的后方基地。当然，郭元振从政最精彩之处莫过于抚平突厥之乱。

西突厥首领乌质勒有意与大唐和解，讲和那天大雪飞扬，郭元振与乌质勒在帐前议事。遗憾的是乌质勒年老，不胜天寒，在会晤结束后即辞世。乌质勒的儿子娑葛认为郭元振害死其父，率兵前来讨伐。副使劝郭元振三十六计走为上计，郭元振却认为要讲信任，不愿逃避。次日，亲自至乌质勒灵前吊唁，哭声震天动地，使娑葛极为感动，就此消除了误会，娑葛还盛情款待郭元振一行，并遣使向大唐献五千匹马、二百头骆驼、十余万牛羊。大唐与西突厥的关系日益密切。

可惜好景不长，乌质勒故将阙啜忠节与娑葛不和，互相攻打，几番较量后，阙啜处于劣势。为消解矛盾，郭元振上奏朝廷，让阙啜入朝宿卫，将他的部众迁移至内地。岂料，阙啜听信奸人的计谋，贿赂了当朝宰相宗楚客，发安西兵并引吐蕃军队共击娑葛。郭元振得知此事后，立刻上疏朝廷，痛陈利弊，认为阙啜不可依靠，主张承认娑葛，如此西北边患才能消除，吐蕃也不敢东侵。然而宗楚客等人已被阙啜买通,对郭元振的良策置之不理。朝廷派人安抚阙啜,并征发军队和吐蕃大军共讨娑葛。娑葛得此消息后,立即兵分四路,攻陷了安西都护府,生擒了阙啜忠节,丝绸之路就此受阻!

面对这一严重的后果,宰相宗楚客不仅没有反省,反而迁怒于郭元振,上奏皇帝让奸人取代了他的职位,同时集中兵力攻打娑葛。娑葛获悉消息后,去信对郭元振说:“我与汉人本无仇,惟与阙啜有间,然而宗尚书受人钱财,自作主张,发兵攻我,我岂能坐以待毙?恐怕这里再无宁日了,请你与朝廷商量处置。”郭元振如实向朝廷汇报,宗楚客大怒,奏称郭元振与西突厥要合谋反叛朝廷。郭元振立即派其子郭鸿抄小路赴京,向朝廷汇报了实情。朝廷了解实情后,流放了奸人,恢复了郭元振的职务,册封娑葛为西突厥十四姓可汗,赐名守忠。此后娑葛罢兵,不再与大唐作对,还忠心耿耿助大唐守卫边境,保证丝绸之路通畅顺行。

对于少数民族事务,郭元振能深究详情,处理妥当,审时度势。他讲信任,讲尊重,能公平处理各民族事务,深受西域各族的推崇,使西北地区局势稳定,保证了丝绸之路的畅通无阻,也为中原汉人与西域等地少数民族进行频繁的经济、文化交往创造了条件。唐睿宗继位后,诏郭元振回朝任职,消息传出,西域各族首领苦苦挽留,当地百姓也闻风而出,争相迎送,可见郭元振在西北人民心中享有崇高的威信,同时也说明了他经营大西北的大智慧。唐睿宗对他的成就给予了极高的评价:“元振正直齐于宋璟,政理逾于姚崇,其英谋宏亮过之矣。”

吐蕃列传

〔选文〕

太宗贞观八年,始遣使者来朝,帝遣行人冯德遐下书临抚。弄赞闻突厥、吐谷浑并得尚[①]公主,乃遣使赍币求昏,帝不许。使者还,妄语曰:“天子遇[②]我厚,几得公主,会吐谷浑王入朝,遂不许,殆[③]有以间[④]我乎?”弄赞怒,率羊同共击吐谷浑,吐谷浑不能亢[⑤],走[⑥]青海之阴,尽取其赀畜。又攻党项、白兰羌，破之。勒兵二十万入寇松州，命使者贡金甲，且言迎公主，谓左右曰："公主不至，我且深入。"都督韩威轻出觇[7]贼，反为所败，属羌大扰[8]，皆叛以应贼。乃诏吏部尚书侯君集为行军大总管，出当弥道，右领军大将军执失思力出白兰道，右武卫大将军牛进达出阔水道，右领军将军刘兰出洮河道，并为行军总管，率步骑五万进讨。进达自松州夜鏖[9]其营，斩首千级。

初东寇也，连岁不解，其大臣请返国，不听，自杀者八人。至是弄赞始惧，引而去，以使者来谢罪，固请昏[10]，许之。遣大论薛禄东赞献黄金五千两，它宝称是，以为聘。

十五年，妻以宗女文成公主，诏江夏王道宗持节护送，筑馆河源王之国。弄赞率兵次柏海亲迎，见道宗，执婿礼恭甚，见中国服饰之美，缩缩愧沮。归国，自以其先未有昏帝女者，乃为公主筑一城以夸[11]后世，遂立宫室以居。公主恶国人赭面，弄赞下令国中禁之。自褫毡罽，袭[12]纨绡，为华风。遣诸豪子弟入国学，习《诗》、《书》。又请儒者典[13]书疏。

……

高宗即位，擢驸马都尉、西海郡王。弄赞以书诒[14]长孙无忌曰："天子初即位，下有不忠者，愿勒兵赴国共讨之。"并献金琲十五种以荐昭陵。进封賨王，赐饷蕃渥。又请蚕种、酒人与碾硙等诸工，诏许。永徽初，死，遣使者吊祠。无子，立其孙，幼不事，故禄东赞相其国。

……

中宗景龙二年，还其昏使。或言彼来逆[15]公主，且习[16]闻华言，宜勿遣，帝以中国当以信结夷狄，不许。明年，吐蕃更遣使者纳贡，祖母可敦又遣宗俄请昏。帝以雍王守礼女为金城公主妻之,吐蕃遣尚赞咄名悉腊等逆公主。帝念主幼,赐锦缯别数万,杂伎诸工悉[17]从,给龟兹乐。诏左卫大将军杨矩持节送。帝为幸始平,帐饮,引群臣及虏使者宴,酒所,帝悲涕嘘欷,为赦始平县,罪死皆免,赐民繇[18]赋一年,改县为金城,乡曰凤池,里曰怆别。公主至吐蕃,自筑城以居。拜矩鄯州都督。吐蕃外虽和而阴衔怒,即厚饷[19]矩,请河西九曲为公主汤沐,矩表与其地。九曲者,水甘草良,宜畜牧,近与唐接。自是虏益张雄,易入寇。

……

宰相建言:“吐蕃本以河为境,以公主故,乃桥河筑城,置独山、九曲二军,距积石二百里。今既负约,请毁桥,复守河如约。”诏可。遣左骁卫郎将尉迟瓌使吐蕃,慰安公主。然小小入犯边无闲岁,于是郭知运、王君㚟相继节度陇右、河西,一以捍之。吐蕃遣宗俄因子到洮水祭战死士,且请和。然恃盛强,求与天子敌国[20],语悖傲。使者至临洮,诏不内[21]。金城公主上书求听修好,且言赞普君臣欲与天子共署誓刻。吐蕃又遣使者上书言:“孝和皇帝尝赐盟,是时唐宰相豆卢钦望、魏元忠、李峤、纪处讷等凡二十二人及吐蕃君臣同誓。孝和皇帝崩,太上皇嗣位,修睦如旧。然唐宰相在誓刻者皆殁,今宰相不及前约,故须再盟。比[22]使论乞力等前后七辈往,未蒙开许,且张玄表、李知古将兵侵暴甥国,故违誓而战。今舅许湔贷[23]前恶,归于大和,甥既坚定,然不重盟为未信,要待新誓也。甥自总国事,不牵于下,欲使百姓久安。舅虽及和,而意不专,于言何益?”又言:“舅责乞力徐集兵,且兵以新故相代,非集也。往者疆埸自白水皆为闲壤,昨郭将军屯兵而城[24]之,故甥亦城。假令二国和,以迎送；有如不通，因以守境。又疑与突厥骨咄禄善者，旧与通聘㉕，即日舅甥如初，不与交矣。因奉宝瓶、杯以献。”帝谓昔已和亲，有成言，寻前盟可矣，不许复誓。礼其使而遣，且厚赐赞普，自是岁朝贡不犯边。

选自《新唐书》卷二百一十六上

〔**注释**〕 ① 尚：仰攀婚姻，多指娶公主为妻。 ② 遇：对待。 ③ 殆：大概。 ④ 间：离间。 ⑤ 亢：通“抗”，抵抗。 ⑥ 走：逃跑。 ⑦ 觇：侦察。 ⑧ 扰：纷乱。 ⑨ 鏖：激战。 ⑩ 昏：同“婚”。 ⑪ 夸：炫耀。 ⑫ 袭：穿衣。 ⑬ 典：掌管。 ⑭ 诒：同“贻”，送给。 ⑮ 逆：迎接。 ⑯ 习：熟悉。 ⑰ 悉：全。 ⑱ 繇：通“徭”，力役。 ⑲ 餉：赠送。 ⑳ 敌国：地位力量相等的国家。 ㉑ 内：同“纳”。 ㉒ 比：近来。 ㉓ 贷：饶恕。 ㉔ 城：筑城。 ㉕ 聘：指天子、诸侯及国家间派使臣访问。

〔**赏析**〕 藏族世居青藏高原，藏族人民在历史发展过程中创造了灿烂的藏文化。藏族也是中华民族中一个具有悠久历史的民族，它在唐代时逐渐兴起，称为吐蕃。大唐与吐蕃之间共存关系的实现，是通过两大政权之间智慧的博弈而实现的。

公元 8 世纪末至 9 世纪初，吐蕃的疆域达到极盛，西起葱岭（今帕米尔高原）与大食（即阿拉伯帝国）接壤，东至现今甘肃省陇山、四川盆地西缘，北起天山山脉以南、居延海，南至青藏高原南麓，与印度次大陆北部的喜马拉雅山脉与天竺（今南亚次大陆）接壤。

在有关吐蕃历史的记载中，出现了一位家喻户晓的人物松赞干布。7 世纪初，十三岁的松赞干布当上吐蕃部落的第三十三代赞普，他年少有为，又有得力的大臣当帮手，先平息内乱，迁都拉萨，稳固王权，再发展经济，制定法律，统一官制兵制，划分军政区域，任命官员，选拔良将，建立了统一的藏族政权，出现了西藏历史上第一个王朝——吐蕃王朝。

贞观八年（634 年），吐蕃第一次派使者至大唐，而与吐蕃并未接壤的大唐对吐蕃并没有兴趣。当松赞干布听闻突厥、吐谷浑等少数民族政权已经与大唐和亲，娶了唐朝的公主后，他也想通婚，但大唐不许，对此松赞干布颇为震怒，“共击吐谷浑，吐谷浑不能亢，走青海之阴，尽取其资畜。又攻党项、白兰羌，破之”。然后继续向东攻击唐朝，“勒兵二十万入寇松州，命使者贡金甲，且言迎公主”，他还对部下说“公主不至，我且深入”。虽然唐朝派兵迎战，反为所败，而且许多羌人也都纷纷归附松赞干布，吐蕃的势力得以向东推进。唐太宗不得不调兵遣将，以步骑五万进讨吐蕃，击败了一直向东扩张的吐蕃，遏制了吐蕃的攻势。

吐蕃向东扩张的失利激化了政权内部的矛盾，面对来自吐蕃内部主和派的压力，松赞干布开始撤军，并派使者向唐王朝谢罪，但仍然坚持请求和亲。唐太宗无力彻底击败蓬勃兴起的吐蕃势力，遂以宗室女文成公主嫁给松赞干布，这是唐朝与吐蕃的第一次和亲，拉开了大唐和吐蕃和亲的序幕。和亲，作为一项中原王朝怀柔游牧民族的政策，在处理民族关系方面的积极作用是不容置疑的。

从大唐角度来看，和亲固然使大唐在处理与吐谷浑、吐蕃之间的关系上较为棘手，但面对其他更为紧迫的边患，与吐蕃建立和亲关系实为上策。对吐蕃而言，与唐朝和亲，变成了“自家人”，唐朝就不能直接帮助传统盟友吐谷浑，为之后吐蕃灭吐谷浑创造了很有利的条件，这是吐蕃远交近攻的上策。很显然，无论是吐蕃请婚，还是唐朝许婚，均是二者国力情势的反映。

作为文成公主的陪嫁，黄金碧玉、奇珍异宝、绸缎坐垫、金鞍玉辔、衣料布匹、绫罗绸缎等三百多种日常生活用品及饰品，数百种的熟食和干食及制作法书籍、生产工具、蔬菜种子及六十多部工艺制作书籍都被带往雪域高原，随同陪嫁的还有大批身怀绝技的工匠能人。其后，松赞干布还选派优秀吐蕃子弟入大唐境内学习儒家经典，这些都促进了吐蕃文明的开化，缩小了两大政权间的文化与经济差距。

不过《新唐书》毕竟是由以高等文明自居的汉人王朝所编著的史书，史官们在竭力淡化这场和亲“被迫性”的同时，还大肆吹捧文成公主入藏后的地位和影响，试图营造出大唐公主在番邦地位尊崇的假象。要知道这位大唐公主只是一位宗室女，神明英武的唐太宗也不愿让自己的亲生女儿去一个神秘的、刚刚崛起的西蛮之地受苦，和亲只是一种外交手段，对于远嫁他乡的公主来说，只能一辈子在边陲之地思念故乡。而且据敦煌文书的记载来看，我们非常推崇的文成公主当时陪嫁的大量财物、大批工匠，及给吐蕃引入的先进的农业、手工业生产技术等，吐蕃人只是视作大唐畏惧吐蕃兵威前来乞和的贡物而已。

终唐一代，唐蕃双方虽时有战争，但在这期间的和平时期，如文成公主、金城公主入藏联姻，形成了双方共识的“甥舅”和“社稷如一”的关系，一度中止了唐蕃边境绵延的战火，为百姓创造了安居乐业的环境，也促进了民族间的友好往来，推动了经济文化的交流与发展。

（王　骁）

“流寇”之流与变

〔导言〕 从陈胜吴广揭竿而起开始计算，到洪秀全太平天国起义的失败，与两千年专制主义集权王朝历史如影随形的是两千年里的农民起义的历史。唐代末年黄巢领导六十多万人起义，波及的范围，就今天的地理行政区划来看，多达十二个省，时长六年之久。从秦至唐，农民起义的爆发可谓不计其数，它凸显了小农经济体制下君主专制和编户齐民之间矛盾爆发的不可阻遏。农民起义具有极强的突发性，其目的即在于打击不合理的社会现状，欲革故鼎新。然而，农民起义的先天性缺陷也是十分明显的，即在于没有持续合理的规划，往往存在着被统治集团一击而溃的巨大风险。对领导这场起义的黄巢来说，尽可能找到唐政府国家机器中的薄弱环节，并且进行最大限度的攻击，正是最终推翻这个腐朽王朝所不可或缺的决定性因素。为了捍卫胜利的果实，黄巢还亟须在起义成功后建立起一套属于自己的国家机器，并且使其臻于完善，如若不然就很难固守战果。本书选自《新唐书·逆臣列传》，希望通过对于黄巢起义过程的简单讨论，展现黄巢这一人物在此次农民起义中所起到的中流砥柱作用。同时，我们侧重于对黄巢的人物个性进行评析，帮助读者寻找到一些解开历史迷局的锁钥。

黄巢列传

〔选文〕

黄巢，曹州冤句人。世鬻盐，富于赀。善击剑骑射，稍通书记，辩给[①]，喜养亡命[②]。

……

十二月，巢攻关，齐克让以其军战关外，贼少[③]却[④]。俄而巢至，师大呼，川谷皆震，时士饥甚，潜[5]烧克让营，克让走[6]入关。承范出金谕军中曰：“诸君勉报国，救且[7]至。”士感泣，拒[8]战。贼见师不继，急攻关，王师矢尽，飞石以射，巢驱民内堑，火[9]关楼皆尽。始，关左有大谷，禁行人，号“禁谷”。贼至，令孜屯关，而忘谷之可入。尚让引众趋谷，承范惶遽[10]，使师会以劲弩八百邀[11]之，比[12]至，而贼已入。明日，夹攻关，王师溃。师会欲自杀，承范曰：“吾二人死，孰当辨者？不如见天子以实闻，死未晚。”乃羸[13]服逃。始，博野、凤翔军过渭桥，见募军服鲜燠[14]，怒曰：“是等何功，遽然至是！”更为贼乡[15]导，前贼归，焚西市。帝类郊祈哀。会承范至，具言不守状。帝黜宰相卢携。方朝，而传言贼至，百官奔，令孜以神策兵五百奉帝趋[16]咸阳，惟福、穆、潭、寿四王与妃御一二从，中人西门匡范统右军以殿。

巢以尚让为平唐大将军，盖洪、费全古副之。贼众皆被发锦衣，大抵辎重自东都抵京师，千里相属。金吾大将军张直方与群臣迎贼灞上。巢乘黄金舆，卫者皆绣袍、华帻，其党乘铜舆以从，骑士凡数十万先后之。陷京师，入自春明门，升太极殿，宫女数千迎拜，称黄王。巢喜曰：“殆[17]天意欤！”巢舍[18]田令孜第[19]。贼见穷民，抵金帛与之。尚让即妄晓人曰：“黄王非如唐家不惜而辈，各安毋恐。”甫[20]数日，因大掠，缚棰居人索财，号“淘物”。富家皆跣[21]而驱，贼酋阅甲第以处，争取人妻女乱之，捕得官吏悉[22]斩之，火庐舍不可赀，宗室侯王屠之无类矣。

巢斋太清宫，卜日舍含元殿，僭即位，号大齐。求衮冕不得，绘弋绨为之；无金石乐，击大鼓数百，列长剑大刀为卫。大赦，建元为金统。王官三品以上停，四品以下还之。

因自陈符命,取“广明”字,判其文曰:“唐去丑口而著黄,明黄当代唐;又黄为土,金所生,盖天启”云。其徒上巢号承天应运启圣睿文宣武皇帝,以妻曹为皇后,以尚让、赵璋、崔璆、杨希古为宰相,郑汉璋御史中丞,李俦、黄谔、尚儒为尚书,方特谏议大夫,皮日休、沈云翔、裴渥翰林学士,孟楷、盖洪尚书左右仆射兼军容使,费传古枢密使,张直方检校左仆射,马祥右散骑常侍,王璠京兆尹,许建、米实、刘瑭、朱温、张全、彭攒、李逵等为诸将军游弈使,其余以次封拜。取趫伟五百人号“功臣”,以林言为之使,比[23]控鹤府。下令军中禁妄杀人,悉输兵于官。然其下本盗贼,皆不从。召王官,无有至者,乃大索里闾,豆卢瑑、崔沆等匿永宁里张直方家。直方者,素豪桀,故士多依之。或告贼纳亡命者,巢攻之,夷[24]其家,瑑、沆及大臣刘邺、裴谂、赵濛、李溥、李汤死者百余人。将作监郑綦、郎官郑系举族缢。

是时,乘舆次[25]兴元,诏促诸道兵收京师,遂至成都。巢使朱温攻邓州,陷之,以扰荆、襄。遣林言、尚让寇凤翔,为郑畋将宋文通所破,不得前。畋乃传檄召天下兵,于是诏泾原节度使程宗楚为诸军行营副都统,前朔方节度使唐弘夫为行营司马。数攻贼,斩万级。邠将朱玫阳为贼将王玫裒兵,俄而杀玫,引军入于王师。弘夫进屯渭北,河中王重荣营沙苑,易定王处存次渭桥,鄜延李孝昌、夏州拓拔思恭壁武功。弘夫拔咸阳,筏渭水,破尚让军,乘胜入京师。巢窃[26]出,至石井。宗楚入自延秋门,弘夫傅城舍,都人共噪曰:“王师至!”处存选锐卒五千以白𢂽自志,夜入杀贼,都人传言巢已走,邠、泾军争入京师,诸军亦解甲休,竟掠货财子女,市少年亦冒作𢂽,肆为剽。

巢伏野，使觇[27]城中弛备，则遣孟楷率贼数百掩[28]邠、泾军，都人犹谓王师，欢迎之。时军士得珍贿，不胜载，闻贼至，重负不能走，是以甚败。贼执弘夫害之，处存走营。始，王璠破奉天，引众数千随弘夫，及诸将败，独一军战尤力。巢复入京师，怒民迎王师，纵击杀八万人，血流于路可涉也，谓之“洗城”。诸军退保武功，于是中和二年二月也。

选自《新唐书》卷二百二十五下

〔注释〕 ① 辩给：口才敏捷。 ② 亡命：亡命之徒。 ③ 少：稍微。 ④ 却：退。 ⑤ 潜：悄悄。 ⑥ 走：逃跑。 ⑦ 且：将要。 ⑧ 拒：抵御。 ⑨ 火：焚烧。 ⑩ 遽：惊慌。 ⑪ 邀：拦截。 ⑫ 比：等到。 ⑬ 羸：破旧。 ⑭ 燠：温暖。 ⑮ 乡：通“向”。 ⑯ 趋：奔赴。 ⑰ 殆：大概。 ⑱ 舍：居住。 ⑲ 第：达官贵人的宅院。 ⑳ 甫：才。 ㉑ 跣：光着脚。 ㉒ 悉：全。 ㉓ 比：比照。 ㉔ 夷：消灭。 ㉕ 次：停留。 ㉖ 窃：偷偷。 ㉗ 觇：窥视。 ㉘ 掩：袭击。

〔赏析〕 黄巢在中国农民起义的历史上是一个较为特殊的人。他有着双重的身份，在登上历史舞台前既是盐商又是读书人。安史之乱爆发后，朝廷开始收紧盐铁政策，厉行盐铁官营制度，黄巢盐商的职业在当时的国家法律中属于非法的行当，他虽然出身于盐商家庭，但他并不打算一辈子从事这个非法的行当。年少时候的黄巢读书尚称聪明，颇有参加科举考试以求功名的抱负，在那个“三十老明经，五十少进士”的唐王朝，高中科举是社会各阶层欲图向上流动的极少的途径之一，考取进士并获得官阶显然是一件极为困难的事情。黄巢终因才情不济，应考数次皆无所成，故而只好回家继承祖业。

考场不顺遂的黄巢曾写下一首诗以表达自己对于落第的愤懑与不满，诗名为《不第后赋菊》，诗歌写道：“待到秋来九月八，我花开后百花杀。冲天香阵透长安，满城尽带黄金甲。”诗句可谓是气势凌厉，豪气冲天，然而却充满了与传统儒家诗教以温柔敦厚为旨归完全不侔的阵阵戾气。“我花开后百花杀”、“冲天香阵透长安”诸句，已经把黄巢欲图改朝换代的志向一览无余地暴露了出来。他根本不把这个腐朽的唐王朝放在眼里，现在所要做的只是“待到秋来九月八”。

乾符元年(874 年),王仙芝起兵,在濮州一带可谓是横行无忌。第二年,造反队伍人数逾万,声势大振。黄巢不甘错过大好时机,他与密友八人亦募兵数千,响应王仙芝声势浩荡的起义。黄巢的起义军横扫河南十五州,最后竟也发展到万余人的庞大规模。

王仙芝死后,起义军的余部陆续和黄巢汇合。此外,其他地方爆发民变的余党也加入了黄巢的队伍,使黄巢的力量越发强大。在一片大好的战略形势下,黄巢对局势的估计是极为清醒的,他深知自己的队伍目前尚不能同唐军主力部队抗衡,眼下只有避其锋芒,采用运动战的战术,唯有如此才能在最大限度上保存自己。故而,我们可以从史书中读到,黄巢从山东起兵后,一路南下打到了广州,其后又从广州出发,北上进攻洛阳和长安,展现出明显的迂回作战态势和战略目的。在声势浩大的运动战过程中,黄巢的队伍以战养战,不断补充兵员和粮草,得到了长足的发展。

黄巢要完成如此大兵力大范围的作战,无疑需要有相当的支撑作为政治与军事的资本。一方面,部队的战时消耗需要源源不断的给养和兵源补充;另一方面,为了集中优势兵力,在地方层面,黄巢必须把卫戍部队的规模降到最小。这两个难题贯穿了古今中外的各种战争。

针对第一个难题,黄巢是通过以战养战的策略来加以解决的。黄巢部队的构成人员大都是穷苦人家出身,故而起义军和深陷唐末腐朽政治的普通百姓是有共鸣的。然而,对于富贵人家,黄巢的起义军则采取了暴力的方式。起义军每到一处,一定会将当地的富户劫掠一空,所得的财产粮草,一部分留下自用,一部分分发给穷苦的百姓。通过这个方式,起义军既能够补充给养,又能够顺利地从百姓中补充兵源。

针对第二个难题,黄巢的做法也是十分决绝的,在己方无力获取利益的时候,也想方设法使得对方无法染指其中。黄巢的军事方针是极为坚定的,即以运动战为战略旨归,不纠结于一城一池的得失,这样就不可避免地要面对将通过军事胜利所获之资源拱手让人的困境。针对这一难题,黄巢以地方世家大族作为突破口。从汉末魏晋以来,世家大族就是历代中央政府极力争取的对象,注重乡党传统的古代社会无论是在资源调配、舆论导向还是在治安维护上都需要这支力量的参与,政府需要节约行政成本以达到统治预期。黄巢起义军所到之处,世家大族均被连根拔起,这一政策极大动摇了唐政府的有效统治。每当朝廷收复一地,唐政府就会发现实现战损补充的行政举措可谓举步维艰,维护当地的治安问题也变得困难重重,归结其根源,实在于黄巢灭除地方世家大族的战略举措一举击溃了唐政府赖以统治地方的行政基础。

作为军事指挥的黄巢也确实是有才能的,古代历史上是很少有他那样展开大规模运动作战的。作为读书人的黄巢,却是一个与中国传统读书人情怀极为对立的人。虽然他为了笼络人心而去优待读书人,重用读书人,但如果读书人不能为其所用,他便会毫不犹豫地加以杀害。黄巢有能力,然而其为人却不甚宽厚,故而使得极具才能之人士难以为其所用。黄巢的起义作战最终也使得苍生蒙难,所谓"家家流血如泉沸,处处冤声声动地","内库烧为锦绣灰,天街踏尽公卿骨"(韦庄《秦妇吟》)即是。

黄巢的一生跌宕起伏。从盐商变成了读书人,最终成了农民起义军的领袖。他不甘于受体制的束缚,个性张扬,表现欲强,精力充沛,有行动力。起事之初,黄巢凭借着杰出的政治才能和卓越的军事统帅能力,有效利用了业已掌握的资源,然而同历来的农民起义军领袖一样,大多难保厥身。黄巢的失败乃在于他不懂得于斗争中扩大有利因素的道理,使本来能够得到的良机错失,终究落得个失败的下场。黄巢并没有执掌一国的才能和器量,对于这一点,他自己心知肚明,以至于在最后的时刻,他对旁人说"砍下我的头,送去朝廷,求个富贵吧"。黄巢是这样在历史舞台上谢幕的。正史对他的评价是以负面的形态呈现的。

(唐剑明)

史学家的民族普查

〔导言〕 职方，初为官名，源自《周礼·夏官》，在周代有职方氏之职，掌天下之图以及四方职贡。隋开皇年间初置职方侍郎之职，后来被隋炀帝改为职方郎，唐、宋均在兵部设立职方郎中、职方员外郎之职，明、清在兵部下设立职方清史司之职。职方的职责在历代的沿袭中也有所变化，大致主管疆域图籍、军制、城隍、镇戍、征讨等诸事。正史中关于地理的专题文献始于班固所撰之《汉书》，名为《地理志》，后世沿用其体例，或名为州郡志、地形志，或名为郡县志、郡国志。其中有一特例，即为欧阳修《新五代史》中的“职方考”。欧阳修的《职方考》，主要是考订在唐朝存在而在五代罢废，或者在五代时设置而沿袭至宋，抑或是割属归并而宋代沿袭的县等诸种地理沿革问题的制度规范。

四夷，初为东夷、南蛮、北狄和西戎的合称，后来演变为对四方少数民族的泛称，又称为夷狄。这些少数民族多居住于华夏的边境地区，饮食、风俗、语言、文字等也与中原的汉族截然不同。欧阳修认为夷狄种族众多，兴亡交替频繁，因而不足以备史。唯有那些与汉族有利害关系的少数民族，他们的服叛去来与中国有着密切的关系，需谨而慎之。因而《新五代史》中“四夷附录”侧重于与中国有利害关系的少数民族的考述，共三卷，前两卷详述了五代时最为强盛之契丹，而后一卷简述党项、突厥、吐蕃、回鹘等少数民族。

职 方 考

〔选文〕

呜呼，自三代以上莫不分土而治也。后世鉴古矫[①]失，始郡县天下。而自秦、汉以来，为[②]国孰与三代长短？及其亡也，未始不分，至或无地以自存焉。盖得其要，则虽万国而治，失其所守，则虽一[3]天下不能以容，岂非一本于道德哉！唐之盛时，虽名天下为十道，而其势未分。既其衰也，置军节度，号为方镇，镇之大者连州十余，小者犹兼三四，故其兵骄则逐帅，帅强则叛上，土地为其世有，干戈起而相侵，天下之势，自兹而分。然唐自中世多故[4]矣，其兴衰救难，常倚镇兵扶持，而侵凌乱亡，亦终以此。岂其利害之理然欤？自僖、昭以来，日益割裂。梁初，天下别为十一国，南有吴、浙、荆、湖、闽、汉，西有岐、蜀，北有燕、晋，而朱氏所有七十八州以为梁。庄宗初起并、代，取幽、沧，有州三十五，其后又取梁魏、博等十有六州，合五十一州以灭梁。岐王称臣，又得其州七。同光破蜀，已而[6]复失，惟得秦、凤、阶、成四州，而营、平二州陷于契丹，其增置之州一，合一百二十三州以为唐。石氏入立，献十有六州于契丹，而得蜀金州，又增置之州一，合百九州以为晋。刘氏之初，秦、凤、阶、成复入于蜀，隐帝时增置之州一，合一百六州以为汉。郭氏代汉，十州入于刘旻，世宗取秦、凤、阶、成、瀛、莫及淮南十四州，又增置之州五而废者三，合一百一十八州以为周。宋兴因[7]之。此中国之大略也。其余外属[8]者，强弱相并，不常[9]其得失。至于周末，闽已先亡，而在者七国。自江以南二十一州为南唐，自剑以南及山南西道四十六州为蜀，自湖南北十州为楚，自浙东西十三州为吴越，自岭南北四十七州为南汉，自太原以北十州为东汉，而荆、归、峡三州为南平。合中国所有，二百六十八州，而军不在焉。唐之封疆远矣，前史备[10]载，而羁縻寄治虚名之州在其间。五代乱世，文字不完，而时有废省，又或陷于夷狄，不可考究其详。其可见者，具之如谱。

……

汴州，唐故曰宣武军。梁以汴州为开封府，建为东都。后唐灭梁，复为宣武军。晋天福三年升为东京。汉、周因之。

洛阳，梁、唐、晋、汉、周常以为都。唐故为东都。梁为西都。后唐为洛京。晋为西京，汉、周因之。

雍州，唐故上都，昭宗迁洛，废为佑国军。梁初改京兆府曰大安，佑国军曰永平。唐灭梁，复为西京。晋废为晋昌军。汉改曰永兴，周因之。

曹州，故属宣武军节度。晋开运二年置威信军。汉初，军废。周广顺二年复置彰信军。

宋州，故属宣武军节度。梁初徙置宣武军。唐灭梁，改曰归德。

陈州，故属忠武军节度。晋开运二年置镇安军。汉初，军废。周广顺二年复之。

许州，唐故曰忠武。梁改曰匡国。唐灭梁，复曰忠武。

……

五代之际，外属之州，扬州曰淮南，宣州曰宁国，鄂州曰武昌，洪州曰镇南，福州曰武威，杭州曰镇海，越州曰镇东，江陵府曰荆南，益州、梓州曰剑南东、西川，遂州曰武信，兴元府曰山南西道，洋州曰武定，黔州曰黔南，潭州曰武安，桂州曰静江，容州曰宁远，邕州曰建武，广州曰清海，皆唐故号，更五代无所易[11]，而今因之者也。其余僭伪改置之名，不可悉[12]考，而不足道，其因著于今者，略注于谱。

……

洛南，故属华州，周割隶商州。

随州唐城，梁改曰汉东，后唐复旧，晋又改汉东，汉复旧。

雄胜军，本凤州固镇，周置军。

秦州天水、陇城，唐末废，后唐复置。

成州栗亭，后唐置。

自唐有方镇，而史官不录于地理之书，以谓方镇兵戎之事，非职方所掌[13]故也。然而后世因习，以军目[14]地，而没[15]其州名。又今置军者，徒以虚名升建为州府之重，此不可以不书也。州、县，凡唐故而废于五代，若五代所置而见于今者，及县之割隶今因之者，皆宜列以备职方之考。其余尝[16]置而复废，尝改割而复旧者，皆不足书。山川物俗，职方之掌也，五代短世，无所迁变，故亦不复录，而录其方镇军名，以与前史互见之云。

选自《新五代史》卷六十

〔注释〕 ① 矫：纠正。 ② 为：治理。 ③ 一：统一。 ④ 故：事故。 ⑤ 以：因为。 ⑥ 已而：不久。 ⑦ 因：沿袭。 ⑧ 属：附属。 ⑨ 常：使恒久。 ⑩ 备：齐备。 ⑪ 易：更改。 ⑫ 悉：详尽。 ⑬ 掌：主管。 ⑭ 目：看待。 ⑮ 没：隐没。 ⑯ 尝：曾经。

〔赏析〕 唐初，戍边的军队规模大的称为军，规模小的称为守捉，有城有镇，统领它们的上级单位称为道，道有大将一人，称为大总管，不久更名为大都督。太宗元年开始并省，依据山川形便，将天下分为十道。玄宗开元二十一年(733年)，又分为十五道，各道设采访处置使，检察各道情况，职责如同汉代的刺史，并无地方实权。之后，边境不宁，这些采访处置使兼任度支使，逐渐掌握了各道的财政、军政等大权，成为各道中的大都督。高宗永徽以后，都督中带使节的人成为节度使，从景云二年(711年)贺拔延嗣为凉州都督、河西节度使起，后来到开元年间，朔方、陇右、河东、河西等诸镇，皆置节度使。此后，范阳节度使安禄山反，中国大乱，肃宗依靠节度使的军队打败叛军，却使武夫战卒以功起于行伍，封侯拜将，取节度使而代之，形成了大者十余州，小者三、四州的大小不等的方镇，亦称藩镇。这些方镇自择将吏，兵骄逐帅，帅强叛上。朝廷无力干预，无奈中只能采取姑息的政策。方镇之势愈炽，割据四方，逐渐发展成五代乱亡的局面，直至宋太祖杯酒释兵权，才解除了节度使对朝廷的威胁。关于职方，后世也常用军名以代替地名，致使原本的州名销声匿迹，而史官又认为这些方镇属于兵戎之事，不属于职方的范围，故而不录于地理著作中。

本文先作序言，从整体上勾勒五代十国州县置并、隶属等情况的变化，可以看出其随朝代变更甚为频繁杂乱。因此欧阳修又采用表格体例，对各州县不同时期的沿革情况作出了较为醒目的梳理，最后又有文字对各个州县进行详细的注解。由于欧阳修独特的行文视角与研究方法，故而使其呈现出了与之前地理类著作截然不同的风貌。首先，在体例方面，欧阳修以春秋大义作为撰史的基准，认为五代乱世，典章制度不足为训，《旧五代史》中称“郡县志”，而《新五代史》则称为“职方考”，以考代志，描写的角度就与以往的“地理志”表现出了极大的不同。《职方考》也是唯一一篇使用表格的地理志文献，通过表格反映五代迭兴时期地名变化，下述有文字对各州沿革、置并状况进行说明，对文章起到了补益的作用，为后世治史地者提供了又一种新的研究方法。其次，欧阳修敏锐察觉到本属泾渭的方镇名称与地理名称在五代乱亡时期相互纠结，造成了地名的淆乱，而前史并不予以备载，后世便不可考究，因此他将重点放在探究节度军名与地名之间的沿革关系上，其目的就在于鉴唐朝礼乐教化之古，矫五代乱亡无礼之失，使后世重新恢复礼教传统。同时，五代时期也新置了较多的州县，欧阳修并没有将它们全部考列出来，剔除了五代生成又于其间消亡的短时期的地名，选择了那些后世因袭的地名加以考注，去粗取精。因此，本考篇幅短小，却是提纲挈领，笔法上又祖述《史记》，呈现出文字简洁、文风严谨的特点，可谓是“无一字苟作”(赵翼《廿二史札记》)，使得文章的总体风貌精简。

简略固然是一种优点，但是欧阳修的《职方考》也存在着严重的缺陷与不足，如形成于五代时期而影响到后世的山川物俗在此考中并没有得到著录，只是录其方镇军名，用来和前史互相参考。《职方考》中只列了四十七个州，其间又存在着异议，实际只有四十三个州，其中的四十二个州均在《唐志》中出现过，欧阳修《职方考》片面地否定了五代，没有为后人全面了解研究五代时期史地风物留存丰富充足的史料,这对于后世研究者而言不能不说是一件憾事。

四夷附录

〔选文〕

契丹自后魏以来,名见中国。或曰与库莫奚同类而异种。其居[①]曰枭罗箇没里。没里者,河也。是谓黄水之南,黄龙之北,得鲜卑之故地,故又以为鲜卑之遗种。当唐之世,其地北接室韦,东邻高丽,西界奚国,而南至营州。其部族之大者曰大贺氏,后分为八部,其一曰但皆利部,二曰乙室活部,三曰实活部,四曰纳尾部,五曰频没部,六曰内会鸡部,七曰集解部,八曰奚嗢部。部之长号[②]大人,而常推一大人建旗鼓以统八部。至其岁[③]久,或其国有灾疾而畜牧衰,则八部聚议,以旗鼓立其次[④]而代之。被代者以为约[⑤]本如此,不敢争。某部大人遥辇次立,时刘仁恭据有幽州,数出兵摘星岭攻之,每岁秋霜落,则烧其野草,契丹马多饥死,即以良马赂仁恭求市[⑥]牧地,请听[⑦]盟约甚谨。八部之人以为遥辇不任[⑧]事,选于其众,以阿保机代之。

阿保机,亦不知其何部人也,为人多智勇而善骑射。是时,刘守光暴虐,幽、涿之人多亡[⑨]入契丹。阿保机乘间入塞,攻陷城邑,俘其人民,依唐州县置城以居之。汉人教阿保机曰:“中国之王无代立者。”由是阿保机益[⑩]以威制诸部而不肯代。其立九年,诸部以其久不代,共责诮[⑪]之。阿保机不得已,传其旗鼓,而谓诸部曰:“吾立九年,所得汉人多矣,吾欲自为一部以治汉城,可乎?”诸部许之。汉城在炭山东南滦河上,有盐铁之利,乃后魏滑盐县也。其地可植五谷,阿保机率汉人耕种,为治城郭邑屋廛[12]市如幽州制度,汉人安之,不复思归。阿保机知众可用,用其妻述律策[13],使人告诸部大人曰:"我有盐池,诸部所食。然诸部知食盐之利,而不知盐有主人,可乎?当来犒[14]我。"诸部以为然,共以牛酒会盐池。阿保机伏兵其旁,酒酣伏发[15],尽杀诸部大人,遂立,不复代。

……

初,阿保机死,长子东丹王突欲当立,其母述律遣其幼子安端少君之扶余代之,将立以为嗣。然述律尤爱德光。德光有智勇,素已服其诸部,安端已去[16],而诸部希[17]述律意,共立德光。突欲不得立,长兴元年,自扶余泛海奔于唐。明宗因赐其姓为东丹,而更其名曰慕华。以其来自辽东,乃以瑞州为怀化军,拜[18]慕华怀化军节度、瑞慎等州观察处置等使。其部曲五人皆赐姓名,罕只曰罕友通,穆葛曰穆顺义,撒罗曰罗宾德,易密曰易师仁,盖礼曰盖来宾,以为[19]归化、归德将军郎将。又赐前所获赫邈姓名曰狄怀惠,掴列曰列知恩,荝剌曰原知感,福郎曰服怀造,竭失记曰乙怀宥。其余为"契丹直"者,皆赐姓名。二年,更赐突欲姓李,更其名曰赞华。三年,以赞华为义成军节度使。

……

兀欲更名阮,号天授皇帝,改元曰天禄。是岁八月,葬德光于木叶山,遣人至镇州召冯道、和凝等会葬。使者至镇州,镇州军乱,大将白再荣等逐出麻答。据定州,已而悉[20]其众以北。麻答者,德光之从[21]弟也。德光灭晋,以为邢州节度使,兀欲立,命守镇州。麻答尤酷虐,多略[22]中国人,剥面,抉[23]目,拔发,断腕而杀之,出入常以钳凿挑割之具自随,寝处前后挂人肝、胫、手、足，言笑自若，镇、定之人不胜[24]其毒。麻答已去，冯道等乃南归。

……

突厥，国地、君世、部族、名号、物俗，见于唐著[25]矣。至唐之末，为诸夷所侵，部族微[26]散。五代之际，尝[27]来朝贡。同光三年，浑解楼来。天成二年，首领张慕晋来。长兴二年，首领杜阿熟来。天福六年，遣使者薛同海等来。凡四至，其后不复来。然突厥于时最微，又来不数[28]，故其君长史皆失不能纪[29]。

吐蕃，国地、君世、部族、名号、物俗，见于唐著矣。当唐之盛时，河西、陇右三十三州，凉州最大，土沃物繁而人富乐。其地宜马，唐置八监，牧马三十万匹。以安西都护府羁縻[30]西域三十六国。唐之军、镇、监、务，三百余城，常以中国兵更[31]戍，而凉州置使节度之。安禄山之乱，肃宗起[32]灵武，悉召河西兵赴难[33]，而吐蕃乘虚攻陷河西、陇右，华人百万皆陷于虏。文宗时，尝遣使者至西域，见甘、凉、瓜、沙等州城邑如故，而陷虏之人见唐使者，夹道迎呼，涕泣曰："皇帝犹念陷蕃人民否？"其人皆天宝时陷虏者子孙，其语言稍变，而衣服犹不改。

选自《新五代史》卷七十二

〔**注释**〕 ①居：居住地。 ②号：称号。 ③岁：时间。 ④次：第二。 ⑤约：约定。 ⑥市：买。 ⑦听：接受。 ⑧任：担当。 ⑨亡：逃跑。 ⑩益：更加。 ⑪诮：责备。 ⑫廛：街市中货物储存、交易的场所。 ⑬策：计谋。 ⑭犒：酬赏。 ⑮发：开始行动。 ⑯去：离开。 ⑰希：迎合。 ⑱拜：授予。 ⑲为：充当。 ⑳悉：全。 ㉑从：指堂房亲属。 ㉒略：掠夺。 ㉓抉：挖出。 ㉔胜：经得起。 ㉕著：撰述的作品。 ㉖微：衰败。 ㉗尝：曾经。 ㉘数：频繁。 ㉙纪：通"记"，记载。 ㉚羁縻：笼络使不生异心。 ㉛更：轮流更替。 ㉜起：起事。 ㉝赴难：往救危难。

〔赏析〕 在中国漫长的历史发展进程中，历经春秋战国时期人口的迁徙与融合，占据肥沃土地、农耕文化高度发达的汉民族开始在秦汉时期建立起大一统的中央专制主义集权王朝，秦王朝颁布书同文、车同轨、人同伦、统一度量衡等措施，社会的经济、政治、文化也由之而发展繁荣。中原王朝周边的少数民族散居于中国边境，逐水草而居，过着游牧民族群居的生活，在经济、政治、文化等社会生活的各方面都较中原大河文明相对落后。在这一背景下，汉民族长期占据着优势的地位，古代中国逐渐形成了以汉民族为基础，逐渐融入周边少数民族的华夏民族。在民族融合的过程中，既有冲突战争，如三代之时北方的猃狁，秦汉以来实力颇强的匈奴，隋唐之际强大的突厥以及势力颇盛的吐蕃、回鹘等。冲突之外也有因客观环境和民族交流等因素而和平融入汉民族者，中央政府在少数民族地区设置都护、郡县对其实行统治管理。同时，还有少数民族发生人口迁移而主动融入汉民族的情况。上述三种情况的出现，为中华民族这一概念和疆域范围的扩大不断注入新鲜的血液。

唐代的少数民族数量颇多，有奚、契丹、靺鞨、室韦、突厥、回鹘、吐蕃、南诏等。唐王朝前期国力较为强盛，兼及统治者颇具开明、进步的民族观，故而对少数民族一直实行互市、和亲、羁縻制度等友好的民族政策。盛唐时期，随着丝绸之路所带来的商业繁荣，唐王朝与周边民族的交流变得更加频繁，“胡风”笼罩了整个长安，胡酒、胡姬、胡服、胡乐成为一时之风尚。同时，波斯人、天竺人、大秦人等各国人员相继来到中国政治的心脏长安，这一时期的民族融合达到又一个新的高峰。

与此同时，随着唐王朝国力的不断强盛，戍边的军队数量也得以发展壮大，大小不等的藩镇由此逐渐形成（详见《职方考》），藩镇守将的实权也日趋扩大，这就为唐王朝日后的陵夷埋下了隐患。与藩镇实力日趋过大形成鲜明对比的，则是朝廷内部的制度僵化和不思进取。唐王朝的统治者沉迷于享乐，国势日颓，江河日下，终于招致范阳节度使安禄山的叛乱。安史之乱后，这些藩镇割据一方，自择将吏，兵骄逐帅，对内不能服从上级的命令，对外不能统一御敌，唐王朝一统的局面呈现出分崩离析之危机。唐王朝周边的少数民族在早期的民族交流融合中已经日渐壮大，和亲政策为其带去了先进的生产技术，通商互市使其经济文化繁荣发展，唐王朝的册封制度又对其政权的稳固起到了巩固与推动作用。其后的唐肃宗就借助回鹘之力收复了两京，但同时也埋下了养虎为患的祸根。唐代后期，藩镇为壮大自身实力，也积极开展与周边少数民族的贸易活动，购买其马匹用以扩充军队。藩镇为赢得少数民族的支持，积极对其进行笼络。唐王朝周边的少数民族在唐政府强盛国力和积极民族政策的影响下，社会经济、政治、文化获得了全面的发展。然而时至晚唐，已呈日薄西山之势的唐王朝不仅要面对藩镇的反叛之虞，还必须时刻提防着虎视眈眈的少数民族，可谓是朝乾夕惕。五代时，石敬瑭为争夺帝位，竟对契丹俯首，自称儿皇帝，竟不知民族气节为何物。后唐、后晋、后汉政权都是由沙陀人所建立的，从这些蛛丝马迹中我们可以一窥少数民族与中原王朝在政权更替进程中究竟有着何等千丝万缕的联系。

契丹是五代时期最为强大的少数民族，原为鲜卑族的一支，居住在辽水流域，由游牧群居的八个部落联盟组成，每个部落均推举一名首领，领导本部落的生产、作战等事宜。契丹政权在部落联盟中设置于越，负责掌管联盟中的军事和行政大权。辽太祖耶律阿保机凭借着卓越的军事政治才能担任于越这一职务，最终成了部落联盟的首领。阿保机通过血腥的镇压，打破了联盟首领三年任期的规定，在公元 916 年建立契丹国，建元神册。契丹国在阿保机的带领下，制定法律，创立文字，发展农业和商业，逐渐统一了我国东北的广大地区。建国后，阿保机对中原地区进行了大规模的侵略，辽天显元年(926 年)，病逝于征战的途中。其后，阿保机之妻述律平摄政，在她的支持下，耶律德光即位，是为辽太宗，而本该践祚的阿保机长子东丹王耶律倍(突欲)最终南逃后唐。耶律德光继承阿保机的政策，继续发展改革经济、政治、文化，并一直觊觎中原政权，他帮助石敬瑭消灭后唐，获取了燕云十六州，为进一步南下入侵做好了准备。辽会同四年(941 年)，耶律德光率军南下，剪灭后晋政权，然而因其暴虐统治，引起了中原人民的反抗，大同元年(947 年)，耶律德光病逝于引军北返的途中。述律太后支持耶律李胡(耶律德光之子)即位，耶律倍之子耶律阮(兀欲)并没有得到述律太后的支持。经过皇位的争夺战，述律太后败北，耶律阮得以承袭帝位，是为辽世宗。他通过建立枢密院等措施对政治进行进一步的改革，他经常派遣使者入汉，又拥立郭威建立后周政权，可以说对中原政治产生了重大的影响。

通过《四夷附录》，我们还可以粗略地了解到五代之际，与中原王朝有着利害关系的奚、吐谷浑、鞑靼、党项、突厥、吐蕃、回鹘、于阗、高丽、渤海、新罗、黑水靺鞨、南诏蛮、牂牁蛮、昆明、占城等少数民族的情况。

（李　可）

《旧五代史》、《新五代史》、《宋史》、《辽史》、《金史》、《元史》导语

《旧 五 代 史》

原名《五代史》，也称《梁唐晋汉周书》。北宋薛居正主持编撰，卢多逊、扈蒙、张澹、刘兼、李穆、李九龄等参加编修。今本系清乾隆修《四库全书》时，馆臣邵晋涵等自《永乐大典》中辑出，用《册府元龟》、《太平御览》等书补充，实为《旧五代史》辑本。全书共一百五十卷，包括纪六十一卷、志十二卷、传七十七卷，按五代断代为书，梁书、唐书、晋书、汉书、周书各十余卷至五十卷不等。记述了从公元907年朱温代唐称帝至960年北宋王朝建立的史事。《四库全书总目提要》评论“其时秉笔之臣，尚多逮事五代，见闻较近，纪传皆首尾完具，可以徵信”。

《新 五 代 史》

原名《五代史记》，后世为区别于薛居正等官修的五代史，称为《新五代史》。北宋欧阳修编撰，是宋代设馆修史以后唯一的私修正史。全书共七十四卷，包括本纪十二卷、列传四十五卷、考三卷、世家及世家年谱十一卷、四夷附录四卷。记述了从后梁开平元年(907年)至后周显德七年(960年)的史事。赵翼称之“卷帙虽不及薛史之半，而订正之功倍之，文直事核，所以称良史也”(《廿二史札记》卷二十一)。

《辽　　史》

元代脱脱主持修撰，另有总裁官六人，史官四人参与编修。全书共一百十

六卷，包括本纪三十卷、志三十二卷、表八卷、列传四十五卷、国语解一卷。记述了从辽太祖耶律阿保机至辽天祚帝耶律的辽代(907—1125)的史事，兼及耶律大石所建立之西辽(1124—1218)的史事。由于编撰仓促，历来对《辽史》评价不高，冯家昇以为“今之廿四史，以《辽史》成书最速，亦以《辽史》为最劣”。

《宋　史》

元代脱脱和阿鲁图先后主持修撰，另有总裁官七人，史官二十三人参与编修，是“二十四史”中篇幅最为庞大的一部史书。全书共四百九十六卷，包括本纪四十七卷、志一百六十二卷、表三十二卷、列传二百五十五卷。记述了宋代(960—1279)的史事。历来对《宋史》多有批评，认为太过芜杂，且颇多谬误。赵翼称“宋史草率荒谬，和辽金元史一起为史家最劣也”(《廿二史札记》卷一)。

《金　史》

元代脱脱主持修撰，欧阳玄等参与编修。全书共一百三十五卷，包括本纪十九卷、志三十九卷、表四卷、列传七十三卷。记述了从金太祖完颜阿骨打出生(1068 年)至金哀宗天兴三年(1234 年)蒙古灭金的史事。《金史》相对辽、宋、元史略胜一筹，赵翼称之“叙事最详略，文笔亦极老洁，迥出宋、元二史之上”(《廿二史札记》卷二十七)。

《元　史》

明代宋濂、王祎等主持修撰。全书共二百一十卷，包括本纪四十七卷、志五十八卷、表八卷、列传九十七卷。记述了从蒙古族兴起至元朝建立和灭亡的史事。历代对《元史》多有不满，钱大昕认为“古今史成之速，未有如《元史》者；而文之陋劣，亦无如《元史》者”(《十驾斋养新录・元史》)。故而屡有改订，重要著作诸如明代解缙的《元史正误》、朱右的《元史拾遗》，清代邵远平的《元史类编》、魏源的《元史新编》、洪钧的《元史译文证补》、曾廉的《元书》、屠寄的《蒙兀儿史记》等。近人柯劭忞编撰《新元史》，被北洋政府总统徐世昌列入正史，称“二十五史”。

时势造英雄，亦造枭雄

〔**导言**〕 五代十国，是中国历史上一段战乱不堪的岁月。唐王朝覆灭，梁朝建立，随之而来的是纷纷扰扰、前仆后继的尔虞我诈与明争暗斗。乱世出英雄，在风起云涌的时代，能够在历史上留下名字的人物，大都是那些扭转乾坤、拔地而起的勇士。断送大唐王朝、开启乱世历史的梁太祖朱温，宣告了五代十国时期的开始，而唐朝的最终覆灭，就像一声号角，呼喊着所有有志之士的崛起。朱温幼年丧父，跟随母亲寄居他人篱下，但是他生性凶悍，依仗蛮力，恃强凌弱，一生参与了无数战役，最终踏上皇帝的宝座。他的一生是征战的一生，却也是残忍的一生，杀人无数，凶残冷酷，但是不可否认，这也是传奇的一生，从战场上一步步厮杀出一条王位的征程，这样的人生轨迹，如果缺乏相当的胆识和智慧，并不是谁都能达成目的的。

但即使凶悍如朱温，对于另一个人也不得不从内心发出赞赏，那就是曾经被他称赞说“生子当如李亚子”，并且亲手结束朱温建立起来的梁王朝的后唐庄宗李存勗。正如欧阳修曾经评价他“方其盛也，举天下之豪杰，莫能与之争；及其衰也，数十伶人困之，而身死国灭，为天下笑”。其兴起与灭亡，都是传奇的一生，展现给后人太多可以探讨、争论的人格魅力，同时也在历史上留下无法抹去的印迹供后人评说。

梁 太 祖 纪

〔**选文**〕

太祖神武元圣孝皇帝，姓朱氏，讳晃，本名温，宋州砀山人。其先舜司徒虎之后。高祖黯，曾祖茂琳，祖信，父诚。帝即诚之第三子，母曰文惠王皇后。以唐大中六年岁在壬申，十月二十一日夜，生于砀山县午沟里。是夕，所居庐舍之上有赤气上腾。里人望之，皆惊奔而来，曰："朱家火发矣。"及至，则庐舍俨然[1]。既入，邻人以诞孩告，众咸[2]异之。昆仲[3]三人，俱未冠而孤，母携养寄于萧县人刘崇之家。帝既壮，不事生业[4]，以雄勇自负，里人多厌之。崇以其慵惰，每加谴杖。唯崇母自幼怜之，亲为栉[5]发，尝[6]诫家人曰："朱三非常人也，汝辈当善待之。"家人问其故，答曰："我尝见其熟寐之次[7]，化为一赤蛇。"然众亦未之信也。

唐僖宗乾符中，关东荐饥，群贼啸聚。黄巢因之，起于曹、濮，饥民愿附者凡数万。帝乃辞崇家，与仲兄存俱入巢军，以力战屡捷，得补为队长。

……

时河中节度使王重荣屯兵数万，纠合诸侯，以图兴复。帝时与之邻封，屡为重荣所败，遂请济师于巢。表章十上，为伪左军使孟楷所蔽[8]，不达。又闻巢军势蹙[9]，诸校离心，帝知其必败。九月，帝遂与左右定计，斩伪监军使严实，举郡降于重荣。重荣即日飞章上奏，时僖宗在蜀，览表而喜曰："是天赐予也。"乃诏授帝左金吾卫大将军，充河中行营副招讨使。仍赐名全忠。

五月甲戌，帝与晋军振[10]旅归汴，馆克用于上源驿。既而备犒宴之礼，克用乘醉任气[11]，帝不平[12]之。是夜，命甲士围而攻之。会[13]大雨雷电，克用因得于电光中逾垣遁去，惟杀其部下数百人而已。

六月，陈人感解围之惠，为帝建生祠堂于其郡。是岁，黄巢虽殁，而蔡州秦宗权继为巨孽，有众数万，攻陷邻郡，杀掠吏民，屠害之酷，更甚巢贼，帝患[14]之。七月，遂与陈人共攻蔡贼于溵水，杀数千人。九月己未，僖宗就加帝检校司徒、同平章事，封沛郡侯，食邑千户。

……

三月庚子，昭宗即位……五月己亥，昭宗制以帝检校侍中，增食邑三千户。戊辰，昭改帝乡衣锦乡，里曰沛王里……时帝亲临矢石[15]，一日，飞矢中其左腋，血渍单衣，顾谓左右曰："勿泄。"

……

既至，昭宗御延喜楼受俘，即斩宗权于独柳树下。蔡州平。昭宗诏加帝食实封一百户，赐庄宅各一区。三月，又加帝检校太尉、兼中书令，进封东平王，赏平蔡之功也。

……

乾宁二年十一月，朱瑄复遣将贺瑰、柳存及蕃将何怀宝等万余人以袭曹州，庶[16]解兖州之围也。帝知之，自兖领军策马先路至钜野南，追而败之，杀戮将尽，生擒贺瑰、柳存、何怀宝及贼党三千余人。是日申时，狂风暴起，沙尘沸涌，帝曰："此乃杀人未足耳。"遂下令尽杀所获囚俘，风亦止焉。

选自《旧五代史》卷一

……己巳，昭宗至长安，谒太庙，御长乐楼。礼毕，谓帝曰："朕生[17]入旧京，是卿之力也。自古救君之危，曾无有如是者。况今日再及[18]清庙，得亲奉觞酒，奠于先皇帝室前，卿之德，朕知不能报矣！"即召帝执手，声泪俱发者久之。翼[19]日，诛宦官第五可范等五百余人于内侍省。

二月庚辰，制以帝为守太尉、兼中书令、宣武宣义天平护国等军节度使、诸道兵马副元师，加食邑三千户，实封四百户，仍赐回天再造竭忠守正功臣。

……

天祐元年正月己酉……邠、岐兵士侵逼京畿，帝因是上表，坚请昭宗幸洛，昭宗不得已而从之。帝乃率诸道丁匠财力，同构[20]洛阳宫，不数月而成。

二月乙亥，昭宗驻跸[21]于陕，帝自河中来觐，谒见行营……三月丁未，昭宗制以帝兼判左右神策及六军诸卫事……帝以陕州小藩，非万乘久留之地，期[22]以四月内东幸。

是时，昭宗左右唯小黄门及打球供奉、内园小儿二百余人，帝犹忌[23]之。是日，密令医官许昭远告变，乃设馔于别幄，召而尽杀之，皆坑于幕下。先是，选二百余人，形貌大小一如内园人物之状，至是使一人擒二人，缢于坑所，即蒙其衣及戎具自饰。昭宗初不能辨，久而方察。自是，昭宗左右前后，皆梁人矣。……乙卯，昭宗以帝为宣武、宣义、护国、忠武四镇节度使。

……

八月壬寅，昭宗遇弑于大内，遗制以辉王柷为嗣[24]。

……

七月辛酉，天子赐帝迎銮纪功碑，树于洛阳。

……

丁卯，帝至自南征……辛巳，天子命帝为相国，总百揆……进封帝为魏王，入朝不趋[25]，剑履上殿，赞拜不名，兼备九锡之命。

十二月乙酉朔，帝让[26]相国、魏王、九锡之命。丙戌，京百司各差官赍[27]本司须知孔目并印赴魏国送纳。甲午，天子以帝坚让九锡之命。乃命宰相柳灿来使，且述揖让之意焉。

选自《旧五代史》卷二

……

开平元年正月……甲辰,天子遣御史大夫薛贻矩来传禅代之意。贻矩谒帝,陈北面之礼,帝揖之升阶。

……

戊辰,即位。

友珪葬太祖于伊阙县,号宣陵。

选自《旧五代史》卷三

〔**注释**〕 ① 俨然:整齐貌。 ② 咸:都。 ③ 昆仲:称他人弟兄的敬词。 ④ 生业:谋生之业。 ⑤ 栉:梳头发。 ⑥ 尝:曾经。 ⑦ 次:时候。 ⑧ 蔽:遮掩。 ⑨ 蹙:窘迫。 ⑩ 振:整顿。 ⑪ 任气:纵任意气。 ⑫ 平:内心不受激动。 ⑬ 会:适逢。 ⑭ 患:担忧。 ⑮ 矢石:箭和垒石,指战场。 ⑯ 庶:希望。 ⑰ 生:活着。 ⑱ 及:到。 ⑲ 翼:通“翌”,次。 ⑳ 构:建筑。 ㉑ 驻跸:古代帝王出行,途中停留暂住。 ㉒ 期:期望。 ㉓ 忌:顾忌。 ㉔ 嗣:继承人。 ㉕ 趋:礼节性地小步快走,以示恭敬。 ㉖ 让:推辞。 ㉗ 赍:携带。

〔**赏析**〕 五代十国,中国历史上无比动荡的岁月。梁朝的崛起,平定了中国北方战火纷飞的硝烟,而他的建立者朱温,也留下了众说纷纭的评判。朱温,宋州砀山(今安徽砀山)人,起于战乱,终于称帝,历来关于他的评价,不外乎残忍狡诈,阴险暴戾。梁朝的建立,结束了唐朝近三百年的统治,推动了中国历史迈向新的阶段,但是这个王朝的崛起,带来的不仅仅是战乱的平息,更是一段战争历史的开幕。

唐朝末年僖宗干符年间,黄巢起义。朱温也和其兄一同参加了黄巢的起义军,并且屡战屡胜,立下了赫赫战功,颇受黄巢赏识。而后,朱温敏锐地预见到黄巢军队里官员的表里不一和军心涣散,于是果断投靠了朝廷,其眼光的准确和行事的迅捷在此也得窥一斑。尽管此举也招来后世的非议,认为朱温立场不坚定,悖逆历史潮流,投靠即将灭亡的唐朝,但是从更深的历史原因来看,朱温此举却是合乎大的趋势,尽管农民起义是反抗暴政的,但是如若没有适当的条件和才干卓越的人才，其失败也是必然的趋势。

在归顺唐朝之后，朱温迅速剿灭了起义军，使得当时在位的唐僖宗错误地认为朱温是可以帮助唐朝重新崛起的新希望。但是皇帝并没有意识到，在这一切看似重振唐朝的征战背后，隐藏的是朱温更大的野心。历时数十年，朱温凭借自己的智谋，平定秦宗权，击败朱瑾兄弟，最终完全控制了黄河以南、淮河以北的区域，成为当时最大的地方势力。不能不说的是，因为他的不择手段和惨无人道，为后来梁王朝的覆灭埋下了隐患。历次征战为他谋得的不只是一次次胜利的荣耀，随之激发出的更是对皇位的觊觎。直到后来，朱温采用了诸多为人不齿的手段逼迫皇帝下台，并且最终自己登上皇位，他的做法，颇有“挟天子以令诸侯”的意味，也留下了后世对他不断的骂名。

回顾他的登基历程，谋略、残忍、果断、远见，无一不在其身上体现，历史动荡造就的英雄，也是非天时地利所能局限。梁朝的建立，除了朱温的智谋，更多的应该归功于整个历史趋势使然，人民对战争的厌倦，对统一稳定的渴求，才是真正的内因。

朱温登基之后，为了稳固自己的江山，也采用了很多利国利民的措施和政策。诸如安定国都，制宫殿门及都门名额，委派宰相和大臣四处搜访贤良，如果有在下位抱负器业久不得伸的人，就特别加以提拔和重用；有明政理得失而且能够道规救时病者，“可陈章疏，当亲鉴择利害施行，然后赏以爵秩；有晦迹丘园不求闻达者，令彼长吏备礼邀致，冀无遗逸之恨”，颇为重视人才。在军事上，“以征讨未罢，调补为先，遂命尽赦逃亡背役髡黥之人，各许归乡里。”诸多措施的实行，使得北方终于重获安定，而梁朝的大一统，在此也得到了稳固和安宁。

但是梁朝的稳定并没有持续太久，朱温的残忍和狡诈，并没有因为身份的改变而转变，传统史学家甚至以“操、温并称”来评价他的为人。正如欧阳修所言：“呜呼，天下之恶梁久矣，自后唐以来，皆以为伪也。”但是在唐王朝分崩离析，藩镇割据盛行的历史大背景之下，朱温的崛起也有其历史必然性，与之命运类似的还有后唐王朝的建立者李存勗，朱温曾经最大的心头之患李克用的儿子，他们同样都是在藩镇割据中逐步发展起来的势力，并且最终建立新的王朝。历史的大背景决定了这个时代的特殊性和必然性，必须承认的是，在连绵不休的战乱中，最大的受害者是手无寸铁的苍生，无数无辜的平民百姓在混乱的征战讨伐中丧命，从某种程度而言，梁朝的建立暂时结束了这种生灵涂炭的局面，为更多的黎民苍生谋求了一个暂时稳定的环境。

后唐庄宗纪

〔选文〕

庄宗光圣神闵孝皇帝，讳存勗，武皇帝之长子也。母曰贞简皇后曹氏，以唐光启元年岁在乙巳，冬十月二十二日癸亥，生帝于晋阳宫。妊时，曹后尝梦神人，黑衣拥[①]扇，夹侍左右。载诞之辰，紫气出于窗户。及为婴儿，体貌奇特，沈厚不群，武皇特所钟爱。及武皇之讨王行瑜，帝时年十一，从行。初令入觐献捷[②]，迎驾还宫，昭宗一见骇之，曰："此儿有奇表。"因抚其背曰："儿将来之国栋也，勿忘忠孝于予家。"因赐鸂鶒酒巵、翡翠盘。贼平，授检校司空、隰州刺史，改汾、晋二郡，皆遥领[③]之。帝洞晓音律，常令歌舞于前。十三习《春秋》，手自缮写，略通大义。及壮，便[④]射骑，胆略绝人，其心豁如也。

武皇起义云中，部下皆北边劲兵，及破贼迎銮，功居第一。由是稍优宠士伍，因多不法，或陵[⑤]侮官吏，豪夺士民，白昼剽攘[⑥]，酒博喧竞。武皇缓于禁制，惟帝不平之，因[⑦]从容启于武皇，武皇依违[⑧]之。及安塞不利之后，时事多难，梁将氏叔琮、康怀英频犯郊圻，土疆日蹙，城门之外，鞠[⑨]为战场，武皇忧形于色。帝因启曰："夫盛衰有常理，祸福系神道。家世三代，尽忠王室，势穷力屈，无所愧心。物不极则不反，恶不极则不亡。今朱氏攻逼乘舆[⑩]，窥伺神器，陷害良善，诬诳神祇。以臣观之，殆[11]其极矣。大人当遵养时晦，以待其衰，何事轻为沮丧！”太祖释然，因奉觞作乐而罢。

……

五月辛未朔，晨雾晦暝，帝率亲军伏三垂岗下。诘旦[12]，天复昏雾，进军直抵夹城。时李嗣源总帐下亲军攻东北隅；李存璋、王霸率丁夫烧寨，劚夹城为二道；周德威、李存审各分道进攻，军士鼓噪，三道齐进。李嗣源坏夹城东北隅，率先掩[13]击，梁军大恐，南向而奔[14]，投戈委[15]甲，噎塞行路，斩万余级，获其将副招讨使符道昭洎大将三百人，刍[16]粟百万。梁招讨使康怀英得百余骑，出天井关而遁。梁祖闻其败也，既惧而叹曰："生子当如是，李氏不亡矣！吾家诸子乃豚犬尔。"初，唐龙纪元年，帝才五岁，从武皇校猎于三垂岗，岗上有玄宗原庙在焉。武皇于祠前置酒，乐作，伶人奏《百年歌》者，陈[17]其衰老之状，声调凄苦。武皇引满，捋须指帝曰："老夫壮心未已，二十年后，此子必战于此。"及是役也，果符[18]其言焉。

选自《旧五代史》卷二十七

夏四月己巳，帝升[19]坛，祭告昊天上帝，遂即皇帝位，文武臣僚称贺。礼毕，御应天门宣制：改天佑二十年为同光元年，大赦天下，自四月二十五日昧爽[20]以前，除十恶五逆、放火行劫、持杖杀人、官典犯赃、屠牛铸钱、合造毒药外，罪无轻重，咸赦除之。应蕃汉马步将校并赐功臣名号，超授检校官，已高者与一子六品正员官，兵士并赐等第优给。其战殁功臣各加追赠，仍定谥号。民年八十已上，与免一子役。内外文武职官，并可直言极谏，无有隐讳。贡、选二司，宜令有司速商量施行。云、应、蔚、朔、易、定、幽、燕及山后八军，秋夏税率量与蠲[21]减。民有三世已上不分居者，与免杂徭。

诸道应有祥瑞，不用闻奏。赦书有所未该[22]，委所司条奏以闻云。是岁，自正月不雨，人心忧恐，宣赦之日，澍雨溥[23]降。

选自《旧五代史》卷二十九

二月己巳朔，亲祀昊天上帝于圜丘，礼毕，宰臣率百官就次称贺，还御五凤楼。宣制："大赦天下，应同光二年二月一日昧爽已前，所犯罪无[24]轻重常赦所不原[25]者，咸赦除之。十恶五逆、屠牛铸钱、故意杀人、合造毒药、持杖行劫、官典犯赃，不在此限。应自来立功将校，各与转官，仍加赏给。文武常参官、节度、观察、防御、刺史、军主、都虞候、指挥使，父母亡殁者，并与追赠；在者各与加爵增封。诸藩镇各赐一子出身[26]，仍封功臣名号。留后、刺史，官高者加阶爵一级，官卑者加官一资。应本朝内外臣僚，被朱氏杀害者，特与追赠。应诸州府不得令富室分外收贮见钱，禁工人熔钱为铜器，勿令商人载钱出境。近年已来，妇女服饰，异常宽博，倍费缣绫。有力之家，不计卑贱，悉[27]衣[28]锦绣，宜令所在纠察。应有百姓妇女，曾经俘掳他处为婢妾者，一任骨肉识认。男子曾被刺面者，给与凭据，放逐营生。召天下有能以书籍进纳者，各等第酬奖。仰有司速检勘天下户口正额，垦田实数，待凭条理，以息[29]烦苛。"是日，风景和畅，人胥悦服。议者云，五十年来无此盛礼。然自此权臣愎[30]戾[31]，伶官用事，吏人孔谦酷加赋敛，赦文之所原放，谦复刻剥不行，大失人心，始于此矣。

选自《旧五代史》卷三十一

天成元年七月丁卯，有司上谥曰光圣神闵孝皇帝，庙号庄宗。是月丙子，葬于雍陵。

选自《旧五代史》卷三十四

〔注释〕 ① 拥：抱持。 ② 捷：战利品。 ③ 遥领：谓不在任所，自他方遥远监督之。 ④ 便：熟悉。 ⑤ 陵：欺凌。 ⑥ 攘：侵夺。 ⑦ 因：于是。 ⑧ 依违：犹豫不决。 ⑨ 鞠：皆。 ⑩ 乘舆：帝王的代称。 ⑪ 殆：大概。 ⑫ 诘旦：清晨。 ⑬ 掩：袭击。 ⑭ 奔：逃跑。 ⑮ 委：舍弃。 ⑯ 刍：喂牲畜的草。 ⑰ 陈：陈述。 ⑱ 符：相合。 ⑲ 升：登。 ⑳ 昧爽：黎明。 ㉑ 蠲：通"捐"，减免。 ㉒ 该：尽备。 ㉓ 溥：通"普"，普遍。 ㉔ 无：不论。 ㉕ 原：宽恕。 ㉖ 出身：做官的最初资历。 ㉗ 悉：全。 ㉘ 衣：穿。 ㉙ 息：消除。 ㉚ 愎：倔强。 ㉛ 戾：暴戾。

〔赏析〕 与梁太祖朱温不同，后唐庄宗李存勖的一生更像是一个过山车的轨迹。从战场一路厮杀到皇位，抵达自己的人生巅峰后没有多久，就如同流星一般陨落了。历史的功过是非，自有评说，给后人留下的经验教训在今天看来仍有意义。

李存勖的父亲李克用曾经是朱温的得力帮手，同时也是实力相当的对手。朱温担心李克用势力太过强大会威胁到自己，于是便设计想要除掉他，但是天不遂人愿，朱温的阴谋并没有得逞，自此以后，两家就结下了深仇大恨。在朱温不断征讨的同时，李克用始终都是其心头大患。后来李克用抱憾而逝，而朱温则登上了王位，建立了新的王朝。于是李克用的遗憾顺其自然地托付给了他的儿子李存勖，也就是后来后唐王朝的建立者。

李存勖不仅智慧胆识过人，而且还颇为通晓《春秋》，谙习音律，从小就具备了不凡的才能，唐昭宗对他也是颇多赞赏，认为他是"将来之国栋也"。甚至连他的对手朱温也不得不钦佩他的才能，发出"生子当如是，李氏不亡矣！吾家诸子乃豚犬尔"的感叹。除了自身卓越的才干，李存勖的成功更为重要的一点是有愿意为他而力战到底的忠心将士。李存审、李嗣源等得力干将的忠心耿耿，也使得李存勖的征战道路如虎添翼，也就无怪朱氏梁朝的覆灭。李存勖就这样实现了父亲未了的心愿，改变了自己的命运，建立了新的王朝。

可惜多才多艺、从小就精通音律的李存勖，最终却败在了自己的手中。他对伶人的偏爱和重用，一步步地演变成为一部王朝覆灭的历史。后唐建国初期，为了稳固江山，李存勖也采取了不少利国惠民的措施，而且还亲自带领士兵平定战乱。但是好景不长，他无条件地重用前朝的伶人，将权力交付给他们，使得忠臣敢怒不敢言，终于作茧自缚，以至"权臣愎戾，伶官用事，大失人心”。伶官景进本是蠹国乱政的祸首，却被李存勗视为心腹，“军机国政皆与参绝”。伶官们颠倒是非，玩弄朝政，卖官鬻爵，贪赃枉法，无恶不作，而身居王位的李存勗却毫无危机之感，任其兴风作浪，仅仅不到三年时间，他就这样一步一步地把自己的忠臣推到了背叛的境地。不仅如此，登基之后，他的荒淫无度也逐步显示出来，寻欢作乐，纵欲无度。伶人们投其所好，各处搜刮美女进献，招兵买马。奸人当权，国家岌岌可危，终于把曾经为他死心塌地打江山的大臣李嗣源逼到不得不谋反的地步。失尽民心的后唐王朝至此已时日无多，最终李存勗被流矢射中而亡，而他的部下们也作鸟兽散，他的尸骨落得无处可归的境地，最后被一个伶人拿乐器盖在尸首上一把火焚烧干净。这样的结局也让后人哑然失笑。一生宠幸伶人，最后由伶人收尸，也算是对他的安慰吧。

回首李存勗的一生，充满了传奇的意味。执掌江山，需要的不仅仅是谋略和智慧，更为重要的是自控。太执迷的爱好和不加限制的放纵，带来的只有毁灭的恶果，再动听的音律如果没有控制就只是噪音。正如史书对李存勗的评价：“外则伶人乱政，内则牝鸡司晨。靳吝货财，激六师之愤怨；征搜舆赋，竭万姓之脂膏。大臣无罪以获诛，众口吞声而避祸。夫有一于此，未或不亡，矧咸有之，不亡何待！静而思之，足以为万代之炯诫也。”“忧劳可以兴国，逸豫可以亡身。”朝代的更迭和君王的兴亡，一次次阐述了这个朴实而又深刻的道理。

（李　蕾）

乱世中的误己误国

〔**导言**〕 后唐是五代乱世中非常重要的一个政权，它前承后梁，绍续后晋，对五代乱局的走向有着明显的影响。后唐政权的庄宗、明宗二帝，都有着过人的才干，后唐政权的发展也在两位君主的统治下一度走上了正轨，乱世中似乎出现了一丝光明的希望。然而旋踵而来的却是几次严重的内乱，它们对后唐政权的发展予以了惨重的打击，国家因之而重新陷入混乱之中。后唐的政治乱局是五代政治的一个缩影，而郭崇韬、安重诲和伶官们的遭遇就是这一政治乱局最好的注脚。

所谓时势造英雄，任何历史人物的光芒闪耀，都离不开时代的推波助澜。五代时期的空前战乱，使得中原王朝原本较为成熟的政治制度遭到了严重的破坏，王朝的政治运转出现了一定程度的权力真空，这就为五代时期军人出身的权臣干政创造了条件。郭崇韬、安重诲两人的事例即代表了这一现象，他们以军功起家，逐渐掌控朝政。虽然忠心为国，然而他们日趋膨胀的权力势必和君权产生不可调和的巨大矛盾，君臣之间发生冲突是迟早的事。伶人原本是极为卑贱的一个职业，然而在五代乱世中却也纠缠渗透进政治之中，伶官干政这一五代才有的政治乱象也由之产生。无论是郭崇韬、安重诲还是伶官们，他们在五代的纷乱政局中被裹挟到政治斗争的无情漩涡中，无一能独善其身。这场政治缠斗的结果往往是两败俱伤——臣子身死，国家衰落。从根本而言，专制主义集权政治形态下的君主与臣子们必然会围绕着权力展开殊死的斗争，很难在两者之间维持适当的平衡，在五代乱世的大背景下尤甚。但若细究起来，在此过程中，当事人也由于自身的缺陷或多或少造成了难以挽回的种种失误，最终陷个人和国家于不可挽回之境地，这种悲剧的传成因素还是值得我们进行深入思考和总结的。

郭崇韬传

〔选文〕

郭崇韬，代州雁门人也，为河东教练使。为人明敏，能应对，以材干见称。……

晋兵围张文礼于镇州，久不下，而定州王都引契丹入寇①。契丹至新乐，晋人皆恐，欲解围去，庄宗未决，崇韬曰："契丹之来，非救文礼，为王都以利诱之耳，且晋新②破梁军，宜乘已振之势，不可遽③自退怯。"庄宗然之，果败契丹。庄宗即位，拜崇韬兵部尚书、枢密使。

……

康延孝自梁奔唐，先见崇韬，崇韬延④之卧内，尽得梁虚实。是时，庄宗军⑤朝城，段凝军临河。唐自失德胜，梁兵日掠澶、相，取黎阳、卫州，而李继韬以泽潞叛入于梁，契丹数犯幽、涿，又闻延孝言梁方召诸镇兵欲大举，唐诸将皆忧惑，以谓成败未可知。庄宗患⑥之，以问诸将，诸将皆曰："唐得郓州，隔河难守，不若弃郓与梁，而西取卫州、黎阳，以河为界，与梁约罢兵，毋相攻，庶几⑦以为后图。"庄宗不悦，退卧帐中，召崇韬问计，崇韬曰："陛下兴兵仗义，将士疲战争、生民苦转饷者，十余年矣。况今大号已建，自河以北，人皆引首以望成功而思休息。今得一郓州，不能守而弃之，虽⑧欲指河为界，谁为陛下守之？且唐未失德胜时，四方商贾，征输必集，薪刍粮饷，其积如山。自失南城，保杨刘，道路转徙，耗亡太半。而魏、博五州，秋稼不稔⑨，竭民而敛，不支数月，此岂按兵持久之时乎？臣自康延孝来，尽得梁之虚实，此真天亡之时也。愿陛下分兵守魏，固杨刘，而自郓长驱捣其巢穴，不出半月，天下定矣！”庄宗大喜曰：“此大丈夫之事也！”……庄宗即日下令军中，归其家属于魏，夜渡杨刘，从郓州入袭汴，用八日而灭梁。庄宗推功，赐崇韬铁券，拜侍中、成德军节度使，依前枢密使。

庄宗与诸将以兵取天下，而崇韬未尝居战阵，徒以谋议居佐命第一之功，位兼将相，遂以天下为己任，遇事无所回避。而宦官、伶人用事⑩，特不便也。

初，崇韬与宦者马绍宏俱为中门使，而绍宏位在上。及庄宗即位，二人当为枢密使，而崇韬不欲绍宏在己上，乃以张居翰为枢密使，绍宏为宣徽使。绍宏失职怨望⑪，崇韬因置内勾使，以绍宏领之。凡天下钱谷出入于租庸者，皆经内勾。既而文簿繁多，州县为弊⑫，遽罢其事，而绍宏尤侧目。崇韬颇惧，语其故人子弟曰：“吾佐天子取天下，今大功已就，而群小交兴，吾欲避之，归守镇阳，庶几免祸，可乎？”故人子弟对曰：“俚语曰：‘骑虎者，势不得下。’今公权位已隆，而下多怨嫉，一失其势，能自安乎？”崇韬曰：“奈何？”对曰：“今中宫未立，而刘氏有宠，宜请立刘氏为皇后，而多建天下利害以便民者，然后退而乞身。天子以公有大功而无过，必不听公去⑬。是外有避权之名，而内有中宫之助，又为天下所悦，虽有谗间⑭，其可动乎？”崇韬以为然，乃上书请立刘氏为皇后。

崇韬素廉，自从入洛，始受四方赂遗⑮，故人子弟或以为言，崇韬曰：“吾位兼将相，禄赐巨万，岂少此邪？今藩镇诸侯，多梁旧将，皆主上斩袪射钩之人也。今一切拒之，岂无反侧⑯？且藏于私家，何异公帑？”明年，天子有事南郊，乃悉[17]献其所藏,以佐赏给。

……

李嗣源为成德军节度使,徙崇韬忠武。崇韬因自陈权位已极,言甚恳至。庄宗曰:“岂可朕居天下之尊,使卿无尺寸之地?”崇韬辞[18]不已,遂罢其命,仍为侍中、枢密使。

同光三年夏,霖雨不止,大水害民田,民多流[19]死。庄宗患宫中暑湿不可居,思得高楼避暑。宦官进曰:“臣见长安全盛时,大明、兴庆宫楼阁百数。今大内不及故时卿相家。”庄宗曰:“吾富有天下,岂不能作一楼?”乃遣宫苑使王允平营之。宦官曰:“郭崇韬眉头不伸,常为租庸惜财用,陛下虽欲有作,其可得乎?”庄宗乃使人问崇韬曰:“昔吾与梁对垒于河上,虽祁寒盛暑,被甲跨马,不以为劳。今居深宫,荫广厦,不胜[20]其热,何也?”崇韬对曰:“陛下昔以天下为心,今以一身为意,艰难逸豫[21],为虑不同,其势自然也。愿陛下无忘创业之难,常如河上,则可使繁暑坐变清凉。”庄宗默然。终遣允平起楼,崇韬果切谏。宦官曰:“崇韬之第[22],无异皇居,安知陛下之热!”由是谗间愈入。

……

明年征蜀,议择大将。时明宗为总管,当行。而崇韬以谗见危,思立大功为自安之计,乃曰:“契丹为患北边,非总管不可御。魏王继岌,国之储副,而大功未立,且亲王为元帅,唐故事[23]也。”庄宗曰:“继岌,小子,岂任大事?必为我择其副。”崇韬未及言,庄宗曰:“吾得之矣,无以易卿也。”乃以继岌为西南面行营都统,崇韬为招讨使,军政皆决崇韬。

唐军入蜀,所过迎降。王衍弟宗弼,阴[24]送款于崇韬,求为西川兵马留后,崇韬以节度使许之。军至成都,宗弼迁衍于西宫，悉取衍嫔妓、珍宝奉崇韬及其子廷诲。又与蜀人列状见魏王，请崇韬留镇蜀。继岌颇疑崇韬，崇韬无以自明，因以事斩宗弼及其弟宗渥、宗勋，没其家财。蜀人大恐。

崇韬素[25]嫉宦官，尝[26]谓继岌曰："王有破蜀功，师旋[27]，必为太子，俟主上千秋万岁后，当尽去宦官，至于扇马，亦不可骑。"继岌监军李从袭等见崇韬专任军事，心已不平，及闻此言，遂皆切齿，思有以图之。庄宗闻破蜀，遣宦官向延嗣劳[28]军，崇韬不郊迎，延嗣大怒，因与从袭等共构[29]之。延嗣还，上蜀簿……庄宗曰："人言蜀天下之富国也，所得止于此邪?"延嗣因言蜀之宝货皆入崇韬，且诬其有异志，将危魏王。庄宗怒，遣宦官马彦珪至蜀，视崇韬去就[30]。彦珪以告刘皇后，刘皇后教彦珪矫诏魏王杀之。

选自《新五代史》卷二十四

〔注释〕 ① 寇：侵犯。 ② 新：刚。 ③ 遽：仓促。 ④ 延：招请。 ⑤ 军：驻扎军队。 ⑥ 患：担忧。 ⑦ 庶几：也许可以。 ⑧ 虽：即使。 ⑨ 稔：庄稼成熟。 ⑩ 用事：掌权。 ⑪ 怨望：心怀怨恨。 ⑫ 弊：害处。 ⑬ 去：离开。 ⑭ 间：离间。 ⑮ 遗：赠送。 ⑯ 反侧：不安。 ⑰ 悉：全。 ⑱ 辞：推辞。 ⑲ 流：流亡。 ⑳ 胜：经得起。 ㉑ 豫：安乐。 ㉒ 第：达官贵人的宅院。 ㉓ 故事：先例。 ㉔ 阴：暗中。 ㉕ 素：向来。 ㉖ 尝：曾经。 ㉗ 旋：返回。 ㉘ 劳：慰劳。 ㉙ 构：设计陷害。 ㉚ 去就：行动。

〔赏析〕 后梁至后晋这一时间跨度之内战争的发生是唐末五代初年的基本政治格局，这场长达四十余年的战争，对五代的走向产生了极为深远的影响，许多政治人物也因此崭露头角，显赫一时。而郭崇韬其人则对后唐最终战胜后梁发挥了重要的作用，他也因此成为当时最为耀眼的政治人物之一。

郭崇韬，字安时，代州雁门人。新旧《五代史》都没有过多地提及他的家世，因此一般观点认为他出身于寒门。他最早为沙陀人李克修之亲信，李克修死后又转仕李克用，很快便凭借着自己的才干获取了君主的信任。李存勗即位后，他在孟知祥的推荐下，出任中门使之职，从此独揽军府机要，成为影响后唐决策的关键性人物。在任内,他展现出与众不同的判断能力和战略眼光,为后唐屡建奇功。

李存勗曾攻打镇州,而契丹也发兵前来解围,一时之间晋军大为惶恐,众人建议采取撤退的方式来避其兵锋,郭崇韬却判断契丹的真实意图只是在于贪图财物而并非在于解围,并力主迎敌,被李存勗采纳,其后果然击败了敌军。

李存勗建立后唐政权,以军功擢升的郭崇韬逐渐成为后唐核心决策层的一员。后梁大将康延孝想归顺后唐政权,便首先投靠郭崇韬,郭崇韬对此也十分重视,亲自出迎并引入帐中细谈,尽得敌军虚实。因此在其后庄宗犹豫是否要与后梁进行决战的战略规划中,郭崇韬颇有针对性地指出,陛下与后梁征战多年,将士和百姓都已十分疲敝,现在您帝号已定,大家都希望能尽快结束这场战争,现在的战局,并不适合打持久战,而眼下康延孝已经归顺,后梁的虚实已尽为我所知,这正是一举消灭后梁的大好时机。由此坚定了李存勗的信心,后来的事实也证明了郭崇韬这一决断的正确性。李存勗仅用八天就平定后梁政权,一举奠定了北方的大局。虽然郭崇韬并没有直接参与战事,然而战争的整个过程基本上都是按照他的战略部署来进行的。因此论功行赏之时,郭崇韬自然当居于首位。郭崇韬由此集军权相权于一身,并受铁券,可谓权倾一时。当时后唐的朝政动议,几乎皆出其议,以至于对于皇后的甄选,也要听取他的意见。与一般权臣迥异之处在于,郭崇韬虽位高权重,却始终"以天下为己任",尽心尽力地辅佐庄宗,庄宗也对他表示了极大的信任,不过这种良好的君臣关系却没能维持多久,双方很快便出现了政治关系上的裂缝。

矛盾的发生首先是由于庄宗的贪图享乐,同光三年(925年)夏,天降暴雨,大水成灾,然而此时的庄宗,却因宫中暑热潮湿而想兴建新的宫殿居住。郭崇韬对此表示反对,并劝庄宗"无忘创业之难",庄宗虽然无言以对,却仍然下令建造宫殿,宦官趁机进谗,从中挑拨两人的关系,因此郭崇韬与皇帝的关系变得日趋紧张。

郭崇韬素来与宦官不和。在创业时期,庄宗对他言听计从,很早就引起了宦官们的强烈不满,而郭崇韬对宦官也采取严厉打压的态度,故而宦官们纷纷将其视作眼中钉、肉中刺。后唐初定之时，庄宗越来越宠信宦官，他和郭崇韬之间的矛盾也日益扩大而明显化，郭崇韬也感受到了来自庄宗的危机。为缓和与庄宗之间的矛盾，郭崇韬遂决定通过征蜀以避祸。他推举魏王继岌征蜀，自己则担任副将，整个征蜀大计，均出自郭崇韬之策，在他的指挥下，后唐很快平定蜀地，他的名望也随之达到了顶峰。然而在巅峰之后，则必是巨大的危机与绝境。

危机主要来自郭崇韬和宦官之间不可调和的矛盾，由于长期对于宦官的仇视，使得郭崇韬得罪了为数不少的宦官。而在征蜀取得胜利并颇显得意的情况之下，郭崇韬竟然公开对魏王阐明要除尽宦官的政治意图，这就使得随军监军、宦官李从袭大为不满，其后又由于出迎的礼节问题，得罪了朝廷派来的宦官向延嗣。在宦官们的共同构陷，加之刘皇后的推波助澜之下，郭崇韬最终被满门抄斩，落得个悲剧的下场。

纵观郭崇韬的一生，为后唐政权出谋划策可谓是勤勤恳恳，鞠躬尽瘁，最终却难逃身死族灭的悲惨结果，故而为其叫屈者历代不乏其人。这一历史悲剧的背后，实则折射出君权与相权势必发生争夺这一中国古代社会长期存在的痼疾。在专制主义集权形态的王朝统治下，君主和臣子围绕着权力分配的问题，必然会存在难以调和的矛盾。在外敌面前，出于共同利益的需要，君臣之间尚能团结一致，为了共同的目标而同心协力。一旦同心协力的目标消失，如何处理好双方权力的分配问题，便成为考验君臣关系的一个重要课题。像张良这样善于自保的臣子毕竟是少数，鸟尽弓藏往往会成为功高震主的大臣们最终面对的共同命运。

从政治谋略而言，郭崇韬无疑是一位非常有见识的政治家，在处理具体政务方面，他头脑清楚，眼光独到，往往对于别人看不到的问题都能洞若观火。后唐初定之际，许多人向其行贿，他也全部接受，他这么做绝非因为其乃贪财之辈，而是因为他深知行贿之人多是后梁旧将，如果一味拒绝，反而会因为增加对方的疑窦而对新生政权构成威胁。当他本人和皇帝之间的关系出现危机时，他决定通过征蜀以自保，在公认李嗣源为征蜀最适合人选的情况下，郭崇韬巧妙地推举出亟需建立战功而又能力有所欠缺的魏王李继岌，如此这般,则作为副将的他就顺理成章地成为实际控制征蜀大权的人。可以说,郭崇韬的见识堪称卓绝,这也是他能够成为庄宗所倚重之大臣,并能够长期掌握朝政大权的重要原因。

然而在政治斗争方面,郭崇韬却又显得目光短浅,昏招迭出。为了得以和宦官相抗衡,他致力于扶植刘皇后势力,欲图作为自己的靠山,这种利用外戚势力来对抗宦官势力的做法其实是十分危险的。事实证明,刘皇后非但没有帮助郭崇韬,反而成了倾轧自己的重要推手。他与宦官一再树敌的做法,也体现了他在政治斗争中的幼稚。宦官作为中央专制主义集权王朝的一颗毒瘤,自东汉以降就回荡于历史的阴暗之中,善于揣度皇帝心思的宦官自然是将官员们推入万劫不复之境地的重要力量。由于他们特殊的地位和优势,则士大夫集团欲图与宦官进行斗争必然是残酷而复杂的,逞一时之气,过早激化矛盾,只会致自身于极为尴尬的境地,郭崇韬的悲剧结局印证了这一点。

最为重要之处在于,郭崇韬始终未能参透为臣最为关键的要诀,那就是揣测圣意,努力处理好与君主的关系。郭崇韬以为凭借着赤胆忠心和一心为国,就能获得皇帝的理解,进而得以保全自己。他多次直言进谏,未有任何保留,致使君臣关系趋于恶化;他努力想改善与皇帝的关系,却不知其存在本身就是对于皇帝的最大威胁,这一矛盾自然也就无法从根本上加以解决了。促使皇帝与郭崇韬最终发生反目的事件,是因宦官向延嗣在皇帝面前谮言郭崇韬在灭蜀后私藏财宝这一事实,这是公然触及皇帝权威和利益的行径,因为只有最高当权者——皇帝,才能够有权力处理这批珍宝,况且郭崇韬远在四川,拥有大量财宝究竟是何居心。郭崇韬的悲剧也因此而不可避免。令人唏嘘的现实在于,失去了郭崇韬的后唐政权,很快出现了军队的叛变,后唐政权也由此走向了衰落。其后李嗣源发动的兵变,使得庄宗再也无力镇压,最终身死其中。究其祸根,其实早在郭崇韬惨遭诛杀之际就已埋下。

安重诲传

〔选文〕

安重诲,应州人也。其父福迁,事[1]晋为将,以骁勇知名。……

重诲少事明宗，为人明敏谨恪。明宗镇安国，以为中门使，及兵变于魏，所与谋议大计，皆重诲与霍彦威决之。明宗即位，以为左领军卫大将军、枢密使，兼领山南东道节度使。固辞不拜，改兵部尚书，使如故。在位六年，累加侍中兼中书令。

重诲自为中门使，已见[②]亲信，而以佐命功臣，处机密之任，事无大小，皆以参决，其势倾动天下。虽其尽忠劳心，时有补益，而恃功矜[③]宠，威福自出，旁无贤人君子之助，其独见之虑，祸衅所生，至于臣主俱伤，几灭其族，斯其可哀者也。

重诲尝出，过御史台门，殿直马延误冲其前导，重诲怒，即台门斩延而后奏。是时，随驾厅子军士桑弘迁，殴伤相州录事参军；亲从兵马使安虔，走马冲宰相前导。弘迁罪死，虔决[④]杖而已。重诲以[⑤]斩延，乃请降敕处分，明宗不得已从之，由是御史、谏官无敢言者。

宰相任圜判三司，以其职事与重诲争，不能得，圜怒，辞疾，退居于磁州。朱守殷以汴州反，重诲遣人矫诏驰至其家，杀圜而后白[⑥]，诬圜与守殷通谋，明宗皆不能诘也。而重诲恐天下议己，因取三司积欠二百余万，请放[⑦]之，冀以悦人而塞责，明宗不得已，为下诏蠲[⑧]除之。其威福自出，多此类也。

是时，四方奏事，皆先白重诲然后闻。河南县献嘉禾，一茎五穗，重诲视之曰："伪也。"笞[⑨]其人而遣之。夏州李仁福进白鹰，重诲却之，明日，白曰："陛下诏天下毋得献鹰鹞，而仁福违诏献鹰，臣已却之矣。"重诲出，明宗阴遣人取之以入。佗[⑩]日，按鹰于西郊，戒左右："无使重诲知也！"宿州进白兔，重诲曰："兔阴且狡，虽白何为？"遂却而不白。

明宗为人虽宽厚，然其性夷狄，果于杀人。马牧军使田令方所牧马，瘠而多毙，坐[⑪]劾当死，重诲谏曰："使天下闻以马故，杀一军使，是谓贵畜而贱人。"令方因得减死。明宗遣回鹘侯三驰传至其国。侯三至醴泉县，县素僻，无驿马，其令刘知章出猎，不时[⑫]给马，侯三遽以闻。明宗大怒，械[⑬]知章至京师，将杀之，重诲从容为言，知章乃得不死。其尽忠补益，亦此类也。

……

潞王从珂为河中节度使，重诲以谓从珂非李氏子，后必为国家患，乃欲阴图之。从珂阅马黄龙庄，其牙内指挥使杨彦温闭城以叛。从珂遣人谓彦温曰："我遇[⑭]汝厚，何苦而反邪？"报曰："彦温非叛也，得枢密院宣，请公趋归朝廷耳！"从珂走[⑮]虞乡，驰骑上变。明宗疑其事不明，欲究其所以，乃遣殿直都知范氲以金带袭衣、金鞍勒马赐彦温，拜彦温绛州刺史，以诱致之。重诲固请用兵，明宗不得已，乃遣侍卫指挥使药彦稠、西京留守索自通率兵讨之，而诫曰："为我生[⑯]致彦温，吾将自讯其事。"彦稠等攻破河中，希[⑰]重诲旨，斩彦温以灭口。重诲率群臣称贺，明宗大怒曰："朕家事不了，卿等不合致贺！"从珂罢镇，居清化里第。重诲数讽[⑱]宰相，言从珂失守，宜得罪，冯道因白请行法。明宗怒曰："吾儿为奸人所中[⑲]，事未辨明，公等出此言，是不欲容吾儿人间邪？"赵凤因[⑳]言："《春秋》责帅之义，所以励为臣者。"明宗曰："皆非公等意也！"道等惶恐而退。居数日，道等又以为请，明宗顾左右而言他。明日，重诲乃自论列，明宗曰："公欲如何处置，我即从公!”重诲曰:“此父子之际,非臣所宜言,惟陛下裁之!”明宗曰:“吾为小校时,衣食不能自足,此儿为我担石灰,拾马粪,以相养活,今贵为天子,独不能庇之邪!使其杜[21]门私第,亦何与公事!”重诲由是不复敢言。

……

董璋等反,遣石敬瑭讨之,而川路险阻,粮运甚艰,每费一石,而致一斗。自关以西,民苦输送,往往亡[22]聚山林为盗贼。明宗谓重诲曰:“事势如此,吾当自行。”重诲曰:“此臣之责也。”乃请行。关西之人闻重诲来,皆已恐动,而重诲日驰数百里,远近惊骇。督趣[23]粮运,日夜不绝,毙踣[24]道路者,不可胜数。重诲过凤翔,节度使朱弘昭延之寝室,使其妻子奉事左右甚谨。重诲酒酣,为弘昭言:“昨被谗构,几不自全,赖人主明圣,得保家族。”因感叹泣下。重诲去,弘昭驰骑上言:“重诲怨望,不可令至行营,恐其生事。”而宣徽使孟汉琼自行营使还,亦言西人震骇之状,因述重诲过[25]恶。重诲行至三泉,被召还。过凤翔,弘昭拒而不纳,重诲惧,驰趋京师。未至,拜河中节度使。

重诲已罢,希旨者争求其过。宦者安希伦,坐与重诲交私,常与重诲阴伺宫中动息,事发[26]弃市[27]。重诲益惧,因上章告老。以太子太师致仕[28];而以李从璋为河中节度使,遣药彦稠率兵如[29]河中虞[30]变。重诲子崇绪、崇赞,宿卫京师,闻制下,即日奔其父。重诲见之,惊曰:“渠[31]安得来!”已而曰:“此非渠意,为人所使耳。吾以一死报国,余复何言!”乃械送二子于京师,行至陕州,下狱。明宗又遣翟光业至河中,视重诲去就,戒曰:“有异志,则与从璋图之。”又遣宦者使于重诲。使者见重诲,号泣不已,重诲问其故,使者曰:

“人言公有异志,朝廷遣药彦稠率师至矣!”重诲曰:“吾死未塞责,遽劳朝廷兴师,以重明主之忧。”光业至,从璋率兵围重诲第,入拜于庭。重诲降而答拜,从璋以檛击其首,重诲妻走抱之而呼曰:“令公死未晚,何遽如此!”又击其首,夫妻皆死,流血盈庭。从璋检责㉜其家赀,不及数千缗而已。明宗下诏,以其绝钱镠,致孟知祥、董璋反,及议伐吴,以为罪。并杀其二子,其余子孙皆免。

重诲得罪,知其必死,叹曰:“我固当死,但恨不与国家除去潞王!”此其恨㉝也。

选自《新五代史》卷二十四

〔注释〕 ① 事:侍奉。 ② 见:受。 ③ 矜:夸耀。 ④ 决:判决。 ⑤ 以:因为。 ⑥ 白:报告。 ⑦ 放:免除。 ⑧ 蠲:通“捐”,减免。 ⑨ 笞:鞭打。 ⑩ 佗:同“他”。 ⑪ 坐:获罪。 ⑫ 时:及时。 ⑬ 械:拘系。 ⑭ 遇:对待。 ⑮ 走:跑。 ⑯ 生:活着。 ⑰ 希:迎合。 ⑱ 讽:暗示。 ⑲ 中:诬蔑。 ⑳ 因:于是。 ㉑ 杜:闭。 ㉒ 亡:逃跑。 ㉓ 趣:催促。 ㉔ 踣:仆倒。 ㉕ 过:过失。 ㉖ 发:暴露。 ㉗ 弃市:古代在闹市执行死刑,并将尸体暴露街头。 ㉘ 致仕:辞官。 ㉙ 如:前往。 ㉚ 虞:戒备。 ㉛ 渠:他们。 ㉜ 责:索取。 ㉝ 恨:遗憾。

〔赏析〕 在五代十国的大乱局中,杀伐征战自然成了割据势力之间压倒一切的大事,军人的地位也因之得到了提升,军人凭借权臣身份而干政则成为五代政局中的新常态,五代的政权更替实际上亦多由此而起。当然,干政的军人权臣中也有忠臣,但在五代政局走马灯交替般的乱局之中,权臣权力的扩张必然会和君权发生矛盾,即便是忠臣也难以获得保全,最终以惨遭屠戮的悲剧收场,后唐明宗时著名的权臣安重诲就是这方面典型的例子。

安重诲是应州人,出身于将门之家,其父安福迁是一位骁勇的武将。安重诲在年轻之时就追随明宗南征北战,凭借他的聪敏谨慎而日渐受到重用,明宗在镇守安国之时,安重诲就已出任中门使之职,甚见亲信,明宗即位后他更是成为手握大权的枢密使,可谓是权倾一时。以安重诲的权力之大,甚至连皇帝都要避让他三分,过分膨胀的权力使得安重诲行事蛮横,独断专行,做了不少骄横跋扈的事情。在经过御史台时,殿直马延误冲了他的前导,他在没有通报皇帝的情况下便擅自杀死了马延,然而按律,马延罪不至死。事后安重诲向明宗请罪,明宗在不得已中也对此事勉强接受。此事一出,朝野上下便再也无人敢说真话了。

安重诲以军人之身份取得权臣之势力,这种扩张态势必然会与传统的相权发生冲突,而这场冲突的结果却以安重诲获得胜利而告终。宰相任圜因为职责范围之内所需处理之事与安重诲发生了争执,在愤慨中辞官回家。但即便如此,安重诲仍然没有放过任圜,并假传诏命将其杀害,后又诬告任圜谋逆,明宗知道此事后也没有加以追究。为了平息民怨,安重诲更是迫使明宗免去了三司的税收,安重诲的这些所作所为自然属于恣意妄为,历来为史官所批评,欧阳修就曾对安重诲其人予以了严厉的谴责。

然而安重诲的弄权行为却一直没有遭到明宗的打压,这就使得他的权势趋于极致,以至于大小政务都是先报告了安重诲后才会向明宗汇报。古代的皇帝都喜欢所谓的祥瑞,当时很多人向明宗进献诸如"嘉禾"、"白鹰"、"白兔"这些在传统上被认为是祥瑞的东西,而安重诲对此则统统予以拒绝,即便明宗颇为喜欢,却也不敢公开反对,只能偷偷取来而不敢让安重诲知道。当然,安重诲的这些做法是出于替明宗的考虑,他深知祥瑞这种东西,大部分都是臣子们向皇帝献媚以此获得拔擢的晋身之阶,如果对所谓的祥瑞大肆宣扬,反而可能会误国。

从这些具体事例中,我们可以看出,安重诲虽然权势熏天,但明宗和他之所以能够相安无事,最主要的原因恐怕还是在于安重诲虽则擅权,然而却始终忠于明宗。为了明宗的利益,他也行使了不少善政。明宗是行伍出身,视杀人如寻常之事,常常因为一些小事而妄杀大臣,对此安重诲则常常予以劝谏,使明宗收回成命。如果没有安重诲的劝阻,一定会有不少人冤死于明宗手下。

虽然明宗长期信任安重诲,但从长远来看,君主和臣子在权力面前不可能一直保持平衡,一定会有突发的事件致使两者产生难以调和的矛盾,如若触及了更深层次的矛盾,则双方很有可能产生决裂。而最终酿成安重诲悲剧的事件便是围绕着潞王李从珂而来的。

潞王李从珂是明宗养子，此时任河中节度使之职，可谓是手握重兵。安重诲认为李从珂必将成为后唐政权的心腹大患，因此竭力想要将其诛除。为达此计，安重诲策动李从珂的手下杨彦温造反，以此加害潞王，事情败露之后又不顾明宗要求活捉杨彦温的命令而将其诛杀灭口。这一举动触怒了明宗，君臣之间由此开始逐渐产生了隔阂。安重诲仍不加以收敛，坚决要惩治李从珂，直到明宗当面动怒方才罢休。从此之后，明宗渐渐对安重诲产生了戒心。

之后董璋在四川作乱，后唐政权派遣军队前往镇压，川路险峻，军队后勤运输不便，老百姓纷纷苦于运输逃入山林。为解明宗之忧，安重诲主动要求承担起押运粮草的重任。关西民众迫于他的威势，只好出来运送物资，苦不堪言，而他又不辞辛苦，来回奔驰数百里，夜以继日，尽职尽责，然而许多人也因此累死于路边，民怨极大。在风口浪尖上的安重诲又犯了一个致命错误，他在途经凤翔之时与节度使朱弘昭把酒言欢却不慎袒露心机，抱怨之前所受到的诬陷，朱弘昭立刻将此事上报朝廷，并指出安重诲心有怨念，提出不可让他前往军队的建议，与此同时，地方上向朝廷反映了安重诲的暴政导致民众受苦的惨状。因此安重诲在三泉便被召回，而再次途经凤翔且朱弘昭拒绝与之见面时，安重诲忧惧日深。还未进入京城，他就接到罢去相位，授河中节度使的任命。

罢相之后，许多人趁机上书攻击安重诲，历数他所犯的过错。安重诲安插在宫中的宦官也被发现而遭到处决，尸体遭到示众。安重诲在惊恐之中告老还乡，最终以太子太师的身份得以还乡。但皇帝对此还是不放心，派军队前往监视，最终还是下手杀了安重诲，他的两个儿子也同他一起遇害。

客观来说，安重诲当权之时骄横跋扈，确实行使了一些恶政，然而最终使其遭遇杀身之祸的原因，却多少有些欲加之罪何患无辞的意味，李从珂后来果然谋反，杀掉了明宗的儿子，攘夺了政权，从这个角度而言，安重诲则无疑又是颇具远见的，他力图铲除李从珂的行为从出发点来看也确实是为了后唐能够国祚长久，从这个角度上说，他的死是属于冤杀。

所谓性格决定命运，由于安重诲一贯骄横的作风，必然会触碰到君臣关系的红线。如果说妄杀大臣、禁止下官呈递祥瑞还在明宗可以接受的范围之内,那么一旦超出君臣之份的范围则必然会使其遭遇到杀身之祸,特别是安重诲企图越过皇帝而处置皇帝的家人,这无疑深深刺痛了明宗内心的底线。在安重诲落难之际,不仅无人伸出援手助其一臂之力,反而遭到群臣的落井下石。安重诲不经意间发出的抱怨,便立刻遭到了举报,安重诲得罪人之多以及其人际关系之差,由此也可见一斑。

安重诲的悲剧正是乱世中权臣的一面镜子,在中央集权体制权力不受监督的情况下,个人的荣辱成败是难有制度约束可言的,即便是忠于朝廷与君主,一旦触及君主之"逆鳞",随时便有可能遭到杀身之祸。五代时期各政权的盛衰尚在旦夕之间,何况是权臣?一旦失势,则往往身死族灭。对于安重诲的悲剧,欧阳修以八字评之:"独见之虑,祸衅所生",诚哉斯言!

伶 官 传

〔选文〕

庄宗既好俳[①]优,又知音,能度曲[②],至今汾、晋之俗,往往能歌其声,谓之"御制"者皆是也。其小字亚子,当时人或谓之亚次。又别为优名以自目,曰李天下。自其为王,至于为天子,常身与俳优杂戏于庭,伶人由此用事,遂至于亡。

皇后刘氏素微[③],其父刘叟,卖药善[④]卜,号刘山人。刘氏性悍,方与诸姬争宠,常自耻其世家,而特讳其事。庄宗乃为刘叟衣服,自负[⑤]蓍囊药笈,使其子继岌提破帽而随之,造[⑥]其卧内,曰:"刘山人来省[⑦]女。"刘氏大怒,笞继岌而逐之。宫中以为笑乐。

其战于胡柳也,嬖[⑧]伶周匝为梁人所得。其后灭梁入汴,周匝谒于马前,庄宗得之喜甚,赐以金帛,劳其良苦。周匝对曰:"身陷仇人,而得不死以生者,教坊使陈俊、内园栽接使储德源之力也。愿乞二州以报此两人。"庄宗皆许以为刺史。郭崇韬谏曰:“陛下所与共取天下者,皆英豪忠勇之士。今大功始就,封赏未及于一人,而先以伶人为刺史,恐失天下心。不可!”因格[9]其命。逾年,而伶人屡以为言,庄宗谓崇韬曰:“吾已许周匝矣,使吾惭见此三人。公言虽正,然当为我屈意行之。”卒以俊为景州刺史、德源为宪州刺史。

庄宗好畋[10]猎,猎于中牟,践民田。中牟县令当马切谏,为民请,庄宗怒,叱县令去,将杀之。伶人敬新磨知其不可,乃率诸伶走追县令,擒至马前责之曰:“汝为县令,独不知吾天子好猎邪?奈何纵民稼穑以供税赋!何不饥汝县民而空此地,以备吾天子之驰骋?汝罪当死!”因前请亟行刑,诸伶共唱和之。庄宗大笑,县令乃得免去。

庄宗尝与群优戏于庭,四顾而呼曰:“李天下,李天下何在?”新磨遽前以手批[11]其颊。庄宗失色,左右皆恐,群伶亦大惊骇,共持[12]新磨诘曰:“汝奈何批天子颊?”新磨对曰:“李天下者,一人而已,复谁呼邪!”于是左右皆笑,庄宗大喜,赐与新磨甚厚。

……

然时诸伶,独新磨尤善俳,其语最著,而不闻其佗过恶。其败政乱国者,有景进、史彦琼、郭门高三人为最。

是时,诸伶人出入宫掖,侮弄缙绅,群臣愤嫉,莫敢出气,或反相附托,以希恩幸,四方藩镇,货赂[13]交行,而景进最居中用事。庄宗遣进等出访民间,事无大小皆以闻。每进奏事殿中,左右皆屏退,军机国政皆与参决,三司使孔谦兄事之,呼为“八哥”。

庄宗初入洛,居唐故宫室,而嫔御未备。阉宦希旨,多言宫中夜见鬼物,相惊恐,庄宗问所以禳[14]之者,因曰:“故唐时，后宫万人，今空宫多怪，当实[15]以人乃息。”庄宗欣然。其后幸邺，乃遣进等采邺美女千人，以充后宫。而进等缘[16]以为奸，军士妻女因而逃逸者数千人。庄宗还洛，进载邺女千人以从，道路相属[17]，男女无别。

魏王继岌已破蜀，刘皇后听宦者谗言，遣继岌贼杀郭崇韬。崇韬素嫉伶人，常裁[18]抑之，伶人由此皆乐其死。皇弟存乂，崇韬之婿也，进谗于庄宗曰：“存乂且[19]反，为妇翁报仇。”乃因而杀之。朱友谦，以梁河中降晋者，及庄宗入洛，伶人皆求赂于友谦，友谦不能给而辞焉。进乃谗友谦曰：“崇韬且诛，友谦不自安，必反，宜并诛之。”于是及其将五六人皆族灭之，天下不胜其冤。进，官至银青光禄大夫、检校左散骑常侍兼御史大夫，上柱国。

……

郭门高者，名从谦，门高其优名也。虽以优进，而尝有军功，故以为从马直指挥使。从马直，盖亲军也。从谦以姓郭，拜崇韬为叔父，而皇弟存乂又以从谦为养子。崇韬死，存乂见[20]囚，从谦置酒军中，愤然流涕，称此二人之冤。是时，从马直军士王温宿卫禁中，夜谋乱，事觉被诛。庄宗戏[21]从谦曰：“汝党存乂、崇韬负我，又教王温反。复欲何为乎？”从谦恐，退而激其军士曰：“罄[22]尔之赀，食肉而饮酒，无为后日计也。”军士问其故，从谦因曰：“上以王温故，俟破邺，尽坑尔曹。”军士信之，皆欲为乱。

李嗣源兵反，向京师，庄宗东幸汴州，而嗣源先入。庄宗至万胜，不得进而还，军士离散，尚有二万余人。居数日，庄宗复东幸汜水，谋扼关以为拒[23]。四月丁亥朔，朝[24]群臣于中兴殿，宰相对三刻罢。从驾黄甲马军阵[25]于宣仁门、步军阵于五凤门以俟[26]。庄宗入食内殿,从谦自营中露刃注矢,驰攻兴教门,与黄甲军相射。庄宗闻乱,率诸王卫士击乱兵出门。乱兵纵火焚门,缘城而入,庄宗击杀数十百人。乱兵从楼上射帝,帝伤重,踣于绛霄殿廊下,自皇后、诸王左右皆奔走。至午时,帝崩,五坊人善友,聚乐器而焚之。嗣源入洛,得其骨,葬新安之雍陵。以从谦为景州刺史,已而[27]杀之。

《传》曰:"君以此始,必以此终。"庄宗好伶,而弑于门高,焚以乐器。可不信哉!可不戒哉!

选自《新五代史》卷三十七

〔注释〕 ① 俳:滑稽戏。 ② 度曲:作曲。 ③ 微:卑贱。 ④ 善:擅长。 ⑤ 负:背。 ⑥ 造:至。 ⑦ 省:探望。 ⑧ 嬖:宠爱。 ⑨ 格:搁置。 ⑩ 畋:打猎。 ⑪ 批:手击。 ⑫ 持:捉拿。 ⑬ 货赂:贿赂。 ⑭ 禳:祭祷消灾。 ⑮ 实:充实。 ⑯ 缘:凭借。 ⑰ 属:接连。 ⑱ 裁:节制。 ⑲ 且:将要。 ⑳ 见:被。 ㉑ 戏:逗趣。 ㉒ 罄:尽。 ㉓ 拒:抵抗。 ㉔ 朝:使朝见。 ㉕ 阵:排兵布阵。 ㉖ 俟:等待。 ㉗ 已而:不久。

〔赏析〕 后唐庄宗是历史上颇具传奇色彩的一位人物,他继承其父李克用的遗志,剪灭后梁政权,一统中原,成为后唐的开国之君。他的雄才大略,使得其敌人都为之钦佩不已,比如李存勖的死敌朱温就曾赞叹说:"生子当如李亚子。"然而正是这样一位本可建立不朽功勋,著名声于竹帛的杰出君主,却由于宠信伶官而导致朝纲大乱,君臣失和,最后身死兵火之中,可谓是其盛也昌,其亡也速!欧阳修有感于此,特地在修史时为伶官专门立传,并写下了史论名篇《〈伶官传〉序》,其目的正是要后人以史为鉴,不要再犯与庄宗类似的错误。

后唐王朝是由沙陀族建立起来的政权,歌舞是沙陀人生活中必不可少的内容,故而沙陀人皆天性能歌善舞。庄宗恰恰也是一位多才多艺的人,除了在军事上有着杰出的才能,深受本民族风气熏陶的李存勖在音乐上也颇有造诣。据欧阳修的说法,直到宋代,汾、晋两州的老百姓大部分都还在传唱由李存勖作曲的歌，由此可以一窥其对于音乐的造诣之深。正是因为爱好音乐，李存勖尚未继承皇位之时就开始与伶人保持着亲密的关系。做了皇帝之后，这种亲密的关系可谓是有增无减。爱好音乐本无对错之分，正确处理好政治与娱乐的关系也是能够治理好国家的。然而庄宗玩物丧志，对于音乐之喜好超过了限度，由此导致伶人日渐得宠；加之庄宗生性散漫，经常开一些不知轻重的玩笑。据史书记载，刘皇后出身不佳，其父原本为贩药之人，号称刘山人，刘皇后本人平时也非常忌讳有人在宫中提及此事，庄宗偏偏以此事为由，对皇后加以戏谑，还同儿子李继岌一起以此取乐，惹得刘皇后大怒。看起来这似乎只是一件小事，然而作为一国之君，以低俗的方式来调戏一宫之主的皇后，必然使得皇后威严尽失，不仅有失体统，更造成了恶劣的影响。正是因为庄宗的这种轻慢态度，才使得伶官们变得恣意妄为。

庄宗若只是平时和伶人胡闹也就罢了，他竟爱屋及乌，让伶人参与到朝政的决策中来。他所宠信的伶人周匝获救，为了答谢别人救助周匝之恩，李存勖竟让寸功未立的两人担任刺史，虽然郭崇韬已经对此事加以劝谏，然而李存勖依旧我行我素，最终还是让这两个人担任了刺史之职。庄宗此举，让不少浴血奋战欲图以军功获得拔擢的将士深感不满。而纵观庄宗的执政生涯，伶官和军队之间的矛盾就从未间断，这种情况一直延续到庄宗身死于兵变之中。

当然，对于伶人这个复杂的团体，不能一概予以无情的贬斥。个别伶人也曾利用自己和皇帝的亲密关系做过一些善政之举。庄宗喜好畋猎，有一次在中牟县打猎时曾纵马践踏禾田，县令苦苦加以劝阻的行为惹得庄宗大怒，以至于几乎要杀了县令。乐官敬新磨却正话反说，假意训斥县令，其实则在于劝谏庄宗，最终惹得庄宗大笑，县令也得以免死离去，一场危机就此化解。敬新磨之所以敢于在皇帝面前开玩笑，除了和皇帝拥有良好的关系之外，还与庄宗本身具有豪放的性格有关。庄宗有一次与伶人在庭中嬉戏，一时忘情，大呼给自己取的名字“李天下”，敬新磨因此就给了庄宗一记耳光，大家十分惊恐，敬新磨则解释到，所谓的李天下，只有一人罢了，又是在呼叫谁呢！于是众人皆大笑起来，庄宗对此也感到十分高兴，非但没有生气，反而重重赏赐了敬新磨。庄宗是沙陀人，尽管这一时期的沙陀人汉化程度业已较高，然而在许多方面仍然保存着本民族固有的一些特性，对于汉人的礼仪，特别是作为中央政权君主所应该具备的威仪则显然是缺少认识的，前文所述的庄宗拿皇后出身来加以戏谑便是绝佳之例。庄宗和伶人们关系融洽，看起来似乎是其乐融融，然而如果君王毫无威仪，则无以树立属于自己的绝对权威，更有甚者臣子竟然可以随意取笑自己的君主，从客观事实加以分析，此时的君主距离走向灭亡实际上也就不远了。

作恶多端的伶人自然也是不乏其人的，景进就是其中之一。庄宗对景进可谓是十分信任，经常派遣他出访民间，事无大小都可以向皇帝本人上报，因此景进得以参与朝政枢机，可谓是手握大权。庄宗在刚进入洛阳时，住在唐王朝的故宫内，宫女并不多，宦官们故意说晚上一直在宫中看见鬼怪，并断言此乃宫中空虚所导致的结果，因此需要增加宫女的数量。庄宗派景进负责调查此事，景进却从中作恶。景进还诬告皇弟李存乂和大将朱友谦，致使两人冤死。而其本人却官运亨通，加官进爵。

如果说景进还只是为乱朝纲，尚未对后唐政权造成毁灭性打击的话，那么郭从谦则可以被视作致庄宗于死地的直接责任人。郭从谦艺名门高，是伶人出身，不过曾经有过战功，他也因此被任命为从马直指挥使。从马直是亲兵部队，由此可见庄宗对郭从谦实际上是十分信任的。因为与郭崇韬同姓，郭从谦便拜其为叔父，后来又成为李存乂的养子，而这两人都先后为庄宗所杀，郭从谦就一直为此抱屈。同时，郭从谦的手下王温因策划谋逆被杀，庄宗却一直以此事对他开玩笑，这就让郭从谦感到了深深的恐惧，私下煽动士兵准备造乱。其后在李嗣源的反叛行为中，最终将庄宗杀死的，恰恰正是郭从谦的部队。

庄宗悲剧命运的酿成，世人多指责实由于其宠信伶官，致使朝纲大乱，终至不可收拾，为天下所笑。其实，凭借庄宗的才干和识具，他不可能对伶官的败政没有体会。他宠信伶官的原因，不仅仅在于关系的亲密，在表象背后，还蕴含着李存勗试图利用伶官打击朝臣，加强专制集权统治的目的。五代十国是唐以来藩镇割据的延续，许多拥兵自重的藩将是朝廷的心腹之患。多年的兵燹，使得当时朝廷的政治制度遭到了严重的削弱，很难真正建立起有效运转的政治秩序以管制地方。由是之故，如何管束臣子以建立稳固的集权统治，便成为五代时期君主所亟须破解的政治难题。对庄宗而言，可以信任的大臣本就不多，同时又要避免将军的擅权。在这种两难的情况下，平时关系亲密的伶人则不仅可以是玩伴，也可以成为其政治上的可靠帮手。李存勖本是沙陀人，没有汉人对于伶人根深蒂固的歧视传统。李存勖信任伶人，授予伶人以显职，希望借此以巩固统治；但他却未能发现伶人天生的缺陷。由于自身素质的低下，伶人往往缺乏政治才干，无法承担起处理实际政务的职责；更为严峻之处在于，伶人目光短浅，毫无政治抱负，只知在皇帝面前争一时之宠，以满足个人之贪欲，为此甚至不惜互相倾轧，陷害朝臣。这种情况的出现不仅会使朝政变得日趋混乱，更会使君臣之间产生难以弥合的罅隙。可叹庄宗空负雄才大略，在治国上却犯下了如此低级的错误，这就使其在宠信伶官的错误道路上越行越远，最终酿成兵变之祸，自己也落得个众叛亲离，身死国灭，为天下笑的可悲下场。

（谢科峰）

少数民族别开生面的历史留痕

〔导言〕 五代十国这种国家分崩离析的局面是唐末藩镇割据日趋演变的最终结果。一方面，突厥余部之沙陀族趁镇压黄巢起义之际，纷纷成为中原王朝所任命的地方节度使，直接参与到与君权进行角逐的政治博弈之中；另一方面，由于中央集权王朝的权力式微，客观上为北方游牧民族崛起提供了契机，原先在中国东北的契丹族便趁势雄踞北部中国，彻底改变了唐代以来的政治格局和族群关系。从更加纵深的历史时段来看，以契丹为首的北方诸族正在从地域和文化两个方面向中原方向靠拢，中国的地域和文化内涵获得了扩充。

本组选录《辽史》中的《辽太祖本纪》和《新五代史》中的《桑维翰传》，旨在领略那个充满巨变的时代背景下，辽太祖耶律阿保机是如何采纳正确的政治与军事策略以整合契丹民族内部，并通过血的代价来求得契丹文明之发展的。在苦心经营并积蓄契丹实力的蛰伏期间，辽太祖面对后唐沙陀政权坐大灭梁并进而欲图吞并契丹政权的危险，被迫依违于后唐与后梁之间，在夹缝中求得生存，进而建成国祚持续数百年之久的北方强大帝国。在契丹政权强大到足以影响中原政治格局之际，桑维翰本人与后晋政权的命运则全然系于与契丹或战或和的国策方针之制定了。桑维翰进而瞥见自契丹建国之后，将中国的东北、华北整合到了一个政治实体内的政治意图，从而改变了东北族群的空间发展方向，开始了东北诸族相继入主中原，进而融入中原社会的千年历史进程。

辽太祖本纪

〔选文〕

太祖大圣大明神烈天皇帝，姓耶律氏，讳亿，字阿保机，小字啜里只，契丹迭剌部霞濑益石烈耶律弥里人，德祖皇帝长子，母曰宣简皇后萧氏，唐咸通十三年生。初，母梦日堕怀中，有娠。及生，室有神光异香，体如三岁儿，即能匍匐。祖母简献皇后异之，鞠[1]为己子。常匿于别幕，涂其面，不令他人见。三月能行，晬[2]而能言，知未然事。自谓左右若有神人翼[3]卫。虽龆龀[4]，言必及世务，时伯父当国，疑辄咨焉。既长，身长九尺，丰上锐下，目光射人，关弓[5]三百斤。为挞马狘沙里。时小黄室韦不附，太祖以计降之，伐越兀及乌古、六奚、比沙狘诸部，克之。国人号阿主沙里。

唐天复元年，岁辛酉，痕德堇可汗立，以太祖为本部夷离堇，专征讨，连破室韦、于厥及奚帅辖剌哥，俘获甚众。冬十月，授大迭烈府夷离堇。

……

明年二月，复击刘仁恭。还，袭山北奚，破之。汴州朱全忠遣人浮海奉书币、衣带、珍玩来聘[6]。十一月，遣偏师讨奚、霫诸部及东北女直之未附者，悉[7]破降之。十二月，痕德堇可汗殂[8]，群臣奉遗命请立太祖。曷鲁等劝进。太祖三让[9]，从之。

……

五年春正月丙戌朔，日有食之。丙申，上亲征西部奚。奚阻险，叛服不常，数招谕弗[10]听。是役所向辄下，遂分兵讨东部奚，亦平之。于是尽有奚、霫之地。东际[11]海，南暨白檀，西逾松漠，北抵潢水，凡五部，咸[12]入版籍。

……

（七年）夏四月戊寅，北追剌葛。己卯，次[13]弥里，问诸弟面木叶山射鬼箭厌[14]禳[15]，乃执叛人解里向彼，亦以其法厌之。至达里淀，选轻骑追及[16]培只河，尽获其党辎重、生口。先遣室韦及吐浑酋长拔剌、迪里姑等五人分兵伏其前路，命北宰相迪里古为先锋进击之。剌葛率兵逆战，迪里古以轻兵薄[17]之。其弟遏古只临阵，射数十人毙，众莫敢前。相拒[18]至晡，众乃溃。追至柴河，遂自焚其车乘庐帐而去。前遇拔剌、迪里姑等伏发，合击，遂大败之。剌葛奔溃，遗其所夺神帐于路，上见而拜奠之。所获生口尽纵归本土。其党库古只、磨朵皆面缚[19]请罪。师次札堵河，大雨暴涨。

五月癸丑，遣北宰相迪辇率骁骑先渡。甲寅，奏擒剌葛、涅里衮阿钵于榆河，前北宰相萧实鲁、寅底石自刭不殊[20]。遂以黑白羊祭天地。壬戌，剌葛、涅里衮阿钵诣行在，以稿索自缚，牵羊望拜。上还至大岭。时大军久出，辎重不相属[21]，士卒煮马驹、采野菜以为食，孳畜道毙者十七八，物价十倍，器服资货委弃于楚里河，狼藉数百里，因更剌葛名暴里。丙寅，至库里，以青牛白马祭天地。以生口六百、马二千三百分赐大、小鹘军。

……

（神册二年）三月辛亥，攻幽州，节度使周德威以幽、并、镇、定、魏五州之兵拒于居庸关之西，合战于新州东，大破之，斩首三万余级，杀李嗣恩之子武八。以后弟阿骨只为统军，实鲁为先锋，东出关略燕、赵，不遇敌而还。己未，于骨里叛，命室鲁以兵讨之。

夏四月壬午，围幽州，不克。

选自《辽史》卷一

五年春正月乙丑始制契丹大字。

……

(六年)夏五月丙戌朔,诏定法律,正班爵。丙申,诏画前代直臣像为招谏图,及诏长吏四孟月询民利病。

……

冬十月癸丑朔,晋新州防御使王郁以所部山北兵马内附[22]。丙子,上率大军入居庸关。

……

十二月癸丑,王郁率其众来朝,上呼郁为子,赏赉[23]甚厚,而徙其众于潢水之南。庚申,皇太子率王郁略地定州,康默记攻长芦。唐义武军节度使王处直养子都囚其父,自称留后。癸亥,围涿州,有白兔缘[24]垒而上,是日破其郛。癸酉,刺史李嗣弼以城降。乙亥,存勖至定州,王都迎谒马前。存勖引兵趋望都,遇我军秃馁五千骑,围之,存勖力战数四,不解。李嗣昭领三百骑来救,我军少[25]却[26],存勖乃得出,大战,我军不利,引归。存勖至幽州,遣二百骑蹑[27]我军后,我军反击,悉擒之。己卯,还次檀州,幽人来袭,击走之,擒其裨将。诏徙檀、顺民于东平、沈州。

……

(天赞元年)夏四月甲寅,攻蓟州。戊午,拔之,擒刺史胡琼,以卢国用、涅鲁古典[28]军民事。壬戌,大飨[29]军士。癸亥,李存勖围镇州,张文礼求援,命郎君迭烈、将军康末怛往击,败之,杀其将李嗣昭。辛未,攻石城县,拔之。

……

(四年)十二月乙亥,诏曰:"所谓两事,一事已毕,惟渤海世仇未雪,岂宜安驻!"乃举兵亲征渤海大諲譔。皇后、皇太子、大元帅尧骨皆从。

……

天显元年春正月己未，白气贯日。庚申，拔扶余城，诛其守将。丙寅，命惕隐安端、前北府宰相萧阿古只等将[30]万骑为先锋，遇諲譔老相兵，破之。皇太子、大元帅尧骨、南府宰相苏、北院夷离堇斜涅赤，南院夷离堇迭里是夜围忽汗城。己巳，諲譔请降。庚午，驻军于忽汗城南。辛未，諲譔素服，稿索牵羊，率僚属三百余人出降。上优礼而释之。甲戌，诏谕渤海郡县。丙子，遣近侍康末怛等十三人入城索兵器，为逻卒所害。丁丑，諲譔复叛，攻其城，破之。驾幸城中。諲譔请罪马前。诏以兵卫諲譔及族属以出。祭告天地。复还军中。

选自《辽史》卷二

〔**注释**〕 ① 鞠：抚养。 ② 晬：婴儿满百日或满一岁之称。 ③ 翼：保护。 ④ 龆龀：同“髫龀”，指童年。 ⑤ 关弓：同“弯弓”，拉满弓。 ⑥ 聘：指天子、诸侯及国家间派使臣访问。 ⑦ 悉：全。 ⑧ 殂：死亡。 ⑨ 让：推辞。 ⑩ 弗：不。 ⑪ 际：达到。 ⑫ 咸：都。 ⑬ 次：驻扎。 ⑭ 厌：同“压”，抑制。 ⑮ 禳：祭祷消灾。 ⑯ 及：到。 ⑰ 薄：迫近。 ⑱ 拒：抵抗。 ⑲ 面缚：两手反绑。 ⑳ 殊：死。 ㉑ 属：接连。 ㉒ 附：归附。 ㉓ 赉：赏赐。 ㉔ 缘：攀援。 ㉕ 少：稍微。 ㉖ 却：退。 ㉗ 蹑：追踪。 ㉘ 典：掌管。 ㉙ 飨：犒赏。 ㉚ 将：统率。

〔**赏析**〕 辽太祖耶律阿保机是我国历史上杰出的少数民族政治家和军事家。

在耶律阿保机尚且年幼时，对于时事就颇有见地。在伯父当政时，每当遇到疑难问题就会向阿保机进行询问。其伯父曾言：“我如同蛇，我儿如同龙。”阿保机由于才力过人，故而在部落中威望甚高，被选为契丹部落的军事首领，他南征北战，战功卓著。契丹痕德堇可汗死后，部下奉遗命立阿保机为可汗。

公元9世纪末10世纪初，契丹崛起之际恰逢中原纷乱，而回鹘汗国的解体又导致漠北亦无王庭，这就为契丹部落独立发展提供了契机。此时的阿保机有两个选择，一则北上占据草原，延续回鹘汗国的传统；二则南下争夺中原。辽太祖从未真正考虑过前者的战略动向，他将契丹国发展的方针始终设定为向南方展拓。阿保机对于唐末中原的局势相当明了，在后梁建立之初，他一方面向朱温示好，乞求册封，同时利用海路交通，与南方各割据政权跨海交好；另一方面他亦与沙陀李氏交通，利用沙陀李氏与后梁朱氏在河北地区拉锯鏖战之际，伺机对河北地区北部的幽云十六州地带进行蚕食，收留汉族知识精英、悍兵叛将，大量掠夺汉地人口以充实契丹国力，为契丹赢得了更大的生存空间。

阿保机所建立的这个北方新政权，表现出了强烈的汉化色彩。他善于听取汉族知识分子的合理建议，诸如称帝建元、定立太子、建设皇都及尊崇孔子等行为，都是其明证所在。契丹国的建立过程也经历了很大的波折，各部落的守旧势力对阿保机废除三年选举可汗的契丹旧制进行了挑战，他们反对模仿中原王朝建立父子世袭的君权，以阿保机的亲弟剌葛为首，自阿保机任可汗的第五年起，曾先后发动过三次叛乱。契丹本由八个部落组成，其他七个部落的反对派贵族也纷纷参与叛乱，一时之间声势甚为浩大。阿保机巧妙运用各种策略，先是采取妥协的态度，赦免反对派贵族，以免叛乱局面的进一步扩大，接着抢先举行了选举可汗的“燔柴礼”，以此掌握了选举可汗的主动权。阿保机又在军事上事先准备，沉着应对叛乱，当叛乱者给契丹社会造成极大破坏的危急情况时，他不遗余力地给予叛乱者以严厉惩罚，将各部落参与谋逆的三百余人尽皆处死。阿保机利用契丹境内建立汉民城市获利之机，诱使其余各部落反对派前往，伏兵尽杀诸部落大人，扫清了建国道路上的障碍。

在梁晋两国相争不下的形势渐趋明朗后，阿保机索性不再朝梁，于公元916年正式称帝建元，创立大契丹国(后改为辽)，而他为大契丹国设立的最终目标即是入主中原。在神册、天赞年间他两度率大军南下克地未果，遂审时度势，总结教训，定下了先取漠北及渤海之策。于是，长城以北诸如回鹘、党项、阻卜、奚等其他游牧部族皆纷纷为契丹所征服。在征服的过程中，阿保机把征服和俘虏的各部落男女重新编入契丹新的八个部落，而由于原先契丹八部已划定了固定地区，遂由氏族部落转化为地域居民。重新编制部族的举措，推动了北方各个游牧民族在地域基础上的民族融合，而位于契丹东部的渤海国，由于汉化程度较高，在降服于契丹之后，阿保机决定保留原渤海国的政府体制和传统秩序，所谓“一用汉法”即是。在征服渤海之后，契丹一举获得了东北东部直至日本海的一大片物产丰饶的土地，控制了未来对手女真族的要害，同时彻底解决了南攻汉地的后顾之忧，为阿保机的后代子孙在未来几十年间不断南下进攻汉地打下了坚实的基础。攻取渤海后不久，阿保机病逝于回军路上。尽管他本人没有成功实现入主中原的梦想，但到他的继任者手中，契丹利用沙陀内讧之机，通过施展助晋灭唐进而将晋属国化的策略，遂一举成为兼跨农牧混合带两侧的强大帝国。

纵观阿保机的一生，他成功地利用晚唐五代之际漠北强势民族不再、中原政权分裂割据的时机，为契丹族选择了一条适合本民族发展前行的道路。在扩张过程中，阿保机又针对契丹境内的不同地域、不同生活方式和不同经济模式的多元特点，既采用藩汉分治的方针，又保持着草原本位的政策，为契丹王朝的壮大提供了合理的发展方式，也为后人研究中国少数民族政权的汉化问题提供了一个鲜活的案例。诚然，阿保机的选择并非所有异族统治者的共同选择，但他的实践至少表明，汉化与否是非汉族王朝统治者所无法回避的一个客观问题，这也是决定少数民族政权所建立的王朝能否走向成功的关键性政治决策。

桑维翰传

〔选文〕

桑维翰字国侨，河南人也。为人丑怪，身短而面长，常临鉴①以自奇曰：“七尺之身，不如一尺之面。”慨然有志于公辅。初举进士，主司恶②其姓，以“桑”“丧”同音。人有劝其不必举进士，可以从佗③求仕者，维翰慨然，乃著《日出扶桑赋》以见④志。又铸铁砚以示人曰：“砚弊⑤则改而佗仕。”卒⑥以进士及第。晋高祖辟⑦为河阳节度掌书记，其后常以自从。

高祖自太原徙天平，不受命，而有异谋，以问将佐，将佐皆恐惧不敢言，独维翰与刘知远赞成之，因[8]使维翰为书求援于契丹。耶律德光已许诺，而赵德钧亦以重赂啖[9]德光，求助己以篡唐。高祖惧事不果[10]，乃遣维翰往见德光，为陈利害甚辩，德光意乃决，卒以灭唐而兴晋，维翰之力也。高祖即位，以维翰为翰林学士、礼部侍郎、知枢密院事，迁中书侍郎、同中书门下平章事，兼枢密使。天福四年，出为相州节度使，岁余，徙镇泰宁。

吐浑白承福为契丹所迫，附镇州安重荣以归晋，重荣因请与契丹绝好，用吐浑以攻之。高祖重违重荣，意未决。维翰上疏言契丹未可与争者七，高祖召维翰使者至卧内，谓曰："北面之事，方挠吾胸中，得卿此疏，计已决矣，可无忧也。"维翰又劝高祖幸邺都。七年，高祖在邺，维翰来朝，徙镇晋昌。

出帝即位，召拜侍中。而景延广用事[11]，与契丹绝盟，维翰言不能入，乃阴[12]使人说[13]帝曰："制契丹而安天下，非用维翰不可。"乃出延广于河南，拜维翰中书令，复为枢密使，封魏国公，事无巨细，一以委之。数月之间，百度浸[14]理。初，李瀚为翰林学士，好饮而多酒过，高祖以为浮薄。天福五年九月，诏废翰林学士，按《唐六典》归其职于中书舍人，而端明殿学士、枢密院学士皆废。及维翰为枢密使，复奏置学士，而悉用亲旧为之。

维翰权势既盛，四方赂遗[15]，岁积巨万。内客省使李彦韬、端明殿学士冯玉用事，共谗之。帝欲骤黜维翰，大臣刘昫、李崧皆以为不可，卒以玉为枢密使，既而以为相，维翰日益见[16]疏。帝饮酒过度得疾，维翰遣人阴白[17]太后，请为皇弟重睿置师傅。帝疾愈，知之，怒，乃罢维翰以为开封尹。

维翰遂称足疾，稀复朝见。

契丹屯中渡，破栾城，杜重威等大军隔绝，维翰曰："事急矣！"乃见冯玉等计事，而谋不合。又求见帝，帝方调鹰于苑中，不暇见，维翰退而叹曰："晋不血食⑱矣！"

自契丹与晋盟，始成于维翰，而终败于景延广，故自兵兴，契丹凡所书檄，未尝不以此两人为言。耶律德光犯京师，遣张彦泽遗太后书，问此两人在否，可使先来。而帝以维翰尝⑲议毋绝盟而己违之也，不欲使维翰见德光，因讽⑳彦泽图之，而彦泽亦利㉑其资产。维翰状貌既异，素㉒以威严自持，晋之老将大臣，见者无不屈服，彦泽以骁捍自矜㉓，每往候之，虽冬月未尝不流汗。初，彦泽入京师，左右劝维翰避祸，维翰曰："吾为大臣，国家至此，安所逃死邪！"安坐府中不动。彦泽以兵入，问："维翰何在？"维翰厉声曰："吾，晋大臣，自当死国，安得无礼邪！"彦泽股㉔栗不敢仰视，退而谓人曰："吾不知桑维翰何如人，今日见之，犹使人恐惧如此，其可再见乎？"乃以帝命召维翰。维翰行，遇李崧，立马而语，军吏前白维翰，请赴侍卫司狱。维翰知不免，顾㉕崧曰："相公当国，使维翰独死？"崧惭不能对。是夜，彦泽使人缢杀之，以帛加颈，告德光曰："维翰自缢。"德光曰："我本无心杀维翰，维翰何必自致。"德光至京师，使人检其尸，信为缢死，乃以尸赐其家，而赀财悉为彦泽所掠。

选自《新五代史》卷二十九

〔**注释**〕 ①鉴：镜子。 ②恶：厌恶。 ③佗：同"他"。 ④见：同"现"，显现。⑤弊：坏。 ⑥卒：终于。 ⑦辟：征召。 ⑧因：于是。 ⑨啖：利诱。 ⑩果：实现。 ⑪用事：掌权。 ⑫阴：暗中。 ⑬说：劝说。 ⑭浸：渐渐。 ⑮遗：赠送。⑯见：被。 ⑰白：报告。 ⑱血食：受祭祀。 ⑲尝：曾经。 ⑳讽：暗示。㉑利：贪图。 ㉒素：向来。 ㉓矜：夸耀。 ㉔股：大腿。 ㉕顾：回看。

〔赏析〕 桑维翰是五代十国时期后晋政权的军国重臣。他在后唐同光年间考中进士，初为石敬瑭掌书记，助石敬瑭称帝并亲赴契丹乞援，割让燕云十六州。后晋建国，桑维翰任集贤殿大学士、枢密院使等职。开运三年(946年)，在契丹军入汴前夕，他为叛降契丹的将领张彦泽所杀。从桑维翰个人的命运与后晋政权的兴亡关系中，我们可以一窥后晋政权与契丹的复杂关系和政治纠葛。

后唐末帝当政之时，同是沙陀族人的石敬瑭作为强大的地方藩镇而受到猜忌，遂定下决心打算拒命反唐。其麾下将佐深感恐惧而不敢发表意见，只有桑维翰和刘知远两人极力表示赞成。在与契丹联络的过程中，为了让石敬瑭势力获得契丹皇帝耶律德光的支持与青睐，桑维翰遂不惜许下“割地、重赂、称臣”等条件，在这一点上远胜于向契丹联络的其他后唐藩镇。最终石敬瑭得以建立后晋政权，位居九五之尊。桑维翰本人也因为献策有功而获得嘉奖，身居高官，彻底实现了他少年时“慨然有志于公辅”的理想。

当石敬瑭在位时犹豫是否应当继续执行屈从于契丹的外交政策时，桑维翰反复强调不可与契丹争衡的建言，主张继续与契丹维系和好的关系，并伺机徐图自强，桑维翰的建言比较适合当时的外交处境，以至于石敬瑭也不得不承认，曰：“北面之事，方挠吾胸中，得卿此疏，计已决矣，可无忧也。”

然而当石敬瑭去世后，出帝石重贵即位，后晋与契丹的关系就开始渐趋恶化，桑维翰本人也开始受到排挤，逐渐远离中枢决策。尽管桑维翰在受到出帝短期重用时，能表现出“数月之间，百度浸理”的治国之才，但他却凭借权势，安插亲信于重要职位，大肆收受贿赂，这些不轨行为为其政敌所用，对他屡屡予以打击。桑维翰最终还是为出帝所疏远，加之后晋转向抗拒契丹的基本国策，桑维翰也只能“遂称足疾，稀复朝见”。最终契丹南下，攻入首都汴梁，桑维翰遇害身亡，而后晋政权也在同时走向了灭亡。

桑维翰的命运可谓是“成也契丹，败也契丹”，他政治生涯的巅峰与低谷也恰好与后晋政权由新生走向衰败相始终。后晋政权的特殊之处在于，它是依靠契丹的帮助而得以建立的。后唐的猜忌迫使石敬瑭与幕僚桑维翰密谋制定了援引契丹推翻后唐以期建立新政权的计划，他们两人导演并开启了中原王朝中某一派的政治势力依靠外族力量实现改朝换代的恶劣先例。同时也被迫上演了“儿皇帝”在外族势力逼迫下匍匐求生的历史悲剧。自世风浇漓的五代以来,桑维翰与石敬瑭两人一直受到后来治史者的指责与诟病,其中尤以身处明清易代之际的大儒王夫之对于桑维翰的抨击最为激烈。王氏言:“谋国而贻天下之大患,斯为天下之罪人,而有差等焉。祸在一时之天下,则一时之罪人,卢杞是也;祸及一代,则一代之罪人,李林甫是也;祸及万世,则万世之罪人,自生民以来,唯桑维翰当之。”在王夫之看来,桑维翰实是罪大恶极的,他所倡导的援引契丹以建立新生政权的政策可谓是流毒无穷,“于是而生民之肝脑,五帝三王之衣冠礼乐,驱以入于狂流。契丹弱而女直乘之,女直弱而蒙古乘之,贻祸无穷,人胥为夷。非敬瑭之始念也,维翰尸之也”。桑维翰以一人之智力一举颠覆了中华民族所固守的传统夷夏观,使中原王朝匍匐于周边游牧民族的铁蹄之下不敢喘息,可谓是“毁夷夏之大防,为万世患”(《读通鉴论》卷二十九)。王夫之对桑维翰的抨击,固然包蕴着本人作为明朝遗民对于满清取明朝而代之的切肤之痛,但也契合了唐代之后外民族主导中国历史进程主流趋势的客观现实。

由于太宗和玄宗在唐朝前期力行开明的民族政策以及唐王朝本身的强盛,故而保持了整个唐王朝多民族国家统一稳定的良好局面。然而随着唐玄宗信任奸相李林甫和杨国忠后,唐朝政治日趋混乱,尤其是边疆少数民族将领日益取得藩镇的领导权,加上唐代宦官势力的崛起,唐朝国力日益消耗。与此同时,周边少数民族在实力不断壮大的过程中日益跃跃欲试,力图问鼎中原。五代时代的到来加剧了这一进程。桑维翰只是这个划时代变革中一个典型的代表而已。具体而言,后晋政权的建立是以取得契丹的帮助为前提的,而其根本原因乃在于此时契丹的势力已经强大到足以影响中原政局的程度了,任何轻视契丹政权的中原王朝都将为此承担相应的后果。

其实,评价桑维翰这样的历史人物,我们不能只限于进行道德谴责,而应该采取综合辩证的态度来加以符合历史客观的剖判。从更广阔的空间和时间来看,不论是五代十国还是宋、辽、契丹,这些政权都是中国多民族国家历史的一部分。当外民族的实力足以对中原王朝构成威胁时,如何有效地调整传统的夷夏观念，在忍辱负重的同时致力于提高国力，等待有利时机，一举改变被动局面，韬光养晦不失为一种合理可行的政治决策，然而遗憾的是，由于受到帝王递嬗带来的负面影响以及桑维翰个人自身能力的局限，使其最终未能完全实现自己的政治主张。时至今日，史家仍然对其人委曲求全之行为大加挞伐，岂能不引人深思？

（周庆彰）

忠诚政治和摇摆政治，士人现实的人生选择

〔导言〕 经过黎元倒悬，鼎祚屡易的五代动乱，北宋建国后统治者偃武修文，崇儒重礼，希望借此加强思想控制，以免重蹈五代乱亡之覆辙。欧阳修极重礼义廉耻、道德仁义，将其作为治国平乱的法器。他以为五代短世，人心败坏，君臣与父子之间相互残杀，却又能安然立世，寡廉鲜耻以此为甚。拥有儒家理念和信条的欧阳修对这种现象的出现甚为不满，他以为人臣应以仁义和忠信为旨归，食君之禄必然要忠君之事，极端蔑视不顾国家存亡而苟生的宵小之徒，在撰写《新五代史》时，欧阳修运用春秋笔法，以仁义廉耻作为笔削人物的准绳，法严词约，以期达到惩恶而劝善的目的。

欧阳修撰《新五代史》之冯道、敬翔二传，于史家笔削及评论中，渗透着儒家“忠君”伦理精神。冯道一生事四姓十君，以此作为荣耀，此种寡廉鲜耻之行径正与欧阳修儒教思想相抵牾，冯道遂遭挞伐，在流风不泯的古代专制王朝中被史家刻下了“无廉耻”的恶名。相比之下，敬翔作为一代之臣，因改朝换代自刭而死，但又非儒者所认为的“全臣”，因此需要读史者自我评判。

本书选录《敬翔传》和《冯道传》，以欧阳修的“春秋笔法”作为考察人物的坐标，据两人行事的历史功过，予以客观公允的评析。

敬　翔　传

〔选文〕

敬翔，字子振，同州冯翊人也，自言唐平阳王晖之后。少好学，工①书檄。乾符中举进士不中，乃客②大梁。翔同里人王发为汴州观察支使，遂往依③焉。久之，发无所荐引，

翔客益[4]窘，为人作笺刺[5]，传之军中。太祖素不知书，翔所作皆俚俗语，太祖爱之，谓发曰："闻君有故人，可与俱来。"翔见太祖，太祖问曰："闻子读《春秋》，《春秋》所记何等事？"翔曰："诸侯争战之事耳。"太祖曰："其用兵之法可以为吾用乎？"翔曰："兵者，应变出奇以取胜，《春秋》古法，不可用于今。"太祖大喜，补以军职，非其所好，乃以为馆驿巡官。

太祖与蔡人战汴郊，翔时时为太祖谋画，多中，太祖欣然，以谓得翔之晚，动静[6]辄以问之。太祖奉昭宗自岐还长安，昭宗召翔与李振升[7]延喜楼劳[8]之，拜[9]太府卿。

初，太祖常侍殿上，昭宗意[10]卫兵有能擒之者，乃佯[11]为鞋结解，以顾太祖，太祖跪而结之，而左右无敢动者，太祖流汗浃背，由此稀[12]复进见。昭宗迁洛阳，宴崇勋殿，酒半起，使人召太祖入内殿，将有所托。太祖益惧，辞以疾。昭宗曰："卿不欲来，可使敬翔来。"太祖遽[13]麾[14]翔出，亦佯醉去。

太祖已破赵匡凝，取荆、襄，遂攻淮南。翔切谏，以谓新胜之兵，宜持重以养威。太祖不听。兵出光州，遭大雨，几不得进，进攻寿州，不克[15]，而多所亡失，太祖始大悔恨。归而忿躁，杀唐大臣几尽，然益以翔为可信任。梁之篡弑，翔之谋为多。太祖即位，以唐枢密院故用宦者，乃改为崇政院，以翔为使。迁兵部尚书、金銮殿大学士。

翔为人深沉有大略，从太祖用兵三十余年，细大之务必关[16]之。翔亦尽心勤劳，昼夜不寐，自言惟马上乃得休息。而太祖刚暴难近，有所不可，翔亦未尝显言，微开其端，太祖意悟，多为之改易。

太祖破徐州，得时溥宠姬刘氏，爱幸之，刘氏故尚让妻也，乃以妻翔。翔已贵，刘氏犹侍太祖，出入卧内如平时，翔颇患之。刘氏诮翔曰:“尔以我尝失身于贼乎?尚让,黄家宰相;时溥,国之忠臣。以卿门地,犹为辱我,请从此决[17]矣!”翔以太祖故,谢[18]而止之。刘氏车服骄侈,别置典谒,交结藩镇,权贵往往附之,宠信言事不下于翔。当时贵家,往往效之。

太祖崩,友珪立,以翔先帝谋臣,惧其图己,不欲翔居内职,乃以李振代翔为崇政使,拜翔中书侍郎、同中书门下平章事。翔以友珪畏己,多称疾,未尝省[19]事。

末帝即位,赵岩等用事,颇离间旧臣,翔愈郁郁不得志。其后,梁尽失河北,与晋相拒[20]杨刘,翔曰:“故时河朔半在,以先帝之武,御[21]貔虎之臣,犹不得志于晋。今晋日益强,梁日益削,陛下处深宫之中,所与计事者,非其近习[22],则皆亲戚之私,而望成事乎?臣闻晋攻杨刘,李亚子负薪渡水,为士卒先。陛下委蛇守文,以儒雅自喜,而遣贺瓌为将,岂足当彼之余锋乎?臣虽惫矣,受国恩深,若其乏材,愿得自效。”岩等以翔为怨言,遂不用。

其后,王彦章败于中都,末帝惧,召段凝于河上。是时,梁精兵悉[23]在凝军,凝有异志,顾望不来。末帝遽呼翔曰:“朕居常忽[24]卿言,今急矣,勿以为怼[25],卿其教我当安归?”翔曰:“臣从先帝三十余年,今虽为相,实朱氏老奴尔,事陛下如郎君,以臣之心,敢有所隐?陛下初用段凝,臣已争之,今凝不来,敌势已迫,欲为陛下谋,则小人间[26]之,必不见[27]听。请先死,不忍见宗庙之亡!”君臣相向恸哭。

翔与李振俱为太祖所信任,庄宗入汴,诏赦梁群臣,李振喜谓翔曰:“有诏洗涤,将朝新君。”邀翔欲俱入见。翔夜止[28]高头车坊,将旦,左右报曰:“崇政李公入朝矣!”翔叹曰:“李振谬为丈夫矣！复何面目入梁建国门乎?”乃自经[29]而卒。

选自《新五代史》卷二十一

〔注释〕 ① 工：擅长。 ② 客：寄居。 ③ 依：依靠。 ④ 益：更加。 ⑤ 刺：名帖。 ⑥ 动静：情况。 ⑦ 升：登。 ⑧ 劳：慰劳。 ⑨ 拜：授予。 ⑩ 意：意料。 ⑪ 佯：假装。 ⑫ 稀：极少。 ⑬ 遽：匆忙。 ⑭ 麾：指挥。 ⑮ 克：战胜。 ⑯ 关：禀告。 ⑰ 决：通“诀”，辞别。 ⑱ 谢：道歉。 ⑲ 省：察看。 ⑳ 拒：抵抗。 ㉑ 御：驾驭。 ㉒ 近习：近臣。 ㉓ 悉：都。 ㉔ 忽：忽视。 ㉕ 怼：怨恨。 ㉖ 间：离间。 ㉗ 见：被。 ㉘ 止：停留。 ㉙ 经：上吊。

〔赏析〕 敬翔，字子振。欧阳修认为他是一代之臣，故而以国系之，将其列入《梁臣传》之中。同时，欧阳修又将历事多朝的大臣列入《杂传》之中，《冯道传》即为此种情况之显例。欧阳修的做法颇具史学家笔削历史微言大义之感，他说“夫入于杂，诚君子之所羞，而一代之臣，未必皆可贵也，览者详其善恶焉”，主张要由后世之人给予历史人物以善恶之定评，他所称述的“览者”自有对于敬翔其人之评价。宋代陈振孙评点敬翔所撰之《朱梁兴创遗编》时言：“自广明巢贼之乱，朱温事迹，迄于天佑。弑逆大书特书，不以为愧也，其辞亦鄙俚”，言辞颇为激昂，表达了对敬翔的强烈不满。又如宋代胡寅曾言：“敬翔佐朱温无能改于其德，及辅嗣世又不能扶持其亡，直斫丧唐室为有功耳，真盗贼之指迷欤”(《致堂读史管见》卷二十八)，对于敬翔不能有益于君主的统治表达了深切的不满。从两则见微知著的评论中，我们可以发现敬翔在历史评论中显然属于等而下之的地位，上述评论带有明显的“忠君守节”烙印，大有以偏概全之感，故而还原敬翔在历史进程中的真实地位和作用也就成为探究其人、分析其人的首要前提。

敬翔的生平轨迹可以粗略地概括为三个阶段：困顿期，怀才不遇；隆升期，乘势而上；衰退期，因势而退。前两个时期，是他自我实现的过程；后一个时期，是他自我保全的过程。在这三个时期中，敬翔都表现出了“善身”的特点。

敬翔自诩为唐朝平阳郡王敬晖的后代，家族世代为官，其父官至集州刺史。聪慧过人的敬翔自幼就受到来自家庭的熏陶，饱读诗书，按部就班地踏上了求取功名的道路。他参加了唐僖宗乾符年间的科举考试却名落孙山，或许满心落寞的敬翔还在寄希望于下次科举，而乾符五年(878 年)黄巢起义爆发，唐王朝逐步走向了彻底崩溃的末路。为了在乱世中得以生存，敬翔开始流亡他乡，客居汴州，期间他投靠了朱温的手下——同乡王发。在此期间，敬翔并没有得到施展拳脚的舞台与机会，但他没有气馁，而是自己创造机会，通过利用将士不识字的特点，在军中代人撰写奏章，写得通俗易懂又警醒深刻，引得大家纷纷传诵，为他赢得了声名，这在无形中展现了自己独特的才能。韬光养晦的忍耐加上机智过人的谋略，使得敬翔不久便得到了朱温的赏识，赢得了一个施展才能的舞台，结束了他仕途的困顿期。

敬翔为朱温指点江山三十余年，在朱温争霸的政治决策中可谓功不可没，同时敬翔也展现出了他杰出的军事才能。在与蔡人秦宗权作战时，敬翔料事如神，参透军机，使朱温在中原的势力得到了稳固。此后，敬翔借箸代筹，奇谋良策不断，为朱温解决了困扰已久的招兵买马这一难题，让朱温能够击败对手，逐渐具备了问鼎天下的实力。当朱温刚愎自用之时，敬翔能够认清形势，对朱温进行切中肯綮的劝谏。敬翔不仅有运筹帷幄之能，亦深于世事。面对潜在的竞争对手，敬翔毫不手软，《旧唐书·李巨川传》载“判官敬翔，亦以文笔见知于全忠，虑得臣川减落名价，谓全忠曰：‘李谏议文章信美，但不利主人。’是日为全忠所害”。三十余年的辅佐之路，面对朱温这样的残暴狡诈之主，敬翔善于察言观色，揣度人心，在劝谏时都会力图保全朱温的颜面，常常采取点到即止的态度，即所谓“未尝显言，微开其端”，朱温往往能够体会并改正过失。正是由于敬翔“为人深沉有大略，从太祖用兵三十余年，细大之务必关之”，才使敬翔从馆驿巡官成了朱温的心腹，官至兵部尚书、金銮殿大学士，到达了人生的巅峰。

朱温死后，朱友珪篡位，对敬翔颇为忌惮，“惧其图己，不欲翔居内职”，同时他对敬翔的进谏也不予采纳。虽然朱友珪命敬翔为宰相，但久经政治风浪的他深知这是朱友珪利用自己作为先朝旧臣而安排的政治把戏，无非希望起到稳定朝政的作用。在认清形势后，敬翔开始因势而退，经常称病，上朝绝少发言论事，放权求闲，俨然如山中隐士。其后梁末帝朱友贞即位，宠信小人，国运每况愈下，面对即将到来的覆国之危，敬翔开始向皇帝进行劝谏，敬翔这一转变实际上源于其深知梁国若亡则自己必将不得善终的政治洞见。直至亡国之际，敬翔仍劝谏不得，直到覆巢的紧要关头，梁末帝才幡然醒悟，然而败局已定，君主被杀，梁国终遭灭亡。后晋赦免了梁臣，同僚李振劝说敬翔一起入仕后晋，敬翔早以参透命运，正所谓覆巢之下，安有完卵！李振离开后，敬翔便在家中自刎了。

其后，李振不但被后晋赐死，还成为刀笔吏之案俎，传其"无廉耻"之恶名。敬翔则因自刎，免于史家鱼肉，留于"览者"以断其善恶。

冯道传

〔选文〕

冯道，字可道，瀛州景城人也。事刘守光为参军，守光败，去事宦者张承业。承业监河东军，以为巡官，以其文学荐之晋王，为河东节度掌书记。庄宗即位，拜户部侍郎，充翰林学士。

道为人，能自刻苦为俭约。当晋与梁夹河而军①，道居军中，为一茅庵，不设床席，卧一束刍②而已。所得俸禄，与仆厮同器饮食，意恬如也。诸将有掠得人之美女者以遗③道，道不能却④，置之别室，访其主而还之。其解学士居父丧于景城，遇岁饥，悉出所有以赒⑤乡里，而退耕于野，躬自负薪。有荒其田不耕者与力不能耕者，道夜往，潜⑥为之耕。其人后来愧谢，道殊不以为德。服除，复召为翰林学士。行至汴州，遇赵在礼乱，明宗自魏拥兵还，犯京师。孔循劝道少留以待，道曰："吾奉诏赴阙⑦，岂可自留！"乃疾⑧趋至京师。

庄宗遇弒，明宗即位，雅⑨知道所为，问安重诲曰："先帝时冯道何在？"重诲曰："为学士也。"明宗曰："吾素知之，此真吾宰相也。"拜道端明殿学士，迁兵部侍郎。岁余，拜中书侍郎、同中书门下平章事。

天成、长兴之间,岁屡丰熟,中国无事。道尝戒明宗曰:"臣为河东掌书记时,奉使中山,过井陉之险,惧马蹶失,不敢怠于衔辔;及至平地,谓无足虑,遽跌而伤。凡蹈危者虑深而获全,居安者患生于所忽,此人情之常也。"明宗问曰:"天下虽丰,百姓济否?"道曰:"谷贵饿农,谷贱伤农。"因诵文士聂夷中《田家诗》,其言近而易晓。明宗顾左右录其诗,常以自诵。水运军将于临河县得一玉杯,有文曰"传国宝万岁杯",明宗甚爱之,以示道,道曰:"此前世有形之宝尔,王者固有无形之宝也。"明宗问之,道曰:"仁义者,帝王之宝也。故曰:'大宝曰位,何以守位曰仁。'"明宗武君,不晓其言,道已去,召侍臣讲说其义,嘉[10]纳之。

道相明宗十余年,明宗崩,相愍帝。潞王反于凤翔,愍帝出奔卫州,道率百官迎潞王入,是为废帝,遂相之。废帝即位,愍帝犹在卫州,后三日,愍帝始遇弑崩。已而废帝出道为同州节度使,逾年,拜司空。晋灭唐,道又事晋,晋高祖拜道守司空、同中书门下平章事,加司徒,兼侍中,封鲁国公。高祖崩,道相出帝,加太尉,封燕国公,罢为匡国军节度使,徙镇威胜。契丹灭晋,道又事契丹,朝耶律德光于京师。德光责道事晋无状[11],道不能对。又问曰:"何以来朝?"对曰:"无城无兵,安敢不来。"德光诮之曰:"尔是何等老子?"对曰:"无才无德痴顽老子。"德光喜,以道为太傅。德光北归,从至常山。汉高祖立,乃归汉,以太师奉朝请。周灭汉,道又事周,周太祖拜道太师,兼中书令。

道少能矫[12]行以取称[13]于世,及为大臣,尤务持重以镇物,事四姓十君,益以旧德自处。然当世之士无贤愚皆仰道为元老,而喜为之称誉。

耶律德光尝问道曰："天下百姓如何救得？"道为俳⑭语以对曰："此时佛出救不得，惟皇帝救得。"人皆以谓契丹不夷灭中国之人者，赖道一言之善也。周兵反，犯京师，隐帝已崩，太祖谓汉大臣必行推戴，及见道，道殊无意。太祖素拜道，因不得已拜之，道受之如平时，太祖意少沮，知汉未可代，遂阳⑮立湘阴公赟为汉嗣，遣道迎赟于徐州。赟未至，太祖将⑯兵北至澶州，拥兵而反，遂代汉。议者谓道能沮⑰太祖之谋而缓之，终不以晋、汉之亡责道也。然道视丧君亡国亦未尝以屑意。

……

道前事九君，未尝谏诤。世宗初即位，刘旻攻上党，世宗曰："刘旻少⑱我，谓我新立而国有大丧，必不能出兵以战。且善用兵者出其不意，吾当自将击之。"道乃切谏，以为不可。世宗曰："吾见唐太宗平定天下，敌无大小皆亲征。"道曰："陛下未可比唐太宗。"世宗曰："刘旻乌合之众，若遇我师，如山压卵。"道曰："陛下作得山定否？"世宗怒，起去，卒自将击旻，果败旻于高平。世宗取淮南，定三关，威武之振自高平始。其击旻也，鄙⑲道不以从行，以为太祖山陵使。葬毕而道卒，年七十三，谥曰文懿，追封瀛王。

道既卒，时人皆共称叹，以谓与孔子同寿，其喜为之称誉盖如此。道有子吉。

选自《新五代史》卷五十四

〔注释〕 ①军：驻扎军队。 ②刍：喂牲畜的草。 ③遗：赠送。 ④却：拒绝。 ⑤赒：周济。 ⑥潜：悄悄地。 ⑦阙：朝廷。 ⑧疾：急速。 ⑨雅：平素。 ⑩嘉：赞美。 ⑪状：功绩。 ⑫矫：纠正。 ⑬称：名声。 ⑭俳：滑稽幽默。 ⑮阳：通"佯"，假装。 ⑯将：统率。 ⑰沮：阻止。 ⑱少：轻视。 ⑲鄙：鄙视。

〔赏析〕 冯道,字可道,瀛州景城人。历史上的冯道是一个备受争议的人物,五代时,“时人皆共称叹,以谓与孔子同寿,其喜为之称誉盖如此”,冯道的同僚范质称赞他“厚德稽古,宏才伟量,虽朝代迁贸,人无间言,屹若巨山,不可转也”(《资治通鉴·后周纪二》)。担任过冯道下属的薛居正在其主修的《旧五代史》中评价其人曰:“以持重镇俗为己任,未尝以片简扰于诸侯,平生甚廉俭”,但也对冯道历仕诸朝的行径作出了严厉的批判:“事四朝,相六帝,可得为忠乎!夫一女二夫,人之不幸,况于再三者哉”(《旧五代史·冯道列传》)。北宋肇建,社会主流人士为了迎合统一王朝的“忠君守节”风教,对冯道的“不忠”大加挞伐。欧阳修首先将冯道列入杂传,并称“夫入于杂,诚君子之所羞”,指斥冯道为“无廉耻者”。司马光在《资治通鉴》中也对冯道大加挞伐,斥其为“奸臣之尤”。此后,理学思想统治下漫长的中国历史更是将“饿死事极小,失节事极大”作为道德评判的准绳,冯道成了卫道者们的众矢之的。其间,虽也偶有支持者如石介、王安石、胡瑗、苏辙、吴处厚、李贽等,但面对批判大军,支持者的势单力薄也是很明显的。

冯道身处于军阀割据的纷乱时期,武夫相逐,势大为王。黄巢起义使得唐王朝的大厦岌岌可危,公元907年军阀朱温逼唐哀帝退位,建立后梁。923年李存勗灭大梁,建立后唐。936年石敬瑭接受作为“儿皇帝”的条件,依附契丹灭后唐,建立后晋。947年,刘知远趁契丹灭后晋之时,自立为帝,建立后汉。951年郭威以兵变篡夺皇权,建立后周。这些朝代的建立本身就不符合正统,它们的维系更是以不惜骨肉相残作为基础的,礼义廉耻在苍茫血色中显得无比苍白。作为一个文弱书生,冯道在血腥的世道中,不仅要苟全性命,又要践行“在孝于家,忠于国,口无不道之言,门无不义之货。所愿者下不欺于地,中不欺于人,上不欺于天,以三不欺为素”(《旧五代史·冯道列传》)的为人准则。在乱世中,天下剖裂,弱肉强食,政权不断更替,而冯道的“忠于国”和“中不欺于人”都是忠于国之本——民。由于他选择的是“守民”而非“忠君”,在乱世中不能做到“守节”这一道德要求自然也就符合逻辑了。

在以尽忠守节为最高道德规范的人眼中,冯道所作所为自然也就为人所不齿了。据《旧五代史·冯道列传》记载,冯道出身于“为农为儒,不恒其业”的门衰祚薄之家,贫贱中能“不耻恶衣食,负米奉亲之外,唯以披诵吟讽为事”,少时即以品行端正、志向高远闻名。及其从军,“不设床席,卧一束刍而已。所得俸禄,与仆厮同器饮食”,能做到官兵平等。面对军中俘获美女的诱惑,冯道能不为所动,将她们安置别处,送回家中。冯道发迹后,听说父亲去世,“即徒步见星以行,家人从后持衣囊追及之”,没有半点拖沓,丁忧守丧三年。守丧期间,他将自己余下的全部俸禄赈于乡里,还常常趁着夜色去帮人耕种荒田,拳拳爱民之心,可见一斑。冯道为人谦和,他的下属薛居正评价他“道之履行,郁有古人之风;道之宇量,深得大臣之体”,故而就冯道个人品行而言,确实堪称一位君子。欧阳修等挞伐冯道之处,在于“守节”问题。冯道在担任愍帝李从厚的宰相时,潞王李从珂反叛,冯道率领百官拥立潞王,并且劝中书舍人卢导赶快起草劝进文书,说“事当务实”(胡寅《致堂读史管见》),正是冯道的清醒认识,使百姓免于遭受李氏兄弟相残的荼毒。李从珂登祚不久,他的姐夫河东节度使石敬瑭开始勾结契丹,以契丹“儿皇帝”的身份灭后唐,建立后晋,依然任冯道为相,并且派遣他去契丹斡旋,冯道接受了出使的任务,用曲意逢迎换取了契丹的信任,冯道的人格遭到了玷污,却给两国带来了相对和平安宁。

欧阳修指责冯道前事九君,未尝谏诤,恐怕不符合历史真实。担任晋王李存勗幕僚时,冯道劝李存勗曰:“不可以向来之言,喧动群议,敌人若知,谓大王君臣之不和矣”。辅佐唐明宗李嗣源时,冯道再次建言:“谷贵饿农,谷贱伤农”、“仁义者,帝王之宝也”。冯道不仅能谏,而且善谏,他曾给唐明宗举过自己的亲身经历,走在崎岖山路时“忧马有蹶失,不敢怠于衔辔”而“及至平地,则无复持控,果为马所颠仆,几至于损”(《旧五代史·冯道列传》),以此劝谏明宗在承平之世更要临渊履冰。

不能阻挡历史进程时,有人选择顺流之中肩担道义,扛起救民的大旗。因此同时代的人喜为之称誉,仰之为元老,更被后代知之者“以管仲为比”(晁说之《晁氏客语》)。坚守大义,拯救民族于危亡的仁人志士固然可敬,亦需对忍辱回旋之人略施以历史的同情。

(李　可)

武人政治的延续和改变

〔导言〕“朱李石刘郭，梁唐晋汉周，都来十五帝，播乱五十秋。”这是中国古典小说四大名著之一的《水浒传》开篇的一首诗，反映了由唐至宋的历史时间段内，五个短命王朝在中原地区先后发生政权更迭的历史事实。其中值得一提的是后晋末年这一历史时期，由于契丹南下灭晋，使中原地区的形势变得更加危急，当经历了长期纷扰割据的局面后，人民需要安定和统一，这是时代与社会的迫切需求。正是在这种社会历史条件下，后汉政权和后周政权相继产生，两个政权尝试适应时代的需求，力图挽救危局。本组选取后汉开国皇帝刘知远与后周君主柴荣，旨在通过分析两人的具体事例来具体说明后汉政权如何在政局动荡、外族寇边的时代中乘势崛起，又是如何以契丹实力为依托从而正式建立政权，最终成为中原王朝之执牛耳者。同时需要指出，后汉政权由于缺乏治国经验，仍旧实行武人政治，致使国家政权旋踵即亡，可谓是殷鉴未远。就后周政权而言，我们需要理解后周是如何通过全面的政治改革，逐步打破唐末以来武人政治局面，创建新兴国家制度的。后周政权审时度势地采取了正确的方略，并适时进行修正，这种做法为北宋政权结束严重的分裂割据从而走向局部统一奠定了坚实的基础。

汉高祖本纪

〔选文〕

高祖睿文圣武昭肃孝皇帝，姓刘氏，初名知远，其先沙陀部人也，其后世居于太原。知远弱不好弄①，严重②寡言，面紫色，目多白睛，凛③如也。

与晋高祖俱事④明宗为偏将。明宗及梁人战德胜，晋高祖马甲断，梁兵几及，知远以所乘马授之，复取高祖马殿[5]而还，高祖德[6]之。高祖留守北京，以知远为押衙。

潞王从珂反，愍帝出奔，高祖自镇州朝京师，遇愍帝于卫州，止传舍，知远遣勇士石敢袖铁槌侍高祖以虞[7]变。高祖与愍帝议事未决，左右欲兵[8]之，知远拥高祖入室，敢与左右格斗而死，知远即率兵尽杀愍帝左右，留帝传舍而去。

废帝入立，高祖复镇河东，已而有隙，高祖将举兵，知远与桑维翰密为高祖谋画，赞[9]成之。高祖即位于太原，以知远为侍卫亲军都虞候，领保义军节度使。契丹耶律德光送高祖至潞州，临决[10]，指知远曰："此都军甚操剌[11]，无大故勿弃之。"

天福二年，迁侍卫马步军都指挥使，领忠武军节度使。已而[12]以杜重威代知远领忠武，徙知远领归德，知远耻与重威同制，杜[13]门不出。高祖怒，欲罢其兵职，宰相赵莹以为不可，高祖乃遣端明殿学士和凝就[14]第[15]宣谕，知远乃受命。五年，徙邺都留守。九月，朝京师，高祖幸其第。六年，拜河东节度使、北京留守。七年，高祖崩。

知远从高祖起太原，有佐命功，自出帝立，与契丹绝盟，用兵北方，常疑知远勋位已高，幸晋多故而有异志，每[16]优尊之。拜中书令，封太原王、幽州道行营招讨使，又拜北面行营都统。开运二年四月，封北平王，三年五月，加守太尉，然王未尝出兵。契丹寇澶州，别遣伟王攻雁门，败之于秀容。八月，杀吐浑白承福等族，取其赀巨万，良马数千。

四年，契丹犯京师，出帝北迁，王遣牙将王峻奉表契丹，耶律德光呼之为儿，赐以木拐，虏法贵之如中国几杖，非优大臣不可得。峻持拐归，虏人望之皆避道。峻还，为王言契丹必不能有[17]中国，乃议建国。

二月戊辰，河东行军司马张彦威等上笺劝进。辛未，皇帝即位，称天福十二年。磁州贼首梁晖取相州来归[18]。武节都指挥使史弘肇取代州，杀其刺史王晖。晋州将药可俦杀守将骆从朗及括钱使、谏议大夫赵熙来归。辛巳，陕州留后赵晖、潞州留后王守恩来归。

三月丙戌朔，蠲[19]河东杂税。辛卯，延州军乱，逐其节度使周密。壬辰，丹州指挥使高彦询以其州来归。壬寅，契丹遁，以其将萧翰为宣武军节度使守汴州。

夏四月己未，右都押衙杨邠为枢密使，蕃汉兵马都孔目官郭威权枢密副使。契丹陷相州，杀梁晖。癸亥，立魏国夫人李氏为皇后。甲子，河东节度判官苏逢吉、观察推官苏禹珪为中书侍郎同中书门下平章事。乙丑，侍卫亲军步军都指挥使史弘肇取潞州。戊辰，奉国指挥使武行德以河阳来归。史弘肇取泽州。丙子，契丹耶律德光卒于栾城，契丹入于镇州。

五月甲午，太原尹刘崇为北京留守。丙申，如[20]东京。萧翰遁归于契丹，以郇国公李从益知[21]南朝军国事。戊申，次[22]绛州，刺史李从朗来归。

六月丙辰，次河阳，杀李从益及其母于京师。甲子，至自太原。戊辰，改国号汉，赦罪人、蠲民税。于阗遣使者来。

是夏，刘晌薨。

秋闰七月乙丑，禁造契丹服器。天雄军节度使杜重威反，天平军节度使高行周为邺都行营都部署以讨之。庚辰，追尊祖考为皇帝，妣为皇后：高祖湍谥曰明元，庙号文祖，祖妣李氏谥曰明贞；曾祖昂谥曰恭僖，庙号德祖，祖妣杨氏谥曰恭惠；祖僎谥曰昭宪，庙号翼祖，祖妣李氏谥曰昭穆；考琠谥曰章圣，庙号显祖，妣安氏谥曰章懿。以汉高皇帝为高祖，光武皇帝为世祖，皆不祧㉓。

八月，护圣指挥使白再荣逐契丹，以镇州来归。丙申，安国军节度使薛怀让杀契丹之将刘铎，入于邢州。

九月甲戌，吏部尚书窦贞固守司空兼门下侍郎，翰林学士、中书舍人李涛为中书侍郎：同中书门下平章事。庚辰，北征。

冬十月甲申，次韦城，赦河北。

十一月壬申，杜重威降。

十二月癸巳，至自邺都。

乾祐元年春正月乙卯，大赦，改元。己未，更名暠。丁丑，皇帝崩于万岁殿。

选自《新五代史》卷十

〔**注释**〕 ① 弄：戏耍。 ② 严重：谨严持重。 ③ 凛：严肃。 ④ 事：侍奉。 ⑤ 殿：殿后。 ⑥ 德：感激。 ⑦ 虞：戒备。 ⑧ 兵：戕害。 ⑨ 赞：辅助。 ⑩ 决：通“诀”，辞别。 ⑪ 操剌：勇猛。 ⑫ 已而：不久。 ⑬ 杜：闭。 ⑭ 就：到。 ⑮ 第：达官贵人的宅院。 ⑯ 每：经常。 ⑰ 有：占有。 ⑱ 归：归顺。 ⑲ 蠲：通“捐”，减免。 ⑳ 如：前往。 ㉑ 知：主持。 ㉒ 次：驻扎。 ㉓ 祧：把隔了几代远的祖宗的神主迁入远祖的庙。

〔**赏析**〕 后汉高祖刘知远，初为后唐军将，后晋时官至河东节度使，镇守太原，封北平王。开运四年(947 年)，契丹灭后晋，他在太原称帝，后进据中原，建都汴梁，国号汉，史称后汉。即位次年去世。

与后唐、后晋政权的建立者一样，刘知远也是代北沙陀族人，由是之故，五代中的后唐、后晋与后汉三个政权又被称为“沙陀三王朝”。

后唐时期，刘知远就以勇武著称，曾数次将石敬瑭救出危局，逐渐成为石敬瑭的军中心腹。其后又参与到石敬瑭诛杀后唐闵帝的行动之中，与桑维翰一起策定引契丹作为外援的谋划，成为后晋开国元勋之一。刘知远曾担任河东节度使兼北京留守一职，他亲身经历后唐代梁、后晋代唐等历史事件，又继承代北沙陀集团故地——河东太原地区，无疑滋长了蓄积异志、图谋中原的野心。在那个纷浊的乱世，正如时人所说的那样："天子，兵强马壮者为之，宁有种耶！"

当后晋与契丹在政治上绝盟，导致契丹军队南下入侵时，刘知远见风使舵，采取了首鼠两端，保守河东故地的策略。《资治通鉴》记载了刘知远告诫部下的话："用兵有缓有急，当随时制宜。今契丹新降晋兵十万，虎据京邑，未有他变，岂可轻动哉！且观其所利止于货财，货财既足，必将北去。况冰雪已消，势难久留，宜待其去，然后取之，可以万全。"这一番话，将刘知远辜恩负义，见危不救，坐观成败以取渔人之利之私心和盘托出，略无所遗。

当契丹军队攻下汴梁剪灭后晋政权，意图于中原称帝之时，刘知远深感无奈，只好派遣部将王峻奉表祝贺契丹。而契丹主耶律德光同称呼后晋石敬瑭一样，称呼刘知远为"儿"，并赐之木拐以示尊荣。木拐，在契丹非"优大臣不可得"。对于耶律德光而言，刘知远对于契丹实堪称"优大臣"，主要在于他按兵不动，使契丹攻晋如入无人之境，遂有势如破竹之势。耶律德光在中原执政因不得民心而引发人民起义后，不得不北返故国，耶律德光本人也在归国途中病殁。刘知远见中原无主而民心思定，故而在部下的造势劝进下，以河东为立国创业之根本，建国称帝，攻取中原。由此可见，刘知远建立后汉，是时势为他创造了有利的条件。契丹南下时，他的势力得以基本完整地保留了下来；契丹北撤后，刘知远乘势而起，取而代之，得以入主中原。

然而后汉政权在历史上仅仅存在了四年，可谓是国祚短促，后汉也成为五代诸政权中昙花一现者。正如王夫之在《读通鉴论》中所言："得国而速亡，未有如沙陀刘氏者也；反者一起，兵未血刃，众即溃，君即死，国即亡，易如吹槁，亦未有如沙陀刘氏者也。"司马光在《资治通鉴》中也批评刘知远失仁、失信、失刑，最终导致他去世后仅仅三年，后汉内部就发生政变，故而使得所建立之政权轰然倒塌。我们认为，究其成败易变之根源，则与刘知远本人愚昧昏聩的品性、典型的藩镇军阀作风大有关系。刘知远对于不堪契丹欺凌压榨，诚心归向中原王朝的吐浑部族，竟因贪图其财富，而杀害其部族首领，最终"取其赀巨万，良马数千"；当后汉肇建，百业待兴之时，刘知远也没有像历朝历代贤明的开国君主那样采取有效措施以图休养生息、招抚流亡、恢复生产,而是试图用严刑峻法来消除地方上出现的贼盗现象,《旧五代史》载其诏令:“天下,凡关贼盗,不计赃物多少,案验不虚,并处死”,后汉由之成为五代中刑罚最严厉的一朝。

就刘知远个人能力而言,能够建国称帝无疑是时势所创造的“英雄”。契丹北撤之时,中原地区亟需一个统一的政权来收拾残局。刘知远一方面收揽人心,一方面以契丹的支持作为后盾,重新建立奄有中原地区的政权。在纷乱的形势下,立足中原的政权毕竟是不稳的,这个政权能否存在下去,仍要注目于其是否能够担当起时代所赋予的使命。这一使命从最基本处而言,当是安定百姓,恢复生产,积蓄力量以抗御北方政权的侵略,最终求得完成统一之大业。刘知远后汉政权的所作所为,恰恰与此不相适应。后汉最终为后周所灭,刘知远之弟刘崇又于太原称帝,建立了史称北汉的政权。而这个十国之一的北汉政权在立国方针上一仍刘知远的固有策略,附辽抗周(后转为附辽抗宋),使其成为乱世局面下能于马上得天下而不能治天下的又一个时代缩影。

周世宗本纪

〔选文〕

世宗睿武孝文皇帝,本姓柴氏,邢州龙冈人也。柴氏女适[①]太祖,是为圣穆皇后。后兄守礼子荣,幼从姑长太祖家,以谨厚见[②]爱,太祖遂以为子。太祖后稍[③]贵,荣亦壮,而器貌英奇,善骑射,略通书史黄老,性沉重寡言。太祖为汉枢密使,荣为左监门卫大将军。太祖镇天雄,荣领贵州刺史、天雄军牙内都指挥使。

……

显德元年正月丙子,郊,仅而成礼,即以王判内外兵马事。壬辰,太祖崩,秘不发丧。丙申,发丧,皇帝即位于柩前。右监门卫大将军魏仁浦为枢密副使。

……

三月辛巳，大赦。癸未，郑仁诲留守东京。乙酉，如潞州以攻汉。壬辰，次泽州，阅兵于北郊。癸巳，及刘旻战于高原，败之，追及[④]于高平，又败之。丁酉，幸潞州。己亥，侍卫马军都指挥使樊爱能、步军都指挥使何徽伏诛。壬寅，天雄军节度使符彦卿为河东行营都部署。

……

五月丙子，代州守将郑处谦叛于汉来附[⑤]，契丹救汉。丁酉，回鹘使因难敌略来。符彦卿及契丹战于忻口，败绩，先锋都指挥使史彦超死之。

……

(二年)夏五月辛未，宣徽南院使向训、凤翔节度使王景伐蜀。甲戌，大毁佛寺，禁民亲无侍养而为僧尼及私自度[⑥]者。

秋九月丙寅朔，颁铜禁。

闰月癸丑，向训克秦州。

冬十月辛未，取成州。戊寅，高丽使王子太相融来。取阶州。

十一月乙未朔，李谷为淮南道行营都部署以伐唐。戊申，王景克凤州。

……

三年春正月，增筑京城。庚子，向训留守东京。壬寅，南征。辛亥，侍卫亲军都指挥使李重进及唐人战于正阳，败之。甲寅，重进为淮南道行营都招讨使。

……

十一月庚寅，废诸祠不在祀典者。乙巳，杀李景之臣孙晟。

……

(四年)二月甲戌,王朴留守东京。乙亥,南征。

三月丁未,克寿州。

……

冬十月己巳,王朴留守东京,三司使张美为大内都点检。壬申,南征。

……

(五年)三月壬午朔,如泰州。丁亥,复如扬州。辛卯,幸迎銮。己亥,克淮南十有四州,以江为界。三月辛亥,李景来买宴。

……

秋七月乙酉,水部员外郎韩彦卿市[⑦]铜于高丽。丁亥,颁《均田图》。

……

十一月庚戌,作《通礼》、《正乐》。

……

(六年)三月己酉,甘州回鹘来献玉,却[⑧]之。庚申,王朴薨。丙寅,宣徽南院使吴延祚留守东京。癸酉,停给[⑨]铜鱼。甲戌,北征。是月,吴延祚为左骁卫上将军、枢密使。

夏四月壬辰,取乾宁军。辛丑,取益津关,以为霸州。癸卯,取瓦桥关,以为雄州。

五月乙巳朔,取瀛州。甲戌,至自雄州。

六月癸未,立皇后符氏,封子宗训为梁王、宗让燕国公。戊子,占城使莆诃散来。己丑,范质、王溥参知枢密院事,魏仁浦同中书门下平章事。癸巳,皇帝崩于滋德殿。

……

呜呼,五代本纪备[⑩]矣!君臣之际,可胜[⑪]道哉。梁之友珪反，唐戕克宁而杀存乂、从璨，则父子骨肉之恩几何其不绝矣。太妃薨而辍朝，立刘氏、冯氏为皇后，则夫妇之义几何其不乖[12]而不至于禽兽矣。寒食野祭而焚纸钱，居丧改元而用乐，杀马延及任圜，则礼乐刑政几何其不坏矣。至于赛[13]雷山、传箭而扑马，则中国几何其不夷狄矣。可谓乱世也欤！而世宗区区五六年间，取秦陇，平淮右，复三关，威武之声震慑夷夏，而方内延[14]儒学文章之士，考[15]制度、修《通礼》、定《正乐》、议《刑统》，其制作之法皆可施于后世。其为人明达英果[16]，论议伟然。即位之明年，废天下佛寺三千三百三十六。是时中国乏钱，乃诏悉[17]毁天下铜佛像以铸钱，尝[18]曰："吾闻佛说以身世为妄，而以利人为急，使[19]其真身尚在，苟利于世，犹欲割截，况此铜像，岂其所惜哉？"由是群臣皆不敢言。尝夜读书，见唐元稹《均田图》，慨然叹曰："此致治之本也，王者之政自此始！"乃诏颁其图法，使吏民先习[20]知之，期[21]以一岁大均天下之田，其规为志意岂小哉！其伐南唐，问宰相李谷以计策；后克淮南，出谷疏，使学士陶谷为赞，而盛以锦囊，尝置之坐侧。其英武之材可谓雄杰，及其虚心听纳，用人不疑，岂非所谓贤主哉！其北取三关，兵不血刃，而史家犹讥其轻社稷之重，而侥幸一胜于仓卒，殊不知其料强弱、较彼我而乘述律之殆[22]，得不可失之机，此非明于决胜者，孰能至哉？诚非史氏之所及也！

选自《新五代史》卷十二

〔注释〕 ① 适：女子出嫁。 ② 见：被。 ③ 稍：渐渐。 ④ 及：到。 ⑤ 附：归附。 ⑥ 度：出家为僧道。 ⑦ 市：买。 ⑧ 却：推却。 ⑨ 给：供给。 ⑩ 备：详尽。 ⑪ 胜：尽。 ⑫ 乖：背离。 ⑬ 赛：祭祀酬神之称。 ⑭ 延：招请。 ⑮ 考：查核。 ⑯ 果：果敢。 ⑰ 悉：全。 ⑱ 尝：曾经。 ⑲ 使：假使。 ⑳ 习：熟悉。 ㉑ 期：期望。 ㉒ 殆：通"怠"，怠惰。

〔赏析〕　后周世宗柴荣原是后周太祖郭威妻兄柴守礼之子，自幼跟随郭威，深得宠爱，被郭威收为养子，故改姓郭。柴荣善于骑射，粗晓书史，为人持重。公元954年，周太祖去世后柴荣继承皇位，在位期间注意修治内政，革除弊端，虚心纳谏，选用贤能，整顿军队，严明法纪，均定田租，鼓励农耕，还下令限制佛教寺院，禁止私自出家；对外则连年亲自领兵征伐，先后在与北汉、后蜀、南唐、契丹各政权的战争中获胜。显德六年(959年)，柴荣在北伐的契丹途中染疾，返京不久后去世。翌年，赵匡胤取代后周建立宋朝，标志五代纷乱的历史走向终结。

周世宗即位之初，首先面临着北汉与契丹政权入侵的严峻现实。此时的周世宗并未听取四朝元老冯道等宿臣提出的意见而采取保守避战、消极防御的策略，反而以唐太宗为榜样，率军亲征。在高平之战中柴荣亲冒矢石，"驰骑于阵前，先犯其锋"，大大鼓舞了士气，扭转了战略局势，打败了北汉军队。对于战斗过程中所暴露出来的军队缺陷，周世宗也毫不手软，他严厉惩处了作战不力、临阵脱逃、劫掠百姓的将校，有效地整顿了军纪，大大地提高了军队的战斗力。唐末五代时期，兵骄将悍，战胜则擅兵挟主，战败则倒戈投敌。王夫之在《读通鉴论》一书中论及高平之战的重要意义，曾言："周主之为天子，非郭氏授之，自以死亡为生民请命而得焉者也"，这一论断颇有见地。高平之战后，"主乃成乎其为主，臣乃成乎其微臣"，柴荣成功地初步扭转了唐末以来中原王朝节镇擅权、内轻外重的不利局面。

周世宗也致力于改变唐末以来君主依赖武人执政的局面并重视传统知识分子精英的才学。他曾下令让朝中二十多位文学之士各撰写一篇策论，从而考察并了解他们的才学见识。其中，学士王朴所呈递之《平边策》就成为周世宗致力于统一事业的指导书。统一大业的得失成败，除了在国家内部要存在着社会整合、民心向治、文化趋同等基础因素之外，统一方略的正确与否也是不可忽视的关键。周世宗在高平之战后乘胜包围太原遭到挫败，意识到统一全国绝非一蹴而就之事，与此宏图大志相适应，则必须要有一个完整且具有实施可能性的总体方略。王朴的《平边策》则无疑契合了世宗的治国构想，策论的核心就在于提出了要在政治上励行改革以及在军事上进行先易后难改革的整体战略方针,这种完整的构想完全符合当时的历史实际。

其一,后周军队在击败北汉的同时,却在与契丹军的正面交锋中有所失利,这就对后周的内政和军事实力提出了更高的要求。周世宗励精图治,在经济上减免百姓赋税、恢复农业生产;政治上澄清吏治、选拔人才、限制寺院经济发展;军事上,选用精锐人员充任中央禁军、汰除老怯。这些措施都为后来的北宋王朝所吸收采纳,为结束中原割据局面奠定了基础。其二,当时的客观情况决定了军事策略必须采取先易后难的改革模式。当时,全国分裂为后周、契丹、北汉、后蜀、荆南、南唐、吴越、南汉等割据政权。以中原正统自居的后周政权,在地理位置上实际处于各割据政权的包围之中,这些政权尽管实力有强弱,距离中原远近不一,故而对后周的威胁程度也大为不同。然而凭后周之实力,也绝不可能同时出击,四面为敌,必须分清轻重缓急和主要矛盾。周世宗采纳了《平边策》所提出的策略,对南方实力最强的后蜀和南唐率先用兵;同时,对于拥有山川天险优势的后蜀政权,则先占据秦、成、阶、凤四州的战略要地以对后蜀作出战略威慑;对于南方政权中实力最为强大的南唐,则必须通过灭国后获得的巨大资源以期席卷整个南方。周世宗也因此用了数年时间南征江淮,成功奄有了长江以北十四州的地区。

需要指出的是,周世宗后期将战略方针转为北伐契丹,非但没有背离自己原先试图统一天下的方略,相反却是在实践中扩充完善了战略规划。周世宗是一位颇具高明战略意识的政治人物,他在用兵的过程中根据实际情况不断对《平边策》作出了修正。他一方面担心对南方的用兵战略目标过大,容易引起整个南方与后周的对抗,另一方面他也意识到此时的北方劲敌契丹正值穆宗耶律璟在位,此君号称“睡王”,怠理国政、叛乱迭起,正是北征尝试收复幽云十六州的绝佳时机。从历史实际来看,周世宗的对后蜀、南唐的用兵使其获得了关中形胜之地和江北淮河流域地区,为对抗北方保存了足够的实力,此时趁北方政权内乱之际集中兵力以收复河北失地幽云十六州并进而消灭北汉政权,然后再自北向南,挟战胜之余威以统一整个南方,自是水到渠成之事。周世宗统一全国的战略基本是分两步走,一是用有限的军事行动先南后北,先易后难;二是再由北往南,先难后易。我们认为这一策略是稳妥高明的，是在政治实践中对《平边策》做出的发展和完善。然而周世宗英年早逝，病故于北伐途中。南宋大儒朱熹曾说："五代时甚么样！周世宗一出便振。收三关，是王朴死后事。模样世宗未死时，须先取了燕冀，则云中河东皆在其内矣。本朝收河东，契丹常以重兵援其后，契丹嫌刘氏不援，始取之。"(《朱子语类》)周世宗取天下的事业最终虽未完成，但继起的宋朝却沿袭了周世宗的"取天下之策"，最终实现了统一全国的战略目的。

（周庆彰）

分久必合：小国也有大心胸

〔**导言**〕 五代十国的分裂是唐末藩镇割据进一步发展所产生的恶果。在此时期，国家动荡纷扰，各地战乱不断。在这样纷纭烦扰的乱世之中如何保全实力以期谋求生存与发展，对于每一个割据政权的统治者而言皆为亟需破解的难题。完全由当地土著主政的吴越国，由外部势力建立政权的闽国以及地处南北交融处的南唐政权在这一时期都进行了各自的政治实践。从各政权的具体实践中，我们可以获得一定的殷鉴，在乱世中保存已有实力乃是至关重要的一项生存之道。上述三国之开创者不约而同都采取了保境安民、与邻为善的政策，在这一政策的影响下，三国所在地区的经济和文化都取得了长足发展，深刻地改变了中国的历史格局。

古代中国的分裂，从根本而言，实是由于各地区之间不平衡发展而导致凝聚力断裂的最终结果，军事手段难以彻底解决的问题只有通过各地区之间进行相应的发展，才有可能从根本上消弭各地区之间强烈的敌对态势。各地区之间不平衡的发展往往较为容易出现在大一统王朝的体制之下，分裂的局面在客观上反而会促使各割据政权尽可能地发展所在地区的经济，以求在与他国竞争中能够立于不败之地。五代十国中，以南唐、吴越、闽国为代表的南方割据政权出于维护统治的需要，纷纷采取了措施以促进所在区域经济文化的发展，使得南方的经济文化实力在这一时期获得显著增强，逐渐改变了长期以来中国北方占据经济发展主导地位的局面，成为促使中国经济重心南移的关键时期。

钱镠列传

〔**选文**〕

钱镠，杭州临安县人。少拳勇，喜任侠，以解仇报怨为事。唐乾符中，事于潜镇将董昌为部校。属①天下丧乱……时有刘汉宏者，聚徒据越州，自称节度使，攻收邻郡；润州牙将薛朗逐其节度使周宝，自称留后。唐僖宗在蜀，诏董昌讨伐，昌以军政委镠，率八都之士进攻越州，诛汉宏，回戈攻润州，擒薛朗。江、浙平，董昌为浙东节度使、越州刺史，表②镠代己为杭州刺史。

唐景福中，朝廷以李鋋为浙江西道镇海军节度使。时孙儒、杨行密交乱，淮海烟尘数千里，镠常率师以为防捍，孙儒据宣州，不敢侵江、浙，由是镠勋名日著。久之，李鋋终不至治所，朝廷以镠为镇海军节度，仍移润州军额于杭州为治所，又立威胜军于越州，董昌为节度使。昌渐骄贵……僭称尊号，乃于越州自称罗平国王，年号大圣，伪命镠为两浙都将。镠不受命，以状闻，唐昭宗命镠讨昌。乾宁四年，镠率浙西将士破越州，擒昌以献，朝廷嘉其功，赐镠铁券，又除③宰臣王溥为威胜军节度使。而两浙士庶拜④章，请以镠兼杭、越二镇，朝廷不能制，因而授之，改威胜军为镇东，镠乃兼镇海、镇东两藩节制。镠既兼两镇，精兵三万，而杨行密连岁兴戎，攻苏、湖、润等州，欲兼并两浙，累为镠所败，亦为行密侵盗数州，而镠所部⑤止一十三州而已。

……

镠于临安故里兴造第⑥舍，穷极壮丽，岁时游于里中，车徒⑦雄盛，万夫罗列。其父宽每闻镠至，走窜避之，镠即徒步访宽，请言其故。宽曰："吾家世田渔为事，未尝有贵达如此，尔今为十三州主，三面受敌，与人争利，恐祸及吾家，所以不忍见汝。"镠泣谢⑧之。

镠于唐昭宗朝，位至太师、中书令、本郡王，食邑二万户。梁祖革命，以镠为尚父、吴越国王。梁末帝时，加诸道兵马元帅。同光中，为天下兵马都元帅、尚父、守尚书令，封吴越国王，赐玉册、金印。初，庄宗至洛阳，镠厚陈贡奉，求为国王，及玉册诏下，有司详议，群臣咸[9]言："玉简金字，惟至尊一人，钱镠人臣，不可。又本朝已来，除四夷远藩，羁縻[10]册拜，或[11]有国王之号，而九州之内亦无此事。"郭崇韬尤不容其僭，而枢密承旨段徊，奸幸用事[12]，能移[13]崇韬之意，曲为镠陈情，崇韬僶俛从之。镠乃以镇海、镇东军节度使名目授其子元瓘，自称吴越国王，命所居曰宫殿，府署曰朝廷，其参佐称臣，僭大朝百僚之号，但[14]不改年号而已。伪行制册，加封爵于新罗、渤海，海中夷落亦皆遣使行封册焉。

……

镠在杭州垂[15]四十年，穷奢极贵。钱塘江旧日海潮逼州城，镠大庀[16]工徒，凿石填江，又平江中罗刹石，悉起[17]台榭，广[18]郡郭周三十里，邑屋之繁会，江山之雕丽，实江南之胜概[19]也，镠学书，好吟咏。江东有罗隐者，有诗名，闻[20]于海内，依[21]镠为参佐。镠尝与隐唱和，隐好讥讽，尝戏为诗，言镠微[22]时骑牛操梃事，镠亦怡然不怒，其通恕[23]也如此。镠虽季年[24]荒恣，然自唐朝，于梁室，庄宗中兴以来，每来扬帆越海，贡奉无阙，故中朝亦以此善之。

镠以长兴三年三月二十八日薨，年八十一。制曰："故天下兵马都元帅、尚父、吴越国王钱镠，累朝元老，当代勋贤，位已极于人臣，名素[25]高于简册。赠典既无其官爵，易名宜示其优崇，宜令所司定谥，以王礼葬，仍赐神道碑。"谥曰武肃。镠初事[26]董昌，时年甫[27]壮室，性尚刚烈。时有儒士谒于主帅，已进刺[28]矣，见镠稍怠[29]，镠怒，投之罗刹江，及典[30]谒者将召，镠诈云："客已拂衣去矣。"及为帅时，有人献诗云："一条江水槛前流。"镠不悦，以为讥己，寻[31]害之。迨[32]于晚岁，方爱人下士，留心理道，数十年间，时甚归美。镠尤恃崇盛，分两浙为数镇，其节制署[33]而后奏。左右前后皆儿孙甥侄，轩陛服饰，比[34]于王者，两浙里俗咸曰"海龙王"。梁开平中，浙民上言，请为镠立生祠，梁太祖许之，令翰林学士李琪撰生祠堂碑以赐之，至今蒸黎飨之，子孙保之，斯亦近代之名王也。

选自《旧五代史》卷一百三十三

〔注释〕 ① 属：适值。 ② 表：指上表推荐某人。 ③ 除：拜官受职。 ④ 拜：上，呈。 ⑤ 部：管领。 ⑥ 第：达官贵人的宅院。 ⑦ 徒：随从。 ⑧ 谢：辞别。 ⑨ 咸：都。 ⑩ 羁縻：笼络使不生异心。 ⑪ 或：有时。 ⑫ 用事：掌权。 ⑬ 移：改变。 ⑭ 但：只。 ⑮ 垂：将近。 ⑯ 庀：备具。 ⑰ 起：兴建。 ⑱ 广：扩大。 ⑲ 胜概：胜景。 ⑳ 闻：闻名。 ㉑ 依：依靠。 ㉒ 微：卑贱。 ㉓ 恕：以仁爱之心待人。 ㉔ 季年：晚年。 ㉕ 素：向来。 ㉖ 事：侍奉。 ㉗ 甫：才。 ㉘ 刺：名帖。 ㉙ 怠：怠慢。 ㉚ 典：掌管。 ㉛ 寻：不久。 ㉜ 迨：等到。 ㉝ 署：任用。 ㉞ 比：比照。

〔赏析〕 五代十国时期是中国历史上的又一个乱世，然而就在全国各地纷纷陷入战火泥淖而不能自拔之时，地处江南一隅的吴越国却依旧歌舞升平，长期免于战争之祸。这与吴越国的开创者钱镠善于审时度势，在复杂的时局中巧妙周旋于各个势力之间有关，他能够根据自身的特点制定合适的政策，得以立于不败之地。

钱镠出身寒微，年轻的时候非常勇武，又重义轻生，喜欢解仇报怨。他所处的时代，正值唐末至五代之间，其时兵燹不断，各地藩镇拥兵自重，称王建国，割据一方。这是一个弱肉强食的时代，钱镠的发迹正是这个时代的写照。他在唐乾符年间先是跟随镇将董昌，以部校的身份驰骋疆场，很快便因镇压黄巢起义而崭露头角；接着，他又奉命平定了刘汉宏和薛朗的叛乱，代董昌成为杭州刺史，逐渐发展为一个独立的集团势力，为其以后建国打下了基础。

唐景福年间，钱镠顶住了孙儒、杨行密交战的冲击，威望大增，取代朝廷委派的李鋋成为镇海军节度使，他的发展也渐渐对先前的上司董昌构成了威胁，两人矛盾的爆发实已不可避免。董昌的政治野心日益膨胀，不久便僭越称帝，还企图任命钱镠为两浙都将，钱镠不仅断然拒绝了这一任命，还将此事上报朝廷，随后得到唐昭宗的诏命攻打董昌，最后生擒董昌献给了朝廷，为此得到了朝廷铁券的嘉奖。不久，钱镠又升任镇海、镇东两军节度使，拥兵数万，连续挫败杨行密等人的侵扰，雄霸一方。

钱镠在吴越的发展自然也引起了朝廷的关注，但此时的朝廷自顾尚且不暇，约束偏安一隅的钱镠自是鞭长莫及，因此朝廷采取了以笼络安抚为主的策略。钱镠本人也十分重视同地处中原的政权搞好关系，在唐昭宗时期，钱镠就已位极人臣，被封为太师、中书令和越王，朱温废唐建立后梁时，封其为尚父和吴越国王，并赐予玉册、金印。对于朱温的拉拢，钱镠并未拒绝。而到了后唐庄宗时期，他甚至主动献上供奉，请求受封为国王。之后钱镠将镇海、镇东节度使授予其子元瓘，自称吴越国王。将所居之处称为宫殿，府署称为朝廷，手下称为臣，并按照朝廷的官制予以封号，还自行制作封册，给予新罗、渤海以及实际控制地区的外藩以中央政府才能执行的册封。除了未改元称帝，钱镠此时已与皇帝别无二致。

钱镠的这番成熟的政治运作与他在杭州方才立稳脚跟之时显得迥然不同。他大兴土木，打造了豪华的府邸，出行时则常常大讲排场，万夫罗列。钱镠之父钱宽语重心长地对其进行告诫，认为钱家历代皆为寒门，从未有过如此的富贵，现在钱镠虽号称十三州之主，实际上却是三面受敌，如果一味争利，恐怕最终会祸及家人。钱镠接受了这一番教诲，一直小心翼翼地周旋于周边势力间，从不轻起战端，同时一直奉中原政权为正朔，即便在朱温废唐以及之后五代更替之际，他也没有改变这一既定国策。钱镠的深谋远虑和韬光养晦为吴越后来的统治者所继承，因此在吴越国才得以在战火不断的五代时期免于战乱的侵扰。应该指出，钱镠对于中原政权的归顺，显非出自真心，而是基于自身实力所采取的务实策略。此时吴越国的实力，不仅不足以问鼎中原，就是想要偏安一隅也必须谨小慎微。在时机不成熟的情况下，钱镠处处低调，隐藏自身的实力，而一旦时机成熟，他便会不惜一切地攫取政治权利。

在钱镠的内心深处，何尝没有建号帝王以图天下的雄心壮志？只是时机未到，不愿轻易触犯政治忌讳罢了。

客观地说，钱镠乃是一位颇具争议的历史人物。一方面，他治下的吴越国在五代时期取得了长足的发展，人民能够安居乐业，苏轼对此评价道："其民至于老死不识兵革，四时嬉游歌鼓之声相闻，至于今不废，其有德于斯民甚厚。"另一方面，钱镠为了维护其统治，厉行严刑峻法的行政手段，他亦大兴土木、搜刮民财，欧阳修所撰之《新五代史》对其提出了严厉的批评，曰："自镠世常重敛其民以事奢僭，下至鸡鱼卵縠，必家至而日取。"钱镠的种种做法，最根本的出发点实是基于自身利益最大化的考量，他大兴土木、兴修海塘，是为了保障立足点杭州免受海潮的侵蚀，为杭州以后的繁荣打下坚实的根基；他广开圩田，开发吴越，目的在于壮大自身的实力，吴越国也因此成为鱼米之乡与富庶之地；他韬光养晦，不起边衅，只是为了保存实力，免于覆亡，客观上给吴越人民带来了持久的和平。他的所作所为无一不是从切身利益出发，却契合了吴越人民现实的需求，钱镠并不是一个人品高尚的统治者，却无疑是造福一方的功臣。因此钱镠生前即被称为"海龙王"，还有人为他建生祠，表现了时人对他功绩的肯定。

需要特别指出的是，钱镠虽然出身行伍，却也有温柔细致的一面，"陌上花开缓缓归"之典便是出自于钱镠的。赳赳武夫也能有这样的柔情，当与他对待文人的广阔胸怀有关，他年轻时虽也曾性格刚烈，并不善待儒生，然而随着年龄的增长，他越来越认识到知识分子的重要性，也能对儒生采取宽厚的态度。即使面对诗人罗隐的嘲讽，他依然能做到怡然处之而不动怒。钱镠的身边一定有很多像罗隐这样的儒生进行辅佐，长期的耳濡目染为戎马倥偬的钱镠增添了几分儿女情长，也留下了许多动人的佳话。这也应当是钱镠得到人民拥戴的重要原因之一。

王审知列传

〔选文〕

王审知，字信通，光州固始人。父恁，世为农民。唐广明中，黄巢犯阙[①]，江淮盗贼蜂起。有贼帅王绪者，自称将军，陷固始县，审知兄潮，时为县佐，绪署为军正。蔡贼秦宗权以绪为光州刺史，寻遣兵攻之，绪率众渡江，所在剽掠，自南康转至闽中，入临汀，自称刺史。绪多疑忌，部将有出己之右者皆诛之。潮与豪首数辈共杀绪，其众求帅，乃刑牲歃血为盟，植剑于前，祝曰："拜此剑动者为将军。"至潮拜，剑跃于地，众以为神异，即奉潮为帅。时泉州刺史廖彦若为政贪暴，军民若之，闻潮为[②]理整肃，耆老乃奉牛酒，遮[③]道请留。潮因引兵围彦若，岁余克之，又平狼山贼帅薛蕴，兵锋日盛。唐光启二年，福建观察使陈岩表潮为泉州刺史。大顺中，岩卒，子婿范晖自称留后，潮遣审知将[④]兵攻之，逾年，城中食尽，乃斩晖而降，由是尽有[⑤]闽、岭五州之地。潮即表其事，昭宗因建威武军于福州，以潮为节度、福建管内观察使，审知为副。

审知为观察副使，有过，潮犹[⑥]加捶挞，审知无怨色。潮寝疾[⑦]，舍其子延兴、延虹、延丰、延休，命审知知[⑧]军府事。十二月丁未，潮薨，审知以让其兄审邽，审邽以审知有功，辞不受。审知自称福建留后，表于朝廷。唐末，为威武军节度、福建观察使，累迁检校太保，封琅邪郡王。梁朝开国，累加中书令，封闽王。是时，杨氏据江、淮，故闽中与中国隔越[⑨]，审知每岁朝贡，泛海至登莱抵岸，往复颇有风水之患，漂没者十四五。后唐庄宗即位，遣使奉贡，制加功臣，进爵邑。

审知起自陇亩，以至富贵。每[⑩]以节俭自处，选任良吏，省[⑪]刑惜费，轻徭薄敛，与民休息。三十年间，一境晏[⑫]然。同光元年，审知卒，子延翰嗣[⑬]，为弟延钧所杀。

选自《旧五代史》卷一百三十四

〔注释〕 ① 阙：朝廷。 ② 为：治理。 ③ 遮：拦住。 ④ 将：统率。 ⑤ 有：占有。 ⑥ 犹：仍。 ⑦ 寝疾：卧病。 ⑧ 知：主持。 ⑨ 隔越：隔绝。 ⑩ 每：经常。 ⑪ 省：减少。 ⑫ 晏：安宁。 ⑬ 嗣：承袭。

〔赏析〕 作为十国之一的闽国，享国不长，作为一个政权的实际影响力也仅局限于今天的福建一省之地，因此薛居正在《旧五代史》中并未以过多笔墨对闽国的开创者王审知进行详尽的记载。然而，从王审知对于南方特别是福建历史发展的作用来看，他无疑是一位具有重要历史意义的人物。王审知本人的经历，也恰恰是此时北方移民南迁进而促成南方发展这一历史事实的缩影。

王审知，字信通，河南光州固始人。他出身农家，唐末黄巢起义爆发之后，各地纷纷响应，王审知家乡就有一支由王绪率领的农民起义军攻陷了固始县，王审知与其兄王潮都加入了起义军。之后他们又跟随王绪的军队辗转来到福建，王绪其人生性多疑，经常无端残杀有能力的部下，造成手下人人自危的不利局面。在王潮兄弟的领导下大家最终杀掉王绪，王潮被拥戴为统帅。

除掉了王绪后，这支部队的处境依旧十分凶险，毕竟他们从河南来到福建，身处异乡而根基不稳。为了能在当地立足，王潮一改先前王绪靠剽掠维持生存的做法，对军队进行了整肃，使得部队所到之处秋毫无犯，这让饱受泉州刺史廖彦若暴政之苦的泉州人民看到了希望。在他们的支持下，王潮打败了廖彦若，又剿灭了薛蕴，在泉州站稳了脚跟。福建观察使陈岩不得不接受既成事实，上疏朝廷任命王潮为泉州刺史。

实力壮大的王氏兄弟当然不会就此停住扩张的脚步，大顺年间，在王审知奉命攻灭了陈岩的继任者范晖之后，王氏兄弟终于一统福建，为以后建政闽国奠定了基础。此时的王潮并未遽然称王，而是选择继续尊奉唐王朝的统治。这是一条沉稳而务实的路线，毕竟在乱世，生存的需要具有压倒一切的意义。福建开发既晚，王氏兄弟又初来乍到，因此更需要韬光养晦，尽可能地避免兵戈之苦。而实际上，此时的朝廷也无力改变王氏兄弟对闽地进行控制的现状，只能顺水推舟，在福州设立威武军，任命王潮为节度使、福建管内观察使，王审知为副使。

王潮病重，在临死前将福建的军政大权交给王审知。王潮做出这样的选择，完全是基于对现实的充分考虑，王氏兄弟在福建立下基业，亟需成熟稳重如王审知者进行有效管理。更重要的是，王审知不仅有能力，在长时间的征战中也积累了深厚的威望，与其儿子勉强继位，不如直接传位于弟，这样既能稳定大局，从长远看来对后人亦为有利。基于同样的考虑，王潮死后，王审知的哥哥王审邽也谢绝其弟让位的好意，王审知就这样成了闽地的新主。

历史证明，王潮的选择是极为正确的，王审知上台以后，延续了他哥哥一贯稳重务实的政策，采取保境安民的措施，致力于闽地的经济发展。王审知尊奉朝廷，终其一生也未曾称帝，他从不轻易对外动兵，一系列措施使得他治下的闽地得以长期处于和平的状态下，为闽地在乱世中谋求到了难得的发展良机。王审知出身贫寒，对民间疾苦有着切身的体会，因此能够身体力行，勤俭治国。由于他来自极其注重农耕的河南，故而在福建大力推广中原地区先进的农业技术和经验，福建的经济因之获得了长足的发展。王审知统治福建的三十年间，是福建开发的关键时期，福建从此前华夏文明的边陲之地一跃发展为当时全国比较稳定繁荣的地区。特别需要肯定的是，福建地处一隅，武夷山和仙霞岭使得福建天然地与外界隔开，在地理位置上有着得天独厚的条件。然而王审知并没有因此断绝与中原的交通，而是与中原政权保持了密切的联系，即使在陆路阻断，海路损失高达十之四五的情况下，王审知仍然坚持朝贡。虽然这些举措是出于政治的需要，然而在客观上却使得福建始终维系着与中原的关系，福建由此并未脱离中国领土，这也是闽国灭国之后，福建再无分裂政权出现的重要原因之一。

在唐末五代这个空前的乱局中，原本人口稠密的黄河流域饱受着战乱之苦，许多人因此被迫背井离乡，到异乡去寻找安身之地，而尚待开发的南方往往成为他们最终的落脚点。王审知兄弟的入闽就是这一客观现实的典型代表，命运使得他们来到闽地，在历史的风云际会中他们又成为闽地的实际统治者。历史既给予他们机遇，也赋予他们以使命，即发展福建，使之成为华夏文明的又一片沃土。应当承认，王审知并不是一位具有经天纬地之才的杰出政治家，他治下的闽地也并没有成为真正的乐土，然而在其任内，王审知采取了各项措施，维护了福建的和平稳定，促进了当地的经济文化快速发展，使得福建从蛮荒之地一跃而成为鱼米之乡，为以后的进一步发展奠定了坚实的基础。王审知出色地完成了历史赋予他的使命，他也因此成为福建发展史上值得铭记的杰出人物。

南 唐 世 家

〔选文〕

李昪字正伦，徐州人也。世本微贱，父荣，遇唐末之乱，不知其所终。昪少孤[①]，流寓濠、泗间，杨行密攻濠州，得之，奇其状貌，养以为子。而杨氏诸子不能容，行密以乞[②]徐温，乃冒姓徐氏，名知诰。及壮，身长七尺，广颡[③]隆准[④]。为人温厚有谋。……时江淮初定，州、县吏多武夫，务[⑤]赋敛为战守，昪独好学，接礼儒者，能自励为勤俭，以宽仁为政，民稍[⑥]誉之。

……

五年，昪封齐王。已而[⑦]闽、越诸国皆遣使劝进，昪谓人望已归[⑧]。天祚三年，建齐国，置宗庙社稷，以宋齐丘、徐玠为左、右丞相。十月，溥遣摄太尉杨璘传位于昪，国号齐，改元升元。

……

徐氏诸子请昪复姓，昪谦抑不敢忘徐氏恩，下其议百官，百官皆请，然后复姓李氏，改名曰昪。自言唐宪宗子建王恪生超，超生志，为徐州判司；志生荣。乃自以为建王四世孙，改国号曰唐。

……

六年，吴越国火，焚其宫室、府库，甲兵[9]皆尽，群臣请乘其弊攻之，昪不许，遣使吊[10]问，厚赒[11]其乏。钱氏自吴时素为敌国，昪见天下乱久，常厌用兵，及将篡国，先与钱氏约和，归其所执将士，钱氏亦归吴败将，遂通好不绝。

昪客冯延巳好论兵、大言，尝诮[12]昪曰："田舍翁安能成大事！"而昪志在守吴旧地而已，无复经营之略[13]也，然吴人亦赖以休息。

七年，昪卒，年五十六，谥曰光文肃武孝高皇帝，庙号烈祖，陵曰永陵。子景立。

景，初名景通，昪长子也。既立，又改名璟。

……

二年二月，闽人连重遇、朱文进弑其君王延羲，文进自立。是时，延羲弟延政亦自立于建州，国号殷。王氏兄弟连兵累年，闽大乱，景因[14]其乱遣查文徽及待诏臧循发兵攻建州。

……

四年八月，文徽乘胜克建、汀、泉、漳四州，景分延平、剑浦、富沙三县，置剑州，迁王延政之族于金陵。以延政为饶州节度使、李仁达为福州节度使、留从效为清源军节度使。景遂欲罢兵，而查文徽、陈觉等皆言："仁达等余孽犹在，不若乘胜尽取之。"陈觉自言可不用尺兵致[15]仁达等。景以觉为宣谕使，召仁达朝金陵，仁达不从。觉惭，还至建州，矫命发汀、建、信、抚州兵攻仁达。时魏岑安抚漳、泉，闻觉起兵，亦擅发兵会觉。景大怒，冯延巳等为言："兵业[16]行，不可止。"乃以王崇文为招讨使、王建封为副使，益[17]兵以会之，以延鲁、魏岑、陈觉皆为监军使。仁达送款于吴越，吴越以兵三万应仁达。觉等争功，进退不相应，延鲁与吴越兵先战，大败而走，诸军皆溃归。

……

初，周师南征，无水战之具，已而屡败景兵，获水战卒，乃造战舰数百艘，使降卒教之水战，命王环将以下淮。景之水军多败，长淮之舟，皆为周师所得。又造齐云船数百艘，世宗至楚州北神堰，齐云舟大，不能过，乃开老鹳河以通之，遂至大江。景初自恃水战，以周兵非敌，且未能至江。及觉奉使，见舟师列于江次甚盛，以为自天而下，乃请曰："臣愿还国取景表，尽献江北诸州，如约。"世宗许之，始赐景书曰"皇帝恭问江南国主"，劳[18]其良苦而已。是时，扬、泰、滁、和、寿、濠、泗、楚、光、海等州，已为周得，景遂献庐、舒、蕲、黄，画江以为界。五月，景下令去帝号，称国主，奉周正朔，时显德五年也。

……

九月，太子冀卒，次子从嘉封吴王，居东宫。钟谟言从嘉轻肆[19]，请立纪国公从善，景怒，贬谟国子司业，立从嘉为太子。世宗使人谓景曰："吾与江南，大义已定，然虑后世不能容汝，可及吾世修城隍、治要害为子孙计。"景因营缉[20]诸城，谋迁其都于洪州，群臣皆不欲迁，惟枢密使唐镐赞之，乃升洪州为南昌，建南都。建隆二年，留太子从嘉监国，景迁于南都。而洪州迫[21]隘，宫府营廨，皆不能容，群臣日夕思归，景悔怒不已。唐镐惭惧，发疾卒。

六月，景卒，年六十四。从嘉嗣立，以丧归金陵，遣使入朝，愿复景帝号，太祖皇帝许之，乃谥曰明道崇德文宣孝皇帝，庙号元宗，陵曰顺陵。

煜字重光，初名从嘉，景第六子也。煜为人仁孝，善属[22]文，工书画，而丰额骈齿，一目重瞳子。自太子冀已上，五子皆早亡，煜以次封吴王。

……

开宝四年，煜遣其弟韩王从善朝京师，遂留不遣。煜手疏求从善还国，太祖皇帝不许。煜尝怏怏以国蹙[23]为忧，日与臣下酣宴，愁思悲歌不已。

五年，煜下令贬损制度。下书称教，改中书、门下省为左、右内史府，尚书省为司会府，御史台为司宪府，翰林为文馆，枢密院为光政院，诸王皆为国公，以尊朝廷。煜性骄侈，好声色，又喜浮图，为高谈，不恤[24]政事。

……

七年，太祖皇帝遣使诏煜赴阙，煜称疾不行，王师南征，煜遣徐铉、周惟简等奉表朝廷求缓师，不答。八年十二月，王师克金陵。九年，煜俘至京师，太祖赦之，封煜违命侯，拜左千牛卫将军。其后事具国史。

选自《新五代史》卷六十二

〔注释〕 ① 孤：无父者之称。 ② 乞：给予。 ③ 颡：额头。 ④ 隆准：高鼻子。 ⑤ 务：致力。 ⑥ 稍：渐渐。 ⑦ 已而：不久。 ⑧ 归：归附。 ⑨ 兵：兵器。 ⑩ 吊：慰问。 ⑪ 赒：周济。 ⑫ 诮：讥讽。 ⑬ 略：谋略。 ⑭ 因：趁机。 ⑮ 致：招来。 ⑯ 业：已经。 ⑰ 益：增加。 ⑱ 劳：慰劳。 ⑲ 轻肆：轻慢放肆。 ⑳ 缉：整治。 ㉑ 迫：狭窄。 ㉒ 属：撰著。 ㉓ 蹙：窘迫。 ㉔ 恤：顾及。

〔赏析〕 南唐是五代十国时期割据于江淮地区的一个政权，该王朝共经历烈祖李昪、元宗李璟和后主李煜三世，享国凡三十九年。由于国祚不长，加之其统治范围和人口数量都无法同历代统一王朝相比，因此撰史者往往将其打入“另册”。薛居正在《旧五代史》中将南唐政权列入“僭伪”之列，欧阳修则在《新五代史》中将其纳入“世家”之列。由此可见，两部史书都将南唐王朝视作阻碍统一的割据政权。然而我们认为,南唐政权在中国历史上具有极其重要的意义,原本就已获得一定发展先机的江淮地区在南唐的统治之下于经济和文化发展都取得了长足进步,这一发展趋势在宋代仍旧获得了延续,南唐建政期间遂成为中国古代历史上北方政治、经济、文化中心南移的一个关键时期。

南唐的开创者烈祖李昪出身寒微,幼年丧父,从小就流浪在濠州和泗州之间。后来吴国的建立者杨行密在攻打濠州时将其收为养子,但却遭到了杨行密儿子们的反对,因此杨行密只好将其交给部将徐温代为收养,遂取名徐知诰。不幸的生活经历对幼小的徐知诰必然产生深刻的影响,使他成长为一个隐忍沉稳、细致谨慎的人,这也为他得以在日后残酷的政治斗争中脱颖而出打下了基础。

成年后的徐知诰,仪表堂堂而又待人温和,当时江淮甫定,官吏们都是赳赳武夫,只知战事而无法守成。唯独徐知诰知书达理又勤劳俭朴,加上他为政宽仁,很快便在吴地小有名气。此时徐温的长子徐知训常常欺凌部将,因而在兵变中被杀,徐知诰执政后,宽缓刑法,推广恩信,设法延揽人才,他建造延宾亭,接待四方有识之士,吸纳了像宋齐丘、骆知祥、王令谋等一批重要谋士;他经常派人到民间了解疾苦,帮助那些因遇婚丧而遭到困难的人。尽管身居高位,徐知诰却保持着简朴的生活作风,夏天从不张盖、操扇,因此深得民心。经过不断的努力与积淀,他的实力与威望与日俱增,在吴国封他为齐王之后,连周边的闽国和吴越国都劝他取吴国而代之。时机成熟后,徐知诰遂在天祚三年(937年)建立齐国,真正成了一国之主。

此时的徐知诰,已经完全摆脱了徐氏对他的影响。为了进一步扩大自己的实力,他宣称自己是唐皇室的后人,恢复本名李昪,改国号曰“唐”,为了区别于李渊所建立之政权,后世史学家称之为“南唐”。李昪此举旨在昭示世人自己是大唐的后裔,而南唐才是正朔所在,显示出他力图一统中国的决心。

李昪的决心有着现实的依据,此时的南唐,在南方各个割据政权中实力最强,即使与中原的后晋相比也并不逊色,他完全有实力对外用兵以施展抱负。但李昪从不轻言兵戈,以保境安民作为既定国策,只求守住已有领土。

即使面对吴越国这一敌对势力遇到灾害时，李昪也未曾贸然进攻，而是借机与之修好，致力于维持双方长期和平的局面。许多大臣对此做法颇多不解，南唐后来的重臣冯延巳就讥笑李昪为“田舍翁”，认为他毫无魄力。但是冯延巳根本就不明白，李昪的做法，在当时恰恰是最为稳重务实的选择。南唐政权确实在南方各势力中实力最为强大，但是与中原王朝相比，仍然处于劣势。既然李昪以统一中国为己任，那么最重要的对手当然还是黄河流域的中原政权，如果不断对南方其他割据势力穷兵黩武，则很有可能因国力遭到巨大的消耗而导致无力北伐。历史以李昪之子李璟的失误，最终证明了李昪决策的正确性。

与父亲李昪的做法迥异，李璟极为好战，即位后第二年便乘闽国内乱出兵，又和吴越作战，连年的征战使得国力遭到削弱。不久契丹入侵中原，北方大乱，这本是出兵北伐一统中原的大好时机，而此时的南唐对于出兵北伐却显得力不从心，只能坐失良机。李璟对此也十分后悔，这时他才真正体会到父亲临终前所嘱咐的“善交邻国，以保社稷”之箴言。此时的李璟若能调整政策，延续其父保境安民、不与邻国动兵的一贯政策，南唐或许能够重整旗鼓。然而李璟依旧穷兵黩武，他兴兵伐灭楚国，本身也是元气大伤，其后在面对后周的进攻时则完全处于下风，与周世宗柴荣作战更是接连失败，只得割让江北的广大地区，并且对后周称臣。至此，在与中原王朝的较量中，南唐的颓势再也无法扭转，到了第三代君主李煜执政时，面对着强大的北宋政权，则完全没有招架之力，只有亡国一途了。

南唐最重要的对手始终是北方的中原政权，在南方其他政权尚不足以对南唐构成威胁时，轻易对其他政权用兵，只会削弱自身的实力，而给北方的中原政权以可乘之机，从这一点来说，李璟对于南唐灭国实负有不可推卸的责任。李璟任人不当，重用像冯延巳这样的庸人来治理国家，同时不能平衡统治集团内部的矛盾，在诸如迁都、发行钱币这样的重大决策上又一误再误，劳民伤财，致使国家最终无力与中原政权相抗衡。李璟与其子李煜，皆精于词律，在文学史上享有盛誉，但两人在政治上实在是乏善可陈，共同成为南唐亡国的主要责任人。

这里需要指出，虽然南唐政权的实力一度能够与中原王朝相抗衡，这从一个侧面反映出南方经济获得了长足发展的事实，然而若对此时的南方与北方进行全面而综合的考量，则南方地区还是处于等而下之的地位的。李昪采取守势，在壮大实力的同时却在耐心地等待着时机。在李璟穷兵黩武，不断削弱南方实力的情况下，北方形成了对南方的压倒性优势。中原政权一旦出现柴荣这样的强势人物，则发动对南方的统一战争也便成为大势所趋。

（谢科峰）

历史大局出大人物，统一需大决断

〔**导言**〕 五代辽宋夏金元，是中国历史由中古向近古转变的关键时期。群雄并起逐鹿天下，军事谋略的比拼、政治智慧的较量、思想理念的碰撞，在这个社会大动荡、文化大发展、民族大融合的时代里显得异彩纷呈。

北宋建立后，宋太祖为巩固统治，本着“强干弱枝”的指导思想，解除中央和地方大将的兵权，使地方行政权和财政权分开，又在中央组织强大的禁军，这些措施避免了地方分裂的再现，使北宋在政治上出现了稳定的局面，推动社会经济文化的发展。

经济上，社会经济发展迅猛，无论在农业、手工业、商业等方面，都取得了突出的、引人注目的成就，超越之前历代，达到封建经济的最顶峰。

文化上，儒学完成了历史上最重要的转型。理学的出现，一扫南北朝以来儒家思想地位动摇的阴霾。理学的地位不断上升，影响不断扩大，成为中国古代最为精致、最为完备的理论体系，成为儒家神权和王权的合法性依据，最终占据了思想学术界的主导地位，并上升成为官方意识形态，影响中国社会数百年之久，在民族精神的塑造及价值观念的形成等方面发挥决定性的作用。

本组选取了《宋太祖本纪》、《赵普列传》和《耶律屋质列传》的章节，旨在通过展示宋、辽君臣高超的治国思想和统治智慧，还原这一时期独特的历史风貌。

宋太祖本纪

〔**选文**〕

太祖，宣祖仲[①]子也，母杜氏。后唐天成二年，生于洛阳夹马营，赤光绕室，异香经宿不散。体有金色，三日不变。既长，容貌雄伟，器度豁如，识者知其非常人。学骑射，辄出[②]人上。尝[③]试恶马，不施衔勒，马逸[④]上城斜道，额触门楣坠地，人以为首必碎，太祖徐[⑤]起，更追马腾[⑥]上，一无所伤。又尝与韩令坤博[⑦]土室中，雀斗户外，因竞起掩[⑧]雀，而室随坏。

汉初，漫游无所遇[⑨]，舍[⑩]襄阳僧寺。有老僧善术数，顾曰："吾厚赆[⑪]汝，北往则有遇矣。"会[⑫]周祖以枢密使征李守真，应募居帐下。广顺初，补东西班行首，拜滑州副指挥。世宗尹京，转开封府马直军使。

世宗即位，复典[⑬]禁兵。北汉来寇[⑭]，世宗率师御之，战于高平。将合，指挥樊爱能等先遁，军危。太祖麾[⑮]同列驰马冲其锋，汉兵大溃。乘胜攻河东城，焚其门。左臂中流矢，世宗止之。还，拜殿前都虞候，领严州刺史。

……

六年，世宗北征，为水陆都部署。及莫州，先至瓦桥关，降其守将姚内斌，战却[⑯]数千骑，关南平。世宗在道，阅四方文书，得韦囊，中有木三尺余，题云"点检作天子"，异之。时张德为点检，世宗不豫[⑰]，还京师，拜太祖检校太傅、殿前都点检，以代永德。恭帝即位，改归德军节度、检校太尉。

七年春，北汉结契丹入寇，命出师御之。次[⑱]陈桥驿，军中知星者苗训引门吏楚昭辅视日下复有一日，黑光摩荡者久之。夜五鼓，军士集驿门，宣言[⑲]策点检为天子，或[⑳]止之，众不听。迟明[㉑]，逼寝所，太宗入白[㉒]，太祖起。诸校露刃列于庭，曰："诸军无主，愿策太尉为天子。"未及对，有以黄衣加太祖身，众皆罗拜，呼万岁，即掖[㉓]太祖乘马。太祖揽辔谓诸将曰："我有号令，尔能从乎？"皆下马曰："唯命。"太祖曰："太后、主上，吾皆北面事[24]之，汝辈不得惊犯；大臣皆我比肩，不得侵凌；朝廷府库、士庶之家，不得侵掠。用令有重赏，违即孥戮汝。"诸将皆载拜，肃队以入。副都指挥使韩通谋御之，王彦升遽[25]杀通于其第[26]。

太祖进登明德门，令甲士归营，乃退居公署。有顷，诸将拥宰相范质等至，太祖见之，呜咽流涕曰："违负天地，今至于此！"质等未及对，列校罗彦环按剑厉声谓质等曰："我辈无主，今日须得天子。"质等相顾，计无从出，乃降阶列拜。召文武百僚，至晡[27]，班定。翰林承旨陶谷出周恭帝禅位制书于袖中，宣徽使引太祖就庭，北面拜受已，乃掖太祖升崇元殿，服[28]衮冕，即皇帝位。迁恭帝及符后于西宫，易其帝号曰郑王，而尊符后为周太后。

选自《宋史》卷一

晚好读书，尝读二典，叹曰："尧、舜之罪四凶，止从投窜，何近代法网之密乎！"谓宰相曰："五代诸侯跋扈，有枉法杀人者，朝廷置而不问。人命至重，姑息藩镇，当若是耶？自今诸州决大辟，录案闻奏，付刑部覆视之。"遂著为令。

乾德改元，先谕宰相曰："年号须择前代所未有者。"三年，蜀平，蜀宫人入内，帝见其镜背有志"乾德四年铸"者，召窦仪等诘之。仪对曰："此必蜀物，蜀主尝有此号。"乃大喜曰："作相须读书人。"由是大重儒者。

……

赞曰：昔者尧、舜以禅代，汤、武以征伐，皆南面而有天下。四圣人者往，世道升降，否泰推移。当斯民涂炭之秋，皇天眷[29]求民主，亦惟责[30]其济斯世而已。使[31]其必得四圣人之才，而后以其行事畀[32]之，则生民平治之期，殆无日也。

五季乱极，宋太祖起介胄之中，践九五之位，原[33]其得国，视晋、汉、周亦岂甚相绝哉？及其发号施令，名藩大将，俯首听命，四方列国，次第削平，此非人力所易致也。建隆以来，释藩镇兵权，绳[34]赃吏重法，以塞浊乱之源。州郡司牧，下至令录、幕职，躬自引对。务农兴学，慎罚薄敛，与世休息，迄于丕平。治定功成，制礼作乐。在位十有七年之间，而三百余载之基，传之子孙，世有典则。遂使三代而降，考论声明文物之治，道德仁义之风，宋于汉、唐，盖无让焉。乌呼，创业垂统之君，规模若是，亦可谓远也已矣。

选自《宋史》卷三

〔注释〕 ① 仲：排行老二。 ② 出：超出。 ③ 尝：曾经。 ④ 逸：奔跑。 ⑤ 徐：慢慢地。 ⑥ 腾：乘，驾。 ⑦ 博：古代一种棋类游戏。 ⑧ 掩：袭击，这里指捕捉。 ⑨ 遇：机遇。 ⑩ 舍：居住。 ⑪ 赆：赠给人的路费或礼物，这里用作动词。 ⑫ 会：适逢。 ⑬ 典：掌管。 ⑭ 寇：侵犯。 ⑮ 麾：指挥。 ⑯ 却：退。 ⑰ 不豫：婉称帝王有病。 ⑱ 次：驻扎。 ⑲ 宣言：宣告。 ⑳ 或：有的人。 ㉑ 迟明：黎明。 ㉒ 白：报告。 ㉓ 掖：扶。 ㉔ 事：侍奉。 ㉕ 遽：疾速。 ㉖ 第：宅院。 ㉗ 晡：申时，即黄昏时。 ㉘ 服：穿着。 ㉙ 眷：思慕。 ㉚ 责：要求。 ㉛ 使：假使。 ㉜ 畀：给予。 ㉝ 原：推究本源。 ㉞ 绳：制裁。

〔赏析〕 宋太祖赵匡胤是中国历史上一位承前启后的重要人物。作为唐末五代十国混战局面的终结者，赵匡胤可谓一代英主。即使在人物辈出的五代乱世中，其勇敢与谋略亦堪称群雄中的佼佼者。

赵匡胤出身贵胄之家，少年得志，精于武艺骑射，后效力于后周政权，为后周立下赫赫战功。柴荣即位后，赵匡胤执掌禁军。北汉来侵犯，柴荣率领军队抵御来犯之敌，后周的指挥樊爱能临战逃跑，后周军面临崩溃，赵匡胤带领人马迅速冲向敌人前锋，局势马上逆转，北汉军队大败溃逃。赵匡胤乘胜进攻河东城，左臂被流箭射中也全然不在乎，其作战之英勇可见一斑。

随着地位日益提升，和五代时期大多数武将一样，他再也不满足于做受制于人的人臣。老谋深算的赵匡胤制造了一起“点检作天子”的陷害阴谋，不仅取得了柴荣的信任，还取代张永德独揽兵权。等到周世宗驾崩，赵匡胤假意北上抵御北汉，带领主力出征，却在陈桥驿发动了历史上著名的“陈桥兵变”。赵匡胤的亲信在军中散布谣言，煽动士兵情绪，见时机成熟，便将一件事先准备好的黄袍披在假装醉酒刚刚醒来的赵匡胤身上，拥立他为皇帝。赵匡胤却装出一副被迫的样子说：“你们自贪富贵，立我为天子，能从我命则可，不然，我不能为若主矣。”随后赵军兵不血刃就占领了都城开封。赵匡胤登基建立了北宋王朝，在之后的十余年内，先后平荆湖，灭后蜀、南汉、南唐、吴越等强敌，华夏主要地区得以基本恢复统一。

赵匡胤以其出色的军事才能和政治谋略终结了长达五十余年的分裂动荡，使国家再次走上了统一的轨道。赵匡胤的眼光十分深远，他意识到真正引发五代混乱局面的是中唐以来的藩镇割据和武将治国的政治乱象，如果不能实现统治模式的创新，新生的北宋政权也逃不过“后周第二”的命运。在赵匡胤后来的统治岁月里，一种崭新的治理思路在社会的各个领域实现，而赵匡胤本人也由乱世权谋之主，华丽地转型为治世的兴国之君。

在政治领域，赵匡胤采取巧妙的“杯酒释兵权”的手段解决了功臣叛乱的危险，同时采纳赵普的建议，一方面设立“强干弱枝”的中央禁军模式，达到“收其精兵”的目的；另一方面创造性地推行转运使制度，改革中央和地方财税关系，完成了“制其钱谷”的目的。在此基础上，赵匡胤创新政治体制，在中央分化事权，在地方设置通判，将全国的军权、行政权、司法权和财政权牢牢地握在了个人手中。这一独特的制度发明不仅极大强化了中央集权、巩固了北宋统治，还对后世统治者产生了深远影响。

在经济领域，赵匡胤采取了减轻徭役、赋税专收、兴修水利、劝奖农桑、移风易俗等一系列英明举措，发奋图强，励精图治，使宋初的社会经济迅速从战乱中恢复并逐步发展繁荣，达到了封建经济又一个新高度。

在文化领域，赵匡胤奉行“以文治国，崇文抑武”的基本方略。他设立“誓牌”禁止刑杀士大夫及上书言事者，使朝廷言路大开；又通过尊孔崇儒，完善科举，创设殿试，激励士人读书向学，网罗天下英才，强化了对知识阶层的思想控制;同时推出了厚禄养廉、整饬官箴等一系列重大举措,建设和培养了一套完整的文臣官僚体系,彻底扭转了唐末以来武将专权的黑暗局面。

另外,赵匡胤的人格魅力也不容小觑。他好学不倦,勤政爱民,治国理政兢兢业业从不懈怠;他崇尚节俭,以身作则,禁止大兴土木,对改变五代以来奢靡风气具有极大的示范效应;他宽仁大度,善待后周皇族,对待平民真正做到了不枉杀一人。这些不仅给赵匡胤自身树立了良好的形象,更深深为后世统治者所称道,成为被学习和效法的对象。

纵观历史,赵匡胤最大的贡献和成就在于重新恢复了华夏地区的统一,结束了自五代以来藩镇割据的混战局面,给了饱经战火之苦的民众一个和平安宁的生产生活环境,为社会的进步、经济的发展和文化的繁荣创造了良好的制度条件,更为后来的封建统治者树立了一个楷模与典范。

陈寅恪说:“华夏民族之文化,历数千载之演进,造极于赵宋之世。”宋太祖赵匡胤缔造了这“造极之世”,可谓功不可没。

赵 普 列 传

〔选文〕

赵普字则平,幽州蓟人。后唐幽帅赵德钧连年用兵,民力疲弊①。普父回举族徙常山,又徙河南洛阳。普沈厚寡言,镇阳豪族魏氏以女妻②之。

周显德初,永兴军节度刘词辟③为从事,词卒,遗④表荐普于朝。世宗用兵淮上,太祖拔滁州,宰相范质奏普为军事判官。宣祖卧疾滁州,普朝夕奉药饵,宣祖由是待以宗分。太祖尝与语,奇之。时获盗百余,当弃市,普疑有无辜者,启太祖讯鞫⑤之,获全活者众。淮南平,调补渭州军事判官。太祖领同州节度,辟为推官;移镇宋州,表⑥为掌书记。

太祖北征至陈桥,被酒卧帐中,众军推戴,普与太宗排闼⑦入告。太祖欠伸徐起,而众军擐⑧甲露刃,喧拥麾下。

及受禅,以佐命功,授右谏议大夫,充枢密直学士。

车驾[9]征李筠,命普与吕余庆留京师,普愿扈从[10],太祖笑曰:"若胜胄介乎?"从平上党,迁兵部侍郎、枢密副使,赐第一区。建隆三年,拜枢密使、检校太保。

乾德二年,范质等三相同日罢,以普为门下侍郎、平章事、集贤殿大学士。中书无宰相署敕,普以为言,上曰:"卿但进敕,朕为卿署之可乎?"普曰:"此有司职尔,非帝王事也。"令翰林学士讲求故[11]实,窦仪曰:"今皇弟尹开封,同平章事,即宰相任也。"令署以赐普。既拜相,上视如左右手,事无大小,悉咨决焉。是日,普兼监修国史。命薛居正、吕余庆参知政事以副之,不宣制[12],班在宰相后,不知印,不预[13]奏事,水押班,但奉行制书而已。先是,宰相兼敕,皆用内制,普相止用敕,非旧典也。

……

太平兴国初入朝,改太子少保,迁太子太保。颇为卢多逊所毁[14],奉朝请数年,郁郁不得志。会柴禹锡、赵镕等告秦王廷美骄恣,将有阴谋窃发。帝召问,普言愿备枢轴以察奸变,退又上书,自陈预闻太祖、昭宪皇太后顾托之事,辞甚切至。太宗感悟,召见慰谕。俄[15]拜司徒兼侍中,封梁国公。先是,秦王廷美班在宰相上,至是,以[16]普勋旧,再登元辅,表乞居其下,从之。及涪陵事败,多逊南迁,皆普之力也。

八年,出为武胜军节度、检校太尉兼侍中。帝作诗以饯[17]之,普奉而泣曰:"陛下赐臣诗,当刻石,与臣朽骨同葬泉下。"帝为之动容。翌日,谓宰相曰:"普有功国家,朕昔与游[18],今齿发衰矣,不容烦以枢务,择善地处之,因诗什以导意。普感激泣下,朕亦为之堕泪。"宋琪对曰:"昨日普至中书，执御诗涕泣，谓臣曰：'此生余年，无阶上答[19]，庶[20]希来世得效犬马力。'臣昨闻普言，今复闻宣谕，君臣始终之分，可谓两全。"

……

淳化三年春，以老衰久病，令留守通判刘昌言奉表求致政[21]，中使驰传抚问，凡三上表乞骸骨。拜太师，封魏国公，给宰相奉料，令养疾，俟损日赴阙[22]，仍遣其弟宗正少卿安易赍[23]诏书赐之。又特遣使赐普诏曰："卿顷属微疴，恳求致政，朕以居守之重，虑烦耆耋，维师之命，用表尊贤。伫闻有瘳，与朕相见。今赐羊酒如别录，卿宜爱精神，近医药，强饮食，以副[24]朕眷遇之意。"七月卒，年七十一。

卒之先一岁，普生日，上遣其子承宗赍器币、鞍马就赐之。承宗复命，未几卒。次岁，普已罢中书令。故事[25]，无生辰之赐，特遣普侄婿左正言、直昭文馆张秉赐之礼物。普闻之，因追悼承宗，秉未至而普疾笃[26]。先是，普遣亲吏甄潜诣上清太平宫致祷，神为降语曰："赵普，宋朝忠臣，久被[27]病，亦有冤累耳。"潜还，普力疾冠带，出中庭受神言，涕泗感咽，是夕卒。

……

初，太祖侧微[28]，普从之游，既有天下，普屡以微时所不足者言之。太祖豁达，谓普曰："若尘埃中可识天子、宰相，则人皆物色之矣。"自是不复言。普少习吏事，寡学术，及为相，太祖常劝以读书。晚年手不释卷，每归私第，阖户启箧取书，读之竟[29]日。及次日临政，处决如流。既薨，家人发箧视之，则《论语》二十篇也。

普性深沈有岸[30]谷，虽多忌克[31]，而能以天下事为己任。

宋初，在相位者多龌龊[32]循默，普刚毅果断，未有其比。尝奏荐某人为某官，及祖不用。普明日复奏其人，亦不用。明日，普又以其人奏，太祖怒，碎裂奏牍掷地，普颜色不变，跪而拾之以归。他日补缀旧纸，复奏如初。太祖乃悟，卒[33]用其人。又有群臣当迁官，太祖素恶[34]其人，不与。普坚以为请，太祖怒曰："朕固不为迁官。卿若之何？"普曰："刑以惩恶，赏以酬功，古今通道也。且刑赏天下之刑赏，非陛下之刑赏，岂得以喜怒专之。"太祖怒甚，起，普亦随之。太祖入宫，普立于宫门，久之不去，竟得俞允[35]。

选自《宋史》卷二百五十六

〔注释〕 ① 弊：疲困。 ② 妻：嫁予。 ③ 辟：征召。 ④ 遗：给予。 ⑤ 鞫：审讯。 ⑥ 表：指上表推荐某人。 ⑦ 闼：宫中小门。 ⑧ 擐：穿。 ⑨ 车驾：代指帝王。 ⑩ 扈从：随从护驾。 ⑪ 故：从前。 ⑫ 制：帝王的命令。 ⑬ 预：参与。 ⑭ 毁：诽谤。 ⑮ 俄：不久。 ⑯ 以：因为。 ⑰ 饯：送行。 ⑱ 游：交往。 ⑲ 答：报答。 ⑳ 庶：希望。 ㉑ 致政：归还权柄，辞去官职。 ㉒ 阙：朝廷。 ㉓ 赍：携带。 ㉔ 副：符合。 ㉕ 故事：先例。 ㉖ 笃：病重。 ㉗ 被：遭受。 ㉘ 微：卑贱。 ㉙ 竟：终。 ㉚ 岸：高傲。 ㉛ 忌克：妒忌刻薄。 ㉜ 龌龊：器量狭隘。 ㉝ 卒：终于。 ㉞ 恶：厌恶。 ㉟ 俞允：帝王允许臣下的请求。

〔赏析〕 赵普是北宋初年杰出的政治家。他早年追随宋太祖赵匡胤，参与策划了"陈桥兵变"，是北宋的开国功臣之一。他三度为相，辅佐了宋太祖和宋太宗两位帝王，被后世公认为一代贤臣。从严格意义上，赵普并非是标准的儒臣，他读书不多、精于权谋，又往往能够准确体察上意，着实不属于清流之类。然而正是这样一位权谋之臣，推行了为后世公认的"以文治国"的基本思路，一扫南北朝以来中国官方主流思想缺失的乱象，使儒家治国思想重归于独尊的地位。

虽然赵普的文化程度比起历代的贤臣名相相对较低，但他刻苦勤学，晚年手不释卷。后世流传的"半部论语治天下"之说，虽然有附会之嫌，但不失为赵普精神风貌的写照。他的治国之才也许并不出自《论语》，但他的种种举措却为北宋重新确立了儒家治国的方略,更被后世传承与发展,成为封建时代中国政治治理思想的主流。

早在开国之初,宋太祖就曾经召见赵普并问道:“为什么从唐末以来,数十年间帝王换了八姓,争战无休无止?我想寻求安定国家的长久之计,有什么好的办法吗?”赵普清楚认识到这个问题的症结就在于藩镇势力太过强盛,君弱臣强。于是他大胆向宋太祖建议,只要削夺其权,制其钱谷,收其精兵,天下自然就安定了。聪慧的宋太祖立即明白赵普的用意,立即着手构建一个新的文官治理体系。

在赵普的参赞下,宋太祖决定采取中央设副相、枢密使副与三司计相以分宰相之权,收相互牵掣之效,着力改变权力结构中的独立性,使之必须依附君权而运转;另一方面,收厢兵之骁勇和荒年所募精壮之丁为禁军,于是天下精兵皆归枢密院指挥。枢密使直属皇帝掌指挥权,而禁军侍卫由马、步军都指挥和殿前都指挥负责训练,“朝朝出天子”的御前都点检成了历史名词,朝廷层面一套相互制约的职权体制呼之欲出。

同时在地方上,罢黜了许多地方节度使,安排他职。同时以文臣取代武将出任节度使,使得方镇武臣失去弄权的基础。对于基层的控制同样是设计的重要一环,规定由文人任知州及副职通判,通判作为皇帝督察知州的耳目,重要文牍需会签才能生效。至此,忠于皇帝的文职官僚体系彻底取代了武将势力。

从宋太祖的角度来看,新的统治模式与治理体系巩固了北宋政权。而从宏观的历史角度来看,这种体制的创新对后代统治者的理念与思维更有启发意义。有宋一代,科举大兴、理学出现,除了宽松的社会环境,更重要的是“以文治国”的基本理念深入人心。从“若个书生万户侯”到“满朝朱紫贵,俱是读书人”的社会转型,不能不说是那个历史时期最重要的变革,而推动历史进程和国家前途命运的力量无疑凝聚着赵普的智慧。

从个人修身的角度看,赵普刚毅果断、正直严厉的性格也十分符合儒家治国理念中贤相的标准。他曾经想要授予某人官职,但宋太祖不接受。赵普坚持不懈,多次上奏,甚至惹得宋太祖大怒,把奏疏撕碎扔到地上。他却面色如故,将奏疏粘补好,再次上奏。宋太祖终于明白了赵普的用意同意了他的建议,而后来的事实证明这的确是正确的选择。赵普敢于进谏,对于很多不被接受的建议,他选择站立在宫门外直到宋太祖答应为止,很多行之有效的政策最终得以采纳实施。关于施政方面,赵普留下一段著名的话:"刑罚用来惩治恶人,奖赏用来酬劳立功者。刑罚与奖赏,是天下人的刑罚与奖赏,不是陛下一人的刑罚与奖赏啊,哪里能够因为高兴、讨厌而独断!"仁政爱民,始终都是他遵循的治国准则,在这一点上,无论从个人道德还是政治理想层面都为我们树立了典范。

脱脱在《宋史》中评论赵普:"普为谋国元臣,乃能矜式往哲,蓍龟圣模,宋之为治,气象醇正,兹岂无助乎?"这无疑是对赵普最好的注解。

耶律屋质列传

〔选文〕

耶律屋质,字敌辇,系出孟父房。姿简静,有器识,重然诺。遇事造次,处之从容,人莫能测。博学,知天文。会同间,为惕隐。太宗崩,诸大臣立世宗,太后闻之,怒甚,遣皇子李胡以兵逆击,遇安端、刘哥等于泰德泉,败归。李胡尽执世宗臣僚家属,谓守者曰:"我战不克,先殪[①]此曹!"人皆恂恂[②]相谓曰:"若果战,则是父子兄弟相夷矣!"军次潢河横渡,隔岸相拒。

时屋质从太后,世宗以屋质善筹,欲行间[③],乃设事奉书[④],以试太后。太后得书,以示屋质。屋质读竟,言曰:"太后佐太祖定天下,故臣愿竭死力。若太后见疑,臣虽欲尽忠,得乎?为今之计,莫若以言和解,事必有成;否即宜速战,以决胜负。然人心一摇,国祸不浅,惟太后裁察。"太后曰:"我若疑卿,安肯以书示汝?"屋质对曰:"李胡、永康王皆太祖子孙,神器非移他族,何不可之有?太后宜思长策,与永康王和议。”太后曰：“谁可遣者？”对曰：“太后不疑臣，臣请往。万一永康王见听，庙社之福。”太后乃遣屋质授书于帝。

帝遣宣徽使耶律海思复书，辞多不逊。屋质谏曰：“书意如此，国家之忧未艾[5]也。能释怨以安社稷，则臣以为莫若和好。”帝曰：“彼众乌合，安能敌我？”屋质曰：“即不敌，奈骨肉何！况未知孰胜。借曰幸胜，诸臣之族执于李胡者，无噍类[6]矣。以此计之，唯和为善。”左右闻者失色。帝良久，问曰：“若何而和？”屋质对曰：“与太后相见，各纾[7]忿恚，和之不难；不然，决战非晚。”帝然[8]之，遂遣海思诣太后约和。往返数日，议乃定。

始相见，怨言交让，殊无和意。太后谓屋质曰：“汝当为我画[9]之。”屋质进曰：“太后与大王若能释怨，臣乃敢进说。”太后曰：“汝第[10]言之。”屋质借谒者筹执之，谓太后曰：“昔人皇王在，何故立嗣圣？”太后曰：“立嗣圣者，太祖遗旨。”又曰：“大王何故擅立，不禀尊亲？”帝曰：“人皇王当立而不立，所以去[11]之。”屋质正色曰：“人皇王舍父母之国而奔唐，子道当如是耶？大王见太后，不少逊谢，唯怨是寻。太后牵于偏爱，托先帝遗命，妄授神器。如此何敢望和，当速交战！”掷筹而退。太后泣曰：“向[12]太祖遭诸弟乱，天下荼毒，疮痍未复，庸[13]可再乎！”乃索筹一。帝曰：“父不为而子为，又谁咎也！”亦取筹而执。左右感激[14]，大恸。

太后复谓屋质曰：“议既定，神器竟谁归？”屋质曰：“太后若授永康王，顺天合人，复何疑？”李胡厉声曰：“我在，兀欲安得立！”屋质曰：“礼有世嫡，不传诸弟。昔嗣圣之立，尚以为非，况公暴戾残忍，人多怨讟。万口一辞，愿立永康王，不可夺也。”太后顾李胡曰：“汝亦闻此言乎？汝实自为之！”乃许立永康。

帝谓屋质曰：“汝与朕属尤近，何反助太后？”屋质对曰：“臣以社稷至重，不可轻付，故如是耳。”上喜其忠。

天禄二年，耶律天德、萧翰谋反下狱，惕隐刘哥及其弟盆都结天德等为乱。耶律石剌潜[15]告屋质，屋质遽[16]引入见，白其事。刘哥等不服，事遂寝[17]。未几，刘哥邀驾观樗蒲，捧觞上寿，袖刃而进。帝觉，命执之，亲诘其事。刘哥自誓，帝复不问。屋质奏曰：“当使刘哥与石剌对状，不可辄恕。”帝曰：“卿为朕鞫之。”屋质率剑士往讯之，天德等伏罪。诛天德，杖翰，迁刘哥，以盆都使辖戛斯国。

三年，表列泰宁王察割阴谋事，上不听。五年，为右皮室详稳。秋，上祭让国皇帝于行宫，与群臣皆醉，察割弑帝。屋质闻有言“衣[18]紫者不可失”，乃易衣而出，亟遣人召诸王，乃喻禁卫长皮室等同力讨贼。时寿安王归帐，屋质遣弟冲迎之。王至，尚犹豫。屋质曰：“大王嗣圣子，贼若得之，必不容。群臣将谁事，社稷将谁赖？万一落贼手，悔将何及？”王始悟。诸将闻屋质出，相继而至。迟明整兵，出贼不意，围之，遂诛察割。

乱既平，穆宗即位，谓屋质曰：“朕之性命，实出卿手。”命知国事，以逆党财产尽赐之，屋质固辞。应历五年，为北院大王，总山西事。

保宁初，宋围太原，以屋质率兵往援，至白马岭，遣劲卒夜出间道[19]，疾[20]驰驻太原西，鸣鼓举火。宋兵以为大军至，惧而宵遁。以功加于越。四年，汉刘继元遣使来贡，致币于屋质，屋质以闻，帝命受之。五年五月薨，年五十七。

帝痛悼，辍朝三日。后道宗诏上京立祠祭享，树碑以纪其功云。

选自《辽史》卷七十七

〔注释〕 ① 殪：杀死。 ② 恟恟：喧扰不安。 ③ 间：离间。 ④ 书：书信。 ⑤ 艾：终止。 ⑥ 噍类：活人。 ⑦ 纾：解除。 ⑧ 然：赞同。 ⑨ 画：谋划。 ⑩ 第：但。 ⑪ 去：离开。 ⑫ 向：先前。 ⑬ 庸：难道。 ⑭ 感激：感奋激发。 ⑮ 潜：暗中。 ⑯ 遽：匆忙。 ⑰ 寝：止，平息。 ⑱ 衣：穿。 ⑲ 间道：偏僻的小路。 ⑳ 疾：急速。

〔赏析〕 耶律屋质是辽朝初期的一位杰出的政治家，他历仕太祖、太宗、世宗、穆宗、景宗五朝，两次在辽朝皇位继承斗争中力挽狂澜，支撑大局，消弭战患，为世宗和穆宗的顺利继位起到了决定性的作用，进而解除了统治阶层上层的分裂倾向，巩固了辽朝的统治。

耶律屋质出身皇族，是辽朝宗室贵族的核心成员之一。正是这一身份使他拥有足够的政治资本和话语权，日后能游刃有余地出没于统治集团的各大派系阵营进行游说。再加上他本人博闻强识、又有远见卓识，能临危不乱、处事从容，后来的历史证明，他确实在数次辽朝的政局动荡中，扮演了一个“危机处理”专家的角色。

大同元年(947年)，辽朝政局风云突变，在外征战的太宗耶律德光驾崩，军中诸将领拥立耶律阮继位。此举激怒了属意耶律李胡继位的太后述律平，她命令耶律李胡率兵迎击，结果兵败而归。气急败坏的耶律李胡将拥护耶律阮的臣僚家属全部拘禁，并扬言要全部诛杀。同时，耶律阮也不甘示弱，率军北归，在横渡一线双方大军隔河对峙。一场辽朝皇室内部的权力斗争即将酝酿成全面内战，形势异常危急。

耶律屋质在这紧急关头以大局为重，不顾个人安危，开始在两方之间斡旋。他清醒地意识到，这场突如其来的继承权风波并非偶然，其症结早在太祖时代就已存在，而造成这一局面的正是太后述律平。太宗耶律德光是太祖的第二子，因受述律平青睐被扶上帝位，而遭受冷落的长子耶律倍不得已逃到了后唐。本次冲突的双方，分别是流亡太子耶律倍的儿子耶律阮和太祖第三子耶律李胡，后者得到了太后述律平的支持。不难发现这场危机是继承权归属的历史问题的延续。

耶律屋质计划的第一步是劝说双方进行和谈。一方面，他以“皆太祖子孙，神器非移他族”的理由，利用亲情感化述律平，消除了太后的怀疑和顾虑，把一场血腥的斗争描述成普通家庭矛盾，大大缓和了紧张气氛；另一方面，面对咄咄逼人，扬言要带兵横扫乌合之众的耶律阮，他只用一句“诸臣之族执于李胡者，无噍类矣”就点明了软肋，柔中有刚、软中带硬，使耶律阮几经权衡后不得不走向谈判桌。

和谈如期举行了，但进行得并不顺利。太后述律平以家长的身份指责耶律阮的行为，而耶律阮则以胜利者的姿态提出各种要求，双方互不相让。在太后的请求下，耶律屋质再度出面调停。令双方没有想到的是，耶律屋质一出场就来了个当头棒喝。他以直白的“昔人皇王（即耶律倍）在，何故立嗣圣”指出了是太后当年对继承问题的错误干预最终导致了今日的皇位争夺，质疑太后决定继承问题的合法性，得出一个太后牵于偏爱、妄授神器的结论；又用“大王何故擅立，不禀尊亲”批评耶律阮在礼法上的过失，给桀骜不驯、目无太后的耶律阮来了个下马威，进而认定人皇王舍父母之国，同样是大过。眼见双方矛盾激化就要爆发，耶律屋质巧妙地以退为进，假装发怒退出调停，甚至喊出“如此何敢望和，当速交战！”迫使双方冷静下来。毕竟爆发全面战争的结果是势单力薄的太后和立足未稳的耶律阮都不愿看到的，最终考虑到耶律家族的整体利益，太后不敢再固执己见，同意立耶律阮为帝，辽朝第二次权力交接得以和平解决。

好景不长，短短五年后，耶律察割叛乱趁机杀害了耶律阮，太子耶律贤生死不明，一时间辽朝的统治集团再次陷入混乱。早已身居高位的耶律屋质没有犹豫观望，迅速统领着皇族的精锐部队皮室军讨平叛乱，并拥戴太宗长子耶律璟继位。就在这决定辽朝生死存亡的关键时刻，耶律璟却犹豫不决，心生退意。耶律屋质及时进谏，对耶律璟说：“大王您是圣宗的长子，叛贼如果抓住您，一定会想尽办法除掉您的。”耶律璟此时才明白其中厉害，一鼓作气整军讨叛，杀死了察割。事后耶律璟感慨地对耶律屋质说：“朕之性命，实出卿手。”

脱脱在《辽史》中说："策立世宗，非屋质直而能谏，杜太后之私，折李胡之暴，以成横渡之约，则乱将谁定？"耶律屋质的事迹，其意义不仅仅在于维护了辽朝的统治稳定，更向后人展示了一种弥合裂痕、化解危机的智慧。

（许家天）

澶渊是战还是和，太后名相举足轻重

〔导言〕 北宋是中国历史上比较特殊的朝代，虽然作为历史上繁荣极盛的“天水一朝”享有极高的文化地位，然而其边境问题却极为复杂。北宋王朝在建国之初即与北方的辽国战争不断，互有损失，严重影响了双方经济、文化的发展。宋辽开始和平相处源于宋真宗景德年间的“澶渊之盟”，尽管对于此次盟约的性质与意义，史家历来莫衷一是，然而这一事件对于历史转折的作用却是不容忽视的。在这次盟约中，辽方的萧太后及宋方的寇准无疑是最为重要和核心的人物。

萧太后是辽景宗的皇后，辽圣宗的母亲，是辽国众多干政太后中最有作为的一位。她无论是在景宗时代辅政，还是在圣宗时代摄政，都做到了重用能人贤士，巧妙地解决了内忧外患，表现出少有的政治眼光与政治手段，她的决策对促成“澶渊之盟”有着非常重要的作用。

寇准是太宗、真宗两朝的重臣，在辽军进逼澶州城下的危急时刻，京师震恐，多数大臣提议迁离京师，皇帝本人又犹疑不决，寇准和毕士安等少数大臣力排众议，左右皇帝的意愿，使得真宗御驾亲征，并最终以损失较少的条件达成了协议。这是寇准一生最为光辉的顶点，也是他最受当时以及后世史家称道的事件。

本篇将《辽史·景宗睿智皇后萧氏列传》与《宋史·寇准列传》合编，旨在从辽宋双方对峙的立场来分析两国之间的战争局势，进一步分析此后所达成的“澶渊之盟”，试图通过揭示两人性格和政治上的不同风貌，从较为立体的角度来正确认识“澶渊之盟”这一历史事件。

景宗睿智皇后萧氏列传

〔选文〕

太祖淳钦皇后述律氏，讳平，小字月理朵。其先回鹘人糯思，生魏宁舍利，魏宁生慎思梅里，慎思生婆姑梅里，婆姑娶匀德恝王女，生后于契丹右大部。婆姑名月椀，仕[①]遥辇氏为阿扎割只。

后简重[②]果断，有雄略。尝[③]至辽、土二河之会，有女子乘青牛车，仓卒避路，忽不见。未几，童谣曰："青牛妪，曾避路。"盖谚谓地祇为青牛妪云。

太祖即位，群臣上尊号曰地皇后。神册元年，大册，加号应天大明地皇后。行兵御众，后尝与谋。太祖尝渡碛击党项，黄头、臭泊二室韦乘虚袭之；后知，勒[④]兵以待，奋击，大破之，名震诸夷。时晋王李存勗欲结援，以叔母事[⑤]后。幽州刘守光遣韩延徽求援，不拜，太祖怒，留之，使牧马。后曰："守节不屈，贤者也，宜礼用之。"太祖乃召延徽与语，大悦，以为谋主。吴主李昪献猛火油，以水沃[⑥]之愈炽。太祖选三万骑以攻幽州，后曰："岂有试油而攻人国者？"指帐前树曰："无皮可以生乎？"太祖曰："不可。"后曰："幽州之有土有民，亦犹是耳。吾以三千骑掠其四野，不过数年，困而归我矣，何必为此？万一不胜，为中国笑，吾部落不亦解体乎！"其平渤海，后与有谋。

太祖崩，后称制[⑦]，摄军国事。及葬，欲以身殉，亲戚百官力谏，因断右腕纳于柩。太宗即位，尊为皇太后。会同初，上尊号曰广德至仁昭烈崇简应天皇太后。

初，太祖尝谓太宗必兴我家，后欲令皇太子倍避[⑧]之，太祖册倍为东丹王。太祖崩，太宗立，东丹王避之唐。太后常属意[9]于少子李胡。太宗崩，世宗即位于镇阳，太后怒，遣李胡以兵逆击。李胡败，太后亲率师遇于潢河之横渡。赖耶律屋质谏，罢兵。迁太后于祖州。

应历三年崩，年七十五，祔祖陵，谥曰贞烈。重熙二十一年，更今谥。

……

景宗睿智皇后萧氏，讳绰，小字燕燕，北府宰相思温女。早慧。思温尝观诸女扫地，惟后洁除，喜曰："此女必能成家[10]！"帝即位，选为贵妃。寻[11]册为皇后，生圣宗。

景宗崩，尊为皇太后，摄国政。后泣曰："母寡子弱，族属雄强，边防未靖，奈何？"耶律斜轸、韩德让进曰："信任臣等，何虑之有！"于是，后与斜轸、德让参决大政，委于越休哥以南边事。统和元年，上尊号曰承天皇太后。二十四年，加上尊号曰睿德神略应运启化承天皇太后。二十七年崩，谥曰圣神宣献皇后。重熙二十一年，更今谥。

后明达治道，闻善必从，故群臣咸[12]竭其忠。习[13]知军政，澶渊之役，亲御戎车，指麾三军，赏罚信明，将士用命[14]。圣宗称辽盛主，后教训为多。

……

兴宗仁懿皇后萧氏，小字挞里，钦哀皇后弟孝穆之长女。性宽容，姿貌端丽。帝即位，入宫，生道宗。重熙四年，立为皇后。二十三年，号贞懿慈和文惠孝敬广爱崇圣皇后。

道宗即位，尊为皇太后。清宁二年，上尊号曰慈懿仁和文惠孝敬广爱宗天皇太后。九年秋，敦睦宫使耶律良以重元与其子涅鲁古反状密告太后，乃言于帝。帝疑之，太后曰:“此社稷大事,宜早为计。”帝始戒严。及战,太后亲督卫士,破逆党。大康二年崩,谥仁懿皇后。

仁慈淑谨,中[15]外感德。凡正旦、生辰诸国贡币,悉[16]赐贫瘠。尝梦重元曰:“臣骨在太子山北,不胜寒栗。”寤[17],即命屋[18]之,慈悯类此。

……

天祚文妃萧氏,小字瑟瑟,国舅大父房之女。乾统初,帝幸耶律挞葛第[19],见而悦之,匿宫中数月。皇太叔和鲁斡劝帝以礼选纳,三年冬,立为文妃。生蜀国公主、晋王敖卢斡,尤被宠幸。以柴册,加号承翼。

善歌诗。女直乱作,日见侵迫。帝畋[20]游不恤[21],忠臣多被疏斥。妃作歌讽谏,其词曰:“勿嗟塞上兮暗红尘,勿伤多难兮畏夷人。不如塞奸邪之路兮,选取贤臣。直须卧薪尝胆兮,激壮士之捐身。可以朝清漠北兮,夕枕燕云。”又歌曰:“丞相来朝兮剑佩鸣,千官侧目兮寂无声。养成外患兮嗟何及,祸尽忠臣兮罚不明。亲戚并居兮藩屏位,私门潜[22]畜兮爪牙兵。可怜往代兮秦天子,犹向宫中兮望太平!”天祚见而衔[23]之。

播迁[24]以来,郡县所失几半,上颇有倦勤[25]之意。诸皇子敖卢斡最贤,素[26]有人望。元妃兄萧奉先深忌之,诬南军都统余睹谋立晋王,以[27]妃与闻,赐死。

选自《辽史》卷七十一

〔注释〕 ① 仕:做官。 ② 简重:端庄持重。 ③ 尝:曾经。 ④ 勒:率领。 ⑤ 事:侍奉。 ⑥ 沃:浇。 ⑦ 称制:代行皇帝的职权。 ⑧ 避:避让。 ⑨ 属意:留意。 ⑩ 成家:持家。 ⑪ 寻:不久。 ⑫ 咸:都。 ⑬ 习:熟悉。 ⑭ 用命:效劳。 ⑮ 中:宫内。 ⑯ 悉:都。 ⑰ 寤:苏醒。 ⑱ 屋:以屋覆盖。 ⑲ 第:达官贵人的宅院。 ⑳ 畋:打猎。 ㉑ 恤:体恤。 ㉒ 潜:暗中。 ㉓ 衔:怀恨。 ㉔ 播迁:流离迁徙。 ㉕ 倦勤：居高位者告退。 ㉖ 素：向来。 ㉗ 以：因为。

〔赏析〕 在辽国众多的皇后中，最为后人熟知的当为景宗睿智萧皇后，小说《杨家将演义》及京剧舞台上的萧皇后形象经过一代代文艺创作者的演绎，已经深入人心。历史上的萧太后是辽史上最有作为的太后，她又被称为承天太后，名绰，小字燕燕，乃是北府宰相魏王萧思温（《契丹国志》作萧守兴）之女。萧后在辽国历史上掌权三十余年，然而《辽史》对于她的记载颇为简略，可见著史者史才的不足。萧后在小时候，就与其他女孩表现得颇为不同，父亲吩咐诸位女儿扫地，只有她扫得格外干净，从这件小事上，父亲就看出她将来必然是会有一番作为的。

萧后的正式掌权是在景宗去世、圣宗年幼之时。然而景宗在位的时候，她就已渐渐登上了政治舞台，所谓"景宗自幼年遭火神淀之乱，世宗与后同时遇害，帝藏积薪中，因此婴疾。及即位，国事皆燕燕决之"；"大诛罚，大征讨，蕃汉诸臣集众共议，皇后裁决，报之知帝而已"（叶隆礼《契丹国志》）即是，可见在此期间，她一直是以辅佐景宗的身份出现的。恰恰是在辅佐景宗的过程中，萧皇后增长了政治眼光和才干。景宗去世之时，她面临着十分危急的局势，"母寡子弱，族属雄强，边防未靖"，不仅需要攘外，而且需要安内，此时的圣宗年仅十二岁，国计朝纲全都成为垂帘听政的萧太后所直面的压力。

萧后"天性忮忍，阴毒嗜杀，神机智略，善驭左右"（《契丹国志》），在皇位岌岌可危的危急情况下，她采纳了韩德让的建议，"敕诸王归第，不得私相燕会，夺其兵权，人心大定"（李有棠《辽史纪事本末》），成功地防范了诸王宗室拥兵叛乱的图谋。她在执政的过程中能够做到从谏如流、重视教育，使得国家经济也得到了很大的发展。

"用人不疑，疑人不用"，萧太后之所以能够在景宗去世的危亡局面下迅速稳定局势，在于她在内政决策中重用了耶律斜轸、韩德让等人，外防边务上委任了耶律休哥等将领，"太后称制，令休哥总南面军务，以便宜从事。休哥均戍兵，主更休法，劝农桑，修武备，边境大治"，而耶律休哥其人"智略宏远，料敌如神，每战胜，让功诸将，故士卒乐为之用"（《辽史·耶律休哥列传》）。正是由于耶律休哥等人的巨大作用，才使得大辽能够屡败宋军，赢得与宋军谈判的筹码。

宋辽之间的纷争由来已久。后唐儿皇帝石敬瑭割让燕云十六州成为两国屡次纷争的导火索。宋朝建立之初,两国间经历了多方较量,互有胜败。此后宋辽间经历了高梁河之战、岐沟关之战,直到使两国弭兵的澶渊之盟。这几次较量,萧太后都是以辽方总指挥之一的身份出现的。

辽景宗保宁十一年(宋太宗太平兴国四年,979 年),宋太祖攻打辽国的南京(即今北京),景宗与萧皇后派遣耶律休哥、耶律斜轸加以救援,最终于高梁河(北京西直门外)大败宋军,史称高梁河之战。

辽圣宗统和四年(宋太宗雍熙三年,986 年),宋太宗欲图趁辽国景宗驾崩、圣宗立足未稳的有利形势对大辽发动进攻,他派遣曹彬、潘美、杨业等将领率领军队大举北伐,希望能够趁此收复幽州等地。萧太后则带着圣宗亲至前线督战,派遣耶律休哥带领辽兵轻兵疾行,在岐沟关大败曹彬军,后来在发动反击的过程中更是攻陷蔚州、寰州等地,大败潘美,生擒杨业,彻底挫败了宋军的这次北伐行动。此役在宋辽之间是颇具转折意义的,从此,辽国取得了战争的主动权,而宋朝则从战略进攻转为战略防守。

岐沟关大捷之后,统和二十二年(宋真宗景德元年,1004 年)辽军易守为攻,萧太后"亲跨马行阵,与幼帝提兵,初趣威虏军、顺安军,东趣保州,又与幼帝及统军顺国王挞览合势以攻定州,余众直抵深祁以东,又从阳城淀缘胡卢河踰关南,抵瀛州城下,兵势甚盛。"太后与幼帝亲鼓众急击,矢集城上如雨,为此宋真宗御驾亲征澶渊。萧太后提出与宋朝议和,宋王朝权衡利弊,最后也遣使与之请和。最终,双方签定了"澶渊之盟":宋真宗赵恒与辽圣宗耶律隆绪约为兄弟;宋每年向辽纳岁币绢二十万匹、白银十万两。双方从此进入了长达约百年的和平时期,经济与文化交流得以加强,促进了民族融合。同时,辽国国内政局稳定,进一步完成了封建化的过程,"澶渊之盟"对辽国的意义是十分重大的。

萧太后明于用人决断,善于驾驭群臣,并且在战时亲临边境,最后促成了辽宋两国和平的"澶渊之盟",萧后的战略决策使得辽国在与宋室的对峙中大为获益,无疑是辽国历史上一位杰出的政治人物。

寇准列传

〔选文〕

寇准，字平仲，华州下邽人也。父相，晋开运中，应辟[①]为魏王府记室参军。准少英迈，通《春秋》三传。年十九，举进士。太宗取人，多临轩顾问，年少者往往罢去。或教准增年，答曰："准方进取，可欺君邪？"后中第，授大理评事，知归州巴东、大名府成安县。每期会赋役，未尝辄[②]出符移，唯具乡里姓名揭[③]县门，百姓莫敢后期。累迁殿中丞、通判郓州。召试学士院，授右正言、直史馆，为三司度支推官，转盐铁判官。会[④]诏百官言事，而准极陈利害，帝益[⑤]器重之。擢尚书虞部郎中、枢密院直学士，判吏部东铨。尝奏事殿中，语不合，帝怒起，准辄引帝衣，令帝复坐，事决乃退。上由是嘉之，曰："朕得寇准，犹文皇之得魏徵也。"

……

帝久欲相[⑥]准，患[⑦]其刚直难独任。景德元年，以毕士安参知政事，逾月，并命同中书门下平章事，准以集贤殿大学士位士安下。是时，契丹内寇，纵游骑掠深、祁间，小[⑧]不利辄引去，徜徉无斗意。准曰："是狃[⑨]我也。请练师命将，简[⑩]骁锐据要害以备[⑪]之。"是冬，契丹果大入。急书一夕凡五至，准不发，饮笑自如。明日，同列以闻，帝大骇，以问准。准曰："陛下欲了此，不过五日尔。"因请帝幸澶州。同列惧，欲退，准止之，令候驾起。帝难[⑫]之，欲还内，准曰："陛下入则臣不得见，大事去矣，请毋还而行。"帝乃议亲征，召群臣问方略。

既而契丹围瀛州，直犯贝、魏，中外震骇。参知政事王钦若，江南人也，请幸金陵。陈尧叟，蜀人也，请幸成都。帝问准，准心知二人谋，乃阳[13]若不知，曰："谁为陛下画[14]此策者，罪可诛也。今陛下神武，将臣协和，若大驾亲征，贼自当遁去。不然，出奇以挠其谋，坚守以老[15]其师，劳佚[16]之势，我得胜算矣。奈何弃庙社欲幸楚、蜀远地，所在人心崩溃，贼乘势深入，天下可复保邪?"遂请帝幸澶州。

及至南城，契丹兵方盛，众请驻跸以觇[17]军势。准固请曰："陛下不过河，则人心益危，敌气未慑，非所以取威决胜也。且王超领劲兵屯中山以扼其亢，李继隆、石保吉分大阵以扼其左右肘，四方征镇赴援者日至，何疑而不进?"众议皆惧，准力争之，不决。出遇高琼于屏间，谓曰："太尉受国恩，今日有以报乎?"对曰："琼武人，愿效死。"准复入对，琼随立庭下，准厉声曰："陛下不以臣言为然，盍试问琼等?"琼即仰奏曰："寇准言是。"准曰："机不可失，宜趣[18]驾。"琼即麾卫士进辇，帝遂渡河，御北城门楼，远近望见御盖，踊跃欢呼，声闻数十里。契丹相视惊愕，不能成列。

帝尽以军事委准，准承制专决，号令明肃，士卒喜悦。敌数千骑乘胜薄[19]城下，诏士卒迎击，斩获大半，乃引去。上还行宫，留准居城上，徐[20]使人视准何为。准方与杨亿饮博，歌谑欢呼。帝喜曰："准如此，吾复何忧?"相持十余日，其统军挞览出督战。时威虎军头张瓌守床子弩，弩撼机发，矢中挞览额，挞览死，乃密奉书请盟。准不从，而使者来请益坚，帝将许之。准欲邀使称臣，且献幽州地。帝厌兵，欲羁縻[21]不绝而已。有谮[22]准幸兵以自取重者，准不得已，许之。帝遣曹利用如[23]军中议岁币，曰："百万以下皆可许也。"准召利用至幄，语曰："虽有敕，汝所许毋过三十万，过三十万，吾斩汝矣。"利用至军，果以三十万成约而还。河北罢兵，准之力也。

准在相位，用人不以次[24]，同列颇不悦。它日，又除[25]官，同列因吏持例簿以进。准曰："宰相所以进贤退不肖也，若用例，一吏职尔。"二年，加中书侍郎兼工部尚书。准颇自矜[26]澶渊之功，虽帝亦以此待准甚厚。王钦若深嫉[27]之。一日会朝，准先退，帝目送之，钦若因[28]进曰："陛下敬寇准，为其有社稷功邪？"帝曰："然。"钦若曰："澶渊之役，陛下不以为耻，而谓准有社稷功，何也？"帝愕[29]然曰："何故？"钦若曰："城下之盟，《春秋》耻之。澶渊之举，是城下之盟也。以万乘之贵而为城下之盟，其何耻如之！"帝愀[30]然为之不悦。钦若曰："陛下闻博乎？博者输钱欲尽，乃罄[31]所有出之，谓之孤注。陛下，寇准之孤注也，斯亦危矣。"

由是帝顾准浸[32]衰[33]。明年，罢为刑部尚书、知陕州，遂用王旦为相。帝谓旦曰："寇准多许人官，以为己恩。俟行，当深戒之。"从封泰山，迁户部尚书、知天雄军。祀汾阴，命提举贝、德、博、洺、滨、棣巡检捉贼公事，迁兵部尚书，入判都省。幸亳州，权[34]东京留守，为枢密院使、同平章事。

……

天圣元年，徙衡州司马。初，太宗尝得通天犀，命工为二带，一以赐准。及是，准遣人取自洛中，既至数日，沐浴，具朝服束带，北面再拜，呼左右趣设卧具，就榻而卒。

选自《宋史》卷二百八十一

〔**注释**〕 ① 辟：征召。 ② 辄：擅自。 ③ 揭：公布。 ④ 会：适逢。 ⑤ 益：更加。 ⑥ 相：使为宰相。 ⑦ 患：担忧。 ⑧ 小：稍微。 ⑨ 狃：习以为常而不加重视。 ⑩ 简：选择。 ⑪ 备：防御。 ⑫ 难：认为难。 ⑬ 阳：通"佯"，假装。 ⑭ 画：谋划。 ⑮ 老：使疲惫。 ⑯ 劳佚：同"劳逸"。 ⑰ 觇：窥视。 ⑱ 趣：赶快。 ⑲ 薄：迫近。

⑳ 徐：慢慢地。 ㉑ 羁縻：笼络使不生异心。 ㉒ 谮：诬陷。 ㉓ 如：前往。 ㉔ 次：等第。 ㉕ 除：拜官受职。 ㉖ 矜：夸耀。 ㉗ 嫉：妒忌。 ㉘ 因：趁机。 ㉙ 愕：陡然一惊。 ㉚ 愀：忧戚变色貌。 ㉛ 罄：尽。 ㉜ 浸：渐渐。 ㉝ 衰：减少。 ㉞ 权：暂代官职。

〔赏析〕 寇准作为北宋名相，最为人所熟知的就在于与辽国确定澶渊之盟。他具有一定的军事眼光及极强的胆识和远见，辽军在大举入侵之前，寇准早已探得先机，请求"练兵命将"，做好了军事防备的工作。

辽军在冬天大举进攻的军事行动证实了寇准的预料，寇准对此表现得极为镇定，他在边关加急文书充斥书案之时，还能够镇定自若，可见其对未来一战的自信心和对时局的走向有着整体的把握。

寇准主张皇帝御驾亲征澶州，正在此时，战局表现出不利于宋方的趋势，"契丹围瀛州，直犯贝、魏，中外震骇"，而朝廷中的逃跑派又开始动摇宋真宗的决心，或提议南迁金陵，或建议西幸巴蜀。真宗对于如何决策也表现得游移不定，寇准为他分析当时的形势，切中肯綮，因此坚定了真宗亲征的决心。

当到达南城之时，寇准要求真宗渡河北去，真宗和朝中大部分大臣仍表现出他们惯常的畏惧，寇准为了给真宗吃一粒定心丸，找到太尉高琼以说明北渡黄河的重要性，最终使得宋军士气大振，对扭转局势起着非常重要的作用。果然，不久宋军就射杀了辽军大将萧挞览，局势也越来越有利于宋军。

真宗最终还是选择与辽国议和，主要原因在于朝廷中充斥着寇准要拥兵自重的谣言，这自然是反对寇准一派大臣之所为。于是，以武力让辽国臣服并收回幽州失地的战略也就轰然倒塌了。真宗不惜以一百万岁币的代价以换取和议达成之时，寇准又适时挽回，最终以三十万岁币的代价与辽军达成协议。

寇准在宋辽签订合议过程中的做法是极为妥帖的，他的声望也因之日隆，寇准本人也颇以此自矜，然而他最终的结局却并不如意，在仁宗天圣元年时贬死雷州。雷州位于广东省，距离京城极远，当时还属于蛮荒之地，这一悲剧的产生不仅是丁谓、王钦若等佞臣作梗的结果，也与寇准本人的性格相关。

寇准主要的政治生涯历太宗、真宗两朝，两位皇帝对他也是极为宠信。

宋太宗甚至将寇准比作唐太宗时期的名臣魏徵，宋真宗在澶渊之盟前后更是将军政大务全权委托给他，不可谓待之不厚。然而寇准却在太宗朝遭遇罢官，真宗朝更是一贬再贬，以至于死于蛮荒之地，这种结局实是由于寇准疾恶如仇以及气量偏狭的性格弱点和他过分专权、争强好胜等缺陷所造成的必然结果，这从他因与张逊互相弹劾以致罢官邓州这件事就可看出一丝端倪。真宗一直不肯任命寇准为相，也是因为“患其刚直难独任”，可见他确实不适合担任宰相这样的职务，连在中央权力中枢立足都是较为困难的。对此，《宋史》修撰者评论到：“然挽衣留谏，面诋同列，虽有直言之风，而少包荒之量。定策禁中，不慎所与，致启怀政邪谋，坐窜南裔。勋业如是而不令厥终，所谓‘臣不密则失身’，岂不信哉！”

历史上关于“澶渊之盟”大体有两种截然不同的看法。赞同派认为这次盟约使得大辽与大宋两国边境的和平时间维持了长达一百年，促进了两国民族的融合与经济交流，是值得肯定的。范仲淹等人就认为：“寇莱公当国，真宗有澶渊之幸，而能左右天子，如山不动，却戎狄，保宗社，天下谓之大忠”，当时舆论对于澶渊之盟的推崇程度由此可见一斑。贬低派认为澶渊之盟是民族的耻辱，王钦若向宋仁宗进谗言，谓此举实为“城下之盟”，虽系有意构陷，但也不无道理，后世持否定态度的史家也多持此说。

后世史家在分析宋辽二国间当时的军事力量对比后，多认为宋朝是极有希望打赢这场战争的。辽军主动入侵，对他们来说，这场战争是非正义性质的，且辽军长驱直入，战线过长，粮草难以为继，再加上当时名将萧挞览遭到射杀，使得辽军士气受到影响，萧太后主动提出和议实际上表现出了辽军的色厉内荏。况且宋军人数远多于辽军，以逸待劳，宋真宗的御驾亲征又大大激发了士气，只要指挥得当，打败辽军甚至收复幽州等地绝非妄想。杨业之子杨延昭曾向真宗建议：“契丹顿澶渊，去北境千里，人马俱乏，虽众易败。凡有剽掠，率在马上。愿饬诸军，扼其要路，众可歼焉。即幽、易数州，可袭而取”（《宋史·杨延昭列传》）。这也是寇准当时内心的盘算：“准欲邀使称臣，且献幽州地”。

澶渊之盟约定双方以白沟河为界，各守旧疆，辽称宋为兄，宋称辽为弟，并以萧太后为叔母;宋每年给辽银十万两,绢二十万匹;双方沿边州县各守边界,军民不得互相侵犯。这些条件对宋朝来说,确实有些不公。但导致寇准无法最终掌控局势,武力迫使辽国退兵局面的原因,乃在于宋真宗和寇准的矛盾。寇准"承制专决"的政治地位在犹豫多疑的真宗看来是一个削弱皇权的不利因素,再加上寇准疾恶如仇以及气量偏狭等缺点必然会招致小人的诬陷,最后只能迫使真宗放弃与辽国继续作战,最终签订了澶渊之盟。

宋真宗之所以会厌战求和,当时严峻的形势固然是一个重要原因,然而宋军在高梁河、岐沟关等战役中惨败所造成的阴影也是不容忽视的因素。同时,宋初立国后四川局势及农民起义的不断发生,加上不得不顾及西夏等其他边境国家的滋扰,以上所述都是左右真宗决策的重要原因。澶渊之盟签订后,宋朝士大夫王旦、富弼等人也都认识到:"国家纳契丹和好已来,河朔生灵,方获安堵,虽每岁赐遗,较于用兵之费,不及百分之一"(《续资治通鉴长编》),年年岁币,却比支付战争费用要合算得多,所以真宗此举也是有其合理因素的。

澶渊之盟在保证宋辽两国和平交往的同时,也滋长了宋朝妥协苟安的情绪。四十年后,即宋仁宗庆历四年(1044年),富弼在上疏皇帝的《河北守御十二条》中说:"而所可痛者,当国大臣,论和之后,武备皆废。以边臣用心者,谓之引惹生事;以搢绅虑患者,谓之迂阔背时。大率忌人谈兵,幸时无事,谓敌不敢背约,谓边不必预防,谓世常安,谓兵永息,恬然自处,都不为忧"(《续资治通鉴长编》),这一段话完全可以被视作当时士大夫精神状态的实录。终宋一代,宋室与边境的辽、西夏、金等国签订盟约不断,靖康之难、绍兴议和以至南宋最后的灭亡,都与这种苟安妥协的情绪有关。

(周美玲)

帝王“兄弟”的共赢智慧

〔导言〕 李唐灭亡之后，中华大地进入了五代十国这一急剧动荡的时期。在经历将近五十年的混战之后，后周大将赵匡胤发动“陈桥兵变”，于公元960年在开封建立大宋王朝，在之后的几十年间，他与其弟赵光义采取了“先南后北”的策略，逐步消灭各个割据政权，实现了中国的局部统一。然而，北方的游牧民族契丹人在唐末五代时期逐渐兴起，学习汉人先进的典章制度和经济文化形态，于916年率先建立了辽朝(契丹政权)。辽朝建国时间早，幅员万里，民族众多，国力强盛。更可怕的是，辽朝利用五代时期中原割据政权的矛盾，占据了华北平原北缘的地理屏障以及汉人重要的农业区——燕云十六州，对北宋的安全构成了严重威胁。为此，宋太宗先后两次伐辽，意图收回失地，一统天下，可惜战略不当，全部惨败。宋辽双方攻守形势发生逆转，在短暂平静之后，辽朝的第六位皇帝辽圣宗在其母亲萧太后的谋划下，大举南下，进攻北宋。北宋是为第三位皇帝宋真宗在位，他在主战派大臣的支持下，御驾亲征，抵达澶州。后辽朝大将被宋军打死，双方势均力敌，最终达成“澶渊之盟”。宋辽约为兄弟之国，北宋每年送给辽三十万岁币，此后双方维持了百余年的和平相处局面。宋真宗与辽圣宗这两位“南兄”、“北弟”，在宋辽的内政外交方面又采取了一系列影响深远的措施。本书选录的《宋真宗本纪》和《辽圣宗本纪》，旨在展示此一时期的人物风貌，并对统治者不同的抉择及其对国运的影响予以对比和评析。

宋真宗本纪

〔选文〕

真宗应符稽古神功让德文明武定章圣元孝皇帝，讳恒，太宗第三子也。母曰元德皇后李氏。初，乾德五年，五星从镇星聚奎。明年正月，后梦以裾[①]承日，有娠，十二月二日生于开封府第[②]，赤光照室，左足指有文成“天”字。

幼英睿，姿表特异，与诸王嬉戏，好作战阵之状，自称元帅。太祖爱之，育于宫中。尝[③]登万岁殿，升御榻坐，太祖大奇之，抚而问曰：“天子好作否？”对曰：“由天命耳。”比[④]就学受经，一览成诵。

初名德昌，太平兴国八年，授检校太保、同中书门下平章事，封韩王，改名元休。端拱元年，封襄王，改元侃。淳化五年九月进封寿王，加检校太傅、开封尹。至道元年八月立为皇太子，改今讳，仍判府事。

故事[⑤]，殿庐幄次在宰相上，宫僚称臣，皆推让弗[⑥]受。见宾客李至、李沆，必先拜，迎送降阶及门。开封政务填委[⑦]，帝留心狱讼，裁决轻重，靡不称惬，故京狱屡空，太宗屡诏嘉美。

选自《宋史》卷六

（景德元年）十一月辛亥，太白昼见[⑧]。乙卯，遣使抚河北。契丹攻瀛州，知州李延渥率兵败之，杀伤十余万众，遁去。官吏进秩、赐物有差[⑨]。己未，遣使安抚河东诸州。契丹逼冀州，知州王屿击走之。甲子，校猎近郊。丙寅，遣使安集[⑩]河北流民。戊辰，以山南东道节度、同平章事李继隆为驾前东面排阵使，武宁军节度、同平章事石保吉为驾前西面排阵使。石州地震。庚午，车驾北巡。司天言：日抱珥，黄气充塞，宜不战而却[⑪]。癸酉，驻跸[⑫]韦城县。甲戌，寒甚，左右进貂帽毳裘，却之曰：“臣下皆苦寒，朕安用此？”王继忠数驰奏请和，帝谓宰相曰：“继忠言契丹请和，虽许之，然河冰已合，且其情多诈，不可不为之备。”契丹兵至澶州北，直犯前军西阵，其大帅挞览耀兵[13]出阵，俄[14]中伏弩死。丙子，帝次[15]澶州。渡河，幸北砦，御城北楼，召诸将抚慰。郓州得契丹谍者，斩之。戊寅，曹利用使契丹还。

十二月庚辰朔，日有食之。契丹使韩杞来讲和。辛巳，遣使安抚河北、京东。壬午，幸城南临河亭，赐凿凌军绵襦。癸未，幸北砦，又幸李继隆营，命从官将校饮，犒赐诸军有差。诏谕两京以将班师。甲申，契丹使姚东之来献御衣、食物。乙酉，御行营南楼观河，遂宴从官及契丹使。丙戌，遣使抚谕怀、孟、泽、潞、郑、滑等州，放强壮归农。遣监西京左藏库李继昌使契丹定和，戒诸将勿出兵邀[16]其归路。丁亥，遣使安集河北流民，瘗[17]暴骸。以阁门祗候曹利用为东上阁门使、忠州刺史。

……

大中祥符元年春正月乙丑，有黄帛曳[18]左承天门南鸱尾上，守门卒涂荣告，有司以闻。上召群臣拜迎于朝元殿启封，号称天书。丁卯，紫云见，如龙凤覆宫殿。戊辰，大赦，改元，群臣加恩，赐京师酺[19]。幽州旱，求市麦种；夏州饥，请易粟，并许之。己巳，诏黎、雅、维、茂四州官以[20]瘴地二年一代。甲戌，大雪，停汴口、蔡河夫役。戊寅，蠲[21]畿内贷粮。己卯，诏以天书之应，申儆在位。乙酉，制加交址郡王黎至忠功臣食邑。

……

冬十月戊子，上御蔬食。庚寅，以巡幸，置考制度使、副，凡巡幸则命之。是夕，五星顺行同色。辛卯，车驾发京师，扶侍使奉天书先道。丙申，次澶州，宴周莹于行宫。戊戌，许、郓、齐等州长吏赴泰山陪位。辛丑，驻跸郓州，神光起昊天玉册上。甲辰，诏扈从人毋坏民舍、什器、树木。丁未，法驾[22]入乾封县奉高宫。戊申，王钦若等献泰山芝草三万八千余本。己酉，五色云起岳顶。庚戌，法驾临山门，黄云覆辇，道经险峻，降辇步进。先夕大风，至是顿息。辛亥，享[23]昊天上帝于圜台，陈天书于左，以太祖、太宗配。帝衮冕奠献，庆云绕坛，月有黄光。命群臣享五方帝诸神于山下封祀坛，上下传呼万岁，振动山谷。降谷口，日有冠戴，黄气纷郁。壬子，禅社首，如封祀仪。紫气下覆，黄光如星绕天书匣。纵四方所献珍禽奇兽。还奉高宫，日重轮，五色云见。作[24]会真宫。癸丑，御朝觐坛之寿昌殿，受群臣朝贺。

选自《宋史》卷七

赞曰：真宗英悟之主。其初践位，相臣李沆虑其聪明，必多作为，数奏灾异以杜[25]其侈心，盖有所见也。及澶洲既盟，封禅事作，祥瑞沓[26]臻[27]，天书屡降，导迎奠安，一国君臣如病狂然，吁，可怪也。他日修《辽史》，见契丹故俗而后推求宋史之微言[28]焉。

宋自太宗幽州之败，恶[29]言兵矣。契丹其主称天，其后称地，一岁祭天不知其几，猎而手接飞雁，鸨自投地，皆称为天赐，祭告而夸耀之。意者[30]宋之诸臣，因知契丹之习，又见其君有厌兵之意，遂进神道设教之言，欲假[31]是以动敌人之听闻，庶几[32]足以潜消其窥觎之志欤？然不思修本以制敌，又效尤[33]焉，计亦末矣。仁宗以天书殉葬山陵，呜呼贤哉！

选自《宋史》卷八

〔注释〕 ① 裾：衣服的前襟。 ② 第：达官贵人的宅院。 ③ 尝：曾经。 ④ 比：等到。 ⑤ 故事：先例。 ⑥ 弗：不。 ⑦ 填委：堆积。 ⑧ 见：同“现”，显现。 ⑨ 差：差别。 ⑩ 安集：安定聚集。 ⑪ 却：退。 ⑫ 驻跸：古代帝王出行，途中停留暂住。 ⑬ 兵：兵器。 ⑭ 俄：不久。 ⑮ 次：驻扎。 ⑯ 邀：拦截。 ⑰ 瘗：掩埋。 ⑱ 曳：飘摇。

⑲ 酺：帝王特许的大聚饮。 ⑳ 以：因为。 ㉑ 蠲：通“捐”，减免。 ㉒ 法驾：天子的车驾。 ㉓ 享：祭献。 ㉔ 作：兴建。 ㉕ 杜：杜绝。 ㉖ 沓：繁多。 ㉗ 臻：至。 ㉘ 微言：含义深远精微的言辞。 ㉙ 恶：厌恶。 ㉚ 意者：猜测。 ㉛ 假：凭借。 ㉜ 庶几：也许可以。 ㉝ 尤：错误。

〔赏析〕 宋真宗是宋太宗赵光义第三子，其母为元德李皇后，本名赵德昌，后改名赵元休，又改名赵元侃，至道元年(995 年)被立为皇太子后，改名赵恒。宋真宗幼年时即与一般孩子不同，姿表英特，气质不凡，与诸位同辈的小王子嬉戏时，总爱排兵布阵指挥“战斗”，并常自称“元帅”。宋太祖赵匡胤很喜欢这位侄子，养育于皇宫之中。赵恒五六岁时，有一次去万岁殿玩，大模大样一步一个台阶，直接就朝龙榻走上去，安然端坐。宋太祖刚升朝，见小侄子坐在自己的宝座上玩，一副正襟危坐的模样，便笑问道：“天子好当吗?”小孩子眨眨眼，回答道：“作天子全由天命。”宋太祖“大奇之”，叹赏良久。后来，赵光义继位。作为皇储，赵恒尊重儒臣，每见李至等文臣，“必先拜，迎送降阶及门”。他还留心狱讼，“裁决轻重，靡不称惬，故京狱屡空，太宗屡诏嘉美。”由此可见，赵恒完全是个青年才俊，勤恪修谨，躬亲政事。后太宗驾崩，在宰相吕端的保驾护航下，赵恒挫败了宫廷阴谋，得以顺利继承皇位。

宋真宗是北宋的第三位皇帝，是位“承上启下”的天子。他登上皇帝宝座的经历比较曲折，再加上其父宋太宗猜忌的性格，使得他的性格十分谨小慎微。真宗即位之初，面临的是太宗留下的一个危机四伏的局面，内部问题重重，矛盾很多。首先是经济问题，太祖、太宗两朝，由于忙于统一战争，对社会上存在的赋税不均、水利失修等问题，无暇顾及，所颁布的诏令，多未实行。战争自建国以来没有真正停止过，百姓急需休养生息。其次是政治问题，一是宋初以来，官吏的数量增加很快，不仅增加经济负担，而且危害百姓；二是皇族内部的矛盾仍然时隐时现，并没有得到根本解决。因此真宗采取了一系列措施来巩固统治，根据自己了解的真实情况，提拔有才能的官员，同时吸取太宗的教训，善待宗室，对一直困扰宋廷的历史问题进行了比较妥善的处理。接着真宗在太宗基础上，大幅度地免除百姓逋欠的赋税，裁减冗官，如咸平四年(1001 年)，一次就裁掉十九万五千八百多人。真宗自己也能注意节俭，因此社会较为安定，给国家创造了一个相对长期和平发展的有利时机，在其统治前期，农业、手工业、商业蓬勃发展，贸易盛况空前，使北宋进入经济繁荣期，史称“咸平之治”。赵恒本人也注重文化教育，大力发展科举制，吸纳大量社会各个阶层的青年才俊进入统治阶层，扩大统治基础，他曾作御制《励学篇》：“富家不用买良田，书中自有千钟粟。安居不用架高楼，书中自有黄金屋。娶妻莫恨无良媒，书中自有颜如玉。出门莫恨无人随，书中车马多如簇。男儿欲遂平生志，五经勤向窗前读。”此诗一直流传至今，成为莘莘学子励志自勉的经典。

宋真宗在位期间，内政较为平稳，社会安定有序，百姓安居乐业。可是他面临着一个强大的外患，就是让太宗两次北伐都大败而归的辽朝。宋真宗景德元年（1004年），萧太后与辽圣宗第二次率大军南下攻宋，来势汹汹，形势危急，直逼东京城下。宋真宗御驾亲征，抵达前线澶州城。双方你来我往，最终形成均势，谁也吃不掉谁。经过一番激烈的讨价还价，宋辽终于达成合议，议定宋朝每年给辽国十万两银、二十万匹绢以为“军饷”，宋与辽结为兄弟之国，宋真宗为兄，辽圣宗为弟，真宗称萧太后为叔母，是为“澶渊之盟”。自宋太祖时代起，直至宋真宗初年，宋辽两国交战，大小数次，互有胜负，双方均负担沉重庞大的军事开支，不仅消耗巨大，还使百姓们流离失所，只有结束战争，宋朝与辽朝边境的数州人民才得以过上正常的生活。而且，三十万岁币，对于当时的经济十分发达的北宋来讲，完全可以承担，宋朝每年给辽朝三十万的“岁币”，绝大部分可以从边境“榷场”贸易中收回来，“取之于虏，而复用之于虏（辽朝）”。所以，从经济角度上讲，“澶渊之盟”对于宋朝来说并无太大损失。从政治方面讲，北宋为兄，辽朝为弟，也并没有丧权辱国，因此对于澶渊之盟的签订所带来的积极影响还是应该予以肯定的。澶渊之盟是经历长期战乱之后历史发展的大势所趋，盟约的签订给宋辽双方带来了长期和平相处的局面，给双方政治、经济、文化的交流创造了条件等等，其后一百一十八年间，辽宋基本上没什么大的战争发生，可以用“百年和好”四字来概括两国关系，双方可谓礼尚往来，通使殷勤，正史所记的双方互使共达三百八十次之多。

但“澶渊之盟”毕竟是“城下之盟”，宋真宗可能因此心中存在心结。大中祥符元年（1008年）十月，宋真宗登上泰山举行了封禅大典，改乾封县为奉符县;封泰山神为“天齐仁圣帝”;封泰山女神为“天仙玉女碧霞元君”,以此来冲淡战争带给自己和整个国家的阴影。

有点出乎意料的是,宋真宗举行的这场“封禅大典”取得了不错的效果,它让崇信鬼神的辽朝使臣心悦诚服,数次派人来观礼,主动修好。笃信萨满类原始宗教的契丹人,被大宋满地祥瑞的景象所震慑,从这个角度说,北宋在精神思想、意识形态方面压倒了北方的游牧民族。总而言之,宋真宗在位期间使得北宋的国力继续向前发展,为国家的繁荣与稳定做出了相应的贡献。

辽圣宗本纪

〔选文〕

圣宗文武大孝宣皇帝,讳隆绪,小字文殊奴。景宗皇帝长子,母曰睿智皇后萧氏。帝幼喜书翰,十岁能诗。既长,精射法,晓音律,好绘画。

乾亨二年,封梁王。

四年秋九月壬子,景宗崩。癸丑,即皇帝位于柩前,时年十二。皇后奉遗诏摄政,诏谕诸道。冬十月己未朔,帝始临朝。辛酉,群臣上尊号曰昭圣皇帝,尊皇后为皇太后,大赦。

选自《辽史》卷十

统和六年春正月庚申,如[①]华林、天柱。

二月丁未,奚王筹宁杀无罪人李浩,所司议贵,请贷[②]其罪,令出钱赡浩家,从之。甲寅,大同军节度使、同平章政事刘京致仕[③]。

三月己未,休哥奏宋事宜,上亲览之。丙寅,以司天赵宗德、齐泰、王守平、邵祺、阎梅从征四载,言天象数有征[④],赐物有差。癸未,李继迁遣使来贡。

夏四月乙未,幸南京。丁酉,胡里室横突韩德让堕马,皇太后怒，杀之。

……

丁酉，皇太后幸韩德让帐，厚加赏赉[5]，命从臣分朋双陆[6]以尽欢。

……

是岁，诏开贡举，放高举一人及第。

选自《辽史》卷十二

二十二年春正月丁亥，如鸳鸯泺。

二月乙卯朔，女直遣使来贡。丙寅，南院枢密使邢抱朴薨，辍朝三日。

三月己丑，罢番部贺千龄节及冬至、重五贡。乙未，西夏李德昭遣使上继迁遗物。

夏四月丁卯，朝皇太后。

五月，清暑炭山。

六月戊午，以可敦城为镇州，军曰建安。秋七月甲申，遣使封夏国李德昭为西平王。丁亥，兀惹、蒲奴里、剖阿里、越里笃、奥里米等部来贡。

八月丙辰，党项来贡。庚申，阻卜酋铁剌里来朝。戊辰，铁剌里求婚，不许。丙子，驻跸犬牙山。

九月己丑，以南伐谕高丽。丙午，幸南京。女直遣使献所获乌昭庆妻子。丁未，致祭于太宗皇帝庙。以北院大王磨鲁古、太尉老君奴监北、南王府兵。庚戌，命楚国王隆祐留守京师。

闰月己未，南伐。癸亥，次固安。以所获谍者射鬼箭。甲子，以青牛白马祭天地。丙寅，辽师与宋兵战于唐兴，大破之。丁卯，萧挞凛与宋军战于遂城，败之。庚午，军[7]于望都。

冬十月乙酉，以黑白羊祭天地。丙戌，攻瀛州，不克。甲午，下祁州，赉降兵。以酒脯祭天地。己酉，西平王李德昭遣使谢封册。

十一月癸亥，马军都指挥使耶律课里遇宋兵于洺州，击退之。甲子，东京留守萧排押获宋魏府官吏田逢吉、郭守荣、常显、刘绰等以献。丁卯，南院大王善补奏宋遣人遗[8]王继忠弓矢，密请求和。诏继忠与使会，许和。庚午，攻破德清军。壬申，次澶渊。萧挞杞中伏弩死。乙亥，攻破通利军。丁丑，宋遣崇仪副使曹利用请和，即遣飞龙使韩杞持书报聘[9]。

十二月庚辰朔，日有食之，既。癸未，宋复遣曹利用来，以无还地之意，遣监门卫大将军姚柬之持书往报[10]。戊子，宋遣李继昌请和，以太后为叔母，愿岁输[11]银十万两，绢二十万匹。许之，即遣合门使丁振持书报聘。己丑，诏诸军解严。是月，班师。皇太后赐大丞相齐王韩德昌姓耶律，徙王晋。

是年，放[12]进士李可封等三人。

选自《辽史》卷十四

是月，阻卜来侵，西北路招讨使萧惠破之。

夏四月丁未朔，以武定军节度使耶律洪古为惕隐。戊申，蒲卢毛朵部多兀惹户，诏索之。丙寅，如永安山。

五月辛卯，以东京统军使萧慥古为契丹行宫都部署。癸卯，遣西北路招讨使萧惠将兵伐甘州回鹘。

六月辛丑，诏凡官畜并印其左以识之。

秋七月戊申，猎黑岭。

八月，萧惠攻甘州不克，师还。自是阻卜诸部皆叛，辽军与战，皆为所败，监军涅里姑、国舅帐太保曷不吕死之。诏遣惕隐耶律洪古、林牙化哥等将兵讨之。

九月，驻跸辽河浒。冬十月丙子，曷苏馆诸部长来朝。庚辰，遣使问夏国五月与宋交战之故。

……

赞曰：圣宗幼冲嗣⑬位，政出慈闱⑭。及宋人二道来攻，亲御甲胄，一举而复燕、云，破信、彬，再举而躏河、朔，不亦伟欤！既而侈心一启，佳兵⑮不祥，东有茶、陀之败，西有甘州之丧，此狃⑯于常胜之过也。然其践阼四十九年，理冤滞，举才行，察贪残，抑奢僭，录死事之子孙，振⑰诸部之贫乏，责迎合不忠之罪，却⑱高丽女乐之归。辽之诸帝，在位长久，令⑲名无穷，其唯圣宗乎！

选自《辽史》卷十七

〔注释〕 ①如：前往。 ②贷：饶恕。 ③致仕：辞官。 ④征：应验。 ⑤赉：赏赐。 ⑥双陆：亦作“双六”，古代博戏。 ⑦军：驻扎军队。 ⑧遗：赠送。 ⑨报聘：他国来聘，遣使回访。 ⑩报：答复。 ⑪输：献纳。 ⑫放：发布。 ⑬嗣：承袭。 ⑭慈闱：古时母亲的代称。 ⑮佳兵：好用兵。 ⑯狃：习惯。 ⑰振：赈济。 ⑱却：拒绝。 ⑲令：美好。

〔赏析〕 辽圣宗耶律隆绪，辽景宗长子，契丹名文殊奴。他即位前曾被封为梁王，辽景宗在游猎途中去世后，他被立为太子，并于次年(983年)即位，改元统和，又将国号由“大辽”改为“大契丹”。圣宗即位时才十二岁，由其母后萧绰执政。辽圣宗是辽朝在位时间最长的一位皇帝，总共四十九年，与北宋的宋真宗一样，辽圣宗对于辽朝来说也是一位“承上启下”，具有深远影响的君主。

辽圣宗的执政时期大致可以分为两个时期：萧太后摄政时期和辽圣宗亲政时期。在他即位初期，因其年幼，太后萧绰以母后身份摄政，圣宗当时年仅十二岁,萧太后临时称制,时年三十岁。这时辽朝政治形势的发展正处于危急时期,可以说是“母寡子弱,族属雄强,边防未靖”,母子俩对此是心知肚明。据《契丹国志》卷十八载:“时诸王宗室二百余人,拥兵握政,盈布朝廷。后当朝虽久,然少姻援,诸皇子幼,内外震恐”,足见当时形势的危机。内部情况如此,而外部又东有高丽、西有党项,南面宋朝更是时刻未尝忘记挥师北向,收复燕云十六州。因此,对内如何应付旧势力的反扑,对外如何抵抗宋朝的军事进攻,东西两线又如何稳定边防,就成为迫在眉睫的问题。辽圣宗和萧太后卓越的政治才能也就在这关键时刻表现出来了。虽说辽圣宗统治的前半期一直被其母后的光环所笼罩,但辽圣宗是位仁孝之君,一直能够听取、服从其母后的意见和主张,从而使局面很快稳定下来。

为了防范诸王宗室拥兵叛乱,母子俩果断地采取了戒严的措施,实际就是发布戒严令以稳定局势,说明了当时局势的严重,也反映了其行事的雷厉风行。因为辽朝从其建国以来,宗室诸王叛乱史不绝书。圣宗即位之初,正是“主少国疑”、政权不稳的时候,处理不好,宗室叛乱、争夺皇权的事随时都可能发生。正因如此,萧太后采纳了汉臣韩德让的建议:“敕诸王归第,不得私相燕会,夺其兵权,人心大定。”可见这一命令在稳定辽朝统治、使其保持发展的连续性上是起了重大作用的。其次,在调整用人、加强统治集团的力量方面,萧太后也采取了许多措施,形成了新的统治核心。在中央统治集团内部,她依靠的主要有三个人:一个是有“经国之材”的耶律斜轸,一个是当时已拜枢密使兼北府宰相的汉人室方,再一个就是南院枢密使汉人韩德让。萧太后在圣宗即位之初所任用的这三个人,都能尽心辅国,孜孜不倦,因而才能稳定辽朝的统治,克服危机并使其走上中兴的道路。1004 年,圣宗率二十万大军倾国南叩宋廷。坦率地说,这次挥师南下,进攻并不十分顺手,特别是到达澶州城下不久,统帅萧挞凛被宋兵射死于城下,对辽圣宗更是一个沉重的打击。面对悬军深入、进退两难的局面,辽圣宗审时度势,认为在宋辽多次战争中,尽管辽胜多负少,但除军事以外,辽各方面都远不如宋,特别是经济落后,这样长久相持下去,对辽未必有利。在这种思想指导下,辽圣宗与萧太后决定以大军压境为前提,胁迫惧战的宋真宗做出让步,这个盟约是双方互战不下,力量均势下的产物。订盟以后,两朝各守其界,铸剑为犁,结束了双方长期战争的状态,此后一百多年没有发生过大的战争,百姓得以免除战争的屠戮。两朝都有一个比较安定的环境,经济都得到长足发展,呈现了两国历史上经济最为繁荣的时期,双方的经济交往也日益繁密,中原的茶叶、粮食、丝织品、漆器等农产品和手工制品大量输入辽国,而辽的牛羊、马匹等畜产品也源源运到中原,起了相互调剂的作用。

萧太后去世、圣宗亲政后,辽国已进入鼎盛时期,他也基本上延续了萧太后执政时的国策,并且摒弃严刑峻法,不给贪官可乘之机,实行科举制,使得契丹的汉化程度大大加深。圣宗在位期间征战四方,使辽国疆域达到最大规模,东征高丽,将其变为自己的一个属国,获得了东部的安全屏障;又西和西夏,南与宋结盟,在南方相安无事。在征高丽的同时,辽把军事征服转向了东北、西北及北方小部族,相继征服乌古部、打击阻卜部,并设立机构进行管理。

辽圣宗在处理国家大事方面显示出一个明君的能力和风采,恪守孝道,能够听取萧太后和大臣们的正确意见,稳住了辽朝建国以后的局面,从而使辽的国力有了很大的提升。

(许孝乐)

文武兼备，瞩目安居乐业，二例异曲同工

〔导言〕 耶律休哥与范仲淹虽说身处于不同时代，但有着许多的共同点。两人都是文武兼备，对于各自所属的王朝一向忠心耿耿。他们都是一代名将，能够在关键时刻力挽狂澜，维护了边境和平。同时，他们又都在各自的王朝积极推行改革，以求富国强兵。两人都是当世之杰，亦是流芳千古的一代名臣。

然而他们所面临的时代境遇不同，耶律休哥所处的时代是宋朝与辽朝的全盛时代，赵宋王朝希望通过北征收复燕云十六州，因此宋与辽常年征战，在这样的背景下，耶律休哥在边疆推行"立更法"和"劝农桑"的政策，使得边境百姓能够安居乐业，最终获得了战争的胜利，同时也巩固了辽朝的边境。范仲淹则是在北宋积贫积弱的局面中登上政治舞台的，当时的北宋已无力北伐，制定了"守内虚外"的政策，对内的冗官、冗兵、冗费问题，已使北宋王朝疲惫不堪；对外而言，西夏、契丹等不断来犯，北宋王朝走到了由盛转衰的转折点。要扭转北宋积贫积弱的局面，急需一场深刻的社会变革。在此背景之下，范仲淹开始发起并领导了"庆历新政"。耶律休哥与范仲淹的改革都致力于使百姓安居乐业，故而推行了许多仁政，适应了历史发展的潮流。两次改革虽有成有败，然而耶律休哥和范仲淹两人无疑都能够称得上是伟大的政治改革家。

耶律休哥列传

〔选文〕

耶律休哥，字逊宁。祖释鲁，隋国王。父绾思，南院夷离。休哥少有公辅器[①]。初乌古、室韦二部叛，休哥从北府

宰相萧干讨之。应历末,为惕隐。

乾亨元年,宋侵燕,北院大王奚底、统军使萧讨古等败绩,南京被围。帝命休哥代奚底,将五院军往救。遇大敌于高梁河,与耶律斜轸分左右翼,击败之。追杀三十余里,斩首万余级,休哥被三创[2]。明旦,宋主遁去,休哥以创不能骑,轻车追至涿州,不及而还。

是年冬,上命韩匡嗣、耶律沙伐宋,以报围城之役。休哥率本部兵从匡嗣等战于满城。翌日将复战,宋人请降,匡嗣信之。休哥曰:“彼众整而锐,必不肯屈,乃诱我耳。宜严兵以待。”匡嗣不听。休哥引兵凭高而视,须臾南兵大至,鼓噪疾驰。匡嗣仓卒不知所为,士卒弃旗鼓而走,遂败绩。休哥整兵进击,敌乃却[3]。诏总南面戍兵,为北院大王。

明年,车驾亲征,围瓦挢关。宋兵来救,守将张师突围出。帝亲督战,休哥斩师,余众退走入城。宋阵[4]于水南。将战,帝以休哥马介独黄,虑为敌所识,乃赐玄甲、白马易之。休哥率精骑渡水,击败之,追至莫州。横尸满道,軙矢俱罄[5],生获数将以献。帝悦,赐御马、金盂,劳[6]之曰:“尔勇过于名,若人人如卿,何忧不克?”师还,拜于越。

圣宗即位,太后称制,令休哥总南面军务,以便宜从事。休哥均[7]戍兵,立更休法,劝农桑,修武备,边境大治。统和四年,宋复来侵,其将范密、杨继业出云州;曹彬、米信出雄、易,取歧沟、涿州,陷固安,置屯。时北南院、奚部兵未至,休哥力寡,不敢出战。夜以轻骑出两军间,杀其单弱以胁余众;昼则以精锐张其势,使彼劳于防御,以疲其力。又设伏林莽,绝其粮道。曹彬等以粮运不继,退保白沟。月余,复至。休哥以轻兵薄[8]之,伺彼蓐食,击其离伍单出者,且战且却。由是南军自救不暇，结方阵，堑地两边而行。军渴乏井，漉淖而饮，凡四日始达于涿。闻太后军至，彬等冒雨而遁。太后益以锐卒，追及之。彼力穷，环粮车自卫，休哥围之。至夜，彬、信以数骑亡[9]去，余众悉溃。追至易州东，闻宋师尚有数万，濒沙河而爨[10]，促兵往击之。宋师望尘奔窜，堕岸相蹂死者过半，沙河为之不流。太后旋旆，休哥收宋尸为京观[11]。封宋国王。

又上言，可乘宋弱，略[12]地至河为界。书奏，不纳。及太后南征，休哥为先锋，败宋兵于望都。时宋将刘廷让以数万骑并海而出，约与李敬源合兵，声言取燕。休哥闻之，先以兵扼其要地。会太后军至，接战，杀敬源，廷让走瀛州。七年，宋遣刘廷让等乘暑潦[13]来攻易州，诸将惮之；独休哥率锐卒逆击于沙河之北，杀伤数万，获辎重不可计，献于朝。太后嘉其功，诏免拜、不名。自是宋不敢北向。时宋人欲止儿啼，乃曰："于越至矣！"

休哥以燕民疲弊，省赋役，恤孤寡，戒戍兵无犯宋境，虽马牛逸于北者悉还之。远近向化，边鄙以安。十六年，薨。是夕，雨木冰。圣宗诏立祠南京。

休哥智略宏远，料敌如神。每战胜，让功诸将，故士卒乐为之用。身更百战，未尝杀一无辜。二子：高八，官至节度使；高十，终于越。

选自《辽史》卷八十三

〔注释〕 ① 器：气度。 ② 创：损伤。 ③ 却：退。 ④ 阵：排兵布阵。 ⑤ 罄：尽。 ⑥ 劳：慰劳。 ⑦ 均：协调。 ⑧ 薄：迫近。 ⑨ 亡：逃跑。 ⑩ 爨：烧火做饭。 ⑪ 京观：为炫耀武功，聚集敌尸封土而成的高冢。 ⑫ 略：掠夺。 ⑬ 潦：大雨。

〔赏析〕 耶律休哥的一生战功赫赫，经历了辽宋之间的四次战役，即高梁河之战、满城之战、瓦桥关之战以及岐沟关之战。这四次战役，充分显示了耶律休哥的军事才能，并使他成为功勋卓著的名将。

北宋太平兴国四年、辽保宁十一年（是年十一月改元乾亨）（979年）宋太宗赵光义挥军北上，包围辽的军事重镇南京（今北京），以期夺回燕云十六州，宋军"四面攻城，围之三周"（《宋史纪事本末·契丹和战》卷十三），辽将韩德让"日夜守御，而城外招胁甚急，人怀二心"（《续资治通鉴》卷十）。面临北宋三十万大军，辽朝上下大为恐慌，许多文武大臣纷纷提出放弃南京的主张。当此危难关头，时任惕隐之职（职责为掌管皇族典章和礼仪）的耶律休哥力排众议，主动请缨以解南京之围。宋辽两军于高梁河（今北京西北）进行大战，耶律休哥与耶律斜轸"分左右翼奋击"，耶律沙从中路进攻，在战争中耶律休哥虽然三处负伤，却越战越勇。南京城内的辽军得知援军已到，军心大振，城内外军队相互配合以夹击宋军，宋军大败。辽军乘胜追击三十余里，斩杀宋军万余人。第二天，宋太宗撤兵南回，耶律休哥由于受伤不能骑马，仍轻车追到涿州。此战役的胜利，在很大程度上实是由于耶律休哥的英勇善战。

公元979年九月，辽景宗命令韩匡嗣、耶律沙率军伐宋，耶律休哥率本部军随韩匡嗣出征。激战过程中韩匡嗣轻易地相信了宋军的诈降，故而放松了警惕，耶律休哥却识破了宋军的计谋，建议辽军严阵以待，做好准备，可惜韩匡嗣却没有采纳他的建议。结果，宋军趁机突袭毫无防备的辽军，致使辽军大乱，在辽军溃败之际，耶律休哥临危不惧，"整兵而战，徐引还"（《续资治通鉴》卷十），避免了辽军大败的结局。同年十一月，辽景宗"宴赏休哥及有功将校"（《辽史·景宗本纪》）。不久，耶律休哥获封北院大王，开始负责管辖辽朝重镇南京。

北宋太平兴国五年、辽乾亨二年（980年），辽景宗再度南伐，包围了北宋的瓦桥关（今河北雄县），北宋将领张师率军突围，却未成功。瓦桥关一役，耶律休哥亲率精骑渡河攻击宋军，宋军节节败退，被辽军追到莫州。这一仗以宋军大败，辽军大胜的结局而告终，耶律休哥凭借他卓越的功勋获得了契丹的至贵之职——于越。

北宋太平兴国七年、辽乾亨四年，辽景宗卒，宋太宗采纳贺令图的建议，积极准备伐辽。耶律休哥奉命镇守南京。他到南京后，积极进行防御准备。在训练军队的同时注重发展生产，“均戍兵，立耕休法，劝农桑”，将守边和发展生产相结合。此外，他还“省赋役，恤孤寡”，减轻了人民的负担。这些措施适应了当时的社会需要，因而使得边境获得了大治的成果。北宋雍熙三年、辽统和四年(986年)，宋军兵分三路，曹彬率领东路军主力出雄州(今河北雄县)；西路由藩美、杨业率领，出雁门关(在今山西代县)；中路由田重进率领，出飞狐口(在今河北徕源)。如此缜密的战略部署，充分显示了宋太宗灭辽的决心。辽朝也倾全国之力，进行了积极的反击，“马乏则括民马，铠甲阙，则取于显州之甲坊”(《辽史·圣宗本纪》)。耶律休哥在应对宋军主力曹彬的时候，采取了类似运动战的方式，“夜以轻骑出两军间，杀其单弱以胁余众，昼则以精锐张其势，使彼劳于防御，以疲其力”。其后，耶律休哥与辽圣宗和天后的大军汇合，同宋军于岐沟关进行大战，宋军大败。经此一役，赵宋王朝政治经济实力大损，积贫积弱的局面开始初露端倪，制定了“守内虚外”的防守型政策。

四次战役充分显示了耶律休哥的军事才能，他有力排众议的气魄、指点江山的气概以及冷静睿智的判断能力，然而真正使耶律休哥成为一代名将的原因当归结于他的仁侠之心。耶律休哥“身更百战”，却“未尝杀一无辜”，他见北方人民饱受宋辽战乱之苦，便“省赋役、恤孤寡”，不再兴兵南犯，还“戒戍兵无犯宋境，虽马牛逸于北者悉还之，远近向化，边鄙以安”。耶律休哥之所以能每战皆捷，除了他的军事才能之外，更重要的是他在治理边境时采取了劝扶农桑的政策，他“立更休法，劝农桑，修武备”，边境得以大治，民心所向是耶律休哥取得胜利的最重要原因。

拂去岁月的风尘，反思这四次战役，留给了后人许多启迪，辽胜宋败的原因实在于民心所向。耶律休哥虽是一代名将，然而仅凭他一人之力显然是无法挽狂澜于既倒的。据《太宗实录》记载，宋太宗于北伐之前曾下诏申明出兵之意乃在于“爰兴师律，以正封疆。拯溺救焚，聿从于民望”，但是，“边民蚩蚩，不知圣意，皆谓贪其土地，致北戎南牧”，这与前所述及之耶律休哥推行“立更法”和“劝农桑”的政策形成了极为鲜明的对比。辽朝将帅有勇有谋且获得民心,可谓尽得"天时地利人和"。由此看来,"得民心者得天下",信非虚语。

范仲淹列传

〔选文〕

范仲淹字希文。唐宰相履冰之后。其先,邠州人也,后徙家江南,遂为苏州吴县人。仲淹二岁而孤,母更适[①]长山朱氏,从其姓,名说。少有志操,既长,知其世家,乃感泣辞母,去之[②]应天府,依戚同文学。昼夜不息,冬月惫甚,以水沃面;食不给,至以糜粥继之,人不能堪[③],仲淹不苦也。举进士第,为广德军司理参军,迎其母归养。改集庆军节度推官,始还姓,更其名。

……

时吕夷简执政,进用者多出其门。仲淹上《百官图》,指其次第曰:"如此为序迁,如此为不次,如此则公,如此则私。况进退近臣,凡超格者,不宜全委之宰相。"夷简不悦。他日,论建都之事,仲淹曰:"洛阳险固,而汴为四战之地,太平宜居汴,即有事必居洛阳。当渐广储蓄,缮宫室。"帝问夷简,夷简曰:"此仲淹迂阔之论也。"仲淹乃为四论以献.大抵讥切时政。且曰:"汉成帝信张禹,不疑舅家,故有新莽之祸。臣恐今日亦有张禹,坏陛下家法。"夷简怒诉曰:"仲淹离间陛下君臣,所引[④]用,皆朋党也。"仲淹对益切,由是罢知饶州。

……

延州诸砦多失守,仲淹自请行,迁户部郎中兼知延州。先是,诏分边兵:总管领万人,钤辖领五千人,都监领三千人。寇至御之,则官卑者先出。仲淹曰:"将不择人,以官为先后，取败之道也。”于是大阅州兵，得万八千人，分为六，各将[5]三千人，分部教之，量贼众寡，使更[6]出御贼。时塞门、承平诸砦既废，用种世衡策，城[7]青涧以据贼冲[8]，大兴营田，且听[9]民得互市，以通有无。又以民远输劳苦，请建鄜城为军，以河中、同、华中下户税租就输之。春夏徙兵就食，可省籴十之三，他所减不与诏以为康定军。

……

仲淹为将，号令明白，爱抚士卒，诸羌来者，推心接之不疑，故贼亦不敢辄犯其境。元昊请和，召拜枢密副使。王举正懦默不任事。谏官欧阳修等言仲淹有相材，请罢举正用仲淹，遂改参知政事。仲淹曰：“执政可由谏官而得乎？”固辞不拜，愿与韩琦出行边。命为陕西宣抚使，未行，复除参知政事。会王伦寇淮南，州县官有不能守者，朝廷欲按诛之。仲淹曰：“平时讳言武备，寇至而专责守臣死事，可乎？”守令皆得不诛。

帝方锐意[10]太平，数问当世事，仲淹语人曰：“上用我至矣，事有先后，久安之弊，非朝夕可革也。”帝再赐手诏，又为之开天章阁，召二府条对。仲淹皇恐，退而上十事：

一曰明黜陟。二府非有大功大善者不迁，内外须在职满三年，在京百司非选举而授，须通满五年，乃得磨勘，庶几考绩之法矣。

二曰抑侥幸。罢少卿、监以上乾元节恩泽；正郎以下若监司、边任，须在职满二年，始得荫子；大臣不得荐子弟任馆阁职，任子之法无冗滥矣。

三曰精贡举。进士、诸科请罢糊名法，参考履行无阙者，以名闻。进士先策论，后诗赋，诸科取兼通经义者。赐第以上，皆取诏裁。余优等免选注官，次第人守本科选。进士之法，可以循名而责实矣。

四曰择长官。委中书、枢密院先选转运使、提点刑狱、大藩知州；次委两制，三司、御史台、开封府官、诸路监司举知州、通判；知州通判举知县、令。限其人数，以举主多者从中书选除。刺史、县令，可以得人矣。

五曰均公田。外官廪给[11]不均，何以求其为善耶？请均其入，第给之，使有以自养，然后可以责廉节，而不法者可诛废矣。

六曰厚农桑。每岁预下诸路，风[12]吏民言农田利害，堤堰渠塘，州县选官治之。定劝课之法以兴农利，减漕运。江南之圩田，浙西之河塘，隳[13]废者可兴矣。

七曰修武备。约府兵法，募畿辅强壮为卫士，以助正兵。三时务农，一时教战，省给赡[14]之费。畿辅有成法，则诸道皆可举行矣。

八曰覃[15]恩信。赦令有所施行，主司稽违者，重置于法；别遣使按视其所当行者，所在无废格[16]上恩者矣。

九曰重命令。法度所以示信也，行之未几，旋即厘改。请政事之臣参议可以久行者，删去烦冗，裁为制敕行下，命令不至于数变更矣。

十曰减徭役。户口耗少而供亿滋多，省县邑户少者为镇，并使、州两院为一，职官白直，给以州兵，其不应受役者悉归之农，民无重困之忧矣。

天子方信向仲淹，悉采用之，宜著令者，皆以诏书画一[17]颁下；独府兵法，众以为不可而止。

……

仲淹内刚外和，性至孝，以母在时方贫，其后虽贵，非宾客不重肉。妻子衣食，仅能自充。而好施予，置义庄里中，以赡族人。泛爱乐善，士多出其门下，虽里巷之人，皆能道其名字。死之日，四方闻者，皆为叹息。为政尚忠厚，所至有恩，邠、庆二州之民与属羌，皆画像立生祠事之。及其卒也，羌酋数百人，哭之如父，斋三日而去。四子：纯祐、纯仁、纯礼、纯粹。

论曰：自古一代帝王之兴，必有一代名世之臣。宋有仲淹诸贤，无愧乎此。仲淹初在制中，遗[18]宰相书，极论天下事，他日为政，尽行其言。诸葛孔明草庐始见昭烈数语，生平事业备见于是。豪杰自知之审[19]，类如是乎！考其当朝，虽不能久，然"先忧后乐"之志，海内固已信其有弘毅之器，足任斯责，使究其所欲为，岂让古人哉！

选自《宋史》卷三百一十四

〔注释〕 ①适：女子出嫁。 ②之：往。 ③堪：忍受。 ④引：推荐。 ⑤将：统率。 ⑥更：交替。 ⑦城：筑城。 ⑧冲：交通要道。 ⑨听：听凭。 ⑩锐意：迫切希望。 ⑪廪给：俸给。 ⑫风：教化。 ⑬隳：毁。 ⑭赡：供给。 ⑮覃：遍及。 ⑯格：阻止。 ⑰画一：统一。 ⑱遗：给予。 ⑲审：明白。

〔赏析〕 范仲淹是北宋名臣，同时也是杰出的政治家和文学家，他以天下为己任，"先天下之忧而忧，后天下之乐而乐"，出则泽被生民，入则出将入相。幼年范仲淹有感于家事，辞别母亲，勤学苦读，考中进士，奉母归养。任职期间，范仲淹以身示教、严于律己、推崇先贤遗风，每当谈论天下大事则慷慨陈词，身先士卒，力矫当时士大夫的萎靡之风。当时的宰相吕夷简任人唯亲，范仲淹上《百官图》，直斥吕夷简用人之失职。后范仲淹被贬出知饶州。据《宋人轶事汇编》记载，范仲淹三次被贬，第一次被称为"极光"，第二次称为"愈光"，第三次称为"尤光"。范仲淹的三次被贬之所以能够被视作为一种光荣，正在于范仲淹拥有兼济天下的胸怀以及为了"振兴时治"而奋不顾身的政治气魄，每当国家处于危难之际，范仲淹总能挺身而出。范仲淹在西夏反叛后被派往边地，担任延州知州，在边地他一面操练兵将，一面安抚百姓，通过三年多的艰苦奋战，终于迫使西夏称臣，维护了西北边境的安宁。庆历三年(1043年)，范仲淹被任命为参知政事，此后范仲淹在北宋王朝掀起了“庆历新政”。庆历新政虽然历时仅有一年零四个月，但其改革范围涉及政治、经济、文化、军事等方面，对北宋王朝有着深远的影响。

赵宋王朝从建国到范仲淹推行庆历新政时已近八十年，这也是北宋由盛转衰的转折时期。此时的北宋王朝，积贫积弱的现象已经初露端倪，冗官、冗兵、冗费的问题压得老百姓喘不过气来，边境线又有辽与西夏的虎视眈眈，不断在边境点燃烽火，面临着深刻的社会危机。在这样的情况下，以范仲淹为首的仁人志士发起了一场深刻的社会变革——庆历新政。

庆历三年四月，宋仁宗任命范仲淹、富弼、韩琦同时执政，以欧阳修、蔡襄等人为谏官。范仲淹提出的《答手诏陈条十事》成为政治改革的纲领性文件，提出北宋王朝亟需改革的十条意见：明黜陟、抑侥幸、精贡举、择官长、均公田、厚农桑、修武备、覃恩信、重命令、减徭役。从内容上来看，前五条关注的是吏治这个改革的核心问题；厚农桑、修武备、减徭役关注如何富国强兵的经济、军事问题；最后两条则对法治与用人提出了要求。在仁宗的支持下，这十条涉及了方方面面的改革建议除了修武备未能实施外，其余政策都由中央下达到地方而予以了实施。总的来说，“十条”基本方向是好的，钱穆在《国史大纲》中总结道：“大致是欲求对外，先整理内部，欲求强兵，先务富民，而欲行富民之政，则先从澄清吏治下手”。新政实施后，恩荫减少，希图侥幸的人深感不便，于是毁谤新政的言论逐渐增多，朋党之论渐渐甚嚣尘上，对此仁宗也颇为忌惮。六月，反对新政的官僚进一步攻击改革派，夏竦令婢女依照石介笔迹，诬蔑富弼私撰废立诏书，范仲淹等人深感惶恐，自求外放。庆历五年正月二十八日，范仲淹被罢去参知政事，知邠州、兼陕西四路缘边安抚使，此后富弼、韩琦、欧阳修等先后被罢免。八月二十一日，主持变法的主要人物几乎被罢免出政治中枢，轰轰烈烈的庆历新政至此宣告失败。

以史为鉴，探寻庆历新政失败的因由，我们可以找到以下几个原因。首先是反对派势力过于强大,在范仲淹提出明黜陟、抑侥幸的改革之前,“恩荫法”已推行了近八十年,循着这两条路径而起家的大臣,已经结成了阀阅,新法推行损害了他们的既得利益,必然会引起他们的反扑。其次,改革的观念只是仁宗皇帝一时的冲动,缺乏持之以恒的政策保障,改革的必要性并没有在整个赵宋王室的家族中形成共识。最后,这次改革缺乏必要的组织力量准备。改革对诸项事业从发动到完成的时间预期估量不足,改革举措先后顺序的确定和具有可操作性的保证措施也都难觅踪影,故只在一部分士大夫中引发了共鸣,整个士大夫阶层并没有在改革的目标、方法和步骤上达成共识。

皇祐四年(1052年),范仲淹调往颍州(今安徽阜阳),行至徐州,不幸病逝,终年六十四岁。纵观范仲淹的一生,堪称心忧天下,为国为民,他的言行是天下士人的典范。虽然庆历新政不幸夭折,但他“居庙堂之高则忧其民,处江湖之远则忧其君”的士大夫精神却值得称颂。

(张 琦)

变法还是“变人”

〔**导言**〕 北宋后期，吏制败坏，经济匮乏，民族矛盾和阶级矛盾异常尖锐。针对这种局势，不少政治家提出改革图强的政治主张，其主要代表人物是司马光和王安石。

熙宁元年(1068年)，即位不久的宋神宗询问大臣如何增加国库的收入和积存，司马光的回答是裁省浮费，减少皇亲大臣的赐赏等费用，以此达到上行下效，掀起全国节流增收的新风气；王安石反对司马光的主张，认为节省开支无济于事，要善于“理财”，才能实现国家富裕。司马光认为王安石提出的“理财”理论属于空谈，引发了两人关于变法的争论。不久，司马光与变法派的支柱吕惠卿之间的论战异常激烈，几乎发展到要动手的地步，结果也使司马光与王安石关系进一步恶化，发展为相以为仇的地步。此后王安石大刀阔斧、排除众议施行了多项改革，司马光则出知永兴，十五年来不问政事，但内心始终反对变法。熙宁九年王安石罢相，元丰八年(1085年)宋神宗病死，司马光重新上台执政，将十七年变法新政全部废除，陷入了矫枉过正、为反对而否定变法的误区。

王安石变法在经济上扭转了北宋积贫积弱的局面，限制了大地主、大官僚的兼并，增加了政府财政收入；在军事上节省了军费开支，提高了军队战斗力，有效解决了冗兵问题；在文化方面则通过改革科举考试内容，培养了一批学以致用的人才。但变法也有局限性，既没有解决农民的处境和负担问题，也没有使北宋从根本上摆脱统治的危机。

王安石列传

〔**选文**〕

王安石字介甫，抚州临川人。父益，都官员外郎。安石少好读书，一过目终身不忘。其属[①]文动笔如飞，初若不经意，既成，见者皆服其精妙。……

安石议论高奇，能以辨博济其说，果[②]于自用，慨然有矫世变俗之志。于是上万言书，以为：“今天下之财力日以困穷，风俗日以衰坏，患[③]在不知法度，不法[④]先王之政故也。法先王之政者，法其意而已。法其意，则吾所改易更革，不至乎倾骇天下之耳目，嚣[⑤]天下之口，而固已合先王之政矣。因[⑥]天下之力以生天下之财，收天下之财以供天下之费，自古治世，未尝以财不足为公患也，患在治财无其道尔。……社稷之托，封疆之守，陛下其能久以天幸[⑦]为常，而无一旦之忧乎？愿监[⑧]苟且因循之弊，明诏大臣，为[⑨]之以渐，期合于当世之变。臣之所称，流俗之所不讲，而议者以为迂阔而熟烂者也。”后安石当国，其所注措[⑩]，大抵皆祖[⑪]此书。

……

熙宁元年四月，始造[⑫]朝。入对，帝问为治所先，对曰：“择术为先。”帝曰：“唐太宗何如？”曰：“陛下当法尧、舜，何以太宗为哉？尧、舜之道，至简而不烦，至要而不迂，至易而不难。但末世[⑬]学者不能通知[⑭]，以为高不可及尔。”帝曰：“卿可谓责难于君，朕自视眇躬，恐无以副卿此意。可悉[⑮]意辅朕，庶[⑯]同济[⑰]此道。”

……

二年二月，拜参知政事。上谓曰：“人皆不能知卿，以为卿但[⑱]知经术，不晓世务。”安石对曰：“经术正所以经[⑲]世务，但后世所谓儒者，大抵皆庸人，故世俗皆以为经术不可施于世务尔。”上问：“然则卿所施设以何先？”安石曰：“变风俗，立法度，最方今之所急也。”上以为然。于是设制置三司条例司，命与知枢密院事陈升之同领[20]之。安石令其党吕惠卿任其事。而农田水利、青苗、均输、保甲、免役、市易、保马、方田诸役相继并兴，号为新法，遣提举官四十余辈，颁行天下。

……

帝用韩维为中丞，安石憾[21]曩[22]言，指为善附流俗以非上所建立，因维辞而止。欧阳修乞致仕[23]，冯京请留之，安石曰："修附丽[24]韩琦，以琦为社稷臣。如此人，在一郡则坏一郡，在朝廷则坏朝廷，留之安用？"乃听之。富弼以格[25]青苗解使相，安石谓不足以阻奸，至比之共、鲧。灵台郎尤瑛言天久阴，星失度，宜退安石，即黥[26]隶英州。唐坰本以安石引荐为谏官，因请对极论其罪，谪死。文彦博言市易与下争利，致华岳山崩。安石曰："华山之变，殆[27]天意为小人发。市易之起，自为细民久困，以抑兼并尔，于官何利焉。"阏[28]其奏，出彦博守魏。于是吕公着、韩维，安石藉以立声誉者也；欧阳修、文彦博，荐己者也；富弼、韩琦，用为侍从者也；司马光、范镇，交友之善者也：悉排斥不遗力。

……

七年春，天下久旱，饥民流离，帝忧形于色，对朝嗟叹，欲尽罢法度之不善者。安石曰："水旱常数，尧、汤所不免，此不足招圣虑，但当修人事以应之。"帝曰："此岂细[29]事，朕所以恐惧者，正为人事之未修尔。今取免行钱太重，人情咨[30]怨，至出不逊语。自近臣以至后族，无不言其害。两宫泣下，忧京师乱起，以为天旱更失人心。"安石曰："近臣不知为谁，若两宫有言，乃向经、曹佾所为尔。"冯京曰："臣亦闻之。"安石曰："士大夫不逞[31]者以京为归，故京独闻其言，臣未之闻也。”监安上门郑侠上疏，绘所见流民扶老携幼困苦之状，为图以献，曰：“旱由安石所致。去安石，天必雨。”侠又坐[32]窜[33]岭南。慈圣、宣仁二太后流涕谓帝曰：“安石乱天下。”帝亦疑之，遂罢为观文殿大学士、知江宁府，自礼部侍郎超九转为吏部尚书。

……

安石之再相也，屡谢[34]病求去，及子雱死，尤悲伤不堪，力请解几务。上益[35]厌之，罢为镇南军节度使、同平章事、判江宁府。明年，改集禧观使，封舒国公。屡乞还将相印。元丰二年，复拜左仆射、观文殿大学士。换特进，改封荆。哲宗立，加司空。

……

安石性强忮[36]，遇事无[37]可否，自信所见，执意不回。至议变法，而在廷交执不可，安石傅[38]经义，出己意，辩论辄数百言，众不能诎[39]。甚者谓“天变不足畏，祖宗不足法，人言不足恤。”罢黜中外老成人几尽，多用门下儇[40]慧少年。久之，以旱引去，洎[41]复相，岁余罢，终神宗世不复召，凡八年。子雱。

选自《宋史》卷三百二十七

〔**注释**〕 ①属：撰著。 ②果：果敢。 ③患：弊病。 ④法：效法。 ⑤嚣：使哗然。 ⑥因：依靠。 ⑦幸：宠幸。 ⑧监：督察。 ⑨为：整治。 ⑩注措：措置。 ⑪祖：依据。 ⑫造：至。 ⑬末世：后世。 ⑭通知：通晓。 ⑮悉：尽。 ⑯庶：希望。 ⑰济：成功。 ⑱但：只。 ⑲经：治理。 ⑳领：管领。 ㉑憾：恨。 ㉒曩：从前。 ㉓致仕：辞官。 ㉔附丽：依附。 ㉕格：阻止。 ㉖黥：一种刑罚，在有罪的人面部刺字涂墨使不消失。 ㉗殆：仅。 ㉘阏：阻拦。 ㉙细：琐屑。 ㉚咨：嗟叹。 ㉛逞：称愿。 ㉜坐：获罪。 ㉝窜：放逐。 ㉞谢：推辞。 ㉟益：更加。 ㊱忮：固执。 ㊲无：不论。 ㊳傅：通“附”。 ㊴诎：使屈服。 ㊵儇：巧佞。 ㊶洎：到……的时候。

〔赏析〕 王安石,北宋时期著名的政治家。他一生最著名的事迹就是进行了一场大刀阔斧的社会改革运动,从熙宁二年(1069 年)开始到元丰八年(1085 年)废止,历时十五年,史称“熙宁变法”或“王安石变法”。

在熙宁二年出任参知政事之前,王安石绝大部分时间都在南方任地方官,他因地制宜,积极治理地方,积累了丰富的基层管理经验,把地方治理得井井有条。朝廷曾多次要授予他有前途的馆阁之职,他都辞而不就,宁愿长期在地方任职。王安石的这些做法使他名噪一时,以致神宗初年召王安石入京,天下士人莫不欢欣鼓舞,认为王安石必将为天下做出一番事业。王安石也不负众望,面对当时北宋后期积贫积弱、民族矛盾、阶级矛盾异常尖锐的政治问题,主持实施了一系列发展生产、富国强兵的改革措施。其中的青苗法、农田水利法、募役法、方田均税法、市易法、均输法等政策法令旨在解决财政问题,是富国之法;保甲法、裁兵法、将兵法、保马法、军器监法等旨在解决弱兵问题,属强兵之法;贡举法、三舍法、启用下级官员等主要解决人才问题,属取士之法。

新政的众多法令中,较为成功的是农田水利法、青苗法、免役法。农田水利法旨在鼓励各地开垦荒田,兴修水利,修筑圩岸、堤防,费用由当地住户按照贫富等级高下出资,也可向州县政府贷款。王安石还把兴修水利、开垦荒地纳入官员的考核体系,一时间“四方争言农田水利”,据《宋史·食货志》记载,当时全国各地兴修的水利田 10 973 处,受益的民田面积为 361 100 多顷,可以说,从熙宁二年到熙宁九年的七年间,农田水利法取得了巨大成功。青苗法颁布之前,各地设有常平仓,即由官方控制一定粮食用来调节粮价,使农民在青黄不接之时渡过难关。但由于常平仓普遍出现弊端,王安石按照他在鄞县所推行的“贷谷于民,立息以偿”的经验,推行了青苗法,在每年二月、五月青黄不接时,由官府给农民贷款、贷粮,每八年取利息二分或三分,分别随夏秋两税归还。这一措施大大增加了政府收入,限制了高利贷对农民的剥削,一定程度上缓和了阶级矛盾。免役法将原来按户轮流服差役,改为由官府雇人承担,不愿服差役的民户则按贫富等级交纳一定数量的“免役钱”,官僚地主也不例外。这一措施不仅使农民从劳役中解脱出来,也增加了政府的财政收入。

王安石的变法措施涉及政治、经济、文化等各个方面，在他上台执政后，各项变法措施全部颁布实施，他以不容反对、无须置疑、一往无前的精神和态度满腔热血地投入到改革中去，为之付出了毕生努力。他最有名的是"三不足"理论，即"天变不足畏，祖宗不足法，人言不足恤"，在这种思想的支撑下，对变法提出异议的人都是"顽固派"，都遭到了打击和排斥。"于是吕公著、韩维，安石藉以立声誉者也；欧阳修、文彦博，荐己者也；富弼、韩琦，用为侍从者也；司马光、范镇，交友之善者也：悉排斥不遗力。"发展到后来，成了"众人以为不可，则执之愈坚"的地步，导致王安石听不到任何好的意见和建议，失去了弥补和改正的机会，使自己陷入孤立，也使新法未能推行下去。

在北宋后期国困民怨的艰难局势下，王安石满怀改革的热切愿望，希望拯救宋王朝于水火之中，可由于他的顽固、执拗、心急、自负，使得变法举步维艰、陷入失败。不过王安石依旧无愧于我国历史上一位伟大改革家的称号，仅仅是敢于提出变法，就比因循守旧、无所作为好得多。就变法本身来说，也不应该全盘否定，青苗之法、免役之法、保甲之法在当时的环境下的确是国家需要且可以实行的。今天我们应当肯定先辈进行改革时的胆量和气概。

司马光列传

〔选文〕

司马光字君实，陕州夏县人也。父池，天章阁待制。

……

执政以河朔旱伤，国用不足，乞南郊勿赐金帛。诏学士议，光与王珪、王安石同见，光曰："救灾节用，宜自贵近始，可听也。"安石曰："常衮辞堂馔，时以为衮自知不[①]能，当辞位不当辞禄。且国用不足，非当世急务，所以不足者，以未得善理财者故也。"光曰："善理财者，不过头会箕敛[②]尔。"安石曰："不然，善理财者，不加赋而国用足。"光曰："天下安有此理？天地所生财货百物，不在民，则在官，彼设法夺民，其害乃甚于加赋。此盖桑羊欺武帝之言，太史公书之以见[3]其不明耳。”争议不已。帝曰：“朕意与光同，然姑[4]以不允答之。”会[5]安石草诏，引常衮事责两府，两府不敢复辞。

安石得政，行新法，光逆疏其利害。迩英进读，至曹参代萧何事，帝曰：“汉常守萧何之法不变，可乎？”对曰：“宁独汉也，使三代之君常守禹、汤、文、武之法，虽至今存可也。汉武取高帝约束纷更，盗贼半天下；元帝改孝宣之政，汉业遂衰。由此言之，祖宗之法不可变也。”

吕惠卿言：“先王之法，有一年一变者，‘正月始和，布法象魏’是也；有五年一变者，巡守考制度是也；有三十年一变者，‘刑罚世轻世重’是也。光言非是，其意以风[6]朝廷耳。”帝问光，光曰：“布法象魏，布旧法也。诸侯变礼易乐者，王巡守则诛之，不自变也。刑新国用轻典，乱国用重典，是为世轻世重，非变也。且治天下譬如居室，敝则修之，非大坏不更[7]造也。公卿侍从皆在此，愿陛下问之。三司使掌天下财，不才而黜可也，不可使执政侵其事[8]。今为制置三司条例司，何也？宰相以道佐人主，安用例？苟[9]用例，则胥吏矣。今为看详中书条例司，何也？”惠卿不能对，则以他语诋光。帝曰：“相与论是非耳，何至是。”光曰：“平民举钱出息，尚能蚕食下户，况县官督责之威乎！”惠卿曰：“青苗法，愿取则与之，不愿不强[10]也。”光曰：“愚民知取债之利，不知还债之害，非独县官不强，富民亦不强也。昔太宗平河东，立籴法，时米斗十钱，民乐与官为市[11]。其后物贵而和籴不解[12]，遂为河东世世患。臣恐异日之青苗，亦犹是也。”帝曰：“坐仓籴米何如？”坐者皆起，光曰：“不便。”惠卿曰：“籴米百万斛，则省东南之漕，以其钱供京师。”光曰：“东南钱荒而粒米狼戾[13]，今不籴米而漕钱，弃其有余，取其所无，农末皆病[14]矣！”侍讲吴申起曰：“光言，至论也。”

它日留对，帝曰：“今天下汹汹[15]者，孙叔敖所谓‘国之有是，众之所恶’也。”光曰：“然。陛下当论其是非。今条例司所为，独安石、韩绛、惠卿以为是耳，陛下岂能独与此三人共为天下邪？”帝欲用光，访[16]之安石。安石曰：“光外[17]托劘上之名，内怀附之下实。所言尽害政之事，所与尽害政之人，而欲置之左右，使与国论，此消长之大机也。光才岂能害政，但在高位，则异论之人倚以为重。韩信立汉赤帜，赵卒气夺[18]，今用光，是与异论者立赤帜也。”

安石以[19]韩琦上疏，卧家求退。帝乃拜光枢密副使，光辞之曰：“陛下所以用臣，盖察其狂直，庶有补于国家。若徒以禄位荣之，而不取其言，是以天官私[20]非其人也。臣徒以禄位自荣，而不能救生民之患，是盗窃名器以私其身也。陛下诚能罢制置条例司，追还提举官，不行青苗、助役等法，虽不用臣，臣受赐多矣。今言青苗之害者，不过谓使者骚动州县，为今日之患耳。而臣之所忧，乃在十年之外，非今日也。夫民之贫富，由勤惰不同，惰者常乏，故必资[21]于人。今出钱贷民而敛其息，富者不愿取，使者以多散为功，一切抑配[22]。恐其逋[23]负，必令贫富相保，贫者无可偿，则散而之[24]四方；富者不能去[25]，必责使代偿数家之负。春算秋计，展转日滋，贫者既尽，富者亦贫。十年之外，百姓无复存者矣。又尽散常平钱谷，专行青苗，它日若思复之，将何所取？富室既尽，常平已废，加之以师旅，因之以饥馑，民之羸者必委[26]死沟壑，壮者必聚而为盗贼，此事之必至者也。”抗章至七八，帝使谓曰:“枢密,兵事也,官各有职,不当以他事为辞。”对曰:“臣未受命,则犹侍从也,于事无不可言者。”安石起视事㉗,光乃得请,遂求去。

……

元祐元年复得疾,诏朝会再拜,勿舞蹈。时青苗、免役、将官之法犹在,而西戎之议未决。光叹曰:“四患未除,吾死不瞑目矣。”折简与吕公著云:“光以身付医,以家事付愚子,惟国事未有所托,今以属㉘公。”乃论免役五害,乞直降敕罢之。诸将兵皆隶州县,军政委守令通决。废提举常平司,以其事归之转运、提点刑狱。边计以和戎为便。谓监司多新进少年,务为刻急,令近臣于郡守中选举,而于通判中举转运判官。又立十科荐士法。皆从之。

选自《宋史》卷三百三十六

〔注释〕 ①不:无。 ②头会箕敛:谓赋税苛刻繁重。 ③见:同“现”,显现。 ④姑:姑且。 ⑤会:适逢。 ⑥风:通“讽”,讽刺。 ⑦更:更换。 ⑧事:职权。 ⑨苟:假如。 ⑩强:勉强。 ⑪市:交易。 ⑫解:取消。 ⑬狼戾:犹“狼藉”,谓散乱。 ⑭病:受害。 ⑮汹汹:犹“讻讻”,形容喧扰。 ⑯访:咨询。 ⑰外:表面上。 ⑱夺:丧失。 ⑲以:因为。 ⑳私:偏私。 ㉑资:依靠。 ㉒抑配:强行征派财物。 ㉓逋:拖欠。 ㉔之:往。 ㉕去:离开。 ㉖委:弃置。 ㉗视事:就职任事。 ㉘属:请托。

〔赏析〕 司马光同王安石的活动时期基本重合,同为一个时代的人,都是心怀国家人民、力图改革旧制、挽救大宋王朝于水火之中的杰出政治家。但他们之间的是非恩怨却很难以三言两语说清楚。他们有相交甚好的短暂岁月,有绝情断义的交恶时期,也有惺惺相惜的温馨时光,这种纠结争执始终伴随着他们的政治生涯。

在司马光一生中,充任谏官是他任职时间最长的一职,直言敢谏是他最大的优点。他二十岁参加科举考试,获进士甲科,嘉祐六年(1061年)被提为起居舍人,同知谏院。谏院是专门批评朝政得失的机构,从现存司马光文集来看，八十卷中有四十卷为奏章疏议，多为其在谏官任职期间所作。在司马光看来，国家设置谏官的目的是让天子听到真实的情况，防止被其他大臣所蒙蔽，朝政应该由皇帝和大臣们共同商议确定，但是谏官有责任提出自己的看法，至于最终裁夺则应该由皇帝作出。

王安石变法是北宋中期最为重要的政治事件，而司马光是变法最为坚定的反对者。改革是大势所趋，历史潮流不可逆转，从“庆历新政”失败到仁宗逝世的二十多年间，改革的呼声从未间断。较有代表性的有苏轼的《嘉祐制策》、王安石的《上仁宗皇帝事书》、司马光的《论财利疏》。司马光在疏中的役法改革主张，是“熙宁变法”中大法之一“免役法”的先河。

宋神宗不甘心做一个无为的皇帝，他希望像汉武、唐宗那样做一位中兴之主，而革新需要胆略，需要干臣辅佑。王安石以向仁宗皇帝上“万言书”而名噪一时，深受神宗欣赏；司马光的才学与威望也颇受神宗的赏识。二人成为神宗的左右臂膀。关于祖宗之法是否要变，二人并无不同观点，都主张变革图强。

熙宁二年(1069年)二月，变法开始，神宗任命王安石为右谏议大夫、参知政事。改革的切入点从“理财”开始，司马光与王安石进行了一场辩论，揭开了二人不和的序幕。事实上，司马光并不反对变法，但他反对王安石大刀阔斧地彻底改变法度，将过去开国时创建的一套机制全部否定重来。他认为有些政策不应该改变，比如：宋初慎选理财官员，用人专而任之久的政策；宋初君王劝课农桑、体恤民瘼，注重生产的措施；宋初皇帝崇尚节俭、严明赏罚的惯例；宋初理财机构设置合理的机制。应该改革的有：皇权高度集中，事必躬亲的法度；分化事权、上下相维，酿成朝臣因循守旧，管理失衡的状况；“和籴法”等官府剥民之患；三冗三费等。这些都是有见地有眼光的看法，可是当时并不能为号称“拗相公”的王安石所接受，而司马光与王安石两人虽然私交甚笃，但在政治理念上却时有冲突，终于导致后来司马光长期不问世事。

尽管如此，司马光在当时国家相当重要的问题——民族关系、民族矛盾的处理上，有自己的一套理论。宋朝自太宗太平兴国二年(977年)起，与当时最为强大的少数民族契丹建立的辽国发生了激烈的冲突，此后双方多次交战，宋朝败多胜少。宋真宗时期，与辽国签订了澶渊之盟，这种用经济换和平的方式，让宋朝获取了暂时的安定，但此后西夏崛起，又让宋朝面临新的危机，因此在神宗一朝与西夏的战与和成了最为主要的政治议题。

司马光在民族关系问题上以及边境事务上一贯主张和平友好。在他看来，夷狄之患自古有之，戎狄长于骑射，精于战斗，而中原圣王则长于仁德，所以兴师讨伐是以短攻长，败多胜少，怀柔政策可以使夷狄感恩拜服，保得边境安宁。对于王安石执政时期主张对西夏用兵的政策，司马光极为不满，认为这种做法是挑起事端，于事无补。他主张归还所占领的西夏领土，与西夏保持友好的睦邻关系。宋仁宗时期，知雄州赵滋屡次凌辱契丹使者，司马光上疏要求严惩赵滋。在司马光看来，赵滋的这种做法是不顾国家利益的做法，虽然逞一时之快，但是后患无穷，他认为宋朝应该有大国气度，礼遇夷狄使臣，不避强，不凌弱，待之以礼，尽量减少爆发战争的可能性。就当时的国家形势、军事实力、民族关系等情况来看，司马光的主张是符合实际、切合人心的。

尽管司马光反对王安石变法，但他也是一位关心国家、心怀百姓的杰出政治家，为解决积贫积弱的问题积极地出谋划策、呼号奔走。但他在上台之后全盘否定王安石变法，对变法中不少积极有益的部分也摒弃不取，不能不说是矫枉过正，也使北宋后期社会矛盾激化、阶级冲突加剧，为之后一系列问题的总爆发埋下了导火线。

（胡淑慧）

为臣的智慧来自人格和官格

〔**导言**〕 北宋王朝在仁宗统治时期(1022—1063)达到了鼎盛,史称"仁宗盛治"。但在仁宗治理的四十多年时间里,却也出现了大量积弊,尤其是"三冗问题"(冗官、冗兵、冗费)无时无刻不冲击着王朝的统治,由此政治改革成为这一时期强烈的呼声。这种政治改革的诉求首先体现在文化的复兴上,即要求改变唐末五代以来政权更迭频繁、君臣之道败坏、儒家传统式微的窘境。这一时期的儒士名臣在传统中找到了革新王朝风气的利器,力求重新阐述、解读孔孟之道,充满了浓重的时代气息,可以说这是一个士大夫精神高度觉醒的时代。本篇选录《包拯列传》即从儒家学说中的修齐治平理念出发,深入剖析其人生智慧和家国情怀。

这一时期雄踞北方的辽朝,在圣宗、兴宗统治的七十余年(982—1055),也出现了其历史上少有的兴盛局面。政权的鼎盛离不开治世能臣的功劳,汉官张俭凭借其出色的政治才能,最终成为辽朝一代名相,并以个人行止影响皇帝言行;贵族出身的萧孝穆则依靠着显赫的家世和卓越的功勋,成为帝国中期不可或缺的顶梁支柱,尤其是他"移风俗为治之本,亲烦碎为失大体"的论断,更是超越时代的强国之音。本篇选录的《张俭列传》及《萧孝穆列传》将从文本叙述中的细节入手,展现两位历史人物的风采和智慧。

包拯列传

〔**选文**〕

包拯,字希仁,庐州合肥人也。始举进士,除[1]大理评事,出知建昌县。以父母皆老,辞不就。得监和州税,父母又不欲行,拯即解官归养。后数年,亲继亡,拯庐墓终丧,犹裴徊[2]不忍去，里中父老数来劝勉。久之，赴调，知天长县。有盗割人牛舌者，主来诉。拯曰："第[3]归，杀而鬻之。"寻[4]复有来告私杀牛者，拯曰："何为割牛舌而又告之？"盗惊服[5]。徙知端州，迁殿中丞。端土产砚，前守缘贡，率取数十倍以遗[6]权贵。拯命制者才[7]足贡数，岁满不持一砚归。

寻拜监察御史里行，改监察御史。时张尧佐除节度、宣徽两使，右司谏张择行、唐介与拯共论之，语甚切。又尝[8]建言曰："国家岁赂契丹，非御戎之策。宜练兵选将，务实边备。"又请重门下封驳之制，及废锢赃吏，选守宰，行考试补荫弟子之法。当时诸道转运加按察使，其奏劾官吏多摭[9]细故，务苛察相高尚，吏不自安，拯于是请罢按察使。

去使契丹，契丹令典客谓拯曰："雄州新开便门，乃欲诱我叛人，以刺[10]疆事耶？"拯曰："涿州亦尝开门矣，刺疆事何必开便门哉？"其人遂无以对。

历三司户部判官，出为京东转运使，改尚书工部员外郎、直集贤院，徙陕西，又徙河北，入为三司户部副使。秦陇斜谷务造船材木，率[11]课取于民；又七州出赋河桥竹索，恒[12]数十万，拯皆奏罢之。契丹聚兵近塞，边郡稍[13]警，命拯往河北调发军食。拯曰："漳河沃壤，人不得耕，刑、洺、赵三州民田万五千顷，率用牧马，请悉以赋[14]民。"从之。解州盐法率病[15]民，拯往经度之，请一切通商贩。

除天章阁待制、知谏院。数论斥权幸大臣，请罢一切内除曲恩。又列上唐魏郑公三疏，愿置之坐右，以为龟鉴。又上言天子当明听纳，辨朋党，惜人才，不主先入之说，凡七事；请去刻薄，抑侥幸，正刑明禁，戒兴作，禁妖妄。朝廷多施行之。

除龙图阁直学士、河北都转运使。尝建议无事时徙兵内地，不报[16]。至是，请："罢河北屯兵，分之河南兖、郓、齐、濮、曹、济诸郡，设[17]有警，无后期之忧。借曰戍兵不可遽[18]减，请训练义勇，少给糇粮，每岁之费，不当屯兵一月之用，一州之赋，则所给者多矣。"不报。徙知瀛州，诸州以公钱贸易，积岁所负十余万，悉奏除之。以丧子乞便郡，知扬州，徙庐州，迁刑部郎中。坐[19]失保任，左授兵部员外郎、知池州。

复官，徙江宁府，召权知开封府，迁右司郎中。拯立朝刚毅，贵戚宦官为之敛手，闻者皆惮之。人以包拯笑比黄河清，童稚妇女，亦知其名，呼曰"包待制"。京师为之语曰："关节[20]不到，有阎罗包老。"旧制，凡讼诉不得径造[21]庭下。拯开正门，使得至前陈曲直，吏不敢欺。中官势族筑园榭，侵惠民河，以故河塞不通，适[22]京师大水，拯乃悉毁去。或持地券自言有伪增步数者，皆审验劾奏之。

迁谏议大夫、权御史中丞。奏曰："东宫虚位日久，天下以为忧，陛下持久不决，何也?"仁宗曰："卿欲谁立?"拯曰："臣不才备位，乞豫[23]建太子者，为宗庙万世计也。陛下问臣欲谁立，是疑臣也。臣年七十，且无子，非邀[24]福者。"帝喜曰："徐当议之。"请裁抑内侍，减节冗费，条责诸路监司，御史府得自举属官，减一岁休暇日，事皆施行。

张方平为三司使，坐买豪民产，拯劾奏罢之；而宋祁代方平，拯又论之；祁罢，而拯以枢密直学士权三司使。欧阳修言："拯所谓牵牛蹊[25]田而夺之牛，罚已重矣，又贪其富，不亦甚乎!"拯因家居避命，久之乃出。其在三司，凡诸管库供上物，旧皆科率外郡，积以困民。拯特为置场和市，民得无扰。吏负钱帛多缧[26]系，间辄逃去，并械其妻子者，类皆释之。

迁给事中,为三司使。数日,拜枢密副使。顷之,迁礼部侍郎,辞不受,寻以疾卒,年六十四。赠礼部尚书,谥孝肃。

拯性峭直,恶㉗吏苛刻,务敦厚,虽甚嫉㉘恶,而未尝不推以忠恕也。与人不苟合,不伪辞色悦人,平居无私书,故人、亲党皆绝之。虽贵,衣服、器用、饮食如布衣时。尝曰:"后世子孙仕宦,有犯赃者,不得放归本家,死不得葬大茔中。不从吾志,非吾子若㉙孙也。"初,有子名繶,娶崔氏,通判潭州,卒。崔守死,不更嫁。拯尝出其媵,在父母家生子,崔密抚其母,使谨视之。繶死后,取媵子归,名曰綖。

选自《宋史》卷三百一十六

〔注释〕 ① 除:拜官受职。 ② 裴徊:徘徊。 ③ 第:但。 ④ 寻:不久。 ⑤ 服:招认。 ⑥ 遗:赠送。 ⑦ 才:仅仅。 ⑧ 尝:曾经。 ⑨ 摭:拾取。 ⑩ 刺:打听。 ⑪ 率:一律。 ⑫ 恒:通常。 ⑬ 稍:渐渐。 ⑭ 赋:给予。 ⑮ 病:使疾苦。 ⑯ 报:答复。 ⑰ 设:假如。 ⑱ 遽:疾速。 ⑲ 坐:获罪。 ⑳ 关节:行贿请托。 ㉑ 造:至。 ㉒ 适:正好。 ㉓ 豫:预先。 ㉔ 邀:希求。 ㉕ 蹊:践踏。 ㉖ 缧:拘囚。 ㉗ 恶:憎恨。 ㉘ 嫉:憎恨。 ㉙ 若:或者。

〔赏析〕 提起包拯,人们不禁想到的是那个铁面无私、不畏强权、惩奸治恶、廉洁奉公的"黑脸"英雄人物。历史上的包拯以善断和无私名留史册,从宋元到明清乃至当下,包拯形象不断被"理想化"和"脸谱化",甚至出现了专门研究他的"包公文化",那么包拯缘何成为历史的箭垛和万千民众心中的"大神"呢?

我们不妨从《宋史》中去寻找答案。

《宋史·包拯列传》所记载的包拯远没有小说《三侠五义》中的包公来的丰富多彩,或者说后者是在前者的基础上杜撰和附会了很多。《宋史》中所记载的包拯主要是他在仁宗朝为官二十多年的经历,涉及其在民政、监察、理财及军政诸方面的表现。从文本记载中,我们可以看到这样一个形象:

一是忠孝。包公二十九岁考中进士,官拜大理寺评事(相当于地方法院记事员),出任建昌(今江西永修)知县,因为父母年事已高,他推辞不去就职。

后调任和州(今安徽马鞍山)监税,父母不愿随行,他便辞官回家奉养。过了几年,双亲相继去世,包拯就在墓旁造屋居住,守孝三年,到守丧期满,仍然不忍离去,邻里父老多次来劝才结束守丧。三十九岁才步入仕途,为官从政二十六年,为官刚毅,惩治奸庸,疾恶如仇,为百姓请命,为朝廷尽忠。包拯逝世后,仁宗皇帝赐以“孝肃”谥号,以褒奖他忠孝两全的一生。

二是善断。《宋史》中有这样一则记载,包拯在天长(在今安徽)做知县时,有个小偷割了当地一人家的牛舌,失主来县衙上诉,包拯对那个农民说回去之后把牛杀了卖掉,割牛舌的人自然会出现。农民将信将疑地回去按着包拯的话做,没想到第二天就有人来报案,说有人私自宰杀耕牛,触犯法律,请求处理。包拯镇定地对这个人说:“你为什么割了人家的牛舌又反过来诬告他呢?”盗窃者听后十分惊惧,当场就服罪了。这则小故事发生在包拯最初踏上仕途任上,故事言语不多,但那个重视逻辑推理,具有敏锐洞察力和高超决断力的包公形象立马就鲜活了起来。

三是清廉。关于包拯的这个品质,在其传记中也有一个故事。书中记载,端州(今广东省肇庆市)当地出产上好的砚台,以前的州官往往借向朝廷进贡之名,从这里索取几十倍的进贡量去巴结权贵。包拯调任知州后,为了杜绝这种不良风气,下令只做足进贡数量的砚台,他在那里一年任期届满,没有拿一方端砚回来,成为千古廉洁佳话。后来包拯调任到开封做知府,人们把包拯的笑脸比作黄河水变清那样难得见到,儿童妇女也知道他的名字,称他为“包待制”。京城也流传一句话叫“关节不到,有阎罗包老”。意思是说没有钱疏通关系不要紧,还有阎王老爷和包老爷做主。包拯一生清正廉洁,两袖清风。在他死后,仁宗皇帝亲自到包拯家中祭奠,看到包拯“居家俭约,衣服器用饭食,虽贵,如初宦时”,感慨不已。当时朝廷对他的评价是“识清气劲,直而不挠,凛乎有岁寒之操”。吴奎在包拯的墓志铭中称其“峻节高志,凌乎青云。人或曲随,我直其为。人或善容,我抗其辞。自始及终,言行必一。”北宋名臣欧阳修对他的品格操行敬服赞佩,称其“清节美行,著自贫贱;谠言正论,闻于朝廷”。

可以说,在包拯身上集结了大量儒家思想的精髓,儒家所倡导的忠孝礼义无一不在他身上有所体现。纵观包拯仕宦时期的种种作为和在奏议中所提出的一系列主张,我们可以看到他有一个终极目标——“以民为本”。那么为何民本思想会成为他所关切的重点呢?

这就不得不说一下包拯所生活的那个年代。

包拯生于真宗朝,而成于仁宗朝,宋朝实行重文轻武的国家体制,恪守祖宗之法,在二帝身上表现得尤为明显,对内轻徭薄赋、省刑约法,对外不生边事、妥协外交,把国内的政治安定与经济发展放到首位,在社会各方面发展上取得了成功,因而出现了一个太平治世。但是在治世的背后却出现了很多的积弊,最为突出的就是三冗问题,因此在朝廷中要求实行改革消除积弊便成了当时强烈的呼声,涌现出了如范仲淹(以及神宗朝大名鼎鼎的王安石)等一大批改革家。

包拯生活在这样一个革新的朝代,他的思想理念、行为方式、政治抱负、治国策略必然带有鲜明的时代烙印。虽然包拯未曾提出宏大而系统的改革理论,但从记载内容来看其具备着实干精神。政治上反对因循姑息,主张澄清吏治,选任贤才,裁抑特权;经济上反对横征暴敛,主张轻徭薄赋,宽解民力;军事上反对松弛武备,主张精选帅臣,训练士兵。总之,形成了一套别具特色的“包式”治理思想。

包拯从儒家的民本思想出发,强调“国以民为本,民以安为急,安之之道在于择官吏、宽赋役”。当然,他的民本思想总体来看乃是固本,即维护国家统治,所谓“大本不固,则国家从何而安哉!”包拯的安民固本思想与措施满足了百姓的基本要求,体现了古代的民主精神,所以赢得了黎民百姓的爱戴,这或许也是包公文化长盛不衰的原因之一吧。

当然,现代社会秉承以法治国,而非古代的人治社会,国情虽有不同,但民情始终如一,人民群众对于“青天”的呼声也始终如一,这或许就是我们继承和发扬包公文化最大的现实价值吧。

张俭列传

〔选文〕

张俭,宛平人,性端悫[①],不事外饰。

统和十四年,举进士第一,调云州幕官。故事[②],车驾经行,长吏当有所献。圣宗猎云中,节度使进曰:“臣境无他产,惟幕僚张俭,一代之宝,愿以为献。”先是,上梦四人侍侧,赐食人二口,至闻俭名,始悟。召见,容止[③]朴野;访及世务,占[④]奏三十余事。由此顾遇[⑤]特异,践历清华,号称明干。

开泰中,累迁同知枢密院事。太平五年,出为武定军节度使,移镇大同。六年,入为南院枢密使。帝方眷倚,参知政事吴叔达与俭不相能,帝怒,出叔达为康州刺史,拜俭左丞相,封韩王。帝不豫[⑥],受遗诏辅立太子,是为兴宗,赐贞亮弘靖保义守节耆德功臣,拜太师、中书令,加尚父,徙王陈。

重熙五年,帝幸礼部贡院及亲试进士,皆俭发之。进见不名,赐诗褒美。俭衣唯绸帛,食不重[⑦]味,月俸有余,赒给亲旧。方冬,奏事便殿,帝见衣袍弊恶,密令近侍以火夹穿孔记之,屡见不易[⑧]。帝问其故,俭对曰:“臣服此袍已三十年。”时尚奢靡,故以此微讽喻之。上怜其清贫,令恣[⑨]取内府物,俭奉诏持布三端而出,益见[⑩]奖重。俭弟五人,上欲俱赐进士第,固辞。有司获盗八人,既戮之,乃获正贼。家人诉冤,俭三乞申理。上勃然曰:“卿欲朕偿命耶!”俭曰:“八家老稚无告,少[⑪]加存恤,使得收葬,足慰存没矣。”乃从之。俭在相位二十余年,裨益为多。

致政归第,会宋书辞不如礼,上将亲征。幸俭第,尚食先往具馔,却[⑫]之;进葵羹乾饭,帝食之美。徐问以策,俭极陈利害,且曰:“第遣一使问之,何必远劳车驾?”上悦而止。复即其第赐宴,器玩悉与之。二十二年薨,年九十一,敕葬宛平县。

选自《辽史》卷八十

〔注释〕 ① 悫：诚实。 ② 故事：先例。 ③ 容止：仪容举止。 ④ 占：口述。 ⑤ 遇：对待。 ⑥ 不豫：婉称帝王有病。 ⑦ 重：重复。 ⑧ 易：更改。 ⑨ 恣：任凭。 ⑩ 见：受。 ⑪ 少：稍微。 ⑫ 却：拒绝。

〔赏析〕 南宋诗人陆游云："天下之事，常成于勤俭而败于奢靡。"晚清中兴名臣曾国藩在家书中也对儿女教导道："勤俭节约，未有不兴。骄奢倦怠，未有不败。"由此，我们可以从无数的先哲身上读出中华民族的立身处世智慧之一：克勤克俭。

翻开厚重的历史，这样的故事不胜枚举。《辽史·张俭列传》中所书写的就是这样一个典型。

张俭，宛平（今北京）人，辽国一代贤相，一生侍奉圣宗及兴宗两位皇帝。张俭，人如其名，《辽史》中对他的出场描述颇有一番神秘色彩。统和十四年（996年），张俭进士及第，在云州（今山西大同）担任幕僚。当时的圣宗皇帝巡幸所至，张俭被地方长官举荐为"特产"进献。没想到，当皇帝一听说是张俭，即刻下旨传召。原来皇帝之前做了一梦（梦四人侍侧，赐食人二口），而张俭（俭字的繁体字"儉"）正应了梦中情景。圣宗皇帝垂爱张俭，便也用了神秘的方法加以渲染。自此以后，张俭仕途平步青云，扶摇直上，最后任职南院枢密使（辽国实行南北面官制，南院枢密使为管理幽云汉人的最高官职之一），可见皇帝对他的信任和青睐。

太平十年（1030年），在位近半个世纪的圣宗皇帝病重垂危，弥留之际将自己最年长的儿子宗真托付给张俭。此时的张俭已然成为辽帝国最有权势的人物。

兴宗一朝，辽国的颓势开始出现。一方面，圣宗时期频繁的对宋、对夏战争导致人民困顿，怨声四起，社稷不安；另一方面，辽朝国基稳固，统治集团内部世风奢华，吏治腐败，冤狱不断。作为顾命大臣的他，面临艰难抉择，是躺在功劳本上了此余生，还是切实地担负起责任和重担？显然，张俭选择了后者。

在《辽史·张俭列传》的记载中，多次刻画了他以自身言行规劝幼主的故事，其中最精彩的莫过于"弊袍不易"的故事。辽国地处北地，自然气候寒冷异常。凛冬将至，不要说王公大臣，就是芝麻小官，少说也得准备三五件皮袍以抵御寒冬。可张俭却只有一件皮袍，而且已经褪了色，连里子都破得不能再补了。张俭就是穿着这样的破烂衣服上朝下朝，时间长了，同僚们看到这番景象议论纷纷，一时流言四起。有些官员觉得他是在作秀，故作清高，装装样子罢了；有些官员则颇受感触，自觉着装华丽，而品序则不及宰相，渐渐地也开始注意自己的服饰。

这件事情也传到了皇帝的耳中。一天，兴宗和几位大臣在一起闲谈，话题渐渐转到宰相身上。一位大臣对兴宗说："听说宰相的一件皮袍穿了几十年，都旧成啥模样了，还舍不得扔掉换件新的，这有失宰相身份，更有损皇上颜面啊。"兴宗听后惊讶不已，但又不大相信，心想宰相贵为百官之首，怎么会连一件皮袍都穿不起呢？兴宗越想越觉得奇怪，就暗暗留了个心眼儿。有一天，兴宗特意邀请张俭到宫里交谈，张俭全神贯注地听着圣宗讲话，根本没注意到自己的衣服边角被侍立在身后的太监用香火偷偷烫了一个小洞。

一个月过去了。这一天兴宗与朝中文武大臣聚在朝堂议事，忽然想起了宰相皮袍上那个被偷偷烫出的小洞。他不动声色地走到张俭身边，发现张俭皮袍后面的小洞果然还在。兴宗大为感动，当众问道："爱卿，你为国日夜操劳，怎连一件皮袍都不肯做呢？"张俭回答说："陛下，现在朝中文武百官都追求享受，互相攀比，而忘了祖上建国的艰辛，我听说廉洁的人可以作为人民的表率，而贪腐的人，则是人民和国家的蛀虫。我身为宰相，不仅要号召大家厉行节俭，而且更应以身作则，这样才能把奢靡之风扭转过来。"兴宗听了张俭的话后，连连称赞但也羞愧万分，说："朕知你一向节俭，但你贵为宰辅，一直穿着这样破旧的皮袍确实不妥，至少也应该把里子更换一下。这样吧，去朕的库房中挑选一匹衣料做件新衣吧。"张俭开始坚决不肯接受，但兴宗一再坚持，他也只得遵从圣意。张俭来到库中，东翻西找终于找到了满意的面料。当张俭带着选中的面料重回大殿谢恩时，满朝文武都惊呆了——他挑选的竟是三匹粗布。皇帝不但没有讥讽张俭，反而更加倚重于他。

整体而言，兴宗统治时期的辽帝国是相对和平与繁荣的，更可贵的是，兴宗皇帝开创了少有的与周边领国（如北宋、西夏、高丽等）和睦共处的稳定局面，这或多或少与朝中拥有像张俭这样的贤臣有关。元朝宰相脱脱在其编撰的《辽史》列传中这样评价道："名符帝梦，遂结主知。服弊袍不易，志敦薄俗。功著两朝，世称贤相。"

这应该是后世对张俭一生仕宦生涯中肯的评价吧。

萧孝穆列传

〔选文〕

萧孝穆，小字胡独堇，淳钦皇后弟阿古只五世孙。父陶瑰，为国舅详稳。

孝穆廉谨有礼法。统和二十八年，累迁西北路招讨都监。开泰元年，遥授建雄军节度使，加检校太保。是年术烈等变，孝穆击走之。冬，进军可敦城。阻卜结五群牧长查剌、阿睹等，谋中外相应，孝穆悉诛之，乃严备御以待，余党遂溃。以功迁九水诸部安抚使。寻拜北府宰相，赐忠穆熙霸功臣，检校太师，同政事门下平章事。八年，还京师。

太平二年，知枢密院事，充汉人行宫都部署。三年，封燕王、南京留守、兵马都总管。九年，大延琳以东京叛，孝穆为都统讨之，战于蒲水。中军稍却[①]，副部署萧匹敌、都监萧蒲奴以两翼夹击，贼溃，追败之于手山北。延琳走入城，深沟自卫。孝穆围之，筑重城，起楼橹，使内外不相通，城中撤屋以爨[②]。其将杨详世等擒延琳以降，辽东悉平。改东京留守，赐佐国功臣。为政务宽简，抚纳流徙，其民安之。

兴宗即位，徙王秦，寻复为南京留守。重熙六年，进封吴国王，拜北院枢密使。八年，表请籍[③]天下户口以均徭役，又陈诸部及舍利军利害。从之。由是政赋稍平，众悦。九年，徙王楚。时天下无事，户口蕃息，上富于春秋，每言及周取十县，慨然有南伐之志。群臣多顺旨。孝穆谏曰："昔太祖南伐，终以无功。嗣圣皇帝仆[4]唐立晋，后以重贵叛，长驱入汴；銮驭始旋，反来侵轶。自后连兵二十余年，仅得和好，蒸民乐业，南北相通。今国家比之曩[5]日，虽曰富强，然勋臣、宿将往往物故。且宋人无罪，陛下不宜弃先帝盟约。"时上意已决，书奏不报。以年老乞骸骨，不许。十二年，复为北院枢密使，更王齐，薨。追赠大丞相、晋国王，谥曰贞。

孝穆虽椒房亲，位高益畏。太后有赐，辄辞不受。妻子无骄色。与人交，始终如一。所荐拔皆忠直士。尝语人曰："枢密选贤而用，何事不济？若自亲烦碎，则大事凝滞矣。"自萧合卓以吏才进，其后转效[6]，不知大体。叹曰："不能移风易俗，偷安爵位，臣子之道若是乎。"时称为"国宝臣"，目所著文曰宝老集。二子阿剌、撒八，弟孝先、孝忠、孝友，各有传。

选自《辽史》卷八十七

〔注释〕 ① 却：退。 ② 爨：烧火做饭。 ③ 籍：登记。 ④ 仆：扑灭。 ⑤ 曩：从前。 ⑥ 效：效法。

〔赏析〕 在辽朝圣宗、兴宗统治的七十余年(982—1055)，对于雄踞中国北方的契丹一族来说都达到了其历史上少有的兴盛，无论是在政治、经济、军事、文化方面，还是与周边民族关系方面，都显示出该政权鼎盛的特点。政权的鼎盛离不开治世能臣的功劳，萧孝穆就是这一时期契丹贵族中的代表人物。

萧孝穆，出身名门，为萧氏帝后一族。史籍记载辽太祖耶律阿保机倾慕汉高祖皇帝(刘邦)，所以改契丹族姓耶律为刘氏，将乙室、拨里部改为萧氏(有辽一朝，帝后皆为萧氏)，以此作为对贤相萧何的敬重。

尽管拥有萧氏后族这一特殊光环，但萧孝穆确是大器晚成。他出生于辽景宗咸亨三年(981年)，三十岁之前的他没有特别值得引人注目的地方，史书记载说他"廉谨有礼法"，"机悟有才艺，驰马立射五的，时人莫能及"。至统和二十八年(1010年)起，他的才干开始展现出来，因平定阻卜部族叛乱有功而晋升为西北路招讨都监。从开泰元年(1012 年)至重熙十二年(1043 年)是他毕生最有作为的时期,无论是在内治国安邦、谋定国是,还是在外平定叛乱、处理边患,都展现了其非比寻常的眼光和远见卓识的才能。

稳定辽东政局是萧孝穆一生最重要的政绩之一。辽东原是渤海国统治的地方,公元 927 年耶律阿保机灭亡渤海政权后,下令让其长子耶律倍统治,并易其名为东丹国,治辽阳,即东京(辽朝五京之一,其余四京为上京临潢府、南京析津府、西京大同府和中京大定府)。史书虽以“国”相称,但其实是契丹管辖下的奴役之地,主要为其征战提供赋税、兵源。渤海灭国后,契丹人将大批渤海人迁居此地,为了稳定政局,在当地实行以汉法为主的统治政策,虽然实行了一系列安民维稳的政策,但民族之间的矛盾并未得到最终解决。1015—1019 年契丹多次侵略高丽,战争成为迅速激化矛盾的导火索。

渤海军由古老的渤海王室后裔大延琳领导,他是东京的一名军队指挥官。1029 年,他囚禁了总督萧孝先和他的妻子,杀死了税收长官和都指挥使,自立为帝,建立新王朝“兴辽”。

为了妥善解决与渤海人的关系,圣宗任命具有丰富镇边经验的南京留守萧孝穆为都统,率领大军。萧孝穆率军经过蒲水之战,挫败大延琳之锐气,迫使其退守孤城,在围城战中,萧孝穆采取“攻城为下,攻心为上”的策略,迅速瓦解了守城军队的士气,最终取得了战争的胜利。

辽东平定后,萧孝穆被任命为新任东京长官。他在反思“大延琳起兵”事件中发现,之所以会出现这一事件,归根结底在于地方官员没有切实贯彻辽国对当地的统治政策,一味将其视为税收和劳役之所。

如何才能防止此类事件的再次发生?如何才能较快恢复因战争而造成的创伤?如何才能保证东京地区的正常统治秩序?

萧孝穆在这些问题上再次展现出审时度势、因地制宜、善施治道的卓越才能。他毅然抛弃严刑苛法的高压政策,也拒绝推行施以兵威的镇压方式,而是政令宽舒以结民心,抚纳流徙重迁故土。这一套简政安民的措施成效斐然,兴宗景福元年(1031 年)七月,东京都传来大丰收的好消息,兴宗皇帝龙颜大悦,即刻下诏停止发给东京统军司粮食。

辽宋关系一直是契丹统治者最为重视的问题之一，同时也是当时牵动全局的敏感问题。辽宋两国自1005年澶渊之盟签订以来，两国言和，战争结束，南北政权各守疆界，互不侵犯，但兴宗即位后，每每有南伐之意。这件事情在朝堂之上引起了激烈的讨论，许多大臣顺应兴宗的想法，只有萧孝穆（时任北院枢密使）一人敢于违背圣意，力陈战争之弊。他认为肆意开战有三害：第一，自从辽太祖以来，国家多次兴兵南伐，并没有取得太大的建树，还不如南北互市相通，互结和好对辽国有益；第二，虽然辽国现在国家富裕，兵强马壮，但是能征惯战的功臣宿将大多年迈甚至死去，如今朝中之臣多"有勇者贫于谋略，善划者弱于锋镝"，若战端一开，胜负未可知也；其三，我朝与宋朝修好，宋人无意犯我，如果我朝真的开启边衅，在道义上是理亏的。

应该说，萧孝穆的这一番陈词合情合理，也很有远见地看到了战争对于辽国的不利，但夺地心切的兴宗并未采纳他的建议。为此，萧孝穆以年迈为由请求辞官回家养老，却没有得到兴宗的同意。萧孝穆的这种态度，实际上反映了他对兴宗南伐的不满和抗议。

纵览萧孝穆一生，虽出身后族，又是兴宗的国舅兼国丈（兴宗仁懿皇后萧氏，小字挞里，孝穆之长女），但他并未借助显达的身世专权霸道，胡作非为，反而一生谨慎从事，小心翼翼，职位越高越加谨慎。萧孝穆是聪明的，他深知伴君如伴虎的道理。在用人方面，他主张疏远奸佞小人，荐拔忠直之士，认为只要枢密院"选贤而用，何事不济"，提倡打破阶级界限，发挥各级官吏的作用，"若自亲烦碎，则大事凝滞矣"；他还倡导移风易俗，不以族群划分。晚年当他听说萧合卓之事（据《辽史·萧合卓列传》记载：和卓晚年病重，皇帝让宰相萧朴问疾，合卓执其手曰："吾死，君必为枢密使，慎勿举胜己者"），深有感触地说："不能移风易俗，偷安爵位，臣子之道若是乎。"

显然，萧孝穆的这种眼光已经超越了同时代契丹贵族很多很多。他因此也被时人叫作"国宝臣"。

（徐寒雄）

兴与亡的一念之间

〔**导言**〕 12世纪初中国大地上的三位君主金太祖、西辽的创建者耶律大石、宋徽宗，一位是亡国之君，另外两位则是开国之君。他们生活在同一个时代，命运却迥然有别。在至大的汉唐帝国崩溃后，随之而起的宋代则在辽、金等少数民族政权的夹击下举步维艰。就宋徽宗而言，他固然是亡国之君，然而他却也是历史不自觉的工具，他的统治未必是末世，甚至是当时世界上无与伦比的大盛世。作为对靖康之变的反思，新儒学登上历史舞台，逆转了中古中国开放进取的国民精神，使得中国文明日益内向化、封闭化，并不断转向专制主义，唐宋之变也就此完成。北方的金朝继承北方少数族累积了数个世纪的威势，一举入主中原，逼得宋朝南渡。但就对金太祖阿骨打而论，其作为东北少数民族的首领，宅兹中国，将整个中原纳入少数民族政权的版图中，这对中国北方地区有着莫大的影响，东北女真族的进入也为数百年后满洲入主中原奠定了历史基础。就西辽的耶律大石而言，他的西迁新疆，使得西域重新恢复与中原的文化、经济联系，汉地科技文明不断输入新疆，使得西北边疆从此与中原融为一体，多元一体的中国文明自此巩固坚实。

金太祖本纪

〔**选文**〕

太祖应乾兴运昭德定功仁明庄孝大圣武元皇帝，讳旻，本讳阿骨打，世祖第二子也。母曰翼简皇后拏懒氏。辽道宗时有五色云气屡出东方，大若二千斛囷仓之状，司天孔致和窃①谓人曰："其下当生异人，建非常之事。天以象告，非人力所能为也。"咸雍四年戊申，七月一日，太祖生。幼时与群儿戏，力兼数辈，举止端重，世祖尤爱之。世祖与腊碚、麻产战于野鹊水，世祖被四创，疾困，坐太祖于膝，循[2]其发而抚之，曰："此儿长大，吾复何忧？"

……

九月，太祖进军宁江州，次[3]寥晦城。婆卢火征兵后期，杖之，复遣督军。诸路兵皆会于来流水，得二千五百人。致[4]辽之罪，申告于天地曰："世事[5]辽国，恪修职贡，定乌春、窝谋罕之乱，破萧海里之众，有功不省[6]，而侵侮是加。罪人阿疏，屡请不遣。今将问罪于辽，天地其鉴佑之。"

……

收国元年正月壬申朔，群臣奉上尊号。是日，即皇帝位。上曰："辽以宾铁为号，取其坚也。宾铁虽坚，终亦变坏，惟金不变不坏。金之色白，完颜部色尚白。"于是国号大金，改元收国。丙子，上自将[7]攻黄龙府，进临益州。州人走[8]保黄龙，取其余民以归。辽遣都统耶律讹里朵、左副统萧乙薛、右副统耶律张奴、都监萧谢佛留，骑二十万、步卒七万戍边。留娄室、银术可守黄龙，上率兵趋达鲁古城，次宁江州西。辽使僧家奴来议和，国书斥[9]上名，且使为属国。庚子，进师，有火光正圆，自空而坠。上曰："此祥征[10]，殆[11]天助也！"

……

八月戊戌，上亲征黄龙府。次混同江，无舟，上使一人道[12]前，乘赭白马径[13]涉，曰："视吾鞭所指而行。"诸军随之，水及马腹。后使舟人测其渡处，深不得其底。熙宗天眷二年，以黄龙府为济州，军曰利涉，盖以太祖涉济故也。九月，克黄龙府，遣辞剌还，遂班师。至江，径渡如前。丁丑，至自黄龙府。己卯，黄龙见[14]空中。癸巳，以国论勃极烈撒改为国论忽鲁勃极烈，阿离合懑为国论乙室勃极烈。

……

十一月，辽主闻取黄龙府，大惧，自将七十万至驼门。附马萧特末、林牙萧查剌等将骑五万、步四十万至斡邻泺。上自将御[15]之。十二月己亥，行次爻剌，会诸将议。皆曰："辽兵号七十万，其锋未易当[16]。吾军远来。人马疲乏，宜驻于此，深沟高垒以待。"上从之。遣迪古乃、银术可镇达鲁古。丁未，上以骑兵亲候辽军，获督饷者，知辽主以[17]张奴叛，西还二日矣。是日，上还至熟结泺，有光见于矛端。戊申，诸将曰："今辽主既还，可乘怠追击之。"上曰"敌来不迎战，去[18]而追之，欲以此为勇邪?"众皆悚愧，愿自效。上复曰："诚欲追敌，约[19]赍[20]以往，无事餫馈。若破敌，何求不得。"众皆奋跃，追及辽主于护步答冈。是役也，兵止二万。上曰："彼众我寡，兵不可分。视其中军最坚，辽主必在焉。败其中军，可以得志。"使右翼先战。兵数交，左翼合而攻之。辽兵大溃，我师驰之，横出其中。辽师败绩，死者相属[21]百余里。获舆辇帟幄兵械军资，他宝物马牛不可胜计。是战，斜也援[22]矛杀数十人，阿离本被围，温迪罕、迪忽迭以四谋克兵出之，完颜蒙刮身被数创，力战不已，功皆论最。萧特末等焚营遁去，遂班师。来谷撒喝取开州，婆卢火下特邻城，辞里罕降。

……

天辅元年正月，开州叛，加古撒喝等讨平之。国论昊勃极烈斜也以兵一万取泰州。四月，辽秦晋国王耶律捏里来伐，迪古乃、娄室、婆卢火将兵二万。会咸州路都统斡鲁古击之。五月丁巳，诏自收宁江州已后同姓为婚者，杖而离之。七月戊申，以完颜斡论知东京事。八月癸亥，高丽遣使来请保州。十二月甲子，斡鲁古等败耶律捍里兵于蒺藜山，拔显州，乾、懿、豪、徽、成、川、惠等州皆降。是月，宋使登州防御使马政以国书来，其略曰："日出之分，实生圣人。窃闻征辽，屡破勍[23]敌。若克辽之后，五代时陷入契丹汉地，愿畀[24]下邑。"

……

十二月，上伐燕京。宗望率兵七千先之，迪古乃出得胜口，银术哥出居庸关，娄室为左翼，婆卢火为右翼，取居庸关。丁亥，次妫州。戊子，次居庸关。庚寅，辽统军都监高六等来送款[25]。上至燕京，入自南门，使银术哥、娄室阵[26]于城上，乃次于城南。辽知枢密院左企弓、虞仲文，枢密使曹勇义，副使张彦忠，参知政事康公弼，佥书刘彦宗奉表降。

……

八月辛巳朔，日有食之。乙未，次浑河北。谙班勃极烈吴乞买率宗室百官上谒。戊申，上崩于部堵泺西行宫，年五十六。

选自《金史》卷二

〔注释〕 ① 窃：私下。 ② 循：顺着。 ③ 次：驻扎。 ④ 致：传达。 ⑤ 事：侍奉。 ⑥ 省：察。 ⑦ 将：统率。 ⑧ 走：奔赴。 ⑨ 斥：指明。 ⑩ 征：迹象。 ⑪ 殆：大概。 ⑫ 道：通"导"。 ⑬ 径：直接。 ⑭ 见：同"现"，显现。 ⑮ 御：阻挡。 ⑯ 当：抵挡。 ⑰ 以：因为。 ⑱ 去：离开。 ⑲ 约：精简。 ⑳ 赍：携带。 ㉑ 属：接连。 ㉒ 援：拿。 ㉓ 勍：强有力。 ㉔ 畀：给予。 ㉕ 款：归顺。 ㉖ 阵：排兵布阵。

〔赏析〕 女真族的前身是隋唐时期的黑水靺鞨，唐末五代时始称女真，为渤海国所统治。辽灭渤海国后，女真族又受辽统治，辽把数千户女真强宗大姓迁往今辽宁地区，过定居农耕的生活，入辽户籍，称熟女真；仍住松花江、黑龙江的女真人，过着游牧生活，未入辽户籍，称生女真。后来建立金国的完颜部就是生女真的一个部落。

完颜部原居于按出虎水(今黑龙江哈尔滨市东南阿什河)附近。11世纪中期完颜部在乌古乃做酋长时,日益强大,开始向外扩张。但是,女真族的发展受到辽政权的阻碍。辽统治者残酷地剥削和压榨女真人,激起了女真人的反抗。

1113年,完颜部劾里钵次子阿骨打继任联盟长,称都勃极烈,次年六月辽天祚帝派使臣授予阿骨打节度使的称号。阿骨打派习古乃等去辽朝,探听辽朝内部的虚实,习古乃回报辽天祚帝统治骄肆废弛。于是阿骨打建城堡、修器械,调集各部落军兵,决意攻辽。1114年九月向宁江州进军,各部落兵在来流水会合,共有两千五百人。阿骨打率领兵士祭告天地,执挺誓师,次日到达辽界,与渤海军相遇。阿骨打射死辽将耶律谢十,辽兵溃败,死者十之七八。1114年十一月,辽朝都统萧嗣先率领诸路大军进攻女真,集中于鸭子河北。阿骨打领兵三千七百抵敌,辽兵正准备渡河,女真军迎头击退,乘势渡河登岸。两军在出河店相遇。会大风起,尘埃蔽天,女真军乘势进击,大败辽兵,掳获大批车马及兵甲、武器。阿骨打把俘虏的辽兵收编入女真军。女真军发展到万人。

1115年夏历正月元旦,阿骨打即皇帝位,是为金太祖,国号大金,立年号收国。金太祖在建立金国后,立即向辽朝的黄龙府进攻。九月,攻占了黄龙府城。黄龙府是辽朝北边的重镇,辽天祚帝得知黄龙府失守,统领契丹、汉军十多万人,大举伐金。金太祖领兵二万迎敌,金、辽两军在护步答冈相遇,辽军大败,死者相属,天祚帝逃跑,金军掳掠到大批兵器、财物、牛马。经此一战,辽军主力败溃,难以立国了。1117年,辽国灭亡之势已定。宋朝派使臣到金营,约夹攻辽朝。1122年十二月,金太祖率部向辽燕京进发。这时,宋军自燕京南路配合攻辽,燕京的辽朝小朝廷中,耶律淳已死,萧德妃出逃,左企弓、虞仲文等汉臣开城门降金。金太祖入燕京城,接受官员们的朝贺,金兵获得大胜利。

1123年八月,金太祖在返回上京的路上病死,时年五十六岁。

按照《剑桥中国史》的评价,金太祖阿骨打是一名特别无情的、才能出众的军事家，他善于抓住对手的指挥失策、御众过苛、组织涣散之失来取胜。1117年以后，他又以一个才智出众的外交家和战略家的面目出现，那正是金辽的双边关系为包括宋在内的三国关系所取代之时。正是他，率领着女真这个弱小的渔猎民族，走出白山黑水，在他打下的事业基础上，他的族人在不到十年内就先后消灭了辽和北宋这两个庞大的国家，彻底打破了原有的政治格局。在对辽征战的同时，金太祖重视发展生产。在金朝建立后，他还对女真以氏族血缘关系为基础的部落联盟组织进行了改革，清除了同姓通婚等落后习俗，还命令完颜希尹"仿汉人楷字，因契丹字制度，合本国语"，创制了女真文字，使女真人结束了刻木记事的落后状态，对女真政治、经济、文化的发展起到了极大的促进作用，中国的历史也因此发生了重大的变化。金与南宋的南北对峙，奠定了未来中国南北社会的人口、语言、文化差异的双元格局。就思想文化而言，正是因为金灭北宋的靖康之变的强烈刺激，激发了汉族士大夫的夷夏之辨、大义名分，新儒学也借此发端，在基层社会不断铺开，实现了帝制中国的社会转轨，即精英的地方化、家族化。

耶律大石列传

〔选文〕

耶律大石者，世号为西辽。大石字重德，太祖八代孙也。通辽、汉字，善骑射，登天庆五年进士第，擢翰林应奉，寻[①]升承旨。辽以翰林为林牙，故称大石林牙。历泰、祥二州刺史，辽兴军节度使。

保大二年，金兵日逼，天祚播越[②]，与诸大臣立秦晋王淳为帝。淳死，立其妻萧德妃为太后，以守燕。及金兵至，萧德妃归天祚。天祚怒诛德妃而责大石曰："我在，汝何敢立淳？"对曰："陛下以全国之势，不能一拒[③]敌，弃国远遁，使黎民涂炭。即立十淳，皆太祖子孙，岂不胜乞命于他人耶？"上无以答，赐酒食，赦其罪。

大石不自安，遂杀萧乙薛、坡里括，自立为王，率铁骑二百宵遁。北行三日，过黑水，见白达达详稳床古儿。床古儿献马四百，驼二十，羊若干。西至可敦城，驻北庭都护府，会威武、崇德、会蕃、新、大林、紫河、驼等七州及大黄室韦、敌剌、王纪剌、茶赤剌、也喜、鼻古德、尼剌、达剌乖、达密里、密儿纪、合主、乌古里、阻卜、普速完、唐古、忽母思、奚的、纠而毕十八部王众，谕曰“我祖宗艰难创业，历世九主，历年二百。金以臣属，逼我国家，残我黎庶[4]，屠翦[5]我州邑，使我天祚皇帝蒙尘于外，日夜痛心疾首。我今仗义而西[6]，欲借力诸蕃，翦我仇敌，复我疆宇。惟尔众亦有轸[7]我国家，忧我社稷，思共救君父，济生民于难者乎?”遂得精兵万余，置官吏，立排甲，具[8]器仗。

明年二月甲午，以青牛白马祭天地、祖宗，整旅而西。先遗[9]书回鹘王毕勒哥曰：“昔我太祖皇帝北征，过卜古罕城，即遣使至甘州，诏尔祖乌母主曰：‘汝思故国耶，朕即为汝复之；汝不能返耶，朕则有[10]之。在朕，犹在尔也。’尔祖即表谢，以为迁国于此，十有余世，军民皆安土重迁，不能复返矣。是与尔国非一日之好也。今我将西至大食，假[11]道尔国，其勿致疑。”毕勒哥得书[12]，即迎至邸，大宴三日。临行，献马六百，驼百，羊三千，愿质[13]子孙为附庸，送至境外。所过，敌者胜之，降者安之。兵行万里，归者数国，获驼、马、牛、羊、财物，不可胜计。军势日盛，锐气日倍。

至寻思干，西域诸国举兵十万，号忽儿珊，来拒战。两军相望二里许。谕将士曰：“彼军虽多而无谋，攻之，则首尾不救，我师必胜。”遣六院司大王萧斡里剌、招讨副使耶律松山等将兵二千五百攻其右；枢密副使萧剌阿不、招讨使耶律术薛等将兵二千五百攻其左；自以众攻其中。三军俱进，忽儿珊大败，僵尸数十里。驻军寻思干凡九十日，回回国王来降，贡方物[14]。

又西至起儿漫，文武百官册立大石为帝，以甲辰岁二月五日即位，年三十八，号葛儿罕。复上汉尊号曰天祐皇帝，改元延庆。追祖父为嗣元皇帝，祖母为宣义皇后，册元妃萧氏为昭德皇后。因[15]谓百官曰："朕与卿等行三万里，跋涉沙漠，夙夜艰勤。赖祖宗之福，卿等之力，冒登大位。尔祖尔父宜加恤典，共享尊荣。"自萧斡里剌等四十九人祖父，封爵有差。

延庆三年，班师东归，马行二十日，得善地，遂建都城，号虎思斡耳朵，改延庆为康国元年。三月，以六院司大王萧斡里剌为兵马都元帅，敌剌部前同知枢密院事萧查剌阿不副之，茶赤剌部秃鲁耶律燕山为都部署，护卫耶律铁哥为都监，率七万骑东征。以青牛白马祭天，树旗以誓于众曰："我大辽自太祖、太宗艰难而成帝业，其后嗣君耽[16]乐无厌[17]，不恤国政，盗贼蜂起，天下土崩。朕率尔众，远至朔漠，期复大业，以光中兴。此非朕与尔世居之地。"申命元帅斡里剌曰："今汝其往，信赏必罚，与士卒同甘苦，择善水草以立营，量敌而进，毋自取祸败也。"行万余里无所得，牛马多死，勒[18]兵而还。大石曰："皇天弗[19]顺，数[20]也！"康国十年殁，在位二十年，庙号德宗。

……

大石既帝淳而王天祚矣，复归天祚。天祚责以大义，乃自立为王而去之。幸藉祖宗余威遗智，建号万里之外。虽寡母弱子，更继迭承，几九十年，亦可谓难矣。

然淳与雅里、大石之立，皆在天祚之世。有君而复君之，其可乎哉？诸葛武侯为献帝发丧，而后立先主为帝者，不可同年语矣。故著以为戒云。

赞曰：辽起朔[21]野，兵甲之盛，鼓行寰外，席卷河朔，树[22]晋植[23]汉，何其壮欤？太祖、太宗乘百战之势，辑[24]新造之邦，英谋睿略，可谓远矣。虽以世宗中才，穆宗残暴，连遘[25]弑逆，而神器不摇。盖由祖宗威令犹足以震叠[26]其国人也。

……

大石苟延，彼善于此，亦几何哉？

选自《辽史》卷三十

〔注释〕 ①寻：不久。 ②播越：流亡。 ③拒：抵御。 ④黎庶：民众。 ⑤翦：同“剪”，灭掉。 ⑥西：向西。 ⑦轸：悲痛。 ⑧具：准备。 ⑨遗：给予。 ⑩有：占有。 ⑪假：借。 ⑫书：书信。 ⑬质：以物或人作抵押。 ⑭方物：土产。 ⑮因：于是。 ⑯耽：贪图。 ⑰厌：通“餍”，满足。 ⑱勒：率领。 ⑲弗：不。 ⑳数：天命。 ㉑朔：北方。 ㉒树：树立。 ㉓植：扶植。 ㉔辑：安定。 ㉕遘：通“构”，造成。 ㉖叠：通“慴”，惧怕。

〔赏析〕 耶律大石，字重德，契丹族，西辽德宗，辽太祖耶律阿保机八世孙。他通晓契丹、汉文字，擅长骑射，中亚史书中记为大石林牙，为西辽的创立者。1115年耶律大石中进士，提升为翰林应奉，不久升任承旨，辽以翰林为林牙，所以称之大石林牙。耶律大石历任泰、祥二州刺史，辽兴军节度使。1122年，金兵日益逼近，天祚帝流亡，大石与众大臣立秦晋王耶律淳为帝。淳死，立其妻萧德妃为太后，以守卫燕京。耶律大石因劝阻天祚帝不要妄自出兵攻金，天祚帝不从，大石心中不能自安，于是杀死萧乙薛、坡里括，自立为王，率领铁骑二百乘夜逃遁。1130(或1131)年二月甲午日，耶律大石以青牛、白马祭祀天地、祖宗，整顿队伍向西进发，1134年建西辽，1141年率西辽军队在卡特万战役中击败十万中亚联军，使塞尔柱帝国的势力退出河中地区，确立了西辽在中亚的统治，1143年去世。

《辽史》有简单扼要的记载：“大石字重德，太祖八代孙也。”由此来看大石的出身所谓“皇族”，必须上溯至八代，才与皇帝有直接亲缘，他与天祚帝的亲缘关系,恐怕不会比当年“皇叔”刘备与汉献帝近多少。因此,他的父祖并未因“皇族”关系而身居高位或显要,留名后世,而大石也只得取仕进之道,才能进入统治集团。史称大石“通辽、汉字,善骑射”,这说明他幼年确实刻苦学习过文化,既通晓契丹文字也精通汉字,还掌握了军事技术骑射,这为他以后的文治武功打下了基础,他也成为《辽史》中唯一一个契丹族的进士。

在辽朝几近灭亡时,耶律大石率领着部队从阿尔泰山北麓,通过叶尼塞河的上游,往西边走。第一个落脚点,选在了当时的也迷里地区,也就是今新疆塔城地区的额敏县境内,耶律大石之所以看中这个地方,是因为它是一个三面环山的谷地,也是个重要的交通要道,水草丰美、物产丰饶,进可攻,退可守。耶律大石来到也迷里地区之后,修筑城池,招抚当地各游牧部落,使得部落人口增加到了四万户之多。就在这个新筑成的也迷里城,耶律大石举行了登基大典,即皇帝位,年号延庆,称天祐皇帝,又称菊儿可汗,意思是“汗中之汗”。这个王朝后来被称为西辽。

耶律大石是一个善战的将才,也是一位贤明的君主。据史料记载,他称帝以后,治国有方,军纪严明,百姓安居乐业,在短短十多年间,西辽就成了一支威震西域的强大力量。但是耶律大石并没有满足于此,他念念不忘的就是向金朝复仇,回归故土。然而事情没有他想象的那么顺利,长途跋涉的远征,补给的困难,加上金的势力越来越大,他连连失败,万般无奈之下,只能撤了回来。十多年的复国之梦,就这样破灭了。

此后,耶律大石将西辽发展的重心放在了河中地区。赛尔柱突厥帝国迅速集结了十万大军,向耶律大石发动了猛烈的进攻,耶律大石率众迎战,决战在萨马尔罕以北的卡特万草原展开。两三万人对十万人,寡不敌众,耶律大石却极大发挥了他的特长,以演讲鼓舞士气。两三万人的部队一鼓作气,打败了塞尔柱帝国,逼着塞尔柱帝国逐渐退出河中地区。当时西辽非常强盛,把在葱岭东西几个割据政权统一了起来,对当地的社会的稳定和经济的发展,都起到了非常大的作用。同时,经过百余年的学习和熏陶,中原文化也深入契丹人的社会生活和精神文化等领域,先进的手工艺和生产技术开始大规模推广。比如,汉文是西辽主要的官方书面语,公文、诏令都用汉文书写。西辽还带来了大批的汉人工匠，为当地带来了先进的生产方式和生产技术。大到建城定居的生活方式，小到装饰房屋用的瓦当等。应当说，当时辽对整个西部草原上，包括中亚、西域地区的各部落、各政权的影响是非常大的。西辽灭亡了，但耶律大石的历史功绩，后人并没有遗忘。成吉思汗著名的谋臣耶律楚材曾写道："大石，克西域数十国，幅员数万里，传数主，凡百余年，颇尚文教，西域至今思之。"由此可见，耶律大石为后世留下的深远影响。西辽的建立，是自唐安史之乱后，西域与中原的再次连接，之后，大量中原文明的优秀成果源源不断地传入新疆，为多民族统一国家的形成起到了积极的作用。

宋徽宗本纪

〔选文〕

徽宗体神合道骏烈逊功圣文仁德宪慈显孝皇帝，讳佶，神宗第十一子也，母曰钦慈皇后陈氏。元丰五年十月丁巳生于宫中。明年正月赐名，十月授镇宁军节度使、封宁国公。哲宗即位，封遂宁郡王。绍圣三年，以平江、镇江军节度使封端王，出就傅①。五年，加司空，改昭德、彰信军节度。元符三年正月己卯，哲宗崩，皇太后垂帘，哭谓宰臣曰："国家不幸，大行皇帝无子，天下事须早定。"章惇厉声对曰："在礼律当立母弟简王。"皇太后曰："神宗诸子，申王长而有目疾，次则端王当立。"惇又曰："以年则申王长，以礼律则同母之弟简王当立。"皇太后曰："皆神宗子，莫难如此分别，于次端王当立。"知枢密院曾布曰："章惇未尝与臣等商议，如皇太后圣谕极当。"尚书左丞蔡卞、中书门下侍郎许将相继曰："合依圣旨。"皇太后又曰："先帝尝②言，端王有福寿，且仁孝，不同诸王。"于是惇为之默然。乃召端王入，即皇帝位，皇太后权③同处分④军国事。

选自《宋史》卷十九

五年春正月戊戌，彗出西方，其长竟[⑤]天。庚子，复置江、湖、淮、浙常平都仓。甲辰，以吴居厚为门下侍郎，刘逵为中书侍郎。乙巳，以星变避殿损[⑥]膳，诏求直言阙[⑦]政。毁《元祐党人碑》。复谪者仕籍，自今言者勿复弹纠。丁未，太白昼见，赦天下，除党人一切之禁。权罢方田。戊申，诏侍从官奏封事[⑧]。己酉，罢诸州岁贡供奉物。庚戌，诏：崇宁以来左降者，各以[⑨]存殁稍复其官，尽还诸徙[⑩]者。辛亥，御殿复膳。壬子，罢圜土法。丁巳，罢书、画、算、医四学。壬戌，复书、画、算学。

……

闰月辛丑，诏诸路事有不便于民者，监司条[⑪]奏之。癸卯，改陵井监为仙井监。辛酉，诏戒朋党。以张阁知杭州，兼领花石纲。

选自《宋史》卷二十

三月辛酉，幸秘书省，遂幸太学，赐秘书少监翁彦深、王时雍、国子祭酒韦寿隆、司业权邦彦章服，馆职、学官、诸生恩赐有差。丙子，辽人立燕王淳为帝。金人来约[⑫]夹攻，命童贯为河北、河东路宣抚使，屯兵于边以应之，且招谕幽燕。

夏四月丙午，诏置补完校正文籍局，录三馆书置宣和殿及太清楼、秘阁。又令郡县访[⑬]遗书。

五月壬戌，以高俅为开府仪同三司。丁卯，封子柄为昌国公。甲戌，嗣濮王仲御薨。乙亥，以蔡攸为河北、河东宣抚副使。庚辰，以常德军节度使谭稹为太尉。童贯至雄州，令都统制种师道等分道进兵。癸未，辽人击败前军统制杨可世于兰沟甸。乙酉，封开府仪同三司、江夏郡王仲爰为嗣濮王。丙戌，虑[⑭]囚。杨可世与辽将萧干战于白沟，败绩。

丁亥，辛兴宗败于范村。

……

六月，河决恩州清河埽。

秋七月丁卯，振温、处等八州。丁亥，废纯、滋等十二州。戊子，童贯等俘方腊以献。是月，洛阳、京畿讹言有黑眚如人，或如犬，夜出掠小儿食之，二岁乃息⑮。

八月甲辰，曲⑯赦两浙、江东、福建、淮南路。乙巳，以童贯为太师，谭稹加节度。丁未，祔明节皇后神主于别庙。丙辰，方腊伏诛。

……

十一月庚午，诏：无出身待制以上，年及三十通历任满十岁，乃许任子。乙亥，遣使回庆金国。甲申，朝献景灵宫。乙酉，飨太庙。丙戌，祀昊天上帝于圜丘，赦天下。庚寅，以保静军节度使种师道为河东、河北路制置使。

十二月乙巳，童贯自太原遁归京师。己酉，中山奏金人斡离不、粘罕分两道入攻。郭药师以燕山叛，北边诸郡皆陷。又陷忻、代等州，围太原府。太常少卿傅察奉使不屈，死之。丙辰，罢浙江诸路花石纲、延福宫、西城租课及内外制造局。金兵犯中山府，詹度御之。戊午，皇太子桓为开封牧。罢修蕃衍北宅，令诸皇子分居十位。己未，下诏罪己。令中外直言极谏，郡邑率师勤王，募草泽异才有能出奇计及使疆外者；罢⑰道官，罢大晟府、行幸局；西城及诸局所管缗钱，尽付有司。以保和殿大学士宇文虚中为河北、河东路宣谕使。庚申，诏内禅⑱，皇太子即皇帝位。尊帝为教主道君太上皇帝，居于龙德宫。尊皇后为太上皇后。

靖康元年正月己巳，诣亳州太清宫，行恭谢礼，遂幸镇江府。四月己亥，还京师。明年二月丁卯，金人胁帝北行。绍兴五年四月甲子，崩于五国城，年五十有四。七年九月甲子，凶问⑲至江南，遥上尊谥曰圣文仁德显孝皇帝，庙号徽宗。十二年八月乙酉，梓宫还临安。十月丙寅，权欑⑳于永祐陵。十二月丁卯，祔太庙第十一室。十三年正月己亥，加上尊谥曰体神合道骏烈逊功圣文仁德宪慈显孝皇帝。

选自《宋史》卷二十二

〔注释〕 ① 傅：师傅。 ② 尝：曾经。 ③ 权：暂且。 ④ 处分：处理。 ⑤ 竟：从头至尾。 ⑥ 损：减少。 ⑦ 阙：朝廷。 ⑧ 封事：密封的奏章。 ⑨ 以：依据。 ⑩ 徙：流放。 ⑪ 条：分条列举。 ⑫ 约：约定。 ⑬ 访：访寻。 ⑭ 虑：通“录”，讯察记录囚犯的罪状。 ⑮ 息：止息。 ⑯ 曲：部分。 ⑰ 罢：废除。 ⑱ 禅：禅让。 ⑲ 问：信息。 ⑳ 欑：临时停放棺柩以待葬。

〔赏析〕 宋徽宗赵佶是宋神宗的十一子，即位前封端王。

宋神宗刚驾崩时，群臣议立新君，宰相章惇并不赞成立端王，他的理由是：“端王轻佻，不可以君天下！”章惇说赵佶性情轻佻，到底是不是事实呢？据元末明初陶宗仪编著的《书史会要》上说：“徽宗行草正书，笔势劲逸，初学薛稷，变其法度，自号瘦金书”，此言赞叹其“笔法追劲，意度天成，非可以陈迹求也”，能自创一派书法字体，称得上是书法界的一代宗师。难得的是，书法之外，琴、棋、诗、词、赋、画，赵佶同样玩得出彩，样样精通，尤其是画，更是超凡入圣。南宋人邓椿所著的《画继》记赵佶画《筠庄纵鹤图》“闲暇之格，清迥之姿，寓于缣素之上，各极其妙”。正是这样一位文艺皇帝，还信奉道教，自称“教主道君皇帝”，大建宫观，并设道官二十六阶，发给道士俸禄。赵佶在位期间，“妄耗百出，不可胜数”，过分追求奢侈生活，在南方采办“花石纲”，搜集奇花异石运到汴京开封府，修建园林宫殿，任用贪官宦官横征暴敛，激起各地民变，其中以新党蔡京任丞相与宦官童贯为将军所引致的问题最为严重。这些举动或都可视为轻佻。

赵佶确不是个合格的皇帝，却是个无与伦比的大玩家和大艺术家。他重用小厮高俅，只因为他是蹴鞠高手；后宫佳丽三千，却微服流连青楼，与京城名妓李师师的故事人尽皆知;痴迷道教,称自己是“教主道君皇帝”;酷爱奇石,花石纲之祸最终加速北宋内乱。金人对北宋金银的大肆掠夺,徽宗毫不动容,但当他潜心收藏的书画珍品惨遭荼毒后,却忍不住黯然神伤。然而就艺术家的层面而言,宋徽宗重视画院建设,一改画院画家地位不高的状况,提高他们的待遇。他重视绘画教育,曾经把绘画纳入科举考试,相当于把绘画纳入高考必考科目,这极大提高了绘画的地位。为选拔真正的人才,宋徽宗自己当绘画考官,自定考题,命题创作大多以诗句为题,如“竹锁桥边卖酒店”、“乱山藏古寺”、“踏花归去马蹄香”,重点考核应试者的构思能力。宋徽宗对艺术教育的重视,培养出一大批画家,其中最为人熟知的,是《清明上河图》的作者张择端。

《宋史》评价宋徽宗:“自古人君玩物而丧志,纵欲而败度,鲜不亡者,徽宗甚焉,故特著以为戒。”元代脱脱写就《宋徽宗本纪》时竟掷笔叹曰:“宋徽宗诸事皆能,独不能为君耳!”

宣和七年(1125年)金军大举南侵,金军统帅宗望统领的东路军在北宋叛将郭药师引导下,直取汴京。十二月,宋徽宗宣布退位,让位于儿子赵桓(钦宗),自称“太上皇”,仓皇逃往安徽。此时的风流皇帝赵佶后宫竟有美女逾万,生有三十二子、三十四女。靖康元年(1126年),围攻汴京的金兵被李纲击退北返,宋徽宗回朝。年底,金兵再次南下攻破汴京。次年春,金帝将徽、钦二帝,连同后妃、官员数千人,以及教坊乐工、珍宝玩物、皇家藏书等押送北方,京都被掳掠一空,北宋灭亡,史称“靖康之变”。

回望历史,宋徽宗当政时最大的失误,大约就是与金联合灭辽,岂不知螳螂捕蝉,黄雀在后。然而,宋徽宗的这一政策失误是有着历史根源的。宋代一直以来以士大夫治国,举国文弱,军事武力上自然无法与强悍的北方少数民族相提并论。国防力量的孱弱,使得其外交也是软绵无力,唯唯诺诺。金人正是看到了北宋的积弱,才会一举南下。再以地理而论,自五代起,燕云十六州陷入北方游牧民族的掌控后,北宋只得无奈立都于中原开封,致使无险可守。燕云十六州的丧失,使得北宋失去了北方国防战略重地。就古代中国游牧地区和农耕地区的相互竞争而论,其战略边界中心便在于华北环渤海地带。不能掌控华北,使得北宋的地缘政治处境处于巨大威胁中,最终不免覆亡。

总体而言,宋徽宗时代堪称中古中国文明的最顶峰,在经济、社会、思想、文化上都达到了可谓盛世的繁荣程度。然而,就是这样的盛极而衰才是值得吸取的历史教训,北宋经济社会的空前繁荣,财富的不断累积引发了前所未有的奢侈腐败,国民精神也趋于安逸享乐,完全没有了忧患意识和奋发有为的进取精神。物质的空前进步与精神上的极度糜烂恰是等量齐观,于是本国的民变与北方少数民族的入侵也如火山般同时爆发。

(江文君)

伴君伴虎，皇帝的心思让你猜

〔导言〕 北宋末年，烽烟四起，“崇文抑武”的北宋王朝面临危机。虎狼环伺之余，徽宗却仍沉湎于以蔡京、童贯等“六贼”为首的奸臣所营造的太平盛世之中而不可自拔。与此同时，“六贼”为投徽宗所好，大兴“花石纲之役”，流毒州县者达二十年，民怨沸腾，江南各地大小起义不断发生。在如此内忧外患之下，终于酿成了历史上著名的“靖康之变”。

徽宗第九子——康王赵构，因在和议归途中被民众收留，幸免于难，并在宗泽、李纲等主战派的竭力拥护下，临危受命，建立了南宋王朝，是为宋高宗，与北方的金国形成了南北对峙的局面。但是，打着“迎回二圣”旗号以招徕人心的高宗此时却不再想迎回二圣了，他想偏居苟安，独享荣华。所以主战派代表宗泽、李纲、岳飞等人注定是不可能受到高宗重用的。此时的高宗，需要的是一位既能明白自己心意，又能于两国之间游刃有余的外交奇才。而秦桧，正合时宜地出现在高宗的面前。

本书选录《宋高宗本纪》和《秦桧列传》，力图通过理解两者身处的历史时期来进一步体会南宋王朝偏安一隅的深刻原因，分析人物的缺点以起到警示作用。

宋高宗本纪

〔选文〕

高宗受命中兴全功至德圣神武文昭仁宪孝皇帝，讳构，字德基，徽宗第九子，母曰显仁皇后韦氏。大观元年五月乙巳，生东京之大内，赤光照室。八月丁丑，赐名，授定武军节度使、检校太尉，封蜀国公。二年正月庚申，封广平郡王。宣和三年十二月壬子，进封康王。资性朗悟，博学强记，读书日诵千余言,挽弓至一石五斗。宣和四年,始冠,出就外第[1]。

靖康元年春正月,金人犯京师,军[2]于城西北,遣使入城,邀亲王、宰臣议和[3]军中。朝廷方遣同知枢密院事李棁等使金,议割太原、中山、河间三镇,遣宰臣授地,亲王送大军过河。钦宗召帝谕指,帝慷慨请行。遂命少宰张邦昌为计议使,与帝俱[4]。金帅斡离不留之军中旬[5]日,帝意气闲暇。

二月,会[6]京畿宣抚司都统制姚平仲夜袭金人寨不克[7],金人见责,邦昌恐惧涕泣,帝不为动,斡离不异之,更[8]请肃王。癸卯,肃王至军中,许割三镇地。进邦昌为太宰,留质[9]军中,帝始得还。金兵退,复遣给事中王云使金,以租赋赎三镇地。又以蜡书结[10]辽降将耶律余睹,为金人所得。

……

十一月,诏帝使河北,奉衮冕、玉辂,尊金主为伯,上尊号十八字。被命,即发京师。以门下侍郎耿南仲主和议,请与俱,乃以其子中书舍人延禧为参议官偕行。帝由滑、浚至磁州,守臣宗泽请曰:"肃王去不返,金兵已迫,复去何益[11]?请留磁。"磁人以[12]云将挟帝入金,遂杀云。时粘罕、斡离不已率兵渡河,相继围京师。从者以磁不可留,知相州汪伯彦亦以蜡书请帝还相州。

闰月,耿南仲驰至相,见帝致辞,以面受钦宗之旨,尽起河北兵入卫[13],帝乃同南仲募兵勤王。初,朝廷闻金兵渡河,欲拜[14]帝为元帅。至是,殿中侍御史胡唐老复申[15]元帅之议,尚书右仆射何㮚拟诏书以进,钦宗遣阁门祇候秦仔持蜡诏至相,拜帝为河北兵马大元帅,知中山府陈亨伯为元帅,汪伯彦、宗泽为副元帅。仔于顶发中出诏,帝读之呜咽,兵民感动。

……

建炎元年春正月癸巳，帝至东平……

……

五月庚寅朔，帝登坛受命，礼毕恸哭，遥谢[16]二帝，即位于府治。改元建炎。大赦，常赦所不原[17]者咸[18]赦除之。张邦昌及应干供奉金国之人，一切不问。命西京留守司修奉祖宗陵寝。罢[19]天下神霄宫。住[20]散青苗钱。应死节及殁于王事者并推恩。奉使未还者，禄其家一年。应选人并循[21]资[22]，已系承直郎者，改次等京官。臣僚因乱去官者，限一月还任。溃兵、群盗咸许自新。免系官欠负，蠲南京及元帅府常驻军一月以上州县夏税。应天府特奏名举人并与同进士出身，免解人与免省试。诸路特奏名三举以上及宗室尝[23]预贡者，并推恩。应募兵勤王人以兵付州县主兵官，听[24]赴行在。中外臣庶许言民间疾苦，虽诋讦亦不加罪。命官犯罪，更不取特旨裁断。蔡京、童贯、朱勔、李彦、孟昌龄、梁师成、谭稹及其子孙，更不收叙……

秋七月己丑朔，以枢密副都承旨王瓔为河东经制使。庚寅，诏王渊、刘光世、统制官张俊、乔仲福、韩世忠分讨陈州军贼杜用、京东贼李昱及黎驿、鱼台溃兵，皆平之。辛卯，籍[25]东南诸州神霄宫及赡学钱助国用。叔右监门卫大将军、贵州团练使士珸以磁、洺义兵复洺州。乙未，以温州观察使范琼为定武军承宣使、御营司同都统制。丙申，赐诸路强壮巡社名为"忠义巡社"，专隶安抚司。戊戌，钦宗至燕山府。以忻州观察使张换为河北制置使。东都宣武卒杜林谋据成都叛，伏诛。己亥，诏台省、寺监繁简相兼，学官、馆职减旧制之半。辛丑，复议吴开、莫俦等十一人罪，并广南、江、湖诸州安置，余递贬有差[26]。壬寅，诏："奉元祐太后如[27]东南，六宫及卫士家属从行,朕当独留中原,与金人决战。”以延康殿学士许翰为尚书右丞。甲辰,以右谏议大夫宋齐愈当金人谋立异姓,书张邦昌姓名,斩于都市。乙巳,手诏:“京师未可往,当巡幸东南。”丙午,诏定议巡幸南阳。以观文殿学士范致虚知邓州,修城池,缮宫室,输钱谷以实之。丁未,遣官诣京师迎奉太庙神主赴行在。己酉,罢四道都总管。以尚书虞部员外郎张浚为殿中侍御史。庚戌,征[28]诸道兵,期[29]八月会行在。丙辰,徽宗自燕山密遣阁门宣赞舍人曹勋至,赐帝绢半臂,书其领曰:“便可即真,来援父母。”帝泣以示辅臣。张所、傅亮军发行在。是月,关中贼史斌犯兴州,僭号称帝。

……

冬十月丁巳朔,帝登舟幸淮甸。戊午,太后至扬州。己未,罢诸路劝诱献纳钱物。庚申,罢诸路召募溃兵忠义等人,及寄居官擅集勤王兵者。癸亥,募群盗能并灭贼众者官之。甲子,以张浚论李纲不已,落[30]纲观文殿大学士,止奉官祠。知秀州兼权浙西提点刑狱赵叔近入杭州招抚陈通。乙丑,罢帅府、要郡、次要郡新军及水军。丁卯,以王渊为杭州制置盗贼使,统制官张俊从行。庚午,次[31]泗州,幸普照寺。甲戌,太白昼见。己卯,次楚州宝应县。后军将孙琦等作乱,逼左正言卢臣中堕水死。庚辰,命刘光世讨镇江叛兵。辛巳,以光世为滁和濠州、江宁府界招捉盗贼制置使,御营统制官苗傅为使司都统制。朝请郎李棫提举广西左、右两江峒丁公事。癸未,至扬州,禁内侍统兵官相见。丙戌,王渊、张俊诱赵万等,悉[32]诛之。

选自《宋史》卷二十四

〔注释〕 ① 第：达官贵人的宅院。 ② 军：驻扎军队。 ③ 和：讲和。 ④ 俱：偕同。 ⑤ 旬：十天为一旬。 ⑥ 会：适逢。 ⑦ 克：战胜。 ⑧ 更：更换。 ⑨ 质：以物或人作抵押。 ⑩ 结：交结。 ⑪ 益：好处。 ⑫ 以：认为。 ⑬ 卫：保卫。 ⑭ 拜：授予。 ⑮ 申：说明。 ⑯ 谢：认错。 ⑰ 原：赦免。 ⑱ 咸：都。 ⑲ 罢：废除。 ⑳ 住：停止。 ㉑ 循：遵循。 ㉒ 资：资历。 ㉓ 尝：曾经。 ㉔ 听：听凭。 ㉕ 籍：登记。 ㉖ 差：差别。 ㉗ 如：前往。 ㉘ 征：征召。 ㉙ 期：约定。 ㉚ 落：停止。 ㉛ 次：驻扎。 ㉜ 悉：都。

〔赏析〕 建炎元年(1127 年)五月庚寅朔，康王赵构登坛受命，礼毕恸哭，遥谢徽、钦二帝，即位于府治应天府(今河南商丘)，同时改元建炎，是为宋高宗。至此，南宋王朝正式拉开了序幕。

宋高宗赵构，徽宗第九子，被封为康王。他的母亲韦氏不太讨徽宗喜欢，故而徽宗对赵构也逐渐疏远。然而，赵构天生神力，资性朗悟，博学强记，读书日诵千余言，力可扛鼎，挽弓可至一石五斗，身强体健，每日闻鸡起舞，从不懈怠。

正所谓"天将降大任于是人也，必先苦其心志，劳其筋骨，饿其体肤"，赵构苦尽甘来，迎来了他人生的第一个机会——入金营为质。北宋靖康元年(1126 年)春，金兵第一次包围开封府，要求宋朝交出一位亲王当人质，别看徽宗子孙满堂，但关键时刻，几乎没有一个愿意赴险，在钦宗左右为难时，康王赵构站了出来。

对于一个从小就希望得到父兄认可，整日闻鸡起舞等待时机的孩子来说，这无疑是个千载难逢的机会。他已经厌倦了毫无存在感的生活，他要放手一搏，即便被金人杀了，也可留名青史；若是有幸存活下来，也算是建功立业了。然而，因为斡离不、粘罕认为宋室王孙软弱无能的思维定势，让有勇有谋的赵构得以虎狼脱险，后来受封河北兵马大元帅，得以名正言顺地在外募兵勤王，在徽、钦二帝被俘后顺理成章地成了继承人，他的皇位来之不易。

在外募兵勤王的经历，让生活于深宫的赵构近距离接触到了民间百姓的生活，他深谙百姓对奸臣的痛恨和对明主的期盼，也看到了由胸无点墨的内臣主兵给国家社稷带来的灾难。为了进一步巩固自己的统治，甫一上台，他便采取了一系列积极的政策，以重塑久违的军心、民心，以广阔的胸襟赢得了大臣的拥戴。接着,便是对蔡京、童贯为首的“六贼”进行制裁,高宗下诏:“蔡京、童贯、朱勔、李彦、孟昌龄、梁师成、谭稹及其子孙,更不收叙。追贬蔡確、蔡卞、邢恕、蔡懋官。”为常年被花石纲奴役的江南百姓出了口恶气,极大程度获得了民心。在内政方面,赵构积极重用李纲、宗泽等主战派人物,借用“收复失地、迎回二圣”的口号让这些书生、大将死心塌地地为自己冲锋陷阵,巩固江山。

史家多以昏庸、胆小来评价赵构。然而回顾其入金营为质时的宁死不屈与慷慨激昂,面对苗刘兵变时的头脑清醒与临危不惧,可见高宗赵构绝不是一个临阵退缩、贪生怕死之人,那么就可以为他继位之后没有什么重要作为找到一个合理的解释,即他已然决定偷安忍耻,匿怨忘亲,以保护自己的既得利益,他需要做的便是与一心迎回二圣的大臣进行博弈。

建炎三年(1129 年)九月,金兵渡江南侵,十月,高宗率臣僚逃到越州(今浙江绍兴),后又辗转从越州跑到明州(今浙江宁波),从明州跑到定海(今浙江舟山),又从定海坐小船漂到了温州……其间狼狈,可想而知。实际上,如果高宗不跑,御驾亲征,还是有制胜的可能的。其一,军中大将如云,如李纲、宗泽、韩世忠及崭露头角的岳飞;其二,高宗御驾亲征,将大振军心,再加上集结于山寨、水寨抗金的民兵,举国上下同仇敌忾,必然势如破竹;其三,金人不谙水性,战斗力将大打折扣,高宗可谓占尽天时、地利、人和。但是一向聪明、勇敢、镇定的宋高宗却选择了退缩,一方面是由于他的胆量变小了,毕竟经历了父兄被俘的惨剧,现在的一切得来不易,更重要的原因便是他的私心在作怪,不想迎回二圣了。他选择皇帝的宝座,放弃亲人,在南宋和黑龙江的二圣之间金兵的领地越多,他的地位就越巩固。

在南宋小朝廷里活跃着两股势力,一股是以岳飞为代表的主战派,力图迎回二圣;而另一股是以秦桧为首的主和派,是高宗赵构的心腹。赵构偏居苟安,不想再生战端,更不想二圣归来,威胁到自己的统治。秦桧体察圣意,努力迎合,积极主和,且阻挠二圣归来,从而专相位达十八年之久;岳飞,以民族大义为先,誓雪靖康耻,迎回二圣,却犯了赵构的大忌,所以在即将收复失地时被连续到来的十二道金牌追回,冤杀于风波亭。宋钦宗于 1156 年去世,只要宋钦宗活着，南宋就不能北伐，也不能抗金。宋钦宗，是金人最大的筹码，也是秦桧最大的筹码。

秦桧列传

〔选文〕

秦桧，字会之，江宁人。登政和五年第，补密州教授。继中词学兼茂科，历太学学正。靖康元年，金兵攻汴京，遣使求三镇，桧上兵机四事：一言金人要请无厌，乞止[1]许燕山一路；二言金人狙[2]诈，守御不可缓；三乞集百官详议，择其当者载之誓书；四乞馆[3]金使于外，不可令入门及引上殿。不报。除职方员外郎。寻[4]属张邦昌为干当公事，桧言："是行专为割地，与臣初议矛盾，失臣本心。"三上章辞，许之。

……

闰十一月，汴京失守，二帝幸金营。二年二月，莫俦、吴开自金营来，传金帅命推立异姓。留守王时雍等召百官军民共议立张邦昌，皆失色不敢答，监察御史马伸言于众曰："吾曹职为争臣[5]，岂容坐视不吐一辞？当共入议状，乞存赵氏。"时桧为台长，闻伸言以为然，即进状曰：

桧荷国厚恩，甚愧无报。今金人拥重兵，临已拔之城，操生杀之柄，必欲易姓，桧尽死以辨，非特[6]忠于主也，且明两国之利害尔。赵氏自祖宗以至嗣君，百七十余载。顷缘奸臣败盟，结怨邻国，谋臣失计，误主丧师，遂致生灵被祸，京都失守，主上出郊，求和军前。两元帅既允其议，布闻中外矣，且空竭帑藏，追取服御所用，割两河地，恭为臣子，今乃变易前议，人臣安忍畏死不论哉？

……

张邦昌在上皇时,附会权幸,共为蠹国之政。社稷倾危,生民涂炭,固非一人所致,亦邦昌为之也。天下方疾之如仇仇,若付以土地,使主人民,四方豪杰必共起而诛之,终不足为大金屏翰⑦。必立邦昌,则京师之民可服,天下之民不可服;京师之宗子可灭,天下之宗子不可灭。桧不顾斧钺之诛,言两朝之利害,愿复嗣君位以安四方,非特大宋蒙福,亦大金万世利也。

金人寻取桧诣军前。三月,金人立邦昌为伪楚。邦昌遗⑧金书请还孙傅、张叔夜及桧,不许。初,二帝北迁,桧与傅、叔夜、何㮚、司马朴从至燕山,又徙韩州。上皇闻康王即位,作书贻⑨粘罕,与约和议,俾⑩桧润色之。桧以厚赂达粘罕。会金主吴乞买以桧赐其弟挞懒为任用,挞懒攻山阳,建炎四年十月甲辰,桧与妻王氏及婢仆一家,自军中取涟水军水寨航海归行在。丙午,桧入见。丁未,拜礼部尚书,赐以银帛。

桧之归也,自言杀金人监己者奔舟而来。朝士多谓桧与㮚、傅、朴同拘,而桧独归;又自燕至楚二千八百里,逾河越海,岂无讥⑪诃⑫之者,安得杀监而南?就令从军挞懒,金人纵之,必质妻属,安得与王氏偕?惟宰相范宗尹、同知枢密院李回与桧善,尽破群疑,力荐其忠。未对前一日,帝命先见宰执。桧首言"如欲天下无事,南自南,北自北",及首奏所草与挞懒求和书。帝曰:"桧朴忠过人,朕得之喜而不寐。盖闻二帝、母后消息,又得一佳士也。"宗尹欲处⑬之经筵,帝曰:"且与一事简尚书。"故有礼部之命。从行王安道、冯由义、水寨丁禩及参议官并改京秩,舟人孙靖亦补承信郎。始,朝廷虽数遣使,但且守且和,而专与金人解仇议和，实自桧始。盖桧在金庭首唱⑭和议，故挞懒纵之使归也。

……

前一日，上召直学士院綦崇礼入对，示以桧所陈二策，欲以河北人还金国，中原人还刘豫。帝曰："桧言'南人归南，北人归北'。朕北人，将安归？桧又言'为相数月，可耸动天下'，今无闻。"崇礼即以上意载训辞，播告中外，人始知桧之奸。龟年等论桧不已，诏落职，榜朝堂，示不复用。三年，韩肖胄等使还，洎⑮金使李永寿、王翊偕来，求尽还北俘，与桧前议吻合。识者益知桧与金人共谋，国家之辱未已也。

五年，金主既死，挞懒主议，卒成其和。……

……

十一月，奉使朱弁以书报粘罕死，帝曰："金人暴虐，不亡⑯何待？"桧曰："陛下但积德，中兴固有时。"帝曰："此固有时，然亦须有所施为，然后可以得志。"

……

金使张通古、萧哲以诏谕江南为名，桧犹恐物论⑰咎己，与哲等议，改江南为宋，诏谕为国信。京、淮宣抚处置使韩世忠凡四上疏力谏，有"金以刘豫相待"之语，且言兵势重处，愿以身当之，不许。哲等既至泗州，要所过州县迎以臣礼，至临安日，欲帝待以客礼，世忠益愤，再疏言："金以诏谕为名，暗致陛下归顺之义，此主辱臣死之时，愿效死战以决胜败。若其不克，委曲从之未晚。"亦不许。哲等既入境，接伴使范同再拜问金主起居，军民见者，往往流涕。过平江，守臣向子諲不拜，乞致仕⑱。哲等至淮安，言先归河南地，且册上为帝，徐⑲议余事。

……

九年，金人归河南、陕西故地，以王伦签书枢密院事，充迎奉梓宫、奉还两宫、交割地界使，蓝公佐副之。判大宗正事士㒟、兵部侍郎张焘朝八陵。帝谓宰执曰："河南新[20]复，宜命守臣专抚遗民，劝农桑，各因[21]其地以食，因其人以守，不可移东南之财，虚内以事[22]外。"帝虽听桧和而实疑金诈，未尝弛备也。

……

七月，兀朮杀其领三省事宗磐及左副元帅挞懒，拘王伦于中山府。盖兀朮以归地为二人所主[23]，将有他谋也。伦尝密奏于朝，桧不之备，但趣[24]伦进。时韩世忠有乘懈掩[25]击之请，桧言《春秋》不伐丧，与帝意合，遂已。

十年，金人果败[26]盟，分四道入侵。兀朮入东京，葛王褎取南京，李成取西京，撒离喝趋永兴军。河南诸郡相继陷没。帝始大怪，下诏罪状兀朮。御史中丞王次翁奏曰："前日国是，初无主议。事有小变，则更用他相，后来者未必贤，而排黜异党，纷纷累月不能定，愿陛下以为至戒。"帝深然之。桧力排群言，始终以和议自任，而次翁谓无主议者，专为桧地也。于是桧位复安[27]，据之凡十八年，公论不能撼摇矣。

……

时张俊克亳州，王胜克海州，岳飞克郾城，几[28]获兀朮。张浚战胜于长安，韩世忠胜于泇口镇，诸将所向皆奏捷，而桧力主班师。九月，诏飞还行在，沂中还镇江，光世还池州，锜还太平。飞军闻诏，旗靡辙乱，飞口呿[29]不能合。于是淮宁、蔡、郑复为金人有。以明堂恩封桧莘国公。十一年，兀朮再举，取寿春，入庐州，诸将邵隆、王德、关师古等连战皆捷。杨沂中战拓皋，又破之。桧忽谕沂中及张俊遽[30]班师。

韩世忠闻之，止濠州不进；刘锜闻之，弃寿春而归。自是不复出兵。

四月，桧欲尽收诸将兵权，给事中范同献策，桧纳之。密奏召三大将论功行赏，韩世忠、张俊并为枢密使，岳飞为副使，以宣抚司军隶枢密院。六月，拜左仆射、同中书门下平章事兼枢密使，进封庆国公。《徽宗实录》成，迁少保，加封冀国公。先是，莫将、韩恕使金，拘于涿州。至是，兀术有求和意，纵之归。桧复奏遣刘光远、曹勋使金，又以魏良臣为通问使。未几[31]，良臣偕金使萧毅等来，议以淮水为界，求割唐、邓二州。寻遣何铸报聘[32]，许之。

十月，兴岳飞之狱。桧使谏官万俟卨论其罪，张俊又诬飞旧将张宪谋反，于是飞及子云俱送大理寺，命御史中丞何铸、大理卿周三畏鞫[33]之。十一月，贬李光藤州，范同罢参知政事。同虽附和议，以自奏事，桧忌之也。十二月，杀岳飞。桧以飞屡言和议失计，且尝奏请定国本，俱与桧大异，必欲杀之。铸、三畏初鞫，久不伏；卨入台，狱[34]遂上。诬飞尝自言"己与太祖皆三十岁建节[35]"为指斥乘舆[36]，受诏不救淮西罪，赐死狱中。子云及张宪杀于都市。天下冤之，闻者流涕。飞之死，张俊有力焉，语在《飞传》。

……

十七年，改封桧益国公。五月，移贬洪皓于英州。八月，赵鼎死于吉阳军。

……

是月（二十五年二月）乙未，帝幸桧第问疾，桧无一语，唯流涕而已。熺奏请代居相位者，帝曰："此事卿不当与。"帝遂命权直学士院沈虚中草[37]桧父子致仕制。熺犹遣其子埙与林一飞、郑柟夜见台谏徐嘉、张扶谋奏请己为相。丙申,诏桧加封建康郡王,熺进少师,皆致仕,埙、堪并提举江州太平兴国宫。是夜,桧卒,年六十六。后赠申王,谥忠献。

桧两据相位者,凡十九年,劫制君父,包藏祸心,倡和误国,忘仇斁伦。一时忠臣良将,诛锄略尽。其顽钝无耻者,率㊳为桧用,争以诬陷善类为功。其矫诬也,无罪可状,不过曰谤讪,曰指斥,曰怨望,曰立党沽名,甚则曰有无君心。凡论人章疏,皆桧自操以授言者,识之者曰:"此老秦笔也。"察事之卒,布满京城,小涉讥议,即捕治,中㊴以深文㊵。又阴㊶结内侍及医师王继先,伺上动静。郡国事唯申省,无一至上前者。桧死,帝方与人言之。

选自《宋史》卷四百七十三

〔注释〕 ①止:仅仅。 ②狙:诡诈。 ③馆:使住宾馆。 ④寻:不久。 ⑤争臣:直言谏诤之臣。 ⑥特:仅仅。 ⑦屏翰:比喻卫国的重臣。 ⑧遗:给予。 ⑨贻:给予。 ⑩俾:使。 ⑪讥:查问。 ⑫诃:同"呵",大声喝斥。 ⑬处:委任。 ⑭唱:倡导。 ⑮洎:到,及。 ⑯亡:灭亡。 ⑰物论:犹言舆论。 ⑱致仕:辞官。 ⑲徐:慢慢地。 ⑳新:刚。 ㉑因:依靠。 ㉒事:侍奉。 ㉓主:主张。 ㉔趣:催促。 ㉕掩:袭击。 ㉖败:毁坏。 ㉗安:安稳。 ㉘几:几乎。 ㉙呿:张口。 ㉚遽:疾速。 ㉛未几:不久。 ㉜报聘:他国来聘,遣使回访。 ㉝鞫:审讯。 ㉞狱:罪状。 ㉟建节:执持符节,古代使者以此为凭证。 ㊱乘舆:帝王的代称。 ㊲草:起草。 ㊳率:一律。 ㊴中:受到,遭受。 ㊵深文:苛刻的文辞。 ㊶阴:暗中。

〔赏析〕 南宋徐谊说:"古来人臣,不外乎忠奸两途,为忠即忠,为奸即奸。从没有半忠半奸,可以济事。"确实,中国政治舞台上几千年的群雄角逐形成的"成王败寇"的政治逻辑,不外乎忠与奸的对抗,其间往往伴随着动人心魄的血雨腥风,恰恰是这些"极忠"或"极奸"之人,成了史家笔下的宠儿,他们或是被神化颂赞,或是被口诛笔伐。

《宋史·奸臣列传》将宋高宗朝最大的三个奸臣:黄潜善、汪伯彦和秦桧一一收录。本文选取最具代表性的人物秦桧,展开进一步的分析。

秦桧，字会之，江宁(今江苏南京)人，其人生可分为被俘北上前(1127 年三月以前的北宋时期)和被俘南归后(1130 年十月以后的南宋时期)两个阶段。

被俘北上前的秦桧，任太学学正之职。靖康元年(1126 年)，金人攻打汴京，遣使要求割太原、中山与河间三镇。面对金人铁骑，朝野上下多是委曲求和的呼声，作为主战派的代表人物，秦桧深知三镇对于边防巩固的重要性，力排众议，慷慨陈词，三上章辞，言辞恳切。靖康二年二月，二帝被俘，金人下令选傀儡代政，留守王时雍等召集百官，提出立张邦昌为帝的建议，针对这一事件，秦桧又上进议状，乞存赵氏，也正是这一举动，触怒了金人，使得秦桧举家同俘北上。

建炎四年(1130 年)十月，秦桧趁挞懒攻打山阳(今江苏淮安)之际，携妻眷南逃，南归后得好友宰相范宗尹力保，得拜礼部尚书。从此，秦桧戏剧性地成了南宋主和派的领军人物，与偏居苟安、匿怨忘亲的高宗赵构沆瀣一气，打击主战派，谋夺武将军权。秦桧上言高宗："如欲天下无事，南自南，北自北。"秦桧首奏本人草拟的求和书，并劝高宗诚心议和，放弃防守，针对这一行径，史家断言："盖桧在金庭首倡和议，故挞懒纵之使归也。"绍兴五年(1135 年)，金主亶，挞懒主议，宋金一拍即合，正式达成了和议，随后，秦桧还怂恿高宗接受金朝封号，俯首称臣。然而绍兴九年，金兀术处死金朝主和派人物挞懒，正式撕毁宋金和议，率铁浮屠挥师南下，势如破竹，以迅雷不及掩耳之速直捣东京，南宋君臣慌忙出逃，而南宋军民则奋勇抵抗。绍兴十年六月，抗金形势一片大好，张俊攻克亳州，王胜攻克海州，岳飞取得了郾城大捷，差点擒获金兀术，正当举国上下群情激昂之时，又是秦桧，力主搬师，连下十二道金牌，逼令岳飞撤兵。绍兴十一年，作为战胜方的宋朝，为满足金兀术的和议条件，收回中兴四将岳飞、韩世忠等人的军权，并以"莫须有"的罪名杀岳飞于风波亭，终于如愿与金人签订了丧权辱国的"绍兴和议"。从此，中兴之日，再无可待。随着岳飞的被杀，秦桧也不可避免地沦为历史上永远不得宽恕的罪人，受尽世人唾骂。

秦桧归宋，到底是作为挞懒的奸细被遣归，还是逃归，成了历史的一大谜题，历来争论不休，而《宋史·奸臣传》却坐实了秦桧是被遣归的“奸细说”。我们不妨来一番推论：秦桧归来，自称是杀了监视自己的金人守卫，乘舟而来的，然而秦桧在金与叔夜、司马朴等大臣同被拘押，为何独秦桧一人可以逃脱？倘说秦桧有可能没有从军挞懒，那么从燕山至皇帝行在的二千八百里的路途，他又如何可以顺利逃归？就算秦桧从军挞懒，到达山阳，从军中又怎能携妻眷？

秦桧在被俘前和被俘后，对金朝的态度发生了根本的逆转，这不禁让他离奸细更近了一步。但是，高宗赵构却将秦桧视为心腹，使其专相位达十八年之久，说明不管秦桧是否是奸细，他对于高宗赵构来说，始终是“忠臣”与心腹。

作为匿怨忘亲，一心不想迎回二圣的高宗赵构，身边虽有开疆辟土、保家卫国的主战派，但他们却整天高喊着“迎回二圣”的口号，政治利益上的矛盾使得他们注定不能成为高宗的心腹；至于黄潜善、汪伯彦两人，虽与高宗同心同德，但无胆无识，终究成不了大事。因此，贵为皇帝的高宗一直孤立无援。秦桧既了解高宗所想，又是不可多得的谋臣，他的归来让高宗不再孤单。再联系上文分析秦桧的所作所为，无论是“郾城大捷”，光复有望时的十二道金牌，还是为促成“绍兴和议”，收武将军权，杀岳飞于风波亭的举动，都与秦桧没有太直接的利益关系，且秦桧又不是挟天子以令诸侯的曹操，并非为所欲为，他做的一切必然都是高宗默许的。秦桧之所为，同高宗与主战派博弈、不想迎回二圣的行径正好吻合。所以，秦桧并非真正的祸首，而隐藏在秦桧背后的高宗才是幕后主导者。对于历史来说，秦桧是南宋王朝的奸臣；然而对于高宗来说，秦桧却是他最大的“忠臣”。

（牛艳丽）

对峙成败，重臣较量

〔导言〕　金灭北宋在中国历史上无疑是一件大事，徽钦二宗竟被素称为胡虏的北方少数民族掳掠，北方中国又一次被汉民族以外的民族所占领。通过分析金宋双方具有代表性的两个人物，可以一窥巨大社会变革后潜在的历史博弈。完颜宗翰(粘罕)代表了女真人中实力强劲的“鹰派”势力，正是在他的直接推动下，新兴的女真政权步步紧逼，最终灭亡了软弱的北宋政权。宗翰的成功亦可称得上是金朝政权的成功。然而，两宋之际的李纲就没这么幸运了。当金军第一次南下之时，北宋朝廷“主战派”的代表人物李纲任“尚书右丞”兼“东京留守”之职，在他的主持下，宋军打退了金军的第一次南侵，北宋政权得以残喘时日。但是，与宗翰在金国内部的牢固地位不同，能够挽救北宋危亡局势的李纲很快失势，在宋金合议中被钦宗罢了官。时值南宋之时，李纲更是经历了宦海沉浮，大起大落，晚景凄凉。李纲个人的失败可以说是整个两宋政权的失败。

本书选录《李纲列传》和《宗翰列传》，力图通过巨大历史变动时期士人的不同命运，进一步体现忠臣良将在巨大历史困境中或是无奈或是得意的深层次原因，以期收获到读史的经验与教训。

李纲列传

〔选文〕

李纲，字伯纪，邵武人也，自其祖始居无锡。父夔，终龙图阁待制。纲登政和二年进士第，积官至监察御史兼权殿中侍御史，以言事忤权贵，改比部员外郎，迁起居郎。

宣和元年，京师大水，纲上疏言阴气太盛，当以盗贼外患为忧。朝廷恶[①]其言，谪监南剑州沙县税务。

七年，为太常少卿。时金人渝[②]盟，边报狎[③]至，朝廷议避敌之计，诏起师勤王，命皇太子为开封牧，令侍从各具所见以闻。纲上御戎五策，且语所善给事中吴敏曰："建牧之议，岂非欲委以留守之任乎？巨敌猖獗如此，非传以位号，不足以招徕天下豪杰。东宫恭俭之德闻于天下，以守宗社可也。公以献纳论思为职，曷不为上极言之。"敏曰："监国可乎？"纲曰："肃宗灵武之事，不建号不足以复邦，而建号之议不出于明皇，后世惜之。主上聪明仁恕，公言万一能行，将见金人悔祸，宗社底宁，天下受其赐[④]。"

翌日，敏请对，具道所以，因言李纲之论，盖与臣同。有旨召纲入议，纲刺臂血上疏云："皇太子监国，典礼之常也。今大敌入攻，安危存亡在呼吸间，犹守常礼可乎？名分不正而当大权，何以号召天下，期成功于万一哉？若假皇太子以位号，使为陛下守宗社，收将士心，以死捍敌，天下可保。"疏上，内禅之议乃决。

……

宰执犹守避敌之议。有旨以纲为东京留守，纲为上力陈所以不可去之意，且言："明皇闻潼关失守，即时幸蜀，宗庙朝廷毁于贼手，范祖禹以为其失在于不能坚守以待援。今四方之兵不日云集，陛下奈何轻举以蹈明皇之覆辙乎？"上意颇悟。会[⑤]内侍奏中宫已行，上色变，仓卒降御榻曰："朕不能留矣。"纲泣拜，以死邀[⑥]之。上顾纲曰："朕今为卿留。治兵御敌之事，专责之卿，勿令有疏虞。"纲皇恐受命。

未几，复决意南狩，纲趋[⑦]朝，则禁卫擐甲，乘舆已驾矣。

纲急呼禁卫曰:“尔等愿守宗社乎,愿从幸乎?”皆曰:“愿死守。”纲入见曰:“陛下已许臣留,复戒行何也?今六军父母妻子皆在都城,愿以死守,万一中道散归,陛下孰与为卫?敌兵已逼,知乘舆未远,以健马疾追,何以御之?”上感悟,遂命辍行。纲传旨语左右曰:“敢复有言去者斩!”禁卫皆拜伏呼万岁,六军闻之,无不感泣流涕。

命纲为亲征行营使,以便宜从事。纲治守战之具,不数日而毕。敌兵攻城,纲身督战,募壮士缒[⑧]城而下,斩酋长十余人,杀其众数千人。金人知有备,又闻上已内禅,乃退。求遣大臣至军中议和,纲请行。上遣李棁,纲曰:“安危在此一举,臣恐李棁怯懦而误国事也。”上不听,竟使棁往。金人须金币以千万计,求割太原、中山、河间地,以亲王、宰相为质。棁受事目,不措一辞,还报。纲谓:“所需金币,竭天下且不足,况都城乎?三镇,国之屏蔽,割之何以立国?至于遣质,即宰相当往,亲王不当往。若遣辩士姑与之议所以可不可者,宿留数日,大兵四集,彼孤军深入,虽不得所欲,亦将速归。此时而与之盟,则不敢轻中国,而和可久也。”宰执议不合,纲不能夺[⑨],求去。上慰谕曰:“卿第[⑩]出治兵,此事当徐[⑪]议之。”纲退,则誓书已行,所求皆与之,以皇弟康王、少宰张邦昌为质。

……

纲负天下之望,以一身用舍为社稷生民安危。虽身或不用,用有不久,而其忠诚义气,凛然动乎远迩。每宋使至燕山,必问李纲、赵鼎安否,其为远人所畏服如此。

……

论曰:以李纲之贤,使得毕力殚虑于靖康、建炎间,莫或挠[12]之，二帝何至于北行，而宋岂至为南渡之偏安哉？夫用君子则安，用小人则危，不易[13]之理也。人情莫不喜安而恶危。然纲居相位仅七十日，其谋数不见用，独于黄潜善、汪伯彦、秦桧之言，信而任之，恒若不及，何高宗之见，与人殊哉？纲虽屡斥，忠诚不少贬，不以用舍为语默，若赤子之慕其母，怒呵犹嗷嗷焉挽其裳裾而从之。呜呼，中兴功业之不振，君子固归之天，若纲之心，其可谓非诸葛孔明之用心欤？

选自《宋史》卷三百五十八

〔注释〕 ① 恶：憎恨。 ② 渝：违背。 ③ 狎：交替。 ④ 赐：恩惠。 ⑤ 会：适逢。 ⑥ 邀：希求。 ⑦ 趋：奔赴。 ⑧ 缒：系着绳子上下。 ⑨ 夺：决定取舍。 ⑩ 第：但。 ⑪ 徐：缓慢。 ⑫ 挠：屈。 ⑬ 易：更改。

〔赏析〕 李纲，字伯纪，邵武人，政和二年（1112年）其父李夔官至龙图阁侍制。可以说，李纲出生于士大夫家庭，是一个标准的中国传统文人和深受儒家思想熏陶的政府官员。看似孱弱的文人领兵作战，很多时候往往会产生让人意想不到的结果。李纲在风云际会之际正合其宜，他一生最大的成功就是取得了汴梁保卫战的胜利。然而，由于徽钦二帝的投降政策，金军撤退伊始，李纲旋即遭到罢官。后来汴梁陷落，酿成“靖康之变”。南宋政权建立后，李纲一度为相。可是懦弱腐败的南宋朝廷尚称苟安，并没有真正抗金的决心，李纲日渐被包括宋高宗在内的主和派排挤，最后甚至被流放到海南这个偏远之地。最终，李纲在抑郁不得志的现实困境中悲愤而死。

李纲的一生除了汴梁保卫战这件事最为辉煌外，还有另外一件事值得记述。在宋钦宗和徽宗进行权力交接的过程之中，实际上也发生了复杂的权力博弈。实际上，宋徽宗放弃自己的权力并非十分情愿，只是由于对“亡国之君”名号的恐惧超过了对权力的留恋这个客观原因的存在，才决意将皇权让渡给其子赵桓的，他自己则跑到了南方。一开始，赵桓只是以开封长官的名义领导对金的战事，所谓“名不正则言不顺”，实际指挥效用必然大打折扣。

徽宗并不情愿放弃自己的帝位而甘心让自己的儿子做皇帝，在专制体制下，对绝对权力的欲望使得这对亲生父子间产生罅隙和巨大的不信任。在李纲等人的劝谏下，徽宗才正式传位于钦宗。

到了南宋立国之初，面临着国家基本国策这个重要问题的抉择：是苟合偏安还是积极进取？围绕着这个问题，南宋朝廷内部展开了一系列复杂的博弈。当时的金朝政权可谓是绝对的鹰派政权，咄咄逼人，磨刀霍霍，消灭掉一个腐烂到骨子里的南宋政权是绰绰有余的。南宋不图收复中原故土的偏安政策之确立是经历了一个过程的。南渡伊始，李纲等主战派确实是掌握了实权的，此时的国防政策取向虽是防御性质的，但是仍旧是主动积极的防御。当然，当南宋小朝廷立国的局势稳定之后，李纲等人也就失去了价值，为统治者所抛弃，这时候的政策即转变为消极防御。南宋统治者一方面要靠主战派巩固自己的统治，另一方面又要防止主战派坐大，失去控制，这种平衡的拿捏经历了复杂的博弈过程。

李纲在南宋政权中的宦海浮沉则是这种复杂权力博弈的真实写照。表面上看，李纲的际遇似乎只是体现了南宋政权在恢复中土与偏安政策取向上的对垒，背后潜隐着的是朝廷各派系争夺绝对权力的用心。南宋首任皇帝高宗赵构在北宋末期中的王位继承中本是没有任何优势的，“靖康之变”使得徽、钦二帝和大批宗室贵族都被掳掠到北方，这在很大程度上帮助了赵构，使其成为宋室血脉中仅存的最有竞争力的一支后代，故而无可争辩地坐上了皇帝的宝座。同岳飞等主战派的遭遇一样，李纲不可能真正主导南宋朝廷的政策取向，试想如果主战派上台执政并进而恢复故土，徽钦二帝将会重回宋廷，如此可怕的局面将会使赵构的皇权遭受到前所未有的挑战。另一方面，北宋政权从赵匡胤建国伊始就对军事将领奉行不信任的提防政策。到了南宋，这种“祖宗家法”的影响必将延续，一个根本不信任军人的朝廷又岂会让军人主导政局呢？

南宋初年整个政治格局的形成绝非通过简单的语言和普通的政治逻辑推演可以完整描述。无论是徽、钦二帝的权力交接，还是南宋偏安国策的确定，其间存在着复杂的政治交易，一系列复杂博弈的核心就是权力的争夺和利益的再分配。在此过程中，李纲先是因为主战立场而成为扛鼎之臣，又因为一以贯之的相同立场而成为政治斗争的牺牲品。历史吊诡如此，岂能不使人深思长叹！

宗翰列传

〔选文〕

宗翰本名粘没喝，汉语讹为粘罕，国相撒改之长子也。年十七，军中服其勇。及议伐辽，宗翰与太祖意合。太祖败辽师于境上，获耶律谢十。撒改使宗翰及完颜希尹来贺捷，即称帝为贺。及太宗以下宗室群臣皆劝进，太祖犹谦让。宗翰与阿离合懑、蒲家奴等进曰："若不以时建号，无以系天下心。"太祖意乃决。辽都统耶律讹里朵以二十余万戍边，太祖逆击之，宗翰为右军，大败辽人于达鲁古城。

天辅五年四月，宗翰奏曰："辽主失德，中外离心。我朝兴师，大业既定，而根本弗除，后必为患。今乘其衅①，可袭取之。天时人事，不可失也。"太祖然之，即命诸路戒备军事。五月戊戌，射柳，宴群臣。上顾谓宗翰曰："今议西征，汝前后计议多合朕意。宗室中虽有长于汝者，若谋元帅，无以易汝。汝当治兵，以俟师期。"上亲酌酒饮之，且命之酾②，解御衣以衣之。群臣言时方暑月，乃止。无何，为移赉勃极烈，副蒲家奴西袭辽帝，不果行。

……

宗翰已抚定西路州县部族，谒上于行在所，遂从上取燕京。燕京平，赐宗翰、希尹、挞懒、耶律余睹金器有差③。太祖既以燕京与宋人，还军次④鸳鸯泺，不豫⑤，将归京师。以宗翰为都统，昃勃极烈昱、迭勃极烈斡鲁副之，驻军云中。

太宗即位，诏宗翰曰："寄尔以方面，当迁官资者，以便宜除授。"因以空名宣头百道给之。宋人来请割诸城，宗翰报以武、朔二州。宗翰请曰："宋人不归我叛亡，阻绝燕山往来道路，后必败[6]盟，请勿割山西郡县。"太宗曰："先皇帝尝许之矣，当与之。"

……

上以宗翰破辽，经略夏国奉表称藩，深嘉其功，以马十匹，使宗翰自择二匹，余赐群帅。

及斡鲁奏宋不遣岁币户口事，且将渝盟，不可不备。太宗命宗翰取诸路户籍按籍索之。而阇母再奏宋败盟有状，宗翰、宗望俱请伐宋。于是，谙班勃极烈杲领都元帅，居京师，宗翰为左副元帅，自太原路代宋。

宗翰发自河阴，遂降朔州，克代州，围太原府。宋河东、陕西军四万救太原，败于汾河之北，杀万余人。宗望自河北趋汴，久不闻问[7]，遂留银术可等围太原，宗翰率师而南。天会四年降定诸县及威胜军，下隆德府实潞州。军至泽州，宋使至军中，始知割三镇讲和事。路允迪以宋割太原诏书来，太原人不受诏。宗翰取文水及盂县，复留银术可围太原。宗翰乃还山西。

……

宗翰会东军于黎阳津，遂会睿宗于濮。进兵至东平，宋知府权邦彦弃家宵遁，降其城，驻军东平东南五十里。复取徐州。先是，宋人运江、淮金币皆在徐州官库，尽得之，分给诸军。袭庆府来降。宋知济南府刘豫以城降于挞懒。乃遣拔离速、乌林荅泰欲、马五袭康王于扬州，未至百五十里，马五以五百骑先驰至扬州城下。康王闻兵来，已于前一夕渡江矣。于是，康王以书请存赵氏社稷。先是，康王尝[8]致书元帅府，称“大宋皇帝构致书大金元帅帐前”，至是乃贬去大号，自称“宋康王赵构谨致书元帅阁下”。其四月、七月两书皆然。元帅府答其书，招之使降。于是，挞懒、宗弼、拔离速、马五等分道南伐。宗弼之军渡江取建康，入于杭州。康王入海，阿里、蒲卢浑等自明州行海三百里，追之弗及。宗弼乃还。其后宗翰欲用徐文策伐江南，睿宗、宗弼议不合，乃止。

……

初，太宗以斜也为谙班勃极烈，天会八年，斜也薨，久虚此位。而熙宗宗峻子，太祖嫡孙，宗干等不以言太宗，而太宗亦无立熙宗意。宗翰朝京师，谓宗干曰：“储嗣虚位颇久，合刺先帝嫡孙，当立，不早定之，恐授非其人。宗翰日夜未尝忘此。”遂与宋干、希尹定议，入言于太宗，请之再三。太宗以宗翰等皆大臣，义不可夺，乃从之，遂立熙宗为谙班勃极烈。于是，宗翰为国论右勃极烈，兼都元帅。

……

赞曰：宗翰内能谋国，外能谋敌，决策制胜，有古名将之风。临潢既捷，诸将皆有怠忽[9]之心，而请伐不已。越千里以袭辽主，诸将皆有畏顾之心，而请期不已。观其欲置江、淮，专事陕服，当时无有能识其意者。甫[10]释干戈，敛衽归朝，以定熙宗之位，精诚之发，孰可掩哉。

选自《金史》卷七十四

〔**注释**〕 ① 衅：破绽。 ② 釂：喝干杯中酒。 ③ 差：差别。 ④ 次：驻扎。 ⑤ 不豫：婉称帝王有病。 ⑥ 败：毁坏。 ⑦ 问：信息。 ⑧ 尝：曾经。 ⑨ 忽：疏忽。 ⑩ 甫：才。

〔赏析〕 完颜宗翰生于1080年，卒于1137年，为金朝初期国相撒改之子，是当时女真完颜氏中最杰出的军事统帅。在少数民族政权中，君权的专制发展并不如汉族政权充分稳固。由是之故，金王朝尚属初创之际，臣子也就有了更大的发挥空间，也较容易青史留名。无论是辅佐阿骨打灭辽建国，协助金太宗灭亡北宋，还是扶持金熙宗登上大位，宗翰作为三朝元老，在这些重大的政治事件中都贡献重大。在灭亡北宋过程中宗翰所发挥的作用更是巨大，他提出了两路攻宋的方针，并且亲率西路大军，势如破竹，最后同宗望一起攻破汴京城，俘虏徽钦二帝，史称“靖康之变”。晚年的宗翰帮助金熙宗荣登帝位，却遭熙宗诛杀，立下赫赫战功的一代大将就此退出了历史的舞台。

宗翰的军事才能卓越。他在十七岁时就来到军中，和后来的金太宗完颜吴乞买长期追随在阿骨打左右。另外不能忽视的一点乃在于宗翰同时又是一位具有非凡才能的政治家，“内能谋国，外能谋敌”。宗翰早年同阿骨打一起追随在辽天祚帝的身边，不离左右，对辽王朝虚弱的国力了如指掌。后来，反辽取得初步成功，宗翰也就顺理成章地成为拥立金太祖完颜阿骨打称帝建国的重要人物。在反辽之初，宗翰就率先提出了“联宋灭辽”的方针。杰出的政治才能使得宗翰在金太祖临终之际被授予都统之职，驻军云中(今山西大同)。云中为辽朝的西京，政治格局和军事战略体系中处于非常重要的位置。宗翰在此长期经略，建立了西京元帅府，成为宋金之际的重要军事重镇。云中地区的发展，宗翰可谓居功至伟，在其后的宋金决战中，云中遂成为西路军的后方基地。

需要指出，金对宋灭亡战略的出台在事实上经历了一系列复杂的博弈，宗翰在整个过程中发挥了重要的作用。金国建国初期，对宋的外交战略采取较为温和的战略，“海上之盟”是这一战略发生变化的转捩点。按照宋金“海上之盟”的计划，本该由宋出兵进攻燕京。然而由于南方方腊起义事件的骤然发生，宋不得不抽调本该北上的军队用于南下镇压，造成了单方面违反盟约情况的发生。阿骨打出于维护宋金关系的角度出发，还是按照约定把燕京城割让给了宋王朝。按照宗翰等强硬派的观点，金国大可不必履行约定，甚至流露出欲图主动攻打宋国的想法，阿骨打出于缓和局势的目的而给己方以喘息机会的做法是有一定合理性的。金太宗即位后，也不愿意贸然攻打宋朝，但是由于宗翰等强硬派大臣的一再鼓动，再加上宋廷“招降纳叛”的行为惹怒了金太宗，最终，金国决定发动对宋朝的战事，以期摧毁这个衰弱的王朝。金国确立对宋采取进攻战略的决策过程是经过一系列利益权衡之后作出的最终决定，由和到战的战略转变之所以发生，实是由于宋朝的外强中干已经一览无余的缘故。

宗翰失势和被杀的结局，体现出一个政权在创业到守成转变过程中皇权和权臣的矛盾。王朝初创时期，宗翰对整个政权发挥着重要的作用，君臣之间的罅隙暂时被掩盖下来；太宗即位以后，尤其是金灭北宋以后，宋金对峙的局面形成。随着南北双方局势的渐趋稳定，同宋廷一样，金廷内部的权力纷争也开始凸显。此时的金朝政权也开始专注于整顿内部秩序，加强中央集权，希望完成由创业到守成的转变，这一巩固既有利益的国家政策就必然会与宗翰在地方上的强硬作风发生难以调和的巨大矛盾。事实上，从阿骨打末期开始，宗翰就俨然以权臣的面貌出现在金廷之中，进而参与到政权的实际决策。到了金熙宗时期，这一情况更为明显，在皇帝看来，这个三朝元老已经越来越难以控制，杀之而后快也就成为皇帝为了巩固权力所必须要做的一件事情了。宗翰的死颇有些“狡兔死，走狗烹”的历史悲剧意味，若是宗翰能看清时势的变化，居功而不自傲，顺应皇权壮大的整体趋势，恐怕结局也不会那么悲惨。

（张　晨）

从创业到守成——武将是否可信

〔**导言**〕 在历史的漫漫长河中，无论是金朝还是宋朝，都是中国历史的一部分，由是之故，我们需要以平和的心态，抛弃大汉族主义民族国家的固有认知来审视宋金两朝在这段历史时间段中的事件和人物。在这段业已远去的历史岁月中，金朝的完颜宗弼和宋朝的岳飞则完全可以被视作这一时期的翘楚，两人为了国家利益而进行的较量成为历朝历代评论和争议的谈资，关于他们孰强孰弱的争论也贯穿了好几个世纪。在浩瀚的二十四史中，两人虽为两部不同史书的传主，却由于历史的因缘际会而相互牵连，存在着千丝万缕的联系。两位人物在同一个历史舞台上表演的机会并不很多，却成为了后人所津津乐道的一对敌人。在金朝舆论中，岳飞实际上有着不错的评价："威名战功，暴于南北。一旦见忌，遂被参夷之诛，可不畏哉"(《金史·完颜纲传》)；在宋朝舆论中，除了对宗弼在形象方面进行大加挞伐外，对于宗弼的作战勇猛和富有智慧，并未一概加以抹杀。本文旨在通过两人的行事，进行符合历史实际的分析，寻找两人在战争岁月中所展现的英雄主义。

宗弼列传

〔**选文**〕

宗弼，本名斡啜，又作兀术，亦作斡出，或作晃斡出，太祖第四子也。

希尹获辽护卫习泥烈，问知辽帝猎鸳鸯泺。都统杲出青岭，宗望、宗弼率百骑与马和尚逐越卢、孛古、野里斯等，驰击败之。宗弼矢尽，遂夺辽兵士枪，独杀八人，生获五人，遂审①得辽主在鸳鸯泺畋②猎，尚未去③，可袭取者。

及宗望伐宋，宗弼从军。取汤阴县，降其卒三千人。至御河，宋人已焚桥，不得渡，合鲁索以七十骑涉[4]之，杀宋焚桥军五百人。宗望遣吴孝民先入汴谕[5]宋人，宗弼以三千骑薄[6]汴城。宋上皇出奔[7]，选百骑追之，弗及，获马三千而还。

宗望薨，宗辅为右副元帅，徇[8]地淄、青。宗弼败宋郑宗孟数万众，遂克青州。复破贼将赵成于临朐，大破黄琼军，遂取临朐。宗辅军还，遇敌三万众于河上，宗弼击败之，杀万余人。

诏伐宋康王，宗辅发河北，宗弼攻开德府，粮乏，转攻濮州。前锋乌林答泰欲破王善二十万众，遂克濮州，降旁近五县。攻开德府，宗弼以其军先登，奋击破之。攻大名府，宗弼军复先登，破其城。河北平。

宋主自扬州奔于江南，宗弼等分道伐之。进兵归德，城中有自西门北门出者，当海复败之。乃绝隍[9]筑道，列炮隍上，将攻之。城中人惧，遂降。先遣阿里、蒲卢浑至寿春，宗弼军继之。宋安抚使马世元率官属出降。进降卢州，再降巢县王善军。当海等破郦琼万余众于和州，遂自和州渡江。将至江宁西二十里，宋杜充率步骑六万来拒[10]战，鹘卢补、当海、迪虎、大抃合击破之。宋陈邦光以江宁府降。留长安奴、斡里也守江宁。使阿鲁补、斡里也别将[11]兵徇地，下太平州、濠州及句容、溧阳等县，溯江而西，屡败张永等兵，杜充遂降。

宗弼自江宁取广德军路，追袭宋主于越州。至湖州，取之。先使阿里、蒲卢浑趋[12]杭州，具[13]舟于钱塘江。宗弼至杭州，官守巨室皆逃去，遂攻杭州，取之。宋主闻杭州不守，遂自越奔明州。宗弼留杭州，使阿里、蒲卢浑以精兵四千袭之。讹鲁补、术列速降越州。大抃破宋周汪军，阿里、蒲鲁浑破宋兵三千，遂渡曹娥江。去⑭明州二十五里，大破宋兵，追至其城下。城中出兵，战失利，宋主走⑮入于海。宗弼中分麾下兵，会攻明州，克之。阿里、蒲卢浑泛海至昌国县，执⑯宋明州守赵伯谔，伯谔言："宋主奔温州，将自温州趋福州矣。"遂行海追三百余里，不及，阿里、蒲卢浑乃还。

宗弼还自杭州，遂取秀州。赤盏晖败宋军于平江，遂取平江。阿里率兵先趋镇江，宋韩世忠以舟师扼江口。宗弼舟小，契丹、汉军没者二百余人，遂自镇江溯流西上。世忠袭之，夺世忠大舟十艘，于是宗弼循⑰南岸，世忠循北岸，且战且行。世忠艨艟大舰数倍宗弼军，出宗弼军前后数里，击柝之声，自夜达旦。世忠以轻舟来挑战，一日数接。将至黄天荡，宗弼乃因⑱老鹳河故道开三十里通秦淮，一日一夜而成，宗弼乃得至江宁。挞懒使移剌古自天长趋江宁援宗弼，乌林答泰欲亦以兵来会，连败宋兵。

宗弼发江宁，将渡江而北。宗弼军渡自东，移剌古渡自西，与世忠战于江渡。世忠分舟师绝江流上下，将左右掩⑲击之。世忠舟皆张五緉，宗弼选善射者，乘轻舟，以火箭射世忠舟上五緉，五緉着，火箭，皆自焚，烟焰满江，世忠不能军，追北七十里，舟军歼焉，世忠仅能自免。

宗弼渡江北还，遂从宗辅定陕西。与张浚战于富平。宗弼陷重围中，韩常流矢中目，怒拔去其矢，血淋漓，以土塞创，跃马奋呼搏战，遂解围，与宗弼俱出。既败张浚军于富平，遂与阿卢补招降熙河、泾原两路。及攻吴玠于和尚原，抵⑳险不可进，乃退军。伏兵起，且战且走。行三十里，将至平地，宋军阵于山口，宗弼大败，将士多战没㉑。明年，复攻和尚原，克之。天会十五年，为右副元帅，封沈王。

……

宗弼表乞致仕[22]，不许，优[23]诏答之，赐以金券。皇统七年，为太师，领三省事，都元帅、领行台尚书省事如故。皇统八年，薨。大定十五年，谥忠烈，十八年，配享太宗庙廷。子孛迭。

选自《金史》卷七十七

〔**注释**〕 ① 审：知道。 ② 畋：打猎。 ③ 去：离开。 ④ 涉：徒步渡水。 ⑤ 谕：告知。 ⑥ 薄：迫近。 ⑦ 奔：逃跑。 ⑧ 徇：带兵夺取。 ⑨ 隍：无水的护城壕。 ⑩ 拒：抵抗。 ⑪ 将：统率。 ⑫ 趋：奔赴。 ⑬ 具：准备。 ⑭ 去：距离。 ⑮ 走：逃跑。 ⑯ 执：捉拿。 ⑰ 循：顺着。 ⑱ 因：依靠。 ⑲ 掩：袭击。 ⑳ 抵：遇到。 ㉑ 没：通“殁”，死亡。 ㉒ 致仕：辞官。 ㉓ 优：美好。

〔**赏析**〕 完颜宗弼，本名兀术，金朝著名将领。在《金史·宗弼列传》中，对于完颜宗弼这个人物形象的刻画，完全是以勇猛善战这一最主要特征来加以渲染和发挥的。对于饱受金人侵略的汉人而言，要对这样一位敌军主帅作出客观的历史评价，确乎是很难保持公允而不带任何民族主义因素的。在漫漫的历史长河中，完颜宗弼的一生和不断发生的战争交织在一起，从《金史》本传对他人生中几个战争阶段和参与具体作战的刻画中，我们后人可以比较完整地感受到完颜宗弼的勇猛善战和由之而凸显出的人物性格。

宗弼第一次登上历史舞台，就完成了随军破辽的壮举。宗弼虽然外表粗朴，如同野兽一般，然而事实上其人却是兼备胆识与谋略的。他长期生活在金军之中，戎马生涯的军营生活对他的人生产生了极为重要的影响，因而善于射箭并长于领兵作战。完颜宗弼的初次作战堪称典范，于作战中遭遇矢尽之危，他竟夺得辽兵武器，以一人之力杀死八人，擒获五人！在其后的侵略作战中充分体现了指挥若定的军事能力。金朝咄咄逼人的进攻态势使得金军顺势先后攻灭辽朝和北宋，在这一系列的战争中，完颜宗弼的侵略特性可谓是昭然若揭，他的威名也使得他的对手甚为胆寒。

坐拥连续灭国之积威，此时的宗弼更具战意，进军路上可谓是一路凯歌，兵锋直指长江北岸。占据北岸后，他继续率军渡江，击败杜充的军队，攻拔建康，取明州城，捉获明州太守赵伯谔，将苟延残喘的宋军打得七零八落。所谓盛极必衰，在一番凌厉而所向披靡的大规模进攻后，宗弼终于遇到了强大的对手岳飞。这场战争就是历史上著名的黄天荡激战。起初，宗弼的对手是韩世忠，鏖战一度相持长达四十八日，宗弼仍旧不能实现渡江的战略意图，遂溯江西上，开往建康。行军至黄天荡，完颜宗弼采纳以火箭射篷帆之妙计，击败了韩世忠的军队。名将岳飞遂成为宗弼第二回合的对手，宗弼终逢强敌，常胜骄气得以收敛，岳家军最终将金兵驱逐过江，金军遭遇到开战以来极为惨重的一次损失。此后，宗弼率军北还后便心有余悸，不愿再南下攻宋。由此可见，黄天荡之役的挫败对完颜宗弼打击很大，这是在他行军作战战必胜、攻必取时所遭遇到的一次巨大挫败，而岳飞也因为这场战役，开始登上了历史的舞台。

大起大落是完颜宗弼人生轨迹的常规形态。富平血战是他军事生涯中的一次重大胜利，也为历史留下了又一则以少胜多的战例。在被动挨打的情况下，宗弼力战不却，死战不退。对他而言，在战场上遭遇压制并非意味着坐以待毙，敌方进攻越是迅猛，则出现破绽的机会也就会越大，宗弼以杰出军事家的敏锐眼光捕捉到了转瞬即逝的反击突破口，仅使用一次反击机会便将原本作战能力就较弱的宋军打得溃不成军，从而获取了富平之战的最终胜利。后世对于是役成败原因的评价主要集中在宋军的判断失误和延误战机这两大动因上，其实宗弼本人在战争中的勇猛善战和善于捕捉战机的军事才能也是取得是役大胜的关键原因。通过此战，宗弼所率军队的士气达到了顶峰，而南宋朝廷则进一步陷入了政治低谷和重重危机之中。与黄天荡之役相似，宗弼也遭遇到了和尚原之役的挫败，此役也是宗弼从军以来最惨重的一次失败。然而这次惨败并没有摧毁宗弼的意志，反而使其在政治策略上进行了较为深入的思考，为他其后辅助熙宗进行改革奠定了坚实的基础。自皇统和议后，宗弼始终坚持“南北和好”的政策，主张实行待时机成熟后再一举灭宋的政策，由是之故，金宋边界在二十年间几无战事。和平相处对双方经济、文化的发展都有着积极的作用，可见宗弼绝非只知用武力征服的赳赳武夫，事实上，宗弼拥有着作为一个政治家所必备的素质。

北方民族较汉族而言体魄强健，善于行军作战，然而如果没有一整套行之有效的政策制度来加以保障，则游牧民族是不可能通过战争获得长久的政治利益的。宗弼以军事家兼及政治家的身份，在波诡云谲的宋金对峙中进行了军事和政治双重的历史博弈，对两国历史的走向影响颇大。

岳飞列传

〔选文〕

岳飞，字鹏举，相州汤阴人。世力[①]农。父和，能节食以济饥者。有耕侵其地，割而与之；贳[②]其财者不责偿。飞生时，有大禽若鹄，飞鸣室上，因以为名。未弥[③]月，河决内黄，水暴[④]至，母姚抱飞坐瓮中，冲涛及岸得免，人异之。

少负气节，沈厚寡言，家贫力学，尤好《左氏春秋》、孙吴兵法。生有神力，未冠，挽弓三百斤，弩八石，学射于周同，尽其术，能左右射。同死，朔望设祭于其冢。父义[⑤]之，曰："汝为时用，其徇[⑥]国死义乎！"

……

康王即位，飞上书数千言，大略谓："陛下已登大宝，社稷有主，已足伐敌之谋，而勤王之师日集，彼方谓吾素[⑦]弱，宜乘其怠[⑧]击之。黄潜善、汪伯彦辈不能承圣意恢复，奉车驾日益南，恐不足系中原之望。臣愿陛下乘敌穴未固，亲率六军北渡，则将士作气，中原可复。"书闻，以越职夺官归。

……

四年，兀朮攻常州，宜兴令迎飞移屯焉。盗郭吉闻飞来，遁入湖，飞遣王贵、傅庆追破之，又遣辩士马皋、林聚尽降其众。有张威武者不从，飞单骑入其营，斩之。避地者赖以免，图飞像祠[9]之。

金人再攻常州，飞四战皆捷；尾袭于镇江东，又捷；战于清水亭，又大捷，横尸十五里。兀朮趋建康，飞设伏牛头山待之。夜，令百人黑衣混金营中扰之，金兵惊，自相攻击。兀朮次[10]龙湾，飞以骑三百、步兵二千驰至新城，大破之。兀朮奔淮西，遂复建康。飞奏："建康为要害之地，宜选兵固守，仍益[11]兵守淮，拱护腹心。"帝嘉纳。兀朮归，飞邀[12]击于静安，败之。

诏讨戚方，飞以三千人营于苦岭。方遁，俄[13]益兵来，飞自领兵千人，战数十合，皆捷。会[14]张俊兵至，方遂降。范宗尹言张俊自浙西来，盛称飞可用，迁通、泰镇抚使兼知泰州。飞辞，乞淮南东路一重难任使，收复本路州郡，乘机渐进，使山东、河北、河东、京畿等路次第而复。

……

初，桧逐赵鼎，飞每[15]对客叹息，又以恢复为己任，不肯附和议。读桧奏，至"德无常师，主善为师"之语，恶[16]其欺罔，恚[17]曰："君臣大伦，根于天性，大臣而忍面谩[18]其主耶！"兀朮遗[19]桧书曰："汝朝夕以和请，而岳飞方为河北图，必杀飞，始可和。"桧亦以飞不死，终梗[20]和议，己必及祸，故力谋杀之。以谏议大夫万俟卨与飞有怨，风[21]卨劾飞，又风中丞何铸、侍御史罗汝楫交章弹论，大率谓："今春金人攻淮西，飞略至舒、蕲而不进，比[22]与俊按兵淮上，又欲弃山阳而不守。"飞累[23]章请罢枢柄，寻[24]还两镇节，充万寿观使、奉朝请。桧志未伸也，又谕张俊令劫王贵、诱王俊诬告张宪谋还飞兵。

桧遣使捕飞父子证张宪事，使者至，飞笑曰："皇天后土，可表此心。”初命何铸鞫[25]之，飞裂裳以背示铸，有“尽忠报国”四大字，深入肤理。既而阅实无左验，铸明其无辜。改命万俟卨。卨诬：飞与宪书，令虚申探报以动朝廷，云与宪书，令措置使飞还军；且言其书已焚。

飞坐系[26]两月，无可证者。或教卨以台章所指淮西事为言，卨喜白[27]桧，簿录[28]飞家，取当时御札藏之以灭迹。又逼孙革等证飞受诏逗遛，命评事元龟年取行军时日杂定之，傅会[29]其狱。岁暮，狱不成，桧手书小纸付狱，即报飞死，时年三十九。云弃市[30]。籍家赀，徙家岭南。幕属于鹏等从坐者六人。

……

善以少击众。欲有所举，尽召诸统制与谋，谋定而后战，故有胜无败。猝遇敌不动，故敌为之语曰：“撼山易，撼岳家军难。”张俊尝问用兵之术，曰：“仁、智、信、勇、严，阙一不可。”调军食，必蹙额曰：“东南民力，耗敝极矣。”荆湖平，募民营田，又为屯田，岁省漕运之半。帝手书曹操、诸葛亮、羊祜三事赐之。飞跋其后，独指操为奸贼而鄙之，尤桧所恶也。

张所死，飞感旧恩，鞠[31]其子宗本，奏以官。李宝自楚来归，韩世忠留之，宝痛哭愿归飞，世忠以书来谂[32]，飞复曰：“均为国家，何分彼此？”世忠叹服。襄阳之役，诏光世为援，六郡既复，光世始至，飞奏先赏光世军。好贤礼士，览经史，雅歌投壶，恂恂[33]如书生。每辞官，必曰：“将士效力，飞何功之有？”然忠愤激烈，议论持正，不挫于人，卒以此得祸。

桧死，议复飞官。万俟卨谓金方愿和，一旦录故将，疑天下心，不可。及绍兴末，金益猖獗，太学生程宏图上书讼飞冤，诏飞家自便。初，桧恶岳州同飞姓，改为纯州，至是仍旧。中丞汪澈宣抚荆、襄，故部曲合辞讼之，哭声雷震。孝宗诏复飞官，以礼改葬，赐钱百万，求其后悉[34]官之。建庙于鄂，号忠烈。淳熙六年，谥武穆。嘉定四年，追封鄂王。

选自《宋史》卷三百六十五

〔注释〕 ① 力：努力。 ② 贳：赊欠。 ③ 弥：满。 ④ 暴：突然。 ⑤ 义：认为合乎道义。 ⑥ 徇：通“殉”。 ⑦ 素：向来。 ⑧ 怠：松懈。 ⑨ 祠：祭祀。 ⑩ 次：驻扎。 ⑪ 益：增加。 ⑫ 邀：拦截。 ⑬ 俄：不久。 ⑭ 会：适逢。 ⑮ 每：经常。 ⑯ 恶：厌恶。 ⑰ 恚：发怒。 ⑱ 谩：欺骗。 ⑲ 遗：给予。 ⑳ 梗：阻碍。 ㉑ 风：暗示。 ㉒ 比：近来。 ㉓ 累：屡次。 ㉔ 寻：不久。 ㉕ 鞫：通“鞠”，审问。 ㉖ 系：拘囚。 ㉗ 白：报告。 ㉘ 簿录：查抄财产。 ㉙ 傅会：同“附会”。 ㉚ 弃市：古代在闹市执行死刑，并将尸体暴露街头。 ㉛ 鞠：抚养。 ㉜ 谂：了解。 ㉝ 恂恂：谦恭谨慎貌。 ㉞ 悉：都。

〔赏析〕 岳飞其人作为抗金的民族英雄形象，千百年来一直受到人民的尊敬和怀念。岳飞在抗金战争中的坚持和不屈不挠为后人留下了精神垂范的意义，这一点固然不遑多论。同时，岳飞其人亦是一位极富悲剧意味的宋代将领，他遭遇到奸臣秦桧的构陷，以莫须有的罪名惨遭冤杀，作为专制王朝的殉葬品而空留历史叹嗟。所谓“青山有幸埋忠骨，白铁无辜铸佞臣”，表达了广大劳动人民对于忠臣义士的无限缅怀，以及对于祸国殃民的元恶大憝无穷尽的忿恨与不齿。

岳飞其人，较之于宋代其他将领知名度更高，他为人所熟知的原因除了勇猛善战，极富忠勇情怀外，更多的原因乃在于其遭遇到了酷烈的政治迫害。钱穆曾言：“岳飞见杀，正士尽逐，国家元气伤尽，再难恢复”（《国史大纲》第三十四章），以岳飞惨遭屠戮为指征，立志恢复中原故土的政治诉求遭遇到残酷的扼杀，南宋政权实际上业已丧失了收复故土的历史机遇，只能偏居一隅而苟延残喘直至走向最终的灭亡。作为战功赫赫的军事将领，岳飞没能战死疆场，却死在其忠心维护的南宋朝廷手中，这种吊诡的历史结局实际上完全符合专制王朝的内在诉求，尤其契合有宋一代崇文抑武的祖宗家法。岳飞之死，与其说是他个人的悲剧，毋宁说是时代的悲剧。蒙元铁蹄席卷而来，崖山一役，宋室沦亡。

通过岳飞被诛杀这一事件，我们可以借此透视当时文人人格的卑琐，他们无益于治国理政却又狡黠无常；我们也可以体会到当时朝廷的贪生怕死，所谓“山外青山楼外楼，西湖歌舞几时休”，极其细腻地描摹了宋室政权的纵情声色。从汉民族主义的观念出发，中原王朝向来自诩为中央之国，汉代陈汤甚至有“明犯强汉者，虽远必诛”的时代呼声。南宋王朝偏居一隅，重演了南北朝时期北方土地沦陷于异民族政权的历史。岳飞作为南宋政权的杰出将领，军令严明，屡建奇功，在战场上践行着恢复宋室的宏图大志，他之所以遭遇挫败，在于不明了政治斗争的残酷性，迎接二圣回朝的作战目的自然与高宗攫取的政治利益发生不可避免的龃龉，加上岳飞本人的功勋卓著大有功高震主之嫌，正如一位书生向宗弼所建言的那样：“自古未有权臣在内，而大将能立功于外者，岳少保且不免，况欲成功乎”，如此看来，秦桧和高宗将岳飞视为眼中钉、肉中刺，必欲除之而后快也就符合历史发展的客观逻辑了。

当然，岳飞的失败也有自身的客观原因。岳飞以卓越的军功开罪于皇帝，得罪了文臣，最终因莫须有的借口而成为政治斗争的殉葬品。在浩瀚的中国历史中，兔死狗烹的政治悲剧向来史不绝书。中华文明以儒家文化作为渗透民族心理的主导思想，古人的为人处世都建立在忠孝节义等儒家伦理的道德精神素养之上，岳飞对于宋室确实践行着一名武将保家卫国的赤胆忠心，但他惨遭政治迫害而遭到屠戮，是专制主义的帝王和蝇营狗苟的朝臣欲图保持偏安局面以维系本人政治利益所酿造的苦果，也是维系社会道德纲常的理念日渐遭受到削弱与架空的表征。岳家军忠勇为国，却在政治猜忌中不得善终，最大的敌人远非欲图攻灭宋室的外民族政权，朝中的皇帝和文武大臣恰恰是阻挠宋军克复中土的最大阻碍。岳飞的悲剧性人生是中国传统政治运作中最卑琐阴私的一次明显暴露。

岳飞曾言，“文臣不爱钱，武臣不惜死，天下太平矣”，此言虽小，可以喻大，也从一个侧面反映出岳飞对于错综复杂的时局实有一番较为清醒的认识。在岳飞悲壮的一生中，作为一名武将，他厉行严格治军的政策方针，所谓“棋逢敌手难藏幸，将遇良才好用功”，即使是作为敌对势力的金军也发自肺腑地表达了对岳飞治军才能的钦佩，所谓“撼山易，撼岳家军难”即是。岳飞精忠报国的历史遗恨已经化作时间的沉淀，消散在漫漫的历史演进中，岳飞的成败易变突出体现在军事领域内的折冲樽俎和政治领域内的涉世未深，高宗掌控的皇权与迎回二圣之间巨大的政治利益冲突，是导致岳飞悲剧性人生发展并走向激化而不可避免的最终宿命。读史至此，焉能不掩卷长叹，抒发历史所蕴含之世事无常与矛盾重重之感触！

（徐盛杰）

新朝能否善终：民族的文化，汉人之轻重

〔导言〕　金朝建立伊始，统治者急需采取一系列措施稳固其统治，这就决定了帝王肩负着重要的使命，在处理国家内务和政治外交时，必须进行一系列的博弈，才能保证统治基础的巩固。作为金朝的第五位皇帝，金世宗完颜雍在其统治时期进行过大胆的治国尝试，对内缓和阶级、民族矛盾，加强法制建设；对外与宋修好，互通来使。由于世宗的明智与果断，使得金朝的统治得以有效地巩固，达到了前所未有的高度，成就其“大定小康之治”。

金朝开国之初，统治者为了确立国家制度做了许多的努力，女真文字的创设显然意义深远。完颜希尹不仅是骁勇善战的统帅，也是金女真文字的创始人，这一创造为其文化统治奠定了坚实的基础。自太祖太宗时攻辽灭宋，到后来熙宗时为相掌权，完颜希尹为金王朝做出了重要贡献。完颜希尹的杰出才干让试图加强集权统治的熙宗感到不快，完颜希尹父子最终被赐死。而另一位开国汉人大臣张通古，无论在处理政事，还是在处理与君王的关系上，都体现出了他的能力与政治生存智慧，最终获得了统治者的信任。

本书选录《金世宗本纪》、《完颜希尹列传》和《张通古列传》三篇传记进行赏析，通过对贤能之君抑或是立下功劳的大臣的介绍，以期展现他们对国家长远发展所作出的尝试，总结期间的经验与教训。

金世宗本纪

〔选文〕

世宗光天兴运文德武功圣明仁孝皇帝，讳雍，本讳乌禄，太祖孙，睿宗子也。母曰贞懿皇后李氏。天辅七年癸卯岁，生于上京。体貌奇伟，美须髯，长过其腹，胸间有七子如

北斗形。性仁孝,沉静明达。善骑射,国人推为第一,每出猎,耆老皆随而观之。

……

海陵南伐,天下骚动。是时,籍[①]契丹部人丁壮为兵,部人不愿行,以告使者,使者燥合畏海陵不以告,部人遂反。至是,咸平府谋克括里陷韩州,据咸平,将犯东京。

……

九月,至东京。副留守高存福,其女在海陵后宫,海陵使存福伺[②]起居。适[③]以造兵器余材造甲数十,存福宣言,留守何为造甲,密使人以白海陵,遂与推官李彦隆托[④]为击球,谋不利。存福家人以其谋来告,平定知军李蒲速越亦言其事。海陵尝[⑤]闻上有疾,即使近习[⑥]来观动静,至是,又使谋良虎图淮北诸王,上知之,心常隐忧。及讨括里还至清河,遇故吏六斤乘传[⑦]自南来,具言海陵杀其母,杀兄子檀奴、阿里白及枢密使仆散忽土等,又曰:"且[⑧]遣人来害宗室兄弟矣!"上闻之,益[⑨]惧。及闻存福图己,事且有迹,李石劝上早图之。于是,以议备[⑩]贼事,召官属会清安寺,彦隆先到,存福累[⑪]召始来,并于座上执[⑫]之。是月,复有云来自西,黄龙见[⑬]云中。

十月辛丑,南征万户完颜福寿、高忠建、卢万家奴等自山东率所领兵二万,完颜谋衍自常安率兵五千皆来附。谋衍即以臣礼上谒。乙巳,诸军入城,共击杀存福等。是夜,诸军被甲环卫皇城。丙午,庆云见,官属诸军劝进,固让良久,于是亲告于太祖庙,还御宣政殿,即皇帝位。以完颜谋衍为右副元帅,高忠建元帅左监军,完颜福寿右监军,卢万家奴显德军节度使。丁未,大赦,改元大定。下诏暴[⑭]扬海陵罪恶数十事。己酉,犒[⑮]将士,赐官赏各有差[⑯],仍给复三年。会宁、胡里改、速频等路南伐诸军，会尚书省，奏请以从军来者补诸局司承应人及官吏阙员。上曰："旧人南征者即还，何以处之。必不可阙者，量用新人可也。"辛亥，以利涉军节度使独吉义为参知政事。中都留守、西北面行营都统完颜毂英将兵三万驻归化，以为左副元帅。丁巳，出内府金银器物赡[17]军，吏民出财物佐官用者甚众。壬戌，以前临潢尹晏为左丞相。癸亥，诏谕南京太傅、尚书令张浩。甲子，兴平军节度使张玄素上谒。尚书省奏，正隆军兴之余，进钱粟者宜量授以官，从之。诏遣移剌札八招契丹诸部为乱者。以前肇州防御使神土懑为元帅右都监。

……

二年正月戊辰朔，日有食之。伐鼓用币。上彻[18]乐减膳，不视朝。庚午，上谓宰相曰："进贤退不肖[19]，宰相之职也。有才能高于己者，或惧其分权，往往不肯引置同列，朕甚不取。卿等毋以此为心。"以前翰林学士承旨致仕翟永固为尚书左丞，济南尹仆散忠义为右丞。都统斜哥、副统完颜布辉坐[20]擅易置中都官吏，斜哥除名，布辉削两阶，罢之。辛未，御太和殿，宴百官，宗戚命妇赐赉[21]有差。壬申，敕御史台检察六部文移，稽[22]而不行，行而失当，皆举劾之。甲戌，除迎赛神佛禁令。乙亥，如[23]大房山。丙子，献享山陵，礼毕，欲猎而还，左丞相晏等谏曰："边事未宁，不宜游幸。"戊寅，还宫。因谕晏等曰："朕常慕古之帝王，虚心受谏。卿等有言即言，毋缄默以自便。"

……

五年正月辛亥朔，高丽、夏遣使来贺。乙卯，诏泰州、临潢接境设边堡七十，驻兵万三千。己未，宋通问使魏杞等以国书来。书不称“大”，称“侄宋皇帝”，称名“再拜奉书于叔大金皇帝”。岁币二十万。辛未，诏中外。复命有司，旱、蝗、水溢之处，与免租赋。癸酉，命元帅府诸新旧军以六万人留戍，余并放还。以宋国岁币悉[24]赏诸军。

……

八年正月甲子朔，宋、高丽、夏遣使来贺。乙丑，上谓宰臣曰：“朕治天下，方与卿等共之，事有不可，各当面陈，以辅朕之不逮[25]，慎毋阿[26]顺取容。卿等致位公相，正行道扬名之时，苟或偷安自便，虽为今日之幸，后世以为何如。”群臣皆称万岁。辛未，谓秘书监移剌子敬等曰：“昔唐、虞之时，未有华饰，汉惟孝文务为纯俭。朕于宫室惟恐过度，其或兴修，即损[27]宫人岁费以充之，今亦不复营建矣。如宴饮之事，近惟太子生日及岁元尝饮酒，往者亦止上元、中秋饮之，亦未尝至醉。至于佛法，尤所未信。梁武帝为同泰寺奴，辽道宗以民户赐寺僧，复加以三公之官，其惑深矣。”庚辰，行皇太子册礼。

……

二十九年正月壬辰朔，上大渐[28]，不能视朝。诏遣宋、高丽、夏贺正旦使还。癸巳，上崩于福安殿，寿六十七。皇太孙即皇帝位。己亥，殡于大安殿。三月辛卯朔，上尊谥曰光天兴运文德武功圣明仁孝皇帝，庙号世宗。四月乙酉，葬兴陵。

选自《金史》卷六

〔注释〕 ① 籍：登记。 ② 伺：探察。 ③ 会：适逢。 ④ 托：假托。 ⑤ 尝：曾经。 ⑥ 近习：近臣。 ⑦ 传：驿马。 ⑧ 且：将要。 ⑨ 益：更加。 ⑩ 备：防御。 ⑪ 累：屡次。 ⑫ 执：捉拿。 ⑬ 见：同“现”，显现。 ⑭ 暴：暴露。 ⑮ 飨：犒赏。 ⑯ 差：差别。 ⑰ 赡：供给。 ⑱ 彻：撤去。 ⑲ 不肖：不贤。 ⑳ 坐：获罪。 ㉑ 赉：赏赐。 ㉒ 稽：迟延。 ㉓ 如：前往。 ㉔ 悉：都。 ㉕ 逮：及。 ㉖ 阿：迎合。 ㉗ 损：减少。 ㉘ 渐：病情加剧。

〔赏析〕 世宗原名乌禄，于天辅七年（1123 年）生于上京，与金熙宗完颜亶、海陵王完颜亮同为太祖孙。熙宗皇统时，以宗室子例授光禄大夫，封葛王，为兵部尚书。海陵王天德时，先后任会宁牧、中京留守、燕京留守及济南尹等职。贞元初为西京留守，三年后改任东京留守。可以看出，世宗在完颜亮执政时是屡次被迁任的，这跟当时海陵王残酷镇压宗族势力有很大关系。所幸的是世宗并没有被诛杀，反而得到了海陵王的信赖，这其中缘由便是世宗拥有生存之道和巧妙的政治智慧。在上台之前就能有这种博弈经历，并为自己获得生存的机会，可见其后来的果断抉择和一番成就并不是偶然的。

作为通过不法手段获得王位的海陵王完颜亮，为巩固统治与地位，对太祖太宗子孙大开杀戒，毫不掩饰自己的暴虐。他对完颜雍也曾有疑虑，但由于完颜雍表现得极其顺从和低调，再加上南侵的牵制，使得海陵王也就没对其诛杀，而是继续给以官爵。正是利用了海陵王的残暴统治不得人心和征兵南侵的契机，才使完颜雍有了第一次博弈的机会。一般历史上的易王换君都得有一定的“合法性”或者说是“顺乎天意”，完颜雍亦经历了“官属诸军劝进，固让良久”这一承继大统的“顺意”之举。他从即位那天起，便吸取前车之鉴，励志革新，与民养息。采取的政策措施和进行的博弈都有着极强的针对性。

世宗入主中都即位之初，主要采取三个重要举措来稳固政权。其一是收编海陵王旧部。对于完颜谋衍、完颜福寿、高忠建等海陵王时的旧将统帅，世宗不计前嫌继续任命，对张浩等文官宰臣也予以信任并重新启用，进一步完善了初期的官制。正是这种大胆的用人尝试和宽阔的胸襟，让旧臣们在平定北方叛乱和完善王朝内部机制的过程中能为世宗的统治做出应有的贡献。在政权刚刚建立时任用旧部是冒有很大政治风险的，但世宗正是通过这次尝试，使其统治得以稳固。其二是招降平定北方各族叛乱。北方叛乱为世宗上台提供很好的时机，但随着政权统治的确立，北方各族叛乱也就成为其巩固政权的主要障碍，为了巩固金朝的统治并确立制度，平叛自然是势在必行的。世宗采取诱降加武力并进的方式，先是利用叛变各族内部的厌战分歧，招降契丹；后来又通过完颜谋衍、完颜思敬等的进攻，捕获窝斡等，最终平定了叛乱。其三是表现在对外政策上，即停止侵宋，实现和解。停止海陵王发动的侵宋战争，尽快同南宋重新议和，这是稳定其政权的必要条件。由于海陵王的南侵失利，而南宋内部孝宗上台之后，颇有北伐之志，因此不愿与金和解，反而开始了对金加以反攻。面对这种情况，金世宗利用南宋朝廷内部以汤思退为首的投降派，先是对其提出议和条件。一方面在谈判中进行让步，另一方面则在战场上以武力施压，牢牢攫取宋王朝的恐惧心理，最终实现了金、宋的和解。金朝内部由于停止战事而获休养生息，同时减轻了政府的财政负担，这对于金世宗初期政权的稳固具有重要的意义。

除了与民休息，金世宗还很注重官吏与法制的建设。在《金世宗本纪》中，多处描写了世宗与大臣们的对话，表达了自己渴望得到进谏，提出官吏们要以身作则才能维护好统治的要求等等。世宗对百官要求极严，考察官吏有亲自巡行、狩猎、鼓励官员上书言事、派遣使臣等方式，这种上行下效的严谨与纯朴，使得官吏生活廉洁，稳定了统治。在加强法制方面，由于金初一直沿承辽宋法制，到了世宗时才致力法制建设。金朝统治者都有“任情用法”的惯例，例如在《金世宗本纪》中有提到“制命妇犯奸，不用夫荫以子封者，不拘此法”、“以禽兽之故而抵民以徒，是重禽兽而轻民命也。……自今有犯，可杖而释之”，还有《移剌慥传》中“罪当死而减一等”等规定，都说明世宗时审判案件原是从人情方面考虑的，对“法”的尊崇不是那么严格。因此世宗想用法律典范治理国家，效仿唐宋之法，并不是那么容易做到的。金世宗本身还是一位“女真民族传统的坚定捍卫者”，为保持其本族文化，曾说过“册封之礼，不得已而为之”这一类的话，这种性格和态度让他在学习汉人先进文化和制度时很难有质的突破。

金世宗在统治期间稳固金统治的系列措施是无可厚非的，其体恤民意、崇尚节俭的行政举措更是值得肯定的，故而朱熹对金世宗评价为“他能尊行尧舜之道，要做大尧舜也由他”。

完颜希尹列传

〔选文〕

完颜希尹本名谷神，欢都之子也。自太祖举兵，常在行阵，或从太祖、或从撒改，或与诸将征伐，比[①]有功。

金人初无文字，国势日强，与邻国交好，乃用契丹字。太祖命希尹撰本国字，备[②]制度。希尹乃依仿汉人楷字，因契丹字制度，合本国语，制女直字。天辅三年八月，字书成，太祖大悦，命颁行之。赐希尹马一匹、衣一袭。其后熙宗亦制女直字，与希尹所制字俱行用。希尹所撰谓之女直大字，熙宗所撰谓之小字。

辽人迪六、和尚、雅里斯弃中京走[③]，希尹与迪古乃、娄室、余睹袭之。迪六等闻希尹兵，复走。遂降其旁近人民而还。奚人落虎来降，希尹使落虎招其父西节度使讹里剌。讹里剌以本部降。宗翰驻军北安，使希尹经略近地，获辽护卫耶律习泥烈，知辽主猎于鸳鸯泺。宗翰遂请进兵。宗翰将会都统杲于奚王岭。辽兵屯古北口。使婆卢火将[④]兵二百击之，浑黜亦将二百人为后援。浑黜闻辽兵众，请益[⑤]兵。宗翰欲亲往，希尹、娄室曰："此小寇，请以千兵为公破之。"浑黜至古北口，遇辽游兵，逐之入谷中。辽步骑万余迫战，死者数人。浑黜据关口，希尹等至，大破辽兵，斩馘甚众，尽获甲胄辎重。复败其伏兵，杀千余人，获马百余匹。遂与宗翰至奚王岭，期[⑥]会于羊城泺。

宗翰袭辽帝于五院司，希尹为前驱，所将才八骑，与辽主战，一日三败之。明日，希尹得降人麻哲，言辽主在漠，委[⑦]辎重，将奔西京。几及辽主于白水泺南。辽主以轻骑遁去。尽获其内库宝物，遂至西京。西京降，使蒲察守之。希尹至乙室部，不及辽主而还。及宗翰入朝，希尹权西南、西北两路都统。

是时，夏人已受盟，辽主已获，耶律大石自立，而夏国与娄室书责[8]诸帅弃盟，军入其境，多掠取者。希尹上其书，且奏曰："闻夏使人约大石取山西诸郡，以臣观之，夏盟不可信也。"上曰："夏事酌宜行之。军入其境，不知信与否也。大石合谋，不可不察，其严备之。"

及大举伐宋，希尹为元帅右监军。再伐宋，执二主以归。师还，赐希尹铁券，除常赦不原[9]之罪，余释不问。宗翰伐康王，希尹追之于扬州，康王遁去。后与宗翰俱朝京师，请立熙宗为储嗣，太宗遂以熙宗为谙班勃极烈。

熙宗即位，希尹为尚书左丞相兼侍中，加开府仪同三司。希尹为相，有大政皆身先执咎。天眷元年，乞致仕[10]，不许，罢为兴中尹。二年，复为左丞相兼侍中，俄[11]封陈王。与宗干共诛宗磐、宗隽。三年，赐希尹诏曰："帅臣密奏，奸状已萌，心在无君，言宣不道。逮燕居而窃[12]议，谓神器以何归，稔于听闻，遂致章[13]败。"遂赐死，并杀右丞萧庆并希尹子同修国史把荅、符宝郎漫带。是时，熙宗未有皇子，故嫉[14]希尹者以此言谮[15]之。

皇统三年，上知希尹实无他心，而死非其罪，赠希尹仪同三司、邢国公，改葬之，萧庆银青光禄大夫。天德三年，追封豫王。正隆二年，例降金源郡王。大定十五年，谥贞宪。

选自《金史》卷七十三

〔注释〕 ① 比：频频。 ② 备：完善。 ③ 走：逃跑。 ④ 将：统率。 ⑤ 益：增加。 ⑥ 期：约定。 ⑦ 委：舍弃。 ⑧ 责：责备。 ⑨ 原：赦免。 ⑩ 致仕：辞官。 ⑪ 俄：不久。 ⑫ 窃：偷偷地。 ⑬ 章：显著。 ⑭ 嫉：憎恨。 ⑮ 谮：诬陷。

〔赏析〕 完颜希尹，女真名为谷神，在金立国前随阿骨打兄弟举兵反辽，南征北战屡建战功，他将汉楷体、契丹字制与女真语言融合，创出女真大字。是金朝建立的主要功臣之一。

希尹常同宗翰等一起征伐辽军，降其旧部，并且几次都追击辽主，差点将其抓获。后来回到朝廷也因功授予官位，常与皇上商量军国大事，积极为金谋划。本传中提到希尹曾上书怀疑本国与西夏结盟的可信度，虽然后来皇上命其“不可不察，其严备之”，但足以看出希尹在朝中的地位和贡献。他在对宋方面的表现亦堪称勇猛，多次南伐并浮略钦徽二帝，是灭北宋的关键人物。

就个人能力而言，无论是带兵征战的剽悍骁勇，还是辅助国君的聪明才干，完颜希尹的能力是毋庸置疑的。然而伴君如伴虎，历史告诉我们真正的智者是善于处理各种关系的，尤其是君臣之间那种充满着利益与冲突的关系，倘若这最关键的博弈都没准备好的话，那大臣很可能会成为君臣竞争中的牺牲品的。同样创建了女真小字的金熙宗乃是太祖孙，是继太宗之后的皇帝，他的上台可以说得益于完颜希尹和完颜宗翰等人，正是希尹等人请求太宗立熙宗为储嗣，并在熙宗即位之初进行辅助和管理，才使金制得到确立。但正是由于这种辅助，让欲图集权的熙宗颇感不满，熙宗不愿当一个徒有虚名的傀儡，他需要将这些权臣逐一铲除。所谓“飞鸟尽，良弓藏；狡兔死，走狗烹”，历史中有许多这样的悲剧，完颜希尹的结局亦不幸重蹈了这一覆辙。当他官至宰相时，也曾告老辞官，但被皇帝加以拒绝，主要是由于熙宗还想借其势力进一步铲除其他王臣。天眷二年(1139 年)，在完颜希尹等人的帮助下，熙宗顺利除去宗盘、宗隽等势力。但随着宗翰、宗盘等的先后死去，完颜希尹也就自然成为熙宗接下来要剪除的目标了。据《神麓记》记载，希尹恃才自傲，与兀朮关系不好，这是他遭遇杀身之祸的间接原因。我们暂时不探讨完颜希尹个人性格是否张扬跋扈，就其与熙宗、兀朮等的关系来看，完颜希尹确实很难再得到信任了，当他被诬言谋反时，熙宗遂将其赐死。

完颜希尹与熙宗或者是其他大臣间的博弈，主要是依靠了自己的功劳与贡献。正是这些“筹码”，让他得以在朝中获得稳固的地位和较大的权力。但同时，看不见的危机也在这突出贡献的背后若隐若现，无论是能力还是智慧，人们在运用时一定要给自己寻找到可以全身而退的道路。“希尹为相，有大政皆身先执咎”，当他表现的超强能力让皇帝都感受不到欣慰时，那就自然而然转变成一种威胁了。看到身边的臣僚一个个被铲除，完颜希尹其实就该想到自己的未来命运和下场了，他应该明白自己毕竟是臣子，与君王的关系没处理好，那么就等于是自掘坟墓。这也算是他在君臣博弈中的一个以生命为赌注的惨痛代价。

道家有“以柔克刚”之说，其中是深含智慧的，当臣与君之间关系出现矛盾时，智者应该作出让步与“柔化”，而不是硬碰。完颜希尹是位功臣，但如果在新主面前让其感到“野心勃勃”的话，则必然是对己不利的；即使没有二心，那么也应该尽量低调收敛。完颜希尹的诸多功劳和其突出的能力是不可否认的，但在个人与他人——尤其在处理与喜怒无常的熙宗之间的关系时，自伐己功等情况都是不该显现出来的。相反，应该尽量以自己充足的经验和“忠”来顺应君上。当熙宗借希尹等铲除其他大臣时，希尹完全可以运用自己的智慧好好权衡，可以有多种选择，做一次很好的博弈。然而历史是不能重写的，我们后人读史只能吸取经验教训，以期做到自省。

在《完颜希尹列传》中，脱脱对完颜希尹给予了很客观的记述，对他的能征善战以及超强的个人能力给予了充分的肯定，同时提及他后来重新被正名追封的史实。

张通古列传

〔选文〕

张通古，字乐之，易州易县人。读书过目不忘，该[①]综经史，善属[②]文。辽天庆二年进士第，补枢密院令史。丁父忧[③]，起复，恳辞不获，因遁去，屏[④]居兴平。太祖定燕京，割以与宋。宋人欲收人望[⑤]，召通古。通古辞谢，隐居易州太宁山下。

宗望复燕京，侍中刘彦宗与通古素[⑥]善，知其才，召为枢密院主奏，改兵刑房承旨。天会四年，初建尚书省，除[⑦]工部侍郎，兼六部事。高庆裔设磨勘法，仕宦者多夺官，通古亦免去。辽王宗干素知通古名，惜其才，遣人谕之使自理[⑧]。

通古不肯，曰："多士皆去，而己何心独求用哉。"宗干为论理之。除中京副留守，为诏谕江南使，宋主欲南面，使通古北面。通古曰："大国之卿当小国之君。天子以河南、陕西赐之宋，宋约奉表称臣，使者不可以北面。若欲贬损使者，使者不敢传诏。"遂索马欲北归。宋主遽[9]命设东西位，使者东面，宋主西面，受诏拜起皆如仪。使还，闻宋已置戍河南，谓送伴韩肖胄曰："天子裂壤地益南国，南国当思图报大恩。今辄置守戍，自取嫌疑，若兴师问罪，将何以为辞？江左且不可保，况齐乎？"肖胄惶恐曰："敬闻命矣。"即驰白宋主。宋主遽命罢戍。通古至上京，具以白宗干，且曰："及其部置未定，当议收复。"宗干喜曰："是吾志也。"即除参知行台尚书省事。

未几，诏宗弼复取河南，通古请先行至汴谕之。比[10]至汴，宋人已去矣。或谓通古曰："宋人先退，诈也，今闻将自许、宿来袭我。"通古曰："南人宣言来者，正所以走耳。"乃使人觇[11]之，宋人果溃去。宗弼抚髀[12]笑曰："谁谓书生不能晓兵事哉。"河南卒[13]孙进诈称"皇弟按察大王"，谋作乱。是时海陵为相，内怀觊觎，欲先除熙宗弟胙王常胜，因[14]孙进称皇弟大王，遂指名为胙王以诬构之。熙宗自太子济安薨后，继嗣未定，深以为念。裴满后多专制，不得肆意后宫，颇郁郁，因纵酒，往往迷惑妄怒，手刃杀人。及海陵中伤胙王，熙宗以为信然不疑，遣护卫特思就汴京鞫[15]治[16]。行台知熙宗意在胙王，导引孙进连[17]属之。通古执其咎，极力辩止。及孙进引服，盖假托名称，将以惑众，规[18]取财物耳，实无其人也。特思奏状，海陵谮之曰："特思且将徼福于胙王。"熙宗益以海陵为信，遂杀胙王，并特思杀之。行台诸人乃责通古曰：

“为君所误，今坐死矣。”通古曰：“以正获罪死，贤于生。”海陵既杀胙王，不复缘害他人，由是坐止特思，行台不坐。

天德初，迁行台左丞，进拜平章政事，封谭王，改封郓王。以疾[19]求解机务，不许。拜司徒，封沈王。海陵御下严厉，收威柄，亲王大臣未尝少假以颜色，惟见通古，必以礼貌。

会磁州僧法宝欲去[20]，张浩、张晖欲留之不可得，朝官又有欲留之者。海陵闻其事，诏三品以上官上殿，责之曰：“闻卿等每到寺，僧法宝正坐，卿等皆坐其侧，朕甚不取。佛者本一小国王子，能轻舍富贵，自苦修行，由是成佛，今人崇敬。以希福利，皆妄也。况僧者，往往不第[21]秀才，市井游食，生计不足，乃去为僧，较其贵贱，未可与簿尉抗礼[22]。闾阎老妇，迫于死期，多归信之。卿等位为宰辅，乃复效此，失大臣体。张司徒老成旧人，三教该通，足为仪表，何不师之。”召法宝谓之曰：“汝既为僧，去住在己，何乃使人知之？”法宝战惧，不知所为。海陵曰：“汝为长老，当有定力，今乃畏死耶？”遂于朝堂杖之二百，张浩、张晖杖二十。正隆元年，以司徒致仕，进封曹王。是年，薨，年六十九。

通古天资乐易，不为表襮[23]，虽居宰相，自奉如寒素焉。

选自《金史》卷八十三

〔注释〕 ① 该：尽备。 ② 属：撰著。 ③ 忧：父母的丧事。 ④ 屏：隐迹。 ⑤ 望：有声望的人。 ⑥ 素：向来。 ⑦ 除：拜官受职。 ⑧ 理：申辩。 ⑨ 遽：匆忙。 ⑩ 比：等到。 ⑪ 觇：窥视。 ⑫ 髀：大腿。 ⑬ 卒：士兵。 ⑭ 因：于是。 ⑮ 鞫：审讯。 ⑯ 治：惩处。 ⑰ 连：牵连。 ⑱ 规：谋划。 ⑲ 疾：病。 ⑳ 去：离开。 ㉑ 第：科举考试合格。 ㉒ 抗礼：以平等的礼节相待。 ㉓ 表襮：喻指炫耀。

〔赏析〕 金王朝入主中原之初，除了那些骁勇善战的武将起到了很大作用外，文官的作用也不容忽视，尤其是那些汉族士大夫的真知灼见对于朝政的稳固堪称居功至伟。

张通古，字乐之，河北易县人，饱读经书，善写文章，他原来是辽朝的枢密院令史，随着辽的衰落与灭亡，开始隐居在易州太宁山下。作为读书人，他有着中国传统书生的清高，不为名利所动，却又能随时帮忙出谋划策；作为官吏，他既能坚持自己的原则和立场，又能保全自身并让君王信赖重用。可以说在其为官时期无论是君臣间还是在同僚间，都能巧妙地处理各种关系，这其中充满了个人的智慧和博弈技巧。

在一开始选择为金或是宋出仕为官时，张通古果断地拒宋赴金，这也是其人生博弈的一个表现。身为汉人士大夫，有着传统的儒家思想和民族观念，却选择了金朝作为对象，其行为难免要遭受到人们的非议。在其以金使身份出使宋朝时，他对于金王朝的忠诚便得以表现出来，当宋帝想南面接见他时，被他严词拒绝。当他看到宋人在边境布置军队时，也以金朝大臣的身份予以了提醒和警告。由此可见，张通古在处理外交问题上的能力是很强的。在处理金宋关系上，张通古能运用自己的才干，帮助金朝稳固统治。也难怪连宗弼都会称赞通古的才能。

在朝中为官时，张通古也是正直真实的，不会因权势而断事，往往依据事实发表意见而不畏权威，有着让人称赞的气节。在熙宗时期，由于海陵王的野心极大，利用河南“皇弟按察大王”谋乱的机会故意夸大缘由，欲将胙王常胜除去。而通古察觉其中谬误，当面指出并加以辩解，尽管最后熙宗还是将胙王处死了，但通古的不卑不亢却充分地显现了出来。海陵王非但没有因此记恨他，反而在其上台后给予了张通古以很大的权力和信任。我们都知道海陵王是历史上有名的暴君，他为加强集权而滥杀无辜，但对于张通古却是个特例。通古在海陵王执政期间封王，官至司徒，海陵王对他的器重是显而易见的。

据本传记载，张浩等人为挽留一法僧之事，被海陵王获悉并加以责备，海陵王还要求大家要以通古为榜样。从这一与通古无直接联系的事件来看，海陵王对于张通古是很尊重的。就《金史》可知，在熙宗时期便实行了改行汉制和任用汉族士大夫的措施，故而大批汉族知识分子得以重用，这当是张通古获得崇信的很重要的一个原因。海陵王执政时期对王室贵族的诛杀较多，但在任用汉官方面还是继承了熙宗时期的一贯政策的。张通古本人有着满腹的才华和突出的个人能力，善于处理人际关系。张通古的为官之道虽是汉制，但对于促使女真进步和维护金朝统治还是起到很重要的作用的。正是有着张通古这么一批汉族士大夫的努力，才为金王朝的体制确立奠定了坚实的基础。

张通古与女真贵族完颜希尹不同，虽都为金的开国功臣，但由于个人能力和处理事物智慧的差异，造成了两者截然不同的人生轨迹。张通古虽身居要位，但他慎重运用着自己的权力，用巧妙的技巧和智慧与君王博弈，“不为表襮，虽居宰相，自奉如寒素焉”。他为人低调，在处理与海陵王的关系时，做得尤为恰当。张通古同完颜希尹一样，都曾有“辞官”之举，然而都未被获准。在与君王的博弈过程中，臣子都会发现其中的艰辛，因为身为臣子想要在这博弈中占据主动几乎是不可能的，大臣只有靠自己的能力和智慧在权力格局中掌握细微的平衡，如此方有可能免遭杀身之祸。

完颜希尹和张通古等人作为金朝的重臣，各自代表着权力格局中的一部分，他们在内部关系和对外政策上所进行的种种博弈，都体现出了哲人的智慧。然而，有人获得善终，有人却结局悲惨，造成这种情况出现的原因固然十分复杂，然而对待权力谨慎与否的态度却是造成两位权臣人生荣枯结局所不可忽视的重要因素。

（蓝　乔）

重启北伐：复兴的建树，统一的瞩目

〔导言〕 南宋政权承接北宋政权，偏安于一隅之地，这是一个颓废、淡去了王朝气象的国家政权。南宋王朝从建国伊始就陷入了无尽的困局之中，面对着北方强大金政权的虎视眈眈，面对着国土沦陷造成的恶劣政治后果，南宋朝廷的王侯将相急于采取一系列的手段来改变现状。

宋孝宗是南宋王朝第二任皇帝，史称“卓然为南渡诸帝之称首”，他在位期间，政治清明，社会稳定，经济繁荣，文化昌盛，是南宋名副其实的中兴之主。他不甘于偏安局面，力图恢复中原，试图通过解决冗官、冗兵、冗费三大问题来扭转北宋以来积贫积弱的局面。他在位期间，积极整顿吏治，裁减冗官，加大对贪官污吏的惩治力度。鉴于南宋财政拮据的现实，他提倡戒奢从简，率先垂范，逐年增加储备，大大改善南宋财政入不敷出的状况。

张浚亦是一位南宋时期的抗金名将和政治家，为了国家的稳定，张浚敢于弹劾当朝大臣，是一位有着深厚儒家信念的政治家。张浚在军事战略方面亦有一定的才能，提出经营川陕的建议，由此出任川陕宣抚处置使一职。在朝廷主和派占据显著优势后，张浚无力以己之力扭转朝廷的政策，遂退出了政治舞台。

本书选录《宋孝宗本纪》和《张浚列传》，通过对于一君一臣事迹的概括和分析，展现南宋之际国家政策的制定和社会发展的面貌。

宋孝宗本纪

〔选文〕

孝宗绍统同道冠德昭功哲文神武明圣成孝皇帝，讳眘，字符永，太祖七世孙也。初，太祖少子秦王德芳生英国公惟宪，惟宪生新兴侯从郁，从郁生华阴侯世将，世将生庆国公令譮，令譮生子偁，是为秀王。王夫人张氏梦人拥一羊遗[①]之曰："以此为识[②]。"已而有娠，以建炎元年十月戊寅生帝于秀州青杉闸之官舍，红光满室，如日正中。少[③]长，命名伯琮。

及元懿太子薨，高宗未有后，而昭慈圣献皇后亦自江西还行在，后尝感异梦，密为高宗言之，高宗大寤[④]。会[⑤]右仆射范宗尹亦造膝[⑥]以请，高宗曰："太祖以神武定天下，子孙不得享之，遭时多艰，零落可悯。朕若不法[⑦]仁宗，为天下计，何以慰在天之灵。"于是诏选太祖之后。同知枢密院事李回曰："艺祖不以大位私其子，发于至诚。陛下为天下远虑，合于艺祖，可以昭格天命。"参知政事张守曰："艺祖诸子，不闻失德，而传位太宗，过尧、舜远甚。"高宗曰："此事不难行，朕于'伯'字行中选择，庶几[⑧]昭穆顺序。"而上虞丞娄寅亮亦上书言："昌陵之后，寂寥无闻，仅同民庶。艺祖在上，莫肯顾歆[⑨]，此金人所以未悔祸也。望陛下于'伯'字行内选太祖诸孙有贤德者。"高宗读之，大感叹。

……

三十二年五月甲子，立为皇太子，改名昚。初，高宗久有禅位之意，尝以谕帝，帝流涕固辞，会有边事不果[⑩]。及归自金陵，陈康伯求去，高宗复以倦勤谕之。中书舍人唐文若闻而请对，言不宜急遽[⑪]，故先下建储之诏，赐名炜。监察御史周必大密与康伯言，与唐昭宗名同音，不可。诏别拟进，乃定今名。既又命学士承旨洪遵为太子择字，遵拟四字以进，皆不称[⑫]旨。六月甲戌，御笔赐字符永。

乙亥，内降御札："皇太子可即皇帝位。朕称太上皇帝，退处德寿宫，皇后称太上皇后。"丙子，遣中使召帝入禁中面谕之，帝又推逊不受，即趋[13]侧殿门，欲还东宫，高宗勉谕再三，乃止。于是高宗出御紫宸殿，辅臣奏事毕，高宗还宫。百官移班殿门外，拜诏毕，复入班殿庭。顷之，内侍掖[14]帝至御榻前，侧立不坐，内侍扶掖至七八，乃略[15]就坐。宰相率百僚称贺，帝遽兴。辅臣升殿固请，帝愀[16]然曰："君父之命，出于独断。然此大位，惧不克当。"班退，太上皇帝即驾之德寿宫，帝服袍履，步出祥曦殿门，冒雨掖辇以行，及宫门弗止。上皇麾[17]谢再三，且令左右扶掖以还，顾曰："吾付托得人，吾无憾矣。"左右皆呼万岁。

……

隆兴元年春正月壬辰朔，群臣朝于文德殿。帝朝德寿宫。立武臣荐举格[18]。甲午，四川宣抚司奉诏班师。庚子，以史浩为尚书右仆射、同中书门下平章事兼枢密使，张浚进枢密使、都督江淮东西路军马。丙午，诛殿前司后军谋变者。戊申，诏礼部贡院试额增一百人。丁巳，诏吴璘军进退可从便宜。璘已弃德顺，道为金人所邀[19]，将士死者数万计。

二月壬戌朔，用史浩策，以布衣李信甫为兵部员外郎，赍蜡书间道[20]往中原，招豪杰之据有州郡者，许以封王世袭。安庆军节度使士籛乞减奉赐之半，以助军用。自是，诸宗室有请，悉[21]从之。戊辰，宰执陈康伯等乞再减奉，止存旧格之半，许之。己卯，振[22]两淮流民及山东归正忠义军。癸未，黄祖舜罢。庚寅，逐秦桧党人，仍禁辄[23]至行在。三月壬辰朔，金左副元帅纥石烈志宁以书[24]取侵地。癸巳，以张焘为参知政事，御史中丞辛次膺同知枢密院事，叶义问落端明殿学士，饶州居住。丙申，雨雹。丁酉，诏户部置局，议节[25]浮费。

己亥，杨存中等乞减半奉如宰执例，许之。庚子，以龙大渊知合门事，曾觌同知合门事。壬寅，陈康伯上钦宗陵名曰永献。乙巳，诏求遗逸㉖。丁未，诏修《太上皇帝圣政》。罢龙大渊，别与差遣。曾觌复带御器械。召张浚。己酉，张焘罢。立选人减举主法。甲寅，复以龙大渊知合门事，曾觌同知合门事，给事中、中书舍人留黄不行。乙卯，诏饬郡县吏。庚申，以久雨，命有司振灾伤，察㉗刑禁。

……

淳熙元年春正月乙未，禁淮西诸关采伐林木。戊戌，罢坐仓籴米赏。庚子，罢两淮将帅权㉘摄官。丙午，禁两淮耕牛出境。以㉙交址入贡，诏赐国名安南，封南平王李天祚为安南国王。

……

十四年春正月癸亥，出四川桩积米贷㉚济㉛金、洋州及关外四州饥民。

……

冬十月辛未，以太上皇不豫㉜，赦。壬申，诣德寿宫问疾。癸酉，分遣群臣祷于天地、宗庙、社稷。甲戌，以太上皇未御常膳，自来日不视朝，宰执奏事内殿。乙亥，诣德寿宫侍疾，太上皇崩于德寿殿，遗诰太上皇后改称皇太后。

……

十六年春正月癸巳，金主雍殂㉝，孙璟立。甲午，封孙抦为嘉国公。丙申，黄洽罢。己亥，以周必大为左丞相，留正为右丞相，萧燧兼权知枢密院事，礼部尚书王蔺参知政事，刑部尚书葛邲同知枢密院事。

……

二月辛酉朔，日有食之。壬戌，下诏传位皇太子。是日，皇太子即皇帝位。帝素服驾之重华宫。辛未，上尊号曰至尊寿皇圣帝，皇后曰寿成皇后。

绍熙五年五月壬戌，寿皇圣帝不豫。六月戊戌，崩于重华殿，年六十有八。

选自《宋史》卷三十三

〔**注释**〕 ① 遗：给予。 ② 识：通“帜”，标志。 ③ 少：稍微。 ④ 寤：通“悟”，觉悟。 ⑤ 会：适逢。 ⑥ 造膝：促膝。 ⑦ 法：效法。 ⑧ 庶几：也许可以。 ⑨ 歆：祭祀时鬼神享受祭品的香气。 ⑩ 果：成为事实。 ⑪ 遽：仓促。 ⑫ 称：符合。 ⑬ 趋：礼节性地小步快走，以示恭敬。 ⑭ 掖：扶。 ⑮ 略：稍微。 ⑯ 愀：忧惧。 ⑰ 麾：同“挥”。 ⑱ 格：制度。 ⑲ 邀：拦截。 ⑳ 间道：偏僻的小路。 ㉑ 悉：都。 ㉒ 振：赈济。 ㉓ 辄：擅自。 ㉔ 书：书信。 ㉕ 节：减省。 ㉖ 逸：隐士。 ㉗ 察：考察。 ㉘ 权：暂且。 ㉙ 以：因为。 ㉚ 贷：借贷。 ㉛ 济：救济。 ㉜ 不豫：婉称帝王有病。 ㉝ 殂：死亡。

〔**赏析**〕 孝宗赵昚是南宋王朝的第二任皇帝，在做太子时他就主张抗金，即位后更是全身心致力于强兵富国的政治实践，我们应当从“内修政理”和“外攘夷狄”两个方面对孝宗一朝的振兴之策进行全面的审视。

孝宗一朝惩治贪官，严禁招权纳贿；频繁易相（孝宗在位二十七年，宰相更换十七人、参知政事三十四人），以防止秦桧式的权相出现。孝宗也注重减轻人民负担。根据旧制，从南宋初年开始，国家提前征收本税季的赋税，规定八月半前交完，但户部却要求七月底交完，至孝宗时，甚至提前到四五月，此时夏粮还没有收上来，正是青黄不接的时候，根本就没有粮食可以交纳。孝宗改革征收制度的举措极大减轻了老百姓的负担，他督促地方官兴修水利，“免农桑，尽地力”，实行“其以功绩闻者既加之赏矣，否则罚亦必行”的政策，“是以年谷屡登，田野加辟，虽有水旱，民无菜色”。

文化上，孝宗兼容并蓄，共同发展。思想领域一改北宋后期“有树（立）有打（破）”的学术政策，当时主流学派有北宋以来的王安石新学和新兴的程朱理学，此外，苏氏的蜀学也重新兴起。孝宗对新学颇有微词，但对理学攻击新学并不支持。孝宗时期，文学成就辉煌灿烂，出现了中兴四大诗人——陆游、范成大、杨万里、尤袤。南宋末年学者黄震评论曰:“正国家一昌明之会,诸儒彬彬辈出”。当代学者刘子健也说:“中国近八百年以来的文化,是以南宋为领导的模式,以江浙一带为重心。”

孝宗朝内政修明,经济成就卓绝,但这一切却无法化解南宋严重的政治军事危机。孝宗外攘夷狄,锐意恢复,但壮志未酬。张浚、虞允文之后,孝宗并没有放弃北伐恢复之志,但“用兵之意弗遂而终”。一国之君都无法实现自己的中兴之志,原因必然是十分复杂的。孝宗的“愚孝”是个致命的缺点,太上皇随时可能的大加干预,每每使得南宋丧失难得的反攻时机。

所谓“迫之者,激之成也”。女真人离开了他们原有的居住地,沉湎于汉文化地区丰富的物质文明之中,宋人萎靡不振的病毒也感染了女真人,消除了他们原有的勇猛凶暴的血性。金世宗满足于现状,也无力南侵,遂不再考虑侵宋,转而防备南宋北进,世宗每戒群臣“积钱谷,谨边备”,并说“吾恐宋人之和,终不可恃”,颇为忌惮孝宗的一番作为。宋人虽已失去大河与山脉的艰险阻塞,但女真不再大肆南侵,不再构成对宋廷的迫切威胁,因而,占据了文雅柔弱江南地区的南宋更是没有了北伐的愿望。南宋大臣们满足于现状,孝宗再也得不到张浚、虞允文那样的主战派大臣的支持。

一切政治社会危机都是制度问题,南宋军事屡败的根源是继承自北宋开国以来所确立的“守内虚外,重文轻武”这一原则。南宋政权建立之后,对外要应对南侵的金兵,对内要平定流寇集团,武将的地位有所提高,拥有较多军事指挥权和固定的地盘,甚至还拥有较固定的军队。武将对儒生较为轻视,南宋政府越来越感觉武官存在着尾大不掉之势,遂有绍兴七年(1137年)至十二年相继罢黜刘光世、韩世忠、岳飞、张俊四名大将兵权之举,又走到“重文轻武”的老路上去。守内虚外的表现之一是采取消极的防御政策,张浚、虞允文之后,尤其是孝宗晚年,再图进取的雄心壮志已渐失。守内虚外的重点是消灭政权内部威胁皇权的力量,宋孝宗数次易相即是此一政策的明证。此举固然防止了宰相专权,但也使得人才的能力不能得到尽情的施展与发挥,可谓是叶公好龙之举。

文官治国是宋代加强专制集权的一项战略性国策,文人入仕,形成了一个稳定的有文化的官僚阶层，模铸了一代价值观念和政治思想。南宋初年这一政策略有松动，立即遭遇文官集团的强烈反抗，于是便有了第二次削兵权的动议。祖宗家法给予了文官优越的地位与心理优势，赋予文官猜忌武将的权力，武将若构成对祖宗家法的挑战，则权力遭受到削弱也就成为符合历史逻辑的事情了。这种政治权力分配模式决定了南宋王朝只能采取守势。守成，是南宋帝王的心态，唯南宋孝宗登基后思有所作为，但年老后亦颇为不振。

孝宗不对症下药，适当调整政治制度，是不可能取得真正的中兴之治的。他暂时摆脱了祖宗家法，行之不远，却又重归老路。这是孝宗的悲剧，更是南宋一朝的悲剧。

张浚列传

〔选文〕

张浚，字德远，汉州绵竹人，唐宰相九龄弟九皋之后。父咸，举进士、贤良两科。浚四岁而孤，行直视端，无诳言，识者知为大器。入太学，中进士第。靖康初，为太常簿。张邦昌僭立，逃入太学中。闻高宗即位，驰赴南京，除[①]枢密院编修官，改虞部郎，擢殿中侍御史。驾幸东南，后军统制韩世忠所部逼逐谏臣坠水死，浚奏夺世忠观察使，上下始知有国法。迁侍御史。

……

建炎三年春，金人南侵，车驾幸钱塘，留朱胜非于吴门捍御，以浚同节制军马，已而胜非召，浚独留。时溃兵数万，所至剽掠，浚招集甫[②]定。会苗傅、刘正彦作乱，改元赦书至平江，浚命守臣汤东野秘不宣。未几，傅等以檄来，浚恸哭，召东野及提点刑狱赵哲谋起兵讨贼。

……

会韩世忠舟师抵常熟，张俊曰："世忠来，事济[3]矣。"白浚以书招之。世忠至，对浚恸哭曰："世忠与俊请以身任之。"浚因大犒俊、世忠将士，呼诸将校至前，抗[4]声问曰："今日之举，孰顺孰逆？"众皆曰："贼逆我顺。"浚曰："闻贼以重赏购吾首，若浚此举违天悖人，汝等可取浚头去；不然，一有退缩，悉以军法从事。"众咸感愤。于是，令世忠以兵赴阙[5]，而戒其急趋秀州，据粮道以竢大军之至。世忠至秀，即大治[6]战具。

会傅等以书招浚，浚报云："自古言涉不顺[7]，谓之指斥乘舆[8]；事涉不逊，谓之震惊宫阙；废立之事，谓之大逆不道，大逆不道者族[9]。今建炎皇帝不闻失德，一旦逊位，岂所宜闻。"傅等得书恐，乃遣重兵扼临平，亟除俊、世忠节度使，而诬浚欲危社稷，责郴州安置。俊、世忠拒不受。会吕颐浩、刘光世兵踵至，浚乃声傅、正彦罪，传檄中外，率诸军继进。

……

浚在关陕三年，训新集之兵，当[10]方张之敌，以刘子羽为上宾，任赵开为都转运使，擢吴玠为大将守凤翔。子羽慷慨有才略，开善理财，而玠每战辄胜。西北遗民，归附日众。故关陕虽失，而全蜀按堵[11]，且以形势牵制东南，江、淮亦赖以安。

……

孝宗即位，召浚入见，改容曰："久闻公名，今朝廷所恃唯公。"赐坐降问，浚从容言："人主之学，以心为本，一心合天，何事不济？所谓天者，天下之公理而已。必兢业自持，使清明在躬，则赏罚举措，无有不当，人心自归，敌仇自服。"孝宗悚[12]然曰："当不忘公言。"除少傅、江淮东西路宣抚使，进封魏国公。翰林学士史浩议欲城瓜洲、采石。浚谓不守两淮而守江干，是示敌以削弱，怠[13]战守之气，不若先城[14]泗州。及浩参知政事，浚所规画[15]，浩必沮[16]之。浚荐陈俊卿为宣抚判官，孝宗召俊卿及浚子栻赴行在。浚附奏请上临幸建康，以动[17]中原之心；用师淮堧，进舟山东，以为吴璘声援。孝宗见俊卿等，问浚动静饮食颜貌，曰："朕倚魏公如长城，不容浮言摇夺。"金人以十万众屯河南，声言规[18]两淮，移文索海、泗、唐、邓、商州及岁币。浚言北敌诡诈，不当为之动，以大兵屯盱眙、濠、庐备[19]之，卒以无事。

……

浚既去，犹上疏论尹穑奸邪，必误国事，且劝上务学亲贤。或勉浚勿复以时事为言，浚曰："君臣之义，无所逃于天地之间。吾荷两朝厚恩，久尸[20]重任，今虽去国，犹日望上心感悟，苟有所见，安忍弗言。上如欲复用浚，浚当即日就道，不敢以老病为辞。如若等言，是诚何心哉！"闻者耸然。行次[21]余干，得疾，手书付二子曰："吾尝相国，不能恢复中原，雪祖宗之耻，即死，不当葬我先人墓左，葬我衡山下足矣。"讣闻，孝宗震悼，辍视朝，赠太保，后加赠太师，谥忠献。

浚幼有大志，及为熙河幕官，偏行边垒，览观山川形势，时时与旧戍守将握手饮酒，问祖宗以来守边旧法，及军阵方略之宜。故一旦起[22]自疏远，当枢筦之任，悉能通知边事本末。在京城中，亲见二帝北行，皇族系虏，生民涂炭，誓不与敌俱存，故终身不主和议。每论定都大计，以为东南形势，莫如建康，人主居之，可以北望中原，常怀愤惕。至如钱塘，僻在一隅，易于安肆[23]，不足以号召北方。与赵鼎共政，多所引擢，从臣朝列，皆一时之望，人号"小元佑"。所荐虞允文、汪应辰、王十朋、刘珙等为名臣；拔吴玠、吴璘于行间，谓韩世忠忠勇,可倚以大事,一见刘锜奇之,付以事任,卒皆为名将,有成功,一时称浚为知人。

选自《宋史》卷三百六十一

〔注释〕 ① 除:拜官受职。 ② 甫:才。 ③ 济:成功。 ④ 抗:通“亢”,高。 ⑤ 阙:朝廷。 ⑥ 治:备办。 ⑦ 顺:合理。 ⑧ 乘舆:帝王的代称。 ⑨ 族:灭族。 ⑩ 当:抵挡。 ⑪ 按堵:同“安堵”,安居。 ⑫ 悚:恐惧。 ⑬ 怠:使懈怠。 ⑭ 城:筑城。 ⑮ 画:谋划。 ⑯ 沮:阻止。 ⑰ 动:触动。 ⑱ 规:谋求。 ⑲ 备:防御。 ⑳ 尸:执掌。 ㉑ 次:停留。 ㉒ 起:征聘。 ㉓ 肆:放纵。

〔赏析〕 张浚,字德远,号紫岩居士,汉州绵竹(今四川绵竹市)人,南宋政治家、抗金将领,徽宗时中进士,钦宗靖康时为太常簿。高宗即位建立南宋王朝,张浚任枢密院编修官。后又任尚书右仆射,同中书门下平章事,兼知枢密院事,都督诸路军马等职。他力主抗金,反对议和。率部屡次破金,给金兵以沉重打击。后被罢官,免去节度使之职,贬往连州等地居住二十余年。即使在张浚被秦桧排挤出朝的二十年间,仍顶着被台谏论列的压力,以其父对策中“臣宁言而死于斧钺,不能忍不言以负陛下”为信条极论时事,就抗金等有关社稷安稳大事反复上书高宗。孝宗即位后起用张浚,隆兴二年(1164年),张浚又被主和派排挤,罢去相位,出判福州。张浚在赴任路上听说朝廷议和,继续上书反对,途经余干病逝。

南宋初期,朝廷要想一雪靖康之耻,恢复北宋的气势,英明的君主固不可少,但也不可缺少优秀宰相的襄助。高宗时的大臣李纲本堪重任,但在朝廷遭受排挤,加上赵构惧怕金兵,故而壮志不得伸展,他那抗金的正确方略只能化作无奈的叹息。孝宗即位时对于优秀宰相的人选很是渴求,然而即使张浚出现,也没有受到真正的重用,空留历史的叹嗟。

孝宗皇帝锐意北伐,经过各种挫折打击之后,南宋几无可用之人,张浚成了孝宗最后的一根救命稻草。不过张浚本人确有志大而才疏的毛病,太上皇高宗皇帝也曾劝孝宗不要信其虚名,然而孝宗皇帝并没有接纳这个意见。

当张浚斩赵哲,贬刘锡而上书待罪时,高宗说:“‘浚放罪诏,宜早降’。因言浚用曲端、赵哲、刘锡,后见其过而重遣之,浚未有失,安可罢也……有才而能办事者固不少，若孜孜为国，无如浚。”略晚于张浚的著名学者杨万里曾针对诋毁张浚的言论为之辩白说：“魏公有社稷大功五件：复辟之勋，一也；发储嗣之议，二也；诛范琼以正朝纲，三也；用吴玠以全蜀，四也；却刘麟以定江右，五也。”需要指出的是，尽管张浚屡立功劳，然而这些成功即便是中才之人亦能胜任，对于张浚能否拥有担当宰相之重任，这些证据显然是颇为不足的。

孝宗殷切盼望北伐成功，张浚亦为之振奋不已，可是主将李显忠刚从西夏回来且众将士尚未与之亲近，副将邵宏渊战场经验不足，又怀有私心，两人却都想被重用。这样一个临时拼凑起来的松散的政治联盟，自然是不具有任何可持续发展性的。再说，国家之事无小事，隆兴北伐亦不是君臣二人所能当机立断的，仅凭一腔热情，而没有后续的谋略，北伐必将失败。

判断越是坚定，就越该考虑周密。张浚这个人志向很大，但气量不够；勇气可嘉，但办事不周。遭到保守派秦桧之流的排挤后，他只是一直无谓地愤怒声讨，却不采取实际的措施以阻遏政敌猖狂的进攻。政治洞察力的欠缺是他最大的不足之处，以致再度出山后，他仍旧犹如初次被任用时一样，二十年的贬官没有让他成长多少，隆兴北伐的失败不是不可预料的。

人常说“宰相肚里能撑船”，然而被压制打击之后的张浚，虽为孝宗启用，但内心充满了愤慨不满的怨气，不相信任何人，不接受任何意见。

决定愈是坚决，就愈要坚定信念。作为一国之君，就应当“疑人不用，用人不疑”。符离之败后，张浚遭到主张议和的士大夫们诋毁与非议，此时，孝宗复赐浚书曰：“今日边事倚卿为重，前日举事之初，朕与卿任之，今日亦须与卿终之”，告诉张浚“卿不可畏人言而怀犹豫”。然而孝宗最终并没有顶住北伐失败的压力，还是“畏人言”，并且毫不“犹豫”地罢黜了张浚。不仅是在张浚的问题上，在整个用相的问题上，孝宗总是不坚定，频繁易相，统治政策也严重缺乏稳定性。

可见，孝宗一朝，君臣都缺乏兴邦定国的必备素质。但诚如杨万里所言，张浚也确实有不少闪光点。

（张　峰）

一代天骄的历史使命

〔**导言**〕 本组选录的成吉思汗及其手下悍将木华黎传均出自《元史》。12世纪后期，游牧于西起鄂嫩河、克鲁伦河、土拉河上源，东至兴安岭一带的蒙古部在铁木真(后称成吉思汗)率领下，日渐崛起，于13世纪初击败了漠北各部，建立起统一的大蒙古国及一系列新的草原军政制度和秩序。接着，凭其武力，不断向周边扩张，屡屡发起南下和西征的军事攻略，兵锋所及，无不摧破。经七十余年，先后灭西夏、金和南宋，建立起中国历史上第一个以少数民族为主体的大一统王朝——元，以及钦察汗国、窝阔台汗国、察合台汗国和伊利汗国等四大汗国。成吉思汗和木华黎都是蒙古国开创时期的人物，其一生事业，自多与蒙古初兴期的军事活动，即统一漠北、南下攻金和西征花剌子模有关。不过，也应看到，蒙古军当时所以能纵横欧亚大陆而无敌手，首先固然是靠其骑兵整体训练有素、凶猛剽悍、行动飘忽迅捷和战术灵活多变等因素聚合而成的巨大军事能量，但之后在广大占领区建立起维系上百年的统治，恐怕除武力外，还与其能逐步注意结合当地的文化习俗和政治实际，采取相应的制度有很大关系。这一点，在其攻金战争的过程中其实已露端倪，应当引起我们的注意。

元太祖本纪

〔**选文**〕

太祖法天启运圣武皇帝，讳铁木真，姓奇渥温氏，蒙古部人。

……

时帝功德日盛，泰赤乌诸部多苦其主非法，见帝宽仁，时[①]赐人以裘马，心悦之。若赤老温、若哲别、若失力哥也不干诸人，若朵郎吉、若札剌儿、若忙兀诸部，皆慕义来降。

……

会[2]塔塔儿部长蔑兀真笑里徒背金约，金主遣丞相完颜襄帅兵逐之北走[3]。帝闻之，发近兵自斡难河迎击，仍谕薛彻别吉帅部人来助。候六日不至，帝自与战，杀蔑兀真笑里徒，尽虏其辎重。

……

帝移军斡难河源，谋攻汪罕，复遣二使往汪罕，伪为哈撒儿之言曰："我兄太子今既不知所在，我之妻孥又在王所，纵我欲往，将安所之[4]耶？王傥[5]弃我前愆[6]，念我旧好，即束手来归矣。"汪罕信之，因遣人随二使来，以皮囊盛血与之盟。及至，即以二使为向导，令军士衔枚夜趋折折运都山，出其不意，袭汪罕，败之。尽降克烈部众，汪罕与亦剌合挺身遁去。汪罕叹曰："我为吾儿所误，今日之祸悔将何及！"汪罕出走，路逢乃蛮部将，遂为其所杀。

……

岁甲子，帝大会于帖麦该川，议伐乃蛮……遂进兵伐乃蛮，驻兵于建忒该山，先遣虎必来、哲别二人为前锋。太阳罕至自按台，营[7]于沆海山，与蔑里乞部长脱脱、克烈部长阿怜太石、猥剌部长忽都花别吉，暨秃鲁班、塔塔儿、哈答斤、散只兀诸部合，兵势颇盛……是日，帝与乃蛮军大战至晡[8]，禽[9]杀太阳罕。诸部军一时皆溃，夜走绝险，坠崖死者不可胜计。明日，余众悉[10]降。于是朵鲁班、塔塔儿、哈答斤、散只兀四部亦来降。

……

元年丙寅，帝大会诸王群臣，建九斿白旗，即皇帝位于斡难河之源，诸王群臣共上尊号曰成吉思皇帝。是岁实金泰和之六年也。

……

四年己巳春，畏吾儿国来归[11]。帝入河西，夏主李安全遣其世子率师来战，败之，获其副元帅高令公。克兀剌海城，俘其太傅西壁氏。进至克夷门，复败夏师，获其将嵬名令公。薄[12]中兴府，引河水灌之，堤决，水外溃，遂撤围还。遣太傅讹答入中兴，招谕夏主，夏主纳女请和。

……

初，帝贡岁币于金，金主使卫王允济受贡于净州。帝见允济不为礼。允济归，欲请兵攻之。会金主璟殂[13]，允济嗣[14]位，有诏至国，传言当拜受。帝问金使曰："新君为谁？"金使曰："卫王也。"帝遽[15]南面唾曰："我谓中原皇帝是天上人做，此等庸懦亦为之耶，何以拜为！"即乘马北去。金使还言，允济益[16]怒，欲俟帝再入贡，就进场害之。帝知之，遂与金绝，益严兵为备。

……

七年壬申春正月，耶律留哥聚众于隆安，自为都元帅，遣使来附[17]。帝破昌、桓、抚等州。金将纥石烈九斤等率兵三十万来援，帝与战于貛儿觜，大败之。

秋，围西京。金元帅左都监奥屯襄率师来援，帝遣兵诱至密谷口逆击之，尽殪。复攻西京，帝中流矢，遂撤围。

九月，察罕克奉圣州。

冬十二月甲申，遮别攻东京不拔[18]，即引去，夜驰还，袭克之。

……

是秋，分兵三道：命皇子术赤、察合台、窝阔台为右军，循[19]太行而南，取保、遂、安肃、安、定、邢、洺、磁、相、卫、辉、怀、孟，掠泽、潞、辽、沁、平阳、太原、吉、隰，拔汾、石、岚、忻、代、武等州而还；皇弟哈撒儿及斡陈那颜、拙赤歹、薄刹为左军，遵海而东，取蓟州、平、滦、辽西诸郡而还；帝与皇子拖雷为中军，取雄、霸、莫、安、河间、沧、景、献、深、祁、蠡、冀、恩、濮、开、滑、博、济、泰安、济南、滨、棣、益都、淄、潍、登、莱、沂等郡。复命木华黎攻密州，屠之。史天倪、萧勃迭率众来降，木华黎承制并以为万户。帝至中都，三道兵还，合屯大口。

是岁，河北郡县尽拔，唯中都、通、顺、真定、清、沃、大名、东平、德、邳、海州十一城不下。

……

六月，金遣完颜合周、奥屯阿虎来请和。帝谓群臣曰："朕自去冬五星聚时，已尝[20]许不杀掠，遽忘下诏耶。今可布告中外，令彼行人亦知朕意。"是月，夏主李晛降。帝次[21]清水县西江。

秋七月壬午，不豫[22]。己丑，崩于萨里川哈老徒之行宫。临崩谓左右曰："金精兵在潼关，南据连山，北限大河，难以遽[23]破。若假道于宋，宋、金世仇，必能许我，则下兵唐、邓，直捣大梁。金急，必征兵潼关。然以数万之众，千里赴援，人马疲弊[24]，虽至弗能战，破之必矣。"言讫而崩，寿六十六，葬起辇谷。

选自《元史》卷一

〔注释〕 ① 时：时常。 ② 会：适逢。 ③ 走：逃跑。 ④ 之：往。 ⑤ 傥：如果。 ⑥ 愆：罪过。 ⑦ 营：扎营。 ⑧ 晡：申时，即黄昏时。 ⑨ 禽：捕捉。 ⑩ 悉：全。 ⑪ 归：归附。 ⑫ 薄：迫近。 ⑬ 殂：死亡。 ⑭ 嗣：承袭。 ⑮ 遽：立即。 ⑯ 益：更加。 ⑰ 附：归附。 ⑱ 拔：攻克。 ⑲ 循：沿着。 ⑳ 尝：曾经。 ㉑ 次：驻扎。 ㉒ 不豫：婉称帝王有病。 ㉓ 遽：疾速。 ㉔ 弊：疲困。

〔赏析〕 成吉思汗本名铁木真,蒙古乞颜部人。出身草原部落贵族,因九岁丧父,部众四散,一度饱受泰赤乌氏贵族的欺凌。年长后,召集旧部,势力渐聚。为迅速壮大自己的力量,他采取了多种策略。

首先是广施恩惠,笼络和吸引周围部落归附于己。如打猎时遇到泰赤乌属下的照烈部,不但主动向他们提供饮食,还在围猎时故意把野兽驱向对方,使之多获猎物。此类“宽仁”的做法,使泰赤乌诸部不少人“心悦之。若赤老温、若哲别、若失力哥也不干诸人,若朵郎吉、若札剌儿、若忙兀诸部,皆慕义来降”。

其次是审时度势,依附强势力量或与之结盟,借以巩固扩大地盘。如尊克烈部汪罕为父,同札只剌氏贵族札木合结为“安答”(意为“契交”),与之联合打击仇敌三姓蔑儿乞部,及合答斤、散只兀、弘吉剌等部。1196年,更乘金军出击塔塔儿部之机,发兵助攻,杀其首领蔑兀真笑里徒,既报了世仇,又因此获得了金朝封赏,被授以“札兀惕忽里”(乣军统领),由此大大提高了铁木真在蒙古部众中的号召力。

与此同时,他还着力于加强部落内的政令统一。1189年被部落贵族会议推举为汗后,立即着手建立起一支由其那可儿(伴当)为主体的精锐护卫队,以加强对部属的控制。稍后,又毫不留情地捕杀不服其政令的同宗主儿乞氏贵族撒察别乞和泰出,夺其部众。随着铁木真军事实力和权威的俱增,蒙古部落间长期比较松散和内争不断的状态逐渐改变,日趋统一,战斗合力也迅速增强,因而得以在不长的时间里,逐一消灭札木合、汪罕和乃蛮等草原强敌,于1206年建立起大蒙古国。

接着,成吉思汗开始将军事扩张的眼光转向周边地区。从1205年直至去世,他先后六次用兵西夏,屡屡围困和残破其都城中兴府(治今宁夏银川),迫其称臣纳贡和听从征调,并于1227年灭之。1219年起,又亲率大军西征,攻灭了中亚强国花剌子模。蒙古的攻金战争持续了更长时间,成吉思汗在世时就与金军在野狐岭(今张家口西北)、居庸关和中都(在今北京城西南隅)等地多次展开大战,重创其主力。1217年后,攻金之事虽交由手下将领木华黎全权主持,但仍时时关注着战局进展。

从本传看,成吉思汗对整个攻金战略始终有着深刻的把握。他之所以把南攻的军事行动确定为先西夏后金朝，显然是考虑到金强夏弱，军事上制服西夏较易，西夏若平，攻金便无后顾之忧。相反，如先攻金，一旦战事迁延，西夏出兵从蒙古军西后侧加以夹击，就易给战局带来不利。事后表明，这一选择是十分明智的。不仅如此，临终前，他还为蒙古灭金的未来战略作了部署，认为金精兵多布于潼关一带，一时难以强攻，不如利用宋金矛盾，借道宋境，“则下兵唐、邓，直捣大梁。金急，必征兵潼关。然以数万之众，千里赴援，人马疲弊，虽至弗能战，破之必矣”。对战局发展作出了正确的预判。

成吉思汗指挥蒙古军的战术在其战胜攻取中显然也起着重大作用。蒙古骑兵作战，明显保持着某种草原游牧部落战争习惯——其目标并不拘泥于争城夺地和守土，而主要是消灭敌方有生力量和掠夺财物，故往往来去飘忽，易于掌握运动战中的主动。至于在战争中利用骑兵的迅捷实施包抄、合围、设伏、突袭等，更是其克敌制胜的惯技。

当然，在分析成吉思汗用兵之长的同时，仍须看到其征伐中极端残酷无道的一面。事实上，在早先的草原部落战争中，胜方掳掠妇女幼儿，同时将对方老人和青壮男子一概灭绝，本属通例。这种部落战争的“野性”，同样被带到了西征和对西夏、金的攻战中，蒙古军所到之处，无不以烧杀和掳掠牲畜、人口、工匠、财物为事，凡曾抵抗之城郭，一旦攻破，即行屠城，无分老幼和军民，尽行杀戮，对这些地区的社会和经济造成了巨大破坏。据本传，成吉思汗晚年对此似有反思，死前一月曾谓：“朕自去冬五星聚时，已尝许不杀掠，遽忘下诏耶。今可布告中外，令彼行人亦知朕意。”但差不多同时，他又吩咐手下：待西夏国主及其居民按蒙古军要求出城投降时，应将他们尽行消灭。这不能不使人质疑，其晚年观念是否真有如此变化？如此说属实，那么，究竟是现实利益的驱动（如占地和收税的需要），还是接受耶律楚材、丘处机等人“戒杀戮”的规劝，抑或是天良发现所致，仍值得作一番探讨。

木华黎列传

〔选文〕

木华黎，札剌儿氏，世居阿难水东。父孔温窟哇，以戚里故在太祖麾下，从平[①]篾里吉，征乃蛮部，数立功。后乃蛮又叛，太祖与六骑走，中道乏食，擒水际橐驼杀之，燔[②]以啖太祖。追骑垂[③]及，而太祖马毙，五骑相顾骇愕，孔温窟哇以所乘马济[④]太祖，身当[⑤]追骑，死之。太祖获免。

有子五人，木华黎其第三子也。生时有白气出帐中。神巫异之，曰："此非常儿也。"及长，沉毅多智略，猿臂善射，挽弓二石强。与博尔术、博尔忽、赤老温事[⑥]太祖，俱以忠勇称[⑦]，号掇里班曲律，犹华言四杰也。

……

辛未，从伐金，薄宣德，遂克德兴。壬申，攻云中、九原诸郡，拔之，进围抚州。金兵号四十万，阵[⑧]野狐岭北。木华黎曰："彼众我寡，弗致死力战，未易破也。"率敢死士，策马横戈，大呼陷阵，帝麾[⑨]诸军并进，大败金兵，追至浍河，僵尸百里。癸酉，攻居庸关，壁坚，不得入，遣别将阇别统兵趋紫荆口，金左监军高琪引兵来拒[⑩]，不战而溃，遂拔涿州。因[⑪]分兵攻下益都、滨、棣诸城，遂次霸州，史天倪、萧勃迭率众来降，并奏为万户。

甲戌，从围燕，金主请和，北还。命统诸军征辽东，次高州，卢琮、金朴以城降。乙亥，裨将萧也先以计平定东京。进攻北京，金守将银青率众二十万拒花道逆战，败之，斩首八万余级。城中食尽，契丹军斩关来降，进军逼之，其下杀银青，推寅答虎为帅，遂举城降。

……

七月，进兵临兴中。先遣吾也而等攻溜石山，谕之曰："今若急攻，贼必遣兵来援，我断其归路，致可擒也。"又遣蒙古不花屯永德县东候之。致果遣鲸子东平将骑兵八千、步卒三万，援溜石。蒙古不花引兵趋之，驰报，木华黎夜半引兵疾驰，遇于神水县东，夹击之。分麾下兵之半，下马步战。选善射者数千，令曰："贼步兵无甲，疾[12]射之！"乃麾骑兵齐进，大败之，斩东平及士卒万二千八百余级。拔开义县，进围锦州。致遣张太平、高益出战，又败之，斩首三千余级，溺死者不可胜数。围守月余，致愤将校不戮力[13]，杀败将二十余人。高益惧，缚致出降，伏诛。广宁刘琰、懿州田和尚降，木华黎曰："此叛寇，存之无以惩后。"除工匠优伶外，悉屠之。

……

丁丑八月，诏封太师、国王、都行省承制行事，赐誓券、黄金印曰："子孙传国，世世不绝。"分弘吉剌、亦乞烈思、兀鲁兀、忙兀等十军，及吾也而契丹、蕃、汉等军，并属麾下。且谕曰："太行之北，朕自经略，太行以南，卿其勉之。"赐大驾所建九斿大旗，仍谕诸将曰："木华黎建此旗以出号令，如朕亲临也。"乃建行省于云、燕，以图中原，遂自燕南攻遂城及蠡州诸城，拔之。冬，破大名府，遂东定益都、淄、登、莱、潍、密等州。戊寅，自西京由太和岭入河东，攻太原、忻、代、泽、潞、汾、霍等州，悉降之。遂徇[14]平阳，金守臣弃城遁，以前锋拓拔按察儿统蒙古军镇之拒金兵，以义州监军李廷植之弟守忠权河东南路帅府事。己卯，以萧特末儿等出云、朔，攻降岢岚火山军。以谷里夹打为元帅达鲁花赤，攻拔石、隰州，击绛州，克之。

庚辰，复由燕徇赵，至满城。武仙举真定来降。权知河北西路兵马事史天倪进言曰："今中原粗[15]定，而所过犹纵兵抄掠，非王者吊[16]民之意也。"木华黎曰："善。"下令禁无剽掠，所获老稚，悉遣还田里，军中肃然，吏民大悦。兵至滏阳，金邢州节度使武贵迎降，进攻天平寨，破之。遣蒙古不花分兵略[17]定河北卫、怀、孟州，入济南。严实籍[18]所隶相、魏、磁、名、恩、博、滑、浚等州户三十万，诣军门降。

时金兵屯黄陵冈，号二十万，遣步兵二万袭济南。木华黎以轻兵五百击走之。遂会大军，薄黄陵冈。金兵阵河南岸，示以死战。木华黎曰："此不可用长兵，当以短兵取胜。"令骑下马，引满齐发，亦下马督战，果大败之，溺死者众。进攻楚丘。楚丘城小而固，四面皆水，令诸军以草木填堑，直抵城下。严实率所部先登，拔之。攻下单州，围东平，以实权[19]山东西路行省，戒之曰："东平粮尽，必弃城走，汝伺[20]其去，即入城安辑[21]之，勿苦郡县，以败事也。"留梭鲁忽秃以蒙古军三千屯守之。辛巳四月，东平粮尽，金行省忙古奔汴，梭鲁忽秃邀[22]击之，斩七千余级，忙古引数百骑遁去。

选自《元史》卷一百一十九

〔注释〕 ① 平：平定。 ② 燔：把肉放在火上烤。 ③ 垂：将近。 ④ 济：帮助。 ⑤ 当：抵挡。 ⑥ 事：侍奉。 ⑦ 称：著称。 ⑧ 阵：排兵布阵。 ⑨ 麾：指挥。 ⑩ 拒：抵抗。 ⑪ 因：于是。 ⑫ 疾：急速。 ⑬ 戮力：合力。 ⑭ 徇：带兵夺取。 ⑮ 粗：大略。 ⑯ 吊：抚慰。 ⑰ 略：掠夺。 ⑱ 籍：登记。 ⑲ 权：暂代官职。 ⑳ 伺：等待。 ㉑ 安辑：安抚。 ㉒ 邀：拦截。

〔赏析〕 木华黎，蒙古札剌儿部人。父孔温窟哇在与乃蛮作战时因掩护铁木真而死。他本人沉毅多智，年轻时就随铁木真征战，忠心耿耿，与博尔术、博尔忽、赤佬温同称"四杰"，是铁木真身边最为亲信的那可儿(伴当)。在统一蒙古各部的过程中，因战功卓著，大蒙古国初建时即受封为国王，任左手万户，掌管东边直至大兴安岭地区的军民。1211 年起，随成吉思汗连年攻金，迫金宣宗遣使求和。后率军征讨辽西和辽东，攻降金北京(今辽宁宁城西)、兴中府(今辽宁辽阳)，平定张致之叛，连下海州(今辽宁海城)、复州(今辽宁盖县西南)等城。

1217 年被成吉思汗封为太师、国王、都行省承制行事，率蒙古、汪古及契丹、女真、汉诸族人马十万，全权主持中原战事。在其指挥下，蒙古军由燕京（今北京）趋西京（今山西大同），转战于今山西、河北、山东、陕西等地，与金兵展开了长期争夺，至其去世的1223年，已奄有山西、河北大部，陕西和山东的战事则仍处于拉锯胶着状态。

木华黎指挥作战，多谋能断，善依据战场形势采取不同的战术。如在讨伐锦州叛军张致时，采取攻其必救的办法，先派兵击其要害溜石山堡，引对方出兵救援，自己则夜半引兵疾驰，断其后路，将之围歼于救援途中。又如黄陵冈之战，金兵背水而阵，"示以死战"，木华黎见状，急令士兵下马引弓齐发，金兵不支，败退时多落水而死。1221年冬，蒙古军进攻延安（今属陕西），见金行省完颜合达以兵三万阵于城东，有轻视蒙古兵少之意，遂与手下将领蒙古不花定计设伏，夜半以大军衔枚齐进，伏于城东十五里两谷间。次日以少量兵挑战诈败，将对方引入谷中，"伏发，鼓声震天地，万矢齐下，金兵大败，斩七千级，获马八百"。

通观本传，还可以发现，在长期征战中原的过程中，木华黎作为蒙古兴起时的第一代战将，对原先陌生的农耕社会及其政治秩序已逐渐有所了解，对战争和战局的观念也随之有所转变，并潜移默化地反映到其后期指挥对金作战及在占领区实施的某些政策上，这主要表现在：

一是攻战不再全以蒙古军为主，而是加入了不少他族部队。除一度强行征调西夏军入役外，还通过招降中原本地人，特别是原先对金统治不满的汉、契丹武装加入战团，如永清（今属河北）史天倪家族、长清（今属山东）严实、兴中府（今辽宁朝阳）石天应、原红袄军首领石珪，以及契丹人萧也先和石抹明安等。这样做，一方面自然是因为随着战争规模及地域的扩大，蒙古兵源日感不足，急需得到补充；另一方面，这些武装熟悉战地情况，有些土豪和地方势力还直接掌管着数十万户当地居民，这无疑为打击金军、迅速扩大战果和因地筹集军需粮草等提供了相当便利，

二是改变初期重抄掠轻守土的作战方针，开始仿效中原制度，设官治理地方和安集百姓等事宜。如在围困东平（今属山东）时，木华黎就叮嘱严实，一旦得手，应"即入城安辑之，勿苦郡县，以败事也"。对这一时期攻降的北京、兴

中、河中(治今山西永济蒲州镇)也都随时选官置守,以为长久占领之计。

三是逐渐改变了原先攻城略地时动辄屠城的做法。如1215年,金北京守将以城降,木华黎怒其投降太晚,本欲坑杀之,经契丹人萧也先劝说:"北京为辽西重镇,既降而坑之,后岂有降者乎?"遂从之。战山东时,又接受了权知河北西路兵马事史天倪的建议:"今中原粗定,而所过犹纵兵抄掠,非王者吊民之意也。"乃下令"禁无剽掠,所获老稚,悉遣还田里,军中肃然,吏民大悦"。木华黎也因此赢得了"仁者不杀"的名声,使金方向其归降者日多。

应当说,这不仅是他个人的变化,实际上也反映了整个蒙古统治从草原部落政权体制逐渐向疆域更为广大的城郭定居社会体制转化的一种趋势或先兆。

(胡逢祥)

生载史籍，死照汗青

〔导言〕 自公元8世纪中叶唐朝爆发安史之乱，中国大一统的历史格局再次被打破。唐末五代之际，中国周边的少数民族加强了民族意识和政权意识，建立了一系列政权，与之后的宋朝形成对峙的格局。10世纪北宋王朝的建立，只是统一了大部分的中原地区，北方游牧民族建立的一系列北方王朝（辽、金、蒙元），在吸收了相对成熟的中原汉地文明成果后相继南下，欲图重建大一统的国家格局，因此，金元政权与占据半壁江山的南宋政权出现了长达一个半世纪的对决。最终，元朝凭借其强大的武力，成为中国历史上第一个统治整个中国进而完成大一统事业的少数民族政权。

本组选取《宋史》中的《虞允文列传》，通过虞允文临危指挥采石之战击败南下金军的事实，进一步了解南宋与金形成长期对峙局面的原因，这与南北双方各自凭借的军事优势与杰出将领成功扬长避短的抉择息息相关。选取《元史》中的《史天泽列传》，旨在通过对于北方汉地大族史氏的记载，了解在蒙古南下攻金过程中史氏成为蒙古统治华北地区的代理人（汉地世侯之一）的原因，同时理解史氏如何协助蒙古统治者实行汉法改革，进而推动不同地域文明之间的交流与融合，考察史氏在乱世过程中顺应汉法需要，妥善交出兵权的高瞻远瞩之举。选取《宋史》中的《文天祥列传》，在领悟文天祥以天下为己任的爱国主义精神的同时，体会南宋士大夫对于北宋、南宋政治体制中中央集权不断加强从而造成的矫枉过正之感慨。选取《元史》中的《伯颜列传》，分析元朝如何在屡屡因攻宋行动迟滞而受挫后，果断调整战略目标，克服自身军事弱点，任命杰出军事指挥，进而完成一统大业的历史动因。

虞允文列传

〔选文〕

虞允文字彬甫，隆州仁寿人。

……

（绍兴三十一年）九月，金主命李通为大都督，造浮梁于淮水上。金主自将[1]，兵号百万，毡帐相望，钲鼓之声不绝。十月，自涡口渡淮。先是，刘锜措置[2]淮东，王权措置淮西。至是，权首弃庐州，锜亦回扬州，中外震恐。上欲航海，陈康伯力赞亲征。是月戊午，枢臣叶义问督江、淮军，允文参谋军事。权又自和州遁归，锜回镇江，尽失两淮矣。

十一月壬申，金主率大军临采石，而别以兵争瓜洲。朝命成闵代锜、李显忠代权，锜、权皆召。义问被[3]旨，命允文往芜湖趣[4]显忠交权军，且犒师采石，时权军犹在采石。丙子，允文至采石，权已去[5]，显忠未来，敌骑充斥。我师三五星散，解鞍束[6]甲坐道旁，皆权败兵也。允文谓坐待显忠则误国事，遂立招诸将，勉以忠义，曰："金帛、告命皆在此，待有功。"众曰："今既有主，请死战。"或曰："公受命犒师，不受命督战，他人坏之，公任[7]其咎乎？"允文叱之曰："危及社稷，吾将安避？"

至江滨，见江北已筑高台，对植[8]绛旗二、绣旗二，中建黄屋，亮踞坐其下。谍者言，前一日刑[9]白黑马祭天，与众盟，以明日济江，晨炊玉麟堂，先济者予黄金一两。时敌兵实四十万，马倍之，宋军才一万八千。允文乃命诸将列大阵不动，分戈船为五，其二并东西岸而行，其一驻中流，藏精兵待战，其二藏小港，备不测。部分甫[10]毕，敌已大呼，亮操小红旗麾[11]数百艘绝[12]江而来，瞬息，抵南岸者七十艘，直薄[13]宋军，军小[14]却[15]。允文入阵中，抚时俊之背曰："汝胆略闻[16]四方，立阵后则儿女子尔。"俊即挥双刀出，士殊死战。中流官军亦以海鳅船冲敌，舟皆平沉，敌半死半战，日暮未退。会[17]有溃军自光州至，允文授以旗鼓，从山后转出，敌疑援兵至，始遁。又命劲弓尾击追射，大败之，僵尸凡四千余，杀万户二人，俘千户五人及生女真五百余人。敌兵不死于江者，亮悉[18]敲杀之，怒其不出江也。以捷闻，犒将士，谓之曰："敌今败，明必复来。"夜半，部分[19]诸将，分海舟缒上流，别遣兵截杨林口。丁丑，敌果至，因夹击之，复大战，焚其舟三百，始遁去，再以捷闻。既而敌遣伪诏来谕王权，似有宿[20]约。允文曰："此反间也。"仍复书言："权已寘典宪，新将李世辅也，愿一战以决雌雄。"亮得书大怒，遂焚龙凤车，斩梁汉臣及造舟者二人，乃趋瓜洲。汉臣，教亮济江者也。

显忠至自芜湖，允文语之曰："敌入扬州，必与瓜洲兵合，京口无备，我当往，公能分兵相助乎？"显忠分李捧军万六千往京口，叶义问亦命杨存中将所部来会。允文还建康，即上疏言："敌败于采石，将徼幸于瓜洲。今我精兵聚京口，持重待之，可一战而胜。乞少缓六飞之发。"

甲申，至京口。敌屯重兵滁河，造三闸储水，深数尺，塞瓜洲口。时杨存中、成闵、邵宏渊诸军皆聚京口，不下二十万，惟海鳅船不满百，戈船半之。允文谓遇风则使战船，无风则使战舰，数少恐不足用。遂聚材治铁，改修马船为战舰，且借之平江，命张深守滁河口，扼大江之冲，以苗定驻下蜀为援。庚寅，亮至瓜洲，允文与存中临江按[21]试，命战士踏车船中流上下，三周金山，回转如飞，敌持满以待，相顾骇愕。亮笑曰："纸船耳。"一将跪奏：南军有备，未可轻，愿驻扬州，徐图进取。亮怒，欲斩之，哀谢㉒良久，杖之五十。乙未，亮为其下所杀。

初，亮在瓜洲，闻李宝由海道入胶西，成闵诸军方顺流而下，亮愈怒。还扬州，召诸将约三日济江，否则尽杀之。诸将谋曰："进有渰㉓杀之祸，退有敲杀之忧，奈何?"有万戴者曰："杀郎主，与南宋通和归乡则生矣。"众曰："诺。"亮有紫茸细军，不临阵，恒以自卫，众患㉔之，有萧遮巴者绐㉕之曰："淮东子女玉帛皆聚海陵。"且嗾㉖使往，细军去而亮死。

丙申，敌人退屯三十里，遣使议和。己亥，奏闻。召入对，上慰藉嘉叹，谓陈俊卿曰："虞允文公忠出天性，朕之裴度也。"诏免扈㉗从，往两淮措置。允文至镇江，奏收两淮三策，不报㉘。

选自《宋史》卷三百八十三

〔注释〕 ① 将：统率。 ② 措置：处理。 ③ 被：受。 ④ 趣：催促。 ⑤ 去：离开。 ⑥ 束：绑。 ⑦ 任：承担。 ⑧ 植：竖立。 ⑨ 刑：杀。 ⑩ 甫：才。 ⑪ 麾：指挥。 ⑫ 绝：横渡。 ⑬ 薄：迫近。 ⑭ 小：稍微。 ⑮ 却：退。 ⑯ 闻：闻名。 ⑰ 会：适逢。 ⑱ 悉：全。 ⑲ 部分：部署。 ⑳ 宿：预先。 ㉑ 按：检查。 ㉒ 谢：谢罪。 ㉓ 渰：通"淹"。 ㉔ 患：担忧。 ㉕ 绐：欺骗。 ㉖ 嗾：嗾使。 ㉗ 扈：跟随。 ㉘ 报：答复。

〔赏析〕 虞允文，南宋隆州仁寿(今属四川)人，字彬甫，高宗绍兴二十四年(1154年)进士。虞允文虽以文官身份出身于科举考试，但却对宋金两国的军事状况颇具洞察力，绍兴三十年，他在出使金国的途中，敏感察觉到金国境内运粮造船者多，回国后便向宋高宗上奏见闻，请求加强战备。

次年，金主完颜亮率号称百万之兵南下，很快渡过淮河，宋军在两淮地区甫一交战便全线溃败，淮西守将王权首先放弃庐州，其后淮东守将刘锜独木难支，又被迫撤退至扬州。消息传到临安，朝野震惊。朝廷立即任命叶义问总督江、淮兵马，虞允文任参谋军事，十一月又用李显忠代替王权任淮西统帅，当时李显忠还没有到任，因此叶义问就派虞允文到采石（今安徽当涂境内）犒师，并前往芜湖催促李显忠赶快上任。

但当虞允文一行前往采石时，看到的情况却是群龙无首的宋军三五成群、解鞍束甲立于路旁，他立刻意识到了形势的危急，如果坐等李显忠到来恐怕会贻误战机，于是他果断召集诸将，告诉他们只能死里求生，奋起抗敌，并且对他们说："皇上用来赏赐的金帛、委任状都在我这里，就等你们立下战功了。"诸将回答："现在既然有了您的指挥，那么我们就拼死一战。"此时有随从劝他："您只是奉命犒师，又没有受命督战，何必引火烧身呢。"虞允文却斩钉截铁地斥责随从："国家都岌岌可危了，我又能躲到哪里去呢。"完颜亮亲自指挥全军渡江，虞允文便骑马往来督战，他看见部将时俊在战阵后指挥，就激他："你胆略过人，名闻四方，现在站在战阵后面，还有什么英雄气概。"时俊听后立即挥舞双刀，身先士卒迎战金军，最后大获全胜。次日虞允文又在杨林渡口打破金国水军，迫使完颜亮放弃了从采石渡江的计划，不得不移兵扬州，最后被部下所杀。于是金军北撤，南宋转危为安，又恢复到绍兴和议签订时的对峙状态。

回顾高宗末年的完颜亮南侵之役，金军失败的原因可归纳为如下几点：其一，完颜亮以倾国之力南侵，战略失当，以致无从发挥金国战斗的实力；其二，南侵大军的后勤物资供给不足；其三，宗室完颜雍（金世宗）在北方乘势自立，中原人心浮动，各族人民起义反抗。然而综合上述三条理由来看，虞允文凭借长江天险的地理优势，进而阻击完颜亮大军渡江，这是完颜亮失败的最重要原因，自从南宋小朝廷于江南立国以后，军事实力上明显不敌金人，由于地理环境的不同，南宋政权便利用江淮等河流的地理优势，采取了通过水军抵御北方少数民族政权南侵的战略，宋人杨万里曾经说过："南北各有长技，若骑、若射，北之长技也；若舟、若步，南之长技也……当时（绍兴末）山东之功，采石之功，不以骑也，不以步也，舟焉而已。当时舟胜则胜矣。"（《诚斋集》）杨万里特别强调了金军骑射天下无敌，但由于长江天险却使北方骑兵无用武之地的客观事实，宋金水师战力差距悬殊，金军的短处遇上了南宋的长技。只要宋军有备，金人便始终无法打破南北对峙的局面。

采石一战虽小，但其战略意义却颇为重大：一是遏制了金海陵王从采石南渡长江的企图，使女真将士对长江天险产生畏惧的心理，成为日后造成兵变的一大因素；二是结束了宋军自金兵渡淮河以来连战连败的势头，终于在关键的时刻和地点击退了金军。自古以来，如南北朝时期，侯景率军南渡攻破石头城，隋军南进俘获陈后主，宋太祖一统江南擒获南唐后主李煜，金帅完颜宗弼过江穷追宋高宗等战事有一个共同点，即北方军队皆是从采石一带渡过长江天险的。虞允文在采石挡住了金兵，对宋军士气的恢复影响极大，就如抗金名将刘锜对前来探病的虞允文所说的那样："朝廷养兵三十年，一技不施，而大功乃出于一儒生，我辈愧死矣。"结合采石之战发生前宋军在两淮战场屡屡败退的窘境，我们应该体会到刘锜言论中的深层次方面，采石之战的获胜非由南宋政权的武将主导，而是由一儒生指挥并因此而获得胜利的，其中带有一定的偶然性。这种侥幸取胜和虞允文成名的背后，却暗含着南宋战备废弛和兵政腐败的阵阵隐忧。

总体而言，采石之战沉重地挫败了金军不可一世的锐气，同时在客观上加速了海陵王完颜亮统治力量趋于分裂和崩溃，此役是宋、金战争史上具有重要意义的一次战役，被宋人誉为"中兴十三处战功"之一。虞允文的大功，并不在于战果的大小，而在于能够以大无畏的精神，承担起本来并不应该由他来承担的责任。这既是他得以成功的原因，也是凸显他士人精神的伟大之处。《宋史》曰："允文许国之忠，炳如丹青"，可以说，这一评价是毫不为过的。毛泽东在研读二十四史时，也对虞允文在采石之战中抗金的战功给予了高度的评价，写下了"伟哉虞公，千载一人"这样的赞语。

史天泽列传

〔选文〕

史天泽，字润甫，秉直季子也。身长八尺，音如洪钟，善骑射，勇力绝人，从其兄天倪帅真定。乙酉，天倪遣护送其母归北京，既而天倪为武仙所害，府僚王缙、王守道追及天泽于燕，曰："变起仓猝，部曲散走，多在近郊，公能回辔南行，不招自至矣。"天泽毅然曰："兄弟之仇，义所当复，虽死不避，况未必死邪！”即倾赀[①]装，易[②]甲仗，南还，行次满城，得士马甚众。天泽摄行军事，遣监军李伯佑诣国王孛鲁言状，且乞济[③]师。

……

金亡，移军伐宋。乙未，从皇子曲出攻枣阳，天泽先登，拔之。及攻襄阳，宋兵以舟数千陈于峭石滩，天泽挟二舟载死士，直前捣之，覆溺者万计。丁酉，从宗王口温不花围光州，天泽先破其外城，攻子城，又破之。师次复州，宋兵以舟三千锁湖面为栅，天泽曰：“栅破，则复自溃。”亲执桴鼓[④]，督勇士四十人攻其栅，不逾时，栅破，复人惧，请降。进攻寿春，天泽独当一面，宋兵夜出斫[⑤]营，天泽手击杀数人，麾下兵继至，悉驱其兵入淮水死，乘胜而南，所向辄克[⑥]。

……

戊午秋，从宪宗伐宋，由西蜀以入。己未夏，驻合州之钓鱼山，军中大疫，方议班师，宋将吕文德以艨艟千余，溯嘉陵江而上，北军迎战不利。帝命天泽御[⑦]之，乃分军为两翼，跨江注射，亲率舟师顺流纵击，三战三捷，夺其战舰百余艘，追至重庆而还。

中统元年，世祖即位，首召天泽，问以治国安民之道，即具疏以对，大略谓：“朝廷当先立省部以正纪纲，设监司以督诸路，沛[⑧]恩泽以安反侧，退贪残以任贤能，颁奉秩以养廉，禁贿赂以防奸，庶[⑨]能上下丕应，内外休息。”帝嘉纳之。继命往鄂渚撤江上军，还，授河南等路宣抚使，俄兼江淮诸翼军马经略使。

二年夏五月，拜中书右丞相。天泽既秉[⑩]政，凡前所言治国安民之术，无不次第[⑪]举行。又定省规十条，以正庶务。

宪宗初年，括户[12]余百万，至是，诸色占役者太半，天泽悉奏罢之。秋九月，扈从世祖亲征阿里不哥，次昔木土之地，诏丞相线真将右军，天泽将左军，合势蹙[13]之，阿里不哥败走。

三年春，李璮阴[14]结宋人，以益都叛，遂据济南，诏亲王哈必赤总兵讨之，凶势甚盛。继命天泽往，天泽闻璮入济南，笑曰："豕突入苙，无能为也。"至则进说于哈必赤曰："璮多谲而兵精，不宜力角，当以岁月毙之。"乃深沟高垒，绝其奔轶。凡四月，城中食尽，军溃出降，生擒璮，斩于军门，诛同恶者数十人，余悉纵归。明日，引军东行，未至益都，城中人已开门迎降。

初，天泽将行，帝临轩授诏，责以专征，俾[15]诸将皆听节度。天泽未尝以诏示人，及还，帝慰劳之，悉归功于诸将，其慎密谦退如此。天泽在宪宗时尝奏："臣始摄[16]先兄天倪军民之职，天倪有二子，一子管民政，一子掌兵权，臣复入叨[17]寄遇，一门之内，处三要职，分所当辞，臣可退休矣。"帝曰："卿奕世忠勤，有劳于国，一门三职，何愧何嫌！"竟[18]不许。至是，言者或谓李璮之变，由诸侯权太重。天泽遂奏："兵民之权，不可并于一门，行之请自臣家始。"于是史氏子侄，即日解兵符者十七人。

……

(至元)十年春，与平章阿朮等进攻樊城，拔之，襄阳降。十一年，诏天泽与丞相伯颜总[19]大军，自襄阳水陆并进。天泽至郢州遇疾，还襄阳，帝遣侍臣赐以葡萄酒，且谕之曰："卿自朕祖宗以来，躬擐[20]甲胄，跋履山川，宣力[21]多矣。又卿首事南伐，异日功成，皆卿力也。勿以小疾阻行为忧，可且北发，善自调护。"还至真定，帝又遣其子杠与尚医驰视，赐以药饵。天泽因附奏曰:“臣大限有终,死不足惜,但愿天兵渡江,慎勿杀掠。”语不及它。以十二年二月七日薨,年七十四。讣闻,帝震悼,遣近臣赙[22]以白金二千五百两,赠太尉,谥忠武。后累赠太师,进封镇阳王,立庙。

天泽平居[23],未尝自矜[24]其能,及临大节、论大事,毅然以天下之重自任。年四十,始折节读书,尤熟于《资治通鉴》,立论多出人意表。拜相之日,门庭悄然。或劝以权自张,天泽举唐韦澳告周墀之语曰:“愿相公无权。爵禄刑赏,天子之柄,何以权为!”因以谢之,言者惭服。当金末,名士流寓失所,悉为治其生理[25]而宾礼之,后多致显达。破归德,释李大节不杀,而送至真定,署[26]为参谋。卫为食邑,命王昌龄治之,旧人多不平,而莫能间[27],其知人之明、用人之专如此。是以出入将相五十年,上不疑而下无怨,人以比于郭子仪、曹彬云。

选自《元史》卷一百五十五

〔注释〕 ① 赀:通“资”,资财。 ② 易:交换。 ③ 济:救济。 ④ 桴鼓:战鼓。 ⑤ 斫:偷袭。 ⑥ 克:战胜。 ⑦ 御:阻挡。 ⑧ 沛:充沛。 ⑨ 庶:可能。 ⑩ 秉:执掌。 ⑪ 次第:依次。 ⑫ 括户:登记人口。 ⑬ 蹙:逼迫。 ⑭ 阴:暗中。 ⑮ 俾:使。 ⑯ 摄:代理。 ⑰ 叨:承受。 ⑱ 竟:最终。 ⑲ 总:统领。 ⑳ 擐:穿。 ㉑ 宣力:效力。 ㉒ 赙:以财物助人办丧事。 ㉓ 平居:平日。 ㉔ 矜:夸耀。 ㉕ 生理:生活。 ㉖ 署:任用。 ㉗ 间:离间。

〔赏析〕 史天泽,永清(今属河北)人,字润甫。自史天泽的曾祖史伦因筑室发土得金而有财起始,恰逢金朝乱世,遂在河北诸地组织清乐社多达四十余,每社近千人,因此成为地方上的豪强。史天泽的祖父史成硅、父亲史秉直均继承家业家风。蒙古兴起,成吉思汗派遣木华黎进攻金朝河北、山东,史家遂归附蒙古,在木华黎帐下屡建战功。史天泽因排行第三,习称“三哥”。

史天泽的少年时代恰逢塞外蒙古兴起屡屡南下攻金之时,由于蒙古军队的铁蹄蹂躏,金人被迫从燕京迁都开封,再也无力恢复对于黄河以北地区的有效统治，然而蒙古军队对于攻陷的州县城池又多采取弃而不守的政策。在这种情况下，地方上豪强群起，或据地称雄，或聚众保境，依违于金、蒙之间，后来这些人中的多数投降于蒙古，最终成为金元之际盘踞于河北、山东诸州县，世代兼统军民之特权的“汉人世侯”。河北、山东地区在地理位置上身处金、宋、蒙之间，故许多汉地世侯往往首鼠两端，反复于三方之间，为典型的变色龙。例如被金朝封为恒山公的河北地方豪强——武仙，在叛金归蒙后，复叛蒙归金，并诱杀了史天泽兄长史天倪。山东红袄军起义领袖李全、李璮父子也在金、蒙、宋三方之间辗转归附，趁隙不断扩张，控制山东地区三十年，俨然汉代的封国自立或唐代的藩镇割据。

史天泽却并未像其他汉地世侯那样动辄反复，他一方面率军在对金、对宋战争中屡立战功；另一方面，他也比较重视民政、兴利除害、安抚民心。更重要的是，史天泽在元宪宗蒙哥时即与负责治理中原汉地的忽必烈建立了极密切的关系。当时主持漠南汉地军民政务的忽必烈委任史天泽为河南经略使，兼管军民事宜，史天泽手下的智囊，不少人成为忽必烈的重要谋士。

元世祖忽必烈即位后，元帝国的政治中心逐渐由原先北方的草原地区转变为南方的农耕地区。大蒙古国时代普遍采取的依赖汉人世侯维持对中原汉地进行“间接统治”的政策也必须转变为中央集权的政治体制，这样做的目的便在于求取有效控制汉地并免除其尾大不掉之忧。同时，在汉人儒臣的影响下，忽必烈力图以“汉法”治理汉地，而汉法中最重要的政治模式便是中央集权制，这就与蒙古国原有的分封制度发生了意识形态领域的矛盾，因此取消分封特权便会激起蒙古贵族的集体反对，导致国本动摇，执行起来甚为不易。与此相反，压榨汉人世侯从而攫取巨大的政治利益却是忽必烈执政时积极推行的重要政策。史天泽作为汉人世侯，一方面在忽必烈召问治国安民之术时提出“立省部以正纪纲，设监司以督诸路，沛恩泽以安反侧，退贪残以任贤能，颁奉秩以养廉，禁贿赂以防奸，庶能上下丕应，内外休息”的政治主张，在就任中书右丞相时更是将这一政治主张作为治国安民之术次第施行，使汉法在特殊的条件下得以推行，忽必烈时期出现的“中统至元初治”局面与此关系紧密；另一方面，史天泽不仅亲率大军平定了在山东叛乱降宋的世侯李璮，而且在事后有人追究李璮叛乱原因并将其归咎为汉人世侯之权太重时，史天泽上奏称："兵民之权，不可并于一门，行之请自臣家始"，在主动要求削权的同时亦将先前朝廷正式赏赐给他的封地卫州一并退还，史家子弟一日之间解虎符及金、银符者达十七人（见《牧庵集》），其政治身份也从割据的世袭领主转变为中央集权政治体制下的官僚家族。不久之后，史天泽的中书右丞相之职也被免去。然而，由于史天泽功勋卓著，深受忽必烈的倚重，所以很快史天泽又复官为中书左丞相之职。

忽必烈曾召史天泽商议进军灭宋的方略，史天泽认为："此国大事，可命重臣一人如安童、伯颜，都督诸军，则四海混同，可计日而待矣。"为发起渡江作战，忽必烈下令将原来的荆湖行院和淮西行院都改为行省，拟命令各自指挥属军南下。史天泽对此策略提出："今大师方兴，荆湖、淮西各置行省，势位既不相下，号令必不能一，后当败事。"忽必烈采纳了史天泽的建议，将淮西行省降为行院，荆湖行省称为河南等路行中书省，通过调整指挥机构，确保前线作战号令齐一，杜绝令出多门情况的出现。同时史天泽提出以安童、伯颜等蒙古重臣统兵，自己仅任副将，不可不谓用心良苦。在临终之时，史天泽还上奏忽必烈："但愿天兵渡江，慎勿杀掠。"他高屋建瓴的军事眼光和理政手腕，在元廷攻灭南宋的战争中发挥了重要的推动作用。

史天泽及其家族是汉地世侯的首要代表，也是蒙元初期河北最大的一支地方势力，为巩固和发展蒙古贵族在中原的统治立下了大功。他是忽必烈推行汉法的主要大臣之一，也是元朝唯一官至右丞相高位的汉族代表人物。与当时的多数世侯不同，之前史天泽从未奉仕于金或宋，而在归附蒙古以后他一心相随到底。以后人之见，他的战略眼光与治政能力极为独到，使得史氏一族成为元朝统一后北方最为显赫的汉人家族之一。

文天祥列传

〔选文〕

文天祥字宋瑞，又字履善，吉之吉水人也。

……

德祐初，江上报急，诏天下勤王。天祥捧诏涕泣，使陈继周发[①]郡中豪杰，并结溪峒蛮，使方兴召吉州兵，诸豪杰皆应，有众万人。事闻，以江西提刑安抚使召入卫。其友止之，曰："今大兵三道鼓行，破郊畿，薄内地，君以乌合万余赴之，是何异驱群羊而搏猛虎。"天祥曰："吾亦知其然也。第[②]国家养育臣庶三百余年，一旦有急，征天下兵，无一人一骑入关者，吾深恨于此，故不自量力，而以身徇[③]之，庶天下忠臣义士将有闻风而起者。义胜者谋立，人众者功济[④]，如此则社稷犹可保也。"

……

天祥陛辞[⑤]，上疏言："朝廷姑息牵制之意多，奋发刚断之义少，乞斩师孟衅[⑥]鼓，以作将士之气。"且言："宋惩[⑦]五季之乱，削藩镇，建郡邑，一时虽足以矫尾大之弊，然国亦以浸[⑧]弱。故敌至一州则破一州，至一县则破一县，中原陆沉，痛悔何及。今宜分天下为四镇，建都督统御于其中。以广西益[⑨]湖南而建阃于长沙；以广东益江西而建阃于隆兴；以福建益江东而建阃于番阳；以淮西益淮东而建阃于扬州。责长沙取鄂，隆兴取蕲、黄，番阳取江东，扬州取两淮，使其地大力众，足以抗敌。约日齐奋，有进无退，日夜以图之，彼备[⑩]多力分，疲于奔命，而吾民之豪杰者又伺间出于其中，如此则敌不难却也。"时议以天祥论阔远，书奏不报。

……

至元十四年正月，大元兵入汀州，天祥遂移漳州，乞入卫。时赏、孟溁亦提兵归，独浚兵不至。未几[⑪]，浚降，来说[⑫]天祥。天祥缚浚，缢杀之。四月，入梅州，都统王福、钱汉英跋扈，斩以徇[⑬]。五月，出江西，入会昌。六月，入兴国县。七月，遣参谋张汴、监军赵时赏、赵孟溁等盛兵薄赣城，邹沨以赣诸县兵捣永丰，其副黎贵达以吉诸县兵攻泰和。吉八县复其半，惟赣不下。临洪诸郡，皆送款[14]。潭赵璠、张虎、张唐、熊桂、刘斗元、吴希奭、陈子全、王梦应起兵邵、永间，复数县，抚州何时等皆起兵应天祥。分宁、武宁、建昌三县豪杰，皆遣人如[15]军中受约束。

……

天祥收残兵奔循州，驻南岭。黎贵达潜[16]谋降，执[17]而杀之。至元十五年三月，进屯丽江浦。六月，入船澳。益王殂[18]，卫王继立。天祥上表自劾，乞入朝，不许。八月，加天祥少保、信国公。军中疫且起，兵士死者数百人。天祥惟一子，与其母皆死。十一月，进屯潮阳县。潮州盗陈懿、刘兴数叛附，为潮人害。天祥攻走懿，执兴诛之。十二月，趋[19]南岭，邹沨、刘子俊又自江西起兵来，再攻懿党，懿乃潜道[20]元帅张弘范兵济潮阳。天祥方饭五坡岭，张弘范兵突至，众不及战，皆顿首伏草莽。天祥仓皇出走，千户王惟义前执之。天祥吞脑子，不死。

……

天祥至潮阳，见弘范，左右命之拜，不拜，弘范遂以客礼见之，与俱入厓山，使为书[21]招张世杰。天祥曰："吾不能捍[22]父母，乃教人叛父母，可乎?"索之固，乃书所过《零丁洋诗》与之。其末有云："人生自古谁无死，留取丹心照汗青。"弘范笑而置之。厓山破，军中置酒大会，弘范曰："国亡，丞相忠孝尽矣，能改心以事[23]宋者事皇上，将不失为宰相也。"天祥泫然[24]出涕，曰："国亡不能救，为人臣者死有余罪，况敢逃其死而二其心乎。"弘范义之，遣使护送天祥至京师。

天祥在道，不食八日，不死，即复食。至燕，馆人供张甚盛，天祥不寝处，坐达旦。遂移兵马司，设卒以守之。时世祖皇帝多求才南官，王积翁言："南人无如天祥者。"遂遣积翁谕旨，天祥曰："国亡，吾分一死矣。傥㉕缘宽假㉖，得以黄冠归故乡，他日以方外备顾问，可也。若遽㉗官之，非直㉘亡国之大夫不可与图存，举其平生而尽弃之，将焉用我？"积翁欲合宋官谢昌元等十人请释天祥为道士，留梦炎不可，曰"天祥出，复号召江南，置吾十人于何地！"事遂已㉙。天祥在燕凡三年，上知天祥终不屈也，与宰相议释之，有以天祥起兵江西事为言者，不果释。

至元十九年，有闽僧言土星犯帝坐，疑有变。未几，中山有狂人自称"宋主"，有兵千人，欲取文丞相。京城亦有匿名书，言某日烧蓑城苇，率两翼兵为乱，丞相可无忧者。时盗新㉚杀左丞相阿合马，命撤城苇，迁瀛国公及宋宗室开平，疑丞相者天祥也。召入谕之曰："汝何愿？"天祥对曰："天祥受宋恩，为宰相，安事二姓？愿赐之一死足矣。"然犹不忍，遽麾之退。言者力赞从天祥之请，从之。俄有诏使止之，天祥死矣。天祥临刑殊从容，谓吏卒曰："吾事毕矣。"南乡㉛拜而死。数日，其妻欧阳氏收其尸，面如生，年四十七。其衣带中有赞曰："孔曰成仁，孟曰取义，惟其义尽，所以仁至。读圣贤书，所学何事，而今而后，庶几无愧。"

选自《宋史》卷四百一十八

〔注释〕 ① 发：征集。 ② 第：但。 ③ 徇：通"殉"。 ④ 济：成功。 ⑤ 辞：告别。 ⑥ 衅：杀牲以祭。 ⑦ 惩：以为鉴戒。 ⑧ 浸：渐渐。 ⑨ 益：加上。 ⑩ 备：防御。 ⑪ 未几：不久。 ⑫ 说：劝说。 ⑬ 徇：示众。 ⑭ 款：归顺。 ⑮ 如：前往。 ⑯ 潜：暗中。 ⑰ 执：捉拿。 ⑱ 殂：死亡。 ⑲ 趋：奔赴。 ⑳ 道：通"导"。 ㉑ 书：书信。 ㉒ 捍：护卫。 ㉓ 事：侍奉。 ㉔ 泫然：伤心流泪貌。 ㉕ 傥：如果。

㉖ 假：犹“贷”，宽容。 ㉗ 遽：突然。 ㉘ 直：只是。 ㉙ 已：停止。 ㉚ 新：刚。 ㉛ 乡：通“向”。

〔赏析〕 文天祥，南宋吉州庐陵（今江西吉安）人，字宋瑞，一字履善，号文山，宝祐四年（1256 年）状元。德祐元年（1275 年），元军东下，他在知赣州任上组织抗元武装，率兵万人入卫临安。次年，任右丞相兼枢密使，出使元军议和，痛斥伯颜，被拘至镇江，旋脱逃。端宗即位，复任右相兼枢密使，与左相陈宜中主张不合，率兵在福建、广东一带坚持抗元，收复州县多处，后遇元军重兵战败而被俘。次年，坚拒元将张弘范诱降，作《过零丁洋》诗以明心迹，旋被送至大都囚禁达三年之久，履经威逼利诱，誓死不屈，编《指南录》，作《正气歌》，大义凛然。元至元十九年十二月（1283 年 1 月）在柴市从容就义。

黎东方在《细说元朝》中认为文天祥是“十足的文人，生平不曾受过军事教育，也不曾怎样在兵法与战史的书籍上用过功夫”，但文天祥对于如何抵抗元军南下，却有着自己独到的军事谋略。他率领江西当地勤王义军进驻首都临安后，就献言献策：“宋惩五季之乱，削藩镇，建郡邑，一时虽足以矫尾大之弊，然国亦以浸弱。故敌至一州则破一州，至一县则破一县，中原陆沉，痛悔何及。今宜分天下为四镇，建都督统御于其中。以广西益湖南而建阃于长沙；以广东益江西而建阃于隆兴；以福建益江东而建阃于番阳；以淮西益淮东而建阃于扬州。责长沙取鄂，隆兴取蕲、黄，番阳取江东，扬州取两淮，使其地大力众，足以抗敌。约日齐奋，有进无退，日夜以图之，彼备多力分，疲于奔命，而吾民之豪杰者又伺间出于其中，如此则敌不难却也。”

在这个具有纲领性特点的抗元战略方案中，文天祥首先批评了宋朝长期执行的“守内虚外”之祖宗家法，认为宋初采取的加强中央、削弱地方的政策固然可使宋王朝免于重蹈唐王朝受到藩镇割据离心中央权威之覆辙，但对于少数民族的外敌入侵却是无有招架之力的。北宋江山在屈辱的城下之盟后苟延残喘地维持了一百多年，仍不免亡于金人之手，余下的半壁江山在风雨飘摇之中亦度过一个半世纪，再一次面临着蒙古铁骑的蹂躏。面对外敌入侵一败再败的根本原因，就在于国家强干弱枝的政治格局使得地方无法组织有效的军事力量抵御北方强大的铁骑。其次，文天祥提出了动员全国力量实行全面抗战的主张，他建议官军的正规战与民间武装的游击战相结合，把敌人淹没在规模浩大的民族自卫战争的汪洋大海之中。从文天祥的主观意图来看，以上见解实皆堪称卓识，然而帝国积累的沉疴已经迫使其无法革新政治体制，其灭亡已翘足而待。

丞相陈宜中即认为文天祥此论“阔远”而不能救急，并未加以理睬。从当时实际情况来看，各地宋军皆士气低落，大多溃不成军，宋廷能否有效执行皆未可知，故文天祥“分天下为四镇”，各当一面以收复失地的建策，就现实情况而言实在是难以实现的。然而如其所言，使得各战场的宋军四面出击，组织忠义民兵与敌周旋，迫使元军“备多力分，疲于奔命，而吾民之豪杰者又伺间出于其中”，即利用游击战术在广阔的空间里全民抗战，虽不足以迫退元军，但至少能使元军顾此失彼，不堪负担，从而同意宋廷“求好”的策略确有成功的可能。不幸的是控制朝政的陈宜中等人只想通过卑辞割地纳贡来博得元廷的欢心，让赵宋小朝廷能苟安于江南一隅。但是，哪怕是卑辞乞和，也需要有一定的实力作为后盾，而此时宋廷已完全没有可以操作的政治手腕了。从持续近半个世纪的宋元(蒙)战争过程来看，南宋除了在战争初期有过规模较大的主动进攻之外，以后基本上维持着被动防御的状态。江、淮等地形条件和熟练的水军优势是南宋实施防御的两件法宝。在蒙军工程技术落后和缺乏水师的情况下，南宋利用两个特长，能够在一段时间内遏止元(蒙)军进攻的势头。然而，随着时间的推移，蒙古“精兵突骑，所当者破，惟水战不如宋”(《元史·刘整列传》)的局面发生了改变，强大的蒙军水师出现后，南宋借以自存的战略优势已不复存在，在与元(蒙)军进行的决战中，南宋王朝在政治和军事方面的种种弊病暴露出来。南宋腐朽的政治不但制约着军事力量的有效发挥，而且仅有的防御能力也在其间丧失殆尽，襄阳之战标志着南宋消极的单纯防御指导思想彻底走向失败，临安失陷是南宋政权苟安江南时代的结束。尽管文天祥和陆秀夫、张世杰等人在临安宋廷出降后，利用元军主力北上平定叛乱之机，拥立新君并且不断转战浙赣闽广等地，但在其后元军主力南下的强大攻势面前，抵御便成为无力的反抗。最终在1279年的崖山之战失败后，南宋政权宣告灭亡。

文天祥是一个理想主义者。他在早年的为官生涯中,恪守儒家信条,以理想化的人格去做官,结果在世俗的官场中屡屡受挫。理想越完美,在现实中的失望就越大,而他又抱定自己的理想不肯放弃。在南宋末年政治昏暗的时代,如果没有外敌入侵,他最终可能会以失意官僚的身份赍志而殁,但元军南下攻宋,改写了历史,也改变了文天祥的命运。国难当头,他起兵勤王,用大量的诗篇抒发了对国家的热爱,并表达了自己宁死不屈的气节。更为可贵的是,他用行动努力去实践,百折不挠,明知不可为而为之。在兵败被俘与囚禁的过程中,长期忍受着磨难并经受住了种种考验,国亡而志不屈,用生命谱写了一曲千古绝唱的正气歌,其中"人生自古谁无死,留取丹心照汗青"的诗句泽被着后世无数的仁人志士。正因为如此,在宋王朝沉沦倾覆之际,文天祥由理想人格所支撑的精神成为一个被征服民族不肯屈服的象征。一个伟大的民族必须具备不屈不挠的素质,而文天祥的精神无疑是乱世中存在着的一盏明灯,其意义和价值是不朽的。

伯颜列传

〔选文〕

伯颜,蒙古八邻部人。

……

十一年,大举伐宋……秋七月,陛辞,世祖谕之曰:"昔曹彬以不嗜杀平江南,汝其体朕心,为吾曹彬可也。"

九月甲戌朔,会师于襄阳,分军为三道并进。丙戌,伯颜与平章阿朮,由中道,循[①]汉江趋郢州。万户武秀为前锋,遇水泺,霖雨水溢,无舟不能涉。伯颜曰:"吾且[②]飞渡大江,而惮此潢潦耶!"乃召一壮士,负甲仗,骑而前导,麾诸军毕济。

……

十二月丙午,军次汉口。辛亥,诸将自汉口开坝,引船入沦河,先遣万户阿剌罕以兵拒[③]沙芜口,逼近武矶,巡视阳罗城堡，径趋沙芜，遂入大江。壬子，伯颜战舰万计，相踵而至，以数千艘泊于沦河湾口，屯布蒙古、汉军数十万骑于江北。诸将言："沙芜南岸，彼战船在焉，可攻而取。"伯颜曰："吾亦知其可必取，虑汝辈贪小功，失大事；一举渡江，收其全功可也。"遂令修攻具，进军阳罗堡……（伯颜）乃密谋于阿朮曰："彼谓我必拔此堡，方能渡江。此堡甚坚，攻之徒劳。汝今夜以铁骑三千，泛舟直趋上流，为擣虚之计，诘旦[4]渡江袭南岸。已过，则速遣人报我。"乙卯，分遣右丞阿里海牙督万户张弘范、忽失海牙、折的迷失等，先以步骑攻阳罗堡，夏贵来援。遂俾阿朮出其不意，率万户晏彻儿、忙古歹、史格、贾文备四翼军，溯流西上四十里，对青山矶而泊。是夜，雪大作，遥见南岸多露沙洲，阿朮登舟，指示诸将，令径趋是洲，载马后随。万户史格一军先渡，为其都统程鹏飞所却。阿朮横身荡决，血战中流，擒其将高邦显等，死者无算[5]，鹏飞被七创，败走，得船千余艘，遂得南岸。阿朮与镇抚何玮等数十人，攀岸步斗，开而复合者数四。南军阻水，不得相薄，遂起浮桥，成列而渡。阿里海牙继[6]遣张荣实、解汝楫等四翼军，舳舻相衔，直抵夏贵。贵引麾下军数千先遁，诸军乘之，斩溺不可数计，追至鄂州东门而还。丙辰，阿朮遣使来报，伯颜大喜，挥诸将急攻破阳罗堡，斩王达。宋军大溃，数十万众，死伤几尽。夏贵仅以身免，走至白虎山。诸将谓贵大将，不可使逸[7]去，请追之。伯颜曰："阳罗之捷，吾欲遣使前告宋人，而贵走代吾使，不必追也。"丁巳，伯颜登武矶山，大江南北，皆我军也，诸将称贺，伯颜辞谢之。

……

（十二年春正月）丙戌，伯颜至江州，即以师夔为江州守。师夔设宴庚公楼，选宋宗室女二人，盛饰以献，伯颜怒曰：“吾奉圣天子明命，兴仁义之师，问罪于宋，岂以女色移吾志乎！”斥遣之。知南康军叶阊来降，殿前都指挥使、知安庆府范文虎亦奉书纳款，阿朮遂率舟师造[8]安庆，文虎出降。伯颜至湖口，遣千户宁玉系浮桥以渡，风迅水驶，桥不能成，乃祷于大孤山神，有顷[9]，风息桥成，大军毕[10]渡。

……

(二月)庚申，发池州，壬戌，次丁家洲。贾似道都督诸路军马十三万，号百万，步军指挥使孙虎臣为前锋，淮西制置使夏贵以战舰二千五百艘横亘江中，似道将后军。伯颜命左右翼万户率骑兵夹江而进，炮声震百里。宋军阵动，贵先遁，以扁舟掠[11]似道船，呼曰：“彼众我寡，势不支矣。”似道闻之，仓皇失措，遽鸣金收军，军溃。众军大呼曰：“宋军败矣。”诸战舰居后者，阿朮促骑召之，挺身登舟，手[12]柁冲敌船，舳舻相荡，乍分乍合。阿朮以小旗麾何玮、李庭等并舟深入，伯颜命步骑左右掎[13]之，追杀百五十余里，溺死无算，得船二千余艘，及其军资器仗、图籍符印。似道东走扬州，贵走庐州，虎臣走泰州。

……

(三月)庚寅，伯颜遣左右司员外郎石天麟诣阙奏事，世祖大悦，悉可其奏。伯颜以行中书省驻建康，阿塔海、董文炳以行枢密院驻镇江，阿朮别奉诏攻扬州。江东岁饥，民大疫，伯颜随赈救之，民赖以安。

……

四月乙丑，有诏以时暑方炽，不利行师，俟秋再举。伯颜奏曰：“宋人之据江海，如兽保险，今已扼其吭，少[14]纵之则逸而逝矣。”世祖语使者曰：“将在军，不从中制，兵法也。宜从丞相言。”

……

（十三年正月）甲申，次皋亭山，宋主遣知临安府贾余庆，同宗室保康军承宣使尹甫、和州防御使吉甫，奉传国玺及降表诣军前。伯颜受讫，遣囊加歹以余庆等还临安，召宋宰臣出议降事。时宜中已遁，以文天祥代为丞相，不拜，自请至军前。乙酉，进军至临安北十五里，分遣董文炳、吕文焕、范文虎巡视城堡，安谕军民。

……

丙戌，禁军士毋入城，遣吕文焕持黄榜谕临安中外军民，俾安堵[15]如故。先是，三衙卫士，白昼杀人，闾里小民，乘乱剽掠，至是民皆安之。丁亥，遣程鹏飞、洪双寿等入宫，慰谕谢后……令程鹏飞、洪双寿同贾余庆易宋主削帝号降表。己丑，驻军临安城北之湖州市。遣千户囊加歹等以宋传国玺入献。

……

伯颜深略善断，将二十万众伐宋，若将一人，诸帅仰之若神明。毕事还朝，归装惟衣被而已，未尝言功也。大德八年，特赠宣忠佐命开济功臣、太师、开府仪同三司，追封淮安王，谥忠武。至正四年，加赠宣忠佐命开济翊戴功臣，进封淮王，余如故。

选自《元史》卷一百二十七

〔**注释**〕 ① 循：沿着。 ② 且：将要。 ③ 拒：抵御。 ④ 诘旦：清晨。 ⑤ 算：计算。 ⑥ 继：随后。 ⑦ 逸：逃跑。 ⑧ 造：至。 ⑨ 有顷：不久。 ⑩ 毕：全。 ⑪ 掠：快速经过。 ⑫ 手：亲手。 ⑬ 掎：牵制。 ⑭ 少：稍微。 ⑮ 安堵：安居。

〔赏析〕 伯颜，蒙古八邻部人，是元代初期杰出的军事家和政治家。伯颜的父亲追随忽必烈之弟旭烈兀出征西域，因此伯颜是在西域长大的。至元元年(1264年)，伯颜奉旭烈兀之命出使到忽必烈处，受到赏识，被留了下来，以后历任军政等要职。

蒙古在荡平西夏政权、联宋灭金后，统一全国的趋势变得日益明显，在忽必烈兄长蒙哥(元宪宗)任大汗之时，既已形成对南宋政权的战略包围。就北线而言，蒙军在黄淮平原上数败南宋军队，朝长江防线作出正面的推进，占据了战略的主动；就西线而言，蒙军自陕入川，夺取长江上游；就南线而言，蒙军自四川分兵迂回云南，消灭大理。尽管如此，蒙古伐宋的统一战争仍然进展迟缓，远没有预想之中的那样顺利，以前在北方战场上的得意早已不复存在。

导致蒙古南下灭宋战略进展受阻的原因固然有很多，除了多路进兵却又缺乏必要的协同配合，进而导致兵力分散外，最重要的因素当是南宋政权擅长水师步兵协同作战的战术，利用山城寨堡等防御设施和水战的特长，抑制了蒙军军事优势的发挥，从而使得蒙古骑兵在战争中无法纵横驰骋，叱咤风云。

蒙哥在亲征四川失败直至死于四川前线之后，南宋政府认定原先的防御体系能够遏制蒙古军队南下，所以继续沿淮水、汉水布防。忽必烈率征宋东路军北返后，宋军重新占领襄阳，增调水、陆军守城。在四川的宋军除了于重庆等地加强防御外，不断出兵，与蒙古军争夺军事要地。长江流域从东至西的扬州、襄阳和重庆，成为宋军支撑整个防线的三大军事重镇。同时，宋廷还在长江中布列水军，准备一旦汉、淮防线被突破，立刻据守长江，依靠大江阻遏蒙古军的攻势。

忽必烈在击败国内阿里不哥、李璮的叛乱之后，立刻把注意力转向了南宋。鉴于四川地形复杂，作战困难较多，难以在短期内实现东出三峡，浮江而下的战略目标，忽必烈改变了宪宗蒙哥“图蜀灭宋”的计划，采取集重兵突破宋军中段防线的战略，争取将宋军防线一截两段，然后大军楔入，直逼长江中游。在这种战略思想的指导下，元军从至元元年开始，便不断加强对南宋的攻势，其战略目的在于夺取南宋军事重镇襄阳。至元十年，孤城襄阳为元军攻占,标志着元军在南宋的防御体系上撕开了一个缺口,从而为顺流东下灭亡南宋奠定了基础。同时,忽必烈致力于建立一支能够与南宋水军相抗衡的强大水军,彻底改变了蒙元与南宋之间在兵种结构对比方面的劣势,在军械装备上,由西域色目人阿老瓦丁和亦思马因在传统抛石机基础上改进的新式抛石机——回回炮也被成功应用于襄阳战场上,经过襄阳之战数年的磨练,元军已经锻炼出一支强大的水军,弥补了不擅水战的弱点,取得了攻克坚城的经验,此时的元军在总体作战能力方面已优于宋军。

除了高明的战略规划、精锐的作战士卒、充分的后勤保障之外,还需要可靠的战场指挥官。至元十一年至十三年,伯颜因史天泽等人的推荐,并由于其一直受到忽必烈的信任,故而得以统领大军渡江作战,成功地实现了忽必烈先前制定的战略计划。为实现既定的"沿江而下,直捣临安"这一战略目标,伯颜指挥大军几次避开了南宋政权重兵据守的坚城要塞(如郢州、汉阳、阳罗堡),配合作战的各路军队在完成了对宋军实施的分割包围后,大多围而不打,以求牵制宋军兵力,待战略目标达成后,才采取逐个消灭残敌的战略。在作战中,元军往往避实就虚,突破宋军防守的薄弱环节,发挥步兵、骑兵作战的长处,护持水军进军。南宋与蒙元军队的几次决战(如阳罗堡之役、丁家洲之战),元军都是通过水陆军密切的配合而取得胜利的。遇强敌坚城,元军则采取断其外援、粮饷的战略,不惜长期围困,待之自破。正因为元军采取了灵活多变的战术,加上元军的军事素质相较宋军为优,所以能够在战场上掌握主动权,最终赢得了胜利。元军以势如破竹之势,沿长江东进,逼近临安,迫使宋廷最终开城投降。

在整个作战过程中,伯颜能够妥善处理好各族将领的关系,认真听取下属所陈的作战方略,临机决断,显示出了高超的指挥才干。同时伯颜也大体上遵循了出师之前忽必烈对他的告诫:"古代善取江南,唯曹彬一人,汝能不杀,是吾之曹彬也。"曹彬为北宋政权攻灭盘踞江南的南唐政权之统帅,在攻破南唐都城金陵时,他不妄杀一人,使富庶的江南地区得以完整归宋。伯颜持重宽厚,作为三军主帅严守军纪,降将吕师夔在江州选宋宗室女盛妆以献,伯颜当场坚决斥逐,曰:"吾奉圣天子明命,兴仁义之师,问罪于宋,岂以女色移吾志乎”；攻下城市仓库后，伯颜也坚决封存不入；在建康府境内出现饥荒时，伯颜及时打开粮仓赈灾，一定程度上消弭了民众对元军的反抗或恐惧心理，缓和了与江南民众的矛盾；临安城内出现乱军无赖骚乱时，伯颜又果断颁布安民文告，稳定了新归附的民心。由于上述种种的善政举措，促使后人评价伯颜曰：“将二十万犹将一人，赏罚信，纪律彰。大将禀命，仰之若神明。降人投诚，依之犹父母”，以及“毕事还朝，口不言功”（《丞相淮安忠武王碑》）。

身为君主的忽必烈看出伯颜“才兼将相”的杰出能力，委之以重任，在南征大军攻宋而北方出现蒙古宗王海都势力叛乱时，忽必烈本想调动大军北返，在妥善听取伯颜“宋人之据江海，如兽保险，今已扼其吭，少纵之则逸而逝矣”的意见后，仍旧命令伯颜继续统帅大军攻打南宋，从中既体现出伯颜的远见卓识，亦从一个侧面凸显出忽必烈知人善用的非凡器量。伯颜之所以能够取得政治、军事方面的卓越成就，与上述两点原因必然是关系紧密的。

（周庆彰）

融合中的民族性，小国的历史成就

〔**导言**〕 公元916年，契丹首领耶律阿保机乘唐末中原混乱之际，统一契丹各部落，建立起强大的契丹帝国，后改国号为辽，历经太祖、太宗、世宗、穆宗、景宗、圣宗、兴宗、道宗、天祚帝九位君主，直至1125年为金帝国所灭，共计二百一十年。

1038年，党项族首领元昊乘大宋西境不稳之际，统一西北各地，建立起西夏帝国，历经景宗、毅宗、惠宗、崇宗、仁宗、桓宗、襄宗、神宗、献宗、末帝十位君主，直至1227年为蒙古帝国所灭，共计一百九十年。

中国历史上由少数民族统治者建立起的政权，无论是版图疆域，还是存在时间上，都如那昙花一现，终究敌不过中原汉族政权的强大向心力，然而辽帝国和西夏帝国却能长期与中原的大宋帝国并驾齐驱，呈现三足鼎立之势，甚至在军事角度上压制着大宋帝国，这不得不让我们对这段历史产生探究之心。历史学者一方面从大宋帝国角度出发，探寻大宋军力弱势的根源，另一方面从辽帝国和西夏帝国入手，探寻它们能长久而又强盛之奥义。

无论辽帝国和西夏帝国在顶层设计上，还是对于中原文化的态度上，皆能看出异曲同工之妙，一方面它们都能吸收中原王朝的政治体制的精华，另一方面又保留着"原生态"的，带有民族意识的制度设计，两者相得益彰，共保皇权根基牢固。而对于中原文化，一方面尊崇并同化之，另一方面也保留并发扬本族群的传统因子，使得自身族群并没有如北魏孝文帝改革后拓跋部落那样被同化殆尽。

夏国列传

〔**选文**〕

曩霄本名元昊，小字嵬理，国语谓惜为"嵬"，富贵为

“理”。母曰惠慈敦爱皇后卫慕氏。性雄毅,多大略[①],善绘画,能创制物始。圆面高准[②],身长五尺余。少时好衣长袖绯[③]衣,冠黑冠,佩弓矢,从卫步卒张青盖。出乘马,以二旗引,百余骑自从。晓浮图学,通蕃汉文字,案上置法律,常携《野战歌》、《太乙金鉴诀》。弱冠,独引兵袭破回鹘夜洛隔可汗王,夺甘州,遂立为皇太子。数谏其父毋臣宋,父辄戒之曰:“吾久用兵,疲矣。吾族三十年衣锦绮,此宋恩也,不可负。”元昊曰:“衣皮毛,事畜牧,蕃性所便。英雄之生,当王霸耳,何锦绮为?”德明卒,即授特进、检校太师兼侍中、定难军节度、夏银绥宥静等州观察处置押蕃落使、西平王,以工部郎中杨告为旌节官告使,礼宾副使朱允中副之。

既袭封,明号令,以兵法勒[④]诸部。始衣[⑤]白窄衫,毡冠红里,冠顶后垂红结绶,自号嵬名吾祖。凡六日、九日则见官属。其官分文武班,曰中书,曰枢密,曰三司,曰御史台,曰开封府,曰翊卫司,曰官计司,曰受纳司,曰农田司,曰群牧司,曰飞龙院,曰磨勘司,曰文思院,曰蕃学,曰汉学。自中书令、宰相、枢使、大夫、侍中、太尉已下,皆分命蕃汉人为之。文资则幞头、鞾笏、紫衣、绯衣;武职则冠金帖起云镂冠、银帖间金缕冠、黑漆冠,衣紫旋襕,金涂银束带,垂蹀躞,佩解结锥、短刀、弓矢韣,马乘鲵皮鞍,垂红缨,打跨钹拂。便服则紫皂地绣盘球子花旋襕,束带。民庶青绿,以别贵贱。每举兵,必率部长与猎,有获,则下马环坐饮,割鲜而食,各问所见,择取其长。

……

元昊既悉[⑥]有夏、银、绥、宥、静、灵、盐、会、胜、甘、凉、瓜、沙、肃,而洪、定、威、龙皆即堡镇号州,仍居兴州,阻[⑦]河依贺兰山为固。始大建官,以嵬名守全、张陟、张绛、杨廓、徐敏宗、张文显辈主谋议，以钟鼎臣典[8]文书，以成逋、克成赏、都卧、𢙇如定、多多马窦、惟吉主兵马，野利仁荣主蕃学。置十二监军司，委豪右分统其众。自河北至午腊蒻山七万人，以备[9]契丹；河南洪州、白豹、安盐州、罗落、天都、惟精山等五万人，以备环、庆、镇戎、原州；左厢宥州路五万人，以备鄜、延、麟、府；右厢甘州路三万人，以备西蕃、回纥；贺兰驻兵五万、灵州五万人、兴州兴庆府七万人为镇守，总五十余万。而苦战倚山讹，山讹者，横山羌，平夏兵不及也。选豪族善弓马五千人迭直[10]，号六班直，月给米二石。铁骑三千，分十部。发兵以银牌召部长面受约束。设十六司于兴州，以总庶务。元昊自制蕃书，命野利仁荣演绎之，成十二卷，字形体方整类八分，而画颇重复。教国人纪事用蕃书，而译《孝经》、《尔雅》、《四言杂字》为蕃语。复改元大庆。

宋宝元元年，表遣使诣五台山供佛宝，欲窥河东道路。与诸豪歃血约先攻鄜延，欲自德靖、塞门砦、赤城路三道并入，遂筑坛受册，即皇帝位，时年三十。遣潘七布、昌里马乞点兵集蓬子山，自诣西凉府祠神。

……

四年，始上誓表言："两失和好，遂历七年，立誓自今，愿藏盟府。其前日所掠将校民户，各不复还。自此有边人逃亡，亦毋得袭逐。臣近以本国城砦进纳朝廷，其栲栳、镰刀、南安、承平故地及他边境蕃汉所居，乞画中为界，于内听[11]筑城堡。凡岁赐银、绮、绢、茶二十五万五千，乞如常数，臣不复以他相干。乞颁誓诏，盖欲世世遵守，永以为好。倘君亲之义不存，或臣子之心渝[12]变，使宗祀不永，子孙罹殃。"诏答曰："朕临制四海，廓地万里，西夏之土，世以为胙[13]。今乃纳忠悔咎，表于信誓，质之日月，要之鬼神，及诸子孙，无有渝变。申复恳至，朕甚嘉之。俯阅来誓，一皆如约。”十二月，遣尚书祠部员外郎张子奭充册礼使，东头供奉官、合门祗候张士元副之。仍赐对衣、黄金带、银鞍勒马、银二万两、绢二万匹、茶三万斤。册[14]以漆书竹简，籍[15]以天下乐锦。金涂银印，方二寸一分，文曰“夏国主印”，锦绶，涂金银牌。缘册法物，皆银装金涂，覆以紫绣。约称臣，奉正朔，改所赐敕书为诏而不名，许自置官属。使至京，就驿贸卖，宴坐朶殿。使至其国，相见用宾客礼。置榷场于保安军及高平砦，第[16]不通青盐。然宋每遣使往，馆于宥州，终不复至兴、灵，而元昊帝其国中自若也。

选自《宋史》卷四百八十五

〔注释〕 ① 略：谋略。 ② 准：鼻子。 ③ 绯：大红色。 ④ 勒：统率。 ⑤ 衣：穿。 ⑥ 悉：全。 ⑦ 阻：依靠。 ⑧ 典：掌管。 ⑨ 备：防御。 ⑩ 直：当值。 ⑪ 听：听凭。 ⑫ 渝：改变。 ⑬ 胙：赏赐。 ⑭ 册：册封。 ⑮ 籍：登记。 ⑯ 第：但。

〔赏析〕 党项族是西羌的一支，原居青海东南部一带，唐初第一次内迁，后受到崛起的吐蕃帝国威逼，幸得大唐帝国的支持和协助，第二次内迁至夏州（今陕西靖边）、庆州（今甘肃庆阳）一带。唐末，党项族首领拓跋思恭协助大唐镇压黄巢起义，被授予夏州定难军节度使，统辖夏州、绥州、银州、宥州、静州地区，进爵夏国公，赐姓李姓。自此，党项族以藩镇身份，与中原王朝保持臣属关系。

以今日之见，西北土地、资源相对贫瘠，党项族为何愿意扎根此地？但实际上，唐宋时代的西北情形不同于今日。大唐盛世期间，丝绸之路异常鼎盛，东西商人、僧侣、使者在这条千年古道上络绎不绝。即便唐朝末期依然如此，突厥系游牧民族回纥人侵入新疆一带，征服了当地原住民，将此地突厥化，建立了一个个相对独立的政权。唐宋的统治者通过这群回纥人与西域保持接触，进行交易，而觊觎这种贸易之利的便是党项族。

然后赵匡胤登基称帝后，为根绝地方对中央的威胁，主导削藩措施，利用党项内部承袭发生矛盾的机会，迫使其献出五州之地。党项族领袖李继迁愤恨大宋吞并故土，便举起自立大旗，与契丹结盟，东西共同对付大宋，终于收复故土。其子李德明遵循父亲遗言，为打消大宋讨伐的念头，与大宋关系修好，积极开展朝贡外交，恢复边境贸易，正是“塞垣之下，逾三十年，有耕无战，禾黍云合”，为其子李元昊开创霸业奠定了物质基础。

李元昊的出现改变了西北历史的进程。少年时代李元昊身高五尺，喜欢读兵书、法律，手不释卷，精通汉文、藏文，尤其佛学。性雄毅，多谋略，对事物有独到见解，成年后不满父亲李德明的对宋政策，认为不应该称臣于大宋，且英雄生来就应该有称王称霸的雄心。他继承父亲李德明之位后，继续对吐蕃和回纥进行征战，终于拿下了河西走廊。对内，他去掉了唐宋的赐姓，自号嵬名氏，称“兀卒”(可汗)，施行一系列称帝建国之举，建立年号，升兴州为兴庆府，设为都城，设立官制，定兵制，定礼乐，规定官民服饰，颁布秃发令，推行党项族的传统发式，亲自主持、创制党项族的语言文字，称为“蕃书”，即西夏文字，并推广应用。1038年，李元昊正式筑坛受册，登临皇帝宝座，国号大夏，大封群臣，册立后妃、太子。从上述情况看出，元昊既有学习中原政治文化之举，也有强化民族意识之行，两者相得益彰，维护以党项族为主体的多民族的西夏帝国。

因为西夏的独立，宋不得不放弃了对甘肃一带的有效控制，包括河西走廊在内的长城南部沿线区域均被西夏占领，对于大宋而言，这意味着传统的西域交通线路被夺去，当然丝绸之路并没有断绝，但是掌控了该要道的西夏，可任意向过路商品征收关税。这让宋如鲠在喉，加上西夏原只是朝贡体系下的藩属，如果其他藩属也效仿自立，岂不是呈多米诺骨牌效应了么？因而宋对西夏比对辽国有一种更加强烈的抗争决心。大宋不承认元昊建国称帝的合法性，下诏削夺赐姓、官爵，悬赏元昊的首级，宋夏战争由此爆发。

大宋在经济实力上占优，宋仁宗派遣韩琦、范仲淹出任陕西经略安抚招讨副使，领军与西夏决战。韩琦制敌重在进讨，以攻代守，在好水川之战中，元昊运用妙计，使北宋大将任福率领的征讨大军位置暴露无遗，遭到西夏铁骑部队痛杀，此战宋兵死亡高达一万多人，几十名将校只有一人得以生还，韩琦遭到降职。而范仲淹制敌在于招抚，以守带攻，他整顿边境军制，训练士卒，修筑城寨，注意安抚边境羌族，“以夷制夷”策略有效地抑制了西夏的扩张。

宋夏战争消耗数年，双方都无法取得决定性胜利。对于西夏，因为战争和带来的经济封锁，使西夏百姓进口不了大宋的绢帛粮茶等生活必需品，也出口不了青白盐，党项民众对此颇有微词，“元昊虽数胜，然死亡创痍者相半，人困于点集，财力不给，国中为‘十不如’之谣以怨之”。而对于大宋，既无法征服西夏，也担忧西夏与辽结盟，因而选择与西夏讲和。讲和乍看之下是懦夫的无奈，却也包含统治者智慧的抉择，无论北宋还是西夏，都是基于本方利益最大化的考量才选择了终战。夏帝国与辽帝国、大宋帝国长期三足鼎立，西夏后继统治者长期遵循“战则衰，和则兴”的方针，尽可能与大宋、大辽、大金保持和平状态，不少统治者还崇尚儒学，倡导佛教，制律作乐，典章文物灿然成一代宏观。

营卫志

〔选文〕

周官土圭之法：日东，景夕多风；日北，景长多寒。天地之间，风气异宜，人生其间，各适其便。王者因三才而节制之。长城以南，多雨多暑，其人耕稼以食，桑麻以衣，宫室以居，城郭以治。大漠之间，多寒多风，畜牧畋[①]渔以食，皮毛以衣，转徙随时，车马为家。此天时地利所以限南北也。辽国尽有大漠，浸[②]包长城之境，因宜为治。秋冬违[③]寒，春夏避暑，随水草就畋渔，岁以为常[④]。四时各有行在之所，谓之“捺钵”。

春捺钵：

曰鸭子河泺。皇帝正月上旬起牙帐，约六十日方至。天鹅未至，卓[⑤]帐冰上，凿冰取鱼。冰泮[⑥]，乃纵鹰鹘捕鹅雁。晨出暮归，从事弋猎。鸭子河泺东西二十里，南北三十里，在长春州东北三十五里，四面皆沙埚，多榆柳杏林。皇帝每至，侍御皆服墨绿色衣，各备连锤一柄，鹰食一器，刺鹅锥一枚，于泺周围相去[7]各五七步排立。皇帝冠巾，衣时服，系玉束带，于上风望之。有鹅之处举旗，探骑驰报，远泊鸣鼓。鹅惊腾起，左右围骑皆举帜麾[8]之。五坊擎进海东青鹘，拜授皇帝放之。鹘擒鹅坠，势力不加，排立近者，举锥刺鹅，取脑以饲鹘。救鹘人例赏银绢。皇帝得头鹅，荐[9]庙，群臣各献酒果，举[10]乐。更相酬酢[11]，致贺语，皆插鹅毛于首以为乐。赐从人酒，遍散其毛。弋猎网钩，春尽乃还。

夏捺钵：

无常所，多在吐儿山。道宗每岁先幸黑山，拜圣宗、兴宗陵，赏金莲，乃幸子河避暑。吐儿山在黑山东北三百里，近馒头山。黑山在庆州北十三里，上有池，池中有金莲。子河在吐儿山东北三百里。怀州西山有清凉殿，亦为行幸避暑之所。四月中旬起牙帐，卜吉地为纳凉所，五月末旬、六月上旬至。居五旬。与北、南臣僚议国事，暇日游猎。七月中旬乃去。

秋捺钵：

曰伏虎林。七月中旬自纳凉处起牙帐，入山射鹿及虎。林在永州西北五十里。尝[12]有虎据林，伤害居民畜牧。景宗领数骑猎焉，虎伏草际，战栗不敢仰视，上舍之，因号伏虎林。每岁车驾至，皇族而下分布泺水侧。伺夜将半，鹿饮盐水，令猎人吹角效[13]鹿鸣，既集而射之。谓之“舐碱鹿”，又名“呼鹿”。

冬捺钵：

曰广平淀。在永州东南三十里，本名白马淀。东西二十余里，南北十余里。地甚坦夷[14]，四望皆沙碛，木多榆柳。其地饶沙，冬月稍暖，牙帐多于此坐冬，与北、南大臣会议国事，时[15]出校猎讲武，兼受南宋及诸国礼贡。皇帝牙帐以枪为硬寨，用毛绳连系。每枪下黑毡伞一，以庇卫士风雪。枪外小毡帐一层，每帐五人，各执兵仗为禁围。南有省方殿，殿北约二里曰寿宁殿，皆木柱竹榱，以毡为盖，彩绘韬柱，锦为壁衣，加绯绣额。又以黄布绣龙为地障，牕、槅皆以毡为之，傅[16]以黄油绢。基高尺余，两厢廊庑亦以毡盖，无门户。省方殿北有鹿皮帐，帐次北有八方公用殿。寿宁殿北有长春帐，卫[17]以硬寨。宫用契丹兵四千人，每日轮番千人祗直。禁围外卓枪为寨，夜则拔枪移卓御寝帐。周围拒马，外设铺[18]，传铃宿卫。

每岁四时，周而复始。

皇帝四时巡守，契丹大小内外臣僚并应役次[19]人，及汉人宣徽院所管百司皆从。汉人枢密院、中书省唯摘[20]宰相一员，枢密院都副承旨二员，令史十人，中书令史一人，御史台、大理寺选摘一人扈从。每岁正月上旬，车驾启行。宰相以下，还于中京居守，行[21]遣汉人一切公事。除[22]拜官僚，止行堂帖权[23]差，俟会议行在所，取旨、出给诰敕。文官县令、录事以下更不奏闻，听中书铨选；武官须奏闻。

五月，纳凉行在所，南、北臣僚会议。十月，坐冬行在所，亦如之。

选自《辽史》卷三十二

〔**注释**〕 ① 畋：打猎。 ② 浸：同“侵”。 ③ 违：避开。 ④ 常：规律。 ⑤ 卓：直立。 ⑥ 泮：融解。 ⑦ 去：距离。 ⑧ 麾：同“挥”。 ⑨ 荐：进献。 ⑩ 举：演奏。 ⑪ 酬酢：饮酒时主客互相敬酒。 ⑫ 尝：曾经。 ⑬ 效：仿效。 ⑭ 夷：平坦。 ⑮ 时：时常。 ⑯ 傅：通“附”。 ⑰ 卫：保卫。 ⑱ 铺：驿站。 ⑲ 次：依次序排列。 ⑳ 摘：选取。 ㉑ 行：从事。 ㉒ 除：拜官受职。 ㉓ 权：暂且。

〔赏析〕 公元916年，契丹族首领，一代帝王耶律阿保机在东北和华北北部建立起威震东亚的大辽帝国。历史上的辽朝与五代同始，与北宋同终。当时包括据有中原人文荟萃之地的北宋在内的四周邻邦，均须视辽之马首是瞻。由于声名远播、影响巨大，世界上有些国家和民族例如俄罗斯，直至现在仍把中国称作“契丹”。

辽朝不仅以其强大的军事力量在漫长的中国历史舞台上占有一席之地，也因其别树一帜的政治体制而为后世史家和统治者所关注。契丹人崛起后并没有放弃原有的游牧社会的组织结构，也没有像北魏孝文帝进行汉化改革，完全照搬中原的政治体制，而是采取二元并存的政治体制。契丹立国二百多年，中央设立了北南面官分管契丹人和汉人，“以国制治契丹，以汉人制待汉人”，用管理契丹族的方式治理本民族，用管理汉人的方式治理汉族。不仅如此，辽朝还分设五京，分别为上京（今内蒙古巴林左旗林东镇）、中京（今内蒙古宁城县大明城）、南京（今北京）、东京（今辽宁辽阳）、西京（今山西大同），以上京为首都，其他均为陪都，此即五京制度。

辽代最特色鲜明的政治制度莫过于“捺钵”制度。契丹族作为一个游牧民族，其转徙不定、车马为家的游牧生活决定了辽代皇帝的巡狩制，即皇帝不常住京城，而是随季节气候和水草的变化，四时迁徙。“捺钵”成为了辽代富有民族特色的政治制度，也是真正处理政务的常设行政中心。

何谓“捺钵”？即辽朝君主在游猎捕鱼地区所设的牙帐（行宫）。在牙帐北面的北面官主要是管理契丹事务，北枢密院统管军马；在牙帐南面的南面官主要治理汉人户籍赋税事务，南枢密院不过问军权。辽代的决策中枢，不在五京，而在流动的捺钵，“皇帝四时巡狩，契丹大小内外臣僚并应役次人，及汉人宣徽院所管百司皆从”，捺钵中的皇帝可以随时随地处理契丹和属国的政务。汉人的事务，委托中书省代为办理，县令以上的政务可以先实施，具体细节等到夏冬捺钵议事的时候再禀告皇帝追认。冬夏捺钵大政会议后，皇帝就起牙帐去春水秋山，全体契丹官员及一部分汉人官员随行，大部分汉人官员返回中京留守并处理汉人的事务，这实际就是蕃汉分治。

塞北地区有别于中原的独特的自然环境、地理环境和人文环境，不仅形成了契丹人豪放不羁的民族性格和剽悍尚武的民族精神，而且孕育了居无常处的议政方式和特色鲜明的捺钵制度文化。

契丹的捺钵制度是本民族传统的生活方式与大辽建国后出现的特殊政治、经济形势交相作用的产物，这种制度与辽朝创行的南北面官制互为表里，一方面保护了燕云、渤海地区进步的生产方式和先进的政治、经济文化成果，另一方面也保持和发扬了本民族固有的经济文化传统，从而在巩固政权、维护统一方面，起到了不可低估的重要作用。辽朝的统治者借助捺钵制度来强化契丹人的民族意识，突出北面官的决策地位，借以团结部民、减少阻力，并保持了南北的政治统一，借助推行改革来实现国家的进一步富强，而又不丢失本民族的传统特色。值得一提的是，通过探究捺钵制度，还能发现其实契丹人在转徙流动中实现了有节制的对资源的开发与利用并且因地、因时地对自然资源进行了有效保护。

捺钵制度不仅对当时的契丹社会产生了重要影响，而且也被金、元、清等后世王朝所承袭，善于骑射的满族人建热河山庄避暑纳凉，建木兰围场秋季行猎，这也无疑是对辽代契丹人捺钵文化的吸收与传承。辽朝捺钵制度对于亚欧大陆上的草原民族都有着或多或少的影响。

捺钵制度不仅传播、弘扬了契丹民族文化，也吸纳了汉族以及其他民族的文化，促进了各民族之间的有机融合和有效竞争，也为中华文化的多元一体文化格局带来了新的因子，注入了新的活力。

（王　骁）

世事纷繁中的士大夫文化与人生观

〔**导言**〕 北宋王朝在经济上繁荣富庶，然而政府财政却依旧步履维艰，虽建有数量庞大的军队，但整体军事实力较为薄弱，积贫积弱的不堪局面正在逐渐形成。我们也应当看到，北宋王朝是我国古代历史中科技最发达、文化最昌盛、艺术最繁荣的朝代之一，蒂结出众多辉煌的硕果，北宋中后期是这一文化繁荣的顶峰，文坛巨匠可谓是群星璀璨。这种现象的出现与其时重文轻武的社会风气、较为开明的政治局面以及相对稳定的社会形态密切相关。同时，科举取士规模的扩大使得众多文士得以脱颖而出，践行"学而优则仕"的人生信念。

欧阳修和苏轼这两位文化巨匠正是北宋一朝文化精英的代表人物。两人既是杰出的文学家，也是参与中枢决策的政治家，还是极为鲜见的通才，后人将两人并入"唐宋八大家"之列，两人并称"欧苏"。在嘉祐二年（1057年）的科举考试中，欧阳修慧眼识珠，提携了后来成为一代文宗的苏轼。欧阳修和苏轼虽相差三十岁，然而两人在思想和文风上声气相投，亦师亦友，惺惺相惜。

在宋代诗文革新运动中，欧阳修与苏轼当属理论建树和创作实绩最佳的代表人物。宋代文学囊括了诗、词、散文等诸种体式，文学的基本格调与发展轨迹大体上亦由两人奠定。欧阳修和苏轼相继处于宋仁宗时期推行的"庆历新政"和宋神宗时期进行的"熙宁变法"这两次政改的核心，两人多次上疏建言，商讨国是。

本书选录《宋史》中的《欧阳修列传》和《苏轼列传》两篇，从两人从政经历的重要事件中，体会古代士大夫坚韧超拔的精神风骨与人格魅力，同时洞察两者任真自然、通达洒脱背后所折射的理性思辨之光辉。

欧阳修列传

〔选文〕

欧阳修，字永叔，庐陵人。四岁而孤[1]，母郑，守节自誓，亲诲[2]之学，家贫，至以荻画地学书。幼敏悟过人，读书辄成诵。及冠，嶷然有声[3]。

宋兴且百年，而文章体裁，犹仍五季余习。锼[4]刻骈偶，淟涊[5]弗振，士因[6]陋守旧，论卑气弱。苏舜元舜钦、柳开、穆修辈，咸[7]有意作而张之，而力不足。修游随，得唐韩愈遗稿于废书簏中，读而心慕焉。苦志探赜[8]，至忘寝食，必欲并辔绝驰而追与之并。

举进士，试南宫第一，擢甲科，调西京推官。始从尹洙游，为古文，议论当世事，迭相师友，与梅尧臣游，为歌诗相倡和[9]，遂以文章名冠天下。入朝，为馆阁校勘。

范仲淹以[10]言事贬，在廷多论救，司谏高若讷独以为当黜。修贻[11]书责之，谓其不复知人间有羞耻事。若讷上其书，坐[12]贬夷陵令，稍[13]徙乾德令、武成节度判官。仲淹使陕西，辟[14]掌书记。修笑而辞曰："昔者之举，岂以为己利哉？同其退不同其进可也。"久之，复校勘，进集贤校理。庆历三年，知[15]谏院。

时仁宗更用大臣，杜衍、富弼、韩琦、范仲淹皆在位，增谏官员，用天下名士，修首在选中。每进见，帝延问执政，咨所宜行。既多所张弛，小人翕翕不便。修虑善人必不胜，数为帝分别言之。

初，范仲淹之贬饶州也，修与尹洙、余靖皆以直仲淹见[16]逐，目之曰"党人"。自是，朋党之论起，修乃为《朋党论》以进。其略曰："君子以同道为朋，小人以同利为朋，此自然之理也。臣谓小人无朋，惟君子则有之。小人所好者利禄，所贪者财货，当其同利之时，暂相党引以为朋者，伪也。及其见利而争先，或利尽而反相贼害，虽兄弟亲戚，不能相保，故曰小人无朋。君子则不然，所守者道义，所行者忠信，所惜者名节。以之修身，则同道而相益，以之事[17]国，则同心而共济，终始如一，故曰：惟君子则有朋。纣有臣亿万，惟亿万心，可谓无朋矣，而纣用[18]以亡。武王有臣三千，惟一心，可谓大朋矣，而周用以兴。盖君子之朋，虽多而不厌故也。故为君但当退小人之伪朋，用君子之真朋，则天下治矣。"

……

知嘉祐二年贡举。时士子尚[19]为险怪奇涩之文，号"太学体"，修痛排抑之，凡如是者辄黜。毕事，向[20]之嚣薄者伺修出，聚噪于马首，街逻不能制；然场屋之习，从是遂变。

……

修以风节自持，既数被污蔑，年六十，即连乞谢事[21]，帝辄优诏弗许。及守青州，又以请止散青苗钱，为安石所诋，故求归愈切。熙宁四年，以太子少师致仕[22]。五年，卒，赠太子太师，谥曰文忠。

修始在滁州，号醉翁，晚更号六一居士。天资刚劲，见义勇为，虽机阱[23]在前，触发之不顾。放逐流离，至于再三，志气自若也。方贬夷陵时，无以自遣，因取旧案反覆观之，见其枉直乖[24]错不可胜数，于是仰天叹曰："以荒远小邑，且如此，天下固可知。"自尔，遇事不敢忽也。学者求见，所与言，未尝及文章，惟谈吏事，谓文章止于润身，政事可以及物。凡历数郡，不见治迹，不求声誉，宽简而不扰，故所至民便之。或问："为政宽简，而事不弛废，何也？"曰："以纵为宽，以略为简，则政事弛废，而民受其弊。吾所谓宽者，不为苛急；简者，不为繁碎耳。"修幼失父，母尝[25]谓曰："汝父为吏，常夜烛治官书，屡废[26]而叹。吾问之，则曰：'死狱也，我求其生，不得尔。'吾曰：'生可求乎？'曰：'求其生而不得，则死者与我皆无恨[27]。夫常求其生，犹失之死，而世常求其死也。'其平居教他子弟，常用此语，吾耳熟焉。"修闻而服之终身。

为文天才自然，丰约中度。其言简而明，信而通，引物连类，折之于至理，以服人心。超然独骛，众莫能及，故天下翕然师尊之。奖引后进，如恐不及，赏识之下，率[28]为闻[29]人。曾巩、王安石、苏洵、洵子轼辙，布衣屏[30]处，未为人知，修即游[31]其声誉，谓必显于世。笃于朋友，生则振掖[32]之，死则调护[33]其家。

好古嗜学，凡周、汉以降金石遗文、断编残简，一切掇拾，研稽[34]异同，立说于左，的的[35]可表证，谓之《集古录》。奉诏修《唐书》纪、志、表，自撰《五代史记》，法严词约[36]，多取《春秋》遗旨。苏轼叙其文曰："论大道似韩愈，论事似陆贽，记事似司马迁，诗赋似李白。"识者以为知言[37]。

……

论曰：三代而降，薄[38]乎秦、汉，文章虽与时盛衰，而蔼[39]如其言，晔如其光，皦[40]如其音，盖均有先王之遗烈。涉晋、魏而弊[41]，至唐韩愈氏振起之。唐之文，涉五季而弊，至宋欧阳修又振起之。挽百川之颓波，息千古之邪说，使斯文之正气，可以羽翼[42]大道，扶持人心，此两人之力也。愈不获用，修用矣，亦弗克究[43]其所为，可为世道惜也哉！

选自《宋史》卷三百一十九

〔注释〕 ①孤：无父者之称。 ②诲：教导。 ③声：名声。 ④镂：刻镂。 ⑤溾涊：污浊。 ⑥因：沿袭。 ⑦咸：都。 ⑧赜：幽深玄妙。 ⑨倡和：唱和。 ⑩以：因为。 ⑪贻：给予。 ⑫坐：获罪。 ⑬稍：不久。 ⑭辟：征召。 ⑮知：主持。 ⑯见：被。 ⑰事：侍奉。 ⑱用：因为。 ⑲尚：崇尚。 ⑳向：先前。 ㉑谢事：辞官。 ㉒致仕：辞官。 ㉓阱：陷阱。 ㉔乖：背离。 ㉕尝：曾经。 ㉖废：停止。 ㉗恨：遗憾。 ㉘率：大抵。 ㉙闻：闻名。 ㉚屏：隐迹。 ㉛游：传扬。 ㉜掖：扶持。 ㉝调护：保护。 ㉞稽：考察。 ㉟的的：明明白白。 ㊱约：简要。 ㊲知言：有见识的话。 ㊳薄：接近。 ㊴蔼：善美。 ㊵皦：清晰。 ㊶弊：衰败。 ㊷翼：扶助。 ㊸究：穷尽。

〔赏析〕 欧阳修堪称北宋时期在政坛和文坛领域开创先河的领军人物。

发轫于唐代，主张文以明道的古文运动至宋初已渐趋式微，其时之行文刻意雕琢措辞，追求骈偶，不注重实质内容的体现，由是之故，没有思想性的骈文又卷土重来，成为文坛的一股逆流。欧阳修曾在随州大户人家的废书筐中发现了韩愈这一唐代古文运动代表人物的遗稿，潜心阅读后对于韩愈其人颇为仰慕，于是潜心钻研其中的文章义理，定下了要与韩愈并驾齐驱的决心。

三国时期的魏文帝曹丕在《典论·论文》中早已指出："盖文章，经国之大业，不朽之盛事"，南朝梁代的刘勰也在《文心雕龙·程器》篇中论述道："摛文必在纬军国，负重必在任栋梁"，他们都将文章提升到了与国家大事几可相埒的高度。欧阳修亦深知文风改革的大业关乎国运的盛衰，他主张为文要切于事实、言之有物，同时也要平易自然，让文字能够承担推动社会发展的作用，这是以欧阳修为代表的宋代古文运动之引领者所着力推进的文章改革方向。

嘉祐二年(1057年)，欧阳修任礼部贡举主考，他倡导用古文的形式撰写策论，策论这一文体即如今所言之"时评"或"评论"，旨在对于当前国家政策的制定提出自己的真知灼见。欧阳修力图改革文风的具体实践和客观现实发生了难以调和的龃龉，由范仲淹等人开办、石介主讲的太学虽重视儒家经典，然而其重点却在于讲述上古三代先世之王的功德，追求奇崛的文风，太学生为文遂追求艰涩怪癖，故而文章显得深奥难懂。在此次贡举中，欧阳修对于以此种文风应试的考生采取一律不予录取的举措，这极大地冲击了以骈体、太学体为代表的不良文风，推动了宋代文风的改变，大举加快了北宋诗文革新运动的进程。

其后的历史证明，嘉祐二年由欧阳修主持的贡举以及由仁宗皇帝主持的殿试，确实产生了一大批泽被后世的文学巨匠。欧阳修与梅尧臣等文化精英大多活跃在仁宗朝，而此次考试所拔擢的进士亦多为神宗、哲宗两朝各领域的代表人物。苏轼、苏辙、曾巩在后来的“唐宋八大家”之称中占得三席；张载、程颢、程颐则在思想领域产生了极为深远的影响；吕惠卿、曾布、章惇则成为其后变法革新的核心人物，凡斯种种，不一而足。

就文学领域而言，嘉祐二年贡举考官和所选进士的诗、词、文等作品，成为后来南宋、元、明、清诸朝学习的典范。欧阳修本人的文章可谓是才华横溢、朴实流畅，他善于联系事物的本质进而触类旁通，阐明极为深刻的道理，以极强的说服力给人以阅读后的酣畅淋漓与意犹未尽之感。苏轼在《〈六一居士集〉叙》中对欧阳修给予了极高的评价，所谓：“欧阳子，今之韩愈也”，我们从这一评价中可以一窥欧阳修在整个宋代诗文革新运动中的巨大成就，苏轼将其比拟为唐代的韩愈，指称其实则颇具领袖之地位。欧阳修的为文之道侧重于“切于事实”，即文章一定要关心国家大事，同时要用通俗易懂的语言来针砭时弊，这正是胸怀天下的智识之士所普遍拥有的崇高情怀之具体体现。

欧阳修在政坛上亦颇有建树。北宋建立后实行了一系列行之有效的政策，以期重振唐末以来日渐浇漓的世风，中央集权体制的建构也带来了极为不利的政治恶果，积贫积弱的冗费、冗兵、冗官等问题日益凸显。景祐三年(1036 年)，范仲淹进行了大刀阔斧的改革，侵犯了既得利益集团，得罪了不少官员。宋仁宗为了维护政局稳定，不得不将其贬出京城，严令百官不得再议论此事。欧阳修见到高若讷在聚会上不停地谮诉范仲淹，感到非常愤慨，创作了历史上非常著名的公开信《与高司谏书》，欧阳修也因此被贬往夷陵(今湖北宜昌)。

庆历初期，欧阳修写作了《准诏言事上书》、《本论》和《为君难》等一系列奏疏，成为改革派重要的思想渊源。庆历三年(1043 年)，由范仲淹、欧阳修主导的“庆历新政”拉开了历史的大幕，范仲淹对所谓的朋党之名进行了有力的辩驳，欧阳修也写作了《朋党论》，是文辩证地分析了不同性质的“朋”“党”关系,阐述朋党问题与国家政治的关系,极为有力地回击了政敌的恶意中伤。

"庆历新政"在一年四个月后宣告失败,欧阳修等人虽然遭受到贬谪的处分,然而士大夫关心时事与民瘼的思想觉醒却显得尤为厚重,后人可以明显感受到他们渴望治国平天下的责任与使命。欧阳修本人虽自称"醉翁",然而对于现实的国家政治,他是异常清醒的。范仲淹把社会问题简单地归咎为腐败,在这一点上,欧阳修显然看得更为深刻,他认为冗官冗员的客观现实才是一切问题的根本所在,故而改革的首要目标即在于整顿吏治。欧阳修被贬滁州后并不消极懊恼,正因为他认清了事物发展的本质及趋势,才使得他得以保持乐观和通达的心态。欧阳修的《醉翁亭记》等千古名篇正是由于政治失意所产生的文化成果,明白这一点,或许对于我们更为深刻地理解欧文大有裨益。

欧阳修在任职滁州期间颇有政绩,百姓能够各得其所,这源于其"宽简而不扰"的施政举措。所谓"宽简而不扰",即欧阳修所言之"务大体,简细事",颇得道家学说清静无为之三昧,其核心在于以"利民"、"惠民"和"富民"为出发点,考虑百姓的实际需求,引导百姓安居乐业,苏轼的为官之道亦多取法于此。

欧阳修实则堪称通才,不仅在文学、政治领域建树颇丰,在史学方面亦堪称一代大家,他参与编撰了《新唐书》,独立撰写了《新五代史》;欧阳修也是著名的经学家,他对经学的研究极大地推动了宋代学术的发展;同时,欧阳修又是中国古代金石学的开创者,他不但收藏金石遗文,还借助于搜集的素材进行了较为深入的研究。王安石评价欧阳修说:"器质之深厚,智识之高远,而辅学术之精微,故充于文章,见于议论,豪健俊伟,怪巧瑰琦……果敢之气,刚正之节,至晚而不衰。"欧阳修不愧为学识渊博、才华横溢、耿介刚正、直言敢谏的一代文臣,他在中国文化史上具有无可辩驳的出类拔萃之地位。

苏轼列传

〔选文〕

苏轼,字子瞻,眉州眉山人。生十年,父洵游学四方,母程氏亲授以书，闻古今成败，辄能语其要。程氏读东汉《范滂传》，慨然太息[①]，轼请曰："轼若为滂，母许之否乎?"程氏曰："汝能为滂，吾顾不能为滂母邪?"

比[②]冠，博通经史，属[③]文日数千言，好贾谊、陆贽书。既而读《庄子》，叹曰："吾昔有见[④]，口未能言，今见是书，得吾心矣。"嘉祐二年，试[⑤]礼部。方时文磔裂诡异之弊胜，主司欧阳修思有以救之，得轼《刑赏忠厚论》，惊喜，欲擢冠多士，犹疑其客曾巩所为，但[⑥]置第二；复以《春秋》对义居第一，殿试中乙科。后以书见修，修语梅圣俞曰："吾当避此人出一头地。"闻者始哗不厌[⑦]，久乃信服。

丁母忧[⑧]。五年，调福昌主簿。欧阳修以才识兼茂，荐之秘阁。试六论，旧[⑨]不起草，以故文多不工[⑩]。轼始具草，文义粲然。复对制策，入三等。自宋初以来，制策入三等，惟吴育与轼而已。

除[⑪]大理评事、签书凤翔府判官。关中自元昊叛，民贫役重，岐下岁输南山木筏，自渭入河，经砥柱之险，衙吏踵[⑫]破家。轼访其利害，为修衙规，使自择水工以时进止，自是害减半。

……

徙知湖州，上表以谢。又以事不便民者不敢言，以诗托讽，庶[⑬]有补于国。御史李定、舒亶、何正臣摭[⑭]其表语，并媒蘖[⑮]所为诗以为讪谤，逮赴台狱，欲置之死，锻炼[⑯]久之不决。神宗独怜之，以黄州团练副使安置。轼与田父野老，相从溪山间，筑室于东坡，自号"东坡居士"。

……

初，祖宗时，差役行久生弊，编户充役者不习[⑰]其役，又虐使之，多致破产，狭乡民至有终岁不得息者。王安石相[18]神宗，改为免役，使户差高下出钱雇役，行法者过[19]取，以为民病[20]。司马光为相，知免役之害，不知其利，欲复差役，差官置局，轼与其选。轼曰："差役、免役，各有利害。免役之害，掊[21]敛民财，十室九空，敛聚于上而下有钱荒之患。差役之害，民常在官，不得专力于农，而贪吏猾胥得缘为奸。此二害轻重，盖略等矣。"光曰："于君何如?"轼曰："法相因则事易成，事有渐则民不惊。三代之法，兵农为一，至秦始分为二，及唐中叶，尽变府兵为长征之卒。自尔以来，民不知兵，兵不知农，农出谷帛以养兵，兵出性命以卫农，天下便之。虽[22]圣人复起，不能易[23]也。今免役之法，实大类此。公欲骤罢免役而行差役，正如罢长征而复民兵，盖未易也。"光不以为然。轼又陈于政事堂，光忿然。轼曰："昔韩魏公刺陕西义勇，公为谏官，争之甚力，韩公不乐，公亦不顾。轼昔闻公道其详，岂今日作相，不许轼尽言耶?"光笑之。寻[24]除翰林学士。

……

既至杭，大旱，饥疫并作。轼请于朝，免本路上供米三之一，复得赐度僧牒，易米以救饥者。明年春，又减价粜[25]常平米，多作饘粥药剂，遣使挟医分坊治病，活者甚众。轼曰："杭，水陆之会，疫死比他处常多。"乃裒[26]羡[27]缗得二千，复发橐中黄金五十两，以作病坊，稍畜钱粮待[28]之。

杭本近海，地泉咸苦，居民稀少。唐刺史李泌始引西湖水作六井，民足于水。白居易又浚西湖水入漕河，自河入田，所溉至千顷，民以殷富。湖水多葑，自唐及钱氏，岁辄浚治，宋兴，废之，葑积为田，水无几矣。漕河失利，取给江潮，舟行市中，潮又多淤，三年一淘，为民大患，六井亦几于废。

轼见茅山一河专受江潮，盐桥一河专受湖水，遂浚二河以通漕。复造堰闸，以为湖水畜泄之限，江潮不复入市。以余力复完六井，又取葑田积湖中，南北径三十里，为长堤以通行者。吴人种菱，春辄芟[29]除，不遗寸草。且募人种菱湖中，葑不复生。收其利以备修湖，取救荒余钱万缗、粮万石，及请得百僧度牒以募役者。堤成，植芙蓉、杨柳其上，望之如画图，杭人名为苏公堤。

……

绍圣初，御史论轼掌内外制日，所作词命，以为讥斥先朝。遂以本官知英州，寻降一官，未至，贬宁远军节度副使，惠州安置。居三年，泊然无所蒂芥，人无[30]贤愚，皆得其欢心。又贬琼州别驾，居昌化。昌化，故儋耳地，非人所居，药饵皆无有。初僦[31]官屋以居，有司犹谓不可，轼遂买地筑室，儋人运甓畚土以助之。独与幼子过处，著书以为乐，时时从其父老游，若[32]将终身。

徽宗立，移廉州，改舒州团练副使，徙永州。更三大赦，遂提举玉局观，复朝奉郎。轼自元祐以来，未尝以岁课乞迁，故官止于此。建中靖国元年，卒于常州，年六十六。

……

论曰：苏轼自为童子时，士有传石介《庆历圣德诗》至蜀中者，轼历举诗中所言韩、富、杜、范诸贤以问其师。师怪而语之，则曰："正欲识是诸人耳。"盖已有颉颃[33]当世贤哲之意。弱冠，父子兄弟至京师，一日而声名赫然，动于四方。既而登上第，擢词科，入掌书命，出典[34]方州。器识之闳伟，议论之卓荦[35]，文章之雄隽，政事之精明，四者皆能以特立之志为之主，而以迈往之气辅之。故意之所向，言足以达其有猷㊱，行足以遂其有为。至于祸患之来，节义足以固其有守，皆志与气所为也。仁宗初读轼、辙制策，退而喜曰："朕今日为子孙得两宰相矣。"神宗尤爱其文，宫中读之，膳进忘食，称为天下奇才。二君皆有以知轼，而轼卒㊲不得大用。一欧阳修先识之，其名遂与之齐，岂非轼之所长不可掩抑者，天下之至公也，相不相有命焉，呜呼！轼不得相，又岂非幸欤？或谓："轼稍自韬㊳戢㊴，虽不获柄用㊵，亦当免祸。"虽然，假令轼以是而易其所为，尚得为轼哉？

选自《宋史》卷三百三十八

〔注释〕 ①太息：深深地叹息。 ②比：等到。 ③属：撰著。 ④见：见解。 ⑤试：(参加)考试。 ⑥但：只。 ⑦厌：心服。 ⑧忧：父母的丧事。 ⑨旧：从前。 ⑩工：工巧。 ⑪除：拜官受职。 ⑫踵：相继。 ⑬庶：希望。 ⑭摭：拾取。 ⑮媒糵：构陷。 ⑯锻炼：罗织罪名。 ⑰习：熟悉。 ⑱相：辅助。 ⑲过：太甚。 ⑳病：困苦。 ㉑掊：聚敛。 ㉒虽：即使。 ㉓易：改变。 ㉔寻：不久。 ㉕粜：卖出粮食。 ㉖裒：聚集。 ㉗羡：余剩。 ㉘待：防备。 ㉙芟：除去。 ㉚无：不论。 ㉛僦：租赁。 ㉜若：好像。 ㉝颉颃：鸟上下飞貌，引申为不相上下或相抗衡的意思。 ㉞典：主管。 ㉟卓荦：超绝。 ㊱猷：计谋。 ㊲卒：终究。 ㊳韬：隐藏。 ㊴戢：收藏。 ㊵柄用：任用。

〔赏析〕 苏轼是北宋时期卓越的文学家和政治家，也是我国古代历史上罕见的通才人物。他一生著述颇丰，涉及政治、军事、历史、文化、教育、艺术、宗教、人生、民俗等多个领域。得益于父亲苏洵的言传身教以及母亲程氏潜移默化的影响，苏轼从小就接受到了良好的家庭教育，在学识上具有扎实的基本功并且善于灵活运用，这一切都为他的人格底蕴注入了光明磊落、爱憎分明、潇洒自如的风范。

苏轼在二十多岁的青年时期先是在科举考试中荣膺进士之殊荣，同时得到了主考官欧阳修的一再称赞，可谓是名声大噪，"出人头地"这一成语便典出欧阳修对于苏轼的奖掖与拔擢。才华横溢的苏轼在其后的制科考试中又获得第三等的佳绩，再次名动京师，由此步入仕途，开始了其宦海沉浮的坎坷人生。这里首先需要作出说明的是进士科考试与制科考试的区别。迥异于三年一次的进士科考试，制科考试是宋代一种特殊的考试制度，这种考试不定期举行，程序极为繁琐，选拔异常严格。参加制科考试之前，读书人必须由朝中大臣加以推荐，在通过预试后才能参加由皇帝亲自出题的最终考试。据史料记载，北宋和南宋两朝所举行的制科考试只有二十二场，在苏轼之前亦只有吴育一人获得第三等的成绩。这一事实就完全证明了年少成名的苏轼确有真才实学，甚至得到了当朝天子仁宗的认可，诚如林语堂在《苏东坡传》一书中所言："像苏东坡这样的人物，是人间不可无一难能有二的"，信哉斯言！

步入仕途的苏轼在政坛的风起云涌中并不是一帆风顺的，所谓"轼自元祐以来，未尝以岁课乞迁，故官止于此"。最酷烈的政治迫害在于苏轼因"乌台诗案"而遭到宵小之徒的轮番谮诉，以至于几有生命不保之虞，无情的政治恫吓以苏轼被贬黄州作结，然而巨大的灾难也促使着一代文化巨匠的成熟与豁达人生观念的形成。苏轼春风得意之时曾跃升为三品大员，离宰相之位几乎只有一步之遥，宦海的沉浮使得苏轼一贬再贬，直至困守海南孤岛，苦心酝酿着其对于中国文化史的辉煌突破。政治与人生的打击使得苏轼的真才实学获得了前所未有的升华，他的文学创作、政论撰写都积淀着厚重的人文情怀，他的为官之道以及面对仕途坎壈的乐观豁达尽皆付诸"小舟从此逝，江海寄余生"的冲淡与平和之中。

欧阳修所主张的文以致用这一观点为苏轼所继承并加以发展，他提出"言必中当世之过"，唯有如此，文章才能起到"救时"和"济世"的作用，此论点不妨视作进一步申诉魏文帝曹丕"盖文章，经国之大业，不朽之盛事"的观点。

苏轼为官从政四十年，虽仕途坎坷，却始终怀有爱民之心，常谋利民之事。王安石在进行"熙宁变法"之时，由于触及各方的既得政治利益，故而主张变法的新党和反对变法的旧党展开了激烈的政治斗争。苏轼并非新党一派，出于正直的士大夫情怀，他多次向神宗进言，明确表达了自己反对王安石采用强硬政治手段的严正立场。苏轼希望神宗维系人心、敦厚风俗、保存法纪，这种态度自然得罪了新党官员。在苏轼的执政理念中，用人制度的改革乃是革除朝政积弊的关键所在，变革制度本身恐非症结所在。同时，苏轼认为改革需要循序渐进，急功近利的改革目标是无法适应错综复杂的社会实际的。旧党的代表司马光出任宰相后欲图恢复差役法，苏轼辩证地分析了差役法和免役法的利弊，又一次强调了改革不可急切的个人意见。以民为本是苏轼为官的根本出发点和执政的纲领。

苏轼对于民生予以了极为特别的关注。他提出与民“同劳”、“同乐”等为官理念，进而不遗余力地付诸实践。即使在遭遇贬谪后，苏轼仍致力于为民办实事而不注重本身的坎坷与无奈。在徐州为官时，苏轼亲自带领官员筑堤防洪、引洪入黄；在杭州任职时，他更是致力于疏浚西湖、修筑苏堤的具体实践，他创办医疗场所、赈济灾民；在惠州执政时，他引泉入城供百姓饮用，展现了士大夫为民办实事的崇高情怀。百姓对于苏轼的好评自然是出自于肺腑且本诸自然的。

面对坎坷的仕途，苏轼以儒释道三家合流的文化内涵与底蕴，接纳着饱受政治迫害的内心归属。被贬黄州后，苏轼在生活上确实遇到了前所未有的困境，他亲自动手，通过种地、做饭、造屋等实际行为解决了温饱问题，苏轼所号之东坡即始于此。在耕种劳作的过程以及在与百姓的交往中，苏轼本身具有的那种柔弱的文人气息被荡涤罄尽，逐渐凝结为孟子所谓之浩然正气，苏轼对自己的个性和内心世界进行了深刻的反省，在思想心性以及文学创作上获得了脱胎换骨般的成长，黄州的现实让苏轼真正走向了成熟，创作出《念奴娇·赤壁怀古》这阕蕴含着豪放意味的千古名作，苏轼将宋词的题材从儿女情长的呢喃软语拓宽到社会生活的各个方面。在被贬海南后，苏轼的生活条件变得更为艰苦，他却能够买地建屋，与百姓同游。苏轼用著述的方式来一浇胸中之块垒，他坚持着文以载道的文化传承，其创作之文章皆具有雄浑朴实的刚健文风。

余秋雨在《苏东坡突围》一文中说：“他，真正地成熟了——与古往今来许多大家一样，成熟于一场灾难之后，成熟于灭寂后的再生，成熟于穷乡僻壤，成熟于几乎没有人在他身边的时刻。”因为有了苏轼那种超拔式的存在而使得绵延不绝的中华文明有了传之不朽、流于后世的内在精魂，这实在是我们这个民族的一份文化瑰宝和来之不易的精神源泉。

（孟优悠）

文化科学并重——两宋的学术繁荣

〔导言〕 陈寅恪言："华夏民族之文化，历数千载之演进，造极于赵宋之世。"

公元960年，赵匡胤通过"陈桥兵变"而黄袍加身，赵宋王朝肇建。因深感武将统兵的威胁，赵匡胤又于谈笑间"杯酒释兵权"，掌控了隶属于中央的军事统治权力。有宋一朝大力推行"崇文抑武"的国策，文人士大夫迎来了有史以来获得最高尊崇与礼遇的时代。

赵宋王朝为了巩固其统治地位，从赵匡胤开始，历代皇帝积极发展教育事业，官方教育也以研习儒家经典为主，甚至还进行了规模不同的兴学运动。这些举措使文人士大夫的群体不断壮大，地位也随之提高。自汉以来逐渐处于劣势的儒学和儒者再次受到重视。

所谓物极必反，因过度崇文抑武，造成北宋军事实力的急剧下降，时至北宋中期，"冗官"、"冗员"、"冗费"所造成的积贫积弱业已十分明显，旨在富国强兵的变法革新势在必行。以欧阳修、王安石为代表的儒家士大夫，以天下兴亡为己任，接过韩愈"古文运动"的大旗，大力倡导"博学精神"、"疑经精神"，发展了与时俱进的新派儒学，与当下现实相结合，阐释经典。

新儒学不再拘泥于对经典的膜拜，开始注重"我"的见解和现实的需要，对经典进行多方面、多领域的解读。随着"庆历"、"熙宁"两次改革的深入，士人的思想得到了前所未有的解放，儒者逐渐将目光聚焦在与民生密切相关的实用科学领域。沈括的出现，恰恰代表了这个时代对于科学的迫切需求。

道 学 列 传

〔选文〕

"道学"之名，古无是也。三代盛时，天子以是道为政教，大臣百官有司以是道为职业，党、庠、术、序师弟子以是道为讲习，四方百姓日用[1]是道而不知。是故盈覆载之间，无一民一物不被是道之泽，以遂其性。于斯时也，道学之名，何自而立哉。

……

程颢字伯淳，世居中山，后从开封徙河南。高祖羽，太宗朝三司使。

……

颢资性过人，充养有道，和粹之气，盎[2]于面背，门人交友从之数十年，亦未尝[3]见其忿厉之容。遇事优[4]为，虽当仓卒[5]，不动声色。自十五六时，与弟颐闻汝南周敦颐论学，遂厌科举之习，慨然有求道之志。泛滥于诸家，出入于老、释者几十年，返求诸《六经》而后得之。秦、汉以来，未有臻斯理者。

教人自致知至于知止，诚意至于平天下，洒扫应对至于穷理尽性，循循有序。病[6]学者厌卑近而骛高远，卒无成焉，故其言曰："道之不明，异端害之也。昔之害近[7]而易知，今之害深而难辨。昔之惑人也乘其迷暗[8]，今之惑人也因其高明。自谓之穷神知化，而不足以开物成务，言为无不周遍，实则外于伦理，穷深极微，而不可以入尧、舜之道。天下之学，非浅陋固滞，则必入于此。自道之不明也，邪诞妖妄之说竞[9]起，涂生民之耳目，溺天下于污浊，虽高才明智，胶[10]于见闻，醉生梦死，不自觉也。是皆正路之蓁芜[11]，圣门之蔽塞，辟[12]之而后可以入道。"

颢之死，士大夫识与不识，莫不哀伤焉。文彦博采众论，题其墓曰明道先生。其弟颐序之曰："周公没，圣人之道不行；孟轲死，圣人之学不传。道不行，百世无善治；学不传，千载无真儒。无善治，士犹得以明夫善治之道，以淑诸人，以传诸后；无真儒，则贸贸[13]焉莫知所之，人欲肆而天理灭矣。先生生于千四百年之后，得不传之学于遗经，以兴起斯文为己任，辨异端，辟邪说，使圣人之道焕然复明于世，盖自孟子之后，一人而已。然学者于道不知所向，则孰知斯人之为功；不知所至，则孰知斯名之称[14]情也哉。”

嘉定十三年，赐谥曰纯公。淳祐元年封河南伯，从祀孔子庙庭。

程颐字正叔。年十八，上书阙下，欲天子黜世俗之论，以王道为心。游太学，见胡瑗问诸生以颜子所好何学，颐因[15]答曰：

学以至圣人之道也。圣人可学而至欤？曰：然。学之道如何？曰：天地储精，得五行之秀者为人，其本也真而静，其未发也。五性具焉，曰仁、义、礼、智、信。形既生矣，外物触其形而动其中矣，其中动而七情出焉，曰喜、怒、哀、乐、爱、恶、欲。情既炽而益[16]荡，其性凿矣。是故觉者约其情使合于中，正其心，养其性；愚者则不知制[17]之，纵其情而至于邪僻，梏其性而亡之。

……

瑗得其文，大惊异之，即延[18]见，处以学职。吕希哲首以师礼事[19]颐。

……

苏轼不悦于颐，颐门人贾易、朱光庭不能平[20]，合攻轼。胡宗愈、顾临诋[21]颐不宜用，孔文仲极论[22]之，遂出管勾西京国子监。久之，加直秘阁，再上表辞。董敦逸复摭[23]其有怨望语，去官。绍圣中，削籍窜[24]涪州。李清臣尹洛，即日迫遣之，欲入别叔母亦不许，明日赆[25]以银百两，颐不受。徽宗即位，徙峡州，俄[26]复其官，又夺于崇宁。卒年七十五。

颐于书无所不读。其学本于诚，以《大学》、《语》、《孟》、《中庸》为标指，而达于《六经》。动止语默，一以圣人为师，其不至乎圣人不止也。张载称其兄弟从十四五时，便脱然欲学圣人，故卒得孔、孟不传之学，以为诸儒倡。其言之旨，若布帛菽粟然，知德者尤尊崇之。尝言："今农夫祁寒暑雨，深耕易耨，播种五谷，吾得而食之；百工技艺，作为器物，吾得而用之；介胄之士，被坚执锐，以守土宇，吾得而安之。无功泽及人，而浪度岁月，晏然为天地间一蠹，唯缀缉圣人遗书，庶几[27]有补尔。"于是著《易》、《春秋传》以传于世。《易传序》曰：

《易》，变易也，随时变易以从道也。其为书也，广大悉[28]备，将以顺性命之理，通幽明之故，尽事物之情，而示开物成务之道也。圣人之忧患后世，可谓至矣。去古虽远，遗经尚存，然而前儒失意以传言，后学诵言而忘味，自秦而下，盖无传矣。予生千载之后，悼斯文之湮晦，将俾后人沿流而求源，此《传》所以作也。

"《易》有圣人之道四焉：以言者尚其辞，以动者尚其变，以制器者尚其象，以卜筮者尚其占"。吉凶消长之理、进退存亡之道备于辞，推辞考卦可以知变，象与占在其中矣。"君子居则观其象而玩[29]其辞，动则观其变而玩其占"，得于辞不达其意者有矣，未有不得于辞而能通其意者也。至微者理也，至著者象也。体用一源，显微无间，观会通以行其典礼，则辞无所不备。故善学者，求言必自近，易于近者，非知言者也。予所传者辞也,由辞以得意,则在乎人焉。

……

平生诲人不倦,故学者出其门最多,渊源所渐,皆为名士。涪人祠颐于北岩,世称为伊川先生。嘉定十三年,赐谥曰正公。淳祐元年,封伊阳伯,从祀孔子庙庭。

选自《宋史》卷四百二十七

〔注释〕 ① 日用:日常应用。 ② 盎:充盈。 ③ 尝:曾经。 ④ 优:从容。 ⑤ 仓卒:仓促。 ⑥ 病:不满。 ⑦ 近:浅近。 ⑧ 暗:愚昧。 ⑨ 竞:争着。 ⑩ 胶:拘泥。 ⑪ 蓁芜:荆棘。 ⑫ 辟:排除。 ⑬ 贸贸:同"眊眊",蒙昧不明貌。 ⑭ 称:符合。 ⑮ 因:于是。 ⑯ 益:更加。 ⑰ 制:控制。 ⑱ 延:招请。 ⑲ 事:侍奉。 ⑳ 平:内心宁和。 ㉑ 诋:毁谤。 ㉒ 论:申辩。 ㉓ 摭:拾取。 ㉔ 窜:放逐。 ㉕ 赆:赠送。 ㉖ 俄:不久。 ㉗ 庶几:也许可以。 ㉘ 悉:都。 ㉙ 玩:研习。

〔赏析〕 周敦颐是公认的理学开山者,故而《宋史》将其人之事迹置于篇首而加以论述。邵雍高明英悟,程颢、程颐兄弟都很推崇他,旧史将其列于"隐逸"显然是很不合适的,所以他们的事迹列于张载之后。张栻学说也出自程氏,及其见到朱熹,两人互相切磋学问,均有长进。其他程、朱门人,考其源委,各以类从,故而《宋史》特意创设《道学列传》以统括道学之士。

《道学列传》为《宋史》所首创,且位列传统史书中存在的《儒林列传》之前,足见宋代理学的影响之大和元代统治者对它的推崇,甚至凌驾于儒家文化之上。

道学,并不是道家学说的简称,而是一种无形中被人们所遵守的东西,正如《道学列传》所论述的那样:"三代盛时,天子以是道为政教,大臣百官有司以是道为职业,党、庠、术、序师弟子以是道为讲习,四方百姓日用是道而不知。"宋代理学家所理解的这种"道",即为"理学"。

"理学"是北宋初期"新儒学"进一步发展的产物,属于突破新儒学的新范畴。北宋初期的新儒群体已倍感汉学对于社会发展的不适应性,为了进一步解放和发展社会生产力,改变积贫积弱的社会现状,他们不再墨守于对《四书》、《五经》的死记硬背,而是联系当下社会现实,重新阐发义理,从而有力地缓和了社会矛盾。理学在新儒学的基础上，又兼而吸收了佛道的养分，不仅重新阐释儒家经典，更是兼谈性命，主张亲近自然，内外兼修，存天理，灭人欲。可以认为，理学乃是宋初“新儒学”发展成熟的必然产物。

《道学列传》由于内容颇多，故而《宋史》将其析为四卷，分别介绍了周敦颐、程颐、程颢、张载、邵雍、程氏门人、朱熹、张栻等十八人，对理学的道统系统地进行了梳理。本文选取与沈括生活于同一时期，同是“程朱理学”奠基人的程颐、程颢二兄弟进行重点介绍。

程颢，北宋理学家，被学者尊称为明道先生；程颐，北宋理学家，被学者尊称为伊川先生，兄弟二人世称“二程”。“二程”十四五岁时师从周敦颐这位理学开山者，为他们将来的学术生涯奠定了扎实的儒学基础。“熙宁变法”时，二人未被王安石启用，仕途不顺，故而专心于讲学。后将儒家学说与前朝流行的佛道精华相结合，创立了属于自己的学派——洛学，二人的学说观点可谓是大同存异。

在学术观点方面，提出“理”是哲学的最高范畴，并作为绝对本体而衍生出宇宙万物。主张亲近大自然，认为天、地、人本为一体。主张遵守事物的客观规律，存天理，灭人欲。二程的“天理”既包括大自然的客观规律，也包括封建纲常的伦理道德。相对于经典保守的“汉学”来说，“宋学”大胆地从当下实际出发，重新阐发经典，突破经典，从而极大地解放了人们长期遭到禁锢的思想。但当理学在南宋被定为官方学术而服务于封建统治者时，理学成为又一个“汉学”，有过之而无不及地再一次禁锢住了人们的思想。

然而两人的思想也是同中存异的，正如黄宗羲在《宋元学案》中所言：“大程德行宽宏，规模阔广，以光风霁月为怀。小程气质刚方，文理密察，以削壁孤峰为体。其道虽同，而造德各有所殊。”二程都承认“理”是哲学的最高范畴。但是程颢主张“传心学”，即以“心”解“理”，通过冥想、顿悟来达到内外的统一，属于典型的主观唯心主义观点。而程颐则主张以“气”解“理”，要求尊重事物的客观发展规律，认为物极必反，比较倾向于客观唯心主义。

除此之外，二程主张“穷经以致用”，发扬新儒学的观点，主张独立思考，鼓励学子重新阐发经典，从而突破了汉学对经典固定解读的禁锢，极大地解放了世人的思想，为当时的文学、科技发展做出了巨大的贡献。

二程的思想，分别传至陆九渊和朱熹两脉，直至后来发展为博大精深的“程朱理学”。宋理宗时期，“存天理，灭人欲”的“程朱理学”被定为官方学术，正式服务于封建统治，并且在后来将近千年的时间内控制和禁锢着人们的思想。其力度相比于宋代以前的思想控制，可谓是有过之而无不及。

儒林列传

〔选文〕

胡瑗字翼之，泰州海陵人。以经术教授吴中，年四十余。

景祐初，更定雅乐，诏求知音者。范仲淹荐瑗，白衣[①]对崇政殿。与镇东军节度推官阮逸同较钟律，分造钟磬各一虡。以一黍之广为分，以制尺，律径三分四厘六毫四丝，围十分三厘九毫三丝。又以大黍累尺，小黍实龠。丁度等以为非古制，罢之，授瑗试秘书省校书郎。范仲淹经略陕西，辟[②]丹州推官。以保宁节度推官教授湖州。瑗教人有法，科条纤悉备具，以身先之。虽盛暑，必公服坐堂上，严师弟子之礼。视诸生如其子弟，诸生亦信爱如其父兄，从之游者常数百人。庆历中，兴太学，下湖州取其法，著为令。召为诸王宫教授，辞疾不行。为太子中舍，以殿中丞致仕[③]。皇祐中，更铸太常钟磬，驿召瑗、逸，与近臣、太常官议于秘阁，遂典[④]作乐事。复以大理评事兼太常寺主簿，辞不就。岁余，授光禄寺丞、国子监直讲。乐成，迁大理寺丞，赐绯衣银鱼。瑗既居太学，其徒益众，太学至不能容，取旁官舍处之。礼部所得士，瑗弟子十常居四五，随材高下，喜自修饬，衣服容止，往往相类，人遇之虽不识，皆知其瑗弟子也。嘉祐初，擢太子中允、天章阁侍讲，仍治太学。既而疾不能朝，以太常博士致仕，归老于家。诸生与朝士祖饯东门外，时以为荣。既卒，诏赙[5]其家。

李觏字泰伯，建昌军南城人。俊辩能文，举茂才异等不中。亲老，以教授自资，学者常数十百人。皇祐初，范仲淹荐为试太学助教，上《明堂定制图序》曰：

《考工记》“周人明堂，度九尺之筵”，是言堂基修广，非谓立室之数。“东西九筵，南北七筵，堂崇一筵”，是言堂上，非谓室中。东西之堂各深四筵半，南北之堂各深三筵半。“五室，凡室二筵”，是言四堂中央有方十筵之地，自东至西可营[6]五室，自南至北可营五室。十筵中央方二筵之地，既为太室，连作余室，则不能令十二位各直其辰，当于东南西北四面及四角缺处，各虚[7]方二筵之地，周而通之，以为太庙。太室正居中，《月令》所谓“中央土”、“居太庙太室”者，言此太庙之中有太室也。太庙之外，当子、午、卯、酉四位上各画方二筵地，以与太庙相通，为青阳、明堂、总章、元堂四太庙；当寅、申、巳、亥、辰、戌、丑、未八位上各画方二筵地，以为左个、右个也。

……

《周礼》言基而不及室，《大戴》言室而不及庙，稽之《月令》则备[8]矣，然非《白虎通》亦无以知窗闼之制也。聂崇义所谓秦人《明堂图》者，其制有十二阶，古之遗法，当亦取之。

《礼记外传》曰：“明堂四面各五门。”今按《明堂位》：四夷之国，四门之外。九采之国，应门之外。时天子负[9]斧扆南向而立。南门之外者北面东上，应门之外者亦北面东上，是南门之外有应门也。既有应门，则不得不有皋、库、雉门。

明堂者四时所居,四面如一,南面既有五门,则余三面皆各有五门。郑注《明堂位》则云"正门谓之应门",其意当谓变南门之文以为应门。又见王宫有路门,其次乃有应门。今明堂无路门之名,而但有应门,便谓更无重门,而南门即是应门。且路寝之前则名路门,其次有应门。明堂非路寝,乃变其内门之名为东门南门,而次有应门,何害于义?四夷之君,既在四门之外,而外无重门,则是列于郊野道路之间,岂朝会之仪乎?王宫常居,犹设五门,以限[10]中外。明堂者,效[11]天法地,尊祖配帝,而止一门以表之,岂为称哉!

若其建置之所,则淳于登云"在国之阳,三里之外,七里之内,丙巳之地"。《玉藻》"听朔于南门之外",康成之注亦与是合。夫称明也,宜在国之阳。事天神也,宜在城门之外。

今图以九分当九尺之筵,东西之堂共九筵,南北之堂共七筵。中央之地自东至西凡五室,自南至北凡五室,每室二筵,取于《考工记》也。一太室、八左右个,共九室,室有四户、八牖,共三十六户、七十二牖,协[12]于戴德《记》也。九室四庙,共十三位,本于《月令》也。四庙之面,各为一门,门夹两窗,是为八窗四闼,稽[13]于《白虎通》也。十二阶,采于《三礼图》也。四面各五门,酌[14]于《明堂位》、《礼记外传》也。

嘉祐中,用国子监奏,召为海门主簿、太学说书而卒。觏尝著《周礼致太平论》、《平土书》、《礼论》。门人邓润甫,熙宁中,上其《退居类稿》、《皇祐续稿》并《后集》,请官其子参鲁,诏以为郊社斋郎。

何涉字济川,南充人。父祖皆业农,涉始读书,昼夜刻苦,泛览博古。上自《六经》、诸子百家,旁及山经、地志、医卜之术,无所不学,一过目不复再读,而终身不忘。人间书传中事，必指卷第册叶所在，验之果然。

登进士第，调洛交主簿，改中部令。范仲淹一见奇之，辟彰武军节度推官。用庞籍奏，迁著作佐郎、管勾鄜延等路经略安抚招讨司机宜文字。时元昊扰边，军中经画⑮，涉预有力。元昊纳款，籍召为枢密使，欲与之俱，涉曰："亲老矣，非人子自便之时。"拜章愿得归养，特改秘书丞、通判眉州，徙嘉州。用⑯文彦博、庞籍荐，召还，除⑰集贤校理。既又求归蜀，遂得知汉州。岁满，移合州。累官尚书司封员外郎。父丧罢归，卒。诏恤其家，并官其一子。

涉长厚有操行，事亲至孝，平居未尝谈人过⑱恶。所至多建学馆，劝诲诸生，从之游者甚众。虽在军中，亦尝为诸将讲《左氏春秋》，狄青之徒皆横经以听。有《治道中术》、《春秋本旨》、《庐江集》七十卷。

选自《宋史》卷四百三十二

〔注释〕 ① 白衣：无功名的人。 ② 辟：征召。 ③ 致仕：辞官。 ④ 典：掌管。 ⑤ 赙：以财物助人办丧事。 ⑥ 营：建造。 ⑦ 虚：空。 ⑧ 备：全。 ⑨ 负：背倚。 ⑩ 限：限定。 ⑪ 效：效法。 ⑫ 协：相符。 ⑬ 稽：考察。 ⑭ 酌：参酌。 ⑮ 画：谋划。 ⑯ 用：因为。 ⑰ 除：拜官受职。 ⑱ 过：过失。

〔赏析〕 儒林列传，顾名思义，乃史家为儒者所作之合传。《儒林列传》最早出现于司马迁的《史记》一书。二十四史中除了《三国志》、《宋书》、《南齐书》、《旧五代史》、《新五代史》五部史书外，其余十九史均设《儒林列传》一篇，由此可见儒家思想在历朝历代的特殊地位。自孔子以来，儒家在学术上主要以研习经典为主，以《四书》、《五经》为标准读物，极大地限制了读书人的思想，从而抑制了手工业和科技的发展；儒家在政治上主张以民为本，施行仁政。以天下兴亡为己任，历史责任感强烈；儒家在礼仪上以管理皇家祭祀为主，职责神圣而庄重。

《宋史》中的《儒林列传》同《道学列传》一样内容较多，涉及儒者达七十六人，故而本传析为八卷。《儒林列传》又以杨万里为界，前者为北宋儒者，他们敢于大胆怀疑汉学经典，关注自然科学知识，故而此期“疑经精神”和“博学精神”得到大力提倡，相较于“新儒学”，呈现出蓬勃发展之势；后者为南宋儒者，在这批儒者中，已然出现了比较成熟的理学家。

本文选取与沈括生活于同一时代的三位儒者胡瑗、李觏与何涉来进行分析。

胡瑗，北宋教育家、哲学家，祖籍陕西子长县安定镇，生于江苏泰州，世称安定先生，与孙复、石介合称为“宋初三先生”。他从小就对大自然产生了浓厚的兴趣，早年离家求学，对于水利、算数、历法、军事等无不涉猎，学成归来后却屡试不中，转而开始办学，创办安定书院，采取分科教学的模式，不局限于讲授儒家经典，要求学生全面发展，注重实践，为社会培养了一批实用型人才。因名声在外，他受到范仲淹的极力举荐，与镇东军节度推官阮逸同钟律。其教育理念也被范仲淹广泛用于“庆历新政”的教育改革中。后来他升为当朝太子的导师，有至理名言“致天下之治者在人才，成天下之才者在教化，教化之所本者在学校”传世，范仲淹遵其为“孔孟衣钵，苏湖领袖”。

李觏，北宋哲学家、教育家，今江西资溪人，世称盱江先生。面对外有夷狄侵扰，内有“三冗”的社会现状，李觏自小便发奋图强，立志改变国家积贫积弱的状况。他积极接触自然科学知识，涉猎农田水利、算数、历法、哲学等各个领域，学识渊博且不拘泥于古文经学的牢笼，结合当下，阐发义理，形成了一套属于自己的儒学观点，被奉为“一时儒宗”。李觏毕生以教书育人为主，创立书院，将所学倾囊授予天下学子。

李觏虽然学富五车、涉猎颇广，但仍以儒家传统学说“礼”见长。针对汉唐诸儒的注解，李觏不以为然，自著《周礼致太平论》、《平土书》、《礼论》，一生著作颇丰。

何涉，与胡瑗、李觏生活于同一时期，世代以务农为业，是百年难得一见的读书奇才。上自《六经》、诸子百家，旁及山经、地志、医卜之术，他无所不学，涉猎颇广，有过目不忘的本领。与胡瑗、李觏不同，何涉轻松考取进士，并得范仲淹器重，一生宦海浮沉，以民为本，所到之处，多办学建校，积极发展教育事业，劝诲诸生。就连出身行伍的狄青，对何涉讲授的《左氏春秋》也是喜爱有加，是何涉的忠实拥趸。

《宋史·儒林列传》向我们呈现了宋儒不一样的风采。他们不再是致力于考究《四书》、《五经》的腐儒，也不再是受到责任思想、节制思想和忠孝思想禁锢的非自由人，他们大胆地将自身从传统儒学的思想禁锢中解放了出来，从而促进了儒家不重视，同时又是社会最需要的科技、手工业等新兴行业的发展。正因为这些儒者的存在，社会氛围开始变得活跃，世人的思想也得到了一定程度的解放，为“庆历新政”、“熙宁变法”的到来创造了有利的社会背景，也为大宋王朝培养了一批优秀的科技、医药、手工业、农田水利等领域的人才，从某种意义上缓和了北宋积贫积弱的社会现状，延长了北宋王朝的寿命。

沈括列传

〔选文〕

括字存中，以[①]父任为沭阳主簿。县依沭水，乃职方氏所书“浸曰沂、沭”者，故迹漫为污泽，括新其二坊，疏水为百渠九堰，以播[②]节原委，得上田七千顷。

擢进士第，编校昭文书籍，为馆阁校勘，删定三司条例。故事[③]，三岁郊丘之制，有司按籍而行，藏其副，吏沿以干[④]利。坛下张幔，距城数里为园囿，植采木、刻鸟兽绵络其间。将事之夕，法驾临观，御端门、陈仗卫以阅严警，游幸登赏，类非斋祠所宜。乘舆一器，而百工侍役者六七十辈。括考礼沿革，为书曰《南郊式》。即诏令点检事务，执[⑤]新式[⑥]从事，所省万计，神宗称善。

迁太子中允、检正中书刑房、提举司天监，日官皆市井庸贩，法象图器，大抵漫[⑦]不知。括始置浑仪、景表、五壶浮漏，招卫朴造新历，募天下上太史占书，杂用士人，分方技科为五，后皆施用。加史馆检讨。

淮南饥，遣括察访，发常平钱粟，疏沟渎，治废田，以救水患。迁集贤校理，察访两浙农田水利，迁太常丞、同修起居注。时大籍[⑧]民车，人未谕县官意，相挻[⑨]为忧；又市易司患[⑩]蜀盐之不禁，欲尽实[⑪]私井而辇[⑫]解池盐给之。言者论二事如织，皆不省，括侍帝侧，帝顾曰："卿知籍车乎？"曰："知之。"帝曰："何如？"对曰："敢问欲何用？"帝曰："北边以马取胜，非车不足以当[⑬]之。"括曰："车战之利，见于历世。然古人所谓兵车者，轻车也，五御折旋，利于捷速。今之民间辎车重大，日不能三十里，故世谓之太平车，但[⑭]可施于无事之日尔。"帝喜曰："人言无及此者，朕当思之。"遂问蜀盐事，对曰："一切实私井而运解盐，使一出于官售，诚善。然忠、万、戎、泸间夷界小井尤多，不可猝绝也，势须列候[⑮]加警[⑯]，臣恐得不足偿费。"帝颔[⑰]之。明日，二事俱寝[⑱]。擢知制诰，兼通进、银台司，自中允至是才三月。

……

时赋近畿户出马备边，民以为病[⑲]，括言："北地多马而人习骑战，犹中国之工[⑳]强弩也。今舍我之长技，强所不能，何以取胜。"又边人习兵，唯以挽强定最，而未必能贯革，谓宜以射远入坚为法。如是者三十一事，诏皆可之。

辽萧禧来理河东黄嵬地，留馆不肯辞，曰："必得请而后反[㉑]。"帝遣括往聘[㉒]。括诣枢密院阅故牍，得顷岁所议疆地书，指古长城为境，今所争盖三十里远，表论之。帝以休日开天章阁召对，喜曰："大臣殊不究本末，几误国事。"命以画图示禧，禧议始屈。赐括白金千两使行。至契丹庭，契丹相杨益戒来就议，括得地讼之籍数十，预使吏士诵[㉓]之，益戒有所问，则顾吏举以答。他日复问，亦如之。益戒无以应，谩[24]曰："数里之地不忍，而轻绝好乎？"括曰："师直为壮，曲为老[25]。今北朝弃先君之大信，以威用其民，非我朝之不利也。"凡六会，契丹知不可夺，遂舍黄嵬而以天池请。括乃还，在道图[26]其山川险易迂直，风俗之纯庞，人情之向背，为《使契丹图抄》上之。拜翰林学士、权三司使。

尝白事丞相府，吴充问曰："自免役令下，民之诋訾者今未衰[27]也，是果于民何如？"括曰："以为不便者，特士大夫与邑居之人习于复[28]除者尔，无足恤也。独微户本无力役，而亦使出钱，则为可念。若悉弛之，使一无所预，则善矣。"充然其说，表行之。

蔡确论括首鼠乖剌，阴[29]害司农法，以集贤院学士知宣州，明年，复龙图阁待制、知审官院，又出知青州，未行，改延州。至镇，悉以别赐钱为酒，命廛市良家子驰射角胜，有轶[30]群之能者，自起酌酒以劳[31]之，边人欢激，执弓傅矢，唯恐不得进。越岁，得彻札超乘者千余，皆补中军义从，威声雄他府。以副总管种谔西讨援银、宥功，加龙图阁学士。朝廷出宿卫之师来戍，赏赉[32]至再而不及镇兵。括以为卫兵虽重，而无岁不战者，镇兵也。今不均若是，且召乱。乃藏敕书，而矫制赐缗钱数万，以驿闻。诏报之曰："此右府颁行之失，非卿察事机，必扰军政。"自是，事不暇请者，皆得专之。蕃汉将士自皇城使以降，许承制补授。

谔师次[33]五原，值[34]大雪，粮饷不继，殿直刘归仁率众南奔，士卒三万人皆溃入塞，居民恟骇。括出东郊饯河东归师，得奔者数千，问曰："副都总管遣汝归取粮，主者为何人？"曰："在后。"即谕令各归屯。及暮，至者八百，未旬日，溃卒尽还。括出按[35]兵，归仁至，括曰："汝归取粮，何以不持军符？"归仁不能对，斩以徇[36]。经数日，帝使内侍刘惟简来诘叛者，具以对。

大将景思谊、曲珍拔夏人磨崖葭芦浮图城，括议筑石堡以临西夏，而给事中徐禧来，禧欲先城[37]永乐。诏禧护诸将往筑，令括移府并塞，以济军用。已而禧败没，括以夏人袭绥德，先往救之。不能援永乐，坐[38]谪均州团练副使。元祐初，徙秀州，继以光禄少卿分司，居润八年卒，年六十五。

括博学善文，于天文、方志、律历、音乐、医药、卜算，无所不通，皆有所论著。又纪平日与宾客言者为《笔谈》，多载朝廷故实、耆旧出处，传于世。

选自《宋史》卷三百三十一

〔注释〕 ①以：因为。 ②播：分散。 ③故事：先例。 ④干：求取。 ⑤执：执行。 ⑥式：规格。 ⑦漫：徒然。 ⑧籍：登记。 ⑨挺：延及。 ⑩患：担忧。 ⑪实：填塞。 ⑫辇：以车运送。 ⑬当：抵挡。 ⑭但：只。 ⑮候：哨所。 ⑯警：警戒。 ⑰颔：点头。 ⑱寝：停止。 ⑲病：困苦。 ⑳工：擅长。 ㉑反：同"返"，返回。 ㉒聘：指天子、诸侯及国家间派使臣访问。 ㉓诵：背诵。 ㉔谩：欺骗。 ㉕老：衰弱。 ㉖图：绘。 ㉗衰：减少。 ㉘复：免除赋税徭役。 ㉙阴：暗中。 ㉚轶：超越。 ㉛劳：慰劳。 ㉜赉：赏赐。 ㉝次：驻扎。 ㉞值：遇到。 ㉟按：检查。 ㊱徇：示众。 ㊲城：筑城。 ㊳坐：获罪。

〔赏析〕 沈括，北宋儒者、科学家、教育家，字存中，号梦溪丈人，浙江钱塘人。他自幼体弱多病，幸有家传医典《博济方》，得以中药调理。整日与病痛及汤药打交道，让年少的沈括对医学产生了浓厚的兴趣，从而开始钻研医学经典。因出生于官宦之家，沈括自小就受儒家思想的熏陶，饱读诗书，涉猎颇广。他随父亲沈周宦游四方，得以接触大自然，接触农业生产，了解了社会的需要。至和元年(1054 年)，在父亲沈周去世后，沈括以父荫步入仕途，随即便表现出了非凡的治国才能。熙宁四年(1071 年)，沈括受到变法领袖王安石的赏识，被大力提拔，不久便成为"熙宁变法"的得力干将，致力于新法的制定与推行。他校勘典籍、疏浚河道、治废田、救水患、发常平钱粟，察访两浙农田水利，出使辽国，政绩显著。元丰五年(1082年)，因“永乐城之战”遭到贬谪。晚年顿悟人生，携家归隐江苏镇江的“梦溪园”，将平生所学汇编于《梦溪笔谈》一书。

《梦溪笔谈》共三十卷，《笔谈》二十六卷，《补笔谈》三卷，《续笔谈》一卷，内容涉及沈括在数学、历法、物理、化学、生物、声乐、地理、农业、水利、建筑、文学、军事等不同领域的人文、科学成就。如在数学方面，沈括发明了隙积术、会圆术；光学方面，他对小孔成像原理作了详细的论述；化学方面，沈括首次命名了“石油”，并用石油制出质量上乘的墨；历法方面，他大胆提出了《十二气历》；水利方面，沈括有《圩田五说》、《万春圩图书》等著作；军事方面，他又著有《修城法式条约》和《边州阵法》等军事专著。

主持编纂《宋史》的元丞相脱脱称赞沈括为“博学善文，于天文、方志、律历、音乐、医药、卜算，无所不通，皆有所论著”。英国科学技术史专家李约瑟更是赞其为“中国整部科学史中最卓越的人物”，其人文科学巨著《梦溪笔谈》，也被李约瑟称为“中国科学史上的坐标”。

那么，在思想受钳制的中央专制主义集权王朝，怎么会孕育出沈括这样一位博学多才的科学巨匠呢?

其一，天赋异禀。沈括从小就对知识充满了渴望，且接受能力非常强。不仅如此，对于自己感兴趣的领域，他会不辞辛苦地去认真钻研，比如医学领域。

其二，成长环境。沈括生于一个儒学世家，世习儒业，而其生活的时期，正是儒学复兴、新儒学诞生及理学萌芽的时期。诸如欧阳修、范仲淹、王安石等人均大力提倡“疑经精神”和“博学精神”，鼓励学子怀疑经典，广泛涉猎。无论是新儒学，还是理学，都推崇与大自然亲密接触，关注事物发展的客观规律，这样的社会氛围，对沈括启蒙教育的影响必然是巨大的。所以，他从小就表现出对于自然科学的浓厚兴趣。

其三，成长经历。随父宦游的生涯，让饱读诗书的沈括较早地接触到了民生疾苦，接触到了积贫积弱的社会现实，从而让他深刻意识到科教兴国的重要性。而先天的身体条件也让他得以接触到医学经典，刻苦钻研。

其四，儒者身份。沈括乃一代儒者，其《孟子解》受到后人的研究和关注。无论是对“以民为本”、“人性本善”的阐发还是对“我善养吾浩然之气”的理解，均独具慧眼。也正是因为沈括是一位儒者，他跟随着儒学复兴与改革的潮流，从而去涉猎不同的领域以普济苍生。

其五，熙宁变法。熙宁变法是沈括这位科学巨匠诞生的最重要的社会条件。二十四岁以前的沈括，只是随父宦游，几乎是没有任何建树。而在熙宁四年时，时年二十四岁的沈括得到了“熙宁变法”领袖王安石的赏识，变法对于人才的渴求，使沈括的才能和探究精神都得到了前所未有的发挥。新法的制定和推行不是突发奇想式的觉悟就可以完成的，这要求沈括不仅要有创新的头脑，还要有勇于实践、永不放弃的精神，而实践又是最好的老师。无论是农田水利的治理、历法的制定、军事的需要，还是音乐的出新，都使得沈括的学说体系变得更加严密。

其六，晚年归隐梦溪园。“永乐城之战”的失利对沈括的人生影响无疑是巨大的。此后，他顿悟人生，归隐江苏镇江梦溪园，潜心著述，誓将自己的毕生所学传于后世。这才有了科学巨著《梦溪笔谈》的问世。

沈括特殊的成长环境以及经历，让他完成了对各方面知识的储备；而儒者的身份让他心怀天下，迫切地想要去普济苍生，且蓄势待发。“熙宁变法”兴起后王安石的赏识，让他可以一展抱负。晚年的归隐，让他的毕生成就可以跃于纸上、流芳百世。其间环节，缺一不可。可以说，是这个时代的学术氛围和社会需要造就了沈括这样一位科学巨匠。

在北宋，像沈括这样集各领域科研成果于一身的科学家少之又少，毕竟，不是每个人都拥有沈括那样的天赋和社会阅历的。

那么，北宋就仅仅只有沈括这样一位科学家吗？答案是否定的。

儒学复兴与改革的社会大环境使得北宋时期的学子接受了一场脱胎换骨的思想洗礼，他们开始关注自然科学，关注社会生产力的发展，所以拥有新思想的“科学家”群体还是比较庞大的。例如《儒林列传》里提到的胡瑗、李觏、何涉等人，他们都是北宋时期早早关注到自然科学领域的科学家。再如天文物理学家燕肃，著有研究潮汐原理的专著《海潮论》；建筑家李诫，著有划时代建筑专著《营造法式》，主持修建了开封府衙、朱雀门等著名建筑；儿科医生钱乙，善治儿科疑难杂症，有医学专著《小儿药证直诀》传世；后来的宋元数学四大家：杨辉、秦九韶、李治、朱世杰更是取得了傲人的数学成就。

在北宋，不同领域的科学家可谓数不胜数，但是，许多人只顾着积极投身于实践，并不能像沈括一样，晚年可以悠然自得地在自家的园子里潜心著述，所以没有专门的著作流传下来，他们的科研成果也一并湮没在茫茫的历史长河之中。

（牛艳丽）

蒙元的人才多元

〔导言〕 元世祖忽必烈是元王朝的开国皇帝，在中国历史和世界历史上都是一个影响深远的人物。在位期间，他任用了一批“汉法”派人士，使得蒙古族建立的王朝迅速地实现了从奴隶制向封建制的过渡和演进，结束了中国从10世纪开始的长达三百多年之久的分裂局面。

忽必烈能够承袭汗位，建立统一的元帝国，开创元朝兴盛的中兴局面，和他身边的“汉法”派幕僚的辅佐和帮助密不可分，而在这些谋士中，安童、耶律楚材、董文用是特别值得一提的人物。他们分属不同民族，却都在政治活动中自觉地宣扬汉族先进文化，推动和影响了忽必烈以儒治国理念的形成和实施。

安童是蒙古族勋贵，元代前期声望甚隆的政治家，两度出任丞相，共计十七年。安童的老师为许衡，在许衡的精心辅导下，安童后来成为熟谙“汉法”的蒙古儒臣。安童尊礼汉族士大夫，受儒家思想的影响，积极协助忽必烈推行“汉法”，荐用和亲厚儒臣，崇尚“汉法”，政刑宽平，多次制止滥用死刑，有贤相之誉。

耶律楚材是辽国契丹族后裔，也是一位汉化的少数民族政治家，在窝阔台汗时期创建了一系列社会政治、经济等制度，但只是初步具备了规模，还处于草创阶段，直到忽必烈汗时期元朝各项制度才彻底建立和完备，真正完成了向封建制的过渡。

在忽必烈王府中，汉族成员贡献最大的是藁城的董氏兄弟。董文用功绩卓著、仁民爱物，始终守正不阿，多次面折奸臣，是一位优秀的儒家士大夫。

元世祖本纪

〔选文〕

世祖圣德神功文武皇帝，讳忽必烈，睿宗皇帝第四子。母庄圣太后，怯烈氏。以乙亥岁八月乙卯生。及长，仁明英睿，事①太后至孝，尤善抚下。纳弘吉剌氏为妃。

岁甲辰，帝在潜邸，思大有为于天下，延②藩府旧臣及四方文学之士，问以治道。

岁辛亥，六月，宪宗即位，同母弟惟帝最长且贤，故宪宗尽属③以漠南汉地军国庶事，遂南驻爪忽都之地。

邢州有两答剌罕言于帝曰："邢吾分地也，受封之初，民万余户，今日减月削，才五七百户耳，宜选良吏抚循④之。"帝从其言，承制以脱兀脱及张耕为邢州安抚使，刘肃为商榷使，邢乃大治。

……

十二月丙辰，军薄⑤大理城。初，大理主段氏微弱，国事皆决于高祥、高和兄弟，是夜祥率众遁去，命大将也古及拔突儿追之。帝既入大理，曰："城破而我使不出，计⑥必死矣。"己未，西道兵亦至，命姚枢等搜访图籍，乃得三使尸。既瘗⑦，命枢为文祭之。辛酉，南出龙首城，次⑧赵睑。癸亥，获高祥，斩于姚州。留大将兀良合带戍守，以刘时中为宣抚使，与段氏同安辑⑨大理，遂班师。

岁甲寅，夏五月庚子，驻六盘山。

六月，以廉希宪为关西道宣抚使，姚枢为劝农使。

秋八月，至自大理，驻桓、抚间，复立抚州。

冬，驻爪忽都之地。

……

辛丑，师次江北。

九月壬寅朔，亲王穆哥自合州钓鱼山遣使以宪宗凶问来告，且请北归以系天下之望。帝曰："吾奉命南来，岂可无功遽[10]还？"甲辰，登香罏山，俯瞰大江，江北曰武湖，湖之东曰阳逻堡，其南岸即浒黄洲。宋以大舟扼江渡，帝遣兵夺二大舟，是夜，遣木鲁花赤、张文谦等具[11]舟楫。乙巳迟明，至江岸，风雨晦冥，诸将皆以为未可渡，帝不从，遂申敕将帅扬旗伐鼓，三道并进，天为开霁。与宋师接战者三，杀获甚众，径达南岸。军士有擅入民家者，以军法从事。凡所俘获，悉[12]纵之。

……

时先朝诸臣阿蓝答儿、浑都海、脱火思、脱里赤等谋立阿里不哥。阿里不哥者，睿宗第七子，帝之弟也。于是阿蓝答儿发兵于漠北诸部，脱里赤括[13]兵于漠南诸州，而阿蓝答儿乘传[14]调兵，去[15]开平仅百余里。皇后闻之，使人谓之曰："发兵大事，太祖皇帝曾孙真金在此，何故不令知之？"阿蓝答儿不能答。继又闻脱里赤亦至燕，后即遣脱欢、爱莫干驰至军前密报，请速还。丁卯，发牛头山，声言趋[16]临安，留大将拔突儿等帅诸军围鄂。

闰月庚午朔，还驻青山矶。辛未，临江岸，遣张文谦还谕诸将曰："迟六日，当去鄂退保浒黄洲。"命文谦发[17]降民二万北归。宋贾似道遣宋京请和，命赵璧等语之曰："汝以生灵之故来请和好，其意甚善，然我奉命南征，岂能中止。果有事大之心，当请于朝。"是日，大军北还。己丑，至燕。脱里赤方括民兵，民甚苦之，帝诘其由，托以宪宗临终之命。帝察其包藏祸心，所集兵皆纵之，人心大悦。

是冬，驻燕京近郊。

……

辛卯，帝即皇帝位，以祃祃、赵璧、董文炳为燕京路宣慰使。陕西宣抚使廉希宪言："高丽国王尝[18]遣其世子倎入觐，会[19]宪宗将[20]兵攻宋，倎留三年不遣。今闻其父已死，若立倎，遣归国，彼必怀德于我，是不烦兵而得一国也。"帝是其言，改馆倎，以兵卫送之，仍[21]赦其境内。

夏四月戊戌朔，立中书省，以王文统为平章政事，张文谦为左丞。以八春、廉希宪、商挺为陕西四川等路宣抚使，赵良弼参议司事，粘合南合、张启元为西京等处宣抚使。己亥，诏谕高丽国王王倎，仍归所俘民及其逃户，禁边将勿擅掠。

……

谕将士举兵攻宋，诏曰："朕即位之后，深以戢[22]兵为念，故年前遣使于宋以通和好。宋人不务远图，伺我小隙[23]，反启边衅，东剽西掠，曾无宁日。朕今春还宫，诸大臣皆以举兵南伐为请，朕重以两国生灵之故，犹待信使还归，庶[24]有悛[25]心，以成和议，留而不至者，今又半载矣。往来之礼遽绝，侵扰之暴不已。彼尝以衣冠礼乐之国自居，理当如是乎？曲直之分，灼然可见。今遣王道贞往谕。卿等当整尔士卒，砺尔戈矛，矫尔弓矢，约会诸将，秋高马肥，水陆分道而进，以为问罪之举。尚赖宗庙社稷之灵，其克有勋。卿等当宣布朕心，明谕将士，各当自勉，毋替[26]朕命。"

选自《元史》卷四

〔注释〕 ① 事：侍奉。 ② 延：招请。 ③ 属：委托。 ④ 抚循：抚慰。 ⑤ 薄：迫近。 ⑥ 计：估计。 ⑦ 瘗：掩埋。 ⑧ 次：驻扎。 ⑨ 安辑：安抚。 ⑩ 遽：仓促。 ⑪ 具：准备。 ⑫ 悉：全。 ⑬ 括：搜求。 ⑭ 传：驿马。 ⑮ 去：距离。 ⑯ 趋：奔赴。 ⑰ 发：遣送。 ⑱ 尝：曾经。 ⑲ 会：适逢。 ⑳ 将：统率。 ㉑ 仍：还。

㉒ 戢：止息。 ㉓ 隙：嫌隙。 ㉔ 庶：希望。 ㉕ 悛：悔改。 ㉖ 替：废止。

〔赏析〕 忽必烈在位期间，重用“汉法”派人士，在这批人的帮助下他顺利地继承了汗位，也逐步建立和完善了各项封建政治制度，建立了一个稳定和繁荣的帝国，取得了政治上的巨大成就。

忽必烈很早就显现出胸有大志、老成持重、尊儒慕学的品质，《元史》称其“在潜邸，思大有为于天下，延藩府旧臣及四方文学之上，问以治道”。早在1244年耶律楚材死后，他便以唐太宗为楷模，密切地注意政治形势的变化，积极创造条件，准备参与政治活动，在他的身边聚集了一大批杰出的汉族士人。而对他来说，这一时期最重要的，莫过于如何去夺取权力、争取人心、扩大自己的影响。正是在这个时候，他身边的这批汉族地主阶级知识分子发挥了别人无法替代、不可估量的作用与影响。

蒙哥汗即位后，委托忽必烈治理汉地。汉人儒士以丰富的治理经验使邢州、陕西等地的生产得到不同程度的恢复。邢州地区因战争的影响，人口锐减，生产遭到破坏，忽必烈命张耕为安抚使，刘肃为商榷使，休养生息，减轻赋税，邢乃大治。陕西屡遭兵祸，人口剧减，民不聊生，忽必烈命杨惟中、高挺治之，整顿吏治，奖励农桑，减轻赋税，初见成效，廉希宪继任后，进一步计求民田，兴办学校，抑制高利贷剥削，情况大有改观。张耕、刘肃、杨惟中、高挺等人都是汉族儒士；廉希宪虽不是汉族人，但也受到了中原文明的深刻影响。这些人对邢州、陕西的治理起到了重要作用，可见忽必烈在潜邸时期就十分注重对汉人儒士的任用。

任用汉人儒士治理汉地，可以说是用“汉法”治汉地，既减少了汉地人民对少数民族征服者的排斥感，又能利用汉人儒士对汉地的熟识和对民情的了解，使汉地的治理速见成效，同时也使汉人儒士对忽必烈代表的蒙古统治集团增强了信任感，对蒙古人入主中原、建立政权起到了重要作用。

汉人儒士集团在忽必烈与阿里不哥争夺帝位的过程中也发挥了重要的作用。1260年到1264年忽必烈与阿里不哥在陕西、四川、燕京等地激战，忽必烈任命总帅汪良臣、宣抚使廉希宪等人率军击溃阿里不哥，夺得汗位。忽必烈身边的许衡、刘秉忠等汉人儒士提出应采用“祖宗旧典”、“古制”等治理天下,养育人民、恢复生产,促进了忽必烈实力的发展壮大。

忽必烈在即位之初就认识到成吉思汗、窝阔台、贵由、蒙哥四位蒙古大汗统治时期的缺陷,因此提出变革的思想。许衡作为理学宗师,积极仕元并力劝忽必烈"行汉法",这种华夷观念的提出顺应了当时时代发展的必然趋势,也消除了汉人儒士仕元的思想障碍。忽必烈采纳了许衡的建议,采取了以下措施。第一,立翰林国史院,修撰辽、金史。"右丞相史天泽监修国史,左丞相耶律铸、平章政事王文统监修辽、金史,仍探访遗事。"立翰林国史院修撰辽、金史即表明忽必烈对中原历史的重视,同时也是继承中原王朝的统治方式,标明元朝的正统地位。至元四年(1267 年)"敕上都重建孔子庙"。孔子作为汉人儒士的至圣先师,具有崇高的地位,孔子庙的修复即是对中原文化的认可,也起到了拉拢汉人儒士的作用。第二,下令"诏军中所俘儒士听赎为民"、"举文学才识可以从政及茂才异等,列名上闻,以听擢用。"这种任用汉人儒士的政策,是战争时期的非常之举,虽不具有常规性,但正是这种临时性的措施使忽必烈认识到汉人儒士的关键性作用。第三,建立行省等行政机构。完善的稳固的行政体制的形成为元朝的稳定和中兴起到了重要作用。据王恽《秋涧集·中堂记事》的统计,僚佐百余人中,百分之九十是汉人。在燕京设立的行中书省,除丞相祃祃外,其他三名长官都是汉人,他们是平章政事王文统、平章政事赵壁、参知政事张易。

从中统初年朝廷的用人来看,汉官仍然是为忽必烈所信任与重用的。但中统三年(1262 年)益都行省长官、江淮大都督李璮举兵反叛,对忽必烈影响很大,成为他用人政策彻底转变的导火线,自此以后,忽必烈任用阿合马、卢世荣、桑哥等善于"理财"之臣,疏远了"汉法"派人士,以儒治国的道路几乎就此中断,元朝也就此走上了衰落的道路。

安童列传

〔选文〕

安童,木华黎四世孙,霸突鲁长子也。中统初,世祖追录元勋,召入长[①]宿卫,年方十三,位在百僚上。母弘吉剌氏,昭睿皇后之姊，通籍[②]禁中。世祖一日见之，问及安童，对曰："安童虽幼，公辅器也。"世祖曰："何以知之？"对曰："每退朝必与老成人语，未尝狎[③]一年少，是以知之。"世祖悦。

四年，执阿里不哥党千余，将置之法，安童侍侧，帝语之曰："朕欲置此属于死地，何如？"对曰："人各为其主，陛下甫[④]定大难，遽以私憾[⑤]杀人，将何以怀服未附[⑥]。"帝惊曰："卿年少，何从得老成语，此言正与朕意合。"由是深重之。

至元二年秋八月，拜光禄大夫、中书右丞相，增食邑至四千户。辞[⑦]曰："今三方虽定，江南未附，臣以年少，谬膺[⑧]重任，恐四方有轻朝廷心。"帝动容有间[⑨]曰："朕思之熟矣，无以逾[⑩]卿。"冬十月，召许衡至，传旨令衡入省议事，衡以疾辞。安童即亲候[⑪]其馆，与语良久，既还，念之不释者累日。三年，帝谕衡曰："安童尚幼，未更事，善辅导之。汝有嘉谟[⑫]，当先告之以达朕，朕将择焉。"衡对曰："安童聪敏，且有执守，告以古人所言，悉能领解，臣不敢不尽心。但虑中有人间[⑬]之，则难行，外用势力纳人其中，则难行。臣入省之日浅，所见如此。"四年三月，安童奏："内外官须用老成人，宜令儒臣姚枢等入省议事。"帝曰："此辈虽闲，犹当优养，其令入省议事。"

五年，廷臣密议立尚书省，以阿合马领[⑭]之，乃先奏以安童宜位三公。事下诸儒议，商挺倡言曰："安童，国之柱石，若为三公，是崇以虚名而实夺之权也，甚不可。"众曰然，事遂罢。七年四月，奏曰："臣近言：'尚书省、枢密院各令奏事，并如常制，其大政令，从臣等议定，然后上闻。'既得旨矣，今尚书一切径奏，似违前旨。"帝曰："岂阿合马以朕颇信用之，故尔专权耶？不与卿议，非是[⑮]。"敕如前旨。

八年，陕西省臣也速迭儿建言，比[16]因饥馑，盗贼滋横，若不显戮一二，无以示惩。敕中书详议，安童奏曰："强、窃均死，恐非所宜，罪至死者，宜仍旧待报[17]。"从之。

十年春三月，奏以玉册玉宝上皇后弘吉剌氏，以玉册金宝立燕王为皇太子，兼中书令，判枢密院事。冬十月，帝谕安童及伯颜等曰："近史天泽、姚枢纂定《新格》，朕已亲览，皆可行之典，汝等亦当一一留心参考，岂无一二可增减者。"各令纪录促议行之。时天下待报死囚五十人，安童奏其中十三人因斗殴杀人，余无可疑。于是诏以所奏十三人免死从军。十一年，奏阿合马蠹国害民数事；又奏各部与大都路官多非才，乞加黜汰。从之。

十二年七月，诏以行中书省枢密院事，从太子北平王出镇极边，在边十年。二十一年三月，从王归，待罪阙[18]下，帝即召见慰劳之，顿首谢[19]曰："臣奉使无状[20]，有累圣德。"遂留寝殿，语至四鼓乃出。冬十一月，和礼霍孙罢，复拜中书右丞相，加金紫光禄大夫。二十二年，右丞卢世荣败，诏与诸儒条其所用人及所为事，悉罢之。

二十三年夏，中书奏拟漕司诸官姓名，帝曰："如平章、右丞等，朕当亲择，余皆卿等职也。"安童奏曰："比闻圣意欲倚近侍为耳目，臣猥[21]承任使，若所行非法，从其举奏，罪之轻重，惟陛下裁处。今近臣乃伺隙援引非类，曰某居某官、某居某职，以所署奏目付中书施行。臣谓铨选之法，自有定制，其尤无事例者，臣常废格[22]不行，虑其党有短[23]臣者，幸陛下详察。"帝曰："卿言是也。今后若此者勿行，其妄奏者，即入言之。"奏征[24]前吏部尚书李昶，不起；复奏赐田十顷。

二十四年，宗王乃颜叛，世祖亲讨平之。宗室诖误[25]者，命安童按[26]问，多所平反。尝退朝，自左掖门出，诸免罪者争迎谢，或执辔扶上马，安童毅然不顾。有乘间言于帝曰："诸王虽有罪，皆帝室近亲也，丞相虽尊，人臣也，何悖慢如此！"帝良久曰："汝等小人，岂知安童所为？特辱之使改过耳。"是岁，复立尚书省，安童切谏曰："臣力不能回天，乞不用桑哥，别相[27]贤者，犹或不至虐民误国。"不听。二十五年，见天下大权尽归尚书，屡求退，不许。二十八年，罢相，仍领宿卫事。

三十年春正月，以疾薨于京师乐安里第[28]，年四十九。雨木冰三日。世祖震悼曰："人言丞相病，朕固弗[29]信，果丧予良弼[30]。"诏大臣监护丧事。大德七年，成宗制赠推忠同德翊运功臣、太师、开府仪同三司、上柱国、东平忠宪王。碑曰《开国元勋命世大臣之碑》。子兀都带。

选自《元史》卷一百二十六

〔注释〕 ① 长：执掌。 ② 通籍：谓记名于门籍，可以进出宫门。 ③ 狎：亲近。 ④ 甫：才。 ⑤ 憾：恨。 ⑥ 附：归附。 ⑦ 辞：推辞。 ⑧ 膺：受。 ⑨ 有间：一会儿。 ⑩ 逾：超过。 ⑪ 候：问候。 ⑫ 谟：计谋。 ⑬ 间：离间。 ⑭ 领：管领。 ⑮ 是：正确。 ⑯ 比：近来。 ⑰ 报：批复。 ⑱ 阙：皇宫。 ⑲ 谢：谢罪。 ⑳ 状：功绩。 ㉑ 猥：鄙陋。 ㉒ 格：搁置。 ㉓ 短：说人坏话。 ㉔ 征：征召。 ㉕ 诖误：牵连。 ㉖ 按：查考。 ㉗ 相：选择。 ㉘ 第：达官贵人的宅院。 ㉙ 弗：不。 ㉚ 良弼：贤良的辅佐者。

〔赏析〕 安童是元朝当政时间最长的丞相，从至元二年(1265年)到至元十二年连任十一年，从至元二十二年到二十七年又连任六年，合计任丞相十七年。期间他励精图治，政刑宽平，举贤任能，史天泽、许衡、姚枢、商挺等皆引置左右，同辅庶政，由此形成至元期间民物繁息，仓廪如积，海内翕然，号为极治的鼎盛局面。

安童年轻时就表现出出色的政治天赋，年仅十三岁就常与大臣讨论国事，向老臣讨教治国策略，引起了世祖的重视。十六岁时，就能够老到地处理政事。世祖战胜阿里不哥，抓获其党羽计一千余人，随口问安童该怎样处置，安童说:“人各为其主,陛下甫定大难,遽以私憾杀人,将何以怀服未附。”当时世祖与阿里不哥争位,两人都是拖雷嫡子、宪宗亲弟,本无所谓正统、叛逆之分,对方将卒在法理上并无罪过,而且阿里不哥尚未归降,正需要以宽待政策招抚其支持者。安童的看法深合世祖本意,也符合当时实际情势,使世祖下定了请安童出任丞相的决心。安童年仅十八岁(1265 年)就出任丞相,也是当时形势使然。李璮在中统三年(1262 年)发动叛乱,并且牵连到当时的中书省平章政事王文统,王文统是当时深受忽必烈信任的汉族官僚,此事对忽必烈影响很大。叛乱平定后,忽必烈就罢废地方诸侯世袭,收回汉人军将兵权,在地方上实行军民分治,并引用色目人作为统治的帮手以对汉人进行牵制,安童就是世祖出于对汉人的疑忌避免大权旁落而培养的蒙古重臣。

安童虽是蒙古族勋贵,但向慕儒学,同当时的汉族人士走得很近。在受命之初,他就亲自到府上拜访许衡,请许衡指导,获得了许衡的理解和支持。任相后又禀奏世祖应启用老成人姚枢等同议中书省事。姚、许等汉族儒臣原是世祖即位前就已征聘的人物,和世侯势力也没有关系,他们都主张实行儒家治国方针,安童在他们的帮助下继续奉行采用“汉法”的政策。但世祖急于财用,务求充实国库、增加收入,回回人阿合马等抓住这一机会,想尽各种办法、推行各种“理财”措施增加国家财政收入,赢得了世祖的宠幸,恩宠日隆;而安童、许衡等处境不妙,渐遭冷落,不得已展开了维护“汉法”与反对“回回法”的斗争。

安童任丞相时期,正是阿合马集团日渐受宠的时期,因此,安童的丞相生涯主要是和阿合马集团作斗争,试图重新获取世祖的信任。

安童在与阿合马的争斗中不占上风,但他没有止步,继续直言敢谏。世祖自王文统被诛,即委阿合马掌管财赋,后超拜中书平章政事,兼领制国用使司。至元九年,尚书省并入中书省,阿合马仍任平章政事,继续专擅朝政。安童忍无可忍,劾奏其所任各部官和大都路总管府官多不称职,请别加选择;其营作宫殿,夤缘为奸,亦宜诘问。世祖命进行审查,阿合马抗辩,安童举出左司都事周祥,中木取利,罪状明白,诏黜之。但由于世祖倚信善于“理财”的阿合马,安童被调离了相位,从此阿合马“独当国柄”,更大树私党。

至元十二年到二十一年，安童陪皇太子镇守边关十年，回朝后，世祖再次任安童为相。安童再相后，仍亲近儒士，奏请起用老臣徐世隆、李昶。但世祖决意立尚书省总理财政，以桑哥、铁木儿为平章政事。朝臣多有异议，安童乃上奏道："臣力不能回天，乞不用桑哥，别相贤者，犹或不至虐民误国。"世祖不听。不久又升桑哥为尚书省右丞相，总领政务，中书六部也改属尚书，致使中书省名存实亡。桑哥一派顾忌安童有威望，力图将他排挤出中枢府，于是阴进谗言，构陷其罪。至元二十五年，安童见国家大政尽归尚书省，中书职权全被剥夺，于是请辞丞相一职，世祖不许。但至元二十六年还是被罢去右丞相职。

安童任职丞相十七年，推行"汉法"，促进来自中原王朝的政治、经济、文化制度的建立和实施；他打击贪官污吏，同阿合马、卢世荣、桑哥等进行了不屈不挠的斗争。无论在当时还是现在看来，这都是一位值得敬仰的社稷之臣。

耶律楚材列传

〔选文〕

耶律楚材字晋卿，辽东丹王突欲八世孙。父履，以学行事金世宗，特见亲①任②，终尚书右丞。

楚材生三岁而孤③，母杨氏教之学。及长，博极群书，旁通天文、地理、律历、术数及释老、医卜之说，下笔为文，若宿构④者。

……

帝自经营西土，未暇定制，州郡长吏，生杀任情，至孥⑤人妻女，取货财，兼土田。燕蓟留后长官石抹咸得卜尤贪暴，杀人盈市。楚材闻之泣下，即入奏，请禁州郡，非奉玺书，不得擅征发，囚当大辟⑥者必待报，违者罪死，于是贪暴之风稍戢。燕多剧贼，未夕，辄曳⑦牛车指富家，取其财物，不与则杀之。时睿宗以皇子监国，事闻，遣中使偕楚材往穷[8]治之。楚材询察得其姓名，皆留后亲属及势家子，尽捕下狱。其家赂中使，将缓之，楚材示以祸福，中使惧，从其言，狱[9]具，戮十六人于市，燕民始安。

己丑秋，太宗将即位，宗亲咸[10]会，议犹未决。时睿宗为太宗亲弟，故楚材言于睿宗曰："此宗社大计，宜早定。"睿宗曰："事犹未集[11]，别择日可乎？"楚材曰："过是无吉日矣。"遂定策，立仪制，乃告亲王察合台曰："王虽兄，位则臣也，礼当拜。王拜，则莫敢不拜。"王深然之。及即位，王率皇族及臣僚拜帐下。既退，王抚楚材曰："真社稷臣也。"国朝尊属有拜礼自此始。时朝集后期应死者众，楚材奏曰："陛下新[12]即位，宜宥[13]之。"太宗从之。

……

楚材奏："凡州郡宜令长吏专理民事，万户总军政，凡所掌课[14]税，权贵不得侵之。"又举镇海、粘合，均与之同事，权贵不能平。咸得卜以[15]旧怨，尤疾[16]之，谮[17]于宗王曰："耶律中书令率[18]用亲旧，必有二心，宜奏杀之。"宗王遣使以闻，帝察其诬，责使者，罢遣之。属有讼咸得卜不法者，帝命楚材鞫[19]之，奏曰："此人倨傲，故易招谤。今将有事南方，他日治之未晚也。"帝私谓侍臣曰："楚材不较私仇，真宽厚长者，汝曹当效之。"

……

壬辰春，帝南征，将涉河，诏逃难之民，来降者免死。或曰："此辈急则降，缓则走[20]，徒以资敌，不可宥。"楚材请制旗数百，以给降民，使归田里，全活甚众。旧制，凡攻城邑，敌以矢石相加者，即为拒命，既克，必杀之。汴梁将下，大将速不台遣使来言："金人抗拒持久，师多死伤，城下之日，宜屠之。"楚材驰入奏曰:"将士暴露数十年,所欲者土地人民耳。得地无民,将焉[21]用之!"帝犹豫未决,楚材曰:"奇巧之工,厚藏之家,皆萃[22]于此,若尽杀之,将无所获。"帝然之,诏罪止完颜氏,余皆勿问。时避兵居汴者得百四十七万人。

楚材又请遣人入城,求孔子后,得五十一代孙元措,奏袭封衍圣公,付以林庙地。命收太常礼乐生,及召名儒梁陟、王万庆、赵著等,使直释九经,进讲东宫。又率大臣子孙,执经解义,俾[23]知圣人之道。置编修所于燕京、经籍所于平阳,由是文治兴焉。

……

时工匠制造,糜费官物,十私八九,楚材请皆考核之,以为定制。时侍臣脱欢奏简[24]天下室女,诏下,楚材尼[25]之不行,帝怒。楚材进曰:"向[26]择美女二十有八人,足备使令。今复选拔,臣恐扰民,欲覆奏耳。"帝良久曰:"可罢之。"又欲收民牝马,楚材曰:"田蚕之地,非马所产,今若行之,后必为人害。"又从之。

丁酉,楚材奏曰:"制器者必用良工,守成[27]者必用儒臣。儒臣之事业,非积数十年,殆[28]未易成也。"帝曰:"果尔,可官其人。"楚材曰:"请校试之。"乃命宣德州宣课使刘中随郡考试,以经义、词赋、论分为三科,儒人被俘为奴者,亦令就试,其主匿弗遣者死。得士凡四千三十人,免为奴者四之一。

先是,州郡长吏,多借贾人银以偿官,息累数倍,曰羊羔儿利,至奴其妻子,犹不足偿。楚材奏令本利相侔[29]而止,永为定制,民间所负者,官为代偿之。至一[30]衡量,给符印,立钞法,定均输,布递传,明驿券,庶政略备,民稍苏息[31]焉。

……

后以御宝空纸，付奥都剌合蛮，使自书填行之。楚材曰："天下者，先帝之天下。朝廷自有宪章，今欲紊[32]之，臣不敢奉诏。"事遂止。又有旨："凡奥都剌合蛮所建白[33]，令史不为书者，断其手。"楚材曰："国之典故，先帝悉委老臣，令史何与焉。事若合理，自当奉行，如不可行，死且不避，况截手乎！"后不悦。楚材辨论不已，因大声曰："老臣事太祖、太宗三十余年，无负于国，皇后亦岂能无罪杀臣也。"后虽憾之，亦以先朝旧勋，深敬惮焉。

甲辰夏五月，薨于位，年五十五。皇后哀悼，赙[34]赠甚厚。后有谮楚材者，言其在相位日久，天下贡赋，半入其家。后命近臣麻里扎覆视之，唯琴阮十余，及古今书画、金石、遗文数千卷。至顺元年，赠经国议制寅亮佐运功臣、太师、上柱国，追封广宁王，谥文正。子铉、铸。

选自《元史》卷一百四十六

〔**注释**〕 ①亲：亲近。 ②任：信任。 ③孤：无父者之称。 ④宿构：预先构思。 ⑤孥：没为奴婢。 ⑥大辟：死刑。 ⑦曳：拖。 ⑧穷：极，尽。 ⑨狱：罪案。 ⑩咸：都。 ⑪集：成功。 ⑫新：刚。 ⑬宥：宽恕。 ⑭课：国家规定数额征收赋税。 ⑮以：因为。 ⑯疾：憎恨。 ⑰谮：进谗言。 ⑱率：一律。 ⑲鞫：审讯。 ⑳走：逃跑。 ㉑焉：何。 ㉒萃：聚集。 ㉓俾：使。 ㉔简：挑选。 ㉕尼：阻止。 ㉖向：先前。 ㉗守成：保持已有的成就。 ㉘殆：大概。 ㉙侔：齐等。 ㉚一：统一。 ㉛苏息：困顿后得到休息。 ㉜紊：乱。 ㉝建白：陈述意见或有所倡议。 ㉞赙：以财物助人办丧事。

〔**赏析**〕 耶律楚材出生于契丹贵族地主阶级家庭，生长在燕京，是辽皇族东丹王耶律倍的后裔。这个家族接受汉文化很早，受儒家思想影响较深，最晚从他的父亲耶律履时起，他的家庭就已经完全汉化了。据史书记载，耶律楚材博览群书，通晓经史、天文、地理、律历、数术，同时还擅长音乐、医卜等，在成吉思汗时期和托雷监国、窝阔台汉、乃马真称制时期，他以其杰出的政治才能促进蒙古帝国从奴隶制向封建制转化、建立中央集权。

在政治制度方面，耶律楚材强调定制度、议礼乐，这是儒学“汉法”之根本。儒学强调君臣之别和社会等级，以此来维护君主至高无上的地位，加强君权。蒙古族原来没有严格的区别君、臣上下的朝廷仪礼，大汗与各部落酋长以兄弟相称，缺乏大汗的威严。在窝阔台汗登基时，耶律楚材用儒礼“定册立仪礼”确立了君臣尊卑，加强了大汗的权力，促进了蒙古从政体上向中央集权的君主专制制度转化。自成吉思汗以来，在蒙古就实行“裂土分民”的分封制，当时在蒙古诸王中就有分割土地、共享富贵的约定。窝阔台即位以后，也要把所占领的中原地区的土地和民产，分赐给诸王功臣。耶律楚材竭力反对并提出“五户丝”制给予诸王，从而把地方州县征税的权利夺回中央。

在经济制度方面，蒙古统治者起自塞北，习惯于游牧经济，在进入中原后，他们不仅不知道作为封建统治基础的农业经济的重要性，更不知道课税之利。以别迭为代表的一部分大臣还主张把旧有的奴隶制和蒙古的游牧经济扩大到中原地区，耶律楚材代表一部分中原地区地主阶级利益，主张采用中原地区原有的剥削方式，统一课税。耶律楚材向窝阔台谏阻说：“陛下将南伐，军需宜有所资，诚均定中原地税、商税、盐、酒、铁冶、山泽之利，岁可得银五十万两、帛八万匹、粟四十余万石，足以供给，何谓无补哉？”窝阔台看到这个建议对自己更为有利，抱着试试看的态度，令耶律楚材试行。1230年，蒙古设立了燕京、宣德、西京、太原等十路，每路设正副课税使，负责税收。次年，窝阔台至云中，十路课税使把所征收到的金帛和记录仓库收藏谷物的簿籍交给窝阔台，其数大致与耶律楚材原估计的相符。窝阔台高兴地对耶律楚材说：“汝不去朕左右，而能使国用充足，南国之臣，复有如卿者乎？”窝阔台通过实践，认识到利用中原的封建制度对统治更为有利，终于采用了“汉法”，当日即授耶律楚材为中书令，事无大小，均听耶律楚材的调度。

在文化方面，耶律楚材主张“创学校、设科举、拔隐逸、访遗老、举贤良、求方正”，这是“汉法”的重要内容，也是“汉法”实施的保证。耶律楚材深知人才对于国家的作用，在兵燹之际千方百计保护儒士。他重视对文官的培养和选拔，建议通过考试选士，以经义、词赋、论分为三科，儒人被俘为奴者也令其参加考试，这就是“戊戌试”。“戊戌试”共得儒士四千三十余人，免为奴者有四分之一。参加这次考试的人，有很多人成为名臣和学者，如杨奂、张文谦、雷膺、赵良弼、石璧等，其中张文谦官至昭文阁大学士领太史院事，为一代学人领袖。

耶律楚材还反对滥杀。他认为真正能够统一天下的是蒙古，战争在统一过程中具有必要性，他多次称赞蒙古的武功，对于南宋他也主张武力统一，是主战派，但他主张在统一战争中不滥杀。按蒙古旧制，“凡攻城邑，敌以矢石相加者，即为拒命，既克，必杀之”，蒙古在西征时，所到之处稍遇抵抗便屠城，杀人无数。面对蒙古人的滥杀，耶律楚材十分痛苦，多次劝成吉思汗不要滥杀无辜，蒙古攻打汴京，大将速不台因金人抗拒持久而欲屠城，耶律楚材说：“将士暴露数十年，所欲者土地人民耳。得地无民，将焉用之！”力谏下终于保住了避兵居汴者一百四十七万人。这次禁止滥杀首次打破了蒙古传统的“屠城”旧制，从此以后，屠城政策逐渐放弃，将屠城法改为只杀“首恶”者，以后忽必烈也继承了这项制度，彻底废除屠城旧制。

耶律楚材在成吉思汗和窝阔台两朝都做出了巨大的贡献，他所努力推进的各项制度和措施，对元初社会经济的恢复和发展起到了至关重要的作用，也为忽必烈王朝的中兴盛世打下了良好的基础。

董文用列传

〔选文〕

文用字彦材，俊之第三子也。生十岁，父死，长兄文炳教诸弟有法。文用学问早成，弱冠试词赋中选。时以真定藁城奉庄圣太后汤沐，庚戌，太后命择邑中子弟来上，文用始从文炳谒太后于和林城。世祖在潜藩，命文用主文书，讲说帐中，常见[①]许[②]重。

癸丑，世祖受命宪宗自河西征云南大理。文用与弟文忠从军，督粮械，赞[③]军务。丁巳，世祖令授皇子经，是为北平王、云南王也。又命召遗老窦默、姚枢、李俊民、李冶、魏播于四方。己未,伐宋,文用发沿边蒙古、汉人诸军,理军需。将攻鄂州,宋贾似道、吕文德将兵来拒[4],水陆军容甚盛。九月,世祖临江阅战,文炳求先进战,文用与文忠固请偕[5]行,世祖亲料[6]甲胄,择大舰授之,大破宋师。

……

时诸王只必铁木儿镇西方,其下纵横,需索无算[7],省臣不能支,文用坐幕府,辄面折[8]以法。其徒积忿[9],谮文用于王,王怒,召文用,使左右杂问之,意叵测。文用曰:"我天子命吏,非汝等所当问,请得与天子所遣为王傅者辨之。"王即遣其傅讯文用。其傅中朝旧臣,不肯顺王意。文用谓之曰:"我汉人,生死不足计。所恨[10]者,仁慈宽厚如王,以重戚镇远方,而其下毒虐百姓,凌暴官府,伤王威名,于事体不便。"因[11]历指其不法者数十事。其傅惊起,去白[12]王,王即召文用谢之曰:"非郎中,我殆不知。郎中持此心事朝廷,宜勿怠[13]。"自是谮不行而省府事颇立。二年,入奏经略事宜还,以上旨行之,中兴遂定。

……

十二年,丞相安童奏文用为工部侍郎,代纥石里。纥石里,阿合马私人也。其徒既谗间安童罢相,即使鹰监奏曰:"自纥石里去,工部侍郎不给鹰食,鹰且[14]瘦死。"帝怒,促[15]召治之,因急捕文用入见。帝望见曰:"董文用乃为尔治鹰食者耶!"置不问,别令取给有司。

十三年,出文用为卫辉路总管,佩金虎符。郡当冲要,民为兵者十之九,余皆单弱贫病,不堪力役。会初得江南,图籍、金玉、财帛之运,日夜不绝于道,警卫输挽,日役数千夫。文用忧之曰:"吾民弊[16]矣,而又重[17]妨耕作,殆不可。"

乃从转运主者言:“州县吏卒,足以备用,不必重烦吾民也。”主者曰:“汝言诚然,万一有不虞[18],则罪将谁归”!文用即手书具官姓名保任之。民得以时[19]耕,而运事亦不废。诸郡运江淮粟于京师,卫当运十五万石,文用曰:“民籍可役者无几,且江淮风水,舟不能以时至,而先为期[20]会,是未运而民已困矣。”乃集旁郡通议,立驿置法,民力以舒。

……

转礼部尚书,迁翰林、集贤二院学士,知秘书监。时中书右丞卢世荣,以货利得幸权要为贵官,阴[21]结贪刻之党,以锱铢掊克[22]为功,乃建议曰:“我立法治财,视常岁当倍增,而民不扰也。”诏下会议,人无敢言者。文用阳[23]问曰:“此钱取于右丞之家耶?将取之于民耶?取于右丞之家,则不敢知;若取诸民,则有说矣。牧羊者,岁尝两剪其毛,今牧人日剪其毛而献之,则主者固悦其得毛之多矣,然而羊无以避寒热,即死且尽。毛又可得哉!民财亦有限,取之以时,犹惧其伤残也,今尽刻剥无遗,犹有百姓乎!”世荣不能对。丞相安童谓坐中曰:“董尚书真不虚食俸禄者。”议者出,皆谢文用曰:“君以一言,折聚敛之臣,而厚邦本,真仁人之言哉。”世荣竟[24]以是得罪。

二十二年,拜江淮行中书省参知政事,文用力辞。帝曰:“卿家世非他人比。朕所以任卿者,不在钱谷细务也,卿当察其大者,事有不便,但[25]言之。”文用遂行。行省长官者,素贵多傲,同列莫敢仰视,跪起禀白,如小吏事上官。文用至,则坐堂上,侃侃与论是非可否,无所迁就,虽数忤[26]之,不顾[27]也。有以帝命建佛塔于宋故宫者,有司奉行甚急,天大雨雪,入山伐木,死者数百人,犹欲并建大寺。文用谓其人曰："非时役民，民不堪矣，少[28]徐[29]之如何？"长官者曰："参政奈何格上命耶？"文用曰："非敢格上命，今日之困民力而失民心者，岂上意耶！"其人意沮，遂稍宽其期。二十三年，朝廷将用兵海东，征敛益[30]急，有司大为奸利。文用请入奏事，大略言："疲国家可宝之民力，取僻陋无用之小邦。"列其条目甚悉。言上，事遂罢。

选自《元史》卷一百四十八

〔注释〕 ①见：受。 ②许：赞许。 ③赞：辅助。 ④拒：抵抗。 ⑤偕：同。 ⑥料：整理。 ⑦算：计算。 ⑧折：驳斥。 ⑨忿：怨恨。 ⑩恨：遗憾。 ⑪因：于是。 ⑫白：报告。 ⑬怠：怠慢。 ⑭且：将要。 ⑮促：催促。 ⑯弊：疲困。 ⑰重：甚，极。 ⑱虞：预料。 ⑲时：按时。 ⑳期：约定。 ㉑阴：暗中。 ㉒掊克：聚敛贪狠。 ㉓阳：通"佯"，假装。 ㉔竟：最终。 ㉕但：只。 ㉖忤：抵触。 ㉗顾：顾忌。 ㉘少：稍微。 ㉙徐：缓慢。 ㉚益：更加。

〔赏析〕 董文用是藁城董氏家族的第二代，忽必烈在藩邸时期就陪侍身旁，负责掌管文书，以其言论精当，深受世祖赞许。后来世祖即位后，董文用以其卓著的政治功绩，逐渐为世祖所倚重，成为忽必烈身边最受信任的汉族儒士之一。

忽必烈即位后，董文用先被任命为西夏、中兴等路行省郎中。中兴自浑都海之乱以后，人心惶惶，百姓逃匿山中，文用到任后，实施安抚修养的政治策略，主持开挖了唐来、汉延、秦家等水渠，垦辟了中兴、西凉、甘、肃、瓜、沙等州大片水田，使四五万户农民回归家园，地方政府授与百姓良田耕种，颁给农具，使中兴当地的农民有所依靠，经济得以恢复发展。当时宗王只必铁木儿属下在地方上需索无算，凌暴官府，董文用不畏权贵，在幕府同他们展开了激烈的辩论，最终以翔实的事实、坚定无畏的态度取得了理解和胜利，而中兴也由此安定富强。

董文用的才能为世祖所看重，至元八年(1271年)，忽必烈设立司农司，董文用受命为山东东西道巡行劝农使。山东自发生叛乱后，多荒地旷土，他走遍山东各地劝农，到登州境内时，看到郡守垦辟有方，还为其作诗，表扬郡守的才能。在董文用的努力下，五年之间，山东的政绩为天下劝农使之最。

丞相安童也是尊崇儒法的“汉法”派人士，对董文用的才能大加赞赏，奏任他为工部侍郎，以代阿合马党羽纥石里。但忽必烈此时信任阿合马，安童遭谗被派往西北边境，董文用也受到诬陷，并在至元十六年卸职归田，读书赋诗。

至元十九年，阿合马被杀后，朝廷选用旧臣，董文用受召为兵部尚书，从此参与朝廷大事的决断。当时，江淮一些专恣弄权的地方大臣因忌惮御史台督察，向皇上建议把地方按察司划归行省之下，御史须受行省长官的节制。对此，董文用坚决反对，他认为御史台譬如一只卧虎，虽未吃人，但人们还是怕它，如果一旦去掉就难以恢复；对于按察司，国家应该鼓励而不可撤销。世祖采纳了文用的意见。

之后董文用转任礼部尚书，迁任翰林、集贤二院学士，知秘书监。曾就当时大热的“理财”问题与阿合马派中的卢世荣展开激烈的辩论，他当面责问：“牧羊者，岁尝两剪其毛，今牧人日剪其毛而献之，则主者因悦其得毛之多矣，然而羊无以避寒热，即死且尽，毛又可得哉！民财亦有限，取之以时，犹惧其伤残也。今尽刻剥无遗，犹有百姓乎！”这次辩论取得了胜利，卢世荣竟不能对答，丞相安童也在座中，高兴地赞扬董文用“真不虚食俸禄者”，旁边参与议论的儒士都感谢文用说：“君以一言，折聚敛之臣，而厚邦本，真仁人之言哉。”

至元二十五年，董文用任御史中丞，他一方面为国家推荐人才，另一方面不畏权贵，弹劾不法之人。他曾说：“中丞不当理细务，吾当先举贤才。”通过考察、品评，董文用推举了胡祗遹、王恽、雷膺、荆幼纪、许楫、孔从道等十余人为按察使，徐琰、魏初为行台中丞，时人“以为极选”。当时桑哥专权，深受世祖宠信，近戚贵人均不敢进言，独董文用不阿附，日日同桑哥辩论，并且向忽必烈详细禀奏桑哥的奸恶罪行，始终没有屈服。

董文用为官一生仁民爱物，关心百姓疾苦，注重农业生产的发展，任职地方官时期实行安抚修养的策略，使所管辖地的经济得到了很大的恢复和发展。在朝廷任职时，又能够守正不阿，坚持自己的政治思想，多次同权贵奸臣展开坚决斗争。在当时，他同兄长董文炳、弟弟董文忠一起效力于忽必烈，河北藁城董氏家族以其战功显赫、地位尊贵、功绩卓著成为元代历史上彪炳史册的汉人世侯群体之一。

（胡淑慧）

儒道治国，无论蒙汉

〔导言〕 元顺帝即位之初，首先面对的就是权臣燕帖木儿家族与伯颜家族干预朝政的局面。顺帝早先曾励精图治，利用朝中错综复杂的矛盾冲突，铲除了燕帖木儿和伯颜两个专横朝堂的集团势力。顺帝亲掌大权之后，改年号为至正，颇想效法元世祖忽必烈而有一番作为，他重用大臣脱脱等实行新政，纠正朝中弊政，试图挽救日益衰败的元王朝。然而顺帝在朝中佞臣(特别是哈麻)的影响下日益荒淫腐败，不理政务，造成高层统治集团中矛盾重重、地方官员贪污成风的局面，故顺帝朝中后期之朝政较前朝更加腐败不堪，佞臣当道，互相倾轧，贪赃枉法，整个统治阶级浮华奢侈，对百姓的剥夺异常残酷。在这一危乱时期，涌现出许多希望挽救日渐倾颓朝政的正直士大夫，他们充满着崇高的理想与抱负，脱脱与陈祖仁无疑是其中的扛鼎人物。脱脱作为蒙古贵族阶层理性反抗先辈僵化思想的代表，曾深受汉人儒家文化的影响，前期复科举取士制度，大集儒士，尊儒崇孔，重修文治。然而，越是想拯救这个不可救药的元王朝，就越使脱脱走向另一个极端——专权，主要表现在排斥汉人，这是一个不能适应潮流和时代的民族的悲剧。陈祖仁作为汉人士大夫的代表，直言进谏，屡屡上书皇帝要求铲除身边的奸邪小人，结局却颇为不幸，当明军攻破京城时竟被乱军杀死。

本书选录《脱脱列传》和《陈祖仁列传》，力图展现正直的士大夫在动乱和腐败时代中进行抗争的过程，从他们或成功或失败的结局中总结出历史的意义，体会士大夫精英与国家政权在决策过程中的深层博弈。

脱 脱 列 传

〔选文〕

脱脱字大用，生而岐嶷①，异于常儿。及就学，请于其师浦江吴直方曰："使脱脱终日危[2]坐读书，不若日记古人嘉言善行服之终身耳。"稍长，膂力过人，能挽弓一石。年十五，为皇太子怯怜口怯薛官。天历元年，袭[3]授成制提举司达鲁花赤。二年，入觐，文宗见之悦，曰："此子后必可大用。"迁内宰司丞，兼前职。五月，命为府正司丞。至顺二年，授虎符、忠翊侍卫亲军都指挥使。元统二年，同知宣政院事，兼前职。五月，迁中政使。六月，迁同知枢密院事。

……

至正元年，遂命脱脱为中书右丞相、录军国重事，诏天下。脱脱乃悉[4]更伯颜旧政，复科举取士法，复行太庙四时祭，雪郯王彻彻秃之冤，召还宣让、威顺二王，使居旧藩，以阿鲁图正亲王之位，开马禁，减盐额，蠲[5]负逋[6]，又开经筵，遴选儒臣以劝讲，而脱脱实领经筵事。中外翕然称为贤相。二年五月，用参议孛罗（帖木儿）等言，于都城外开河置闸，放金口水，欲引通州船至丽正门，役丁夫数万，讫无成功。事见《河渠志》。

三年，诏修辽、金、宋三史，命脱脱为都总裁官。又请修《至正条格》颁天下。帝尝[7]御宣文阁，脱脱前奏曰："陛下临御以来，天下无事，宜留心圣学。颇闻左右多沮挠者，设使经史不足观，世祖岂以是教裕皇哉？"即秘书监取裕宗所授书以进，帝大悦。皇太子爱猷识理达腊尝保育于脱脱家，每有疾饮药，必尝之而进。帝尝驻跸云州，遇烈风暴雨，山水大至，车马人畜皆漂溺，脱脱抱皇太子单骑登山，乃免。至六岁还，帝慰抚之曰："汝之勤劳，朕不忘也。"脱脱乃以私财造大寿元忠国寺于健德门外，为皇太子祝禧[8]，其费为钞十二万二千锭。

……

十年五月，居母蓟国夫人忧。帝遣近臣喻[9]之，俾出理庶务。于是脱脱用乌古孙良桢、龚伯遂、汝中柏、伯帖木儿等为僚属，皆委以腹心之寄，小大之事悉与之谋，事行而群臣不知也。吏部尚书偰哲笃建言更造至正交钞，脱脱信之，诏集枢密院、御史台、翰林、集贤院诸臣议之，皆唯唯而已，独祭酒吕思诚言其不可，脱脱不悦。既而终变钞法，而钞竟[10]不行。事见思诚传。

河决白茅堤，又决金堤，方数千里，民被[11]其患，五年不能塞。脱脱用贾鲁计请塞之，以身任其事。出告群臣曰："皇帝方忧下民，为大臣者职当分忧。然事有难为，犹疾有难治，自古河患即难治之疾也，今我必欲去其疾。"而人人异论，皆不听。乃奏以贾鲁为工部尚书，总治河防，使发[12]河南北兵民十七万役之，筑决堤成，使复故道。凡八月功成。事见《河渠志》。于是天子嘉其功，赐世袭答剌罕之号。又敕儒臣欧阳玄制《河平碑》以载其功。仍赐淮安路为其食邑，郡邑长吏听[13]其自用。

……

十二年，红巾有号芝麻李者，据徐州。脱脱请自行讨之，以逯鲁曾为淮南宣慰使，募盐丁及城邑趫捷，通二万人，与所统兵俱发。九月，师次[14]徐州，攻其西门。贼出战，以铁翎箭射马首，脱脱不为动，麾军奋击之，大破其众，入其外郛。明日，大兵四集，亟攻之，贼不能支，城破，芝麻李遁去。获其黄伞旗鼓，烧其积聚，追擒其伪千户数十人，遂屠其城。帝遣中书平章政事普化等即军中命脱脱为太师，依前右丞相，趣[15]还朝，而以枢密院同知秃赤等进师平颍、亳。师还，赐上尊、珠衣、白金、宝鞍。皇太子锡[16]燕[17]于私第。诏改徐州为武安州，而立碑以著其绩。

……

十四年，张士诚据高邮，屡招谕之不降。诏脱脱总制诸王诸省军讨之。黜陟予夺一切庶政，悉听便宜行事；省台院部诸司，听选官属从行，禀受[18]节制。西域、西番皆发兵来助。旌旗累千里，金鼓震野，出师之盛，未有过之者。师次济宁，遣官诣阙里祀孔子，过邹县祀孟子。十一月，至高邮。辛未至乙酉，连战皆捷。分遣兵平六合，贼势大蹙[19]。俄[20]有诏罪其老师费财，以河南行省左丞相太不花、中书平章政事月阔察儿、知枢密院事雪雪代将其兵，削其官爵，安置淮安。

……

十二月辛亥，诏至军中，参议龚伯遂曰："将在军，君命有所不受。且丞相出师时，尝被[21]密旨，今奉密旨一意进讨可也。诏书且勿开，开则大事去矣。"脱脱曰："天子诏我而我不从，是与天子抗也，君臣之义何在?"弗从。既听诏，脱脱顿首谢[22]曰："臣至愚，荷[23]天子宠灵，委以军国重事，蚤[24]夜战兢，惧弗能胜。一旦释此重负，上恩所及者深矣。"即出兵甲及名马三千，分赐诸将，俾各帅所部以听月阔察儿、雪雪节制。客省副使哈剌答曰："丞相此行，我辈必死他人之手，今日宁死丞相前。"拔刀刎颈而死。初命脱脱安置淮安，俄有旨移置亦集乃路。

十五年三月，台臣犹以谪轻，列疏其兄弟之罪，于是诏流脱脱于云南大理宣慰司镇西路，流也先帖木儿于四川碉门。脱脱长子哈剌章，肃州安置；次子三宝奴，兰州安置。家产簿录入官。脱脱行至大理腾冲，知府高惠见脱脱，欲以女事之，许筑室一程外以居，虽有加害者可以无虞。脱脱曰："吾罪人也，安敢念及此！"巽辞[25]以绝之。九月，遣官移置阿轻乞之地，高惠以脱脱前不受其女，故首发铁甲军围之。十二月己未，哈麻矫诏遣使鸩[26]之，死，年四十二。讣闻，中书遣尚舍卿七十六至其地，易棺衣以殓。

选自《元史》卷一百三十八

〔注释〕 ① 岐嶷：形容幼年聪慧。 ② 危：端正。 ③ 袭：继承。 ④ 悉：全。 ⑤ 蠲：通"捐"，减免。 ⑥ 逋：拖欠。 ⑦ 尝：曾经。 ⑧ 禧：福。 ⑨ 喻：使了解。 ⑩ 竟：最终。 ⑪ 被：遭受。 ⑫ 发：征召。 ⑬ 听：听凭。 ⑭ 次：驻扎。 ⑮ 趣：催促。 ⑯ 锡：赐给。 ⑰ 燕：通"宴"，宴饮。 ⑱ 禀受：承受。 ⑲ 蹙：窘迫。 ⑳ 俄：不久。 ㉑ 被：受。 ㉒ 谢：认错。 ㉓ 荷：蒙受恩惠。 ㉔ 蚤：通"早"。 ㉕ 巽辞：恭顺的言语。 ㉖ 鸩：以毒酒害人。

〔赏析〕 脱脱，字大用，年幼时曾拜浦江人吴直方为师，"日记古人嘉言善行"，深受儒家文化的影响，是元朝后期有作为的政治家。他为人刚正，气识宏远，轻财货，远声色，好贤礼士。任职丞相之时，实行一系列改革，元顺帝与脱脱君臣协力，元朝政治一度显得非常清明，实为危乱中去弊振兴的一线曙光。

脱脱的伯父伯颜曾于元统元年(1333 年)拥立元顺帝，任中书省右丞相之职，垄断朝政。脱脱因其伯父的关系很早就进入朝廷做官。至正元年(1341年)，脱脱见其伯父伯颜多行虐政，遂自请于顺帝，设计驱逐了伯颜。同年十一月，脱脱出任中书右丞相，大改伯颜旧政，复科举；主持编撰《宋史》、《辽史》、《金史》；开宣文阁，选儒臣入讲经筵。至正四年，脱脱因病辞职，到至正九年复出为相，发行新钞票"至正交钞"，目的是摆脱当时的财政危机以增加收入。但一味用新钞来抵旧钞的做法，决定了钞法改革无法获得成功。他还派贾鲁治理黄河，平定水患，成绩斐然卓著，因之脱脱受赐号答剌罕(意谓：自在)，被赞誉为"贤相"。然而大规模役使军民，却也造成了不良的社会后果，引发了其后的农民起义。至正十四年，脱脱被派遣到高邮(今属江苏)去镇压张士诚的起义军后为朝中弹劾，次年被奸人设计害死。

纵观脱脱一生，早先雄心抱负，协助顺帝治理式微的元王朝，曾一度出现政治清明的局面。正所谓时势造英雄，英雄造时势，脱脱这位治国精英，却生在一个不能让他实现抱负的时代。元朝长期以来形成的种种积弊，并非几条触及核心问题的政策所能轻易加以解决，元代统治者所进行的改革，基本上都是以不触犯蒙古特权阶层的利益、不改变蒙古旧制的内核作为前提而进行的，而且元朝吏治腐败，新政的一开始实施就走了样，结果反而加剧了元朝后期的社会矛盾。

脱脱功高，一度位极人臣，而深谙为官之道的脱脱知道，久居极品，早晚会招致皇帝的猜忌甚至惹来杀身之祸，燕帖木儿、唐其势、伯颜等权臣的命运就是很好的例子。脱脱为了辞职，先后十七次上表，最后顺帝只好同意。然而，像脱脱这样难得一见的英才确实是人中之英，在其后连续起用了数位丞相后，顺帝发现改革的成效并不明显，官吏贪赃枉法依然盛行。从至正四年开始，黄河大泛滥，黄河下游受灾严重，这些都加剧了各种社会矛盾，武装起义此起彼伏，鉴于这种情况，顺帝决定重新起用脱脱。脱脱一方面深感自己身上的责任重大，另一方面或许是认为顺帝作为与自己一起长大的伙伴，君臣关系牢不可破，遂决定一改先前的施政手段，转而走向了专权统治。他任用乌古孙良桢、龚伯遂、汝中柏、伯帖木儿等为亲信，朝中大小之事均与心腹商量，而其他朝臣则均不得参与。当脱脱认为更造至正交钞这一方案可行时，枢密院、御史台、翰林、集贤院诸位大臣都表现得唯唯诺诺，只有国子祭酒吕思诚加以反对。而心急的脱脱很想在这次复出时有一番大作为，故而坚持变钞，最终的结局却是通货膨胀，物价腾飞，新钞变得如同废纸一样。脱脱是一个好的理论家，却不是一个好的实践者，这次变钞最终导致了元王朝末期的经济凋敝。

在治理黄河这件事情上，脱脱选择了实施艰难而且极其耗费人力物力的治理方案，出发点虽是舒缓灾情，制止“盗贼滋蔓”，但是也有相当多的大臣反对，而脱脱却坚持“今我欲去其疾”，要干就要一劳永逸。虽说在整个治河的过程中没出现大规模的暴动，治理的效果也不错，然而韩山童、刘福通等人在日后兴起的燎原之火恰恰是在此时埋下伏笔的。其后，长期以来持续不断的民间起义和暴动发展到了不可收拾的地步。故而，脱脱复相后进行的治河、变钞等改革举措就成了农民军起义的导火索，正所谓“丞相造假钞，舍人做强盗”，“堂堂大元，奸佞专权，开河、变钞祸根源，惹红巾千万”。

脱脱一死，顺帝朝政更加彻底地走向了腐败，而这也是红巾军起义的转折点，红巾军借此机会，开始实力大增，敲响了元王朝灭亡的丧钟。脱脱将伯颜赶下台的举措，可以视为新一代蒙古贵族对上辈僵化体制的一种反抗，但是之后的几项改革，脱脱都无一例外地失败了。究其原因，除了自身急于求成，欲速则不达这个原因外，更多的是由于脱脱不能真正地适应汉族文化。脱脱的悲剧，也是那个时代的悲剧，更是一个不能适应天下发展潮流的民族悲剧。

陈祖仁列传

〔选文〕

陈祖仁字子山，汴人也。其父安国，仕为常州晋陵尹。祖仁性嗜学，早从师南方，有文名。

至正元年，科举复行，祖仁以《春秋》中河南乡贡。明年会试，在前列，及对策大廷，遂魁[①]多士，赐进士及第，授翰林修撰、同知制诰，兼国史院编修官。历太庙署令、太常博士，迁翰林待制，出佥山东肃政廉访司事，擢监察御史，复出为山北肃政廉访司副使，召拜翰林直学士，升侍讲学士，除[②]参议中书省事。

二十年五月，帝欲修上都宫阙，工役大兴，祖仁上疏，其略曰：“自古人君，不幸遇艰虞多难之时，孰不欲奋发有为，成不世之功，以光复祖宗之业。苟或上不奉于天道，下不顺于民心，缓急失宜，举措未当，虽以此道持盈守成，犹或致乱，而况欲拨乱世反之正乎！夫上都宫阙，创自先帝，修于累朝，自经兵火，焚毁殆尽，所不忍言，此陛下所为日夜痛心，所宜亟图兴复者也。然今四海未靖[③]，疮痍未瘳[④]，仓库告虚，财用将竭，乃欲驱疲民以供大役，废其耕耨，而荒其田亩，何异扼其吭而夺之食，以速其毙乎！陛下追惟祖宗宫阙，念兹在兹，然不思今日所当兴复，乃有大于此者。假令上都宫阙未复，固无妨于陛下之寝处，使因是而违天道，失人心，或致大业之隳[⑤]废，则夫天下者，亦祖宗之天下，生民者，亦祖宗之生民，陛下亦安忍而轻弃之乎！愿陛下以生养民力为本，以恢复天下为务，信赏必罚，以驱策英雄，亲正人，远邪佞，以图谋治道。夫如是，则承平之观，不日咸[⑥]复，讵止上都宫阙而已乎！”疏奏，帝嘉纳之。

……

二十七年，大明兵已取山东，而朝廷方疑扩廓帖木儿有不臣之心，专立抚军院，总兵马以备[⑦]之。祖仁乃与翰林学士承旨王时、待制黄哻、编修黄肃，伏阙上书言：“近者南军侵陷全齐，不逾月而逼畿甸，朝廷虽命丞相也速出师，军马数少，势力孤危，而中原诸军，左牵右掣，调度失宜，京城四面，茫无屏蔽，宗社安危，正在今日。臣愚等以为驭天下之势，当论其轻重强弱，远近先后，不宜胶[⑧]于一偏，狃[⑨]于故辙。前日南军僻在一方，而扩廓帖木儿近在肘腋，势将窃持国柄，故宜先于致讨，则南军远而轻，而扩廓帖木儿近而重也。今扩廓帖木儿势已穷蹙，而南军突至，势将不利于宗社，故宜先于救难，则扩廓帖木儿弱而轻，南军近而重也。陛下宽仁涵育，皇太子贤明英断，当此之时，宜审其轻重强弱，改弦更张，而抚军诸官，亦宜以公天下为心，审时制宜。今扩廓帖木儿党与[⑩]离散，岂能复振，若止分拨一军逼袭，必就擒获，其余彼中见调一应军马，令其倍道东行，勤王赴难，与也速等声势相援，仍遣重臣，分道宣谕催督，庶几[11]得宜。如复胶于前说，动以言者为扩廓帖木儿游说，而钳天下之口，不幸猝有意外之变，朝廷亦不得闻，而天下之事去矣。”书上，不报[12]。

十二月，祖仁又上书皇太子，言：“近日降诏，削河南军马之权，虽所当然，然此项军马，终为南军之所忌。设[13]使其有悖逆之心，朝廷以忠臣待之，其心愧沮，将何所施。今未有所见，遽[14]以此名加之，彼若甘心以就此名，其害有不可言者。朝廷苟善用之，岂无所助。然人皆知之而不敢言者，诚恐诬以受财游说罪名，无所昭雪也。况闻扩廓帖木儿屡上书疏，明其心曲，是其心未绝于朝廷，以待朝廷之开悟。当今为朝廷计者，不过战、守、迁三事。以言乎战，则资[15]其犄角之势；以言乎守，则望其勤王之师；以言乎迁，则假其藩卫之力。极力勉厉使行，犹恐迟晚，岂可使数万之师，弃置于一方。当此危急之秋，宗社存亡，仅在旦夕，不幸一日有唐玄宗仓卒之出，则是以祖宗百年之宗社，朝廷委[16]而弃之，此时虽欲碎首杀身，何济于事！故今不复避忌，惟以宗社存亡为重，奉疏以闻。”疏上，亦不报。

二十八年秋，大明兵进压近郊，有旨命祖仁及同佥太常礼仪院事王逊志等载太庙神主，从皇太子北行。祖仁等乃奏曰：“天子有大事出，则载主以行，从皇太子，非礼也。”帝然之，还守太庙以俟命。俄而天子北奔[17]，祖仁守神主，不果[18]从。八月二日，京城破，将出健德门，为乱军所害，时年五十五。

选自《元史》卷一百八十六

〔注释〕 ① 魁：居首位。 ② 除：拜官受职。 ③ 靖：安定。 ④ 瘳：治愈。 ⑤ 隳：

毁。 ⑥咸：都。 ⑦备：防备。 ⑧胺：固守。 ⑨狃：习以为常而不加重视。 ⑩党与：同伙。 ⑪庶几：也许可以。 ⑫报：答复。 ⑬设：假如。 ⑭遽：仓促。 ⑮资：凭借。 ⑯委：舍弃。 ⑰奔：逃跑。 ⑱果：成为事实。

〔赏析〕 陈祖仁，汴梁（今河南开封）人，字子山，为元至正二年（1342年）左榜状元，授翰林修撰、同知制诰，兼国史院编修官职，累官翰林院直学士、侍讲学士、中书省参议。他曾因为直言进谏顺帝而激怒皇帝与太子，被降为甘肃行省参知政事。至正二十八年，陈祖仁没有遵照顺帝的诏令与太子北逃，当京城被明军攻破后，他出逃健德门时被乱军杀死。陈祖仁负气刚正，坦诚进言，为人尽职尽责，学识渊博，才学通达，能诗文，文质朴而诗清丽，并为世人称道。

至正十二年，顺帝想要重修上都宫阙，陈祖仁以“当今四海未清，疮夷未治，而仓库空虚、财用将尽”为由进谏，告诫顺帝应当“亲贤臣、远邪佞，赏罚分明以驱动能士”，方能治理好国家。此举深得顺帝的赏识。至正二十三年十二月，当时的宦者资正史朴不花与宦正使橐驩，内恃皇太子而外结丞相搠思监，骄恣不法，监察御史上疏弹劾二人，却被罚出京城外任。于是陈祖仁上书皇太子，指责他不察详情而处理诸御史之行为不妥，宦者二人废祖宗之法也是不对的，甚至直言太子应该修养道德，不应该使谏臣结舌，凶人肆志，令天下苍生失望。第二次上书，更是借唐德宗时期有卢杞被弹劾的典故来影射太子的昏庸，并表示若不重处二人，自己宁愿饿死也不与他们同朝为官。此举激怒了顺帝，降陈祖仁为甘肃行省参知政事。后来虽被朝廷召回，任太常礼仪院使，期间就时事多有上疏，但均未被采纳。

陈祖仁作为典型的汉人士大夫，从他在元王朝危乱中所表现出的一系列气度和风范中，可以看出汉人对蒙元文化及其民族认同状况有所改变，受儒学忠君思想与士大夫情怀影响，一部分士大夫仍然以满腔热血积极用世，参与政权，运筹帷幄，同时又希望元廷能够革新更化，以求振兴。

随着元朝对江南的统治日趋稳固，汉族士大夫的思想习俗从恪守“夷夏”观念的誓不事元，到逐渐承认了元王朝的正统地位，不再斥之为“夷狄”，民族界限渐次模糊。而元政权不仅没有强调“夷夏之防”，相反却力求通过一系列的措施来化解“内夏外夷”的观念，并在抑制汉族及其文化“至尊”地位之时，提高和确立少数民族，尤其是蒙古民族及其文化的优势地位。汉儒郝经就提出：“行中国之道，则中国之主。”认为不唯汉族才是统治中原王朝的民族，少数民族只要行其“道”，同样可以君临中原，一定程度上承认了蒙元统治的合理性。所以，在经过元朝数十年的统治之后，汉人士大夫所具有的“宋之遗俗，变且尽矣”。而陈祖仁作为生活在元末的汉人精英士大夫典型代表，在这一历史背景下以天下为己任之情怀值得一议。

纵观陈祖仁的一生，提拔或者遭贬，都与他直言敢谏的性格和所受儒学道德的影响有关。因顺帝要大兴工役修上都宫阙，他便进言顺帝，要求皇帝“以生养民力为本，以恢复天下为务，信赏必罚，以驱策英雄，亲正人，远邪佞，以图谋治道”。儒学道德强调以人为本，以解决社会人生问题为根本任务，关怀人的生存死亡，重视社会的安定和谐，追求人生的意义和价值，以成就君子人格。陈祖仁作为深受这一道德模式影响的代表，自然要起到“穷则独善其身，达则兼善天下”的表率作用，他所选择的就是“誓死效忠君主，以天下为己任”这条道路。

面对朴不花、橐驩的勾结作乱，同僚因弹劾二人不法而被罚调京城外任，性格刚正不阿的他不畏小人谗言，毅然上书皇太子要求他修养道德，不应该使谏臣结舌，凶人肆志，令天下苍生失望，表明“臣宁有饿死于家，誓不与之同朝”之志，由此激怒了皇太子与顺帝。进谏固然是一种讲究技术的手段，然而若言辞委婉、旁敲侧击未必会对当时窳败的朝政和昏庸的皇帝产生什么作用，故而他采取了激进的手段。陈祖仁贬官后虽被召回，但也一直不被重用，最后在乱军攻入京城之际被乱军所杀，为国捐躯。本来可以同顺帝一同北逃进而保全性命的存活之路，却被他断然放弃，而是选择留在京城守护神主，以死明志。这也是他作为儒生追求自己信仰所唯一能选择的道路。

陈祖仁忠心耿耿，一心效忠气数已尽的元王朝，他并非不知道这个王朝的统治已经分崩离析，而儒家道德那种忠君、以天下为己任的传统思想却在不断驱使他践行着儒臣的本分，反映了汉人士大夫在元朝长期统治下对蒙元政权合理性的某种认同。为了践行忠君的理念,他选择了以一死来表明效忠元王朝的信念。陈祖仁的悲剧也正是汉人士大夫在这个时代的悲剧,令人叹惋。

（张霁璇）

汉文化传播的新格局

〔导言〕 蒙古本是游牧民族，历来重视工匠、医、卜等技术人才，认为儒生百无一用。在这种情况下，儒生的地位急剧下降，社会上甚至出现了“九儒十丐”的说法。儒生们为了改变这种状况，便试图改变蒙古统治者的观念，兴起了“用夏变夷”的思潮，希望使其驯服于“圣教”，以期重新奠定儒学的统治地位。许衡与不忽木这一对师徒便是这一观念践行者的代表。

不忽木生于元代，又为蒙古人，却精习儒学，被史家评为“纯儒”。他自小生于宫中，在忽必烈的安排下先后师从王恂、许衡两位大儒。他从政后，对儒家修齐治平的理念身体力行，廉正守职，执法公允；不畏权臣，敢于直谏；反对聚敛，体恤百姓；继承其师许衡的意志，积极推广学校教育。在他的支持下，大量学校得以建立，传播以新儒家思想为核心的儒学。

许衡生于金朝末年，是元朝在中原建立统治过程中的重要人物之一，他在数学、历算、科技等方面都有所成就，是一位“百科全书式”的通儒。不过，其最重要的成就，还是在元代儒学的传播上。他创建并主持元初国学，任集贤大学士兼国子祭酒，培育了包括不忽木在内的大量人才，是儒生与元朝统治者合作以宣扬儒学的代表人物。

本书选录《不忽木列传》和《许衡列传》，以期立体地展现这一时代儒学的发展情况，了解元王朝政策的转变。

不忽木列传

〔选文〕

不忽木，一名时用，字用臣，世为康里部大人。康里，即汉高车国也。祖海蓝伯，尝[①]事[②]克烈王可汗。王可汗灭，即弃家从数千骑望西北驰去,太祖遣使招之,答曰:"昔与帝同事王可汗,今王可汗既亡,不忍改所事。"遂去,莫知所之[3]。

……

子十人,皆为太祖所虏,燕真最幼,年方六岁,太祖以赐庄圣皇后。后怜而育之,遣侍世祖于藩邸。长从征伐,有功。世祖威名日盛,宪宗将伐宋,命以居守。燕真曰:"主上素有疑志,今乘舆[4]远涉危难之地,殿下以皇弟独处安全,可乎?"世祖然之,因请从南征。宪宗喜,即分兵命趋鄂州,而自将攻蜀之钓鱼山,令阿里不哥居守。宪宗崩,燕真统世祖留部,觉阿里不哥有异志,奉皇后稍[5]引而南,与世祖会于上都。

世祖即位,燕真未及大用而卒,官止卫率。不忽木其仲[6]子也,资禀英特,进止详雅,世祖奇之,命给事裕宗东宫,师事太子赞善王恂。恂从北征,乃受学于国子祭酒许衡。日记数千言,衡每称[7]之,以为有公辅器。世祖尝欲观国子所书字,不忽木年十六,独书《贞观政要》数十事以进,帝知其寓规谏意,嘉叹久之。衡纂历代帝王名谥、统系、岁年,为书授诸生,不忽木读数过即成诵,帝召试,不遗一字。

……

二十七年,拜翰林学士承旨、知制诰兼修国史。二十八年春,帝猎柳林,彻里等劾奏桑哥罪状,帝召问不忽木,具以实对。帝大惊,乃决意诛之。罢尚书省,复以六部归于中书,欲用不忽木为丞相,固辞,帝曰:"朕过听桑哥,致天下不安,今虽悔之,已无及矣。朕识卿幼时,使卿从学,政欲备今日之用,勿多让也。"不忽木曰:"朝廷勋旧,齿爵居臣右者尚多,今不次[8]用臣,无以服众。"帝曰:"然则孰可?"对曰:"太子詹事完泽可。向[9]者籍没阿合马家,其赂遗[10]近臣,皆有簿籍，唯无完泽名；又尝言桑哥为相，必败国事，今果如其言，是以知其可也。”帝曰：“然非卿无以任吾事。”乃拜完泽右丞相，不忽木平章政事。

……

三十年，有星孛于帝座。帝忧之，夜召入禁中，问所以销天变之道，奏曰：“风雨自天而至，人则栋宇以待之；江河为地之限，人则舟楫以通之。天地有所不能者，人则为之，此人所以与天地参[11]也。且父母怒，人子不敢疾怨，惟起敬起孝。故《易震》之象曰‘君子以恐惧修省’，《诗》曰‘敬天之怒’，又曰‘遇灾而惧’。三代圣王，克谨天戒，鲜[12]不有终。汉文之世，同日山崩者二十有九，日食地震频岁有之，善用此道，天亦悔祸，海内乂[13]安。此前代之龟鉴也，臣愿陛下法[14]之。”因[15]诵文帝《日食求言诏》。帝悚然曰：“此言深合朕意，可复诵之。”遂详论款陈，夜至四鼓，明日进膳，帝以盘珍赐之。

三十年，帝不豫[16]，故事[17]，非国人勋旧不得入卧内。不忽木以谨厚，日视医药，未尝去[18]左右。帝大渐[19]，与御史大夫月鲁那颜、太傅伯颜并受遗诏，留禁中。丞相完泽至，不得入，伺月鲁那颜、伯颜出，问曰：“我年位俱在不忽木上，国有大议而不预，何耶？”伯颜叹息曰：“使丞相有不忽木识虑，何至使吾属如是之劳哉！”完泽不能对，入言于太后。太后召三人问之，月鲁那颜曰：“臣受顾命，太后但观臣等为之。臣若误国，即甘伏诛，宗社大事，非宫中所当预知也。”太后然其言，遂定大策。其后发引、升祔、请谥南郊，皆不忽木领之。

成宗即位，执政皆迎于上都之北。丞相常独入，不忽木至数日乃得见，帝问知之，慰劳之曰：“卿先朝腹心，顾朕寡昧，惟朝夕启沃[20]，以匡朕不逮[21]，庶无负先帝付托之重也。”成宗躬揽庶政，听断明果，廷议大事多采不忽木之言。太后亦以不忽木先朝旧臣，礼貌甚至。

……

大德二年，御史中丞崔彧卒，特命行中丞事。三年，兼领侍仪司事。有因父官受贿赂，御史必欲归罪其父，不忽木曰：“风纪之司，以宣政化、励风俗为先，若使子证父，何以兴孝！”枢密臣受人玉带，征赃不叙，御史言罚太轻，不忽木曰：“礼，大臣贪墨，惟曰簠簋不饰，若加笞辱，非刑不上大夫之意。”人称其平恕[22]。四年，病复作，帝遣医治之，不效，乃附奏曰：“臣孱庸无取，叨[23]承眷渥，大限有终，永辞昭代。”引觞满饮而卒，年四十六。帝闻之惊悼，士大夫皆哭失声。

选自《元史》卷一百三十

〔注释〕 ① 尝：曾经。 ② 事：侍奉。 ③ 之：往。 ④ 乘舆：帝王的代称。 ⑤ 稍：渐渐。 ⑥ 仲：排行老二。 ⑦ 称：赞扬。 ⑧ 次：等第。 ⑨ 向：先前。 ⑩ 遗：赠送。 ⑪ 参：同“叁”。 ⑫ 鲜：少。 ⑬ 乂：安定。 ⑭ 法：效法。 ⑮ 因：趁机。 ⑯ 不豫：婉称帝王有病。 ⑰ 故事：先例。 ⑱ 去：离开。 ⑲ 渐：病情加剧。 ⑳ 启沃：以治国之道开导帝王。 ㉑ 逮：及。 ㉒ 恕：以仁爱之心待人。 ㉓ 叨：承受。

〔赏析〕 不忽木，一名时用，字用臣，自号静得，康里人。父亲燕真，母亲是高丽人，名叫金长姬。燕真幼时，由拖雷妃唆鲁禾帖尼鞠养，后来成为忽必烈的心腹。不忽木幼年就读于国子学，历任燕南河北道提刑按察副使、提刑按察使，吏部尚书，工部尚书，刑部尚书，中书平章政事等重要职务。大德四年(1300年)卒，享年四十六岁，谥号文贞。他一生廉正守职，执法公允；不畏权臣，敢于直谏；反对聚敛，体恤百姓，深孚众望。后世陈垣称之为“纯儒”。

不忽木虽然不是汉族人，但自小学习儒学，又受教于当世大儒王恂、许衡，其儒学造诣可以说不亚于当时任何一位汉族大儒，思想取向上也已经与这些大儒没有什么差异。他年幼时就以各种方式向皇帝宣传儒学，后又与同舍生坚童、太答、秃鲁一同上书，劝皇帝广修学校，传播儒学。

待到为官之后，不忽木更以刚正闻名，深得世祖信任。在对待佛教、司法等触及儒家思想核心观念的问题上，他更是据理力争，维护自己的信仰；但另一方面，他也并不是一个纯粹以直言出名的莽汉，在处理交趾问题时的表现充分体现出了他以退为进的政治智慧，同时，也体现了他个人之所以能得到世祖信任的原因，鞠躬尽瘁，却又不居功自大。

不忽木的一系列行为，既与自身的经历和受到的教育有关，也决定于他所身处的时代。他在促进儒学发展的方面所做出的贡献，更是体现出两者结合的最佳特征。

传统观念认为，儒生在元代的地位是极低下的，有"九儒十丐"之说。但近代的研究已经表明，这种看法是儒生在失去了传统特权地位后所产生的对元朝的偏见，事实上，尽管对儒学的支持较以往朝代减少了许多，元廷却从来没有刻意打压过儒学，而是将其当作一种与其他宗教、思想平等的文化来对待。不忽木本人就是一个突出的例子。他本身并不是汉人，但却依然学习儒学，并学以致用，甚至为传播作出许多努力，作为儒学的代表与当时风头正健的佛教进行斗争，成为一代大儒。他所坚持的都是纯正的儒家思想，其中尤以程朱理学为重，他坚持伦理，强调以礼治国，而他的想法最终也得到了统治者的承认。如果儒学在当时受到打压，这种情况想必是绝对不可能发生的。

在推动儒学传播的过程中，最重要的一件事就是不忽木在青年时与同舍生共同上疏给皇帝提出的建议。他提出要广开学校，由太学而至县学，由内舍而至外舍，建立起一套完整的体制，以施行以新儒家思想为核心的儒学教育。如此系统而完备的想法，固然有借鉴前人的地方，也体现出他对这一问题长期思索的结果。不忽木对传授的内容也有着重点，突出了以修齐治平为核心的新儒家的思想，这种思想顺应了南宋末年以来新儒家由异端逐渐成为正统，被大多数士大夫与社会主流舆论甚至是元朝朝廷所承认的趋势。可以说他的建议之所以能被世祖所接受，很大程度上是由于这种儒学思想顺应了社会发展潮流的结果。

不忽木在政治上的成功也是十分值得注意的。一方面他自幼生长在元宫廷中，为世祖皇帝所信任，另一方面他本人也具有相当高的政治智慧。在处理行政、司法事务上刚正不阿，敢于与人针锋相对，而在处理外交事务时，他又采取迂回怀柔的政策。事实证明，这种“内紧外松”的政策是卓有成效的，既为他个人赢得了荣誉，也为国家赢得了实际的利益。

在元朝这样一个由少数民族统治的时代，通过对不忽木这种身为色目人却精研儒学而身居高位的人进行研究分析，有助于我们了解元朝的文化，同时对于进一步把握元廷的民族与政治政策都有独特的意义。不忽木的具体事例，对于现代这个多元文化并立的时代如何为人甚至如何处事也有着重要的借鉴作用。

许衡列传

〔选文〕

许衡字仲平，怀之河内人也，世为农。父通，避地河南，以泰和九年九月生衡于新郑县。幼有异质，七岁入学，授章句，问其师曰：“读书何为？”师曰：“取科第耳！”曰：“如斯而已乎？”师大奇之。每授书，又能问其旨义。久之，师谓其父母曰：“儿颖悟不凡，他日必有大过人者，吾非其师也。”遂辞去，父母强①之不能止。如是者凡更三师。稍长，嗜学如饥渴，然遭世乱，且贫无书。尝从日者家见《书》疏义，因请寓宿，手抄归。既逃难徂徕山，始得《易》王辅嗣说。时兵乱中，衡夜思昼诵，身体而力践之，言动必揆②诸义而后发。尝暑中过河阳，渴甚，道有梨，众争取啖之，衡独危坐树下自若。或问之，曰：“非其有而取之，不可也。”人曰：“世乱，此无主。”曰：“梨无主，吾心独无主乎？”

转鲁留魏，人见其有德，稍稍从之。居三年，闻乱且③定，乃还怀。往来河、洛间，从柳城姚枢得伊洛程氏及新安朱氏书，益④大有得。寻⑤居苏门，与枢及窦默相讲习。凡经传、子史、礼乐、名物、星历、兵刑、食货、水利之类，无所不讲，而慨然以道为己任。尝语人曰："纲常不可一日而亡于天下，苟在上者无以任[6]之，则在下之任也。"凡丧祭娶嫁，必征于礼，以倡其乡人，学者浸[7]盛。家贫躬耕，粟熟则食，粟不熟则食糠核菜茹，处之泰然，讴诵之声闻户外如金石。财有余，即以分诸族人及诸生之贫者。人有所遗，一毫弗义弗受也。枢尝被召入京师，以其雪斋居衡，命守者馆[8]之，衡拒不受。庭有果熟烂堕地，童子过之，亦不睨视而去，其家人化[9]之如此。

甲寅，世祖出王秦中，以姚枢为劝农使，教民耕植。又思所以化秦人，乃召衡为京兆提学。秦人新[10]脱于兵，欲学无师，闻衡来，人人莫不喜幸来学。郡县皆建学校，民大化之。世祖南征，乃还怀，学者攀留之不得，从送之临潼而归。

中统元年，世祖即皇帝位，召至京师。时王文统以言利进为平章政事，衡、枢辈入侍，言治乱休戚，必以义为本。文统患[11]之。且窦默日于帝前排其学术，疑衡与之为表里，乃奏以枢为太子太师，默为太子太傅，衡为太子太保，阳[12]为尊用之，实不使数侍上也。默以屡攻文统不中，欲因东宫以避祸，与枢拜命，将入谢。衡曰："此不安于义也，姑勿论。礼，师傅与太子位东西乡，师傅坐，太子乃坐。公等度能复此乎？不能，则师道自我废也。"枢以为然，乃相与怀制立殿下，五辞乃免。改命枢大司农，默翰林侍讲学士，衡国子祭酒。未几，衡亦谢病归。

至元二年，帝以安童为右丞相，欲衡辅之，复召至京师，命议事中书省。

……

帝久欲开太学，会[13]衡请罢益力，乃从其请。八年，以为集贤大学士，兼国子祭酒，亲为择蒙古弟子俾教之。衡闻命，喜曰："此吾事也。国人子大朴未散，视听专一，若置之善类中涵养数年，将必为国用。"乃请征[14]其弟子王梓、刘季伟、韩思永、耶律有尚、吕端善、姚燧、高凝、白栋、苏郁、姚炖、孙安、刘安中十二人为伴读。诏驿召之来京师，分处各斋，以为斋长。时所选弟子皆幼稚，衡待之如成人，爱之如子，出入进退，其严若君臣。其为教，因觉以明善，因明以开蔽，相其动息以为张弛。课诵少暇，即习礼，或习书算。少者则令习拜跪、揖让、进退、应对，或射，或投壶，负者罚读书若干遍。久之，诸生人人自得，尊师敬业，下至童子，亦知三纲五常为生人之道。

……

国家自得中原，用金《大明历》，自大定是正后六七十年，气朔加时渐差。帝以海宇混一，宜协时正日。十三年，诏王恂定新历。恂以为历家知历数而不知历理，宜得衡领之，乃以集贤大学士兼国子祭酒，教领太史院事，召至京。衡以为冬至者历之本，而求历本者在验气。今所用宋旧仪，自汴还至京师已自乖[15]舛[16]，加之岁久，规环不叶。乃与太史令郭守敬等新制仪象圭表，自丙子之冬日测晷景，得丁丑、戊寅、己卯三年冬至加时，减《大明历》十九刻二十分，又增损古岁余岁差法，上考春秋以来冬至，无不尽合。……十七年，历成，奏上之，赐名曰《授时历》，颁之天下。

六月，以疾请还怀。皇太子为请于帝，以子师可为怀孟路总管以养之，且使东宫官来谕衡曰："公毋以道不行为忧也，公安则道行有时矣，其善药自爱。"十八年，衡病革[17]，家人祠，衡曰："吾一日未死，宁[18]不有事于祖考。"扶而起，奠献如仪。既撤，家人馂，怡怡如也。已而卒，年七十三。是日，大雷电，风拔木。怀人无贵贱少长，皆哭于门。四方学士闻讣，皆聚哭。有数千里来祭哭墓下者。

选自《元史》卷一百五十八

〔注释〕 ① 强：勉强。 ② 揆：考察。 ③ 且：将要。 ④ 益：更加。 ⑤ 寻：不久。 ⑥ 任：承担。 ⑦ 浸：逐渐。 ⑧ 馆：安置。 ⑨ 化：感化。 ⑩ 新：刚。 ⑪ 患：担忧。 ⑫ 阳：通"佯"，假装。 ⑬ 会：适逢。 ⑭ 征：征召。 ⑮ 乖：背离。 ⑯ 舛：错误。 ⑰ 通"亟"，急。 ⑱ 宁：岂。

〔赏析〕 许衡，字仲平，学者称之鲁斋先生，他生于金卫绍王大安元年(宋宁宗嘉定二年、元太祖四年)，卒于元至元十八年，祖籍怀州河内李封人，谥文正，封魏国公。他长期担任国子监祭酒，主持教育工作，承宣教化，被称为中国13世纪杰出的思想家、教育家和天文历法学家。元代有人赞扬他说，"继往圣，开来学，功不在文公下"。明代大儒薛则称之为"朱之后一人"。其著述有《许文正公遗书》十二卷传世，《宋元学案》有《鲁斋学案》，记其理学思想。许衡在天文历算方面也颇有成就，制订了"授时历"，比欧洲著名的"格列高利历"还要早三百年。

许衡最成功之处是他在教育事业收获的成果。这一方面得益于他博大精深的才学，精研程朱理学而不拘泥，提出了著名的"治生论"，是元代儒学的主要继承人和传播人；另一方面，他在教育上的成功也与他"其言煦煦，虽与童子语，如恐伤之"的性格和教育智慧密切相关。

元代儒学有几个基本特征：一是儒学在蒙古贵族中的逐步推广；二是理学主导地位的确立，而这两点都与许衡有很大的关系。

许衡出生在金朝末年，自幼便接受儒家教育，既有着很高的天赋，又有着高远的抱负，与当时众多为功名利禄的读书人不同。许衡不食无主之梨的故事流传至今，他的名声也随着他的才学与品德广为流传。金朝被元朝所灭后，元朝为了稳固统治，同时也为了吸收人才，便将他召入朝中。许衡长期担任国子监祭酒，负责为元王朝培养人才。他极擅长于教化，甚至亲自编写教材用于教学，将大量的蒙古子弟培养成为知书达礼的儒生。许衡为推广儒学煞费苦心，但仍遭到蒙古权贵的强烈抵制，不得不告老还乡。尽管如此，他的影响依然长期存在，以至经过“数十年，彬彬然号称名卿大夫者，皆其门人矣”。

另一方面，许衡在思想上服膺程朱理学，在其教学过程中也体现了这一特点。执掌国子监期间，理学进入国家最高学府，理学经典成了国子诸生的教科书。可以说，许衡得以入主太学，是元代理学开始走向官学的重要标志。

许衡所取得的成就很大一部分要归功于他自身的才学与他高尚的品德。他从幼年时就抱有远大的志向，成年后虽然没有直接出仕，但从他进入元朝朝廷后所立即呈上的长篇奏疏中可以看到，他对于政治是早已有所准备的，这时他几乎有些迫不及待地想要施展拳脚了。许衡用了很大的篇幅和笔墨宣传儒学，他指出元王朝想要长久地保有政权的稳定，就必须适应中国的文化，学习儒学，培养人才。后来尽管他的许多政治抱负并没有得以实现，但在教育事业上做出了杰出的贡献，培养了众多的人才，这些人大都继承了他的思想，他的政治抱负也借由这些学子的传承而间接地实现了。例如许衡反对聚敛之臣，却被聚敛之臣赶出了朝廷，此后他的弟子不忽木继承了他的想法，坚决地反对使用聚敛之臣，并得到了世祖的信任，数次将聚敛之臣拒于朝廷之外。

作为一位出生在王朝交替时期、所培养的学生在新王朝中占有重要地位的大儒，研究许衡个人的经验与思想对于我们后人，尤其是从事教育工作的人，都有着重要的意义。

（邵家豪）

多民族大一统王朝的疆域和文化整合

〔导言〕 元代是中国首个由少数民族建立的大一统王朝，有着中国有史以来最为广阔的疆域，这一时期儒学暂时失去了其作为唯一正统学说的地位，佛教、道教等宗教思想得以与之分庭抗礼。这些都是由于蒙古这个游牧民族完成的大一统而造成的，由此促成了有元一代独特的社会现象以及与之相对应的对策。正是由于这些原因，元朝统治下中国的对外政策也就更加值得我们去思考了。在当今这个国际社会的大格局下，中国不复封建时代"天朝大国"的地位，如何制定对周边国家的政策；在国内，如何巩固多民族国家政权的政治与经济发展，这些都是值得引起我们思考的重要问题。元王朝疆域辽阔，民族分布成分复杂，其治国理政的方法很有一番值得借鉴的历史意义。

本书选录《外夷列传》、《张立道列传》和《释老列传》这三篇传记，其中记载了元王朝对国内外民族与宗教问题所采取政策的诸多史实，是我们研究元代统治者处理政务的第一手资料，对其加以分析，旨在明了政策出台的经过与结果，进而总结历史经验与教训。

外夷列传

〔选文〕

高丽

高丽本箕子所封之地，又扶余别种尝[1]居之。其地东至新罗，南至百济，皆跨大海，西北度辽水接营州，而靺鞨在其北。其国都曰平壤城，即汉乐浪郡。水有出靺鞨之白山者，号鸭渌江，而平壤在其东南，因恃以为险。后辟地益广，并古新罗、百济、高句丽三国而为一。其主姓高氏，自初立国至唐乾封初而国亡。垂拱以来，子孙复封其地，后稍[2]能自立。至五代时，代主其国迁都松岳者，姓王氏，名建。自建至焘凡二十七王，历四百余年未始易姓。

……

世祖中统元年三月，瞮卒，命倎归国为高丽国王，以兵卫送之，仍[3]赦其境内。

……

二年三月，遣使入贡，四月，倎入朝。六月，倎更名禃，遣其世子愖奉表以闻。八月，赐禃玉带一，遣侍卫将军孛里察、礼国郎中高逸民护愖还国。九月，禃遣其侍御史张镒奉表入谢。十月，帝遣阿的迷失、焦天翼持诏，谕[4]以开榷场[5]事。

三年正月，罢互市。诸王塔察儿请置铁冶，从之。请立互市，不从。赐禃历，后岁以为常，禃遣使入谢，优诏答之。四月，禃遣其左谏议大夫朴伦、郎将辛洪成等奉表入朝。六月，遣使入贡。八月，朴伦等还，赐西锦三段、间金熟绫六段。十月，诏谕禃籍[6]编民，出师旅，输粮饷，助军储。是月，禃遣使入贡。

四年二月，以禃不答诏书，诘其使者。禃表乞俟民生稍集[7]，然后惟命。帝以其辞意恳实，允之。朝贡物数，亦命称[8]其力焉。自三月至于六月，禃凡三遣使入贡，赐禃羊五百。十一月，禃以免置驿籍民等事，遣其翰林学士韩就奉表入谢。

五年正月丁丑朔，禃遣使奉表入贺，谕还使，令禃亲朝京师。四月，以西北诸王率众款[9]附，拟今岁朝王公群牧于上都，又遣必阇赤古乙独征[10]禃入朝，修世见之礼。五月，禃遣其借国子祭酒张镒从古乙独入见，六月乃亲朝。九月，帝以改中统五年为至元元年，遣郎中路得成持赦令，与禃郎将康允绍颁其国。十月，禃入朝。十二月，遣禃还国。是年春，禃遣使入贡。自是终世祖三十一年，其国入贡者凡三十有六。

……

日本

日本国在东海之东，古称倭奴国，或云恶[11]其旧名，故改名日本，以其国近日所出也。其土疆所至与国王世系及物产风俗，见《宋史》本传。日本为国，去[12]中土殊远，又隔大海，自后汉历魏、晋、宋、隋皆来贡。唐永徽、显庆、长安、开元、天宝、上元、贞元、元和、开成中，并遣使入朝。宋雍熙元年，日本僧奝然与其徒五六人浮海而至，奉职贡，并献铜器十余事。奝然善隶书，不通华言。问其风土，但[13]书以对，云其国中有五经书及佛经、《白居易集》七十卷。奝然还后，以国人来者曰滕木吉，以僧来者曰寂照。寂照识文字，缮写甚妙。至熙宁以后，连贡方物，其来者皆僧也。

……

十一年三月，命凤州经略使忻都、高丽军民总管洪茶丘，以千料舟、拔都鲁轻疾舟、汲水小舟各三百，共九百艘，载士卒一万五千，期以七月征日本。冬十月，入其国，败之。而官军不整，又矢尽，惟虏掠四境而归。

十二年二月，遣礼部侍郎杜世忠、兵部侍郎何文著、计议官撒都鲁丁往使，复致书，亦不报[14]。

十四年，日本遣商人持金来易铜钱，许之。

十七年二月，日本杀国使杜世忠等。征东元帅忻都、洪茶丘请自率兵往讨，廷议姑少[15]缓之。五月，召范文虎，议征日本。八月，诏募征日本士卒。

十八年正月，命日本行省右丞相阿剌罕、右丞范文虎及忻都、洪茶丘等率十万人征日本。二月，诸将陛辞。帝敕曰："始因彼国使来，故朝廷亦遣使往，彼遂留我使不还，故使卿辈为此行。朕闻汉人言，取人家国，欲得百姓土地，若尽杀百姓，徒得地何用。又有一事，朕实忧之，恐卿辈不和耳。假若彼国人至，与卿辈有所议，当同心协谋，如出一口答之。"五月，日本行省参议裴国佐等言："本省右丞相阿剌罕、范右丞、李左丞先与忻都、茶丘入朝。时同院官议定，领舟师至高丽金州，与忻都、茶丘军会，然后入征日本。又为风水不便，再议定会于一岐岛。今年三月，有日本船为风水漂至者，令其水工画地图，因见近太宰府西有平户岛者，周围皆水，可屯军船。此岛非其所防，若径往据此岛，使人乘船往一岐，呼忻都、茶丘来会进讨为利。"帝曰："此间不悉彼中事宜，阿剌罕辈必知，令其自处之。"六月，阿剌罕以病不能行，命阿塔海代总军事。八月，诸将未见敌，丧全师以还，乃言："至日本，欲攻太宰府，暴风破舟，犹欲议战，万户厉德彪、招讨王国佐、水手总管陆文政等不听节制，辄逃去。本省载余军至合浦，散遣还乡里。"未几[16]，败卒于阊脱归，言："官军六月入海，七月至平壶岛，移五龙山。八月一日，风破舟。五日，文虎等诸将各自择坚好船乘之，弃士卒十余万于山下。众议推张百户者为主帅，号之曰张总管，听其约束。方伐木作舟欲还，七日，日本人来战，尽死。余二三万为其虏去。九日，至八角岛，尽杀蒙古、高丽、汉人，谓新附军为唐人，不杀而奴之。阊辈是也。"盖行省官议事不相下，故皆弃军归。久之，莫青与吴万五者亦逃还，十万之众得还者三人耳。

选自《元史》卷二百八

〔注释〕 ① 尝：曾经。 ② 稍：渐渐。 ③ 仍：因而。 ④ 谕：告知。 ⑤ 榷场：边境所设的贸易市场。 ⑥ 籍：登记。 ⑦ 集：通“辑”，安定。 ⑧ 称：符合。 ⑨ 款：归顺。 ⑩ 征：征召。 ⑪ 恶：厌恶。 ⑫ 去：距离。 ⑬ 但：只。 ⑭ 报：答复。 ⑮ 少：稍微。 ⑯ 未几：不久。

〔赏析〕 元作为一个疆域广阔的王朝，与周边国家的交往自然是极其密切的。朝鲜与日本都是近邻，其影响力在历来朝贡体系中便显得格外突出。朝鲜地区自公元918年由王氏高丽统一后在内部保持着比较平稳的状态，除了在中国发生内乱的情况下，朝鲜大多对中国保持着朝贡。而原本臣属于宋的高丽在蒙古攻灭金国后便转而支持蒙元，向其称臣纳贡。日本在唐代保持着对中国的朝贡，在唐灭亡后便开始与中国有些若即若离，到元朝时则更是如此。

高丽在总体上对元王朝保持着臣属的姿态，但发生叛乱或停止纳贡还时不时地出现，元王朝对此或是遣使督促，或是直接发大军进行征讨，对征服的地区设立统治机构以将其纳入自己的版图，但最后大都还是在高丽的请求下予以归还。总体来说，元王朝对高丽的控制力还是比较强的，有时插手其内政，对于内部的动乱往往以宗主国的身份加以干预。元王朝之所以对高丽能施加如此大的影响，双方距离较近是一个很大的原因；此外，与高丽接壤的东北地区是前代金朝久经经营的“龙兴之地”，更是蒙古左道诸王的册封之地，可以说是蒙古力量极为集中的地区。高丽每次试图停止对元王朝进行纳贡，都会遭到元军的严重打击，最终还是以恢复朝贡的方式而结束，在元王朝强大的军事威胁下，高丽连自己国王与太子的安全都无法保证，只有称臣纳贡一途而已。元王朝对于高丽之所以如此上心，一方面由于其地理位置离大都较近，另一方面则是希望将其作为自己与日本联系的跳板，能够与日本建立朝贡关系。另外，高丽长久以来一直是中原王朝的朝贡国之一，保持其对自己的朝贡也是蒙元证明自身政权合法性的一个重要途径。总体来说，元王朝对于高丽采取的是一种比较宽容温和的政策,但当对方不服从自己的控制时,也不惜以武力对其加以征讨,再次将其牢牢控制在手中。可以说,这种政策在对付高丽时是比较成功的。

相比之下,元王朝对于日本则显得比较束手无策。日本与大陆之间横隔着大海,故而中原王朝对其控制不如对朝鲜地区那样有力,日本或是敢于拒绝元王朝朝贡的要求,或是直接将元王朝的使者拒于国门之外,尽管元朝两次派兵加以征讨,但都以失败而告终,对日本也只能不了了之。由此可见元王朝对日本的控制力之弱。出现这种结果,可以归结为以下几个原因:首先,元王朝对于日本国内的情况完全不了解。当时的日本早已不是天皇统治的时代,实际的政权操控在将军与其手下的大名手中,元王朝只是一味地试图与天皇取得联系,并借此建立起朝贡关系,于是一次次派遣使者,却又一次次被日本各地的统治者所阻挡,建立联系的思路可谓是大错特错。其次,元王朝本身对于远征日本也不够重视,只是想借此机会消耗掉大量投降自己不久的南宋新附军队,于是便不顾其虚弱的战斗力,以其为主力派军征讨日本,海路遥远、补给不便,又遇上了数次台风,其结果自然是遭到大败;由于日本独特的地理位置,蒙古军队虽能在大陆上驰骋,但在海上却束手无策,唯一可以利用的也就只有南宋的军队,在对阵日本军队时"天时、地利、人和"三者皆失,失败在所难免。最后,日本长期以来便脱离朝贡体系,蒙古人之所以想要将其纳入自己的版图也只是由于长期以来的政治理想:征服世界。当几次尝试都以失败告终而得不偿失时,同时又由于进入决策层的儒生进行劝谏,其议遂寝。客观因素方面,元王朝过多被牵扯到与周边国家的纷争之中,精力被极大分散,无法专心对付日本,也只能对其采取放任自流的态度了。

元王朝对于东北亚地区的两个国家采取的策略基本相同,即以和为主,不到万不得已不动用武力。然而,这一策略在两个国家却产生了完全不同的效果,一方面固然是由于两个国家不同的地理位置与社会背景,另一方面则是两国在中国的世界体系中的不同地位所带来的不同价值,元王朝对两国关注的力度和了解程度的深浅也是极为重要的两个因素。

张立道列传

〔选文〕

张立道字显卿。其先陈留人，后徙大名。父善，登金进士第。岁壬辰，国兵下[①]河南，善以策干[②]太第拖雷，命为必阇赤。

立道年十七，以[③]父任备宿卫。世祖即位，立道从北征，未尝去[④]左右。至元四年，命立道使西夏，给所部军储，以干敏称[⑤]。皇子忽哥赤封云南王，往镇其地，诏以立道为王府文学。立道劝王务农以厚民，即署立道大理等处劝农官，兼领屯田事，佩银符。寻[⑥]与侍郎宁端甫使安南，定岁贡之礼。

云南三十七部都元帅宝合丁专制岁久，有窃据之志，忌忽哥赤来为王，设宴置毒酒中，且赂王相府官无泄其事。立道闻之，趋入见，守门者拒之，立道怒与争。王闻其声，使人召立道，乃得入，为王言之。王引其手，使探口中，肉已腐矣。是夕，王薨。宝合丁遂据王座，使人讽[⑦]王妃索王印。立道潜[⑧]结义士，得十三人，约共讨贼，刺臂血和金屑饮之，推一人走京师告变。事颇露，宝合丁乃囚立道，将杀之。人匠提举张忠者，燕人也，于立道为族兄，结[⑨]壮士夜劫诸狱，出之，共亡[⑩]至土蕃界，遇帝所遣御史大夫博罗欢、王傅别怗与告变人俱来。二人者遂与立道俱还，按[⑪]宝合丁及王府官尝受赂者，皆伏诛。有旨召立道等入朝，问王薨时状。帝闻立道言，泣数行下，歔欷久之，曰："汝等为我家事甚劳苦，今欲事[⑫]朕乎，事太子乎，事安西王乎？惟妆意所向。"立道等奏愿留事陛下，于是赐立道金五十两，以旌[⑬]其忠，张忠等亦皆授官有差[⑭]。

……

二十七年，北京地陷，人民震惊，命立道为本路总管。未行，安南世子陈日燇遣其臣严仲维、陈子良等诣京师告袭爵。先是，其国主陈日烜累[15]召不至，权遣其族父遗爱入贡，朝廷因封为安南王。遗爱还，日烜阴[16]害之。遣使问罪，日烜拒使者不受命，遂遣将讨之，失利而还。帝怒，欲再发兵，丞相完泽、平章不忽木言："蛮夷小邦，不足以劳中国。张立道尝再使安南有功，今复使往，宜无不奉命。"帝招至香殿，谕之曰："小国不恭，今遣汝往谕朕意，宜尽乃[17]心。"立道对曰："君父之命，虽蹈水火不敢辞，臣愚恐不足专任，乞重臣一人与俱，臣为之副。"帝曰："卿朕腹心臣，使一人居卿上，必败卿谋。"遂授礼部尚书，佩三珠虎符，赐衣段、金鞍、弓矢以行。

至安南界，谓郊劳[18]者曰："语尔世子，当出郭迎诏。"日燇乃率其属，焚香伏谒道左。既抵府，日燇拜跪，听诏如礼。立道传上命，数[19]其罪，为书晓之。日燇曰："比[20]三世辱公使，公大国之卿，小国之师也，何以教我？"立道曰："昔镇南王奉词致讨，汝非能胜之也，由其不用向导，率众深入，不见一人，迟疑而还，曾未出险，风雨骤至，弓矢尽坏，众不战而自溃，天子亦既知之。汝所恃者，山海之险、瘴疠之恶耳。且云南与岭南之人，习俗同而技力等，今发[21]而用之，继以北方之劲卒，汝复能抗哉？汝战不利，不过遁入海中，岛夷乘衅，必来寇抄汝，汝食少不能支，必为彼屈，汝为其臣，孰若为天子臣乎？今海上诸夷，岁贡于汝者，亦畏我大国之尔与也。圣天子有德于汝甚厚。前年之师，殊非上意，边将谗[22]汝尔。汝曾不悟，不能遣一介之使，谢罪请命，辄称兵抗拒，逐我使人，以怒我大国之师，今祸且[23]至矣，惟世子计之。"

日燇拜，且泣涕而言曰："公之言良是也，为我计者，皆不知出此。前日之战,救死而已,宁[24]不知惧天子使,公来必能活我。”北面再拜,誓死不敢忘天子之德。遂迎立道入,出奇宝为贿,立道一无所受,但要日熷入朝。日熷曰:“贪生畏死,人之常情,诚有诏贷以不死,臣将何辞。”乃先遣其臣阮代之、何惟岩等随立道上表谢罪,修岁贡之礼如初,且言所以愿朝之意。廷臣有害[25]其功者,以为必先朝而后赦。日熷惧,卒不敢至,议者惜之。

……

立道凡三使安南,官云南最久,颇得土人之心,为之立祠于鄯善城西。立道所著诗文,有《效古集》、《平蜀总论》、《安南录》、《云南风土记》、《六诏通说》若干卷。子元,云南行省左右司郎中。

选自《元史》卷一百六十七

〔注释〕 ①下:攻克。 ②干:求。 ③以:因为。 ④去:离开。 ⑤称:著称。 ⑥寻:不久。 ⑦讽:劝谏。 ⑧潜:暗中。 ⑨结:交结。 ⑩亡:逃跑。 ⑪按:查考。 ⑫事:侍奉。 ⑬旌:旌表。 ⑭差:差别。 ⑮累:屡次。 ⑯阴:暗中。 ⑰乃:你的。 ⑱劳:慰劳。 ⑲数:列举罪状。 ⑳比:接连。 ㉑发:征集。 ㉒谗:说别人的坏话。 ㉓且:将要。 ㉔宁:岂。 ㉕害:妒忌。

〔赏析〕 张立道,字显卿,其先为陈留人,后徙居大名。他担任备宿卫,跟从世祖北征,未尝去左右,至元四年(1267年),命其使西夏给所部军储,以干练著称。后在云南授大理等处巡行劝农使,治昆明池,得地万余顷,悉为良田;又改良爨僰蚕桑之法,云南由是富庶。他连续多次任云南行省参政,卒于官。

张立道的一生三次出使安南,又在云南地区任官最久,他最大的贡献在于对安南的外交工作以及对云南地区土人的治理。他两次深入安南地区,说服安南王对元王朝奉表称臣、遣使纳贡,将安南再次纳入自唐以来就存在的朝贡贸易体系之中;他奉命治理云南,对当地土人的谋反态度强硬,不惜以武力镇压;而在平定后,又向其地传播中原地区先进的文化和农业技术,治昆明湖,开良田万余亩,改进生产技术,促进其农业的发展,以文治、武功两种手段巩固了元王朝在西南的统治与权威。虽然之后有人为了防止其立功而对安南与中国的联系进行破坏,但这不能埋没他为两国交往立下的汗马功劳。

张立道在处理安南问题时以和为主,种种政策的实施,最终的旨归和主要目的在于将其重新纳入以元朝为核心的朝贡体系。采取这种方针是基于如下诸方面的考虑:其一,这一地区主要是元王朝统一中原后留下的空白地带,再像以前那样劳民伤财不太符合大一统王朝的需要;第二,这一地带特殊的地理与气候条件不适合蒙古骑兵发挥战斗力,战争往往要持续很久而且胜仗颇少,在占领云南后虽然可以依靠云南地区的土人作战,但毕竟消耗过大,如此行事则必然得不偿失。在这种综合因素制约的情况下,张立道也只能采取政治威胁的手段,迫使安南王臣服于元王朝,应该说这已经是能得到的比较好的结果了。同时我们也应该注意到,这种依靠胁迫而构成的外交关系是很不牢固的,当有人因为害怕张立道立下大功而离间安南王与其关系时,安南王便立刻放弃了朝贡的计划,而元王朝也只是感到有点可惜,并没有作出进一步的动作。这个事例体现了两者之间朝贡体系的脆弱性,双方只是订立一个大致的条约,当对方是高丽这等国家时还好,而当遇到安南这类国家时约束性就明显不足了,只能使对方与中原王朝保持一个若即若离的关系,纲纪粗定就已然达到目的了。

张立道的另一大功绩便在于对云南地区的治理与开发。他上任后,首先对昆明池进行治理,开良田万亩,促进其农业的发展;又改良爨荚蚕桑之法,发展当地的手工业,使人民的生活得到了极大的改善。此后他将中原地区较先进的文化传入云南,宣传儒家学说,立孔庙,促进了当地人的开化。当他遇到土人的叛乱时,便毫不留情地用军队加以平定,并进一步建立学校与孔庙,加强对土人的教化。他这种文治与武功相结合的治理手段,促进了当地经济与文化的进步,给当地人民带来了实际的利益,作出了使当地人主动向中原王朝靠拢的努力。张立道的执政从文化与政治两方面加强了中原王朝对这些边远地区的控制，迫使当地人臣服于中原王朝的统治，这种既以利诱之，又以武力胁迫之的手段起到了很好的效果。长期以来对中原王朝总是保持若即若离态度的云南地区终于承认了中国的统治，在此后很长的时间内，除了少数时期的地方割据和叛乱，云南地区一直维持在中原王朝的统治之下。

总体而言，张立道对安南的外交政策和在云南的治理手段都是卓有成效的，他以文为主，以武为辅，这种治理方式对任何时代处理民族问题和外交问题都具有借鉴意义。

释 老 列 传

〔选文〕

帝师八思巴者，土番萨斯迦人，族款氏也。相传自其祖朵栗赤，以其法佐国主霸西海者十余世。八思巴生七岁，诵经数十万言，能约[①]通其大义，国人号之圣童，故名曰八思巴。少长，学富五明，故又称曰班弥怛。岁癸丑，年十有五，谒世祖于潜邸，与语大悦，日见[②]亲礼。

……

元起朔方，固已崇尚释教。及得西域，世祖以其地广而险远，民犷而好斗，思有以因其俗而柔其人，乃郡县土番之地，设官分职，而领之于帝师。乃立宣政院，其为使位居第二者，必以僧为之，出帝师所辟举，而总其政于内外者，帅臣以下，亦必僧俗并用，而军民通摄。于是帝师之命，与诏敕并行于西土。百年之间，朝廷所以敬礼而尊信之者，无所不用其至。虽帝后妃主，皆因受戒而为之膜拜。正衙朝会，百官班列，而帝师亦或专席于坐隅。且每帝即位之始，降诏褒护，必敕章佩监络珠为字以赐，盖其重之如此。其未至而迎之，则中书大臣驰驿累百骑以往，所过供亿[③]送迎。比[④]至京师，则敕大府假[⑤]法驾半仗，以为前导，诏省、台、院官以及百司庶府，并服[⑥]银鼠质孙。用每岁二月八日迎佛，威仪往迓[⑦]，且命礼部尚书、郎中专督迎接。及其卒而归葬舍利，又命百官出郭祭饯。大德九年，专遣平章政事铁木儿乘传[⑧]护送，赙[⑨]金五百两、银千两、币帛万匹、钞三千锭。皇庆二年，加至赙金五千两、银一万五千两、锦绮杂彩共一万七千匹。虽[⑩]其昆弟子姓之往来，有司亦供亿无乏。泰定间，以帝师弟公哥亦思监将至，诏中书持羊酒郊劳；而其兄琐南藏卜遂尚[⑪]公主，封白兰王，赐金印，给圆符。其弟子之号司空、司徒、国公，佩金玉印章者，前后相望。

为其徒者，怙[⑫]势恣睢，日新月盛，气焰熏灼，延于四方，为害不可胜言。有杨琏真加者，世祖用为江南释教总统，发掘故宋赵氏诸陵之在钱唐、绍兴者及其大臣冢墓凡一百一所；戕杀平民四人；受人献美女宝物无算；且攘夺盗取财物，计金一千七百两、银六千八百两、玉带九、玉器大小百一十有一、杂宝贝百五十有二、大珠五十两、钞一十一万六千二百锭、田二万三千亩；私庇平民不输公赋者二万三千户。他所藏匿未露者不论也。

又至大元年，上都开元寺西僧强市[⑬]民薪[⑭]，民诉诸留守李璧。璧方询问其由，僧已率其党持白梃突入公府，隔案引璧发，捽[⑮]诸地，捶扑交下，拽之以归，闭诸空室，久乃得脱，奔诉于朝，遇赦以免。二年，复有僧龚柯等十八人，与诸王合儿八剌妃忽秃赤的斤争道，拉妃堕车殴之，且有犯上等语，事闻，诏释不问。而宣政院臣方奏取旨：凡民殴西僧者，截其手；詈[⑯]之者，断其舌。时仁宗居东宫，闻之，亟奏寝[⑰]其令。

……

丘处机，登州栖霞人，自号长春子。儿时，有相者谓其异日当为神仙宗伯。年十九，为全真学于宁海之昆仑山，与马钰、谭处端、刘处玄、王处一、郝大通、孙不二同师重阳王真人。重阳一见处机，大器⑱之。金、宋之季⑲，俱遣使来召，不赴。

……

正一天师者，始自汉张道陵，其后四代日盛，来居信之龙虎山。相传至三十六代宗演，当至元十三年，世祖已平江南，遣使召之。至则命廷臣郊劳，待以客礼。及见，语之曰："昔岁己未，朕次⑳鄂渚，尝令王一清往访卿父，卿父使报朕曰：后二十年天下当混一。神仙之言验于今矣。"因㉑命坐，锡㉒宴，特赐玉芙蓉冠、组金无缝服，命主领江南道教，仍赐银印。

十八年、二十五年再入觐。世祖尝命取其祖天师所传玉印、宝剑观之，语侍臣曰："朝代更易已不知其几，而天师剑印传子若孙尚至今日，其果有神明之相㉓矣乎！"嗟叹久之。二十九年卒，子与棣嗣㉔，为三十七代，袭掌江南道教。三十一年入觐，卒于京师。元贞元年，弟与材嗣，为三十八代，袭掌道教。

时潮啮㉕盐官、海盐两州，为患特甚，与材以术治之。一夕大雷电以震，明日见有物鱼首龟形者磔㉖于水裔，潮患遂息。大德五年，召见于上都幄殿。八年，授正一教主，主领三山符箓。武宗即位，来觐，特授金紫光禄大夫，封留国公，锡金印。仁宗即位，特赐宝冠、组织文金之服。延祐三年卒。四年，子嗣成嗣，为三十九代，袭领江南道教，主领三山符箓如故。

选自《元史》卷二百二

〔注释〕 ① 约：大略。 ② 见：受。 ③ 供亿：供给。 ④ 比：等到。 ⑤ 假：借予。 ⑥ 服：穿着。 ⑦ 迓：迎接。 ⑧ 传：驿站上所备的车马。 ⑨ 赙：以财物助人办丧事。 ⑩ 虽：即使。 ⑪ 尚：仰攀婚姻，多指娶公主为妻。 ⑫ 怙：凭恃。 ⑬ 市：买。 ⑭ 薪：柴草。 ⑮ 捽：揪。 ⑯ 詈：责骂。 ⑰ 寝：废止。 ⑱ 器：器重。 ⑲ 季：末。 ⑳ 次：驻扎。 ㉑ 因：于是。 ㉒ 锡：赐给。 ㉓ 相：辅助。 ㉔ 嗣：承袭。 ㉕ 啮：侵蚀。 ㉖ 磔：分裂尸体。

〔赏析〕 元代由少数民族建立，故而在占领中原地区后，元政府一改以往大一统王朝崇奉儒学为唯一官方思想的传统，在尊奉萨满教、佛教的同时允许各大宗教同时存在，儒学在所有思想中也仅仅做到了与其他宗教共同存在而已。一方面是由于少数民族大多信奉佛教等各类宗教而并不尊崇儒学，另一方面也是由于元朝在其广阔的疆域内存在着众多有着自己信仰的民族，欲图用儒学意识形态将其统一显然是不可能完成的事情。《元史·释老列传》主要记载了佛教与道教的情况，并未涉及其他宗教，不可不谓是一个缺憾。

元代尊崇佛教，在很大程度上与后来被尊为国师的八思巴有关，正是他将佛教传入元朝王廷，又为其创造了新蒙古文（即八思巴文），对于佛教文化的发展可谓是功不可没。此后又有历代大师相继传承，使佛教在元代始终保持着对其他宗教的优势地位，故而拥有种种特权，佛教更是以宣政院的政府组织形式统治着整个西藏。但是，僧侣的各种贪污与滥用特权的现象也同时产生，元王朝对于此种情况大多只是采取不管不问或是包庇了事的态度，只有在少数儒生执政时期才对其有所遏制，但这种现象在总体上并未有所改观。而在元王朝统治之下的道教，一方面固然发生了传播汉族文化的媒介作用，然而在实质上也只是作为统治的一种工具，通过册封某一些支派，以期达到统治或是牵制全国道教，并进而彻底达到统治信徒的目的。

八思巴在元朝的宗教史上是一个有着特殊地位的人物。他是藏传佛教的领袖，此后又得到了忽必烈的信任与尊崇，被册封为国师，统领全国佛教事务。此后宣政院建立，他又成为西藏僧俗两界共同的最高领袖，奉忽必烈之命为蒙古创立自己的文字，借以传承文化、达成统治。他的成功离不开他自小研习的佛典，但更重要的则是蒙古族在征服过程中逐渐抛弃原本萨满教信仰，转而信奉佛教的趋势。在这种趋势下，元王朝的统治者迫切地需要找到一位愿意与自己合作的佛教领袖，从而通过控制信仰来巩固国家的统一。这时八思巴出现了，忽必烈很快就与他一拍即合，前者为自己的宗教博得了巨大的特权与利益，后者则达成了自己巩固统治的目的，并得到了众多佛教僧侣的支持，借翻译佛经丰富了自己的文化，也兵不血刃地得到了西藏这块土地。

僧侣的贪污与滥用特权可以说是元代尊崇佛教的一个负面影响，造成了大量的财富被僧侣以各种名义纳入自己的名下，同时国家司法也遭到了极大的破坏，僧侣在收受贿赂后可以以各种名义为罪犯开脱或是说情。而元王朝考虑到各种因素，其中包括对可能失去信徒与僧侣支持的担忧和可能失去对西藏地区统治的恐惧等等，最终总是对这类行为采取包庇的态度，默许了这类行为的发生。这极大地加剧了元代社会的不公正与社会秩序的混乱，无疑成为元王朝迅速走向衰亡的一个重要原因。

元代道教的一位重要人物便是长春真人丘处机。他早在宋金之际就已到蒙古王庭之中为成吉思汗讲道，并在南征的过程中多次劝说成吉思汗不要杀生过多，保全了众多无辜百姓免遭屠戮。他向蒙古传播了汉族文化，也保护了许多原本可能会死于蒙古屠刀之下的人民。然而他的成功与蒙古向南方汉族聚居地侵略的趋势分不开，元兵进入富饶的中原地区只是时间问题，若是能得到一位道教领袖的支持，那么对于蒙古的统治是大有裨益的。全真教在汉地，尤其是北方地区，拥有很大的影响力，丘处机愿意与蒙古合作，自然得到了元政府的欢迎。此后，蒙古攻占南方，又册封天师道，令其统领全国道教，也抱着同样的目的。

总体而言，元王朝在对待宗教的问题上，只要有助于其统治，就会毫无保留地加以承认，给予支持。但是事物发展到后期，元王朝内部的社会状况越来越复杂，各种宗教之间的矛盾与冲突不断，宗教与世俗之间也是矛盾重重，元王朝已然无力再继续维持这种现状，便逐渐走向了灭亡。

（邵家豪）

科技与艺技：官员的榜样

〔导言〕 从宋代到元代，从汉族主导的王朝到少数民族一统中原，动荡的环境中涌现出的风云人物不仅仅有坚守和不屈的仁人志士，更多的是心系黎民苍生，为人民福祉鞠躬尽瘁的先进人士。他们以道德理想作为自己的行为准则，以天下人民为自己的拯救对象，以灵活而不失策略的方式对强权进行抗争，留下了无数值得歌颂的佳话。下至平凡百姓，上至达官贵族，王朝的更替改变的是执掌江山的人，改变不了的却是一颗颗为国为民的赤胆忠心。

郭守敬和赵孟頫，都是耳熟能详的历史名人，他们都曾身居高位，深受皇帝重用，也同样都是由宋入元的汉人。元朝始建，召集天下贤士俊杰，他们都为人所举荐，随后官至高位。历史的相似性在这里得到了淋漓尽致的展现，而他们并没有因此飞扬跋扈，也没有因为自己旧朝遗民的身份消沉低迷，相反，他们用自己的智慧和才能默默地为黎民苍生和国家的安定做出了巨大贡献，在历史长卷中留下了浓墨重彩的一笔。而今我们依然能够感受到赵氏书法和绘画的魅力，也同样被郭守敬所创建的"授时历"和建造的众多水利工程所震撼。古人的智慧，至今为人所惊叹，经历了同样的乱世沉浮，郭守敬和赵孟頫所经历和成就的成绩，依旧为今世所颂扬。

郭守敬列传

〔选文〕

郭守敬字若思，顺德邢台人。生有异操，不为嬉戏事。大父荣，通五经，精于算数、水利。时刘秉忠、张文谦、张易、王恂，同学于州西紫金山，荣使守敬从秉忠学。

中统三年，文谦荐守敬习水利，巧思绝人。世祖召见，面陈水利六事：其一，中都旧漕河，东至通州，引玉泉水以通舟，岁可省雇车钱六万缗。通州以南，于兰榆河口径直开引，由蒙村跳梁务至杨村还河，以避浮鸡洵盘浅风浪远转之患。其二，顺德达泉引入城中，分为三渠，灌城东地。其三，顺德沣河东至古任城，失其故道，没[①]民田千三百余顷。此水开修成河，其田即可耕种，自小王村经滹沱，合入御河，通行舟筏。其四，磁州东北滏、漳二水合流处，引水由滏阳、邯郸、洺州、永年下经鸡泽，合入沣河，可灌田三千余顷。其五，怀、孟沁河，虽浇灌，犹有漏堰余水，东与丹河余水相合。引东流，至武陟县北，合入御河，可灌田二千余顷。其六，黄河自孟州西开引，少分一渠，经由新、旧孟州中间，顺河古岸下，至温县南复入大河，其间亦可灌田二千余顷。每奏一事，世祖叹曰："任事者如此，人不为素餐矣。"授提举诸路河渠。四年，加授银符、副河渠使。

……

初，秉忠以大明历自辽、金承用二百余年，浸[②]以后天，议欲修正而卒。十三年，江左既平，帝思用其言。遂以守敬与王恂，率南北日官，分掌测验推步于下，而命文谦与枢密张易为之主领裁奏于上，左丞许衡参预其事。守敬首言："历之本在于测验，而测验之器莫先仪表。今司天浑仪，宋皇佑中汴京所造，不与此处天度相符，比量南北二极，约差四度；表石年深，亦复攲侧。"守敬乃尽考其失而移置之。既又别图[③]高爽地，以木为重棚，创作简仪、高表，用相比覆。又以为天枢附极而动，昔人尝[④]展管望之，未得其的，作候极仪。极辰既位，天体斯正，作浑天象。象虽形似，莫适所用，作玲珑仪。以表之矩方，测天之正圆，莫若以圆求圆，作仰仪。古有经纬，结而不动，守敬易[5]之，作立运仪。日有中道，月有九行，守敬一之，作证理仪。表高景[6]虚，罔象非真，作景符。月虽有明，察景则难，作窥几。历法之验，在于交会，作日月食仪。天有赤道，轮以当[7]之，两极低昂，标以指之，作星晷定时仪。又作正方案、丸表、悬正仪、座正仪，为四方行测者所用。又作仰规复矩图、异方浑盖图、日出入永短图，与上诸仪互相参考。

十六年，改局为太史院，以恂为太史令，守敬为同知太史院事，给印章，立官府。及奏进仪表式，守敬当帝前指陈理致[8]，至于日晏[9]，帝不为倦。守敬因奏："唐一行开元间令南宫说天下测景，书中见者凡十三处。今疆宇比唐尤大，若不远方测验，日月交食分数时刻不同，昼夜长短不同，日月星辰去[10]天高下不同，即目测验人少，可先南北立表，取直测景。"帝可其奏。遂设监候官一十四员，分道而出，东至高丽，西极滇池，南逾朱崖，北尽铁勒，四海测验，凡二十七所。

……

先是，通州至大都，陆运官粮，岁若干万石，方[11]秋霖雨，驴畜死者不可胜计，至是皆罢之。三十年，帝还自上都，过积水潭，见舳舻敝[12]水，大悦，名曰通惠河，赐守敬钞万二千五百贯，仍以旧职兼提调通惠河漕运事。守敬又言：于澄清闸稍东，引水与北坝河接，且立闸丽正门西，令舟楫得环城往来。志不就[13]而罢。三十一年，拜昭文馆大学士，知太史院事。

大德二年，召守敬至上都，仪开铁幡竿渠，守敬奏："山水频年暴下，非大为渠堰，广五七十步不可"。执政吝于工费，以其言为过，缩其广三之一。明年大雨，山水注下，渠不能容，漂没人畜庐帐，几犯行殿。成宗谓宰臣曰："郭太史神人也，惜其言不用耳。"七年，诏内外官年及七十，并听致仕⑭，独守敬不许其请。自是翰林太史司天官不致仕，定著为令。延祐三年卒，年八十六。

选自《元史》卷一百六十四

〔注释〕 ① 没：淹没。 ② 浸：渐渐。 ③ 图：谋取。 ④ 尝：曾经。 ⑤ 易：更改。 ⑥ 景：同"影"。 ⑦ 当：模拟。 ⑧ 理致：道理。 ⑨ 晏：晚。 ⑩ 去：距离。 ⑪ 方：当。 ⑫ 敝：通"蔽"，遮挡。 ⑬ 就：成。 ⑭ 致仕：辞官。

〔赏析〕 荀子曾经讲过一句话："天行有常，不为尧存，不为桀亡。"不过自古以来，人类就在不断与自然抗衡或妥协中前进。古代中国是一个拥有漫长历史的农耕国家，其关乎农业国本的天文水利事业，是民族福祉和国家稳定的根本。农业是国家的命脉所在，而农业的兴旺发达与否取决于天文水利。斗转星移，四季更替，带来的不仅仅是季节的变换，更是一场与自然的博弈。在这场大博弈的进程中，郭守敬留下了自己的名字。

郭守敬自幼便"有异操，不为嬉戏事"，他从小继承了父亲郭荣的事业，精通算数和水利。后来在父亲的安排下跟从当时的大学者刘秉忠学习。元朝初建，元世祖十分注重休养生息以及农业的发展，任命了一大批优秀的官员来建设农业，从而稳定国家的命脉，其中就有郭守敬以及他的老师刘秉忠。中统三年(1262 年)，在张文谦的推荐下，守敬受到了世祖的召见，并且陈述了关于水利的六件事，深得世祖的赞赏，称赞他"任事者如此，人不为素餐矣"。除了在水利的建设方面别有创见，他还根据实际的地形状况和水流的流向帮助恢复了废弃已久的水渠，使它们重新造福农田。他的一生走遍了大半个中国，所创建的水利事业和治理的河流数以百计。

水利方面，除了修缮废渠，重整河道之外，郭守敬还主持通惠河的开凿。今天的人都知道，通惠河是贯通京杭大运河的枢纽所在，而在通惠河开凿之前，从通州到大都都是陆运粮食，当遇上秋天下雨，山路塌陷，驮粮食的牲畜死掉的不计其数。自从郭守敬主持开凿通惠河之后，粮食运输由陆运转为河运，不仅再也没有人畜受伤的情况，而且还大大提高了运输效率，极大地便利了南北交通，这条河流也因为水运事业的兴盛被皇上赐予“通惠”的美名。郭守敬的成就让元成宗惊叹其为“神人”，并且不准其告老还乡，从他之后，翰林太史司天官不允许告老还乡因之成为规定。

除了水利，郭守敬在天文学上的创造也颇为丰硕。历法的制定，需要随实际情况的变化而随之改变，中国历法的历史可谓源远流长，但是发展到元代，前朝延续下来的历法已经不合时宜，如果不根据实际情况随机应变，势必影响农业的发展和国家的稳定。正如守敬所言：“历之本在于测验，而测验之器莫先仪表。”从浑天仪的创造到当时，许多测量数据已经发生了变化，于是守敬尽考其失，创造出了与当时现实相符的简仪和高表，后来又陆续发明出候极仪、玲珑仪、仰仪、立运仪、证理仪、景符、窥几、日月食仪、星晷定时仪、正方案、丸表、悬正仪、座正仪等多种测量仪器，又作《仰规覆矩图》、《异方浑盖图》、《日出入永短图》，与仪器互相配合使用。中国天文历法的发展，此时达到了高峰。

至元十六年(1279 年)，守敬被授予太史院事，亲自为皇帝讲解天文理数，并且根据国家的现实情况和实际，重新在前朝基础上设立了二十七所观测所。从西汉时期《三统历》，到郭守敬制定新的历法，中国的历法历经一千八百余年，七十余次改动，并且经他考证和仪器测量，确定了七件事情：冬至、岁余、日躔、月离、入交、二十八宿距度、日出入昼夜刻。除此之外，还创造了五种计算方法：太阳盈缩、月行迟疾、黄赤道差、黄赤道内外度、白道交周。

郭守敬卒于延祐三年(1316 年)，年八十六岁。他留下的著作也颇为丰富，其中大部分都是关于天文历法的著作。郭守敬的一生所达到的高度，代表了古代中国天文历法和水利事业的高度，是同时代甚至之后数百年都鲜有人逾越的一座科学高峰。

赵孟頫列传

〔选文〕

赵孟頫字子昂，宋太祖子秦王德芳之后也。五世祖秀安僖王子偁，四世祖崇宪靖王伯圭。高宗无子，立子偁之子，是为孝宗，伯圭，其兄也，赐第[①]于湖州，故孟頫湖州人。曾祖师垂，祖希永，父与訔，仕宋，皆至大官；入国朝，以孟頫贵，累赠师垂集贤侍读学士，希永太常礼仪院使，并封吴兴郡公，与訔集贤大学士，封魏国公。

孟頫幼聪敏，读书过目辄成诵，为文操笔立就。年十四，用[②]父荫补官，试中吏部铨法，调真州司户参军。宋亡，家居，益[③]自力于学。

至元二十三年，行台侍御史程钜夫，奉诏搜访遗逸[④]于江南，得孟頫，以之入见。孟頫才气英迈，神采焕发，如神仙中人，世祖顾之喜，使坐右丞叶李上，或言孟頫宋宗室子，不宜使近左右，帝不听。时方立尚书省，命孟頫草诏颁天下，帝览之，喜曰："得朕心之所欲言者矣。"诏集百官于刑部议法，众欲计至元钞二百贯赃满者死，孟頫曰："始造钞时，以银为本，虚实相权，今二十余年间，轻重相去至数十倍，故改中统为至元，又二十年后，至元必复如中统，使民计钞抵[⑤]法，疑于太重。古者，以米、绢民生所须，谓之二实，银、钱与二物相权，谓之二虚。四者为直，虽升降有时，终不大相远也，以绢计赃，最为适中。况钞，乃宋时所创，施于边郡，金人袭而用之，皆出于不得已。乃欲以此断人死命，似不足深取也。"或以孟頫年少，初自南方来，讥[⑥]国法不便，意颇不平，责孟頫曰："今朝廷行至元钞，故犯法者以是计赃论罪，汝以为非，岂欲沮格至元钞耶？"孟頫曰："法者，人命所系，议有重轻，则人不得其死矣。孟頫奉诏与议，不敢不言。今中统钞虚，故改至元钞，谓至元钞终无虚时，岂有是理！公不揆于理，欲以势相陵，可乎！"其人有愧色。帝初欲大用孟頫，议者难之。

二十四年六月，授兵部郎中。兵部总天下诸驿，时使客饮食之费，几十倍于前，吏无以供给，强取于民，不胜其扰，遂请于中书，增钞给之。至元钞法滞涩不能行，诏遣尚书刘宣与孟頫驰驿至江南，问行省丞相慢[7]令之罪，凡左右司官及诸路官，则径[8]笞之。孟頫受命而行，比[9]还，不笞一人，丞相桑哥大以为谴[10]。

时有王虎臣者，言平江路总管赵全不法，即命虎臣往按[11]之。叶李执[12]奏不宜遣虎臣，帝不听，孟頫进曰："赵全固当问，然虎臣前守此郡，多强买人田，纵宾客为奸利，全数与争，虎臣怨之。虎臣往，必将陷[13]全，事纵得实，人亦不能无疑。"帝悟，乃遣他使。

……

二十七年，迁集贤直学士。是岁地震，北京尤甚，地陷，黑沙水涌出，人死伤数十万，帝深忧之。时驻跸龙虎台，遣阿剌浑撒里驰还，召集贤、翰林两院官，询致灾之由。议者畏忌桑哥，但[14]泛引《经》、传，及五行灾异之言，以修人事、应天变为对，莫敢语及时政。先是，桑哥遣忻都及王济等理算天下钱粮，已征入数百万，未征者尚数千万，害民特甚，民不聊生，自杀者相属，逃山林者，则发兵捕之，皆莫敢沮[15]其事。孟頫与阿剌浑撒里甚善，劝令奏帝赦天下，尽与蠲[16]除，庶几[17]天变可弭[18]。阿剌浑撒里入奏，如孟頫所言，帝从之。诏草已具，桑哥怒谓必非帝意。孟頫曰："凡钱粮未征者，其人死亡已尽，何所从取？非及是时除免之，他日言事者，倘以失陷钱粮数千万归咎尚书省，岂不为丞相深累耶！"桑哥悟，民始获苏[19]。

……

帝欲使孟頫与闻中书政事，孟頫固辞，有旨令出入宫门无禁。每见，必从容语及治道，多所裨益。帝问："汝赵太祖孙耶？太宗孙耶？"对曰："臣太祖十一世孙。"帝曰："太祖行事，汝知之乎？"孟頫谢不知，帝曰："太祖行事，多可取者，朕皆知之。"孟頫自念，久在上侧，必为人所忌，力请补外。二十九年，出同知济南路总管府事。

……

至大三年，召至京师，以翰林侍读学士，与他学士撰定祀南郊祝文，及拟进殿名，议不合，谒告去。仁宗在东宫，素知其名，及即位，召除集贤侍讲学士、中奉大夫。延祐元年，改翰林侍讲学士，迁集贤侍讲学士、资德大夫。三年，拜翰林学士承旨、荣禄大夫。帝眷之甚厚，以字呼之而不名。帝尝与侍臣论文学之士，以孟頫比唐李白、宋苏子瞻。又尝称孟頫操履[20]纯正，博学多闻，书画绝伦，旁通佛、老之旨，皆人所不及。有不悦者间[21]之，帝初若不闻者。……孟頫尝累月不至宫中，帝以问左右，皆谓其年老畏寒，敕御府赐貂鼠裘。

……至治元年，英宗遣使即[22]其家，俾书《孝经》。二年，赐上尊及衣二袭。是岁六月卒，年六十九。追封魏国公，谥文敏。

孟頫所著，有《尚书注》，有《琴原》、《乐原》，得律吕不传之妙；诗文清邃奇逸，读之，使人有飘飘出尘之想。篆、籀、分、隶、真、行、草书，无不冠绝古今，遂以书名[23]天下。天竺有僧，数万里来求其书归，国中宝之。其画山水、木石、花竹、人马，尤精致。前史官杨载称孟頫之才颇为书画所掩，知其书画者，不知其文章，知其文章者，不知其经济[24]之学。人以为知言云。

选自《元史》卷一百七十二

〔**注释**〕 ①第：达官贵人的宅院。 ②用：因为。 ③益：更加。 ④逸：隐士。 ⑤抵：抵偿。 ⑥讥：讽刺。 ⑦慢：怠慢。 ⑧径：直接。 ⑨比：等到。 ⑩谴：责备。 ⑪按：查考。 ⑫执：坚持。 ⑬陷：陷害。 ⑭但：只。 ⑮沮：阻止。 ⑯蠲：通“捐”，减免。 ⑰庶几：也许可以。 ⑱弭：消除。 ⑲苏：休养生息。 ⑳操履：操行。 ㉑间：离间。 ㉒即：到。 ㉓名：闻名。 ㉔经济：经世济民。

〔**赏析**〕 赵孟頫是元朝著名的文学家、书画家、政治家。关于赵孟頫其人的评价，历来都是众说纷纭，他是宋代的遗民，却在宋被元灭后成为元朝的官员，并且身居要职。后人对他的评价也是褒贬不一，有人说他没有坚守气节，归附异朝；同样也有人赞扬他的鞠躬尽瘁，刚正不阿。但是赵孟頫给我们留下的，却是逾越了出身和狭隘的忠贞之后，更加淋漓的正直与衷心。他是宋太祖赵匡胤的十一世孙，祖祖辈辈都是宋朝的官员，他一开始踏上仕途，就是继承了其父亲的荫庇。不难想象，出生在官宦世家的他所具备的必然是与常人不同的心态和为人处世的智慧；而由宋入元的特殊经历，使得他的一生又显得颇为矛盾。但正如赵孟頫在《送吴幼清南还序》中所说“士少而学之于家，盖意欲出而用之于国，使圣贤之泽沛然及于天下，此学者之初心”，这才是他真正的心愿。

宋朝灭亡之后，赵孟頫“自力于学”，直到至元二十三年(1286 年)行台侍御史程钜夫奉召到江南搜访遗逸，把他举荐到朝廷，这应该可以看作是赵孟頫漫长官职生涯的起点。他深受宠幸，或许不仅仅是因为“才气英迈，神采焕发，如神仙中人”，更多的是深谙官场的为人处世的智慧和规则，所以即使有人因为他的宋世宗子的身份而非议他，皇帝却不为非议所动，并且将颁令天下的诏书交给他来撰写，而且称赞其“得朕心之所欲言者”。

宋代的灭亡，在赵孟頫的心里也是留下了故国之思的，但是身为元朝臣子，他深处这种矛盾中，却依旧能够心系百姓，秉持为国忠心，这十分可贵。官场的复杂以及其自身的前代遗民的身份，使得他在官场的周旋显得异常艰辛，但即便置身于如此环境，他依然能够圆满地处置各项事务并且维护自己的地位。他所展现的是一种平和中庸的智慧，但是这种平和或“圆滑”，却并不是一味地妥协和忍让，他依然可以在百官畏惧权势、沉默不语的时候勇敢站出来，提醒皇帝而又让人心服口服。

身为前朝遗民官居要职,久之流言蜚语也是不断滋生。赵孟頫在某种程度上也对自己的特殊了然于心,但他却能够深明大义,要求远离京城,无怪乎皇帝对他格外仰仗和照顾。皇帝称呼他的字而不称名,甚至将他比作唐朝的李白和宋朝的苏轼。有人想要离间皇帝和他之间的关系,但是皇帝对那些人的话都当作耳旁风。赵孟頫几个月没有进宫,皇帝便问左右侍从原因,他们说是因为赵孟頫年纪大怕冷,皇上就赏赐给他貂鼠裘。心系天下黎民苍生却又不为功名利禄所牵绊,并能得到统治者的信任,赵孟頫的为人处事确实与众不同。至治元年(1321年),元英宗派使者赠给他《孝经》,次年又赐给他美酒和衣服。这一年六月赵孟頫去世,追封为赵国公,谥号文敏。

赵孟頫除了漫长的政治生涯,他的文学成就也不容小觑,他的著作有《尚书注》、《琴原》、《乐原》,妙趣横生,诗文更是清邃奇逸,书法绘画闻名天下,至今影响深远。纵观他的一生,没有大起大落,展现的更多是一种浩然的人格魅力。赵孟頫满怀着一颗忧国忧民却又谦卑忠诚的心,所以他成就的不仅仅是元代的兴盛,更是中国数千年来无数忠臣的丰碑,是一种超脱了历史局限的气节,一种跨越了狭隘的历史定义的忠诚。在流言蜚语中能够坚守自我,在宠幸倍加时能够保持清醒理智,在功名利禄之中能够懂得取舍退让,赵孟頫用一生诠释了达观和超脱。

(李　蕾)

《明史》导语

《明　　史》

清代张廷玉等主持修撰。是中国历史上官修史书中纂修时间最长的一部。全书共三百三十二卷，包括本纪二十四卷、志七十五卷、列传二百二十卷、表十三卷。记述了从明太祖洪武元年(1368 年)至明思宗崇祯十七年(1644 年)的史事。白寿彝评论“《明史》修纂日久，又有前诸史修纂之经验，成为二十四史中较好的一部，尤其是隋、唐以后诸史中，更为突出”(《中国通史》)。

改朝换代的草根崛起与功成名就

〔**导言**〕 元朝末年，朝廷政治腐败，政务废弛，天下大乱之兆已成，各路反元义军趁势崛起，其中以红巾军发展最为蓬勃，韩山童、刘福通起于颍州，徐寿辉起于蕲州，郭子兴又起兵攻陷濠州。朱元璋初为郭子兴部下，后来继承了他的势力，奉行“高筑墙、广积粮、缓称王”的策略。后韩山童被俘遇害，其子韩林儿被刘福通立为帝，称“小明王”，国号大宋，年号龙凤，朱元璋亦奉其为主，后请得刘基入幕为谋臣，积攒实力。陈友谅本为徐寿辉部属，后杀而代之，自立为帝，国号大汉，建元大义。他是红巾军西系，实力强大，与东系的朱元璋展开剧烈的角逐。两人展开的博弈主要在军事层面，然而归根到底，这是两个政治势力的对决。如何在竞争中立于不败之地，在眼前利益与长远利益之间如何抉择，面对汉人之间、汉元之间错综复杂的政治形势和犬牙交错的军事态势又如何决定方针政策，这些都成为势力博弈中必须思考的问题。朱元璋与陈友谅的争霸，既有政治眼光的较量，又有军事指挥的比拼；既有才略的比试，又有性格的碰撞。而在朱元璋平定天下的创业过程中，刘基以其高超的权谋智慧，成为朱元璋手下第一智囊，在与其他势力的抗衡中成为朱元璋的得力助手。本书力图通过选录的《明太祖本纪》、《陈友谅列传》、《刘基列传》三个篇章，展示这些人物的政治、军事思想，并对各人的命运作分析对比。

明太祖本纪

〔**选文**〕

十九年春正月乙巳，太祖谋取浙东未下诸路。戒诸将曰：“克城以武，戡乱以仁。吾比①入集庆，秋毫无犯，故一举而定。每闻诸将得一城不妄杀，辄喜不自胜。夫师行如火，不戢[②]将燎原。为将能以不杀为武，岂惟国家之利，子孙实受其福。”庚申，胡大海克诸暨。是月，命宁越知府王宗显立郡学。三月甲午，赦大逆以下。丁巳，方国珍以温、台、庆元来献，遣其子关为质[③]，不受。

夏四月，俞通海等复池州。时耿炳文守长兴，吴良守江阴，汤和守常州，皆数败士诚兵。太祖以故久留宁越，徇[④]浙东。六月壬戌，还应天。

秋八月，元察罕帖木儿复汴梁，福通以林儿退保安丰。九月，常遇春克衢州，擒宋伯颜不花。

冬十月，遣夏煜授方国珍行省平章，国珍以疾辞[⑤]。十一月壬寅，胡大海克处州，石抹宜孙遁。时元守兵单弱，且闻中原乱，人心离散，以故江左、浙右诸郡，兵至皆下，遂西与友谅邻。

……

二十二年春正月，友谅江西行省丞相胡廷瑞以龙兴降。乙卯，如[⑥]龙兴，改为洪都府。谒孔子庙。告谕父老，除陈氏苛政，罢诸军需，存恤[⑦]贫无告者，民大悦。袁、瑞、临江、吉安相继下。二月，还应天。邓愈留守洪都。癸未，降人蒋英杀金华守将胡大海，郎中王恺死之，英叛降张士诚。处州降人李祐之闻变，亦杀行枢密院判耿再成反，都事孙炎、知府王道同、元帅朱文刚死之。三月癸亥，降人祝宗、康泰反，陷洪都，邓愈走[⑧]应天，知府叶琛、都事万思诚死之。是月，明玉珍称帝于重庆，国号夏。

夏四月己卯，邵荣复处州。甲午，徐达复洪都。五月丙午，朱文正、赵德胜、邓愈镇洪都。六月戊寅，察罕以书来报，留我使人不遣。察罕寻[9]为田丰所杀。

秋七月丙辰，平章邵荣、参政赵继祖谋逆，伏诛。

冬十二月，元遣尚书张昶航海至庆元，授太祖江西行省平章政事，不受。察罕子扩廓帖木儿致书归使者。

二十三年春正月丙寅，遣汪河报之。二月壬申，命将士屯田积谷。是月，友谅将张定边陷饶州。士诚将吕珍破安丰，杀刘福通。三月辛丑，太祖自将[10]救安丰，珍败走，以韩林儿归滁州，乃还应天。

夏四月壬戌，友谅大举兵围洪都。乙丑，诸全守将谢再兴叛，附于士诚。五月，筑礼贤馆。友谅分兵陷吉安，参政刘齐、知府朱叔华死之。陷临江，同知赵天麟死之。陷无为州，知州董曾死之。

秋七月癸酉，太祖自将救洪都。癸未，次[11]湖口，先伏兵泾江口及南湖觜，遏友谅归路，檄信州兵守武阳渡。友谅闻太祖至，解围，逆战于鄱阳湖。友谅兵号六十万，联巨舟为阵，楼橹高十余丈，绵亘数十里，旌旗戈盾，望之如山。丁亥，遇于康郎山，太祖分军十一队以御之。戊子，合战，徐达击其前锋，俞通海以火炮焚其舟数十，杀伤略相当。友谅骁将张定边直犯太祖舟，舟胶于沙，不得退，危甚。常遇春从旁射中定边，通海复来援，舟骤进水涌，太祖舟乃得脱。己丑，友谅悉[12]巨舰出战，诸将舟小，仰攻不利，有怖色。太祖亲麾之，不前，斩退缩者十余人，人皆殊死战。会日晡[13]，大风起东北，乃命敢死士操七舟，实火药芦苇中，纵火焚友谅舟。风烈火炽，烟焰涨天，湖水尽赤。友谅兵大乱，诸将鼓噪乘之，斩首二千余级，焚溺死者无算[14]，友谅气夺[15]。辛卯，复战，友谅复大败。于是敛舟自守，不敢更战。壬辰，太祖移军扼左蠡，友谅亦退保渚矶。相持三日，其左、右二金吾将军皆降。友谅势益蹙[16]，忿甚，尽杀所获将士。而太祖则悉还所俘，伤者傅[17]以善药，且祭其亲戚诸将阵亡者。八月壬戌，友谅食尽，趋[18]南湖觜，为南湖军所遏，遂突湖口。太祖邀[19]之，顺流搏战，及[20]于泾江。泾江军复遮[21]击之，友谅中流矢死。张定边以其子理奔武昌。

九月，还应天，论功行赏。先是，太祖救安丰，刘基谏不听。至是谓基曰："我不当有安丰之行。使友谅乘虚直捣应天，大事去矣。乃顿[22]兵南昌，不亡何待。友谅亡，天下不难定也。"壬午，自将征陈理。是月，张士诚自称吴王。

冬十月壬寅，围武昌，分徇湖北诸路，皆下。十二月丙申，还应天，常遇春留督诸军。

选自《明史》卷一

〔注释〕 ①比：先前。 ②戢：止息。 ③质：以物或人作抵押。 ④徇：带兵夺取。 ⑤辞：推辞。 ⑥如：前往。 ⑦恤：体恤。 ⑧走：逃跑。 ⑨寻：不久。 ⑩将：统率。 ⑪次：驻扎。 ⑫悉：全。 ⑬晡：申时，即黄昏时。 ⑭算：计算。 ⑮夺：丧失。 ⑯蹙：窘迫。 ⑰傅：通"敷"，涂。 ⑱趋：奔赴。 ⑲邀：拦截。 ⑳及：到。 ㉑遮：拦住。 ㉒顿：屯驻。

〔赏析〕 《明太祖本纪》里记载的是明朝开国皇帝朱元璋的一生，包括他驱除鞑虏、扫平天下建立明朝，以及立国后的统治。朱元璋目光远大，机智灵活，又对机遇把握很准确，称得上是一位具有雄才大略的君主。当时天下群雄并起，他们既和元军作战，彼此之间也互相攻伐，势力较大的是陈友谅和张士诚，他们是朱元璋的主要对手。朱元璋早前奉小明王韩林儿为主，采取灵活多变的策略，在元军与割据势力的夹缝中崛起。其时天下大局如棋，朱元璋与多方势力进行错综复杂的博弈，最终平定了南方，再挥师北伐把蒙古人逐出中原。

元至正十九年(1359年)，朱元璋进军浙东，他召集诸将作了长篇训话说：

“虽然攻克城池要靠武力，但是平定乱世是要靠仁义的，我们的军队攻打集庆（今南京）时对百姓秋毫无犯，才能让集庆安定下来。我每次听说大家攻下一城而不乱杀人，就很高兴，因为行军打仗就好比烈火，如果不收敛，兵火就会烧遍大地，殃及百姓。为将的人能以不杀人为追求，不单是国家的幸事，也是你自家的福祉，国家昌盛，你们子孙也就过得好了。”至正二十二年，朱元璋又在洪都发告谕，消除陈友谅的苛政，抚恤贫民，令百姓大悦。

朱元璋出身社会底层，自幼饱尝民间疾苦，所以他很了解百姓真正渴望是什么。如果说抗元义军是鱼儿，那么百姓就是水，只有体恤爱护百姓，才有自己军队壮大发展的空间。这番话很有针对性，因为当时陈友谅等割据势力只重视抢地盘壮大实力，并不重视百姓，战争中往往出现抢掠屠杀百姓之事。可以说，朱元璋的措施就是针对陈友谅等的做法而制定的，他明确约束自己的队伍，认为抢掠百姓只是目光短浅的杀鸡取卵，应着眼于日后平定天下，以仁义收得民心，保证未来国家发展。

至正十九年八月，元军势大，韩林儿转移到安丰。至正二十三年，张士诚部攻破安丰，朱元璋欲往救援。手下智囊刘基一向主张朱元璋脱离韩林儿自立，这时又劝阻他，而朱元璋深明“枪打出头鸟”的道理，在群雄称霸的时势下坚持“缓称王”的低调做法，恪守属下本分，出兵救了韩林儿。陈友谅趁机攻打朱元璋的洪都城，迫使朱元璋又回兵救洪都，两军于鄱阳湖展开决战。

朱元璋在鄱阳湖大战中与陈友谅的对决，正如高手过招，处处体现出朱元璋棋高一着的战争智慧。

论兵力，陈友谅稍强，他在布阵时用人海战术，把巨舰紧密排列，气势迫人，意图强行碾压朱元璋的水军；而朱元璋用兵贵精不贵多，战术运用非常有针对性，面对敌军排开的强大舰队，他把水军化整为零，分兵十一路抵御，降低了陈友谅引以为豪的巨舰优势，从而破解了敌军舰阵的攻击。

两军接战之后，陈友谅水师的长处在于舰船巨大，数量又多，迫使对方处于仰攻的不利位置，而他们居高临下，占尽地利；但是其缺点也很明显，战舰连排犹如一座庞大的水上城堡，但转向不便，缺乏机动力。而朱元璋军队的优势在于配备了大量在当时十分先进的火器，以己之长，攻敌之短，面对陈友谅的巨舰阵展开拼死抵抗，在陈友谅看来是临死挣扎，其实朱元璋是在等待一个反攻机会，那就是风势，待东北风起，立刻运用火攻，大破敌军，取得了战役的胜利。后来，朱元璋这种重视火器的思想成为明朝历代军队的传统，同时这神奇而经典的战争过程也被同时代的罗贯中写进了《三国演义》中，小说中赤壁之战的原型就是鄱阳湖之战。

陈友谅眼看被朱元璋一把火烧得大势已去，气昏了头命令杀光俘虏；而朱元璋得知后反其道而行之，为俘虏的敌军治疗并全数放还，又拜祭了陈友谅战死的亲人及将士。这一着心理战术用得极妙，在己方占上风的时候缓和了敌军士兵的敌对态度，瓦解了敌军士气。

陈友谅中流矢战死，部下张定边带着小主公陈理率残部突围逃走。朱元璋没有赶尽杀绝，放其逃至武昌，这正符合兵书“穷寇莫追”的思想。如果乘胜追击，敌军狗急跳墙，反咬一口，只会增添己方无谓伤亡；而先任其苟延残喘，其后再发兵讨伐，挟大胜余威，便可一举见功。果然不久后朱元璋攻武昌，不费什么力气，张定边与陈理等一城皆降。

鄱阳湖大战以朱元璋完胜而结束，这次战役被视为中世纪世界上规模最大的水战，是一次有战略决战性质的重大战役，使朱元璋与当时割据群雄的实力对比发生了根本性变化，也是朱元璋事业的重要转折点。就像他自己说的，“友谅亡，天下不难定也。”军事是政治的延伸，朱元璋击败陈友谅的原因固然是复杂的，但其中除了军事方略应用得当的原因外，不可忽视的就是他体恤民情，关心民生疾苦，施行仁义的政治策略。军事是为政治服务的，武力不能滥用，施行德政、仁政才是安邦定国的正确方略，这对我们今天的现代生活仍然具有指导性的现实意义。

陈友谅列传

〔选文〕

当是时，江以南惟友谅兵最强。太祖之取太平也，与为邻。友谅陷元池州，太祖遣常遇春击取之，由是数相攻击。赵普胜者，故骁将，号“双刀赵”。初与俞通海等屯巢湖，同归太祖,叛去归寿辉。至是为友谅守安庆,数引兵争池州、太平,往来掠境上。太祖患[1]之,啖[2]普胜客,使潜入友谅军间[3]普胜。普胜不之觉,见友谅使者辄诉功,悻悻[4]有德色。友谅衔[5]之,疑其贰[6]于己,以会师为名,自江州猝至。普胜以烧羊逆[7]于雁汊。甫[8]登舟,友谅即杀普胜,并其军。乃以轻兵袭池州,为徐达等击败,师尽覆。

始友谅破龙兴,寿辉欲徙都之,友谅不可[9]。未几,寿辉遽发汉阳,次江州。江州,友谅治所也,伏兵郭外,迎寿辉入,即闭城门,悉杀其所部。即江州为都,奉寿辉以居,而自称汉王,置王府官属。遂挟寿辉东下,攻太平。太平城坚不可拔,乃引巨舟薄[10]城西南。士卒缘舟尾攀堞而登,遂克之。志益骄。进驻采石矶,遣部将阳白[11]事寿辉前,戒壮士挟铁挝击碎其首。寿辉既死,以采石五通庙为行殿,即皇帝位,国号汉,改元大义,太师邹普胜以下皆仍故官。会大风雨,群臣班[12]沙岸称贺,不能成礼。

友谅性雄猜,好以权术驭下。既僭号,尽有江西、湖广之地,恃其兵强,欲东取应天。太祖患友谅与张士诚合,乃设计令其故人康茂才为书诱之,令速来。友谅果引舟师东下,至江东桥,呼茂才不应,始知为所绐[13]。战于龙湾,大败。潮落舟胶,死者无算,亡[14]战舰数百,乘轻舸走。张德胜追败之慈湖,焚其舟。冯国胜以五翼军蹙之,友谅出皂旗军迎战,又大败。遂弃太平,走江州。太祖兵乘胜取安庆,其将于光、欧普祥皆降。明年,友谅遣兵复陷安庆。太祖自将伐之,复安庆,长驱至江州。友谅战败,夜挈[15]妻子奔武昌。其将吴宏以饶降,王溥以建昌降,胡廷瑞以龙兴降。

友谅忿疆土日蹙,乃大治[16]楼船数百艘,皆高数丈,饰以丹漆，每船三重，置走马棚，上下人语声不相闻，舻箱皆裹以铁。载家属百官，尽锐攻南昌，飞梯冲车，百道并进。太祖从子文正及邓愈坚守，三月不能下，太祖自将救之。友谅闻太祖至，撤围，东出鄱阳湖，遇于康郎山。友谅集巨舰，连锁为阵，太祖兵不能仰攻，连战三日，几殆[17]。已，东北风起，乃纵火焚友谅舟，其弟友仁等皆烧死。友仁号五王，眇[18]一目，有勇略，既死，友谅气沮。是战也，太祖舟虽小，然轻驶，友谅军俱艨艟巨舰，不利进退，以是败。

太祖所乘舟樯白，友谅约军士明日并力攻白樯舟。太祖知之，令舟樯尽白。翌日复战，自辰至午，友谅军大败。友谅欲退保鞋山，太祖已先扼湖口，邀其归路。持数日，友谅谋于众。右金吾将军曰："出湖难，宜焚舟登陆，直趋湖南图再举。"左金吾将军曰："此示弱也，彼以步骑蹑[19]我，进退失所据，大事去矣。"友谅不能决，既而曰："右金吾言是也。"左金吾以言不用，举所部来降。右金吾知之，亦降。友谅益困。太祖凡再[20]移友谅书，其略曰："吾欲与公约从，各安一方，以俟天命。公失计，肆毒于我。我轻师间出，奄有公龙兴十一郡，犹不自悔祸，复构兵端。一困于洪都，再败于康郎，骨肉将士重罹涂炭。公即幸生还，亦宜却帝号，坐待真主，不则丧家灭姓，悔晚矣。"友谅得书忿恚[21]，不报[22]。久之乏食，突围出湖口。诸将自上流邀击之，大战泾江口。汉军且斗且走，日暮犹不解。友谅从舟中引首出，有所指㧑，骤中流矢，贯睛及颅死。军大溃，太子善儿被执。太尉张定边夜挟友谅次子理，载其尸遁还武昌。友谅豪侈，尝造镂金床甚工，宫中器物类是。既亡，江西行省以床进[23]。太祖叹曰："此与孟昶七宝溺器何异！"命有司毁之。友谅僭号凡四年。

子理既还武昌，嗣㉔伪位，改元德寿。是冬，太祖亲征武昌。明年二月再亲征。其丞相张必先自岳州来援，次洪山。常遇春击擒之，徇于城下。必先，骁将也，军中号“泼张”，倚为重。及被擒，城中大惧，由是欲降者众。太祖乃遣其故臣罗复仁入城招理。理遂降，入军门，俯伏不敢视。太祖见理幼弱，掖㉕之起，握其手曰：“吾不汝罪也。”府库财物恣理取，旋㉖应天，授爵归德侯。

选自《明史》卷一百二十三

〔注释〕 ① 患：担忧。 ② 啖：利诱。 ③ 间：离间。 ④ 悻悻：忿恨不平的样子。 ⑤ 衔：怀恨。 ⑥ 贰：离心。 ⑦ 逆：迎接。 ⑧ 甫：刚刚。 ⑨ 可：同意。 ⑩ 薄：迫近。 ⑪ 白：报告。 ⑫ 班：并列。 ⑬ 绐：欺骗。 ⑭ 亡：丢失。 ⑮ 挈：带领。 ⑯ 治：备办。 ⑰ 殆：危险。 ⑱ 眇：一只眼瞎。 ⑲ 蹑：追踪。 ⑳ 再：两次。 ㉑ 恚：发怒。 ㉒ 报：答复。 ㉓ 进：进献。 ㉔ 嗣：承袭。 ㉕ 掖：扶。 ㉖ 旋：返回。

〔赏析〕《陈友谅列传》记载了元朝末年割据势力之一陈友谅的生平。元末群雄并起，反元之余彼此之间也互相攻伐。陈友谅初崛起时，奉徐寿辉为主，但他素有野心，杀主自立，即皇帝位，国号汉，实力在长江以南的各路豪杰中也最为强大。但是在与朱元璋的鄱阳湖大战中，陈友谅兵败身死，其中的得失成败颇多值得后人思量之处。

陈友谅出身低贱，因此特别渴望成为人上人，他有机会读书，又当过小吏，比较精明能干，善钻营，好权谋，不甘人后。他行事不择手段，一直努力争取自身利益最大化，热衷权术而对道义看得很淡漠，他起初追随徐寿辉，进而杀其部属，名义上奉为领袖而实际控制其势力，后来更杀而代之，都是这种性格的体现。

如果单是如此倒也无可厚非，非常之时只能用非常手段。但是陈友谅目光短浅，刻薄寡恩，这就使得他很多政治、军事措施缺乏远见，于眼前固然能获益，而长远则反为不利。因为徐寿辉在当时算是各路义军都认可的精神偶像，陈友谅的部下也是徐寿辉打出来的班底，这样直接粗暴的弑主自立，引来了其他割据势力乃至自己部下的不满。陈友谅也有小聪明，他自杀徐寿辉之后就不断征战，意图对外扩张势力，在外界压力下让属下保持着团结，从而巩固自己的权力。同时，陈友谅虽然和朱元璋一样在社会底层成长，但他并不体恤民情，对辖区百姓诸多压榨搜刮，苛政如虎，却忽略发展经济作为战争补养。他并非不明白百姓的需求，但对眼前权势的追求使他把自己利益放在百姓利益之上。

《明史》中说陈友谅“性雄猜，好以权术驭下”。雄猜，就是多疑，这是他性格中的一个重要缺陷，也是导致他走向失败灭亡的重要因素之一。因为多疑，他中了朱元璋设下的离间计，怀疑其得力手下赵普胜有反意并杀之。鄱阳湖兵败后他与众将商议，右金吾将军建议焚舟登陆，左金吾将军反对。陈友谅多疑少决的性格使他在两种意见之间摇摆不定，反而导致二人皆叛逃投降朱元璋。

有时因为多疑，做事就会力求稳妥，然而过于求稳在军事上往往不是好决策，因为稳妥常常只是当前利益，从长远来看却反而潜藏着极大的危险。如选文中的鄱阳湖一战，起因是朱元璋带兵去了安丰救韩林儿，陈友谅乘虚而入攻打朱元璋的地盘。但他没有冒险直接攻打朱元璋的大本营应天，而是走了一条相对稳妥的路线——先攻洪都。陈友谅认为取洪都很轻松，柿子先挑软的吃，但没想到洪都守卫极为森严，朱元璋的将士拼死顽抗，把陈友谅拖入了泥沼，为朱元璋回师救援争取了时间。事后朱元璋曾后怕地对刘基说，“我不当有安丰之行。使友谅乘虚直捣应天，大事去矣。”可惜陈友谅不敢冒险，不然可以给朱元璋造成很大麻烦。

即便围攻洪都时，朱元璋回师来救，陈友谅也有机会取胜，他可以兵行险招，以一军围点，亲率一军打援，于中途偷袭伏击朱元璋。其时朱元璋部队往救安丰又回救洪都，人马俱疲，况且急于回援，行军必有疏忽，若陈友谅以逸待劳打伏击，胜算还是很大的。但陈友谅也没有行此险招，而是一心求稳，选择了东出鄱阳湖正面迎敌，这就给了朱元璋喘息的机会。

而陈友谅求稳妥最大的败招，就是把全军的巨舰楼船“连锁为阵”，导致被朱元璋一把火焚毁。《三国演义》的作者罗贯中曾是张士诚的部下，参加过元末的这场群雄混战，有人认为他把这场气势磅礴令风云变色的水战写进了演义，因为小说中周瑜等东风、火烧连环船的情节与现实中朱元璋大破陈友谅的经过十分相像，简直就是鄱阳湖之战的翻版。

鄱阳湖之战，陈友谅六十万大军灰飞烟灭，自己也殒命身亡。据《明太祖实录》卷十四记载，朱元璋总结陈友谅的失败教训说："陈氏之败，非无勇将健卒，由其上下骄矜，法令纵弛，不能坚忍，恃众寡谋，故至于此。使其持重有谋，上下一心，据荆楚之富，守江汉之险，跨豫章、连闽越，保其民人，以待机会，则进足以窥中原，退足以抗衡一方，吾安得而取之？举措一失，遂至土崩，诚可为鉴戒者也。"他认为陈友谅的失败在于上下骄纵，不以法治理，性格不够坚忍，仗着自己兵将众多，不多用谋略。这些表象的背后，就是急于求成，重视眼前小利而忽略长远发展。以人为镜，可以明得失，陈友谅失败的教训到今天仍然值得我们重视，吸取其教训，反思自身。

刘基列传

〔选文〕

及太祖下金华，定括苍，闻基及宋濂等名，以币聘[①]。基未应，总制孙炎再致书固邀之，基始出。既至，陈[②]时务十八策。太祖大喜，筑礼贤馆以处基等，宠礼甚至。初，太祖以韩林儿称宋后，遥奉之。岁首，中书省设御座行礼，基独不拜，曰："牧竖耳，奉之何为！"因[③]见太祖，陈天命所在。太祖问征取计，基曰："士诚自守虏，不足虑。友谅劫主胁下，名号不正，地据上流，其心无日忘我，宜先图之。陈氏灭，张氏势孤，一举可定。然后北向中原，王业可成也。"太祖大悦曰："先生有至计，勿惜尽言。"会陈友谅陷太平，谋东下，势张甚，诸将或议降，或议奔据钟山，基张目不言。太祖召入内，基奋[④]曰："主降及奔者，可斩也。"太祖曰："先生计安出？"基曰："贼骄矣，待其深入，伏兵邀取之，易耳。天道后举者胜，取威制敌以成王业，在此举矣。”太祖用其策，诱友谅至，大破之，以克敌赏赏基。基辞。友谅兵复陷安庆，太祖欲自将讨之，以问基。基力赞，遂出师攻安庆。自旦及暮不下，基请径趋江州，捣友谅巢穴，遂悉军西上。友谅出不意，帅[5]妻子奔武昌，江州降。其龙兴守将胡美遣子通款[6]，请勿散其部曲。太祖有难色。基从后蹋胡床。太祖悟，许之。美降，江西诸郡皆下。

基丧母，值[7]兵事未敢言，至是请还葬。会苗军反，杀金、处守将胡大海、耿再成等，浙东摇动。基至衢，为守将夏毅谕安诸属邑，复与平章邵荣等谋复处州，乱遂定。国珍素[8]畏基，致书唁。基答书，宣示太祖威德，国珍遂入贡。太祖数以书即家访军国事，基条答悉中机宜。寻赴京，太祖方亲援安丰。基曰：“汉、吴伺隙[9]，未可动也。”不听。友谅闻之，乘间围洪都。太祖曰：“不听君言，几失计。”遂自将救洪都，与友谅大战鄱阳蝴，一日数十接。太祖坐胡床督战，基侍侧，忽跃起大呼，趣[10]太祖更[11]舟。太祖仓卒[12]徙别舸，坐未定，飞炮击旧所御舟立碎。友谅乘高见之，大喜。而太祖舟更进，汉军皆失色。时湖中相持，三日未决，基请移军湖口扼之，以金木相犯日决胜，友谅走死。其后太祖取士诚，北伐中原，遂成帝业，略如基谋。

……

太祖即皇帝位，基奏立军卫法，初定处州税粮，视宋制亩加五合，惟青田命毋加，曰：“令伯温乡里世世为美谈也。”帝幸[13]汴梁，基与左丞相善长居守。基谓宋、元宽纵失天下，今宜肃纪纲。令御史纠劾无所避，宿卫宦侍有过者，皆启皇太子置之法，人惮其严。中书省都事李彬坐[14]贪纵抵罪，善长素昵之，请缓其狱。基不听，驰奏。报可。方祈雨，即斩之。由是与善长忤。帝归，愬基僇[15]人坛壝下，不敬。诸怨基者亦交谮[16]之。会以[17]旱求言，基奏："士卒物故[18]者，其妻悉处别营，凡数万人，阴气郁结。工匠死，骴骸暴露，吴将吏降者皆编军户，足干[19]和气。"帝纳其言，旬日仍不雨，帝怒。会基有妻丧，遂请告归。时帝方营[20]中都，又锐意灭扩廓。基濒[21]行，奏曰："凤阳虽帝乡，非建都地。王保保未可轻也。"已而定西失利，扩廓竟[22]走沙漠，迄为边患。其冬，帝手诏叙基勋伐，召赴京，赐赉[23]甚厚，追赠基祖、父皆永嘉郡公。累欲进基爵，基固辞不受。

初，太祖以事责丞相李善长，基言："善长勋旧，能调和诸将。"太祖曰："是数欲害君，君乃为之地耶？吾行[24]相[25]君矣。"基顿首曰："是如易柱，须得大木。若束小木为之，且立覆。"及善长罢，帝欲相杨宪。宪素善基，基力言不可，曰："宪有相才无相器[26]。夫宰相者，持心如水，以义理为权衡，而已无与者也，宪则不然。"帝问汪广洋，曰："此褊浅殆[27]甚于宪。"又问胡惟庸，曰："譬之驾，惧其偾[28]辕也。"帝曰："吾之相，诚无逾[29]先生。"基曰："臣疾[30]恶太甚，又不耐繁剧，为之且[31]孤上恩。天下何患无才，惟明主悉心求之，目前诸人诚未见其可也。"后宪、广洋、惟庸皆败。三年授弘文馆学士。十一月大封功臣，授基开国翊运守正文臣、资善大夫、上护军，封诚意伯，禄二百四十石。明年赐归老于乡。

帝尝手书问天象。基条答甚悉而焚其草。大要言霜雪之后，必有阳春，今国威已立，宜少[32]济以宽大。基佐定天下，料事如神。性刚嫉恶，与物多忤。至是还隐山中，惟饮酒弈棋，口不言功。邑令求见不得，微服为野人谒基。基方濯足，令从子引入茆舍，炊黍饭令。令告曰："某青田知县也。"基惊起称民，谢[33]去，终不复见。其韬迹如此，然究为惟庸所中。

选自《明史》卷一百二十八

〔注释〕 ① 聘：聘请。 ② 陈：陈述。 ③ 因：于是。 ④ 奋：愤激。 ⑤ 帅：带领。 ⑥ 款：归顺。 ⑦ 值：遇到。 ⑧ 素：向来。 ⑨ 隙：机会。 ⑩ 趣：催促。 ⑪ 更：更换。 ⑫ 仓卒：仓促。 ⑬ 幸：指帝王驾临。 ⑭ 坐：获罪。 ⑮ 僇：通"戮"，杀。 ⑯ 谮：诬陷。 ⑰ 以：因为。 ⑱ 物故：死亡。 ⑲ 干：干扰。 ⑳ 营：建造。 ㉑ 濒：接近。 ㉒ 竟：最终。 ㉓ 赉：赏赐。 ㉔ 行：将要。 ㉕ 相：使为宰相。 ㉖ 器：气度。 ㉗ 殆：大概。 ㉘ 偾：毁坏。 ㉙ 逾：超过。 ㉚ 疾：憎恨。 ㉛ 且：将。 ㉜ 少：稍微。 ㉝ 谢：辞别。

〔赏析〕 《刘基列传》讲述了明朝开国功臣刘基的一生。刘基，字伯温，青田县南田乡(今属浙江文成)人，元末明初的政治家、军事家、文学家，他辅助朱元璋平定天下，开创明朝。刘基颇有奇谋，在朱元璋帐中运筹帷幄，明朝建立后又低调谦让，不求名利，后来民间便常以之与诸葛亮相比，有"三分天下诸葛亮，一统江山刘伯温"的说法。

刘基生平为朱元璋献策无数，其中最重要的可算是为朱元璋制定先扫平割据、后北伐中原的方针了，这个争霸博弈的大战略对朱元璋有着极为重大的意义。

朱元璋起初遥奉韩林儿为帝，刘基则多次公开表示对韩林儿的不屑，他力劝朱元璋离开韩林儿自立为王，认为朱元璋就是天命所在。朱元璋问他如何成就大业，他根据当时形势，提出统一的三个最大阻碍分别是南方的张士诚、陈友谅和北方的元朝政府。张士诚对朱元璋威胁不大，是为远虑；而陈友谅挟持着徐寿辉这位各路义军的精神领袖，胁迫徐的部属跟随他，加上陈友谅在朱元璋的上游，占有地利，便时刻想要攻打朱元璋，此为近忧。所以应该避免两线作战，先灭陈友谅，再取张士诚，这样平定南方以后，再挥军北伐元朝，驱除鞑虏，如此则大业可成。这个战略对朱元璋的统一大业非常重要，甚至有人认为可以与诸葛亮的"隆中对"相媲美，朱元璋以此按部就班实行，果然顺利夺得天下，建立明朝基业。

刘基特别擅长在瞬息万变的战场上分析敌我形势，并提出有效解决问题的方法。其时各路豪杰中陈友谅实力最强，气焰也极为嚣张，朱元璋部下诸将对于如何应对陈友谅意见不一，有人想投降，有人想退守。朱元璋私下问及刘基意见，刘基于重重迷雾中点破形势，他认为欲降欲退者都当斩，免得扰乱军心，又献计诱敌深入而趁机伏击，振己声威，灭敌锐气。朱元璋采纳他的意见，果然以诱敌伏击之计胜了陈友谅一场。此后刘基数次为朱元璋提供军事方面的意见，被采纳后都见成效。

当朱元璋听从刘基建议时，往往能打顺风仗，而不听其言，则险象环生。元军攻打韩林儿所在的安丰，朱元璋想去救援。刘基认为，本来早就应该离开韩林儿自立山头，现在如果把军队拉出去救韩林儿，一旦张士诚或陈友谅来攻打自己的大本营应天，辛苦打来的基业就危险了。朱元璋不听此意见，往援安丰，结果陈友谅果真来攻。幸亏陈友谅见事不明，不敢冒险直取应天，反而攻打守卫严密的洪都，洪都守将顽强抵抗，把战事拖延到朱元璋回师来援，进而朱、陈两军决战鄱阳湖，朱元璋得胜。事后朱元璋后怕地对刘基说："不听先生的话，险些酿成大祸！"

至于鄱阳湖之战中刘基如神人一样未卜先知救了朱元璋的事，其神话色彩太浓厚，未必可信。如果真有其事，那大概由于刘基虽是文官，却善于观察战场细节，发现了敌舰投石机的偷袭意图，才能预先揭破。

朱元璋建立明朝后，刘基只被封伯爵，且俸禄很低，原因历来说法不一。他善于观察分析的能力此时转向政治方面，虽然职位不高，但朱元璋遇大事仍然咨询他的意见。朱元璋说想罢免李善长的相位改任刘基，刘基抛开和李善长的私人恩怨，仍然支持李善长。李善长罢相后，朱元璋又向刘基咨询了几个后备人选，刘基也为朱元璋一一提供客观细致的分析，即便是朱元璋提及平日对刘基很好的杨宪，刘基也反对任用他为相。后来的事实证明，刘基反对担任丞相的几个人都因事获罪，可见刘基一心为公，更兼有识人之明，其直指要害的洞察力使他看问题具有长远的目光。只可惜这样一位良臣，先得罪李善长，再得罪胡惟庸，致使隐居后也逃不脱残酷的政治斗争，最后郁郁病终，也有人认为其死因成谜。

刘基胸怀韬略，他提出"以大德戡大乱"，其政治思想的中心是推行德政、广施仁义。同时吸取了宋元“宽纵失天下”的教训，指出法令不可废。刘基善于审时度势从而制定方略，参赞军机八年间，辅助朱元璋筹划全局；又擅长透过表象作深入分析，故能观人于微，察事入里，充分发挥了其参谋智囊的作用。

刘基是一个致力于研究权谋的好谋士，但历来善谋者易为主上所猜忌，更何况他所侍奉的是朱元璋这样猜忌之心颇重的君主。善权谋者死于权谋，这是历史的戏剧性。无论如何，刘基后来被誉为“渡江策士无双，开国文臣第一”，当之无愧。

（高志忠）

藩王胜利，封建诸侯的隐患结局

〔导言〕 明代政治自太祖朱元璋崩殂后逐渐陷入了难以调和的激烈内斗中，朱棣从建文帝手中攫夺了政治的最高权力，是为明成祖。在中央专制主义集权政治的统治形态中，藩王趁中央政府实力较弱之际举兵发难以期攘夺更大政治利益的现象可谓是史不绝书，西汉时期有吴楚七国之乱，西晋时期有八王之乱，时至明代，则有靖难之役，朱棣无疑是这场政变最大的获益者。

按照明朝的政治架构，驻守北京，贵为燕王的朱棣本是根本无法起兵造难的，从军事实力进行对比，仅仅掌控北平、保定、永平三府的朱棣也是根本无力同建文帝抗衡的。然而历经三年的苦战，朱棣竟得以一举攻克南京，继承皇位，建文帝则下落不明，空留历史的叹嗟。

朱棣的成功主要得益于军事作战中的谋划得当和出奇制胜。他的主要谋臣姚广孝在关键时刻屡屡为其出谋划策，稳定后方，为“靖难之役”的最终成功起到了至关重要的作用。以此为论述的基点，我们便会发现，建文帝的失败则同他的优柔寡断和徒信儒生治国有着很大的关系。读书人信奉儒家学说，以忠君爱国作为立身之本，除非君王荒淫无耻已至极点，否则臣子绝不可妄议废立之事。而方孝孺其人则践行了儒者的信念，以十族惨遭屠灭的悲剧捍卫对建文帝的忠贞。

本书选录《明史》中的《明成祖本纪》、《方孝孺列传》和《姚广孝列传》，旨在通过剖析攻守双方的角度来展示明初“靖难之役”的全过程，分析明成祖与姚广孝化劣势为优势的整个过程，同时体悟方孝孺用铮铮铁骨来捍卫人臣忠义的崇高道德品质。

明成祖本纪

〔选文〕

成祖启天弘道高明肇运圣武神功纯仁至孝文皇帝讳棣,太祖第四子也。母孝慈高皇后。洪武三年,封燕王。十三年,之①藩北平。王貌奇伟,美髭髯。智勇有大略,能推诚任人。二十三年,同晋王讨乃儿不花。晋王怯不敢进,王倍道②趋迤都山,获其全部而还,太祖大喜,是后屡帅诸将出征,并令王节制沿边士马,王威名大振。

三十一年闰五月,太祖崩,皇太孙即位,遗诏诸王临③国中,毋得至京师。王自北平入奔丧,闻诏乃止。时诸王以尊属拥重兵,多不法。帝纳齐泰、黄子澄谋,欲因事以次④削除之。惮燕王强,未发,乃先废周王橚,欲以牵引燕。于是告讦四起,湘、代、齐、岷皆以罪废。王内⑤自危,佯狂称疾。泰、子澄密劝帝除王,帝未决。

建文元年夏六月,燕山百户倪谅告变⑥,逮官校于谅、周铎等伏诛。下诏让⑦王,并遣中官逮王府僚,王遂称疾笃。都指挥使谢贵、布政使张昺以兵守王宫。王密与僧道衍谋,令指挥张玉、朱能潜⑧纳勇士八百人入府守卫。

秋七月癸酉,匿壮士端礼门,绐⑨贵,昺入,杀之,遂夺九门。上书天子指泰、子澄为奸臣,并援《祖训》“朝无正臣,内有奸恶,则亲王训兵待命,天子密诏诸王统领镇兵讨平之”。书既发,遂举兵。自署⑩官属,称其师曰“靖难”。拔居庸关,破怀来,执宋忠,取密云,克遵化,降永平。二旬众至数万。

……

冬十月丁巳,都指挥花英援昭,败之峨眉山下,斩首万级，昭弃寨走[11]。己卯，还北平。十一月乙巳，王自为文祭南北阵亡将士。当是时，王称[12]兵三年矣。亲战阵，冒矢石，以身先士卒，常乘胜逐北[13]，然亦屡濒于危。所克城邑，兵去[14]旋复为朝廷守[15]，仅据有北平、保定、永平三府而已。无何[16]，中官被黜者来奔[17]，具言京师空虚可取状。王乃慨然曰："频年用兵，何时已乎？要当临江一决，不复返顾矣。"十二月丙寅，复出师。

……

夏四月丙寅，王营[18]小河，为桥以济，平安趋争桥，陈文战死。平安军[19]桥南，王军桥北，相持数日。平安转战，遇王于北坂，王几为安槊所及。番骑王骐跃入阵，掖王逸[20]去。王曰："南军饥，更一二日饷至，猝[21]未易破。"乃令千余人守桥，夜半渡河而南，绕出安军后。比[22]旦，安始觉，适[23]徐辉祖来会。甲戌，大战齐眉山下。时燕连失大将，淮士盛暑蒸湿，诸将请休军小河东，就麦观衅[24]。王曰："今敌持久饥疲，遮[25]其饷道，可以坐困，奈何北渡懈将士心。"乃下令欲渡河者左，诸将争趋左。王怒曰："任公等所之。"乃无敢复言。丁丑，何福等营灵璧，燕遮其饷道，平安分兵六万人护之。己卯，王帅精锐横击。断其军为二。何福空壁[26]来援，王军少[27]却[28]，高煦伏兵起，福败走。辛巳，进薄[29]其垒，破之，生擒平安、陈晖等三十七人，何福走免。五月己丑，下泗州，谒祖陵，赐父老牛酒。辛卯，盛庸扼淮南岸，朱能、丘福潜济袭走之，遂克盱眙。

癸巳，王集诸将议所向，或言宜取凤阳，或言先取淮安。王曰："凤阳楼橹完，淮安多积粟，攻之未易下。不若乘胜直趋扬州，指仪真，则淮、凤自震。我耀兵江上，京师孤危，必有内变。"诸将皆曰善。己亥,徇[30]扬州,驻军江北。天子遣庆成郡主至军中,许割地以和,不听。六月癸丑,江防都督佥事陈瑄以舟师叛,附于王。甲寅,祭大江。乙卯,自瓜州渡,盛庸以海艘迎战,败绩。戊午,下镇江。庚申,次[31]龙潭。辛酉,天子复遣大臣议割地,诸王继至,皆不听。乙丑,至金川门,谷王橞、李景隆等开门纳王,都城遂陷。是日,王分命诸将守城及皇城,还驻龙江,下令抚安军民。大索齐泰、黄子澄、方孝孺等五十余人,榜其姓名曰奸臣。丙寅,诸王群臣上表劝进。己巳,王谒孝陵。群臣备法驾[32],奉宝玺,迎呼万岁。王升[33]辇,诣奉天殿即皇帝位。复周王橚、齐王榑爵。壬申,葬建文皇帝。丁丑,杀齐泰、黄子澄、方孝孺,并夷其族。坐[34]奸党死者甚众。戊寅,迁兴宗孝康皇帝主于陵园,仍称懿文太子。

选自《明史》卷五

赞曰:文皇少长习兵,据幽燕形胜之地,乘建文孱弱,长驱内向,奄有[35]四海。即位以后,躬行节俭,水旱朝告夕振[36],无有壅蔽。知人善任,表里洞达[37],雄武之略,同符高祖。六师屡出,漠北尘清。至其季年[38],威德遐[39]被[40],四方宾服,受朝命而入贡者殆[41]三十国。幅陨之广,远迈汉、唐。成功骏烈,卓乎盛矣。然而革除之际,倒行逆施,惭德亦曷[42]可掩哉。

选自《明史》卷七

〔注释〕 ①之:往。 ②倍道:兼程而行。 ③临:哭吊死者。 ④次:依次。⑤内:内心。 ⑥变:事变。 ⑦让:责备。 ⑧潜:暗中。 ⑨绐:欺骗。 ⑩署:任用。 ⑪走:逃跑。 ⑫称:举,兴。 ⑬北:败逃者。 ⑭去:离开。 ⑮守:掌管。 ⑯无何:不久。 ⑰奔:投奔。 ⑱营:扎营。 ⑲军:驻扎。 ⑳逸:逃跑。㉑猝:仓促。 ㉒比:等到。 ㉓会:适逢。 ㉔衅:机会。 ㉕遮:拦住。 ㉖空壁：谓士卒尽出，营垒为空。 ㉗ 少：稍微。 ㉘ 却：退。 ㉙ 薄：迫近。 ㉚ 徇：带兵夺取。 ㉛ 次：驻扎。 ㉜ 法驾：天子的车驾。 ㉝ 升：登。 ㉞ 坐：获罪。 ㉟ 奄有：尽有。 ㊱ 振：赈济。 ㊲ 洞达：通彻。 ㊳ 季年：晚年。 ㊴ 遐：远。 ㊵ 被：加，及。 ㊶ 殆：大概。 ㊷ 曷：何。

〔赏析〕 专制为文明社会所遗弃，一方面因为其独裁而造成权力固化，导致万马齐喑情况的出现；另一方面因为其残暴，使得人们动辄得咎，故而噤若寒蝉。中西方的发展在15世纪前后开始出现了逆转，而其时正值明代这一中国古代君主专制极端强化的时代。明太祖朱元璋废丞相、诛功臣、设置锦衣卫、制造文字狱，以上种种措施的施行皆为扩大君主专制以期国祚绵延，君主专制的格局遂被推向一个高峰。

朱棣是朱元璋的第四个儿子，受封为燕王，镇守北平，他在年轻时屡次出征，因为武勇过人，故而“威名大振”，朱元璋因此也特令朱棣节制边境兵马。

朱元璋的太子朱标英年早逝后，朱标之子朱允炆被封为皇太孙，而这一举动让早就在暗中觊觎皇位的朱棣感到非常不满。据野史记载，有一次朱元璋为了让皇太孙展示其才华，命他在诸皇子大臣前对诗，朱元璋出上句“风吹马尾千条线”，朱允炆以“雨打羊毛一片膻”作答。句子看起来也还算工整，然而语意实在平庸且毫无意蕴，朱元璋为此大为不快。此时的燕王朱棣则随口吟出“日照龙鳞万点金”之句，一股霸气惊得在座众人皆目瞪口呆，朱元璋则连口称赞。朱元璋暗中开始对皇太孙继承帝位后的安全感到阵阵隐忧，朱允炆也在这一事件中感受到了叔叔对于自己的巨大威胁。

明太祖去世后，朱允炆即位，史称建文帝。当初朱元璋分封诸子为藩王，在各地屯兵以巩固明廷之统治，他们的手中都拥有被称为“护卫”的军队，少则三千，多则一万，藩王们“以尊属拥重兵，多不法”，其中实力最强的就当属燕王朱棣了。建文帝一登基，驻守各地，手握重兵的叔叔们便成为其面临的最大威胁。同历代面对藩王威胁的帝王一样，朱允炆在即位之后就致力于采取措施以加强中央集权。

在建文帝及其心腹大臣齐泰、黄子澄看来，仿效西汉景帝进行削藩是面对现今不利政治局面最有效的一个手段。建文帝也明白，削藩必须要承担极其重大的政治风险，西汉终因削藩而酿成了七国之乱，幸得周亚夫加以弭定，西汉中央政府才得以转危为安。建文帝身边可任用者唯有一群读书人。他们忌惮燕王较为强大的实力，故而先从其他诸王下手，所谓“先废周王橚，欲以牵引燕。于是告讦四起，湘、代、齐、岷皆以罪废”即是。面对突如其来的削藩政策，准备不足的朱棣只能假装生病发狂，以期伺机进行政治反扑。

朱棣的佯狂不过是缓兵之计，他命令亲信护卫指挥张玉、朱能率领将士八百人入卫王城。这时，北平都指挥使谢贵已经接到朝廷的命令，带领军队包围了王城，“秋七月癸酉，匿壮士端礼门，绐贵，昺入，杀之，遂夺九门”。北平守军群龙无首，燕王便命令张玉等率兵乘夜攻夺九门，北平迅速被朱棣控制。夺取北平后，朱棣上书朝廷，声称根据《祖训》，“朝无正臣，内有奸逆，必举兵诛讨，以清君侧之恶”，便以诛杀齐泰、黄子澄的“清君侧”名义正式起兵，从此便开始了历时四年的“靖难之役”。

战争的前三年，虽然朱棣和部下英勇善战，屡败朝廷军，毕竟燕王只是一个藩王，和拥有整个帝国的建文帝相比，实力相差实在悬殊。故而“王称兵三年矣。亲战阵，冒矢石，以身先士卒，常乘胜逐北，然亦屡濒于危。所克城邑，兵去旋复为朝廷守，仅据有北平、保定、永平三府而已”，虽说占据过不少领土，但最后实际所控制也仅有北方三府。在战争陷入僵局之时恰有一批被建文帝罢斥的宦官从南京来投奔燕王，他们向朱棣透露了一个重要的情报，即南京空虚可取。朱棣感叹“频年用兵，何时已平？要当临江一决，不复返顾矣”，定下了必死的决心，于是再次出兵，将兵锋直指南京。

历史上未曾出现过如此长距离的奔袭，虽然在南下的过程中遭遇过军事挫折，但是朱棣坚守着直捣南京心脏的战略原则，不断强调只要“耀兵江上，京师孤危，必有内变”的战局判断。在朱棣饮马长江之时，南京城内的谷王朱橞和李景隆果然打开金川门向其投降，朱棣遂率师进入南京，建文帝朱允炆则下落不明。

进入南京后的朱棣对建文帝的支持者进行了残酷的屠杀，《明成祖本纪》中“杀齐泰、黄子澄、方孝孺，并夷其族。坐奸党死者甚众”的记载只是点到即止。事实上，朱棣对建文帝的支持者及其家属进行了惨绝人寰的杀戮与报复，在屠杀过程中，明成祖竟然动用了“诛十族”的残酷刑罚，其暴戾恣睢实在令后人胆寒。以至于史臣在成祖纪赞中言:“然而革除之际,倒行逆施,惭德亦曷可掩哉”,对朱棣的屠戮行为予以了一定意义上的批判。

然而较之于朱允炆,朱棣也确实堪称有治国之能,登基后的他为明朝的开疆拓土和发展壮大做出了极为重要的贡献,后世因之将朱棣称为永乐大帝。朱棣攻入南京之后的残暴作为,正是明朝君主独裁专制时代的一个缩影,中国从此开始逐渐走上皇权专制的顶峰,又从这一顶峰遽然下坠,与世界诸国产生了巨大差距。这一弊端虽然凸显于晚清,然而推及肇祸之由,明代所强化的君主集权专制实有难以推卸的责任。

方孝孺列传

〔选文〕

方孝孺,字希直,一字希古,宁海人。父克勤,洪武中循吏[①],自有传。孝孺幼警敏,双眸炯炯,读书日盈寸,乡人目为“小韩子”。长从宋濂学,濂门下知名士皆出其下。先辈胡翰、苏伯衡亦自谓弗[②]如。孝孺顾末视文艺,恒以明王道、致太平为己任。尝[③]卧病,绝粮,家人以告,笑曰:“古人三旬九食,贫岂独我哉。”父克勤坐“空印”事诛,扶丧归葬,哀动行路。既免丧,复从濂卒业。

洪武十五年,以吴沉、揭枢荐,召见。太祖喜其举止端整,谓皇太子曰:“此庄士,当老[④]其才。”礼遣还。后为仇家所连[⑤],逮至京。太祖见其名,释之。二十五年,又以荐召至。太祖曰:“今非用孝孺时。”除[⑥]汉中教授,日与诸生讲学不倦。蜀献王闻其贤,聘为世子师。每见,陈说道德。王尊以殊礼,名其读书之庐曰“正学”。

及惠帝即位,召为翰林侍讲。明年迁侍讲学士,国家大政事辄咨之。帝好读书,每有疑即召使讲解。临朝奏事,臣僚面议可否,或命孝孺就扆前批答。时修《太祖实录》及《类要》诸书，孝孺皆为总裁。更定官制，孝孺改文学博士。燕兵起，廷议讨之，诏檄皆出其手。

建文三年，燕兵掠大名。王闻齐、黄已窜[7]，上书请罢盛庸、吴杰、平安兵。孝孺建议曰："燕兵久顿大名，天暑雨，当不战自疲。急令辽东诸将入山海关攻永平，真定诸将渡卢沟捣北平，彼必归救。我以大兵蹑[8]其后，可成擒也。今其奏事适至，宜且与报[9]书，往返逾月，使其将士心懈。我谋定势合，进而蹴之，不难矣。"帝以为然。命孝孺草诏，遣大理寺少卿薛嵒驰报燕，尽赦燕罪，使罢兵归藩。又为宣谕数千言授嵒，持至燕军中，密散诸将士。比至，嵒匿宣谕不敢出，燕王亦不奉诏。

五月，吴杰、平安、盛庸发兵扰燕饷道。燕王复遣指挥武胜上书伸前请。帝将许之。孝孺曰："兵罢，不可复聚，愿毋为所惑。"帝乃诛胜以绝燕。未几[10]，燕兵掠沛县，烧粮艘。时河北师老无功，而德州又馈饷道绝，孝孺深以为忧。以燕世子仁厚，其弟高煦狡谲，有宠于燕王，尝欲夺嫡，谋以计间[11]之，使内乱。乃建议白[12]帝，遣锦衣卫千户张安赍[13]玺书往北平赐世子。世子得书不启封，并安送燕军前，间不得行。

明年五月，燕兵至江北，帝下诏征四方兵。孝孺曰："事急矣。遣人许以割地，稽[14]延数日，东南募兵渐集。北军不长[15]舟楫，决战江上，胜负未可知也。"帝遣庆成郡主往燕军，陈其说。燕王不听。帝命诸将集舟师江上。而陈瑄以战舰降燕，燕兵遂渡江。时六月乙卯也。帝忧惧，或劝帝他幸，图兴复。孝孺力请守京城以待援兵，即事不济，当死社稷。乙丑，金川门启，燕兵入，帝自焚。是日，孝孺被执下狱。

先是，成祖发北平，姚广孝以孝孺为托[16]，曰："城下之日，彼必不降，幸勿杀之。杀孝孺，天下读书种子绝矣。”成祖颔[17]之。至是欲使草诏。召至，悲恸声彻殿陛。成祖降榻劳[18]曰：“先生毋自苦，予欲法周公辅成王耳。”孝孺曰：“成王安在？”成祖曰：“彼自焚死。”孝孺曰：“何不立成王之子？”成祖曰：“国赖长君。”孝孺曰：“何不立成王之弟？”成祖曰：“此朕家事。”顾左右授笔札，曰：“诏天下，非先生草不可。”孝孺投笔于地，且哭且骂曰：“死即死耳，诏不可草。”成祖怒，命磔[19]诸市。孝孺慨然就死，作绝命词曰：“天降乱离兮孰知其由，奸臣得计兮谋国用犹。忠臣发愤兮血泪交流，以此殉君兮抑又何求？呜呼哀哉兮庶不我尤[20]。”时年四十有六。其门人德庆侯廖永忠之孙镛与其弟铭检遗骸瘗聚宝门外山上。

孝孺有兄孝闻，力学笃行，先孝孺死。弟孝友与孝孺同就戮，亦赋诗一章而死。妻郑及二子中宪、中愈先自经[21]死，二女投秦淮河死。

孝孺工[22]文章，醇深雄迈。每一篇出，海内争相传诵。永乐中，藏孝孺文者罪至死。门人王稌潜录为《侯城集》，故后得行于世。

仁宗即位，谕礼部：“建文诸臣，已蒙显戮。家属籍在官者，悉宥[23]为民，还其田土。其外亲戍边者，留一人戍所，余放还。”万历十三年三月释坐孝孺谪戍者后裔，浙江、江西、福建、四川、广东凡千三百余人。而孝孺绝无后，惟克勤弟克家有子曰孝复。洪武二十五年尝上书阙[24]下，请减信国公汤和所加宁海赋，谪戍庆远卫，以军籍获免。孝复子琬，后亦得释为民。世宗时，松江人俞斌自称孝孺后，一时士大夫信之，为纂《归宗录》。既而方氏察其伪，言于官，乃已[25]。神宗初，有诏褒录建文忠臣，建表忠祠于南京，首徐辉祖，次孝孺云。

选自《明史》卷一百四十一

〔**注释**〕 ① 循吏：奉职守法的官吏。 ② 弗：不。 ③ 尝：曾经。 ④ 老：使成熟。 ⑤ 连：牵连。 ⑥ 除：拜官受职。 ⑦ 窜：放逐。 ⑧ 蹑：追踪。 ⑨ 报：答复。 ⑩ 未几：不久。 ⑪ 间：离间。 ⑫ 白：报告。 ⑬ 赍：携带。 ⑭ 稽：迟延。 ⑮ 长：擅长。 ⑯ 托：委托。 ⑰ 颔：点头。 ⑱ 劳：安慰。 ⑲ 磔：古代的一种酷刑，即分尸。 ⑳ 尤：归咎。 ㉑ 经：上吊。 ㉒ 工：擅长。 ㉓ 宥：宽恕。 ㉔ 阙：朝廷。 ㉕ 已：停止。

〔**赏析**〕 方孝孺，字希直，又字希古，宁海人。其父方克勤，为明太祖时著名的循吏，方克勤为官清廉，生平事迹具见《明史》，后因受到“空印案”株连而遭到杀害。

方孝孺天生就是一个读书人，史称他“幼警敏，双眸炯炯，读书日盈寸”，从小聪慧过人，六岁能诗，十三岁就善于作文，可谓是千言立就。同乡人都将他视为“小韩子”，韩子即唐代著名的文学家韩愈。“小韩子”的称呼充分表现出方孝孺的才华横溢。他师从有“开国文臣之首”美誉的翰林学士宋濂，并深受器重。颇具文学才华的方孝孺还有着更高的目标，他要践行一位读书人胸怀天下的宏伟气度，以达成天下太平为己任。他是一位典型的儒者，信奉读书人修齐治平的内在理念，希望最终建立一个和谐的太平世界。

洪武十五年(1382 年)，经东阁大学士吴沉等人推荐，方孝孺引起了朱元璋的注意。朱元璋对方孝孺端庄的举止和渊博的学识感到很满意，便对太子朱标说“此庄士，当老其才”。虽说没有授予方孝孺具体的官职，但还是以“礼遣回”。方孝孺后来为仇家所构陷，被押送至京城问罪，朱元璋依然记得这位“庄士”，他相信方孝孺是个老实人，断断不会犯法，遂下令将其释放。

洪武二十五年，方孝孺再次被推荐到朝廷之中，朱元璋认为“今非用孝孺时”，遂授予其汉中教授之职，方孝孺遂每日为学生讲学，毫不倦怠。蜀王听说方孝孺的贤名，特地延聘他担任世子的教师，每次见面时，方孝孺便向世子陈说道德。为了表示对方孝孺的尊重，蜀王特地将庐舍命名为“正学”。

方孝孺在十年间两度被推荐到中央，朱元璋也很认可这个人才，却始终没有加以重用。方孝孺一直致力于实现自己的政治理想，明太祖却迟迟不给他以进行具体实践的机会，个中原因，确实值得我们进行深入的思考。

朱元璋看人的眼光实际上是极为准确的，通过与方孝孺的交谈，他便敏锐地发现了方孝孺其人绝对是一位正人君子，更是一位通晓儒家经典的杰出学者，正是这种性格决定了方孝孺是极其不适合参与政治活动的。政治是残酷的，政治家要经得起腥风血雨和大风大浪的考验；政治更是变化无常的，杰出的政治家需要作出必要的变通而不能固执妄为。政治讲求的是权谋，单纯讲求儒家的仁义从根本上而言是无法应对复杂的社会现实的。朱元璋早就料定方孝孺在政治上是很难成就一番大事业的，故而终朱元璋一生，他都未曾对方孝孺加以重用，反而让方孝孺从事教育儒生以及著书立说这些他力所能及的事情。

洪武年间未受重用的方孝孺最终在建文帝即位后得到了新君的赏识，担任侍讲学士之职。建文帝好读书，满腹经纶的方孝孺自然便成了皇帝最好的老师，一旦国家遇到大政方针摇摆不定的情况，建文帝便会咨询方孝孺，史称"帝好读书，每有疑，即召使讲解。临朝奏事，臣僚面议可否，或命孝孺就扆前批答"即是。方孝孺俨然已经成为建文帝最亲信的大臣和最重要的谋臣，朱棣发动"靖难之役"时，"燕兵起，廷议讨之，诏檄皆出其手"。方孝孺要用自己处理军国大事的能力和实际行动来回报建文帝的信任，努力实践着儒者的理想。

然而，"靖难之役"的客观现实却对朱元璋独到的政治眼光予以了印证，不善政治权谋的方孝孺在军事指挥中可谓是失误连连，导致朱棣奇袭南京的战略获得了成功。当朱棣率军渡过长江，京师危在旦夕之际，有人曾劝建文帝暂时逃跑，以图复兴，方孝孺却力主守城，以待援兵。他甚至认为："即事不济，当死社稷"，南京城最终沦陷，建文帝也在一场大火之后不知所踪。

出兵前，谋士姚广孝曾经恳请朱棣在攻下南京后不可诛杀方孝孺。姚广孝认为，如果孝孺遭诛，则"天下读书种子绝矣"，朱棣也答应了这一要求。然而事情的发展远出于朱棣的意料之外，方孝孺至死也不愿侍奉篡权的朱棣，以至于朱棣大怒，一举诛杀了包括方孝孺学生和朋友在内的十族之人。据说，总计有八百七十三人被凌迟处死，另有数千人被捕入狱或充军流放。在目睹十族被杀戮殆尽之后,方孝孺亦"慨然就死",践行着儒家伦理道德对于士大夫的忠诚要求,他的文章也同时遭禁,史称"永乐中,藏孝孺文者罪至死"。

中国古代的读书人强调舍生取义,方孝孺为了回报建文帝的知遇之恩,为了实现自己的忠义,最终慨然赴死。在明成祖看来,不与自己合作的方孝孺固然极为可恶,然而充满吊诡意味的历史困境即在于君主总是希望忠义之臣越多越好,似此,则方孝孺为建文帝殉国的忠义行为又是需要加以表彰的。故而在明成祖之后,历代的统治者都对方孝孺进行了正面的评价,而且评价的调门不断提升,到明神宗时期更是出现了"有诏褒录建文忠臣,建表忠祠于南京,首徐辉祖,次孝孺云"这种现象。乾隆皇帝"褒其大节凛然,无忝纲常",批示道:"正未可以谋事之不成而概加吹求,若成祖之滥诛泄愤,屠戮忠良,淫刑以逞其失,自无可恕耳"。方孝孺已经获得了历史的定评,毕竟忠义在人心。

姚广孝列传

〔选文〕

姚广孝,长洲人,本医家子。年十四,度为僧,名道衍,字斯道。事道士席应真,得其阴阳术数之学。尝游嵩山寺,相者袁珙见之曰:"是何异僧,目三角,形如病虎,性必嗜杀,刘秉忠流也。"道衍大喜。

洪武中,诏通儒书僧试礼部。不受官,赐僧服还。经北固山,赋诗怀古。其侪[①]宗泐曰:"此岂释子[②]语耶?"道衍笑不答。高皇后崩,太祖选高僧侍诸王,为诵经荐福。宗泐时为左善世,举道衍。燕王与语甚合,请以从。至北平,住持庆寿寺。出入府中,迹甚密[③],时时屏[④]人语。及太祖崩,惠帝立,以次削夺诸王,周、湘、代、齐、岷相继得罪,道衍遂密劝成祖举兵。成祖曰:"民心向彼,奈何?"道衍曰:"臣知天道,何论民心。"乃进袁珙及卜者金忠。于是成祖意益决。

阴[5]选将校，勾[6]军卒，收材勇异能之士。燕邸，故元宫也，深邃。道衍练兵后苑中。穴地作重屋，缭以厚垣，密甃瓴瓶缶，日夜铸军器，畜鹅鸭乱其声。

建文元年六月，燕府护卫百户倪谅上变。诏逮府中官属。都指挥张信输诚[7]于成祖，成祖遂决策起兵。适大风雨至，檐瓦堕地，成祖色变。道衍曰："祥也。飞龙在天，从以风雨。瓦堕，将易[8]黄也。"兵起，以诛齐泰、黄子澄为名，号其众曰"靖难之师"。道衍辅世子居守。其年十月，成祖袭大宁，李景隆乘间围北平。道衍守御甚固，击却攻者。夜缒[9]壮士击伤南兵。援师至，内外合击，斩首无算。景隆、平安等先后败遁。成祖围济南三月，不克。道衍驰书曰："师老矣，请班师。"乃还。复攻东昌，战败，亡大将张玉，复还。成祖意欲稍休，道衍力趣[10]之。益[11]募勇士，败盛庸，破房昭西水寨。道衍语成祖："毋下城邑，疾趋京师。京师单弱，势必举。"从之。遂连败诸将于淝河、灵璧，渡江入京师。

成祖即帝位，授道衍僧录司左善世。帝在藩邸，所接皆武人，独道衍定策起兵。及帝转战山东、河北，在军三年，或旋或否，战守机事皆决于道衍。道衍未尝临战阵，然帝用兵有天下，道衍力为多，论功以为第一。永乐二年四月拜资善大夫、太子少师。复其姓，赐名广孝，赠祖父如其官。帝与语，呼少师而不名[12]。命蓄发，不肯。赐第[13]及两宫人，皆不受。常居僧寺，冠带而朝，退仍缁衣。出赈苏、湖。至长洲，以所赐金帛散宗族乡人。重修《太祖实录》，广孝为监修。又与解缙等纂修《永乐大典》。书成，帝褒美之。帝往来两都、出塞北征，广孝皆留辅太子于南京。五年四月，皇长孙出阁就学，广孝侍说书。

十六年三月入觐，年八十有四矣，病甚，不能朝，仍居庆寿寺。车驾临视者再[14]，语甚欢，赐以金唾壶。问所欲言，广孝曰："僧溥洽系[15]久，愿赦之。"溥洽者，建文帝主录僧也。初，帝入南京，有言建文帝为僧遁去，溥洽知状，或言匿溥洽所。帝乃以他事禁溥洽。而命给事中胡濙等遍物色建文帝，久之不可得，溥洽坐系十余年。至是，帝以广孝言，即命出之。广孝顿首谢。寻[16]卒。帝震悼，辍视朝二日，命有司治丧，以僧礼葬。追赠推诚辅国协谋宣力文臣、特进荣禄大夫、上柱国、荣国公，谥恭靖。赐葬房山县东北。帝亲制神道碑志其功。官其养子继尚宝少卿。

广孝少好学，工诗。与王宾、高启、杨孟载友善。宋濂、苏伯衡亦推[17]奖[18]之。晚著《道余录》，颇毁[19]先儒，识者鄙焉。其至长洲，候[20]同产姊，姊不纳。访其友王宾，宾亦不见，但遥语曰："和尚误矣，和尚误矣。"复往见姊，姊詈[21]之。广孝惘[22]然。

洪熙元年加赠少师，配享成祖庙庭。嘉靖九年，世宗谕阁臣曰："姚广孝佐命嗣兴，劳烈[23]具有。顾系释氏之徒，班[24]诸功臣，侑食太庙，恐不足尊敬祖宗。"于是尚书李时偕大学士张璁、桂萼等议请移祀大兴隆寺，太常春秋致祭。诏曰："可"。

选自《明史》卷一百四十五

〔注释〕 ① 侪：辈，类。 ② 释子：僧徒的通称。 ③ 密：隐秘。 ④ 屏：使退避。 ⑤ 阴：暗中。 ⑥ 勾：招揽。 ⑦ 输诚：献纳诚心。 ⑧ 易：更改。 ⑨ 缒：用绳子拴住人或物从上往下放。 ⑩ 趣：催促。 ⑪ 益：增加。 ⑫ 不名：不直呼其名，以示尊重。 ⑬ 第：达官贵人的宅院。 ⑭ 再：多次。 ⑮ 系：拘囚。 ⑯ 寻：不久。 ⑰ 推：尊崇。 ⑱ 奖：称赞。 ⑲ 毁：诽谤。 ⑳ 候：问候。 ㉑ 詈：责骂。 ㉒ 惘：失意貌。 ㉓ 烈：功绩。 ㉔ 班：并列。

〔赏析〕 在中国历史的进程中,政治与宗教之间的联系并非十分紧密,宗教人士是很少直接参与到政治活动中去的,这一点与西方可谓是迥然不同。中国历史中确实也不乏游走于宗教与政治之间的人物,南北朝时期被誉为"山中宰相"的陶弘景可以占得一席之位。法号道衍的明初僧人,亦即为后世所熟知的政治家姚广孝当是这类人物中间的翘楚,他以实际的行动参与到明朝的政治实践中。

姚广孝,祖籍开封,本人为长洲人氏,十四岁时便出家为僧,法号道衍。姚广孝出家后,不仅学佛,不忘读书和创作诗歌,他又"事道士席应真,得其阴阳术数之学",由此可见,姚广孝虽然出家,但在礼佛之外,还关注着世俗社会的生活。他游历广泛,曾前往嵩山寺,相者袁珙惊异于他的外貌,曰:"是何异僧,目三角,形如病虎,性必嗜杀,刘秉忠流也"。刘秉忠是元朝臣子,曾辅佐元世祖忽必烈,在做官之前也是位出家人。袁珙所言绝非赞美之词,然而在听到这番预言后,据说"道衍大喜"这一反应颇为耐人寻味。

姚广孝之所以大喜,乃是因为袁珙所言完全符合他的想法,他想成为像刘秉忠那样的人物,辅佐君主以成就一番事业。姚广孝曾为此写诗道:"岸帻风流闪电眸,相形何似相心优?凌烟阁上丹青里,未必人人尽虎头。"

洪武八年(1375年),姚广孝凭借通儒的身份被礼部招至南京,结果却是"不受官,赐僧服还"。这次经历进一步增强了姚广孝想要成就一番事业的雄心,他在回程途中经过北固山,以《京口览古》一诗寄情,诗曰:"谯橹年来战血干,烟花犹自半凋残。五州山近朝云乱,万岁楼空夜月寒。江水无潮通铁瓮,野田有路到金坛。萧梁事业今何在?北固青青客倦看。"同行僧人宗泐听后,认为此诗之意不应当出自一位僧人之口。姚广孝以一笑报之,这一笑既包含了壮志未酬之意,或许还带有些许的没落。此时的姚广孝以僧人道衍的身份参与到世俗的生活中,在内心实是渴望着建立一番功业的。

朱元璋笃信佛教,在马皇后去世后,朱元璋便希望为皇子挑选一名僧人加以辅佐。了解道衍志向的宗泐便将其推荐给明朝皇室,燕王朱棣在与道衍的相谈中甚为融洽,遂向朱元璋提出辅佐自己的请求。朱棣与道衍的关系堪称密切,据史书记载,两人"出入府中,迹甚密,时时屏人语",主要原因即在于朱棣试图谋求帝位，而姚广孝的辅佐对于朱棣而言可谓是至关重要的。如果朱棣政变的密谋获得成功，则姚广孝本人也能在实际的政治运作中实现自己欲图成就一番大业的人生目标。

朱元璋去世后，建文帝即位，为了遏制藩王的势力加强中央集权，开启了削藩的序幕。在这个关键时刻，姚广孝充分发挥了政治才能，为处于政治危机时期的朱棣建言献策，协助其取得了政变的成功。

姚广孝一生最突出的功业，即在于协助燕王朱棣策划了“靖难之役”，通过这一政治事件，朱棣隆登大宝，姚广孝也达成了一直以来的政治夙愿。《明史》所称之“首赞密谋，发机决策”十分妥帖地概括了姚氏在这场政变中所起到的巨大作用。朱棣从起兵直至走向最终的胜利，姚广孝无疑是居功至伟的。

“靖难之役”最终取得成功，朱棣也如愿登上了帝位，诚如《明史》所言：“道衍未尝临战阵，然帝用兵有天下，道衍力为多，论功以为第一。”姚广孝以运筹帷幄，决胜千里之姿态受到了朱棣极大的推崇。明成祖登基后，给予姚广孝以优渥的礼遇，“复其姓，赐名广孝，赠祖父如其官。帝与语，呼少师而不名”。

“靖难之役”后的姚广孝开始慢慢有所改变，他已经不再是年轻时一味追求世俗功名的僧人道衍了，明成祖令其蓄发，他却“不肯”；明成祖又赐予他府邸和宫人，他“皆不受”。姚广孝经常居住于寺庙之中，每当上朝时才穿戴朝服，罢朝后则依然故我。姚广孝回到家乡后，“以所赐金帛散宗族乡人”，经历了政治斗争的血雨腥风，此时的姚广孝表达出谋求退隐的深切愿望。

姚广孝想要远离政事，而明成祖却还要对其予以重用。朱棣即位后，姚广孝主要承担重修《明实录》，参与编撰《永乐大典》以及辅佐太子与皇长孙这些具体而看似琐碎的工作。其实，正是这些看似寻常的职责，实际上蕴含了朱棣对于姚广孝其人的巨大信任，编撰历史、繁荣文化以及培养皇室子弟都是功在当代、利在后世的重要职责，非皇帝亲信者断断不能为也。

永乐十六年（1418 年）三月，八十四岁高龄的姚广孝病重，临终前向朱棣提出释放僧人溥洽的请求，溥洽其人据传因预知建文帝逃亡之事而遭到朱棣囚禁达十数年。明成祖最终答应了姚广孝的请求，“广孝顿首谢，寻卒”。提出释放溥洽的要求当是出于姚广孝对过去那场政变进行反思的结果，他也许希望能够通过这一临终举措来进一步纾解朱棣同建文帝支持者之间的历史积怨。

（俞颖杰）

夺门之变，太上皇的反击

〔导言〕“千锤万凿出深山，烈火焚烧若等闲。粉身碎骨浑不怕，要留清白在人间。”明代政治家于谦《石灰吟》所吟诵的人格，恰恰是他一生光辉的写照。

于谦经历了明朝历史上的三件大事——“土木之变”、“北京保卫战”和“夺门之变”，“土木之变”使得明王朝风雨飘摇，“北京保卫战”使得明廷转危为安，而“夺门之变”则使得于谦粉身碎骨，终留下两袖清风和一生耿介。

明正统十四年(1449 年)，蒙古瓦剌部首领也先大举进兵明朝，明英宗朱祁镇在宦官王振的怂恿下，不顾群臣劝阻，亲率大军出征。八月至大同，听闻前线战败的消息后，王振决定回师。军队退至土木堡时被也先率军包围，军队死伤惨重，王振被杀，英宗被也先俘去，兵部尚书邝野、户部尚书王佐等六十六名大臣战死，史称“土木之变”。土木之变后，明英宗沦为瓦剌的阶下囚，于谦同文武大臣拥立郕王朱祁钰称帝，重新建立了明朝的政治核心。时任兵部尚书的于谦临危受命，领导和组织了北京保卫战，最终取得胜利，粉碎了瓦剌军企图夺取北京的野心，明王朝转危为安。明景泰元年(1450 年)，明英宗被释放，1457 年，将领石亨、政客徐有贞、宦官曹吉祥发动“夺门之变”，拥戴被朱祁钰囚禁在南宫的明英宗朱祁镇复辟，而于谦却因“意欲谋逆”而惨遭冤杀，一代民族英雄就此长眠于西子湖畔，与岳飞、张煌言并称“西湖三杰”。

祸国殃民的宦官王振在“土木之变”中难辞其咎；“夺门之变”中，王振的门下曹吉祥更是主谋策划。本节选录《于谦列传》、《宦官列传》，通过对那段变幻的历史风云进行分析，理解宦官是如何“成全”民族英雄于谦的辉煌，又是如何造就英雄之悲剧的。

于谦列传

〔选文〕

于谦，字廷益，钱塘人。生七岁，有僧奇之曰："他日救时宰相也。"举永乐十九年进士。

……

十三年以兵部左侍郎召。明年秋，也先大入寇，王振挟帝亲征。谦与尚书邝埜极谏，不听。埜从治兵，留谦理部事。及驾陷土木，京师大震，众莫知所为。郕王监国，命群臣议战守。侍讲徐珵言星象有变，当南迁。谦厉声曰："言南迁者，可斩也。京师天下根本，一动则大事去矣，独不见宋南渡事乎！"王是其言，守议乃定。时京师劲甲精骑皆陷没，所余疲卒不及十万，人心震恐，上下无固志。谦请王檄取两京、河南备操军，山东及南京沿海备倭军，江北及北京诸府运粮军，亟赴京师。以次经画①部署，人心稍安。即迁本部尚书。

……

于时八月，上皇北狩且一年矣。也先见中国无衅②，滋欲乞和，使者频至，请归上皇。大臣王直等议遣使奉迎，帝不悦曰："朕本不欲登大位，当时见③推，实出卿等。"谦从容曰："天位已定，宁④复有他，顾理当速奉迎耳。万一彼果怀诈，我有辞矣。"帝顾而改容曰："从汝，从汝。"先后遣李实、杨善往。卒奉上皇以归，谦力也。

……

谦性故刚，遇事有不如意，辄拊膺叹曰："此一腔热血，竟洒何地！"视诸选耎⑤大臣、勋旧贵戚，意颇轻之，愤者益众。又始终不主和议,虽上皇实以是得还,不快也。徐珵以议南迁,为谦所斥。至是改名有贞,稍稍[6]进用,尝[7]切齿谦。石亨本以失律削职,谦请宥[8]而用之,总兵十营,畏谦不得逞[9],亦不乐谦。德胜之捷,亨功不加谦而得世侯,内愧,乃疏荐谦子冕。诏赴京师,辞,不允。谦言:"国家多事,臣子义不得顾私恩。且亨位大将,不闻举一幽隐,拔一行伍微贱,以裨军国,而独荐臣子,于公议得乎?臣于军功,力杜[10]侥幸,决不敢以子滥功。"亨复大恚[11]。都督张軏以征苗失律,为谦所劾,与内侍曹吉祥等皆素憾[12]谦。

景泰八年正月壬午,亨与吉祥、有贞等既迎上皇复位,宣谕朝臣毕,即执[13]谦与大学士王文下狱。诬谦等与黄竑构邪议,更立东宫,又与太监王诚、舒良、张永、王勤等谋迎立襄王子。亨等主其议,嗾[14]言官上之。都御史萧惟祯定谳[15]。坐[16]以谋逆,处极刑。文不胜诬,辩之疾[17],谦笑曰:"亨等意耳,辩何益?"奏上,英宗尚犹豫曰:"于谦实有功。"有贞进曰:"不杀于谦,此举为无名。"帝意遂决。丙戌改元天顺,丁亥弃谦市,籍其家,家戍边。遂溪教谕吾豫言谦罪当族,谦所荐举诸文武大臣并应诛。部议持之而止。千户白琦又请榜其罪,镂板示天下,一时希旨取宠者,率以谦为口实。

……

谦既死,而亨党陈汝言代为兵部尚书。未一年败,赃累巨万。帝召大臣入视,愀[18]然曰:"于谦被遇景泰朝,死无余资。汝言抑何多也!"亨俯首不能对。俄[19]有边警,帝忧形于色。恭顺侯吴瑾侍,进曰:"使[20]于谦在,当不令寇至此。"帝为默然。是年,有贞为亨所中,戍金齿。又数年,亨亦下狱死,吉祥谋反族诛,谦事白[21]。

成化初,冕赦归,上疏讼[22]冤,得复官赐祭。诰曰:“当国家之多难,保社稷以无虞,惟公道之独恃,为权奸所并嫉。在先帝已知其枉,而朕心实怜其忠。”天下传诵焉。弘治二年用给事中孙需言,赠特进光禄大夫、柱国、太傅,谥肃愍。赐祠于其墓曰旌功,有司岁时致祭。万历中,改谥忠肃。杭州、河南、山西皆世奉祀不绝。

选自《明史》卷一百七十

〔注释〕 ① 画:谋划。 ② 衅:破绽。 ③ 见:被。 ④ 宁:难道。 ⑤ 耎:软弱。 ⑥ 稍稍:渐渐。 ⑦ 尝:曾经。 ⑧ 宥:宽恕。 ⑨ 逞:肆行。 ⑩ 杜:杜绝。 ⑪ 恚:怨恨。 ⑫ 憾:恨。 ⑬ 执:捉拿。 ⑭ 嗾:嗾使。 ⑮ 谳:审判定案。 ⑯ 坐:获罪。 ⑰ 疾:猛烈。 ⑱ 愀:忧戚变色貌。 ⑲ 俄:不久。 ⑳ 使:假使。 ㉑ 白:清楚。 ㉒ 讼:争辩。

〔赏析〕 于谦七岁之时,有位僧人见到他,觉得他的相貌与众不同,惊叫道:“这个孩子是将来的救时宰相啊。”这位僧人真可谓是慧眼识珠,以后的历史证明,于谦果然拯救了大明王朝的半壁江山。

如果没有“土木之变”的发生,于谦即使兢兢业业、两袖清风,他的人生也终会缺少一抹壮丽的色彩,而那位僧人的预言也只会成为一句戏言而已。可谓是时势造英雄,“土木之变”彻底改写了于谦的生命轨迹。

明朝开国皇帝朱元璋早就立下宦官不得参政的祖训,然而明朝却遭遇到了自汉唐以来的第三次宦官之祸,不得不说是对明王朝既定政策的一个巨大讽刺。“土木之变”的发生,实是由于一名宦官而起,这个宦官就是王振。他陪伴明英宗长大,狡黠无比而又祸国殃民,正是这样一个被后人视作元恶大憝的宦官,竟然赢得了英宗一生的尊敬。

明正统十四年(1449年),蒙古瓦剌部首领也先率领大军进攻明朝,王振怂恿年轻气盛的英宗皇帝率领五十万大军亲征,去对付蒙古明显数量不及的军队。对于这次亲征,于谦和兵部尚书邝野等大臣极力劝阻,可英宗一意孤行,最后命令邝野随军出征,于谦代任兵部尚书一职。于谦留在了北京,对大明朝来说真是不幸中的万幸。五十万大军浩浩荡荡地出发了，一切听由王振指挥，悲剧从一开始便已注定。大军八月至大同，听闻前线战败的消息后，王振决定回师。退至土木堡时被也先率军包围，军队死伤惨重，王振被杀，英宗被也先俘去，兵部尚书邝野、户部尚书王佐等六十六名大臣战死，这就是历史上著名的“土木之变”。

消息传到京城，皇宫上下极为惶恐，时任兵部尚书的于谦加强战备。京城大官富户纷纷南逃，侍讲徐珵也说星象有变，应该南迁。于谦听了徐珵的话非常生气，大声说：“主张南迁的人，应该杀头。”代理监国的郕王也赞同于谦，于是大臣们都不敢再提南迁的事了。于谦等大臣拥立朱祁钰于九月六日即皇帝位，是为明代宗，遥尊明英宗为太上皇，以明年为景泰元年。也先挟明英宗要挟明廷之计没有得逞，遂于十月率大军进犯北京，于谦和主战派官员领导并组织了京师保卫战，取得胜利，粉碎了瓦剌军企图夺取北京的野心，明王朝转危为安。这里需要提及石亨其人，他本因违犯军纪而遭降职处分，由于于谦为其说情，使他在北京保卫战中被重用，立下了汗马功劳。由于自己的功劳远远不及于谦，故而石亨有些惭愧，便向皇上推荐于谦的儿子于冕，也想借此讨好于谦，却遭到了于谦铁面无私的一顿呵斥，石亨因此便心怀愤恨。被于谦弹劾过的一些臣子包括王振门下的内侍曹吉祥等人也对于谦非常嫉恨。

也先被于谦打败后，觉得英宗成了一张废牌，于是向明朝归还英宗。一山不容二虎，代宗不悦，于谦劝他：“放心，皇位还是陛下您的。”代宗这才同意迎接英宗回来。英宗回来后，代宗即将其软禁在南宫，时间长达七年之久。景泰八年(1457 年)，代宗大病，石亨、徐有贞、曹吉祥等人趁机拥戴英宗复位，此之谓“夺门之变”，也称“南宫复辟”。名不正则言不顺，于谦等曾经在国家危难之际拥立代宗的大臣遭到诬陷与杀害，罪名是“意欲谋立外藩”。

于谦，这位顶天立地、大公无私的英雄最终难逃悲剧的宿命。于谦的悲剧就在于像他这样的人太少，他的刚强、他的正直、他的能力，对很多人来说，都是一座无法攀越的山峰，一竖无法赶及的道德标杆。木秀于林，山雨欲来时，有的人靠他遮风挡雨，风和日丽时，却又会恨他挡住了阳光。君子面对他，高山仰止；而小人只会记得个人的恩怨，意气用事，看不到他为国为民做出的贡献和牺牲。于谦的行事，注定了孤独，注定了悲剧。

宦官列传

〔选文〕

王振，蔚州人。少选入内书堂。侍英宗东宫，为局郎。初，太祖禁中官[①]预政。自永乐后，渐加委寄，然犯法辄置极典。宣宗时，袁琦令阮巨队等出外采办。事觉，琦磔死，巨队等皆斩。又裴可烈等不法，立诛之。诸中官以是不敢肆。及英宗立，年少。振狡黠得帝欢，遂越金英等数人掌司礼监，导帝用重典御下，防大臣欺蔽。于是大臣下狱者不绝，而振得因以市[②]权。然是时，太皇太后贤，方委政内阁。阁臣杨士奇、杨荣、杨溥，皆累朝元老，振心惮之未敢逞。

至正统七年，太皇太后崩，荣已先卒，士奇以子稷论死不出，溥老病，新阁臣马愉、曹鼐势轻，振遂跋扈不可制。作大第[③]皇城东，建智化寺，穷极土木。兴麓川之师，西南骚动。侍讲刘球因雷震上言陈得失，语刺[④]振。振下球狱，使指挥马顺支解之。大理少卿薛瑄、祭酒李时勉素不礼振。振摭[⑤]他事陷瑄几死，时勉至荷校国子监门。御史李铎遇振不跪，谪戍铁岭卫。驸马都尉石璟詈[⑥]其家阉，振恶[⑦]贱己同类，下璟狱。怒霸州知州张需禁饬牧马校卒，逮之，并坐需举主王铎。又械户部尚书刘中敷，侍郎吴玺、陈瑺于长安门。所忤恨，辄加罪谪。内侍张环、顾忠、锦衣卫卒王永心不平，以匿名书暴[⑧]振罪状。事发，磔于市，不覆奏。

帝方倾心向振，尝以先生呼之。赐振敕，极褒美。振权日益积重，公侯勋戚呼曰翁父。畏祸者争附振免死，赇赂辏集。工部郎中王佑以善谄擢本部侍郎，兵部尚书徐晞等多至屈膝。其从子[9]山、林至荫都督指挥。私党马顺、郭敬、陈官、唐童等并肆行无忌。久之，构衅瓦剌，振遂败。

瓦剌者，元裔也。十四年，其太师也先贡马，振减其直[10]，使者恚而去。秋七月，也先大举入寇，振挟帝亲征。廷臣交谏，弗听。至宣府，大风雨，复有谏者，振益虓怒。成国公朱勇等白[11]事，咸膝行进。尚书邝野、王佐忤振意，罚跪草中。其党钦天监正彭德清以天象谏，振终弗从。八月己酉，帝驻大同，振益欲北。镇守太监郭敬以敌势告，振始惧。班师，至双寨，雨甚。振初议道紫荆关，由蔚州邀帝幸其第，既恐蹂乡稼，复改道宣府。军士纡回奔走，壬戌始次[12]土木。瓦剌兵追至，师大溃。帝蒙尘，振乃为乱兵所杀。败报闻，百官恸哭，都御史陈镒等廷奏振罪，给事中王竑等立击杀马顺及毛、王二中官。郕王命脔王山于市，并振党诛之，振族无少长皆斩。振擅权七年，籍其家，得金银六十余库，玉盘百，珊瑚高六七尺者二十余株，他珍玩无算。

先是，郭敬镇大同，岁造箭镞数十瓮，以振命遗[13]瓦剌，瓦剌辄报以良马。及帝亲征，西宁侯宋瑛、驸马都尉井源为前锋，遇敌阳和，敬又挠使败。至是逃归，亦坐诛。

英宗复辟，顾念振不置。用太监刘恒言，赐振祭，招魂以葬，祀之智化寺，赐祠曰精忠。而振门下曹吉祥复以夺门功，有宠颛[14]政。

曹吉祥，滦州人。素依王振。正统初，征麓川，为监军。征兀良哈，与成国公朱勇、太监刘永诚分道。又与宁阳侯陈懋等征邓茂七于福建，吉祥每出，辄选达官、跳荡卒隶帐下，师还畜[15]于家，故家多藏甲。

景泰中，分掌京营。后与石亨结，帅兵迎英宗复位。迁司礼太监，总督三大营。嗣子钦，从子铉、铎、鏳等皆官都督，钦进封昭武伯，门下厮养冒官者多至千百人，朝士亦有依附希进者，权势与石亨埒，时并称曹、石。

二人恶言官有言，共谮[16]于帝，命吏部尚书王翱察核年三十五以上者留，不及者调用。于是给事何玘等十三人改州判官，御史吴祯等二十三人改知县。会[17]有风雷雨雹之变，帝乃悟，悉还其职。未几，二人争宠有隙，御史杨瑄、张鹏劾之，吉祥乃复与亨合，乘间愬帝。帝为下瑄等诏狱，而逮治[18]阁臣徐有贞、李贤等。事具贤传。承天门灾，帝命阁臣岳正草罪己诏，诏语激切。吉祥、亨复愬正谤讪，帝又谪正。焰益张，朝野仄目。

选自《明史》卷三百四

〔注释〕 ①中官：宦官。 ②市：换取。 ③第：达官贵人的宅院。 ④刺：讥讽。 ⑤摭：拾取。 ⑥詈：责骂。 ⑦恶：憎恨。 ⑧暴：暴露。 ⑨从子：堂侄。 ⑩直：价值。 ⑪白：报告。 ⑫次：驻扎。 ⑬遗：赠送。 ⑭颛：通“专”，专擅。 ⑮畜：容留。 ⑯谮：进谗言。 ⑰会：适逢。 ⑱治：惩处。

〔赏析〕 王振以前略通文墨，曾做过教官，但“学而优则仕”这条路对他来说颇为困难，于是他便自阉入宫。王振其人非常狡黠，又善于观察人意，入宫后，宣宗皇帝也对其宠信有加，让他服侍太子(即后来的英宗皇帝)。英宗一直对王振怀有很深的敬意，称其为先生，对他的评价甚高，于是明王朝第一个专权乱政的宦官王振出现了。英宗即位，王振大权独揽，其横行霸道的行径，使得开罪于他的人都不得善终，然而英宗却对他一味地加以包庇。

王振擅权，不但不致力于加强北方边防，反而和蒙古瓦剌狼狈为奸，从事走私贸易。为了获利，王振私造箭镞，送给瓦剌以获得瓦剌回赠的良马。为了讨好瓦剌，王振一直对向明朝进攻的瓦剌赏赐颇丰，以致瓦剌的野心急剧膨胀。正统十四年(1449年)，瓦剌首领也先派出了两千五百多人的使团来明朝贡，为了得到更多的赏赐，谎报人数为三千人。这一次王振却一反常态，减少了对瓦剌的赏赐，也先便以此为借口，大举攻明，亲率一支大军进攻大同。瓦剌军迅速向南推进，明朝守卫西北的将士急忙向京师请兵救援，无才无能的王振极力请求英宗御驾亲征，以为凭借天子之威仪就能使得瓦剌撤军。年轻气盛的英宗平时便对王振唯唯诺诺，他也天真地认为是役一定会立下赫赫战功，便不顾于谦等大臣的劝阻而一意孤行。出征途中，王振依然大权独揽。刚出发，便下起了大暴雨，有人向王振请求撤回。王振非常生气，并让进言的成国公朱勇等跪着前行。兵部尚书邝野和户部尚书王佐极力谏阻，王振竟然罚他们在草地上一直跪到天黑。后来，王振的同党彭德清以天象谏阻，王振也不听，仍然逼着大家继续前进。八月，英宗下令驻扎大同，王振却执意往北，直到获悉前方危险的形势后，他才意识到事态的严峻，于是下令班师回朝。王振本想从紫荆关退兵，因为这条路线需要经过他的家乡蔚州，王振认为，富贵而不归故里实与锦衣夜行无异，此次荣归故里，实可狐假虎威。然而在即将到达蔚州时，王振念及故乡的大片田产，为了防止大军经过对自家田产的破坏，王振遂让大军改道宣府（今河北宣化）行军，几天后到达土木堡。这里离怀来城仅二十里，随行的文武官员都主张进入怀来城宿营。可王振竟以一千余辆辎重军车没能到达为由（实是害怕自己搜刮来的东西受到损失），便不顾英宗和数十万军队的安全，传令在土木堡宿营。第二天，英宗想继续行军，但为时已晚，土木堡已被瓦剌军队包围。此处地势较高，周边没有水源，南面十五里处仅有的河流也被瓦剌军队占领。此时，也先派遣使者与王振谈和，王振中计。瓦剌军撤退后，王振便下令大军移营就水。也先便趁明军就水四散之际，率领瓦剌军队四面夹击，数十万明军遭遇到突然袭击，一时死伤无数，一败涂地。土木之变造成英宗被俘，而祸国殃民的王振也被怒火中烧的英宗护卫砸死。

英宗在南宫复辟后，竟然还对王振念念不忘，甚至为他建造了“精忠祠”。而王振门下之人曹吉祥亦凭借夺门之功，获得了专宠。

“土木之变”使得明朝差一点失去半壁江山，幸亏于谦的力挽狂澜，才拯救了风雨飘摇的大明王朝。可是王振和于谦在英宗心中的地位却有着天壤之别，绝非只是“亲小人，远贤臣”的政治逻辑那么简单。英宗天性温和友善，在瓦剌都能和别人交上朋友，实是一位性情中人。狡黠又善窥人意的王振陪伴英宗长大，故而英宗看来王振绝非一个宦官那么简单，甚至已如师如父。在英宗眼里，王振是为国殉身；而挽救了大明江山的于谦，却因其为大局着想，不同意向瓦剌求和，英宗便固执地认为正是于谦使自己遭受了俘虏之苦。虽然于谦也曾劝代宗迎接英宗回国，即使在石亨等人要杀于谦之时，英宗也念及了于谦的功劳，但于谦最终还是遭到了杀害。这是一个巨大的历史悖论，几乎葬送大明王朝江山的王振，却在英宗的心目中永垂不朽。

（吕玉倩）

才薄卑劣大人物与进退有度政治家的较量

〔导言〕 明代废除了中书省的行政建制，出于中央集权的目的，宰相等职也遭到废止，明廷的内阁制便由此而产生，设立了华盖殿、谨身殿、武英殿、文华殿、文渊阁、东阁等大学士，承担皇帝顾问的职责。随着明朝政治的演进，入阁的大学士成了政府实际上的宰相，号称“辅臣”，首席大学士称“元辅”或“首辅”，职权最重，主持内阁大政。本文所提到的严嵩和徐阶都是明代嘉靖时期重要的内阁首辅，在朝政中起着举足轻重的作用。

严嵩和徐阶都是嘉靖时期受宠的首辅，两人又是政治上的敌人。严嵩早年不遇，后步入仕途，以他的谋权手段节节高升，得到皇帝的信赖，他以权谋私、趋炎附势，担任了十六年内阁首辅的职位。严嵩、严世蕃父子运用私权，唯利是图，致使朝政日颓，父子二人最后也是身败名裂。徐阶拥有着以天下为己任的满腔理想抱负，早年敢于直谏，后因受到张孚敬的政治打击，从此谨事上官，在与严嵩的较量中体现出了不同寻常的忍耐。严嵩被贬后，他继任首辅一职。徐阶用他为政有体、屈伸有度、进退有章的政治谋略实现着自己的抱负，虽然其政治生涯以请归而告终，但是他却为后人留下了值得学习的政治智慧和处事原则。

本文选取《严嵩列传》和《徐阶列传》的部分章节，旨在透过严嵩与徐阶，分析当时社会背景下两人政治选择的不同，透视明朝内阁首辅在辅政过程中的作用，分析不同权力架构对社会的表现与影响。

严 嵩 列 传

〔选文〕

严嵩，字惟中，分宜人。长身戍削，疏眉目，大音声。举弘治十八年进士，改庶吉士，授编修。移疾归，读书钤山十年，为诗古文辞，颇著清誉。还朝，久之进侍讲，署南京翰林院事。召为国子祭酒。

嘉靖七年历礼部右侍郎，奉世宗命祭告显陵，还言："臣恭上宝册及奉安神床，皆应时雨霁。又石产枣阳，群鹳集绕，碑入汉江，河流骤涨。请命辅臣撰文刻石，以纪天眷。"帝大悦，从之。迁吏部左侍郎，进南京礼部尚书，改吏部。

居南京五年，以贺万寿节至京师。会[①]廷议更修《宋史》，辅臣请留嵩以礼部尚书兼翰林学士董其事。及夏言入内阁，命嵩还掌部事。帝将祀献皇帝明堂，以配上帝。已，又欲称宗入太庙。嵩与群臣议沮[②]之，帝不悦，著《明堂或问》示廷臣。嵩惶恐，尽改前说，条画[③]礼仪甚备[④]。礼成，赐金币。自是，益[⑤]务为佞悦。帝上皇天上帝尊号、宝册，寻[⑥]加上高皇帝尊谥圣号以配，嵩乃奏庆云见[⑦]，请受群臣朝贺。又为《庆云赋》、《大礼告成颂》奏之，帝悦，命付史馆。寻加太子太保，从幸承天，赏赐与辅臣埒[⑧]。

……

二十一年八月拜武英殿大学士，入直文渊阁，仍掌礼部事。时嵩年六十余矣。精爽溢发，不异少壮。朝夕直西苑板房，未尝一归洗沐，帝益谓嵩勤。久之，请解部事，遂专直西苑。帝尝赐嵩银记，文曰"忠勤敏达"。寻加太子太傅。翟銮资序在嵩上，帝待之不如嵩。嵩讽[⑨]言官论之，銮得罪去。吏部尚书许赞、礼部尚书张璧同入阁，皆不预闻票拟事，政事一归嵩。赞尝叹曰："何夺我吏部，使我旁睨[⑩]人。"嵩欲示厚同列，且塞言者意，因以显夏言短，乃请凡有宣召，乞与成国公朱希忠、京山侯崔元及赞、璧偕入，如祖宗朝蹇、夏、三杨故事[11]，帝不听，然心益喜嵩，累进吏部尚书、谨身殿大学士、少傅兼太子太师。

……

嵩无他才略，惟一意媚上，窃权罔利。帝英察自信，果[12]刑戮，颇护己短，嵩以故得因事激帝怒，戕害人以成其私。张经、李天宠、王忬之死，嵩皆有力焉。前后劾嵩、世蕃者，谢瑜、叶经、童汉臣、赵锦、王宗茂、何维柏、王晔、陈垲、厉汝进、沈炼、徐学诗、杨继盛、周鈇、吴时来、张翀、董传策皆被谴。经、炼用他过置之死，继盛附张经疏尾杀之。他所不悦，假迁除考察以斥[13]者甚众，皆未尝有迹也。

……

大将军仇鸾，始为曾铣所劾，倚嵩倾[14]铣，遂约为父子。已而鸾挟寇得帝重，嵩犹儿子蓄之，浸[15]相恶。嵩密疏毁[16]鸾，帝不听，而颇纳鸾所陈嵩父子过，少[17]疏之。嵩当入直[18]，不召者数矣。嵩见徐阶、李本入西内，即与俱入。至西华门，门者以非诏旨格[19]之。嵩还第[20]，父子对泣。时陆炳掌锦衣，与鸾争宠，嵩乃结炳共图鸾。会鸾病死，炳讦[21]鸾阴事，帝追戮之。于是益信任嵩，遣所乘龙舟过海子召嵩，载直西内如故。世蕃寻迁工部左侍郎。倭寇江南，用赵文华督察军情，大纳贿赂以遗嵩，致寇乱益甚。及胡宗宪诱降汪直、徐海，文华乃言:“臣与宗宪策，臣师嵩所授也。”遂命嵩兼支尚书俸无谢，自是褒赐皆不谢。

……

帝尝以嵩直庐隘，撤小殿材为营室，植花木其中，朝夕赐御膳、法酒。嵩年八十，听[22]以肩舆入禁苑。帝自十八年葬章圣太后后，即不视朝，自二十年宫婢之变，即移居西苑万寿宫，不入大内，大臣希[23]得谒见，惟嵩独承顾问，御札一日或数下，虽同列不获闻，以故嵩得逞志。然帝虽甚亲礼嵩，亦不尽信其言，间一取独断，或故示异同，欲以杀离其势。嵩父子独得帝窾要，欲有所救解，嵩必顺帝意痛诋之，而婉曲解释以中帝所不忍。即欲排陷者，必先称其嫩，而以微言[24]中之，或触帝所耻与讳。以是移帝喜怒，往往不失。士大夫辐辏附嵩，时称文选郎中万寀、职方郎中方祥等为嵩文武管家。尚书吴鹏、欧阳必进、高耀、许论辈，皆惴惴事嵩。

……

嵩既去，帝追念其赞[25]玄功，意忽忽不乐，谕阶欲遂传位，退居西内，专祈长生。阶极陈不可，帝曰："卿等不欲，必皆奉君命，同辅玄修乃可。严嵩既退，其子世蕃已伏法，敢更言者，并应龙俱斩。"嵩知帝念己，乃赂帝左右，发道行阴事，系刑部，俾引阶。道行不承[26]，坐[27]论死，得释。嵩初归至南昌，值[28]万寿节，使道士蓝田玉建醮铁柱宫。田玉善召鹤，嵩因取其符箓，并己祈鹤文上之，帝优诏褒答。嵩因言："臣年八十有四，惟一子世蕃及孙鹄皆远戍，乞移便地就养，终臣余年。"不许。

其明年，南京御史林润奏："江洋巨盗多入逃军罗龙文、严世蕃家。龙文居深山，乘轩衣[29]蟒，有负[30]险不臣之志。世蕃得罪后，与龙文日诽谤时政。其治第役众四千，道路皆言两人通倭，变且不测。"诏下润逮捕，下法司论斩，皆伏诛，黜嵩及诸孙皆为民。嵩窃政二十年，溺信恶子，流毒天下，人咸指目为奸臣。其坐世蕃大逆，则徐阶意也。又二年，嵩老病，寄食墓舍以死。

选自《明史》卷三百八

〔注释〕 ① 会：适逢。 ② 沮：阻止。 ③ 画：谋划。 ④ 备：全。 ⑤ 益：更加。 ⑥ 寻：不久。 ⑦ 见：同"现"，显现。 ⑧ 埒：相等。 ⑨ 讽：暗示。 ⑩ 睨：斜视。 ⑪ 故事：先例。 ⑫ 果：果断。 ⑬ 斥：驱逐。 ⑭ 倾：排挤。 ⑮ 浸：逐渐。 ⑯ 毁：诽谤。 ⑰ 少：略微。 ⑱ 直：当值。 ⑲ 格：阻止。 ⑳ 第：达官贵人的宅院。 ㉑ 讦：揭发过失或阴私。 ㉒ 听：听凭。 ㉓ 希：少。 ㉔ 微言：暗示。 ㉕ 赞：辅助。 ㉖ 承：承认。 ㉗ 坐：获罪。 ㉘ 值：遇到。 ㉙ 衣：穿衣服。 ㉚ 负：凭仗。

〔赏析〕 对于严嵩其人，《明史》以奸臣目之，评他为贪赃枉法，阿谀奉承，因官致富之人。本文着力于探讨严嵩成败易变的人生轨迹和背后存在的历史原因，以期还原一个真实的严嵩形象。

严嵩，字惟中，分宜人，弘治十八年(1505 年)举进士，改庶吉士，授编修。后因病归家，在钤山读书十年，好为诗古文辞，颇著清誉，这也是严嵩发挥自己文学才能的十年。然而此时他并未得到皇帝的重用，回朝后不久便升为进侍讲，署南京翰林院事，召为国子祭酒。

严嵩在仕途偃蹇多年，不获重用，但他能够适时抓住机遇，从而获得节节高升。礼部尚书夏言和严嵩是同乡，得到了世宗的宠信，故而严嵩便拼命讨好夏言以期助己一臂之力。在皇帝面前，严嵩更是投其所好，为博皇帝一悦，"嵩惶恐，尽改前说，条画礼仪甚备"，后"又为《庆云赋》、《大礼告成颂》奏之，帝悦，命付史馆。寻加太子太保，从幸承天，赏赐与辅臣埒"。严嵩做出如此选择，或许是在长久仕途不顺之中的"领悟"。当得到皇帝拔擢后，严嵩便感恩戴德，更加忠心地为朝廷效力，虽然在朝廷中"大器晚成"，但是年过花甲的他依旧"精爽溢发，不异少壮"。由于勤心勤力，严嵩更加得到了皇帝的宠信，皇帝也将他视为身边不可缺少的心腹而大加封赏，加官进爵，甚至将票拟之事交付于严嵩。嘉靖二十一年(1542 年)，首辅夏言革职闲住，严嵩加少保、太子太保、礼部尚书兼武英殿大学士入阁，仍掌礼部事。这时的严嵩在朝中更是如鱼得水，渐渐掌握朝中大权，未免遮蔽清廉，其他官员进言皇帝，但是皇上听不进当时的逆耳忠言，严嵩在此后以权臣的身份为非作歹便也水到渠成。

随着严嵩骄横的与日俱增，皇帝也发觉了这一趋势，嘉靖二十四年，世宗再度起用夏言。此时的夏言已然知晓严嵩的为人,故而处处小心防范,在得到皇帝的复用后更是将严嵩聚结的党派一网打尽。处于落败时期的严嵩此时并不敢轻举妄动,直到其子严世蕃被兴师问罪后,严嵩才想尽办法为其辩护,竭力讨好皇帝,终于免于一罪,并运用政治手腕将其子封为太常卿之职。嘉靖二十七年三月,曾铣被杀,妻子流放,夏言下狱,严嵩利用传言,使世宗得知夏言毁谤自己的事实,同年十月,夏言问斩,其亲信遭到或贬或罚的处置,严嵩重新出任内阁首辅,从此专擅朝政。

前面提及了严嵩十年书生的生涯,这段时间对于他而言实是壮志未酬的。然而十年的韬光养晦使他在时势面前激流勇进,甚至不惜一切代价,"嵩无他才略,惟一意媚上,窃权罔利",朝中凡是阻碍他荣身之阶的人也便成了最大的敌人,"前后劾嵩、世蕃者,谢瑜、叶经、童汉臣、赵锦、王宗茂、何维柏、王晔、陈垲、厉汝进、沈炼、徐学诗、杨继盛、周铁、吴时来、张翀、董传策皆被谴"。严嵩的权势与目中无人竟至如此毫无遮拦的地步。

夏言死后,严嵩与仇鸾的矛盾开始激化。仇鸾上奏密疏,揭发严嵩与严世蕃罪恶的行径,引起了世宗的重视,后来世宗对严嵩慢慢地冷淡下去。严嵩在与陆炳结盟后,复又得到世宗的重用,当时倭寇侵犯江南,因赵文华以大量贿赂给予严嵩,故而严嵩启用赵文华抵抗倭寇,反致寇患更加严重。

严嵩八十岁时,世宗为其"撤小殿材为营室,植花木其中,朝夕赐御膳、法酒"。此时的严嵩虽然依然得宠,可是世宗并非一味地听信于他,而是感受到他越发嚣张的气焰并有扼杀其势之意。此时的严嵩已经把握住了世宗的喜好,或喜或怒,一毫不失。当时朝中的一些官员也趋炎附势,攀结严嵩,在客观上也慢慢促成并助长了严嵩的气势。

严嵩在朝中掌握大权已久,并且以权谋私,紊乱朝纲,嘉靖对此并非置之不理,恰逢此时,朝中另一名官员徐阶逐渐得到了皇帝的重用。严嵩大势已去,渐渐失去了嘉靖的宠信。危在旦夕的严嵩此时又遭遇到御史邹应龙的弹劾,儿子严世蕃也被流放戍边,后来遭到诛杀。严嵩被贬为庶民,得病而死,严氏父子的狂妄自大最终为自己的悲惨结局掘下了坟墓。

徐阶列传

〔选文〕

徐阶，字子升，松江华亭人。生甫①周岁，堕眢井，出三日而苏②。五岁从父道括苍，堕高岭，衣挂于树不死。人咸异之。嘉靖二年进士第三人。授翰林院编修，予归娶。丁父忧③，服除，补故官。阶为人短小白皙，善容止。性颖敏，有权略，而阴重不泄。读书为古文辞，从王守仁门人游，有声④士大夫间。

帝用张孚敬议欲去孔子王号，易像为木主，笾豆礼乐皆有所损抑。下儒臣议，阶独持不可。孚敬召阶盛气诘之，阶抗辩不屈。孚敬怒曰："若⑤叛我。"阶正色曰："叛生于附。阶未尝附公，何得言叛？"长揖出。斥为延平府推官。连摄郡事。出系囚三百，毁淫祠，创乡社学，捕剧盗百二十人。迁黄州府同知，擢浙江按察佥事，进江西按察副使，俱视学政。

……

嵩怙⑥宠弄权，猜害同列。既仇夏言置之死，而言尝荐阶，嵩以是忌之。初，孝烈皇后崩，帝欲祔之庙，念压于先孝洁皇后，又睿宗入庙非公议，恐后世议祧，遂欲当己世预祧仁宗，以孝烈先祔庙，自为一世，下礼部议。阶抗言女后无先入庙者，请祀之奉先殿。礼科都给事中杨思忠亦以为然。疏上，帝大怒。阶皇恐谢罪，不能守前议。帝又使阶往邯郸落成吕仙祠。阶不欲行，乃以议祔庙解，得缓期。至寇逼城，帝益懈，乃使尚书顾可学行，而内衔⑦阶。摘思忠元旦贺表误，廷杖之百，斥为民，以怵⑧阶。嵩因谓阶可间⑨也，中伤之百方。一日独召对，语及阶，嵩徐曰："阶所乏非才，但多二心耳。"盖以其尝请立太子也。阶危甚，度未可与争，乃谨事嵩，而益精治斋词迎帝意，左右亦多为地者。帝怒渐解。未几，加少保，寻进兼文渊阁大学士，参预机务。密疏发[10]咸宁侯仇鸾罪状。嵩以阶与鸾尝同直，欲因鸾以倾阶。及闻鸾罪发自阶，乃愕然止，而忌阶益甚。

帝既诛鸾，益重阶，数与谋边事。时议减鸾所益卫卒，阶言："不可减。又京营积弱之故，卒不在乏而在冗，宜精汰之，取其廪以资赏费。"又请罢提督侍郎孙襘。帝始格[11]于嵩，久而皆用之。一品满三载，进勋，为柱国，再进兼太子太傅、武英殿大学士。满六载，兼食大学士俸，再录子为中书舍人，加少傅。九载，改兼吏部尚书。赐宴礼部，玺书褒谕有加。帝虽重阶，稍示形迹。尝以五色芝授嵩，使炼药，谓阶政本所关，不以相及。阶皇恐请，乃得之。帝亦渐委任阶，亚于嵩。

……

帝所居永寿宫灾，徙居玉熙殿，隘[12]甚，欲有所营建，以问嵩。嵩请还大内，帝不怿[13]。问阶，阶请以三殿所余材，责尚书雷礼营之，可计月而就。帝悦，如阶议。命阶子尚宝丞璠兼工部主事董[14]其役，十旬而功成。帝即日徙居之，命曰万寿宫。以阶忠，进少师，兼支尚书俸，予一子中书舍人。子璠亦超擢太常少卿。嵩乃日屈。嵩子世蕃贪横淫纵状亦渐闻，阶乃令御史邹应龙劾之。帝勒嵩致仕[15]，擢应龙通政司参议。阶遂代嵩为首辅。

已而帝念嵩供奉劳，怜之。又以嵩去，忽忽不乐，乃降谕欲退而修真且传嗣，复责阶等奈何以官与邪物，谓应龙也。阶言:"退而传嗣,臣等不敢奉命。应龙之转,乃二部奉旨行之。"帝乃已。

帝以嵩在直久,而世蕃顾为奸于外,因命阶无久直。阶窥帝意,言苟为奸,在外犹在内,固请入直。帝以嵩直庐赐阶。阶榜三语其中曰:"以威福还主上,以政务还诸司,以用舍刑赏还公论。"于是朝士侃侃,得行其意。袁炜数出直,阶请召与共拟旨。因言:"事同众则公,公则百美基;专则私,私则百弊生。"帝颔[16]之。阶以张孚敬及嵩导帝猜刻,力反之,务以宽大开帝意。帝恶[17]给事御史抨击过当,欲有所行遣。阶委曲调剂,得轻论。会问阶知人之难,阶对曰:"大奸似忠,大诈似信。惟广听纳,则穷凶极恶,人为我摄之;深情隐慝,人为我发之。故圣帝明王,有言必察。即不实,小者置之,大则薄责而容之,以鼓来者。"帝称善。言路益发舒[18]。

……

阶所持诤,多宫禁事,行者十八九,中官[19]多侧目。会帝幸南海子,阶谏,不从。方乞休,而给事中张齐以私怨劾阶,阶因请归。帝意亦渐移,许之。赐驰驿。以春芳请,给夫廪,玺书褒美,行人导行,如故事。陛辞,赐白金、宝钞、彩币、袭衣。举朝皆疏留,报闻而已。王廷后刺得张齐纳贿事,劾戍之边。阶既行,春芳为首辅,未几亦归。拱再出,扼阶不遗余力。郡邑有司希拱指,争龁龁阶,尽夺其田,戍其二子。会拱复为居正所倾而罢,事乃解。万历十年,阶年八十,诏遣行人存[20]问,赐玺书、金币。明年卒。赠太师,谥文贞。

阶立朝有相度,保全善类。嘉、隆之政多所匡救。间有委蛇,亦不失大节。

选自《明史》卷二百十三

〔注释〕 ① 甫：才。 ② 苏：苏醒。 ③ 忧：父母的丧事。 ④ 声：名声。 ⑤ 若：你。 ⑥ 怙：凭恃。 ⑦ 衔：怀恨。 ⑧ 怵：使害怕。 ⑨ 间：离间。 ⑩ 发：揭露。 ⑪ 格：限制。 ⑫ 隘：狭窄。 ⑬ 怿：喜悦。 ⑭ 董：监督。 ⑮ 致仕：辞官。 ⑯ 颔：点头。 ⑰ 恶：憎恨。 ⑱ 舒：舒畅。 ⑲ 中官：宦官。 ⑳ 存：问候。

〔赏析〕 徐阶，字子升，松江华亭人，明朝著名的内阁首辅之一。从具体实践来看，我们完全可以认为，徐阶是一位具有优秀政治素养的政治家。

嘉靖二年(1523年)，徐阶考中进士，被授以翰林院编修的职务。徐阶在翰林院时，内阁大学士张孚敬大权在握，嘉靖皇帝听从了张孚敬的建议，想要去掉孔子的王号，同时也想降低祭祀孔子的标准，决定让大臣商议这件事情。众多大臣由于惧怕张孚敬的威势而不敢多言，只有徐阶表示了坚决的反对，他也因为违忤张孚敬而遭到贬斥，担任延平府推官之职。徐阶受此挫折，从此谨事上官，故而可以将此事件视作其政治生涯的一个转折点。

在政治上，徐阶既是一个胸怀天下的人，又是一个渴望权力且富于智谋的人，他是继严嵩之后的又一个内阁首辅。在严嵩专权之时，徐阶起初并不愿依附于严嵩，严嵩主动与他交恶并倚仗自己内阁首辅的身份在皇帝面前对徐阶不断以谮言进行诋毁。由是之故，徐阶的处境曾一度十分危险，这使他意识到要想对付严嵩这个庞然大物，绝不能以卵击石，于是徐阶便学会了改变策略，逐渐趋附于严嵩势力。这是在波诡云谲的权力斗争中保全自身的一个策略，徐阶艰难地周旋于嘉靖皇帝和首辅严嵩之间，其时尚未执掌中枢权力的徐阶学会了隐忍含垢。当严嵩专横跋扈、屡次猜忌徐阶时，徐阶都不敢与之争锋，选择了曲迎的应变之道；另一个方面，徐阶也在暗中不断争取嘉靖皇帝的支持和信任，投嘉靖皇帝之所好，“益精治斋词迎帝意”。

后世学者皆言徐阶乃是一位政治高手，从徐阶在政坛的具体实践来看，此言确实属实。在严嵩当权的内阁中想要保全自身，那种隐忍与妥协远非一般人所能达到，徐阶静观着嘉靖皇帝对严嵩态度的变化，酝酿着反戈倒算的致命一击。专横跋扈的严嵩终于逐渐失去了皇帝的宠信，皇帝转而开始宠信徐阶了。嘉靖四十一年，邹应龙告发严嵩父子的不法行为，嘉靖皇帝遂下令逮捕严世蕃，勒令严嵩退休，徐阶则取严嵩而代之，成为新一任的内阁首辅。

徐阶接任内阁首辅后，并未对嘉靖皇帝掉以轻心。徐阶本传称：“帝以嵩直庐赐阶。阶榜三语其中曰:‘以威福还主上,以政务还诸司,以用舍刑赏还公论。’于是朝士侃侃,得行其意。”为了确保首辅地位的稳固,徐阶还需要等待政治施展的时机,在皇帝面前主动地表现出自己的一片赤诚。徐阶起草了《嘉靖遗诏》和《隆庆登极诏》,力革先朝宿弊,力挽颓势,朝政为之一新,“于是论者翕然推阶为名相”。这也是徐阶在一生中所做出的比较有意义的一个政治举措。

嘉靖帝死后,穆宗即位,徐阶继任首辅。由于穆宗行为荒诞不经,徐阶经常对其予以劝阻,穆宗对此感到十分厌烦。针对这一情况,徐阶甚感失望,遂上疏请求退休。恰逢给事中张齐因为私人恩怨弹劾徐阶,而此时的穆宗也想趁机允许徐阶退休回家。朝中百官纷纷上奏章请求徐阶留下,但是穆宗心意已决。徐阶在执政过程中谋求权力而不贪恋权力,在和高拱进行的政治较量中,他能够敏锐地意识到问题的复杂性,同时发现了皇帝对他有意地疏远。失去了皇帝的支持与理解,徐阶在朝中自然是如履薄冰的,遂决意致仕请归。

徐阶在一生的政治生涯之中,善于把握朝中动向,争取时机,为自己谋得政治利益的最大化。在争夺权力的过程中,徐阶始终不忘自己的政治抱负,当大权在握得以施展拳脚时,徐阶能够选贤任能,引荐人才。《明史》本传称赞道:“(徐)阶立朝有相度,保全善类。嘉、隆之政多所匡救。间有委蛇,亦不失大节。”徐阶确实是一位知进知退的杰出的政治家,史书中对于他的评价也是比较客观且切中肯綮的。

(张文婧)

张居正：改革史上的经典案例

〔导言〕 明代初年社会发展十分繁荣，颇有泱泱大国的气象。然而进入中后期之后，国力日衰，尤其在晚明，吏治腐败，冗员问题严重，国库空虚，财政拮据。南有倭寇，北有蒙古、女真，国内又有大量流民盗匪起事，曾经辉煌一时的大明江山风雨飘摇，处处危机，重重困难。然而就在这时候，一代名相张居正毅然担起了拯救王朝的千斤重担，他以无上的勇气、坚毅的心志、百折不挠的决心，用强权推行一系列改革措施，使这个已经面临崩溃的王朝又延续了七十年的寿命。虽然有人认为这只是明王朝的回光返照，但如果他不是因官场倾轧身死政亡，如果皇帝能不因人废政，把改革措施坚持下去，明朝或许能走得更远。因此有人称赞他“除却伊、周只此人”，“通识时变，勇于任事”。张居正身居首辅高位，用强硬的政治手腕推行新政，虽然其眼光局限在封建王朝范畴里，但无疑其变法措施已经做到了当时社会条件下所能做到的极致。如果说北宋王安石变法多少带有书生意气与理想化色彩，且缺乏良好执行力，那么张居正变法就是真正从现实出发，按照百姓以及国家的需要，把措施落到实处。张居正变法的措施主要有哪些？其施政的原则和核心思想是什么？本组选文《张居正列传》带你走进那一段大厦将倾而又被力挽狂澜的历史，对张居正变法作一简要评述。

张居正列传

〔选文〕

居正为政，以尊主权、课[①]吏职、信赏罚、一[②]号令为主。虽万里外，朝下而夕奉行。黔国公沐朝弼数犯法，当逮，朝议难之。居正擢用其子，驰使缚之，不敢动。既至，请贷[③]其死，锢之南京。漕河通，居正以岁赋逾春，发水横溢，非决则涸，乃采漕臣议，督艘卒以孟冬月兑运，及岁初毕[4]发，少罹水患。行之久，太仓粟充盈，可支十年。互市饶马，乃减太仆种马，而令民以价纳，太仆金亦积四百余万。又为考成法以责吏治。初，部院覆奏行抚按勘者，尝稽[5]不报。居正令以大小缓急为限，误者抵罪。自是，一切不敢饰[6]非，政体为肃。南京小奄醉辱给事中，言者请究治。居正谪[7]其尤激者赵参鲁于外以悦保，而徐[8]说保裁抑其党，毋与六部事。其奉使者，时令缇骑阴[9]诇[10]之。其党以是怨居正，而心不附保。

居正以御史在外，往往凌抚臣，痛欲折之。一事小不合，诟责随下，又敕其长加考察。给事中余懋学请行宽大之政，居正以为风[11]己，削其职。御史傅应祯继言之，尤切。下诏狱，杖戍。给事中徐贞明等群拥入狱，视具櫜饘，亦逮谪外。御史刘台按辽东，误奏捷。居正方引故事[12]绳督之，台抗章论居正专恣不法，居正怒甚。帝为下台诏狱，命杖百，远戍。居正阳[13]具疏救之，仅夺其职。已，卒戍台。由是，诸给事御史益[14]畏居正，而心不平。

当是时，太后以帝冲[15]年，尊礼居正甚至，同列吕调阳莫敢异同。及吏部左侍郎张四维入，恂恂[16]若属吏，不敢以僚自处。

居正喜建竖，能以智数驭下，人多乐为之尽。俺答款塞，久不为害。独小王子部众十余万，东北直辽左，以不获通互市，数入寇。居正用李成梁镇辽，戚继光镇蓟门。成梁力战却[17]敌，功多至封伯，而继光守备甚设。居正皆右[18]之，边境晏[19]然。两广督抚殷正茂、凌云翼等亦数破贼有功。浙江兵民再作乱，用张佳胤往抚即定，故世称居正知人。然持法严。核驿递，省冗官，清庠序[20]，多所澄汰。公卿群吏不得乘传[21]，与商旅无别。郎署以缺少，需次者辄不得补。大邑士子额隘，艰于进取。亦多怨之者。

时承平久，群盗猬起，至入城市劫府库，有司恒[22]讳之，居正严其禁。匿弗举者，虽[23]循吏必黜。得盗即斩决，有司莫敢饰情。盗边海钱米盈数，例皆斩，然往往长系[24]或瘐死[25]。居正独亟斩之，而追捕其家属。盗贼为衰止。而奉行不便者，相率为怨言，居正不恤[26]也。

……

时帝渐备六宫，太仓银钱多所宣进。居正乃因[27]户部进御览数目陈之，谓每岁入额不敌所出，请帝置坐隅时省览，量入为出，罢节浮费。疏上，留中。帝复令工部铸钱给用，居正以利不胜费止之。言官请停苏、松织造，不听。居正为面请，得损[28]大半。复请停修武英殿工，及裁外戚迁官恩数，帝多曲从之。帝御文华殿，居正侍讲读毕，以给事中所上灾伤疏闻，因请振[29]。复言："上爱民如子，而在外诸司营私背公，剥民罔上，宜痛钳以法。而皇上加意撙节，于宫中一切用度、服御、赏赉、布施，裁省禁止。"帝首肯之，有所蠲[30]贷。居正以江南贵豪怙[31]势及诸奸猾吏民善逋[32]赋，选大吏精悍者严行督责。赋以时输，国藏日益充，而豪猾率怨居正。

……

居正自夺情[33]后，益偏恣。其所黜陟，多由爱憎。左右用事之人多通贿赂。冯保客徐爵擢用至锦衣卫指挥同知，署南镇抚。居正三子皆登上第。苍头游七入赀[34]为官，勋戚文武之臣多与往还，通姻好。七具衣冠报谒，列于士大夫。

世以此益恶[35]之。

亡何[36]，居正病。帝频颁敕谕问疾，大出金帛为医药资。四阅月不愈，百官并斋醮为祈祷。南都、秦、晋、楚、豫诸大吏，亡[37]不建醮。帝令四维等理阁中细务，大事即家令居正平章。居正始自力，后惫甚不能遍阅，然尚不使四维等参之。及病革[38]，乞归。上复优诏慰留，称"太师张太岳先生"。居正度[39]不起，荐前礼部尚书潘晟及尚书梁梦龙、侍郎余有丁、许国、陈经邦，已，复荐尚书徐学谟、曾省吾、张学颜、侍郎王篆等可大用。帝为黏御屏。晟，冯保所受书者也，强居正荐之。时居正已昏甚，不能自主矣。及卒，帝为辍朝，谕祭九坛，视国公兼师傅者。居正先以六载满，加特进中极殿大学士；以九载满，加赐坐蟒衣，进左柱国，荫一子尚宝丞；以大婚，加岁禄百石，录子锦衣千户为指挥佥事；以十二载满，加太傅；以辽东大捷，进太师，益岁禄二百石，子由指挥佥事进同知。至是，赠上柱国，谥文忠，命四品京卿、锦衣堂上官、司礼太监护丧归葬。于是四维始为政，而与居正所荐引王篆、曾省吾等交恶。

选自《明史》卷二百十三

〔**注释**〕 ① 课：考核。 ② 一：统一。 ③ 贷：饶恕。 ④ 毕：全。 ⑤ 稽：留止。 ⑥ 饰：掩饰。 ⑦ 谪：降职。 ⑧ 徐：慢慢地。 ⑨ 阴：暗中。 ⑩ 诇：刺探。 ⑪ 风：通"讽"，讽刺。 ⑫ 故事：先例。 ⑬ 阳：通"佯"，假装。 ⑭ 益：更加。 ⑮ 冲：幼小。 ⑯ 恂恂：谦恭谨慎貌。 ⑰ 却：退。 ⑱ 右：重视。 ⑲ 晏：安宁。 ⑳ 庠序：学校。 ㉑ 传：驿马。 ㉒ 恒：常常。 ㉓ 虽：即使。 ㉔ 系：拘囚。 ㉕ 瘐死：犯人在狱中因受刑、饥寒或患病而死。 ㉖ 恤：顾及。 ㉗ 因：趁机。 ㉘ 损：减少。 ㉙ 振：赈济。 ㉚ 蠲：通"捐"，减免。 ㉛ 怙：凭恃。 ㉜ 逋：拖欠。 ㉝ 夺情：古代官员丧服未满而朝廷强令出仕。 ㉞ 赀：通"资"，资财。 ㉟ 恶：憎恨。 ㊱ 亡何：同"无何"，不久。 ㊲ 亡：通"无"，没有。 ㊳ 革：急，重。 ㊴ 度：估量。

〔**赏析**〕 《张居正列传》讲述了明朝晚期的一代名臣张居正的生平。张居正，字叔大，号太岳，江陵（今湖北荆州市荆州区）人，他主政期间，大刀阔斧地进行改革，整顿吏治、增强边备、整改漕运、清丈土地、裁却冗官、行一条鞭法等等，是中国历史上杰出的改革家，其改革卓有成效。

明代晚期是中国封建社会的衰落期，吏治腐败，弊端众多，财政拮据，国库空虚，外有虎视眈眈的蒙古、女真；内有穷极揭竿的流民盗匪。当年朱元璋率领一众大明英烈打下的江山至此已经风雨飘摇，大明帝国已经到了生死关头，危在旦夕。

张居正在四十七岁时成为首辅，当时他面临的是一个统治机器面临崩溃、国家财政濒临破产的烂摊子，贪污受贿腐败深重，官吏冗员工作效率极其低下，国库空空如也，几乎形同虚设。在这内外交困的时候，他毅然担起了拯救王朝的千斤重担，励精图治，奋起改革，用长达十年的施政，延续了这个已经面临崩溃的王朝七十年的寿命。正因他面对大厦将颓而又力挽狂澜，因此有人赞他"通识时变，勇于任事"，甚至说他"除却伊、周只此人"。

变法过程中，张居正加强了北方守备，与鞑靼开边疆互市，采取和平政策，使太仆寺积蓄金达四百多万。对和平环境的重视无疑是张居正的聪明之处，由于有这些措施，往后二三十年中明朝和鞑靼没有发生大的战争，农业生产便又重新发展起来，这是百姓生活稳定的基础，也是国家富强的基础。同时，张居正唯才是用，不拘一格任用人才，使社会安定发展，这也充分体现了张居正知人善用的智慧。

不仅这样，张居正还提出一个鲜明的要求，加强上层集权，考核官员职责履行情况，赏罚分明，官员服从上级命令。他法办了横行不法的黔国公，对那些凌辱巡抚的御史予以责备和考核，又勒令府库被劫必须上报，这一系列严打的措施既伸张了法纪，又整顿了统治秩序。尤其是张居正推行的"考成法"，吏部通过以言核事、以事核效、随事考核来评定官员的勤惰，以此淘汰惩治了一批官员，扫除了不少吏治之弊，提高了行政工作的办事效率。张居正对吏治弊病看得很透彻，他认为不法权贵是祸国殃民的大患，便锐意把改革的锋芒指向这些统治阶级中的蛀虫，这实际上是从规章制度上对统治机器进行修补，通过强调法令并有效执行，使制度得以巩固，官员能令行禁止，加以考成法，工作效率得到很大提升。更重要的是，官员效率提高，百姓受惠，改革便能取得百姓的信任，为经济改革奠定了群众基础。

当时，地主贵族大量兼并土地，然后利用特权瞒田逃税，导致国家税收越来越少。张居正清丈勘核全国田地，打击逃税，在清查土地的基础上，他推行一条鞭法，这是张居正变法最重要的方面，有效防止了官吏在中间环节贪污，大大改善了国家的财政状况。同时他兴修水利，接纳漕臣的建议，避开容易发生水患的季节，在冬天进行漕运。

张居正很推崇明太祖朱元璋的法典制度，认为太祖的法制最为完备。他在充分分析当时政务废弛、财政混乱的现实之后，认为弊病丛生的原因之一在于当时法制不完备、执法不彻底，于是意图重新推行太祖法度，但张居正又清醒地认识到，时移世易，社会比起太祖时已发生许多变化，故不能泥古不化，要合乎时宜，恢复古制也要符合当前的现实。

因此，张居正的措施在法治、官员考核、裁冗、清理土地、整饬边备等方面都有着朱元璋施政的影子。他善于把前人合理的制度按照当今的社会环境变化实施，使之适应当前现实，而行之有效。表面上他是恢复古制，实际上对当时社会来说却正是革新。从另一个角度看，他把变法革新披上遵守祖制的外衣，一定程度上能争取到一批大臣的支持，减小了变法的阻力。

常拿来与张居正变法作比较的王安石变法，其失败原因之一就是政策缺乏彻底有效的执行，实际上这也是历史上不少改革变法共同的缺陷。如果说王安石变法多少带有书生意气与理想化色彩，且缺乏良好执行力，那么张居正变法就是真正从现实出发，按照百姓以及国家的需要，把措施落到实处。张居正的变法措施能够从切实解决人的问题入手，义无反顾地用强硬手段贯彻推行，这是非常难能可贵的。虽然张居正变法的措施也产生了不少弊政，但那是特定社会条件下无法避免的，其变法措施也已经做到了当时社会条件下所能做到的极致。要知道，嘉靖年间国库存粮不够一年用，大明王朝面临崩溃，但张居正变法后，国库积银六七百万两，储备粮食足够十年用，历史证明了他硬生生把明王朝的覆亡推后了七十年。只可惜张居正死后，万历皇帝没有坚持改革，张居正家人也遭反对派迫害而家破人亡，但无论如何，张居正改革的决心、手段和力度,值得后人赞誉。同时应注意到,当今社会同样处于改革开放的历程中,张居正变法改革的思想原则与具体措施,实在有很多闪光点值得我们去仔细思考和借鉴。

（高志忠）

两千年宦官争斗史的终结

〔导言〕 晚明时代是中国历史上的一个社会转型期。这个时期旧体制日渐没落,复杂难解的社会问题开始不断暴露出来。政治上的腐朽、经济上的活跃、科技思想文化诸方面的进步,都是这个时代所具备的新特点,故而晚明时期可以被视作中国历史上一个自身近代化的历史时期。

晚明政治最显著的特点就是党争,晚明士大夫阶层具有儒家文化所提倡的忠君、济世等思想,同时也有本时代独有的特色。明代士大夫在与强权进行斗争的过程中具有令后人不解的勇气,今人读史,往往会对明代的文官敢于与皇帝或当权者作出力量不均等的斗争而感到大惑不解,官员们即使遭到杖毙或者发配的严厉处罚都在所不惜,这可以被视为一种精神的觉醒。

本节选录《顾宪成列传》、《杨涟列传》和《宦官列传》,通过对晚明时代的历史片段进行解读,希望能借此观察这个时代社会政治的运作模式,学习顾宪成、杨涟等东林党人争取权利、以天下安危为己任的精神,继承他们得之于宋儒的"为生民立命"的伟大情怀,弘扬爱国主义精神,培养"先天下之忧而忧,后天下之乐而乐"的士大夫使命感。

顾宪成列传

〔选文〕

顾宪成,字叔时,无锡人。万历四年举乡试第一。八年成进士,授户部主事。大学士张居正病,朝士群为之祷,宪成不可[①]。同官代之署名,宪成手[②]削去之。居正卒,改吏部主事。请告归三年,补验封主事。

十五年大计[③]京朝官,都御史辛自修掌计事。工部尚书何起鸣在拾遗中，自修坐是失[④]执政意。给事中陈与郊承风[⑤]旨并论起鸣、自修，实以攻自修而庇起鸣。于是二人并罢，并责御史纠[⑥]起鸣者四人。宪成不平，上疏语侵执政，被旨切责，谪桂阳州判官。稍迁处州推官。丁母忧，服除，补泉州推官。举公廉第一。

擢吏部考功主事，历员外郎。会[⑦]有诏三皇子并封王。宪成偕同官上疏曰：

皇上因《祖训》立嫡之条，欲暂令三皇子并封王，以待有嫡立嫡，无嫡立长。臣等伏而思之，"待"之一言，有大不可者。太子，天下本。豫[⑧]定太子，所以固本。是故有嫡立嫡，无嫡立长，就见在论是也，待将来则非也。我朝建储家法，东宫不待嫡，元子不并封。廷臣言甚详，皇上概弗省[⑨]，岂皇上创见有加[⑩]列圣之上乎？有天下者称天子，天子之元子称太子。天子系乎天，君与天一体也；太子系乎父，父子一体也。主鬯[⑪]承祧[⑫]，于是乎在，不可得而爵。今欲并封三王，元子之封何所系乎？无所系，则难乎其为名；有所系，则难乎其为实。

皇上以为权宜云耳。夫权宜者，不得已而行之也。元子为太子，诸子为藩王，于理顺，于分[⑬]称，于情安，有何不得已而然乎？耦[⑭]尊钧[⑮]大，逼所由生。皇上以《祖训》为法，子孙以皇上为法。皇上不难创其所无，后世讵[⑯]难袭其所有。自是而往，幸皆有嫡可也，不然，是无东宫也。又幸而如皇上之英明可也，不然，凡皇子皆东宫也，无乃启万世之大患乎？皇后与皇上共承宗祧，期于宗祧得人而已。皇上之元子诸子，即皇后之元子诸子。恭妃、皇贵妃不得而私之，统于尊也。岂必如辅臣王锡爵之请，须拜皇后为母，而后称子哉?

况始者奉旨,少[17]待二三年而已,俄[18]改二十年,又改于二十一年,然犹可以岁月期也。今曰“待嫡”,是未可以岁月期也。命方布而忽更,意屡迁而愈缓。自并封命下,叩阍[19]上封事者不可胜数,至里巷小民亦聚族而窃议,是孰使之然哉,人心之公也。而皇上犹责辅臣以担当。锡爵夙夜趣[20]召,乃排群议而顺上旨,岂所谓担当:必积诚感悟纳皇上于无过之地,乃真担当耳。不然,皇上且不能如天下何,而况锡爵哉!

皇上神明天纵,非溺宠狎昵之比。而不谅者,见影而疑形,闻响而疑声,即臣等亦有不能为皇上解者。皇上盛德大业,比隆三五。而乃来此意外之纷纷,不亦惜乎。伏乞令皇元子早正储位,皇第三子、皇第五子各就王爵。父父子子,君君臣臣,兄兄弟弟。宗庙之福,社稷之庆,悉在是矣。

宪成又遗书锡爵,反覆辨论。其后并封议遂寝[21]。

二十一年京察。吏部尚书孙𫓩、考功郎中赵南星尽黜执政私人,宪成实左右之。及南星被斥,宪成疏请同罢,不报。寻[22]迁文选郎中。所推举率与执政牴牾。先是,吏部缺尚书,锡爵欲用罗万化,宪成不可,乃用陈有年。后廷推阁臣,万化复不与。锡爵等皆恚[23],万化乃获推,会帝报[24]罢而止。及是,锡爵将谢政,廷推代者。宪成举故大学士王家屏,忤帝意,削籍归。事具有年传。

宪成既废,名益高,中外推荐无虑百十疏,帝悉不报。至三十六年,始起南京光禄少卿,力辞不就。四十年卒于家。天启初,赠太常卿。魏忠贤乱政,其党石三畏追论之,遂削夺。崇祯初,赠吏部右侍郎,谥端文。

宪成姿性绝人，幼即有志圣学。暨削籍里居，益覃[25]精研究，力辟王守仁“无善无恶心之体”之说。邑故有东林书院，宋杨时讲道处也，宪成与弟允成倡修之，常州知府欧阳东凤与无锡知县林宰为之营构。落成，偕同志高攀龙、钱一本、薛敷教、史孟麟、于孔兼辈讲学其中，学者称泾阳先生。当是时，士大夫抱道忤时者，率退处林野，闻风响附，学舍至不能容。宪成尝曰：“官辇毂，志不在君父，官封疆，志不在民生，居水边林下，志不在世道，君子无[26]取焉。”故其讲习之余，往往讽议朝政，裁量人物。朝士慕其风者，多遥相应和。由是东林名大著，而忌者亦多。

选自《明史》卷二百三十一

〔注释〕 ① 可：同意。 ② 手：亲手。 ③ 计：考核官吏。 ④ 失：违背。 ⑤ 风：暗示。 ⑥ 纠：检举。 ⑦ 会：适逢。 ⑧ 豫：事先准备。 ⑨ 省：察看。 ⑩ 加：超过。 ⑪ 鬯：古代祭祀、宴会用的一种香酒。 ⑫ 祧：泛指宗庙。 ⑬ 分：名分。 ⑭ 耦：匹敌。 ⑮ 钧：通“均”，平均。 ⑯ 讵：难道。 ⑰ 少：稍微。 ⑱ 俄：突然。 ⑲ 阍：官门。 ⑳ 趣：奔赴。 ㉑ 寝：搁置。 ㉒ 寻：不久。 ㉓ 恚：发怒。 ㉔ 报：答复。 ㉕ 覃：深入。 ㉖ 无：不。

〔赏析〕 顾宪成，字叔时，号泾阳，无锡（今属江苏）人。世称顾宪成为泾阳先生或东林先生，他是东林学派的主要创始人和代表人物，一生致力于政治团体“东林党”的创建和发展，在晚明党争中属于至关重要的人物。

万历八年（1580年），顾宪成高中进士，任职户部主事。万历前十年可以称为“张居正时代”，彼时万历皇帝年幼，张居正作为内阁首辅辅政，他尽力地教育小皇帝，尽情地施展自己的政治理想，进行了锐意的改革。万历初，朝野上下唯张居正马首是瞻，初出茅庐的顾宪成却敢于批评张居正的政策，不做阿谀之事。张居正死后，万历皇帝开始收回中枢权力，在迎合皇帝的“倒张运动”中，敢于和张居正作对的顾宪成从财务部门调往人事部门，任吏部主事之职。

万历十五年，顾宪成又与首辅申时行对立，被贬贵阳、泉州等地。四五年后又调回京城，在吏部任要职，不久发生了“争国本”事件。万历皇帝的皇长子是朱常洛，但是万历偏爱郑贵妃所生的皇三子朱常洵，想立皇三子为太子，遭到了文官群体的反对。万历对群臣无可奈何，想采取迂回战术，先把三个儿子封王。吏部员外郎顾宪成上疏反对，请求尽快立皇长子为太子，最后，万历皇帝收回了旨意。顾宪成代表的文官群体和皇帝之间的矛盾开始加深，王锡爵被迫辞职后，顾宪成等吏部官员推举王家屏，继续跟皇帝唱对台戏，顾宪成被削籍回家。

万历二十二年前后，高攀龙、顾允成等人也被贬回故乡，顾宪成决定重建东林书院，得到了士绅和地方官员的支持。他的讲学面向广大群众，让每个人都能“致良知”。顾宪成希望通过讲学改变人们的思想，进而改变社会。每月讲学三日，听众多达数百人。他们批评时政，公开直率，很多书院学生后来进入官场，成为新的政治力量，朝野应和，东林影响越来越大。顾宪成长期在吏部任职，以他为中心聚集了一批同志好友。在朝时，顾宪成敢于据理力争，秉公办事，对首辅、皇帝毫不妥协。被贬官后，通过在朝的官员好友李三才等人，以在野身份影响政治，东林书院实际上已经成为一个舆论中心。与此同时，东林人士也遭到了来自其他党派的打击，昆、宣、齐、楚、浙等党派为了争夺朝中权力，罗列罪名，使得东林党遭到排挤。尤其是其后以魏忠贤为首的阉党，将朝中正直的官员悉数戕害殆尽。朝中吏治越来越不可救，直至明朝灭亡。

东林人士以书院对国家政治产生影响，他们讽议朝政、评论官吏，要求振兴吏治，开放言路，革除朝野积弊，反对权贵贪赃枉法，对国家政府产生了一定的监督作用，也对后来黄宗羲等人的思想有过一定的影响。东林党是明代中期以来，文官集团与皇权集团政治斗争的产物，这些清流官员渐渐对皇权形成了一定的制约。他们生活在晚明这个特殊的时代，社会政治经济的变化催生出这股社会力量，具有很强的时代特色。

顾宪成为人性情耿直，不肯委曲求全。他有心怀天下的政治理想，曾为东林书院题联：“风声雨声读书声，声声入耳；家事国事天下事，事事关心”，而这正是东林人士匡世救时理想的写照。他们的斗争精神鼓舞和影响了很多社会志士，在明清易代之际谱写了无数的英雄赞歌。这种先天下之忧而忧的精神贯穿了中国古代社会，历朝历代不乏其人。但是明朝晚期，正是文官集团之间的党争，使得政权出现了问题，对于朝政渐渐缺乏应对能力，这是明朝灭亡的内在原因。

杨涟列传

〔选文〕

杨涟，字文孺，应山人。为人磊落负奇节。万历三十五年成进士，除常熟知县。举廉吏第一，擢户科给事中，转兵科右给事中。

……

天启二年起涟礼科都给事中，旋擢太常少卿。明年冬，拜左佥都御史。又明年春，进左副都御史。而是时魏忠贤已用事，群小附之，惮众正[①]盈朝，不敢大肆。涟益[②]与赵南星、左光斗、魏大中辈激扬讽议，务植善类，抑恼邪。忠贤及其党衔[③]次骨，遂兴汪文言狱，将罗织诸人。事虽获解，然正人势日危。其年六月，涟遂抗疏劾忠贤，列其二十四大罪，言：

高皇帝定令，内官不许干预外事，只供掖廷洒扫，违者法无赦。圣明在御，乃有肆无忌惮，浊乱朝常，如东厂太监魏忠贤者。敢列其罪状，为陛下言之。

忠贤本市井无赖，中年净身，夤[④]入内地，初犹谬[⑤]为小忠、小信以幸恩，继乃敢为大奸、大恶以乱政。祖制，以拟旨专责[⑥]阁臣。自忠贤擅权，多出传奉，或径自内批，坏祖宗二百余年之政体，大罪一。

刘一燝、周嘉谟，顾命大臣也，忠贤令孙杰论去。急于翦己之忌，不容陛下不改父之臣，大罪二。

先帝宾天，实有隐恨[7]，孙慎行、邹元标以公义发愤，忠贤悉排去之。顾于党护选侍之沈潅，曲意绸缪，终加蟒玉。亲乱贼而仇忠义，大罪三。

王纪、钟羽正先年功在国本。及纪为司寇，执法如山；羽正为司空，清修如鹤。忠贤构党斥逐，必不容盛时有正色立朝之直臣，大罪四。

国家最重无如枚卜[8]。忠贤一手握定，力阻首推之孙慎行、盛以弘，更为他辞以锢其出。岂真欲门生宰相乎？大罪五。

爵[9]人于朝，莫重廷推。去岁南太宰、北少宰皆用陪推，致一时名贤不安其位。颠倒铨[10]政，掉弄机权，大罪六。

圣政初新，正资[11]忠直。乃满朝荐、文震孟、熊德阳、江秉谦、徐大相、毛士龙、侯震旸等，抗论稍忤，立行贬黜，屡经恩典，竟阻赐环。长安谓天子之怒易解，忠贤之怒难调，大罪七。

然犹曰外廷臣子也。去岁南郊之日，传闻宫中有一贵人，以德性贞静，荷[12]上宠注。忠贤恐其露己骄横，托言急病，置之死地。是陛下不能保其贵幸矣，大罪八。

犹曰无名封也。裕妃以有妊传封，中外方为庆幸。忠贤恶其不附己，矫旨勒令自尽。是陛下不能保其妃嫔矣，大罪九。

犹曰在妃嫔也。中宫有庆，已经成男，乃忽焉告殒，传闻忠贤与奉圣夫人实有谋焉。是陛下且不能保其子矣，大罪十。

……

凡此逆迹，昭然在人耳目。乃内廷畏祸而不敢言，外廷结舌而莫敢奏。间或奸状败露，则又有奉圣夫人为之弥缝。甚至无耻之徒，攀附枝叶，依托门墙，更相表里，迭为呼应。积威所劫[13]，致掖廷之中，但知有忠贤，不知有陛下；都城之内，亦但知有忠贤，不知有陛下。即如前日，忠贤已往涿州，一切政务必星夜驰请，待其既旋[14]，诏旨始下。天颜咫尺，忽慢[15]至此，陛下之威灵尚尊于忠贤否耶？陛下春秋鼎盛，生杀予夺，岂不可以自主？何为受制幺麽小丑，令中外大小惴惴莫必其命？伏乞大奋雷霆，集文武勋戚，敕刑部严讯，以正国法，并出奉圣夫人于外，用消隐忧，臣死且不朽。

忠贤初闻疏，惧甚。其党王体乾及客氏力为保持，遂令魏广微调旨切[16]责涟。先是，涟疏就欲早朝面奏。值次日免朝，恐再宿[17]机泄，遂于会极门上之，忠贤乃得为计。涟愈愤，拟对仗复劾之，忠贤诇[18]知，遏帝不御朝者三日。及帝出，群阉数百人衷甲夹陛立，敕左班官不得奏事，涟乃止。

自是，忠贤日谋杀涟。至十月，吏部尚书赵南星既逐，廷推代者，涟注籍不与[19]。忠贤矫旨责涟大不敬，无人臣礼，偕吏部侍郎陈于廷、佥都御史左光斗并削籍。忠贤恨不已，再兴汪文言狱，将罗织杀涟。五年，其党大理丞徐大化劾涟、光斗党同伐异，招权纳贿，命逮文言下狱鞫[20]之。许显纯严鞫文言，使引涟纳熊廷弼贿。文言仰天大呼曰：“世岂有贪赃杨大洪哉！”至死不承。大洪者，涟别字也。显纯乃自为狱词，坐[21]涟赃二万，遂逮涟。士民数万人拥道攀号，所历村市，悉焚香建醮，祈佑涟生还。比[22]下诏狱，显纯酷法拷讯，体无完肤。其年七月遂于夜中毙之，年五十四。

涟素贫，产入官不及千金。母妻止宿谯楼，二子至乞食以养。征赃令急，乡人竞出赀助之，下至卖菜佣亦为输助。其节义感人如此。崇祯初，赠太子太保、兵部尚书，谥忠烈，官其一子。

选自《明史》卷二百四十四

〔注释〕 ① 正：正直(的官员)。 ② 益：更。 ③ 衔：怀恨。 ④ 夤：攀附。 ⑤ 谬：欺骗。 ⑥ 责：要求。 ⑦ 恨：遗憾。 ⑧ 枚卜：泛指选用官员。 ⑨ 爵：授予爵位或官位。 ⑩ 铨：选授官职。 ⑪ 资：凭借。 ⑫ 荷：蒙受恩惠。 ⑬ 劫：胁迫。 ⑭ 旋：返回。 ⑮ 慢：轻视。 ⑯ 切：严厉。 ⑰ 宿：夜。 ⑱ 诇：刺探。 ⑲ 与：参加。 ⑳ 鞫：审讯。 ㉑ 坐：判罪。 ㉒ 比：等到。

〔赏析〕 杨涟的青年时代，正是东林党活动方兴未艾之时，他对于顾宪成等人以天下为己任、不畏权势、敢于訾议朝政的精神非常敬佩，每遇东林讲会，他一定会赶到无锡，与东林诸君子探讨性理，共商治国。杨涟与他们彼此志同道合，逐渐成为东林党的后起之秀，终生致力于争"梃击案"、"红丸案"、"移宫案"三案以正宫闱，反阉党以遏止魏忠贤，最终为挽救混乱的政局而殒命。

杨涟的一生是作为言官的一生。万历间任给事中，在"争国本"这件万历朝的大事中，他主张由皇长子朱常洛继位。万历弥留之际，他劝谏太子一定要守在皇帝床边，防止有人暗中作梗，确保了太子顺利登基。然而泰昌登基后，四天就病倒卧床，不过二十几天，就在"红丸案"中一命呜呼了。皇帝病中将众大臣叫到病床前，其中包括杨涟，杨涟对此感激不已。因此在泰昌毙命之后，为了确保天启顺利登基，而且为确保其不受后宫和宦官控制，杨涟又和众人一同促成了"移宫案"。在与后宫集团争取皇帝的过程中，杨涟作为给事中，发挥了才智和勇气。当后宫的宦官挡路，阻止他接近皇帝或者带走皇帝的时候，他破口大骂对方是奴才，最终使皇帝与文官站在了一起。

以杨涟为代表的士大夫把天启推上了龙椅，从小陪伴天启长大的太监魏忠贤因此得势。天启皇帝朱由校性情急躁，且因父亲不受祖父万历的欢心，虽然作为皇长孙，然而天启从来没有被看作储君悉心培养，他所熟悉的就是魏忠贤这个从小陪自己长大的伙伴。魏忠贤依靠皇帝信任，渐渐掌握中枢大权，又一次上演了宦官专权的老戏码。

杨涟当时已经是左都御史，为言官之首。朝中正人被魏忠贤朋党打得节节败退，杨涟遂与同人上疏，历数魏忠贤罪状，其中有身为宦官参与政事、败坏太祖遗训、残害忠良等二十四条大罪。此时的朝廷，从内阁六部到两厂一卫，都布满了魏忠贤的爪牙，这封奏疏上呈不久就到了魏忠贤的手中。魏忠贤截下了奏疏，没有让皇帝看到，而且想方设法阻止杨涟见皇帝，避免他当面上疏。无奈之下，杨涟把奏疏内容复制印发给了全体官员，除了皇帝，满朝文武都看到了。同时，他又利用东林书院、国子监等组织机构，将奏疏内容更广泛地传播，越来越多的正直官员开始弹劾魏忠贤。这一番较量之后，魏忠贤无时无刻不想杀掉杨涟，没多久，魏忠贤找个借口，削了杨涟的官。

天启五年(1625 年)，阉党相继利用汪文言案、熊廷弼案诬陷杨涟等人收受贿赂，将杨涟、左光斗等东林人士一起下狱。汪文言不肯诬陷杨涟，魏忠贤的党羽许显纯便杀死了汪文言，自造一份供词，指认杨涟收受贿赂两万两。杨涟入狱后，百姓纷纷祈祷他平安归来，然而监狱中阉党早已一手遮天，杨涟不久死于狱中。杨涟平生清廉，抄没后家中全部的财产不到一千两，两个儿子为了赡养祖母、母亲竟到了乞讨的地步，阉党还穷追不舍，要求交出两万两赃款。百姓看不下去，纷纷捐款帮他，连买菜的小贩也伸出援手，杨涟得民心者如此。

在天启皇帝继位一事上，杨涟等东林党人是有汗马功劳的。投之以桃，报之以李，登基后的朱由校也没有亏待他们，左光斗任左都御史，杨涟进左副都御史。然而天启对东林党人并不信任，当时杨涟上疏历数魏忠贤二十四条大罪，天启是知道的，但是皇帝一直坚信魏忠贤是“尽忠尽贤”的，不会害他、害朱家社稷，魏忠贤于是获得了一手遮天的权力，遂开列《东林点将录》大肆打击东林党人。不久天启下诏，烧毁全国书院。东林书院被拆毁，杨涟、左光斗等东林党人遭到杀害后，朝中的正派力量已不成气候。

东林党人在时局动荡之际，致力于社会道德和国家秩序的重建，但是东林党内部森严壁垒，有其他朋党的掣肘，又要面对阉党的攻击。在晚明剧烈的党争中，东林党自身遭受到了毁灭性的打击，也给国家、民族造成了巨大的负面影响。然而他们不屈服于强权，以天下安危自任的精神却竖起了一座丰碑，成为后世宝贵的精神财富。

宦官列传

〔选文〕

魏忠贤，肃宁人。少无赖，与群恶少博，少胜，为所苦，恚而自宫，变姓名曰李进忠。其后乃复姓，赐名忠贤云。忠贤自万历中选入宫，隶太监孙暹，夤缘入甲字库，又求为皇长孙母王才人典膳，谄事魏朝。朝数称忠贤于安，安亦善遇之。长孙乳媪曰客氏，素私侍朝，所谓对食者也。及忠贤入，又通[①]焉。客氏遂薄[②]朝而爱忠贤，两人深相结。

……

二年叙[③]庆陵功，荫[④]忠贤弟侄锦衣卫指挥佥事。给事中惠世扬、尚书王纪论沈潅交通[⑤]客、魏，俱被谴去。会初夏雨雹，周宗建言雹不以时，忠贤谗慝所致。修撰文震孟、太仆少卿满朝荐相继言之，亦俱黜。

三年春，引其私人魏广微为大学士。令御史郭巩讦[⑥]宗建、一燝、元标及杨涟、周朝瑞等保举熊廷弼，党邪误国。宗建驳巩受忠贤指挥，御史方大任助宗建攻巩及忠贤，皆不胜。其秋，诏忠贤及客氏子国兴所荫锦衣官并世袭。兵部尚书董汉儒、给事中程注、御史汪泗论交谏，不从。忠贤益无忌，增置内操万人，衷[⑦]甲出入，恣为威虐。矫诏赐光宗选侍赵氏死。裕妃张氏有娠，客氏谮[⑧]杀之。又革成妃李氏封。皇后张氏娠，客氏以计堕其胎，帝由此乏嗣。他所害宫嫔冯贵人等，太监王国臣、刘克敬、马鉴等甚众。禁掖事秘，莫详也。是冬，兼掌东厂事。

四年，给事中傅櫆结忠贤甥傅应星为兄弟，诬奏中书汪文言，并及左光斗、魏大中。下文言镇抚狱，将大行罗织。掌镇抚刘侨受叶向高教[9]，止[10]坐文言。忠贤大怒，削侨籍，而以私人许显纯代。是时御史李应升以内操谏，给事中霍守曲以忠贤乞祠额谏，御史刘廷佐以忠贤滥荫谏，给事中沈惟炳以立枷谏，忠贤皆矫旨诘责。于是副都御史杨涟愤甚，劾忠贤二十四大罪。疏上，忠贤惧，求解于韩爌。爌不应，遂趋帝前泣诉，且辞东厂，而客氏从旁为剖析，体乾等翼[11]之。帝懵然不辨也。遂温谕留忠贤，而于次日下涟疏，严旨切责。涟既绌，魏大中及给事中陈良训、许誉卿，抚宁侯朱国弼，南京兵部尚书陈道亨，侍郎岳元声等七十余人，交章论忠贤不法。向高及礼部尚书翁正春请遣忠贤归私第[12]以塞谤，不许。

当是时，忠贤愤甚，欲尽杀异己者。顾秉谦因阴[13]籍[14]其所忌姓名授忠贤，使以次斥逐。王体乾复昌言用廷杖，威胁廷臣。未几，工部郎中万燝上疏刺[15]忠贤，立杖死。又以御史林汝翥事辱向高，向高遂致仕[16]去，汝翥亦予杖。廷臣俱大詟[17]。一时罢斥者，吏部尚书赵南星、左都御史高攀龙、吏部侍郎陈于廷及杨涟、左光斗、魏大中等先后数十人，已又逐韩爌及兵部侍郎李邦华。正人去国[18]，纷纷若振槁[19]。乃矫中旨召用例转科道。以朱童蒙、郭允厚为太仆少卿，吕鹏云、孙杰为大理丞，复霍维华、郭兴治为给事中，徐景濂、贾继春、杨维垣为御史，而起徐兆魁、王绍徽、乔应甲、徐绍吉、阮大铖、陈尔翌、张养素、李应荐、李嵩、杨春懋等，为之爪牙。未几，复用拟戍崔呈秀为御史。呈秀乃造《天鉴》、《同志》诸录，王绍徽亦造《点将录》，皆以邹元标、顾宪成、叶向高、刘一燝等为魁，尽罗入不附忠贤者，号曰东林党人，献于忠贤。忠贤喜，于是群小益求媚忠贤，攘臂攻东林矣。

初，朝臣争三案及辛亥、癸亥两京察与熊廷弼狱事，忠贤本无预[20]。其党欲藉忠贤力倾[21]诸正人，遂相率归忠贤，称义儿，且云："东林将害翁。"以故，忠贤欲甘心焉。御史张讷、倪文焕，给事中李鲁生，工部主事曹钦程等，竞搏击善类为报复[22]。而御史梁梦环复兴汪文言狱，下镇抚司拷死。许显纯具爰书[23]，词连赵南星、杨涟等二十余人，削籍遣戍有差。逮涟及左光斗、魏大中、周朝瑞、袁化中、顾大章等六人，至牵入熊廷弼案中，掠治死于狱。又杀廷弼，而杖其姻御史吴裕中至死。又削逐尚书李宗延、张问达，侍郎公鼐等五十余人，朝署一空。而特召亓诗教、刘述祖等为御史，私人悉不次[24]超擢。于是忠贤之党遍要津矣。

当是时，东厂番役横行，所缉访无论虚实辄糜烂。戚臣李承恩者，宁安大长公主子也，家藏公主赐器。忠贤诬以盗乘舆服御物，论死。中书吴怀贤读杨涟疏，击节称叹。奴告之，毙怀贤，籍其家。武弁蒋应阳为廷弼讼冤，立诛死。民间偶语，或触忠贤，辄被擒僇，甚至剥皮、刲舌，所杀不可胜数，道路以目。其年，叙门功，加恩三等，荫都督同知。又荫其族叔魏志德都督佥事。擢傅应星为左都督，且旌其母。而以魏良卿佥书锦衣卫，掌南镇抚司事。

选自《明史》卷三百五

〔**注释**〕 ① 通：通奸。 ② 薄：轻视。 ③ 叙：陈述。 ④ 荫：庇荫，指子孙因先代功劳而得到封赏。 ⑤ 通：勾结。 ⑥ 讦：揭发过失或阴私。 ⑦ 衷：穿在里面。 ⑧ 谮：诬陷。 ⑨ 教：教导。 ⑩ 止：仅仅。 ⑪ 翼：保护。 ⑫ 第：宅院。 ⑬ 阴：暗中。 ⑭ 籍：记录。 ⑮ 刺：指责。 ⑯ 致仕：辞官。 ⑰ 詟：恐惧。 ⑱ 国：国都。 ⑲ 槁：枯木。 ⑳ 预：干预。 ㉑ 倾：排挤。 ㉒ 报复：报恩。 ㉓ 爰书：古时记录囚犯供词的文书。 ㉔ 次：等第。

〔赏析〕 明太祖平定天下，考鉴历代得失，深患宦官专权。在临终之前留下遗训，宦官不得干预朝政，违者斩。建文遵遗训，严忌宦官参政。靖难中，多有宦官逃往北军中，将南京城的虚实透露给燕王，立下了一些功劳。成祖继位后，对宦官多有任用，如李兴、郑和下南洋、西洋，宦官是皇帝身边的人，一些有才干的能得到皇帝的信任和器重，被委以重任。永乐十八年(1420年)设置东厂，帮助皇帝监察锦衣卫和百官，渐渐地宦官开始参与出使、专征、监军、分镇地方、刺探臣民隐事等事务。明朝先后出现王振、刘瑾等元恶大憝，到了明末，又有了魏忠贤。

魏忠贤万历间进宫，在后宫颇擅钻营，后来到了皇长孙身边伺候，与皇长孙的奶娘客氏沆瀣一气。皇长孙朱由校被东林党等外臣遵为新皇帝，客氏和魏忠贤都宠遇优渥。在客氏的帮助下，魏忠贤很快成为司礼秉笔太监，掌管奏章的上传下达，权柄极重。熹宗对魏忠贤极其信任和倚重，尽管不断有大臣上疏弹劾魏忠贤，但都被皇帝打回了。天启初年，虽然魏忠贤势力开始壮大，但是朝中还有叶向高、邹元标、赵南星、左光斗等正人君子，把持住内阁、六部、监察等部门，魏忠贤无法为所欲为。

随后两年间，不断有大臣上疏弹劾魏忠贤及其党羽，都被皇帝驳斥。皇帝反而不断对魏忠贤及其亲属进行加封，把东厂也交给魏忠贤管理，以示信任。魏忠贤越来越无所顾忌，与客氏狼狈为奸，左右后宫、外朝，国家社稷俨然成了他们的私人之物。天启四年(1624年)，阉党罗织罪名，利用汪文言案，将锦衣卫攫取到手中。之后敢于上疏指责魏忠贤不法之事的大臣，都被皇帝斥责一顿——到底是皇帝本人下诏斥责还是魏忠贤假借皇帝名义做的批复，这个并没有什么区别。在这种形势下，杨涟站了出来，以二十四条大罪声讨魏忠贤，无奈皇帝仍然相信魏忠贤，将杨涟斥责了一番。魏忠贤决定予以反击，将异己之人除掉，一时之间，赵南星、左光斗等人都被罢去，阉党党羽占据了朝廷的关键位置，随后穷追猛打，炮制《东林点将录》等名单，大肆打击朝廷正人。

在这种形势下，朝中其他小人朋党也开始归顺魏忠贤，自称义子，借助他的势力打击正人，攫取权力。之后，借助汪文言一案，许显纯将赵南星、杨涟一网打尽，或罢官或发配或折磨致死，朝中大臣被打击殆尽，朝廷的各个办公署几乎空了。东厂在魏忠贤的控制下，成了打击异己的工具，除了朝中大臣，对贵戚皇亲都伪造证据，诬告致死。魏忠贤的凶名，民间都怕到不行。而皇帝对魏忠贤，不断进行加恩升官，文武要职、南北锦衣卫都掌握在他的亲族手中。

短短四五年间，阉党已成大势。朋党征伐，朝中忠良内耗殆尽，国事渐渐更加不可救。魏忠贤的得势，全部来自熹宗的信任。熹宗临终前还托付崇祯，魏忠贤"恪谨忠贞，可计大事"。天启年间魏忠贤与朝中大臣的政治斗争，造成了极大的内耗，魏忠贤和文官集团的对峙，一定程度上可以看作是皇权和文官集团的对峙。东林党人在万历朝对皇权的抵抗取得了一定的胜利，在"争国本"一事上让皇帝妥协，是专制皇权时代的一个变异。但是到了熹宗朝，魏忠贤对文官集团的打击和文官集团内部的斗争愈演愈烈，前述的变异因素消弭得无影无踪，他们进行斗争所留下的精神遗产，只存留在一些东林后辈的著作学说里。改朝换代以后，清代几位皇帝不像明神宗、明熹宗那般软弱无能，这种制约皇权的因素更加无法成长，成为中国古代史上一点微弱的火光，一闪即灭。

虽然东林党对于造成国家灾难的严重后果负有一定的责任，但是在国家内外交困的时期，阉党以君主之名对东林党进行挑衅打击，"妨碍了在朝廷中政策论争的展开，两派的斗争，萎缩成没有意义的权力斗争"（小野和子《东林党社考》终章）则属无疑，阉党要负主要责任。

宦官专权是历史上一个痼疾，汉、唐等王朝都由于宦官的干政，导致国家根基瓦解。宋初欧阳修撰《五代史》，曾为《伶官传》作序，极言近臣干政之患，明初朱元璋认识到了这一点，立下祖训，为子孙杜绝后患。成祖靖难得国，眼光不及太祖长远，只图好好任用身边几个有才能的宦官，建立了永乐朝的赫赫功勋。但是他忽略了身为近臣，宦官很容易取得中枢大权，后世子孙如熹宗者，则没有他的雄才大略了。宋以后，宦官之患基本杜绝，却在明代重新上演，实际上是由于明成祖缺乏深谋远虑，才使得魏忠贤在晚明将王朝拖入了逐渐衰败的泥淖。

（宋　浩）

起义推翻政权的宏大标本

〔导言〕 明末爆发的李自成、张献忠起义，席卷了全国过半的土地，其结果一方面直接导致了明王朝的覆灭，另一方面则间接地使原本游荡在东北地区的满族势力有机会突破长城攻入关内，并建立起之后二百多年的清王朝统治。从历史的大环境上看，当时全国各地的农民起义是无法避免的，但明末统治者面对危机时的举措失当，也是导致各方矛盾愈演愈烈并最终无法挽回颓势的重大因素。事实上，在面对经济的、政治的、军事的各种难题时，能否辨明主次先后并积极有效地整合资源、化解矛盾、解决危机，从而赢得自身的生存与发展，是摆在以崇祯帝为首的统治集团面前的一次重要考试，但他们并没有交出一份合格的答卷。反观以李自成为代表的起义军，为求生存揭竿而起，尽管遇到了种种挫折，但在经历大小数百次战斗后，从输多胜少、居无定所，到逐渐获得人心、扩大影响，再到最后的明确战略、直捣黄龙，无不显示出他们的勇气、决心与智慧。清人修撰的《明史》，从自身统治的合法性出发，以明王朝继承者自居，呼起义军为"贼"，难免有失公允，但其中所录还是保留了较多的历史原貌。对比《明史》中《庄烈帝本纪》及《李自成列传》所记史事和统治者在镇压农民起义过程中的决策成败，以及起义军推翻明朝过程中的政治军事谋略，都值得今人深刻体会其中的经验与教训。

明思宗本纪

〔选文〕

庄烈愍皇帝，讳由检，光宗第五子也，万历三十八年十二月生。母贤妃刘氏，早薨。天启二年，封信王。六年十一月，出居信邸。

明年八月，熹宗疾大渐[1]，召王入，受遗命。丁巳，即皇帝位。大赦天下，以明年为崇祯元年。

……

是年(崇祯元年)，革广宁及蓟镇塞外诸部赏。诸部饥，告籴[2]，不许。陕西饥民苦加派，流贼大起，分掠鄜州、延安。

……

七年春正月己丑，广鹿岛副将尚可喜降于我大清。设河南、山、陕、川、湖五省总督，以延绥巡抚陈奇瑜兼兵部侍郎为之。……六月辛未，总督侍郎陈奇瑜、郧阳抚治都御史卢象升会师于上津，剿湖广贼。甲戌，河决沛县。是夏，官军围高迎祥、李自成诸贼于兴安之车箱峡两月。贼食尽，伪降。陈奇瑜受之，纵出险。复叛，陷所过州县。张应昌自清水追贼，败绩。

……

八年春正月乙卯，贼陷上蔡，连陷汜水、荥阳、固始。己未，洪承畴出关讨贼。辛酉，张献忠陷颍州。丙寅，陷凤阳，焚皇陵楼殿，留守朱国相等战死。壬申，徐州援兵至凤阳。张献忠犯庐州，寻[3]陷庐江、无为。李自成走[4]归德，与罗汝才复入陕西。二月，张献忠陷潜山、罗田、太湖、新蔡，应天巡抚都御史张国维御却[5]之。甲午，以皇陵失守，逮总督漕运尚书杨一鹏下狱，寻弃市[6]。丁酉，总兵官邓玘败贼于罗山。是月，曹文诏败贼于随州。

夏四月，张献忠复走汉中，犯平凉、凤翔。丁亥，郑芝龙击败海贼刘香，香自杀，众悉[7]降。辛卯，洪承畴会师于汝州，分部诸将防豫、楚要害。乙巳，川兵变于樊城，邓玘自杀。丙午，洪承畴西还，驻师灵宝。

……

选自《明史》卷二十三

十二年春正月己未朔，以时事多艰，却廷臣贺。

……

八月癸巳，诏诛封疆失事巡抚都御史颜继祖，总兵官倪宠、祖宽，内臣邓希诏、孙茂霖等三十三人，俱弃市。己亥，免唐县等四十州县去年田租之半。壬子，大学士杨嗣昌督师讨贼，总督以下并听节制。

冬十月甲申朔，杨嗣昌誓师襄阳。甲午，左良玉为平贼将军。丙申，钦定保民四事全书成，颁布天下。十一月辛巳，祀天于南郊。十二月，罗汝才犯四川。丙午，下兵部尚书傅宗龙于狱。

……

（十三年秋）九月，陕西官军围李自成于巴西鱼腹山中，自成走免。癸巳，张献忠陷大昌，总兵官张令战死。寻陷剑州、绵州。

冬十月癸丑，熊文灿弃市。十一月，杨嗣昌进军重庆。丁亥，祀天于南郊。戊子，南京地震。十二月丁未朔，严军机抄传之禁。辛亥，张献忠陷泸州。乙卯，逮薛国观。是月，李自成自湖广走河南，饥民附之，连陷宜阳、永宁，杀万安王采𨰻，陷偃师，势大炽[⑧]。

是年，两畿、山东、河南、山、陕旱蝗，人相食。

……

（十四年春）二月己酉，诏以时事多艰，灾异叠见[⑨]，痛自刻责，停今岁行刑，诸犯俱减等论。庚戌，张献忠陷襄阳，襄王翊铭、贵阳王常法并遇害，副使张克俭等死之。戊午，李自成攻开封，周王恭枵、巡按御史高名衡拒却之。乙丑，张献忠陷光州。己巳，召阁臣、九卿、科道于乾清宫左室。命驸马都尉冉兴让等赍[10]帑金振[11]恤河南被[12]难宗室。三月丙子朔，杨嗣昌自四川还，至荆州卒。乙酉，祷雨。丙申，洪承畴会八镇兵于宁远。丁酉，逮郑崇俭下狱，寻弃市。

夏四月壬子，大清兵攻锦州，祖大寿拒守。己未，总督三边侍郎丁启睿为兵部尚书，督师讨贼。五月庚辰，范复粹致仕[13]。释傅宗龙于狱，命为兵部侍郎，总督陕西三边军务，讨李自成。

……

十五年春正月癸未，孙传庭为兵部侍郎，督京军救开封。乙酉，杨文岳援开封，贼解去，南陷西华。戊子，免天下十二年以前逋[14]赋。

……

(十六年秋九月)壬子，孙传庭兵以乏食引退，贼追及之，还战大败，传庭以余众退保潼关。是月，凤阳地屡震。

冬十月辛酉朔，享太庙。丙寅，李自成陷潼关，督师尚书孙传庭死之。贼连陷华州、渭南、临潼。

……

(十七年春)三月庚寅，贼至大同，总兵官姜瓖降贼，代王传齐遇害，巡抚都御史卫景瑗被执[15]，自缢死。辛卯，李建泰疏请南迁。壬辰，召廷臣于平台，示建泰疏，曰："国君死社稷，朕将焉往？"李邦华等复请太子抚军南京，不听。蒋德璟致仕。癸巳，封总兵官吴三桂、左良玉、唐通、黄得功俱为伯。甲午，征诸镇兵入援。乙未，总兵官唐通入卫，命偕内臣杜之秩守居庸关。戊戌，太监王承恩提督城守。己亥，李自成至宣府，监视太监杜勋降，巡抚都御史朱之冯等死之。癸卯，唐通、杜之秩降于自成，贼遂入关。甲辰，陷昌平。乙巳，贼犯京师，京营兵溃。丙午，日晡，外城陷。是夕，皇后周氏崩。丁未，昧爽，内城陷。帝崩于万岁山，王承恩从死。御书衣襟曰："朕凉德⑯藐躬，上干⑰天咎，然皆诸臣误朕。朕死无面目见祖宗，自去冠冕，以发覆面。任贼分裂，无⑱伤百姓一人。"自大学士范景文而下死者数十人。丙辰，贼迁帝、后梓宫于昌平。昌平人启田贵妃墓以葬。明亡。

是年夏四月，我大清兵破贼于山海关，五月，入京师，以帝礼改葬，令臣民为服丧三日，谥曰庄烈愍皇帝，陵曰思陵。

赞曰：帝承神、熹之后，慨然有为。即位之初，沈机独断，刈除奸逆，天下想望治平。惜乎大势已倾，积习难挽。在廷则门户纠纷。疆埸则将骄卒惰。兵荒四告，流寇蔓延。遂至溃烂而莫可救，可谓不幸也已。然在位十有七年，不迩⑲声色，忧勤惕励，殚心治理。临朝浩叹，慨然思得非常之材，而用匪⑳其人，益㉑以偾事㉒。乃复信任宦官，布列要地，举措失当，制置乖㉓方。祚讫运移，身罹祸变，岂非气数使然哉。迨㉔至大命有归，妖氛尽扫，而帝得加谥建陵，典礼优厚。是则圣朝盛德度越千古，亦可以知帝之蒙难而不辱其身，为亡国之义烈矣。

选自《明史》卷二十四

〔注释〕 ① 渐：病情加剧。 ② 籴：买进粮食。 ③ 寻：不久。 ④ 走：逃跑。 ⑤ 却：退。 ⑥ 弃市：古代在闹市执行死刑，并将尸体暴露街头。 ⑦ 悉：全。 ⑧ 炽：强盛。 ⑨ 见：同"现"，显现。 ⑩ 赍：携带。 ⑪ 振：赈济。 ⑫ 被：遭受。 ⑬ 致仕：辞官。 ⑭ 逋：拖欠。 ⑮ 执：捉拿。 ⑯ 凉德：薄德。 ⑰ 干：冒犯。 ⑱ 无：不。 ⑲ 迩：近。 ⑳ 匪：非。 ㉑ 益：更加。 ㉒ 偾事：败事。 ㉓ 乖：违背。

㉔ 迨：等到。

〔**赏析**〕 崇祯皇帝见证了明王朝在中国彻底失去统治权。这是一位一心想要挽救统治危机、再现大明盛世的皇帝，可能完全想不到自己会被历史无情地归类于亡国之君的队列。尽管明王朝最终是被清王朝取代，但崇祯帝却实实在在是被所谓的“流贼”李自成的起义军击败的，因此崇祯帝的遭遇获得当时和后世众多史家的同情。在许多史评中，评论者都表达了自己的不解——继位时全国情况基本稳定、通过清算魏忠贤一党获得极高声誉、自身勤勉又励精图治的皇帝，何以最终会国亡身败？

如果仔细考察崇祯帝在位十七年的表现，会发现皇帝和他身边的智囊团在面对危机时所采取的应对措施大都没有章法，在战略布局上也往往举棋不定。崇祯帝每年处理的公务数量十分巨大，稍作归类，基本是任免高级官员、抗击清兵、清剿地方“流寇”、征税、免税、赈灾。这些是作为统治者应当承担的工作，但崇祯帝似乎并没有看到各个事项之间的联系，往往是遇到某个问题（大臣被弹劾、清兵入关抢掠、“流寇”剿而复起、某地发生灾害）就来解决这个问题，缺乏全盘考虑的眼光。而在对关外满族势力是战是和、对国内税收体系是否整顿、对“流寇”当抚当剿这些战略性的问题上，崇祯帝从未有过明确的决策。由于没有对重大问题的有效把握和决断，明王朝最后十多年里从上至下的整个体系，都显示出不知为何而战的无力状态，最后引发了系统性的崩溃。

沉重的税收、灾荒导致陕西、山东等地不断发生农民起义，这是“流贼”兴起的直接原因，而崇祯帝的应对措施除了派兵清剿外，就是在税收上的反复无常——“六年春，遣使分督直省逋赋”、“七年春，振登、莱饥，蠲逋赋”、“八年冬，户部尚书侯恂请严征新旧逋赋，从之”、“九年春，免畿内五年以前逋赋”、“十年春，遣使督直省逋赋”、“十五年春，免天下十二年以前逋赋”，追部分地区的欠税、征税、免除部分地区的旧税、严追全国范围的欠税、免除全国范围的旧税……相对于李自成方面“迎闯王，不纳粮”的口号，崇祯的税收政策近乎儿戏，完全不能“取信于民”，也急速降低了人民的生活水平。

在对抗清兵侵扰的过程中，崇祯帝始终没有定下和、战的决策。敌人的骑兵不来，就调集部队去剿“流贼”，中途清兵来了，又把前线的部队调回来抗击清兵。这种费时费力的做法连“拆东墙补西墙”的效果都没有，结果是卢象升、洪承畴这样的名将在往来调动中损失掉了，河北、山东等地因为部队到得晚被抢掠一空了，国家缺乏经济来源，起义的农民更多了，之后对外、对内作战更困难了。

而在直面起义军的作战中，只从战绩看，明军是胜多输少。但明军的胜是消耗自身兵力、消耗钱粮物资的胜，输则是一支支部队全军覆灭的输，而起义军在每一次战斗后都得到了锻炼和加强。这一状态与崇祯帝缺乏对自身资源的有效组织有关。在崇祯十二年(1639 年)前，曹文诏、陈奇瑜、熊文灿、孙传庭、洪承畴等将领都没有统一指挥前线部队的权力，而且很多都是先被下狱又起复任用的，反映出崇祯帝在官员管理上的没有标准，也导致了官吏将帅不能安心任职。他们只能指挥局部的力量各自为战，对方一出自己的防区就无从追击，这种模式使李自成、张献忠有机会多次逃出包围圈。直到崇祯十二年杨嗣昌督师，终于有了前线最高指挥官，政府又颁布《钦定保民四事全书》作为军事之外的政治保障。看上去万无一失的联合作战在崇祯帝对手下官员的不信任、官员间相互的掣肘、前线决策不能“除恶务尽”中于崇祯十四年以失败告终。此后崇祯帝又启用了之前被投下狱的兵部尚书傅宗龙，这种反复无常的人事命令对于前线战况并没有效用，而且为时已晚，傅宗龙很快就战死沙场。此后孙传庭又在潼关战死，明王朝再无可用之将、可战之兵，只能在起义军的浩大声势中归于覆灭了。

李自成列传

〔选文〕

李自成，米脂人，世居怀远堡李继迁寨。父守忠，无子，祷于华山，梦神告曰：“以破军星为若① 子。”已，生自成。幼牧羊于邑大姓艾氏，及长，充银川驿卒。善骑射，斗很② 无赖，数犯法。知县晏子宾捕之，将置诸死，脱③ 去为屠。天启末，魏忠贤党乔应甲为陕西巡抚，朱童蒙为延绥巡抚，贪黩不诘[4]盗，盗由是始。

……

始，贼自渑池渡河，高迎祥最强，自成属焉。及入河南，自成与兄子过结[5]李牟、俞彬、白广恩、李双喜、顾君恩、高杰等自为一军。过、杰善战，君恩善谋。及奇瑜兵至，献忠等奔[6]商、雒，自成等陷于兴安之车箱峡。会[7]大雨两月，马乏刍[8]多死，弓矢皆脱，自成用君恩计，贿奇瑜左右，诈降。奇瑜意轻贼，许之，檄诸将按兵毋杀，所过州县为具糗[9]传送。贼甫[10]渡栈，即大噪，尽屠所过七州县。而略阳贼数万亦来会，贼势愈张。奇瑜坐[11]削籍，而自成名始著[12]矣。

……

八年正月大会于荥阳。老回回、曹操、革里眼、左金王、改世王、射塌天、横天王、混十万、过天星、九条龙、顺天王及迎祥、献忠共十三家七十二营，议拒[13]敌，未决。自成进曰："一夫犹奋，况十万众乎！官兵无能为也。宜分兵定所向，利钝听之天。"皆曰："善。"

……

（九年）孙传庭新[14]除[15]陕西巡抚，锐意灭贼。秋七月，擒迎祥于盩厔，献俘阙下，磔[16]死。于是贼党乃共推自成为闯王矣。

……

十二年夏，献忠反谷城。自成大喜，出收众，众复大集。陕西总督郑崇俭发兵围之，令曰"围师必缺"。自成乃由缺走，突武关，往依献忠。献忠欲图之，觉，遁去。杨嗣昌督师夷陵，檄令降，自成出谩语。官军围自成于巴西、鱼复诸山中，自成大困，欲自经[17]，养子双喜劝而止。贼将多出降。刘宗敏者，蓝田锻工也，最骁勇，亦欲降。自成与步入丛祠，顾而叹曰："人言我当为天子，盍[18]卜之，不吉，断我头以降。"宗敏诺，三卜三吉。宗敏还，杀其两妻，谓自成曰："吾死从君矣。"军中壮士闻之，亦多杀妻子愿从者。自成乃尽焚辎重，轻骑由郧、均走河南。

……

杞县举人李信……卢氏举人牛金星……皆往投自成，自成大喜，改信名曰岩。金星又荐卜者宋献策，长三尺余，上谶记云："十八子，主神器。"自成大悦。岩因说曰："取天下以人心为本，请勿杀人，收天下心。"自成从之，屠戮为减。又散所掠财物振饥民，民受饷者，不辨岩、自成也，杂呼曰："李公子活我。"岩复造谣词曰："迎闯王，不纳粮。"使儿童歌以相煽，从自成者日众。

……

自成每攻城，不用古梯冲法，专取瓴甋，得一砖即归营卧，后者必斩。取砖已，即穿穴穴城。初仅容一人，渐至百十，次第傅土以出。过三五步，留一土柱，系以巨緪。穿毕，万人曳緪一呼，而柱折城崩矣。

……

自成自号奉天倡义大元帅，号罗汝才代天抚民威德大将军。分其众，曰标营，领兵百队；曰先、后、左、右营，各领兵三十余队。标营白帜黑纛，自成独白鬃大纛银浮屠；左营帜白，右绯，前黑，后黄，纛随其色。五营以序直[19]昼夜，次第休息，巡徼严密。逃者谓之落草，磔之。收男子十五以上、四十以下者为兵。精兵一人，主刍、掌械、执爨[20]者十人。军令不得藏白金，过城邑不得室处，妻子外不得携他妇人。寝兴悉用单布幕。绵甲厚百层,矢炮不能入。

……

自成不好酒色,脱粟粗粝,与其下共甘苦。汝才妻妾数十,被服纨绮,帐下女乐数部,厚自奉养,自成尝[21]嗤鄙之。

……

当是时,十三家七十二营诸大贼,降死殆尽,惟自成、献忠存,而自成独劲,遂自称曰新顺王。集牛金星等议兵所向。金星请先取河北,直走京师。杨永裕请下金陵,断燕都粮道。从事顾君恩曰:"金陵居下流,事虽济[22],失之缓。直走京师,不胜,退安所归,失之急。关中,大王桑梓[23]邦也,百二山河,得天下三分之二,宜先取之,建立基业。然后旁略[24]三边,资其兵力,攻取山西,后向京师,庶几[25]进战退守,万全无失。"自成从之。

……

十七年正月庚寅朔,自成称王于西安,僭国号曰大顺,改元永昌,改名自晟。追尊其曾祖以下,加谥号,以李继迁为太祖。设天佑殿大学士,以牛金星为之。增置六政府尚书,设弘文馆、文谕院、谏议、直指使、从政、统会、尚契司、验马寺、知政使、书写房等官。

……

三月十三日焚昌平,总兵官李守鑅死。始,贼欲侦京师虚实,往往阴[26]遣人辇[27]重货,贾贩都市,又令充部院诸掾吏,探刺机密。朝廷有谋议,数千里立驰报。及抵昌平,兵部发骑探贼,贼辄勾之降,无一还者。贼游骑至平则门,京师犹不知也。十七日,帝召问群臣,莫对,有泣者。俄顷贼环攻九门,门外先设三大营,悉降贼。京师久乏饷,乘陴[28]者少，益以内侍。内侍专守城事，百司不敢问。

十八日，贼攻益急，自成驻彰义门外，遣降贼太监杜勋缒[29]入见帝，求禅位。帝怒，叱之下，诏亲征。日暝，太监曹化淳启彰义门，贼尽入。帝出宫，登煤山，望烽火彻天，叹息曰："苦我民耳。"徘徊久之，归乾清宫，令送太子及永王、定王于戚臣周奎、田弘遇第，剑击长公主，趣[30]皇后自尽。十九日丁未，天未明，皇城不守，鸣钟集百官，无至者。乃复登煤山，书衣襟为遗诏，以帛自缢于山亭，帝遂崩。太监王承恩缢于侧。

自成毡笠缥衣，乘乌驳马，入承天门。

选自《明史》卷三百九

〔注释〕 ① 若：你。 ② 很：通"狠"，凶恶。 ③ 脱：逃脱。 ④ 诘：究办。 ⑤ 结：交结。 ⑥ 奔：逃跑。 ⑦ 会：适逢。 ⑧ 刍：喂牲畜的草。 ⑨ 糗：炒熟的米、麦等谷物。 ⑩ 甫：才。 ⑪ 坐：获罪。 ⑫ 著：显著。 ⑬ 拒：抵抗。 ⑭ 新：刚。 ⑮ 除：拜官受职。 ⑯ 磔：古代的一种酷刑，即分尸。 ⑰ 经：上吊。 ⑱ 盍：何不。 ⑲ 直：当值。 ⑳ 爨：烧火做饭。 ㉑ 尝：曾经。 ㉒ 济：成功。 ㉓ 桑梓：故乡的代称。 ㉔ 略：掠夺。 ㉕ 庶几：也许可以。 ㉖ 阴：暗中。 ㉗ 辇：以车运送。 ㉘ 陴：城上女墙。 ㉙ 缒：用绳子拴住人或物从上往下放。 ㉚ 趣：催促。

〔赏析〕 明末沉重的税收、不断发生的自然灾害、清兵侵扰带来的社会动荡成为明王朝走向覆亡的催命符，而李自成、张献忠等领导的农民起义则直接造成了明朝统治体系的整体崩坏和统治者的败亡。回顾起义军经历的由小到大、由散到整、由弱到强、由局部而全国的发展过程，可以看到其中所蕴含的勇气与智慧。

如果说诸葛亮为刘备献上的"隆中对策"是之后三分天下的计划书，那么《明史》所记载的类似对策在崇祯时期就至少出现过两次。一次是崇祯三年（1630年），面对日益加剧的关中饥荒，兵部郎中李继贞上奏："延民饥，将尽为盗，请以帑金十万振之。"但是崇祯帝对此的反应是两个字，"不听"。这一次"不听"的结果是，为求生揭竿而起的人越来越多，终于在十四年后使明王朝的大厦轰然倒塌。事实上，所谓的“流贼”都不是天生要落草为寇的，大部分都是之前安分守己、辛劳耕作的农民。但自然灾害频发（明末恰处于全球气候变冷的时期）、赋税沉重（为对抗清兵而不断增加税金）所带来的生存压力无法在原有的体制中得到化解，无路可走的饥民不得不起而为“贼”，走上了起义的道路。但一开始的暴动都是小规模的、局部的，作为国家的统治者，如果能善为处置，比如采纳李继贞的意见，赈灾助民，则问题可以在小范围内得到控制，然后通过逐步调整来化解全国性的危机。很可惜的是，庙堂之上的崇祯帝没有采用这一意见，一次次地试图清剿其眼中的“流贼”，既耗费了原本用于抵御外侮的宝贵资源，又反过来增加了起义军的力量。无路可走的人会参加起义军，希望过好生活的人参加了起义军，同起义军作战的明朝军队有许多士兵接触过起义军后受到影响也参加了起义军……这种种力量汇集到一起，不断地打击着明王朝的统治。

另一次重要对策会议发生在崇祯十六年。此时起义军已经在中原打开局面，下一步是考虑该向何处进军。李自成召集牛金星、杨永裕、顾君恩等人开会商讨未来走向，在取河北直走京师、下金陵断燕都粮道、取关中立前进基业等计划中，李自成听取了顾君恩的合理意见：“金陵居下流，事虽济，失之缓。直走京师，不胜，退安所归，失之急。关中，大王桑梓邦也，百二山河，得天下三分之二，宜先取之，建立基业。然后旁略三边，资其兵力，攻取山西，后向京师，庶几进战退守，万全无失。”与崇祯帝“不听”形成鲜明对比的是李自成对合理建议能够大方采纳。此后起义军的行动真的如顾君恩预期的那样发展，攻破潼关，占据关中、西安后出关作战，直下山西、河南、河北，最终占领京师。

起义军在战斗中非常重视情报工作。最初可能是为了能够在多路官军的围困中顺利突围而不得不多方搜集信息，后来则变为主动搜求各方情报来决定进退攻防，这为起义军带来了无可比拟的优势。相比于官军“发骑探贼，贼辄勾之降，无一还者”、“游骑至平则门，京师犹不知也”的情况，起义军的情报工作精细入微，“阴遣人辇重货，贾贩都市”、“充部院诸掾吏，探刺机密”等诸多方法使其能够做到“朝廷有谋议，数千里立驰报”，高下立判，胜负早分。

而情报工作离不开民众的支持，这也说明起义军已获得了各个地区的民心。

此外，相较于崇祯帝"败一方即戮一将，隳一城即杀一吏，赏罚太明而至于不能罚，制驭过严而至于不能制"的窘境，起义军领袖能够和队伍里的中下级将士同甘共苦，一起经历大小战斗并迎接胜利，这对于起义军队伍的组织建设和人心凝聚起到了很大的作用，而起义军在崇祯十六年有了明确的纪律规范，逐步走上了正规化的道路，在此后的作战中也有了更好的战绩。崇祯帝对于洪承畴、孙传庭、傅宗龙等名将都是多次起用、打压、再起用，导致了前线没有固定统帅、固定方针，而将领为迎合上意、保存自身多会瞒报军情，这些都是造成官军指挥系统不能有效发挥作用的重要因素。

（李嘉路）

无力挽狂澜于既倒

〔导言〕 明朝末期，上至朝廷下至边疆，一片狼藉。朝中有阉党与东林党之争，中原农民起义军揭竿而起，辽东地区与后金战事不断。明末的几位皇帝称职的或许只有崇祯，在他之前的明神宗几十年不理朝政，明光宗在位时间仅有一月，明熹宗沉迷于木工，等到崇祯即位之时，明廷败亡的迹象实已初露端倪，崇祯皇帝固有救国家于危难之志，然而面对如此的内忧外患，恐怕也是难以力挽狂澜了。虽然无人可以轻易改变历史前行的轨迹，但总有一批特立独行者选择坚持，即使注定孤独仍矢志不移，袁崇焕和杨嗣昌就具有这种令人敬仰的品质。

万历四十七年(1619 年)的萨尔浒之战，后金军大败明军，明朝对后金的态势从此转为战略防御。整个辽东地区逐渐被后金占领，袁崇焕临危受命，开始抗击后金，取得了“宁远大捷”和“宁锦大捷”的赫赫战功。然而他终遭阉党排斥，辞官还乡，即使如此他也没有放弃自己的国家和为国靖难的信仰，当崇祯皇帝再次加以任用时，仍旧毅然决然地赶赴战场抗击金兵。

另一位值得探讨的人物就是杨嗣昌，他的命运也与袁崇焕十分相似。明朝末期，政治腐败，农民土地都被皇亲贵族、地主豪绅霸占，加上阶级矛盾日益尖锐，天灾人祸不断发生，使得农民无法生活，千百万农民身上无衣，口中无食，从而导致后来全国性农民起义的爆发。杨嗣昌便在这时登上了历史的舞台，接受朝廷的任命围剿农民起义军，又制定“四正六隅十面网”计划，且颇见成效，得到了皇帝的认可，成为明末权倾一时的宰相式人物。然而在内忧外患、积重难返的时代背景下，一个杨嗣昌不可能阻挡明朝灭亡的命运。

本文选录《袁崇焕列传》和《杨嗣昌列传》的部分章节，旨在从历史事实出发，探讨两位风云人物在动荡时局下的智慧之处及失败原因。

袁崇焕列传

〔选文〕

袁崇焕，字元素，东莞人。万历四十七年进士。授邵武知县。为人慷慨负胆略，好谈兵。遇老校退卒，辄与论塞上事，晓其阨塞情形，以边才自许。

……

崇焕初议和，中朝不知。及奏报，优旨许之，后以为非计，频旨戒谕。崇焕欲藉①是修故疆，持愈力。而朝鲜及文龙被②兵，言官因谓和议所致。四月，崇焕上言："关外四城虽延袤二百里，北负山，南阻③海，广四十里尔。今屯兵六万，商民数十万，地隘人稠，安所得食？锦州、中左、大凌三城，修筑必不可已④。业⑤移商民，广开屯种。倘城不完而敌至，势必撤还，是弃垂⑥成功也。故乘敌有事江东，姑以和之说缓之。敌知，则三城已完，战守又在关门四百里外，金汤益固矣。"帝优旨报闻。

时率教驻锦州，护版筑，朝命尤世禄来代，又以辅为前锋总兵官，驻大凌河。世禄未至，辅未入大凌，五月十一日大清兵直抵锦州，四面合围。率教偕中官⑦用婴城守，而遣使议和，欲缓师以待救，使三返不决，围益急。崇焕以宁远兵不可动，选精骑四千，令世禄、大寿将，绕出大军后决战。别遣水师东出，相牵制；且请发蓟镇、宣、大兵，东护关门。朝廷已命山海满桂移前屯，三屯孙祖寿移山海，宣府黑云龙移一片石，蓟辽总督阎鸣泰移关城；又发昌平、天津、保定兵驰赴上关；檄山西、河南、山东守臣整兵听调。世禄等将行，大清已于二十八日分兵趋⑧宁远。崇焕与中官应坤、副使毕自肃督将士登陴守,列营濠内,用炮距击;而桂、世禄、大寿大战城外,士多死,桂身被数矢,大军亦旋引去,益[9]兵攻锦州。以溽[10]暑不能克,士卒多损伤,六月五日亦引还,因毁大、小凌河二城。时称宁、锦大捷,桂、率教功为多。忠贤因使其党论崇焕不救锦州为暮气[11],崇焕遂乞休。中外方争颂忠贤,崇焕不得已,亦请建祠,终不为所喜。七月,遂允其归,而以王之臣代为督师兼辽东巡抚,驻宁远。及叙[12]功,文武增秩赐荫者数百人,忠贤孙亦封伯,而崇焕止增一秩。尚书霍维华不平,疏乞让荫,忠贤亦不许。

……

崇焕又言:"以臣之力,制全辽有余,调[13]众口不足。一出国门,便成万里,忌能妒功,夫岂无人。即不以权力掣[14]臣肘,亦能以意见乱臣谋。"帝起立倾听,谕之曰:"卿无疑虑,朕自有主持。"大学士刘鸿训等请收还之臣、桂尚方剑,以赐崇焕,假之便宜。帝悉从之,赐崇焕酒馔而出。崇焕以前此熊廷弼、孙承宗皆为人排构[15],不得竟[16]其志,上言:"恢复之计,不外臣昔年以辽人守辽土,以辽土养辽人,守为正著,战为奇著,和为旁著之说。法在渐不在骤,在实不在虚,此臣与诸边臣所能为。至用人之人,与为人用之人,皆至尊[17]司[18]其钥。何以任而勿贰,信而勿疑?盖驭边臣与廷臣异,军中可惊可疑者殊多,但当论成败之大局,不必摘一言一行之微瑕。事任既重,为怨实多,诸有利于封疆者,皆不利于此身者也。况图敌之急,敌亦从而间[19]之,是以为边臣甚难。陛下爱臣知臣,臣何必过疑惧,但中[20]有所危,不敢不告。"帝优诏答之,赐蟒玉、银币,疏辞蟒玉不受。

……

文龙既死,甫[21]逾三月,我大清兵数十万分道入龙井关、大安口。崇焕闻,即督大寿、可刚等入卫[22]。以十一月十日抵蓟州,所历抚宁、永平、迁安、丰润、玉田诸城,皆留兵守。帝闻其至,甚喜,温旨褒勉,发帑金犒将士,令尽统诸道援军。俄[23]闻率教战殁,遵化、三屯营皆破,巡抚王元雅、总兵朱国彦自尽,大清兵越蓟州而西。崇焕惧,急引兵入护京师,营[24]广渠门外。帝立召见,深加慰劳,咨以战守策,赐御馔及貂裘。崇焕以士马疲敝,请入休城中,不许。出与大军鏖战,互有杀伤。

时所入隘口乃蓟辽总理刘策所辖,而崇焕甫闻变即千里赴救,自谓有功无罪。然都人骤遭兵,怨谤纷起,谓崇焕纵敌拥兵。朝士因前通和议,诬其引敌胁和,将为城下之盟。帝颇闻之,不能无惑。会[25]我大清设间,谓崇焕密有成约,令所获宦官知之,阴[26]纵使去。其人奔告于帝,帝信之不疑。十二月朔再召对,遂缚下诏狱。大寿在旁,战栗失措,出即拥兵叛归。大寿尝[27]有罪,孙承宗欲杀之,爱其才,密令崇焕救解。大寿以故德[28]崇焕,惧并诛,遂叛。帝取崇焕狱中手书,往召大寿,乃归命。

选自《明史》卷二百五十九

〔注释〕 ① 藉:凭借。 ② 被:遭受。 ③ 阻:依靠。 ④ 已:停止。 ⑤ 业:已经。 ⑥ 垂:将近。 ⑦ 中官:宦官。 ⑧ 趋:奔赴。 ⑨ 益:增加。 ⑩ 溽:湿热。 ⑪ 暮气:精神萎靡。 ⑫ 叙:排序。 ⑬ 调:协调。 ⑭ 掣:拽。 ⑮ 构:设计陷害。 ⑯ 竟:完成。 ⑰ 至尊:皇帝的代称。 ⑱ 司:掌管。 ⑲ 间:离间。 ⑳ 中:内心。 ㉑ 甫:才。 ㉒ 卫:保卫。 ㉓ 俄:不久。 ㉔ 营:扎营。 ㉕ 会:适逢。 ㉖ 阴:暗中。 ㉗ 尝:曾经。 ㉘ 德:感激。

〔赏析〕 后世对于袁崇焕其人,第一反应大多是一声叹息,为他的卓越军事才能而惊叹,为他的忠心报国而感叹,同时也为他的被诬冤死而叹惋。

袁崇焕，字元素，生于广东东莞，万历四十七年(1619 年)进士，授邵武知县。天启二年(1622 年)京察(进京接受审查)，为御史侯恂所赏识，荐为兵部职方主事，一颗明星就此徐徐升起。袁崇焕向来好谈兵，好论塞上事，并以“边才”自许，此次被荐为兵部职方主事，正是挥洒其军事才能及爱国热血的大好机会。袁崇焕的聪明才智在镇守宁远时得到了充分的发挥，他不但带领士兵们赢得了“宁远大捷”、“宁锦大捷”，而且将毁于高第之手的宁锦防线重新建立起来。至此，袁崇焕可谓为大明王朝立下了赫赫战功。然而，木秀于林风必摧之，袁崇焕恢复宁锦防线的战略决策最终被朝臣定性为“擅主和议”和“通敌叛国”。在天启七年的宁锦大战中，袁崇焕更是被无端安上了“不救锦州”的罪名。当时朝廷内外无一不在歌颂魏忠贤，袁崇焕迫不得已，为讨好魏忠贤也为其建生祠，即使这样也始终得不到魏忠贤的认可。无奈之下，袁崇焕辞官回乡，至此，他在天启朝的政治生涯已经结束。在这不到七年的仕宦生涯中，朝廷真正掌权的人是阉党首领魏忠贤，天启皇帝根本就不关心国家大事，因此他对袁崇焕的态度从头到尾都是不冷不热的。

明熹宗驾崩，崇祯皇帝承继大统。作为明朝最后一位勤劳的君主，崇祯甫一即位，就铲除了魏忠贤及其党羽，并且重新启用了袁崇焕，任其为兵部尚书兼任右副都御史，督师蓟辽，兼督登莱、天津军务。崇祯皇帝和天启皇帝对待袁崇焕的态度是截然不同的，天启皇帝对袁崇焕漠不关心，而崇祯皇帝却对其寄予厚望。按理说，有崇祯这样一位欲图扭转明廷颓势的皇帝掌管政权，袁崇焕本来是可以大展宏图的。然而事实并非如此，袁崇焕固然有其卓越的军事才能，但是在处理君臣关系方面，他却没有在战场上所表现出来的冷静与明智。

据本传记载，崇祯曾三次召见袁崇焕。第一次召见是在袁崇焕走马上任之前，崇祯对他慰劳备至，向他咨询克敌方略，袁崇焕的回答简洁有力，故而很得崇祯的赏识，袁崇焕甚至认为，只要给其五年时间，便可恢复整个辽东地区。从当时的客观情况来说，袁崇焕的这一承诺是颇不符合实际情况的。袁崇焕意识到了自己的失言，随即向崇祯提出了若干条件，如要求户部、工部、吏部、兵部都做好后勤工作；要求崇祯对自己绝对信任；要求赵率教、何可刚、祖大寿三大将为己所用等等,崇祯对于这些要求都一一允诺,同时赐予袁崇焕以尚方宝剑,准其便宜行事。崇祯此举的政治目的十分明显,即在于挽救身处在危亡泥淖中的国家,值此危难之际,除了倚仗袁崇焕外,恐怕别无他途了。崇祯第二次召见袁崇焕是在崇祯二年(1629年),当时皇太极举兵数十万越过蓟州往西,直逼京城,袁崇焕引兵入护京师,驻扎在广渠门外。袁崇焕此举已然犯了大忌,因为将边军围驻在京城周围,具有非常大的造反嫌疑。当时的朝廷内外已对袁崇焕此举议论纷纷,然而崇祯并没有听信朝中谗言,而是一如既往地相信袁崇焕,对其慰劳备至。此时的崇祯已经为其任用袁崇焕承担了许多压力,但袁崇焕在政治上的幼稚使得他罔顾崇祯的顾虑,仍旧一意孤行。袁崇焕提出让军队进京休整的要求,但凡他有那么一点儿政治眼光,他也不会提出这样的要求。崇祯的回答十分果决:不许。此时朝中怨谤纷起,朝臣们纷纷指责袁崇焕纵敌拥兵,清军方面也行使离间之计,加上袁崇焕本人的政治幼稚,使得崇祯对袁崇焕的信任完全崩塌了。崇祯二年十二月,崇祯再次召见袁崇焕,将其逮捕入狱。崇祯三年八月,崇祯下令将袁崇焕凌迟处死,兄弟妻子遭到判处流放三千里之刑。

后人在论及袁崇焕之死时,多会大发历史之浩叹,然而袁崇焕的冤死并不如常人所认为的那样没有任何瑕疵。袁崇焕确实有着无与伦比的军事才能,他也为明王朝立下过汗马功劳,甚至于让穷途末路的明王朝看到一丝中兴的希望,但他在政治上的幼稚却不如其军事才干一般深邃,使得崇祯皇帝痛下杀手。性格方面的缺陷实是造成他悲剧性人生结局的一个不可回避的因素。

杨嗣昌列传

〔选文〕

杨嗣昌,字文弱,武陵人。万历三十八年进士。改除[1]杭州府教授。迁南京国子监博士,累进户部郎中。天启初,引疾归。

……

九年秋，兵部尚书张凤翼卒，帝顾廷臣无可任者，即家起嗣昌。三疏辞，不许。明年三月抵京，召对。嗣昌通籍后，积岁林居，博涉文籍，多识先朝故事，工[②]笔札，有口辨。帝与语，大信爱之。凤翼故柔靡，兵事无所区画[③]。嗣昌锐意振刷[④]，帝益以为能。每对必移时，所奏请无不听，曰："恨[⑤]用卿晚。"嗣昌乃议大举平贼。请以陕西、河南、湖广、江北为四正，四巡抚分剿而专防；以延绥、山西、山东、江南、江西、四川为六隅，六巡抚分防而协剿；是谓十面之网。而总督、总理二臣，随贼所向，专征讨。福建巡抚熊文灿者，讨海贼有功，大言自诡足办贼。嗣昌闻而善之。会总督洪承畴、王家祯分驻陕西、河南。家祯故庸材，不足任，嗣昌乃荐文灿代之。因议增兵十二万，增饷二百八十万。其措饷之策有四，曰因粮，曰溢地，曰事例，曰驿递。因粮者，因旧额之粮，量为加派，亩输粮六合，石折银八钱，伤地不与，岁得银百九十二万九千有奇。溢地者，民间土田溢原额者，核实输赋，岁得银四十万六千有奇。事例者，富民输资为监生，一岁而止。驿递者，前此邮驿裁省之银，以二十万充饷。议上，帝乃传谕："流寇延蔓，生民涂炭，不集兵无以平寇，不增赋无以饷兵。勉[⑥]从廷议，暂累吾民一年，除此腹心大患。其改因粮为均输，布告天下，使知为民去害之意。"寻[⑦]议诸州县练壮丁捍本土，诏抚按饬行。

……

嗣昌虽有才，然好自用，躬亲簿书，过于繁碎。军行必自裁进止，千里待报，坐失机会。王鳌永尝谏之，不纳。及鳌永罢官，上书于朝曰："嗣昌用师一年，荡平未奏[⑧]，此非谋虑之不长，正由操心之太苦也。天下事，总挈大纲则易，独周万目则难。况贼情瞬息更变，今举数千里征伐机宜，尽出嗣昌一人，文牒往返，动[9]逾旬月，坐失事机，无怪乎经年之不战也。其闲能自出奇者，惟玛瑙山一役。若必遵督辅号令，良玉当退守兴安，无此捷矣。臣以为陛下之任嗣昌，不必令其与诸将同功罪，但责其提衡诸将之功罪。嗣昌之驭诸将，不必人人授以机宜，但核其机宜之当否，则嗣昌心有余闲，自能决奇制胜。何至久延岁月，老师糜饷为哉。”

先是，嗣昌以诸将进止不一，纳幕下评事元吉言，用猛如虎为总统，张应元副之。比[10]贼入泸州，如虎及贺人龙、赵光远军至，贼复渡南溪，越成都，走汉州、德阳、绵州、剑州、昭化至广元，又走巴州、达州。诸军疲极，惟如虎军蹑[11]其后。十四年正月，嗣昌知贼必出川，遂统舟师下云阳，檄诸军陆行追贼。人龙军既噪而西，顿[12]兵广元不进，所恃惟如虎。比与贼战开县、黄陵城，大败，将士死亡过半。如虎突围免，马骡关防尽为贼有。

……

献忠缚襄王置堂下，属之酒，曰：“吾欲断杨嗣昌头，嗣昌在远。今借王头，俾嗣昌以陷藩伏法。王努力尽此酒。”遂害之。未几，渡汉水，走河南，与贺一龙、左金王诸贼合。嗣昌初以襄阳重镇，仞深沟方洫而三环之，造飞梁，设横枑，陈利兵而讥[13]诃[14]，非符要合者不得渡。江、汉间列城数十，倚襄阳为天险，贼乃出不意而破之。嗣昌在夷陵，惊悸，上疏请死，下至荆州之沙市，闻洛阳已于正月被陷，福王遇害，益忧惧，遂不食。以三月朔日卒，年五十四。

廷臣闻襄阳之变，交章论列，而嗣昌已死矣。继咸及河南巡按高名衡以自裁闻，其子则以病卒报，莫能明也。帝甚伤悼之，命丁启睿代督师。传谕廷臣："辅臣二载辛劳，一朝毕命，然功不掩过，其议罪以闻。"定国公徐允祯等请以失陷城寨律议斩。上传制曰："故辅嗣昌奉命督剿，无城守专责，乃诈城夜袭之檄，严饬再三，地方若罔闻知。及违制陷城，专罪督辅，非通论。且临戎二载，屡著捷功，尽瘁殒身，勤劳难泯。"乃昭雪嗣昌罪，赐祭，归其丧于武陵。嗣昌先以剿贼功进太子少傅，既死，论临、蓝平盗功，进太子太傅。廷臣犹追论不已，帝终念之。后献忠陷武陵，心恨嗣昌，发其七世祖墓，焚嗣昌夫妇柩，断其尸见血，其子孙获半体改葬焉。

选自《明史》卷二百五十二

〔注释〕 ① 除：拜官受职。 ② 工：擅长。 ③ 画：谋划。 ④ 振刷：振作。 ⑤ 恨：遗憾。 ⑥ 勉：勉强。 ⑦ 寻：不久。 ⑧ 奏：奏效。 ⑨ 动：往往。 ⑩ 比：等到。 ⑪ 蹑：追击。 ⑫ 顿：屯驻。 ⑬ 讯：查问。 ⑭ 诃：同"呵"，大声呵斥。

〔赏析〕 杨嗣昌，字文弱，号字微，湖广武陵（今湖南常德）人，他好文艺，博闻强记、有辩才、有文笔，亦好军事。崇祯对杨嗣昌的好感首先来自他曾三次上书想代父亲杨鹤受罚。崇祯九年（1636 年）秋，兵部尚书张凤翼卒，杨嗣昌顶替了他的职位，崇祯通过与杨嗣昌一番畅谈议论，立刻"大信爱之"，对于杨嗣昌提出的奏请无一不听，并发出了"恨用卿晚"的感叹。

针对渐有燎原之势的农民起义，杨嗣昌提出了"四正六隅十面网"的围剿计划，即以农民军活动频繁的陕西、河南、湖广、凤阳这四个地区为四正，四处地方巡抚以剿为主，以防为辅；以延绥、山西、山东、江南、江西、四川为六隅，六处巡抚要以堵截农民军进入自己管辖地区为主要目的，必要时也参加协剿。杨嗣昌这一十面张网的军事部署十分周密，可谓是滴水不漏，充分体现了他的军事才能。十面张网的计划实施之后，李自成、张献忠等农民军接连战败，紧张的战争局势得到一定的缓解。然而，这一军事部署并没有获得最后的成功，因为此计划若要顺利实施，则需增兵十四万，增饷二百八十万两作为军事和财政基础。很显然，增兵增饷的沉重负担最终还是要摊派到百姓的身上，全国本来就在闹饥荒，加上连年与后金的战事，农民的日子已经举步维艰，增税扩兵的战略目的使得农民更加苦不堪言。崇祯和杨嗣昌对于战略布局和实际情况的巨大矛盾是了然于胸的，然而事到如今，针对每况愈下的政治环境没有更好的建议能够加以纾解，明廷只能采取这种饮鸩止渴的策略来缓解燃眉之急。

与袁崇焕不同，杨嗣昌的政治眼光十分敏锐，因此他和崇祯皇帝的关系相处得十分融洽。有人说他曲意逢迎，亦有人说他邀宠献媚，总之在君主专制中央集权王朝时代，能够与最高统治者搞好关系也是一种智慧的体现。袁崇焕有不世之才，但他因为没有处理好与崇祯的关系而直接导致了人生悲剧的发生。杨嗣昌处处体贴圣意，赢得了崇祯皇帝绝对的信任，正是这种绝对的信任，使得他在其后遭众人弹劾之际仍能保全自身。杨嗣昌为官期间，辽东方面依旧战火频仍。杨嗣昌对辽东局势的看法迥异于他人，相较于其他大臣的主战观点，杨嗣昌则主张采取议和的政策。在明廷之中，主张议和的政策是需要极大的政治勇气的。当初袁崇焕以修复宁锦防线为目的的议和在当时就遭遇到言官们的口诛笔伐，甚至于还被定为他的一项大罪。杨嗣昌和袁崇焕一样主张议和，也和袁崇焕一样遭遇到众朝臣的极力弹劾，然而他和袁崇焕的结局实在是大相径庭，袁崇焕因之而被定罪，杨嗣昌却安然无恙，反而是弹劾他的一众朝臣落得贬官的最终下场。杨嗣昌在处理人际关系方面的才能是其得以在风起云涌的晚明朝廷中立于不败之地的重要原因。

杨嗣昌卓越的政治才能无可挑剔，但他也不是没有缺点的。杨嗣昌看人的眼光就相当短浅，他听信福建巡抚熊文灿自夸拥有平贼的才能，便荐举他代替王家祯驻守河南。然而熊文灿其人并不懂兵事，只懂招抚，实际上极大地欺骗了杨嗣昌，举荐熊文灿这件事展现了杨嗣昌没有知人之明的缺点。此外，杨嗣昌太过于刚愎自用，不相信别人的才能，对于文书信札等琐屑之事都要亲自过问，军队的一切行动都要自己亲自决定，战场上千里的路程都要等待来回报告，这种不懂随机应变的军事指挥态度使得明军往往坐失良机。杨嗣昌对于明廷可谓是尽了一个臣子的全部精力了，他在临危受命清剿农民军时，鞠躬尽瘁，死而后已。杨嗣昌虽然勤于王室，可是他的手下将领却是拥兵自重，使其只能徒劳地奔波围剿而无大功可立。当杨嗣昌听说襄王为张献忠所斩杀时，深感恐惧与自责，他自觉对不起崇祯帝对他的信赖，遂绝食而死。

杨嗣昌死后，崇祯非常伤心，感叹从此再无督师平贼之人。我们反观杨嗣昌的仕宦生涯便会发现，杨嗣昌其人的卓越军事才能使其成为一颗耀眼的明星，闪耀在晚明政局的风雨飘摇之中，杨嗣昌的刚愎自用最终使得这颗明星很快就坠落在历史的尘埃之中，徒留后人叹嗟。

（王　乐）

边疆防御与治理

〔**导言**〕 明王朝在享国日久后开始面临着不断出现的“内忧外患”，此处之内忧即指西南少数民族地区的社会动乱，外患则指14—16世纪侵扰劫掠中国和朝鲜沿海地区的日本海盗，中国人称之为“倭寇”。

随着抗倭斗争的持续发展，戚继光这样一位家喻户晓的民族英雄便应时而生了。《明史》中的《戚继光列传》通过描述戚继光抗倭的曲折历程，一方面反映了当时的统治者为维护国家领土完整所作出的努力，另一方面也展现出戚继光在军事上的谋略和勇武。明廷为了安定少数民族，以期保持整个社会的稳定发展，不遗余力地推行了土司制度，这一措施也是明朝沿袭元朝的一项有利于巩固政权的举措，《明史·土司列传》所记载的湖广、四川、贵州和广西等省的土司同中有异，在细微处展示了土司制度的流变，从“羁縻”制度到土司制度，再进一步为“改土归流”，都是顺应时代发展而不断完善的制度举措。

本书选录《明史》中的《戚继光列传》和《土司列传》，旨在通过对戚继光抗倭斗争历程的叙述，分析在当时的客观形势下，政府以及戚继光个人所作出的抉择；同时，选取个别地区的土司制度进行横向比较，剖析土司制度对于明廷巩固政权的作用与意义。不论是对外的抗倭斗争，还是对内的民族安抚政策，都是明朝统治者力图巩固统治的具体措施。

戚继光列传

〔**选文**〕

戚继光，字元敬，世[①]登州卫指挥佥事。父景通，历官都指挥，署大宁都司，入为神机坐营，有操行。继光幼倜傥负奇气。家贫,好读书,通经史大义。嘉靖中嗣[②]职,用[③]荐擢署都指挥佥事,备[④]倭山东。改佥浙江都司,充参将,分部[⑤]宁、绍、台三郡。

三十六年,倭犯乐清、瑞安、临海,继光援不及,以[⑥]道阻不罪。寻[⑦]会俞大猷兵,围汪直余党于岑港。久不克,坐[⑧]免官,戴罪办贼。已而倭遁,他倭复焚掠台州。给事中罗嘉宾等劾继光无功,且通番。方按[⑨]问,旋以平汪直功复官,改守台、金、严三郡。

继光至浙时,见卫所军不习战,而金华、义乌俗称慓悍,请召募三千人,教以击刺法,长短兵迭用,由是继光一军特精。又以南方多薮[⑩]泽,不利驰逐,乃因地形制阵法,审步伐便利,一切战舰、火器、兵械精求而更[⑪]置之。"戚家军"名闻天下。

四十年,倭大掠桃渚、圻头。继光急趋宁海,扼桃渚,败之龙山,追至雁门岭。贼遁去,乘虚袭台州。继光手歼其魁,蹙[⑫]余贼瓜陵江尽死。而圻头倭复趋台州,继光邀[⑬]击之仙居,道无脱[⑭]者。先后九战皆捷,俘馘一千有奇,焚溺死者无算。总兵官卢镗、参将牛天锡又破贼宁波、温州。浙东平,继光进秩三等。闽、广贼流入江西。总督胡宗宪檄继光援。击破之上坊巢,贼奔[⑮]建宁。继光还浙江。

明年,倭大举犯福建。自温州来者,合福宁、连江诸倭攻陷寿宁、政和、宁德。自广东南澳来者,合福清、长乐诸倭攻陷玄钟所,延及龙严、松溪、大田、古田、莆田。是时宁德已屡陷。距城十里有横屿,四面皆水路险隘,贼结大营其中。官军不敢击,相守逾[⑯]年。其新至者营牛田,而酋长营兴化,东南互为声援。闽中连告急,宗宪复檄继光剿之。先击横屿贼。人持草一束,填壕进。大破其巢,斩首二千六百。乘胜至福清,捣败牛田贼,覆其巢,余贼走[17]兴化。急追之,夜四鼓抵贼栅。连克六十营,斩首千数百级。平明[18]入城,兴化人始知,牛酒劳[19]不绝。继光乃旋师。抵福清,遇倭自东营澳登陆,击斩二百人。而刘显亦屡破贼。闽宿寇几尽。于是继光至福州饮至,勒石平远台。

及继光还浙后,新倭至者日益众,围兴化城匝[20]月。会[21]显遣卒八人赍[22]书城中,衣刺"天兵"二字。贼杀而衣[23]其衣,绐[24]守将得人,夜斩关延贼。副使翁时器、参将毕高走免,通判奚世亮摄府事,遇害,焚掠一空。留两月,破平海卫,据之。初,兴化告急,时帝已命俞大猷为福建总兵官,继光副之。及城陷,刘显军少,壁[25]城下不敢击。大猷亦不欲攻,需大军合以困之。四十二年四月,继光将[26]浙兵至。于是巡抚谭纶令将中军,显左,大猷右,合攻贼于平海。继光先登,左右军继之,斩级二千二百,还被掠者三千人。纶上功,继光首,显、大猷次之。帝为告谢郊庙,大行叙赉[27]。继光先以横屿功,进署都督佥事,及是进都督同知,世荫千户,遂代大猷为总兵官。

明年二月,倭余党复纠新倭万余,围仙游三日。继光击败之城下,又追败之王仓坪,斩首数百级,余多坠崖谷死,存者数千奔据漳浦蔡丕岭。继光分五哨,身持短兵缘[28]崖上,俘斩数百人,余贼遂掠渔舟出海去。久之,倭自浙犯福宁,继光督参将李超等击败之。乘胜追永宁贼,斩馘三百有奇。寻与大猷击走吴平于南澳,遂击平余孽之未下者。

……

自嘉靖以来,边墙虽修,墩台未建。继光巡行塞上,议建敌台。略言:"蓟镇边垣,延袤二千里,一瑕则百坚皆瑕。比[29]来岁修岁圮,徒费无益。请跨墙为台,睥睨四达。台高五丈,虚中为三层,台宿百人,铠仗糗粮具备。令戍卒画地受工,先建千二百座。然边卒木[30]强,律以军法将不堪,请募浙人为一军,用倡勇敢。"督抚上其议,许之。浙兵三千至,陈郊外。天大雨,自朝至日昃[31],植[32]立不动。边军大骇,自是始知军令。五年秋,台功成。精坚雄壮,二千里声势联接。诏予世荫,赉银币。

……

自顺义受封,朝廷以八事课[33]边臣:曰积钱谷、修险隘、练兵马、整器械、开屯田、理盐法、收塞马、散叛党。三岁则遣大臣阅视,而殿最之。继光用是频荫赉。南北名将马芳、俞大猷前卒,独继光与辽东李成梁在。然蓟门守甚固,敌无由入,尽转而之[34]辽,故成梁擅[35]战功。

……

居正殁半岁,给事中张鼎思言继光不宜于北,当国者遽[36]改之广东。继光悒悒不得志,强一赴,逾年即谢[37]病。给事中张希皋等复劾之,竟罢归。居三年,御史傅光宅疏荐,反夺俸。继光亦遂卒。

继光更历南北,并著声。在南方战功特盛,北则专主守。所著《纪效新书》、《练兵纪实》,谈兵者遵用焉。

选自《明史》卷二百十二

〔**注释**〕①世:世袭。 ②嗣:承袭。 ③用:因为。 ④备:防御。 ⑤部:管领。 ⑥以:因为。 ⑦寻:不久。 ⑧坐:获罪。 ⑨按:查考。 ⑩薮:水浅草茂的湖泽。 ⑪更:更换。 ⑫蹙:逼迫。 ⑬邀:拦截。 ⑭脱:逃脱。 ⑮奔:逃跑。 ⑯逾:超过。 ⑰走:逃跑。 ⑱平明:天亮的时候。 ⑲劳:慰劳。 ⑳匝:满。 ㉑会:适逢。 ㉒赍:携带。 ㉓衣:穿。 ㉔绐:欺骗。 ㉕壁:驻守。 ㉖将:统率。 ㉗ 赉：赏赐。 ㉘ 缘：攀援。 ㉙ 比：近来。 ㉚ 木：质朴。 ㉛ 昃：太阳偏西。 ㉜ 植：竖立。 ㉝ 课：考核。 ㉞ 之：往。 ㉟ 擅：独占。 ㊱ 遽：立即。 ㊲ 谢：推辞。

〔赏析〕 明世宗嘉靖年间，海防松弛，日本武人、商人和海盗不断骚扰明朝沿海地区，倭寇之患由此形成，戚继光这样一位抗倭名将应时而生，他的理想是“封侯非我意，但愿海波平”。

嘉靖三十二年(1553 年)，戚继光由张居正推荐，进署都指挥佥事一职，防御山东沿海的倭寇，后来调往浙江都司佥事，并担任参将一职，防守宁波、绍兴和台州三郡。当时的倭寇入侵已呈蔓延之势，可谓是四处为害，戚继光在山东和浙江的主要任务就是抗击倭寇，他满怀信心地开始践行着他保家卫国的誓言，开启了南征倭寇的军事生涯。

嘉靖三十六年，倭寇侵犯乐清、瑞安和临海等地，因道路阻隔，戚继光并未及时对倭寇的侵犯予以阻击，后又遇到汪直余党于岑港作乱，戚继光与俞大猷两军会合前往围攻，但费时既久也没有攻克。朝廷命二人戴罪杀敌，岑港的倭寇终究抵御不住戚继光与俞大猷的进攻，最后大船被两军击沉。当时的戚继光承受着抗击倭寇与遭受朝廷大臣谮诉的双重压力，给事中罗嘉宾等人以故意放走倭寇为由弹劾戚继光，幸亏终因平定汪直余党而因功复官，这也为戚继光后来集中精兵强将创造了极为有利的条件。

抗倭初期，戚继光经过几次上阵杀敌，敏锐地发现抗倭军队战斗力较弱且军心涣散，所谓“继光至浙时，见卫所军不习战，而金华、义乌俗称慓悍”，朝廷遂多次抽调客军入浙助战，但是由于客军不熟悉地形且纪律不严，不能有效地抵御倭寇，这就更加坚定了戚继光想要训练一支精锐军队的决心，“请召募三千人，教以击刺法，长短兵迭用，由是继光一军特精”。在国危时刻，戚继光不敢怠慢，他将招募的军队加以严格训练，立束伍法，节节相制，进退齐一，组成了一支强劲的“戚家军”，这支队伍追随他南征倭寇，发挥了很大的作用。同时，由于戚继光军事实力的增强，朝廷不需要再以征调客军的方式来援助一线军队，极大地节省了人力物力。戚继光的这一高瞻远瞩，也为他在接下来的几次抗倭战争中贡献了力量。

在嘉靖四十年的台州之战中，戚继光开始抵御桃渚、圻头等地的倭寇。在此战役中，戚继光淋漓尽致地表现了英勇与无畏的精神，倭寇遁走后欲图袭击台州，戚继光采取先发制人的手段而一举手刃倭寇首领，朝廷对戚继光加官进爵也是理所当然。当时的戚继光已然成为抗倭的名将，在其后全力协助总督胡宗宪平定闽、广一带的倭寇作战中表现更是突出。

戚继光已经让敌寇闻风丧胆，所以在嘉靖四十一年，畏惧戚家军的倭寇转而侵犯福建。戚继光并没有对倭寇予以盲目的回击，而是客观分析了其时之战局与地形，他认为只有将倭寇的巢穴一网打尽，才能保证整个东南沿海的平安无事。戚继光亲自调查倭寇的藏身之所，发现其地势异常险要且四面环水，易守难攻。已经熟稔抗倭战术的戚继光遂另辟蹊径，“人持草一束，填壕进。大破其巢，斩首二千六百”，此次抗倭战争又以大获全胜而告终。戚继光精通兵法，在南方抗击倭寇的过程中，他根据南方多沼泽的地形，创造出“鸳鸯阵”这一阵法，亲自教授士兵使用各种长短武器，戚家军的战斗力也越来越强。

岑港之战、台州之战、福建之战、兴化之战和仙游之战见证戚继光南征倭寇的历程，展现出他身上许多优秀的品质，兼具勇猛与智慧，屡立战功却能谦冲自牧。与戚继光同朝为官的浙江巡抚翁大立曾这样评价他：“平居轻裘缓带，折节下士，循循如儒生。而临敌敢勇，身先士卒，有烈丈夫之气；而分财让食，不有其有，有廉士之风。自入浙中，身经百战，斩获几万级，盖劳苦功高，无如军者，然军未尝言功。”在与倭寇相抗衡的战役中，戚继光不仅练就了一支精锐的“戚家军”，还总结并形成了自己的一套军事理论，撰写了《纪效新书》与《练兵实纪》这两部重要的书籍，被收入《四库全书》之中。清人沈兆沄在《兵武闻见录·序》中说：“唯戚继光《纪效新书》、《练兵实纪》，士丈夫尤奉为圭臬”。由于此书是对实践经验的总结，受到其后曾国藩的极大推崇，将书中的思想运用到湘军训练中。

明代因为闭关锁国的对外政策以及东南沿海官商与倭寇的勾结，造成了国家的边境危机。戚继光的抗倭斗争是朝廷攘外的一个举措，他的抗倭历程曲折却有历史性的意义，不仅扫除了当时为患多年的倭寇问题，确保了人民生命与财产的安全,同时也加强了明廷抗击侵略的信心与斗志。

土司列传

〔选文〕

西南诸蛮,有虞氏之苗,商之鬼方,西汉之夜郎、靡莫、邛、莋、僰、爨之属皆是也。自巴、夔以东及湖、湘、岭峤,盘踞数千里,种类殊别。历代以来,自相君长。原[①]其为王朝役使,自周武王时孟津大会,而庸、蜀、羌、髳、微、卢、彭、濮诸蛮皆与[②]焉。及楚庄蹻王滇,而秦开五尺道,置吏,沿及汉武,置都尉县属,仍令自保,此即土官、土吏之所始欤。

……

尝[③]考洪武初,西南夷来归者,即用原官授之。其土官衔号曰宣慰司,曰宣抚司,曰招讨司,曰安抚司,曰长官司。以劳绩之多寡,分尊卑之等差,而府州县之名亦往往有之。袭替必奉朝命,虽在万里外,皆赴阙[④]受职。天顺末,许土官缴呈勘奏,则威柄渐弛。成化中,令纳粟备振[⑤],则规取日陋。孝宗虽发愤厘革,而因循未改。嘉靖九年始复旧制,以府州县等官隶验封,宣慰、招讨等官隶武选。隶验封者,布政司领之;隶武选者,都指挥领之。于是文武相维,比[⑥]于中土矣。其间叛服不常,诛赏互见。兹据其事迹尤著者,列于篇。

……

湖南,古巫郡、黔中地也。其施州卫与永、保诸土司境,介于岳、辰、常德之西,与川东巴、夔相接壤,南通黔阳。溪峒深阻,易于寇盗,元末滋甚。陈友谅据湖、湘间,啖[⑦]以利,资其兵[⑧]为用。诸苗亦为尽力,有乞兵旁寨为之驱使者,友谅以此益肆。及太祖歼友谅于鄱阳,进克武昌,湖南诸郡望风归附，元时所置宣慰、安抚、长官司之属，皆先后迎降。太祖以原官授之，已而梗[9]化。

选自《明史》卷三百十

四川土司诸境，多有去[10]蜀远去滇、黔近者。如乌蒙、东川近于滇，乌撒、镇雄、播州近于黔。明太祖略[11]定边方，首平蜀夏，置四川布政司，使招谕诸蛮，次第归附。故乌蒙、乌撒、东川、芒部旧属云南者，皆隶于四川，不过岁输贡赋，示以羁縻。然夷性犷悍，嗜利好杀，争相竞尚[12]，焚烧劫掠，习以为恒[13]。去省穹远，莫能控制，附近边民，咸[14]被其毒。皆由规模草创，未尝设立文武为之钤辖[15]，听其自相雄长。虽受天朝爵号，实自王[16]其地。以故终明之世，常烦挞伐。唯建昌、松、茂等处设立卫所，播州改遵义、平越二府以后，稍安戢[17]云。

选自《明史》卷三百十一

贵州，古罗施鬼国。汉西南夷牂牁、武陵诸傍郡地。元置八番、顺元诸军民宣慰使司，以羁縻之。明太祖既克陈友谅，兵威远振，思南宣慰、思州宣抚率先归附，即令以故官世守之，时至正二十五年也。及洪武五年，贵州宣慰霭翠与宋蒙古歹及普定府女总管適尔等先后来归，皆予以原官世袭。帝方北伐中原，未遑[18]经理南荒。又田仁智等岁修职贡，最恭顺，乃以卫指挥佥事顾成筑城以守，赋税听自输纳，未置郡县。

永乐十一年，思南、思州相仇杀，始命成以兵五万执之，送京师。乃分其地为八府四州，设贵州布政使司，而以长官司七十五分隶焉，属户部。置贵州都指挥使，领十八卫，而以长官司七隶焉，属兵部。府以下参用土官。其土官之朝贡符信属礼部，承袭属吏部，领土兵者属兵部。其后府并为六，州并为四，长官司或分或合，厘革不一。

其地西接滇、蜀，东连荆、粤。太祖于《平滇诏书》言："霭翠辈不尽服之，虽有云南不能守也"，则志已在黔，至成祖遂成之。然贵州地皆崇山深菁，鸟道蚕丛，诸蛮种类，嗜淫好杀，畔[19]服不常。霭翠归附之初，请讨其陇居部落。帝曰："中国之兵，岂外夷报怨之具[20]。"及仁智入朝，帝谕之曰："天下守土之臣，皆朝廷命吏，人民皆朝廷赤子，汝归善抚之，使各安其生，则汝可长享富贵。夫礼莫大于敬上，德莫盛于爱下，能敬能爱，人臣之道也。"二十一年，部臣以贵州逋[21]赋请，帝曰："蛮方僻远，来纳租赋，是能遵声教[22]矣。逋负之故，必由水旱之灾，宜行蠲[23]免。自今定其数以为常，从宽减焉。"二十九年，清水江之乱既平，守臣以贼首匿宣慰家，宜并罪。帝曰："蛮人鸱张鼠伏，自其常态，勿复问。"明初御蛮之道，其后世之龟鉴也夫。

选自《明史》卷三百十六

广西瑶、僮居多，盘万岭之中，当三江之险，六十三山倚为巢穴，三十六源踞其腹心，其散布于桂林、柳州、庆远、平乐诸郡县者，所在蔓衍。而田州、泗城之属，尤称强悍。种类滋繁，莫可枚举。蛮势之众，与滇为埒[24]。今就其尤著者列于篇。观其叛服不常，沿革殊致，可以觇[25]中国之德威，知夷情之顺逆，为筹边者之一助云。

选自《明史》卷三百十七

〔**注释**〕 ① 原：推究本源。 ② 与：参与。 ③ 尝：曾经。 ④ 阙：朝廷。 ⑤ 振：赈济。 ⑥ 比：比照。 ⑦ 啖：利诱。 ⑧ 兵：兵器。 ⑨ 梗：阻碍。 ⑩ 去：距离。 ⑪ 略：掠夺。 ⑫ 尚：夸耀。 ⑬ 恒：平常。 ⑭ 咸：都。 ⑮ 钤辖：管束。 ⑯ 王：统治。 ⑰ 戢：止息。 ⑱ 遑：闲暇。 ⑲ 畔：通"叛"。 ⑳ 具：工具。 ㉑ 逋：拖欠。

㉒ 声教：声威教化。 ㉓ 蠲：通“捐”，减免。 ㉔ 埒：相等。 ㉕ 觇：窥视。

〔赏析〕 土司制度是封建统治者对西南少数民族地区实行的一种特殊统治方式，由中央政府任命少数民族贵族为世袭地方长官，通过这些官吏管理当地人民，以期达到中央政府对少数民族地区进行统治的目的。土司制度之渊源，应当追溯到两汉时期的羁縻制度。

土司制度肇建于元朝，明廷沿袭元制并大为开拓，使土司制度不断地获得完善。“迨有明踵元故事，大为恢拓，分别司郡州县，额以赋役，听我驱调，而法始备矣”，明廷从这一制度中获得益处当是显而易见的。“国朝兵平六诏，诸夷纳土，乃各因其酋长，立为宣慰、安抚等官”，此后，明朝在湖广、四川、云南、贵州等省设置土司制度。土司制度能够在西南地区获得成功，关键在于统治者抓住了各地区的要害。西南民族以占有的土地与自然资源为生存的基础，首领的任务便是保护这些资源，朝廷实行的土司制度可以让土著官员守卫其土、世辖其民，而且职位可以世袭，对官员来说可谓是条件优渥，中央政府亦可坐享稳定的边境环境所带来的安定局面。

湖南、广西、四川、云南、贵州等地区都是少数民族集中的地方，而少数民族自古以来就是统治者极想征服与治理的。“湖南，古巫郡、黔中地也……溪峒深阻，易于寇盗，元末滋甚”，这些偏远区域在发展中，逐渐形成了一个迥异于其他地区的群体，他们有着自己的民族性格与政治主见，很难融入统治者的政治理念之中，民族之间的纠葛往往因此而产生，社会的动乱是这一矛盾发展到不可调和时所迸发出来的最终结局。明朝统治者善于抓住时机，利用土司制度来加强对于南部边疆的统治，这一制度在客观上也有利于土司地区经济的发展。

明朝统治者在施行土司制度时，并非千篇一律，而是因地制宜的，即使同是西南地区，还存在着民族、社会习俗等差异。例如明代的湖广土司，最大特点就是“流官参用”。流官不能世袭，任期满后就要调任。西南地区的土司，较多是经过明初大兵围剿之后才归顺朝廷的，明朝也经常采取“悉送酋长入朝”或“戮其渠魁”等手段来对付那些桀骜不驯的土司。同时，湖广地区的情况又有些差异，据《明史·湖广土司》记载：“元时所置宣慰、安抚、长官之属，皆先后迎降，太祖以原官授之”，明代的湖广土司是以土官为主，而以“流官参用”的。湖广土司履行着向朝廷纳贡的义务，不仅要贡献物资，还要贡献人力，故而土兵在朝廷中起着重要的作用。嘉靖年间，朝廷面临着“南倭北虏”的严峻形势，造成朝廷对土兵的依赖进一步加剧，《明史·湖广土司》就有嘉靖三十三年(1554年)调荣美、永顺、保靖士兵征倭的记载。在广西土司中也有类似的情况，弘治九年(1496年)，总督邓廷瓒说：“广西瑶、侗数多，土民数少，兼各卫军士十亡八九，凡有征调，全倚士兵”。可见，朝廷采用土司制度后为已所用，以土军代替官兵镇守边疆，大幅减少了国库的支出。由于湖广土司能够和朝廷保持稳定和平的关系，这就促使这一地区的社会得以长期稳定，同时对于湘鄂西土家族的经济、文化发展，也在客观上起到了一定的积极作用。

毋庸讳言，土司制度也存在着一些弊端。由于土司获得了朝廷的承认与保护，一些胆大妄为的土司利用朝廷授予的职权，经常搪塞官府，甚至形成了割据一方的利益集团，朝廷对其也是鞭长莫及。当土司制度对朝廷致力于促成的中央集权政治产生不利影响时，也是这一制度行将腐朽的前兆，所以其后实施“改土归流”的政策也就不足为奇了。

广西土司、云南土司、贵州土司和四川土司也都存在着各自的一些地方特点，不过其相同点在于皆为政府为实行有效统治而采取的一种策略，用这种派遣当地人管辖自治的方法达到“为我所用”的目的。但是物极必反，土司制度在明代发展到一定程度时便开始逐渐瓦解，“改土归流”遂变成为另一种趋势。土司制度在历史上发挥了较大的作用，有利于西南地区稳定状态的形成，有利于国家统一与民族团结的促进，也有利于维护国家的领土完整，对于这些正面的影响，都应当以实事求是的态度给予其以充分的肯定。

（张文婧）

知行合一的大智慧

〔导言〕　王守仁是中国历史上具有深远影响的大儒，同时他也是明代著名的政治家、军事家、文学家和哲学家，他一生实现了立德、立功、立言的统一。王守仁文武兼备，毕生践行着儒士"正心、诚意、修身、齐家、治国、平天下"的理想。作为军事家，他用兵如神，荡平宁王朱宸濠的反叛，平定思恩、田州土酋的叛乱；作为思想家他继承了陆象山的"心学"思想，并提出"心外无物"、"知行合一"、"致良知"等主张，是对于陆九渊的"心学"的进一步完善。"无善无恶心之体，有善有恶意之动，知善知恶是良知，为善去恶是格物"，这四句箴言是王学思想的集中体现。王守仁的思想使得心学体系逐渐完善，成为不同于程朱理学的流派，并影响了后世儒学的发展。

王守仁列传

〔选文〕

王守仁，字伯安，余姚人。

父华，字德辉，成化十七年进士第一。授修撰。弘治中，累官学士、少詹事。华有器度，在讲幄最久，孝宗甚眷之。李广贵幸[①]，华讲《大学衍义》，至唐李辅国与张后表里用事，指陈甚切。帝命中官赐食劳[②]焉。正德初，进礼部左侍郎。以守仁忤刘瑾，出为南京吏部尚书，坐事[③]罢。旋以《会典》小误，降右侍郎。瑾败，乃复故，无何卒。华性孝，母岑年逾百岁卒。华已年七十余，犹寝苫蔬食，士论多[④]之。

守仁娠十四月而生。祖母梦神人自云中送儿下，因名云。五岁不能言，异人拊[5]之，更名守仁，乃言。年十五，访客居庸、山海关。时阑[6]出塞，纵观山川形胜。弱冠举乡试，学大进。顾益[7]好言兵，且善射。登弘治十二年进士。使治前威宁伯王越葬，还而朝议方急西北边，守仁条八事上之。寻[8]授刑部主事。决囚江北，引疾归。起补兵部主事。

正德元年冬，刘瑾逮南京给事中御史戴铣等二十余人。守仁抗[9]章救，瑾怒，廷杖四十，谪贵州龙场驿丞。龙场万山丛薄，苗、僚杂居。守仁因俗化导，夷人喜，相率伐木为屋，以栖[10]守仁。瑾诛，量移庐陵知县。入觐，迁南京刑部主事，吏部尚书杨一清改之验封。屡迁考功郎中，擢南京太仆少卿，就迁鸿胪卿。

……

当是时，谗邪构煽，祸变叵测，微[11]守仁，东南事几殆[12]。世宗深知之。甫[13]即位，趣[14]召入朝受封。而大学士杨廷和与王琼不相能。守仁前后平贼，率[15]归功琼，廷和不喜，大臣亦多忌其功。会[16]有言国哀未毕，不宜举宴行赏者，因拜守仁南京兵部尚书。守仁不赴，请归省。已，论功封特进光禄大夫、柱国、新建伯，世袭，岁禄一千石。然不予铁券，岁禄亦不给。诸同事有功者，惟吉安守伍文定至大官，当上赏。其他皆名示迁，而阴[17]绌之，废斥无存者。守仁愤甚。时已丁父忧[18]，屡疏辞爵，乞录诸臣功，咸报寝[19]。免丧，亦不召。久之，所善席书及门人方献夫、黄绾以议礼得幸，言于张璁、桂萼，将召用，而费宏故衔[20]守仁，复沮[21]之。屡推兵部尚书，三边总督，提督团营，皆弗果用。

……

守仁已病甚，疏乞骸骨，举郧阳巡抚林富自代，不俟命竟归。行至南安卒,年五十七。丧过江西,军民无不缟素哭送者。

守仁天姿异敏。年十七谒上饶娄谅,与论朱子格物大指[22]。还家,日端坐,讲读《五经》,不苟言笑。游九华归,筑室阳明洞中。泛滥[23]二氏学,数年无所得。谪龙场,穷荒无书,日绎[24]旧闻。忽悟格物致知,当自求诸心,不当求诸事物,喟然曰:"道在是矣。"遂笃信不疑。其为教,专以致良知为主。谓宋周、程二子后,惟象山陆氏简易直捷,有以接孟氏之传。而朱子《集注》、《或问》之类,乃中年未定之说。学者翕然从之,世遂有"阳明学"云。

……

隆庆初,廷臣多颂其功。诏赠新建侯,谥文成。二年予世袭伯爵。既又有请以守仁与薛瑄、陈献章同从祀文庙者。帝独允礼臣议,以瑄配。及万历十二年,御史詹事讲申[25]前请。大学士申时行等言:"守仁言致知出《大学》,良知出《孟子》。陈献章主静,沿宋儒周敦颐、程颢。且孝友出处如献章,气节文章功业如守仁,不可谓禅,诚宜崇祀。"且言胡居仁纯心笃行,众论所归,亦宜并祀。帝皆从之。终明之世,从祀者止守仁等四人。

……

赞曰:王守仁始以直[26]节著。比[27]任疆事,提[28]弱卒,从诸书生扫积年逋寇,平定孽藩。终明之世,文臣用兵制胜,未有如守仁者也。当危疑之际,神明愈定,智虑无遗,虽由天资高,其亦有得于中者欤。矜其创获,标异儒先,卒为学者讥。守仁尝[29]谓胡世宁少讲学,世宁曰:"某恨[30]公多讲学耳。"桂萼之议虽出于媢忌之私,抑流弊实然,固不能以功多为讳矣。

选自《明史》卷一百九十五

〔注释〕 ①幸：受宠幸。 ②劳：慰劳。 ③坐事：因事获罪。 ④多：称赞。 ⑤拊：抚摩。 ⑥阑：擅自。 ⑦益：更加。 ⑧寻：不久。 ⑨抗：刚正。 ⑩栖：让居处。 ⑪微：没有。 ⑫殆：危险。 ⑬甫：才。 ⑭趣：赶快。 ⑮率：一律。 ⑯会：适逢。 ⑰阴：暗中。 ⑱忧：父母的丧事。 ⑲寝：搁置。 ⑳衔：怀恨。 ㉑沮：阻止。 ㉒指：意旨。 ㉓泛滥：博览而沉浸其中。 ㉔绎：分析。 ㉕申：申述。 ㉖直：正直。 ㉗比：等到。 ㉘提：率领。 ㉙尝：曾经。 ㉚恨：遗憾。

〔赏析〕 王守仁，字伯安，号阳明子，世称阳明先生，余姚人。王守仁本名"云"，据说最初口不能言，五岁改名为"守仁"，这才开口说话，立即展现出其惊人的天赋，并获得了神童的美誉。王守仁在年少时便有经邦治国的愿望，十五岁时远走居庸关、山海关观察山川地形。他天资聪颖，在研读儒家经典的同时还学习骑射兵书，这为日后在战役中每战每捷奠定了基础。

王守仁处于明代宦官专权时期，但他刚正不阿，敢于正义直言。正德元年(1506年)的冬天，宦官刘瑾下令逮捕南京御史戴铣等二十余人，王守仁奋不顾身地呈递奏章希望解救这二十余人。这一行为极大地触怒了刘瑾，王守仁因而遭受了杖责的刑罚，由兵部主事贬为贵州龙场驿丞。龙场(今贵阳市修文县城区)地处西南，高山起伏、瘴气弥漫、环境恶劣，王守仁在这样的环境之中仍然保持着本心，在龙场山洞中悟"道"，写下了《五经忆说》，这就是著名的龙场悟道的故事。此后，王守仁显示出成熟的政治和军事素养，他多次统兵出征，并改革部队编制，使得军纪更为严明，号令上传下达更加迅速，奖惩制度更加明晰。正德十四年，王守仁一举平定宁王朱宸濠的叛乱，从此他声名大振，但同时也遭受到了小人、佞臣的打击、污蔑和诽谤。

毫无疑问，王守仁对明朝的贡献是巨大的，而他的成就不仅仅于此，更重要的是他建立了独树一帜的"阳明心学"，这就使其在中国思想史上占据了极为重要的地位。王守仁的"阳明心学"对孟子"尽心"说和陆象山"心即理"的学说进行了改造和阐发，提出了自己的理论主张，集明代心学之大成。他的心学思想主要包含"理"、"心"、"知"、"性"四个范畴。

首先，王阳明对"心"和"理"进行了辨别，认为"心"是宇宙的本源，并提出

“心外无理，心外无美”的观点，这明显不同于程朱理学将抽象的“理”作为事物的本源。王守仁所言之“心”，是指人的主体意识、感悟力和直觉，他所言说之“理”，也是指从属于“心”的“理”。王守仁不赞同程朱等理学家所推崇的由外而内的“格物穷理”，而主张从内而外“发明本心”。在王守仁的心中，天地间的一切事物，小到日常行为举止，大到王朝的更替，一切都来自内心。正因如此，王守仁强调：“万事万物之理不外于吾心”（《答顾东桥书》），提倡“理需从自己心上体认，不假外求始得”（《传习录上》）。

其次，他提出“知之真切笃实处即是行，行之明觉精察处即是知”，也就是我们常说的“知行合一”。所谓知行合一，就是在主体我心之中合一。知与行是相互包容相互联系的统一整体，知则必行，行则必定已经知，知行本为一，这不同于朱熹“知”先而“行”后，“析心理为二”，“析知行为二”的主张。值得注意的是，这里的“知”与“行”强调的是真知、真行，也就是说知即是本然之知，是生而俱来的，是自然本心的知，其特征就是求索于内，不假外求。

最后，他提出“致良知”理论。所谓“致良知”，简单来说就是以良知指导本心及行动，这为后世的读书人找到了一种与人间的黑暗、不公相抗争的精神源泉，也为芸芸众生找到一块不可剥夺的心灵之地。王守仁的“致良知”综合了《大学》和《孟子》中有关良知的观点。《大学》说“致知在格物，物格而后知圣”，认为“格物”是人们身心修养的首要的环节，王守仁则认为“格物”是“格其心之物”，“格其意之物”，“格其知之物”，“格”是我们将内心的感悟表现出来的手段而已，而这种发自内心的感悟可以影响我们的行为活动。《孟子》所说的“良知”，是指我们生而具备的、不经后天学习就可以获得的善性，也就是常说的天赋道德意识。王守仁赋予良知更多的内容，他认为“良知”是心之本源，天地间万事万物因良知而生发，因此“致良知”的最终目的便是将“良知”推及到天地之间，从而将人潜在的纯善道德意识转化成为现实的人生价值。

王守仁提出的“阳明心学”是在市民经济中逐渐发展的，是在程朱理学逐渐僵化的背景下提出来的，这为人们找到了一条更为实用的“内圣外王”之路，即从“治世”到“治心”，转变为从“治心”到“治世”，提高了人的主体性地位，减轻了理学道德文化的负担，为儒学的发展开拓了新的领域。但是王学自诞生起就包含无限多方向发展的可能性，且“阳明心学”过分强调“不假外求”，这就为后人任意的阐发提供了口实，事实上这也是后来“王学”过于空疏的原因之一。

纵观王守仁的一生，其人正义直行，文治武功兼备，可谓一代大儒。他所提倡的“知行合一”、“致良知”等学说，直到今天仍有重要的借鉴意义。

（张　琦）

中学更新，西学东渐，经验科学的高度

〔**导言**〕 明清是我国古代王朝最后的辉煌时期，历经了两千多年的中央集权政治格局在这一时期达到高峰，商品经济繁荣发展，推动了科技文化等各方面的全面进步。由是之故，明代出现了一大批著名的科学、水利、农政、医学专家，产生了一系列于各领域集大成的著作，他们虽然未能像欧洲那样掀起科学理性思潮，但对传统中国经验科学成果的总结和理论建设已经超过了历代的知识水平。在系统总结的同时，有识之士也开始突破过去只重视经验传承的教授方式，有意识地将知识上升到理论层面，显示出我国传统科技文化步入了成熟阶段。

明清不同于以往历代王朝的一个重要特点是西学东渐的产生，中国日益受到来自外部的挑战。明朝末年倭寇对沿海的骚扰和北部边境危机的日益严重，使得明王朝不得不寻求在军事等各方面的优秀技术；与此同时，在遥远的欧洲，传教士们对于向中国传播基督教福音的兴趣也日益高涨。在这样的大背景下，明末中国士大夫中的有识之士与那些来自西方的传教士合作，在天文历法和军事技术等各方面取得了突出的成就，成为后世中西交流的先声。本文选录《潘季驯列传》、《徐光启列传》和《李时珍列传》，涵盖了水利、中西交流、医学等领域的杰出人才，以期考察明代科技发展的盛况。

潘季驯列传

〔**选文**〕

潘季驯，字时良，乌程人。嘉靖二十九年进士。授九江推官。擢御史，巡抚广东。行[①]均平里甲法，广人大便。临代去，疏请饬后至者守其法，帝从之。进大理丞。四十四年由左少卿进右佥都御史，总理河道。与朱衡共开新河，加右副都御史。寻以忧去。

隆庆四年，河决邳州、睢宁。起故官，再理河道，塞决口。明年，工竣，坐[②]驱运船入新溜漂没多，为勘河给事中雒遵劾罢。

万历四年夏，再起官，巡抚江西。明年冬，召为刑部右侍郎。是时，河决崔镇，黄水北流，清河口淤淀，全淮南徙，高堰湖堤大坏，淮、扬、高邮、宝应间皆为巨浸。大学士张居正深以为忧。河漕尚书吴桂芳议复老黄河故道，而总河都御史傅希挚欲塞决口，束水归漕，两人议不合。会[③]桂芳卒，六年夏，命季驯以右都御史兼工部左侍郎代之。季驯以故道久湮，虽浚复，其深广必不能如今河，议筑崔镇以塞决口，筑遥堤以防溃决。又："淮清河浊，淮弱河强，河水一斗，沙居其六，伏秋则居其八，非极湍急，必至停滞。当藉[④]淮之清以刷河之浊，筑高堰束淮入清口，以敌河之强，使二水并流，则海口自浚。即桂芳所开草湾亦可不复修治。"遂条上六事，诏如议。

明年冬，两河工成。又明年春，加太子太保，进工部尚书兼左副都御史。季驯初至河上，历虞城、夏邑、商丘，相度[⑤]地势。旧黄河上流，自新集经赵家圈、萧县，出徐州小浮桥，极深广。自嘉靖中北徙，河身既浅，迁徙不常[⑥]，曹、单、丰、沛常苦昏垫[⑦]。上疏请复故河。给事中王道成以方筑崔镇高堰，役[⑧]难并举。河南抚按亦陈三难，乃止。迁南京兵部尚书。十一年正月召改刑部。

季驯之再起也，以张居正援。居正殁，家属尽幽[⑨]系，子敬修自缢死。季驯言："居正母逾八旬，旦暮莫必其命，乞降特恩宥[⑩]释。"又以治居正狱太急，宣言居正家属毙狱者已数十人。先是，御史李植、江东之辈与大臣申时行、杨巍相讦⑪。季驯力右时行、巍，痛诋言者，言者交怒。植遂劾季驯党庇居正，落职为民。

十三年，御史李栋上疏讼⑫曰："隆庆间，河决崔镇，为运道梗。数年以来，民居既奠⑬，河水安流，咸曰：'此潘尚书功也。'昔先臣宋礼治会通河，至于今是赖，陛下允督臣万恭之请，予之谥荫。今季驯功不在礼下，乃当身存之日，使与编户齿，宁不隳⑭诸臣任事之心，失朝廷报功之典哉。"御史董子行亦言季驯罪轻责重。诏俱夺其俸。其后论荐者不已。

十六年，给事中梅国楼复荐，遂起季驯右都御史，总督河道。自吴桂芳后，河漕皆总理，至是复设专官。明年，黄水暴涨，冲入夏镇，坏田庐，居民多溺死。季驯复筑塞之。十九年冬，加太子太保、工部尚书兼右都御史。

季驯凡四奉治河命，前后二十七年，习⑮知地形险易。增筑设防，置官建闸，下及木石桩埽，综理纤悉，积劳成病。三疏乞休，不允。二十年，泗州大水，城中水三尺，患及祖陵。议者或欲开傅宁湖至六合入江，或欲浚周家桥入高、宝诸湖，或欲开寿州瓦埠河以分淮水上流，或欲弛张福堤以泄淮口。季驯谓祖陵王气不宜轻泄，而巡抚周寀、陈于陛、巡按高举谓周家桥在祖陵后百里，可疏浚，议不合。都给事中杨其休请允季驯去⑯。归三年卒，年七十五。

选自《明史》卷二百二十三

〔**注释**〕 ① 行：实施。 ② 坐：获罪。 ③ 会：适逢。 ④ 藉：凭借。 ⑤ 度：估量。 ⑥ 常：规律。 ⑦ 昏垫：水灾。 ⑧ 役：事。 ⑨ 幽：监禁。 ⑩ 宥：宽恕。 ⑪ 讦：揭发过失或阴私。 ⑫ 讼：争辩。 ⑬ 奠：安定。 ⑭ 隳：毁。 ⑮ 习：熟悉。 ⑯ 去：离开。

〔赏析〕 “防民之口,甚于防川,川壅而溃,伤人必多,民亦如之。是故为川者,决之使导;为民者,宣之使言”——统治者对民情民声应体察疏导,正如治水要因势利导而非筑堤围堵一样,闭民之口不能解民之怨,一旦溃堤将一发不可收拾,一语道破治水之原则。治水的原则在于疏导淤塞、因势利导,这是我国古人在与水患搏斗的漫长过程中所积累的宝贵经验。然而明朝的水利专家潘季驯却反其道而行之,凭借“筑堤束水”、“堵决口并支流”的治理方略,使长期泛滥为害的黄河在之后的两百多年间再无大患,他对传统治水理论的革新突破和对黄河特性的深入洞察确实令人赞叹。

潘季驯是明代杰出的水利专家,字时良,号印川,生于江南的湖州乌程。他历经嘉靖、隆庆、万历三朝,先后多次出任总理河道都御史,主持各种治水工程长达二十七年,为黄、淮、运河的治理做出了杰出的贡献。潘季驯根据黄河特性而提出“筑堤束水、借水攻沙”的治河方针,将历代单纯关注治水的治理模式,转变为综合考虑水流和泥沙两者结合的方略,不仅为黄河周边地区解除了长年的水患,也影响了后世四百多年的黄河治理思想。

潘季驯的治河活动主要分为四个阶段。嘉靖四十四年(1565 年)黄河泛滥,导致山东至江苏段的运河严重淤堵,潘季驯受命担任工部尚书朱衡的助手,两人因在治水的关键问题上存在分歧而分道扬镳。隆庆四年(1570 年),黄河再次决口,潘季驯受命接替总理河道的翁大立,他否决了“开泇河”的主张,坚持“复故道”的方针,初步形成了“堵塞决口,高筑堤防”这一束水攻沙思想。万历六年(1578 年)再次受命治理黄河,这一时期是潘季驯治水思想的成熟阶段,在原有思想的指导下,他将黄河分为多个施工段,以修筑高家堰大堤、封堵黄埔和崔镇决口为重点,通过将淮水由清口引入黄河的方法,不仅有效遏制了淮河东泄,同时加大了水流对黄河泥沙的冲刷作用,成就巨大。万历十六年,他最后一次指挥治河,以修守河防为首要任务而竭尽心力,受到世人的称道。

在唐末以来经济重心南移的大背景下,位于北方的政治中心在很大程度上仰赖于南方供给的田赋米粮。贯通南北的大运河,可谓王朝之命脉,在明代负担了每年近四百万石的漕粮运输。明代前期,统治者多把治水的重点集中在保证漕运的畅通上，为使黄河不至侵犯运河，治水者多采用北岸筑堤，南岸分流的政策。虽能暂时保护运河，却使黄河的干流不断漫流，给沿岸的民众带来了巨大的灾难。嘉靖四十四年，黄河散漫北流以至冲毁运河大堤，导致了“上下二百里余运道俱淤”这一情况的发生。通过对运河及黄河的沿线考察，潘季驯敏锐地认识到只注意“保运”而不统筹兼顾黄、淮、运河三者的关系，是不能根本解决水患的。在第一次受命治水时，他即提出了“复故道”的主张，指出在治理运河时，必须同时治理黄河，同复其故道，虽然因与治水主要官员意见相左而没有立刻加以实践，坚持己见的潘季驯在第三次治水之时终于将理论付诸实施，收效显著。

潘季驯提出的“筑堤束水、借水攻沙”的黄河治理原则，是他作为水利专家最重要的贡献，也是其治水成功的智慧所在。

当时的治水者多主张分流政策，对于黄河这样水患频繁的河流就更是如此，“川壅而溃……是故为川者，决之使导”完全符合古代治水的普遍经验，这就使得古人在治理黄河时以至拘泥于成见而无创新。潘季驯出生于水清山秀的江南，但他不同于其他的治河官员，在长期的实地考察和治水经验的积累中对黄河迥异于江南各河流的特性有着深入的见解。“黄河最浊，以斗计之，沙居其六……非极汛溜，必致停滞。”黄河多沙，分流会导致河水流速渐缓，河道更易淤积，这才是黄河频繁改道决口的重要原因。潘季驯认识到，对于黄河绝不能仅关注治水，还必须关注治沙。经过细致的考察，他提出了靠自然之力解决淤沙的办法，“筑堤束水，以水攻沙”。在第三次受命治河时他写作了著名的《两河经略疏》，提出以“堵决、筑堤、复故道”为中心的治理方案，将“古之下策”的筑堤束水转变为治理黄河的“今之上策”。经过他的治理，黄河两岸筑起的高堤，有效地将河水束于主河道，加快了流速刷深了河道，在一些特定地段建立滚水坝以适当分流，同时在容易形成洪水之处建造遥堤，保证了黄河干道的稳定。潘季驯指导兴建的高家堰和洪泽湖水利工程，至今仍然是苏北重要的水利工程。不拘泥于成例，以实事求是为基本，统筹全局，以长远为大计，潘季驯对黄河的治理，体现了我国水利思想进入了成熟之高峰。

徐光启列传

〔选文〕

徐光启，字子先，上海人。万历二十五年举乡试第一，又七年成进士。由庶吉士历赞善。从西洋人利玛窦学天文、历算、火器，尽其术。遂遍习兵机、屯田、盐策、水利诸书。

杨镐四路丧师，京师大震。累疏请练兵自效，神宗壮[①]之，超擢少詹事兼河南道御史。练兵通州，列上十议。时辽事方急，不能如所请。光启疏争，乃稍[②]给以民兵戎械。

未几，熹宗即位。光启志不得展，请裁去，不听。既而以疾归。辽阳破，召起之。还朝，力请多铸西洋大炮，以资[③]城守。帝善其言。方议用，而光启与兵部尚书崔景荣议不合，御史丘兆麟劾之，复移疾归。天启三年起故官，旋擢礼部右侍郎。五年，魏忠贤党智铤劾之，落职闲住。

崇祯元年召还，复申练兵之说。未几，以左侍郎理部事。帝忧国用不足，敕廷臣献屯盐善策。光启言屯政在乎垦荒，盐政在严禁私贩。帝褒纳之，擢本部尚书。时帝以日食失验[④]，欲罪台官。光启言："台官测候本[⑤]郭守敬法。元时尝[⑥]当食不食，守敬且尔，无怪台官之失占。臣闻历久必差，宜及时修正。"帝从其言，诏西洋人龙华民、邓玉函、罗雅谷等推算历法，光启为监督。

四年春正月，光启进《日躔历指》一卷、《测天约说》二卷、《大测》二卷、《日躔表》二卷、《割圜八线表》六卷、《黄道升度》七卷、《黄赤距度表》一卷、《通率表》一卷。是冬十月辛丑朔，日食，复上测候四说。其辩时差里差之法，最为详密。

五年五月以本官兼东阁大学士，入参机务，与郑以伟并命。寻⑦加太子太保，进文渊阁。光启雅负经济⑧才，有志用世。及柄用，年已老，值⑨周延儒、温体仁专政，不能有所建白⑩。明年十月卒。赠少保。

……

久之，帝念光启博学强识，索其家遗书。子骥入谢，进《农政全书》六十卷。

选自《明史》卷二百五十一

〔注释〕 ① 壮：认为勇敢。 ② 稍：略微。 ③ 资：供给。 ④ 验：应验。 ⑤ 本：依据。 ⑥ 尝：曾经。 ⑦ 寻：不久。 ⑧ 经济：经世济民。 ⑨ 值：遇到。 ⑩ 建白：建议。

〔赏析〕 在中西交流的历史上，明末传教士来华的事迹为这一段历史留下了浓墨重彩的一笔。在这之前，西方与中国虽有过接触，但多是西方来朝，求学于中原。西域的商人们虽也曾向中原王朝输入了他们的乐器和生活方式，但更多的是中华文明的输出。明末，随着欧洲文化的兴起，传教士们的来华打破了这一局面，伴随着基督教传入的西学，以其严谨的逻辑特征和实用性，使中国士大夫中的有识之士大为折服。士大夫的参与使得这次中西文化的交流得以在明政府中展开，西方科学技术首次得到了较大范围的输入，徐光启则无疑是这些人中的佼佼者。

徐光启，字子先，嘉靖四十一年(1562 年)四月生于南直隶松江府上海县。万历二十三年(1595 年)，徐光启赴广东韶州教书，结识了郭居静神父，从此开始了他与西方传教士的接触。万历二十八年，他在南京拜访了利玛窦，决定入教。在此期间，他深刻感到西方知识的先进体系，有助于弥补中国的不足，便积极参与到译介西方科学著作，会通中西之学的工作中去。他与利玛窦合作翻译了《几何原本》；吸取西方天文学理论和方法编撰了《崇祯历书》；跟随熊三拔学习西方水法并编成《泰西水法》一书；提出采用西方军事技术制造火器并派李之藻赴澳门购买大炮。在农业方面，他结合自身“农政”思想编撰的《农政全书》，亦成为全面总结农业技术与农政思想的重要著作。

晚明的政治在张居正改革的最后一次微光之后渐趋式微，士大夫结党立社相互攻讦而无一日之休，阉党互相倾轧亦无一时之宁。与此同时，内有农民起义，外有后金大军压境，明王朝处于风雨飘摇之中。在这一国势危亡之际，徐光启作为一名有识之士，面对着道德世风的日益堕落和国穷兵弱的困窘局面，积极寻找着救国的出路。此时，西方传教士带来的先进科学技术引起了他的注意。儒家学说是汉代以降历代王朝统治的主要意识形态，晚明特殊的社会环境却恰好为非正儒思潮的兴起提供了条件；结社之风的兴起和市镇经济的发展，使得晚明士大夫突破了理学的束缚，思想趋于多元，传教士的来华，正当其时。利玛窦等传教士深谙传统儒学在中国的地位，他们儒冠儒服，结交上层士大夫，绘制以中国居中的世界地图，展示从西方带来的书籍器械，引据儒家学说传播基督教思想。晚明的中西交流不同于历史上以外邦主动为显要特征的朝贡模式，此期的中西交流，呈现出极其明显的互动性，展现了中西双方各取所长的新气象。

徐光启与传教士利玛窦合作译介的首部西学著作，却是《几何原本》这部由欧几里得所著的纯数学著作，这一注重理论的文化选择一反中国注重实践价值的常态，渗透着徐光启对传统中国文化的深入洞见和思考。传统中国文化之主流特征，缺乏逻辑推理和抽象思维，在数学这一学科中表现得尤为突出。中国数学虽涌现了大批著名的数学家，拥有像《九章算术》这样集大成的硕果，循着实用主义发展的数学进入到明代已是穷途末路，造成中国数学在理论层面的捉襟见肘。徐光启敏锐地捕捉到了这一点，他认为对于西方科学的学习和引介，不仅要重视技术的层面，更重要之处乃在于学习其科学的思想和理论，所谓“几何之学，深有益于致知”，《几何原本》所体现的逻辑思维和论理于证的思想价值正是徐光启大为推崇的。而传教士利玛窦等在传教过程中也意识到逻辑推理学说与传播宗教信仰、论说教义之间的联系，于是在徐光启的提议下，两人互相合作，终于完成了《几何原本》前几卷的翻译。《几何原本》以其严密的逻辑，系统介绍了西方数学的论证方法和思维方式，徐光启并不满足于单纯输入西学，他更重视的是中西学的融会贯通。在这之后，他继续研究西方科学思想，以《测量法义》、《测量异同》等书继之，以明《几何原本》之用，为西学东渐揭开了华丽的序幕。

李时珍列传

〔选文〕

李时珍，字东璧，蕲州人。好读医书，医家《本草》，自神农所传止三百六十五种，梁陶弘景所增亦如之，唐苏恭增一百一十四种，宋刘翰又增一百二十种，至掌禹锡、唐慎微辈，先后增补合一千五百五十八种，时称大备[①]。然品类既烦，名称多杂，或一物而析为二三，或二物而混为一品，时珍病[②]之。乃穷搜博采，芟[③]烦补阙，历三十年，阅书八百余家，稿三易而成书，曰《本草纲目》。增药三百七十四种，厘为一十六部，合成五十二卷。首标正名为纲，余各附释为目，次以集解详其出产、形色，又次以气味、主治附方。书成，将上之朝，时珍遽[④]卒。未几，神宗诏修国史，购四方书籍。其子建元以父遗表及是书来献，天子嘉之，命刊行天下，自是士大夫家有其书。时珍官楚王府奉祠正，子建中，四川蓬溪知县。

选自《明史》卷二百九十九

〔注释〕 ① 备：全。 ② 病：认为有缺点。 ③ 芟：除去。 ④ 遽：突然。

〔赏析〕 明代中后期，道教方术盛行，在统治者的推波助澜下，各种长生之说、迷信炼丹活动甚嚣尘上。嘉靖皇帝更是干脆多年不理朝政，每日沉迷于拜神求仙的迷信活动之中，严嵩遂得以凭借善写“青词”而入为首辅，朝野上下污浊不堪。在政治混乱，世风日下的背景下，有一部著作却以其科学严谨的态度，去伪存真的探索精神和救死扶伤的高尚医德流传后世，享誉中外，并被生物学家达尔文誉为“1596年出版的中国百科全书”，这就是李时珍的《本草纲目》。

李时珍，字东璧，号濒湖，明正德十三年(1518年)出身于湖广蕲州一个中医世家，父亲李闻言亦知名。李时珍少时曾三次参加乡试而不中，遂绝意于科举，跟随父亲学习医术。在行医过程中，他发现历代本草医书所载颇多错谬，或名实不符，或性味错乱，于是立志重修本草。李时珍亲自寻访民间有经验的老农铃医，采集草药，广泛查阅各种医书、经史子集以至民间小说笔记和野史逸闻，参考历代本草著作四十多种，医学著作二百七十多种，经史百家各种著作四百多种，取众家之长，并结合自身在行医过程中积累的经验，历经二十七年的刻苦钻研，纂成《本草纲目》一书。该书将一千八百九十二种药物按照部、类、药进行分类，废除了长期使用的上中下三品分类法，同时增加新药三百七十多种，在中医学、本草学、农学、博物学等方面影响巨大。

重新规划本草学的分类方式，革新历代流传的传统分类方法是需要极大勇气的。在李时珍之前，以《神农本草经》为代表的本草书籍，将药物功能分为上、中、下三品，并未详细区分药物种类。南朝陶弘景的《本草经集注》虽然开始按照药物种类进行分类，但仍然沿袭了旧有的三品分类。在前代药物数量不多的情况下采取粗放式的分类方法自是可行的，到了明代中期，后世医学发展造成的药物数量增多的客观现实，使得三品分类法变得极其不合时宜，然而由于三品分类法对药物的性味分析简单、大而化之，历代医家为求简便，也多循旧例，使得一药仅述其一二性状，以偏概全，本草学因袭陈说以至名实不符、张冠李戴的状况长期没有改变，严重制约了本草学的发展。

李时珍毅然抛弃了三品分类法，代之以全新的纲目系统分类法。首先以部为纲，以类为目，将各种药物分为十六部六十类，并将相近的族类排在一起以便“析族区类”；其次以类为纲，以药为目，在各类下列出药名；最后以药名为纲，以八项分析为目，对药物进行释名、性味、主治、正误、附方等方面的全面分析，其中更不忘附以个人行医用药之亲身经验以指点门径。李时珍对三百多种新药的论述，对本草学和中医学的发展影响巨大，不少药物如淡竹叶、樟脑、番红花等，成为后世的常用药。李时珍在革新本草学分类方法的同时，对于药物的性味、药理药学理论也有重要的发展。在三品分类法中，一药往往仅见其性而不究其理，李时珍结合临床经验，指出一药往往因其不同配伍方式而产生不同效果，其药性按所归之经不同和属性不同，往往有升降变化，不可一概而论，对症下药不仅要知其然，更要知其所以然。在对药性进行辩证分析的同时，李时珍指出在使用药物时，应以人体为一整体，注意调节整体机能的平衡，不可割裂而析，治病应循序渐进，有节有度，用药亦是如此，不可因一药有助而服用过量，物极必反。

本草学为治病救人，而非为追求长生不老，《本草纲目》以其科学严谨的态度，对当时方术道士大力鼓吹的各种谬论提出了挑战和严厉的批判。例如对于当时道士们宣扬的服食水银和玉屑可以获得长生等说，李时珍毫不迟疑地指出其谬，对当时流行的各种方术书中所谓的长生不老之药一一剖析，指出其毫无根据。医家所重，在于救死扶伤，《本草纲目》在第三、四卷中特以专章列出《百病主治药》，运用纲目分类法，以病为纲，以药为目，重视医与药的结合，同时大量收集民间有效的单方、验方附在书中，为常见病的医治提供借鉴。《本草纲目》以其严谨的科学分类方法成为本草学发展的里程碑，更以其对各种病症的独到见解和救死扶伤的精神，为中医学的发展做出了重要贡献。

（曹艾达）

通俗与复古，古典文学的发展循环

〔导言〕 明代是小说、戏曲等通俗文学昌盛而正统诗文相对衰微的时期。明代文学的演变发展，大致可分为前后两大阶段，从明初到正德年间是明代文学的前期，从嘉靖年间到明亡是明代文学的后期。这两个阶段的文学有着显著的变化，表现出鲜明的时代特点，这种变化和特点，是社会经济、政治、文化和哲学思潮发生变化的必然结果。元明鼎革之际恰逢14世纪，在这短暂的时间间隔内，文学上出现了一个颇具特色、生机勃勃的高潮。洪武政权确立，封建统治者为了强化统治，一方面大兴文字狱，另一方面大力提倡程朱理学，两者的目的皆是为了控制文人的思想，于是从明初到隆庆之前的文坛一片沉寂，雍容典雅、词气萎弱的台阁体把持文坛数十年，文学成为歌功颂德、消遣享乐的工具。随着王阳明主观唯心主义的变化发展，作家思想从专制主义的桎梏中解放出来，到了隆庆、万历年间，文学艺术创作迎来了新的高潮。传统诗文在“复古”与“反复古”思潮的斗争中有所发展，其成就却远不及唐宋。与此同时，小说、戏曲等通俗文学形式获得了无限的生机，得到了迅速的发展，创作十分繁荣，不仅数量多，而且取材面也较广，旧体文学形式难免相形见绌。

汤显祖列传

〔选文〕

汤显祖，字若士，临川人。少善属[①]文，有时名。张居正欲其子及第，罗[②]海内名士以张之。闻显祖及沈懋学名，命诸子延[③]致。显祖谢[④]弗往，懋学遂与居正子嗣修偕及第。显祖至万历十一年始成进士。授南京太常博士，就迁礼部主事。

十八年，帝以星变严责言官欺蔽，并停俸一年。显祖上言曰："言官岂尽不肖，盖陛下威福之柄潜[5]为辅臣所窃，故言官向背之情，亦为默移[6]。御史丁此吕首发[7]科场欺蔽，申时行属[8]杨巍劾去之。御史万国钦极论封疆欺蔽，时行讽[9]同官许国远谪之。一言相侵，无不出[10]之于外。于是无耻之徒，但知自结于执政。所得爵禄，直[11]以为执政与之。纵他日不保身名，而今日固已富贵矣。给事中杨文举奉诏理荒政，征贿巨万。抵杭，日宴西湖，鬻狱市荐以渔厚利。辅臣乃及其报命[12]，擢首谏垣[13]。给事中胡汝宁攻击饶伸，不过权门鹰犬，以其私人，猥见[14]任用。夫陛下方责言官欺蔽，而辅臣欺蔽自如。失今不治，臣谓陛下可惜者四：朝廷以爵禄植善类，今直为私门蔓桃李，是爵禄可惜也。群臣风靡，罔识廉耻，是人才可惜也。辅臣不越例予人富贵，不见为恩，是成[15]宪可惜也。陛下御天下二十年，前十年之政，张居正刚而多欲，以群私人，嚣然坏之；后十年之政，时行柔而多欲，以群私人，靡然坏之。此圣政可惜也。乞立斥文举、汝宁，诫谕辅臣，省愆悔过。"帝怒，谪徐闻典史。稍迁遂昌知县。二十六年上计[16]京师，投劾归。又明年大计，主者议黜之。李维祯为监司，力争不得，竟夺官。家居二十年卒。

显祖意气慷慨，善李化龙、李三才、梅国桢。后皆通显有建竖，而显祖蹭蹬穷老。三才督漕淮上，遣书迎之，谢不往。

显祖建言之明年，福建佥事李琯奉表入都，列时行十罪，语侵王锡爵。言惟锡爵敢恣睢，故时行益贪戾，请并斥以谢天下。帝怒，削其籍。甫[17]两月，时行亦罢。琯，丰城人。万历五年进士。尝[18]官御史。既斥[19]归，家居三十年而卒。

选自《明史》卷二百三十

〔注释〕 ① 属：撰著。 ② 罗：招致。 ③ 延：招请。 ④ 谢：推辞。 ⑤ 潜：悄悄地。 ⑥ 移：改变。 ⑦ 发：揭露。 ⑧ 属：请托。 ⑨ 讽：暗示。 ⑩ 出：放逐。 ⑪ 直：只是。 ⑫ 报命：奉命执行任务后回来报告。 ⑬ 垣：官署的代称。 ⑭ 见：被。 ⑮ 成：既定的。 ⑯ 计：考核官吏。 ⑰ 甫：才。 ⑱ 尝：曾经。 ⑲ 斥：驱逐。

〔赏析〕 汤显祖，字义仍，号若士、海若、清远道人，别号玉茗堂主人，晚年号茧翁，是明代伟大的戏剧家、文学家。汤显祖天资聪慧，攻读刻苦，少善属文，有时名。隆庆四年（1570年）中举，但因拒绝首辅张居正招揽，四次落榜，直到张居正死后的次年才中进士。万历十二年（1584年）任南京太常寺博士，两年后改参事府主簿，再迁南京礼部主事。万历十九年因上疏弹劾申时行，被贬为广东徐闻县典史，后改任浙江遂昌知县。任职期间，关心民众疾苦，压制豪强，打击邪恶，建设书院和藏书楼，深受百姓爱戴。因不附权贵，屡遭嫉恨，万历二十六年被议免官，再未出仕，醉心著述。汤显祖曾从学于罗汝芳，后又受李贽和僧人达观的影响；又和东林党早期领袖顾宪成、高攀龙、邹元标及著名文人袁宏道、沈茂学、屠隆、徐渭、梅鼎祚等为友。

汤显祖是明代中叶以后进步的思想家。在政治上他反对专制统治，主张仁厚宽简，敢于抨击朝政的黑暗腐败，关心民生疾苦；在思想上受到王学左派的影响，反对假道学，提倡真性情；在文艺上，他提倡性灵，反对摹拟。汤显祖的四部剧作《牡丹亭》（又名《还魂记》）、《南柯记》、《邯郸记》、《紫钗记》合称为“临川四梦”，其中《牡丹亭》代表了汤显祖剧作的最高成就，是明传奇中最优秀的作品，也是中国戏曲史上的一部浪漫主义杰作。汤显祖曾说“一生四梦，得意处唯在《牡丹》”。与汤显祖同时代的王思任将“临川四梦”的四个梦境概括为：“《邯郸》，仙也；《南柯》，佛也；《紫钗》，侠也；《牡丹亭》，情也”。汤显祖的创作独树一帜，被称为“玉茗堂派”、“临川派”，其影响一直延续到清代。

明代传奇，就其源流和体制来说，是对宋元民间南戏的继承和发展。传奇在格律和声腔方面受了元杂剧的影响，但与杂剧相比，在形式上是自由的，篇幅不受限制，虽然也用宫调组织曲词，但又并不严格，声腔兼南北之长，更易于细致地刻画人物，表现丰富多样的生活内容，也提高了声腔的表现力和感染力，取得了更好的艺术效果，因而能在明代和清初的长时期内得到发展和繁荣。明初，由于程朱理学和八股取士的科举制度对思想的禁锢，使得文人将毕生精力用于时文的写作，不屑于诗文杂剧的创作，没有产生著名的传奇作家和作品。明代中叶嘉靖年间，传奇创作的风气开始转变，社会矛盾的激化，引起朝野有识之士变革社会的主张，也促使剧作家主体意识的觉醒，力图改变明前期戏剧创作贵族化、八股化的倾向。我国戏曲发展到了一个转折时期，现实主义戏曲逐渐成为主流。明初，南曲在各地盛行，结合当地民间歌曲，形成有不同地方特色的声腔，大约在明代嘉靖之前，已经形成四大声腔。四大声腔的流布，剧种影响的扩大，也促使传奇剧本创作的发展。明代后期万历年间，传奇出现繁荣昌盛的新局面，并产生不同流派的论争。以沈璟为首的"吴江派"，偏重于讲究格律声韵的和谐整齐之美，而忽视思想内容的确切表现和艺术形象的塑造；以汤显祖为首的"临川派"则反对这种偏重形式美的倾向，而强调表情达意，即所谓"意趣神色"之美，必要时为了内容和文采可以突破格律的束缚，并以自己的创作实践，把明代传奇推向新的艺术高峰。

汤显祖的创作思想深受阳明左派和李贽"童心说"的影响，他认为"人生而有情"，主张"天地之性人为贵"，提出"贵生说"，并且以"情"反对道学家的"理"。他认为只有"情"才是天地万物的根本，是艺术创作的动力和生命，因此他说"临川四梦"的创作是"因情成梦，因梦成戏"。汤显祖追求的"情"是摆脱封建专制束缚的合理"真情"，反对贪恋放纵的不正当的"矫情"，《牡丹亭》中杜丽娘"情不知所起，一往而深，生者可以死，死可以生"，超越生死鬼神的爱情，正是汤显祖对"情真"、"情至"的感悟。以汤显祖为首的"临川派"剧作家也强调物欲的满足和平民意识，他们热爱世俗生活，以极大的兴趣投入"俗文艺"，推动晚明时代"俗文艺"的空前繁荣。

文苑列传

〔选文〕

明初，文学之士承元季虞、柳、黄、吴之后，师友讲贯，学有本原。宋濂、王袆、方孝孺以文雄[①]，高、杨、张、徐、刘基、袁凯以诗著。其他胜代遗逸，风流标映，不可指数，盖蔚然称盛已。永、宣以还，作者递兴，皆冲[②]融演迤，不事[③]钩棘，而气[④]体[⑤]渐弱。弘、正之间，李东阳出入宋、元，溯流唐代，擅声馆阁。而李梦阳、何景明倡言复古，文自西京，诗自中唐而下，一切吐弃，操觚[⑥]谈艺之士翕然宗之。明之诗文，于斯一变。迨[⑦]嘉靖时，王慎中、唐顺之辈，文宗欧、曾，诗仿初唐。李攀龙、王世贞辈，文主秦、汉，诗规[⑧]盛唐。王、李之持论，大率与梦阳、景明相倡和也。归有光颇后出，以司马、欧阳自命，力排李、何、王、李，而徐渭、汤显祖、袁宏道、钟惺之属，亦各争鸣一时，于是宗李、何、王、李者稍衰。至启、祯时，钱谦益、艾南英准[⑨]北宋之矩矱，张溥、陈子龙撷东汉之芳华，又一变矣。有明一代，文士卓卓表见者，其源流大抵如此。今博考诸家之集，参以众论，录其著者，作《文苑传》。

……

李梦阳，字献吉，庆阳人。父正，官周王府教授，徙居开封。母梦日堕怀而生，故名梦阳。弘治六年举陕西乡试第一，明年成进士，授户部主事。迁郎中，榷[⑩]关，格[⑪]势要[⑫]，构[⑬]下狱，得释。

……

梦阳才思雄鸷，卓然以复古自命。弘治时，宰相李东阳主[⑭]文柄，天下翕然宗之，梦阳独讥其萎弱。倡言文必秦、汉，诗必盛唐，非是者弗道[⑮]。与何景明、徐祯卿、边贡、朱应登、顾璘、陈沂、郑善夫、康海、王九思等号十才子，又与景明、祯卿、贡、海、九思、王廷相号七才子，皆卑视一世，而梦阳尤甚。吴人黄省曾、越人周祚，千里致书，愿为弟子。迨嘉靖朝，李攀龙、王世贞出，复奉以为宗。天下推李、何、王、李为四大家，无不争效其体。华州王维桢以为七言律自杜甫以后，善用顿挫倒插之法，惟梦阳一人。而后有讥梦阳诗文者，则谓其模拟剽窃，得史迁、少陵之似，而失其真云。

……

唐寅，字伯虎，一字子畏。性颖利，与里[16]狂生张灵纵酒，不事诸生业。祝允明规[17]之，乃闭户浃岁[18]。举弘治十一年乡试第一，座主梁储奇其文，还朝示学士程敏政，敏政亦奇之。未几，敏政总裁会试，江阴富人徐经贿其家僮，得试题。事露，言者劾敏政，语连[19]寅，下诏狱，谪为吏。寅耻不就，归家益放浪。宁王宸濠厚币聘[20]之，寅察其有异志，佯狂使酒，露其丑秽。宸濠不能堪[21]，放还。筑室桃花坞，与客日般[22]饮其中，年五十四而卒。

寅诗文，初尚[23]才情，晚年颓然自放，谓后人知我不在此，论者伤[24]之。吴中自枝山辈以放诞不羁为世所指目[25]，而文才轻艳，倾动流辈，传说者增益而附丽之，往往出名教外。

……

李攀龙，字于鳞，历城人。九岁而孤，家贫，自奋于学。稍长为诸生[26]，与友人许邦才、殷士儋学为诗歌。已[27]，益[28]厌训诂学，日读古书，里人共目为狂生。举嘉靖二十三年进士，授刑部主事……

攀龙之始官刑曹也，与濮州李先芳、临清谢榛、孝丰吴维岳辈倡诗社。王世贞初释褐，先芳引入社，遂与攀龙定交。明年，先芳出为外吏。又二年，宗臣、梁有誉入，是为五子。未几，徐中行、吴国伦亦至，乃改称七子。诸人多少年，才高气锐，互相标榜，视当世无人，七才子之名播天下。摈先芳、维岳不与，已而榛亦被摈，攀龙遂为之魁。其持论谓文自西京，诗自天宝而下，俱无足观，于本朝独推李梦阳。

诸子翕然和之，非是，则诋为宋学。攀龙才思劲鸷，名最高，独心重世贞，天下亦并称王、李。又与李梦阳、何景明并称何、李、王、李。其为诗，务以声调胜，所拟乐府，或更古数字为己作，文则聱牙戟口，读者至不能终篇。好之者推为一代宗匠，亦多受世抉摘云。自号沧溟。

……

（王）世贞自号凤洲，又号弇州山人。其所与游者，大抵见其集中，各为标目。曰前五子者，攀龙、中行、有誉、国伦、臣也。后五子则南昌余曰德、蒲圻魏裳、歙汪道昆、铜梁张佳胤、新蔡张九一也。广五子则昆山俞允文、浚卢柟、濮州李先芳、孝丰吴维岳、顺德欧大任也。续五子则阳曲王道行、东明石星、从化黎民表、南昌朱多煃、常熟赵用贤也。末五子则京山李维桢、鄞屠隆、南乐魏允中、兰溪胡应麟，而用贤复与焉。其所去取，颇以好恶为高下。

选自《明史》卷二百八十五

〔注释〕 ① 雄：称雄。 ② 冲：平和淡泊。 ③ 事：使用。 ④ 气：气势。 ⑤ 体：风格。 ⑥ 觚：用以书写的木简。 ⑦ 迨：等到。 ⑧ 规：效法。 ⑨ 准：比照。 ⑩ 榷：征税。 ⑪ 格：抗拒。 ⑫ 势要：有权有势的人。 ⑬ 构：设计陷害。 ⑭ 主：掌管。 ⑮ 道：谈论。 ⑯ 里：乡里。 ⑰ 规：规劝。 ⑱ 浃岁：一年。 ⑲ 连：牵连。 ⑳ 聘：聘请。 ㉑ 堪：忍受。 ㉒ 般：游乐。 ㉓ 尚：喜好。 ㉔ 伤：中伤。 ㉕ 指目：指责。 ㉖ 诸生：学生。 ㉗ 已：完成。 ㉘ 益：更加。

〔赏析〕 明代的诗歌，在复古与反复古的斗争中曲折前进，所谓“宋诗近腐，元诗近纤，明诗其复古也”。以李梦阳为代表的前七子掀起复古之波，以王世贞、李攀龙为首的后七子承其续，统治文坛近一百年。在此期间也出现了一些反对复古的诗人及流派，他们对复古派提出了尖锐的批评，反对一味地摹古拟古，诗风重新走上了现实主义道路。

李梦阳，字献吉，号空同子，庆阳人，明代中期文学家，复古派前七子的领袖人物。他工书法，得颜真卿笔法，精于古文词，提倡“文必秦汉，诗必盛唐”，强调复古。

明初文坛上流行着以点缀升平、粉饰现实为主的“台阁体”，这类诗歌从表面上看，大都词气安闲，首尾停稳，不尚辞藻，不矜丽句，有太平宰相之风度，实际上内容空虚，没有什么社会价值。正德年间，以李梦阳为首的“前七子”（李梦阳、何景明、徐祯卿、康海、王九思、边贡、王廷相）决心倡导复古，形成一场声势浩大的文学复古运动，使文坛的面貌为之一新。在文学观念上，前七子以复古为口号，倡导“文必秦汉，诗必盛唐”，将秦汉的散文、汉魏的古诗、盛唐的近体诗作为文学创作的最高楷模，用优秀的文学传统来拯救文风的浮漏。前七子的复古特别强调诗歌的情感特征，李梦阳提出“情真说”，徐祯卿指出“诗以言其情”。在如何复古的问题上，前七子内部存在很大的分歧，李梦阳与何景明围绕这一问题开展了激烈的辩论。李梦阳主张学习古人的体裁法度，字临句摹，加以灵活的组合变化；何景明则强调要广采博览，从总体上领会古人作品的精神意向，创作时追求独创性，使其合于古人。然而，李梦阳过于强调格调、法式，未能很好地从复古中求创新，反而扼杀诗歌创作的生机。

在“前七子”的影响下，嘉靖年间以李攀龙、王世贞为代表的“后七子”（李攀龙、王世贞、谢榛、宗臣、梁有誉、徐中行、吴国伦）再次掀起复古运动。从总体上看，后七子的复古主张在很大程度上承接前七子的文学思想，但与前七子相比，他们似乎对文学作品形式要求更加讲究，更加具体化。比如，前七子虽也主张从作品格律声调方面入手向古人学习，但还没有予以特别充分的强调，而后七子则已从系统和深入的角度去重视这一问题，像王世贞提出“思即才之用，调即思之境，格即调之界”，即进一步结合个人的才思谈论作品的格调，发展了前七子的格调说。后七子的创作由复古进而到一味地摹古拟古，甚至主张像小学生临摹字帖一样去模仿古人的创作，致使他们的创作走入了偏狭的歧途。如王世贞认为，先秦诗文已经形成了一套合乎规范、合乎人们习惯的法则，不应当有任何的改变，诗文家们要做的就是如何去遵守它，如何去实现它，他甚至鼓吹“视古修辞，宁失诸理”，为了推崇先秦之文，盛唐之近体诗，道理、理趣都可以失去，都可以不闻不问，这真是复古到极端。前后七子复古模拟给诗坛带来很坏影响，王世贞晚年已经认识到“是古非今，此长彼短，未为定论。行事已久，不能复秘，惟有随事改正，勿误后人”。

在前后七子倡导复古主义的潮流相当盛行之时，也出现了一些反对复古的诗人，唐寅、文徵明等吴中诗人即是其例，他们的诗风平易清新，卓然自立，表现一定的时代特色。

唐寅，字伯虎，一字子畏，号六如居士、桃花庵主、鲁国唐生、逃禅仙吏等，吴县人。他玩世不恭而又才气横溢，诗文擅名，与祝允明、文徵明、徐祯卿并称“江南四才子”，画名更著，与沈周、文徵明、仇英并称“吴门四家”。唐伯虎认为“诗穷而后工”，他写诗态度不甚严谨，率意而为，不肯锻炼字句，后来更学白居易，浅白晓畅，务达性情。加上他多历变故，看穿世态人情，作诗嬉笑怒骂，或诙谐或讽刺，成就自己性格鲜明的率直峭立，直见性情的诗风，在李东阳、何景明等前七子相互标榜、规唐摹汉的复古风习中，显得独立不群。

而在当时的反复古斗争中影响较大的是稍后于万历年间出现的“公安派”诗人，代表人物为袁宗道、袁宏道、袁中道三兄弟，他们论诗主张“变”、“真”，变就是文学应随时代而变化，真就是要表现诗人的真实感情、真性灵。他们的诗歌变板重为轻巧，变分饰为本色，天下耳目于是一新，又复靡然而从之。公安派的诗歌虽然注意创新，但内容多抒写士大夫的闲情逸致，较少反映社会现实。到了明末各种矛盾尖锐复杂，关心国事的诗人纷纷以诗歌为武器，参与政治斗争，抒发思想感情，诗风重新走上了现实主义道路。

明中后期文学流派的纷争，固然造成标新立异、矫枉过正、分门立户、党同伐异的文坛风气，但同时也在文学理论和文学创作方面促进了文学的发展。

（雷　萱）

附录 1　学做“史家”：成一家之言
——今天我们如何鉴赏二十四史

殷鉴不远，在夏后之世。（《诗经》）

原始反终，故知死生之说。（孔子）

人固有一死，或重于泰山，或轻于鸿毛。（司马迁）

读史当观大伦理、大机会、大治乱得失。（朱熹）

国亡史作。（元好问）

行己有耻。（顾炎武）

欲要亡其国，必先灭其史。（龚自珍）

就如太史公所说的，读史是为了“原始察终，见盛观衰”，“考之行事，稽其成败兴坏之理”。读书最重要的，就是要拿书中的道理和自己的生命历程不断相互印证，不断思索如何将前人的智慧运用在自己的生活中，最后将书上的道理与自己的生命融合为一，让古人的智慧为己所用。（吕世浩）

陈寅恪正是在抗战之初动荡奔波之际诵读《建炎以来系年要录》这份记述南宋末年史实的史料，才会发出“然其中颇复有不甚可解者，乃取当日身历目睹之事，以相印证，则忽豁然心通意会”的感叹。（单颖文：《一切历史都是当代史？》）

过去是常新的。它不断变化，就像生活不断前行。……现在指挥着过去，就像指挥一个乐队的成员。……只有一部分的过去会把影响发挥到现在，因为这一部分是注定要用来照亮或遮掩现在的。（伊塔洛·斯韦沃，意大利小说家，转引自阿·阿斯曼《回忆空间》）

在 AlphaGo 打败围棋高人的当口，我们来编写《二十四史鉴赏辞典》。

人工智能与二十四史有什么关系？

设想，要是把汉代政治经济文化军事民生奇闻异事小道新闻等等一切的一切，“实录”，那不就是汉代的“大数据”嘛。

司马迁和班固他们做了今天人工智能在围棋方面做的事：输入，比对，判断，表达。

曾有哪个年代，哪个国家，哪个地方，做过这样的事？

唯有往昔的中国，唯有中国的二十四史。

今天我们就带着这种心情，开始我们的鉴赏吧。

1. 中国历史书写和人工智能的界限

今天，当着最新的人工智能的面，我们瞩目的是最晚近发生的后 AlphaGo 时代，以一种向前，向未现，向未达，向着未能表述的“未来”的心思，来读过去的书，过去的人，过去的作者，过去的事情。这使我们突然悟到，中国古人写的二十四史其实不是写过去，而是表达未来。

究天人之际，通古今之变，成一家之言。

或者，极小而言之，鉴往知来，继往开来。为未来，用文字记下无法用人脑记忆的记忆。

中国史学书写传统具有这种勾连过去和未来的内涵和质地，不经意中，为我们在后人工智能时代，克服焦虑和困惑，驾驭杂乱和繁多，安身立命，供给了一种启示，一种参照，一种榜样。

为什么说得这么夸张？因为，正是研究人工智能的大智者，告诉我们：到2045 年，人工智能将与“人有智能”平起平坐。然而，至少到今天，人工智能和人固有的智能仍然是小同大异：其最大之区别，在于“情”，但人们已在研发 emotion machine（情感机器），拍摄《头脑特工队》那样的儿童电影；AlphaGo 一步步使机器人能理解和表达人的非常日常、非常家常、非常常态的人情微妙处。然而，人工智能，仍然有一道无法逾越的坎儿。

人工智能再聪明，它们不可能有对“未来”的想法、期望、理想和各种表示行动的梦；不可能体悟历史学家用微言大义指示的人行动的方略和方向。

所以，历史书写中的未来指向，是人工智能的“大数据”工作所没有的或许永远没有的，假如，没有历史学家参与研究，假如，未能把人已有的历史书写用适当方式解析和输入，成为展望和谋划我们未来之依据的一部分，那么，再超级的计算机也无法推导出今天要制定的未来规划。我们断言，不包括中国的二十四史的“大数据”，无法窥见中国和人类的未来。

不只如此，唯有二十四史，能告诉世界以中国的人情细微处，中国的微言大义和中国的叙事奥秘：这就是老生常谈的“春秋笔法”——历史书写所隐藏和解码的人的伦理、人的价值、人的情愫、人的期盼、人的关系、人的恩恩怨怨、人的缺陷和无奈、人的命和运：人所有的而人工智能所不可能有的“人文”。

为什么史书是人的“春”“秋”？为什么用时间之季节轮转来命名历史？

为什么“历”和“史”，在外国叫 history？从辞源上说，history 根本上是 story（故事），许多西语两者合一。而中国人是“历”，中国人是“史”，史和事，史和使，又相通。中国人讲故事重点不在简单告诉人们过去发生过什么，而是追究“天下”“大事”：民族生存和幸存、个人生存和幸存、民族成功和成就、个人成功和成就的法则和智慧。因此绝非简单写实，非不会也，是不为也，故意是也。这有秦俑的写实和华佗的解剖作证；这有经络写意和气功的出神入化作证。

所以，不懂中国历史书的人，以为《太史公书》就是多多“文学性”，话中少少有点贬抑；或者径直把司马迁他们说的故事，当作“史实”；以为中国史学缺少西式“真理”和定律之寻求：想来，是太拘泥于洋腔洋调理论的“智”人摸象。要知道，这些，也是西方史学理论和大师在最深刻最风光的当口，却压根儿未能预见万年一遇的两次世界大战、历史思辨最棒的国家竟屠杀犹太人六百万之巨的原因。所谓的历史经验和概括，在真的历史面前是何等猥琐和萎缩。其实，某些振振有词的西方主流经济学者在这几十年中的尴尬处境，尤其对中国事务的分析和断言，与之相映成趣。当然，不是说那个范式的学识和历史书写是不对的，是没用的，只是各执一端，都有大道理，都能派大用场，唯必须特别直视中国这种看似低于西方其实高于西方的学理和实践，尤其在历史书写方面。这也是我们四十年前正式启动“中国的智慧”研究、日后提出“寻智中国”目标的心结和动因。应上海辞书出版社相邀编写本书和已出版的《史记鉴赏辞典》,初衷皆本于此。

2. 在二十四史中寻智中国,读解全球

编写这两种中国史书鉴赏辞典的过程,是我们认真严肃地寻智中国的过程;也是我们提出的“中国智慧,读解全球”宗旨的学术推进:在中国全球化的同时,中国传统特有的、与有拼音文字的国家和民族不同的文化,与全球文化的走向和“全球化”本身的关系,究竟是什么?二十四史的整个编撰过程和完整文本的存留,可以说,至少是一个特大区域“全球化”的活化石和活标本。

同时,这一标本还有世界民族史和文化史的重要标本意义:世界特大文化,五千年一以贯之并有自身地域而没有中断的,唯有中国,这与二十四史有着极其深刻的关联:民族和国家的历史书写体制与其存在、发展和永葆青春,两者定然有着天然的相关。

与之相联系的还有当下一个最严峻的问题,一个后数码时代的大课题。那就是,为什么在史书阅读和熏陶下的人士,会比具有理科的数理思维的人士更多地承担社会领导的重任,有更为杰出的业绩,哪怕他们有自己的失误?其实,这就是犹太人厉害的秘密,一定也是中国人厉害的秘密:看似浑浑噩噩的“前科学状态”,古老的哲学(神话学)和历史叙事是最重要的体现,其中蕴含着一种人事和情事的逻辑,一种行事和功成的心志。因此,有充分历史知识和精妙历史思辨的政治家的思路和行事,必另有一则功。

因此,在人类古往今来的各种文明中,尤其特大文明中,中国式与众不同的文化及其思维行事型式,决定着中国人的成败历程,也决定着中国文化在人类史中的地位和前景。

中国按自己的逻辑在演变,其社会文化和生活的逻辑就蕴含在二十四史的书写形式和内容之中。二十四史作为中国社会的记忆,在表面的可以数码化的文本内里,一定有着民族和国家存在和发展的基因和密码。

今天我们读二十四史,就要一起探测、探寻、探索、探求在没有人工智能的时代,中国古人如何处理消息和数据、文献和器物,如何采掘,如何取舍,如何摆平，如何表达，如何使之成为治国和人生的智慧和利器，如何助一代新人辈出，如何使一代长者寿终正寝。这是人工智能尚没有、甚或永不能达及的“人有智能”，二十四史是“人有智能”的记录和写照，几千年的不中断的数据库，人的“‘文’化”，人的心理和行为之历史行径的“文本”化。人类之各地的人们啊，有超出其右的吗？

3. 传记体：蕴含着独具一格的诞生哲学

要达到前文所说的境界，就不能幼稚地把自己——写史者和读史者——降格为“历史”的附庸，对着所谓的史实唯唯诺诺，对后人的考据和断言嘚嘚瑟瑟；不，要像我们的先人那样，振奋中国史家这种“自得于胸怀”（范晔）的大丈夫精神，顶天立地，格物致知，以自家的灵犀，厚积薄发，超然字外，追寻与当初那些写史人一点通的境界。

这正是今天你我“小人物”所可以超越和驾驭人工智能的最重要态势；也是可以超越和驾驭二十四史的最重要态势。

因为，无论是国家民族，还是个人，都是生生死死的一个有机体；其经历的过程便是历史：何以出现？何以发生？何以诞生？何以有这一绝无仅有的“这一个”？唯有“学问自得之”，舍我其谁？

你我何以在这儿，你我何以在历史春秋此时此刻，如悟空那般崩现于世界，阅读思考，指点江山，激扬文字，浪遏飞舟？

“诞生哲学”是唯一的哲学。“诞生哲学”是唯一对现存哲学构成挑战的哲学。

因为“诞生”消解了迄今为止哲学的一切范畴的根基，会更改常规的幼稚的“科学”；因为，耳熟能详的因果和逻辑，都无法解释一个个人的诞生，和一个民族的诞生。

为什么那年出现在地球上的是我？为什么是秦始皇？为什么是中国？能用什么科学办法，让我和秦始皇再出现一次？而记录历史的历史典籍，制度和人事，即史书，却正是把这个说不明道不清的事情，具体化，符号化，文字化，文本化，视觉化。“视象诗”那样的“视象文”。史书，一种前电脑时代的“虚拟现实”，本质上就是族谱，家谱，个人传（个人谱），记载着其诞生的那一历史时刻的历史过程及其中的历史事件，独一无二的发生，延续和终结。中国的二十四史就是民族和国家和个人的诞生史和演化史，独一无二地屹立宇宙。这样的记载和书写，这样的体系和制度，世界上绝无仅有，“他者”们也无法回到原初再加以模仿，这样，其余的民族和国族那就只能望“中”兴叹了。但办法还是有的，通过“考古”复原过往的史迹，了解昔日的生活。然而，人呢？人呢？无数的人呢？不限于几个超级英雄的众人的代表呢？通过历史纪传体书写组合起来的成万上千有名有姓、有家谱的“人”呢？能够用任何高科技使之复原，使之重生一遍吗？由此，你能明白中国二十四史及其制度的深妙意义了吧。就如你我一不小心诞生在这个世界，这个爸妈，这个老师，这个老板，国家不知怎的诞生在这块土地，这个时辰，这个际遇，是大数据和人工智能永远无法“科学地”算出和推导出的。怎么办呢？读史书。

中国人幸运，祖宗留下了二十四史及与其共生的各种史书野史。各种文本，皆有“历”“史”之意味，意蕴，意境，意义。

那么，中国以二十四史为核心的历史书写传统与诞生哲学有什么关系呢？是这样的，以西方哲学为核心的世界当今哲学，或递进或并存或还复，形成了从“本体论（是论）”转向“知识论”，再转向“人论（人类中心）”视角的历程。

然而，即使在存在主义等20世纪哲学新潮中，人们还只是稍稍注意到个人的行动、个人的存在和个人的纠结，始终停留在整体的抽象的“个人”上，而没有以一个个独特的“个人”为本体的视野；由此也使得西方的历史书写不可能采用中国二十四史的形态：只能抽象言之，大而化之，当然亦有其合理性和佳处。直到晚近，其历史哲学家突然醒悟，例如，认真检讨其战争史只见笼统的两军对垒，不见决定胜负的具体的“伊凡”，所以后来有以一个具体的个人为叙事核心和主角的作品涌现，如《兵临城下》中的狙击手和《拯救大兵瑞恩》中的大兵。

正巧相反，中国纪传体的二十四史，也例如，写到战事，几乎篇篇都是“兵临城下”和“拯救大兵瑞恩”般的历历在目。二十四史的纪传有着对一个个历史上有名有姓的个人的“深描”，建立了一个个有身份证明的国民的“数据库”；并为下一世下一代个人，提供了发扬禀赋、应对情境、抓住机遇、度过一生的参照系。中国文化传统确认：每个个人都必得要“自行其是”：“是”，存在；“是”，规律；十五有志于学，修身齐家治国平天下，自立自力，君子自强不息。貌似“集体主义”的中国人，有着极其强悍的个人生存和趋利的心志和能力，这是中国智慧的个体呈现；有着极其精到的个人化解困难解决问题的手腕和方略，这是中国智慧的个体内置。今天以西方哲学为主流的世界知识界，以“我思故我在”为主轴，或认为“身心分离”，有一个脱离物质身体的“精神”，或认为“具身认知”，活生生的人体之身心是“思维”所在；这导致“外省（xǐng）”（神经生理学）和“内省”的必要性：然而，却没有真正关注“我省”，即具体的活在这里的你我“这个人”对自己“如何来何以来”的念想。中国个人所向披靡，古今中外，案例甚夥；帝王将相亦个人，风流“人物”（即有名有姓的个人），层出不穷，此起彼伏：分析其形迹，无一不是有某种“日有三省”的自我念想（因为没有上帝观念）；而中国的学问功夫是以个体“修养”为起点的，“修身齐家治国平天下”。中国的历史叙事落地于一个个曾经活过的个人，历史事件之铺陈以个人在历史遭际关头的自我抉择，为落笔的重点。

你看，篇幅有限的一篇篇纪传，为什么老是停下，不厌其烦地、不乏闲笔地“讲故事”？搞得市面上的趣味各异的二十四史简读本几乎都是故事汇编，而其分类的小标题几乎都是“为政驭人的方略”、“用兵伐交的技巧”、“处世待人的艺术”等等，与“治人者”如何治人，“被治人者”如何应对“被治”密切相关，直教得中国人心知肚明：戏法人人会变，各有巧妙不同，史书中的故事可是同胞的案例教学，让你举一反三啊。同时，正是一朝又一朝的二十四史又揭示出：道貌岸然的皇帝几乎个个屌丝样，即使秦皇汉武也不过稍有风采，完颜亮辈污秽下流不堪入目，则不在少数；朝代更替只是成王败寇，帝王将相贵族豪门宁有种乎？舍得一身剐敢把皇帝拉下马，刀把子里出政权；富不过三代，贵往往一代就烟消云散；高贵者最愚蠢，贫贱者最聪明；当官的经商的，时常鼠头獐目，而飒爽英姿的是武林好汉，男女侠客，飘逸道人。

从历史书写方法论角度说，二十四史的写法，一是，既出于被写的内容，又出于为什么要这样写；二是，既从传中人物如何刚愎自用展现自我，又从如何委曲求全应付境遇或成功或失败的角度，提供值得多维度读解和多情况参用的案例：一种因人而异、因事而异、因地而异、因时而异的仅一念之差的智慧，所谓“实践理性”；一种“‘临’时推理”（temporal reasoning）。中国人的个体，不需要哈姆雷特的那种西方式婆婆妈妈太过深沉的 to be or not to be，眉头一皱计上心来，当机立断，心想着咋呢？不管三七二十一，快刀斩乱麻，不成功便成仁。

千百年来，不管是否意识到，中国读史者，一方面，读史求识，一方面，读史学样；一方面，个体构建着自我，一方面，自我养成了社会行为：造就出亿万情境制导、关系为本的个体中国人。无师自通，所以故事形形色色，独不提天上人间的各种教师，反而多的是，祸从言出，罪由字来。因为不转来世，没有末日审判，故不必拘泥于“离身读解”（distal interpretation）；及时今生，倒需要借机于“近身读解”（proximal interpretation）：神像符咒皆不顶事，士农工商都不信邪，弄神弄鬼假痴不癫，不达目的誓不罢休。因此，可说真的是摸到“读史使人明智”的真谛了。因为，天有不测风云，人有旦夕祸福，世事无常，祸福相依，对付得了不确定性，才是中国智者的真功夫：怪不得，西门豹和空城计；范蠡急流勇退和司马懿韬光养晦，成千古佳例。而这些行动内在的旨趣和机关，皆在于对个人之一不小心长在现世的“身”“体”的“力行”，或苦肉于自己的躯体，或残用了别人的生命：句践之卧薪尝胆和孙武之练兵杀美，皆是适例。

4. 二十四史书“久媒体”，超越生死，指向更深的维度

这就是为什么人类进入信息社会和网络、移动、VR 等等和人工智能时代的当口，中国式的“历史”及其讲座、讨论、博览、展现之类，会如此火爆，如此令雅俗来共赏的缘由。不过，何时我们的电视台和影视网站，能像模像样综合史书、考古、考据、解释和历史哲学，综合千百年来与史书平行的戏剧、文学、艺术、音乐和一切民间文艺的历史表达，拍一大套二十四史的电视剧而不是那种醉翁之意不在“再现历史”，而在于收视率的“历史讲坛”？究其原因，除了水平和视角的问题之外，主要还是在于对中国二十四史及整个历史书写体系和对历史的各种表现和表达缺少关注，遑论深入研究。与其轻率地把刘邦和项羽的“故事”，眉飞色舞地弄成“历史讲演”，还不如把千百年来与其有关的历史记载和一切文学艺术及民间故事，综合起来拍摄一部有精到历史理论方法论支撑的真正意义上的“知识考古”、“文化考古”和历史“文”和“物”之一切的“历史考古”！考古出隐没于二十四史之历史化石（ossification）中的中国人情世故以及个人在其中的苦苦挣扎或脱颖而出或家破人亡之触目惊心的历史真面相。

这种绵延在历史长河中的史书表现是一种纵向的历时弥新的“久媒体”——中国特有的二十四史书写的体制正是世上独一无二的“久媒体”的连续流，承上启下，传达永远。

历史书写的，本是一部人间悲剧，悲壮的正剧，悲情的喜剧。摆弄历史的人如何不被摆弄，如何能有历史的自觉，得以摆脱千万年来人类和个人的宿命，正是21世纪人类最大的挑战和希冀。在向生而死中，向死而生。是天命还是人事，是“客观规律”铁定的，还是个人的努力结果？这样一个“科学”无法全解的问题（不然可以设计和合成了），在历史长河中发生；却定格于一个个微观的你我。

中国史书以“传记体”写史，是历史的具身化（embodiment）。中国的历史哲学本质上是一种诞生哲学：天降大任于斯人；谋事在人成事在天。二十四史记载的是生死兴衰，以及国家群体和个人在其中的抉择。

不仅如此，二十四史所蕴含的这种历史哲学，指向一个更深邃的维度：这就是二十四史在人类文化史中的地位。

作为寿命有限的人类，人文和宗教本质上都是要解决这样一个大困惑：人活在世上的短暂一生如何度过？如何留痕？如何对人世间做出劳绩和贡献？

具有全民族宗教或国教的民族，这是其宗教的基点。那么，对没有国教的中国而言，“人固有一死”、“立功立言立德”就成为解决人的生死和人生的终极关怀。司马迁提出的这一观念，揭示了历史叙事和论证的根本宗旨，也即是《史记》的内核。这才有了以一个会死的个人作为历史记述之主体；传记体写作，其包含着对人的必死性和未死之际所作的努力的记述。历史具身化为纪传体的书写。

王朝生死则是个人生死的放大，生和死成为一朝一代历史书写的隐喻和理据，“国亡史作，己所当任”（元好问）。

人在生与死的中间，写前朝史的后一朝一代也然。读者处“历史”书写之“过去”，和自己处境之“现在”之间。因此，二十四史的意义层就不在书，也不在他人的解释中，而在于读者此时此刻的思绪和定位。

可见，这就如《史记》，那是一部“濒死者”在肉体未死和将死之间的一种回视；宫刑后意味着已钉上“十字架”的司马迁，就是殉道者，以身作则，道成肉身，虽死犹生，肉身成道。

从二十四史编写角度说，司马迁是以这一特殊历史遭际凝化成一种中国特有的历史写作的；二十四史的其他编撰者未必都有如此遭遇，未必如司马迁那样被肉体阉割，但二十四史的作者，在死的阴影下书写，却是常态，头脑被阉割，却是常态。

仅举几例：班固死于狱中，范晔四十八岁时与其子一同被杀，为人“质直”的陈寿被废，十年不仕。中国二十四史的许多作者，知不可为而为之，以身殉职。看似对自身结局、对自己的书写对象诚惶诚恐，其实完成史书这件事，本身意味着他们对未来和后人的信心满满，对强于自身的事势之逆袭。

孟子说，读其书要知其人：中国二十四史的编撰者，向死而生，精神的狷狂异人。满纸荒唐言，一把辛酸泪：每一朝的二十四史要对前朝的罪进行检讨，所谓今是而昨非；要漂白取代先前王朝的来历未必正统的新王之原罪：书写者，“非知难，言之难”（司马迁引韩非子语）。多半有此不堪回首难以启齿结局的人生，有多少未尽之言，难道不会反射到历史的书写？

表面写史，本质上是否包含着写史者的吐槽？写史人的焦虑如何在传主的焦虑中泄露出来？被书写的历史人物何以选何以详何以略，闪烁着写史人的爱憎？为什么有的历史书写会被人说成“秽史”？谁能使之变成信史？变成人生的养料？如何在复杂吊诡的世界格局中，独具慧眼，与其共命运同呼吸心心相印？如何超凡脱俗，异军突起，不拘一格，窥见前途的光明？

今天的文化释疑和文本诠释的研究前沿达到这样的认识：二十四史中存

有违禁之言、未尽之意，心照不宣，心领神会，秘而不宣，深藏不露，俟来者后代以更高智慧钩沉解密。在顺理成章的绵绵而谈背后，有多少家国民族的秘史和密识？微言大义的中国“密一教”，都要求你我彰武读史的真把式。

当然，得记住，二十四史，不过是方便的统称，其中不同的各部史，写作情境迥异，人事不同，被记叙者和记叙者都今非昔比，意图和技能不可同日而语：这里的肌理和文理，非仔细阅读，仔细触摸，仔细辨析不能体味。各位可以同时参考关于各史成书的介绍，与本辞典采缉的人物情事两相呼应，得其意忘其形。

5. 在读史的过程中成为“史家”

这样，读书破万卷，竟真的意味着要看破书本，剖析文本，推陈出新。一本死躺在那里的“史”，与你我正参与其中的“历史”之创造，两者中间，只有你我。

伟大的史家，伟大的考订者，伟大的阐释者，乃至伟大的鉴赏读物的写作者和阅读者，都与你我一起组成多维的世界，都是文本制造和呈现的内外两面，人生之阳间和阴间。

人的根本困境和人的根本困难，是要死的生者，留住以往的记忆，成为今日之“生”的一部分；而今日之“生”，不久又要变成未来所见的“死”，这“死”，即每代每朝用符号、媒介和媒体、书本和网络固定下来的“历史书写”。

二十四史就是活的古人在死后的遗体和遗言，用庄子的话来说，是“糟粕”：酒精已玉殒香消，史书只剩下历史美酒的余渣。

司马迁广搜旧闻，成一家之言。而专家已经说了：这“一家之言”中的“家”，指的正是“史家”，傲然立世的这一“家”。正是这一“史家”，在化酒糟为美酒，试图用历史书写的构成和修辞，来洋溢先朝和当代那说不明道不清的“历史”味道。

二十四史是司马迁开创的历史书写的继续，开创和宣告了“史家”的存在。中国史书，书写者要成一家，读史者当然也要自成一家。鉴赏二十四史，就是去粗取精去伪存真，读出其内含和意义：自己成为史家。

所谓史家，驾驭诸子百家，君临世事纷繁，面对农工士商兵、天文地理人事,在文字符号信息资讯鱼龙混杂此起彼伏的状况中,出其不意,以“太史公”的身姿心态,以汉字的文本,一统天下。不是国王,胜似国王。以民族的历史经验和教训,为公私立极:专家说,中国的“史”起了“法”的功能。以先人的曾有的辉煌和遗憾,为行动立则:民族的未来走向,有答案藏于中国的史书之中。

所谓史家,“而观此就加之言,舍短取长,则可以通万方之略矣。”(班固)史家:超越诸子百家,收集百科全书,考察百工百义,评鉴百姓百族,成一家之言。

以春秋的精神,基于春和秋无尽流转的活生生的历史,以生命意识御之,这就是史家。“刷屏点赞”,评鉴一切遗闻遗物遗存的,这就是史家。在别人的历史书上书写历史书的,这就是史家。把旧闻新闻融合拼贴组装提炼成历史及其哲学的,这就是史家。

史家,本质上是用“书写”,这一人类之独一无二的造化标配,以人的“意识”投射于混沌繁杂的“世界”,或者兢兢业业于客观的刻意阐释(exegesis),或者豁豁达达于主观的故意阐发(eisegesis),对其解构,和重新加以结构:因此,史家本质上是人之解释“主体”,强赋意义于被解释“客体”的“释世者”和“救世者”。

6. 民族的“经”:中国没有上帝;人,替天行道

因此,史家本质上又是诗家,中国的史学、经学与诗学是浑然一体的。

思想史的研究证明,每值改朝换代之际,人们都要重新叙述历史,以使今天的结果变得可以理解。诗学的参与使史学变得更为丰满,有了更多的心态内容;而史学的基础和方法又赋予诗学以历史感和实证性,提升了诗学的学术含量。而所谓“诗”,就是对现实外观的心灵所见;对知易说难的语言表达,对无法记忆的记忆之记忆。是难以立言的“立言”,是以“立言”体现的“立德”和“立功”。

儒家面对死亡,宏扬一种“三不朽”的精神:即“立德”、“立功”、“立言”。生命规避死亡而追寻永恒的生存渴望,只能作为一种抽象的价值取向在形而上的精神空间兑现,必须借助于语言这一中介来存在和呈现于这个世界。正是这种在语言家园中的“立言”，使儒家阐释主体在精神和思想上超越了自我，获取了永恒。在儒家诗学体系中，“立德”和“立功”等功利性的价值最终必须落实在“立言”上，才能超越主体自我归向不朽的永恒。儒家阐释主体及其诗学体系也正是在经学的经典文本形式上“立言”，才能够在历史的代际传递中延续下去，成为中国古代文化空间的精神不朽者。

二十四史就这样显示了一个与别国圣经和史诗体现的心灵迥然不同的“中国心”：碰到大大小小事情之时，中国人究竟是怎样想的？可以说压根儿没想上帝，甚至也没想到孔子老子的教导：且看二十四史中无数的活灵活现的故事所呈现出的栩栩如生的中国心吧。中国传记体与圣经之先知书的区别，也就在于中国人是特立独行于天下的“人”，压根儿不需要“上帝”之预设。中国人是顶天立地如老天一样“天行健”的无法无天的百姓。中国人要响应的是自家内心的 calling（上天的呼唤，天职）：随心所欲不逾矩，耀祖扬宗。

确实如此，对世界上最主要的各种圣经进行比较研究，发现经文叙述的人称之差异，对此是雄辩的佐证：别国的“圣”“经”，内在也是史书或包括史书，本质上也是民族的历史经验，其叙事者，不是神说，便是先知教诲；而二十四史的叙说人则是“史家”，你我一样的凡人。

所以，哪怕传下来的史书，书不尽言，为至尊者伪，欲言又止，言不由衷；哪怕那些史家身处目睫困境，清晰洞悉他人，却无法看破自己，或说无法决定自己命运和归宿；但在其书写的深层构成中，固着了中国文化、制度、社会以及政治之一切的一切。这种深层的意蕴，就是史书积淀着的“诗”，一种对中国人的“群体画像”，一种超越具体朝代和具体记叙对象和记叙者的永恒的东西。本鉴赏辞典用以设定和取舍二十四史文本的结构和准则，就是寻觅的一种努力。

中国的二十四史及其整个制度非同小可。借用一下，二十四节气和二十四史，人类存在的一种绝无仅有的刻痕和见证，同时出自一个叫中国的国家；指示着一种生命和文化的支轴，旋转着时空永恒的周期，透露出人世宿命的历运：有着中国经典之经典的《易经》所透露的礼数和理数，智术和智慧。

时空人物的无穷演转和衍生，由一朝又一朝、一代又一代、一世又一世的血肉的人的出现与消逝体现，历历在目。使之“文”化，使之“书”写，生命凝为叙事，时空定格历史：这就是中国的二十四史，这就是我们家国的起居册和生死簿。

史家的观看：二十四史编撰者的观看和你我读者的观看，交织，辩驳，考据，证伪，想象，衍生，二十四史不止于已成的书，而已然是国民读史的大体系。

不必拘泥于细节的对错，无须纠结于论断的是非，一种叫作二十四史的历史书写体系之坚持，足以让世人叹为观止，谦卑恭敬。你我要鉴赏的，正是这浑然一体的二十四史，而不是割成奇闻异事的牛肉块：我们能以庖丁解牛的中国智慧，得心应手地解构本是全牛的那头牛，全因为有全牛在胸。这是这本《二十四史鉴赏辞典》与其他同类书籍不同之处；也是在技术角度上使一本体量和内涵不及二十四史巨作毫厘的小书，得以顺畅写作和自信现世的理据。

7. 二十四史皆经，在历史的“实事”中“求是”

同时，二十四史并非简单的“纪传体”：“修史之难，无出于志；诚以志者宪章之所系，非老于典故者不能为也。”（郑樵《通志》）《汉书》改《史记》的“书”为“志”。志是人类最早自觉以一家之言进行的文化百科全书式的书写，定格本族本国本朝本代本天下的横断面。这比西方认为的阿拉伯学者伊本·赫尔顿的社会文化的历史书写，不知早多少千年。志，民族志，生活志，社会志，文化志，自觉地志写自己生存的一切和全貌，这，雄辩地表示了这一民族达到的人文高度，表达了这一人群为天下立极而上下求索的心志。历史不单在故事中经过，更在生命实景中经过：“经”。

这“经”，这接地气的经过、经历、经验，是被理论世界、言说世界、伦理世界、律法世界和政治世界所遮蔽的、人间百姓过着日子的真实的生活世界。生而为社会人的人啊，就如当代社会心理学已揭示的，支配人生活动的，只是人的潜意识，而意识不过是为其寻求理据而已；你我生而具有的潜在欲望和愿望、需求和企求，对幸存和成功的强者意志，是这个接地气的日常世界的本真逻辑，而那些听上去很美的东西，不过是海市蜃楼似的“上层建筑”：中国先人最睿智地“一言以蔽之”，叫作“文之”。想入非非的上帝，乱话三千的神仙，侃侃而谈的道理，巧立名目的条文，等等等等，只是对人们在过着的日子的“文之”罢了。古代中国开天辟地屹立于历史的“史家”，就是洞悉这文化奥秘，从而拨云见日、行幸于诸子百家之上发声的金鸡独立的“一家”：其“一家之言”就一定要以自己独特眼光和方法，“载之空言，不如见之于行事之深切著明也”(孔子)，悬隔一切现成教条和老生常谈，直入事实的人间，直抒自家的见地：这就是纪传体历史书写为什么要把一篇篇细细叨叨的人生故事，与一幅幅开豁纵横的表志，加上自己刚愎自用非我莫属的“史公曰”，“拼贴”成正史这一做法的历史哲学内涵。中国的史家，就这样通过加入百姓的实际世界，用与大道理们相对应的大异其趣的“文”，即历史书写，使之显现，从而挖掘其微言大义和态势征兆。正是在这样深邃的中国式的历史哲学之基础上，达成了“二十四史皆经”之深奥而意味深长的文化奇境。这是与中国式的“实事求是”行动方略镜映的、在“历史实事”中“求是”的历程。“自行其是”的史家啊！

史家，反过来把人的人生意义，人活在世上的意义，人建功立业的意义，人之历史的意义，赋予其历史叙事。这个重任，中国的二十四史当仁不让。通过二十四史的编写，不自由的史家获得了历史的存在和人生的自由。在杀身之祸或潦倒困顿中，完成本人肉身的存在；而千百年来未必自由的老百姓，则在阅读史书和观赏历史文艺的过程中多少获得心灵的自由：中国人的生命在历史的书写和阅读中存在和延续。志和演义，妙不可言。

在微信飞扬、媒体铺天、公众号盖地的当代，你我的生命分分秒秒在衍生，人类和中国的历史分分秒秒在延续，已经“作古”的史书其实也在分分秒秒地成长着。离我们远去的二十四史，在专家不间隙地考订补遗的同时，因着活生生的当下人们的考古挖掘钩沉，新器物新资料催生的新阐释新证伪，面目今昔迥异。可见，历史书写非但难以充当如山铁证，而且得做好充分准备，被后来不断发明和使用的考古利器、和运用新的历史哲学的人们，证伪，颠覆，改写。在所谓的“互联网＋”时代，还包括不知从哪儿蹦出来的大牛，人众势大，不是简单地翻案和再拨乱反正，而是运用严谨的研究和负责的调研，透视史书的语词外套，揭示历史真面目。反过来，进一步确证了：史书毕竟只是书而已，尽信书不如无书。

如此读史书，也是中国历史书写者对待先于自己的史书的态度和作派。是的，我们需要在“假”的中间读出“真”的来。这种假，既有各种原因的作伪，又有源于中国历史书写之哲学和美学的演现。

其实所有后人写成的史书，都有一样的问题，世上历史哲学家早已大言不惭：历史书写多有四类谎言——捍卫性的，保护性的，教诲性的，政治性的。只是作为人类各国绝无仅有的写史体制和成品，二十四史的真假问题一定也与众不同。所谓鉴赏，不把这点想清楚讲清楚，那也只能闭眼摸象了。百年来，世人要么大批判，要么大点赞：至于汗牛充栋的历史故事演义，多半断篇取义，巧立剧目，铺张情节，借题生发。我们也不可避免，不过，还是应该想方设法在世界已有的历史哲学和史学方法论以及历史书写样式的研究成果之基础上，先把真假问题弄清楚。

比如，刘贺一生经历王、帝、庶民、侯四种身份，在位仅二十七天，汉书记载他有 1 127 件荒唐事，因“行昏乱，恐危社稷”被废黜。而刘贺墓的出土文物却显示，墓主是个知书达礼、爱好音律、情趣高雅的人。刘贺究竟因何被废？刘贺墓的考古发掘给世人留下哪些疑团？出土文物能否为汉废帝“翻案”？“信史”还没着落，一本想象大胆、有大量假设的有关海昏侯刘贺的书已及时出版，可以想象，这本书也将与二十四史并存，流传，成为历史书写之久媒体的一侧。

秦俑又是另一个包含历史哲学深意的大例子：为什么这样历时久长而硕大显眼的事件会毫无历史记载？司马迁真一点没风闻吗？人以什么理由来记忆？史家以什么理由来采集和取舍史料？写史者以什么理由故意不“实录”？司马迁是故意的吗？

又比如对古代冶金方面的研究。汉代的球墨铸铁标准，和我们现在冶金部颁布的标准竟然是一致的。而西方的球墨铸铁出现在第二次世界大战后，这又相差了 2 000 多年。然而，汉代的球墨铸铁竟不见于史书和其他文献记载。

所以，史书不过是文字符号呈现的文本而已，有人说一部经学史就是一部误读史，那么，一部历史书写史呢？但是，误读不见得是负能量，有全球影响的文学批评家布鲁姆罗列了六种人们种种有意无意的误读，包括批判式的、对抗式的和升华式的等等。文本有“缝隙”，读的人有“主见”：宁为鸡首毋为牛后，设法换个眼光重新看，就不可避免；前人的影响引发焦虑，语不惊人死不休，常是通则。

然而，二十四史中有没有无法造假的“真”？有没有不以读者看法为转移的真“本”？有。因为，不管什么版本，书在，制度在，写书人在，传播人在，看书人在。更本质的是，这一制度如何在造假的文本中透露其真的存在？

后朝写前朝，不同民族的朝代写，官修，私修，各个不同，但用的是汉字，包含的是中国的母题和集体无意识；中国式的文学和叙事，词和物，语词和成语，典故和比喻：存在到永远，显示一个国家的存在，地缘，人缘，事缘，史缘。这是文化的疆界，心理心灵心智的框架。

因此，尽管那些帝王几乎都不是纯粹的汉人，许多王朝也直接由非汉族建立，但其历史书写一如既往万世相承，皆用汉字书写。所以，中国不是那个可以随便套用的“想象共同体”，二十四史正可以为证。二十四史的书写制度和一以贯之持之以恒的书写文迹，是“中国”这一“民族共同体”的围墙，是中国的智慧和中国的心灵的具象，是书同文心同思行同规的深层构造；是先于今天天下之“英语力”的“汉语力”的活化石。

中国，“中”的国！中就是中，中不中？历史的盈亏，历史的因果，历史的走向，隐约踊跃其中。二十四史之编写过程现身说法：二十四史盘根错节于“国”之中，在把层出不穷的“周边”凝聚于中的过程中，影显出中国文化居“中”的历史存在。不管什么民族执政，不管哪一地方人士做王，不但大小老婆侍妾来自五湖四海，而且颇“全国一盘棋”，叫作“大一统”。而二十四史正是史家们认定“中国”，建立“中国叙事”、“寻智中国”的历程；无论哪个民族，无论哪个籍贯，掌权就掌握话语权和写史权，然而，绝对没人敢另起炉灶，开启另一套史书的写作：二十四史书写体制成为中国文化和政治的中流砥柱和凝聚剂。不管世界怎样变化，中国总要发出自家的声音，显示自身的文化，不甘旁落,总要居“中”,其缘由可在二十四史编撰制度中窥见。

什么是“老之生”、“常又谈”? 什么是万变不离的“其宗”? 什么内涵,什么智慧? 这就是我们要在二十四史里追寻的“真”: 朝代连续和乖扭;考古的映照和矛盾,版本修订演变和纹饰;被迫写和主动写,吊诡的写史过程和写史人。为和伪: 故意的作为,也叫伪,没有贬义;然而,皇帝再无理取闹,自说自话,生杀予夺,也只得像煞有介事,让写史人“实录”。

在这样的语境中,史家故意埋入了什么? 仿真和故意错释,今是昨非还是今非昨是: 史书是人的遭际和视界的凝聚。无法作假的史实——史家的命运、心计和行迹。中国式的反思,中国式的期盼,中国式的破旧立新和新陈代谢,人之孝道在国家侧面上的体现: 不孝有三,无后为大。历史的存在和我的存在。无穷的远方,无数的人们,都和“我”有关。这样,吊诡如何鉴赏,矛盾如何鉴赏,错录如何鉴赏,别人的误读和造假如何鉴赏,关于二十四史如何编起来的知识如何鉴赏? 幻想、谎言和现实的一锅煮,如何辨味?

要欣赏中国历史书写之中国造型艺术般的美学和哲学特点: 留白,写意写气,写互文、互见和共叙,构成,布局,心照不宣,微言大义,正反之辩,黑白真假,重轻虚实,隐晦而不失实录。看破于史书和事势之间: 历史洞见比纷繁的史实更加重要。

《史记》承载了司马迁所生活的那个时代对历史和不同人物命运的认知,对完美人格的期待,对汉武帝当朝的评判,并通过戏剧性的故事营造,再现历史。而这也正是中国史学开创的“历史及其事件具身化书写”的伟大传统,所以二十四史都以人物的行事体现无限广阔复杂的史实。作为中国传统的历史书写,如何精到地选择传主,如何在非常壮阔而吊诡的时势中呈现其行事言语,有着深入的考量。

中国的正史程式,寻觅、取舍和记叙新出的、变化的、不同的异象异质的情事物事人事,因此,你我要读出层层把关、陈陈相因和陈词滥调官样文章的表层和故事背后的东西,透视出恒久不变的中国智慧之叙事母题和文化型式: 一个人,如何安身立命顶天立地,如何威武人生,如何大丈夫能屈能伸,如何置之死地而后生。

例如，中国史书特别关注随波逐流者的问题，故设立“独行列传”。可说整个历史书写构架，最终在于“如何做人”和“如何做中国人”这件“人成为人”的终身大事：史书是做人的经书。

从国家层面上说，二十四史也是王者的经书：皇上，强大智慧威武决断高瞻远瞩创新务实如秦始皇，也非上帝选定的天子，更无“中国皇帝制度”为汝背书，汝必须好自为之；你死我活，新陈代谢，后来居上，才是历史规律；合久必分，分久必合，你唱罢我上场，城头变幻大王旗：腐化堕落必被历史唾弃，水可载舟亦可覆舟。

二十四史是文化的疆域，文化的长城，文化的运河，历史的易经；是历史的诗经，历史的内经，历史的本草纲目。

二十四史皆经。

在中国的语词经纬中，“经”为常道；经世致用。从个体把握真理，从行事把握真理，从流变把握真理：中国学理中迥异于西方理论之“易”、“经”哲理，是二十四史写作和流传的真谛。同时，因为未来也在无法用数理公式确定的流变中出现，所以，对传说的或朦胧观察到的事象，也用被今天的人们当成“迷信”的态度和方式记入正统的史书之中。其实，二十四史在为当时和今天仍无法解释的事象存疑。

中国是世界上最早进行天文观测和记录的国家之一，历朝都设有专门的官员进行天文观测，中国古代的正史中有专门记载天文资料的部分——天文志。在中国古代，天文学与星象关系密切。以天人感应为哲学基础，中国古代形成了很具特色的占星学。在星象观测中，天文仪器一直发挥着重要的作用。我国天文历法起源早，从最早的成文历法《四分历》开始，后又经多次历法改革。据统计，我国从古至今使用过的历法有一百多种。其中，《太初历》是中国有完整资料的第一部传世历法。而《太初历》正是二十四史起始的史家——司马迁提议所创；二十四史往后各史皆重视天文，专志细叙：两者关系意义深邃。

对天象凶险，这种暂时还讲不清楚的事情，二十四史有所记载，后人悬搁之，存而不论：不但有可能保留了后代在学理和科技飞跃的新阶段可以运用的资料；而且，铸就了人们不可全信不可不信的容错态度。有一本新书，叫*When We Are No More: How Digital Memory is Shaping Our Future*（当我们不在了——数码内存在怎样塑造着我们的未来），二十四史的编撰者同样可说："当我们不在了——二十四史的内存在怎样塑造着我们的未来。"

二十四史对天地变化的严谨的"科学"观察研究，与其"非科学"的人事记叙判断，水乳交融，这正是"天人之际"的极其深刻的人类认识论学理：当代物理学已经揭示、解释和预测人的未来，根本上依赖于与天文学有关的层出不穷的宏观微观的宇宙理论；而另一方面，生物中心论及人本的宇宙观则把世界看作人的意识之产物。二十四史天人合一式的记叙和言说，在神神叨叨之中朦胧感觉到人的命运和人生之处于"天人之际"的困惑和不堪。

这样，古今之辩，同样意蕴着人世顺序和倒错的思绪之玄奥和牵强：当世是往昔盛世或乱世的再现，"古"是"今"之未来；抑或，进化进步，人世之古、今、未来，指向前方，一往无前：古与今，孰前孰后？

中国古代老百姓不是简单地信神和礼拜，而是关注和相信测字算命风水，重视族谱家谱祖坟龙脉，本质上就是通俗版和私人订制版的"究天人之际通古今之变"。为的岂不也是"成一家（族）之言"？

8. 家国的记忆库和深层母题，铸就了中国脑和中国心

因此，无论"信史"还是"迷信史"，二十四史就这样影响、规约和制造着中国人个人的大脑，塑造了中国人的"人有智能"。就人的后天学习来说，中国脑肯定来自那由文化积淀下来的"记忆库"，这"记忆库"的"文"化表现，肯定是历史书写，而持之以恒，一以贯之的"文字"具象，肯定是二十四史。

一个民族的历史书写与其语言文字的演变和成熟是互为因果的。

以司马迁的《史记》为承上启下，中国的历史书写发端和推进着汉语的全面成熟，促成书面语和口头语的交融互通，相得益彰。二十四史是中国的文化语言，是由其语法、成语、隐喻、明喻、句法、语篇、文章的累积而成的文化基因池和种子库。史书用这一文化语言固着了国人的历史经验，演义出无数历史故事，这些历史事件、历史瞬间和历史心情结晶于"典故"（成语），铸就了言辩、叙说和抒情之中国式的、与希腊式和西方神学式迥然异趣的话语方式，并连接了正史话语与戏艺话语之无穷的往返关系(史书与戏曲说唱)，不但根本上铸就了国人的用语和修辞，而且塑造了国人的眼光和心智。于是，中国人有了三重脑，春秋笔法转化为春秋活法：一重是天行健君子自强不息，做人的浩然正气；一重是好死不如赖活，委曲求全的忍隐禅功夫；一重是无毒不丈夫，计谋计策兵不厌诈造反有理。

二十四史故事中可以读出仁义道德，也可读出阴谋诡计，可以读出富国强兵的努力，也可以读出"吃人"两字。但其间充满在一定历史情境意义之中的"中国的智慧"，构成了中外智库所需要的、理解中国读解全球的密匙。

纣王、周厉王、齐襄公等等荒淫无耻的污秽行径一一铺陈，乱伦奸杀的色情细节大模大样公之于众，孕妇调包滥杀功臣等等丑不忍睹的情节充当"计谋"，写得津津有味，写史者具有"掏粪"和无视帝王尊严的权力；而公主、王子，不计其数，却缺少美丽纯洁的小王子故事和可爱快乐的小公主童话，亲亲的王室家庭寥若晨星，倒是马皇后等等的事迹给尽是戾气和心魔的铁血宫闱闪过一抹亮色：正是由中国历史叙事方式透露的中国封建王朝制度不同于别国的特色。王室的宫斗丑闻和秘事，取之史书，源源不断，代代相传，成为无法做皇帝的大众在龙床上放肆的方便法门。既没上帝尊严，又天高皇帝远的中国人，与别人一天要拜几次、休息天要上教堂听教诲相比，自有一番我手执钢鞭将你打的欣快感和精神胜利法。

细细一想不奇怪，一个秉性迥异我行我素的中国，一个有着无世人能解、哪怕 UFO 专家或顶级时新创客也一头雾水的山海经、易经等等，以及编钟、经络等等的中国，可以肯定，一定有一个与之匹配的历史书写形态。然而，从白话文到网话文的百年，所谓新文化和"启蒙"的百年(1919—1999)，咱们不都不由自主用西方那一套来看待中国历史和历史书写？如此这般，哪能看懂二十四史？

寻出二十四史堂堂皇皇文字背后的"藏着的中国"，这由"次史"和"伪史"罗织的"史实"，不但提供了另一种历史图景，而且成为打开二十四史故事之深层母题的钥匙。

这些故事的深层母题，不知不觉，凝固着读者的潜在意识和性情型式；而在认知人类学看来，历史书写和历史阅读中的“事件记忆(episodic memory)”和“语词记忆(semantic memory)”是二而一、一而二的。中国历史形成的、由二十四史累积的史迹，是中国的心智模式对经历之世事的框出。反过来，叙什么事，什么方式叙事，什么语词叙事，字里行间，呈现出中国的心智模式和认知特点。成长于二十四史及其文化浸润中的一代又一代中国人，理所当然地被塑就了一颗“中国心”，一个中国脑。

历史上发生的人事，凝结成“历史故事”，中国人在史书中，戏曲中，乃至民间故事中，目染耳濡津津乐道，不知不觉地迁移已成往事之情境于当下，“生活在别处”与“生活在别时”奇妙地黏结在一起，由历史文本获得的记忆与由生活际遇获得的记忆，是浑然一体的。因此，往往，你我会不由自主地把彼时彼地情境投射到此地此时，在历史的幻觉中难以自拔。耳熟能详的故事沦落为刻板模式，人云亦云，以讹传讹。

9. 二十四史展现中国智慧的创世因缘：龙腾虎跃一朝间

这样，我们当然必须自觉地鉴赏，自觉地以具有学理的深思熟虑的方法，来阅读二十四史这样的古书。

而方法的背后，是读的人的欲望、责任、好奇心和探究力，是生活阅历和知识修养。不管如何，尽管有一个思想和思维的机理，所谓公读公有理，婆读婆有理。但总有三个层次会显现：文本文字；情节意思；深层的母题和叙事结构，一种超时空的人类心智中的一个独特的中国维度。这种深层的构造，既来自每部史书撰写的历史境遇和权力关系，也来自当时语言文风的历史变迁之格局。写史的非线性，必能造成读史的无穷可能性。权力和知识的纠结促成守经与行权之吊诡。治国和人生的隐喻，往往透露出神秘兮兮的内涵。故事的起承转合，其关目，常常是普通人处世的神经节点。

中国哲人讲的格物致知、实事求是等等，指的就是这样一个寻求深层内在的人类智慧的过程。而个人获得“人类智慧”的过程是与个人自觉“致良知”的过程是相辅相成的。没有读者的“良知”参与，是无法达到读史的此境此界的。这个写史和读史的过程正是“我省”的中国呈现。而说到中国文化“致良知”一说，和对个人心性能力的重视，一个很严肃的话题，随着阅读的深入，一定会呈现于一个健全的脑子：既然中国的史家和读史者能这么睿智，为什么会有中国近代以来的困厄和呆滞？

没错。然而，中国老百姓看似一盘散沙，但自有脊梁在，外敌当前便有人站出来，所以改朝换代不亡国；看似极端贫困毫无权利，但逆来顺受，忙中偷闲，自娱自乐，国家终究保持不破产；看似文盲愚昧，但民间技术创新，文艺手作璀璨，物质文化别有洞天。中国人的脑子，虽然在近数百年，未能在世界有重大原创的科技发明，但百年以来，只要有机会与外邦接触，或入籍外邦，立马理解非我汉字的外文的最深奥学问，立马在原先陌生的领域有大突破大贡献。

所以，今天你我读二十四史，根本上要探寻这个悖论的历史奥秘。正是二十四史系统地一条红线勾勒出——

国家的智慧和国民的智慧及其双方的互动互补互格，国家的博弈和国民的博弈及其双方的共生共存共利：国家与国民之间的零和博弈和非零和博弈，构成了中国历史剪不断理还乱之悲催绚丽的人间戏曲——嬉戏和曲折；造就了中国人有方法而无定法、看菜吃饭量体裁衣、不拘一格随机应变的心智模式和行为方式：这也是本辞典的转轴所在。此其一。

同时，中国和中国人的独特智慧，来自中国人独特的天下秩序观和天下位置，其秘密也在二十四史。所谓中国，本非汉族一族的中国；所谓中国人，是由各式各样的民族的人交际交流交战交配而成；所谓中国皇上，真正出身于纯粹汉族的大约就只有痞得可以的凡客刘邦了（进入世界历史“名人堂”有鲜卑名的杨坚与鲜卑国母一起主政）。那么，所谓“国史”，其实也是多民族长期文化交流交融的历史。由不同民族的中国人撰写不同民族的统治者建立的中国朝代；与“中”“国”相对应的胡夷各民族不断在中国历史的内旋中，卷入、参与甚至主持中国的朝政；中国文化独特的亲和力和融化力孵化了中国独特的智慧和对异族文化的理解力和吸收力。哪怕有“五胡乱华”及环绕着冉闵之类的血腥污秽的“历史记载”，但总体上，与“他者”相比，任何外来民族的人和教，都可在天朝相安无事，几无宗教战争；古有释迦牟尼，今有马克思，“中国化”青出于蓝而胜于蓝。这就是由无穷的异族之基因“转”成的“中国智慧”：大愚成智，大智若愚。此其二。得一知二，足矣。

于是，双重“具身”发生了：死者具身为传，只是第二步；在此之前，多民族通过通婚和交战，已使各族文化具身于一个个多民族血缘的个人。这些个人的人生及其传记，同时具身化了由各族智慧融合而成的中国智慧结晶体。纪传使新来后到者现身，史家努力再现这种因人而异的个体性的“人文”；电脑的人工智能可以模拟作为生物人的脑机能和其他，但是这种独一无二、不可理喻的“中国人”，中国文化的人，中国的“人”及其脑子，是二十四史涵盖的几千年“历史过程”一步步化合聚变而成的，这个“历史过程”是科技永远不可能模拟的。这种有别于人工智能“计算和写法”的“人有智能”的“计算和写法”，这种各个不同而同的个人融合而成的中国人的漫长历程（程序），就通过历史书写传承保留，就在二十四史之中。与生物体人类之数理的人工智能相对应的，是由历史积淀下来的“人文”（内存）。这种可以类比为人文 DNA 的历史书写，就是通过叙事，以文字之“经”（文），体现世事的“经”（历），其中微言大义，正是“经学”，“经”之所在。这就是为什么《春秋》那样“言简”的历史记载，可以充当使孽臣贼子惧怕的社会文化影响力和制裁力的原因，也是无论哪个民族主政中国，都不改二十四史体制而顺延修史的原因。同时，二十四史的历史书写体制的真谛，也就在于融五方杂处而偶遇突发的史事，提升出经营人生治理家国的经纬脉络，故常在史实的似与不似之间，求神似而不求形似。

我们可以在历史书写中，读出历史的事情，历史的意义和历史的构造。“历史”书写，就充当了记录和积累材料、运用修辞、变成文本的手段，在前计算机时代，只能如此，无可奈何。但是，这些由弱不禁风的书生用弱不禁风的器具码字而成的史书，却成了政治的一部分，经济的一部分，文化的一部分，军事的一部分；是国家之文字和文本的源代码；二十四史便是文化的长城，文化的运河，文化的海疆。深埋其中的理性和秩序，就是所谓“礼法”：五湖四海的国民凝成国家的模态；千差百异的国民在与其共生和博弈中，既获庇荫，又备受制约，成为或苟且偷生或飞黄腾达的路径。而二十四史记载的那种吊诡和无奈，却是写史人对中国文化的此种特点的洞悉和批判，就如《汉书·匈奴传》所记载的“军吏畏亡将而诛，莫相劝而归，军遂没于匈奴”。二十四史本身难道没有类似的遭际？

中国人啊，你曾经饮过的茶叶，出土的2 300年前的考古器物已加以见证；你曾经发明和使用过的舵，已有人类科技史给予认定：那么，你曾经经历的一切，已有二十四史加以记载，都在你身心里铭刻了永远的生命的“集成电路”，个体的中国人和群体的中国人之生老病死和更新升华，都已“命中注定”。你的潜力，你的软肋，你的禁忌，都已成为历史经络之穴位。未来时势的大小事件和意中意外，不过是催化与契机，花开花落，全然依仗你我自己的拿捏，而对这一“机不可失时不再来”之机会的把晤和策定，全然依仗你我对史书所呈现的历历史事的了然于心：史书是民族的病历卡和健康证。其中蕴含着世事、人生和生命的“算法”，有望与“科学算法”匹配契合，达成一种精准预算和通达规划的能耐。

二十四史正是文化之基因，存在之镜面，人生之准则和生命之写照，蕴于中华的乐感文化：知之不如好之，好之不如乐之。笑对坎坷曲折，笑对贫富荣辱；自强不息，厚德载物，万物皆备于我，尽在运筹帷幄之中。在表面文本之歌功颂德愤世嫉俗嬉笑怒骂中的字里行间，读出“其中有真意，欲辩已忘言”。尽享鉴赏二十四史之乐：天耀中华，天生我材必有用，对风水轮流转的自信；对历史的洞悉乐观，对历史交替和进步的自得其乐！

这对于面对贫富分化腐化暗黑不尽人意的人类世界，洁身自好，出污泥而不染的现代人个体，意义非凡。

理所当然，我们要以二十四史蕴含的中国的史家智慧面向后人工智能时代，把二十四史的历史书写发扬光大。

10. 二十四史在召唤着后来人

在我们编这本《二十四史鉴赏辞典》的时候，其实面临着当初编二十四史的人们同样的问题和挑战：面对如此硕大的时世，如此众多的人事，如此繁复的文献，该用怎样一种构造或曰结构来提纲挈领，以一驭十，得一斑而窥全豹？

这样想回去，方知自《史记》开始的二十四史基本构架奥妙无穷，非同小可。在跨度如此巨大的时间流程中，这个构架还具有自我调整的弹性，不比简单的叙述体和编年体，它其实是一个板块和组件的动态构造，不同朝代不同编撰人，可以在其中断而相续，续而变通：真可谓如《易经》之“不易”、“变易”和“简易”之“三易”。

看上去也许不稀奇，学起来却其难无比：百年来学习西方，无论章节式的历史书写，还是历史百科全书的编辑，有二十四史体现的中国历史书写之恢宏、精致和收放有余吗？这种构造，还依着读者之不同，读者视角之不同而变化多端，方便查找，各取所需呢。为什么没人依此格局编一部中国现代史？非不为也，是无能也。一定要看到，一定要坚信：二十四史的构架和格局中蕴含着一种后现代哲学、后现代科学和后现代史学的当代学理和方法，指向和启示未来的书写状态、文化状态、社会状态、人际状态和生活状态乃至家用日常仕途经济的状态。

设想，当初那些史家，纠结必甚于你我，文化技术必落后于你我，监护的上级必严苛于你我，呜呼，今天的你我还有什么理由为难踌躇？然而，不说写史，只说读史，你我今天面对洋洋 4 000 万字二十四史虽不必畏难，但要形成一本百余万字的鉴赏辞典，又需要怎样的构架，可以一滴水见太阳，全息地以局部再现整体？用最新的“全息镜头”让“历史”跳到咱跟前？

中医大师说，真正的中医师诊病前必先自我调息，唯自身调整进入状态，才能读出病人的脉息和望闻问切之精妙。因此，我们编写的过程正是调息的过程，反复学习，不断修炼，以揣摩出二十四史文本内里无穷的意蕴。

所以，编者也作了尝试，至少打破坊间几乎全是“小故事”的方式，以一种兼顾史书、主题和意蕴的“3D”构造，用 150 组选篇的角度勾勒二十四史难以简约之宏大复杂。同时，以一则精细而精心的读解二十四史具体篇什的出样：世人耳熟能详、趋之若鹜的“孙子杀美练兵”，附于书末（见“附录 2”）。二十四史中此类“历史故事”比比皆是，你我尽可举一反三。

不过，正如有学者所提出的，自司马迁《史记》后，是否有一本能像太史公之学《史记》之法的正史著作？是的，司马迁在等待着：“俟后世圣人君子”（《太史公自序》）。今天的中国的史家正在互联、社交、移动、智能、交融、混搭、互动互灵互利、交流交接交换、线上线下的当下文化技术和情境中成长、努力，去寻求解决这个世界有待你我去解决的问题。

这应该是后人工智能时代的历史书写的形态。

历史的私修和官修，分写和共享，编撰和鉴赏，证伪和蠡真，批评和辩论，尽在即时万联互动中！这是网话文时代的二十四史的续编。

你我的鉴赏是历史书写的一部分，是二十四史的衍生和升华。

在一个众筹和众创的时代，在一个网红和公众号的年代，谁能决定谁留青史？谁选择谁列入传志？谁写？谁审？谁印？谁传？谁点赞？谁被点赞？

百姓已成百家，百家已成百圈，百圈已成百维。

难道不会有写史宝和历历在目般“历历写史APP”之类发明出来？

人类历史正伴随着引力波那样的前沿发现，在引力波本身的影响、鼓动和激荡中，向着层出不穷出人意料的未来，蔓延过去(双关)。

鉴赏者已然成为书写者。本身包含全媒体的汉字已然成为书写的全媒体。接收者已然成为发布者。

来，一起来吧！

你我的生命在其中以异象存在而得以永存。

然而，在不疯狂不荒诞不搞笑不成文学的当下，“文学性”加上动漫、戏现、虚拟现实、软文广告、真假新闻、道听途说，“真作假时假作真”。对二十四史的各种鉴赏，也已经在世上生成了无数的小故事、大智谋和学术评说的碎片，见诸书籍和网络、视频和微信，铺天盖地，自生自灭：二十四史鉴赏已经成为覆盖二十四史原本的，类似评书、老戏、摇滚、饶舌、卡通的世俗版，而现在我们再来“雪上加霜”。

能不能索性因势利导，开启一个所谓互联网＋的大众与专家集合的二十四史鉴赏动态文本的创作？

让头脑链接，让创意流动，让个人脱颖而出。

由此，是生活与21世纪的文化技术，一定要你我做一个史家：在以史家的态势鉴赏二十四史的同时，以史家的精神，使用和操御每时每刻泉涌的资讯和器物，参与二十n史的书写。共享祖先的智慧和眼光，共享你我的智慧和眼光，这正是今天互联网文化状态的中国式学理。历史书写的脸书，文化交流的淘宝，一起探索以往的过去，一起寻求可能的未来！一起用凝聚着过去人们之脑的史书和故事，重塑面向未来的超强而超前的大脑！

这样意气风发的激情正是我们的“未来”在成型中的“胎气”，这“未来”就是我们躁动于母腹的宝宝，百般呵护，殷殷期盼，可怜天下父母心。只是一个健康、美丽、快乐、富于爱心、富于公正心、富于创造力的孩子要如愿成长，还需要我们更睿智的洞悉和深邃的呵护。而其焦点正是对史书所传承的民族过去的经历和经验的处理，而学理已揭示：对创伤记忆的强迫性重复，会使人生再现曾有的憾事，简单沉浸于祖上之比人家阔多了和纠结于往事之不堪回首，不是读史的好心态。

不过，历史记录之文本的多义性和模棱两可，其学术研究结论的差异和悖谬，其蕴含的故事和理念的吊诡和杂乱，都是磨砺你我心智和慧眼的试金石。而这种状况是否真有正能量，则要依赖真正的百花齐放百家争鸣格局，全仰仗心有灵犀一点通的读者你我！

史书由千千万万具有自觉的历史观的史家互动互灵地写成，方是对多维的、全息宇宙版的、人们已经历过的“历史”的“人民当家做主人”的书写。

中国新史书的形态必将是司马迁开创的二十四史文本构造与这样的文本状态的结合：人在做，天在看；天在做，人在看。

活在天人之际，参与古今之变，成你我一家之言。

顾晓鸣

附录 2　鉴赏和读解二十四史中的历史故事的一个尝试性样本

"孙子杀美女练兵"鉴赏和读解；

——一则既缺少慈悲怜悯的道德感，又没有不可杀无辜的战争伦理的历史小品，如何成为军事思想和兵法的经典。

引　子

当你看到电视上"历史教授"嬉皮笑脸、垂涎欲滴地讲述孙子练兵杀美女的"历史故事"时，会立马心照不宣窥见其涌动的欲念，和其对于观众趣味相投的预判，哪怕其道貌岸然地分析什么"兵法"。这则"史实"一直让人津津乐道，以崇高和智慧的名义，主宾共谋，仿佛意淫。选此为鉴赏样本，机理也同罢。

呵，起劲的可说都是男人，想当初，写"史"的也是男人（班昭特例），也许与《聊斋》中因性饥渴而做狐狸精白日梦的文人一样，借刀御美也说不定。因为在二十四史中，这种涉美的"史实"实在太多了。这种叙说，体现了旧社会男权和侮辱女性的"史实"，也说明，历史叙事和书写倒是隐秘地和盘托出历史的真实。

在这则人人皆知的历史事情中，我们能清晰地得知——

春秋战国时期权力结构反映了政治军事的极端紧迫，兵事至上。文化人及其说教严重边缘化，孔子所谓"丧家狗"的遭遇，象征着正常伦理氛围已被你死我活的戾气毒化。事势逼着不厉害不可委任的用人原则当道；兵家诞生，将领重要，人力的地位急剧诉诸集权和步调一致；人力资源管理以军令为主轴，令出必行。战争是男人的地盘，战争让女人变成微不足道的玩物、工具和战利品。男人对女性生杀予夺，无人敢置一词（史家却有话要说）。士兵绝对无权，既无人权，亦无军权，杀一儆百，理所当然。而公平的前提是人的平等权；但目标原则一旦合理，无论说服的小目标和战胜的大目标，可以不择手段，草菅人命。

史家早已有断言：春秋无义战。

这是无法简单以读解和释义的方式抹去的历史事实和真相。而一则有趣而有悖常理、凌厉而又惨不可读的"历史故事"，如何在"历史"中具有合理性和生命力，代代相传，脍炙人口？一则形同儿戏的小品如何与军事重典《孙子兵法》相联系，而且成为其与中国兵法第一人之独一无二的形象脚注？一个能洞察兵事却身陷目睫困境无法把握自己命运的孙子，如何与今天世界公认的最优秀的军事家相吻合？

这本身又是一件无法否认的"史实"。

为此，这则历史叙事为你我鉴赏二十四史提供了极其雄辩的样本。二十四史的历史叙事和"实录"，其巧坎和深意究竟在何方呢？

原文，鉴赏，史评

关于历史史实和历史叙事的产生，请看选自《史记》卷六十五的原文：

孙子武者，齐人也。以兵法见于吴王阖庐。阖庐曰："子之十三篇，吾尽观之矣，可以小试勒兵乎？"对曰："可。"阖庐曰："可试以妇人乎？"曰："可。"于是许之。出宫中美女，得百八十人。孙子分为二队，以王之宠姬二人各为队长，皆令持戟。令之曰："汝知而心与左右手、背乎？"妇人曰："知之"。孙子曰："前，则视心；左，视左手；右，视右手；后，即视背。"妇人曰："诺。"约束既布，乃设铁钺，即三令五申之。于是鼓之右，妇人大笑。孙子曰："约束不明，申令不熟，将之罪也。"复三令五申而鼓之左，妇人复大笑。孙子曰:“约束不明,申令不熟,将之罪也;既已明而不如法者,吏士之罪也。”乃欲斩左右队长。吴王从台上观,见且斩爱姬,大骇。趣使使下令曰:“寡人已知将军能用兵矣。寡人非此二姬,食不甘味,愿勿斩也。”孙子曰:“臣既已受命为将,将在军,君命有所不受。”遂斩队长二人以徇。用其次为队长,于是复鼓之。妇人左右前后跪起皆中规矩绳墨,无敢出声。于是孙子使使报王曰:“兵既整齐,王可试下观之,唯王所欲用之,虽赴水火犹可也。”吴王曰:“将军罢休就舍,寡人不愿下观。”孙子曰:“王徒好其言,不能用其实。”于是阖庐知孙子能用兵,卒以为将。西破强楚,入郢,北威齐晋,显名诸侯,孙子与有力焉。

司马迁为什么在所写的不长的孙子传记的几乎整个篇幅中,就写这么个可疑的轶事(司马迁并不在场,且年代久远)?为什么不谈兵法书本身?似乎有意一晃而过。其与孙子的人生传记的关系,与同传记人物的关系,与整部《史记》的关系,令人联想到也可能与之有关的伍子胥的不光彩的悲剧故事。探寻一下这与“太史公曰”的呼应,也许可以得知一二,并使我们深一步了解中国历史书写之传记方式的真谛。

太史公曰:世俗所称师旅,皆道《孙子》十三篇,吴起《兵法》,世多有,故弗论,论其行事所施设者。语曰:“能行之者未必能言,能言之者未必能行。”孙子筹策庞涓明矣,然不能蚤救患于被刑。吴起说武侯以形势不如德,然行之于楚,以刻暴水恩亡其躯。悲夫!

如此入骨三分地体现写史者的张扬,采辑和选择史料的强烈主见和叙事的气势,更把读史的头一道大问题,摆到了你我面前:传说小品式的“史实”足以担当“真的历史”吗?“史实”究竟应该是何等模样?以及,单篇的真假与二十四史整体之真假的关系:所谓“偶性谬误,合举谬误”,单篇之假(借),能否表达整体的真,或反之;再者,这难道是一种错为因果的叙事方法?也就是说，孙子被任用了，倒过来为其杀美女的一幕找到了理据；两者有必然的相关性吗？显然，这个案例不具可复制性，因为两者并无必然因果性。后人，无论打仗的人还是你我老百姓，要是依样画葫芦，肯定事与愿违，不可收拾。这是所谓“小数”的赌徒谬误（一次赢了，以为次次有机会赢）。显然，除了杀两位领头的宠姬，一定还有别的什么原因使王聘用他，是史家故意置换真实原因吗？

同时，司马迁是一个具有民本胸怀公平精神的人，司马迁也是相当重视女性的史家，有《史记》中许多记叙作证（缇萦的故事理直气壮地宣告：巾帼不让须眉，尽管也是以“身”试法），为什么在这里写得如此决绝？虽然在当时主流的男性认识论的视界中情有可原，但如此单一干净、毫无但书、细写孙子的做派和心力，难道一点都没有对女性的怜悯吗？在《史记》的其他篇章中，司马迁可是有对女性遭遇深表同情和感慨的呀！显然，叙事重点不在此，而在于传记主旨是通过史家之曰点出的。因此，情节越是乖戾，反差就越是强烈；一批军事能人的最终结局，与之对比，间接地对遭遇飞来横祸的女子撒上同情。

好吧，如果说那时候难说什么女权和女性主义，那么，今天，什么时代了？如果我们不加思考，人云亦云，一脸坏笑地讲呀讲的，岂不是一种毫无自知之明、懵懵懂懂的“伪鉴赏”了吗？这个现象所显现的糟糕的历史读法和讲法，其机理又究竟何在呢？

历史1，历史2，历史3

这就需要你我通过细读文本，了解原本历史（历史1）、书写历史（历史2）和传播历史（历史3）之间的关系。历史1变成历史2时，写史者的大脑与历史和史实链接融合，创建了史书的文本和故事叙事；而历史文本进入读者阅读，是历史3，即历史叙事的无止境的传播过程和被写的过程，无数转写的似是而非的“历史事实”被推出，招摇过市。然而，对读者而言，无论这则历史故事或史料，是原件，还是史家的转写，你我才是其最终的书写者——在你我脑中心中嘴上手上呈现的那个真正的文本。任何文本最终都是第二人称——

你现在在心中呈现的那个文本。然而,你我的这样一个文本,有什么资格充当历史叙事的本真?这就需要你我读解作者的本意,这是"鉴赏"的本质,但这本意的源泉首先还是在文本本身。所以,现在在电视上讲解这则历史故事的人们,其实是在讲他们自己心中的孙子杀美女文本,其实是蒙在自己的鼓里,却还自以为在向公众传递"史实"(和"历史科学认识")哩。

显然,司马迁的历史叙事的角度和焦点,从用兵如神和领导艺术角度游离开来,而聚焦于"有才能用兵如神的将才",因为"刻薄"而不得好死,令人唏嘘,发人深省。在云淡风轻不动声色讲述的一则小故事之内里,是对真正本真的历史意义的层层质疑:孙子会宽恕吗?为什么不听美女申诉?是司马迁有意不写吗?要知道,不会宽恕的人必将引发上司和同侪下属的不宽恕。孙子会忠诚吗?忠诚是公平的一个特例,不公平的人是不可能真正忠诚的。孙子见到绝世美女,难道全然无动于衷?如此有悖人之常情的情节,点出了历史硬邦邦的"事实":孙子(及其他能人)为了博上位,快刀斩乱麻,铁石心肠,那么,必要时,王就会重蹈覆辙,孙子就可能成为彼时的美女,面临同样的铁石心肠,冷酷无情。孙子在杀美女时显然是有预知的,所以能达成目标,但是从史书记载(包括旁证)来看,孙子对自己最后的命运,没有预知。而作为史家的司马迁,超越简单因果,着眼于天地古今中有的大命运,大因果:这是史家的预知,天地之际古今之变一家之言。史家具有一种大全的视域,居高临下,既重现叙说的对象,又游离开去,是见证者和点评者的审判者。因此,太史公的本质,不是简单实录,而是借题发挥,高屋建瓴,在精心选择的历史事件或历史传说中,引发自己的独特见解,凸显对当时和后世有启示性的意义。

中国史家在面临客观事件时,善于、敢于、无畏于诸子百家教条,提出自己的说明框架,对自己理解的规律做出暗示,跳出解释学循环,毫不含糊。史书在传播过程中,文本在运动,解释者在运动,但原始的历史句子,是史家启示后人的埋伏深处的一笔,留待后世君子能人之恍然大悟。因此,读解本质上是解密,是窥见史家设置的密码。

真假,隐喻,典故

中国史家没有圣书规范对善和戒律之言说和铁定,于是就亲自担当,对在历史过程中抛出的形形色色生动绝伦的案例加以分析，树立起形形色色善恶和行动的坐标。中国史家的幽默感和对王者的讽和刺，如美女—宠姬—王食不甘味等等，其所构建的话语现实，是真正发生的历史事件的“虚拟版”、“媒体版”、“文本版”以及戏仿版、幽默版和点赞吐槽版，一个文化了的“小说版”(《庄子·外物》篇：“饰小说以干县令，其于大达亦远矣”)。但，中国史书的这种“小说”写法(所谓文学性)，却有意“大达”历史真面相。

王者的伪善，内涵是当权者和臣民之“坏的忠诚”，表面达成的同意，其实是各怀鬼胎：被强行夺了心爱美女的王，骨鲠在心，无论有意无意，早晚都要报复，孙子的悲剧下场，不知是否与此有关，推及商君等等，处事决断时必有动了当权者奶酪的微妙：你孙子刚愎自用，自以为是，为急着上位，实过其言；你匆匆因势利导，其于大达才叫亦远矣：忘了唯上位与下位不移。在客观的政治经济的环境里，在权力关系的结构里，小聪明孕育着大麻烦，一定会误了卿卿性命。这正是中国文人著述中几千年刻骨铭心的觉悟和集体无意识，史学文学的永恒母题。人们往往把假想事实“如果，则”当成现实世界的真正规律和内在逻辑。要知道，计谋、战略、兵法等等不过是术，决定天人之际古今之变的是“道”，而这才是史家要动用历史故事加以显示和警示的“真历史”。“春秋笔法”：里面有大道，里面有教训，里面有劝解，里面有启示，里面有“神意”。而后人往往简单地把孙子等等杰出军事家作为打胜仗的偶像，无意之中，传达了一种假想和错误观念；混淆了论题；把心理学的快感和由衷佩服，不恰当地上升为历史哲学的“读史收获”，从而因老百姓“粉”英雄的情结，生产出无穷单向度的一厢情愿。

本则故事的意义指向是：在肯定和向世人报道杰出军事家的同时，在一个无义战的情境中，史家敏锐地看到了“刻薄”的吊诡：以“义”为名义的政治军事，最终必然是“刻薄”，一种恶，商鞅如此，孙氏吴氏亦如此；但，这种极致的智慧谋略执行力又是治国胜敌的利器，一种伟大和伟岸，一种力道。

于是，孙子的用兵能力和这则小品显露的不地道，成为一个隐喻，一则寓言，一例教训。而绝对功利，有意为恶敢当敢为，与孙子兵法的关系，变得无比矛盾，“不战而屈人之兵”不是最高的战争原则吗，难道不能不杀而治兵吗？

故事把现实中也未必如此漠视人命草草处理军事管理事务的残忍手段，并不是简单作为吸引眼球挑起阅读欲的情节高潮和关目，也显然不是在于鼓吹极致恶，让后人依样画葫芦，而是为全文乃至全史的世事和人伦的主旨及其分析，提供一种令人印象深刻的比兴，惊世，疾俗：史家向后人宣示意义，提升世人对个人在复杂历史处境中如何自处的心智和伦理能力。

孙子成为一种符号，难得的符号，因其伟大而更能“辩证地”体现深刻历史内涵的案例和符号，一种与老百姓日常写法大异其趣的另一种孙子的形象：这才叫“历史实录”，历史表达，历史书写，史学。所谓“真的历史都是当代史”。

同时，优秀的历史写作，总有奥妙的独具一格的历史哲学视野和观点，隐约其深处：凌厉的善，似是而非。然而，只要人类历史的大格局基本没变，杀一儆百仍是管理者屡试不爽的智慧和手段，而其对被杀以儆百者(有的罪远远不足以被杀)，还是对兴致勃勃看人杀头的看客，用这种方式被同意，如王，或被威慑，如芸芸众生，按最新心理学研究的结论，强制刻入的规则会使大脑僵化和变傻。史家把这样一个果断而又残忍的“杀鸡儆猴”的历史故事慢慢道来，难道是闲笔或是军事最佳的案例吗？看哪，孙子主持吴国的军事，吴国统一了中国吗？统一的是秦，秦不是有商鞅运用孙子杀美练兵的同样原则，有过之而无不及，把臣民固化僵化为手无寸铁脑无寸书的傻根，从而一统诸王国坐定江山了吗？伟大的秦始皇和秦国的悲剧结局，是孙子案例的放大，后人写了《过秦论》，在其前面的司马迁却早已以此立题、立言，选传主，挑故事，寥寥几句的“太史公曰”竟把兵法治军的伟绩晾在一边，而惊世骇俗地以太史公自己的视角评一醒百。

关于孙武的结局，也有的史书说他是被杀戮而死的。《汉书·刑法志》称：“孙、吴、商、白之徒，皆身诛戮于前，而功灭亡于后。”颜师古注“诛戮”的人名云：“孙武、孙膑、吴起、商鞅、白起也。”唐李筌《太白阴经·善师篇》亦承袭其说，谓“孙、吴、韩、白之徒，皆身被刑戮，子孙不传于嗣”。此说把孙武与吴起、商鞅、韩非、白起并列在一起，可知他晚年的景况必然不妙。在伍子胥被杀以后，孙武可能受到牵连。他或者因与伍子胥同样诤谏，激怒了夫差而遭不幸，或者就因为他是伍子胥的知友，夫差诛杀伍子胥后迁怒于他。不过，孙武被“诛戮”之说始见于《汉书·刑法志》。《史记》本传既没有记载，《汉书》也未言其原委和出处，故这个说法还可存疑。

那么，何为真，何为假，真假故事——作为叙事文本的历史故事，通过向隐喻的转化，揭示了人伦和广义的政治社会的欲望和权力关系，构建起历史话语体系，用当时的文字词语，成为具有悠久生命力的典故。

在这则故事中，善于利用别人的生命，构成一种特殊的恶的象征：把美女的日常行为和表现，强行与国之大事的兵法挂钩，故意利用和“戏杀”美女，不考虑己所不欲勿施于人的公理，为达目的不择手段，成为一面人生和处事的哈哈镜；反过来，翻转为一面充满机趣机智的“抓住机会击中要害”的佳例，明镜高悬——孙子杀美一箭双雕，既是借机显示自己的治军能力，又是考验王是否真的以国家安危为第一考量。能否在关键时刻割爱，本是世界性的母题。这就难为了咱们两位美女了，在外国的亚伯拉罕献子和中国郭巨埋儿的故事中，最后照顾到伦理和读者情感，都有一个自圆其说的两全其美的结局；这次，会不会美女拉出去后其实没杀掉，像白雪公主一样？至少王既能定夺孙子去留，一定也会有办法摆平美女安危，两个欲望相安无事。小小一幕，竟有着人类的经典母题。而这类带有永恒性的母题是戏剧性之魂，孙子杀美女练兵的“史实”就深刻地透露和呈现出其深刻的戏剧性了。因此，这也是观察中国历史书写视象化戏剧化的极好例子。可以从两个方面深入探讨：本则故事的戏剧构造和戏剧性的发生。

戏剧，戏现，路演

这则故事不仅仅是文本，历史叙事天然具有言辞和行动的双重性。史书对历史往事的重现，天然地具有栩栩如生的戏剧性。而中国的二十四史历史叙事独具一格，非同凡响。首先，我们可以认真地把我们分析的这则叙事作为一场戏现的文本。

戏现，以表演性的场景制造和戏剧性的行动组合，呈现，表达，影响人，给人异乎寻常的印象。孙子在表演，司马迁通过文字构建了一幕戏剧。全然是小戏剧的结构：悬念，起承转合，过程发生，主角见风使舵借风行事，配角虚拟角色扮演，自造规则，操控现场，时间的抑扬顿挫，高潮迭起。孙子诡辩，语义转移，最终变为两表演主角间的和史家叙事与读者之间的普遍同意。戏剧化语境中的涵义，哪怕细想很是牵强，但最终具有了置信度。这样一个话语交互过程符合伦理吗？不管怎样，吴王最终入瓮，读者最终入瓮，历史讲坛演讲人最终入瓮。

对外以我之残忍的造就，显示我内在的厉害，这是人为构建的戏剧场景：为什么不用真宫廷士兵或男性小厮；游戏怎可以突然当真；突然袭击，说斩就斩。全然在于戏剧关目，高潮，惊世骇俗，既让王吓了一跳，也让读者吓了一跳，随之，雄辩的道理跟上。宫廷场景与战场迥异，人为杀戮违背常理，正由于上述机理，这些都不在话下，儿戏反而特别雄辩；边上还有谁？大臣的反应？一切逻辑上的质疑皆变得书生意气。史家醉翁之意不在酒，在于显示果断或残忍、睿智或狡黠的行为，如何游离了兵法和军事才能的题目，而把孙子推到了历史批评的现场，把史家放到了史学的裁判台：这样的表演与一个人之未来命运的纠结。

孙子的品格体现为其气质，德性。没有两难，一瞬间，既没有天则，也没有人伦，既没有神，也没有良知，更没有杀掉无辜而且不谙世事的少女是否太可怜怎么下得了手的犹豫，没有，毋需。恶与自由意志，毋需借口。让王录用，助王成功，外在的善；慈悲踌躇，怜香惜玉，灵魂的善。在期望效用的急迫推搡下，一切效益总和构成了此时此刻的唯一功利。如果孙子患得患失，要是你我苛责苛求，岂不是大大的不合时宜而错失良机铸成大错了吗？义者，宜也。

具体而言，戏现一场，要的是权力：话语权，执行权；要的是，惊悚力，考验王之爱美人还是爱江山的决心，以及面对突如其来的变故的果敢和决断力：肉之疼，欲之望，与兵国之大事孰为大？一下子，孙子变被动为主导，行不惊人死不休，驾驭情境，现场操控，淋漓尽致呈现了这位以杀杀杀的战争为天职的军事家的胆商。

这一幕也同时给后来的读者，有才能者和掌权者以现身说法：要达到目标,必须制造机会,要懂得如何使用和滥用别人的生命,要在千钧一发的机遇前,犹如神显,在自己快速设想的镜头中,预见一切相涉者可能的反应和表现,一一熨平。

这是一场路演,然而,路演分析真能说明战争智谋和兵法本身的矛盾和悖论吗?以美女列队做例示,真能体现兵法吗?从技术上说,如何语语中的,抓住话柄,设置悬念,用足姿势腔调;如何能把自己的优势让人感知,如何展现自己的潜力,如何营销自己,如何在短短一幕和无法再来一遍的机会中打动老板。写文章的孙子和演出这一幕可以扩展为莎士比亚式的历史剧的孙子,是一个人吗?这样一个孙子岂不是又能言又能行了吗?

对这里客观而无法搪塞的中国文化和历史的事实,就要用学理的综合分析,探测内在的骨架。通过叙事分析,看到中国视象化、戏剧化和隐喻化的写作,意境,意蕴,意思,意气,意象。文本构成反映的叙事逻辑,荒诞感、乖离感和倒错感:哪怕用兵与驯美不等价,但辞达而已矣。懵懵懂懂,惊心动魄,供传播,微言大义,教育意义,惊世之通言。让老百姓一起来看白戏,同情谁?惊吓读者,产生效用,书写之实用主义,虚构和写实,真作假时假亦真。戏剧效果就产生了,真理现身。而真谛的戏剧效果是如何看透人生和世界之关键时刻的矛盾和纠结,to be or not to be 两难和抉择,拨开色彩斑斓的雾罩,亮相深藏不露难以启齿的秘密,道出不可道的道(理)。

正反,善恶,成败

孙子真玩还是假玩?司马迁是真写还是假写?到底杀了吗?在真实的历史环境中,王是全然受一名应聘的武将摆布呢,还是仅仅是作为审核应聘者的拍板,一种主宰的心机和权宜?前已提到,会不会这根本上是写史者的逆因果,日后孙子的军事成就,使得其敢于裁剪他本人并不在场的一个事情,添油加酱变本加厉,突出杀美女的既鲜血淋漓又让人怜香惜玉的一出戏?一个机趣特殊的扮家家如何变成普遍原理?后验效果,这个以后有效吗?孙子如何使其私人语言和作为,变成公众共有的经验,有一般意义的行为论?在这个交际情境中可公共观察的方面,王为什么相信了?信与欲的结合,王信任在前,战争的迫切,求生和求胜的欲望蠢蠢欲动,别无选择。机遇即反乎常规。在这里,孙子和司马迁同时利用了这个机会,都拒绝了妇人之慈,而直达意图。

所以,其具体情节犹如逻辑研究中所谓的中国屋:即使不理解中文,但通过输入输出就可以达意。关于如何对待妇女的问题就隐而不论无须操心了。一瞬间,孙子与王换位,思考,约定,建立了信念模式和事件中各成员的共同意向。那一刻,孙子是勇敢,还是预见?不管怎样,是自信,这使孙子用非常规而惊世骇俗的方式,同时搞定了上下级。而,特别注意!这一机理正同样适用于练兵治军。将在外君命有所不受,有一个王无须弄清楚的黑箱。一则牵强的历史小品,竟成为兵法和中国文化智慧的经典。体现了孙子无中生有的创造性;同时理直气壮地宣告:我容纳野蛮,我无所顾忌敢作敢为,一种升华了的犬儒精神,包含着德性的绝对自足——不成"仁"便成"功"。预先给定的料,即人行动之前存在的历史条件,历史情境中作为主体的行动人,面对外在客体预先给定的情况和东西,一次抉择,一次博弈,一次破釜沉舟。死亡威胁和生死本能,成为最终的赌注和标的。这是更深的另类意义上的"置之死地而后生"。

目的和促进目的的东西,有道义吗?艺术化的肮脏的手如何卷入所要求的场景,这是话语和言辩的是非伦理:只要言之成理,就可以信服,不必计较其中是是非非。为了未公开的不直接效果,允许不直接的意愿实现,力图达到暗设的结果:这是一场打赌,并使之成为伦理利己主义之逼真映像。

普通人总是活在自己的恐惧之中,而打仗的军事家是无所畏惧的,甚至必须撕下脸皮厚颜无耻,生死关头六亲不认,吴王在旋即发生的模拟而真实的兵变降临之际,对此是彻底领教了。孙子理所当然得以上位。

诡辩,逆袭,报复

最好地履行自己的功能就是德:德者,得也。其中表现出来的反生命原则,美女嬉笑和被斩,王之大骇的内在色欲等等所体现的伦理倒错,促使包含其中的吊诡的历史逻辑显山露水,烘托出历史书写的本真——小人物逆袭,逆袭已存的权力关系;皇上一鸣惊人,忍辱负重延迟报复:战场和官场同构,朝廷同样血光剑影:显示了生命经济学,在最重大决策的时候,最有力的说服力,在于把人命置于交换的最前端:人质,杀使者,表决心杀妻,自刎显示心志等等,在二十四史中,比比皆是。

让宠姬队列让孙子三令五申,遂提供处理和使用人命的机遇,比谁辣手,不厉害不委任;看王是否有“割”“爱”的大德和大局观:既是我的显现,又是一场交易的拍板时刻,转瞬即逝,拍板既定,驷马难追。孙子杀宠姬,大智谋,破釜沉舟。(要是杀了王的宝贝惹毛了老板?这完全有可能的哪)

小人物的话如何最快最有效地让上级听见,就此命悬一线的一瞬间,孤注一掷的决策是也。这样一种行为的智谋具有对军事思想的直接意义,就在于,兵家大事本质上是对生命的计较和决断,国之生死和人之生死,悬于一线,而主将正是提线者。

同时,在本案中,行动胜于言语,真刀实枪的军事指挥员,要以行动代替语言,逼上梁山的凌厉代替苦口婆心的游说,孙子演示了“将在外君命有所不受”的领军原则;也显示了孙子鹤立鸡群的用兵魄力和风格。

因此,表面看来,美女听话与部队战斗力的推理有点风马牛不相及,内里却是相通的,有效。俗语所说的无毒不丈夫,在严峻的生死存亡的战争情境中,别有一番意蕴;心性的吊诡,反映了事势的吊诡。战争让罪恶感走开;让远虑让路;让自由意志恣然放肆:咋呢?老子就这么干,又怎么样?敢作敢为,敢杀敢当,不达目标誓不罢休。用这一险招,事实胜于雄辩,也重复体现了孙子诡辩或说服的技巧。

谋划,功利,正义

正义限定功利,而功利同时显示正义。博爱,同样对待,人命一视同仁,如何服从系在头上的生死重任;自由意志如何服从情势表明的普遍因果原则——你死我活,既不能刚愎自用,又需要张扬自我的当机立断。意志自由正是在于知道将来行动的可能性,谋划和因果。人在谋划时,凸显自己的存在和位置,领会自身,投向自身。在孙子决策和行动的一瞬间,应聘者和聘用者发生着主客的反转,视域的融合,仿佛事先没有沟通过的事态,其实早已有双方的期待打底。孙子的谋划,明目张胆使之水落石出。这是一种情境伦理学,对情境的反应和处理,利用游戏的机趣:可能是深思熟虑,也可能是胆大包天,乱抓阄。抓准论英雄。同时也体现了一种分段关注的原则:未来不可及,把握眼前才是上策。我们所关心的大道理,对孙子来讲,太遥远了,看不见摸不着,要先把眼下的事搞定才是正经事,真本事。而现存的偶然事件有可能促使产生最不坏的解决方案。在参与者的共谋中,宽容原则不是禁止或允许,而是约定,王的宽容其实来自功利原则的互利。王的痛失爱姬的私人性,心痛,心照不宣,双方都心知肚明,孙子感同身受,利用的就是这一口。私人语言没有其他人懂,但孙子心有灵犀一点通。显然,孙子的表演具有可投射性,实际投射,有效投射,王接招了。

仿佛冥冥之中有神意按计划排列事实缘由和最终走向。于是,伤害了谁?当事人快乐吗?伦理快乐,保护女性,兼爱之赞美,都成了假命题。心理利己主义促成内心的功利至少与事态带来的功利一样多,公共道德核心原则就在于共识,解国家燃眉之急,这是此时此地最大的道德。过程与结果的模糊性,孙子用得称手应手,反省的心理注意大可不必。剩下的问题是,绝对功利主义对王的威胁:此人厉害凶残,日后罩得了吗?"狡兔死走狗烹"的横祸,或许也是出于那个"将在外不受君命"的看上去很美的"黑箱"原理!也许,正是在这里,预示了孙子最后的命运,透露了史家的睿智和先人之见,透露了纪传体历史写法的主旨。

符号,偶像,伦理

而这,又怎样成为偶像之象征符号的呢?一则过往的陈陈相因的老生常谈,在当下的阅读和理解中,发生了对今天活着的你我的心灵和行动的无比珍贵的启示,散发出其现代涵义。战争和军事的绝对命令,兵法之超社会超世俗超文化超伦理的绝对游戏规则:战争纪律杀了战争伦理,女权人权不得不退到一边。使得这则有悖人性的故事得以言说得以传说,几乎覆盖孙子兵法本身,成为孙子军事思想的品牌标志。

读者反应在鉴赏和读解中，参与了这些现代涵义的生成。读者观众的视角才是决定这个“史实”在历史长河中的点击率的根本。

读者唏嘘的是什么？启示何在，教育意义何在？没有伦理困境？幸灾乐祸不怕报应吗？传播的机制包含着戏剧性喜悲剧，荒诞感幽默感和创伤、沧桑感；读者代入主角的爽快感，生发焦点媚点夸张点笑点借点辩点误读点等等：铁石心肠，有没有一点恻隐之心呢？龙性谁能驯，有意作恶，激活和应变可读点，产生围观亢奋，挑动深处的欲望。无信仰戒律、天不怕地不怕的读者，完全不受伦理拷问的羁绊吗？而分析者，你又是哪根葱呢？在怎样的情况下，本分析才是合理的呢？

所谓苏格拉底问答法，不断地诘问，在学问之间中拓展学习和阅读的过程，展现各种意义的可能性。拷问自己，只是质疑和设问，并不给出标准答案。你我为什么会相信意愿？读者为什么会轻信？剖析自己对力量和能人强者搞定弱者的潜在意愿，对男人“收拾那些娘们”(尤其漂亮妞)的潜意识。最后，如何显示不能说出的言下之意？各种鉴赏读物为读者构建了新的认知图型，从中看出简单历史事件背后的东西，克服自欺，激活感受性情感。设身处地，将心比心。

设问，假如你我是美女，假如你我是孙子，假如你我是王，那么，这则故事给老百姓什么样的启示呢？

顾全大局，时势造英雄，宁为鸡首不为牛后；人为刀俎自己有可能成为美女般的鱼肉，故要摆正位置守住底线，大意会失荆州；总要有牺牲，必要时成人之美；成功是硬道理，一定要当机立断；面对各色人等的绝对功利，切记常有狠毒的大丈夫设的陷阱；在像孙子与王那样的事境中，任何靠山都是靠不住的。总的原则是，鉴貌辨色，定义情境，及时应变，转危为安；人生有原则，置之“死地”争取自救和重生。人要自重，自尊，自持，自我保护；人是情境动物，因此，又要有自知之明，胳膊拧不过大腿。

人伦，道德，哲学

孙子杀美女练兵是一出人们耳熟能详的“英雄救美”故事的反转片，是人们司空见惯的"对女性奸淫杀戮史实"的游戏版：虚拟情景就是 make-believe "让你相信"，因此，这个故事一旦写出，并广为传播，尤其由历史教授一本正经点赞，就义不容辞地担当起结晶中国文化哲理内核的引子，一个卡通版的劝世良言。

传统中国十分重视道德，有系统的对人伦和伦理的理论和教诲，然而在本则故事中，更深刻地展现了道德哲学的二律背反：手段与目的之关系表明，终极利益超越微观事件的善恶错对；怜悯，不造成痛苦，不进一步伤害他人和对方，却明知故犯，就因为"小不忍会乱大谋"；永远的道德两难，在历史大格局中，既成功又成仁的人是一种道德运气；本质上说，人都是道德被动者，所谓"天要下雨娘要出嫁"；道德感面对历史的严酷，往往只是"事后诸葛亮"；人更多的是消极责任，即对造成事情的责任，如果孙子没能助王打胜仗，就会被追责；历史真实现场的道德问题非和平时期庸常生活中的人们可轻描淡写，可大言不惭，定义道德与否的，是历史、时代和社会、世界的大格局，大势所趋，而不是百姓家常。正是中国史家，敏锐深邃地洞察人类道德的这种永恒的奥妙。

是史家编集和盘点蜿蜒几千年的中国历史中最值得品味的故事，揭示其矛盾和真谛；与儒道诸子百家的侃侃而谈，构成发人深思令人幡然悔悟的旨趣：完整的中国智慧由史家与诸子百家的对峙和互补组成。所谓"读史使人明智"。

在历史约束条件的大盖帽下，反常和乖戾竟变得更头头是道合乎常理。问题的症结是，孙子的推理和预期，与操控结果的王的最终反应（结果）之间的乖谬关系。设想，假如王本不想雇用孙子，他就有可能根据孙子的表现，变换不同反应。决策程序也变得乖戾，常规全然打破了：非根据法律不得惩罚让位给非常时期需要非常手段；对他心的恕道，己所不欲勿施于人，变成"痛打落水狗"；代表理性和意志缺失的家长主义，成为"我为你好"的责任；人格的同一性，变为"看菜吃饭量体裁衣"、"什么山上唱什么歌"的变色龙；至高的善的快感，变为"左右逢源"的即兴和侥幸；不完全职责成为"留有余地"和"留一手"的写照；意志薄弱做与其信仰相反的事，变成"明哲保身"、"低调做人"、

"克己复礼";直接推理,积极自由,成为自己的主人,变得"不谙世事"和"以自我为中心";位置翻转不改变所显示的公正,变成"癞蛤蟆想吃天鹅肉";不平等是一种比贫穷更坏的东西,被弄成"赢家通吃"、"优胜劣汰";工具主义成为正直和直爽,道德和功利相接,天衣无缝;功利主义价值观明目张胆,德性是履行功能时的卓越;知道如何让位给知道如此,应付得了,才是活生生体验;策略行为和交往行为成为生命主体内在价值;然而,根据楔子论证的说法,"允许在某个例案中直接杀死一个无辜的人,将允许一个最危险的楔子,它将把所有生命推到一个危险的处境。"(沙利文)一本对全民都有影响力的史书,一旦提供了可以为了示范而轻易杀生的例子,那么,就有意无意开了杀戒。因此,这样一个意义模棱两可语焉不详的历史故事,必须回归写史者的本意,在更高的历史文本批判的境界中认识。

事物需要自己的语言,身处自己和情境两极的个人,需要第三人论证,史家就担起这个重任;在抉择的当口,多的是查道车问题:能牺牲一个无辜而不相干的人以拯救可能死掉的一批人吗?合理吗?符合伦理吗?公平吗?个人期盼着一个能指导自己破解和超越人生困境的东西,史家收集遴选改写的历史故事便是"人生教科书"。所以说,历史原本都比如何读解更接近历史——一切在历史源境中结晶而成的历史书写,蕴含着后人不可能覆盖和加以转基因的"本真"。

生命,博弈,世故

中国史家由此提出了一个人的生命哲理:在易和演义的人生事态中,如何博弈如何自救如何选择,构成宏大伟岸的存在之流。如何定义自己在历史和事势中的真实位置,最优地成全自己,完成肉身之人生。

根本的母题和无数历史故事的直接主题,不似宗教胜似宗教的世俗神话,体现出二十四史的原则:两难的核心,竟在于"先做小人后君子",恶刻,无毒不丈夫,恶是历史发展的杠杆;循规蹈矩倒难免"平庸的恶";最重要的中国军事家演示了"一不做二不休","我不入地狱谁入地狱",忍辱负重,背负罪恶的十字架之超级勇气。"斩草除根",最忌"妇人之慈",等等,成为渺小的芸芸众生求自保需自"明"的"哲"理。在恶人随处可遇的人类社会，在战争不断的现实世界，"识时务者为俊杰"，是中国千古智慧；"好汉不吃眼前亏"，则是其世道人心的大众版。

跨时空传播的孙子现象，影子化的孙子和传记故事的实体化，在世道人心中无尽地传播互动。二十四史和其中具体描写的故事之人类学价值和个体之实体化存在之意义一波一波地呈现，此起彼伏；象征化过程细分析；孙子的象征和杀美故事的象征；《史记》中的孙子；后世军事家的孙子的象征分异。等等这些，一一显现中国史学的历史哲学和方法论。通过孙子的象征，凸显中国智慧的内涵；通过孙子的反思，凸显中国史学的求是过程和接地气。

从而进一步指向孙子悖论的现代和人类意义：中国没有原罪的神话，但有先祖作恶和以纣王为典型的恶人故事，他者之恶，因此，虽有孔子等人谆谆教诲的"日有三省"之类，但，恶，人们并不在自己身上发现，而是以别人的恶为镜子。二十四史和各种史书及其历史故事，称为鉴镜，专供后人以古鉴今。因无自知之明，中国的堕落神话都以他人为主人公。历史叙述激发天性的善良，挑战性欲化的凝视，滋生和超越杀人快感，从而使历史再升华。在口笔交互的传说中，仿佛平行宇宙，好似块茎蔓延的写法和易经似的排列组合，狡兔三窟般的意义歧变：普遍化原则就转变为因地制宜因时制宜因人而异。通过专家和大众、各色人等的"众读"和"众评"，渐渐重返真实世界，这就是为什么要分析这个历史故事的缘由。史实是，真相是，大白话是：没有暴力的个体，只有暴力的情境，就像理论家归纳的。中国史家正是不停留在抽象的理想情境，而是直面历史和人生的实景，描绘暴力真正发生时的情况，让读者进入历史上存在过的真实而令人毛骨悚然的冲突世界。

这是对冲突世界的"实录"，对小小个人面对宏观的和微观的杀戮处境的抉择和拿捏，引导和教诲一个人如何过好一生，如何珍惜自己的生命，好自为之。如何避免轻率处置他人生命而为自己留下祸根。太史公曰，苦口婆心。

史家把史实展示给读者，但你我是解释的主体，一千人一千个哈姆雷特，一千人一千部《红楼梦》，自得于胸怀，舍我其谁？因此，只有心心才能相印，唯有天眼才能相通。那么，在王和孙子之上，谁是裁判？上帝缺席，史家登基。史家成文，你我上场。

然而，历史叙事和故事的硬核，不会因读解而消失。这个硬核就是人类在天人之际古今之变中恒定的人之性，人之脑，人之心，人性；这个硬核就是一种历史写作与历史情境的化合，一种写作者之客观与写作时的客观交融产生的结果，超然于任何文本分析之上：这就是中国史家的历史功绩。

矛盾，短路，升华

本篇的终极意义在于透露了中国文化的根本矛盾：宏道和短路，理想思路的宏大和实施手段的简单利索，经常处于一种张力之中，构成了社会和历史跳跃式前进的内在动能，久分必合合久必分的宿命。而摆脱这个宿命的方略，就必须“依法治国”，宏大的规划有赖于顾及全社会成员的生命、利益和福祉，程序设计合理和执行过程合法的微观治理和决策。科技和治国大谋略，需要对传统史学作正反两方面的反思和借鉴。

历史书写方式与国运之有机而深奥的联系，完全可以借这则历史故事加以纵深的探讨。中国文化道德化和个体修养化，与社会和家国、集体和群体之间的张力，左右着群体和个体的言和行，以及安危处境。有“先要学做人”的大诉求，却缺少编程的程序和法律的条分缕析，最终难以“群己断界”。快刀斩乱麻，往往成为理还乱的历史现场最后和最方便的解决办法。其反面，在暴力环境中，如果不想“舍得一身剐，敢把皇帝拉下马”，那么，如何逃避暴力，成为人生和历史书写的聚焦点。由此产生了与儒家人文相离的现实方略，爱和恨：战国时期无情的你死我活，别奢望孔子他们循循善诱的温良恭俭让、老庄他们以奥传奥的睿智放达和墨子他们的博爱非攻的一厢情愿，浮现在人生表面的，是永远的博弈和抉择。

中国历史书写的这些特点，既是“先要学做人”的追求人文价值的中国文化精神在史学上的体现，又是与诸子学说相对的“史家”直面现实和真实人生的独特处理。“资治通鉴”式的案例和符号化，成为做官做臣民做人的参照，然而，这个框架最终造成几千年历史故事的陈陈相因，不断在深刻而犀利变化着的中国历史被简单化了。处于暴力情势中又缺乏法律程序的中国传统社会，以暴力处世成事和规避反制暴力，即使出于良好的愿望和意图，甚至正义进步的事业，但最终事与愿违，一地鸡毛，这种状况此起彼伏，不绝如缕，理所当然成为历史记叙和分析的命门，并触及了传统中国形形色色历史事件和事情的经络。这一方面促成谋略和计策的极度发达，另一方面却使社会和社会成员未能更多关注社会变革和发展的理论和方法(因此我们要以马克思主义为指导)。史书在一般人的以简传简中，蜕变为简单以古鉴今的前例和小品，就不可避免了。不过，在充满不确定而乖戾的人类世界中，顶层设计的大道理一定需要摸着石子过河的一步一个脚印的谋划匹配，中国史书记载的那些不知是真还是假的种种故事，积淀着中国智慧、智术和智趣，又是成事的宝贝和人生的利器。同时，又因为形而下的领军打仗之战略、战术、兵法，可以相对于意识形态和社会制度存在和被各色人等运用，血腥纷争的那个历史时期提供了绝对不可多得难以再现的无数案例和经验，促成《孙子兵法》的形成，承上启下，成为人类军事政治经济谋略大小理论的经典，传播五湖四海，被应用，被称赞，甚至被膜拜。这是孙子和全体国人的荣光，足以自傲。只是大国要有大气，大局要有大智，无论君还是将，都需在本则故事中获得智慧的飞跃和三观的提升，为此需要在我们阅读过程中，透过表层的戏剧化故事，认识其内在的历史文化意义和人生价值。我们这篇东西例示一下，算是一种“导鉴”吧。

顾晓鸣

附录3　评点二十四史

二十四史是冠盖我国史坛的煌煌巨著，它的记事起于传说中的黄帝，止于明崇祯十七年(1644年)，历时4 000多年。

——吴树平《新本"二十四史"的校勘》

它的规模巨大，卷帙浩繁，共计3 249卷，约4 000万字。这部巨著，是从公元前2世纪(西汉武帝刘彻时代)开始，到清朝乾隆时代为止，陆续编写成书，整个编写过程长达1 900多年。它用统一的体裁，比较系统、完整地记录了明亡以前有文字可考的几千年的历史，这在世界上是极罕见的。

——中华书局《谈谈〈二十四史〉的整理》

卷帙最多的是《宋史》，有496卷，其次是《明史》，有332卷。最少的是《陈书》，有36卷。

——来新夏《"正史"简述》

自是世有著述，皆拟班马，以为正史。作者尤广，一代之史，至数十家。

——(梁)阮孝绪

十七史者，上起《史记》，下讫《五代史》，宋时尝汇而刻之者也。

——(清)王鸣盛《十七史商榷》

正史之名，见于《隋志》。至宋而定著十有七。明刊监版，合宋辽金元四史为二十有一。皇上钦定明史，又诏增《旧唐书》为二十有三。近搜罗四库，薛居正《旧五代史》得裒集成编，钦禀睿载，与欧阳修书并列，共为二十有四。

——（清）《四库全书总目》

先前，听到二十四史不过是"相斫书"，是"独夫的家谱"一类的话，便以为诚然。后来自己看起来，明白了：何尝如此。……历史上都写着中国的灵魂，指示着将来的命运，只因为涂饰太厚，废话太多，所以很不容易察出底细来。

——鲁迅《华盖集·忽然想到（四）》

自从太史公作《史记》，以本纪、列传为主要部分，差不多占全书十分之七，而本纪、列传又以人为主。以后二千余年，历代所谓正史，皆踵其例。老实讲起来，正史就是以人为主的历史。

——梁启超《中国历史研究法补编》

专以人为主的历史，用最新的史学眼光去观察他，自然缺点甚多，几乎变成专门表彰一个人的工具。许多人以为中国史的最大缺点，就在此处。这句话，我们可以相当的承认：因为偏于个人的历史，精神多注重彰善惩恶，差不多变成为修身教科书，失了历史性质了。但是近人以为人的历史毫无益处，那又未免太过。历史与旁的科学不同，是专门记载人类的活动的。一个人或一群人的伟大活动可以使历史起很大变化。

——梁启超《中国历史研究法补编》

为学不可不读史，尤不可不读正史。

——张元济《百衲本二十四史前序》

在巨大的中国文献宝库里，最广为人知也最具价值的是二十四史。它是中国研究所必不可少的史料来源，所有从事中国问题研究的学者都必须将其置于手边以备不时查阅。

——魏鲁男(James R.Ware)*Notes on the History of the Wei Shu*

治中国史学者之不能舍弃历代正史……今人孰不知二十五史为中国历史事实之所荟萃。

——顾颉刚《二十五史补编·序》

正史中之表志,于典章之沿革、人事之变迁,各尽其贯穿综合之任务,使读之者对于历史现象有整个之认识,则更为此资源中之真精实髓。

——顾颉刚《二十五史补编·序》

二十五史为研究中国史取材之大本营,然各史著者之身世品格,史学造诣,各有不同。其依据之史料,修撰时间之长短,考订编比之疏密精粗亦各异。其著作之时代,距其所述史料又往往散失。唐以前正史多出私撰,各成一家之言;唐以后,则多为官修史,居修史,既出众人手笔,曲笔舛误,亦较多矣。欲从事研究国史者,而不先明二十五史著述之经过及其内容之概略,及其实否曾经窜补,则必错谬百出,事倍功半。二十五史优劣不同,价值自亦不同,如欲引用,宜先识其概略,庶可减免伪误,而事半功倍。

——张立志《正史概论·导言》

世界上最大的历史资料仓库可在被认可的二十四史中找到。这种收藏开始于传说时代一直延续到清代时期。由于仅有很少的几部史著被翻译,所以除汉学专家外这些部收藏几乎完全没有被加以利用。这些史著加起来超过 2 亿个汉字,相当于至少 4 亿 5 千万个英文单词。如果所有正史及与其相关的注释被翻译,并以前两部所采用的格式印刷,这将有 225 000 页,以每册 500 页计约有 450 册。

——德效骞(Homer H. Dubs)*The Reliability of Chinese Histories*

二十四史如同万象兼备的百科全书，其篇帙之宏伟，史料之丰富，是其他史书望尘莫及的。它向读者展现了广阔的历史画卷，是我们的祖先留给我们的重要遗产。

——吴树平《二十四史简介》

我们必须承认，二十四史是我国两千多年来积累而成的一套有系统的珍贵的史书，是我们的祖先两千年来流传给我们的宝贵遗产。全书有3 239卷，字数在千万以上，真是煌煌巨著，是中国历史知识的宝库。

——王健群《二十四史提要》

《史记》以后的二十三部史书全都仿照司马迁的规模，于是也都成了同样的百科全书式的知识宝库。因此在这二十四史之中，上下五千年来的社会变化、人事活动以至自然变迁，都被记录下来了，这是十分珍贵的。

——王健群《二十四史提要》

二十四史，固然给我们留下了大量的历史资料，还给我们留下了不少的思想资料，留下了观察历史的方法，留下了写历史的方法，留下了许多专门知识。

——白寿彝《史书遗产六讲》

清修《四库全书总目》不仅定二十四史部纪传体史书为“正史”，而且还明确规定了“正史”的神圣地位。……从此，“正史”之名始具特定含义。它既有代表正统政权的意味，又有国定的含义。

——来新夏《“正史”简述》

二十四史属于中国史书三大体载(即纪传体、编年体和纪事本末体)之一的纪传体。所谓纪传体是以纪和传为主，即以写人物的活动为主体的史书，也包括志、表、自序和史评等六个方面。由于编撰者各自所处时代的不同和历史特点的关系，故在各史的体例上有大的统一性和小的差异性。

——穆德全《二十四史各史体例的特点》

这部史书，原是各自单行独立的，但它们之间又有密切的连续性和承继性，合起来，便是一部特大型的通史。

——穆德全《二十四史各史体例的特点》

从体裁上说，这大约 4 000 卷的正史都属于纪传体。惟其如此，尽管规模宏大，并非成于一时一人之手，但是，它们因为受到纪、表、志、传这四种基本体例的约束，从第一部正史司马迁《史记》，到最后一部正史《清史稿》，可谓井然有序，贯穿如一。

——王锦贵《漫话正史"表"与"志"》

二十六史中，除有几部史书在内容上有重叠外，它们在反映中国自传说中的黄帝开始直至清朝灭亡大约五千年历史进程方面，构成了一个前后衔接、连续不断的整体，成为中国史学上的丰碑，世界史学上的奇观。

——瞿林东《二十六史大辞典·导论》

纪传体是纪、表、志、传体的简称，它本是多种体裁结合的综合体，具有容纳整体的历史表述的特点。……完整的纪传体史书，可以看作是包含有丰富内容和生动表述的"百科全书"。由于中国历史上很早就形成了撰写前朝史的传统，故历代正史前后相衔，浑然成一整体，反映了中华民族连续不断的文明进程和上下五千年历史面貌。

——瞿林东《二十六史大辞典·导论》

二十四史纂修，有四种情况：一是太史个人撰述，但非奉命纂修；二是著作官撰述，虽奉敕却为个人纂修；三是改编皇家修史的私家之作；四是皇家利用史馆集众人纂修，为修史制度化的产物。纂修思想凡四变：自"究天人之际，通古今之变”，“述往事，思来者”，一变而为“续统”、“述德”，断代为史；自“为在身之龟镜”再变而为“以史治心”求“至治”，记事由“实录直书”转而为“专事褒贬”；三变为“辨正统”；四变为“国灭史不灭”。

——谢保成《二十四史修史思想的演变》

了解中国的传统史学，了解中国史学的发展，甚至中国社会、中国历史的发展，从根本上来说，就是要加强对二十四史的研究。

——陈高华《加强对二十四史的研究提高对二十四史的认识》

代跋：在历史的“事实”中把握当下

二十四史，上起传说中的黄帝（前 2550 年），止于明朝崇祯十七年（1644 年），总计 4 194 年。朝代更替，帝王继位、禅位、夺位，帝都变迁在这 4 194 年中不断上演。

站在这样一个历史跨度上看今天的我们，可谓沧海一粟。尽管微不足道，但你我，每个个体就有可能走出与众不同的人生，并有可能改变当下乃至世界的历史进程。

在本书《二十四史鉴赏辞典》收尾之时，恰逢英国“脱欧公投”和新一届的美国总统大选，公投的结果是英国脱欧，美国总统大选让一位毫无从政经验的商人唐纳德·特朗普成为美国总统。

在英国公投的第二天，英国很多民众“后悔”了，表示：“没想到我们真的脱欧了，我以为一定会留欧的，所以就投了离开，没想到自己的这一票这么重要！”也就在当天便有了 52 万民众申请二次公投，一周后有 400 万人签字申请二次公投。最终英国政府给每位请愿者的邮箱发去一份邮件表示：“欧盟公投是一个世代只有一次的公投。”每个个体以自身抉择改变一个国家的发展进程，并开始抒写新的历史，英国的命运就此改变，欧盟的历史随之改变，最终影响到欧盟其他国家乃至全世界，这就是全球化，历史的全球化，一个小小的个体得以改变人类历史的全球化。如此吊诡！

而特朗普成为美国总统后，一位平民成为了“治国者”，一位商人的治国理念又会将一个霸主级国家推向何处？其所有决策不只是影响和推动美国，还将影响世界其他国家的抉择，这背后能演绎出的是“当下历史”。

每个人都有创造历史的可能性。这就是《二十四史鉴赏辞典》编撰的主旨：国家命运与国民智慧。

治国者直接影响与推动着国家进程，国民则在“国家”的框架下，寻找着自己安身立命的处事智慧，推动历史各方面发展。同时，国民的处世之道也影响着治国者的抉择，最终构建了国家命运。命运与智慧相辅相成，但仅仅是这两个词还不够，每个民族都会有自己的民族密码，中华民族虽历经 4 000 余年分分合合和无数战争的洗礼，但自始至终版块相对完整，而欧洲在每经历一场重大战争后都会有新的裂变，新王国或帝国诞生，直到今天，用另一种政治手段所打造的欧盟，还未稳定超过五十年，随着英国的脱欧，可能又将面临新的“解体”。

在“国家命运与国民智慧”这样一个主旨的背后，是对“命运”与“智慧”之间博弈的探寻，更深层次而言，是对中华民族“基因密码”的挖掘，以历史“鉴”未来，以未来“赏”历史，最终目的是立个人之当下。

中国史书的“鉴赏”传统从春秋便传承至今，唐代史官刘知幾在《直书》中写道：“史之为务，申以劝诫，树之风声”，史官与史书都具有“鉴于往事，有资于治道”的作用，北宋史学家司马光耗时十九年主编的《资治通鉴》，更早的还有《春秋》等，都是以历史的得失作为鉴诫以推动国家繁荣富强的著作。另一方面，中国人热衷于“鉴诫”，引申而出的“讽谏智慧”，成为国民与君主智慧博弈的重要工具，延续至今。

然而，用来“鉴诫”的都是事实么？美国历史大师威尔·杜兰特说：大部分历史是猜的，剩下的都是偏见。

什么是事实？什么又是真相？2006 年维基解密正式成立，至今已爆料无数重大得足以“改变”历史的信息；2013 年，前中情局雇员爱德华·斯诺登（Edward Snowden）爆出了美国电子监听计划（PRISM），改变了美国与众多国家之间的关系，这些信息如果没有被爆出，今天历史学家所写的就是事实吗？

中国历史书写一直追求真实，刘知幾在《史通》中表示：史官对帝王们的言行，随时都要记录下来，不管你“举”得对不对，都要“直书其事”。哪怕把屠刀架在脖子上，也要说真话，不说假话。“宁为兰摧玉折，不为萧敷艾荣”，绝对不能“兰艾相杂，朱紫不分”。但他又在《直书》中写道：“夫为于可为之时则从，为于不可为之时则凶。如董狐之书法不隐，赵盾之为法受屈，彼我无忤，行之不疑，然后能成其良直，擅名今古。至若齐史之书崔弑，马迁之述汉非，韦昭仗正于吴朝，崔浩犯讳于魏国，或身膏斧钺，取笑当时；或书填坑窖，无闻后代。”当权利的枪杆子与笔杆子对峙之时，笔杆子不得不避险而择“隐笔”来述之。

“事实”可以逐步被揭开，“事实”与否，关键在于我们今天的解读，有助于成就你我、成就大业的，则为“事实”。反之历史难免只是一种消遣。

2013年，当本书的细分读本《史记鉴赏辞典》出版时，正值“国学热”、“历史热”极为风靡之时，也诞生出一批通俗读物如《原来这才是春秋》、《明朝那些事儿》等，国学与历史成为一种谈资，从一个角度挖掘一个故事，或反讽、或嘲讽、或讽谏，此时的历史“事实”就在于所讲的环境与听者的反应。如今，“国学热”回归，“中国崛起”成为话题，用历史来佐证为什么中国会强大，或预估当下事件的大国抉择，或充当一种安抚自己的心灵鸡汤，“事实”又成为一种理解自己和国家、读解世界的认识工具。

《二十四史鉴赏辞典》对于“事实”极为看重，深知撰写历史的史官多少会有偏薄、爱憎分明，同时会在书中藏有“密码”，编者遂通过打破传统，以组别的方式，串起历史人物的“关系网”，再现史情史境，去思考历史如何被转折，考量被写入的历史人物的抉择，读解人的智慧，解出你我所不理解的历史又如何推动今天的繁荣。因此，本鉴赏辞典用心于把“当时”与“当下”结合起来，构建一个具有历史哲学前沿理论依据的“事实”和“史实”，一个总是由“客观”和“主观”交融而成的东西。

从根本上说，这与书报的审查和作者的自律无关。很多人难以想象，像美国这样一个主张民主、言论自由的国家，今天如此发达的美国电影产业，却在20世纪30年代曾遭遇严苛的审查机制，甚至规定电影中夫妻也只能各睡一张床。审查机制还要求电影里的语言“像漂白剂洗过那样干净”。曾经的历史制度，在今天转变为美国电影产业的“隐形制度”，直到今天依旧间接影响着美国电视电影产业的游戏规则。

古今中外，史书写作，和史书的二度编集，都会有相应时代和社会的游戏规则加以管束和制约；最后的成书就不单是编者的主观与史书的客观的交融，更是历史上的写作环境与今天的写作环境的交融。无论二十四史各史的原始写作，还是二十四史鉴赏辞典的后人编撰，抉择，甚至两难抉择，成为核心所在。

同样，“抉择”也是二十四史所记叙的历史故事中的核心，为此，通过对二十四史的研读，本书共整理与形成了150个“抉择”解读点，对二十四史中300余篇篇目进行了鉴赏，还原了几百位历史人物的抉择智慧，并对每个抉择智慧提供了独特的鉴赏角度，从而了解和展现这些智慧如何推动中国历史。

那么，这就是“事实”？这只不过用一种全新的解读方式，从一个角度帮助读者更全面地理解当时主人公的境遇，从而感悟他们的抉择困境与处事智慧罢了。如杜兰特所说：“学问本身并不能教人怎样运用它，这种运用学问的智慧只有通过观察才能获得，它是在学问之外和学问之上的。”因此本书就是给读者观察历史人物的一个途径，最终形成自己的“学问”——历史观与人生观的抉择思考，以及如何阅读史书和如何表达心得的抉择思考。

站在大历史的长河中，寻找到今天你我的抉择，我们所做的一切都有可能改变历史，事实上，当《二十四史鉴赏辞典》出版时，蝴蝶效应就此被开启，其本身已成为历史，无形中也在影响着未来的历史。

李　叙

2017年1月22日于母亲生日

后记/鸣谢

我们编纂《二十四史鉴赏辞典》的初衷，不是将其视作中国通史的选编，而是希望做成一种能让历史充满智慧故事和经验的读本。

“二十四史”围绕“人”来叙事历史，写出的是活的、可以赏鉴的历史。国家命运与国民智慧是一个永久性话题，无论哪个时代，治国者都深深影响着国家的发展，而国民在每个时代中寻找着自己的生存与处事智慧，间接推动着国家的发展。“读史”的价值不只在于无奈之时寻找一种安抚心灵的鸡汤，更重要的是，通过读史能寻找到自己在当前时代大背景下的生存智慧，寻找到自己的发展之路，成为推动时代发展之人。

形成这样的鉴赏思路，首先得益于上海辞书出版社张良一等老师的肯定，提供给我们宽松氛围，让我们放手辞典的编撰，整个过程中出版社给予的信任和鼎力支持，直接促成了辞典的成书。同时感谢韩兆琦、罗义俊、胡逢祥、梁满仓、张新科、陈正宏、陈絜等文史专家对于本书主旨的肯定，并提供他们在各自研究领域的深刻思考和卓著成果。同样感谢上海大学历史系谢维扬、张童心教授对于本书的指导意见。

感谢上海大学出版社刘强、华东师范大学第二附属中学王骁、向明中学李嘉路、北虹高级中学陈佳煜在编撰过程中所做出的贡献，他们组成了本书编辑的核心团队。此外还有诸多参与撰写“赏析”的专家和老师，包括上海社会科学院历史研究所段炼、上海大学历史系赵争、华东政法大学人文学院胡淑慧、湖南人文科技学院谢科峰等等，未能一一署名，在此也一并表示我们的感激之情。

本书的编撰历时多年，许多良师益友都参与了这项工作，感谢李群、戴佳毅、王戎山、徐勤、翁海明、韩自强、徐颖、王源亦、何炯、郭文才、周晔、吴萍，以及华东师范大学社团联合会对外联络部等提供的支持和帮助。

《二十四史鉴赏辞典》虽已成书，然而我们解读历史、探寻智慧的尝试才刚开始，希冀未来能够换一种历史视角，呈现出别样的中国史观。

图书在版编目(CIP)数据

二十四史鉴赏辞典/顾晓鸣主编. —上海：上海辞书出版社，2017.7（2025.5重印）
ISBN 978-7-5326-4892-4

Ⅰ. ①二… Ⅱ. ①顾… Ⅲ. ①中国历史—古代史—纪传体②《二十四史》—鉴赏—词典 Ⅳ. ①K204.1-61

中国版本图书馆CIP数据核字(2017)第040347号

二十四史鉴赏辞典(上、下册)

顾晓鸣 主编

责任编辑 张良一 朱可宁 张恬 朱伟明
封面设计 姜明

出版发行 上海世纪出版集团
上海辞书出版社(www.cishu.com.cn)
地　　址 上海市闵行区号景路159弄B座(邮编201101)
印　　刷 上海盛通时代印刷有限公司
开　　本 890×1240毫米 1/32
印　　张 60.875
字　　数 1 745 000
版　　次 2017年7月第1版 2025年5月第7次印刷
书　　号 ISBN 978-7-5326-4892-4/K·1066
定　　价 198.00元(全二册)